# 中国林业产业与林产品年鉴
# YEARBOOK OF CHINA FOREST INDUSTRY

2014

国家林业局　编
STATE FORESTRY ADMINISTRATION

中国林业出版社
CHINESE FORESTRY PUBLISHING HOUSE

图书在版编目(CIP)数据

中国林业产业与林产品年鉴. 2014卷/国家林业局编. —北京：中国林业出版社，2015.7
ISBN 978-7-5038-8005-6

Ⅰ. ①中… Ⅱ. ①国… Ⅲ. ①林业经济－中国－2014－年鉴 ②林产品－中国－2014－年鉴
Ⅳ. ①F326.2-54②F426.88-54

中国版本图书馆CIP数据核字(2015)第116263号

出版 中国林业出版社(100009 北京西城区德内大街刘海胡同7号)
电话 (010)83143666
网址 http：//lycb.forestry.gov.cn **E-mail**：cfybook@163.com
发行 中国林业出版社
印刷 北京中科印刷有限公司
版次 2015年7月第1版
印次 2015年7月第1次
开本 889mm×1194mm 1/16
印张 58.25
字数 1680千字
定价 399.00元

ISBN 978-7-5038-8005-6

# 中国林业产业与林产品年鉴
## 编　委　会

# 《中国林业产业与林产品年鉴》(2014)

## 特约编委

# 《中国林业产业与林产品年鉴》(2014)
## 编辑部

# 《中国林业产业与林产品年鉴》(2014)

## 分支主编

## 《中国林业产业与林产品年鉴》(2014)
## 特约编辑

# 编辑说明

一、《中国林业产业与林产品年鉴》是一部全面、系统、准确反映我国林业产业体系建设成就、机制、经验及其发展动态的大型资料性工具书。每年一卷，限收录上一年度信息与资料。

二、《中国林业产业与林产品年鉴》的基本任务是，为我国林业现代化，面向市场、面向生产基层，给林业行业广大生产经营单位、企业、各级行政职能机关，广大国内外投资者、经济科学研究工作者，提供全国林业产业各支柱产业发展成就与水平；主要县（旗、市、区）林产品产销信息；国家有关政策法规；各省（区、市）与国有森工企业林业产业发展动态及其先进地县（市、局）经验与重点企业经营状况；林产品国际进出口贸易等资料。

三、第六卷（2014）根据国家林业局林策发〔2007〕117号通知要求，以2013年资料为主，全卷200多万字。

四、该卷（2014）编纂内容分五大部分：（一）特辑部分，收录国家领导人有关讲话，国家林业局主要文件等；（二）全国林业产业发展概述；（三）行业篇，包括木材、木材加工、果品、花卉、林下产品以及林产化工，森林旅游等林业产业支柱产业；（四）各省（区、市）林业产业，龙头企业及其品牌产品；（五）林产品主产县（旗、市、区、局）；（六）林产品进出口贸易资料。

五、该卷林业产业与林产品资料来源。《中国林业统计年鉴》《中国农业统计资料》、国家统计等。各县级资料，各省组织下属各县（旗、市、区、局）林业部门根据相关统计调查资料收集整理，并经省、地、县三级审核，通过中国林业产业与林产品信息网络平台填写上报。

六、该卷所录资料，均不含台湾省及香港、澳门特别行政区。

七、年鉴文字部分，实行条目编辑。条头设【 】。条目标题力求简明、规范。长条设黑体和楷体两级层次标题。全卷编排按内容分类。

八、年鉴编撰及资料收集，分别由各省（区、市）林业厅（局）、四大国有林区森工集团、兵团林业局和国家林业局有关司（局）及有关协会承担。

九、年鉴计量单位、文字撰稿、资料选用均执行国家在行立法规定。

十、条目、文章，一律署名，文责自负。

《中国林业产业与林产品年鉴》编辑部

# 《中国林业产业与林产品年鉴》编纂流程简图

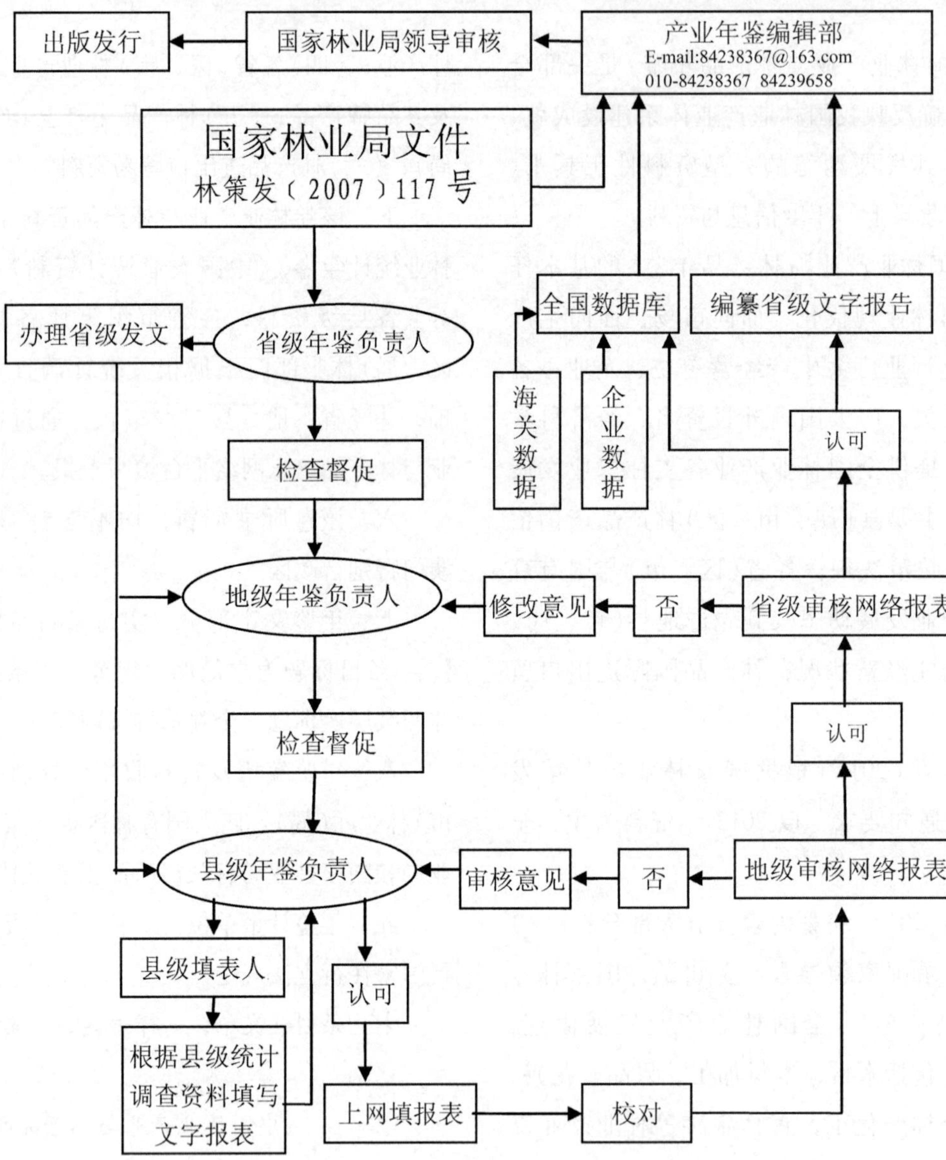

# 目　录

## 特　辑



## 中国林业产业综述与行业篇

## 各省(区、市)林业产业

## 林产品主产县(旗、市、区、局、场)

## 林产品进出口贸易资料

# 特　辑

# SPECIAL

# 落实中央精神　加强改革创新
# 全面提升生态林业民生林业发展水平
## ——在全国林业厅局长座谈会上的讲话

赵树丛

(2013 年 7 月 24 日)

这次全国林业厅局长座谈会是经国务院领导同志批准、国家林业局党组决定召开的。主要任务是，认真学习领会习近平总书记和国务院领导同志近期一系列重要讲话精神，把思想认识统一到党的十八大以来党中央、国务院的一系列重大决策和工作部署上来，更好地推进生态林业民生林业建设。

下面，我讲五个问题。

**一、深入学习习近平总书记关于生态文明建设的重要讲话，深刻领会生态就是民生福祉等重大战略思想，把生态林业民生林业理念融入林业改革发展的各方面和全过程。**

去年 7 月，为贯彻落实习近平同志关于石漠化防治和长汀生态建设的重要批示精神，我们在福建长汀召开了全国林业厅局长会议，提出了生态林业民生林业发展理念。党的十八大对大力推进生态文明建设作出全面部署后，我们在年初的全国林业厅局长会议上，进一步完善了林业工作总体思路，明确提出要以建设生态文明为总目标，以改善生态改善民生为总任务，加快发展现代林业，认真履行六大职责，着力构建六大体系，全面提升生态林业民生林业发展水平，为建设生态文明和美丽中国贡献力量。

党的十八大以来，习近平总书记对推进生态文明建设多次发表重要讲话，作出了一系列重要指示和深刻论述，提出了许多新思想、新观点、新论断、新要求，为加快发展生态林业民生林业指明了前进方向，注入了强大动力。

去年 11 月 16 日，习近平总书记在《认真学习党章，严格遵守党章》一文中指出，要深刻理解把生态文明建设纳入中国特色社会主义事业总体布局的重大意义，深入领会生态文明建设的指导原则和主要着力点，自觉把生态文明建设融入经济建设、政治建设、文化建设、社会建设各方面和全过程。

今年 4 月 2 日，习近平总书记在参加首都义务植树活动时指出，森林是陆地生态系统的主体和重要资源，是人类生存发展的重要生态保障。不可想象，没有森林，地球和人类会是什么样子。他明确要求，加强宣传教育，创新活动形式，引导广大人民群众积极参加义务植树，不断提高义务植树尽责率，依法严格保护森林，增强义务植树效果，把义务植树深入持久开展下去，为全面建成小康社会、实现中华民族伟大复兴的中国梦不断创造更好的生态条件。全社会都要按照党的十八大提出的建设美丽中国的要求，切实增强生态意识，切实加强生态环境保护，把我国建设成为生态环境良好的国家。

4 月 8 ~ 10 日，习近平总书记在海南考察时深刻指出，保护生态环境就是保护生产力，改善生态环境就是发展生产力。良好生态环境是最公平的公共产品，是最普惠的民生福祉。

5 月 24 日，在中央政治局第六次集体学习时，习近平总书记专门就生态文明建设发表重要讲话。他指出，生态文明是工业文明发展到一定阶段的产物，是实现人与自然和谐的新要求。建设生态文明，关系人民福祉，关乎民族未来。历史地看，生态兴则文明兴，生态衰则文明衰。他要求，坚定不移加快实施主体功能区战略，划定并严守生态红线，不能越雷池一步，否则就应该受到惩罚。要实施重大生态修复工程，增强生态产品生产能力。加强生态文明制度建设，完善经济社会发展考核评价体系。加强生态文明宣传教育，增强全民节约意识、环保意识、生态意识，营造爱护生态环境的良好风气。

7月18日，习近平总书记在致生态文明贵阳国际论坛2013年年会的贺信中指出，走向生态文明新时代，建设美丽中国，是实现中华民族伟大复兴的中国梦的重要内容。

习近平总书记这一系列重要讲话，体现了马克思主义生态观和唯物辩证法、历史唯物主义的哲学思想，体现了尊重自然规律、追求人与自然和谐的生态智慧和执政为民理念，为我们党科学认识、准确把握人类文明发展规律和党的执政规律，提供了新的思想武器和理论依据。

一是揭示了生态决定人类文明兴衰的客观规律。习近平总书记在5月24日的讲话中引用了恩格斯《自然辩证法》的一段话："美索不达米亚、希腊、小亚细亚以及其他各地的居民，为了得到耕地，毁灭了森林，但是他们做梦也想不到，这些地方今天竟因此而成为不毛之地。"他十分深刻地指出，生态兴则文明兴，生态衰则文明衰。这一精辟论断，科学回答了生态与人类文明之间的关系，丰富和发展了马克思主义生态观，有利于我们深刻认识加强生态文明建设的极端重要性，增强发展生态林业、改善自然生态、实现中华民族永续发展的责任感和自觉性。

二是阐述了生态就是生产力的战略思想。习近平总书记反复强调，保护生态环境就是保护生产力，改善生态环境就是发展生产力。这是我们党首次对生态环境与生产力之间关系作出科学论述，有利于指导全党全社会正确处理经济发展与生态环境保护的关系，牢固树立正确政绩观和科学发展观，坚决摈弃以牺牲生态环境为代价换取一时经济增长的发展方式，更加有效地促进绿色发展、循环发展、低碳发展。

三是作出了生态就是民生福祉的科学论断。习近平总书记强调，良好生态环境是最公平的公共产品，是最普惠的民生福祉。这一科学论断，既是对生态产品的准确定位，又是对民生内涵的丰富发展，深刻阐述了生态与民生的关系，反映了人民群众对全面建成小康社会和现代化建设的新期待，有利于推动各级党委、政府牢固树立抓生态就是抓民生、改善生态就是改善民生的执政理念，切实加大生态林业民生林业投入力度，全面增强生态产品生产能力。

四是确定了林业要为实现中国梦创造更好生态条件的重大任务。习近平总书记明确要求，把义务植树深入持久开展下去，为全面建成小康社会、建设美丽中国、实现中华民族伟大复兴的中国梦不断创造更好的生态条件。这一重要指示，确立了林业在实现两个100年奋斗目标中的重要地位，明确了林业在实现中国梦这一伟大实践中的重大任务。这是对林业地位作用的最新定位，对林业发展目标的更高要求。

五是提出了建立生态文明建设责任追究制度的工作要求。习近平总书记强调，要建立领导干部责任追究制度，对那些不顾生态环境盲目决策、造成严重后果的人，必须追究其责任，而且应该终身追究。这是我们党在生态文明制度建设和领导干部责任追究制度方面的重大创新，必将进一步增强各级领导干部推进生态文明建设的自觉性和主动性。

习近平总书记这一系列重要讲话，既是建设生态文明和美丽中国的基本遵循，更是发展生态林业民生林业的根本指针。我们一定要用讲话精神武装头脑、统一思想、深化认识，坚持把满足民生需求作为林业工作的出发点和落脚点，大力推进生态林业民生林业建设，努力增加最公平的公共产品、最普惠的民生福祉。

林业是重要的公益事业和基础产业，生产的产品丰富多样，提供的就业岗位数量众多，与民生问题息息相关。从生态产品讲，是人类生存发展必不可少的支撑保障，具有很强的公平性和普惠性。从物质产品讲，是人类生产生活不可或缺的物质基础，是经济社会发展的重要资源，而且是可以永续利用的资源。大力发展林业，既能改善生态，筑牢民生之基；又能保障供给，满足民生之需；还能扩大就业，夯实民生之本。发展生态林业民生林业，是国家林业局党组根据新形势新任务，对林业发展理念、发展思路的继承和创新、丰富和发展，是林业部门建设生态文明和美丽中国的平台与载体。这一总体思路，既体现了林业属性的多元化，又兼顾了社会需求的多样化；

既符合中央对林业的定位和要求，又符合林业自身的特点和规律。我们要认真学习领会习近平总书记重要讲话精神，科学把握生态林业与民生林业的内在联系。对发展林业而言，生态和民生具有战略性、一致性，生态是基础，民生是根本，生态需求是最基本的民生需求。生态林业民生林业是相互促进、不可分割的有机整体。不能简单地认为，生态林业就是保护生态，民生林业仅是发展产业，更不能把生态林业与民生林业对立起来，而要把两者统一于生态文明建设的伟大实践，贯穿于林业改革、造林绿化、资源保护、森林经营、产业发展、文化宣传、法制建设、科技创新、政策制定等林业工作的各方面和全过程，着力推进生态林业民生林业良性互动、协调发展，全面提升林业的生态、经济、社会功能，充分发挥林业对改善民生的特殊作用。

**二、科学编制《国家林业局推进生态文明建设规划纲要》，完善总体布局，划定生态红线，确定指标体系，尽快形成生态林业民生林业发展新格局。**

按照十八大精神和全国林业厅局长会议部署，近半年来，国家林业局全面加强林业推进生态文明建设顶层设计，组织100多位专家编制了《国家林业局推进生态文明建设规划纲要》。在征求各方面意见的基础上，由国家林业局科技委邀请院士、专家进行了充分论证，与“十二五”规划等做了充分衔接。《纲要》已经印发大家学习讨论。我们将根据大家的意见和建议，做进一步修改完善，正式印发实施。

《纲要》明确了林业推进生态文明建设的指导思想、总体布局、重大行动、指标体系和政策措施。总体布局包括：全面实施十大生态修复工程，加快构筑十大生态安全屏障，大力发展十大绿色富民产业。重大行动包括：生态红线保护行动、重点生态功能区建设行动、森林保育和木材储备行动、湿地修复行动、沙化土地封禁行动、物种拯救行动、木本粮油发展行动、城市林业建设行动、美丽乡村建设行动、生态文明宣传教育和林业信息化行动。指标体系包括：生态安全、生态经济和生态文化3个方面12大类22个指标，既有反映森林、湿地、荒漠、生物多样性、林业产值变化情况的指标，又有反映林业对草原、农田、城市、海洋等其他生态系统重要作用的指标，同时还针对人民群众特别关注的空气问题，设立了负氧离子指标。政策措施包括：林地保护、公共财政、基础设施、金融税收、能力建设和目标责任、生态评价、制度创新、保护激励、全民参与等10个方面。

特别需要说明的是，按照十八大精神和习近平总书记讲话要求，《纲要》首次明确划定了国家生态红线。一是林地和森林红线：全国林地面积不低于46.8亿亩，森林面积不低于37.4亿亩，森林蓄积量不低于200亿立方米。划定依据主要是《中共中央、国务院关于加快林业发展的决定》。二是湿地红线：全国湿地面积不少于8亿亩。划定依据主要是第二次全国湿地资源调查成果。三是荒漠植被红线：全国治理宜林宜草沙化土地、保护恢复荒漠植被不少于56万平方千米。划定依据主要是《国务院关于进一步加强防沙治沙工作的决定》。四是物种红线：各级各类自然保护区严禁开发，现有濒危野生动植物得到全面保护。划定依据主要是野生动植物和自然保护区相关法律法规。

国家生态红线是维护国家生态安全的底线。目前划定的生态红线大多高于现有资源总量，是因为我国生态安全状况并不乐观，生态赤字大，生态欠账多，生态问题突出，生态状况远不能满足经济发展的需要和人民群众的期盼。只有加大生态修复和保护力度，尽快扭转生态系统退化、生态状况恶化的趋势，我国才能达到生态安全线以上，实现生态环境良好的奋斗目标，为全面建成小康社会、实现中华民族伟大复兴的中国梦创造更好的生态条件。因此，我们划定的生态红线，既是限制开发利用的“高压线”，也是维护生态平衡的“安全线”；既是建设生态文明的“目标线”，也是实现永续发展的“保障线”。我们要牢固树立红线意识和底线思维，采取一切措施，加大保护力度，避免生态破坏，坚决守住维护国家生态安全、保障人民基本生态需求的底线。

《纲要》突出了林业在生态文明建设中的主体地位，落实了实施主体功能区战略的基本要求，体现了实现两个100年奋斗目标的生态需求，是发展生态林业民生林业的主要抓手，是贯彻落实十八大精神和习近平总书记重要讲话精神的重大举措。这个《纲要》是指导性和原则性的，各地要结合“十二五”规划中期评估和“十三五”规划研究编制工作，抓紧编制本地实施规划，形成符合各地实际的生态文明建设规划体系。要注意把握以下三点：一是开门编制规划。主动邀请有关部门、社会各界专家共同参与，增强规划的科学性综合性开放性。有条件的地方，要争取由人大或政府批准后实施，确保规划有工程载体和政策支撑。二是确定指标体系。要量化分解生态文明建设指标，并与经济社会发展目标搞好衔接，与林业发展“十二五”规划和各专项规划搞好衔接。规划的目标任务都要向社会发布，接受社会监督。三是加大宣传力度。要把规划编制过程变成学习宣传的过程，积极宣传生态文明建设的重大部署、目标任务和先进典型，引导全社会共同落实规划，形成推进生态文明建设的强大合力。

**三、着力加强林业改革创新，把改革的红利、创新的活力、发展的潜力有效叠加起来，全面增强生态林业民生林业发展动力。**

30多年来，我们党团结带领全国各族人民，竭力推进改革开放伟大事业，成功开辟了中国特色社会主义道路，国家经济社会面貌发生了翻天覆地的变化，改革开放成为推动当代中国发展进步的强大动力。实践证明，改革开放是坚持和发展中国特色社会主义的必由之路，也是推动林业不断发展进步的成功经验和主要动力。近年来，我们通过深化林业改革，创新了体制机制，增强了发展活力。集体林权制度改革“明晰产权、承包到户”的任务基本完成，配套改革正在全面推进，农民发展林业的积极性空前高涨；国有林场改革思路更加明确，改革试点已经启动。但从总体上看，林业改革相对滞后，深化改革任重道远。尤其是重点国有林区改革情况十分复杂，困难多，难度大，许多方面仍然没有破题。发展生态林业民生林业，最大的困难和最大的潜力都在于深化改革。

当前，我国改革已经进入攻坚期和深水区，凝聚改革共识的难度更大，全面深化改革的阻力更多，继续推进林业改革也面临着许多挑战和困难。一方面，林业改革目标多元，既要考虑生态问题，维护国家生态安全，又要考虑民生问题，维护林区社会稳定。另一方面，今后一个时期我国财政增收可能趋缓，改革成本埋单能力将会减弱，林业改革发展的内外部环境更加复杂。但是，林业不深化改革，就不能解决发展中存在的各种问题，就不能赶上整个国家的发展步伐，就不能满足人民群众的巨大需求。我们要科学谋划、稳步推进，努力做到“四个更加有利于”。一是更加有利于增强林业发展活力和动力。要紧紧围绕建设生态文明和美丽中国、全面建成小康社会等国家大局，从解决影响长远发展、群众反映强烈的生态问题入手，创新林业发展平台和载体，并争取纳入当地经济社会发展总体规划，确保有政策、有投入、有成效。二是更加有利于吸引社会力量发展林业。要抓紧清理束缚生产力发展的制约因素，全面取消不合理的制度规定，继续完善林业法律法规和扶持政策，让各类市场主体在更加公平公正的环境中参与林业建设，促进资金、技术和信息向林业集聚，依靠民智、民力、民资推动林业转型升级。三是更加有利于统筹兼顾各方利益。要根据林业属性多元、利益多样的情况，加强改革顶层设计，协调推进各项林业改革，统筹兼顾国家、地方、企业、职工和农民的利益诉求，善于调整利益预期，优化分配存量利益，着力扩大增量利益，努力增加改革红利，调动各种力量推动林业发展。四是更加有利于转变政府职能。要通过深化改革，进一步转变职能、简政放权，解决好政府与市场、政府与社会的关系问题，充分发挥市场在资源配置中的基础性作用。要正确处理加强管理与放开搞活的关系，研究建立符合市场规律和林业特点的现代林业管理体制，走出“一管就死、一放就乱”的怪圈。

**四、扎实开展党的群众路线教育实践活动，切实转变职能、转变作风，全力服务大局、服务基层，不断提升推动生态林业民生林业发展的能力和水平。**

党的十八大结束后，以习近平同志为总书记的党中央立即制定了《关于改进工作作风、密切联系群众的八项规定》。中央领导同志带头严格执行，产生了强大的示范效应，促进了党风政风转变，带动了社会风气好转。6月18日，党中央对开展以为民务实清廉为主要内容的党的群众路线教育实践活动进行了全面部署，着力解决形式主义、官僚主义、享乐主义和奢靡之风方面存在的突出问题，决心以优良党风凝聚党心民心、带动政风民风，为实现党的十八大确定的目标任务提供坚强保证。新一届国务院组成后，把转变政府职能作为开门要办的第一件大事来抓，作为深化国务院机构改革的核心工作来抓，作为打造中国经济升级版的重大举措来抓。

为贯彻落实中央的决策部署，从今年5月开始，国家林业局开展了“转变职能、转变作风，服务大局、服务基层”活动，取消、下放了15项行政审批事项，研究提出了拟进一步取消、下放的事项，认真查找了松散懒、责任心不足、担当意识差、团队意识差等作风问题，有针对性地进行了整改提高，机关职能、管理方式和工作作风发生了明显变化，推动了林业改革发展和行业作风转变，艰苦奋斗、无私奉献的行业精神得到了传承和发扬。

但是，我们必须看到，形式主义、官僚主义、享乐主义和奢靡之风，在林业系统还不同程度地存在。有的思想放松、不思进取，精神低迷涣散，学习热情不高，工作动力不足，消极应付，推诿扯皮；有的习惯于以会议落实会议、以文件落实文件，抓工作不讲实效，善做表面文章，爱搞花拳绣腿；有的对实际情况不了解不关注，不愿深入困难艰苦地区，不愿帮助基层和群众解决实际问题，下基层调研走马观花，坐在车上转，隔着玻璃看；有的不严格要求自己，工作纪律、经济纪律、组织纪律松垮，甚至冲撞底线。同时，林业发展水平与国家要求、社会需求还有很大差距，林业发展潜力还没有得到充分释放，林业服务大局、服务基层的能力有待全面提升。

当前，我国经济社会正在发生深刻变革，新兴产业异军突起，新的行业蓬勃发展，在国家战略大局中的位置越来越突出。林业作为一个传统行业，如何适应形势的发展变化，全面提升发展水平，更好地服务国家大局、服务基层群众，是每一个务林人都需要认真对待和深入研究的重大课题。如果我们固步自封、因循守旧、封闭发展，林业就会被边缘化。我们必须认识到，推动林业发展的动力、解决复杂问题的办法、提高工作能力的营养都在基层，要把服务基层作为我们工作的主要任务，把深入基层变成林业干部的自觉行动，更多地向基层要办法、找出路。

第一，深入基层，感受基层味道。林业是一项根在基层、贴近农民的事业。基层既是林业工作的车间，又是政策显示的终端。要经常深入基层一线，接地气、沾泥土，感受基层味道，倾听群众呼声。

第二，学习基层，汲取基层营养。人民是历史的创造者，基层是林业建设的主战场。一切发展林业的成功经验，都来源于基层实践和群众创造。要善于借鉴群众智慧，在汲取基层营养中增长才干、提高能力、改进作风，注重总结基层创造的经验，及时找到破解难题的办法。

第三，服务基层，增强基层情怀。林业是直接为基层、为农民服务的部门。要增强基层情怀，与农民讲感情、交朋友。要善于换位思考，自觉站稳群众立场，在政策制定、工程建设等方面，认真考虑基层需求，千方百计惠及群众。

第四，依靠基层，树立基层观念。林业事业蓬勃发展，必须依靠基层。要让基层观念、群众观点融入血液，成为我们的价值理念和自觉行动，坚持为了群众、依靠群众发展林业，保护好、发挥好群众发展林业的积极性，全面焕发林业的生机与活力。

**五、高度重视并着力解决当前林业发展中的重大问题，全面完成各项林业建设任务，推动生态林业民生林业科学发展。**

上半年，全国林业建设取得了明显成效，实现了时间过半、任务过半。全国共完成造林6371万亩，占全年计划的70.8%；义务植树22.7亿株，占全年计划的90.8%；抚育森林6618万亩，占全年计划的63%；实现林业产业总产值1.88万亿元，同比增长34.5%；林产品进出口贸易额618亿美元，同比增长7%。总的看，在全国经济增长放缓的情况下，林业继续保持持续稳定的发展态势，为稳增长、保就业、惠民生、促发展作出了积极贡献。但是，当前林业发展中还存在一些突出问题，需要引起高度重视，认真研究解决。大家在分组讨论中，已经就此提出了许多好的意见和建议，这里我再强调几个问题。

第一，关于森林资源保护问题。林地、湿地和物种是重要的生态资源和生存资本。保护林地、湿地和物种，是各级林业部门的核心职责和根本任务。保护优先是十八大确定的生态文明建设方针之一。但是，在当前工业化、城镇化的推进过程中，以各种名目乱征滥占林地、湿地的现象十分严重，对自然生态系统造成了极大破坏。尤其是资源破坏主体已经由自然人向社会法人、企业法人甚至政府转变，林地、湿地和野生动植物保护面临着巨大压力。最近，欧盟决定大力发展绿色基础设施，扩大森林面积，增加城市森林，恢复自然湿地，将分割的自然保护区连接起来，保护生物多样性。我们要认真吸取发达国家的经验教训，把森林和湿地作为城镇的重要基础设施来对待，把物种保护作为提升可持续发展能力和社会文明水平的重要举措来推进，避免走“先破坏后治理”的发展老路。要认真落实《全国林地保护利用规划纲要》，严格履行林地征占用审批程序，遏止林地过快过多减少的势头。要全面强化自然湿地保护，坚决禁止围垦湿地、占用湿地和在湿地周围无序开发。抓紧修改野生动物保护法，加强珍稀濒危物种繁育拯救和野外种群栖息地保护，引导和规范野生动物合理利用，维护生物多样性。各地要结合实际，加快地方立法，强化林地、湿地和物种保护。要充分发挥森林公安、森林武警、资源林政的作用，严厉打击毁林占地、破坏野生动植物等违法犯罪行为。

第二，关于加强森林经营问题。最近，唐守正院士建议加强森林经营，实现森林保护与木材供应双赢。汪洋副总理批示指出，唐院士关于加强林业养护、提高林木单产的意见是非常有价值的，应在以后的工作中注意向这个方面推动，使我国的林业发展能够从增加面积、提高质量两个方面都有大的进步。无论是从实现林业“双增”目标来看，还是从维护国家生态安全、木材安全来看，我们都要把森林经营与植树造林放在同等重要甚至更加重要的位置。如果通过抚育经营，将单位面积森林蓄积量提高一倍，就相当于将森林面积扩大一倍，这对于宜林荒山荒地十分有限的地方显得尤为重要。今后，要将森林经营提升为林业发展的核心任务和主攻目标，科学编制并认真落实森林经营方案，完善扶持政策，强化科技支撑，加强林区基础设施建设，全面提升森林经营水平，努力增加国内木材产量和森林生态效益。各类经营主体都要编制实施森林经营方案，森林资源监督部门工作重心要转向监督森林经营方案的实施，确保把汪洋副总理的重要批示精神落到实处。

第三，关于发展绿色富民产业问题。林业产业是极具发展潜力的绿色富民产业和实体经济，具有市场空间广、产业链条长、就业容量大等优势，在稳增长、调结构、保就业、惠民生等方面发挥着重要作用。在我国经济增长趋缓、就业压力增大的情况下，大力发展林业产业，可以扩大社会就业，增加农民收入，提高消费能力，拉动国家经济发展。最近，中国银监会与国家林业局正式出台了《关于林权抵押贷款的实施意见》。这是深化集体林权制度改革的重要成果，也是农村金融政策的重大创新，为发展绿色富民产业创造了良好条件。各地要争取出台实施细则，在林权抵押登记、延长贷款期限、森林资产信息化管理和银行自评估及林权收储、扩大贴息规模等方面，为金融机构服务林业和方便农民获得贷款、扩大贷款规模提供支持。要加大宣传力度，用好这项政策，引导金融资本有序进入林业。

第四，关于深化林业改革问题。国务院已经将林业改革确定为深化经济体制改革的重要内容，要求深化集体林权制度改革，开展国有林场改革试点，研究提出国有林区改革指导意见。我们要全力推进。集体林权制度改革要以落实和稳定农民林地承包经营权为核心，健全林权管理服务机构，发展农民林业专业合作组织，创新林木采伐管理机制，完善林业补贴政策，做大林权抵押贷款，推进森林保险，规范林权流转，强化技术培训，巩固和扩大改革成果。国有林场改革要着力抓好改革试点，创新管理体制，加强生态保护，安置富余职工，发展特色产业，维护生态安全和社会稳定。国有林区改革要深入调查研究，加强顶层设计，突出改革重点，找准切入点，抓住着力点，尽快形成改革指导意见。

第五，关于推进林业科技创新问题。目前，

我国林业科技进步贡献率低于全国平均水平，比农业低10个百分点，与林业发达国家的差距更大。推进生态文明建设，提升林业发展水平，迫切需要强化林业科技创新，充分发挥科技的支撑引领作用。我们要认真落实汪洋副总理视察中国林科院时的讲话精神，创新体制机制，完善基础设施，注重人才培养，加强科技攻关，努力在生态建设、产业发展、农民增收和应对气候变化等重点领域，破解一批重大理论和技术难题，取得一批具有自主知识产权的核心技术。要高度重视林业科技推广，千方百计把现有科技成果尽快转化为现实生产力，努力满足林业生产对科技的迫切需求。

第六，关于抓好森林防火问题。我国森林防火的法律法规、组织体系、扑救队伍、基础设施逐步健全，森林防扑火能力明显提升，森林火灾损失逐年下降。但是，森林火灾仍然是我国重要的灾害课题、重大的民生问题和敏感的社会话题，严重威胁着森林资源和人民生命财产安全。一定要从全局和战略高度，进一步加强森林防火工作。要加强森林防火能力建设，推广使用先进适用防火技术和装备，提升防火科学化、机械化和信息化水平。抓好重点火险区综合治理，加快防火基础设施建设，改善林区道路和通信条件，提高防火物资储备和保障能力。加强专业扑救力量建设，提高地方森林防火队伍、武警森林部队和森林航空消防队伍扑火作战能力。认真贯彻《森林防火条例》，严格落实森林防火责任，扎实开展防火绩效考核，及时查处涉火案件，依法严惩火灾肇事者。

第七，关于林业棚户区改造问题。近年来，中央累计投入林业棚户区危旧房改造216亿元，安排改造任务152万户，已竣工入住90万户，林区职工居住条件极大改善。前不久，国务院常务会议对加快棚户区改造工作进行了专题研究部署，决定集中部分资金重点支持棚户区改造。林业棚户区危旧房改造任务仍然十分繁重，各地区、各单位要采取有力措施，多渠道筹措资金，强化督促指导和监督检查，保质保量完成计划改造任务。要争取落实国家发改委下达的基础设施投资向林区倾斜的政策，加快推进林区基础设施建设，同步改善职工居住区配套公共服务条件，确保建得起、住得下。要认真研究改造后的住房分配、管理等问题，探索形成科学有效的林区住房保障机制。要深入调查摸底，加大协调力度，将林业工作站、木材检查站、自然保护区、国有苗圃等基层林业单位职工危旧房改造全部纳入当地城镇住房保障体系，确保不留死角。

同志们，做好下半年工作，任务十分繁重。让我们紧密团结在以习近平同志为总书记的党中央周围，高举中国特色社会主义伟大旗帜，以邓小平理论、“三个代表”重要思想、科学发展观为指导，改革创新，转变作风，狠抓落实，全面提升生态林业民生林业发展水平，为建设生态文明和美丽中国、全面建成小康社会、实现中华民族伟大复兴的中国梦作出新的更大贡献！

# 总结经验提高认识
# 深入推进全国木材战略储备基地建设

## ——在全国木材战略储备基地暨国际贷款项目建设现场会上的讲话

张永利

（2013年12月27日）

同志们：

这次会议的主要任务是：以党的十八大和十八届三中全会精神为指针，认真总结全国木材战略储备基地建设的成效和经验，深刻认识推进全国木材战略储备基地建设的重大意义，全面部署当前和今后一个时期的工作任务，把全国木材战略储备基地建设推向新阶段。

会议在这里召开，是有考虑的。2011年底，赵树丛局长在考察福建时，要求把洋口林场建成林木良种繁育基地、森林经营示范基地、文化培训基地、生态骨干基地，打造区域种苗服务中心，为全国木材战略储备基地建设提供保障。该林场自1956年创建以来，长期与南京林业大学等院校合作，50多年如一日，持之以恒开展系统的杉木遗传育种研究，推进种苗繁育产业化，培育了丰富多样的森林资源，是国家林业局首批“国家重点杉木良种基地”、“国家杉木种质资源库”和“国家储备林示范林场”。林场的珍稀和大径级材培育，总结了良种增益、定株经营、混交改培、持续发展的成功做法，成为全国木材战略储备基地建设的一个典范、一面旗帜。洋口的经验值得重视和借鉴。

昨天，我们参观了欧洲投资银行贷款无患子基地、顺昌县国有林场中幼林抚育和大径级材改培现场。通过参观，相信大家得到不少启示。刚才，福建、广西、湖南、江西4省区做了典型发言，唐守正院士做了精彩报告，让我们深受教育，很受启发。由国家林业局速丰办、北京林业大学共同组建的国家木材储备战略联盟，今天也正式成立，开辟了政、产、学、研、用“五位一体”协同创新与成果共享的新平台，可喜可贺。下面，我讲几点意见，供大家参考。

**一、创新理念，稳步推进，全国木材战略储备示范基地建设取得积极成效**

两年来，国家林业局深入贯彻落实党中央国务院重要部署和中央一号文件精神，把建设木材战略储备基地，建立国家储备林制度，作为深化林业改革，促进生态文明建设的创新举措。各示范省区把国家长远战略与地方现实需求紧密结合，积极发挥主动性、创造性，取得了积极成效，为建设“两个林业”，构建国家木材安全保障体系，做出了积极贡献。

（一）高位推动，扎实起步，木材战略储备基地建设成为各示范省区林业发展的新亮点。木材战略储备基地建设既不同于以往的林业生态工程，也不同于速生丰产林工程，是一项创新工程，建设伊始就得到地方领导的高度关注。广西壮族自治区党委第十次党代会，明确要求把广西打造成为全国木材战略核心储备基地，努力当好全国林业“双增”的排头兵，为保障国家木材安全做出更大贡献。福建省将木材战略储备基地建设项目，作为培育森林资源、促进农民增收的一项重要工程推进实施，苏树林省长指示，要利用好现有森林资源，建设木材战略储备基地，争取并用好国家政策。湖南省将优材更替和无节良材培育与木材战略储备基地建设相结合，全面提升森林质量，省委副书记、副省长徐明华强调，“要大力培育乡土珍贵树种优质木材，增强木材供给能力和资源战略储备”。江西省把建设木材战略储备基地作为一项战略措施，写入振兴原中央苏区发展规划。截至11月底，7个示范省区共建成基地530万亩，完成投资20亿元，其中中央资金7.28亿元。

（二）探索创新，上下联动，试点划定国家储备林取得新成果。7省区结合本地实际，按照我局印发的《2013年国家储备林建设试点方案》、《国家储备林树种目录》和划定通知的要求，制定实施细则，严格技术规范，积极稳妥推进国家储备林划定试点工作。福建省针对现有林改培制定了13种措施类型，并组织技术人员深入山头地块，进行现场指导把关。广西壮族自治区制定了《国家储备林划定提纲》，召开技术培训会，指导承储林场开展外业调查，严格按照林种、林龄、面积、立地指数、净增量和图表等技术要求进行划定。湖南省坚持统一培训、统一队伍、统一标准，“一把尺子量到底”，确保划定工作质量。江西省按照小班地类、树种、林种进行筛选，将交通便利、林分质量好的近熟林列为重点划定对象。今年以来，30个承储试点林场首批划定国家储备林87.5万亩，迈出了构建长效稳定的国家立木储备制度的第一步。

（三）内外结合，协同推进，欧投行项目为全国木材战略储备基地建设注入新动力。我国林业连续实施了7期世界银行贷款项目，积累了人工林高效集约经营的成熟经验。国家林业局经过多方协调争取，中央分两期新增欧投行林业贷款4亿欧元，开辟了我国林业利用国际贷款的新领域。根据我局统一部署和要求，各地积极推动内外资项目融合发展，协同推进木材基地建设。湖南省充分利用本省贷款项目多的优势，突出木材储备基地现有林改培任务安排，全省57个基地县中，有75%的县列入了林业国际贷款项目建设范围。广西壮族自治区利用欧投行项目贷款资金，重点培育珍稀和大径级用材林，木材基地规划县有95%纳入了欧投行贷款项目范围。江西省以验收报账制、林权质押、储备年限为节点，设计出11个环节的契约式管理链。

（四）总结经验，把握规律，大力推广木材战略储备基地建设新模式。各地积极推广速丰林和特殊林木培育的成功做法，借鉴世行贷款项目有益经验，探索木材战略储备基地建设的模式和规律。福建省设计了33个森林培育类型表，提出了相应的经营措施；广西壮族自治区应用了“金丝楠+香椿”等8种混交模式；湖南省示范推广了20多个针阔、阔阔混交造林和现有林改培技术模式。中国林科院热林中心研究出长短周期结合、阴阳树种搭配、公益林内套种珍稀树种等30多个模式。在总结各省区模式经验的基础上，我局速丰办编制了《全国木材战略储备生产基地建设模式及典型案例》，总结出43种模式57个案例。这些模式经验将成为全国木材战略储备基地建设的重要技术参考。

（五）共建联盟，服务基层，构建服务国家储备林运行管理新平台。我局速丰办联合北京林业大学，共同发起成立了国家木材储备战略联盟，发挥行业管理与人才优势，沟通和联合“政、产、学、研、用”各个方面，促进交流、培训和协同创新。组建联盟，构建起服务国家储备林运行管理的新平台，有利于沟通企业市场需求和提供咨询服务，研究解决技术难题，开展培训交流、信息分析监测和预警预报；有利于集聚创新资源，解决国家储备林建设中的关键性问题；有利于汇集创新人才、技术和成果，服务基层建设、经营和管理需求。联盟明确了组织机构，成立了专家咨询委员会，研究制定了决策执行机制、协作促进机制、利益分享和共管机制等。

**二、立足大局，着眼长远，深刻理解全国木材战略储备基地建设的重大意义**

党中央、国务院高度重视木材战略储备基地建设。2011年，国务院领导对发改委、财政部和国家林业局联合上报的《关于构建我国木材安全保障体系的报告》作出重要批示。去年，国务院参事室先后赴福建、广西等省区开展木材战略储备基地专题调研，向国务院提交了《高度重视林业生产能力尽快实现我国木材基本自给》的报告，时任国务院副总理李克强同志、国务委员兼国务院秘书长马凯同志作出批示。今年中央一号文件首次提出“加强国家木材战略储备基地建设”，标志着木材战略储备基地建设已上升为国家的重要决策，成为建设生态文明和美丽中国的重要内容。汪洋副总理最近在视察中国林科院时，专门对木材安全问题做出指示。全国人大代表和全国政协委员长期关注木材战略储备基地建设，今年4月和9月，贾治邦主任带队专题调研木材战略储备基地，提出了“加大财政投入，加快木材战略基地建设”的建议。近期，唐守正等8位院士上书国务院，建议国家深入推进木材战略储备基地建设。

国家林业局对木材战略储备基地建设高度重视。赵树丛局长多次听取汇报，做出重要指示，要求“全国木材战略储备生产基地这件事要加快，争取办成一个大工程”，“要扎扎实实开展起来”。主管这项工作的张建龙副局长，多次带队深入基层调研，研究部署相关工作，协调落实相关政策。根据国家林业局建立全国木材安全储备体系的部署和要求，我们组织编制了《全国木材战略储备生产基地建设规划(2013～2020年)》和《2013年国家储备林建设试点方案》，明确提出到2020年，在25个省区6大区域18片基地，建设木材战略储备基地2.1亿亩，先期划定国家储备林1500万亩。基地建成后，每年可新增木材生产能力9500万立方米，初步缓解我国木材短缺问题。

木材战略储备基地建设是一项长期的、艰巨的、复杂的任务，不可能一蹴而就。建设木材战略储备基地，是林业转型发展的时代要求，是生态文明建设的现实选择，意义重大，影响深远。

(一)加强木材战略储备基地建设是发展生态林业、民生林业的具体实践。我国林业正处于向生态文明建设加速转型期。生态产品短缺，生态差距巨大，是生态文明建设的最大短板之一。我们可以进口木材，但森林生态效益无法进口。木材储备基地建设，是森林资源培育的重要组成部分，通过木材储备基地建设，在培育以优质木材为主的林业有形产品的同时，还有效增加了生态产品的生产和供给，能够拉动社会就业、增加经营收入。木材储备基地建设体现了生态效益、经济效益和社会效益的良好结合，是建设生态林业和民生林业的重要载体。此外，抓好木材战略储备基地建设，还可以减轻生态建设压力，增强生态建设实力，既有利于森林资源保护，又有利于森林资源培育。

(二)加强木材战略储备基地建设是激发市场活力、更好发挥政府作用的现实要求。党的十八届三中全会作出了《关于全面深化改革若干重大问题的决定》，提出了市场在资源配置中起决定性作用的重大理论观点，这也是我们深化林业改革的基本方针。紧紧围绕建设生态文明和美丽中国，创新林业体制机制，加快木材战略储备基地建设，必须处理好政府与市场的关系。经过多年努力，效益好、见效快的短周期用材林建设，主要依靠市场配置资源，激发多种主体活力，取得了显著成效。现在，我国人工林年采伐量1.23亿立方米，木材利用正在加速向以人工林为主转变。由于珍稀和大径级用材林培育投资大、周期长、风险高、收益慢，进口受限增多，难度加大，存在市场失灵和供给断货风险。这就要求我们更好地发挥政府宏观调控作用，通过加大资金投入，强化科技支撑，立足现有资源，用20～50年的时间，储备培育一批珍稀和大径级林木资源，满足中长期国家急需和市场需要。

(三)加强木材战略储备基地建设是缓解木材供需矛盾、满足社会需求的根本措施。随着经济社会快速发展和人民生活水平提高，我国已成为仅次于美国的第二大木材消耗国和第一大木材进口国。近十年来，建筑、家具、装饰装修以及特种用材等行业，对优质木材的原料需求急剧增长。2002年全国木材消费总量1.83亿立方米，2011年猛增到4.99亿立方米，十年增长了173%，近一半靠进口解决。第七次全国森林资源清查结果表明，我国人工林每亩年均生长量0.26立方米，为世界平均水平的1/2；能利用的成过熟林资源仅占森林资源的5%，大径级木材严重短缺。通过增加进口解决国内木材结构性短缺问题的难度越来越大，迫切需要立足国内，加快建设木材战略储备基地，加强森林资源培育，优化品种结构，提高林地生产力，切实增强我国木材自给能力。

(四)加强木材战略储备基地建设是转变林业发展方式、提高森林经营水平的必然选择。我国用材林面积9.6亿亩，乔木林每公顷蓄积85.88立方米，与德国战后1948年水平相当。德国通过制定人工林培育计划，提高培育水平，每公顷蓄积已达360立方米，是我国的4倍多。昨天，我们看到洋口林场利用杉木三代种子园选育优良无性系组培苗营造的示范林，3年9个月平均树高达7.3米，平均胸径达8.7厘米，与普通杉木林分相比，材积遗传增益高达126%以上。我国实施林业世行贷款项目近30年来，积累了人工林高效集约经营、森林资源储备和科技推广应用的成熟经验。有关专家论证认为，建设木材战略储备基地，只要措施得力，完全可能把木材基地生产潜力提高50%以上，实现森林经营水平的大幅度提高。通过木材战略储备基地建设带动，可以推进林业发展方式从数量、规模型向质量、效益型转变，从粗放经营型向集约经营型转变。

(五)加强木材战略储备基地建设是调整木材供应结构、缓解国际压力的战略举措。2012 年，我国大径级木材进口量已超过全球原木贸易量的1/3，《濒危野生动植物种国际贸易公约》限制贸易的树种已达220 多个，有 86 个国家和地区限制或禁止原木出口。随着世界各国森林资源保护力度的加强，原木和珍稀材出口限制越来越多，珍稀材和大径级原木长期依靠进口将难以为继。当前，一些国家和组织对我国进口原木的指责日益增多，在国际谈判和外交事务中不断将木材贸易问题政治化。立足南方地区，构建以契约管理、代储代管、轮换动用和动态监测为重点的国家储备林制度，对树立负责任大国形象，赢得更大发展空间具有重要意义。

**三、明确任务，真抓实干，稳步推进全国木材战略储备基地建设的各项工作**

木材战略储备基地建设是一项全新的工作，要求我们通过优化配置生产要素和转变生产方式，从“量”和“质”两个方面统筹“当前”和“长远”的木材供需问题。这项工作，既有开创性，又具探索性，既要做好顶层设计，大胆创新，也要摸着石头过河，稳步推进。

(一)稳步推进木材战略储备基地建设。各地要按照我局批准的全国木材战略储备生产基地建设规划，结合本地实际调整完善省级规划，合理安排2014 年木材战略储备基地建设任务，并分解落实到建设主体和山头地块，同时及时编制《2014年木材战略储备基地项目实施方案》，于 2014 年 4月 15 日前报国家林业局。要多渠道筹措资金，中央和地方安排的各项重点工程造林投资、造林财政补贴资金、中幼林抚育资金、财政贴息资金等，统筹向木材战略储备基地倾斜，并足额落实省级配套资金。要重视制度建设，近期我局出台了《全国木材战略储备生产基地现有林改培技术规程》等一系列规程办法，请各地据此制定本省实施细则和具体办法。要进一步充实和健全管理机构，切实加强项目管理。

(二)全力抓好国家储备林划定工作。在今年国家储备林试点划定的基础上，我局确定 2014 年在南方地区划定 1500 万亩国家储备林。各地要按照会前衔接的国家储备林划定任务，以最新的森林资源数据为依据，选择符合“国家储备林划定要求”和《国家储备林树种目录》，具有地方特色的优质中、近熟林分划定为国家储备林。要根据本次会议精神，制定省级工作方案和划定技术要求，严格划定标准，切实将国家储备林分解划定到承储林场，分解落实到林种、树种和山头地块。请有关省区于 2014 年 5 月 1 日前，将“省级国家储备林划定方案”上报国家林业局。我局将与承储省区签订《国家储备林责任书》，省级林业主管部门与承储林场签订《国家储备林建设合同》。

(三)尽早启动欧投行新项目。各地要继续推进欧投行贷款项目与全国木材战略储备基地建设的融合发展，力争到 2020 年，用于木材储备基地的欧投行贷款规模达到 30 亿元。“欧投行林业框架项目”已评估的湖南省、辽宁省、浙江省和重庆市，要做好项目国内外审批程序的衔接，根据专家组意见修改项目文件，报送主管部门审批，力争 2014 年 6 月之前签署项目法律文件。尚未评估的河南、广西、海南和福建 4 省区，要进一步完善相关前期准备工作，力争 2014 年 2 月底前完成评估。“欧投行气候变化二期项目”，世行中心要发挥项目的组织协调、技术服务作用，指导相关省区做好项目方案的编写和准备工作。全球环境基金 800 万美元赠款项目，要围绕国家储备林的政策保障、运行管理、技术服务等做好研究。

(四)强化对国家储备林的监测和管理。围绕国家储备林可查、可调和可控的工作目标，我局正在建设国家储备林信息管理系统，重点开展国家储备林面积、蓄积、林地状况等动态监测，随时掌握国家储备林信息。各地要做好作业设计和检查验收信息化管理工作，及时将相关信息更新到全国林地“一张图”和国家储备林信息管理系统，逐步构建动态平衡、调度有序、保障有力的国家储备林信息化监测和管理体系。

(五)加强木材战略储备基地建设科技支撑。各地要在木材战略储备基地建设中，大力推广世行项目的系统工程管理、契约式管理、全面质量管理、社区参与等先进经验，逐步建立“分工序分级检查验收”的质量监督体系和按“造林模型”核算的成本管理体系。要把科技支撑贯穿到基地建设的全过程，依托林科院、林业高等院校和科研机构，配套组装先进适用的育苗、经营和林木培育等关键性技术；加强珍稀树种和大径级材栽培技术、培育模式研究。

（六）充分发挥联盟的协作服务纽带作用。刚才，我们一起见证了国家林业局速丰办与北京林业大学的合作协议签订仪式，双方共建国家木材储备战略联盟。祝贺各承储林场和相关企业，成为首批联盟会员单位。联盟要充分发挥北京林业大学的科技、人才、技术优势，履行好联盟义务，协助业务主管部门，做好对国家储备林消长情况的监测、预警和预报；组织行业技术交流，开展业务培训、政策咨询服务。

同志们，全国木材战略储备基地建设事关国家生态安全和木材安全，事关13亿人对美好生活的追求，是生态林业和民生林业的最佳结合点。让我们坚定信心，创新理念，真抓实干，稳步推进全国木材战略储备基地建设，用实际行动贯彻落实好党的十八大和十八届三中全会精神，为建设生态文明，推动绿色发展作出新的更大贡献！

# 国家林业局国家标准化管理委员会关于印发《国家林业标准化示范企业认定管理办法》的通知

林科发〔2013〕85号

各省、自治区、直辖市林业厅(局)、质量技术监督局,内蒙古、吉林、龙江、大兴安岭森工(林业)集团公司,新疆生产建设兵团林业局、质量技术监督局:

为促进我国林业产业可持续发展,推进林业企业标准化生产,提高林产品质量,根据《中华人民共和国标准化法》和《国务院关于印发质量发展纲要(2011~2020)的通知》(国发〔2012〕9号)的有关规定,国家林业局、国家标准化管理委员会决定组织开展国家林业标准化示范企业认定工作,并制定了《国家林业标准化示范企业认定管理办法》,现印发给你们,请遵照执行。

2013年5月24日

## 附件:国家林业标准化示范企业认定管理办法

**第一条** 为促进我国林业产业可持续发展,推进标准化生产,提升林产品质量,根据《中华人民共和国标准化法》和《国务院关于印发质量发展纲要(2011~2020)的通知》(国发〔2012〕9号)有关规定,开展国家林业标准化示范企业(以下简称"标准化示范企业")认定工作,特制定本办法。

**第二条** 本办法所称标准化示范企业,是指经认定的,已运用标准化原理和方法建立完善标准化体系并有效运行,取得良好的经济、社会和生态效益,具有示范带动作用的林业企业。本办法所指林业企业主要包括林木、种苗、花卉、木竹藤及其制品、林产化工产品、林业机械等林产品生产企业。

**第三条** 国家林业局、国家标准化管理委员会联合成立国家林业标准化示范企业认定委员会(以下简称认定委员会),由相关部门、行业协会和单位组成,负责标准化示范企业认定工作。认定委员会下设秘书处,设在国家林业局科学技术司,负责标准化示范企业认定组织和日常管理工作。

**第四条** 认定委员会成立国家林业标准化示范企业专家委员会(以下简称专家委员会),负责示范企业专家评审工作。专家委员会由从事林产品研究开发、生产、管理、标准化、质检和认定评价等方面的专业人员组成。

**第五条** 标准化示范企业认定工作遵循公开、公平、公正、科学和企业自愿申请的原则。认定工作不向申请企业收取任何费用。

**第六条** 标准化示范企业认定每年一次,有效期三年。有效期满,被授予单位可再次申请认定,但应在有效期满前六个月提出。

**第七条** 申报企业基本条件:

(一)具有独立法人资格;生产经营活动需要行政许可的,应取得相应许可。

(二)产品在国内生产并有固定生产场所,有一定生产规模,有健全的质量管理体系。申报企业主要产品生产满三年。

(三)产品按照国际标准或国外先进标准、国家标准、行业标准、地方标准、企业标准组织生产,对产品生产环境、生产过程、质量控制和包装运输等实施全过程标准化管理。

(四)产品质量达到国家标准或行业标准要求,近三年内产品经国家监督抽查或行业监测抽查没有不合格记录,且未出现重大质量安全事故。

**第八条** 认定评价指标:

(一)标准实施情况:应建立标准化生产体系、

质量管理体系等并运行良好，标准实施效果良好，产品质量可靠。

（二）标准化人员情况：应有从事标准化和质量工作的人员。

（三）标准化能力情况：主要包括参与国际、国家、行业或地方标准制修订工作，以及获得各级政府标准奖励情况等。

**第九条** 申报材料：

（一）《国家林业标准化示范企业申请书》。

（二）营业执照复印件；生产经营活动需要行政许可的，应提供许可证明复印件。

（三）关于标准化生产状况和质量管理体系的有效证明文件。包括主要产品及其执行标准，企业标准化人员情况，产品质量控制体系建设等。

（四）国家监督抽查检验报告或行业监测抽查检验报告。

（五）参与国际、国家、行业和地方标准制修订的有效证明材料（如有）。

（六）所获各级政府标准奖励的证明材料（如有）。

（七）其他有效证明材料。如产品质量认证证书，质量管理体系认证证书等相关材料（如有）。

**第十条** 认定程序：

（一）申报。申请单位须按要求向省级林业主管部门提出申请，并提交第九条所要求的相关材料。申请单位提交的材料应真实可靠。

（二）推荐。各省级林业主管部门会同省级质监部门，对本地区申报材料进行审核并提出推荐意见，对符合条件的企业汇总后向认定委员会秘书处推荐。

（三）评审。认定委员会秘书处对申报材料进行形式审查，组织专家委员会进行评审。专家委员会对申报材料进行审查和评价，出具评审报告并对其报告负责，提出标准化示范企业建议名单。必要时可进行现场考察或要求申请企业进行陈述和答辩。专家委员会必须依法保守申报企业的技术秘密。

（四）审定。认定委员会对专家委员会评审结果进行审定，形成《国家林业标准化示范企业名单》初步意见，并向社会公示，公示期为十五天。

（五）认定。公示无异议的，形成正式《国家林业标准化示范企业名单》。

**第十一条** 对认定的标准化示范企业，国家林业局会同国家标准化管理委员会颁发“国家林业标准化示范企业”证书和牌匾，并在行业主要媒体向社会公布。

**第十二条** 对认定的标准化示范企业，国家林业局和国家标准化管理委员会在标准化研究、标准制修订、科技成果转化等方面给予支持；鼓励地方政府对标准化示范企业给予资金和政策支持，引导社会资源支持标准化示范企业。

**第十三条** 建立“国家林业标准化示范企业”监测制度。根据情况，对认定企业标准化生产、产品质量状况和标准实施示范等情况，开展定期或不定期的监测抽查。

**第十四条** 有下列情形之一的，撤销其标准化示范企业称号并向社会公布，且三年内不再受理其申请：

（一）有违反法律法规行为的；

（二）发生重大产品质量安全事故的；

（三）监测抽查不合格的；

（四）存在弄虚作假行为的；

（五）转产和破产的。

**第十五条** 本办法自发布之日起施行。

# 国家林业局关于公布第五批获得中国国家森林公园专用标志使用授权的国家级森林公园名单的通知

(林场发〔2013〕113号)

各省、自治区、直辖市林业厅(局),内蒙古、吉林、龙江、大兴安岭森工(林业)集团公司,新疆生产建设兵团林业局:

根据《中国国家森林公园专用标志使用暂行办法》的规定,经审查,我局同意授权山西太行大峡谷等49处国家级森林公园使用中国国家森林公园专用标志,现予公布。

各省级林业主管部门要认真履行职责,切实督促此次授权使用中国国家森林公园专用标志的国家级森林公园,严格贯彻执行《中国国家森林公园专用标志使用暂行办法》,确保中国国家森林公园专用标志的规范使用。

国家林业局

2013年7月26日

## 附件:第五批获得中国国家森林公园专用标志使用授权的国家级森林公园名单(共49处)

| 序号 | 国家级森林公园名称 | 授权书编号 |
|---|---|---|
| 1 | 山西太行大峡谷国家森林公园 | 00575 |
| 2 | 山西龙泉国家森林公园 | 00576 |
| 3 | 黑龙江长寿山国家森林公园 | 00577 |
| 4 | 黑龙江牡丹峰国家森林公园 | 00578 |
| 5 | 黑龙江三道关国家森林公园 | 00579 |
| 6 | 安徽万佛山国家森林公园 | 00580 |
| 7 | 合肥大蜀山国家森林公园 | 00581 |
| 8 | 安徽大龙山国家森林公园 | 00582 |
| 9 | 安徽皇藏峪国家森林公园 | 00583 |
| 10 | 安徽横山国家森林公园 | 00584 |
| 11 | 安徽妙道山国家森林公园 | 00585 |
| 12 | 安徽神山国家森林公园 | 00586 |
| 13 | 安徽石莲洞国家森林公园 | 00587 |
| 14 | 安徽敬亭山国家森林公园 | 00588 |
| 15 | 福建三元国家森林公园 | 00589 |
| 16 | 福建将乐天阶山国家森林公园 | 00590 |
| 17 | 福建闽江源国家森林公园 | 00591 |
| 18 | 福建九龙谷国家森林公园 | 00592 |
| 19 | 福建龙湖山国家森林公园 | 00593 |
| 20 | 福建武夷天池国家森林公园 | 00594 |
| 21 | 河南郁山国家森林公园 | 00595 |
| 22 | 河南神灵寨国家森林公园 | 00596 |
| 23 | 河南薄山国家森林公园 | 00597 |
| 24 | 湖南攸州国家森林公园 | 00598 |
| 25 | 湖南金洞国家森林公园 | 00599 |
| 26 | 湖南福音山国家森林公园 | 00600 |
| 27 | 湖南蓝山国家森林公园 | 00601 |
| 28 | 广西桂林国家森林公园 | 00602 |
| 29 | 广西元宝山国家森林公园 | 00603 |
| 30 | 广西飞龙湖国家森林公园 | 00604 |
| 31 | 重庆茂云山国家森林公园 | 00605 |
| 32 | 重庆歌乐山国家森林公园 | 00606 |
| 33 | 重庆酉阳桃花源国家森林公园 | 00607 |
| 34 | 重庆巴尔盖国家森林公园 | 00608 |
| 35 | 重庆观音峡国家森林公园 | 00609 |
| 36 | 重庆大园洞国家森林公园 | 00610 |
| 37 | 四川北川国家森林公园 | 00611 |
| 38 | 云南天星国家森林公园 | 00612 |
| 39 | 云南紫金山国家森林公园 | 00613 |
| 40 | 云南钟灵山国家森林公园 | 00614 |
| 41 | 云南金殿国家森林公园 | 00615 |
| 42 | 西藏玛旁雍错国家森林公园 | 00616 |
| 43 | 西藏班公湖国家森林公园 | 00617 |
| 44 | 西藏热振国家森林公园 | 00618 |
| 45 | 西藏尼木国家森林公园 | 00619 |
| 46 | 西藏然乌湖国家森林公园 | 00620 |
| 47 | 西藏姐德秀国家森林公园 | 00621 |
| 48 | 西藏比日神山国家森林公园 | 00622 |
| 49 | 吉林湾沟国家森林公园 | 00623 |

# 国家林业局关于进一步改进人造板检疫管理的通知

林造发〔2013〕123号

各省、自治区、直辖市林业厅(局),内蒙古、吉林、龙江、大兴安岭森工(林业)集团公司,新疆生产建设兵团林业局:

为深入贯彻落实国务院行政审批制度改革精神,促进人造板产业发展,根据《植物检疫条例》、《植物检疫条例实施细则》(林业部分)的有关规定和《国际植物保护公约》(IPPC)的履约要求,经调查研究,我局决定对人造板应施检疫范围和检疫管理方式进行调整和改进。现将有关事项通知如下,请遵照执行。

**一、实行人造板检疫分类管理**

根据人造板生产工艺的不同,对人造板检疫实行分类管理。其中,在确保不会造成林业有害生物传播危害的前提下,对具有热压、粉碎等工序且能够达到除害处理要求的人造板种类不实施检疫,具体种类名录见附件1;对附件1以外的人造板种类,继续按照国家有关规定实施检疫。

**二、加强人造板的木质包装材料管理**

运输人造板使用的木质包装材料是传播林业有害生物的重要载体。根据《国际植物保护公约》(IPPC)有关木质包装材料管理要求以及《进出境货物木质包装材料检疫管理准则》(GB/T 28060－2011)有关除害处理要求,对附件1范围内的人造板使用木质包装材料加施《国际植物保护公约》(IPPC)专用标识(以下简称IPPC专用标识)的企业,其运输人造板使用的木质包装材料在运出疫情发生区时不再实施现场检疫,并直接发给《植物检疫证书》,不收检疫费。IPPC专用标识式样及有关说明见附件2。

**三、强化人造板检疫监管**

各省级林业主管部门要加快职能转变,创新管理方式,提高行政效能和公共管理服务质量。要严格执行人造板及其木质包装材料的检疫政策,建立检疫追溯制度和IPPC专用标识加施企业数据库,加强事中事后监管。要与所在地的国家质量监督检验检疫总局直属检验检疫机构加强协作,做好有关人造板检疫管理工作。要充分发挥市场主体和社会团体的作用,支持行业协会等有关社会团体开展人造板行业自律、诚信管理。要加大检疫监管力度,对违规加施IPPC专用标识的企业,依法依规严肃查处。我局将不定期开展人造板检疫政策执行情况专项检查,对执行不力的将予以通报批评。

本通知自2013年11月1日起执行,有效期至2018年10月31日。《国家林业局办公室关于进一步明确人造板检疫范围的通知》(办造字〔2002〕32号)同时废止。

附件:

1. 不实施检疫的人造板种类目录
2. 木质包装材料专用标识式样及有关说明

国家林业局
2013年8月7日

## 附件1:不实施检疫的人造板种类目录

一、刨花板类。指以木材或其他非木质植物的刨花或碎料与胶黏剂混合并经热压而成,或与无机胶黏剂混合并经加压养护而成的一类板材。

二、纤维板类。指以木材或其他植物纤维为主要原料,施加或不施加胶黏剂,经粉碎、纤维分离、处理、成型、热压等工序制成的一类板材。

三、胶合板类。指由多层单板或木条构成板芯,表层为单板,经涂胶、组坯和加压而成的一类板材。其中,由厚度大于6毫米的木条构成板芯的胶合板和由松木加工成的胶合板除外。

四、饰面人造板类。指以刨花板、纤维板、胶合板为基材,表面覆贴单板或树脂浸渍纸经热压而成的一类板材，含强化木地板、实木复合地板。

## 附件2：质包装材料专用标识式样及有关说明

一、标识式样

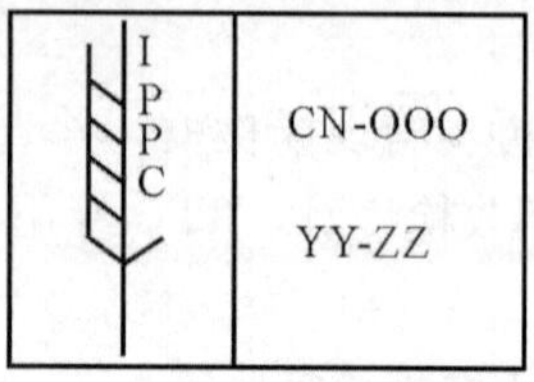


其中：

IPPC——指《国际植物保护公约》的英文缩写。

CN——指国际标准化组织(ISO)规定的中国国家编码。

000——指木质包装材料专业标识加施企业的编号。

YY——指除害处理方法。其中，溴甲烷熏蒸-MB，热处理-HT。

ZZ——指各省、自治区、直辖市行政区划2位数代码(如北京为11，上海为31)。

二、有关说明

(一)专用标识颜色一般为黑色，不能使用红色和橙色。

(二)专用标识可采用喷刷或电烙方式，加施于每件木质包装材料的显著位置，并至少在两个相对面加施。加施后标识应保证其具有永久性，且清晰易辨。

(三)标识规格为3厘米×5.5厘米、5厘米×9厘米及10厘米×20厘米三种，形状为长方形。加施专用标识的企业可根据木质包装大小任选一种。

# 国家林业局关于认定首批国家级核桃示范基地的通知

林造发〔2013〕137号

各省、自治区、直辖市林业厅(局)，内蒙古、吉林、龙江、大兴安岭森工(林业)集团公司，新疆生产建设兵团林业局：

核桃是我国重要的木本粮油资源，加大对核桃等木本粮油产业发展的支持力度，实施示范带动与扶优扶强战略，对于保障国家生态和粮油安全、促进农民增收致富、增加生态产品有效供给、优化居民膳食结构等具有重要意义。按照《国家林业局关于印发〈核桃示范基地建设指南〉通知》(林造发〔2011〕159号)和《国家林业局办公室关于印发〈国家级核桃示范基地验收认定暂行办法〉的通知》(办造字〔2012〕202号)，我局组织开展了国家级核桃示范基地验收认定工作。在各地申报、验收推荐的基础上，经过严格检查、评审和公示，我局认定河北省临城县绿岭等28个基地为首批国家级核桃示范基地(名单见附件)。

希望被认定的建设单位要积极创新发展模式，加快提升基地建设标准化和集约化经营水平，努力打造一流的核桃生产示范基地。各有关省(区、市)要加大对示范基地的指导和支持力度，在政策、资金、科技等方面适当倾斜，切实发挥其示范带动作用，推动核桃产业持续健康发展。

附件：首批国家级核桃示范基地名单

国家林业局

2013年8月29日

## 附件：首批国家级核桃示范基地名单

| 序号 | 基地名称(建设单位) |
|---|---|
| 1 | 河北省临城县绿岭国家级核桃示范基地(河北绿岭果业有限公司) |
| 2 | 河北省平山县葫芦峪国家级核桃示范基地(平山县葫芦峪农业科技开发有限公司) |
| 3 | 陕西省蓝田县大统国家级核桃示范基地(陕西大统生态产业开发有限公司) |
| 4 | 新疆维吾尔自治区温宿县国家级核桃示范基地(温宿县木本粮油林场) |
| 5 | 山西省汾阳市汾州裕源国家级核桃示范基地(汾州裕源土特产品有限公司) |
| 6 | 湖北省兴山县张家河流域国家级核桃示范基地(湖北智慧果林业科技有限公司) |
| 7 | 云南省大姚县三台乡国家级核桃示范基地(大姚县三台彝峰核桃专业合作社) |
| 8 | 陕西省黄龙县圣地红国家级核桃示范基地(黄龙县四条梁圣地红果业农民专业合作社) |
| 9 | 浙江省临安市林佳国家级核桃示范基地(临安林佳绿色食品有限公司) |
| 10 | 安徽省宁国市南极乡国家级核桃示范基地(安徽詹氏食品有限公司) |
| 11 | 山东省历城区高而国家级核桃示范基地(历城区三川果品苗木专业合作社) |
| 12 | 山东省泗水县青龙山流域国家级核桃示范基地(泗水县华鑫核桃种植专业合作社) |
| 13 | 云南省凤庆县核艺阁国家级核桃示范基地(凤庆县核艺阁核桃专业合作社) |
| 14 | 安徽省绩溪县万富山国家级核桃示范基地(绩溪县山里佬徽菜原料专业合作社) |
| 15 | 山东省沂源县宏阳国家级核桃示范基地(沂源宏阳核桃专业合作社) |
| 16 | 四川省南江县桥亭乡国家级核桃示范基地(南江县核桃产业开发有限公司) |
| 17 | 新疆兵团一师三团国家级核桃示范基地(新疆生产建设兵团一师三团) |
| 18 | 河北省涉县岭底国家级核桃示范基地(涉县惠农农产品专业合作社) |
| 19 | 山西省蒲县山中乡国家级核桃示范基地(蒲县兴农核桃专业合作社) |
| 20 | 山东省峄城区峨山镇马寨国家级核桃示范基地(峄城区马寨核桃种植专业合作社) |
| 21 | 湖北省房县军店镇青沟国家级核桃示范基地(房县军店核桃生产农民专业合作社) |
| 22 | 四川省盐亭县玉龙镇国家级核桃示范基地(盐亭县金土地农林发展有限公司) |
| 23 | 云南省永平县天绿国家级核桃示范基地(永平天绿核桃专业合作社) |
| 24 | 云南省昌宁县耈街乡国家级核桃示范基地(昌宁县耈街乡兴农金果泡核桃专业合作社) |
| 25 | 陕西省丹凤县棣花镇国家级核桃示范基地(丹凤县华盛核桃专业合作社) |
| 26 | 河北省涞源县走马驿国家级核桃示范基地(涞源县甘霖土特产购销有限公司) |
| 27 | 山西省垣曲县华峰乡国家级核桃示范基地(垣曲县林丰种植专业合作社) |
| 28 | 辽宁省建昌县雷家店乡国家级核桃示范基地(建昌县雷家店正旺核桃生产专业合作社) |

# 国家林业局关于加快林业专业合作组织发展的通知

林改发〔2013〕153 号

各省、自治区、直辖市林业厅(局)，新疆生产建设兵团林业局，各计划单列市林业局，国家林业局各司局、各直属单位：

为深入贯彻落实《中共中央国务院关于加快发展现代农业进一步增强农村发展活力的若干意见》和全国深化集体林权制度改革百县经验交流会议

精神，进一步深化集体林权制度改革，切实促进林业专业合作组织建设，现将有关事项通知如下：

**一、高度重视，充分认识加强林业专业合作组织建设的重要意义**

当前，我国林业发展进入了一个新的重要战略机遇期，党的十八大作出了建设生态文明的战略部署，绘制了建设美丽中国的宏伟蓝图，提出了发展林业是建设生态文明的首要任务，确保生态安全、推进绿色发展、建设美丽中国，必须培育和壮大林业生产经营组织，充分激发农村林业生产要素潜能。

创建新型林业生产经营组织是推动现代林业发展的核心和保障。《中共中央 国务院关于加快发展现代农业进一步增强农村发展活力的若干意见》明确提出，“农民合作社是带动农民进入市场的基本主体，是发展农村集体经济的新型实体，是创新农村社会管理的有效载体”，“培育和壮大新型农业生产经营组织，充分激发农村生产要素潜能”。发展林业专业合作组织是提高林业组织化程度，推动分散经营向专业化、规模化经营转变，为林农服务的最主要的载体，是林业科技推广最重要的载体，是落实强林惠农政策最重要的平台，也是构建现代林业经营体系的重要基石。发展林业专业合作组织对巩固林业改革成果、带动农民增收致富、发展生态林业与民生林业、建设生态文明，具有十分重要的意义。

各地一定要高度重视，深刻领会加强林业专业合作组织建设的重要意义，切实担负起组织、协调和指导林业专业合作组织工作的责任，摸清本地区林业专业合作组织发展情况、主要做法和经验及存在问题，有针对性地采取强有力措施，积极推进林业专业合作组织健康发展。

**二、强化措施，不断落实林业专业合作组织发展政策**

各级林业主管部门要按照“积极发展、逐步规范、强化扶持、提升素质”的要求，采取有力措施，加大力度、加快步伐，发展林业专业合作组织。要鼓励农民兴办林业专业合作社、股份合作林场、家庭林场、林业协会等多元化、多类型林业专业合作组织。重点支持林业专业合作组织开展林下经济、造林绿化、森林抚育、苗木花卉、经济林、加工储藏、流通运输、市场营销、生产经营、信息平台建设等生产经营和服务活动。引导林业专业合作社以产品和产业为纽带，开展与科研院所和企业的合作与联合，积极探索组建林业专业合作社联社。各级林业主管部门要积极协调工商管理等有关部门，明确设立林业专业合作社这一登记类型，并在林业专业合作社联社登记管理办法上有新突破。

要强化政策落实，把林业专业合作社示范社作为政策扶持重点。各级林业主管部门要主动加强与发展改革、财政、科技、工商、税务、金融等部门的沟通协调，争取更大的支持，确保各项扶持政策和保障措施落实到位。各地要因地制宜，不断增加对林业专业合作组织发展扶持资金，加大对林区道路、供水、供电、通信、森林防火等基础设施的投入，支持林业专业合作组织改善生产经营条件、增强发展能力。要探索建立涉林项目与林业专业合作组织广泛对接的长效机制，安排部分财政投资项目直接投向符合条件的林业专业合作组织。要逐步扩大造林绿化、森林抚育、林木培育种植、荒漠化治理、山区综合开发、林业科技推广等林业重点生态工程项目由林业专业合作组织承担的规模。要对示范社建设鲜活林产品仓储物流设施、兴办林产品加工业给予补助。要引导国家补助项目形成的资产移交合作社管护，指导合作社建立健全项目资产管护机制。

全面落实“农民专业合作社享受国家规定的对农业生产、加工、流通、服务和其他涉农经济活动相应的税收优惠”的法律规定，进一步研究支持林农专业合作社发展的其他税收优惠政策。要按照国家关于“完善合作社税收优惠政策，把合作社纳入国民经济统计并作为单独纳税主体列入税务登记，做好合作社发票领用等工作”等要求，落实相关政策。要积极争取金融部门在信用评定基础上对示范社开展联合授信，有条件的地方予以贷款贴息，规范林业专业合作社开展信用合作。要协调相关部门做好适合林业专业合作社生产经营特点的保险产品和服务。

要促进规范化建设。各地要抓紧研究制定有关林业专业合作社的认定标准和管理办法。要积极创造条件，启动实施林业专业合作组织信息化建设工程试点，推动林业专业合作组织标准化建设。引导农民开展森林产品、林下经济产品认证，绿色、有机、无公害、地理标志产品的“三品一标”建设，推进品牌建设。

**三、加强组织领导，积极推进林业专业合作组织建设**

各级林业主管部门要以贯彻落实中央一号文件为契机，紧紧围绕当地林业改革发展现状和工作实际，研究制定本地区具体实施意见，并组织实施。

要健全工作指导体系。要确定机构和人员专门负责指导林业专业合作组织的建设和发展，构建长效工作机制。要加强调查研究，不断发现新情况、新问题，积极探索新措施、新办法，及时总结经验，研究解决推进林业专业合作组织建设中的重大问题，不断提高建设工作水平。

要推动示范社建设。按照“实行部门联合评定示范社机制，分级建立示范社名录”的要求，做好示范社评定工作，把示范社作为政策扶持重点。今后，国家林业局将继续推进林业专业合作社示范县、示范社建设。规划到2017年，将建设200个全国林业专业合作社示范县及2000个示范社，20%的农户加入农民林业专业合作组织，经营林地面积占集体林地面积达20%。根据当地实际，各地要围绕速生丰产林、经济林、林下经济、森林景观利用、苗木花卉、特色驯养繁殖等林产品生产及加工、销售，发现总结并打造一批有品牌、效益好的林业领军社、重点社、典型示范社。

要加强服务体系建设。建立网络信息服务平台。充分发挥林业专业合作社、专业服务公司、专业技术协会、股份合作林场、家庭林场、农民经纪人队伍、涉林企业等林业经营性服务组织的生力军作用，大力开展有害生物防治、动植物疫病防控、森林防火、林木采伐、林权流转、资源评估等方面的生产性服务和市场信息服务，推广新品种、新技术、新机械。鼓励支持高等科研院所与林业专业合作组织开展多种形式的技术合作。采取政府订购、定向委托、奖励补助、招标投标等方式，引导林业专业合作组织为林业生产经营提供低成本、便利化、全方位的公益性服务。开展“专家进社”、“辅导员联系社”送服务行动。

要加强培训。设立林业专业合作组织带头人人才库，建立林业专业合作组织人才培训专项资金，建设林业专业合作组织人才培养实训基地。建立健全辅导员联系合作社制度。广泛开展合作社带头人、经营管理人员和辅导员培训，引导高校毕业生到林业专业合作组织工作，不断提升合作组织素质，使林业专业合作组织不断发展壮大，为发展生态林业和民生林业作出积极贡献。

国家林业局

2013年9月12日

# 国家林业局办公室
# 关于公布首批国家林下经济示范基地名单的通知

办改字〔2013〕120号

各有关省、自治区、直辖市林业厅（局），大兴安岭林业集团公司：

为贯彻落实《国务院办公厅关于加快林下经济发展的意见》（国办发〔2012〕42号）精神，大力推进林下经济示范基地建设，进一步发挥各地林下经济先进典型的示范带动作用，结合全国林下经济发展现状和各地推荐情况，经专家评审和网上公示，我局确定了首批“国家林下经济示范基地”（以下简称“示范基地”，具体名单详见附件）。现将有关事项通知如下：

一、各示范基地要发挥示范作用。要通过发展林下经济，在促进造林育林护林、促进森林资源增长方面作出表率，在带动农民（职工）就业增收、脱贫致富、优化山区林区经济结构等方面当好示范。要不断顺应林下经济发展新趋势，进一步做好基地规划、品种选择、市场建设等方面的工作，加强和规范基地建设、运行管理，提高发展质量和水平。

二、形成发展林下经济的合力。在示范基地创建过程中，各地要积极协调有关部门，把基地建设的道路、水利、通信、电力等基础设施建设纳入当地经济社会总体规划统筹安排，积极出台扶持林下经济发展的公共财政扶持措施，形成发展林下经济的合力。

三、各项林业政策要与示范基地建设紧密结合。各地要切实贯彻落实《国务院办公厅关于加快林下经济发展的意见》，结合实际，充分发挥政策、资金、项目的引导和拉动作用，在基地规划布局、技术改造、林权抵押贷款、森林保险、林业重点建设项目和专项资金安排、公共服务平台建设等方面对示范基地予以重点支持。

四、高度重视示范基地创建工作。各地要把示范基地创建作为实践党的群众路线、促进农民增收致富、发展生态林业民生林业的重要举措，积极争创国家林下经济示范基地，加快各级林下经济示范基地创建工作。认真总结交流示范基地的成功经验与做法，以点带面，推进各地林下经济快速健康持续发展。

我局将对国家林下经济示范基地实行动态管理，定期对示范基地建设情况进行评估监督。对合格的示范基地予以保留确认，对不合格的将取消“国家林下经济示范基地”称号。

附件：首批20家国家林下经济示范基地名单

国家林业局办公室

2013年9月30日

## 附件：首批20家国家林下经济示范基地名单

| 序号 | 国家林下经济示范基地名单 |
|---|---|
| 1 | 天津市静海县 |
| 2 | 辽宁省本溪市 |
| 3 | 安徽省黄山区 |
| 4 | 福建省武平县 |
| 5 | 江西省武宁县 |
| 6 | 山东省蒙阴县 |
| 7 | 河南省栾川县 |
| 8 | 湖南省靖州县 |
| 9 | 广西壮族自治区浦北县 |
| 10 | 海南省儋州市 |

| 序号 | 国家林下经济示范基地名单 |
|---|---|
| 11 | 贵州省毕节市 |
| 12 | 云南省思茅区 |
| 13 | 陕西省宁陕县 |
| 14 | 甘肃省泾川县 |
| 15 | 新疆维吾尔自治区昌吉回族自治州 |
| 16 | 大兴安岭林业集团公司 |
| 17 | 北大未名生物工程集团有限公司 |
| 18 | 内蒙古王爷地苁蓉生物有限公司 |
| 19 | 广西合浦佳永金花茶开发有限公司 |
| 20 | 宁夏回族自治区心雨林下产业专业合作社 |

# 《全国优势特色经济林发展布局规划(2013～2020年)》

经济林是以生产果品、食用油料、饮料、调料、工业原料和药材为主要目的的林木，是森林资源的重要组成部分。经济林具有生态和经济双重属性，集经济、生态和社会效益于一身，与国计民生息息相关，对改善生态和民生、维护国家粮油安全、优化居民膳食结构、发展战略新兴产业发挥着重要作用。

进入新世纪以来，全国上下认真贯彻落实《中共中央 国务院关于加快林业发展的决定》，以增加森林资源、发展农村经济、促进农民增收、全面建设小康为目标，深化改革，依靠科技，加大扶持，经济林发展取令人瞩目的成绩。但总体上看，经济林发展基础十分薄弱，产业化水平仍然偏低。尤其在发展布局上存在重点不够突出，结构不尽合理，优势不够明显等问题。为有效解决这些问题，缓解资源环境压力，引导经济林产业健康发展，尽快出台优势特色经济林发展布局规划显得尤为重要。

当前，我国已经进入全面建成小康社会的决定性阶段。实现党的"十八大"及十八届三中全会确定的奋斗目标，促进农村经济和产业结构调整，推动农民增收、就业、脱贫、致富，满足人民群众日益增长的物质文化需求，建设生态文明和美丽中国，必须坚持党中央、国务院确定的以生态建设为主的现代林业发展战略，将改善山区、林区民生放在更加突出的位置，大力发展经济林。为充分发挥经济林对改善生态和民生的重要作用，综合考虑我国资源禀赋、发展环境、市场潜力和国计民生的关联程度，首批选择木本油料、木本粮食、特色鲜果、木本药材、木本调料五大类中30个优势特色经济林树种，进行科学布局，重点引导发展，特制定本规划。

## 一、经济林发展现状及面临形势

### （一）主要成就

新世纪以来，林业进入了以生态建设为主的历史时期。党中央国务院从全面建设小康社会的战略全局出发，高度重视发展经济林对促进山区尤其是贫困地区农民脱贫致富的重要作用，相继出台了一系列鼓励和支持经济林发展的政策。在国家扶持政策、集体林权制度改革和市场作用的驱动下，经济林呈现快速发展的良好局面。

——综合生产能力稳步提升。随着天然林保护、退耕还林等重大生态工程的深入实施，我国经济林种植面积不断扩大、产量稳步提高、产值大幅增长。新造经济林连续多年以百万公顷的速度增长，占新增造林面积比重达到20%。并呈继续增长趋势。目前，全国已建成经济林良种繁育基地（种质资源库、苗圃）4273处，年提供苗木50亿株，基本满足经济林的发展需求。截至2012年底，全国经济林种植面积达3560万公顷，占有林地面积的18.2%，经济林产品年产量达到1.42亿吨，与"十五"末相比分别增加38%、54%，面积和产量均居世界前列。经济林产品种植与采集产值2012年达到7752亿元，占林业第一产业产值的56.4%，与"十五"末相比增加2.4倍。主要特色干鲜果品产品年出口额3.2亿美元，比"十五"末增长60%，继续保持在国际市场上的竞争优势。

——产业带动与生态服务功能明显增强。经济林种植规模的不断扩大，有力带动了下游产业加快发展，产业整体实力不断提升。目前，全国经济林果品加工、贮藏企业2万多家，其中大中型企业1900多家，年加工量1600万吨，贮藏保鲜量1200万吨，年加工储藏产值突破1600亿元，比2005年增长近两倍；以经济林为依托的观光采摘、休闲度假、乡村旅游和节庆活动蓬勃兴起，有力促进了农村特别是山区经济社会繁荣发展。截至2012年，经济林产业产值超过1万亿元，对林业产业的贡献率达到25%以上。同时，新造经济林大部分为生态、经济兼容性树种，且适合在山区、丘陵和干旱贫瘠地区生长，在绿化荒山、保持水土、涵养水源、防沙治沙、固碳释氧、维护生物多样性等方面功效十分显著。据不完全统计，近5年新造的经济林，近1/5是在宜林荒山、荒坡上种植的，累计增加有林地面积120万公顷，提高森林覆盖率约0.1个百分点。

——经济林发展的优势特色更加突出。近年来，各地按照国家确定的主体功能定位，紧密结合本地资源优势，注重树种、品种结构调整，重点发展具有市场潜力的特色树种和优良品种。通过良种选育，推广先进适用技术，扩大基地化生产，实施示范带动，有力促进了品种优化和品质提升，初步形成了优势特色经济林的发展格局。截至2012年，全国木本油料、木本粮食、特色鲜果、木本药材、木本调料5大类中的30个优势特色经济林树种种植面积达1673万公顷，产品年产量1550万吨，产品种植与采集产值2100亿元，与"十五"末相比，面积增长15.6%，产量增长84.3%，产值翻了一番。发展速度和比较效益均高于一般经济林，所占比重进一步加大，优势特色更加明显。"十一五"期间，利用农业综合开发资金，先后新建名特优经济林示范基地597个，使30多个木本粮油和名特优品种得到很好示范推广，油茶、核桃、板栗在育苗技术上取得重要突破，枣的发展注重了鲜食品种的扩大栽培，主要木本粮油树种基本实现品种化栽培和基地化发展，形成了具有独特优势的木本粮油集中产区和鲜明区域特点的特色产品产业带。目前，由国家林业局、中国经济林协会命名的“中国名特优经济林之乡”达到421个。优势特色经济林栽培面积超过100万公顷的有5个省(区、市)，产值超过100亿元的有8个省(区、市)。优势特色经济林产品涌现出一批全国性的地理标志产品、知名品牌和中国驰名商标。

——山区经济和农民生活得到显著改善。目前我国从事经济林种植的农业人口约为1.8亿，人均来自于经济林种植的收入约为560元，占农民人均纯收入的10%左右。而根据全国林业重点省(区)的调查统计，其中从事优势特色经济林种植的农业人口约为1亿，农民种植优势特色经济林年人均收入达到1220元，占农民人均纯收入的21%。在一些生产油茶、核桃、枣等木本粮油的山区大县，农民来自于优势特色经济林种植经营的收入比例达到60%以上。农民通过因地制宜发展优势特色经济林，不仅绿化了荒山，改善了生态，而且增加了收入，探索出一条“不下山也能生活，不砍树也能致富”的生态就业门路。

总结近年来经济林发展的基本经验，主要有以下几个方面。一是国家政策扶持，政府积极引导。国家与各级地方政府出台了一系列好的扶持政策，制订了一些相应的规划，采取有力措施，促进了优势特色经济林产业快速发展。二是坚持科技先行，示范带动。注重发挥科技支撑和示范引领作用，优先建设的一批种苗繁育基地和生产示范基地，为发展优势特色品种，打造名特优产品发挥了重要推动作用。三是改革激发活力，创新发展机制。集体林权制度改革，为农村经济发展增添了动力，各地在体制、机制和经营模式上大胆创新，实现了多元化发展，逐步走上“产业发展、企业增效、农民增收，社会稳定”的生态经济良性发展轨道。

*(二)存在问题*

——布局结构不尽合理。经济林发展整体上缺乏科学规划布局，结构性矛盾突出，特色优势不够明显。部分地区贯彻适地适树原则不力，在树种的选择上盲目引种栽培，优势乡土资源开发利用少；产品结构相对单一，呈现趋同化态势，名特优所占比重较小，缺乏特色竞争优势，难以满足市场多样化需求。部分大宗产品成熟期集中上市，出现区域性、结构性过剩，导致价格下降、出售困难。苗木市场比较混乱，种质资源保护力度不够，市场缺乏有效监管。

——集约化经营程度较低。经济林生产仍以家庭分散经营为主。据第七次全国森林资源清查结果显示，我国经济林实施集约经营的面积只占42.4%，大部分还处于粗放经营和疏于管理状态，需要抚育和更新改造的经济林占有较大比重。基地建设水平不高，水电路等基础设施条件落后，机械化率低，抗灾减灾能力较差，综合产出能力不强。品种改良与丰产栽培技术应用不足，部分品种老化，品质退化，个别地区病虫害存大扩大趋势。良种选育推广工作相对滞后，良种不得良法，推广应用面较窄。农民科技文化素质偏低，缺乏专业技术培训。

——产业化水平亟待提升。经济林产品整体上处于简单利用和初加工水平，全国平均加工量仅占总产量的12%，储藏量仅占全国总产量的10%。由于缺少产品的系列开发和深度加工利用，产品附加值低，整体效益不高，加上企业规模小，数量少，技术较为落后，商品化处理程度偏低，企业带动能力不强，产业集中度不高，竞争力明显不足。

——社会化服务体系不健全。目前，全国有干鲜果品交易市场1549个，但经济林产品年交易额仅561亿元。经济林产品大多还停留在自产自销和客户上门收购阶段，全国性专业经济林产品交易市场很少，产业组织化程度严重偏低。由于不能实现产销衔接，加上缺乏辐射能力强的产地批发市场和营销企业带动，专业合作组织、行业协会发展相对滞后，产品流通、市场信息、专业化技术服务等社会化服务体系不完善，特别是县、乡两级技术服务力量薄弱，制约了经济林产业的健康发展。

——政策扶持力度不够。适宜经济林发展的地区大多处在偏远山区和贫困落后地区，以农民为主体，国家强农惠农政策很少惠及到经济林种植户和林业专业合作社。经济林产业发展中的设施改善、品种改良、基地建设和加工企业的技术升级改造难以推动，产业发展的质量和效益难以得到尽快提高。

（三）发展趋势

党的“十八”大提出了到2020年全面建成小康社会，实现人均收入翻番的奋斗目标，确定了生态文明建设纳入“五位一体”的总体战略布局，为新时期林业建设提出了更高的要求。面对新的形势和任务，经济林发展面临着难得的机遇。切实转变经济林发展方式，妥善应对市场需求刚性增长、水土和劳动力等资源约束日趋紧张及市场竞争进一步加剧等不利因素的挑战，加速推进优势特色经济林产业健康发展，为建设生态文明和全面实现小康做出积极贡献，成为当前乃至今后一段时期对经济林发展的必然要求。

——在发展方向上，由传统的自然资源开发向资源的可持续经营利用和绿色发展转变。近年来，由于气候变暖、环境变化导致的极端天气、自然灾害与病虫害频繁发生，生态环境与食品安全备受社会关注。发展经济林绝不能以牺牲环境、破坏环境、危害人的健康为代价，要以资源保护和可再生资源培育为基础，兼顾生态和社会效益，注重保护、培育和综合利用相互促进和协调推进，坚持走优质、高效、生态、安全的可持续绿色发展道路。

——在生产方式上，家庭分散经营、粗放管理向规模化、标准化和集约化经营转变。着力克服生产规模小、组织化程度不高的制约瓶颈，采用标准化的作业方式，规范生产加工行为，实行相对集中连片的规模化种植、专业化经营和市场化运作。积极培育专业合作社、种植经营大户、家庭农(林)场等新型经营主体，强化产前、产中、产后各环节的社会化服务，提升经济林发展的组织化水平。

——在产品结构上，注重由生产初级产品为主向深加工、多功能、特色化方向转变。延长产业链，增加附加值，推进经济林一、二、三产业联动发展。重点开发涉及国家粮油安全，保障基本供应的优势产品，市场对路且发展潜力大的名特优产品，以及依托特色经济林资源开展的生态观光和乡村旅游度假等，丰富市场的多样化需求。相对耕地而言，我国林地资源相对丰富，发展经济林的空间广阔，科技提升和深加工的潜力巨大。

——在经营模式上，由单一数量扩张向提高林地的综合产出效益转变。积极推进优势特色产业区域化布局，依据资源、市场条件和经济林生产特点，倡导采用大基地小农户、大园区小业主、大区域小规模的发展模式，合理确定种植和经营规模，实现大市场与小生产的有效对接。积极推广合理间作、循环利用等复合经营模式，实现以短养长，优势互补。努力提高资源利用率、林地产出率和劳动生产率。

**二、发展优势特色经济林的战略意义**

（一）保障和改善民生、促进农民增收致富的需要

保障和改善民生是我国加快转变经济发展方式、实现科学发展的根本出发点和落脚点。我国山区和林区的面积占国土面积的69%，人口占全国的56%，经济发展相对滞后，民生问题更为突出。全面实现小康，重点在农村，关键在山区和贫困地区。由于资源分布和地理条件，种植经济林成为发展山区经济的重要支柱。同时，经济林产业涵盖范围广、产业链条长、产品种类多，能吸收大量的劳动力，是山区就业和农民增收的有效途径。充分挖掘山区资源潜力，优化经济林培育布局，在适宜区域发展适宜的经济林品种，是活跃山区经济、解决农民脱贫致富的最佳选择，对实现农民收入倍增、全面建成小康社会意义重大。

（二）有效利用国土资源、保障国家粮油安全的需要

我国耕地资源有限，粮油供需矛盾突出。当前受耕地资源、市场比较优势等因素制约，我国食用植物油主要依赖进口，对外依存度达65%，已成为全球最大进口国。以油茶、核桃等为代表的木本油料，其果实含油量和营养价值高，种植区域主要在山区，不与传统的粮油生产争地，开发利用及市场需求潜力巨大。我国现有4400万公顷的宜林荒地和沙荒地，如果能拿出其中的1000万公顷用来种植木本油料作物，即可年提供500万吨优质木本油料食用油，节约耕地和替代进口的

作用显著，对有效缓解我国粮油安全压力具有重要战略意义。

(三)促进资源绿色增长、建设生态文明的需要

加强生态资源培育和保护，提高生态文明建设水平，是加快转变经济发展方式、实现科学发展的重要着力点。经济林是森林生态、经济、社会效益结合最为紧密的林种，发展经济林能有效增强生态产品的产出功能，不仅直接为当地群众带来可观的经济收益，还能够产生保持水土、防风固沙、调节气候、丰富生物多样性等良好的生态效益，为生态建设、森林旅游和生态文化发展奠定了重要基础。在我国实施天然林保护、退耕还林、防沙治沙、荒漠化治理和重点区域防护林体系建设等重大林业生态工程中，种植和发展经济林一直深受当地农民群众欢迎，所占比例逐年增加，综合效益越发显现，发展经济林已成为生态林业和民生林业协调推进的重要载体。

(四)深入推进林业改革、巩固发展成果的需要

我国全面实施集体林权制度改革后，极大地调动了广大农民从事林业生产经营的积极性。农民利用分得的林地经营权，选择种植市场看好、综合效益较高的经济林，已经成为山区和贫困地区经济发展的一大亮点。各地的成功实践表明，发展优势特色经济林是实现“经济得发展，农民得实惠”的必然选择。适应深化改革和加快发展的新形势，切实发挥市场调节的决定性作用，充分尊重广大农民的选择权和经营自主权，是保护好农民的积极性，巩固改革发展已取得的成果的必然要求，对深入推进林业各项改革，让广大农民充分享受改革和发展的成果，推动现代林业全面健康发展意义重大。

(五)优化饮食消费结构、提高居民健康水平的需要

经济林产品种类多，涉及木本油料、木本粮食(干果)、鲜果、饮料、调料、森林食品、药材和工业原料等八大类，千余个品种，大部分为居民生活中所必需的生活资料。以核桃、油茶、油橄榄、板栗、大枣为代表的木本粮油类产品，富含维生素、氨基酸等营养物质，既是很好的粮油代用品，又是极好的营养保健食品，对某些疾病有预防和治疗功效。木本药材和调香料是我国特有或珍稀的宝贵资源，不仅为居民防病治病和日常生活所需，而且是有国际市场上的竞争优势。大力发展优势特色经济林，对于满足我国居民饮食的多样化需求，改善居民膳食结构，提高人民健康水平具有重要促进作用。

**三、优势特色经济林发展布局的总体思路**

(一)规划范围

按照“突出特色，统筹规划，科学引导，分步实施，重点扶持”的基本思路，综合考虑适合在山区、丘陵区以及其他宜林荒地、荒滩种植，兼顾生态效益突出，优势特色突出且资源和生产条件较好，具备较大发展潜力和市场前景，在国际市场具有显著竞争优势或国内市场需求量较大，对拉动地方经济、推进农民增收致富有典型促进作用等主要选择条件，近期从5大类经济林中的近千个树种中选择30个重点优势特色树种，列入规划范围，优先规划布局，重点予以扶持。

(二)指导思想

坚持邓小平理论、“三个代表”重要思想、科学发展观为指导，深入贯彻落实党的十八大及十八届三中全会精神，以提高农民收入为根本目标，按照“生态建设产业化、产业发展生态化”的要求，调结构、转方式，大力推进布局区域化、栽培品种化、生产标准化、产品特色化和经营产业化，充分发挥比较优势，实施扶优扶强非均衡发展战略，加强宏观引导，实施政策倾斜，合理配置生产要素和市场资源，重点培育特色产品和优势产区，为维护国家生态和粮油安全，加快推进农村全面建成小康做出积极贡献。

(三)基本原则

1. 坚持市场导向，政府积极扶持

充分发挥市场对资源配置的决定性作用，以市场需求为导向，以质取胜，促进优势产品提质增效。加大政府扶持力度，实施扶优扶强战略，重点支持市场前景广阔、对农民增收效果明显的优势特色经济林产业发展。充分尊重农民意愿与经营自主权，保护农民合法权益，通过示范引导和培育市场做好服务，激励农民参与优势特色经济林产业建设，实现增收致富。

2. 坚持因地制宜，注重特色发展

按照适地适树、比较优势、适度规模的要求，综合考虑水、土、气等自然资源条件和资金、市场、技术等环境因素，充分发挥资源禀赋优势，突出特色发展，强化科技引领作用。以资源培育为基础，以优质、丰产、高效为目的，采取改造与新建相结合、面上发展与示范引导相结合的方式，培育优势产区，优化产业布局，发展壮大特色主导产业。

3. 坚持统筹兼顾，产业整体开发

以保护好生态环境为前提，兼顾生态、经济和社会效益，推动经济林一、二、三产业联动发展。重点发挥龙头企业、专业合作组织、家庭农(林)场和种植大户的示范带动作用。加快优势特色经济林产业生产、加工、流通一体化进程，着力培育新型社会化服务组织，加速构建现代经济林产业体系。立足产业整体开发，打造名牌，延长产业链条，构建优势产业集群，提高产业的整体素质和效益。

4. 坚持创新机制，社会广泛参与

建立保障特色经济林发展、促进农民增收的长效机制，进一步整合财政投入，优化资金和信贷投放结构，加大优势特色经济林产业发展的支持力度。完善林业在重点工程、造林补贴、森林抚育补贴、林木良种补贴、森林保险和对重点龙头企业贷款、贴息等方面的扶持政策，保护和调动农民发展优势特色经济林的积极性，积极引导社会资本参与优势特色经济林产业发展。

(四)发展目标

力争通过8年努力，初步形成科学合理、特色鲜明、功能健全、效益良好的优势特色经济林发展格局，实现优势特色产品供给、粮油安全保障、富民增收能力显著增强。到2020年，重点发展在国内外市场上有较强竞争力、对农民增收带动作用明显的30个树种构成的优势特色经济林，培育一批特色突出、竞争力强、国际知名的优势产区，建设一批高产、优质、高效、生态的重点县，形成一批规模化、标准化、品牌化的产业示范基地。

——产品供给能力。到2020年，优势特色经济林种植面积达到2480万公顷，增长49%，产品年产量达到3650万吨，增长1.4倍。其中，油茶、核桃、枣、板栗、仁用杏(山杏)等为主的木本粮油经济林面积增长60%，产量增加4倍。

——质量安全水平。到2020年，优势特色经济林良种使用率达到90%以上；抗逆性和稳定性不断增强；无公害、绿色、有机产品认证基地面积在现有基础上增加50%以上，产品抽检合格率达95%以上，优质产品率达到80%以上。优势特色经济林产品标准化生产水平显著提高，全程监管能力不断加强，市场秩序更加规范，市场知名度稳步提高。

——产业综合实力。到2020年，优势特色经济林第一产业年产值6000亿元，增加1.8倍；果品加工比例达到30%，产品贮藏保鲜比例达到35%。优势特色经济林产品产、加、销一体化程度明显提高，产业加工规模化、集群化水平显著提升。

——富民增收效果。到2020年，累计提供就业机会50亿工日，规划区内农民来自优势特色经济林年收入达到3000元，增长1.5倍。

——粮油安全保障能力。到2020年，木本油料年产量达1100万吨，占国内油料产量的比重由6%提升到10%；木本粮食年产量达1350万吨。木本粮油折算节约耕地面积约615万公顷。

(五)总体布局

依据《中国林业发展区划》，综合考虑自然立地条件、资源分布状况和社会发展水平，按照合理区划、分类指导、突出重点的要求，着重培育五大优势特色经济林片区：东北中温亚寒带片区、西北大陆性温带片区、华北黄河中下游暖温带片区、南方丘陵山地亚热带片区和西南高原季风性亚热带片区。

1. 东北中温亚寒带片区

范围东起长白山，西至呼伦贝尔草原、科尔沁沙地，南接燕山山脉，北以大小兴安岭为界。区内以东北平原和蒙古高原为主体，山地、沙地、林地资源丰富。行政范围涉及黑龙江、吉林、辽宁、内蒙古等4个省(自治区)。气候为湿润型温带气候，年降水理由东向西自1000毫米降到400毫米，年均温-4~6℃，无霜期100~160天，生长期短。适宜栽植的主要经济林有仁用杏(山杏、大杏扁)、果用红松、榛子、秋子梨、树莓、蓝莓、山葡萄、东北红豆杉、北五味子、刺五加、食用菌、山野菜等。该区重点发展仁用杏(山杏、大杏扁)、榛子、果用红松、蓝莓和沙棘等优势特色经济林。

2. 西北大陆性温带片区

范围东起浑善达克沙地，西至中国与吉尔吉斯斯坦、哈萨克斯坦的国境线，南到西昆仑山、阿尔金山、祁连山、六盘山及长城沿线，北与俄罗斯、蒙古接壤。行政范围涉及新疆、青海、甘肃、宁夏、内蒙古5省(区)。本区地处我国西北部，地域辽阔，地貌呈以山地、盆地、丘陵、平原和风沙地貌相间分布的复杂格局，沙漠戈壁沙地所占比重大。气候为温带大陆性气候，干旱少雨、多风沙，由东向西年均降水量从400毫米锐减到200毫米以下；气温相差大，年均气温2～12℃，而塔里木盆地一些地方和吐鲁番盆地、银川盆地属暖温带气候。农业林业依靠高山的雪水和大河水灌溉，并形成荒漠中分散的绿洲，古老的绿洲农业又孕育了瓜果之乡的美称。适宜栽植的主要经济林有核桃、枣、仁用杏(山杏、大杏扁)、扁桃、阿月浑子、巴旦木、文冠果、葡萄、梨、苹果、杏、石榴、无花果、枸杞、沙棘、沙枣等。该区重点发展核桃、枣、仁用杏(山杏、大杏扁)、杏、石榴、枸杞、沙棘等优势特色经济林。

3. 华北黄河中下游暖温带片区

范围东起渤海、黄海的海岸线，西至陇东山地，南达秦岭、伏牛山、淮河及苏北灌溉总渠，北至长城以南地区。行政范围涉及北京、天津、河北、山西、山东、辽宁、河南、安徽、江苏、陕西、甘肃、宁夏12省(区、市)。本区位于黄河中下游，包括黄淮海平原、黄土高原、燕山山脉、太行山、吕梁山、秦岭北坡、六盘山等地貌单元，自然条件多样。气候属暖温带气候，总的特点是春季干旱多风，夏季炎热多雨，冬季寒冷干燥。年降水量在400～950毫米，年均温度8～14℃。适宜栽植的主要经济林有核桃、枣、板栗、仁用杏(山杏、大杏扁)、柿、银杏、榛子、苹果、梨、桃、葡萄、猕猴桃、樱桃、石榴、山楂、杏、桑、无花果、花椒、杜仲、金银花、灯台树、长柄扁桃、油用牡丹、白檀、麻栎、文冠果等。该区重点发展核桃、枣、板栗、仁用杏(山杏、大杏扁)、柿、银杏、榛子、花椒、杜仲、金银花、杏、石榴、樱桃、猕猴桃、山楂、长柄扁桃、油用牡丹等优势特色经济林。

4. 南方丘陵山地亚热带片区

范围东起黄海海岸线，西与云贵高原、青藏高原东南部相邻，南部以南岭南坡山麓、两广中部和福建东南沿海为界，北至秦岭山脊、伏牛山主脉南侧、淮河流域。行政范围涉及甘肃、陕西、河南、安徽、江苏、四川、重庆、湖北、浙江、贵州、湖南、江西、福建、云南、广西、广东16省(区)。本区域地貌类型复杂多样，平原、盆地、丘陵、高原和山地皆有，北部和中部的地貌单元为秦岭、淮阳山地、四川盆地、长江中下游平原和江南丘陵、东部沿海丘陵。气候属亚热带季风气候，最冷月平均气温在0～15℃，无霜期250～350天，年降水量一般高于1000毫米。适宜栽植的经济林主要有油茶、核桃、油桐、乌桕、柑橘、梨、杨梅、枇杷、荔枝、猕猴桃、板栗、柿、银杏、油橄榄、茶、竹笋、花椒、八角、肉桂、杜仲、厚朴、黄檗、山茱萸、金银花、灯台树、盐肤木、漆、山桐子等。该区重点发展油茶、核桃、油桐、油橄榄、板栗、柿、银杏、花椒、八角、厚朴、杜仲、金银花、杨梅、猕猴桃、香榧、山桐子等优势特色经济林。

5. 西南高原季风性亚热带片区

范围包括我国的云贵高原及青藏高原东部。行政范围涉及云南、贵州、四川、西藏、甘肃、青海6省(区)。本区属典型的山原地貌，地势由西向北向东南呈阶梯下降，垂直地带发育明显。气候属亚热带季风气候，年平均所温为12～18℃，年均降水量在400～1100毫米，水热资源丰富。但受错综复杂的高原地形和海拔悬殊的影响，气候垂直变化明显，类型多样。适宜栽植的主要经济林有山苍子、黄檀、竹笋和食用菌等。该区重点发展核桃、油橄榄、板栗、花椒、澳洲坚果等优势特色经济林。

## 四、优势区域布局和重点任务

### (一)确定优势区域的主要依据

1. 资源条件良好。自然条件适宜优势特色经济林发展，具有生产传统、生产基础和技术条件。

2. 生产规模较大。能够集中连片种植，商品率较高，商品总量在全国占有重要份额。

3. 市场区位优越。市场目标明确，流通渠道畅通，运销便捷，对产业发展带动能力强。

4. 产业化基础强。具有较好的科研、生产、人才、技术、市场服务等方面基础条件，有带动能力强的龙头企业，具备创建知名品牌的基础。

5. 发展环境较佳。当地政府重视，有广泛群众基础，具有保障产品质量安全和生产可持续发展的良好发展环境。

(二)优势区域布局及发展方向

1. 优势经济林

(1)油茶。油茶是我国南方重要的木本粮油树种，目前栽培面积310万公顷，占木本粮油面积23.7%。主产区集中分布在湖南、江西、广西、浙江、福建、广东、湖北、贵州、安徽、云南、重庆、河南、四川和陕西14个省(区、市)的642个县(市、区)。其中，种植面积大于10万亩的县(市、区)有142个，种植面积在5～10万亩的县(市、区)有97个，种植面积在1～5万亩的县(市、区)有142个，种植面积小于1万亩的县(市、区)有261个。

主攻方向：执照国务院批复的《全国油茶产业发展规划(2009～2020年)》，实施分区建设，优先发展核心区；加快良种苗木繁育基地建设，加大改造现有低产林力度，加快示范工程建设，以点带面，稳妥推进；积极开展油茶产业发展相关课题研究，重点加强良种选育、低产林改造、丰产栽培技术、油茶提取及深加工技术等研究；扶持龙头企业，打造油茶市场知名品牌，推进产业化进程；加大科技推广和技术培训工作力度，提高主产区农民科技素质和专业技能。

区域布局：油茶的适宜栽培区主要为南方丘陵山地亚热带片区。按照优势区域确定的主要依据，本次规划确定湘赣浙闽低山丘陵区为油茶的核心发展区，桂粤闽南低山丘陵区、滇东南桂西高原山地坝区、川东盆地区、贵州高原区、滇北川南高原区、鄂南地区为油茶的积极发展区。在14省(区、市)发展200个重点基地县，详见附表1。

发展目标：到2020年，优势区油茶面积稳定在380万公顷以上，占全国的75%以上；年产量达410万吨，占全国的80%以上。

(2)核桃。核桃是我国典型的木本粮油树种，目前栽培面积380万公顷，占木本粮油面积29.0%。近年来，我国核桃产量和国内市场价格连续持续增长，呈现供需两旺的局势。

主攻方向：加大对现有低产劣质实生核桃资源林的改劣换优力度，筛选推广薄壳、质感好、含油率高的主栽品种，特别是选用抗旱、抗寒、避晚霜品种以及油用和鲜食核桃品种；推行核桃园土、肥、水的标准化栽培管理技术，加大嫁接繁殖和大树改接换优的比重；提高机械方式采收效率和采后处理核桃仁水平，强化核桃坚果晾晒、烘干、分级等商品化处理技术和贮存技术，扩大综合加工，开发高新技术产品，提高产品的附加值，培育壮大龙头企业。

区域布局：核桃适宜栽培区包括西北大陆性温带片区、华北黄河中下游暖温带片区、南方丘陵山地亚热带片区和西南高原季风性亚热带片区4个区。按照优势区域确定的主要依据，本次规划确定上述4个片区中的太行山、吕梁山、中条山区域，秦巴山区，大别山区，云贵高原，塔里木盆地西缘等区域为核桃的核心产区，鲁东山区、长江中游地区、燕山东部等区域为核桃的积极发展区。在核心发展区和积极发展区中的18省(区、市)和新疆生产建设兵团发展288个重点基地县。详见附表2。

发展目标：到2020年，优势区核桃面积稳定在520万公顷以上，占全国的70%以上；年产量达到850万吨，占全国的85%左右。

(3)板栗。板栗是我国传统的木本粮油树种，号称铁杆庄稼。目前栽培面积187万公顷，占木本粮油面积14.2%。产量低、优质品种少、价格不稳是影响我国板栗生产的主要问题。

主攻方向：选育早熟品种、高光效、高品质及加工专用新品种，推广良种化，优化区域布局；示范推广高光效树体控制技术、提高雌花比例技术、叶分析指导施肥技术、低产栗树改造技术、环境友好型病虫草综合管理技术等；推进板栗产品综合深加工，重点解决板栗的贮藏保鲜与加工难题，提高深加工产品附加值。

区域布局：板栗适宜栽培区包括华北黄河中

下游暖温带片区、南方丘陵山地亚热带片区和西南高原季风性亚热带片区3个区。按照优势区域确定的主要依据，本次规划确定上述三个片区中的燕山山区、沂蒙山区、秦岭山区、伏牛山区、大别山区为板栗的核心产区，其他地区为积极发展区。在核心产区和积极发展区中的18省(区、市)发展125个重点基地县。详见附表3。

发展目标：到2020年，优势区板栗面积稳定在130万公顷以上，占全国的60%以上；年产量达到230万吨，占全国的70%以上。

(4)枣。枣是我国传统的木本粮油树种，目前栽培面积136万公顷，占木本粮油面积10.4%，占世界栽培面积的98%左右。当前呈现以下发展趋势：一是在我国传统枣产区(山东、山西、河南、河北、陕西)基本保持稳定的同时，新疆、甘肃等西北产区和湖南等南方产区呈现出较快发展势头；二是在干制枣生产基本保持稳定的同时，鲜食枣生产呈现增加趋势。

主攻方向：加强品种选育工作，培育不同成熟期的制干、鲜食及加工专用新品种，搞好新品种的区域化试验；传统枣产区重点攻关研究提高品质、防止裂果、控制病害的关键栽培技术；加强鲜食枣采后贮藏、保鲜等技术研究和推广，研发深加工产品，提高附加值。

区域布局：枣的适宜栽培区包括西北大陆性温带片区和华北黄河中下游暖温带片区2个区。按照优势区域确定的主要依据，本次规划确定上述两个片区中的黄河中下游流域(含河北省南部)和新疆天山以南地区为枣的核心产区，其他地区为积极发展区。在核心产区和积极发展区中的12省(区、市)和新疆生产建设兵团发展113个重点基地县。详见附表4。

发展目标：到2020年，优势区枣面积稳定在140万公顷以上，占全国的75%以上；年产量达到330万吨，占全国的80%以上。

(5)仁用杏(山杏、大杏扁)。仁用杏(山杏、大杏扁)是我国特有的木本粮油树种，果仁既可鲜食，又可榨油，果壳又能深度利用。目前栽培面积172万公顷，占木本粮油面积13.1%。仁用杏主要分布于东北、华北、西北的高寒、干旱山区。其中大杏扁(甜杏仁)是我国独有的仁用杏资源，近些年来通过品种改良，资源规模和市场需求不断扩大。

主攻方向：加强品质改良，选育薄壳、抗晚霜能力强的新品种；建立优良苗木繁育体系，积极繁育和推广无病毒苗木；调整品种结构，采用标准化生产方式，强化丰产稳产技术；提高果品采后商品化处理水平，加强果壳的深度加工利用，完善流通、服务体系建设。

区域布局：仁用杏(山杏、大杏扁)适生范围包括东北中温亚寒带片区和西北大陆性温带片区2个区。按照优势区域确定的主要依据，本次规划确定上述两个片区中的长城以北、内蒙古高原以南、科尔沁沙地以西、毛乌素沙地以东的区域，以及新疆南部区域为仁用杏(山杏、大杏扁)的核心发展区，其余地区为积极发展区。在核心发展区和积极发展区中的9省(区、市)发展78个重点基地县。详见附表5。

发展目标：到2020年，优势区仁用杏(山杏、大杏扁)面积稳定在220万公顷以上，占全国的95%以上；年产量达到95万吨，占全国的95%以上。

2. 特色经济林

(1) 木本油料类

特色木本油料包括食用和工业用两类。其中可供食用的大多是高端膳食油，因其不饱和脂肪酸含量高、抗氧化能力强、具有预防心血管疾病等疗效而深受消费者青睐。工业用木本油料是生物质能源和化工原料的重要来源，在市场和新兴产业的拉动下，木本油料近年来呈现出面积和产量双增长的趋势，经济效益良好。但存在适生区域窄、规模小、产量低、品种良种化程度低等问题，需积极探索扩大适生区，适度扩大生产规模，以满足不断增长的市场需求。规划期内重点发展油橄榄、长柄扁桃、油用牡丹、油桐和山桐子等5种特色木本油料经济林。

主攻方向：一是品种良种化。油橄榄、油用牡丹在引种筛选的基础上，通过杂交等方式尽快培育本土品种；长柄扁桃目前还是资源状态，需要筛选和培育新品种；油桐和山桐子重点选育高出油率品种，扩大人工种植规模。二是提高产量，实现规模化、标准化种植。三是解决低温压榨提高出油率问题，实现饼渣的综合利用。

区域布局：

——油橄榄：适宜区主要包括以甘肃武都为中心的白龙江低山河谷区、以四川西昌为中心的金沙江干热河谷区（冬季冷凉地带）和长江三峡低山河谷区三部分。规划在四川、甘肃2省发展7个重点基地县。

——长柄扁桃：广泛分布于陕西北部及内蒙古沙地，是防治沙漠化的先锋树种，规划在陕西省发展10个重点基地县。

——油用牡丹：主要分布在山东和河南等省（区），规划在山东、河南2省发展8个重点基地县。

——油桐：是我国特有经济林树种，主要分布在长江流域各省。规划在湖南、湖北、四川、贵州4省发展14个重点基地县。

——山桐子：是适应性强的速生树种，种子含油率高，可替代桐油，主要分布在秦岭以南地区和西南地区山地。规划在陕西和四川2省发展10个重点基地县。

（2）木本粮食类

特色木本粮食大多是我国特有的树种资源，其产品具有特殊营养和医疗保健作用而成为高端新型食品，市场前景好，具有巨大的发展空间。规划期内重点发展柿、银杏、榛子、香榧、果用红松、澳洲坚果等6种特色木本粮食经济林。

主攻方向：目标定向育种，培育高产、优质、有效成分含量高的新品种；建立优良苗木繁育体系，实现良种、壮苗；推进生产基地建设，建立并采用不同树种特殊要求的标准化生产技术；提高果品采后商品化处理和贮藏水平；开展深加工和有效成分提取利用，研发新产品。

区域布局：

——柿：适生范围东起辽宁的大连，向西南入山海关，沿长城西行至山西的吕梁山，经陕西宜川、甘肃的天水，沿四川的岷江南下，向西到小金，沿大雪山南下，入云南后顺元江而下到我国的南界。以黄河流域的山东、河北、河南、陕西、山西5省最多，栽培面积占全国的80%～90%。规划在北京、河北、山西等7省（区、市）发展11个重点基地县。

——银杏：分布范围北起辽宁省沈阳，南到广东省广州，东至台湾省南投，西抵西藏昌都地区。规划在江苏、山东2省发展5个重点基地县。

——榛子：主要包括北部栽培区、中部栽培区、南部栽培区和干旱温带栽培区4个适宜栽培区。规划在辽宁、吉林、黑龙江等省发展12个重点基地县。

——香榧：主要分布在浙江、安徽等省份的山区。规划在浙江省发展5个重点基地县。

——果用红松：我国红松主要分布于长白山、完达山和小兴安岭。规划在吉林、黑龙江2省发展30个重点基地县。

——澳洲坚果：在我国华南7省（区）均有种植，主要分布在云南。规划在云南省发展4个重点基地县。

（3）特色杂果

特色杂果市场竞争优势显著，国内外需求增量大，有着较大的发展空间。近年来发展迅速，栽培面积、生产量和人均消费量都不断增加，部分产品供不应求。但同时也存在着品种退化，品质下降，上市过于集中，产业化程度低等问题。规划期内重点发展杏、山楂、石榴、猕猴桃、樱桃、杨梅、蓝莓等7种特色杂果经济林。

主攻方向：加强品种改良。传统的杏、山楂和石榴选育适于加工和鲜食的专用品种，猕猴桃、樱桃、杨梅和蓝莓重点选育耐贮藏新品种。提高栽培管理技术水平，实行集约化、标准化种植和管理，提高产量和品质。适度发展樱桃、杨梅和蓝莓等适于城郊观光采摘的果园建设。建立特色浆果的低温物流体系，实现生产销售一体化。开发深加工产品，延长产业链。

区域布局：

——杏：主要分布在我国的华北、西北和东北地区。规划在河北、山东、河南、新疆、宁夏等6省（区）发展13个重点基地县。

——杨梅：原产中国东南各省和云贵高原，现主要分布长江以南各省。规划在浙江、湖南和贵州3省发展11个重点基地县。

——猕猴桃：在我国分布范围较广，主要分布在河南、陕西、浙江和贵州较多。规划在陕西、河南、四川等5省发展9个重点基地县。

——蓝莓：主要分布在我国大、小兴安岭林区，尤其是大兴安岭中部。近年来山东省产业化种植面积最大。规划在黑龙江、山东2省发展10个重点基地县。

——樱桃：分布范围较广，主要分布在山东、河南、河北和陕西等省。规划在河南、山东、河北等6省发展16个重点基地县。

——山楂：主要分布在我国中东部暖温带地区。规划在山东、山西、河北、辽宁4省发展6个重点基地县。

——石榴：我国从南到北均有分布，主要分布在山东、陕西和安徽等省。规划在陕西、安徽、山东3省发展7个重点基地县。

(4) 木本调料类

木本调料是我国居民日常生活的必需品，也是我国传统的出口经济林产品，至今仍畅销不衰，市场前景广阔。但在发展过程中也存在品种混乱、种植分散粗放、商品化处理能力差等问题。规划期内重点发展花椒和八角2种特色木本调料类经济林。

主攻方向：栽培品种良种化、良种区域化，积极选育特征有效成分含量高的新品种；实现生产过程的无公害化、规范化和标准化，提高产量和品质；强化品牌意识，加强专业市场建设；大力扶持深度加工业，提高商品附加值。

区域布局：

——花椒：在我国栽培广泛，太行山区、沂蒙山区、陕北高原南缘、秦巴山区、甘肃南部、川西高原东部及云贵高原为主产区。规划建设华北、西北和西南3个优势区，在四川、甘肃、陕西、河南、山东等9省(市)发展37个重点基地县。

——八角：在我国广西、云南、广东和福建均有种植，其中广西是主产区。规划建设西南优势区，在广西壮族自治区发展17个重点基地县。

(5)木本药材类

木本药材是中医药方中不可缺少的成分，也是我国传统的出口产品，如杜仲是国家二类保护植物和国家四大控制药材之一。随着国际社会对我国传统中药的认同和接受，中药材产业的发展将赢得更好的发展空间，产品市场需求将成倍增长。规划期内重点发展杜仲、厚朴、枸杞、金银花、沙棘等5种特色木本药材经济林。

主攻方向：加强新品种的选育，示范推广园艺化、集约化、规范化种植；推行GAP认证制度；提高木本药材产后加工处理和贮藏水平；规范市场管理，建立可追溯的信息管理平台，确保木本药材的“地道”化。

区域布局：

——杜仲：在我国的23省(区、市)均有分布，中心栽培区包括黔东北、鄂西北、湘西北、豫西南、陕南和川东北等地区。规划建设中南和西南2个优势区，在湖北、河南、四川等5省发展7个重点基地县。

——厚朴：主要分布在我国长江流域。规划在福建、江西、湖南3省发展4个重点基地县。

——枸杞：在我国西北和华北地区分布较多。规划在内蒙古、宁夏、青海等4省(区)发展10个重点基地县。

——金银花：在我国分布广泛，北起东三省，南到广东、海南，东从山东，西到喜马拉雅山均有分布。规划在河北、山东、河南、广西等6省发展8个重点基地县。

——沙棘：是重要的水土保持植物，也是重要的经济林树种。在我国主要分布在三北地区，占全国总面积的90%。规划在新疆、陕西、内蒙古等5省(区)发展11重点基地县。

(三)重点任务

1. 培育推广优良品种

提高良种苗木质量和供应能力，在充分发挥现有良种繁育基地生产能力的基础上，结合全国林木良种基地、重点林木采种基地、保障性苗圃建设，新建和改扩建一批以油茶、核桃、枣、板栗、仁用杏等为主的优势特色经济林良种苗木生产基地，保障良种壮苗充足供应，全面推行品种化、良种化种植。加大优良品种选育力度，把引进新品种和培育乡土优良树种、品种相结合，培育一批具有重大应用前景和自主知识产权的突破性优良品种。与国家级林木种质资源库和省级林木种质资源库建设相结合，建设高标准，多元化的优良种质资源保存、引进、开发、试验基地，建立品种基因库和种质资源汇集圃，为研发新品种，加速品种更新换代奠定基础。

2. 建设优质高产示范基地

按照适地适树、品种优良、栽培规范、管理到位的要求，高标准、高质量、高水平建设优势特色经济林基地。通过新建和低产低质低效林改造的方式，在优势产区，规划建设优势特色经济林基地1382万公顷，基中新建807万公顷，占58.4%，低产低质低效林改造575万公顷，占41.6%。为强化示范带动作用，优先建设一批国家级优质高效示范基地，选择发展前景广阔、市场竞争力强的优良适生品种，推行品种化栽培，栽植良种壮苗；在山地丘陵区重点开展整梯田、修道路，强化水电路等基础设施建设；兴建抗旱水源工程，推广节水灌溉技术，提升基地水利化水平；积极推广应用土壤耕作、病虫害防治、修剪、运输等机械，提高机械化程度，提高特色经济林的综合生产能力，带动经济林向优质、高效、生态、安全方向发展。

3. 推行标准化生产

加快制定和完善优势特色经济林相关标准，加大标准实施和推广力度。改革技术路线，改进传统种植模式，大力推进矮化密植、网架式、棚架式等现代种植模式；改变传统耕作方式，实行科学施肥，全面推行增施有机肥、生草栽培、测土平衡施肥，提高土壤有机质含量；强化病虫无公害防控，推行生物、物理、化学防治相结合的综合措施，大力推广安全间隔期用药技术，最大限度减少农药残留。加快低产、劣质、低效基地改造，推行绿色、有机栽培管理措施，支持创建一批国家和省级标准化示范园区。

4. 提升产业化水平

按照扶优、扶强、扶大的要求，以提高精深加工、采后分级和冷链贮运能力为重点，扶持一批类型多样、资源节约、效益良好的龙头企业。引导龙头企业建立现代企业制度，支持符合条件的重点龙头企业上市融资、发行债券。引导龙头企业向优势产区集中，鼓励进园入区，推动集群发展。规划期内，大力发展大中型贮藏加工企业，力争培育一批产值超过50亿元的大型企业集团，贮藏和加工能力分别达到总产量的35%和30%左右。树立品牌意识，加大无公害、绿色和有机产品的推进力度，积极争创驰名商标、名牌和地理标志产品。加强品牌的宣传和保护，提高品牌贡献能力。加快市场体系建设，大力发展冷链贮运、连锁经营、农超对接、电子商务等现代物流业和新型营销方式，扩大经纪人营销专业队伍。积极培育“公司+合作经济组织+农户”多重市场主体，鼓励龙头企业采取参股、合作等方式，与农户建立紧密型利益联结机制。

5. 强化科技支撑

有效整合科技资源，组建专家技术服务团队，创建产业技术创新联盟，加快构建优势特色经济林产业技术创新体系，形成产学研用紧密结合的协同创新机制，有效链接科技创新与产业发展。提高科技创新能力，着力突破良种培育、优质丰产栽培、循环利用、现代信息、农机装备、储藏加工、安全检测等方面的关键技术。以农林业科研院、大专院校所为依托，建设一批国家级经济林研究试验室和工程技术中心，进一步提升自主创新能力和科技成果转化率。深化基层林业推广体系改革，加快建立以政府为主导，林业科技推广机构、合作组织、龙头企业广泛参与的新型林业科技推广体系，重点建设和完善优势区域内的基层林业技术推广体系。加强林业科技队伍建设和实用人才培养，创新培训模式，重点加大农民的培训力度，提高其科技素质、职业技能和经营能力。

**五、推进优势特色经济林发展的保障措施**

（一）加强组织领导，健全工作机制

优势特色经济林产业涉及部门和行业多，关系到农民的切身利益，主产区各级政府要深刻认识新形势下支持优势特色经济林发展的重要意义，增加责任主体意识，切实加强领导，把发展优势特色经济林列上重要议程，纳入国民经济和社会发展规划，制订和实施本地区优势特色经济林发展中长期规划和年度计划，确保认识到位、责任到位、政策到位、工作落实到位，切实抓出成效。要深入调查研究，加强工作指导，及时解决经济林发展中的问题。要建立责任目标考核制，对在工作中做出突出贡献的部门、单位和个人给予奖励。强化各级林业部门发展经济林产业的工作职能，明确专门负责的工作机构，保障工作经费，加强队伍建设。要坚持从实际出发，因地制宜、突出重点、分类指导推动优势特色经济林发展。各地区、各部门要明确职责分工，完善部门间协商工作机制，形成工作合力。各级林业主管部门要发挥好行业管理职能作用，明确专门负责的工作机构，保障工作经费，加强指导、协调服务和督促检查，确保各项措施落到实处。发展改革、财政等有关部门，要为加快经济林发展提供有力的政策支持，共同推进经济林持续快速健康发展。

(二)强化政策措施，加大扶持力度

国家要加大优势特色经济林产业基地及相关基础设施投入力度，进一步加强造林补贴、森林抚育补贴、林木良种补贴、农机具购置补贴、林业有害生物防治、林业科技推广示范等补助政策对优势特色经济林的扶持。加大农业综合开发、扶贫开发以及现代农业生产发展资金对优势特色经济林发展的支持力度。充分利用国家重点林业工程建设的资金投入，把优势特色经济林基地、优势特色经济林良种苗木生产基地建设与退耕还林、防护林体系建设、防沙治沙以及种苗建设等结合起来，统筹安排。规划区符合贫困地区条件的，应将发展优势特色经济林纳入各地扶贫规划，给予重点支持。

推进优势特色经济林保险，积极发挥保险保障功能。加大金融支持优势特色经济林发展力度，完善贷款贴息政策。银行业金融机构要积极开展以优势特色经济林的林木所有权、林地使用权作抵押担保的贷款业务，积极鼓励探索创新业务品种，加大对家庭林场、农民专业合作组织等新型生产经营主体，以及对龙头企业发展优势特色经济林的有效信贷投入。积极发展混合所有制经济，制定和完善鼓励社会资本、民间投资及外商投资的政策和措施，更好地吸引各种社会资金和外资参与优势特色经济林产品的生产和开发。

(三)完善服务体系，促进产业发展

完善公益性服务体系建设，提高产业服务保障功能，加快构建公益性和经营性服务相结合、专业服务和综合服务相协调的新型林业社会化服务体系，为经济林发展提供优质高效服务。完善经济林统计制度和信息服务平台建设，及时准确地向农民提供国内外市场动态、新品种、新技术、病虫害预测预报、气象预报、灾害预警及生产资料供求等信息。鼓励科技人员深入生产一线，推广专家热线、科技特派员等科技推广服务模式，开展多种形式的科技下乡活动，为特色经济林产业提供全方位、多功能的技术和信息服务。

支持组建多种形式的专业合作组织和中介机构。鼓励投资人、林地经营者、种植大户、专业技术骨干、经纪人等成立专业合作社，成立围绕产前、产中、产后各环节，为农户开展农资供应、技术指导、疫病防治、市场信息、产品营销等各类社会化服务机构。支持经济林行业协会、企业联合会和专业协会，充分发挥协会在行业自律、市场谈判、维护权益、信息咨询、技术服务、对外交流等方面的中介服务作用，逐步形成政府指导、协会组织、市场运作、社会参与的经济林产业健康发展运行机制。

(四)加强质量监管，维护食品安全

加大《食品安全法》和《农产品质量安全法》的贯彻执行力度，重点加强国家、省(市、自治区)及主产区经济林产品质量检测中心(站)建设，完善机构，充实专业人员，配备仪器设备，尽快构建以经济林主产区为基础，协调联动、相互补充的质量安全监督检验检测网络，提高质量安全检测、风险评估和预测预警能力。完善质量安全标准，建立健全经济林生产技术规范。强化源头治理，加强产地环境监管，规范生产投入品使用，控制污染源，确保实现安全、洁净生产。建立协调联动机制，加强部门沟通协调，推进联合执法、综合执法，提高经济林产品质量监管能力。建立社会监督机制，提高公众质量安全意识，形成社会参与的监督机制。

(五)积极宣传引导，营造发展环境

要大力宣传发展经济林对强农富民，改善生态，惠及民生，保持稳定、维护国家生态和粮油安全方面的重大作用和战略意义。认真总结发展经济林产业带动农户增收致富的好经验好做法，充分发挥典型示范带动作用，大力宣传经济林产业发展成就，营造全社会关心支持经济林发展的良好氛围。正确引导经济林产品在改善膳食结构，促进居民身体健康方面的作用，积极倡导健康绿色生活消费理念。

充分发挥经济林集森林生态景观、赏花采摘、文化传承等多功能于一体的特色优势，创新以经济林为主体的多元化、立体化、多用途经营模式，大力发展观光采摘、休闲度假、旅游观光、农事体验等相关产业，进一步拓宽经济林生态文化功能。支持举办各类博览会、展销会和特色节会活动，促进产销对接，拓展市场，提高知名度。加大执法力度，打击各种欺诈行为，创造公平有序的生产经营环境，切实保护农民、龙头企业和专业合作组织的合法权益，促进优势特色经济林又好又快发展。

**表1 优势经济林油茶区域布局表**

| 序号 | 省(区、市) | 数量 | 分布县 |
|---|---|---|---|
| | 合计 | 200 | |
| 1 | 浙江 | 11 | 衢州市(常山县、江山市、开化县)、丽水市(青田县、莲都区、松阳县、遂昌县、缙云县、云和县)、杭州市(淳安县、建德市) |
| 2 | 安徽 | 11 | 安庆市(太湖县、潜山县、怀宁县、宿松县)、六安市(舒城县、裕安区)、黄山市(歙县、岳西县、休宁县、黟县、祁门县) |
| 3 | 福建 | 12 | 三明市(尤溪县、大田县、清流县、宁化县)、泉州市(德化县)、南平市(顺昌县、浦城县、光泽县)、龙岩市(长汀县、连城县、漳平市)、漳州市(平和县) |
| 4 | 江西 | 44 | 赣州市(上犹县、于都县、宁都县、会昌县、瑞金市、石城县、赣县、兴国县、南康市、安远县)、宜春市(万载县、宜丰县、高安市、丰城市、樟树市、袁州区)、吉安市(永丰县、安福县、新干县、峡江县、遂川县、吉安县、永新县、万安县)、上饶市(万年县、铅山县、鄱阳县、横峰县)、九江市(瑞昌市、修水县、德安县)、萍乡市(芦溪县、莲花县、湘东区、上栗县)、抚州市(东乡县、临川区、乐安县、黎川县、广昌县)、南昌市(进贤县)、景德镇市(浮梁县)、鹰潭市(贵溪市)、新余市(分宜县) |
| 5 | 河南 | 3 | 信阳市(新县、光山县、商城县) |
| 6 | 湖北 | 12 | 黄冈市(麻城市、英山县)、黄石市(阳新县)、咸宁市(嘉鱼县、通城县、崇阳县)、襄阳市(谷城县)、武汉市(黄陂区)、恩施州(恩施市)、荆门市(京山县)、孝感市(大悟县)、荆州市(松滋市) |
| 7 | 湖南 | 48 | 衡阳市(耒阳市、常宁市、衡东县、衡南县、衡阳县、祁东县、衡山县)、岳阳市(平江县)、长沙市(浏阳市、宁乡县)、郴州市(永兴县、苏仙区、安仁县、桂阳县、资兴市)、怀化市(溆浦县、沅陵县、辰溪县、中方县、会同县)、常德市(桃源县、鼎城区、汉寿县)、永州市(祁阳县、宁远县、道县、零陵区、东安县、冷水滩区、江永县、蓝山县)、湘西州(永顺县、泸溪县、花垣县)、邵阳市(邵阳县、绥宁县)、株洲市(茶陵县、攸县、醴陵市、株洲县)、娄底市(涟源市、双峰县)、张家界市(慈利县、桑植县)、湘潭市(湘乡市、湘潭县)、益阳市(桃江县、赫山区) |
| 8 | 广东 | 11 | 梅州市(兴宁市、平远县、丰顺县、五华县)、河源市(龙川县、紫金县、和平县)、清远市(连州市)、肇庆市(广宁县)、韶关市(始兴县)、汕尾市(陆河县) |
| 9 | 广西 | 19 | 柳州市(三江县、融水县、融安县、鹿寨县)、河池市(凤山县、巴马县、东兰县)、百色市(右江区、田阳县、田东县、田林县)、桂林市(龙胜各族自治县、平乐县、灌阳县、全州县)、贺州市(八步区、富川县)、梧州市(苍梧县、藤县) |
| 10 | 重庆 | 8 | 秀山县、酉阳县、梁平县、彭水县、垫江县、开县、巫山县、巫溪县 |
| 11 | 四川 | 2 | 自贡市(荣县)、凉山州(越西县) |
| 12 | 贵州 | 8 | 黔东南州(天柱县、黎平县、锦屏县、岑巩县)、铜仁市(玉屏县、松桃县、碧江区)、黔西南州(望谟) |
| 13 | 云南 | 9 | 文山州(广南县、富宁县、砚山县、丘北县)、保山市(腾冲县)、德宏州(陇川县)、曲靖市(师宗县)、红河州(建水县、金平县) |
| 14 | 陕西 | 2 | 安康市(汉滨区)、商洛市(商南县) |

**表2 优势经济林核桃区域布局表**

| 序号 | 省(区、市) | 数量 | 分布县 |
| --- | --- | --- | --- |
|  | 合计 | 288 |  |
| 1 | 北京 | 1 | 平谷区 |
| 2 | 天津 | 1 | 蓟县 |
| 3 | 河北 | 14 | 石家庄市(平山县、赞皇县、灵寿县、元氏县)、邢台市(临城县、沙河市)、邯郸市(武安市、涉县)、保定市(涞源县、涞水县)、秦皇岛市(卢龙县)、唐山市(迁安市)、邢台市(邢台县、内丘县) |
| 4 | 山西 | 22 | 大同市(灵丘县)、晋中市(昔阳县、灵石县、左权县)、晋城市(阳城县、陵川县)、临汾市(吉县、古县)、吕梁市(汾阳市、孝义市、中阳县、交口县、离石区)、阳泉市(盂县)、长治市(黎城县、屯留县、沁县、壶关县)、忻州市(五台县、忻府区、定襄县)、运城市(永济市) |
| 5 | 辽宁 | 3 | 葫芦岛市(建昌县、绥中县)、大连市(庄河市) |
| 6 | 浙江 | 2 | 杭州市(临安市、桐庐县) |
| 7 | 安徽 | 16 | 宣城市(宁国市、旌德县、绩溪县)、阜阳市(颍东区、临泉县、阜南县、颍上县)、宿州市(砀山县、萧县、泗县)、六安市(寿县、霍邱县)、亳州市(利辛县、谯城区)、池州市(石台县) |
| 8 | 山东 | 17 | 济南市(长清区、历城区、章丘市、平阴县)、泰安市(东平县、肥城市)、济宁市(泗水县、汶上县、邹城市)、泰安市(新泰县)、枣庄市(山亭区、滕州市)、临沂市(蒙阴县、费县、沂水县)、日照市(东港区、五莲县) |
| 9 | 河南 | 15 | 洛阳市(栾川县、宜阳县、伊川县)、三门峡市(卢氏县)、省直辖(济源市)、平顶山市(鲁山县、叶县、汝州市)、郑州市(登封市、荥阳市、新密市、巩义市)、新乡市(辉县)、南阳市(南召县、镇平县) |
| 10 | 湖北 | 11 | 十堰市(丹江口市、郧西县、房县、郧县)、宜昌市(兴山县、长阳县、秭归县)、襄阳市(保康县、南漳县)、恩施市(利川市)、神农架林区 |
| 11 | 重庆 | 5 | 城口县、云阳县、奉节县、黔江区、石柱县 |
| 12 | 四川 | 30 | 广元市(朝天区)、巴中市(南江县、巴州区、平昌县)、达州市(万源市、宣汉县)、乐山市(马边县、峨边县、沙湾区)、南充市(阆中市、南部县)、宜宾市(屏山县)、阿坝州(黑水县)、凉山州(盐源县、美姑县、甘洛县、雷波县、昭觉县)、眉山市(仁寿县、丹棱县)、资阳市(简阳市)、广安市(岳池县)、绵阳市(平武县、北川县、安县)、雅安市(石棉县)、甘孜州(巴塘县、乡城县、得荣县)、攀枝花市(米易县) |
| 13 | 贵州 | 16 | 毕节地区(大方县、赫章县、威宁县、七星关区、金沙县、纳雍县、织金县、黔西县)、六盘水市(盘县特区、水城县)、黔南州(长顺县)、安顺市(普定县、紫云县)、黔西南州(兴仁县、普安县、晴隆县) |
| 14 | 云南 | 66 | 红河州(泸西县、蒙自市、绿春县、弥勒县、石屏县、屏边县)、昆明市(禄劝县、寻甸县)、昭通市(巧家县、鲁甸县、镇雄县、永善县、昭阳区、大关县、彝良县)、怒江州(贡山县)、曲靖市(麒麟区、沾益县、会泽县、宣威市、罗平县、马龙县、富源县)、玉溪市(华宁县、新平县、峨山县)、大理白族自治州(鹤庆县、剑川县、弥渡县、漾濞县、永平县、云龙县、南涧县、巍山县、洱源县、祥云县、宾川县)、楚雄州(大姚县、武定县、南华县、楚雄市、双柏县、姚安县、永仁县)、丽江市(宁蒗县、永胜县)、怒江州(兰坪县、泸水县、福贡县)、文山州(文山县、麻栗坡县、马关县)、保山市(施甸县、昌宁县、龙陵县)、临仓市(云县、临翔区、耿马县、沧源县、双江县、凤庆县)、普洱市(景东县、镇沅县)、迪庆藏族自治州(维西县、德钦县、香格里拉县) |

| 序号 | 省(区、市) | 数量 | 分布县 |
|---|---|---|---|
| 15 | 陕西 | 39 | 宝鸡市(千阳县、陇县、麟游县、扶风县)、商洛市(洛南县、山阳县、丹凤县、柞水县、商州区)、汉中市(宁强县、勉县、南郑县、洋县)、安康市(宁陕县、岚皋县、汉阴县、镇坪县、平利县)、西安市(蓝田县、临潼区)、渭南市(临渭区、华阴市、华县、合阳县、澄城县、白水县)、延安市(黄龙县、黄陵县、宜川县)、铜川市(耀州区、宜君县、王益区、印台区)、咸阳市(永寿县、旬邑县、长武县、淳化县、彬县)、榆林市(子洲县) |
| 16 | 甘肃 | 10 | 陇南市(康县、徽县、两当县、礼县、宕昌县、成县、西和县)、天水市(清水县)、平凉市(华亭县)、临夏州(积石山县) |
| 17 | 青海 | 6 | 海东地区(民和县、乐都县、化隆县、循化县)、黄南藏族自治州(尖扎县)、海南藏族自治州(贵德县) |
| 18 | 新疆 | 13 | 阿克苏地区(温宿县、乌什县、新和县、阿克苏市、拜城县、阿瓦提县)、和田地区(和田县、墨玉县、洛浦县、皮山县)、喀什地区(叶城县、泽普县、巴楚县) |
| 19 | 新疆生产建设兵团 | 1 | 农一师3团 |

**表3 优势经济林板栗区域布局表**

| 序号 | 省(区、市) | 数量 | 分布县 |
|---|---|---|---|
| | 合计 | 125 | |
| 1 | 北京 | 2 | 密云县、怀柔区 |
| 2 | 河北 | 6 | 秦皇岛市(抚宁县、清龙县)、唐山市(迁西县、遵化市)、承德市(兴隆县、宽城县) |
| 3 | 辽宁 | 5 | 丹东市(振安区、东港市、宽甸县、凤城市)、鞍山市(岫岩县) |
| 4 | 江苏 | 6 | 无锡市(宜兴市)、常州市(溧阳市)、镇江市(句容市)、徐州市(新沂市)、连云港市(赣榆县、东海县) |
| 5 | 浙江 | 10 | 温州市(泰顺县、永嘉县)、绍兴市(上虞市、新昌县)、衢州市(衢江区)、杭州市(富阳市)、金华市(武义县)、丽水市(庆元县、景宁县)、台州市(仙居县) |
| 6 | 安徽 | 3 | 宣城市(广德县)、六安市(霍山县、金寨县) |
| 7 | 福建 | 6 | 三明市(泰宁县)、宁德市(屏南县、寿宁县)、南平市(政和县、建瓯市、建阳市) |
| 8 | 山东 | 15 | 烟台市(栖霞市、海阳市、莱州市)、临沂市(沂南县、莒南县、苍山县、临沭县)、日照市(岚山区)、泰安市(岱岳区)、威海市(乳山市、文登市)、青岛市(莱西市、平度市)、潍坊市(诸城市、安丘市) |
| 9 | 河南 | 6 | 驻马店市(确山县)、南阳市(桐柏县)、信阳市(浉河区、平桥区、罗山县、固始县) |
| 10 | 湖北 | 15 | 黄冈市(团风县、蕲春县、红安县、浠水县、罗田县)、恩施州(鹤峰县、建始县、巴东县、宣恩县)、随州市(随县、广水市)、十堰市(竹山县、竹溪县、张湾区)、孝感市(孝昌县) |
| 11 | 湖南 | 8 | 常德市(石门县)、邵阳市(城步县)、张家界市(桑植县)、郴州市(汝城县)、怀化市(通道县)、娄底市(新化县)、湘西州(保靖县、龙山县) |
| 12 | 广东 | 6 | 清远市(阳山县、清新县)、云浮市(郁南县)、肇庆市(封开县)、阳江市(阳春市)、韶关市(乐昌市) |
| 13 | 广西 | 10 | 南宁市(隆安县)、百色市(乐业县、田林县、隆林县、凌云县、西林县)、河池市(南丹县、天峨县、环江县、大化县) |
| 14 | 重庆 | 4 | 武隆县、潼南县、合川区、忠县 |
| 15 | 四川 | 4 | 泸州市(古蔺县、叙永县)、巴中市(通江县)、南充市(仪陇县) |
| 16 | 贵州 | 6 | 黔南州(罗甸县、荔波县)、黔西南州(兴义市、册亨县)、遵义市(道真县)、黔东南州(台江县) |
| 17 | 云南 | 4 | 昆明市(宜良县、富民县)、邵通市(威信县)、玉溪市(易门县) |
| 18 | 陕西 | 9 | 安康市(石泉县、紫阳县、旬阳县、白河县)、汉中市(镇巴县、留坝县、西乡县)、宝鸡市(太白县)、商洛市(镇安县) |

**表4 优势经济林枣区域布局表**

| 序号 | 省(区、市) | 数量 | 分布县 |
|---|---|---|---|
| | 合计 | 113 | |
| 1 | 天津 | 1 | 静海县 |
| 2 | 河北 | 17 | 沧州市(海兴县、南皮县、献县、青县、盐山县、泊头县、河间市、黄骅市、沧县)、邢台市(新河县)、保定市(曲阳县、唐县、阜平县)、廊坊市(大城县)、石家庄市(行唐县)、衡水市(武邑县、武强县) |
| 3 | 山西 | 26 | 晋中市(平遥县、介休市、榆次区、太谷县)、临汾市(洪洞县、曲沃县、襄汾县、霍州市、永和县)、运城市(稷山县、平陆县、垣曲县、夏县、新绛县、盐湖区、闻喜县、临猗县)、太原市(阳曲县)、忻州市(保德县、河曲县、原平市)、吕梁市(兴县、石楼县、柳林县、临县、交城县) |
| 4 | 辽宁 | 4 | 朝阳市(双塔区、喀左县)、葫芦岛市(连山区、南票区) |
| 5 | 安徽 | 2 | 芜湖市(繁昌县)、合肥市(肥东县) |
| 6 | 山东 | 9 | 聊城市(茌平县)、泰安市(宁阳县)、德州市(庆云县、乐陵市)、滨州市(无棣县、沾化县、滨城区)、潍坊市(昌邑市)、济宁市(曲阜市) |
| 7 | 河南 | 6 | 郑州市(中牟县、新郑市)、安阳市(内黄县)、开封市(开封县)、鹤壁市(浚县)、濮阳市(濮阳高新区) |
| 8 | 湖北 | 2 | 鄂州市(鄂州区)、随州市(曾都区) |
| 9 | 陕西 | 10 | 榆林市(吴堡县、清涧县、米脂县、佳县、绥德县)、延安市(延川县、延长县)、渭南市(大荔县、蒲城县)、咸阳市(泾阳县) |
| 10 | 甘肃 | 8 | 张掖市(临泽县)、兰州市(皋兰县)、平凉市(灵台县)、临夏州(永靖县)、白银市(景泰县、平川区、靖远县)、庆阳市(宁县) |
| 11 | 宁夏 | 2 | 银川市(灵武市)、中卫市(沙波头区) |
| 12 | 新疆 | 16 | 巴音郭楞蒙古自治州(若羌县、且末县、和静县、和硕县)、喀什地区(疏勒县、麦盖提县、岳普湖县、伽师县、喀什市)、和田地区(策勒县、民丰县)、吐鲁番地区(托克逊县、鄯善县)、哈密地区(哈密市)、阿克苏地区(沙雅县、柯坪县) |
| 13 | 新疆生产建设兵团 | 10 | 农一师(10团、14团)、农二师(33团、34团、38团)、农三师(44团、50团)、农十四师(224团、47团、皮山农场) |

**表5 优势经济林仁用杏(山杏)区域布局表**

| 序号 | 省(区、市) | 数量 | 分布县 |
|---|---|---|---|
| | 合计 | 78 | |
| 1 | 北京 | 1 | 延庆县 |
| 2 | 河北 | 16 | 张家口市(怀来县、下花园区、阳原县、宣化县、怀安县、崇礼县、涿鹿县、蔚县、赤城县、万全县)、承德市(丰宁县、围场县、平泉县、隆化县、滦平县、承德县) |
| 3 | 山西 | 10 | 吕梁市(方山县、岚县)、晋中市(寿阳县)、大同市(浑源县、在同县、天镇县、广灵县、阳高县)、忻州市(代县)、长治市(襄垣县) |
| 4 | 内蒙古 | 15 | 通辽市(科左后旗、奈曼旗、库伦旗)、赤峰市(阿鲁科尔沁旗、巴林左旗、敖汉旗、巴林右旗、松山区、翁牛特旗、林西县、克什克腾旗、喀喇沁旗、宁城县)、兴安盟(扎赉特旗、科左中旗) |
| 5 | 辽宁 | 8 | 朝阳市(北票市、凌源市、朝阳县、建平县、龙城区)、阜新市(阜新县、彰武县)、锦州市(义县) |
| 6 | 陕西 | 3 | 榆林市(朝阳区)、延安市(安塞县、志丹县) |

| 序号 | 省(区、市) | 数量 | 分布县 |
|---|---|---|---|
| 7 | 甘肃 | 8 | 庆阳市(镇原县、环县、华池县、正宁县)、定西市(安定区、渭源县)、平凉市(庄浪县)、张掖市(山丹县) |
| 8 | 宁夏 | 1 | 固原市(彭阳县) |
| 9 | 新疆 | 16 | 巴音郭楞蒙古自治州(轮台县)、克孜勒苏柯尔克孜自治州(阿克陶县、阿合奇县、乌恰县、阿图什市)、和田地区(于田县)、喀什地区(英吉沙县、莎车县、疏附县)、阿克苏地区(库车县)、昌吉回族自治州(吉木萨尔县、木垒哈萨克自治县)、伊犁哈萨克自治州(伊宁县、巩留县、察布查尔锡伯自治县、霍城县) |

**表6 特色经济林布局表**

| 树种 | 优势区布局 | | | |
|---|---|---|---|---|
| | 省(区、市) | | 重点基地县(区、市、旗、林业局) | |
| | 数量 | 分布 | 数量 | 分布 |
| 合计 | | | 271 | |
| 油橄榄 | 2(7) | 四川 | 5 | 凉山州(西昌市)、广元市(青川县、苍溪县、元坝区)、绵阳市(游仙区)、苍溪县、元坝区 |
| | | 甘肃 | 2 | 陇南市(武都区、文县) |
| 长柄扁桃 | 1(10) | 陕西 | 10 | 榆林市(神木县、横山县、定边县、靖边县、府谷县、榆阳区、子洲县、绥德县、米脂县、佳县) |
| 油用牡丹 | 2(8) | 山东 | 6 | 菏泽市(牡丹区、定陶县、单县、郓城县、东明县)、聊城市(东阿县) |
| | | 河南 | 2 | 洛阳市(嵩县、孟津县) |
| 柿 | 7(11) | 北京 | 1 | 房山区 |
| | | 河北 | 3 | 保定市(易县、满城县、顺平县) |
| | | 山西 | 1 | 运城市(万荣县) |
| | | 山东 | 2 | 潍坊市(临朐县、青州市) |
| | | 广东 | 1 | 广州市(从化市) |
| | | 广西 | 2 | 桂林市(平乐县、恭城县) |
| | | 陕西 | 1 | 渭南市(富平县) |
| 银杏 | 2(5) | 江苏 | 4 | 徐州市(邳州市)、泰州市(姜堰区、泰兴市)、苏州市(吴中区) |
| | | 山东 | 1 | 临沂市(郯城县) |
| 花椒 | 9(37) | 山西 | 2 | 运城市(芮城县)、长治市(平顺县) |
| | | 山东 | 1 | 莱芜市(莱城区) |
| | | 河南 | 4 | 安阳市(林州市、安阳县)、平顶山市(宝丰县)、南阳市(淅川县) |
| | | 重庆 | 2 | 江津区、丰都县 |
| | | 四川 | 10 | 甘孜州(泸定县、九龙县)、遂宁市(蓬溪县)、广安市(广安区)、凉山州(喜德县、布拖县、金阳县、冕宁县)阿坝州(茂县) |
| | | 贵州 | 2 | 黔西南州(贞丰县)、安顺市(关岭县) |
| | | 云南 | 4 | 昭通市(永善县)、丽江市(玉龙县、华坪县)、文山州(西畴县) |
| | | 陕西 | 4 | 宝鸡市(陈仓区)、渭南市(韩城市、潼关县)、商洛市(丹凤县) |
| | | 甘肃 | 8 | 天水市(甘谷县、秦安县、麦积区)、临夏州(临夏市、康乐县、广河县、东乡族自治县)、甘南藏族自治州(舟曲县) |
| 八角 | 1(17) | 广西 | 17 | 南宁市(上林县、马山县)、梧州市(岑溪市)、防城港市(防城区)、钦州市(浦北县)、北流市(容县)、百色市(德保县、那坡县、靖西县)、贺州市(昭平县)、来宾市(金秀县)、崇左市(宁明县、龙州县、天等县、大新县)、河池市(罗城仫佬族自治县) |

<table>
<tr><th rowspan="3">树种</th><th colspan="4">优势区布局</th></tr>
<tr><th colspan="2">省(区、市)</th><th colspan="2">重点基地县(区、市、旗、林业局)</th></tr>
<tr><th>数量</th><th>分布</th><th>数量</th><th>分布</th></tr>
<tr><td rowspan="5">杜仲</td><td rowspan="5">5(7)</td><td>河南</td><td>1</td><td>洛阳市(汝阳县)</td></tr>
<tr><td>湖北</td><td>3</td><td>宜昌市(五峰县)、恩施州(来凤县、咸丰县)</td></tr>
<tr><td>四川</td><td>1</td><td>广元市(旺苍县)</td></tr>
<tr><td>贵州</td><td>1</td><td>遵义市(遵义县)</td></tr>
<tr><td>陕西</td><td>1</td><td>汉中市(略阳县)</td></tr>
<tr><td rowspan="3">厚朴</td><td rowspan="3">3(4)</td><td>福建</td><td>1</td><td>三明市(明溪县)</td></tr>
<tr><td>江西</td><td>1</td><td>赣州市(全南县)</td></tr>
<tr><td>湖南</td><td>2</td><td>株洲市(炎陵县)、郴州市(桂东县)</td></tr>
<tr><td rowspan="4">枸杞</td><td rowspan="4">4(10)</td><td>内蒙古</td><td>2</td><td>巴彦淖尔市(杭锦后旗、乌拉特前旗)</td></tr>
<tr><td>青海</td><td>1</td><td>海西州(都兰县)</td></tr>
<tr><td>宁夏</td><td>6</td><td>石嘴山市(惠农区、平罗县)、中卫市(中宁县、海原县)、固原市(原州区)、吴忠市(同心县)</td></tr>
<tr><td>新疆</td><td>1</td><td>博尔塔拉蒙古自治州(精河县)</td></tr>
<tr><td rowspan="3">榛子</td><td rowspan="3">3(12)</td><td>辽宁</td><td>8</td><td>铁岭市(铁岭县、四丰县)、抚顺市(抚顺县、东洲区)、辽阳市(辽阳县)、葫芦岛市(兴城县)、沈阳市(苏家屯区)、本溪市(桓仁县)</td></tr>
<tr><td>吉林</td><td>1</td><td>安康市(白河林业局)</td></tr>
<tr><td>黑龙江</td><td>3</td><td>大兴安岭地区(松岭林业局、加格达奇林业局、韩家园林业局)</td></tr>
<tr><td>香榧</td><td>1(5)</td><td>浙江</td><td>5</td><td>绍兴市(诸暨市、嵊州市、绍兴县)、金华市(东阳市、浦江县)</td></tr>
<tr><td rowspan="2">果用红松</td><td rowspan="2">2(30)</td><td>吉林</td><td>18</td><td>延边朝鲜族自治州(和龙市、汪清县、敦化市、龙井市、珲春市)、吉林市(磐石市、蛟河市)、通化市(梅河口市、通化县)、白山市(抚松县、靖宇县)、吉林省森工(林业)集团(黄泥河林业局、大石头林业局、汪清林业局、大兴沟林业局、天桥岭林业局、松江河林业局、露水河林业局)</td></tr>
<tr><td>黑龙江</td><td>12</td><td>鹤岗市(萝北县、绥滨县)、牡丹江市(海林市、林口县、牡丹江市直)、佳木斯市(汤原县)、鸡西市(密山市、鸡西市直)、伊春市(嘉荫县)、黑河市(爱辉区)、哈尔滨市(尚志国家林场管理局)、绥化市(庆安国家林场管理局)</td></tr>
<tr><td rowspan="6">金银花</td><td rowspan="6">6(8)</td><td>河北</td><td>1</td><td>邢台市(巨鹿县)</td></tr>
<tr><td>山东</td><td>1</td><td>临沂市(平邑县)</td></tr>
<tr><td>河南</td><td>2</td><td>新乡市(封丘县)、许昌市(禹州市)</td></tr>
<tr><td>湖南</td><td>1</td><td>邵阳市(隆回县)</td></tr>
<tr><td>广西</td><td>1</td><td>来宾市(忻城县)</td></tr>
<tr><td>贵州</td><td>2</td><td>遵义市(绥阳县)、黔西南州(安龙县)</td></tr>
<tr><td>澳洲坚果</td><td>1(4)</td><td>云南</td><td>4</td><td>德宏州(盈江县、芒市)、临沧市(永德县、镇康县)</td></tr>
<tr><td rowspan="4">油桐</td><td rowspan="4">4(14)</td><td>湖南</td><td>5</td><td>湘西州(凤凰县)、张家界市(永定区)、岳阳市(汨罗县)、怀化市(芷江县、新晃县)</td></tr>
<tr><td>湖北</td><td>2</td><td>鄂州市(鄂城区)、孝感市(安陆市)</td></tr>
<tr><td>贵州</td><td>6</td><td>遵义市(务川县、正安县)、铜仁地区(沿河县)、黔南州(三都县)、黔东南州(镇远县)、安顺市(镇宁县)</td></tr>
<tr><td>重庆</td><td>1</td><td>万州区</td></tr>
</table>

| 树种 | 优势区布局 | | | |
| --- | --- | --- | --- | --- |
| | 省(区、市) | | 重点基地县(区、市、旗、林业局) | |
| | 数量 | 分布 | 数量 | 分布 |
| 杏 | 6(13) | 河北 | 2 | 邢台市(威县)、石家庄市(高邑县) |
| | | 山东 | 5 | 东营市(广饶县)、滨州市(惠民县、阳信县)、菏泽市(曹县、鄄城县) |
| | | 河南 | 1 | 三门峡市(渑池县) |
| | | 新疆 | 2 | 伊犁哈萨克自治州(尼勒克县、察布查尔锡伯自治县) |
| | | 陕西 | 1 | 西安市(户县) |
| | | 宁夏 | 2 | 银川市(贺兰县、永宁县) |
| 杨梅 | 3(11) | 浙江 | 5 | 台州市(黄岩区)、宁波市(慈溪市、余姚市)、舟山市(定海区)、温州市(瓯海区) |
| | | 湖南 | 1 | 怀化市(靖州自治县) |
| | | 贵州 | 5 | 贵阳市(乌当区)、遵义市(汇川区、习水县)、黔南州(平塘县)、黔东南州(雷山县) |
| 山楂 | 4(6) | 山东 | 1 | 淄博市(淄川区) |
| | | 山西 | 2 | 运城市(绛县)、晋城市(泽州县) |
| | | 河北 | 2 | 秦皇岛市(抚宁县)、邢台市(清河县) |
| | | 辽宁 | 1 | 本溪市(本溪满族自治县) |
| 猕猴桃 | 5(9) | 陕西 | 2 | 宝鸡市(眉县)、西安市(周至县) |
| | | 四川 | 2 | 成都市(蒲江县)、雅安市(名山县) |
| | | 河南 | 2 | 南阳市(西峡县、内乡县) |
| | | 浙江 | 1 | 温州市(泰顺县) |
| | | 贵州 | 2 | 贵阳市(修文县)、六盘水市(六枝特区) |
| 樱桃 | 6(16) | 河南 | 1 | 洛阳市(新安县) |
| | | 山东 | 4 | 烟台市(福山区)、淄博市(沂源县)、聊城市(冠县、阳谷县) |
| | | 河北 | 3 | 秦皇岛市(北戴河区、山海关区、海港区) |
| | | 陕西 | 3 | 西安市(长安区、灞桥区、蓝田县) |
| | | 贵州 | 1 | 安顺市(镇宁县) |
| | | 辽宁 | 4 | 大连市(瓦房店市、普兰店市、金州区、旅顺口区) |
| 石榴 | 3(7) | 陕西 | 2 | 咸阳市(礼泉县、乾县) |
| | | 安徽 | 2 | 蚌埠市(怀远县)、淮北市(烈山区) |
| | | 山东 | 3 | 枣庄市(峄城区、薛城区)、济宁市(嘉祥县) |
| 沙棘 | 5(11) | 新疆 | 2 | 阿勒泰地区(青河县、布尔津县) |
| | | 陕西 | 1 | 延安市(吴起县) |
| | | 内蒙古 | 3 | 呼和浩特市(和林格尔)、鄂尔多斯市(东胜区、准格尔旗) |
| | | 青海 | 4 | 西宁市(大通县、湟中县)、海东地区(互助县)、海北州(门源县) |
| | | 宁夏 | 1 | 固原市(泾源县) |
| 蓝莓 | 2(10) | 黑龙江 | 9 | 大兴安岭地区(呼玛县、新林区、呼中区、阿木尔林业局、图强林业局、西林吉林业局)、黑河市(爱辉区、嫩江县)、哈尔滨市(尚志县) |
| | | 山东 | 1 | 青岛市(胶南市) |
| 山桐子 | 2(10) | 四川 | 7 | 雅安市(天全县)、乐山市(沐川县)、广元市(元坝区、苍溪县、剑阁县、青川县、利州区) |
| | | 陕西 | 3 | 安康市(紫阳县、旬阳县、白河县) |

# 中国林业产业综述与行业篇

# OVERVIEW OF CHINA'S FOREST INDUSTRY

# 2013 年全国林业统计年报分析报告

**【林业生态建设】** 2013 年，国家编制实施了《推进生态文明建设规划纲要》，科学划定生态红线。生态建设与保护工作取得明显成效，造林规模和质量达到自 2008 年实施扩大内需政策以来的又一历史最高最好水平，森林经营力度加大，生态防护功能增强。

**营造林总体状况** 2013 年造林面积稳步增长，全国共完成造林面积 610.39 万公顷，比 2012 年增长 9.08%。其中人工造林 421.05 万公顷，飞播造林 15.44 万公顷，无林地和疏林地新封山育林 173.90 万公顷，其中人工造林占全部造林面积的 68.98%，人工措施开展生态建设继续成为造林的主导方式。西部 12 个省区(含新疆兵团)共完成造林面积 318.37 万公顷，占全部造林面积的 52.16%。

森林抚育和改造是提高森林质量的重要手段。2013 年，中央财政森林抚育补贴政策得到认真落实。全年共完成中幼龄林抚育面积 784.72 万公顷，比 2012 年增长 2.42%；完成低产低效林改造面积 75.83 万公顷，比 2012 年增长 7.18%；完成有林地造林面积 68.78 万公顷；更新造林 30.40 万公顷；四旁(零星)植树 23.57 亿株。林木种苗是保证造林生产活动的首要环节，全年林木种子采收量、苗木产量和育苗面积分别为 2.67 万吨、600.41 亿株和 107.15 万公顷，林木种子和苗木抽查合格率稳定在 90% 以上。

2013 年生态建设更加注重优化造林方式，混交林、乡土树种和珍贵树种都保持较高比重，生态防护功能得到进一步增强。

①防护林造林比重占六成以上。从林种用途看，在全部造林面积中，用材林 106.14 万公顷、经济林 123.37 万公顷、防护林 374.84 万公顷、薪炭林 2.49 万公顷、特种用途林 3.55 万公顷，占全部造林面积的比重分别为 17.39%、20.21%、61.41%、0.41% 和 0.58%。生态公益林(防护林和特种用途林)占全部造林面积的 61.99%。

②乡土树种造林保持较高比重。从树种类型看，乡土树种的造林面积为 373.58 万公顷，占全部造林面积的 61.20%，保持较高比例。珍贵树种的造林面积为 9.42 万公顷。

③混交林造林比重有所提高。从结构类型看，混交林面积为 259.14 万公顷，占全部造林面积的 42.46%，比 2012 年提高近 3 个百分点。

**国家林业重点生态工程建设** 2013 年国家林业重点生态工程深入实施，共完成造林面积 256.90 万公顷，占全部造林面积的 42.09%。其中天保工程、退耕还林工程(不含京津工程退耕)、京津风沙源治理工程和三北及长江流域等重点防护林体系工程分别为 46.03 万公顷、62.98 万公顷、62.61 万公顷和 85.37 万公顷，占全部造林面积的比重分别为 7.54%、10.30%、10.26% 和 13.99%。各级地方政府造林、企业造林、大户造林等其他造林面积 353.50 万公顷，占全部造林面积的 57.91%。

①天然林资源保护工程。2013 年，天然林保护工程重点国有林区木材产量调减到位，森林资源得到有效管护，一次性安置职工社会保险补助政策逐步落实，林区转型发展迈出新步伐。

2013 年工程区木材产量进一步调减，为 924.04 万立方米，比 2012 年减少 11.53%，仅占全国木材总产量的 10.95%。

2013 年天保工程完成造林面积 46.03 万公顷，其中人工造林 11.34 万公顷，飞播造林 6.73 万公顷，无林地和疏林地新封山育林 27.96 万公顷。中、幼龄林抚育面积 163.91 万公顷。森林管护面积为 11441 万公顷，其中国有林管护面积 7114 万公顷，集体和个人所有的国家级公益林面积 2046 万公顷，集体和个人所有的地方公益林面积 2281 万公顷。自 1998 年工程实施以来，16 年间工程已累计完成人工造林 322.17 万公顷、飞播造林 348.00 万公顷、新封山育林 835.60 万公顷。

天保工程区项目实施单位年末人数为 80.48 万

人，其中在岗职工58.02万人，离开本单位保留劳动关系人员21.78万人，其他从业人员0.68万人。在岗职工年平均工资为26644元。在岗职工参加基本养老保险人数为50.60万人，在岗职工参加基本医疗保险人数为52.58万人。

②退耕还林工程。2013年退耕还林工程实现重大突破，写入了十八届三中全会《决定》，新一轮退耕还林还草总体方案初步形成。全年共完成造林面积65.33万公顷(含京津风沙源工程中2.44万公顷)，其中荒山荒地造林45.40万公顷，无林地和疏林地新封山育林19.93万公顷。西部12个省区(含新疆兵团)共完成36.36万公顷的退耕工程任务，占退耕工程总造林面积的55.66%。

2013年涉及粮款兑现的退耕地面积为745.33万公顷。全年粮食补助资金77.32亿元，生活费兑现金额41.36亿元。全年粮款兑现涉及2221万农户。

自1999年工程试点以来已累计完成退耕地造林906.30万公顷，荒山荒地造林1625.49万公顷，新封山育林288.08万公顷。累计粮食补助资金总计2101.89亿元，累计生活费兑现金额总计336.75亿元。

③京津风沙源治理工程。2013年，国务院批准实施《全国防沙治沙规划(2011～2020年)》，明确提出到2020年使全国一半以上可治理的沙化土地得到治理，沙区生态状况进一步改善。京津风沙源区是全国防沙治沙的重点地区，2013年研究并出台了京津风沙源治理二期工程管理办法和建设标准。

全年共完成造林62.61万公顷，其中人工造林25.88万公顷，飞播造林7.51万公顷，无林地和疏林地新封山育林29.22万公顷。草地治理面积2.51万公顷，小流域治理面积2.31万公顷，治理总面积达到67.43万公顷。另外，建设暖棚18.18万平方米；购置各类饲料机械5062台；完成水利配套设施11165处；易地搬迁815人，涉及227户。

京津风沙源治理工程实施13年来累计完成治理总面积达到1094.49万公顷，其中林业工程748.06万公顷，草地治理239.77万公顷，小流域治理106.66万公顷。在林业工程中，累计完成人工造林361.55万公顷、飞播造林101.79万公顷、新封山育林284.72万公顷。

④三北及长江流域等防护林体系建设工程。2013年，三北五期工程重点区域规模治理和黄土高原水土流失治理稳步推进。三北工程全年共完成造林51.86万公顷，其中人工造林30.30万公顷，飞播造林0.34万公顷，无林地和疏林地新封山育林21.22万公顷。

长江、珠江流域防护林体系建设工程和太行山、平原绿化三期工程正式启动，农田防护林工程建设纳入《全国高标准农田建设总体规划》。长江流域防护林工程完成造林面积13.04万公顷，沿海防护林工程完成造林面积11.86万公顷，珠江流域防护林工程完成造林面积4.40万公顷，太行山绿化工程完成造林面积3.57万公顷，平原绿化工程完成造林面积0.64万公顷。

在三北及长江流域等防护林体系建设工程全部造林面积中，防护林面积所占比重为91.83%，其中水土保持林和防风固沙林所占比重最高，分别达到了29.33%和24.63%。另外，完成低产低效防护林改造面积1.16万公顷。

自2001年以来，三北及长江流域等防护林体系建设工程累计完成人工造林880.69万公顷、飞播造林30.11万公顷、新封山育林520.95万公顷。其中，三北工程累计完成人工造林541.12万公顷、飞播造林11.12万公顷、新封山育林280.96万公顷。

⑤野生动植物保护及自然保护区建设工程。2013年，野生动植物保护力度进一步加大，第二次全国野生动物资源和重点保护野生植物资源调查扎实推进，极小种群野生植物保护得到加强，新增林业国家级自然保护区39处。

截至2013年年底，林业系统自然保护区达到2163处，总面积1.24亿公顷，占全国国土面积的12.95%。其中，国家级自然保护区325处，面积达到7866.87万公顷，国家级自然保护区面积占林业系统自然保护区总面积的63%。

2013年年末实有自然保护小区4.87万个，总面积974万公顷。野生植物就地保护点786个，总面积400万公顷。野生动物种源繁育基地4403个，其中商业性野生动物驯养繁殖单位4261个。野生植物种源培育基地827个。野生动物观赏展演单位316个，植物园(树木园)176个，狩猎场91个。野生动植物保护管理站4293个，野生动植物科研及监测机构560个，鸟类环志中心(站)102个。全国从事野生动植物及自然保护区建设的人员达5.19万人，其中各类专业技术人员1.65万人。

⑥湿地保护与恢复。2013年，第二次全国湿地资源调查结果公布，此次调查查清了全国范围内8公顷以上湿地类型、面积、分布和保护管理情况。调查结果显示：全国湿地总面积5360.26万公顷(另有水稻田面积3005.70万公顷未计入)，湿地率5.58%。自然湿地面积4667.47万公顷，占87.37%；人工湿地面积674.59万公顷，占12.63%。调查结果显示，我国已初步建立了以湿地自然保护区为主体，湿地公园和自然保护小区并存，其他保护形式为补充的湿地保护体系。纳入保护体系的湿地面积2324.32万公顷，湿地保护率43.51%。其中，自然湿地保护面积2115.68万公顷，自然湿地保护率45.33%。

2013年，第一部国家层面的湿地保护部门规章《湿地保护管理规定》正式发布。同时，开展了国际重要湿地生态系统健康、功能和价值评价，形成了《中国国际重要湿地生态状况公报》。全年新增国际重要湿地5处，截至2013年年底，国际重要湿地为46处，面积达到400.22万公顷。2013年共新批国家湿地公园(试点)131处，有20处试点国家湿地公园建成并通过验收。

**【林业产业发展】** 2013年，我国林业产业快速发展的势头不减，产业规模不断扩大，全年林业产业总产值达到4.73万亿元，产业结构进一步优化，各类经济林产品和木竹加工产品产量稳定增长。

**林业产业总产值** 2013年林业产业总产值达到4.73万亿元(按现价计算)，仍保持高速发展趋势，比2012年增长19.93%，产业规模不断扩大。自2001年以来，林业产业总产值的平均增速达到22.63%，居全国行业先进水平。

分产业看，第一产业产值16373.79亿元，占全部林业产业总产值的34.60%，同比增长19.09%；第二产业产值24976.16亿元，占全部林业产业总产值的52.79%，同比增长19.51%；第三产业产值5965.48亿元，占全部林业产业总产值的12.61%，同比增长24.18%。林业三次产业的产值结构已由“十一五”末期的39:52:9，调整为目前的34:53:13，林业二、三产业所占比重逐年增大，产业结构逐步优化。

第一产业中，包括干鲜果品、茶、中药材以及森林食品等在内的经济林产品种植与采集业产值为9240.37亿元，所占比重最大，为56.43%；第二产业中，包括锯材、人造板、地板等在内的木材加工及木竹制品制造业产值为9973.33亿元，所占比重最大，为39.93%。其次为木竹浆造纸业，其产值为5197.43亿元，木竹家具制造业产值为3736.13亿元；第三产业中，林业旅游与休闲服务业产值为4249.65亿元，所占比重最大，为71.24%，全年涉林旅游和休闲的人数达到16.07亿人次。

分地区看，东部地区林业产业总产值为23992.56亿元；中部地区林业产业总产值为9505.44亿元；西部地区林业产业总产值为9329.32亿元；东北地区林业产业总产值为4488.12亿元。东部地区林业产业总产值所占比重最大，占全部林业产业总产值的50.71%，西部地区受干鲜果品产业和森林旅游业快速发展影响，林业产业总产值增长最快，增速达到26.15%。林业产业总产值超过3000亿元的省份共有6个，分别是广东、山东、福建、江苏、浙江和广西。

**木材安全保障** 2013年，为保障木材安全，国家将“加强国家木材战略储备基地建设”写入中央一号文件，同时《全国木材战略储备生产基地建设规划(2013~2020年)》颁布实施。全国木材战略储备基地建设稳步推进，划定国家储备林5.83万公顷，探索建立了国家储备林制度，成立了木材储备战备联盟。全年营造用材林106.14万公顷，比2012年增长37.06%。速生丰产用材林基地建设共完成各地类造林38.98万公顷，其中荒山荒地造林26.96万公顷，更新造林8.64万公顷，非林业用地造林3.38万公顷。另外完成改培面积1.87万公顷。

**木材生产及林产工业**

①木材产量。2013年，全国商品材总产量略有增长，为8438.50万立方米，为国家建设、人民

生活和下游产业的加工提供了宝贵资源。在全部木材产量中，原木产量7836.90万立方米，薪材产量601.60万立方米。由于东北、内蒙古等重点国有林区木材产量持续调减，商品材产量较大的省份都集中在我国集体林区，分别是广西、广东、福建、山东、安徽、湖南、云南等7省(区)，这些省区的商品材产量都超过400万立方米。此外，全国农民自用材采伐量901.03万立方米，农民烧材采伐量2222.79万立方米。

②锯材与木片、木粒加工产品产量。2013年，锯材产量为6297.60万立方米，比2012年增长13.10%。木片、木粒加工产品3935.53万实积立方米，比2012年增长35.38%。

③人造板产量。2013年，全国人造板总产量为25559.91万立方米，比2012年增长14.43%。

在全部人造板产量中，胶合板13725.19万立方米，比2012年增长24.99%，占全部人造板产量的53.70%；纤维板6402.10万立方米，比2012年增长10.37%，占全部人造板产量的25.05%，其中中密度纤维板产量为5394.53万立方米；刨花板产量1884.95万立方米，比2012年减少19.77%，占全部人造板产量的7.37%；其他人造板3547.67万立方米(细木工板占59.71%)，比2012年增长10.70%，占全部人造板产量的13.88%。

从分省情况看，山东、江苏、广西、安徽、河南、河北6省(区)产量均超过1000万立方米，6省(区)人造板产量共计18773.87万立方米，占全国人造板总产量的73.45%。

④木竹地板产量。2013年木竹地板产量为6.89亿平方米，比2012年增长14.06%。在木竹地板产量中，实木地板1.31亿平方米，占全部木竹地板产量的19.06%；实木复合地板2.58亿平方米，占全部木竹地板产量的37.45%；强化木地板(浸渍纸层压木质地板)1.70亿平方米，占全部木竹地板产量的24.68%；竹地板0.81亿平方米，占全部木竹地板产量的11.80%；包括软木地板、集成材地板等其他木地板0.48亿平方米。江苏和浙江两省是木竹地板产量最大的省份，产量分别达到1.55亿平方米和1.28亿平方米，江苏省主要以强化木地板为主，而浙江省主要以实木及实木复合地板为主。

⑤林产化工产品产量。2013年，全国松香类产品产量164.23万吨，比2012年增长16.48%。松节油类产品产量26.65万吨，比2012年增长42.22%。樟脑产量1.77万吨，冰片产量1662吨，栲胶类产品产量8403吨，紫胶类产品产量5764吨。

**经济林、竹、油茶、花卉产业** 2013年，经济林产品产量稳定增长，各类经济林产品总量达到1.48亿吨，比2012年增长4.10%。从产品类别看，水果产量为12661万吨，比2012年增长3.55%；干果产量为1089万吨，比2012年增长10.34%；毛茶等林产饮料产品的产量为185万吨；花椒、八角等林产调料产品的产量为60万吨；竹笋干、食用菌等森林食品产量为328万吨；杜仲、枸杞等木本药材的产量为139万吨；油茶等木本油料产量为185万吨；松脂、油桐等林产工业原料产量187万吨。

2013年大径竹产量为18.77亿根，比2012年增长14.16%，其中毛竹11.46亿根，其他直径在5厘米以上的大径竹7.31亿根。竹产业产值达1671亿元。

油茶作为我国特有的木本食用油料树种，近年来由于《全国油茶产业发展规划(2009~2020年)》的实施，油茶产业得到迅猛发展。2013年，油茶种植面积达到353万公顷，全年新造油茶林18.20万公顷，低产林改造16.80万公顷。繁殖圃516个，苗木产量13.11亿株，油茶籽产量为178万吨，比2012年增长2.82%。从事油茶良种苗木培育、种植、茶油以及其他副产品生产加工的企业有1682个，油茶产业产值达420亿元。

2013年，花卉种植面积104.25万公顷，比2012年增长7.58%，花卉种植业产值达到1627亿元。切花切叶182亿支；盆栽植物54亿盆；观赏苗木124亿株；草坪4.73亿平方米。具有一定规模的花卉市场近4200个，花卉企业4.49万家，其中大中型花卉企业9000多家；花卉从业人员432万人，花农137万户；控温温室面积和日光温室面积分别为5997万平方米和19066万平方米。

**林业主要产品销售价格** 2013年全国主要林业产品综合平均价格基本保持平稳。木材综合平均价格为每立方米742元，比2012年略有下降，竹材综合平均价格为每根9元，比2012年略有增长；主要木材加工产品综合平均价格与2012年基本持平，锯材综合平均价格为每立方米1266元，木片综合平均价格为每实积立方米765元，木地板综合平均价格为每平方米160元，胶合板综合平均价格为每立方米1896元，硬质纤维板综合平均价格为每立方米1372元，中密度纤维板综合平均价格为每立方米1581元，刨花板综合平均价格为每立方米953元；主要林化产品中，松香和紫胶综合平均价格分别为每吨12595元和48373元，分别比2012年增长12.62%和13.53%。栲胶综合平均价格为每吨9572元，比2012年有所下降。

**【林业投资】** 2013年，中央实施了一系列支持林业发展的政策措施，集体和个人所有的国家级公益林补偿标准由每公顷每年150元提高到225元，巩固退耕还林成果补植补造补助标准由每公顷750元提高到1500元，安排林业棚户区(危旧房)改造及配套基础设施建设投资84亿元，改造任务9.6万户，林业投资规模再创新高。

**林业建设资金到位情况** 2013年，实际到位各类林业建设资金3799.83亿元，比2012年增长12.87%。按来源分，国家预算资金1726.34亿元，占资金总量的45.43%，国内贷款(主要为林业贴息贷款)、利用外资、自筹资金和其他资金为385.57亿元、50.64亿元、1316.37亿元和320.91亿元，分别占资金总量的10.15%、1.33%、34.64%和8.45%。国家预算资金中，中央资金为867.37亿元，地方资金为858.97亿元。

**林业投资完成情况** 2013年，全部林业投资完成额达到3782.27亿元，比2012年增长13.17%，其中国家投资完成1394.21亿元，占全部林业投资完成额的36.86%。全部林业投资完成额中，按照项目管理的且计划总投资在500万元以上的林业固定资产建设项目完成投资1376.21亿元，占全部林业投资完成额的36.39%。

按建设内容分，用于生态建设与保护方面的投资为1870.58亿元，占全部林业投资完成额的49.46%，比2012年增长16.61%；用于林木种苗、森林防火、有害生物防治等林业支撑与保障方面的投资为221.68亿元；用于林业产业发展方面的资金为1077.62亿元，这部分资金主要依靠社会和民间资本注入；用于林业棚户区改造和其他林业社会性基础设施建设资金186.84亿元；其他资金425.55亿元。

分地区看，东部地区林业投资完成额1136.39亿元，占全部林业投资完成额的30.05%；中部地区林业投资完成额620.26亿元，占全部林业投资完成额的16.40%；西部地区林业投资完成额1651.99亿元，占全部林业投资完成额的43.68%；东北地区林业投资完成额360.93亿元，占全部林业投资完成额的9.54%。

2013年，受部分林业棚户区危旧房改造项目顺利完成影响，林业系统房屋施工面积和竣工面积大幅回落。全年房屋施工面积达到1099.01万平方米，竣工面积824.67万平方米，分别比2012年减少45.70%和39.76%。其中，住宅施工面积为866.31万平方米，竣工面积为671.11万平方米。

**林业利用外资情况** 2013年，我国林业利用外资项目个数为240个，实际利用外资规模8.05亿美元，比2012年增长55.41%，其中国外借款1.15亿美元，外商直接投资6.43亿美元，无偿援助0.47亿美元，分别占林业实际利用外资总规模的14.30%、79.84%和5.86%。林业实际利用外资金额占全国外商直接投资的0.68%。

**【林业系统从业人员和劳动工资】** 截至2013年年底，全国林业系统各种经济类型单位共计44562个，其中企业2168个，事业单位37671个，机关4723个。

2013年林业系统年末人数共计156.33万人，比2012年减少3.23%。其中在岗职工122.19万人，离开本单位仍保留劳动关系人员28.16万人，其他从业人员5.98万人。

林业系统在岗职工年平均工资达到30940元，比2012年增长10.09%。

分地区看，东部地区林业系统在岗职工年平均工资最高，达到43563元；中部地区林业系统在岗职工年平均工资增速最快，达到27332元，比2012年增长12.69%；西部地区林业系统在岗职工年平均工资为35748元；东北地区林业系统在岗职工年平均工资最低，仅为23747元。分行业看，林业工程技术与规划管理业年平均工资最高，为53599元，木材加工及木竹制品业年平均工资最低，为24229元。

**【林业灾害发生和安全生产情况】**

**林业灾害发生情况**

①森林火灾。2013年，国家加大了森林防火工作督查、森林航空消防、重点火险区综合治理力度。全年未发生重特大森林火灾，共发生森林火灾3929起，比近三年(2010~2012年)平均值下降1817起，下降幅度达31.6%。其中一般火灾2347起，较大火灾1582起，一般火灾和较大火灾分别比近三年平均值下降了30.8%和32.4%。受害森林面积1.37万公顷，人员伤亡55人。火灾次数、受害森林面积连续五年下降。

②林业有害生物。2013年，林业有害生物防治工作有效应对了松树蜂、椰子织蛾等外来有害生物入侵，松材线虫病、美国白蛾防治取得明显成效，有害生物成灾率连续四年控制在5‰以下。全国主要林业有害生物发生面积1202.4万公顷，比2012年发生面积略有增长。其中，虫害发生面积为845.0万公顷，病害发生面积为138.9万公顷，鼠(兔)害发生面积为218.5万公顷。另外，有害植物发生面积为11.2万公顷。

**安全生产情况** 2013年，林业生产事故伤亡人数比2012年有所增长，其中轻伤、重伤和死亡分别为602人次、45人次和65人，轻伤人数比2012年增长125人次。

**【主要林产品进出口贸易】** 2013年，受美国经济持续温和好转，美国房地产市场持续复苏，以及新兴市场国家总体基本面保持平稳态势的影响，全年林产品进出口贸易额创历史新高。根据海关统计数据汇总分析，2013年全国林产品进出口贸易额为1259.9亿美元，比2012年增长6.1%。其中，进口额634.3亿美元，比2012年增长3.7%；出口额625.6亿美元，比2012年增长8.7%。进口额略高于出口额。其中进口额增长主要由原木、锯材、木片等木质原材料所带动，出口额增长主要由木家具、纸和纸制品、胶合板、木制品、干鲜水果和坚果等林产消费品所带动。

**主要林产品进口情况** 2013年原木进口量4515.9万立方米，金额93.2亿美元，分别比2012年增长19.2%和28.5%；锯材进口量2404.3万立方米，金额68.3亿美元，分别比2012年增长16.3%和23.6%；纸、纸板及纸制品进口量297.1万吨，金额43.7亿美元，分别比2012年减少8.7%和4.9%；纸浆进口量1685.2万吨，金额113.7亿美元，分别比2012年增长2.4%和3.7%；木家具进口量738.5万件，金额7.1亿美元，分别比2012年增长16.0%和18.8%；木片进口量915.9万吨，金额15.5亿美元，分别比2012年增长20.6%和16.6%。

**主要林产品出口情况** 2013年木家具出口量2.9亿件，金额194.4亿美元，分别比2012年增长0.2%和6.1%；纸、纸板及纸制品出口量692.9万吨，金额127.9亿美元，分别比2012年增长14.3%和16.5%；木制品出口额48.0亿美元，增长6.1%；胶合板出口量1026.3万立方米，金额50.3亿美元，分别比2012年增长2.3%和5.0%；干鲜水果和坚果出口量292.2万吨，金额38.9亿美元，分别比2012年下降2.6%和增长11.1%。

**【首批国家林业重点龙头企业名单】** 国家林业重点龙头企业认定和管理工作由国家林业局发展规划与资金管理司牵头负责，每两年推荐和选定一次，获得认定的企业可享受资金、税费、保险、物流等国家有关优惠和扶持政策。

根据《国家林业重点龙头企业推选和管理工作实施方案(试行)》(办规字〔2013〕164号)和《国家林业局办公室关于做好2013年国家林业重点龙头企业推荐与选定工作的通知》(办规字〔2013〕165号)的规定，在各省级林业主管部门及内蒙古、吉林、龙江、大兴安岭森工(林业)集团公司、新疆生产建设兵团林业局和有关中央企业推荐的基础上，经专家评审，以下企业拟认定为首批国家林业重点龙头企业。

**首批国家林业重点龙头企业拟认定名单：**

河北蓝鸟家具股份有限公司

廊坊三利木业有限公司

平山县葫芦峪农业科技开发有限公司
河北绿岭果业有限公司
山西骏达木业有限公司
内蒙古宇航人高技术产业有限责任公司
内蒙古金地生物质有限公司
内蒙古美林实业集团有限公司
华丰家具集团有限公司
辽宁赛斯木业有限公司
辽宁东宁药业有限公司
大连华夏家具有限公司
大连盛友门业有限公司
吉林兄弟木业集团有限公司
抚松金隆木业集团有限公司
吉林中信美来木业集团有限责任公司
吉林新元木业有限公司
哈尔滨森鹰窗业股份有限公司
华鹤集团金鹤门业发展有限公司
黑龙江三和木业(集团)有限公司
无锡市博大竹木业有限公司
徐州中原木业有限公司
徐州福华木业股份有限公司
江苏富祥木业股份有限公司
江苏贝尔装饰材料有限公司
德华兔宝宝装饰新材股份有限公司
浙江世友木业有限公司
浙江大庄实业集团有限公司
浙江康大实业有限公司
久盛地板有限公司
浙江常发粮油食品有限公司
浙江新云木业集团有限公司
安徽龙华竹业有限公司
安徽博亚竹木制品有限公司
安徽森泰集团
安徽华安达集团工艺品有限公司
安徽大别山科技开发有限公司
安徽绿健生物科技有限公司
黄山市徽山食用油有限公司
福建元力活性炭股份有限公司
福建杜氏木业有限公司
新洲(武平)林化有限公司
福建省漳平木村林产有限公司
大亚木业(福建)有限公司
福建三本农业高科技有限公司
福建省尤溪县沈郎食用油有限公司
老知青集团有限公司
莆田标准木业有限公司
厦门金牌厨柜股份有限公司
江西康替龙竹业有限公司
全南厚朴生态林业有限公司
新余市天欣源工贸有限公司
江西飞尚林产有限公司
江西仙客来生物新科技有限公司
江西春源绿色食品有限公司
青龙高科技股份有限公司
江西山村油脂食品有限公司
江西绿海油脂有限公司
菏泽尧舜牡丹生物科技有限公司
山东霞光实业有限公司
山东贺友集团有限公司
山东新港企业集团有限公司
东营正和木业有限公司
鲁丽集团有限公司
诸城市松源木业有限责任公司
好想你枣业股份有限公司
夏邑县金展木业有限责任公司
兰考三环华兰实业集团
河南阿凡达精工家具有限公司
固始县华丰工艺品有限责任公司
康欣新材料科技股份有限公司
湖北拍马林浆纸集团
湖北燕加隆九方圆板材有限责任公司
巨宁森工股份有限公司

湖北正全农业科技开发有限公司
广信绿色食品开发京山有限公司
湖北黄袍山绿色产品有限公司
湖北汇澄茶油股份有限公司
湖北四季春茶油限公司
益阳森华林业发展有限公司
株洲松本林化有限公司
湖南瑞柏茶油有限公司
湖南福湘木业有限责任公司
伟特家居股份有限公司
湖南林之神生物科技有限公司
湖南山润油茶科技发展有限公司
广东省宜华木业股份有限公司
鸿伟木业(仁化)有限公司
广东五联木业集团有限公司
廉江一品木业有限公司
大亚木业(茂名)有限公司
广东新大地生物科技股份有限公司
广东鸿利丰生物科技有限公司
广西壮族自治区国有高峰林场
广西三威林产工业有限公司
广西金桂浆纸业有限公司
广西梧州日成林产化工股份有限公司
广西天利恒种业有限公司
广西桂林思源生态农业科技开发有限责任公司
海南金海浆纸业有限公司
重庆星星套装门(集团)有限责任公司
重庆理文造纸有限公司
全友家私有限公司
四川升达林业产业股份有限公司
成都建丰林业股份有限公司
四川永丰纸业股份有限公司
四川国栋建设股份有限公司
兴义市鲁屯油脂加工厂
贵州森泰实业有限公司
云南省临沧市泛华林业投资发展有限公司
腾冲县古林木业有限责任公司
南华松香厂
云南摩尔农庄生物科技开发有限公司
云南盛禾生态农业科技发展有限公司
陕西中兴林产科技股份有限公司
陇南市祥宇油橄榄开发有限责任公司
甘肃绿源农林科技有限公司
青海忠华核桃有限公司
银川泰丰生物科技有限公司
新疆天海绿洲农业科技股份有限公司
哈密长河集团长青农牧有限公司
温宿县木本粮油林场
吉林森林工业股份有限公司
吉林森工金桥地板集团有限公司
黑龙江省绥棱林业局
黑龙江省柴河林业局
大兴安岭神州北极木业有限公司
福人集团有限责任公司
中国林产工业公司

(国家林业局发展规划与资金管理司)

**【林业合作组织】** 农民专业合作组织对推进经济社会健康发展具有十分重要的作用，一直备受国际社会高度重视与关注。2007 年 7 月 1 日，我国开始施行农民专业合作社法；2012 年，联合国确定的“国际合作社年”。

**发展成就** 我国有 3.07 亿公顷林地，集体林地多达 1.8 亿多公顷，是耕地面积的 1.5 倍。国家实施集体林地改革极大地激发了农民组建林业专业合作社、扩大生产能力与规模的务林致富的积极性。截至 2013 年年底，全国已建立合作经济组织 14.2 万家，涉及农户 1300.71 万户，经营林地面积 0.16 亿公顷。其中，林业合作社 4 万个，入社农户 700.27 万户，经营林地 664.52 万公顷。林业合作经济组织已覆盖全国 30 多个省(区、市)，涉及种苗、花卉、用材林、经济林、林产品加工与销售、林下经济等各个方面，在新品种、新技术、新方法使用，科技成果转化、林业科技示范，推进森林可持续经营，带动农民增加收入等方面开始发挥主力军作用。

全国林业合作组织快速发展各地积累了十分宝贵的经验。

①高度重视，积极推动。2009年5月，国家林业局联合人民银行、财政部、银监会、促监会，共同出台《关于做好集体林权制度改革与林业发展金融服务工作的指导意见》，明确要求在信贷、担保、金融保险、融资等方面给予农民林业专业合作组织大力支持；2009年8月，下发《关于促进农民林业专业合作社发展的指导意见》，对农民林业专业合作社的建设发展提出了总体要求；2011年1月，下发《关于组织开展创建农民林业专业合作社示范县活动的通知》，通过示范县创建来引导发展，与此同时，各地党委、政府也积极出台政策措施，推动林业专业合作组织快速发展。2013年9月13印发《国家林业局关于加快林业专业合作组织发展的通知》，切实采取有力措施推进林业专业合作组织发展，全国已有16个省(区、市)都出台了政策性措施。2013年11月出台了《林业专业合作组织示范章程》，不仅弥补了林业专业合作组织此方面的空白，而且为把林业合作组织作为政策扶持重点奠定了基础，并写入《国家农民合作社示范社评定及检测暂行办法》。

②典型示范，带动发展。2011年，国家林业局开展创建农民林业专业合作社示范县活动，确定200个县作为首批示范县创建单位，并规划到2017年，将建设200个全国林业专业合作社示范县及2000个典型示范社，20%的农户加入农民林业专业合作组织，经营林地面积占集体林地面积的20%。以示范县建设为面，示范社建设为点，面上推动与点上引导相结合，着力做好林业合作组织的规范化建设，有力地促进农民林业合作社建设健康有序发展。

③加强宣传，鼓励发展。积极利用各种宣传渠道，宣传合作组织的政策法规，展示发展成果。2012年，围绕《农民专业合作社法》实施5周年暨国际合作年，组织开展系列普法宣传活动；挖掘林业合作组织的发展典型，推广林业合作组织发展经验，结合30家获得“中国50佳合作社”称号的林业合作社，开展林业专业合作组织建设发展成果的专题宣传报道。

④搞好培训，长效发展。近年来，国家林业局相继在四川、贵州、浙江、山东、山西等省举办多期林业合作组织人才培训班，对于推进林业合作组织规范化发展起到了十分重要的促进作用。

**办社遵循原则**　一是牢记服务为本的理念。“生产在家、服务在社”是林业合作组织的基本特征。为林农提供服务是合作社的宗旨，也是林业合作组织的生命力所在。

二是坚持规范办社的方针。林业合作组织要实现可持续发展，必须树立规范运作的意识。要全面贯彻《农民合作社法》的规定，牢牢树立服务林农、进退自由、权利平等、管理民主的核心要求，切实做到依法办社，照章办事。

三是增强自我发展的能力。要用现代化发展理念引领林业合作组织，用现代化管理方式完善林业合作组织，用现代化物质技术装备林业合作组织，用现代化产业体系提升林业合作组织，用新型职业林农充实林业合作组织，积极参与市场竞争，提高自身经济实力，提高服务质量。

四是强化诚实守信的意识。诚实守信经营是林业合作组织的生存之道、立足之本。林业合作组织要树立诚信品德，建立良好规范的信用管理制度，树立良好的社会形象。

**今后工作**　一是着力打造办社理论体系。围绕林业合作组织的功能定位、内部管理与制度构建、发展模式及绩效监测、政府的监管和指导、基层治理等方面的问题，深入开展调查研究，积极借鉴国内外农民合作积极组织发展经验，为制定符合我国林业实际的合作组织政策提供理论支撑。

二是着力打造法律法规框架体系。起草出台林业专业合作组织管理办法，示范章程及示范社考核验收办法等一系列法律制度，形成林业专业合作组织建设的法律框架体系，坚强对林业合作组织建设的指导，促进林业专业合作组织健康、有序、规范发展。

三是着力打造政策扶持体系。进一步研究落实有关的财政、金融、税收等扶持政策，促进林业专业合作组织发展。充分发挥林业合作组织不可替代的优势，支持有条件的合作组织承担国家林业重点生态工程项目，包括速生丰产林、防沙治沙工程、退耕还林工程等。

四是着力打造指导管理体系。要求全国林业系统都要确定机构和人员，负责指导林业合作组织的建设和发展。重点要发挥2.8万个乡镇林业工作站的作用，把基层林业工作站建设与林业合作社发展紧密结合，充分发挥其在技术、资金、人才、管理等方面的主导作用。同时，加大示范引导。要以林业专业合作组织示范县创建为抓手，以点带面，以示范促规范，以规范促发展。

五是着力打造服务体系。创新发展林业专业合作组织，使其成为农民享受优惠政策、优化资源配置的载体。要通过转变政府职能，加强对林业合作组织的服务，不断增强合作社的竞争能力；加强人才培训，培养合作社的领军人才；加强宣传，营造良好的社会氛围。（齐　联）

## 【2013 年全国林业产业统计表】

表 1　2013 年各地区林业

（按现行

| 地区 | 总计 | 第一 | | | | | | |
|---|---|---|---|---|---|---|---|---|
| | | 合计 | 涉林 | | | | | |
| | | | 合计 | 其中：湿地产业 | 林木育种和育苗 | | | 造林和更新 |
| | | | | | 小计 | 林木育种 | 林木育苗 | |
| **全国合计** | **473154396** | **163737921** | **156523685** | **1107058** | **12774978** | **1126493** | **11648485** | **10707534** |
| 北　京 | 1805117 | 1623981 | 1621544 | — | 55075 | — | 55075 | 864492 |
| 天　津 | 186163 | 170141 | 170141 | 5 | 3702 | — | 3702 | 23456 |
| 河　北 | 12305030 | 6103231 | 6072784 | 86797 | 305745 | 18651 | 287094 | 282028 |
| 山　西 | 3458702 | 2664902 | 2658255 | 300 | 595127 | 4832 | 590295 | 711757 |
| 内蒙古 | 2801456 | 1545569 | 1398953 | 5833 | 188463 | 11198 | 177265 | 364477 |
| 内蒙古集团 | 694104 | 315379 | 299278 | — | 744 | — | 744 | 5331 |
| 辽　宁 | 17375794 | 9077590 | 8973186 | 7000 | 610394 | 216565 | 393829 | 865796 |
| 吉　林 | 13509856 | 3623241 | 3309298 | — | 286619 | 21933 | 264686 | 82626 |
| 吉林集团 | 1435814 | 325816 | 286159 | — | 8271 | 1795 | 6476 | 3587 |
| 长白山集团 | 718010 | 262516 | 246489 | — | 18268 | 1569 | 16699 | 6424 |
| 黑龙江 | 12813789 | 5173952 | 3657539 | 6241 | 164434 | 11242 | 153192 | 127306 |
| 龙江集团 | 4952635 | 1840136 | 836388 | — | 3812 | 261 | 3551 | 27599 |
| 上　海 | 3709755 | 369316 | 369316 | — | 30420 | — | 30420 | 11015 |
| 江　苏 | 36086022 | 8887780 | 8559198 | 59930 | 1102592 | 83464 | 1019128 | 721031 |
| 浙　江 | 33792859 | 7664849 | 7641689 | 8957 | 1707856 | 750 | 1707106 | 248104 |
| 安　徽 | 20595442 | 6309769 | 6129501 | 39446 | 550254 | 47863 | 502391 | 699810 |
| 福　建 | 36095326 | 6642694 | 6639898 | — | 122156 | 82540 | 39616 | 201601 |
| 江　西 | 20250245 | 7533092 | 7184871 | 32160 | 493984 | 56155 | 437829 | 560857 |
| 山　东 | 55739153 | 19772916 | 19183254 | 61611 | 3297051 | 10404 | 3286647 | 591986 |
| 河　南 | 12634877 | 6356211 | 6232377 | 48578 | 310727 | 44625 | 266102 | 417095 |
| 湖　北 | 14315092 | 6380837 | 6250681 | 13063 | 311438 | 76521 | 234917 | 323208 |
| 湖　南 | 23800023 | 8482825 | 7876110 | 454674 | 688099 | 231834 | 456265 | 664739 |
| 广　东 | 55953897 | 6894502 | 6729331 | 59274 | 68241 | 7992 | 60249 | 213289 |
| 广　西 | 30201223 | 9928226 | 8255041 | 150 | 135045 | 26897 | 108148 | 349661 |
| 海　南 | 4252253 | 2415401 | 2396888 | 103074 | 37628 | 1757 | 35871 | 60928 |
| 重　庆 | 4494411 | 2416322 | 2325929 | 1073 | 212675 | 44166 | 168509 | 253053 |
| 四　川 | 20302262 | 7688693 | 7403069 | 4955 | 266965 | 38532 | 228433 | 296340 |
| 贵　州 | 5034591 | 2361398 | 2281097 | 35518 | 217924 | 23540 | 194384 | 301099 |
| 云　南 | 11704317 | 7773695 | 7507727 | 68518 | 138167 | 22817 | 115350 | 386792 |
| 西　藏 | 219427 | 198771 | 198771 | — | 19383 | — | 19383 | 52145 |
| 陕　西 | 7125584 | 5641138 | 5617284 | 3093 | 479566 | 24383 | 455183 | 394293 |
| 甘　肃 | 2824923 | 2491464 | 2456481 | 3440 | 129624 | 8105 | 121519 | 107457 |
| 青　海 | 356242 | 351207 | 351207 | 3368 | 8402 | 53 | 8349 | 201321 |
| 宁　夏 | 1162137 | 796185 | 796185 | — | 57679 | 1336 | 56343 | 85640 |
| 新　疆 | 7066614 | 5852628 | 5846141 | — | 174589 | 8338 | 166251 | 243379 |
| 新疆兵团 | 1954872 | 1942888 | 1940512 | — | 32717 | 160 | 32557 | 45015 |
| 大兴安岭 | 1181814 | 545395 | 429939 | — | 4954 | — | 4954 | 753 |

**产业总产值(一)**
**价格计算)**

单位:万元

| 产业<br>产业<br>森林经营和管护 | 木材和竹材的采运<br>小计 | 木材采运 | 竹材采运 | 经济林产品的种植与采集<br>小计 | 水果种植 | 坚果、含油果和香料作物种植 | 茶及其他饮料作物的种植 | 中药材种植 | 森林食品种植 | 林产品采集 |
|---|---|---|---|---|---|---|---|---|---|---|
| **7198061** | **10102975** | **7813521** | **2289454** | **92403685** | **46141257** | **14427279** | **8639600** | **5969778** | **8800422** | **8425349** |
| 69259 | 12813 | 12813 | — | 473332 | 353883 | 92989 | — | 688 | 239 | 25533 |
| 16576 | 9903 | 9903 | — | 89323 | 75596 | 13727 | — | — | — | — |
| 101625 | 55577 | 55577 | — | 4646235 | 3436200 | 980952 | 1002 | 100257 | 92754 | 35070 |
| 58808 | 5319 | 5319 | — | 1222436 | 901135 | 292487 | — | 16126 | 12374 | 314 |
| 279483 | 131687 | 131687 | — | 321052 | 149359 | 24959 | 120 | 57948 | 21218 | 67448 |
| 134428 | 86407 | 86407 | — | 35790 | 3491 | — | — | 1602 | 7292 | 23405 |
| 174921 | 152235 | 152235 | — | 5017165 | 1642371 | 1164573 | 73000 | 788912 | 947233 | 401076 |
| 99574 | 373284 | 373284 | — | 1827495 | 262356 | 70625 | 4201 | 939359 | 449422 | 101532 |
| 17380 | 88539 | 88539 | — | 121585 | 4305 | 5384 | 780 | 58607 | 34126 | 18383 |
| 18242 | 99731 | 99731 | — | 75788 | 261 | 5179 | — | 1197 | 62463 | 6688 |
| 176633 | 185357 | 185357 | — | 2579923 | 157929 | 35211 | 104 | 156946 | 2010118 | 219615 |
| 118413 | 87295 | 87295 | — | 579954 | 5676 | 10541 | — | 65352 | 365886 | 132499 |
| 34069 | 1332 | 114 | 1218 | 239708 | 237351 | — | — | — | 2357 | — |
| 1139897 | 228968 | 219856 | 9112 | 3400544 | 1961661 | 80608 | 547984 | 131575 | 245287 | 433429 |
| 126149 | 460540 | 158908 | 301632 | 4342251 | 1937795 | 232910 | 1027060 | 155612 | 904819 | 84055 |
| 469432 | 696455 | 498535 | 197920 | 2951735 | 910621 | 394051 | 789595 | 254349 | 373918 | 229201 |
| 98479 | 1277161 | 796930 | 480231 | 3842409 | 1592897 | 163113 | 1044830 | 166918 | 357759 | 516892 |
| 448077 | 645537 | 383847 | 261690 | 3666029 | 1670962 | 354850 | 349927 | 157288 | 244614 | 888388 |
| 387050 | 408345 | 408345 | — | 11085726 | 9041390 | 1560176 | 285327 | 30312 | 168521 | — |
| 270650 | 258846 | 254708 | 4138 | 3444758 | 1619905 | 581112 | 461858 | 289594 | 254323 | 237966 |
| 275773 | 288622 | 231031 | 57591 | 4310079 | 1398513 | 385761 | 1187989 | 271121 | 845479 | 221216 |
| 730907 | 760016 | 634969 | 125047 | 3688375 | 1499751 | 680485 | 559047 | 397056 | 281104 | 270932 |
| 116788 | 755211 | 544665 | 210546 | 3891677 | 2647361 | 189362 | 211318 | 103705 | 359010 | 380921 |
| 452246 | 1686303 | 1449680 | 236623 | 4269233 | 2660765 | 427997 | 305632 | 93061 | 207895 | 573883 |
| 67156 | 92490 | 85811 | 6679 | 1835079 | 992847 | 83204 | 2585 | 14617 | 6970 | 734856 |
| 108761 | 60103 | 43601 | 16502 | 1312833 | 900408 | 113566 | 118636 | 75992 | 89896 | 14335 |
| 336158 | 580845 | 294535 | 286310 | 4657659 | 2055444 | 943560 | 488269 | 220269 | 496635 | 453482 |
| 153133 | 219111 | 213587 | 5524 | 1179200 | 428825 | 133785 | 304636 | 174972 | 46131 | 90851 |
| 159190 | 515309 | 429035 | 86274 | 5767663 | 1111346 | 1219203 | 584970 | 548970 | 209197 | 2093977 |
| 45507 | 39049 | 38896 | 153 | 42687 | 16477 | 17008 | 70 | 2678 | 6454 | — |
| 96696 | 34743 | 32589 | 2154 | 4470683 | 2695316 | 1025484 | 282090 | 151089 | 131949 | 184755 |
| 138917 | 4042 | 3932 | 110 | 2000629 | 1414148 | 403591 | 8426 | 155632 | 12874 | 5958 |
| 17888 | 977 | 977 | — | 121357 | 1153 | 3324 | 156 | 115417 | 620 | 687 |
| 35354 | 540 | 540 | — | 594242 | 253376 | 9979 | 768 | 304071 | — | 26048 |
| 416671 | 29597 | 29597 | — | 4945530 | 2114116 | 2746279 | — | 84833 | — | 302 |
| 75668 | 7884 | 7884 | — | 1776917 | 987102 | 772965 | — | 16548 | — | 302 |
| 96234 | 132658 | 132658 | — | 166638 | — | 2348 | — | 10411 | 21252 | 132627 |

表1　2013年各地区林业
(按现行

| 地区 | 第一产业 | | | | | | |
|---|---|---|---|---|---|---|---|
| | 涉林产业 | | | 林业系统非林产业 | 合计 | | |
| | 花卉及其他观赏植物种植 | 陆生野生动物繁育与利用 | 林业生产服务 | | | 合计 | 其中：湿地产业 |
| **全国合计** | **16268437** | **5073821** | **1994194** | **7214236** | **249761641** | **243195037** | **1037864** |
| 北　京 | 117522 | 7500 | 21551 | 2437 | 10981 | — | — |
| 天　津 | 26981 | 200 | — | — | 5000 | 5000 | — |
| 河　北 | 346306 | 298113 | 37155 | 30447 | 5522275 | 5491834 | 264375 |
| 山　西 | 44603 | 6236 | 13969 | 6647 | 598440 | 598440 | — |
| 内蒙古 | 15700 | 66419 | 31672 | 146616 | 761655 | 678792 | — |
| 内蒙古集团 | — | 32401 | 4177 | 16101 | 107310 | 35516 | — |
| 辽　宁 | 972380 | 1047710 | 132585 | 104404 | 5621270 | 5526381 | — |
| 吉　林 | 130118 | 472860 | 36722 | 313943 | 8270048 | 7575787 | — |
| 吉林集团 | 1385 | 38249 | 7163 | 39657 | 517109 | 294647 | — |
| 长白山集团 | 80 | 24041 | 3915 | 16027 | 209629 | 127858 | — |
| 黑龙江 | 58009 | 313410 | 52467 | 1516413 | 5763464 | 4414434 | 1988 |
| 龙江集团 | — | 12253 | 7062 | 1003748 | 1844846 | 673169 | — |
| 上　海 | 52262 | 510 | — | — | 3199323 | 3199323 | — |
| 江　苏 | 1864212 | 55972 | 45982 | 328582 | 23470730 | 22357876 | 2244 |
| 浙　江 | 431255 | 285299 | 40235 | 23160 | 22900438 | 22886518 | 213997 |
| 安　徽 | 577903 | 100142 | 83770 | 180268 | 11379143 | 11140967 | 26226 |
| 福　建 | 998070 | 79104 | 20918 | 2796 | 28459442 | 28362850 | 282000 |
| 江　西 | 1177308 | 82511 | 110568 | 348221 | 8148615 | 7669298 | 1784 |
| 山　东 | 2153832 | 1170082 | 89182 | 589662 | 32766644 | 32144940 | 2020 |
| 河　南 | 1243332 | 165676 | 121293 | 123834 | 5110355 | 5068651 | 26218 |
| 湖　北 | 448382 | 87938 | 205241 | 130156 | 5781055 | 5395032 | 10121 |
| 湖　南 | 895520 | 168717 | 279737 | 606715 | 9366294 | 9028962 | 92369 |
| 广　东 | 1651984 | 15528 | 16613 | 165171 | 38624557 | 38601733 | 91607 |
| 广　西 | 926236 | 233638 | 202679 | 1673185 | 17442590 | 17044645 | 5 |
| 海　南 | 272428 | 30914 | 265 | 18513 | 1652489 | 1650155 | — |
| 重　庆 | 337914 | 23318 | 17272 | 90393 | 1169767 | 1123059 | 150 |
| 四　川 | 825581 | 227784 | 211737 | 285624 | 7075946 | 6898210 | 10450 |
| 贵　州 | 162431 | 17549 | 30650 | 80301 | 844143 | 824653 | 6431 |
| 云　南 | 383702 | 64005 | 92899 | 265968 | 3240770 | 3145338 | 5669 |
| 西　藏 | — | — | — | — | 12569 | 12569 | — |
| 陕　西 | 101842 | 25642 | 13819 | 23854 | 925481 | 886622 | 210 |
| 甘　肃 | 20184 | 1940 | 53688 | 34983 | 141950 | 112265 | — |
| 青　海 | 187 | — | 1075 | — | 180 | 180 | — |
| 宁　夏 | 17741 | 152 | 4837 | — | 254519 | 254519 | — |
| 新　疆 | 14273 | 1168 | 20934 | 6487 | 792199 | 791626 | — |
| 新疆兵团 | 1533 | 202 | 576 | 2376 | 1294 | 994 | — |
| 大兴安岭 | 239 | 23784 | 4679 | 115456 | 449309 | 304378 | — |

产业总产值(二)

价格计算)

单位:万元

| 第二产业 | | | | | | | | | | |
|---|---|---|---|---|---|---|---|---|---|---|
| 涉林产业 | | | | | | | | | | |
| 木材加工和木、竹、藤、棕、苇制品制造 | | | | | 木、竹、藤家具制造 | 木、竹、苇浆造纸和纸制品 | | | | 林产化学产品制造 |
| 小计 | 木材加工 | 人造板制造 | 木制品制造 | 竹、藤、棕、苇制品制造 | | 小计 | 木、竹、苇浆制造 | 造纸 | 纸制品制造 | |
| **99733250** | **16530717** | **51910432** | **23731634** | **7560467** | **37361255** | **51974253** | **11428095** | **24906970** | **15639188** | **5990768** |
| — | — | — | — | — | — | — | — | — | — | — |
| — | — | — | — | — | 5000 | — | — | — | — | — |
| 3225015 | 398743 | 2574994 | 250197 | 1081 | 469259 | 41608 | 6101 | 31611 | 3896 | 40779 |
| 80900 | 33646 | 37404 | 9850 | — | 13243 | — | — | — | — | 144 |
| 565146 | 473248 | 74498 | 17011 | 389 | 1508 | 19122 | — | 19122 | — | 610 |
| 16159 | 16159 | — | — | — | — | 19122 | — | 19122 | — | — |
| 2574262 | 681642 | 806097 | 1075663 | 10860 | 1448691 | 39858 | 37960 | 1898 | — | 3754 |
| 2400112 | 442864 | 944949 | 1012299 | — | 376363 | 411729 | 57738 | 250732 | 103259 | 18016 |
| 229657 | 11394 | 114381 | 103882 | — | 23750 | — | — | — | — | 13109 |
| 116322 | 4315 | 46448 | 65559 | — | 2722 | — | — | — | — | 2700 |
| 2624345 | 934593 | 729394 | 957596 | 2762 | 433320 | 518230 | 4624 | 217670 | 295936 | 14334 |
| 509604 | 119743 | 136425 | 253436 | — | 85866 | 262 | 162 | — | 100 | 11280 |
| 684170 | 36499 | 154489 | 488859 | 4323 | 797374 | 1272348 | — | 433809 | 838539 | 14761 |
| 14463503 | 748024 | 8922100 | 4596517 | 196862 | 685753 | 3627744 | 404701 | 2297101 | 925942 | 636918 |
| 6888470 | 605211 | 1482992 | 3579111 | 1221156 | 3071545 | 8761273 | 2720147 | 3043929 | 2997197 | 188285 |
| 7664520 | 951970 | 4249867 | 1117660 | 1345023 | 907524 | 245236 | 118851 | 93403 | 32982 | 132754 |
| 8861571 | 1172877 | 3049076 | 2778525 | 1861093 | 4875266 | 5533975 | 1743702 | 2169096 | 1621177 | 690927 |
| 3382832 | 483546 | 969532 | 1002079 | 927675 | 1999982 | 420387 | 54734 | 243602 | 122051 | 625915 |
| 18397866 | 3551197 | 12608704 | 2032890 | 205075 | 2736359 | 4767905 | 1284742 | 3136386 | 346777 | 106856 |
| 2535084 | 498249 | 1789327 | 207451 | 40057 | 702217 | 676945 | 244962 | 388436 | 43547 | 14444 |
| 1942553 | 136982 | 940274 | 654520 | 210777 | 715319 | 972070 | 309074 | 560314 | 102682 | 68610 |
| 3348184 | 844548 | 1102547 | 747156 | 653933 | 1825397 | 1951892 | 148559 | 1757727 | 45606 | 222128 |
| 5799712 | 832128 | 3245566 | 1451178 | 270840 | 12048650 | 17676160 | 2302325 | 8230343 | 7143492 | 1051757 |
| 9564144 | 2399380 | 5904654 | 948572 | 311538 | 1023623 | 2686855 | 321344 | 1602405 | 763106 | 1501424 |
| 141138 | 96289 | 39399 | 4022 | 1428 | 41576 | 1050000 | 1050000 | — | — | 858 |
| 388508 | 83119 | 127150 | 97845 | 80394 | 260604 | 128137 | 86700 | 36727 | 4710 | 8650 |
| 2221902 | 480025 | 1278049 | 284964 | 178864 | 2586959 | 906226 | 382055 | 343534 | 180637 | 39615 |
| 420287 | 186309 | 131047 | 84283 | 18648 | 97731 | 74117 | 38383 | 27759 | 7975 | 38739 |
| 974089 | 292254 | 477231 | 193883 | 10721 | 168515 | 161388 | 111393 | 21366 | 28629 | 519407 |
| 12569 | 12569 | — | — | — | — | — | — | — | — | — |
| 326986 | 71053 | 204567 | 45207 | 6159 | 58347 | 31048 | — | — | 31048 | 1280 |
| 6134 | 2527 | 1600 | 1198 | 809 | 7152 | — | — | — | — | 4410 |
| 180 | 180 | — | — | — | — | — | — | — | — | — |
| 2000 | 2000 | — | — | — | — | — | — | — | — | — |
| 41378 | 14053 | 17325 | 10000 | — | 80 | — | — | — | — | — |
| 994 | 976 | 18 | — | — | — | — | — | — | — | — |
| 195690 | 64992 | 47600 | 83098 | — | 3898 | — | — | — | — | 45393 |

**表1 2013年各地区林业**

**(按现行**

| 地区 | 第二产业 | | | | | | | |
|---|---|---|---|---|---|---|---|---|
| | 涉林产业 | | | | | | 林业系统非林产业 | 总计 |
| | 木质工艺品和木质文教体育用品制造 | 非木质林产品加工制造业 | | | | 其他 | | |
| | | 小计 | 木本油料、果蔬、茶饮料等加工制造 | 野生动物食品与毛皮革等加工制造 | 中药材加工制造 | | | |
| **全国合计** | **5244217** | **34224022** | **25506647** | **1535904** | **7181471** | **8667272** | **6566604** | **59654834** |
| 北　京 | — | — | — | — | — | — | 10981 | 170155 |
| 天　津 | — | — | — | — | — | — | — | 11022 |
| 河　北 | 4259 | 1562966 | 1526270 | 24052 | 12644 | 147948 | 30441 | 679524 |
| 山　西 | 16 | 500200 | 492828 | 4180 | 3192 | 3937 | — | 195360 |
| 内蒙古 | 56 | 9861 | 9861 | — | — | 82489 | 82863 | 494232 |
| 内蒙古集团 | — | — | — | — | — | 235 | 71794 | 271415 |
| 辽　宁 | 43983 | 786048 | 449667 | 52742 | 283639 | 629785 | 94889 | 2676934 |
| 吉　林 | 61786 | 4159905 | 680296 | 89764 | 3389845 | 147876 | 694261 | 1616567 |
| 吉林集团 | — | 22084 | 21704 | 380 | — | 6047 | 222462 | 592889 |
| 长白山集团 | — | 690 | 661 | 29 | — | 5424 | 81771 | 245865 |
| 黑龙江 | 48590 | 305363 | 174118 | 49774 | 81471 | 470252 | 1349030 | 1876373 |
| 龙江集团 | 17997 | 24316 | 9296 | 204 | 14816 | 23844 | 1171677 | 1267653 |
| 上　海 | 11210 | 416296 | 120872 | 213490 | 81934 | 3164 | — | 141116 |
| 江　苏 | 353249 | 1780767 | 409257 | 269818 | 1101692 | 809942 | 1112854 | 3727512 |
| 浙　江 | 1768328 | 2195951 | 1804257 | 186486 | 205208 | 12666 | 13920 | 3227572 |
| 安　徽 | 424663 | 1554872 | 1420523 | 34420 | 99929 | 211398 | 238176 | 2906530 |
| 福　建 | 1304428 | 5162505 | 4911011 | 132410 | 119084 | 1934178 | 96592 | 993190 |
| 江　西 | 134827 | 867265 | 843214 | 1629 | 22422 | 238090 | 479317 | 4568538 |
| 山　东 | 353616 | 5284008 | 5138059 | 18449 | 127500 | 498330 | 621704 | 3199593 |
| 河　南 | 44473 | 917537 | 608628 | 8064 | 300845 | 177951 | 41704 | 1168311 |
| 湖　北 | 82098 | 1262839 | 1125714 | 10704 | 126421 | 351543 | 386023 | 2153200 |
| 湖　南 | 156745 | 1380670 | 1154448 | 74793 | 151429 | 143946 | 337332 | 5950904 |
| 广　东 | 205175 | 1806373 | 1091850 | 233991 | 480532 | 13906 | 22824 | 10434838 |
| 广　西 | 47065 | 1116901 | 742875 | 88109 | 285917 | 1104633 | 397945 | 2830407 |
| 海　南 | 86338 | 328458 | 328458 | — | — | 1787 | 2334 | 184363 |
| 重　庆 | 68968 | 141784 | 97455 | 960 | 43369 | 126408 | 46708 | 908322 |
| 四　川 | 22061 | 535805 | 474055 | 23707 | 38043 | 585642 | 177736 | 5537623 |
| 贵　州 | 7383 | 152504 | 125799 | 2475 | 24230 | 33892 | 19490 | 1829050 |
| 云　南 | 12991 | 945518 | 887474 | — | 58044 | 363430 | 95432 | 689852 |
| 西　藏 | — | — | — | — | — | — | — | 8087 |
| 陕　西 | 1586 | 330531 | 264547 | 14137 | 51847 | 136844 | 38859 | 558965 |
| 甘　肃 | 93 | 16494 | 16494 | — | — | 77982 | 29685 | 191509 |
| 青　海 | — | — | — | — | — | — | — | 4855 |
| 宁　夏 | — | 252519 | 162669 | 150 | 89700 | — | — | 111433 |
| 新　疆 | — | 397792 | 395258 | — | 2534 | 352376 | 573 | 421787 |
| 新疆兵团 | — | — | — | — | — | — | 300 | 10690 |
| 大兴安岭 | 230 | 52290 | 50690 | 1600 | — | 6877 | 144931 | 187110 |

产业总产值(三)

价格计算)

单位:万元

| 第三产业 | | | | | | | 补充资料 | | |
|---|---|---|---|---|---|---|---|---|---|
| 涉林产业 | | | | | | | | | |
| 合计 | 其中:湿地产业 | 林业旅游与休闲服务 | 林业生态服务 | 林业专业技术服务 | 林业公共管理及其他组织服务 | 林业系统非林产业 | 竹产业产值 | 油茶产业产值 | 林下经济产值 |
| **53260049** | **948698** | **42496485** | **4577331** | **1532224** | **4654009** | **6394785** | **16707524** | **4197905** | **34725101** |
| 158948 | — | 129978 | 28358 | 78 | 534 | 11207 | — | — | 17485 |
| 11022 | — | 11022 | — | — | — | — | — | — | 2160 |
| 571096 | 105 | 429939 | 58953 | 27096 | 55108 | 108428 | — | — | 379961 |
| 186934 | 146 | 71575 | 47507 | 2427 | 65425 | 8426 | — | — | 13115 |
| 234306 | 930 | 142372 | 3525 | 7361 | 81048 | 259926 | — | — | 285898 |
| 39189 | — | 35720 | — | 948 | 2521 | 232226 | — | — | 84085 |
| 2510103 | 12830 | 1677367 | 207004 | 138702 | 487030 | 166831 | — | — | 607895 |
| 807685 | 90798 | 697417 | 21227 | 20468 | 68573 | 808882 | — | — | 1328656 |
| 31010 | — | 16393 | 500 | 3112 | 11005 | 561879 | — | — | 158306 |
| 34634 | — | 20012 | 577 | 843 | 13202 | 211231 | — | — | 100862 |
| 872862 | 36758 | 649797 | 54511 | 18871 | 149683 | 1003511 | — | — | 2356338 |
| 408205 | — | 384768 | 1193 | 3376 | 18868 | 859448 | — | — | 644357 |
| 105340 | — | 7609 | 39834 | 16319 | 41578 | 35776 | — | — | 7200 |
| 3566973 | 267932 | 2108462 | 662502 | 302534 | 493475 | 160539 | 4379 | — | 425219 |
| 3215902 | 24780 | 2869019 | 215991 | 21900 | 108992 | 11670 | 4099434 | 165748 | 6747202 |
| 2737010 | 42282 | 2044411 | 343729 | 96328 | 252542 | 169520 | 1436478 | 281355 | 1485060 |
| 992139 | — | 736820 | 77628 | 10811 | 166880 | 1051 | 3595695 | 214555 | 2187881 |
| 4319072 | 38124 | 3211502 | 760503 | 70199 | 276868 | 249466 | 2461744 | 1213091 | 1542417 |
| 2932904 | 146684 | 1965039 | 563079 | 262549 | 142237 | 266689 | — | — | 2735980 |
| 1148595 | 26423 | 760677 | 252800 | 32577 | 102541 | 19716 | 1530 | 21600 | 805284 |
| 1793135 | 20340 | 1455708 | 150227 | 83435 | 103765 | 360065 | 144015 | 103395 | 507683 |
| 5269263 | 92668 | 4167491 | 573707 | 206450 | 321615 | 681641 | 2360295 | 1534600 | 1080886 |
| 10079140 | 24156 | 8913807 | 67149 | 5631 | 1092553 | 355698 | 88920 | 145716 | 192199 |
| 1990691 | 7144 | 1788744 | 65374 | 25244 | 111329 | 839716 | 355424 | 403437 | 4224753 |
| 181705 | 1260 | 144860 | 1378 | 1767 | 33700 | 2658 | 2022 | 1224 | 615132 |
| 847300 | 678 | 736991 | 45516 | 17462 | 47331 | 61022 | 102417 | 6657 | 437102 |
| 5047070 | 5350 | 4814383 | 89774 | 63918 | 78995 | 490553 | 1791077 | 22327 | 4732371 |
| 1786970 | 78857 | 1632369 | 76728 | 20569 | 57304 | 42080 | 191132 | 28071 | 290979 |
| 581974 | 21381 | 412130 | 41498 | 33681 | 94665 | 107878 | 69946 | 24034 | 989177 |
| 8087 | — | 8087 | — | — | — | — | — | — | 500 |
| 482076 | — | 318589 | 106947 | 11740 | 44800 | 76889 | 3002 | 23615 | 312228 |
| 163132 | 380 | 53247 | 7381 | 14805 | 87699 | 28377 | 14 | 8480 | 137679 |
| 4855 | 2693 | 3254 | 1346 | 255 | — | — | — | — | — |
| 107233 | 3856 | 106997 | — | 70 | 166 | 4200 | — | — | 5543 |
| 411382 | 980 | 327317 | 9294 | 14167 | 60604 | 10405 | — | — | 28219 |
| 7905 | 600 | 7898 | — | 7 | — | 2785 | — | — | 10959 |
| 135145 | 1163 | 99505 | 3861 | 4810 | 26969 | 51965 | — | — | 242899 |

**表2 各地区主要木材、**

| 地区 | 木材及竹材 | | | | | | | | | |
|---|---|---|---|---|---|---|---|---|---|---|
| | 商品材 | | | | | | | | | |
| | 总计 | 其中：热带木材 | 其中：针叶木材 | 原木 | 薪材 | 按用途分 | | | | 系统内国有企业单位生产的木材 |
| | | | | | | 直接用原木 | 加工用材 | 造纸用材 | 其他 | |
| **全国合计** | **8438.50** | **1049.06** | **1434.06** | **7836.89** | **601.60** | **2258.63** | **4023.29** | **1126.31** | **1030.26** | **651.16** |
| 北京 | 20.81 | — | 0.85 | 19.21 | 1.60 | 12.71 | 0.13 | — | 7.97 | — |
| 天津 | 15.38 | — | — | 15.38 | — | — | — | — | 15.38 | — |
| 河北 | 84.68 | — | 9.66 | 72.34 | 12.34 | 59.03 | 6.87 | 0.39 | 18.39 | 0.06 |
| 山西 | 11.92 | — | 0.84 | 8.23 | 3.69 | 7.00 | 0.60 | — | 4.32 | — |
| 内蒙古 | 186.24 | — | 118.97 | 181.96 | 4.28 | 71.02 | 48.86 | 4.73 | 61.63 | 111.09 |
| 内蒙古集团 | 109.32 | — | 109.32 | 105.94 | 3.39 | 17.58 | 32.37 | 4.73 | 54.64 | 109.32 |
| 辽宁 | 178.27 | — | 40.88 | 172.09 | 6.18 | 135.73 | 29.25 | 4.82 | 8.47 | 7.98 |
| 吉林 | 347.41 | — | 57.62 | 335.48 | 11.93 | 122.94 | 203.29 | 2.49 | 18.69 | 148.59 |
| 吉林集团 | 57.45 | — | 9.39 | 57.02 | 0.43 | 4.21 | 48.55 | — | 4.69 | 57.45 |
| 长白山集团 | 77.59 | — | 16.49 | 77.58 | 0.01 | 5.80 | 65.70 | 0.16 | 5.93 | 77.59 |
| 黑龙江 | 219.63 | — | 17.23 | 209.13 | 10.50 | 122.48 | 61.58 | 2.37 | 33.20 | 79.40 |
| 龙江集团 | 77.43 | — | 7.29 | 73.58 | 3.86 | 20.36 | 33.88 | 1.06 | 22.13 | 77.43 |
| 上海 | 0.21 | — | — | — | 0.21 | — | — | — | 0.21 | — |
| 江苏 | 144.10 | — | 0.36 | 138.58 | 5.52 | 59.79 | 63.11 | 4.69 | 16.50 | 9.88 |
| 浙江 | 154.37 | — | 106.99 | 152.81 | 1.56 | 45.48 | 81.76 | — | 27.13 | 2.48 |
| 安徽 | 477.54 | — | 123.18 | 412.25 | 65.30 | 177.69 | 244.53 | 13.24 | 42.09 | 0.73 |
| 福建 | 572.27 | — | 100.51 | 522.50 | 49.77 | 102.75 | 284.18 | 65.66 | 119.68 | 60.80 |
| 江西 | 266.91 | — | 130.41 | 248.26 | 18.65 | 136.45 | 95.82 | 5.18 | 29.45 | 41.82 |
| 山东 | 559.10 | — | 0.23 | 510.42 | 48.67 | 125.38 | 374.88 | 17.55 | 41.29 | 5.34 |
| 河南 | 243.13 | — | 0.17 | 221.04 | 22.09 | 111.82 | 94.91 | 2.91 | 33.48 | — |
| 湖北 | 251.93 | — | 26.51 | 228.59 | 23.34 | 117.63 | 85.69 | 5.73 | 42.88 | 1.41 |
| 湖南 | 474.92 | — | 93.81 | 453.90 | 21.02 | 165.71 | 166.40 | 105.80 | 37.01 | 14.33 |
| 广东 | 809.15 | 173.29 | 64.65 | 717.30 | 91.85 | 70.91 | 465.29 | 222.74 | 50.20 | 12.22 |
| 广西 | 2288.03 | 708.05 | 265.70 | 2215.30 | 72.73 | 120.09 | 1351.34 | 563.39 | 253.22 | 6.71 |
| 海南 | 122.33 | 112.07 | 0.01 | 105.49 | 16.84 | 68.32 | 12.98 | 17.95 | 23.08 | 6.85 |
| 重庆 | 30.06 | — | 9.07 | 24.32 | 5.73 | 11.23 | 14.28 | 0.94 | 3.61 | 0.03 |
| 四川 | 237.10 | — | 26.40 | 202.98 | 34.11 | 97.99 | 117.63 | 7.36 | 14.12 | 5.29 |
| 贵州 | 180.86 | — | 16.29 | 173.99 | 6.87 | 113.68 | 36.93 | 20.91 | 9.35 | 5.52 |
| 云南 | 430.22 | 55.65 | 184.40 | 365.82 | 64.40 | 144.68 | 136.81 | 53.14 | 95.60 | 48.06 |
| 西藏 | 6.39 | — | — | 6.39 | — | 1.59 | 4.80 | — | — | — |
| 陕西 | 10.16 | — | 0.64 | 9.28 | 0.88 | 5.44 | 3.32 | 0.10 | 1.30 | 0.20 |
| 甘肃 | 3.11 | — | 0.57 | 2.95 | 0.16 | 2.47 | 0.04 | — | 0.60 | — |
| 青海 | 0.61 | — | 0.03 | 0.31 | 0.29 | 0.31 | 0.24 | — | 0.06 | 0.06 |
| 宁夏 | 0.90 | — | — | 0.90 | — | — | 0.90 | — | — | — |
| 新疆 | 38.85 | — | 0.88 | 37.76 | 1.09 | 28.22 | 7.73 | — | 2.90 | 10.40 |
| 新疆兵团 | 11.33 | — | — | 11.33 | — | 7.15 | 3.90 | — | 0.29 | 10.40 |
| 大兴安岭 | 71.92 | — | 37.22 | 71.92 | — | 20.09 | 29.15 | 4.22 | 18.46 | 71.92 |

**竹材产品产量**

单位:万立方米

| 采伐产品 | | | | | | | | | | | |
|---|---|---|---|---|---|---|---|---|---|---|---|
| 按生产单位分 | | | | 非商品材 | | | 竹材 | | | | |
| | | | | | | | 大径竹(万根) | | | | |
| 系统内国有林场、事业单位生产的木材 | 系统外企、事业单位采伐自营林地的木材 | 乡(镇)集体企业及单位生产的木材 | 村及村以下各级组织和农民个人生产的木材 | 合计 | 农民自用材采伐量 | 农民烧材采伐量 | 合计 | 其中:村及村以下各级组织和农民个人生产的大径材 | 毛竹 | 其他 | 小杂竹(万吨) |
| **1301.04** | **410.67** | **715.04** | **5360.59** | **3123.82** | **901.03** | **2222.79** | **187684.91** | **128326.91** | **114557.75** | **73127.16** | **956.21** |
| 0.21 | 0.27 | 2.32 | 18.02 | 8.75 | 8.62 | 0.13 | — | — | — | — | — |
| — | — | — | 15.38 | — | — | — | — | — | — | — | — |
| 26.08 | 0.20 | 3.88 | 54.45 | 15.96 | 3.60 | 12.36 | — | — | — | — | — |
| 5.41 | 0.09 | 0.07 | 6.35 | 1.16 | 0.87 | 0.29 | — | — | — | — | — |
| 25.44 | 4.15 | 0.63 | 44.94 | 9.98 | 5.89 | 4.09 | — | — | — | — | — |
| — | — | — | — | — | — | — | — | — | — | — | — |
| 62.79 | 2.43 | 23.25 | 81.82 | 35.65 | 10.18 | 25.47 | — | — | — | — | — |
| 105.92 | 7.54 | 26.54 | 58.82 | — | — | — | — | — | — | — | — |
| — | — | — | — | — | — | — | — | — | — | — | — |
| — | — | — | — | — | — | — | — | — | — | — | — |
| 91.07 | 4.40 | 6.36 | 38.41 | 5.22 | 5.15 | 0.07 | — | — | — | — | — |
| — | — | — | — | — | — | — | — | — | — | — | — |
| 0.21 | — | — | — | 0.01 | 0.00 | 0.01 | — | — | — | — | 0.16 |
| 15.91 | 13.36 | 19.71 | 85.24 | 46.63 | 29.83 | 16.81 | 408.69 | 6.69 | 386.68 | 22.01 | 2.31 |
| 13.90 | 1.06 | 6.30 | 130.64 | 28.25 | 8.83 | 19.42 | 19923.62 | 12280.56 | 18789.24 | 1134.38 | 49.61 |
| 38.50 | 3.64 | 33.02 | 401.66 | 93.14 | 28.88 | 64.26 | 12914.63 | 8833.80 | 11395.21 | 1519.42 | 42.71 |
| 80.04 | 13.99 | 80.84 | 336.60 | 1332.48 | 370.25 | 962.23 | 56888.00 | 54237.00 | 37169.00 | 19719.00 | 65.18 |
| 53.32 | 11.00 | 44.40 | 116.37 | 57.15 | 11.11 | 46.04 | 16169.80 | 3386.95 | 13478.34 | 2691.45 | 14.89 |
| 2.81 | 2.51 | 114.42 | 434.02 | 31.35 | 25.04 | 6.31 | — | — | — | — | — |
| 6.53 | 2.24 | 17.50 | 216.86 | 98.07 | 51.81 | 46.26 | 125.85 | 125.03 | 125.03 | 0.83 | 2.35 |
| 21.82 | 11.84 | 17.17 | 199.69 | 137.05 | 70.34 | 66.71 | 3297.30 | 1701.94 | 2889.72 | 407.59 | 22.00 |
| 56.87 | 88.59 | 74.10 | 241.03 | 122.08 | 37.59 | 84.49 | 6874.67 | 5663.78 | 6403.30 | 471.37 | 8.68 |
| 128.55 | 67.03 | 31.69 | 569.66 | 15.65 | 1.53 | 14.12 | 13509.65 | 7526.03 | 3997.13 | 9512.52 | 171.74 |
| 476.38 | 108.24 | 105.98 | 1590.72 | 242.97 | 63.61 | 179.35 | 34655.89 | 27583.06 | 9317.89 | 25338.01 | 79.29 |
| 8.29 | 39.09 | 7.83 | 60.27 | 7.25 | 3.65 | 3.60 | 1513.78 | 187.02 | 190.44 | 1323.34 | 0.59 |
| 3.96 | 2.39 | 4.46 | 19.23 | 15.07 | 8.03 | 7.04 | 502.58 | 110.90 | 436.64 | 65.94 | 47.81 |
| 17.51 | 8.58 | 21.18 | 184.54 | 105.29 | 24.57 | 80.72 | 8591.12 | 3366.35 | 3107.12 | 5484.00 | 355.12 |
| 21.99 | 0.19 | 26.53 | 126.62 | 17.36 | 1.53 | 15.83 | 653.94 | 8.40 | 645.75 | 8.19 | 4.25 |
| 33.10 | 17.04 | 36.84 | 295.18 | 554.13 | 84.37 | 469.76 | 10774.28 | 3280.61 | 5981.40 | 4792.88 | 87.73 |
| — | — | 6.39 | — | 86.80 | 17.80 | 69.00 | — | — | — | — | 0.06 |
| 1.58 | 0.03 | 2.90 | 5.46 | 45.42 | 18.39 | 27.04 | 881.11 | 28.80 | 244.86 | 636.25 | 1.49 |
| 0.56 | 0.16 | 0.26 | 2.13 | 1.99 | 1.54 | 0.45 | — | — | — | — | 0.23 |
| 0.04 | — | — | 0.51 | 1.28 | 1.28 | — | — | — | — | — | — |
| — | 0.62 | — | 0.28 | 0.14 | 0.14 | — | — | — | — | — | — |
| 2.27 | 0.01 | 0.49 | 25.68 | 7.54 | 6.61 | 0.93 | — | — | — | — | — |
| 0.93 | — | — | — | — | — | — | — | — | — | — | — |
| — | — | — | — | — | — | — | — | — | — | — | — |

**表3　各地区主要经济林**

| 地　区 | 各类经济林产品总量 | 水果产量 | | | | | | | | | |
|---|---|---|---|---|---|---|---|---|---|---|---|
| | | 合　计 | 其　中 | | | | | | | | |
| | | | 苹果 | 柑橘 | 梨 | 葡萄 | 桃 | 杏 | 荔枝 | 龙眼 | 猕猴桃 |
| **全国合计** | **148337384** | **126608205** | **33773914** | **27165180** | **17098139** | **11211999** | **11728772** | **2622915** | **1969026** | **1486425** | **945448** |
| 北　京 | 868909 | 757430 | 104079 | — | 152233 | 47349 | 361956 | 27287 | — | — | 9 |
| 天　津 | 241532 | 232133 | 48068 | — | 37294 | 75644 | 54140 | 3123 | — | — | — |
| 河　北 | 12543737 | 11363293 | 3201405 | — | 4455981 | 1369938 | 1661743 | 261618 | — | — | 1238 |
| 山　西 | 3935827 | 3454530 | 1867304 | — | 928941 | 146013 | 379577 | 78894 | — | — | 30 |
| 内蒙古 | 394421 | 344118 | 93157 | — | 46497 | 61508 | 4168 | 26929 | — | — | — |
| 内蒙古集团 | 11773 | 4860 | — | — | — | — | — | — | — | — | — |
| 辽　宁 | 7215196 | 5895249 | 2882264 | — | 1233602 | 917871 | 425287 | 59200 | — | — | — |
| 吉　林 | 755422 | 520352 | 160848 | — | 105907 | 146427 | 1456 | 7269 | — | — | 1860 |
| 吉林集团 | 8394 | 695 | — | — | — | — | — | — | — | — | — |
| 长白山集团 | 13617 | 221 | — | — | 191 | 30 | — | — | — | — | — |
| 黑龙江 | 708879 | 240382 | 101326 | — | 32267 | 43360 | 127 | 465 | — | — | — |
| 龙江集团 | 144846 | 2069 | 379 | — | 785 | 455 | — | — | — | — | — |
| 上　海 | 370297 | 370113 | 6 | 155190 | 36454 | 100604 | 71161 | — | — | — | 1234 |
| 江　苏 | 2721289 | 2476752 | 564153 | 35440 | 670128 | 603755 | 458346 | 11412 | — | — | 4594 |
| 浙　江 | 4907682 | 4333756 | — | 2031831 | 487281 | 651160 | 399466 | — | — | — | 22736 |
| 安　徽 | 3081472 | 2572589 | 362525 | 42058 | 1045364 | 295861 | 531656 | 20656 | — | — | 15204 |
| 福　建 | 6863874 | 5539996 | 162705 | 1723658 | 541809 | 128724 | 248090 | 14499 | 136826 | 191088 | 8068 |
| 江　西 | 5092679 | 4360824 | 109 | 3861016 | 156914 | 51436 | 64474 | — | — | — | 12294 |
| 山　东 | 19065487 | 17800641 | 9665388 | — | 1656401 | 1338762 | 3463452 | 327124 | — | — | 1445 |
| 河　南 | 6074304 | 5250012 | 2438197 | 111975 | 1023656 | 337833 | 825862 | 162810 | — | — | 55713 |
| 湖　北 | 6321010 | 5147230 | 17556 | 3303986 | 611903 | 241294 | 785902 | 6350 | — | — | 24604 |
| 湖　南 | 5860822 | 4427602 | — | 3571987 | 153755 | 206991 | 116793 | 1435 | — | — | 63057 |
| 广　东 | 8324935 | 7732678 | — | 2992394 | 85418 | 386 | 31046 | — | 1086651 | 669670 | 25760 |
| 广　西 | 10876945 | 9556154 | — | 3522858 | 274965 | 360080 | 247696 | 114 | 540923 | 514646 | 3531 |
| 海　南 | 1537109 | 1380831 | — | 29411 | — | — | 1852 | — | 171148 | 46586 | — |
| 重　庆 | 3080761 | 2850618 | 43379 | 1951035 | 376716 | 97761 | 104882 | 14306 | 406 | 6058 | 24254 |
| 四　川 | 6473157 | 5568578 | 507363 | 2545187 | 784560 | 281947 | 522982 | 13502 | 21637 | 48980 | 122140 |
| 贵　州 | 1334155 | 957226 | 21818 | 266733 | 273934 | 92487 | 128701 | 1483 | 672 | 537 | 13733 |
| 云　南 | 5889634 | 4227895 | 274968 | 819903 | 392181 | 617761 | 193860 | 2269 | 10763 | 8860 | 1870 |
| 西　藏 | 24931 | 16392 | 9505 | 978 | 4746 | 378 | 622 | — | — | — | — |
| 陕　西 | 10289154 | 8480445 | 6712533 | 198160 | 171260 | 230328 | 293480 | 68279 | — | — | 541958 |
| 甘　肃 | 4861079 | 4488548 | 3354402 | 1380 | 446495 | 317960 | 188735 | 118182 | — | — | 116 |
| 青　海 | 27137 | 2214 | 1046 | — | 776 | 14 | 15 | 341 | — | — | — |
| 宁　夏 | 619410 | 455697 | 242453 | — | 6815 | 161962 | 9530 | 21004 | — | — | — |
| 新　疆 | 7958232 | 5803927 | 937357 | — | 903886 | 2286405 | 151715 | 1374364 | — | — | — |
| 新疆兵团 | 1865869 | 1276117 | 311682 | — | 322116 | 536070 | 47363 | 48892 | — | — | — |
| 大兴安岭 | 17906 | — | — | — | — | — | — | — | — | — | — |

## 产品生产情况(一)

单位:吨

| | 干果产量 | | | | | | | | | | |
|---|---|---|---|---|---|---|---|---|---|---|---|
| | 合计 | 其中 | | | | | | | | | |
| 其他水果 | | 核桃 | 板栗 | 枣(干重) | 柿子(干重) | 仁用杏 | 山杏仁 | 银杏(白果) | 榛子 | 松子 | 其他干果 |
| **18606387** | **10894136** | **2325010** | **2132301** | **4315602** | **1025745** | **115341** | **172393** | **119956** | **114971** | **88518** | **484299** |
| 64517 | 110664 | 18882 | 38969 | 3057 | 41486 | 8175 | — | — | — | — | 95 |
| 13864 | 9394 | 1102 | 1046 | 7246 | — | — | — | — | — | — | — |
| 411370 | 1065216 | 104334 | 284555 | 467070 | 148159 | 26152 | 23198 | — | 7905 | 3 | 3840 |
| 53771 | 462955 | 58025 | 2605 | 292061 | 42430 | 15949 | 2794 | — | — | 216 | 48875 |
| 111859 | 25885 | — | — | 56 | — | 3814 | 12618 | — | 4476 | 4192 | 729 |
| 4860 | 4284 | — | — | — | — | — | — | — | 92 | 4192 | — |
| 377025 | 751753 | 144070 | 103006 | 209379 | — | 48716 | 121133 | 10 | 91180 | 31800 | 2459 |
| 96585 | 48877 | 29771 | 666 | — | — | 89 | — | — | 2559 | 15519 | 273 |
| 695 | 2702 | 1424 | — | — | — | — | — | — | 20 | 1258 | — |
| — | 805 | 158 | — | — | — | — | — | — | 1 | 646 | — |
| 62837 | 17244 | 4236 | 310 | — | — | — | — | — | 2770 | 9030 | 898 |
| 450 | 11473 | 3698 | 310 | — | — | — | — | — | 1414 | 5506 | 545 |
| 5464 | — | — | — | — | — | — | — | — | — | — | — |
| 128924 | 160971 | 2117 | 26905 | 6089 | 64203 | 40 | — | 59908 | — | — | 1709 |
| 741282 | 120963 | 16333 | 86587 | 1278 | 8018 | — | — | 1766 | — | — | 6981 |
| 259265 | 201242 | 17805 | 124204 | 11848 | 41591 | — | 370 | 1763 | — | — | 3661 |
| 2384529 | 176693 | 840 | 95545 | 13800 | 59891 | — | — | 20 | 6000 | — | 597 |
| 214581 | 57697 | 5 | 25564 | 532 | 2768 | — | — | 257 | — | — | 28571 |
| 1348069 | 1036704 | 100376 | 314753 | 308306 | 153367 | 100 | 81 | 9235 | — | — | 150486 |
| 293966 | 431860 | 83228 | 122288 | 119379 | 98214 | 1715 | 3350 | 2325 | — | — | 1361 |
| 155635 | 582919 | 93987 | 410983 | 31256 | 22158 | 7 | 5 | 19537 | — | — | 4986 |
| 313584 | 148342 | 13479 | 99102 | 21323 | 10291 | 2 | 3 | 1808 | — | — | 2334 |
| 2841353 | 52900 | — | 13274 | — | 26456 | — | — | 755 | — | — | 12415 |
| 4091341 | 159273 | 1266 | 91604 | 3966 | 53663 | — | — | 8593 | — | — | 181 |
| 1131834 | 125243 | — | — | — | — | — | — | — | — | — | 125243 |
| 231821 | 44568 | 12215 | 17816 | 4129 | 7012 | 192 | — | 2090 | — | 820 | 294 |
| 720280 | 320883 | 245876 | 39189 | 9441 | 5865 | — | 6 | 8088 | — | 8295 | 4123 |
| 157128 | 60183 | 20790 | 27642 | 726 | 7254 | 133 | 1 | 1729 | — | — | 1908 |
| 1905460 | 879615 | 705043 | 128810 | 2252 | 22493 | — | — | 1297 | — | 13855 | 5865 |
| 163 | 6744 | 6482 | — | — | — | — | 12 | — | — | — | 250 |
| 264447 | 1431002 | 159921 | 74116 | 982574 | 198043 | 4446 | 6903 | 634 | — | 3134 | 1231 |
| 61278 | 212169 | 75913 | 2762 | 111261 | 12383 | 4241 | 1699 | 141 | — | 1639 | 2130 |
| 22 | 503 | 503 | — | — | — | — | — | — | — | — | — |
| 13933 | 69104 | 240 | — | 63464 | — | 1330 | 220 | — | — | — | 3850 |
| 150200 | 2122475 | 408171 | — | 1645109 | — | 240 | — | — | 1 | — | 68954 |
| 9994 | 586039 | 10787 | — | 574878 | — | — | — | — | — | — | 374 |
| — | 95 | — | — | — | — | — | — | — | 80 | 15 | — |

**表3　各地区主要经济林**

| 地区 | 林产饮料产品(干重) | | | | 林产调料产品(干重) | | | | |
|---|---|---|---|---|---|---|---|---|---|
| | 合计 | 其中 | | | 合计 | 其中 | | | |
| | | 毛茶 | 咖啡 | 其他林产饮料产品 | | 花椒 | 八角 | 桂皮 | 其他林产调料产品 |
| **全国合计** | **1848566** | **1590229** | **112086** | **146251** | **596428** | **320715** | **133619** | **108837** | **33257** |
| 北京 | — | — | — | — | 58 | 58 | — | — | — |
| 天津 | — | — | — | — | 5 | 5 | — | — | — |
| 河北 | 48000 | — | — | 48000 | 5298 | 5298 | — | — | — |
| 山西 | — | — | — | — | 10293 | 10293 | — | — | — |
| 内蒙古 | — | — | — | — | — | — | — | — | — |
| 内蒙古集团 | — | — | — | — | — | — | — | — | — |
| 辽宁 | — | — | — | — | — | — | — | — | — |
| 吉林 | — | — | — | — | — | — | — | — | — |
| 吉林集团 | — | — | — | — | — | — | — | — | — |
| 长白山集团 | — | — | — | — | — | — | — | — | — |
| 黑龙江 | 53 | — | — | 53 | — | — | — | — | — |
| 龙江集团 | — | — | — | — | — | — | — | — | — |
| 上海 | — | — | — | — | — | — | — | — | — |
| 江苏 | 7659 | 7659 | — | — | 150 | 150 | — | — | — |
| 浙江 | 176240 | 174081 | — | 2159 | — | — | — | — | — |
| 安徽 | 90255 | 89255 | — | 1000 | 512 | 272 | — | — | 240 |
| 福建 | 380008 | 372829 | — | 7179 | — | — | — | — | — |
| 江西 | 57295 | 56652 | — | 643 | 69 | — | 31 | 29 | 9 |
| 山东 | 64175 | 13977 | — | 50198 | 44893 | 43435 | — | — | 1458 |
| 河南 | 20044 | 19187 | — | 857 | 26220 | 25585 | — | — | 635 |
| 湖北 | 140676 | 138301 | — | 2375 | 4550 | 3324 | 18 | 48 | 1160 |
| 湖南 | 94302 | 77453 | — | 16849 | 1082 | 853 | 87 | 107 | 35 |
| 广东 | 48602 | 48448 | — | 154 | 84645 | — | 3797 | 75549 | 5299 |
| 广西 | 55975 | 51738 | — | 4237 | 154183 | 2 | 120542 | 32907 | 732 |
| 海南 | 769 | 529 | 240 | — | 11218 | — | — | — | 11218 |
| 重庆 | 16583 | 16168 | — | 415 | 44404 | 44001 | 137 | 86 | 180 |
| 四川 | 120854 | 120036 | 115 | 703 | 44359 | 44138 | 100 | 23 | 98 |
| 贵州 | 69278 | 65311 | — | 3967 | 5457 | 4425 | 76 | — | 956 |
| 云南 | 408903 | 293344 | 111731 | 3828 | 65198 | 46651 | 8831 | 88 | 9628 |
| 西藏 | — | — | — | — | 85 | 85 | — | — | — |
| 陕西 | 44240 | 44206 | — | 34 | 50274 | 48674 | — | — | 1600 |
| 甘肃 | 1055 | 1055 | — | — | 43316 | 43307 | — | — | 9 |
| 青海 | — | — | — | — | 85 | 85 | — | — | — |
| 宁夏 | 3600 | — | — | 3600 | 74 | 74 | — | — | — |
| 新疆 | — | — | — | — | — | — | — | — | — |
| 新疆兵团 | — | — | — | — | — | — | — | — | — |
| 大兴安岭 | — | — | — | — | — | — | — | — | — |

产品生产情况(二)

单位:吨

| 森林食品(干重) | | | | | 木本药材 | | | | |
|---|---|---|---|---|---|---|---|---|---|
| 合 计 | 其中 | | | | 合 计 | 其中 | | | |
| | 其他森林食品 | 竹笋干 | 食用菌 | 山野菜 | | 杜仲 | 黄柏 | 厚朴 | 枸杞 |
| **3276916** | **574793** | **2077069** | **369732** | **255322** | **1390129** | **167729** | **25267** | **186183** | **221325** |
| 757 | — | 757 | — | — | — | — | — | — | — |
| — | — | — | — | — | — | — | — | — | — |
| 15144 | — | 4635 | 2288 | 8221 | 45684 | — | — | — | 12144 |
| 2514 | — | 2275 | 42 | 197 | 5448 | 86 | — | — | — |
| 7766 | — | 4270 | 3152 | 344 | 16632 | — | — | — | 14652 |
| 1621 | — | 1105 | 516 | — | 1008 | — | — | — | — |
| 558027 | — | 475722 | 73560 | 8745 | 8167 | — | — | — | 277 |
| 173541 | — | 81040 | 75234 | 17267 | 12652 | — | — | — | 5574 |
| 4997 | — | 3608 | 1309 | 80 | — | — | — | — | — |
| 12163 | — | 10826 | 1287 | 50 | 428 | — | — | — | 1 |
| 428101 | — | 346435 | 45853 | 35813 | 23099 | — | — | — | 8 |
| 126003 | — | 82616 | 35218 | 8169 | 5301 | — | — | — | — |
| 184 | 184 | — | — | — | — | — | — | — | — |
| 27804 | 3200 | 24452 | 152 | — | 47888 | 480 | 2 | — | 64 |
| 216056 | 140040 | 73026 | 2713 | 277 | 13291 | 662 | — | 1823 | — |
| 112911 | 25661 | 67472 | 7976 | 11802 | 19576 | 2662 | 151 | 63 | 100 |
| 457377 | 119159 | 276322 | 53358 | 8538 | 46464 | 115 | 89 | 1906 | — |
| 43570 | 18569 | 16451 | 3287 | 5263 | 48912 | 2299 | 5 | 1795 | 2 |
| 111202 | — | 70340 | 1364 | 39498 | 3667 | 44 | — | — | — |
| 143916 | 180 | 108574 | 26459 | 8703 | 80456 | 14304 | 80 | 37 | 441 |
| 176365 | 8428 | 141316 | 14709 | 11912 | 82809 | 14061 | 4238 | 12564 | 378 |
| 134234 | 32861 | 24820 | 10126 | 66427 | 237517 | 88898 | 2574 | 100337 | 4 |
| 59352 | 38220 | 20735 | — | 397 | 26992 | — | — | 555 | — |
| 59280 | 28468 | 26798 | 1980 | 2034 | 53872 | 2498 | 40 | 7357 | 586 |
| 1369 | 1369 | — | — | — | 3284 | — | — | — | — |
| 58157 | 38796 | 10497 | 6248 | 2616 | 30848 | 4450 | 9504 | 5345 | 143 |
| 289052 | 87855 | 176724 | 14361 | 10112 | 97055 | 21801 | 7970 | 44275 | 1552 |
| 33494 | 15362 | 12365 | 2531 | 3236 | 72164 | 3482 | 252 | 102 | 262 |
| 52959 | 12544 | 28025 | 8030 | 4360 | 26624 | 392 | 244 | 614 | 1 |
| 1710 | — | 1360 | 350 | — | — | — | — | — | — |
| 85858 | 3861 | 69249 | 11107 | 1641 | 147450 | 11208 | 55 | 9306 | 282 |
| 8405 | 36 | 2729 | 2681 | 2959 | 92483 | 277 | 63 | 104 | 41915 |
| — | — | — | — | — | 24335 | — | — | — | 24335 |
| — | — | — | — | — | 90935 | — | — | — | 90935 |
| — | — | — | — | — | 31825 | 10 | — | — | 27670 |
| — | — | — | — | — | 3709 | — | — | — | 3709 |
| 17811 | — | 10680 | 2171 | 4960 | — | — | — | — | — |

## 表3 各地区主要经济林

| 地区 | 木本药材 | | 木本油料 | | | | | |
|---|---|---|---|---|---|---|---|---|
| | 其中 | | 合计 | 其中 | | | | |
| | 山茱萸 | 其他木本药材 | | 油茶籽 | 油橄榄 | 文冠果 | 油用牡丹籽 | 其他木本油料 |
| **全国合计** | **42697** | **746928** | **1851435** | **1776506** | **15402** | **3502** | **8369** | **47656** |
| 北京 | — | — | — | — | — | — | — | — |
| 天津 | — | — | — | — | — | — | — | — |
| 河北 | — | 33540 | 1102 | — | — | 2 | — | 1100 |
| 山西 | 713 | 4649 | 87 | — | — | 5 | — | 82 |
| 内蒙古 | — | 1980 | 20 | — | — | 20 | — | — |
| 内蒙古集团 | — | 1008 | — | — | — | — | — | — |
| 辽宁 | — | 7890 | 2000 | — | — | 2000 | — | — |
| 吉林 | — | 7078 | — | — | — | — | — | — |
| 吉林集团 | — | — | — | — | — | — | — | — |
| 长白山集团 | — | 427 | — | — | — | — | — | — |
| 黑龙江 | — | 23091 | — | — | — | — | — | — |
| 龙江集团 | — | 5301 | — | — | — | — | — | — |
| 上海 | — | — | — | — | — | — | — | — |
| 江苏 | 1 | 47341 | 62 | 62 | — | — | — | — |
| 浙江 | 5019 | 5787 | 45681 | 45681 | — | — | — | — |
| 安徽 | 1715 | 14885 | 66050 | 63932 | — | — | 2000 | 118 |
| 福建 | — | 44354 | 122587 | 97825 | 35 | — | — | 24727 |
| 江西 | 37 | 44774 | 412384 | 412339 | — | — | — | 45 |
| 山东 | — | 3623 | 4205 | — | — | 40 | 4165 | — |
| 河南 | 26683 | 38911 | 17687 | 17461 | — | — | 226 | — |
| 湖北 | 1429 | 50139 | 88697 | 87483 | — | — | 894 | 320 |
| 湖南 | 264 | 45440 | 728947 | 725190 | — | — | 36 | 3721 |
| 广东 | — | 26437 | 89925 | 83547 | — | — | — | 6378 |
| 广西 | — | 43391 | 170762 | 168544 | — | — | — | 2218 |
| 海南 | — | 3284 | 47 | 47 | — | — | — | — |
| 重庆 | 129 | 11277 | 7785 | 4520 | 55 | — | 10 | 3200 |
| 四川 | 400 | 21057 | 11180 | 5361 | 4232 | — | — | 1587 |
| 贵州 | 232 | 67834 | 42665 | 41430 | — | — | — | 1235 |
| 云南 | 1 | 25372 | 15958 | 15390 | 20 | — | — | 548 |
| 西藏 | — | — | — | — | — | — | — | — |
| 陕西 | 6023 | 120576 | 8781 | 7694 | — | 20 | 998 | 69 |
| 甘肃 | 51 | 50073 | 14818 | — | 11060 | 1414 | 40 | 2304 |
| 青海 | — | — | — | — | — | — | — | — |
| 宁夏 | — | — | — | — | — | — | — | — |
| 新疆 | — | 4145 | 5 | — | — | 1 | — | 4 |
| 新疆兵团 | — | — | 4 | — | — | — | — | 4 |
| 大兴安岭 | — | — | — | — | — | — | — | — |

产品生产情况(三)

单位:吨

| 林产工业原料 | | | | | | | |
|---|---|---|---|---|---|---|---|
| 合 计 | 其中 | | | | | | |
| | 生漆 | 油桐籽 | 乌桕籽 | 五倍子 | 棕片 | 松脂 | 紫胶(原胶) |
| **1871569** | **25154** | **418924** | **37003** | **23694** | **54134** | **1307747** | **4913** |
| — | — | — | — | — | — | — | — |
| — | — | — | — | — | — | — | — |
| — | — | — | — | — | — | — | — |
| — | — | — | — | — | — | — | — |
| — | — | — | — | — | — | — | — |
| — | — | — | — | — | — | — | — |
| | | | | | | | |
| — | — | — | — | — | — | — | — |
| — | — | — | — | — | — | — | — |
| — | — | — | — | — | — | — | — |
| — | — | — | — | — | — | — | — |
| — | — | — | — | — | — | — | — |
| — | — | — | — | — | — | — | — |
| | | | | | | | |
| — | — | — | — | — | — | — | — |
| 3 | — | — | — | 3 | — | — | — |
| 1695 | 10 | 87 | — | — | 462 | 1136 | — |
| 18337 | 410 | 2830 | 106 | 83 | 3767 | 11141 | — |
| 140749 | 178 | 23240 | 398 | 107 | 16255 | 100413 | 158 |
| 111928 | 235 | 8012 | 184 | 13 | 2170 | 101314 | — |
| — | — | — | — | — | — | — | — |
| | | | | | | | |
| 104109 | 2209 | 83830 | 10825 | 4181 | — | 3064 | — |
| 97764 | 6897 | 25290 | 18344 | 3710 | 3656 | 39867 | — |
| 88796 | 610 | 39591 | 917 | 1699 | 4936 | 41041 | 2 |
| 229841 | 6 | 7650 | 576 | 2 | 2714 | 216098 | 2795 |
| 667446 | 37 | 77715 | 117 | 106 | 2987 | 586484 | — |
| 14348 | — | — | — | — | — | 14348 | — |
| | | | | | | | |
| 27798 | 6095 | 13412 | 618 | 7074 | 542 | 57 | — |
| 21196 | 583 | 15276 | 1404 | 484 | 1462 | 1987 | — |
| 93688 | 3103 | 75275 | 2476 | 1602 | 3596 | 7631 | 5 |
| 212482 | 271 | 18277 | 388 | 220 | 9004 | 182369 | 1953 |
| — | — | — | — | — | — | — | — |
| | | | | | | | |
| 41104 | 4476 | 28390 | 650 | 4222 | 2569 | 797 | — |
| 285 | 34 | 49 | — | 188 | 14 | — | — |
| — | — | — | — | — | — | — | — |
| — | — | — | — | — | — | — | — |
| — | — | — | — | — | — | — | — |
| — | — | — | — | — | — | — | — |
| | | | | | | | |
| — | — | — | — | — | — | — | — |

**表4 各地区油茶与**

| 地区 | 油茶产业发展情况 | | | | | | | | | | |
|---|---|---|---|---|---|---|---|---|---|---|---|
| | 年末实有油茶林面积(公顷) | | | 繁殖圃 | | 苗木产量(万株) | | | 油茶籽产量(万吨) | 油茶企业(个) | 年末实有花卉种植面积(公顷) |
| | 合计 | 当年新造面积 | 当年低改面积 | 个数(个) | 面积(公顷) | 合计 | 其中:一年生苗木产量 | 其中:二年留床苗木产量 | | | |
| **全国合计** | **3529178** | **182023** | **167959** | **516** | **5374** | **113746** | **65477** | **28722** | **178** | **1682** | **1042505** |
| 北京 | — | — | — | — | — | — | — | — | — | — | 24656 |
| 天津 | — | — | — | — | — | — | — | — | — | — | 397 |
| 河北 | — | — | — | — | — | — | — | — | — | — | 43442 |
| 山西 | — | — | — | — | — | — | — | — | — | — | 1128 |
| 内蒙古 | — | — | — | — | — | — | — | — | — | — | 394 |
| 内蒙古集团 | — | — | — | — | — | — | — | — | — | — | — |
| 辽宁 | — | — | — | — | — | — | — | — | — | — | 17950 |
| 吉林 | — | — | — | — | — | — | — | — | — | — | 2104 |
| 吉林集团 | — | — | — | — | — | — | — | — | — | — | — |
| 长白山集团 | — | — | — | — | — | — | — | — | — | — | 2 |
| 黑龙江 | — | — | — | — | — | — | — | — | — | — | 1659 |
| 龙江集团 | — | — | — | — | — | — | — | — | — | — | — |
| 上海 | — | — | — | — | — | — | — | — | — | — | 2201 |
| 江苏 | 200 | — | — | — | — | 1563 | — | — | — | — | 118816 |
| 浙江 | 144237 | 7367 | 5502 | 28 | 105 | 2861 | 1358 | 1503 | 5 | 191 | 56161 |
| 安徽 | 102782 | 14477 | 1877 | 23 | 222 | 6954 | 4237 | 2545 | 6 | 142 | 28766 |
| 福建 | 126673 | 8760 | 8636 | 32 | 91 | 2519 | 1218 | 1151 | 10 | 131 | 52271 |
| 江西 | 860988 | 31796 | 28757 | 125 | 927 | 21361 | 12575 | 4413 | 41 | 254 | 40339 |
| 山东 | — | — | — | — | — | — | — | — | — | — | 171274 |
| 河南 | 36433 | 6239 | 844 | 13 | 66 | 1097 | 1023 | 67 | 2 | 13 | 102403 |
| 湖北 | 171021 | 18747 | 6479 | 56 | 1921 | 8385 | 4845 | 3348 | 9 | 158 | 43233 |
| 湖南 | 1208653 | 26122 | 75928 | 82 | 337 | 27332 | 19539 | 6271 | 73 | 393 | 40590 |
| 广东 | 157250 | 15253 | 8001 | 32 | 261 | 4197 | 2556 | 1341 | 8 | 98 | 61116 |
| 广西 | 309658 | 13345 | 9532 | 49 | 310 | 8024 | 3697 | 759 | 17 | 184 | 23419 |
| 海南 | 569 | 208 | 46 | 5 | 9 | 805 | 205 | — | 0 | 7 | 7790 |
| 重庆 | 29658 | 4120 | — | 3 | 47 | 4892 | 3192 | 900 | 0 | 17 | 20270 |
| 四川 | 18403 | 2710 | 886 | 12 | 80 | 988 | 624 | 365 | 1 | 5 | 51491 |
| 贵州 | 136242 | 12620 | — | 18 | 48 | 2594 | 979 | 1615 | 4 | 30 | 102062 |
| 云南 | 203652 | 17493 | 20938 | 28 | 917 | 18490 | 8195 | 4011 | 2 | 51 | 17970 |
| 西藏 | — | — | — | — | — | — | — | — | — | — | — |
| 陕西 | 22759 | 2766 | 533 | 10 | 33 | 811 | 733 | 63 | 1 | 8 | 6163 |
| 甘肃 | — | — | — | — | — | 872 | 500 | 372 | — | — | 2605 |
| 青海 | — | — | — | — | — | — | — | — | — | — | — |
| 宁夏 | — | — | — | — | — | — | — | — | — | — | 792 |
| 新疆 | — | — | — | — | — | — | — | — | — | — | 1040 |
| 新疆兵团 | — | — | — | — | — | — | — | — | — | — | 17 |
| 大兴安岭 | — | — | — | — | — | — | — | — | — | — | 3 |

**花卉产业发展情况**

| 花卉产业发展情况 | | | | | | | | | | | |
|---|---|---|---|---|---|---|---|---|---|---|---|
| 切花切叶产量（万支） | 盆栽植物产量（万盆） | 观赏苗木产量（万株） | 草坪产量（万平方米） | 花卉市场（个） | 花卉企业（个） | | 花农（万户） | 花卉从业人员（万人） | | 控温温室面积（万平方米） | 日光温室面积（万平方米） |
| | | | | | 合计 | 其中：大中型企业 | | 合计 | 其中：专业技术人员 | | |
| **1817082** | **540054** | **1243162** | **47273** | **4199** | **44907** | **9172** | **136.58** | **431.67** | **27.79** | **5997** | **19066** |
| 3564 | 20566 | 1123 | 906 | 18 | 256 | 85 | 0.11 | 1.15 | 0.12 | 163 | 410 |
| 522 | 1790 | 548 | 384 | 13 | 74 | 6 | 0.19 | 0.50 | 0.06 | 35 | 76 |
| 90116 | 47547 | 144857 | 1438 | 276 | 807 | 86 | 3.93 | 12.09 | 0.95 | 206 | 704 |
| 374 | 899 | 1305 | 50 | 180 | 247 | 23 | 0.11 | 0.80 | 0.17 | 14 | 1548 |
| 1597 | 1925 | 1149 | 55 | 71 | 52 | — | 0.11 | 0.59 | 0.05 | 4 | 71 |
| — | — | — | — | — | — | — | — | — | — | — | — |
| 190704 | 58084 | 8244 | 1518 | 69 | 378 | 156 | 4.36 | 9.99 | 0.45 | 255 | 4037 |
| 4366 | 485 | 648 | 132 | 67 | 111 | 12 | 0.30 | 0.99 | 0.11 | 7 | 17 |
| — | — | 9 | — | — | — | — | — | 0.00 | 0.00 | — | — |
| — | 45 | — | 1 | — | — | — | — | 0.00 | 0.00 | 0 | — |
| 126 | 642 | 5374 | 64 | 26 | 62 | 4 | 0.04 | 2.52 | 0.18 | 10 | 18 |
| — | — | — | — | — | — | — | — | — | — | — | — |
| 37989 | 6060 | 294 | 1195 | 19 | 211 | 43 | 0.16 | 0.55 | 0.08 | 95 | 78 |
| 168963 | 24504 | 322182 | 20160 | 313 | 4933 | 1452 | 21.26 | 67.39 | 1.56 | 817 | 1354 |
| 132448 | 24856 | 220140 | 3018 | 117 | 8884 | 2455 | 17.52 | 55.67 | 3.17 | 405 | 1442 |
| 6451 | 4993 | 18030 | 3605 | 298 | 1519 | 216 | 5.13 | 15.39 | 1.48 | 49 | 166 |
| 159375 | 63409 | 35325 | 1165 | 79 | 3117 | 566 | 7.29 | 27.01 | 1.29 | 657 | 2047 |
| 23775 | 18722 | 38466 | 379 | 414 | 1200 | 80 | 2.38 | 7.43 | 1.01 | 24 | 22 |
| 154400 | 105616 | 220303 | 841 | 402 | 2653 | 672 | 12.62 | 43.63 | 4.44 | 1741 | 1145 |
| 79139 | 8013 | 76567 | 624 | 193 | 2216 | 611 | 11.71 | 53.29 | 1.64 | 193 | 331 |
| 8738 | 12470 | 27513 | 979 | 266 | 1291 | 140 | 4.00 | 11.61 | 1.21 | 30 | 95 |
| 2780 | 9949 | 21780 | 2692 | 309 | 1873 | 326 | 8.72 | 36.72 | 2.10 | 53 | 98 |
| 200503 | 27593 | 34316 | 3207 | 108 | 8864 | 1496 | 5.83 | 15.04 | 1.01 | 63 | 992 |
| 8235 | 4681 | 14208 | 1577 | 74 | 828 | 59 | 9.37 | 9.62 | 0.94 | 19 | 57 |
| 121784 | 67473 | 273 | 357 | 34 | 595 | 80 | 0.94 | 3.46 | 0.09 | 72 | 46 |
| 9277 | 5519 | 4542 | 1465 | 129 | 1658 | 99 | 3.94 | 12.28 | 0.59 | 19 | 45 |
| 50987 | 15125 | 14546 | 1341 | 402 | 1837 | 302 | 10.94 | 28.07 | 3.54 | 34 | 767 |
| 22131 | 1145 | 4628 | 29 | 56 | 236 | 30 | 0.20 | 0.82 | 0.06 | 18 | 11 |
| 316677 | 2098 | 4222 | 10 | 57 | 513 | 95 | 3.16 | 9.81 | 1.04 | 772 | 2872 |
| — | — | — | — | 2 | — | — | 0.01 | 0.08 | 0.01 | — | — |
| 581 | 1308 | 10159 | 68 | 69 | 208 | 14 | 0.77 | 2.74 | 0.25 | 58 | 72 |
| 10083 | 1393 | 717 | 11 | 83 | 210 | 42 | 1.24 | 1.59 | 0.14 | 107 | 122 |
| 10 | 8 | — | — | 3 | 1 | — | 0.01 | 0.02 | 0.01 | 12 | 7 |
| 10027 | 2563 | 8630 | — | 12 | 44 | 11 | 0.21 | 0.63 | 0.01 | 49 | 394 |
| 1335 | 619 | 2995 | 1 | 40 | 29 | 11 | 0.04 | 0.22 | 0.04 | 16 | 22 |
| — | 46 | 0 | — | 1 | 2 | 1 | 0.00 | 0.06 | 0.00 | 5 | 3 |
| 28 | — | 80 | — | — | — | — | — | — | — | 0 | 1 |

## 表5 各地区主要林产

| 地区 | 锯材 | | | | 木片、木粒加工产品（万实积立方米） | 木竹 | | | |
|---|---|---|---|---|---|---|---|---|---|
| | | | | | | 总计 | 胶合板 | | |
| | 合计 | 普通锯材 | 特种锯材 | 枕木及其他锯材 | | | 合计 | 木胶合板 | 竹胶合板 |
| 全国合计 | 6297.60 | 6044.92 | 75.10 | 177.58 | 3935.53 | 25559.91 | 13725.19 | 12087.54 | 533.59 |
| 北京 | — | — | — | — | — | 20.50 | — | — | — |
| 天津 | — | — | — | — | — | 11.30 | — | — | — |
| 河北 | 172.85 | 172.77 | — | 0.08 | 24.23 | 1494.59 | 504.60 | 503.72 | — |
| 山西 | 4.27 | 4.27 | — | — | 7.70 | 35.33 | 0.97 | 0.67 | 0.30 |
| 内蒙古 | 641.70 | 641.70 | — | — | 11.61 | 75.44 | 29.34 | 29.34 | — |
| 内蒙古集团 | — | — | — | — | — | — | — | — | — |
| 辽宁 | 383.41 | 372.29 | 3.33 | 7.79 | 107.37 | 562.48 | 272.22 | 251.06 | — |
| 吉林 | 140.60 | 136.65 | 3.95 | — | 11.04 | 361.82 | 155.55 | 86.88 | — |
| 吉林集团 | 0.59 | 0.59 | — | — | — | 65.29 | 0.45 | 0.45 | — |
| 长白山集团 | 2.06 | 2.06 | — | — | 0.00 | 25.43 | 0.95 | 0.87 | — |
| 黑龙江 | 536.53 | 533.54 | 2.99 | — | 86.45 | 417.55 | 242.78 | 240.82 | — |
| 龙江集团 | 51.34 | 50.62 | 0.72 | — | 14.60 | 62.78 | 4.50 | 3.92 | — |
| 上海 | 1.60 | 1.60 | — | — | 1.47 | 21.38 | 6.84 | 6.84 | — |
| 江苏 | 209.31 | 206.36 | 2.94 | — | 97.89 | 4463.96 | 2799.63 | 2763.45 | 5.87 |
| 浙江 | 303.09 | 297.91 | 2.69 | 2.49 | 60.93 | 676.00 | 281.52 | 177.06 | 102.21 |
| 安徽 | 437.38 | 418.44 | 9.33 | 9.61 | 142.31 | 1841.67 | 1006.11 | 737.96 | 91.46 |
| 福建 | 165.53 | 165.53 | — | — | 103.35 | 826.14 | 394.21 | 292.36 | 88.86 |
| 江西 | 164.94 | 156.01 | 3.95 | 4.99 | 64.63 | 388.14 | 138.05 | 70.64 | 56.30 |
| 山东 | 1289.98 | 1181.35 | 29.29 | 79.34 | 2181.44 | 6422.25 | 4412.53 | 4211.34 | — |
| 河南 | 200.66 | 200.66 | — | — | 191.75 | 1581.20 | 705.00 | 443.14 | — |
| 湖北 | 88.84 | 87.99 | — | 0.85 | 35.05 | 500.89 | 117.86 | 97.33 | 1.48 |
| 湖南 | 281.82 | 263.46 | 4.24 | 14.11 | 42.65 | 540.50 | 289.88 | 161.70 | 81.19 |
| 广东 | 136.09 | 134.61 | 0.44 | 1.03 | 126.61 | 980.48 | 248.17 | 201.00 | 0.43 |
| 广西 | 542.07 | 492.05 | 0.44 | 49.58 | 496.50 | 2970.20 | 1719.91 | 1525.21 | 17.77 |
| 海南 | 48.68 | 48.33 | — | 0.35 | 26.95 | 24.61 | 17.16 | 15.68 | — |
| 重庆 | 27.69 | 24.21 | 0.35 | 3.13 | 7.82 | 83.36 | 37.13 | 31.87 | 4.56 |
| 四川 | 194.01 | 186.90 | 5.08 | 2.03 | 39.24 | 764.69 | 209.22 | 122.06 | 74.18 |
| 贵州 | 78.96 | 78.01 | 0.08 | 0.87 | 9.79 | 76.18 | 51.33 | 40.13 | 4.17 |
| 云南 | 196.76 | 190.85 | 5.92 | — | 23.76 | 273.97 | 66.70 | 59.16 | 4.82 |
| 西藏 | 4.80 | 4.80 | — | — | — | — | — | — | — |
| 陕西 | 24.12 | 22.72 | 0.08 | 1.32 | 14.07 | 108.30 | 10.23 | 9.85 | — |
| 甘肃 | 0.23 | 0.23 | — | — | — | 0.80 | 0.80 | 0.80 | — |
| 青海 | 0.07 | 0.07 | — | — | — | — | — | — | — |
| 宁夏 | — | — | — | — | — | 1.60 | — | — | — |
| 新疆 | 9.14 | 9.14 | — | — | 2.66 | 15.37 | 7.37 | 7.37 | — |
| 新疆兵团 | 0.24 | 0.24 | — | — | — | 0.02 | 0.02 | 0.02 | — |
| 大兴安岭 | 12.45 | 12.45 | — | — | 18.24 | 19.22 | 0.09 | 0.09 | — |

**工业产品产量(一)**

单位:万立方米

| 加工制品 | | | | | | | | | | |
|---|---|---|---|---|---|---|---|---|---|---|
| 人造板 | | | | | | | | | | |
| | 纤维板 | | | | | | 刨花板 | | | |
| | | 木质纤维板 | | | | | | 木质刨花板 | | |
| 其他胶合板 | 合计 | 小计 | 硬质纤维板 | 中密度纤维板 | 软质纤维板 | 非木质纤维板 | 合计 | 小计 | 其中:定向刨花板(OSB) | 非木质刨花板 |
| **1104.06** | **6402.10** | **6253.26** | **806.67** | **5394.53** | **52.05** | **148.84** | **1884.95** | **1858.35** | **54.16** | **26.60** |
| — | 20.50 | 20.50 | — | 20.50 | — | — | — | — | — | — |
| — | 8.70 | 8.70 | — | 8.70 | — | — | 2.60 | 2.60 | — | — |
| 0.88 | 435.65 | 435.65 | 20.30 | 415.36 | — | — | 261.53 | 255.03 | — | 6.50 |
| — | 16.35 | 16.35 | — | 16.35 | — | — | 11.38 | 11.38 | — | — |
| — | 6.39 | 6.39 | 0.03 | 6.36 | — | — | 26.63 | 26.63 | — | — |
| — | — | — | — | — | — | — | — | — | — | — |
| 21.16 | 131.93 | 131.93 | 35.89 | 96.04 | — | — | 48.18 | 48.18 | — | — |
| 68.67 | 97.80 | 97.80 | — | 97.80 | — | — | 61.29 | 60.99 | — | 0.31 |
| — | 22.56 | 22.56 | — | 22.56 | — | — | 42.28 | 41.98 | — | 0.31 |
| 0.07 | 24.08 | 24.08 | — | 24.08 | — | — | — | — | — | — |
| 1.95 | 68.93 | 68.93 | 12.17 | 56.76 | — | — | 66.30 | 66.30 | — | — |
| 0.58 | 15.68 | 15.68 | 0.09 | 15.59 | — | — | 27.39 | 27.39 | — | — |
| — | 14.54 | 14.54 | 9.35 | 5.20 | — | — | — | — | — | — |
| 30.31 | 936.67 | 935.09 | 220.90 | 712.04 | 2.15 | 1.58 | 269.62 | 269.31 | 0.07 | 0.31 |
| 2.25 | 104.01 | 103.92 | — | 103.92 | — | 0.09 | 13.88 | 13.10 | — | 0.78 |
| 176.69 | 401.07 | 401.07 | 77.15 | 323.92 | — | — | 65.31 | 63.49 | 2.50 | 1.82 |
| 12.99 | 135.93 | 135.93 | 7.74 | 128.19 | — | — | 141.24 | 141.24 | — | — |
| 11.11 | 134.85 | 134.55 | 12.83 | 121.66 | 0.07 | 0.30 | 25.14 | 25.14 | — | — |
| 201.19 | 1097.34 | 960.95 | 269.25 | 645.17 | 46.53 | 136.39 | 466.62 | 466.62 | 6.64 | — |
| 261.87 | 386.55 | 386.55 | 17.46 | 365.99 | 3.10 | — | 87.46 | 87.46 | 1.59 | — |
| 19.06 | 258.15 | 256.69 | 7.29 | 249.40 | — | 1.46 | 47.61 | 46.13 | 38.37 | 1.48 |
| 46.98 | 53.70 | 52.60 | 15.38 | 37.02 | 0.20 | 1.10 | 16.25 | 16.18 | — | 0.07 |
| 46.74 | 513.65 | 513.65 | 69.24 | 444.41 | — | — | 136.85 | 122.00 | 0.50 | 14.85 |
| 176.92 | 738.42 | 738.42 | 22.90 | 715.52 | — | — | 102.31 | 102.31 | — | — |
| 1.48 | 2.00 | 2.00 | — | 2.00 | — | — | 5.00 | 5.00 | — | — |
| 0.69 | 44.66 | 40.16 | 0.59 | 39.57 | — | 4.50 | 0.40 | 0.40 | — | — |
| 12.98 | 481.97 | 479.89 | 2.38 | 477.52 | — | 2.08 | 20.36 | 19.86 | 4.50 | 0.50 |
| 7.03 | 7.82 | 7.82 | — | 7.82 | — | — | 0.10 | 0.10 | — | — |
| 2.72 | 186.12 | 184.77 | 5.85 | 178.92 | — | 1.35 | 7.69 | 7.69 | — | — |
| — | — | — | — | — | — | — | — | — | — | — |
| 0.38 | 97.48 | 97.48 | — | 97.48 | — | — | 0.29 | 0.29 | — | — |
| — | — | — | — | — | — | — | — | — | — | — |
| — | — | — | — | — | — | — | — | — | — | — |
| — | 1.60 | 1.60 | — | 1.60 | — | — | — | — | — | — |
| — | 8.00 | 8.00 | — | 8.00 | — | — | — | — | — | — |
| — | — | — | — | — | — | — | — | — | — | — |
| — | 11.33 | 11.33 | — | 11.33 | — | — | 0.93 | 0.93 | — | — |

**表5　各地区主要林产**

| 地　区 | 人造板 | | 其他加工材 | | | 木竹<br>木竹地板 | | |
|---|---|---|---|---|---|---|---|---|
| | 其他人造板 | | | | | | | |
| | 合计 | 其中:细木工板 | 合计 | 改性木材 | 指接材 | 合计 | 实木地板 | 实木复合木地板 |
| **全国合计** | **3547.67** | **2118.25** | **476.25** | **801.76** | **440.25** | **68925.68** | **13139.70** | **25813.00** |
| 北　京 | — | — | — | — | — | 127.30 | — | — |
| 天　津 | — | — | — | — | — | 10.70 | 0.80 | — |
| 河　北 | 292.80 | 213.18 | 19.40 | 10.94 | 2.00 | 140.00 | 100.00 | 40.00 |
| 山　西 | 6.63 | 3.95 | 0.50 | 0.47 | 0.03 | — | — | — |
| 内蒙古 | 13.08 | 11.46 | — | — | — | 15.08 | 15.08 | — |
| 内蒙古集团 | — | — | — | — | — | — | — | — |
| 辽　宁 | 110.15 | 27.71 | — | — | 13.58 | 2952.24 | 1108.62 | 1140.62 |
| 吉　林 | 47.17 | 34.21 | 12.32 | 0.38 | 6.67 | 3574.83 | 417.97 | 2980.97 |
| 吉林集团 | — | — | 0.07 | — | 0.07 | 365.61 | — | 365.61 |
| 长白山集团 | 0.40 | 0.11 | 0.45 | — | 0.15 | 321.48 | 0.57 | 170.91 |
| 黑龙江 | 39.54 | 30.45 | 5.07 | — | 7.01 | 528.48 | 350.10 | 149.40 |
| 龙江集团 | 15.21 | 12.40 | 5.07 | — | 5.07 | 234.46 | 80.70 | 127.58 |
| 上　海 | — | — | — | — | — | 3243.59 | 669.28 | 2574.31 |
| 江　苏 | 458.05 | 322.75 | 1.50 | 2.00 | 2.00 | 15481.94 | 686.52 | 3174.55 |
| 浙　江 | 276.59 | 275.49 | 112.29 | 16.91 | 95.38 | 12766.50 | 5222.10 | 6096.34 |
| 安　徽 | 369.18 | 305.96 | 27.86 | 6.43 | 8.70 | 7394.09 | 512.03 | 1508.06 |
| 福　建 | 154.77 | 134.35 | 98.43 | 1.16 | 97.27 | 1972.20 | 16.35 | 342.80 |
| 江　西 | 90.10 | 71.40 | 19.69 | 5.06 | 41.08 | 3541.32 | 259.01 | 71.57 |
| 山　东 | 445.76 | 141.17 | 63.10 | 739.24 | 78.38 | 8070.90 | 639.28 | 5631.85 |
| 河　南 | 402.19 | 80.87 | 20.80 | — | 20.00 | 126.99 | 61.49 | 42.40 |
| 湖　北 | 77.28 | 68.12 | 8.76 | 5.86 | 2.90 | 3099.26 | 62.95 | 489.64 |
| 湖　南 | 180.68 | 136.97 | 9.30 | 0.47 | 11.88 | 1216.62 | 380.67 | 1.06 |
| 广　东 | 81.81 | 0.40 | 0.56 | — | 0.20 | 2884.09 | 1715.83 | 1168.26 |
| 广　西 | 409.55 | 199.28 | 52.09 | 2.62 | 18.66 | 180.85 | 74.43 | 52.50 |
| 海　南 | 0.45 | — | 3.10 | 2.63 | 0.60 | 13.80 | 1.80 | 9.00 |
| 重　庆 | 1.17 | 1.17 | 2.88 | 1.50 | 8.16 | 5.00 | 3.20 | 1.30 |
| 四　川 | 53.14 | 31.92 | 8.64 | 2.80 | 19.86 | 1146.61 | 510.56 | 286.74 |
| 贵　州 | 16.94 | 8.51 | 3.66 | 0.67 | 2.99 | 57.82 | 7.76 | 0.23 |
| 云　南 | 13.47 | 11.80 | 6.13 | 2.42 | 2.89 | 350.85 | 318.31 | 32.54 |
| 西　藏 | — | — | — | — | — | — | — | — |
| 陕　西 | 0.29 | 0.26 | 0.15 | 0.20 | — | 5.76 | 5.56 | — |
| 甘　肃 | — | — | — | — | — | — | — | — |
| 青　海 | — | — | — | — | — | — | — | — |
| 宁　夏 | — | — | — | — | — | — | — | — |
| 新　疆 | — | — | — | — | — | — | — | — |
| 新疆兵团 | — | — | — | — | — | — | — | — |
| 大兴安岭 | 6.86 | 6.86 | — | — | — | 18.87 | — | 18.87 |

**工业产品产量(二)**

单位:万立方米

| 加工制品（万平方米） | | | 林产化学产品(吨) | | | | | |
|---|---|---|---|---|---|---|---|---|
| | | | 松香类产品 | | | 松节油类产品 | | |
| 浸渍纸层压木质地板（强化木地板） | 竹地板（含竹木复合地板） | 其他木地板（含软木地板、集成材地板等） | 合 计 | 松香 | 松香深加工产品 | 合 计 | 松节油 | 松节油深加工产品 |
| **17011.11** | **8135.07** | **4826.79** | **1642308** | **1424300** | **218008** | **266504** | **179503** | **87001** |
| 127.30 | — | — | — | — | — | — | — | — |
| 9.90 | — | — | — | — | — | — | — | — |
| — | — | — | — | — | — | — | — | — |
| — | — | — | — | — | — | — | — | — |
| — | — | — | — | — | — | — | — | — |
| — | — | — | — | — | — | — | — | — |
| 700.00 | — | 3.00 | — | — | — | — | — | — |
| 163.62 | — | 12.27 | — | — | — | — | — | — |
| — | — | — | — | — | — | — | — | — |
| 150.00 | — | — | — | — | — | — | — | — |
| 26.18 | — | 2.80 | — | — | — | — | — | — |
| 26.18 | — | — | — | — | — | — | — | — |
| — | — | — | — | — | — | — | — | — |
| 10329.69 | 999.98 | 291.20 | — | — | — | — | — | — |
| 88.76 | 1272.30 | 87.00 | 17600 | — | 17600 | 10800 | — | 10800 |
| 1184.57 | 1102.93 | 3086.50 | 6547 | 6547 | — | 1747 | 1747 | — |
| — | 1613.04 | — | 123903 | 113633 | 10270 | 19336 | 10567 | 8769 |
| 15.99 | 2792.66 | 402.09 | 119999 | 86870 | 33129 | 52894 | 22107 | 30787 |
| 1192.30 | 15.00 | 592.47 | — | — | — | — | — | — |
| 23.10 | — | — | 2650 | 2650 | — | — | — | — |
| 2317.84 | 14.63 | 214.20 | 19784 | 19534 | 250 | 3607 | 3153 | 454 |
| 521.40 | 191.35 | 122.14 | 61988 | 35338 | 26650 | 2213 | 2044 | 169 |
| — | — | — | 110334 | 75441 | 34893 | 3585 | 2270 | 1315 |
| 1.41 | 52.50 | — | 945722 | 880302 | 65420 | 96670 | 96670 | — |
| — | 3.00 | — | 9553 | 9553 | — | 223 | 223 | — |
| — | 0.50 | — | 940 | 940 | — | — | — | — |
| 309.05 | 28.56 | 11.70 | 1689 | 1689 | — | 170 | 170 | — |
| — | 48.61 | 1.22 | 5459 | 5459 | — | 723 | 723 | — |
| — | — | — | 216140 | 186344 | 29796 | 74536 | 39829 | 34707 |
| — | — | — | — | — | — | — | — | — |
| — | — | 0.20 | — | — | — | — | — | — |
| — | — | — | — | — | — | — | — | — |
| — | — | — | — | — | — | — | — | — |
| — | — | — | — | — | — | — | — | — |
| — | — | — | — | — | — | — | — | — |
| — | — | — | — | — | — | — | — | — |
| — | — | — | — | — | — | — | — | — |

## 表5 各地区主要林产工业产品产量(三)

单位:吨

| 地区 | 林产化学产品 | | | | | | | | | | | |
|---|---|---|---|---|---|---|---|---|---|---|---|---|
| | 樟脑 | | 冰片 | | 栲胶类产品 | | | 紫胶类产品 | | | 木材热解产品 | |
| | 合计 | 其中:合成樟脑 | 合计 | 其中:合成冰片 | 合计 | 栲胶 | 栲胶深加工产品 | 合计 | 紫胶 | 紫胶深加工产品 | 合计 | 其中:木炭 |
| **全国合计** | **17704** | **11939** | **1662** | **610** | **8403** | **8403** | — | **5764** | **4955** | **809** | **1100279** | **418767** |
| 北京 | — | — | — | — | — | — | — | — | — | — | — | — |
| 天津 | — | — | — | — | — | — | — | — | — | — | — | — |
| 河北 | — | — | — | — | 1560 | 1560 | — | — | — | — | 26705 | 665 |
| 山西 | — | — | — | — | — | — | — | — | — | — | 480 | 70 |
| 内蒙古 | — | — | — | — | 610 | 610 | — | — | — | — | — | — |
| 内蒙古集团 | — | — | — | — | — | — | — | — | — | — | — | — |
| 辽宁 | — | — | — | — | — | — | — | — | — | — | 11420 | 11420 |
| 吉林 | — | — | — | — | — | — | — | — | — | — | 12675 | 4128 |
| 吉林集团 | — | — | — | — | — | — | — | — | — | — | — | — |
| 长白山集团 | — | — | — | — | — | — | — | — | — | — | — | — |
| 黑龙江 | — | — | — | — | — | — | — | — | — | — | 3765 | 3765 |
| 龙江集团 | — | — | — | — | — | — | — | — | — | — | — | — |
| 上海 | — | — | — | — | — | — | — | — | — | — | — | — |
| 江苏 | — | — | — | — | — | — | — | — | — | — | 10000 | 10000 |
| 浙江 | — | — | — | — | — | — | — | — | — | — | 169421 | 18045 |
| 安徽 | — | — | — | — | — | — | — | — | — | — | 60640 | 51444 |
| 福建 | 11594 | 11594 | — | — | — | — | — | 157 | 157 | — | 167445 | 369 |
| 江西 | 482 | 345 | 2 | — | — | — | — | — | — | — | 213627 | 45527 |
| 山东 | — | — | — | — | — | — | — | — | — | — | 77657 | 67157 |
| 河南 | — | — | — | — | — | — | — | — | — | — | 5000 | 4000 |
| 湖北 | — | — | — | — | — | — | — | — | — | — | 320 | — |
| 湖南 | — | — | 1050 | — | — | — | — | 3 | 3 | — | 85947 | 63762 |
| 广东 | — | — | — | — | — | — | — | 2783 | 2783 | — | 8344 | 7469 |
| 广西 | 6 | — | — | — | 6233 | 6233 | — | — | — | — | 9984 | 9984 |
| 海南 | — | — | — | — | — | — | — | — | — | — | 177 | 177 |
| 重庆 | — | — | — | — | — | — | — | — | — | — | 607 | 472 |
| 四川 | 500 | — | — | — | — | — | — | 60 | 60 | — | 17000 | 10700 |
| 贵州 | — | — | — | — | — | — | — | — | — | — | 45622 | 45206 |
| 云南 | 5122 | — | 610 | 610 | — | — | — | 2761 | 1952 | 809 | 50438 | 50422 |
| 西藏 | — | — | — | — | — | — | — | — | — | — | — | — |
| 陕西 | — | — | — | — | — | — | — | — | — | — | — | — |
| 甘肃 | — | — | — | — | — | — | — | — | — | — | — | — |
| 青海 | — | — | — | — | — | — | — | — | — | — | — | — |
| 宁夏 | — | — | — | — | — | — | — | — | — | — | — | — |
| 新疆 | — | — | — | — | — | — | — | — | — | — | — | — |
| 新疆兵团 | — | — | — | — | — | — | — | — | — | — | — | — |
| 大兴安岭 | — | — | — | — | — | — | — | — | — | — | 123005 | 13985 |

表 6　各地区林业旅游与休闲产业发展情况

| 地　区 | 旅游人次（人次） | 旅游收入（万元） | 人均花费（元） | 直接带动的其他产业产值（万元） |
|---|---|---|---|---|
| **全国合计** | **1606530384** | **42496485** | **265** | **63896809** |
| 北　京 | 143067032 | 129978 | 9 | 28856 |
| 天　津 | 2156652 | 11022 | 51 | 6613 |
| 河　北 | 24385620 | 429939 | 176 | 256786 |
| 山　西 | 8269953 | 71575 | 87 | 80771 |
| 内蒙古 | 5911419 | 142372 | 241 | 57577 |
| 内蒙古集团 | 671000 | 35720 | 532 | 14249 |
| 辽　宁 | 46868039 | 1677367 | 358 | 897293 |
| 吉　林 | 14116383 | 697417 | 494 | 233274 |
| 吉林集团 | 238165 | 16393 | 688 | 18862 |
| 长白山集团 | 357076 | 20012 | 560 | 60203 |
| 黑龙江 | 12140092 | 649797 | 535 | 512344 |
| 龙江集团 | 6613577 | 384768 | 582 | 419013 |
| 上　海 | 3739305 | 7609 | 20 | 443 |
| 江　苏 | 87289694 | 2108462 | 242 | 1345698 |
| 浙　江 | 154220650 | 2869019 | 186 | 2827935 |
| 安　徽 | 59885462 | 2044411 | 341 | 3697052 |
| 福　建 | 33627352 | 736820 | 219 | 2989577 |
| 江　西 | 54376900 | 3211502 | 591 | 15267450 |
| 山　东 | 89828289 | 1965039 | 219 | 3488494 |
| 河　南 | 70738540 | 760677 | 108 | 614977 |
| 湖　北 | 42472797 | 1455708 | 343 | 5078387 |
| 湖　南 | 81856633 | 4167491 | 509 | 13652938 |
| 广　东 | 135991573 | 8913807 | 655 | 1709155 |
| 广　西 | 81664808 | 1788744 | 219 | 1491248 |
| 海　南 | 8522608 | 144860 | 170 | 298158 |
| 重　庆 | 80542709 | 736991 | 92 | 232417 |
| 四　川 | 233733786 | 4814383 | 206 | 5979293 |
| 贵　州 | 59356750 | 1632369 | 275 | 1796583 |
| 云　南 | 27879265 | 412130 | 148 | 213226 |
| 西　藏 | 235000 | 8087 | 344 | 2680 |
| 陕　西 | 17538052 | 318589 | 182 | 291137 |
| 甘　肃 | 7256865 | 53247 | 73 | 190391 |
| 青　海 | 313460 | 3254 | 104 | 3552 |
| 宁　夏 | 6498555 | 106997 | 165 | 228498 |
| 新　疆 | 10907826 | 327317 | 300 | 358850 |
| 新疆兵团 | 357500 | 7898 | 221 | 37480 |
| 大兴安岭 | 1138315 | 99505 | 874 | 65156 |

**表 7　各地区森林公园建设**

| 地区 | 森林公园总数（处） | 森林公园总面积（公顷） | 国家森林公园数量（处） | 国家森林公园面积（公顷） | 省级森林公园数量（处） | 省级森林公园面积（公顷） | 县级森林公园数量（处） | 县级森林公园面积（公顷） |
|---|---|---|---|---|---|---|---|---|
| **全国合计** | **2948** | **17580006** | **780** | **12143291** | **1371** | **4215951** | **797** | **1220764** |
| 北　京 | 31 | 96263 | 15 | 68441 | 16 | 27821 | — | — |
| 天　津 | 1 | 2126 | 1 | 2126 | — | — | — | — |
| 河　北 | 93 | 507702 | 27 | 298852 | 66 | 208850 | — | — |
| 山　西 | 111 | 537907 | 18 | 381791 | 37 | 111143 | 56 | 44973 |
| 内蒙古 | 53 | 1151685 | 29 | 912506 | 23 | 233809 | 1 | 5370 |
| 内蒙古集团 | 8 | 400927 | 8 | 400927 | — | — | — | — |
| 辽　宁 | 70 | 230973 | 29 | 141446 | 41 | 89527 | — | — |
| 吉　林 | 56 | 2490393 | 34 | 2033970 | 22 | 456424 | — | — |
| 吉林集团 | 8 | 89773 | 8 | 89773 | — | — | — | — |
| 黑龙江 | 103 | 1849727 | 56 | 1633541 | 47 | 216186 | — | — |
| 龙江集团 | 41 | 1329403 | 24 | 1213759 | 17 | 115644 | — | — |
| 上　海 | 5 | 2252 | 4 | 1952 | 1 | 300 | — | — |
| 江　苏 | 64 | 99335 | 16 | 36730 | 48 | 62605 | — | — |
| 浙　江 | 195 | 439891 | 38 | 220825 | 80 | 130166 | 77 | 88900 |
| 安　徽 | 70 | 151288 | 30 | 107176 | 40 | 44112 | — | — |
| 福　建 | 178 | 237873 | 29 | 124636 | 128 | 89981 | 21 | 23256 |
| 江　西 | 169 | 513294 | 45 | 366629 | 110 | 118809 | 14 | 27857 |
| 山　东 | 242 | 406569 | 42 | 187258 | 73 | 102534 | 127 | 116777 |
| 河　南 | 160 | 364769 | 28 | 118872 | 78 | 151378 | 54 | 94519 |
| 湖　北 | 89 | 407000 | 32 | 288124 | 57 | 118876 | — | — |
| 湖　南 | 119 | 469899 | 50 | 264831 | 57 | 181406 | 12 | 23662 |
| 广　东 | 460 | 1070171 | 25 | 206684 | 74 | 113494 | 361 | 749993 |
| 广　西 | 54 | 259830 | 20 | 212647 | 28 | 46012 | 6 | 1171 |
| 海　南 | 27 | 164305 | 9 | 116287 | 16 | 46326 | 2 | 1693 |
| 重　庆 | 83 | 186080 | 25 | 133937 | 57 | 51308 | 1 | 835 |
| 四　川 | 121 | 750877 | 33 | 642083 | 55 | 89520 | 33 | 19274 |
| 贵　州 | 74 | 261513 | 22 | 151809 | 31 | 91409 | 21 | 18295 |
| 云　南 | 41 | 147651 | 27 | 112612 | 14 | 35039 | — | — |
| 西　藏 | 9 | 1329608 | 9 | 1329608 | — | — | — | — |
| 陕　西 | 86 | 340455 | 34 | 180033 | 49 | 158088 | 3 | 2334 |
| 甘　肃 | 93 | 959230 | 21 | 434401 | 72 | 524829 | — | — |
| 青　海 | 17 | 462278 | 7 | 293297 | 10 | 168982 | — | — |
| 宁　夏 | 11 | 37629 | 4 | 28587 | 7 | 9042 | — | — |
| 新　疆 | 61 | 1521460 | 19 | 981629 | 34 | 537975 | 8 | 1856 |
| 大兴安岭 | 2 | 129972 | 2 | 129972 | — | — | — | — |

与经营情况主要指标(一)

| 森林公园收入情况 | | | | | | 旅游接待人数 | |
|---|---|---|---|---|---|---|---|
| 收入合计（万元） | 其中旅游收入 | | | | | 旅游总人数（万人次） | 海外旅游者（万人次） |
| | 合计（万元） | 门票收入（万元） | 食宿收入（万元） | 娱乐收入（万元） | 其他收入（万元） | | |
| **5905207** | **4911066** | **896328** | **2123017** | **615859** | **1275862** | **58948** | **2169** |
| 27392 | 27392 | 2945 | 20105 | 2280 | 2063 | 653 | 5 |
| 1469 | 1469 | 1089 | — | — | 380 | 28 | 1 |
| 50090 | 48916 | 27258 | 13149 | 3413 | 5096 | 952 | 21 |
| 81920 | 81920 | 18600 | 35248 | 2214 | 25859 | 1947 | 10 |
| 37565 | 37515 | 8945 | 13887 | 2982 | 11701 | 287 | 3 |
| 30173 | 30173 | 4961 | 12367 | 1889 | 10955 | 58 | — |
| 95324 | 95324 | 16353 | 54598 | 10030 | 14343 | 1865 | 33 |
| 686112 | 203612 | 10274 | 122616 | 34280 | 36442 | 1003 | 17 |
| 2963 | 2963 | 24 | 2554 | 199 | 186 | 24 | 0 |
| 142803 | 142803 | 16437 | 63821 | 20321 | 42224 | 982 | 19 |
| 94446 | 94446 | 11791 | 37780 | 16359 | 28516 | 362 | 6 |
| 11457 | 7225 | 5138 | 258 | 1582 | 247 | 500 | 6 |
| 273189 | 168972 | 38638 | 32594 | 10788 | 86953 | 4574 | 134 |
| 1278962 | 1278259 | 132591 | 550974 | 205776 | 388919 | 3707 | 148 |
| 74150 | 63431 | 17493 | 39183 | 2596 | 4160 | 1500 | 13 |
| 89880 | 84151 | 12646 | 35462 | 11479 | 24564 | 2065 | 213 |
| 523243 | 450035 | 70655 | 265430 | 37152 | 76797 | 4697 | 687 |
| 195592 | 183142 | 86485 | 49242 | 11075 | 36340 | 3400 | 103 |
| 92618 | 92618 | 47531 | 25090 | 12655 | 7342 | 2412 | 39 |
| 174496 | 118429 | 13478 | 53090 | 32346 | 19514 | 1825 | 23 |
| 438604 | 250751 | 133548 | 50199 | 13372 | 53632 | 3517 | 166 |
| 256341 | 246611 | 41329 | 128781 | 20823 | 55679 | 8911 | 316 |
| 120035 | 75189 | 17425 | 32205 | 5137 | 20423 | 701 | 21 |
| 41292 | 41292 | 21650 | 17027 | 255 | 2360 | 353 | 11 |
| 445352 | 445352 | 37407 | 222673 | 61724 | 123548 | 4622 | 49 |
| 397492 | 397214 | 45531 | 161523 | 82275 | 107884 | 2459 | 16 |
| 233765 | 233765 | 6729 | 102658 | 21837 | 102541 | 2527 | 68 |
| 18814 | 18430 | 11759 | 1295 | 48 | 5328 | 796 | 4 |
| 11410 | 11410 | 5358 | 4650 | 1161 | 241 | 78 | 4 |
| 52181 | 52181 | 31854 | 10882 | 2261 | 7184 | 982 | 29 |
| 9261 | 9261 | 3021 | 3948 | 1095 | 1196 | 552 | 8 |
| 12934 | 12934 | 2552 | 494 | 3346 | 6542 | 307 | 0 |
| 4354 | 4354 | 1649 | 1039 | 685 | 980 | 126 | 0 |
| 24260 | 24260 | 9957 | 8600 | 591 | 5112 | 607 | 3 |
| 2849 | 2849 | 1 | 2298 | 282 | 268 | 12 | — |

**表 7 各地区森林公园建设**

| 地区 | 本年度投入资金 | | | | 其中环境建设投入（万元） | 本年度环境建设情况 | |
|---|---|---|---|---|---|---|---|
| | 合计（万元） | 国家投资（万元） | 自筹资金（万元） | 招商引资（万元） | | 植树造林（公顷） | 改造林相（公顷） |
| **全国合计** | **4866947** | **799483** | **1314441** | **2753022** | **561563** | **109449** | **192621** |
| 北京 | 35550 | 26050 | 6400 | 3100 | 3957 | 110 | 5270 |
| 天津 | 2400 | — | 2400 | — | 184 | — | 1200 |
| 河北 | 12905 | 2350 | 6955 | 3600 | 3171 | 2271 | 1421 |
| 山西 | 39275 | 7884 | 9091 | 22300 | 4919 | 1826 | 2754 |
| 内蒙古 | 64766 | 17657 | 20651 | 26458 | 8344 | 5028 | 26810 |
| 内蒙古集团 | 24761 | 7580 | 17181 | — | 565 | 1696 | 21781 |
| 辽宁 | 87843 | 14560 | 47753 | 25530 | 27902 | 1901 | 642 |
| 吉林 | 1543145 | 7401 | 33851 | 1501893 | 3754 | 9791 | 1657 |
| 吉林集团 | 1788 | 1190 | 598 | — | 365 | 140 | 1210 |
| 黑龙江 | 163802 | 73907 | 55155 | 34740 | 13584 | 12989 | 35582 |
| 龙江集团 | 114401 | 50980 | 34760 | 28661 | 11297 | 10970 | 34859 |
| 上海 | 18914 | 8957 | 9957 | — | 5034 | 11 | 244 |
| 江苏 | 303774 | 23535 | 202694 | 77545 | 69952 | 5167 | 3326 |
| 浙江 | 398474 | 132311 | 159324 | 106839 | 77076 | 1961 | 7396 |
| 安徽 | 73249 | 15588 | 32168 | 25493 | 5857 | 1011 | 1437 |
| 福建 | 29623 | 12270 | 14550 | 2804 | 9995 | 3704 | 4078 |
| 江西 | 160345 | 24769 | 56975 | 78600 | 38917 | 3379 | 8283 |
| 山东 | 259603 | 27674 | 139306 | 92623 | 67612 | 10648 | 19742 |
| 河南 | 104104 | 7429 | 51906 | 44768 | 14327 | 4064 | 17068 |
| 湖北 | 149995 | 50289 | 22224 | 77482 | 18763 | 4660 | 7177 |
| 湖南 | 148225 | 51694 | 35623 | 60908 | 31655 | 6037 | 12652 |
| 广东 | 288276 | 46202 | 67489 | 174585 | 32807 | 5683 | 6855 |
| 广西 | 37409 | 8764 | 13419 | 15226 | 6025 | 682 | 2551 |
| 海南 | 35461 | 4050 | 28911 | 2500 | 2070 | 252 | 217 |
| 重庆 | 168444 | 64642 | 53742 | 50060 | 16833 | 6193 | 1206 |
| 四川 | 142688 | 50529 | 65087 | 27073 | 15163 | 1853 | 2488 |
| 贵州 | 210113 | 18268 | 9386 | 182459 | 8223 | 1200 | 799 |
| 云南 | 34845 | 5737 | 21348 | 7760 | 3908 | 391 | 3202 |
| 西藏 | 7475 | 1030 | 945 | 5500 | 500 | 404 | 109 |
| 陕西 | 128451 | 18283 | 62148 | 48019 | 7289 | 8177 | 4525 |
| 甘肃 | 69986 | 11661 | 26296 | 32030 | 5663 | 3235 | 2970 |
| 青海 | 34927 | 12538 | 6771 | 15618 | 2060 | 5572 | 3109 |
| 宁夏 | 23788 | 9284 | 14504 | — | 14020 | 958 | 639 |
| 新疆 | 76567 | 44140 | 24917 | 7510 | 39502 | 189 | 7002 |
| 大兴安岭 | 12526 | 30 | 12496 | — | 2496 | 102 | 209 |

与经营情况主要指标(二)

| 从业人员情况 | | 基础设施现状 | | | | 社会旅游从业人员(人) |
|---|---|---|---|---|---|---|
| 职工总数(人) | 导游人数(人) | 车船总数(台/艘) | 游步道总数(千米) | 床位总数(张) | 餐位总数(个) | |
| **164871** | **17702** | **37816** | **74190** | **809091** | **1438403** | **687462** |
| 1164 | 150 | 261 | 625 | 2750 | 9540 | 8000 |
| 121 | 16 | 30 | 19 | 340 | 680 | 2500 |
| 4960 | 681 | 721 | 2363 | 88540 | 96390 | 18906 |
| 3364 | 591 | 820 | 1548 | 56982 | 65324 | 14654 |
| 2464 | 193 | 613 | 2382 | 9245 | 17752 | 16604 |
| 702 | 52 | 218 | 708 | 3129 | 3462 | 11046 |
| 3193 | 559 | 3489 | 2015 | 30562 | 53204 | 13738 |
| 7571 | 653 | 2790 | 3588 | 29960 | 29240 | 22618 |
| 519 | 31 | 695 | 568 | 2265 | 6660 | 509 |
| 6791 | 1056 | 3407 | 4443 | 50087 | 92540 | 21484 |
| 4357 | 665 | 2268 | 2431 | 33563 | 67558 | 16473 |
| 459 | 46 | 526 | 120 | 60 | 1760 | 785 |
| 9912 | 599 | 1235 | 2064 | 16307 | 34607 | 19510 |
| 17275 | 1836 | 8813 | 2760 | 81612 | 147693 | 54366 |
| 4621 | 252 | 341 | 1525 | 8161 | 20915 | 21587 |
| 7199 | 696 | 684 | 3370 | 7518 | 34026 | 18607 |
| 6886 | 1150 | 1771 | 9842 | 39603 | 72969 | 41991 |
| 15204 | 1778 | 2045 | 6309 | 51537 | 137667 | 155296 |
| 7774 | 1182 | 1538 | 2281 | 44444 | 89371 | 34148 |
| 9538 | 976 | 1879 | 3343 | 49844 | 59492 | 30134 |
| 13482 | 789 | 922 | 4313 | 36159 | 86049 | 33836 |
| 11994 | 796 | 1596 | 4032 | 31138 | 99158 | 37598 |
| 2672 | 205 | 903 | 857 | 17438 | 29256 | 2799 |
| 2671 | 189 | 184 | 353 | 2306 | 9440 | 934 |
| 4423 | 1332 | 996 | 3068 | 39968 | 74459 | 20397 |
| 4717 | 557 | 461 | 2151 | 53431 | 57633 | 20583 |
| 3761 | 154 | 305 | 2162 | 12301 | 35745 | 16181 |
| 1633 | 170 | 343 | 1078 | 2790 | 5867 | 6967 |
| 141 | 197 | 50 | 122 | 860 | 487 | 484 |
| 3568 | 408 | 359 | 1707 | 13753 | 25971 | 36402 |
| 4040 | 207 | 194 | 1842 | 10542 | 20336 | 5049 |
| 520 | 80 | 88 | 556 | 5824 | 8989 | 3682 |
| 1102 | 35 | 63 | 454 | 697 | 1315 | 457 |
| 1397 | 160 | 377 | 2458 | 13732 | 18728 | 6465 |
| 254 | 9 | 12 | 440 | 600 | 1800 | 700 |

# 人造板产业

**产业发展形势分析** 2013 年，我国人造板产业发展进入了缓速调整发展期。从21世纪第一个10年平均20%以上的高速发展逐渐降到10%以下。受国内房地产调控和国际社会购买力下降的双重影响，人造板产量增速放缓。2013 年 1～10 月，全国共生产人造板 2.18 亿立方米，同比增长 5.67%，是21世纪以来增长速度最慢的一年。其中，胶合板累计产量 12669.8 万立方米，同比仅增长 8.51%；纤维板累计产量 4759.07 万立方米，同比仅增长 4.07%；刨花板累计产量 1110.7 万立方米，同比仅增长 2.35%；装饰板累计产量 2.64 亿平方米，同比下降 4.82%。截至 2013 年 6 月底，规模以上人造板企业产品销售收入同比增长 14.58%，与近年来年均 20%～30%的增长率相比增幅明显降低(见表1)。

**表1　规模以上人造板企业主要经济指标**

| 指标名称 | 2013 年6月 | 2012 年6月 | 2011 年6月 |
|---|---|---|---|
| 企业总数/家 | 4655 | 4496 | 4580 |
| 亏损企业数/家 | 282 | 329 | 287 |
| 总资产/亿元 | 2554 | 2249 | 2126 |
| 负债/亿元 | 1161 | 1049 | 999 |
| 资产负债率/% | 45.47 | 46.65 | 47.01 |
| 行业平均资产规模/万元 | 5487 | 5002 | 4641 |
| 销售收入/亿元 | 3069 | 2679 | 3869 |
| 行业平均收入规模/万元 | 6543 | 5958 | 8447 |
| 利润总额/亿元 | 182.9 | 150.6 | 211.7 |
| 利润总额比 2012 年同期增减/亿元 | 33.4 | 27.0 | 62.7 |
| 净资产收益率/% | 13.12 | 12.55 | 18.78 |
| 流动资产周转率/次 | 2.64 | 2.46 | 3.82 |
| 成本费用利润率/% | 6.35 | 6.19 | 6.02 |
| 产品销售收入同比增长/% | 14.58 | 20.46 | 38.03 |
| 资本保值增值率/% | 116.57 | 106.47 | 120.57 |
| 行业亏损面/% | 6.06 | 7.32 | 6.27 |

2013 年，我国胶合板出口频遭"双反"，印度尼西亚和俄罗斯的胶合板大量进入国际市场，人民币汇率升值，使我国胶合板失去市场优势。2013 年 1～11 月，我国胶合板出口美国 121.1 万立方米，同比下降 16.36%，出口总量 931.71 万立方米，同比增长 2.06%；中密度纤维板出口 160.5 万吨，同比下降 6.36%。

于 2013 年 3 月 3 日生效的欧盟《原产国标签法》要求，出口到欧盟市场的木制品必须获得 FSC"身份证"，即证明生产企业采购的木材产自合法开发的森林。《原产国标签法》对我国运营规范、产品顺利通过 FSC 认证的大型企业影响不大，但对多数中小木制品出口企业冲击较明显。

同时，国内房地产政策调控也大大抑制了人造板下游产业家居装饰行业的市场需求。2013 年 1～10 月全国木质家具累计总产量 1.89 亿件，同比下降 12.65%，直接影响到人造板市场价格全年持续低迷。

同时产业调整加快——我国人造板行业以中小民营企业为主，私营企业销售收入比例超过 70%，行业集中度不高。截至 2013 年 6 月底，规模以上人造板企业共有 4655 家，平均资产规模 5487 万元，同比增长 9.70%；平均收入规模 6 543 万元，同比增长 9.82%；资产负债率 45.47%，同比下降 2.53%；行业亏损面 6.06%，同比下降 17.21%。2013 年 1～9 月销售收入近 5000 亿元，利润总额近 300 亿元。

**表2　2013 年 1～12 月中国人造板产量分省市统计**

| 地区 | 人造板(立方米) | | | |
|---|---|---|---|---|
| | 12 月产量 | 1～12 月累计 | 12 月同比增长(%) | 累计同比增长(%) |
| 全国 | 27667051 | 272205782 | 0.98 | -6.14 |
| 北京 | 19859 | 204758 | 12.66 | 5.11 |
| 天津 | 12298 | 113081 | 8.23 | -28.45 |
| 河北 | 391933 | 4367855 | -1.23 | 8.06 |

| 地区 | 人造板(立方米) | | | |
|---|---|---|---|---|
| | 12 月产量 | 1~12 月累计 | 12 月同比增长(%) | 累计同比增长(%) |
| 山西 | 18881 | 277290 | 14.24 | -20.85 |
| 内蒙古 | 144565 | 2424966 | -3.51 | -1.66 |
| 辽宁 | 353745 | 3971955 | -11.48 | -7.62 |
| 吉林 | 272697 | 8336741 | -49.79 | -5.84 |
| 黑龙江 | 380731 | 4339252 | 55.75 | 41.33 |
| 上海 | 16886 | 199656 | -11.14 | -2.74 |
| 江苏 | 3770954 | 44406778 | 6.4 | 8.36 |
| 浙江 | 321641 | 3223403 | -15.69 | -20.59 |
| 安徽 | 1014378 | 10931507 | -32.8 | -14.36 |
| 福建 | 1202794 | 13122351 | 5.39 | 6.81 |
| 江西 | 705044 | 7948324 | -8.04 | -10.44 |
| 山东 | 5833424 | 65905428 | 7.98 | 7.19 |
| 河南 | 3128601 | 27449949 | 8.76 | 9.94 |
| 湖北 | 2329974 | 10012561 | 4.94 | -75.6 |
| 湖南 | 1173312 | 11291107 | -10.22 | -2.42 |
| 广东 | 1816522 | 9804849 | 3.53 | -2.2 |
| 广西 | 3196514 | 26451512 | 6 | 20.33 |
| 海南 | 12351 | 325480 | -82.22 | -31.72 |
| 重庆 | 62810 | 720481 | -12.42 | 4.89 |
| 四川 | 807322 | 8868682 | -1.87 | 0.1 |
| 贵州 | 215632 | 2566503 | -16.3 | 24.36 |
| 云南 | 326965 | 2968391 | 17.91 | 18.58 |
| 西藏 | — | — | — | — |
| 陕西 | 92142 | 1299894 | -24.63 | 14.72 |
| 甘肃 | — | 1896 | — | -85.31 |
| 青海 | — | — | — | — |
| 宁夏 | 3682 | 16114 | — | — |
| 新疆 | 41394 | 655020 | -27.44 | 8.64 |

随着行业发展步伐的放缓和国产连续压机的问世，行业的产品结构调整、生产装备升级、风投资本介入、企业并购重组、盈利模式探索，整体进入结构调整、转型升级和多元化发展阶段。在民营企业仍为人造板行业主力军的同时，中林集团、中粮集团、中航集团和中国诚通集团等大型中央企业纷纷加盟，新的龙头企业正在崛起，为加快行业内结构调整创造了条件。

近5年来，人造板行业总资产稳定增长，企业数量基本持平，行业销售毛利率和净利润率稳定小幅增长。尽管行业亏损面略有减少，但由于受国内房地产调控和国际市场下滑的负面影响，收入增长率出现大幅下降；虽然利润总额有所增加，但是销售利润率低于7%，行业盈利能力仍处于较低水平。

我国人造板行业整体呈现出以下变化特点。

①技术改造，装备升级。随着国产人造板连续压机生产线的问世和《产业结构调整指导目录》的颁布，人造板行业全面进入技术进步装备升级阶段。以纤维板行业为例，截至2012年年底，全国关闭、拆除或停产纤维板生产线累计达到162条，淘汰落后生产能力500万立方米/年。2013年初，全国新建纤维板生产线55条，设计生产能力达到687万立方米/年，其中连续平压生产线34条，合计生产能力为527万立方米/年，占在建纤维板生产能力的77%。在建纤维板生产线陆续在2013~2014年期间投入运行，将进一步淘汰落后产能，提高行业整体质量水平。

②并购重组，行业洗牌。由于国内股市暂停首次公开发行(IPO)，多数进入人造板领域的私募股权投资(PE)急于寻找退出途径，加上市场低迷，行业经济不景气，2013年是人造板行业资产重组、企业并购最活跃的一年，业内多条大鳄易主、卖壳和兼并。例如：吉林森林工业集团通过收购中盐银港人造板公司88.12%的股份，实现了对中盐银港的控股；赣州稀土集团以其所拥有的赣州稀土100%股权认购广东威华公司非公开发行的新股14.76亿股，从而取得广东威华股份控股权；广西丰林木业集团股份有限公司收购亚洲创建(惠州)木业有限公司75%股权，获得该公司实际控股权。产业资本的介入将企业资源重新优化配置，洗牌重组刷新了人造板行业龙头企业的排序，平均企业经济规模增长接近10%，提高了行业规模集中度。

③低醛环保标准提高。目前，我国人造板生产使用的胶黏剂大多是以甲醛为原料的脲醛树脂胶，板材向周围环境释放甲醛，是甲醛污染的主要来源。如果含游离甲醛的人造板制品占室内空间比例较小时，其释放出的甲醛对人体危害有限，但大量的人造板制品，如地板、家具、门窗、隔板等集中装饰于有限的空间，室内甲醛含量就会成倍增加，成为危害健康的隐形杀手。

2013年，美国《复合木制品甲醛标准法案》升级版CARB认证II的出台，对木制品基材人造板提出了更高的环保要求，尽管对我国木制品出口造成极大影响，但是也促进了国内低醛和无醛人造板胶黏剂的发展。随着消费者对于居家环保要求日益提高，大型龙头企业的内控生产标准纷纷制定出高于国家标准的 $E_0$ 级指标，并停止生产 $E_2$ 级人造板。不少企业使用大豆制成的生态黏合剂、异氰酸酯(MDI)胶黏剂和三聚氰胺改性胶黏剂生产人造板，与产业链末端品牌企业联合推出无醛、低醛木制品，市场运作效果不错。

④产品流通环境优化。2013 年，国家林业局发布林资发[2013]96 号文《关于规范木材运输检查监督管理有关问题的通知》和林造发〔2013〕123 号文《进一步改进人造板检疫管理的通知》，分别对人造板运输证发放和检疫手续进行了重大调整。按照新规定，胶合板、纤维板、刨花板和以木(竹)材为主辅原材料的家具和木(竹)制工艺品不再纳入凭证运输范围；在确保不发生林业有害生物传播前提下，对具有热压、粉碎等工序且能达到除害处理要求的人造板种类，如刨花板、纤维板、胶合板及饰面人造板，不再实施检疫，进一步优化了人造板产品流通环节的管理。

国家质检总局和海关总署 2013 年 8 月 1 日发出公告，对 1507 个海关商品编码项下的一般工业制成品不再实行出口商品检验，其中涉及木材加工机械、野生动植物制品及木材加工制品 3 个类别的 41 种林产品。

2013 年 6 月银监会、国家林业局联合印发《关于林权抵押贷款的实施意见》(银监发〔2013〕32 号)推动集体林权抵押贷款。同时，商务部、财政部联合印发《境外经济贸易合作区确认考核和年度考核管理办法》(商合发〔2013〕210 号)，鼓励建设以矿产、森林、油气等资源开发、加工和综合利用等为主导的资源利用型园区。财政部、国家发改委通知，决定自 2013 年 8 月 1 日起，在全国统一取消和免征 33 项行政事业性收费，其中涉及林业系统的有：取消绿化费、林地补偿费，免征陆生野生动物资源保护管理费。

⑤两板期货上市活跃。2013 年 12 月 6 日，林木类期货胶合板和纤维板同时在大连商品交易所上市交易，填补了国内林产品期货品种空白，开创了期货市场服务林木产业的新领域，对人造板行业来说意义重大。两板期货上市能有效降低企业的资金风险，稳定产品的价格，减少市场无序竞争，规避价格风险，汇集有效信息，创造合理利润，完善自身体系，构架宏观战略的优质平台。期货品种的价格信息能够反映出产业链其他环节行业的变化情况，可以开拓企业视野，拓宽企业经营思路。企业对相关期货品种合约进行买入套保，不但可以节省现金流，而且能够提前锁定成本和利润，有效规避价格变动风险，通过套期保值操作转移市场风险，增强企业驾驭市场和抵御市场风险的能力，充分利用期货市场的资本杠杆作用，现货与期货有机结合，实现新的盈利模式。

两板期货开市以来，引起了社会的广泛关注，企业参与积极性很高，主要合约 1405 交易活跃，分别出现几个涨停板和跌停板。我国胶合板和纤维板的行业集中度很低，中小型民营企业居多，经营水平良莠不齐。随着两板期货影响力和交易量的不断扩大，将带动人造板柜台交易(OTC)的发展，不符合国家标准的人造板产品将被逐步淘汰。

**人造板生产存在问题**　我国人造板虽然发展迅速，但板种结构不尽合理，和先进国家相比，我国胶合板比例过大，刨花板比重偏小。以 2012 年产量为例，胶合板产量占人造板总产量近 1/2，纤维板约占 1/4，刨花板和细木工板各占 1/8 左右。

目前，我国各省区都有胶合板企业，总数合计有上万家，大多数是中小型民营企业，企业数排在前三位的省区是山东、江苏和广西。胶合板主要产品为建筑模板、装饰板和地板基材，原材料以速生人工林杨树和桉树为主，年产量超过 1 亿立方米，占全球总产量的 70%，平均每年直接出口量占总产量的 10%，属于资源消耗和劳动密集型产业。

我国纤维板生产线有 800 多条，年产量接近 6000 万立方米，占全球总量的 60%，下游产业主要包括家具、地板、门窗和装饰包装，每年直接出口达总产量的 5%。纤维板行业局部地区产能过剩，原材料供应紧张，产量排名前三位的省区是广西、河南和江苏。近几年是纤维板企业技术进步、淘汰落后产能和装备升级换代时期。

尽管我国刨花板产量接近 2500 万立方米，但仍然不能满足国内消费需求，每年需进口 50 万立方米，弥补缺口。规模以上的刨花板企业中，福建、河南和广东省的产量排名居前三位。规模以下的小型刨花板企业产量约占总量的 50%，主要生产低端家居产品基材，亟须技术改造、提升装备水平。

其他人造板中有 2/3 是细木工板，产量约 2000 万立方米，江苏、山东和安徽省的产量排名居前三位。细木工板主要作为家具和室内装饰基材，同胶合板一样属于资源消耗和劳动密集型产业。

几大板种共同存在以下主要问题。

一是产品阶段性供过于求。不同阶段、特殊地区涌现的大规模、高增速、高强度、非理性投资引发阶段性、区域性人造板产品供需关系失衡及木材原料供求关系失衡，产能过剩风险凸显，引发产品低价竞争，质量下降，原料价格上涨，企业效益下滑，不利于产业持续发展。

二是原料持续供应压力增大。人造板生产能力急剧膨胀，生产量迅速增长，支撑人造板工业发展的原料供应能力滞后于人造板生产发展进程。天然林资源保护二期工程实施，木材采伐量大幅下降，局部地区受原料供应能力的制约出现生产停滞、产量回落现象。

三是劣质产品扰乱市场秩序。人造板产品质量是社会关注的热点，各级政府加大了监管力度。“十一五”期间我国人造板产品质量监督抽查结果公布，纤维板年度产品合格率为 76% ~90%，胶合板为 63% ~90%，细木工板从 67% 逐年提升到 83%，而刨花板仅在 60% ~66%。2013 年 3 季度国家监督检查结果虽有好转，但合格率仍未达到 90%，甲醛释放量超标为主要不合格项。部分企业生产的低劣人造板产品，危害消费者健康，严重扰乱了市场秩序，损害行业声誉，影响产业发展，必须严厉打击。

四是国际贸易摩擦频发。受全球复杂政治经济形势影响，人造板及其下游产品国际贸易摩擦频发，技术性贸易壁垒和绿色贸易壁垒泛滥。我国人造板及其下游产品出口遭遇打压，胶合板、地板和木家具频遭“双反”。

五是落后产能亟须淘汰。我国现有人造板生产能力构成中，存在较大比例的装备水平低、技术落后、产品质量差、能源与资源消耗大、环境污染严重、劳动条件差及安全隐患高的落后产能，大约有近 40% 的生产线是 20 世纪的老设备，亟待技术改造、调整升级，应采取有效措施加快淘汰落后产能。

六是企业效益普遍下滑。人造板行业是一个市场充分竞争的行业，优胜劣汰是其必然规律。受原辅材料及能源价格上涨、运输及物流成本增高、劳动力成本快速上升等多种因素综合影响，人造板生产经营成本上升，效益下滑，招工、融资难度增加，企业生产经营困难。尤其是劳动密集型企业及下游产业的比较优势逐渐下降，制造业外移趋势凸显。

**发展建议** 为促进人造板行业持续健康发展，建议主管部门制定相应政策措施：一是优化产业结构，促进产业升级。①发挥木材经营加工许可证及人造板产品生产许可证制度，在调整布局、改善结构、规范市场竞争秩序、质量管理、安全生产和清洁生产等方面的监管作用，各省（市、区）根据森林资源及生态环境承载能力合理配置人造板生产规模，实施总量控制并优化结构，提升行业的整体素质。②定期修编《产业结构调整指导目录》，以适应技术发展。防止盲目投资和低水平重复建设，落实对鼓励类投资项目建设的信贷支持政策、进口设备免征关税和进口环节增值税政策以及其他优惠政策，严格禁止淘汰类人造板项目投资建设，对于现有落后产能限期技术改造或关闭，逾期不能达到要求的可采取惩罚性电价措施限制生产，取消享受一切优惠政策。③发挥规模效应，提高产业集中度。除秸秆人造板、竹质人造板及沙生灌木人造板等特殊产品外，鼓励达到起始规模的新建、改建及扩建人造板项目，限制低于起始规模的新建、改建及扩建人造板项目。④鼓励和支持企业依据《“十二五”农作物秸秆综合利用实施方案》中秸秆原料化利用的要求，研究开发具有自主知识产权的秸秆人造板产品、工艺技术和装备。

二是加强政策扶持，确保原料可持续供应。①放宽商品林采伐、运输与抚育经营管理，由投资主体自主决定抚育经营方式和强度，试点在非天然林资源保护区取消木材运输证管理、调整人工速生桉树木材采伐限额管理为按批准的经营方案指导下的备案管理、停止征收人工速生桉树木材育林基金和检尺费。禁止地方征收林业保护建设费、价格调节基金等不合理收费，必须收取的费用须经省级物价管理部门批准。②引导并鼓励企业及各种社会力量投资建设原料林基地，促进林板一体化工程持续发展。③科学合理利用全国宜林地、疏林地、无立木林地等可造林地，完成造林任务。④依据《国家鼓励的资源综合利用认定管理办法》，认定符合国家资源综合利用和扶持政策的人造板生产工艺、技术和产品，落实回收木材利用、竹质人造板、秸秆人造板、果木人造板和沙生灌木人造板等支持政策，落实国家资源综合利用规定享受的税收、运行优惠政策，鼓励企业开展资源综合利用。⑤落实免征生产原木、原竹产品的农林特产税和种植林木、林木种子和苗木作物以及从事林木产品初加工的所得税政策，落实逐步降低征收直至免征育林基金的政策。⑥完善以“三剩物”、次小薪材和农作物秸秆等农林剩余物为原料生产的人造板产品增值税优惠政策，凡未达到起始规模要求的企业不得享受增值税优惠政策，凡经省级以上环境保护部门监督抽查出现污染排放未达到标准要求的企业当年不得享受增值税优惠政策，凡经省级以上质量技术监督部门质量监督抽查出现产品质量不合格的企业当年不得享受增值税优惠政策。⑦依据《林业贷款中央财政贴息资金管理办法》和《关于做好集体林权制度改革与林业发展金融服务工作的指导意见》落实信贷扶持，加大林业信贷投放、开发林业信贷产品、拓宽林业融资渠道、完善财政贴息政策、健全林权抵押贷款制度。⑧推广森林抚育财政补贴工作。参照公益林森林保险保费补贴试点实施方法，将商品林纳入森林保险范畴，保费支付以财政补贴为主。

三是强化市场监管，打击劣质产品。①发挥主管部门在人造板工业生产和流通领域中的监管作用，完善人造板生产、销售、使用环节的监管方式，开展人造板产品质量安全监测工作，实施质量监督抽查，增强监督抽查密度，继续加大对人造板生产集聚区和重点产品的监控力度，创造公平、透明、合理的市场竞争环境。②建立人造板生产、贸易经营主体信用监督制度，畅通举报渠道，加强社会监督。③进一步加强人造板标准制修订工作，形成以国家标准和行业标准为核心、地方标准和企业标准相配套的标准体系，做到监管有依据、检测有法规、处罚有措施。

四是拓展境外市场，积极应对贸易摩擦。①培植多元化的出口市场。充分利用高层对话和国际合作平台开拓人造板产品与人造板机械装备出口市场，在巩固传统国际市场的基础上，积极开拓新兴市场。②完善和促进国家森林可持续经营认证体系建设。③继续执行人造板产品出口退税政策。④发挥政府监管、行业自律和企业联盟的作用，建立健全贸易摩擦应对机制和预警体系，提高协调解决国际贸易争端的能力，积极、妥善处理国际贸易争端，依法维护公平市场竞争和企业的合法权益。

五是大力扶持龙头企业，发挥辐射带动作用。①分期分批认定产业化龙头企业，加强运行监测管理，鼓励企业诚信经营，制定和实施品牌战略，努力打造自主品牌，形成以品牌带动的产业发展机制，增强企业竞争力。②加强产业园区建设，支持企业产业链发展，促进产业聚集。③促进企业建立研发中心，提升自主创新能力，重视建设新技术、新产品孵化器与示范基地，发挥工程设计将科技创新成果向生产力转化的作用，提高科技成果转化率，优化企业结构。④加大财政金融支撑力度，对于符合国家政策支持的新建企业给予启动资金支持，对于有发展需求的现有企业给予技改资金支持，促进企业转型升级健康发展。⑤拓宽企业贷款渠道，对国家大力扶持的项目给予贷款贴息支持。⑥支持符合条件的重点龙头企业在国内上市。⑦加强企业间的协调与磋商，促使全行业共同遵守行业准则。 （钱小瑜）

# 中国造纸工业

## 【纸及纸板生产和消费情况】

**纸及纸板生产量和消费量** 据中国造纸协会调查资料，2013 年全国纸及纸板生产企业约 3400 家，全国纸及纸板生产量 10110 万吨，较 2012 年增长 -1.37%。消费量 9782 万吨，较 2012 年增长 -2.65%，人均年消费量为 72 千克(13.61 亿人)。2004～2013 年，纸及纸板生产量年均增长 8.26%，消费量年均增长 6.74%。

主要产品中，新闻纸生产量 360 万吨，占纸及纸板总产量 3.56%，同比增长 -5.26%，消费量 362 万吨，占纸及纸板总消费量 3.70%，同比增长 -7.89%；未涂布印刷书写纸生产量 1720 万吨，占纸及纸板总产量 17.01%，同比增长 -1.71%，消费量 1627 万吨，占纸及纸板总消费量 16.63%，同比增长 -3.38%；涂布印刷纸生产量 770 万吨，占纸及纸板总产量 7.62%，同比增长 -1.28%，消费量 623 万吨，占纸及纸板总消费量 6.37%，同比增长 -2.35%；其中铜版纸生产量 685 万吨，占纸及纸板总产量的 6.78%，同比增长 -1.44%，消费量 577 万吨，占纸及纸板总消费量 5.90%，同比增长 -0.69%；生活用纸生产量 795 万吨，占纸及纸板总产量 7.86%，同比增长 1.92%，消费量 734 万吨，占纸及纸板总消费量 7.50%，同比增长 0.41%；包装用纸生产量 635 万吨，占纸及纸板总产量 6.28%，同比增长 -0.78%，消费量 650 万吨，占纸及纸板总消费量 6.64%，同比增长 -0.76%；白纸板生产量 1360 万吨，占纸及纸板总产量 13.45%，同比增长 -2.16%，消费量 1310 万吨，占纸及纸板总消费量 13.39%，同比增长 -5.00%，其中涂布白纸板生产量 1310 万吨，占纸及纸板总产量 12.96%，同比增长 -2.24%，消费量 1259 万吨，占纸及纸板总消费量 12.87%，同比增长 -5.27%；箱纸板生产量 2040 万吨，占纸及纸板总产量 20.18%，同比增长 -1.92%，消费量 2106 万吨，占纸及纸板总消费量 21.53%，同比增长 -2.36%；瓦楞原纸生产量 2015 万吨，占纸及纸板总产量 19.93%，同比增长 -0.25%，消费量 2013 万吨，占纸及纸板总消费量 20.58%，同比增长 -0.69%；特种纸及纸板生产量 230 万吨，占纸及纸板总产量 2.27%，同比增长 4.55%，消费量 188 万吨，占纸及纸板总消费量 1.92%，同比增长 2.73%(见表 1)。

**表 1 2013 年纸及纸板生产和消费情况** 单位：万吨

| 品种 | 生产量 | | | 消费量 | | |
|---|---|---|---|---|---|---|
| | 2012 年 | 2013 年 | 同比(%) | 2012 年 | 2013 年 | 同比(%) |
| 总量 | 10250 | 10110 | -1.37 | 10048 | 9782 | -2.65 |
| 1. 新闻纸 | 380 | 360 | -5.26 | 393 | 362 | -7.89 |
| 2. 未涂布印刷书写纸 | 1750 | 1720 | -1.71 | 1684 | 1627 | -3.38 |
| 3. 涂布印刷纸 | 780 | 770 | -1.28 | 638 | 623 | -2.35 |
| 其中：铜版纸 | 695 | 685 | -1.44 | 581 | 577 | -0.69 |
| 4. 生活用纸 | 780 | 795 | 1.92 | 731 | 734 | 0.41 |
| 5. 包装用纸 | 640 | 635 | -0.78 | 655 | 650 | -0.76 |
| 6. 白纸板 | 1390 | 1360 | -2.16 | 1379 | 1310 | -5.00 |
| 其中：涂布白纸板 | 1340 | 1310 | -2.24 | 1329 | 1259 | -5.27 |
| 7. 箱纸板 | 2080 | 2040 | -1.92 | 2157 | 2106 | -2.36 |
| 8. 瓦楞原纸 | 2020 | 2015 | -0.25 | 2027 | 2013 | -0.69 |
| 9. 特种纸及纸板 | 220 | 230 | 4.55 | 183 | 188 | 2.73 |
| 10. 其他纸及纸板 | 210 | 185 | -11.90 | 201 | 169 | -15.92 |

**纸及纸板主要产品2004～2013年生产和消费情况** ①新闻纸。2013年新闻纸生产量360万吨，较2012年增长-5.26%；消费量362万吨，较2012年增长-7.89%。2004～2013年生产量年均增长率2.05%，消费量年均增长率1.74%。

②未涂布印刷书写纸。2013年未涂布印刷书写纸生产量1720万吨，较2012年增长-1.71%；消费量1627万吨，较2012年增长-3.38%。2004～2013年生产量年均增长率5.98%，消费量年均增长率5.04%。

③涂布印刷纸。2013年涂布印刷纸生产量770万吨，较2012年增长-1.28%；消费量623万吨，较2012年增长-2.35%。2004～2013年生产量年均增长率11.04%，消费量年均增长率6.35%。

其中，铜版纸。2013年铜版纸生产量685万吨，较2012年增长-1.44%；消费量577万吨，较2012年增长-0.69%。2004～2013年生产量年均增长率11.85%，消费量年均增长率8.63%。

④生活用纸。2013年生活用纸生产量795万吨，较2012年增长1.92%；消费量734万吨，较2012年增长0.41%。2004～2013年生产量年均增长率8.42%，消费量年均增长率8.82%。

⑤包装用纸。2013年包装用纸生产635万吨，较2012年增长-0.78%；消费量650万吨，较2012年增长-0.76%。2004～2013年生产量年均增长率3.40%，消费量年均增长率3.05%。

⑥白纸板。2013年白纸板生产量1360万吨，较2012年增长-2.16%；消费量1310万吨，较2012年增长-5.00%。2004～2013年生产量年均增长率8.18%，消费量年均增长率6.05%。

其中，涂布白纸板。2013年涂布白纸板生产量1310万吨，较2012年增长-2.24%；消费量1259万吨，较2012年增长-5.27%。2004～2013年生产量年均增长率8.47%，消费量年均增长率6.23%。

⑦箱纸板。2013年箱纸板生产量2040万吨，较2012年增长-1.92%；消费量2106万吨，较2012年增长-2.36%。2004～2013年生产量年均增长率10.51%，消费量年均增长率9.17%。

⑧瓦楞原纸。2013年瓦楞原纸生产量2015万吨，较2012年增长-0.25%；消费量2013万吨，较2012年增长-0.69%。2004～2013年生产量年均增长率10.66%，消费量年均增长率9.08%。

⑨特种纸及纸板。2013年特种纸及纸板生产量230万吨，较2012年增长4.55%；消费量188万吨，较2012年增长2.73%。2004～2013年生产量年均增长率11.70%，消费量年均增长率5.72%。

**【纸及纸板生产企业经济指标完成情况】** 据国家统计局统计，2013年1～12月规模以上造纸生产企业2934家；主营业务收入7575亿元，同比增长5.91%；工业增加值增速5.40%；产成品存货298亿元，同比增长-4.33%；利税总额617亿元，同比增长8.97%，其中利润总额374亿元，同比增长6.95%；资产总计9015亿元，同比增长8.02%；资产负债率58.20%，较2012年减少0.62个百分点；负债总额5247亿元，同比增长4.83%；在统计的2934家造纸生产企业中，亏损企业有401家，占13.67%。

**【纸及纸板生产企业经济类型与规模结构】** 根据国家统计局提供的2013年1～12月规模以上造纸生产企业的相关数据分析，在统计的2934家规模以上造纸生产企业中，国有及国有控股企业有73家，占2.49%；“三资”企业有353家，占12.03%；集体及其他企业有2508家占85.48%。在造纸企业主营业务收入总额中，国有及国有控股企业占11.73%；“三资”企业占26.93%；集体及其他企业占61.34%。在利税总额中，国有及国有控股企业占7.21%；“三资”企业占26.66%；集体及其他企业占66.13%。在利润总额中，国有及国有控股企业占3.68%；“三资”企业占27.42%；集体及其他企业占68.90%。

按照我国大、中、小型企业划分标准，2013年在2934家规模以上造纸生产企业中，大中型造纸企业526家占17.93%，小型企业2408家占82.07%；在纸及纸板产品主营业务收入中，大中型企业占65.08%，小型企业占34.92%；在利税总额中，大中型企业占61.64%，小型企业占38.36%；在利润总额中，大中型企业占61.16%，小型企业占37.84%。

2013年纸及纸板产量超过100万吨的生产企业有：玖龙纸业(控股)有限公司1109万吨；理文造纸有限公司483万吨；山东晨鸣纸业集团股份有限公司421万吨；山东太阳纸业310万吨；华泰集团有限公司289万吨；安徽山鹰纸业股份有限公司243万吨；金东纸业(江苏)股份有限公司202万吨；中国纸业投资总公司191万吨；宁波中华纸业有限公司(含宁波亚洲浆纸业有限公司)163万吨；福建联盛纸业138万吨；荣成纸业(中国)控股有限公司136万吨；东莞建晖纸业有限公司130万吨；山东世纪阳光纸业集团有限公司109万吨；海南金海浆纸业有限公司108万吨；山东博汇纸业股份有限公司106万吨。

2013年木浆产量超过100万吨的生产企业有：山东晨鸣纸业集团股份有限公司174万吨；山东亚太森博浆纸有限公司170万吨；海南金海浆纸业有限公司136万吨。

【纸浆生产和消耗情况】

**2013年纸浆生产情况** 据中国造纸协会调查资料，2013年全国纸浆生产总量7651万吨，较2012年增长－2.75%。其中：木浆882万吨，较2012年增长8.89%；废纸浆5940万吨，较2012年增长－0.72%；非木浆829万吨，较2012年增长－22.81%(见表2)。

**2013年纸浆消耗情况** 2013年全国纸浆消耗总量9147万吨，较2012年增长－2.15%。木浆2378万吨，占纸浆消耗总量26%，其中进口木浆占16%、国产木浆占10%；废纸浆5940万吨，占纸浆消耗总量65%，其中进口废纸浆占26%、国产废纸浆占39%；非木浆829万吨，占纸浆消耗总量9%，其中稻麦草浆占4.4%、竹浆占1.5%、苇(荻)浆占1.4%、蔗渣浆占1.1%、其他非木浆占0.7%(见表3)。

**表2 2004～2013年纸浆生产情况** 单位：万吨

| 年度 / 品种 | 2004 | 2005 | 2006 | 2007 | 2008 | 2009 | 2010 | 2011 | 2012 | 2013 |
|---|---|---|---|---|---|---|---|---|---|---|
| 纸浆合计 | 3723 | 4441 | 5196 | 5924 | 6415 | 6733 | 7318 | 7723 | 7867 | 7651 |
| 其中：1. 木浆 | 238 | 371 | 526 | 605 | 679 | 560 | 716 | 823 | 810 | 882 |
| 2. 废纸浆 | 2305 | 2810 | 3380 | 4017 | 4439 | 4997 | 5305 | 5660 | 5983 | 5940 |
| 3. 非木浆 | 1180 | 1260 | 1290 | 1302 | 1297 | 1176 | 1297 | 1240 | 1074 | 829 |
| 苇浆 | 120 | 138 | 144 | 144 | 150 | 144 | 156 | 158 | 143 | 126 |
| 蔗渣浆 | 40 | 63 | 74 | 90 | 97 | 98 | 117 | 121 | 90 | 97 |
| 竹浆 | 70 | 86 | 95 | 120 | 146 | 161 | 194 | 192 | 175 | 137 |
| 稻麦草浆 | 900 | 929 | 908 | 849 | 808 | 676 | 719 | 660 | 592 | 401 |
| 其他浆 | 50 | 44 | 69 | 99 | 97 | 97 | 111 | 109 | 74 | 68 |

**表3 2013年纸浆消耗情况** 单位：万吨

| 品种 | 2012年 | 占比例(%) | 2013年 | 占比例(%) | 同比(%) |
|---|---|---|---|---|---|
| 总量 | 9348 | 100 | 9147 | 100 | -2.15 |
| 木浆 | 2291 | 25 | 2378 | 26 | 3.80 |
| 其中：进口木浆 | 1489*1 | 16 | 1505*2 | 16 | 1.07 |
| 废纸浆 | 5983 | 64 | 5940 | 65 | -0.72 |
| 其中：进口废纸浆 | 2405 | 26 | 2379 | 26 | -1.08 |
| 非木浆 | 1074 | 11 | 829 | 9 | -22.81 |

*1 2012年进口木浆1647万吨，扣除溶解浆158万吨，实际消耗量1489万吨。

*2 2013年进口木浆1685万吨，扣除溶解浆180万吨，实际消耗量1505万吨。

【纸制品生产和消费情况】

**纸制品生产量和消费量** 根据国家统计局数据，2013年全国规模以上纸制品生产企业4218家，生产量5324万吨，较2012年增长10.82%；

消费量5082万吨，较2012年增长11.13%；进口量13万吨，出口量255万吨。2005～2013年，纸制品生产量年均增长13.96%，消费量年均增长14.14%。

**纸制品生产企业经济类型与规模结构** 2013年全国规模以上纸制品生产企业4218家，其中国有及国有控股企业有38家，占0.90%；“三资”企业有742家，占17.59%；集体及其他企业有3438家占81.51%。在纸制品生产企业主营业务收入总额中，国有及国有控股企业占0.63%；“三资”企业占25.73%；集体及其他企业占73.64%。在利税总额中，国有及国有控股企业占0.72%；企业占30.39%；“三资”集体及其他企业占68.89%。在利润总额中，国有及国有控股企业占0.68%；“三资”企业占30.74%；集体及其他企业占68.58%。

按照我国大、中、小型企业划分标准，2013年在4218家规模以上纸制品生产企业中，大中型纸制品生产企业480家占11.38%，小型企业3738家占88.62%；在纸制品生产企业主营业务收入中，大中型企业占33.96%，小型企业占66.04%；在利税总额中，大中型企业占40.41%，小型企业占59.59%；在利润总额中，大中型企业占41.08%，小型企业占58.92%。

## 【纸及纸板、纸浆、废纸及纸制品进出口情况】

**纸及纸板、纸浆、废纸及纸制品进口情况** 2013年纸及纸板进口283万吨，较2012年增长-9.00%；纸浆进口1685万吨，较2012年增长2.31%；废纸进口2924万吨，较2012年增长-2.76%；纸制品进口13万吨，较2012年增长-7.14%。

2013年进口纸及纸板、纸浆、废纸、纸制品合计4905万吨，较2012年增长-1.49%，用汇217亿美元，较2012年增长-1.36%。进口纸及纸板平均价格为1274.06美元/吨，较2012年平均价格增长4.59%；进口纸浆平均价格为674.84美元/吨，较2012年平均价格增长0.03%；进口废纸平均价格为202.83美元/吨，较2012年平均价格增长-2.75%(见表4)。

**纸及纸板、纸浆、废纸及纸制品出口情况** 2013年纸及纸板出口611万吨，较2012年增长19.10%；纸浆出口8.31万吨，较2012年增长4.01%；废纸出口0.10万吨，较2012年增长-58.33%；纸制品出口255万吨，较2012年增长4.08%。2013年出口纸及纸板、纸浆、废纸、纸制品合计874.41万吨，较2012年增长14.12%，创汇161亿美元，较2012年增长16.67%。出口纸及纸板平均价格为1251.65美元/吨，较2012年平均价格增长2.06%；出口纸浆平均价格为1273.72美元/吨，较2012年平均价格增长-19.84%；出口废纸平均价格为452.82美元/吨，较2012年平均价格增长35.51%(见表5)。

**表4 2013年中国纸浆、废纸、纸及纸板、纸制品进口情况**

单位：万吨

| 品种 | 2012年进口量 | 2013年进口量 | 同比(%) |
|---|---|---|---|
| 一、纸浆 | 1647 | 1685 | 2.31 |
| 二、废纸 | 3007 | 2924 | -2.76 |
| 三、纸及纸板 | 311 | 283 | -9.00 |
| 1. 新闻纸 | 13 | 11 | -15.38 |
| 2. 未涂布印刷书写纸 | 35 | 28 | -20.00 |
| 3. 涂布印刷纸 | 35 | 32 | -8.57 |
| 其中：铜版纸 | 27 | 24 | -11.11 |
| 4. 包装用纸 | 20 | 20 | 0.00 |
| 5. 箱纸板 | 84 | 83 | -1.19 |
| 6. 白纸板 | 72 | 66 | -8.33 |
| 其中：涂布白纸板 | 72 | 65 | -9.72 |
| 7. 生活用纸 | 4 | 3 | -25.00 |
| 8. 瓦楞原纸 | 14 | 7 | -50.00 |
| 9. 特种纸及纸板 | 28 | 27 | -3.57 |
| 10. 其他纸及纸板 | 6 | 6 | 0.00 |
| 四、纸制品 | 14 | 13 | -7.14 |
| 总计 | 4979 | 4905 | -1.49 |

注：数据来源于海关总署。

**表5 2013年中国纸浆、废纸、纸及纸板、纸制品出口情况**

单位：万吨

| 品种 | 2012年出口量 | 2013年出口量 | 同比(%) |
|---|---|---|---|
| 一、纸浆 | 7.99 | 8.31 | 4.01 |
| 二、废纸 | 0.24 | 0.10 | -58.33 |
| 三、纸及纸板 | 513 | 611 | 19.10 |
| 1. 新闻纸 | 0 | 9 | |
| 2. 未涂布印刷书写纸 | 101 | 121 | 19.80 |

| 品种 | 2012 年出口量 | 2013 年出口量 | 同比（%） |
|---|---|---|---|
| 3. 涂布印刷纸 | 177 | 179 | 1.13 |
| 其中：铜版纸 | 141 | 132 | -6.38 |
| 4. 包装用纸 | 5 | 5 | 0.00 |
| 5. 箱纸板 | 7 | 17 | 142.86 |
| 6. 白纸板 | 83 | 116 | 39.76 |
| 其中：涂布白纸板 | 83 | 116 | 39.76 |
| 7. 生活用纸 | 53 | 64 | 20.75 |
| 8. 瓦楞原纸 | 7 | 9 | 28.57 |
| 9. 特种纸及纸板 | 65 | 69 | 6.15 |
| 10. 其他纸及纸板 | 15 | 22 | 46.67 |
| 四、纸制品 | 245 | 255 | 4.08 |
| 总计 | 766.23 | 874.41 | 14.12 |

注：数据来源于海关总署。

**纸及纸板主要产品进出口量比较**

①新闻纸：2013 年进口量大于出口量，净进口量 2 万吨。

②未涂布印刷书写纸：2013 年出口量大于进口量，净出口量 93 万吨。

③涂布印刷纸：2013 年出口量大于进口量，净出口量 147 万吨。

其中，铜版纸：2013 年出口量大于进口量，净出口量 108 万吨。

④生活用纸：2013 年出口量大于进口量，净出口量 61 万吨。

⑤包装用纸：2013 年进口量大于出口量，净进口量 15 万吨。

⑥白纸板：2013 年出口量大于进口量，净出口量 50 万吨。

其中，涂布白纸板：2013 年出口量大于进口量，净出口量 51 万吨。

⑦箱纸板：2013 年进口量大于出口量，净进口量 66 万吨。

⑧瓦楞原纸：2013 年出口量大于进口量，净出口量 2 万吨。

⑨特种纸及纸板：2013 年出口量大于进口量，净出口量 42 万吨。

**纸制品进出口量比较** 2013 年纸制品进口量 13 万吨，较 2012 年减少 1 万吨，同比增长 -7%。2013 年纸制品出口量 255 万吨，较 2012 年增加 10 万吨，同比增长 4%。

**【纸及纸板生产布局与集中度】** 根据中国造纸协会调查资料，2013 年我国东部地区 12 个省（区、市），纸及纸板产量占全国纸及纸板产量比例为 76.9%，比 2012 年提高 1.5 个百分点；中部地区 9 个省（区）比例占 16.9%，比 2012 年降低 1.5 个百分点；西部地区 10 个省（区、市）比例占 6.2%，与 2012 年持平（见表 6）。

**表 6 2013 年纸及纸板生产量区域布局变化**

单位：万吨

| | 2012 年 | | 2013 年 | |
|---|---|---|---|---|
| | 产量 | 占比例（%） | 产量 | 占比例（%） |
| 纸及纸板产量 | 10250 | 100 | 10110 | 100 |
| 其中：东部地区 | 7728 | 75.4 | 7773 | 76.9 |
| 中部地区 | 1887 | 18.4 | 1706 | 16.9 |
| 西部地区 | 635 | 6.2 | 631 | 6.2 |

2013 年山东、广东、浙江、江苏、河南、福建、河北、湖南、广西、重庆、天津、四川、安徽、湖北、江西和海南 16 个省（区、市）纸及纸板产量超过 100 万吨，产量合计已达 9653 万吨，占全国纸及纸板总产量的 95.48%（见表 7）。

**表 7 2013 年纸及纸板产量百万吨以上的省（区、市）**

单位：万吨

| 省（区、市） | 产量 | | |
|---|---|---|---|
| | 2012 年 | 2013 年 | 较 2012 年增长（%） |
| 山东省 | 1710 | 1730 | 1.17 |
| 广东省 | 1579 | 1641 | 3.93 |
| 浙江省 | 1536 | 1561 | 1.63 |
| 江苏省 | 1206 | 1210 | 0.33 |
| 河南省 | 780 | 700 | -10.26 |
| 福建省 | 539 | 525 | -2.60 |
| 河北省 | 424 | 344 | -18.87 |
| 湖南省 | 355 | 320 | -9.86 |
| 广西壮族自治区 | 258 | 275 | 6.59 |
| 重庆市 | 171 | 240 | 40.35 |
| 天津市 | 196 | 220 | 12.24 |
| 四川省 | 232 | 202 | -12.93 |
| 安徽省 | 213 | 195 | -8.45 |
| 湖北省 | 224 | 190 | -15.18 |
| 江西省 | 155 | 160 | 3.23 |
| 海南省 | 114 | 140 | 22.81 |
| 合计 | 9692 | 9653 | -0.40 |

注：中国造纸协会调查资料。

【环境保护】 根据环境保护部统计，2012年制浆造纸及纸制品业(统计企业5235家，比2012年减少636家)用水总量为121.30亿吨，其中新鲜水量为40.78亿吨，占工业总耗新鲜水量472.12亿吨的8.64%；重复用水量为80.51亿吨，水重复利用率为66.37%，比2012年提高1.77个百分点。万元工业产值(现价)新鲜水用量为57.2吨，比2012年减少10.2吨，降低15.1%。造纸工业2012年废水排放量为34.27亿吨，占全国工业废水总排放量203.36亿吨的16.9%，比2012年降低1.1个百分点。排放废水中化学需氧量(COD)为62.3万吨，比2012年74.2万吨减少11.9万吨，占全国工业COD总排放303.9万吨的20.5%，比2012年减少2.5个百分点。万元工业产值(现价)化学需氧量(COD)排放强度为9千克，比2012年降低18.2%。排放废水中氨氮为2.1万吨，占全国工业氨氮总排放量24.2万吨的8.7%，比2012年减少0.8个百分点。万元工业产值(现价)氨氮排放强度为0.3千克，比2012年降低25.0%。造纸工业废水处理设施年运行费用为60.4亿元，比2012年减少0.6亿元，降低1%。

【2013年中国主营收入20强造纸企业】 2013年，中国纸及纸板生产量和消费量双双出现负增长，行业景气度持续低迷，中国制浆造纸行业进入深度调整的阶段。不过，在行业整体增长相对缓慢的大环境下，纸业龙头企业保持了相对强劲的发展步伐，2013年“中国主营收入20强造纸企业”的总营业收入达2915亿元，相比2012年20强总营业收入，涨幅为10.5%；纸和纸板总产量为4491万吨，比2012年20强总产量增长了15%，产量和营收的增幅大大高于行业的整体增幅(2012年全国纸和纸板产量同比增幅为-1.37%，营收同比增幅为5.91%)。20强的门槛比2012年增高了4亿元，榜首比2012年提升了近20亿元，已接近500亿元大关；同时，20强企业在产量和营收方面占全国的比例也较2012年有所提高，尤其是总产量占全国总产量的比例已经达到了44.4%。这反映出“龙头效应”在造纸行业处于发展低谷的2013年更加突显，也反映出中国造纸工业的集中度进一步增强的趋势。

**附表：2013年重点造纸企业产量前30名企业**

| 序号 | 单位名称 | 产量(万吨) | | |
|---|---|---|---|---|
| | | 2012年 | 2013年 | 同比% |
| 1 | 玖龙纸业(控股)有限公司 | 1045.00 | 1109.00 | 6.12 |
| 2 | 理文造纸有限公司 | 414.13 | 482.71 | 16.56 |
| 3 | 山东晨鸣纸业集团股份有限公司 | 397.73 | 421.20 | 5.90 |
| 4 | 山东太阳纸业 | 268.78 | 309.92 | 15.31 |
| 5 | 华泰集团有限公司 | 270.00 | 288.60 | 6.89 |
| 6 | 安徽山鹰纸业股份有限公司 | 230.96 | 243.03 | 5.23 |
| 7 | 金东纸业(江苏)股份有限公司 | 204.00 | 201.95 | -1.00 |
| 8 | 中国纸业投资总公司 | 195.00 | 191.00 | -2.05 |
| 9 | 宁波中华纸业有限公司(含宁波亚洲浆纸业有限公司) | 156.00 | 163.00 | 4.49 |
| 10 | 福建联盛纸业 | 87.73 | 138.20 | 57.53 |
| 11 | 荣成纸业(中国)控股有限公司 | 111.00 | 136.00 | 22.52 |
| 12 | 东莞建晖纸业有限公司 | 57.94 | 130.23 | 124.77 |
| 13 | 山东世纪阳光纸业集团有限公司 | 106.75 | 108.60 | 1.73 |
| 14 | 海南金海浆纸业有限公司 | 102.28 | 108.00 | 5.59 |
| 15 | 山东博汇纸业股份有限公司 | 109.76 | 106.25 | -3.20 |
| 16 | 浙江景兴纸业股份有限公司 | 92.55 | 98.84 | 6.80 |
| 17 | 芬欧汇川(中国)有限公司 | 90.00 | 88.50 | -1.67 |
| 18 | 漯河银鸽实业集团有限公司 | 75.92 | 83.62 | 10.14 |
| 19 | 山东泉林纸业有限责任公司 | 73.57 | 80.79 | 9.81 |
| 20 | 河南省江河纸业有限公司 | 64.58 | 74.85 | 15.90 |
| 21 | 东莞金洲纸业有限公司 | 41.49 | 74.51 | 79.59 |
| 22 | 山东贵和显星纸业有限公司 | 65.65 | 68.93 | 5.00 |
| 23 | 新乡新亚纸业集团股份有限公司 | 66.20 | 66.21 | 0.02 |
| 24 | 金华盛纸业(苏州工业园区)有限公司 | 64.96 | 64.00 | -1.48 |
| 25 | 山东华金集团有限公司 | 68.30 | 61.36 | -10.16 |
| 26 | 广州造纸集团有限公司 | 51.87 | 60.93 | 17.47 |
| 27 | 大河纸业有限公司 | 58.65 | 60.92 | 3.87 |
| 28 | 恒安(中国)纸业有限公司 | 30.96 | 60.78 | 96.32 |
| 29 | 金红叶纸业集团有限公司 | 42.85 | 54.00 | 26.02 |
| 30 | 江苏长丰科技集团有限公司 | 45.82 | 52.00 | 13.49 |

注：按已收集到的数据排列。

表8 2013年中国主营收入20强造纸企业排行榜

| 排名 | 企业简称 | 主营收入（亿元） | 纸和纸板产量（万吨） | 所在地 |
|---|---|---|---|---|
| 1 | 山东晨鸣纸业集团股份有限公司 | 491 | 410 | 山东寿光 |
| 2 | 玖龙纸业（控股）有限公司 | 482.3 | 1109 | 广东东莞 |
| 3 | 华泰集团有限公司 | 431 | 288 | 山东广饶 |
| 4 | 山东太阳纸业股份有限公司 | 348 | 310 | 山东兖州 |
| 5 | 理文造纸有限公司 | 133.4 | 482.7 | 香港 |
| 6 | 山东泉林纸业有限责任公司 | 118.6 | 80.8 | 山东高唐 |
| 7 | 中国纸业投资总公司 | 115.6 | 191 | 北京 |
| 8 | 海南金海浆纸业有限公司 | 87.98 | 108 | 海南洋浦 |
| 9 | 金东纸业（江苏）股份有限公司 | 80.12 | 202 | 江苏镇江 |
| 10 | 福建恒安集团有限公司 | 80 | 60.78 | 福建晋江 |
| 11 | 亚太森博（山东）浆纸有限公司 | 78 | 186 | 山东日照 |
| 12 | 金红叶纸业集团有限公司 | 71 | 72 | 江苏苏州 |
| 13 | 安徽山鹰纸业股份有限公司 | 65.78 | 243 | 安徽马鞍山 |
| 14 | 宁波中华纸业有限公司（含宁波亚洲浆纸业有限公司） | 62.38 | 163.06 | 浙江宁波 |
| 15 | 山东博汇纸业股份有限公司 | 57.15 | 143.46 | 山东桓台 |
| 16 | 维达国际控股有限公司 | 53.5 | 48.2 | 广东江门 |
| 17 | 山东世纪阳光纸业集团有限公司 | 52 | 108 | 山东昌乐 |
| 18 | 荣成纸业（中国）控股有限公司 | 37.02 | 136 | 江苏无锡、浙江平湖等 |
| 19 | 漯河银鸽实业集团有限公司 | 35.17 | 84.76 | 河南漯河 |
| 20 | 金华盛纸业（苏州工业园区）有限公司 | 35 | 64 | 江苏苏州 |
| 合计 | | 2915 | 4490.76 | |

（中国造纸协会）

# 中国家具产业

【概　述】

**发展成就**　①产业规模扩大，效益提高。近三年来，家具行业为适应国家经济结构调整带来的变化，在宏观经济增速放缓的情况下，加快推进转型升级，努力提质增效，积极寻求整体发展的平衡。伴随着国内经济基本实现平稳着陆，家具行业也进入了平稳增长阶段。

2011年，家具行业规模以上企业完成主营业务收入4992.3亿元，产量69648.79万件，累计利润289.42亿元，出口388.82亿美元，进口22.58亿美元；2012年，规模以上企业主营业务收入5438.9亿元，产量65444.34万件，累计利润344.66亿元，出口499.6亿美元，进口23.34亿美元。

2013年以来，政府运用刺激政策、行政手段对宏观经济发展的人为干预逐步减少，简政放权、扩大"营改增"试点范围、改善小微企业生存环境等政策措施不断释放着改革创新的红利，为家具行业平稳运行注入了新的活力。

2013年前三季度，规模以上企业完成主营业务收入4509.26亿元，产量46605.64万件，累计利润241.53亿元。家具行业的利润增速超过主营业务收入增速，固定资产投资保持了25.4%的增长，亏损额增速收窄，经济运行质量进一步提升。

分地区看，2013年前三季度国内主营业务收入前十的地区为广东省、山东省、浙江省、河南省、辽宁省、四川省、福建省、上海市、江苏省、湖南省。其中广东省占比达到了全国的20.74%，是占比最大的省份；辽宁省增速最快，上海市主营业务收入出现了负增长。2013年，珠三角地区生产经营出现了恢复性增长，反映出该地区在加快转型升级步伐后，取得了很好的成效，逐步适应了行业变化的节奏。以四川为代表的西部地区，保持了快速发展。受益于国家城镇化建设对中西部地区的深度挖掘，预计中西部地区仍有很大的发展空间。

累计利润前十位的地区为山东省、河南省、广东省、上海市、浙江省、四川省、辽宁省、福建省、河北省、湖南省。山东省累计利润总额占比最大，湖南、浙江、河北利润增速较快，均超过了30%增长。

分行业来看，木质家具制造业占全行业主营业务收入比重较大，占比达到63.83%，但增速不高。竹、藤家具制造业的累计主营业务增速最快，增速达到40.4%。由于全球木材资源的短缺及低碳环保意识的增强，木质家具制造业需要加快转型，不断适应国内外生产消费新趋势，通过减少物耗、提升工艺、增强文化内涵，突破当前遇到的困难，争取更好地发展。

木质家具制造业累计利润占全行业的比重最大，高达62.04%，但增速依然较慢，竹、藤家具制造业同比增速达到了74.22%，是效益增长较快的行业。

②生产技术取得进步。中国家具业的持续发展与生产技术的不断创新是分不开的。在人们对家具产品要求越来越高的今天，家具生产企业不断推出各种新材质、新工艺、新技术并广泛应用到家具生产中。不仅如此，家具的发展还带动了家具原辅材料和木工机械领域生产技术的创新和发展，从客观上促进了家具及家具周边产业的整体进步和发展，加速了产业升级。另一方面，在人们越来越追求个性化的今天，传统的家具无法满足人们的某种特殊需求，因此，定制家具近几年越来越受到消费者的青睐，成为了新发展方向。没有生产技术的进步，就无法实现大规模定制家具的批量化生产。

③产业集群快速发展。家具产业集群集中了国内家具生产的主要力量，成为行业发展的主流。当前，珠江三角洲、长江三角洲、环渤海、东北、西部五大板块已形成以生产、流通、出口及专业性为特征的家具产业集群。

从2003年开始，中国家具协会积极推进产业集群的工作。经过多年培育，产业集群由自然集聚转向有效聚集，集聚效应逐步释放。近两年来，家具新兴产业园区受到了地方政府的重视，总体规模增长明显。截至2013年8月，中国家具协会授予及共建的家具产业集群34个。产业集群内企业自主研发能力的加强和自主品牌的培育，将产业集群由低成本型向创新型升级，实现产业集群的可持续发展，为集群在市场竞争中形成竞争优势提供保证。

**全国家具产业集群一览表**

| | 挂牌年月 | 名称 | 所在地 |
|---|---|---|---|
| 1 | 200303 | 中国红木家具生产专业镇 | 广东省中山市大涌镇 |
| 2 | 200308 | 中国椅业之乡 | 浙江省湖州市安吉县 |
| 3 | 200403 | 中国家具商贸之都 | 广东省佛山市顺德乐从镇 |
| 4 | 200408 | 中国桌椅之乡 | 山东省德州市宁津县 |
| 5 | 200409 | 中国家具出口第一镇 | 广东省东莞市大岭山镇 |
| 6 | 200507 | 中国西部家具商贸之都 | 四川省成都市武侯区 |
| 7 | 200508 | 中国家具制造重镇 | 广东省顺德龙江镇 |
| 8 | 200508 | 中国家具材料之都 | 广东省顺德龙江镇 |
| 9 | 200509 | 中国金属玻璃家具产业基地 | 河北省廊坊市胜芳镇 |
| 10 | 200612 | 中国实木家具产业基地 | 辽宁省庄河市 |
| 11 | 200703 | 中国北方家具商贸之都 | 河北省廊坊市香河县 |
| 12 | 200705 | 中国欧式古典家具生产基地 | 浙江省玉环县 |
| 13 | 200801 | 中国传统家具专业镇 | 广东省台山市大江镇 |
| 14 | 200805 | 中国古典家具名镇 | 广东省中山市三乡镇 |
| 15 | 200906 | 中国东部家具商贸之都 | 江苏省苏州相成区蠡口镇 |
| 16 | 200912 | 中国民族木雕家具产业基地 | 云南省大理市剑川县 |
| 17 | 201004 | 中国板式家具产业基地 | 四川省崇州市 |
| 18 | 201104 | 中国出口沙发产业基地 | 浙江省海宁市 |
| 19 | 201106 | 中国中部家具产业基地 | 江西省南康市 |
| 20 | 201107 | 中国古典家具文化产业基地 | 山东省滨州市阳信县 |
| 21 | 201107 | 中国北方家具出口产业基地 | 山东省胶州市杜村镇 |
| 22 | 201107 | 中国华中家具产业园 | 湖北省潜江市 |
| 23 | 201107 | 中国家具彰武新型产业园区 | 辽宁省阜新市彰武县 |
| 24 | 201204 | 中国金属家具产业基地 | 江西省樟树市 |
| 25 | 201204 | 中国办公家具产业基地 | 浙江省杭州市 |
| 26 | 201210 | 中国浴柜之乡 | 浙江省萧山区党山镇 |
| 27 | 201211 | 中国苏作红木家具名镇－海虞 | 江苏省常熟市海虞镇 |
| 28 | 201211 | 中国苏作红木家具名镇－碧溪 | 江苏省常熟市碧溪镇 |
| 29 | 201212 | 中国家具红安新兴产业园 | 湖北省黄冈市红安县 |
| 30 | 201212 | 中国西南家具产业基地 | 四川省成都市新都区 |
| 31 | 201304 | 中国(瑞丽)红木家具产业基地 | 云南省瑞丽市 |
| 32 | 201304 | 中国仙作红木家具产业基地 | 福建省莆田市仙游县 |
| 33 | 201308 | 中国红木(雕刻)家具之都 | 浙江省东阳市 |
| 34 | 201308 | 中国东部家具产业基地 | 江苏省南通市海安县 |

④行业标准不断完善。近年来，为了适应新材料、新工艺、新技术应用和产品在质量、安全、环保方面的要求，家具行业标准化在有关部门的支持下，标准制修订速度明显加快，标准化体系

不断完善。据统计，目前我国已发布家具标准121项，其中国家标准60项，行业标准61项。2013年3月1日，实施新标准8项；7月22日国家工业和信息化部发布修制订行业标准32项，12月1日起实施。

从2012年8月起实施的《儿童家具通用技术条件》受到了行业及社会的关注，该标准是国内首个儿童家具强制性国家标准，从目前标准执行的情况看，还有待加强和完善。另外，2013年2月1日起实施的红木"新国标"《红木家具通用技术条件》也是行业内的关注焦点，此项标准的实施，对红木家具生产和工艺的规范具有重要的作用。

**家具行业发展新特点** ①流通市场大发展、渠道多元化，电商成为热点。2011年初，我国家具流通市场面积为5000万平方米，近三年国内家具市场规模不断扩大，全国范围内家具产业园快速建设。2013年，我国家具流通市场面积已超过7000万平方米。

在流通卖场大发展的同时，我国家具流通渠道多元化格局逐步成型，除代理商、批发商、零售商以外，还有国际品牌专卖店、家具超市、综合性居室用品店、连锁店、自营店、旗舰店、网络销售等多种渠道并存，不同的流通渠道各具特色。

②出口格局发生变化。当前，在国际贸易保护主义抬头的背景下，一些发达国家出台了制造业回归、出口倍增等发展战略，多国大幅提高对我国家具商品的准入门槛，制约了我国家具出口增长的步伐。同时，受国内生产要素成本上涨、人民币升值、融资成本激增等因素影响，家具出口的综合成本不断攀升，部分订单流失，部分产能向越南、马来西亚等东南亚国家转移。一些东南亚国家凭借丰富的木材资源和廉价的劳动力，通过引进外资和自我积累，逐渐发展为具有一定竞争力的家具生产国和出口国。但是，伴随我国开拓新兴市场及自贸区建设步伐加快，家具出口市场多元结构有所优化，对国际传统市场的依赖逐渐降低，新兴市场成为出口贸易的增长点。我国家具对东盟的出口占比已连续五年超过日本，2013年前三季度占比达到11.48%。

前三季度，我国对美国、欧盟、日本三大市场累计出口家具200.39亿美元，同比下降0.41%，占家具行业出口总值的52.56%，比2012年有所回落；家具出口至自贸区和金砖国家(除中国外)等新兴市场的整体增速较快，对东盟出口增速为25.23%，中国—秘鲁、中国—冰岛、中国—港澳等自贸区出口增速大幅提高。

③行业融合逐步深入。近几年来，受到生活方式、消费理念、市场导向、上下游配套关系等诸多因素影响，家具行业与相关产业相互渗透、交叉和重组，行业融合有深入发展趋势。

首先，家具与建材、室内装饰、家电等相关行业相融合，形成了"大家居"概念，消费者选购产品时不仅仅选择一件产品，而是接受"整体"家装设计方案，并配合选购适当的家电、家饰产品。从行业融合的角度观察，"整体"的概念比较突出地表现在功能的融合上，并得到了新技术的支撑，如嵌入式技术的推广与应用。

其次，家具行业也与上下游行业之间不断融合渗透。目前，家具产业集群建设正朝着这种模式发展。这种行业的融合，打破了传统的产业概念，形成了新的"家具产业"概念。这种融合涉及房地产、皮革、纺织、五金、玻璃、塑料、聚氨酯等众多行业。由于家具产品市场需求大，对相关产业的拉动作用十分明显。

④产学研一体化进程加快。目前我国有涉及家具类、设计类专业较多的高等院校，为家具行业输送了大量的人才，如南京林业大学、北京林业大学、中南林业大学、中央美术学院、广州美术学院等。近两年来，高等院校注重与企业及行业沟通联系，逐步将理论知识与社会实践相结合，形成了"产学研一体化"发展。有的院校参与企业新产品开发设计，并成功将产品推向了市场，也有院校组建了自己的团队，创造了自有品牌。2013年的上海展上，广州美术学院家具研究院就与家具厂商合作，推出了自己的家具品牌"先生活"，这是院校与家具企业合作，实现产学研结合的重要举措。这带动了院校师生共同参与行业生产与销售各个环节，实现了教育实践目的及良好的经济效益。家具行业通过"产学研一体化"，将使各个环节紧密相接，能够迅速提升科技成果的转化率。

⑤产品设计受到空前重视。虽然目前家具行业仍然存在个性化产品较少，产品同质化严重的问题，但是产品设计和研发已经受到了越来越多的企业重视。一些大型企业已经组建了数十人甚至上百人的设计团队，致力于产品的设计及创新。

2012年，中国家具企业首次携原创设计产品，集体亮相米兰家具展；2013年，20多个家具品牌再度走出国门，向世界展示中国设计，提升了中国家具行业的整体形象。

另外，一些行业协会、媒体、政府组织的设计赛事也陆续进行，鼓励更多的设计师及设计作品参与其中，推动了行业原创设计的进步。上海展、深圳展在展会期间单独设立设计场馆，极大地促进了原创设计的发展。

【中国家具协会工作】

**2011~2013年主要工作成绩** 中国家具协会第五届理事会当选3年来，按照中央经济工作的总体任务和要求，在贯彻落实党的各项方针政策的前提下，积极推进行业转型升级，优化产业结构。同时，协会自身服务水平不断提高，国际地位不断提升，行业凝聚力不断增强。

①组织机构科学合理，管理制度更加完善。中国家具协会第五届理事会当选后，对协会组织机构进行了调整。划分会员部、信息部、培训部、财务部、办公室5个职能部门。各部门坚持服务于政府，服务于行业，服务于企业的原则，积极努力开展各项工作。新的部门划分理清了各部门的职责和工作内容，发挥了员工的优势和主观能动性，各部门在相对独立的情况下又互相配合，进一步提高了协会工作效率，增强了协会凝聚力。

另外，中国家具协会内部规章制度得到了进一步健全和完善，先后制定并实施了《印章管理办法》《档案管理办法》《证书管理规定》《办公用品购置和领用办法》《考勤和休假制度》等制度，进一步规范了协会各项工作，并提高了工作效率。

②梯队建设逐步健全、人员配备更为充实。中国家具协会一向重视人才梯队建设。根据实际工作情况，协会于2011年聘任了两位同志为中国家具协会副秘书长，进一步完善了人才梯队的建设。另外，2011年以来协会先后招聘了7名年轻的工作人员，全部为大学本科及以上学历，其中包括研究生及海外留学归国人员。新员工的加入为协会增添了活力，使协会人员构成更加充实。目前协会在职工作人员中，本科以上学历占74%，硕士以上学历占13%，拥有高级职称5人，拥有中级职称10人，现已形成以理事长、副理事长、秘书长、副秘书长、部门主任、工作人员为架构的人才梯队。协会将更加注重对年轻一代的培养，加强对员工专业知识及工作能力的培训，在行业中树立良好的专业形象。

③会员组织发展壮大。2011年以来，协会加强了会员管理，完善了会员信息，建立了会员数据库，与会员企业联系更为紧密。同时，协会努力拓展会员企业队伍，壮大会员组织。

2011~2013年，中国家具协会新增会员单位234家，会员规模进一步扩大，会员总数达6430家。全国约有60000多家家具企业，虽然协会会员只覆盖了全行业的十分之一左右，但这些企业基本包括了国内主要大型家具企业，会员单位的年产值占全行业年产值已达到60%以上。

④专业委员会工作不断拓展。近3年，中国家具协会各专业委员会根据行业发展的情况，积极开展活动，与企业座谈交流经验，宣贯行业标准，组织设计评比，取得了良好的效果。一些专委会进行了换届，选举和聘任了各自的主任、副主任、秘书长及副秘书长。

2013年，中国家具协会在现有14个专业委员会的基础上，新成立了中国家具协会市场委员会。这是第五届理事会就任以来第一个新成立的专业委员会，将进一步提高家具市场的整体管理水平和服务水平，推动家具市场健康有序发展。

⑤加强调查研究，召开各类会议。2013年以来，伴随全国经济增速趋缓，家具行业的增速也放缓，针对这种情况中国家具协会加强了行业的调查研究，在全国各地有针对性的召开各类行业会议，共同商议行业面临的机遇挑战和应对方针。

中国家具协会2013年分别举办了全国家具板材联动会、中国传统家具精英大会、中国家具营销大会、设计大会、制造大会、木材研讨及贸易洽谈会、2013中国居家产业发展与变革高峰论坛、中国家具产业发展(成都)论坛、中外企业对接会等，全国性的家具行业、子行业、上下游行业的交流洽谈会议等。这些会议汇聚了国内外行业从业者、专家和媒体代表，搭建了广阔的交流平台，促进了家具业同上下游产业链的对接，为行业间的协同共赢起到了广泛的促进作用。

2013年5月召开的弹簧床垫企业质量调查发布会，公布了中国家具协会主导调查的全国12个省市的弹簧床垫产品质量的调查结果，维护了床垫行业的声誉，促进行业自律和有序发展。

⑥加强标准化工作，促进行业进步。中国家具协会在2013年加强了标准化工作，为完善家具标准体系作出了努力。中国家具协会联合全国家具标准化委员会和全国家具标准化中心召开了全国家具标准研讨审查会，复审修订了标龄5年以上的25项旧标准，审议通过了《家具中有害物质检测方法·总则》《家具中挥发性有机物释放量的测定·排放试验室法》《吧椅》3项新标准的送审稿，补足了现有家具标准体系中的部分内容。

⑦积极培育建设产业集群。十八大后中国家具协会在积极培育建设产业集群的工作过程中将国家的政策精神深入贯彻执行，对各个区域进行了深入考察，科学规划布局，促进资源的合理利用，避免恶性竞争。

2013年中国家具协会通过了云南省瑞丽市、福建省仙游县、浙江省东阳市、江苏省海安县4处的产业集群申报。瑞丽市具有区位优势和政府大力的政策扶持，红木家具行业发展潜力巨大；仙游县凭借传统木雕技艺基础和文化积累，风格独特的“仙作”古典家具工艺也已经得到广泛的认可；东阳市的传统木雕产业融合和长三角地区的资源、经济、交通、人才、信息等多方位优势，形成了较为健全的产业链；海安县凭借当地水陆交通的优势和政府对产业基地的正确引导，家具产业也拥有了一定的规模和较大的辐射面。

⑧加强设计工作，促产品更新。中国家具协会同大岭山人民政府联合主办的2012～2013“大岭山”金斧奖中国家具设计大赛于2013年圆满结束，大赛的一百余件作品实物在2013年9月份的上海展上得以亮相。同广东省家具协会共同主办的龙家具创意设计大赛也于2013年9月落幕。两大赛事的获奖作品都得到了业内人士的高度赞誉。

⑨积极组织展会工作，参与展会活动。展会工作是中国家具协会工作的重点，也是协会正常运转的重要手段，协会通过展会工作为会员搭建平台，服务企业，促进了行业交流与发展。

2013年协会除了主办上海的中国国际家具展览会及广州家具展以外，还在北京举办了中国古典家具精品品鉴会，集中展示了中国红木家具的顶尖品牌和产品，为红木爱好者和专业卖家提供了一场盛宴。

协会还同河北省家具协会、香河县政府共同举办了第二届中国香河国际家居文化节，扩大了香河家具面向全国、走向世界的窗口。

此外，2013年的成都家具展得到了中国家具协会的大力支持。作为西部地区的重要展会，成都展有效帮助四川企业实现了腾飞。

⑩提供信息服务、培训服务。3年来，协会通讯质量得到提高，网站改版后投入使用，每年3月份在东莞举办的信息发布会，信息服务得到了会员的广泛认可。初步建立了在全行业开展职业技能培训的组织框架，负责国家人力资源和社会保障部设立的“特有工种职业技能鉴定站”的具体工作。设立3年来，已经在全国建立了25个分站，20个培训基地。同时，协会完成了《家具设计师》职业培训教材的初步编著，全年共计完成了五百余人的职业考核培训工作，为行业输送了专业的设计师、营销师和营业员。

2013年11月初协会举办的全国家具行业协会工作人员研修班，邀请了民政部和国务院发展研究中心专家以及北京林业大学的教授，为全国地方协会的工作人员进行了培训，学习了党的十八大、十八届三中全会关于行业组织改革的政策精神，努力提升各协会的服务水平和业务能力。

⑪与政府部门、社会媒体紧密联系与合作。3年来，中国家具协会与政府机关、上级主管单位密切联系，积极参与各项研究报告、调研报告的撰写。我们完成了工信部《家具行业产品质量安全研究》报告，通过了工信部的验收；完成了国家发改委关于《家具行业“走出去”现状与政策研究》的报告。同时，上报给上级单位中国轻工业联合会《家具行业反倾销案例》《家具行业转型升级步伐加

快》《家具行业多方向产业转移新城镇化助推行业发展》《中国家具出口面临的问题》《国外技术贸易壁垒对中国家具出口的影响》《家具行业产业转移趋势分析》等专题文章，一些文章被上报给中央办公厅、国务院办公厅等政府单位，成为政府部门掌握行业真实情况的重要信息参考。

⑫国际交流更加密切深入。2013 年中国家具协会受邀访问了意大利，参加了在意大利召开的 2013 年世界家具展望新闻发布会，与其他 14 国的家具行业协会、政府机构代表共同分享了各国的家具产业发展报告，参观了米兰国际家具展、并与各国代表进行交流；组织代表团参观了俄罗斯家具展，并对俄罗斯、芬兰两国的家具市场进行了深入考察；接见了巴西林业机构政府代表，对欧盟木材法案和国内家具木材使用进行了交流；出席在英国召开的欧盟木材法案研讨会，同与会的各国代表进行交流研讨；与瑞典木业协会联合举办瑞典·中国木材研讨及贸易洽谈会，增加了国际交流的手段。

此外，2013 年中国家具协会加入了亚洲家具联合会，这将深化协会同亚洲各国家具行业协会的联系，是协会加强国际交流的又一举措。

⑬协会开展评估工作，争取国家认定。中国家具协会 2013 年开展了民政部组织的社会组织评估工作。协会领导带领各部门负责人对协会自身建设、工作开展、行业引导等方面材料进行了认真细致的整理。这项工作也得到了中国轻工业联合会领导的关心和支持。评估专家组已经对协会的各方面情况进行了考评，具体结果也正在审议中。作为全国性行业协会，中国家具协会通过自身努力，将力争评上 5A 级协会，为协会今后的工作做好全面准备。

**【中国椅业之乡——安吉】** 安吉是国内外闻名的“中国椅业之乡”，是全国最大的办公椅生产基地。从 1981 年成功研发出中国第一把转椅，安吉椅业已有 30 多年的发展历史。先后荣获“浙江区域名牌”“浙江省出口基地”和“浙江省椅业专业商标品牌基地”“中国家具优秀产业集群”等多项称号。产品由原来单一的转椅生产向椅业系列化方向发展，已经形成办公椅、休闲椅、功能椅、吧椅、餐椅、沙发及各类配件七大系列，其中办公椅约占产品总产量的 68%。拥有省级以上各类名牌、商标 37 个。拥有国家级高新技术企业 5 家（永艺家具、恒林椅业、大康控股、盛信办公家具、永裕竹业），省级技术中心 2 家（大康控股、永艺家具），省级工业企业研发机构 2 家（永艺家具、永裕竹业），省级工业设计中心 3 家（永艺家具、恒林椅业、永裕竹业），公共检测平台 2 家（SGS 通标标准公司、浙江省椅业检测中心），公共综合平台 2 家（省级区域科技创新服务中心、安吉县知识产权服务中心），创新平台建设促进了企业研发。

2013 年安吉椅业销售收入达到 280 亿元，同比增长 7.7%，规模以上企业实现销售收入 154 亿元，同比增长 12.6%，占全县规模以上企业销售收入总额的 35.6%，自营出口额达到 16.4 亿美元。2013 年，椅业企业总数达到 755 家。其中规模以上企业 139 家，42 家企业位列安吉工业经济 100 强。2013 年，出口企业从 2005 年年末的 46 家增加到 290 家，28 家椅业企业的自营出口额在 1000 万美元以上，其中恒林、永艺、嘉瑞福、强龙 4 家椅业企业的自营出口额在 6000 万美元以上；全县椅业产品自营出口量从 2005 年年末的 2 亿美元增加到 2013 年的 16.4 亿美元，比 2012 年增长 11.1%。2013 年 3 月的广州展组织了 65 家企业参加，展示面积达 10674 平方米，获意向订单 35 亿元。

**【中国家具商贸之都——乐从】** 广东省佛山市乐从家具市场是国内最早的家具专业市场，起源于 20 世纪 80 年代初期，乐从家具市场已建成 180 多座现代化的家具城，商铺总面积达 350 多万平方米，市场拥有家具销售、安装、运输等从业人员 5 万多人，容纳了海内外 4000 多家家具经销商和 100 多家家具生产厂家，汇聚了国内外高、中档的家具品种 3 万多种，每天前来参观购物的顾客达 2 万人次以上，进出乐从运送家具的车辆超过 2 万台次，产品畅销世界 100 多个国家和地区，年促成交易额约 500 亿元，家具销售量居全国家具市场之冠，是全国公认的乃至全世界最大规模的家具市场。

2013 年全省家具出口贸易额达到 185.2 亿美

元，据行业内人士估算，广东省家具产品出口总额的50%是由乐从家具市场促成交易的。乐从家具市场在行业内获得高度认同，成为广东省家具产品走向世界的一个重要窗口。乐从家具城商会整合资源，加强对外宣传推介，每年划拨1600万元推广经费，将拓展海外市场项目列入常规性工作内容，有效提升了“乐从家具”在海内外市场的品牌知名度。

据统计，在乐从设立的家具进出口贸易公司和贸易代表处有100多家，常驻乐从进行家具贸易采购的外国客商有500多人，每日来往乐从采购家具的外国客商达1000人，多来自印度、马来西亚、中东、非洲、俄罗斯、欧美等国家和地区。

**【中国桌椅之乡——宁津】** 宁津家具产业起源于20世纪90年代，起始由加工业主自发形成，经政府引导，逐步由小到大、由散到聚、由弱到强跨越发展成为全县的支柱产业和富民产业，成为宁津最凯丽的名片。2004年，宁津县被中国轻工业联合会与中国家具协会授予“中国桌椅之乡”特色区域荣誉称号，先后被评为“山东省优质木质家具生产基地”“山东省实木家具示范县”和“山东省出口木制品及家具质量安全监管示范区”；2011年家具产业被列入山东省30个过百亿元省级产业集群，获得中国家具产业链模式创新金奖。

宁津全县共有家具生产加工企业3078家，其中规模以上企业58家，从业人员达到4.7万人。2013年全行业实现销售收入158亿元，利税14.8亿元。为推动家具产业更好更快发展，县委、县政府投资建立了建筑面积5万平方米的中国宁津家具大世界，集中展销宁津精品家具，已入驻企业300余家，并以此为平台举办一年一度的家具文化节。投入资金3000余万元，建成了家具行业技术中心。

**【中国家具出口第一镇——大岭山】** 东莞市大岭山是亚太地区规模最大的家具制造基地，拥有上市公司3家。大岭山的家具是外向型的，90%以上的家具产品销往世界各地。先后被授予“中国家具出口重镇”“中国家具出口第一镇”“家具产业集群升级示范区”等荣誉称号。

2012~2013届设计大赛共收到参赛作品1325幅，其中院校组作品1212幅，数量同比增长15%；专业组作品113幅，增幅超过200%。近年来，家具产品最新的设计思路、创意元素，以及家具生产最高的技术水平将通过“大岭山杯”金斧奖设计大赛体现出来，并由此达到一个新的高度。

2013年，大岭山镇家具企业获得的专利认证再创新高。大岭山镇家具企业获得的外观设计专利、实用新型专利累计已超过3000项，在全市乃至全省均处于领先位置。这一方面表明企业尊重知识产权，通过法律途径维护正当权益；另一方面也表明发明专利有效转化为现实生产力，为企业提供切实的经济效益。大岭山镇家具企业注重研发创新、专利申请的举措体现企业发展思想的进步，完善研发—制造—销售的产业链条，抢占市场制高点、争取市场主动权。

2013年，大岭山家具企业总计约550家，规模以上企业约330家，其中上市公司或投资超过亿元的公司30家。行业总产值约109亿元，家具及其配套产业税收5.73亿元，出口额13亿美元，内销额31亿元。

**【中国家具制造重镇——龙江】** 佛山市龙江家具产业经过30多年的发展，全镇家具制造企业已发展至2500多家，家具材料销售企业3000多家，相关家具行业的从业人员达10多万人。同时，还拥有龙山材料城、豪俊材料城、亚太木业城、亚洲国际家具材料交易中心、龙城家具材料城、龙头家具材料城和东信石材市场等七大家具材料专业市场，总经营面积达400多万平方米。2013年，龙江镇的电子商务发展渐成规模，已聚集600多家家具成品类私人网店、商城及旗舰店。

2013年全镇工业总产值535亿元，同比增加14.3%；家具产品工业总产值约300亿元，同比增加25%；规模企业约350家，主导产品约95万套，获得专利授权产品约1625个。

**【中国欧式古典家具生产基地——玉环】** 家具作为玉环工业的特色产业，起步于20世纪90年代初期，经过20多年的发展，已从手工制造迈入机械化生产，从家庭作坊式工场发展到集设计、开发、生产、销售和服务于一体的现代制造企业。全县现有家具企业263家(其中能生产成套家具的企业82家)，拥有自营出口权企业60家，从业人员近4万人。

玉环拥有中国驰名商标3个、浙江省名牌产品6个、省著名商标3个、省知名商号1个、省出口名牌1个、台州市名牌产品18个、市著名商标8个。2013年国森、宫廷壹、欧宜风、飞龙、圣杰罗、皇家凯旋宫等品牌分别获中国家具行业年度领袖品牌(欧美)1个、中国家具行业年度最具影响力品牌1个、最受消费者欢迎十大欧美家具品牌5个、最受消费者欢迎十大套房家具品牌1个、中国家具行业最具竞争力品牌2个、中国家具行业年度十佳健康品牌4个、中国家具行业年度十佳时尚品牌1个。

2013年年底，玉环家具企业已在全国建立1600多家销售网点，产品远销美国、日本、澳大利亚、东南亚、中东等80多个国家和地区，成为华东地区重要的家具生产销售和出口基地。2013年全县家具总产值45.6亿元，同比增长24.85%，其中出口2.50亿美元，同比下降9.20%；规模以上企业33家，产值20.87亿元，同比增长2.82%。

**【中国传统家具专业镇——江门】** 江门五邑地区的广式家具是中国传统家具的重要组成部分，产业包括：木材销售、古典家具铜件生产、木工艺雕花、古典家具生产、古典家具销售上下游配套的产业链，已形成了以新会古典家具第一街、河北古典家具十里长街、古典家具产业区等产业基地为中心的方圆20千米的产业集群，及从台山大江圩镇沿着高铜线一路往公益圩一带的产业集群。

江门市古典家具企业主要分布在“中国传统家具专业镇”台山大江镇及“中国古典家具之都”新会区。2013年底，江门市古典家具企业约有近2000家，关联从业人口达10万人，有效拉动了就业、房地产、汽车、餐饮及出租等行业的发展。江门古典家具历史悠久，经过几十年的长足发展，涌现出一批批如伍氏兴隆、国胜、侨发、华润等等优秀的古典家具企业，来自台山的伍氏兴隆为其中的佼佼者。伍氏兴隆明式家具艺术有限公司始于1986年，主要以从事生产高仿明清黄花梨紫檀等珍贵的红木家具为主，家具以“型”“艺”“材”“韵”作为设计生产制作方向与评鉴标准，其中“黄花梨无束腰霸王帐画案”被中国国家博物馆收藏，“紫檀三屏风大地座屏”被国务院收藏，“老红酸枝灵芝纹大翘头案”被北京恭王府收藏。除此之外，利兴、建宇轩、恒宝御品三家企业被评为中国红木家具优秀企业，这对于推动江门市古典家具品牌建设有着重要的标杆作用。

**【中国东部家具商贸之都——蠡口】** 蠡口家具市场1998年初建立，通过10多年的发展，在华东地区乃至全国家具业树立起了一面旗帜，在市场辐射区域、市场占有份额、行业影响力等方面在全国同行业处于领先地位，建立起自身优势和发展资源。到2013年市场总投资超过28亿元，已经形成了39栋家具大厅和金源路、广登路两条家具大道，总建筑面积120余万平方米，经营面积60余万平方米，仓储面积近30万平方米，市场内汇聚了全国大部分的家具知名品牌，有来自全国的近4000家经营户在市场内设摊经营，市场批零兼营，产品齐全。年销售额达到150亿元。市场内各类从业人员5万余人。通过每年组织企业申报“苏州名牌产品”，截至2013年年底，已有新宏基、斯可馨、依福园、瑞特、金顺龙、迪高乐、华强、鑫唐、柏、名耀、蠡口兄弟等22个企业的产品被评为“苏州名牌产品”，亚博家艺被评为苏州服务业名牌，新宏基、金顺龙被评为苏州市知名商标。通过这项工作，对外展示了蠡口家具市场的良好形象，也对同行厂商起到了示范作用。

**【中国板式家具产业基地——崇州】** 崇州是国内最大的板式家具生产基地，企业规模已实现西部第一。2013年底崇州市拥有各类家具企业300多家，从业人员6万人以上，主要从事现代板式家具、藤编家具、艺雕仿古家具、部分实木、钢木家具的研发、生产及销售。拥有国家级产品质量检测中心2个，省级企业技术中心2个、成都市级企业技术中心3个，是西部地区家具产业发展地区中获得国家级、省级荣誉称号及认证最密集的区域之一，园区家具企业中有中国名牌企业3个，中国驰名商标3个，四川名牌14个，四川省著名商标8个。代表企业有全友家私、掌上明珠，地区年产板式家具250万套以上。

2013年，园区家具产业规模以上企业总产值40.65亿元，同比增长22.43%，行业比重为28.7%；主营业务收入38.1亿元，同比增长21.35%，行业比重为28.42%；利润总额5.41亿元，同比增长46.6%，行业比重为11.75%；上缴税收2亿元以上。

**【中国古典家具文化产业基地——阳信】** 阳信县位于黄河三角洲高效生态经济区及山东半岛蓝色经济区核心区，是闻名的中国鸭梨之乡。县域面积793平方千米，人口45万。“三高一铁”(长深高速、荣乌高速、济东高速、德龙烟铁路)多元化交通新格局逐步形成，使阳信县进一步融入国家重要交通网络，良好的交通和区位优势支撑经济发展的能力显著增强。

阳信县收购、加工古家具萌发于20世纪60年代，随着经济社会的不断发展，民间文化品收藏者的视野不断拓宽，走出县门、省门，走遍全国各地收集民间文化藏品，特别是对家具的收购、加工，进而形成了阳信县水落古旧家具市场。古典家具产业规模化生产形于2002年。截至2013年底，全县古典家具工企业60余家，从业人员3万余人，拥有古家具营销加工专业村37个，年营销额达亿元。

2013年，阳信县规划建设民俗文化产业园，已形成购买、修复、加工、销售联动模式，成为全国最大的古典家具加工、存储、销售集散地之一，产品销往北京、上海、广州等大城市，并出口到美国、韩国、新加坡等国家。

2013年以来，阳信县充分发挥民俗文化产业园市场优势，开展多次大规模的经贸洽谈活动，企业也加大了市场开拓的力度，国内和国外市场并重。古典家具产业保持了良好的发展态势。2013年该产业规模以上企业实现主营业务收入25亿元，利税4.2亿元，利润2.6亿元。

**【中国家具彰武新型产业园区——彰武】** 中国家具彰武新型产业园区经过5年多的发展建设已经初具规模。截至2013年年底，基地“六通一平”配套面积达到5.2平方千米，投入基础设施建设资金9亿元。铺设排水管线41.7千米；建2万千瓦时变电所一座，架设电路21.8千米；修筑三横三纵公路骨干路网15.4千米；预埋通讯线路16千米；引入燃气管线4千米；建成标准工业厂房42万平方米。

2013年项目投资完成10亿元，累计已达52亿元；新签约项目20个；新开工项目15个；新竣工项目1个；储备项目32个。在新签约项目中，亿元以上项目4个，5000万元至1亿元项目12个。

2013年实现销售收入60亿元，与2012年相比增长23%；利润1.3亿元，与2012年相比增长30%；实现企业税收3815万元，同比增长69.4%；全年企业生产用电1075.6万度，同比增加400万度，增长59%。培育出龙头企业12户，其中，省级7户，市级5户，打造出名牌产品30个。以板材加工、家具制造、地板生产、包装配套、商贸物流等产业为一体的家居产业集群已初步形成。

**【中国办公家具产业基地——杭州】** 杭州市是浙江省省会城市、全国副省级城市、长三角南翼中心，是我国经济发展较快的城市之一。经过20多年的发展，如今杭州市家具行业已初步形成了以办公家具、户外家具和软体家具等制造为主，家具辅料材料、五金和木工机械等相配套的各类产品，尤其是办公家具，其产品无论是研发设计、工艺制作和品牌建设，在国内外同类产品中均具有较高的行业知名度和市场占有率，其产业集群雏形初步显现。

杭州市有家具企业近1300家，杭州家具业年销售额超过2000万元规模以上的企业约480余家，占全行业总数40%左右，同时相关的板材、涂料、五金配件、木工机械、胶料等家具配套企业近100余家，民营企业占到95%以上。杭州市办公家具在国内市场占有率在10%左右，浙江省占有率为75%，产销率为98%。“十一五”期间杭州家具行业征用土地358.3公顷，企业技术改造投资30亿元，近3年来家具企业固定资产投入总额约为100亿元。产品由原来的单一办公桌(椅)向办公家具系列化发展，形成了办公桌、办公椅、文件柜、

OA 屏风、办公沙发、转椅、智能办公家具、IT 家具、户外椅及各类配件等十大系列产品。初步形成了以办公、沙发、钢木家具为特色的家具产业，特别是杭州办公家具独树一帜，成为浙江省家具业非常典型的板块之一。

2013 年，全市家具制造规模以上企业总产值 109.54 亿元，同比增长 5.2%。销售产值 108.28 亿元，同比增长 4.4%。预计全市家具行业完成 2013 全年工业产值 216 亿元，同比下降 6.4%。杭州家具行业 2013 年 1～10 月全市出口家具及其零件 10.8 亿美元，同比下降 1%。

**【中国西南家具产业基地——新都】** 2005 年，经成都市人民政府批准设立的占地 6 平方千米的成都家具产业园落户新都，开创了成都家具产业的集中集群发展之路。园区总投资 280 亿元以上，其中高端制造区投资 40 亿元以上，家居商贸区投资 240 亿元以上。截至 2013 年年底，已有 70 家知名家具制造企业入驻园区，10 大商贸项目正加快建设，部分项目已建成。至 2015 年园区全面建成后可实现制造业年总产值 300 亿元以上、第三产业年交易额 700 亿元以上，解决就业 15 万人以上。

2012 年，成都家具产业园区完成投资近百亿元，家具高端制造区入驻的好迪、帝标、金虎、景上等 65 家知名家具制造企业已全部建成投产；家具原辅材料市场引进并建成投运好迪、运开、吉宇、力美等 4 个材料城。现代商贸区采用错位发展、泛家居形态规划，引进项目 10 个，总投资 240 亿元，计划 2015 年全部建成。其中香江·全球家居 CBD、家和家园国际家居商城、中润－欧洲城、爱灯堡西部灯饰采购中心等 4 个项目陆续建成投运，已经形成了家居商业集群形态；大煌宫国际陶瓷展贸中心、家百年国际布艺纺织城等家居商贸项目正按计划进度推进。

2013 年园区完成工业总产值 140.1 亿元，同比增长 16.7%，完成规模以上企业增加值 49.1 亿元，同比增长 19.8%；完成商业销售额 8.1 亿元，同比增长 179%；获国家质监总局“全国知名品牌创建示范区”和四川省“首批现代商贸集聚区”称号。

2013 年 9 月，新都区政府整合园区资源，以“一座新城、年年盛会”为宣传核心，以家具行业和家居终端为目标受众，举办了首届中国西南家居博览会并全方位推出“中国龙桥家居博览城”这一区域品牌。中国龙桥家博城拥有展厅面积超过 300 万平方米，65 家知名家居制造企业。

**【2013 年中国家具行业大事记】**

**第 31 届中国（广州）国际家具博览会在广州举办** 被誉为“品牌第一阵营”的中国（广州）国际家具博览会于 2013 年 3 月 18～21 日和 3 月 27～30 日分两期在广州广交会展馆圆满举办。本届（第 31 届）展会规模宏大，展出总面积达 68 万平方米；展品种类齐全，客商云集，展会首日到会国内专业观众 39253 人，同比增长 9%；境外专业观众 9207 人，同比增长 6%；共计 48460 人，同比增长 8.5%。

**全国家具行业标准化工作会暨全国家具标准化技术委员会一届五次会议在绍兴召开** 2013 年 6 月 27 日，由中国家具协会、全国家具标准化技术委员会（以下简称家具标委会）主办、喜临门家具股份有限公司承办的“全国家具行业标准化工作会暨全国家具标委会一届五次会议”在浙江绍兴市隆重召开。大会宣读了《关于表彰 2012 年度全国家具标准化先进集体的决定》《关于表彰 2012 年度全国家具标准化先进工作者的决定》，对上一年度为我国家具标准化事业作出突出贡献的 23 家单位和 20 名个人进行了表彰。会议听取了全国家具标委会秘书长罗菊芬作的《全国家具标准化技术委员会 2012 年度财务报告》并审议通过了《全国家具标准化技术委员会人员调整名单》。

**首届当代中国红木家具文化周在京成功举办** 2013 年 7 月 12～15 日，由中国家具协会主办的“首届当代中国红木家具文化周”在北京举行。7 月 12～14 日，以“中国红木家具精品品鉴会”为主体的品鉴活动在北京中国国际展览中心 3 号馆举行。这是 2013 年中国国际轻工消费品展览会家具展厅的重要活动。在品鉴会中，“伍氏兴隆”“元亨利”“友联祥利”“航管”等红木家具领军企业分别举办了各自的精品品鉴活动。

7 月 12 日下午，“中国传统家具精英大会”在北京昆仑饭店举行。会上，中国传统家具设计大师、工艺大师评定工作正式启动。同时，大会特别安排“反思当代红木家具产生文化”主题论坛活动。论坛活动后，“金斧奖”中国传统家具设计制作大赛颁奖仪式正式举行。经过专家评委公平、公开、公正的评选，共选出神品奖作品3件，逸品奖作品6件，精品奖作品12件。

**全国红木家具经销商大会在东阳召开** 2013年9月9~11日，第五届全国红木家具经销商大会暨华东地区红木家具采购交易会在浙江东阳红木家具市场正式召开。大会由中国家具协会传统家具专业委员会、浙江省家具行业协会、浙江东阳市人民政府主办，东阳市红木家具行业协会、东阳红木家具市场承办。来自全国30个省市区顶级红木家具经销商、国内著名红木家具品牌企业代表、新闻媒体等1500余人参加。大会以“文化传承、追求卓越、合作共赢”为宗旨，以“创新、合作、诚信、梦想”为主题，在促进行业良性发展、整合产业资源的同时，让“东作”文化进一步深入人心。

**第十九届中国国际家具展览会圆满召开** 2013年9月11~15日，由中国家具协会、上海博华国际展览有限公司共同主办的第十九届中国国际家具展在沪盛大举行。此次展会展出规模达75万平方米，观展人数再创新高，展会前三天观展的海外买家就达到了12000多人，比2012年增加约10%。2013年的展会汇聚了海内外20多个国家的3000家家具企业。本届展会同期举办了“2013中国家具营销大会”“2013中国家具设计大会”以及“2013中国家具制造大会”三场主题会议。

**中国家具协会参加欧盟木材法规及其在家具进口领域实施和执行研讨会** 受英国皇家国际事务研究所、查塔姆研究所的邀请，中国家具协会理事长朱长岭于2013年10月22~24日赴英国参加欧盟木材法规及其在家具进口领域实施和执行研讨会。欧盟木材法规是一个强制性法规，已于2013年3月开始在欧盟生效，并对经营者和贸易商实施。朱长岭理事长通过参加此次研讨会，一方面更加全面、真实地了解这一法规的具体规定及实际实施情况，并将最新的信息传达给国内家具行业；另一方面和各方与会代表共同探讨了中国在适用这一法规上取得的经验和遇到的问题。

**2013中国居家产业发展论坛暨八益国际家居博览城室内设计大赛新闻发布会在成都召开** 2013年10月29日，由中国家具协会主办，四川省家具行业商会、八益国际家居博览城承办的2013中国居家产业发展论坛暨八益国际家居博览城室内设计大赛新闻发布会在成都举行。中国家具协会、四川省家具行业商会、四川省工商联家居装饰业商会等行业协会负责人，知名设计机构、家具卖场、软装企业、家居消费者代表以及各大主流媒体记者近200人出席了本次盛会。论坛以“居家中国·成就梦想·整合产业·提增行业”为主题，全方位、多角度解读了当前家具市场营销、家居卖场经营和居家服务中存在的诸多问题和症结，共同探讨了家居业革新发展之路。

**首届中国家具出口高峰论坛在义乌举行** 2013年11月20日，由中国家具协会主办、中国义乌国际家具展承办的“2013中国家具出口高峰论坛”在义乌举行。此次论坛是中国出口家具业界的专业峰会，与会代表共同分析家具出口形势与政策，探析怎样利用义乌的国际平台，让我国家具企业能借船出海。论坛现场，中国义乌国际家具展在现场举行了签约仪式。

**2013年中国家具协会设计工作委员会年会暨《创新驱动·设计领先》论坛在广东乐从顺利召开** 由中国家具协会主办、中国家具协会设计工作委员会承办、佛山市顺德区乐从镇家具城商会协办的2013中国家具协会设计工作委员会年会暨《创新驱动·设计领先》论坛于2013年11月28日在广东省佛山市顺德区乐从镇顺利召开。本次会议参会人员共计150余人，分年会和论坛两个阶段。年会阶段上，中国家具协会理事长朱长岭，中国家具协会设计工作委员会副主任委员、南京林业大学家具与工业设计学院院长吴智慧先后发言。在第二阶段论坛上，深圳家具研发院院长许柏鸣、曲美家具设计总监袁援、圣豪庭创始人张博航、华日家具常务副总裁修军、顾家家居设计总监冯元峰、明珠家具副总经理兼研发部总监罗奎、八益家具副总裁吴永刚七位代表围绕“生产型企业创新引领探讨”这一大主题进行了精彩的发言。广东省家具协会会长王克进行了大会总结。

**“中瑞木业日”暨“瑞典·中国·木材研讨及贸**

**易洽谈会"在上海召开** 2013年12月10日，由中国家具协会、瑞典木业协会及中国木材与木制品流通协会共同举办的"中瑞木业日"暨"瑞典·中国·木材研讨及贸易洽谈会"在上海召开。本次"中瑞木业日"涉及内容覆盖完整产业链，研讨会分为"材质"与"设计"两部分；"材质"板块由来自瑞典的木材行业专业人士针对瑞典木材行业和产品特色进行深度介绍，"设计"板块邀请了中国著名家具设计师朱小杰、曲美家具创始人赵瑞海先生、松堡王国创始人郭向阳先生、AWAWA联合创始人Roberto Davolio与Mare Brulhart等专家发表了主题演讲。上海交通大学宣湟博士也到场和与会者分享了由上海交通大学范文兵教授策划的即将与瑞典木业协会联合举办的设计工作坊及竞赛计划。

**第三届中国家具产业集群工作会议在深圳召开** 2013年12月12日，第三届中国家具产业集群工作会议在深圳召开，本次会议由中国家具协会主办，深圳市家具行业协会及深圳市左右家私有限公司承办。深圳市家具行业协会会长、深圳市左右家私有限公司总裁黄华坤首先致辞。随后，中国家具协会理事长朱长岭作《中国家具产业集群工作报告》。南康家具行业发展领导小组副组长叶伦汉、彰武县常务副县长杨敏忠、湖北家具产业园副总裁李子琦、仙游县副县长陈育、海安县政协副主席、老坝港滨海新区党工委书记丁峰、成都家具产业园管委会副主任曾纲、华中家具产业园副董事长胡晓寒先后针对各自地区的产业集群工作与参会嘉宾做了经验交流。

**【北京市家具产业】**

**2013年，家具行业特点** ①稳中有升。北京市家具协会对120家重点企业进行统计，工业总产值达10亿元，同比增长15.7%。预计全市1465家生产企业将完成工业总产值约为380亿元，同比增长达到10%。

②注重环保。北京市家具企业积极响应国家及市政府有关环境保护的要求，如曲美集团一贯履行对社会及消费者的承诺，始终关注和重视生态保护和绿色品牌的建设，用低碳家居、绿色消费的方式来探索低碳模式下的发展之路，成为北京市乃至全国节能环保的一面旗帜。

③设计创新。在目前经营压力较大的情况下，北京市家具企业依然加大投入，以设计创新作为企业发展的驱动力，很好地诠释了北京家具的设计与品质，提升了"北京品牌"形象。在2013年的上海、广州、深圳家具展中，天坛、曲美、百强、黎明、爱依瑞斯、国林、京泰等企业获得组委会及专家组的好评并获得奖项。

④更加注重人才培养。专业人才引进与培养，以解决企业发展的瓶颈问题。家具产学研联盟第一期的"家具工程硕士班"，得到黎明、京泰、励致、九牧林氏、强力等企业的大力支持，已有6人通过国家统考，为行业、企业的发展注入了新鲜活力。

**2013年北京市家具行业发展情况汇总表**

（主营业务收入2000万元及以上企业）

| 主要指标 | 2013年 | 2012年 | 同比增长（%） | 2013年占全国比重（%） | 2012年占全国比重（%） |
|---|---|---|---|---|---|
| 企业数量（家） | 103 | 82 | 25.61 | 2.18 | 1.86 |
| 工业总产值（亿元） | 160.38 | 112.83 | 42.14 | 2.48 | 2.01 |
| 出口值（亿美元） | 3 | 2.48 | 20.79 | 0.56 | 0.50 |
| 内销（亿元） | 158.27 | 108.38 | 46.03 | 2.47 | 2.18 |
| 家具产量（万件） | 1258.4 | 1301.7 | -3.33 | 1.90 | 1.93 |

⑤红木家具升温。随着交趾黄檀、卢氏黑黄檀等红木家具原材料成为濒危物种后，北京市红木家具销售进一步升温，并存在经营面积不断扩大的趋势。如龙顺成、元亨利、九牧林氏、劲飞、宣明典居、金漆镶嵌、攀天红等专业红木家具企业均建立起珍藏馆，丰富了北京市的红木家具市场。

**品牌发展及重点企业情况** ①品牌发展。协会一贯注重行业内品牌的培育工作，积极引导企业利用自主品牌提升企业形象及核心竞争力。通过近几年的发展，涌现出一大批优秀企业，如天坛、曲美、百强、黎明、亿丰等。截至目前，北京市家具协会会员单位中有2家获"中国名牌"、5家荣获"中国驰名商标"、4家获得"北京名牌"、24家26个商标获得"北京市著名商标"。

②重点企业状况。北京金隅天坛家具股份有限公司，为北京家具行业首家"高新技术企业"，

占地面积50余万平方米，员工2000余人，是国内唯一同时在A+H股上市的国有大型家具企业。公司一贯注重研发，设有产品研发中心和设计室两个专业研发机构，产品种类不断更新，引领行业发展。2013年，针对市场需求，开发出“简风逸品”“简风尚品”等系列家具，公司销售额达8亿元。

曲美家具集团股份有限公司现有职工3000多名，拥有4个家具生产基地，40万平方米的厂区规模，销售网络覆盖全国。拥有近600家专卖店，其中面积在3000平方米以上的独立专卖店有40余家。公司秉承“差异化品牌运营”理念，开创国内家具电商模式的先河。2013年，曲美集团设计的“豌豆公主”休闲椅、“涟漪”屏风获得国内工业设计的最高荣誉——“红星奖”，成为北京市家具企业产品、销售模式创新的典范。2013年，公司销售额超10亿元。

北京黎明文仪家具有限公司现有职工1400余人，厂区建筑面积15万平方米，为华北地区最大的办公家具生产企业。产品涵盖办公、民用等领域，自2005年起，办公产品连续9年位于政府采购第一名。2013年，黎明文仪进行转型升级，仅当年就投入2000多万元，引进先进的板式生产线、UV线及中央除尘系统等，进一步提高了企业竞争力。2013年，公司开始尝试网上销售模式，其“小尼宅配”实现了线上、线下的有机融合。2013年，开发出“I酷”“Q”等系列产品，赢得用户的好评，其销售额已超8亿元。

**存在问题** 由于受到物流费用增加、国家环境治理力度加大等因素的影响，企业的经营环境发生了重大变化。主要表现在以下三方面：①环保制约。作为国家的首都，北京市政府一直重视环保问题，特别是当前关于PM2.5的治理力度，不可避免地影响全市家具产业的发展。

②经营成本上升，利润总额下滑。用工、运营、物流等成本的增加缩小了企业的利润空间，特别是有些企业为大企业加工，缺乏自主品牌，产品议价能力不强，企业利润空间受制于人，企业获利降低等皆是不争的事实。

③人才短缺、创新不足。北京市家具企业数量众多，品牌众多，真正的名牌产品，例如天坛、曲美、百强、亿丰等，能在全国有知名度的企业不多。大多数企业由于规模小，实力较弱，品牌意识不强，缺乏相应的人才支撑，造成创新能力不足，制约企业发展。

**发展趋势** 2014年，北京市将进一步落实“空气行动计划”，特别是北京市家具行业的两项地方标准——家具行业清洁生产指标评价体系和污染物排放标准的制定和实施，将对行业提出更高的要求。北京市家具协会将继续发挥好服务职能，争取更多的话语权，引导行业健康发展，北京市家具行业发展方向及重点归纳如下：①加强行业引导，推动行业的健康发展。积极响应北京市政府关于环境治理、清洁空气、节能减排等的要求，加快实现行业的“五提高两降低”目标，即：提高企业管理水平、提高研发创新能力、提高工业化生产水平、提高品牌知名度以及提高行业的劳动生产率。以清洁空气、节能减排为目标，降低能耗并杜绝污染环节；以提高企业利润为宗旨，降低企业经济运营成本。

②优化产业结构，实施清洁生产。引导为主，加强管理，让清洁生产在家具行业成为自觉行为。淘汰落后的生产能力、工艺装备，推广无毒、低排放的新技术，积极推进企业进行家具工艺改革，逐步过渡到UV、水性涂料涂饰工艺。

③保护本土家具特色，传承中华文明。中国传统家具属于工艺美术范畴，除满足人们使用功能外，也给人带来精神的追求和美的享受。应进一步加强人才培养、提升从业人员的技艺，提升创新能力。

④推进家具市场体系建设。为完善现有的以生产企业自销为主的家具流通市场，应提升专业家具销售公司的发展，发展多种家具流通模式，包括电子商务在家具流通的应用，逐步摸索符合我国市场经济发展的家具流通业态。

⑤适时建立“北京绿色家具产业园”。为解决目前家具企业零散、资源不能共享、产业链不足、不便于管理等问题，应引领企业向高附加值、高端的低碳绿色家具产品发展。并通过“政府搭台、协会运作、企业参与”的运作模式，全力打造集家具研发、制造、产品销售及仓储物流为一体的高端家具产业基地。

**附表 1　2013 年家具行业规模以上企业主营业务收入表**

| 行业名称 | 2013 年主营业务收入（万元） | 2012 年主营业务收入（万元） | 增速（%） |
|---|---|---|---|
| 家具制造业 | 64627522.8 | 56539628.4 | 14.30 |
| 其中：木质家具制造业 | 41184835.5 | 35599900.3 | 15.69 |
| 竹、藤家具制造业 | 1136491.4 | 756523.6 | 50.23 |
| 金属家具制造业 | 12709044.1 | 11596741.0 | 9.59 |
| 塑料家具制造业 | 955871.0 | 778553.2 | 22.78 |
| 其他家具制造业 | 8641280.8 | 7807910.3 | 10.67 |

数据来源：中国轻工业信息中心。

统计范围：规模以上（即年主营业务收入 2000 万元及以上）全部工业法人企业。

**附表 2　2013 年各地区家具行业规模以上企业主营业务收入表**

| 地区名 | 汇总企业单位数（个） | 2013 年主营业务收入（万元） | 2012 年主营业务收入（万元） | 增速（%） |
|---|---|---|---|---|
| 全国 | 4716 | 64627522.8 | 56539628.4 | 14.30 |
| 北京市 | 66 | 687904.7 | 640091.3 | 7.47 |
| 天津市 | 70 | 871881.0 | 760361.2 | 14.67 |
| 河北省 | 125 | 2018027.9 | 1811586.0 | 11.40 |
| 山西省 | 5 | 58766.7 | 18871.8 | 211.40 |
| 内蒙古自治区 | 10 | 213663.1 | 193130.5 | 10.63 |
| 辽宁省 | 174 | 4000591.3 | 3571642.3 | 12.01 |
| 吉林省 | 60 | 1055407.3 | 904207.3 | 16.72 |
| 黑龙江省 | 61 | 675620.7 | 590672.7 | 14.38 |
| 上海市 | 168 | 2640435.2 | 2621763.6 | 0.71 |
| 江苏省 | 229 | 2482885.7 | 2186020.7 | 13.58 |
| 浙江省 | 639 | 6853995.1 | 6208889.2 | 10.39 |
| 安徽省 | 192 | 1905927.6 | 1556597.9 | 22.44 |
| 福建省 | 295 | 3332201.5 | 2888769.4 | 15.35 |
| 江西省 | 103 | 1303860.4 | 1173840.7 | 11.08 |
| 山东省 | 528 | 8208078.9 | 7239828.0 | 13.37 |
| 河南省 | 294 | 4733372.1 | 4047754.8 | 16.94 |
| 湖北省 | 93 | 1102452.4 | 820302.0 | 34.40 |
| 湖南省 | 126 | 2273304.5 | 1887343.2 | 20.45 |
| 广东省 | 1089 | 14047544.9 | 12165148.4 | 15.47 |
| 广西壮族自治区 | 45 | 997776.4 | 867263.1 | 15.05 |
| 海南省 | 3 | 13855.4 | 15239.0 | -9.08 |
| 重庆市 | 49 | 899875.4 | 650673.5 | 38.30 |
| 四川省 | 246 | 3872251.6 | 3412598.8 | 13.47 |
| 贵州省 | 14 | 127037.5 | 89791.8 | 41.48 |
| 云南省 | 3 | 10033.0 | 8414.7 | 19.23 |
| 陕西省 | 18 | 158069.2 | 117885.3 | 34.09 |
| 甘肃省 | 3 | 6447.5 | 5840.1 | 10.40 |
| 青海省 | 1 | 8965.0 | 4222.0 | 112.34 |
| 宁夏回族自治区 | 1 | 36946.9 | 24469.5 | 50.99 |
| 新疆维吾尔自治区 | 6 | 30343.9 | 56409.6 | -46.21 |

数据来源：中国轻工业信息中心。

统计范围：规模以上（即年主营业务收入 2000 万元及以上）全部工业法人企业。

**附表 3　2013 年家具行业规模以上企业出口交货值表**

| 行业名称 | 2013 年出口交货值（万元） | 2012 年出口交货值（万元） | 增速（%） |
|---|---|---|---|
| 家具制造业 | 15180435.3 | 14195054.0 | 6.94 |
| 其中：木质家具制造业 | 7632558.4 | 7069269.3 | 7.97 |
| 竹、藤家具制造业 | 296004.2 | 146475.2 | 102.08 |
| 金属家具制造业 | 4087126.5 | 3918096.2 | 4.31 |
| 塑料家具制造业 | 483105.8 | 397885.0 | 21.42 |
| 其他家具制造业 | 2681640.4 | 2663328.3 | 0.69 |

数据来源：中国轻工业信息中心。

统计范围：规模以上（即年主营业务收入 2000 万元及以上）全部工业法人企业。

**附表 4　2013 年主要家具产品产量表**

| 产品名称 | 2013 年产量（件） | 2012 年产量（件） | 增速（%） |
|---|---|---|---|
| 家具 | 651617828 | 675235496 | -3.50 |
| 其中：木质家具 | 236463490 | 258303954 | -8.46 |
| 金属家具 | 322710939 | 322057231 | 0.20 |
| 软体家具 | 42616989 | 42577999 | 0.09 |

**附表 5　2013 年各地区主要家具产量表**

| 地区名 | 2013 年产量（件） | 2012 年产量（件） | 增速（%） |
|---|---|---|---|
| 全国 | 651617828 | 675235496 | -3.50 |
| 北京市 | 6904760 | 7286114 | -5.23 |
| 天津市 | 9404992 | 8570909 | 9.73 |
| 河北省 | 9778970 | 8500399 | 15.04 |
| 山西省 | 37792 | 31213 | 21.08 |
| 内蒙古自治区 | 873164 | 957986 | -8.85 |
| 辽宁省 | 16537328 | 17118416 | -3.39 |
| 吉林省 | 2920923 | 3313377 | -11.84 |
| 黑龙江省 | 3077892 | 2795044 | 10.12 |
| 上海市 | 22481493 | 24059274 | -6.56 |
| 江苏省 | 12864855 | 13632231 | -5.63 |
| 浙江省 | 188086141 | 187180661 | 0.48 |
| 安徽省 | 6927647 | 5769191 | 20.08 |
| 福建省 | 108765370 | 112099923 | -2.97 |

| 地区名 | 2013 年产量（件） | 2012 年产量（件） | 增速（%） |
|---|---|---|---|
| 江西省 | 11941805 | 14366137 | -16.88 |
| 山东省 | 43227458 | 66948508 | -35.43 |
| 河南省 | 46338939 | 39829826 | 16.34 |
| 湖北省 | 4124625 | 3151991 | 30.86 |
| 湖南省 | 6957157 | 5802346 | 19.90 |
| 广东省 | 123307468 | 130850888 | -5.76 |
| 广西壮族自治区 | 4927606 | 4428501 | 11.27 |
| 海南省 | 74701 | 81275 | -8.09 |
| 重庆市 | 5734092 | 3945581 | 45.33 |
| 四川省 | 14186805 | 12603619 | 12.56 |
| 贵州省 | 832469 | 357856 | 132.63 |
| 云南省 | 64153 | 127430 | -49.66 |
| 陕西省 | 759742 | 685586 | 10.82 |
| 甘肃省 | 61573 | 61861 | -0.47 |
| 宁夏回族自治区 | 148033 | 92489 | 60.15 |
| 新疆维吾尔自治区 | 269875 | 586864 | -54.01 |

数据来源：中国轻工业信息中心。

**附表 6　2013 年全国各地区家具进口情况**

| 地区名 | 2013 年进口值（美元） | 2013 年进口值（美元） | 增速（%） |
|---|---|---|---|
| 全国 | 2569819051 | 2333780383 | 10.11 |
| 上海 | 758549532 | 704840599 | 7.62 |
| 广东 | 361495495 | 334104697 | 8.20 |
| 北京 | 296244166 | 234027787 | 26.59 |
| 江苏 | 187955233 | 158406266 | 18.65 |
| 辽宁 | 176829102 | 165715806 | 6.71 |
| 福建 | 156802353 | 185611076 | -15.52 |
| 吉林 | 145506301 | 140383619 | 3.65 |
| 天津 | 107718807 | 123101364 | -12.50 |
| 浙江 | 98649927 | 70714430 | 39.50 |
| 山东 | 55884477 | 42608957 | 31.16 |
| 广西 | 49764162 | 29397762 | 69.28 |
| 湖北 | 45012322 | 44515834 | 1.12 |
| 四川 | 39080999 | 37100441 | 5.34 |
| 重庆 | 28870825 | 16376951 | 76.29 |
| 安徽 | 17311765 | 3641617 | 375.39 |
| 云南 | 8641948 | 6078844 | 42.16 |
| 湖南 | 8335614 | 4512517 | 84.72 |
| 河北 | 7307373 | 9620159 | -24.04 |
| 海南 | 5596635 | 10792656 | -48.14 |
| 黑龙江 | 4601749 | 580118 | 693.24 |
| 陕西 | 4289934 | 1265772 | 238.92 |
| 河南 | 2958202 | 2250889 | 31.42 |
| 江西 | 968725 | 532629 | 81.88 |

| 地区名 | 2013 年进口值（美元） | 2013 年进口值（美元） | 增速（%） |
|---|---|---|---|
| 山西 | 436635 | 4462223 | -90.21 |
| 宁夏 | 309590 | 142450 | 117.33 |
| 内蒙古 | 236477 | 990814 | -76.13 |
| 新疆 | 161272 | 1029952 | -84.34 |
| 贵州 | 141025 | 863061 | -83.66 |
| 西藏 | 124011 | 110837 | 11.89 |
| 青海 | 39345 | 256 | 13335.55 |

**附表 7　2013 年全国各地区家具出口情况**

| 地区名 | 2013 年出口值（美元） | 2013 年出口值（美元） | 增速（%） |
|---|---|---|---|
| 全国 | 53101134691 | 49953230852 | 6.30 |
| 广东 | 25347770131 | 22036247477 | 15.03 |
| 浙江 | 9116944262 | 8424580921 | 8.22 |
| 江苏 | 3442239280 | 3819182448 | -9.87 |
| 福建 | 2921943758 | 3424112513 | -14.67 |
| 上海 | 2846199372 | 2826122189 | 0.71 |
| 山东 | 2352706502 | 1944570024 | 20.99 |
| 江西 | 1165015887 | 991394435 | 17.51 |
| 河北 | 867780377 | 720565322 | 20.43 |
| 辽宁 | 758020418 | 824626046 | -8.08 |
| 安徽 | 742589406 | 772281764 | -3.84 |
| 河南 | 646417355 | 497907260 | 29.83 |
| 天津 | 543324542 | 543043898 | 0.05 |
| 重庆 | 403075214 | 1252372349 | -67.82 |
| 湖南 | 291612491 | 181965033 | 60.26 |
| 四川 | 245834795 | 251599274 | -2.29 |
| 黑龙江 | 205048825 | 206043322 | -0.48 |
| 北京 | 194092770 | 227459662 | -14.67 |
| 云南 | 155793059 | 38112886 | 308.77 |
| 新疆 | 154870605 | 187142856 | -17.24 |
| 湖北 | 145018335 | 130843548 | 10.83 |
| 贵州 | 131452206 | 69368857 | 89.50 |
| 陕西 | 121629806 | 160140262 | -24.05 |
| 广西 | 93342797 | 58325002 | 60.04 |
| 海南 | 68928229 | 48939576 | 40.84 |
| 吉林 | 63191206 | 76674280 | -17.58 |
| 西藏 | 20922799 | 23396091 | -10.57 |
| 内蒙古 | 16981979 | 15884558 | 6.91 |
| 甘肃 | 15417911 | 86013738 | -82.08 |
| 山西 | 15077126 | 91902957 | -83.59 |
| 宁夏 | 7783928 | 15079861 | -48.38 |
| 青海 | 109320 | 7332443 | -98.51 |

（中国家具协会）

# 中国橡胶工业

【概　述】 2013 年我国橡胶工业取得了稳中有进、稳中向好，经济运行质量有所提升的良好局面。

**橡胶行业经济运行特点**

①经济运行整体平稳，高性能产品增长较快。中国橡胶工业协会对轮胎、力车胎、胶管胶带、橡胶制品、胶鞋、乳胶、炭黑、废橡胶综合利用、橡胶机械模具、橡胶助剂、骨架材料 11 个分会重点会员企业统计，2013 年工业总产值增长 3.80%，销售收入增长 2.73%。

从全行业看，产值、销售收入仍保持 1 位数低增长，但增幅平稳，下滑颓势基本得到遏止。

2013 年，橡胶行业主要产品产量增幅较大，有橡胶价格及市场的原因，也是行业结构调整所然。一些企业停掉了落后产品，大力发展优势主导产品，技术含量和附加值较高、符合市场需求的高性能产品、品牌产品增长率上升为两位数。如子午线轮胎、电动自行车胎、强力输送带、钢编管等产品产量均为两位数增长；城镇化的推进，使胶鞋产品结构发生调整，农耕用鞋、作业用鞋量逐渐缩减，中国驰名商标和省级著名品牌产品受到追捧。此外，绿色轮胎产业化进程加快；轮胎模具市场向规模大、品种全、质量好、技术领先的企业集中。2012 ~ 2013 年全国主要橡胶制品生产情况见表 1。

**表 1　2012 ~ 2013 年全国主要橡胶制品生产情况**

| 产品名称 | 2012 年 | 同比/% | 2013 年 | 同比/% |
|---|---|---|---|---|
| 轮胎/亿条 | 4.7 | 3.07 | 5.29 | 12.5 |
| 其中：子午胎 | 4.14 | 4.02 | 4.76 | 14.9 |
| 全钢子午胎 | 0.95 | 4.5 | 1.07 | 12.6 |
| 子午化率/% | 88.09 | | 88.98 | |
| 摩托车胎/亿条 | 1.7 | 6.25 | 1.85 | 8.82 |
| 自行车胎/亿条 | 3.5 | -7.9 | 3 | -14.3 |
| 电动自行车胎/亿条 | 1.8 | 2.1 | 2.1 | 16.7 |
| 输送带/亿平方米 | 4.8 | 14.3 | 5.2 | 8.3 |
| 其中：强力输送带 | 3.8 | 21 | 4.2 | 12 |
| V 型带/亿 A 米 | 21 | 10.5 | 22 | 4.8 |
| 胶管/亿 B 米 | 12 | 9.1 | 13 | 8.3 |
| 其中：钢丝编织胶管 | 2.4 | 20 | 3.5 | 45.8 |
| 胶鞋产/亿双 | 15.9 | 9.7 | 15 | -5.7 |
| 避孕套套/亿只 | 70 | 2.9 | 71.3 | 1.9 |
| 橡胶外科手套/亿副 | 17 | 6.3 | 16.5 | -2.9 |
| 橡胶其他手套/亿副 | 15 | 7.1 | 15.2 | 1.3 |
| O 型密封圈/亿个 | 45 | 15.6 | 46.9 | 4.23 |
| 汽车减震制品/亿个 | 143 | -16.9 | 150 | 4.9 |
| 出口汽车橡胶配件产量/亿个 | 259 | -15.6 | 289 | 11.5 |
| 再生胶/万吨 | 350 | 16.67 | 380 | 8.57 |
| 胶粉/万吨 | 40 | 11.11 | 50 | 25 |
| 炭黑/万吨 | 432 | 12.12 | 470 | 8.85 |
| 其中：湿法炭黑 | 415 | 11.26 | 458 | 10.36 |
| 橡胶助剂/万吨 | 89 | 8.54 | 100 | 12.36 |
| 其中：促进剂 | 32.2 | 9.15 | 36 | 11.8 |
| 防老剂 | 32 | 0.3 | 33 | 3.13 |
| 钢帘线/万吨 | 159.7 | 5.7 | 182.8 | 14.5 |
| 管带钢丝/万吨 | 11.5 | 23.7 | 13.1 | 13.9 |
| 胎圈钢丝/万吨 | 59.3 | 11.9 | 63.6 | 7.3 |
| 锦纶帘布/万吨 | 28.9 | -9.1 | 30.5 | 5.5 |
| 涤纶帘布/万吨 | 15.6 | -4.3 | 18.6 | 19.2 |
| 子午胎模具/万套 | 2.85 | 3.1 | 3.2 | 12.3 |

注：表中数据为中橡协统计并测算全国主要橡胶产品产量情况。

2013 年，全国橡胶工业销售收入达到 9280 亿元。2013 年，全国消耗生胶 830 万吨，增长 13.7%。其中，天然橡胶 420 万吨，增长 21.7%；合成胶 410 万吨，增长 6.49%。2012 ~ 2013 年全国生胶消耗情况见表 2。

**表 2　2012 ~ 2013 年全国生胶消耗情况**

| 产品名称 | 2012 年 | 增长/% | 2013 年 | 增长/% |
|---|---|---|---|---|
| 橡胶消耗/万吨 | 730 | 5.8 | 830 | 13.7 |
| 其中：天然橡胶 | 345 | 7.81 | 420 | 21.74 |
| 合成橡胶 | 385 | 4.05 | 410 | 6.49 |

②利润小幅上升，艰难困境有所改变。2013 年，主要原材料橡胶价格回落，使多年以来因橡

胶原材料价格居高不下、企业生产经营难以为继的困境有所改善。协会统计的重点企业(不包括助剂、骨架)利税同比(下同)增长17%，利润增长18%；行业销售收入利润率达5.57%，提高0.74个百分点。

但统计企业中仍有11%亏损，亏损额增长41%。炭黑和废橡胶综合利用行业的销售收入利润率低于2012年，其中炭黑利润负增长。之所以如此，主要是炭黑产品同质化比较严重，企业靠拼价格获得市场，利润势必下降。因此，调整产品结构、企业转型升级、实现差异化发展已刻不容缓。

③市场走势波动，产品价格重心下移。2013年，橡胶原材料价格的低迷波动态势，给轮胎等橡胶制品企业盈利创造了条件，同时也给产品销售价格带来不确定性，产品价格重心不断下移，企业利润增幅持续回落。迫于市场压力，轮胎产品2013年数次下调销售价格。

根据对市场上4种载重子午胎和4种轿车子午胎零售价格的监测，2013年12月载重胎价格指数为91.50，减少8.57个基点；轿车子午胎价格指数为91.73，减少7.95个基点。

④行业出口有增有减，总体呈现微增长。据中橡协对重点会员企业统计，2013年，行业出口交货值增长0.84%，增幅小于2012年。主要行业中，管带、助剂出口态势好于2012年，其他专业增幅小于2012年。轮胎出口量升价跌：出口量增长9.42%，出口率(量)为42.16%，增加0.14个百分点；出口值下降1.96%，出口率(值)为33.83%，减少1.39个百分点。2012~2013年全国轮胎出口情况见表3。

**表3　2012~2013年全国轮胎出口情况**

| | 2012年 | 同比增长/% | 2013年 | 同比增长/% |
|---|---|---|---|---|
| 出口轮胎产量/万吨 | 441 | 9.6 | 499 | 13.3 |
| 其中：轿车胎 | 151 | 6.1 | 176 | 16.5 |
| 卡客车胎 | 233 | 13.1 | 267 | 14.4 |
| 出口轮胎金额/亿美元 | 159 | 7.6 | 162 | 1.7 |
| 其中：轿车胎 | 59 | 5.7 | 62 | 5.2 |
| 卡客车胎 | 81 | 8.9 | 81 | 0.9 |

注：表中数据为海关统计数据。

总体看，2013年，在国际市场微弱回升，橡胶原材料价格弱势波动的情况下，橡胶行业经济运行保持平稳，行业调结构、转方式，提高发展质量和效益取得进展。

**【天然橡胶工业】** 2013年，我国天然橡胶市场价格延续2012年的回落走势，大幅震荡下行，屡创历史新低。从2月初至4月末，跌幅达到30%以上。到7月上旬，天然橡胶价格跌破17000元/吨。另据中国物流信息中心市场监测，2013年1~12月份，国内天然橡胶累计平均价格较2012年同期下降22.2%；合成橡胶累计平均价格较2012年同期下降18.8%。

**2013年产业发展成就与特点**　据中国物流信息中心统计测算，2013年1~12月，天然橡胶累计新增资源330.6万吨，比2012年同期增长11.7%，增幅比2012年同期扩大7.1个百分点。

①产量保持较快增长。2013年，我国天然橡胶产区天气状况良好，虽然部分沿海地区受热带风暴和台风“海燕”影响，割胶量略有减少，但总体来说影响不大。2013年天然橡胶产量呈现平稳较快增长的走势。初步统计，全年天然橡胶累计产量86.5万吨左右，同比增长约6.5%。

②进口量整体呈快速增长走势。据海关统计，2013年全国天然橡胶进口量为247万吨，同比增长13.5%，增幅比2012年同期扩大9.9个百分点，增长较为明显。从全年来看，进口量大致呈现出“两头高，中间低”的走势。各月之间同比增幅波动较大，年初受春节影响在达到85.3%的高点后快速回落，3、4月份有所缓和。5~9月份受国内库存高企影响，进口量大幅低于2012年同期。10月份后逐渐回升，年末再次冲高，同比增幅超过60个百分点。

2013年合成橡胶进口增速较为平稳，全年累计进口152.7万吨，比2012年增长6.2%，增幅较2012年同期扩大5.7个百分点。分月来看，除前两个月受春节影响波动较大外，其余月份波动较为平稳。2月、6月、7月及9月，进口量同比下降，其余月份较2012年同期都有不同程度增长。

**消费需求增长稳中偏弱**　近几年，国内轮胎出口屡屡受制，一方面，由于前几年投资过热，轮胎出口成为企业生存的唯一出路，竞争激烈导致轮胎品质量良莠不齐，且出口利润微薄；另一方面，国际贸易环境恶化导致轮胎出口形势恶化。我国企业屡次遭遇国外贸易保护政策，从欧洲的标签法、美国的特保案，到巴西、印度等地区的反倾销等。国内橡胶行业深受影响，下游轮胎出口受到限制，外需减弱，橡胶消费随之低迷不振。

从轮胎的国内需求角度来看，起主要作用的是汽车产量。2013 年，我国汽车市场呈现平稳增长态势，平均每月产销突破 180 万辆，全年累计产销超过 2100 万辆。汽车产销稳中有增，大企业集团产销规模整体提升，汽车产业结构进一步优化。据中国汽车工业协会统计，我国 2013 年全年累计生产汽车 2211.68 万辆，同比增长 14.76%，销售汽车 2198.41 万辆，同比增长 13.87%，产销同比增长率较 2012 年分别提高了 10.2 和 9.6 个百分点。其中，乘用车产销 1808.52 万辆和 1792.89 万辆，同比分别增长 16.50% 和 15.71%，产销同比增长率较 2012 年分别提高了 9.52 个百分点和 8.84 个百分点；商用车产销 403.16 万辆和 405.52 万辆，同比分别增长 7.56% 和 6.40%，同比较 2012 年分别提高 12.25 个百分点和 12.30 个百分点。总体来看，2013 年汽车产销好于预期，对于提振胶价起到了一定的正面作用。

**市场价格继续震荡下行** 2013 年，国内天然橡胶市场价格延续 2012 年跌势，继续震荡下行。据中国物流信息中心市场监测，2013 年 1 ~ 12 月，国内天然橡胶累计平均价格较 2012 年同期下降 22.2%；合成橡胶累计平均价格较 2012 年同期下降 18.8%。

从全年价格走势来看，主要分为两个阶段。1 月份到 7 月份上旬为大幅下跌阶段。主要受美元上涨、合成橡胶持续下跌、国内进口量大幅增长、青岛保税库进口天然橡胶库存居高不下等因素影响，国内外市场价格持续下跌，屡创 2009 年以来新低，截至 2013 年 7 月中旬，泰国 RSS3 价格 2490 美元/吨，国产标准胶(SCRWF)上海市场价格 16200 元/吨，与 2013 年年初最高价格相比，跌幅分别达 26.7% 和 37%。7 月份中下旬到 12 月底为宽幅震荡阶段。主要受美国经济逐步复苏、国内制造业数值企稳回升、橡胶轮胎制品需求转旺、合成橡胶价格上涨等因素影响，国内外天然橡胶市场价格结束连续跌势，在相对低价区域宽幅震荡。泰国 RSS3 围绕 2490 ~ 2715 美元/吨、国产标准胶(SCRWF)上海市场价格围绕 16200 ~ 19700 元/吨大幅波动。

具体来看，国内主产区，国产标准胶(SCRWF)海南电子商务中心销售平均价格为 19392 元/吨，同比下跌 5105 元/吨，全年合计成交 10459 吨；云南电子商务中心销售平均价格为 17751 元/吨，同比下跌 7421 元/吨，全年合计成交 50200 吨。

国际主产区，泰国 RSS3 平均价格为 2780 美元/吨，同比下跌 631 美元/吨，最高价为 3395 美元/吨，最低价为 2470 美元/吨；印尼 SIR20 平均价格为 2510 美元/吨，同比下跌 611 美元/吨，最高价为 3140 美元/吨，最低价为 2175 美元/吨；新加坡期货市场的到期 RSS3 现货月平均价格为 2780 美元/吨，同比下跌 597 美元/吨，最高价为 3375 美元/吨，最低价为 2450 美元/吨。

国内主销区，国产标准胶(SCRWF)上海市场平均价格为 19987 元/吨，同比下跌 5342 元/吨，最高价为 25700 元/吨，最低价为 16200 元/吨；青岛市场平均价格为 19829 元/吨，同比下跌 5513 元/吨，最高价为 25800 元/吨，最低价为 16200 元/吨；天津市场平均价格为 20021 元/吨，同比下跌 5604 元/吨，最高价为 25800 元/吨，最低价为 16400 元/吨。

**【合成橡胶产业】** 2013 年我国合成橡胶表观消费量为 413 万吨左右，同比增长 6.3%，增速较 2012 年提高 1.6 个百分点，低于汽车及轮胎业的增速。截至 2013 年年底，我国合成橡胶生产能力为 509 万吨/年，年内新增 97 万吨/年，装置平均开工率不足 60%。全年多数产品价格同比下跌 20% 以上。

**2013 年产业运行情况** 合成橡胶行业指数跌至 3 年最低。体现在以下几个方面：①橡胶价格全年持续低迷，天然橡胶、合成橡胶跌幅均超过 25%，丁基、丁腈橡胶跌幅也超过 15%，橡胶板块均跌幅在 23% 左右。②橡胶版块成为 2013 年整个大宗品行业的重灾区，监测的数据显示，橡胶板块指数全年跌 206 点，成为八大行业中指数下滑最为严重的。③品种价格创出3年新低，2013年监测的6个橡胶品种中，天然橡胶、丁苯橡胶、丁基橡胶等无一例外地在2013年7月份价格均走出3年的最低。④新增产能迟迟未能投产，以顺丁橡胶为例，计划2013年投产的项目如中石油四川乙烯、山东寿光骏腾、齐翔腾达等均未有投产消息。⑤产能过剩情况继续，2013年合成橡胶的产能利用率尚不到7成。

**【炭黑产业】** 2013年，全国炭黑产量为470.22万吨，出口量为71.99万吨，进口量为9.39万吨，综合计算，2013年我国炭黑的表观消费量为407.62万吨。与2012年的产量436.44万吨相比，2013年产量增长了7.74%。这是我国炭黑产量持续10年的两位数增长之后，回落为一位数。

产业集中度有所提升，产量在5万吨以上企业有28家，合计产量占全国总产量的87.5%。

2013年，全国炭黑产能为621.75万吨，新增产能20.75万吨，同比增长3.45%。以2013年产量与2012年的产能之比，计算全国炭黑产能利用率，2013年为78.24%。

据中国海关2014年1月份公布的炭黑进出口数据：2013年中国炭黑出口达72.0万吨，创历史新高，同比增长9.5%；进口量为9.39万吨，同比增长11.6%。2013年，我国炭黑出口国前10位国家或地区的排序如下：泰国(出口量11.45万吨)、印尼(10.74万吨)、印度(9.91万吨)、日本(6.65万吨)、中国台湾(5.15万吨)、韩国(4.26万吨)、越南(3.32万吨)、波兰(2.54万吨)、马来西亚(2.18万吨)和美国(2.05万吨)。

**【2013年1~12月天然橡胶(包括胶乳)进口量】** 4001(天然橡胶、巴拉塔胶、古塔波胶、银胶菊胶、糖胶树胶，及类似的天然橡胶，初级形状或板、片、带)

| 月份 | 数量(千克) | 金额(美元) |
|---|---|---|
| 1 | 257210899 | 698188438 |
| 2 | 145691305 | 424425227 |
| 3 | 233930207 | 678421620 |
| 4 | 227320061 | 653234861 |
| 5 | 176392302 | 488296108 |
| 6 | 129826748 | 340127996 |
| 7 | 154266181 | 384000819 |
| 8 | 168281647 | 404739524 |
| 9 | 179920622 | 417957168 |
| 10 | 190308831 | 443172500 |
| 11 | 269068241 | 629825049 |
| 12 | 346048034 | 829132831 |
| 合计 | 2478265078 | 6391522141 |

**【2013年1~12月复合橡胶进口量】** 4005(未硫化的复合橡胶，初级形状或板、片、带)

| 月份 | 数量(千克) | 金额(美元) |
|---|---|---|
| 1 | 134970416 | 409089356 |
| 2 | 85724263 | 267344499 |
| 3 | 138425967 | 434082191 |
| 4 | 158057595 | 486341617 |
| 5 | 161979692 | 472349807 |
| 6 | 122998393 | 339711102 |
| 7 | 112114524 | 297745993 |
| 8 | 115023882 | 289902872 |
| 9 | 130453581 | 326487848 |
| 10 | 108177057 | 275574266 |
| 11 | 137949796 | 348474404 |
| 12 | 135270326 | 339080272 |
| 合计 | 1541145492 | 4286184227 |

# 中国花卉产业

【概　述】 2013年我国花卉种植面积122.71万公顷，比2012年的112.03万公顷增加9.54%；销售总额1288.11亿元，比2012年的1207.71亿元增长6.66%，增量主要来自食药用植物、观赏苗木、盆栽植物类；花卉出口额比2012年的5.33亿美元大幅增长21.32%，达6.46亿美元。

在各省花卉种植面积排行中，浙江、江苏、河南、山东、四川省依次位居前五。其中，浙江省花卉种植面积14.52万公顷，江苏省花卉种植面积14.16万公顷，河南省花卉种植面积11.80万公顷。3个省花卉总面积居全国前列，主要基于观赏苗木的规模化发展。浙江省2013年观赏苗木生产面积12.90万公顷，占其总面积的88.81%；江苏省观赏苗木生产面积11.70万公顷，占该省总面积82.58%；河南省观赏苗木生产面积8.51万公顷，占总面积的72.08%。其中，浙江观赏苗木生产规模以41.61%的增速赶超江苏，成为观赏苗木生产第一大省。

大多数省市以不同速度持续扩大花卉生产规模，而黑龙江、河北、陕西、广西、内蒙古、青海、安徽的花卉生产面积则呈现不同程度的回落，其中，黑龙江缩减18.93%，主要是该省花卉主导产品工业及其他用途类花卉大面积减少所致；河北的观赏苗木种植面积减少17.66%，成为影响总规模回落的主要因素，另外，该省鲜切花类、工业及其他用途花卉也有不同幅度的缩减。

**盆栽类植物产销情况**　2013年广东省盆栽植物类总面积1.99万公顷，约占全国盆栽植物类面积的五分之一，涨幅13.16%，销售额62.77亿元，居全国第一。盆栽的迅速发展推动广东省花卉规模进一步扩大，部分外省企业为降低生产成本，到广东省建盆花生产基地，也是广东省花卉规模不断扩大的原因之一。

福建、江苏、河南等重要的盆栽生产大省，在2013年不同程度缩减盆栽植物类生产面积，其中江苏缩减8.99%，福建缩减5.55%，这两个省现在盆栽植物类生产面积仍位居全国第四和第五。生产规模的缩减一方面由于盆栽植物类尤其是主流中高档盆花市场行情不景气，另一方面在于其他产品的竞争，如江苏省的观赏苗木、福建省的食药用花卉的迅速发展，在一定程度上，削弱了盆栽植物类的生产吸引力。

**食药用花卉生产**　2013年，食药用花卉生产面积23.50万公顷，占花卉总面积的19.15%。较2012年增长14.23%。生产面积居前五位的省份为山东、湖南、云南、四川和河南，除湖南有1.02%小幅缩减外，其他省份均处于增长趋势。

云南省食用花卉规模的快速发展以及广东、云南、福建、浙江等省铁皮石斛的生产势头，是拉动食药用花卉生产规模扩大的重要原因。其中，广东省食药用花卉的生产面积2013年一年扩大了10倍；湖北增长了6倍。近两年，如云南等地食药用花卉作为新兴产业，得到政府和企业的重视，成为了传统花卉种植业的延伸产业。

**观赏苗木生产**　观赏苗木的规模在全国花卉总规模中占有最重要的地位。2013年，全国观赏苗木生产面积71.41万公顷，占花卉总面积的58.19%，比2012年的63.77万公顷，增长11.98%。各省观赏苗木面积排名中，前五位分别是浙江、江苏、河南、山东、福建，面积分别为12.90万公顷、11.70万公顷、8.51万公顷、4.86万公顷和4.31万公顷。福建省的观赏苗木产业从2012年的第九名，跃居到2013年的第五，规模增幅达68.45%，是前十位苗木大省中增速最显著的省份，其次是浙江。

2013年云南省观赏苗木生产面积增长幅度最大，由5800.10公顷增加到1.32万公顷，增幅127.57%；其次是新疆，生产面积由4301.31公顷增加到7436.62公顷，增幅72.89%。

**花卉出口贸易**　2013年，全国花卉出口增长幅度超过 20%，其中，鲜切花类的出口额占总出口额的 57.90%，是花卉出口的支柱。鲜切花生产大省云南也成为出口创汇居首的省份，2013 年云南的花卉出口额突破 2 亿美元，达到 2.21 亿美元，遥居全国首位，鲜切花类出口额占云南总出口额的 75.61%，达到 1.67 亿美元，相比 2012 年增长 20.49%。

广东省、福建省分别位居出口额的第二和第三，其中，广东打破常规，一直以来占据其出口主打地位的盆栽植物类，在 2013 年出口额仅 2946 万美元，相比 2012 年下降约 26.76%，但鲜切花类的出口额却一改常态，2013 年的出口额是 2012 年的 15.41 倍，达到 6425.70 万美元，成为鲜切花类出口的新窗口，也促使广东全省花卉出口额增长 67.37%。

福建依然是盆栽植物类的出口大省，2013 年盆栽植物类出口额达 6758.70 万美元，涨幅 44.69%，人参榕、虎尾兰、仙人掌类、国兰等产品的出口正逐步回暖，中东、俄罗斯等新兴市场的开拓也逐步取得成效，使得福建稳居盆栽植物出口的第一大省。

另外，海南成为 2013 年出口额涨幅最快的省份，是 2012 年的 6.5 倍，跃居全国第六，出口增量几乎都来自鲜切花类产品。见表 1、2。

**表 1　2013 年主要花卉十大类产销情况总表**

| 类　型 | 种植面积（公顷） | 单　位 | 销售数量 | 销售额（万元） | 出口额（万美元） |
|---|---|---|---|---|---|
| 合　计 | 1227126 | — | — | 12881125 | 64621.01 |
| 一、鲜切花类 | 65127.55 | 万支 | 2564754.0 | 1345058 | 37412.7 |
| 其中：鲜切花 | 51348.85 | 万支 | 1906442.0 | 1222556 | 33639.9 |
| 鲜切叶 | 8592.02 | 万支 | 203386.9 | 72376.07 | 3061.3 |
| 鲜切枝 | 5186.68 | 万支 | 454925.5 | 50126.16 | 711.5 |
| 二、盆栽植物类 | 103952.60 | 万盆 | 555501.8 | 2815013 | 11320.1 |
| 其中：盆栽植物 | 61035.51 | 万盆 | 286086.2 | 1870392 | 7122.14 |
| 盆　景 | 18804.92 | 万盆 | 38096.3 | 541535.4 | 4156.96 |
| 花坛植物 | 24112.20 | 万盆 | 231319.3 | 403085.1 | 41 |
| 三、观赏苗木 | 714100.60 | 万株 | 1304952.0 | 6523238 | 3808.38 |
| 四、食用与药用花卉 | 235049.10 | 千克 | 138912773.0 | 1387268 | 251 |
| 五、工业及其他用途 | 53826.69 | 吨 | 783559.0 | 243531.3 | 3321.3 |
| 六、草坪 | 37402.42 | 万平方 | 181830.2 | 227924.8 | 0 |
| 七、种子用花卉 | 4612.42 | 千克 | 718294.0 | 45618.35 | 452 |
| 八、种苗用花卉 | 8828.15 | 万株 | 808302.6 | 214994.8 | 6979.53 |
| 九、种球用花卉 | 4173.62 | 万粒 | 118152.5 | 66858.68 | 0 |
| 十、干燥花 | 53.20 | — | — | 11620.61 | 1076 |

**表 2　2013 年主要花卉品种产销情况表**

| 品种 | 种植面积（公顷） | 销售量（万枝） | 销售额（万元） |
|---|---|---|---|
| 一、主要鲜切花 | 54756.41 | 1651983.25 | 1193394.07 |
| 1. 现代月季(玫瑰) | 14316.03 | 487589.03 | 297409.92 |
| 2. 香石竹 | 5312.02 | 351867.15 | 116560.05 |
| 3. 百合 | 9988.7 | 171932.96 | 429493.79 |
| 4. 唐菖蒲 | 4896.6 | 59533.9 | 37469.25 |
| 5. 菊花 | 8474.57 | 212912.99 | 124832.13 |
| 6. 非洲菊 | 6204.23 | 262940.56 | 114267.18 |
| 7. 晚香玉 | 14.34 | 100.6 | 121.7 |
| 8. 康乃馨 | 26.05 | 1693.4 | 2614.2 |
| 9. 马蹄莲 | 77.79 | 1518.25 | 2042.71 |
| 10. 郁金香 | 442.89 | 9509.95 | 10306.8 |
| 11. 切枝 | 359.82 | 2615.92 | 4959.36 |
| 12. 鹤望兰 | 36.5 | 202.9 | 411.1 |
| 13. 梅花 | 13.3 | 132.66 | 178.95 |
| 14. 睡莲 | 23.2 | 311.05 | 276.5 |
| 15. 红掌 | 162.91 | 1951.49 | 9577.29 |
| 16. 栀子花 | 171.4 | 1261.1 | 1266.5 |

| 品种 | 种植面积（公顷） | 销售量（万枝） | 销售额（万元） |
|---|---|---|---|
| 17. 满天星 | 118.57 | 2662.18 | 2596.06 |
| 18. 其他 | 4117.49 | 83247.16 | 39010.58 |
| 二、主要盆栽植物 | 61806.12 | 585707.75 | 1410231.29 |
| 1. 凤梨类 | 7033.42 | 75077.35 | 218990.72 |
| 2. 兰花类 | 18099.45 | 139423.29 | 360171.78 |
| 3. 花烛属类 | 3849.72 | 44220.4 | 85261.3 |
| 4. 观叶芋类 | 5698.9 | 98540.58 | 88635.7 |
| 5. 杜鹃花类 | 1111.28 | 2691.14 | 34665.26 |
| 6. 中国兰花 | 1294.26 | 18154.73 | 98464.38 |
| 7. 蝴蝶兰类 | 672.04 | 6150.76 | 37321.12 |
| 8. 沙生植物 | 403.96 | 5100.52 | 22925.1 |
| 9. 虎皮兰 | 55.33 | 117.5 | 280 |
| 10. 菊花 | 400.51 | 2065.18 | 4576.78 |
| 11. 仙客来 | 455.27 | 1478.24 | 10361.91 |
| 12. 一品红 | 164.92 | 419.71 | 1091.66 |
| 13. 杜鹃 | 1545.29 | 4626.89 | 89916.49 |
| 14. 君子兰 | 1232.23 | 3186.37 | 45908.54 |
| 15. 西洋杜鹃 | 74.01 | 103.59 | 2027.86 |
| 16. 苏铁 | 167.91 | 85.59 | 1707.7 |
| 17. 木本盆栽类 | 2643.83 | 2990.72 | 44234.2 |
| 18. 金钱树 | 769.48 | 5272.6 | 7878.72 |
| 19. 三角梅 | 144.07 | 443.16 | 2056.88 |
| 20. 茶花 | 797.4 | 1502.51 | 2882.7 |
| 21. 草花 | 5474.39 | 47094.45 | 53003.48 |
| 22. 其他 | 9718.45 | 126962.47 | 197869.01 |
| 三、主要盆景 | 5217.81 | 8435.6 | 117665.45 |
| 人参榕 | 1478.61 | 2648.4 | 39290.35 |
| 四、球根花卉 | 575 | 5110.61 | 20632.79 |
| 水仙花 | 418.94 | 4070.59 | 18636.73 |

注：数据来源于农业部。

**【2013 年全国花卉保护地栽培情况】** 2013 年全国花卉保护地面积约 13.35 万公顷，相比 2012 年的 10.64 万公顷，增长 25%。其中，温室面积 3.61 万公顷，增长 28%，而节能日光温室则呈现缩减趋势。数据表明，国家“十二五”规划纲要提出推进农业现代化，这对设施园艺的发展起到明显推动作用；中高端温室的增加，体现了花卉产业在转型升级过程中，对设施设备的要求也在逐年攀升，见表 3。

2013 年全国花卉保护地栽培情况的统计，一个最显著的特点是中高档设施的数量显著增加。这在两方面得到体现：一是温室在保护地总面积中的比例提升；二是温室中的日光温室比例下降，中高端温室数量增加。

农业部的统计面向温室、大(中、小)棚、遮阴棚，2013 年全国花卉温室面积 3.61 万公顷，占保护地总面积的 27%，2012 年、2011 年温室面积分别为 2.81 万公顷、2.34 万公顷，除实际面积逐年递增外，占当年保护地面积的比例也在逐年递增。

不仅如此，前两年温室面积的增量，超过半数是来自节能日光温室的扩建，而 2013 年温室面积依然以 28% 的涨幅快进，但节能日光温室不增反减，面积为 1.67 万公顷，占温室面积的 46.13%，而 2012 年、2011 年，日光温室面积占当年温室面积比例分别为 61.36%、61.13%。日光温室占比回落，表明中高档温室的发展正在加快。这一方面基于全国农业园区的建设，为中高档温室的建造提供了落脚点，另一方面花卉产业升级，对设施的要求正在转变，设施升级在“十二五”期间将有明显体现。

除了温室面积快速增加外，遮阴棚的扩建也为推动保护地面积加码。2013 年全国花卉遮阴棚面积达 4.22 万公顷，相比 2012 年的 3.15 万公顷增长 34.09%。大(中、小)棚的面积为 5.51 万公顷，增长 17.75%。

在各花协向农业部提供的统计数据中，四川、江苏、广东、辽宁、云南的花卉保护地面积位居前五，分别为 2.20 万公顷、1.90 万公顷、1.75 万公顷、1.23 万公顷、1.22 万公顷。其中，四川花卉保护地面积是 2012 年的 3 倍，增长速度领跑全国，浙江、江苏的花卉设施面积在“十二五”中期依然保持较快的发展速度，这与各省对设施农业推行的利好政策息息相关，像浙江省农机购置补贴中，对单栋钢架大棚、连栋钢架大棚、玻璃温室都设置了不同幅度的补贴。

辽宁、广东、江苏三省的温室面积位居全国前三，分别为 8925.6 公顷、7468.76 公顷、3459.0 公顷。广东省温室面积在一年间扩张近 10 倍，全年广东盆栽类、鲜切花类花卉种植面积涨幅均超过 10%，食药用花卉的种植面积增长 10 倍，工业及其他用途的花卉面积也翻番，促使广东花卉业对设施的需求强劲。另外，一部分花卉种植者为降低生产成本，南下广东建基地或租用温室，使广东作为花卉产销集散地的地位进一步加强，见表4。

**表3 2013年花卉保护地统计表**

| | 2013年（万平方米） | 2012年（万平方米） | 增幅 |
|---|---|---|---|
| 合计 | 133482.08 | 106445.75 | 25% |
| 温室 | 36096.54 | 28112.12 | 28% |
| 节能日光温室 | 16651.98 | 17249.53 | -3% |
| 大(中、小)棚 | 55145.15 | 46831.85 | 18% |
| 遮荫棚 | 42240.39 | 31501.79 | 34% |

注：数据来源于农业部种植业管理司。

**表4 2013年花卉保护地栽培面积分省统计表**

| | 2013年（万平方米） | 2012年（万平方米） | 增量 | 增长百分比 |
|---|---|---|---|---|
| 合计 | 133482.08 | 106445.75 | 27036.33 | 25.40% |
| 北京市 | 817.42 | 868.35 | -50.93 | -5.87% |
| 天津市 | 1700.10 | 2219.20 | -519.10 | -23.39% |
| 河北省 | 4263.00 | 5982.41 | -1719.41 | -28.74% |
| 山西省 | 570.60 | 570.60 | 0.00 | 0.00% |
| 内蒙古自治区 | 132.90 | 127.20 | 5.70 | 4.48% |
| 辽宁省 | 12292.80 | 11345.80 | 947.00 | 8.35% |
| 吉林省 | 2566.00 | 2559.37 | 6.63 | 0.26% |
| 黑龙江省 | 598.80 | 566.50 | 32.30 | 5.70% |
| 上海市 | 735.09 | 710.48 | 24.61 | 3.46% |
| 江苏省 | 19007.70 | 15781.20 | 3226.50 | 20.45% |
| 浙江省 | 8202.50 | 4311.90 | 3890.60 | 90.23% |
| 安徽省 | 935.90 | 929.40 | 6.50 | 0.70% |
| 福建省 | 6630.00 | 6360.70 | 269.30 | 4.23% |
| 江西省 | 2146.43 | 2499.00 | -352.57 | -14.11% |
| 山东省 | 1490.60 | 1328.60 | 162.00 | 12.19% |
| 河南省 | 2169.00 | 2200.00 | -31.00 | -1.41% |
| 湖北省 | 215.00 | 146.00 | 69.00 | 47.26% |
| 湖南省 | 1770.40 | 1762.3 | 08.10 | 0.46% |
| 广东省 | 17534.54 | 9352.70 | 8181.84 | 87.48% |
| 广西壮族自治区 | 3571.10 | 5931.30 | -2360.20 | -39.79% |
| 海南省 | 4413.91 | 4906.58 | -492.67 | -10.04% |
| 重庆市 | 556.91 | 433.30 | 123.61 | 28.53% |
| 四川省 | 21987.70 | 7037.021 | 4950.68 | 212.46% |
| 贵州省 | 300.00 | 300.20 | -0.20 | -0.07% |
| 云南省 | 12174.03 | 11771.10 | 402.93 | 3.42% |
| 陕西省 | 3950.00 | 4150.00 | -200.00 | -4.82% |
| 甘肃省 | 961.70 | 926.80 | 34.90 | 3.77% |
| 青海省 | 264.50 | 264.50 | 0.00 | 0.00% |
| 宁夏回族自治区 | 1310.90 | 720.62 | 590.28 | 81.91% |
| 新疆维吾尔自治区 | 212.55 | 382.62 | -170.07 | -44.45% |

注：未包含西藏自治区数据。

**【2013年鲜切花进出口数据分析】** 2013年我国鲜切花出口总量达2501.5万千克，出口额为7468.6万美元，出口量和出口额与2012年相比，分别减少了10.8%和10.6%。鲜切枝叶产品出口总量为1101.2万千克，出口额3142.4万美元，与2012年相比，出口量减少3.5%，出口额减少2.3%。与出口整体下滑不同的是，鲜切花进口呈现大幅增长态势，2013年度进口总量为652.7万千克，进口额为1561.8万美元，较2012年分别增长了16.6%和30.6%，鲜切枝叶产品虽然进口规模不大，但进口量和进口额也分别有25.6%和73%的高速增长。

鲜切花出口出现近年来少有的下滑现象，国内最大的鲜切花主产区云南的出口下滑是最主要原因。2013年，云南省出口鲜切花总量为815.4万千克，出口额为3603.2万美元，与2012年相比，分别下滑24.8%和28%，连续的极端气候导致云南鲜切花品质降低，出口数据下滑。广东省鲜花出口量虽然与云南一样，同样为815.4万千克，但出口额仅有305.1万美元，因品种品质落后，导致产品附加值远不如云南。2013年福建省鲜切花出口量为204.1万千克，出口额为642.1万美元，同比增幅为111.3%和146.7%，这与福建省近几年大力发展的百合和非洲菊切花形成规模、品质大幅提升有很大关系。此外，2013年海南省鲜切花出口量达149.6万千克，出口额为359.7万美元，同比增幅分别为32.1%和2.3%，出口量和出口额增幅差异加大，主要是2013年海南省出口鲜切花的主打产品切花菊出口价格不理想所造成。

2013年，我国鲜切花出口的目标市场中，中国香港地区、日本、泰国排名前三的市场依旧没有太大变化，其中日本市场基本保持稳定，略有下降，但中国香港地区和泰国则出现了平均20%的市场份额降幅。2012年出口实现突破的澳大利亚市场，2013年保持了平稳，因品质和检疫等因素造成现有瓶颈很难打破。同样出现下滑的新兴市场还有越南，下跌幅度近六成，越南本地鲜切花生产的快速扩容是造成出口量减少的主要原因。俄罗斯作为国内鲜切花贸易商们最为看重的新兴出口市场，在2013年也出现了下滑，欧美高品质产品大量进入俄罗斯，瓜分了中国鲜切花产品的市场份额，出口量和出口额的下降幅度分别为24.6%和25.9%。缅甸成为出口的新增长点，出口量由2012年的2260千克增长为24.2万千克，出口额由8410美元增长到208.8万美元，出口量和出口额创历史新高。

与出口市场出现大面积下滑不同，2013年我国鲜切花进口总量和总额出现了大幅增长态势，终端消费市场对高品质鲜切花以及新奇品种的需求呈现出稳定增长态势，通过电商形式大力推广以及包装形式的突破，大大刺激和引导了高端消费，从而打开了进口产品销售的新局面。2013年全年，我国进口鲜切花总量为652.7万千克，进口金额为1561.8万美元，同比增长幅度为16.6%和30.6%。泰国、荷兰和越南成为排名前三的货源国，其中泰国仍然以供应我国热带兰切花为主，荷兰则以优质月季、绣球等高档切花为主，越南每年季节性供应菊花、月季等产品。厄瓜多尔、哥伦比亚以及肯尼亚成为2013年进口鲜切花最大的增长点，进口产品以月季为主，其中2013年我国从厄瓜多尔进口量为7.5万千克，进口额为76.1万美元，同比增幅分别达到920.2%和863.8%；哥伦比亚进口量和进口额分别为6960千克和2.4万美元，增幅近80倍；肯尼亚进口量和进口额分别为1.5万千克和13.5万美元，增幅分别为101.8%和68.1%。自上述国家进口大幅增长的主要原因是国内高品质月季生产受特殊气候影响大规模缩减，而高端消费市场呈现稳步上升趋势。进口地区依旧集中在昆明、上海、北京、广州。

与进口鲜切花类似，进口鲜切枝叶也出现了上涨，2013年我国鲜切枝叶进口总量为8.7万千克，进口额为40.7万美元，同比上升了25.6%和73%，以澳大利亚和荷兰的切叶、切枝产品为主。进口地区则集中在上海、北京和广东。

**【花卉经营单位与分布】** 2013年全国花卉企业及市场与2012年相比均呈增幅趋势。其中大中型企业增长90%，企业总量增长21%，从业人员总数达551万人，增幅12%，其中技术人员30万人，增长26%，见表5、6。

**表5 2013年花卉生产经营实体统计表**

| | 2013年 | 2012年 | 增幅 |
|---|---|---|---|
| 花卉市场 | 3533 | 3276 | 8% |
| 花卉企业 | 83338 | 68878 | 21% |
| 其中：大中型企业 | 15403 | 14189 | 9% |
| 花农(户) | 1834117 | 1752395 | 5% |
| 从业人员 | 5505708 | 4935268 | 12% |
| 专业技术人员 | 303281 | 241407 | 26% |

**表6 2013年花卉生产经营实体情况分省统计表**

| 省(区、市) | 花卉市场(个) | 花卉企业(个) | 其中：大中型企业(个) | 花农(户) | 从业人员(人) | 专业技术人员(人) |
|---|---|---|---|---|---|---|
| 合计 | 3533 | 83338 | 15403 | 1834117 | 5505708 | 303281 |
| 北京市 | 40 | 255 | 85 | 1108 | 11421 | 1238 |
| 天津市 | 9 | 66 | 25 | 3986 | 12188 | 1246 |
| 河北省 | 331 | 887 | 111 | 34491 | 100034 | 7356 |
| 山西省 | 198 | 249 | 16 | 3975 | 11856 | 1791 |
| 内蒙古自治区 | 53 | 321 | 15 | 16467 | 34243 | 742 |
| 辽宁省 | 60 | 806 | 411 | 63214 | 125428 | 5423 |
| 吉林省 | 44 | 810 | 40 | 5670 | 80335 | 3820 |
| 黑龙江省 | 11 | 67 | 27 | 57510 | 138117 | 1759 |
| 上海市 | 17 | 217 | 59 | 1567 | 6197 | 988 |
| 江苏省 | 279 | 5644 | 1998 | 310856 | 723673 | 35788 |
| 浙江省 | 91 | 26271 | 3994 | 192819 | 694626 | 84328 |
| 安徽省 | 132 | 1578 | 74 | 51665 | 151319 | 5469 |
| 福建省 | 36 | 4664 | 713 | 33004 | 247837 | 13760 |
| 江西省 | 55 | 1034 | 236 | 51934 | 126560 | 2252 |

| 省(区、市) | 花卉市场(个) | 花卉企业(个) | 其中：大中型企业(个) | 花农(户) | 从业人员(人) | 专业技术人员(人) |
|---|---|---|---|---|---|---|
| 山东省 | 69 | 11820 | 1550 | 48100 | 261100 | 10220 |
| 河南省 | 176 | 2600 | 709 | 135010 | 365350 | 15690 |
| 湖北省 | 123 | 3300 | 254 | 61000 | 161000 | 1218 |
| 湖南省 | 248 | 1402 | 211 | 107622 | 627022 | 5722 |
| 广东省 | 561 | 12354 | 2930 | 40966 | 174009 | 59137 |
| 广西壮族自治区 | 135 | 1104 | 96 | 85443 | 266114 | 7735 |
| 海南省 | 34 | 595 | 80 | 9403 | 34585 | 909 |
| 重庆市 | 64 | 1723 | 361 | 57254 | 168560 | 6948 |
| 四川省 | 247 | 1486 | 241 | 107807 | 272043 | 8804 |
| 贵州省 | 78 | 748 | 72 | 6944 | 30315 | 828 |
| 云南省 | 181 | 1897 | 731 | 275773 | 512470 | 10002 |
| 陕西省 | 100 | 660 | 196 | 28000 | 110000 | 5500 |
| 甘肃省 | 118 | 522 | 84 | 35428 | 33500 | 3856 |
| 青海省 | 5 | 67 | 17 | 379 | 1831 | 101 |
| 宁夏回族自治区 | 9 | 128 | 44 | 5156 | 16796 | 228 |
| 新疆维吾尔自治区 | 29 | 63 | 23 | 1566 | 7179 | 421 |

**【中国花木产业十大年度人物】**

**杨铁顺——建设天津滨海国际花卉航母** 杨铁顺，现任天津滨海国际花卉科技园区股份有限公司董事长。2008 年，杨铁顺带领员工开始建设“天津滨海国际花卉科技园区”，公司名称变更为“天津滨海国际花卉科技园区股份有限公司”。园区规划占地 226.7 公顷，投资 40 亿元，分四期完成，包括高档花卉工厂化生产区、高新技术成果展示区和休闲观光区 3 个功能区。

在园区建设和再次创业中，他决定放弃过去依靠人工、传统落后的生产方式，学习和引进国外先进的技术和设备，将温室打造成为现代化的智能温室。结合自身实际对先进的技术和设备消化创新，开发出具有自主知识产权的节能温室建造技术和设备，独立投资完成一期 30 万平方米的智能温室建设，将公司打造成为单体温室面积世界第一、国内温室智能化水平最高的高档花卉生产企业，生产、分级、物流各个环节全部实现智能化控制和机械化操作；同时，利用当地丰富的地热资源，实现水温的自动控制和循环利用，每平方米的种植成本比国外降低了至少 30%。

2013 年园区一期工程建设完成并投产，实现年产盆花 500 万盆，销售收入过亿元，总资产达 16 亿多元。

**李谢恩——建设中国最大树木博览园** 李谢恩 1994 年自筹资金 3 万元起步，在家乡安徽省宁国市罗溪村承包了 2.2 公顷农田，从事苗木生产和经营。经过十余年的发展，他所领导的安徽恩龙园林股份有限公司已发展成为集园林景观设计、绿化工程、施工、苗木研发、培植、销售为一体的综合性园林企业。苗木基地经营面积达 0.2 余公顷，是国家级农业产业化重点龙头企业。

李谢恩投资 13.6 亿元建设中国树木博览园。树博园规划面积 21 平方千米，以种植银杏、紫薇、桂花、红豆杉等优质珍稀乡土树种为主，将建设成为北亚热带珍稀树木种类最多、中国面积最大的树木博览园。公司坚持“人与自然和谐发展”生态经营理念，着力打造大型生态休闲度假综合体。在他的带领下，公司正稳步推进“安徽生态农业高科技示范园”项目、“恩龙世界木屋村总体提升工程”项目和“板桥自然保护区生态旅游开发”项目。

**张力——将花卉拍卖市场提升到新高度** 作为亚洲规模最大的花卉拍卖市场，昆明国际花卉拍卖交易中心有限公司总经理张力，一直在致力于追求如何让这个顶尖市场发挥更大的作用。

2013 年，张力在考察了欧洲最新拍卖市场发展状况的基础上，主持完成了新拍卖交易厅的建设工作。新拍卖交易厅拥有 600 个交易席位、6 个交易大钟，实现了带数量成交功能、多笔撮合竞价、实时远程交易、远程供货交易以及拍前预售等多种交易模式。新拍卖大厅投入使用后，花卉拍卖交易规模由每天200万枝提升到600万枝，可让云南和其他花卉产区更多的花农和生产企业的产品进入拍卖，将拍卖市场的建设引领到了一个前所未有的新高度。目前，在拍卖交易中心注册的供应商总数已突破1.8万户，购买商已突破2300户。昆明国际花卉拍卖交易中心成为名副其实的亚洲第一花卉拍卖市场。

**胡艺春——构建上下游聚合经营新模式** 2013年，在胡艺春的带领下，江苏三维园艺有限公司全年实现主营业务销售收入超过3亿元，利税额达1800余万元。其佳绩得益于胡艺春倡导的转型升级新理念和构建的上下游聚合经营新模式。

他们将花卉生产从以往的规模化生产转向了创新型精品花卉生产推广模式，筛选出品质优良、适宜长三角地区种植、市场前景好的花卉品种近10种。在花卉应用方面，组建了花卉应用研发团队，自主研发了20余个花卉应用新品。在市场销售方面，打造了休闲花卉市场模式，与消费者零距离接触，把花卉产业内最先进的新技术、花卉新品、花卉应用新模式通过市场平台传递给行业同仁以及广大市民。在花卉产业转型升级方面，将花卉业与旅游业结合，把企业打造成有地方特色的现代农业观光园，通过旅游带动花卉消费。将花卉产业与文化产业合作，形成产业间的无缝对接，推广应用于酒店、会务等各种公共场所。此外，他们还与装饰装潢业合作，将花木产业新品、精品通过装饰装潢业推向市场，也取得了良好的效果。

**蒋全——为美化青海高原添彩** 蒋全创立的青海省绿海生态林建设苗木有限公司自成立以来，共建苗木基地80余公顷，主要以针叶、阔叶、花灌木、城市绿化、退耕还林苗木为主。

为了使西宁市及周边地区的绿化事业迅速发展，再上一个新台阶，蒋全引进了适应青海气候条件的耐寒彩色树种，如紫叶李、红叶李、山条稠李、紫叶稠李、红端木、偃伏莱木等40余种花灌木。在公司的良教基地建立了彩色树种示范基地，为青海省及西宁市的绿化美化，提供彩色苗木。在引进新品种的同时，他投入大量资金扩大苗木生产基地。目前公司已成为青海省最大的苗木生产基地之一。

2013年，绿海生态林建设苗木有限公司生产苗木1000万株，加上之前的累计量，生产销售苗木总量达7500余万株，可造林2.47余公顷，可创碳汇900余万吨，为西宁市创建国家级园林城市、绿化美化青海、建设绿色生态家园作出了积极的贡献。在企业发展过程中，蒋全始终坚信科技是第一生产力。为了促进企业腾飞，公司多年来先后完成了10余项省、市、县的科技项目，获得成果4项。

**王波——将月季之美传遍世界** 绚丽多彩的月季，是她20多年来的挚爱。利用丰富的栽培经验，她培育出了数十个具有自主知识产权的月季新品种。她将名优月季品种嫁接于百年古桩之上，形成新的造型——树状月季，填补了我国盆景门类中古桩月季的空白。由于在月季生产、研究、栽培方面取得突出成绩，北京市园林绿化局和中国月季协会授予她"月季栽培大师"称号。她，就是北京纳波湾园艺有限公司董事长王波。

我国加入世界贸易组织后，王波把创建国际一流品牌化月季基地——北京市花(月季)出口基地作为奋斗目标，并迈出国门积极向世界推广中国月季。从2002年开始，她先后到荷兰、德国、法国、澳大利亚、日本等十多个国家推广中国月季，大获成功。她还把这项工作做到了世界月季联合会，抓住每一次机会向联合会主席们介绍中国月季。她因此被农业部授予"中国月季推广大使"荣誉称号。一分耕耘，一分收获。她先后荣获了"全国三八红旗手""全国十大绿化女状元""'巾帼'创业明星""全国妇女创先争优先进个人"等称号。

**苏涌——耐盐碱苗木组培生产的开拓者** 搞植物组培的人都知道，木本植物组培周期长、投入多、风险大，在配方研究及接种、分化、生根、炼苗等技术环节上都远比草本植物困难。上海和丰中林林业股份有限公司董事长苏涌却敢为人先，专做木本植物组培，开创了用组培方式繁育绿化苗木的先河，把繁育耐盐碱树种的事业搞得风生水起。

经过长达7年的开发，他们通过组培技术选育的优良耐盐碱速生白榆品种进入应用推广阶段。在全国10余个省进行育苗试验、推广，总株数达1000万株，表现出明显的速生、抗盐碱、抗风沙、抗病虫特性，在滨海盐碱浓度0.5%~0.6%的盐碱地上表现优异。公司从2012年开始进行组培工厂化生产，短短两年内，组培苗年产量由10余万株增加到上千万株。在2013年，种苗产能突破2000万株，产值突破3000万元，销售网络布点至13个省。2013年10月，公司在山东省垦利县又成功建设了年产2000万株规模的现代化组培室。

**郭柏峰——打造花木行业全产业链** 郭柏峰领导的杭州赛石园林集团有限公司业务涉及园林设计、工程施工、苗木生产销售、花木市场连锁、商业地产等多领域，是国内打造花木行业全产业链经营的大型综合性园林企业，旗下拥有10多家全资及控股公司，总资产超过10亿元。2013年赛石园林绿化产值达到13亿元。在已经成功运营杭州西溪花市、杭州城西花鸟工艺品市场、山东沂水中和花都等花木市场的基础上，由赛石集团建设的国家级花木城——中国(昌邑)北方花木城盛装开幕。

2013年，赛石集团不断挖掘花木产业衍生价值，积极推动花卉旅游开发，成功承办了“花开西溪，美丽杭州”2013年西溪花朝节，以及山东沂水桂花节、山东沂水花朝节等以花木为主题的旅游博览会。与此同时，集团设计的“齐鲁赏花第一地”山东高唐花卉主题公园正式签约。

**董春燕——致力于花卉新品种研发** 虽然只有30多岁，却有着十几年的从业经历。从最初的花卉零售，到建起亚泰展销中心实现“买全国卖全国”；从小作坊生产低档草花，到发展连栋温室标准化生产蝴蝶兰、红掌、凤梨；从一个小小的个体户，发展到如今拥有上亿元资产的亚泰农业科技有限公司，董事长董春燕的创业步子迈得十分坚实。

董春燕对公司提出了注重种苗研发和进行市场服务的经营理念。2013年，一座占地48公顷，总投资2.6亿元，定位于汇聚国际最新花卉种苗研发、示范、推广的青州(国际)花卉创业园拔地而起。其中，新建国内一流中空玻璃智能化温室5万平方米、标准化智能温室3万平方米、现代化日光温室6万平方米，科研组培大楼、仓储中心等配套设施等二期工程正在陆续施工。

她创立的青州(国际)花卉创业园引进的企业与高校培育出花卉新品种“青州仙子”兰，不仅是青州市、潍坊市花卉新品种研发的一项重大突破，同时也是山东省第一个具有自主知识产权的兰花新品种。公司成立10年来，先后安排1600名职工就业，带动附近20多个村庄500多户农民种花致富。

**王华明——培育彩叶苗木的佼佼者** “要做就做得最好，要走就走在最前。”带着这样的信条，王华明把企业带向了辉煌。遂平名品花木园林有限公司是一家以生产彩叶苗木为主的园林企业。从创办至今，生产规模不断扩大，目前基地总面积达到906.7公顷，新增4个生产基地，已发展成为下辖5个分公司、6个分场、1个工程技术研究中心，各类彩叶苗木品种1100多个、年产各类苗木3000多万株，产值3.2亿元，年销售收入达8120多万元的综合性集团公司。

他自主研发培育的黄金刺槐、红宝石寿星桃两个新品种获得国家植物新品种权证书。朱羽合欢、金蝴蝶构树、重阳紫荆3个新品种正在审查中。蓝冰柏、黄金刺槐、重阳紫荆、朱羽合欢、金叶水杉5个品种通过河南省林木良种审定。

2013年，公司从国内外引种驯化品种100多个，自主研发培育新品种10多个，培育林木良种苗木150多万株。通过引进国外先进管理模式，苗木质量大幅度提高。“名品花木”产品覆盖全国各地，并远销到韩国、日本、美国、荷兰、比利时、匈牙利、巴林、西班牙、乌克兰、罗马尼亚等国家。

**【2013年中国花木产业大事记】**

**习近平视察菏泽市尧舜牡丹产业园** 11月26日，习近平来到山东省菏泽市尧舜牡丹产业园，走进展厅、车间了解牡丹产业开发情况。得知牡丹不仅可观赏、药用，还开发出了牡丹籽油、牡丹花茶、牡丹食品、牡丹保健品等系列产品，总书记十分感兴趣。他拿起一瓶牡丹籽油，打开瓶盖闻了闻，询问了定价、产销等有关情况，表示长了见识。

**我国首部全国性花卉产业发展规划印发实施** 2月5日，国家林业局发出通知，正式印发我国首部全国性花卉产业发展规划。这部由国家林业局审定、中国花卉协会编制的《全国花卉产业发展规划(2011～2020年)》，首次提出了2020年全国花卉生产面积稳定在130万公顷，销售额达到1700亿元，总出口额10亿美元，培育产值超亿元花卉企业30个，新增就业岗位300万个等多项量化指标。根据经济社会发展需求，按照两步走的战略目标，着力构建花卉品种创新体系，健全花卉技术研发推广体系，提升花卉生产经营体系，完善花卉市场和流通体系，创新花卉社会化服务体系，繁荣花文化体系。《规划》对全国花卉生产格局进行了布局。这是我国首部全国性的花卉产业发展规划，它的出台实施，将为我国近10年的花卉产业发展提供重要的工作依据。

**第八届中国花卉博览会在常州举行** 9月28日～10月27日，第八届中国花卉博览会在江苏省常州市武进区隆重举行。全国32个省(区、市)，以及香港、澳门、台湾地区全部组团参加，中国花卉协会12个分支机构首次参展，有32个国家的1300多家企业前来参展，涵盖了世界五大洲。花博会主展区总面积200多公顷，室外展园72个，主展馆总面积7万平方米，是历届花博会参展省份最全、参加国家和参展企业最多、展出时间最长、专业活动最为丰富的花事盛会。本届花博会的国内外参观人数超过268万人次。花博会期间举办的第六届中国花卉交易会，吸引了国内外专业人士超过10万人次参展和交流，现场销售额2.3亿元，签订单向交易合同359份，协议金额达12.3亿元。

**“2012中国花木产业年度人物”评选产生** 3月23日，“2012中国花木产业年度人物”颁奖仪式在浙江萧山花木城隆重举行。由中国花卉协会、中国绿色时报社共同主办的“2012中国花木产业年度人物”评选活动，自2013年1月启动以来，得到了各省(区、市)花卉协会的积极响应与大力支持。经过严格评选，内蒙古和信园蒙草抗旱绿化股份有限公司董事长王召明、江苏省常州家绿林果园艺有限公司董事长计小良、浙江杭州市萧山区花卉协会秘书长沈伟东、福建省绿友农林发展有限公司董事长江先程、山东菏泽瑞璞牡丹产业科技发展有限公司董事长赵孝庆、湖南紫薇投资集团有限公司董事长黄建民、广东中山市横栏镇三沙花卉协会会长陈炎连、四川成都苗夫现代苗木科技有限公司董事长孙妙夫、云南省农科院花卉研究所中心主任桂敏、陕西省苗木繁育中心主任张海平等10人光荣当选为“2012中国花木产业年度人物”。

**“森禾杯”2013年度全国十佳花木种植企业评出** 6月24日，经过申报、评审、公示、考察等多项严格的评选考核程序，中国花卉协会决定授予连城兰花股份有限公司(福建)、棕榈园林股份有限公司(广东)、紫薇投资集团有限公司(湖南)、连云港振兴花卉有限公司(江苏)、杭州园林绿化工程有限公司(浙江)、成都苗夫现代苗木科技有限公司(四川)、合肥佳洲园林绿化有限责任公司(安徽)、瑞园花卉产业有限公司(云南)、威海市文峰集团有限公司(山东)、金卉花木有限公司(湖北)等10家企业“‘森禾杯’2013年度全国十佳花木种植企业”荣誉称号。

**第八届中国花卉产业论坛举行** 9月30日，第8届中国花卉产业论坛在江苏常州举行，来自全国200多位花卉行业专家、花卉主产区负责人、知名花卉企业高层人士济济一堂，共同探讨中国花卉产业发展大计。本次论坛由中国花卉协会、国家林业局造林绿化管理司、国家林业局科技发展中心、常州市人民政府主办，论坛主题为“创新花卉品种、建设美丽中国”。中国花卉协会会长江泽慧作了主旨报告。主旨报告提出，要加强花卉品种创新和保护，加快实现中国花卉产业现代化；实行品种创新与技术集成，进一步提高花卉育种效率；加大基础保障性政策扶持，实现创新驱动发展；建立协作机制，构建品种创新模式；严格遵守植物新品种保护法规，切实维护花卉育种者权益。

**第三届中国杯插花花艺大赛举办** 10月11日，第三届中国杯插花花艺大赛在江苏省常州市武进区举行。大赛共有来自20个省(区、市)的65名选手参加，是参赛人员最多的一届。经过初赛、复赛、决赛等多项程序，最终获得大赛冠军的是来自福建春舞枝花卉有限公司的王志东，亚军是来自上海朵丝空间装饰设计有限公司的卿少波，季军是来自山东乃夫设计有限责任公司的袁乃夫。中国杯插花花艺大赛是按照国际花艺比赛体系和规则举办的全国性大型花艺赛事。举办大赛的目的，是为了全面检阅我国插花花艺水平，选拔选手参加国际花艺大赛。

**2013 中国国际茉莉花文化节举办** 8月24日，由中国花卉协会、中国茶叶流通协会、广西林业厅和南宁市政府联合举办的第八届全国茉莉花茶交易博览会暨2013年中国国际茉莉花文化节在“中国茉莉之乡”——广西横县隆重开幕。在开幕式上，横县被中国花卉协会授予“国家重点花文化示范基地(建设试点单位)”牌匾，成为《全国花卉产业发展规划(2011～2020)》提出2020年以前在全国建设100个国家重点花文化示范基地目标以来的首个建设试点单位。横县茉莉花发展历史悠久，规模较大，茉莉花文化节已成为当地的一个靓丽名片。

**我国植物 DUS 评价技术达国际先进水平** 8月20日，《中国绿色时报》报道，云南省农业科学院质量标准与检测技术研究所、云南省农业科学院花卉研究所等单位科技人员历时10年的研究，系统建立了低纬高原生态区30种植物新品种的DUS评价技术体系，为高原特色植物品种管理及知识产权保护提供了技术支撑。通过项目研究，确定了30种植物1441个DUS性状及其表达状态，筛选出与高原生境相适应的标准品种695个，构建了1307个植物、1465万个数据、3656张图片组成的DUS测试性状数据库，规范了品种描述，系统构建了高原植物新品种DUS评价技术平台。此外，通过对DUS测试环境、品种特性及性状表达协同关系研究，实现了DUS测试判定标准的统一和通用，为植物引种性状预测和环境适应性评价提供了理论依据。这项新技术达到国际先进水平。

**小盆栽产业小组应运而生** 12月7日，中国花卉协会盆栽植物分会小盆栽产业小组成立大会在花城广州召开。来自全国各地的120余位小盆栽生产商、经销商、批发商及物流企业负责人出席大会。大会通过了小盆栽产业小组工作条例草案，投票选出小盆栽主要产区广东、四川、福建、云南、山东、上海、天津的召集人。由于我国花卉领域内集团消费和公款消费的减少，大盆栽与其他一些鲜花销售呈明显递减趋势。但与此同时，适合家庭消费的小盆栽行业却产销两旺。2013年小盆栽的销量比2012年大约增长80%，针对消费者的需求，很多企业开发出了新的产品。可以说，小盆栽产业小组的成立，适应了时代发展要求，是应运而生的产物。 (中国花卉协会)

# 中国茶产业

【概　况】 全国茶叶生产，在取得连续18年增产增收的好成绩基础上，2013年在先后遭遇西南地区严重春旱、长江中下游地区严重伏旱的条件下，又继续增产增收，茶园面积和茶叶总产量继续超历史，茶叶总产值首次突破1000亿元大关。

茶园面积继续增加。据17个产茶省(区、市)上报汇总，共计茶园面积257.97万公顷，同比增加16.92万公顷。其中采摘面积194.5万公顷，同比增加15.2万公顷，增8.4%。

茶叶产量增加。2012年干毛茶总产量189万吨，同比增加11.5万吨，增6.5%。其中，除浙江、江苏因灾减产，其他省(区、市)全部增产，增产较多的云南增3.6万吨、四川增2.3万吨、贵州增2.2万吨、湖北增1.5万吨。

茶叶产值增加。干毛茶总产值1106.2亿元，同比增加123.8亿元，增12.6%。其中贵州增加26.1亿元、福建增18.3亿元、四川增15亿元、云南增13.4亿元、河南增12亿元。按茶园面积计算，公顷产值42885元，提高141元，增14.4%；按茶园采摘面积计算，公顷产值56865元，提高140元，增3.8%。

名优茶和大宗茶双双增加。名优茶产量84.9万吨，增加6.3万吨，增8%；大宗茶产量104万吨，增加5.2万吨，增5.3%。由于中央严令控制公费消费，名优茶价格明显下降，大宗茶价格适度上升，使全国名优茶产值增幅减缓、大宗茶增幅加快。名优茶产值791亿元，增加69.6亿元，增9.6%；大宗茶产值315亿元，增加54.2亿元，增20.7%。名优茶与大宗茶产量占比分别为45%和55%，与2012年基本持平。而产值占比，名优茶占71.5%，同比下降1.9%；大宗茶占28.5%，同比上升1.9%。

六大茶类均衡增产。随着市场的变化，绿茶和乌龙茶产量增幅下降，低于整个茶叶总产量平均增幅，黑茶、红茶、白茶和黄茶增幅大幅上升，均高于整个茶叶总产量平均增幅。全国黑茶19.7万吨，增加2.7万吨，增16%；红茶19.8万吨，增加2.4万吨，增14.2%；绿茶124.9万吨，增加6万吨，增5%；乌龙茶22.9万吨，增加0.8万吨，增3.6%；白茶1.1万吨，增加1898吨，增19.8%；黄茶2253吨，增加215吨，增10.5%。

茶叶质量及其安全水平明显提高。衡量茶叶质量安全水平的无公害茶园面积164.1万公顷，增加12.9万公顷，增8.6%；有机茶茶园面积15.2万公顷，增加0.92万公顷，增6.4%；高产优质的无性系茶树良种面积135.4万公顷，增加13万公顷，增10.6%，占茶园总面积的比重由2012年50.7%上升到52.5%。

当前茶叶生产中存在的突出问题有两个：一是茶园面积继续盲目扩大。全国一年增加16.7多万公顷新茶园，为近5年来最多的一年，使未开采茶园达到63.3多万公顷，也是创历史最高水平，按目前采摘面积平均亩产65千克计算，3年后即年产干毛茶61.8万吨，是2012年全国茶叶总产量的1/3，将对整个茶叶市场形成巨大的冲击力。二是全国茶叶平均单产水平继续下降。按茶园面积计算，全国平均亩产茶叶48.8千克，同比下降0.2千克；按采摘面积计算，全国平均亩产茶叶64.8千克，在2012年下降2.6千克的基础上，又下降了1.2千克。形成这两个问题的主要原因是一些地方重规模、轻质量，种扩大面积、轻提高单产和品质。

**【2013年度中国茶叶行业综合实力百强企业】** 根据《关于开展“2013年度中国茶叶行业百强企业”调查工作的通知》(中茶协字〔2013〕60号)的相关规定，在通过2012年度企业财务审计报告的茶叶企业自愿申报的基础上，由各省市茶叶社团组织审核、推荐，经中国茶叶流通协会组织专家初审、确认，并通过网络公示与再次核实等相关程序，

最终推选出"2013 中国茶叶行业综合实力百强企业"。

整个调查推选过程坚持"自愿、公平、公正和公益"的原则，入选的百强企业代表了目前中国茶叶行业的总体发展水平，相关结果将作为今后的行业推介、信用等级评定、品牌商标评选等项工作的依据。

**2013 中国茶叶行业综合实力百强企业候选名单**

| | 企业名称 | 法人代表 |
|---|---|---|
| 1 | 天福(开曼)控股有限公司 | 李家麟 |
| 2 | 湖南省茶业集团股份有限公司 | 周重旺 |
| 3 | 中国茶叶股份有限公司 | 王　震 |
| 4 | 宜昌萧氏茶叶集团有限公司 | 肖　勇 |
| 5 | 安徽茶叶进出口有限公司 | 顾公新 |
| 6 | 湖南湘丰茶业有限公司 | 汤　宇 |
| 7 | 华茗园茶业股份有限公司 | 胡家华 |
| 8 | 北京张一元茶叶有限责任公司 | 王秀兰 |
| 9 | 昆明七彩云南庆沣祥茶业股份有限公司 | 任剑铮 |
| 10 | 河南信阳毛尖集团有限公司 | 陈义兴 |
| 11 | 云南滇红集团股份有限公司 | 王天权 |
| 12 | 黄山市松萝有机茶叶开发有限公司 | 王光煦 |
| 13 | 安徽省六安瓜片茶业股份有限公司 | 曾胜春 |
| 14 | 武夷星茶业有限公司 | 何一心 |
| 15 | 四川叙府茶业有限公司 | 颜泽文 |
| 16 | 福建品品香茶业有限公司 | 林振传 |
| 17 | 北京更香茶叶有限责任公司 | 俞学文 |
| 18 | 福建春伦茶业集团有限公司 | 傅天龙 |
| 19 | 安徽天方茶业(集团)有限公司 | 郑孝和 |
| 20 | 黄山谢裕大茶叶股份有限公司 | 谢一平 |
| 21 | 信阳市文新茶业有限公司 | 刘文新 |
| 22 | 四川米仓山茶业集团有限公司 | 何旭伦 |
| 23 | 黄山市猴坑茶业有限公司 | 方继凡 |
| 24 | 浙江天赐生态科技有限公司 | 宋胜康 |
| 25 | 湖北邓村绿茶集团有限公司 | 刘长桥 |
| 26 | 福建新坦洋茶业股份有限公司 | 张锦华 |
| 27 | 福建武夷山国家级自然保护区正山茶业有限公司 | 江元勋 |
| 28 | 峨眉山仙芝竹尖茶业有限责任公司 | 王迪军 |
| 29 | 湖南洞庭山科技发展有限公司 | 袁小月 |
| 30 | 云南下关沱茶(股份)有限公司 | 陈国凤 |
| 31 | 黄山市新安源有机茶开发有限公司 | 方国强 |
| 32 | 福建省天湖茶业有限公司 | 林有希 |
| 33 | 浙江诚茂控股集团有限公司 | 俞晓刚 |
| 34 | 泉州盛世三和茶业有限公司 | 吴荣山 |
| 35 | 陕西苍山茶业有限责任公司 | 纪晓明 |
| 36 | 河南省信阳卢氏茶叶集团 | 卢文全 |
| 37 | 安徽齐山六安瓜片有限公司 | 杜　陈 |
| 38 | 湖北省赵李桥茶厂有限责任公司 | 庄潮荣 |
| 39 | 湖北三品源茶业科技开发有限公司 | 谢松甫 |
| 40 | 湖北宜红茶业有限公司 | 韩靖忠 |
| 41 | 黄山市休宁荣山茶厂 | 郭德军 |
| 42 | 黄山紫霞茶业有限公司 | 谢志生 |
| 43 | 广东茶叶进出口有限公司 | 穆有为 |
| 44 | 厦门山国饮艺茶业有限公司 | 林玉辉 |
| 45 | 湖北汉家刘氏茶业有限公司 | 刘家国 |
| 46 | 四川了翁茶业有限公司 | 邹会明 |
| 47 | 黄山光明茶业有限公司 | 谢四十 |
| 48 | 四川绿昌茗茶业有限公司 | 周　文 |
| 49 | 江西省宁红集团有限公司 | 俞学文 |
| 50 | 福建三好茶博汇茶业有限公司 | 丁明雄 |
| 51 | 五峰千珠碧茶业有限公司 | 王先国 |
| 52 | 福建省广福茶业有限公司 | 林型彪 |
| 53 | 河南九华山茶业有限公司 | 舒学昌 |
| 54 | 湖北省鹤峰鑫农茶业有限公司 | 李兴志 |
| 55 | 福建敖峰闽榕茶业有限公司 | 王德星 |
| 56 | 安徽省祁门红茶发展有限公司 | 王　昶 |
| 57 | 浙江千岛银珍农业开发有限公司 | 张再清 |
| 58 | 福建誉达茶业有限公司 | 周庆贺 |
| 59 | 大不同集团有限公司 | 苏锦平 |
| 60 | 上海天坛国际贸易有限公司 | 曹　文 |
| 61 | 陕西午子绿茶有限公司 | 闫战利 |
| 62 | 福州福民茶叶有限公司 | 刘南官 |
| 63 | 广东凯达茶业股份有限公司 | 赖法卫 |
| 64 | 上海大宁国际茶城市场经营管理有限公司 | 叶石生 |
| 65 | 武夷山香江茶业有限公司 | 胡国祥 |
| 66 | 河南新林茶业有限公司 | 连启武 |
| 67 | 安徽华国茗人农业有限公司 | 宋光英 |
| 68 | 北京二商京华茶业有限公司 | 杜广敏 |
| 69 | 云南省腾冲清凉山茶厂有限责任公司 | 徐家龙 |
| 70 | 福建郑源茶业有限公司 | 郑传源 |
| 71 | 福建省天荣茶业有限公司 | 沈丞荣 |
| 72 | 浮梁县浮瑶仙芝茶业有限公司 | 吴水前 |
| 73 | 陕西省紫阳富硒茶业有限公司 | 李龙安 |
| 74 | 福建省天丰源茶产业有限公司 | 庄长强 |
| 75 | 福建福鼎东南白茶进出口有限公司 | 张郑库 |
| 76 | 福建瑞达茶业有限公司 | 陈家瑞 |
| 77 | 福建福安市城湖茶叶有限公司 | 黄　雄 |
| 78 | 勐海陈升茶业有限公司 | 陈升河 |
| 79 | 霍山抱儿钟秀茶业有限公司 | 文　亮 |

| | 企业名称 | 法人代表 |
|---|---|---|
| 80 | 黄山市汪满田茶业有限公司 | 汪智利 |
| 81 | 福建绿叶茶业有限公司 | 余其招 |
| 82 | 赣州市武夷源实业有限公司 | 谢明进 |
| 83 | 福建省南方嘉木茶业有限公司 | 缪　强 |
| 84 | 福建省满园春茶业有限公司 | 赵师增 |
| 85 | 安徽国润茶业有限公司 | 殷天霁 |
| 86 | 四川省蒙顶山皇茗园茶业集团有限公司 | 杨文学 |
| 87 | 福州东升茶厂 | 林增钦 |
| 88 | 安徽双园集团有限公司 | 袁　诚 |
| 89 | 苏州三万昌茶叶有限公司 | 张建良 |
| 90 | 安徽白云春毫茶叶开发有限公司 | 赵玉贵 |
| 91 | 云南六大茶山茶叶股份有限公司 | 阮殿蓉 |
| 92 | 云南普洱茶有限公司 | 郑炳基 |
| 93 | 湖北龙峡茶业集团有限公司 | 万　志 |
| 94 | 广西农垦茶业集团有限公司 | 唐永宁 |
| 95 | 福建隽永天香茶业有限公司 | 龚　煦 |
| 96 | 湖北悟道茶业有限公司 | 谈汉波 |
| 97 | 四川蒙顶山味独珍茶业集团有限公司 | 张　强 |
| 98 | 恩施馨园生态茶叶有限公司 | 李　峰 |
| 99 | 信阳申林茶业开发有限公司 | 潘万勇 |
| 100 | 云南天士力帝泊洱生物茶集团有限公司 | 闫希军 |
| | 浙江武义茶业有限公司 | 郑素萍 |

**【2013中国茶叶企业产品品牌价值排行榜】** 由浙江大学CARD中国农业品牌研究中心和《中国茶叶》杂志、中茶所中国茶叶网联合组建的课题组，深入研究茶产业发展趋势，完成了2013年茶叶品牌价值评估研究。评估过程中，课题组采用浙大CARD农产品品牌价值评估模型，通过茶叶企业调查、消费者综合评价调研等多种方式，以全国主要产茶区茶企产品品牌为基础，选用其中较有影响力的200个品牌为研究对象，最终确定了中国茶叶企业品牌价值百强排行榜并由国家茶叶产业技术体系公布。

**2013中国茶叶企业产品品牌价值排行榜**

单位：亿元

| | 品牌名称 | 价值 | | 品牌名称 | 价值 |
|---|---|---|---|---|---|
| 1 | 大益 | 12.02 | 52 | 花秋 | 1.66 |
| 2 | 吴裕泰 | 10.49 | 52 | 碧云天 | 1.66 |
| 3 | 吉祥鸟 | 7.84 | 53 | 多奇 | 1.62 |
| 4 | 春伦 | 7.65 | 54 | 西竺 | 1.61 |
| 5 | 采花 | 7.11 | 55 | 高黎贡山 | 1.56 |
| 6 | 更香 | 7.03 | 56 | 九龙山 | 1.54 |
| 7 | 皇帝 | 6.18 | 57 | 羊岩山 | 1.52 |
| 8 | 汉家刘氏 | 5.63 | 58 | 浮红 | 1.51 |
| 9 | 崟露 | 5.56 | 59 | 舒绿园 | 1.50 |
| 10 | 新坦洋 | 5.42 | 59 | 御茶园 | 1.50 |
| 11 | 绿剑 | 4.73 | 60 | 咏荫 | 1.47 |
| 12 | 品品香 | 4.60 | 61 | 天方 | 1.41 |
| 13 | 巴陵春 | 4.57 | 62 | 三万昌 | 1.40 |
| 14 | 松萝山 | 4.40 | 63 | 茂圣 | 1.38 |
| 15 | 吟春碧芽 | 4.13 | 64 | 巴南银针 | 1.31 |
| 16 | 汪满田 | 3.47 | 65 | 川 | 1.30 |
| 17 | 得雨活茶 | 3.36 | 66 | 味独珍 | 1.29 |
| 18 | 文新 | 3.17 | 67 | 宋茗 | 1.28 |
| 19 | 迎客松 | 3.03 | 68 | 天壶 | 1.24 |
| 20 | 雾里青 | 2.95 | 69 | 福茗芳 | 1.21 |
| 21 | 碧螺 | 2.91 | 70 | 龙珠 | 1.19 |
| 22 | 君山 | 2.83 | 71 | 天醇 | 1.12 |
| 23 | 雨佳 | 2.74 | 72 | 福百祥 | 1.11 |
| 24 | 大山坞 | 2.62 | 73 | 绿宝石 | 1.10 |
| 24 | 太姥绿叶 | 2.62 | 74 | 玲珑 | 1.08 |
| 25 | 徽六 | 2.57 | 75 | 肖坑 | 1.05 |
| 26 | 午子 | 2.53 | 76 | 凯达 | 1.04 |
| 27 | 宜 | 2.43 | 77 | 瑞达 | 1.03 |
| 28 | 白沙溪 | 2.40 | 78 | 秦汉相府 | 1.02 |
| 29 | 九华山 | 2.38 | 79 | 鑫品 | 0.98 |
| 30 | 绿芳 | 2.29 | 80 | 张元记 | 0.96 |
| 31 | 绿雪芽 | 2.27 | 80 | 双园 | 0.96 |
| 32 | 誉达 | 2.22 | 81 | 银龙 | 0.93 |
| 33 | 岩中玉兔 | 2.19 | 81 | 九华红 | 0.93 |
| 34 | 清茗 | 2.16 | 82 | 仰天雪绿 | 0.92 |
| 34 | 天峰 | 2.16 | 83 | 上茗轩 | 0.90 |
| 35 | 浮瑶仙芝 | 2.14 | 84 | 大明山 | 0.88 |
| 36 | 普秀 | 2.09 | 84 | 西岩山 | 0.88 |
| 37 | 绿昌茗 | 2.08 | 85 | 浪伏 | 0.78 |
| 38 | 了翁 | 2.06 | 86 | 名峰山 | 0.77 |
| 39 | 金鹿 | 2.01 | 87 | 天毫 | 0.73 |
| 40 | 三鹤 | 1.97 | 87 | 香妃翠玉 | 0.73 |
| 40 | 忆江南 | 1.97 | 88 | 乡雨 | 0.70 |
| 41 | 洪通 | 1.95 | 89 | 安池 | 0.69 |
| 42 | 贡 | 1.90 | 90 | 顶峰茶业 | 0.65 |
| 43 | 湘益 | 1.88 | 91 | 卢正浩 | 0.64 |
| 44 | 碧涛 | 1.86 | 92 | 皇茗园 | 0.61 |
| 45 | 隽永 | 1.80 | 93 | 金茗红 | 0.59 |
| 46 | 定心 | 1.79 | 94 | 凤凰山 | 0.56 |
| 46 | 乙万杯 | 1.79 | 95 | 名峰 | 0.55 |
| 47 | 龙潭 | 1.78 | 96 | 狮 | 0.53 |

| | 品牌名称 | 价值 | | 品牌名称 | 价值 |
|---|---|---|---|---|---|
| 48 | 裕荣香 | 1.77 | 97 | 太姥山 | 0.52 |
| 49 | 嘉竹 | 1.75 | 98 | 千道湾 | 0.51 |
| 50 | 黄花 | 1.70 | 99 | 壹泡红 | 0.50 |
| 51 | 金龙玉珠 | 1.69 | 100 | 天姥仙 | 0.48 |

本研究中所估算之品牌价值，均基于茶叶品牌持有单位提供的相关数据及其他公开可得信息，且运用浙江大学CARD中国农业品牌研究中心的茶叶企业产品品牌专用评估方法对采集的数据处理的结果。

**【2013年中国茶叶出口贸易】** 据统计，2013年全球茶叶产量481.9万吨，同比上升4.57%，再创历史新高。从地区看，亚洲茶叶产量占世界总产量84.39%，与2012年基本持平；非洲占13.39%，比2012年略有增加。从国家看，中国茶叶产量189万吨，同比上升6.5%，占全球茶叶总产量38.39%。印度、肯尼亚、斯里兰卡和越南位列世界前五，上述5国茶叶产量之和占全球茶叶总产量82.92%。

2013年，中国茶叶出口32.58万吨，金额12.47亿美元，同比分别上升3.92%和19.64%，出口数量与出口金额的同时增长，对中国茶产业和茶叶出口行业具有重要意义。从出口数量看，绿茶是拉动出口量增长的主因。由于国际市场对绿茶保健功效认知逐渐加深，需求持续上升，绿茶出口维持了稳定增长；中国红茶面临肯尼亚、印度、斯里兰卡等主产国竞争，加之受到国内诸多因素制约，出口量持续下降；而乌龙茶、普洱茶、花茶等特种茶出口仍难以在当前国际市场中取得突破，故绿茶出口持续增长成为我茶叶出口行业稳步发展和茶叶出口大国地位的有力保证。从出口金额看，在国内茶叶生产成本不断上升、汇率升值等不利因素下，茶叶出口价格保持高幅增长态势，削弱了我国茶叶出口价格优势，国际市场购买力下降。就总体而言，国际市场需求稳中有升，拓展空间潜力巨大。

出口市场仍以欠发达国家和地区为主：2013年我国茶叶出口至125个国家和地区，其中70%为欠发达国家和地区。茶叶出口超过万吨的国家共有10个：摩洛哥、乌兹别克斯坦、美国、毛里塔尼亚、日本、俄罗斯、阿尔及利亚、多哥、塞内加尔和德国。摩洛哥长期稳居首位，占我国茶叶出口总量近20%，是我国茶叶出口行业风向标。欧盟是世界主要茶叶消费地区，但中国茶叶迄今未能占据主要市场份额，严苛的农残标准和茶叶消费习惯差异是主要原因。日本是我国茶叶传统市场，但已从第二位退居第五位，出口量连年下降，需求低迷、农残壁垒和中日政治关系不稳定是重要制约因素。

出口产品结构仍以大宗散装原料茶为主。受我国茶叶企业实力水平限制，只能向国际市场输出多为散装、贴牌的、低附加值的大宗茶，企业利润微薄。由于利润微薄，国内企业的市场开发积极性弱，不愿意投入更多。此外，消费习惯、茶功能用途、对茶的认知程度等也是重要影响因素。所以，中国茶叶在国际市场上的推广扩大，需要一个渐进过程。

由于受生产成本、原材料价格等因素影响，中西部地区茶产业加速发展，区域结构更趋平衡也是茶叶出口的重要特点。2013年，浙江、福建、江苏等东部沿海省份茶叶出口占比61%，比2004年下降10个百分点。湖北、贵州、四川等中西部省份茶叶出口大幅提升，分别为5198吨、3000吨和1514吨，同比上升93%、456%和33%，茶叶生产和出口成为上述地区农民增收的重要途径。

（中国茶叶流通协会）

# 森林旅游业

【概　况】 全国林业系统各级自然保护区数理2163处，总面积12446.2万公顷，约占国土面积的12.96%，占全国自然保护区总数量的81.04%，占全国自然保护区总面积的83.10%。2013年全国森林公园旅游收入491.11亿元。浙江千岛湖、浙江竹乡、重庆小三峡、湖南张家界等56处国家森林公园旅游收入超亿元。国庆长假全国森林公园直接旅游收入达到68.05亿元，同比增长31.2%，是国内旅游增长率的5倍。截至2013年年底，全国共建立森林公园2948处，规划总面积1758万公顷。其中，国家级森林公园779处总面积1214.33万公顷；省级森林公园1371处，县（市）级森林公园797处（表1）。

**表1　森林公园总数超100处的省份**

| 序号 | 省（区） | 森林公园总数 |
|---|---|---|
| 1 | 广东 | 460处 |
| 2 | 山东 | 242处 |
| 3 | 浙江 | 195处 |
| 4 | 福建 | 178处 |
| 5 | 江西 | 169处 |
| 6 | 河南 | 160处 |
| 7 | 四川 | 121处 |
| 8 | 湖南 | 119处 |
| 9 | 山西 | 111处 |

**森林公园建设**　根据对31个省（区、市）及内蒙古、吉林、龙江、大兴安岭森工（林业）集团公司共2466处森林公园的统计数据显示，2013年森林公园共投入建设资金486.69亿元，其中用于环境建设方面的投资56.15亿元，营造景观林10.94万公顷，改造林相19.26万公顷。截至2013年年底，森林公园共拥有游步道7.42万千米，旅游车船3.78万台（艘），接待床位80.91万张，餐位143.84万个。从事管理与服务的职工达16.48万人，导游人员1.77万人。

**森林公园经营**　据2466处森林公园（含白山市国家森林旅游区）统计，2013年共接待游客5.89亿人次（其中海外游客2168.95万人次），占国内旅游总人数的18.1%，旅游收入491.1亿元，分别比2012年度增长7.5%和8.3%。据测算，2013年全国森林公园创造的社会综合产值超过4700亿元。

依据对2194处森林公园（其中国家级森林公园779处，不含白山市国家森林旅游区）的具体统计数据分析如下。

①各公园游客人数差异。2013年总人数共计5.36亿人次，其中112处游客人数均超100万人次，275处游客人数超50万人次，222处游客人数为0，292处游客人数不足1万人次。779处国家级森林公园游客人数共计3.43亿人次，其中22处游客人数为0，43处不足1万人次，169处超50万人次，82处超100万人次。接待游客的757处国家级森林公园平均游客人次45万人次（表2）。

**表2　游客人数排名前30位的国家级森林公园名单**

| | 森林公园名称 | 游客人数 |
|---|---|---|
| 1 | 重庆南山国家森林公园 | 1450.00万人次 |
| 2 | 湖南张家界国家森林公园 | 929.07万人次 |
| 3 | 南京紫金山国家森林公园 | 880.00万人次 |
| 4 | 重庆小三峡国家森林公园 | 740.00万人次 |
| 5 | 江西云碧峰国家森林公园 | 610.00万人次（免票） |
| 6 | 浙江竹乡国家森林公园 | 590.00万人次 |
| 7 | 贵州凤凰山国家森林公园 | 550.00万人次（免票） |
| 8 | 广东圭峰山国家森林公园 | 500.00万人次 |
| 9 | 浙江千岛湖国家森林公园 | 482.00万人次 |
| 10 | 福建福州国家森林公园 | 451.00万人次（免票） |
| 11 | 重庆仙女山国家森林公园 | 432.00万人次 |
| 12 | 山西五台山国家森林公园 | 425.20万人次 |
| 13 | 辽宁本溪环城国家森林公园 | 380.00万人次 |
| 14 | 江苏西山国家森林公园 | 360.00万人次 |
| 15 | 江西瑶里国家森林公园 | 328.80万人次 |
| 16 | 贵州百里杜鹃国家森林公园 | 323.95万人次 |
| 17 | 重庆黄水国家森林公园 | 308.00万人次 |
| 18 | 浙江紫微山国家森林公园 | 297.00万人次 |

| | 森林公园名称 | 游客人数 |
|---|---|---|
| 19 | 山东泰山国家森林公园 | 292.80 万人次 |
| 20 | 河南嵩山国家森林公园 | 280.00 万人次 |
| 21 | 江苏虞山国家森林公园 | 258.00 万人次 |
| 22 | 江西陡水湖国家森林公园 | 248.59 万人次 |
| 23 | 山东崂山国家森林公园 | 243.00 万人次 |
| 24 | 浙江溪口国家森林公园 | 241.00 万人次 |
| 25 | 江西峰山国家森林公园 | 230.00 万人次(免票) |
| 26 | 江西梅岭国家森林公园 | 215.46 万人次 |
| 27 | 辽宁沈阳国家森林公园 | 212.25 万人次 |
| 28 | 湖南天门山国家森林公园 | 210.90 万人次 |
| 29 | 上海共青国家森林公园 | 206.00 万人次 |
| 30 | 江苏宝华山国家森林公园 | 204.90 万人次 |

②各公园旅游收入差异。2194 处森林公园旅游收入共计 465.18 亿元，其中 406 处森林公园旅游收入为 0，86 处收入在 5 万元以下，423 处超 1000 万元，128 处超 5000 万元，66 处超亿元。取得旅游收入的 1788 处森林公园平均旅游收入 2600 万元。779 处国家级森林公园旅游收入共计 381.75 亿元，其中 48 处旅游收入为 0，9 处不足 5 万元，294 处超 1000 万元，100 处超 5000 万元，56 处超亿元。取得旅游收入的 731 处国家级森林公园平均旅游收入 5222 万元(表 3)。

**表 3　旅游收入排名前 30 位的国家级森林公园名单**

| | 森林公园名称 | 旅游收入 |
|---|---|---|
| 1 | 浙江千岛湖国家森林公园 | 58.28 亿元 |
| 2 | 浙江竹乡国家森林公园 | 23.50 亿元 |
| 3 | 重庆小三峡国家森林公园 | 23.09 亿元 |
| 4 | 江西瑶里国家森林公园 | 19.23 亿元 |
| 5 | 贵州百里杜鹃国家森林公园 | 18.70 亿元 |
| 6 | 浙江紫微山国家森林公园 | 13.47 亿元 |
| 7 | 湖南张家界国家森林公园 | 10.07 亿元 |
| 8 | 重庆黄水国家森林公园 | 8.52 亿元 |
| 9 | 江苏虞山国家森林公园 | 6.86 亿元 |
| 10 | 四川剑门关国家森林公园 | 6.12 亿元 |
| 11 | 四川西岭国家森林公园 | 5.19 亿元 |
| 12 | 江西明月山国家森林公园 | 4.85 亿元 |
| 13 | 江西梅岭国家森林公园 | 4.70 亿元 |
| 14 | 四川海螺沟国家森林公园 | 4.13 亿元 |
| 15 | 辽宁长山群岛国家海岛森林公园 | 3.60 亿元 |
| 16 | 吉林拉法山国家森林公园 | 3.51 亿元 |
| 17 | 黑龙江北极村国家森林公园 | 3.31 亿元 |
| 18 | 福建龙岩国家森林公园 | 3.20 亿元 |
| 19 | 浙江溪口国家森林公园 | 3.01 亿元 |
| 20 | 广东南昆山国家森林公园 | 2.82 亿元 |
| 21 | 四川华蓥山国家森林公园 | 2.80 亿元 |
| 22 | 山东泰山国家森林公园 | 2.76 亿元 |
| 23 | 山东五莲山国家森林公园 | 2.67 亿元 |
| 24 | 山西太岳山国家森林公园 | 2.54 亿元 |
| 25 | 江西三爪仑国家森林公园 | 2.30 亿元 |
| 26 | 湖南天门山国家森林公园 | 2.28 亿元 |
| 27 | 广西八角寨国家森林公园 | 2.23 亿元 |
| 28 | 山西五台山国家森林公园 | 2.20 亿元 |
| | 河南嵩山国家森林公园 | 2.20 亿元 |
| 29 | 重庆金佛山国家森林公园 | 2.15 亿元 |
| 30 | 四川九寨国家森林公园 | 2.11 亿元 |

**公益性开放**　根据对 2466 处森林公园的统计，871 处森林公园(其中国家级 189 处)免收门票，享受免票服务的游客达 1.59 亿人次(其中国家级 6434.74 万人次)，占本年度游客总人数的 27%(占国家级游客总人数的 18.7%)。山西省的全部县(市)级森林公园免票开放，日接待游客 39 万人次，直接受益人口达 2200 万人。

**2013 年度国家花木专业园类建设**　2013 年，洛阳国家牡丹园、鄢陵国家花木博览园、邳州国家银杏博览园和江苏泰兴国家古银杏公园共投入建设资金 1.61 亿元，接待游客 765.1 万人次，综合收入达 4.6 亿元。

## 【2013 森林公园大事记】

**国家级森林公园管理高级研修班举办**　3 月 29 日 ~30 日，国家级森林公园管理高级研修班在江苏虞山国家森林公园举办。

本次研修班分别对国家级森林公园行政许可事项的申请与审查、国家级森林公园总体规划的编制与审查、建设项目占用国家级森林公园林地的申请与审查进行了专题讲解，有效增强了各森林公园管理者对国家级森林公园管理相关政策和规定的深入理解和准确把握。

**2013 国家级森林公园主任培训班开班**　为进一步提高森林公园管理水平，发挥森林公园在保护遗产资源，促进森林旅游，弘扬生态文明中的作用，实现森林综合效益最大化，6 月 23 日 ~7 月 3 日，2013 国家级森林公园主任培训班在福建农林大学举办。来自 16 个省(区、市)的 80 多位国家级森林公园主任、森林旅游管理部门领导干部参加培训。

**第五批获专用标志使用授权国家级森林公园名单公布** 7月26日，国家林业局下发通知，公布第五批获得中国国家森林公园专用标志使用授权的国家级森林公园名单，同意授权山西太行大峡谷、黑龙江长寿山、安徽万佛山、福建将乐天阶山、河南郁山等49处国家级森林公园使用中国国家森林公园专用标志。至此，获得中国国家森林公园专用标志使用授权的国家级森林公园达623处。

**海峡两岸森林公园与森林旅游论坛在成都举行** 10月14日，以"森林公园在促进社会文明和民生发展中的功能与作用"为主题的"2013年海峡两岸森林公园与森林旅游论坛"在成都召开。

论坛上，多名专家、学者就"森林人家"品牌的创意与实践、森林旅游发展的理念与美学等议题作了专题报告。期间，两岸业内人士就进一步加强交流与合作交换了意见，并达成广泛共识。

本次论坛由中国林场协会、中华自然资源保育协会共同主办，四川省生态旅游协会承办。来自海峡两岸森林公园与森林旅游管理和研究的80余名代表参加了论坛。

**国家级森林公园新增15处** 1月25日和10月15日，国家林业局分两批次作出行政许可决定，准予设立彭泽、兰家大峡谷、丹江口、合肥大蜀山、武夷天池、滕州墨子、阆中、青峰峡、黄龙山、攸州、长白山北坡、密州、留山古火山、矮寨、兴隆侨乡共15处国家级森林公园。至此，国家级森林公园总数达779处，规划面积1047万公顷。

**国庆长假森林公园旅游呈倍速增长** 2013年"十一"长假，全国范围内掀起了一轮旅游热潮，其中森林公园成为人们出游的首选地。据初步统计，7天假期全国森林公园共接待游客5722万人次，比2012年增长5.9%，是国内旅游增长率的8倍；森林公园直接旅游收入达63亿元，增长31.2%，是国内旅游增长率的5倍。

对此现状，国家林业局森林公园管理办公室相关负责人表示，旅游收入大幅提高的根本原因是休闲度假的游客显著增多，带动了食宿、娱乐等消费的增长，显示出公众到森林公园旅游已从单纯看森林美景转变为森林休憩和森林度假，体验森林良好的生态环境。同时，他还对节日期间部分地区因恶劣天气对森林旅游造成的严重冲击进行了细致分析。

**《关于进一步做好森林公园管理工作的通知》下发** 11月11日，为扎实推进森林公园和森林旅游事业的持续、健康发展，国家林业局森林公园管理办公室（国家林业局森林公园保护与发展中心）下发《关于进一步做好森林公园管理工作的通知》。

通知从强化国家级森林公园行政许可项目审查，强化国家级森林公园总体规划审批，强化建设项目使用国家级森林公园林地审查，强化森林公园的立法与执法，强化森林公园的人员培训5个方面作了详细说明。

**参加首届亚洲公园大会** 11月12日~18日，应世界自然保护联盟（IUCN）的邀请，国家林业局组成以森林公园管理办公室副主任杨连清为团长，保护司李忠处长、森林公园办俞晖处长、国际合作中心王智副处长为成员的林业代表团，赴日本仙台市参加了首届亚洲公园大会（APE）。大会由开幕式、专题报告、分组报告、青年论坛、实地考察和闭幕式组成，来自40个国家和地区的政府官员、国际组织、非政府机构的专家学者及学生共800余位代表参加。

会议期间，代表团作了《中国在自然保护领域新的实践和成果——中国森林公园建设与发展》的宣传讲演，并布置了中国林业展台，通过图片、数据和招贴画等形式展示了近30年中国国家森林公园的建设成就及对生物多样性保护和社区发展作出的贡献，引起与会人员热烈关注，取得良好效果。

**批建江苏泰兴国家古银杏公园** 12月13日，国家林业局印发《关于同意建设江苏泰兴国家古银杏公园的函》，指出为进一步保护古银杏林木资源，拓展银杏生产利用途径，传承创新银杏文化，探索林业生态建设与人民生产生活和谐发展模式，同意在泰兴市宣堡镇建设江苏泰兴国家古银杏公园，面积1600公顷。至此，国家林业局批建的国家级林业专业公园已达4处。 （许晶　俞晖）

# 林木种苗生产

2013年全国共采收林木种子2668万千克，其中全国采种基地共采收种子506万千克，占全国林木种子采收量的18.95%。全国良种基地共生产种子167万千克(其中种子园94万千克，母树林73万千克)；生产穗条42亿条(根)(其中良种繁育圃6亿条，采穗圃36亿条)。2013年全国共完成育苗面积107.1万公顷，其中新育苗面积30万公顷，占育苗总面积的28%。总育苗量比2012年增加15.5万公顷，增幅为16.92%。国有、乡村集体和个体育苗面积分别占育苗总面积的10.61%、4.8%和84.59%。2013年育苗总量为600亿株，除留圃苗木外，实际用于造林绿化的苗木量为175.8亿株，其中生态公益林苗木98.3亿株，经济林苗木32.1亿株，其他林种苗木45.4亿株。2013年实际用苗量中26.89%来自国有单位，5.25%来自乡村集体，还有67.86%来自个体。

截至2013年年底，全国共有苗圃434512个，国有、乡村集体和个体所占比例分别为1.69%、1.4%和96.91%。在国有苗圃单位中，林业系统内部的苗圃有5493个。

2013年，林木育种和育苗总产值为1277亿元，其中林木育种为112亿元，林木育苗为1165亿元。

2013年，中央预算内投资计划下达林木种苗工程建设资金2亿元，其中地县级林木种苗机构能力建设投资3827万元，林木良种基地建设投资12170万元，林木种质资源收集保存库建设投资2087万元，林木采种基地投资400万元，其他投资1516万元。建设林木种苗工程项目118个，建设规模6363公顷，继续建设了11个省的地县级林木种苗机构能力项目，计划在3个省(自治区)建成72个质监站。

2013年，林木种苗社会化服务取得新成绩。一是国家种苗网全面改版升级，加载信息数量达到3833条。增设了林木种苗行情栏目，及时向社会公布全国林木种苗价格行情，为购销双方提供了信息服务平台。二是开通了《林木种苗周刊》《森林旅游周刊》等电子邮件订阅，收到了良好的用户反馈。三是举办了省级林木种苗信息员培训班，培训信息员80余人，为促进基层信息化建设奠定了人才基础。四是支持新疆呼图壁、安徽合肥、山东昌邑、吉林柳河四大国家级苗木交易市场举办各类交易活动，其中新疆呼图壁苗博会共达成签约项目10个，签约额26.42亿元，为行业发展和带动区域发展起到了积极的推动作用。

(国家林业局国有林场和林木种苗工作总站综合处)

# 各省(区、市)林业产业

# PROVINCIAL FOREST INDUSTRY

# 北京市林业产业

【产业特点】 一是传统林业产业加快提质增效。全市果品、花卉、种苗、蜂业等传统林业产业加快优化升级，总产值达到100多亿元，已成为促进农民就业增收的重要载体和支撑。二是新型林业产业发展迅速。全年新发展林下经济21万亩，累计达到50多万亩，产值达到20多亿元，带动10万户、30多万农民就业。拓展园林绿化多种功能，开展了"百万市民观光采摘游"和"三节一展"等系列花卉文化宣传活动，全市观光果园达到1300个，接待游客1000多万人次，果品采摘直接收入达到4.9亿元。森林旅游业蓬勃发展，全市各类森林公园累计接待游客650万人次，实现综合经营收入3亿多元。三是食用林产品质量安全监管全面加强，全市主产果品监测抽样合格率达到95%以上。四是生态建设对农民就业增收的拉动作用成效明显。在平原造林工程建设和养护管理中，全市共吸纳3.2万农民就业，人均增收4000多元。同时，朝阳、海淀、昌平、大兴、通州、顺义等区县还结合自身实际，相应提高拆迁腾退、土地流转、困难地造林等补偿标准，切实保障了农民利益。

【果品产业】 北京果树产业是北京生态文明建设、满足市民休闲及农民增收致富的重要组成部分。2013年按照局办党组对园林绿化生态建设的具体要求，引进国内外先进栽培管理理念，聘请了"果树辨证管理学"创始人刘全保、梨树密植栽培管理技术的实践者魏文继两位具有丰富实践经验的专家指导推广果树矮化密植高产高效现代化果树栽培(新栽植果树)1万亩，为实现果园的机械化集约化管理奠定基础，真正启动了产业升级、果农增收致富，朝着北京果树100亿元的增长目标迈开了一大步。

**果品产量与销售** 2013年果树产业经受了春季低温、夏季多雨的不利气象条件，由于多年重视了有机化综合管理技术的推广实施，加上调整品种结构、保证了果品质量，使其商品性提高，实现了减产不减收，果品收入近44亿元。2013年全市果品产量可达9.1亿千克、果品收入43.9亿元。其中鲜果产量达8.4亿千克、收入36.5亿元。葡萄在比2012年减产12%(5852万千克)的情况下，收入达到3.1亿元，同比增长8.0%。苹果预计产量与2012年大致相同，而收入将达6.7亿元，同比增长10.8%。柿子产量与2012年持平，收入同比增长7.5%，突破1亿元。从2010年起实施的甜柿推广收效显著。到2012年平谷区改接甜柿2000亩，达到亩产1000千克，平均6~10元/千克被商贩地头直接收购，好的收购价达到20元/千克。

**干鲜果品及加工品出口** 实现干鲜果品及加工品出口1691万千克、收入5328万元。2013年全市已完成干鲜果品及加工品出口1691万千克、收入5328万元，同比均略有增长。其中，出口鲜果桃树357万千克、收入2858万元，均高于2012年；板栗、仁用杏类干果257万千克、收入515万元，同比分别增长4.9%、5.1%；平谷的桃汁、怀柔的栗仁、杏仁等果品加工品出口1077万千克、收入1955万元，均高于2012年。

**果树种植** 2013年春完成果树发展6万亩、699.5万株。其中，新发展果树3.4万亩、532.7万株，有1万亩新植果树是按照"矮化密植现代化果树种植管理"模式完成的，占新发展果树面积的29%，因此在面积比2012年减少15%的情况下，株数反而增长28.0%。

在新发展果树中，鲜果2.8万亩、509.5万株。其中苹果7249亩、85.4万株，同比增长1.3倍、3.6倍，主要集中在顺义、昌平和密云；梨树

注：1公顷=15亩

新发展4626亩、78.8万株，面积同比略有增长，株数同比增长3.3倍。2013年新发展干果5560亩、23.2万株。

全市更新老、杂、劣果园1.5万亩、121.8万株；品种改良、高接换优果树1.1万亩、45.0万株。其中，传统硬肉桃树、高接水蜜桃树等优良品种4135亩、14.5万株，板栗改造2372亩、13.1万株。

全市共完成野生资源嫁接果树22.7万株。其中，酸枣嫁接大枣21.1万株，山杏嫁接仁用杏1.6万株。

**设施果品** 全市设施果品总产量达777.6万千克、总收入达2.4亿元。全市共有设施果树面积11553亩(草莓除外)，其中结果面积6829亩、5652个棚室。设施果品总产量达到777.6万千克，总收入高达2.4亿元，同比分别增长5.9%、17.0%；按照结果面积算，平均亩收入达到3.5万元。

设施果树现有面积最多的是平谷7616亩，其次是大兴1468亩，顺义557亩、房山549亩、延庆467亩。从树种来看，全市大桃的设施面积最多达8112亩、葡萄2355亩、樱桃338亩、无花果238亩、杏154亩。

设施桃树4139亩结果，产量592.4万千克，收入1.5亿元；设施葡萄2123亩结果，产量160.1万千克，收入6505.8万元；樱桃194亩结果，产量6.5万千克，收入1463.8万元，比较效益居首。

2013年全市投资721.0万元、新建果树设施110亩、106个棚室。其中，砖钢结构的温室50亩、49个；钢架大棚56亩、56个；联栋式温室4亩、1个；共涉及农户24户。总投资721.0万元，其中农民自筹406.0万元、市级补助315.0万元。新建最多的是蓝莓园设施80亩、80个，集中建设在怀柔。

**观光采摘** 京郊果园观光采摘直接收入4.9亿元。2013年京郊开放采摘果园已达1300个，面积27.5万亩。京郊果园共接待游客1026.6万人次，采摘果品总量3718.8万千克，采摘直接收入4.9亿元，均与2012年基本持平。通过果园采摘促销果品5860.0万千克，促销收入3.8亿元，同比均略有减少。

鉴于前些年百万市民观光采摘系列旅游文化活动的精心策划宣传实施，在广大市民心目中春季摘樱桃、秋季摘苹果已成为固定的郊游项目。2013年号称“春果第一枝”的樱桃栽培面积已达到5.7万亩，总产量587.4万千克，总收入2.8亿元，成熟时一如既往吸引了大量市民采摘、郊游。如通州的郑佳生态农业有限公司，日高峰一天就接待游人2000多人次，采摘量5000千克，采摘收入60万元。大兴安定镇千亩古桑园接待观光采摘游客20万人次，采摘桑葚50万千克，采摘直接收入400万元。

**密植高效** 转变观念，加强培训，大力推广密植高效现代化果树栽培。北京果品的质量、产量和收入在全国已处于领先地位。但是，与发达国家或国内的高效果园相比，还远未达到应有的水平。

对比找差距，创新找出路。从2012年下半年开始，围绕北京市果树产业升级，产业处数次组织区县业务主管部门及部分种植大户，分赴山西运城、山东烟台、河北遵化等地区考察学习；春节过后就组织2次300余人次的集中培训，邀请刘全保系统讲授“果树辩证管理学系列技术”；聘请刘全保、魏文继二位专家逐区县现场培训实地指导独干形果树的具体管理技术及郁闭果园改造技术，对新建果园从整地改土开始，开沟、施肥、种植、灌水、刻芽促发枝条等各环节逐园指导，使多数新建园的主干新梢生长量达到1.5米以上，有的超过2米；两次邀请意大利ZANZI公司总经理介绍其成熟的矮化密植现代化果园生产管理技术，使大家逐渐认清了这一新技术的可行性和必要性。2013年只此一项技术组织参观考察培训近1万人次。在此基础上完成了1万亩(近230万株)现代化示范果园的种植管理，这将全面提升北京果树产业水平。

在考察国内的高效果园、学习发达国家果园管理，在专家多方论证、储备果树栽培技术的基础上，我们已经掌握了高效现代化果园的栽培管理技术。北京果树栽培经过多年的努力，无论是品种结构、果品质量及果品收入在全国已处于领先地位，已具备向更高效现代化迈进的基础条件。

目前北京鲜果平均亩产量仅为这种高效栽培

模式果园的1/10，平均亩收入仅约占1/20。如果北京鲜果全部建成高效现代化果园(以河北高阳梨园效益测算)，全市126万亩鲜果年产量为94.5亿千克，年收入为630亿元。

**有机栽培**　继续大力推广果树有机化栽培。北京市推广果树有机化栽培10年来，真正改善了土壤肥力状况，强壮了树势，提高了果品的外观质量和内在品质，受到广大市民和果农的青睐，果品价格逐年提升，使一大批果农实现了增收致富。从2011年以来又先后推出了"果品零农残""生物动力有机农业"，其核心也是在改土的基础上通过施用土壤保护剂、不同功能的控制素等提高土壤肥力转化，促进光合作用及光合产物积累，从而提升果品产量和内外在品质。

全市认证有机(包括转换期)果园达到222个、12.5万亩。已有896个、34.4万亩的果园启动了果树有机化栽培综合配套技术。其中申请并获得有机认证的有204个、11.8万亩。在这些有机果园中，行间生草6.1万亩，比2012年增长9.9%；种植驱避植物1.4万亩，同比增长21.2%。申请并获得有机转换期认证的果园有18个、7815亩，这些果园采用生草栽培8570亩，种植驱避植物1124亩。进行果树有机化栽培的根本是改良土壤，这些有机或转换期果园每年每亩施用完熟有机肥2~5吨。另外，全市果园建有机肥发酵场81个，可年生产有机肥27.9万吨。其中，平谷这几年果树有机化生产推广力度大，建有机肥场48个，年产有机肥17.9万吨，分别占到总数的59.3%、64.2%。通过自己堆制有机肥，大幅降低生产成本，而施用有机肥明显提高了果实品质。

**新媒体营销**　市民观光采摘系列文化活动打出"新媒体营销"亮点。以不同果品成熟期精心策划组织实施了六次北京市百万市民观光采摘系列旅游文化工程，首次提出借助新媒体——微信，促进销售的理念并将每次的主要活动信息收集整理设计相关二维码广泛宣传推广。

2013年6月1日在景山公园举办"北京首届微信樱桃文化节"收到突出的社会新闻效果，随后"蓝梦庄园第三届蓝莓文化节"及北寨红杏文化节新闻发布会、顺义"香味葡萄大观园首届微信采摘节"陆续向市民推出64个香味葡萄品种；9月初策划组织了大兴第"十一"届梨王擂台赛；10月19日第十届昌平苹果文化节拉开序幕，并首次建立了昌平苹果网与北京市园林绿化局政务网、首都之窗、搜狐实现了链接，扩大了宣传效果。从19日到25日仅6天时间，点击率超过2.6万次。

2013年在全党全社会深入落实"十八大"精神，践行反腐倡廉、反铺张浪费的大形势下，社会集团购买力大大缩减。2013年的果品产量由于气候原因略有减少，但果品收入与2012年基本持平，观光采摘人次、采摘收入也基本持平，说明广大市民真正接受了京郊的果品。

**技术培训**　2013年全市共举办果树培训2942次、25.0万人次。2013年开始全市大力推广高产高效现代化果园栽培技术，北京市林业局产业处举办了3次全市、近千人的室内理论知识培训，介绍栽培技术的特点及具体的建园、土壤管理、树形培养、果园生态系统建设及树体管理等技术技术。全市区县、乡镇村级的各种培训，据初步统计，2013年共举办2942次，累计培训果农、技术人员及相关工作者共25.0万人次，均与2012年基本持平。其中区县级培训641次、受训人员5.9万人次，同比分别增长16.8%、2.1%；乡镇村级培训2301次，培训果农、技术员19.1万人次，同比基本持平。另外，为了开阔视野、学习先进的矮密高效果树管理经验以及销售策略等，区县、乡镇村共组织外出参观学习1.1万人次。其中，区县级外出参观学习3517人次，同比增长6.1%；乡镇村级7949人次。在全市培训中，有关有机化栽培的培训共计324次，受训人员3.0万人次，参观有机果园及有机肥生产场等的果农达2418人次。

**【花卉产业】**　2013年全市花卉产业工作在局办党组的高度重视和正确领导下，坚持以推动科学发展为主题，以转变发展方式为主线，按照三个园林行动计划的总体要求，以落实《市政府关于促进本市花卉产业发展的意见》和花卉产业"十二五"发展规划为重点，全力推进花卉产业各项工作再上新台阶。预计全市花卉生产面积稳定在7万亩，产值突破15亿元，大中型花卉交易市场40个，花卉零售店1500个，花卉生产企业280个。

**2016年世界月季洲际大会筹备**　在2012年10

月11日至20日世界月季大会上，北京市获得了2016年世界月季洲际大会的举办权，大兴区为具体承办地。一是进一步调整和完善了组织机构的构成。经与中国花协沟通，并按照市领导及大兴区领导的分工，对组委会、执委会的主要领导成员进行了调整和补充，现正在上报市政府审批。并在大兴区设立专职综合办公室，负责执委会的日常工作。二是基本完成了大会总体策划方案的编制。初步确定大会的总体布局分为核心区、拓展区、辐射区。确定了大兴核心区“三园一馆一中心”(三园：月季主题园、月季品种园和月季文化园；一馆：月季博物馆；一中心：会议会展中心)的展会布局。目前产业用地已完成流转5600亩。三是积极推进各种专项方案设计。月季主题园、月季博物馆、会议会展中心的设计方案和产业规划方案初稿均已完成。四是启动宣传推介工作。借助北京月季文化节、第25届西瓜节、北京侨洽会等其他大会平台对大会进行宣传推介。

**第十一届中国菊花展的举办** 经过2年时间的精心筹备，以“菊韵北京，美丽中国”为主题的第十一届中国菊花展览会于2013年9月26～11月16日在北京市隆重举办。来自全国40个城市、80余家单位参展。1个主会场、3个分会场和9个市属公园集中布展。共使用各种花卉2000万盆，其中菊花670万盆，累计接待游客310万人次。创下了中国菊展举办史上地域最北、展期最长、参展城市最多、布展规模最大等多项纪录，取得了圆满成功。

①展区布置体现八大亮点，集中展示菊花发展的最高水平。一是布展要求高。本届菊展是中国菊展首次在黄河以北地区举办，北京秋季干燥多风，既要求南、北方菊花花期统一调控，也要求室外景观搭建更加安全稳固。二是展览时间长。展会从2013年9月20日开园试运营，实际展期长达58天，创中国菊展展期最长纪录。期间菊花景观及展品及时更新、维护，确保展览展示效果最佳，体现了全国菊花培育最高水平和专业精神。三是参展范围广。来自全国17个省、自治区、市的40个城市、80余家单位参展；全市16个区县搭建了具有地方特色的精品菊花造景；参展数量、室外菊花造型景观展创历届之最。四是布展规模大。1个主会场、3个分会场、9家市属公园集中布展，各会场和社会大环境布展共用各类花卉2000万盆，其中菊花670万盆，创历届中国菊展新高。五是造型景观多。共展出室内、外菊花造型景观150个，其中主会场室外景观和室内景观各39个，造型艺术精湛、地域特色突出、文化内涵丰富。六是精品种类全。主会场室内展览面积1.8万平方米，集中展示了塔菊、大立菊、案头菊、造型菊、悬崖菊等精品菊花1万余盆，百菊赛则汇聚了全国知名菊艺大师培育的1000多个品种的4200余盆展品，其中新品种102个。七是室内特装新颖。本届菊展共有39个城市参加了室内景观展览，其中武汉、荆门、苏州、杭州、重庆、深圳、广州等城市的14个室内特装景观属本届菊展首创，深受广大游客好评。八是配套景观丰富。主会场新建设文化墙系列雕塑16组，荷兰风车2座，景观水车2座，欧式婚礼教堂1座，蔷薇园、彩叶树园等植物专类园3座；新植花草面积15万平方米，加上摆花及其他宿根花卉，共用花卉60余个系列、200多个品种，总面积达20余万平方米。

②特色活动精彩纷呈。成功举办了开幕式、国际学术论坛和13项菊艺评比等活动。来自美国、俄罗斯、韩国、德国、荷兰、澳大利亚等国的150余名学者参会；专项评比活动共评出了559个奖项，同时，组织编著出版了中国菊花界权威工具图书——《中国菊花全书》。展会期间举行了花车巡游、科普知识普及、民间文艺表演、关爱聋哑人等主题活动，吸引了广大游客参与其中。

③北京展区积极组织参展，成绩显著。由北京花卉协会和北京菊花协会承担北京展区参展工作，并成立了菊展领导小组，具体负责各项工作的落实、协调、督查和检查，并积极组织参赛展品，参加全部评奖项目，取得了优异的成绩，超过历届菊花展。本届菊花展全市共荣获30个奖项，其中：包揽室内外景点布置及百菊赛三个团体项目大奖(第一名)。在单项评比活动中，获金奖5个、银奖11个、铜奖11个。

**第八届中国花卉博览会** 由中国花卉协会主办的第八届中国花卉博览会于2013年9月28日至10月27日在常州市举办。在市委、市政府的正确指导下，北京市林业局为做好八博会北京展区的筹备工作，专门组织成立了北京参展第八届中国花卉博览会领导小组和专家组，确保展区方案设计、施工，室内展品和科技成果征集等各项工作有效开展。一是北京室内外展园主题突出、特色鲜明。室外展面积2500平方米，以“幸福流淌的花溪”为设计构思，呼应本届花博会“幸福像花儿一样”的主题，借鉴中国传统造园手法，以北京特色植物景观为主，表现北京的园林和花卉文化；室内展区面积280平方米，设计主要结合“鸟巢”特装风格，整体布局以“花开京城”为主题，各类展品布置现代、简约，充分展现了北京特色和北京文化。陈至立、何厚铧、江泽慧等领导以及各省市政府代表团参观了北京室外园和室内展区并给予高度评价。二是北京参展团载誉而归。在市有关部门和各区县的积极支持和配合下，北京参展团获得了团体金奖，总分第一的好成绩。其中：室外展园和室内展区均获得了组委会特等奖。在各单项评比中，全市共报送参赛展品501项，科技和出版物成果69项，经八博会组委会专家评审，获金奖35个，银奖93个，铜奖132个，优秀奖89个。

**花卉育种研发与良种引进**　充分发挥花卉育种研发创新团队的作用，继续开展百合、菊花、月季、兰花、火鹤、彩色马蹄莲等六类适合设施生产的花卉品种，以及用于环境布置和绿化美化的花坛花卉及观赏花灌木的育种研发工作。2013年花卉研发工作成果斐然，18支育种研发团队在多年研究积累的基础上，共培育出40余个具有自主知识产权的新品种，其中12个新品种通过了国家新品种保护初审，13个通过了北京市良种审定初审，还有10余个新品种进行了国际登陆。以上品种需经扩繁、中试后逐步推向市场。

2013年全市共引进100余个花卉优良品种。并建成通州区蕨类种苗繁育、房山区切花红掌、顺义区切花红掌3个花卉生产示范基地。其中：通州区蕨类项目建成后，可带动200户农户种植蕨类花卉和蕨类药材，平均每个大棚每年增加收入5000元；切花红掌可年产65万支切花等。

**花卉地方标准制定与推广**　为了进一步规范花卉行业管理，结合当前全市花卉产业发展的实际，组织编写制定了切花红掌、盆栽菊花、盆栽凤梨、月季等4项北京市产品等级地方标准。自2008年以来，全市共制定了26项花卉地方标准，其中18项技术规程、8项产品等级标准，涉及40余个北京市大宗生产的花卉种类。

**【花卉文化】**　由市林业局、市公园管理中心、北京花卉协会等单位共同主办的“三节一展”花事系列活动顺利完成。一是迎春年宵花展活动。1月19日~2月24日，举办了以“美丽北京 美丽生活”为主题的2013迎春年宵花展。通过组合盆栽大赛、佩华花艺演出季—魅力中国年、球根花卉室内应用流行趋势发布会等多项活动，展会，推出年宵花主流产品，便于市民选购适合自己的花卉，达到繁荣花卉市场，引导花卉消费，丰富首都市民节日生活目的。二是第四届郁金香文化节。于4月18日~5月10日在北京国际鲜花港举行。节庆期间，室外集中展示了100个品种400万株郁金香，规划了26个重点观赏区，并打造七大主题景观。室内展出了208个花卉优良品种，近50万株球根花卉打造景观。接待游客17万人，收入800多万元。三是第五届北京月季文化节。于2013年5月14日至6月28日在北京植物园、天坛公园、陶然亭公园、纳波湾园艺、繁华世金玫瑰谷和蔡家洼玫瑰情园等六大会场同期举行，为期45天。本届文化节共组织主题活动四十余项，包括月季主题展览、万盆月季进社区、玫瑰采摘等；展出月季1200余个品种、150万株，展出面积100万平方米；接待游客180万人，收入1526万元；还首次推出了北京月季文化节主题花——“燕妮”。

另外，还组织参加了2013年香港花卉展，北京市参展作品分获最佳展品大奖和最佳展品金奖。

**【蜂产业】**　2013年，是深入贯彻落实党的十八大精神的开局之年，也是实施“十二五”规划承前启后的关键之年。一年来，市蚕蜂站在局党组的正确领导下，在局各相关处室的大力支持下，坚持以“实践生态文明、建设美丽北京”为目标，以“提升生态环境、惠及民生福祉”为重点，紧抓百万亩平原大造林这一发展机遇，全面落实《首都蜂业产业“十二五”发展规划》，搞好“十大重点工程”建设，在产业结构调整、重点项目建设、产业基地建设、合作组织发展、蜜蜂品种优化、蜜蜂授粉服务、蜂业科技研发等方面取得了显著成绩，推进了首都蜂产业的持续稳定健康发展，产业的生态建设水平、兴绿富民水平和基础管理水平全面提升。

**产业扶持保障体系建设** 一是各区县产业扶持保障措施积极出台。积极与各区县政府和政协联系沟通，将蜂产业列为该区县年度重点产业发展项目和重点发展工程，打造富有活力的“空中产业”。其中，密云县连续九年出台产业扶持政策，扶持蜂产业发展，目前该县养蜂业已由单纯的发展蜂群数量向扩大蜂场规模和蜂产品深加工方向复合发展，房山区自2011年“7·21”特大自然灾害后，将蜂产业列为“十百千”工程，加大产业扶持力度，2011~2013年，共投入资金1500多万元扶持蜂产业发展，怀柔区连续3年将蜂产业列为区政府折子工程，并制定出台了相应的扶持政策，鼓励养蜂户大力发展养蜂。

二是道边蜂场现代化改造工作逐步展开。为规范养蜂秩序，美化道路两边环境，2013年，我站重点在怀柔区和密云县试点开展了道边蜂场现代化改造工作。统一修建了集蜂产品销售、养蜂和旅游为一体的“蜂彩小屋”，共计24间，投入资金150万元，小屋每间占地15~20平方米，有统一的LOGO，每间小屋分为生产区、休息区和储存区三大功能区域，并对小屋周边进行绿化美化。蜂彩小屋的建成，不仅解决了蜂农转地放蜂的食宿难题，还提高了广大市民对道路两边蜂产品质量安全的认可度，同时增加了特色旅游和蜂农销售蜂产品的收入，有助于北京市蜂产业整体形象的提升。

三是《养蜂证》发放工作全面推进。2012年2月，农业部办公厅下发了《农业部办公厅关于做好养蜂证发放工作的通知》后，我站高度重视，要求各区县蜂业主管部门严格按照农业部文件精神做好《养蜂证》制作和发放工作。目前，在全市11个养蜂重点区县已全面推进《养蜂证》发放工作，有1000多名蜂农领到了《养蜂证》，成为有资格证书的职业养蜂人。

**蜂产业基地建设** 按照《北京市蜂产业“十二五”发展规划》的总体要求，2013年，全站重点开展蜂产业技术体系示范基地、蜂产品安全可溯源示范基地、优良蜂种繁育基地和成熟蜂蜜生产基地建设，完善基础设施，加强科技推广和技术力量配置，推广标准化生产规程，全市产业基地综合生产能力显著增强。目前，北京市现有各类产业基地60个，带动7000户蜂农。

一是高品质安全成熟蜂蜜生产基地建设。按照以人为本的发展理念和维护公众健康、保障人民群众根本利益的发展要求，积极组织蜂农和蜂业合作社推进蜂产品安全化，年内，在7个区县建立20个无公害成熟蜂蜜生产基地并挂牌，蜂群3万群，年实现经济效益2000万元。其中密云县3个：12000群；门头沟区3个：5000群；平谷区3个：3000群；昌平区3个：3000群；延庆县2个：2000群；怀柔区3个：3000群；房山区3个：2000群。在密云县石城镇和房山区蒲洼乡建立2个中华蜜蜂成熟蜂蜜生产基地，发展中华蜜蜂2000群。通过基地建设，生产天然成熟的无公害蜂蜜，转变生产观念，体现建设首都现代农业、精品农业的理念，实现蜂产品的高品质和高安全。

二是国家蜂产业技术体系示范基地建设。自2008年承担国家蜂产业技术体系北京实验站工作，至今已第六年，年内通过西方蜜蜂规模化转地饲养技术的试验应用，形成了示范蜂场蜂群管理技术规范，蜂场人均蜜蜂饲养量达到了118群，蜂蜜单产量平均提高15千克，由原来的群单产50千克提高到60~80千克，且全部达到成熟蜜标准；王浆产量提高60%，由原来的群单产0.5千克提高到0.8千克；产出效率平均提高40%。完成北京地区蜜蜂主要病虫害流行病学调查，协助开展小蜂螨采样，在本地区示范、推广绿色蜂药1000群以上，每群蜂每年节约用药20元，产品均达到无公害标准。

三是蜂产品安全可溯源监控技术示范基地建设。2013年，在昌平、密云、门头沟、顺义建成4个蜂产品安全可溯源监控技术示范基地，重点从技术保障、全程控制、检测与预警、标准化建设、风险分析等五个方面开展工作，年内，投入质量可追溯蜂群2000群，收集荆条蜂蜜样品30份以上，举办蜂产品溯源管理培训班3期，推行蜂产品质量安全标准化技术，使本市蜂产品原料生产的质量安全监管体系进一步健全。

四是优良蜂种繁育基地建设。为进一步提高本市蜂种良种率，选育优良蜂种，提高蜂群产量，2013 年，在门头沟、平谷、密云建成 3 个蜜蜂种王繁育基地，年产优良种蜂王 10000 只。其中，在密云县建成的西方蜜蜂育种中心，从国外引进了良种蜂王 1000 余只，通过严格的地理隔离和人工授精方式进行良种选育并推广，有效解决了密云县及周边地区种蜂王数量紧缺和种性退化问题。

**蜜蜂授粉富民工程** 5 月 22 日，农业部部长韩长赋主持召开专题会议，研究促进养蜂产业持续健康发展问题。韩长赋指出，要充分发挥蜜蜂授粉酿蜜的“月下老人”和“健康益友”的作用，加强组织领导和科研攻关，探索建立蜜蜂授粉示范基地，大力推广蜜蜂授粉增产技术。我站高度重视，及时传达，并积极开展蜜蜂授粉工作。年内以顺义区为核心建成 1 个蜜蜂授粉繁育基地，充分发挥本市 10 支蜜蜂授粉专业队的作用，以草莓、西瓜、大桃三个作物品种为重点，大力开展蜜蜂授粉，实施蜜蜂授粉富民工程，并与各区县果办和果蔬产业协会联合，实现蜂农、果农、瓜农的多赢，2013 年，本市蜜蜂为大田作物、有机果品和设施农业大棚等作物和果树授粉达 5000 余亩，增收 1100 多万元。

**蜂产业科技创新** 2013 年，全站坚持科技推动，创新发展，重点加强蜂业科研与技术推广力度，有效提高蜜蜂健康养殖和优质蜂产品产出水平。

一是重点科技项目工作。加大与相关科研单位、各区县、蜂产品龙头企业及相关社会团体的资源整合力度，帮助区县形成特色鲜明的主导产业，提升品质及安全性，带动蜂产业的发展、提高农民的收益。共承担各类科技项目 5 个，其中，农业部国家蜂产业技术体系项目 1 个，中华供销总社 1 个，国家标准委 1 个，市财政 1 个，市技监局 1 个。“生态涵养区蜂产业科技示范与产业化促进工程”项目顺利通过验收，“北京地区蜜蜂大蜂螨防控技术研究与示范”获得北京市园林绿化科学技术奖二等奖。

二是加大蜂业技术标准制定力度。主持制定了北京市地方标准《设施草莓蜜蜂授粉技术规范》，已通过审查；承担了国家标准《王台型蜂王浆》和行业标准《巢蜜》的编制工作，目前已形成标准草稿，并于 8 月召开了国家标准《王台型蜂王浆》和供销合作行业标准《巢蜜》(第一次)制订工作会。

三是在密云县建成本市首个区县级蜂业质检中心。该质检中心配置了高效液相色谱仪、农药残毒检测仪等 53 台(套)检测设备，可自行对蜂蜜、蜂王浆、蜂花粉、蜂胶等各种原料和产成品进行安全检测和质量追踪，严把蜂产品质量关。

四是在顺义区农之翼养蜂场建成本市首个授粉蜂科普示范基地。基地建筑面积近千余平方米，占地 5000 余平方米，包括授粉专用蜜蜂蜂群饲养场地，熊蜂商业化、规模化生产车间，授粉蜂群组装车间，质量监控与研发实验室等。基地外墙设立了数十块展板，以图片为主、文字为辅，展示了北京开展蜂授粉 20 多年的成果。基地周边有使用蜂授粉的规模化的设施西瓜种植基地，有国家级设施蔬菜标准化基地，有设施草莓生产基地，可供现场观摩、科普示范及观光采摘等活动，目前可年供与销售授粉专用蜜蜂蜂群 5000 余群，熊蜂商品蜂群 10000 群，用于北京及周边省市蜂授粉。

五是蜂业科技培训。年内，全站积极开展蜂业科技推广与培训工作，共组织各类培训班 25 次，聘请蜂业专家 33 人次，培训蜂农和蜂业主管人员 2500 多人次，收到了很好的效果。

**蜂产业合作与交流** 2013 年，北京市蜂产业合作交流工作全面展开。一是国内交流方面。年内，率相关技术人员赴福州考察蜂疗保健医院，赴上海参加蜂产品行业交流会，赴乐山考察蜜蜂旅游文化观光园，赴山西运城参加蜜蜂授粉现场会，赴杭州参加蜂产品质量安全研讨会，考察与交流给北京市蜂产业发展带来了新的启发、新的思路和新的机遇；二是展会方面。参加了北京科技周展览、2013 年全国蜂产品市场信息交流会暨中国(上海)蜂业博览会等展会活动；三是国际合作方面。进一步加强与巴西、日本、墨西哥、法国、乌克兰等国家合作与交流，先后接待了来自巴西、韩国、美国、德国、澳大利亚、孟加拉国等六个国家的客人考察访问，六个国家的客人来自于蜂产业的不同领域，有蜂产品加工企业代表、几代人经营的传统大型蜂场主、蜜蜂授粉机构专家、蜂业协会负责人、蜂产品贸易政府官员、蜜蜂专业期刊撰稿人等，考察内容也涵盖了养蜂政策性补助、蜂产业管理组织机制、蜜源植物种类、无公害蜂产品生产基地、蜂王浆生产技术、蜂胶生产技术与深加工产品、蜂产品质量安全控制体系、中华蜜蜂保护、蜜蜂病虫害疫情与防控技术、蜜蜂及熊蜂为农作物授粉、蜂疗及蜜蜂文化旅游观光业发展、蜂农培训教育等多个领域。先后参加第43届世界养蜂大会和海峡两岸蜂业信息交流会，与世界各国的养蜂学者、企业家进行了学术交流、市场合作及贸易洽谈活动。

**蜂产业宣传工作** 近年来，全站高度重视蜂业科普宣传工作，蜂农的科学养蜂意识不断增强。2013年，在山东、河北等地召开了12次《健康长寿因子——蜂产品消费600问》签售会，就蜂产业和蜂产品知识在北京广播电台、北京电视台和《北京晚报》《北京青年报》《京郊日报》《常青九九》杂志和《绿化与生活》杂志等各大报刊媒体进行多次宣传报道，反响强烈。

**【林木种苗产业】** 2013年，按照全市园林绿化工作总的要求，全市林木种苗建设和管理工作深入贯彻落实国务院办公厅印发的《关于加强林木种苗工作的意见》文件精神，在种质资源收集保存、良种选育推广、种苗生产供应、林木种苗执法与质量监督等方面取得了积极进展。

**种苗管理工作** ①种苗生产基础建设。经进一步整合全市有苗圃1133个，苗圃面积达到1.2万公顷，总产苗量2.1亿株，实现产值33.5亿元。全市针、阔、花灌木的比例为31∶37∶32。可为2014年提供绿化苗木1.05亿株。

②开展大规格苗木供应情况调研。为服务2013年北京市平原造林工程，搭建苗木供需双方交流平台，市种苗站和中国花卉报社联合主办了2013平原造林苗木供需洽商会。300余家苗木生产企业，30余家园林绿化工程公司以及全市14个区县的林木种苗管理部门、平原造林办共计500多人参加了此次洽商会。同时，为全面掌握全市及周边省市大规格苗木数量、质量及价格信息，市种苗站对全市在圃大规格苗木进行了详细统计，并与周边省市林木种苗管理部门沟通了解外省市大规格苗木信息。对近3年内大规格苗木供应情况及苗木价格等进行了分析，并提出了应对措施。2013年，全市在圃大规格苗木可满足平原造林工程建设需要的50%左右。未来2～3年，可供大规格苗木占总需求的70%左右。

③种苗产业规范化发展。2013年1月20日，《北京市林业种子标签管理办法》经北京市园林绿化局审议通过正式施行。2013年全市发放新版标签37.6万张，在春季平原百万亩造林中，标签使用率达到90%，标签管理办法在林木种子管理和造林绿化工程建设中得到全面贯彻落实。《林业种子相关法律 法规 司法解释 规章 规范性文件汇编》于2013年6月由中国农业大学出版社出版。

全市共核发林木种子生产许可证221个、经营许可证212个，在册生产许可证1093个，经营许可证1116个，出具种用证明1873份，行政审批事项办结率100%。取消一项行政确认事项：确定并公布北京市重点保护的林木种质资源目录。

**种苗质量监督** 开展市级种苗质量抽查和区县级自查工作。2013年3～5月市种苗站协同造林营林处、市林保站、执法监察大队、工程质量监督站组成联合执法检查组，在全市开展林木种苗质量联合执法抽查工作。市级共抽查103个苗批(其中34批本地，69批外省市)，35个树种，苗批合格率100%，标签和档案情况使用率和建立情况较好。区县共检查800余批，清退约12000余株，挽回损失500余万元。

**良种选育工作** ①国家重点林木良种基地考核。根据国家林业局《国家重点林木良种基地考核办法(试行)》要求，组织有关专家分别对黄垡国家彩叶树种良种基地和十三陵林场国家白皮松良种基地进行了2012年年度考核工作。经专家组综合打分评定，本市黄垡国家彩叶树种良种基地和十三陵林场国家白皮松良种基地2012年度考核结果均为优秀。

②林木品种审定工作。全年共受理北京市黄垡苗圃、中国农业科学院、北京农学院、北京市农林科学院林业果树研究所等多家单位审定申请41件，涉及金叶白蜡、金叶复叶槭、观赏海棠、

蝴蝶兰、草莓、桃等多个品种，其中有40个品种通过审定，包括观赏植物品种22个，经济林植物品种18个，有1个品种未通过。截至目前，经过8年的审定，共产生良种213个，其中：通过审定品种211个，通过认定品种2个；观赏植物品种114个，经济林植物品种99个；涉及植物种类47个。

③林木良种补贴。根据《中央财政林业补贴资金管理办法》文件有关要求，结合北京市林木良种建设情况，本市2013年获得国家林木良种补贴资金390万元，其中国家重点林木良种基地补贴1处，补贴资金30万元，林木良种苗木培育补贴1800万株，补贴资金360万元。

**种苗科技基础研究** 开展首都增彩延绿科技示范工程。收集保存彩色树种(含品种)264个，收集保存抗逆(耐寒、耐旱)树种(含品种)110个。推广重点彩色树种6个，推广重点抗逆树种5个；完成15种彩色、抗逆树种工厂化繁育技术研究，鞑靼忍冬等10个品种的微型扦插技术；金叶榆、红太阳李、胶东卫矛等4个品种的嫁接技术，开发出金叶榆同一品种5种应用类型；台尔曼忍冬等4个品种的组培技术；西部沙樱等3个品种播种技术。繁育彩色树种金叶榆、红太阳李等562.5万株；繁育抗逆树种台尔曼忍冬等157.5万株；在小汤山现代农业科技示范园建立优新品种展示和工厂化育苗示范基地700亩。在平谷黄松峪、延庆张山营、海淀华威大厦绿地、东南二环、G6高速出口以及奥运公园等6处开展了示范区建设，共计2140亩，栽植苗木数量231194株。制定了《北京市主要彩色树种筛选及应用评价体系》。申报专利2项。

**种苗社会化服务** 林木种苗优秀企业评选。开展了"2013年北京市优秀苗圃(优秀企业)"评选。评选出了2013年十家优秀企业，目前，全市林木种苗优秀企业总数达到20家。

①质检员培训。开展三期林木种苗质量检验及加工贮藏保管人员培训，共计培训352名苗木企业技术人员。全市已累计培训林木种苗质检员3274人次，在岗人员达到1703人。全市1000多家苗木企业每个企业均配备了质检员，有些企业达到2名以上。

②种苗法规宣传。2013年市种苗站结合《北京市林业种子标签管理办法》出台和《林木种子相关法律 法规 司法解释 规章 规范性文件汇编》出版发行，多次在中国绿色时报、中国花卉报、京郊日报、中国广播电台等媒体上发表宣传文章，宣传文章被全国40多家媒体转载，达到了宣传的目的。通过开展法规赶集、法规"庙会"、法律"六进"等活动下发种子法、北京市实施种子法办法、《北京市林业种子标签管理办法》《林木种子相关法律 法规 司法解释 规章 规范性文件汇编》、法规宣传袋等多种宣传材料5万多份。

**【森林旅游产业】** 2013年度，在国家林业局场圃总站的正确领导和大力指导下，北京市森林公园继续加强森林资源培育与管护、森林文化和基础设施建设，不断提升旅游接待和综合管理能力，森林公园建设发展有了较大进步。2013年度，北京市批准设立市级森林公园2个。截至年底，全市共有森林公园31个，其中，国家级森林公园15个，市级森林公园16个。全年，完成植树造林110公顷，林相改造5000公顷，基础设施建设投入资金近5000万元；接待国内外游客650余万人次，旅游总收入约2.7亿元，森林公园建设力度逐年加大，森林旅游发展平稳增长。北京市森林公园工作按照"文化引领、场园一体"的总思路，重点在相关政策制定、总体规划编制、森林资源培育、基础设施建设、森林文化打造和森林公园宣传方面加大工作力度，力求在推动北京市森林公园规范、健康发展上取得进展、求得实效。

**相关政策制定** 积极酝酿制定森林公园建设管理相关制度，逐步推动依法建园、依法管园，以实现森林公园有序建设和健康发展。一是制定《北京市市级森林公园管理办法》。国家林业局已于2011年制定出台了《国家级森林公园管理办法》，对国家级森林公园的设立审批和建设管理进行了规范；湖南、四川等11个省(区)也制定出台了有关地方性法规或者政府规章，为森林公园建设和发展提供了强有力的法律保障。考虑到北京市出台专门的地方性法规或者政府规章比较困难，因此，北京市园林绿化局拟制定《北京市市级森林公园管理办法》，对市级森林公园的设立审批和建设管理进行规范，以弥补在这方面的空缺。目前，已完成草案，正在征集有关部门意见，预计2013年年中将出台。二是制定《北京市森林公园养护管理费用标准》。北京市森林公园娱乐收费设施较少，所有的收入来自有限的门票，财政投入也较弱，致使森林公园基本的养护管理费用难以保证。为突出森林公园的社会公益属性，逐步把森林公园的养护管理费用纳入财政预算，从而保障森林公园的正常运营，全局正在开展相关调研，将制定《北京市森林公园养护管理费用标准》，为制定相关的财政投入政策提供科学的决策依据。

**总体规划编制** 2013年，在年初工作安排中，我局将森林公园总体规划编制作为重要内容进行部署，并要求在规划中要重点突出“森林文化”主题。今后一个时期，森林文化建设将是北京市森林公园总体规划和建设发展的重要内容，森林公园的各项建设和旅游产品打造必须紧紧围绕“森林文化”内涵，以“森林文化”为魂。目前，八达岭、西山、蟒山国家森林公园正在编制森林文化建设专项规划，作为森林公园总体规划的重要内容。西山、八达岭国家森林公园的总体规划已形成文本，正在征求各方意见和进行专家评审，预计2014年报国家林业局审批。市级森林公园已有2家形成规划文本，送局审批。

**旅游设施建设** 2013年，北京市森林公园基础设施建设投入资金达5000余万元，完成游步道建设500余千米，增加床位数1100余张，增加餐位数近4000个。西山国家森林公园打造了九道弯至快活林小路的入口景观，在花溪尽头大水池增加了平台栈桥及喷泉设施，建设了无名英雄纪念广场，开辟了森林浴场，园内基础设施日益改善，游览内容逐步丰富；百望景区修建了一条长1700米的生态健康步道，新建了登山小路，在主景区修建了木栈道，林下安置了休憩桌椅和分类垃圾筒，更新游览引导牌示198块。八达岭国家森林公园投资1028万，进行了电子售票系统建设和门区改造；建成了生态小木屋和森林体验中心，进一步丰富了青龙谷景区的生态体验设施；实施了国家级森林公园牌示系统建设示范项目，已进入制作和施工阶段。旅游设施的不断完善，丰富了景区游憩、休闲和科普教育内容，提升了各森林公园的旅游接待能力。

**森林文化打造** 2013年度，为突出“文化建园”特色，举办了首届森林文化节活动，大力推动了森林文化建设。一是举办了首届森林文化节活动开幕式。开幕式活动主题鲜明、形式活泼，市民千余人参加了活动，30余家新闻媒体及网络进行了大力宣传，森林文化开始走入广大市民的视野和生活。二是制定了《2013年森林文化建设实施方案》。《方案》确定了2013年森林文化建设的组织领导和任务分工，明确了森林文化建设的主要内容，确定了3大类共48项森林文化活动。三是组织开展了系列森林文化建设活动，完成森林文化建设规划3项，完成森林文化设施建设13项，开展森林文化系列活动50余项。我局在龙潭湖公园举办了森林文化科普宣传活动，在局属森林公园组织开展了10余次森林文化体验活动，举办了“森林文化巡回展”，制作了《北京森林公园指南》等。各公园结合各自特点，开展了丰富多彩的文化活动，西山森林公园组织了第二届踏青节、第二届红叶节、首届森林百姓合唱大赛、森林音乐会，森林生态体验、定向越野赛等近20场次活动；八达岭森林公园组织了望龙节、红叶节、生态工作假期、森林文化体验之旅、林间读书会、森林讲堂等10余项活动；松山自然区组织开展了踏青赏花摄影比赛、林间观鸟、森林疗养、原始森林体验之旅、森林浴、林中自然教室等10余项活动；百望山森林公园组织开展了木化石展、盆景展、“六一”亲子游、“红色之旅”“春华秋实”书画展、红叶节等系列活动。

**森林公园宣传** 在精心组织森林文化活动、积极推动森林文化建设的同时，全局注重加大森林文化宣传力度，提升森林文化建设在全社会及广大市民中的知名度和影响力。一是抓好森林文化活动的宣传工作，做到每场活动有宣传、有报道，森林文化活动丰富多彩，相关宣传也频次高、强度大，森林文化节开幕式有30余家媒体(含电视、报纸、网络)进行了相关报道。二是打造专题报道，形成集中宣传攻势。15家森林公园正在制作专题宣传片，通过拍摄森林公园四季不同的森林景观，制作精美的电视专题片，计划2014年分15期在北京电视台播出，对森林公园及森林文化建设进行集中的宣传报道，力争形成较好的宣传氛围。

**【森林资源培育】** 2013年，在做好森林资源常规抚育管理和安全防护的基础上，为满足森林公园景观需求，着重进行了森林景观提升改造和有关科学研究，丰富了森林景观特色，拓展了森林资源价值。西山国家森林公园实施了红叶景观改造和林内游憩功能提升项目，总面积2706亩；建设了“北京市园林绿化科技创新示范区”，总面积11181亩；建设了“景观旅游区风景游憩林低碳经营技术推广示范区”，总面积570亩；开展了生物多样性调查，调查样地169块，制作昆虫标本5盒，有效掌握了森林公园内生物资源状况。八达岭国家森林公园进行了红叶岭红叶景观提升改造，造彩叶林700余亩；开展了物候观测，为森林旅游开发和森林资源科学管理提供了可靠依据；编制了植物图谱，收集整理了269种植物图片，编辑成册。

**【林下经济】** 在2013年林下经济建设工作中，结合北京郊区林业和林地实际情况，因地制宜，开展示范推广建设工作。以点带面，通过林下中草药、林下仿野生食用菌、治沙植物新材料示范、林缘玫瑰、芳香类植物等为主要内容的示范建设，涉及延庆、怀柔、密云、平谷、昌平、门头沟、房山、顺义、通州、大兴、海淀、丰台等区县，截至2013年12月，全市林下经济累计完成建设面积达56.6万亩。2013年当年共开展林下经济建设面积突破21万亩，示范推广包括林菌、林药、林花、林下特色养殖等模式，同时积极探索林下旅游新模式建设。截至2013年12月，林下经济累计产值近28亿元人民币，林农参与林下经济累计达12万户，带动就业人数36万人。2013年当年林下经济产值突破8.5亿元人民币，全年参与林下经济建设的林农为3.29万户，带动就业人数5.84万人，参与林下经济建设的农户户均增收1.4万元人民币。

2013年结合平原地区造林工程的特点，积极探索平原造林地林下经济发展模式，在保护景观效果和巩固建设成果的同时，提高林地综合价值，推动当地农民增收与绿岗就业，结合2013年平原造林工程，示范推广林花、林草、林粮等林下经济建设模式面积突破10万亩。

**【山区林下仿野生品种引进及示范】** 针对山区林下经济建设的特点，2013年开展了山区林下野生中草药及食用菌扩繁试验示范项目，引进示范种植桔梗、射干、知母、旱半夏等中草药，完成示范栽植365万株，面积350亩；引进林下野生菌，完成猪苓、松蘑等菌种的栽植工作。 （张林生）

# 天津市林业产业

**【概　述】** 天津市是中央四大直辖市之一，中国北方最大的沿海开放城市。地处华北平原的东北部，位于北纬38°34′至40°15′，东经116°43′至118°04′之间，海河流域下游，东临渤海，北依燕山，西靠首都北京，是海河五大支流南运河、子牙河、大清河、永定河、北运河的汇合处和入海口，素有“九河下梢”“河海要冲”“渤海明珠”之称。总面积11919.7平方千米，下辖16个区县，截至2013年底，全市各类经济林产品实有种植面积37974公顷，实有结果面积28455公顷，产量241532吨。

植物区系以华北成分为主。平原地区因为农业生产历史悠久，所以自然原生植被已经不存在了，非地带性植被有杂草草甸、盐生草甸，坑塘，洼淀中有芦苇沼泽植被。全市共有1200多种植物，占全国的3.87%，隶属于150余科、近600属，其中被子植物种类1100多种，占总量的94.66%，植物成分具有明显的混合性。

野生动物在中国动物地理区划中，属于古北界东北亚界华北区，动物区系组成具有明显的过渡性，以古北界华北型为主。天津市复杂多样的生态环境，为多种野生动物的栖息、繁育、迁徙提供了条件。加上动物区系组成的过渡性，更增加了种群的多样性和差异性。各类动物共计约有1180余种，其中哺乳动物类40多种，占动物总数的3.83%(陆生哺乳类、大型哺乳类动物较少)；鸟类330多种，占28.3%；爬行类20种，占1.69%；两栖类10种，占0.84%；鱼类近220种，占18.5%；昆虫类400多种，占35.6%；浮游动物130多种，占11.5%。天津市的野生动物不仅在类群组成上差别悬殊，而且在地区分布上也是不平衡的。从整体上看，呈现出山地丘陵地区多，沿海地区多，平原地区少的分布格局。

**林业投资**　2013年全市林业总投资113237万元，其中，中央财政投资3927万元、地方财政投资109310万元。

**产业发展规模**　天津已建成市小枣基地、津西北水果基地和蓟宝干鲜果品基地三大经济林基地。同时开展了山区及滨海葡萄基地建设和冬枣基地建设，基本形成了东部滨海地区鲜食与酒用葡萄产区；大港、静海、津南冬枣和金丝小枣产区；津西北水果及其设施栽培产区；蓟县北部山区特色优质果品产区。

林木种苗业苗木生产品种由单一的用材树种向绿化苗木多品种转变。花卉产业基本形成了盆花、草花、宿根、球根花卉观叶花卉、绿化苗木、种苗生产等多种类、多品种的花卉种植结构。

以森林资源为依托的生态旅游方兴未艾，全市有森林公园8处，包括：九龙山国家森林公园、天津官港森林公园、滨海森林公园、大港湿地公园、杨柳青森林公园、港北森林公园、青北森林公园、东丽湖森林公园。此外，八仙山森林公园、团泊洼生态旅游风景区，新建七里海生态旅游风景区、黄庄洼生态旅游风景区、青北森林公园、雁鸣湖森林公园等一批重点森林公园、生态风景区也已初具规模。

**发展经验**　①强化政策扶持。一是稳定林权。林业产业基地建设按照谁造谁有谁受益的原则，保护投资者的合法权益。二是加大资金扶持，财政专项资金适当予以倾斜，加大重点项目的扶持力度，同时构建林业产业信贷和多种形式的投融资机制。大力发展非公有制林业产业，鼓励社会和企业投资林业产业。三是落实国家有关减免林业税费征收的政策。②加强组织领导。③实行项目拉动。一是着眼长远、立足当前，下大力气抓好三北防护林建设、沿海防护林建设及市级重点项目的实施。二是积极培植和发展干鲜果品加工、储存、保鲜基地建设。三是建设大规模高标准产业基地。按照规划确定的区域，创新发展机遇，加大资金投入，改善发展条件，完善服务体系，以基地的不断发展带动更大区域覆盖范围的产品产业带的形成和发展，夯实产业发展的物质基础。④坚持科技兴林。强化科技兴林，加速推进林业产业的科技进步与创新，加强林业科技成果和实用技术的集成与推广应用，强化林业产业标准化体系建设，提升林业产业的开发力度，为林业发展和生态建设提供强有力的科技支撑。一是稳定林业科技队伍，完善科技推广体系。二是普及实用林业科技，以林业推广站和农民协会为阵地，大力开展技术培训。三是普及推广实用的丰产栽培技术，提高产量，改善品质。四是推广保鲜技术，提高保鲜能力。五是积极引进新品种、新工艺，开发市场占有率高，经济效益好的系列产品，同时开发推广种苗、花卉快繁技术。六是针对林业发展的关键技术组织科研人员联合攻关。⑤搞好行业协会和专业经济合作组织建设，促进林业产业组织化程度的提高。在加强协会建设方面，重点抓好以下几项工作：一是加强协会的组织机构建设，按照专业化的要求组建协会。二是为协会创造良好的发展环境，按照“民办、公助、党领导”的协会建设方针，结合政府部门的职能转变，要放权给协会，帮助协会扩大影响力、增强凝聚力、树立权威性。三是注意发挥协会的作用，依靠和利用协会开展工作。四是搞好经纪人才的培养，建立现代营销体系和队伍。⑥加大人才培养力度。

**存在问题** ①产业基础薄弱。在计划经济体制下，林业建设是以木材、经济果品生产为主，天津市处于平原少林地区，林业生产主要是以农村集体所有制为主体，没有大型的林业企业；国有林场只有蓟县一家生态公益型林场，占地2200公顷；市县级国有苗圃共有10家，生产面积500公顷；国有林场、苗圃大多数是20世纪五六十年代建立的，地处边远地区、交通不便，基础设施设备陈旧、离退休人员多负担过重，缺少市场竞争能力。随着社会主义市场经济的发展，经济林基地的建设，出现了经济果品加工企业，如大港的冬枣加工贮藏、蓟县的葡萄榨汁等加工企业，但处于起步阶段，具有不稳定性。②技术落后，缺少龙头企业。林业生产企业中，个体小型企业占大多数，存在规模小、加工工艺简单、技术相对落后，集科研、开发、生产为一体的龙头企业尚未形成。③市场秩序混乱，社会化服务体系滞后。林业产业没有实行市场准入制度，一些农户和企业从事林业生产具有很大的盲目性，造成市场供需不平衡，不但影响了行业的健康发展，也给从业者造成不必要的损失。行业协会和专业经济合作等社会服务组织建设滞后。

**【经济林生产】** 截至2013年底，全市经济林面积达37974公顷，其中结果面积28455公顷，

**主要果品种植面积与产量** 2013年全市产干鲜果241532吨。其中，核桃1510公顷，产量1102吨；板栗1573公顷，产量1046吨；红枣(干重)7474公顷，产量7246吨；苹果5454公顷，产量48068吨；梨4800公顷，产量37294吨；葡萄6747公顷，产量75644吨；桃4633公顷，产量54140吨；杏970公顷，产量3123吨。

**品牌果品** 天津市果树生产走向产业化，拥有商标注册的果品数量逐年增加。具有影响力的果品有汉沽区生产的茶淀牌玫瑰香葡萄和大港区生产的翠果牌冬枣。汉沽区生产的玫瑰香葡萄玫瑰香味浓郁，含糖量高，品质上乘，口感独特，深受广大消费者喜爱，曾多次获得国家级、国际级奖励。2007年8月又被评为中华名果，成为2008年奥运会指定水果。汉沽区有玫瑰香葡萄种植面积2000公顷，占该区耕地面积的68.3%，占全区种植业的75%，年产葡萄7万吨，是全国最大的玫瑰香葡萄生产基地。2008年该区葡萄销售收入、保鲜贮藏以及葡萄酿造深加工产值三项合计达到2亿元，占全区农业总产值的63%，葡萄生产已经成为当地农业的支柱产业。

大港区地处天津市最南端，是滨海新区重要组成部分。以往因土壤偏盐碱，严重影响林木种植成活率。近几年，该区在树种选择上重新做了调整，大胆引进栽植耐盐碱的冬枣，并迅速扩大种植面积，全区冬枣种植面积为3600公顷，占全区果树种植面积的92%，年产冬枣3370吨，同时成为天津市冬枣集中产地。该地区生产的冬枣果个大、果肉细腻、果汁丰富、含糖量高，风味独特，为市场上的畅销品。为加快优质冬枣苗木的繁育，该区还投资230万元建立冬枣苗木组培中

心，研发苗木繁殖技术，使枣树定植成活率由75%提高到95%以上。大港区有大、中、小型冬枣贮藏保鲜库30座，贮藏能力达到2790吨。以冬枣为加工原料的加工企业两家，贮藏能力达到1000吨，年加工冬枣1080吨，年生产冬枣脆片、冬枣饮料等系列产品2100吨，产品深受市场欢迎。

此外，蓟县生产的盘山磨盘柿、天津板栗、北赵牌有机苹果、环秀湖牌蓟州脆枣及武清区生产的曙春、津港、雅农等无公害品牌果品在市场均成为畅销品。

**存在问题** ①品种结构不合理，管理水平低。虽然区域布局已基本形成，但特色产品仍不突出，区域经济需要进一步完善和提高。首先，苹果、梨、桃三大树种比例偏大，早、中、晚熟品种不配套，成熟期过于集中，名特优稀新产品明显不足。其次，生产中管理粗放，致使果实整齐度差，着色不良，表现不出品种应有的色泽和风味，达不到品种固有的质量。同时加工品种短缺，果品质量不高。全市果品的质量无论是外观还是内在质量普遍不高，依然存在高档优质果产量低、价格高、销路畅，低档果产量高、价格低、销售困难，甚至出现积压滞销的问题。②果品采后处理水平落后。产后管理薄弱、加工能力差是全市果品生产长期以来存在的瓶颈问题。重视采前栽培和病虫害防治，忽视采后处理，加工水平跟不上栽培面积的发展速度，缺乏基础设施和龙头产业的带动，采后流通过程中损失严重，损失率通常达到25%～30%。随着果品产量迅速增加，经常出现销售价格下降，市场需求疲软，“卖果难”“果贱伤农”等现象。全市果品采后商品化处理率低，严重影响果品的外观质量和销售，加上周边地区果品的大量涌入进一步影响了全市果品的销售。③栽培管理缺乏规范化、标准化。近年来果树产销发展形势好、发展速度快、增产潜力和空间较大。但幼龄果树比重相对较大，单位产量低；管理水平不高，品质差，栽培经济效益低下，在大宗果品生产上竞争能力低。仍需进一步提升技术和管理水平，同时加大推行科学化、规范化、标准化管理工作力度。

④加工品种单一。在天津果品的加工领域中，加工品种单一，仅局限于葡萄酒领域。在20世纪80年代末、90年代初由天津林果所始创的天然型果肉饮料(果茶)曾推动了国内饮料行业的发展，当时在国内的加工行业处于领先地位。但近10年来，全市在这一领域发展缓慢，还没有一家可生产出口产品的果汁厂，其他水果制品的加工业也很少，已成为果树生产的瓶颈，严重阻碍了果树的发展。⑤果品流通渠道不畅通，产业化经营程度低。果树种植多为一家一户的分散种植，生产规模小，果品档次低，生产、流通、加工、市场销售缺乏有效组织，果品流通渠道不畅通，市场体系不健全，严重影响果品业的快速发展。

**【林木种苗生产】** 全市有市、县级国有苗圃10个，有专业技术人员130名，个体育苗3164户，育苗面积4000公顷，年产苗木1.1亿株，在全面推行标准化、规范化、机械化生产中，大量引进新技术、新品种，有效地保障了苗木质量，苗木生产品种由单一的用材树种向绿化苗木多品种转变。同时，林木良种和育苗技术在全市得到了全面推广，完成了天津市现代化种苗基地(全光照喷雾扦插育苗技术设备)、天津市林木种子(苗)质量鉴定检测技术应用、天津市耐盐碱树种筛选等项目，引进了先进的育苗技术、设备和优良品种，经过示范、推广，提高了全市的种苗生产水平。特别是蓟县国营苗圃成为中国林科院的种苗良繁基地，并被国家林业局授予全国质量信得过苗圃称号；蓟县邦均镇优质常绿苗木基地被授予全国特色种苗基地称号。在国有苗圃的示范带动下，出现了以蓟县京哈公路百里666.7公顷苗木花卉长廊为主线，并向10个重点乡镇辐射的“一线十区”的育苗区域。

**【花卉产业】** 天津市有花卉种植面积2210公顷。其中切花切叶508公顷，盆栽植物486公顷，观赏苗木455公顷，草坪639公顷，其他122公顷。基本形成了盆花，草花，宿根、球根花卉观叶花卉，绿化苗木，种苗生产等多种类、多品种的花卉种植结构。此外，花卉流通体系的规模和功能进一步得到完善，档次逐步提高。全市有大中型花卉市场19个，花卉企业51家，拥有现代化温室38万平方米，日光温室90万平方米，大棚51万平方米，遮阴棚4万平方米。花农5388户，从业人员1万余人，专业技术人员1295人。年销售额近2亿元。形成了园林、农林、农垦、乡镇集体、独资等多种形式的花卉生产、经营实体。

**【森林旅游业】** 天津市有自然保护区8处(包括：天津中上元古界国家级自然保护区、天津古海岸与湿地国家级自然保护区、天津八仙山国家级自然保护区、天津市团泊鸟类自然保护区、天津市盘山自然保护区、天津市北大港湿地自然保护区、天津大黄堡湿地自然保护区、天津青龙湾固沙林自然保护区)，总面积达911.1513平方千米，占全市国土面积的7.64%。其中，湿地类型自然保护区4处(包括：天津古海岸与湿地国家级自然保护区、天津市团泊鸟类自然保护区、天津市北大港湿地自然保护区、天津大黄堡湿地自然保护区)。全市已具有一定规模的森林公园共有8处(包括：九龙山国家森林公园、天津官港森林公园、滨海森林公园、大港湿地公园、杨柳青森林公园、港北森林公园、青北森林公园、东丽湖森林公园)。其中蓟县国有林场，是天津市唯一的国有林场，该林场利用西水场自然景观建立了九龙山国家级森林公园，"十五"期间又开发了梨木台景区，两个旅游景区的基础设施和服务设施条件不断完善，每年接待中外游客达到10万人次，实现旅游综合收入约500万元。

**【林产品加工业】** 天津市林产品加工业包含木材加工业和果品加工业。木材加工业主要产品为中密度纤维板、大芯板、胶合板、家具等。加工企业是以个体为主的中小型企业，全市共有30余家，主要分布在武清区、蓟县、静海、津南等区县。全市共有果品加工、贮藏企业1000多家，以葡萄酒生产、冬枣深加工以及罐头加工业为主。蓟县有天阳葡萄榨汁有限公司、天津明星葡萄酒有限公司和天津挂月果酒有限公司等60家中小型果品加工企业，年加工能力6.5万吨。大港翠果冬枣开发有限公司引进了意大利生产的气调贮藏保鲜设备，贮藏能力达1000吨，贮藏保鲜期达4个月以上；利用低温脱水干燥等物理方法，加工冬枣脆片，鲜枣日加工能力达到4吨，产品保值期延长到1年；大港区天津绿生源食品饮料有限公司开发了鲜冬枣汁、枣酒生产加工技术，日加工生产能力达到5吨。汉沽区有葡萄保鲜库700余座。

(天津市林业局)

# 河北省林业产业

【概　况】 2013 年全省林业产业总产值连续三年保持增长势头，达 12305030 万元，与 2012 年同期相比增长 16%，再创历史新高，其中：第一产业产值 6103231 万元，第二产业产值 5522275 万元，第三产业产值 679524 万元，与 2012 年同期相比分别增长 18%、28%、47%。第三产业产值增幅较大，主要是林业旅游与休闲服务业产值增长较快。

截至 12 月底，全省自然保护区个数达到 34 个，自然保护区面积已达 632090 公顷；其中国家级 9 个，面积达到 219549 公顷。

2013 年全年果品产量 13458559 吨，与 2012 年同期相比增长 1.5%，其中：园林水果 13030993 吨，食用坚果 427566 吨，分别占全部果品产量的 97%、3%。园林水果中苹果、梨、葡萄、红枣、桃五大主要品种的产量有增有减，与 2012 年同期相比增减幅度分别 2.8%、0.1%、10.3%、-7.3%、5.6%；食用坚果中核桃产量下降 17.6%，板栗产量增长 16.7%。核桃产量受春夏极端天气影响较大，个别地区甚至绝收。

木材产量 846788 立方米，与 2012 年同期相比增长 13.4%。其中：原木产量 723430 立方米，薪材产量 123358 立方米；原木产量增长 23.1%，薪材产量下降 28.8%。村及村以下木材产量 544549 立方米。

在主要林产工业产品产量中，锯材产量 1728459 立方米，与 2012 年同期相比下降 18.3%；人造板产量 14945850 立方米，与 2012 年同期相比增长 34.5%，其中：胶合板产量 5046023 立方米、纤维板产量 4356525 立方米、刨花板产量 2615267 立方米，其他人造板 2928035 立方米，分别占人造板产量的 45.4%、39.2%、23.5%、26.3%，与 2012 年同期相比分别增长 12、9、8、5 个百分点。

（蒲建民）

【野生动植物驯养】 河北省是野生动植物养殖、种植大省。养殖动物种类主要有梅花鹿、马鹿、狐狸、狍子、野猪、雉鸡、貉子、水貂、鸵鸟等。河北省还是野生动植物经营利用大省，经营利用动物种类主要有狐狸、貉、水貂、獭兔、灰鼠、梅花鹿、马鹿、獾、鸵鸟、蓝孔雀、石鸡、环颈雉等；经营利用植物有木香、天麻、防风、黄芪、柴胡、连翘等数百种中草药。建有全国著名的尚村皮毛市场、昌黎皮毛交易市场、冀东皮毛交易市场、阳原皮毛市场、中国大营国际皮草交易中心、蠡县留史皮毛专业市场和安国祁州药市，这些专业市场是全国重要野生动植物产品集散地。野生动植物产业，是河北省林业产业最具发展潜力的一项产业。河北省野生动植物产业的快速发展，有效地缓解了野生资源保护压力，促进了农村产业结构调整和地方经济发展。

昌黎县养殖“园区化、产业化、商贸一体化”逐渐成熟，成为现代饲养模式的典范。区域化布局、规模化养殖、专业化生产的现代饲养模式得到提升，养殖覆盖全县 17 个乡镇的 300 余个行政村，饲养户达到 4.5 万余户。目前，全县已形成以镇区为中心的规模皮毛动物养殖区 7 个，养殖专业村达 180 个，养殖户达 4 万余户，2013 年，全县皮毛动物养殖总量突破 1400 万只，年创产值达 32.6 亿元。该县投资近 2 亿元建成的两个功能完善的皮毛交易市场，年成交皮张 1500 万张，年交易额达 80 亿元。全县从事毛皮行业经营的商贸企业达 30 多家，昌黎毛皮交易市场已经成为全国最大的生皮交易中心。

肃宁县毛皮产业聚集区被认定为国家农业产业化示范基地。肃宁毛皮产业聚集区农业产业化示范基地位于县工业聚集区内，皮毛产业聚集区依托现有毛皮市场、企业，形成从养殖到成衣的完整产业链，打造“精、专、特”产业品牌。目前，已形成了珍稀毛皮动物养殖、市场集散、裘皮服装加工、研发设计、出口贸易等龙头型产业格局。示范基地内现有国家级重点龙头企业 1 家，省级重点龙头企业5家，市级重点龙头企业44家，拥有省级名牌5个、中国名牌产品1个、中国驰名商标1个，建有全国最大的皮毛交易市场，年销售收入达130.5亿元。示范基地裘皮产品畅销俄罗斯、意大利、美国、日本、韩国、香港等30多个国家和地区。在示范基地带动下，全县现已有年出栏裘皮动物万只以上的大型养殖场2家，养殖专业村21个，养殖专业村人均纯收入达到13000多元，带动了农民增收致富。

安国古称祁州，是国务院命名的“中药材之乡”，素以“药都”和“天下第一药市”享誉海内外，是国内最大的中药材集散地和中药材出口基地。安国东方药城是国家认定的17家中药材专业市场之一，被评为全国百强市场第2名，是全国最大的中药材集散地和出口基地，出口额占全省中药材出口总量的80%左右。截至2013年年底，安国市拥有中成药品种500多个，经营中药材品种2800多个，辐射全国各地及欧美、东南亚20多个国家和地区。全市中药材种植面积达16万亩，种植的种类达三百多个；安国市生产10多种新型、500多种中西成药；安国的药材种植每年可提供商品药材2500万千克。2013年，安国市加快中药材强市建设工作，大力推进中药材示范园建设，共建设了祁菊花、北沙参、鑫源枸杞、惠农公司等8个中药材种植示范园，并全部通过省专家组验收。中药材种植示范园的建设，进一步发展了当地地道药材生产规模，带动了全市药材产业规模化发展。（王秀辉）

**【林业种苗】** 2013年河北省林木种苗实现了又好又快的发展。年初，为贯彻落实国务院办公厅《关于加强林木种苗工作的意见》文件精神，河北省人民政府办公厅于4月16日印发了《关于加强林木种苗工作的实施意见》，在全国率先出台省级落实文件。根据有关文件精神，省林业厅又组织编制了《河北省林木种苗发展规划(2013～2020)》。11月19日以省林业厅、省发改委和省财政厅联合发文要求各市和有关单位执行，为全省林木种苗的健康发展奠定了基础。

2013年全省育苗面积7.5万公顷，产苗量达36.5亿株，林木种苗产值达80亿元。苗木品种多、质量好、供销两旺、市场繁荣。省林业厅于2013年3月13～14日在石家庄举办的林木种苗交易会，省内外172家参展商、约2.7万人次参加了交易会，现场达成意向销售协议300多项，价值2亿多元。

为规范苗木市场，打击制售假劣种苗行为，3～5月份，组织开展了春季造林种苗质量专项检查，全省共抽查了97个县(市、区)、347个苗圃、101个造林地块、685个苗批，总体质量合格率为99.3%。

2013年在国家大量压缩投资的情况下，河北的中央财政林木良种补贴项目资金保持1740万元不变；国家批复山海关大樱桃等林木良种基地基本建设项目6个，国家投资712万元，超过往年。良种选育取得新成绩。2013年河北省林木品种审定委员会审定通过林木良种39个，认定通过林木良种1个，进一步丰富了河北林木良种资源。

（李庆国）

**【花卉产业】** 近年来，河北省花卉产业发展较快。2013年河北省花卉种植面积已达到65.2万亩，产值34.6亿元，观赏苗木年产量达14.4亿株，盆栽植物产量达7946万盆，年产切花切叶9.01亿支。培育出了仙客来、红掌、大丽花、高山杜鹃等一批特色花卉。花卉产业实现了集群化发展，形成了“两环(环京津、环省会)带动，重点辐射”的发展格局；河北省具备一定规模的花卉市场276个，花卉企业807个，其中大中型企业86个，花农39270户，花卉从业人员120877人。河北省通过举办迎春花卉展销会、仙客来交易会和插花花艺大赛等一系列花事活动，提高了河北省花卉业的知名度和影响力，加快了河北省花卉业的发展速度，当前，河北省花卉产业存在的主要问题：一是缺乏对花卉资金的专项投入和政策扶持；二是花卉产业经营水平较低，生产规模化、专业化程度不够；三是花卉科研经费投入不足，花卉研发创新能力较弱。（张永信）

**【林业科技】**

**林业科技惠民行动** 全省启动了为期三年的“林业科技惠民行动”。各地通过专题技术讲座、专家小分队、科技大集等多种形式，深入林场、农户和果园，认真开展技术指导、技术培训、技术咨询，发放科技图书、赠送新型生产资料等活动，为林果农提供了全方位的技术服务，取得了成效。据统计，全年全省科技人员共下乡3.37万人次，举行大型科技下乡活动628场次，举办各类形式的培训班达6667场次，培训林果农109.5万人次，发放技术资料189.5万份，推广林果新技术250项次，建立和完善科技示范点838个，引进林果新品种284个次，取得了23亿元的经济效益。

**重点科技推广项目管理** 一是围绕生态文明建设和产业建设目标，针对制约林果生产的关键技术，组织专家论证筛选了“华北落叶松用材林丰产栽培技术示范推广”“河北平原速生杨根蘖林培育技术示范”“太行山有机核桃生产及综合节水技术推广”等项目，争取中央财政科技推广示范资金项目14个，国家资金1400万元，其中林果产业项目10个。二是和财政厅一起对2012年中央财政林业科技推广示范资金项目进行了绩效评价，评判处于全国前列。三是加强了对中央财政林业科技推广示范资金项目管理和服务。春季对项目主持人进行了项目管理和培训，签订了2013年度项目合同；夏季对2010~2013年实施的37个中央财政林业科技推广示范资金项目进行了全面的自查和重点检查；秋冬季对2013年结束的16个项目完成了现场查定和会议验收。确保了项目的顺利实施。四是和农业厅一起，首次组织进行了省农业技术推广奖林果部分的评审工作，共评出林果组贡献奖22人、项目奖6项、合作奖1项。

**科研攻关** 一是省林业厅新上“张承地区生物多样性保护优先性研究”“困难立地植被恢复技术集成与示范”“木兰林区森林流域经营关键技术研究”等科研项目8项，取得林业科技成果10项。二是争取“地中海仙客来种质资源及其远缘杂交技术引进”“应用于林业害虫自动鉴定和数字化监测的几何形态测量技术引进”“华北主要干果加工共性关键技术研究与新产品开发”等国家和省科技厅科研项目17项，争取资金695万元。三是积极组织林业科技成果申报省科学技术奖和省山区创业奖，由省林科院完成的“彩色植物新品种—中华金叶榆选育及产业化技术”和“冬枣新品种选育及栽培技术创新与应用”，分别荣获河北省科学技术进步一等奖和二等奖，为省林业系统历史之最。四是加强国家生态定位站建设，小五台森林生态定位站基本建成，初步投入使用；丰宁荒漠化生态定位站开始进行基础设施建设。

**林业标准化工作** 一是积极组织完成了2012年度7项林业地方标准的审定工作。争取国家7项林业行业标准和10项省级林果地方标准，使林果标准体系进一步完善。二是狠抓示范区管理，河北省两个第七批国家农业标准化示范区“宽城板栗标准化栽培示范区”和“蔚县杏扁标准化栽培示范区”顺利通过国家林业局目标考核，其中“宽城板栗标准化栽培示范区”被评为全国农业优秀标准化示范区。三是新争取国家林业标准化示范区2项(景县平原核桃栽培和抚宁核桃提质增效标准化示范区)。使全省目前国家级林果标准化示范区(县)总数达15个，形成了河北省有重点，市县有项目，乡镇有基地，村有示范户的良好格局。

**林业国际国内合作** 一是严格因公出国(境)管理，提高因公出访项目质量。认真落实全省对外开放工作会议精神，严禁无实际项目团组出访，把好初审关，2013年林业系统出国人数比2012年减少三分之二。二是加强对内、对外交流，拓宽合作领域。省林科院与中科院农业资源研究中心签订了科技合作协议；与中科院植物所开展了“油松遗传改良及种子园优质丰产综合配套技术研究”；与中国林科院共同实施了“能源植物文冠果种质资源调查、品种选择及良种基地建设”项目；与承德市林业局开展了科技合作，成立了河北省林业科学研究院承德研究推广中心，并挂牌；8月份，为推进饶阳县及全国设施葡萄生产技术的研究与示范，省林业科学研究院与中国农学会葡萄分会、衡水市林业局和饶阳县人民政府共同组建了我国首个设施葡萄研究所—中国设施葡萄研究所。三是积极谋划国外引智合作项目。针对河北省林业发展重点，为提高全省林果业和林下经济产业发展水平，积极向外专局争取赴德国森林经营培训等项目。

**【保定市林业产业】** 近年来，保定市高度重视林业产业的发展，将其视为密切联系生态建设、经济增长与惠及民生的重要抓手。截至2013年年底，全市果品栽植面积255万亩，产量130万吨，居全省第五位；花卉栽植面积7.9万亩，果树盆景、干花、压花、观赏苗木等特色花卉在历届花博会上屡获嘉奖，产值达到了5.3亿元，居全省第三位；全市各种性质的苗圃场约3000多家，育苗面积达到25万亩，总产量达4.25亿株；林下经济发展面积16万亩，产值1.7亿元；林板加工企业600多家，木材产量5.26万立方米，年人造板产量43万立方米，年产值10.4亿元；森林旅游业成效显著，产值达到了5.5亿元。

保定市林业局制定并印发的《关于加快推进林业产业发展的意见》提出：到2015年，全市果树面积达到280万亩，果品总产量达到185万吨，果品产业总产值达到92亿元；花卉面积达到9万亩，设施花卉面积达到20万平方米，年产值达到5亿元；速生丰产林基地规模保持在1.2万亩，人造板产量达到50万立方米；林下经济产值达到3亿元；森林旅游综合社会产值达到6亿元。全市林业产业总产值达到170亿元。到2020年，全市林业产业总产值达到210亿元，产业贡献率明显提升。同时，对林业产业发展进行了"5568"发展规划和布局，即：发展壮大50家龙头企业，做强"湿地、森林、采摘、红色林业、观赏"5大生态旅游主体，提升"速生用材林、名特优经济林、花卉种苗、板材加工、林下经济、药材种植与加工"6大林业产业，培育8大品牌林产品。此外，《意见》从科技、融资、社会化服务、市场环境、加强领导等五个方面细化了保障措施，为推动林业产业发展、建设"生态保定"搭建了良好的政策平台。

**果品生产** 保定市地貌类型多样、资源丰富，是落叶果树最佳适生区。近年来，各级各有关部门加大投入力度，狠抓结构调整，推进基地建设，发展产业化经营，全市果品产业实现了较快发展。果树种植面积达到255万亩，果品总产量130万吨，果品产业总产值突破52亿元，形成了大枣、核桃、苹果、柿子、梨、桃六大果品产业带，建成了170多个季节性的果品专业收购批发市场，成立了280家果品专业合作组织，建立了115家果品加工厂、59家果品企业，其中国家级重点企业1家，省级重点企业及合作组织36家，市级重点企业46家。此外，还打造出了"顺富"牌苹果、"白石山"牌核桃、"甘霖"牌核桃油、"唐尧"牌红枣、"盖宇"牌野酸枣汁、"百乐"牌梨、"明花"牌水果罐头等众多知名品牌。

保定市政府出台《关于加快推进果品产业发展的意见》提出，重点壮大六大果品基地规模及水平，完善良种繁育、病虫害防治与质量安全监管、人才培养、果品产后综合服务等四大体系建设。到2015年底，全市果树面积发展到280万亩，产量增加到185万吨以上，产值达到92亿元，总体水平进入全省前四位。全面推进果品产业生产由数量型向质量效益型转变，把果品产业建设成为经济、生态、社会三个效益相统一，生产、生活、生态三个功能为一体，区域化、规模化、专业化、产业化、信息化相结合的现代化高效产业，实现区域生态环境与社会经济良性循环。（刘　艳）

**涿州市林下经济** 自2008年以来，涿州市结合国家巩固退耕还林成果项目，以科学发展观为指导，以市场为导向，大力发展林下经济，目前已取得了明显成效。涿州市毗邻北京，地理位置优越，再加上林下经济补助政策的实施，吸引了大量北京市的投资，带动投资规模达5000余万元。目前全市有林地面积30.2万亩，其中适宜发展林下产业的成片林地面积20万亩。涿州市林下经济主要以林下养殖为主，畜种以肉鸡、蛋鸡、肉鸭为主。凡规模养殖户，均与北京市畜产品公司长期保持合作关系，从幼禽提供、饲料供应、技术指导一直到产品回收，都由公司来负责，大大降低了养殖户的经营风险。目前涿州市林下产业项目共涉及13个乡镇、办事处，51个村，种养殖规模户达100余户，利用林地面积2.5万亩。建设棚圈面积达15.2万平方米，养殖畜禽年出栏400余万头(只)。林下种植食用菌规模1万平方米，年培植食用菌19余万袋；林下种植花卉212亩；特色种植37.6亩。林下经济年产值达5400万元，成为涿州市新的农业经济增长点。涿州市林下产业项目的实施，给农民带来极大的经济效益，同时也产生了一定的社会效益和环境效益。涿州市将通过各方面的力量，创造更良好的发展环境，采取多项举措，不断引进新技术，探索新模式，制定新标准，合力推动林下产业，把林下产业打造成本市林业建设的亮点、农民致富和政府增收的

增长点。（王　玲）

**定州市苗木花卉**　截至2013年底，定州市苗木花卉生产面积达到12.6万亩，品种达300多种，产品远销25个省(区、市)，是河北省政府命名的"河北苗木花卉之乡""绿化种苗生产基地"。但也存在着生产主体规模小，营销服务体系不完善，苗木管理科技含量低等问题，定州市政府根据这些问题，积极给予政策扶持，制定了如下政策：

①优化投资环境。一是制定市苗木花卉产业发展规划，"定州市苗木花卉科技园区"升级为省级农业科技园区正在规划设计中。二是进一步完善土地流转机制，鼓励和引导农民按照"依法、自愿、有偿"的原则，积极推进苗木花卉连片规模种植，形成规模优势。三是继续实行土地租用、税收等降低门槛政策，努力为外来投资者营造良好的投资环境。

②畅通市场渠道。一是由市林业局牵头，在东亭镇投资3亿元、占地300亩的"中国北方苗木科技创新研发总部和会展交易中心"已开工建设，此交易中心的建成将进一步带动该市和中国北方苗木产业的发展。二是每年定期召开苗木产业论坛会。

③构建科技支撑体系。一是制定高标准、易操作的苗木花卉生产质量标准体系和检验检疫体系，加快了标准化生产进程，提高了苗圃的田间管理水平。二是每年春季和秋季在美国白蛾的高发期进行飞机喷药集中防治工作，飞防范围覆盖了该市苗木花卉的集中种植区域，有效防治了美国白蛾和其他害虫的侵害。（黄志欣）

**【望都塔桧】**　在圆柏大家庭中，河南桧还有西安桧树形好，枝密，冠径大，但是耐寒性差，北京桧抗旱性特强，只是品种繁多又特杂，为了寻求二者都有的优良特性的圆柏品牌，使其扎根冀中平原，望都县屯河苗圃场场长李国华1984年去河北林学院参观学习，并确定了协作关系。1985年从解放军总政、空军机关大院及园林所属单位采集的北京桧柏插穗项目，进行嫩枝扦插育苗试验，取得比较好的效果。1988年在这批桧柏中发现两株特优单株，当时取名881、882. 经过对这两株进行定株单株育苗对比的试验，881脱颖而出。经过10年精心选育，881表现出良好的稳定性和独特的个性，树形美观，形似宝塔、树姿挺拔、优美、雄壮，尤其侧枝枝上分枝、特密而又匀称有致、水泼不入、针叶浓绿青翠、繁茂而又光泽、适应性广、抗逆性强、耐旱而又耐寒。引起了河北林学院专家教授的高度重视，对该树种进行专项调查，并进行了详细的观察和摄影记载。通过几年的对比试验，其优良特性表现稳定，性状良好，得到了专家教授的认可和赏识，林学院院长常子江将其取名为'望都塔桧'

1998年3月，望都塔桧投放市场，便以其独特的魅力、优美的树型、优良的特性，赢得了苗木种植户的青睐。（刘晓芳）

**【唐山市林业产业】**　唐山市委、市政府把发展林业产业化经营作为农民致富工程来抓，该市依托比较发达的林果资源，大力发展林业产业，乐亭县先后被国家命名为"中国优质果品基地"十强县、"中国鲜桃之乡""全国经济林产业示范县"；遵化市、迁西县、迁安市被评为"全国经济林产业先进县"；迁西县和遵化市分别被命名为"中国板栗之乡"。遵化市还获得了"中国绿色生态板栗示范市"称号，迁西县被命名为"中国森林食品产业示范基地"。遵化栗源食品有限公司、全市林果类国家级龙头企业达到4家，省级龙头企业14家，市级龙头企业49家，其中"栗源""迁西板栗""紫玉"牌商标获中国驰名商标称号，有9个品牌获得河北省著名商标称号；"京东板栗""迁西栗蘑"分别被认证为地理标志产品。使唐山市林业结构更优，产业龙头更壮、林产品品牌更亮，为建设沿海强市、美丽唐山做出新的更大贡献。（姚志刚）

**遵化市林业产业**　在遵化市委、市政府的正确领导下，遵化市林业局以科学发展观为指导，按照"兴林、强果、保植被、打造生态靓市、果品强市"的发展思路，各项林业建设卓有成效。到2013年底，全市林地面积达到130.3万亩，森林覆盖率达57.1%，果树面积达到63万亩，年产干鲜果品26万吨，林业总产值达20.6亿元。

一是依托重点工程、加快造林绿化步伐。大力实施城区及周边绿化、交通道路绿化、村庄绿化、工业园区及重点企业绿化、农田及"四荒"绿化和矿山生态修复绿化六大绿化工程。全市有林地面积130.3万亩，森林覆盖率达57.1%。二是抓发展，调结构，果品产业上新台阶。按照优化区域布局、优势特色树种向最佳适生区集中的规模发展思路，集中打造了京东板栗、优种核桃、酸枣、优质苹果四大果品基地。三是强化龙头带动，增强果品效益优势。全市已建成河北栗源食品有限公司、唐山蓝猫饮品集团有限公司、河北美客多食品集团等板栗、酸枣等龙头企业56家，其中国家级龙头企业3家，省级龙头企业10家，产值12亿元。四是科技创新走在全国前列。加大科技创新力度，“苹果节本提质标准化栽培技术”和“燕山板栗有机栽培技术体系建立与应用”成果均获河北省山区创业三等奖。五是培育知名品牌，增强市场竞争力。先后培植林果品牌30个，其中“栗源”“蓝猫”被认定为中国驰名商标。六是大力发展木材加工业。木材加工企业达129家。七是种苗产业快速发展。全市苗圃总面积达3.5万亩，年产优质苗木7067万株，已成为遵化农村经济发展的一大支柱产业。

由于成效显著，遵化县林业局先后被评为“河北省果品产业工作先进单位”“第二届中国林业产业突出贡献奖”等荣誉称号。

**迁西县林业产业** 迁西县地处唐山市北部，是个“七山一水分半田，半分道路和庄园”的纯山区县，总面积1439平方千米，总人口39万，辖17个乡镇、1个街道办事处、417个行政村。2011年，全县完成地区生产总值361.2亿元、全部财政收入30.9亿元，城镇居民人均可支配性收入21380元，农民人均纯收入9080元。

“丰饶的土壤，适宜的气候”把迁西造就为全球的板栗最佳适生区，成就了迁西“中国板栗第一乡”的盛誉，作为京东板栗的核心产区和全国最大的板栗出口基地，先后获得“全国山区综合开发示范县”“全国经济林建设先进县”“优质板栗基地示范县”“河北省出口板栗质量安全标准示范县”等荣誉称号省级以上龙头企业8家，“迁西板栗”“紫玉牌”板栗获中国驰名商标称号。全县板栗栽培总面积70万亩、4000万株，常年产量4.5万吨，年产值12亿元；农民人均纯收入中有2600多元直接来自于板栗业，板栗已经成为全县栗农致富增收的“绿色银行”。迁西板栗产业的健康快速发展带动着周边地区板栗产业的快速发展。

迁西县板栗产业发展自20世纪70年代至今，已经过了大规模发展阶段、大力推广标准化生产阶段、大力推进国际国内市场发展阶段。目前，经过全县人民的共同努力，迁西板栗已打入国际市场，在国内市场上已有上万家的直营店，产品遍布全国大中城市，迁西板栗作为名牌产品，得到了广大人民的喜爱，开启了以科技支撑、文化引领迁西板栗产业的新时代。（李艳萍）

**【张家口市林业产业】**

**花卉产业** 张家口市借助参加由中国花卉协会、国家林业局和江苏省人民政府主办的2013年第八届中国花卉博览会在江苏常州市举办的有利时机，张家口市园林局、市农科院和市林科院组织本地特色的盆花、花坛花卉2大类55项展品参展，共荣获国家级奖项43项，其中金奖2项、银奖9项、铜奖19项、优秀奖13项，获奖率达到78.2%。市林业局荣获八博会组委会突出贡献奖，郑志兴等6人获省组委会表彰。

通过花博会，张家口市不仅展示了花卉产业的发展成就、优势和前景，也扩大了与国内外花卉界的交流与合作，提高了张家口市花卉在国内外的知名度，标志着该市花卉产业达到了国内领先水平，切实起到推动张家口市花卉产业发展的作用。在此带动下，2013年，张家口市花卉基地总面积达到1.8万亩，产值达到2.2亿元。其中，切花切叶产量达到7.3亿支，盆栽植物产量达到139.2万盆，观赏苗木产量达到2043.2万株，草坪产量达到6.8万平方米，花卉市场发展到13个，花卉企业达到16家。（封　坤　邓永田）

**葡萄产业** 2013年，张家口市葡萄新增基地3万亩，总面积达到50.33万亩，加工企业达到46家，其中在建2家，另新引进1家。总加工能力达到25万吨，总产值达到44.4亿元。为了进一步加大葡萄产业的扶持力度，2013年9月13日，张家口市政府制定出台了《张家口市人民政府关于扶持推进葡萄产业上档升级的意见》。着力解决区域规划、利益联结、土地流转三个问题，加快完善技术、社会化、质量监管三大服务体系，推动基地在规模、质量、经营三方面升级，推动产业在结构、龙头、品牌、文化四方面升级，力争把张家口市打造成为世界知名、国内最强的葡萄产业集聚区。

在此基础上，张家口市政府决定连续三年每年安排1000万元专项资金扶持葡萄产业上档升级。主要抓好三个方面，一是稳步推进基地建设，区域化发展，推进规模升级；标准化生产，推进质量升级；模式化创新，推进经营升级。二是大力推动产业升级，调整优化，推进结构升级；抓大促小，推进龙头升级；培育宣传，推进品牌升级；挖掘开发，推进文化升级。三是全面抓好保障服务，完善科技支撑体系，完善社会化服务体系，完善质量监管体系。

意见的出台将推动张家口市葡萄产业的发展，促使张家口市到2020年葡萄种植面积有望达到70万亩左右，总产量达到75万吨左右。（封　坤）

**【清苑县同兴农业科技有限公司】** 该公司位于河北保定市清苑县孙村乡戎官营村，保新公路北侧，距京珠高速桥3千米，交通四通八达，占地面积500余亩，年产果树盆景10万余盆，地栽苗木40余万株，是全国较大的果树盆景基地，主要品种有苹果盆景、山楂盆景、葡萄盆景及石榴盆景。该公司生产的果树盆景在2003年廊坊农产品交易会上获得“河北省优质产品”称号；2005年成都第六届花卉博览会获得“精品盆景展铜奖”；2012～2013年度评为河北省林果产业重点龙头企业。南京首届绿博会上获得“优秀奖”。2006年10月份公司代表河北省农业厅参加了中国农业部在北京农博馆举办的农业高新产品展览会，获得了农业部领导和各省农业专家的好评。

经过多年不懈努力，公司掌握了盆景在春节期间提前上市的关键技术，取得了良好的经济效益及社会效益。现在公司开发出了微型、中型、大型等不同规格的盆景来适应不同消费人群和消费地区。中央七台的《致富经》《绿色时空》和《农广天地》等节目对公司做过连续的报道。公司年收入1000多万元，带动农户1000多户，带动农民增收500多万元。成为当地农民致富的“领头雁”。

（曹荣君）

**【蠡县百丰农产品开发有限公司】** 该公司成立于2003年，位于保定市蠡县百尺镇，注册资金3460万元，总资产8251万元，员工近千人。拥有高标准果品出口基地1500亩，其中有机梨种植基地400亩，8000吨现代化果蔬气调冷库和加工厂，年可加工储藏各类果蔬20000吨。是集果品种植、加工、储藏、销售于一体的出口企业。2013年，公司营业收入5033万元，主要产品亚洲梨产量12582吨。

公司秉承“高投入、高效益、高标准、高起点”的原则，依靠高科技和高质量获得生存与发展，先后与河北农业大学和河北省梨工程技术中心合作建设有机梨科技示范基地。公司拥有专业的外贸销售团队和自营进出口权，已在国内外形成一整套完善的果品销售网络。公司主营的“百乐”品牌果品，外观漂亮，无农药残留，口感好，风味独特，主要销往国内北京、天津、上海及欧洲和北美市场。公司先后通过南京国环有机产品认证中心有机梨国际认证和SGS全球良好农业操作规范(GLOBALGAP)认证。公司先后被授予“河北省林果产业重点龙头企业”“河北省农业综合开发产业化经营龙头企业”“保定市农业产业化重点龙头企业”，公司产品先后荣获北京“奥运推荐果品”、第七届全国梨王擂台赛“金奖”和“最受北京市民喜爱的十大名梨”荣誉称号。（刘艳庄）

**【沧州市青县温室冬枣】** 青县林业局以促进农民增收为目标，加快果品产业技术创新，积极探索温室冬枣栽培技术，开发温室冬枣新产业，经过多年的摸索，2013年温室冬枣生产取得了成功，温室栽培错季冬枣每亩纯收益达到7万元，并且供不应求。该创新技术不仅填补了我国冬枣生产的一项空白，也为广大枣农增收找到了一条途径。2014年，青县将继续大力扶持温室冬枣的生产，扩大种植规模，投入20万元项目资金用于建设县级高标准的技术推广站，投资100万元科技扶持项目资金，扶持温室错季冬枣产业扩大规模，全县温室冬枣栽培面积已经达到120亩，带动农户30户，当年即增加农民收入300万元。该县计划从2015年起，每年再新增温室冬枣面积200亩，实现年增收500万元，进一步把温室冬枣这一林业新

兴产业做大做强。 （李艳梅 曲炳国）

**【沧州市河间华奕合作社】** 该生产合作社主营业务为油用牡丹种苗培育、种植、牡丹籽和牡丹花的深加工。该社 2013 年种植 3 年生以上牡丹 300 亩，培育牡丹种苗 500 亩。油用牡丹是一种原产于我国的多年生小灌木，耐干旱、耐瘠薄、耐高寒，产油率高、油质优，特别是牡丹籽油中含有被誉为"血液营养素""植物脑黄金"的α-亚麻酸含量极高，被誉为"世界上最好的食用油"，具有很高的开发利用价值和经济、生态及社会效益。油用牡丹第三年起开始结籽，结籽高产期为 5～30 年，产籽寿命可达 40 年以上。高产期每亩产籽量可达 300～400 千克。油用牡丹种植效益，按 2013 年每千克 20 元的收购价、亩产 400 千克计算，每亩的收入可达 8000 元，是其他常规农作物的 4～6 倍。作为一项新兴绿色朝阳产业，该基地的建设填补了河北省油用牡丹产业的空白。

为把油用牡丹产业做大做强，带动更多农民增收致富，沧州市河间以华奕合作社为依托，采用"合作社＋基地＋农户"的产业化经营模式，扩大生产规模，在 2014 年牡丹苗种植面积达到 3000 亩的基础上，计划三年内种植面积将达到 10000 亩。2014 年还将启动牡丹籽、牡丹花深加工项目，计划 2015 年投产，届时将形成油用牡丹种植与深加工产业一体化，延伸产业链条，增加附加值，形成产、加、销一条龙的发展模式。

（滕仁艳 严 芳）

**【河北天丰农业集团有限公司】** 该公司成立于 1994 年，位于河北省高阳县边渡口村，距离北京 140 千米，天津港口 230 千米，交通便利，是河北省农业产业化重点龙头企业，公司注册资本 5300 万元，总资产 1.96 亿元，年销售额 3000 万元。

公司拥有标准化果品出口基地果园 2600 亩，主要产品为鲜梨。该公司主导的优质梨矮化密植栽培管理技术，借鉴法国、意大利的密植技术，由传统每亩定植 50 株提高到 330 株，经过多年生产实践，表现出高产优质的特点，平均亩产达到 5000 千克，总产量 13000 吨，优质果率达到 85% 以上，成为省内领先的优质梨栽培管理技术。另外该公司拥有先进的果品生产加工车间和设备，7600 吨意大利气调果蔬保鲜库一座，3000 吨冷藏库一座，公司现已形成集水果种苗研究，果树科学栽培及管理，果品加工处理，冷藏保鲜，冷链运输，出口销售为一体的农产品生产加工出口企业，相继通过了 SGS 实施的 HACCP、ISO22000(国际食品安全保证体系)、GLOBALGAP(全球良好农业操作)认证和 BRC 认证，凭借优质的产品和服务已经成功开拓了美国、加拿大、澳大利亚、英国、荷兰等 30 多个国家和地区的市场，产品已进入这些国家和地区的高级超市，并且以优异的产品质量和良好的企业服务维持了稳定的客户，在国际市场上赢得"品种独特、质量优异、供货稳定"的声誉。集团公司正努力将天丰绿色、新鲜、美味的水果送到全球各地、千家万户。 （刘 丽）

**【涞源县甘霖土特产有限公司】** 该公司成立于 2010 年，注册资金 650 万元，企业法人段怀宝．公司位于走马驿镇泉厂背村，属县政府重点扶持企业，并被保定市扶贫办认定为 2012～2015 年度"市级扶贫龙头企业"。

经过几年的开拓努力，一个以生产核桃油为主的四大品牌、四大产品系列的雏形基本形成，四大品牌是"白石山""白石山人家""黄土岭""神元粒仁"；四大产品系列是：以生产核桃仁、核桃油为主的核桃产品系列；以优质小米、玉米、绿豆、莜麦、荞麦等制品为主的小杂粮产品系列；以山蘑、山榛、蕨菜、杏扁等为主的山珍产品系列；以柴鸡蛋、野鸡蛋、鸽子蛋为主的禽蛋产品系列，取得了明显的经济效益和社会效益。

该示范基地规模 4500 亩，全部进行了水、电、路配套，涉及 4 个村，核桃树已经进入盛果期，生产的产品全部达到绿色无公害产品，优质果率达到 80%，商品果率达到 90% 以上。成立了专业技术服务队伍，选择具有一定管理技术的农民技术员 20 名，定期进行技术培训，聘请河北农大李保国教授为常年技术顾问以及县技术推广站为技术指导单位，具体负责基地技术指导和制定周年技术管理方案。

示范基地建设可带动项目区的资源开发利用、产品加工及生态旅游等产业的发展，拓宽了农民就业、增收之路，对当地农民脱贫致富、改善生

产生活条件产生重要作用。（李 娜）

**【定州德胜农林科技有限公司】** 河北德胜农林科技有限公司主要开展优种核桃苗、优质食用核桃、高档文玩核桃和核桃雕刻工艺品的生产、加工及销售业务。公司成立于1998年，总部位于河北省定州市，在湖北、山东等地设有3个子公司。公司建有定州首个院士工作站，是河北农业大学高新科技示范园区，是“全国特色种苗基地”“全国质量信得过种苗基地”、和中国园艺学会干果分会“试验示范地”，是河北省林业厅认定的2012～2013年度河北省林果产业重点龙头企业，保定市委、市政府认定的2012～2014年度农业产业化市级重点龙头企业。

公司拥有核桃资源圃、采穗圃、苗圃、示范园8000多亩，年产优质核桃嫁接苗400万株。其核心产品——“清香”核桃已在全国20个省(市、自治区)推广种植，发展专业合作社60多个，家庭农场1000多个，总种植面积达50余万亩。为促进干果销售，公司注册推出了“万岁果”高档核桃食用品牌。同时推出“核为贵”“核乐宫”“核乐桃”3个文玩核桃品牌，市场份额占全国的15%。

公司集“产、学、研”为一体，拥有员工180人，其中本科以上学历70多人。郗荣庭教授、张志华研究员、温陟良教授等十几名专家教授任公司研发及战略顾问。培育的“清香”核桃荣获全国核桃大会金奖，选育的文玩核桃“冀龙一号”获河北省科技进步奖。在国内率先建立核桃苗木售后服务部。公司还建立了定州首家院士工作站，推动新技术研发，提高公司现代化、信息化建设水平和服务能力。

公司着力发展集科研示范、推广销售、生产加工、生态观光为一体的经营体系，打造文化产业比重大、科技含量高的现代化创新型集团公司，争取成为引领中国核桃产业的“航空母舰”。

（黄志欣）

**【沧州盛源枣制品有限公司】** 沧州盛源枣制品有限公司是一家集枣制品研发、加工、生产、销售、物流于一体的产业化龙头企业，蜜饯、水果制品加工销售为公司主营业务。年加工能力1.86万吨，销售收入7000万元，利税总额120万元。该公司以“绿色健康、诚实守信”为经营理念，全面致力于枣制品的研发与创新，为保证原材料的绿色无公害品质，公司建立了红枣基地1420公顷，与农户签订了回收合同，无偿提供技术服务，形成了“公司+基地+农户”的经营模式，扶持和带动农户6420户，产品畅销全国28个省(区、市)。

（张福霞 滕仁艳）

**【沧州市黄骅国润生态食品有限公司】** 沧州市黄骅国润生态食品有限公司是以开发生产纯天然绿色食品为主的一家新型股份制企业，2003年建厂，注册资金1000万元，完全按照ISO9001—2008国际质量管理体系与国家绿色食品标准要求实施质量控制，追求“生态、美味、营养、质量”，并顺利通过ISO9001—2008国际质量管理体系认证与国家绿色食品认证。该公司建有万亩生态冬枣园及千吨恒温保鲜库，并引进国内先进低温真空加工设备，加工销售脆冬枣、果蔬脆片，产销率100%。

该公司以全国重点文物保护单位“黄骅聚馆古贡枣园”为基地，致力于对黄骅千年古冬枣资源的开发。公司主要产品“古园”牌脆冬枣精选优质鲜冬枣为原料，采用低温真空工艺迅速脱水制成，不含任何添加剂，较好地保留了鲜冬枣的营养，不仅口感极其酥脆香甜，且对人体还有较强的滋补作用，在河北省首届名优果品展评会中获“优质产品奖”；2006年6月“古园”脆冬枣被选为“中国文化遗产日指定礼品”，并被指定为北京故宫博物院国内外游客旅游专卖产品；2007年“古园”脆冬枣获准进入中共中央和国务院驻地——中南海，以及人民大会堂销售，受到了国家领导人的好评；2007年11月“古园”商标荣获河北省著名商标，并于2010年、2013年两次续展成功；2008年6月作为涉奥产品进入各大奥运城销售，受到了涉奥市民与国外友人的一致好评。2009年被推荐为“黄骅市冬枣节”唯一指定礼品，12月“古园”产品获河北省名牌产品，并于2012年续展成功。

（刘景绵 滕仁艳）

**【沧州市肃宁华晨养殖有限公司】** 肃宁华晨养殖有限公司是由香港启固有限公司独资成立，是具有独立法人资格的外商独资公司。该公司于2003年注册成立，注册资本108万美元，总投资3000

万元，占地150亩，现有固定资产860万元，流动资产673万元，饲养人员45人，技术实力雄厚，重视商品的品位及档次，是一家集貂貉特色毛皮动物调种、改良、防疫、饲养、取皮为一体的企业。2009年公司出栏商品貂35000只，商品貉5000只，实现销售收入1586万元，现存栏美国短毛黑水貂(种貂)3000余只。公司被中国农学会授予养殖示范场，被尚村国际皮草交易会组委会评为"全国毛皮动物养殖优秀企业"，是"毛皮动物发展专业委员会常务理事单位"，2006年经河北省畜牧局验收为河北省唯一种貂生产经营许可单位。公司自2008年开始连续五年被认定为沧州市农业产业化经营重点龙头企业。

公司成立八年以来，不仅公司本身取得了良好的经济效益，并按照"公司+基地+农户"的发展模式开发了西部地区市场，已经有西部的宁夏义立农牧开发有限公司、新疆益民农牧开发有限公司等1000余户加入，直接带动全国5000余家农户通过特种皮毛动物养殖走上了致富道路。

（王　敏　滕仁艳）

**【易县茂源果品有限责任公司】**　公司位于易县独乐乡中独乐村，2009年经县工商局登记，注册资金1000万元，固定资产3800万元，厂区建有1061平方米果品深加工房，2600平方米储藏1500吨的保鲜、速冻两用冷库，年可贮藏、加工、周转、销售各种水果9800吨，产值达4000万元。

公司坚持"公司引领牵动、合作社示范带动、科技信息驱动、品牌战略拉动"的方针，实施"公司+合作社+基地+农户"的运营模式，为果农、果商架起了连心桥，近年来，连续获得"全省林果产业重点合作组织"；"全市重点龙头企业"；"全县农业产业化工作先进单位"等荣誉称号；2013年被农业部列为"农业部公益性行业科研专项示范基地"。

公司旗下的盛秋林果专业合作社，依托河北农大"产、学、研"三结合基地，指导果农抓好生产，并立足本地资源，进行土地流转；建设温室李子大棚50个；食用菌棚室86个，香菇种植120万棒，产值达到8100万元，苹果基地200亩拓宽了增收渠道，丰富了合作社内涵，在全县起到了示范带动作用。

公司注重科技创新，避雨设施栽培技术和脆柿、冰柿保鲜技术，提高了果品质量，增加了果品的附加值，对企业和林果业发展产生了极大的驱动效应。2013年在河北省第十届特色农业精品展销会上"贺英牌"脆柿、苹果、香菇荣获金奖；"贺英牌"冰柿荣获特别金奖。　（张　洁）

**【唐山蓝猫饮品集团有限公司】**　蓝猫集团是目前国内唯一一家专业从事野生饮品研发、生产、销售的现代化企业集团，是农业产业化国家级重点龙头企业，中国食品工业龙头企业，近日，唐山蓝猫饮品集团有限公司的"蓝猫"商标被认定为中国驰名商标。公司年设计产能达20万吨，2014年上半年投产，到2014年5月，集团资产总额达15亿元。多年来，集团始终秉承"诚信是我生存之粮，质量是我生存之水"的经营理念，突出特色、差异化发展思路，以打造中国野生饮品第一品牌为战略目标。集团经过20年的发展，研发出了一套独特的野生饮品生产工艺技术体系与食品安全保障体系，公司自主研发的预蒸渗透提汁技术，是国内独一无二最先进的干果提汁技术，采用的CIP清洗、无菌冷罐装、超高温瞬时灭菌、液氮填充等工艺都处在国际国内领先的位置。采用先进的工艺技术开发出了原汁原味、原生态属性基本保留的纯天然、绿色保健饮品——野生酸枣汁，此类产品的开发成功，弥补了中国饮品市场又一空白，创造出了中国饮品行业又一新的饮品品类——野生饮品。公司主导产品野生酸枣汁系列产品，以其绿色、原生态、纯天然的健康内在品质和良好的口感，投放市场以来，深受广大消费者喜爱，在畅销国内的同时，远销到澳大利亚、新西兰、匈牙利、俄罗斯等多个国家和地区。已经成为国内野生饮品的领军企业。

（蓝猫饮品集团）

**【唐山润新门业有限公司】**　唐山润新门业有限公司坐落在唐山市丰润区，自1998年成立以来，公司逐年得到发展。2013年实现收入5769万元，同比增收619万元，增长12%。其中，税收收入完成138万元，同比增收20万元，增长17%；

2013年，为应对房地产发展放缓，木门行业销售前景不佳的状况，润新门业在狠抓质量的同时，加大了对设备更新和内部管理的力度。为扭转流水线上半成品管理上的散漫局面，采取了每个订单都有相应的生产运行单和工件同步运行，实施下道工序检验上道工序并签字确认，杜绝了生产工序中的丢件和质量问题。同时，企业投入80万元定制了一整套在行业内比较领先的ERP生产管理软件，真正做到了接单、下单、生产、包装、物流、售后等无纸化操作，在节省成本的同时大大提高了企业效率。

为扩大企业知名度，加大了在电视、杂志、报纸、网络等媒体广告的投入，并连续七年参加一年一度的全球第一大门展——北京国际门业展览会和唐山的八次大型展销会，签订订单600余个，并在展会后加大了对经销商扶持力度，高薪聘请了三名高管负责零售市场和经销商的管理，为企业的发展奠定了坚实的基础。

截至2013年，润新商标多次获得河北省工业和信息化局颁发的河北省中小企业名牌产品的称号，并于2012年被河北省工商行政管理局评为河北省著名商标。

由于场地限制，安全隐患、绿色环保等问题使企业生产举步维艰，加之企业周边规划，润新门业决定寻找新的适合建设现代化工厂的地方，于2013年年底找到了一块占地7万余平米的合适地段，准备在2014年开始建设现代化的花园式的门业生产加工厂。（何文宝　蒲建民）

**【沧州市吴桥县荣泰木业股份有限公司】**　沧州市吴桥县荣泰木业股份有限公司成立于2001年5月，位于吴桥县桑园镇昆仑道南首西侧，占地面积104亩，厂房建筑面积27600平方米，现有职工186人，其中工程技术人员18人（高级职称2人，中、初级职称16人）。公司资产总额6378万元。2012年，吴桥县荣泰木业股份有限公司天津股权交易所成功上市挂牌，是沧州市农业产业化重点龙头企业，吴桥县纳税先进单位、信用联社AA级信用企业，河北省刨花板生产骨干企业，近年来产品在上海、深圳、北京、青岛、济南、石家庄等地保持畅销不衰，并远销于韩国、以色列、中国台湾等国家和地区，并被省消协会认定为“消费者信得过产品”。

该公司坚持“诚信为顾客、质量创精品、同行勇争先”的经营理念，采用国内最先进设备，严格按ISO9001国际质量认证体系，相关程序性文件，严格对各生产工序进行严格控制，使产品在整个形成过程中按标准参数形成，以最终保证产品质量符合GB/T4897－2003标准，公司的刨花板“绿蝶”牌商标获得河北省著名商标。2012年生产各种规格刨花板50000余立方米，实现工业总产值5200万元，销售收入5060万元，实现利税590万元。2012年，公司又投资3500万元建设了具有国际领先水平的蜂窝结构板连续压机生产线项目，2013年，11592平方米的生产车间已经基本建成，设备改造和调试安装也已经全面铺开，计划2014年底投产，项目投产后，可年产蜂窝结构板15万立方米，新增销售收入17500万元，实现税金1700多万元，新增利润1300多万元，并可新增170多人的就业岗位。（侯金霞　滕仁艳）

**【平山县葫芦峪农业科技开发有限公司】**　平山县葫芦峪农业科技开发有限公司位于平山县北部山区王坡乡。公司自2007年成立以来，瞄准现代农业发展方向，坚持“规模化开发，园区式建设，循环式利用，产业式扶贫”，成功探索出了一条“规模开发，龙头带动，利益联结，合作共赢”的路子和一条“公司＋合作社＋基地＋农户”的现代农业组织形式。到2013年底，已投入资金25560万元，完成造地13500亩，栽植优质薄皮核桃48万株，基本实现了水、电、路基础设施配套。先后荣获农业部全国有机产品生产基地、国家林业局国家级核桃示范基地、全省农业开发重点龙头企业、全省农业产业扶贫龙头企业、市重点龙头企业等荣誉称号。2013年由石家庄市林业局将葫芦峪经验成功推广到阜平县、曲阳县，已开山造地2万亩。

平山县葫芦峪公司的发展引起了各级领导和媒体的关注。国家林业局、农开办等部委有关领导前来调研，省委、省政府、省政协及石家庄市委、市政府领导多次到项目工地视察、指导工作，省、市有关部门的领导也经常到公司调研并给予支持。中央4台《华人世界》栏目、7台《致富经》栏目、经济日报、河北电视台、河北日报、石家

庄日报等媒体，以专版、专栏、头条等形式，对葫芦峪模式进行了总结推广。（张　涵）

**【中盐银港人造板有限公司】** 中盐银港人造板有限公司是中国吉林森工集团控股的国有企业，是中国林产工业协会副会长单位，公司始建于1993年，历经两次并购重组于2006年正式定名为中盐银港人造板有限公司。

公司围绕产业布局、资源保障、装备升级、技术进步和科学管理，在河北石家庄、湖北随州、湖南益阳、四川南部、河北承德共设四个大型现代化产业基地，生产布局优势突出。公司五条人造板生产线均采用德国先进的连续平压生产线，生产工艺、技术和设备，具备生产包括1.6毫米超薄中纤板、E0级中纤板和刨花板在内的各种规格的高品质人造板产品的能力，是中国最具竞争力的人造板制造企业之一。

2013年10月，公司迎来历史上第三次并购重组，成为了中国吉林森林工业集团有限责任公司的控股子公司，目前是亚洲最大的人造板生产企业。森工集团并购重组后，公司资产总额近32亿元，注册资本8亿元，公司员工1900余人，年生产各种规格人造板的能力达157万立方米。

公司的质量管理体系、环境管理体系、职业健康管理体系和甲醛释放量分别通过了中国质量认证中心颁发的ISO9001、ISO14001、GB/T28001和美国的CARB国际标准认证，生产的“银港”牌产品获得河北省著名商标称号。

公司秉承 吉林森工“为国效力、为民造福、忠诚做人、和谐创业”的企业精神，不断推进创新发展，积极履行社会责任，努力创建资源节约型、环境友好型、技术领先型企业。（史彦华）

**【秦皇岛卡尔·凯旋木艺品有限公司】** 坐落在美丽的滨海城市秦皇岛的卡尔·凯旋木艺有限公司是国内唯一引进法国卡尔·杜邦—卡尔凯旋木门开发生产专项技术，并在亚洲唯一设厂的生产和销售中高档实木复合门的专业公司。

该公司拥有雄厚的经济实力和良好的经营业绩，总资产达4300万元，年销售收入两亿多元，是连续三年中国木门行业三十强企业。卡尔凯旋木艺有限公司始终秉承“专业、高端、负责”的战略性定位，品牌实力不断提升，先后获得河北省名牌、河北著名商标称号，是国家木门标准起草单位，中国林产工业协会副会长单位，先后获得2011中国消费口碑榜—金口碑品牌、2013中国国际木门展“时尚外观设计金奖”ISO9001质量管理体系认证，2010～2012连续被评为中国互联网木门十大品牌，2012～2013连续被评为中国整木家装十大品牌，2012～2013年度中国林业产业突出贡献奖。

**【元氏县西岭核桃专业合作社】** 元氏县西岭核桃专业合作社示范基地位于河北省元氏县前仙乡西岭底村，总规模1500亩。合作社于2007年5月在工商局注册。到2013年底，已吸收会员1000人以上，年销售额已突破800万元，净利润达640万元以上。随着幼树逐渐进入结果期，产量和效益每年还在成倍增长。

元氏县西岭核桃专业合作社统一注册了“西嶺”商标，在核桃生产上制定了严格的企业绿色果品生产管理技术标准，并对基地实行“统一生产资料供应、统一技术标准实施、统一时间采摘、统一品种包装、统一品牌销售”五统一制度。“西嶺”核桃已于2011年被中国绿色食品发展中心认定为“绿色食品A级产品”。西岭核桃专业合作社与河北省林科院联合选育的核桃新品种已通过河北省林木品种审定委员会审定并命名为“西岭”核桃，该成果获石家庄市科技术进步一等奖，获河北省科技进步三等奖。

元氏县西岭核桃专业合作社已连续三届(2008～2009年、2010～2011年、2012～2013年)获河北省重点合作组织称号，产品先后获“河北省优质产品”“河北省名牌产品”，2011年全国首届核桃节“银奖”、2009年第十三届中国(廊坊)农产品交易会“果王”等荣誉称号，西岭底核桃基地被河北省林业厅命名为“河北省无公害优质核桃示范基地”。（韩　昆）

**【中国设施葡萄之乡——饶阳】** 饶阳县位于河北省中南部，地理位置在北纬38°05′，东经115°54′，是北半球种植葡萄的黄金地带。在县委、县政府和各级林业部门的大力扶持下，近几年设施葡萄发展迅速，到2013年底，设施葡萄已发展到10万亩。形成了尹村镇、合方区两个万亩设施葡萄基地。50多个百亩设施葡萄大方，年产鲜食葡萄2亿千克，产值20亿元，成为农民致富的支柱产业。2012年被中国经济林协会命名为"中国设施葡萄之乡"，2013年饶阳设施葡萄被国家标准委批准为"设施葡萄标准化生产示范区"、由饶阳县林业部门起草的"设施葡萄优质高效清洁生产集成技术与示范"获国家科技部科技星火计划项目。饶阳设施葡萄3月下旬开始成熟上市，陆续采摘到11月结束。栽培品种主要有：绯红、维多利亚、藤稔、无核早红、早黑宝、白鸡心、红巴拉多、红提、圣诞玫瑰、黄意大利、克伦生等名优品种，并全部实现了无公害标准化生产。饶阳县生产的"乐乡"牌"饶康"牌和"万爱"牌葡萄畅销全国各地，著名葡萄专家、中国农学会葡萄分会会长晁无疾参观了饶阳设施葡萄后称赞说："饶阳设施葡萄成熟最早。面积最大，效益最高，堪称全国一流"。

（张铁兵）

**【枣强县马莲小枣】** 马莲小枣是枣强县的特产，是河北省的名优特果品之一，92年在全省红枣鉴评会上被评为第一名；97年河北省首届农业博览会获优质果品称号；1998~2001年、2003年荣获河北省名优农业产品称号；2000年荣获全国红枣交易会金奖。2003年7月份注册"马脸牌"马莲小枣，因其品质好、口感佳，皮薄肉厚，肉质甜酸酥脆，且含有人体生长发育所必需的多种维生素和氨基酸，除可以生食之外还可以制作加工成枣糕、粽子、枣酒、枣泥等，有很高的营养价值，同时，对人体的消化系统、心脑血管、贫血病、癌症等都有很好的疗效，是人们保健养生的极佳食品，深受人们喜爱，又因其生长适应性强，耐旱、抗涝、耐瘠薄、耐盐碱，在pH值5.5~8.2的范围内均可生长(在土质肥沃的沙壤土中最为适宜)，丰产性强，产量高，且稳定，因此有很高的推广价值。

马莲小枣具有较高的经济效益，果实在9月中下旬成熟，单果平均重8.35克，最大单果重11.3克，每千克116个左右，鲜果含糖量38.9%，干果含糖量68.76%，制干率为53.41%。栽植当年即可开花结果，3年生株产5~10千克，5~6年生可达到丰产，亩产达1000~1300千克鲜枣。

（彭晓梦）

**【河北国投中鲁果蔬汁有限公司】** 河北国投中鲁果蔬汁有限公司成立于2007年，总投资1.2亿元，注册资本5000万元。公司坐落于辛集市新垒头镇工业区，占地面积70亩，总建筑面积19637平方米。

公司拥有国际先进的梨汁生产线和红薯汁生产线各一条，年加工梨汁原料8万吨，红薯汁原料5万吨，另外还生产其他果蔬汁，年产量达1.5万吨。公司投产后，在辛集市及周边县(市)发展订单农户8000多户，为农户创收达4000余万元。浓缩红薯汁拥有独立知识产权，是国内目前唯一生产红薯汁厂家，公司产品主要出口美国、日本、澳大利亚、欧洲等20多个国家和地区。

公司拥有目前世界先进的果汁生产线和品质检测设备，推行科学管理，实行精益生产，狠抓产品质量，顺利通过HACCP认证、KOSHER认证及ISO9000质量体系等多项认证，产品通过了美国卡夫公司及美国FPA官方审核。同时采取"自检+商检检测+驻外第三方检测"三方检测，实现了公司质量为本、优质安全、精益求精、创新发展、持续改进、客户满意的质量方针目标，产品质量合格率达到100%。

（曹　明）

**【木兰林管局】** 让森林休养生息，这意味着"以木独大"的林业经营模式的终结。

木兰林管局实施"以苗养林、以副养林"的产业发展战略，逐步形成了以绿化苗木产业为主导，以木材、旅游、设计咨询、土地开发、硅砂产业等为辅助的多元化产业格局：立足优势，做强种苗产业。木兰林管局毗邻京津，绿化苗木市场巨大，发展种苗产业具有得天独厚的优势。依托这一优势，木兰林管局在交通便利、土壤肥沃的山脚、缓坡、沟膛、川地建设绿化苗木基地面积四万余亩，储存绿化苗木600余万株；对有培养特质的大树进行造型培育，改建绿化大苗基地3.6万亩，全局改培的绿化大树存量达100万余株，绿化苗木潜在价值20多亿元。

挖掘优势，大力发展多种经营。利用林区内丰富的硅砂资源，通过技术研发，开发出多种具有较强竞争力的覆膜砂产品。其中新开发的石油压裂砂产品，得到了认可。覆膜砂年均销售收入稳定在1千万元。

再造优势，开发新的经济增长极。木兰林管局所在的木兰围场地区已经成为京津塘地区最具魅力的旅游、观光、休闲目的地。为此，林管局顺势而为，于2012年成立了房地产开发公司，2013年房地产开盘营业，当年实现销售利润3000万元。（丁旭光）

**【塞外明珠——塞罕坝】** 塞罕坝机械林场总经营面积140万亩，有林地面积112万亩(人工林88万亩，次生林24万亩)，森林覆盖率80%。林木总蓄积1012万立方米，年均生长量53.8万立方米，林木资产总价值约42亿元。塞罕坝是华北地区重要的人工林基地，集生态公益林建设、商品林经营、自然保护和森林公园于一体。

木材产业：木材销售产业是塞罕坝林场目前的支柱产业，产材主要为中小径材，常规产材大多为2米至8米，径级自3厘米至26厘米，年产材11.4万立方米。

种苗产业：全场共建设绿化苗木基地7.9万亩，重点培育云杉、樟子松、白桦、油松、落叶松、五角枫等树种，塞罕坝种苗业已基本步入苗木培育基地化、品种多样化、管理集约化的可持续发展之路。

旅游产业：塞罕坝国家森林公园由国家林业局批准，于1993年建立，经过20年的发展，已经成为国家4A级森林公园，年入园游客人数达到50万人次，年收入达3900余万元。

风电产业：塞罕坝机械林场充分利用自身的风力资源，在环境保护优先的前提下，与风电企业合作，2013年实现经济收入6400余万元。

奖励及荣誉：

①2013年在由国家林业局和中国农林水利工会举办的全国首届国有林场职业技能竞赛上，塞罕坝代表河北省分别获得团体第一名、个人第一名和第三名的好成绩，其中获得个人第一名的选手许文江，将由中华全国总工会申报“全国五一劳动奖章”。

②2013年塞罕坝机械林场被国家林业局和中国农林水利工会全国委员会联合授予2012～2013年度“中国林业产业突出贡献奖”。

③2013年国家人社部和国家林业局授予塞罕坝机械林场总场第三乡林场“全国林业系统先进集体”荣誉称号，授予塞罕坝林场职工魏爱国同志“全国林业系统劳动模范”荣誉称号。

④2013年塞罕坝机械林场被国家林业局、中国林场协会评为“全国生态建设突出贡献奖先进集体”。

⑤2013年塞罕坝机械林场被国家林业局授予首批全国林业信息化示范单位。

⑥2013年塞罕坝“坝上林海”以其独特的人工林自然景观、巨大的生态效益被中国科学院植物研究所、北京林业大学、国家林业局调查规划设计院等单位的专家、学者评为“中国最美森林”，国家林业局原副局长印红为其“中国最美森林”管理单位授牌。

⑦2013年塞罕坝机械林场总场森林旅游开发有限公司被中国市场品牌管理中心评选为“中国旅游十大品牌企业”。

**【河北灵山省级森林公园】** 河北灵山旅游开发有限公司由王喜洞林场筹资于2012年4月注册成立，负责对河北灵山省级森林公园的开发与运营。2013年度，为提升灵山景区规模，争取地方政府的支持，大力推动招商引资工作，促进区域经济全面快速发展，经过和涿鹿县辉耀镇人民政府多次洽谈，本着互利互惠、共同发展的原则，就灵山景区西部包括石门、杨木林、姚家沟、南小流水、马家庙、大流水、牌楼沟、荞麦川、高庄、辛岔十个村的服务区及其周边景点的合作开发相关事宜签订框架协议，为灵山大景区开发的后续工作铺平了道路。为了进一步落实好景区游步道及栈道的建设施工，公司设计人员多次进行实地测量和踏查，对游步道和栈道的线路、式样进行了反复调整。9月份，对灵山景区西部十个村范围的情况进行了考察，在掌握实地资源的基础上，对灵山开发总体规划进行了调整，将主峰以西包括高庄、辛岔到石门的十个村落区域全部纳入了景区开发的范围，之后多次深入实地勘察摸底，对民俗服务区滑雪场、水景、景区西大门、游客服务中心和停车场的选址及风格做出了初步规划设计，并完成了西部景区游步道、景区公路、水电等基建规划设计和投资预算，景区西部基建项目涉及占用农村土地，正在积极地与涿鹿县政府协商，协商建设用地的解决方案。各项工作有条不紊的进行，公司领导积极推进景区工程实施和招商引资工作。目前，公司正在联系相关资质的规划设计院和施工单位，讨论协商游客服务中心和景区大门的设计施工等相关事宜。与此同时，招商引资工作也取得了初步进展，分别完成了雪峰寺、三教观和索道3份招商项目书的编写。2013年5月底，在涿鹿县政府的协调下，张家口通泰集团到灵山景区考察，双方就有关投资项目进行了交流。依据景区规划2013年完成西部景区公路和景区内广场的挖掘平整工程。工程建设从9月24日开工，到11月12日截止，前后共计50天，新挖公路从林山沟村到二滩，里程2200米，路基平均宽为5米，平均坡度为10%；在二滩(海拔1862米)平整广场2800平方米，为今后景区各项后续工程的实施奠定了道路和场地基础。（武　宁）

**【王海东】** 张家口市林业局局长王海东，自任职以来，坚持“生态建设产业化、产业发展生态化”的方针，以建设发达的林业产业体系为己任，全力推进林业产业发展，为实现兴林富民做出了突出贡献，荣获2012～2013年度中国林业产业突出贡献奖。

一是创新思路，推进林业产业化发展。立足全市林业实际，站在科学发展、兴林富民、绿色崛起的高度，转变思维模式，创新发展思路，提出了“由重生态向生态经济同步发展转变”的林业产业发展思路，坚持一手抓植树造林打基础，一手抓林业产业增效益，以工业化理念指导林业，以产业化模式经营林业，以企业化方式组织林业，实现以资源带产业，以产业促生态良性发展。“十二五”期间，全市重点规划建设八大基地，重点打造八大产业(3+5产业)，扶持培强100家重点林果加工龙头企业，全力打造百亿元林业产业。

二是政策推动，保障林业产业快速发展。相继以市委、市政府名义出台了《关于加快林业产业发展的指导意见》《关于扶持推进葡萄产业上档升级的意见》《关于加快发展林下经济的指导意见》等一系列政策意见。相继制订了《全市林业产业发展“十二五”规划》《葡萄产业发展规划》《创建国家森林城市规划》等一系列规划方案。相继召开了全省、全市首次“林业产业工作会议”，全市林下经济现场会”。相继成立了“葡萄产业发展协调领导小组”“杏扁防霜冻应急指挥部”等一系列组织机构。实施政策引导、规划指导、行政推动、领导保障。

三是真抓实干，推动林业产业加快发展。带领全市林业干部职工，全力实施“结构调整、科技示范、提质增效、培育龙头”四大工程，全市林业产业工作得到长足发展。截至2013年年底，全市干鲜果品基地总面积达到424.1万亩，居全省首位，总产量达到67.9万吨，林业产业总产值达到78.7亿元，较2008年均增长一倍以上。林业产业共覆盖全市近一半的人口，200多个村54万人主要依靠林业产业脱贫致富，林业产业已真正成为农民收入的重要来源和县域经济的重要支柱。2010年以来，张家口市相继被中国果品流通协会授予“中国葡萄之乡”“中国杏扁之乡”“中国海棠之乡”“中国欧李之乡”等荣誉称号。2011年市林业局荣获首届中国林业产业突出贡献奖杰出基层单位。

（李泽军）

**【潘巨春】** 潘巨春，男，汉族，1961年7月生，本科文化，中共党员，现任职迁西县林业局局长。潘巨春同志始终坚持以科学发展观为指导，积极投身绿化事业，将林业产业发展与农民增收有机结合，在山区综合开发、生态建设与保护、林业产业体系建设等方面取得了显著成绩，走出了一条具有迁西特色的山区林业产业发展之路。到2013年全县有林地面积135万亩，森林覆盖率达62%。按照一、二、三产融合发展的思路，大力发展以板栗、安梨、核桃为主的经济林产业，其中，板栗70万亩、4000万株，常年产量4.5万吨，产值8亿元，出口量居全国首位；安梨3万亩、90万株，年产量1万吨，居全国之首；核桃4.8万亩、245万株，总产量150万千克。2012年组织召开了中国(迁西)栗花节暨板栗产业博览会，中国板栗博物馆正式揭牌，被中国经济林协会授牌迁西板栗工作站，组织县内企业参加中国首届森林食品交易博览会共获 13 个奖项。2012 被国家林业局授予“全国生态建设突出贡献奖先进个人”；被中国林业产业联合会、中国经济林协会授予“林业产业突出贡献奖”(森林食品类)；被河北省绿化委员会、河北省人力资源和社会保障厅、河北省林业厅联合授予“河北省国土绿化突出贡献人物”。

(李艳萍)

【王友金】 王友金，男，1965 年 12 月出生，大专文化，迁西县远洋食品有限公司董事长。2009 年，迁西县远洋食品有限公司进行整合重组，王友金接手了这家困境中的乡镇企业。经过多年的发展，主要产品“栗之花”系列销往韩国、泰国、日本等国家，并与中东地区，阿拉伯，美国等国 16 家客商，签订了常年供货合同；销往台湾及北京、天津、上海、浙江、江西、河北等 20 个大中型城市 3000 余个超市；在北京、杭州、广州、上海建立了“栗之花”品牌直营店 100 余家；进入北京物美商场 100 个，成都、武汉、良品铺子超市 1150 个，年销售量达 8000 吨以上。2012 年在北京、杭州、浙江分别设立了销售分公司，实现年销售收入 3.1 亿元，解决 1200 余人就业。在增加就业方面，可带动农户 75000 户，解决 13000 个农村剩余劳动力就业问题，每年可为农户人均增收 540 至 600 元；在产业化经营方面，公司年加工鲜板栗 15000 吨，占迁西板栗总产量的 50%。

【河北省林业产业协会成立】 2013 年 2 月，河北省林业厅党组研究决定，同意筹建河北省林业产业协会，建立了原林业厅副巡视员李桂征为组长、原产业办主任赵英辰为副组长的产业协会筹备小组。具体负责协会的各项筹备工作。

2013 年 6 月 6 日，河北省民政厅下达《关于准予筹备成立河北省林业产业协会的决定书》，同年 6 月 24 日河北省林业产业协会会员代表大会在石家庄召开，通过了《河北省林业产业协会章程》《财务制度》《会费标准和管理办法》等，并选举产生了协会的领导机构。7 月 26 日，省民政厅下达《关于准予成立河北省林业产业协会的决定书》，河北省林业产业协会正式成立。

2013 年 8 月 27 日，河北省林业产业协会第一次会长会议在河北塞罕坝机械林场召开，会议通过了增补副会长单位的决议，对下一步工作进行了安排。

2013 年 12 月 9 日，河北省林业产业协会与河北省林业厅产业办联合召开全省重点木材加工龙头企业座谈会，会议认真分析了全省木材加工企业面临的形势和存在的问题，提出了全面提升产业发展水平的对策措施。

【林学会工作】 一是加强了与兄弟省(市)林学会联系和合作，与北京等华北五省市林学会联合发起，成立了华北五省市林学会联席会。二是针对当前河北省林业生态建设方面的难点和热点问题，8 月份在河北省塞罕坝机械林场组织召开“河北省生态环境建设学术交流会”，提出了河北省林业生态环境建设发展的方向和总体思路，为推进河北生态文明和现代林业建设做出新的贡献。此项活动被省科协评为 2013 年重点学术活动。三是完成了河北省科协科普资助项目《优质苹果核桃种植技术》编印工作，共印刷 6 万册，下发到各林果重点市县区。四是配合中国林学会在塞罕坝机械林场，共同举办了第 29 届中国林业夏令营活动。五是通过积极争取，塞罕坝机械林场总场、雾灵山自然保护区管理局被省全民科学素质工作领导小组命名为第三批河北省公民科学素质教育示范单位。六是组织了塞罕坝机械林场森林认证试点基本知识和技能培训。

(吴庆辉)

# 山西省林业产业

【概　述】 近年来，山西省各地在造林绿化中，按照“生态建设产业化、产业发展生态化”的思路，大力发展林业产业。2013 年山西省林业总产值达到 346 亿元。全省初步形成了以干果经济林、森林旅游、种苗花卉、林产加工为主导，以灌木林利用、林下资源开发为补充的林业产业发展体系。

**林木种苗生产** 2013 年，全省育苗生产任务 80 万亩，其中新育苗 25 万亩。全省完成育苗总面积 100.1 万亩，占育苗计划的 125.1%；其中新育苗面积 37.7 万亩，占新育苗计划的 150.8%。苗木总产量 50 亿株，其中容器苗木 16.6 亿株，良种苗木 11.5 亿株。

在育苗总产量中，针叶树苗木 44.5 亿株，占 89%；阔叶树苗木 1.1 亿株，占 2.2%；经济林苗木 3.4 亿株，占 6.8%；花灌木苗木 1 亿株，占 2.0%。苗高 1 米以上的针叶树苗 4.5 亿株，胸径 3 厘米的阔叶树苗 0.2 亿株。除大规格苗木和个别品种短缺外，苗木生产与供应基本平衡，荒山造林小规格苗木和核桃嫁接苗木等经济林苗木有些过剩。

全省共生产调剂各类林木种子约 20 万千克，其中省站贮备库调剂林木种子 5 万千克，占到全省调剂总量的 25%。

2013 年，全省林木种苗的从业人员达到 200 多万人，年苗木收入近 15.5 亿元，人均达到 0.8 万元。省直属林区把林木种苗作为龙头产业来抓，其发展态势迅猛，育苗面积已达到 3.3 万亩，人均 6 亩，成为增强林区经济实力、增加职工收入的一大产业。

**花卉生产** 根据全省 11 个市统计，2013 年生产鲜切花 2432.5 万支，盆花 4203.6 万盆，观赏苗木 1873.7 万株，销售额 6.17 亿元。其中：种植鲜切花 212.26 公顷，销售量 2432.5 万支，销售额约 1.39 亿元。种植盆栽植物 876.46 公顷，销售量 4203.6 万盆，销售额约 3.92 亿元。观赏苗木 985.91 公顷，销售量 1873.7 万株，销售额 0.86 亿元。

全省共建设花卉市场 66 个，花卉企业 1761 家，其中，大中型企业 44 个；花农 2402 个，花卉从业人员 19027 人，其中，专业技术人员 2281 人。

**森林旅游业** 全省拥有森林公园 111 处，其中国家级 18 处，省级 37 处，县级 56 处，总面积达 54.09 万公顷。2013 年全省森林公园游客总数达 1104.68 万人次，门票收入 1.86 亿元，同比增长 20.5% 和 22.4%，实现森林旅游社会综合收入 100 多亿元。全省城郊型森林公园免费向社会开放，日接待游人 38 万人次，直接受惠人数达到 1700 多万人。

**林下经济** 山西地处黄土高原，境内地形复杂、气候多样，南北跨度大，生物多样性非常突出，发展林下经济具有较好的物质基础。山西省的林下经济经营主体大多是林业大户和林业专业合作社，主要经营模式包括林养、林菌、林禽、林药和森林旅游等，全省林下经济经营面积 551 万亩，年均效益 22 亿元，年均亩效益 510 元，经营农户近 11 万家。各地基本形成了“吃饭靠田、致富靠山”的格局，不少市县出台优惠政策，鼓励农民大力发展林下经济，加上煤矿企业转产，为林下经济发展提供了较好的政策和资金环境。

**干果经济林** 干果经济林产业在山西省具有发展地域广阔、适应性强、市场需求大、产业链长、受益群体大等特点，是一项惠及广大农村群众的基础产业。干果经济林项目的实施还为各地增加了 100 万个就业机会，带动了包装、运输、服务等相关行业的发展。2013 年全省发展以核桃为主的干果经济林面积约 100 万亩，

**【黎城县林业局】** 黎城县地处太行山中南端，是抗日战争著名根据地，是一个以农业为主的山区小县，全县总面积 1101 平方千米，辖 5 镇 4 乡 250

个村，16.3万人，其中农业人口12.8万人。全县规划林业用地面积110万亩，有林地面积78万亩，森林覆盖率33.3%，被国家林业局命名为"中国核桃之乡"，被山西省人民政府授予"全省经济林建设十强县"称号。近年来，在狠抓"山上治本，身边增绿"，黎城在积极推进"六大工程"建设的同时，大力发展核桃经济林，把核桃树作为造林绿化的主栽树种，山上栽核桃树治本，路旁栽核桃树增绿，城里栽核桃树造景，核桃经济林日益成为造林绿化的"生态林"、农民增收的"致富林"、美化环境的"景观林"，在取得较好的生态效益的同时，也取得了很好的经济效益与社会效益。主要做法是：

①因势利导，把小核桃做成推进农村经济发展的大战略。黎城县位于上党盆地的东北边缘，平均海拔800~1000米，境内山峦起伏、丘陵众多，独特的地理、气候条件，十分有利于核桃树生长。早在清朝康熙年间，就有"核桃栽培已盛"的记载。新中国成立以来，特别是20世纪六七十年代以来，黎城县群众根据核桃树易栽植、产量大的生长习性，自发性掀起了种植核桃树的高潮。此后，全县核桃树种植面积不断扩大，核桃也成为黎城"四大宝"(核桃、花椒、柿子、枣)之首。到2010年，全县核桃栽植总面积已经达到8万多亩。2011年，新一届县委、县政府班子上任后，经过充分的调研论证，顺应广大群众的意愿，决定把核桃作为农村经济发展的主导产业，确立了"人均一亩核桃树"的发展目标，把核桃产业与新兴工业、文化旅游产业共同作为黎城经济发展的主导产业，重点加以发展培育。经过三年来的不懈努力，2013年，全县核桃经济林总面积达到16万亩，实现了人均一亩核桃树的奋斗目标。

②强势推进，把小核桃培育成"一县一业"的大产业。近年来，黎城县把发展核桃经济林与全省造林绿化、长治市农业产业"七大板块"的安排部署有机结合，把核桃产业作为"一县一业"的重要载体，"五化"并重，多措并举，大力度推进。

一是产业支撑项目化。把核桃经济林建设体现在项目上，县财政在十分困难的情况下，连续多年每年都要保证拿出200万元用于核桃经济林栽植，多方筹集资金，先后实施了勇进渠沿线百里核桃林网、国道(高速路)沿线百里核桃林带等多个核桃经济林种植项目。特别是2012年黎城县从省扶贫办争取到核桃经济林片区开发项目，投资2000多万元，新发展核桃树3万亩。通过具体的核桃经济林项目，为核桃产业发展奠定了坚实基础。

二是规模发展园区化。把集约种植、规模发展作为核桃经济林栽植、管理的主要模式，在勇进渠、国道(高速路)沿线先后建成了凤凰山、五尖山、李庄坪等10个5000亩以上优质核桃基地，建成了长宁川、北马垙、东黄须、茶棚滩、老尖峧等20个优质核桃经济林种植园区，成为全县核桃经济林发展的主要载体。

三是核桃种植专业化。不断提高核桃树栽植的标准化、规范化水平，采用"公司+农户""公司+合作社"等组织形式，变群众传统的粗放、散漫、自主性栽植为专业户、合作社等种植大户栽植，全县涌现出洪井乡马家垙董三虎、西井镇源泉村董金苏、黄崖洞镇东崖底村董青江、程家山乡范家庄村武晚红等68户种植大户，为广大群众种植核桃树起到了很好的示范带动作用。

四是产业服务体系化。县里成立了核桃产业发展中心，九个乡镇全部成立了核桃经济林技术服务站，250个村都建立了核桃经济林技术管护队，全县从事核桃经济林技术研究、示范推广、栽植管护的技术人员达到1000多人，基本形成覆盖县、乡、村三级的科技服务网络。同时，与中国林科院、山西农大、辽宁核桃研究所等13家科研单位、大专院校定期进行技术交流，聘请国内知名的核桃管理专家现场指导管护技术。县乡两级每年都要举办核桃经济林栽植管护技术培训班，2012年以来，黎城县开展了培养100名"经济林管理乡土专家"、打造1000名技术骨干队伍、服务10000户林农增收"三个一"活动，使全县核桃经济林发展基本上实现了从栽植到管护技术服务一体化。

五是农民增收主导化。2011年以来，全县每年新增核桃经济林面积都在2万亩以上。2013年，核桃产量达到750多万千克，经济收入1.8亿元，农民人均核桃收入1380多元，在农民人均收入中的比例占到近三分之一。

③营造品牌。现代农业的本质就是高品质、高效益农业，同时也是特色农业、品牌农业。在核桃产业的发展上，我们正在打好“两张牌”。

第一张是绿色牌。拓展核桃经济林生态绿化的内涵，在绿色食品上作文章，组织专业公司积极进行质量认证，“炎帝牌”核桃仁通过国家农业部绿色食品认证，并获得 ISO9002 国际质量标准体系认证，使核桃深加工开发得到了有效的质量保证。

第二张是市场牌。招商引资引进了美国飞鹤乳业公司，投资 5000 多万元，上马了核桃深加工生产线，所产的“飞鹤牌”核桃粉、核桃露、核桃油等系列产品已经成功打入国内各大中城市市场，并获得国家驰名品牌。三泰科技公司的“三泰”牌绵核桃被评为山西省著名商标，漂洋过海，走出国门，打入英国、法国等西欧市场，在国外享有很高的声誉。

**【广灵县】** 地处太行山北端，恒山东麓，为山西省东北门户。属中温带大陆性季风气候，适宜玉米、谷子、黍子等农作物和黄芪、黄花菜、木耳等多种经济作物生长。县域矿产资源不多，是典型的农业县。桑干河支流壶流河横贯东西，养育了 18.5 万勤劳质朴的广灵人民。全县辖 2 镇 7 乡 180 个行政村，国土面积 183 万亩，其中林业用地面积 93.22 万亩，集体林地面积 72.64 万亩。近年来，县委、县政府以集体林权制度改革为契机，以推进农民增收致富为目的，结合“一县一业、一村一品”工程的实施，鼓励农民大力发展林下种植、养殖和培植业，初步实现了长中短合理规划，农林牧复合经营，山丘川共同发展，为生态脆弱地区林业生态、经济双赢发展探索了一条路子。

①充分挖掘林业潜力，长短结合兴林富民。作为一个晋北山区县，广灵林业几十年来始终坚持了一条单纯生态型、保护型发展之路，虽然林业建设也取得了显著成效，但造林成果难巩固、农民发展林业积极性不高等问题始终是林业发展的一个桎梏。进入新世纪以来，国家生态建设根据战略决策县委、县政府以提高农民兴林致富积极性为根本，以发挥林业的综合效益为抓手，大力发展生态经济型林业，探索了一些有益有思路与发展模式。一是林药互促，近栽黄芪远栽树。黄芪是一种名贵的中草药，是恒山山脉的重要特产。广灵栽种黄芪的历史十分悠久，直到改革开放之初，栽种黄芪积极性高涨。近年来，随着贫困山区搬迁力度的加大，好多农民离乡之前掠夺性刨采，使广灵种植黄芪的传统优势渐渐失去。为了恢复黄芪这个传家宝，实现林药结合，兴林致富，县委、县政府积极倡导农民承包山林，发展林芪复合种植。风祥林业合作社就是这样一个典型。该合作社从 2004 年开始，承包荒山 2.5 万亩，根据土壤情况合理规划林芪种植范围，宜林则林、宜芪则芪。完成植树 7000 亩、种芪 7000 亩，黄芪已初见效益。8 年以后，黄芪年收入可达 2000 元/亩，入社农户平均年收入可达 10 多万元。

二是复合经营，树下养鸡效益高。随着退耕还林工程的实施，广灵县不少丘陵地带仁用杏、文冠果等经济林开始发展起来，正常年份每亩年收入可达 3000 多元。但是如果遇上春季冻花、牛羊危害等情况，收入则大打折扣。于是不少农民想出了经济林围栏，林中散养柴鸡的办法，即使经济林免遭牛羊危害，又提高了林地产出。农民吴进喜从 2005 年开始承包集体山林 1300 亩，投入 60 多万元，发展林鸡模式。到 2013 年已种植 500 多亩仁用杏、400 多亩文冠果，山上郁郁葱葱，一片生机，林中散养着 5000 多只柴鸡，年收入可达 10 万元。经济林全部进入盛果期后，年收入可达 100 万元。

三是林下培菌种菜，小产品做成大产业。广灵特有的气候地形条件，孕育了山黄花、山木耳、野灵芝等多种山珍。如何使这些山珍走出大山，走上餐桌，走向市场，广灵人进行了积极的探索。成立于 2003 年的甸顶山林牧有限公司近十年来共投入资金 4200 万元，经营林地 3 万多亩、苗圃地 420 亩、建养菌养菇大棚 3 万多平方米、菌棒生产车间 2230 平方米、食用菌加工厂 1100 平方米。公司成立以来，先后使 2.5 万亩荒山披上了绿装，修复海拔 2296 米的甸顶山高山草甸 5000 多亩。他们成功地将木耳培植由大棚移植到林下，既减少了浇水量，又提高了木耳品质。已形成年产菌棒 2000 万棒、年产干木耳 200 多吨的规模。2008 年在中国(山西)农产品交易博览会上荣获“科技创新奖”。与此同时，广灵农民在通道两旁的林下种植黄花菜，亩收入可达5000元，既解决了通道绿化占用耕地效益低的问题，又形成一道道独特的黄花景观。全县林下经济面积达到12万多亩，其中林下黑木耳种植3万亩、林下药材种植3万亩、林下养殖柴鸡1万亩，发展森林旅游5万亩。林下经济已成为全县农村经济发展和农民致富增收的重要增长点。

②大力深化林业改革，点面结合创优体制机制。多年来，广灵林业始终沿袭计划经济的发展模式，大军团作战，大锅饭管理，低质量发展。面对“广灵要发展，林业必先行，效益难提高”的窘境，县委、县政府经过深入分析，认识到广灵林业必须走以生态建设为主的发展道路，而要保护好、发展好广灵林业生态，必须推进市场化改革，走专业化、集约化经营的路子。为此，广灵在深化林业改革上重点走了三步棋：一是鼓励大户承包治理，培育一批林农。广灵农民世代以农为生，人民对经营林业没有经验，也没有兴趣。新世纪以来，随着林业发展的加速和政策激励程度的提高，农民治理荒山的热情不断高涨，治理保护效果远好于集体统一经营。二是鼓励合作经营，发展一批林业专业合作社。2009年以来，集体林权制度改革全面启动。广灵县把这项工作作为全县的一项中心工作来抓，突出均山到户，明晰产权。本次确权73.75万亩集体林地，农民人均分林近5亩。为了实现规模经营，提高效益，县委、县政府鼓励农民以大户为骨干，以林地为纽带，组建林业专业合作社。全县组建林业专业合作社12家，经营总面积达20万亩。凤祥林业合作社前身为农民王凤礼经营，2012年有22户农民加入组建了合作社，经营面积由原来的2.5万亩增加到3万亩。晋喜农林牧合作社原为农民吴进喜经营，2012年，分到林地的21户农民加入了他的合作社，经营总面积由原来的1300亩发展到2000多亩。合作社经营扩大出口了面积，增加了资本，提高了市场化运作能力，为提升林下经济效益做出了铺垫。三是鼓励“公司+基地+农户”，发展一批龙头企业。最典型的就是甸顶山林牧有限公司。该公司连接着6个林业专业合作社，合作社社员有500多户。2010年林下种植食用菌800亩，年产优质黑木耳干品400吨，带动农户800户，产值2000万元。参与黑木耳林下栽培生产的农户年均增收1万元左右。

③加大政策扶持力度，促进林业经济健康快速发展。林下经济是一种新的经济形式，它与传统林业工作相比，具有经济效益高、组织结构优的特点。为了把林下经济做大做强，做成农民增收致富的潜力产业，做成县域经济发展的优势产业，广灵县从政策扶持入手，为林下经济发展创造了宽松的政策环境。一是从调整经济结构，促进农民增收的战略高度出发，积极鼓励发展林下经济。出台了《广灵县关于加快发展林下经济的实施意见》，县政府成立了由分管副县长任组长，林业、农业、畜牧、科技、工商、地税、财政等单位负责人为成员的林下经济发展工作领导小组，协调和指导林下经济发展工作。在政策、资金、技术、信息、市场等方面主动服务。通过电视、报纸、黑板报、大喇叭、宣传车等多种形式，宣传发展林下经济的效益和潜力。县林业局成立技术服务组，分片包户提供全方位技术指导服务，还组织种养殖户外出参观学习，以鲜活的案例调动林下种养殖户的积极性。二是积极为农民发展林下经济提供各种补贴，解决发展中的各种困难和问题。政府为农民每年无偿提供种植仁用杏、金杏和文冠果苗木60万株，政府为黑木耳每棒补贴0.4元(每只菌棒1.8元，农民只花1.4元)。三是积极帮助融资，解决农民和企业发展林下经济的资金难题。为帮助甸顶山林牧公司解决发展林下种植黑木耳资金短缺问题，县政府作担保协调县信用社给予企业贷款200万元。2013年，全县发展林下经济抵押贷款总金额达500万元。

尽管我县的林下经济发展取得了一定成效，但仍属起步阶段。县委、县政府认定，林下经济是广灵的特色，也是广灵的优势。有各种林下经济发展模式的经验积累，有集体林权制度改革的全面助推，有上级政府和部门的强力支持，广灵林下经济一定会大放异彩，成为农民增收致富的潜力产业。县政府已经做出规划，到2015年，全县发展林下经济的林地面积要稳定在30万亩以上，年亩均毛收入力争达到3000元以上，全县农民年人均增收3000元以上，形成特色化、品牌化、规模化格局，走出一条长中短结合、上中下利用、农林牧复合经营的路子。

**【晋中市干果经济林】** 干果经济林在晋中栽植历史悠久，品种多样，近年来，通过退耕还林、现代农业示范区、农业综合开发和低产林改造等一系列项目的实施，有力地推动了以核桃、红枣为主的干果经济林产业发展。

**发展成就** 截至2012年年底，全市干果经济林总面积达到149.23万亩，总产量18.1万吨，总产值8.95亿元，提高农民人均纯收入351元。太谷县、左权县、灵石县被命名为“中国红枣之乡”和“中国核桃之乡”。根据《山西核桃产业发展技术指导意见》，全省60个基地县中，该市有左权、昔阳、寿阳、榆社、灵石、介休、平遥、祁县、太谷、榆次等10个县(区市)。全省35个重点县之中，有本市左权、灵石、昔阳、介休、祁县、寿阳、榆社7个县(市)。近年来该市核桃种植每年以15~20万亩的速度推进，着力打造高标准高效益示范基地。

全市现有干果加工70余个，其中：核桃加工企业及合作社20余个，年加工量2.25万吨；涌现出山西威特食品有限公司、左权县麻田顺康天然农产品有限公司、灵石强隆核桃食品有限公司等加工龙头企业。主要产品有核桃油、琥珀核桃仁、椒盐核桃仁、核桃蛋白粉等。红枣加工企业及合作社有50余个，年加工量1.5万吨，主要有太谷兴谷枣业有限公司、山西晋谷香公司、太谷碧润农产品公司、榆次丰元枣业等，主要产品有干枣、枣糕、干脆枣片、枣汁、枣酪等。此外还有寿阳县恒全仁用杏公司等仁用杏加工企业5个。

**采取的主要措施** ①政策扶持。晋中市根据实际情况，提出了“国家工程投资—山上治本、省级工程投资—身边增绿、市级工程投资—农民增收”的发展思路，市政府出台了《关于进一步加快干果产业发展的实施意见》，每年拿出300~500万元，用于技术培训、示范园区建设、干果技术攻关等补助。2011年9月，张璞书记、吴清海市长分别深入榆次区庄子乡郝都村、井峪村的千亩红枣基地就红枣丰产、裂果情况及职能烘干房技术进行了调研。10月份市长又率平遥、祁县、太谷、榆次四县县长、副县长深入太谷县任村乡中吾红枣密植示范园、小白乡万亩枣园进行实地考察并召开专题会议，紧急下达烘干房任务指标100座，立即建设，及早挽回果农损失。目前全市共建设智能烘干房250座，市级补助350万元，县级配套375万元，每年秋雨季为果农挽回经济损失上千万元。

灵石县围绕“核桃经济大县”目标，县财政每年安排扶持资金1000万元，其中500万元用于对核桃园农户管护工作以奖代补。和顺县2013年3月30日印发了《和顺县关于推进核桃经济林产业的实施办法》(试行)的通知，财政每年安排专项资金500万元，对发展核桃经济林进行资金扶持。平遥县政府出台了《关于继续扶持2013年干果产业发展的实施意见》，对全县干果经济林建设予以资金扶持200万元，同时把经济林发展列入考核乡(镇)工作的重要指标。

②机制创新。通过扶持龙头企业，机制创新，带动干果产业实现转型跨越。一是公司化经营，规模化发展。北京华信安康和科技公司在榆次与郝都、井峪枣农的合作模式，实现了公司收益，枣农增收的双赢效果。一是公司为枣农垫资生产，把枣农的市场风险降为零，与枣农形成真正意义上的利益共同体。二是枣园实行工厂化管理。公司与枣农合作建立起一套规范化的管理机制，把枣园当工厂，把枣农变工人，实现标准化生产，技术措施落实到位，资金投入收到了效益。三是公司统一组织红枣营销，宣传红枣文化，塑造红枣品牌，立足高端市场，提高红枣附加值。二是多种套种模式，实现生态效益双提高。为确保农户在核桃挂果前的收益，祁县引进山西芳灵贸易有限公司发展林下药材种植，由农户提供土地，公司提供药材种子及技术，合作社统一经营，形成了有效带动群众增收的经营管理模式。贾令村发展核桃林下药材3000亩。城赵镇里村、修善村采用核桃间作套种辣椒模式，共发展核桃间种辣椒5200亩。古县镇子洪村采用林下育苗模式，核桃苗已销售到周边几个县市。来远镇磨支村采用林下蚯蚓养殖，目前蚯蚓已发展到200亩，亩收入达30000元。

③技术推广。一是建示范园。市局在榆次庄

子和太谷东庄分别建设了红枣和核桃高效管理示范园，每年从春到冬持续培训果农。2013 年，市局授予晋中聚金红枣专业合作社等 28 个示范园为晋中市核桃(红枣)科技示范园，旨在给果农提供一个看得见、信得过、可信度高、随时可以参考借鉴的样板工程。灵石县核桃面积已达 28.03 万亩，在马和、静升、翠峰建立 3 座培训示范基地，就近培训当地农民。二是抓好地产林改造。左权、榆社、灵石等县依托省地产林改造项目，抓住时机，大力开展核桃整形修剪。左权县从 5 月下旬开始，组织 12 支专业队伍全面开展核桃树的夏季整形修剪，重点对 1～5 年生幼树进行整形修剪，为将来实现优质丰产打好基础。三是加强技术培训。全市共举办培训班 75 场次，聘请王贵、王毓堂、李登科等专家 20 人次，培训技术骨干 500 余人，果农 1 万人次以上。

④挖掘文化。从 2012 年开始全市干果经济林挖掘文化内涵，增添文化元素，把文化建设融入产业发展当中。重点培育榆次庄子、太谷小白两个红枣文化园区和左权九龙岗、凤凰山两个核桃文化园区，从而实现产业发展、生态建设和人文氛围的共荣互动。榆次依托晋中华信安康和公司，打造集科技示范、加工、采摘为一体的红枣科技示范产业基地；太谷县利用千年枣树群、小白万亩枣园、红枣资源圃等优势，依托兴谷枣业、晋谷香两个加工企业，打造太谷壶瓶枣文化产业旅游基地。左权县九龙岗核桃产业文化园规划配套三个基地，即核桃交易市场、核桃加工基地、核桃技术培训中心；设置 4 个观摩文化景点，分别介绍核桃栽培历史与文化、左权核桃与左权文化、麻核桃文化以及本园区建设情况。左权绵核桃广告语征集活动 2012 年 7 月 15 日至 8 月 15 日，活动组委会共收到广告语作品 8723 条，参与投稿人员 1268 名，来自全国 20 余个省、市、自治区。“左权绵核桃：绵里藏珍，好仁好心”等分获一、二、三等奖，提升了左权核桃品牌的知名度。

⑤加强技术创新。围绕近年来制约全市干果经济林发展的技术瓶颈，积极开展技术创新和攻关，一是针对红枣病害裂果严重等问题，总结出双调技术，在 2010 年通过省科技厅的成果鉴定。同时，继续与省林科院、农大、省农科院果树所等单位协作攻关，搭建平台，积极应用双调技术、延缓红枣成熟技术、防雨棚、红枣套袋、生物有机肥等 5 项技术，使红枣商品率达到 85%，病果裂果率降到 30% 以下。二是积极应对晚霜危害核桃问题，2013 年 4 月 19 日晚霜冻害导致核桃绝产，为此从辽宁引进了寒丰、从云南引进了大麻二号、从河南引进了中核短枝等抗晚霜品种进行试种。7 月，组织技术人员对全市 11 个县的抗晚霜核桃品种进行调查，初步筛选出 43 个丰产抗冻品种。三是为提高红枣效益，我们进行了温室红枣丰产优质栽植试验，2012 年该成果被省科技厅鉴定。我们同时引进了伏脆蜜、冬枣二号、冷白玉等鲜食红枣，开展了盆栽红枣试验，引进了双膜温棚生产红枣等，积极进行技术的积累创新和新模式新机制的探索。

**存在问题** ①管理粗放，规模大，效益差。经过近几年的发展，“一年不管、秋天一杆”的传统模式正在得到改观，就晋中来讲，我们的面积在每年以 15～20 万亩的速度推进，但由于重栽轻管，亩产量是发达国家的 1/10，与新疆等省份也存在很多差距。

②品种杂乱，缺乏发展后劲。前几年许多核桃园由于只注重规模发展，导致结果后才发现品种混杂。有的果农讲，我的园子里全是优良品种，可是有 10 多个优良品种，大部分都分辨不了。上述情况对于效益提升带来很大弊端。

③技术难题还未根本解决。一是晚霜制约核桃发展。在晋中区域内，10 年当中能出现 4～6 次，导致花期受冻，坐果减少，严重影响核桃产业的发展。发生重的年份，甚至造成当地核桃绝收。2013 年 4 月 19 日的冻害，导致全市核桃绝收，直接经济损失超过 2 亿元以上。二是病裂制约红枣发展。近年来由于各项技术的推广，个别区域病害裂果得到控制，但很多枣园效益还是较低。

④龙头带动作用不显著。尽管近几年无论是干果企业数量还是规模，纵向比都有了较大发展，但与先进省份、先进地区相比，差距还很多，如在外省的超市里可以看到山东、河北、河南、新疆的枣，新疆的核桃，但很难寻觅山西晋中的枣和核桃。

**相关建议** ①进一步转变发展方式。要把干果产业面积的增加，转变为质量的提升和效益的提高。从2013年开始省厅对核桃低产林改造开始有了补助资金，在中阳县开了现场观摩会，并在林业厅领导巡视观摩中作为重点，就体现了省厅已经开始注重干果产业提高管理水平，增加效益的问题。建议省厅继续加大对干果产业的扶持力度尤其是低产林改造、高接换优等项目的支持力度，把已经栽上的管好。

②进一步支持龙头企业。龙头企业不仅可以创造巨大的经济效益，更重要的是可以提供就业岗位，带动整个产业的发展。我们要瞄准像露露、大寨杏仁露、好想你等一批具有国内影响力的知名企业，建议省厅继续从政策、资金、技术等环节进行扶持，解决企业的实际困难，帮助企业做强。

③进一步支持科技创新。当今科技日新月异，如核桃由于采用方块芽接技术成活率可达到95%以上，如红枣酒不仅营养丰富，而且价位不凡。建议省厅继续加大红枣科技创新尤其是对育苗、栽培、管理、加工等各环节关键技术创新的投入。

**【山西省五台山国有林管理局】** 山西省五台山国有林管理局位于山西省东北部，辖区跨涉3市11县(即忻州市的五台县、定襄县、繁峙县、代县、原平市、忻府区，朔州市的山阴县、应县，大同市的浑源县、灵丘县、广灵县)。气候属大陆性季风气候，年降水量350毫米左右。五台山国有林管理局成立于1947年，系省厅直属九大林局之一，为自收自支事业单位。现有机关科室14个；下属国有林场14个、代管单位2个(副处级)。局机关驻址繁峙县砂河镇。全局核定事业编总数637人，现有在职事业编职工444人，公安民警42人，离退休342人。长期以来，以资源保护、营林绿化和苗木培育为主业，为保护和修复高寒沙漠带生态系统、建设五台山景区绿色屏障、保护世界文化遗产环境等发挥了巨大功能性作用，承载了绿色文明、佛教文化、红色文化，成为了晋北地区经济社会发展的重要支撑。全局林地总面积222万亩，其中：有林地101.33万亩、灌木林地27.93万亩，疏林地11.06万亩，其他81.7万亩，活立木总蓄积371.44万立方米。全局天然林66.3万亩，人工林62.96万亩。分布树种共263种，主要有华北落叶松、油松、云杉、白桦、山杨、六道木、映红杜鹃、虎榛子、绣线菊、黄刺玫等，另有我国分布最南端的珍稀树种臭冷杉和华北地区唯一的常绿珍稀灌木映红杜鹃。还分布有大量野生林菌、林药、林茶和野生动植物资源，如台蘑、木耳、金莲花、台党参、黄芪、甘草、山鸡、野狍等。

天保工程的实施，为后续产业带来了发展机遇，我们坚持把生态建设与产业开发、区域经济发展相结合，制定规划，突出重点，开创了保护与发展并重、生态与经济共赢的良好局面。

**产业发展现状与成效** 五台山国有林管理局地处多元文化的交汇地，最具代表的是五台山佛教文化、革命老区的红色文化以及森林生态文化。人文荟萃，文化交融。具备得天独厚的文化积淀。五台山国有林管理局坚持“生态建设产业化、产业发展生态化”，以“五局同创”战略为引领，把产业发展与生态建设、资源管护与职工增收相结合，集聚资源优势，搭建以种苗产业为先导、以造林绿化工程为主导、以森林生态旅游产业为拉动、以林下资源开发为补充的产业发展框架；以建立产业基地为切入点，夯实后续产业发展基石；以提高科技含量为支撑点，增加产品附加值；以开发特色产品为突破口，打造五台山品牌；着力建设“产业转型窗口局”，大力发展林业产业。经过几年的艰辛努力和探索，取得了显著成效。到2012年底，全局林业产业收入达到了1838万元，实现利润917万元；其中种苗收入1110万元，利润672万元；承揽绿化工程收入155万元，利润5.6万元；林下资源收入50万元，利润23万元；其他收入523万元，利润216万元。

①以“三松一杉”为主，实施“五个一”工程，大力发展种苗产业。五台林局以油松、落叶松、樟子松、云杉为主要树种，实施“每个场培育十亩苗，装营养袋苗一百万钵，定植苗十万株，建圃一百亩，全局增收一千万”的工程。总的目标是一年打基础，三年见成效，五年大发展。在机制上强化国有苗圃性质，大力发展股份制苗圃，国有股占到51%以上。职工以投资入股、投劳入股、投智入股，增加收入。到2012年底，全局共建苗

圃6182亩，其中国有2142亩，民营4040亩；种苗收入达到1110.43万元，实现利润672.3万元。种苗产业的发展直接带动职工、林区群众收入的大幅度提高。

②围绕“两关一山”，以“三园一区”为主，逐步发展壮大森林旅游业。佛教圣地五台山、千年古隘雁门关和抗战大捷平型关等都在林局辖区。五台山树木园，地处五台山景区的台怀镇，是全国最大的高山树木园，新建了华北地区主要植物标本馆、科技培训中心、接待中心和独具特色的小木屋别墅；清水河、馒头山两个森林公园是经山西省政府批准成立的省级森林公园，已完成了公园总体规划，正在紧锣密鼓地面向国内外公开招商引资，开发建设；臭冷杉自然保护区，是以分布最南端的珍稀树种臭冷杉为主的自然保护区。五台山国有林管理局将围绕这“两关一山”（雁门关、平型关、五台山）旅游景点，以“三园一区”（树木园、馒头山清水河两个森林公园、臭冷杉保护区）为主线，加强基础设施建设，发展森林旅游服务业，着力打造环五台山，雁门关、平型关的森林生态游基地、避暑度假基地、科考教育基地。

③以台蘑为主，加大资源开发力度，发展林区特色产品。依托五台山林区资源优势，以天然、生态、环保、绿色为理念，以五台山特有的野生蘑菇(台蘑)为主，兼容当地农副产品的开发、加工、销售，已开发的产品分四大系列：小杂粮系列、野生食用菌系列、绿色饮品系列、地方特产系列。主要有极品台蘑、精品台蘑，还有五台山六珍、黑木耳、金莲花茶、黄花菜、地皮菜、小杂粮、佛地黄小米等产品。精选原料、精细加工、质量上乘、商标注册、有机认证、密码防伪，包装精美高雅，开发生产了纯天然、无污染的有机绿色食品、保健品；全局已注册了“灵峰”“森林泉”“森津”“五台山锦绣峰”“五台山望海峰”“五台山叶斗峰”“五台山翠岩峰”“挂月峰”8个商标，成为中国物品编码中心的系统成员，所有产品都具独立的商标和商品条码，具备市场准入条件，产品深受广大消费者青睐。生产加工的产品先后参加了山西省农业综合开发十五年成就展、2004中国国际林业产业博览会暨科技经贸洽谈会、2007中国国际林业博览会、首届全国森林食品产业大会暨第二届东北森林食品大会、2009年中国国际有机食品博览会。台蘑产品荣获2004中国国际林业产业博览会暨科技经贸洽谈会“绿色环保奖”、2007中国国际林业博览会金奖、2009年中国国际有机食品博览会优秀产品奖，2011年第二届中国国际林业产业博览会暨第四届中国义乌国际森林产品博览会获金奖，2011年极品台蘑、精品台蘑、佛地黄小米被中国中轻产品质量保障中心评为“中国消费者满意名特优品牌”。林业局下属的经济开发中心被评为“山西省十大特产企业”，中国林业产业联合会会员单位，2012年9月24日，在辽宁铁岭举办的中国首届森林食品交易博览会上，被中国经济林协会、中国产业联合会评为森林食品类“林业产业创新奖”。每年为林业局职工增收80万元。

发挥辖区内经过千年溶滤、富含低氘、矿物质丰富的天然山泉水优势，建立了森林泉水厂，生产的泡茶水在2011年第二届中国国际林业产业博览会暨第四届中国义乌国际森林产品博览会获金奖；2012年对外合作，引进资金3000万元建设了5000平方米的标准化车间和接待中心，引进自动生产线一套，年可生产“五台山水之品”山泉水100万吨，每年可为林业局创利40万元。

④以工程造林为主，实施场外造林战略，拓展产业发展空间。实施大规模工程造林以来，五台林业局管辖范围内适宜造林的宜林荒山荒地几乎没有了。为了增加森林资源，扩大发展空间，五台林局充分发挥人才、资源、技术优势，发挥带头示范作用，竭力打造精品示范工程造林，塑造林业局良好的社会形象，大力实施场外造林战略，在周边市县，通过承包、合作、股份等多种形式进行工程造林，利用工程造林大量营造仁用杏、核桃、大果榛等经济林。这样，不仅加快了造林绿化步伐，而且为林业产业发展奠定了坚实的物质基础、拓展了林业局产业发展空间；既增加了森林资源，又增加了林区群众和职工收入；近年来，五台林业局实施场外造林130多万多亩，新增四个林场，承揽造林绿化工程3.2万亩，增收一亿多元。特别是2013年以来，变购地造林为股份合作造林，采取“地方供地、驻地管护、林局实施、局县共同投资、合同约定分成”的机制，实施

了“砂河北山万亩片”场外股份合作造林工程，承揽灵丘县通道绿化工程10000亩，预计年可增收1500万元。这样，不但缓解了当前工程造林“投资少、标准高、成本大”的经济压力，而且畅通了融入地方通道；既造了林，又销了苗；既树了形象，又创了收；同时，林业局单位形象、社会地位和影响力得到了提升。确实收到了生态、经济、社会效益的丰收。

**基本经验和做法** ①加强领导，是做好林业产业工作的关键。2002年以来，局党委审时度势，在发展思路上，坚持把“资本积累靠种苗、长远发展靠旅游、发展潜力靠林地、职工致富靠林下”作为推动产业结构优化升级的主要途径，把产业发展与营林生产、资源管护摆在同等重要的位置，实行了行政一把手负责制工作法，要求行政一把手亲自抓产业，带头闯市场，进一步强化了对产业的重视程度，为产业的发展提供强有力组织保证。2008年开展了为“产业发展年”活动，掀起了产业发展的高潮。为强化产业发展，先后成立了经济发展中心、研究所和协会等多种领导、科研组织机构，不断进行新产品研发；抢先注册商标，进行市场准入认证，提高产品品质，打造品牌；组建营销队伍，建立营销网络，不断开拓市场。

②立足资源，是做好林业产业工作的根本。由于林业局、林场人才及知识结构的单一化，对林业以外的行业知识了解甚少。因此，我们把产业发展的着眼点放在林区资源、人才、技术优势上，优先发展林下资源开发、种苗业、森林旅游业、园林绿化服务等产业，瞄准发展的方向。在经营策略上，以骨干项目为抓手，促进资源优势向经济优势的转变；以培育产业基地为切入点，夯实后续产业发展基石；以提高科技含量为支撑点，增加产品附加值；以开发特色产品为突破口，打造林业产业品牌。

③创新机制，是做好林业产业发展的动力。不断创新是林业产业发展的不竭动力。首先是对兴办产业项目实行公司化运作，股份制经营，形成利益共享、风险共担的经营机制，调动了经营者和员工的积极性，给产业项目增加了活力；其次是创新了工资分配机制，让利于职工，通过试行岗效工资制，激发了职工工作热情；第三是加强对外合作，不断引进资金、人才、技术，扩大生产规模，提高产品质量，增强市场竞争力。

④政策倾斜和资金扶持，是做好林业产业发展的保障。在项目实施中，以改进包装、提高品位、扩大规模、集约化经营为举措，以开展“一场一圃一园”活动为转型起点，进一步巩固台蘑加工、森林泉水生产、种苗基地建设、生态旅游等特色产业，实现了质和量的突破。每年从转制经费中拨出一部分经费，作为产业发展基金，用于扶持新上产业项目设备购置等启动资金；从政策上支持产业发展，鼓励能人从事林业产业工作，扶持产业发展，逐步培育产业管理经营人才、优势产业和龙头企业。

⑤依托生态建设，拓展产业平台，是林业产业持续发展的源泉。利用近年来大规模生态工程建设，大力发展仁用杏、核桃、大果榛、金银花等经济林，建设良种壮苗繁育基地、特色资源培育基地、森林生态基地，拓展了今后产业发展的平台，为林业产业持续发展提供了不竭的源泉。

**产业建设存在的困难和问题** ①产业发展资金不足。国家近几年没有安排相应的林业产业发展资金，林局仅靠“少部分集体资助，大部分职工集资”的模式滚动发展，导致了产业项目规模较小，难以在短期内产生规模效应。

②产业发展人才缺乏。林区职工基本是清一色的林业院校毕业生，经营管理人才缺乏，形成了项目经营管理水平较低、效益不高的现状。

③基地化水平不高。林下资源开发产品原料不能自给，自然资源产量低、产地分散，没有形成固定的原料供应基地，原料价格受市场影响较大，市场竞争乏力。

④科技支撑力度不够。林局虽已成立三大科研机构，但是受人员文化结构、技术水平限制，产业发展的大部分项目只停留在初级阶段，科技含量低，对产业的贡献率不高，效益差。

⑤宣传推介不力。两个森林公园已经成立六七年了，可是由于宣传推介不力，招商引资力度小，一直未能得到适时开发建设。

**推进林区产业发展的建议** ①加大投入扶持力度。一是加大财政资金扶持力度。国家财政每年应安排一定的资金专门用于林业产业的发展，特别应加大对林产品基地建设和龙头企业的项目的资金扶持力度。二是加大信贷扶持力度。国家应对林业产业龙头企业实行长期限、低利息的信贷扶持政策，具体的贷款期限可根据项目的发展情况由银行与项目单位协商确定，并视情况给予一定的财政贴息。有关金融机构对符合国家产业政策的林业产业项目，要适当放宽贷款条件，允许项目单位以多种形式抵押申请贷款。三是实行放手发展非公有制林业，促进闲散资金向资本转变。鼓励林局职工以独资、合资、租赁、承包等多种形式参与林业产业开发，广泛吸纳各种资金投入林业产业开发。

②实行优惠税收政策。继续执行国家已经出台的各项林业税收优惠政策，对林业产业项目，从获利年度开始，五年内免交企业所得税。

③强化项目投资管理。对列入规划的林业产业发展项目，严格投资决策责任制，实行谁决策谁负责，建立有效的投资评估制度，广泛听取多方意见，避免决策失误。同时要强化资金管理，严格财务制度。

④建立长效激励机制。在林业产业发展过程中，要借鉴行之有效的激励办法，对在林业产业发展过程中做出重大贡献的人才提拔重用，给予重奖，对完不成林业产业建设目标的或组织不力的要给予批评或降级使用，以调动林业产业项目经营管理者的积极性。

⑤加大信息交流和人才培养。林业单位大都处在信息、交通比较闭塞的偏僻山区，要以区域建立林业产业联合会或产业协会，定期举行招商引资会、产品推介会，搭建网络信息平台，建立营销网络，定期进行产品、科技信息通报、交流，大力招聘和引进专业技术人才，进行专业技术人才培训，为林业产业发展奠定人才基础、创造宽松环境。

**【中条林局林业产业】** 中条林局位于山西省南部，地跨运城、临汾、晋城3市10县。全局直属37个基层单位，其中有21个国有林场、2个国家级自然保护区、2个省级自然保护区，还有野生植物资源开发利用繁育中心、中药材开发研究中心、食用菌开发研究中心、森林专业扑火队、经销站等多家单位。全局经营总面积406万亩，其中有林地327万亩，活立木总蓄积845万立方米，森林覆盖率82.2%。林区地域跨度大，物种资源丰富，有药用植物247种，油料植物67种，芳香植物46种等多种经济物种。广域的森林面积，丰富的植被为发展林区产业提供了得天独厚的条件。同时，也是山西省野生动植物资源较为丰富的一个林区，有着“华北地区动植物资源宝库”的美誉。林区内自然风光秀丽，景色宜人，奇峰、怪石、飞瀑、流泉，随处可见，旅游资源尤为丰富。

近年来，在省林业厅的关怀指导帮助下，在局党委的正确领导下，在社会各界的大力支持和共同努力下，根据我局的资源基础和优势，在不断完善和加强生态建设的同时，积极发展林业产业，加大政策扶持，依靠典型示范，不断开创我局林业产业工作新局面。2012年全局集体项目总收入3438.26万元，利润1465.36万元，形成了以林木种苗、森林旅游、食用菌、中药材、生态养殖、林副产品加工等为主的生产格局。

**林业产业发展成就** ①种苗业。各林场根据自己的区位优势和资源禀赋，推出了自己的主打品牌，如中村的白皮松、横河的华山松、北坛、端氏、三交的油松以及横河的华山松种子等，逐步将其打造成了一种品牌，一种在全省乃至全国同行业中影响甚远的品牌。同时，把“一科一基地，一人五亩苗”的发展机制与“一场一品”结合起来，各科室与相关林场密切联系、依托林场苗圃的发展现状，通过林场带动、职工入股、群众投劳、比例分成的模式，机关职工共集资100余万元，入股建立苗圃500余亩，缓解了机关与基层种苗发展不均衡的问题。到2013年，全局发展各类苗圃20个，面积11658亩，苗木4545.8万株，年产值0.6亿元。

②森林旅游业。现已开发历山、蟒河、析城山、泗交、同善、大河、中村等8个主景区，总面积为46301.3公顷，占全局有林地面积的18%。以历山、蟒河国家级自然保护区为龙头，带动涑水河、太宽河两个省级保护区共同发展，基本形成特色各异、景点互补、线面结合的生态旅游环境。在建立“环历山生态旅游圈”的旅游发展框架的基础上，全力打造集观光、游览、避暑、休闲、

度假、科学考察、科普教育为一体的生态旅游园区。据统计，2012年我局森林公园接待游人14万人次；旅游总收入近千万元。

③中药材、食用菌等产业。林区规划并实施了以连翘为主的10万亩中药材培育基地；成立了生态产业协会和中药材开发中心，以“站围经济”为基地，大力开展木耳、猴头、香菇等菌类和林源药材的近自然培育，把林区菌类及林源药材的纯生态、纯绿色与纯自然体现了出来，迎合了人们崇尚绿色的时尚“口味”，实现了林区菌类药材从“提篮小卖”向“规模购销”的转变。目前，林区食用菌培育规模达到60余万袋(棒)，近自然种植中药材500余亩。与旺龙药业集团合作成立了中旺药材开发有限公司，进一步延伸了林区产业链条，拓展了林系经济内涵。

④生态养殖。通过园区的聚集效应和扩散效应，积极申报了农业厅“封山禁牧规模化养殖项目”，不断提高生态养殖产业的聚集度，相继出台了一系列扶持职工致富的优惠政策，每年筹资30余万元，对致富的典型和困难职工给予扶持。在利好政策的引导下，林区职工的森林猪、森林鸡等生态养殖成为示范、引领、带动地方经济发展的抓手，职工的自营经济项目，更成为当地群众争相效仿的指路牌和风向标。目前，存栏森林猪千余头、森林鸡万余只，饲养生态鱼20000余尾。

⑤林副产品加工。山西中条山林源森林食品有限公司投资3000万元新建年产300万瓶香菇酱深加工项目已全面竣工，开始投产。同时，公司注册“晋老头”牌香菇酱和“中条大舜”牌森林特产两大商标，系列产品已打入太原、临汾、侯马、曲沃等市县超市，市场前景良好。

**林业产业发展存在的主要问题** ①重视程度不够。从林业两大体系建设的重视程度看，林业生态建设重视程度远远超过了林业产业建设，相比之下，林业产业建设还没有真正纳入工作日程，工作力度不够，导致林业产业发展不快。

②缺少优惠政策和资金扶持。相比较而言，林业资金基本上用在林业生态建设上，林业产业发展缺乏相应的优惠政策和资金投入。近年来，省厅十分注重林业发展，鼓励、支持发展林业产业。但在产业发展过程中，政策激励机制尚未形成。导致投入机制单一，参与林业产业投入的积极性不高，产业几乎处于“自生自长”的境地。

③基础设施薄弱，发展后劲不足。林业产业发展势单力薄。产业发展缺乏上规模、上档次的大型林业产业龙头企业引领。“大资源、小产业、低效益”的现象还很突出。产业项目规模小，产业化程度低，没有精深加工企业，产品附加值低，市场竞争力不强，影响了发展。林下经济(包括食用菌、中药材、翅果油树等)的资源优势没有充分利用出来，即便利用，也是产量不高，生产力低下。

**林业产业发展的对策** 林业产业作为林业三大体系的重要组成部分，对建设与巩固、完善生态体系和促进繁荣的森林文化体系的形成，发挥着不可替代的重要作用。加快林业产业的发展，是贯彻落实科学发展观、构建和谐社会的需要；是服务于社会主义新农村建设和绿山富民的需要；是推进区域经济发展和增强林业活力的需要。我局发展林业产业潜力巨大、前景远大。现提出以下建议：

①加强领导，提高林业产业管理水平。林业产业的发展，领导重视是关键。要通过广泛宣传，提高思想认识，把产业发展同生态建设放在同等重要位置，下大力气抓好。让林业产业建设真正享受林业生态建设同等的优惠政策。把林业产业工作列入考核指标，要注重发挥基层林业工作人员的作用，使林业产业工作从基层抓起，做到有人抓，有人管，促进林业产业的快速发展。加强林业产业管理，建立健全组织机构。建立林业行业产业协会，形成行业协会自我协调、自我约束、自我管理，为林业产业发展提供信息，业内交流，咨询服务、产品促销、调查研究、业务培训等服务。

②加快制定优惠政策，为产业发展创造良好的环境。林业产业的发展除了依靠市场的推动作用外，还需要依靠政府的引导和扶持，应按市场经济的需要，制定和完善相应的林业产业政策，解决林业产业发展进程中的主要问题。全方位的聚力招商，筑巢引凤，创优环境，强化与改进招商亲商安商工作，积极争取政府资金投入，鼓励企业资金、民间资金和外资等社会资金流向林业产业开发项目，形成多元化投资格局，全面推进

林业产业快速发展。积极争取必要的信贷支持，扶持林业产业发展，延长贷款期和宽限期，实行优惠利率，落实林地、林木资源抵押政策。实行优惠林业的税费政策，促进森林资源合理利用。

③强化科技支撑，为林业产业发展提供优质服务。加大科技兴林的力度，通过向外引进先进技术和立足本地搞科研的方式，积极推广良种、壮苗和造林营林实用技术，把科技成果转化为林业生产力。加大企业科技创新力度，积极发展精加工、深加工，延长产业链，增加产品附加值，实现多次增值。努力做大做强林业产业骨干企业，锻造一批优秀名牌产品。

④突出重点，确立主导产业和龙头企业带动产业发展。把扶持和培育林业产业龙头企业，增加龙头企业的核心竞争力作为提高林业产业化经营水平的关键环节来抓。积极为林产业争取资金和项目扶持，促进产业发展升级，创优投资发展环境，进一步扶持森林生态旅游、林源食品加工业做大做强做优，打造中条特色品牌，使之成为中条龙头产业；充分发挥龙头企业的辐射作用和规模效益，向“公司＋基地＋农户”的方向发展，实现森林资源培育，林产品加工和服务业发展一体化，不断增强市场竞争能力，提高林业产业和经营水平。

**【山西广灵白老大食品有限公司】** 公司现有总资产8514万元，年加工仁用杏核2100多吨。生产出开口杏核、杏仁系列产品等几十个品种。多年来，公司十分注重市场开拓和品牌发展战略，现已发展成为“中国杏仁第一品牌”，通过内强管理、外拓市场，形成了市场批发、网上团购、区域代理，超市、土特产店直销的多元化营销格局，目前在全国沃尔玛、家乐福等大型连锁商超终端530家。特产店、高速公路、动车、机场航站楼、电视报刊均有广告宣传，现已发展成为全国最大的杏仁炒货食品加工企业。产生了较好的经济效益。

广灵县有悠久的种杏历史，是仁用杏的适宜种植地区，生长速度快，产量高，杏的质量好，经济效益高，因此全县仁用杏发展非常迅速。到2012年为止，全县仁用杏种植面积六万余亩，进入盛果期4万余亩，年产杏核4000余吨。在没有白老大公司加工之前，农民只能以较低的价格当作低端原料外销，大大使农民收入受到影响，农民对杏林管理粗放，投入少，种植积极性不高。

白老大公司介入产业后，始终坚持“公司＋农户＋基地”的种植、加工模式，现有万亩仁用杏示范种植基地。公司所生产仁用杏系列产品，原料全部选用广灵县“优一”品种的优质杏核，每年可消化当地仁用杏核1000多吨。且公司大力打造白老大杏仁品牌，以品牌的力量拉动优质杏仁的市场价格，致使杏仁价格比以前提升了一倍多。并以优质优价的形式，推动杏农加强田间管理，增加对杏林的生产投入，生产出更多优质杏仁。进而走上了良性发展的路子。直接带动全县9个乡镇830多农户，户均增收6000万元；近年来公司都要实施仁用杏科技扶贫开发，出资为基地农户选购优良仁用杏新品种，组织开展仁用杏种植栽培及日常管护知识培训，有效提高老百姓科学种植和管理水平，为当地贫困户开辟了一条脱贫致富的渠道，促进贫困地区农民增收；公司内部安置下岗失业人员50多人，还带动物流运输业持续健康发展，具有良好的社会效益和生态效益。

2009年11月年国家召开了第二届全国林业产业大会，制定了今后一段时期产业发展规划，这一系列举措，对干果经济林的发展壮大注入了动力。而一系列国家省级林业重点工程的实施带动，各级政府对发展干果认识的提高、优惠政策的出台，为干果产业的进一步壮大奠定了基础。

随着人们生活水平的提高，营养保健意识的增强，杏核精深加工品市场销售情况越来越好，杏核的需求量逐年增加，供不应求。2008年市场收购杏核价为2～2.5元/千克、2011年为2.5～3元/千克、2012年则上升到4～4.5元/千克、可以看出，杏核这几年的市场收购价格一直处于上升的趋势。因此，杏核特别是优种杏核生产具有广阔的发展前景和市场前景。

今后公司将以市场为导向，以调整产品结构为主线，以农民增收和促进地方经济发展为目的，以科技创新为手段，以提高产品质量为重点，强化标准化生产管理，努力实现公司的跨越式发展。至2014年，完成了“5000吨仁用杏系列产品加工改扩建项目”。该项目年度可消化仁用杏5000吨，实现销售收入过亿元，新增利税2205万元，新增就业岗位258个，带动农户4200多户，农户人均年增收1.02万元。该项目利用当地资源优势，形成规模化、规范化市场，为当地杏农开辟一条脱贫致富的新途径，项目的实施可带动种植、收购、仓储、运输、加工、销售等各个环节良性互动发展，延长产业链，拓宽林产品增值转化渠道，提高了当地综合经济效益。（白桂智）

**【山西省山地阳光食品有限公司】** 公司是一家以野生沙棘果为原料集生产、研发、加工、销售于一体的大型名牌企业，是国家水利部沙棘开发中心定点的四大沙棘示范基地之一。公司位于忻州市岢岚县，现有职工217人，占地50亩，注册资金2000万元，到2013年，公司总资产2亿元，销售收入13334万元，实现利税1924万元。

多年来，公司一直置身于沙棘产品的深度研发，生产设备先进，有全自动生产流水线7条，公司年生产饮料3万吨；沙棘黄酮1.5吨；沙棘油50吨；高密度纤维板8万立方米。公司通过了ISO9001质量管理体系认证。产品销售网点遍及全国26个省，35个大中城市。随着公司的不断发展，先后为社会慈善、公益事业献爱心，多次捐款。获得山西省慈善总会和山西广播电视台授予“关注社会公益、支持慈善事业”的称号、获得“省级产业化龙头企业”“全国食品安全示范单位”“山西省著名商标”、连续三年被中国农业银行山西省分行评为“AA+级信用度企业”等40多项荣誉。

岢岚县现有野生沙棘灌木林18万亩，是全国面积、果产量较多县份之一，其品质、品位居全国之最。公司抓住这一资源优势，以科技创新、理念创新、发展模式创新致力于沙棘产业的开发和延伸，从沙棘—沙棘饮料—沙棘医药保健食品—沙棘枝条纤维板综合开发的产业链条，每一环节、每一款产品都注入了循环经济的活力，铸造出了林业产业沙棘开发战略性品牌。打造出了本土底蕴深厚的名片。做法如下。

①依托资源、发展产业、走循环经济之路。公司始终坚持“减量化、再利用、资源化”的原则，优化结构，确保增长、延长产业链。利用沙棘果泥提取高纯黄酮，利用沙棘籽渣提取沙棘油，利用沙棘枝条制成高密度纤维板。变废为宝。

②因地制宜、科学谋划，加快基地建设步伐。公司根据现在的生产能力，从现有的资源情况来看，在正常年景下，原料是富足有余的。可是每逢歉收年份就出现短缺，加之人们采摘不科学、杀鸡取卵、掠夺性采伐，就破坏了资源的长期利用率。公司所建立山西山阳药业公司于2014年建成投产，原料就更显得缺额之大。

为此公司根据本县的地理位置实际情况划分五个基地：

一是建基层服务站五个：李家沟、水峪贯、西豹峪、阳坪、高家会；

二是建立沙棘育苗基地1个，塑料大棚5座，面积5亩；

三是种植大果沙棘16万亩；

四是公司调运沙棘苗1200万株；沙棘籽25吨。

公司投资基地建设费200万元(房屋、办公设施)，购买沙棘籽300万元，沙棘苗100万元，购买农田车16辆(50万元)，培训费100万元，总计投入750万元。

③公司运营、全民参与，带动农户致富。公司积极推动产、供、加、销一条龙的产业化发展模式，“公司+基地+农户”的经营模式，通过积聚资金、技术、人才，加快资源的整合利用，“以点带面、全民参与”逐步构成富有地方鲜明特色的林业产业。形成种植+生产+加工一站式产业化链条。点面结合、齐抓共管、推动全盘。增强了农户种植信心，形成了政府放心、经营者省心、村民开心的合力。同时，解决了筹资难、管护难、发展难的问题，增强了林业产业的发展活力，为企业永续经营提供了保障。2012年沙棘采摘季节带动本县农户15000户，收入4500万元，个别采摘大户1.5~2万元。带动周边县3000户，收入300万元，户约1000元。

④加强技术培训、提高农民经营素质。几年来，我们通过不同渠道，不同方式对农民进行综合素质培训，购买沙棘图书13000册，印发宣传资料6000份，培训场次328次，受培训人次达18970人，培训内容是：沙棘种植、养护、采摘知识。

**【晋中华信安康和农林科技有限公司】** 该公司系北京华信安康和科技发展有限公司在晋中榆次投资发展红枣产业的科技公司。2010年7月在晋中注册1000万元，成立了晋中华信安康和农林科技有限公司，法人代表杨煜军。公司通过土地流转在榆次区庄子乡郝都村、东堝村、井峪村建成了千亩连片“庄缘红”壶瓶枣示范基地。并在郝都投资740万元，建成占地4000平方米集生产、科研、培训、办公为一体的红枣初级加工厂，基本建成具有种植、加工、销售、信息、技术服务、初级加工等多项功能的综合性产业基地。2011年公司引进具有国际领先水平的生物酵素菌技术，并在示范园生产中显示出巨大的经济效益和市场潜力的基础上，投资3000万元建成了一座生物酵素配肥厂，为基地和广大枣农生产红枣专用肥。同年，经市、区两级政府审批核准，又在榆次工业园区征地20亩，投资9000多万元，建设年产量6000吨，产值1亿元的红枣深加工基地。目前主体已完工，进入内装修和设备安装阶段，预计2014年5月试生产。公司多次受到市区两级政府奖励，被晋中市政府列为“晋中市干果经济林科教示范基地”和“晋中市红枣产业龙头企业”，被榆次区政府列入国家科技部现代农业示范核心区项目。

①科技创新，从研制生物菌切入，破解红枣病裂难题。2008年，据统计晋中市的红枣种植面积，已达到80万亩，壶瓶枣个大、皮薄、肉厚、甘甜，是全国十大名枣之一。

针对枣果病裂这一难题，晋中市林业局推行“双调”综合管理技术。并联合中国农科院、中国农大，研制出红枣生物专用菌肥，经过连续几年的科学对比试验，防病防裂的成效显现出来，技术的稳定性不断提高，病果裂果率有效控制在20%之内，商品果提高到70%以上。国家、省、市、区各级相关部门和领导、专家相继到公司千亩红枣基地考察。2011年，晋中市政府分管农业的副市长组织晋中各县分管农业的副县长、林业局局长来榆次红枣基地召开现场会，进行推广。

“双调”技术“下调土壤，上调树势”是一项综合管理技术，各个技术环节环环相扣，贯彻整个红枣物候期管理过程当中，既需要足够的物力、人力投资，更需要系统的精细化管理。公司有了生物菌肥核心技术支撑，大胆地面向广大枣农承诺，把打造千亩红枣示范园和带动周边枣农推行“双调技术”紧密结合起来，真正做到“做给农民看，带着农民干，钱给农民赚”。公司实行“工厂化”管理，将“双调”技术量化，责任到人，分工合作，将技术工种专业化、标准化，将系统的技术分解在工作岗位上，避免了一个人一条龙四季作业的难题。比如修剪树的相对固定走向专业化，打药的有承包专业队实施，责任相连，效益挂钩，经过连续三年的不断完善，“工厂化”管理既调动了打工农民的积极性，又将“双调”技术步入了规范化、精细化管理轨道。干活的农民分工负责，省心省力，基地的效果丰产优质。

②打造特色健康品牌。红枣是地域性很强的特色农产品，且对人体的保健功能早已深入人心。不容置疑。公司以“庄缘红”商标注册，将红枣产业搞得红红火火。公司深加工产品有枣汁、枣酪、枣醋、红枣酵素原液等，推向市场深受消费者青睐。10月16~20日公司参加了第三届中国(山西)特色农产品交易博览会，公司红枣产品展台前热闹非凡，红枣系列产品受到经营商和观展人员的热捧，每天都争相购买，日营销额达到十几万元。

④引领消费，致富农民，昂首生态特色产业。当今，酵素食品在日本、中国台湾已发展成相当成熟的产业，近两年在欧美也开始盛行。养生、健康、增进美容、减缓衰老、增强活力是当今世界上的消费潮流，酵素食品的发展空间巨大。2010年全球酵素市场达到38亿美元规模，年成长率7%以上，可见，酵素在未来食品行业中有不可估量的前景!

**【山西康立生药业有限公司】** 山西康立生药业有限公司成立于1993年(原晋城中晋药业)，是晋城市一家民营高新技术企业，占地20000平方米，建筑面积8000平方米，资产总额4200万元，其中固定资产净值2848万元，流动资产1300万元，公司员工109人，其中大专以上学历35名，中级职称15名，专家1名。

公司现有一条年生产能力30吨的植物提取物生产线，6条制剂生产线，主要生产山楂叶(果)提取物总黄酮，是全国研发最早、规模最大、专业化和技术化水平最高、规格齐全的产品，在全国市场占有率达到90%以上。公司和上海第二军医大及浙江省药检所共同参与了国家药典委员会2010版《中国药典》关于山楂叶提取标准及生产工艺的制定。山楂叶提取物产品曾荣获首届中国国际医药保健科技精品博览会金奖；中国国际林博会金奖。中国贸促会全国城镇集体成果奖等。益心酮胶囊被认定为2006年国家级星火计划项目。为了进一步巩固和提高公司在全国山楂叶提取领域的技术领先地位，2009年，公司成立了晋城市中药材提取与应用工程技术研发中心，2010年认定为山西康立生药业技术中心，是市级农业龙头企业，使山楂叶提取物在质量上和技术上都有了很大的提升，有力地促进了公司的品牌形象的提升。

公司设有中心实验室和完善质量保证体系；拥有一流的检测仪器，能有效对产品的生产过程，质量控制，变更控制以及生产系统的执行等进行检验；公司实行严格规范的管理，建立了一套完整的符合GMP规范要求的生产质量管理体系，为生产优质产品的保证。

**经济效益及社会效益** ①2012年公司生产山楂叶提取物14吨，销售收入2100万元，益心酮胶囊40万盒，销售收入230万元，其他产品销售收入150万元，累计总产值2800万元，销售总额2480万元，同比增长12%。全年实现利税318万元，其中利润194万元，税124万元，同比增长110%。

②社会效益。公司山楂叶提取物(总黄酮)加工生产，是服务于三农的重要组成部分。2012年利用山楂叶600余吨，每吨收购价为5000元，带动农户1300余家，农民增收300万元，户均收入2300元，同时促进了林果业的发展。林果业的发展改变了生态环境，维系了水土流失，荒山变绿，达到了农村致富，农民增收。“公司+基地+农户”模式的建立，使农民和企业形成紧密合作，产销一体化，促进了农业产业化的发展，推进了农副产品深加工，提升了农副产品深加工的技术升级，提高农副产品的附加值，达到调整产业结构，促进了产品转型发展，具有良好的社会效益和经济效益。

**企业在行业中的优势和特色** 山西康立生药业是一个以山楂叶提取物为主，多元性发展的综合型中小企业。山楂叶提取物在国内工业化生产最早，规模最大，专业化技术水平先进，规格齐全，产品质量指标均超过中国药典2010版规定的山楂叶提取物的各项指标。总黄酮由80%提至90%。金丝桃苷的有效成分由药典要求的0.4%提高至0.6%，牡荆鼠素桃苷由药典要求的8.8%提高至12%，山楂叶提取物有效成分的提高可以大大提升各医药企业产品的功效，保证心脑血管疾病患者的用药功效。

另一方面企业从生产工艺及生产设备方面分别进行研究和改造，采用了乙醇提取，运用D101大孔吸附树脂柱吸附分离技术，高效浓缩，经喷雾干燥即得成品。该工艺不用化工试剂，减少环境污染，减少农药残留物，努力确保药品的中间体不受或减小次生污染。

企业以“创新中药”的理念，运用新工艺，新技术，使山楂叶提取总黄酮工艺技术在国内同行业中处于领先地位，在致力于中药现代化的进程中打造成为与时俱进的现代化企业。现已起到山楂叶提取物中总黄酮创新代表作用。

中医药在中国已有数千年的历史，中药产业是我国的传统优势产业，形成了系统的理论。创新中药，实现中药现代化，不仅是高新技术和先进技术适用技术改造传统产业的重大课题，更是制药企业参与国际竞争的重大战略和举措。

山楂是晋城的一大特色产业，药用价值高，资源极其丰富。是具有竞争优势的特色行业。

公司“技术中心”首先对全市所有种植山楂林的村进行了全面普查，对山楂树生长的气候、温度、环境温度、土壤成分，生长期的状况、剪枝等各方面相关资料进行研究，及时提供指导果农科学种植，科学管理，提高果树成活率，提高产量。经过长期的技术指导，已建成比较完整的山楂林基地，形成了公司+基地+农户的完整体系。

**发展目标** 为了进一步落实省委、省政府“一争两快三率先”的战略目标，我公司于2013年6月起投资3000万元，扩建一条年产45吨山楂叶提取物生产线，项目投产后可实现销售收入7200万元，实现利润1432.9万元，上缴税金706万元，每年用山楂叶1500吨，收购价5000元一吨，果农每年可增收750万元。项目实施可进一步推动林果种植业的发展。

同时，公司2012年在晋城市泽州县晋庙铺新建5000亩山楂基地，为当地农民致富又开辟了一条路子。

**【山西中森木业有限公司】** 该公司创建于2000年10月，位于山西省运城市夏县城北兴隆村东，占地面积150亩，建筑面积25000平方米，现有员工280人，拥有总资产2.05亿元，运城市农副产品加工龙头企业，山西省资源综合利用和山西省省级重点龙头企业。

夏县是全国首批林业建设模范县，也是林业资源大县，每年社会上各种木材剩余物是个不小的数字，特别是苹果树修剪后留下的枝桠材，如何实现"变废为宝"，延伸林业产业链条，做强做大林业产业。

公司充分利用夏县森林资源大县特点，主要生产细木工板和刨花板，所用原料全部来自各种木材剩余物，实现了木材废弃物的再生利用，为农民带来了实实在在的经济收入，解决了过去老百姓用柴火做饭的习惯，优化了农村环境，净化了农村的空气。

公司创办13年来，始终坚持"公司+农户+基地"的办厂方向，遵循"品牌定乾坤，诚信赢天下"的经营理念，一年一个变化，一年上一个台阶，已经建设成为夏县及运城市林板加工骨干企业。为了更好地利用社会上的各种木材剩余物，这些年来公司在夏县及周边市、县积极培育和发展农民收料运输、木条加工、杨木皮加工户1550余家，公司通过他们走村串户把社会上分散的各种木材废弃物收集起来，统一加工，统一送料，不但保证了生产原料的及时供给和质量，带动了就业，同时也为加工户带来了可观的经济收入。

公司注册商标"中森"牌产品，严格按照国家标准生产，每年不但省级质检部门检验合格，而且从未出现和发生过产品质量问题，深受广大消费者好评和信赖，连年被山西省技术监督局评为"产品质量AA级企业""山西省守合同重信用企业"。建厂以来，公司产品产销良好，年产销率平均在98%以上。即使在东南亚及全球金融危机时期，公司也做到了生产不停产，员工不停工，工资按月发，保持了企业健康平稳发展。

公司遵规守法、诚信经营，从不偷税漏税，公司充分发挥工会的桥梁纽带作用，维护员工的合法权益，极大地激发和调动了每个员工的工作积极性，在公司真正形成了"心往一处想，劲往一处使，汗往一处流"的良好氛围，实现了企业生产经营健康发展，不亏损，财务指标良好，没有任何债务纠纷，在当地口碑良好。通过多年打拼，公司培养出了一支素质较高的管理队伍和技术力量，现在不但生产设备先进，而且管理水平较高，确保了产品质量始终处于优质，为公司可持续发展奠定了良好的基础。公司2006年被运城市确定为首批"资源综合利用试点企业"，2008年开始连续三届被评为"山西省资源综合利用企业"。

2005年以来，公司积极响应县委、县政府号召，在县林业局的大力支持下，在瑶峰镇、埝掌镇、庙前镇、南大里乡新建速生杨基地10000亩，为公司长期发展打下了良好的原料基础。同时，公司积极参与当地的助困、助学和公益活动，提升公司影响力。公司将进一步提高对国家林业发展战略的认识，增强信心，树立长远的林业发展思想，继续做好木材精深加工这篇大文章，为我国木材资源综合利用和中华梦的实现做出中森人的贡献。

**【2013年山西林业产业大事记】** ①3月9~10日，在山西省展览馆举办了"2013山西苗木及绿化资材博览会"，来自全国21个省(区)的600多家参展商参加了博览会，展会面积近8000平方米，展位320个，博览会共接待专业观众1.8万余人，达成交易意向2.3亿元，销售苗木36万多株、绿化资材30多吨。

②《山西省森林公园条例》于4月10日顺利通过省政府常务会议审议并上报省人大，并于8月1日经省第十二届人大常委会第四次会议审议通过，自10月1日起施行。

③6月25日，山西省人民政府办公厅颁发了《关于加强林木种苗工作的意见》。

④第七届世界核桃大会在山西省汾阳市隆重

开幕。7 月 20 日，被誉为“核桃界奥利匹克”的第七届世界核桃大会在山西省汾阳市隆重开幕。在开幕首日，汾阳市引进国内外 18 个项目，签约 69 亿元。会议为期 4 天，会议期间，参会人员还参观了中国(山西)汾州核桃产业综合示范园、汾州裕源土特产品有限公司、峪道河片区双万亩优质苗木繁育园、杨家庄双万亩优质汾州核桃种植园、汾阳市文湖文化园、汾州府文庙及汾酒博物馆等，感受深厚的汾阳文化、汾州核桃历史。举办了核桃产业论坛、核桃产品展示、核桃摄影展、书画展等活动。

世界核桃大会 1989 年由国际园艺学会创办，每四年举办一次，是展示全球最新技术及科研成果和引导全球核桃产业发展的学术盛会。迄今为止，已先后在匈牙利、西班牙、葡萄牙、法国、意大利和澳大利亚成功举办过六届核桃大会，每一届大会都有力地推动了主办国核桃产业的发展。

第七届世界核桃大会的会议宗旨是：推动核桃产业发展，繁荣城乡，造福百姓。

第七届世界核桃大会的口号是：核桃让人类更健康。

第七届世界核桃大会的主题是：健康、生态、绿色、共享。

第七届世界核桃大会会徽：创意源于山西历史古城之“雕窗”，主体造型通过“核桃”二字的抽象变形巧妙组合成一个山西古窗的形式，体现了山西悠久的历史文化，窗户形式的运用同时是寓意山西的核桃产业与世界的核桃产业不断交流和发展；核桃的外轮廓，运用中国特有的笔墨元素进行勾勒，寓意体现我们中国的核桃产业在以山西为龙头的带动下共同发展壮大。

⑤稷山县委、县政府举办了第四届板枣产业科技文化周活动，林业厅组织山西十大名枣和红枣加工龙头企业参展。

⑥9 月 28 日至 10 月 27 日在江苏省常州市武进区举办的第八届中国花卉博览会上，山西省荣获了本届博览会组织奖金奖、室内展区设计布置金奖、室外展园设计布置金奖及第八届中国花卉博览会团体第五名。

⑦11 月 8 日，由山西省林木种苗协会主办，吉林省长春智达展览策划公司承办的第二届中国北方苗木信息交流会在太原召开。来自全国 15 个省(区、市)近 300 名代表参加了会议。会上发布了 100 余条供求信息，为育苗企业和农户搭建了苗木交易平台。

⑧11 月 8 日召开全省涉林企业座谈会，邀请国家林业局林干院有关专家授课，交流情况，探索思路，共谋山西林业产业发展大计。

⑨全省花卉管理和实用技术培训班在太原举行。12 月 4 日至 8 日，全省有关市、县、省直林局和企业人员 130 余人参加了培训。主要任务是学习花卉的栽培、养护管理技术、插花艺术，以及花卉相关知识。邀请了省内知名花卉专家、企业家为大家授课，受到学员们的热烈欢迎。期间，全体培训人员实地观摩了太原市长沟村花卉基地，并由花卉企业家进行了现场讲解和释疑解惑。

⑩山西省林业厅组织编写了《山西省国家扶贫重点县干果经济林产业项目规划》，为全省开展“百企千村产业扶贫”提供参考。（周　浩）

# 内蒙古自治区林业产业

【概　述】 2013年，全区林业总产值达到280亿元，较2012年增长14.3%，农牧民人均林业收入达到470元。第一产业产值实现154.6亿元，其中木材和竹材的采运实现产值13.2亿元，经济林产品的种植和采集实现产值32.1亿元。第二产业实现产值76.2亿元，其中木材加工47.3亿元，人造板制造7.4亿元。第三产业实现产值49.4亿元。产业发展呈现以下特点：

①基地建设规模不断扩大。依托国家及地区防沙治沙工程，全区大力营造防护用材兼用林、工业原料林、能源林、经济林、饲料林、沙生药用植物等，基地建设规模不断扩大，建设水平不断提高。全区鄂尔多斯市准格尔旗以内蒙古高原杏仁露有限公司为龙头带动山杏产业发展迅猛，公司所在的准格尔旗的山杏林种植面积已达到70万亩。

②发展领域不断拓宽。通过不断加大林业产业结构调整力度，着力提升林业产业层次，林产品加工利用率明显提高，开发出人造板、纸浆、饲料、生物质能源等一大批林产品，并带动了加工、贮藏、市场等相关产业的发展，形成了多功能、多效益、综合性的林业产业。

③产业发展与集体林权制度改革相结合、相促进，为农牧民增收致富创造了机遇和条件。全区林地立体开发、设施林业产业发展迅速，效益突出。2013年全区农牧民来自林业的纯收入达到470元，个别地区达到上千元。赤峰市宁城县小城子镇柳树营子村是典型的山区蒙古族民族村，通过林权制度改革，全村2000亩坡耕地全部落实到户，栽上了果树经济林，2012年700亩已进入挂果期，年收入700万元，全村人均增收3000多元。

④林沙产业发展与生态建设相结合、相促进。在防沙治沙的同时，认真考虑科学合理的林沙产业发展；在发展林沙产业的同时，坚决贯彻治沙优先的原则，产业发展逆向拉动防沙治沙作用十分给力，出现了国内外共同参与防沙治沙，投资林沙产业的热潮。内蒙古游牧一族生物科技有限公司立足于“用产业收益回报生态建设，用科技手段再造沙漠绿洲”的经营理念，研究开发以沙漠为载体，以肉苁蓉为主的沙产业，致力于生态环境治理和肉苁蓉精深加工。公司为了建设梭梭肉苁蓉基地，进行生态治理，积极争取国家和自治区生态治理项目资金，并通过自筹、合作社投资和当地银信部门贷款，先后在乌兰布和沙区投资4600多万元营造人工梭梭林2.5万亩，人工接种肉苁蓉1.3万亩。公司积极推行“公司+基地+农牧户”产业化经营模式，形成了产、加、销一条龙的沙产业发展格局。

⑤非公经济投入林业产业比重日益增加。全区的1023家林业产业加工企业中，非公有制企业1014家，总资产达155.8亿元，占全区林业产业加工企业资产总值的92.8%，销售收入达79.4亿元，占总销售收入的98%。

⑥龙头企业不断发展壮大并发挥重要作用。2008年、2012年全区共评选出61家自治区级林业产业化重点龙头企业。通过近5年的发展，龙头企业在带动全区林业产业结构调整，规模壮大，多元化、精深化、现代化等方面发挥了重要作用，同时也带动社会各界林业产业化基地建设，设施林业，精深加工企业以及森林沙漠旅游业发展的积极性日益增强，投入资金不断加大，领域不断拓宽。61家自治区级林业产业化重点龙头企业中，有54家是林沙产业企业，其中19家企业有利益联结基地。这些企业在提高产品附加值，增加市场占有率的同时，通过自建、利益联结等方式，投入生态建设，既改善了沙区生态环境，为企业自身发展壮大提供资源储备，又带动了社会各界投入沙区生态建设的积极性，逆向拉动了生态建设向前发展。

**【经济林基地建设】** 全区地域辽阔，东西跨度大，气候条件的迥异使得中、东、西部形成了各具特色的经济林产业。呼伦贝尔大兴安岭林区以木耳、蘑菇、山野菜、榛子等森林食品及蓝莓、欧李等水果种植为主；赤峰、通辽两地以沙地苹果、山杏、桃以及反季节设施经济林基地建设为主；乌兰察布、呼和浩特、包头等中部地区以沙柳、柠条等灌木林基地建设以及沙棘、枸杞、甘草等种植为主。阿拉善、乌海、巴彦淖尔、鄂尔多斯等西部地区以肉苁蓉、锁阳等中草药材种植以及枸杞、葡萄、苹果梨等基地建设为主。其中肉苁蓉面积已达21.76万亩。通辽市结合“山、沙”两区治理和重点工程建设，以科尔沁区、开鲁县、奈曼旗、库伦旗为重点，建设以沙地葡萄、黄太平、123号苹果和大扁杏为主的果树经济林基地，面积30多万亩。其中，奈曼旗通过发展果树经济林，让黄沙成为聚宝盆。当地通过整合资源，将123号苹果、沙果等统一注册为“塞外风蒙古野果”，远销北京、上海、大连等大中城市。2013年，该旗经济林面积已达18万亩，全旗林业年总产值1.9亿元。个别村镇每年靠水果的收入，平均每户增收2万余元。巴彦淖尔市经济林基地面积达24.86万亩，其中人工接种肉苁蓉面积达7.24万亩，枸杞7.7万亩，种苗基地达5.44万亩，苹果梨基地1.95万亩，酿酒葡萄面积达1.3万亩。同时通过农家乐、采摘园等休闲游项目开发，果树专业户逐步种植了枣树、樱桃、火龙果、葡萄、草莓、李、杏等小杂果，果品种类更加丰富，产业基地规模逐步扩大，农民增收明显。鄂尔多斯市充分依托各旗区工业园区便利的交通、通讯、水果等基础设施优势，自2005年以来，积极引进林沙产业企业入驻园区。其中东胜区政府专门投资0.62亿元负责配套水电、道路和绿化，在塔拉壕镇规划建设了占地2.5平方千米的世界最大沙棘产业园区，引进了天骄资源、高原圣果、佳音、伊丽达和万利五家沙棘产品加工企业，年产值2亿元，辐射带动农牧民8万多人，人均增收800元。

**【森林沙漠旅游业】** 全区各地依托当地自然景观资源，发展森林沙漠休闲观光度度假游。鄂尔多斯市形成了以成吉思汗陵为代表的“天骄圣地”旅游景区，以响沙湾、七星湖为代表的“大漠风光”旅游景区，以恩格贝为代表的“沙漠文化”旅游景区，以萨拉乌苏、阿尔寨为代表的“古代文明”旅游景区，生态旅游景点达20多处，总面积300多万亩，为拓展生态旅游发展空间、开辟生态旅游精品线路、打造生态旅游特色景点奠定了坚实基础。2013年，全市生态旅游景点接待游客91万人次，实现收入2.9亿元。

**【灌木原料林加工产业】** 鄂尔多斯生态建设主要以灌木资源为主，2542万亩灌木资源优势被赋予了“灌木王国的美誉”，依托灌木资源优势及沙柳、柠条、杨柴等灌木平茬复壮的特性，催生了林产品加工业的发展，使鄂尔多斯探索出了一条产业链上治沙新模式。20世纪90年代初，鄂尔多斯市第一家人造板加工企业(曼赖人造板厂)建成投产，拉开了鄂尔多斯市林沙产业发展的序幕，通过利益的杠杆，不仅带动了当地农牧民增收，而且逆向拉动了林业生态建设。经过20年探索发展，鄂尔多斯市林沙产业实现了规模从小到大，链条从短到长，档次从低到高，市场从近到远的转变，初步形成了以人造板、造纸、生物质发电、饲料、饮食品、药品、保健品加工和生态旅游为主的林沙产业体系，明确了林沙产业“五化”(林板一体化、林纸一体化、林饲一体化、林能一体化、林景一体化)、“三品”(饮品、药品、保健品)的总体框架，建成了宏业人造板、毛乌素生物质电厂、高原杏仁露、天骄资源、水域山等规模林沙产业企业19家。

**【苁蓉种植及加工业】** 巴彦淖尔市、阿拉善盟两地肉苁蓉接种规模不断扩大，单位面积产量、种植效益不断提高，已成为沙区农牧民增加收入的重要来源。两地从事梭梭肉苁蓉产业企业共12家，涉及肉苁蓉基地及深加工。据初步统计，巴彦淖尔市全市人工接种肉苁蓉面积已达到6.6万亩，且发展势头良好；各种特色经济林合作组织、协会、中介组织纷纷建立，信息技术交流咨询服务、经贸活动频繁，大流通、大发展格局基本形成。肉苁蓉产品已有苁蓉茶、苁蓉切片、苁蓉纳米粉、苁蓉饮料、苁蓉礼品、苁蓉果糕、汤炖料、泡酒料等六大系列80多种产品。

【市场与园区】

**内蒙古王爷地苁蓉生物有限公司** 2011年开始在磴口县巴彦高勒镇兴建肉苁蓉特色农产品交易市场。交易市场总占地面积118046平方米，营业建筑面积96927平方米，分为深加工区、中药材交易区、河套特产交易区、旅游商品展示交易区、电子商务服务区、仓储物流区、肉苁蓉博物馆等七个区域，且拟打造一条从贺兰路至朝霞路长500米的仿古商业街，集肉苁蓉、甘草、锁阳、枸杞等中药材及其产品和农副产品批发、零售、运输、仓储、服务一体化的专业肉苁蓉特色农产品交易市场。该项目总投资9993.43万元，其中固定资产投资7993.43万元，流动资金2000万元，预计5年内，将磴口县打造成为全国肉苁蓉交易集散地及全国沙产业示范县，年交易额达10亿元。土建工程已完成，其他工程正在建设中。

**满洲里进口资源加工园区** 位于满洲里市区东部，隶属于满洲里边境经济合作区，于2003年7月批准建设，面积22.8平方千米，2004年被内蒙古自治区列为全区重点发展的20个工业园区之一，2009年被自治区确定为“循环经济示范园区”。凭借满洲里的地缘优势，利用俄罗斯丰富的森林资源，按照大项目—产业链—产业群—产业基地的发展思路，通过规划引导、政策拉动和设施保障，促进了以进口木材加工为主的木业产业的发展，已经形成的产业基地和产业集群规模为沿边口岸之首，并正在向全国最大的锯材集成材生产基地的建设目标迈进。园区产品主要有集成材、指接板、纯木窗、实木家具、木艺装饰框等，产品销往国内各地和欧美、日韩、东南亚。木业企业100余家(占满洲里市的90%以上)，从业人员逾万人，木材年加工能力600万立方米，干燥能力150万立方米。现木业企业正由初加工向精深加工转型发展，家具、装饰装潢材料、木质门窗、木结构建筑等深加工产品比例逐步扩大，品牌培育稳步推进，“联众贝尔木窗”“润佳家具”“森比德木屋”等品牌产品畅销国内外，上海正山、深圳中意等国内知名企业陆续入区，木业产业链条趋于完善，产值增幅逐年增大，有望在“十二五”中期突破100亿元。

【龙头企业】

| 序号 | 企业名称 | 主产品 | 品牌 |
|---|---|---|---|
| 1 | 内蒙古蒙森实业有限公司 | 森林旅游 | |
| 2 | 根河市根林木业有限责任公司 | 木屋等木制品 | 根林 |
| 3 | 内蒙古森发林业开发(集团)有限公司 | 木材加工(锯材)、园林绿化工程 | 福留克 |
| 4 | 通辽市锦秀木业有限公司 | 人造板，胶合板 | 锦秀家园、福民、美杨杨 |
| 5 | 内蒙古美林实业集团有限公司 | 木制品加工 | 红猴 |
| 6 | 奈曼旗天兴民族木业有限公司 | 细木工板 | |
| 7 | 扎鲁特旗龙源木业有限责任公司 | 木材加工、人造板 | 诚源 |
| 8 | 奈曼旗森达木业有限公司 | 细木工板、多层板 | 通佳 |
| 9 | 通辽昌盛木业有限公司 | 胶合板、纤维板 | 运棋 |
| 10 | 开鲁县森洋木业有限责任公司 | 人造板、纤维板 | 森洋盛星 |
| 11 | 通辽绿野装饰材料有限公司 | 人造板 | |
| 12 | 大青沟旅游开发有限责任公司 | 森林旅游 | |
| 13 | 内蒙古健元鹿业有限责任公司 | 鹿产品 | 健元鹿业 |
| 14 | 内蒙古康绿源蔬菜产业有限责任公司 | 葡萄、木耳 | 田野餐桌 |
| 15 | 内蒙古弘坤蒙野酒业有限责任公司 | 山葡萄酒 | 蒙野 |
| 16 | 赤峰天虹花卉市场 | 花卉 | |
| 17 | 内蒙古林源鹿业有限责任公司 | 鹿产品 | 久阳神、达莱源 |
| 18 | 内蒙古蒙鑫农林产业科技有限公司 | 沙棘油 | 尔东 |
| 19 | 内蒙古沙漠之花生态产业科技有限公司 | 沙棘饮料，杏仁饮料 | 沙漠之花 |
| 20 | 内蒙古宇航人高技术产业有限责任公司 | 水果加工<br>沙棘油 | 宇航人 |
| 21 | 托克托县顺宇商贸有限责任公司 | 枸杞 | 界顺 |

| 序号 | 企业名称 | 主产品 | 品牌 |
|---|---|---|---|
| 22 | 内蒙古绿之源园林绿化工程有限责任公司 | 樟子松、云杉 | |
| 23 | 内蒙古圣鹿源生物科技股份有限公司 | 驯养繁殖陆生野生动物产品 | 圣鹿源 |
| 24 | 鄂尔多斯市碧森种业有限责任公司 | 灌木种子 | 碧森 |
| 25 | 鄂尔多斯市高原圣果生态建设开发有限责任公司 | 沙棘果汁 | 高原圣果 |
| 26 | 内蒙古高原杏仁露有限公司 | 杏仁露 | 高原露、准立 |
| 27 | 内蒙古毛乌素生物质热电有限公司 | 生物质发电 | |
| 28 | 鄂尔多斯市天骄资源发展有限责任公司 | 沙棘黄酮、花青素、沙棘油 | 天骄 |
| 29 | 鄂尔多斯市恩格贝实业发展有限公司 | 沙漠旅游业 | |
| 30 | 鄂尔多斯市源丰投资有限责任公司 | 生物质发电 | |
| 31 | 内蒙古水域山饮品有限责任公司 | 沙棘果汁饮料 | 水域山 |
| 32 | 鄂尔多斯市金泰生园林绿化有限责任公司 | 樟子松、油松 | |
| 33 | 鄂尔多斯市佳音沙棘食品有限公司 | 沙棘果油、籽油、沙棘钙 | |
| 34 | 鄂尔多斯市银海生态开发有限责任公司 | 园林绿化工程 | 银海 |
| 35 | 内蒙古王爷地苁蓉生物有限公司 | 肉苁蓉黄金饮片等系列产品 | 王爷地、北国荣 |
| 36 | 内蒙古游牧一族生物科技有限公司 | 肉苁蓉黄精茶 | 游牧一族 |
| 37 | 内蒙古磴口县三利农林牧综合开发有限责任公司 | 肉苁蓉种植 | |
| 38 | 乌海市金沙湾生态旅游有限责任公司 | 沙漠旅游 | 金沙湾 |
| 39 | 内蒙古汉森酒业集团有限公司 | 葡萄酒 | 汉森 |
| 40 | 乌海市金田农业开发有限责任公司 | 葡萄 | |
| 41 | 乌海市云飞农业种养科技有限公司 | 葡萄、苗木 | 云飞 |
| 42 | 乌海市海南区双清农牧业开发有限责任公司 | 葡萄 | |
| 43 | 乌海市田野农业科技有限责任公司 | 葡萄 | 田野农科 |
| 44 | 乌海岱山林牧业有限公司 | 园林绿化工程 | |
| 45 | 内蒙古西口风农业科技发展有限公司 | 葡萄酒 | 西口风 |
| 46 | 乌海市阳光田宇农业科技发展有限责任公司 | 葡萄 | 阳光田宇 |
| 47 | 内蒙古巴丹吉林沙产业有限责任公司 | 苁蓉 | |
| 48 | 内蒙古曼德拉沙产业开发有限公司 | 苁蓉酒、苁蓉膏 | 曼德拉 |
| 49 | 内蒙古大兴安岭浆纸有限责任公司 | 木浆、纸 | 秀林 |
| 50 | 内蒙古阿里河华洋电工层压木有限责任公司 | 电工层压木板 | 安澜 |
| 51 | 内蒙古大兴安阿尔山旅游开发有限责任公司 | 森林旅游 | |

(张希斌　韩　英)

# 辽宁省林业产业

【概　况】 2013年全省林业总产值达到1737.5794亿元，其中：一产产值907.76亿元，二产产值562.13亿元，三产产值267.69亿元。林业产业产值超过百亿元的市有：沈阳市、大连市、鞍山市、抚顺市、本溪市、丹东市、铁岭市、朝阳市(见表1)。

表1　辽宁省林业产业产值超过百亿元的地级市

单位：亿元

| | 地区 | 总产值 | 第一产业 | 第二产业 | 第三产业 |
|---|---|---|---|---|---|
| 1 | 沈阳市 | 136.79 | 20.99 | 73.38 | 42.42 |
| 2 | 大连市 | 249.67 | 147.36 | 92.88 | 9.43 |
| 3 | 鞍山市 | 106.59 | 77.47 | 28.10 | 1.02 |
| 4 | 抚顺市 | 175.07 | 87.31 | 66.70 | 21.05 |
| 5 | 本溪市 | 199.90 | 132.81 | 56.75 | 10.34 |
| 6 | 丹东市 | 164.00 | 66.47 | 52.99 | 44.54 |
| 7 | 铁岭市 | 185.24 | 115.36 | 33.64 | 36.24 |
| 8 | 朝阳市 | 191.21 | 123.98 | 43.46 | 23.78 |

2013年国家林业局命名本溪市为“林下经济先进市”；中国林业产业联合会命名宽甸县“中国产业示范县”、凤城市“中国板栗产业示范县”、朝阳县“中国鲜食枣产业第一县”。

【林业产业人物】 辽宁林业产业迅猛发展，势头强劲，产业面貌焕然一新。一批林业产业人物，在带动农民增收致富、促进地方经济发展等方面发挥了十分重要的作用。为讴歌产业人物，推动和聚焦全社会关注林业产业发展，彰显创业精神，扩大和提升辽宁林业产业的影响力，促进辽宁省林业产业快速、健康发展，经各市、县林业局推荐、评委会审核、省林业产业协会决定，命名大连雨生集团董事长易接文等20名同志为“雨生杯”首届辽宁林业产业人物。他们是：大连雨生集团董事长易接文、建昌县县委书记樊大成、大连三林木业有限公司总经理、党委书记陈建国、辽宁东宁药业有限公司董事长孔东宁、铁岭市林业局局长孙彪、红星美凯龙家居有限公司东北区域总经理陈雪梅、大连盛友门业有限公司董事长兼总经理王永光、大连华德木业有限公司董事长王泽祥、辽宁台安威利邦木业有限公司总经理刘达成、辽宁振隆特产股份有限公司总经理吴凯、中国科学研究院沈阳应用生态所高级工程师曲世鹏、本溪满族自治县兴林农民林业专业合作联社理事长汤凤来、凤城市弘助有机板栗专业合作社理事长陶明有、葫芦岛市池塘镇大枣专业合作社理事长杜风秋、清原县湾甸子镇大庙村党支部书记、绿味浓山野菜合作社理事长李学清、辽宁北方山奇生物科技有限公司董事长马玉珠、宽甸满族自治县城郊林场场长郝云明、开原市云清苗木花卉有限公司总经理郭云清、辽宁祥云药业有限公司董事长兼总经理曾祥云、辽宁意成企业集团董事长兼总经理刘志会。

【省级林业产业龙头企业】 辽宁省为促进全省林业产业的发展，完成第三批省级林业产业龙头企业的命名工作，共64家。名单如下：1. 沈阳龙泽木业有限公司，2. 沈阳百世木业有限公司，3. 沈阳兴宏迪木业有限公司，4. 沈阳吉诺尔装饰材料有限公司，5. 大连金桥木业有限公司，6. 大连韦峰木业有限公司，7. 大连名门种貂有限公司，8. 大连市金州林场，9. 辽宁鑫华科技发展有限公司，10. 抚顺运鹏木业有限公司，11. 辽宁今日农业有限公司，12. 本溪满族自治县金腾木业有限公司，13. 本溪海天药业有限公司，14. 本溪华都科技发展有限公司，15. 本溪县关门山森林公园，16. 辽宁大石湖风景区有限责任公司，17. 本溪怡香碧饮品有限公司，18. 本溪天龙古洞旅游开发有限公司，19. 桓仁古原保健食品有限公司，20. 桓仁荣泰参茸药业有限公司，21. 沈阳澳华制药有限公司，22. 辽宁长生生物技术有限公司，23. 东港市申城木业有限公司，24. 辽宁碧水林业开发有限公司，25. 宽甸满族自治县广业食品有限公司，26. 丹东华宁天健食品有限公司，27. 辽宁瑞栗食品有限公司，28. 辽宁红豆杉技术发展有限公司，29. 辽宁精化科技有限公司，30. 丹东明大食品有限公司，31. 丹东和源绿色食品开发有限公司，32. 丹东生大食品有限公司，33. 凤城精湛食品有限公司，34. 丹东美比食品有限公司，35. 营口朗时多丝绸有限责任公司，36. 盖州金马绢纺有限责任公司，37. 阜新恒福木业有限公司，38. 阜新美亚胶合板有限责任公司，39 彰武久江家具有限公司，40. 阜新华荣木业有限公司，41. 阜新赛斯木业有限公司，42. 辽宁东宁药业有限公司，43. 阜蒙县辽西林业科技示范中心，44. 开原市中成绿化工程服务处，45. 朝阳小平五丰木业发展有限公司，46. 凌源市乌兰白果品加工有限公司，47. 朝阳市宏达菌业有限公司，48. 辽宁辽西红豆杉科技有限公司，49. 朝阳市强生蔬菜有限公司，50. 朝阳天兴现代农业科技开发有限公司，51. 喀左县凌河牧鸭基地辽西特产开发中心，52. 喀左卡斯特庄园葡萄酿造有限公司，53. 朝阳凌塔酿造科技开发有限公司，54. 朝阳县肖氏蜜蜂园蜂产品有限公司，55. 辽宁宏达悦牛农业科技发展有限公司，56. 朝阳众德食品有限责任公司，57. 朝阳金铃枣业有限公司，58. 凌源市鹏翔中药材开发有限责任公司，59 喀左天盛农业科技有限公司，60. 辽宁翰森木业有限公司，61. 葫芦岛农函大玄宇食用菌野驯繁育有限公司，62. 葫芦岛万佳果业有限责任公司，63. 辽宁天华绿色食品产业有限公司，64. 阜新林业发展中心。

**【展览展会】**

**辽宁林业网上博览会** 辽宁林产品网上博览会是将展馆、展品移植到互联网上进行展示、宣传与交易的三维互动立体体验模式。现已有 68 家涉林企业(3000 余张图片、超过 10 万字的企业简介和产品说明)分开设家具、经济林、人造板、木制品、森林中药材和生物制药、种苗花卉、森林食品、野生动物繁育利用、森林旅游等 9 个板块，上传到了网上。

**义乌博览会参展** 2013 年 11 月 1 日至 11 月 4 日，辽宁省林业厅组织企业参加了第 6 届中国义乌国际森林产品博览会。我厅荣获第 6 届中国义乌国际森林产品博览会优秀组织奖。辽宁参会企业中，3 家获最佳参展奖，3 家企业获金奖产品，3 家企业获优质产品奖。

**第四届中国(铁岭)榛子节** 2013 年 9 月 29 日，第四届中国(铁岭)榛子节铁岭市在东北物流城民俗文化园举行。本届榛子节的展区与往届明显不同，共由 65 间商铺和 40 个广场标准展位组成，总面积 13000 多平方米。共有 156 家企业参展，其中域外企业 30 余家，参观人数达 2 万多人次。会上，首次授予了全国平榛王、全国平榛高产状元、全国平榛科技状元、全国平榛精深加工状元、全国平榛流通状元荣誉称号，充分展示了铁岭榛子的强劲发展势头和发展潜力，给广大榛农和全市榛子创高产迈大步以有力的鼓舞。本届榛子节取得了丰硕的经贸成果，从榛子采收到榛子节期间，共签约购销合同 40 余份，销售榛子近 1300 万千克，销售额达 7.8 亿元，榛子节现场交易额达千万元。

**铁岭榛子(沈阳)展销会** 铁岭榛子(沈阳)展销会于 11 月 15 ~ 17 日在沈阳和平区皇寺广场隆重举行。本次展销会作为铁岭市政府和沈阳市政府共同主办的第一个以铁岭榛子为主题的跨市展销会，得到沈铁两市政府领导和省林业厅领导的高度重视。本次展销会突出铁岭榛子的文化内涵、突出系列产品的特色、突出“绿色、健康、兴企、惠民”的主题、突出为沈铁两市榛农和市民服务的宗旨。展销会占地 5000 余平方米，是在沈阳市打造的有史以来规模最大的铁岭榛子产品展销会。展销会共设有 149 个展位。展销会有榛子系列产品、森林食品、农副产品、各种美食等。铁岭榛子产品是此次展销会最大的亮点。沈阳、鞍山、抚顺、辽阳等城市的名优土特产品也参加了展销，特色商品达到千余种。展销会期间，销售榛子达 15 余万千克，销售额近千万元。

**【产业园区】**

**彰武园区** 截至 2013 年年底，园区累计完成基础设施建设投资 9 亿元，共建成标准厂房 42 万平方米，修筑公路骨干路网 15.4 千米，铺设给排水管线 41.7 千米，架设电线 21.8 千米，完成绿化面积18万平方米，基础设施“六通一平”(路、上水、下水、电、讯、暖、土地平整)配套面积5.2平方千米。园区累计同122户企业签署投资协议，协议投资额105亿元，实际完成投资54.5亿元。入驻企业75家，有60家企业开工建设，其中：在建项目12个，竣工项目48个，投产运营企业48家。签约企业中，投资亿元以上项目7个，主要是(盈田工业地产、君航工业地产、辽宁赛斯木业有限公司、辽宁格美特家具制造有限公司)。1亿元项目7个；5000万元到1亿元项目30个；5000万元以下项目85个。到2013年底，签约企业以板材及木材深加工类企业为主。到目前园区企业完成投资54.5亿元，实现销售收入60亿元。

**台安园区** 截至2013年底，园区累计同15户企业签署投资协议，协议投资额22.54亿元，实际完成投资12.8亿元。入驻企业15家，有15家企业开工建设，竣工项目15个，投产运营企业15家。签约企业中，投资亿元以上项目11个，主要是辽宁台安威利邦木业有限公司年产22万立方米中(高)密度纤维板项目，总投资5亿元，已投产。辽宁双强塑胶科技开发有限公司年产500万套门窗五金配件项目，总投资1亿元，已投产。鞍山雨虹门窗有限公司年产20万平方米高档门窗项目，总投资2.5亿元，已投产。鞍山奥德曼门窗有限公司年产30万立方米翻转门窗项目，总投资1亿元，已投产。广东威华股份有限公司投资3.18亿元建设的生物质发电项目，已投产。鞍山华新木业有限公司年产15万立方米胶合板生产线项目。该项目由英国ACE公司计划总投资1亿美元建设，其中一期投资1250万美元，在建设中。鞍山金鼎门业有限公司年产20万樘防火防盗门项目，投资1.3亿元，已投产。鞍山华安木业有限公司年产10万立方米胶合板项目。该项目由美国荷兰西南国际公司计划投资6000万美元建设，在建设中。广东威华集团有限公司木产业基地职工生活服务区项目。该项目计划总投资3亿元建设木产业基地职工生活区。企业在建设中1亿元项目12个；5000万元到1亿元项目3个。签约企业以板材及木材深加工类企业为主。企业完成投资20.5亿元，园区2013年实现销售收入10亿元。

**南杂木园区** 南杂木工业园区到2013年11月底，累计完成基础设施建设投资35亿元，共建成标准厂房28.4万平方米，累计同149户企业签署投资协议，协议投资额26亿元。入驻企业149家，有149家企业开工建设，其中，在建项目4个，竣工项目145个，投产运营企业140家。签约企业中，投资亿元以上项目3个，主要是木业、新材料、机械加工企业；5000万元至1亿元项目1个。签约企业以板材及木材深加工类企业为主。到2013年底，园区企业完成投资30亿元，园区2013年实现销售收入28亿元。

**本溪“药都”** 园区累计完成基础设施建设投资44亿元，共建成标准厂房22万平方米，修筑公路骨干路网62.4千米，铺设给排水管线100千米，架设电线120千米，完成绿化面积57万平方米，园区累计同226户企业签署投资协议，累计协议投资额987亿元。入驻企业149家，有138家企业开工建设，其中：在建、续建项目36个，竣工项目17个，投产运营企业85家。签约企业中，投资亿元以上项目196个，主要是(医药)企业；5000万元至1亿元项目22个；5000万元以下项目8个。签约企业以医药、保健品、医疗器械、配套设备等生产企业为主。到2013年底园区企业完成投资300多亿元，园区2013年实现销售收入200多亿元。

**佟二堡皮装皮草产业园区** 到2013年底园区累计完成基础设施建设投资5.4亿元，共建成标准厂房21万平方米，同15户企业签署投资协议，协议投资额60亿元，实际完成投资32亿元。入驻企业(40)家，有35家企业开工建设，其中：在建项目5个，竣工项目10个，投产运营企业10家。签约企业中，投资亿元以上项目13个。1亿元项目14个；5000万元到1亿元项目1个。签约企业以板材及木材深加工类企业为主。到2013年底园区企业完成投资(32)亿元，园区2013年实现销售收入126亿元。

**【本溪中药材产业】** 本溪市地处长白山千山山脉，80%的山地面积，75%的森林覆盖率。为中温带大陆性季风气候，四季分明，平均海拔350米，最高1336米。年平均气温6～8℃，全年≥10℃的年平均积温3250℃，年日照时数2200～2400小时，无霜期150～160天。土壤为微酸性森林棕壤土和沙壤土，腐殖质含量较高，有害物质含量低。雨量充沛，年降水量800～1000毫米，境内河流密布，有大小河流近200条。丰富的物产加上很少有旱、涝之灾，形成了独特的自然环境条件，孕育了丰富的中药材资源，造就了发展中药材种植业得天独厚的优势。

由于本溪处于长白、华山、蒙古3个植物区系交汇处，故树木生长繁茂，植被类型多样，药材种类繁多，贮量丰富。全市境内拥有各种植物、动物和矿物药1117种。经对近120个已经开发利用的主要种类的普查，自然蕴藏量2200万千克，此外，还有900多种野生药材未开发利用，其贮量巨大。

全市适合中药材种植的山地面积300万亩以上，以林下参、辽五味、辽细辛等著名的中药材为主，其药用成分丰富、疗效显著，历来受到医家称道，在国内外市场久负盛名，享有辽药之都的美誉。

据记载，李时珍400多年前曾经到过本溪桓仁五女山一带采药，并为当时女真部族最大的首领万汗治过病。《本草纲目》中“人参生上党山谷及辽东,”的辽东就是指的本溪桓仁县。《清史稿》载，明万历七年，本溪地区民间已有人进山采药挖参，并进行土法加工，此前野生药材采集加工的历史更为悠久，具有“百草之王”“万药之首”的桓仁参就是当时东北三宝之首，桓仁也是古代东北最活跃药材市场。20世纪60年代、70年代桓仁县是全国闻名的“药材生产基地县”和“辽宁省药材生产示范县”。

《本溪市老工业基地调整改造与全面振兴规划纲要》将现代中药产业作为本溪的接续产业加以大力培育，按照种植、研发、生产一条龙的发展模式，形成了较为完整的产业发展链条。2006年7月，辽宁省正式批准在本溪市设立辽宁(本溪)中药现代化科技产业园。2010年，国家科技部正式命名本溪“国家生物医药科技产业基地”，以一个产业模式来支撑一个城市的发展的模式在我国也是绝无仅有的。

全市初步形成了产、供、销一条龙的产业化发展格局，有药材系列产品加工企业140家，主要以加工参茸制品、中药饮片和系列保健品为主。涌现出本溪龙宝(集团)参茸有限公司、祥云药业有限公司等一批具有一定规模和带动能力的中药系列产品加工龙头企业。特别是正在发展建设的“中国药都”已签约入驻项目226个，其中：中药及保健品生产企业133家、研发机构27家。近700个中药产业项目，积蓄产能980亿元。天士力、修正、拜耳、药科大学等一批知名企业、科研机构、大学相继入驻。辽宁晟麦、大石药业、大连美罗君等一批企业已投产运营。

**【铁岭市林业产业】** 2013年，铁岭市林业产业产值实现185.2406亿元，同比增长17.24%，山区农民人均林业产业收入达到4800元。全市榛林面积新增8万亩，达到132万亩，总产量4000万千克，成为有史以来最大的丰收年，总产值实现48.5亿元，主产区农民人均收入达到1.5万元；新建榛子标准园6万亩；新增苗木花卉种植面积3万亩，达到25万亩，产值实现39.5亿元；新增林下中药材种植面积3万亩，达到39万亩；新增山野菜面积2万亩，达到14万亩；苗木花卉种植面积新增3万亩，达到25万亩；铁岭市政府被国家林业局评为林业产业突出贡献奖。以“一县一业”林业种养业为主的林地经济面积达到442万亩，实现产值129.6亿元。其中，林木培育业新增速生丰产林及工业原料林5万亩，达到135万亩；种苗花卉业新增苗木花卉种植面积3万亩，达到28万亩；以榛子为主的经济林面积达到220万亩，其中榛林面积达到175.7万亩，新发展榛林面积43.7万亩，新建标准园10万亩，全市标准园达到90万亩；森林中药材培育业新增林下中药材种植面积2万亩，达到43万亩；森林食品培育业新增山野菜面积2万亩，达到16万亩；野生动物驯养繁殖业，新增鹿存栏1万头；新增林蛙放养量1.8亿只；新增其他林下养殖家畜(禽)存栏40万头(只)。

**【西丰鹿产业】** 西丰县位于辽宁省东北部，区域总面积2686平方千米，辖18个乡镇、35万人口。西丰属中温带大陆性季风气候，是梅花鹿生长的天然良所。西丰县养鹿历史悠久，人工驯养梅花鹿已有300多年历史。近年来，在省、市的大力支持下，鹿产业发展势头良好，个体养鹿迅速增长，经销范围不断扩大，加工领域进一步深化，鹿产业正在成为富民的重要产业。拥有鹿场1816家，规模以上鹿场289个。鹿饲养量14.6万只，存栏12.9万只，占全省的78%，占全国的20%。年均销国内鹿茸70吨，占全国的64%；年均进口鲜鹿茸600余吨。占世界经销量的60%；鹿角及鹿副产品加工量3000余吨，占世界的80%。西丰县已成为世界鹿产品加工经销贸易中心。中国东北参茸中草药材市场拥有商住经营旺铺727个，其中鹿产品商户360个，2013年市场总交易额达90亿元。同时规划建设了占地8平方千米的西丰县生命健康产业园区，重点发展鹿产品精深加工业。园区现有加工企业90家，鹿产品加工企业和医药保健品生产企业50余家，实现总产值30亿元，出口创汇3000万美元。西风"鹿茸""鹿鞭"被评为国家质检总局地理标志保护产品，"西丰梅花鹿"获得国家质检总局地理标志商标。西丰梅花鹿品种通过国家级品种审定专家组审定，被写入《中国畜禽遗传资源志》。

**【辽宁长白仙子生物科技有限公司】** 该公司成立于2005年，坐落于风景怡人的桓仁雅河朝鲜族乡，占地面积23000平方米，建筑面积6100平方米，注册资本200万元，法人田洪全。公司现有员工158人，其中管理人员17人，专业技术人员28人，2011年通过生产许可认证（QS2105 0201 0066）、2014年通过有机食品认证（1000P1400077），被评为辽宁省最佳诚实守信单位、林业产业龙头企业、扶贫龙头企业、本溪市龙头企业、守合同重信用企业、诚信单位、消费者满意单位。

公司自主研发的物理低温压榨取油设备和工艺，居于国内领先水平，荣获两项国家专利（ZL200720195305.8、ZL2000920144636.8），并在中国国际专利技术与产品交易会上荣获金奖。采用该技术工艺生产的野生山核桃油系列产品被评为"辽宁省名牌产品""中国绿色食品2009烟台博览会金奖""2011中国国际第五届有机食品博览会金奖""第十一届中国国际粮油产品及设备技术展览会金奖""2012年第六届中国国际有机博览会金奖"。

公司遵循国家林业产业政策，把企业的发展融入行业发展的主旋律，以公司自身经济实力的增强带动和促进县域林业产业的发展。2012年，公司加工野生山核桃3450吨，生产野生山核桃油207吨，山核桃蛋白粕340吨，山核桃壳2896吨。销售收入2522万元，带动当地1000农户种植采摘山核桃，增加收入400万元，吸纳120名失业人员再就业。

公司创建伊始就着手组建研发班子，开发自己的特色产品，研制先进的生产设备和形成一流的工艺技术，无论产品、设备、工艺都遥遥领先于同行业，使企业在激烈的竞争中立于不败之地。公司研发的山核桃油被评为本溪市优秀新产品、本溪市专精特新产品，公司研制的设备工艺，荣获两项国家专利。

**【辽宁振隆特产股份有限公司】** 该公司前身为阜新振隆土特产有限公司，是一家具有出口自营权的中外合资企业，成立于2000年10月，2011年9月完成股份制改造并更名为辽宁振隆特产股份有限公司。公司是中国食品土畜进出口商会会员，公司注册资金为8000万元，员工510人，其中具有大中专以上专业人员及中高级职称的技术员70人。下辖一个全资子公司、两个销售分公司、三个分厂，总占地面积23万平方米。

公司充分意识到树立品牌的重要性，有影响力的品牌是公司的重要核心竞争力，也是企业增值能力的象征。公司先后荣膺国家级经济林产业化龙头企业、农业产业化国家重点龙头企业、国家级农产品加工业出口示范企业、国家级扶贫龙头企业、全国食品工业优秀龙头企业、省科技创新型龙头企业，2011年获"辽宁省省长质量奖"。公司拥有注册商标23个，"天岳农庄"籽仁系列产品多次被辽宁省名牌战略推进委员会和辽宁省质量技术监督局授予辽宁名牌产品称号；2009年"天岳农庄""振隆"商标被辽宁省工商行政管理局认定为辽宁省著名商标，2011年5月"振隆"商标被国家工商行政管理总局授予"中国驰名商标"称号。多次荣获市政府颁发"重合同、守信用"的荣誉称号，被中国农业发展银行阜新市分行评定信誉等级为AA的守信誉企业。

公司主营业务为南瓜子(仁)系列产品及其他果仁产品的收购、加工与销售。主要产品有南瓜子、南瓜子仁、松子、开心果、杏仁，葵花子、葵花子仁以及各种籽仁类烘焙产品和杂粮等。产品销售分为国外和国内两个渠道，国外市场分布在欧、美、亚及大洋洲等20几个国家和地区，国内市场分布在上海、北京、南京、成都等大中城市40多个，形成了覆盖面广、服务体系完善的国内外销售网络。

公司总资产58058万元，固定资产9884万元。2007年以来，公司出口创汇额逐年递增，2009年销售额3.7亿元，出口创汇额4860万美元；2010年销售额4.5亿元，出口创汇额5510万美元；年销售额5.5亿元，出口创汇额6200万美元。

自2001年阜新被国务院确定为全国唯一的资源枯竭型城市经济转型试点市、辽宁省委、省政府也把阜新经济转型列为“二号工程”给予大力支持以来，阜新振隆土特产有限公司抓住这一千载难逢的历史机遇，加大了杏树基地建设的工作力度。

首先，发展杏林基地建设为地方经济的发展、解决农村剩余劳动力就业问题，提供了广阔的空间。在发展杏林业基地的同时，推广林下种植南瓜等林下作物种植，带动农民栽种杏树和发展林下种植脱贫致富，带动林农1.6万户，农民增收2000万元。围绕形成的杏、南瓜产业链条，运输、初加工等相关的行业也都得到了大的发展。

公司现已形成了收购、加工、出口一体化的生产经营模式，初步建成了“龙头企业+基地+订单”的产业化合作经营链条。公司已经成为阜新市农业产业链条最完整、带动作用最大的省级农业产业化龙头重点企业。

辽宁振隆特产股份有限公司将60万亩山杏基地中的10万亩作了有机认证，并通过与农户签订单、合同的形式，确保山杏在种植、收购、运输、加工和销售等环节都能够按照有机的原则来进行。在阜新国华、大板、蜘蛛山三个采集区(共10万亩)，设立收购点，成立三个采集小组，各小组按照有机要求进行采集，公司负责收购。在采集的同时由公司按欧盟有机法规要求，派出专门核查人员对采集过程进行监督，并对不同的采集区的产品建立批号，对收购、运输、仓储过程加以记录，通过产品批号和记录两种手段建立了一套完整的可追溯体系。

辽宁振隆特产股份有限公司针对阜新地区大扁杏、山杏资源丰富，需要综合开发利用，而辽西地区尚无高水平、大规模杏加工企业的实际情况，结合阜新市委、市政府的发展规划，在已形成出口杏仁产品的基础上，于2007年末投资3500万元，在阜新国家农业科技园区购置了43亩土地建设新厂，进行杏系列、南瓜子仁系列产品深加工，依托企业畅通的出口渠道，将杏果精深加工成杏仁、烘焙杏仁等杏系列产品，满足国内外客户对杏产品不断增长的市场需求。为此，公司专门成立了李杏研究所，聘请全国著名专家做顾问，并以辽宁省农科院为技术依托单位，广泛开展杏系列产品的研制开发工作。

**【沈阳吉诺尔装饰材料有限公司】** 该公司建于1999年，主营业务为木门、浸渍纸、印刷纸、地板加工、木制品制造。其中的“玛格德木门”所运用的“T型门”技术源自德国，年生产能力在12万樘。在全国木门类产品占有率为1.5%，T型门占有率为30%(全国仅5家同类企业)。公司先后获得了“辽宁省十佳企业”“十大绿色木门”“AAA级信用企业”“辽宁省林业产业龙头企业”“辽宁省名牌林产品”“首批中国林业产业木门及木结构诚信企业”等多项荣誉称号。

**【沈阳好百年木业有限公司】** 该公司是一家大陆与台湾合资合作的股份制企业，创立于2005年，以研发、生产、销售实木复合地板、强化复合地板为主营业务。好百年工业园坐落于沈阳市浑南经济开发区，占地面积10万平方米，厂房建筑面积达4万平方米，年产能超过1000万平方米。集团拥有园林式工厂、现代化办公区、安全的无尘生产、超大面积的物流仓储。好百年木业已成为全国最大的实木复合地板生产基地之一。

公司从德国和意大利进口了当今世界最先进的地板加工设备和干燥设备，加工速度快、精度高，这也使得各项产品品质均达到国际领先水平。

多年来，好百年木业形成丰富的生产经验，拥有先进的制造和检测设备和优良的售后服务。再加上贯彻ISO9000国际标准，按照国际ISO9001:2000版的模式正式建立了质量保证体系，具有足够的质量保证能力为顾客提供高质量的产品和满意的服务。好百年木业产品远销美国、日本、韩国及欧洲、北美洲等国家及台湾地区。是加拿大全球地板的第一大供应商，美国全球地板第二大供应商。好百年木业已发展成为中国最具实力的专业地板生产企业之一。

**【沈阳巴菲克实业有限公司】** 该公司源于加拿大的品牌巴菲克地板，2004年落户中国，2007年巴菲克在中国沈阳成立工厂——沈阳巴菲克实业有限公司。企业主打品牌"巴菲克地板"曾荣获中国品牌500强、中国地板十大品牌、辽宁省名牌、沈阳市名牌、辽宁省著名商标、沈阳市著名商标等殊荣。公司现在员工200余人，其中中高型专业技术人才50余人。

沈阳工厂现拥有生产员工120人，采用陆通压机6台，并配置凉板架，锯20台，豪景地板线4条，年生能300万平方米。

巴菲克地板采用的德国高温210℃热压技术，使地板内部应力稳定，层与层相互牵制，抗变形能力强，消除90%以上的膨胀率。在50度热环境下，变形量几乎为零。

巴菲克地板采用特种基材，并添加环保、防水性能良好的防水剂，使密度≥900千克/立方米，吸水膨胀率≤2%，有效防止地板的热胀冷缩，使地板在不同温度、湿度下的厚度变化几乎为零。

巴菲克地板表面具有出众的耐磨性能，在地热情况下，不脱落、不开裂。

巴菲克地板采用的进口木纹花色纸，抗紫外线能力6~7级，确保颜色持久不变。

巴菲克地板的平衡层具有良好的高透气性及防止霉变的性能，易于蒸汽的散发，使地下潮气无法侵袭，杜绝了地板瓦状变形的问题。巴菲克地板独有的地板关节卡扣，借鉴了人体骨骼关节处的构造原理及力学原理，使板与板精密相连。并避免因潮气的渗入而导致地板受热、冷却后变形，产生地板间离缝等问题。 （辽宁省林业厅）

# 吉林省林业产业

**【概　述】** 吉林省特色林业产业主要包含森林培育、森林食品、木材加工、中药材种植与加工、森林生态旅游等产业。2013 年，吉林省林业产业增加值 434 亿元，同比增长 16%，第一、二、三产业分别占林业产业产值的 26.8%、61.2%、12.0%。

①森林培育产业。2013 年吉林省森林培育产业产值 26.4 亿元，主要开展生态公益林建设工程、珍贵树种用材林建设工程和工业原料林建设工程，打造国家级优质商品木材战略储备基地。

②森林食品产业。2013 年产值 56.2 亿元，主要是在红松籽、食用菌、山野菜、坚果、浆果等森林食品的精深加工，其中红松籽、山野菜产量居全国第一。

③木质林产品加工制造。主要包括人造板、木制品、地板等，2013 年实现产值 341.6 亿元。

④中药材产业。2013 年产值 43.3 亿元，主要是人参、鹿茸等中药材种(养)植(殖)与加工。吉林省中药材加工企业数量居全国第一

⑤森林生态旅游产业。吉林省旅游资源主要集中于林区，共有省级以上森林公园 52 处，自然保护区 33 个，总面积达 453 万多公顷，约占全省林地面积的 48.8%，另外还有百万公顷湿地资源。2013 年全省森林生态旅游接待游客 1411.6 万人次，产值达 69.7 亿元，同比增长 12.2%。

**政策实施** 继续执行吉林省林业厅 吉林省财政厅联合制定下发的《吉林省林业产业发展专项资金管理暂行办法(试行)》(吉财农[2010]344 号)文件相关要求，资金扶持以企业为主体经营开发的林产加工类、林地经济类和科技推广类项目，2013 年共支持产业专项项目 83 项，共投入专项资金 3600 万元。

**博览会参展** 义乌博览会 2013 年 11 月 1 ~ 4 日，吉林省林业厅参加了由国家林业局和浙江省政府举办的第六届中国义乌国际森林产品博览会。共展出展品 3 大类，1000 种林产品，主要有木制品、森林食品、旅游产品、蜂系列产品、浆果类、坚果类、食用菌、野生动物养殖类等。展会期间吉林省共销售产品 340 万元。

**技术推广** 结合中央财政林业科技推广示范资金项目支持，吉林省 2013 年共推广 16 项科技成果，主要包括有：干旱、半干旱沙地治理综合配套技术推广示范，红松结实优良无性系选择及丰产结实经营技术推广，林冠下复合经营技术推广示范，科尔沁沙地蒙古黄榆优良类型推广及生态修复技术示范，红松坚果园营建技术示范与推广，长白山主要珍贵阔叶树种人工促进天然更新技术推广与示范，杂交榛子优良种苗繁育技术，东北红豆杉科技示范基地建设，云杉规模化嫁接育苗技术推广，蓝靛果优良无性系繁育及丰产栽培技术推广示范，北细辛林下生态栽培技术推广示范，森林鼠害综合防控技术与推广，$E_0$ 级刨花板脲醛树脂复合型固化剂推广示范，薄木饰面模板树脂纤维板技术推广示范，低温热处理三层实木复合地板科技推广项目。

**技术规程** 出台新规程如下表。

| 标准名称 | 发布单位 |
|---|---|
| 苗圃主要地下害虫综合防治技术规程 | 吉林省质量技术监督局 |
| 果梢斑螟综合治理技术规程 | 吉林省质量技术监督局 |
| 杨扇舟蛾综合防治技术规程 | 吉林省质量技术监督局 |
| 杨树溃疡病综合治理技术规程 | 吉林省质量技术监督局 |
| 黄褐天幕毛虫防治技术规程 | 吉林省质量技术监督局 |
| 黄刺蛾综合防治技术规程 | 吉林省质量技术监督局 |
| 落叶松褐锈病防治操作技术规程 | 吉林省质量技术监督局 |
| 落叶松落叶病生态防治技术规程 | 吉林省质量技术监督局 |
| 红松植苗造林技术 | 吉林省质量技术监督局 |
| 落叶松植苗造林技术 | 吉林省质量技术监督局 |
| 樟子松植苗造林技术 | 吉林省质量技术监督局 |
| 胡桃楸直播造林技术 | 吉林省质量技术监督局 |
| 杨树新品种造林技术 | 吉林省质量技术监督局 |
| 低质低产林改造技术 | 吉林省质量技术监督局 |
| 蒙古栎育苗操作技术规程 | 吉林省质量技术监督局 |

(金元日)

# 黑龙江省林业产业

【概　述】 2013年黑龙江省实现林业总产值1400亿元，三年翻了近一番。全省现拥有规模以上林业企业400多家，林业特色园区39个、林业专业合作社146个。依托林业就业人员200多万人。2013年全省林业产业克服全球木材加工业整体下滑、造纸行业不景气、木材进口受限等不利因素，累计进口木材533万立方米；人造板产量完成1050万立方米，地板产量达620万平方米，同比分别增长10.7%和15.2%。黑木耳、山野菜、坚果、浆果等森林绿色有机食品由2012年的33万干吨，增长到2013年的60多万干吨，同比增长81%；北药材等特色经济林产品产量达200万吨，同比增长18%。林业产业结构一、二、三产业比重由2012年的38.2∶46.8∶15调整为2013年的36∶54∶10。

**森林培育产业**　国家实施林业重点生态工程项目以来，黑龙江省林业由木材生产转向生态保护，使森林资源得以休养生息，为永续再利用打下基础。森林培育是林业的本行，也是最基础的产业。黑龙江省重点在林木的培育上下功夫，在重点市县森林资源培育上突破。方正县连续多年共完成森林培育面积211371亩，其中抚育幼中龄林119717亩。培育红松果材兼用林4653亩，培育速生丰产林8415亩，培育绿化种苗林4398亩，培育珍贵大径材4260亩。营造重点生态林1750亩，补植重点生态林4013亩。完成迹地更新造林16753亩。重点生态林义务植树1740亩。稀疏林分补植1500亩，宜林地造林4423亩。低价林改造105亩。封山造林15054亩，封山育林24590亩。依兰县自2005年以来，共完成森林培育面积12829公顷，其中红松改建344公顷，大径材培育67公顷，幼中龄林抚育12418公顷。宾县万人欢林场施业面积27万余亩，现已完成森林培育15万亩。主要培育树种有大径材蒙古柞、黑桦、核桃楸、水曲柳等。

**木材加工产业**　一是浆纸：黑龙江省林木造纸行业以齐齐哈尔造纸股份有限公司、牡丹江恒丰纸业、佳木斯佳纸股份三大企业为核心，现已形成了三大林浆纸产业群，其中包括大庆海达纸业等一批项目，年总销售收入近50亿元。2013年又新上一批大的项目，其中包括计划投资260亿元的佳木斯泉林秸秆综合利用项目计划；计划投资近30亿元的牡丹江恒丰纸业特种纸扩建项目；计划投资16.6亿元的佳木斯龙江福浆纸有限公司硫酸盐针叶浆生产线改扩建项目和投资5.1亿元的肇东东顺纸业高档生活用纸项目等。二是家具：黑龙江省现有板材家具生产企业2500多家，其中哈尔滨格林、中德、东宜、北鹤、迈德、远东、森鹰、华信、双象、双丰、盛达、凯达、伊春光明、绥芬河大亚、三峡、兴佳、鑫麟、广宇、龙江商联、茂盛、汇薪，七台河双叶、恒丰科技、齐齐哈尔华鹤、郭氏、三和、绥化名木源等家具企业，年产值均超亿元。伊春光明集团新建生产车间、库房等8.3万平方米，年增实木家具20万套，成为全国实木家具生产企业的领跑者。齐齐哈尔华鹤集团在稳定原有家具生产基础上，拓宽发展路子，新上年产节能阻燃木门18万樘、橱柜5.3万套，产品行销欧美各国。七台河双叶家具集团引入德国、意大利、日本等国际先进的生产设备和加工工艺，有30余项产品获得国家产品外观设计和实用新型专利权。

2013年，黑龙江省新上木材加工项目近百个，其中牡丹江中加科技示范产业园区建设项目，由中国通用集团与加拿大共同投资，计划超过150亿元。嫩江凯迪生物能源林发电项目、黑龙江远东木业与浙江兔宝宝集团合作高性能木材生产加工项目投资均超过20亿元。三是木材加工园区：全省已建立各类木材加工园区39处，年加工能力960万立方米，产值在2000万元以上企业406家。大亚集团中密度纤维板、瑞典宜家木业、广东百诺家具、广东盈彬大自然木业、大连科冕木业、台湾信富木业、香港嘉汉集团等一批国内外知名木业企业相继入驻黑龙江省，年可实现产值560多亿元。主要产品有仿古实木家具、实木地板、集成材、百叶窗、家具配件、刨花板、纤维板，以及木制工艺品等。产品畅销全国乃至欧洲、美洲市场。

**森林食品加工产业** 一是食用菌：以黑木耳为代表的食用菌产业异军突起，成为黑龙江省广大林农看好的项目和赚钱的产业。黑木耳初步形成了以东宁绥阳、尚志苇河为龙头的两大林菌产业园区，产量约占全国的60%。产品远销日本、韩国、东南亚、俄罗斯、乌克兰、欧盟及港、澳、台等国家和地区，年交易额达到30亿元，带动相关就业人员100余万人。猴头菇、松茸、榛蘑等产量占全国80%以上。随着绥阳、苇河两个黑木耳大市场的建立和迅速发展，又重点建设了东宁、嘉荫、尚志、海林、林口、绥棱等黑木耳、猴头、灵芝、蘑菇生产基地，年产值近200亿元。二是坚浆果：以红松籽、榛子为代表的坚果和蓝莓、草莓、大果沙棘等是黑龙江省干鲜果品重点产业。2013年黑龙江省经济林种植面积达到400万亩，年产量15.8万吨，红松籽、榛子、核桃等坚果产量约9400千吨。蓝莓、沙棘等浆果产量3400多吨。全省坚果加工企业400多家，蓝莓加工企业200多家。主要产品有干果、烘焙食品、蓝莓果酒、果汁饮料、罐头、果酱等8大系列近200多个品种，年加工产值近20亿元，带动相关就业15万人。

**北药种植和加工产业** 北药是指黑龙江省道地药材，原产地特点鲜明、药效好。黑龙江省北药资源丰富，逊克县大田种植五味子20公顷，林下人工抚育五味子120公顷。元参与商品林间作100公顷，林下参种植60公顷，林下参育苗培育2公顷，沙参种植50公顷。种植黄芪60公顷，防风50公顷，板蓝根120公顷。饶河县有野生药材140余种，药材总蕴藏量为1.3亿千克，其中刺五加、黄柏、五味子等蕴藏量达1.23亿千克。满山红、升麻、白鲜皮、龙胆草、野山参、鹿角、鹿茸、熊胆汁等708.7万千克。孙吴县积极引导和推广北药种植，各林场北药种植面积1750公顷。其中林下种植五味子、人参等北药87公顷，熟地种植五味子等籽实类药材1400公顷，园参、苍术、黄芪、白芍、防风等根茎类药材253公顷，马齿苋60公顷。大庆市从2002年开始至2013年，先后建立了40多个百亩以上的标准化药材生产区，以板蓝根为发展重点，推进防风、桔梗、黄芪基地标准化，生产规模化，经营产业化的发展战略，实施“典型带、科技推、政策扶、基地保”的运行机制。严格按照GAP中药材生产质量管理规范标准生产合格药材，加大绿色有机肥料的推广力度，提高产品质量。大庆市仅大同区2013年就生产板蓝根5000吨、防风2000吨、桔梗3000吨、黄芪1000吨，总收入5000多万元，为农民增收3000多万元。这一年，光板蓝根一品就创收1000多万元。

**森林旅游产业** 黑龙江省现有森林公园总数已达107个，其中国家级森林公园58处，全年森林公园旅游人数1100多万人次，实现社会总产值200多亿元。黑龙江省有15个旅游名镇，旅游资源比较丰富，设施都比较完备。

**野生动物养殖产业** 黑龙江省人工养殖的野生动物种类多，数量大。主要有梅花鹿、马鹿、林蛙、野猪、水貂、狐狸、兔、野鸡、大雁等50多个品种。成立于2001年的大庆佳明养殖有限责任公司，占地面积5.0万平方米，养殖区占地面积3万平方米，公司优良梅花鹿存栏数1500余只，马鹿存栏数1300余只。以梅花鹿的鞭、血、尾、筋、骨、肾等为主要原料生产各种药酒，年生产能力达2000吨。企业通过了ISO9001：2000国际质量管理体系认证，被中国商业联合会授予《全国消费市场食品安全放心品牌》称号。2005年尚志市引进高泰牧业水貂养殖，到2013年已发展养殖12个，全市年可向市场提供商品水貂近20万只，安排富余劳动力350余人。野猪养殖在黑龙江省大小林区更是普遍，不管是深山区还是浅山区都有野猪养殖。黑龙江省野猪放养总面积20多万公顷，占黑龙江省土地面积的43.5%，全省野猪数量1.7～3.6万头。嫩江县霍龙门乡南街村2005年成立了强盛野猪养殖合作社，到2013年已养殖野猪3000多头，商品猪市场销路很好。黑龙江省农垦八五二农场2006年成立了大岭山特种野猪养殖场，到2013年已发展野猪3500多头。产品已打入北京、上海等超市，肉产品供不应求。

**森林产品进出口及境外资源开发利用** 近年来，黑龙江省认真实施“走出去”发展战略，充分利用两种资源、两个市场，积极参与国际合作，主动拓展境外森林资源开发合作项目。2011 年黑龙江省年进口木材 1000 万立方米，坚果、浆果、北药、木耳等林产品出口额也都呈上升趋势。境外林业园区建设正如火如荼，省内多家林业企业在俄罗斯、罗马尼亚、圭那亚等国家有生产园区，并形成了一定的规模，特别是依托俄罗斯远东地区森林资源富集，森林覆盖率高，木材蓄积量多，树种齐全，材质优良的优势，建立了原材料基地，中国林业集团还规划投资 110 亿元在绥芬河建立国家进口木材战略储备基地，进口加工将是未来黑龙江省林业巩固地位、提升档次、走向世界的一个重要选择。

**林业政策** 2013 年 12 月 20 日，黑龙江省政府办公厅印发“黑龙江省林下经济发展规划(2013 ~ 2020 年)的通知”黑政办发〔2013〕56 号。

2013 年 12 月 05 日，黑龙江省林业厅印发“关于要求切实做好林下经济草本中药材种植补贴试点工作”的通知，即林下经济补贴试点方案。

**【黑龙江省绿色食品生产基地】** 截至 2013 年，黑龙江省已建设国家级绿色食品标准化原料生产基地 143 个、面积 5700 万亩。全省有效使用无公害农产品、绿色食品、有机农产品“三品”的标志数量达 10000 个以上，居全国前列。获地理标志的农产品登记数量 82 个，比 2012 年增长 20.6%。

2013 年创建绿色食品生产基地 6 个，基地原料产量 2340 万吨。对接龙头企业 350 个，认证产品达 1000 多个。在省内外，已建绿色食品专营销售中心(店)34 家，全省绿色食品专营销售网点已超过 2000 家。

**【黑龙江省林业专业合作社】** 截至 2013 年上半年，黑龙江省已建立不同类型林业专业合作社 271 家，比 2012 年增长 62.2%。其中：苗木花卉种植合作组织 43 家；食用菌养殖合作组织 37 家；林果栽植合作组织 49 家；林木种苗繁育和管护合作组织 44 家；林下中草药种植合作组织 42 家；野生动物(梅花鹿、野猪、林蛙)和蜜蜂等养殖合作组织 26 家；山野菜采集和加工合作组织 30 家。

林业合作组织是当今林业发展的必然选择，既改变了传统的林业生产管理方式，又顺应和符合了林业发展的特点。黑龙江省所建立的林业合作组织，其主要任务是：围绕当地主导产业、优势产业和特色产业，搞好协调和服务。其形式采取了由生产大户带动、能人创办公司 + 农户 + 基地等运作形式发展起来。在黑龙江省范围内，到 2013 年已覆盖 50 多个县(市、区)，涉及林下种植业、养殖业、采集加工业、森林旅游及绿化苗木繁育等多个领域。部分市县的林业专业合作组织生产的林产品，已成为具有本地特色和一定规模的生产加工基地。2013 年，桦南县林业局被国家林业局授予首批 28 个“全国林业专业合作组织典型示范县”之一。林业合作组织的建立，不仅为全省林业经济发展注入了生机和活力，同时，还大幅度提高了对基层林业管理效果和力度，更有力的推动林农合作进程和林业科技推广。

**【伊春市林蛙产业】** 伊春市在采伐林木锐减和实施“天然林保护工程”后，另辟生路。依托当地丰富优越的林蛙资源，大力发展林蛙产业。把林蛙养殖和加工作为林区转型重点，以“政策支持为先导，养殖基地为载体，校企合作为引领，科技企业为龙头，高端产品为品牌”，取得了令人鼓舞的成绩和显而易见的效益。创出了一条林区合理利用生态资源、推进林农增收致富和有效发展生物产业的道路。主要做法是：

①依托林蛙资源，开发林蛙产业。一是得天独厚。伊春市位于小兴安岭南麓，属中温带大陆性季风气候，山多林密，沟河交错，林下植物繁茂，昆虫资源丰富。良好独特的气候条件、植被状况和河流密布，非常适合林蛙栖息繁衍。据统计，在伊春市现有 400 万公顷林业施业区内，均有林蛙。每公顷保有量 80 ~ 100 只，常年林蛙保有量 40 亿只。在野生林蛙的发布区，已经开展林蛙养殖经营面积近 46 万公顷。特别是铁力林区具有其他地区无法比拟的封沟养娃条件和优势，是发展林蛙人工、半人工养殖的绝佳区域。伊春林蛙具有个体大、出油多、油质好、药用价值高和保健

作用强等特点。

二是形成较大的养殖规模。伊春既是传统的野生林蛙主产区，又是开展半人工林蛙养殖较成功的地区之一。人工繁育林蛙蝌蚪成活率达95%，幼蛙变态成活率90%以上，成蛙回捕率0.1%。据统计，截至2013年全市共有林蛙养殖户977户，其中半人工养殖945户，蝌蚪孵化量50亿只以上，成活量47亿只，幼蛙成活量40亿只以上，商品蛙回捕量400万只左右，产值5000万元左右。一批规模化、专业化的林蛙繁育养殖基地已经建成。自1996年实施林地沟系承包经营以来，各林场所建成标准化林蛙养殖场89个，生态养娃沟200多条，养娃面积4万多公顷，从业人员800余人。2012年，商品林蛙捕捉量50万只左右，实现产值700余万元。林蛙养殖已经成为当地林业职工增收致富的重要手段之一。随着人工、半人工养殖技术不断提高，林蛙年回补到森林量将持续增加，完全可以在保证生态平衡的基地上，实现“繁殖与回捕平衡”，确保林蛙资源的永续利用。

三是养殖技术先进。伊春市以“人养蝌蚪天养蛙”的理念，利用林蛙的自然生活习性，研发了科学养蛙、回补越冬7项国家专利技术，保证了林蛙资源可持续利用。在原料来源上，按照“标准化养殖，产业化发展”的思路，积极帮助养殖场按照标准进行规模化养殖，由龙头企业进行技术指导，按订单回收成蛙，保护了养殖者经济利益。在养殖技术上，推广半人工养殖方式，采用人工控温干预技术提高雌蛙比例、采用集中人工越冬技术解决林蛙越冬成活率低的难题，使成活率提高50%以上；在蝌蚪孵化、变态方面采用人工集中孵化喂养技术，使成活率达到95%以上(自然情况下仅20%~30%)，革命性的降低养殖成本。在成品蛙利用上，对成蛙限捕(四年以下的林蛙限捕)，积极推广“林蛙油非伤害性采收”技术，延长了林蛙利用年限和次数，改变过去对四年生林蛙杀蛙取油一次性利用的落后方式。由一年一次，延长到3~5年(3~5次)，可持续有效地对林蛙资源加以利用，并保护了生态环境。

②培育林蛙产业，提升产业规模。伊春市形成了“以大户为主体、以协会为牵动、以龙头为支撑、以科技为保障”的特色产业化发展格局，具备了全面提档升级的产业基础。一是强化龙头企业带动。铁力市四宝生物科技有限公司，拥有原生态林蛙标准化养殖基地4000多公顷，企业总资产达2400多万元，是专业从事林蛙(即雪蛤)养殖和产品精深加工及科技研发的企业。公司拥有林蛙胶原蛋白、即冲活性林蛙油、血蛤虫草等十余种产品，获国家专利。“森格牌铁力中国林蛙油”经国家质量监督检验检疫总局批准为“中华人民共和国地理标志(原产地域)保护产品”，产品实现多样化、高端化、系列化。2008~2013年，该企业连续6年获“黑龙江省高新企业”等称号。二是让协会发挥作用。铁力市在2010年成立了林蛙养殖协会，辐射会员单位160户；培育养殖大户89户，年林蛙饲养量达4亿只以上，商品蛙40万只左右。其中，产值500万元以上的林蛙加工企业2户，年产值达到1200余万元。行业协会的建立成为养殖户和政府桥梁和纽带，极大地推动了当地林蛙产业快发展，深受养殖户欢迎和依托。三是坚持科技引领。伊春市大力支持企业开展产学研合作，借助科技成果转化提升产业素质。铁力市四宝生物科技有限公司为了适应市场对产品需求，聘请了省内五位生物、制药专家做公司常年接受顾问。还与东北林业大学、东北农业大学和中国科学院生物物理研究所等科研院校所建立战略合作关系。已投入1700万元，在精深加工领域和应用生物技术上取得重大突破。开发了林蛙油小分子肽、复合生物酶水解生产胶原蛋白、林蛙皮提取抗菌肽等项目。拥有年产5吨“林蛙皮胶原蛋白”提取加工能力。四是放大企业集聚效应。伊春市通过技术指导、政策扶持，典型引路、规范管理等措施，有力地促进了伊春地区林蛙养殖业发展，涌现出一批具有较大规模深加工能力企业。通过这些企业辐射带动，不仅解决了林蛙养殖户的销路问题，同时也使林蛙产业链得以延伸，影响力不断提高，形成了产业化发展的经营格局。黑龙江省松知生物科技有限公司以林蛙油、林蛙皮、林蛙骨为原料，生产的中国林蛙酒、中国林蛙油颗粒冲剂、木瓜雪蛤颗粒冲剂3种产品，被确定为国家专利产品，以其极高的药用价值和保健价值受到消费者青睐。

③加大政策支持，促进产业发展。伊春市把

林蛙产业作为促进区域发展特色产业，作为培育林区战略性新兴产业加以重点推进。一是谋划产业项目推进。他们把扶持林蛙产业发展作为拉动伊春发展生物产业的载体，市领导每次招商活动都把相关企业负责人作为代表成员，给机会、搭舞台，加大招商引资力度，围绕产业链条，引进一批能够实际应用且可操作的好项目。对铁力市四宝生物科技有限公司等龙头企业由一名市级领导负责定向帮扶，解决发展中遇到的问题。二是推动校企合作抓跟进。伊春市主要领导带领市直有关部门负责人和林产加工企业走访东北农业大学、东北林业大学和哈尔滨医科大学就绿色食品开发和生物产业进行科研成果引进和项目对接，达成意向合作项目27项，其中，技术转让7项、技术服务2项、合作协议5项、意向合作13项。三是出台产业政策抓落实。2008年伊春市出台了《加强林蛙资源保护的规定》，严禁捕捉野生林蛙及破坏林蛙繁殖栖息地，保护了资源、促进了养殖、规范了市场，为林蛙加工产业发展创造了条件。2013年，重点谋划"林蛙油非伤害性采收及活性蛙胚精深加工产业化"项目，依托东北农业大学技术来源，采取合作方式，建设年产5000千克活性林蛙油及活性蛙胚等产品加工厂，向以林蛙资源深加工战略升级的生物产业迈出坚实的一步。

**【龙头企业】** 黑龙江省从2005年开始，对全省涉林产业进行龙头企业认定。截止2013年末，已连续8年通过十一次评比，先后认定了71家有规模、效益好、科技含量高、技术先进和环保型企业，作为黑龙江省省级林业龙头企业。所认定的这些龙头企业，其经营项目和产品主要集中在：商贸、家具、门窗、地板、人造板、浆纸、木艺和森林食品、动物养殖、医药保健、农副产品等。2013年评比出12家省级林业龙头企业，主要有：

**大兴安岭绿源蜂业有限公司** 该公司成立于2002年，是一家蜜蜂养殖、蜂产品开发和产品加工共有的民营企业。占地面积12328平方米，总建筑面积2620平方米。建有食品研究所、产品检验室、标准化生产车间。总资产2728万元，固定资产1310万元。主要产品有蜂蜜、花粉、王浆、蜂蜜酒及蓝莓系列产品等近百种。2013年生产蜂产品、蓝莓产品、发酵蒸馏酒等298吨，实现产值925万元，利润258万元。企业带动农户300户。产品销往省内及北京、上海、浙江等地。企业通过了IS09001：2008质量管理体系认证。企业信用等级为AA。公司系列蜂产品连续两年被黑龙江省名牌战略委员会授予"黑龙江省名牌产品"。

**佳木斯龙江福浆纸有限公司** 该公司成立于2007年。主要生产经营漂白硫酸盐商品纸浆、未漂白硫酸盐商品纸浆及印刷和书写纸，是东北地区最大的硫酸盐商品纸浆生产企业。现有固定资产15.33亿元，注册资金7996万美元，资金负债率29.27%。2013年生产伸性包装及工业技术用纸等系列产品31963吨；精制白牛皮纸等系列产品47946吨。实现产值69651万元，利润1825万元。企业招商引资后，由原来的年产值34万吨纸浆增加到50万吨。可解决800人就业，同时有效带动其他相关产业发展。产品主要销往东北、华北、西北、华南、西南、江浙等地。尤其是精制白牛皮纸系列产品市场占有率11%，占国内生产量 的55%以上。

**黑龙江龙兴广发木业有限公司** 该公司坐落于同江市向阳木材加工园区。固定资产7894万元，注册资产2981万元。现有职工150人。主要生产和经营木制别墅。2013年生产木制别墅3660平方米，产值1700万元。产品销往省内外。

**嘉荫县亿通木业有限责任公司** 该公司成立于2007年，位于嘉荫县朝阳镇永安工业区。固定资产4226万元，资产负债率为36 %，企业信用等级AAA。主要经营锯木加工和地板生产，产品销往国内及欧美等十几个国家和地区。2013年生产威盛牌实木及复合地板120万平方米，实现产值16836万元，利润1350万元。

**大兴安岭超越野生浆果开发有限责任公司** 公司成立于2004年5月，位于塔河县塔河镇。有固定资产5944万元，注册资金3750万元，现有职工230人。拥有浆果冷冻冷藏、速冻、浆果深加工和综合加工等5个厂。占地面积8万平方米，另有冷库7座，冷藏能力达5900吨。公司以生产和加工森林食品为主，产品共8大类，40多个品种。其中有15种产品通过2009、2010年有机食品认证。2011年生产的森林果园、莓丽e族牌果干、饮料获黑龙江省名牌产品。企业于2007年通过了ISO9001质量安全管理体系和HACCP食品管理体系认证，2009年企业通过了商检注册。2010、2011年，企业获得了全省林业产业先进称号和被评为农业产业省级龙头企业。2013年蓝莓酒、蓝莓饮料、蓝莓果干、速冻果共计491吨。实现产值4505万元，利润497万元。产品进入全国2000多家超市销售，旺季产品供不应求。

**汤原县百创山核桃工艺品有限公司**　该公司成立于1992年，是集科研开发和生产销售于一体的民营企业。公司总投资680万元，设备585台套，固定员工140人，包括工艺美术大师、高级技师等。另有分散工350人。年产大中小山核桃工艺品三大系列、5万余件。产品销往国内及欧洲、美国、日本、韩国等地。2013年生产山核桃系列工艺品5万件，实现产值1927万元，利润295万元。

**大兴安岭北极冰蓝莓酒庄有限公司**　该公司成立于2008年，坐落于漠河县劲涛镇。注册资金5269万元，总资产8368万元，占地22万平方米，建筑面积1万平方米。有野生蓝莓基地5600亩、蓝莓种植基地800亩。现有员工169人。主要产品有蓝莓冰酒、蓝莓白兰地、蓝莓口服液等9大类32个品种。产品主要销往全国各地100多个商家，产销率达到95%以上。企业通过了ISO9001产品质量认证和HACCP质量安全认证。2009年荣获省级名优产品称号。2013年实现销售收入5096万元，利润329万元，税金287万元。带动基地农户300户，就业300人。

**哈尔滨利鑫达木业有限公司**　该公司成立于1996年，是以生产各种高档次环保家具为主的大型民营股份制企业。公司注册资本1000万元，实有资本3110万元，总资产8850万元。公司占地面积4万平方米，有厂房面积2.9万平方米。拥有12条现代化家具生产线。企业获得了欧盟认证，是黑龙江省唯一被省商检局认可的家具出口免检企业，被哈尔滨市政府确定为出口基地。公司通过了ISO9001：2000质量管理体系认证和ISO14001：2004环境管理体系的国际体系认证。2013年生产实木家具10000件(套)、实木、板式复合家具12000件(套)、板式家具35000件(套)。实现销售收入1.8亿元，利税1500万元，出口创汇2900万元。安排下岗职工和农民工1000人。产品以出口为主，订单生产。主要销往欧美、美国、东南亚、日本等。

**虎林市福临门大果榛子种植农民专业合作社**　合作社成立于2011年，是由109家农户组成的大果榛子种植、育苗繁育及产品销售的农民合作组织。现有大果榛子种植面积10108亩，其中苗木繁育基地1200亩。2013年繁育大果榛子苗70万株，收获榛子果25.5吨。实现销售收入853万元，利润311万元。产品销往省内外等地，销售率100%。

**黑龙江禄源酒业有限公司**　公司成立于2008年，坐落于东宁县东宁镇境内。注册资金1000万元，固定资产11121万元。主要生产经营蓝莓酒、冰酒和干红等酒类。产品销往全国各地，有销售网点58个，市场销售很好。2013年，生产蓝莓酒127吨、冰酒92吨、干红118吨。实现产值6144万元，利润2221万元，税金298万元。现有葡萄基地2处，共78公顷，带动63户农民参加葡萄合作社；建野生蓝莓基地100万公顷，有123户农民参加种植和管理。

**东宁县顺风贸易有限公司**　公司成立于2000年，位于东宁县东宁镇内。注册资金2500万元，固定资产8663万元，资产负债率36%。公司投资1.3亿元，承包18万亩荒山，造红松林14万亩，主要经营红松籽。2013年，采收红松籽450吨，实现产值1800万元，利润1200万元。

**【名牌产品】**“双叶”是黑龙江省七台河市双叶实业有限公司生产的家居产品品牌，为黑龙江省著名商标。2006年分别被国家工商行政管理局认定为中国驰名商标和国家质量监督检验检疫总局评为中国名牌产品。双叶家具实业有限公司成立于1995年，是一家专业设计生产实木家具的大型民营企业，也是国内实木家具制造行业最大基地之一，其销售网点分布国内外300多家。年生产能力为150万件(套)实木家具。主要产品有餐厅、卧房、书房、客房、宾馆、办公、家装等饰品和用具，以及实木复合地板九大系列300多个品种。产品内销国内各大城市；外销俄罗斯、德国、加拿大、韩国、日本等国家。企业在同行业率先通过了ISO9001国际体系认证；ISO140001国际环境管理体系认证；GB/T24024 idt ISO14024中国环境标志产品认证。并获得国家标准符合性信用证书。

“华鹤”是一家拥有50多年生产实木家具的企业，也是国内家具行业首先引进百万家具生产线的大型国有企业。华鹤实木家具是中国名牌产品，是中国家具十强企业之一，拥有中国驰名商品荣誉称号，是国家级优等产品。主要有三大系列产品。华鹤家具产品和质量保障：一是设计求精，美观实用；二是设备精良，工艺水平高。全套原装德国、意大利、日本生产线和工艺技术。特别是选用世界级环保标准的日本玄华油漆为原料，加工精度小于国家级的0.5毫米误差。

“盛兴”是大兴安岭绿洲盛兴人造板有限公司的产品品牌。该公司属于黑龙江盛兴集团旗下分公司，成立于2005年。年生产高(中)密度纤维板10万立方米，刨花板和胶合板2万立方米。公司生产的纤维板、刨花板和胶合板，2008年获得中国质量协会全国用户委员会颁发的“全国用户满意企业证书”；2007至2008年，连续两年获得“省级守合同重信誉企业”；2009年被评为“黑龙江省名牌产品”。

“红鹤”是齐齐哈尔市红鹤木业有限公司旗下著名木门品牌。企业拥有德国、意大利、日本、中国台湾等专业木门生产设备100多台套。在利用国外先进设备的同时，研发和生产了4大系列180多种新款木门、实木复合门，销往美国、俄罗斯、阿联酋、韩国等和国内各大城市。有加盟商100多家。产品多次在中国国际展销会上展销，被评为“中国知名品牌”“中国30强木门企业”“中国十省市绿色环保产品”。自2009年以来，连续8年被评为“黑龙江省名牌产品”“黑龙江省知名商标”“黑龙江省重合同守信誉单位”和“黑龙江省诚信维权单位”。企业很早推广了ISO9001—2000国际质量管理体系认证、中国CTC建材认证、中国CTC产品健康认证等。并成为具有权威性的中国木门标准重要起草单位。

“三和”是黑龙江三和木业(集团)有限公司产品品牌。主要生产家具、实木门窗、整体家装、楼梯及办公用品等7大系列120多种产品。拥有德国、意大利先进设备和生产线，年可生产木门16万樘。三和牌木门及配套家装产品，具有光洁雅致、隔音保温、环保安全和耐用不变形等特点。2010年，参加北京木门国际博览会，受到来自美国、德国、意大利、日本、俄罗斯等国家和地区的120多家厂商一致赞誉：认为三和牌实木门、复合门产品设计新颖别致，加工工艺一流，质量可靠。公司自1998年成立以来，连续7年获得“省级守合同重信誉企业”。被哈尔滨市政府授予“行业诚信标兵企业”，被黑龙江省科技厅评定为“黑龙江省民营科技企业”。获得“黑龙江省著名商标”和“黑龙江省名牌”。在由中国木材流通协会、中国木门专业委员会联合组织的产品大赛评选中，连续5年获得9次金奖。2004～2007年被评为中国木材行业最有影响力品牌。首批通过了“中国绿色环保家装认证”及“采用国际标准产品标志”。获“黑龙江省质量管理提名奖”“鹤城老字号”等殊荣。2005～2010年，连续6年被中国木材流通协会专业委员会评为“全国木门30强企业”。企业通过了ISO9001国际标准质量体系认证；ISO14001环境管理体系认证；中国首批建材产品质量CTC认证和CTC产品健康认证。

“绿源”是大兴安岭绿源蜂业有限公司开发的蜂产品品牌。公司地处大兴安岭加格达奇，原料来自大兴安岭林区，有标准化生产车间和设备，生产车间符合CMP标准。年可生产3000吨蜂产品，300吨蜂蜜酒和2000吨蓝莓产品。拥有精密检验仪器30多台套，具有独立检测能力。主要有蜂蜜系列保健品和蓝莓食品2大类40多个品种。该公司开发的芪蜂胶囊、蜂芪粉肽片、蜂王浆五味子胶囊、蜂花粉多糖口服液、芪莲瑰花茶和榛栗高钙等产品获国家发明专利。“芪蜂胶囊”被列为国家星火计划，并获得黑龙江省科技进步奖。公司通过了ISO9001:2008质量管理体系和ISO2000:2005食品安全管理体系认证和QS质量安全认证。公司自2002年成立以来，被授予“国家建设创新试点企业”“黑龙江省非公有制科技创新企业”“黑龙江省诚信企业”“省巾帼示范企业”等荣誉，连续两届被授予黑龙江省名牌产品。荣获中国名优品牌及中国绿色博览会、哈洽会、国际蓝莓节等展销会畅销产品奖奖项。

“好家”是黑龙江好家木业有限责任公司产品

品牌。共有环保型刨花板、动感UV饰面板、炫彩3D饰面板、晶钻数码饰面板、晶彩金属饰面板、钛金实木饰面板、细木工生态板等8个系列500多个品牌。该公司自2000年成立以来，有25次项新产品获国家专利。在国内各大城市与1000多家客户和国外30多家客商建立贸易关系。好家产品分别被2008北京奥运会和2010年上海世博会选用。

“北奇神”是黑龙江北奇神高科保健品有限公司创建的产品品牌。公司以大兴安岭林区药用资源为依托，融入高科技加工工艺。研发出医药品、保健品和功能食品3大系列44个品种。主要有国药字批号的润肠通秘茶、丹心保心茶和鹿哥强龙回春如意胶囊药品；国食批号的旗人轻身减肥茶加伴侣胶囊、助眠靓妍胶囊、不老草灵杞芪茶、旭东美灵康胶囊、秀丽软胶囊、奥姿软胶囊和俄罗斯批号保健品。截至2013年，公司已有32个产品品种，在国内外获奖。其中北奇神获泰国曼谷博览会金奖；旗人轻身减肥茶、润肠通秘茶和助眠靓妍胶囊荣获“黑龙江省高新技术产品”称号。形体美软胶囊和鹿美人胶囊荣获“2005年第五届黑龙江省新产品”二等奖和三等奖。公司自1985年成立以来，荣获“全国中小型企业重合同守信誉先进单位”“国家进出口二类企业”“国家工业企业标准化试点企业”“全省质量效应先进单位”等近百项荣誉称号。

“兴安山珍”是小兴安岭珍稀食用菌有限责任公司注册商标品牌。公司在小兴安岭林区乌伊岭林业局内拥有12个自有野生采集基地，总面积316平方千米，确保原料营养安全。每年采集野生黑木耳、野生猴头和野生蘑菇等220吨；人工种植黑木耳、猴头等食用菌3000万袋。年产干品黑木耳1500吨。此外，年采集野生蕨菜、刺嫩芽等各种山野菜2500吨。产品常年出口日本、韩国、加拿大等国家。公司是麦德龙中国区合作伙伴，也是沃尔玛中国区东北黑木耳自有品牌生产商。公司通过了ISO9001国际质量体系认证和有机食品认证。获得了出口卫生登记证书。是“省级重合同守信誉”企业、“黑龙江省名牌产品”。

“富林”是大兴安岭富林山野珍品科技开发有限责任公司所生产开发的森林食品品牌。现有山花类、山珍类和山地类三大类食品。以山野菜、黑木耳和各种蘑菇为生产重点；以黄芪、五味子和地产油豆角为特色，生产加工出50多个品种的森林食品。公司自2001年成立以来，先后被国家农业部认证为“全面质量达标企业”；被黑龙江省工商局评为“黑龙江著名商标”“黑龙江名牌产品”；被黑龙江省科技厅评为“高新技术企业”；被黑龙江省中小企业局“授予非公有制科技创新先进企业”；被中国中轻产量保障中心评定为“国家合格质量达标放心食品”和“中国知名品牌”；被黑龙江省质量协会评为“质量效应型先进企业”；获得中国绿色食品发展中心认证为“A－绿色食品和有机食品”，获得辽宁省质量协会颁发的“创建质量示范品牌”。

“山野”是黑龙江省伊春市山野饮品有限公司生产的系列产品品牌。公司依托小兴安岭林区野生野长的浆果资源，融入高科技生产技术和先进工艺，开发生产出“伊春山野”系列产品。主要有白兰地酒、冰酒、野果酒、果汁、果酱、果干和速冻果等40多个品种。公司2004年通过了ISO9001:2000质量管理体系认证，2005年获得由国家监督检验检疫总局颁发的《饮料及纯净水》《果酒及葡萄酒》食品质量安全许可证。2007年由黑龙江省技术监督局颁发“黑龙江省名牌产品”荣誉称号，2008年被黑龙江省工商局授予“黑龙江省著名商标”称号。

“林都”是伊春市林都山特产品有限责任公司开发的产品品牌，也是通过国家绿色食品发展中心批准使用的具有绿色食品标识和有机食品认证的品牌。主要产品有：食用菌压缩、野生干果、果仁，鹿产品、蜂产品、山野果花、袋泡茶；保鲜山野菜、脱水干菜、林蛙油、野生灵芝保健品和野果饮品等近百种产品。企业已通过ISO9001国际质量管理体系认证，产品通过了HACCP食品质量安全认证。公司自1998年成立以来，荣获“黑龙江省名牌产品”“黑龙江省著名商标”等称号。

“友春”是黑龙江省友春木业集团生产的实木家具、板材和集成材等产品品牌。家具有客厅、餐厅、卧房、办公、休闲五大系列100多个品种。企业通过了ISO9001国际质量管理体系认证和ISO－14001国际环境管理体系认证。集团自1999年成立以来，被评为“黑龙江省用户满意企业”“黑龙江省绿色企业”“守合同重信用企业”“最具成长性企业”“黑龙江省名牌产品”“黑龙江省知名品牌”“黑龙江省著名商标”“黑龙江省免检产品”和“黑龙江省绿色环保畅销知名品牌”等称号。

“鹿源春”是黑龙江省鹿源春鹿业有限公司产品品牌。主要生产经营鹿源春系列酒、鹿茸酒、鹿鞭、鹿茸血粉、鹿胎膏、鹿胎盘、鹿尾及农产品。公司自2001年成立以来，获得资质有“黑龙江省民营科技企业认证证书”“全国工业产品生产许可证”“国产保健品证书”《定量包装商品生产企业计量保证能力证书》即“C”认证和“无公害认证证书”；获得荣誉有“黑龙江省免检产品”“首届广东国际酒饮博览会”“黑龙江省名牌产品”“黑龙江省著名商标”“黑龙江省守合同重信用企业”“黑龙江省放心食品”“国际食品工业联合监制和重点推荐产品”“黑龙江省非公有制科技创新先进企业”。企业2006年通过了ISO9001:2000国际管理体系认证。

“长乐山”是黑龙江省长乐山饮品有限公司产品品牌。公司位于中俄界江黑龙江边的孙吴县大河口林场，这里山清水秀，环境独好。公司拥有充足的沙棘原料基地。从大果沙棘育苗繁育、种植到加工等一系列生产活动，全由公司独自完成，有力地保障了产品质量和食品安全。主要产品有沙棘冰茶、沙棘果汁等。这两个产品经中国绿色食品发展中心审核，被认定为绿色食品A级产品。产品销往国内各大城市。

“森帝”是森帝酒具有限公司的产品品牌。公司成立于1996年，引进台湾全套生产设备，采用法国的生产技术，生产环节执行ISO9001和5S全国质量管理体系。主要产品是橡木酒桶和其他各种酒具产品，年可生产橡木桶20多万只。产品主要销往国内沿海城市以及日本、韩国、俄罗斯、欧洲等国家和地区。森帝产品在国内外各大展会中多次获奖，被誉为“森帝法兰西式橡木桶”。

“东北黑蜂”是黑龙江省东北黑蜂开发有限责任公司系列产品品牌。公司位于饶河县境内，饶河是中国唯一的国家级东北黑蜂保护区。以鲜王浆和椴树蜜为主要原料而制成的黑蜂系列产品，主要有四宝液、硒力王浆蜜、防结晶椴树蜜、花粉宝、蜂胶液额度等。产品销往国内各大城市和日本、德国、英国、美国等地。黑蜂产品在第33届养蜂大会暨国际蜂产品博览会上荣获金奖。连续荣获国际国内大奖6项、发明专利奖1项、“中华之最奖”3项。椴树蜜被中国绿色食品发展中心认定为AA级绿色食品，被欧盟有机食品组织认定为有机食品。

“亨邦”是穆棱富邦木业有限公司生产高档实木地板品种。亨邦地板原料主要来自俄罗斯和地板优质柞木、枫木及桦木，油漆选用世界免检的环保型德国皇冠UV漆。产品90%以上出口到英国、爱尔兰、美国、加拿大、中东、日本等国家和地区。企业通过了ISO9001质量管理体系认证和进出口ISO9002质量体系认证，具有自行进出口权。

“驼峰”是哈尔滨市驼峰家具有限公司生产的家具产品品牌。主要以板式家具和钢式家具为主，严格按照ISO9001:2000；ISO1400:2400的国际标准生产。多次荣获哈尔滨市政府嘉奖。哈尔滨市技术监督局质量监督检验所颁发“质量合格单位”证书、中国质量万里行评为“质量信誉保证单位”、中国质量协会评为“质量稳定诚信单位”。连续3年评为“中国十省市名牌产品”。

“华信”是黑龙江省华信有限公司产品品牌。主要产品有：屏风、转椅、文员台、大班台、会议台、文件柜、沙发、宾馆家具和实木窗等9大系列产品。企业于2004年通过了ISO9001—2000国际质量认证。公司自1989年成立以来，多次获得国家及省市政府颁发的《重合同守信誉企业》、入围《全国诚信单位》光荣榜。2004年华信办公家具获得中国十省市共同颁发的《环保家具知名品牌》证书，获得全国十三个家具检验机构和监督颁发的《全国百家家具企业共创家具品牌》A级证书。

“凯达”是哈尔滨凯达集团(实业)有限公司产品品牌。主要产品有：细木工板、胶合板、装饰单板贴面人造板、高强度防水建筑模板、B1级阻燃胶合板、免漆复合装饰板和高强度木质工字梁等8大系列100余种产品。公司多次荣获“消费者信得过产品”和“守合同重信用企业”，中国质量万里行“质量.信誉双保障实施单位”，“中国·黑龙江知名品牌”等称号。企业通过了ISO9001:2000国际质量体系认证、中国环境标志认证，环保指标达到E1级。

"安派尔"是哈尔滨市人和木业有限公司生产的高档次、精品类、环保型地板品牌。主要生产八大类，百余种浸渍纸层压木地板。生产中严格执行GB18580—2001甲醇释放检测并符合E级限量值规定。企业于2002年通过了ISO9001:2000国际标准质量体系认证。同年被省政府授予"黑龙江省名牌产品"。2005年获得GB/T19001—2000质量管理体系认证和GB/T24024—2001国家环境产品标准认证，获得国家生产许可证办公室颁发的《生产许可证》，获得"黑龙江省免检产品"和"国家免检产品"证书。

"北方威特"是中国·哈尔滨北方威特家具有限公司生产的实木家具品牌。产品特点是以柞木、桦木、樟子松等为原料生产的各种实木家具。企业通过了ISO9001:2000国际质量体系认证，和GB18584—2001室内装饰家具有害物质限量标准。公司连续8年获得"黑龙江省名牌"和"哈尔滨名牌"。产品主要出口德国、丹麦、瑞典、英国、拉脱维亚等8个国家。

"星美"是哈尔滨市星美木业制造有限公司的产品品牌。生产设备全部引进德国、意大利、台湾等木工机械。主要产品各种木质办公家具和实木门窗等。产品销往全国各地及俄罗斯、日本、澳大利亚等国。企业通过了ISO9001国际质量体系认证。获得"哈尔滨市名牌""黑龙江省名牌""中国十省市市场知名品牌"和"重合同守信誉单位"等荣誉称号。

"兴隆"是黑龙江省兴隆中密度纤维有限公司产品品牌。主要产品是1.8～6.0毫米厚的两面光中密度纤维板，年可生产6000立方米。全部生产设备来自德国比松公司先进生产设备和工艺。设备好，产品一流。公司通过了GB18580—2001《室内装饰装修材料—人造板及其制品中甲醛释放量》BG/T11718—1999《中密度纤维板》。产品销往全国各地。

**【林业科技】**

**重点课题** 国家林业公益性行业科研项目是"北五味子等寒地浆果育种及栽培技术研究""蓝靛果忍冬引种选育及栽培技术研究""北美寒带阿拉斯加落叶松及栽培技术引进"；国家林业局948重点项目是"东北乡土木本粮油树种选育及利用研究"。

**通过成果鉴定项目** 松毛虫刺眼蜂、分月扇舟蛾GV人工繁殖及利用；36%烟碱、苦参碱微囊悬剂开发利用；黑龙江省北部林区大型草食性野生动物生境检测研究；珍稀食药用菌培育技术研究；木耳优质高产栽培新技术研究；木耳棚室挂袋栽培新技术研究；黑龙江省西部低山丘陵区集水抗旱造林技术研究；龙丰1号、2号杨新品种选育与应用；风箱果引种选育技术研究；寒温带半干旱地区灌木树种引选及栽培技术研究；彩色丁香新品种选育；黑龙江省西部平原地区兴安圆柏引种栽培与繁殖技术研究；改焙型生物防火带林带开设及维护技术。

**科研成果** "优良景观树种选育技术研究"项目获黑龙江省科学技术三等奖。

**技术推广项目** 红皮型樟子松繁育及栽培技术推广与示范；人参新品种及其优质高产栽培技术推广与示范；北冰红葡萄栽培及加工技术推广与示范；杂种落叶松优良家系种子生产、推广与示范；绿化树种山新杨快速繁殖技术推广；法国丁香繁育技术推广示范；抗寒大果杂交榛子新品种推广与示范；刺五加经济林营建技术推广示范；日本落叶松推广与示范；松嫩平原杨树工业原料林品种推广与示范；松嫩平原枸杞沙枣碱地栽培技术推广与示范；北虫草栽培技术推广与示范；石质山地植被恢复技术推广与示范；珍贵树种黄波罗、水曲柳苗木繁育技术推广；落叶松林病虫害高效持续控制技术推广与示范；黑龙江省野生桑树资源利用技术推广；接骨木优良品种繁育技术推广与示范；国营林场森林经营信息管理系统推广与示范；落叶松人工林天然化经营技术推广应用；红穗醋栗S30繁育和示范推广；生物质能源林蒙古栎培育技术推广示范；寒地梨优良品种及栽培技术推广与示范；珍贵阔叶树种胡桃楸和山槐优质用材林定向培育技术推广与示范；红松坚果良种采穗圃营建技术推广示范；黑青杨推广与示范；咖啡水貂优良品种繁育技术推广；改焙型生物防火林带阻隔工程建设技术推广与示范。

（曹玉朴）

# 上海市林业产业

【概 述】 上海林业产业以经济果林为主，在增加农民收入、发展农村经济中起到了很大的作用。近年来，经济果林产业发展势头良好，品牌化经营效应凸显，林果产业发挥了生态、经济和社会三位一体的功能。2013 年上海的林果产业呈现以下特点：一是面积产量下滑，产值提高。2013 年果树面积比 2012 年略有减少，主要是柑橘面积继续下滑，减少 7000 亩，柿、银杏、枣也有少量下滑，葡萄、梨、猕猴桃和樱桃面积均有小幅增加，总产量比 2012 年减少 8.2 万吨，总产值比 2012 年增加 1.2 亿元，产量降低，但价格持续攀升，减产反而增收。二是信得过果园出亮点。安全优质信得过果园评选是延续 2012 年的工作，2013 年重点对信得过果园的专用"logo"进行了宣传，申请了注册商标，取得了著作权保护，并印制 100 万个标志供信得过果园无偿使用；应国家林业局要求，开展了果品安全追溯系统试点工作，请专业公司开发了信息追溯平台，共打印 40 万张二维码标签下发到 24 家果园进行试点。三是"双增双减"继续扩大。2013 年启动了新一轮的"双增双减"项目，经过前两轮的项目实施，果农对推广农资接受程度提高，项目的实施量达到了历史新高，实施面积最大、资金补贴量最高，在各级林业技术部门的积极推动下，农药、有机肥和套袋的覆盖面积均在 70% 以上，超过 90% 的果农受益。通过项目实施，对推动本市果品安全优质生产起到了积极作用。四是技术服务积极深入。充分发挥上海市 7 个市级果树研究所和由 37 位乡土专家组成的技术队伍的专业作用，使专家活跃在基层第一线，义务为农民排忧解难，指导生产，示范技术操作。六是果树标准继续完善。2013 年完成了对《桃树栽培技术规范》的修订，并通过了专家评审；《梨树栽培技术规范》也已着手修订，葡萄果品等级标准也已发布，果树标准的完善为科学种植，提高产量，促进农民增收有积极作用。

上海林果产业取得了一定的成绩，但又存在一些问题：一是果园基础设施设备落后。尽管近几年在果树上有所投资，但由于欠账过多、僧多粥少，一时难以改观，果树生产还是以靠天为主。二是劳力缺乏成为果园突出问题。果园劳力缺口很大，很难招到青壮年劳力，一些生产操作不能及时到位造成农时延误，用工成本呈上涨趋势，劳动力知识层次偏低，不利于果园走高端发展之路。三是农民专业合作社带动作用不够。大部分合作社只是停留在形式上，没有把合作社当成大家共同合作的联合体，大部分合作社没有真正发挥带动作用，帮助社员提高果树标准化程度，提高果品质量。

【森林资源管理】 一是完善森林防火组织机构，加强森林防火基础工作。各区县积极推进森林防火组织机构的建立，嘉定、金山、青浦、奉贤等区分别成立了森林防火指挥部，森林防火组织机构得到进一步完善。强化重点时段森林防火工作，分别在春季和秋季森林防火期组织召开两次市森林防火指挥部工作会议。二是落实保护发展森林资源目标责任制，严格林地管护和征占用管理。2013 年，首次组织开展了本市保护发展森林资源目标责任制考核，进一步增强区县、乡镇政府森林资源保护意识。三是落实新一轮林业三年政策，推进年度计划实施。配合市发改委、市投资咨询公司完成林业三防体系规划评估工作，并印发至各区县林业主管部门、市发改委。会同相关部门进一步细化了三防规划年度建设项目计划，制定并印发了项目实施管理办法。推进林业保险工作，圆满完成年度计划。四是加强乡镇林业队伍建设。根据市农委、市林业局、市编办、市人保局、市财政局等五部门联合下发的《关于进一步加强本市基层农业(林业)公共服务队伍建设的意见》，制定并印发《上海市林业局关于加强乡镇林业队伍建设的实施意见》,并于5月份召开专题工作会议,全面部署加强乡镇林业工作机构与队伍建设工作。五是推进林地综合利用。积极探索合理开放和利用郊区生态林地资源,结合佘山国家森林公园20周年庆祝活动组织,开展了本市首届森林公园建设和森林旅游发展论坛,探讨和交流本市林地资源综合利用的途径、方法。六是开展林木管理权属及经营状况调研。会同市委研究室赴本市郊区县开展调研,通过召开座谈会和实地调研,深入分析当前本市林地、林木管理经营现状,研究探讨林地、林木的确权问题,形成了专题调研报告,为保护利用林地资源打好基础。

**【经济林生产】** 截至2013年年底,上海市现有果树面积31.2万亩,其中投产面积29万亩,占总面积的92.9%,新增面积0.8万亩;果树的四大主裁树种仍然是柑橘、桃、葡萄、梨,共29.4万亩,占果树总面积的94.1%;全年果树总产量为36.9万吨,总产值为23.5亿元。"双增双减"实施面积累计48.5万亩次、套袋实施面积12.4万亩,全市购买有机肥13.99万吨,实施面积27.42万亩,推广无公害农药59种,约398.5吨,实施面积21.1万亩,2013年项目实施及政策宣传到位,推广面积和补贴资金为历年最高。2013年柑橘产业有新的突破。柑橘是本市面积最大的果树,也是效益最差的果树,为了帮助橘农走出困境,引导农民走精品道路,市林业部门与崇明县农委共同筹建"崇明蜜桔"品牌,通过崇明绿联会门店、网络等途径,11月份销售蜜桔近4万千克,平均价格达到7.4元/千克,为品牌化经营树立典范。

**【森林旅游】** 全市森林公园全年接待游客475.2万人次,同比增长0.25%,实现收入11457.03万元,同比增长8.2%,旅游直接收入7225.4万元,同比减少0.91%,其中门票收入为5138.38万元,同比增长3.9%。森林公园旅游产业发展势头良好,为广大市民提供丰富的精神物质文化生活,带动相关产业发展,森林旅游效益凸显。郊区林业旅游发展迅速,"南汇桃花节""马陆葡萄文化节""仓桥梨科技文化节""上海柑橘节""金山蟠桃节""奉贤黄桃节"等以果树为主题的旅游节庆已经深入人心、日趋完善,推动了上海果树产业和郊区旅游业的发展。

**【野生动物】** 2013年上海市共发生野生动植物及自然保护区保护管理行政许可1404项,其中野生动植物及其制品进出口类1241项,涉及野生动植物种70种,贸易合同金额5.92亿元,主要用于皮具等商业目的;经营利用类144项,共涉及野生动物61种,合同贸易金额超过1.72亿元,主要用于动物交换引种、中医药、新药实验等;驯养繁殖类16项,涉及物种14种;外国人进入自然保护区类1项;猎捕类2项。以上许可,共涉及植物产品约8130千克,木材类17万千克和4648立方米,活体植物3753.1万株;共涉及活体动物30371只(头)(含龟鳖类26000只),死体动物标本(皮张)近8000具(张),动物产品近5.75万千克,动物血液制品1300管和约5700毫升。合同贸易金额近7.65亿元。 (刘亚文)

# 江苏省林业产业

【概　述】 2013年，江苏省认真贯彻落实中央和省委、省政府关于生态文明建设的决策部署，充分发挥林业在生态建设和环境保护中的重要作用，以邓小平理论、“三个代表”重要思想、科学发展观为指导，把生态文明建设作为实现“两个率先”的标杆，以率先建成全国生态文明建设示范区为总目标，以改善生态、改善民生为总任务，深入实施以生态建设为主的林业发展战略，牢牢掌握生态建设和产业建设两个重点，抓住机遇，开拓创新，林业建设取得了显著成绩：生态建设成绩斐然，森林资源质量有所改善，林业产业持续健康快速向前发展。

**营造林情况** 2013年全省完成成片造林65258公顷，完成有林地造林1201公顷，完成更新造林1948公顷，完成四旁植树1.06亿株，地产低效林改造332公顷，未成林抚育作业面积80419公顷次，中幼龄林抚育40000公顷，林木种子采集量3889吨，当年苗木产量54.4亿株，育苗面积121292公顷。

成片造林分析如下。

①按工程类型分：江河湖海防护林工程27003.5公顷，占39.5%；绿色通道14934.8公顷，占21.6%；丘陵岗地植被恢复工程6222.8公顷，占9.0%；城郊森林9746.3公顷，占14.1%；杨树产业工程1758.6公顷，占2.5%；优势特色经济林工程9389.0公顷，占13.6%；竹产业工程14.0公顷。

②按造林地类型分：宜林荒山荒地造林44825.0公顷，占64.9%；四沿地造林11692.6公顷，占16.9%；采伐迹地1952.6公顷，占2.8%；低产林改造地332.3公顷，占0.5%；其他10266.6公顷，占14.9%。

③按主要造林树种分：全省杨树造林12790.2公顷，占18.5%；杂阔等树种39081.4公顷，占56.6%；针叶树种664.6公顷，占1.0%；经济树种15092.8公顷，占21.9%；其他树种1440.0公顷，占2.1%。

④按权属分：国有造林面积6178.7公顷，占8.9%；集体造林面积30914.0公顷，占44.8%；民营造林面积4353.8公顷，占6.3%；个人造林面积26903.6公顷，占39.0%；其他造林718.9公顷，占1.0%。

**林业产业发展** 2013林业统计年报显示，全省实现林业总产值3609亿元，比2012年增长16%。其中第一产业产值889亿元，第二产业产值2347亿元，第三产业产值373亿元，三产产值比例24：65：11。第一产业中，林木育种和育苗产值110亿元，造林和更新72亿元，森林经营和管护114亿元，木材和竹材采运23亿元，经济林产品的种植和采集340亿元，花卉及其他观赏植物种植186亿元，陆生野生动物繁育利用6亿元，林业生产服务5亿元。第二产业中，木材加工和制造产值1446亿元，木竹家具制造69亿元，木竹浆造纸和纸制品363亿元，林产化学产品制造64亿元，木质工艺品和木质文教体育用品制造35亿元，非木质林产品加工制造178亿元，其他8亿元。第三产业中，林业旅游与休闲服务211亿元，林业生态服务66亿元，林业专业技术服务30亿元，林业公共管理及其他组织服务49亿元。

木材产量144万立方米，其中直接用原木60万立方米，加工用材63万立方米，造纸用材5万立方米，其他16万立方米。竹材产量409万根，其中毛竹387万根，其他22万根，小杂竹2.3万根。

主要经济林产品产量中，各类经济林产品总量272万吨，其中水果248万吨，干果16万吨，林产饮料产品7659吨，林产调料产品150吨，森林食品2.8万吨，木本药材4.8万吨，木本油料62吨，林产工业原料3吨。

主要木竹加工产品产量中，锯材产量209万立方米，木片98万立方米，人造板4464万立方米(其中胶合板2780万立方米，纤维板937万立方米，刨花板270万立方米)，其他加工材1.5万立方米。木竹地板1.5亿平方米，其中实木地板687万平方米，实木复合地板3175万平方米，强化木地板(浸渍纸层压木质地板)1033平方米，竹地板1000万平方米，其他木地板(软木地板、集成材地板)291万平方米。

林业旅游与休闲产业发展情况，全省林业旅游与休闲产业合计参观8729万人次，人均花费242元，直接带动的其他产业产值1620亿元。其中林业旅游8203万人次，人均花费235元，直接带动的其他产业产值1599亿元。

林业产业已经成为江苏省农村经济结构调整和社会主义新农村建设的重要内容，成为部分地区地方增税、农业增效、农民增收、大地增绿的重要途径，成为绿色江苏建设的重要动力，增收作用日趋显著。仅全省木材加工企业年收购消耗省内枝桠材一项，即可帮助农民增收10亿元以上。

林业投资完成情况 2013年，江苏省累计完成投资126亿元，其中生态建设与保护97.3亿元，林业支撑与保障8.9亿元，林业产业发展17亿元，林业民生工程1.1亿元。生态建设与保护资金中，造林83.1亿元，更新1.8亿元，森林抚育3.4亿元，野生动植物保护与自然保护区9552万元，湿地恢复与保护5.3亿元，森林生态效益补偿1.7亿元；林业科技支撑中，林木种苗6亿元，森林防火与森林公安1.6亿元，林业有害生物防治8000万元，科技教育897万元，林业信息化536万元。林业产业发展中，工业原料林9290万元，特色经济林3.3亿元，木本油料1260万元，花卉4.1亿元，林下经济8.7亿元；民生工程中，危旧房改造7092万元，社会性基础设施3982万元。(王晓南)

# 浙江省林业产业

【概　述】　浙江省是一个"七山一水两分田"的省份，森林覆盖率达60.82%，林区县占了近60%，森林生态资源丰富，林业产业特色明显。近年来，浙江省各级林业部门积极深化林业改革，努力将生态优势转化为经济优势，将产业优势转化为富民优势，进一步挖掘林业增收潜力。

2013年，浙江省林业产业克服了高温干旱等极端自然灾害带来的影响，继续保持较快增长势头，林业经济效益显著增加，农民林业收入持续快速增长。据统计，2013年全省农村居民人均林业纯收入2937元，比2012年增加371元，增长14.5%，人均林业纯收入占农村居民人均纯收入的17%，林业对农民增收的贡献率达22.2%。

从统计分析看，林业对重点山区、林区农民增收的贡献尤为突出，这些地区农民增收的一半以上来自于林业。如杭州市农村居民人均林业纯收入5603元，比2012年增加558元，增长11%，人均林业纯收入占农村居民人均纯收入的28%，林业增收对农民收入增长的贡献率达22%。淳安、临安、安吉、开化、遂昌、松阳、庆元、景宁、龙泉等重点林区县的人均林业纯收入达6872元，同比增长12.5%，占农民人均纯收入的53%；农村居民人均林业纯收入增加765元，占农民人均增加纯收入的50.4%。从收入结构分析，全省农村居民人均林业总收入中，工资性收入902元，家庭经营性收入2113元，从事森林旅游经营收入和务工收入216元，资源流转收入15元，转移性收入34元，其他收入103元。

浙江省农民林业收入增长主要得益于各级党委政府的强林惠民政策，得益于现代林业园区基础设施条件的改善，得益于林业先进实用技术的推广，得益于林产品市场营销的拓展等。全省农民林业收入增长主要靠以下4个方面拉动。

①各级政府的强林惠民政策推动。山区农民增收致富难，而林业是山区林农增收的生力军和主力军，林农致富林业部门责无旁贷，各级政府和林业主管部门始终把保护生态和林农增收作为工作的出发点和落脚点，积极探寻林农增收之道，提出了一系列强林惠农政策、措施、方法，如实施林权抵押贷款政策，截至2013年年底，全省林权抵押贷款累计总额达到145亿元；实现生态公益林补偿制度，2013年一年内两度提高省级以上生态公益林补偿标准，从每亩每年19元提高到了每亩每年25元，是全国省级公益林补偿最高标准；出台林木保险政策，开展林木采伐改革试点；实施竹产业生产发展和油茶(干果)生产发展等重点项目。这些政策措施的落实，极大地增加了农民特别是欠发达地区林农的收入。

②建立现代林业园区，加强基础设施建设，林区生产经营条件改善明显。随着林业现代化的不断推进，高标准林区道路、林业灌溉等林业基础设施的建成，改善了林区的生产经营条件，提高了整体经营水平，增强了林产品抵御自然灾害能力，确保林农减本增收，提高林农资源性收入。

③林业先进实用技术推广。近年来，通过林业科技人员的不断努力，大力推广先进实用技术，使浙江省林业产业得以迅猛发展。如香榧高效生态栽培、铁皮石斛原生态栽培、竹林覆盖、林农复合经营等林业先进适用技术的集成和一大批林业科研成果的推广与应用，加快了林业产业转型升级步伐，做到林地产出率、资源利用率、劳动生产率三提高，使林地发挥出更大的效益，实现林地增效林农增收。在林业改革发展过程中，浙江省始终把林业科技工作摆在突出位置，作为基础性工作来抓。在开展支撑民生林业生态林业关键技术研究和攻关的同时，建立了责任林技推广制度和科技特派员制度，建设了一大批林业科技创新与服务平台、省级重点科技创新团队，科技成果转化率和贡献率双双达到60%。

④拓展市场。浙江以市场为核心元素，强化

平台建设，调整产业结构，深化产品的开发和利用，完善产业链的衔接，避免同类林产品产能过剩销路停滞。并积极搭建商贸平台，拓展森林产品市场，如"浙江笋竹产品齐鲁行"活动、"中国义乌国际森林产品博览会"和花木节等精品活动的做大做强拓宽了全省各式林产品销售渠道。此外，通过搭建文化交流平台，举办中国城市森林论坛、森林旅游节等活动。在凝聚社会各界"关注森林"发展合力的同时，赋予林产品更多的文化内涵。

**【浙江笋竹产品齐鲁行】** 2013 年 3 月 29 日至 30 日，在山东济南举办"浙江笋竹产品齐鲁行"活动。浙江和山东两省相关部门领导、山东省浙江商会、山东省烹饪协会负责人及客商 300 多人参加了本次活动。浙江省 60 多家笋竹加工企业和山东 100 多家超市商场、宾馆餐饮、食品和建材市场等相关企业的采购商和经销商利用本次活动的平台进行了相互间的交流和接洽，部分企业达成了初步合作意向。通过了这次活动，宣传了浙江省最具优势的健康低碳的笋竹产品，实现了南北对接、互利共赢，进一步扩拓展浙江笋竹产品的北方市场。

**【第 6 届义乌国际森林博览会获得圆满成功】** 第 6 届义乌森林博览会无论展会规格、展会规模、产品结构、采购商数量、展会成交额以及影响力均位居全国同类展会前列。展会共设国际标准展位 3300 个，有来自 25 个国家和地区的 1313 家企业参展。据森博会组委会统计，第 6 届森博会境内外客商参会踊跃，本届展会实现成交额 46.5 亿元，同比增长 9.98%。其中，外贸成交额 22.55 亿元，占总成交额的 48.5%，同比增长 4.69%，实现了逆势增长。这届展会在经贸性和国际化程度方面都有较大提升。共有 24 个国家和地区派企业参展，包括美国、加拿大、韩国、马来西亚、印度尼西亚、中国台湾等，境外展位数达 661 个，占 20%。展会共有来自 73 个国家(地区)的 45.6 万人次采购商、参观者到会参观采购。参会国内外采购团队 38 个，其中境外团队 16 个。森博会继续发挥两岸农林业交流合作平台的重要作用。2013 年台湾企业参展积极性高涨，参展企业 200 余家，安排展位 464 个。岛内本土企业参展比例大幅提高。这届森博会举办了许多高层次配套活动，在我国林业产业发展中进一步夯实了引领地位。展会期间举办了中国创意林业产品大赛、中国木(竹)雕展优秀作品及金雕手评选活动等 10 多项创新活动，举行了 20 多场林产品推介会、发布会。为顺应电子商务发展潮流，森博会期间，电子商务、微信、微博等新技术、新媒体得到广泛运用，开创了信息技术提升林业展会的新阶段。

**【森林旅游节】** 2013 年 4 月 1 日，2013 中国(温州)森林旅游节在温州市永嘉县楠溪江畔隆重开幕，国家林业局总工程师陈凤学在开幕式上致辞并宣布开幕，省人大常委会副主任程渭山出席并讲话，省政协副主席陈艳华、省林业厅厅长林云举、国家林业局森林公园保护与发展中心主任杨连清等领导出席开幕活动，32 个"中国长寿之乡"代表、海内外百余位客商、全国近百家媒体、全国养生与长寿永嘉高峰论坛嘉宾、"中医与养生"永嘉高峰论坛嘉宾以及众多国内外友人共襄盛会。此外，本届森林旅游节还推出五大系列活动，共计有 15 项子活动，在温州大罗山、三垟湿地、瓯海泽雅、永嘉楠溪江、洞头等地还将举办首届中国温州山地户外国际挑战赛。

**【中国(东阳)木雕竹编工艺美术博览会】** 东阳以"木雕竹编之乡"扬名天下。东阳木雕为全国四大木雕之一，是首批国家级非物质文化遗产保护项目。中国(东阳)木雕竹编工艺美术博览会以其规模大、档次高、参观人数多和逐年扩大的影响力，成为国内木制工艺品和木雕(红木)家具行业最大规模的年度盛会。2013 年 11 月 8 日，第八届中国(东阳)木雕竹编工艺美术博览会东阳中国木雕城隆重开幕。省人大常委会副主任程渭山出席并宣布东博会开幕。

第八届中国(东阳)木雕竹编工艺美术博览会由中国工艺美术学会、中国林业产业联合会、中国非物质文化遗产保护中心、中国轻工工艺品进出口商会、东阳市人民政府主办，中国工艺美术学会木雕艺术专业委员会、浙江省工艺美术行业协会、浙江省林业产业联合会、东阳中国木雕城承办，会期 5 天。博览会共设木雕、根雕、木雕红木家具、竹编竹雕、特色木制工艺品、古玩、字画等展区。北京、云南、海南、广东、广西、福建、江西、四川、上海、江苏、浙江、台湾等20多个木雕主产区的木雕竹编工艺品共组成36个展区931个标准展位。博览会除开幕式、优秀作品展评、2013金秋木雕文化魅力游等主要活动外，本届博览会还精心安排了几大特色活动：

首次引入木雕竹编专场拍卖会，敲响行业第一锤。为了充分提升工艺木雕和艺术木雕的水平，引领培育中国木雕艺术的收藏市场，大力发展中国木雕产业，本次展会特举办"精工善艺——百件木雕(竹编)大师作品展暨专场拍卖"活动。共征集到拍品113件，均出自浙江、江苏、福建等全国各省市的国家级工艺美术大师和中国木雕艺术大师之手，可谓精品荟萃，名家云集。

多个展区首次亮相，主题鲜明，特色十足。除稀有珍藏品展区、品牌木雕红木家具展区、中国木雕竹编艺术精品展区、东阳十大精品木雕红木家具展区、黄花梨展区等人气展区外，本次博览会还首次增设了金丝楠木家具精品展区、古玩展区、磐安展区等三大特色展区。

台湾魅力参展，少数民族(原住民)舞蹈传递宝岛风情。由台湾木雕协会、三义木雕协会、原住民木雕协会组成的木雕参展团带来了近60件作品。而在展示内容方面，更是新增了台湾少数民族(原住民)舞蹈表演。原汁原味的台湾少数民族风情舞蹈，和台湾木雕现场创作表演区、台湾木雕作品展区，一同构成了独具台湾元素和特色的"宝岛展区"。

行业论坛，汇聚前沿思想。为提升中国红木家具品牌价值，博览会举办"第三届中国木雕红木家具发展论坛"活动，探讨现代旅游木雕红木制品的现状及红木在现代木结构中的应用，并进行CITES公约宣传，进行国家标准《红木》修订起草小组第二次工作会议暨东阳红木企业座谈会。

启动中国大宗红木电子交易平台。华东林业产权交易所与中国林产工业协会和首批授权服务机构签署战略合作协议，共同构建符合我国红木行业特点的"公开、公平、公正"的电子交易平台。11月8日上午，"中国大宗红木现货电子交易平台启动仪式"在第八届中国东阳木雕竹编工艺美术博览会上隆重举行。平台启动后将集在线交易、在线结算、在线融资、物流管理等多项功能于一体的，为红木家具生产商、原木经销商、贸易商、终端用户提供现货电子交易、融资、信息及仓储物流等信息服务。该平台是我国红木行业首个综合性、多层次、多模式的交易平台。

由林产工业协会和华东林业产权交易所共同建设中国大宗红木现货电子交易平台，将有利于提升我国大宗红木现货交易在国际市场上的话语权、定价权，有利于规范行业发展，控制现货贸易中的风险，保障交易双方的利益，促进红木产业做大做强，同时也有利于降低交易成本，在更大范围内解决红木相关企业融资难问题，进一步完善红木产业金融服务，将有效形成资金流、信息流、物流三流合一，把民间资本、金融资本和林业产业高度有效融合，实现林业和金融业的双赢、共赢，帮助广大红木企业实现真正意义上的产业升级。

**【中国(长兴)花木大会】** 2013年10月27日，由中国绿化观赏苗木协会、浙江省林业厅、湖州市人民政府主办，浙江省花卉协会、湖州市林业局、长兴县人民政府承办的2013中国(长兴)花木大会在长兴泗安开幕。浙江省政协副主席吴晶宣布开幕，浙江省林业厅厅长林云举为中国长兴花木城揭牌，浙江省林业厅和浙江省花卉协会有关负责人，湖州市、长兴县等有关领导，以及来自上海、江苏等10余省市的200多家企业，500多名客商参加了开幕式。会上还举办了中国(长兴)花木城招商签约仪式和花木购销签约仪式，共签订购销总金额达2.7亿元。

长兴县有绿化苗木25.79万亩，是浙江省花卉苗木三大主产区之一，种植面积全省最大。全县苗木销售额达26亿元，苗木种植户户均年收入达3万多元。同时，全县建有苗木企业881家，具备三级以上市政园林绿化资质企业5家，销售网络覆盖江苏、上海、重庆和北京等多个省市。在长兴成功命名"中国花木之乡"的同时，泗安镇也成为长兴向外展示生态大县的重要名片。近年来，泗安镇凭借着得天独厚的交通、区位优势，大力发展苗木产业，完成林地面积近20万亩，森林覆盖率超过50%。香樟、广玉兰、红梅、桂花、红白玉兰、银杏、榉树、乌桕、朴树、无患子、黄山栾树、垂柳、红枫、红果冬青、鸡爪槭、红叶石楠、合欢、水杉、紫薇、三角枫等100多个绿化苗木品种在这里郁郁葱葱；红掌、凤梨、百合、杜鹃、熏衣草、向日葵等设施花卉和观赏花卉竞相灿烂。（浙江省林业厅产业办）

# 安徽省林业产业

【概　述】 2013年安徽省实现林业总产值2059.5亿元，比2012年增长28.7%，林业一、二、三产所占林业总产值的比重为31：55：14，产业结构更趋合理。宣城、宿州、六安、滁州4个市林业产值超200亿元，超20亿元的县(市、区)由2012年的25个增加到34个，砀山县成为全省第一个产值超100亿元的县(市、区)。

与其他省相比，安徽省林业特色产业突出表现在胶合板生产、林业旅游与休闲服务等产业上。其中胶合板产量居全国第四，林业旅游与休闲服务产值全国第七。从全省来看，人造板制造业占总产值的21%，其次是森林旅游业占总产值10%，林下经济、竹产业各占7%，4项产业占总产值的45%。

人造板业加快技术更新和产品转型，经过不断淘汰高耗低效产能，促进资源集约利用，大幅提高了木材综合利用率。2012年全省木材产量477.5万立方米，下降4%；2013年人造板产量达到1842万立方米，比2012年增长41%。

2013年在努力提升森林公园、湿地公园、自然保护区和森林人家旅游接待水平的同时，结合森林增长工程加快林旅、林景一体化等新型森林旅游建设，2013年全省森林旅游创造综合收入103.5亿元。

全省充分利用林地、林下空间资源，以林业龙头企业和林业专业合作组织为纽带，大力开展林药、林苗、林菌、林菜、林粮、林渔、林禽等林下种养。各类林业专业合作社开展的林下种植产能达35万多吨，林下养殖年产量达2137万只(头、箱)。2013年，全省林下经济面积发展到720万亩，从业人员达620万，人均增收超过600元。

2013年宁国市山核桃、板栗、毛竹元竹等五类林产业实现产值75.1亿元，农民人均林业收入6021元。霍山县仅竹业产值一项就达53亿元，全县农民人均纯收入中30%来自毛竹。

2013年安徽省省级林业产业化龙头企业已达691家，其中全省出口创汇企业达到145家(占691家省级林业龙头企业数量的21%)，产值超过105.3亿元，占省级林业龙头企业总产值的17.8%，占全省林业产值的5.1%。省级农民林业合作示范组织发展到156家。

【林下经济产业】 全省现有林下经济发展面积达720万亩，全省从事林下经济的农业人口620万人，2013年实现产值148.5亿元，发展林下经济促进农民人均增收600元。

**林下种植**　现有林下种植面积67.8万亩，主要发展模式有林药、林菌、林粮、林果和林茶模式等。

**林下养殖**　林下养殖数量现有1247.5万只(头、箱)，主要模式有林禽、林畜、林蜂和林蛙模式等。

**林产品采集加工**　现有发展模式主要：一是柳、竹编织。霍邱、阜南等皖北地区的柳编加工已形成产业集群，辐射带动了全省柳编织业的发展。广德、宁国、霍山、黄山等县(区)竹加工业已初具规模。二是竹笋采集加工。全省已形成以宁国、广德、霍山、黄山四大竹乡的竹笋加工集群。三是山野菜加工。皖西大别山及皖南山区的部分县以加工蕨类为主的山野菜已形成规模化发展。

**森林景观利用**　全省主要利用现有森林资源开展森林旅游，主要形式有：森林人家、农家乐经营等。

**市场营销**　全省林下经济发展市场良好，其中林下种植和林下养殖的产品大受市场欢迎，如中药材、高山蔬菜、黑毛猪、皖西大白鹅、高山茶叶、野生养殖可食用动物等，在国内市场供不应求，主要供应周边浙江、上海、江苏等经济发达省份。市场需求量较大，省内主要通过超市、分店经营。安徽省现有林下经济仓储企业7家，其中：林下种植5家、林下养殖2家。林下种植仓储量1.53万吨、年产值3600万元；林下养殖仓储量350万只(头)、年产值3700万元。

**林农合作组织**　现有农民林业合作社1710个，其中：林下种植合作社1290个、林下养殖合作社420个。现有农民林业合作社人数20.27万人，经营面积83.5万亩，林下种植年生产能力35.25万吨、林下养殖年生产能力2137万只(头、箱)。现有龙头企业59家，其中，林下种植龙头企业34家、林下养殖龙头企业25家，总人数为1.8万人。

**【木材经营加工企业】**　安徽省现有木材经营及加工企业7088家，省级龙头企业占213家，整体来看，木材加工企业规模不大，年产值超2亿的企业不足30家，超10亿元的企业仅4家。2013年人造板产量达到1842万立方米(胶合板1006万立方米、纤维板401万立方米、刨花板65万立方米、其他人造板277万立方米，数量占全国第四位)，产值432.5亿元，占全省林业总产值的21%，比2012年增长41%，木材产量477.5万立方米，比2012年下降4%。产品市场基本饱和。

随着市场经济环境和林业产业发展的变化，木材经营加工行业也面临一些矛盾和问题。

一是经济下滑，木材行业不景气。大部分木材加工企业负责人反映当下木材行业利润率低，多数企业已到勉强维持的程度。

二是加工企业有的重复上马、竞争激烈。安徽省木材加工经营企业每年新增和倒闭的数量分别达到10%。据调查，木材加工经营户凑齐一、二十万元，即可办起一个小型木材加工厂。这些小加工厂缺少规模，完全粗放式简单加工，不仅浪费了木材原料，而且影响规模性企业生产。

三是大部分木材加工企业科技含量低，整体水平不高。由于经济社会发展水平的限制，安徽省木材整体加工水平不高，大型龙头企业带动效应存在区域不平衡现象。

四是国家对木材加工业的政策扶持力度不够。现行林业贴息贷款政策中，对一产(造林基地)扶持力度大，对二产(加工)扶持力度很小。

**【森林旅游业】**　安徽省内开展森林旅游重点集中在森林公园领域。自1985年建立第一处森林公园以来，目前全省共批建72处森林公园，其中国家级森林公园31处，国家级森林公园的数量位居全国第八，总面积15.31万公顷，约占省国土面积1%。初步形成了以天柱山、琅琊山、天堂寨等森林公园为依托，以森林旅行社为载体，以森林旅游协会为纽带，集吃、住、行、游、购、娱配套发展的森林旅游业网络体系。十几处龙头森林公园，如马仁山、白鹭岛、皇藏峪等森林公园，已成为安徽省新兴的旅游胜地。2013年，天柱山国家森林公园等19家森林旅游景区被评为“安徽省森林旅游示范景区”称号，全省森林公园累计创社会综合旅游收入约204.4亿元。

安徽省内开展森林旅游的国有林场有肥东林场、全椒黄栗树林场、霍山马家河林场等，主要开展森林度假旅游以及农家乐休闲旅游。2013年，被授予安徽省“森林人家”称号的单位有287个，比较知名的有合肥丰乐生态园、滁州来安白鹭岛森林公园国际度假村、宁国恩龙世界木屋村等，森林人家集休闲度假餐饮等为一体，丰富了森林旅游的形式。

**【林业产业化龙头企业发展情况】**　安徽省林业产业化龙头企业从第三批的424家发展到第四批的691家，数量、规模等均有较大增长，但还普遍存在规模偏小、产品单一、市场竞争力不强的特点。截至2012年年底，龙头企业年产值超过10亿元的仅有2家，分别是安徽庆发柳编集团有限公司13亿元和宁国市双丰农特产贸易有限公司19.2亿元；年产值在5~10亿元之间的龙头企业仅有3家；年产值在1~5亿元的林业龙头企业有147家，所占比重为21.27%；年产值在1亿元以下的龙头企业最多，有539家，所占比重为78%。由此可以看出，99%的龙头企业年产值均在5亿元以下，林业产业需要加快发展。

到2013年年底，第四批省级林业产业化龙头企业年产值超过10亿元的达5家，即庆发柳编33.5亿元、华安达柳编19.5亿元、龙华竹业13.8亿元、博亚竹木12.0亿元、华泰纸业11.8亿元。

**表1　第四批省级林业产业化龙头企业发展规模概况**
（截至2012年底）

| 年产值 | 数量(个) | 占比(%) |
|---|---|---|
| 全省 | 691 | 100 |
| 10亿以上 | 2 | 0.29 |
| 5~10亿 | 3 | 0.43 |
| 1~5亿 | 147 | 21.27 |
| 1亿以下 | 539 | 78.00 |

**企业组织类型**　安徽省林业产业化龙头企业的组织机构类型包括独资企业、合作合伙企业、有限责任公司、股份有限公司、农民合作组织、家庭林场等，其中以有限责任公司为主要形式，共有634家，所占比重为91.75%；独资企业和农民合作组织也占有小部分比重，各有20家，所占比重均为2.89%；国有企业9家，所占比重为1.3%；其他类型的企业数量都很小，只有1、2家，所占比重不到1%。

**表2　第四批省级林业产业化龙头企业组织类型概况**

| 组织类型 | 龙头企业数目（个） | 占比（%） |
|---|---|---|
| 全省 | 691 | 100 |
| 独资企业 | 20 | 2.89 |
| 合作合伙企业 | 2 | 0.29 |
| 有限责任公司 | 634 | 91.75 |
| 股份有限公司 | 3 | 0.43 |
| 农民合作组织 | 20 | 2.89 |
| 国有企业 | 9 | 1.3 |
| 全民所有制企业 | 2 | 0.29 |
| 事业法人 | 1 | 0.14 |

**企业在一、二、三产业分布情况**　从第四批省级林业产业化龙头企业在一、二、三产分布来看，涉林第一产业包括林木培育、林业种植等，例如育种和育苗、木材和竹材的采运、花卉种植、陆生野生动物繁育与利用、经济林产品的种植与采集、竹产业、油茶产业等，它是林业产业的主要组成部分，对增加农民收入、巩固生态建设成果以及加快林业产业结构调整有着重要作用，有425家、占61.51%，远远超过涉林第二和第三产业；涉林第二产业主要是涉林产品制造业，包括木材加工和人造板等，也是林业产业的重要组成部分，有237家、占34.3%；涉林第三产业包括森林、湿地旅游与林产品贸易、休闲服务等，虽然只有39家、仅占5.64%，但由于极具发展潜力，近几年呈快速发展趋势。

**表3　第四批省级林业产业化龙头企业在三产业的分布情况**

| 企业类型 | 数量（个） | 占全省的比重（%） |
|---|---|---|
| 全省 | 691 | 100 |
| 第一产业 | 425 | 61.51 |
| 第二产业 | 237 | 34.30 |
| 第三产业 | 39 | 5.64 |

**企业在全省的分布情况**　从第四批省级林业产业化龙头企业在全省分布来看，基本可以划分为四类：第一类为在全省所占的比重超过10%的区域，包括安庆市、六安市和宣城市，所占比重分别为17.95%、14.18和13.6%；第二类为在全省所占的比重介于5%~10%之间的区域，包括合肥市、黄山市、宿州市和广德县，所占比重分别为8.54%、8.54%、5.64%和5.35%；第三类为在全省所占的比重介于1%~5%之间的区域，包括蚌埠市、亳州市、池州市、滁州市、阜阳市、铜陵市和芜湖市，所占比重分别为3.76%、1.59%、4.92%、1.59%、4.49%、2.03%和4.92%；最后一类为在全省所占的比重低于1%的区域，包括淮北市、淮南市、马鞍山市、宿松县和省直，所占比重分别为0.72%、0.87%、0.87%、0.29%和0.14%。因此，企业在地理分布上，南部和西部地区数量较多，而北部和东部地区数量较少，这可能是因为自然资源差异、地理位置不同、经济发展的不均衡导致的。

**表4　第四批省级林业产业化龙头企业在全省的分布情况**

| 名称 | 龙头企业数量（个） | 占全省的比重（%） |
|---|---|---|
| 全省 | 691 | 100 |
| 宣城市 | 124 | 17.95 |
| 安庆市 | 98 | 14.18 |
| 六安市 | 94 | 13.60 |
| 黄山市 | 59 | 8.54 |
| 合肥市 | 59 | 8.54 |
| 宿州市 | 39 | 5.64 |
| 广德县 | 37 | 5.35 |
| 芜湖市 | 34 | 4.92 |
| 池州市 | 34 | 4.92 |
| 阜阳市 | 31 | 4.49 |

| 名称 | 龙头企业数量（个） | 占全省的比重（%） |
|---|---|---|
| 蚌埠市 | 26 | 3.76 |
| 铜陵市 | 14 | 2.03 |
| 滁州市 | 11 | 1.59 |
| 亳州市 | 11 | 1.59 |
| 马鞍山市 | 6 | 0.87 |
| 淮南市 | 6 | 0.87 |
| 淮北市 | 5 | 0.72 |
| 宿松县 | 2 | 0.29 |
| 省直 | 1 | 0.14 |

**第四批龙头企业与第三批龙头企业相比较的增长情况** 与第三批林业产业化龙头企业相比，第四批龙头企业数量有了大幅度上升，从424家增加到691家，增长了约63%。从各市县来看，安庆市、蚌埠市增长比例最高，分别为127.73%和136.36%，均超过100%；亳州市、阜阳市、合肥市、黄山市、六安市、宿州市、宣城市增长比例较高，均在50%以上，尤其阜阳市、合肥市和宣城市，增长比例基本在80%以上；池州市、广德县、淮北市、淮南市、铜陵市、芜湖市增长比例较低，基本在15%~25%之间；滁州市和宿松县出现了负增长，龙头企业数量减少，这是因为部分企业在新一批评审时不符合申报条件，未保持此项称号。

**表5 第四批省级林业产业化龙头企业数量增长情况**

| 名称 | 第三批 | 第四批 | 增加量（个） | 增幅（%） |
|---|---|---|---|---|
| 全省 | 424 | 691 | 267 | 62.97 |
| 安庆市 | 43 | 98 | 55 | 127.73 |
| 宣城市 | 69 | 124 | 55 | 79.71 |
| 六安市 | 59 | 94 | 35 | 59.32 |
| 合肥市 | 30 | 59 | 29 | 96.67 |
| 黄山市 | 34 | 59 | 25 | 73.53 |
| 蚌埠市 | 11 | 26 | 15 | 136.36 |
| 宿州市 | 24 | 39 | 15 | 62.50 |
| 阜阳市 | 17 | 31 | 14 | 82.35 |
| 广德县 | 29 | 37 | 8 | 27.59 |
| 池州市 | 28 | 34 | 6 | 21.43 |
| 芜湖市 | 29 | 34 | 5 | 17.24 |
| 亳州市 | 7 | 11 | 4 | 57.14 |
| 铜陵市 | 12 | 14 | 2 | 16.67 |
| 淮北市 | 4 | 5 | 1 | 25.00 |
| 淮南市 | 5 | 6 | 1 | 20.00 |
| 马鞍山市 | 6 | 6 | 0 | 0 |
| 省直 | 1 | 1 | 0 | 0 |
| 宿松县 | 3 | 2 | -1 | -33.33 |
| 滁州市 | 13 | 11 | -2 | -15.38 |

**企业海外投资及出口情况** 据悉，2013全省林业出口创汇企业达到145家(占691家省级林业龙头企业数量的21%)，年创汇超过105.3亿元，占2013年省级林业龙头企业总产值(590亿元)的17.85%。林业产业化龙头企业的产品国际市场还有待进一步开拓。

**【安徽林业产业快速发展决策与措施】**

**政策引航** ①国家政策。2003年6月，中共中央、国务院出台《关于加快林业发展的决定》；2006年11月，国家林业局会同财政部、发改委、农业部、税务总局联合印发了《关于发展生物能源和生物化工财税扶持政策的实施意见》；2007年9月，国家发改委、财政部、商务部、国家税务总局、中国银行业监督管理委员会、中国证券监督管理委员会联合发出通知，印发《林业产业政策要点》；2007年10月，党的十七大报告提出建设“生态文明”；2008年6月，中共中央、国务院出台《关于全面推进集体林权制度改革的决定》；2009年8月，国家林业局印发《关于促进农民林业专业合作社发展的指导意见》；2009年10月，财政部、国家林业局印发《林业贷款中央财政贴息资金管理办法》；2010年，中央一号文件《中共中央国务院关于加大统筹城乡发展力度进一步夯实农业农村发展基础的若干意见》明确提出，要“扶持林业产业发展，促进林农增收致富”，这是“扶持林业产业”首次被写进中央一号文件，发展林业产业已成为拉动国内需求的战略举措；2011年10月，国家林业局印发《林业发展“十二五”规划》。2012年7月，国务院办公厅发布《关于加快林下经济发展的意见》；2012年11月，党的十八大“把生态文明建设放在突出地位，融入经济建设、政治建设、文化建设、社会建设各方面和全过程，努力建设美丽中国，实现中华民族永续发展。”等。这些英明政策，对加快林业产业经济发展起到了方向标和引航作用。

②安徽政策。依据国家政策，中共安徽省委、安徽省人民政府相应制定了《关于贯彻〈中共中央、国务院关于加快林业发展的决定〉的实施意见》《关于全面推进集体林权制度改革的意见》《关于加快林业改革发展的若干意见》；安徽省人民政府办公厅相继出台了《关于加快杨树产业发展的意见》《关于加快竹子产业发展的意见》《关于加快油茶产业发展的意见》《关于加快林下经济发展的实施意见》；安徽省林业厅先后实施了"森林质量提升行动计划""生态产业、绿色富民"林业产业经济发展行动、"千万亩森林增长工程"等。特别是2011年10月安徽第九次党代会提出打造"三个强省（经济强省、文化强省、生态强省）"、建设"美好安徽"，更为安徽林业和生态产业经济发展指明了道路，促进了安徽林业产业经济快速发展。

**投入加大** ①不断增加林业重点工程和基础设施建设资金。中央林业投入不断增加，林业公共财政支持制度初步建立，林业金融扶持政策取得重大突破，各项资金的落实对千万亩森林工程建设、林业重点工程建设、退耕还林工程专项的开展、森林质量提升项目的实施等提供了强有力的基础保障。

②合理增加从业人员和劳动报酬。2013年安徽林业系统在册职工25656人，在岗职工年平均工资同比增长18.88%；离退休人员年生活费同比增长15.54%，林业系统人员待遇有了进一步的提升，对于林业人才的引进、促进林业产业转型升级、加速林业事业发展具有不可忽视的作用。

③继续加大产业经济发展扶持力度。在资金、信贷扶持方面，2013年安徽林业项目贴息贷款余额30亿元，其中当年新增林业项目贴息贷款23亿元，中央和省两级财政对林业项目贷款专项贴息资金达9000万元；省财政支持农民林业专业合作组织专项资金500万元。在加大资金扶持的同时，全省林业系统积极争取实行优惠的税费政策，鼓励各类经济实体建立多层次、专业化的林产品交易市场，积极开拓各种融资渠道，开发满足林业生产经营特点的金融产品，推行林权抵押贷款、联户联保贷款等做法，探索新型的森林保险制度和林业信贷担保方式，为林业产业经济发展提供金融支持。

**强化绿色增长** ①巩固并加快林业产业资源基地建设。鼓励林业产业化龙头企业、农民林业专业合作组织和省内外客商等参与林业产业基地建设，巩固并扩大速生丰产原料林基地、特色经济林生产基地、苗木花卉生产基地和林木生物质可再生清洁能源原料林基地，加强对松树、杉树和其他阔叶树种的森林可持续经营管理，不断提高林地产出率和林业综合效益。

②不断培育壮大林业企业、推进集团化发展。重点培育和扶持国家级、省级林业产业化龙头企业、农民林业专业合作组织，引导建设一批能耗低、资源综合利用率高、科技含量高、附加值高、市场前景好、经济效益好、信用等级高的林业企业和项目，鼓励并支持企业实施名牌战略，采取有效措施确保安全生产及食品安全，培育出了424家省级林业产业化龙头企业。

开展绿色增长示范推广活动，注重示范企业在生产环节以及全过程中的绿色增长，引导和扶持林业企业加大对废家具和木竹类林区采伐、造材、加工剩余物及城市园林修剪剩余物的综合利用，加快竹材加工企业设备的开发和升级，积极鼓励林业企业走资源节约、环境友好型发展之路。

鼓励大型省级林业产业化龙头企业兼并、联营周边或跨地区的"小微"企业、农民林业专业合作组织和农户等，组建林业产业集团，持续推动当地林业主管部门牵头组建林业产业协会（联合会），整合政策和人力、财力、营销网络、名牌等资源，促进当地林业产业做大做优做名做强，形成了龙华竹业、庆发柳编、东盾木业、恩龙林业、詹氏山核桃、徽一庄与古雷池生态园、君德信彩化苗木、永椿苗木等一系列代表企业。

③大力发展林业第三产业与林农复合经营。大力推进以森林旅游、森林人家、生态休闲为主的林业第三产业的发展，形成了禾泉农庄、披云山庄、怡龙生态园、嬉子湖、马仁森林公园、江南林业产权交易中心为代表的第三产业龙头企业；加大对生态旅游的规划指导、合理布局和系统开发，满足人们多层次、多样化的休闲娱乐需求；着力改善和提高林业技术服务水平；加快推进林

业社会化服务体系建设，加快林业资产评估和金融服务业发展。

充分利用各类林业产业基地的林地、林下空间资源，结合当地实际和市场优势，大力推进林药、林花、林菌、林菜、林粮、林渔、林养等特色复合经营模式，推进林下种养殖业发展，增加林地收益，实现以霍山石斛、汉东养殖、天野特种养殖、向荣特色养殖、绿洲禽业、肥西老母鸡等省级农民林业专业合作组织为代表的以短养长、林农渔畜高效复合经营模式。

全力支持和积极推进林业专业合作社组织、协会建设，加强示范社建设，规范行业管理，充分挖掘和发挥林业经济组织的桥梁纽带作用，提高林农及林企的市场应对能力；规范行业管理，加强行业自律，畅通信息传递，增强林农和企业应对市场竞争的能力和水平。

**抓好产业服务**　一是加强各级林业部门产业管理能力建设。切实加强宏观引导和调控，建立和完善各级林业部门产业管理机构，强化产业指导职能，为林业产业健康发展提供统筹规划、政策制定、科学指导和全面服务。二是充分发挥行业协会的作用。充分发挥林业产业协会在林业产业发展、技术进步、标准制订、贸易促进、行业准入和公共服务等方面的桥梁纽带作用。三是积极拓展林业对外合作领域。鼓励各龙头企业“请进来”“走出去”，加强国际经济合作，实行标准化生产、坚持质量管理、打造著名品牌、实现电子商务营销，增强国际市场竞争力。

各级林业部门强化监管与服务意识，帮助企业化解风险，做好政策、融资、品牌、标准、质量、安全和经济运行的指导工作，整理林业产业政策、各地好的做法和经验供企业参考。

**建立与完善政策保障机制**　一是实行林业产业发展财政扶持政策。中央预算内投资主要用于木本油料、特色经济林基地、国家木材战略储备生产基地建设。省级财政专项主要用于油茶等木本油料基地、竹子和杨树产业的发展，并专项扶持农民林业专业合作组织发展，争取实施林下经济省级财政专项补助政策。对林业产业化龙头企业继续实行贷款贴息制度，逐年加大贷款贴息规模。二是实行林业产业发展金融支持政策。拓宽林业产业发展融资渠道，大力推进林权抵押贷款，对林业产业发展实行长期限、低利息、灵活便捷的信贷扶持政策，加大林业贷款的省级财政贴息比例，省财政贴息重点支持林农小额贷款、林权抵押贷款。建立覆盖全省的政策性森林保险制度。采取担保、贴息等方式，支持木竹加工、森林旅游等特色林产业发展。积极利用国际金融组织和外国政府贷款发展林业产业，对符合条件的项目给予财政担保。三是实行切实减轻林农负担政策。逐步免征育林基金，实现林产品税费完全免征。

**强化技术支撑**　一是加强林业科学技术研究。加强林业绿色产业前沿技术研究，开辟林业科技研究新领域，引导林业新材料、新能源等战略新兴产业发展，着重对林业新材料、林业绿色能源、林业碳汇等绿色经济的研究。二是加强林业科技自主创新。支持以企业为主体，产学研结合，以行业发展共性技术和关键技术需求为导向，以提升产业技术创新能力为目标，实行优势互补、联合开发、利益共享、风险共担的林业产业技术创新战略联盟；扶持新兴产业发展需要的科学研究、技术开发、成果转化和中试、推广，鼓励以生物产业为主的高新技术产业的发展，促进企业科技创新、林业产业升级和林业产业经济增长方式转变。三是建立健全林业科技推广和服务体系。改善林业科技推广工作条件，加强基层林业科技推广人员技术培训，加强信息交流与服务，提高对林农与企业的技术服务能力与水平。

**【六安市林业产业】**　近年来，六安市林业产业呈现快速发展，经济实力和活力逐年增强的局面。到2013年底，全市林业年总产值增加到275.5亿元。增速为新中国成立以来最快，名列全省前列。木竹、经济林果、花卉苗木、森林旅游、木本药材和森林食品等产业发展壮大成林业支柱产业。年产值百万元以上的林业龙头企业已发展到250多家，其中亿元以上龙头企业13家，10亿元以上龙头企业3家。目前全市申报国家级林业重点龙头企业3家，已经批准为省级林业龙头企业94家，有189家市级林业龙头企业。全市已建成150多万亩工业原料林基地，210万亩经济林基地。林业产业链更加紧密，林产品市场进一步拓展，一批省级林业龙头企业已经发展成为出口创汇企业。

**林业产业发展主要做法** 林业产业发展要以科学发展观为指导，以不同类型森林资源的多目标培育，多效益开发，综合深度利用为目标，加快发展步伐，提高规模效益，为生态建设和社会主义新农村建设服务。近年来主要从六个方面着力抓好林业产业建设。

①用工业理念发展林业产业。发展林业产业要在林业资源综合开发，深度开发，规模开发上下功夫，提高资源的利用率，做到既节约资源又增进效益。

②用政府行为推进林业产业。政府及相关业务主管部门要制定好产业发展规划，引导产业有序发展，制定相关优惠政策促进发展，提供优质服务加快发展。

③用规模效益壮大林业产业。不同区域和不同类型的产业要根据自身的优势和特点，确定主导产业、发展特色产业，培育龙头产业，带动相关产业，形成产业集聚，这样才能提高林业产业的规模效益。

④用科技创新和环保手段实行清洁生产。要以森林资源的零废弃为目标，开展多层次深度加工利用，发展林业的循环经济。

⑤用林木的观赏、再生、多功能性等特性，发展生态型林业产业。各级应注重引导发展林木种苗花卉、林下种、养殖业、森林休闲度假、观光旅游等无厂房、无设备、无燃料、不冒烟、无资源消耗的绿色、多彩产业，既保护了生态环境，发展了林业产业，又能取得一定的经济效益。

⑥用丰产栽培技术建立原料基地，加快解决原材料不足的问题。一方面政府要制定扶持政策，鼓励林农和企业共同建设原料林基地，另一方面企业要加强与外地联系，引购原材料，缓解资源压力。

**林业产业发展存在问题及今后工作安排** 林业产业发展要以不同类型森林资源的多目标培育，多效益开发，综合深度利用为目标，加快发展步伐，提高规模效益。目前，从林业产业发展对市场、技术、资金、部门服务的需求和要求看，存在的主要问题：一是原材料严重不足，缺乏行业标准和产业政策方面的宏观引导；二是协作共赢严重不足，缺乏对市场主体尤其是广大农民的有效服务；示范辐射带动性不强；三是流动资金严重不足，林业贴息贷款难使用，缺乏对现有扶持政策的有效落实；四是非资源消耗型产业项目较少，缺乏对新兴产业、特色产业的必要的资金扶持或扶持较少；五是缺乏对生态效益和经济效益兼顾的林种树种、经营模式等方面的研究推广；科技研发人员少，创新少，技术含量低；六是缺乏对生态环保、森林旅游、苗木花卉、中药材、珍稀植物繁育产业发展的支持。

今后，在发展林业产业的过程中，一要着力培育富民产业。二要着力培育特色产业。三要着力培育新兴产业。林业新兴产业是朝阳产业，市场需求大，发展潜力大。四要着力培育龙头企业。培育龙头企业，是促进林业产业转型升级、做大做强的有效途径，也是提升林业企业国际竞争力的关键。五要着力完善扶持政策。客观上要求出台扶持政策，通过财政、金融、项目、税收等政策引导，促进林业产业优化升级，促进企业科技创新。工作的着力点一是充分挖掘林地生产潜力，大力培育或发展林下经济产业；二是积极推进科技攻关，推动林业产业创新和转型升级；三是积极推进银企合作，有效畅通融资渠道；四是坚持利用两种资源、两个市场，实施“走出去”的开放战略，鼓励和支持森林旅游等资源零消耗的生态环保产业；五是积极推进政府宏观调控与管理，切实优化产业发展环境；六是培育壮大产业协会，发挥行业自律作用。

到2015年产业发展计划是：

①木材产业。全市木材生产以建设工业原料林基地为重点，建立木材原料林150万亩，其中新建基地10万亩，培育基地140万亩。中北部地区要大力发展杨树产业，整合加工企业，扩建原料基地。林产工业本着统一规划、突出重点、改造和新建相结合的原则，合理布局人造板制造业，提高木材深加工水平，提高森林资源综合利用率。到2015年全市木材产业产值力争超过150亿元，其中杨树产业产值力争超过50亿元。

②竹产业。以龙华集团等竹加工企业为龙头，打造竹产业集群。在金寨、霍山、舒城和金安、裕安区的南部山区加快毛竹基地建设，低山向丘

陵的过渡地带大力发展元竹。加快竹林质量提升行动和现代高科技示范竹园的推广辐射，主攻笋竹两用林和笋用林基地建设。到2015年全市建成毛竹丰产林55万亩，元竹林15万亩，笋竹两用林10万亩，竹业总产值发展到80亿元以上。

③油茶产业。“十二五”是落实市委、市政府“打造百万亩基地，建设油茶产业强市”的关键时期。发展目标是，到2015年全市建成油茶高产示范林65万亩，年加工茶油3万吨，年综合产值达到20亿元以上。基地建设的任务是，新建高产示范林基地35万亩，改造低产林20万亩，巩固现有丰产林10万亩。围绕发展目标和建设任务，积极争取国家和省油茶专项投资，夯实种苗基础，主攻新建丰产林，突击低产林改造。加快企业技改和优质茶油生产，开发附产品，创建优质品牌，拓宽销售市场，努力增产增效。

④苗木花卉产业。苗木花卉产业是全面建设小康社会，打造生态六安的朝阳产业。规划以六安为中心，以“312”国道和合六叶、阜六等高速公路为产业带，向各县区辐射。到2015年，苗木花卉种植面积发展到5万亩，总产值突破20亿元。对接长三角和安徽省苗木花卉产业，积极发展优良乡土树种，为长三角地区定向建立特色苗木花卉基地。加强林木种质资源保护和开发，精心培育珍稀树种苗木资源。

⑤特色林业经济产业。在重点发展油茶产业的同时，以金寨、舒城为重点，以低产改造为经营方向，培育板栗精品产业；以金寨、霍山为重点，加快山核桃产业建设；以霍邱、寿县为重点，加快柳编产业发展；以山区半山区县区为重点，加快茶叶、桑树产业发展；以北部平原和中部丘陵为重点，加快桃、梨、杏、柿等水果产业建设。以木本中药材基地建设为重点，加快中药材产业发展。发展林下经济，加快森林食品开发。

⑥森林旅游产业。巩固发展已具规模的天堂寨、白马尖、万佛山、八公山、铜锣寨、东石笋等森林旅游景观，同时加大对其他新区的开发力度。加快景观景点建设，夯实旅游基础设施。注重游客吃住行等基本条件建设，加快旅游商品开发，加强森林旅游宣传。深化改革，理顺管理体制，加快森林公园建设步伐。到2015年，全市森林旅游年接待人数力争达到300万人次以上，年创森林旅游收入15亿元以上。

**【宿州市林业产业】** 2013年度，在省林业厅大力支持下，在国合产业处的具体指导下，宿州市林业系统认真贯彻党的十八大、十八届三中全会关于生态文明建设的新要求，落实全省千万亩森林增长工程总体部署，积极转变林业发展方式，调整发展思路，夯实发展举措，有力有序地推进林业三大产业提升，搞活林业经济。全市林业产业保持了稳中求进势头，总体运行平稳。现将2013全市林业产业化工作加以总结、报告。

**重点指标完成情况** 2013年全市共完成植树造林16.32万亩，其中成片造林10.79万亩，零星造林5.53万亩。全市森林覆盖率增至28.4%，林木绿化率增至31.89%，活立木总蓄积量增至1474.9万立方米。全年林业总产值达307.2亿元(含水果加工产值23.9亿元)，其中林业第一、二、三次产业产值分别为58.4亿元、245.3亿元和3.5亿元，占19%、79.9%和1.1%。除去水果加工产值，全年林业产值达283.3亿元，同比增长29%。

①林产工业产值。全市以木材加工和家具制造为主的林产工业实现产值221.3亿元(不含水果加工产值)，同比增长34%，占下达任务(200亿元)的110.7%。其中：埇桥区84亿元，砀山县61.8亿元，泗县35.8亿元，灵璧县19.2亿元，萧县19亿元，市开发区1.5亿元。

②龙头企业数量。全市林业产业化龙头企业涵盖木材加工、家具制造、荒山绿化、丰产林培育、绿化苗木培育、森林食品生产、林产品市场和森林公园等8类，市级以上林业龙头企业总数达56家，其中：砀山县16家，埇桥区16家，萧县9家，泗县8家，灵璧县4家，市开发区3家。省级林业产业化龙头企业39家，新增16家，其中：砀山县5家，萧县3家、埇桥区3家、灵璧县2家、泗县3家。

③规模以上林企数量和产值。全市规模以上(年产值2000万元以上)林业企业达140家(木材加工企业118家，家具制造企业22家)，其中：埇桥区44家，砀山县43家，泗县34家，灵璧县11

家，萧县8家。全市规模以上林业企业加工产值127亿元，其中：埇桥区50.9亿元，砀山县38.2亿元，泗县16.8亿元，灵璧县13.2亿元，萧县7.9亿元。

④年产值超亿元林企数量。全市年产值超亿元林业企业35家，其中林业产业化龙头企业中年产值超亿元企业23家，其中：砀山县10家，埇桥区8家，萧县3家、灵璧县2家。

⑤名优林产品牌数量。全市现有涉林品牌、优质商标、相关认证等49个(不完全统计)，其中：埇桥区24个，砀山县9个，泗县9个，萧县5个，灵璧县2个。

⑥林业贴息贷款项目。A. 全市申报2013年度贴息资金的林业贷款4992万元(当年新增申贷4002万元，往年申贷余额990万元)，落实贴息资金62.7万元(埇桥区和砀山县各新落实龙头企业工业原料林贴息贷款项目1个)；B. 全市申报2014年度林业龙头企业工业原料林贴息计划贷款总额5400万元，涉及8个项目，其中：埇桥区3个，灵璧县3个，砀山县2个；C. 新申报2014年度林农小额贴息贷款计划约83人，其中：泗县32人，灵璧县30人，砀山县15人，埇桥区6人。

⑦出口创汇额。全市共有6家林业企业规模化出口林产品，全年出口创汇7823万美元。主要出口林产品包括胶合板、橱柜、木地板。出口目的地包括欧洲、美国、中东、东南亚、非洲、韩国等地。

**主要工作** 2013年度，市及各县区林业局继续加大工作力度，创新工作机制，突出工作重点，相继开展多项重要活动，落实林业扶持政策，推进林业产业发展。主要有：

①帮助林业企业晋级。各地积极组织林业企业申报新一届省级林业产业化龙头企业，全市16家林业企业首次申报，各县区申报组织工作均较好。此外，埇桥区还积极帮助2家林业企业成功申报省级农业产业化龙头企业，推荐和指导多家林业龙头企业申报第二届中国林业产业突出贡献奖，2家企业获得通报表彰。

②申报林业贴息贷款。砀山县、灵璧县、埇桥区认真研究林业贴息贷款政策要求，积极组织和指导林业企业编报项目文本，申报贴息贷款项目争取贴息资金，并认真监管项目实施，确保财政贴息政策落实到位。

③开展林业企业帮扶活动。各地以规模以上林业企业为帮扶对象，开展了帮扶督导，帮助林业企业梳理生产经营中存在的突出问题，帮助制定应对措施，并协调有关部门加以解决。

④组织参展观摩涉林展会。萧县、埇桥区等县区分别组织林业企业和林业产业工作人员赴义乌观摩了第六届义乌森博会，开阔了发展视野，开展了交流合作。

⑤引导创树名优品牌。鼓励林业企业与工商等部门对接，引导注册产品商标，申报宿州名牌、省著名商标和国家驰名商标。不少企业积极注册商标、申报相关认证。埇桥区多家林业企业积极申报名优品牌，创建宿州名牌较多。

⑥开展调研和项目调度。多次赴林木产业园区、重点企业和专业合作社开展调研，结合产业工作季报、龙头企业运行季报和林产重点项目推进季报，了解情况、沟通信息、调度进度。重点调度在建项目——萧县麒翔年产20万立方米中高密度纤维板项目，协调金融、供电、国土等部门，解决项目单位融资及其他相关难题。积极与各商业银行、部分龙头企业和专业合作社负责人对接，研究金融支持林业的措施意见，落实了一批贷款资金。

⑦加大林产信息宣传。积极编写林业产业信息，借助中国绿色时报、省市林业信息网、拂晓报、市政府网、市林产工业协会网等媒介，宣传本市林业产业化工作动态、最新成就等，营造林业产业发展的良好氛围。共编写60余篇信息，其中：中国绿色时报刊载3篇；市委、市政府办公室采用11篇。

今后重点做好以下几项工作：一是扶持林业龙头企业发展，组织新一届市级林业产业化龙头企业申报，为申报省级林业产业化龙头企业、国家级林业重点龙头企业做足准备；二是认真实施林业贴息贷款项目，进一步扩大林业贴息贷款覆盖范围，确保发挥预期效益；三是继续开展林业企业调度帮扶活动，帮助林业企业解决实际困难；四是推动林业产业集群和林业专业合作组织发展，扩大产业集聚规模，提高合作化程度；五是引导林企升级产品，创树品牌，打造名牌产品，延伸产业链条；六是加强林产项目运行调度服务；七是组织林企和林产工作人员参加各类涉林展会、论坛、研讨会，进一步引资引智、扩大交流合作。

**【滁州市林业产业】** 全市森林面积453万亩，活立木蓄积量1610万立方米，森林覆盖率14.64%，林木绿化率22.88%。到2013年年底已发展林产品加工企业536家，培育苗木花卉19万多亩，打造了一批森林生态旅游目的地。2013年新增造林面积63.45万亩，占省计划56.12万亩的113.1%；新建义务植树基地130个，面积3.69万亩，完成义务植树1154万株；争取国家和省、市项目资金约2.6亿元，实现林业总产值204.07亿元；林业产值综合排名继续保持在全省第4名位次。

①上下一心，狠抓百万亩森林增长工程。2013年，全市的森林增长工程任务56万亩，任务之重历史没有，任务之急历史没有，投入之大历史没有，受到各类媒体和全社会的高度关注。各级党委政府高度重视，抢抓机遇不松手，顶住压力不动摇，上下一心，全力以赴，百万亩森林增长工程取得丰硕成果。全市新增造林63.45万亩，占省计划56.12万亩的113.1%。完成500亩以上集中连片特色林(园)48个，总面积4.36万亩。创建省级森林城镇9个，森林村庄46个，完成森林长廊示范路段新、扩建225.88千米，森林增长工程达到了首战告捷的目标。主要做法：

一是在五个结合上下功夫。即在工程实施过程中，注重顶层设计，不搞简单的植树造林，不搞简单的完成任务，坚持把森林增长工程与调整农业种植业结构、建设美好乡村相结合；与园林城市、森林城市创建相结合；与苗木花卉、森林旅游等产业相结合；与林产工业发展相结合；与市场化运作相结合。以规模化为主，点、线、面整体推进，着力建设一批以苗木花卉、乡土树种、高效经济林为主导的特色林、特色园和森林长廊示范线，建成一园一品、一地一景地域景观，为打造美好滁州提供绿色产业支撑。

二是在三项创建上求突破。以“让森林走进城市，让城市拥抱森林”为主题，大力建设城镇片林、森林公园和各类公共绿地，加强城乡结合部、城镇出入口通道森林长廊、森林景观带建设，创建省级森林城镇9个。结合美好乡村建设，开展“万村栽万树”活动，大力营造“五林四园”(即围村林、护路护堤林、庭院林、水口林、游憩林和小果园、小竹园、小桑园、小药园)，创建森林村庄46个，形成多树种、多层次的村庄绿化格局。按照铁路、高速公路和国、省道沿线林带宽度每边不少于50米，县、乡道林带宽度每边不少于10米，对已建成的“村村通”道路，每边不少于2行行道树标准，完成森林长廊示范路段新、扩建225.88千米，折合面积2.58万亩，占省厅下达156.74千米任务的144%。

三是向八个方面要空间。即在宜林荒山荒滩、石质荒山、坡耕地、分水岭乡镇农业结构调整、环村林带、农田林网、水库水位变幅区、城镇绿化等8个方面着力，深挖造林潜力。

四是用六大行动抓落实。坚持高位推动。把森林增长工程作为党委政府“一把手”工程，主要负责人亲自谋划策划，市委常委和政府负责人分片包点，市县乡村四级书记亲自抓，各级政府签订责任书，立下军令状。坚持政策撬动。市、县财政出台高标准奖补政策和各项优惠政策，以此撬动社会力量参与工程建设。市财政每年安排5000万元用于工程奖补，各县市区也都根据任务多少每年安排2000~5000万元用于工程建设，预计到2016年，各级财政投入超过13亿。2013年，市县两级财政累计投入资金1.78亿元，撬动和吸引社会资金超过13亿。坚持调度拉动。在造林整地黄金季节，实行三级调度。根据进度排名情况，采取约谈会和调度会等形式，分别由领导小组办公室、市委市政府分管领导、市委市政府主要领导对工程建设实行三级调度。坚持部门联动。各级领导小组牵头抓总，成员单位按照职责分工，密切配合，协同作战，形成合力。林业、农业、交通、水利、旅游、城建等部门对照任务分解，主动担当。组织、纪检、宣传等部门积极跟进，加强过程宣传、督查，全力保障百万亩森林增长工程健康有充开展。坚持宣传信息助动。启动了短信平台，以手机报的形式及时将各地动态报省、市、县领导和有关部门。进度实行两天一统计，一周一通报，由市委市政府主要领导签批，分县通报。充分利用电视、报刊等各种新闻媒体加强宣传，营造氛围。坚持激励问责促动。效能办出台考核办法，将森林增长工程纳入县政府年度目标考核内容。组织部门建立干部重点表现专项档案，把森林增长实绩纳入领导干部绩效考评体系，记入干部档案，作为评价使用干部的重要依据。市纪委出台督查问责办法，跟踪问责。同时对完成造林任务上报情况实行问责倒查机制，上报的有关数据必须经乡镇林业员、分管乡镇长、乡镇主要负责同志、分管县市区长签字后认可。在2013年度造林过程中，市纪委先后四次成立效能问责督查组分赴造林一线，督查造林进度和质量；两代表一委员、新闻媒体也通过明察暗访，积极助推森林增长工程建设。

②“六业同步”，协调发展，实现林业产业新跨越。在抓好森林培育业的同时，森工企业、森林旅游业、苗木花卉业、特色经济林产业和林下种养业齐头并进，消除林业发展短板，实现六业同步。全年实现林业产业总产值211.9亿元，其中一产53.23亿元、二产128.54亿元、三产30.13亿元，林业产业继续保持强劲的发展势头。

一是森工企业的发展。在扶优扶强现有49个规模以上森工企业的基础上，新上规模以上森工企业2家，其中投资亿元以上企业1家。年产各类人造板117.54万立方米、各类木地板4184万立方米。

二是森林旅游业的发展。围绕争创中国优秀旅游目的地城市，以自然山水为基础，在深度开发现有9个国家和省级森林公园基础上，新上或完成来安舞彩国际、环西公园、万亩玫瑰基地、万亩大樱桃基地等森林旅游基地(项目)4个。

三是苗木花卉业的发展。以国有苗圃为基础，加快推进林苗两用林发展，建立一批主要造林树种保障性育苗基地，大力培育湿地松、麻栎、薄壳山核桃等良种苗木，为实施百万亩森林增长工程提供种苗保障，全年新增苗木面积6.3万亩。

四是特色经济林产业的发展。结合百万亩森林增长特色园(林)建设，立足地域特点，加快干鲜果、木本油料林和薪炭林发展规模和速度。以国有林场为重点，发展干果和木本油料林，启动国有林场栽植万株美国薄壳山核桃计划。以乡镇村为重点，发展鲜果，营造万亩桃、李、杏、柿、枣基地和万亩板栗、银杏基地。麻栎产业以南谯区为重点，辐射带动全椒、定远、凤阳、明光、来安县，全年麻栎薪炭林规模已经达到40万亩以上。

五是林下种养业的发展。以国有林场为重点，营造优良的引资环境，吸引更多资金投入林下经济。目前，35个国有林场在林下经济上均有突破，全市实现林下种植、林下养殖、相关产品采集加工和森林景观利用等为主要内容的林下经济面积近40万亩。

③2013年主动出击，招大引强，招商引资工作取得突破性进展。按照市委主要领导关于“把招商造林作为百万亩森林增长智中之智”的要求，我局主动出击，加大项目推介力度，2013年，已落地亿元以上招商项目3个，在谈5个。其中：

市科教园区环西公园建设项目(原滁州市植物园项目)。经我局牵头，2013年5月30日，市政府与森禾控股集团有限公司正式签订中央公园建设项目协议。签约后，林业局积极与森禾公司协调，加快项目推进工作。现该公司已安排工作组进驻滁州，11月18日举行了奠基仪式，现正在紧锣密鼓建设中。项目选址在市科教园区内，占地1700亩，其中水面560亩，设计一期总投资3.7亿人民币，工期18个月。

万亩玫瑰园种植与加工项目。经滁州市林业局牵头，5月5日，无锡新和源生物科技有限公司与南谯区政府正式签约。该公司已经完成在滁的验资注册工作，已流转土地2000余亩，争取年底前流转土地5000亩，种植玫瑰。该项目总投资10亿元，共分三期。规划种植玫瑰(1万亩)、加工玫瑰并进行旅游项目开发，其中一期以玫瑰种植与加工为主。

山东泰安圣田科技琅琊区农业综合示范园。我局与山东泰安圣田农林科技开发有限公司多次商洽，最终达成投资意向，圣田科技拟在琅琊区现代农业示范园区内建设一个占地面积1万亩，以蓝莓、大樱桃种植为主、集观光、采摘、休闲、度假于一体的农业综合示范园。项目总投资5亿元，其中一期2亿元，二期3亿元。计划2013年12月28日开工，2016年6月竣工。11月10日与琅琊区政府正式签约，11 月 27 日与琅琊区西涧街道办事处签订土地租赁协议 4300 亩。

该项目的实施，带动了泰安市年年红园林有限公司、丰田园林绿化有限公司、东郊树苗繁育基地、佳境园林绿化有限公司等多家公司对来滁投资意向，我局将进一步跟进。

皇甫山国家森林公园旅游开发项目。9 月初，我局与南京市江天房地产企业集团就该公司与中安旅游产业股份有限公司联合开发皇甫山国家森林公园旅游事宜进行了协商。10 月中旬，江天房地产企业集团、中安旅游产业股份有限公司与 Harvest Moon(收获月)香港有限公司专程赴滁与市政府领导商谈皇甫山开发事宜并达成了共识。皇甫山森林公园旅游开发项目将于近期正式启动。

**【霍山县竹产业】**

**竹业发展成就** 霍山县地处毛竹天然分布的北缘，属湿润季风性气候区，年均约 200 多天的无霜期，1500 毫米左右的降水量，富含养分的粗骨性黄棕壤，为毛竹生长繁育提供了得天独厚的自然条件。到 2013 年，全县毛竹面积 45 万亩，立竹量 9000 万株，年产毛竹 1000 万根。县内竹业规模加工企业 20 余家，小微企业 1000 余家，从业人员 1.3 万人。霍山毛竹具有径粗、梢贯、壁厚、韧性好、抗性强等特点，竹材及其制品畅销省内外市场，竹子已成为林区群众重要的收入来源。2013 年，全县林业总产值 70 亿元，其中竹业产值 53 亿元，毛竹收入占全县农民人均纯收入的 30% 左右，占竹农收入的 60% 以上。

**发展经验** 多年来，霍山县委、县政府高度重视毛竹产业发展，成立了毛竹产业发展领导组，制定了产业发展规划，出台了专门的扶持政策，把毛竹作为霍山农村的重要支柱产业优先发展。

①大力造林，不断壮大资源优势。为扩大资源总量，霍山县坚持在毛竹造林上狠下功夫。“九五”期间，以世行贷款、以工代赈、中荷林业扶贫等项目为依托，成功实施了“毛竹致富工程”，新增毛竹 8 万亩、低改竹园 10 万亩。“十五”期间，设立了毛竹产业化专项扶持资金，农户新造毛竹每亩补助 100 元、低改竹园每亩补助 50 元，此间，全县新增毛竹面积 10 万亩，培育竹园 15 万亩。“十一五”期间，投入毛竹造林专项资金超 1000 万元，实行新造和引鞭扩园相结合，新增毛竹面积 10 万亩。全县毛竹面积由原来的 17 万亩增至现在的 45 万亩。

②科技示范，全面提升竹林质量。为提高毛竹质量，从 2008 年开始，我县积极开展竹林集约经营示范，大力推广毛竹速生丰产培育技术，实施“竹林倍增计划”。2009 年，依托浙江林学院竹子研究所技术支持，在诸佛庵镇建设省级竹子科技示范园 5200 亩。2011 年，相继在佛子岭、桃源河、白莲岩三大毛竹重点产区建设了三个辐射示范区。2012 年，在 8 个重点竹乡镇各建立一处毛竹科技示范片。目前，全县已经初步形成“一园三区八片”覆盖全县的竹子科技示范体系，为提升全县竹林质量，提高单位面积产出，促进竹林生态旅游发展，实现竹产业跨越发展起到了积极作用。另外，我们每年夏秋季节都要精心组织毛竹垦复，开展竹林清灌、除杂、埋青、竹腔施肥、“一竹三笋”(竹材利用，冬笋、春笋、鞭笋采挖)技术，大规模改造低产竹园。经过多年的不懈努力，全县毛竹亩均立竹量由原来的 131 株增加至现在的 200 株，平均径级增加 2 厘米。

③扶持龙头，大力发展竹业加工。为变资源优势为经济优势，我县确立了“山上建基地，山下搞加工，山外拓市场，科技创高效”的竹业发展思路，制定了《霍山县毛竹产业化发展规划》，每年召开毛竹产业化经营专题会议，落实“发展资源、鼓励加工、壮大龙头、综合利用、减少环节、理顺关系、强化服务、适度调控”的竹业经营方针，通过调减 4% 的育林金、开放县内无障碍运输毛竹原料及半成品、简化办证程序，有效刺激了毛竹加工业的发展，成功打造了 20 家竹业骨干企业、1000 余家小微企业，产品涉及竹地板、建筑模板、装饰板、旋切板、家具、工艺品等 300 多个品种，成为全国竹胶板、竹地板重要的生产基地。目前我县 15 家省级林业产业化龙头企业中，竹加工企业 7 家，产值在亿元以上的 4 家。安徽龙华竹业公司在发展中注重整合资源，不断做大做强，装备水平、技术水平全面提升，产品附加值和经济效益持续增长，公司总资产 5.5 亿元，员工近千人，下设四个分厂、四个国内分公司、五个海外销售

公司，已形成年加工毛竹1000万根、销售收入超过15亿元、出口创汇5000万美元的生产规模，成为全省牵动力强、辐射面广的大型竹业加工基地，是省创新型试点企业、国家火炬计划高新技术产业、国家农业产业化龙头企业，2011年11月，被国家林业局中国林业产业突出贡献奖评选组委会、中国林业产业联合会授予"中国林业产业突出贡献奖"；其"竹典牌"高档全竹家具被评为第二届"林博会"金奖。

④培育组织，促进林农增收致富。为密切基地、农户、企业与市场间的关系，鼓励支持竹产区竹农成立竹业合作专业组织，依照《霍山县促进现代农业发展若干政策》，每成立1个合作组织给予5000元的扶持奖励。目前，全县主要竹产区已成立26家竹业合作社。2009年5月成立的霍山县篁金竹茶农民专业合作社成员121户，入股资金431万元，拥有毛竹基地5071亩、茶叶基地754亩、竹材、茶叶加工厂5家。该社重点推广毛竹垦复、配方施肥、水分定量管理、钩梢防雪灾、笋竹两用林培育等实用技术。2013年，社员亩均竹园增收500元，较非社员户增加收入8500元。

⑤搭建平台，不断扩大霍山竹业的影响。近年来，通过承办全国竹胶合板模板行业2010年年会、中国竹地板品牌联盟2010年年会、2011年中国林学会竹子分会暨第七届中国竹业学术大会、参加"林博会""竹博会"等，不仅扩大了霍山竹业在全省、全国的影响，也促成了中南林业科技大学与霍山富邦竹业公司的技术合作，南京林业大学与龙华竹业、格义清洁能源的深层次合作，为霍山竹产业转型、技术升级夯实了基础。

**存在问题** ①现有竹林经营粗放，产出低。霍山县毛竹林虽然面积较大，但管理粗放，索取多，投入少，产出不高。平均年亩产毛竹30根左右，亩产出500元上下。而浙江省安吉的笋竹两用林每年亩产竹笋800千克，产竹材40根，亩产出1500元以上，是霍山的3倍乃至更多，差距很大。

②竹加工水平不高，竹材利用率低。霍山县毛竹加工企业主要停留在竹胶板、竹坯板、竹拉丝等初级产品的加工上，资源利用率只有50%左右，没有市场竞争优势。而浙江安吉竹产品有10大系列，1000多个品种，竹竿、竹枝、竹叶都得到了综合利用，利用率达到了95%，年竹业产值达80亿，两相比较差距很大。2013年，霍山县产出1000万根原竹中，出口原竹350万根，占35%，用于竹胶板、竹坯板等加工生产的600万根，占60%，加工利用率没有达到相应的水平。一方面是有三分之一的原竹仍然外运出县，另一方面是县内加工企业加工原料严重不足需从外地大量调进，造成了社会资源浪费。

③企业规模不大，品牌优势不明显。霍山县虽有龙华、盛龙、富邦等龙头企业，但大多数竹加工小企业生产设备简陋，生产工艺落后，除竹地板、竹胶板外，没有科技含量高的主导产品。由于县内资源不足，企业纷纷抢购原材料，加上化工原料价格上涨，竹胶板企业生产成本增高，行业面临危机。

④生态旅游重视不够，景点打造乏力。佛子岭、大化坪等丰富的竹资源已成为当地景区生态山水游的重要组成成分，但竹生态资源只作为当地旅游项目的背景，而没有具体的景观、景点配合利用，竹海生态游空洞乏味。

**今后发展对策** 霍山县毛竹产业资源基地化、生产专业化、产品系列化、布局区域化、服务社会化的发展格局已初步形成，为更好地利用丰富的竹资源推动新农村建设，促进农民增收致富，今后将在以下方面而不懈努力。

①进一步加大政策扶持力度。认真落实《安徽省人民政府办公厅关于加快竹产业发展的意见》(皖政办[2010]66号)，按照《霍山县人民政府关于加快毛竹产业发展的意见》(霍政〔2009〕91号)要求，进一步明确目标，加大力度，强化措施，落实责任，齐心协力抓好竹产业发展，进一步把竹林资源优势转换成经济优势，巩固竹产业在我县农村经济发展的中主导地位，促进林区经济又好又快发展。

②进一步加大基地建设力度。继续推进毛竹基地建设，管好现有林，扩大新造林，培育低产林，每年完成新造林1万亩，毛竹低产林改造2万亩，毛竹培育5万亩。到2020年，全县建成竹业集约经营示范基地30个，全县竹林总面积60万亩，其中丰产竹林面积达到30%以上，立竹总数达到1.5亿株以上，年毛竹采伐量2000万根以上，

林农毛竹年直接收入5亿元。

③进一步加大科技支撑力度。依托竹业龙头加工企业，加强与科研院所和大专院校的合作，加强先进技术的集成示范和推广，制定竹业加工行业技术标准。建立毛竹科技示范园、示范区、示范点，重点培育材用林、笋竹两用林基地，发挥好示范带动和辐射作用，提升竹业发展水平。

④进一步加大专业市场建设力度。规划建设霍山毛竹专业市场，推动毛竹原材料和产品收购、加工、仓储、供应的专业化，促进毛竹产品、加工机械和原辅材料一体化经营，把我县打造成为全国重要的毛竹加工基地和竹制品集散地。

⑤进一步加大高新企业培育力度。立足龙华竹业、富邦竹业、盛龙竹业、丰田竹业等骨干企业的竹胶合板、高档竹地板、竹重组板等竹板材优势，努力打造竹板材的“霍山品牌”。加强与科研单位技术合作，开展毛竹精深加工，提高毛竹的利用率和经济效益。在现有规模加工企业基础上，培育毛竹精深加工企业30家，实现全县80%以上毛竹用于加工增值，到2020年实现竹产业年产值100亿元。

**【宣城市林业产业】**

**发展成就** 2013年，宣城市林业产业工作紧紧围绕市委、市政府实施森林增长工程和创建国家森林城市的总体部署，紧扣“民生林业”这一主线，加快林业经济发展。继续保持全省领先地位，取得了“6543”的好成绩。即以全省六分之一的林地面积，创造了全省林业五分之一的产值、四分之一的龙头企业、三分之一的省级以上品牌。表现在：

①林业产值稳步上升。2013年宣城市林业产业面对世界经济下行和百年一遇高温干旱压力，加强银企对接、搞好沟通协调，努力为企业排忧解难。一产受损、二产回升、三产平稳。全年林业产值有望突破350亿元，估计占全省的五分之一弱。山区农民林业综合收入增长10%以上。

②龙头企业发展强劲。出台政策择优扶强林业龙头企业，如泾县县政府出台的《关于加快林业产业发展的意见》，建立了一系列林业产业发展的激励机制。经省厅专家实地考察认定，宣城市有161家企业被命名为安徽省林业产业化龙头企业，占全省的23.3%。

③品牌产品不断涌现。引导企业参展和开展产品认证。全市林业企业累计获得安徽著名商标25个，省级名牌产品64个。“红星宣纸”“詹氏山核桃”获中国驰名商标，“詹氏山核桃”获中国名牌(农)产品称号。占全省省级以上林业品牌的三分之一强。

**主要工作** ①大力推进中国森林食品产业示范基地建设。2012年宣城市被中国林业产业联合会命名为“中国森林食品产业示范基地”，成为全国十大森林食品产业示范基地之一。为保持这一品牌，2013年宣城市制定并发布了《宣城市森林食品安全应急预案》，开展了森林食品安全督查，从源头抓起，确保森林食品安全。同时协助浙江康大股份公司在宣城市成功举办第五届中国香榧文化节。目前，该公司已与宣城市宁国、旌德签订合作协议，完成了12000亩香榧基地的土地流转工作，计划年底完成万亩香榧基地栽植任务。

②认真实施宣城市《美好乡村林业产业三年发展规划》。大力发展区域特色林业，建设特色林业产业村，培育壮大林业产业集群。宁国恩龙、广德笄山、泾县榔桥初步入选全省十大现代林业产业示范区。

③着力培育新型林业经营主体。配合市人大开展农民林业专业合作社调研，鼓励和引导发展各类林业专业合作组织，宣城市有6家林业专业合作社被命名为省级农民林业专业合作社示范社。

④在全省率先开展森林认证。落实本局与国家林业局签订的《森林认证框架协议》，配合中林天合公司在宣城市成功举办两期“森林认证培训班”。协助泾县白华林场开展FSC认证、双联工艺品公司开展CFCC认证、宣州博亚公司开展FSC和CFCC双认证。目前该三家企业已获得有选择性通过。有效促进了本市森林可持续经营和林产品产销监管链的发展。

⑤编制并下发了《宣城市林下经济发展规划(2012～2016年)》，编制了宣城市15个地道森林药材的种植技术资料，引导宣城市林下种植业、林下养殖业、林产品采集加工业和森林旅游业的发展。宣城市有5家企业被推荐为中国森林药材专

业委员会委员，并代表安徽省出席中国森林药材学术讲座。

⑥组织开展了第四批省级林业产业化龙头企业申报、认定工作等。

**【第四批安徽省林业产业化龙头企业】** 计691家，其中：

1 复审企业

**合肥市**

巢湖大国地板有限公司
安徽亿本园林工程有限公司
安徽省亚新园林绿化有限公司
合肥市金山园林工程有限公司
安徽艺林园艺发展有限公司
合肥市正大果树研究所
安徽华盖农林科技开发有限公司
肥西县苗圃
安徽鑫苗园林景观建设有限公司
安徽森海园林景观建设集团有限公司
肥西县小庙镇金华苗木繁育农民专业合作社
安徽海纳百川农业发展有限公司
安徽省绿宇园林建设有限公司
安徽省华盛园林工程有限公司
合肥佳洲园林绿化有限责任公司
安徽东吴园林绿化有限公司
安徽省锦苑花木有限公司
安徽卓正林业发展有限公司
安徽省大地园林工程有限公司
安徽省蓝斯凯园林工程有限公司
安徽省兰君园艺有限公司
安徽徽王食品有限公司
安徽花木城投资建设有限公司
安徽省富硒香生物食品集团有限公司
巢湖市巢父生态园旅游发展有限公司
合肥肥西老母鸡家园有限公司
安徽朝晖农林股份有限公司

**淮北市**

淮北市金林木业有限公司
淮北市老猫洞生态园
淮北市烈山镇塔仙石榴专业合作联社

**亳州市**

涡阳县霖福木制品有限公司
涡阳县森鑫木业有限公司
安徽省全森木业有限公司
蒙城县源森木业有限公司
蒙城县华良木业有限公司
亳州市保峰木业有限公司
亳州市林鑫生态园艺有限公司

**宿州市**

中林企业(砀山)有限公司
砀山县汇金木业有限公司
佳华木业(宿州)有限公司
宿州市林丰木业有限公司
灵璧县明鑫木业有限公司
宿州市东建木业有限公司
绿洲森工股份有限公司
宿州市东大木业有限公司
安徽东平木业股份有限公司
宿州市东达木业有限公司
安徽新远大木业有限公司
宿州市宿北木业有限公司
泗县福晟木业有限公司
泗县大兴木业有限公司
泗县康中木业有限公司
萧县闸河林业有限责任公司
萧县众诚荒山综合开发有限公司
萧县润森荒山综合开发有限责任公司
宿州绿源中医药科技有限公司
宿州市浍龙生态经济发展有限公司
宿州市化东农业科技开发有限责任公司
宿州市凤凰堤花卉交易市场管理有限公司
宿州市福香源食品有限公司

**蚌埠市**

安徽德翔人造板有限公司
蚌埠市金森工贸有限公司
蚌埠华林木业有限公司
安徽绿雨农业有限责任公司
安徽金润生态农业科技有限公司
蚌埠市大方舟景观园林有限公司
安徽省成果石榴酒酿造有限公司
安徽禾泉农庄生态农业有限公司
蚌埠市香雪农业生态科技有限公司

**阜阳市**

阜阳大亚装饰材料有限公司
安徽省阜阳沪千人造板制造有限公司
安徽华宇工艺品集团有限公司
太和东盾木业有限公司
安徽开源木业有限公司
安徽冠金绿可木业有限公司
安徽雅格梨都木业有限公司
阜阳市中兴木业有限公司
临泉县强森木业有限公司
阜阳祥云木业有限公司
安徽省阜阳市庆霖木业有限责任公司
界首市友邦菊业发展有限责任公司
阜阳市大京九菊圃
颍上县苗圃

**淮南市**

凤台县茨淮新河八一林牧场
凤台县森林苗圃
凤台县绿洲林牧有限责任公司
安徽鑫农食用菌有限公司

**滁州市**

安徽扬子地板有限公司
安徽肯帝亚皖华人造板有限公司
安徽天康木业有限公司
安徽天森木业有限公司
天长市双丰文化用品有限公司
安徽天裕木业有限公司
全椒县皖东林化有限公司

**六安市**

金寨县方园炭业有限公司
金寨县金诚竹业有限公司
安徽省红顺贸易有限责任公司
安徽锦泽工艺品家具有限公司
安徽远发工艺品有限公司
寿县瑞隆家具配件制品有限公司
安徽宏发工艺品有限公司
安徽格义清洁能源技术有限公司
安徽省舒城华竹实业有限公司
叶集金桦木地板有限公司
六安市捷成木业有限公司
安徽龙华竹业有限公司
安徽丰田竹业制造有限公司
安徽霍山隆兴竹业制造有限公司
霍山县盛隆竹业有限公司
六安市管仲木业有限公司
安徽省霍山县富邦竹业有限公司
安徽庆发柳编集团有限公司
安徽华安达集团工艺品有限公司
安徽省蓼源贸易有限责任公司
安徽华森木业有限公司
安徽新荣久农业科技有限公司
安徽叶集林星板业有限公司
金寨县映山红农业发展有限公司
金寨县大别山林艺植物科技开发有限公司
安徽省蓉森林业有限公司
安徽省蓉建生态经济发展有限公司
六安市裕安区迦南林牧生态园
安徽徽宝农林科技有限公司
安徽舒城金桥农林科技有限公司
万佛山农业综合开发有限公司
舒城县大唐农业科技开发有限公司
安徽茂源农林生态科技有限公司
安徽奥林园艺有限责任公司
六安市绿都园林绿化有限责任公司
舒城县双龙园林花卉有限公司
安徽九棵松生态园林有限公司
安徽省淮滨园艺有限公司
安徽华凌生态农业有限公司
安徽兴林园艺有限公司
安徽德昌苗木有限公司
舒城县情侣峰盆景园艺有限责任公司
安徽舒城县集锦园园艺有限责任公司
六安绿宇果树花卉研究中心
安徽圣农生物科技股份有限公司
安徽省大别山葛业有限公司
安徽百菲特食品有限公司
舒城县新源茶油专业合作社
舒城圣桂食品有限公司
安徽大别山科技开发有限公司
安徽合益食品有限公司
安徽省金寨县大别山生态农产品开发有限公司
安徽新世界绿洲茶油有限公司

安徽大团结食用油有限公司
安徽爱民食品有限公司
安徽省华银茶油有限公司

**马鞍山市**

含山永华木业有限公司
马鞍山市国卉园林有限公司
安徽林海园林绿化工程有限公司
马鞍山市凤凰湖生态植物园有限公司

**芜湖市**

芜湖宏春木业集团有限公司
金源集团芜湖祠山包装有限公司
芜湖长城木业有限公司
安徽省亿佳鑫木业有限公司
芜湖正刚包装有限公司
芜湖市万亩林业有限公司
芜湖市代冲果品有限公司
芜湖精诚园林建设集团有限公司
芜湖大观园花木有限公司
芜湖清水花木集团公司
芜湖皖桥园艺公司
芜湖市雨田农业科技有限公司
芜湖红花山园林绿化有限公司
繁昌县冷水湖生态科技园有限责任公司
芜湖市春江园林工程有限公司
芜湖祥宽花木有限公司
芜湖天鹰景色观绿化有限公司
芜湖新达园林绿化集团有限公司
芜湖欧标农业发展有限公司
无为县城北园艺场
无为县鼎兴园艺有限责任公司
芜湖荣昌中药饮片有限公司
安徽凤丹药业有限公司
无为县海平工贸有限公司
安徽丫山花海石林旅游有限公司
安徽省马仁奇峰森林旅游公司
芜湖怡龙生态园有限公司

**宣城市**

安徽博亚竹木制品有限公司
宣城市天发木业细木工板厂
宣城市红枫木业有限公司
宣城市昌茂木业有限公司
宣城市兴胜木业木工板厂
宣城市高立人造板有限责任公司
宁国中集竹木制品有限公司
宁国市绿源人造板有限责任公司
安徽省家好家节能门窗有限公司
安徽竹韵竹业有限公司
安徽省泾县双联工艺品有限责任公司
安徽大山人竹木工艺品有限公司
安徽省泾县艺达笔刷有限公司
泾县蔡村竹木工艺品厂
安徽泾县兴祥木业有限公司
泾县宫廷竹木工艺品有限公司
绩溪县马道竹木制品有限公司
绩溪县嘉怡木业有限公司
绩溪县振兴徽雕有限公司
安徽省旌德县家福木业有限公司
安徽省思源生态农业发展有限责任公司
安徽晨辉农林开发有限公司
宁国市宁丰农林科技开发有限责任公司
安徽丰润生态农业开发有限公司
安徽绩溪县亨达生态农业开发有限公司
安徽蜂鸣生态林贸有限公司
安徽省绩溪县双江源种植专业合作社
宣城市碧城园艺有限公司
郎溪县十字铺生态特色农业观光园
安徽宁国宁泰林业科技开发有限公司
安徽恩龙林业集团有限公司
宁国市盛唐农林开发有限公司
宁国市森杰红豆杉生态发展有限公司
宁国市天晨彩叶树种有限责任公司
安徽绩溪正泰农业发展有限公司
宁国市兴宏工艺标本有限公司
安徽宣宝天然食品有限公司
宣城市水东天元枣业制品厂
安徽詹氏食品有限公司
宁国市乡味源农产品开发有限公司
安徽仙霞食品有限责任公司
安徽省宁国市凯瑞生物食品有限公司
安徽龙香源食品有限公司
安徽明珍堂养生品有限公司
宁国市亿邦生物科技有限公司

安徽山里仁食品股份有限公司
安徽宁国千秋实业有限责任公司
安徽绿健生物科技有限公司
安徽今日生物食品发展有限公司
宁国市沙埠粮油加工厂
宁国市双丰农特产贸易有限公司
安徽省宁国溢香园农业发展有限公司
安徽高山药业有限公司
安徽省绩溪五蜂园蜂业有限公司
皖南大鹏天然产物有限公司
安徽绩溪山里佬绿色食品开发有限公司
绩溪县板桥绿色农产品开发有限公司
安徽黄山云乐灵芝有限公司
旌德县天山绿色食品有限公司
安徽省宣城市世纪生态林业旅游有限公司
宣城市汇贤生态旅游有限责任公司
安徽省宁国市长乐林产品开发有限公司

**铜陵市**

铜陵县苏陵木业有限公司
安徽铜陵安林木业有限公司
铜陵君德信生态工程有限公司
铜陵市牧野苗木花卉有限责任公司
铜陵征飞园艺有限公司
安徽星火农业科技有限公司
铜陵县一棵松生态农业科技开发有限公司
安徽思丹园艺有限公司
铜陵七彩神韵园林有限公司
铜陵市振华园艺有限责任公司
安徽省皖陵珍稀动物养殖有限责任公司

**池州市**

安徽省东盾木业有限公司
安徽鸿叶集团鸿亮竹业有限公司
池州市平源木业加工厂
安徽双辉竹制品有限公司
安徽永红木业有限公司
安徽新河竹业有限公司
安徽省国信木业有限公司
石台县仙寓板材有限公司
石台县八达木业有限公司
石台县三林人造板有限责任公司
安徽省瀚青生态科技有限公司
池州天源现代农业有限公司
石台县山园食品有限公司
安徽省石台县牯牛降旅游发展有限公司
青阳九华立胜实业有限公司

**安庆市**

岳西县翰林根艺文化有限公司
安徽坤城木艺有限公司
嘉欣竹木日用品有限公司
安庆市潜山县永大木业有限公司
安徽省潜山县精工木业有限价公司
安徽省科林人造板有限公司
安徽兰氏木业有限公司
安徽省兴诚生态农业发展有限公司
望江县喜来美家具有限公司
安徽省天际生态旅游发展有限公司
安徽天鹅科技实业(集团)有限公司
怀宁县咏柳农业综合开发有限公司
怀宁县龙山生态农林有限公司
太湖县纯野生态油茶有限公司
太湖县乌牛石林业开发有限责任公司
太湖县梅竹林业发展有限公司
太湖县屹凌农林综合开发有限公司
太湖县天润峰绿色实业有限公司
怀宁县博屿湖农业发展有限责任公司
安徽向荣农林生态产业有限公司
太湖县华源农产品科技开发有限责任公司
安徽省永椿园林绿化有限公司
桐城市振兴园林苗圃有限公司
桐城市香山园林绿化有限公司
安徽森态园林科技有限公司
安徽新屿园林科技发展有限公司
安徽贤武生态园林科技有限公司
望江县古雷池农林生态科技有限公司
安庆龙鳞生态农业发展有限公司
桐城市创景园艺工程有限公司
安徽未来农业发展有限公司
安徽省金天柱农业科技有限公司
安徽山里油茶有限公司
安徽龙眠山食品有限公司
安徽乐健绿色食品有限公司
安徽天柱山旅游发展有限公司

安庆市五千年文博园投资有限责任公司
安徽省桐城市嬉子湖生态旅游有限责任公司
岳西县田园农化有限公司
安徽省岳西县四达有限责任公司

**黄山市**

黄山双雄竹木制品有限公司
黄山美太竹业有限公司
黄山市黄山区意新竹木有限公司
祁门县建兴竹木制品有限责任公司
黄山木之语工艺品有限公司
黄山市祁门县佳明木业制品有限公司
黄山绿韵竹业制品有限公司
黄山市金翠谷实业有限公司
黄山市欣朋木业有限公司
黄山市毅华木竹工艺品有限公司
黄山港殿竹木制品有限公司
黄山杉森木业有限公司
黄山市金竹竹业有限公司
黄山市黄山区永新林场
黄山市祁门县森源林业发展有限公司
黄山济楚林业有限公司
黄山市徽山源木材有限公司
歙县建新农产品加工有限公司
黄山植物大观园
黄山歙县牌坊群鲍家花园开发有限公司
黄山绿源农林开发有限公司
黄山市徽州三友园艺有限公司
黄山明园油业有限公司
安徽省祁门"黄山药谷"生物科技有限公司
黄山市徽山食用油有限公司
黄山桃源罐头食品有限公司
黄山裕籽贵茶油有限公司
黄山市翡翠谷旅游有限责任公司
黄山茶花生态发展有限公司
黄山来龙山茶林有限公司
黄山市徽顶箬叶有限公司
黄山市多维生物科技有限公司
黄山徽州竹艺轩雕刻有限公司
黄山市邦博竹业有限公司

**广德县**

广德县欧阳竹业有限公司
安徽仁和竹业有限公司
安徽宏辉竹业有限公司
安徽宏宇竹木制品有限公司
安徽福佳竹木日用品有限公司
安徽清保竹业有限公司
安徽森泰集团
广德县华林木业有限公司
安徽尧龙竹业制品有限公司
安徽顺达农林发展股份有限公司
安徽龙达竹业有限公司
安徽明德竹木制品有限公司
安徽新光明膜板有限公司
安徽鑫隆园家具有限公司
安徽鼎梁生物能源科技开发有限公司
安徽振扬农林生态开发有限公司
广德福丰银杏生态园有限公司
安徽润华生态林业有限公司
广德县泉森苗圃生态园
安徽和合生态农业股份有限公司
安徽金枫生态园林有限公司
广德县发展生态农业园林有限公司
广德祥云农业开发有限公司
安徽禾林生态园林有限公司
广德百杨生态园有限公司
安徽箐箐生态食品开发有限公司
广德志云笋业有限公司

**宿松县**

宿松县长江实业开发有限责任公司
安徽中亚林业发展有限公司

**省直**

安徽省生态经济发展有限公司

2 新申报企业

**合肥市**

合肥光大人造板有限公司
安徽省汉帮家具制造有限公司
合肥裕森木业集团有限公司
安徽环宇生态农业有限公司
合肥桃蹊现代农业开发有限公司
安徽鼎和瑞海现代农业科技有限公司
安徽迎客园林工程有限公司
合肥市良成林业科技发展有限公司

安徽省园林建设有限公司
合肥金阳园林绿化工程有限公司
合肥枣林生态农业科技有限公司
合肥绿森园林有限公司
安徽省交通建设有限责任公司
合肥润生农林科技有限公司
合肥华泽园林景观工程有限公司
安徽鸿玖生态农业有限公司
安徽万利生态园林景观有限公司
安徽盛虹集团绿水源生态开发有限公司
合肥绿野园林绿化有限责任公司
安徽省潜川森鑫农林开发有限公司
安徽省庐江县大寅园林花木有限公司
安徽省金马房地产开发有限公司世宏农林生态观光园
华艺生态园林股份有限公司
安徽森绿成刚生态园林科技发展有限公司
安徽皖城春意生态园林有限公司
安徽紫蓬生态科技有限公司
合肥元政农林生态科技有限公司
安徽环绿生态农业投资发展有限公司
安徽滕头园林苗木有限公司
安徽淝水源林业开发有限公司
合肥雨农农业科技有限公司
安徽省金大地农业发展有限公司

**淮北市**

淮北市兴华家具有限公司
淮北市相山区众鑫石榴农民专业合作社

**亳州市**

安徽省天运木业有限公司
利辛县丽人木业
安徽泓森高科生态农林开发有限公司
亳州市联大园艺有限公司

**宿州市**

砀山县双林木业有限公司
砀山县荣川木业有限公司
砀山浩良木业有限公司
砀山县虹翔木业有限公司
砀山县西地亚木业有限公司
灵璧县风顺木业有限公司
宿州市恒松木业有限公司
宿州市天缘家具有限责任公司
泗县三鑫木业有限责任公司
泗县林星板业有限责任公司
萧县茂森木业有限公司
安徽省石龙湖花木园林有限公司
安徽格瑞恩园林工程有限公司
安徽省萧县皇藏峪风景旅游有限公司
宿州市全兴家具有限公司
灵璧县鼎荣农业科技有限公司

**蚌埠市**

安徽东昇木业股份有限公司
安徽省蚌埠市川圳木业有限责任公司
蚌埠海上明珠农业科技发展有限公司
安徽德翔林业有限公司
怀远县涂山石榴专业合作社
安徽禹润生态农业发展有限公司
安徽天歌园艺有限公司
安徽森禾花卉园艺有限公司
怀远县独山河林业专业合作社
安徽省军久生态园林有限公司
安徽蚌埠市全红杨苗木有限公司
安徽省固镇县良种苗圃
蚌埠绿艺现代农业科技有限公司
蚌埠韵莲苑景观园林有限公司
安徽省怀远县亚太石榴酒有限公司
怀远县鸿羽林业专业合作社
安徽润天农业发展有限公司

**阜阳市**

安徽雪峰木业有限公司
阜南县永兴工艺品有限公司
阜南县宏泰工艺品有限公司
阜南县猛发工艺品有限公司
圣象木业(阜阳)有限公司
界首市雅美家俬工艺品有限公司
阜阳市金木工艺品有限公司
阜阳市娇兰家居装饰品有限公司
阜阳市春江农业科技有限公司
阜阳市阳光花卉园艺有限公司
界首市春宇种植专业合作社
界首市冠林园林绿化有限公司
阜阳市腾达花木有限公司

安徽省阜阳市永汇林业科技有限公司
安徽省古西湖金盆地农业科技有限公司
阜阳市先利禽业有限公司
界首市皖兔家具专业合作社

**淮南市**

淮南市凤仙农业科技有限公司
淮南市绿馨园采煤沉陷区综合治理有限公司

**滁州市**

安徽美心生态园林有限公司
安徽省万紫源林业科技有限公司
天长市绿洲园林绿化工程有限责任公司
天长市春景园林绿化工程有限责任公司

**六安市**

霍邱县亨兴工艺品有限公司
安徽省宏伟家具有限责任公司
安徽至信竹业科技有限公司
安徽大恒竹木有限公司
绿洲森工(六安)有限公司
安徽恒瑞木业有限公司
安徽翰文运动用品有限公司
舒城县兴玉板厂
叶集试验区金源木业有限公司
安徽昶达木业有限公司
安徽省六安市叶集丽人木业有限公司
安徽金古堆绿色农业有限责任公司
安徽裕民生态农业有限公司
六安市裕安区伊甸园油茶种植专业合作社
六安市裕青绿色农业科技有限公司
安徽省盛银生态林业科技有限公司
舒城县康元林业科技有限公司
舒城县林胜粮贸有限公司
舒城天和农林科技有限责任有限公司
六安市丰乐源油茶开发有限公司
安徽鑫绿源生态农业有限公司
舒城宝绿农林科技有限公司
安徽卓奥友林业科技有限公司
安徽宏盛生态园林工程建设有限公司
六安市宁陈苗木花卉有限责任公司
安徽九绿景观工程有限公司
安徽森韵林业科技有限公司
金寨大别山神州通油茶投资有限公司
安徽新思源林业生态科技有限公司
金寨老林子农林发展有限公司
安徽霍山县中绿农业开发有限公司
霍山金马生态农业科技发展有限公司
六安市绿农林木有限责任公司
安徽森海良种繁育有限公司
安徽省金寨县富园工贸有限公司
安徽省霍山县聚一科技有限公司
安徽中盛食用油科技有限公司
安徽奥凯发油脂科技有限公司

**马鞍山市**

安徽长河农业科技有限公司
安徽省大平油脂有限公司

**芜湖市**

安徽徽王农业有限公司
无为县聚丰祥林业开发有限责任公司
芜湖绿艺园林工程有限公司
芜湖清水园林绿化工程有限公司
无为县江川花木园林有限责任公司
芜湖市龙潭园景工程有限公司
芜湖蓝森景观园林工程有限公司

**宣城市**

宣城宣竹科技股份有限公司
宣城市宏达木业有限公司
郎溪县广信竹木板材制造有限公司
宁国广申竹木制品有限公司
中国宣纸集团公司
安徽省泾县润发梳业有限公司
泾县溪头都木梳专业合作社
宣城福美达新材料有限公司
宁国惠云塑木新材料有限公司
泾县正方木业有限公司
安徽省泾县宏大笔刷有限公司
安徽省泾县春雅工艺美术用品有限公司
宣城杉森木业有限公司
安徽绩溪盛源装饰材料有限公司
宁国宏鑫孔雀养殖专业合作社
宣城天宇生态林业开发有限公司
宁国市三冲生态农业发展有限公司
宁国市大壁坑香榧有限公司
安徽省宁国市钜源林业开发有限公司

宁国市瑞龙生态农林开发有限公司
泾县月亮湾生态农业开发有限公司
绩溪县梧桐生态农业发展有限公司
宣城市绿林苗木有限公司
安徽省绿富农业开发有限公司
安徽大豪生态园有限公司
宣城市日润林业开发有限公司
宣城市新世纪园林绿化有限公司
宣城百草园苗木有限公司
郎溪县紫金山生态林业有限公司
郎溪县联恒苗圃专业合作社
郎溪县山水园林绿化工程有限公司
宣城市文汇园林工程有限公司
安徽扬子生态园林建筑有限公司
郎溪县华诚园林绿化有限公司
安徽钱王生态园林有限公司
安徽欧风生态林业有限公司
泾县锦绣园林绿化有限公司
绩溪县上游杞柳种植专业合作社
宁国牡丹花城牡丹发展有限公司
绩溪县龙川种植专业合作社
安徽省观志实业有限公司
旌德县天诚生态梅园有限公司
宣城市百草植物工贸有限公司
安徽绿健农业投资有限公司
宁国市茂盛食品有限公司
安徽华瑞农业发展有限公司
宁国大通工贸有限公司
泾县群惠早元竹笋专业合作社
安徽泾县其华涌溪火青茶叶有限公司
泾县沁园春兰香茶专业合作社
泾县汀溪兰香茶业开发有限公司
泾县绿牙兰香茶叶专业合作社
安徽省旌德县白地白茶有限公司
安徽亿宏生物科技有限公司
安徽省旌德县黄山毫喝食品有限公司
安徽康大香榧开发有限公司
宁国市奕盛力农业科技发展有限公司
安徽宣城金梅岭旅游开发有限公司
安徽龙悦健康产业投资发展有限公司
安徽水墨汀溪旅游开发有限公司
安徽泾县银海山庄生态农业有限公司
绩溪县鄣山大峡谷旅游开发有限公司

**铜陵市**

铜陵鑫百晟园林景观有限公司
铜陵县翌成生态科技有限公司
铜陵凤丹种植科技开发有限公司

**池州市**

东至县森隆鑫木业有限公司
东至县人和木业有限公司
池州市华鑫木业有限公司
安徽省草野家私有限公司
安徽省青阳县蓝逸实业有限公司
安徽省石台县居佳制品有限公司
东至县新世纪农林开发有限公司
池州市杏村园林发展有限公司
安徽子泷湖生态园林开发有限公司
青阳县常木绿化园林有限公司
池州市天一园林绿化有限公司
池州市昌松鹿业发展有限公司
池州市皖南鸵鸟开发有限公司
池州市敏丰特禽驯养开发有限公司
东至县华云豪猪驯养繁殖基地
池州市汉东农业有限公司
池州市金品西山枣业发展有限公司
安徽省石台天方茶叶(集团)有限公司
安徽省九华山莲花峰生态园有限公司

**安庆市**

安徽省同春工贸有限公司
潜山华林木业有限公司
怀宁县杰林木业有限公司
安徽新雨其木业有限公司
安徽省安庆市安超木业有限公司
安庆市广利来装饰木业有限公司
安徽明豪实木家具有限公司
安庆市皖江木业有限责任公司
安徽华泰林浆纸有限公司
安徽卫星农林开发有限公司
岳西县龙翔生态旅游开发有限公司
岳西县丰科农林科技开发有限公司
安庆市仁奇生态林业发展有限责任公司
安徽皖林生态林业科技发展有限公司

潜山县经汇农业综合发展有限公司
安徽永绿林业有限公司
安徽潜山县美林生态农业开发有限公司
安徽跃峰农业开发有限公司
潜山县万山油茶科技开发有限公司
潜山恨水茶业发展有限公司
安徽天柱北海生态林业开发有限公司
安徽蓝波湾生态林业发展有限公司
潜山县查冲生态经济发展有限公司
潜山县彭河茶叶专业合作社
怀宁县皖宜林业有限公司
太湖县绿彩源农业发展有限公司
太湖县皖松工艺品贸易有限责任公司
安徽省景湖油茶有限公司
安徽省振超林业有限责任公司
安庆市龙泉生态农林开发有限公司
安徽皖春园林工程有限公司
桐城市牯牛背农业开发有限公司
安庆市沙漠绿洲林业有限公司
安徽吴塘生态农业发展有限公司
潜山县万山苗木种植专业合作社
安徽美林园林绿化有限公司
安庆蓝莓农业科技有限公司
太湖县榆树林苗木有限公司
太湖县恒园生态实业有限公司
安徽省桐城市春雨园林有限公司
安徽农脉农业科技有限公司
安徽香杨林业有限公司
桐城市胜利苗圃有限公司
安徽环艺生态园林工程有限公司
安徽省雷池原生态园林有限公司
枞阳县望野园林有限责任公司
安庆市兰鑫温控温室有限公司
安徽水吼旅游发展有限公司
安徽省观音洞农林水综合开发有限公司
安徽小龙山生态旅游发展有限公司
桐城市仙龙湖文化旅游发展有限公司
潜山县天柱山卧龙生态农业开发园
安徽省华之慧生态农业发展有限公司
安徽天赋生物科技有限公司
安徽泓岳生态农林有限公司
潜山县绿野畜禽养殖专业合作社
太湖县天华农业综合开发公司
安庆市亨通农林开发有限责任公司

**黄山市**

黄山区九龙木业有限公司
黟县杏枫商贸有限公司
祁门县绿博园木竹专业合作社
黄山市祁门县鑫泰林业开发有限公司
黄山市盛鹏木业有限公司
黄山市盛辉木业有限公司
黄山恒源农林开发有限公司
黄山市黟县金久工贸有限公司
黄山市建宇农林科技开发有限公司
黄山市黄山区巧明贡榧有限公司
黄山市黄山北大门园林绿化工程有限公司
黄山市昆宁园林建设有限公司
黄山世博园林工程有限公司
黄山市拈花微笑农林生态有限公司
黄山市雾香源食品有限公司
黄山市山野土特产有限公司
黄山芙蓉谷旅游开发有限公司
黄山宏浩置业有限公司
上海市黄山茶林场
黄山山大士药业有限公司
黄山六百里猴魁茶业有限公司
黄山硒谷茶业科技有限公司
黄山顺泰农业综合发展有限公司
歙县紫金山生态农业园有限公司
休宁县荣山茶厂

**广德县**

广德正峰竹木制品有限公司
广德吉广竹木制品有限公司
安徽高峰日用工艺品有限公司
广德县宏发竹木制品有限公司
广德平江竹业制作有限公司
广德李氏竹业加工厂
安徽省广德新龙粮食油脂有限公司
安徽天籁生态农业开发有限公司
广德新时尚生态园有限公司
广德县南方红豆杉种植有限公司

（林高兴　白卫萍）

# 福建省林业产业

**【概　述】** 福建是全国南方重点集体林区，全省林业用地面积 1.37 亿亩、占土地总面积的 75.3%，素有“八山一水一分田”之称；全省森林面积 801 万公顷，森林覆盖率 65.95%，已多年保持全国第一；森林蓄积量 6.08 亿立方米，其中人工林蓄积量 2.49 亿立方米、居全国第一。生物多样性丰富，拥有木本植物 1943 种、陆生野生动物 828 种，均占全国 1/3。近年来，福建省大力实施“以二促一带三”发展战略，通过深化改革、调整结构、完善布局、提升服务等措施，进一步转变发展方式，有力地推动了林业产业的快速、健康发展。

**发展成就**　2013 年全省林业产业总产值达 3610 亿元，同比增长 17.3%，是 2002 年林业产业总产值的 6 倍，其中，规模以上林业企业累计完成工业产值 3137.2 亿元，同比增长 17.3%；累计完成销售产值 3030.2 亿元，同比增长 17.1%；产销率 96.59%。累计实现主营业务收入 2458 亿元，同比增长 20.5%；累计实现利润和税金分别为 122 亿元和 64 亿元，分别同比增长 24% 和 32%。累计完成木材产量 551.06 万立方米，比 2012 年增加 25.5 万立方米；累计完成人造板 1312.24 万立方米，同比增长 6.81%；木制家具累计完成 2994.68 万件，同比增长 7.88%；纸浆累计完成 34.12 万吨，比 2012 年减少 14.45%；机制纸及纸板累计完成 611.78 万吨，比 2012 年减少 0.53%；木地板累计完成 730.4 万平方米，同比增长 22.16%，其中实木地板产量增幅较大，完成 88.46 万平方米，同比增长 193.74%。

**发展特点**　①产业结构和布局调整初见成效。全省林产品加工企业技术水平和管理水平不断提高，整体实力日益增强，新兴产业蓬勃发展。全省现有规模以上林业工业企业 2310 家，其中省级以上龙头企业 176 家、境内外林业上市企业 19 家、产值 2 亿元以上的企业超过 50 家，企业规模明显增强。林业产业布局也趋于合理，林业专业园区不断涌现，海峡两岸(三明)现代林业合作试验区、莆田秀屿国家级木材加工贸易示范区、建阳“海西林产工贸城”、建瓯“中国笋竹城”、漳州花博园、仙游“中国古典家具之都”、建瓯“中国根雕之都”、政和“中国竹具工艺城”等产业集中区建设取得新进展，新的林产加工园区不断涌现，林业产业集中度不断提高，五大林业产业集群的产值占全省同行业比重已超过 60%，产业集聚效应初步显现。

②企业竞争力和发展后劲明显提升。林产品质量不断提高、品牌产品逐年增加，竞争力不断增强。截至目前，全省林业行业共获得中国名牌产品 2 个、中国驰名商标 22 个、福建名牌产品 170 个，福建省著名商标 152 个。一批企业通过改造提升，走上节能减排和绿色清洁发展道路。目前，已有 10 多家单位经营的 200 多万亩森林通过 FSC 森林认证，顺昌升升木业等 100 多家企业通过 COC 林产品产销监管链的认证。福建省南平、三明、龙岩等地还被中国林业产业联合会授予“中国木质活性炭产业基地”称号。

③闽台合作和对外开放持续推进。以海峡两岸(三明)现代林业合作实验区和台湾农民创业园为载体，吸引台商来闽投资林业。据统计，到 2013 年底，台商在福建投资创办的林业企业已达 465 家，其中规模以上 265 家，合同利用台资 10.8 亿美元，实际利用台资 7.5 亿美元。作为闽台林业合作重要平台的海峡两岸花博会和林博会已分别成功举办 15 届和 9 届。同时，通过“请进来”“走出去”的方式，福建省林业对外合作发展迅速。2013 年，累计完成出口交货值 243.49 亿元，比增 15.1%，持续平稳增长。全年进口原木超过 300 万立方米，其中漳州港进口原木总量 275.82 万立方米，比 2012 年增长 27.16%，辐射松进口量稳居全国第一。从全省情况来看，部分靠进口木材为原料、“两头在外”的林业企业如邵武杜氏家居、

尤溪三林木业等生产经营都比较稳定，也是拉动福建省林产品贸易的重要推动力。

④木竹加工产业体系逐步完善。一是主导产业体系基本形成。木竹加工业初步实现了从粗加工到次加工和精加工的转变。长期以来，传统产业发展积累了丰富的经验，初步形成了较完整的主导产业体系。2013 年，木竹加工产品中，四大主导工业(包括：纸浆制造、木竹制品、人造板、家具)产值达到 1051.7 亿元(分别为 6.44 亿元、432.76 亿元、395.4 亿元、217.1 亿元)。二是木材加工体系基本形成，产业链不断延伸。全省木材加工企业近 5 千家，形成了以林浆纸、人造板、家具、木竹制品加工为主体的、门类齐全的十大产业工业框架体系。“三块板”单一的品种，已向多品种全方位发展，门类齐全，主导产品上万种，而且设计精细。上下游关联产品开始对接，产品附加值提高、产业链长的产品不断增加。三是木材加工合作配套体系基本形成。在工业化基础上，加强企业分工协作，形成合作体系，木材综合利用率不断提高。邵武王斌公司、尤溪三林公司下游配套企业分别有几十家，目前杉木综合利用率已达 100%。全省同类加工企业相互依存协作配套形成大趋势，木材综合利用率有很大提高。

⑤主要林产品贸易再创新高。2013 年福建省主要林产品进出口贸易总额为 58.5 亿美元，比 2012 年增长 10%，进出口总额创历史新高，全年累计实现贸易顺差 8.19 亿美元，一、二、三、四季度进出口额比值为 21∶25∶26∶28。全省林产品出口 33.33 亿美元，与 2012 年持平。出口超过亿美元的林产品有木竹藤家具、木制品、纸浆及纸制品、林业机械、胶合板，累计出口 31.15 亿美元，占出口总额的 93.4%，其中，木竹藤家具出口 13.40 亿美元，同比下降 8.2%；木制品出口 8.00 亿美元，同比增长 10.5%；纸浆及纸制品出口 7.25 亿美元，与 2012 年持平；林业机械出口 1.28 亿美元，同比增长 6.3%；胶合板出口 1.22 亿美元，同比增长 55.3%。出口增幅前三位的林产品依次为：木炭、胶合板、锯材，分别增长 107.6%、55.3%、19.4%；跌幅前三位的林产品依次为，纤维板、刨花板、单板，分别下降 49.0%、45.6%、14.3%。全省林产品进口 25.14 亿美元，同比增长 25.4%。进口超过亿美元的林产品有原木、纸浆及纸制品、锯材，累计进口 23.61 亿美元，占进口总额的 93.9%。其中，原木进口 10.10 亿美元，同比增长 48.3%；纸浆及纸制品进口 8.22 亿美元，同比增长 13.5%；锯材进口 5.29 亿美元，同比增长 33.3%。进口增幅前三位的林产品依次为，松脂松香等林化产品、木制品、单板，分别增长 807.2%、322.4%、64.8%；跌幅前三位的林产品依次为：苗木及花卉、林业机械、刨花板，分别下降 68.5%、59.5%、31.4%。

**【花卉产业】** 2013 年，全省花卉种植面积 91.46 万亩，较 2012 年的 62.27 万亩增长了 46.88%；产业总产值 350.61 亿元，较 2012 年的 259.76 亿元增长了 34.97%；实现销售额 204.51 亿元，较 2012 年的 169.14 亿元增长了 20.91%；进出口总额 9746.45 万美元，较 2012 年的 8688.5 万美元增长了 12.18%。其中，花卉种植业产值 221.46 亿元，占全产业总产值的 63.16%，较 2012 年 160.60 亿元增长了 37.90%；实现销售额 114.01 亿元，占全产业总销售额的 55.75%，较 2012 年的 92.21 亿元增长了 23.64%；出口额 9006.25 亿元，占全产业出口总额的 100%，较 2012 年的 8088.5 万美元增长了 11.35%。2013 年福建花卉产业之所以在国际经济环境不佳和国内居民消费增长乏力的双重压力下仍然取得快速增长的成绩，主要是观赏苗木(绿化苗木)和食用药用花卉增幅较大。由于受国家政策调控的影响，全省花卉产业主力军的盆栽花卉种植面积略有减少，产值与 2012 年基本持平，但全省观赏苗木和食用药用花卉两类却增长极为迅速。2013 年全省观赏苗木种植面积达 64.66 万亩，产值 116.12 亿元，实现销售额 50.80 亿元，分别较 2012 年增长了 67.2%、43.6%和 31.1%；食用药用花卉种植面积达 2.53 万亩，产值 20.05 亿元，实现销售额 13.97 亿元，较 2012 年分别增长 128.7%、76.4%和 60.9%。

**【森林旅游产业】** 2013 年，全省新增国家级森林公园 1 处，县级以上森林公园总数达 178 处，总面积达 18.8 万公顷。森林公园全年投入资金 2.9 亿元，接待游客 2052 万人次，直接旅游收入达 8.9

亿元。森林人家快速发展，新增三星级以上森林人家27家，全省森林人家接待人数726万多人次，收入达4.4亿元，全省森林旅游产值达到73亿元。

**【林下经济】** 全省已培育比较成熟的林下经济发展模式达到11个。主要是林药、林菌、林禽、林蜂、林游、林苗、林花、林菜、林果、松脂采集加工、竹荪采集加工等模式。福建省被确定全国林药发展示范省，武平县被确定国家级林下经济示范县。全省林下经济实现产值706亿元，其中，林下种植455.5万亩，产值267.6亿元，林下养殖面积207.1万亩，产值47.3亿元，相关产品采集加工面积1601.6万亩，产值357亿元，森林景观利用154.8万亩，产值34.3亿元。

**【南平市林业产业】** 全市林业规模以上工业产值375亿元，增长18%。木材产量继续降低，全市人造板产量137.43万立方米，同比下降8.59%。其他较少消耗本地林木资源的林工产品稳中有升，机制纸、活性炭、松香及再加工产品产量增幅增大，机制纸及纸板产量41.72万吨，增长24.28%；活性炭产量7.85万吨，增长9.94%；松香及再加工产量0.97万吨，增长83.02%。出台《南平市苗木花卉产业规划》《无患子产业发展实施意见》等文件，完成《南平市林下经济发展规划》编制。森林旅游发展加快，新增光泽武夷天池国家级森林公园1处，顺昌华阳山、邵武瀑布林、邵武云灵山3家森林人家获评五星级森林人家，茫荡山自然保护区升为国家级自然保护区。

**【三明市林业产业】** 全市规模以上林产工业产值493.6亿元、同比增长9.7%。人造板、制浆造纸、林产化工等产业链63项，投资千万元以上重点项目开工率89%、19项龙头技改项目开工率79%。新增农业产业化省级重点龙头企业9家。三明被中国林业产业联合会评为中国木质活性炭产业基地。中国(永安)竹具城与淘宝、建行等联合开展网络营销。清流春舞枝成为销售过亿电商龙头。第九届海峡两岸林业博览会按照“政府服务、市场主导、企业唱戏”运作模式，建成林业商品交易中心、全国首家林业大宗商品交易中心，“林品汇”网上商城，体现新定位、新布展、新价值，从短期办会向天天林博会、从政府主导向市场运作、从注重场面向节俭实效、从传统业态向现代商务、从综合会展向专业特色等转变。现场销售额3206万元、贸易订单26.7亿元，林业大宗商品交易额突破1600亿元，签约项目121项、总投资168.7亿元。林产品进出口贸易实现“双增长”，林产品进口1.2亿美元、比增64%，出口2.0亿美元、比增31%、占全市的15%。项目合作和科技对接更加密，新引进台资项目12项、总投资2.0亿美元，台企12家、总投资1.1亿美元，台湾“五新”成果23项、推广面积74.67公顷。

**【龙岩市林业产业】** 全市实现林业工业产值143.2亿元，同比增长16.1%。新创福建省名牌产品6个，龙岩市知名商标10件。市政府从2013年连续3年安排1000万元资金用于扶持花卉苗木产业发展。全市种植花卉苗木8866.67公顷，实现产值30亿元，同比增长30.3%、22.4%。上杭、武平、连城3县省级现代农业(花卉)发展专项资金项目建设全面完成。实现竹业总产值43.7亿元。上杭、永定2县省级现代农业(竹业)发展专项资金项目建设全面完成。全市林下经济经营面积达20.35万公顷，实现产值49.4亿元。全市森林旅游接待游客418万人次，同比增长4.3%；创造社会总产值16亿元，同比增长18.5%。 (伍清亮)

# 江西省林业产业

【概 述】 2013年江西林业总产值达到2025亿元，比2012年增长24.4%，三产结构调整为37:40:23，二、三产业比重逐年增大，产业结构逐步优化。其中：第一产业增速较慢，同比增长仅为9.3%，其中经济林产品的种植与采集产值占比最大，达到365亿元；第二产业增长较快，同比增长45.5%，其中木材加工和木、竹、藤、棕、苇制品制造产值占比最大，达到338亿元，木、竹、苇浆造纸和纸制品和木、竹、藤家具制造产值增长最快，分别为42亿元和200亿元，同比增长了120.3%和80.8%；第三产业增速稳中有升，林业旅游与休闲服务产值占比最大，达到321亿元。毛竹、油茶、苗木花卉、森林旅游等主要特色产业，2013年总产值达到806亿元，占总产值比重40%。此外，香料香精、南康家具产业在全国具有一定优势。

**林业改革** 全省"五统一"体系初步建立，有31个县(市、区)全面实现了林权交易"五统一"，25个县(市、区)实现了信息项目公开、交易竞价的统一；南方林业产权交易市场开展林地等林权交易682项，成交面积49.93万亩，成交金额9.436亿元，逐步发展成为辐射南方省市的区域性林权交易市场。出台了《江西省农民林业专业合作社省级示范社创建办法》，创建省级示范社50家，并从中遴选出全省十佳农民林业专业合作社。全省林业专业合作社达到2129个，争取中央专项扶持资金上百万元。进一步完善了林权抵押贷款政策，全省累计发放林权抵押贷款14亿多元，争取金融机构林权抵押贷款业务授信累计216亿元。赣林担保公司在保贷款余额4.23亿元，累计为全省林业企业和林农贷款累计担保金额13.5亿元。全面推行了林木综合自然灾害险，全省森林保险面积达1.21亿亩，占有林地面积的92.6%，参保面积、保费及综合险参保比例均走在全国前列。

**森林培育** 2013年，全省完成造林面积253.69万亩，实施封山育林面积67.8万亩，完成退耕还林工程15万亩、长江防护林工程17.84万亩，营造抑螺防病林16万亩。新建速丰林100万亩，全面完成了全省木材战略储备基地示范项目造林任务和国家储备林11.2万亩划定工作。遴选了44个国有林场开展森林抚育试点示范，带动全省完成森林抚育面积560万亩；探索了森林可持续经营"崇义模式"并在全省推广。新建森林公园22个、湿地公园38个，提升森林(湿地)公园55个，森林生态科教馆(博物馆)19个。新增绿化通道达标里程513千米。

【竹产业】 2013年10月29日，出台了《江西省人民政府办公厅关于加快竹产业发展的意见》(赣府厅发〔2013〕24号)，明确了4个工作重点：加大竹资源开发和培育力度、完善基础设施建设、大力推进竹产业企业转型升级、抓好竹文化和生态旅游开发；制定了竹产业发展目标：到2020年，建成丰产竹林基地1000万亩，新建竹林经营道路15000千米，培育60家年产值亿元以上的龙头企业和一、两家上市企业，竹产业年综合产值达到600亿元，到2025年，力争全省竹产业年综合产值超千亿元。从2013年起，省财政每年统筹5000万元项目资金，专项用于低产竹林改造、笋竹两用林建设及竹林道路建设，竹林资源质量逐步提高。2013年全省年产竹地板2793万平方米，竹胶合板56万立方米，毛竹产品已由传统的竹地板、竹胶合板向竹键盘、竹家具、竹工艺(日用)品、竹纤维等高科技、高附加值产品迈步，竹产业产值达到246亿元，同比增长265.5%。

【油茶产业】 江西设立了油茶产业发展专项资金，省财政每年安排专项资金不少于5000万元。在国家油茶项目的带动下，油茶已成为江西每年造林资金投入量最大的一个项目。2013年完成油茶新造面积在3.18万公顷，完成低产油茶林改造面积2.88万公顷，全省高产油茶林新造面积超过了300多万亩。除中央、省的直接投资近2个亿和财政配套、整合各类支农资金1.5亿元外，吸引了超过4亿元的社会资金投入到油茶产业中，涌现了一大批油茶种植企业和大户。如江西神州通油茶投资公司、澳门高氏集团、上海恒银集团、正邦、青龙高科等一些有实力的企业，纷纷加入到江西油茶产业发展中。油茶总产量41万吨。

**【苗木花卉】** 2013年10月8日，省政府办公厅印发了《关于加强林木种苗工作的意见》(赣府厅发〔2013〕21号)，明确了今后一段时期林木种苗工作的指导思想、基本原则和发展目标，并确定了林木种苗工作的重点任务、扶持政策和保障。《意见》提出了发展目标：到2020年，江西省主要造林树种良种使用率达到80%以上，项目工程造林良种使用率达到100%，苗木花卉种植面积达到200万亩，苗木花卉综合产值突破1000亿元；确定了八项重点任务：加强林木种质资源保护和利用，加强林木良种基地建设，完善种苗生产供应体系，加大品种审定和推广力度，强化科技支撑，推进苗木花卉产业发展，提高种苗质量与市场监管水平，健全社会化服务体系；提出了建立林木种子贮备制度及强化各项政策支持等。2013年，江西省新增苗木花卉基地25.04万亩。此外，以花卉苗木交易为龙头、被誉为“5000亩江南绿色生态经济新旗舰”“江南花卉苗木的制高点”的“江南花卉苗木大市场”建设是江西省2013年重点工程项目，也是江西省唯一一家经过省里批准的并致力扶持打造的省际花卉苗木市场。该项目总投资16.17亿元，总规划用地5000亩，项目建设正顺利进行。

**【森林旅游】** 2013年底，全省境内共有森林公园162个，湿地公园33个、保护区220个，总经营面积达175万公顷，占全省国土面积的10.5%，初步形成了以森林景观为主体，地文景观、水体景观、天象景观、人文景观等资源有机结合的多样化森林旅游建设体系。2013年11月，在由中国森林旅游网、中国林学会森林公园分会、网易联合主办的中国最美森林旅游景区系列评选活动中，江西省陡水湖国家森林公园 、阳岭国家森林公园 、明月山国家森林公园 、龟峰国家森林公园 、宜丰省级森林公园 、三叠泉国家森林公园 荣获“中国最美森林旅游景区”，其中，明月山国家森林公园又被评为“中国最佳温泉度假地”。12月，江西开展了“江西风景独好·森林旅游”宣传活动，并推介了6个全国“最美森林旅游景区”和3个全国“特色精品旅游目的地”。

**【香料香精产业】** 江西有香料植物近300种，已经开发利用50余种，绝大部分为林产香料。江西省的林产香料香精产业经过四十多年的发展已形成了一定优势。一是天然芳樟醇、天然樟脑粉产量占全球80%，居全球第一，拥有全球市场定价的话语权；二是金溪县已成为全国最大的天然香料生产基地和原材料集散地，拥有全国唯一的香料产业园，被国家工商总局授予“华夏香都”，吉水县是我国主要的蒎烯加工基地和药用香料油集散地，遂川县是我国主要的山苍子油集散地。据统计，全省现有林产香料香精企业近100家，生产近300余个产品，从事种植、采集、初加工的农户约10万户、近50万人，林产香料种植基地(除松树外，芳樟、龙脑樟、水栀子、澳洲茶树、无患子等品种)已达30万多亩。2013年全省林产香料香精总产量达到3.5万吨，总产值近70亿元。

**【南康家具】** 2013年，赣州南康区家具企业达5000多家，从业人员30多万人，工业总产值300多亿元。南康家具类企业获得中国驰名商标3个、江西省著名商标30个、赣州市知名商标58个、江西名牌产品8个、江西省质量守信AAA级企业7个，2011年被国家质检总局批复同意筹建“全国实木家具产业知名品牌创建示范区”。2012年《国务院关于支持赣南等原中央苏区振兴发展的若干意见》明确指出“支持南康家具产业基地建设”。南康家具市场占地面积达到1000亩，建筑面积突破100万平方米，商铺达6200多间，经营户5120户；家具物流企业263家，经营辐射全国各地。2011年，南康被中国家具协会授予“中国中部家具产业基地”称号。

【龙头企业】 2013年，江西省省级林业龙头企业达到258家，代表性企业有。

**江西飞尚林产有限公司** 该公司于2009年正式成立，注册资金为1.3亿元，是深圳飞尚实业集团旗下的成员企业；公司下设10个分子公司，分别是泰和县飞尚林产有限公司，安福县飞尚林产有限责任公司，安义县飞尚林产有限责任公司，鄱阳县飞尚林产有限责任公司，九江飞尚林产有限责任、九江永翔林产有限公司；峡江玉松林化有限公司、浮梁县福祥林产有限公司、江西兴泰化工有限公司、江西超博林化科技有限公司，形成一个集松香生产、销售、研发和松香树脂、松节油深加工产品的现代化股份制企业，自2010年正式成立以来，公司年均产松香类产品近2.4万吨，其中，年产优质松香近1.8万吨，优质松节油近6000吨，各种松香树脂5000吨，公司2013年林产品主营收入3.08亿元，利税4000余万元。公司已成为江西省松香林化行业规模最大的企业。

**江西康替龙竹业有限公司** 江西康替龙竹业有限公司成立于2004年3月，位于中国竹子之乡——江西省宜丰县省级工业园内，主要从事竹产品的加工，产品有竹地板系列产品、竹菜板、竹凉席、竹家具等。从2009年开始主要从事竹地板的出口业务，到2013年产品达到99%以上的出口。出口总量位于全国同行业的前三位。2013年公司资产总额达到4.6亿元，其中固定资产2.9亿元。从2009年开始已连续两届评定为“江西省农业产业化龙头企业”，首批获得“江西省省级林业龙头企业”。2012年获得竹产业协会评定的全国十家之一的“中国竹业龙头企业”、中国林业知识产权试点单位、中国林业科技创新示范基地、中国林业产业5A级诚信企业和国家工商行政管理总局授予的“AAAA”守合同重信用单位等的光荣称号。

**江西仙客来生物科技有限公司** 江西仙客来生物科技有限公司其前身是1982年始创的九江庐山真菌研究所，公司地处世界级地质公园——庐山北麓九江沙城工业园，是专业从事食(药)用菌研产销于一体的“国家级高新技术企业”。同时集“农业产业化经营省级龙头企业”“省级林业龙头企业”“省级扶贫龙头企业”“江西省首批创新型企业”四项荣誉于一身。2004年被科技部认定“国家星火计划龙头企业技术创新中心”；2008年农业部认定为“国家食用菌加工技术研发专业分中心”；2012年荣获“林业产业突出贡献奖”；2013年被认定为国家高新技术企业。注册“仙客来”商标被国家工商总局认定为“中国驰名商标”。2013年公司与中国科学院签约成立“江西仙客来生物科技有限公司院士工作站”，对庐山石耳等森林食品精深加工技术和产品功能开展进一步研发。公司还建有中国首家“灵芝全产业链”可视工厂、江西庐山灵芝文化馆和企业菌蔬果检测中心，拥有25项国家发明专利和领先科研成果。公司自主研发的灵芝、食用菌、果蔬产品等被国家权威机构认定为绿色食品、有机食品、清真食品、保健食品和航天食品，产品不仅进入沃尔玛、家乐福等全国2000余家大型商超，还被人民大会堂和钓鱼台国宾馆国宴选用，并出口日本、俄罗斯、美国等国外市场。

**江西春源绿色食品有限公司** 该公司位于上饶市玉山县金山工业园区，创建于1998年，是一家以生产精制有机山茶油为主的油脂产品加工企业。春源公司经过10多年的努力拼搏，打造出“得尔乐”牌精制食用山茶油系列产品，获得了国家环保总局有机认证、国家“QS”食品质量安全市场准入证以及ISO9001:2000质量体系认证。产品先后连续获得“上饶市名牌农产品”“江西省名牌农产品”“上饶市知名商标”“江西省著名商标”、中国驰名商标，产品畅销国内外，销售渠道遍布国内各大中城市，进入了沃尔玛、麦德龙、加乐福等国际连锁超市和大卖场。

公司拥有年产1万吨精制山茶油的现代化生产基地，与中国农科院油料研究所合作开发，采用“公司+基地+农户”的经营模式建立近41万亩优质高产山茶油母本园基地，把本地资源优势转化为经济优势，带动周边农户长期增收，推动油茶产业步入良性的环保型发展轨道。公司先后被评为上饶市农业产业化龙头企业、“上饶市十强龙头企业”“江西省农业产业化经营省级龙头企业”，被国家林业局命名为“全国经济林业产业化龙头企业”，被省委省政府评为“全省优秀农业龙头企业”。 (蔡恒义 严立军 万发令 陈卉)

# 山东省林业产业

【概　述】 ①2013年山东省林业产业产值继续保持高速增长。全年实现林业产业总产值5574亿元，比2012年增加1059亿元，增长23.5%，连续3年年净增千亿元以上，居全国第二位，占全省GDP总量的10.19%，占全国林业总产值的11.8%。山东以占全国大约1%的森林资源创造了占全国总量近12%的林业产值，实现了资源小省产业大省发展格局。

烟台、潍坊、菏泽等市产值均超过了500亿元。临沂、烟台、潍坊、菏泽、济宁五市林业产值继续稳居全省前五位，成为拉动全省产业大发展的第一集团军，五市产值占到了全省的66.8%。其中临沂林业产值首次突破千亿元大关，达到1149亿元，成为全省首个突破千亿元的市。2013年全省有58个县(市、区)林业产值超过了30亿元，比2012年增加了11个；超过100亿元的有11个，比2012年新增了5个(栖霞、龙口、青州、费县、郓城)，其中临沂市兰山区、菏泽市曹县、潍坊市寿光县均超过了200亿元，成为县级林业产业发展的领头羊。产值结构由2010年的45:53:2，发展到2013年的35:59:6，二三产业比重逐年增大，第二产业的主导地位进一步显著，第三产业比重大幅跃升，结构得到不断优化。

②林业产业已成为山东省部分地区经济发展的重要支柱和农民增收的重要来源。全省出现了一大批聚集度很高的林业产业集群，产业集群效益初步显现。临沂的木材加工及人造板产业群，日照岚山区碑廓镇的木材进出口加工贸易产业群，龙口市的果品储藏加工产业群，青州市的花卉产业群，济宁任城区李营镇的园林绿化苗木产业群，茌平县的中密度纤维板产业群，宁津县的实木家具产业群，菏泽市的木材加工产业群，齐河县、惠民县林下种养产业群等，都在当地区域经济中占有较大比重。同时，农民收入中来自林业的比重逐年增长，全省涌现出了一批农民人均年收入过5000元的县，过1万元的乡村，过10万元的农户，一些林果大县农民林业收入占到总收入的一半以上。沾化县人均达到8000多元，沂源县人均达到7600多元。

③评选认定了一批省级林业产业龙头企业、开展了全省林业十佳明星评选活动。评审认定了2013年度145家省级龙头企业；对2011年认定的省级龙头企业进行了复核，其中66家企业复核合格，34家取消龙头企业称号。截至2013年年底，全省省级龙头企业数量达到368家。评选认定并通过表彰了山东省林业十佳林业局局长、十佳国有林场、十佳国有林场场长、十佳国有苗圃、十佳国有苗圃主任、山东省林业十大明星企业、十大林业明星企业家。

**十佳林业局局长**　胶州市林业局王修吉局长；高青县林业局刘云勇局长；莱州市林业局王延庆局长；昌邑市林业局王圣仟局长；邹城市林业局刘芳局长；泰山区林业局徐红娟局长；荣成市林业局秦道战局长；五莲县林业局王浩然局长；临沂市罗庄区林业局石士连局长；沾化县林业局魏知寅局长。

**十佳国有林场**　青岛市国有崂山林场；淄博市国有原山林场；烟台市国有昆嵛山林场；济宁市曲阜市国有尼山林场；潍坊市临朐县国有嵩山林场；威海市环翠区国有双岛林场；日照市国有大沙洼林场；临沂市蒙阴县国有天麻林场；滨州市惠民县国有沙窝林场；菏泽市东明县国有东明集林场。

**十佳国有林场场长**　济南市历城区国有柳埠林场宋宜智场长；淄博市国有鲁山林场陈士勇场长；枣庄市山亭区国有龙门观林场侯化强场长；烟台市招远市国有罗山林场杨新敏场长；潍坊市寿光市国有机械林场尹国良场长；泰安市国有徂徕山林场边炳梓场长；莱芜市莱城区国有华山林场张秀峰场长；临沂市平邑县国有天宝山林场姜

忠良场长；聊城市茌平县国有菜屯林场张万明场长；山东省国有药乡林场李新明场长。

**十佳国有苗圃** 淄博市苗圃；海阳市国有海阳苗圃；高密市国有高密苗圃；兖州市国有林木良种繁育圃；肥城市苗圃；日照市东港区国有东港苗圃；莱芜市国有东关苗圃；乐陵市国有苗圃；聊城市中心苗圃；郯城县国有郯城苗圃。

**十佳国有苗圃主任** 济南市国有苗圃武朝菊主任；平度市刘家小庄苗圃邵林主任；枣庄市国有第一苗圃周荣宝主任；东营市林业苗圃韩克冰主任；济宁市任城区国有任城苗圃陈启友主任；东平县第二苗圃马忠新主任；荣成市国营苗圃侯新礼主任；国有冠县苗圃张有慧主任；蒙阴县国有苗圃侯传文主任；曹县国有大付庄苗圃张俊亮主任。

**林业十大明星企业** 济南华鲁食品有限公司；淄博市沂源县盛全果蔬有限公司；东营市山东东方花卉有限责任公司；烟台张裕集团有限公司；潍坊市鲁丽集团有限公司；济宁市山东霞光实业有限公司；威海市山东华夏文化旅游集团有限公司；德州市山东贺友集团有限公司；临沂市山东新港企业集团有限公司；滨州市山东惠民长青木业有限责任公司。

**十大林业明星企业家** 济南市山东汇友金核桃食品有限责任公司李德民总经理；山东齐山林业有限公司淄博市刘召军董事长；东营正和木业有限公司刘保卫总经理；潍坊市山东富大地果菜农民专业合作社孟凡尧总经理；济宁市东华市政园林工程有限公司李卫东董事长；威海市文峰集团有限公司张晋秀董事长；日照真诺生物科技有限公司张传良总经理；莱芜市山东龙山林业开发有限公司韩金来总经理；德州市山东鼎力枣业食品集团有限公司刘玉林董事长；临沂市山东立晨集团有限公司王向东总经理。

**【第八届中国花卉博览会参展】** 第八届中国花卉博览会，于2013年9月28日至10月27日在常州市武进区举办。山东省室外“齐鲁园”及室内展厅设计独特，文化底蕴深厚，展品丰富多彩，充分展示了齐鲁历史的源远流长和儒家文化的博大精深，均荣获设计布置类特等奖。同时山东省还荣获组织奖特等奖，展品类获奖216项，其中金奖15项、银奖48项；科技成果和出版物类获奖8项；列总分第七名，获团体铜奖。

**【第十届中国林产品交易会】** 2013年中国林产品交易会于9月19日至22日在中国林展馆举办，历时4天。会议期间，组织严密，运作规范，管理有序，秩序良好，成果丰硕。本届展会主题是“低碳引领美好生活，绿色造福美丽中国”，紧扣时代脉搏，定位准确，特色鲜明，赢得了与会客商和社会各界人士的广泛赞誉。一是企业参展踊跃。本届展会到会企业660家，展位总数达到860个，特装面积3300平方米，江西、湖北等省市，内蒙古、黑龙江两大森工集团，牡丹江、义乌等市，以及省内17市统一组织参展。二是台湾森林产品首次亮相林交会。此次台湾展区共设置50个展位，参展产品主要包括工艺品、日用品、文创产品等，深受采购商和广大市民欢迎，成为亮点。三是名特优新精品荟萃，特色显著。展品包括木质建材、木质工艺品、家具、苗木花卉等十大类上万个品种，一批引领行业发展的生态、环保、节能、可循环的新品参与展示。四是人气旺盛交易活跃。本届林交会正值中秋假期，参展参会人气旺盛，日平均人次达6万余人，为历届林交会之最，交易气氛十分浓厚，许多产品在展台一亮相，即被订购，使参展商得到了实惠。五是展会运行务实节俭。严格执行中央八项规定，林交会不搞招待酒会，不搞大型文艺演出，由企业唱主角，逐步走市场化之路，取消了一切与林交会关联不强、意义不大的活动。开幕式简约、庄重、大气，不悬放气球，不设彩虹门，取消了礼炮和彩烟，务实、从简贯穿林交会的全过程。

据不完全统计，参会人数达20多万人次，分别来自美国、意大利、日本、韩国、中国台湾、香港等12个国家和地区，以及国内18个省(区、市)。签订投资和销售合同及协议302个，金额119.46亿元；外资项目5个，金额2.8亿美元；现场交易额1.3亿元。共评出获奖产品127个，其中金奖65个，银奖52个，优质奖10个。本届林交会参展企业、展品质量、现场交易和参观群众人次等均是历届最多、最好的一年。

**林业会展经济效益日益凸显** 除第十届中国林交会外，2013年山东省林业厅还参与主办了其他一系列展会。4月份，第二届黄河三角洲(滨州·惠民)绿化苗木博览会在惠民县举办；9月份，中国(昌邑)北方绿化苗木博览会暨第十八届园林花木信息交流会在山东昌邑举办；第一届世界石榴大会暨第三届国际石榴及地中海气候小水果学术研讨会在枣庄峄城区召开；第十三届中国(青州)花卉博览交易会暨第七届山东省花卉交易会在青州举办；中国滨州第十五届沾化冬枣产业经贸洽谈暨乡村游在沾化举办。通过举办各种形式的林业展会，带来直接或间接经济效益和社会效益日益凸显。展会经济成为产业发展的有效平台，各项展会参展商、采购商参加踊跃，交易额逐年增长。

**【林产品品牌营造】** 木材生产加工方面，临沂市被授予“中国板材之都”，日照市被命名为国家木材贸易加工示范区。全省10家林业企业成功上市，新港板材、华泰纸业、诸城欧美尔家具、曹普工艺、沾化冬枣等60多家企业品牌被评为全国驰名商标，210多家企业通过ISO9001等国际认证，仅兰山区就有56家板材企业通过ISO9001认证，31家企业通过了ISO14000认证，18家企业通过了欧盟CE认证。临沂新港集团还通过ISO14001:2004国际管理体系认证，并已获得森林管理FSC/COC认证，美国CARB认证，参与了GB/T17656－1999《混凝土模板用胶合板》国家标准的制定。种苗花卉方面，有80多个单位被命名为“国家级特色林木种苗生产基地”，潍坊昌邑、泰安上高、济宁李营等地形成了具有自主品牌的苗木中心。品牌建设成效显著，市场竞争力不断提升。培育发展了一批特色鲜明的林业产业品牌，有效地提升和带动了产业发展。

**【油用牡丹产业】** 2013年4月、11月，国家林业局先后两次在山东省召开全国油用牡丹产业发展座谈会，参观了现场，介绍了经验。山东省编制完成了全省油用牡丹产业发展规划，召开了全省油用牡丹产业发展流动现场会。截至2013年，山东省牡丹种植面积已发展到58万亩，其中油用牡丹52万亩。菏泽市作为全国油用牡丹生产基地试点区，面积达到42.7万亩，产区主要集中在牡丹区、定陶县、单县等地；聊城市8万亩，主要集中在东阿县、东昌府区等地。牡丹种植从原生地、主产区向全省适生地发展，日照市4000多亩，济南市2600多亩，临沂市1600多亩，济宁市1400多亩，其他地市也开始部分种植。骨干加工企业2家。牡丹产业链条已延伸到医药制品、牡丹籽油提取、牡丹系列化妆品、牡丹食品加工、牡丹养生酒、牡丹茶、牡丹食用菌等众多领域及相关产业。

**【木材生产】** 2012年全省第八次森林资源清查数据显示，全省林地面积达到4402.3万亩，林木蓄积量12360.74万立方米。其中，以木材生产为目的的用材林面积1248.8万亩，木材蓄积5801.41万立方米，分别占总面积和蓄积的28.4%、46.9%。从成熟度不同林龄的面积、蓄积看，幼龄林分别占到71.6%、63.1%；从树种看，杨树面积、蓄积分别占94%、95%，是绝对第一大树种，其次为刺槐、泡桐和榆树。从消长动态看，全省用材林年均生长量1168.9万立方米，年均消耗822.7万立方米。其中，成熟林消耗占生长量的比例超过99%，比较正常；而幼龄、中龄林的消耗比例均接近70%，明显偏高。

**【木材加工业】** 以人造板加工为主的木材加工业以绝对优势依然占据第二产业的主导地位，产值为1839.8亿元，占二产的56%，占总产值的33%；其中人造板制造产值为1260.9亿元，占木材加工业的68.5%，成为山东省名副其实的林业主导产业。据调查，全省木材加工企业约3万多家，接纳就业人数约为248万人。其中规模以上企业总数2750多家，人造板企业1650多家，占59.5%。2013年山东省人造板产量为6422万立方米，与2012年同期略增2.7%。其中胶合板产量4413万立方米，占全部人造板产量的68.7%，成为全省的主导产品。

此外，2013年全省锯材产量为1290万立方米，比2012年大幅增长40.2%，木竹地板产量8071万平方米，木片、木粒加工产品2181万实积立方米，均比2012年同期有不同程度的增长。

临沂市聚集了各种人造板材、木地板、家具的生产，产量大、门类全，还有全国最大的华东装饰板材销售市场，是国家命名的“中国板材之都”；日照岚山区建有国家级木材加工贸易示范区，区内木材加工贸易企业近300家，利用港口优势年进口木材460万方，占全省总进口量的60%多；菏泽、聊城形成了旋皮、人造板、家具、木地板生产的一条龙产业链；潍坊寿光划定了木材加工园区，聚集了近200家木材加工企业，拥有世界最先进的橱柜生产线；宁津县是闻名的实木家具生产基地，是国家命名的“中国桌椅之乡”，有家具企业3000多家。

**【山东家具业】** 2013年的主营业务收入达到1200多亿元，增幅在13%左右，其中规模以上企业主营业务收入达到800亿，增幅在15%左右，仍然排在全国第二位，出口达到20.6亿美元，增幅在6%左右。在深圳召开的第三届中国家具产业集群工作会议上，宁津县家具产业集群作为中国实木家具之乡被中国家具协会授予“中国家具行业2013年度优秀产业集群”荣誉称号。

**【果品产业】** 截至2013年年底，全省各类经济林结果面积达到112.3万公顷，产量1906.5万吨，分别比2012年增长6.6%和1.9%，保持了稳定的增长势头。以水果、坚果、茶等作物种植和采集的经济林依然在第一产业中占据主导地位，产值为1109.8亿元，占一产的56%。2013年，全省果品保鲜贮藏企业2410家，贮藏能力509万吨占全省经济林产量的27%，拥有各种类型的果品分级、洗果、打蜡、包装流水线860条，年商品化处理果品能力300多万吨，占经济林产量的16%；果品加工企业600多家，年加工能力290万吨，占全省经济林总产量的14%；2013年全省果品综合交易市场216个，年交易额101.7亿元。经济林产品年出口量149万吨，占全省经济林总产量的7%。形成了一批实力较强的龙头企业，以红枣加工为主的鼎力集团，以果胶、果汁产品为主安德利集团，以果汁饮料为主要的汇源公司，以果酒生产为主的张裕集团，以核桃油产品为主的华鲁集团，以板栗加工为主的绿润以及阳信的鸭梨醋、膏、汁、片等系列产品等。果品及其加工品出口额超过10亿美元。

目前，全省有4处国家级核桃示范基地，100处省级经济林标准化示范园，34个县(市区)被命名为中国经济林之乡称号。全省1700万人从事经济林产业，经济林主产区农民人均来自林果收入在4000元以上，经济林产业发展取得了显著的生态、经济和社会效益。

**【木本粮油】** 2013年全省干杂果面积65.8万公顷(含冬枣)，年产量399万吨，产值500亿元。其中干果面积50.9万亩，产量159万吨。全省干果年加工能力46.1万吨，占干果总产量的29%，其中规模以上干果加工贮藏企业78家，年产值39亿元，年出口干果11.17万吨，创汇2900万美元。涌现出莒南县绿润集团、济南华鲁食品有限公司、泰安市西友板栗加工有限公司、庆云县山东鼎力集团、无棣县舜园枣业等深加工知名龙头企业，培育了“珠玉”“妙香”牌板栗，“曹范”“芍药山”牌核桃，核桃油、玫瑰精油等20多个知名品牌。

全省核桃面积12.2万公顷，产量11.6万吨，年产值500万元以上的核桃加工企业13家。2011年开始启动实施现代农业生产发展资金核桃产业项目，至2013年底，山东省实施项目县(市)共7个，三年省级财政总投入资金达7800万元。以木本油料、果蔬、茶饮料等加工制造的非木质林产品加工业，产值为528.4亿元，占二产的16.1%，所占比重持续走高，居二产第二位，连续两年超过木浆造纸业。

**【全国经济林建设现场会在济南市召开】** 2013年9月4~5日，全国经济林建设现场会在山东省济南召开。国家林业局副局长张永利，国家林业局造林绿化管理司司长王祝雄、巡视员于建亚，山东省政府办公厅巡视员高洪波，济南市副市长李宽端，山东省林业厅厅长燕翔与全国各林业厅局的同志参加了会议。赵润田副省长出席会议并致辞，燕翔厅长围绕“打造优势产区 培育合作组织 发展绿色富民兴林产业”进行了大会典型发言，张永利副局长作了重要讲话。会议以“发展绿色富民产业，促进农民收入倍增”为主题，系统总结十年来经济林产业发展成效，交流典型经验并研究部署今后一个时期经济林建设工作。代表们参观了济南市历城区经济建设现场，重点观摩了历城区香玲核桃专业合作社，西营藕池万亩板栗基地，锦绣源实业有限公司，柳埠镇王家峪大樱桃示范基地，济南华鲁食品有限公司，以及高而万亩核桃生产基地。

**【首次开展果品质量安全监测工作】** 2013 年省财政投入 160 万元，山东省林业厅首次开展了果品质量安全监测工作，对全省苹果、梨、桃、樱桃、葡萄、板栗、核桃、枣等 8 个树种共 1100 批次的果品进行了监督抽检，对板栗、核桃、枣等 3 个树种共 360 个批次果品进行了风险监测，保障了经济林产品质量安全平稳发展。

**【种苗花卉】** 2013 年，全省种苗花卉产业从业人员 200 多万人，生产规模 496 万亩，其中苗木种植面积 239 万亩，花卉种植面积 257 万亩，苗木花卉总产值达到了 545.1 亿元，综合实力位居全国前列。全省育苗面积 170613 公顷，其中当年新增 55889 公顷，分别比 2012 年增长 29.4% 和 22.2%。全国十大园林苗木企业在山东均有生产基地，很多大型企业转产转业到苗木行业求新发展和突破。全省花卉业进入快速发展期，全省有花卉市场 402 个，花卉企业 2653 个，花卉从业人员 44 万人，花农 12.6 万户，组织机构健全，已经初步形成了“公司 + 花农”的合作关系，科研、生产、销售一条龙的产业体系。苗木花卉产业区域化布局、专业化生产、特色化经营的格局初步形成，已成为带动全省农业增效、农民增收的高效产业，成为最具发展活力和增长潜力的新兴产业。

全省花卉业区域化布局、专业化生产、特色化经营的格局逐步形成。菏泽牡丹现有 1200 多个品种，仅观赏牡丹生产面积就达 12 万亩，年产近 1000 万株，成为世界上最大的牡丹生产、销售、科研中心；青州盆花达 300 多个种类、3000 多个品种，盆花年产量超过 3 亿盆，已成为全国盆花生产中心；以青岛为中心的胶东半岛生产蝴蝶兰、大花蕙兰、凤梨、红掌等现代高档花卉，年产超过 1000 万盆。枣庄石榴、平邑金银花、平阴玫瑰、莱州月季、德州菊花、泰安盆景和花冠木，都具有相当的规模和较高的知名度。出现了一大批设施先进、专业化程度高、科技创新能力强、市场占有率高、带动辐射面广的花卉龙头企业，如东方花卉、红梅园艺科技、寿光万芳、青岛美田等。初步形成了市场、龙头企业、花木经纪人、现代物流等多型并进的花卉营销格局。中国北方花卉交易市场年交易额达 4 亿，泰安花样年华苗木花卉展销中心年交易额 2.7 亿，牡丹区赵楼花卉市场牡丹年交易额 2 亿，滕州董村花卉大世界年交易额近 1 亿。以鲜花速递、花卉超市为特征的现代物流业正在兴起。以花卉为加工原料的精油、茶、化妆品、食品和保健品等有近百种产品，深受市场欢迎。花卉生产和深精加工、系列化生产，带动了花卉种苗、资材、花肥、花药、插花、根雕、园艺器械和旅游业的发展，初步形成了“花卉大产业”发展格局。

**【林下经济】** 2013 年，全省林下经济发展面积达 20.8 万公顷，林菌种植产量 42 万吨，林药种植产量 4.8 万吨，林禽、林畜、林驯养殖 5 亿只(头)，年产值达 273.6 亿元，年纯收入 96.2 亿元，带动劳动力就业 116 万人。目前，主要有林菌、林菜、林药等种植模式，林禽、林畜、林鱼等养殖模式。具有一定规模的企业、合作社、联合体近万家。呈现出模式多样化、基地规模化、生产标准化、产品市场化的发展态势。

**【森林旅游】** 林业旅游与休闲服务业继续保持良好增长态势。据统计，到 2013 年年底，全省已建设各类森林公园 241 处，森林公园总面积已达 40.56 万公顷。全省森林旅游直接收入超千万的森林公园已达 31 处，超百万元的达 111 处。森林旅游业正成为林业产业中最具活力的新的经济增长点。

森林旅游业的蓬勃兴起，有力地促进了边远地区道路、交通、水电以及村镇建设的发展。一些昔日的小山村如今变成了新兴的旅游村，搞起了农家乐。泰山、蒙山、崂山、原山、鲁山、五莲山、日照海滨等森林公园已成为带动当地旅游业和整个经济发展的龙头。据统计，全省森林公园建设和森林旅游发展已辐射带动400多个乡镇，3000多个村庄，近400万人口受益，使900多个村脱贫致富，森林公园直接吸纳农业人口15.53万人就业，带动相关行业，间接转移农村劳动力近40万人，实现年社会旅游综合收入196.5亿元，森林旅游社会经济效益显著。

**【生物质能源林培育】** 山东省现有能源林(或可作为能源林培育的森林资源)33万公顷，其中，木质能源林28万公顷，主要包括杨树、柳树、刺槐、紫穗槐、松树、柏树、柽柳等主要造林树种；油料能源林5万公顷，主要包括花椒、文冠果、黄连木、毛梾、接骨木等树种。近几年，山东省林科院对全省适于油料能源林建设的树种进行了资源收集，共收集毛梾、文冠果、黄连木、接骨木等种质资源300余份，并对其种实含油量及油性成分进行了测定，初选了100余个优良单株。其中：接骨木种子含油量高达41.2%，有很高的食用、药用及观赏价值，具有广阔的开发利用前景。

**【对外合作】** 积极实施“走出去”战略，引导企业到境外资源丰富的地区，开展木材经营加工。截至2013年底，山东省有40多家林业企业，通过收购、租赁等方式在10多个国家和地区拥有林地林权面积达690万公顷，蓄积约6亿立方米，面积相当于全省版图的40%以上，蓄积量是全省林木蓄积量的近6倍。全省林产品出口到120多个国家和地区，出口种类达200多个，林产品进出口额不断攀升。据统计，2013年山东省林产品进出口总额达到151.4亿美元，比2012年增长8.7%，占全国林产品进出口总值的12.1%。其中出口额75.5亿美元，比2012年增长6.9%，进口75.9亿美元，比2012年增长10.5%。

**【林业投融资】** 林业投入多元化。山东省进一步健全以政府投资为引导、社会投资为主体、金融机构投资为补充的多元化林业投融资机制。2013年，全省各类林业建设投资达270亿元，其中各级财政投资40.6亿元，同比增长6.2亿元，增幅18%。从全省各市来看，投资额度位居前五位的是潍坊、青岛、德州、泰安、聊城，占全部林业投资完成额的60.6%。用于发展特色经济林、花卉、林下经济等林业产业发展的投资86.5亿元。

**【贴息贷款】** 2013年，山东省实际落实林业贴息贷款累计金额40.1亿元，其中，新增林业贴息贷款达到30.6亿元，比2012年增加3.4亿元，占全国新增总规模的接近1/8，首次突破30亿元大关，再创历史新高。山东省争取新增林业贴息贷款和中央财政贴息资金连续三年实现较大幅度增长，两项均高居全国第一位。在湖南长沙召开的2013年全国林业贴息贷款项目暨中央财政贴息资金管理工作会议上。山东省作为三个典型经验省份之一，作了《强化监管 规范实施 促进林业贴息贷款项目提质增效》的典型发言。

(岳炳勋　刘正臣　郑汝志　杨涛　宋云)

# 河南省林业产业

【概　述】 2013 年，河南省各级林业部门以科学发展观为指导，围绕实施国家粮食生产核心区、中原经济区、郑州航空港经济综合实验区三个国家战略性部署，认真实施《河南林业“十二五”发展规划》和《河南林业生态省建设提升工程规划(2013～2017 年)》，林业产业持续快速发展。全省共完成产业产值 1263.49 亿元，较 2012 年同期增长 16.05%，第一、二、三产业产值分别为 635.62 亿元、511.04 亿元、116.83 亿元，同比增长率分别为 13.38%、17.12%、27.31%，三产产值比例由 2012 年的 51.49∶40.08∶8.43 调整为 2013 年的 50.31∶40.45∶9.24，第一产业比重有所下降，第二、三产业所占比重继续增大，产业结构得到调整，全省林业总产值实现持续较快增长。

第一产业共完成产值 635.62 亿元。其中森林培育与采伐 125.73 亿元，占 19.78%；非木材林产品的培育与采集 485.38 亿元，占 76.36%；林业生产辅助服务 12.13 亿元，占 1.91%；林业系统非林产业 12.38 亿元，占 1.95%。

第二产业共完成产值 511.04 亿元。其中木材加工和木、竹、藤、棕、苇制品制造 257.96 亿元，占 50.48%；木、竹、藤家具制造 70.22 亿元，占 13.74%；木、竹、苇、浆造纸和纸制品 67.69 亿元，占 13.25%；野生动物食品与毛皮革加工制造 0.81 亿元，占 0.16%；以其他非木材林产品为原料的产品加工制造 92.38 亿元，占 18.08%；林业其他相关活动 17.8 亿元，占 3.48%；林业系统非林产业 4.17 亿元，占 0.81%。

第三产业共完成产值 116.83 亿元。其中林业旅游与休闲服务 76.07 亿元，占 65.11%；林业生态服务 25.28 亿元，占 21.64%；林业专业技术服务 3.26 亿元，占 2.79%；林业公共管理及其他组织服务 10.25 亿元，占 8.77%；林业系统非林产业 1.97 亿元，占 1.69%。

【木材战略储备基地示范项目建设】 根据国家林业局的安排，2013 年，国家林业局赋予河南省木材战略储备基地示范项目建设任务 320000 亩，其中中央基建投资建设任务 20000 亩，中央财政补贴建设任务 300000 亩，共在全省 6 个省辖市的 12 个国有林场和 8 个县(区)林农专业合作组织继续开展实施木材战略储备基地示范项目。2013 年河南示范项目建设得到了各级政府的大力支持，示范项目建设纳入了河南省委督查考评工作之中，省财政向示范项目建设单位投入资金 1800 万元；市县两级政府在有关政策和林区基础设施建设上也同样给予有力支持，特别是在树立示范项目建设宣传牌上，各县(区)政府积极协调其相关直属部门为竖立示范项目建设宣传牌提供便利条件、一路绿灯，基本上都在当地的显著位置，还有的宣传牌树在了当地的高速路口处。示范项目当年建设配套资金已基本落实到位。如 2013 年，商丘市民权林场，当地市、县财政向林场投入 370 余万元用于项目区的道路等基础设施建设，有力地支持了林场示范项目的实施，林场也自筹 200 余万元用于示范项目建设；黄柏山林场已自筹到位 150 余万元用于示范项目建设；信阳市南湾林场已自筹到位 77 余万元用于示范项目建设。

【国家储备林划定工作】 2013 年国家林业局赋予河南省国家储备林划定任务 102000 亩，其中商丘市民权林场划定面积 20000 亩，信阳市南湾实验林场划定面积 50000 亩，商城县黄柏山林场划定面积 32000 亩。截至 2013 年底，各承储单位全部完成国家储备林划定工作，共划定国家储备林面积 124109.7 亩，为划定任务的 121.66%。商丘市民权林场划定面积 24000 亩，其中杨树面积 13555.4 亩、刺槐面积 3110.9 亩、杨树刺槐混交林 5478.7 亩、苦楝面积 866.3 亩、椿树 444.7 亩、榆树 544 亩，杨树和杨树刺槐混交林占划定面积的

79.31%，重点储备杨树大径材；信阳市南湾实验林场划定面积60437.7亩，其中杉木44211.5亩、马尾松9258.1亩、栎类4906.9亩、枫香2061.2亩，杉木占划定面积的73.15%，重点储备针叶类大径材；商城县黄柏山林场划定面积39672亩，其中杉木林面积17515亩、黄山松林面积20684亩、枫香林面积1473亩，杉木和黄山松占划定面积的96.29%，重点储备针叶类大径材。

河南省在国家储备林划定工作中注重坚持选择立地条件优越、现有林相对集中连片、林分质量好、技术力量雄厚的国有林场作为国家储备林的承储单位，使划定的国家储备林做到了可查、可控、可调。在国家储备林划定中，省速丰办认真履行职责，及时分解下达划定任务，各承储单位都成立了由场长(书记)为组长，分管业务副场长为副组长，相关科室、各林区负责人为成员的领导小组，明确成员分工和职责，安排或聘请具有丙级及以上资质的林业调查规划设计队进行现地调查及小班落界、内业汇总、制表、制图等工作，认真按照国家林业局下发的《关于2013年国家储备林划定试点要求的通知》要求，积极推广应用外资项目的一些成功经验，切实加强国家储备林划定工作档案管理，较好地确保了全省国家储备林划定工作的实施。

**【招商引资】** 2013年，河南省林业厅制定下发《2013年河南省林业对外开放工作专项方案》(豫林产〔2013〕39号)，建立起《河南省林业招商引资工作信息统计通报制度》，积极参与第八届中国中部投资贸易博览会，并在该博览会《会刊》中利用四个专版宣传推介本省林业建设情况，并发布了河南林业对外重点招商合作项目。在商丘召开了全省林业招商引资现场观摩会，参观考察了商丘市部分在建、投产的林业招商引资项目，部分单位介绍了各自招商引资的经验，会上表彰了在扩大开放招商、大力发展林业产业中成绩突出的先进单位和个人，陈传进厅长就如何做好今后一个时期全省林业系统招商引资工作做了重要讲话，明确了今后河南省林业对外开放工作的方向和重点。组织完成了第6届中国义乌国际森林产品博览会河南省林产品参展工作，河南省林业厅被组委会评为优秀组织奖、有13家企业产品被评为金奖、13家企业产品被评为优质奖。据统计，2013年河南省林业行业中126个在建和新建招商引资项目实际到位资金53亿多元。随着河南林业对外开放工作深度拓展，必将进一步促进本省林业产业的快速发展和林业产业化经营水平的提高。

**【大事记】**

**7月18日至19日** 召开了全省林业招商引资工作现场观摩会。会议代表先后参观考察了商丘市柘城县、睢县、民权县、宁陵县、虞城县的部分在建、投产的林业招商引资项目，商丘、开封、洛阳、周口、濮阳市林业局分别介绍了各自招商引资的经验，会上表彰了在扩大开放招商、大力发展林业产业中成绩突出的10个单位和30名个人，谢晓涛副巡视员对2012年全省林业系统招商引资工作做了回顾总结，明确了今后河南省林业对外开放工作的方向和重点，陈传进厅长就如何做好今后一个时期全省林业系统招商引资工作做了重要讲话。会议由张继敬副厅长主持，商丘市委书记陶明伦同志出席会议并介绍了商丘市的基本情况。

**9月4日** 按照国家林业局计财司《关于组织填报用材林建设工程投资估算指标表的通知》(规建函〔2013〕162号)要求，组织填报了河南省《人工用材林造林定额调查表》《现有用材林改培定额调查表》《用材林造林建设现行价格调查表》。

**9月23日至25日** 与国家林业局一起开展了对河南省承担国家储备林划定工作的3个国有林场划定实施情况的实地调研工作。

**11月1日至4日** 组织参加了第六届中国义乌国际森林产品博览会。在陈传进厅长、谢晓涛副巡视员的带领下，河南省参展团一行40余人顺利地完成了本次森博会的布展与展示工作。此次森博会，河南省共有15家企业30余种(系列)林产品分15个标准展位进行了展示、展销，前来河南省展区参观、询问、品尝森林食品的人潮如流。河南省三门峡市还在本届森博会期间举办了“三门峡涉农招商引资项目推介会”，共推介25个项目，签约6个项目，签约金额9.3亿元。谢晓涛副巡视员参加了该推介会及项目签约仪式。

(肖建成　周晶晶)

# 湖北省林业产业

**【概　述】** 2013年，湖北省林业厅按照全省林业"一二三四五"的工作思路，坚持把发展林业产业、促进就业和林农致富作为大事实事来抓。全省林业产业发展转型，林业产业继续呈现良好的发展态势。全省林业产业总产值达到1431.51亿元，比2012年增长29.01%。其中，第一产业638.08亿元，第二产业578.11亿元，第三产业215.32亿元，一、二、三产业比重为45∶40∶15。在产业总产值中，涉林产业产值为1343.88亿元，占总产值的93.88%；林业系统非林产业产值87.62亿元，占总产值的6.12%。产值前5名的分别是：襄阳市(173亿元)、宜昌市(170亿元)、武汉市(154亿元)、恩施州(124亿元)、荆门市(107亿元)。全省林业产业延续了迅猛的发展势头，一二三次产业发展更趋均衡，产业结构更趋合理。

**【木材加工】** 全省木材产量达251.93万立方米，同比减少2.6%。竹材产量为3297.3万根，同比增长9.57%。锯材产量88.84万立方米，同比增长20%。人造板产量500.89万立方米，比2012年增长25.55%。其中，胶合板产量117.86万立方米，同比增长59.87%；纤维板产量258.15万立方米，与2012年持平；刨花板产量47.61万立方米，同比增长4倍多；细木工板产量68.12万立方米，同比增长22.39%。木地板产量3099万平方米，同比增长5.84%。松香类产品产量19784吨，比2012年增长49.29%。

**【经济林产业】** 截至2013年年底，全省经济林总面积达到187.56万公顷，当年总产量达到490.2万吨，实现产值167.4亿元。经济林栽植面积和产量较大的主要有以下四类：①以油茶为主的木本油料。油茶面积20.06万公顷，年产油茶籽7.44万吨，年产茶油约1.825万吨，产值20亿元。主要分布在黄冈、咸宁、恩施三市(州)，占全省油茶种植总面积的61%。②以板栗、核桃为主的木本粮食。板栗面积39.7万公顷，年产量19.8万吨，年产值14亿元，主要产区为罗田、大悟、京山、曾都，其中罗田县板栗产量超过6万吨，为"中国板栗第一县"。全省核桃面积约14.0万公顷，主要产区为兴山、长阳、建始、房县、竹山、竹溪、郧西、神农架、保康、南漳、鹤峰等县市，现有核桃加工企业24家，年设计加工能力91184吨，2013年加工核桃干果数量18398吨。③以杜仲、黄柏、厚朴为主的木本药材。湖北是全国中药资源最丰富的省区之一，约有3970种，居全国第4位，药材年产量9万余吨。④以乌桕、油桐为主的林产工业原料。全省油桐面积3.6万公顷，年产油桐籽1.3万吨，位居全国第三位。主要集中在鄂西北的十堰市和恩施州。乌桕成林面积1.4万公顷，总产量0.9万吨，主要分布于大悟、红安、罗田、麻城等地。

全省现有经济林产品加工企业达205家，年生产能力达到66万吨。加工种类主要有食品、饮料、化工产品等。例如，油茶的加工品茶油、茶皂素、糠醛、木糖醇、栲胶、活性炭等。板栗的主要加工产品有板栗酱、栗羊羹、板栗蜜饯、栗心巧克力等；银杏的加工产品主要银杏保健茶、银杏酒、黄酮甙等。

**【花卉产业】** 全省年末花卉种植面积达4.32万公顷，比2012年增长20.67%；年产切花切叶8738万支，盆栽植物12470万盆，均2012年略有增长；观赏苗木27513万株，与2012年持平。全省现有花卉市场266个，花卉企业1293个，花农33787户，花卉从业人员11.61万人，其中专业技术人员1.2万人，专业技术人员占比10.4%，比2012年提高了0.9个百分点；全年花卉种植业产值达到44.84亿元，比2012年增长16.35%。

**【森林旅游产业】** 全省森林公园、自然保护区旅游等林业旅游与休闲服务共接待4247万人次，比2012年增长了8.73%。林业旅游和休闲服务业直接收入145.57亿元，比2012年增长31.82%；直接带动其他产业产值507.84亿元，同比增长131.65%。

**【林下经济】** 随着集体林权制度改革的不断深入，以林下种植、林下养殖、相关产品采集加工和森林景观利用等为主要内容的林下经济得到迅速发展，对增加农民收入、巩固集体林权制度改革和生态建设成果、加快林业产业结构调整发挥了重要作用。截至2013年底，全省利用林地发展林下经济面积616万亩，林下经济年产值150多亿元。从事林下经济经营活动人口达300万人，林下经济经营县市农民人均收入6412元，其中来自林下经营收入1164元，占农民纯收入的18.15%。共建立林下经济相关的专业合作社783个，入社会员56万户，经营面积达287.4万亩，呈现出良好的发展态势。

**【襄阳市林业产业】** 近年来，襄阳市紧紧围绕发展"生态林业、民生林业"战略目标，大力实施大基地、大招商、大园区、大龙头、大旅游等"五大战略"，多措并举推进生态林业与民生林业建设，初步形成了以速生丰产林、高效经济林、木本油料林、生物质能源林、中药材、茶叶和食用菌基地建设以及林下种植与养殖等为主的第一产业，以木材、干鲜果、森林食品、茶饮、木本油料、生物质能源等加工为主的第二产业，以森林旅游、林特产品销售和林业技术服务等为主的第三产业。林业产业工作得到前所未有的重视，林业经济不断发展壮大，2013年全市实现林业总产值173亿元，位居全省各市州之首，同比增长40%，保持了连续五年快速增长态势。

领导高度重视，强势推动发展。市政府出台的《襄阳市农产品加工业"三年倍增计划"行动方案》明确提出打造千亿级林业产业，把中国襄阳花木绿谷、玫瑰文化产业园等46个涉林项目列为全市重大建设项目，实行市领导包保责任制和驻点项目秘书制，采取目标考核和路线图管理。市林业局将林业产值、特色产业基地和林下经济示范基地建设、培育省级龙头企业和规模企业纳入林业重点工作目标考核，年初与各县市区林业局签订责任书、年中督办检查、年终进行综合考评。

实施重点项目带动工程，夯实发展之基。坚持国家、政府、企业和招商四位一体的投资策略，大力推进林业产业化支撑项目建设，引领产业做大做强。全市现有24个林业产业重点在建项目，总投资达172.95亿元。襄阳宏林园艺集团有限公司投资的"中华紫薇园"开园迎宾，湖北杜仲科技实业有限公司投资的杜仲胶生产线和湖北华海纤维科技股份有限公司投资的中底板生产线等林产品深加工项目顺利建成投产。一批重点项目的建成达产，推动该市林业产业跨越式发展。

搭建企业集聚发展平台，促进企业逆势竞进。该市林业企业克服经济下行压力加大和严重自然灾害等不利因素影响，保持了良好的发展态势。全市现有3个省级林业科技产业园，规划总投资45亿元，其中2013年完成投资5.58亿元；已入驻企业30家(其中2013年新入驻企业4家)，2013年园区实现总产值71.77亿元，同比增长10.4%。全市培育林业产业化省级重点龙头企业36家，其中2013年新增7家。2013年林业产业化省级重点龙头企业实现销售收入76.6亿元，建设自营基地65.2万亩。林产品出口创汇取得新突破。全市现有出口创汇林业企业7家，2013年实现出口创汇5048万美元。

创新体制机制，拓宽企业投融资渠道。采取"金林搭桥、银企对接"、股权交易等措施，着力拓宽企业投融资平台，化解企业融资难。继2012年湖北华海纤维科技股份有限公司在天津股权交易所挂牌之后，2013年6月28日，湖北永续植物科技股份有限公司成功在武汉股权托管交易中心挂牌。市林业局与中国农业银行襄阳分行联合出台了《关于开展"富民兴林诚信创业信贷支持计划"的意见》，并于2013年11月28日签署了"共同推进林业产业建设发展战略合作协议"，确保每年投放林业信贷规模递增20%以上，3年累计投放林业贷款不低于30亿元人民币，重点支持工业原料林基地、木本粮油和特色经济林基地、林下经济基地、林板及林纸等林产工业项目、森林旅游等林业主导产业建设。

积极创建品牌，着力提升知名度和竞争力。该市采取政府扶持、企业主导、行业和部门互动等措施，鼓励并支持企业开展品牌和名优产品创建工作。近年来，该市培育了5件湖北著名商标和9个湖北名牌产品。2013年度，襄阳市和谷城县分别被中国林业产业联合会授予“中国民生林业产业示范区”“中国油茶产业示范县”荣誉称号；湖北汉家刘氏茶业有限公司董事长刘家国获评“2013品牌中国(茶行业)年度人物”；“谷城黑木耳”等3件商标荣获“中国地理标志商标”；“玉皇剑”牌绿茶、“汉水”牌沙梨、“荆山锦”牌绿茶、“水镜庄”牌书写纸等4个林产品荣获“湖北名牌产品”称号；有7个林产品荣获“湖北省无公害产地”；17件林业商标获评“襄阳市知名商标”。

**【宜昌市林业产业】** 宜昌市坚持生态建设、产业发展并举，将林业特色产业作为加快全市农村经济发展的重要支柱产业，科学决策，认真规划，统筹推进，在社会各界的广泛参与下和共同努力下，全市林业特色产业呈现出整体推进、全面提速的发展态势，初步实现了“农民增收，企业盈利，财政增长，林业发展”的多赢目标。到2013年，全市共有涉林加工企业900多家，其中市级以上林业龙头企业106家，省级重点龙头企业59家，已建成湖北现代林业科技产业园4个，组建各类林业专业合作社760家，其中省级示范合作社6家，2013年全市林业社会总产值达到148亿元。

特色产业发展迅猛，亮点纷呈。木本油料、种苗花卉、林下经济等特色新兴主导产业发展势头强劲。截至2013年底，全市已建设木本油料基地82.64万亩，涌现了长阳、兴山、秭归等木本油料产业发展大县和以湖北华饴、长乐科技、兴山智慧果、秭归秭源等企业为主的产业示范基地。全市种苗花卉基地面积达12万多亩，初步形成了枝江马家店、当阳河溶、点军桥边、夷陵区黄花、龙泉、长阳高家堰等特色种苗花卉产业集群。工业原料林基地突破性发展，在当阳建设10万亩湿地松、在五峰建设了5万亩盐肤木产业基地。林下种植业、养殖业异军突起，尤其是中药材和食用菌产业，成为林业产业开发的新领域。通过林下经济发展，培育了坤艳药业、众赢等等一批中药材加工企业和森源、科力生、裕禾菌业、野山珍等一批林业龙头企业及林业专业合作社。

林产品门类丰富，龙头企业实力增强。通过多年的努力，全市林产加工重心逐步由人造板、纤维板等木材资源加工转变到木材、林化、林药鼎立的产业体系，单一的产业结构被打破，主要林产品涉及人造板、单宁酸、松香、家具、茶多酚、木本油料、森林食品等100多个品种，已初步形成了十大优势产品门类。以山山、星球、盼盼、富豪为龙头的木制品加工，以赤诚、森成、绿源等为龙头的林产化工，以土老憨、萧氏、邓村、采花等为龙头的干鲜果茶，以森源、科力生为龙头的食用菌，以新桥、一致魔芋、十八湾为龙头的森林蔬菜，以坤艳、农晟、众赢为龙头的中药材，以三峡、清江、大老岭、后河为龙头的生态旅游，以卫民环境、金禾环境、沐阳园林等为龙头的种苗花卉，以华饴公司、长乐科技、智慧果、秭源为龙头的木本油料，在各产品门类中发挥明显龙头带动作用。目前，全市林业龙头企业拥有湖北省著名商标产品8家、湖北名牌产品称号9家，拥有了30多个名优和地方特色产品，长阳资丘木瓜被命名为湖北省名优森林食品(原生态产品)，山山地板被命名为湖北名优地板，当阳的脂松香、远安的森源牌香菇等30多个产品先后获的中国农博会、省林博会金奖、新产品奖和畅销产品奖。

政策支持力度加大，林业市场主体迅猛发展。市委市政府先后组织编制、批复实施了《宜昌市木本油料产业总体规划》《宜昌市种苗花卉总体规划》，出台了《关于大力推进林下经济发展的通知》《关于加快油茶核桃为主的木本油料产业发展的通知》《关于进一步加快林业特色产业发展的意见》三个文件。市林业局出台了《推进全市林业特色产业发展奖励办法》(试行)，并争取落实了市级财政专项以奖代补的奖励资金。一系列的支持扶持政策，有效激发了社会力量积极投入林业特色产业发展。2013年全市林业部门新发展市场主体1974个，个体大户1651户，企业323个。

**【郧西县林业产业】** 郧西县是一个山区林业大县，

是汉民族的发祥地之一。全县土地总面积3509平方千米，林业用地面积435.16万亩，占土地总面积的82.5%。截至2013年年底，全县以核桃、山野葡萄、杜仲、香椿、板栗为主的林特基地面积达36万亩。该县在林业产业发展机制上逐步形成了"政府主导，政策推动，大户示范，农户参与"的发展模式；在资金投入上形成了"政府补贴、政策放大、社会参与、银企联动"的投入形式。县政府制定了《郧西县林特产业发展"十二五"及2020年远景目标发展规划》，明确了林特产业发展重点、目标和布局。重点建设核桃"西部百公里走廊、东部万亩基地"，巩固开发香椿、杜仲、板栗，着力培养产业重点乡镇、重点村、专业大户，不断优化林特产业鼓励奖扶政策和考核机制。县委每年出台1号文件明确林业产业发展思路、年度计划、组织领导、推进措施、验收考评办法。2008年出台〔37〕号专题会议纪要，明确新建香椿基地每亩奖扶100元，新建核桃基地每亩补贴300元、杜仲、板栗每亩50元。2013年对新发展标准化山野葡萄基地500亩，经验收合格后按500元/亩.年的标准予以奖扶连续3年；对新建核桃连片标准化基地500亩以上、每亩达30株的，按1200元/亩的标准奖扶资金。目前全县以核桃为主的林特产业已初步形成"基地+农户""企业+基地""企业+基地+农户""协会+基地+其他"四种模式。全县林特基地已达36万亩。骨干品种核桃重点培育湖北口、关防、店子、槐树、上津、香口、安家、景阳、夹河、河夹、土门11个产业重点乡镇，累计发展核桃基地达15.8万亩，其中已挂果面积7.5万亩。山野葡萄按照企业主导，政府奖扶，未来5年发展人工种植基地10000亩，现已发展3000亩。杜仲基地已发展到8万亩，板栗5万亩，柿子3万亩。

**【云梦县林业产业】** 云梦县是一个典型的平原县，地处荆楚腹地，江汉平原东北部，下辖九镇三乡，总面积604平方千米，总人口63万。全县各类林地总面积达3994.6公顷，其中森林面积2560公顷，森林蓄积量143964立方米，森林覆盖率4.31%。全县已初步形成了速生丰产林种植产业、板材加工产业、观光采摘型林业产业、蜂产品加工产业、鹦鹉养殖业、林下经济七大产业格局。据初步统计，2013年全县林业总产值达到3.68亿元，林业产业带动富余劳动力0.89万人次，增加林农人均收入1200元，成为全县农民增收的一大亮点。

**速生丰产林种植业快速发展** 通过引导、培植一批企业、个人投资速生丰产林，结合长防林、血防林、低改林等项目建设在荒滩、荒地造林，建成以杨树为主的速生丰产林产业基地2.7万亩，预计到生物成熟期后，总产值达到4.05亿元。

**木地板加工产业迅速崛起** 该县益嘉林业项目总投资10.2亿元，建设生产线三条。公司引进德国技术和工艺流程，以林业三废剩余物、次小薪材和农作物秸秆为原材料，主要生产中高密度纤维板、木地板、胶合板、饰面板等产品，年产环保中高密度纤维板30万立方米。

**蜂产品加工业稳步发展** 引进云梦天成实业公司是一家集环保绿化与生产加工蜂产品于一体的绿色企业，该公司将名贵古树、盆景、根雕、奇石四大品种作为都市观光休闲的主打概念，将蜂产品作为主推产品，每年吸引各地游客1.6万人次，销售蜂蜜0.8万吨，创汇1.05亿元。

**鹦鹉养殖业一枝独秀** 云梦人对养鸟情有独钟，曾一度成为当时全国最大的养鸟基地。该县积极培育了大徐鹦鹉繁殖基地，帮助驯养繁殖专业户调整发展思路，拓宽市场渠道，利用先进技术，以虎皮鹦鹉驯养繁殖为重点，大力发展鹦鹉养殖产业。近几年，云梦县城关、隔蒲潭等乡镇鹦鹉养殖户达到10余户，养殖七个品系的虎皮鹦鹉，年销售商品鸟20万对，年销售收入500万元。产品行销上海、广州、青岛、重庆等全国10多个大、中城市和沿海地区。

林下经济成为新亮点。全县建成各类林业立体种养基地11000余亩，涌现出林下经济大户90多家，年创收亿元左右。林下经济成为农民创收的新亮点，成为云梦的一大"绿色产业"。

**【谷城县林业产业】** 2013年，谷城县实现林业总产值80亿元(其中第一产业产值27.11亿元，第二产业产值24.69亿元，第三产业产值28.2亿元)，油茶、茶叶、食用菌、森林旅游、生物质能源五大支柱产业迅猛发展。

**油茶产业** 全县当年新建油茶基地2万亩，总面积达到13.6万亩，其中老油茶基地7万亩、新建6.6万亩亩，被中国林业产业联合会以中产联〔2013〕27号文件正式授予谷城县“中国油茶产业示范县”称号，成为湖北省首家获此殊荣的县市。为实现油茶增收、农民增效，及时摸索和总结经验，全县通过开展油茶“两园”建设(高产栽培示范园、低产林改造示范园)，明确建设内容、目标、技术措施和保障措施，实行“一园一班人”管理，取得显著成效。

**茶叶产业** 截至2013年年底，全县茶园面积达13.9万亩，茶区集中在五山、紫金、薤山、南河、赵湾等乡镇，茶叶总产量达7082吨，实现产值4.25亿元，拥有茶场128家，省级龙头企业2家，市级龙头企业1家，茶叶专业合作社7家，茶叶从业人员超过5万人。谷城县先后荣获“中国名茶之乡”和“全国特色产茶县”，连续五年被评为“全国重点产茶县”。2013年“汉家刘氏”茶叶品牌被认定为中国驰名商标。湖北玉皇剑茶业有限公司生产的“玉皇剑茶系列”被指定为“灵秀湖北特色旅游名特产品”。

**食用菌产业** 2013年，全县发展食用菌1000万袋，其中袋料香菇600万袋，木耳、灵芝、平菇、金针菇等400万袋，实现产值1亿元，辐射带动2000户、带动就业人数6500人，人均增收3000元。“谷城黑木耳”地理标志商标经国家工商总局商标局正式批准，参与攻克超大灵芝的培育技术难题，成功培育出直径达1.2米的超大灵芝。

**森林旅游产业** 全县拥有薤山国家森林公园、南河自然风景区、承恩寺森林公园、汉江国家湿地公园等重点森林旅游景区，2013年接待旅游总人数达到42.5万余人，森林旅游收入达到4亿元。谷城大薤山旅游项目森林小木屋正式对外营业，另规划新的神农峡漂流项目，经过前期建设筹备，现已进入试运营。南河景区对景区道路进行了刷黑处理，景区的环境得到整治。汉江国家湿地公园汉水文化展示区项目各项工作筹备就绪，年底正式动工。

**生物质能源产业** 谷城县林业生物质能源产业发展目前主要依托凯迪循环经济园的发展，该项目是上市公司凯迪集团公司立足谷城资源，发挥凯迪资本、技术优势而成立的一家高新技术企业。该项目拟投资57亿元，占地1286亩，在谷城再生资源园新上以生物质电厂为核心的生物质循环经济项目，建成后将形成生物质－电－热－生态农业循环经济产业链。目前投资3亿元，占地186亩，以稻壳、农作物秸秆及林业废弃物为燃料，建设1×30MW的生物质电厂已经建成并在2013年12月试运行。投产后，年均上网电量1.98亿KWh，年产灰渣2万吨(用于商品有机肥)，年节约标煤8.5万吨，实现年销售收入1.5亿元，利税1000万元。

**【武汉市花卉苗木产业】** 随着社会的进步和生活水平的提高，花卉苗木产业已逐步成为促进林农增收致富的朝阳产业和助推美丽乡村建设的重要抓手。花卉苗木市场需求大，经济效益高，生态效益好。近几年来，武汉市始终坚持“一手抓生态建设，一手抓产业发展”，把花卉苗木产业作为现代都市林业发展的重中之重，着力为城市打造生态屏障，为市民提供生态产品，为农民建设生态家园。

**基地规模化** 武汉花卉苗木产业的发展经历了由点到面、由小到大、由弱到强的发展过程。截至目前，全市花卉苗木生产总面积达到30多万亩。花卉苗木栽培树种达200多个，形成了年产5000万株绿化苗木、租摆植物100万盆、盆花草花700万盆、草坪地被250万平方米和鲜切花400万支的生产能力，年产值达40亿元。

**产业园区化** 按照基地成片、设施配套、突出特色的原则，着力推进大园区、大板块、大企业、大项目建设，形成了以江夏区107国道沿线和大花山花卉苗木基地、黄陂武湖花卉科技产业园、新洲花果山桂花苗木基地和蔡甸九真彩叶树种等为核心，规模在5000亩以上的十大花卉苗木产业园区，苗木生产逐步向产业带集中、花卉生产逐步向园区集中。

**设施标准化** 苗木花卉摆脱了以前“大而散”“小而全”的低水平重复建设模式，建园标准有较大提高。武汉法雅园林、西湖园艺等企业积极发展设施花卉，配套设施大棚、喷灌设施，新建智能温室面积达到25万平方米，建成标准化苗圃基地面积达8万亩。每年可提供桂花、广玉兰、樟树、红叶石楠、栾树等优质乔木约200万株；常规和彩色花灌木达8000万株(盆)，分别占武汉市场销售量的65%和45%左右。武汉林业集团高档盆花蝴蝶兰、仙客来、红掌、观赏凤梨等实现本地量产，大幅降低了生产成本。

**品种特色化** 坚持面向市场，体现特色，合理引导品种结构调整，大力发展大规格苗木、彩叶树种、花灌木和乡土树种。引进市场预期好、增值潜力大的优良品种，重点发展十大主导苗木品种：常绿乔木类植物桂花、樟树；落叶乔木类植物法桐、枫香；亚乔木类景观花卉植物紫薇、樱花；灌木类彩叶树种红叶石楠、金叶女贞；乡土树种合欢、栾树等。

**园区休闲化** 按照合理规划、设施配套和功能齐备的原则，围绕休闲、观光、采摘和农事体验等主题对花卉苗木产业园区实施配套建设，满足市民休闲度假旅游的需求，提高了花卉苗木产业的综合收益。依托武汉林业集团投资1亿元建设的柏泉600亩彩叶树种基地，精心打造了郁金香主题公园赏花游。每年组织开展红花绿叶进万家、黄陂云雾山杜鹃节、江夏柑橘采摘节、新洲桂花文化节、蔡甸森林旅游节等生态文化活动，取得了较好效果。

**营销市场化** 着力培育专业市场，打造电子交易平台，建立连锁经营网点，让鲜花进社区、进街道、进超市，增强了产品的市场流通能力。通过订单生产、网络销售和市场展示等途径，逐步形成了武汉本地花卉苗木产品生产、经营和销售的规范化、网络化和系统化。目前全市已有4家专业批发市场、18家花卉零售市场、1000余家花店，苗木销售公司、花木合作社等各类中介组织近200家。

**【巴东县核桃产业】** 巴东县核桃栽培历史悠久，分布广，品种多。县人民政府于2010年出台了《县人民政府关于加快核桃产业发展的意见》，提出了到2015年，全县建成核桃基地10万亩，年均产量达到3.3万吨，年均产值达到6.6亿元的发展目标，力争成为“武陵山区核桃第一县”和“中国核桃之乡”。截至2013年底，全省共新建核桃基地面积9.5万亩，覆盖全县12个乡镇、293个村、4.5万户。全县核桃种植面积500亩以上村有40个，其中千亩以上村10个，核桃专业合作社有15个，核桃年产量达823吨，产值1600万元，人均年收入增加1000元。湖北西谷核桃有限公司于2012年落户巴东县野三关工业园区，是专门从事核桃产业化发展、核桃精深加工及其产品销售的林业产业化省级重点龙头企业，2013年实现产值3255万元，其深加工核桃油、核桃调和油以及核桃工艺品三条生产线已安装调试，全部投产后可年加工5000吨，实现产值过亿元，带动就业500人，实现5万户农民年增收3000元/人。

**【赤壁市竹产业】** 赤壁市是“中国竹子之乡”，现有竹林面积40万亩，占林地总面积131万亩的30.5%，立竹总量7300万根，年消耗楠竹1200万根以上，大部分为周边县市流入，采伐量548万根，年总产值为3.6亿元。赤壁全市范围内现有乡土竹种50余种，有竹加工企业30家，从业700余人，主要产品有竹笋、竹地板(半成品)、竹炭、竹花签、竹筒、竹拉丝、竹筷子及其他日用品和工艺品。规模较大的企业有冠森竹纤维、利源林农、嘉力工贸、汇园竹业、新达激光等，投资过千万元以上的龙头企业3家。随着政府招商引资工作力度的进一步加大，赤壁竹产业将会不断地发展壮大，并逐渐成赤壁经济的新型支柱产业。

**【恩施市中药材产业】** 恩施市是湖北省乃至全国中药材主产区之一。境内药用植物种类多、品质优。据统计，全市有药用植物186科，854属，2088种，常年收购品种达300种以上，在全省批量生产的80种主要药材中，有30种产于该市。主要品种有党参、当归、黄连、贝母、厚朴、杜仲、黄柏、川乌、丹皮、白附子、竹节人参、鱼腥草等，其中板党、窑归、紫油厚朴、鸡爪黄连、杜仲、天麻、贝母等品种历史悠久，品质优良，备受中外药商青睐。截至2013年，全市有各类中药材总面积27.17万亩，其中党参3万亩，紫油厚朴5万亩，杜仲8万亩，鸡爪黄连3000亩，贝母2000亩，银杏3万亩。已形成了以党参为主的板桥镇、以紫油厚朴黄连为主的新塘乡等两个药业专业乡镇，形成了以黄连为主的太山庙，以窑归为主的石灰窑，以白术为主的碾盘、大树，以白芍、吴茱萸为主的车辽坝等药业专业村，培育了一批种植、加工、营销大户。全市各类型的重点药业企业及经营户25个。基地型企业1家；加工型企业3家；营销型17家；综合型企业5家；辖区的圣峰药业、清江生物和弘翔药业被评为省级林(药)业产业龙头企业，圣药药业被认定为国家级高新技术企业。2013年，全市药业企业实现产值近5亿元。企业要发展，品牌是生命。近几来年，市林业局在培植龙头企业的同时，围绕林药产品标准化建设做了大量工作，着力引时引导培育品牌，并取得一定的成绩，牵头制订了板桥党参、紫油厚朴、石窑当归三个省级地方标准，制订了板桥党参种子、种苗等两个市级地方标准；成功将板桥党参和恩施紫油厚朴申报为国家级地理标志产品。协助恩施市质量技术监督局实施了板桥党参国家级农业标准化示范基地示范项目又相继发布。协助本草药业成功向国家商标总局申报了“板桥党参”地理商标。恩施圣峰药业的“尚灵”牌系列产品获湖北著名产品称号。

**【襄州区柳编产业】**

襄阳市襄州区素有“全国柳之乡”的美誉，与河南的固始、山东的临沂并称为全国的三大柳编基地，其柳编产业主要集中在程河镇，已有300多年的历史。全镇有柳编专业村11个，柳条面积2万亩，编工1.2万人，加工运销大户300余户，柳编企业8家，拥有自营出口权企业3家。1998年，程河镇组建柳编集团，下设3个分公司，网络61户，个体经销大户及500余柳编专业户，并在国家专利局注册“金河”牌商标，拥有自营出口权。2006年开始，该镇先后从河南、安徽请来高级技师对程河镇柳编专业村优秀编工进行培训，培训内容包括精编、立编、平编、钉编、拧编和木编，为提高全镇整体编织水平和产品档次、产品品位发挥了积极作用。2007年5月“程河柳编地理标志产品保护”被国家质检总局批准，全国同行业唯一；“程河柳编”四个字于2007年10月被国家工商总局作为集体商标在互联网上被广泛使用，全区乡镇产业独创；2008年，位于该镇从事柳编制品生产和柳编基地建设的“襄阳程河工艺品有限责任公司”被确定为省级林业产业化龙头企业，在龙头企业的带动下，程河柳编产业已形成“公司+商会+基地+农户”的产业化模式，极大地促进了柳编产业的发展壮大和农民增收致富。2009年7月，程河柳编编织技术被省劳动厅评为全省十大劳务品牌。柳编产品已获“湖北省旅游产品”“全国名牌农产品金奖”等殊荣。到2013年，程河柳编生产已形成四大格局：基地大规模，编工大队伍，公司大块头，效益大增加。柳制品已发展到六大类4000多个系列，10000多个花样品种，产品运往国内30多个大中城市及欧、美、澳大利亚等20多个国家和地区，年产值逾亿元，创汇逾300万美元。

**【郧县木瓜产业】** 郧县地处鄂西北秦巴山脉，汉江中上游，地貌以低山丘陵为主，受丹江水库的影响，境内年均气温16℃，降水量800毫米左右，无霜期240天。独特的气候为木瓜、核桃生产提供了良好的条件，全境适宜发展木瓜的山地面积有60余万亩，木瓜生产成为农业增效、农民增收和农村经济发展的主导产业。截至2013年年底，全县木瓜特色产业基地面积达到20万亩，涉及农户近15万户。全县木瓜系列产品的开发、加工格局已基本形成。从事木瓜产品加工的企业有葆春酒业、耀荣木瓜生物科技有限公司、渝川公司等3家，年加工鲜木瓜1.5万吨，开发的木瓜系列产品有木瓜酒、木瓜醋、木瓜汁，正在研发的产品有木瓜果脯、木瓜酱、木瓜白酒等，特别是木瓜酒、木瓜醋、木瓜酱深受消费者青睐。郧阳木瓜获得绿色食品认证和国家地理标志产品保护，并纳入企业使用地理保护标志。郧县木瓜已顺利通过湖北省中药材地方标准，载入《湖北省中药材标准》一书。郧县木瓜栽培技术规程已被列为湖北省地方标准。郧阳木瓜获得“郧府”的注册商标。“郧县木瓜生产标准化示范基地”已被列入了第六批全国农业标准化示范项目。木瓜系列产品木瓜酒、木瓜醋分别获得绿色食品金奖和绿色农产品研发金奖，耀荣公司成为央视CCTV网合作伙伴广告商。

【宜城市食用菌产业】 食用菌产业是宜城林业产业的重要组成部分，经过20多年的发展，目前已具规模，并已形成菌种保障、生产基地、专业市场、销售网络、营销队伍等比较完善的产业化经营模式和格局，取得了明显的经济效益、社会效益、生态效益。食用菌生产主要分布在流水镇、板桥店镇、刘猴镇，2013年，全市食用菌总产量为100000吨，加工103000吨，总产值为8亿元。在食用菌生产迅速发展的同时，以大山合集团和中泰德胜为龙头的食用菌加工产业链也在加粗延长，食用菌销售市场不断拓宽，产品对外远销欧盟、南非、东南亚、日、韩、美等60多个国家和地区，国内进入沃尔玛、家乐福等大型超市。

【现代林业科技产业园区】

**湖北现代林业老河口森林食品科技产业园** 老河口森林食品科技产业园建于2009年12月。园区总面积6.8平方千米，园区发展定位立足鄂西周边丰富的森林食品原料林资源，突出具有鲜明资源和气候特色的系列果产品加工、食用油加工、中药材加工、山野菜(菌类、笋类)加工、林业生物制剂生产等产业，形成森林食品研发、加工、物流仓储、交易展示产业链。园区入驻企业总数已达到11家，并汇集了4家省级林产业龙头企业。园区企业固定资产总投资达到6.58亿元，2013年实现产值21.3亿元。带动农户25000户，从业人数42000人，人均增收1800元。2014年产业园产值可望实现25亿元。

**湖北现代林业宜城食用菌科技产业园** 产业园位于宜城市经济开发区内。现有宜城大山合现代农业有限公司(食用菌)、襄阳中泰德盛现代农业有限公司(食用菌)、湖北富亿农机制造有限公司(林业生产机械)、安能(宜城)生物质热电(林业生物质能源)、襄大农牧有限公司(林下养殖)、襄阳市天佐饲料有限公司(林下养殖)、宜城市天鑫油脂有限公司(林下种植)、楚谷香食品(林下种植)、湖北广发纸业有限公司(林业造纸)等9家涉林企业。2013年园区9家涉林企业总产值80亿元，利税5亿元。力争到2015年底，企业总投资规模达到30亿元，产值达到240亿元。园区入驻企业达到15家以上，其中产值过50亿元的大型龙头企业1家，20亿元的2家，10亿~20亿元3家。争创中国名牌产品2个，湖北省名牌产品10个，带动周边发展产业基地200万亩。

【木材加工重点龙头企业】 湖北宝源木业有限公司 公司以建设OSB产业为重点，夯实上游基础、开发系列产品、延伸下游项目，拉长产业链条，壮大企业规模，全力打造百亿企业，全年实现综合销售收入35.5亿元，同比增长40%。宝源OSB板采取高精度定向铺装方式，使用美国亨斯迈公司异氰酸脂(PMDI)环保胶黏剂，具有结构稳定不变形、强度高、握钉力强、防水性能优良等特点，确保不含甲醛环保品质，通过中国绿色家居材料资质认证，产品达到最高的G1级认证标准，成为全国第一个完全符合G1级认证标准的产品。公司采用无甲醛制造的中密度纤维板、实木皮、三聚氰胺纸、环保水性漆等材料，经过多道加工工艺，创新生产出中纤板贴面板、实木皮贴面板、三聚氰胺饰面板、擦漆板等四大系列近百种宝源精木板系列产品，行销全国31个省(市、自治区)。新开发的OSB贴面板系列产品通过强强联合，在中南五省区形成了良好的示范推广效应，影响和带动了全国装饰行业的转型升级。公司始终坚持“公司+基地+农户”的经营模式，免费送树苗给农户，通过订单收购的方式，每年以6万亩的造林规模，全面开展人工林基地建设，累计建成人工林基地47万亩，覆盖全市31个乡镇、248个村，签订造林合同农户达13622户，其中50亩以上规模农户达到2941户。

**康欣新材料科技股份有限公司** 康欣新材料科技股份有限公司是集育苗、造林、木材深加工、林板一体化的大型林业产业化龙头企业。2010年公司实行了股份制改造，现拥有湖北康欣科技开发有限公司、康欣新材料科技连云港有限公司两大全资子公司和湖北康欣(汉川)木制品生产基地。公司主要生产集装箱用定向结构板、集装箱木底板、装饰板和建筑模板，拥有国内一流的生产线，产品质量通过了中国船级社、法国船级社以及美国船级社(ABS)的工厂及质量体系和生产体系的认证，通过了包括ISO9000—2008质量体系认证、ISO14001环境体系认证、GB/T 28001:2001职业健康安全管理体系认证、ISO18001 健康体系认证、FSC－COC 森林产销监管链认证等多项国际权威认证，取得了人造板“全国工业产品生产许可证”。“康欣科技”环保多层胶合板、建筑模板获得了第五届“中国武汉农博会金奖”。

到 2013 年年底，公司总资产达到 21.11 亿元，净资产 11.02 亿元，企业年生产能力 17 万立方米；拥有优质种苗基地 8616 亩、林业基地 33 万亩。2013 年，公司被授予“AAA 级中国企业商务信用等级”证书，“湖北省认定企业技术中心”“湖北省林业产业促进会副会长单位”“湖北省林业产业化省级重点龙头企业”“AAAAA 级中国林业产业诚信企业”“2013 年度税收贡献二十强企业”“定向结构板(OSB)湖北省工程技术研究中心”。获得了三项实用新型专利：“集装箱底板用定向结构板”的实用新型专利 1 项、“全杨木集装箱底板用胶合板”的实用新型专利 1 项、“一种用集装箱底板用胶合板改裁的剩余板制造的层积材”的实用新型专利 1 项。加大了 COSB 高强度定向结构板在集装箱底板领域的技术研发力度，目前已形成新产品系列，并已批量生产和销售；开展了竹束在集装箱底板中的应用研发以及国内车厢板和欧洲商用车厢板新产品的研发攻关工作；加大了与科研单位的合作力度，与省林科院合作将泥湖苗圃基地作为省林科院等单位的苗木良种培育基地，建立苗木新品种试验、示范区，积极推进苗木新品种的培育试验。被湖北省发改委、湖北省国家税务局、湖北省地方税务局、湖北省海关评定为“省级研发中心”。

公司现有林业基地 33 万亩，在挖沟、除草、栽植、整枝、施肥、防虫等，全部雇请当地农民劳作，高等级支付劳务工资。共为 150 多个行政村、20000 多农户提供了劳务机会，既增加了当地农民的就业机会，又缓解了农民的经济压力，产生了有目共睹的社会效益。2013 年仅在施肥、防虫、除草、翻地松土、开沟沥水等管护中为农民支付劳务报酬就达 1.4 亿多元。

**湖北海富家具有限公司** 公司总部坐落在驰名中外的古城荆州北郊，地处沙市区经济开发区皇屯家具工业园，占地面积 60 多亩，投资 6850 万元人民币，建筑面积 20465 平方米。职工总数 350 多人，其中具有中、高级职称管理人员 50 多人，生产车间 40000 平方米，产品展厅 10000 多平方米。公司已通过 ISO9001、2000 国际质量管理体系认证、ISO14004、2004 环境管理体系认证、GB/T28001—2001 职业健康安全管理体系认证。该公司是一家采用国际新型名贵材料和德国意大利先进技术，专业设计生产红木、天然木皮、板式等高档会所、别墅、办公、宾馆酒店家具、教学家具及室内外成套装饰、施工于一体的民营企业，公司正向集团化管理模式奋进。作为首家生产红木家具的企业，在生产现代家具的同时，也开始对古代工艺品进行收藏、研发。收藏的工艺品品种繁多，生产的工艺品仿古逼真。本公司生产家具所使用的木材来自于国内西南地区高档西南桦、楸木、柚木，国外原材料来自于缅甸、老挝黄花梨、非洲刺猬紫檀、小叶红檀、尼泊尔紫檀。生产工艺精湛、设备先进，技术力量雄厚，原材料渠道畅通。海富家具通过实行科学化、规范化管理，坚持以研发、品质、服务为指导方针，使公司赢得广大消费者认可，连续多年被授予“湖北省守合同重信用企业”“湖北省消费者满意单位”“中国十八省市最畅销知名品牌”等荣誉称号，其自主研发生产的“海富”“金楠世家”“盛唐红鼎”“鑫海富兴”系列家具属“中国著名品牌”、湖北省著名商标。公司被工商部门定为“企业年检免检企业”，是“中国家具协会理事单位”“湖北省家具协会副会长单位”“荆州市家具行业执行会长单位”“湖北省工商联常务理事单位”“湖北省林业化龙头企业”“荆州市农业产业化龙头企业”“荆州市知名商标”，在全省同行和社会各界树立了良好的企业形象。

**荆州万树集团有限公司** 公司始建于 2001 年 6 月，坐落在荆州市沙市区观音档镇建设街 88 号，总投资额 1.2 亿元，占地面积 331 亩。公司沿着“林板一体化”的发展思路，坚持建设“高效核心团队，实现全面提升，综合增效”的发展战略。经过多年的经营发展，建立了现代企业管理结构，实行董事会领导下的总经理负责制。公司现有员工 220 人，其中大专以上的专业管理人员 61 人，有高级工程师、高级技工等专业技术人员 49 人。目前，公司拥有 10 万立方米/年的中、高密度纤维板生产线，是湖北省农业产业化和林业产业化重点龙头企业之一。2013 年，公司生产中高密度纤维板 10 万立方米，实现工业总产值 2.1 亿元，销售收入过 2 亿元，税收 570 万元的年度经营目标。截至 2013 年底，带动基地农户数 10000 余户，农民 18000 多人，年人均增加收入 12000 元。

**沙洋秦江人造板有限公司** 始建于 2004 年，坐落于沙洋县工业园 1 号，公司资产总额 6700 万元(其中固定资产 4500 万元)，主要生产中(高)密度纤维板，使用次、小薪材，还利用部分农作物秸秆(棉秆)，年需木材量 13 万吨。产品已覆盖湖北、重庆、广东、湖南、江西、四川等省市，市场前景广阔，深受用户青睐。公司在全县建杨树基地 3 万余亩，向农户无偿提供种苗 180 万株，带动农户 600 余户，户平增收 300 元。2013 年生产能力已达到 10 万立方米，年销售 9 万立方米，产值 1.1 亿元，同比增长 8%，年利税 600 万元，同比增长 4%。

**【花卉苗木重点龙头企业】**

**襄阳宏林园艺集团** 位于襄城区尹集乡，是一家集园林景观工程设计、施工、养护和花卉苗木培育销售于一体的国家二级资质企业，业务范围遍布全国。公司注册总资本 1.85 亿元人民币，年收入 1 亿元人民币。公司技术力量雄厚，拥有中、高级管理人员 30 人，园林专业技术人员 50 人，熟练技术工人 150 余人。尹集乡中华紫薇园是宏林公司建设的核心园区，园区总体规划面积 15000 亩，基地建设总规模已达 13000 多亩，项目总投资 28 亿元，已完成投资 5 亿元人民币，种植各类大中规格型苗木 8 万余株、小型苗木 800 万株，形成 8000 亩以紫薇、对节白蜡、红豆杉、樱花、桂花、石榴、枇杷、玉兰等为特色品种的苗木生产基地，其中收集种植紫薇品种 21 个，大小苗木(桩景、盆景)8 万株。园区将突出以紫薇为主要特色的大型综合植物专类园，形成特色森林、园艺展示、休闲观光的森林公园。该项目建成后将成为集生态旅游、休闲度假、商务接待、花木生产、科研教学、园林产品交易和园林技术交流为一体的综合性绿色产业。宏林园艺集团下属子公司一个，林场一个，苗木花卉基地四个：襄州区泉眼基地面积 3000 余亩，主要培育各类常规中小苗木；南漳县城关镇宏林盆景园面积 200 余亩，主要从事各类古树、古桩及杂木盆景的培育；河南省鄢陵县苗木基地(鄢陵县陈化店 311 国道旁)占地 200 亩；鱼梁洲基地占地 200 多亩，主要培育紫薇树桩及对节白蜡树桩等高档绿化苗木。

**湖北紫园园林绿化有限公司** 公司位于中原磷都钟祥市胡集镇，由董事长李家庆先生创办，从 1982 年两亩苗圃地起步，经过 30 年的艰苦努力，发展成为集园林绿化施工与园林绿化苗木种植于一体，拥有国家城市园林绿化二级资质的一家股份制的民营企业，注册资金 1000 万元，固定资产 6000 万元，资产总值过 2 亿元。现拥有北京通州、河南鄢陵、武汉安山、襄樊尹集、钟祥罗汉寺、胡集天摩岭和公司总部所在地等 12 大苗木花卉基地 13580 亩，技术骨干 159 人，其中中高级职称技术人员 21 人。2013 年，公司年实现销售和旅游收入 8000 万元，利润 1000 余万元，被认定为湖北省林业产业化省级重点龙头企业。近年来，公司按照省林业厅提出的“立足实际，科学规划，加快建设花卉苗木科技产业园区，推进产业发展集约化、规模化、标准化、现代化，以此提升该省的花卉苗木生产技术水平”要求，公司积极带动周边农户发展，联手组建紫园集团，优化品种结构，推进标准化经营，开创了以公司为龙头，带动周边农户同发展、创品牌、抢市场的崭新局面，初步建立了近 30000 亩的大型花卉苗木市场。为实现建设生态林业、推进旅游林业、提升效益林业，发展景观林业的设想，公司围绕建设公园式苗圃、打造景观林业示范基地和创建湖北花卉苗木超市目标，着力建设植物展示园、野生植物种质资源库、万亩生态养生园三大项目。为拯救湖北野生植物、保护野生乡土树种和丰富该省绿化树种资源，公司利用掌握的林业科学技术在罗汉寺基地建设了占地 3700 亩野生植物种质资源库，将已收集到的 1500 多种植物和准备收集的 200 多种植物分成 8 大类，力争通过引进、繁殖，扩大品种规模，逐步实现品种规格化、规模化，把罗汉寺苗圃基地建成一个以乡土树种为主、木本植物达到 1000 个、草本植物达到 1000 个、乔灌草相结合的生态观赏园和植物繁殖示范基地。

**湖北千百卉园艺工程有限公司** 公司位于汉

川市境内，建有自营苗木基地5个，辐射基地16600亩，主要以杨树为主的工业原料林基地和以对节白蜡、柞树为主的园林景观树、绿化苗木基地。现有各类绿化苗木13万株，活立木蓄积量12万立方米，年均可提供绿化苗木2万余株，工业原料木材4.8万立方米，产品销售率30%。2013年投入项目资金400万元新建林业基地2000亩，种植工业原料树木、各种绿化苗木1.8万株。目前，公司安置社会就业人员180人，带动农户3500户，约10000人，人均年增收2400元。2013年实现产值5318万元，利税478万元，同比2012年度增长8.6%。

**【木本油料重点龙头企业】**

**湖北正全农业科技开发有限公司** 公司成立于2009年4月，地处"中国油茶产业示范县"——谷城县城关镇贡品农业园。主要从事林产品深加工、茶油的提炼加工、油茶种植基地建设及林业综合性开发等业务。公司占地面积52亩，建筑面积25000平方米，茶油年生产能力10万吨，储油能力2万吨，有员工168人，其中技术人员42人。2013年度，实现销售收入4.26亿元，实现利税6980万元，比2012年增长47%。公司研发生产的"人人康"系列养生茶油，有"养生胶囊""天成仙品"和"科学配方"三大系列八种规格，通过了ISO9001质量管理体系认证，荣获"中国有机产品"称号。公司主要产品"人人康"山茶油2013年8月获"湖北最佳城市礼品"；2013年11月获"第6届中国义乌国际森林产品博览会金奖"；2013年12月获第十届中国武汉农业博览会"金奖农产品"。公司二期"中国玫瑰养生茶油工业园"项目占地面积260亩，于2013年3月开工建设。该项目是公司与新疆新赛集团联合，计划投资12.5亿元，建设集产品研发、生产、物流于一体，主要对"人人康"牌茶油进行生物及生化技术改造，开发高端产品，引领中国养生茶油高端市场。公司的奋斗目标是：打造湖北茶油产业航空母舰，铸就中国养生茶油领袖品牌；产值过百亿，利税超十亿。

**湖北省发夏食品有限公司** 是咸丰县油茶产业重点龙头企业。2010年，该公司投入2200余万元，购进了年产3500吨茶油压榨、年产2000吨茶油精炼和包装设备。压榨生产线已于2010年元月试车投产。精炼和包装设备已于2011年8月正式投产，2011年9月"百年木"野生山茶油系列产品已上市销售，2011年11月1～4日公司参加由国家林业局和浙江省人民政府共同主办的第二届中国国际林业产业博览会，该公司生产的"百年木"野生山茶油系列产品被评为本届林博会的"金奖"产品。2013年，实现山茶油产量2000吨，产值20923万元，实现利税3000万元，同比增长66.7%、16%、20%，产品销售率达95%。建成油茶基地1.2万亩，安置社会闲散人员和农村剩余劳动力1200多人，受益农户7000多户，农户实现增收5000多万元。公司规划到2020年，建成国内生产设备、生产工艺最先进，年加工能力达10000吨茶油的压榨、精炼、包装自动化生产线和茶皂素等附属品提取生产线，提供就业岗位500个，年产精炼茶油10000吨，提取茶皂素1200吨，年销售额达到8亿元，出口创汇800万美元，实现利税8000万元，林农增收3亿元。在县内发展油茶种植基地7万亩(新发展4万亩，改造老茶林3万亩)。带动周边县市发展油茶30～50万亩。选育高产油茶良种2～3个，建设油茶苗木基地200亩。

**湖北香芝源绿色食品有限公司** 湖北香芝源绿色食品有限公司成立城2010年11月注册资金1000万元，现有员工120人，其中技术人员58人，大专以及以上文凭人员37人，主要从事油茶产业开发加工和油茶籽种植产业。银行信用等级AAA级。2013年9月公司投资4500万元，计划到2015年建成3万亩的油茶种植示范基地，实现年销售收入4.2万亿元。其中2013年实现销售收入1051万元，实现利税52万元，带动农户1500户，户平增收10000元。

**【森林食品重点龙头企业】**

**广信绿色食品开发有限公司** 该公司由广信科教集团于2010年在京山县投资设立，注册资本3000万元。公司现有员工580余名，中高级农林技术人员占员工人数20%以上，聘请了多名国内著名的专家、教授为技术顾问或兼职研究员，并与华中农业大学、长江大学农学院、湖北省林科院等大专院校和研究机构签署了技术服务合同和合作共建协议。公司大力发展有机食品和绿色食品产业，现建设有林果基地连片种植特色冬枣4000亩，优质薄壳核桃8000亩，观光百果园2000亩和苗圃200亩。冬枣已进入盛果期，亩产1500余千克，亩销售额2万元左右。目前，公司有机林果基地开发建设、生态农业示范效应和深加工农产品相继投放市场，极大地促进了基地所在村、镇的经济发展及种植业结构的调整，通过合同、合作、合股经营三种紧密型利益联结机制带动京山县5000多农户发展林果经济、种植绿色食品面积数万亩，为公司的快速发展储备了规模巨大的农林资源空间。

**湖北汉家刘氏茶业有限公司** 湖北汉家刘氏茶业股份有限公司是一家老字号茶企业，连续五年中国茶业行业百强企业，"汉家刘氏"是中国驰名商标，中国十大品牌茶，2013年经中国农科院茶叶研究所、浙江大学农业品牌研究中心联合评比，品牌价值5.63亿元，居全国同行业第8位，获得"中国茶叶电子商务十强企业"称号，是湖北省林业产业化重点龙头企业和农业产业化重点龙头企业，是湖北唯一走进世博会的茶叶企业。汉家刘氏茶业以基地加工为基础，以汉家刘氏品牌形象为推广手段，生产有绿茶、黑茶、红茶、乌龙茶、白茶、花茶、茶微粉，兼顾其他茶类和茶食品、茶饮料生产，实行公司+合作社+农户模式，拥有一个公司，四家专业合作社(汉家刘氏、贡茶、周氏、秦家畈)，合作社核心股东308人，辐射带动农户35000户，10万茶农。其中汉家刘氏茶叶合作社2013年度荣获"省级农民林业专业合作社示范社"称号。公司现拥有员工386人，资产总额28409万元，净资产11902万元，固定资产15750万元，资产负债率27.09%，销售额达122530万元。截至2013年年底，公司拥有10.5万亩茶园，其中有机茶园5000亩(获得认证的1800亩)，是湖北省质监局授予的有机产品示范区，有无公害茶园15000亩，合作茶园85000亩。目前拥有全球领先的光波绿茶生产线一条，价值2198万元，日处理鲜叶5吨，干茶2000千克。拥有国内领先的黑茶生产线一条，投资2050万元，日产黑茶5000片，最高日产9吨，年产绿茶1000吨，黑茶3000吨，红茶500吨，其他茶类1000吨。产品畅销湖北、深圳、广州、上海、北京、郑州、西安等各大中城市。远销美国、加拿大、法国、俄罗斯、日本、荷兰、东南亚等36个国家和地区，其中在俄罗斯的科斯特罗马州、佛罗基米尔州、莫斯科州建有加盟店，并计划在俄罗斯建立黑茶和红茶分装厂。

**倪氏国际玫瑰产业股份有限公司** 2011年10月，蓝贝酒业集团在枣阳投资50亿元成立，实施"玫瑰产业综合开发"。倪氏国际玫瑰产业定位于种植园、产业园、文化园的三大园区建设，构建集种植、研发、生产为一体的涵盖一、二、三产业，实行产加销一条龙，贸工农一体化，打造中国花卉产品第一品牌、国际一流的玫瑰研发中心、全球最大规模玫瑰种植区、世界著名的玫瑰深加工产业园。目前，倪氏国际玫瑰产业股份有限公司已在枣阳市租地统一种植，建成了5.2万亩玫瑰核心示范区。生产种植区由公司统一提供苗木、提供技术指导和服务，实行保护价收购，政府制定优惠政策，市场带动，引导农民发展种植。倪氏国际一期建设八条生产线：年产能20万吨九朵玫瑰花汁饮品生产线、10万吨九朵玫瑰花中水生产线、3000吨九朵玫瑰口服液生产线、800吨九朵玫瑰干花蕾(代用茶)绿色食品生产线、2000吨九朵玫瑰细胞提取液生产线、300吨九朵玫瑰纯露生产线、500吨九朵玫瑰糖渍玫瑰生产线、120千克九朵玫瑰精油生产线。玫瑰花汁饮品、玫瑰花中水、玫瑰口服液为企业自主开发，填补国内花汁饮品空白项目，技术先进性在全国领先。2013年，倪氏国际玫瑰完成销售收入20042万元，实现利润1703.57万元，纳税603.4万元。同年，倪氏国际玫瑰产业股份有限公司被评为湖北省林业产业化龙头企业。

**湖北玉皇剑茶业有限公司** 湖北玉皇剑茶业有限公司始建于1992年，2008年改制为股份制民营企业，是湖北省"省级林业产业化龙头企业"、湖北省农业产业化"省级重点龙头企业"、全省"十大名茶场"。公司现有总资产1.58亿元，年生产、加工、销售名优茶4000多吨，发展专卖店58个，网络销售点2000多处，2013年度实现销售收入15.3亿元，实现利税3200万元。连续五届成功举办鄂西北茶王茶艺大赛并屡获茶王大奖。公司改制来，先后整合茶叶基地10万多亩，辐射带动农户8000户，带动就业人数31000人。下一步，公司将投资10亿元，建设“一区两园”，即玉皇剑茶叶食品工业园区、建茶叶观光园、科技园，打造幸福绿色企业，打造旅游生态品牌。

**湖北水布垭酒业有限公司** 该公司位于恩施州巴东县，拥有年产10000吨银杏酒和1500吨纯粮基酒的生产能力，主要产品为水布垭银杏酒，产量达2100吨，年销售率85%。2013年实现年产值5300万元，较2012年增长34.3%；销售额达到4303万元，较2012年增长25.6%；2013年实现利税160万元。公司所属银杏种植专业合作社有银杏种植基地4万亩，“水布垭”商标为湖北省著名商标，水布垭银杏酒荣获“湖北省名牌产品”，公司常年获湖北省消费者满意产品称号和省级“守合同重信用”企业，产品荣获99中国(国际)农业博览会名牌产品，2004、2005年连续两届荣获湖北省林产品博览会产品金奖，2011年被评为中国国际林博会产品金奖。现公司正与湖北中医大学研发机构合作，新的银杏酒系列产品正处于加紧研发中。

**湖北省竹山县兆华山野菜开发有限责任公司** 该公司是开发生产纯天然野生绿色食品的专业厂家，具有一流的生产技术和现代化生产设备，年生产能力达2000余吨。占地面积6000平方米，现有职工76人，其中专业技术人员9人，公司位于汉江支流堵河源头秦巴山区物产资源丰富的竹山县官渡镇。本公司生产的山野菜产品均采自秦巴山区、堵河上游一带，为神农架生态圈和堵河源自然保护区自然生长的无污染、纯天然绿色食品。本公司采用国内先进的脱水、保鲜技术和独特的民间工艺研制开发的“驴头峡”系列山珍、山野菜产品，主要有：竹笋、香椿、蕨菜、野油菜、麻豆等20多个品种，富含多种氨基酸、钙、铁、锌等多种人体所需元素，具有良好的保健养生价值和丰富的营养机能。产品远销北京、上海、浙江等全国19个省市。2013年，实现产值620万元，实现销售收入620万元，创利120万元，创税20万元。

**湖北天程食品有限公司** 位于红安县城东工业园区，其板栗贮藏、保鲜及深加工技术位居于国际先进水平。天程食品公司利用在全国大中小城市的联络处，与一些大型超市和韩国、日本、美国及东南亚国家的客商建立起良好的合作关系，形成了强大的销售网络，使公司的优质产品大批量的走向国内、国际农产品市场，真正实现“产、供、销”一体化服务。主要加工产业为精品开口笑、精品甘栗仁、速冻栗仁、速冻栗丁等，年生产能力达到10000吨，年产值12000万元，年销售收入11000万元，年利润总额为800万元。能带动农户3000户、5000人、人平年增收1万元。2012年取得“将军红”注册商标，并通过了ISO9001国际质量管理体系认证和ISO22000食品安全管理体系认证；2013年“将军红”系列产品被省评为“湖北省消费者满意单位”；2013年7月评为“湖北省农业产业化重点龙头企业”和“湖北名牌产品”。

**恩施绿嘉侬农业发展有限公司** 是一家以绿色蔬菜和水果为主业的现代化林业企业，2011年投资1.2亿元引进果蔬储藏加工项目，目前，公司已建成容量26000吨气调库保鲜冷库群，2013年，公司荣获“湖北省省级林业产业化重点龙头企业”称号，当年实现产量6000吨，产值6539万元，实现利税500万元，同比增长50%、60.9%、42%，产品销售率达95%。公司依托沃尔玛等国际超市，按照“公司+合作社+基地+农户”的经营模式，以现有2万亩黄金梨基地为核心，新建红心猕猴桃基地0.5万亩，带动农民发展5万亩，产值10亿元以上，使广大农民更多地享受惠农政策，获得良好的经济效益。

**宜城大山合现代农业有限公司** 是一家从事食用菌加工、转化和出口创汇的重点企业，是湖北省林业产业化省级龙头企业、全国十大食用菌龙头企业。生产以“大山合”牌为注册商标的香菇、木耳和香菇调味料系列产品，食用菌销售市场不断拓宽，产品对外远销欧盟、南非、东南亚、日、韩、美等60多个国家和地区，国内进入沃尔玛、家乐福等大型超市。2013年，拥有员工537人，占地面积206亩，加工销售香菇100000多吨，出口创汇额3970万美元，固定资产52361万元，资产负债率60%，销售收入103500万元，收入增长率30%。当年利税6000万元，利税增长率28%。

**襄阳中泰德盛现代农业公司** 位于宜城经济

开发区，现拥有员工100人，占地30亩。在鄢城办事处周岗村占地500亩，建立了食用菌生产基地，是以加工香菇酱为主要产品的出口创汇企业、湖北省林业产业化省级龙头企业。公司注册了"馥瑞"牌农产品品牌，并通过了ISO9001:2000质量管理体系认证和国家卫生注册登记，其"馥瑞"牌香菇、木耳等农产品已远销泰国、新加坡、澳大利亚等国。2013年实现2800吨香菇酱及其他香菇生产，年销售收入12528万元，利税350万元，出口创汇1300万美元。

**枣阳市四井岗油桃基地** 枣阳市四井岗油桃种植专业合作社成立于2009年6月，地点设在平林镇四井岗油桃基地。合作社会员分布全镇18个村、60多个村民小组。并拥有专业技术人员11人，厂房30间，固定资产1000万元，建有储存量25吨的冷库一座和占地600平方米油桃批发市场。截至目前，该合作社采取"公司+协会+基地"的模式，以服务果农，促进油桃产业发展为基本原则，网络会员1003户，建立了全省连片面积最大，产、供、销一体化的油桃标准化示范区5万亩，其中：挂果面积3万亩，年产无公害油桃15000万千克，实现产值2.2亿元，该合作社产品远销哈尔滨、兰州、武汉、广州、深圳、南宁等20多个大中城市，并出口到越南、马来西亚等国。"四井岗"牌桃获中国绿色食品发展中心的"绿色食品"认证。四井岗油桃种植专业合作社油桃基础成为国家级农业标准化示范区。桃产品远销全国十多个省市，并进入东南亚、俄罗斯市场。

**湖北仙仙果品有限公司** 成立于1997年，是本乡本土成长壮大起来的省级重点沙产业龙头企业。长期以来在防沙治沙产业发展中逐步积累形成了今天的技术优势、市场优势、加工优势、品牌优势、出口优势。公司注册资本2000万元，目前拥有资产总额11000万元，其中固定资产5000万元。自营林产业基地11000余亩，林产品批发市场一座，并投资3500万元建成了出口制罐华晟食品分公司。"汉水""仙仙"两个品牌被双双授予省级著名商标、优质产品称号。"华晟"牌加工林产品通过了出口商检和国际三大权威认证，形成了较强的出口竞争力，年出口欧盟、东南亚、新西兰、俄罗斯等多个地区。2013年实现产值32000万元，利税1800万元，辐射带动农户8000户，带动农民人均增收14500元。

**襄阳三珍食品有限公司** 成立与1998年8月，位于襄州区张湾办事处，属中外合资企业，注册资本1000万元，主要从事橡籽仁、各种淀粉、芝麻、香菇、木耳等农副产品的生产、加工和销售，进行收购、加工、出口一体化经营，具有对外出口经营权。公司连续三年被中国农业银行湖北分行授予"AAA"资质等级，连续多年被襄阳市评为"出口创汇先进单位"。现有员工60人，其中技术人员15人；生产主车间1484.8平方米，仓库1978.68平方米，晒场8000平方米，综合楼2087.2平方米。立足襄州当地及周边地区盛产橡籽、芝麻等农副产品的资源优势，依靠农村市场充足的劳动力，积极参与国际贸易市场竞争，年加工出口橡籽仁4000吨、橡仁淀粉1000吨等，主要出口到韩国、日本和美国。产品先后通过"ISO9001国际质量体系认证"、国际"OFDC有机食品认证"、南京国环"有机食品认证"、韩国"新环境"有机认证。2013年产值达7000万，创税400多万，产生了良好的经济效益。

## 【木本中药材重点龙头企业】

**湖北老龙洞杜仲开发有限公司** 位于襄阳市襄城区庞公办事处洪庙村，是集杜仲研发、种植、加工、销售、具有进出口经营权为一体的综合性企业，湖北省林业产业化重点龙头企业，是国家星火计划和国家中小型企业技术创新基金立项项目。公司经过近二十年的杜仲种植发展形成了60万亩规模的种植基地，其中公司自有种植基地5.6万亩，其余的54.4万亩是公司+农户的合作方式，公司与农户签订了合作协议，公司以种植、管理、技术支持为条件，取得杜仲原材料的唯一收购权。公司具备年加工杜仲叶25000吨、杜仲雄花150余吨、杜仲果350多吨生产能力。公司以杜仲叶、杜仲雄花为原料开发"似仙牌"系列杜仲红茶、杜仲绿茶、杜仲雄花茶、杜仲精粉以及杜仲自然醒、自然畅、杜仲提取物等10多个产品。"似仙牌"杜仲茶、杜仲雄花茶等杜仲产品是中国国际林业产业博览会金奖产品、国家林业局首推的有机食品和湖北省"名优森林食品"，市场占有率达80%以上；产品自然醒为国内、外首创，广受市场青睐，引领第四代功能性固体饮料发展方向，市场占有率为100%。

**竹山县天新医药化工有限责任公司**　该公司是充分利用本地丰富的肚倍资源，采用先进的工艺技术，进行单宁酸、没食子酸、三甲氧基苯甲酸等三大系列产品深度加工的科技型企业。现拥有年产600吨没食子酸、500吨工业单宁酸、200吨染料单宁酸、100吨食用单宁酸、200吨药用单宁酸、150吨焦性没食子酸、200吨3，4，5-三甲氧基苯甲酸和50吨3，4，5-三甲氧基苯甲酸甲酯等高新技术产品生产能力，年产值达4000万元以上，其产品广泛应用于矿产、医药、化工、食品、染料、电子、啤酒、化学分析及军工等领域。2013年，生产单宁酸、没食子酸、三甲氧基苯甲酸等三大系列产品391吨，实现产值2910万元，创利591万元，创税158万元。

**【森林旅游重点龙头企业】**

**咸丰县坪坝营国家森林公园**　咸丰县坪坝营国家森林公园是在咸丰县国有坪坝营林场的基础上建立，位于咸丰县西南端，距县城55千米，地处鄂、渝边界，总面积154平方千米。平均海拔1350米，主峰石灰窑海拔1922.6米，是全县最高峰，森林覆盖率达96%以上，是湖北省最大的原始森林群落区和全国最大的杜鹃群落分布带之一，素有"鄂西林海"之称。公园以古、奇、秀、幽、野等景致构成的浓郁原始气息为显著特色，区内罕见的穿洞群落、幽深的峡谷急流，别致的飞瀑流泉以及宜人的高山气候、古朴的土苗风情，堪称树的王国、花的海洋、动物的乐园、人间的仙境。

2004年12月，国家林业局批准建设坪坝营国家级森林公园，2010年1月被国家旅游局批准为4A级旅游景区。景区于2000年开始建设，到2011年底，先后投入2亿多元，建成了鄂西南首家森林树上宾馆和第一条森林观光索道，升级改造了旅游区内公路，初步建成四洞峡、杜鹃林、鸡公山原始森林等景点，新建了游客接待中心、会议中心、高端别墅、树上宾宾馆等多种接待服务设施，坪坝营旅游区开发初具规模。2013年接待国内外游客325万人次，实现旅游综合收入23.16亿元，同比增长34.85%和20%。

景区目前正在实施综合开发二期建设：一是进一步加强配套服务设施建设，重点建成五星级宾馆、剧院、游客集散接待中心等重点工程；二是加快新景点开发，重点打造白家河休闲度假区、后家河景区，启动自驾车营地建设。计划将其打造成一个集生态、观光、休闲、度假、运动、娱乐、文化、科考和探险为一体的5A级综合性生态休闲旅游区，成为鄂西生态文化旅游圈和长江三峡——张家界旅游带的重要目的地。

**【野生动物繁殖利用重点龙头企业】**

**湖北新荣豪服装有限公司**　该公司始建于2011年，是一家经营皮草、裘皮服装、羊绒服装及面料时装等多系列产品的公司，融设计、生产、销售于一体。2013年企业共生产水貂皮服装6000件，其中出口俄罗斯4250件，销售率达到71%，实现全年生产总产值6700万元，利税额达到300万元左右。相比2012年度，公司生产产量增长9%，生产总产值增长11%，利税额增长10%。公司一直都致力于品牌创立，服装设计创新。每年都会有大量资金投入用于产品的开发设计。目前公司已拥有自己的自创品牌"罗夫蒂尼""妃常""ROGERS"。

**湖北唯雅皮草有限公司**　公司成立于2012年3月，是一家皮毛制品、鹅绒系列制品收购加工销售的出口型民营企业，是汉川市政府从北京招商回汉川的皮草企业，公司地处湖北省级经济技术开发区-汉川经济开发区华中皮草城，系北京湖北商会皮草分会会长单位。无论是生产规模还是企业品牌，在国内同行业中均处于前列。公司注册资金2000万元，公司占地16300平方米，建筑面积27000平方米(现生产基地位于武荆高速公路汉川出口——汉川市刘家隔小兴村，生产基地占地13000平方米，拥生产厂房六栋，员工宿舍楼二栋建筑面积20000平方米，二期在汉川经济开发区华中皮草城建设标准皮草生产厂房二栋，占地6000平方米，建筑面积7000平方米，现已完工正在完善配套工程)。公司2013年生产水貂皮大衣10000件，产销率达93.33%。2013年底总资产

5682万元比2012年增长113%，其中固定资金产3447万元比2012年增长296%，流动资金产2286万元比2012年增长27%。2013年实现产品销售收入7306万元(创汇800万美元)比2012年增长10%，实现利润546万元比2012年增长14%，上缴税费287万元比2012年增长15%。公司从山东、河北、辽宁等省水貂养殖农户中收购水貂皮，年用水貂皮30万张，可带动貂养殖农户1200户，约4000人，人均增收26000元。

**【森林文化产业重点龙头企业】**

**湖北吉仙桃木文化有限公司**　成立于2010年6月，坐落在湖北省老河口市南郊316国道旁、汉十高速老河口市出口处。公司占地面积10000平方米，其中，厂房占地面积6500平方米。拥有资产总额4500万元，各类专业技术人才(设计师、雕刻师)26名，各种加工设备48台/套。年生产能力100万件(套)，年销售收入9000万元，利税600万元。年增加林农收入300万元以上，辐射面积5000亩以上。

**襄阳程河工艺品有限责任公司**　始建于2001年6月，位于素有“中国柳编之乡”的襄阳市襄州区程河镇，专业从事柳制品的手工编制和柳条种植基地建设等业务，为出口创汇企业，拥有自营出口权。该公司在2008年11月被确定为省级林业产业化龙头企业，同时以公司为龙头的基地又被批准为全省农业科技创新示范基地，已形成“公司+商会+基地+农户”的农业产业化模式，带动周边乡镇农民种植柳条和代加工柳制品，其产品在2007年已获国家地理标志产品保护，柳编产品已发展为精编、立编、平编、钉编、拧编和木编等六大类，400多个系列，生产的礼品篮、花篮、装饰篮等产品销往国内各大中城市及欧、美、澳大利亚等多个国家和地区。2013年度实现产值8000万元，出口额达100多万美元，基地面积达500亩，解决1200人就业。

(龚泽和　程少明　从卫国　李清伟)

# 湖南省林业产业

【产业发展】 湖南省林业产业持续协调发展，呈现出优势产业快速提升，传统产业平稳转型，新兴产业来势强劲的良好局面。2013年是湖南实施“千亿产业培育行动”的第一年，全省林业产业总产值突破2000亿元大关，达2380亿元，较2012年增长26.33%。其中一产业产值856.28亿元，二产业产值928.67亿元，三产业产值595.09亿元，一、二、三产业结构比例为36∶39∶25，三产业比重持续提升。从市州来看，怀化市以236亿元产值排名第一，邵阳市以230亿元排名第二，永州市以220亿元排名第三。县市区排名中，岳阳楼区、武陵源区、浏阳市排名前三。毛竹总面积91.7万公顷，总株数22.8亿株，实现年总产值236亿元。

【造林绿化】 全年营造林101.1万公顷，其中，人工造林18.9万公顷、无林地和疏林地封山育林16.1万公顷、更新造林2.4万公顷、有林地造林14.3万公顷、低产林改造15.2万公顷、中幼林抚育34.2万公顷。实施优材更替0.96万公顷，培育无节良材6.8万公顷，珍贵树种造林1.4万公顷。全面完成国家下达的计划任务，营造林国检质量连续5年保持全国第一位。

【速生丰产林基地建设】 全省完成速生丰产林基地建设14.5万公顷，较2012年增长3.8%，完成投资169761万元。2013年度国家木材战略储备林试点项目增加到11个县(市区)实施，共完成项目试点面积68.3万亩，其中现有林改培2.7万亩，集约人工林培育0.6万亩，森林抚育65万亩，划定国家储备林13.2万亩。

【花卉产业】 全省花卉种植面积为7.42万公顷，同比增长3.78%，年销售额49.75亿元，同比增长1.68%，花卉产业呈现稳中有升态势。观赏苗木、食用与药用花卉和盆栽植物仍然是湖南花卉产业的主体，三项种植面积和年销售额占到全省总量的89.53%和79.73%。观赏苗木种植面积达到3.16万公顷，销售额为15.54亿元；食用与药用花卉种植面积为3.23万公顷，销售额21.64亿元；盆栽植物种植面积4904公顷，销售额7.67亿元。其他类别花卉中，工业及其他用途类花卉种植面积增长了63.6%，种子用花卉增长了118.2%。全省现有花卉市场248个，花卉企业1402个，从业人员62.7万。

【油茶产业】 2013年，全省实际投入油茶发展资金17.51亿元，较2012年增长7.8%，完成油茶造林3.54万公顷，较2012年增长3.8%，低产林抚育改造7.65万公顷，较2012年增长90.3%，幼林抚育7.71万公顷次，较2012年减少3.6%；全省49个定点育苗基地完成油茶育苗9170万株，其中芽苗砧嫁接8670万株，杂交子代育苗500万株。到2013年底，全省油茶林总面积达到132.54万公顷，产籽量16.1万吨，产值153亿元，分别较2012年增长2.7%、3.2%、4.1%。油茶林总面积、新造林面积、茶油产量、产值均居全国第一。

**湖南省油茶产业协会正式成立** 为更好地整合资源，强化行业自律，规范行业管理，促进湖南油茶产业健康有序的发展，2013年6月，由省油茶办牵头，湖南省林业科学院(国家油茶工程技术研究中心)、湖南林之神生物科技有限公司、湖南金浩茶油股份有限公司等12家主要发起单位，联合省内行业中有影响的知名油茶企业和单位，成功组建了“湖南省油茶产业协会”。6月27日，在长沙成功召开了湖南省油茶产业协会成立大会暨第一次会员大会，选举产生了湖南省油茶产业协会第一届理事、常务理事以及领导机构主要负责人，审议通过了《湖南省油茶产业协会章程》等规章制度。

**“国家油茶生物产业基地”落户湖南** 2013年10月16日，国家林业局对“湖南常宁国家油茶生物产业基地”正式授牌，全国首个“国家油茶生物产业基地”正式落户湖南常宁市。将依托油茶资源优势，建成油茶良种繁育、丰产栽培基地、茶油加工利用和产品交易等油茶全产业链生物产业基地。同期，在常宁市成功召开了“湖南常宁国家油茶生物产业基地发展座谈会”。

**油茶产量测定工作** 为适应湖南油茶产业快速发展，科学、准确掌握全省不同地区、不同立地条件、不同林分种类的油茶产量情况，湖南在全国率先组织开展了油茶产量测定工作。截至2013年10月底，全省80个油茶面积超过1万亩的县市区按照要求建立了581个永久性固定样地，并完成了油茶测产工作。经测定，2013年湖南茶油总产量16.1万吨。

**【森林食品】** 木本油料类。湖南省的木本油料主要为茶油，还有少量核桃油等。全省油茶林总面积达到132.54万公顷，产量16.1万吨。

①森林水果类。主要有柑橘、桃、柚、李、梨、猕猴桃、葡萄、杨梅、草莓等种类，以柑橘为主。湖南省是亚洲最适宜种植生长柑橘的地区，全省利用山地、荒地，选择适宜品种种植柑橘，创建标准果园。柑橘种植面积和产量占全省水果种植面积和产量的四分之三以上，居全国第一位。

②药食两用类。主要有金银花、葛根、茯苓、厚朴、黄天麻、黄柏、栀子、木瓜、杜仲、蜂蜜等，主要为金银花、葛根和茯苓。

③森林蔬菜类。主要有食用菌、竹笋、野生蕨菜、魔芋、香椿、百合等。

④野生动物类。主要有野猪、竹鼠、豪猪、林蛙、蛇类、野鸡、黑山羊等。

⑤森林调味料类。主要有山苍子油、花椒、八角、桂皮等，零星分布，种植和生产均未形成规模。

⑥木本粮食类。湖南省木本粮食主要是板栗，种植区域主要分布在怀化、衡阳、长沙、株洲、娄底等市。

**【生物质能源】** 湖南以林业为主要原料的生物质能产业主要集中在生物质液体燃料(生物柴油和燃料乙醇)、生物质发电、生物质成型燃料以及生物质气化四个方面。有生物质发电企业18家，总产能规模达512兆瓦/年；生物质液体燃料企业21家，包括生物柴油企业20家，产能96.3万吨/年，燃料乙醇企业1家，产能5万吨；生物质成型企业(含木炭)94家，产能191.2万吨/年；生物质气化企业(同时经营生物质成型)2家。据不完全统计，全省林业生物质能产业规模以上工业总产值25.11亿元。

**【林业产业园区建设】** 批复筹建湖南林业(常德)产业园、湖南林业(桃江)现代竹产业科技园、湖南林业(会同)现代产业园3个省级产业园区，全省在建省级林业产业园区总数达8个。其中郴州苏仙园区建设成效显著，各项优惠政策落实到位，产业聚集效应明显增强，科技创新能力提升，融资渠道继续拓宽。长沙市家具产业园第一期已开发面积958亩，引入实木门、实木楼梯等家具制造企业近20家，年产值达5.2亿元。目前，二期760亩已开工建设，盼盼门业、粤港家具、上海宏伊等企业已签订落户协议，投资总额达10亿元，产业聚集度不断增强。

**【龙头企业认定与运行监测】** 2013年修订了省级林业产业龙头企业认定管理办法，将省级龙头企业准入门槛提高到年产值5000万元以上，新认定省级林业产业龙头企业60家。同时，加强龙头企业运行监测，淘汰运行不达标企业，取消了25家企业省级龙头资格。全省现有省级林业产业龙头企业356家，龙头企业总产值达417亿元。

**【林产品质量安全监管】** 省林业厅依法加大林产品质量安全监管力度，省林产品质量检验检测中心共完成省级检测550批次，完成国家林业局、省工商局、省质监局的委托检测1038批次。全省林产品生产企业质量意识不断提升，产品合格率稳步提高，其中木竹制品合格率达89.5%，较2012年提高7个百分点。规模以上发证企业茶油苯并芘抽检合格率达100%，林木种子合格率达100%。

**【品牌建设】** 全省林业品牌创建工作再上新台阶，2013年，全省林业企业成功获批中国驰名商标5件，新增和重新认定湖南名牌产品39件，湖南省著名商标62件，全省林业共有省级及国家级品牌总数253个。其中中国名牌产品1件、中国驰名商标30件、湖南名牌产品69个、湖南省著名商标154个。12家企业参展第6届中国义乌国际森林产品博览会，共获得10项产品金奖和优质奖。湖南省林业产业管理办公室、李昌珠等6个单位和个人获得中国林业产业突出贡献奖。

**【林下经济】** 省财政从2013年起设立林下经济发展专项资金，当年扶持林下经济项目32个。省林业厅确定了首批20个省级林下经济发展重点县，依托省林业科学院成立了省级林下经济发展研究中心。湖南被国家林业局列入全国第一批林下中药材种植补贴试点范围，安排了10个林下中药材造林补贴试点县和9个林下中药材苗木培育补贴试点单位。靖州县被确定为“国家林下经济示范基地”。林下经济工作得到了各级政府及其林业主管部门的高度重视，全省已有郴州、长沙2个市级政府和40多个县级政府出台了促进林下经济发展的政策文件。2013年，全省林下经济种植面积达570万亩，林禽、林畜养殖规模达6280万羽(头)，集体林森林景观利用面积681万亩，全省林下经济产值212.4亿元。

**【森林旅游】** 国家林业局批准设立湖南矮寨国家森林公园；湖南省政府批复建立6处省级森林公园，其中长株潭地区3处，为加快长株潭两型社会和绿心地域建设打下良好基础。成功举办2013张家界国际森林保护节，试映了首部国家森林公园题材电影《梦萦张家界》。组织莽山、大围山、阳明山等森林公园推出杜鹃花、世界名花生态旅游节等一系列森林旅游宣传活动，反响强烈，吸引了大量游客和投资商，综合效益显著。与《湖南旅游》杂志共同策划“森林旅游”专刊5期，为37个森林公园进行了宣传推介。全省森林公园共接待海内外游客3760.74万人次，实现旅游综合收入308.44亿元。

**【中部林业产权交易服务中心成立】** 林权交易市场体系初步建立。初步完成省级林权交易机构的筹建工作，并启动了对县级林权交易平台的整合工作，初步实现全省林权交易信息的互联互通。目前，全省拥有1个省级林权交易中心和107个县级林权交易平台，已建立森林资源资产评估服务机构109个，基本搭建起从省至市、县的林权交易网络体系。2013年，全省规范流转林权103.6万亩，实现交易额4.7亿元。

**【湖南农业信用担保有限公司林业分公司成立】** 7月24日，由湖南农业信用担保公司和湖南省林业厅共同组建的湖南农业信用担保有限公司林业分公司在长沙成立。公司业务范围面向全省林业龙头企业、林农及国有林场的职工，将有效解决林业发展融资难和银行信贷投入不足的问题，使银行、担保公司、林业企业之间形成有效的资金供应链，助推湖南林业企业发展壮大。 （何　宏）

# 广东省林业产业

【概　述】 2013 年，广东林业产业特别是木材加工产业产值和产量呈现双增长。由于受欧债危机和日元大幅贬值的多层因素影响，整体发展形势仍不容乐观，存在一些困难和新问题。2013 年的广东林业产业发展形势呈现困难与机遇并存局面，全省林业经济呈现发展放缓态势。面对困难，广东林业产业化压力为动力，紧紧围绕林业增效、林农增收、生态增优的目标，加快转变经济发展方式和转型升级，优化产业结构，科学发展现代林业，以创办特色、打造品牌、做强龙头为着力点，促进产业持续快速发展。据统计，2013 年广东省林业产业产值达 5595.39 亿元，比 2010 年的 2802 亿翻了近一番，连续多年位居全国第一。

**2013 年产业发展特点**

①林业产业稳步发展，林业第一、三产业成林业经济新的增长极。2013 年广东省林业十大支柱产业中，在林业四大重点生态工程推进下，森林生态旅游业、林木种苗与花卉业有较大的发展，产值有较大提高。2013 年广东省林业产业总产值达 5595.39 亿元，比 2012 年增长 19.28%。

第一产业 689.45 亿元，比 2012 年增长 28.06%。其中，森林资源培育业 5407 万亩，产值 492.48 亿元；林木种苗和花卉业 15.91 万亩，产值 172.02 亿元；野生动植物资源培育业 70 家，产值 24.95 亿元。

第二产业 3862.46 亿元，比 2012 年增长 18.56%。其中，木竹材生产企业 1203 家，产值 83.21 亿元；人造板制造企业 469 家，产量 1071.09 万立方米，产值 246.56 亿元；木竹地板企业 322 家，16363 万平方米，产值 300 亿元；木竹藤制品企业 1785 家，产值 195 亿元。木竹家具企业 4112 家，产值 898.4 亿元；木竹浆纸企业 1444 家，产值 852.08 亿元；森林食品药品和油料生产加工企业 23 家，产值 182.03 亿元；林产化工(松香)企业 63 家，产量 5.62 万吨，产值 105.18 亿元。

第三产业产值 1043.48 亿元，比 2012 年增长 16.64%。其中，森林生态旅游产值 891.38 亿元，林业生态服务业、专业技术服务业等产值 152.10 亿元，林产品市场流通企业 479 家，规模以上林产品流通市场交易额达 4069 亿元。

同期与国内生产总值增长速度比较，一、二、三产业分别高于 GDP 增长速度 21.09 个百分点、12.08 个百分点、4.16 个百分点。林业产业成为广东经济新的增长点。林业产业结构调整体现在生产方式的有效转变。2013 年，广东林业产业蓬勃发展，主要表现在产业规模壮大、产业结构不断优化、产业竞争力逐步增强、新兴产业快速发展等方面。第一产业产值占全部林业产业总产值的 12.32%，第二产业产值占全部林业产业总产值的 69.03%，第三产业产值占全部林业产业总产值的 18.65%。近年来，林业三次产业的产值结构逐步调整，不断优化，已由 2008 年的 23.79:74.29:1.92，调整为 2013 年的 12.32:69.03:18.65，林业第一产业所占比重逐年下降，林业第三产业所占比重逐年增长，产业结构调整迈出新步伐。

②森林资源培育平稳增长，为林产工业夯实基础。实行森林分类经营以来，广东各类社会资本成为森林资源培育的主体，其中民营经济发挥了重要作用，有力地推进了广东森林资源培育面积的扩大。截至 2013 年年底，广东拥有以桉树为主的速生丰产林 1748 万亩，以松树为主的工业原料林 1160 万亩，油茶林 264 万亩，水果、调料香料、木本粮油、森林食品、森林药材等五大类特色经济林 1500 万亩，檀香、沉香等珍贵树林 35 万亩，竹林 700 万亩。全省野生动植物资源培育利用的规模企业有 70 家，产值为 24.95 亿元，比 2012 年 23.11 亿元增长 7.96%。

③林产加工业仍是林业经济的主力，木材加工占有重要地位。2013 年，广东拥有原木生产企

业167家，产量613.24万立方米；锯材企业734家，产量36万立方米；木片企业123家，产量195万绝干吨；单板企业(芯板)126家，产量31万立方米；各地产竹材1180万根。

一是人造板和木竹地板产量较2012年略有增长。2013年，生产人造板1071.09万立方米，比2012年增长8.15%。其中胶合板249.93万立方米，中密度纤维板487.75万立方米，比2012年略有上升；刨花板280.22万立方米；以细木工板为主的其他人造板53.19万立方米。佛山市高明高森木业有限公司第二条生产线(年产7万立方米纤维板)建成投产；广东惠州盛易木业有限公司年产22万立方米刨花板连续平压生产线、广东瀚森环保材料科技有限公司年产22万立方米刨花板连续平压生产线、鸿伟木业(仁化)有限公司(鸿伟木业集团)第3线生产线年产22万立方米刨花板连续平压生产线建成投产。2013年木竹地板产量为16363万平方米，比2012年增长5%。

二是木质家具产量下降，产值略有增长。据广东省家具协会统计，2013年广东省家具行业总产值3390亿元，同比增长13%，其中全省木竹家具产值为1898.4亿元，同比增长16.6%。广东木质家具出口5690.61万件，占全国的31.72%，比2012年下降2.57%；木质家具出口金额55.61亿美元，占全国的49.96%，比2012年增长11.29%。因全球经济不景气，家具行业高速发展的时期已经过去，行业的转型升级已经迫在眉睫，必须产品低碳环保、创建品牌、提升产品的附加值、构建诚信体系方面做出努力。

三是纸和纸板产量名列全国第二。2013年广东纸和纸板产量为1911.15万吨，与2012年同比增长14%，约占全国产量的14.39%；纸制品产量为981万吨，同比增长4%；规模以上木(竹、苇)浆产量约为110万吨，同比增长8.4%。湛江晨鸣纸业投资44.2亿建设年产18万吨纸杯原纸和19万吨高档文化纸项目。

四是因原料供应不足，茶油实产与设计产能相差较大。2013年，广东省有规模油茶加工厂23家，油茶林264万亩，茶油设计产能4.664万吨。因原材料不足，多数油茶加工厂未能达到设计要求。2013年茶油产量为12673吨，其中23家规模企业产量为7823吨，产能过剩。另外全省有近五百家油茶加工小作坊，产量约为4850吨。

五是多种不利因素叠加，松香生产仍低迷。2011年以来，松香价格连续低迷、加之广东降雨过多、台风频繁等因素，造成松脂原料供应紧张。2013年广东省有松香企业63家，产能29万吨，实际产量仅为5.62万吨，创5年最低，较2012年减少25%，大部分企业远远未达产能。

④林业第三产业比重逐步提高。截至2013年底，广东省拥有森林公园460处，总面积107万公顷，占全省国土面积的5.9%，占林业用地面积的9.8%，数量位居全国第一。其中，国家级25个，面积为20.7万公顷，省级74个，面积为11.3万公顷，市、县级361个，面积为75万公顷。全省已建成湿地公园12个，其中国家级湿地公园7个，省级湿地公园5个。

截至2013年年底，广东省已建立各种类型、不同级别的林业自然保护区270个，总面积124.51万公顷，占全省国土面积的6.9%，占林业用地面积的11.4%。其中国家级7个，省级51个万亩，市县级212个。

⑤新培育省级林业龙头企业17家。2013年，广东省林业厅组织评审考核认定梅州市益顺农林发展有限公司等17家企业为“广东省林业龙头企业”；对2010年认定的企业复核，保留广东茗丰茶叶有限公司等20家企业的“广东省林业龙头企业”资格，取消广东美景林业发展有限公司、化州市正元实业有限公司的“广东林业龙头企业”资格。全省林业龙头企业家累计126家，涉及种养业、加工业、森林旅游业等多个行业。

⑥广东6家林产企业被国家林业局认定为首批国家林业重点龙头企业。2013年，经国家林业局评审，广东宜华木业股份有限公司、鸿伟木业(仁化)有限公司、广东五联木业集团有限公司、廉江一品木业有限公司、广东新大地生物科技股份有限公司、广东鸿利丰生物科技有限公司等6家广东林产企业被国家林业局认定为首批国家林业重点龙头企业。

2013年12月30日，广东省5家林产企业和8名个人获2012~2013年度“中国林业产业突出贡献奖”。国家林业局和中国农林水利工会全国委员会联合表彰2012~2013年度“中国林业产业突出贡献奖”获得者。广东宜华木业股份有限公司、鸿利丰生物科技有限公司、大自然家居(中国)有限公司、深圳市燕加隆实业发展有限公司、高要市龙珠岛檀香产业科技有限公司等5家林产企业被授予为“中国林业产业突出贡献奖”单位。梅州市林业局局长朱少辉、巴洛克木业(中山)有限公司CEO刘硕真、广东润成创展木业有限公司董事长关润开、广东省木材行业协会副秘书长陈水合、五华县林业局局长曾如松、丰顺县林业局局长朱国武、广州市林科园林景设计院主任钟献正、生活家巴洛克木业(中山)集团有限公司常务副总经理李培新等8名同志被授予为“中国林业产业突出贡献奖”个人。

**主要做法和经验** ①科学制订发展目标和发展重点，有效引导产业健康发展。广东始终把建设林业产业强省，推动生态建设为林业发展的重要目标，努力构建现代林业产业体系，培育设备先进、管理科学、技术领先、竞争力强的林业企业，打造高技术含量、高附加值、高效益的林产品自主创新品牌，重点扶持发展森林资源培育业、林木种苗与花卉业、野生动植物资源培育业、木竹材加工业、木竹家具业、木竹浆纸业、森林食品药品和油料生产加工业、林产化学工业、森林生态旅游业、林产品市场流通业等十大支柱产业，确保广东林业产业发展保持全国领先地位。

②大力培育扶持龙头企业，带动林业产业发展。广东林业产业坚持规模化、集约化、专业化经营，走“公司+基地+农户”的产业化发展模式，加强原料林基地建设。每年培育一批省林业龙头企业。到2013年，广东新培育省级林业龙头企业17家，累计培育省级林业龙头企业126家、省级森林生态旅游示范基地83家，24个林业项目被确定为广东省现代产业500强项目，拥有9个中国名牌产品、55个省驰名商标；电白、怀集、广宁、南雄县(市)和顺德陈村、中山大涌镇等被认定为中国特色产业之乡。

③坚持技术创新，促进产业转型升级。广东坚持建设以企业为主体、市场为导向和产学研相结合的林业产业技术创新体系；鼓励企业创新品牌，培育名牌产品；鼓励企业加大科研投入，不断研发新产品；鼓励企业开发经营国外森林资源，拓展国外、省外市场。鼓励自主创新，加快林产工业转型升级。加强信息沟通和政策引导，力促企业加快转型升级，形成规模化、专业化、一体化格局。实施品牌发展战略，提升企业竞争力。在进行量的扩张同时，注重质的提升，提高市场占有率。目前，广东拥有联邦、红苹果家具和大自然、圣象地板等9个中国名牌产品，55个省驰名商标，比2012年新增加5个省名牌产品。

④实施规模经营，推动区域特色产业集群式发展。鼓励扶持建设林业产业基地(园区)，引导林业产业规模化、专业化、产业化发展，推进产业化经营，促进产业区域集群发展。广东从实际出发，借助地缘优势，承继传统，突出特色，创建一地一品，以集散市场带旺商圈，带动区域林业产业集群式发展。广东佛山市顺德区乐从镇、东莞市大岭山镇的现代家具制造、中山市大涌镇、江门市台山市大江镇的红木家具，东莞市麻涌镇的纸业等都是广东特色产业集群式发展的代表。它们以集群效应扩大知名度，增强竞争力，并辐射带动周边及其他地区产业发展。

⑤拓展新兴产业，发掘林业经济增长新亮点。一是鼓励发展广东森林生态文化休闲旅游业。广东抢抓国家大力发展旅游产业机遇，挖掘森林生态文化经济效益，加快森林旅游基础设施建设，着力打造广东特色品牌，森林生态文化休闲旅游业成为新亮点，并带动林农致富，推动广东新农村建设。二是加快发展油茶产业。广东省政府连续两年在梅州市召开油茶产业现场会大力推进，把大力发展油茶产业列为广东省政府重点工作内容加以督办。广东油茶种植总面积已达264万亩；建立规模油茶加工厂23家，油茶年产能达4万多吨。三是大力发展木材循环利用业。广东积极贯彻落实国家节能减排政策，推广木材加工木质废料和木质粉尘回收利用节能技术，引导企业利用采伐、造材和加工剩余物生产中高密度纤维板。广州市政府准备立项，开发城市园林修理剩余物和废旧木材回收利用产业，积极推行木材工业“节能减排”和木材资源循环利用等等，有效促进林业产业健康、稳定、持续发展，积极维护生态文明建设。

**【森林资源培育业】** 广东省森林资源培育已形成产业化经营，短、中、长种植业全面发展的局面。到2013年底，全省共有1.645亿亩林业用地，其中有1.477亿亩有林地。以桉树为主的速生丰产林有1748万亩，以松树为主的工业原料林1160万亩，油茶林264万亩，水果、调料香料、木本粮油、森林食品、森林药材等五大类特色经济林1500万亩，檀香、沉香等珍贵树林35万亩，竹林700万亩。一部分速生丰产林达到成熟期，与2012年比较面积略为减少，其余树种面积较2012年略有增加。2013年各基地林种植总面积5407万亩，其中：速生丰产林1748万亩、工业原料林1160万亩、油茶林264万亩、特色经济林1500万亩、珍贵树种35万亩、竹林700万亩。2013年较大规模的种植公司有封开县威华速生林有限公司、梅州森博林业发展有限责任公司、肇庆市南方油茶产业发展有限公司、广东鸿利丰农林发展有限公司、嘉汉林业(河源)有限公司、梅州市威华速生林有限公司、广东宝华农业科技股份有限公司、广东南油经济发展公司、高要市永盛林业有限公司、广东富然农科有限公司、金清远丰产林纸材基地有限公司等。

**【林木种苗和花卉业】** 2013年，广东省委、省政府把花卉苗木业发展作为推进全省农业结构调整，优化林业产业结构的重要途径，积极推动花卉苗木行业发展，为广东花卉苗木产业发展增加了后劲，取得较好的经济效益。2013年，广东省花卉苗木品种有4000多种，种植面积已达到109.3万亩，花卉苗木市场313个，花卉苗木企业11989个，从业人员20万多人，销售额133亿元，出口创汇7489万美元。

2013年8月，广东省委、省政府印发了《关于全面推进新一轮绿化广东大行动的决定》，明确推动森林碳汇、生态景观林带、森林进城围城、乡村绿化美化等四大重点生态工程建设，着力形成五大森林生态体系。随着新一轮绿化广东大行动的深入发展，广东各级财政对林木种苗的投入大幅上升，全省林木种苗业取得了较大发展，保障广东林业发展和生态建设的种苗需求。

①种子生产基地建设效果明显。2013年广东省建有林木良种基地22处，其中，国家级良种基地8处，包括乐昌市龙山林场国家杉木良种基地、省龙洞林场国家相思红椎良种基地、台山市红岭国家湿地松杂交松良种基地、信宜市林科所国家马尾松良种基地、湛江市良种场国家加勒比松良种基地、英德市林业苗圃场国家火炬松良种基地、韶关市曲江区小坑林场国家杉木油茶良种基地以及江门市新区国家相思良种基地，总规模达2264.5亩。全省建成采种基地17处，规模为16600亩，包括枫香、红荷木、白缘木、鸭脚木、红锥、火力楠、山乌桕、乐昌含笑、任豆、顶果木、酸枣、红苞木、黧蒴、木荷、樟树、台湾相思和南洋楹等树种。

②苗木生产能力不断增强。2013年广东省建设林业中心苗圃10处，规模达5593亩，建有良种繁育基地(中心)13处，规模达10618.5亩。据统计，广东省现有林木种苗和花卉业育苗面积约有15.9万亩，比2012年15.58万亩略有增长。2013年广东省育苗总面积159081.4亩，其中，一般造林苗圃10363.7亩、经济林苗圃4926亩、绿化苗圃93050.1亩、综合类苗圃50875亩。

**【野生动植物资源培育业】** 广东野生动植的经营利用主要集中在野生动物驯养繁殖、野生植物培植、野生动植物及其产品加工利用及进出口等方面。野生动植物培育利用在广东省已初具规模，2013年广东省野生动植物资源培育利用的规模企业有70家，行业总产值为24.95亿元，比2012年23.11亿元增长7.96%。

广东主要培植的珍贵野生植物种类有灵芝、石斛等。灵芝种植基地主要分布在韶关市的仁化、乳源、始兴、新丰等县，以灵芝为代表的食用菌种植已成为韶关山区林农耕山致富的新途径。韶关市仁化县鑫宇生态开发有限公司是一家专门从事铁皮石斛兰繁育、生态种植、加工及销售的一体化企业，拥有全省最大的铁皮石斛仿野生附树种植基地。茂名高州市惠生源铁皮石斛种植基地位于大雾岭自然保护区，2013年已建成200亩的石斛种植大棚，10000亩仿野生种植正在建设中，规划总投资4000万元，预算产能达2亿元。公司规划将石斛进行深加工成中成药或保健品。

野生动物驯养繁殖方面，主要驯养繁殖的野生动物种类有猕猴、食蟹猴、梅花鹿、鳄鱼、眼镜蛇、竹鼠、鸵鸟、山鸡、野猪等20多种野生动物。鳄鱼养殖主要分布在珠海、东莞、佛山三水、茂名高州、肇庆四会等地，竹鼠养殖主要在肇庆德庆、广宁，食蟹猴养殖主要广州市白云区和从化市，蛇类养殖主要分布在肇庆鼎湖、高要、江门等地，梅花鹿养殖主要分布在江门、东莞，野猪养殖主要分布在韶关乳源、曲江等地，林下养牛主要分布在茂名高州、肇庆封开等地，林下养羊主要分布在韶关南雄、江门台山等地。

广东宏益鳄鱼产业有限公司，主要驯养繁殖的野生动物种类有鳄鱼、蛇类等野生动物。公司占地面积1000亩，现用348亩，注册资本5000万元，存栏鳄鱼15万条，建立了目前中国境内规模最大的鳄鱼驯养繁殖基地。公司鳄鱼驯养繁殖项目列入茂名市双百工程，并成为茂名市菜篮子工程的重点基地之一，2007年5月被评为茂名市龙头企业，2010年被评为广东省农业100强、现代产业500强，2012年被评为广东省林业龙头企业。公司利用鳄鱼作为名特优水产品的巨大优势，发展特色农业，发展旅游业。公司规划在五年内把养殖基地扩展到3000亩，驯养鳄鱼达到50万条。带动激活地方鳄鱼养殖业，实现鳄鱼养殖产业化。将公司建成一个集科研、鳄鱼驯养繁殖、深加工、销售、旅游于一体的综合性企业，建成为全国鳄鱼产业的龙头企业。

**【人造板制造业发展布局与规模】** 2013年，广东有佛山市高明高森木业有限公司第二条生产线(年产7万立方米纤维板)建成投产；广东惠州盛易木业有限公司年产22万立方米刨花板连续平压生产线、广东瀚森环保材料科技有限公司年产22万立方米刨花板连续平压生产线、鸿伟木业(仁化)有限公司(鸿伟木业集团)第3线生产线年产22万立方米刨花板连续平压生产线建成投产。广东省各地级市中，有四个市的人造板产量超过100万立方米，分别是佛山市164.75万立方米、广州市120.87万立方米、东莞市110.04万立方米、韶关市105.07万立方米以上四市的人造板总产量为500.73万立方米，占了全省人造板总产量的46.75%。广东省人造板企业共计466家，平均生产规模约3万立方米，规模偏小。其中胶合板企业294家，生产规模0.85万立方米，刨花板企业72家，生产规模3.9万立方米，中密度纤维板企业67家，生产规模7.28万立方米。上述数据显示，中密度纤维板企业平均生产规模较合理，刨花板企业平均生产规模稍低，胶合板企业平均生产规模偏小，人造板产业结构应加以适度调整。

**2013年广东省人造板企业个数和产量统计** 单位：家、万立方米

| 企业数量和产量 / 板种 | 年产5万立方米以下 | | 年产5~10万立方米 | | 年产10万立方米以上 | | 合计 | |
|---|---|---|---|---|---|---|---|---|
| | 家数 | 产量 | 家数 | 产量 | 家数 | 产量 | 家数 | 产量 |
| 胶合板 | 289 | 212.93 | 4 | 24 | 1 | 13 | 294 | 249.93 |
| 中密度纤维板 | 17 | 34.6 | 36 | 212 | 14 | 241.14 | 67 | 487.74 |
| 刨花板 | 61 | 137.22 | 7 | 57 | 4 | 86 | 72 | 280.22 |
| 其他人造板 | 31 | 38.19 | 2 | 15 | 0 | 0 | 33 | 53.19 |
| 合　　计 | 398 | 422.94 | 49 | 308 | 19 | 340.14 | 466 | 1071.08 |

**【木竹地板业】** 从2011年“国八条”到2013年“新国五条”，国内房地产政策不断调控，其下游木竹地板行业再难维持“黄金时期”的辉煌盛景。同时，受木竹地板行业本身发展特性的影响，行业向前的步伐逐渐放缓，木竹地板企业开始在摸索中前行，机遇和挑战并存，强者越强，弱者越弱，木竹地板企业之间的差距愈发明显。有的企业步履维艰，市场的生存空间不断被压缩，面临着被淘汰；有的企业有效地将危机化为发展契机，在行业逆境之中稳步发展，攀上高峰。行业竞争的加剧和市场环境的变幻不定，使不少缺乏核心竞争力和持续发展力的企业逐渐走向淘汰，在一定程度上起到了肃清行业乱象的效果。2013年广东省木竹地板产量为16363万平方米，比2012年增长

5%左右。大自然家居(中国)有限公司，亚洲木地板骨干企业之一，有良好的市场口碑，其环保性能在业界享有盛名，且成功研发了大自然生态漆地板。近年来一直保持较强增长销量，市场占有率在同行企业中名列前茅。在与中国地板行业一起发展壮大的历程中，积极推进行业发展，振兴民族品牌。巴洛克木业(中山)有限公司，国内领先实木复合地板生产企业，且为该品类领域的创始者和开拓者，拥有强大资金链和资源供应，销售网络健全，品质服务到位。其仿古地板系列声名远播，且申获国家专利，在消费群中颇受好评，是一家综合实力强、业界地位甚高的地板企业。广东省宜华木业股份有限公司是专业生产和销售实木地板、复合地板及实木家具等木制品的大型股份制企业，是中国境内最大、最优秀的木地板、家具生产销售企业之一。2004 年 8 月 24 日，“宜华木业”股票在上海发行上市，成为汕头民企第一股，也是国内木地板行业第一股。以上三家企业的品牌“大自然”“生活家”和“宜华”，入选 2013 年中国木地板十大品牌排行榜。

**2013 年广东省各市木竹地板产量表**

| 板种<br>地区 | 木竹地板总产量（万平方米） | 实木地板（万平方米） | 实木复合地板（万平方米） | 强化木地板（万平方米） | 竹材地板（万平方米） |
|---|---|---|---|---|---|
| 全省 | 16363 | 2800 | 6188 | 7300 | 75 |
| 广州市 | 2783 | 184 | 1818 | 767 | 15 |
| 深圳市 | 4036 | 791 | 1205 | 2220 | 2 |
| 珠海市 | 50 | 32 | 23 | 0 | 0 |
| 东莞市 | 1464 | 520 | 565 | 429 | 48 |
| 佛山市 | 4017 | 459 | 930 | 2763 | 0 |
| 肇庆市 | 2.64 | 1 | 2 | 0 | 0 |
| 江门市 | 693 | 185 | 398 | 151 | 6 |
| 梅州市 | 3 | 0 | 0 | 0 | 3 |
| 中山市 | 1831 | 352 | 708 | 863 | 0 |
| 潮州市 | 100 | 0 | 0 | 101 | 0 |
| 汕头市 | 755 | 277 | 538 | 5 | 0 |
| 韶关市 | 3 | 0 | 3 | 0 | 0 |

**2013 年与 2012 年广东省木竹地板总产量对比表**

单位：万平方米

| 板种 | 2013 年 | 2012 年 | 增长量 | 增长率(%) |
|---|---|---|---|---|
| 实木地板 | 2800 | 2528 | 272 | 10.76 |
| 实木复合地板 | 6188 | 5754 | 434 | 7.54 |
| 强化木地板 | 7300 | 7233 | 67 | 0.93 |
| 竹材地板 | 75 | 70 | 5 | 7.14 |
| 合计 | 16363 | 15585 | 778 | 4.99 |

**【木竹藤制品业】** 广东省木竹藤制品企业大多数规模较小，有一定规模的主要生产木门窗，再附带生产木线、木框等，广州、东莞、佛山、肇庆等地木门窗产业较发达。近年来，木塑产品和生物质固体成型燃料成为木竹藤制品行业新的发展趋势，木竹藤制品业企业数量和产值较 2012 年都有一定程度增长。据统计，2013 年广东有木竹藤制品业企业 1785 家，其中，木门窗企业 231 家、木线及木制装饰材料企业 107 家、木制包装箱、地台板、卡板企业 174 家、木竹藤生活用品、工艺品等企业 1163 家、卫生筷子企业 30 家、木塑产品企业 50 家、生物质固体成型燃料企业 30 家。2013 年广东省木竹藤制品业总产值 195 亿元。其中，广州市 16.01 亿元、佛山市 23.76 亿元、东莞市 6.69 亿元、深圳市 6.67 亿元、肇庆市 25.71 亿元、江门市 2.26 亿元、珠海市 3.21 亿元、茂名市 2.86 亿元、其他地区 107.83 亿元。

**【木竹家具业】** 2013 年广东木竹家具企业有 4112

家。广东家具企业主要由民营、集体和港台资等组成，大多数是中、小型企业，大型企业以港资企业居多。深圳、东莞、佛山、广州等地家具业处于行业的龙头地位。其中"红苹果"(深圳红苹果家具公司)、"皇朝"(增城香港皇朝家私集团有限公司)继续入选2013年中国家具十大品牌排行榜；HNI-Lamex美时(美时文仪有限公司)、冠美(香港冠美(国际)集团有限公司)、长江(深圳长江家具有限公司)和健威Kinwai(健威家具装饰有限公司)继续入选2013年办公家具十大品牌排行榜，迪欧(中山市迪欧家具实业有限公司)和兆生(东莞市兆生家具实业有限公司)两大品牌新晋2013年办公家具十大品牌排行榜。中国家具行业高速发展的时期已经过去，行业的转型升级已经迫在眉睫，家具行业要想在未来取得发展，必须重视低碳环保问题，创建品牌，提升产品的附加值，同时为全国构建诚信体系做出努力。据广东省家具协会统计资料：在家具出口方面，面对欧洲及日本市场的出口量减少，面对美国、沙特阿拉伯、马来西亚、泰国、阿联酋、南非等国家和地区的出口量增加，并且优质优价。因此，广东省木质家具出口在销售数量减少的形势下仍取得销售总额增长的业绩。2013年，广东省木质家具出口完成5690.61万件，占全国的31.72%，比2012年同期下降2.57%；广东省木质家具出口金额完成55.61亿美元，占全国的49.96%，比2012年同期增长11.29%。

2013年4月15日，中国(新会)古典家具之都博览中心项目启动，该中心经营面积约10万平方米，产业园贯通了产业链中"采购""生产""销售""展览"等四个重要环节。

**2013年广东省木竹家具企业个数和产值统计** 单位：家、亿元

| 企业数量和产值 | 年产值1亿元以下 | | 年产值1亿到10亿元 | | 年产值10亿元以上 | | 合计 | |
|---|---|---|---|---|---|---|---|---|
| | 家数 | 产值 | 家数 | 产值 | 家数 | 产值 | 家数 | 产值 |
| 木竹家具 | 4032 | 1274.9 | 60 | 292.4 | 20 | 331.1 | 4112 | 1898.4 |

**【木竹浆纸业】** 2013年中国纸业淘汰落后产能，处在内部优化调整阶段，高档产品挤中档产品、中档产品挤低档产品、低档产品被淘汰出局的动态平衡过程，中国纸业进入一个平衡发展期。由于我国木材资源匮乏，造纸原料主要靠进口。广东水陆交通便利，有利于废纸和纸浆的进口，吸引了大量境外资本和民营资本纷纷投入到广东造纸产业，为造纸业发展注入了活力。广东许多企业引进世界当今最先进的造纸生产线，使广东纸品产量得到迅速发展，质量也得到提高。据中国纸业网调研数据：2013年，广东省纸和纸板产量为1911.15万吨，名列全国第二，同比增长14%，约占全国产量的14.39%；纸制品产量为981万吨，同比增长4%；规模以上木(竹、苇)浆产量约为110万吨，同比增长8.4%。湛江晨鸣纸业投资44.2亿建设年产18万吨纸杯原纸和19万吨高档文化纸项目；两个项目建设期均为18个月。据预测，18万吨纸杯原纸项目建成投产后可实现年销售收入约11亿元、净利润约1.09亿元；19万吨高档文化纸项目建成投产后可实现年销售收入约13.14亿元、净利润约1.31亿元。

**2013年广东省木竹浆纸业企业数量和产量统计**

单位：家、万吨

| 产品类别 | 企业数量 | 2013产量 |
|---|---|---|
| 木(竹、苇)浆 | 14 | 110 |
| 机制纸和纸板 | 443 | 1911.15 |
| 纸制品 | 987 | 981.3 |
| 合计 | 1444 | 3002.5 |

**【森林食品药品和油料生产加工业】** 广东森林食品药品加工主要有梅州的板栗、柚子，南雄的红菇，始兴的木耳，仁化的铁皮石斛、灵芝，高要、德庆、信宜的肉桂，德庆的首乌、巴戟，阳春的春砂仁，清新的金银花，鹤山的凉粉草，广宁的竹笋，德庆、五华的野生巴戟，河源的五指毛桃，恩平市的簕菜茶，紫金的竹壳茶，龙门的西溪笋，化州的橘红，从化的蜂蜜等。

广东木本油料生产主要以油茶加工为主，油茶企业和油茶林基地主要分布在粤东的梅州、河源和粤北的韶关、清远，产能最大的地级市是梅

州市。到2013年为止，广东建成规模油茶加工厂23家，茶油产能达4.664万吨。2013年，广东有油茶林264万亩，大部分为新造油茶林，未到挂果期，原材料不足，多数油茶加工厂未能达产。与2012年相比，2013年全省茶油产量略有增长，达12673吨，其中23家规模企业产量为7823吨，另外全省有近五百家油茶加工小作坊，产量约为4850吨。

广东认真贯彻落实全国油茶产业发展现场会精神，组织指导广东省编制油茶加工发展规划，在油茶种植基地建设、油茶种苗工程、油茶加工、科技支撑保障等方面加大扶持力度，进行了科学规划，引导油茶产业呈规模化、产业化发展，培育了一批重点油茶生产基地，农民和企业经营者种植油茶积极性高涨，油茶种植面积不断扩大，大、中型油茶加工企业数量不断增加。一是积极引导民间资本投入广东油茶产业的发展，加强油茶产品的精、深加工科技研究，开发新产品，延长产业链，增加产品附加值。引进和培育一批规模大，技术含量高，带动辐射能力强，经济效益好的企业和开发项目，打造“广东省重点油茶生产基地”。二是积极培育油茶龙头企业，推行“企业+基地+农户”的发展模式。广东通过企业建基地、带动农户，使企业与农户成为利益共享、风险共担的经济利益共同体，让企业得发展，让农民得实惠。实施龙头带动和品牌发展战略，充分发挥资源优势，培育龙头企业，重点扶持油茶龙头企业做大做强，促进油茶产业整体水平提升。三是发挥科技成果在油茶产业发展中的支撑作用，依托科研院所和高等院校，加强产学研合作，开展油茶产业发展关键技术攻关，并在油茶科学研究、科技推广、技术咨询服务等方面发挥积极作用。华南农业大学、广东省林科院等单位在油茶种质资源收集保存、引种试验、良种选育、丰产栽培、新产品开发等方面做了大量工作，取得可喜成绩。广东省林业厅还在河源、梅州等地建立了油茶试验示范林，并取得了初步成效。2013年，广东省林业厅通过油茶科技攻关协作组，重点就油茶优良新品种选育和繁殖技术、油茶低产林改造技术、新造油茶林高效栽培配套技术、油茶病虫害综合防治技术、油茶精深加工技术等开展联合科技攻关；加强油茶科技成果转化应用与推广和科技服务，提升油茶产业发展水平；发展精深加工，开发新产品，延长产业链，提高附加值，拓展经济效益，全面提升油茶栽培和产业发展的科技支撑水平，促进广东油茶产业的健康快速发展。

**【林产化工业】** 受连续两年松香价格低迷和生产效益差的影响，2013年，广东松脂生产商不愿包山，采脂工人不愿意上山采脂，加之降雨过多、台风频繁，造成松脂原料供应紧张，多种不利因素叠加，错过采取时机，造成了2013年广东松香创5年最低。2013年松脂、松香出口总量与2012年同比减少17%，国内市场消耗也同样减少，而从国外进口松香则大幅增加，总量超过3万吨。中国林产工业协会松香分会理事长管清奎分析：进口的大幅度增长，表明中国松香的价格竞争力已不敌国外，而一旦市场对2014年的产量预期比较客观，保持高库存将面临风险。由于原材料不足，2013年广东松香产量仅为5.62万吨，较2012年广东松香产量减少了25%。2013年广东省松香企业个数约63个，产能29万吨比较表明，大部分企业远远未达产。

**【森林生态旅游】** 随着工业化、城镇化的加速，物质生活的改善，人们的保健意识不断增强，希望回归自然。森林旅游、森林养生、山地运动等活动越来越深受人们的喜爱，森林旅游迅猛升温，森林旅游在旅游市场所占的份额逐渐扩大，广东森林旅游发展呈现良好态势。接待游客1亿多人次，森林生态旅游产值达895亿元，带动地方经济收入超过400亿元。广东开展森林生态旅游的主要载体有森林公园、自然保护区、野生动物园、动植物园、树木园、湿地公园和其他森林生态旅游区。截至2013年年底，广东省已建成森林公园总数达460处，其中，国家级25个，省级74个，市、县级361个。广东已建成湿地公园12个，总面积32437.5公顷，其中国家级湿地公园7个，面积30866.9公顷，省级湿地公园5个，面积1570.6公顷。全省已建立各种类型、不同级别的林业系统自然保护区270个，总面积124.51万公顷，占全省国土面积的6.9%，占林业用地面积的11.4%。其中国家级7个，面积为15.02万公顷，省级51个，面积为38.09万公顷，市县级212个，面积为71.40万公顷。根据《关于全面推进新一轮绿化广东大行动的决定》精神，广东省规划在2013～2017年内新增建设森林公园1037个(含市、县、镇级)、湿地公园168个，新增面积21.46万公顷。到规模期末，广东省森林公园和湿地公园占国土面积的比例达7.3%，占林业用地面积的比例达11.95%。

2013年，广东省林业厅、广东省林业调查规划院于3月初，通过用景区餐饮、住宿、零售业调查法，对景区内餐饮、住宿、零售业和景区内交通、游乐、门票、游客人数等方面进行调查统计，2013年广东省森林生态旅游产值为891.38亿元。

**【林产品市场流通业】** 近年来，全国各地林产品集散地和专业市场纷纷崛起，林产品市场流通业在有效地带动产销两旺，引领林业产业持续健康发展方面起了很好的推动作用。广东鱼珠国际木材市场已发展成为华南地区规模最大、品种最多的大型木材专业批发市场；顺德乐从家具城、南海大转弯装饰材料城、东莞兴业木材夹板市场和东莞吉龙木材市场等，在业内具有很高知名度；广州、深圳、东莞三地每年的家具展已成为国内重要的专业博览会，是全国家具交易的重要平台。

广东省林产品市场流通业调查范围包括木材市场、人造板市场、家具市场和建材市场。2013年广东省有木材、人造板市场有19家，家具市场有360家，建材市场有100家，全年销售额达4069亿元。

广东省林产品流通市场规模和数量统计

单位：家、万平方米、亿元

| 类别<br>项目 | 木材人造板市场 | 家具市场 | 建材市场 | 合计 |
|---|---|---|---|---|
| 市场数量 | 19 | 360 | 100 | 479 |
| 市场面积 | 159.5 | 1882.2 | 290.6 | 2332.3 |
| 销售额 | 712 | 2110 | 1247 | 4069.0 |

广东是木材消耗大省，2013年木材加工企业(未含家具和木地板)消耗木材量约为2510.17万立方米，而2013年广东省可供木材量仅约为617.32万立方米，缺口巨大。广东省的木材资源除了靠进口外，还需加强商品用材林基地建设，大幅提高林地产出率，对短轮伐期的速生丰产林提高精深加工水平，提高木材利用率。坚持“资源节约型、环境友好型”发展理念，鼓励发展精深加工业，控制粗、初加工业，延长产业链，增加产品附加值；严格执行国家发改委《产业结构调整指导目录(2011本)》有关“限制、加快淘汰、禁止”项目的规定。鼓励木材加工企业利用城市废旧木质材料生产人造板，以缓解木材资源供应不足的压力，实现循环经济和低碳经济。

**【林下经济】** 广东认真贯彻落实国务院办公厅《关于加快林下经济发展的意见》(国办发〔2012〕42号)和《广东省人民政府办公厅关于加快林下经济发展的实施意见》(粤府办发〔2012〕132号)，组织印发了《广东省林下经济发展规划(2012—2020年)》，并举办了全省林下经济发展规划培训班，组织推进市、县积极编制林下经济发展规划，为加快推进广东省林下经济发展、增加农民收入作出了明确的部署。2010～2012年广东省财政发放到农户的生态公益林损失性补偿就达17.41亿元，广东省累计发放林权抵押贷款63亿元，发展林下经济1500万亩，实现林下经济产值239亿元，农民在林下经济方面的人均年收入为2053元。建立各类农民林业专业合作社1230个，加入合作社的农户有39.7万户，合作社经营林地面积达491万亩。

**【十大支柱产业产值增长率】** 2013年广东省林业产业总产值5595.39亿元，比2012年(4690.92亿元)增长了19.28%。其中森林资源培育业产值492.48亿元，较2012年增长24.74%；林木种苗和花卉业产值172.02亿元，较2012年增长42.79%；野生动植物资源培育业产值24.95亿元，较2012年增长7.97%；木竹材生产业产值83.21亿元，较2012年增长52.40%；人造板制造业产值246.56亿元，较2012年增长12.50%；木竹地板业产值300亿元，较2012年增长5.63%；木竹藤制品业产值195亿元，较2012年增长9.55%；

木竹家具业产值1898.40亿元，较2012年增长16.63%；木竹浆纸业产值为852.08亿元，较2012年增长5.85%,；森林食品药品和油料生产加工业产值182.03亿元，较2012年增长184.42%；林产化工业(含深加工)产值105.18亿元，较2012年增长314.08%；森林生态旅游业产值891.38亿元，较2012年增长0.21%，规模以上林产品流通市场交易额达4069亿元，较2012年增长11.48%。

**【木材运输检查管理】** 为贯彻落实《国家林业局关于规范木材运输检查监督管理有关问题的通知》(林资发〔2013〕96号)精神，进一步提高木材运输办证效率和服务质量，广东根据《森林法实施条例》及《广东省木材经营加工运输管理办法》，广东省明确木材凭证运输范围为：原木、锯材、竹材、单板、木片、枝桠材、薪材(含柴炭)、树蔸、胸径5厘米以上的移植树木、木(竹)制半成品等。胶合板、纤维板、刨花板、以木(竹)为主辅原料的家具和木(竹)制工艺品不纳入凭证运输范围。进口木材需要再次运输的，凭有关进口许可证明办理木材运输证。广东省林业厅《关于进一步规范凭证运输木材有关问题的通知》(粤林〔2010〕178号)同时废止。广东林业厅对辖区各地进一步规范木材运输检查管理，一是各木材运输办证点的管理工作，首次运输必须凭有效的林木采伐证办理木材运输证。对严重违规办证的，将按规定注销其办证业务，并依法追究相关人员责任。二是对各木材检查站和木材运输巡查执法队伍从严按照规定的职权范围实施木材运输检查。三是按照国家林业局的要求建立木材运输检查呈报和追溯制度。特别是广东先行先试停止实施木材经营加工许可证后，将进一步加强木材运输监管和木材加工原材料台账管理工作。

**【林业龙头企业】** 根据《广东省林业龙头企业评选标准》和《关于开展2013年省级林业龙头企业申报和复核工作的通知》(粤林函〔2013〕104号)精神，经企业申请和市、县林业主管部门推荐，广东省林业厅组织对辖区2013年申报省林业龙头企业进行考核，对2010年省级林业龙头企业进行复核，评审结果经公示无异议，认定17家企业为“广东省林业龙头企业”，复核保留2010年认定的20家企业“广东省林业龙头企业”资格。评定为2013年省级林业龙头企业名单分别是：梅州市益顺农林发展有限公司、五华县绿源生物科技有限公司、梅州市森海林业发展有限公司、平远县荣源发展有限公司、广东华鼎新维设计工程有限公司、广东瑞恒农林科技发展有限公司、茂名市新泰晟园艺有限公司、惠州市盛华农业开发有限公司、惠州市绿湖园艺工程有限公司、河源市西罗茶油开发有限公司、揭阳市北山茶业有限公司、蕉岭县洋臣木制品有限公司、蕉岭鹏宇装饰材料有限公司、廉江一品木业有限公司、开平五联人造板有限公司、河源粤丰肥料有限公司、广东瑞山高新农业生态园股份有限公司；保留2010年省级林业龙头企业资格名单：广东茗丰茶业有限公司、广东金友集团有限公司、梅州市盛通科技有限公司、广东宝华农业科技股份有限公司、广东徐梅农林发展有限公司、亚太森博(梅州)林业开发有限责任公司、广东锦丰实业有限公司、新华海集团有限公司、广东大唐农林科技股份有限公司、高要市龙珠岛檀香产业科技有限公司、饶平粤材木业有限公司、连平县绿色家园种养有限公司、仁化县奥达胶合板有限公司、广东金霖竹业有限公司、南雄市松林树脂有限公司、廉江华森木业有限公司、电白县南药药业有限公司、梅州市泰来生物科技有限公司、东源绿保生物科技开发有限公司、亚洲创建(惠州)木业有限公司；取消2010年省级林业龙头企业资格名单：广东美景林业发展有限公司、化州市正元实业有限公司。

**【广东生态功能区林业产业建设】** 广东省林业产业按照“生态产业化，产业生态化”的发展思路，加快资源培育、森林生态旅游等生态产业的发展，不断增强林业经济效益，促进生态建设，形成了经济与生态的良性循环。一是发展野生动植物繁育利用和种苗花卉产业。促进野生动植物利用由野外资源向人工培育转变，积极引导和规范野生动物驯养繁育、野生植物培植业，着力推广一些适合农村养殖的野生动物，形成一批新的禽畜物种，推广广州香江野生动物园等生态产业示范群，为新农村建设开辟致富新路。二是发展森林生态旅游业。广东加快国有林场、森林公园、自然保护区的建设和整合升级，积极吸引多元主体投资森林旅游，大力推进森林生态旅游建设。三是着力培育森林资源循环利用业。森林资源的循环利用是倡导绿色循环经济、建设节约型社会的必然要求。广东省林业厅大力推广和扶持利用废旧木材循环利用再造人造板技术，引导企业充分利用“三剩物”和废旧木料，确保次薪材、枝丫材、边角废料、旧家具等废旧木料都能得到较好后续利用，切实维护森林资源安全和生态安全。

**【对外开放与合作】** 2013年广东省委省政府印发《中共广东省委办公厅 广东省人民政府办公厅印发关于进一步提高对外开放水平的意见的通知》和《中共广东省委办公厅广东省人民政府办公厅印发关于进一步加强与欧洲交流合作的实施方案(2014—2018年)的通知》。广东林业产业结合业务工作，以国家林业对外交流合作为平台，广泛开展广东林业产业对外交流与合作，加强广东传统优势林产业和原材料进出口，拓展林产品国际贸易，加强科技交流和合作，进一步提升广东林业产业国际竞争力。

①继续实施林业产业走出去战略。一是开展招商引资。继续利用外资、先进技术、项目合作等方式推动广东林业产业发展，重点在木材加工、林产化工(松香)、花卉苗木等行业开展海外交流合作。在政策上鼓励企业开拓国外资源、拓展产品销售市场，引进先进技术、设备等，促进林业行业快速发展。侧重加强与非洲、南美、俄罗斯、东南亚等国的木材原料合作开发，拓展欧洲、北美等地区资源开发和林产品市场建设，拓展原料林进口，提升林产品出口销路。二是鼓励广东林产企业走“原料培育、产品加工、产品销售三头在外”的发展模式。扩大对外开放程度，鼓励有条件的林产企业做强做大走向世界，投资开发海外项目，选择资源丰富，政治稳定的国家作为重点深度发展对象培育，在原料培育、产品加工、产品销售等方面开拓海外市场。三是加强与境外中介组织的合作，拓展国外销售市场。扶持发挥如广东省家具协会、深圳东莞家具协会等社会组织作用，积极组织与外商紧密联系的国际展览展销等活动，加强林产品贸易，拓宽林产品国外销售市场。

②加强与海外林业产业的科技交流与合作。一是加强海外科技合作，促进广东省林业产业转型升级。广泛开展海外科技合作，引进先进技术和设备，培育海外合作项目。主要与欧洲、美洲、北美洲林业发达国家进行木材加工产业、花卉苗木等林业产业开展合作，开展林业产业考察、参展、学习、培训，联合举办国际林产品交易会或者林业产业合作交流会等推进科技交流合作，促进广东林业产业转型升级，推动全国林业产业发展。二是开展林业产业科技合作，扩大广东省林产品进出口。广泛开展对外贸易合作，发挥国外进行企业品牌优势，开展展会宣传，开展森林产品认证合作与互认工作。通过驻外使馆，加强对国外家具、花卉苗木等名牌企业的牵线搭桥合作，如意大利家具、荷兰花卉、芬兰造纸、德国木材加工设备，提高林业产业技术水平和产品质量，推动广东省林产品进出口贸易。

**【泛珠三角区域林业产业合作】** 2013年，根据省政府发展产业布局林业产业在泛珠三角区域合作中的努力推进林业产业合作项目建设。

①着力提升珠三角家具产业建设。第九届泛珠大会以来，广东依托现有林业产业基础，以“建设幸福广东”为契机，加快珠三角林业产业结构优化，做大、做强、做优传统优势产业，拓展新的领域，发展新兴产业。重点以推进城市森林建设和发展花卉业为突破口，拓展新兴产业，建立野生动物驯养繁育基地，巩固提高人造板和家具制造业，确保珠三角林业产业继续走在广东乃至全国林业产业发展的最前沿。2013年来，珠三角区域规模以上的家具企业4000多家。木竹家具总产值超1100亿元，占全国的30%，出口创汇89.39亿美元，占全国的40%。泛珠三角地区家具产量、出口创汇量继续位居全国第一，家具业极大地带动了人造板业等相关产业的发展。

②苗木花卉产业成为珠三角支柱产业。2013年，广东省拥有苗圃3600多个，总面积1.24万公顷，年产苗总量77.08亿株，其中造林苗木7.37亿株，绿化苗69.71亿株，从业人员20万多人，

有花卉及绿化苗木品种4000多种，种植面积近60万亩，规模在50亩以上的有964家，年销售切花7.34亿支，苗木4.65亿株(盆)，年销售额14.18亿元。广东省苗木花卉产业主要集中在珠三角地区。种苗花卉业经营向产业化、规模化发展，种苗花卉生产经营整体素质大幅提高。广州市的荔湾、花都区，顺德的陈村镇，中山的小榄镇被命名为“中国花木之乡”。顺德区是全国兰花培植规模最大、产量最多、品种最全的地区，仅陈村镇和北窖镇就培植兰花8000多万株，约占广东省培植数量的80%，年产值超过10亿元。

③大力推动珠三角森林生态旅游产业的大发展。在推进国民旅游休闲进程中，广东大力开发丰富多样的森林生态旅游休闲产品，不断满足广大游客多样化的旅游休闲需求。加大广东森林生态旅游产品的开发力度，在全省范围内创建一批森林生态旅游休闲示范基地，大力开发乡村、森林生态等旅游产品；加快开发建设一批广东森林旅游休闲度假知名企业，积极打造多元产业、多功能森林旅游产业集聚区，努力构建多样化的森林旅游休闲产品体系。近年来，广东省倾力打造了珠江三角洲森林生态旅游黄金线路，其中包括广州市流溪河、石门、惠州市龙门南昆山、佛山市南海市西樵山、江门市新会圭峰山、深圳梧桐山、东莞观音山等国家森林公园和广州市帽峰山、天鹿湖、番禺大夫山、东莞市宝山、大岭山、清溪、大屏障、同沙、水濂山、黄旗山、银瓶山森林公园和增城大封门、佛山三水等森林公园，打造成国民旅游休闲基地成为广大国民休闲旅游的好去处。

④加大珠三角林产品市场设施建设力度。截至2013年底，广东省大中型林产品市场达130个。广东加大珠三角林产品市场设施建设力度，构筑了发达的林产品销售和流通交易平台，既确保广东林产品在国内市场占有较大份额，又进一步推动了广东林产品进出口贸易。佛山市顺德区的乐从家具市场，广州市鱼珠、南海区大转湾、东莞市兴业和吉龙等大型木制品和木材专业市场，在省内外享有很高的知名度。广州、深圳、东莞三地每年的家具展销会已成为国内重要的专业博览会，乃至全国家具交易和出口的重要平台。广东鱼珠林产集团在广州、佛山、东莞、中山等地建立了木材市场，创建了鱼珠中国木材价格指数和建立了电子商务网络交易平台。

⑤推进落实粤桂林业产业合作。2013年，粤桂两省林业产业加强合作与交流，两地重点在林木选育、森林培育基地建设、木家具、人造板、木地板、林化产业的合作。“两广”林产品贸易合作得到加强，两省区大力支持企业相互开拓林产品专业市场和物流基地建设，开展森林生态旅游互惠合作。继续加强两省间林业科技交流合作，着力在开发推广林产品精深加工和科技合作创新、成果转化等方面的合作。2013年，广东省认真履行《粤桂林业产业合作框架协议》，在肇庆市举办了“两广纤维板年会”，有80多家“两广”相关企业负责人参会，协助广西区林业产业协会在珠海市召开的全国林产化工信息交流会议，进一步加强粤桂两省区的林业产业交流合作。

**【2013年林业产业大记事】**

**2月27日** 广东省政府在广州召开全省林业工作会议，深入贯彻落实党的十八大、省委十一届二次全会精神，总结过去五年全省林业工作，部署2013年林业工作和新一轮绿化广东大行动。

**3月22日** 由广东省林业调查规划院产业分院承担编写的《广东省林下经济发展规划(2012~2020年)》专家评审会在广州市召开。

**4月16日** 在广州花都区召开了“2013年国家林业局林产品国际贸易研究中心年会暨林业对外贸易政策培训会议”。在欧债危机的影响下，林产品对外贸易经历了低迷，随着美国经济复苏，全球经济形势逐步向好发展，林产品贸易迎来了新的挑战与机遇。会议把全国各地有关林业领导、专家、企业家汇聚在一起，总结交流经验，分析形势，研究林产品贸易遇到的问题，学习有关对外贸易政策，共同探讨有效的应对措施，为全国林产品对外贸易和推动全国林业产业发展具有重要作用。

**5月10日** 广东省林业厅在广州召开了2013年省级林业龙头企业座谈会，共商加快广东林业产业发展的对策，会上为2012年省级林业龙头企业进行授牌。省、市、县林业主管部门的有关林业产业工作负责人、省级林业龙头企业主要负责人、省林业产业专家参加了座谈。

**7月** 广东省林业厅《关于印发〈广东省林下经济发展规划(2012—2020年)〉和开展编制市县级林下经济发展规划(2013—2020年)工作的通知》(粤林〔2013〕86号),要求各地市和县开展编制本地的林下经济发展规划。

**8月1日起** 广东省木材凭证运输的范围调整为:原木、锯材、竹材、单板、木片、枝桠材、薪材(含柴炭)、树蔸、胸径5厘米以上的移植树木和木(竹)制半成品等。胶合板、纤维板、刨花板、以木(竹)为主辅原料的家具和木(竹)制工艺品不纳入凭证运输范围。

**9月10日** 广东省林业厅林改处在广州举办了全省林下经济发展规划编制工作培训班,对各市县林下经济发展规划编制工作提出了明确要求。

**9月25日** 广东林业产业协会和广西林业产业行业协会在广东省肇庆市联合举办了第六届"两广"人造板行业年会。"两广"纤维板生产企业、人造板设备制造企业、制胶等企业负责人和科研、教学单位专家学者,两省区林业产业协会领导、肇庆市林业局分管领导等共110多人出席这次会议。会议分析了广东、广西两省以及南方地区人造板生产形势,交流了生产经营经验,解读了国家林业局近期出台的有关林业政策,展望了国际国内人造板发展趋势,探讨了新一轮绿化广东大行动的新形势下纤维板行业面临的机遇与挑战。会议就加强原料林基地建设及加强行业自律,维护市场正常秩序等问题达成了共识。

**11月15日** 广东省林业厅产业处主持召开了2013年广东省林业产业基础信息监测及《中国林业产业与林产品年鉴》填报工作会议。各地级市林业主管部门、省国有林场服务总站及省林业调查规划院负责林业产业的有关领导及技术人员出席了会议。

**12月6日** 中国林业产权交易所与梅州市人民政府战略合作协议签约仪式在北京举行。标志着中国林权所将与市政府共同推动在梅州建立林业产权服务机构。

**12月10日** 广东省油茶科技攻关协作组会议在广州召开。

**12月25日** 广东省森林公园工作会议在广州召开。

(吴灿军)

# 广西壮族自治区林业产业

**【林业产业规模】** 2013 年，广西林业产业总产值达到3020 亿元，比2012 年增长37.6%，其中林业第一产业993 亿元，增长32.9%；第二产业1744 亿元，增长57.7%；第三产业283 亿元，增长9.3%。其中，木材加工业产值1063 亿元，造纸及纸制品产值269 亿元，林产化工产业产值150 亿元，森林旅游产值179 亿元。

**【造纸与木材加工业】** 2013 年，自治区林业厅继续实施造纸与木材加工业千亿元产业工程，并取得了重大突破。年内造纸与木材加工产业实现销售收入1050 亿元，成为广西第9 个千亿元产业；木材产量2480 万立方米，同比增长18.6%，约占全国木材产量的30%；人造板产量2860 万立方米，同比增长24.5%。

**行政许可** 2013 年，自治区林业厅共批准木材加工项目100 项，新增人造板生产能力380.5 万立方米。其中，胶合板项目97 项，生产能力350.3 万立方米；纤维板1 项，生产能力15 万立方米；刨花板1 项，生产能力5 万立方米。

**大型项目** 2013 年2 月，广西丰林人造板有限公司在南宁市江南区吴圩镇明阳工业区，投资建设年产15 万立方米的特种人造板项目，包括8 万立方米阻燃纤维板、7 万立方米高密镂洗板。该项目总投资3.6 亿元，总占地面积4 公顷。广西丰林人造板有限公司是广西丰林木业集团股份有限公司(丰林集团)旗下的分公司，丰林集团拥有南宁市、百色市右江区、河池市环江县、防城港市上思县4 个生产地基共7 条纤维板生产线和一条胶合板生产线，年产销能力达53 万立方米，拥有20 万余亩的原料林基地，是广西第一家林业上市公司。

3 月，大自然家居(中国)有限公司在南宁市经开区银凯工业园，投资建设年产1500 万平方米的强化木地板项目。该项目计划总占地117 亩，达产后实现工业年产值31500 万元，年创税收8550 万元。

3 月，由印尼金光集团旗下的广西金桂浆纸业有限公司投资建设的金桂林浆纸一体化项目一期工程年产60 万吨高档纸板项目正式建成投产。

**【森林资源培育】** 2013 年全区完成植树造林面积326675 公顷，其中荒山造林134764 公顷、迹地人工更新57949 公顷、低效林改造造林4416 公顷、封山育林26602 公顷(其中无林地和疏林地封育19299 公顷、有林地和灌木林地封育7303 公顷)、桉树萌芽和人工促进天然更新102944 公顷。珍贵树种造林实际完成7491 公顷，同比增加1311 公顷。完成珍贵树种育苗6000 多万株。至2013 年底，全区森林面积达2.19 亿亩，森林覆盖率达61.8%，活立木蓄积量达6.62 亿立方米。

**珍贵树种示范建设** 2013 年，自治区本级部门预算安排550 万元补助经费，在10 多个国有林场和县区营造珍贵树种示范林733.3 公顷。下发了《关于做好2013 年自治区部门预算珍贵树种和低效公益林改造示范项目建设的通知》，完成2012 年度下达计划的国家珍贵和特殊树种培育项目、自治区部门预算珍贵树种示范项目25 个、面积1566.7 公顷。崇左市及大新、龙州、天等、凭祥四个县(市)申报建设"全国珍贵树种培育示范市县"。组织开展"千万珍贵树种送农家"活动，由自治区统一招标采购苗木完成种植1859 万株。

**【经济林建设】** 2013 年，广西经济林总面积为230 万公顷。按用途分：水果类131.6 万公顷，干果类15.7 万公顷，林产饮食原料类46.6 万公顷，木本药材类1.5 万公顷，木本油料类34.6 万公顷。经济林产品总产量1088 万吨，其中水果类956 万吨，干果类15.9 万吨，林产饮食原料类26.9 万吨，林产工业原料类66.7 万吨，木本药材类5.4

万吨，木本油料类17万吨。经济林产业总产值501亿元，比2012年增长68.7%。

**八角生产** 2013年，广西八角林总面积32.4万公顷，与2012年同比减少27.5%。八角干果总产量12.1万吨。"一种八角短穗扦插的繁殖方法"获得国家发明专利授权。防城区向中国经济林协会申报重新认定"中国八角之乡"称号。

**肉桂生产** 2013年，广西肉桂林总面积6.2万公顷，与2012年同比减少23.6%。桂皮产量3.3万吨。国家农业标准化示范区项目"肉桂栽培标准化示范区"获国家标准化管理委员会批准立项，中央财政林业科技推广示范资金项目"肉桂林高效经营技术推广示范"项目获得国家林业局立项实施。林业行业标准"肉桂丰产栽培技术规程"被评为广西重要技术标准奖。藤县向中国经济林协会申报重新认定"中国肉桂之乡"称号。

**油桐生产** 2013年，广西油桐林总面积16.12万公顷，桐籽产量7.8万吨。广西地方标准"油桐低产林改造技术规程"通过专家审定。

**核桃生产** 2013年，广西核桃林总面积3.3万公顷，与2012年同比增长200%。核桃产量1266吨。河池市各级党委、政府高度重视核桃产业发展，结合生态扶贫，整合造林绿化、生态工程、扶贫开发等各种渠道资金，大力发展核桃种植，年内新种植核桃面积2.2万公顷。广西林业科研项目"核桃种质资源调查收集与优株筛选"获立项实施；"桂西北岩溶山区泡核桃早实丰产关键技术与应用"成果获2012年度广西科技进步三等奖和2013年度河池市科技进步一等奖。

**板栗生产** 2013年，广西板栗林总面积11.5万公顷，板栗产量9.2万吨，与2012年同比增长12.2%。

**柿子生产** 2013年，广西柿子林总面积0.8万公顷，柿子产量5.4万吨。

**金槐生产** 2013年12月，全州县被中国经济林协会认定为"中国金槐之乡"(有效期2013年12月至2019年1月)。年内全县新种金槐面积2666.7公顷，累计达到7066.7公顷，年产槐米3700多吨，产值3.5亿元。

**澳洲坚果生产** 岑溪市2013年内种植澳洲坚果超过666.7公顷，累计种植面积超过2000公顷。

**【森林旅游】** 2013年全区森林旅游人数达到3313.5万人次，比2012年增长15.3%，森林旅游收入达179亿元，成为自治区林业第三产业最大的增长点。

**森林公园建设** 2013年，广西林业厅批准新增2处自治区级森林公园，分别是广西大五顶自治区级森林公园、广西七坡自治区级森林公园；新增1处市级森林公园，为狮子头市级森林公园。截至2013年底，广西共建设森林公园54处，其中国家级森林公园20处、自治区级森林公园28处、市(县)级森林公园6处。除年内新建的3个森林公园外，其他51个森林公园已全部对外开放。据统计，2013年各级森林公园接待游客量700.5万人次，比2012年增长18.0%，森林公园直接旅游收入12多亿元，比2012年增长32.5%。

**森林公园经营管理** 2013年，全区森林公园经营总面积2592.1平方千米，比2012年增加约8.1平方千米，占广西国土总面积的1.1%，游道里程达856.9千米，比2012年增加117.1千米，职工总数2672人，导游人数205人，车船总数205台(艘)，接待床位17438张，接待餐位29256个，比2012年略有增加。2013年各级森林公园共投入建设资金37408.8万元(其中国家投资8764.3万元，自筹13418.5万元，招商引资15226.0万元)，比2012年增加7335.7万元，同比增长24.4%；森林公园环境保护投入6025.3万元，植树造林682.1公顷，改造林相1058.1公顷，是2012年的2倍。

**森林人家** 8月15日，自治区林业厅选定南宁良凤江国家森林公园(菩提山庄)、大明山国家级自然保护区(天坪站旅游区)、南宁市怡景生态园、柳州君武自治区森林公园、桂林神龙谷世界度假区、桂林七仙峰茶场景区、梧州仙人湖生态旅游景区、防城港北伦河口景区古榕部落、钦州平山林场大东山旅游区、平南县北帝山风景区、大容山国家森林公园、姑婆山国家森林公园、贺州十八水原生态景区、河池拉浪林场、天峨县韦家洞森林人家等15家单位作为2013年广西"森林人家"试点单位。

**森林旅游政策文件** 10月11日，自治区林业厅印发了《关于贯彻落实全区旅游发展大会精神 进一步推动广西森林旅游业快速发展的通知》(桂林产发〔2013〕24号)。文件从11个方面提出了加快广西森林旅游发展的具体措施,一是认真抓好全区森林旅游发展大会精神的学习和贯彻落实;二是充分认识加快森林公园建设和森林旅游业发展的重大意义;三是提质增量,夯实森林公园建设和森林旅游发展的支撑力;四是广集资金,增强森林公园建设和森林旅游发展的活力;五是整合资源,提升森林旅游市场竞争力;六是改革创新,激活森林公园建设和森林旅游发展的动力;七是准确定位,发掘森林公园建设和森林旅游发展的潜力;八是强化宣传,增强森林旅游产品的知名度美誉度和吸引力;九是加强合作,形成推动森林旅游发展的合力;十是重视人才,提高森林旅游从业人员的整体素质;十一是注重安全,提升森林旅游发展的保障力。

**中国最具网络人气最美森林旅游景区** 由中国森林旅游网、中国林学会森林公园分会、网易联合主办的2013年中国最美森林旅游景区系列评选活动“最具网络人气”森林旅游景区名单出炉。大明山国家级自然保护区、姑婆山国家森林公园、大瑶山国家森林公园、大容山国家森林公园荣获“中国最具网络人气最美森林旅游景区”称号;德保红枫湖自治区级森林公园荣获“中国最具网络人气最佳秋色观赏地”称号;龙胜温泉国家森林公园荣获“中国最具网络人气最佳温泉度假地”称号。

**【油茶产业】** 2013年,全区新造油茶林2万公顷(其中项目造林0.7万公顷)、改造低产林0.56万公顷,油茶林总面积41.3万公顷,列全国第三位。全年油茶籽产量16.9万吨,茶油产量3.8万吨,油茶产业产值40.3亿元。

**中央和自治区财政安排** 广西油茶产业发展资金共9600万元,比2012年(8780万元)增加9.3%。其中,中央财政预算内资金2100万元,中央财政林业科技推广示范项目400万元,中央财政农业综合开发示范项目2100万元;自治区油茶产业发展专项资金5000万元。利用农业综合开发、科技推广等项目资金,建设油茶高产栽培标准化示范园11个、面积1.74万亩,低产林改造示范园7个、面积0.4万亩。

**油茶遗传资源调查编目** 自治区林业厅年内开展了油茶遗传资源调查编目。截至12月,该项工作已完成416份油茶种质的调查测定,收集图片资料2000多份,制作标本92份。

**科研成果** “广西油茶良种繁育产业化关键技术研究与应用”成果总体居国内领先水平,在油茶插穗皮层生根调控技术、菌根化育苗技术方面达到国际同类技术先进水平,获广西科学技术进步奖一等奖,是2013年全区农林水牧渔系统唯一的一等奖;“油茶高油酸优良品系选育”获2013年度梁希林业科技奖三等奖;优质油茶新品系的选育方法、油茶组培继代芽嫁接育苗方法、油茶轻基质容器扦插苗的快速繁育方法等3项核心技术获国家发明专利授权。

**广西油茶产业协会会员大会** 2013年4月26日,广西油茶产业协会在南宁市召开2013年第一次会员大会,审议协会2012年工作总结、财务收支情况报告及2013年工作计划,选举产生协会理事长、增选常务理事,审议新增会员单位、广西油茶产业系列评选活动方案等,并分别给副理事长单位、常务理事单位、会员单位颁发了牌匾。11月19日,广西油茶产业协会在梧州市召开2013年第二次会员大会,广西油茶产业协会理事长、自治区林业厅党组成员、总工程师蒋桂雄出席会议并讲话。会议宣布了获得广西油茶产业十佳示范苗圃、十佳示范基地、龙头加工企业、十佳会员单位名单,并为十佳示范单位颁发证书和奖牌。

**【花卉产业】** 到2013年年底,广西花卉种植面积达60万亩,实现花卉综合产值100亿元,同比增长10%。全区共有花卉生产企业1600多家,50万户花农直接从事花卉种植,年均增收1000元。全区花卉苗木种植面积在5万亩以上的地市有南宁、桂林、北海、柳州、贵港、玉林。

**广西台湾花卉产业园首届迎春花市** 2013年2月2~18日,由自治区林业厅主办,广西花卉协会、广西盆景艺术家协会协办的首届迎春花市在广西台湾花卉产业园举办,本届迎春花市面向自治区直属林业单位及区内花卉生产经营企业、商家以及各类木(竹)雕、根雕、盆景、奇石生产销售、花卉市场经销商等招展,由广西台湾花卉产业园向参展企业及商家免费提供展位。主要活动有：插花艺术表演，花艺走秀；各类兰花、盆景、年桔、阴生植物、根雕、名贵苗木等年宵花卉及节庆用品展销；观赏300多亩连片盛开的格桑花花海；观赏台湾名贵罗汉松、嘉宝果、真柏等名树盆景。

**第八届全国茉莉花茶交易博览会、2013年中国国际茉莉花文化节** 以“标准化·国际化”和“好一朵茉莉花”为一会一节主题的第八届全国茉莉花茶交易博览会、2013年中国国际茉莉花文化节于8月23~25日在横县举办。本次活动由中国花卉协会、中国茶叶流通协会、广西壮族自治区林业厅、广西南宁市人民政府主办，广西横县人民政府承办。本次活动包括第八届全国茉莉花茶交易博览会、2013年中国国际茉莉花文化节开幕式、第八届全国茉莉花茶交易博览会、2013年中国国际茉莉花文化节、投资贸易洽谈活动、旅游美食活动在内的10多项内容。

**【林下经济】** 2013年，自治区林业厅充分利用各级财政资金，加强示范引导作用。全年共争取中央财政补助资金900万元、自治区财政补助资金6000万元，在全区范围内打造了69个林下经济示范项目。广大农民发展林下经济的积极性与主动性显著提高。2013年，广西林下经济发展面积达到281万公顷，同比增长28%，全年林下经济产值达到470亿元，同比增长31%，全区共有1204万林农通过发展林下经济实现人均增收2381元，同比增加461元，为加快实现全区“农民人均纯收入倍增计划”做出了突出贡献。

**林下经济示范项目建设** 2013年，广西积极利用中央与自治区的6900万元财政扶持资金，在全区范围内打造了69个林下经济示范项目。同时，自治区林业厅印发了《林下经济示范项目检查验收暂行办法》，组织专门检查验收小组，对2012年的50个林下经济示范项目进行了检查验收，确保示范项目发挥实效。

**林下经济管理信息系统** 2013年，自治区林业厅开发建立了“全区林下经济管理信息系统”，为全区从事林下经济的各类主体提供网络营销、产品对接等信息化服务，降低交易成本，规避市场风险，引导产销对接、电子商务等现代营销方式向林下经济普及，促进林下经济产业发展的信息化、网络化与市场化。

**全国林下经济示范基地** 2013年，广西获得了全国首批林下中药材种植补贴资金900万元。同时，浦北县与合浦县佳永金花茶开发有限公司也被列为全国首批林下经济示范基地，成为全国唯一获得2个林下经济示范基地的省区。

**【广西大五顶自治区级森林公园】** 广西大五顶自治区级森林公园位于广西贵港市平南县北部，平南县与金秀县交界处。森林公园林地面积176.9公顷，全部为生态公益林。公园内森林植被次生林103.0公顷，占森林公园总面积的58.2%；其次为人工林，为57.7公顷，占森林公园总面积的32.6%；人工林种杉木林31.1公顷、竹林21.1公顷、八角林5.5公顷。森林公园内有天然常绿阔叶林景观、山涧溪谷景观、山岳景观，山地旅游气候怡人，瑶族风情独特，资源优势组合明显。

**【广西七坡自治区级森林公园】** 广西七坡自治区级森林公园位于南宁市郊江南区国有七坡林场，距离南宁市中心(火车站)24千米，距离吴圩国际机场8千米，与明阳工业园区毗邻。公园现存的自然植被中季风常绿阔叶林为大叶栎林，常绿季雨林为红荷林和野桐林，人工林为马尾松林、桉树林、杉木林、火炬松林等，以松树林和桉树林为主，松树林面积为198.70公顷，桉树林面积为196.32公顷，两者之和占森林公园总面积的79.8%。

**【龙头企业认定】** 2013年11月12日，自治区林业厅公布2013年广西现代林业产业龙头企业认定结果(桂林产发〔2013〕30号)，此次认定企业共12家，分别是广西壮族自治区国有雅长林场、广西洲际林业投资有限公司、广西合浦佳永金花茶开发有限公司、广西中港高科国宝金花茶产业有限公司、东兴市鑫祥野生动物养殖有限公司、广西春天木业有限责任公司、广西贵港市树泰木业有限公司、环江森源木业有限责任公司、广西宜州凯立木业有限公司、桂林佰客喜家居用品有限责任公司、柳州隆泰竹业有限公司、桂林兴松林化有限责任公司。

**【广西壮族自治区国有雅长林场】** 雅长林场始建于1954年，位于百色市乐业县，是区直属管护面积、生态公益林面积(占比70%)最大的国有林场。经营面积125.3万亩，其中场内106.3万亩，场外造林19万亩，森林覆盖率73.6%，活立木蓄积量355万立方米。林场下设7个分场、3个场外造林经理部、3个服务型管理单位，现有干部职工905人，资产总值20亿元。兰花产业是林场具有示范带动作用的特色产业。林场全资兴建的设年产18万立方米中(高)密度纤维板、胶合板的"云南大山木业有限责任公司"于2013年6月份建成投产。

**【广西洲际林业投资有限公司】** 该公司成立于2010年6月24日，注册资金1亿元人民币，由江苏阳光集团的全资子公司广西阳光林业发展有限公司(占注册资本51%)和广西林业集团桂峰林业有限公司(占注册资本49%)共同出资组建。公司目前在职员工112人，80%以上是在林业工作岗位工作多年的员工，其中大专以上学历77人，拥有初、中级以上职称25人。公司主营业务为林木种植、管护、销售，目前经营林地面积35万多亩，系广西林业集团下属子公司高峰林浆(纸业)公司2006年以来所租赁的林地，全部划拨洲际公司经营管理。2012年底，该公司资产总值1.33亿元，其中林木资产1.16亿元，固定资产477万元。

**【广西合浦佳永金花茶开发有限公司】** 该公司成立于1996年，前身是合浦县金花茶科技开发有限公司，是一家集科研、种植、加工、贸易于一体的企业，也是最早获得国家批准开发利用金花茶的专业公司。公司主营产品是金花茶苗木及金花茶深加工产品，主要有：金花茶浓缩液、花茶、花粉、花蕊茶、金丝茶、金针茶、芽苞茶等。该公司与中国医科院广西药用植物研究所、广西中医学院、广西医科大学肿瘤研究所、广西测试研究中心和中国抗衰老协会等科研院校合作，对金花茶的高产栽培和药理、毒理、保健功能进行研究和试验，取得了人工无性快速繁殖金花茶种苗和高产栽培及产品深加工开发利用的成功技术，建成了世界上最大的人工无性繁殖金花茶种质及"印度紫檀"林下套种金花茶生态原料基地。公司单独承担和完成科学研究与技术开发计划课题及示范项目有十五项，其中市级八项、省级六项、国家级一项。

**【广西中港高科国宝金花茶产业有限公司】** 该公司成立于2008年2月，是全国最大的金花茶种植、开发、生产销售一体化的现代化民营企业，位于防城港市。主营业务为：金花茶培植、种植，金花茶系列制品的生产加工、销售。公司主营产品包括金花茶原生态与精深加工二大类：原生态茶包括大小花朵茶、砖茶、极品紫芽茶、袋泡茶等；精深加工包括饮料茶、浓缩液、含片、美容护肤品等近二十个品种。公司起草的《〈金花茶饮料〉广西地方标准》和《〈代用茶金花茶〉广西地方标准》，经广西壮族自治区质量技术监督局审批并发布。标准编号：DB45/T584—2009和DB45/T585—2009。公司种植基地涉及林地面积1万亩，目前林下种植的金花茶已将近5000亩。公司与广西防城金花茶国家级自然保护区结成了金花茶产业化合作企业。

**【东兴市鑫祥野生动物养殖有限公司】** 该公司于2005年经国家林业局批准成立，前身是东兴市李作儒野生动物养殖场，2011年11月8日变更为东兴市鑫祥野生动物养殖有限公司。公司注册资金100万元。公司现有职工42人，其中高级管理人员12人(其中研究人员6名、兽牧技师1人)，具有中等专业学历的30人。该公司产品统一使用"中国野生动物经营利用管理专用标识"标记，上市产品主要以商品鳄鱼为主，是广西最具规模商品鳄鱼繁殖基地、养殖大型成品鳄鱼规模企业，鳄鱼产品畅销全国。

**【广西春天木业有限责任公司】** 广西春天木业有限责任公司于2010年8月注册成立，是一家国有控股合资企业，由广西国有雅长林场和百色市大地木业有限责任公司按7∶3的股权比例投资建设。公司以广西国有雅长林场的资源为依托，主要生产家具用高端胶合板、指接板、细木工板、生态板等产品。2012 年度，公司生产胶合板、细木工板、指接板、生态板等产品共 10.02 万立方米，完成工业总产值 17551.79 万元，实现销售收入 15908.72 万元，创税 2705 万元，解决当地劳动力就业 716 人。

**【广西贵港市树泰木业有限公司】** 该公司成立于 2005 年，是广西泰竹集团旗下子公司，以生产多层复合木地板基材、集装箱地板等产品为主，是一家专业生产加工各种高档胶合板的大型企业。公司厂房位于贵港环城南路与玉贵公路的交会处——江南工业园区内，占地面积 68670 平方米，拥有标准化的大型厂房和现代化生产设备，现有员工 500 余名。该公司现已种植有 20 多万亩的速生丰产桉木林基地，每年可获得 20 万立方米的原木成材供应。

**【环江森源木业有限责任公司】** 该公司于 2005 年 4 月正式注册成立，注册资金 1000 万元。公司总部位于河池环江工业园区内，公司下属有细木工板厂、胶合板厂、南丹木材加工厂、东兴木材加工厂等 4 个企业。公司总部占地面积 7 万多平方米，现有职工 380 人，累计总投资 7000 万元，固定资产 3800 万元。主要产品有建筑模板、细木工板。公司集收购、生产、销售于一体，是河池市林产品加工重点龙头企业，注册商标“盛世森源”。

**【广西宜州凯立木业有限公司】** 该公司成立于 2007 年 4 月，位于广西宜州市庆远林场，注册资金 2000 万元人民币，主要生产中/高密度人造纤维板，设计产能 22 万立方米。公司有职工 229 人，2012 年生产纤维板 211245 立方米，销售收入 27861 万元，利税 66 万元。

**【桂林佰客喜家居用品有限责任公司】** 该公司成立于 2002 年 4 月，原名荔浦茂盛木业有限公司，坐落于桂林市荔浦县黄寨经济开发区，占地 34000 多平方米，拥有固定资产 1400 多万元，员工 650 多人，工程技术人员近 160 多人(其中，中高级技术人员 50 多人)。公司主营业务为木衣架的生产和销售，具有年产各种衣架 2 亿多支的生产能力。公司内设有广西佰客喜商贸有限公司和桂林茂晟贸易有限公司，拥有独立法人资格和“Butler Hangers”公司注册商标；下设木器总厂、木制衣架分厂、塑料制品分厂、布艺衣架分厂以及研发部、网络部、行政部、财务部、采购部、质检部、国际业务部、国内贸易部等。2012 年公司实现生产总值 1.7 亿多元，销售收入 1.2 亿多元，年出口总值 480 多万美元。

**【柳州隆泰竹业有限公司】** 该公司成立于 2006 年 10 月，是一家从事综合竹材加工的企业，也是三江县唯一具有竹制品自营出口权的民营企业，公司地址位于三江县。公司注册资本 410 万元，主营业务为：生产、销售竹筷、竹串及各种竹制工艺品。公司占地 27 亩，员工 122 人，其中技术人员 23 人，总资产 1840 万元，具有年加工毛竹 50 万根，年产竹筷 45000 箱、竹签 450 吨的生产能力。2012 年销售收入 5115 万元，交纳税金 207 万元，净利润 307 万元。

**【桂林兴松林化有限责任公司】** 该公司成立于 2008 年 1 月，是桂林市兴安县的骨干龙头企业，位于兴安县百里开发区。公司占地面积 33141 平方米，大中专以上学历员工占公司员工比例的 40%。公司产品主要为松香、松节油、松香改性树脂等，具备年产松香上万吨，年产松香改性树脂 8000 吨的生产线。公司具备自主研发机构，并与中南林业科技大学、广西师范大学、广西民族大学、广西民族师范学院和广西林业科学研究院等五所高校及科研院所共同挂牌成立联合科研基地和教学实习基地。

**【龙头企业监测】** 7 月 21 日，自治区林业厅对 39 家广西现代林业产业龙头企业进行监测，并公布了 2013 年运行监测结果(桂林产发〔2013〕16 号)。

**监测合格单位** 共 34 家单位，分别是广西壮族自治区国有高峰林场、广西高峰林浆纸业(集团)有限责任公司、广西壮族自治区国有派阳山林场、广西壮族自治区国有钦廉林场、广西壮族自治区国有六万林场、广西壮族自治区国有七坡林场、广西壮族自治区国有黄冕林场 、广西壮族自治区国有维都林场、广西壮族自治区国有大桂山林场、广西丰林木业集团股份有限公司、广西天利恒种业有限公司、国营武鸣县朝燕林场 、广西华劲纸业集团有限公司、贺州市欣荣星林业有限公司、广西贺州市远高林业开发有限公司、广西志光办公家具有限公司、柳州市笑缘林业有限责任公司、永福县龙腾木业有限公司、兴安全翼竹木业有限公司、桂林裕祥家居用品有限公司、广西桂林华海家居用品有限公司、广西长林木业有限公司、广西万山香料有限责任公司、广西金桂浆纸业有限公司、广西浦北县龙门镇海龙工艺编织厂、广西梧州松脂股份有限公司、广西三威林产工业有限公司、梧州日成林产化工有限公司、梧州市嘉盈树胶有限公司、广西北流市兆周林产有限公司、贵港市鸿盛隆木业有限公司、天峨县林朵林场、广西澳林木业有限责任公司、广西金荣纸业有限公司。本批监测合格的龙头企业有限期至2015年8月。

**延期监测单位** 北海冠华人造板有限公司。延期一年监测，监测时间为2015年8月。

取消称号单位广西玮美生物科技有限公司、广西荔浦爱思特木业衣架有限公司、荔浦县竹木综合工艺厂、广西环江丰林人造板有限公司。

**【全区林业产业工作暨助推林业重点企业上市工作会议】** 2013年4月17日，全区林业产业工作暨助推林业重点企业上市工作会议在南宁召开。本次会议分两个半天分别召开，上午召开全区林业产业工作会议，下午召开助推林业重点企业上市座谈会。

上午的会议主要是贯彻落实2013年全国、全区经济工作会议、全区农业工作会议和全区林业工作会议精神，认真总结2008年以来全区林业产业取得的成效，分析存在的问题，研究部署今后一段时期和2013年林业产业工作。南宁市、梧州市林业局就林业产业发展做了典型发言，丰林集团就企业上市做了经验介绍，申银万国南宁分公司就林业企业上市问题进行了培训，自治区证监局洪琳副局长就推动林业企业上市作了讲话，自治区林业厅邓建华副厅长作了重要讲话。各市林业局、自治区直属国有林场、12个特色林业产业县(区)的林业局、厅办公室、计财处、营林处、林政处、保护处、产业处、林改处、科技处、广西生态学院、广西林科院、广西林业设计院等单位近100人参加会议。

下午的会议主要是积极动员和推动重点林业企业加快上市步伐，研究解决拟上市企业的主要困难和实际问题。自治区金融办、自治区证监局、15家重点助推上市的林业企业、相关地级市林业局、厅相关处室及相关单位的负责人40人左右参加了会议。

**【2013年第十届中国—东盟博览会林产品及木制品展】** 2013年11月15~18日，第10届中国－东盟博览会林产品与木制品展在南宁成功举办。本届林木展由国家林业局与自治区政府联合主办，展位数量超过1000个，参展的境内外知名企业超过200个。其中，越南以国家包馆的形式展示其特色红木产品，老挝、柬埔寨、马来西亚等东盟国家众多品牌家具企业带来具有东南亚民族工艺特色的众多红木家具和特色家具。中国木之源、骄之王、红连年、御品堂黄花梨、红木印象等知名企业到会展示。展会首次增设了林下经济展区，集中展示全国各地的干果、茶叶、食用菌、野生动植物驯养繁殖产品等林下经济特色产品。此外，还举办了第十二届全国人造板工业发展研讨会、第三届中国(南宁)林产品国际贸易论坛、2013中国－东盟国际木文化论坛、中外木旋技艺现场演示、2013木雕现场创作(中国－东盟主题木雕创作)、木工机械贸易对接会等专业论坛和贸易对接活动。

自治区副主席黄日波，国家林业局党组原副书记、副局长、中国林业经济学会理事长李育材等领导出席开幕式并致辞，中纪委驻国家林业局纪检组原组长杨继平，自治区政府副秘书长陈幸良，中国－东盟博览会秘书处秘书长郑军健，自治区林业厅副厅长李明琪、邓建华，总工程师蒋桂雄等领导出席开幕式并参观各展馆。

**【2013年林业产业大事记】**

**2月3~18日** 由自治区林业厅主办的广西台湾花卉产业园首届迎春花市在南宁市吴圩镇举行，

邓建华副厅长出席开幕式并致辞。

**2月27日** 自治区林业厅与自治区旅游局召开2013年广西森林旅游工作磋商会议，自治区林业厅邓建华副厅长、自治区旅游局余小军副局长出席会议并讲话。

**3月13日** 南宁国家经济技术开发区党工委书记、管委会主任韦志鹏与大自然家居(中国)有限公司董事长、总裁佘学彬举行大自然强化地板生产加工项目签约仪式。项目选址银凯工业园，占地117亩，建设期为18个月，年产1500万平方米强化木地板，达产后实现工业年产值31500万元，年创税收8550万元。自治区林业厅副厅长邓建华等有关领导和嘉宾见证了签约仪式。

**4月17日** 全区林业产业工作会议暨助推林业重点企业上市座谈会在南宁召开。自治区林业厅副厅长邓建华、自治区证监局副局长洪琳出席会议并讲话。

**4月22~29日** 自治区林业厅组织以黄政康副厅长为团长的广西林业分团参加自治区党委、政府在台湾举办的2013年桂台经贸文化合作论坛及系列活动。

**4月26日** 广西花卉协会与台湾台南市农会在台南市签订《关于建立花卉产业战略合作伙伴关系的备忘录》。

**5月27~31日** 台湾区合板制造输出业同业公会到自治区考察林产工业，自治区林业厅邓建华副厅长接见考察团一行。

**5月31日** 广西林业产业行业协会与台湾区合板制造输出业同业公会在南宁签订《关于建立林业产业发展与贸易战略合作交流的备忘录》。

**5月31日** 自治区林业厅和自治区旅游局组织专家组完成对2013年广西"森林人家"旅游品牌建设试点单位的综合评定，选定南宁良凤江国家森林公园(菩提山庄)等15家单位为2013年广西"森林人家"旅游品牌建设试点单位。

自治区林业厅与福建省林业厅签订《加强林业产业战略合作框架协议书》。

**8月23~25日** 由自治区林业厅参与主办的第八届全国茉莉花茶交易博览会、2013年中国国际茉莉花文化节在横县举行，邓建华副厅长出席开幕式。

**8月29日** 自治区政府蓝天立副主席在南宁主持召开巴马长寿养生国际旅游区建设协调会，会议明确自治区林业厅主要负责协调盘阳河沿岸、村屯及景区景点的绿化美化工作。

**9月4日** 自治区林业厅与自治区投资促进局在南宁共同举办广西林业投资机会介绍会，自治区林业厅副厅长邓建华、自治区投资促进局副局长曾小华出席会议并致辞。

**9月16日** 高峰桂山人造板公司年产30万立方米刨花板项目在贺州市八桂木材集散中心竣工投产。该项目是自治区和贺州市统筹推进的重大建设项目，由广西华峰林业集团股份有限公司与大桂山林场出资建设，总投资4.9亿元，产能30万立方米，达产后年产值可达3.5亿元，年上缴税费4000多万元。

**9月28日至10月27日** 第八届中国花卉博览会在江苏常州市举办，由自治区人大常委会副主任覃瑞祥任团长、林业厅副厅长邓建华任副团长的广西政府代表团出席开幕式。由自治区林业厅负责设计布置的广西园获得室外设计布置特等奖、室内设计布置金奖及组织特等奖等殊荣，参展展品获得奖项49项，其中金奖2项，银奖9项，铜奖29项，优秀奖9项。

**10月11日** 自治区林业厅印发《关于贯彻落实全区旅游发展大会精神 进一步推动广西森林旅游业快速发展的通知》，结合全区旅游大会精神，提出加快广西森林旅游发展的具体措施。

**10月14~17日** 国家林业局计资司副司长孙建、造林司巡视员于建亚、中国林产工业协会秘书长石峰等一行7人赴梧州市开展林产工业重点企业行业政策实施与调整的调研，自治区林业厅副厅长邓建华陪同调研。

**10月18日** 自治区林业厅批准设立广西七坡自治区级森林公园。

**10月28~29日** 自治区林业厅副厅长邓建华率广西林业考察团一行15人到广东省肇庆、佛山市开展招商引资推介活动。

**10月30日** 自治区林业厅与自治区投资促进局在广州市联合举办广西林业产业重点项目对接洽谈会，自治区林业厅副厅长邓建华、广西投资促进局副巡视员马晓凯出席会议并致辞。

**11月4日** 自治区林业厅在钦州市启动广西森林风景资源普查试点工作。

**11月4日** 自治区林业厅批准设立广西大五顶自治区级森林公园。

**11月4日** 自治区林业厅组织广西展团参加国家林业局、浙江省人民政府联合主办的第6届中国义乌国际森林产品博览会。

**11月22日** 自治区林业厅公布广西国有雅长林场等12家企业为2013年认定的广西现代林业产业龙头企业。

**12月11日** 由中国森林旅游网、中国林学会森林公园分会、网易联合主办的2013年中国最美森林旅游景区系列评选揭晓，大明山国家级自然保护区、姑婆山国家森林公园、大瑶山国家森林公园、大容山国家森林公园荣获"中国最具网络人气最美森林旅游景区"称号；德保红枫湖自治区级森林公园荣获"中国最具网络人气最佳秋色观赏地"称号；龙胜温泉国家森林公园荣获"中国最具网络人气最佳温泉度假地"称号。

**12月31日** 根据《广西壮族自治区人民政府关于取消和下放一批行政审批项目的决定》，自治区林业厅将加工胶合板的行政许可审批下放设区市林业主管部门。 （熊文韬）

# 海南省林业产业

【概　述】 海南省是全国最大的“热带宝地”，全省陆地(主要包括海南岛和西沙、中沙、南沙群岛)总面积3.54万平方千米(其中海南岛陆地面积3.39万平方千米)，海域面积约200万平方千米。有全国最丰富的热带野生动植物资源，野生维管束植物4600多种，其中：海南特有490多种，被列为国家一级保护8种，国家二级保护45种；乔灌木1400多种，药用植物2500多种，经济价值较高的用材树种800多种。野生陆栖脊椎动物660种，列入国家一、二类重点保护名录的123种，省级保护206种，海南长臂猿和海南坡鹿为海南独有。

全省规划林地面积3165万亩，占全省土地总面积的60%。到2013年底，全省有森林面积3193万亩，森林覆盖率达61.9%，比2012年提高0.4个百分点。全省林业总产值达425.2亿元。

①森林旅游加快发展。积极推进“中国森林旅游实验示范区”建设。省政府印发了《海南省热带森林旅游发展总体规划》，兴隆国家级森林公园已获审批，全省省级以上森林公园增加到25处。全年森林旅游(林业旅游、林业疗养与休闲)接待游客超过800万人次，旅游收入达14.4亿元。

②花卉种苗产业快速发展。全省花卉种植面积达11.7万亩，同比增长14.7%；年销售额达16.3亿元，增长44.2%，花卉企业达595家，从业人员34585人。

③林木种苗业稳步发展。全省共有苗圃数量484个，比2012年增加139个；总占地面积达54060.14亩，比2012年增加20581.45亩，同比增加达61.47%。其中大型苗圃118个，占24.38%，其中新增加47个；中型苗圃41个，占8.47%；小型苗圃325个，占67.15%。

全省育苗总量为13800.49万株，比2012年增加4473.93万株，同比增加47.97%。其中大苗1335.96万株，占总数的9.68%，中苗782.67万株，占总数的5.67%，小苗11681.87万株，占总数的84.65%。全省林木种苗产值约达140亿元，比2012年增加约40%。

全省育苗苗木种类有490种，主要珍稀树种育苗有：花梨木(3737.11万株)、沉香(1743.92万株)、小叶榄仁(1155.27万株)、火焰木(550.24万株)和重阳木(441.14万株)。

④野生动物驯养业呈现积极发展态势。经海南省林业厅审批的野生动物驯养繁殖场有175家，比2012年增加56家，年产值达3亿元。海南已建有全国最大的龟鳖养殖基地和全国唯一的蟒蛇养殖基地。

⑤木材加工业得到加强。全省共有木材经营加工企业548家，投资规模达203.34亿元(含金海浆纸厂成品纸生产项目投资额)，年产值106.5亿元，木制成品(家具、工艺品)出口约3200万美元，固定从业人员15513人(季节性临时用工约6500人)，年木材消耗量达246万立方米(含各类进口木材、省外调入木材、木片及消耗的枝桠材、锯木废料、竹、藤折算材积)。

⑥特色经济林产业平稳推进。2013年经济林造林面积294062亩，主要经济林树种有橡胶、槟榔、杧果、荔枝、龙眼、椰子、腰果、杨桃、菠萝蜜、莲雾、红毛丹、咖啡等。

2013年经济林产品与采集产值为183.5亿元。

⑦林下经济产业发展迅猛。农村集体林权制度改革后，林下经济获得了迅猛发展，确定重点建设林苗、林药、林菌、林茶、林鸡、林驯、林畜、林蜂、林下产品采集加工、林下旅游等10大项目。省委办公厅、省政府办公厅印发了《为农民增收办实事实施方案》，将林下经济列入为民增收十大工程内容之一。全年发展林下经济面积102.4万亩，产值61.5亿元。其中，林下种植84.98万亩，产值41.61亿元；林下养殖10.33万亩，产值13.83亿元；采集加工6.17万亩，产值5.05亿元；林下旅游0.94万亩，产值1.02亿元。儋州市荣获首批国家林下经济示范基地之一。　(陈　康)

# 重庆市林业产业

【概　况】 2013年，全市林业系统紧紧围绕“科学发展、富民兴渝”总任务，扎实推进生态文明建设，林业各项事业持续健康发展。根据全市五大功能区域定位，进一步分析全市林业发展的现状、面临的新形势和新任务，研究编制了《重庆市推进生态文明建设(林业)规划纲要》(2013～2020年)，制定了重庆推进林业生态文明建设的指导思想、基本原则、发展目标、总体布局、战略任务和工作措施，为今后一个时期的林业生态文明建设提供了行动指南。2013年植树造林、森林资源保护、森林防火、林业改革、产业发展等各项工作顺利进展。森林覆盖率达到42.1%，林木蓄积量达到1.9亿立方米，林业增加值增长8%。共争取市级以上林业投入35.8亿元，其中，中央投入24.4亿元，市级投入11.4亿元。2013年林业投入比2012年增长20.1%。

认真组织开展林业产业发展专题调研，加大对林业特色产业项目的扶持力度，确定补助产业项目80个，补助金额2700万元，重点扶持油茶、种苗花卉、森林食品、林果、笋竹、采穗园、良种基地、加工、速丰林、林下经济、科技支撑等项目，为今后林业产业发展注入活力，增添后劲。全市新发展产业基地40万亩，其中林果基地12万亩，笋竹为主的速丰林基地10万亩，花卉苗木基地5万亩，中药材基地5万亩，油茶、油桐基地8万亩。提升森林公园服务质量，开展首个“国际森林日”活动，组织全市61个森林公园在“国际森林日”当天免费向游客开放。向市旅游经济发展领导小组提出了关于认真抓好国民旅游休闲纲要贯彻落实工作的意见，与市旅游局联合制定了《关于加快森林旅游发展的意见》。全年新建市级森林公园2个，编制和修编国家级森林公园总体规划2个。组织参加国家林业局全国最美森林旅游景区评选工作，仙女山、黑山谷两个国家森林公园入选首批全国最美森林旅游景区。在城口县、武隆县、永川区等六个区县开展“森林人家”建设试点工作，共计补助资金300万元，全年森林旅游人数5300万人次，森林旅游直接收入72.6亿元。加大对林业龙头企业的政策扶持，开展贷款贴息。积极推进森林旅游、森林食品、木竹加工、苗木花卉、中药材、生物质能源等产业发展，全市产业基地面积达到1400多万亩，实现林业产值435亿元，林农人均林业收入720元。指导黔江、武隆两区县林业发展项目列入欧洲投资银行贷款3000万欧元计划，发展特色产业。

【国土绿化工程】 以退耕还林、天然林保护、石漠化综合治理等国家重点工程以及三峡水库生态屏障区植被恢复等项目建设为依托，推进城乡绿化一体化。全年完成营造林353.6万亩，其中，人工造林233.4万亩、封山育林120.2万亩；完成中幼林抚育202万亩。全年有2100万人次参加义务植树，植树超过6500万株。突出长江两岸造林绿化，以消灭长江干流绿化“断档”“天窗”及临江百米景观带、示范片建设为重点，结合实施三峡水库生态屏障区植被恢复项目，完成长江两岸绿化任务17.2万亩，项目区森林覆盖率提高到45%。抓好天然林保护，落实4505万亩国家和地方公益林的管护责任，督促指导区县抓好以“七落实”为主要内容的森林管护工作，完成天保公益林建设任务35.5万亩。通过银行卡直补方式兑现集体林区生态效益补偿资金6.3亿元。在15个石漠化综合治理试点区县实施综合治理林业项目，因地制宜开展人工造林、封山育林，治理面积达15万亩。

【集体林权制度改革】 采取政府引导与市场调节相结合的方式深化集体林权配套改革，巩固主体改革成果，盘活森林资源。积极探索承包权、经营权“两权分离”改革，为非林地上造林经营业主颁发《林木证明》，经营业主凭《林木证明》申请抵押融资，2013年“两权分离”融资达8200余万元。建立健全林权纠纷排查调处长效机制，全年调处林权纠纷1.54万件，切实维护林农权利。开展森林景观资源的有偿使用流转，面积91万亩，增加林农财产性收入。继续扩大林权抵押贷款规模，推动多家银行开展林权抵押贷款业务，鼓励农户、林业大户、专业合作社、林业企业采取多种方式开展林权抵押融资，全年新增贷款26.8亿，全市林权抵押贷款额累计达到153.5亿元。继续推进森林保险工作，森林参险覆盖面3000万亩。指导涪陵林交所、南川林木交易厅拓展业务范围，推动区县林权管理服务机构标准化建设，扩大林权交易量。培育林业合作组织、森林人家、家庭林场等新型林业经营主体，推进林地适度规模经营。全年流转集体林地513万亩，流转金额13亿元，林业合作组织达到1313个，参加农户63万户。

**【森林资源管理】** 坚持严格保护、积极发展和科学利用森林资源的工作原则，推进森林资源数量增长和质量提高。认真落实森林资源目标责任制，将林地保护管理、森林采伐限额管理、公益林管理、森林防火和林业有害生物防治等纳入目标责任制考核内容，建立健全考核体系。加强林地保护管理，认真实施《重庆市林地保护利用规划(2010～2020年)》，指导区县编制实施县级林地保护利用规划。加强林地用途管制，严格林地征收占用审核(批)管理，加强森林资源信息系统建设。开展森林经营，实施森林抚育工程，加强中幼林抚育管理，提高森林质量，森林单位面积蓄积量提高到63.5立方米/公顷。全面加强湿地、自然保护区和野生动植物保护管理，强化基础设施和能力建设，开展濒危野生动植物拯救保护工作。严厉打击破坏森林资源的违法犯罪行为，全市森林公安机关共办理涉林案件4808起，侦破查处4761起，打击处理各类违法犯罪人员5402人，收缴木材6175立方米，野生动物4160只(头)。侦破“4.7”网络贩卖野生动物专案，查获小熊猫、穿山甲、鹦鹉等国家重点保护野生动物及其制品39只。国有林区禁种铲毒保持“零”目标。

**【林业科技创新】** 加强科技创新和成果转化。全年获得创新课题立项33项，推进国家和市级林业科技创新研究30多项，建设“武陵山国家森林生态定位研究站”等科技创新平台8个，建成科技示范基地约2万亩，完成技术培训达3万余人次，派出科技特派员50余名，获得国家行业标准编制4项，新增地方标准11项。推进科技成果转化和技术标准建设。开展中央财政林业科技推广示范项目39项，推进国家行业标准编制修订10项和地方规程编制8项，开展了寿竹、油茶和核桃3项全国林业标准化示范区建设。开展林业质量建设。推进了“国家林业局重庆林产品质量检验检测中心”和“国家林业局重庆林木种苗质量检验检测中心”筹建工作，推进知识产权试点、油茶遗传资源调查编目、森林认证试点、林业专利管理、植物新品种保护，其中专利取得近50项、商标和地理标识及版权取得达60余项。（张晓勇　梁　辉）

# 四川省林业产业

## 【概　述】

**林业产业投入**　2013 年，四川省林业产业总投入进一步增长，达到 237.7 亿元，同比增长 18.0%。在 21 个市(州)中，林业产业投入达 5 亿元以上(含，下同)的有 13 个，其中 10 亿元以上的有 7 个，较 2012 年增加 2 个，依次为成都市(54.0 亿元)、泸州市(30.8 亿元)、眉山市(25.1 亿元)、宜宾市(23.0 亿元)、巴中市(18.8 亿元)、绵阳市(11 亿元)和广元市(10.1 亿元)，7 市 2013 年林业产业累计投入 172.8 亿元，占全省的 72.7%。在倡导绿色发展、循环发展、低碳发展影响下，各地不断优化产业结构，吸引金融资金、社会资本积极参与林业产业发展。2013 年，各级政府投入(含整合资金)33.2 亿元、企业投入 132.5 亿元、金融机构投入 34.6 亿元、林农和业主等社会投入 37.4 亿元，分别比 2012 年增长 12.2%、9.1%、44.2%和 42.0%。

2013 年，四川省全年实现林业总产值 2030.2 亿元，同比增长 16.2%，在 21 个市(州)中，林业总产值超过百亿的有 7 个，依次为成都市(392.8 亿元)、乐山市(163.8 亿元)、眉山市(152.8 亿元)、泸州市(131.6 亿元)、绵阳市(128.3 亿元)、宜宾市(124.1 亿元)和广元市(104.8 亿元)；林业总产值同比增速超过全省平均增速的有 9 个市(州)，其中巴中市达 78%。全省林业第一、二、三产业产值分别为 768.9 亿元、707.6 亿元、553.8 亿元，林业总产值构成比为 37.9∶34.9∶27.2，其中第一产业产值比重较 2012 年增加了 1.2 个百分点，一方面表明近年四川省林竹培育和林下种养取得明显成效，另一方面表明四川省二三产业增长乏力。

**农民林业增收**　2013 年，四川省农民人均林业收入达 870 元，较 2012 年 750 元增长 16.0%。从区域看，盆中平原丘陵区 795 元/人、盆周山区 1122 元/人、川西南山区 912 元/人、川西高山峡谷高原区 883 元/人。在 21 个市(州)中，农民人均林业收入达 1000 元以上的有 5 个市，其中雅安市、成都市分别达到 1590 元和 1315 元。在 178 个县(市、区，成都市 5 城区除外)中，农民人均林业收入上千元的有 68 个县(市、区)、占 38.2%，较 2012 年增加 10 个，温江区、沐川县、朝天区、金阳县、龙泉驿区、茂县、名山区和天全县等 8 个县(区)人均突破 2000 元。随着集体林权制度改革的深入推进，林业助农增收的空间得到拓展，依托丰富的林业资源，发展现代种植业、养殖业及生态旅游为成为农民家庭经营性收入的主要来源。以"万亩林亿元钱"为目标的林下经济增收模式和机制在基层不断得到创新；另外，以林权为主的财产性收入和以退耕还林补助、生态效益补偿为主的转移性收入也将成为林农持续增收的重要渠道。四川林业正按省委、省政府的要求，"勇挑农民增收大梁"。

**产业特色**　2013 年，四川省林业产业特色发展日趋明显，进一步明确了木竹培育利用、特色经济林培育利用、野生生物繁育利用、林下经济、苗木花卉、生态旅游等六大重点产业，四川省以核桃和油橄榄为主的木本油料产业在全国的优势更加明显，竹浆纸(纤维)、板式家具依然保持领先地位。2013 年，全省六大重点产业共实现产值 1751.5 亿元，占全省林业总产值的 86.3%。木竹产业、林业生态旅游产业和特色经济林产业所占比重较大，分别达到重点产业产值的 37.1%、27.5%和 22.8%。一些地方着力打造特色，开发出不少乡土品牌，青神竹编、朝天核桃、达州油橄榄、金阳青花椒、雪域俄色茶等享誉全国。按照循环、相融、共生的原理，利用林下良好生境及资源空间优势发展林下种植、林下养殖与生态旅游业，是提升林地综合效益、实现"不砍树也能致富"的有效途径。2013 年，四川省各地认真贯彻国家和省关于加快林下经济发展的意见，积极引导林下经济发展，全省林下经济呈现快速健康发展的良好局面。各地在发展林下经济中探索了许多成功的机制和模式。宜宾市在全省率先探索"万亩林亿元钱"增收模式，长宁县在楠竹林下种植竹荪，亩平收益由单纯种植竹林的1560元提高到14000元，亩均增收12440元，增长9倍，2013年农民人均林业收入达到1776元。雅安市名山县在桂花、桢楠等珍贵用材林下种植茶叶，探索出"茶+贵"经营模式，实现了以短养长，综合效益明显提升。

【林业产业基地建设】 2013年，四川省共培育林业产业基地653.8万亩。从培育方式看，新造483.1万亩、占73.9%，低改或抚育170.7万亩，占26.1%。在当年产业基地培育中，以核桃、油橄榄为主的木本油料林和木质原料林居多，分占总面积的35.3%和31.0%。到2013年底，全省林业产业基地总规模达到8837.3万亩，其中木质原料林基地3476.4万亩，占总基地面积的39.3%，位居第一。按照省政府加快培育现代农业产业基地的要求，大力发展工业原料林、竹林、特色经济林、生物质能源林、旅游景观林等现代林业产业基地，建好"第一车间"，夯实产业发展和农民增收的基础。各地坚持把现代林业基地培育与天然林保护、退耕还林、城乡绿化等生态工程相结合，坚持新造与低改相结合，坚持整合项目资金、集中成片打造，截至2013年年底，四川省21个市(州)的116个县(市、区)已建成现代林业产业基地1788万亩，其中木竹原料林和木本油料林达1555万亩，占87.0%。

【林产加工调整提升】 到2013年年底，四川省有林产加工企业6658家，比2012年增加1092家。在所有林产加工企业中，木材加工类企业数超过80%，占绝对优势。全省有年销售收入2000万元以上的规模企业391家，比2012年增加19家；年销售收入过亿的企业达124家，同比增加1家。2013年，规模企业全年共实现销售收入464.4亿元，同比增长9.3%，成都全友家具有限公司、四川永丰浆纸股份有限公司、犍为凤生纸业有限公司和四川叙府茶业有限公司年销售收入超过10亿元，分别达到21.3亿元、15.1亿元、12.3亿元和10.0亿元。2013年，全省林业产业园区设施进一步完善，管理进一步规范，吸引力进一步增强，对区域林业产业结构调整和林业经济发展的引领作用进一步彰显。截至2013年底，全省有林业产业园区34个，入驻涉林企业406家，实现年产值174.6亿元，其中亿元林业产业园区20个，比2012年增加1个。2013年四川省林产加工结构继续调整，主要林产品加工能力总体平稳，到2013年底，全省木竹人造板产能达到1136.7万立方米、木竹地板产能达到2039.4万平方米、竹浆造纸产能达到217.2万吨，同比增长分别为13.0%、8.2%、3.4%。2013年，四川省林业产业化龙头企业积极应对经济下行的压力，从企业管理入手，加大创新转型投入，全省龙头企业经营状况进一步改善，管理更加规范，基地规模逐步扩大，与农户建立了更为紧密的利益联结机制，大大提高了全省林产品商品率，实现了林产品加工转化增值增效，有效带动了农民持续稳定增收。泸州市容大主业集团有限公司通过"公司+农户""公司+合作社+农户"、租赁等模式，与广大合作农户建立利益联系机制，2013年公司新建竹基地5万余亩，基地规模达15万亩。生产竹浆用材林10.5万吨，鲜竹笋0.7万吨，楠竹0.3万根，销售收入1.3亿元，实现利税1400万元，总资产达1.4亿元。高县华盛纸业有限公司2013年按照"节能、降耗、减排、增效"的标准和要求，重点投入节能、白水、余气、泥渣的综合利用，年节约标煤2万吨、水资源500万吨，通过真空逆流循环洗浆，实现每吨纸减少浆耗量300元。2013年，公司投入1000万元，扩建了一条年产6000吨非纤维薄型纸生产线，有效解决了造纸废渣的回收利用。2013年，四川省林业厅在全省开展了第二批省级林业产业化重点龙头企业认定工作，截至2013年底，全省共151家林业龙头企业纳入运行监测范围。

【产业四大集群优势显现】 通过政策引导，四川林业产业正呈现集群化发展。绵阳市、德阳市、成都市、眉山市、乐山市和雅安市的30个县(市、区)形成的成都平原区林板家具产业集群，现有木质原料林基地460.0万亩，其中现代基地146万亩；木质人造板产能355万立方米、木质地板产能1390.0万平方米、木家具产能1260万件(套)；2013年实现林业总产值596.1亿元，占全省总量的29.4%，其中木产业实现255亿元；农民人均林业收入955元，高出全省平均水平9.8个百分点。达州市、巴中市、广元市的14个县(市、区)形成的川东北特色经济林产业集群，现有木本油料、木本药材、特色干果、森林蔬菜等特色经济林基地889.0万亩，其中现代特色经济林基地170万亩；特色林产品加工能力7.4万吨；2013年实现林业总产值206.7亿元，占全省总量的10.2%，其中特色经济林产业产值72.6亿元；农民人均林业收入947元，高出全省平均水平8.8个百分点。泸州市、宜宾市、乐山市、自贡市的20个县(市、区)形成的川南竹产业集群。到2013年年底，该集群建成竹林基地795万亩，其中现代竹林面积325万亩；竹浆加工能力158万吨、竹笋加工能力40.9万吨；2013年实现林业总产值341.1亿元，占全省总量的16.8%，其中竹产业产值120.7亿元；农民人均林业收入979元，高出全省平均水平12.5个百分点。绵阳市、阿坝州、甘孜州、凉山州、雅安市、成都市的44个县(市、区)形成的川西生态旅游产业集群，2013年实现林业总产值255.9亿元，占全省总量的12.6%，其中林业生态旅游产业123亿元，接待游客共计1975万人次。该集群农民人均林业收入1179元，高出全省平均水平35.5个百分点。 (胥译心)

# 贵州省林业产业

**【概　述】** 2013年，全省林业总产值达503.46亿元，较2012年增长25.5%。

林业特色商品林基地建设完成工业原料林150万亩、油茶等经济林160万亩。退耕还林工程配套荒山造林18万亩、巩固退耕还林成果专项造林102.1万亩、完成育苗面积3.5万亩，生产合格苗5.8亿株。全省使用木材生产计划274.7万立方米，实际生产木材180.9万立方米。

省级林业龙头企业80家，其中新认定48家。安排1200万元林业产业发展资金对61个项目进行扶持，带动社会资金15.5亿元投入发展林业产业。

由省林业厅牵头实施的6个现代高效农业示范园区建设已有26家企业入驻，其中省级以上龙头企业3家，新建成产业基地3.77万亩。全省签约招商引资林业项目75个，落地项目51个，到位资金10.13亿元。

全省各森林公园接待游客达2600多万人次，实现直接旅游收入近23亿元。

省政府办公厅印发了《关于加快林下经济发展的实施意见》，全省林下经济发展面积535.2万亩，产值33.6亿元。省林业厅颁发《贵州省农民林业专业合作社规范化建设指导意见》及《农民林业专业合作社评定办法》，全省共成立各类林业合作组织1950个，其中农民林业专业合作社1097个。

围绕大自然科技公司“大自然”牌棕纤维床垫产业发展，结合贵州省棕榈生长自然特性，《贵州省300万亩棕榈基地建设规划》(2013～2020年)出台，拟在黔北、黔中、黔西南及黔南地区的思南、遵义等30多个县(市、区)规划发展棕榈基地300万亩。并在思南县召开全省棕榈产业发展推进会。

**【毕节市林业产业】** 1988年6月，时任贵州省省委书记胡锦涛同志亲自倡导，并经国务院批准毕节市建立“开发扶贫、生态建设”试验区。到2013年，全市森林面积从602万亩增加到1775万亩、森林覆盖率从不足14.94%增长到44.06%、林木蓄积量从872万立方米增加到2488万立方米，为构筑长江、珠江上游生态屏障发挥了积极作用，先后被国家林业局命名为“全国林业生态建设示范区”“全国石漠化防治示范区”、首批“国家林下经济示范基地”。

毕节市自然条件优越，林业产业发展前景巨大。在充分依托国家一系列林业重点工程项目的实施，不断调整和优化林业产业结构，积极引导和发展林业工业、林下经济、林产品深加工、森林旅游、特色经济林业、花卉苗木等林业产业，吸引和鼓励支持当地及外地企业、商家到毕节市投资发展。到2013年年底，全市经果林种植面积达302.8万亩(其中核桃面积244.6万亩)，2013年种植特色经果林61.8万亩(其中核桃面积56万亩)。形成具有典型性和示范性的七星关区的蚕桑、柑橘，大方县的漆、林下仿野生天麻，黔西县的石榴、刺梨，樱桃，纳雍县的布朗李、樱桃，威宁县油茶、苹果、黄梨，赫章县的核桃、百里杜鹃的森林生态旅游等。赫章县被评为中国“核桃之乡”“樱桃之乡”；大方县被评为“天麻之乡”“漆器之乡”；织金县被评为“竹荪之乡”；纳雍县被评为“珙桐之乡”，百丽杜鹃荣膺国家“5A级”旅游景区。全市涉林重点龙头企业45家，其中省级龙头企业12家，市级龙头企业33家。2013年林业产值达91.6亿元，农民从林业上获得的纯收入达1000元以上。林业产业在毕节市国民经济中所占比重越来越大，已成为毕节市国民经济发展的重要组成部分。

发展规划及政策根据国家与贵州省发展规划，毕节市编制了《毕节市特色经果林发展规划》(2012～2020)、《毕节核桃产业发展规划(2011～2018)》，规划到2020年林业特色经果林面积达到600万亩，其中投产面积330万亩(其中核桃投产面积250万亩)，实现经果林产量22万吨，实现年产值(包括加工产值)50 亿元以上，特色林产业品牌数达 15 个以上，林业产值达 150 亿元以上。

为保障规划顺利实施，市委、市政府出台了《关于大力推进特色林果产业发展促进生态建设和农民增收的意见》和《关于加快核桃产业化发展的意见》，市政府出台《关于进一步搞好金融服务林业工作的意见》《关于全面深入推进集体林权制度改革充分调动农民林业生产积极性的意见》《关于建设特色农业基地的意见》等文件，着力把林业产业培育成群众增收致富的优势产业、支柱产业。毕节市各县区结合当地实际出台了特色林业产业发展专项扶持资金管理办法等优惠政策。

**特色优势林产品资源培育项目** ①特色经果林产业建设。毕节核桃属全省主产区之一。2007 年以来，“赫章核桃”先后获得“奥运推荐果品”“中国十大名优核桃”“中国著名果品品牌”等称号，赫章县获“中国核桃之乡”“全国核桃标准化示范区”“国家核桃良种基地”“国家地理标志保护产品”等称号。2013 年，“黔核 6 号”“黔核 7 号”“毕林核 1”“毕林核 2 号”4 个本土核桃品种通过省级优良品种认定。2013 年毕节市营造林种植面积 116. 80 万亩，种植特色经果林 61. 8 万亩，其中，核桃种植面积 56 万亩，樱桃、石榴等鲜果种植面积 5. 8 万亩。赫章县到 2013 年，已整合各类资金近 2. 5 亿元投入核桃产业发展，种植核桃 122 万亩，挂果核桃 18 万亩，年产坚果 2. 16 万吨，年产值 8. 64 亿元。核桃基地规模居全省首位。

②花卉建设项目。毕节市花卉产业发展尚处于起步阶段，以黔西、七星关特有火棘、杜鹃花培制花木盆景为代表的“黔西北花木盆景”，历史悠久，盆景艺术巧夺天工，在全国的花木盆景大赛中多次获奖。据统计，毕节市从事花卉生产企业有 51 家，大型成规模的花卉企业有贵州台金农业技术开发有限责任公司、纳雍众森园林绿化有限责任公司、百里杜鹃花卉产业园区、毕节市泰丰科技实业有限公司等。

③重点森林公园。毕节市建有森林公园 10 个，其中国家级森林公园 3 个(毕节国家森林公园、百里杜鹃国家森林公园、赫章夜郎国家森林公园)，省级森林公园 3 个(大方油杉河省级森林公园、金沙三丈水省级森林公园、金沙县省级森林公园)，县级森林公园 4 个(大方县大海坝县级森林公园、织金县县级森林公园、纳雍县小湖坝县级森林公园、黔西县水西县级森林公园)。

百里杜鹃国家森林公园位于毕节市东部，是迄今为止中国已查明的面积最大天然杜鹃林带，绵延 50 余千米，宽 1 ~3 千米，呈新月状分布，其杜鹃花种属占世界 9 个亚属中的 6 个，共 60 多种，是天然的杜鹃基因库，被誉为“地球彩带、世界花园”，在每年 3 ~5 月花期杜鹃群落由于各地段的杜鹃优势品种不同而表现出不同色彩。目前，百里杜鹃在杜鹃花集中连片的普底、金坡和戛木都已创建了杜鹃花观赏景区，每年杜鹃花盛开期间定期举行花节活动。除杜鹃花观赏外，景区还开发了百里杜鹃湖、百里杜鹃大草原、米底河等景点，进一步地提高了景区的吸引力。百里杜鹃被评为了“5A 级”国家旅游景区。

**重点涉林龙头企业介绍** 大方县九龙天麻开发有限公司是集科研、种植、加工、销售为一体的天麻开发公司。公司规划示范基地 4000 余亩、公司 + 农户基地规划 6000 亩。经国家环保部门监测，空气、灌溉水、土壤达到中药材 GAP 基地建设的要求，所种植的乌杆天麻为地方野生种源，属国内稀有品种，其外形和天麻素含量均优于其他品种。公司现开发的天麻深加工系列产品：“天麻胶囊”“天麻酒”“天麻颗粒”“食得乐颗粒”，均已获得黔卫食准字批文，公司在 2005 年获毕节市农业产业化经营重点龙头企业称号，2006 年获市级农产品加工龙头企业称号，同年被科技部列为星火项目执行单位，其注册商标“九龙腾”被评为贵州省著名商标，“九龙腾”天麻系列产品被评为贵阳市消费者协会推荐产品、贵州名牌农产品、2013 年通过认定被评为省级重点龙头企业。公司以保护生态、可持续发展为理念，实施要种天麻先种树的方略，以带动农民脱贫致富为宗旨，采取“公司 + 农户”的生产模式，以科技为手段，以发展毕节大方经济为目的，以质量为根本，以诚信求发展，正沿着专业化、规范化、规模化的方向迈进。

*黔西县绿原食品开发有限公司* 作为毕节黔西第一家涉林龙头企业，资产雄厚，拥有现代先进刺梨加工生产配套设施，以贵州高原野生刺梨

果为原料，开发刺梨系列产品。其注册的“金刺维”品牌获贵州省名特优产品称号、2011 年获得贵州省著名商标，同年 12 月被评为省级“龙头企业”、2012 年刺梨花粉蜂蜜刺梨汁饮料发明专利申请获批、2012 年 3 月被认定为第七届贵州省旅游产业发展大会指定用品、2012 年在首届森林食品博览会上被中国林业产业联合会和中国经济林协会授予林业产业突出贡献奖(森林食品类)。刺梨有着公认的“维 C 王”之美誉，果实“营养库”之美称，号称“神奇水果之王”。“金刺维”刺梨系列产品不添加任何色素、稳定剂和香精，属纯天然生态绿色食品，产品保持了刺梨原有的清香及功效。公司目前已发展种植刺梨基地约 11000 亩，带动了 1500 户农户种植刺梨增收致富。2013 年 5 月，黔西县绿原食品开发有限公司成功挂牌实现 Q 版上市，成为毕节市首家涉林企业成功上市，填补了毕节无上市企业空白。

赫之林食品饮料有限公司　坐落于风景优美的国家级森林公园内，属于现代企业模式运营的私营企业，拥有年产 1 万吨核桃乳自动生产线一条及 5000 吨纯净水自动生产线一条。为扩大生产规模，增加科技含量，创新品牌，公司在赫章县野马川镇特色食品加工工业园区异地技改扩建年产 30000 吨核桃乳生产线一条，占地面积 62 亩，项目总投资 8000 万元，形成建设及研发、生产、销售为一体的大型现代化核桃深加工企业。解决农村就业人数 300 余人，同时带动周边地区核桃种植户致富及相关产业链的跨越发展，打造“天然、绿色、营养、健康”的赫之林牌核桃系列产品。“赫之林”牌核桃乳由北京营养源研究所研制，选用贵州乌蒙山区特产的薄壳乌米核桃，配以天然无污染纯净水，经现代加工工艺研制而成，生产的核桃乳为纯天然植物蛋白饮品，口感细腻，具有较高的营养价值，广受消费者信赖。该产品已在市场上拥有一定的占有率和知名度，产品在 2003 年、2004 年度连续被评为“首届和第二届贵州名特优农产品展销会名牌农产品”、2003 年度“毕节地区优质农产品”、2006 年“多彩贵州”旅游商品两赛一会“毕节名创”、2008 年 5 月公司获地级“守合同、重信用”单位称号；2008 年 7 月取得国家质量监督局颁发的食品生产许可证(QS 证)，同年 12 月被地区农业产业经营领导小组评为第七批农业产业经营“重点龙头企业”；2009 年 12 月“赫之林”商标被评为贵州省著名商标；2011 年被毕节市质量技术监督局评为“示范单位”；2011 年 12 月被省、市扶贫开发办评定为省级扶贫“龙头企业”称号、2012 年 3 月被认定为第七届贵州省旅游产业发展大会指定用品，2013 年被认定为省级重点龙头企业。

**【黔南州林业产业】**　2013 年，黔南州林业产业取得了长足发展，林业总产值突破 40 亿元、招商引资到位资金逾 10 亿元。在国发 2 号文件指引下，黔南州林业系统结合州情实际，提出了“守住红线，支持发展，服务基层，做大产业，富裕农民”的黔南林业工作方针，创新形成了“以基地化为抓手，提升林业一产的贡献力；以园区化为载体，壮大林业二产的支撑力；以特色化为品牌，增强林业三产的影响力”的黔南林业产业发展模式。

州委、州政府出台了《关于加快刺梨产业发展的意见》，对兴办刺梨加工企业和刺梨重点批发市场用地，优先安排，优先审批，其征地的各项费用除征地补偿费外，均按下限标准执行；对建设标准厂房的市政建设配套费、土地使用税实行减免优惠政策；对建设标准厂房的土地属农户和村集体的，可以进行流转，以土地入股方式参与合作建设标准厂房；对刺梨龙头企业用电、用水，按所在地生产用水、用电的低限价格收取等，为全州刺梨加工产业发展提供了政策保障。2013 年 4 月 26 日，国家林业局党组副书记、副局长张建龙主持有关司局专门听取了向红琼州长和林平副州长关于黔南林业工作的汇报。会上确定，国家林业局专项为黔南州安排了近 2000 万元的刺梨种植资金，还同意把没有进入国家“十二五”森林重点火险区治理规划的 5 个县同其他 7 个县(市)一并纳入规划，使黔南州实现了二期、三期森林重点火险区治理项目一并审批，同步实施，投资规模增加到 5000 万元，翻了一番。省林业厅出台了《贵州省林业厅关于支持黔南加快林业发展的意见》，《意见》明确从黔南州“两江”上游生态屏障林业生态工程建设等 13 个方面重点给予黔南州倾斜和支持。

**林业产业转型发展** ①刺梨产业。编制了《黔南州50万亩刺梨产业发展规划》，以龙里、贵定、长顺、惠水等县刺梨人工种植基地发展为核心区域，2013年全州新增刺梨种植面积94115亩，人工种植刺梨面积达到15.75万亩。龙里县刺梨系列产品多次参加国家、省内外的各种展销和展览，先后十余次获得绿色食品标志产品、贵州名牌农产品、最佳推荐产品等奖项，现已拥有“茶香刺梨”和“谷脚刺梨”两个贵州省著名商标。龙里刺梨获国家质检总局批准为地理标志保护产品、获国家林业局中国经济林协会命名的“中国刺梨之乡”、获省林业厅命名的“贵州省经济林(刺梨)基地建设示范县”等多项命名，为开拓刺梨市场打下坚实的基础。

②花卉苗木产业。全州花卉产业布局以惠水县为核心，围绕环贵阳经济圈重点打造龙里县、都匀市、瓮安县的花卉产业。已编制《贵州省黔南州30万亩花卉苗木产业发展规划》。2013年全州新增花卉苗木种植面积1.5万亩，使花卉种植面积增至2.86万亩，涉及企业70多家，年产值近7亿元。惠水县政府出台《关于加快全县花卉苗木产业发展的意见》和《关于加快全县土地流转的意见》，每年从县财政拿出部分农业产业化发展专项资金和整合各部门项目资金用于花卉苗木产业园区基础设施建设，切实解决企业资金困难。2013年，县政府整合交通、水利、农业等各部门项目资金600多万元，用于和平镇雅羊坝花卉苗木种植示范区水、电、路等基础设施建设。为了提高县花卉苗木产业科技含量和花农的培训质量，县政府拿出300多万元在花卉苗木产业核心区建设了智能化玻璃温控大棚，占地2160平方米，作为县生产高端花卉和培训花农的生产培育培训中心。惠水县花卉苗木产业发展主要以花卉产业为依托，不断开创花卉观光、乡村旅游，带动文化、餐饮、旅游等产业共同发展为主要定位，采取以公司为龙头，以农村作为基地指导农户集中发展的“公司+基地+农户”的生产经营模式。2013年，县林业局向上级部门积极申报2013年度农业综合开发名优花卉苗木生产基地项目，争取到项目资金150万元用于建设200亩熏衣草观光园，该项目以“四在农家，美丽乡村”建设活动为依托，并作为县城北新区的城市公园进行打造。

③无患子产业。已编制《黔南州40万亩无患子产业发展规划》，林业厅将无患子这一新型工业原料林树种列为重点支持的林业产业发展项目。重点在独山、罗甸、荔波、平塘、三都等县发展。无患子化工原料树种种植面积2万亩，主要种植企业贵州独山青龙农林开发有限公司已在上海证券交易所申请挂牌上市。

④珍贵林木种植。已编制《罗甸县8万亩珍贵用材林基地建设规划》，项目已列入黔南州和罗甸县林业发展“十二五”规划重点建设项目。2013年新增柚木和降香黄檀等珍贵用材树种种植面积2万亩，主要种植企业贵州汇生生态建设有限公司已申报成为“中华亲情林”首批试点单位，项目基地成为“中华亲情林”首批示范基地，省林业厅已向国家林业局专文申报“国家级珍贵林木战略储备基地”，罗甸县也因此获国家林业局批准成为中国珍贵林木示范基地县。

⑤林产工业。十一大园区加快建设。全州规划建设11个林产工业园区：其中木材产业园区6个、刺梨加工园区4个、花卉园区1个。

贵州黔中林板家具产业园　产业园位于贵州省龙里县龙山北部工业园，距龙里县城5千米，距贵新、厦蓉高速公路匝道5千米和9千米，是龙山北部工业园中的“园中园”。项目规划建设占地200公顷，其中，一期工程占地70公顷，总投资8亿元，二期工程占地130公顷，总投资20亿元。园区建设是对贵州省委“两加一推”和“向山要地”发展思想的具体落实，也是改变贵州家具产业现状的需要。

园区开发于2012年3月，到2013年年底，园区招商工作全部完成，配套设施建设基本完成，已引进企业45家，在建44家，其中18家企业已建成投产。园区注重引进企业的结构合理性和产业集群上下游关联性，充分发挥资源最大利用效应与配套设施、配套服务的专业化程度，已初步形成了家具板材、板式家具、实木家具、玻璃家具、木地板、钢木家具、门业、家具五全、泡沫板材等为主要产业的产业园区，产业集群效应初步显现。园区的开发建设被龙里县委县政府定位为龙里县新型工业化试验田；带动龙里县实施跨越式发展的经济增长点；贵州乃至西南地区主要循环经济园区和新型企业发展扩强区；贵州省首个家具板材产业聚集基地；中小企业创业区；民营企业发展集中区等。

园区规划在5年的时间内，投资15亿元，建成占地面积200公顷，入园企业达150家，年产值超过100亿元，各项配套设施齐全、产业高度完善和聚集的林板加工及配套生产基地。按满足工艺、运输、消防、施工等有关规范和规定；在满足工艺的前提下，要求尽量紧凑布置，以节省用地；结合地形合理布置，尽量减少土方工程，并做好环境保护和水土地保持工作；按整齐、实用、美观的要求来规划板材区、家具区、家具配件区、竹产品区以及相关联的建材区。

*惠水“贵州长田家具产业孵化园”* 建设一期项目签约15.12亿元，建设面积1300亩，2013年第一期工程项目签订入园协议70家，计划投资5亿元，签约入驻企业50多家。总计完成土石方工程量200多万平方米，平整土地400多亩，第一期招商工作已经全部完成。

*惠水县花卉苗木产业园区* 园区位于贵州惠水县涟江大坝的核心地带，距贵阳市47千米、距龙洞堡机场55千米。为全省“5个100工程”的省级现代高效农业示范园区，规划面积3333公顷。园区地势平坦，土壤肥沃，设施完善，属亚热带季风湿润气候，冬无严寒，夏无酷暑，非常适合各种花卉苗木生长。2013年园区已发展花卉苗木种植面积1066公顷，种植企业69家。

规划完成3333公顷建设任务，其中观赏苗木1666公顷，盆栽花卉1227公顷，鲜切花107公顷，草坪333公顷。建成投产后3~5年产生效益，实现亩均产值2万元，总产值10亿元以上。预期投资5亿元，培植龙头企业3户以上，带动2000农户种植花卉苗木。园区包含产业园1333公顷及生产基地2000公顷。产业园包括会展交易中心、研发中心、惠水花卉文化苑和乡土观赏植物种质资源圃4个产业服务配套功能区，以及鲜切花、盆栽花卉和观赏苗木3个种植示范基地，是集科研、服务、物流运输、花卉文化旅游及种植示范功能为一体的综合性示范园。2000公顷生产基地主要经营观赏苗木，生产银杏、樱花、桂花等上百种绿化观赏苗木及玫瑰、月季、康乃馨等几十种室内种盆栽花卉和鲜切花，并重点开发和推广应用中华槭、猴欢喜等乡土树种，打造惠水花卉精品名片。

从2012年起，县委、县政府每年从农业发展资金中安排25%至30%用于花卉苗木、产业园基础设施(含规划、灌溉系统、道路系统、信息系统、交易平台等)建设。同时积极向上争取发改、交通、农工、林业、水利、环保等部门对项目进行扶持。鼓励和支持党政机关、事业单位干部和科技人员参与农业产业化经营、花卉苗木种植，做到政治上激励、政策上扶持、发展上引导、经济上鼓励、环境上保护。机关干部经批准，凡种植规模200亩以上，营林500亩以上的可以带薪带职领办；自营农业产业化项目自有资金不足的，可提前预支三年工资。

对具备一定规模的花卉苗木种植企业、专业合作社、大户等，县委、县政府给予一定资金扶持。一是在产业规划区内，凡集中连片、一次性流转土地达到300亩、500亩、1000亩以上的，分别按200元、250元、300元/亩标准给予补助。二是建设标准化生产大棚的，按1000元/个的标准一次性补助。三是安装节水喷灌等设施的，按1300元/亩的标准一次性补助。

⑥旅游开发齐头并进，国有林场转型发展。独山国有林场积极开展紫林山国家森林公园全省5个100景区建设，该景区成为独山县招商引资重点和第三产业发展亮点；都匀马鞍山国有林场管理的都匀青云湖国家森林公园纳入了城市森林旅游开发规划；都匀平浪国有林场引资2亿元在林场进行资源开发；三都国有拉揽林场管理的三都尧人山国家森林公园融入水族文化旅游综合规划；瓮安朱家山国有林场引资2000万元开展朱家山国家森林公园基础设施建设，提高了旅游接待能力；贵定甘溪林场争取省国土厅投资1200万元在该场管理的贵定甘溪省级森林公园内进行3000米深度的地热勘探，详规完善工作也在推进；荔波兰鼎山省级森林公园引资2000万元的开发工程正在顺利推进。

黔南州2013年在森林公园经营活动内容丰富多彩，旅游收入稳步提升。各森林公园根据自己的特点，分别采取相应措施，组织开展各种经营活动，把森林公园经营得有声有色。例如福泉市云雾山森林公园结合公园附近的民俗，大力宣传和组织游客参加苗族的“杀鱼节”、布依族的“六月六”等传统节日，在夏季大力宣传和组织开展蛤蚌河漂流，吸引了大量游客进入森林公园游乐。独山县紫林山森林公园在经营常规的游泳池、滑草、溜索、网球场、体育馆等项目外，根据自身的优势，在4月举办了“郁金香节”，6月成功举办“翠泉杯”猛牛挑战赛，8月承办了黔南州人大组织的十三县(市)300多人的运动会以及独山县宣传部、团委和文体局组织的森林体育拓展比赛。紫林山森林公园在2013年3月被省政府列入贵州省100个旅游景区进行建设；在2013年11月由国家体育总局、国家旅游局、中国奥委会、安徽省人民政府共同主办的“2013中国体育文化·体育旅游博览会”上，独山紫林山森林公园入选“2013年度中国体育旅游精品项目”。瓮安朱家山休闲度假区被黔南州政府列入黔南州20个旅游景区建设，目前已投入约1400万元建设了游客服务中心、接待用房、公厕、道路改扩建等设施。

全年共接待游客120.76万人(次)，其中海外游客0.03万人(次)，旅游收入总额2843.54万元，其中社会旅游综合收入1471.4万元，森林公园的直接旅游收入1372.14万元。森林公园的直接旅游收入中门票收入110.94万元、食宿收入947.41万元、娱乐收入198.09万元、其他收入115.70万元。

**【贵州省龙里林场】** 该林场始建于1957年，位于黔南州龙里县境内，隶属贵州省林业厅。2013年总经营面积达22.44万亩，森林覆盖率达93.71%，森林蓄积量为75.81万立方米。内设1个珍稀植物研究所、4个工区、2个分场(含贵州龙架山国家森林公园)、1个卫生所。

2013年全年总计收入6168.41万元，其中主要收入包括上级拨款3016.28万元，木材收入727万元、其他业务收入955.9万元。计划采伐木材蓄积量为19000立方米，木材生产量为14800立方米。实际完成木材生产13501.5立方米，为计划的91.2%。营林方面，育苗5亩，实际完成8.03亩，为计划的138.6%。整地造林面积1200亩，由于林权纠纷原因，实际完成造林970亩，为计划的80.8%，完成造林补植296.85亩。划抚育面积3700亩次，实际完成5917.43亩次，为计划的159.9%。高标幼林抚育1346.08亩，珍稀植物园常规抚育639.4亩及高标抚育260.62亩。

2013年贵州龙架山国家森林公园继续稳步发展，森林公园总收入977.87万元，较好地完成了场确定的1000万产值目标，与2012年总收入792万相比，增长了23.5%。2013年度接待游客数量40万人次。公园全年支出730万元。完成建设投入贵州龙架山国家森林公园森林旅游基础设施建设项目资金1144.81万元，其中场投入资金621.39万元，完善公园行、住、玩、游等基础设施。建成公园内古生物博览园现已投入使用。

2013年林场贵州高原濒危繁育中心共有树种156科、445属、746种。其中引种栽植植物86种52273株(丛)。包括黄金栾、中华金叶榆、金叶垂榆、金叶国槐、红花玉兰、金叶白蜡、美人梅、牡丹茶、红阳、红叶李、红枫、桃树、蓝莓、狼尾草、金叶芒、水松、柔毛油杉、白皮松、黄果冷杉、日本冷杉、秦岭冷杉、丽江云杉、篦子三尖杉、香榧、宝华玉兰、巴东木莲、黄花含笑、黄心夜合、落叶木莲、单性木兰、山樱花、莽草、闽楠、牛耳枫、厚皮香、华人参木、珙桐、锈毛新木姜、云和新木姜、大叶新木姜、簇叶新木姜、赤皮青冈、台湾栾树、秤锤树、银杉、德国鸢尾、西伯利亚鸢尾、丛生福禄考、千屈菜、蓝羊茅、马蔺、金边过路黄、蛇鞭草、血草、芒草、金叶苔草、玉蝉花、金边麦冬等。

**【贵州省扎佐林场】** 2013年经营面积15.8万亩。其中有林地面积12.33万亩，森林蓄积量41.6万立方米，森林覆盖率88.1%。主要经营树种有柳杉、马尾松、华山松、杉木等。林场下设三元、六屯、冷水沟3个分场和白云区豇山营林站、惠水柏龙营林站。林场宗旨为管理国有林场，促进林业发展，从事林业生态建设和用材林的培育利用工作，保护森林资源和管理林地，主要业务范围有承担经济林建设、森林旅游、苗木花卉经营、林产品开发利用和林业勘验设计等工作。

林场在坚持主业建设的同时，按照“抢抓发展机遇、向外拓展空间、盘活现有资源、做大经济总量”的发展方针，采用承包、租赁、转让、合作开发等多元化发展模式，积极与白云区、惠水县政府及当地村组沟通、协调，通过联营、承包等方式流转当地宜林荒山，到2013年转入近9万余亩，通过几年来的植树造林工作，早期流转入荒山林相已长势喜人。同时，林场融合地方区域经济发展，加大招商引资力度，加大经济建设力度，先后引进了安泰、科开、天方、和仁堂等20家医药食品加工企业和贵阳高尔夫度假中心、贵阳野生动物园等旅游知名企业，以及20余家小型企业。2013年还建成了集饮食、娱乐为一体的“快活林”饮食文化街(一期)项目。2013年被国家林业局、中国林场协会授予“全国生态建设突出贡献奖先进集体”“全国十佳林场”、被省人民政府授予绿化先进集体等荣誉称号。被省林业厅、省教育厅、团省委联合授牌为“贵州省生态文明教育基地”。

坚持按照市场经济规律，加快林业产业结构调整，入住我场林区的企业一律享受《修文县招商引资优惠政策》，包括土地扶持政策；税费扶持政策；项目投产奖励政策；标准厂房优惠政策；星级酒店扶持政策；县外企业入住优惠政策以及鼓励和保护优秀企业家、企业高级人才；对外来投资企业提供优质服务等。

**贵州景阳森林公园** 贵州景阳森林公园于2001年由林场规划建设，规划面积1571公顷。经过近八年的不懈努力，公园建设现已初具规模。建成贵阳高尔夫度假中心——贵州省唯一一座18洞72杆国际标准球场和贵阳野生动物园等生态旅游项目等主要旅游项目。贵阳森林野生动物园是省内唯一的森林野生动物园，野生动物园园区规划面积为478.0公顷，于2005年3月开工建设以来，目前已经建成水禽湖和雉鸡园、孔雀园为主的鸟类园展区；以长颈鹿园、白虎园、灵长类馆、两爬馆为主的珍稀动物区；以大熊猫、猴山、科普馆和快餐馆为主题的中心休闲区；以鹿科动物和猫科动物为主的大型动物散放区及亚洲象表演场、大型猛兽表演场及鸟艺表演场，共展示动物150多种约3000头(只)，于2012年2月1日经全国旅游景区质量等级评定委员会评定为国家4A级旅游区。以上生态型精品项目的建设，取得了较好的社会效益与经济效益，吸引了无数生态旅游“发烧友”，初步形成了“大贵阳”旅游、休闲、娱乐的新中心。至2013年底，年接待游客50万余人次，年收入达8000万余元。

**医药食品工业园** 从2000年引进安泰药业后，按照“安泰”引资模式，2000～2013年与地方政府一起成功引进德昌祥、和仁堂、科开、维康等二十余家省内外知名药企入住林区，建成了公园式省级药业工业园。药业园已初步形成以医药和食品为主导，形成了梯次跟进、集约发展的医药食品产业集群。其中，医药行业中，初步形成了以维康、同济堂、德昌祥、贵州百灵和仁堂等为重点企业的药品生产行业，主导产品涉及包括胶囊剂、喷雾剂、膏霜剂、水针剂、片剂、颗料剂、栓剂、冲剂等除大针剂以外的所有品种。园区医药食品企业20余家。2012年1月，园区升格为省级经济开发区。2013年底实现产值20亿元。

**商业餐饮** 2008年开发建设集饮食、住宿、休闲、娱乐、购物为一体的贵州景阳森林公园饮食文化街，2010年建成(一期)项目投入使用。汇聚最正宗的农家菜，品尝到远近驰名的扎佐蹄膀、正宗的遵义羊肉火锅、东北名菜小鸡炖蘑菇、凯里酸汤鱼、烤全羊等各地佳肴，喝到各种香醇、不醉不归的酒类。至2013年底，年接待就餐15万余人次，年收入达1000多万元。

**【贵州山珍宝绿色科技开发有限公司】** 该公司成立于2006年，注册资本550万元，拥有资产6500万元。主要从事生产、销售以贵州独特生长的刺梨为主的果干、果糕、果汁等系列产品。下设遵义营销公司、贵阳营销公司、凯里营销公司、贵阳兴黔伟业生态科技开发有限公司、遵义香之霖、虾子兰生、龙坪红果树三个刺梨专业合作社。选种全省已选育的一批优良株系，广泛种植，反映良好。公司创建的“珍西琦”牌刺梨汁是新开发的新兴产品，通过榨汁、浓缩、脱涩、调配、杀菌、灌装等工序加工的天然果汁饮料，生产规模1万吨。2013年实现产值5620万元，销售收入5500万元。2010年、2012年被贵州省扶贫开发办列为“省级扶贫龙头企业”。

**【长顺丹索亚刺梨庄园有限公司】** 公司2011年入驻长顺县威远工业园区，当年一期工程建成刺梨干酒的年产500吨一条生产线投产。2012年又完成30个50吨级发酵储罐的制作安装，达到年产刺梨干酒2000吨规模。公司通过与省内高校科研机构合作，独立研制出适合刺梨发酵成酒的酵母，并完全掌握了刺梨低温控温发酵成酒的技术，具有创新性和先进性，属国内领先水平。有效地保留了刺梨高维生素的品质，每100毫升刺梨果酒中VC的含量超过800毫克。2013年生产刺梨干酒600吨，实现销售收入1800万元。

**【贵州开阳南江大峡谷旅游有限公司】** 该公司成立于2006年，贵州省人民政府于2001年批准设立的贵阳市开阳省级风景名胜区(含南江大峡谷、香火岩景区)、以典型喀斯特原生态地貌为特色，兼具布依族、苗族文化风情的观光、旅游、漂流和科考为一体多功能风景名胜区。景区规划面积30.9平方千米，2008年被国家旅游局评为4A级旅游景区，同年被国际旅游联合会评为“中国最佳绿色生态景区”，2010年被贵州省旅游局评为“十大魅力和影响力景区”。2013年公司继续投入2000万元对漂流航道和附属设施，以及绿化景观进行改造升级，向5A级景区迈进。

**【贵州凤岗县仙人岭锌硒有机茶业有限公司】** 该公司始建于1993年，坐落在中国西部茶海富锌富硒有机茶之乡，所辖区域2007年被国家环境保护部评定为“国际级生态示范区”、2008年被评为“全国农业旅游示范点”、同年被评为“国家AAAA旅游景区”。公司拥有机茶基地2650亩，领办凤冈县十字茶叶专业合作社成员450户，茶园3000多亩。年产“仙人岭”牌系列产品500余吨，被誉为“天绿神品”“贵州绿宝”，获得OFDC、QS、ISO14000、HACCP等认证，年销售收入6000多万元，实现利税800万元。 (吴　坤)

# 云南省林业产业

【概　述】 云南地处长江、珠江、湄公河等六大国际国内重要河流的源头或上游，是东南亚和我国南方大部分省区的“水塔”，具有重要的生态战略地位。在全国划分的50个重要生态功能区中，云南就占据4个。云南森林资源丰富，生物多样性富集，是中国植物种类最多的地区，集中了从热带、亚热带至温带甚至寒带的多数植物种类，在全国约30 000多种植物种类中，云南占其中的17 000多种，占全国总数的52.8%，其中木本植物4000多种，乔木树种2700余种。已知陆生野生脊椎动物1416种，全省有国家重点保护野生动物222种，占全国重点保护野生动物种数的55.4%。全省药材、花卉、香料、菌类的种类均居全国之首。全省林业用地面积3.71亿亩，占全省国土面积的64.71%，居全国第二位，其中商品林面积占50.3%，公益林占49.7%。森林面积2.73亿亩，占林地面积的73.58%(居全国第3位)。森林覆盖率52.93%，林木绿化率53.46%，远远高于全国平均水平。活立木蓄积量17.12亿立方米，居全国第二位。全省人均森林面积6亩，人均活立木蓄积37.24立方米。年总生长量7364.11万立方米，年总消耗量5321.5万立方米。林分单位蓄积7.04立方米/亩(居全国第6位)。

**林产业发展思路及目标** 在建设现代林业总体思路的指导下，根据“森林云南”和“面向西南开放桥头堡”建设的总体要求，云南省林业产业体系建设规划将以建设发达的森林产业体系为指导，根据自然、地理及资源区位特点，坚持“生态建设产业化，产业发展生态化”的发展思路，遵循整合资源、优化布局、体现特色、突出重点、开拓市场、注重效益的原则，实施第一、二、三产业协调互动、良性发展模式。在森林产业体系建设上，按照循环经济、绿色环保产业的要求，振兴林业九大产业，大力发展以木本油料为主的特色经济林产业，努力提升林浆纸产业，科学发展林化工产业，加快发展竹藤产业，适度发展野生动物驯养繁殖产业，积极发展森林生态旅游产业，高效发展木材加工及人造板产业，统筹发展非木材产业，加快培育观赏苗木产业。努力推动林业产业和产品结构调整，在巩固加强第一产业的基础上，大力提升第二产业，加快发展第三产业，使三类产业协调发展，最终实现科学合理的产业结构。

**云南林业产业结构** 云南省现代林业产业发展结构定位为“六园区、八项骨干工程、九大产业”的产业构架。

①六园区：一是滇中林业产业加工园区；二是滇西南林浆纸林产化工工业园区；三是滇西特色林产品工业园区；四是滇东南林业产业工业园区；五是滇西北非木质林产品工业园区；六是滇东北竹藤产业工业园区。

②八项骨干工程：一是中低产林改造工程，二是产业园区建设工程，三是原料基地建设工程，四是基础设施建设工程，五是良种生产推广工程，六是市场体系建设工程，七是产品品牌打造工程，八是信息化平台工程。

③九大产业：一是特色经济林产业；二是林(竹)浆纸产业；三是林产化工产业；四是竹藤产业；五是野生动物驯养繁殖产业；六是森林生态旅游业；七是木材加工产业；八是非木材产业；九是观赏苗木产业。

**林产业产值** 截至2013年年底，全省累计完成林业产业总产值2078.03亿元，其中，第一产业1380.16亿元；第二产业575.38亿元；第三产业122.49亿元。营造林规模居全国第2位，林木的种植和培育产值24.54亿元；经济林产品种植与采集产值1024.02亿元；核桃、茶叶种植面积、产量均居全国之首。木材生产及林产化工产业持续增长，木材和竹材采运产值91.49亿元。松香年产量18.63万吨，松节油3.47万吨，居全国第2位。依托国家公园、自然保护区、森林公园、湿地公园等开展森林旅游，实现森林旅游收入41.2亿元。

【林产业主导产业】

**木本油料**　年末全省木本油料种植面积已达到4200万亩，产量112.61万吨，产值328亿元。其中：核桃产量70.5万吨，产值211.5亿元；油茶300万亩，产量4.01万吨，产值4.26亿元；澳洲坚果面积55万亩，产量2.8万吨，产值2.9亿元；油橄榄面积2.5万亩，产量32吨，产值280万元；麻疯树面积90万亩，产量1.5万吨，产值1.8亿元；油桐面积30万亩，产量1.8万吨，产值2.3亿元。核桃、澳洲坚果、麻疯树的面积、产量和产值均居全国之首，油茶居全国第10位。

**木材加工**　年末全省有木材加工及人造板企业4626户，木材产量530万立方米，居全国第4位；竹材产量10774.3万根，居全国第5位。木竹地板350.85万平方米。木质家具259.66万件。锯材产量196.76万立方米，人造板产量273.96万立方米，其中：胶合板69.75万立方米，纤维板180.61万立方米，刨花板23.6万立方米。实现年产值113亿元。

**观赏苗木**　云南省观赏苗木基地数3463个，主要集中在昆明、昭通、楚雄、红河、普洱、大理、保山、临沧等州(市)；从事观赏苗木生产及销售的苗木经营户3146户，林业产业省级龙头企业21户，生产从业人数2.81万人，观赏苗木基地经营面积271544亩，实际育苗面积231553亩。近几年，云南省观赏苗木产业发展取得了可喜的成绩，先后建设了苗木大世界、昆明泛亚花木城、植物王国等具有特色的苗木交易市场。

云南省目前培植的观赏苗木树种200余个，主要有滇朴、滇润楠、长梗润楠、香樟、云南樟、天竺桂、石楠、紫薇、清香木、黄连木、木兰科植物、金叶女贞、黄连翘、黄杨、叶子花等。自主培育的观赏苗木多数以小苗为主，一些优良乡土树种没有得到充分挖掘，如大理和保山的茶花、杜鹃，昭通的小叶楠、巧家五针松，红河的红河榕，文山的马关木莲、西畴含笑、麻栗坡含笑等。

**林下经济**　年末种植面积6000万亩，主要产品产量560万吨，产值416.8亿元；野生食用菌年产量10万吨，总产值20亿元，成为云南省第二大出口创汇农产品；石斛种植面积10万亩，年产石斛产品8000吨，经营加工企业140户，产值10亿元；草果种植面积100万亩，产量2.4万吨，产值8.5亿元；水果产量339.97万吨，茶等林产饮料36.61万吨，林产调料4.29万吨，森林食品6.28万吨，木本药材2.77万吨，松脂等林产工业原料18.8万吨。

**森林生态旅游**　目前全省共建有省级以上自然保护区59个，国家公园8个，国家湿地公园4个，省级以上森林公园40个，云南省最精华的景观资源绝大多数保存在这些区域，森林资源、湿地资源与民族文化资源完美地结合在一起。结合保护地建设，各州、市依靠监测、科研、社区共管工作，结合科普宣教，促进“生态旅游小区”建设稳步发展。西双版纳、高黎贡山、哀牢山、大山包、白马雪山、玉龙雪山、泸沽湖等自然保护区，以及亚洲象、滇金丝猴、黑颈鹤、长臂猿等物种资源已成为国内外知名的旅游品牌。2013年，依托各国家公园、自然保护区、森林公园、湿地公园等开展森林旅游，实现森林旅游收入近41.2亿元人民币，比2012年增长59%。仅普达措国家公园、西双版纳国家公园及玉龙雪山省级自然保护区的森林旅游收入共计19亿元，中外游客计1502.39万人次。全省各地结合自身特点，开展了多形式的森林农家乐、康体休闲旅游等产业，带动了当地第三产业的发展和林农增收。森林旅游已成为云南经济快速发展的重要支柱之一。

**林化工产业**　全省共有林化工及生物质能源生产企业257户，经销企业400多户，主要产品有脂松香、松节油、桉叶油、紫胶、山苍子油、单宁酸、栲胶、活性炭、黄樟油、桐油、紫杉醇等，其中脂松香、松节油、桉叶油和紫胶为大宗出口创汇产品。

①松脂生产加工业。云南是一个松脂资源大省，松香、松节油产业在云南具有巨大的发展潜力，全省共有58个采脂县，主要产脂树种有云南松和思茅松，能采脂的林分面积和蓄积均居全国的首位。松脂主产区是普洱市，占有绝对主导地位，其次是玉溪市、临沧市、楚雄州、大理白族自治州，普洱市的松脂产量占全省的60%左右，其他州、市的产量约占40%。全省松香加工企业

有46家，其中获得省级林业产业龙头企业的有9家，设计生产能力达到万吨以上的企业有13家，大都建在松脂主产区。2013年全省产松香20.6万吨，松节油4.5万吨，居全国第二位。

②天然香料业。云南天然香料年总产量已超过6000吨，工业总产值近3亿元。年产量居全国第四位，占全国产量的30%以上。出口数量约占全国出口总量的15%，天然香料工业已成为云南省投资效益较好的产业之一。全省主要有：桉叶油、香叶油、柠檬草油、香茅油、山苍子油、冬青油6个天然香料品种，年出口创汇已超过1500万美元。全省已能生产天然香料近40余种，含量99%的桉叶素油获1992年全国第三届新技术新产品博览会银奖。β-萜烯、α-萜烯、中国橡苔、依兰-依兰油等产品获国家金龙奖。卷烟香精"云溪牌"云烟浸膏，获国家星火博览会金奖和印尼国际博览会银奖。此外，八角茴油、茴脑、天然樟脑粉、黄樟油、桂油、香兰荚等也是云南省具有优势的主要产品。云南省的天然香料产品在国内外已形成了较为稳定的销售市场。产品除在国内20个省市销售外，还远销欧洲、美国、加拿大、日本、澳洲、东南亚及港台等国家和地区。在天然香料产品中，桉叶油(蓝桉)是云南省特色产品，出口量占国际市场90%以上。有规模生产的企业7家，年生产能力2万余吨。

③紫胶生产。紫胶是云南省又一传统特色产品，占全国产量90%以上，有生产企业12户，年生产能力3000吨。20世纪80年代以来，由于家具行业使用的紫胶涂料被合成树脂涂料代替，而紫胶新用途、新产品开发滞后，使得紫胶原胶产量由3500吨下降到1200吨。近年来，随着紫胶新用途的开发研究，紫胶市场逐渐好转，云南紫胶占有全国近90%的市场份额。

④活性炭生产。云南省活性炭生产主要以木材加工剩余物、竹材和缅甸、越南进口椰壳炭化料为原料，小规模作坊式生产，产品多是满足小范围冶金助剂的需求。已通过云南省环保局验收的《云南省大理州漾濞县核桃壳资源化利用—制取优质活性炭项目》，利用漾濞县及周边地区每年产生的核桃壳，加工成近2000吨优质活性炭投放市场，发展前景广阔。

**【营造林生产】** 2013年末，完成营造林面积786.5万亩，其中，人工造林701.48万亩，无林地和疏林地新封山育林85.01万亩。从林种用途上看，2013年的造林面积仍以经济林所占比例较大，为67%，528.16万亩，其中，用材林92万亩，防护林165.02万亩，薪炭林1.32万亩。完成更新造林1.76万亩；零星(四旁)植树9854.65万株；育苗面积10.4万亩；低效林改造183.92万亩。按经济成分分，公有经济造林265.08万亩，非公有经济造林521.42万亩，非公有经济造林占营造林总面积的66%。林木的种植和培育产值24.54亿元。

**【林业重点工程】** 天然林保护、退耕还林、防护林等重点生态建设工程扎实稳步推进。2013年，国家林业生态重点工程营造林237.48万亩。其中，天保工程实际完成投资14.62亿元，完成造林面积47.57万亩(其中人工造林28.14万亩，无林地新封山育林面积19.42万亩)；退耕还林工程实际完成投资10.26亿元，完成造林面积176.91万亩(其中荒山荒地造林165.9万亩，无林地新封山育林11万亩)；防护林体系工程实际完成投资2070万元，完成造林面积13.01万亩。

年末全省林业部门管理的自然保护区126个(其中国家级17个，省级37个)，总面积262.93万公顷。野生动植物保护及自然保护区建设完成投资4157万元。自然保护区每年森林生态服务功能总价值2009.02亿元。省级以上森林公园40个，其中国家级27个，省级13个，管理总面积15.4万公顷，分布在15个州市39个县区，全年完成投资25895万元。建立国家公园8个，总面积76.39万公顷，8个国家公园每年森林生态服务功能价值797.30亿元。

2013年，全省林业建设完成投资85.5亿元，其中：生态建设与保护49.4亿元，林业支撑与保障7.8亿元，林业产业发展5.8亿元，林业民生工程7.3亿元。林业固定资产投资完成29.2亿元。

**【林产业发展模式】** 在推进林产业发展进程中，云南省积极探索有效的发展模式。许多企业采取"公司建基地、基地联农户"的模式，在企业与农民之间建立了稳定、合理的利益联结机制，使企业和农民形成了利益共同体，既解决了企业无土地、无原料的困境，又解决了农民无资金、无技术的难题，实现了林产业发展的规模化、规范化、集约化。如，大理康亚生物科技有限公司与村民签订承包租赁合同，取得了10万亩林地经营权用于规模化种植人工红豆杉，当地群众则每年从公司获得劳务工资收入1600万元，基地建成后群众还可从基地收入中分到10%的收益；大理怀宝经贸有限责任公司与农民签订书面流转合同，取得1.5万亩林地经营权，并整合附近村民种植的核桃8.5万亩，建立了企业原料基地，公司每年固定使用本地农民工400人左右，季节性用工达1000多人，农民种植的核桃经营管理水平有了很大提高，有力地促进了农民增收；昭通市盐津县滩头乡引导农民建立了“津华竹产业专业合作社”，经过几年的发展，现有社员1332户，采取“两种模式”(合作社+基地+农户、支部+协会)，“三种方式”(有偿流转、入股分成、承包管护)，建成丰产高效竹林基地6341亩，改造中低产竹林4740亩。合作社建有厂房1500平方米，料场780平方米，有竹削片机1台，可年加工竹材3万吨，每户社员平均增收3950元，为实现竹产业的规模化发展起到了积极作用。

【林业企业】 2013年末，全省林业企业13600多户，其中省级林业龙头企业401户，覆盖九大林产业、16个州市。企业从业人数10万人，带动农户300多万户。20户企业被省政府评为“全省推进高原特色农业产业化发展先进龙头企业”，14户企业进入全省百强企业，4户企业被评为“云南省农产品出口工作先进单位”。不少企业的产品通过了国家绿色环保质量认证、国际食品质量认证。企业与科研机构合作，取得了一批具有自主知识产权的科技成果。新产品开发和科技创新能力都有了显著提高。林业龙头企业注重原料林基地规模建设，目前各企业原料林基地面积近1000万亩，为企业可持续发展奠定了良好的基础。

【林业产业省级龙头企业名录】 截至2013年年末，全省开展省级林业龙头企业评审共九批，合计401户(见下表)，覆盖九大林产业、16个州市。

| 序号 | 龙头企业名称 |
|---|---|
| 1 | 西双版纳增靓生物科技有限公司 |
| 2 | 云南红土生源药用生物科技开发有限公司 |
| 3 | 光明食品集团云南石斛生物科技开发有限公司 |
| 4 | 西双版纳银海福林石斛有限公司 |
| 5 | 西双版纳天源林石斛种植有限公司 |
| 6 | 西双版纳千松石斛种植有限责任公司 |
| 7 | 云南大山合农业科技发展有限公司 |
| 8 | 龙陵县林源石斛开发有限公司 |
| 9 | 龙陵县富民石斛开发有限公司 |
| 10 | 施甸荣呈石斛生物科技开发有限公司 |
| 11 | 云南极斛生物科技有限公司 |
| 12 | 龙陵县云河石斛开发有限责任公司 |
| 13 | 保山丰源汇生物产业有限公司 |
| 14 | 保山富群农业科技有限公司 |
| 15 | 南华县云华绿色食品有限责任公司 |
| 16 | 楚雄宏桂绿色食品有限公司 |
| 17 | 南华县宏怡野生菌开发有限公司 |
| 18 | 南华新世纪生物工程有限公司 |
| 19 | 云南星贸食品有限公司 |
| 20 | 南华县腾龙物流有限责任公司 |
| 21 | 南华嘉懋绿色食品有限公司 |
| 22 | 祥云县品位经贸有限责任公司 |
| 23 | 祥云县融兴经贸有限责任公司 |
| 24 | 祥云县龙云经贸有限责任公司 |
| 25 | 宾川瑞林克林业科技有限公司 |
| 26 | 祥云县晨宇经贸有限公司 |
| 27 | 瑞丽市岭瑞农业开发有限公司 |
| 28 | 德宏恒利达生物科技开发有限公司 |
| 29 | 芒市信凯石斛发展有限公司 |
| 30 | 云南铁枫石斛发展有限公司 |
| 31 | 瑞丽市宏茂石斛生物科技开发有限公司 |
| 32 | 云南香格里拉藏龙生物资源开发有限公司 |
| 33 | 中甸野生食品进出口有限责任公司 |
| 34 | 香格里拉县圣宝食品出品有限责任公司 |
| 35 | 香格里拉县智圆食品科技有限责任公司 |
| 36 | 香格里拉县祥和食品有限责任公司 |
| 37 | 巨丰生物科技有限公司 |
| 38 | 金平县金合宸投资有限公司 |
| 39 | 昆明恒沅食品工业有限公司 |
| 40 | 云南金九地生物科技有限公司 |
| 41 | 锦德林业资源开发有限公司 |
| 42 | 昆明云蕈食品有限责任公司 |
| 43 | 云南川云养生保健食品有限公司 |

| 序号 | 龙头企业名称 |
|---|---|
| 44 | 云南汇丰神农有限公司 |
| 45 | 呈贡三人食品有限公司 |
| 46 | 昆明康蕊药业有限责任公司 |
| 47 | 云南万家欢食品集团有限公司 |
| 48 | 丽江得一食品有限责任公司 |
| 49 | 丽江中源绿色食品有限责任公司 |
| 50 | 丽江华利生物开发药业有限公司 |
| 51 | 云南永胜绿地源植物开发有限公司 |
| 52 | 永胜雷特生物工程有限责任公司 |
| 53 | 耿马四方生物科技开发有限责任公司 |
| 54 | 云南康伟生物有限公司 |
| 55 | 云南福滋农业科技开发有限公司 |
| 56 | 泸水县农业生产资料有限责任公司 |
| 57 | 云南福维临生物药业有限公司 |
| 58 | 泸水县凯锋农林发展有限公司 |
| 59 | 孟连大发铁皮石斛有限公司 |
| 60 | 云南华晨林业发展有限公司 |
| 61 | 宣威市汇丰食用菌开发有限公司 |
| 62 | 云南希美康农业开发有限公司 |
| 63 | 文山县金达利三七生物科技有限责任公司 |
| 64 | 文山开开药业有限公司 |
| 65 | 云南七乡农业综合开发有限公司 |
| 66 | 云南希诺康生物科技有限公司 |
| 67 | 文山市益力生物科技发展有限公司 |
| 68 | 云南易门丛山食用菌有限责任公司 |
| 69 | 云南易门益生绿色食品有限责任公司 |
| 70 | 云南易门山里香食品有限责任公司 |
| 71 | 易门县康源菌业有限公司 |
| 72 | 云南易门恒源食品有限公司 |
| 73 | 云南永孜堂制药有限公司 |
| 74 | 保山奥新绿色资源开发有限公司 |
| 75 | 保山林佳园林绿化有限公司 |
| 76 | 云南嘉缘绿色产业有限责任公司 |
| 77 | 云南远益园林工程有限公司 |
| 78 | 云南绿野花卉科技有限公司 |
| 79 | 大理冠宇花卉发展有限公司 |
| 80 | 永平创盈实业有限公司 |
| 81 | 河口丰收农业发展有限公司 |
| 82 | 吉成花卉园艺有限公司 |
| 83 | 开远南圃园林景观工程有限公司 |
| 84 | 开远市三鼎产业有限责任公司 |
| 85 | 云南绿大地生物科技股份有限公司 |
| 86 | 云南野生兰收藏基地有限公司 |

| 序号 | 龙头企业名称 |
|---|---|
| 87 | 云南邦业园林绿化有限公司 |
| 88 | 云南华龙园林绿化工程有限公司 |
| 89 | 云南汇元生物开发有限公司 |
| 90 | 云南绿盛美地园林景观有限公司 |
| 91 | 云南一条龙企业集团绿化工程有限公司 |
| 92 | 云南兴箐集团农林科技开发有限公司 |
| 93 | 云南园林绿化(集团)绿化有限公司 |
| 94 | 云南长江云通环境工程有限公司 |
| 95 | 石林红杉农林科技开发有限公司 |
| 96 | 嵩明志龙林木良种培育有限公司 |
| 97 | 昆明斗南国际花卉产业园区开发有限公司 |
| 98 | 云南宝琨置业有限公司 |
| 99 | 云南利鲁环境建设有限公司 |
| 100 | 云南洪尧园林绿化工程有限公司 |
| 101 | 云南恒苑绿色产业开发有限公司 |
| 102 | 云南泰诚园艺工程有限公司 |
| 103 | 云南腾龙园艺绿化工程技术有限公司 |
| 104 | 石林闽滇绿化苗木有限公司 |
| 105 | 石林兴滇农产品开发有限公司 |
| 106 | 云南山河园林有限公司 |
| 107 | 昆明普朗特园林绿化工程有限公司 |
| 108 | 昆明兴海绿化有限公司 |
| 109 | 昆明云海环境工程有限公司 |
| 110 | 云南山川园林有限公司 |
| 111 | 云南程春种植有限公司 |
| 112 | 云南雷兰生物科技有限公司 |
| 113 | 昆明大树景观绿化有限公司 |
| 114 | 云南绿茵环境建设有限公司 |
| 115 | 昆明汇丰花卉园艺有限公司 |
| 116 | 云南大森生态园艺工程有限公司 |
| 117 | 云南新兴绿化工程有限公司 |
| 118 | 云南汇昱园林景观工程有限公司 |
| 119 | 云南大色彩绿化有限公司 |
| 120 | 昆明艾兰生物科技有限公司 |
| 121 | 云南景园绿化工程有限公司 |
| 122 | 昆明皓源园艺有限公司 |
| 123 | 云南高润林业科技有限公司 |
| 124 | 昆明丰源花木有限公司 |
| 125 | 云南林聚绿化工程有限公司 |
| 126 | 云南花城景观建设有限公司 |
| 127 | 云南福宜天水园艺科技有限公司 |
| 128 | 宜良绿兴苗木有限责任公司 |
| 129 | 云南兰弗农业科技开发有限公司 |

| 序号 | 龙头企业名称 |
|---|---|
| 130 | 临沧市天移园林绿化工程有限责任公司 |
| 131 | 镇康县云华物业管理有限责任公司 |
| 132 | 普洱市鼎达园林景观有限公司 |
| 133 | 云南为君开园林工程有限公司 |
| 134 | 会泽绿大地种苗有限责任公司 |
| 135 | 昭通市昭阳区庆丰果树有限公司 |
| 136 | 云南牟定恒瑞生物化工有限公司 |
| 137 | 南华松香厂 |
| 138 | 云南森源化工有限公司 |
| 139 | 云南华香源香料有限公司 |
| 140 | 楚雄德尔思紫胶有限公司 |
| 141 | 昆明自主择业集源生物科技有限公司 |
| 142 | 云龙海嘉生物技术有限公司 |
| 143 | 云南大理康亚生物科技有限公司 |
| 144 | 云南茶花林化有限公司 |
| 145 | 云龙三森生物科技有限公司 |
| 146 | 建水大洋林化有限公司 |
| 147 | 云南汉德生物技术有限公司 |
| 148 | 云南神宇新能源有限公司 |
| 149 | 昆明苏化生物科技有限公司 |
| 150 | 云南腾众新能源科技有限公司 |
| 151 | 云南怒江东方大峡谷生物城有限责任公司 |
| 152 | 怒江滇鑫农业科技示范园 |
| 153 | 云南景谷林业股份有限公司 |
| 154 | 普洱林达木业有限责任公司 |
| 155 | 景谷林化有限公司 |
| 156 | 普洱市思茅区森盛林化有限责任公司 |
| 157 | 镇沅彝族哈尼族拉祜族自治县松香厂 |
| 158 | 普洱科茂林化有限公司 |
| 159 | 曲靖鸿昊生物科技有限公司 |
| 160 | 云南盛禾生态农业科技发展有限公司 |
| 161 | 中林化工有限公司 |
| 162 | 云南林缘香料有限公司 |
| 163 | 云南威信锦昌生物科技有限公司 |
| 164 | 云南昌宁建星纸业有限公司 |
| 165 | 临沧南华纸业有限公司 |
| 166 | 云南云景林纸股份有限公司 |
| 167 | 云南新平南恩糖纸有限责任公司 |
| 168 | 云南省林业投资有限公司 |
| 169 | 寻甸林立方林业投资有限公司 |
| 170 | 云南源宥林权投资管理有限公司 |
| 171 | 玉溪子墨商贸服务有限公司 |
| 172 | 西双版纳菊香诚信木业有限公司 |

| 序号 | 龙头企业名称 |
|---|---|
| 173 | 西双版纳礼龙木业有限公司 |
| 174 | 腾冲县古林木业有限责任公司 |
| 175 | 云南省腾冲县林瑞木制品有限责任公司 |
| 176 | 云南腾冲杜鹃王旅游产品有限公司 |
| 177 | 云南保山华恒木业有限公司 |
| 178 | 云南省保山市林业投资发展公司 |
| 179 | 隆阳区丰源木业有限公司 |
| 180 | 昌宁县雄达木业有限公司 |
| 181 | 昌宁县桦东实业有限公司 |
| 182 | 保山德森人造板有限公司 |
| 183 | 隆阳区华品木材高压板厂 |
| 184 | 双柏华兴人造板有限公司 |
| 185 | 大姚森盛木业有限责任公司 |
| 186 | 云南大理市佳利有限公司 |
| 187 | 剑川县华艺木雕有限公司 |
| 188 | 剑川县兴艺古典木雕刻家具厂 |
| 189 | 永平云森木业有限公司 |
| 190 | 剑川宏盛古建筑工程有限责任公司 |
| 191 | 云南凤凰木业开发有限责任公司 |
| 192 | 阳森生物技术开发有限公司 |
| 193 | 云南永利发林业有限公司 |
| 194 | 瑞丽市千紫木业发展有限责任公司 |
| 195 | 陇川县雅森特木业有限公司 |
| 196 | 云南亚豪木业有限责任公司 |
| 197 | 云南省陇川县福斯特实业有限公司 |
| 198 | 建水千原木业有限公司 |
| 199 | 云南省石屏县采伐林场 |
| 200 | 恒盛木业有限公司 |
| 201 | 云南粤泸木业有限责任公司 |
| 202 | 云南省红石木业有限责任公司 |
| 203 | 昆明森工集团有限公司 |
| 204 | 昆明新飞林人造板有限公司 |
| 205 | 云南云安商贸有限公司 |
| 206 | 云南瑞林中密度纤维板有限公司 |
| 207 | 昆明福莱威尔家具制造有限公司 |
| 208 | 昆明天森木业有限公 |
| 209 | 昆明百年家园家具有限公司 |
| 210 | 嵩明美迎和睦家具有限公司 |
| 211 | 云南捷森木业有限公司 |
| 212 | 昆明振楚工贸有限公司 |
| 213 | 昆明大商汇实业有限公司 |
| 214 | 昆明奥斯腾木业有限公司 |
| 215 | 云南滇木人造板有限公司 |

| 序号 | 龙头企业名称 |
|---|---|
| 216 | 云南乾润林业开发有限公司 |
| 217 | 昆明三德木门制造有限公司 |
| 218 | 云南绿洲装饰有限公司 |
| 219 | 云南永通木业有限公司 |
| 220 | 耿马泰兴发展有限责任公司 |
| 221 | 云南省临沧市泛华林业投资发展有限公司 |
| 222 | 镇康县创森林木开发有限责任公司 |
| 223 | 凤庆县胜达木业有限公司 |
| 224 | 云南森友木业有限公司 |
| 225 | 普洱市卫国林业局 |
| 226 | 镇沅县林产工业有限公司 |
| 227 | 云南江城木制品有限公司 |
| 228 | 景东彝族自治县昌龙林产工业有限公司 |
| 229 | 普洱福通(集团)木业有限公司 |
| 230 | 普洱市思茅区沪顺木业有限公司 |
| 231 | 镇沅彝族哈尼族拉祜族自治县昌龙林产工业有限公司 |
| 232 | 景东彝族自治县天瑞林业有限公司 |
| 233 | 师宗华海木业有限公司 |
| 234 | 云南司珈尔木业股份有限公司 |
| 235 | 广南润和木业有限公司 |
| 236 | 丘北县富亿木业有限公司 |
| 237 | 广南豪威木业有限公司 |
| 238 | 广南皇饰木业有限公司 |
| 239 | 云南瑞江木业有限公司 |
| 240 | 云南玉加宝人造板有限公司 |
| 241 | 峨山县森达林业开发有限责任公司 |
| 242 | 峨山彝族自治县天和林场 |
| 243 | 云南玉达木门制造有限公司 |
| 244 | 玉溪比格力富康门业 |
| 245 | 威信县兴源木业有限公司 |
| 246 | 云南金孔雀旅游集团有限公司 |
| 247 | 云南九彩云蝶生物科技有限公司 |
| 248 | 峨山彝人谷万亩竹海生态旅游开发有限公司 |
| 249 | 云南峨山高香万亩生态茶业有限责任公司 |
| 250 | 西双版纳恒兴创吉橡胶有限公司 |
| 251 | 西双版纳云丰木业有限公司 |
| 252 | 云南景泰绿色产业有限公司 |
| 253 | 西双版纳印奇生物资源开发有限公司 |
| 254 | 西双版纳广顺生物科技有限责任公司 |
| 255 | 保山市映山红甜柿开发有限公司 |
| 256 | 隆阳区凤溪茶叶有限公司 |
| 257 | 和顺鑫生态食品开发有限公司 |
| 258 | 腾冲县滕虹油业有限公司 |

| 序号 | 龙头企业名称 |
|---|---|
| 259 | 昌宁笑果果食品有限公司 |
| 260 | 龙陵县顺兴木材加工厂 |
| 261 | 昌宁十里香食品有限公司 |
| 262 | 保山市山田种植有限责任公司 |
| 263 | 云南优昊实业有限公司 |
| 264 | 保山市大寨山核桃开发有限公司 |
| 265 | 腾冲县高黎贡山生态茶业有限责任公司 |
| 266 | 云南楚雄东宝生物资源开发有限公司 |
| 267 | 大姚亿利丰农产品有限公司 |
| 268 | 楚雄市树苴乡农业技术综合开发有限公司 |
| 269 | 云南摩尔农庄生物科技开发有限公司 |
| 270 | 云南滇洱古道山茶花园艺有限公司 |
| 271 | 南华鸿发核桃产业开发有限公司 |
| 272 | 大姚广益发展有限公司 |
| 273 | 大姚兆鹏食品有限责任公司 |
| 274 | 大姚锦亿土特产有限公司 |
| 275 | 大姚家和天然食品开发有限责任公司 |
| 276 | 大姚欣杰食品有限公司 |
| 277 | 楚雄泓利达食品有限公司 |
| 278 | 大姚华盛饮料食品有限责任公司 |
| 279 | 云南大理洱宝实业有限公司 |
| 280 | 大理漾濞核桃有限公司 |
| 281 | 洱源县云洱果脯有限公司 |
| 282 | 漾濞县涵轩绿色产业开发有限公司 |
| 283 | 宾川康弘林产品有限责任公司 |
| 284 | 洱源县佳漶核桃食品开发有限公司 |
| 285 | 大理州怀宝经贸有限责任公司 |
| 286 | 漾濞县核桃秀工艺品 |
| 287 | 宾川县沧海农林有限责任公司 |
| 288 | 洱源县苗圃基地 |
| 289 | 洱源恒旺林畜开发有限公司 |
| 290 | 永平建标生命科学研究开发有限公司 |
| 291 | 巍山县年丰农副产品有限责任公司 |
| 292 | 巍山大仓文华农产品有限责任公司 |
| 293 | 宾川高原有机农业开发有限公司 |
| 294 | 大理国沣农产品有限公司 |
| 295 | 永平大林生物科技有限公司 |
| 296 | 宾川拉乌峨溪核桃金果有限责任公司 |
| 297 | 南涧县红云核桃加工销售有限责任公司 |
| 298 | 漾濞大漾生物科技有限公司 |
| 299 | 永平大衍生物科技有限公司 |
| 300 | 云南岚福源生态资源投资有限公司 |
| 301 | 云南迪思企业集团坚果有限公司 |

| 序号 | 龙头企业名称 |
|---|---|
| 302 | 德宏后谷咖啡有限公司 |
| 303 | 梁河县三禾林业有限公司 |
| 304 | 盈江林立油茶有限责任公司 |
| 305 | 陇川山茶茶油有限责任公司 |
| 306 | 盈江县源润坚果开发有限公司 |
| 307 | 芒市大地生物科技有限公司 |
| 308 | 迪庆香格里拉舒达有机食品有限公司 |
| 309 | 维西县康邦美味绿色资源开发公司 |
| 310 | 维西傈僳族自治县综合贸易股份合作公司 |
| 311 | 云南攀大木棉科技应用有限公司 |
| 312 | 红河麟源农业科技发展有限公司 |
| 313 | 建水县浩野农林产业有限公司 |
| 314 | 红河阳光生物质能源有限公司 |
| 315 | 红河州和源农业开发有限公司 |
| 316 | 大丰林业开发有限公司 |
| 317 | 大山林业发展有限公司 |
| 318 | 远达果业有限公司 |
| 319 | 金平分水岭西隆生物资源开发有限责任公司 |
| 320 | 云南浙兴林果种植有限公司 |
| 321 | 云南深发林业有限公司 |
| 322 | 弥勒江泰园林绿化有限责任公司 |
| 323 | 云南红河棠洲林木开发有限公司 |
| 324 | 云南绿原实业发展有限公司 |
| 325 | 云南云澳达坚果开发有限公司 |
| 326 | 云南凯云科工贸有限公司 |
| 327 | 云南金江绿色产业有限公司 |
| 328 | 昆明信威食品有限公司 |
| 329 | 昆明市宜良滇王食品有限公司 |
| 330 | 昆明为民林木种植有限公司 |
| 331 | 东来种植开发有限公司 |
| 332 | 云南碧根农业科技有限公司 |
| 333 | 石林绿呈生物科技开发有限公司 |
| 334 | 石林联申农产品开发有限公司 |
| 335 | 永胜林辰绿色资源开发有限责任公司 |
| 336 | 宁蒗县女儿珍生物工程有限公司 |
| 337 | 永德县大雪山实业有限公司 |
| 338 | 云南茅粮酒业集团有限公司 |
| 339 | 沧源县茂名华建投资有限责任公司 |
| 340 | 云南凤庆巨达食品工业有限责任公司 |
| 341 | 云南汇智源食品有限公司 |
| 342 | 云南滇红集团股份有限公司 |
| 343 | 镇康县如意橡胶开发有限责任公司 |
| 344 | 临沧凌丰产业(集团)有限公司 |

| 序号 | 龙头企业名称 |
|---|---|
| 345 | 云县嘉木茶业制品有限责任公司 |
| 346 | 云县新云州实业有限责任公司 |
| 347 | 怒江绿源绿色产业发展有限公司 |
| 348 | 兰坪县啦井镇紫兴五味子饮品厂 |
| 349 | 景东力奥林产集团有限公司 |
| 350 | 思茅金澜沧丰产有限公司 |
| 351 | 普洱三国庄园茶业有限责任公司 |
| 352 | 江城耀霖木业有限责任公司 |
| 353 | 云南长源投资集团普洱天翔林业开发有限公司 |
| 354 | 云南大地生态产业开发有限公司 |
| 355 | 富源县聚农绿色食品开发有限公司 |
| 356 | 沾益县坤泰园艺有限公司 |
| 357 | 曲靖市富田园林有限公司 |
| 358 | 云南伊森源林业开发有限公司 |
| 359 | 宣威市宝鑫种养殖科技发展有限公司 |
| 360 | 沾益县华晋农牧有限责任公司 |
| 361 | 云南万道香茶业有限公司 |
| 362 | 云南云岭茶油有限公司 |
| 363 | 金光集团文山金文山丰产林有限公司 |
| 364 | 文山圆和圆经贸有限责任公司 |
| 365 | 云南富嘉林产科技有限公司 |
| 366 | 丘北县双龙油脂有限责任公司 |
| 367 | 文山州叶飞林木种植有限公司 |
| 368 | 广南县天云植物油业有限公司 |
| 369 | 云南归田实业有限公司 |
| 370 | 麻栗坡县佳林咖啡发展有限责任公司 |
| 371 | 文山盘龙山生态农业综合开发有限公司 |
| 372 | 西畴县国营香坪山林场 |
| 373 | 西畴县百汇药材林果种植有限公司 |
| 374 | 云南玉溪金土地绿色产品开发有限公司 |
| 375 | 云南原林生态有限公司 |
| 376 | 玉溪市华冠蔬果有限公司 |
| 377 | 云南华宁鑫辰食品有限公司 |
| 378 | 华宁县山水农林开发有限责任公司 |
| 379 | 云南绿地园林绿化有限公司 |
| 380 | 镇雄县叶茂开发有限责任公司 |
| 381 | 昭通市宏联实业有限责任公司 |
| 382 | 昭通市大成农业开发有限责任公司 |
| 383 | 景洪市晨晓商贸有限公司 |
| 384 | 云南大理瑞鹤药业 |
| 385 | 香格里拉县岭地野生动物养殖有限公司 |
| 386 | 弥勒县唐氏特种养殖有限公司 |
| 387 | 东兴昱特禽生态养殖场 |

| 序号 | 龙头企业名称 |
|---|---|
| 388 | 云南野生动物园有限公司 |
| 389 | 云南戎信农林产业开发股份有限公司 |
| 390 | 怒江八达农业科技发展有限公司 |
| 391 | 云南陆良国康天然生物资源开发有限公司 |
| 392 | 陆良招宝特种野生养殖有限公司 |
| 393 | 富源县林山野生动物驯养繁殖有限责任公司 |
| 394 | 马龙县红石农业科技开发有限公司 |
| 395 | 宣威市虹桥生态旅游开发有限公司 |
| 396 | 云南金土地生态开发有限公司 |
| 397 | 云南勐象竹业有限公司 |
| 398 | 陇川县集强林竹产业有限责任公司 |
| 399 | 云南天巍竹业有限公司 |
| 400 | 红河棕业有限责任公司 |
| 401 | 盐津津华竹产业专业合作社 |

(云南省林业厅改革与产业发展处　李伟平　杨红朝)

# 西藏自治区林业产业

【概　况】 西藏自治区森林资源丰富，林地面积1783.64万公顷，森林面积1471.56万公顷(其中有林地面积849.13万公顷)，活立木蓄积量22.88亿立方米，分别列全国第五位和第一位，森林覆盖率11.98%，基本为原始森林。西藏幅员辽阔，自然条件复杂，气候条件多异，具有热带到寒带的植被类型，生物多样性十分丰富，发展林下经济的良好条件和比较优势，潜力巨大。

2013年林业产业总产值继续保持增长的态势，全年林业总产值达到219427万元，比2012年增长了9.21%。其中，第一产业产值194789万元，与2012年相比，增幅为1.75%；第二产业产值16551万元，增幅为65.324%；第三产业产值8087万元，增幅为113.37%。全区林业产业实现增加值12355万元，林业经济运行质量良好。从产业结构看，第二、三产业呈现出蓬勃发展态势。

从产值来看，第一产业继续保护优势地位，其中林木育苗、造林和森林抚育管理为主要内容的林木培育和花卉种植业，产值132102万元，所占比重为67.82%；其次为干鲜果品、茶、中药材以及森林食品等在内的经济林产品种植与采集业，产值为62687万元，占第一产业产值的32.18%。第二产业中，木材加工以及木制品制造业产值为16551万元，木材加工是第二产业中的主流产业。林业旅游和休闲服务业为第三产业的龙头行业，产值为8087万元，占总产值业的3.69%，但在林业总产值中比重较低，主要受气候、地形等条件限制，但进一步的开发和利用空间。

【木材生产及木材加工】 2013年全区商品材产量为63928立方米，比计划少采伐78134立方米，所有商品木材都为农牧民安居工程用材；非商品材产量为867995立方米，其中农牧民自用材采伐177995立方米，占非商品材产量的20.50%，农牧民薪材依然是木材消耗的大头，因此，继续开展替代能源建设和薪炭林建设是减少木材消耗的首要工作。

【经济林产品】 2013年全区经济林产品产值62687万元，比2012年增加33424万元。全年各类经济林种植面积40944公顷，实有结果面积为34039公顷，经济林产品总量24931吨，其中，水果产量16392吨，干果产量6744吨，林产调料品85吨，森林食品产量1710吨。全年经济林产量较2012年增加了10241吨。各地继续积极推动经济林建设，2013年全区完成核桃工程造林2823公顷。受政府投资拉动和市场经济的影响，核桃、苹果、松茸等林产品价格较2012年均有较大幅度的上扬，普遍上涨30%～50%，在此影响下，拉动着各地农牧民群众建设经济林的积极性。预计2014年，全区经济林种植力度仍将进一步加大。

（张万茹）

# 陕西省林业产业

【概　述】 2013年陕西林业产业总产值713亿元，比2012年增长32%。其中第一产业产值564亿元，第二产业产值93亿元，第三产业产值56亿元，分别比2012年增长32%、27%、39%，三产比例79:13:8。

**干杂果生产**　2013年新造核桃等五大干杂果经济林132.75万亩，全省干杂果总面积达到2034.65万亩，年产量130万吨，产值92.8亿元。其中核桃面积898.54万亩，产量14.84万吨，产值34.83亿元；红枣面积317.2万亩，产量69.34万吨，产值27.36亿元；花椒面积265.9万亩，产量4.63万吨，产值20.19亿元；板栗面积465.14万亩，产量7.17万吨，产值5.16亿元；柿子面积87.87万亩，产量19.38万吨，产值5.27亿元。花椒、核桃分别占据全国第一和第二位。2013年8月29日，国家林业局下发了《国家林业局关于认定首批国家级核桃示范基地的通知》(林造发〔2013〕137号)，陕西蓝田县大统核桃基地、黄龙县圣地红核桃基地、丹凤县棣花镇核桃基地被认定为国家级核桃示范基地。

**森林旅游**　全省森林公园78处，林业旅游与休闲人数1754万人(次)，收入32亿元，较2012年分别增长18%和39%。由国际文化旅游促进会、中国旅游品牌协会、中国生态旅游发展协会、中国旅游经济网联合举办的“2013美丽中华特色旅游品牌推广盛会”在云南昆明召开，陕西柞水牛背梁国家森林公园荣获“中国最美原生态旅游景区”称号。陕西省首份展现森林景观资源的地图—《陕西森林景观地图》正式出版。该地图由陕西省林业厅和西安地图出版社联合编制，全面展示了陕西省森林景观的基本现状，展现了陕西在森林建设和保护方面取得的巨大成就。2013年9月12～15日，由陕西省政府主办，省林业厅与省旅游局、省商务厅、省文化厅、省会展中心等部门承办的第六届陕西旅游商品博览会，在西安曲江国际会展中心成功举办。陕西省林业厅荣获第六届陕西旅游商品博览会“优秀组织奖”和“优秀布展奖”。

**木竹材及林产工业**　全省木材产量10.2万立方米，竹材产量881万根，锯材产量24万立方米，木片产量14万立方米，人造板产量108万吨，木竹地板产量5.7万立方米。3月31日，国家林业局林产品质量检验检测中心(西安)通过了国家林业局的复评审。西安质检中心所承担的人造板、地板、红木、原木锯材、木门等产品的检验符合国家标准，具备了检测、检验能力。

**种苗花卉**　全省已建成国有苗圃、良种繁育基地188处，良种基地、采种基地57处。全省花卉种植面积9万亩，切花切叶产量581万只，盆栽植物1308万盆，观赏苗木1亿株，草坪68平方米，花卉市场69个，花卉企业208个，花卉产值10.1亿元。

**政策措施**　1月18日，陕西省林业厅下发了《陕西省林业厅关于表彰林业产业强县和优秀林业龙头企业的通知》(陕林产发〔2013〕16号)，授予蓝田、陇县、长武、宜君、黄龙、清涧、略阳、平利、山阳和渭南市临渭区10个县(区)“陕西林业产业强县”称号；授予陕西中兴林产科技有限公司(杨凌)、陕西苍山茶叶有限责任公司、陕西大统生态产业开发有限公司、韩城金太阳花椒油脂有限公司、富平县秦鲁绿色事业开发有限公司“陕西省优秀林业产业龙头企业称号”。

【林下经济】 5月29～30日，陕西省民生林业暨林下经济现场会在西安召开。会议提出陕西发展林下经济的总体目标是：力争用五年时间，全省以林下种植为主的森林绿色食品和中药材产业年产值达到85亿元；林下采集加工产值达到100亿元；以森林旅游为主的生态文化产业年接待游客1500万人次，旅游收入达到72亿元，吸纳农民就业15万人；建设一批规模大、效益好、带动能力强的林下经济示范基地，建成省级林下经济示范县 20 个，林下经济示范村 500 个，农民林业专业合作社 2000 个；农民人均林下经济(不含干杂果)年收入达到 600 元。到 2020 年，全省基本建成特色和优势突出、结构和布局合理、经济和社会效益显著的林下产业体系，林下产业年产值达到 540 亿元。

**【林业专业合作社】** 2013 年新增 24 个林业专业合作组织，全省累计成立 1133 个，加入合作社农户 21.26 万户。宁陕县旬宝猪苓专业合作社被评为“全国 2012 年度 50 佳合作社”之一。

**【木本油料】** 陕西大力建设“地上食用木本油库”，推进以油用牡丹、油茶、野樱桃等为主的本食油产业发展，建立牡丹示范园 23 个及 1 条年产 1000 吨的木本食用油示范生产线，新建野樱桃基地 12.3 万亩。陕西积极推进百万亩长柄扁桃基地建设，发展面积近 50 万亩。2013 年 10 月 30 日，国家卫生和计划生育委员会发布《关于批准裸藻等 8 种新食品原料的公告》(2013 年 第 4 号)，正式批准陕西省申报的长柄扁桃油为新食品原料。

**【野生动物繁育利用】** 2013 年繁育成活朱鹮 373 只，全省朱鹮人工种群数量 395 只，野外种群数量 1018 只，繁育林麝 1627 头。全省林麝存栏数量 6066 头，在全国位列第一。7 月 3 日，32 只朱鹮在中国秦岭以北的陕西省铜川市柳林林场成功放飞，有效扩大了朱鹮栖息地范围，这是陕西省保护朱鹮摆脱濒危状况的一次重大尝试，也是中国野生动物保护特别是珍稀濒危鸟类保护史上的重大事件。

**【科技教育】** 陕西省围绕核桃、油用牡丹、长柄扁桃、花椒等“地上木本食用油库”和干杂果经济林建设等民生林业及防沙治沙、治污减霾等林业重点生态工程，突出各地特色产业，紧扣提质增效增收，组织开展了“十百千”林业科技示范工程建设，在蓝田、永寿、靖边、黄龙、南郑等县建立具有一定规模的科技示范基地 13 个、具有重点技术示范内容的示范点 127 个、具有典型丰产经验或示范带动作用的科技示范户 1182 个，累计完成各类技术推广示范面积 131.4 万亩，为广大群众在良种建园、嫁接整形、水肥科管、病虫害预防、丰产改造和烘烤储藏等方面推广普及易学会用的林业技术，为林业生态建设、新兴产业开发和群众增收致富提供了有力的科技支撑保障。

2013 年度陕西省林业科学技术进步奖和林业技术推广奖评奖共评奖 13 项。林业科学技术进步奖 5 项：“油松种质资源调查收集与保存库营建技术研究”获特等奖；“楠竹引种及丰产栽培关键技术研究试验与示范”“分布区最北缘大熊猫生存威胁因素的研究”“陕西牛背梁自然保护区生物多样性研究”获一等奖；“强电场太阳能杀虫灯(QDC - LY18 型)的研制及其在核桃虫害防治上的应用研究”获二等奖。林业技术推广奖 8 项：“核桃综合配套丰产栽培技术示范”“花椒综合配套丰产栽培技术示范”获特等奖；“陕北抗旱造林综合配套技术推广”“西安市良种核桃精细化栽培技术集成与示范推广”“优良生态经济型固沙树种长柄扁桃扩繁及造林技术推广”“油茶良种引进及丰产栽培技术示范推广”和“富平升底尖柿良种示范推广”获一等奖；“黄土高原抗逆性乡土树种——文冠果繁育及造林技术示范推广项目”获二等奖。

**【森林文化】** 3 月 28 日，陕西省森林文化协会在陕西西安正式成立，这是全国第一个省级森林文化协会。陕西省林业厅厅长李三原当选为第一任会长。陕西省森林文化协会将致力于传播先进森林文化，普及生态文明理念，推动林业生态建设，促进人与自然和谐共处。协会还将协助政府进行森林文化资源普查，加快对古树名木、森林旅游、野生动植物、林业特色产品、名人、文学艺术作品等方面森林文化的研究和开发，促进陕西森林文化研究体系建设。协会还将设立理论研究委员会、产业开发委员会、文学艺术委员会、森林美食文化委员会、森林旅游委员会、珍稀动植物及古树名木保护委员会、茶叶文化委员会、木本油料研发委员会、花卉文化委员会、木器文化委员等专业委员会。

陕西省林业厅厅长李三原荣获第六届“绿色中国年度焦点人物”称号。李三原将发展林业作为建设生态文明和美丽陕西的重要基础和途径，首次提出了利用植物组培等先进技术建立古树名木“活档案库”的保护理念，并成功使黄帝手植柏等古树生命得以延续。

**【洛南核桃】** 洛南县位于秦岭东段南麓，是商洛唯一的黄河流域县，生态条件非常适宜核桃生长发育要求，其品质优于其他产地。截至2013年，核桃建园面积51.7万亩，1278万株，挂果树550万株，总产量1.1万吨。全县建成万亩核桃基地21个，千亩基地58个，500亩示范点125个，核桃基地规模位居陕西省前列。高接换优嫁接改良核桃6万亩，建立良种核桃采穗圃3个，气调冷库2个，投资3.5亿元建设了天玉公司核桃深加工龙头企业。2013年核桃产值3.4亿元，农民人均核桃收入1269元，占当年农民人均纯收入6630元的19.1%。2000年3月，洛南县被国家林业局、中国名特优经济林协会命名为“核桃之乡”。2009年第二届中国核桃大会上，洛南核桃荣获1金1银6优大奖，2011年9月荣获首届中国核桃节1银6优大奖，同年11月获得中国农产品地理标志认证，2012年1月荣获2011年度商洛最具经济影响力品牌，2012年11月荣获中国绿色核桃十强县称号，同年在中国农产品区域公用品牌价值评估中获2.56亿元人民币评估，成为名副其实十大金牌核桃之乡。

**【大荔冬枣】** 大荔是冬枣全国最佳优生区之一，是国家林业局命名的“中国枣乡”，也是国家标准化委员会命名的“红枣标准化生产示范县”。大荔冬枣先后荣获“后稷金像奖”、陕西国际年会“优质水果奖”、第二届中国国际林业产业博览会金奖。全县冬枣面积26万亩，产量达20万吨，产值超过20亿元。全县从事冬枣生产的群众达到25万人。安仁小荀村目前共有群众1500余人，380户，耕地2800亩，冬枣收入4000余万元，户均收入超过10万元。马成祖3.2亩大棚冬枣2012年收入26万元；安仁镇小坡村4200口人，800余户，1.5万亩耕地，冬枣生产面积9800亩，挂果6500亩，全村冬枣收入1亿元以上，人均收入达到2.5万元。冬枣产业已经成为大荔农村经济发展的主导产业和群众增收奔小康的主要途径。

**【韩城花椒】** 大红袍花椒是韩城的名优特产，距今已有上千年的栽植历史，以“粒大肉丰、色泽鲜艳、香气浓郁、麻味醇正”而闻名遐迩。全市建有百里4000万株大红袍花椒生产基地，花椒年总产量达2000万千克，约占全国花椒总产量的1/6；花椒总产值达10亿元，占农业总产值的60%。全市农民人均花椒收入达4000元，椒区人均花椒收入达6250元。全市花椒加工企业14家，年加工花椒300万千克，加工花椒籽3000万千克，加工工业总产值达1.5亿元，直接带动增加农民收入6000万元。在北京、重庆、四川等地设有花椒销售网点100多个。形成了“销售网点+批发市场+购销队伍+农户”的销售网络，产品销往全国，出口东南亚。韩城已成为全国花椒面积最大、产量最高、富民作用最强、示范辐射带动力最大的县(市)，被国家林业局先后命名为“中国名特优经济林花椒之乡”“大红袍花椒国家林业标准化示范区”“全国经济林花椒产业示范县市”“国家花椒生物产业基地”，中国经济林协会花椒专业委员会设立在韩城。“韩城大红袍花椒”在全国花椒中第一个经国家工商总局商标局注册为地理标志证明商标，第一个经国家质检总局批准获得原产地域产品保护，是“陕西省著名商标”“陕西省名牌产品”、首届“陕西农业十大品牌”、中国杨凌农高会“后稷特别奖”“中国农产品区域公用品牌价值百强”，2011年被国家工商总局商标局认定为“中国驰名商标”，2012年浙江大学中国农业品牌研究中心评估其品牌价值达11.40亿元，2013年被中国优质农产品开发服务协会评定为“2012最具影响力中国农产品区域公用品牌”。

**【林业龙头企业】**

**延川县宏达有限责任公司** 是集红枣收购、加工、销售为一体高科技企业。成立于1999年5月，位于延安市延川县，年销售收入2674万元。公司坚持“一业为主，多种经营，优势互补，促进发展”的思路，以“企业+基地+农户”的发展模式，致力于红枣深加工项目的开发，实行标准化生产，商品化经营，以雄厚的实力带动了延川县红枣产业的快速发展。公司被省工商局评为“全省明星私营企业”，被省乡镇局评为“经营管理先进企业”，被陕西省中小企业促进局授予“陕西省中小企业成长工程重点企业”，被陕西省民营企业协会、中国农业银行陕西省分行等14家单位联合授予“2007~2008年度社会诚信单位”，是延安市农业产业化重点龙头企业和陕西省林业产业龙头企业，是国家农业部认定的国家枣加工技术研发分中心。

**陕西华丰农林科技有限公司** 成立于2002年，位于汉中市勉县，专业从事油料收购、加工、销售，主要产品有“汉茶道”牌系列茶叶籽油，“万花春”牌菜籽油。公司设立有“陕西省木本食用油料加工创新研发中心”，具有年加工2万吨油菜子的生产能力，年生产优质茶叶籽油2400吨，茶叶籽粕2400吨，年销售收入3366万元。“汉茶道”牌茶叶籽油荣获第十七届中国杨凌农业高科技成果博览会“后稷特别奖”，公司是中国食品工业协会认定的“全国食品工业优秀龙头食品企业”，是陕西省农业、林业省级龙头企业。

**清涧县山区农业综合开发有限公司** 成立于2007年，位于榆林市清涧县，以红枣种植、加工、销售为主，基地总面积6000余亩，年生产红枣2500吨，产值2500万元；年加工红枣3500吨，年销售收入4013万元，辐射带动近3000户枣农栽植红枣。

（庞 燕）

# 甘肃省林业产业

【概　述】　林业产业既是绿色产业，又是富民产业。这几年全省通过大力发展以经济林果、种苗花卉、林下经济、林产中药材产业等为重点的林业产业，有力促进了绿色增长和农民增收，取得了生态和经济的双赢。截至2013年底，全省林业总产值达到282.4亿元，农民人均林业纯收入达到1462元，占全省农民人均纯收入5093元的28.7%

林果产业与富民大县、强县经济林果产业是全省林业产业重要组成部分，其产值占全省林业总产值的67.3%，截至2013年底，全省经济林总面积达到1923.4万亩，产量825万吨，产值190亿元，农民人均林果收入1117.6元。全省经济林栽培面积超过10万亩的县(市、区)有51个，林果产值超亿元的县(市、区)有43个。形成生产以苹果、花椒、核桃、葡萄、枸杞、枣、杏、桃、梨、油橄榄、甜樱桃、银杏等12个经济林树种为主。形成了陇中优质苹果、陇南花椒、核桃、油橄榄，河西走廊无公害葡萄、沿黄灌区无公害枸杞等优质果品生产基地。全省现有各类果品加工企业272家，年加工能力130万吨；建成各类贮藏库3万多个，贮藏能力达到110万吨；建成各类产地交易及中小型批发市场168处，年交易量达到145万吨。

全省林业产业龙头企业58家，年销售额达到32亿元。全省有紫轩、威龙、祁连等葡萄酒加工企业9家，有天水长城果汁饮料有限公司等苹果加工企业12家，有田园、祥宇等油橄榄加工企业9家。

林果产业发展中涌现出了一批林果富民大县、强县，如静宁县大力发展富士苹果产业，2013年产值达18亿元，人均林果收入为3008元占农民人均纯收入3642元的82.6%；陇南市武都区以油橄榄、核桃、花椒为主，2013年林果业产值达16.3亿元，人均林果收入为1973元，占农民人均纯收入2958元的66.7%；敦煌市发展以葡萄、枣为主的经济林果，2013年产值达7.113亿元，人均林果收入为4973元，占农民人均纯收入10254元的48.5%。林果产业在促进全省农村经济发展、增加农民收入方面起到了十分重要的作用。

**林下经济**　为促进林下经济发展，省林业厅职能单位积极争取国家林下经济发展补助资金。国家林业局办公室下发《关于公布首批国家林下经济示范基地名单的通知》，将甘肃省泾川县纳入了首批20家国家林下经济示范基地名单。并颁发了国家林下经济示范基地铜牌。省财政从2013年起每年预算列支1000万元林下经济发展资金，加强林下经济示范基地建设，省财政厅和省林业厅择优确定了20个林下经济示范县。按照国家林业局要求，及时完成了《全国集体林地林下经济发展规划(2013～2020)》和《全国林下经济林药林菌发展实施方案(2013～2020)》相关数据资料上报工作。

2013年，甘肃省农民利用承包林地栽植经济林果树279.81万亩，林下种草103.47万亩，林下种药材31.67万亩，林下培植食用菌5329.72吨，林下套种经济作物20.15万亩，林下养鸡935.11万只，林下养蜂4.92万箱。林区舍施养牛12.7万头，林区舍施养羊49.6万只，林区舍施养兔16.47万只，林区舍施养猪15.68万头，林区特种养殖197.5万头(只)。开发生态旅游景点124处，兴办农家乐和森林人家2325户。通过加强培育和招商引资，建成各类林下经济产品加工企业170个。全年实现林下经济产值54.8亿元。林下经济发展起步较好的泾川、康县、会宁、临泽等县(区)继续保持良好发展势头。

【中药材产业】　近年来，甘肃省林区和沙区中药材种植面积逐年增大，为增加林农收入发挥了重要的作用。截至2013年年底，全省林产中药材种植面积已达115万亩，药材生产总量19.6万吨，产值达44亿元。其中金银花种植面积达12万亩，枸杞已达40.2万亩，银杏20.5万亩，仁用杏18.3万亩，玫瑰10万亩，牡丹2.1万亩。全省已有50个县区的林区种植中药材。陇西、岷县北部、渭源县以及白龙江、小陇山林区种植的当归、黄(红)芪、天麻、穿地龙、柴胡、黄姜、黄芪、杜仲等林产中药材，产量好，品质优。小陇山林业试验局和兴隆自然保护局的许多林场开办养殖场，养殖马鹿、麝等动物。河西5市的一些县(市、区)在沙区种植锁阳、肉苁蓉、甘草等沙生药材。全省已初步形成陇南山地亚热带、暖湿带栽培区，陇中陇东黄土高原温带半干旱栽培区，青藏高原东部高寒阴湿栽培区，河西走廊温带荒漠干旱栽培区四个特色明显，布局合理的中药材生产区。主要措施：

①政府引导，加强中药材生产基地建设。各级林业部门把发展中药材作为调整林业产业结构、推进新农村建设的重要任务和促进农民增收的重要产业。《甘肃省1000万亩优质经济林果基地建设发展规划(2010～2012年)》中，将枣、枸杞、银杏等木本药用植物列为重点发展树种，进行重点扶持，使其在种植面积、产量、品质等方面都得到很大提高。油用牡丹产业是一项集经济、生态、社会效益于一体的新兴产业，具有很高的利用价值和广阔的发展前景，丹皮(牡丹干燥根皮)具有很高的药用价值，2013年7月省林业厅编制完成《甘肃油用牡丹产业发展规划》,《规划》建设范围涉及全省13个市(州)的68个县(市、区)，建设期8年(2013～2020年)，建设牡丹基地104.4万亩，建设产品初加工企业5处，为产品深加工创造条件，完善市场体系，形成油用牡丹产、供、销良性发展的产业格局。白银市在枸杞种植中，通过试验栽培，扶持种植大户，认真总结经验，广泛宣传种植大户的成功经验和种植中药材带来的显著效益，鼓励支持农民大力发展枸杞产业，促进了枸杞规模化发展，产生了较为显著的经济效益。截至目前，白银枸杞种植面积已达近19万亩，年产枸杞干果5000万千克，总产值12亿多元，农民人均林果纯收入300多元。小陇山林业试验局有10多个林场种植天麻、穿地龙、柴胡、黄姜、黄芪、杜仲等中药材，面积达1100亩。同时引导农民在保护森林植被的前提下，林区大力开发林下经济潜力，发展林药加工，进山采摘山野菜和林药等，帮助林区群众增收致富。

②加强野生植物保护区药材资源的有效利用。野生灌木资源的再生性强，只要采取适当的措施进行开发，不仅不会损坏林草植被，还能带来较好的经济效益。甘肃省的天然林区和自然保护区坚持保护和开发并举，取得了较好的经济和社会效益。如祁连山自然保护区内灌木林资源丰富，现存面积41.26万公顷，具有巨大的开发潜力，区内野生药用植物资源丰富，已查明的药用植物就有52科，94属，155种，其中最著名的有水母雪莲、中麻黄、大黄、黄芪、羌活、沙茴香、柴胡、杜鹃等；动物药材7种，著名的有鹿茸、麝香等；矿物药材20多种，有石膏、芒硝等。2012年创收达600多万元。

③依托退耕还林和三北防护林建设等生态工程，推进中药材的发展。在退耕还林工程实施的过程中，各地注重地方特色药用植物的开发与利用，因地制宜地进行林药间作。仅退耕还林工程间作套种各种中药材40多万亩，确保了退耕农户的稳定增收，逐步实现了以林养林。如平凉市灵台县，围绕农民增收，通过政策扶持、技术服务、资金倾斜等有效措施，鼓励和引导农民大力发展中药材，在退耕还林工程中推行林药间作6万亩，以柴胡、板蓝根为主的中药材产销量逐年上升，取得了良好的经济效益。崇信县依托退耕还林开发建设的木林乡中药材种植示范园区，发展以板蓝根、桔梗、草决明等为主的中药材509亩，并与安徽亳州药材公司签订供销合同，总产值达61.08万元，平均每亩收入1200元，起到了很好的示范带动作用。三北防护林建设建设中，以甘草、麻黄、锁阳、肉苁蓉等品种为主的沙生植物在河西沙区种植规模不断扩大，经济效益已经显现。

④加强品牌宣传，推动中药材产业发展。积极推销林区中药材产品，打造自己的包装和品牌，先后注册了多个品牌，“景沙红”牌枸杞被国家绿色食品认证为绿色食品级产品，获上海首届中国国际林业产业博览会暨科技经贸洽谈会“最受欢迎奖”；“黄河石林”牌枸杞荣获甘肃省第二届林果花卉展交会金奖、枸杞醋荣获铜奖。酒泉的甘草、武威的肉苁蓉、金昌的金银花茶、靖远“红宝”牌

枸杞在甘肃省第二届林果花卉展览交易会上获银奖，景泰枸杞、靖远枸杞被同时评为“甘肃十大名果”。在第二届中国国际林业产业博览会、第六届义乌森林产品博览会上甘肃省有多项林业中药材产品获奖，收到消费者的广泛好评。通过实施品牌战略，进一步提高了甘肃省林区中药材的知名度，加快了市场化步伐，推动了中药材产业良性发展。（甘肃省林业厅植树造林和林业产业处）

# 青海省林业产业

【概　况】 青海地处青藏高原青藏高原东北部，高原面积大，海拔高，以昆仑山和祁连山为主脉线，海拔1800～6000米，平均海拔在3000米以上地区占84.7%，海拔变化由东向西递增。形成了气势磅礴巍巍壮观、错落别致的丘陵及平原地貌。集中呈现出祁连山地、柴达木盆地和青南高原三个地貌区域，复杂多样的高原生态环境，孕育了青海丰富独特的野生动植物资源。因特殊的地理位置造就了青海省独特的自然环境条件，形成了具有地方特色的四个林业产业发展区域。

2013年，林业总产值35.62亿元，比2012年增长2.31%。其中第一产业产值35.12亿元，同比增长1.80%，第二产业产值为180万元，第三产业产值4855万元，占全部林业产业总产值的1.35%；同比增长60.39%。全省林业产业结构进一步优化，林业产值结构逐步调整，二、三产业所占比重逐年增大。第一产业中，造林和更新与经济林产品的种植与采集的产值为32.27亿元，所占第一产业比重最大，为91.88%；第二产业中，锯材、木片加工产值为180万元；第三产业中，林业旅游与休闲服务业产值为3254万元，所占第三产业比重为67.02%，全年涉林旅游和休闲的人数达到31.35万人次。

2013年，全省商品材总产量为6065立方米，同比2012年下降68.41%，在全部木材产量中，原木产量3124立方米，薪材产量2941立方米。全省农民自用材采伐量12753立方米，同比2012年增长16.84%；

2013年，全省经济林产业发展势头较好，截至2013年末，全省实有各类经济林种植面积140.95万亩，各类经济林产量为2.71万吨，同比2012年分别增长36.97%和11.15%，其中干果和木本药材种植面积所占比重最大，分别为19.73%和65.12%。

【林业资源】 青海省林业资源主要为寒温性针叶林，其次为温性针叶林及温性阔叶林。主要有青海云杉、紫果云杉、川西云杉、祁连圆柏、密枝圆柏、大果圆柏、方枝圆柏林、油松林、青杆林、山杨林、桦林及少量华山松林；省内共有野生植物210多科，2483种，其中列入《中国植物红皮书》的稀有植物有13种。

2013年，全省林业用地面积1120.33万公顷，森林面积为441.23万公顷，森林覆盖率为6.1%。活立木蓄积量6008.95万立方米，森林蓄积量4935.66万立方米。

全省湿地面积814.36万公顷，其中河流湿地88.52万公顷，湖泊湿地147.03万公顷，沼泽湿地564.54万公顷，人工库塘14.25万公顷，分别占全省国土总面积的11.35%、1.23%、2.05%、7.87%和0.20%。荒漠化土地面积1916.6万公顷，约占国土总面积的26.7%。沙化土地面积1250.4万公顷，约占国土总面积的17.4%。

青海省已建立国家级、省级自然保护区11处(环保系统1个)，总面积达21.8万平方千米，占省域国土面积的30.24%。其中国家级保护区7处，面积20.7万平方千米，占省域国土面积的28.8%；省级保护区4处，面积1.03万平方千米，占省域国土面积的1.4%。

【野生动物资源】 青海省野生动物资源，因受高原地貌、气候、立地条件和植被分布的影响，动物物种以青藏区和蒙新区的种类为主，高原特有种类丰富，且资源量大，分布纬向与全国分布的带谱不同，具高原地带性。青海省是全国野生动物重点分布区，野生动物资源丰富，共有兽类野生动物107种，占全国兽类种类的1/4；鸟类292种，占全国鸟类种类的1/5。其中有青海省特有的珍禽黑颈鹤、野牦牛、藏羚、雪豹等。有国家重点保护动物74种(类)，其中一级保护动物21种，二级保护动物53种；有36种省级保护动物。野牦牛、藏羚羊等是青藏高原的特有物种；具有较高的药用和经济价值，在科学研究、国际文化交流中具有重要作用。有各类脊椎动物466种。

**【森林旅游业】** 青海森林旅游资源丰富，类型繁多。自然风光雄奇壮美，旖旎迷人，具有青藏高原特色。距今六七千年前，古代先民们就繁衍生息在这片土地上。汉、藏、回、蒙古、土、撒拉等民族都有着悠久的历史和优秀的文化传统，保持着独特的、丰富多彩的民族风情和习俗。长江、黄河均发源于青海境内。长江源头景色绮丽，几十米高的冰塔耸入晴空，绵亘数十里，犹如座座水晶峰，千姿百状。黄河源头风光秀丽，水草丰美，湖泊、小溪星罗棋布，甚为壮观。黄河上游落差大，水流急，适于探险性漂流。江河源头是探险、考察胜地。

现已建成国家级森林公园7处，省级森林公园11处。森林公园面积48.06万公顷。全省森林公园共接待国内外游客306.57万人(次)，其中：海外旅游人员2600人(次)，实现旅游收入12933.77万元，分别较2012年增长3.4%和5.8%，其中：门票收入2552万元、食宿收入494万元、娱乐收入3346万元、其他收入6541.8万元；车船总数达到88台(辆)，游道总数达到556.2千米，床位总数5824张，餐位总数8989个，社会旅游从业人员达到3682人(次)。

自然保护区生态旅游工作取得了显著成绩，2013年实现旅游收入(门票)约270多万元，接待游客近52500人次。

**【花卉产业】** 花卉产业已成为青海省东部地区农业产业结构调整最重要的产业之一，是农村经济发展新的增长点，也是各地林业产业发展的重要内容。青海地处青藏高原东北部，得天独厚的冷凉性气候非常适宜凉性类花卉的生产种植，是理想的冷凉花卉和球根类花卉繁育基地。截至2013年底，全省花卉苗木生产企业中，国营14家、集体54家，其余为公司和个体经营。花卉种植面积7521亩。保护地栽植面积200万平方米，其中：加温温室4.5万平方米，日光温室25.35万平方米，大棚15.65万平方米，遮阴棚150.4万平方米；从事花卉的花农1466户，从业人员3071人。花卉种植品种约600多种，主要种植品种有康乃馨、亚洲百合、唐菖蒲、倒挂金钟、月季、石榴、荷兰菊、丁香、牡丹、芍药、鸢尾和各种盆花等。年产各类花卉苗木4000余万株(枝、粒、盆)。在销售领域，全省有1家专业花卉市场，5处花卉集散地，有各类苗木花卉经营部门、服务公司、花店195家，生产和销售总产值约1.5亿元，其中本省花卉种植业产值6160万元。经过多年不懈努力，青海省已在东方百合、郁金香、唐菖蒲等球根花卉栽培技术、种球脱毒技术等方面的研究中获得重大突破，形成了适合青海气候特点的唐菖蒲生产技术体系，生产技术在全国处于领先地位。

**【林木种苗产业】** 林木种苗是林业产业建设的重要基础，决定着林产品的数量、品质和种类，也是林业产业建设的重要组成部分，在经济社会发展中对林产品多样化需求起着重要作用。近年来，全省各地因地制宜大力发展种苗产业，为地方经济发展、林业生态建设、增加农民收入做出了重要贡献。苗木产业已逐步成为带动本地区农民增收的林业主导产业和新经济增长点，成为当地农牧民脱贫致富奔小康的重要支柱产业。

全省现有各类苗圃1585处，总面积7.8万亩，年产值7.7亿元。其中，农村个体育苗已达到1465处，面积增加到4.9万亩，产值4.8亿元(包含农民合作组织140个，总面积1.5万亩，产值1.4亿元)青海的林木种苗培育主要集中在东部农业区。树种以青海云杉、油松、祁连圆柏、杨树、柳树、榆树及花灌木为主，特别是青海云杉、白榆等树苗已远销内蒙古、宁夏、西藏、陕西等地。2013年出圃各类林木苗木3.06亿株，种子14.9万千克。

**【林业投资】** 2013年，全省林业建设投资完成资金25.19亿元，其中国家预算内资金23.37亿元，占资金总量92.78%；国内贷款15320万元，占资金总量6.08%；利用外资2878万元，占资金总量1.14%；其中主要有：退耕还林工程投资44183万元，天然林保护工程投资29200万元，三北工程投资5900万元，生态公益林补偿资金85697万元，野生动植物保护和自然保护区投资21021万元，湿地保护投资1836万元，种苗补助资金1670万元等。

**【经济林产业】** 青海地处青藏高原，经济林资源有限，近年来，从实际出发，调整经济林产业发展思路和产业结构，经济林发展迅速，面积逐年扩大，枸杞、沙棘保持强劲发展势头，结合“三北”、退耕还林等重点工程，推进“东部沙棘，西部枸杞”产业基地建设，同时发展核桃、花椒、大果樱桃种植，做大相关产业，带动农牧民增收致富。枸杞种植面积为48.97万亩，种植区域从柴达木盆地扩展到共和盆地，其中10万余亩已进入产果期，年产干果3.8万吨。沙棘基地面积为64.44万亩，沙棘天然及人工林总面积达到230万亩，可采果面积达到90万亩。核桃种植面积为21.30万亩、大果樱桃种植面积为3.99万亩、黄果种植面积为2.25万亩，花卉、苗木、小杂果等特色经济林种植面积为25.2万亩，建立各类经济林苗木繁育基地7.7万亩，自给率由2007年的78%提高到96%。

目前全省共培育出经济林产业企业37家，其中，省级重点龙头企业14家。培育沙棘、枸杞林产品精深加工龙头企业8家，年加工沙棘、枸杞等林产品8万吨。清华博众、康普生物、柴达木药业等林产品加工企业发展势头尤为强劲，三家企业年销售收入达到3.8亿元。林产专业合作经济组织不断发育，辐射带动能力不断增强，全省已成立专业合作组织2010个。培育枸杞专业合作社149个、社员3080人，辐射带动农牧户10万户，户均可增加收入6800元，经济林效益显著提高。2013年，枸杞年产鲜果8.9万吨，干果3.4万吨，产值达10.4亿元；沙棘年产鲜果近100万吨，产值2.3亿元；年产核桃756吨，产值3024万元；年产花椒136吨，产值816万元。每年从事经济林产业生产经营的劳动力达到260万人(次)，其中每年枸杞采摘期吸纳5万多名劳动力。

立足自然、气候、环境等独特优势，大力实施林产品品牌战略，着力打造有机、绿色、无公害品牌，柴达木枸杞、“青海青”沙棘、循化薄皮核桃及花椒、乐都大樱桃等品牌影响力逐步扩大，特别是柴达木枸杞、“青海青”鲜果枸杞、沙棘维生素P粉等林产品知名度和市场占有率显著增强。青海林产品多次在国际和国内林产业博览会获奖，受到消费者的普遍好评。 (翟志青　穆雪红)

# 宁夏回族自治区林业产业

【概　述】 2013年，全区林业及相关产业实现总产值170亿元，比2012年增长6.3%(按可比价格计算，下同)。分产业看，第一产业53.3亿元，比2012年增长4.3%；第二产业83.2亿元，增长10%；第三产业33.5亿元，增长8.7%。完成林业投资19.7亿元。从资金来源看，国家投资12.2亿元，占全部林业投资的61.9%，地方投资3.1亿元，占全部林业投资的15.7%；自筹及其他资金1.6亿元，占全部林业投资的8.1%；国内贷款资金2.8亿元，占全部林业投资的14.2%。2013年全区新增造林面积151.7万亩，比2012年增长6.7%，其中，人工造林91.0万亩，无林地和疏林地新封60.7万亩。按造林用途分，经济林20万亩，防护林131.7万亩。2013年全区四旁(零星)植树1658.9万株，年末实有封山(沙)育林面积489.3万亩，新增49.8万亩，增长11.3%；2013年全区森林覆盖率13.6%。全区有国家级自然保护区5处，保护面积716.6万亩。禁猎(采)区2个，总面积392.0万亩。野生动物种源繁育基地8个；野生动植物保护站9个。2013年末，全区园林水果面积206.5万亩，比2012年增长5.7%；水果产量达到84.5万吨，增长5.0%；枸杞面积57.9万亩，比2012年下降1.4%；枸杞结果面积54.0万亩，增长9.9%，枸杞产量8.4万吨，增长6.3%。全区生产鲜切花8205万支，比2012年增长13.2%。生产盆栽花892万盆，增长5.8%。全区育苗面积52.7万亩，比2012年增长24.0%，其中，新增育苗面积8.8万亩。全区林产品加工业实现工业总产值83.2亿元，同比增长0.9%。分行业看，造纸及纸制品业产值29.1亿元，占全部林产品加工业产值的34.9%；枸杞酒及营养品制造业25.6亿元，占30.7%；葡萄酒制造业13.6亿元，占16.3%；果汁及果汁饮料制造业3.9亿元，占4.7%；水果加工及蜜饯制造业1.2亿元，占1.4%；家具及木制品制造业9.7亿元，占12.2%。2013年，全区涉林旅游景点共接待游客690万人次，比2012年增长11%，占全区国内旅游总人数的49%。全区涉林旅游收入35亿元(扣除交通、住宿、购物后的旅游收入)，比2012年增长17%。

特色优势经济林产业，全区新增特色经济林20万亩，其中葡萄6万亩、枸杞6.8万亩、红枣2.6万亩、苹果2.8万亩、设施果树及花卉0.7万亩、其他经济林1.1万亩；完成低产低质低效基地改造10万亩。成功引进优质脱毒葡萄苗木96.1万株，建设优质葡萄苗木繁育基地500亩，建立良种采穗圃4000亩，在永宁县闽宁镇武河、原隆建立两个生态移民葡萄标准化种植示范村。加快贺兰山东麓百万亩葡萄产业长廊建设，认真落实《宁夏贺兰山东麓葡萄酒产区保护条例》，加快推进我国第一个省级葡萄酒产区列级酒庄管理体系建设，启动建立了自治区葡萄产业人才高地。加大贺兰山东麓葡萄酒品牌的培育和对外宣传力度，在香港成功举办了葡萄酒推介会，高质量高水平的承办了国际葡萄与葡萄酒组织(OIV)学术会议。在全国第一家推行列级酒庄管理体系，评选了第五级列级酒庄10家。编制了《宁夏枸杞产业发展规划纲要(2013—2017年)》《宁夏枸杞产业发展提升规划》，出台了《自治区人民政府关于发展壮大枸杞产业实施意见》，积极推进枸杞出口基地建设，建设了宁夏枸杞研究所、中宁宽口井、同心下马关3个自治区级枸杞繁育基地，全力打造中宁县枸杞“全国重点推进出口食品农产品质量安全典型示范区”。

【产业政策】 2013年1月，自治区人民政府出台了《加快推进农业特色优势产业发展若干政策意见》(宁政发〔2013〕11号)，分别对枸杞、葡萄、苹果、红枣、花卉、设施果树制定了惠农政策。

**枸杞产业扶持政策** ①加强枸杞良种苗木繁

育，建设集中连片500亩以上的枸杞优新品种采穗基地3个，每个基地补助30万元。

②每年建设规模化良种繁育育苗基地10个，用采穗基地插条进行苗木繁殖，每个插穗补助0.2元，年生产品种纯正的优质苗木2000万株以上。

③加强标准化基地建设，对新建集中连片200亩以上的高标准枸杞基地，并使用经自治区林业局指定监测机构检测合格的苗木，每亩一次性补助400元，其中，国家造林每亩补助120元，自治区财政每亩补助280元。

④提升枸杞质量安全，鼓励企业、农民专业合作组织、科技人员等领办枸杞基地管理。对推广使用矿物质、生物质农药，基地5000亩以上，每亩补助100元。

⑤加强枸杞鲜果烘干、加工新产品、生物质农药的研发推广，鼓励企业、科研院所、农民专业合作组织参与鲜果烘干、研发枸杞新产品、生物质农药。对鲜果烘干、新研发产品投入市场后，能显著降低烘干成本、提高枸杞加工转化率和附加值，并具有市场竞争力，给予参与研发的企业、农民专业合作组织、科研院所一次性奖励20万元。

⑥加强市场体系培育，鼓励枸杞生产企业、农民专业合作组织等营销宁夏枸杞地理标志产品及中宁枸杞证明商标产品，在国内大中城市新建枸杞及系列产品连锁直销窗口，年销售额300～500万元的，按销售额的1%予以补助；

⑦销售额500～1000万元的，按销售额的1.5%予以补助；超过1000万元以上的，每个窗口补助20万元。

**葡萄产业扶持政策** ①加强葡萄良种苗木繁育，每年推广良种无病毒嫁接苗1000万株，每株补助3元。

②提高基地建设标准，新建集中连片200亩以上，应用整地培肥、沟栽节水等技术，用脱毒嫁接苗建设的基地，每亩一次性补助1500元，用其他苗木建设的基地，每亩一次性补助500元。

③加强葡萄育繁推一体化基地建设，在五大产区培育5个1000亩以上育繁推一体化良种良法种植示范基地，每个基地一次性补助100万元。

④加强葡萄酒庄群培育，对规划建设的中小酒庄、农户用于葡萄种植、酿造、收购等的当年贷款，给予3%的财政贴息。

⑤支持葡萄酒自主品牌创建，对新获得“巴黎国际葡萄酒大赛、品醇客国际葡萄酒大赛、布鲁塞尔国际葡萄酒大赛”等国际葡萄酒金奖的产品，每个一次性补助30万元。

⑥对获得贺兰山东麓葡萄酒博览会金奖产品的企业每个一次性补助50万元。

⑦支持葡萄酒企业参加国内外知名展会，对参加自治区统一组织的国内展览、推介活动，按照其实际发生费用给予最多不超过70%的经费补助。

⑧鼓励葡萄酒生产企业、农民专业合作组织等在国内大中城市新建贺兰山东麓葡萄酒连锁直销窗口，年销售额500万元以内的，按销售额的3%予以补助；年销售额500～1000万元的，按销售额的2.5%予以补助，年销售额超过1000万元以上的，按销售额的2%予以补助。

⑨加强葡萄病虫害统防统治，鼓励葡萄酒企业、农民专业合作组织、科技人员在产区成立葡萄病虫害统防统治公司，每个统防统治公司服务基地1万亩以上、农户500户以上，每个产区每年支持2家、3家，形成市场竞争服务机制，每个产区补助100万元。

⑩推进贺兰山东麓葡萄基地机械化管理，每年建设2000亩以上的葡萄埋土、修剪、施肥、采摘等机械化生产加工示范基地3个，每个一次性补助100万元。

⑪加大成龄葡萄园提质增效，改造提升规模300亩以上品种优良的葡萄园，按照高档葡萄酒酿造理念生产，并与引进的酿酒师、酒庄签订合同，对达标葡萄园每个一次性补助100万元。

⑫支持葡萄酒专业技术人才培训，鼓励企业、科研院所及各级技术推广部门选派人员参加国外高层次葡萄及葡萄酒技术与管理人才培训，学习3年以上，取得葡萄与葡萄酒专业博士学位，每人补助国外航班往返机票的70%；

⑬支持企业及产区技术推广人员到国外酒庄实地学习一年，每人补助国外航班往返机票的70%。

⑭加强葡萄低产园改造提升，对现有葡萄低产园推广示范清沟、深施肥、斜上架、统防统治

等关键技术，每亩一次性补助200元。

**红枣产业扶持政策** ①加强红枣良种苗木繁育，对同心圆枣、灵武长枣、中宁圆枣等红枣乡土品种进行提纯复壮；支持企业、林场引进国内优良红枣新品种，建设300亩以上的红枣采穗圃3个，每个补助建设资金20万元；对采穗圃实施定向标准化管理，经验收合格，每年每亩补助管理费500元。对使用采穗圃接穗，嫁接育苗100亩以上的育苗基地，每亩一次性补助300元。

②推进标准化生产基地建设，新建集中连片500亩以上的红枣基地，经验收合格后，每亩一次性补助400元，其中，国家造林每亩补助200元，自治区财政每亩补助200元。

③建设高标准红枣示范基地，鼓励企业、农民专业合作组织、科技人员等为主体领办示范基地，推广优良品种及先进适用技术，每年领办500亩以上高标准示范基地10个，基地苗木保存率95%以上，品种纯正，园貌整齐，技术措施到位，优质丰产，每个一次性补助30万元。

④推进中部干旱带枣树提质增效，对现有的中部干旱带、压砂地低产枣树品种进行改造提升，每亩一次性补助100元。

**苹果产业扶持政策** ①加强苹果良种苗木繁育，对红富士、金冠等主栽品种进行单株选优，支持苹果生产企业和林场引进苹果新品种，每年建设300亩以上的优新品种采穗圃2个，每个补助30万元。对使用采穗圃接穗，嫁接育苗100亩以上的育苗基地，每亩一次性补助300元。

②推进标准化生产基地建设，新建集中连片200亩以上的苹果基地，经验收合格后，每亩一次性补助400元，其中，国家造林每亩补助200元，自治区财政每亩补助200元。

③建设高标准苹果示范基地，鼓励引导企业、农民专业合作组织、科技人员为主体领办示范基地，推广优良品种及先进适用技术，每年领办500亩以上的高标准示范基地10个，优质果率85%以上，每个一次性补助30万元。

④改造提升苹果低产低质果园，严格按照苹果标准化生产技术标准，对现有规模低产低质苹果园进行改造提升，每亩一次性补助100元。

花卉、设施水果产业扶持政策 支持企业、农民专业合作组织、家庭农场、专业大户新建集中连片200亩以上的高标准花卉、设施水果基地，配备喷灌、滴灌等节水灌溉设施，花卉基地每亩一次性补助1000元，设施水果基地每亩一次性补助500元，主要用于种球、种苗引进、病虫害防治、配套相应设施设备等。

**【产业提升规划】**

**《贺兰山东麓葡萄产业集群发展优化提升实施方案(2013～2017)》** 到2017年，全面提升优质葡萄基地生产能力，全区酿酒葡萄基地总规模达到85万亩，年葡萄产量达到27万吨以上，年繁育良种苗木达到3000万株，实现第一产业产值30亿元以上；稳步推进葡萄酒龙头企业发展，建成1万吨以上葡萄酒加工企业10家，建成葡萄酒庄300家以上，实际加工能力19万吨以上，生产葡萄酒2.5亿瓶以上，其中酒庄酒生产达到20%，实现第二产业产值300亿元；加快葡萄酒市场营销、质量检测、投融资、技术装备、信息等社会化服务业的发展，实现第三产业产值300亿元以上，实现税收90亿元以上。

**《自治区人民政府关于发展壮大枸杞产业若干意见》** 到2017年，全区枸杞基地种植面积达到100万亩，枸杞加工转化率达到25%以上，产品出口率达到10%以上；枸杞质量安全追溯体系全面建立，“三品”认证率达到85%以上；培育产值5亿元以上的枸杞加工流通企业10～15家，实现产值120亿元以上。

**【国家级龙头企业】**

**宁夏红枸杞产业集团** “宁夏红”是宁夏的名片，更是中国枸杞产业的代名词。从2002年宁夏红广泛传播“每天喝一点，健康多一点”的健康饮酒理念，到今天宁夏红传杞向全社会传播“为健康，喝传杞”的品牌核心价值理念，宁夏红确立了“传递健康、传递爱”的品牌使命。在保持传统销售渠道的基础上，宁夏红集团实行了“经销+团购+直销”的新型营销模式。宁夏红同时全面启动O2O模式，加大新媒体的投入，建立企业公众微信平台，加强与用户的互动交流。在巩固天猫、京东等主要电商平台后，与国美和酒仙网合作积极拓展全国电子商务合作平台，并成功携手苏宁易购、亚马逊、工商银行与建设银行等类电商平台，扩大产品运营阵地。宁夏红集团微商城已全面上线，为用户提供和营造优质的购物环境，拥有更好、更便捷的产品体验。线上线下互动营销，宁夏红集团将在全国建立2000家养生馆体验店，借助广告攻势和产品优势，深耕市场全面打造传杞品牌，全面提升企业品牌影响力。自2012年以来，由宁夏红集团生产的沙坡头庄园葡萄酒、宁夏红枸杞酒都远渡重洋，出现在欧洲顶级葡萄酒大赛中，并且获得了当地消费者的肯定和认可。中国"枸杞姑娘"与法国"葡萄王子"的联姻，更是稳健了"宁夏红"国际舞台的步伐。

宁夏百瑞源枸杞产业发展有限公司是一家专业从事枸杞研发、种植、加工、营销、文化"五位一体"的全产业链高科技民营企业，并荣获"首届银川市市长质量奖""自治区农业产业化优秀龙头企业""自治区企业技术中心"和"首批国家林业重点龙头企业"等荣誉称号。旗下品牌百瑞源荣获"中国驰名商标""枸杞行业领军品牌"等殊荣，品牌知名度和市场占有率均跃居同行业领先地位。2013年，百瑞源建成枸杞研发中心1.5万平方米，拥有多项技术发明专利和枸杞新品种1个。在贺兰德胜、贺兰山东麓、中宁长山头、吴忠红寺堡基地建成现代化加工园区4个，并从鲜果采摘、清洗、制干、保鲜储存全程把控，确保产品质量安全。公司先后引进国内外一流的超临界二氧化碳萃取技术及设备、全自动枸杞油胶丸保健食品生产设备、多功能枸杞多糖提取分离设备、全自动枸杞制干设备、全自动枸杞芽茶生产线等多种现代化生产设施；并建成GMP保健食品车间、10万级无菌车间、枸杞恒温恒湿净化车间、枸杞立体式保鲜库等标准化车间与库房，为提升枸杞深加工转换率夯实了基础。目前投放市场的产品有枸杞干果系列、枸杞保健食品系列、枸杞养生饮品系列、枸杞休闲食品系列、枸杞草本系列五大类七十余种产品，尤其是枸杞油胶丸、枸杞多糖等深加工产品实现了枸杞从食品、保健品、生物医药综合开发利用，大大提高了枸杞深加工转化率和附加值。百瑞源自创立以来，倾力打造从田间到舌尖的食品安全。率先提出"好枸杞是种出来的"理念，目前在贺兰县洪广镇、中宁长山头、吴忠红寺堡区建成自治区一流的高标准枸杞示范基地1.2万亩。种植基地每年可在当地解决长期劳动力1200人，枸杞采摘季节使用当地劳动力1.2万人，百瑞源枸杞合作社可带动2000户种植农户，解决1万亩农民枸杞的销售，对农民增收和农业增效具有深远的意义。百瑞源品牌先后荣获中国驰名商标和枸杞行业领军品牌等殊荣。百瑞源枸杞养生馆遍及北京、上海、西安20多个城市100多家连锁专卖店，国际贸易覆盖港澳、东南亚、欧美、非洲以及中东16个国家和地区。2011年，百瑞源建成国家AAA级旅游景区、自治区文化产业示范基地——中国枸杞馆，每年接待游客30多万，对弘扬枸杞养生文化、传播枸杞养生知识、宣传和推动宁夏枸杞产业的健康快速发展发挥积极的作用；同时，中国枸杞馆平台的搭建对进一步提升百瑞源品牌知名度和市场占有率具有重要影响。

**宁夏早康枸杞股份有限公司** 成立于1999年，公司注册资金5000万元，实有资产1.8亿元，是目前国内枸杞行业集种植、加工、销售于一体的规模最大的民营企业之一，是农业产业化国家重点龙头企业、自治区农业产业化优秀龙头企业、农产品骨干流通企业、自治区科技型中小企业。公司取得了自营出口经营权。公司率先运用"公司+基地+农户"的经营运作模式，成立农民专业合作社，示范带动农民发展枸杞生产基地，带动周边农户脱贫致富，先后被评为自治区产业化扶贫龙头企业和全国扶贫开发先进集体。目前公司已发展种植基地10000亩，拥有自建枸杞种植基地4200亩，其中获得美国和欧盟有机认证证书的有机种植基地1500亩。自主研发并拥有液态枸杞和枸杞浓缩鲜汁的发明专利，建有年产600吨速冻枸杞鲜果生产线一条，1000吨枸杞原汁生产线一条，日产80000瓶液态枸杞生产线一条，1000吨净化机械干燥枸杞生产线和2000吨枸杞干果加工生产线一条。公司生产的速冻枸杞鲜果、液态枸杞、枸杞汁和枸杞干果已销往全国30个省(区、市)3000多个销售网点，部分产品出口英、日、美、澳、欧盟等30多个国家和地区。凭借先进的生产工艺和严格的质量管控，公司生产的产品被评为宁夏名牌产品、中国名牌农产品、全国百佳农产品品牌，多次在农产品博览会、森林产品博览会、绿色食品博览会上荣获金奖。

【贺兰山东麓十大列级酒庄】

**宁夏农垦西夏王玉泉国际酒庄** 西夏王玉泉国际酒庄坐落于宁夏贺兰山东麓核心区玉泉葡萄小镇，占地面积3万平方米，建筑面积8000平方米。酒庄巧妙地将宋朝建筑文化风格和当地西夏文化特色融为一体。酒庄年产200吨高档葡萄酒佳酿，集葡萄种植、葡萄采摘、葡萄酒生产、葡萄酒文化旅游、葡萄酒自酿、休闲度假、住宿会议、世界葡萄酒文化展览、葡萄酒品评培训等功能为一体，是目前西北最大功能最全的个性化中式葡萄酒庄。

**志辉源石酒庄** 志辉源石酒庄位于镇北堡昊苑村志辉公司万亩生态园区内，酒庄总占地面积2050亩。酒庄酿造的干红、干白葡萄酒得到了国内外许多专家的好评。酒庄采用废弃的石头做主料，再配以传统的工艺用人工打造，结合中国传统的石雕、青砖、青瓦等点缀，再配以1958年银川剧院的木梁做横梁，使酒庄的历史与宁夏的历史同在。酒庄展现中国传统文化的同时，给游人提供了休闲、度假、品酒、欣赏高雅文化的场所。

**宁夏贺兰晴雪酒庄** 贺兰晴雪酒庄依托贺兰山得天独厚的产地优势，恪守“好的葡萄酒是种出来”的理念，专心做好酒。从2005年开始，每年精心酿造的加贝兰干红葡萄酒都分别在不同的国际国内葡萄酒大赛中荣获大奖。2011年9月，在被誉为葡萄酒界“奥斯卡”的《品醇客》世界葡萄酒大奖赛中，加贝兰2009特别珍藏干红荣获国际特别大奖。这是中国葡萄酒首次在该赛事上获得的最高奖项。2011年贺兰晴雪酒庄被评为中国魅力酒庄。

**银川巴格斯葡萄酒庄** 银川巴格斯葡萄酒庄是贺兰山东麓百万亩生态示范庄园，由两个葡萄种植园和一个绿色人文酒庄组成，总面积1670亩。酒庄建设地址为永宁县玉泉营镇巴格斯酒庄葡萄园内，按照国内一流葡萄酒庄“绿色”“健康”“人文”原则兴建，总建筑面积5500平方米，全部为欧式建筑，设计年生产优质庄园酒300吨。“巴格斯”商标被评为“宁夏名牌产品”。

**原歌葡萄酒庄** 宁夏原歌酒庄位于110国道1218里程碑以西的葡萄生态产业区，占地面积400亩。酒庄现在已完成“原歌”“戈丽雅”“丽丝”三个葡萄酒商标的申请、颁证。原歌酒庄2011年酿制的赤霞珠干红葡萄酒，在第五届亚洲质量大赛上分别获得一项金奖和三项银奖的殊荣。2012年用精选老树龄赤霞珠酿制了具有陈酿潜力的优质葡萄酒，其酒体香味丰富，口感圆润厚重。

**宁夏张裕摩塞尔十五世酒庄** 宁夏张裕摩塞尔十五世酒庄位于银川经济技术开发区，由烟台张裕葡萄酿酒股份有限公司融合奥地利摩塞尔家族的葡萄种植与酿造技术，投资5.8亿元于2012年9月打造完成。摩塞尔酒庄占地1300余亩，主体建筑呈拜占庭风格，建筑面积13000平方米，融葡萄种植、高端酒庄酒酿造、葡萄酒文化旅游以及葡萄酒主题会所于一体的综合性葡萄酒庄园。

**宁夏兰一酒庄** 兰一酒庄占地面积1000亩，位于镇北堡镇德林村，毗邻苏峪口国家森林公园、镇北堡西部影视城等旅游景区。酒庄在葡萄种植及葡萄酒酿造和研发的基础上，配备了葡萄酒主题旅游、专业品鉴培训、休闲度假、自酿指导四大创新功能。酒庄2011年份的“经典窖藏”系列葡萄酒在“2013贺兰山东麓产区香港葡萄酒推荐会”上获得“最佳平衡奖”，其葡萄园获得“2013年贺兰山东麓优质葡萄园”第三名。

**禹皇酒庄** 禹皇酒庄位于贺兰山东麓青铜峡甘城子，现有酿酒葡萄种植基地8205亩，是集葡萄种植、酒庄酒酿造、文化旅游、葡萄酒会所于一体的综合性酒庄。禹皇酒庄酿造的侯爵赤霞珠干红在2010年第六届中国国际食品工业经贸洽谈会葡萄酒质量大赛获银奖。在2013年中国优质葡萄酒挑战赛中，公爵赤霞珠干红、侯爵赤霞珠干红、侯爵蛇龙珠干红三款产品均获质量金奖。

**类人首酒庄** 在贺兰山东麓的众多酒庄中，类人首酒庄秉承了贺兰山岩画中太阳神图腾所代表的阳光、健康、自然的理念，专注于酿造优质的葡萄酒。近年来，酒庄在各种国内外专业性葡萄酒大赛中荣获各类大奖10多项。2013年，类人首酒庄在酿酒季推出了自酿活动，使更多的葡萄酒爱好者深入体验葡萄酒的酿造过程。“全力以赴用心创造好酒，让每一个人尽享风土日月之精华佳酿”是类人首酒庄的目标方向。

**银川铖铖酒庄** 铖铖酒庄坐落于镇北堡镇昊苑村，总占地面积410亩，拥有标准化酿酒葡萄种植基地400亩。酒庄本着小量生产精工酿造的原则打造中国高端酒庄品牌。2012年，在法国勃艮第大学举办的品酒大赛中代表贺兰山东麓产区被评选为中国十大教学用酒之一，并写入法国酿酒教科书。2013荣获中国葡萄酒烈酒国际品评赛贺兰山东麓产区唯一金奖。

**【2013年宁夏林业产业大事记】**

**1月11日** 世界最具影响力报纸之一的美国《纽约时报》评选出了全球2013年“必去”的46个最佳旅游地，宁夏和巴黎、里约热内卢、卡萨布兰卡等世界著名旅游景地一起名列其中，排名第20位。

**1月15日** 在上海凯宾斯基饭店举行的“胡润百富2012至尚优品—中国千万富豪品牌倾向调查”颁奖盛典上，宁夏贺兰山东麓葡萄酒产区荣获“胡润百富2013年至尚优品全球优质葡萄产地新秀奖”。这也是全球唯一一个获得新秀奖的葡萄酒产地。宁夏西夏王葡萄酒品牌获得“胡润百富2013年至尚优品最佳表现奖”。自治区林业局副局长、自治区葡萄花卉产业发展局局长曹凯龙，自治区农垦局副局长常利明前往领奖。

**1月17日** 自治区机构编制委员会办公室下发《关于调整自治区林业局部分所属事业单位机构编制事项的通知》(宁编办发[2013]22号)。

**1月21日** 国家林业局出台《关于支持宁夏内陆开放型经济试验区生态林业建设的若干意见》。

**1月23日** 在自治区第十一届人民代表大会第一次会议上，2013年政府工作报告中提出“建设宁夏国际葡萄酒交易博览中心”。交易博览中心以中外葡萄酒为主题，集葡萄与葡萄酒科普教育、收藏展示、金融服务、红酒交易、营销推介、学习培训、文化交流等多功能于一体，将成为收藏展示贺兰山东麓及中外葡萄酒设施永久性的馆址。

**1月31日** 自治区林业局召开干部大会，自治区党委组织部常务副部长李泽峰宣布王文宇同志任自治区林业局党组书记、局长，自治区人民政府副主席屈冬玉出席会议并讲话。

**2月1日** 《宁夏回族自治区贺兰山东麓葡萄酒产区保护条例》正式实施，标志着我国第一部有关葡萄酒产区保护的法规正式出台，同时也意味着贺兰山东麓葡萄酒产区成为我国第一个进入依法发展的产区。

**3月1日** 全区苹果产业“提质增效”现场会在中卫召开，自治区苹果产业指导组组长、自治区林业局副局长王洪界，带领相关专家结合全区万名干部“下农村送政策 促发展”活动到中卫市下田地，走厂房给果农、企业带去了苹果的修剪技术和有关扶持政策。

**3月5日** 贺兰山东麓国际葡萄产业试验区正式开工建设。

**3月15日** 宁夏召开全区春季植树造林工作电视电话会议，会议安排部署了今春植树造林工作，自治区副主席屈冬玉参加会议并讲话。

**3月15日** 自治区人大副主任王儒贵带领自治区人大五位常委和自治区人大农业与农村委员会的工作人员，在自治区林业局局长王文宇、副局长曹凯龙等领导的陪同下，调研贺兰山东麓葡萄产业情况。

**3月16日上午** 自治区人大法工委、自治区政府法制办、自治区林业局、自治区葡萄花卉产业发展局在张裕摩塞尔十五世酒庄联合举行了《宁夏贺兰山东麓葡萄酒产区保护条例》实施启动仪式，自治区人大副主任王儒贵，自治区政府特邀顾问郝林海、自治区政府副主席屈冬玉，自治区人大法工委、自治区政府法制办、自治区发改委、财政厅、国土厅、环保厅等相关部门负责人出席了启动仪式，法国著名酒评家米歇尔·贝丹(Michel Bettane)应邀见证了这一历史时刻并致词。《法国葡萄酒年鉴》《橄榄美酒评论》《葡萄酒》《酒斛网》《逸香网》等媒体、杂志主编，葡萄主产市、县(区)林业局及各葡萄酒企业负责人，全区葡萄产业骨干培训班的学员共150多人参加了启动仪式。启动仪式由自治区林业局局长王文宇主持。

**3月16日下午** 由著名的法国贝丹·德索夫葡萄酒评论杂志、自治区林业局、自治区葡萄花卉产业发展局、宁夏葡萄与葡萄酒研究院联合举办的中法酒庄酒发展论坛在宁夏银川举行，论坛主题是：法制建设葡萄酒庄。自治区政府党组副书记、特邀顾问郝林海，法国世界葡萄酒大师米歇尔·贝丹，中国农学会葡萄分会副秘书长、北京农业大学教授李德美，自治区林业局党组书记、局长王文宇，副局长曹凯龙出席了会议，自治区农科院、宁夏葡萄与葡萄酒研究院、宁夏葡萄产业协会、宁夏葡萄酒协会负责同志，自治区葡萄产业专家组成员，葡萄主产区主管部门负责同志及技术骨干，部分葡萄酒企业负责人及技术骨干，自治区葡萄产业骨干培训班学员140多人参加了此次论坛。《法国葡萄酒年鉴》《橄榄美酒评论》《葡萄酒》等专业媒体对此次论坛进行了报道。

**3月19日** 英国历史最悠久的酒商BBR公司(全称Berry Bros & Rudd，创始于1698年)宣布，将首次为来自中国的张裕葡萄酒设立永久货位。这是张裕继2012年以2011年份解百纳干红成功登陆维特罗斯连锁店(Waitrose)之后，再次进驻英国“皇家授牌”(Royal Warrant)葡萄酒供应商销售渠道。

**3月28日** 成都糖酒会期间，宁夏西夏王玉泉国际酒庄获得外交部北京外交人员服务局授予的“外交使节酒宁夏生产基地”，并在成都香格里拉大酒店举行主题为“中国风格 王者归来”西夏王品牌推广主题晚宴。宁夏葡萄花卉产业发展局曹凯龙局长对宁夏贺兰山东麓葡萄酒产区做了介绍。著名艺术家姜昆老师现场表演祝贺西夏王获得“外交使节酒宁夏生产基地”。

**4月15日** 自治区党委下发《关于同意郝林海同志兼任宁夏贺兰山东麓葡萄与葡萄酒国际联合会主席的通知》(宁党干字[2013]53号)。

**4月15日** 王和山副主席带领自治区政府办公厅、发展改革委、财政厅、交通运输厅、林业局、旅游局、农垦局、葡萄花卉产业发展局和银川市、西夏区、永宁县、贺兰县的负责同志调研贺兰山东麓葡萄品酒特色旅游项目。在随后召开的座谈会上，王和山副主席就打造贺兰山东麓葡萄品酒特色旅游项目提出五点要求。

**4月18～22日** 自治区主席刘慧、郝林海特邀顾问、屈冬玉副主席、王和山副主席分别在《关于贺兰山东麓葡萄特色旅游项目有关情况的汇报》上作出批示。屈冬玉副主席批示：很好！力争较短时间建成一、三产业融合发展的先行区，生态建设和产业发展的展示区。林业、农垦、农牧要积极主动；郝林海特邀顾问批示：同意；刘慧主席4月18日批示：同意。

**4月20日** 自治区屈冬玉副主席在兰一酒庄会见了法国波尔多葡萄酒行业协会代表、波尔多葡萄酒协会主席阿兰·西谢尔及其率领的波尔多地区葡萄酒庄庄主、酿酒师一行十八人，自治区林业局党组书记、局长王文宇陪同会见。

**4月21日** 由自治区林业局、宁夏葡萄花卉产业发展局、中国食品土畜进出口商会酒类进出口商分会共同主办的列级酒庄发展论坛在银川举行。自治区农垦局、农科院、外国专家局、宁夏葡萄与葡萄酒研究院、部分自治区葡萄产业专家组成员、葡萄主产区主管部门负责同志、部分葡萄酒企业负责人及管理人员共90人参加了论坛。论坛由自治区林业局党组书记、局长王文宇主持。

**5月2日** 北京电视艺术中心主任、中国内地著名导演郑晓龙来宁洽谈大型励志情感电视连续剧《北纬38度之恋》合作事宜。该剧以宁夏贺兰山东麓高原源葡萄酒庄的创办者高源女士为原型，生动讲述了主人公为实现心中的梦想，不远万里赴法国学习葡萄酒酿造技术的真实经历，揭示了贺兰山东麓葡萄酒产区的发展历程。同时，北京电视艺术中心还与自治区葡萄花卉产业发展局达成了合作意向，在贺兰山东麓建设宁夏第一家集影视道具、拍摄和旅游为主题特色的“葡萄酒影视酒庄”。

**5月10日** 宁夏回族自治区党委书记李建华到永宁县闽宁镇调研。自治区党委常委、银川市市委书记徐广国，自治区副主席屈冬玉、白雪山陪同调研。李建华来到德龙公司葡萄种植基地，该基地是福建与宁夏两省区对口扶贫协作成果之一，目前已完成投资7亿元、种植葡萄3万亩、建成酒庄1个，吸纳就业2500人。

**5月13日** 自治区葡萄花卉产业发展局委托中国林木种子公司代理，从世界著名葡萄苗木研发扩繁公司法国梅西集团进口的96.1万株优良葡萄种苗及种条，顺利抵达永宁县望洪镇隔离试种苗圃。这是全国首次规模最大、品种最多的中欧合作引进葡萄苗木项目，标志着贺兰山东麓葡萄酒产区大规模引进国外优质葡萄苗木正式拉开序幕。

**5月19日** 自治区主席刘慧调研贺兰山东麓葡萄健康休闲旅游项目，强调要立足资源优势，将闪亮珍珠串成魅力项链，把宁夏旅游产业做大做强做出特色，全力打造国际旅游目的地。刘慧在贺兰山东麓国际葡萄产业试验区种下了第一棵从法国引进的葡萄种苗。

**5月30日** 贺兰山东麓葡萄与葡萄酒国际联合会在银川正式成立，成为自治区葡萄产业领域首个国际性社会团体。全国政协副主席、国家民委主任王正伟担任名誉主席，自治区政府党组副书记、特邀顾问郝林海被选举为联合会首届主席。中国农业大学党委书记瞿振元、西北农林科技大学副校长李华、自治区林业局局长王文宇、宁夏农垦集团有限公司董事长王永忠、宁夏贺兰晴雪酒庄有限公司董事长容健、宁夏红枸杞产业集团有限公司董事长张金山被选举为联合会副主席，自治区林业局副局长、葡萄花卉产业发展局局长曹凯龙被选举为联合会秘书长。联合会成立了专家委员会，由国际葡萄与葡萄酒组织(OIV)主席克劳迪娅·昆妮、秘书长卡斯特鲁奇、世界葡萄酒大师杰西斯·罗宾逊、露西、佰纳得，美国加州索诺马大学教授利兹·塔奇、法国蒙比利埃国际高等农业大学葡萄与葡萄酒研究所长阿兰·嘎赫保奴等11名国际知名专家，西北农林科技大学副校长李华、中国农业大学教授马会勤，知名葡萄栽培与酿造专家、国家级酿酒师李德美，自治区农林科学院研究员王国珍、陈卫平，宁夏大学教授王振平、张军翔，北方民族大学研究员宋长冰等13名区内外知名专家学者组成。

**5月30日** OIV第25届国际葡萄酒管理硕士班的国际酿酒专家赴贺兰山东麓产区考察学习，并和自治区酒庄负责人及酿酒师进行了座谈。

**6月14日** 由贺兰山东麓葡萄与葡萄酒国际联合会主办的贺兰山东麓葡萄酒香港推介会在香港会议展览中心举行。推介会吸引了香港及国际葡萄酒经销商、代理商、各界知名人士和媒体记者等120多人前来参加。

**6月17日** 自治区王和山副主席调研贺兰山东麓葡萄健康休闲旅游项目。王和山指出，贺兰山东麓葡萄健康休闲旅游项目是自治区政府安排实施的重大旅游项目，各有关部门和市、县(区)政府及企业要高度重视，抓紧施工，务必在2013年8月20日前完成项目一期工程建设任务，为2013中国-阿拉伯国家博览会增添亮点。

**6月19日** 自治区政府召开2013宁夏(香港)经贸文化旅游活动总结会，刘慧主席听取汇报，自治区葡萄花卉产业发展局局长曹凯龙汇报贺兰山东麓葡萄酒香港推介会相关情况。会议认为，通过香港推介会，贺兰山东麓葡萄酒在香港有了一定的知名度，很多名人都有所了解。自治区葡萄花卉产业发展局、贺兰山东麓葡萄与葡萄酒国际联合会要一鼓作气，每年要在香港、澳门、台湾地区至少举办一次推介会。

**6月20日** 在法国《葡萄酒评论》杂志主办的“2013年度中国优秀葡萄酒年度大奖”评选活动中，宁夏贺兰山东麓产区蝉联中国葡萄酒明星产区。自治区政府党组副书记、特邀顾问、贺兰山东麓葡萄与葡萄酒国际联合会主席郝林海荣获“年度人物”称号。

**6月27日** 自治区葡萄产业人才高地建设座谈会在兰一酒庄召开，针对葡萄产业人才紧缺问题分析座谈，安排部署了葡萄产业人才培训工作。自治区党委组织部、宣传部、政研室，自治区党校、人社厅、农牧厅、农垦局、农科院、宁夏大学、宁夏林业研究所、宁夏防沙治沙职业技术学院、宁夏大学葡萄酒学院的相关负责人出席，贺兰山东麓葡萄与葡萄酒国际联合会相关负责人，葡萄主产市、县(区)部门负责人，葡萄酒企业代表、酿酒师代表、自治区葡萄产业骨干培训班学员代表共40人参加了座谈会。座谈会由自治区林业局党组书记、局长，贺兰山东麓葡萄与葡萄酒国际联合会副主席王文宇主持。

**7月2~4日** 自治区党委副书记崔波到农垦、永宁县和青铜峡市调研葡萄和葡萄酒产业，并召开座谈会，推进产业发展。自治区政府特邀顾问郝林海参加座谈会。

**7月5日** 2013中国优质葡萄酒挑战赛在烟台隆重举行，产自贺兰山东麓的葡萄酒一举获得了29个奖项，占国产组整个奖项的30%。其中，贺兰山东麓高原源酒庄、宁夏红、贺邑酒庄、云蔻酒庄、禹皇酒庄、中粮长城、贺东庄园、贺兰晴雪酒庄、志辉源石酒庄等9家葡萄酒企业的14款酒获得质量金奖，占质量金奖的45%。

**7月5~7日** 自治区政府党组副书记、特邀顾问郝林海，自治区林业局党组书记、局长王文宇率团(76家葡萄企业共107人)参加了在烟台举办的第七届烟台国际葡萄酒博览会暨国际葡萄酒设备技术展览会，组织产区企业参加了2013中国优质葡萄酒挑战赛，贺兰山东麓产区共有29款获奖，占国内获奖总数的27%。并就法国驻华大使白林提出的关于加强法国与自治区葡萄与葡萄酒产业相关的合作进行了具体协商，达成了初步合作意向，并确定2014年6月在宁夏举办中法葡萄酒设备技术展。整个活动取得了圆满成功，达到了学习交流、增进友谊、宣传宁夏、深化合作的目的。

**7月12日** 自治区人民政府办公厅批复同意成立宁夏国际葡萄酒交易博览中心。

**7月15日** 宁夏葡萄产业人才高地揭牌仪式在自治区林业局举行。自治区党委常委、组织部部长、自治区人才工作协调小组组长傅兴国和自治区政府特邀顾问郝林海为葡萄产业人才高地揭牌并作重要讲话。自治区林业局党组书记、局长王文宇主持揭牌仪式。

**7月16日** 自治区党委书记、人大常委会主任李建华在银川会见了来宁访问的法国驻华大使白林一行。李建华对白林大使一行表示欢迎，并简要介绍了宁夏经济社会发展情况。自治区副主席屈冬玉参加了会见。法国驻华大使馆外交官、法中文化活动交流协会有关负责人及轩尼诗集团、布赫瓦斯林公司、赛博公司、保乐力加集团等法国葡萄酒企业代表列席。

**7月18日** 宁夏贺兰山东麓葡萄与葡萄酒国际联合会主席办公会议在宁夏农垦玉泉国际葡萄酒庄召开。会议讨论通过了贺兰山东麓产区酒庄酒生产规程、列级酒庄评定办法、十大旅游酒庄评定办法、国际葡萄与葡萄酒组织(OIV)学术会议初步方案，总结了贺兰山东麓葡萄酒香港推介活动，安排部署了联合会下半年工作。联合会各副主席，秘书长、副秘书长，监事会主席、监事，联合会专家委员会相关成员，部分葡萄酒企业代表，自治区葡萄花卉产业发展局有关工作人员近40人参加了座谈会。

**8月10~14日** 第五届中国(宁夏)园艺博览会在银川举行，自治区林业局负责A馆林业综合展，突出展示了葡萄长廊，兼顾枸杞、苹果、设施苗木为主的特装展。

**8月13日** 由法国最具影响力的酒评家米歇尔·贝丹撰写的“宁夏，新的葡萄酒黄金之国”专题文章，发表在被业内人士奉为“法国葡萄酒圣经”的《法国葡萄酒年鉴》上。米歇尔·贝丹在文章中称，法国人用1000年建立了葡萄酒的世界威望和经验，而宁夏按照现有的速度，也许只用15年就可以建立一个世界知名的葡萄酒产区。

**8月20日** 贺兰山东麓葡萄健康休闲旅游项目一期工程中的22千米生态旅游专线和21千米酒庄中轴道路建设完成。

**8月22日** 中国植物园学术年会在银川植物园开幕。本届年会以“美丽中国，植物园的责任”为主题，由中国植物学会植物园分会、宁夏回族自治区林业局、科协等单位主办。

**9月6日** 贺兰山东麓葡萄健康休闲旅游项目一期工程水利工程开工建设，沿旅游专线打井，修建扬黄蓄水池。

**9月7日** 自治区葡萄花卉产业发展局与宁夏画报实业有限公司签订了出版宣传贺兰山东麓葡萄产业发展聚焦、营销推介、美酒品鉴、专题访谈等内容的葡萄酒专刊协议，投资60万元，在2013年10月至2014年8月期间出版6期葡萄酒专刊。

**9月9日** 由宁夏葡萄花卉产业发展局和宁夏文联共同举办的宁夏著名书画家贺兰山东麓葡萄酒庄采风笔会活动在兰一山庄举行。本次活动邀请了贺兰山东麓葡萄与葡萄酒国际联合会主席郝林海，中国书法家协会理事、宁夏文联党组书记、主席，书法家协会主席郑歌平，中国美术家协会会员、宁夏美术家协会名誉主席马建军等15位宁夏著名书法美术大家参与活动。主要目的是充分展示自治区知名文化人的风采，提升贺兰山东麓葡萄产业的文化品位，促进葡萄产业与文化旅游的高度融合。各位书画家以贺兰山东麓葡萄园、葡萄酒庄为题材，当众挥毫泼墨，妙绘丹青，共创作了80余幅作品，并共同为筹建的宁夏国际葡萄酒交易博览中心合作创作了一幅大型书画作品《贺兰秋韵》。本次活动创作的作品中，将有30幅作为国际葡萄与葡萄酒组织(OIV)学术会议期间评选出的贺兰山东麓优质葡萄园、葡萄酒博览会金奖、列级酒庄第五级(旅游酒庄)获得者的奖状，其中，联合会郝林海主席的3幅作品将作为贺兰山东麓国际葡萄酒博览会金奖酒的奖状。

**9月17日** 李怀珠任自治区葡萄花卉产业发展局副局长(正处级)。

**9月24～26日** 国际葡萄与葡萄酒组织(OIV)学术会议在银川顺利召开。大会以"胁迫条件下的贺兰山东麓葡萄栽培与葡萄酒酿造"为主题，以"一式、两会、三赛、三论坛、一游"为主要活动内容，吸引了法国、美国、阿根廷、澳大利亚、西班牙、德国、新西兰、新加坡等国家和地区及国内嘉宾和国内主要葡萄酒产区代表500余人参会。

**9月25日** 自治区主席刘慧在银川会见了国际葡萄与葡萄酒组织(OIV)主席克劳迪娅·昆妮及来宁参加该组织学术会议的国内外嘉宾。

**9月29日** 自治区政府党组副书记、特邀顾问郝林海在自治区林业局副局长、葡萄花卉产业发展局局长曹凯龙的陪同下，到OIV学术会议期间，由《葡萄酒评论》组织专家评选的4款金奖酒所属酒庄进行调研。

**10月4日** 自治区林业局党组书记、局长王文宇，自治区林业局副局长、葡萄花卉产业发展局局长曹凯龙和葡萄花卉产业发展局、贺兰山东麓葡萄与葡萄酒国际联合会工作人员一起在兰一酒庄参加酿酒榨汁劳动。

**10月27日** 全国人大常委会副委员长、民盟中央主席张宝文率领民盟中央调研组到宁夏德龙酒业有限公司葡萄种植基地、张裕摩塞尔十五世酒庄调研。自治区人大常委会副主任王儒贵，自治区政协副主席、民盟宁夏区委会主委安纯人陪同调研。

**11月7日** 宁夏产区首次进入《世界葡萄酒地图》。被誉为"葡萄酒圣经"的《世界葡萄酒地图》第七版近日出版发行，宁夏贺兰山东麓葡萄酒产区和山东、河北产区首次被列入。书中还列出了中国6家精选酒庄，其中宁夏贺兰山东麓葡萄酒产区占据4家。由世界著名酒评家杰西丝·罗宾逊、休·约翰逊合著的《世界葡萄酒地图》最新版共400页，其中中国的篇幅占2页。

**11月12日** 中组部、团中央从中央国家机关和东部省市选派193名具有博士学位的优秀青年人才，组成第14批博士服务团赴西部地区、革命老区和边疆民族地区进行为期一年的服务锻炼。博士服务团成员，西北农林科技大学葡萄酒学院博士、教授、研究生导师、葡萄酒学实验中心主任陶永胜任自治区葡萄花卉产业发展局副局长。

**11月16日** 来自全国15家五星级酒店的侍酒师团队参加了首次在宁夏举行的2013贺兰山东麓杯中国青年侍酒师团队大赛决赛。最终，来自上海外滩3号餐厅集团的侍酒师团队获得冠军。自治区政府党组副书记、特邀顾问、宁夏贺兰山东麓葡萄与葡萄酒国际联合会主席郝林海为获奖者颁奖。

**11月18日** 自治区党委常委、常务副主席袁家军听取自治区林业局局长王文宇、葡萄花卉产业发展局局长曹凯龙关于贺兰山东麓葡萄产业集群发展优化提升实施方案(2013～2017)的汇报。

**11月24日** 凤凰卫视著名节目主持人吴小莉、香港著名歌手张明敏考察贺兰山东麓产区，参观了轩尼诗酒庄和张裕摩塞尔十五世酒庄。

**11月25日** 自治区林业局同意崔萍任自治区葡萄花卉产业发展局产业规划科科长、李国任自治区葡萄花卉产业发展局产业促进科科长。

**11月27日** 根据自治区党委组织部、自治区编办、自治区人力资源和社会保障厅《关于印发〈宁夏回族自治区2013年事业单位公开招聘工作人员实施方案〉的通知》(宁人社发〔2013〕52号)和《自治区林业局事业单位公开招聘工作人员面试工作方案》精神，经全区统一组织笔试，自治区林业局组织面试、公示，马雅琴、王迪、李媛媛、吕学明、马利奋、乔彩云6名同志被招聘进入自治区葡萄花卉产业发展局工作。

**12月3日** 自治区葡萄花卉产业发展局决定殷雪鹏任办公室副主任、李瑞鹏任产业规划科副科长。

**12月6日** CCTV—4《远方的家》百山百川行第155集播出—贺兰山·贺兰山东麓。摄制组在宁夏回族自治区行走贺兰山东麓。在西夏王陵，探寻一个王朝为何被淹没于历史的长河。神秘的西夏文字，为何能够传承至今。干旱的土地上种植名品赤霞珠，酿酒葡萄结出硕果累累。因酒结缘，跨国婚姻，酿造中国顶级葡萄酒成为一家三代人的共同梦想。

**12月9~12日** 举办贺兰山东麓国际葡萄酒旅游培训班。本次培训班由贺兰山东麓葡萄与葡萄酒国际联合会、宁夏大学葡萄酒学院联合举办，贺兰山东麓产区酒庄工作人员、国内其他产区代表及宁夏大学葡萄酒学院学生等相关人员参加了培训。培训班邀请了法国勃艮第商学院葡萄酒商务硕士项目主管达米恩·威尔逊博士，美国索诺马大学葡萄酒商务和旅游专家、葡萄酒大师利兹·托什博士，澳大利亚南澳大学商学院院长、葡萄酒商务首席科学家拉瑞·洛克辛三位国际葡萄酒专家，围绕“葡萄酒旅游业的定义”“政府在旅游业中的角色定位”“酒窖的推广营销”等进行培训。

**12月9~23日** 自治区党委组织部、财政厅、人社厅、林业局举办了葡萄种植与酿酒技术法国培训班。贺兰山东麓产区葡萄酒庄23名酿酒师赴法国系统学习了葡萄酒品鉴及方法、葡萄栽培管理技术、葡萄酒酿造技术、葡萄酒的等级分类、侍酒技术、营销方式，实地考察了罗纳河谷地区、波尔多地区的一、二级酒庄及种苗繁育工厂、葡萄酒专业合作社。

**12月18日** 由贺兰山东麓葡萄与葡萄酒国际联合会主办的贺兰山东麓葡萄酒发展研讨会暨粤港澳专题推介活动在穗举行，自治区政府党组副书记、特邀顾问、贺兰山东麓葡萄与葡萄酒国际联合会主席郝林海，自治区林业厅党组书记、厅长王文宇出席了研讨会。18日下午，贺兰山东麓葡萄酒粤港澳评选活动在广州拉开帷幕，评选活动由粤、港、澳葡萄酒大师对2013国际葡萄与葡萄酒组织(OIV)学术报告会期间举办的贺兰山东麓葡萄酒博览会大奖赛中的近30款葡萄酒进行了现场盲评，其中10款葡萄酒脱颖而出，分别荣获了2013贺兰山东麓葡萄酒粤港澳行的最佳酒标设计奖、最佳性价比奖、最佳潜力奖、最佳香气奖、最佳平衡奖5个单项奖。

**12月20日** 下达林业产业政策项目资金10407.9万元，其中葡萄产业5244.9万元。

**12月29日** 由保乐力加贺兰山(宁夏)葡萄酒有限公司生产的160箱、货值4195美元的葡萄酒顺利在澳大利亚通关，进入当地消费市场。这是宁夏葡萄酒首次出口澳大利亚。此次成功进入澳大利亚市场，再次提升了宁夏葡萄酒的国际地位。

**12月30日** 国家林业局枸杞工程技术研究中心正式在宁夏林业研究所挂牌。这是国家林业局在我国设立的唯一一所枸杞工程技术研究中心，主要承担枸杞产业技术创新、产品创新和人才培养等任务。(李 国 殷雪鹏 马永富 李媛媛)

# 新疆维吾尔自治区林业产业

**【概　况】** 2013年全区经济林115.87万公顷。2013年，新疆林果总面积达到115.87万公顷，有效株数近11.97亿株，总产量800万吨，总产值达到411亿元。其中，红枣种植面积达36万公顷，产量107万吨，核桃32万公顷，产量40万吨，均居全国第二位；葡萄9.68万公顷，产量175万吨。此外，杏133万吨、香梨58万吨、苹果62.6万吨、石榴5万吨、枸杞2.4万吨、巴旦木3.5万吨、小浆果1.3万吨。建成了南疆环塔里木盆地以红枣、核桃、杏、香梨、苹果等为主，面积超过93.33万公顷的特色林果主产区，吐哈盆地、伊犁河谷及天山北坡一带以葡萄、红枣、枸杞、时令水果、设施林果为主的若干个高效林果生产基地。到2015年，优质林果面积稳定在120万公顷，果品产量达到1200～1500万吨，果品贮藏保鲜率达到45%以上，加工率达到35%以上；林果业在全区农民人均纯收入中的比重达到30%以上，主产区达到45%以上；区域布局科学合理，经营水平显著提高，市场占有率明显增加，初步建成比较完善的特色林果业产业体系和林果业灾害综合防控体系，确立绿色、有机林果业大区地位。到2020年，主产区的林果业总产值占农业总产值的40%以上，林果业收入在全区农民人均纯收入中的比重达到35%以上，主产区达到50%以上，特色林果业在国际国内市场中的竞争力进一步增强，基本建成绿色、有机林果业强区。

**【森林旅游业】** 新疆森林公园建设和森林旅游产业发展迅速，2013年，全区森林旅游收入412亿元，占全区旅游收入的62%以上。2013年底，新疆共建立各级森林公园61处，森林公园经营总面积152万公顷。森林公园内拥有旅游车船376台(艘)、旅游床位1.4万张、餐位1.8万个、旅游步道2445千米。新疆森林旅游基本形成了以天池、喀纳斯、那拉提、巩乃斯等国家级森林公园和自然保护区为龙头，以自治区和县级森林公园为补充，覆盖全区12个地州市、40多个县市的森林旅游格局。

新疆林业厅与新疆旅游局签订了《关于推进森林旅游发展的合作协议》，双方将以国家森林公园、国家级湿地公园、国家级自然保护区为主体，打造一批森林精品景区、示范景区和生态旅游示范基地。

各级林业主管部门要把大量珍贵的森林风景资源纳入有效保护范围，坚决制止和依法严厉打击破坏森林资源的行为；坚持统筹规划，整体推进，2013年要编制完成《自治区森林旅游发展规划》；强化品牌意识，做大做强做优市场，扩大旅游市场份额，提高旅游市场竞争力。从2014年起，新疆林业厅和新疆旅游局将联合开展创建森林旅游示范区活动，各地要积极参与并通过创建活动，策划包装一批有影响力的森林旅游品牌和节庆活动。

(朱　建)

**【阿克苏地区红枣产业】** 阿克苏地区是自治区红枣重点产区，其年产量约占自治区的一半。2013年全区林果业产值87亿元，农民林果业人均纯收入达到3158元，比2012年增收701元。

2013年，阿克苏全地区挂果面积352.74万亩，果品产量179.69万吨，其中红枣挂果面积157.4万亩，预计产量可达53.9万吨。地区共培育林果企业140家、专业合作社376家，果品分选设备5100台，清洗设备453套，烘干设备630套，加工能力62.6万吨，保鲜能力46.4万吨，利用戈壁滩、沙包、麦场等建立县乡级晾晒交易市场117个、面积近5000亩，利用旧村委会和闲置的旧学校建设村级晾晒场719个、面积7431亩；在全国建立林果产品直营店、商超、网店等销售网点1523个，进一步拓宽了营销渠道。

2013年加强了红枣采收管理，地区要求各县

(市)加强对枣农在红枣销售方面的宣传引导，逐步形成“三个一批”的销售模式，即：市场行情好销售一批；专业合作社、企业代加工一批；加工贮藏待销一批，以积极应对不利天气和市场波动影响。本地企业、外地客商和经纪人抢先对管理水平较好的示范园下了包园收购订单，由于示范园的红枣品质较好，受到外地客商或经纪人欢迎，价格也较高，灰枣价格在18～25元/千克，骏枣价格在12～18元/千克。

10月27～28日，阿克苏地区连续两天阴雨天气，空气湿度大，气温偏低，导致红枣偏湿、短期难以晾干，浆枣增多，多数企业、外地客商或经纪人持观望态度，销售价格一度下滑，销售量也随之下降。地区加大宣传引导力度，组织枣农委托当地企业、合作社进行代加工，延长红枣销售期，鼓励企业合作社代收购、代加工，有效解决了收购资金短缺的问题，11月10日开始，红枣价格有所提高。（阿克苏林果办　梁刚）

【库尔勒香梨产业】

**2013年香梨生产情况**　①栽培面积减少了近万亩，总产量与2012年持平。2013年库尔勒香梨总面积为100.76万亩，比2012年减少了8700余亩，首次出现减少。主要是巴州地区连续遭受冻害，不少梨农将残缺不全的梨园彻底挖出，改种其他作物，仅库尔勒市上户镇大墩子村就挖除近3000亩之多；阿克苏地区面积继续稳定；总结果面积略有增加、为72.91万亩，总产量86.04万吨，平均亩产1.18吨，与2012年基本持平。其中巴州香梨面积73.26万亩，总产量达36.18万吨，较2012年减少；阿克苏地区产量增幅大，单产高，总产达49.86万吨，平均亩产达1.9吨，超过巴州主产区很多，主要是近几年冻害较轻，产量稳步增长(见表1)。

表1　2012～2013年各产区香梨面积、产量表

| 产区 | 种植面积(万亩) | | 结果面积(万亩) | | 总产量(吨) | | 单产量(吨) | |
|---|---|---|---|---|---|---|---|---|
| | 2012 | 2013 | 2012 | 2013 | 2012 | 2013 | 2012 | 2013 |
| 库尔勒市 | 42.30 | 41.43 | 25.00 | 23.66 | 17.92 | 19.61 | 0.84 | 0.83 |
| 轮台县 | 2.76 | 3.11 | 2.28 | 2.50 | 2.16 | 2.16 | 1.16 | 0.86 |
| 尉犁县 | 7.00 | 6.62 | 2.78 | 3.30 | 1.27 | 1.70 | 0.53 | 0.52 |
| 沙依东园艺场 | 3.30 | 3.40 | 3.10 | 3.20 | 2.80 | 2.61 | 0.90 | 0.82 |
| 阿瓦提农场 | 3.50 | 3.70 | 3.20 | 3.57 | 6.00 | 1.60 | 1.88 | 0.45 |
| 农一师 | 8.50 | 8.50 | 7.10 | 7.10 | 13.60 | 15.00 | 1.92 | 2.10 |
| 农二师 | 15.10 | 15.00 | 10.00 | 10.58 | 13.90 | 8.50 | 1.39 | 0.80 |
| 阿克苏地区 | 19.22 | 19.00 | 17.43 | 19.00 | 28.98 | 34.86 | 1.66 | 1.83 |
| 合计 | 101.68 | 100.76 | 70.89 | 72.91 | 86.64 | 86.04 | 1.22 | 1.18 |

注：以上数字均为林业部门统计。

②气候因素是减产的主要原因。2012年11月29日夜间至30日12时库尔勒香梨产区降下第一场雪，积雪厚度8～12厘米，12月20～22日又陆续降下第二场雪，积雪厚度增加至10～16厘米，气温随之持续下降，2013年1月上旬全州各地平均气温特低，其中部分地区为近30年来最低，轮台平均气温－15.7℃，较常年偏低6℃以上，极端最低气温达到－22.9℃，尉犁－21.6℃、但未降雪，库尔勒及平原南部－17.3～－19℃。沙依东园艺场梨园实际监测为12月21日夜间开始出现低于－20℃，陆续到2013年1月25日共出现23日，较以往冻害年份低于－20℃天数明显多，日持续时间长达11小时，最低温度达到－25.1℃，出现在2012年12月30日2时50分。冻害涉及面积20余万亩，发生区仍为以往的多发区、重灾区。即：库尔勒市兰干乡，和什力克乡，新疆生产建设兵团，上户镇大敦子村，哈拉苏村，库尔楚园艺场以及28、29、30团、沙依东园艺场等。轮台县阿瓦提农场2013年冻害严重，损失很大。库尔勒市冻害总面积79075.2亩，其中受冻严重的32108.7

亩，受冻中等的28500亩，受冻轻的18966.5亩，造成经济损失18072.11万元。

2013年开花较以往正常年份早6~8天，较2012年早10~12天，花芽萌动、现蕾、开花未发生冻害的树表现正常，受冻害的树表现不正常，及上部盛花时，下部还处于花蕾期。2013年城郊乡村初花期为3月31日，盛花期为4月2~9日，落花期为4月8~14日。乡村初花期为4月3日，盛花期为4月6日，落花期为4月10~16日。整个花期14天，属花期较长年份。未受冻害树花器生长发育良好，花量大，花瓣色泽正常，开展度大，完全花比例高，柱头肥大，花药饱满，形正，多为老树，但并非坐果好；受冻害树开花迟5~7天，远看树冠中下部一片黑，只见上部梨花，仔细观察下部花芽受冻，萌发极不正常，有膨大后又干枯死亡、有的只发出几朵花蕾、有的瘦弱缓发，开花推迟，坐果极少，空枝空树多。全产区总体坐果好差不均，2013年坐果一般且偏差，产量较2012年大幅下降。

2013年平均花序坐果率15.7%、花朵坐果率2.4%，较2012年的平均花序坐果率33.3%，花朵坐果率8.6%分别低18和6个百分点，为较差年份。

③香梨品质无明显变化。2013年香梨病虫害呈中度偏重发生，腐烂病严重发生，虫果率比往年降低，果面红晕稍多、可溶性固形物比往年高0.3%~0.5%，龟背果、宿萼果、畸形果没有明显增减，因此总体上香梨品质无明显变化。2013年香梨霉心病(萼端黑斑病、萼端病害)呈蔓延加重趋势，轮台园艺场大多梨园普遍发生，轻重不一，重者发病果率达25%，损失严重；库尔勒市发病梨园增多；发病时间自7月中旬至9月采收完，症状为果实下部、萼部表皮出现紫红色或红黑色斑块，有的斑块上有环状轮纹，皱缩凹陷，皮下肉质霉烂至果心，果心腔室着生灰白色霉菌，纵剖侵染腐烂面常呈蝴蝶状。2013年的香梨黑心病也在多个梨园出现，外看好果，皮色泛黄，出油、稍轻、近鼻嗅有霉烂味、切开果肉心部溃烂。

**香梨价格和销售情况** 2013年价格较2012年明显降低1~1.5元/千克，采收期价格走势为前低后高。收购商出价慢且低，从8月底采收初期—中期，120克以上特级梨5.5~6.5元/千克，最高7元、100克以上一级梨3.5~5元/千克，最高5.5元，通货3~4元/千克；后期略有上涨，但货已很少，特级梨6.5~6.8元/千克、100克以上梨4.5~5.5元/千克；各级香梨平均价4.2元/千克。轮台、尉犁、塔里木团场、阿克苏产区价格较库尔勒产区稍低，阿克苏产区价格较库尔勒产区低1元左右。采摘费较往年又有提高，每千克连采带包0.6~0.8元，如加午饭和接送费用，每千克采摘费达到1元。

香梨市场较平稳，走货不温不火，销售平稳。十一前7~8千克装特级梨每箱75~80元，商家均有一定利润可赚，比往年赔多赚少明显不一样。内地批发市场7千克装特级梨70~75元/箱，超市16~20元/千克，零售摊点15~18元/千克(见表2)。

**表2 2012~2013年香梨价格表** 元/千克

| | 产地出园价 | | 内地批发市场价 | | 超市价 | | 零售摊点价 | |
|---|---|---|---|---|---|---|---|---|
| | 2012 | 2013 | 2012 | 2013 | 2012 | 2013 | 2012 | 2013 |
| 特级 | 6.8~7.5 | 5.5~6.5 | 8~8.5 | 9.5~11 | 15~18 | 16~20 | 13~16 | 15~18 |
| 一级 | 4.5~5 | 3.5~5 | 5~6.5 | 7~8.5 | 12~15 | 13~16 | 10~12 | 12~15 |
| 通货(80克以上) | 3.5~4.5 | 3~4 | | | | | | |
| 平均 | 4.86 | 4.2 | 8 | 9.5 | 15 | 16.5 | 13.5 | 16.5 |

市场反映出本年度香梨的市场行情平稳，较2012年好，销售商有一定利润，但还达不到预期，收购价格趋于理性，香梨的市场价格仍处于国产梨高端，市场对香梨的认可度仍较强。

香梨分级装箱仍存在着果个大小不一致、果形色泽不均、有的甜、有的不甜，相差较大，卖相不美的现象，内在品质不如以前。

2013年1～11月通过库尔勒检验检疫局检查出口香梨200批、3000吨、845万美元，每吨2817 $，出口量有所增加、单价稍降。主要出口美国、加拿大、澳大利亚地区。增加原因：一是全球经济有所复苏，国外客户需求增加；二是香梨收购价下降、生产成本也相应降低；三是香梨虫果率降低，质量有所提高，利于精选加工装箱。

巴州和阿克苏地区有冷库160余座，贮藏保鲜能力已达到80万吨，与生产能力相当，已趋饱和过剩状态。其中巴州地区55万吨、阿克苏地区25万吨；多为普通库，气调库仅10万吨；近些年排管库发展很快，新建库均为排管库，不少风机库也纷纷改为排管库。2013年巴州地区冷库有30%空置，因为香梨减产，无梨可贮。每年从8月底开始入库收贮至来年7月下旬为一个贮藏季，基本保持鲜嫩如初，原汁原味，贮藏保鲜效果良好，但在4月后贮藏病害顶腐病多有发生呈加重趋势，损失较大。2013年轮台县华隆农林业科技开发有限公司收购梨残次品8000吨，其中香梨4000吨，加工梨浓缩汁1000吨，产值130万美元。可溶性固形物含量大于70%的浓缩梨清汁出口俄罗斯、荷兰等国。这是香梨产区第二年出口梨加工浓缩清汁。库尔勒龙之源药业有限责任公司收购等外香梨加工“秋梨润肺膏”药品，加工一瓶120克秋梨润肺膏需要300克香梨原料、15元/瓶，2013年收购等外香梨1000余吨，生产“秋梨润肺膏”药品300万瓶，产值4000余万元(见表3)。

**表3　香梨出口贮藏加工情况**

| 年月＼内容 | 批数 | 数量（吨） | 货值（美元） | 单价（美元/吨） |
|---|---|---|---|---|
| 2012年(1～12月) | 120 | 2144 | 624.1万 | 2911 |
| 2013年(1～11月) | 200 | 3000 | 845万 | 2817 |

**存在的问题及建议**　①冻害仍是香梨产业发展的第一大威胁，近十年内四次冻害使香梨倍受伤害，死枝死树比比皆是，十分普遍，整园挖除也不在少数，目前尚无有效防护措施，梨农采取彩条布覆盖有一定效果，但成本较高，大面积应用难度大。目前在此研究投入少，建议予以重视，加大投入，开展深入持续研究，探索示范应用各种防冻技术，以保这一特色产业健康持续发展。

②生长期和贮藏期萼端病害呈蔓延加重趋势，是新发生的较难防治的顽症，目前国家现代梨产业技术体系正开展研究，已有初步结果，但在实际生产中有效防治还有距离，建议加快研究进程，拿出有效防治措施，尽早遏制住此病害蔓延扩展。

（国家梨产业技术体系库尔勒综合试验站　于　强）

# 内蒙古森林工业集团林业产业

**【概　述】** 2013年林区各经营单位克服生态、民生、转型项目和生产经营成本等刚性支出增加、木材售价大幅下跌和洪涝灾害损失严重等诸多困难，在自治区党委政府、国家林业局和自治区国资委的正确领导和有力支持下，按照集团公司董事会和林区年度工作会议确定的目标任务，攻坚克难、砥砺奋进，遏制了经济下滑的态势，确保了集团企业生产经营的正常有序运行，全面完成了企业生产建设计划和经营目标，迈出了转型发展的新步伐。

**发展成绩**　主要是：①把握市场形势，稳定主营业务收入。面对木材市场需求下滑、售价持续下跌的不利局面，定期调研分析市场走势，适时调整营销策略，协调铁路运力，细分产品市场，拓展新的客户领域，抢抓洪涝灾害复建带来的利好机遇扩大销量。全年完成木材销售118万立方米，同比增加销量11.5万立方米，木材平均售价实现754.4元/立方米。在木材售价同比下降114元/立方米，影响销售利润1.3亿元的情况下，仍实现主产品销售收入8.9亿元，销售利润4.9亿元，同比木材产品销售利润仅减少2462万元，将市场不利影响降到了最低。②合理调配资金，稳定经济运行。在各项刚性支出增加、政策性资金到位较晚、主营业收入变化难测，导致企业运营资金严重短缺的情况下，定期分析财务收支情况，适时监控资金存量，科学统筹调配，最大限度地发挥存量资金效益。集中管理企业信贷，落实大额资金集体决策制度和资金拨付程序，开展重大资金稽查，维持了合理的企业现金流量，保障了企业生产经营的平稳运行。③创新管理，开源节支。采取具体管理措施落实“管理增效年”的要求。扩大财务预算口径，推进全面预算管理，落实财务预算的刚性约束制度，严格控制两级管理费用和“三公”经费支出，“三公”经费较2012年减少1086万元，同比下降15.35%。各企业结合森林抚育、林下采集等合理调剂人工成本支出，努力化解材料成本上涨因素。落实国有资产管理办法，对国有资产进行全面清理登记和核实，明晰了国有资产权益。对金融机构债务进行全面调查摸底，强化资金管理，降低了财务费用。开通国库系统专线，严格天保、棚改等国投资金管理。强化计划投资管理，实行项目投资与财务预算全面对接，杜绝无计划开工项目，严禁超预算建设项目。大幅压缩自有资金投资规模，大幅调减非经营性投资比例，优先保证重点转型项目和生态民生项目配套。全面落实基建项目法人责任制、招投标制、合同制和工程监理制度，保障工程质量，压缩建设成本。按照以商补改的思路，棚改异地建设海拉尔项目实现创收1.49亿元，缓解了企业资金配套压力。各企业通过全面推广木材生产原条下山，提高资源利用率，加强造材管理，引进先进监控手段等措施提高木材生产效益。加强审计监察，开展了经济责任、法人离任、产权处置、国投资金使用管理、经济合同风险防范等专项审计工作，及时纠正违纪违规行为。开展比价招标采购和效能监察，仅煤炭采购在一个供暖周期内就节约资金1147万元。④加强了劳动人事工资管理。员工管理实行人事档案数据库、社保数据库、财务预算三方无缝对接。严格管控人员编制。清理在册不在岗违规开资人员1734人，挽回经济损失297万元。及时为1604名在职员工申报办理退休手续，减少了工资成本。改进岗位绩效工资、计件工资管理，加大工资向生产一线倾斜力度，进一步缩小企业间工资差距。⑤积极争取政策资金。在全面保障天保工程、燃油补贴、社会职能补贴、棚改国投补助等财政专项资金足额到位的基础上，通过协调争取增加了补植补造任务量6万亩，1200万元；落实了天保工程一次性安置人员社保补贴8.3亿元；争取到棚改供热、给水、小区道路、排污等国投资金42122万元，有效缓解了棚改工程后续配套压力；争取自然保护区基础设施建设、病虫害防治、驯鹿养殖、科技推广等中小型项目投资和补贴1亿多元。同时，三条重点防火公路纳入国家林业局防火应急道路试点范畴；落实了浆纸公司股权收购和技改项目的属地支持政策；争取属地支持最大限度地降低了棚改异地建设土地成本。六是积极应对洪涝灾害，扎实开展灾后复建。2013年夏季林区发生百年不遇的洪涝灾害，林区各地公路、桥涵、厂区、设备、居民财产遭受严重损失，初步统计达5.35亿元。面对灾情集团公司(林管局)和各相关单位启动应急预案，全力组织防汛抢险，确保了居民生命安全，将财产损失降到最低。灾后集团筹集2679万元，争取自治区灾后复建财政补助2000万元，及时向国家林业局申请调整非经营性投资方向，全部用于灾后重建，保证了干线公路、重点设施的及时修复，保障了生产经营的正常进行。

2013年是林区诸多困难叠加、经济状况极为严峻的一年，全年实现林业生产总值69.41亿元，同比增长32%；实现营业收入19.1亿元，同比增长5.8%；固定资产投资完成34.66亿元，同比增长14.34%；实现利润－1.53亿元(含棚改配套1.12亿元列决)，比自治区国资委下达利润指标减亏2693万元；实现经济增加值－2.9亿元，较国资委下达指标增加693万元；接续替代产业收入增长率27%，较国资委下达指标提高5%，全面完成了自治区国资委和董事会确定的各项经营责任目标和工作任务。

**产业发展特点** ①加快转型项目建设。按照集团公司(林管局)经济转型三年基本完成布局谋划的目标和“转型攻坚年”的要求，在落实自治区“8337”发展思路中找准定位，谋划布局，论证项目，以项目建设为抓手，推进经济转型。一是重点围绕三大板块布局旅游产业，加快推进了旅游产业发展。东部板块，高质量完成了涵盖阿里河、北大河、毕拉河景区的总体规划和项目策划；争取了达尔滨湖国家森林公园基础设施一期项目建设投资5139万元；争取国家和自治区投资合计1099万元，启动阿里河相思谷仙子湖二期扩建项目；协调上级将诺敏水利工程纳入国家十二五建设规划；将涉及该区域的重点防火道路优先纳入国家林业局防火应急道路升级改造计划，为全面开展景区建设做好了前期准备。北部板块，全面完成了北部原始林区自然资源野生动植物资源本底调查，申报并经初审通过了设立国内最大的国家森林公园方案；满归机场项目按照多元化争取投资的思路已落实森林防火机场建设投资和自治区国有资本金预算投资3158万元，同步争取了民航补贴资金，并做好了项目开工的一切准备；莫尔道嘎、恩和哈达、毕拉河机场建设纳入了自治区通用机场建设规划；北部原始林区两条重点通达公路纳入交通部国防公路建设计划，将于2013年全面开工，并按环保、旅游公路的建设标准，规划了沿线旅游配套项目；协调支持属地开工白鹿岛至奇乾公路升级建设；莫尔道嘎森林公园旅游在引入使鹿文化、冬季冰雪旅游方面进行了积极尝试，森林观光小火车建设项目按照国投资金额度先期开展了设备选型订制、人员培训和路基建设，改造升级了界河游室韦码头；完成了根河房车营地建设项目。南部板块，统筹国有资本投资、转型项目补贴、旅游专项等资金1.5亿元，开工建设了阿尔山森林公园景区服务调度平台、环保客车、景区标识、特美尔峰支线公路等重点项目，有效扩大了景区客容量，提高了服务水平；严格禁止了景区私搭乱建现象；多方搭建开拓市场平台，被多家媒体和协会评为“最具人气生态旅游景区”，入选国家旅游局、环保部“国家生态旅游示范区”，启动了上市的前期工作。2013年林区旅游在门票收入、客流量上实现新高，累计接待游客67.1万人次，同比增长27.5%，实现旅游综合收入3.57亿元，同比增长23.5%。二是稳妥推进对俄森林资源开发利用，全年过货原木13.2万立方米，板材6.3万立方米，劳务输出234人次；满洲里木材加工收购项目完成了资产评估工作；按董事会决议完成了浆纸公司股权收购，并筹措资金1.25亿元开工了浆改纸升级项目，完成了土建工程和设备订购，将在2014年7月实现试生产。三是矿业开发进展加快。比利亚谷完成探转采，矿山建设所需要件基本办理完成，协调属地将输变电力能力建设纳入2014年改造计划，为全面开展矿山建设做好了准备；风险合作和自行探矿取得全新进展；矿泉水开发水质监测化验工作基本完成，矿权设置和申报工作完成待批；森鑫持股公司技改项目完成，采选能力达到30万吨，实现产值1.7亿元；绰尔铁矿实现产值1.69亿元。四是林下经济开发快速推进。林下野生资源采集管理进一步规范，在增加职工收入上发挥了重要作用；开展了北部、中部林区野生中草药资源和库都尔、绰尔野生浆果资源调查；按国投资金额度进行了满归野生浆果冷储项目建设；结合中草药开发扩大图里河中草药种植面积，达到1600亩；开工建设了图里河酒厂扩建项目；扩大了库都尔大果沙棘、大杨树蓝莓种植基地规模，种植面积达到2.6万亩；毕拉河开展了林蛙试养；投资270万元扩大了克一河木耳种植加工生产规模；绰尔马养殖、金河北极狐养殖规模进一步扩大，根河开展了驯鹿试养。林下经济开发的有序推进，为建设绿色林特产品生产基地，打造加工龙头项目打下了基础。此外，根河等苗木生产基地规模进一步扩大，进行了对外承揽绿化业务的积极尝试。

②生态建设再创佳绩。资源林政管理进一步加强。一是以严格保护林业生态功能区完整性为重点，坚守林缘红线，严厉打击毁林开垦、蚕食林地等违法犯罪行为。开展了林地年度变更调查，对林农交错集中重点区域大杨树、毕拉河的农地开展了专项核查。北部林区开展春秋武装“三清”专项行动，彻底捣毁了违法采金渔猎人员窝点。在北部林区设立流动管护站，加强重点时段、重点区域、重点线路的入山管理，落实全封闭保护措施。二是严格执行林地使用定额和审核审批制度，推行了占用林地现地拨交、事中监督、事后查验的管理方式，避免少批多占等行为。全年上报审批并获得占用林地行政许可的项目共计47项，共收缴森林植被恢复费2435万元。三是加大林政案件查处力度。与驻区资源监督办、森林公安紧密配合，加强木材流通加工管理，打击涉林违法犯罪行为。全年共立林业行政案件2155起，查处2101起，处罚62.31万元。

森林经营水平持续提高。一是圆满完成森林经营任务。逐级签订森林抚育责任书，全年完成森林抚育527万亩，为计划的100.4%；完成人工造林21597亩，为计划的101.4%，其中植被恢复完成16597亩，经济林栽培完成5000亩；补植补造完成200761亩，为计划的100.3%；完成育苗生产1584亩，为计划的378.9%。各项作业质量均超过行业标准。二是有效防控森林灾害。全年发生一般森林火灾2起，受害森林面积5.3公顷，当日灭火率为100%，火灾起数和受害森林面积同比下降了75%和98.5%。林业有害生物成灾率、无公害防治率、预报准确率、种苗产地检疫率均完成国家指标。

生态保护建设水平显著提高。一是扩展生态保护建设范围。树立大资源观、大生态系统的理念，把构成森林生态系统的各项要素逐步纳入保护范围。制定办法加强了林下野生经济植物的保护利用管理；严厉打击偷猎野生动物的违法行为，开展野生珍稀濒危物种保护，加强野生动物疫源疫病监测防控；更加注重河流水体的保护，新申报省部级、国家级湿地保护区3处，规范管理河流两岸、沼泽湿地的采砂挖料；精细指导和设计工程项目占用林地事项，最大限度地减少工程项目对河流湿地、森林、动植物资源环境的影响；继续推进移居林场场址植被恢复；及时修复和补齐占用林地，完成义务植树23.3万株，加强局场址和公路沿线绿化。二是提升生态保护建设层次。2013年新申报国家森林公园1处，申请晋级国家级湿地类型保护区1个，进入国家湿地公园试点2处，其中北部原始林区国家森林公园已通过国家林业局内审，毕拉河自然保护区已通过国家级评审，将在2014年陆续完成审批，将初步形成占林区总面积33%的森林公园、自然保护区、湿地公园和湿地类型保护区集群；争取自然保护区、森林公园、湿地保护区基础设施建设投资9308万元；汗马自然保护区、额尔古纳自然保护区由原来的单纯保护逐步向生态系统科学研究、生态文明宣传教育和生态旅游迈进，汗马自然保护区示范方案得到国家林业局批复，并成功加入“世界人与生物圈保护区网络”，额尔古纳保护区启动了二期工程建设，完成了区域内资源和生物多样性调查；组织开展森林碳汇调查实测，科学测算了林区森林碳汇储量和近年度碳吸收增量，为提高生态地位和介入碳汇交易提供了依据；企业投入4789万元，财政补贴2.47亿元，全面启动了森林保险业务，增强了森林灾害风险抵御能力。三是增强生态保护建设能力。完善了生态保护建设各项规章制度；科学编制天保工程和森林经营各项实施方案；逐级签订责任状，100%落实了森林管护责任；实施了重点火险区综合治理三期、防火微波通讯改扩建、有害生物检疫御灾体系基础设施、苗圃改扩建等14个生态基础设施项目；申请批准红皮云杉良种培育、北斗导航定位等林业科技推广项目，努力增强生态保护建设的科技支撑。

第八次全国森林资源连续清查结果与2008年第七次全国森林资源连续清查结果比较，五年间林区森林面积净增9.49万公顷，森林覆被率提高0.89个百分点，活立木蓄积增加6257.76万立方米，单位公顷株数增加36株、蓄积增长11.7立方米。表明了林区森林数量明显增加，森林质量明显提高，森林生态功能持续增强。

③职工生活继续得到改善。把改善民生作为一切工作的出发点和落脚点，结合群众路线教育实践活动，全力以赴改善民生。一是按照自治区国资委批复的工资增长原则，在岗职工年均工资由2.9万元提高到3.2万元。二是努力完善保障体系。落实林区本级1396名劳模每人每月60元津贴待遇；进行了退休金核改和理顺工作；做好退休审核申报，为3126人员办理了特殊工种和正常到龄退休；开展了大集体特殊工种认定和劳动能力鉴定工作；协调推进厂办大集体改革，制定并申报了具体实施方案。三是全力实施民生工程。棚户区改造工程当年新开工17930户，共结转完工22813户。努力解决开工滞后的异地建设项目，确定了推进方案，将在2014年全面实施。2013年新开工棚户区改造配套供热项目7项，配套道路项目15项，配套供水项目10项，基础设施配套项目10项。棚改小区道路和供水、供暖等问题得到基本解决。各单位在群众路线教育实践活动中实施了大量民生工程，改善了职工群众的生产生活条件。四是加大困难职工帮扶力度。全年发放“送温暖”资金1991.7万元，帮扶贫困学生2059人次，扶持困难职工家庭1094户，做到了走访慰问“全覆盖、无盲区”。全年累计发放家庭经济无息贷款584.1万元，举办家庭经济技术培训班49期，培训人员3430人次。　（中国内蒙古森林工业集团办公室）

# 吉林森林工业集团林业产业

【概　述】

**发展成就**　2013年集团努力克服国际国内经济增速放缓、房地产持续调控、建材市场低迷、市场需求滞缓和企业竞争加剧等诸多不利因素的影响，坚定不移地向非林非木产业转移，大力推进转型发展，加快重点项目建设，积极开拓产品市场，加大安全生产管理力度，集团经济呈现持续稳健发展的良好态势，主要经济指标继续创历史最高水平，销售收入突破100亿元，提前两年完成“十二五”规划，同“十一五”末相比，各项经济指标翻一番，实现了历史性的跨越。特点：

①生态建设成效显著。全年投入3.38亿元用于抚育造林，投入5600万元用于森林防火，有林地面积达122.47万公顷，森林覆盖率达90.8%，有林地总蓄积达1.76亿立方米。有林地平均公顷蓄积达143.68立方米，在全国已开发林区位居第一。成过熟林蓄积占有林地总蓄积39.7%，珍贵树种蓄积比重达22.7%，针阔混交林面积占有林地面积86.8%。森林蓄积比2012年净增260万立方米。

②经济效益稳健提升。全年实现总产值163.3亿元，同比增长13.2%；销售收入102亿元，同比增长27%；利润总额7.3亿元，净利润2.7亿元。

③资产规模进一步壮大。截至2012年底，资产总额达284.8亿元，比年初增长49%。净资产61.7亿元，比年初增长22.5%。

④产业结构不断优化。在2013年全部销售收入中，木材销售收入9.1亿元，占9%，林木加工业销售收入23.4亿元，占22.9%，其他非林产业销售收入69.5亿元，占68.1%。一、二、三产业比例为23:36:41，产业结构日趋合理。

⑤全面履行社会责任。全年上缴利税12.14亿元，上缴省国资委利润1625万元。提取育林基金2.4亿元，上缴省林业厅育林基金1977万元。政社性支出10.85亿元，民生建设投入资金5.9亿元，支付银行利息6.1亿元。从所属非林产业控股子公司年度利润中提取1194万元用于8户林业局的生态建设。

⑥员工生活得到改善。全年支付员工薪酬总额19.4亿元，在岗员工人均年收入达42000元，同比增长10%。工伤、长病、内退及离退休等人员统筹外支出1.9亿元。投入2.13亿元，完成棚户区改造14.92万平方米。

**主要措施**　①加大整合重组力度，重点项目建设取得新成效。整合房地产企业，组建吉林森工开发建设集团，借林业棚户区改造之机，进军房地产开发实现销售收入28.4亿元，净利润1.5亿元。

融信公司、投资公司和财务公司实施增资扩股，三家金融类企业实现销售收入8.7亿元，净利润3.8亿元。

与央企合作，重组并控股中盐银港人造板公司，人造板产业增加中密度薄板品种，产能由60万立方米扩大到200万立方米，奠定了全国行业龙头企业地位。

股份公司新建20万樘实木复合门、通化胶粘剂异地改造建厂、长春水泥刨花板外墙挂板等项目完成厂房建设和设备安装，2014年可投产运行。

重组白山三林木业，推进实木高档家具扩建项目建设，进一步扩大产能，开辟了家具新产业，延伸了木材加工产业链。

金桥地板集团开发引进年产300套北欧木结构房屋项目已投入生产。

吉森丰华矿业集团金矿、石墨矿和铜矿项目完成投资3690万元，全年生产黄金60千克、石墨原矿4.2万吨。矿产业实现销售收入2.19亿元。

仙人桥温泉旅游度假区酒店项目开工建设。露水河森林公园获评国家4A级旅游景区。

泉阳泉饮品公司完成矿泉水厂扩建项目，被

评为国家级重点农业产业化龙头企业。“吉森参”人参制品和“瑞富德”森林食品入选全国林业后勤系统推荐产品。长春东北亚国际皮草城项目开业运营，当月营业额突破2亿元。贸易食品板块实现收入3.91亿元。

临江林业局研发用落叶松根提炼槲皮素，成功建成年产12吨二氢槲皮素保健品项目，填补了国内空白，生产成品600千克，实现产值7500万元。

②积极开拓市场，产品营销取得新进展

实施加工企业市场营销指导意见，实行营销工作一把手负责制，跟踪市场变化适时调整营销策略。

组织参展东北亚博览会等展会，借助各种媒体和户外广告等形式，进行产品展示和宣传。

组建电子商务公司，启动直销网站建设，探索开辟产品销售新渠道。

全年销售刨花板49.3万立方米，同比增长21%；销售实木复合地板417万平方米，同比增长11%；销售矿泉水20.8万吨，同比增长38%。

③认真实施天保工程，扎实抓好森林资源经营培育。投入3.38亿元，完成更新造林2.01万公顷、森林抚育16.88万公顷。

严格落实森林经营方案和采伐更新调查设计，科学组织作业和抚育生产。

组建集团天保工程领导小组，制定生态建设绩效考核办法，推进林业局管理机构改革，森林资源经营管护职能作用得到有效发挥。

强化主体责任，加强预防措施，投入防火经费5600万元、病虫害防治经费610万元，全年未发生大面积森林病虫害，实现了辖区连续34年无重大森林火灾。

依托林地和森林资源，发展种、养、培植业，实现产值7.45亿元。绿化苗木实现销售收入3000多万元。

④加大科技创新力度，促进了产业产品升级。集团科技中心和地板研发中心、矿泉水研发中心发挥省级企业科技中心作用，科技项目申报推进工作扎实有效，新产品研发取得较好成果。

全年申报各类国家级科技项目13个，获批5个；申报各类省级项目22个，获批2个，共争取项目资金500万元。

研发出7项产品，其中4项通过科技成果鉴定，3项通过新产品鉴定；获批2项专利技术。

根据客户需求，开发出30种地板、27种人造板和4种矿泉水新款产品投放市场。

超低甲醛释放农林剩余物人造板制造关键技术与应用项目获得国家科技进步二等奖。经营运行管理系统项目通过专家论证，森林防火预警与监控系统项目通过国家科技成果鉴定。

⑤全力做好民生保障工作，林区员工群众生活进一步改善。2013年完成14.92万平方米棚改工程建设，近3000户林区群众喜迁新居。

实现员工社会保险全覆盖，全年缴纳“五险一金”1.87亿元。

松江河林业集团投入4500多万元推进城区基础建设。露水河林业局投入3000万元用于修建街区道路和文化广场。临江林业局投入600万元改造林区公路。

筹集资金576万元，走访慰问困难员工14300多人次。

24600多名员工群众发展林下经济人均增收11800多元，林农关系进一步和谐。

对投资公司等企业进行股份制改造，吸纳员工入股，增加财产性收入，践行混合制资本模式。

(中国吉林森林工业集团有限责任公司计划发展部)

# 龙江森林工业集团林业产业

**【概　况】** 中国龙江森林工业(集团)总公司暨黑龙江省森林工业总局，2013 年抓住天保二期工程和大小兴安岭生态保护与经济转型规划的战略机遇，坚持科学发展，加快经济转型，全面深化改革，推动《黑龙江省国有重点林区条例》的进一步落实，认清形势，迎接挑战，改革创新，勇闯新路，为全面建成林区小康社会奠定坚实基础。

坚持以大项目建设为牵动，抓好 11 个省推产业项目和 82 个森工重点项目，项目总投资 166 亿元，招商引资 61.8 亿元，建成投产项目 42 个，争取各类建设项目中央投资 34.9 亿元。对俄森林资源开发得到有效推进。园区建设提档升级，清河、沾河两个园区晋升为省级工业园区。龙头培育成效初显，涌现出一批绿色食品生产、森林生态旅游、仓储物流、园林绿化等产业龙头，“产业项目建设年”攻坚战成效显著，全国重点国有林区转型发展现场会议在龙江森工召开。

2013 年产业总产值完成 495.2 亿元，比 2012 年增长 12.2%，森工经济实现连续五年平稳较快增长。

**【营林产业】** 实现产值 15.6 亿元，比 2012 年增长 25.1%，更新造林 15.1 万亩，森林改培 16.1 万亩，补植补造 55.5 万亩，森林抚育 748 万亩。

(周德滨　王　茜)

**【木材生产】** 依据二期天然林保护工程要求，继续调减木材产量到 89.4 万立方米，抓好伐区管理、效益造材和贮木场商品化管理，实现产值 8.7 亿元。

(孙亚忱)

**【林产工业】** 实现产值 66.6 亿元，比 2012 年增长 12.1%，加工木材 168.9 万立方米，“三剩物”工业利用率 80.3%，新建、续建 21 个木材加工项目，完成投资 7.9 亿元。对长期停产的城市院墙企业在普遍压缩退库指标的基础上，实行“一厂一策”，探求资产盘活新出路。深入研究在俄罗斯进行木材加工的项目建设，争取实现在俄就地加工，将半成品运回国内加工成终端产品，解决原料短缺难题。

(吴红霞)

**【种植养殖】** 实现产值 97.6 亿元，进一步提升了常规养殖项目集约化、标准化养殖程度，全面推广了林蛙、山猪、狐、鹿、河蟹为主的特色养殖项目，蓝莓、树莓等浆果的种植面积逐年增加。

(杨　革　贾喜波)

**【森林食品】** 实现产值 60.1 亿元，比 2012 年增长 25.7%，以木耳为主的食用菌栽培规模、质量进一步提高，全林区栽培量达 18 亿袋，采集山野菜 3.79 万吨，新建、续建 11 个山特产品加工项目，投资 3.21 亿元组建黑森绿色食品集团已初步运营，利用各种展会及招商洽谈活动，积极宣传“黑森”品牌。

(门玉明)

**【北药业】** 实现产值 13.5 亿元，强化基地建设，扩大北药业的种植规模。不断培育和壮大现有优势品种的产业规模，优势药材品种规模稳定，积极引进和推广松杉灵芝等北药新品种。

(阎　东　张洪彦)

**【森林生态旅游】** 完成旅游产值 40.8 亿元，比 2012 年增长 29.6%，新建、续建 14 个旅游项目，完成投资 11.86 亿元。经全国旅游景区质量等级评定委员会组织评定，山河屯林业局凤凰山旅游景区和柴河林业局九寨旅游景区被评为国家 4A 级旅游景区。组建黑森旅游有限公司，另注册“森工国际旅行社有限公司”，推进森林生态旅游业发展。

(何湘园　王春华)

**【清洁能源】** 实现产值 41 亿元，改扩建生物质固化燃料项目 2 个，生物质炭、气、油、酸综合利用项目 1 个，生物质活性炭与燃气联产项目 1 个；完成开工前准备工作的风电项目 2 个，装机容量 10

万千瓦。（林　松）

【林业科技】 承担中央部门预算林业科技项目61项，中央财政林业科技推广项目6项；国家公益重大项目1项、一般项目1项，青年专项1项；国家林业局948项目2项；黑龙江省应用研究与开发计划重大项目1项，省级其他项目2项；总局科技计划项目52项，总计经费3938万元。（淦　洪）

【林业教育】 2013年森工林区高考录取本科生1869人，录取率46.13%。牡丹江林区首批通过省和国检组县域义务教育基本均衡督导评估验收。经过技术培训，全系统有2834名职工通过技能鉴定，其中：行业工种1032人，通用工种1145人。全年森工技校招生5380人。（王月华　宋晓明）

【政策法规】 继续推进《黑龙江省国有重点林区条例》的贯彻落实，在实践中继续进行“内部政企分开”的改革探索，使改革思路更臻完善。启动《黑龙江省国有林区管护经营实施办法》《黑龙江省东方红湿地国家级自然保护区管理条例》等立法项目，强化森工依法行政工作。（王毅昌）

【招商引资】 组织开展了招商之冬活动，参加第二十四届中国哈尔滨国际贸易洽谈会、香港美食博览会，共计签订招商项目48个，签约额68.86亿元。清河林业局、沾河林业局产业园区晋升为省级工业园区，享受省级开发区政策。（梁　俊）

# 大兴安岭林业集团林业产业

【概　述】 大兴安岭林业集团公司实现林业产业总产值118.2亿元、增加值60.9亿元，经济增长速度14.6%，比年初确定目标13.6%增加1个百分点。其中：第一产业总产值54.5亿元，增长22.2%；第二产业总产值45.0亿元，增长8.0%；第三产业增加值18.7亿元，增长21.6%。

公司率先出台了全国林业系统地市级生态文明建设规划，漠河、呼玛通过省级生态县验收。完成中幼林抚育252.5万亩、补植补造26万亩，抚育质量连续3年位列全国前三名，农林科学院获国家级林业碳汇计量监测资质。塔河固奇谷、松岭砍都河湿地公园晋升国家级，漠河野生蓝莓保护区晋升省级自然保护区。开展"兴安五号""砂金禁采"等专项行动，查处资源林政案件272起，收回林地7035亩，销毁采金船6条。全年未发生人为火，6起雷击火全部于当日扑灭，林地过火面积为历史最低。全区活立木蓄积、森林面积和覆被率继续保持"三增长"。

完成野生蓝莓集约化经营1.5万公顷，养殖食用菌3亿袋，大兴安岭被命名为"中国马铃薯种薯之都"，绿色食品实现产值31.2亿元，增长28.7%。加入"4+1"城际旅游联盟，寒温带植物园晋升国家4A级景区，旅游收入实现39.4亿元，增长19.2%。境外生产木材61.2万立方米，实现产值4.3亿元，增长15%。集团公司被确定为全国首批林下经济示范基地。在市场需求萎缩的不利形势下，木业、矿业和旅游公司完成积极1437万元。完成棚户区改造24627户、125.6万平方米，回迁安置15080户。建成三供两治项目19个、生态型花园式乡镇林场24个，新增绿地238.9万平方米。林业在岗职工人均月增资117元。

重点实施天然林保护工程和野生动植物保护和自然保护区工程，全年完成中幼林抚育面积17.84万公顷，其中天保工程二期实现16.8万公顷，抚育质量位列全国前三名。育苗面积完成69公顷，其中本年新增育苗面积47公顷，当年苗木产量完成12051万株，其中2014年上山苗完成2869万株。森林管护面积808万公顷。大兴安岭林业系统已建有森林、湿地和野生动植物物种保护类型自然保护区29处，总面积176.72万公顷，占全区总面积的21.2%，超过了全国平均水平。其中：国家级保护区5处，分别为呼中、南瓮河、双河、绰纳河、多布库尔国家级保护区，总面积720，124公顷；省级保护区4处，分别为北极村、岭峰、盘中和漠河笃斯越橘保护区，总面积288，829公顷。地级自然保护区11处，保护小区5处，保护地4处。初步形成类型齐全、布局合理的自然保护区网络。国家级湿地公园6处，塔河固奇谷、松岭砍都河湿地公园晋升国家级湿地公园，漠河野生蓝莓保护区晋升省级自然保护区。全区活立木蓄积、森林面积和覆盖率实现了持续增长。

2013年，木材采运产值实现13.3亿元，完成计划的100%，其中境外采伐完成7.5亿元。营林产值实现10.2亿元，完成计划的104%。林产工业实现产值23.2亿元，完成年计划的103%，同比增长2.0%。木材采运方面，活立木产量完成56万立方米，完成计划的99.1%；烧死木产量15.9万立方米(包括2012年结转5.7万立方米)。境外采伐完成61.2万立方米。林产工业方面，锯材完成12.5万立方米，同比下降33.8%；人造板完成19.2万立方米，同比增长0.3%。其中纤维板完成11.3万立方米、刨花板完成1万立方米、细木工板完成6.9万立方米；集成材完成1.6万立方米，同比下降18.8%；木片完成18.2万实积立方米；木地板块完成18.9万平方米，同比下降6.2%。在林产化工产品中，木炭1.4万吨、活性炭0.8万吨、锯末炭10万吨。在非林产品中，发电量完成3.5亿度，同比下降28.3%，下降的原因一是塔河热电厂改扩建锅炉和发电机组调试，影响供电1.2亿度；原煤完成382吨，同比持平。

林下经济产值完成24.3亿元，同比增长60%，对林业经济增长的贡献率达到59.8%，对一产的贡献率达到100%。其中蓝莓种植1.2万亩、食用菌养殖2.7亿袋、中药材种植4.5万亩；山野果采集2万吨，其中蓝莓采集0.9万吨、红豆采集1.1万吨，山野菜2100吨、食用菌1万吨。

全年木材销售价格呈现前低后高态势。年初受欧债危机和国家房地产调控政策影响，特别是大量进口材冲击国内市场，木材价格呈现前低后高态势。到年末经济材售价953元/立方米，同比提高137元/立方米，全年经济材平均售价768元/立方米，同比降低158元/立方米。锯材平均售价1613元/立方米，同比下降33元/立方米；木片平均售价580元/立方米，同比增加9元/立方米；木地板块平均售价343元/平方米；胶合板平均售价3382元/立方米，同比增加925元/立方米；纤维板平均售价2429元/立方米，同比增加667元/立方米；刨花板平均售价1259元/立方米，同比减少141元/立方米。

2013年，全年共完成投资39.3亿元，与2012年同期基本持平。从投资性质来看，国家投资达25.1亿元，占投资的63.9%，企业自有资金(包括企业自筹、个人)投资占36.1%。按用途分，用于生态建设与保护投资18.2，天保工程二期投资达18亿元，占生态建设与保护的99%；用于林业支撑与保障资金达0.7亿元，其中森林防火与公安资金0.6亿元，占林业支撑与保障投资的85.7%；用于林业产业发展资金达0.7亿元，主要用于塔河林业局生物质能源项目；用于林业民生工程完成15.2亿元，其中棚户区主体的投资达11.7亿元，棚户区配套投资达3.4亿元、社会性基础设施投资达0.1亿元，分别占民生工程投资的77%、22.3%、0.7%。企业自有资金(企业折旧)投资3.6亿元，其中维简费1.4亿元；其他投资达0.9亿元。

在岗职工平均工资连续增长，但增速有所放缓。到2013年末，大兴安岭林业系统在岗职工60009人，在岗职工工资总额15.6亿元，在岗职工平均工资27536元/人，增长6.3%，增速距离全面建成小康社会目标7.2%放慢了0.9个百分点，比2012年降低6.2个百分点，职工工资增长压力加大。在岗职工工资增长各单位也不平均，增长较快的是韩家园、十八站、新林、加格达奇林业局，在岗职工年平均工资分别达到31613元、28960元、28705元、28264元。松岭、图强、阿木尔林业局工资较低，在岗职工平均工资21707元、21838元、23405元，平均工资最多与最少的林业局相差近万元；工资增速各单位也不平均，增速较快的林业局是韩家园、加格达奇、西林吉林业局，同比增长达到10.5%、9.8%、7.4%。增速较慢的林业局是松岭、阿木尔、新林林业局，增速距离在岗职工工资平均增速6.3%还有一定差距。

**【资源管理】** 森林蓄积和面积持续恢复性增长，按照国家林业局下达的2013年木材生产计划，将木材产量调减至56.5万立方米，较2012年减少7.8万立方米。开展伐区凭证采伐专项检查，整顿生产秩序，从源头控制森林资源的消耗。在加林局、西林吉等4个林业局进行了三类调查设计标识改革试点工作，有效提高森调工作效率和科学化管理水平、减少林木资源的浪费。强化伐区生产、木材加工、林地管理、贮木管理，共查处无证采伐案件15起、非法占地案件7起，限期整改剩余物超标、违规拨付加工原料问题18个、伐区作业质量问题26个，纠正贮木管理问题12个，规范了各林业局资源管理行为。执行木材运输计划，按林木采伐许可证的拨交进度，审核发放木材运输证。

在林地使用、木材运输、加工监管等方面进一步加大了森林资源执法监督力度，牵头组织开展了为期3个月的打击破坏森林资源“兴安五号”专项行动，共查处各类森林资源案件130起，行政处罚111人，取缔无证加工厂1家，累计为国家挽回经济损失2155万元。

坚持项目建设与林业区划相结合的原则，统筹安排使用林地定额，积极争取国家林业局对全区重点产业项目和基础设施建设使用林地予以政策倾斜。有28个工程项目占用林地获得国家林业局批准，占用林地面积441公顷。地方林场的林地保护利用规划已完成，大兴安岭林业集团公司林地保护利用规划和各林业局(国家级保护区)林地保护利用规划也已通过专家和成员单位评审。完成了塔河林业局及3县地方林场的林地年度变更调查试点工作。开展了发展林下经济使用林地情况专项检查、涉农林地专项清查等林地保护专项行动，共查处非法侵占破坏林地案件93起，收回林地463.17公顷。

部署塔河、松岭2个林业局的森林资源可持续经营试点工作。就可持续经营试点工作的相关政策积极与国家林业局进行协调争取，有力地推进了森林资源可持续经营试点工作。组织相关部门对加林局二类调查成果进行了认定，完成了西林吉林业局和漠河林场森林资源二类调查的外业工作，为科学规划和编制森林经营方案奠定了基础。完成了全区森林资源消长动态监测，统筹更新了森林资源监测数据库，夯实了科学经营森林资源基础。

提高检查站执法监控能力。全年累计查堵违法运输车辆41车，行政处罚41人。落实二期天保工程实施方案的要求，实行管护合同制，组织各林业局签订了管护协议，并要求各林业局依据林业集团公司制定的《管护考评办法》和《管护稽查管理办法》，组织各林业局对各自管护机构建立、履职及管护成效等情况进行自检自查，迎接国家林业局组织的“四到省”专项检查。

森林资源继续保持了“四增长”，全区活立木总蓄积较上一年度增加了1438万立方米，达到5.53亿立方米；森林面积增加了1.14万公顷，达到679.5万公顷；林地面积增加了8.81万公顷，达到808.51万公顷；森林覆盖率增加了0.14个百分点，达到81.37%。森林资源的持续恢复性增长，为全区经济建设、生态文明建设及林业社会稳定提供了有力保障。

**【森林经营】** 森林抚育完成252.5万亩，占年度计划的91.5%。十个林业局71个林场组建专业营林大队78个、作业组513个，吸纳生产作业人员8195人。分别在新林、韩家园、西林吉三个局分三片举办了全区森林经营管理技术培训班，通过理论知识讲解、观看录像和现地研讨等方式，重点对森林抚育、补植补造、检查验收三方面进行了技术培训。结合营林生产实际，制定并下发了《规范化作业点建设标准》，2012、2013两年十个林业局投入规范化生产作业点建设资金达2438万元，共添加生产生活设备设施3500余台套，一线工人生产生活条件有较大改善，鼓励和吸引了更多的职工群众参加营林生产。按照补植补造预安排计划，超前部署，做好春造前地块踏查、苗木、人员、机具 、资金等准备工作，结合实际、抢前抓早、认真落实，春季完成24.69万亩，秋季完成1.31万亩，截至10月中旬，全年26万亩补植补造任务，完成计划100%。农林科学院获得国家级林业碳汇计量与监测证书，成为全省首家获此资质的单位，有效提升了全区碳汇工作在全国的知名度。首次接受2011年度碳汇造林项目国家核查并顺利通过。2013年开展的6万亩森林经营碳汇项目进展顺利，2012年启动的加漠公路0~9千米通道绿化碳汇项目建设任务全面完成。全民义务植树102万株，尽责率达到83%，远高于全省平均水平。

制定出台了《苗木产业示范基地建设标准》《大兴安岭林下经济苗木产业实施方案》《苗木产业考核实施细则》等规章制度，确保林下经济苗木产业持续稳定发展，并在生产季节组织开展了专项督查检查，秋季进行了层层考核。2013年，全区培育林下经济发展用苗1.26亿株(其中常规造林苗木10014.1万株、绿化苗木1424.1万株、经济林苗木1162.8万株)，完成计划指标的112%，保证了全区造林绿化、林下经济对苗木的需求，为全区林下经济实现更好更快发展起到了积极的基础保障作用。加强监测预警、检疫御灾、防控减灾三大体系建设，有效开展林业有害生物防治、检疫、预测预防和灾害治理工作，全区林业有害生物成灾率、测报准确率、无公害防治率和种苗产地检疫率均达到了国家林业局下达给全区的“四率”指标要求，林业有害生物防控能力显著增强，有效地保护了生态建设成果。

松岭林业局已被国家林业局确定为全国15个森林经营样板基地建设单位之一。样板基地实施方案已编制完成并通过了国家林业局审核，落叶松阻燃林、火烧迹地人工更新造林、火烧迹地人工直播、低效林改造4个经营模式已开始营建，总面积达574亩。从加快全区生态建设长远发展的高度，通过各种途径，2013 年共向上争取政策资金 2021.84 万元，在加快全区生态建设、民生改善、服务企业等方面作出了积极的努力。

2013 年，培育林下经济发展用苗 1.26 亿株(其中常规造林苗木 10014.1 万株、绿化苗木 1424.1 万株、经济林苗木 1162.8 万株)，完成计划指标的 112%。

**【木材生产】** 2013 年度木材生产计划为 66.72 万立方米，其中：活立木生产计划为 56.5 万立方米，烧死木计划为 10.22 万立方米。

1～12 月份木材生产累计完成 66.20 万 立方米，完成年度木材生产计划 66.72 万立方米的 99.2%。其中活立木完成 55.98 万立方米，占活立木年度计划 56.5 万立方米的 99.1%，烧死木完成 10.22 万立方米，完成烧死木年度计划 10.22 万立方米的 100%。活立木生产中更新采伐完成 5.8963 万立方米，完成年度计划 5.9 万立方米的 99.9%；抚育伐完成 47.91 万立方米，完成年度计划 39.3 万立方米的 121.9%，其中常规抚育和中幼林抚育分别完成 17.44 万立方米、30.48 万立方米；其他采伐完成 2.17 万立方米，完成年度计划 11.3 万立方米的 19.2%。

对伐区作业质量进行了产中检查，抓好更新伐和抚育伐生产，开展伐区作业质量检查验收工作，提高伐区作业质量，下发了《关于认真开展伐区整改工作的通知》，林业集团公司伐区作业质量合格率达到了 89.6%。在伐区管理上加大了伐区剩余物管理力度，制定了具体方案。各局结合本局实际情况制定了相应的伐区剩余物下山利用方案，尤其是新林、呼中和松岭等林业局伐区剩余物下山利用工作成效显著。对十八站林业局陈旧烧死木和烧死木小杆进行了认证。共计认证陈旧烧死木 7.4 万立方米，认证烧死木小杆 2.1 万立方米。调查设计更新伐与抚育伐共完成设计面积 3.44 万公顷，完成出材 26.38 万立方米；冻板道新修维护完成 1831 千米，完成年度计划的 100%；公路养护完成 4600 千米，完成年度计划的 100%；机械检修完成 654 混合台，完成年计划的 100%；木材生产管理和技术工人培训率达到了 100%。2013 年冬至 2014 年春更新伐与抚育伐分别预投作业组 107 个和 130 个。

林业公路 4445.44 千米养护任务全部完成，林业公路养护计划线条全部养护到位，投入养护费 1379.5 万元，林业公路养护里程为 4445.44 千米。

**【木材销售】** 制定下发了《全区今冬明春原木产品结构指导意见》和《全区新材最低限价》，调整优化了 3 大树种 34 个材种；确立了原木最低限价与降价审批相结合的价格策略；确立了“三三制”木材销售策略，结合销售形势，分段把握，防止畅销材种销售过快，销售形势转好后无货可卖，实现销售进度和质量同步进行。

把握好销售节奏，组织各林业局分成三个组进行市场调研和促销。各林业局根据考察反馈信息，及时上调了原木销售价格，幅度在 30～50 元/立方米。通过林管局适时的组织市场考察调研，及时的摸准市场脉搏促进了木材销售。与开滦、阜新、大同、铁法和淮南五家矿务局签订了 2.3 万立方米原木直销合同，直销价格比同期林业局执行价格高出 50～80 元/立方米。根据全区年度木材销售计划、各林业局资源和材种等情况，逐月检查推进，动态监控。

**【境外采伐】** 累计生产商品材 61.22 万立方米，完成年度生产计划的 102%，其中直接生产 35.12 万立方米，劳务生产 26.1 万立方米；加工板材 10.62 万立方米。

争取到国家对外投资专项资金 101.3 万元，解决了企业资金短缺的问题。推进圭亚那项目。圭亚那项目采伐、集材、运输设备已全面到位，派出生产、管理人员 104 人，采伐集材 10 万立方米。制定了《生产成本管控实施细则》《财务管理的几项规定》《木材销售管理办法》《2013 年下半年木材生产组织实施方案》，明确了前线、生产、销售、成本管理的方式方法。销售分公司注册手续基本办理完毕。

对俄生产工作人员已经出境生产。兴邦公司阿玛扎尔项目已组织 7 个工队 70 人的队伍出境进行生产。新林后贝加尔项目已获批劳务指标 400 个基本全部过境。制定出台了《境外采伐考核细则》。

【林产工业】 2013年，实现产值23.2亿元，实现增加值9.0亿元。

重点项目建设为重点。以推进企业整合改制为突破口，进一步强化企业规范管理水平，全区林产工业经济整体运行平稳，实现了预期的目标。推进塔河兴森能源项目，上网电价获得黑龙江省物价监督管理局的批复，上网电价为0.75元/千瓦时。松岭壮志炭气生物质项目50户居民已经具备供气取暖的条件。邀请国家发改委组织的中科院专家对大兴安岭炭气联产项目和炭电联产项目进行了可行性考察，塔河兴森能源项目获得国家投资837万元。接待了芬兰国家生物质能源合作考察团，围绕中芬绿色经济合作平台建设，对中芬生物质能源合作的可行性及合作的项目进行了深入的探讨。

按照《股份制改造工作方案》的要求，全区重点企业已经完成整合和改制的11户，其余正按照要求积极推进。实行了严格的质量管理，各加工企业加强了职工的操作技能培训，促进了产品质量稳步提高，在第一、四季度人造板及地板检测和第四季度家具产品质量监督检验中，共抽检15家企业10种32个批次产品，现场对产品的规格质量及外观质量进行了检测，抽取了39张(块)样品，所有检样品合格率均达到100%。定期开展了质量的检验抽检工作，塑造名优品牌，提高林木产品的知名度和信誉度。并为加工企业做了细木工板、中密度纤维板5个样品的委托检验。

神州北极木业有限公司荣获全国木屋木结构行业“双十佳”十强企业、中国诚信经营AAA级示范企业、中国林业产业诚信企业AAAAA、国际诚信企业、中国行业最具竞争力十大诚信品牌企业、中国质量放心品牌企业、中国木结构建筑行业十大质量品牌企业、黑龙江省名牌产品等荣誉称号。

【绿色产业】 2013年，百盛、超越等6家蓝莓生产企业，36个产品通过了其他有机认证公司的有机认证，67个产品通过了有机食品认证。绿色食品有效期认证企业4家，产品为10个。无公害产品以及地理标志产品分别在农业部、国家商标局、国家工商总局核准登记。其中2个农产品、4种商品获得地理标志证明商标。大兴安岭中国北极蓝莓；呼玛马铃薯、呼玛黑木耳农产品地理标志；大兴安岭黑木耳、大兴安岭蓝莓地理标志证明商标。无公害农产品企业4家，13个产品。

林地国家级绿色食品原料标准化生产基地建设，带动全区此项工作的有机开展。以大兴安岭林区特色产品批发市场和塔河新建市场为中心，加大辐射漠河旅游市场及周边自营小型商户等区域，建立政府引导、企业和个人为主体的市场销售模式，并积极向上争取资金，逐步完善林下产品交易、物流、配送、仓储、集散等功能。“大兴安岭特色产品商城”电子商务系统在推介产品的同时，将通过网络促销、使用、广告发布等宣传方式，提高商城的点击率和销售额。鼓励林下经济联合体、合作社积极开发外埠市场，并充分利用安徽亳州、河北安国等药材市场、东宁黑木耳批发市场等专业化市场，拓宽大兴安岭林下经济产品营销渠道。通过哈洽会、绿博会、农交会及森林生态产业成果博览会及年货大集等活动，为企业建立贸易往来及学习的销售交流平台。

提升大兴安岭绿色食品品牌知名度。依托会展提升品牌影响力。在积极组织企业参加哈洽会等省内外各种展会的同时，全力打造自办展会品牌。连续5年举办大兴安岭国际蓝莓节，使“大兴安岭野生蓝莓之乡”和“大兴安岭绿色食品”的品牌影响力得到全面提升。通过制定“大兴安岭”和“北奇神”商标品牌及“中国北极蓝莓”地理保护标志品牌管理办法，积极引导全区企业在蓝莓产品方面统一使用“中国北极蓝莓”标识；在食用菌产品方面统一使用“大兴安岭”和“北奇神”品牌；在北药等特色产品方面统一使用“北奇神”品牌。建立品牌管理档案，使品牌管理更加科学规范。加强品牌的监督管理，开展打假活动，维护品牌信誉。积极申请“大兴安岭”单项食品原产地品牌保护认证，尽快形成全区原产地保护系列产品，努力实现一类产品主打一个品牌的奋斗目标，推动原产地保护系列品牌向国内外知名品牌的转变。

分别开展了有机食品、绿色食品、无公害农产品农药残留、瘦肉精、禁用药物等专项整治，对涉及面广的重点产品加大检查力度。要求各县区局同步开展专项整治，并建立长效机制，突出产地环境、投入品使用、生产记录、证书标志使用等整治要点，找准薄弱环节和工作切入点，建立健全监测、分析、预警、防范、控制为主线的“三品”风险管理机制。

组织食药监局、农林科学院、畜牧局、营林局、水产局等部门组成绿色食品生产技术专家服务组巡回在各个林业局，举办绿色食品技术培训班。全年参加培训学员达到3500人次。

蓝莓产业完成产值7.6亿元，完成全年计划的96.2%，比2012年全年增长21%；完成人工蓝莓种植14185亩，完成全年计划的100.3%，同比增长172.8%；蓝莓种苗繁育890万株，完成全年计划的111.3%，同比增长72.4%；野生蓝莓集约化抚育经营1.5万公顷，完成全年计划的108.7%，同比增长40.1%。食用菌产业。完成产值9.26亿元，完成全年计划的104.87%，比2012年全年增长50%；规模达到30142.5万袋，完成全年计划的109.6%，同比增长50%；带动从业人员23656人，人均增收1.27万元，同比增长40%。组织筹备第五届蓝莓节，提升大兴安岭知名度。共签约19个产业投资项目，10个贸易项目，签约额达30.1亿元，同比增长150%。

重点推进的绿色食品产业项目共20项，其中，省重点推进产业项目3个，地区重点推进项目17个，计划投资总额67951万元。共计完成投资88285万元，完成计划的118.1%。

**【野生动物保护】** 开展“猎鹰”“兴安五号”等系列专项行动。按照国家林业局和行署、林管局要求，结合实际开展了打击乱捕乱猎野生动物资源的“猎鹰”“兴安五号”“秋冬季野生动物保护”等专项行动。在专项行动中，通过开展联合执法和重点地段巡护等有力措施，有效遏制了破坏野生动物资源违法犯罪行为。规范和健全完善林下资源监测、采集期预报、采集生产管理、采集量统计分析和经营权流转等一系列配套措施，促使承包经营工作更有利于维护职工利益和更加有效地服务林下经济发展。重点对紫椴、水曲柳和黄檗三个重要物种组织实施外业调查。

开展“爱鸟周”“世界湿地日”等宣传活动，广泛宣传野生动物保护、疫源疫病防控、湿地保护等相关科普知识。共出动人员485人，设立宣传咨询台15处、宣传牌(板)7个，发放宣传单28000多份，悬挂宣传条幅106幅、粘贴(发放)宣传画4680余张，播发手机短信4000余条。

完成大兴安岭中部全国第二次陆生野生动物调查工作。初步摸清了大兴安岭中部陆生野生动物资源种群分布、数量及栖息地状况，建立了大兴安岭中部地区野生动物资源数据库。

**【旅游业】** 2013年，确定重点旅游项目13个，已累计完成投资24.8亿元，2013年完成投资13.27亿元。

神州北极旅游休闲区已累计投资10.4亿元，建设了珍宝馆、张仲景养生院、北极“金街”等景点和供热、道路等基础工程；七星山湿地植物园已累计投资2.59亿元，建设了别墅及景区公路；华洋民俗园已累计投资1.06亿元，正在进行树屋和部分景点建设；金马度假区已累计投资0.87亿元，正在进行会馆主体工程建设；兴安已累计投资4.58亿元，建设了口岸联检大楼和石油罐区；漠河县龙文化主题公园已完成投资5280万元，建设了游客服务中心的基础工程和龙标识骨架；图强百环森林生态旅游度假区已完成全部投资2.12亿元，日月江山生态旅游景区完成投资559万元；阿木尔生态旅游度假山庄已完成投资1782万元，建设了冷水鱼和家禽养殖基地。南部旅游功能区映山红滑雪场、多布库尔漂流等景区对游客服务中心、景点服务大厅进行提档升级，对游览系统进行了完善。中西部旅游功能区景区建设呼中国家森林公园已累计投资1.14亿元，建设了白山、石林等景点；新林区山水林间生态旅游产业园已完成投资3170万元，建设了蓝莓种植基地、高档木屋。中东部旅游功能区景区建设塔河鄂族新村已累计投资5400万元，建设了民族博物馆基础工程和商服楼；韩家园黄金古镇已完成投资2860万元，建设了金家沟遗址和淘金主题公园。

启动了南部旅游功能区2013清凉避暑旅游季活动，推出了多布库尔湿地漂流、兴安旅游联盟成立、“激情夏日”旅游狂欢等11项系列活动。举办了全国自由式滑雪雪上技巧“冠军赛”暨加格达奇国际冬泳邀请赛，进一步打造了“中国初冬晚春滑雪胜地”和“北极熊冬泳基地”品牌。举行了2013

首届中国华夏东极·抚远——神州北极·漠河冰雪汽车挑战赛。映山红滑雪场被国家体育总局命名为“自由式滑雪空中技巧国家队训练基地和雪上技巧国家队训练基地”。

**【畜牧业】** 建设图强蓝狐养殖基地、十八站“65”综合养殖场等林下养殖示范基地25个，培育图强蓝狐养殖能手王华、十八站林羊养殖大户刘传民等各类养殖典型57个，带动1万多名林区职工群众从事发展林下养殖业，人均年收入增加1.5万元，真正发挥了基地和典型的带动和示范作用。支持本地林下养殖业发展，对于购买良种的给予补贴，外购种公、母狐(原种)，每只分别补贴250元、65元；对于养殖大户一次性奖励0.5万~1万元；另外，林业部门每年还安排一定数额的低价木材用于养殖户建设畜舍和围栏等。林下养殖业资金投入多，推动作用增强。共投入养殖业资金达11658万元，其中，政府投入1866万元，贴息贷款2818万元，职工群众自筹6974万元。宣传发展林下科学养殖知识和靠养殖业发家致富的典型，播发有关林下养殖业的稿件30多次，发放宣传单和技术资料达3000多份。

共引进畜牧养殖及深加工项目4个，计划总投资4.28亿元，实际完成投资1.12亿元。其中：大兴安岭绿森牧业有限公司在呼玛县建设的生态猪养殖及加工项目计划投资1.48亿元，实际完成投资480万元；大兴安岭兴安鹿业有限公司在新林区建设的鹿保健品及绿色食品加工项目计划投资1亿元，实际完成投资2300万元；大兴安岭绿健现代农业科技有限公司在加林局建设的森林猪养殖及深加工项目计划投资0.6亿元，实际完成投资1328万元；大兴安岭天龙特色养殖有限公司在加林局建设的特色养殖及深加工项目计划投资1.2亿元，实际完成投资7130万元。

**【科　技】** 大兴安岭林业集团公司加入中国林业装备产业技术创新战略联盟，成为省林下经济资源研发与利用协同创新中心成员单位，获得优先承担联盟技术创新成果转化与产业化项目、优惠享有创新成果及相关权益。申报国家和省科技项目21项，争取到位资金327.73万元。共投入科技经费937.73万元(其中地本级科技投入610万元)，开发新产品14种，申请国家专利261件，26项科技成果获得科技进步奖。由大兴安岭林格贝有机食品公司承担的“林下植物荨麻活性成分高效提取分离技术引进”项目被国家林业局科技司列入引进国际先进林业科学技术项目扶持范围，争取到国家林业局科技资金50万元。高新技术产值实现8.3亿元，工业增加值3.02亿元。

申报国家和省科技项目21项，争取到位资金327.73万元。省高新技术产业化项目“蓝莓花青素产业化”和国家科技富民强县专项行动计划“马铃薯标准化生产及产业化示范与推广”签订合同，项目经费380万元。大兴安岭林格贝有机食品公司承担的国家科技支撑计划“林下植物有效成分高效分离技术研究与产业化开发研究”课题开展紫檀芪、弗斯可林含量测定和纯化试验，掌握“组合溶剂低温萃取”技术，提高蓝莓花青素、金莲花和刺玫果花等提取纯度，最高分别达30.1%、42.4%和13.8%，狭叶荨麻、大花紫薇、桦树桑黄、岩藻黄质等6种产品被授予国家发明专利并享有国际定价权。组织开展省科技攻关重点项目“大兴安岭生态沟系可持续经营研究与示范”、省高新技术产业化项目“鹿茸咀嚼片研发与产业化”和国家林业公益性行业科研专项项目“寒温带湿地景观格局与湿地保护恢复模式研究”等9个项目，分别通过国家和省组织的现场检测、中期评估和专家验收。

由大兴安岭林格贝有机食品公司承担的“林下植物荨麻活性成分高效提取分离技术引进”项目被国家林业局科技司列入引进国际先进林业科学技术项目扶持范围，争取到国家林业局科技资金50万元。编制《大兴安岭地区生物产业推进工作指南》。为生物产业项目办理立项、环评、土地审批等手续。推进的8个生物产业项目(其中省重点推进项目2项)全部实现开复工，固定资产投资完成2.9615亿元，生物产业实现总产值2.3亿元，税金0.21亿元，利润0.18亿元。

加入中国林业装备产业技术创新战略联盟，成为黑龙江省林下经济资源研发与利用协同创新中心重要支持单位，可优先承担联盟及协同创新中心科技成果转化与产业化项目。马铃薯省级工程技术中心建设通过茎尖脱毒、病毒检测和组织培养等技术，全年生产出脱毒试管苗100万株，免费提供给大兴安岭地区兴佳种业有限公司和五岔沟农民合作社，在专家指导下进行网棚起垄栽培生产，共生产出原种14万千克。对筛选出的优良品种早大白、费乌瑞它、尤金、兴佳2号、中薯5号和克新13号等品种进行脱毒扩繁，生产出的脱毒种薯在全国18个省市进行推广，全年推广面积20万亩。大兴安岭科技创新创业共享服务平台正式运行，加盟仪器设备27台套，科技专家9名，与省创新平台实现科技资源互联互通。推介呼玛县和漠河县为省科技创新创业共享服务平台县(区)服务推送站，与农林科学院"黑龙江省马铃薯种薯工程技术研究中心"签订加盟省创新平台协议。以大兴安岭金欣矿业有限公司为依托的省级钼新材料研究中心得到省科技厅正式批复。

制定《科技成果招商活动工作方案》，到20家企业征集技术需求10个，指导帮助企业凝炼、细化技术需求，依据大兴安岭优势资源和区位、政策优势，汇总编制适合大兴安岭科技成果转化的专利技术、科研成果招商引资计划书，建立科技成果招商项目储备库。以第四届大兴安岭国际蓝莓节暨山特产品交易会为平台，和省知识产权局举办专利成果项目展，精选北方黑木耳冻菌生产技术、手推式矮丛蓝莓采摘机等18个专利项目参展，发放《专利金桥服务项目推介手册》及知识产权宣传单100余套。组织召开专利项目推介会。东北林大、省微生物研究所2名专家分别介绍火菇素重组蛋白产品、药用桦褐孔菌人工种植、沙棘栽培、高值化纳豆及蓝莓深加工5个重点专利项目，并展示纳豆、蓝莓粉等最新产品。以第24届哈洽会为平台，组织全区21家科技型企业参加哈洽会高新技术成果展。

大兴安岭绿源蜂业公司、富林山珍科技开发有限公司、北极冰酒业公司、百盛蓝莓等企业分别与哈尔滨商业大学、黑龙江省中医药大学、黑龙江省农科院园艺分院签约，开展蓝莓和红豆精深加工，签约金额38万元。高新技术产值实现8.3亿元，工业增加值3.02亿元，同比分别增长29%和28.5%。对11家企业专利技术给予奖励补贴，奖励资金12.73万元，3家企业被认定为省专利优势企业。对2011年和2013年的科技成果鉴定进行评审，评出获奖项目26项，其中，特等奖1项，一等奖4项，二等奖21项。制定《科技特派员科技服务及创业行动工作实施方案》，组织选派蓝莓、食用菌、北药、马铃薯领域21名科技特派员入驻县区开展科技特派员试点工作，实施科技计划项目8个，引进推广新技术9项，引进推广优良品种7个，建立科技示范基地21个，举办培训班50次，培训人员2500余人次，发放科技资料2万份，受益林农8000人。食用菌科技特派员在塔河林业局和新林林业局建立食用菌优良菌种推广应用示范基地，推广2级菌种3万袋，应用到300万袋的栽培生产中。

**【十个林业局】**

**西林吉林业局** 林业局企业增加值实现8.57亿元，同比增长6.5%；完成上缴款3996万元，同比增长0.9%，实现利润166万元。

开展"兴安五号"专项行动，加大砂金禁采力度，查处砂金盗采案件4起，收缴和摧毁采金设备11台。扎实推进营造林工程，建成标准化作业点34个，完成中幼林抚育27万亩、补植补造4万亩，林分结构和质量进一步优化。完成义务植树3.8万株。省级生态县创建顺利完成，所有镇村场成功晋升为省级生态镇(村、林场)。北极村被评为"中国最美森林旅游景区"，全年共接待游客162.8万人次，实现旅游收入14.9亿元，同比分别增长25.3%和25.5%。林产工业规范壮大，严控成本，提高质量，实现产值4.2亿元。绿色矿业稳步推进，砂宝斯生产金精粉1.1万吨，绿色矿业实现产值5.5亿元。林下经济再创新高，围绕"五大基地"，完成野生蓝莓抚育20.3万亩，人工种植1900亩，驯化野生蓝莓13万株，食用菌种植416万袋，经济动物存栏8万余头(只)，苗木栽培623.5万株，林下经济实现产值4.8亿元，同比增长3.4倍。古莲林场率先建成黑木耳食用菌厂。

**图强林业局** 中幼林抚育已审批拨交12.38万亩；补植补造2万亩，完成年计划的100%；育苗面积完成92亩，培育绿化大苗18万株。城镇绿化成效显著，完成全民义务植树24000株，润养草坪2万平方米。全局森林覆盖率持续保持在92%以上。

林下五大产业实现总产值20011.6万元。食用菌养殖计划500万袋，实际完成食用菌养殖670万袋(木耳470万袋、灵芝200万袋)，完成计划的134%，并完成菌种生产12962支。采集蓝莓920吨，实现人均增收5600元。苗木产业发挥3个私营苗圃和1个苗木示范基地的引领示范作用，吸引更多的职工投入其中。现育苗专业户达到20户，种植总面积400亩，实际完成育苗1039.4万株，完成计划100%。通过林药兼作完成种植5000亩，水飞蓟、黄芪、五味子、沙参等北药种植已经取得成功，人工采集黄芪、鹿含草等北药43吨，人均增收3000余元。建成珍贵毛皮动物养殖基地3个，狐、貂、貉等珍贵毛皮动物存栏15万只，在今冬皮张销售后可完成12000万元的产值。110户生猪养殖户共饲养9900多头生猪，使图强成为全区最大的生猪储备基地；2户野猪养殖户申请了“北极味道”商标；利用天然地势建设的5个冷水鱼养殖基地，年产鲤鱼、白鱼、鲫鱼等36吨。投资600多万元，在龙江第一湾新建了盘山木栈道、停车场、管护房、卫生间、景区公路等基础设施。九曲十八弯、龙江第一湾、北极泉等景点日均接待游客达上千人，年旅游收入有望突破亿元。

项目总投资4900万元，已完成投资4500万元。大岭木业木制品生产加工项目2013年计划投资1500万元，现已完成1500万元，更新及改造了指接材设备、细木工板设备，新增锯材、压板车间、雪糕棒三项生产线。漠河百环森林生态旅游度假区项目建设进展顺利，2013年计划投资800万元，已完成800万元。景观绿化、亮化等收尾工程已经完工，已开业正式运营。图强林业局菌包加工及食用菌养殖基地建设项目2013年计划投资2600万元，主要建设内容为新建食用菌生产加工车间、菌包室、锅炉房及相关设施设备，购置大棚建设材料。目前已完成投资2200万元，占年计划的85%。

**阿木尔林业局** 国内生产总值全年完成38158万元，完成计划的103.1%，增长速度达9.9%；林业企业总产值实现50249万元，完成计划的100.4%，同比增长38.1%；产品销售收入5979万元，实现利润2179万元，完成计划的164.45%；上缴款完成3681万元，完成计划的100%；完成清欠指标233万元，完成计划的109%；城镇固定资产投资完成10640万元，完成计划的142.1%；外贸进出口额实现396万美元；职工人均月工资达到2234元，同比提高6.2%。

开展了打击破坏森林资源“猎鹰”“天网”“兴安五号”等专项行动，投入64万元加强了管护站基础设施建设，重新划分了管护区域，顺利通过了地区二期天保绩效考核。加大了岭峰国家级自然保护区申报工作力度，修订、完善了《岭峰自然保护区总体规划》和《科学考察报告》，并通过了省环保厅初审。营林抚育工作完成补植补造2万亩，中幼龄林抚育22.37万亩，林业有害生物防治4.3万亩，获得全区林业有害生物专项调查第二名的好成绩。城镇绿化工作完成义务植树2.1万株，新增绿地面积1.7万平方米。积极探索林下经济承包流转新途径，对730人27244公顷的承包区进行了流转，林下资源得到有效利用。探索和创新森林防火工作机制，提高了森林火灾综合防控扑救能力，妥善处置了3起雷击火，取得了连续26年无重特大森林火灾的好成绩。

全年共接待旅游团22个，生产蓝莓酒55.8吨，销售42.2吨，实现收入4216万元，利税2219万元。北源绿色产业公司已成为阿木尔林业局山产品收购和精深加工基地，销售局面逐渐打开，与南方航空公司签订了果品长期供货合同，仅此一项年产值可达180万元。龙腾旅游度假山庄完成了主体工程和内部装修，冷水鱼、家禽养殖基地已初具规模，餐饮服务设施初步完善，现已进行试营业。蓝莓小镇生态旅游稳步推进，建立起北极冰酒庄、蓝莓园和野生蓝莓采集区生态旅游观光线路，全年有近万人到我局旅游参观，小镇生态游框架初步形成。招商引资成效显著，累计签约3.2亿元，引进珠海正远光电节能灯具生产、长山岩金矿开发和龙腾旅游度假山庄(二期)3个项目，这些项目建成投产后，必将成为拉动我局经济快速前行的强大引擎。

制定了北极冰酒庄、阿木尔板业、吉盛木业改制的目标计划和时间表，对阿木尔板业实行了租赁经营。

**塔河林业局** 突出生态建设主体地位，实施“管、育、用”一体化发展，在每个林场组建营林生产专业队3支，高质量完成中幼林抚育1.4万公顷、补植补造2万亩。严格“三总量”管理，采伐、运输、销售均在总量控制之内。严厉打击滥砍盗伐、非法侵占林地等行为，查处林政案件11起。强化环境保护，沿江经营所、二十二站林场通过省级生态林场验收，盘古河自然保护区晋升省级、固奇谷湿地公园晋升国家级也已通过初审。

制定了五大产业发展规划，组建协会3个、专业合作社26个，完成了“大兴安岭蓝莓、黑木耳”地理标志商标认证。规划建设林下经济综合科技示范园区54公顷，建设大棚40栋，挂袋养殖黑木耳150万袋，完成林下经济研究所主体工程及园区“五区”规划。在食用菌产业上，引进富林公司建成年产1400万袋标准化生产车间，推广棚室立体式栽培技术，带动建立菌包厂50个、大棚113栋，养殖黑木耳4090万袋，产干耳120余万千克。在蓝莓产业上，建设野生蓝莓保护基地1573公顷，繁育苗木260万株，人工种植1750亩。在北药产业上，制定野生五味子保护与发展方案，规划建设野生五味子保护基地162.8公顷。召开现场会促进保护与人工种植，建设北药种植基地1.5万亩。在特色养殖上，实施“一乡一业、一场一品”战略，229名职工利用管护站、承包地块从事“生态型、笨字头、特色类”养殖，各乡镇场所形成百花齐放的养殖格局。在苗木产业上，注重将营林与绿化相结合，繁育造林苗797.8万株、绿化苗648.7万株、经济林苗362万株。

重点推进产业项目7个，计划投资18242万元。其中，省重点推进的黑木耳种植和加工基地建设项目，地区重点推进的综合物流园区、兴森生物质能源发电、蓝莓繁育种植保护和加工、鄂伦春民族新村、温州商贸城大兴安岭森林食品交易中心、工业园区产业服务平台等项目全部完成年度投资计划。招商引资开工6个项目，新签约项目7个，到位资金14.5亿元。同时对俄罗斯、圭亚那境外采伐分别完成3.17万立方米、2.28万立方米。

**韩家园林业局** 五大产业做到一场一品，一沟一策。林菌产业投入860万元专项建设资金，用于基地建设、以奖代补，建成食用菌产业化基地1处、规模以上三级菌包厂13个、摆放基地33处。启动食用菌产业化基地建设项目，一期工程计划投资2410万元，完成投资2651万元，建成标准化黑木耳种植基地13个、三级菌包厂3个、标准钢结构吊袋大棚20栋、41公顷食用菌科技示范园区1座，延伸了食用菌产业链条、扩大了食用菌产业规模。加强技术指导，先后2次聘请专家来我局进行黑木耳养殖技术专题培训，受训人次达800余人次，提高了干部职工养殖技能。加大政策扶持，由林业局担保，为147名职工提供了500万元的小额贷款，带动了职工养殖积极性，全局养殖黑木耳数量突破1500万袋，实现产值4392万。投入136万元用于助推蓝莓产业发展，在外河家庭管护林场，建立起千亩野生蓝莓科学实验园区和百亩人工蓝莓育苗园区，着力打造万亩野生蓝莓园，在外河家庭林场引进喷灌项目，对野生蓝莓进行集约化管理，新增野生蓝莓11250亩，建立双膜大棚8栋，扦插蓝莓种苗木50余万株。同时，我局利用丰富的榛子林资源优势，在新街基林场建立起3万亩野生榛子园，实现了野生榛子集约化经营，2013年又与辽宁省开原市龙潭榛子专业合作社签订5000万元榛子种植加工项目，为发展壮大榛子产业奠定了基础。通过人工扩繁，采取条块式、见缝插药的方式，人工扩繁野生药材，不断扩大林药种植规模，加快基地建设。建成五味子、黄芪、苍术等种植基地8处，面积超千亩北药基地达5处，新增北药15000亩，实现产值1800万元。建成特种野猪养殖、蜜蜂养殖、山羊养殖、马养殖、家禽养殖、泥鳅养殖、冷水鱼等养殖加工基地几十处，通过基地规模化发展，有效带动了广大干部职工从事林下畜牧养殖业。

**食用菌产业化基地建设项目** 2013年一期工程计划投资2410万元，完成投资2651万元，建成标准化黑木耳种植基地13个、三级菌包厂3个、标准钢结构吊袋大棚20栋、41公顷食用菌科技示范园区1座，实现了黑木耳产业工厂化、标准化、规模化。前全国政协主席贾庆林同志视察时，给予肯定，获得省委、省政府奖励资金600万元。兆泰木业生物质原料综合利用建设项目2013年二期工程计划投资1亿元，累计完成投资1亿元，新建厂房10000平方米，购置生物质加工设备42台(套)，相关附属工程建设已完成。

**十八站林业局** 林企总产值累计完成8.22亿元，同比增长22%；林企增加值实现4.16亿元，完成年计划的102.8%，同比增长25%；规模以上企业实现产值9286万元，完成计划的113%，同比增长17%。增加值累计实现2849万元，利税总额实现846万元，完成计划的135%，同比增长35%；2013年完成上缴款3964万元，企业利润实现302.4万元。

招商引资签约总额4.8亿元，4个重点签约项目全部实现落地，招商引资到位资金4.12亿元，完成年度计划的181.8%，超额完成任务。

重点推进食用菌、蓝莓、北药为主的林下经济发展。设立了200万元专项发展基金，按产业类别，分条块由5名处级干部任组长抓推进，有1629户职工家庭参与到林下经济发展中，占总数的86.5%。507名职工申领小额贷款800万元，670名职工组建专业合作社21个，建立林下经济标准化基地39个，设立了发展林下经济领导干部样板田40个，13个种养殖大户发挥了很好的示范作用，林下经济实现产值1.61亿元，仅林下经济产业为职工人均年增加非工资性收入达6000余元。

**呼中林业局** 实现林业生产总值92436万元，完成年计划103.1%，同比增长17.7%；上缴款完成5835万元；林产工业产值实现21689万元，完成年计划的114%，同比增长14.3%；职工年平均工资24504元，同比增长5%；木材销售收入9809万元，经济材售价居全局第二。圆满完成地委、行署、林管局下达的各项任务指标。同时，偿还历史陈欠款9000余万元。

查处破坏林地案件16起、林政案件1起，共收缴罚款34.5万元。清理火烧迹地2661公顷，出材13.7万立方米。完成中幼龄林抚育17.76万亩、补植补造2万亩、义务植树9.2万株。5镇(场)1公司全部晋升为省级生态乡镇场。

投资145万元，对石林景区基础设施进行了完善。在加区、漠河机场路和呼阿公路设立旅游宣传牌3个。争取20万旅游发展金，与7家知名旅行社建立了合作关系，全年接待大型旅游团50余个。建立林下经济五大产业基地23个，落实经营面积61万公顷。发放小额贴息贷款800万元。成立林下经济协会1个、合作社10个，参与人员达4110人。举办林下经济种养殖技术培训班3期，培训人员600余人次。种植黑木耳5500万袋，产量达2959吨。建设忍冬标准化基地400亩，种植忍冬12万株。桔梗、黄芪等北药种植面积扩大到685亩，兴安杜鹃、草苁蓉集约化面积达8600亩。森林鸡、牛、羊和冷水鱼养殖规模不断壮大。培育各类苗木近1000万株。成功注册了“呼中”牌麦饭石黑木耳，森林大益公司的“奥拉岭”“汇玛河”牌黑木耳通过了QS产品认证。帮助兴民山野产品加工厂和3家苗圃申请了淘宝电子商务平台，实现了林下经济产品网络销售，林下经济实现产值3.45亿元。

**新林林业局** 生产作业设计质量、施工质量和面积合格率、生产和管理人员培训率、伐区清理合格率均达到100%，作业点规范化达到80%。

完成投资1.9亿元，完成计划的103%。其中，大兴安岭兴安鹿业有限公司鹿保健品及绿色食品加工建设项目总投资1亿元，2013年完成投资3500万元。新林区开元物流园区建设项目总投资1亿元，现已完成9990万元，其中2013年完成投资6124万元，预计年底前部分投入使用。盛兴人造板厂生产高密度板46160立方米，实现产值11702万元；永恒木业生产木屋6667平方米，墙体4487立方米，实现产值7250万元；依莓公司生产产品121吨，实现产值6717万元，同比增长84.2%。

招商签约项目8个，签约额7.2亿元，储备项目136个，总投资111万元。在谈项目17个，其中，大兴安岭福田木业公司投资生产地板集材、山东东营聚源油料加工有限公司投资新林区食用油生产加工等6个项目有望在本区落户。

建成黑木耳和蓝莓种植示范区基地，建立食用菌养殖基地23个3300亩、人工蓝莓种植基地9个6345亩。其中利用拆迁空地31亩建成基地3个、大棚56栋，林下经济基地规模和标准化水平显著提高，建成处级领导干部示范点30个、科级班子示范点18个，职工示范户187个、专业合作社19个。为职工办理林下经济小额贷款800万元。2013年全区养殖食用菌8200万袋，实现产值2.34亿元；野生蓝莓集约化经营5300公顷，种植北药5000亩。突出“一镇一品一特色”。塔源林场吊袋木耳基地建成大棚10栋40万袋，实现产值120万元。宏图林场食用菌养殖基地建成滑子菇大棚19

栋70万袋，实现产值100余万元，人均增收2万元。碧洲林场建设食用菌基地37公顷，养殖黑木耳556万袋，人均增收6000元。人工蓝莓基地有420亩进入产果期，产果1.25万千克。富林水飞蓟、林海棚室蔬菜种植、大乌苏蓝靛果忍冬、翠岗人工蓝莓种植、碧洲西伯利亚红松景观区等项目的综合效应进一步释放。合利源公司建成人工蓝莓基地4000亩，投资300万元打造农业标准化种植园区，推广蓝莓基地机械化生产和复合种植，带动了产业链条向下游延伸。宏图林场绿色食品种植基地及深加工项目、依莓、君澳等项目和企业带动作用进一步提升。与东北林业大学林学院合作的北药开发穴状种植获得成功，秋季收获水飞蓟39吨。与地区农林科学院就林下经济5大产业、21个重点基地进行了科技对接。

**松岭林业局**　完成了国家森林经营样板基地建设850公顷、中幼林抚育25.06万亩、补植补造2万亩。砍都河国家湿地公园规划得到国家林业局批复。引进亿元项目4个(含异地项目1个)、千万元项目5个，到位资金10.9亿元，完成年计划8.9亿元的122%，2个省级重点续建项目和9个新开工项目全部完成年度任务。为种养殖户提供无息贷款1318万元，自筹资金980万元，完成了年产600万袋菌包生产车间和55栋养菌大棚。种植蓝莓和抚育野生蓝莓各1000亩，养殖食用菌1200万袋，种植万寿菊、黄芪、桔梗等5000亩，养殖森林猪2000余头。非公经济完成增加值5.3亿元，实现税收1667万元，按可比口径同比分别增长12%和10%。

**加格达奇林业局**　翠峰林场、跃进林场为省级生态林场。查处林政案件21起，处理违法行为人21人，收回林地约37.2亩。与行署资源局联合查处13起，处理违法行为人13人，收回林地120亩。

完成2013年中幼龄林抚育任务15万亩(计划为31万亩)。完成2013年4万亩补植补造任务。栽植落叶松6000株，樟子松容器苗15000株，共计义务植树2.1万株。对2011年1552.5亩碳汇造林、2011年2.4万亩和2012年4万亩补植补造、2010年40.25万株城镇周边大苗和爱民工区、东山坞、党校西山、五一村等地19.8万株绿化大苗进行补植。完成加漠公路0~9公路绿化任务。栽植樟子松、蒙古栎、稠李、糖槭、柳树以及红瑞木、紫丁香、桃红、榆叶梅等花灌木各类苗木3.5万余株(丛)。造林绿化当年成活率和三年保存率顺利通过地区营林局验收达标。对新建办公楼进行绿化，栽植樟子松、云杉、稠李、蒙古栎、水曲柳等871株，茶条槭、榆叶梅、小叶丁香等花灌木465丛，小叶丁香篱、偃伏莱木1200平方米，种草8600平方米，新增绿地面积9200平方米。在全局范围内开展秋冬季义务植树活动，对春城路、光辉西路等主要街道进行绿化。培育新播和换床苗1174万株。新建北药苗木和林果苗木基地2个，育苗178亩，产苗625万株。完成绿篱苗木生产计划，培育红瑞木、连翘、小丁香、忍冬、榆树等11个品种苗木，产苗328万株。2013年生产各类苗木共计2300余万株，圆满完成年度育苗生产计划，10月中旬顺利通过地区业务部门的检查验收。完成了150公顷母树林培育、100公顷种子园抚育任务，自检达到验收标准。

招商引资北药种植与加工产业化、黑猪养殖及精深加工、黄板鳅养殖、销售、飞龙公司直升机和固定翼飞机航校及低空旅游等共计11个地本基项目，阻燃材料加工建设和锂镁钛合金合成等异地项目2个。13个项目合同金额共计19.77亿元，2013年计划投资1.7亿元，已到位资金1.66亿元，完成计划的98%。

在确定的10种林下经济发展模式上，重点建设10万亩榛子、5万亩沙棘、10万亩北药、10万头野生动物养殖和10万亩蓝莓集约化经营基地，万亩人工蓝莓种植。在跃进林场建成日产3万袋的菌包厂，建立食用菌养殖示范基地3个，养殖食用菌300万袋。种植沙棘、花楸1万亩，种植蓝靛果忍冬、蓝莓2000亩，培育榛子林2万亩，繁育蓝莓苗木200万株。新播樟子松、云杉、落叶松998万株，黄槐、丁香、桃红、榆树等9个品种花灌木260万株，榛子90万株，沙棘100万株，樱桃、沙果、李子、杏等果树1万株。种植金莲花、苍术、赤芍、人参、五味子、黄芪等2.4万亩，野生药材集约化经营1.04万亩。2013年采集山野菜500吨，养殖柞蚕150把剪，蜜蜂9600箱，冷水鱼、河蟹、林蛙700万尾(只)，森林鸡、森林猪、牛、羊及野猪、鹿、狍子驯养30560头(只)。

(康文学)

# 新疆生产建设兵团林业产业

【概　况】

**发展成就**　经济林产业发展步伐进一步加快。兵团2013年计划造经济林面积10万亩，实际完成12.5万亩，为兵团计划的124.84%，其中红枣39070亩、葡萄41415亩、苹果15036亩、香梨6285亩、核桃10993亩、树上干杏2884.6亩，其他9164亩。到2013年年底兵团经济林保存面积达到318.17万亩，实现果品产量220万吨、产值294亿元，占到兵团农业总产值的32.4%，经济林已成为兵团重要的经济支柱产业之一。2013年兵团四大果品基地进一步扩大：以南疆第一、二、三、十四师和东疆第十三师为主的红枣生产基地，面积和产量分别达到163.5万亩和88万吨，居兵团四大果品规模之首；以北疆天山北坡第四、五、六、七、八师和东疆第十三师为主的葡萄生产基地，面积和产量分别达到72万亩和54万吨，位居兵团四大果品第二；以南疆第二师、第一师、第三师为主的库尔勒香梨生产基地，面积27万亩，产量33.5万吨；以南疆第一师五、六团，第二师二二三团、第三师四十五团和北疆第四师六十一、六十六、七十八团等为主的苹果生产基地，面积23.5万亩，产量32.6万吨。

2013年兵团果品产量达到220万吨，比2012年增长27.16 %，其中红枣总产量由2012年的56.4万吨提高到88万吨，增长73.5%；葡萄、苹果总产量比2012年分别增加了11万吨和6万吨，分别增长25.6%和22%；香梨总产量与2012年基本持平。

标准园建设深入开展。国家级园艺作物标准园创建工作继续推进。国家2013年安排兵团园艺作物标准园创建任务6个。经自下而上程序筛选上报确定创建国家级园艺作物标准园6个，其中设施蔬菜标准园4个，分别为第二师二十二团、第三师四十一团、第十师一八三团和第十三师火箭农场；水果标准园2个，分别为第四师七十八团和第五师八十三团。到2013年底兵团创建国家级园艺作物标准园总数达到21个，其中设施蔬菜12个，面积2400亩；水果9个，面积9000亩。兵团果树标准园建设继续扩大。兵团2014年安排果树标准园建设任务5万亩。建设内容突出为兵团果树园艺业十大主体技术和栽培新技术的示范推广。兵团果树标准园建设的扩大为2013年增产增效发挥了一定作用

果品加工大幅度增加。红枣的筛选分级包装加工比2012年有大幅度增加。2013年，兵团下达各师农产品加工任务均已分解下到各团场和有关农产品加工企业。团场和有关农产品加工企业都在积极想方设法保证任务完成。据统计：2013年红枣加工完成鲜枣45万吨、干枣18万吨，占兵团当年鲜食红枣总产量88万吨的51%，比2012年增长50%以上。葡萄酿酒加工有所增加。2013年酿酒葡萄产量达到16.2万吨，比2012年增长33.3%，其中有15万吨用于葡萄酒加工，占酿酒葡萄总产量的94%，这对全面完成2013年果品采后加工和农产品加工值将起到重要作用。

职工多元增收经济林成为主要途径。经济林的不断扩大为团场职工多元增收开辟了新的渠道。2013年亩利润2000元以上的经济林面积达到382万亩，占兵团高效作物种植面积的31.8%；亩利润5000元以上的经济林面积达到151.78万亩，占兵团高效作物种植面积12.6%；亩利润10000元以上的经济林面积为23万亩，使2.5万职工年收入达到3万元以上，经济林已成为团场职工多元增收的重要途径。

**主要做法**　①强化产业技术体系支撑。兵团组建成立了经济林产业技术体系，如苹果、葡萄、红枣等，特聘请国家首席专家或岗位专家为兵团果树各类首席专家和高级顾问，以农垦科学院林园所有关专家、中层技术人员为骨干，为兵团果树产业发展提供了科技支撑。

广泛开展培训工作，不断提高人员素质。2013年举办新科学新技术应用推广培训班四期。分别为红枣省力、安全、高效试验示范，“三优”苹果栽培管理新技术推广试验示范和葡萄“厂”字型栽培新技术推广试验示范春、秋季修剪培训班。这四期培训班有六个特点。第一，技术先进，特别是“三优”苹果(优良的品种-红富士，优良的矮化中间砧-SH系列，优化的栽培技术-大苗壮苗造林、节水灌溉、支架栽培技术、地布覆盖技术、生草养殖技术等)和葡萄“厂”字形栽培新技术属于世界先进、国内一流水平；第二，简便、易学、易看、易推广；第三，内容务实；第四，授训人数较多，分别为150人、60人、200人和250人；第五，参加培训人员层次多样，既有师分管领导，也有团场领导，又有团场技术人员和专业承包户；第六，成效显著。

组织专家巡回指导。对上述四个培训班技术落实工作，由农垦科学院林园所派出3个技术指导组分别进行现场指导，帮助落实技术要点，效果较好。

②十大主体技术落实到位。2013年经济林十大主体技术贯彻落实较好。以增施有机肥为主的施肥技术力度加大。2013年各师有机肥的施入量比往年多，其中第一师2013年投入有机肥58.1万吨，比2012年增长50%以上，居各师之首；第三师、第十四师有机肥和滴管施肥增施量也比2012年多施30%以上；第二师增施有机肥在20%以上，其他师均为10%左右。红枣以密度改造枣头型树形为主的整形修剪技术进一步扩大。以赤霉素为主的化学调剂技术全面实施，红枣座果率大幅度提高。病虫害综合防治技术全面得到落实，病虫害防控效果十分明显。特别是红枣春季病虫害防控工作做得比较全面扎实，机械化喷施石硫合剂1~2遍，效果较好，未发生枣瘿蚊等灾害性病虫害。以苹果、梨等花期授粉为主的花果管理工作积极主动。采取蜜蜂授粉为主、人工授粉为辅的方式进行，授粉效果很好，座果率普遍好于2012年。经济林十大主体技术的全面贯彻落实为2013年夺取丰收功不可没。

③扶持政策好。投资力度进一步加大。各师2013年均加大了产业投资力度，程度不同地拿出一定资金用于经济林的发展，如二师、六师安排经济林发展专项资金1000万元、一师安排标准园建设资金1500万元、四师安排经济林发展专项资金达到数千万元，各师发展资金的投入有效地推动了经济林的可持续健康发展。同时，各地均出台了一些扶持经济林发展的好政策。第一师、第二师和第七师出台了贴息贷款优惠政策扶持团场加快经济林发展；第三师、第十三师从果品加工销售利润分别拿出一定的利润返还给团场和果树种植专业户，工业反哺林业，将企业的利益与团场以及种植户的利益紧密联系起来，实现利益共享，风险共担的良好机制；经济林机械大多纳入国家农机具补贴范围，且支持比例较大，这些举措都为兵团经济林发展注入了动力。

④加强检查指导工作。兵团林业局经济林处与林业工作管理总站组成经济林工作监督检查组，定期对经济林阶段性工作进行跟踪检查，将检查结果作为兵团经济林项目支持的重要依据；各师均将经济林年度工作目标纳入各团争先进位和绩效考核目标之中，按季度阶段性工作完成情况，进行检查考核，并实行奖罚，收到很好的效果。

⑤经营运行模式富有活力。如十三师哈密瓜乡果业“公司+团场+职工”、三师叶河源果业“公司+各团红枣协会+职工”，五师北疆红提“公司+团场+职工”，二师亿源“公司+农户”，十二师九鼎农产品经营“公司+团分公司+农户”等，这些良好的经营模式为兵团果树园艺业健康发展创建了良好的机制。

⑥建立经济林保险机制。第三师2013年开展了果园保险机制试点工作，4万亩枣园参加保险，保险费先由团场垫付，年底职工归还，每亩保险费四十八团为76元，保险果园2.1万亩；四十四团和四十六团为90元，保险果园各为1万亩。保险果园理赔为每亩1000元。保险灾害为大风、冰雹等人为不可抗拒的自然灾害。2013年大风、冰雹等自然灾害的侵袭，因果树保险机制的建立使这些团场果农收益。果园实施保险机制，有力增强了果农抗御自然灾害的能力。

**【举办经济林培训班】**

**红枣栽培管理新模式试验示范培训班** 于

2013年3月5日在第三师四十八团举办，特邀请河北农业大学、国家枣产业工作组组长刘孟军教授授课，参加人员：第一、二、三、十三、十四师林业部分管领导、业务人员，师林业站领导和业务人员，相关团场分管领导、林业站和职工承包户，计150人。培训效果：开阔眼界，提高认识，丰富了知识，提升了理念；有效指导红枣省力安全高效栽培管理新模式试验示范工作开展，经一年努力达到预期效果。

**“三优”苹果种植培训班** 于2013年3月28日在一师五团举办，特邀请河北农业大学、国家苹果产业技术体系岗位专家孙建设教授授课，参加人员：第一师、第三师、第四师林业局分管领导、业务人员，师林业站领导、业务人员，相关团场分管领导、林业站、种植职工等，计60人。培训效果：开阔眼界、提高认识；丰富了知识，提升了理念；有效指导“三优”苹果技术推广试验示范工作开展，经一年努力，成活率达85%以上，长势良好，达到预期效果。

**葡萄“厂”字形栽培管理新技术推广试验示范** 于2013年4月25日在第四师六十二团举办春季修剪培训班，特邀请中国农业大学、国家葡萄与葡萄酒产业技术体系首席专家段长青教授进行培训。参加人员：第四师、第五师、第六师、第七师、第八师林业局分管领导、业务人员，师林业站领导、业务人员，相关团场分管领导，林业站和职工承包户，计150人。培训效果：开阔眼界、提高认识；丰富了意识，提升了理念，有效指导葡萄“厂”字形栽培管理新技术推广试验示范工作开展。

于2013年10月17日在第四师六十二团举办秋季修剪培训班，再次邀请段长青教授进行培训。参加人员：第四师、第五师、第六师、第七师、第八师农业局分管领导、业务人员，师林业站领导、业务人员，相关团场分管领导，林业站和职工承包户，计150人。培训效果：是春季培训班的延续，也是关键性修剪时期。使干部职工基本掌握了葡萄“厂”字形龙蔓培养的全程技术，提高了操作技能，对试验示范达到最终预期目的将起到至关重要的作用。

**【新科学、新技术实现重大突破】** 红枣省力、安全、高效栽培管理新模式试验示范工作全面开展。在红枣主产区第一、二、三、十三、十四师选择8个团场实施，试验示范面积约250亩。经各阶段的全面实施、专家指导、检查监督，“枣头形”树形已基本形成，坚定了走具有兵团特色的红枣密植、“矮化”、规模化、机械化经营管理的信心及决心。

积极推广“三优”苹果栽培新技术试验示范。2013年推广“三优”苹果2500余亩。经检查指导，成活率较高，长势良好。其中四师六十六团和七十八团由于领导重视、观念转变得快、建设标准起点比较高。

葡萄“厂”字形栽培管理新技术推广试验示范实现新突破。通过举办培训班、专家现场指导和投资诱导，2013年葡萄“厂”字形栽培管理新技术推广试验示范实现新突破。推广示范园由原来的一个(六师一〇一团)增加到三个(四师六十二团、十三师红星一场)；推广面积增幅较大，2013年推广葡萄“厂”字形栽培新技术2.4万亩，其中十三师、二师力度最大，分别为1.26万亩和0.7万亩。

香梨密植、省力、优质高效栽培新技术推广试验示范重点在第二师展开。已种植面积1231亩，主要在三十三团、二十九团和三十团，栽植密度为3米×1米，每亩222株。目前，成活良好。

（罗　毅）

# 林产品主产县
# （旗、市、区、局、场）

# PRINCIPAL PRODUCTION COUNTIES FOR FOREST PRODUCTS

**表 1-1　原木主产地产量**

| 序号 | 原木主产地 | 万立方米 |
|---|---|---|
| 1 | 大兴区(京) | 3.44 |
| 2 | 塞罕坝机械林场(冀) | 11.43 |
| 3 | 木栏围场国营林场(冀) | 4.50 |
| 4 | 围场满族蒙古族自治县(冀) | 4.50 |
| 5 | 丰宁满族自治县(冀) | 3.84 |
| 6 | 隆化县(冀) | 2.37 |
| 7 | 兴隆县(冀) | 1.33 |
| 8 | 承德县(冀) | 1.21 |
| 9 | 平泉县(冀) | 1.19 |
| 10 | 迁安市(冀) | 1.01 |
| 11 | 青龙满族自治县(冀) | 1.00 |
| 12 | 遵化市(冀) | 0.63 |
| 13 | 宽城满族自治县(冀) | 0.57 |
| 14 | 小五台国家级自然保护区(冀) | 0.53 |
| 15 | 灵寿县(冀) | 0.52 |
| 16 | 冀州市(冀) | 0.50 |
| 17 | 忻府区(晋) | 0.73 |
| 18 | 沁　县(晋) | 0.56 |
| 19 | 阿鲁科尔沁旗(内蒙古) | 5.85 |
| 20 | 奈曼旗(内蒙古) | 5.60 |
| 21 | 敖汉旗(内蒙古) | 5.50 |
| 22 | 额尔古纳市(内蒙古) | 4.17 |
| 23 | 喀喇沁旗(内蒙古) | 3.76 |
| 24 | 开鲁县(内蒙古) | 3.67 |
| 25 | 松山区(内蒙古) | 2.83 |
| 26 | 内蒙古柴河林业局(内蒙古) | 2.60 |
| 27 | 免渡河林业局(内蒙古) | 2.54 |
| 28 | 科尔沁左翼后旗(内蒙古) | 2.53 |
| 29 | 科尔沁区(内蒙古) | 2.30 |
| 30 | 乌奴尔林业局(内蒙古) | 2.20 |
| 31 | 巴林左旗(内蒙古) | 1.84 |
| 32 | 宁城县(内蒙古) | 1.56 |
| 33 | 克什克腾旗(内蒙古) | 1.52 |
| 34 | 临河区(内蒙古) | 1.51 |
| 35 | 磴口县(内蒙古) | 1.48 |
| 36 | 林西县(内蒙古) | 1.39 |
| 37 | 巴林右旗(内蒙古) | 1.26 |
| 38 | 五原县(内蒙古) | 1.12 |
| 39 | 扎鲁特旗(内蒙古) | 1.00 |
| 40 | 巴林林业局(内蒙古) | 1.00 |
| 41 | 扎赉特旗(内蒙古) | 1.00 |
| 42 | 达拉特旗(内蒙古) | 0.99 |
| 43 | 杭锦后旗(内蒙古) | 0.90 |
| 44 | 红花尔基林业局(内蒙古) | 0.89 |
| 45 | 乌拉特中旗(内蒙古) | 0.80 |
| 46 | 南木林业局(内蒙古) | 0.66 |
| 47 | 达尔罕茂明安联合旗(内蒙古) | 0.66 |
| 48 | 清原满族自治县(辽) | 18.00 |
| 49 | 新民市(辽) | 17.15 |
| 50 | 桓仁满族自治县(辽) | 14.73 |
| 51 | 宽甸满族自治县(辽) | 14.00 |
| 52 | 昌图县(辽) | 8.00 |
| 53 | 本溪满族自治县(辽) | 8.00 |
| 54 | 康平县(辽) | 6.99 |
| 55 | 新宾满族自治县(辽) | 6.00 |
| 56 | 凌海市(辽) | 6.00 |
| 57 | 开原市(辽) | 4.50 |
| 58 | 辽中县(辽) | 4.34 |
| 59 | 绥中县(辽) | 4.00 |
| 60 | 凤城市(辽) | 3.60 |
| 61 | 凌源市(辽) | 3.20 |
| 62 | 阜新蒙古族自治县(辽) | 3.00 |
| 63 | 铁岭县(辽) | 2.93 |
| 64 | 法库县(辽) | 2.72 |
| 65 | 抚顺县(辽) | 2.40 |
| 66 | 西丰县(辽) | 2.00 |
| 67 | 北票市(辽) | 2.00 |
| 68 | 灯塔市(辽) | 1.58 |
| 69 | 南芬区(辽) | 1.50 |
| 70 | 建平县(辽) | 1.10 |
| 71 | 辽宁实验林场(辽) | 1.05 |
| 72 | 喀喇沁左翼蒙古族自治县(辽) | 1.00 |
| 73 | 连山区(辽) | 0.95 |
| 74 | 建昌县(辽) | 0.93 |
| 75 | 北镇市(辽) | 0.68 |
| 76 | 沈北新区(辽) | 0.68 |
| 77 | 义　县(辽) | 0.60 |
| 78 | 海城市(辽) | 0.57 |
| 79 | 振安区(辽) | 0.55 |
| 80 | 明山区(辽) | 0.50 |
| 81 | 朝阳县(辽) | 0.50 |
| 82 | 白河林业局(吉) | 11.70 |
| 83 | 敦化市(吉) | 10.20 |
| 84 | 通化县(吉) | 9.53 |
| 85 | 通榆县(吉) | 9.50 |
| 86 | 汪清林业局(吉) | 9.30 |
| 87 | 和龙林业局(吉) | 8.80 |
| 88 | 农安县(吉) | 8.60 |
| 89 | 蛟河市(吉) | 8.23 |
| 90 | 敦化林业局(吉) | 8.10 |
| 91 | 长白朝鲜族自治县(吉) | 8.10 |
| 92 | 延吉市(吉) | 7.95 |
| 93 | 大石头林业局(吉) | 7.20 |
| 94 | 珲春林业局(吉) | 6.90 |
| 95 | 汪清县(吉) | 6.80 |
| 96 | 和龙市(吉) | 6.47 |
| 97 | 八家子林业局(吉) | 6.00 |
| 98 | 东丰县(吉) | 5.90 |
| 99 | 集安市(吉) | 5.86 |
| 100 | 天桥岭林业局(吉) | 5.80 |
| 101 | 黄泥河林业局(吉) | 5.60 |
| 102 | 扶余县(吉) | 5.60 |
| 103 | 永吉县(吉) | 5.59 |
| 104 | 白山市市辖区(吉) | 5.57 |
| 105 | 柳河县(吉) | 5.25 |
| 106 | 安图森林经营局(吉) | 5.20 |
| 107 | 梨树县(吉) | 5.19 |
| 108 | 德惠市(吉) | 5.00 |
| 109 | 舒兰市(吉) | 5.00 |
| 110 | 白城市市辖区(吉) | 4.56 |
| 111 | 双辽市(吉) | 4.50 |
| 112 | 磐石市(吉) | 4.32 |
| 113 | 公主岭市(吉) | 4.00 |
| 114 | 榆树市(吉) | 3.61 |
| 115 | 九台市(吉) | 3.40 |
| 116 | 桦甸市(吉) | 3.30 |
| 117 | 洮南市(吉) | 3.30 |
| 118 | 辉南县(吉) | 3.29 |
| 119 | 大安市(吉) | 3.24 |
| 120 | 乾安县(吉) | 3.00 |
| 121 | 大兴沟林业局(吉) | 2.90 |
| 122 | 抚松县(吉) | 2.61 |
| 123 | 丰满区(吉) | 2.50 |
| 124 | 珲春市(吉) | 2.40 |
| 125 | 东辽县(吉) | 2.06 |
| 126 | 龙井市(吉) | 1.87 |
| 127 | 龙潭区(吉) | 1.50 |
| 128 | 伊通满族自治县(吉) | 1.35 |
| 129 | 双阳区(吉) | 1.31 |
| 130 | 长岭县(吉) | 1.30 |
| 131 | 江源区(吉) | 1.12 |
| 132 | 船营区(吉) | 1.12 |
| 133 | 临江市(吉) | 1.10 |
| 134 | 宁江区(吉) | 0.97 |
| 135 | 四平市铁东区(吉) | 0.70 |
| 136 | 依兰县(黑) | 8.70 |
| 137 | 拜泉县(黑) | 8.00 |

| 序号 | 原木主产地 | 万立方米 |
|---|---|---|
| 138 | 鹤岗市市辖区(黑) | 7.67 |
| 139 | 尚志国有林场管理局(黑) | 7.45 |
| 140 | 五常市(黑) | 7.40 |
| 141 | 望奎县(黑) | 5.76 |
| 142 | 宾　县(黑) | 5.20 |
| 143 | 庆安国有林场管理局(黑) | 4.40 |
| 144 | 林口县(黑) | 3.85 |
| 145 | 鸡东县(黑) | 3.65 |
| 146 | 双城市(黑) | 3.20 |
| 147 | 延寿县(黑) | 3.00 |
| 148 | 阿城区(黑) | 2.70 |
| 149 | 富裕县(黑) | 2.70 |
| 150 | 北林区(黑) | 2.64 |
| 151 | 龙江县(黑) | 2.60 |
| 152 | 方正县(黑) | 2.57 |
| 153 | 萝北县(黑) | 2.53 |
| 154 | 汤原县(黑) | 2.50 |
| 155 | 肇东市(黑) | 2.40 |
| 156 | 绥棱县(黑) | 2.33 |
| 157 | 孟家岗林场(黑) | 2.30 |
| 158 | 桦南县(黑) | 2.27 |
| 159 | 丹清河实验林场(黑) | 2.20 |
| 160 | 宝清县(黑) | 2.20 |
| 161 | 七台河市市辖区(黑) | 2.00 |
| 162 | 兰西县(黑) | 1.70 |
| 163 | 东宁县(黑) | 1.70 |
| 164 | 巴彦县(黑) | 1.64 |
| 165 | 林甸县(黑) | 1.55 |
| 166 | 木兰县(黑) | 1.50 |
| 167 | 呼兰区(黑) | 1.50 |
| 168 | 转山实验林场(黑) | 1.47 |
| 169 | 泰来县(黑) | 1.44 |
| 170 | 杜尔伯特蒙古族自治县(黑) | 1.37 |
| 171 | 肇源县(黑) | 1.30 |
| 172 | 安达市(黑) | 1.21 |
| 173 | 通河县(黑) | 1.20 |
| 174 | 山河实验林场(黑) | 1.10 |
| 175 | 牡丹江市市本级(黑) | 1.05 |
| 176 | 虎林市(黑) | 1.05 |
| 177 | 海林市(黑) | 1.00 |
| 178 | 明水县(黑) | 1.00 |
| 179 | 富锦市(黑) | 0.93 |
| 180 | 肇州县(黑) | 0.92 |
| 181 | 克东县(黑) | 0.91 |
| 182 | 恒山区(黑) | 0.80 |
| 183 | 集贤县(黑) | 0.78 |
| 184 | 克山县(黑) | 0.70 |
| 185 | 海伦市(黑) | 0.61 |
| 186 | 甘南县(黑) | 0.58 |
| 187 | 讷河市(黑) | 0.50 |
| 188 | 涟水县(苏) | 24.52 |
| 189 | 宿城区(苏) | 11.90 |
| 190 | 新沂市(苏) | 10.00 |
| 191 | 六合区(苏) | 8.70 |
| 192 | 邗江区(苏) | 6.99 |
| 193 | 东台市(苏) | 5.12 |
| 194 | 盱眙县(苏) | 4.57 |
| 195 | 泗洪县(苏) | 4.16 |
| 196 | 邳州市(苏) | 3.69 |
| 197 | 丰　县(苏) | 3.50 |
| 198 | 大丰市(苏) | 3.30 |
| 199 | 沛　县(苏) | 2.80 |
| 200 | 灌云县(苏) | 2.80 |
| 201 | 睢宁县(苏) | 2.62 |
| 202 | 泗阳县(苏) | 2.56 |
| 203 | 金湖县(苏) | 2.48 |
| 204 | 淮安区(苏) | 2.47 |
| 205 | 沭阳县(苏) | 2.35 |
| 206 | 宝应县(苏) | 2.32 |
| 207 | 滨海县(苏) | 2.19 |
| 208 | 阜宁县(苏) | 2.10 |
| 209 | 东海县(苏) | 2.03 |
| 210 | 射阳县(苏) | 1.97 |
| 211 | 建湖县(苏) | 1.95 |
| 212 | 赣榆县(苏) | 1.64 |
| 213 | 淮阴区(苏) | 1.50 |
| 214 | 铜山区(苏) | 1.33 |
| 215 | 丹阳市(苏) | 1.31 |
| 216 | 句容市(苏) | 1.20 |
| 217 | 江都区(苏) | 1.05 |
| 218 | 洪泽县(苏) | 1.00 |
| 219 | 新浦区(苏) | 0.96 |
| 220 | 灌南县(苏) | 0.93 |
| 221 | 高邮市(苏) | 0.89 |
| 222 | 响水县(苏) | 0.83 |
| 223 | 宜兴市(苏) | 0.80 |
| 224 | 贾汪区(苏) | 0.76 |
| 225 | 江宁区(苏) | 0.50 |
| 226 | 龙泉市(浙) | 21.30 |
| 227 | 开化县(浙) | 12.90 |
| 228 | 庆元县(浙) | 10.95 |
| 229 | 遂昌县(浙) | 7.77 |
| 230 | 淳安县(浙) | 7.43 |
| 231 | 临安市(浙) | 6.84 |
| 232 | 建德市(浙) | 6.37 |
| 233 | 景宁畲族自治县(浙) | 6.32 |
| 234 | 天台县(浙) | 5.00 |
| 235 | 松阳县(浙) | 4.77 |
| 236 | 江山市(浙) | 4.22 |
| 237 | 临海市(浙) | 3.55 |
| 238 | 仙居县(浙) | 3.48 |
| 239 | 安吉县(浙) | 3.23 |
| 240 | 缙云县(浙) | 3.18 |
| 241 | 云和县(浙) | 3.00 |
| 242 | 文成县(浙) | 2.92 |
| 243 | 桐庐县(浙) | 2.92 |
| 244 | 常山县(浙) | 2.92 |
| 245 | 莲都区(浙) | 2.58 |
| 246 | 衢江区(浙) | 2.10 |
| 247 | 磐安县(浙) | 2.01 |
| 248 | 富阳市(浙) | 1.93 |
| 249 | 泰顺县(浙) | 1.66 |
| 250 | 青田县(浙) | 1.12 |
| 251 | 宁海县(浙) | 1.05 |
| 252 | 德清县(浙) | 0.90 |
| 253 | 三门县(浙) | 0.77 |
| 254 | 永康市(浙) | 0.74 |
| 255 | 长兴县(浙) | 0.64 |
| 256 | 龙游县(浙) | 0.63 |
| 257 | 余杭区(浙) | 0.58 |
| 258 | 谯城区(皖) | 30.00 |
| 259 | 祁门县(皖) | 21.50 |
| 260 | 蒙城县(皖) | 19.50 |
| 261 | 临泉县(皖) | 18.00 |
| 262 | 东至县(皖) | 14.90 |
| 263 | 萧　县(皖) | 11.00 |
| 264 | 青阳县(皖) | 10.60 |
| 265 | 舒城县(皖) | 10.50 |
| 266 | 泾　县(皖) | 10.50 |
| 267 | 潜山县(皖) | 10.40 |
| 268 | 郎溪县(皖) | 10.00 |
| 269 | 涡阳县(皖) | 9.60 |
| 270 | 灵璧县(皖) | 9.59 |
| 271 | 休宁县(皖) | 9.49 |
| 272 | 埇桥区(皖) | 9.11 |
| 273 | 太和县(皖) | 8.60 |
| 274 | 宣州区(皖) | 8.50 |
| 275 | 太湖县(皖) | 8.34 |

| 序号 | 原木主产地 | 万立方米 | 序号 | 原木主产地 | 万立方米 | 序号 | 原木主产地 | 万立方米 |
|---|---|---|---|---|---|---|---|---|
| 276 | 泗　县(皖) | 7.96 | 322 | 信丰县(赣) | 6.42 | 368 | 五莲县(鲁) | 48.00 |
| 277 | 颍上县(皖) | 6.90 | 323 | 大余县(赣) | 6.26 | 369 | 曹　县(鲁) | 34.10 |
| 278 | 滁州市沙河集林业总场(皖) | 6.50 | 324 | 泰和县(赣) | 5.72 | 370 | 河东区(鲁) | 30.00 |
| 279 | 阜南县(皖) | 6.30 | 325 | 婺源县(赣) | 5.43 | 371 | 惠民县(鲁) | 28.00 |
| 280 | 滁州市管店林业总场(皖) | 6.20 | 326 | 新干县(赣) | 4.86 | 372 | 蒙阴县(鲁) | 27.60 |
| 281 | 利辛县(皖) | 6.10 | 327 | 武宁县(赣) | 4.69 | 373 | 肥城市(鲁) | 13.38 |
| 282 | 颍州区(皖) | 5.60 | 328 | 万安县(赣) | 4.60 | 374 | 平原县(鲁) | 13.00 |
| 283 | 固镇县(皖) | 5.20 | 329 | 万载县(赣) | 4.47 | 375 | 鱼台县(鲁) | 10.00 |
| 284 | 宁国市(皖) | 5.10 | 330 | 宜丰县(赣) | 4.45 | 376 | 梁山县(鲁) | 9.97 |
| 285 | 旌德县(皖) | 4.80 | 331 | 宜黄县(赣) | 4.28 | 377 | 诸城市(鲁) | 8.50 |
| 286 | 长丰县(皖) | 4.76 | 332 | 上高县(赣) | 4.00 | 378 | 齐河县(鲁) | 7.10 |
| 287 | 绩溪县(皖) | 4.44 | 333 | 全南县(赣) | 3.94 | 379 | 东阿县(鲁) | 6.30 |
| 288 | 寿　县(皖) | 4.40 | 334 | 靖安县(赣) | 3.66 | 380 | 商河县(鲁) | 5.80 |
| 289 | 砀山县(皖) | 4.36 | 335 | 高安市(赣) | 3.63 | 381 | 郯城县(鲁) | 5.60 |
| 290 | 石台县(皖) | 4.24 | 336 | 峡江县(赣) | 3.50 | 382 | 东平县(鲁) | 5.50 |
| 291 | 广德县(皖) | 4.20 | 337 | 分宜县(赣) | 3.42 | 383 | 成武县(鲁) | 5.28 |
| 292 | 南谯区(皖) | 4.03 | 338 | 修水县(赣) | 3.40 | 384 | 沂水县(鲁) | 5.00 |
| 293 | 黟　县(皖) | 3.80 | 339 | 上犹县(赣) | 3.16 | 385 | 冠　县(鲁) | 4.70 |
| 294 | 铜陵县(皖) | 3.10 | 340 | 井冈山市(赣) | 3.00 | 386 | 高青县(鲁) | 4.20 |
| 295 | 颍东区(皖) | 3.09 | 341 | 瑞金市(赣) | 2.90 | 387 | 宁阳县(鲁) | 4.20 |
| 296 | 界首市(皖) | 2.92 | 342 | 铜鼓县(赣) | 2.80 | 388 | 沂南县(鲁) | 4.17 |
| 297 | 无为县(皖) | 2.91 | 343 | 南城县(赣) | 2.63 | 389 | 平邑县(鲁) | 4.12 |
| 298 | 巢湖市(皖) | 2.70 | 344 | 德兴市(赣) | 2.62 | 390 | 苍山县(鲁) | 4.00 |
| 299 | 颍泉区(皖) | 2.57 | 345 | 临川区(赣) | 2.20 | 391 | 临邑县(鲁) | 3.80 |
| 300 | 南陵县(皖) | 2.56 | 346 | 永修县(赣) | 2.08 | 392 | 安丘市(鲁) | 3.67 |
| 301 | 歙　县(皖) | 2.35 | 347 | 赣　县(赣) | 2.00 | 393 | 邹平县(鲁) | 3.29 |
| 302 | 定远县(皖) | 2.20 | 348 | 彭泽县(赣) | 1.99 | 394 | 莒南县(鲁) | 3.20 |
| 303 | 桐城市(皖) | 2.00 | 349 | 定南县(赣) | 1.80 | 395 | 寿光市(鲁) | 3.20 |
| 304 | 全椒县(皖) | 1.80 | 350 | 乐安县(赣) | 1.70 | 396 | 东昌府区(鲁) | 3.17 |
| 305 | 霍邱县(皖) | 1.44 | 351 | 龙南县(赣) | 1.65 | 397 | 临沭县(鲁) | 3.08 |
| 306 | 来安县(皖) | 1.40 | 352 | 德安县(赣) | 1.54 | 398 | 兖州市(鲁) | 3.03 |
| 307 | 肥西县(皖) | 1.40 | 353 | 于都县(赣) | 1.48 | 399 | 长清区(鲁) | 2.84 |
| 308 | 怀宁县(皖) | 1.39 | 354 | 安远县(赣) | 1.36 | 400 | 兰山区(鲁) | 2.69 |
| 309 | 明光市(皖) | 1.30 | 355 | 宁都县(赣) | 1.35 | 401 | 阳谷县(鲁) | 2.60 |
| 310 | 淮上区(皖) | 1.20 | 356 | 袁州区(赣) | 1.23 | 402 | 邹城市(鲁) | 2.46 |
| 311 | 庐江县(皖) | 0.84 | 357 | 广丰县(赣) | 1.17 | 403 | 费　县(鲁) | 2.40 |
| 312 | 怀远县(皖) | 0.70 | 358 | 渝水区(赣) | 1.00 | 404 | 陵　县(鲁) | 2.30 |
| 313 | 凤阳县(皖) | 0.70 | 359 | 横峰县(赣) | 0.95 | 405 | 昌乐县(鲁) | 2.22 |
| 314 | 和　县(皖) | 0.50 | 360 | 贵溪市(赣) | 0.89 | 406 | 昌邑市(鲁) | 2.20 |
| 315 | 大观区(皖) | 0.50 | 361 | 余江县(赣) | 0.88 | 407 | 曲阜市(鲁) | 2.17 |
| 316 | 永安市(闽) | 12.53 | 362 | 东乡县(赣) | 0.74 | 408 | 博兴县(鲁) | 2.14 |
| 317 | 崇义县(赣) | 19.20 | 363 | 万年县(赣) | 0.64 | 409 | 武城县(鲁) | 1.90 |
| 318 | 遂川县(赣) | 16.00 | 364 | 兴国县(赣) | 0.60 | 410 | 新泰市(鲁) | 1.85 |
| 319 | 永丰县(赣) | 12.27 | 365 | 上饶县(赣) | 0.60 | 411 | 禹城市(鲁) | 1.71 |
| 320 | 奉新县(赣) | 6.51 | 366 | 会昌县(赣) | 0.53 | 412 | 茌平县(鲁) | 1.60 |
| 321 | 资溪县(赣) | 6.48 | 367 | 都昌县(赣) | 0.50 | 413 | 金乡县(鲁) | 1.54 |

| 序号 | 原木主产地 | 万立方米 | 序号 | 原木主产地 | 万立方米 | 序号 | 原木主产地 | 万立方米 |
|---|---|---|---|---|---|---|---|---|
| 414 | 平阴县(鲁) | 1.47 | 460 | 淮滨县(豫) | 4.20 | 506 | 泌阳县(豫) | 1.23 |
| 415 | 乐陵市(鲁) | 1.43 | 461 | 上蔡县(豫) | 4.10 | 507 | 邓州市(豫) | 1.20 |
| 416 | 利津县(鲁) | 1.30 | 462 | 内黄县(豫) | 4.10 | 508 | 武陟县(豫) | 1.13 |
| 417 | 广饶县(鲁) | 1.23 | 463 | 固始县(豫) | 4.10 | 509 | 平桥区(豫) | 1.09 |
| 418 | 泗水县(鲁) | 1.15 | 464 | 潢川县(豫) | 4.08 | 510 | 临颍县(豫) | 1.05 |
| 419 | 岱岳区(鲁) | 1.10 | 465 | 商水县(豫) | 3.93 | 511 | 陕　县(豫) | 1.04 |
| 420 | 临沂市蒙山旅游区(鲁) | 1.10 | 466 | 睢　县(豫) | 3.90 | 512 | 沈丘县(豫) | 1.01 |
| 421 | 德城区(鲁) | 1.10 | 467 | 平舆县(豫) | 3.76 | 513 | 西平县(豫) | 0.96 |
| 422 | 宁津县(鲁) | 1.06 | 468 | 郸城县(豫) | 3.23 | 514 | 孟州市(豫) | 0.95 |
| 423 | 沂源县(鲁) | 1.02 | 469 | 内乡县(豫) | 3.10 | 515 | 滑　县(豫) | 0.93 |
| 424 | 胶州市(鲁) | 1.01 | 470 | 通许县(豫) | 3.08 | 516 | 信阳市市辖区(豫) | 0.92 |
| 425 | 汶上县(鲁) | 1.01 | 471 | 开封县(豫) | 2.92 | 517 | 灵宝市(豫) | 0.90 |
| 426 | 莱阳市(鲁) | 1.00 | 472 | 延津县(豫) | 2.92 | 518 | 召陵区(豫) | 0.90 |
| 427 | 微山县(鲁) | 0.99 | 473 | 杞　县(豫) | 2.80 | 519 | 淅川县(豫) | 0.90 |
| 428 | 莘　县(鲁) | 0.98 | 474 | 虞城县(豫) | 2.53 | 520 | 舞钢市(豫) | 0.89 |
| 429 | 莱城区(鲁) | 0.97 | 475 | 汝南县(豫) | 2.50 | 521 | 新　县(豫) | 0.89 |
| 430 | 博山区(鲁) | 0.92 | 476 | 睢阳区(豫) | 2.43 | 522 | 新安县(豫) | 0.87 |
| 431 | 任城区(鲁) | 0.90 | 477 | 商城县(豫) | 2.30 | 523 | 宝丰县(豫) | 0.84 |
| 432 | 高密市(鲁) | 0.86 | 478 | 辉县市(豫) | 2.20 | 524 | 孟津县(豫) | 0.80 |
| 433 | 高唐县(鲁) | 0.85 | 479 | 许昌县(豫) | 2.10 | 525 | 罗山县(豫) | 0.76 |
| 434 | 临朐县(鲁) | 0.77 | 480 | 确山县(豫) | 2.10 | 526 | 川汇区(豫) | 0.75 |
| 435 | 青州市(鲁) | 0.77 | 481 | 长垣县(豫) | 2.00 | 527 | 安阳县(豫) | 0.72 |
| 436 | 莱州市(鲁) | 0.76 | 482 | 获嘉县(豫) | 1.97 | 528 | 宛城区(豫) | 0.72 |
| 437 | 海阳市(鲁) | 0.73 | 483 | 洛宁县(豫) | 1.90 | 529 | 伊川县(豫) | 0.70 |
| 438 | 即墨市(鲁) | 0.72 | 484 | 新蔡县(豫) | 1.79 | 530 | 卫辉市(豫) | 0.69 |
| 439 | 潍坊市峡山区(鲁) | 0.66 | 485 | 光山县(豫) | 1.75 | 531 | 濮阳县(豫) | 0.66 |
| 440 | 岚山区(鲁) | 0.65 | 486 | 栾川县(豫) | 1.70 | 532 | 汤阴县(豫) | 0.66 |
| 441 | 文登市(鲁) | 0.60 | 487 | 沁阳市(豫) | 1.69 | 533 | 叶　县(豫) | 0.66 |
| 442 | 坊子区(鲁) | 0.56 | 488 | 新野县(豫) | 1.68 | 534 | 社旗县(豫) | 0.65 |
| 443 | 乳山市(鲁) | 0.56 | 489 | 汝州市(豫) | 1.64 | 535 | 宜阳县(豫) | 0.64 |
| 444 | 临清市(鲁) | 0.55 | 490 | 修武县(豫) | 1.62 | 536 | 南召县(豫) | 0.60 |
| 445 | 桓台县(鲁) | 0.50 | 491 | 博爱县(豫) | 1.57 | 537 | 桐柏县(豫) | 0.59 |
| 446 | 聊城市市辖区(鲁) | 0.50 | 492 | 正阳县(豫) | 1.56 | 538 | 林州市(豫) | 0.56 |
| 447 | 永城市(豫) | 8.36 | 493 | 范　县(豫) | 1.50 | 539 | 淮阳县(豫) | 0.55 |
| 448 | 息　县(豫) | 8.20 | 494 | 郾城区(豫) | 1.47 | 540 | 惠济区(豫) | 0.54 |
| 449 | 夏邑县(豫) | 7.50 | 495 | 唐河县(豫) | 1.47 | 541 | 监利县(鄂) | 15.00 |
| 450 | 太康县(豫) | 6.50 | 496 | 济源市(豫) | 1.46 | 542 | 东宝区(鄂) | 14.00 |
| 451 | 原阳县(豫) | 5.80 | 497 | 南乐县(豫) | 1.40 | 543 | 石首市(鄂) | 12.00 |
| 452 | 民权县(豫) | 5.74 | 498 | 嵩　县(豫) | 1.40 | 544 | 五峰土家族自治县(鄂) | 10.10 |
| 453 | 尉氏县(豫) | 5.60 | 499 | 封丘县(豫) | 1.39 | 545 | 洪湖市(鄂) | 10.00 |
| 454 | 扶沟县(豫) | 5.20 | 500 | 金明区(豫) | 1.37 | 546 | 南漳县(鄂) | 8.30 |
| 455 | 鹿邑县(豫) | 5.20 | 501 | 梁园区(豫) | 1.36 | 547 | 建始县(鄂) | 6.71 |
| 456 | 柘城县(豫) | 5.14 | 502 | 遂平县(豫) | 1.34 | 548 | 罗田县(鄂) | 6.50 |
| 457 | 项城市(豫) | 4.80 | 503 | 郏　县(豫) | 1.32 | 549 | 公安县(鄂) | 6.50 |
| 458 | 兰考县(豫) | 4.60 | 504 | 驿城区(豫) | 1.30 | 550 | 仙桃市(鄂) | 6.17 |
| 459 | 西华县(豫) | 4.20 | 505 | 禹州市(豫) | 1.29 | 551 | 通山县(鄂) | 4.92 |

| 序号 | 原木主产地 | 万立方米 |
|---|---|---|
| 552 | 潜江市(鄂) | 4.80 |
| 553 | 咸安区(鄂) | 4.78 |
| 554 | 钟祥市(鄂) | 4.56 |
| 555 | 咸丰县(鄂) | 4.55 |
| 556 | 随　县(鄂) | 4.50 |
| 557 | 保康县(鄂) | 4.36 |
| 558 | 鹤峰县(鄂) | 4.00 |
| 559 | 江陵县(鄂) | 3.55 |
| 560 | 英山县(鄂) | 3.25 |
| 561 | 宜城市(鄂) | 3.20 |
| 562 | 宜都市(鄂) | 3.10 |
| 563 | 谷城县(鄂) | 2.95 |
| 564 | 松滋市(鄂) | 2.93 |
| 565 | 襄州区(鄂) | 2.90 |
| 566 | 汉川市(鄂) | 2.82 |
| 567 | 利川市(鄂) | 2.76 |
| 568 | 当阳市(鄂) | 2.75 |
| 569 | 丹江口市(鄂) | 2.50 |
| 570 | 沙市区(鄂) | 2.25 |
| 571 | 荆州区(鄂) | 2.14 |
| 572 | 应城市(鄂) | 1.96 |
| 573 | 麻城市(鄂) | 1.88 |
| 574 | 兴山县(鄂) | 1.84 |
| 575 | 枣阳市(鄂) | 1.81 |
| 576 | 蔡甸区(鄂) | 1.65 |
| 577 | 京山县(鄂) | 1.65 |
| 578 | 红安县(鄂) | 1.50 |
| 579 | 阳新县(鄂) | 1.50 |
| 580 | 蕲春县(鄂) | 1.30 |
| 581 | 竹溪县(鄂) | 1.23 |
| 582 | 竹山县(鄂) | 1.10 |
| 583 | 华容区(鄂) | 1.10 |
| 584 | 鄂城区(鄂) | 1.00 |
| 585 | 枝江市(鄂) | 0.97 |
| 586 | 房　县(鄂) | 0.90 |
| 587 | 来凤县(鄂) | 0.87 |
| 588 | 荆门市市辖区(鄂) | 0.84 |
| 589 | 巴东县(鄂) | 0.82 |
| 590 | 汉南区(鄂) | 0.79 |
| 591 | 湖北省太子山林场(鄂) | 0.78 |
| 592 | 远安县(鄂) | 0.74 |
| 593 | 夷陵区(鄂) | 0.70 |
| 594 | 孝南区(鄂) | 0.70 |
| 595 | 通城县(鄂) | 0.70 |
| 596 | 掇刀区(鄂) | 0.68 |
| 597 | 秭归县(鄂) | 0.67 |
| 598 | 宣恩县(鄂) | 0.60 |
| 599 | 老河口市(鄂) | 0.60 |
| 600 | 随州市经济技术开发区(鄂) | 0.60 |
| 601 | 江华瑶族自治县(湘) | 26.22 |
| 602 | 城步苗族自治县(湘) | 15.70 |
| 603 | 绥宁县(湘) | 15.00 |
| 604 | 浏阳市(湘) | 14.59 |
| 605 | 安化县(湘) | 10.40 |
| 606 | 靖州苗族侗族自治县(湘) | 10.38 |
| 607 | 资兴市(湘) | 9.60 |
| 608 | 洞口县(湘) | 9.57 |
| 609 | 沅江市(湘) | 9.40 |
| 610 | 平江县(湘) | 8.70 |
| 611 | 炎陵县(湘) | 8.57 |
| 612 | 通道侗族自治县(湘) | 8.54 |
| 613 | 双牌县(湘) | 7.84 |
| 614 | 汉寿县(湘) | 7.78 |
| 615 | 桂东县(湘) | 7.70 |
| 616 | 金洞林场(湘) | 7.55 |
| 617 | 湘潭县(湘) | 7.20 |
| 618 | 桃江县(湘) | 6.95 |
| 619 | 澧　县(湘) | 6.50 |
| 620 | 宁乡县(湘) | 6.50 |
| 621 | 汝城县(湘) | 6.22 |
| 622 | 桃源县(湘) | 6.00 |
| 623 | 中方县(湘) | 5.80 |
| 624 | 华容县(湘) | 5.74 |
| 625 | 慈利县(湘) | 5.64 |
| 626 | 武冈市(湘) | 5.60 |
| 627 | 会同县(湘) | 5.60 |
| 628 | 赫山区(湘) | 5.50 |
| 629 | 东安县(湘) | 5.34 |
| 630 | 沅陵县(湘) | 5.20 |
| 631 | 江永县(湘) | 5.10 |
| 632 | 醴陵市(湘) | 5.00 |
| 633 | 宁远县(湘) | 4.62 |
| 634 | 安乡县(湘) | 4.50 |
| 635 | 南　县(湘) | 4.50 |
| 636 | 资阳区(湘) | 4.00 |
| 637 | 溆浦县(湘) | 3.90 |
| 638 | 洪江市(湘) | 3.82 |
| 639 | 鼎城区(湘) | 3.80 |
| 640 | 桑植县(湘) | 3.80 |
| 641 | 道　县(湘) | 3.70 |
| 642 | 宜章县(湘) | 3.60 |
| 643 | 冷水江市(湘) | 3.27 |
| 644 | 永兴县(湘) | 3.26 |
| 645 | 新宁县(湘) | 3.20 |
| 646 | 辰溪县(湘) | 3.20 |
| 647 | 新化县(湘) | 3.02 |
| 648 | 君山区(湘) | 3.00 |
| 649 | 湘阴县(湘) | 3.00 |
| 650 | 永定区(湘) | 2.89 |
| 651 | 古丈县(湘) | 2.53 |
| 652 | 益阳市市辖区(湘) | 2.50 |
| 653 | 耒阳市(湘) | 2.45 |
| 654 | 石门县(湘) | 2.30 |
| 655 | 常德市市辖区(湘) | 2.15 |
| 656 | 茶陵县(湘) | 2.00 |
| 657 | 岳麓区(湘) | 2.00 |
| 658 | 开福区(湘) | 2.00 |
| 659 | 安仁县(湘) | 1.95 |
| 660 | 芷江侗族自治县(湘) | 1.90 |
| 661 | 常宁市(湘) | 1.83 |
| 662 | 永顺县(湘) | 1.75 |
| 663 | 桂阳县(湘) | 1.62 |
| 664 | 隆回县(湘) | 1.60 |
| 665 | 嘉禾县(湘) | 1.57 |
| 666 | 株洲县(湘) | 1.43 |
| 667 | 祁阳县(湘) | 1.30 |
| 668 | 汨罗市(湘) | 1.24 |
| 669 | 新田县(湘) | 1.22 |
| 670 | 攸　县(湘) | 1.20 |
| 671 | 津市市(湘) | 1.13 |
| 672 | 双峰县(湘) | 1.09 |
| 673 | 临湘市(湘) | 1.00 |
| 674 | 衡南县(湘) | 0.98 |
| 675 | 云溪区(湘) | 0.97 |
| 676 | 龙山县(湘) | 0.96 |
| 677 | 零陵区(湘) | 0.85 |
| 678 | 冷水滩区(湘) | 0.83 |
| 679 | 保靖县(湘) | 0.78 |
| 680 | 凤凰县(湘) | 0.72 |
| 681 | 洪江区(湘) | 0.63 |
| 682 | 苏仙区(湘) | 0.60 |
| 683 | 武陵区(湘) | 0.50 |
| 684 | 岳阳县(湘) | 0.50 |
| 685 | 新邵县(湘) | 0.50 |
| 686 | 龙门县(粤) | 39.58 |
| 687 | 英德市(粤) | 27.59 |
| 688 | 怀集县(粤) | 23.32 |
| 689 | 紫金县(粤) | 21.50 |

| 序号 | 原木主产地 | 万立方米 |
|---|---|---|
| 690 | 河源市属总林场(粤) | 21.09 |
| 691 | 封开县(粤) | 18.20 |
| 692 | 东源县(粤) | 17.92 |
| 693 | 大埔县(粤) | 15.00 |
| 694 | 翁源县(粤) | 13.72 |
| 695 | 佛冈县(粤) | 13.06 |
| 696 | 西江林业局(粤) | 12.92 |
| 697 | 德庆县(粤) | 12.68 |
| 698 | 廉江市(粤) | 12.00 |
| 699 | 阳山县(粤) | 11.17 |
| 700 | 高明区(粤) | 11.00 |
| 701 | 博罗县(粤) | 10.80 |
| 702 | 鹤山市(粤) | 10.60 |
| 703 | 新兴县(粤) | 10.16 |
| 704 | 新丰县(粤) | 9.43 |
| 705 | 信宜市(粤) | 9.03 |
| 706 | 仁化县(粤) | 9.00 |
| 707 | 四会市(粤) | 8.96 |
| 708 | 清新县(粤) | 8.50 |
| 709 | 雷州市(粤) | 8.40 |
| 710 | 乐昌市(粤) | 8.17 |
| 711 | 阳春市(粤) | 8.10 |
| 712 | 增城市(粤) | 8.02 |
| 713 | 乳源瑶族自治县(粤) | 7.82 |
| 714 | 清城区(粤) | 7.68 |
| 715 | 从化市(粤) | 7.46 |
| 716 | 恩平市(粤) | 7.16 |
| 717 | 龙川县(粤) | 6.70 |
| 718 | 清远市属总林场(粤) | 6.18 |
| 719 | 兴宁市(粤) | 6.14 |
| 720 | 连州市(粤) | 6.00 |
| 721 | 五华县(粤) | 6.00 |
| 722 | 海丰县(粤) | 5.45 |
| 723 | 连山壮族瑶族自治县(粤) | 5.34 |
| 724 | 徐闻县(粤) | 5.33 |
| 725 | 饶平县(粤) | 5.27 |
| 726 | 化州市(粤) | 5.20 |
| 727 | 高州市(粤) | 5.03 |
| 728 | 浈江区(粤) | 4.96 |
| 729 | 云安县(粤) | 4.74 |
| 730 | 丰顺县(粤) | 4.60 |
| 731 | 武江区(粤) | 4.56 |
| 732 | 云城区(粤) | 4.20 |
| 733 | 吴川市(粤) | 4.20 |
| 734 | 南雄市(粤) | 4.16 |
| 735 | 阳东县(粤) | 4.09 |
| 736 | 茂名市属总林场(粤) | 3.71 |
| 737 | 遂溪县(粤) | 3.50 |
| 738 | 云浮市属总林场(粤) | 3.30 |
| 739 | 和平县(粤) | 3.28 |
| 740 | 惠东县(粤) | 3.18 |
| 741 | 梅　县(粤) | 3.12 |
| 742 | 平远县(粤) | 3.05 |
| 743 | 郁南县(粤) | 2.70 |
| 744 | 阳西县(粤) | 2.60 |
| 745 | 连平县(粤) | 2.57 |
| 746 | 阳江市属总林场(粤) | 2.50 |
| 747 | 揭西县(粤) | 2.25 |
| 748 | 中山市(粤) | 2.23 |
| 749 | 连南瑶族自治县(粤) | 2.19 |
| 750 | 揭东县(粤) | 2.10 |
| 751 | 台山市(粤) | 1.74 |
| 752 | 东江林场(粤) | 1.70 |
| 753 | 惠州市属总林场(粤) | 1.56 |
| 754 | 梅江区(粤) | 1.50 |
| 755 | 惠阳区(粤) | 1.40 |
| 756 | 新丰江林管局(粤) | 1.39 |
| 757 | 蕉岭县(粤) | 1.38 |
| 758 | 陆河县(粤) | 1.37 |
| 759 | 广宁县(粤) | 1.36 |
| 760 | 樟木头林场(粤) | 1.32 |
| 761 | 花都区(粤) | 1.20 |
| 762 | 罗定市(粤) | 1.20 |
| 763 | 乐昌林场(粤) | 1.00 |
| 764 | 九连山林场(粤) | 1.00 |
| 765 | 电白县(粤) | 0.97 |
| 766 | 天井山林场(粤) | 0.78 |
| 767 | 湛江市属总林场(粤) | 0.66 |
| 768 | 阳江市高新区(粤) | 0.60 |
| 769 | 广州市属总林场(粤) | 0.56 |
| 770 | 上思县(桂) | 67.00 |
| 771 | 高峰林场(桂) | 61.82 |
| 772 | 钦南区(桂) | 59.72 |
| 773 | 藤　县(桂) | 58.10 |
| 774 | 象州县(桂) | 52.76 |
| 775 | 桂平市(桂) | 52.00 |
| 776 | 武鸣县(桂) | 49.48 |
| 777 | 武宣县(桂) | 46.39 |
| 778 | 环江毛南族自治县(桂) | 45.33 |
| 779 | 钦北区(桂) | 42.84 |
| 780 | 灵山县(桂) | 42.00 |
| 781 | 平南县(桂) | 40.99 |
| 782 | 鹿寨县(桂) | 40.82 |
| 783 | 兴宾区(桂) | 38.00 |
| 784 | 黄冕林场(桂) | 36.74 |
| 785 | 浦北县(桂) | 35.34 |
| 786 | 八步区(桂) | 35.00 |
| 787 | 横　县(桂) | 34.97 |
| 788 | 天峨县(桂) | 34.30 |
| 789 | 昭平县(桂) | 33.80 |
| 790 | 苍梧县(桂) | 33.50 |
| 791 | 岑溪市(桂) | 33.47 |
| 792 | 陆川县(桂) | 31.80 |
| 793 | 罗城仫佬族自治县(桂) | 29.40 |
| 794 | 田林县(桂) | 29.38 |
| 795 | 良凤江国家森林公园(桂) | 27.83 |
| 796 | 融水苗族自治县(桂) | 27.66 |
| 797 | 宾阳县(桂) | 25.16 |
| 798 | 宜州市(桂) | 25.08 |
| 799 | 扶绥县(桂) | 24.59 |
| 800 | 右江区(桂) | 23.62 |
| 801 | 平果县(桂) | 22.93 |
| 802 | 良庆区(桂) | 22.30 |
| 803 | 田阳县(桂) | 20.58 |
| 804 | 覃塘区(桂) | 20.30 |
| 805 | 六万林场(桂) | 20.30 |
| 806 | 维都林场(桂) | 20.18 |
| 807 | 马山县(桂) | 19.82 |
| 808 | 融安县(桂) | 17.35 |
| 809 | 巴马瑶族自治县(桂) | 17.03 |
| 810 | 凤山县(桂) | 16.21 |
| 811 | 博白林场(桂) | 16.20 |
| 812 | 港北区(桂) | 15.32 |
| 813 | 蒙山县(桂) | 14.99 |
| 814 | 金秀瑶族自治县(桂) | 14.50 |
| 815 | 龙胜各族自治县(桂) | 14.15 |
| 816 | 上林县(桂) | 13.85 |
| 817 | 隆安县(桂) | 13.55 |
| 818 | 派阳山林场(桂) | 12.79 |
| 819 | 港南区(桂) | 12.68 |
| 820 | 防城区(桂) | 12.55 |
| 821 | 钦廉林场(桂) | 11.94 |
| 822 | 隆林各族自治县(桂) | 11.19 |
| 823 | 平乐县(桂) | 11.00 |
| 824 | 合浦县(桂) | 10.93 |
| 825 | 全州县(桂) | 10.80 |
| 826 | 永福县(桂) | 10.30 |
| 827 | 江州区(桂) | 10.10 |

| 序号 | 原木主产地 | 万立方米 |
|---|---|---|
| 828 | 大新县(桂) | 9.96 |
| 829 | 东门林场(桂) | 9.66 |
| 830 | 七坡林场(桂) | 9.54 |
| 831 | 江南区(桂) | 8.75 |
| 832 | 兴安县(桂) | 8.73 |
| 833 | 天等县(桂) | 8.41 |
| 834 | 西林县(桂) | 8.13 |
| 835 | 青秀区(桂) | 7.89 |
| 836 | 南丹县(桂) | 7.82 |
| 837 | 荔浦县(桂) | 7.73 |
| 838 | 乐业县(桂) | 7.50 |
| 839 | 三门江林场(桂) | 7.50 |
| 840 | 凌云县(桂) | 7.01 |
| 841 | 雅长林场(桂) | 6.95 |
| 842 | 金城江区(桂) | 6.90 |
| 843 | 德保县(桂) | 6.78 |
| 844 | 三江侗族自治县(桂) | 6.37 |
| 845 | 钟山县(桂) | 6.36 |
| 846 | 东兰县(桂) | 6.33 |
| 847 | 富川瑶族自治县(桂) | 6.00 |
| 848 | 临桂县(桂) | 5.70 |
| 849 | 邕宁区(桂) | 5.59 |
| 850 | 凭祥市(桂) | 5.21 |
| 851 | 灌阳县(桂) | 4.91 |
| 852 | 灵川县(桂) | 4.68 |
| 853 | 东兴市(桂) | 3.90 |
| 854 | 西乡塘区(桂) | 3.55 |
| 855 | 大化瑶族自治县(桂) | 3.18 |
| 856 | 恭城瑶族自治县(桂) | 3.12 |
| 857 | 阳朔县(桂) | 2.83 |
| 858 | 都安瑶族自治县(桂) | 2.38 |
| 859 | 铁山港区(桂) | 1.86 |
| 860 | 银海区(桂) | 1.09 |
| 861 | 玉州区(桂) | 1.06 |
| 862 | 龙州县(桂) | 1.04 |
| 863 | 资源县(桂) | 1.00 |
| 864 | 开　县(渝) | 3.68 |
| 865 | 石柱土家族自治县(渝) | 2.72 |
| 866 | 南川区(渝) | 2.60 |
| 867 | 黔江区(渝) | 2.39 |
| 868 | 丰都县(渝) | 2.36 |
| 869 | 彭水苗族土家族自治县(渝) | 1.85 |
| 870 | 江津区(渝) | 1.50 |
| 871 | 永川区(渝) | 1.36 |
| 872 | 忠　县(渝) | 1.27 |
| 873 | 綦江县(渝) | 1.20 |
| 874 | 武隆县(渝) | 1.03 |
| 875 | 巫溪县(渝) | 0.81 |
| 876 | 城口县(渝) | 0.50 |
| 877 | 洪雅县(川) | 11.16 |
| 878 | 雨城区(川) | 10.40 |
| 879 | 荥经县(川) | 8.27 |
| 880 | 古蔺县(川) | 8.00 |
| 881 | 宣汉县(川) | 7.56 |
| 882 | 叙永县(川) | 7.20 |
| 883 | 邛崃市(川) | 6.50 |
| 884 | 珙　县(川) | 5.63 |
| 885 | 三台县(川) | 5.20 |
| 886 | 沐川县(川) | 4.80 |
| 887 | 射洪县(川) | 4.80 |
| 888 | 芦山县(川) | 4.70 |
| 889 | 梓潼县(川) | 4.60 |
| 890 | 北川羌族自治县(川) | 4.50 |
| 891 | 安　县(川) | 4.50 |
| 892 | 屏山县(川) | 4.16 |
| 893 | 什邡市(川) | 3.72 |
| 894 | 南部县(川) | 3.69 |
| 895 | 合江县(川) | 3.00 |
| 896 | 剑阁县(川) | 2.90 |
| 897 | 荣　县(川) | 2.86 |
| 898 | 马边彝族自治县(川) | 2.81 |
| 899 | 天全县(川) | 2.80 |
| 900 | 阆中市(川) | 2.73 |
| 901 | 宝兴县(川) | 2.61 |
| 902 | 翠屏区(川) | 2.60 |
| 903 | 峨眉山市(川) | 2.55 |
| 904 | 大竹县(川) | 2.50 |
| 905 | 蓬山县(川) | 2.40 |
| 906 | 平昌县(川) | 2.12 |
| 907 | 彭州市(川) | 2.05 |
| 908 | 苍溪县(川) | 2.00 |
| 909 | 峨边彝族自治县(川) | 1.89 |
| 910 | 宜宾县(川) | 1.73 |
| 911 | 沙湾区(川) | 1.71 |
| 912 | 仪陇县(川) | 1.70 |
| 913 | 利州区(川) | 1.63 |
| 914 | 平武县(川) | 1.60 |
| 915 | 中江县(川) | 1.53 |
| 916 | 崇州市(川) | 1.50 |
| 917 | 江油市(川) | 1.38 |
| 918 | 东坡区(川) | 1.30 |
| 919 | 威远县(川) | 1.25 |
| 920 | 乐山市市中区(川) | 1.20 |
| 921 | 巴州区(川) | 1.17 |
| 922 | 盐亭县(川) | 1.15 |
| 923 | 兴文县(川) | 1.12 |
| 924 | 高　县(川) | 1.10 |
| 925 | 泸　县(川) | 1.09 |
| 926 | 仁寿县(川) | 1.06 |
| 927 | 南江县(川) | 1.00 |
| 928 | 南溪县(川) | 1.00 |
| 929 | 五通桥区(川) | 0.89 |
| 930 | 雅江县(川) | 0.86 |
| 931 | 江安县(川) | 0.83 |
| 932 | 冕宁县(川) | 0.79 |
| 933 | 绵竹市(川) | 0.75 |
| 934 | 青神县(川) | 0.71 |
| 935 | 犍为县(川) | 0.63 |
| 936 | 大英县(川) | 0.60 |
| 937 | 游仙区(川) | 0.60 |
| 938 | 蓬安县(川) | 0.60 |
| 939 | 通江县(川) | 0.58 |
| 940 | 纳溪区(川) | 0.58 |
| 941 | 万源市(川) | 0.55 |
| 942 | 石棉县(川) | 0.50 |
| 943 | 隆昌县(川) | 0.50 |
| 944 | 榕江县(黔) | 21.80 |
| 945 | 锦屏县(黔) | 19.01 |
| 946 | 册亨县(黔) | 11.66 |
| 947 | 三都水族自治县(黔) | 8.90 |
| 948 | 凤冈县(黔) | 4.52 |
| 949 | 独山县(黔) | 4.09 |
| 950 | 望谟县(黔) | 2.39 |
| 951 | 桐梓县(黔) | 2.01 |
| 952 | 瓮安县(黔) | 1.92 |
| 953 | 长顺县(黔) | 1.78 |
| 954 | 都匀市(黔) | 1.58 |
| 955 | 普安县(黔) | 1.55 |
| 956 | 龙里县(黔) | 1.45 |
| 957 | 贵州省龙里林场(黔) | 1.30 |
| 958 | 开阳县(黔) | 1.26 |
| 959 | 红花岗区(黔) | 1.04 |
| 960 | 碧江区(黔) | 1.04 |
| 961 | 修文县(黔) | 1.00 |
| 962 | 贞丰县(黔) | 0.82 |
| 963 | 荔波县(黔) | 0.80 |
| 964 | 凯里市(黔) | 0.80 |
| 965 | 罗甸县(黔) | 0.80 |

| 序号 | 原木主产地 | 万立方米 |
|---|---|---|
| 966 | 织金县（黔） | 0.78 |
| 967 | 福泉市（黔） | 0.77 |
| 968 | 清镇市（黔） | 0.76 |
| 969 | 晴隆县（黔） | 0.65 |
| 970 | 江口县（黔） | 0.60 |
| 971 | 黔西县（黔） | 0.56 |
| 972 | 金沙县（黔） | 0.53 |
| 973 | 富宁县（滇） | 21.54 |
| 974 | 龙陵县（滇） | 19.00 |
| 975 | 宁洱哈尼族彝族自治县（滇） | 16.95 |
| 976 | 腾冲县（滇） | 16.39 |
| 977 | 广南县（滇） | 13.70 |
| 978 | 澜沧拉祜族自治县（滇） | 12.72 |
| 979 | 景洪市（滇） | 11.90 |
| 980 | 马关县（滇） | 11.50 |
| 981 | 盈江县（滇） | 10.85 |
| 982 | 师宗县（滇） | 8.94 |
| 983 | 麻栗坡县（滇） | 8.47 |
| 984 | 芒　市（滇） | 7.35 |
| 985 | 景东彝族自治县（滇） | 6.96 |
| 986 | 墨江哈尼族自治县（滇） | 6.75 |
| 987 | 镇沅彝族哈尼族拉祜族自治县（滇） | 6.51 |
| 988 | 双柏县（滇） | 6.29 |
| 989 | 瑞丽市（滇） | 5.75 |
| 990 | 会泽县（滇） | 5.50 |
| 991 | 罗平县（滇） | 5.27 |
| 992 | 思茅区（滇） | 5.00 |
| 993 | 双江拉祜族佤族布朗族傣族自治县（滇） | 4.40 |
| 994 | 陇川县（滇） | 4.23 |
| 995 | 永仁县（滇） | 4.21 |
| 996 | 威信县（滇） | 4.00 |
| 997 | 砚山县（滇） | 3.89 |
| 998 | 丘北县（滇） | 3.86 |
| 999 | 屏边苗族自治县（滇） | 3.69 |
| 1000 | 玉龙纳西族自治县（滇） | 3.53 |
| 1001 | 昌宁县（滇） | 3.27 |
| 1002 | 隆阳区（滇） | 3.10 |
| 1003 | 石林彝族自治县（滇） | 3.08 |
| 1004 | 勐海县（滇） | 2.80 |
| 1005 | 施甸县（滇） | 2.80 |
| 1006 | 盐津县（滇） | 2.76 |
| 1007 | 金平苗族瑶族傣族自治县（滇） | 2.37 |
| 1008 | 卫国林业局（滇） | 2.37 |
| 1009 | 大姚县（滇） | 2.30 |
| 1010 | 临翔区（滇） | 2.30 |

| 序号 | 原木主产地 | 万立方米 |
|---|---|---|
| 1011 | 西畴县（滇） | 2.29 |
| 1012 | 宣威市（滇） | 2.10 |
| 1013 | 富源县（滇） | 2.08 |
| 1014 | 梁河县（滇） | 2.07 |
| 1015 | 楚雄市（滇） | 1.86 |
| 1016 | 蒙自市（滇） | 1.84 |
| 1017 | 香格里拉县（滇） | 1.70 |
| 1018 | 曲靖市海寨林场（滇） | 1.59 |
| 1019 | 河口瑶族自治县（滇） | 1.43 |
| 1020 | 元江哈尼族彝族傣族自治县（滇） | 1.23 |
| 1021 | 峨山彝族自治县（滇） | 1.22 |
| 1022 | 沧源佤族自治县（滇） | 1.16 |
| 1023 | 禄丰县（滇） | 1.15 |
| 1024 | 文山市（滇） | 1.13 |
| 1025 | 永胜县（滇） | 1.06 |
| 1026 | 个旧市（滇） | 0.93 |
| 1027 | 南华县（滇） | 0.89 |
| 1028 | 寻甸回族彝族自治县（滇） | 0.88 |
| 1029 | 景东林业局（滇） | 0.87 |
| 1030 | 宜良县（滇） | 0.84 |
| 1031 | 江城哈尼族彝族自治县（滇） | 0.83 |
| 1032 | 巧家县（滇） | 0.80 |
| 1033 | 贡山独龙族怒族自治县（滇） | 0.79 |
| 1034 | 陆良县（滇） | 0.77 |
| 1035 | 西盟佤族自治县（滇） | 0.75 |
| 1036 | 通海县（滇） | 0.68 |
| 1037 | 大关县（滇） | 0.64 |
| 1038 | 石屏县（滇） | 0.60 |
| 1039 | 墨江林业局（滇） | 0.60 |
| 1040 | 维西傈僳族自治县（滇） | 0.60 |
| 1041 | 红塔区（滇） | 0.59 |
| 1042 | 麒麟区（滇） | 0.56 |
| 1043 | 镇康县（滇） | 0.55 |
| 1044 | 云龙县（滇） | 0.50 |
| 1045 | 林芝县（藏） | 2.61 |
| 1046 | 波密县（藏） | 1.81 |
| 1047 | 察隅县（藏） | 1.29 |
| 1048 | 米林县（藏） | 0.68 |
| 1049 | 宁强县（陕） | 2.21 |
| 1050 | 耀州区（陕） | 1.07 |
| 1051 | 南郑县（陕） | 0.75 |
| 1052 | 陇　县（陕） | 0.65 |
| 1053 | 洋　县（陕） | 0.63 |
| 1054 | 华　县（陕） | 0.57 |
| 1055 | 洛川县（陕） | 0.50 |
| 1056 | 城固县（陕） | 0.50 |

| 序号 | 原木主产地 | 万立方米 |
|---|---|---|
| 1057 | 洛南县（陕） | 0.50 |
| 1058 | 瓜州县（甘） | 0.67 |
| 1059 | 临泽县（甘） | 0.60 |
| 1060 | 高台县（甘） | 0.52 |
| 1061 | 甘州区（甘） | 0.50 |
| 1062 | 莎车县（新） | 2.50 |
| 1063 | 乌苏市（新） | 1.44 |
| 1064 | 玛纳斯县（新） | 1.00 |
| 1065 | 新源县（新） | 0.97 |
| 1066 | 焉耆回族自治县（新） | 0.91 |
| 1067 | 奇台县（新） | 0.86 |
| 1068 | 和静县（新） | 0.80 |
| 1069 | 麦盖提县（新） | 0.76 |
| 1070 | 泽普县（新） | 0.71 |
| 1071 | 昌吉市（新） | 0.68 |
| 1072 | 额敏县（新） | 0.65 |
| 1073 | 霍城县（新） | 0.61 |
| 1074 | 巩留县（新） | 0.61 |
| 1075 | 沙湾县（新） | 0.51 |
| 1076 | 根河林业局（内蒙古森工） | 11.34 |
| 1077 | 莫尔道嘎林业局（内蒙古森工） | 10.64 |
| 1078 | 金河林业局（内蒙古森工） | 9.92 |
| 1079 | 乌尔旗汉林业局（内蒙古森工） | 9.53 |
| 1080 | 满归林业局（内蒙古森工） | 7.77 |
| 1081 | 绰尔林业局（内蒙古森工） | 7.22 |
| 1082 | 阿里河林业局（内蒙古森工） | 6.54 |
| 1083 | 阿龙山林业局（内蒙古森工） | 6.21 |
| 1084 | 得耳布尔林业局（内蒙古森工） | 5.74 |
| 1085 | 甘河林业局（内蒙古森工） | 5.62 |
| 1086 | 库都尔林业局（内蒙古森工） | 4.94 |
| 1087 | 克一河林业局（内蒙古森工） | 4.52 |
| 1088 | 图里河林业局（内蒙古森工） | 4.40 |
| 1089 | 吉文林业局（内蒙古森工） | 4.15 |
| 1090 | 绰源林业局（内蒙古森工） | 3.93 |
| 1091 | 伊图里河林业局（内蒙古森工） | 2.44 |
| 1092 | 大杨树林业局（内蒙古森工） | 0.54 |
| 1093 | 吉林森工集团股份公司（吉林森工） | 13.00 |
| 1094 | 红石林业局（吉林森工） | 12.27 |
| 1095 | 三岔子林业局（吉林森工） | 9.46 |
| 1096 | 松江河林业有限公司（吉林森工） | 8.72 |
| 1097 | 临江林业局（吉林森工） | 7.10 |
| 1098 | 露水河林业局（吉林森工） | 6.75 |
| 1099 | 白石山林业局（吉林森工） | 5.83 |
| 1100 | 泉阳林业局（吉林森工） | 4.22 |
| 1101 | 湾沟林业局（吉林森工） | 2.67 |
| 1102 | 东方红林业局（龙江森工） | 5.56 |

| 序号 | 原木主产地 | 万立方米 |
|---|---|---|
| 1103 | 兴隆林业局(龙江森工) | 4.21 |
| 1104 | 东京城林业局(龙江森工) | 3.90 |
| 1105 | 鹤北林业局(龙江森工) | 3.90 |
| 1106 | 柴河林业局(龙江森工) | 3.86 |
| 1107 | 亚布力林业局(龙江森工) | 3.45 |
| 1108 | 大海林林业局(龙江森工) | 3.45 |
| 1109 | 苇河林业局(龙江森工) | 3.39 |
| 1110 | 友好林业局(龙江森工) | 3.29 |
| 1111 | 山河屯林业局(龙江森工) | 2.80 |
| 1112 | 穆棱林业局(龙江森工) | 2.77 |
| 1113 | 汤旺河林业局(龙江森工) | 2.76 |
| 1114 | 方正林业局(龙江森工) | 2.70 |
| 1115 | 绥棱林业局(龙江森工) | 2.70 |
| 1116 | 朗乡林业局(龙江森工) | 2.55 |
| 1117 | 绥阳林业局(龙江森工) | 2.35 |
| 1118 | 新青林业局(龙江森工) | 2.33 |
| 1119 | 沾河林业局(龙江森工) | 2.32 |
| 1120 | 清河林业局(龙江森工) | 1.98 |
| 1121 | 海林林业局(龙江森工) | 1.93 |
| 1122 | 带岭实验局(龙江森工) | 1.58 |
| 1123 | 迎春林业局(龙江森工) | 1.50 |
| 1124 | 乌伊岭林业局(龙江森工) | 1.35 |
| 1125 | 铁力林业局(龙江森工) | 1.28 |
| 1126 | 红星林业局(龙江森工) | 1.07 |
| 1127 | 通北林业局(龙江森工) | 0.81 |
| 1128 | 桃山林业局(龙江森工) | 0.52 |
| 1129 | 鹤立林业局(龙江森工) | 0.50 |
| 1130 | 呼中林业局(大兴安岭) | 21.74 |
| 1131 | 西林吉林业局(大兴安岭) | 7.94 |
| 1132 | 新林林业局(大兴安岭) | 7.93 |
| 1133 | 韩家园林业局(大兴安岭) | 7.65 |
| 1134 | 塔河林业局(大兴安岭) | 7.09 |
| 1135 | 松岭林业局(大兴安岭) | 5.43 |
| 1136 | 十八站林业局(大兴安岭) | 5.27 |
| 1137 | 图强林业局(大兴安岭) | 4.68 |
| 1138 | 阿木尔林业局(大兴安岭) | 4.14 |
| 1139 | 农四师(新疆兵团) | 3.85 |
| 1140 | 农二师(新疆兵团) | 2.38 |
| 1141 | 农八师(新疆兵团) | 1.28 |

**表 1-2 锯材主产地产量**

| 序号 | 锯材主产地 | 万立方米 |
|---|---|---|
| 1 | 临漳县(冀) | 98.07 |
| 2 | 滦 县(冀) | 10.00 |
| 3 | 蔚 县(冀) | 7.80 |
| 4 | 昌黎县(冀) | 5.60 |
| 5 | 景 县(冀) | 4.31 |
| 6 | 沙河市(冀) | 3.70 |
| 7 | 藁城市(冀) | 2.59 |
| 8 | 丰南区(冀) | 2.50 |
| 9 | 围场满族蒙古族自治县(冀) | 1.50 |
| 10 | 永年县(冀) | 1.24 |
| 11 | 元氏县(冀) | 0.91 |
| 12 | 文安县(冀) | 0.86 |
| 13 | 定州市(冀) | 0.75 |
| 14 | 青 县(冀) | 0.60 |
| 15 | 平山县(冀) | 0.60 |
| 16 | 祁 县(晋) | 1.00 |
| 17 | 根河市(内蒙古) | 10.58 |
| 18 | 库伦旗(内蒙古) | 3.50 |
| 19 | 喀喇沁旗(内蒙古) | 3.36 |
| 20 | 奈曼旗(内蒙古) | 3.10 |
| 21 | 开鲁县(内蒙古) | 1.99 |
| 22 | 松山区(内蒙古) | 1.50 |
| 23 | 宁城县(内蒙古) | 1.02 |
| 24 | 扎赉特旗(内蒙古) | 1.00 |
| 25 | 额尔古纳市(内蒙古) | 0.83 |
| 26 | 新宾满族自治县(辽) | 16.00 |
| 27 | 桓仁满族自治县(辽) | 13.19 |
| 28 | 清原满族自治县(辽) | 12.00 |
| 29 | 新民市(辽) | 9.93 |
| 30 | 海城市(辽) | 9.29 |
| 31 | 本溪满族自治县(辽) | 9.00 |
| 32 | 大连市金州新区(辽) | 7.46 |
| 33 | 宽甸满族自治县(辽) | 5.00 |
| 34 | 振安区(辽) | 5.00 |
| 35 | 东陵区(辽) | 5.00 |
| 36 | 凌海市(辽) | 4.00 |
| 37 | 东洲区(辽) | 3.00 |
| 38 | 义 县(辽) | 3.00 |
| 39 | 凌源市(辽) | 2.50 |
| 40 | 抚顺县(辽) | 2.00 |
| 41 | 法库县(辽) | 1.50 |
| 42 | 东港市(辽) | 1.28 |
| 43 | 北票市(辽) | 1.20 |
| 44 | 灯塔市(辽) | 0.85 |
| 45 | 盖州市(辽) | 0.80 |
| 46 | 喀喇沁左翼蒙古族自治县(辽) | 0.70 |
| 47 | 敦化市(吉) | 16.00 |
| 48 | 汪清县(吉) | 14.05 |
| 49 | 辉南县(吉) | 12.50 |
| 50 | 前郭尔罗斯蒙古族自治县(吉) | 11.00 |
| 51 | 二道区(吉) | 8.70 |
| 52 | 临江市(吉) | 6.40 |
| 53 | 蛟河市(吉) | 6.11 |
| 54 | 通榆县(吉) | 5.66 |
| 55 | 集安市(吉) | 4.60 |
| 56 | 通化县(吉) | 4.30 |
| 57 | 榆树市(吉) | 4.10 |
| 58 | 和龙市(吉) | 4.10 |
| 59 | 梨树县(吉) | 4.10 |
| 60 | 抚松县(吉) | 3.90 |
| 61 | 九台市(吉) | 2.70 |
| 62 | 德惠市(吉) | 2.00 |
| 63 | 舒兰市(吉) | 1.93 |
| 64 | 柳河县(吉) | 1.10 |
| 65 | 丰满区(吉) | 1.00 |
| 66 | 江源区(吉) | 1.00 |
| 67 | 农安县(吉) | 1.00 |
| 68 | 乾安县(吉) | 1.00 |
| 69 | 龙潭区(吉) | 0.90 |
| 70 | 白河林业局(吉) | 0.68 |
| 71 | 经济开发区(吉) | 0.64 |
| 72 | 大兴沟林业局(吉) | 0.62 |
| 73 | 四平市铁西区(吉) | 0.60 |
| 74 | 船营区(吉) | 0.60 |
| 75 | 延吉市(吉) | 0.55 |
| 76 | 龙井市(吉) | 0.53 |
| 77 | 同江市(黑) | 90.00 |
| 78 | 宁安市(黑) | 22.00 |
| 79 | 海林市(黑) | 20.00 |
| 80 | 饶河县(黑) | 6.25 |
| 81 | 庆安国有林场管理局(黑) | 5.60 |
| 82 | 巴彦县(黑) | 5.04 |
| 83 | 林口县(黑) | 3.32 |
| 84 | 城子河区(黑) | 3.00 |
| 85 | 爱辉区(黑) | 2.40 |
| 86 | 延寿县(黑) | 2.00 |
| 87 | 七台河市市辖区(黑) | 2.00 |
| 88 | 依兰县(黑) | 1.80 |
| 89 | 肇东市(黑) | 1.60 |
| 90 | 木兰县(黑) | 1.20 |
| 91 | 鸡冠区(黑) | 1.10 |
| 92 | 拜泉县(黑) | 1.00 |
| 93 | 林甸县(黑) | 0.94 |
| 94 | 双城市(黑) | 0.89 |
| 95 | 梨树区(黑) | 0.80 |
| 96 | 明水县(黑) | 0.70 |

| 序号 | 锯材主产地 | 万立方米 |
|---|---|---|
| 97 | 牡丹江市市本级(黑) | 0.62 |
| 98 | 汤原县(黑) | 0.60 |
| 99 | 青冈县(黑) | 0.60 |
| 100 | 奉贤区(沪) | 1.60 |
| 101 | 丰　县(苏) | 44.00 |
| 102 | 太仓市(苏) | 40.00 |
| 103 | 大丰市(苏) | 38.30 |
| 104 | 涟水县(苏) | 16.00 |
| 105 | 泗阳县(苏) | 12.81 |
| 106 | 东台市(苏) | 9.80 |
| 107 | 泗洪县(苏) | 7.20 |
| 108 | 宿城区(苏) | 4.98 |
| 109 | 沛　县(苏) | 3.40 |
| 110 | 海门市(苏) | 3.21 |
| 111 | 吴中区(苏) | 2.77 |
| 112 | 通州区(苏) | 2.50 |
| 113 | 沭阳县(苏) | 2.10 |
| 114 | 宝应县(苏) | 2.00 |
| 115 | 亭湖区(苏) | 2.00 |
| 116 | 滨海县(苏) | 1.94 |
| 117 | 睢宁县(苏) | 1.83 |
| 118 | 阜宁县(苏) | 1.75 |
| 119 | 盐都区(苏) | 1.72 |
| 120 | 常熟市(苏) | 1.51 |
| 121 | 泰兴市(苏) | 1.50 |
| 122 | 宿豫区(苏) | 1.46 |
| 123 | 江宁区(苏) | 1.31 |
| 124 | 建湖县(苏) | 1.27 |
| 125 | 江都区(苏) | 1.00 |
| 126 | 射阳县(苏) | 0.88 |
| 127 | 淮阴区(苏) | 0.70 |
| 128 | 淮安区(苏) | 0.70 |
| 129 | 句容市(苏) | 0.66 |
| 130 | 江山市(浙) | 93.21 |
| 131 | 衢江区(浙) | 50.00 |
| 132 | 桐乡市(浙) | 16.60 |
| 133 | 安吉县(浙) | 15.40 |
| 134 | 嘉兴市市辖区(浙) | 14.01 |
| 135 | 龙泉市(浙) | 8.80 |
| 136 | 莲都区(浙) | 7.58 |
| 137 | 临安市(浙) | 5.80 |
| 138 | 青田县(浙) | 4.44 |
| 139 | 奉化市(浙) | 4.20 |
| 140 | 长兴县(浙) | 3.10 |
| 141 | 遂昌县(浙) | 2.78 |
| 142 | 临海市(浙) | 2.58 |

| 序号 | 锯材主产地 | 万立方米 |
|---|---|---|
| 143 | 宁海县(浙) | 2.50 |
| 144 | 建德市(浙) | 2.34 |
| 145 | 龙游县(浙) | 2.30 |
| 146 | 松阳县(浙) | 2.25 |
| 147 | 天台县(浙) | 2.21 |
| 148 | 柯城区(浙) | 2.14 |
| 149 | 缙云县(浙) | 1.40 |
| 150 | 庆元县(浙) | 1.37 |
| 151 | 开化县(浙) | 1.35 |
| 152 | 淳安县(浙) | 1.28 |
| 153 | 余杭区(浙) | 1.22 |
| 154 | 泰顺县(浙) | 1.16 |
| 155 | 定海区(浙) | 1.15 |
| 156 | 文成县(浙) | 0.94 |
| 157 | 德清县(浙) | 0.80 |
| 158 | 三门县(浙) | 0.77 |
| 159 | 仙居县(浙) | 0.70 |
| 160 | 秀洲区(浙) | 0.59 |
| 161 | 五河县(皖) | 65.00 |
| 162 | 天长市(皖) | 11.90 |
| 163 | 谯城区(皖) | 10.00 |
| 164 | 祁门县(皖) | 10.00 |
| 165 | 青阳县(皖) | 9.34 |
| 166 | 阜南县(皖) | 9.30 |
| 167 | 南陵县(皖) | 9.02 |
| 168 | 宣州区(皖) | 8.80 |
| 169 | 明光市(皖) | 8.60 |
| 170 | 郎溪县(皖) | 8.50 |
| 171 | 全椒县(皖) | 8.50 |
| 172 | 灵璧县(皖) | 6.04 |
| 173 | 南谯区(皖) | 6.00 |
| 174 | 泾　县(皖) | 5.00 |
| 175 | 潜山县(皖) | 4.30 |
| 176 | 颍州区(皖) | 3.70 |
| 177 | 太湖县(皖) | 2.83 |
| 178 | 旌德县(皖) | 2.60 |
| 179 | 黟　县(皖) | 2.59 |
| 180 | 休宁县(皖) | 2.56 |
| 181 | 来安县(皖) | 2.00 |
| 182 | 无为县(皖) | 1.89 |
| 183 | 长丰县(皖) | 1.81 |
| 184 | 大观区(皖) | 1.60 |
| 185 | 桐城市(皖) | 1.00 |
| 186 | 固镇县(皖) | 1.00 |
| 187 | 肥东县(皖) | 1.00 |
| 188 | 泗　县(皖) | 0.96 |

| 序号 | 锯材主产地 | 万立方米 |
|---|---|---|
| 189 | 望江县(皖) | 0.90 |
| 190 | 太和县(皖) | 0.80 |
| 191 | 歙　县(皖) | 0.78 |
| 192 | 绩溪县(皖) | 0.73 |
| 193 | 琅琊区(皖) | 0.66 |
| 194 | 界首市(皖) | 0.64 |
| 195 | 石台县(皖) | 0.60 |
| 196 | 庐江县(皖) | 0.57 |
| 197 | 怀宁县(皖) | 0.53 |
| 198 | 新罗区(闽) | 36.64 |
| 199 | 延平区(闽) | 19.48 |
| 200 | 龙海市(闽) | 12.01 |
| 201 | 武夷山市(闽) | 9.80 |
| 202 | 建瓯市(闽) | 9.59 |
| 203 | 尤溪县(闽) | 8.75 |
| 204 | 顺昌县(闽) | 7.77 |
| 205 | 泰宁县(闽) | 6.57 |
| 206 | 清流县(闽) | 4.99 |
| 207 | 将乐县(闽) | 4.80 |
| 208 | 漳平市(闽) | 4.02 |
| 209 | 闽清县(闽) | 3.68 |
| 210 | 宁化县(闽) | 3.29 |
| 211 | 德化县(闽) | 2.57 |
| 212 | 仙游县(闽) | 2.45 |
| 213 | 大田县(闽) | 2.24 |
| 214 | 永春县(闽) | 1.80 |
| 215 | 梅列区(闽) | 1.64 |
| 216 | 连城县(闽) | 1.62 |
| 217 | 华安县(闽) | 1.52 |
| 218 | 南安市(闽) | 1.41 |
| 219 | 漳浦县(闽) | 1.39 |
| 220 | 沙　县(闽) | 1.27 |
| 221 | 浦城县(闽) | 1.22 |
| 222 | 三元区(闽) | 1.20 |
| 223 | 邵武市(闽) | 1.17 |
| 224 | 建宁县(闽) | 1.11 |
| 225 | 蕉城区(闽) | 0.90 |
| 226 | 芗城区(闽) | 0.89 |
| 227 | 福鼎市(闽) | 0.88 |
| 228 | 霞浦县(闽) | 0.83 |
| 229 | 福清市(闽) | 0.81 |
| 230 | 连江县(闽) | 0.78 |
| 231 | 永泰县(闽) | 0.72 |
| 232 | 诏安县(闽) | 0.66 |
| 233 | 屏南县(闽) | 0.65 |
| 234 | 平和县(闽) | 0.63 |

| 序号 | 锯材主产地 | 万立方米 |
|---|---|---|
| 235 | 武平县(闽) | 0.62 |
| 236 | 寿宁县(闽) | 0.57 |
| 237 | 闽侯县(闽) | 0.50 |
| 238 | 南昌市市辖区(赣) | 47.08 |
| 239 | 南康市(赣) | 32.50 |
| 240 | 新干县(赣) | 9.80 |
| 241 | 贵溪市(赣) | 5.92 |
| 242 | 遂川县(赣) | 5.00 |
| 243 | 上高县(赣) | 5.00 |
| 244 | 信丰县(赣) | 4.75 |
| 245 | 婺源县(赣) | 4.03 |
| 246 | 铜鼓县(赣) | 3.70 |
| 247 | 广丰县(赣) | 3.00 |
| 248 | 渝水区(赣) | 2.50 |
| 249 | 武宁县(赣) | 2.25 |
| 250 | 崇义县(赣) | 2.00 |
| 251 | 万安县(赣) | 1.80 |
| 252 | 余江县(赣) | 1.80 |
| 253 | 彭泽县(赣) | 1.70 |
| 254 | 泰和县(赣) | 1.65 |
| 255 | 永丰县(赣) | 1.50 |
| 256 | 临川区(赣) | 1.45 |
| 257 | 德安县(赣) | 1.39 |
| 258 | 安远县(赣) | 1.36 |
| 259 | 高安市(赣) | 1.19 |
| 260 | 上犹县(赣) | 1.17 |
| 261 | 安源区(赣) | 1.17 |
| 262 | 全南县(赣) | 1.00 |
| 263 | 瑞金市(赣) | 0.90 |
| 264 | 大余县(赣) | 0.85 |
| 265 | 金溪县(赣) | 0.82 |
| 266 | 玉山县(赣) | 0.72 |
| 267 | 章贡区(赣) | 0.68 |
| 268 | 新建县(赣) | 0.65 |
| 269 | 于都县(赣) | 0.61 |
| 270 | 岚山区(鲁) | 220.00 |
| 271 | 曹　县(鲁) | 133.10 |
| 272 | 临沂市临港经济开发区(鲁) | 103.00 |
| 273 | 成武县(鲁) | 54.56 |
| 274 | 高密市(鲁) | 47.52 |
| 275 | 诸城市(鲁) | 30.29 |
| 276 | 郯城县(鲁) | 27.40 |
| 277 | 梁山县(鲁) | 24.86 |
| 278 | 惠民县(鲁) | 24.00 |
| 279 | 兰山区(鲁) | 15.50 |
| 280 | 平原县(鲁) | 14.50 |
| 281 | 蒙阴县(鲁) | 8.90 |
| 282 | 莱州市(鲁) | 8.90 |
| 283 | 寿光市(鲁) | 8.31 |
| 284 | 微山县(鲁) | 6.31 |
| 285 | 嘉祥县(鲁) | 4.50 |
| 286 | 龙口市(鲁) | 4.17 |
| 287 | 邹平县(鲁) | 3.85 |
| 288 | 东平县(鲁) | 3.80 |
| 289 | 新泰市(鲁) | 3.50 |
| 290 | 苍山县(鲁) | 3.34 |
| 291 | 临邑县(鲁) | 3.10 |
| 292 | 沂水县(鲁) | 3.00 |
| 293 | 奎文区(鲁) | 3.00 |
| 294 | 长清区(鲁) | 2.84 |
| 295 | 宁阳县(鲁) | 2.59 |
| 296 | 桓台县(鲁) | 2.20 |
| 297 | 东昌府区(鲁) | 2.19 |
| 298 | 商河县(鲁) | 2.10 |
| 299 | 昌乐县(鲁) | 2.00 |
| 300 | 平阴县(鲁) | 2.00 |
| 301 | 阳谷县(鲁) | 1.63 |
| 302 | 冠　县(鲁) | 1.60 |
| 303 | 昌邑市(鲁) | 1.50 |
| 304 | 高青县(鲁) | 1.30 |
| 305 | 五莲县(鲁) | 1.20 |
| 306 | 沂南县(鲁) | 1.02 |
| 307 | 武城县(鲁) | 1.00 |
| 308 | 利津县(鲁) | 0.90 |
| 309 | 淄川区(鲁) | 0.90 |
| 310 | 金乡县(鲁) | 0.89 |
| 311 | 莘　县(鲁) | 0.78 |
| 312 | 肥城市(鲁) | 0.70 |
| 313 | 岱岳区(鲁) | 0.70 |
| 314 | 聊城市市辖区(鲁) | 0.70 |
| 315 | 乐陵市(鲁) | 0.70 |
| 316 | 临颍县(豫) | 36.78 |
| 317 | 兰考县(豫) | 30.50 |
| 318 | 尉氏县(豫) | 11.20 |
| 319 | 梁园区(豫) | 10.00 |
| 320 | 原阳县(豫) | 9.30 |
| 321 | 沈丘县(豫) | 8.30 |
| 322 | 安阳县(豫) | 6.00 |
| 323 | 太康县(豫) | 5.00 |
| 324 | 镇平县(豫) | 4.73 |
| 325 | 民权县(豫) | 4.53 |
| 326 | 内黄县(豫) | 3.50 |
| 327 | 睢　县(豫) | 3.00 |
| 328 | 淮滨县(豫) | 2.75 |
| 329 | 卫辉市(豫) | 2.60 |
| 330 | 淮阳县(豫) | 2.50 |
| 331 | 商水县(豫) | 2.27 |
| 332 | 沁阳市(豫) | 2.10 |
| 333 | 郾城区(豫) | 2.03 |
| 334 | 新密市(豫) | 1.90 |
| 335 | 永城市(豫) | 1.90 |
| 336 | 温　县(豫) | 1.80 |
| 337 | 郸城县(豫) | 1.70 |
| 338 | 汝南县(豫) | 1.68 |
| 339 | 柘城县(豫) | 1.60 |
| 340 | 睢阳区(豫) | 1.50 |
| 341 | 洛宁县(豫) | 1.50 |
| 342 | 辉县市(豫) | 1.50 |
| 343 | 修武县(豫) | 1.40 |
| 344 | 中牟县(豫) | 1.30 |
| 345 | 内乡县(豫) | 1.20 |
| 346 | 台前县(豫) | 1.17 |
| 347 | 汝阳县(豫) | 1.06 |
| 348 | 夏邑县(豫) | 1.00 |
| 349 | 许昌县(豫) | 0.90 |
| 350 | 济源市(豫) | 0.90 |
| 351 | 西平县(豫) | 0.89 |
| 352 | 管城回族区(豫) | 0.86 |
| 353 | 杞　县(豫) | 0.83 |
| 354 | 川汇区(豫) | 0.80 |
| 355 | 社旗县(豫) | 0.80 |
| 356 | 伊川县(豫) | 0.80 |
| 357 | 叶　县(豫) | 0.79 |
| 358 | 延津县(豫) | 0.72 |
| 359 | 汝州市(豫) | 0.72 |
| 360 | 宝丰县(豫) | 0.71 |
| 361 | 新野县(豫) | 0.71 |
| 362 | 方城县(豫) | 0.66 |
| 363 | 长葛市(豫) | 0.62 |
| 364 | 固始县(豫) | 0.62 |
| 365 | 浉河区(豫) | 0.61 |
| 366 | 新郑市(豫) | 0.60 |
| 367 | 邓州市(豫) | 0.60 |
| 368 | 召陵区(豫) | 0.58 |
| 369 | 枣阳市(鄂) | 8.08 |
| 370 | 谷城县(鄂) | 6.33 |
| 371 | 建始县(鄂) | 6.25 |
| 372 | 监利县(鄂) | 5.00 |

| 序号 | 锯材主产地 | 万立方米 |
|---|---|---|
| 373 | 天门市(鄂) | 4.00 |
| 374 | 东宝区(鄂) | 3.00 |
| 375 | 鹤峰县(鄂) | 3.00 |
| 376 | 宜城市(鄂) | 2.30 |
| 377 | 罗田县(鄂) | 2.00 |
| 378 | 兴山县(鄂) | 1.59 |
| 379 | 巴东县(鄂) | 1.57 |
| 380 | 蔡甸区(鄂) | 1.30 |
| 381 | 恩施市(鄂) | 1.10 |
| 382 | 来凤县(鄂) | 0.87 |
| 383 | 竹山县(鄂) | 0.85 |
| 384 | 红安县(鄂) | 0.80 |
| 385 | 华容区(鄂) | 0.80 |
| 386 | 张湾区(鄂) | 0.78 |
| 387 | 樊城区(鄂) | 0.70 |
| 388 | 鄂城区(鄂) | 0.70 |
| 389 | 云梦县(鄂) | 0.65 |
| 390 | 沙市区(鄂) | 0.62 |
| 391 | 咸丰县(鄂) | 0.60 |
| 392 | 应城市(鄂) | 0.60 |
| 393 | 安陆市(鄂) | 0.60 |
| 394 | 汉寿县(湘) | 15.80 |
| 395 | 醴陵市(湘) | 10.00 |
| 396 | 芙蓉区(湘) | 10.00 |
| 397 | 新化县(湘) | 9.60 |
| 398 | 靖州苗族侗族自治县(湘) | 8.50 |
| 399 | 炎陵县(湘) | 8.00 |
| 400 | 资兴市(湘) | 7.30 |
| 401 | 安化县(湘) | 7.30 |
| 402 | 城步苗族自治县(湘) | 7.20 |
| 403 | 鹤城区(湘) | 7.10 |
| 404 | 双牌县(湘) | 7.05 |
| 405 | 平江县(湘) | 7.00 |
| 406 | 衡东县(湘) | 6.10 |
| 407 | 武冈市(湘) | 5.00 |
| 408 | 桃江县(湘) | 4.80 |
| 409 | 宁乡县(湘) | 4.60 |
| 410 | 祁阳县(湘) | 4.00 |
| 411 | 雨湖区(湘) | 4.00 |
| 412 | 绥宁县(湘) | 4.00 |
| 413 | 蓝山县(湘) | 3.99 |
| 414 | 道　县(湘) | 3.80 |
| 415 | 隆回县(湘) | 3.80 |
| 416 | 鼎城区(湘) | 3.60 |
| 417 | 赫山区(湘) | 3.60 |
| 418 | 金洞林场(湘) | 3.55 |
| 419 | 慈利县(湘) | 3.00 |
| 420 | 宜章县(湘) | 2.90 |
| 421 | 会同县(湘) | 2.70 |
| 422 | 攸　县(湘) | 2.70 |
| 423 | 洞口县(湘) | 2.59 |
| 424 | 南　县(湘) | 2.50 |
| 425 | 衡山县(湘) | 2.46 |
| 426 | 湘乡市(湘) | 2.45 |
| 427 | 桃源县(湘) | 2.42 |
| 428 | 宁远县(湘) | 2.42 |
| 429 | 洪江市(湘) | 2.25 |
| 430 | 云溪区(湘) | 2.24 |
| 431 | 君山区(湘) | 2.11 |
| 432 | 安乡县(湘) | 2.10 |
| 433 | 汝城县(湘) | 2.01 |
| 434 | 新宁县(湘) | 2.00 |
| 435 | 岳麓区(湘) | 2.00 |
| 436 | 开福区(湘) | 2.00 |
| 437 | 雨花区(湘) | 2.00 |
| 438 | 江华瑶族自治县(湘) | 1.93 |
| 439 | 沅江市(湘) | 1.90 |
| 440 | 安仁县(湘) | 1.88 |
| 441 | 永兴县(湘) | 1.78 |
| 442 | 吉首市(湘) | 1.70 |
| 443 | 武陵区(湘) | 1.60 |
| 444 | 古丈县(湘) | 1.60 |
| 445 | 洪江区(湘) | 1.52 |
| 446 | 湘阴县(湘) | 1.50 |
| 447 | 冷水江市(湘) | 1.49 |
| 448 | 蒸湘区(湘) | 1.42 |
| 449 | 龙山县(湘) | 1.40 |
| 450 | 芷江侗族自治县(湘) | 1.36 |
| 451 | 益阳市市辖区(湘) | 1.30 |
| 452 | 澧　县(湘) | 1.20 |
| 453 | 中方县(湘) | 1.20 |
| 454 | 衡南县(湘) | 1.20 |
| 455 | 江永县(湘) | 1.20 |
| 456 | 茶陵县(湘) | 1.20 |
| 457 | 沅陵县(湘) | 1.10 |
| 458 | 桂东县(湘) | 1.10 |
| 459 | 祁东县(湘) | 1.05 |
| 460 | 资阳区(湘) | 1.00 |
| 461 | 石鼓区(湘) | 1.00 |
| 462 | 凤凰县(湘) | 1.00 |
| 463 | 辰溪县(湘) | 1.00 |
| 464 | 天心区(湘) | 1.00 |
| 465 | 常宁市(湘) | 0.93 |
| 466 | 北塔区(湘) | 0.93 |
| 467 | 株洲县(湘) | 0.90 |
| 468 | 桑植县(湘) | 0.80 |
| 469 | 耒阳市(湘) | 0.70 |
| 470 | 溆浦县(湘) | 0.70 |
| 471 | 花垣县(湘) | 0.60 |
| 472 | 麻阳苗族自治县(湘) | 0.52 |
| 473 | 新田县(湘) | 0.52 |
| 474 | 紫金县(粤) | 21.10 |
| 475 | 增城市(粤) | 13.20 |
| 476 | 鹤山市(粤) | 10.20 |
| 477 | 东源县(粤) | 9.82 |
| 478 | 清新县(粤) | 9.20 |
| 479 | 博罗县(粤) | 8.20 |
| 480 | 惠东县(粤) | 5.39 |
| 481 | 清城区(粤) | 5.29 |
| 482 | 恩平市(粤) | 4.88 |
| 483 | 怀集县(粤) | 4.49 |
| 484 | 饶平县(粤) | 3.87 |
| 485 | 乳源瑶族自治县(粤) | 3.54 |
| 486 | 信宜市(粤) | 2.98 |
| 487 | 连山壮族瑶族自治县(粤) | 2.60 |
| 488 | 吴川市(粤) | 2.60 |
| 489 | 电白县(粤) | 2.05 |
| 490 | 仁化县(粤) | 2.00 |
| 491 | 坡头区(粤) | 2.00 |
| 492 | 云安县(粤) | 1.95 |
| 493 | 惠阳区(粤) | 1.80 |
| 494 | 化州市(粤) | 1.77 |
| 495 | 连平县(粤) | 1.60 |
| 496 | 中山市(粤) | 1.52 |
| 497 | 和平县(粤) | 1.30 |
| 498 | 揭东县(粤) | 1.20 |
| 499 | 大埔县(粤) | 1.20 |
| 500 | 蕉岭县(粤) | 1.12 |
| 501 | 高明区(粤) | 1.10 |
| 502 | 阳春市(粤) | 1.10 |
| 503 | 乐昌林场(粤) | 1.00 |
| 504 | 连州市(粤) | 1.00 |
| 505 | 高州市(粤) | 1.00 |
| 506 | 阳山县(粤) | 0.90 |
| 507 | 广宁县(粤) | 0.87 |
| 508 | 阳东县(粤) | 0.55 |
| 509 | 江南区(桂) | 40.32 |
| 510 | 灵山县(桂) | 29.50 |

| 序号 | 锯材主产地 | 万立方米 |
|---|---|---|
| 511 | 玉州区(桂) | 25.33 |
| 512 | 龙胜各族自治县(桂) | 23.36 |
| 513 | 岑溪市(桂) | 22.51 |
| 514 | 环江毛南族自治县(桂) | 16.78 |
| 515 | 苍梧县(桂) | 15.80 |
| 516 | 融水苗族自治县(桂) | 15.50 |
| 517 | 临桂县(桂) | 14.60 |
| 518 | 八步区(桂) | 13.00 |
| 519 | 鹿寨县(桂) | 11.50 |
| 520 | 凤山县(桂) | 11.34 |
| 521 | 横　县(桂) | 11.30 |
| 522 | 三江侗族自治县(桂) | 9.98 |
| 523 | 融安县(桂) | 9.50 |
| 524 | 兴宾区(桂) | 9.00 |
| 525 | 上林县(桂) | 7.36 |
| 526 | 隆林各族自治县(桂) | 7.30 |
| 527 | 陆川县(桂) | 6.80 |
| 528 | 田林县(桂) | 6.63 |
| 529 | 兴安县(桂) | 6.55 |
| 530 | 荔浦县(桂) | 6.54 |
| 531 | 港北区(桂) | 6.24 |
| 532 | 宜州市(桂) | 6.21 |
| 533 | 罗城仫佬族自治县(桂) | 6.20 |
| 534 | 资源县(桂) | 6.00 |
| 535 | 平果县(桂) | 5.50 |
| 536 | 全州县(桂) | 5.40 |
| 537 | 西林县(桂) | 5.27 |
| 538 | 合浦县(桂) | 5.20 |
| 539 | 桂平市(桂) | 5.00 |
| 540 | 永福县(桂) | 4.81 |
| 541 | 海城区(桂) | 4.80 |
| 542 | 宾阳县(桂) | 4.80 |
| 543 | 东兰县(桂) | 4.43 |
| 544 | 贺州市平桂管理区(桂) | 4.40 |
| 545 | 防城区(桂) | 4.26 |
| 546 | 平南县(桂) | 4.03 |
| 547 | 凭祥市(桂) | 3.73 |
| 548 | 右江区(桂) | 3.40 |
| 549 | 富川瑶族自治县(桂) | 3.30 |
| 550 | 恭城瑶族自治县(桂) | 3.20 |
| 551 | 象山区(桂) | 3.00 |
| 552 | 金秀瑶族自治县(桂) | 2.80 |
| 553 | 平乐县(桂) | 2.64 |
| 554 | 钦南区(桂) | 2.50 |
| 555 | 灵川县(桂) | 2.50 |
| 556 | 叠彩区(桂) | 2.50 |
| 557 | 秀峰区(桂) | 2.40 |
| 558 | 凌云县(桂) | 2.33 |
| 559 | 钦北区(桂) | 2.31 |
| 560 | 良庆区(桂) | 2.31 |
| 561 | 灌阳县(桂) | 2.05 |
| 562 | 昭平县(桂) | 1.81 |
| 563 | 武宣县(桂) | 1.74 |
| 564 | 扶绥县(桂) | 1.47 |
| 565 | 阳朔县(桂) | 1.46 |
| 566 | 天峨县(桂) | 1.42 |
| 567 | 象州县(桂) | 1.23 |
| 568 | 南丹县(桂) | 1.20 |
| 569 | 江州区(桂) | 1.20 |
| 570 | 钟山县(桂) | 0.97 |
| 571 | 港口区(桂) | 0.90 |
| 572 | 雁山区(桂) | 0.87 |
| 573 | 田阳县(桂) | 0.86 |
| 574 | 藤　县(桂) | 0.80 |
| 575 | 浦北县(桂) | 0.75 |
| 576 | 蒙山县(桂) | 0.74 |
| 577 | 乐业县(桂) | 0.68 |
| 578 | 大化瑶族自治县(桂) | 0.56 |
| 579 | 九龙坡区(渝) | 15.81 |
| 580 | 黔江区(渝) | 1.98 |
| 581 | 开　县(渝) | 1.27 |
| 582 | 南川区(渝) | 0.80 |
| 583 | 石柱土家族自治县(渝) | 0.64 |
| 584 | 武隆县(渝) | 0.61 |
| 585 | 青白江区(川) | 15.87 |
| 586 | 洪雅县(川) | 9.50 |
| 587 | 雨城区(川) | 8.60 |
| 588 | 仁和区(川) | 7.70 |
| 589 | 珙　县(川) | 7.50 |
| 590 | 乐山市市中区(川) | 7.01 |
| 591 | 崇州市(川) | 6.60 |
| 592 | 武侯区(川) | 6.00 |
| 593 | 成都市市辖区(川) | 4.90 |
| 594 | 邛崃市(川) | 4.90 |
| 595 | 荥经县(川) | 4.60 |
| 596 | 叙永县(川) | 4.50 |
| 597 | 江油市(川) | 4.40 |
| 598 | 三台县(川) | 4.10 |
| 599 | 射洪县(川) | 4.00 |
| 600 | 东坡区(川) | 3.80 |
| 601 | 彭州市(川) | 3.32 |
| 602 | 马边彝族自治县(川) | 2.60 |
| 603 | 盐亭县(川) | 2.57 |
| 604 | 巴州区(川) | 2.56 |
| 605 | 旌阳区(川) | 2.50 |
| 606 | 威远县(川) | 2.25 |
| 607 | 犍为县(川) | 2.20 |
| 608 | 南部县(川) | 2.15 |
| 609 | 翠屏区(川) | 2.10 |
| 610 | 昭化区(川) | 2.00 |
| 611 | 达川区(川) | 1.88 |
| 612 | 安　县(川) | 1.61 |
| 613 | 古蔺县(川) | 1.60 |
| 614 | 天全县(川) | 1.42 |
| 615 | 郫　县(川) | 1.41 |
| 616 | 冕宁县(川) | 1.25 |
| 617 | 新津县(川) | 1.24 |
| 618 | 雷波县(川) | 1.20 |
| 619 | 大竹县(川) | 1.20 |
| 620 | 通江县(川) | 0.90 |
| 621 | 彭山县(川) | 0.84 |
| 622 | 苍溪县(川) | 0.80 |
| 623 | 筠连县(川) | 0.78 |
| 624 | 宣汉县(川) | 0.70 |
| 625 | 五通桥区(川) | 0.69 |
| 626 | 沙湾区(川) | 0.68 |
| 627 | 丹棱县(川) | 0.65 |
| 628 | 兴文县(川) | 0.58 |
| 629 | 布拖县(川) | 0.55 |
| 630 | 盐源县(川) | 0.54 |
| 631 | 册亨县(黔) | 8.16 |
| 632 | 锦屏县(黔) | 7.57 |
| 633 | 凯里市(黔) | 6.00 |
| 634 | 三都水族自治县(黔) | 4.60 |
| 635 | 凤冈县(黔) | 3.62 |
| 636 | 独山县(黔) | 2.72 |
| 637 | 红花岗区(黔) | 2.70 |
| 638 | 清镇市(黔) | 1.71 |
| 639 | 望谟县(黔) | 1.67 |
| 640 | 榕江县(黔) | 1.20 |
| 641 | 都匀市(黔) | 1.06 |
| 642 | 瓮安县(黔) | 1.00 |
| 643 | 普安县(黔) | 1.00 |
| 644 | 碧江区(黔) | 0.97 |
| 645 | 南明区(黔) | 0.77 |
| 646 | 罗甸县(黔) | 0.70 |
| 647 | 开阳县(黔) | 0.60 |
| 648 | 黔西县(黔) | 0.56 |

| 序号 | 锯材主产地 | 万立方米 |
|---|---|---|
| 649 | 马关县(滇) | 8.10 |
| 650 | 陇川县(滇) | 5.88 |
| 651 | 麻栗坡县(滇) | 5.65 |
| 652 | 盈江县(滇) | 5.51 |
| 653 | 广南县(滇) | 5.33 |
| 654 | 思茅区(滇) | 5.20 |
| 655 | 师宗县(滇) | 4.89 |
| 656 | 富宁县(滇) | 4.76 |
| 657 | 丘北县(滇) | 3.94 |
| 658 | 南华县(滇) | 3.83 |
| 659 | 双柏县(滇) | 3.71 |
| 660 | 澜沧拉祜族自治县(滇) | 3.67 |
| 661 | 瑞丽市(滇) | 3.50 |
| 662 | 屏边苗族自治县(滇) | 3.49 |
| 663 | 芒　市(滇) | 3.28 |
| 664 | 腾冲县(滇) | 3.00 |
| 665 | 楚雄市(滇) | 2.79 |
| 666 | 个旧市(滇) | 2.60 |
| 667 | 宁洱哈尼族彝族自治县(滇) | 2.48 |
| 668 | 陆良县(滇) | 2.08 |
| 669 | 威信县(滇) | 1.40 |
| 670 | 江城哈尼族彝族自治县(滇) | 1.39 |
| 671 | 双江拉祜族佤族布朗族傣族自治县(滇) | 1.38 |
| 672 | 镇康县(滇) | 1.37 |
| 673 | 镇沅彝族哈尼族拉祜族自治县(滇) | 1.32 |
| 674 | 西畴县(滇) | 1.29 |
| 675 | 沧源佤族自治县(滇) | 1.25 |
| 676 | 勐海县(滇) | 1.20 |
| 677 | 弥渡县(滇) | 1.16 |
| 678 | 墨江哈尼族自治县(滇) | 1.15 |
| 679 | 晋宁县(滇) | 1.10 |
| 680 | 禄丰县(滇) | 1.02 |
| 681 | 河口瑶族自治县(滇) | 1.01 |
| 682 | 施甸县(滇) | 1.00 |
| 683 | 武定县(滇) | 0.90 |
| 684 | 泸水县(滇) | 0.85 |
| 685 | 云龙县(滇) | 0.68 |
| 686 | 宾川县(滇) | 0.52 |
| 687 | 林芝县(藏) | 2.40 |
| 688 | 米林县(藏) | 1.40 |
| 689 | 察隅县(藏) | 1.00 |
| 690 | 石泉县(陕) | 7.90 |
| 691 | 旬阳县(陕) | 2.30 |
| 692 | 汉台区(陕) | 2.00 |
| 693 | 雁塔区(陕) | 1.10 |
| 694 | 焉耆回族自治县(新) | 1.68 |
| 695 | 新源县(新) | 0.82 |
| 696 | 奇台县(新) | 0.81 |
| 697 | 昌吉市(新) | 0.60 |
| 698 | 带岭实验局(龙江森工) | 7.00 |
| 699 | 兴隆林业局(龙江森工) | 3.60 |
| 700 | 沾河林业局(龙江森工) | 3.20 |
| 701 | 穆棱林业局(龙江森工) | 3.00 |
| 702 | 大海林林业局(龙江森工) | 2.80 |
| 703 | 柴河林业局(龙江森工) | 2.70 |
| 704 | 方正林业局(龙江森工) | 2.70 |
| 705 | 新青林业局(龙江森工) | 2.60 |
| 706 | 东方红林业局(龙江森工) | 2.60 |
| 707 | 双丰林业局(龙江森工) | 2.30 |
| 708 | 苇河林业局(龙江森工) | 2.10 |
| 709 | 桦南林业局(龙江森工) | 1.75 |
| 710 | 绥阳林业局(龙江森工) | 1.60 |
| 711 | 林口林业局(龙江森工) | 1.40 |
| 712 | 鹤北林业局(龙江森工) | 1.40 |
| 713 | 佳木斯木材综合加工厂(龙江森工) | 1.30 |
| 714 | 汤旺河林业局(龙江森工) | 0.98 |
| 715 | 东京城林业局(龙江森工) | 0.90 |
| 716 | 亚布力林业局(龙江森工) | 0.86 |
| 717 | 清河林业局(龙江森工) | 0.84 |
| 718 | 双鸭山林业局(龙江森工) | 0.82 |
| 719 | 铁力林业局(龙江森工) | 0.75 |
| 720 | 乌伊岭林业局(龙江森工) | 0.61 |
| 721 | 美溪林业局(龙江森工) | 0.60 |
| 722 | 迎春林业局(龙江森工) | 0.60 |
| 723 | 上甘岭林业局(龙江森工) | 0.56 |
| 724 | 十八站林业局(大兴安岭) | 7.26 |
| 725 | 西林吉林业局(大兴安岭) | 1.41 |
| 726 | 新林林业局(大兴安岭) | 1.22 |
| 727 | 松岭林业局(大兴安岭) | 0.80 |
| 728 | 图强林业局(大兴安岭) | 0.80 |
| 729 | 韩家园林业局(大兴安岭) | 0.57 |

**表 1-3　木片主产地产量**

| 序号 | 木片主产地 | 万实积立方米 |
|---|---|---|
| 1 | 涿州市(冀) | 3.75 |
| 2 | 景　县(冀) | 3.42 |
| 3 | 临漳县(冀) | 3.26 |
| 4 | 昌黎县(冀) | 3.20 |
| 5 | 任　县(冀) | 2.60 |
| 6 | 曲阳县(冀) | 1.98 |
| 7 | 文安县(冀) | 1.51 |
| 8 | 藁城市(冀) | 0.99 |
| 9 | 灵寿县(冀) | 0.58 |
| 10 | 祁　县(晋) | 1.00 |
| 11 | 奈曼旗(内蒙古) | 0.68 |
| 12 | 阜新蒙古族自治县(辽) | 30.00 |
| 13 | 东陵区(辽) | 15.00 |
| 14 | 大连市金州新区(辽) | 13.95 |
| 15 | 灯塔市(辽) | 9.00 |
| 16 | 抚顺县(辽) | 8.50 |
| 17 | 本溪满族自治县(辽) | 7.00 |
| 18 | 建平县(辽) | 3.75 |
| 19 | 新宾满族自治县(辽) | 2.20 |
| 20 | 振安区(辽) | 2.00 |
| 21 | 北票市(辽) | 2.00 |
| 22 | 凌海市(辽) | 1.00 |
| 23 | 庄河市(辽) | 0.55 |
| 24 | 公主岭市(吉) | 3.00 |
| 25 | 乾安县(吉) | 2.00 |
| 26 | 敦化市(吉) | 1.23 |
| 27 | 二道区(吉) | 1.00 |
| 28 | 松原市市辖区(吉) | 0.96 |
| 29 | 前郭尔罗斯蒙古族自治县(吉) | 0.68 |
| 30 | 东丰县(吉) | 0.60 |
| 31 | 方正县(黑) | 13.32 |
| 32 | 安达市(黑) | 10.60 |
| 33 | 拜泉县(黑) | 10.00 |
| 34 | 依兰县(黑) | 1.60 |
| 35 | 孟家岗林场(黑) | 1.10 |
| 36 | 奉贤区(沪) | 1.47 |
| 37 | 泗洪县(苏) | 48.26 |
| 38 | 泗阳县(苏) | 11.85 |
| 39 | 宜兴市(苏) | 8.01 |
| 40 | 新沂市(苏) | 5.00 |
| 41 | 宿豫区(苏) | 4.57 |
| 42 | 金湖县(苏) | 4.50 |
| 43 | 淮安区(苏) | 3.00 |
| 44 | 沛　县(苏) | 2.00 |
| 45 | 盐都区(苏) | 1.60 |
| 46 | 宝应县(苏) | 1.50 |
| 47 | 泰兴市(苏) | 1.38 |
| 48 | 睢宁县(苏) | 1.00 |
| 49 | 东台市(苏) | 0.61 |
| 50 | 江山市(浙) | 14.34 |
| 51 | 嘉兴市市辖区(浙) | 10.00 |

| 序号 | 木片主产地 | 万实积立方米 |
|---|---|---|
| 52 | 桐乡市(浙) | 9.40 |
| 53 | 奉化市(浙) | 5.80 |
| 54 | 临海市(浙) | 3.15 |
| 55 | 余杭区(浙) | 1.89 |
| 56 | 临安市(浙) | 1.66 |
| 57 | 长兴县(浙) | 1.22 |
| 58 | 镇海区(浙) | 0.82 |
| 59 | 柯城区(浙) | 0.71 |
| 60 | 仙居县(浙) | 0.56 |
| 61 | 东至县(皖) | 39.10 |
| 62 | 宣州区(皖) | 27.00 |
| 63 | 五河县(皖) | 15.00 |
| 64 | 太和县(皖) | 12.00 |
| 65 | 谯城区(皖) | 8.00 |
| 66 | 郎溪县(皖) | 7.50 |
| 67 | 潜山县(皖) | 5.00 |
| 68 | 南陵县(皖) | 4.65 |
| 69 | 怀宁县(皖) | 4.20 |
| 70 | 颍州区(皖) | 2.70 |
| 71 | 太湖县(皖) | 2.68 |
| 72 | 无为县(皖) | 2.26 |
| 73 | 青阳县(皖) | 2.26 |
| 74 | 寿　县(皖) | 1.80 |
| 75 | 涡阳县(皖) | 1.70 |
| 76 | 颍东区(皖) | 1.30 |
| 77 | 大观区(皖) | 1.20 |
| 78 | 长丰县(皖) | 1.12 |
| 79 | 桐城市(皖) | 1.00 |
| 80 | 淮上区(皖) | 1.00 |
| 81 | 临泉县(皖) | 0.63 |
| 82 | 城厢区(闽) | 21.47 |
| 83 | 泉港区(闽) | 16.08 |
| 84 | 龙海市(闽) | 4.97 |
| 85 | 明溪县(闽) | 3.67 |
| 86 | 闽清县(闽) | 3.14 |
| 87 | 延平区(闽) | 2.99 |
| 88 | 仙游县(闽) | 2.93 |
| 89 | 南安市(闽) | 2.32 |
| 90 | 闽侯县(闽) | 1.46 |
| 91 | 尤溪县(闽) | 0.98 |
| 92 | 连江县(闽) | 0.91 |
| 93 | 华安县(闽) | 0.83 |
| 94 | 蕉城区(闽) | 0.72 |
| 95 | 霞浦县(闽) | 0.65 |
| 96 | 政和县(闽) | 0.54 |

| 序号 | 木片主产地 | 万实积立方米 |
|---|---|---|
| 97 | 南昌市市辖区(赣) | 14.35 |
| 98 | 南康市(赣) | 8.20 |
| 99 | 遂川县(赣) | 4.00 |
| 100 | 渝水区(赣) | 1.98 |
| 101 | 安源区(赣) | 1.42 |
| 102 | 峡江县(赣) | 1.32 |
| 103 | 上高县(赣) | 1.20 |
| 104 | 婺源县(赣) | 0.80 |
| 105 | 费　县(鲁) | 359.00 |
| 106 | 茌平县(鲁) | 200.00 |
| 107 | 沂南县(鲁) | 130.12 |
| 108 | 曹　县(鲁) | 53.20 |
| 109 | 河东区(鲁) | 25.00 |
| 110 | 苍山县(鲁) | 22.00 |
| 111 | 高密市(鲁) | 19.14 |
| 112 | 莒　县(鲁) | 19.00 |
| 113 | 罗庄区(鲁) | 18.00 |
| 114 | 临清市(鲁) | 15.00 |
| 115 | 惠民县(鲁) | 14.00 |
| 116 | 嘉祥县(鲁) | 13.50 |
| 117 | 肥城市(鲁) | 12.50 |
| 118 | 郯城县(鲁) | 11.30 |
| 119 | 东平县(鲁) | 11.20 |
| 120 | 齐河县(鲁) | 10.70 |
| 121 | 兖州市(鲁) | 10.00 |
| 122 | 宁阳县(鲁) | 9.72 |
| 123 | 东阿县(鲁) | 9.20 |
| 124 | 蒙阴县(鲁) | 8.20 |
| 125 | 岚山区(鲁) | 6.90 |
| 126 | 成武县(鲁) | 6.09 |
| 127 | 泗水县(鲁) | 5.67 |
| 128 | 高唐县(鲁) | 5.50 |
| 129 | 寿光市(鲁) | 5.20 |
| 130 | 梁山县(鲁) | 5.15 |
| 131 | 昌乐县(鲁) | 5.00 |
| 132 | 新泰市(鲁) | 4.50 |
| 133 | 诸城市(鲁) | 3.77 |
| 134 | 阳信县(鲁) | 3.00 |
| 135 | 陵　县(鲁) | 3.00 |
| 136 | 邹城市(鲁) | 2.95 |
| 137 | 微山县(鲁) | 2.91 |
| 138 | 商河县(鲁) | 2.80 |
| 139 | 奎文区(鲁) | 2.00 |
| 140 | 博兴县(鲁) | 1.70 |
| 141 | 临沂市临港经济开发区(鲁) | 1.20 |

| 序号 | 木片主产地 | 万实积立方米 |
|---|---|---|
| 142 | 沂水县(鲁) | 1.20 |
| 143 | 莒南县(鲁) | 1.10 |
| 144 | 东昌府区(鲁) | 1.05 |
| 145 | 临邑县(鲁) | 0.98 |
| 146 | 武城县(鲁) | 0.90 |
| 147 | 平原县(鲁) | 0.90 |
| 148 | 邹平县(鲁) | 0.84 |
| 149 | 阳谷县(鲁) | 0.81 |
| 150 | 乐陵市(鲁) | 0.78 |
| 151 | 昌邑市(鲁) | 0.70 |
| 152 | 金乡县(鲁) | 0.65 |
| 153 | 无棣县(鲁) | 0.60 |
| 154 | 夏津县(鲁) | 0.58 |
| 155 | 长清区(鲁) | 0.55 |
| 156 | 原阳县(豫) | 12.30 |
| 157 | 开封县(豫) | 11.88 |
| 158 | 武陟县(豫) | 11.00 |
| 159 | 梁园区(豫) | 10.00 |
| 160 | 柘城县(豫) | 9.45 |
| 161 | 尉氏县(豫) | 8.60 |
| 162 | 洛宁县(豫) | 8.00 |
| 163 | 新郑市(豫) | 7.10 |
| 164 | 虞城县(豫) | 6.87 |
| 165 | 许昌县(豫) | 6.70 |
| 166 | 汤阴县(豫) | 5.30 |
| 167 | 临颍县(豫) | 4.24 |
| 168 | 浚　县(豫) | 4.20 |
| 169 | 社旗县(豫) | 4.10 |
| 170 | 安阳县(豫) | 3.30 |
| 171 | 镇平县(豫) | 3.25 |
| 172 | 淮阳县(豫) | 3.00 |
| 173 | 南乐县(豫) | 3.00 |
| 174 | 确山县(豫) | 2.70 |
| 175 | 中牟县(豫) | 2.50 |
| 176 | 内黄县(豫) | 2.40 |
| 177 | 卫辉市(豫) | 2.40 |
| 178 | 民权县(豫) | 2.31 |
| 179 | 扶沟县(豫) | 1.80 |
| 180 | 台前县(豫) | 1.79 |
| 181 | 郾城区(豫) | 1.72 |
| 182 | 睢　县(豫) | 1.70 |
| 183 | 延津县(豫) | 1.70 |
| 184 | 宝丰县(豫) | 1.64 |
| 185 | 通许县(豫) | 1.62 |
| 186 | 息　县(豫) | 1.50 |

| 序号 | 木片主产地 | 万实积立方米 |
|---|---|---|
| 187 | 沈丘县(豫) | 1.35 |
| 188 | 召陵区(豫) | 1.33 |
| 189 | 永城市(豫) | 1.30 |
| 190 | 禹州市(豫) | 1.20 |
| 191 | 郸城县(豫) | 1.20 |
| 192 | 太康县(豫) | 1.00 |
| 193 | 伊川县(豫) | 1.00 |
| 194 | 正阳县(豫) | 0.95 |
| 195 | 管城回族区(豫) | 0.94 |
| 196 | 兰考县(豫) | 0.90 |
| 197 | 封丘县(豫) | 0.87 |
| 198 | 修武县(豫) | 0.80 |
| 199 | 获嘉县(豫) | 0.78 |
| 200 | 杞　县(豫) | 0.77 |
| 201 | 光山县(豫) | 0.72 |
| 202 | 西平县(豫) | 0.72 |
| 203 | 邓州市(豫) | 0.70 |
| 204 | 栾川县(豫) | 0.70 |
| 205 | 川汇区(豫) | 0.60 |
| 206 | 鹿邑县(豫) | 0.60 |
| 207 | 汝阳县(豫) | 0.59 |
| 208 | 沙市区(鄂) | 19.00 |
| 209 | 谷城县(鄂) | 3.38 |
| 210 | 天门市(鄂) | 3.00 |
| 211 | 枣阳市(鄂) | 1.70 |
| 212 | 罗田县(鄂) | 1.50 |
| 213 | 武穴市(鄂) | 1.31 |
| 214 | 松滋市(鄂) | 1.20 |
| 215 | 监利县(鄂) | 1.00 |
| 216 | 随　县(鄂) | 0.74 |
| 217 | 樊城区(鄂) | 0.73 |
| 218 | 云梦县(鄂) | 0.70 |
| 219 | 江陵县(鄂) | 0.70 |
| 220 | 靖州苗族侗族自治县(湘) | 6.00 |
| 221 | 芙蓉区(湘) | 5.00 |
| 222 | 雨花区(湘) | 3.00 |
| 223 | 沅江市(湘) | 1.90 |
| 224 | 衡山县(湘) | 1.85 |
| 225 | 新化县(湘) | 1.80 |
| 226 | 沅陵县(湘) | 1.70 |
| 227 | 君山区(湘) | 1.70 |
| 228 | 益阳市市辖区(湘) | 1.50 |
| 229 | 桃源县(湘) | 1.50 |
| 230 | 汉寿县(湘) | 1.50 |
| 231 | 会同县(湘) | 1.40 |

| 序号 | 木片主产地 | 万实积立方米 |
|---|---|---|
| 232 | 炎陵县(湘) | 1.20 |
| 233 | 醴陵市(湘) | 1.00 |
| 234 | 南　县(湘) | 1.00 |
| 235 | 岳麓区(湘) | 1.00 |
| 236 | 开福区(湘) | 1.00 |
| 237 | 攸　县(湘) | 1.00 |
| 238 | 岳阳楼区(湘) | 0.90 |
| 239 | 祁东县(湘) | 0.82 |
| 240 | 宁乡县(湘) | 0.80 |
| 241 | 云溪区(湘) | 0.65 |
| 242 | 武冈市(湘) | 0.60 |
| 243 | 新宁县(湘) | 0.60 |
| 244 | 赫山区(湘) | 0.60 |
| 245 | 廉江市(粤) | 40.60 |
| 246 | 东源县(粤) | 8.10 |
| 247 | 博罗县(粤) | 6.43 |
| 248 | 海丰县(粤) | 5.40 |
| 249 | 高州市(粤) | 5.10 |
| 250 | 恩平市(粤) | 3.25 |
| 251 | 化州市(粤) | 2.83 |
| 252 | 阳西县(粤) | 2.80 |
| 253 | 乳源瑶族自治县(粤) | 2.43 |
| 254 | 雷州市(粤) | 2.20 |
| 255 | 罗定市(粤) | 2.15 |
| 256 | 佛冈县(粤) | 2.10 |
| 257 | 遂溪县(粤) | 2.10 |
| 258 | 阳春市(粤) | 1.50 |
| 259 | 中山市(粤) | 1.47 |
| 260 | 怀集县(粤) | 1.36 |
| 261 | 浈江区(粤) | 1.20 |
| 262 | 龙川县(粤) | 1.00 |
| 263 | 仁化县(粤) | 1.00 |
| 264 | 广宁县(粤) | 0.97 |
| 265 | 信宜市(粤) | 0.80 |
| 266 | 饶平县(粤) | 0.60 |
| 267 | 徐闻县(粤) | 0.60 |
| 268 | 武鸣县(桂) | 163.72 |
| 269 | 江南区(桂) | 41.30 |
| 270 | 八步区(桂) | 37.00 |
| 271 | 港南区(桂) | 30.46 |
| 272 | 良庆区(桂) | 18.70 |
| 273 | 灵山县(桂) | 18.50 |
| 274 | 鹿寨县(桂) | 13.80 |
| 275 | 港北区(桂) | 13.08 |
| 276 | 陆川县(桂) | 10.68 |

| 序号 | 木片主产地 | 万实积立方米 |
|---|---|---|
| 277 | 全州县(桂) | 10.00 |
| 278 | 合浦县(桂) | 8.50 |
| 279 | 宜州市(桂) | 7.20 |
| 280 | 青秀区(桂) | 6.98 |
| 281 | 横　县(桂) | 5.40 |
| 282 | 钦南区(桂) | 5.20 |
| 283 | 浦北县(桂) | 4.50 |
| 284 | 防城区(桂) | 4.38 |
| 285 | 昭平县(桂) | 3.66 |
| 286 | 钦北区(桂) | 3.65 |
| 287 | 海城区(桂) | 3.60 |
| 288 | 西乡塘区(桂) | 3.55 |
| 289 | 宾阳县(桂) | 3.37 |
| 290 | 扶绥县(桂) | 3.25 |
| 291 | 七星区(桂) | 3.00 |
| 292 | 隆安县(桂) | 2.80 |
| 293 | 港口区(桂) | 2.50 |
| 294 | 兴安县(桂) | 2.33 |
| 295 | 大新县(桂) | 2.30 |
| 296 | 象山区(桂) | 2.20 |
| 297 | 上林县(桂) | 2.07 |
| 298 | 平果县(桂) | 2.00 |
| 299 | 桂平市(桂) | 2.00 |
| 300 | 东门林场(桂) | 1.87 |
| 301 | 大化瑶族自治县(桂) | 1.86 |
| 302 | 灵川县(桂) | 1.70 |
| 303 | 临桂县(桂) | 1.55 |
| 304 | 阳朔县(桂) | 1.52 |
| 305 | 荔浦县(桂) | 1.52 |
| 306 | 资源县(桂) | 1.50 |
| 307 | 环江毛南族自治县(桂) | 1.45 |
| 308 | 上思县(桂) | 1.40 |
| 309 | 覃塘区(桂) | 1.37 |
| 310 | 叠彩区(桂) | 1.30 |
| 311 | 银海区(桂) | 1.12 |
| 312 | 秀峰区(桂) | 1.10 |
| 313 | 兴宾区(桂) | 1.00 |
| 314 | 江州区(桂) | 1.00 |
| 315 | 右江区(桂) | 1.00 |
| 316 | 苍梧县(桂) | 0.90 |
| 317 | 玉州区(桂) | 0.90 |
| 318 | 邕宁区(桂) | 0.90 |
| 319 | 永福县(桂) | 0.79 |
| 320 | 田阳县(桂) | 0.75 |
| 321 | 铁山港区(桂) | 0.70 |

| 序号 | 木片主产地 | 万实积立方米 |
|---|---|---|
| 322 | 雁山区(桂) | 0.63 |
| 323 | 贺州市平桂管理区(桂) | 0.60 |
| 324 | 钟山县(桂) | 0.56 |
| 325 | 蒙山县(桂) | 0.55 |
| 326 | 九龙坡区(渝) | 2.20 |
| 327 | 南川区(渝) | 0.90 |
| 328 | 开　县(渝) | 0.78 |
| 329 | 丰都县(渝) | 0.77 |
| 330 | 北川羌族自治县(川) | 5.50 |
| 331 | 三台县(川) | 3.60 |
| 332 | 邛崃市(川) | 3.20 |
| 333 | 苍溪县(川) | 3.00 |
| 334 | 射洪县(川) | 3.00 |
| 335 | 渠　县(川) | 2.92 |
| 336 | 阆中市(川) | 2.85 |
| 337 | 昭化区(川) | 2.30 |
| 338 | 彭山县(川) | 1.95 |
| 339 | 盐亭县(川) | 1.35 |
| 340 | 五通桥区(川) | 1.33 |
| 341 | 荥经县(川) | 1.09 |
| 342 | 乐山市市中区(川) | 1.03 |
| 343 | 青川县(川) | 1.00 |
| 344 | 安　县(川) | 0.89 |
| 345 | 富顺县(川) | 0.83 |
| 346 | 筠连县(川) | 0.81 |
| 347 | 丹棱县(川) | 0.80 |
| 348 | 西昌市(川) | 0.60 |
| 349 | 绵竹市(川) | 0.54 |
| 350 | 雨城区(川) | 0.52 |
| 351 | 独山县(黔) | 1.01 |
| 352 | 陆良县(滇) | 2.20 |
| 353 | 梁河县(滇) | 1.80 |
| 354 | 宁洱哈尼族彝族自治县(滇) | 0.94 |
| 355 | 施甸县(滇) | 0.80 |
| 356 | 砚山县(滇) | 0.55 |
| 357 | 户　县(陕) | 6.00 |
| 358 | 秦都区(陕) | 2.00 |
| 359 | 霍城县(新) | 1.40 |
| 360 | 焉耆回族自治县(新) | 0.69 |
| 361 | 大海林林业局(龙江森工) | 4.80 |
| 362 | 带岭实验局(龙江森工) | 2.60 |
| 363 | 汤旺河林业局(龙江森工) | 1.50 |
| 364 | 东方红林业局(龙江森工) | 1.00 |
| 365 | 乌伊岭林业局(龙江森工) | 0.90 |
| 366 | 沾河林业局(龙江森工) | 0.60 |
| 367 | 亚布力林业局(龙江森工) | 0.55 |
| 368 | 方正林业局(龙江森工) | 0.55 |
| 369 | 兴隆林业局(龙江森工) | 0.55 |
| 370 | 塔河林业局(大兴安岭) | 9.17 |
| 371 | 松岭林业局(大兴安岭) | 3.91 |
| 372 | 阿木尔林业局(大兴安岭) | 2.00 |
| 373 | 西林吉林业局(大兴安岭) | 1.47 |
| 374 | 图强林业局(大兴安岭) | 1.30 |

**表 2-1　胶合板主产地产量**

| 序号 | 胶合板主产地 | 万立方米 |
|---|---|---|
| 1 | 文安县(冀) | 374.38 |
| 2 | 邢台市高新技术开发区(冀) | 62.04 |
| 3 | 霸州市(冀) | 37.86 |
| 4 | 正定县(冀) | 6.84 |
| 5 | 青龙满族自治县(冀) | 6.30 |
| 6 | 新乐市(冀) | 3.07 |
| 7 | 昌黎县(冀) | 3.07 |
| 8 | 望都县(冀) | 2.53 |
| 9 | 尚义县(冀) | 2.30 |
| 10 | 三河市(冀) | 0.86 |
| 11 | 盐山县(冀) | 0.80 |
| 12 | 景　县(冀) | 0.71 |
| 13 | 祁　县(晋) | 0.60 |
| 14 | 扎鲁特旗(内蒙古) | 2.40 |
| 15 | 开鲁县(内蒙古) | 1.67 |
| 16 | 杭锦后旗(内蒙古) | 0.60 |
| 17 | 松山区(内蒙古) | 0.55 |
| 18 | 大连市金州新区(辽) | 123.67 |
| 19 | 顺城区(辽) | 32.00 |
| 20 | 台安县(辽) | 22.00 |
| 21 | 新民市(辽) | 12.67 |
| 22 | 彰武县(辽) | 7.00 |
| 23 | 黑山县(辽) | 6.00 |
| 24 | 沈北新区(辽) | 5.50 |
| 25 | 鞍山市开发区(辽) | 5.30 |
| 26 | 喀喇沁左翼蒙古族自治县(辽) | 5.00 |
| 27 | 北镇市(辽) | 3.60 |
| 28 | 辽中县(辽) | 3.00 |
| 29 | 海城市(辽) | 2.87 |
| 30 | 昌图县(辽) | 1.00 |
| 31 | 扶余县(吉) | 39.00 |
| 32 | 敦化市(吉) | 12.20 |
| 33 | 珲春市(吉) | 11.00 |
| 34 | 梨树县(吉) | 9.00 |
| 35 | 安图县(吉) | 8.50 |
| 36 | 榆树市(吉) | 8.30 |
| 37 | 龙山区(吉) | 2.70 |
| 38 | 农安县(吉) | 2.00 |
| 39 | 绿园区(吉) | 1.80 |
| 40 | 汪清县(吉) | 1.70 |
| 41 | 公主岭市(吉) | 1.60 |
| 42 | 乾安县(吉) | 1.50 |
| 43 | 松原市市辖区(吉) | 1.19 |
| 44 | 东辽县(吉) | 1.10 |
| 45 | 德惠市(吉) | 1.00 |
| 46 | 宁江区(吉) | 1.00 |
| 47 | 经济开发区(吉) | 0.92 |
| 48 | 长岭县(吉) | 0.70 |
| 49 | 东丰县(吉) | 0.60 |
| 50 | 穆棱市(黑) | 93.87 |
| 51 | 海林市(黑) | 30.00 |
| 52 | 宁安市(黑) | 19.40 |
| 53 | 牡丹江市市本级(黑) | 5.65 |
| 54 | 明水县(黑) | 5.00 |
| 55 | 克山县(黑) | 3.10 |
| 56 | 虎林市(黑) | 3.00 |
| 57 | 五常市(黑) | 1.00 |
| 58 | 安达市(黑) | 0.82 |
| 59 | 香坊区(黑) | 0.80 |
| 60 | 松北区(黑) | 0.63 |
| 61 | 沭阳县(苏) | 770.00 |
| 62 | 邳州市(苏) | 752.00 |
| 63 | 泗阳县(苏) | 530.45 |
| 64 | 连云港市市辖区(苏) | 150.08 |
| 65 | 丰　县(苏) | 68.00 |
| 66 | 铜山区(苏) | 64.00 |
| 67 | 灌南县(苏) | 60.62 |
| 68 | 东台市(苏) | 34.84 |
| 69 | 东海县(苏) | 32.05 |
| 70 | 沛　县(苏) | 30.00 |
| 71 | 赣榆县(苏) | 22.63 |
| 72 | 灌云县(苏) | 18.60 |
| 73 | 新沂市(苏) | 15.50 |
| 74 | 宿豫区(苏) | 12.43 |
| 75 | 睢宁县(苏) | 11.00 |
| 76 | 宿城区(苏) | 10.12 |
| 77 | 泗洪县(苏) | 9.29 |
| 78 | 宜兴市(苏) | 7.95 |
| 79 | 江都区(苏) | 6.50 |
| 80 | 昆山市(苏) | 4.63 |

| 序号 | 胶合板主产地 | 万立方米 |
|---|---|---|
| 81 | 启东市(苏) | 4.57 |
| 82 | 盱眙县(苏) | 4.54 |
| 83 | 涟水县(苏) | 4.00 |
| 84 | 江宁区(苏) | 2.68 |
| 85 | 淮安区(苏) | 2.28 |
| 86 | 广陵区(苏) | 2.13 |
| 87 | 吴中区(苏) | 1.50 |
| 88 | 建湖县(苏) | 1.17 |
| 89 | 金湖县(苏) | 0.98 |
| 90 | 姜堰区(苏) | 0.90 |
| 91 | 阜宁县(苏) | 0.78 |
| 92 | 贾汪区(苏) | 0.67 |
| 93 | 响水县(苏) | 0.58 |
| 94 | 射阳县(苏) | 0.54 |
| 95 | 安吉县(浙) | 55.00 |
| 96 | 德清县(浙) | 21.00 |
| 97 | 龙泉市(浙) | 15.30 |
| 98 | 建德市(浙) | 13.80 |
| 99 | 南浔区(浙) | 13.67 |
| 100 | 江山市(浙) | 10.18 |
| 101 | 嘉兴市市辖区(浙) | 7.43 |
| 102 | 吴兴区(浙) | 6.27 |
| 103 | 庆元县(浙) | 4.92 |
| 104 | 长兴县(浙) | 2.90 |
| 105 | 龙游县(浙) | 2.79 |
| 106 | 临海市(浙) | 2.42 |
| 107 | 常山县(浙) | 2.40 |
| 108 | 衢江区(浙) | 2.00 |
| 109 | 桐庐县(浙) | 1.70 |
| 110 | 临安市(浙) | 1.58 |
| 111 | 江北区(浙) | 1.20 |
| 112 | 宁海县(浙) | 0.98 |
| 113 | 柯城区(浙) | 0.91 |
| 114 | 永康市(浙) | 0.85 |
| 115 | 镇海区(浙) | 0.83 |
| 116 | 富阳市(浙) | 0.83 |
| 117 | 开化县(浙) | 0.80 |
| 118 | 余姚市(浙) | 0.75 |
| 119 | 遂昌县(浙) | 0.72 |
| 120 | 淳安县(浙) | 0.68 |
| 121 | 缙云县(浙) | 0.68 |
| 122 | 莲都区(浙) | 0.66 |
| 123 | 桐乡市(浙) | 0.65 |
| 124 | 鄞州区(浙) | 0.61 |
| 125 | 泰顺县(浙) | 0.57 |
| 126 | 六安市叶集区(皖) | 120.00 |

| 序号 | 胶合板主产地 | 万立方米 |
|---|---|---|
| 127 | 砀山县(皖) | 80.50 |
| 128 | 泗　县(皖) | 72.20 |
| 129 | 广德县(皖) | 41.30 |
| 130 | 埇桥区(皖) | 37.80 |
| 131 | 灵璧县(皖) | 29.98 |
| 132 | 蒙城县(皖) | 22.00 |
| 133 | 天长市(皖) | 21.40 |
| 134 | 怀宁县(皖) | 14.95 |
| 135 | 宁国市(皖) | 9.06 |
| 136 | 青阳县(皖) | 8.00 |
| 137 | 利辛县(皖) | 6.70 |
| 138 | 祁门县(皖) | 6.60 |
| 139 | 滁州市管店林业总场(皖) | 6.50 |
| 140 | 萧　县(皖) | 6.00 |
| 141 | 颍上县(皖) | 5.80 |
| 142 | 颍泉区(皖) | 5.30 |
| 143 | 涡阳县(皖) | 4.80 |
| 144 | 宜秀区(皖) | 4.70 |
| 145 | 来安县(皖) | 4.50 |
| 146 | 固镇县(皖) | 4.40 |
| 147 | 明光市(皖) | 4.40 |
| 148 | 弋江区(皖) | 4.20 |
| 149 | 东至县(皖) | 4.10 |
| 150 | 南谯区(皖) | 4.00 |
| 151 | 巢湖市(皖) | 3.85 |
| 152 | 潜山县(皖) | 3.60 |
| 153 | 临泉县(皖) | 3.20 |
| 154 | 博望区(皖) | 3.10 |
| 155 | 寿　县(皖) | 3.00 |
| 156 | 琅琊区(皖) | 3.00 |
| 157 | 宣州区(皖) | 2.90 |
| 158 | 长丰县(皖) | 2.52 |
| 159 | 定远县(皖) | 2.50 |
| 160 | 黟　县(皖) | 2.13 |
| 161 | 五河县(皖) | 2.10 |
| 162 | 旌德县(皖) | 2.00 |
| 163 | 全椒县(皖) | 2.00 |
| 164 | 霍邱县(皖) | 1.94 |
| 165 | 禹会区(皖) | 1.82 |
| 166 | 界首市(皖) | 1.50 |
| 167 | 绩溪县(皖) | 1.50 |
| 168 | 屯溪区(皖) | 1.49 |
| 169 | 太湖县(皖) | 1.30 |
| 170 | 颍州区(皖) | 1.20 |
| 171 | 太和县(皖) | 1.00 |
| 172 | 铜陵县(皖) | 0.95 |

| 序号 | 胶合板主产地 | 万立方米 |
|---|---|---|
| 173 | 大观区(皖) | 0.90 |
| 174 | 当涂县(皖) | 0.70 |
| 175 | 无为县(皖) | 0.69 |
| 176 | 石台县(皖) | 0.65 |
| 177 | 南陵县(皖) | 0.54 |
| 178 | 沙　县(闽) | 74.12 |
| 179 | 新罗区(闽) | 41.25 |
| 180 | 永安市(闽) | 36.72 |
| 181 | 尤溪县(闽) | 23.89 |
| 182 | 城厢区(闽) | 19.08 |
| 183 | 三元区(闽) | 18.90 |
| 184 | 建瓯市(闽) | 15.62 |
| 185 | 明溪县(闽) | 13.77 |
| 186 | 将乐县(闽) | 13.10 |
| 187 | 延平区(闽) | 13.05 |
| 188 | 漳平市(闽) | 11.70 |
| 189 | 连城县(闽) | 11.66 |
| 190 | 大田县(闽) | 9.98 |
| 191 | 武平县(闽) | 9.88 |
| 192 | 清流县(闽) | 7.23 |
| 193 | 泰宁县(闽) | 6.23 |
| 194 | 梅列区(闽) | 5.89 |
| 195 | 龙海市(闽) | 5.82 |
| 196 | 邵武市(闽) | 5.02 |
| 197 | 武夷山市(闽) | 5.00 |
| 198 | 宁化县(闽) | 4.53 |
| 199 | 建阳市(闽) | 2.71 |
| 200 | 长汀县(闽) | 2.41 |
| 201 | 光泽县(闽) | 2.39 |
| 202 | 闽清县(闽) | 2.36 |
| 203 | 古田县(闽) | 2.25 |
| 204 | 晋江市(闽) | 1.70 |
| 205 | 芗城区(闽) | 1.65 |
| 206 | 长乐市(闽) | 1.46 |
| 207 | 永春县(闽) | 1.45 |
| 208 | 霞浦县(闽) | 1.12 |
| 209 | 政和县(闽) | 1.06 |
| 210 | 蕉城区(闽) | 1.00 |
| 211 | 顺昌县(闽) | 0.99 |
| 212 | 寿宁县(闽) | 0.83 |
| 213 | 浦城县(闽) | 0.76 |
| 214 | 永定县(闽) | 0.71 |
| 215 | 福鼎市(闽) | 0.70 |
| 216 | 上杭县(闽) | 0.66 |
| 217 | 建宁县(闽) | 0.58 |
| 218 | 宜丰县(赣) | 11.43 |

| 序号 | 胶合板主产地 | 万立方米 |
|---|---|---|
| 219 | 奉新县(赣) | 10.49 |
| 220 | 南昌市市辖区(赣) | 10.00 |
| 221 | 袁州区(赣) | 9.50 |
| 222 | 新干县(赣) | 8.80 |
| 223 | 贵溪市(赣) | 5.12 |
| 224 | 泰和县(赣) | 3.83 |
| 225 | 峡江县(赣) | 3.00 |
| 226 | 婺源县(赣) | 2.87 |
| 227 | 德兴市(赣) | 2.81 |
| 228 | 武宁县(赣) | 2.77 |
| 229 | 南康市(赣) | 2.50 |
| 230 | 万载县(赣) | 2.10 |
| 231 | 乐安县(赣) | 2.00 |
| 232 | 永丰县(赣) | 1.70 |
| 233 | 高安市(赣) | 1.65 |
| 234 | 章贡区(赣) | 1.12 |
| 235 | 遂川县(赣) | 1.00 |
| 236 | 临川区(赣) | 1.00 |
| 237 | 新建县(赣) | 0.93 |
| 238 | 全南县(赣) | 0.92 |
| 239 | 南城县(赣) | 0.90 |
| 240 | 井冈山市(赣) | 0.90 |
| 241 | 铜鼓县(赣) | 0.74 |
| 242 | 石城县(赣) | 0.71 |
| 243 | 瑞金市(赣) | 0.70 |
| 244 | 上犹县(赣) | 0.68 |
| 245 | 月湖区(赣) | 0.67 |
| 246 | 崇义县(赣) | 0.60 |
| 247 | 兰山区(鲁) | 1882.40 |
| 248 | 沂水县(鲁) | 396.00 |
| 249 | 费　县(鲁) | 267.00 |
| 250 | 曹　县(鲁) | 149.40 |
| 251 | 阳谷县(鲁) | 89.00 |
| 252 | 高密市(鲁) | 82.13 |
| 253 | 昌乐县(鲁) | 80.00 |
| 254 | 寿光市(鲁) | 79.00 |
| 255 | 惠民县(鲁) | 60.00 |
| 256 | 龙口市(鲁) | 52.42 |
| 257 | 阳信县(鲁) | 41.00 |
| 258 | 曲阜市(鲁) | 38.67 |
| 259 | 高唐县(鲁) | 33.00 |
| 260 | 平邑县(鲁) | 31.50 |
| 261 | 成武县(鲁) | 30.61 |
| 262 | 苍山县(鲁) | 27.00 |
| 263 | 临沂市高新技术产业开发区(鲁) | 24.65 |
| 264 | 郯城县(鲁) | 22.30 |

| 序号 | 胶合板主产地 | 万立方米 |
|---|---|---|
| 265 | 东平县(鲁) | 22.10 |
| 266 | 嘉祥县(鲁) | 21.40 |
| 267 | 齐河县(鲁) | 20.00 |
| 268 | 桓台县(鲁) | 19.10 |
| 269 | 微山县(鲁) | 18.39 |
| 270 | 商河县(鲁) | 16.00 |
| 271 | 河东区(鲁) | 15.00 |
| 272 | 兖州市(鲁) | 15.00 |
| 273 | 新泰市(鲁) | 14.50 |
| 274 | 东阿县(鲁) | 14.20 |
| 275 | 梁山县(鲁) | 11.33 |
| 276 | 莘　县(鲁) | 10.66 |
| 277 | 潍城区(鲁) | 10.60 |
| 278 | 临沭县(鲁) | 10.00 |
| 279 | 蒙阴县(鲁) | 6.90 |
| 280 | 邹平县(鲁) | 6.85 |
| 281 | 汶上县(鲁) | 6.50 |
| 282 | 高青县(鲁) | 6.40 |
| 283 | 东营区(鲁) | 5.87 |
| 284 | 鱼台县(鲁) | 5.60 |
| 285 | 肥城市(鲁) | 5.50 |
| 286 | 沂源县(鲁) | 4.80 |
| 287 | 宁阳县(鲁) | 4.34 |
| 288 | 泗水县(鲁) | 4.08 |
| 289 | 冠　县(鲁) | 3.50 |
| 290 | 莒　县(鲁) | 3.00 |
| 291 | 莒南县(鲁) | 3.00 |
| 292 | 张店区(鲁) | 3.00 |
| 293 | 博兴县(鲁) | 2.80 |
| 294 | 宁津县(鲁) | 2.00 |
| 295 | 岱岳区(鲁) | 1.68 |
| 296 | 沂南县(鲁) | 1.35 |
| 297 | 泰山区(鲁) | 1.02 |
| 298 | 临朐县(鲁) | 1.00 |
| 299 | 青州市(鲁) | 0.94 |
| 300 | 邹城市(鲁) | 0.93 |
| 301 | 夏津县(鲁) | 0.61 |
| 302 | 安丘市(鲁) | 0.60 |
| 303 | 临邑县(鲁) | 0.57 |
| 304 | 巩义市(豫) | 82.00 |
| 305 | 兰考县(豫) | 62.00 |
| 306 | 西华县(豫) | 48.00 |
| 307 | 原阳县(豫) | 46.83 |
| 308 | 滑　县(豫) | 44.44 |
| 309 | 临颍县(豫) | 39.90 |
| 310 | 许昌县(豫) | 20.60 |

| 序号 | 胶合板主产地 | 万立方米 |
|---|---|---|
| 311 | 邓州市(豫) | 18.00 |
| 312 | 梁园区(豫) | 17.50 |
| 313 | 宁陵县(豫) | 14.10 |
| 314 | 夏邑县(豫) | 14.00 |
| 315 | 禹州市(豫) | 13.50 |
| 316 | 上蔡县(豫) | 13.50 |
| 317 | 内乡县(豫) | 12.00 |
| 318 | 卧龙区(豫) | 11.20 |
| 319 | 固始县(豫) | 10.00 |
| 320 | 尉氏县(豫) | 8.80 |
| 321 | 正阳县(豫) | 8.80 |
| 322 | 范　县(豫) | 8.00 |
| 323 | 永城市(豫) | 7.40 |
| 324 | 中牟县(豫) | 6.40 |
| 325 | 召陵区(豫) | 6.30 |
| 326 | 太康县(豫) | 6.00 |
| 327 | 睢阳区(豫) | 5.20 |
| 328 | 泌阳县(豫) | 5.05 |
| 329 | 息　县(豫) | 4.80 |
| 330 | 台前县(豫) | 4.80 |
| 331 | 伊川县(豫) | 4.00 |
| 332 | 武陟县(豫) | 3.80 |
| 333 | 宛城区(豫) | 3.62 |
| 334 | 汝南县(豫) | 3.50 |
| 335 | 新野县(豫) | 3.20 |
| 336 | 洛宁县(豫) | 3.14 |
| 337 | 罗山县(豫) | 2.88 |
| 338 | 嵩　县(豫) | 2.50 |
| 339 | 博爱县(豫) | 2.40 |
| 340 | 郾城区(豫) | 2.20 |
| 341 | 内黄县(豫) | 2.10 |
| 342 | 柘城县(豫) | 2.10 |
| 343 | 新蔡县(豫) | 2.03 |
| 344 | 方城县(豫) | 2.00 |
| 345 | 民权县(豫) | 2.00 |
| 346 | 获嘉县(豫) | 1.98 |
| 347 | 叶　县(豫) | 1.82 |
| 348 | 镇平县(豫) | 1.79 |
| 349 | 淮滨县(豫) | 1.60 |
| 350 | 商水县(豫) | 1.52 |
| 351 | 平舆县(豫) | 1.20 |
| 352 | 新安县(豫) | 1.20 |
| 353 | 延津县(豫) | 1.13 |
| 354 | 封丘县(豫) | 1.10 |
| 355 | 驿城区(豫) | 1.00 |
| 356 | 偃师市(豫) | 1.00 |

| 序号 | 胶合板主产地 | 万立方米 |
|---|---|---|
| 357 | 扶沟县(豫) | 0.98 |
| 358 | 遂平县(豫) | 0.95 |
| 359 | 牧野区(豫) | 0.92 |
| 360 | 唐河县(豫) | 0.91 |
| 361 | 登封市(豫) | 0.85 |
| 362 | 西平县(豫) | 0.82 |
| 363 | 确山县(豫) | 0.78 |
| 364 | 汝阳县(豫) | 0.77 |
| 365 | 社旗县(豫) | 0.75 |
| 366 | 西峡县(豫) | 0.70 |
| 367 | 长垣县(豫) | 0.70 |
| 368 | 川汇区(豫) | 0.60 |
| 369 | 辉县市(豫) | 0.60 |
| 370 | 卫辉市(豫) | 0.59 |
| 371 | 汉南区(鄂) | 38.12 |
| 372 | 谷城县(鄂) | 11.24 |
| 373 | 云梦县(鄂) | 9.00 |
| 374 | 天门市(鄂) | 8.50 |
| 375 | 随　县(鄂) | 5.36 |
| 376 | 石首市(鄂) | 4.50 |
| 377 | 监利县(鄂) | 4.00 |
| 378 | 仙桃市(鄂) | 4.00 |
| 379 | 公安县(鄂) | 3.47 |
| 380 | 宜城市(鄂) | 3.00 |
| 381 | 曾都区(鄂) | 3.00 |
| 382 | 洪湖市(鄂) | 3.00 |
| 383 | 钟祥市(鄂) | 2.90 |
| 384 | 张湾区(鄂) | 2.20 |
| 385 | 潜江市(鄂) | 2.00 |
| 386 | 当阳市(鄂) | 1.95 |
| 387 | 老河口市(鄂) | 1.74 |
| 388 | 枣阳市(鄂) | 1.46 |
| 389 | 樊城区(鄂) | 1.45 |
| 390 | 枝江市(鄂) | 1.30 |
| 391 | 京山县(鄂) | 0.90 |
| 392 | 罗田县(鄂) | 0.80 |
| 393 | 通山县(鄂) | 0.80 |
| 394 | 掇刀区(鄂) | 0.70 |
| 395 | 汉川市(鄂) | 0.63 |
| 396 | 襄城区(鄂) | 0.55 |
| 397 | 房　县(鄂) | 0.55 |
| 398 | 炎陵县(湘) | 31.60 |
| 399 | 双峰县(湘) | 27.50 |
| 400 | 洪江市(湘) | 20.00 |
| 401 | 桃江县(湘) | 17.60 |
| 402 | 新化县(湘) | 12.22 |

| 序号 | 胶合板主产地 | 万立方米 |
|---|---|---|
| 403 | 衡山县(湘) | 9.12 |
| 404 | 湘乡市(湘) | 7.50 |
| 405 | 安化县(湘) | 7.00 |
| 406 | 绥宁县(湘) | 7.00 |
| 407 | 浏阳市(湘) | 6.29 |
| 408 | 鹤城区(湘) | 5.50 |
| 409 | 汉寿县(湘) | 5.30 |
| 410 | 芦淞区(湘) | 5.00 |
| 411 | 沅江市(湘) | 4.98 |
| 412 | 株洲县(湘) | 3.60 |
| 413 | 祁东县(湘) | 3.40 |
| 414 | 永定区(湘) | 3.00 |
| 415 | 洪江区(湘) | 2.81 |
| 416 | 鼎城区(湘) | 2.80 |
| 417 | 邵阳县(湘) | 2.60 |
| 418 | 益阳市市辖区(湘) | 2.50 |
| 419 | 湘潭县(湘) | 2.50 |
| 420 | 沅陵县(湘) | 2.10 |
| 421 | 洞口县(湘) | 2.02 |
| 422 | 汝城县(湘) | 2.01 |
| 423 | 资阳区(湘) | 2.00 |
| 424 | 芙蓉区(湘) | 2.00 |
| 425 | 岳麓区(湘) | 2.00 |
| 426 | 城步苗族自治县(湘) | 1.90 |
| 427 | 隆回县(湘) | 1.90 |
| 428 | 冷水滩区(湘) | 1.83 |
| 429 | 芷江侗族自治县(湘) | 1.80 |
| 430 | 常宁市(湘) | 1.55 |
| 431 | 南　县(湘) | 1.50 |
| 432 | 桑植县(湘) | 1.40 |
| 433 | 吉首市(湘) | 1.40 |
| 434 | 资兴市(湘) | 1.37 |
| 435 | 冷水江市(湘) | 1.30 |
| 436 | 桃源县(湘) | 1.30 |
| 437 | 宜章县(湘) | 1.25 |
| 438 | 双清区(湘) | 1.20 |
| 439 | 攸　县(湘) | 1.20 |
| 440 | 岳阳县(湘) | 1.00 |
| 441 | 赫山区(湘) | 1.00 |
| 442 | 天心区(湘) | 1.00 |
| 443 | 雨花区(湘) | 1.00 |
| 444 | 衡阳县(湘) | 0.97 |
| 445 | 东安县(湘) | 0.96 |
| 446 | 望城县(湘) | 0.90 |
| 447 | 长沙县(湘) | 0.90 |
| 448 | 慈利县(湘) | 0.80 |

| 序号 | 胶合板主产地 | 万立方米 |
|---|---|---|
| 449 | 宁乡县(湘) | 0.80 |
| 450 | 安仁县(湘) | 0.74 |
| 451 | 道　县(湘) | 0.70 |
| 452 | 凤凰县(湘) | 0.70 |
| 453 | 娄星区(湘) | 0.67 |
| 454 | 新晃侗族自治县(湘) | 0.60 |
| 455 | 湘阴县(湘) | 0.60 |
| 456 | 廉江市(粤) | 87.80 |
| 457 | 河源市属总林场(粤) | 54.55 |
| 458 | 顺德区(粤) | 22.00 |
| 459 | 鹤山市(粤) | 11.00 |
| 460 | 郁南县(粤) | 8.00 |
| 461 | 浈江区(粤) | 5.40 |
| 462 | 东源县(粤) | 4.80 |
| 463 | 蕉岭县(粤) | 4.55 |
| 464 | 英德市(粤) | 3.88 |
| 465 | 清新县(粤) | 3.50 |
| 466 | 东莞市(粤) | 2.58 |
| 467 | 雷州市(粤) | 2.50 |
| 468 | 增城市(粤) | 2.40 |
| 469 | 中山市(粤) | 2.26 |
| 470 | 遂溪县(粤) | 2.10 |
| 471 | 高州市(粤) | 2.00 |
| 472 | 大埔县(粤) | 1.80 |
| 473 | 平远县(粤) | 1.78 |
| 474 | 乳源瑶族自治县(粤) | 1.56 |
| 475 | 揭东县(粤) | 1.50 |
| 476 | 吴川市(粤) | 1.30 |
| 477 | 宝安区(粤) | 1.21 |
| 478 | 连平县(粤) | 1.20 |
| 479 | 台山市(粤) | 1.20 |
| 480 | 翁源县(粤) | 1.20 |
| 481 | 坡头区(粤) | 0.98 |
| 482 | 禅城区(粤) | 0.90 |
| 483 | 高明区(粤) | 0.77 |
| 484 | 陆河县(粤) | 0.70 |
| 485 | 徐闻县(粤) | 0.67 |
| 486 | 兴宁市(粤) | 0.60 |
| 487 | 五华县(粤) | 0.60 |
| 488 | 黄埔区(粤) | 0.54 |
| 489 | 港南区(桂) | 217.28 |
| 490 | 武鸣县(桂) | 109.15 |
| 491 | 覃塘区(桂) | 103.98 |
| 492 | 藤　县(桂) | 46.10 |
| 493 | 江南区(桂) | 45.88 |
| 494 | 合浦县(桂) | 42.00 |

| 序号 | 胶合板主产地 | 万立方米 |
|---|---|---|
| 495 | 港北区(桂) | 38.59 |
| 496 | 八步区(桂) | 33.00 |
| 497 | 浦北县(桂) | 27.96 |
| 498 | 玉州区(桂) | 26.25 |
| 499 | 恭城瑶族自治县(桂) | 24.84 |
| 500 | 岑溪市(桂) | 22.51 |
| 501 | 桂平市(桂) | 22.00 |
| 502 | 宾阳县(桂) | 19.60 |
| 503 | 苍梧县(桂) | 19.00 |
| 504 | 平果县(桂) | 18.55 |
| 505 | 灵山县(桂) | 18.00 |
| 506 | 西乡塘区(桂) | 16.05 |
| 507 | 兴宾区(桂) | 16.00 |
| 508 | 宜州市(桂) | 16.00 |
| 509 | 象山区(桂) | 16.00 |
| 510 | 横　县(桂) | 15.80 |
| 511 | 灵川县(桂) | 14.80 |
| 512 | 临桂县(桂) | 14.20 |
| 513 | 钦南区(桂) | 14.00 |
| 514 | 平南县(桂) | 13.02 |
| 515 | 陆川县(桂) | 12.70 |
| 516 | 青秀区(桂) | 12.14 |
| 517 | 金秀瑶族自治县(桂) | 12.00 |
| 518 | 荔浦县(桂) | 11.65 |
| 519 | 永福县(桂) | 11.60 |
| 520 | 龙胜各族自治县(桂) | 11.57 |
| 521 | 凤山县(桂) | 11.34 |
| 522 | 防城区(桂) | 10.51 |
| 523 | 蒙山县(桂) | 9.73 |
| 524 | 平乐县(桂) | 9.40 |
| 525 | 兴安县(桂) | 9.00 |
| 526 | 西林县(桂) | 8.24 |
| 527 | 环江毛南族自治县(桂) | 8.22 |
| 528 | 贺州市平桂管理区(桂) | 8.20 |
| 529 | 阳朔县(桂) | 8.03 |
| 530 | 钦北区(桂) | 7.83 |
| 531 | 马山县(桂) | 7.50 |
| 532 | 全州县(桂) | 7.10 |
| 533 | 象州县(桂) | 6.81 |
| 534 | 富川瑶族自治县(桂) | 5.60 |
| 535 | 七星区(桂) | 5.00 |
| 536 | 昭平县(桂) | 4.88 |
| 537 | 鹿寨县(桂) | 4.50 |
| 538 | 南丹县(桂) | 3.92 |
| 539 | 良凤江国家森林公园(桂) | 3.87 |
| 540 | 六万林场(桂) | 3.86 |

| 序号 | 胶合板主产地 | 万立方米 |
|---|---|---|
| 541 | 银海区(桂) | 3.70 |
| 542 | 兴宁区(桂) | 3.50 |
| 543 | 扶绥县(桂) | 3.35 |
| 544 | 武宣县(桂) | 3.26 |
| 545 | 田阳县(桂) | 3.20 |
| 546 | 上思县(桂) | 3.20 |
| 547 | 七坡林场(桂) | 3.20 |
| 548 | 隆安县(桂) | 2.80 |
| 549 | 上林县(桂) | 2.73 |
| 550 | 大化瑶族自治县(桂) | 2.50 |
| 551 | 大桂山林场(桂) | 2.50 |
| 552 | 海城区(桂) | 2.30 |
| 553 | 东兴市(桂) | 2.20 |
| 554 | 叠彩区(桂) | 2.20 |
| 555 | 黄冕林场(桂) | 2.00 |
| 556 | 秀峰区(桂) | 2.00 |
| 557 | 资源县(桂) | 2.00 |
| 558 | 钟山县(桂) | 1.86 |
| 559 | 天等县(桂) | 1.72 |
| 560 | 港口区(桂) | 1.60 |
| 561 | 东兰县(桂) | 1.50 |
| 562 | 金城江区(桂) | 1.50 |
| 563 | 右江区(桂) | 1.50 |
| 564 | 隆林各族自治县(桂) | 1.46 |
| 565 | 凭祥市(桂) | 1.43 |
| 566 | 灌阳县(桂) | 1.32 |
| 567 | 大新县(桂) | 1.30 |
| 568 | 雁山区(桂) | 1.30 |
| 569 | 东门林场(桂) | 1.29 |
| 570 | 江州区(桂) | 1.20 |
| 571 | 融安县(桂) | 1.17 |
| 572 | 田林县(桂) | 1.10 |
| 573 | 三江侗族自治县(桂) | 0.95 |
| 574 | 博白林场(桂) | 0.91 |
| 575 | 雅长林场(桂) | 0.80 |
| 576 | 九龙坡区(渝) | 8.85 |
| 577 | 黔江区(渝) | 5.72 |
| 578 | 永川区(渝) | 3.50 |
| 579 | 南川区(渝) | 2.30 |
| 580 | 开　县(渝) | 1.68 |
| 581 | 荣昌县(渝) | 1.60 |
| 582 | 垫江县(渝) | 1.50 |
| 583 | 石柱土家族自治县(渝) | 0.85 |
| 584 | 江津区(渝) | 0.75 |
| 585 | 武隆县(渝) | 0.70 |
| 586 | 大足县(渝) | 0.53 |

| 序号 | 胶合板主产地 | 万立方米 |
|---|---|---|
| 587 | 井研县(川) | 18.60 |
| 588 | 崇州市(川) | 14.80 |
| 589 | 昭化区(川) | 14.40 |
| 590 | 大邑县(川) | 13.00 |
| 591 | 利州区(川) | 12.00 |
| 592 | 蒲江县(川) | 11.00 |
| 593 | 洪雅县(川) | 10.00 |
| 594 | 叙永县(川) | 8.00 |
| 595 | 丹棱县(川) | 7.60 |
| 596 | 新都区(川) | 7.09 |
| 597 | 荣　县(川) | 5.10 |
| 598 | 射洪县(川) | 4.80 |
| 599 | 宜宾县(川) | 4.65 |
| 600 | 雁江区(川) | 4.60 |
| 601 | 万源市(川) | 4.50 |
| 602 | 长宁县(川) | 4.50 |
| 603 | 纳溪区(川) | 4.50 |
| 604 | 沐川县(川) | 4.00 |
| 605 | 富顺县(川) | 4.00 |
| 606 | 宣汉县(川) | 3.50 |
| 607 | 达川区(川) | 3.24 |
| 608 | 江油市(川) | 3.00 |
| 609 | 剑阁县(川) | 2.80 |
| 610 | 高坪区(川) | 2.60 |
| 611 | 东坡区(川) | 2.40 |
| 612 | 邻水县(川) | 2.40 |
| 613 | 高　县(川) | 2.20 |
| 614 | 合江县(川) | 2.20 |
| 615 | 大英县(川) | 2.00 |
| 616 | 岳池县(川) | 1.75 |
| 617 | 江安县(川) | 1.67 |
| 618 | 乐山市市中区(川) | 1.60 |
| 619 | 彭山县(川) | 1.50 |
| 620 | 自流井区(川) | 1.50 |
| 621 | 古蔺县(川) | 1.50 |
| 622 | 巴州区(川) | 1.40 |
| 623 | 贡井区(川) | 1.10 |
| 624 | 开江县(川) | 1.00 |
| 625 | 旺苍县(川) | 1.00 |
| 626 | 西昌市(川) | 1.00 |
| 627 | 平昌县(川) | 0.70 |
| 628 | 天全县(川) | 0.62 |
| 629 | 旌阳区(川) | 0.60 |
| 630 | 游仙区(川) | 0.56 |
| 631 | 凯里市(黔) | 11.43 |
| 632 | 红花岗区(黔) | 1.20 |

| 序号 | 胶合板主产地 | 万立方米 |
|---|---|---|
| 633 | 三都水族自治县(黔) | 1.10 |
| 634 | 镇远县(黔) | 0.83 |
| 635 | 长顺县(黔) | 0.72 |
| 636 | 白云区(黔) | 0.68 |
| 637 | 七星关区(黔) | 0.65 |
| 638 | 龙里县(黔) | 0.55 |
| 639 | 宁洱哈尼族彝族自治县(滇) | 5.27 |
| 640 | 昌宁县(滇) | 4.42 |
| 641 | 楚雄市(滇) | 4.18 |
| 642 | 双柏县(滇) | 4.12 |
| 643 | 盈江县(滇) | 3.20 |
| 644 | 思茅区(滇) | 3.08 |
| 645 | 隆阳区(滇) | 3.00 |
| 646 | 大理市(滇) | 2.64 |
| 647 | 镇沅彝族哈尼族拉祜族自治县(滇) | 2.46 |
| 648 | 大姚县(滇) | 2.20 |
| 649 | 马关县(滇) | 2.00 |
| 650 | 卫国林业局(滇) | 2.00 |
| 651 | 芒　市(滇) | 1.38 |
| 652 | 澜沧拉祜族自治县(滇) | 0.93 |
| 653 | 施甸县(滇) | 0.70 |
| 654 | 昆明市经济技术开发区(滇) | 0.70 |
| 655 | 洱源县(滇) | 0.61 |
| 656 | 砚山县(滇) | 0.60 |
| 657 | 汉台区(陕) | 2.58 |
| 658 | 武功县(陕) | 0.89 |
| 659 | 乾　县(陕) | 0.88 |
| 660 | 霍城县(新) | 2.00 |
| 661 | 莎车县(新) | 1.54 |
| 662 | 焉耆回族自治县(新) | 0.64 |
| 663 | 金桥木业有限公司(吉林森工) | 0.97 |
| 664 | 苇河林业局(龙江森工) | 1.00 |
| 665 | 美溪林业局(龙江森工) | 0.60 |

**表 2-2　纤维板主产地产量**

| 序号 | 纤维板主产地 | 万立方米 |
|---|---|---|
| 1 | 文安县(冀) | 194.64 |
| 2 | 藁城市(冀) | 121.00 |
| 3 | 易　县(冀) | 30.00 |
| 4 | 平泉县(冀) | 17.41 |
| 5 | 正定县(冀) | 16.00 |
| 6 | 邱　县(冀) | 14.80 |
| 7 | 深州市(冀) | 10.00 |
| 8 | 辛集市(冀) | 9.80 |
| 9 | 安平县(冀) | 6.90 |
| 10 | 肃宁县(冀) | 4.90 |
| 11 | 霸州市(冀) | 4.90 |
| 12 | 唐　县(冀) | 3.00 |
| 13 | 冀州市(冀) | 1.05 |
| 14 | 盐湖区(晋) | 11.00 |
| 15 | 祁　县(晋) | 0.60 |
| 16 | 伊金霍洛旗(内蒙古) | 4.00 |
| 17 | 辽宁实验林场(辽) | 66.60 |
| 18 | 台安县(辽) | 10.00 |
| 19 | 阜新蒙古族自治县(辽) | 8.00 |
| 20 | 新宾满族自治县(辽) | 7.60 |
| 21 | 桓仁满族自治县(辽) | 5.88 |
| 22 | 黑山县(辽) | 5.00 |
| 23 | 清原满族自治县(辽) | 4.40 |
| 24 | 海城市(辽) | 3.89 |
| 25 | 彰武县(辽) | 3.00 |
| 26 | 敦化市(吉) | 13.10 |
| 27 | 和龙人造板公司(吉) | 10.80 |
| 28 | 汪清林源木业有限公司(吉) | 10.00 |
| 29 | 汪清林业局(吉) | 3.31 |
| 30 | 通化县(吉) | 3.00 |
| 31 | 绿园区(吉) | 2.00 |
| 32 | 绥芬河市(黑) | 35.40 |
| 33 | 牡丹江市市本级(黑) | 2.98 |
| 34 | 奉贤区(沪) | 1.19 |
| 35 | 武进区(苏) | 300.00 |
| 36 | 沭阳县(苏) | 175.00 |
| 37 | 丹阳市(苏) | 165.81 |
| 38 | 新沂市(苏) | 41.00 |
| 39 | 涟水县(苏) | 40.00 |
| 40 | 泗洪县(苏) | 33.54 |
| 41 | 邳州市(苏) | 30.10 |
| 42 | 高邮市(苏) | 15.00 |
| 43 | 沛　县(苏) | 15.00 |
| 44 | 灌南县(苏) | 15.00 |
| 45 | 睢宁县(苏) | 13.80 |
| 46 | 大丰市(苏) | 12.20 |
| 47 | 宝应县(苏) | 12.00 |
| 48 | 滨海县(苏) | 10.00 |
| 49 | 溧阳市(苏) | 10.00 |
| 50 | 盱眙县(苏) | 9.80 |
| 51 | 淮阴区(苏) | 9.40 |
| 52 | 赣榆县(苏) | 8.90 |
| 53 | 泗阳县(苏) | 6.79 |
| 54 | 宿豫区(苏) | 2.66 |
| 55 | 相城区(苏) | 1.50 |
| 56 | 吴中区(苏) | 0.60 |
| 57 | 泰顺县(浙) | 30.15 |
| 58 | 遂昌县(浙) | 17.90 |
| 59 | 江山市(浙) | 13.08 |
| 60 | 富阳市(浙) | 9.60 |
| 61 | 桐乡市(浙) | 8.32 |
| 62 | 常山县(浙) | 8.20 |
| 63 | 仙居县(浙) | 7.87 |
| 64 | 天台县(浙) | 7.36 |
| 65 | 长兴县(浙) | 0.90 |
| 66 | 宣州区(皖) | 42.50 |
| 67 | 阜南县(皖) | 41.00 |
| 68 | 埇桥区(皖) | 37.30 |
| 69 | 怀宁县(皖) | 29.10 |
| 70 | 太和县(皖) | 20.00 |
| 71 | 宁国市(皖) | 15.08 |
| 72 | 利辛县(皖) | 14.78 |
| 73 | 凤阳县(皖) | 14.00 |
| 74 | 琅琊区(皖) | 13.50 |
| 75 | 泗　县(皖) | 10.60 |
| 76 | 寿　县(皖) | 10.00 |
| 77 | 蒙城县(皖) | 10.00 |
| 78 | 六安市叶集区(皖) | 10.00 |
| 79 | 灵璧县(皖) | 9.69 |
| 80 | 东至县(皖) | 9.00 |
| 81 | 淮上区(皖) | 8.00 |
| 82 | 固镇县(皖) | 7.70 |
| 83 | 桐城市(皖) | 7.50 |
| 84 | 祁门县(皖) | 7.04 |
| 85 | 南谯区(皖) | 7.00 |
| 86 | 太湖县(皖) | 6.20 |
| 87 | 含山县(皖) | 5.96 |
| 88 | 颍泉区(皖) | 3.10 |
| 89 | 五河县(皖) | 2.20 |
| 90 | 青阳县(皖) | 1.80 |
| 91 | 全椒县(皖) | 1.65 |
| 92 | 禹会区(皖) | 1.60 |
| 93 | 永安市(闽) | 35.85 |
| 94 | 南靖县(闽) | 20.07 |
| 95 | 邵武市(闽) | 18.55 |
| 96 | 建阳市(闽) | 13.09 |
| 97 | 建瓯市(闽) | 12.82 |
| 98 | 龙海市(闽) | 8.32 |
| 99 | 城厢区(闽) | 7.16 |
| 100 | 永定县(闽) | 7.10 |
| 101 | 华安县(闽) | 6.76 |
| 102 | 永春县(闽) | 4.55 |

| 序号 | 纤维板主产地 | 万立方米 | 序号 | 纤维板主产地 | 万立方米 | 序号 | 纤维板主产地 | 万立方米 |
|---|---|---|---|---|---|---|---|---|
| 103 | 临川区(赣) | 26.10 | 149 | 长葛市(豫) | 227.28 | 195 | 浏阳市(湘) | 4.25 |
| 104 | 南康市(赣) | 21.50 | 150 | 濮阳县(豫) | 25.00 | 196 | 资兴市(湘) | 3.95 |
| 105 | 信丰县(赣) | 8.20 | 151 | 临颍县(豫) | 23.00 | 197 | 安化县(湘) | 3.50 |
| 106 | 宜丰县(赣) | 6.67 | 152 | 扶沟县(豫) | 20.97 | 198 | 新化县(湘) | 3.00 |
| 107 | 遂川县(赣) | 6.50 | 153 | 邓州市(豫) | 13.00 | 199 | 冷水滩区(湘) | 1.16 |
| 108 | 永丰县(赣) | 5.49 | 154 | 罗山县(豫) | 10.75 | 200 | 桃江县(湘) | 1.10 |
| 109 | 袁州区(赣) | 3.00 | 155 | 孟州市(豫) | 10.50 | 201 | 芙蓉区(湘) | 1.00 |
| 110 | 南昌市市辖区(赣) | 1.50 | 156 | 西华县(豫) | 8.00 | 202 | 天心区(湘) | 1.00 |
| 111 | 余江县(赣) | 0.65 | 157 | 睢阳区(豫) | 6.52 | 203 | 岳麓区(湘) | 1.00 |
| 112 | 兰山区(鲁) | 200.00 | 158 | 淇　县(豫) | 4.85 | 204 | 冷水江市(湘) | 0.84 |
| 113 | 曹　县(鲁) | 159.60 | 159 | 固始县(豫) | 4.00 | 205 | 雨花区(湘) | 0.80 |
| 114 | 茌平县(鲁) | 153.00 | 160 | 沁阳市(豫) | 3.70 | 206 | 茂南区(粤) | 30.60 |
| 115 | 禹城市(鲁) | 87.30 | 161 | 新乡县(豫) | 3.54 | 207 | 封开县(粤) | 29.10 |
| 116 | 广饶县(鲁) | 72.18 | 162 | 郸城县(豫) | 3.00 | 208 | 廉江市(粤) | 23.70 |
| 117 | 临清市(鲁) | 60.00 | 163 | 内乡县(豫) | 3.00 | 209 | 湞江区(粤) | 22.00 |
| 118 | 邹城市(鲁) | 33.01 | 164 | 西峡县(豫) | 2.90 | 210 | 德庆县(粤) | 21.06 |
| 119 | 桓台县(鲁) | 31.60 | 165 | 尉氏县(豫) | 2.80 | 211 | 鹤山市(粤) | 20.00 |
| 120 | 阳谷县(鲁) | 31.00 | 166 | 宁陵县(豫) | 2.30 | 212 | 台山市(粤) | 20.00 |
| 121 | 高唐县(鲁) | 30.80 | 167 | 沈丘县(豫) | 2.20 | 213 | 清城区(粤) | 18.25 |
| 122 | 金乡县(鲁) | 21.80 | 168 | 新野县(豫) | 2.00 | 214 | 四会市(粤) | 15.06 |
| 123 | 惠民县(鲁) | 20.00 | 169 | 镇平县(豫) | 1.89 | 215 | 阳东县(粤) | 10.80 |
| 124 | 寿光市(鲁) | 16.90 | 170 | 商水县(豫) | 1.61 | 216 | 仁化县(粤) | 10.00 |
| 125 | 鱼台县(鲁) | 12.00 | 171 | 灵宝市(豫) | 0.90 | 217 | 东源县(粤) | 9.30 |
| 126 | 嘉祥县(鲁) | 11.50 | 172 | 确山县(豫) | 0.61 | 218 | 博罗县(粤) | 8.90 |
| 127 | 肥城市(鲁) | 11.20 | 173 | 监利县(鄂) | 28.00 | 219 | 增城市(粤) | 8.30 |
| 128 | 兖州市(鲁) | 10.00 | 174 | 黄陂区(鄂) | 25.00 | 220 | 东莞市(粤) | 6.91 |
| 129 | 乐陵市(鲁) | 10.00 | 175 | 天门市(鄂) | 25.00 | 221 | 高明区(粤) | 6.40 |
| 130 | 齐河县(鲁) | 10.00 | 176 | 潜江市(鄂) | 20.00 | 222 | 翁源县(粤) | 6.00 |
| 131 | 商河县(鲁) | 8.60 | 177 | 石首市(鄂) | 20.00 | 223 | 南海区(粤) | 5.00 |
| 132 | 张店区(鲁) | 7.50 | 178 | 曾都区(鄂) | 19.80 | 224 | 怀集县(粤) | 3.49 |
| 133 | 汶上县(鲁) | 7.05 | 179 | 东宝区(鄂) | 18.00 | 225 | 阳山县(粤) | 3.27 |
| 134 | 潍城区(鲁) | 7.00 | 180 | 蕲春县(鄂) | 17.20 | 226 | 郁南县(粤) | 3.00 |
| 135 | 博兴县(鲁) | 6.00 | 181 | 南漳县(鄂) | 15.40 | 227 | 中山市(粤) | 2.45 |
| 136 | 任城区(鲁) | 6.00 | 182 | 咸安区(鄂) | 13.90 | 228 | 顺德区(粤) | 1.92 |
| 137 | 东平县(鲁) | 5.85 | 183 | 沙洋县(鄂) | 10.00 | 229 | 乳源瑶族自治县(粤) | 1.32 |
| 138 | 郯城县(鲁) | 5.39 | 184 | 沙市区(鄂) | 10.00 | 230 | 禅城区(粤) | 1.30 |
| 139 | 临沂市临港经济开发区(鲁) | 5.00 | 185 | 枝江市(鄂) | 9.77 | 231 | 紫金县(粤) | 1.30 |
| 140 | 沂水县(鲁) | 5.00 | 186 | 仙桃市(鄂) | 6.00 | 232 | 恩平市(粤) | 1.10 |
| 141 | 栖霞市(鲁) | 5.00 | 187 | 洪湖市(鄂) | 4.60 | 233 | 河源市属总林场(粤) | 0.95 |
| 142 | 宁阳县(鲁) | 2.22 | 188 | 五峰土家族自治县(鄂) | 3.50 | 234 | 平远县(粤) | 0.71 |
| 143 | 新泰市(鲁) | 1.20 | 189 | 松滋市(鄂) | 1.57 | 235 | 新丰县(粤) | 0.65 |
| 144 | 沂南县(鲁) | 1.16 | 190 | 枣阳市(鄂) | 1.46 | 236 | 遂溪县(粤) | 0.60 |
| 145 | 费　县(鲁) | 1.00 | 191 | 远安县(鄂) | 1.43 | 237 | 高峰林场(桂) | 63.73 |
| 146 | 东营区(鲁) | 0.86 | 192 | 资阳区(湘) | 10.00 | 238 | 鹿寨县(桂) | 49.70 |
| 147 | 寒亭区(鲁) | 0.70 | 193 | 华容县(湘) | 7.38 | 239 | 横　县(桂) | 34.30 |
| 148 | 胶州市(鲁) | 0.60 | 194 | 新邵县(湘) | 6.00 | 240 | 陆川县(桂) | 33.94 |

| 序号 | 纤维板主产地 | 万立方米 |
|---|---|---|
| 241 | 右江区(桂) | 30.63 |
| 242 | 昭平县(桂) | 25.86 |
| 243 | 良庆区(桂) | 25.45 |
| 244 | 岑溪市(桂) | 22.51 |
| 245 | 隆安县(桂) | 20.50 |
| 246 | 永福县(桂) | 19.00 |
| 247 | 宜州市(桂) | 19.00 |
| 248 | 博白林场(桂) | 18.30 |
| 249 | 宾阳县(桂) | 17.40 |
| 250 | 上思县(桂) | 17.00 |
| 251 | 合浦县(桂) | 16.66 |
| 252 | 钟山县(桂) | 16.58 |
| 253 | 钦北区(桂) | 16.07 |
| 254 | 象州县(桂) | 15.67 |
| 255 | 藤　县(桂) | 15.50 |
| 256 | 覃塘区(桂) | 13.57 |
| 257 | 扶绥县(桂) | 12.61 |
| 258 | 苍梧县(桂) | 12.40 |
| 259 | 八步区(桂) | 12.00 |
| 260 | 武宣县(桂) | 10.05 |
| 261 | 桂平市(桂) | 10.00 |
| 262 | 大桂山林场(桂) | 8.88 |
| 263 | 钦廉林场(桂) | 8.08 |
| 264 | 兴宾区(桂) | 8.00 |
| 265 | 全州县(桂) | 8.00 |
| 266 | 江南区(桂) | 7.50 |
| 267 | 兴宁区(桂) | 6.50 |
| 268 | 黄冕林场(桂) | 6.50 |
| 269 | 环江毛南族自治县(桂) | 4.92 |
| 270 | 凭祥市(桂) | 1.17 |
| 271 | 永川区(渝) | 8.50 |
| 272 | 丰都县(渝) | 7.76 |
| 273 | 万州区(渝) | 4.30 |
| 274 | 南岸区(渝) | 3.55 |
| 275 | 黔江区(渝) | 1.62 |
| 276 | 开　县(渝) | 1.18 |
| 277 | 乐至县(川) | 78.00 |
| 278 | 邛崃市(川) | 47.00 |
| 279 | 乐山市市中区(川) | 30.00 |
| 280 | 双流县(川) | 29.60 |
| 281 | 彭山县(川) | 25.80 |
| 282 | 南部县(川) | 20.00 |
| 283 | 梓潼县(川) | 20.00 |
| 284 | 仁寿县(川) | 15.64 |
| 285 | 彭州市(川) | 14.60 |
| 286 | 崇州市(川) | 14.22 |
| 287 | 新都区(川) | 13.80 |
| 288 | 盐亭县(川) | 13.50 |
| 289 | 高坪区(川) | 13.00 |
| 290 | 大邑县(川) | 13.00 |
| 291 | 苍溪县(川) | 12.90 |
| 292 | 阆中市(川) | 9.80 |
| 293 | 屏山县(川) | 9.20 |
| 294 | 丹棱县(川) | 8.60 |
| 295 | 北川羌族自治县(川) | 7.50 |
| 296 | 达川区(川) | 7.10 |
| 297 | 平武县(川) | 7.00 |
| 298 | 合江县(川) | 7.00 |
| 299 | 安　县(川) | 6.00 |
| 300 | 剑阁县(川) | 5.50 |
| 301 | 资中县(川) | 5.00 |
| 302 | 宣汉县(川) | 4.20 |
| 303 | 青川县(川) | 4.00 |
| 304 | 西昌市(川) | 4.00 |
| 305 | 温江区(川) | 3.90 |
| 306 | 三台县(川) | 3.20 |
| 307 | 芦山县(川) | 3.00 |
| 308 | 雁江区(川) | 2.60 |
| 309 | 名山县(川) | 2.40 |
| 310 | 江油市(川) | 1.70 |
| 311 | 天全县(川) | 1.58 |
| 312 | 前锋区(川) | 1.00 |
| 313 | 双柏县(滇) | 20.67 |
| 314 | 思茅区(滇) | 19.18 |
| 315 | 临翔区(滇) | 18.55 |
| 316 | 宁洱哈尼族彝族自治县(滇) | 16.00 |
| 317 | 师宗县(滇) | 11.46 |
| 318 | 腾冲县(滇) | 11.20 |
| 319 | 隆阳区(滇) | 11.00 |
| 320 | 景东彝族自治县(滇) | 10.79 |
| 321 | 江城哈尼族彝族自治县(滇) | 10.35 |
| 322 | 红塔区(滇) | 7.00 |
| 323 | 孟连傣族拉祜族佤族自治县(滇) | 6.66 |
| 324 | 盘龙区(滇) | 6.00 |
| 325 | 寻甸回族彝族自治县(滇) | 4.30 |
| 326 | 卫国林业局(滇) | 4.00 |
| 327 | 元江哈尼族彝族傣族自治县(滇) | 2.69 |
| 328 | 镇沅彝族哈尼族拉祜族自治县(滇) | 2.23 |
| 329 | 墨江哈尼族自治县(滇) | 1.60 |
| 330 | 芒　市(滇) | 1.35 |
| 331 | 丘北县(滇) | 1.27 |
| 332 | 麒麟区(滇) | 0.73 |
| 333 | 高陵县(陕) | 46.50 |
| 334 | 杨凌区农林局(陕) | 46.37 |
| 335 | 蒲城县(陕) | 2.60 |
| 336 | 大荔县(陕) | 1.21 |
| 337 | 米东区(新) | 7.00 |
| 338 | 霍城县(新) | 1.00 |
| 339 | 吉林森工集团股份公司(吉林森工) | 6.00 |
| 340 | 红石林业局(吉林森工) | 4.87 |
| 341 | 白石山林业局(吉林森工) | 4.23 |
| 342 | 朗乡林业局(龙江森工) | 8.50 |
| 343 | 绥棱林业局(龙江森工) | 6.30 |
| 344 | 新林林业局(大兴安岭) | 6.04 |
| 345 | 塔河林业局(大兴安岭) | 4.61 |
| 346 | 呼中林业局(大兴安岭) | 0.67 |

### 表 2-3　刨花板主产地产量

| 序号 | 刨花板主产地 | 万立方米 |
|---|---|---|
| 1 | 文安县(冀) | 132.42 |
| 2 | 南和县(冀) | 33.20 |
| 3 | 正定县(冀) | 18.00 |
| 4 | 临漳县(冀) | 14.71 |
| 5 | 藁城市(冀) | 12.00 |
| 6 | 武邑县(冀) | 10.50 |
| 7 | 迁西县(冀) | 10.00 |
| 8 | 曲周县(冀) | 8.56 |
| 9 | 望都县(冀) | 6.06 |
| 10 | 邢台市高新技术开发区(冀) | 5.76 |
| 11 | 霸州市(冀) | 4.10 |
| 12 | 吴桥县(冀) | 2.60 |
| 13 | 昌黎县(冀) | 1.13 |
| 14 | 永年县(冀) | 1.02 |
| 15 | 三河市(冀) | 0.75 |
| 16 | 根河市(内蒙古) | 22.80 |
| 17 | 东胜区(内蒙古) | 2.50 |
| 18 | 法库县(辽) | 5.00 |
| 19 | 台安县(辽) | 4.00 |
| 20 | 彰武县(辽) | 3.00 |
| 21 | 海城市(辽) | 2.96 |
| 22 | 长岭县(吉) | 2.00 |
| 23 | 榆树市(吉) | 1.80 |
| 24 | 宁安市(黑) | 13.40 |
| 25 | 穆棱市(黑) | 13.10 |
| 26 | 牡丹江市市本级(黑) | 11.58 |
| 27 | 望奎县(黑) | 0.80 |
| 28 | 沭阳县(苏) | 99.50 |
| 29 | 武进区(苏) | 40.00 |

| 序号 | 刨花板主产地 | 万立方米 | 序号 | 刨花板主产地 | 万立方米 | 序号 | 刨花板主产地 | 万立方米 |
|---|---|---|---|---|---|---|---|---|
| 30 | 丹阳市(苏) | 33.70 | 76 | 南昌市市辖区(赣) | 1.00 | 122 | 双峰县(湘) | 1.00 |
| 31 | 丰　县(苏) | 26.00 | 77 | 武宁县(赣) | 0.86 | 123 | 洪江区(湘) | 0.82 |
| 32 | 洪泽县(苏) | 25.00 | 78 | 兰山区(鲁) | 317.60 | 124 | 长沙县(湘) | 0.65 |
| 33 | 泗阳县(苏) | 9.33 | 79 | 曹　县(鲁) | 71.60 | 125 | 君山区(湘) | 0.60 |
| 34 | 盱眙县(苏) | 8.90 | 80 | 阳谷县(鲁) | 16.00 | 126 | 祁阳县(湘) | 0.60 |
| 35 | 常熟市(苏) | 4.87 | 81 | 惠民县(鲁) | 10.00 | 127 | 雨花区(湘) | 0.60 |
| 36 | 滨海县(苏) | 2.00 | 82 | 沂水县(鲁) | 9.00 | 128 | 永兴县(湘) | 0.55 |
| 37 | 泗洪县(苏) | 1.30 | 83 | 寿光市(鲁) | 6.50 | 129 | 仁化县(粤) | 10.00 |
| 38 | 建湖县(苏) | 0.78 | 84 | 兖州市(鲁) | 6.00 | 130 | 东莞市(粤) | 5.74 |
| 39 | 溧阳市(苏) | 0.77 | 85 | 河东区(鲁) | 5.00 | 131 | 顺德区(粤) | 5.00 |
| 40 | 阜宁县(苏) | 0.65 | 86 | 岚山区(鲁) | 4.50 | 132 | 乳源瑶族自治县(粤) | 3.78 |
| 41 | 太仓市(苏) | 0.65 | 87 | 郯城县(鲁) | 3.39 | 133 | 紫金县(粤) | 3.50 |
| 42 | 吴兴区(浙) | 6.18 | 88 | 金乡县(鲁) | 2.02 | 134 | 惠来县(粤) | 2.91 |
| 43 | 鄞州区(浙) | 3.51 | 89 | 临朐县(鲁) | 1.67 | 135 | 海丰县(粤) | 2.70 |
| 44 | 江山市(浙) | 1.26 | 90 | 胶州市(鲁) | 1.20 | 136 | 河源市属总林场(粤) | 2.38 |
| 45 | 庆元县(浙) | 0.57 | 91 | 微山县(鲁) | 0.97 | 137 | 吴川市(粤) | 1.50 |
| 46 | 南谯区(皖) | 13.00 | 92 | 东平县(鲁) | 0.95 | 138 | 遂溪县(粤) | 1.50 |
| 47 | 砀山县(皖) | 9.00 | 93 | 沂南县(鲁) | 0.76 | 139 | 中山市(粤) | 1.28 |
| 48 | 凤阳县(皖) | 8.50 | 94 | 肥城市(鲁) | 0.53 | 140 | 清城区(粤) | 1.10 |
| 49 | 怀宁县(皖) | 5.70 | 95 | 湖滨区(豫) | 10.20 | 141 | 平远县(粤) | 1.07 |
| 50 | 全椒县(皖) | 5.00 | 96 | 睢　县(豫) | 10.00 | 142 | 蕉岭县(粤) | 0.88 |
| 51 | 琅琊区(皖) | 4.50 | 97 | 虞城县(豫) | 8.18 | 143 | 龙川县(粤) | 0.80 |
| 52 | 泗　县(皖) | 3.50 | 98 | 睢阳区(豫) | 6.79 | 144 | 宝安区(粤) | 0.61 |
| 53 | 祁门县(皖) | 2.60 | 99 | 许昌县(豫) | 6.50 | 145 | 怀集县(粤) | 0.56 |
| 54 | 石台县(皖) | 2.49 | 100 | 临颍县(豫) | 6.50 | 146 | 派阳山林场(桂) | 18.53 |
| 55 | 潜山县(皖) | 2.30 | 101 | 邓州市(豫) | 6.00 | 147 | 宾阳县(桂) | 10.00 |
| 56 | 禹会区(皖) | 2.10 | 102 | 兰考县(豫) | 5.00 | 148 | 横　县(桂) | 7.90 |
| 57 | 太和县(皖) | 2.00 | 103 | 尉氏县(豫) | 3.60 | 149 | 荔浦县(桂) | 7.36 |
| 58 | 东至县(皖) | 1.40 | 104 | 洛宁县(豫) | 3.47 | 150 | 大桂山林场(桂) | 6.12 |
| 59 | 五河县(皖) | 1.20 | 105 | 平桥区(豫) | 3.00 | 151 | 八步区(桂) | 6.00 |
| 60 | 南陵县(皖) | 0.76 | 106 | 民权县(豫) | 2.66 | 152 | 港南区(桂) | 5.88 |
| 61 | 沙　县(闽) | 83.31 | 107 | 沁阳市(豫) | 2.50 | 153 | 高峰林场(桂) | 5.77 |
| 62 | 龙海市(闽) | 9.74 | 108 | 杞　县(豫) | 1.50 | 154 | 覃塘区(桂) | 5.12 |
| 63 | 邵武市(闽) | 8.87 | 109 | 沈丘县(豫) | 1.50 | 155 | 三门江林场(桂) | 3.37 |
| 64 | 建瓯市(闽) | 7.45 | 110 | 夏邑县(豫) | 1.00 | 156 | 蒙山县(桂) | 3.37 |
| 65 | 顺昌县(闽) | 7.45 | 111 | 淮滨县(豫) | 1.00 | 157 | 雁山区(桂) | 1.10 |
| 66 | 清流县(闽) | 6.85 | 112 | 东宝区(鄂) | 5.00 | 158 | 融安县(桂) | 0.60 |
| 67 | 城厢区(闽) | 5.59 | 113 | 黄陂区(鄂) | 5.00 | 159 | 雁江区(川) | 6.70 |
| 68 | 明溪县(闽) | 3.95 | 114 | 枣阳市(鄂) | 1.46 | 160 | 新都区(川) | 4.50 |
| 69 | 武平县(闽) | 3.69 | 115 | 石首市(鄂) | 1.35 | 161 | 什邡市(川) | 4.00 |
| 70 | 平和县(闽) | 1.73 | 116 | 天门市(鄂) | 0.85 | 162 | 宣汉县(川) | 2.80 |
| 71 | 武夷山市(闽) | 1.50 | 117 | 澧　县(湘) | 4.50 | 163 | 中江县(川) | 0.70 |
| 72 | 永安市(闽) | 0.88 | 118 | 衡东县(湘) | 3.34 | 164 | 崇州市(川) | 0.58 |
| 73 | 南康市(赣) | 5.80 | 119 | 汝城县(湘) | 1.10 | 165 | 昌宁县(滇) | 6.14 |
| 74 | 万安县(赣) | 5.00 | 120 | 资兴市(湘) | 1.08 | 166 | 麒麟区(滇) | 0.84 |
| 75 | 宜丰县(赣) | 2.53 | 121 | 新化县(湘) | 1.00 | 167 | 吉林森工集团股份公司(吉林森工) | 40.00 |

| 序号 | 刨花板主产地 | 万立方米 |
|---|---|---|
| 168 | 朗乡林业局(龙江森工) | 8.45 |
| 169 | 穆棱林业局(龙江森工) | 5.33 |
| 170 | 汤旺河林业局(龙江森工) | 3.71 |
| 171 | 乌马河林业局(龙江森工) | 3.06 |
| 172 | 牡丹江木材综合加工厂(龙江森工) | 2.50 |
| 173 | 翠峦林业局(龙江森工) | 1.00 |
| 174 | 呼中林业局(大兴安岭) | 0.93 |

**表 2-4　细木工板(大芯板)主产地产量**

| 序号 | 细木工板(大芯板)主产地 | 万立方米 |
|---|---|---|
| 1 | 文安县(冀) | 115.00 |
| 2 | 邢台市高新技术开发区(冀) | 66.62 |
| 3 | 南和县(冀) | 16.00 |
| 4 | 灵寿县(冀) | 5.70 |
| 5 | 青龙满族自治县(冀) | 4.80 |
| 6 | 新乐市(冀) | 1.10 |
| 7 | 藁城市(冀) | 0.99 |
| 8 | 三河市(冀) | 0.90 |
| 9 | 临漳县(冀) | 0.63 |
| 10 | 魏　县(冀) | 0.60 |
| 11 | 翁牛特旗(内蒙古) | 10.00 |
| 12 | 松山区(内蒙古) | 0.80 |
| 13 | 奈曼旗(内蒙古) | 0.66 |
| 14 | 新宾满族自治县(辽) | 13.00 |
| 15 | 黑山县(辽) | 5.00 |
| 16 | 昌图县(辽) | 4.00 |
| 17 | 彰武县(辽) | 3.00 |
| 18 | 北票市(辽) | 1.10 |
| 19 | 凌源市(辽) | 0.85 |
| 20 | 前郭尔罗斯蒙古族自治县(吉) | 8.90 |
| 21 | 敦化市(吉) | 2.10 |
| 22 | 公主岭市(吉) | 2.08 |
| 23 | 德惠市(吉) | 2.00 |
| 24 | 临江市(吉) | 1.50 |
| 25 | 长岭县(吉) | 1.10 |
| 26 | 农安县(吉) | 1.00 |
| 27 | 梨树县(吉) | 0.90 |
| 28 | 拜泉县(黑) | 5.00 |
| 29 | 香坊区(黑) | 4.00 |
| 30 | 望奎县(黑) | 2.00 |
| 31 | 克山县(黑) | 1.00 |
| 32 | 明水县(黑) | 1.00 |
| 33 | 青冈县(黑) | 0.80 |
| 34 | 七台河市市辖区(黑) | 0.60 |
| 35 | 沭阳县(苏) | 270.00 |
| 36 | 丰　县(苏) | 42.00 |
| 37 | 宿豫区(苏) | 5.41 |
| 38 | 六合区(苏) | 3.32 |
| 39 | 高邮市(苏) | 1.50 |
| 40 | 阜宁县(苏) | 0.52 |
| 41 | 江山市(浙) | 53.29 |
| 42 | 南浔区(浙) | 47.61 |
| 43 | 德清县(浙) | 21.00 |
| 44 | 嘉兴市市辖区(浙) | 11.04 |
| 45 | 余杭区(浙) | 6.93 |
| 46 | 龙泉市(浙) | 3.30 |
| 47 | 温岭市(浙) | 3.27 |
| 48 | 天台县(浙) | 2.96 |
| 49 | 庆元县(浙) | 1.38 |
| 50 | 遂昌县(浙) | 0.77 |
| 51 | 临安市(浙) | 0.71 |
| 52 | 埇桥区(皖) | 243.00 |
| 53 | 砀山县(皖) | 32.00 |
| 54 | 六安市叶集区(皖) | 4.80 |
| 55 | 谯城区(皖) | 4.10 |
| 56 | 天长市(皖) | 3.50 |
| 57 | 萧　县(皖) | 3.00 |
| 58 | 宜秀区(皖) | 2.60 |
| 59 | 潜山县(皖) | 2.50 |
| 60 | 大观区(皖) | 2.30 |
| 61 | 祁门县(皖) | 1.50 |
| 62 | 郎溪县(皖) | 1.50 |
| 63 | 五河县(皖) | 0.80 |
| 64 | 怀宁县(皖) | 0.76 |
| 65 | 旌德县(皖) | 0.70 |
| 66 | 太湖县(皖) | 0.62 |
| 67 | 泾　县(皖) | 0.60 |
| 68 | 临泉县(皖) | 0.52 |
| 69 | 遂川县(赣) | 9.50 |
| 70 | 新干县(赣) | 9.50 |
| 71 | 上高县(赣) | 5.50 |
| 72 | 宜丰县(赣) | 5.00 |
| 73 | 南康市(赣) | 4.00 |
| 74 | 宜黄县(赣) | 3.00 |
| 75 | 崇义县(赣) | 2.40 |
| 76 | 武宁县(赣) | 2.24 |
| 77 | 万载县(赣) | 2.20 |
| 78 | 德兴市(赣) | 2.09 |
| 79 | 袁州区(赣) | 2.00 |
| 80 | 资溪县(赣) | 2.00 |
| 81 | 婺源县(赣) | 1.96 |
| 82 | 安远县(赣) | 1.93 |
| 83 | 分宜县(赣) | 1.60 |
| 84 | 瑞金市(赣) | 1.50 |
| 85 | 铜鼓县(赣) | 1.20 |
| 86 | 安源区(赣) | 0.80 |
| 87 | 九江县(赣) | 0.80 |
| 88 | 高安市(赣) | 0.70 |
| 89 | 永丰县(赣) | 0.60 |
| 90 | 修水县(赣) | 0.57 |
| 91 | 余江县(赣) | 0.53 |
| 92 | 沂水县(鲁) | 55.00 |
| 93 | 莘　县(鲁) | 18.03 |
| 94 | 阳谷县(鲁) | 13.00 |
| 95 | 寿光市(鲁) | 10.65 |
| 96 | 河东区(鲁) | 8.00 |
| 97 | 阳信县(鲁) | 6.00 |
| 98 | 惠民县(鲁) | 5.00 |
| 99 | 梁山县(鲁) | 3.79 |
| 100 | 金乡县(鲁) | 3.60 |
| 101 | 任城区(鲁) | 3.00 |
| 102 | 东平县(鲁) | 1.98 |
| 103 | 平阴县(鲁) | 1.80 |
| 104 | 成武县(鲁) | 1.75 |
| 105 | 肥城市(鲁) | 1.58 |
| 106 | 宁阳县(鲁) | 1.36 |
| 107 | 邹城市(鲁) | 1.32 |
| 108 | 河口区(鲁) | 1.10 |
| 109 | 高密市(鲁) | 1.00 |
| 110 | 牟平区(鲁) | 1.00 |
| 111 | 齐河县(鲁) | 1.00 |
| 112 | 岱岳区(鲁) | 0.67 |
| 113 | 南乐县(豫) | 16.00 |
| 114 | 兰考县(豫) | 10.00 |
| 115 | 邓州市(豫) | 8.50 |
| 116 | 长葛市(豫) | 6.12 |
| 117 | 尉氏县(豫) | 4.60 |
| 118 | 睢阳区(豫) | 2.70 |
| 119 | 临颍县(豫) | 2.05 |
| 120 | 睢　县(豫) | 2.00 |
| 121 | 义马市(豫) | 1.70 |
| 122 | 内乡县(豫) | 1.00 |
| 123 | 罗山县(豫) | 0.60 |
| 124 | 监利县(鄂) | 15.00 |
| 125 | 黄陂区(鄂) | 15.00 |
| 126 | 东西湖区(鄂) | 5.44 |
| 127 | 钟祥市(鄂) | 3.50 |
| 128 | 石首市(鄂) | 2.15 |

| 序号 | 细木工板(大芯板)主产地 | 万立方米 |
|---|---|---|
| 129 | 潜江市(鄂) | 1.20 |
| 130 | 鹤峰县(鄂) | 1.00 |
| 131 | 天门市(鄂) | 0.70 |
| 132 | 湘潭县(湘) | 15.00 |
| 133 | 湘阴县(湘) | 12.00 |
| 134 | 炎陵县(湘) | 7.10 |
| 135 | 冷水滩区(湘) | 7.10 |
| 136 | 汉寿县(湘) | 6.50 |
| 137 | 新化县(湘) | 5.10 |
| 138 | 湘乡市(湘) | 4.80 |
| 139 | 安化县(湘) | 4.00 |
| 140 | 汝城县(湘) | 3.42 |
| 141 | 衡山县(湘) | 3.09 |
| 142 | 资兴市(湘) | 3.08 |
| 143 | 北塔区(湘) | 2.85 |
| 144 | 平江县(湘) | 2.82 |
| 145 | 蓝山县(湘) | 2.60 |
| 146 | 中方县(湘) | 2.50 |
| 147 | 沅江市(湘) | 2.48 |
| 148 | 武冈市(湘) | 2.27 |
| 149 | 江永县(湘) | 2.19 |
| 150 | 祁阳县(湘) | 2.00 |
| 151 | 洞口县(湘) | 1.83 |
| 152 | 衡南县(湘) | 1.72 |
| 153 | 石鼓区(湘) | 1.50 |
| 154 | 桃源县(湘) | 1.50 |
| 155 | 宁乡县(湘) | 1.50 |
| 156 | 会同县(湘) | 1.40 |
| 157 | 零陵区(湘) | 1.30 |
| 158 | 城步苗族自治县(湘) | 1.30 |
| 159 | 隆回县(湘) | 1.30 |
| 160 | 益阳市市辖区(湘) | 1.10 |
| 161 | 岳麓区(湘) | 1.00 |
| 162 | 开福区(湘) | 1.00 |
| 163 | 雨花区(湘) | 1.00 |
| 164 | 浏阳市(湘) | 0.97 |
| 165 | 石门县(湘) | 0.93 |
| 166 | 江华瑶族自治县(湘) | 0.93 |
| 167 | 常宁市(湘) | 0.89 |
| 168 | 耒阳市(湘) | 0.85 |
| 169 | 祁东县(湘) | 0.80 |
| 170 | 新宁县(湘) | 0.80 |
| 171 | 溆浦县(湘) | 0.80 |
| 172 | 慈利县(湘) | 0.70 |
| 173 | 鹤城区(湘) | 0.60 |
| 174 | 安仁县(湘) | 0.58 |
| 175 | 融水苗族自治县(桂) | 88.43 |
| 176 | 江南区(桂) | 7.67 |
| 177 | 八步区(桂) | 5.00 |
| 178 | 环江毛南族自治县(桂) | 4.16 |
| 179 | 资源县(桂) | 3.00 |
| 180 | 金城江区(桂) | 2.90 |
| 181 | 临桂县(桂) | 2.40 |
| 182 | 雅长林场(桂) | 2.31 |
| 183 | 玉州区(桂) | 2.15 |
| 184 | 乐业县(桂) | 1.99 |
| 185 | 田阳县(桂) | 1.65 |
| 186 | 桂平市(桂) | 1.20 |
| 187 | 雁山区(桂) | 1.00 |
| 188 | 港南区(桂) | 0.93 |
| 189 | 隆林各族自治县(桂) | 0.80 |
| 190 | 昭平县(桂) | 0.72 |
| 191 | 云阳县(渝) | 1.12 |
| 192 | 雨城区(川) | 5.10 |
| 193 | 宣汉县(川) | 3.39 |
| 194 | 安　县(川) | 2.40 |
| 195 | 青神县(川) | 1.90 |
| 196 | 万源市(川) | 1.50 |
| 197 | 天全县(川) | 1.46 |
| 198 | 芦山县(川) | 1.40 |
| 199 | 彭州市(川) | 1.30 |
| 200 | 剑阁县(川) | 1.30 |
| 201 | 通江县(川) | 1.25 |
| 202 | 中江县(川) | 1.20 |
| 203 | 合江县(川) | 1.00 |
| 204 | 江安县(川) | 0.95 |
| 205 | 古蔺县(川) | 0.90 |
| 206 | 筠连县(川) | 0.90 |
| 207 | 高　县(川) | 0.80 |
| 208 | 大英县(川) | 0.80 |
| 209 | 南江县(川) | 0.76 |
| 210 | 荥经县(川) | 0.70 |
| 211 | 广汉市(川) | 0.60 |
| 212 | 沐川县(川) | 0.60 |
| 213 | 平昌县(川) | 0.54 |
| 214 | 三都水族自治县(黔) | 1.20 |
| 215 | 锦屏县(黔) | 1.09 |
| 216 | 七星关区(黔) | 0.60 |
| 217 | 个旧市(滇) | 3.85 |
| 218 | 麒麟区(滇) | 2.01 |
| 219 | 师宗县(滇) | 1.86 |
| 220 | 宁洱哈尼族彝族自治县(滇) | 1.15 |
| 221 | 威信县(滇) | 1.00 |
| 222 | 景洪市(滇) | 0.59 |
| 223 | 汤旺河林业局(龙江森工) | 3.90 |
| 224 | 新青林业局(龙江森工) | 2.13 |
| 225 | 黑龙江柴河林业局(龙江森工) | 1.70 |
| 226 | 红星林业局(龙江森工) | 0.80 |
| 227 | 东京城林业局(龙江森工) | 0.70 |
| 228 | 带岭实验局(龙江森工) | 0.60 |
| 229 | 美溪林业局(龙江森工) | 0.57 |

**表 3-1　木地板主产地产量**

| 序号 | 木地板主产地 | 万平方米 |
|---|---|---|
| 1 | 魏　县(冀) | 100.00 |
| 2 | 广平县(冀) | 40.00 |
| 3 | 大连市金州新区(辽) | 765.00 |
| 4 | 于洪区(辽) | 700.00 |
| 5 | 彰武县(辽) | 525.00 |
| 6 | 溪湖区(辽) | 300.00 |
| 7 | 庄河市(辽) | 103.00 |
| 8 | 法库县(辽) | 85.00 |
| 9 | 普兰店市(辽) | 63.00 |
| 10 | 大石桥市(辽) | 35.00 |
| 11 | 清原满族自治县(辽) | 19.00 |
| 12 | 顺城区(辽) | 10.20 |
| 13 | 沈北新区(辽) | 6.00 |
| 14 | 抚顺县(辽) | 5.70 |
| 15 | 新宾满族自治县(辽) | 5.20 |
| 16 | 凌海市(辽) | 3.00 |
| 17 | 珲春市(吉) | 1309.00 |
| 18 | 敦化市(吉) | 865.60 |
| 19 | 抚松县(吉) | 329.60 |
| 20 | 汪清林业局(吉) | 150.00 |
| 21 | 延吉市(吉) | 105.00 |
| 22 | 新元木业公司(吉) | 88.50 |
| 23 | 珲春森林山公司(吉) | 84.07 |
| 24 | 绿园区(吉) | 8.00 |
| 25 | 德惠市(吉) | 6.00 |
| 26 | 二道区(吉) | 4.00 |
| 27 | 蛟河市(吉) | 2.62 |
| 28 | 临江市(吉) | 2.30 |
| 29 | 宽城区(吉) | 2.00 |
| 30 | 船营区(吉) | 1.44 |
| 31 | 东丰县(吉) | 1.00 |
| 32 | 龙潭区(吉) | 1.00 |
| 33 | 长白朝鲜族自治县(吉) | 0.71 |
| 34 | 五常市(黑) | 110.00 |

| 序号 | 木地板主产地 | 万平方米 | 序号 | 木地板主产地 | 万平方米 | 序号 | 木地板主产地 | 万平方米 |
|---|---|---|---|---|---|---|---|---|
| 35 | 穆棱市(黑) | 71.82 | 81 | 临安市(浙) | 5.42 | 127 | 万载县(赣) | 31.20 |
| 36 | 桦南县(黑) | 40.00 | 82 | 景宁畲族自治县(浙) | 3.28 | 128 | 贵溪市(赣) | 30.00 |
| 37 | 呼兰区(黑) | 2.00 | 83 | 开化县(浙) | 1.70 | 129 | 井冈山市(赣) | 24.61 |
| 38 | 香坊区(黑) | 1.80 | 84 | 桐乡市(浙) | 1.50 | 130 | 玉山县(赣) | 18.44 |
| 39 | 松江区(沪) | 200.00 | 85 | 淳安县(浙) | 1.20 | 131 | 遂川县(赣) | 11.00 |
| 40 | 武进区(苏) | 8090.00 | 86 | 柯城区(浙) | 1.16 | 132 | 高安市(赣) | 8.90 |
| 41 | 丹阳市(苏) | 3078.41 | 87 | 镇海区(浙) | 1.06 | 133 | 婺源县(赣) | 4.51 |
| 42 | 金坛市(苏) | 1100.00 | 88 | 泰顺县(浙) | 0.65 | 134 | 德兴市(赣) | 3.60 |
| 43 | 涟水县(苏) | 1000.00 | 89 | 南谯区(皖) | 3627.00 | 135 | 泰和县(赣) | 3.03 |
| 44 | 沭阳县(苏) | 360.00 | 90 | 来安县(皖) | 500.00 | 136 | 石城县(赣) | 3.00 |
| 45 | 吴江市(苏) | 285.08 | 91 | 巢湖市(皖) | 450.00 | 137 | 芦溪县(赣) | 2.20 |
| 46 | 宜兴市(苏) | 270.57 | 92 | 阜南县(皖) | 300.00 | 138 | 分宜县(赣) | 2.20 |
| 47 | 泗阳县(苏) | 268.88 | 93 | 砀山县(皖) | 255.00 | 139 | 新建县(赣) | 1.94 |
| 48 | 灌云县(苏) | 220.00 | 94 | 繁昌县(皖) | 200.00 | 140 | 信丰县(赣) | 1.80 |
| 49 | 赣榆县(苏) | 120.00 | 95 | 怀宁县(皖) | 200.00 | 141 | 靖安县(赣) | 1.40 |
| 50 | 启东市(苏) | 115.00 | 96 | 宣州区(皖) | 115.00 | 142 | 安源区(赣) | 1.08 |
| 51 | 铜山区(苏) | 95.00 | 97 | 广德县(皖) | 112.00 | 143 | 峡江县(赣) | 0.68 |
| 52 | 东台市(苏) | 71.24 | 98 | 淮上区(皖) | 100.00 | 144 | 南城县(赣) | 0.52 |
| 53 | 江宁区(苏) | 42.87 | 99 | 埇桥区(皖) | 86.30 | 145 | 茌平县(鲁) | 2067.88 |
| 54 | 海安县(苏) | 35.00 | 100 | 涡阳县(皖) | 65.00 | 146 | 寿光市(鲁) | 1215.00 |
| 55 | 相城区(苏) | 15.00 | 101 | 天长市(皖) | 60.00 | 147 | 阳谷县(鲁) | 1100.00 |
| 56 | 昆山市(苏) | 7.00 | 102 | 黟　县(皖) | 28.19 | 148 | 曹　县(鲁) | 878.50 |
| 57 | 丰　县(苏) | 6.50 | 103 | 定远县(皖) | 17.00 | 149 | 肥城市(鲁) | 271.00 |
| 58 | 邗江区(苏) | 4.50 | 104 | 祁门县(皖) | 7.40 | 150 | 费　县(鲁) | 200.00 |
| 59 | 常熟市(苏) | 1.35 | 105 | 旌德县(皖) | 7.20 | 151 | 兖州市(鲁) | 150.00 |
| 60 | 南浔区(浙) | 6440.00 | 106 | 休宁县(皖) | 6.70 | 152 | 齐河县(鲁) | 108.00 |
| 61 | 吴兴区(浙) | 425.73 | 107 | 东至县(皖) | 2.90 | 153 | 金乡县(鲁) | 106.45 |
| 62 | 德清县(浙) | 298.00 | 108 | 屯溪区(皖) | 2.40 | 154 | 成武县(鲁) | 99.75 |
| 63 | 桐庐县(浙) | 197.53 | 109 | 六安市叶集区(皖) | 2.00 | 155 | 邹平县(鲁) | 90.00 |
| 64 | 嘉兴市市辖区(浙) | 189.07 | 110 | 潜山县(皖) | 1.30 | 156 | 莱城区(鲁) | 85.00 |
| 65 | 海盐县(浙) | 124.80 | 111 | 颍上县(皖) | 0.86 | 157 | 河口区(鲁) | 70.00 |
| 66 | 龙泉市(浙) | 110.00 | 112 | 泾　县(皖) | 0.80 | 158 | 高密市(鲁) | 55.00 |
| 67 | 长兴县(浙) | 100.00 | 113 | 永泰县(闽) | 7.78 | 159 | 高唐县(鲁) | 55.00 |
| 68 | 余杭区(浙) | 82.07 | 114 | 连城县(闽) | 5.10 | 160 | 黄岛区(鲁) | 41.00 |
| 69 | 安吉县(浙) | 55.25 | 115 | 顺昌县(闽) | 3.80 | 161 | 无棣县(鲁) | 30.00 |
| 70 | 定海区(浙) | 46.80 | 116 | 永定县(闽) | 2.79 | 162 | 胶州市(鲁) | 13.70 |
| 71 | 鄞州区(浙) | 25.00 | 117 | 奉新县(赣) | 1738.62 | 163 | 东平县(鲁) | 12.12 |
| 72 | 遂昌县(浙) | 19.06 | 118 | 资溪县(赣) | 160.00 | 164 | 梁山县(鲁) | 9.06 |
| 73 | 富阳市(浙) | 10.87 | 119 | 宜丰县(赣) | 95.20 | 165 | 潍城区(鲁) | 8.00 |
| 74 | 江北区(浙) | 10.00 | 120 | 南昌市市辖区(赣) | 85.00 | 166 | 桓台县(鲁) | 4.10 |
| 75 | 衢江区(浙) | 10.00 | 121 | 南丰县(赣) | 67.00 | 167 | 惠民县(鲁) | 3.00 |
| 76 | 江山市(浙) | 9.50 | 122 | 宁都县(赣) | 65.00 | 168 | 邹城市(鲁) | 0.90 |
| 77 | 建德市(浙) | 8.57 | 123 | 武宁县(赣) | 55.00 | 169 | 邓州市(豫) | 62.40 |
| 78 | 温岭市(浙) | 7.01 | 124 | 广昌县(赣) | 38.50 | 170 | 台前县(豫) | 23.10 |
| 79 | 奉化市(浙) | 6.75 | 125 | 临川区(赣) | 36.70 | 171 | 兰考县(豫) | 10.00 |
| 80 | 常山县(浙) | 5.60 | 126 | 新干县(赣) | 35.00 | 172 | 宁陵县(豫) | 5.30 |

| 序号 | 木地板主产地 | 万平方米 |
|---|---|---|
| 173 | 临颍县(豫) | 1.60 |
| 174 | 睢阳区(豫) | 0.85 |
| 175 | 孝南区(鄂) | 810.00 |
| 176 | 咸安区(鄂) | 702.50 |
| 177 | 荆州区(鄂) | 200.00 |
| 178 | 蔡甸区(鄂) | 129.00 |
| 179 | 东宝区(鄂) | 80.00 |
| 180 | 汉南区(鄂) | 35.00 |
| 181 | 黄陂区(鄂) | 30.00 |
| 182 | 蕲春县(鄂) | 26.00 |
| 183 | 五峰土家族自治县(鄂) | 3.20 |
| 184 | 咸丰县(鄂) | 2.50 |
| 185 | 房　县(鄂) | 2.10 |
| 186 | 汉川市(鄂) | 1.30 |
| 187 | 仙桃市(鄂) | 1.00 |
| 188 | 巴东县(鄂) | 0.60 |
| 189 | 武冈市(湘) | 80.00 |
| 190 | 炎陵县(湘) | 42.20 |
| 191 | 溆浦县(湘) | 38.20 |
| 192 | 湘阴县(湘) | 33.00 |
| 193 | 岳麓区(湘) | 30.00 |
| 194 | 安化县(湘) | 25.00 |
| 195 | 苏仙区(湘) | 24.00 |
| 196 | 雨花区(湘) | 23.00 |
| 197 | 绥宁县(湘) | 20.00 |
| 198 | 芙蓉区(湘) | 20.00 |
| 199 | 天心区(湘) | 20.00 |
| 200 | 开福区(湘) | 15.00 |
| 201 | 鹤城区(湘) | 14.85 |
| 202 | 城步苗族自治县(湘) | 14.00 |
| 203 | 邵东县(湘) | 11.25 |
| 204 | 桃源县(湘) | 11.00 |
| 205 | 洪江区(湘) | 5.80 |
| 206 | 株洲县(湘) | 5.30 |
| 207 | 沅陵县(湘) | 5.20 |
| 208 | 娄底市市辖区(湘) | 5.00 |
| 209 | 靖州苗族侗族自治县(湘) | 5.00 |
| 210 | 衡阳县(湘) | 3.72 |
| 211 | 益阳市市辖区(湘) | 3.20 |
| 212 | 浏阳市(湘) | 3.20 |
| 213 | 石峰区(湘) | 3.20 |
| 214 | 醴陵市(湘) | 3.00 |
| 215 | 湘乡市(湘) | 2.50 |
| 216 | 隆回县(湘) | 2.30 |
| 217 | 娄星区(湘) | 2.10 |
| 218 | 新化县(湘) | 2.00 |
| 219 | 岳阳市市辖区(湘) | 1.80 |
| 220 | 资兴市(湘) | 1.65 |
| 221 | 凤凰县(湘) | 1.60 |
| 222 | 桑植县(湘) | 1.20 |
| 223 | 会同县(湘) | 1.06 |
| 224 | 洪江市(湘) | 1.00 |
| 225 | 麻阳苗族自治县(湘) | 0.80 |
| 226 | 零陵区(湘) | 0.80 |
| 227 | 望城县(湘) | 0.80 |
| 228 | 鼎城区(湘) | 0.65 |
| 229 | 保靖县(湘) | 0.60 |
| 230 | 东源县(粤) | 950.00 |
| 231 | 澄海区(粤) | 360.00 |
| 232 | 增城市(粤) | 340.00 |
| 233 | 宝安区(粤) | 133.00 |
| 234 | 南海区(粤) | 88.00 |
| 235 | 东莞市(粤) | 29.83 |
| 236 | 顺德区(粤) | 26.71 |
| 237 | 仁化县(粤) | 12.00 |
| 238 | 禅城区(粤) | 8.00 |
| 239 | 鹤山市(粤) | 6.00 |
| 240 | 中山市(粤) | 5.84 |
| 241 | 乳源瑶族自治县(粤) | 1.32 |
| 242 | 郁南县(粤) | 1.00 |
| 243 | 雷州市(粤) | 0.70 |
| 244 | 港南区(桂) | 52.50 |
| 245 | 三江侗族自治县(桂) | 52.30 |
| 246 | 宾阳县(桂) | 31.00 |
| 247 | 融水苗族自治县(桂) | 27.96 |
| 248 | 全州县(桂) | 5.80 |
| 249 | 陆川县(桂) | 2.40 |
| 250 | 象山区(桂) | 0.80 |
| 251 | 武鸣县(桂) | 0.78 |
| 252 | 西乡塘区(桂) | 0.53 |
| 253 | 黔江区(渝) | 0.60 |
| 254 | 乐至县(川) | 300.00 |
| 255 | 乐山市市中区(川) | 240.00 |
| 256 | 青白江区(川) | 179.66 |
| 257 | 剑阁县(川) | 60.00 |
| 258 | 郫　县(川) | 49.30 |
| 259 | 盐亭县(川) | 41.00 |
| 260 | 新都区(川) | 17.00 |
| 261 | 叙永县(川) | 15.00 |
| 262 | 雨城区(川) | 10.00 |
| 263 | 温江区(川) | 8.00 |
| 264 | 南江县(川) | 6.50 |
| 265 | 江油市(川) | 2.50 |
| 266 | 昭化区(川) | 2.20 |
| 267 | 涪城区(川) | 1.50 |
| 268 | 武胜县(川) | 1.00 |
| 269 | 平昌县(川) | 0.92 |
| 270 | 苍溪县(川) | 0.70 |
| 271 | 龙里县(黔) | 40.50 |
| 272 | 白云区(黔) | 2.00 |
| 273 | 碧江区(黔) | 1.00 |
| 274 | 盈江县(滇) | 185.74 |
| 275 | 瑞丽市(滇) | 100.15 |
| 276 | 红塔区(滇) | 26.54 |
| 277 | 陇川县(滇) | 17.40 |
| 278 | 昆明市经济技术开发区(滇) | 10.00 |
| 279 | 隆阳区(滇) | 5.30 |
| 280 | 梁河县(滇) | 5.13 |
| 281 | 金桥木业有限公司(吉林森工) | 365.61 |
| 282 | 铁力林业局(龙江森工) | 63.10 |
| 283 | 松江胶合板厂(龙江森工) | 26.18 |
| 284 | 清河林业局(龙江森工) | 8.40 |
| 285 | 桃山林业局(龙江森工) | 7.10 |
| 286 | 林口林业局(龙江森工) | 1.00 |
| 287 | 带岭实验局(龙江森工) | 0.70 |
| 288 | 阿木尔林业局(大兴安岭) | 10.06 |
| 289 | 松岭林业局(大兴安岭) | 8.81 |

**表 3-2　单板(刨切、旋切、微薄板)主产地产量**

| 序号 | 单板(刨切、旋切、微薄板)主产地 | 万立方米 |
|---|---|---|
| 1 | 威　县(冀) | 0.60 |
| 2 | 霍州市(晋) | 2.00 |
| 3 | 元宝山区(内蒙古) | 10.00 |
| 4 | 奈曼旗(内蒙古) | 2.00 |
| 5 | 林西县(内蒙古) | 0.88 |
| 6 | 松山区(内蒙古) | 0.55 |
| 7 | 彰武县(辽) | 17.00 |
| 8 | 新宾满族自治县(辽) | 11.00 |
| 9 | 龙港区(辽) | 8.00 |
| 10 | 昌图县(辽) | 6.00 |
| 11 | 新邱区(辽) | 2.00 |
| 12 | 北票市(辽) | 1.20 |
| 13 | 扶余县(吉) | 35.00 |
| 14 | 梨树县(吉) | 7.23 |
| 15 | 二道区(吉) | 6.90 |
| 16 | 农安县(吉) | 6.00 |

| 序号 | 单板(刨切、旋切、微薄板)主产地 | 万立方米 | 序号 | 单板(刨切、旋切、微薄板)主产地 | 万立方米 | 序号 | 单板(刨切、旋切、微薄板)主产地 | 万立方米 |
|---|---|---|---|---|---|---|---|---|
| 17 | 敦化市(吉) | 5.78 | 62 | 靖安县(赣) | 5.00 | 107 | 淮滨县(豫) | 2.90 |
| 18 | 公主岭市(吉) | 3.38 | 63 | 南康市(赣) | 3.00 | 108 | 确山县(豫) | 2.30 |
| 19 | 前郭尔罗斯蒙古族自治县(吉) | 2.67 | 64 | 余江县(赣) | 1.70 | 109 | 睢阳区(豫) | 2.10 |
| 20 | 乾安县(吉) | 2.00 | 65 | 婺源县(赣) | 1.31 | 110 | 鹿邑县(豫) | 1.60 |
| 21 | 安图县(吉) | 1.20 | 66 | 武宁县(赣) | 0.88 | 111 | 台前县(豫) | 1.55 |
| 22 | 延吉市(吉) | 1.02 | 67 | 上高县(赣) | 0.80 | 112 | 潢川县(豫) | 1.47 |
| 23 | 船营区(吉) | 1.00 | 68 | 赣　县(赣) | 0.70 | 113 | 项城市(豫) | 1.44 |
| 24 | 经济开发区(吉) | 0.90 | 69 | 瑞金市(赣) | 0.70 | 114 | 新蔡县(豫) | 1.43 |
| 25 | 长岭县(吉) | 0.90 | 70 | 高安市(赣) | 0.60 | 115 | 平舆县(豫) | 1.20 |
| 26 | 伊通满族自治县(吉) | 0.80 | 71 | 临川区(赣) | 0.60 | 116 | 方城县(豫) | 1.00 |
| 27 | 东丰县(吉) | 0.60 | 72 | 费　县(鲁) | 900.00 | 117 | 偃师市(豫) | 1.00 |
| 28 | 大安市(吉) | 0.53 | 73 | 沂水县(鲁) | 490.00 | 118 | 伊川县(豫) | 0.80 |
| 29 | 龙江县(黑) | 5.29 | 74 | 肥城市(鲁) | 142.00 | 119 | 黄陂区(鄂) | 20.00 |
| 30 | 南岗区(黑) | 5.00 | 75 | 曹　县(鲁) | 71.70 | 120 | 潜江市(鄂) | 5.70 |
| 31 | 克山县(黑) | 4.50 | 76 | 莘　县(鲁) | 40.70 | 121 | 天门市(鄂) | 5.00 |
| 32 | 明水县(黑) | 4.00 | 77 | 苍山县(鲁) | 32.00 | 122 | 仙桃市(鄂) | 1.80 |
| 33 | 青冈县(黑) | 3.00 | 78 | 鱼台县(鲁) | 30.00 | 123 | 南漳县(鄂) | 1.70 |
| 34 | 绥芬河市(黑) | 1.05 | 79 | 惠民县(鲁) | 20.00 | 124 | 京山县(鄂) | 1.50 |
| 35 | 依安县(黑) | 0.80 | 80 | 阳谷县(鲁) | 16.00 | 125 | 洪湖市(鄂) | 1.00 |
| 36 | 林甸县(黑) | 0.61 | 81 | 成武县(鲁) | 13.33 | 126 | 江陵县(鄂) | 0.55 |
| 37 | 延寿县(黑) | 0.60 | 82 | 高唐县(鲁) | 9.00 | 127 | 雨花区(湘) | 14.00 |
| 38 | 宿豫区(苏) | 713.00 | 83 | 平邑县(鲁) | 4.90 | 128 | 开福区(湘) | 12.00 |
| 39 | 邳州市(苏) | 150.00 | 84 | 寿光市(鲁) | 4.60 | 129 | 岳麓区(湘) | 10.00 |
| 40 | 泗阳县(苏) | 60.00 | 85 | 新泰市(鲁) | 4.30 | 130 | 沅江市(湘) | 3.58 |
| 41 | 盱眙县(苏) | 8.90 | 86 | 诸城市(鲁) | 3.95 | 131 | 醴陵市(湘) | 3.00 |
| 42 | 涟水县(苏) | 2.00 | 87 | 河东区(鲁) | 3.50 | 132 | 浏阳市(湘) | 2.65 |
| 43 | 铜山区(苏) | 1.00 | 88 | 郯城县(鲁) | 3.50 | 133 | 南　县(湘) | 2.50 |
| 44 | 泰顺县(浙) | 30.47 | 89 | 高青县(鲁) | 2.70 | 134 | 益阳市市辖区(湘) | 2.20 |
| 45 | 灵璧县(皖) | 21.99 | 90 | 宁阳县(鲁) | 2.42 | 135 | 桃江县(湘) | 2.00 |
| 46 | 潜山县(皖) | 13.50 | 91 | 莒南县(鲁) | 1.70 | 136 | 城步苗族自治县(湘) | 1.60 |
| 47 | 太和县(皖) | 10.00 | 92 | 金乡县(鲁) | 1.56 | 137 | 双清区(湘) | 1.30 |
| 48 | 萧　县(皖) | 7.00 | 93 | 微山县(鲁) | 0.97 | 138 | 洞口县(湘) | 0.82 |
| 49 | 涡阳县(皖) | 6.00 | 94 | 昌邑市(鲁) | 0.60 | 139 | 汉寿县(湘) | 0.80 |
| 50 | 阜南县(皖) | 5.80 | 95 | 原阳县(豫) | 88.80 | 140 | 新宁县(湘) | 0.80 |
| 51 | 霍邱县(皖) | 4.50 | 96 | 西华县(豫) | 40.00 | 141 | 攸　县(湘) | 0.80 |
| 52 | 青阳县(皖) | 3.10 | 97 | 商水县(豫) | 26.46 | 142 | 娄星区(湘) | 0.71 |
| 53 | 临泉县(皖) | 2.40 | 98 | 范　县(豫) | 26.00 | 143 | 祁东县(湘) | 0.70 |
| 54 | 五河县(皖) | 2.10 | 99 | 尉氏县(豫) | 25.10 | 144 | 零陵区(湘) | 0.61 |
| 55 | 大观区(皖) | 2.10 | 100 | 邓州市(豫) | 24.20 | 145 | 隆回县(湘) | 0.60 |
| 56 | 界首市(皖) | 1.50 | 101 | 夏邑县(豫) | 20.60 | 146 | 赫山区(湘) | 0.60 |
| 57 | 颍州区(皖) | 1.20 | 102 | 开封县(豫) | 12.00 | 147 | 鼎城区(湘) | 0.57 |
| 58 | 泾　县(皖) | 1.00 | 103 | 兰考县(豫) | 11.00 | 148 | 廉江市(粤) | 23.70 |
| 59 | 南陵县(皖) | 0.72 | 104 | 濮阳县(豫) | 7.20 | 149 | 仁化县(粤) | 20.00 |
| 60 | 寿　县(皖) | 0.70 | 105 | 虞城县(豫) | 5.05 | 150 | 河源市属总林场(粤) | 15.70 |
| 61 | 南昌市市辖区(赣) | 7.00 | 106 | 内乡县(豫) | 3.00 | 151 | 翁源县(粤) | 12.45 |

| 序号 | 单板(刨切、旋切、微薄板)主产地 | 万立方米 |
|---|---|---|
| 152 | 雷州市(粤) | 11.00 |
| 153 | 紫金县(粤) | 10.00 |
| 154 | 增城市(粤) | 6.20 |
| 155 | 郁南县(粤) | 6.00 |
| 156 | 清新县(粤) | 4.50 |
| 157 | 饶平县(粤) | 3.87 |
| 158 | 乳源瑶族自治县(粤) | 3.78 |
| 159 | 怀集县(粤) | 3.45 |
| 160 | 遂溪县(粤) | 3.30 |
| 161 | 丰顺县(粤) | 3.00 |
| 162 | 电白县(粤) | 1.90 |
| 163 | 化州市(粤) | 1.80 |
| 164 | 高州市(粤) | 1.56 |
| 165 | 吴川市(粤) | 1.30 |
| 166 | 中山市(粤) | 1.07 |
| 167 | 连州市(粤) | 1.00 |
| 168 | 连平县(粤) | 1.00 |
| 169 | 清城区(粤) | 0.88 |
| 170 | 广宁县(粤) | 0.81 |
| 171 | 阳山县(粤) | 0.75 |
| 172 | 云城区(粤) | 0.68 |
| 173 | 港南区(桂) | 223.75 |
| 174 | 武鸣县(桂) | 155.92 |
| 175 | 覃塘区(桂) | 85.00 |
| 176 | 合浦县(桂) | 78.71 |
| 177 | 西乡塘区(桂) | 61.93 |
| 178 | 港北区(桂) | 48.50 |
| 179 | 鹿寨县(桂) | 39.50 |
| 180 | 江南区(桂) | 38.10 |
| 181 | 玉州区(桂) | 36.85 |
| 182 | 灵山县(桂) | 31.40 |
| 183 | 桂平市(桂) | 24.00 |
| 184 | 环江毛南族自治县(桂) | 21.00 |
| 185 | 钦北区(桂) | 19.89 |
| 186 | 岑溪市(桂) | 19.00 |
| 187 | 兴宾区(桂) | 18.00 |
| 188 | 防城区(桂) | 16.12 |
| 189 | 陆川县(桂) | 15.90 |
| 190 | 宾阳县(桂) | 15.00 |
| 191 | 上林县(桂) | 14.86 |
| 192 | 浦北县(桂) | 13.00 |
| 193 | 青秀区(桂) | 12.14 |
| 194 | 象山区(桂) | 11.00 |
| 195 | 大桂山林场(桂) | 10.95 |
| 196 | 临桂县(桂) | 10.20 |
| 197 | 钦南区(桂) | 10.00 |
| 198 | 金秀瑶族自治县(桂) | 9.00 |
| 199 | 隆安县(桂) | 7.60 |
| 200 | 上思县(桂) | 7.60 |
| 201 | 全州县(桂) | 7.20 |
| 202 | 七星区(桂) | 7.00 |
| 203 | 永福县(桂) | 6.80 |
| 204 | 贺州市平桂管理区(桂) | 5.30 |
| 205 | 灵川县(桂) | 4.78 |
| 206 | 秀峰区(桂) | 4.50 |
| 207 | 叠彩区(桂) | 4.50 |
| 208 | 田林县(桂) | 4.00 |
| 209 | 港口区(桂) | 4.00 |
| 210 | 武宣县(桂) | 3.50 |
| 211 | 田阳县(桂) | 3.08 |
| 212 | 罗城仫佬族自治县(桂) | 3.00 |
| 213 | 金城江区(桂) | 2.90 |
| 214 | 兴安县(桂) | 2.42 |
| 215 | 博白林场(桂) | 2.04 |
| 216 | 资源县(桂) | 2.00 |
| 217 | 派阳山林场(桂) | 1.87 |
| 218 | 巴马瑶族自治县(桂) | 1.86 |
| 219 | 苍梧县(桂) | 1.50 |
| 220 | 扶绥县(桂) | 1.47 |
| 221 | 荔浦县(桂) | 1.33 |
| 222 | 藤　县(桂) | 1.20 |
| 223 | 昭平县(桂) | 1.10 |
| 224 | 东兰县(桂) | 0.92 |
| 225 | 蒙山县(桂) | 0.75 |
| 226 | 德保县(桂) | 0.75 |
| 227 | 良凤江国家森林公园(桂) | 0.68 |
| 228 | 合川区(渝) | 0.87 |
| 229 | 邻水县(川) | 0.70 |
| 230 | 南明区(黔) | 3.50 |
| 231 | 七星关区(黔) | 1.20 |
| 232 | 昌宁县(滇) | 13.00 |
| 233 | 盈江县(滇) | 6.69 |
| 234 | 瑞丽市(滇) | 1.77 |
| 235 | 宁洱哈尼族彝族自治县(滇) | 0.65 |
| 236 | 沙依巴克区(新) | 2.10 |

**表 3-3　木质家具主产地产量**

| 序号 | 木质家具主产地 | 万件 |
|---|---|---|
| 1 | 宝坻区(津) | 170.60 |
| 2 | 东丽区(津) | 10.64 |
| 3 | 津南区(津) | 3.50 |
| 4 | 定兴县(冀) | 850.00 |
| 5 | 顺平县(冀) | 795.00 |
| 6 | 香河县(冀) | 338.60 |
| 7 | 井陉矿区(冀) | 190.00 |
| 8 | 武邑县(冀) | 68.00 |
| 9 | 无极县(冀) | 65.00 |
| 10 | 丰南区(冀) | 57.21 |
| 11 | 滦南县(冀) | 47.36 |
| 12 | 巨鹿县(冀) | 36.00 |
| 13 | 广平县(冀) | 30.00 |
| 14 | 路南区(冀) | 11.10 |
| 15 | 玉田县(冀) | 10.00 |
| 16 | 威　县(冀) | 10.00 |
| 17 | 南宫市(冀) | 9.80 |
| 18 | 宁晋县(冀) | 6.50 |
| 19 | 临漳县(冀) | 6.30 |
| 20 | 赵　县(冀) | 6.00 |
| 21 | 栾城县(冀) | 4.70 |
| 22 | 广宗县(冀) | 4.50 |
| 23 | 馆陶县(冀) | 3.00 |
| 24 | 任丘市(冀) | 2.51 |
| 25 | 武强县(冀) | 2.46 |
| 26 | 磁　县(冀) | 2.00 |
| 27 | 涿州市(冀) | 1.70 |
| 28 | 邯郸县(冀) | 1.51 |
| 29 | 望都县(冀) | 1.10 |
| 30 | 永年县(冀) | 1.10 |
| 31 | 青　县(冀) | 1.00 |
| 32 | 唐　县(冀) | 1.00 |
| 33 | 高碑店市(冀) | 0.93 |
| 34 | 鸡泽县(冀) | 0.87 |
| 35 | 桃城区(冀) | 0.85 |
| 36 | 灵寿县(冀) | 0.80 |
| 37 | 涞水县(冀) | 0.70 |
| 38 | 蔚　县(冀) | 0.70 |
| 39 | 峰峰矿区(冀) | 0.70 |
| 40 | 任　县(冀) | 0.63 |
| 41 | 曲周县(冀) | 0.60 |
| 42 | 鹿泉市(冀) | 0.57 |
| 43 | 魏　县(冀) | 0.51 |
| 44 | 侯马市(晋) | 1.45 |
| 45 | 沁　县(晋) | 1.43 |
| 46 | 垣曲县(晋) | 1.20 |
| 47 | 喀喇沁旗(内蒙古) | 2.00 |
| 48 | 磴口县(内蒙古) | 0.74 |

| 序号 | 木质家具主产地 | 万件 |
|---|---|---|
| 49 | 庄河市(辽) | 380.00 |
| 50 | 于洪区(辽) | 200.00 |
| 51 | 太子河区(辽) | 200.00 |
| 52 | 沈北新区(辽) | 50.00 |
| 53 | 本溪满族自治县(辽) | 47.00 |
| 54 | 彰武县(辽) | 45.00 |
| 55 | 南芬区(辽) | 25.00 |
| 56 | 甘井子区(辽) | 14.00 |
| 57 | 盖州市(辽) | 14.00 |
| 58 | 普兰店市(辽) | 13.00 |
| 59 | 海城市(辽) | 12.00 |
| 60 | 清原满族自治县(辽) | 10.00 |
| 61 | 建昌县(辽) | 10.00 |
| 62 | 双塔区(辽) | 10.00 |
| 63 | 大连市金州新区(辽) | 9.20 |
| 64 | 银州区(辽) | 5.80 |
| 65 | 鞍山市开发区(辽) | 5.50 |
| 66 | 喀喇沁左翼蒙古族自治县(辽) | 5.00 |
| 67 | 北票市(辽) | 5.00 |
| 68 | 连山区(辽) | 4.00 |
| 69 | 抚顺县(辽) | 3.60 |
| 70 | 桓仁满族自治县(辽) | 3.00 |
| 71 | 东港市(辽) | 2.30 |
| 72 | 新宾满族自治县(辽) | 2.16 |
| 73 | 兴城市(辽) | 2.10 |
| 74 | 大石桥市(辽) | 1.80 |
| 75 | 开原市(辽) | 1.50 |
| 76 | 鲅鱼圈区(辽) | 1.20 |
| 77 | 阜新蒙古族自治县(辽) | 1.05 |
| 78 | 本溪市经济开发区(辽) | 1.00 |
| 79 | 平山区(辽) | 1.00 |
| 80 | 凌海市(辽) | 1.00 |
| 81 | 辉南县(吉) | 185.00 |
| 82 | 集安市(吉) | 25.00 |
| 83 | 敦化市(吉) | 16.80 |
| 84 | 安图县(吉) | 15.00 |
| 85 | 蛟河市(吉) | 7.25 |
| 86 | 前郭尔罗斯蒙古族自治县(吉) | 6.80 |
| 87 | 二道区(吉) | 5.30 |
| 88 | 朝阳区(吉) | 5.00 |
| 89 | 新元木业公司(吉) | 3.90 |
| 90 | 长白朝鲜族自治县(吉) | 3.60 |
| 91 | 宁江区(吉) | 2.21 |
| 92 | 抚松县(吉) | 2.20 |
| 93 | 长春市净月经济开发区(吉) | 2.10 |
| 94 | 昌邑区(吉) | 2.06 |

| 序号 | 木质家具主产地 | 万件 |
|---|---|---|
| 95 | 德惠市(吉) | 2.00 |
| 96 | 南关区(吉) | 1.40 |
| 97 | 绿园区(吉) | 1.30 |
| 98 | 舒兰市(吉) | 1.05 |
| 99 | 经济开发区(吉) | 0.93 |
| 100 | 船营区(吉) | 0.90 |
| 101 | 靖宇县(吉) | 0.80 |
| 102 | 通化县(吉) | 0.60 |
| 103 | 北林区(黑) | 310.00 |
| 104 | 通河县(黑) | 210.00 |
| 105 | 五常市(黑) | 15.00 |
| 106 | 虎林市(黑) | 10.00 |
| 107 | 克山县(黑) | 5.50 |
| 108 | 松北区(黑) | 5.00 |
| 109 | 香坊区(黑) | 4.00 |
| 110 | 南岗区(黑) | 3.50 |
| 111 | 克东县(黑) | 3.00 |
| 112 | 道里区(黑) | 2.25 |
| 113 | 让胡路区(黑) | 1.80 |
| 114 | 拜泉县(黑) | 1.00 |
| 115 | 穆棱市(黑) | 0.98 |
| 116 | 新兴区(黑) | 0.80 |
| 117 | 龙凤区(黑) | 0.70 |
| 118 | 松江区(沪) | 50.00 |
| 119 | 奉贤区(沪) | 5.02 |
| 120 | 海安县(苏) | 15.00 |
| 121 | 泗阳县(苏) | 15.00 |
| 122 | 新沂市(苏) | 10.00 |
| 123 | 惠山区(苏) | 4.20 |
| 124 | 铜山区(苏) | 2.60 |
| 125 | 涟水县(苏) | 2.00 |
| 126 | 如皋市(苏) | 1.00 |
| 127 | 沛　县(苏) | 1.00 |
| 128 | 高淳县(苏) | 0.70 |
| 129 | 泰顺县(浙) | 11281.00 |
| 130 | 嘉兴市市辖区(浙) | 654.73 |
| 131 | 安吉县(浙) | 493.19 |
| 132 | 莲都区(浙) | 422.00 |
| 133 | 建德市(浙) | 175.00 |
| 134 | 龙泉市(浙) | 168.30 |
| 135 | 玉环县(浙) | 143.22 |
| 136 | 桐庐县(浙) | 117.44 |
| 137 | 云和县(浙) | 99.93 |
| 138 | 椒江区(浙) | 78.05 |
| 139 | 德清县(浙) | 69.00 |
| 140 | 鄞州区(浙) | 68.52 |

| 序号 | 木质家具主产地 | 万件 |
|---|---|---|
| 141 | 遂昌县(浙) | 66.69 |
| 142 | 衢江区(浙) | 60.00 |
| 143 | 富阳市(浙) | 53.00 |
| 144 | 温岭市(浙) | 45.00 |
| 145 | 南浔区(浙) | 40.00 |
| 146 | 三门县(浙) | 39.78 |
| 147 | 江山市(浙) | 37.95 |
| 148 | 海盐县(浙) | 36.01 |
| 149 | 余姚市(浙) | 35.00 |
| 150 | 柯城区(浙) | 33.35 |
| 151 | 常山县(浙) | 26.50 |
| 152 | 临海市(浙) | 25.85 |
| 153 | 开化县(浙) | 22.60 |
| 154 | 北仑区(浙) | 20.25 |
| 155 | 慈溪市(浙) | 12.58 |
| 156 | 余杭区(浙) | 12.51 |
| 157 | 象山县(浙) | 11.60 |
| 158 | 定海区(浙) | 10.37 |
| 159 | 吴兴区(浙) | 10.13 |
| 160 | 奉化市(浙) | 9.50 |
| 161 | 景宁畲族自治县(浙) | 8.50 |
| 162 | 仙居县(浙) | 8.49 |
| 163 | 丽水市市辖区(浙) | 7.90 |
| 164 | 桐乡市(浙) | 6.90 |
| 165 | 天台县(浙) | 6.68 |
| 166 | 磐安县(浙) | 4.60 |
| 167 | 路桥区(浙) | 4.17 |
| 168 | 淳安县(浙) | 4.00 |
| 169 | 宁海县(浙) | 3.00 |
| 170 | 长兴县(浙) | 2.50 |
| 171 | 江北区(浙) | 2.40 |
| 172 | 秀洲区(浙) | 2.30 |
| 173 | 临安市(浙) | 2.13 |
| 174 | 松阳县(浙) | 1.00 |
| 175 | 永康市(浙) | 0.93 |
| 176 | 缙云县(浙) | 0.80 |
| 177 | 海宁市(浙) | 0.75 |
| 178 | 南湖区(浙) | 0.72 |
| 179 | 宜秀区(皖) | 6531.00 |
| 180 | 青阳县(皖) | 82.30 |
| 181 | 潜山县(皖) | 50.00 |
| 182 | 临泉县(皖) | 38.00 |
| 183 | 谯城区(皖) | 26.00 |
| 184 | 砀山县(皖) | 20.00 |
| 185 | 颍州区(皖) | 20.00 |
| 186 | 萧　县(皖) | 19.00 |

| 序号 | 木质家具主产地 | 万件 |
|---|---|---|
| 187 | 东至县(皖) | 14.20 |
| 188 | 涡阳县(皖) | 14.00 |
| 189 | 六安市叶集区(皖) | 12.00 |
| 190 | 泗　县(皖) | 9.50 |
| 191 | 包河区(皖) | 9.00 |
| 192 | 固镇县(皖) | 8.30 |
| 193 | 桐城市(皖) | 7.50 |
| 194 | 颍东区(皖) | 5.80 |
| 195 | 界首市(皖) | 5.00 |
| 196 | 埇桥区(皖) | 4.00 |
| 197 | 黟　县(皖) | 3.06 |
| 198 | 太湖县(皖) | 3.00 |
| 199 | 石台县(皖) | 3.00 |
| 200 | 含山县(皖) | 2.60 |
| 201 | 五河县(皖) | 2.50 |
| 202 | 郎溪县(皖) | 1.75 |
| 203 | 大观区(皖) | 1.60 |
| 204 | 祁门县(皖) | 1.10 |
| 205 | 寿　县(皖) | 0.90 |
| 206 | 望江县(皖) | 0.60 |
| 207 | 宁都县(赣) | 800.00 |
| 208 | 南康市(赣) | 380.00 |
| 209 | 龙南县(赣) | 96.88 |
| 210 | 宜黄县(赣) | 35.33 |
| 211 | 瑞金市(赣) | 35.00 |
| 212 | 贵溪市(赣) | 32.50 |
| 213 | 乐安县(赣) | 32.00 |
| 214 | 奉新县(赣) | 22.25 |
| 215 | 泰和县(赣) | 10.42 |
| 216 | 信丰县(赣) | 7.50 |
| 217 | 定南县(赣) | 5.80 |
| 218 | 修水县(赣) | 5.62 |
| 219 | 临川区(赣) | 4.00 |
| 220 | 广丰县(赣) | 4.00 |
| 221 | 万载县(赣) | 3.90 |
| 222 | 全南县(赣) | 3.50 |
| 223 | 崇仁县(赣) | 3.24 |
| 224 | 余江县(赣) | 3.20 |
| 225 | 铜鼓县(赣) | 3.00 |
| 226 | 遂川县(赣) | 3.00 |
| 227 | 石城县(赣) | 3.00 |
| 228 | 赣　县(赣) | 2.80 |
| 229 | 万年县(赣) | 2.80 |
| 230 | 章贡区(赣) | 2.69 |
| 231 | 高安市(赣) | 2.65 |
| 232 | 德兴市(赣) | 2.65 |
| 233 | 南城县(赣) | 2.60 |
| 234 | 玉山县(赣) | 2.10 |
| 235 | 都昌县(赣) | 2.00 |
| 236 | 婺源县(赣) | 1.91 |
| 237 | 德安县(赣) | 0.90 |
| 238 | 月湖区(赣) | 0.80 |
| 239 | 新建县(赣) | 0.78 |
| 240 | 大余县(赣) | 0.70 |
| 241 | 安源区(赣) | 0.66 |
| 242 | 永修县(赣) | 0.61 |
| 243 | 上高县(赣) | 0.60 |
| 244 | 宜丰县(赣) | 0.60 |
| 245 | 上栗县(赣) | 0.60 |
| 246 | 诸城市(鲁) | 751.35 |
| 247 | 河东区(鲁) | 600.00 |
| 248 | 胶州市(鲁) | 550.00 |
| 249 | 无棣县(鲁) | 513.00 |
| 250 | 寿光市(鲁) | 509.00 |
| 251 | 周村区(鲁) | 400.00 |
| 252 | 肥城市(鲁) | 126.00 |
| 253 | 乐陵市(鲁) | 121.50 |
| 254 | 莱阳市(鲁) | 120.00 |
| 255 | 阳谷县(鲁) | 99.00 |
| 256 | 成武县(鲁) | 98.00 |
| 257 | 阳信县(鲁) | 51.20 |
| 258 | 曹　县(鲁) | 42.40 |
| 259 | 临邑县(鲁) | 42.00 |
| 260 | 沂南县(鲁) | 32.14 |
| 261 | 沂水县(鲁) | 31.60 |
| 262 | 莒　县(鲁) | 21.90 |
| 263 | 任城区(鲁) | 15.00 |
| 264 | 桓台县(鲁) | 15.00 |
| 265 | 莒南县(鲁) | 13.00 |
| 266 | 曲阜市(鲁) | 12.20 |
| 267 | 惠民县(鲁) | 12.00 |
| 268 | 沂源县(鲁) | 11.20 |
| 269 | 罗庄区(鲁) | 10.00 |
| 270 | 费　县(鲁) | 10.00 |
| 271 | 东平县(鲁) | 10.00 |
| 272 | 临清市(鲁) | 9.50 |
| 273 | 东昌府区(鲁) | 8.80 |
| 274 | 临沂市临港经济开发区(鲁) | 7.50 |
| 275 | 青州市(鲁) | 7.50 |
| 276 | 牟平区(鲁) | 6.50 |
| 277 | 平原县(鲁) | 6.10 |
| 278 | 蒙阴县(鲁) | 5.50 |
| 279 | 宁阳县(鲁) | 5.20 |
| 280 | 昌乐县(鲁) | 5.00 |
| 281 | 鱼台县(鲁) | 5.00 |
| 282 | 岱岳区(鲁) | 3.50 |
| 283 | 新泰市(鲁) | 3.50 |
| 284 | 龙口市(鲁) | 3.00 |
| 285 | 武城县(鲁) | 2.30 |
| 286 | 聊城市市辖区(鲁) | 2.00 |
| 287 | 平阴县(鲁) | 1.90 |
| 288 | 博山区(鲁) | 1.80 |
| 289 | 金乡县(鲁) | 1.76 |
| 290 | 昌邑市(鲁) | 1.20 |
| 291 | 临沭县(鲁) | 0.82 |
| 292 | 利津县(鲁) | 0.80 |
| 293 | 坊子区(鲁) | 0.70 |
| 294 | 高青县(鲁) | 0.60 |
| 295 | 商河县(鲁) | 0.60 |
| 296 | 淮滨县(豫) | 550.00 |
| 297 | 民权县(豫) | 91.30 |
| 298 | 尉氏县(豫) | 87.30 |
| 299 | 清丰县(豫) | 76.00 |
| 300 | 西华县(豫) | 65.00 |
| 301 | 项城市(豫) | 57.00 |
| 302 | 滑　县(豫) | 53.04 |
| 303 | 沈丘县(豫) | 52.00 |
| 304 | 夏邑县(豫) | 50.00 |
| 305 | 华龙区(豫) | 50.00 |
| 306 | 镇平县(豫) | 50.00 |
| 307 | 兰考县(豫) | 38.70 |
| 308 | 梁园区(豫) | 37.00 |
| 309 | 虞城县(豫) | 34.34 |
| 310 | 商城县(豫) | 26.00 |
| 311 | 范　县(豫) | 25.00 |
| 312 | 宁陵县(豫) | 23.15 |
| 313 | 卫辉市(豫) | 21.00 |
| 314 | 邓州市(豫) | 21.00 |
| 315 | 淅川县(豫) | 20.00 |
| 316 | 长垣县(豫) | 17.00 |
| 317 | 新乡县(豫) | 16.52 |
| 318 | 辉县市(豫) | 16.00 |
| 319 | 魏都区(豫) | 13.90 |
| 320 | 平桥区(豫) | 13.00 |
| 321 | 新安县(豫) | 12.31 |
| 322 | 南乐县(豫) | 12.00 |
| 323 | 嵩　县(豫) | 11.50 |
| 324 | 淮阳县(豫) | 10.00 |

| 序号 | 木质家具主产地 | 万件 |
|---|---|---|
| 325 | 西峡县(豫) | 9.94 |
| 326 | 濮阳县(豫) | 9.60 |
| 327 | 汤阴县(豫) | 9.60 |
| 328 | 卧龙区(豫) | 9.60 |
| 329 | 西平县(豫) | 8.50 |
| 330 | 光山县(豫) | 8.00 |
| 331 | 洛宁县(豫) | 8.00 |
| 332 | 伊川县(豫) | 8.00 |
| 333 | 台前县(豫) | 7.30 |
| 334 | 林州市(豫) | 6.50 |
| 335 | 安阳县(豫) | 6.50 |
| 336 | 桐柏县(豫) | 6.30 |
| 337 | 湖滨区(豫) | 6.00 |
| 338 | 宝丰县(豫) | 6.00 |
| 339 | 汝州市(豫) | 5.60 |
| 340 | 汝阳县(豫) | 5.35 |
| 341 | 偃师市(豫) | 5.20 |
| 342 | 太康县(豫) | 5.00 |
| 343 | 浚　县(豫) | 5.00 |
| 344 | 长葛市(豫) | 4.98 |
| 345 | 凤泉区(豫) | 4.90 |
| 346 | 荥阳市(豫) | 4.50 |
| 347 | 方城县(豫) | 4.50 |
| 348 | 平舆县(豫) | 4.20 |
| 349 | 杞　县(豫) | 4.10 |
| 350 | 睢　县(豫) | 4.00 |
| 351 | 鹿邑县(豫) | 4.00 |
| 352 | 睢阳区(豫) | 3.47 |
| 353 | 郾城区(豫) | 3.31 |
| 354 | 博爱县(豫) | 3.00 |
| 355 | 新密市(豫) | 3.00 |
| 356 | 获嘉县(豫) | 2.90 |
| 357 | 固始县(豫) | 2.80 |
| 358 | 商水县(豫) | 2.78 |
| 359 | 永城市(豫) | 2.65 |
| 360 | 济源市(豫) | 2.60 |
| 361 | 牧野区(豫) | 2.40 |
| 362 | 灵宝市(豫) | 2.20 |
| 363 | 登封市(豫) | 2.00 |
| 364 | 封丘县(豫) | 1.90 |
| 365 | 文峰区(豫) | 1.87 |
| 366 | 息　县(豫) | 1.60 |
| 367 | 柘城县(豫) | 1.60 |
| 368 | 卢氏县(豫) | 1.30 |
| 369 | 正阳县(豫) | 1.25 |
| 370 | 临颍县(豫) | 1.25 |

| 序号 | 木质家具主产地 | 万件 |
|---|---|---|
| 371 | 泌阳县(豫) | 1.20 |
| 372 | 温　县(豫) | 1.20 |
| 373 | 栾川县(豫) | 1.20 |
| 374 | 郏　县(豫) | 0.90 |
| 375 | 山城区(豫) | 0.88 |
| 376 | 内乡县(豫) | 0.80 |
| 377 | 罗山县(豫) | 0.75 |
| 378 | 新野县(豫) | 0.75 |
| 379 | 川汇区(豫) | 0.70 |
| 380 | 新郑市(豫) | 0.70 |
| 381 | 舞钢市(豫) | 0.55 |
| 382 | 枣阳市(鄂) | 157.00 |
| 383 | 孝南区(鄂) | 90.00 |
| 384 | 潜江市(鄂) | 30.00 |
| 385 | 掇刀区(鄂) | 29.60 |
| 386 | 曾都区(鄂) | 21.00 |
| 387 | 汉川市(鄂) | 20.60 |
| 388 | 随　县(鄂) | 20.00 |
| 389 | 东宝区(鄂) | 15.00 |
| 390 | 荆州区(鄂) | 15.00 |
| 391 | 广水市(鄂) | 14.00 |
| 392 | 谷城县(鄂) | 12.20 |
| 393 | 宜都市(鄂) | 12.00 |
| 394 | 大悟县(鄂) | 10.00 |
| 395 | 京山县(鄂) | 10.00 |
| 396 | 天门市(鄂) | 9.60 |
| 397 | 襄州区(鄂) | 9.30 |
| 398 | 洪湖市(鄂) | 7.00 |
| 399 | 兴山县(鄂) | 6.00 |
| 400 | 黄陂区(鄂) | 5.00 |
| 401 | 鄂城区(鄂) | 4.10 |
| 402 | 沙市区(鄂) | 4.00 |
| 403 | 华容区(鄂) | 3.70 |
| 404 | 夷陵区(鄂) | 3.50 |
| 405 | 蔡甸区(鄂) | 3.20 |
| 406 | 恩施市(鄂) | 3.00 |
| 407 | 枝江市(鄂) | 3.00 |
| 408 | 来凤县(鄂) | 3.00 |
| 409 | 梁子湖区(鄂) | 3.00 |
| 410 | 松滋市(鄂) | 2.30 |
| 411 | 利川市(鄂) | 2.00 |
| 412 | 罗田县(鄂) | 1.80 |
| 413 | 咸安区(鄂) | 1.50 |
| 414 | 五峰土家族自治县(鄂) | 1.50 |
| 415 | 竹山县(鄂) | 1.20 |
| 416 | 云梦县(鄂) | 1.20 |

| 序号 | 木质家具主产地 | 万件 |
|---|---|---|
| 417 | 建始县(鄂) | 1.00 |
| 418 | 沙洋县(鄂) | 1.00 |
| 419 | 石首市(鄂) | 1.00 |
| 420 | 蕲春县(鄂) | 1.00 |
| 421 | 樊城区(鄂) | 0.86 |
| 422 | 远安县(鄂) | 0.80 |
| 423 | 襄城区(鄂) | 0.60 |
| 424 | 湘潭县(湘) | 800.00 |
| 425 | 祁东县(湘) | 650.00 |
| 426 | 会同县(湘) | 541.00 |
| 427 | 辰溪县(湘) | 500.00 |
| 428 | 南　县(湘) | 440.00 |
| 429 | 溆浦县(湘) | 356.00 |
| 430 | 珠晖区(湘) | 300.00 |
| 431 | 桃江县(湘) | 220.00 |
| 432 | 隆回县(湘) | 176.00 |
| 433 | 双峰县(湘) | 120.00 |
| 434 | 涟源市(湘) | 94.00 |
| 435 | 鹤城区(湘) | 85.00 |
| 436 | 安化县(湘) | 60.00 |
| 437 | 岳塘区(湘) | 34.84 |
| 438 | 天心区(湘) | 30.00 |
| 439 | 岳麓区(湘) | 30.00 |
| 440 | 雨花区(湘) | 25.00 |
| 441 | 开福区(湘) | 24.00 |
| 442 | 湘乡市(湘) | 24.00 |
| 443 | 资兴市(湘) | 21.00 |
| 444 | 石门县(湘) | 20.50 |
| 445 | 桃源县(湘) | 20.00 |
| 446 | 娄底市市辖区(湘) | 20.00 |
| 447 | 沅陵县(湘) | 17.80 |
| 448 | 衡阳县(湘) | 16.90 |
| 449 | 汝城县(湘) | 16.70 |
| 450 | 桂东县(湘) | 15.80 |
| 451 | 澧　县(湘) | 15.00 |
| 452 | 中方县(湘) | 15.00 |
| 453 | 慈利县(湘) | 13.00 |
| 454 | 新化县(湘) | 12.00 |
| 455 | 益阳市市辖区(湘) | 12.00 |
| 456 | 桑植县(湘) | 12.00 |
| 457 | 芙蓉区(湘) | 12.00 |
| 458 | 鼎城区(湘) | 10.00 |
| 459 | 武陵区(湘) | 10.00 |
| 460 | 醴陵市(湘) | 10.00 |
| 461 | 麻阳苗族自治县(湘) | 9.00 |
| 462 | 石峰区(湘) | 8.80 |

| 序号 | 木质家具主产地 | 万件 |
| --- | --- | --- |
| 463 | 安仁县(湘) | 8.00 |
| 464 | 汨罗市(湘) | 7.94 |
| 465 | 芦淞区(湘) | 6.00 |
| 466 | 衡山县(湘) | 4.93 |
| 467 | 浏阳市(湘) | 4.80 |
| 468 | 新田县(湘) | 4.20 |
| 469 | 宁乡县(湘) | 3.80 |
| 470 | 临澧县(湘) | 3.60 |
| 471 | 汉寿县(湘) | 3.50 |
| 472 | 湘阴县(湘) | 3.50 |
| 473 | 临武县(湘) | 3.20 |
| 474 | 新宁县(湘) | 3.20 |
| 475 | 永兴县(湘) | 3.14 |
| 476 | 新晃侗族自治县(湘) | 3.00 |
| 477 | 双牌县(湘) | 3.00 |
| 478 | 赫山区(湘) | 3.00 |
| 479 | 北湖区(湘) | 2.69 |
| 480 | 洞口县(湘) | 2.60 |
| 481 | 北塔区(湘) | 2.20 |
| 482 | 冷水江市(湘) | 2.00 |
| 483 | 资阳区(湘) | 2.00 |
| 484 | 株洲县(湘) | 1.80 |
| 485 | 岳阳楼区(湘) | 1.75 |
| 486 | 华容县(湘) | 1.60 |
| 487 | 平江县(湘) | 1.50 |
| 488 | 攸　县(湘) | 1.50 |
| 489 | 零陵区(湘) | 1.40 |
| 490 | 津市市(湘) | 1.29 |
| 491 | 宁远县(湘) | 1.25 |
| 492 | 永定区(湘) | 1.20 |
| 493 | 城步苗族自治县(湘) | 1.20 |
| 494 | 龙山县(湘) | 1.20 |
| 495 | 岳阳市市辖区(湘) | 1.00 |
| 496 | 永顺县(湘) | 1.00 |
| 497 | 双清区(湘) | 0.80 |
| 498 | 娄星区(湘) | 0.52 |
| 499 | 罗定市(粤) | 1910.00 |
| 500 | 东莞市(粤) | 1152.89 |
| 501 | 澄海区(粤) | 100.00 |
| 502 | 阳东县(粤) | 69.00 |
| 503 | 潮安县(粤) | 65.00 |
| 504 | 兴宁市(粤) | 40.00 |
| 505 | 郁南县(粤) | 30.00 |
| 506 | 茂港区(粤) | 28.00 |
| 507 | 中山市(粤) | 27.33 |
| 508 | 宝安区(粤) | 15.50 |

| 序号 | 木质家具主产地 | 万件 |
| --- | --- | --- |
| 509 | 连州市(粤) | 10.00 |
| 510 | 五华县(粤) | 9.80 |
| 511 | 德庆县(粤) | 4.61 |
| 512 | 濠江区(粤) | 4.00 |
| 513 | 化州市(粤) | 3.50 |
| 514 | 遂溪县(粤) | 3.25 |
| 515 | 海丰县(粤) | 3.20 |
| 516 | 台山市(粤) | 2.21 |
| 517 | 丰顺县(粤) | 2.00 |
| 518 | 茂南区(粤) | 2.00 |
| 519 | 雷州市(粤) | 1.90 |
| 520 | 高州市(粤) | 1.70 |
| 521 | 乳源瑶族自治县(粤) | 1.63 |
| 522 | 吴川市(粤) | 1.10 |
| 523 | 翁源县(粤) | 0.70 |
| 524 | 象山区(桂) | 300.00 |
| 525 | 钦北区(桂) | 273.00 |
| 526 | 全州县(桂) | 182.00 |
| 527 | 合浦县(桂) | 150.00 |
| 528 | 灵山县(桂) | 130.00 |
| 529 | 上林县(桂) | 120.00 |
| 530 | 龙胜各族自治县(桂) | 68.72 |
| 531 | 覃塘区(桂) | 34.00 |
| 532 | 灌阳县(桂) | 32.00 |
| 533 | 桂平市(桂) | 32.00 |
| 534 | 玉州区(桂) | 24.44 |
| 535 | 荔浦县(桂) | 21.72 |
| 536 | 永福县(桂) | 21.31 |
| 537 | 阳朔县(桂) | 17.83 |
| 538 | 象州县(桂) | 16.61 |
| 539 | 隆林各族自治县(桂) | 16.00 |
| 540 | 陆川县(桂) | 15.00 |
| 541 | 临桂县(桂) | 12.20 |
| 542 | 港北区(桂) | 10.80 |
| 543 | 江南区(桂) | 10.00 |
| 544 | 秀峰区(桂) | 9.00 |
| 545 | 兴安县(桂) | 8.00 |
| 546 | 贺州市平桂管理区(桂) | 6.00 |
| 547 | 灵川县(桂) | 5.64 |
| 548 | 融水苗族自治县(桂) | 5.00 |
| 549 | 富川瑶族自治县(桂) | 5.00 |
| 550 | 兴宾区(桂) | 5.00 |
| 551 | 凭祥市(桂) | 4.31 |
| 552 | 资源县(桂) | 3.30 |
| 553 | 蒙山县(桂) | 3.00 |
| 554 | 武宣县(桂) | 2.80 |

| 序号 | 木质家具主产地 | 万件 |
| --- | --- | --- |
| 555 | 雁山区(桂) | 2.78 |
| 556 | 田阳县(桂) | 2.50 |
| 557 | 浦北县(桂) | 2.50 |
| 558 | 鹿寨县(桂) | 2.20 |
| 559 | 昭平县(桂) | 2.10 |
| 560 | 岑溪市(桂) | 1.50 |
| 561 | 藤　县(桂) | 1.22 |
| 562 | 三江侗族自治县(桂) | 1.03 |
| 563 | 天等县(桂) | 1.00 |
| 564 | 南丹县(桂) | 1.00 |
| 565 | 江州区(桂) | 1.00 |
| 566 | 田林县(桂) | 0.80 |
| 567 | 隆安县(桂) | 0.80 |
| 568 | 罗城仫佬族自治县(桂) | 0.65 |
| 569 | 东兰县(桂) | 0.51 |
| 570 | 永川区(渝) | 70.00 |
| 571 | 万州区(渝) | 27.80 |
| 572 | 沙坪坝区(渝) | 23.00 |
| 573 | 江津区(渝) | 18.00 |
| 574 | 南川区(渝) | 7.00 |
| 575 | 彭水苗族土家族自治县(渝) | 3.20 |
| 576 | 奉节县(渝) | 3.00 |
| 577 | 垫江县(渝) | 3.00 |
| 578 | 忠　县(渝) | 2.00 |
| 579 | 丰都县(渝) | 1.15 |
| 580 | 石柱土家族自治县(渝) | 1.02 |
| 581 | 巫溪县(渝) | 1.00 |
| 582 | 綦江县(渝) | 0.60 |
| 583 | 城口县(渝) | 0.60 |
| 584 | 仁寿县(川) | 62.24 |
| 585 | 新都区(川) | 60.00 |
| 586 | 彭州市(川) | 55.80 |
| 587 | 南部县(川) | 50.00 |
| 588 | 乐山市市中区(川) | 34.00 |
| 589 | 青神县(川) | 30.30 |
| 590 | 大邑县(川) | 30.00 |
| 591 | 彭山县(川) | 24.30 |
| 592 | 游仙区(川) | 20.00 |
| 593 | 平昌县(川) | 20.00 |
| 594 | 峨眉山市(川) | 19.10 |
| 595 | 井研县(川) | 18.00 |
| 596 | 万源市(川) | 17.90 |
| 597 | 龙马潭区(川) | 16.50 |
| 598 | 丹棱县(川) | 13.80 |
| 599 | 崇州市(川) | 12.00 |
| 600 | 盐亭县(川) | 11.57 |

| 序号 | 木质家具主产地 | 万件 |
|---|---|---|
| 601 | 温江区(川) | 10.00 |
| 602 | 新津县(川) | 9.00 |
| 603 | 邛崃市(川) | 9.00 |
| 604 | 射洪县(川) | 8.80 |
| 605 | 宣汉县(川) | 8.50 |
| 606 | 合江县(川) | 8.50 |
| 607 | 大英县(川) | 8.30 |
| 608 | 古蔺县(川) | 8.30 |
| 609 | 泸　县(川) | 8.20 |
| 610 | 利州区(川) | 8.00 |
| 611 | 顺庆区(川) | 8.00 |
| 612 | 岳池县(川) | 8.00 |
| 613 | 青白江区(川) | 7.92 |
| 614 | 梓潼县(川) | 7.40 |
| 615 | 雁江区(川) | 7.30 |
| 616 | 珙　县(川) | 7.00 |
| 617 | 成都市市辖区(川) | 6.93 |
| 618 | 安　县(川) | 6.70 |
| 619 | 筠连县(川) | 6.40 |
| 620 | 恩阳区(川) | 6.30 |
| 621 | 安岳县(川) | 6.10 |
| 622 | 仪陇县(川) | 5.60 |
| 623 | 巴州区(川) | 5.50 |
| 624 | 简阳市(川) | 5.50 |
| 625 | 南溪县(川) | 5.00 |
| 626 | 旌阳区(川) | 5.00 |
| 627 | 三台县(川) | 5.00 |
| 628 | 大竹县(川) | 5.00 |
| 629 | 威远县(川) | 4.20 |
| 630 | 宜宾县(川) | 3.90 |
| 631 | 东坡区(川) | 3.80 |
| 632 | 阆中市(川) | 3.80 |
| 633 | 富顺县(川) | 3.60 |
| 634 | 江油市(川) | 3.50 |
| 635 | 纳溪区(川) | 3.50 |
| 636 | 通江县(川) | 3.20 |
| 637 | 都江堰市(川) | 3.20 |
| 638 | 仁和区(川) | 3.00 |
| 639 | 芦山县(川) | 2.90 |
| 640 | 中江县(川) | 2.80 |
| 641 | 荥经县(川) | 2.80 |
| 642 | 金堂县(川) | 2.60 |
| 643 | 什邡市(川) | 2.40 |
| 644 | 剑阁县(川) | 2.30 |
| 645 | 武侯区(川) | 2.20 |
| 646 | 南江县(川) | 2.10 |
| 647 | 江安县(川) | 2.02 |
| 648 | 平武县(川) | 2.00 |
| 649 | 米易县(川) | 2.00 |
| 650 | 达川区(川) | 1.81 |
| 651 | 大安区(川) | 1.80 |
| 652 | 兴文县(川) | 1.80 |
| 653 | 苍溪县(川) | 1.70 |
| 654 | 武胜县(川) | 1.50 |
| 655 | 荣　县(川) | 1.50 |
| 656 | 攀枝花市东区(川) | 1.50 |
| 657 | 蒲江县(川) | 1.30 |
| 658 | 北川羌族自治县(川) | 1.20 |
| 659 | 贡井区(川) | 1.20 |
| 660 | 沐川县(川) | 1.10 |
| 661 | 广汉市(川) | 1.00 |
| 662 | 高　县(川) | 1.00 |
| 663 | 蓬安县(川) | 1.00 |
| 664 | 雨城区(川) | 0.90 |
| 665 | 翠屏区(川) | 0.80 |
| 666 | 高坪区(川) | 0.80 |
| 667 | 洪雅县(川) | 0.70 |
| 668 | 嘉陵区(川) | 0.70 |
| 669 | 罗江县(川) | 0.60 |
| 670 | 龙泉驿区(川) | 0.60 |
| 671 | 绵竹市(川) | 0.56 |
| 672 | 赫章县(黔) | 152.00 |
| 673 | 黔西县(黔) | 18.00 |
| 674 | 织金县(黔) | 6.70 |
| 675 | 大方县(黔) | 6.50 |
| 676 | 凯里市(黔) | 6.08 |
| 677 | 碧江区(黔) | 4.50 |
| 678 | 锦屏县(黔) | 3.84 |
| 679 | 威宁彝族回族苗族自治县(黔) | 3.00 |
| 680 | 七星关区(黔) | 3.00 |
| 681 | 龙里县(黔) | 2.50 |
| 682 | 普安县(黔) | 2.06 |
| 683 | 榕江县(黔) | 1.80 |
| 684 | 瓮安县(黔) | 1.50 |
| 685 | 望谟县(黔) | 1.43 |
| 686 | 罗甸县(黔) | 1.30 |
| 687 | 开阳县(黔) | 0.93 |
| 688 | 长顺县(黔) | 0.82 |
| 689 | 贞丰县(黔) | 0.51 |
| 690 | 腾冲县(滇) | 10.00 |
| 691 | 威信县(滇) | 6.55 |
| 692 | 盈江县(滇) | 5.64 |
| 693 | 巧家县(滇) | 3.60 |
| 694 | 元谋县(滇) | 3.52 |
| 695 | 富源县(滇) | 3.35 |
| 696 | 宣威市(滇) | 3.20 |
| 697 | 富民县(滇) | 3.00 |
| 698 | 大理市(滇) | 2.76 |
| 699 | 芒　市(滇) | 2.14 |
| 700 | 砚山县(滇) | 2.00 |
| 701 | 西畴县(滇) | 1.98 |
| 702 | 南华县(滇) | 1.78 |
| 703 | 鹤庆县(滇) | 1.50 |
| 704 | 楚雄市(滇) | 1.48 |
| 705 | 罗平县(滇) | 1.32 |
| 706 | 大关县(滇) | 1.30 |
| 707 | 施甸县(滇) | 1.00 |
| 708 | 蒙自市(滇) | 1.00 |
| 709 | 丘北县(滇) | 0.92 |
| 710 | 禄丰县(滇) | 0.77 |
| 711 | 淳化县(陕) | 11.00 |
| 712 | 临渭区(陕) | 5.00 |
| 713 | 长安区(陕) | 5.00 |
| 714 | 临潼区(陕) | 4.90 |
| 715 | 旬邑县(陕) | 2.44 |
| 716 | 南郑县(陕) | 2.40 |
| 717 | 渭滨区(陕) | 2.18 |
| 718 | 扶风县(陕) | 1.70 |
| 719 | 子洲县(陕) | 1.30 |
| 720 | 米脂县(陕) | 1.04 |
| 721 | 蒲城县(陕) | 1.00 |
| 722 | 商南县(陕) | 0.70 |
| 723 | 正宁县(甘) | 0.80 |
| 724 | 沙依巴克区(新) | 1.00 |
| 725 | 红石林业局(吉林森工) | 0.95 |
| 726 | 白石山林业局(吉林森工) | 0.60 |

### 表 3-4　卫生筷子主产地产量

| 序号 | 卫生筷子主产地 | 标准箱 |
|---|---|---|
| 1 | 根河市(内蒙古) | 4100 |
| 2 | 敦化市(吉) | 51600 |
| 3 | 江源区(吉) | 30000 |
| 4 | 长白朝鲜族自治县(吉) | 2350 |
| 5 | 绥芬河市(黑) | 287500 |
| 6 | 虎林市(黑) | 30000 |
| 7 | 延寿县(黑) | 5000 |
| 8 | 茄子河区(黑) | 1000 |
| 9 | 余杭区(浙) | 275800 |

| 序号 | 卫生筷子主产地 | 标准箱 |
|---|---|---|
| 10 | 泰顺县(浙) | 81349 |
| 11 | 安吉县(浙) | 80000 |
| 12 | 临安市(浙) | 40000 |
| 13 | 龙泉市(浙) | 20416 |
| 14 | 富阳市(浙) | 14880 |
| 15 | 景宁畲族自治县(浙) | 14600 |
| 16 | 淳安县(浙) | 13120 |
| 17 | 东至县(皖) | 6000 |
| 18 | 石台县(皖) | 5000 |
| 19 | 界首市(皖) | 4000 |
| 20 | 潜山县(皖) | 3000 |
| 21 | 芦溪县(赣) | 652000 |
| 22 | 渝水区(赣) | 360000 |
| 23 | 上饶县(赣) | 200000 |
| 24 | 修水县(赣) | 135000 |
| 25 | 上犹县(赣) | 97000 |
| 26 | 定南县(赣) | 32000 |
| 27 | 井冈山市(赣) | 28960 |
| 28 | 永丰县(赣) | 18000 |
| 29 | 武宁县(赣) | 18000 |
| 30 | 泰和县(赣) | 17200 |
| 31 | 婺源县(赣) | 15800 |
| 32 | 遂川县(赣) | 15000 |
| 33 | 于都县(赣) | 8000 |
| 34 | 南城县(赣) | 7300 |
| 35 | 全南县(赣) | 6000 |
| 36 | 奉新县(赣) | 5040 |
| 37 | 峡江县(赣) | 5000 |
| 38 | 崇仁县(赣) | 4360 |
| 39 | 靖安县(赣) | 3000 |
| 40 | 龙南县(赣) | 2850 |
| 41 | 万安县(赣) | 2000 |
| 42 | 都昌县(赣) | 2000 |
| 43 | 贵溪市(赣) | 1870 |
| 44 | 禹州市(豫) | 1200 |
| 45 | 睢　县(豫) | 1000 |
| 46 | 黄陂区(鄂) | 50000 |
| 47 | 蕲春县(鄂) | 8000 |
| 48 | 安化县(湘) | 500000 |
| 49 | 新化县(湘) | 300000 |
| 50 | 大祥区(湘) | 300000 |
| 51 | 赫山区(湘) | 130000 |
| 52 | 岳阳县(湘) | 50000 |
| 53 | 衡南县(湘) | 42000 |
| 54 | 耒阳市(湘) | 36400 |
| 55 | 蓝山县(湘) | 36000 |
| 56 | 城步苗族自治县(湘) | 31200 |
| 57 | 鼎城区(湘) | 26000 |
| 58 | 新宁县(湘) | 25000 |
| 59 | 资兴市(湘) | 23000 |
| 60 | 洪江市(湘) | 20000 |
| 61 | 宁远县(湘) | 20000 |
| 62 | 望城县(湘) | 18000 |
| 63 | 洪江区(湘) | 16000 |
| 64 | 浏阳市(湘) | 15000 |
| 65 | 祁东县(湘) | 13500 |
| 66 | 绥宁县(湘) | 12000 |
| 67 | 零陵区(湘) | 11000 |
| 68 | 隆回县(湘) | 11000 |
| 69 | 株洲县(湘) | 9200 |
| 70 | 双清区(湘) | 5000 |
| 71 | 邵阳县(湘) | 5000 |
| 72 | 溆浦县(湘) | 3500 |
| 73 | 益阳市市辖区(湘) | 1280 |
| 74 | 慈利县(湘) | 1000 |
| 75 | 兴宁市(粤) | 100000 |
| 76 | 台山市(粤) | 11100 |
| 77 | 仁化县(粤) | 10000 |
| 78 | 乳源瑶族自治县(粤) | 1500 |
| 79 | 灵川县(桂) | 103050 |
| 80 | 阳朔县(桂) | 39545 |
| 81 | 大竹县(川) | 5000 |
| 82 | 七星关区(黔) | 30000 |
| 83 | 陇川县(滇) | 15456 |
| 84 | 墨江哈尼族自治县(滇) | 5000 |
| 85 | 绥阳林业局(龙江森工) | 360000 |
| 86 | 穆棱林业局(龙江森工) | 172600 |
| 87 | 鹤北林业局(龙江森工) | 102000 |
| 88 | 东京城林业局(龙江森工) | 90000 |
| 89 | 大海林林业局(龙江森工) | 81295 |
| 90 | 亚布力林业局(龙江森工) | 76253 |
| 91 | 友好林业局(龙江森工) | 62734 |
| 92 | 兴隆林业局(龙江森工) | 55192 |
| 93 | 东方红林业局(龙江森工) | 50030 |
| 94 | 桦南林业局(龙江森工) | 40000 |
| 95 | 带岭实验局(龙江森工) | 35000 |
| 96 | 新林林业局(大兴安岭) | 303767 |
| 97 | 十八站林业局(大兴安岭) | 198828 |
| 98 | 韩家园林业局(大兴安岭) | 113582 |
| 99 | 呼中林业局(大兴安岭) | 27400 |
| 100 | 松岭林业局(大兴安岭) | 24000 |
| 101 | 塔河林业局(大兴安岭) | 12170 |
| 102 | 阿木尔林业局(大兴安岭) | 6773 |
| 103 | 图强林业局(大兴安岭) | 5380 |
| 104 | 西林吉林业局(大兴安岭) | 3300 |

**表 4-1　木浆主产地产量**

| 序号 | 木浆主产地 | 万吨 |
|---|---|---|
| 1 | 乾安县(吉) | 6.00 |
| 2 | 图们市(吉) | 3.88 |
| 3 | 新沂市(苏) | 10.00 |
| 4 | 桐庐县(浙) | 2.66 |
| 5 | 吴兴区(浙) | 0.79 |
| 6 | 磐安县(浙) | 0.60 |
| 7 | 颍州区(皖) | 10.00 |
| 8 | 宜丰县(赣) | 7.50 |
| 9 | 南昌市市辖区(赣) | 7.00 |
| 10 | 日照经济技术开发区(鲁) | 190.00 |
| 11 | 兖州市(鲁) | 75.00 |
| 12 | 桓台县(鲁) | 35.60 |
| 13 | 宁阳县(鲁) | 35.00 |
| 14 | 泗水县(鲁) | 8.65 |
| 15 | 陵　县(鲁) | 7.50 |
| 16 | 广饶县(鲁) | 5.44 |
| 17 | 无棣县(鲁) | 1.00 |
| 18 | 新乡县(豫) | 11.80 |
| 19 | 濮阳市高新区(豫) | 10.80 |
| 20 | 武陟县(豫) | 2.20 |
| 21 | 社旗县(豫) | 1.00 |
| 22 | 桐柏县(豫) | 0.91 |
| 23 | 南漳县(鄂) | 1.00 |
| 24 | 株洲县(湘) | 145.00 |
| 25 | 辰溪县(湘) | 9.50 |
| 26 | 沅江市(湘) | 4.00 |
| 27 | 绥宁县(湘) | 3.20 |
| 28 | 城步苗族自治县(湘) | 3.00 |
| 29 | 益阳市市辖区(湘) | 1.50 |
| 30 | 冷水滩区(湘) | 1.10 |
| 31 | 南　县(湘) | 1.00 |
| 32 | 津市市(湘) | 0.59 |
| 33 | 番禺区(粤) | 10.00 |
| 34 | 广宁县(粤) | 9.00 |
| 35 | 乳源瑶族自治县(粤) | 3.52 |
| 36 | 连州市(粤) | 1.50 |
| 37 | 南雄市(粤) | 0.62 |
| 38 | 港北区(桂) | 14.50 |
| 39 | 田阳县(桂) | 12.00 |
| 40 | 玉州区(桂) | 1.00 |

| 序号 | 木浆主产地 | 万吨 |
|---|---|---|
| 41 | 万源市(川) | 5.00 |
| 42 | 富顺县(川) | 0.80 |
| 43 | 陆良县(滇) | 2.60 |

**表 4-2　木浆纸主产地产量**

| 序号 | 木浆纸主产地 | 万吨 |
|---|---|---|
| 1 | 顺平县(冀) | 0.82 |
| 2 | 涿州市(冀) | 0.56 |
| 3 | 龙凤区(黑) | 2.50 |
| 4 | 东风区(黑) | 1.00 |
| 5 | 惠山区(苏) | 36.76 |
| 6 | 新沂市(苏) | 10.00 |
| 7 | 德清县(浙) | 180.00 |
| 8 | 北仑区(浙) | 101.00 |
| 9 | 鄞州区(浙) | 97.39 |
| 10 | 余杭区(浙) | 41.34 |
| 11 | 南浔区(浙) | 12.01 |
| 12 | 镇海区(浙) | 10.44 |
| 13 | 长兴县(浙) | 8.80 |
| 14 | 遂昌县(浙) | 3.30 |
| 15 | 南湖区(浙) | 2.40 |
| 16 | 吴兴区(浙) | 0.79 |
| 17 | 潜山县(皖) | 15.00 |
| 18 | 南昌市市辖区(赣) | 38.00 |
| 19 | 章贡区(赣) | 3.80 |
| 20 | 临川区(赣) | 2.50 |
| 21 | 兖州市(鲁) | 385.00 |
| 22 | 寿光市(鲁) | 273.30 |
| 23 | 广饶县(鲁) | 78.18 |
| 24 | 桓台县(鲁) | 30.80 |
| 25 | 宁阳县(鲁) | 25.00 |
| 26 | 日照经济技术开发区(鲁) | 17.00 |
| 27 | 新泰市(鲁) | 16.80 |
| 28 | 坊子区(鲁) | 15.00 |
| 29 | 青州市(鲁) | 10.35 |
| 30 | 泗水县(鲁) | 8.65 |
| 31 | 昌乐县(鲁) | 8.50 |
| 32 | 东平县(鲁) | 7.54 |
| 33 | 牟平区(鲁) | 2.10 |
| 34 | 平原县(鲁) | 0.90 |
| 35 | 梁山县(鲁) | 0.87 |
| 36 | 临清市(鲁) | 0.60 |
| 37 | 濮阳市高新区(豫) | 31.10 |
| 38 | 台前县(豫) | 11.30 |
| 39 | 召陵区(豫) | 9.17 |
| 40 | 范　县(豫) | 8.00 |
| 41 | 睢　县(豫) | 4.50 |
| 42 | 武陟县(豫) | 2.40 |
| 43 | 桐柏县(豫) | 0.58 |
| 44 | 荆州区(鄂) | 20.00 |
| 45 | 宜都市(鄂) | 20.00 |
| 46 | 监利县(鄂) | 5.67 |
| 47 | 老河口市(鄂) | 3.10 |
| 48 | 株洲县(湘) | 118.00 |
| 49 | 岳阳市市辖区(湘) | 100.42 |
| 50 | 沅江市(湘) | 8.00 |
| 51 | 洪江区(湘) | 6.45 |
| 52 | 绥宁县(湘) | 4.00 |
| 53 | 苏仙区(湘) | 2.80 |
| 54 | 城步苗族自治县(湘) | 1.60 |
| 55 | 乳源瑶族自治县(粤) | 1.22 |
| 56 | 南雄市(粤) | 0.78 |
| 57 | 田阳县(桂) | 12.00 |
| 58 | 田林县(桂) | 11.95 |
| 59 | 港北区(桂) | 11.80 |
| 60 | 荔浦县(桂) | 8.53 |
| 61 | 邕宁区(桂) | 7.00 |
| 62 | 港南区(桂) | 6.59 |
| 63 | 八步区(桂) | 1.30 |
| 64 | 玉州区(桂) | 0.90 |
| 65 | 合川区(渝) | 2.89 |
| 66 | 陆良县(滇) | 4.86 |
| 67 | 柴河林业造纸厂(龙江森工) | 2.40 |

**表 4-3　竹浆主产地产量**

| 序号 | 竹浆主产地 | 万吨 |
|---|---|---|
| 1 | 富阳市(浙) | 334.50 |
| 2 | 常山县(浙) | 234.00 |
| 3 | 郎溪县(皖) | 2.00 |
| 4 | 临川区(赣) | 1.40 |
| 5 | 新乡县(豫) | 8.73 |
| 6 | 株洲县(湘) | 265.00 |
| 7 | 双峰县(湘) | 200.00 |
| 8 | 辰溪县(湘) | 4.00 |
| 9 | 绥宁县(湘) | 2.50 |
| 10 | 新化县(湘) | 2.00 |
| 11 | 南　县(湘) | 1.50 |
| 12 | 东安县(湘) | 1.00 |
| 13 | 新宁县(湘) | 0.80 |
| 14 | 安化县(湘) | 0.80 |
| 15 | 城步苗族自治县(湘) | 0.60 |
| 16 | 宁远县(湘) | 0.52 |
| 17 | 南雄市(粤) | 1.44 |
| 18 | 四会市(粤) | 9.20 |
| 19 | 乳源瑶族自治县(粤) | 3.64 |
| 20 | 田阳县(桂) | 13.00 |
| 21 | 苍梧县(桂) | 3.30 |
| 22 | 玉州区(桂) | 1.00 |
| 23 | 灵山县(桂) | 0.92 |
| 24 | 永川区(渝) | 13.01 |
| 25 | 合川区(渝) | 1.10 |
| 26 | 犍为县(川) | 22.00 |
| 27 | 沐川县(川) | 20.00 |
| 28 | 江安县(川) | 17.80 |
| 29 | 青神县(川) | 6.40 |
| 30 | 纳溪区(川) | 4.20 |
| 31 | 安　县(川) | 3.20 |
| 32 | 万源市(川) | 3.00 |
| 33 | 达川区(川) | 2.30 |
| 34 | 盐边县(川) | 2.10 |
| 35 | 武胜县(川) | 0.70 |
| 36 | 翠屏区(川) | 0.70 |
| 37 | 彭山县(川) | 0.70 |

**表 4-4　竹浆纸主产地产量**

| 序号 | 竹浆纸主产地 | 万吨 |
|---|---|---|
| 1 | 德清县(浙) | 46.00 |
| 2 | 郎溪县(皖) | 1.50 |
| 3 | 遂川县(赣) | 250.00 |
| 4 | 章贡区(赣) | 2.20 |
| 5 | 临川区(赣) | 1.00 |
| 6 | 株洲县(湘) | 220.00 |
| 7 | 双峰县(湘) | 20.00 |
| 8 | 绥宁县(湘) | 2.50 |
| 9 | 新化县(湘) | 1.50 |
| 10 | 赫山区(湘) | 0.80 |
| 11 | 新宁县(湘) | 0.60 |
| 12 | 南雄市(粤) | 1.81 |
| 13 | 四会市(粤) | 7.00 |
| 14 | 乳源瑶族自治县(粤) | 1.32 |
| 15 | 田阳县(桂) | 13.00 |
| 16 | 玉州区(桂) | 0.80 |
| 17 | 丰都县(渝) | 2.01 |
| 18 | 开江县(川) | 300.00 |
| 19 | 犍为县(川) | 12.00 |
| 20 | 沐川县(川) | 10.00 |
| 21 | 安　县(川) | 8.00 |
| 22 | 高　县(川) | 5.00 |

| 序号 | 竹浆纸主产地 | 万吨 |
|---|---|---|
| 23 | 纳溪区(川) | 4.60 |
| 24 | 屏山县(川) | 4.00 |
| 25 | 沙湾区(川) | 2.60 |
| 26 | 青神县(川) | 2.00 |
| 27 | 达川区(川) | 2.00 |
| 28 | 洪雅县(川) | 0.97 |
| 29 | 新平彝族傣族自治县(滇) | 1.92 |

**表 4-5　其他浆主产地产量**

| 序号 | 其他浆主产地 | 万吨 |
|---|---|---|
| 1 | 林西县(内蒙古) | 1.50 |
| 2 | 杜尔伯特蒙古族自治县(黑) | 2.28 |
| 3 | 郎溪县(皖) | 1.00 |
| 4 | 瑞金市(赣) | 22.00 |
| 5 | 高青县(鲁) | 9.70 |
| 6 | 肥城市(鲁) | 0.60 |
| 7 | 淮滨县(豫) | 150.00 |
| 8 | 内乡县(豫) | 15.00 |
| 9 | 沅江市(湘) | 40.00 |
| 10 | 益阳市市辖区(湘) | 6.50 |
| 11 | 津市市(湘) | 5.40 |
| 12 | 南　县(湘) | 5.00 |
| 13 | 双牌县(湘) | 2.00 |
| 14 | 会同县(湘) | 1.30 |
| 15 | 冷水滩区(湘) | 1.10 |
| 16 | 城步苗族自治县(湘) | 1.00 |
| 17 | 麻阳苗族自治县(湘) | 0.60 |
| 18 | 乳源瑶族自治县(粤) | 2.45 |
| 19 | 武宣县(桂) | 1.50 |
| 20 | 玉州区(桂) | 1.00 |
| 21 | 全州县(桂) | 0.70 |
| 22 | 苍梧县(桂) | 0.60 |
| 23 | 万源市(川) | 1.00 |
| 24 | 云　县(滇) | 0.85 |

**表 4-6　其他纸主产地产量**

| 序号 | 其他纸主产地 | 万吨 |
|---|---|---|
| 1 | 赵　县(冀) | 30.00 |
| 2 | 安图县(吉) | 1.10 |
| 3 | 西新开发区(吉) | 1.00 |
| 4 | 杜尔伯特蒙古族自治县(黑) | 3.08 |
| 5 | 大同区(黑) | 2.05 |
| 6 | 滴道区(黑) | 1.96 |
| 7 | 海盐县(浙) | 199.62 |
| 8 | 临海市(浙) | 64.65 |
| 9 | 临安市(浙) | 58.59 |
| 10 | 温岭市(浙) | 54.38 |
| 11 | 路桥区(浙) | 33.62 |
| 12 | 永康市(浙) | 22.00 |
| 13 | 余姚市(浙) | 21.00 |
| 14 | 缙云县(浙) | 17.36 |
| 15 | 仙居县(浙) | 12.68 |
| 16 | 三门县(浙) | 8.68 |
| 17 | 黄岩区(浙) | 6.35 |
| 18 | 海宁市(浙) | 5.91 |
| 19 | 椒江区(浙) | 5.00 |
| 20 | 庆元县(浙) | 4.12 |
| 21 | 定海区(浙) | 2.50 |
| 22 | 天台县(浙) | 2.13 |
| 23 | 桐乡市(浙) | 2.01 |
| 24 | 龙泉市(浙) | 0.90 |
| 25 | 泾　县(皖) | 4.00 |
| 26 | 郎溪县(皖) | 0.80 |
| 27 | 遂川县(赣) | 50.00 |
| 28 | 瑞金市(赣) | 4.00 |
| 29 | 石城县(赣) | 1.60 |
| 30 | 广饶县(鲁) | 29.45 |
| 31 | 高青县(鲁) | 11.80 |
| 32 | 宁阳县(鲁) | 5.00 |
| 33 | 淮滨县(豫) | 380.00 |
| 34 | 太康县(豫) | 23.00 |
| 35 | 内乡县(豫) | 12.00 |
| 36 | 新乡县(豫) | 4.20 |
| 37 | 淮阳县(豫) | 2.00 |
| 38 | 嵩　县(豫) | 1.00 |
| 39 | 温　县(豫) | 0.80 |
| 40 | 沅江市(湘) | 45.00 |
| 41 | 益阳市市辖区(湘) | 5.50 |
| 42 | 津市市(湘) | 4.53 |
| 43 | 南　县(湘) | 2.50 |
| 44 | 双牌县(湘) | 1.50 |
| 45 | 新晃侗族自治县(湘) | 1.50 |
| 46 | 绥宁县(湘) | 1.20 |
| 47 | 乳源瑶族自治县(粤) | 0.82 |
| 48 | 马山县(桂) | 3.10 |
| 49 | 桂平市(桂) | 2.00 |
| 50 | 贺州市平桂管理区(桂) | 1.40 |
| 51 | 玉州区(桂) | 0.90 |
| 52 | 武宣县(桂) | 0.60 |
| 53 | 全州县(桂) | 0.60 |
| 54 | 叙永县(川) | 3.50 |

**表 5-1　毛竹主产地产量**

| 序号 | 毛竹主产地 | 万根 |
|---|---|---|
| 1 | 宜兴市(苏) | 340.00 |
| 2 | 江宁区(苏) | 11.60 |
| 3 | 六合区(苏) | 9.50 |
| 4 | 溧阳市(苏) | 6.69 |
| 5 | 高淳县(苏) | 3.20 |
| 6 | 丹徒区(苏) | 3.00 |
| 7 | 京口区(苏) | 2.00 |
| 8 | 锡山区(苏) | 1.90 |
| 9 | 江阴市(苏) | 1.76 |
| 10 | 句容市(苏) | 1.30 |
| 11 | 惠山区(苏) | 0.54 |
| 12 | 盱眙县(苏) | 0.50 |
| 13 | 仪征市(苏) | 0.50 |
| 14 | 安吉县(浙) | 2970.00 |
| 15 | 庆元县(浙) | 1550.00 |
| 16 | 龙游县(浙) | 1175.00 |
| 17 | 衢江区(浙) | 1000.00 |
| 18 | 遂昌县(浙) | 750.05 |
| 19 | 余杭区(浙) | 613.27 |
| 20 | 德清县(浙) | 599.00 |
| 21 | 奉化市(浙) | 520.00 |
| 22 | 淳安县(浙) | 515.30 |
| 23 | 长兴县(浙) | 500.00 |
| 24 | 吴兴区(浙) | 467.10 |
| 25 | 临安市(浙) | 460.43 |
| 26 | 鄞州区(浙) | 422.00 |
| 27 | 宁海县(浙) | 380.00 |
| 28 | 富阳市(浙) | 348.83 |
| 29 | 柯城区(浙) | 250.00 |
| 30 | 余姚市(浙) | 201.00 |
| 31 | 建德市(浙) | 165.58 |
| 32 | 缙云县(浙) | 152.95 |
| 33 | 萧山区(浙) | 141.00 |
| 34 | 桐庐县(浙) | 106.75 |
| 35 | 松阳县(浙) | 94.25 |
| 36 | 泰顺县(浙) | 85.85 |
| 37 | 景宁畲族自治县(浙) | 83.00 |
| 38 | 江山市(浙) | 75.00 |
| 39 | 常山县(浙) | 60.00 |
| 40 | 磐安县(浙) | 59.99 |
| 41 | 莲都区(浙) | 44.62 |
| 42 | 永康市(浙) | 25.00 |
| 43 | 临海市(浙) | 23.85 |
| 44 | 开化县(浙) | 22.88 |
| 45 | 黄岩区(浙) | 22.00 |

| 序号 | 毛竹主产地 | 万根 |
|---|---|---|
| 46 | 江北区(浙) | 20.00 |
| 47 | 仙居县(浙) | 17.05 |
| 48 | 云和县(浙) | 15.86 |
| 49 | 天台县(浙) | 15.80 |
| 50 | 文成县(浙) | 11.42 |
| 51 | 象山县(浙) | 11.00 |
| 52 | 北仑区(浙) | 4.00 |
| 53 | 镇海区(浙) | 3.40 |
| 54 | 三门县(浙) | 2.71 |
| 55 | 慈溪市(浙) | 2.31 |
| 56 | 宁波市市辖区(浙) | 1.39 |
| 57 | 广德县(皖) | 3500.00 |
| 58 | 宁国市(皖) | 1003.87 |
| 59 | 泾　县(皖) | 700.00 |
| 60 | 东至县(皖) | 665.70 |
| 61 | 南陵县(皖) | 315.00 |
| 62 | 宣州区(皖) | 300.00 |
| 63 | 休宁县(皖) | 251.00 |
| 64 | 潜山县(皖) | 200.00 |
| 65 | 舒城县(皖) | 198.00 |
| 66 | 石台县(皖) | 140.00 |
| 67 | 黟　县(皖) | 130.00 |
| 68 | 繁昌县(皖) | 110.00 |
| 69 | 祁门县(皖) | 105.00 |
| 70 | 郎溪县(皖) | 100.00 |
| 71 | 太湖县(皖) | 77.34 |
| 72 | 绩溪县(皖) | 50.98 |
| 73 | 青阳县(皖) | 49.90 |
| 74 | 铜陵县(皖) | 46.00 |
| 75 | 望江县(皖) | 35.00 |
| 76 | 旌德县(皖) | 34.30 |
| 77 | 宜秀区(皖) | 24.00 |
| 78 | 无为县(皖) | 17.00 |
| 79 | 池州市九华山风景区(皖) | 10.00 |
| 80 | 庐江县(皖) | 9.87 |
| 81 | 歙　县(皖) | 8.50 |
| 82 | 全椒县(皖) | 3.70 |
| 83 | 花山区(皖) | 3.50 |
| 84 | 含山县(皖) | 3.30 |
| 85 | 桐城市(皖) | 3.00 |
| 86 | 屯溪区(皖) | 2.40 |
| 87 | 和　县(皖) | 2.00 |
| 88 | 怀宁县(皖) | 1.00 |
| 89 | 鸠江区(皖) | 1.00 |
| 90 | 滁州市管店林业总场(皖) | 0.80 |
| 91 | 芜湖县(皖) | 0.75 |

| 序号 | 毛竹主产地 | 万根 |
|---|---|---|
| 92 | 博望区(皖) | 0.50 |
| 93 | 婺源县(赣) | 2252.00 |
| 94 | 贵溪市(赣) | 792.12 |
| 95 | 武宁县(赣) | 524.11 |
| 96 | 奉新县(赣) | 460.00 |
| 97 | 井冈山市(赣) | 443.00 |
| 98 | 宜黄县(赣) | 367.00 |
| 99 | 永丰县(赣) | 339.00 |
| 100 | 资溪县(赣) | 335.36 |
| 101 | 宜丰县(赣) | 300.00 |
| 102 | 广丰县(赣) | 235.00 |
| 103 | 瑞金市(赣) | 230.00 |
| 104 | 万载县(赣) | 222.00 |
| 105 | 崇仁县(赣) | 216.90 |
| 106 | 新干县(赣) | 212.60 |
| 107 | 铜鼓县(赣) | 200.00 |
| 108 | 崇义县(赣) | 190.46 |
| 109 | 乐安县(赣) | 189.00 |
| 110 | 修水县(赣) | 168.10 |
| 111 | 龙南县(赣) | 160.00 |
| 112 | 彭泽县(赣) | 147.00 |
| 113 | 宁都县(赣) | 140.26 |
| 114 | 南昌市市辖区(赣) | 133.40 |
| 115 | 南丰县(赣) | 133.00 |
| 116 | 峡江县(赣) | 104.98 |
| 117 | 宜春市明月山温泉风景名胜区(赣) | 100.00 |
| 118 | 靖安县(赣) | 80.00 |
| 119 | 上饶县(赣) | 79.80 |
| 120 | 大余县(赣) | 65.00 |
| 121 | 南城县(赣) | 64.50 |
| 122 | 会昌县(赣) | 64.00 |
| 123 | 德兴市(赣) | 60.00 |
| 124 | 余江县(赣) | 51.00 |
| 125 | 万安县(赣) | 40.00 |
| 126 | 永修县(赣) | 36.75 |
| 127 | 临川区(赣) | 30.00 |
| 128 | 定南县(赣) | 28.06 |
| 129 | 泰和县(赣) | 24.16 |
| 130 | 全南县(赣) | 22.12 |
| 131 | 樟树市(赣) | 22.00 |
| 132 | 上犹县(赣) | 21.92 |
| 133 | 分宜县(赣) | 21.00 |
| 134 | 赣　县(赣) | 17.00 |
| 135 | 上高县(赣) | 15.00 |
| 136 | 横峰县(赣) | 15.00 |
| 137 | 广昌县(赣) | 13.58 |

| 序号 | 毛竹主产地 | 万根 |
|---|---|---|
| 138 | 黎川县(赣) | 12.51 |
| 139 | 金溪县(赣) | 12.40 |
| 140 | 兴国县(赣) | 12.00 |
| 141 | 都昌县(赣) | 11.50 |
| 142 | 于都县(赣) | 11.28 |
| 143 | 寻乌县(赣) | 11.00 |
| 144 | 高安市(赣) | 10.17 |
| 145 | 瑞昌市(赣) | 8.50 |
| 146 | 湘东区(赣) | 7.00 |
| 147 | 信丰县(赣) | 5.88 |
| 148 | 新建县(赣) | 5.62 |
| 149 | 安源区(赣) | 4.00 |
| 150 | 渝水区(赣) | 4.00 |
| 151 | 万年县(赣) | 2.70 |
| 152 | 丰城市(赣) | 2.60 |
| 153 | 上栗县(赣) | 2.27 |
| 154 | 章贡区(赣) | 2.00 |
| 155 | 安远县(赣) | 1.31 |
| 156 | 石城县(赣) | 1.00 |
| 157 | 玉山县(赣) | 0.65 |
| 158 | 南康市(赣) | 0.60 |
| 159 | 新　县(豫) | 60.29 |
| 160 | 商城县(豫) | 33.00 |
| 161 | 固始县(豫) | 20.00 |
| 162 | 唐河县(豫) | 6.50 |
| 163 | 社旗县(豫) | 1.00 |
| 164 | 宛城区(豫) | 1.00 |
| 165 | 钟祥市(鄂) | 650.00 |
| 166 | 广水市(鄂) | 500.00 |
| 167 | 麻城市(鄂) | 360.00 |
| 168 | 通山县(鄂) | 349.15 |
| 169 | 沙洋县(鄂) | 200.00 |
| 170 | 长阳土家族自治县(鄂) | 150.00 |
| 171 | 五峰土家族自治县(鄂) | 120.00 |
| 172 | 秭归县(鄂) | 80.80 |
| 173 | 东宝区(鄂) | 66.00 |
| 174 | 黄陂区(鄂) | 65.00 |
| 175 | 保康县(鄂) | 60.00 |
| 176 | 罗田县(鄂) | 50.00 |
| 177 | 通城县(鄂) | 37.60 |
| 178 | 茅箭区(鄂) | 26.50 |
| 179 | 宜都市(鄂) | 24.00 |
| 180 | 蕲春县(鄂) | 21.29 |
| 181 | 来凤县(鄂) | 20.00 |
| 182 | 随　县(鄂) | 10.00 |
| 183 | 石首市(鄂) | 5.50 |

| 序号 | 毛竹主产地 | 万根 | 序号 | 毛竹主产地 | 万根 | 序号 | 毛竹主产地 | 万根 |
|---|---|---|---|---|---|---|---|---|
| 184 | 咸丰县(鄂) | 4.22 | 230 | 永定区(湘) | 23.00 | 276 | 开福区(湘) | 1.00 |
| 185 | 武穴市(鄂) | 3.30 | 231 | 茶陵县(湘) | 23.00 | 277 | 荷塘区(湘) | 1.00 |
| 186 | 鄂州市市辖区(鄂) | 3.30 | 232 | 云溪区(湘) | 21.50 | 278 | 江永县(湘) | 0.84 |
| 187 | 鄂城区(鄂) | 1.80 | 233 | 益阳市市辖区(湘) | 20.00 | 279 | 冷水滩区(湘) | 0.82 |
| 188 | 梁子湖区(鄂) | 1.70 | 234 | 资阳区(湘) | 20.00 | 280 | 韶山市(湘) | 0.60 |
| 189 | 阳新县(鄂) | 1.25 | 235 | 汨罗市(湘) | 20.00 | 281 | 澧　县(湘) | 0.50 |
| 190 | 宣恩县(鄂) | 1.17 | 236 | 珠晖区(湘) | 20.00 | 282 | 怀集县(粤) | 463.00 |
| 191 | 京山县(鄂) | 0.50 | 237 | 北湖区(湘) | 17.00 | 283 | 信宜市(粤) | 285.00 |
| 192 | 桃源县(湘) | 700.00 | 238 | 桂东县(湘) | 15.00 | 284 | 龙门县(粤) | 267.00 |
| 193 | 衡东县(湘) | 526.00 | 239 | 蒸湘区(湘) | 15.00 | 285 | 博罗县(粤) | 235.00 |
| 194 | 华容县(湘) | 400.00 | 240 | 金洞林场(湘) | 14.34 | 286 | 仁化县(粤) | 200.00 |
| 195 | 安化县(湘) | 400.00 | 241 | 宁远县(湘) | 14.20 | 287 | 南雄市(粤) | 178.00 |
| 196 | 城步苗族自治县(湘) | 330.00 | 242 | 道　县(湘) | 11.00 | 288 | 化州市(粤) | 172.65 |
| 197 | 绥宁县(湘) | 313.00 | 243 | 永兴县(湘) | 9.57 | 289 | 高州市(粤) | 135.00 |
| 198 | 浏阳市(湘) | 269.00 | 244 | 祁阳县(湘) | 9.00 | 290 | 龙川县(粤) | 129.00 |
| 199 | 新化县(湘) | 230.00 | 245 | 新晃侗族自治县(湘) | 9.00 | 291 | 梅　县(粤) | 105.00 |
| 200 | 鼎城区(湘) | 220.00 | 246 | 邵阳县(湘) | 7.20 | 292 | 乐昌市(粤) | 92.29 |
| 201 | 蓝山县(湘) | 200.00 | 247 | 临武县(湘) | 7.10 | 293 | 翁源县(粤) | 81.00 |
| 202 | 新宁县(湘) | 200.00 | 248 | 靖州苗族侗族自治县(湘) | 7.04 | 294 | 蕉岭县(粤) | 78.20 |
| 203 | 汉寿县(湘) | 198.00 | 249 | 中方县(湘) | 7.00 | 295 | 阳山县(粤) | 73.99 |
| 204 | 零陵区(湘) | 180.02 | 250 | 桂阳县(湘) | 6.36 | 296 | 连州市(粤) | 65.00 |
| 205 | 湘潭县(湘) | 180.00 | 251 | 安仁县(湘) | 6.10 | 297 | 惠东县(粤) | 62.19 |
| 206 | 祁东县(湘) | 160.00 | 252 | 麻阳苗族自治县(湘) | 6.00 | 298 | 清新县(粤) | 50.00 |
| 207 | 衡阳县(湘) | 152.00 | 253 | 岳阳楼区(湘) | 5.80 | 299 | 廉江市(粤) | 45.30 |
| 208 | 醴陵市(湘) | 100.00 | 254 | 涟源市(湘) | 5.60 | 300 | 广宁县(粤) | 40.00 |
| 209 | 资兴市(湘) | 96.00 | 255 | 宜章县(湘) | 5.20 | 301 | 大埔县(粤) | 40.00 |
| 210 | 炎陵县(湘) | 94.50 | 256 | 新田县(湘) | 5.12 | 302 | 潮安县(粤) | 35.00 |
| 211 | 苏仙区(湘) | 92.00 | 257 | 大祥区(湘) | 5.00 | 303 | 连山壮族瑶族自治县(粤) | 33.94 |
| 212 | 洪江区(湘) | 90.00 | 258 | 慈利县(湘) | 3.98 | 304 | 连南瑶族自治县(粤) | 33.21 |
| 213 | 赫山区(湘) | 85.00 | 259 | 湘阴县(湘) | 3.50 | 305 | 从化市(粤) | 24.12 |
| 214 | 衡山县(湘) | 80.08 | 260 | 江华瑶族自治县(湘) | 3.21 | 306 | 英德市(粤) | 22.52 |
| 215 | 衡南县(湘) | 70.00 | 261 | 宁乡县(湘) | 3.00 | 307 | 武江区(粤) | 20.00 |
| 216 | 洞口县(湘) | 59.31 | 262 | 芷江侗族自治县(湘) | 2.95 | 308 | 罗定市(粤) | 20.00 |
| 217 | 会同县(湘) | 58.90 | 263 | 东安县(湘) | 2.72 | 309 | 乳源瑶族自治县(粤) | 18.02 |
| 218 | 洪江市(湘) | 51.42 | 264 | 沅陵县(湘) | 2.60 | 310 | 和平县(粤) | 16.43 |
| 219 | 溆浦县(湘) | 44.00 | 265 | 邵东县(湘) | 2.60 | 311 | 云安县(粤) | 15.20 |
| 220 | 石门县(湘) | 40.00 | 266 | 嘉禾县(湘) | 2.20 | 312 | 茂港区(粤) | 14.50 |
| 221 | 常宁市(湘) | 38.26 | 267 | 耒阳市(湘) | 2.20 | 313 | 清城区(粤) | 12.60 |
| 222 | 双峰县(湘) | 37.45 | 268 | 隆回县(湘) | 2.20 | 314 | 五华县(粤) | 12.00 |
| 223 | 平江县(湘) | 37.00 | 269 | 武陵源区(湘) | 2.00 | 315 | 平远县(粤) | 11.50 |
| 224 | 汝城县(湘) | 30.37 | 270 | 辰溪县(湘) | 2.00 | 316 | 连平县(粤) | 9.29 |
| 225 | 株洲县(湘) | 30.00 | 271 | 攸　县(湘) | 1.80 | 317 | 丰顺县(粤) | 5.00 |
| 226 | 双牌县(湘) | 30.00 | 272 | 通道侗族自治县(湘) | 1.50 | 318 | 九连山林场(粤) | 5.00 |
| 227 | 湘乡市(湘) | 30.00 | 273 | 新邵县(湘) | 1.20 | 319 | 新丰县(粤) | 4.51 |
| 228 | 冷水江市(湘) | 28.35 | 274 | 望城县(湘) | 1.00 | 320 | 湘桥区(粤) | 2.40 |
| 229 | 鹤城区(湘) | 27.15 | 275 | 天心区(湘) | 1.00 | 321 | 浈江区(粤) | 2.00 |

| 序号 | 毛竹主产地 | 万根 |
|---|---|---|
| 322 | 江城区(粤) | 2.00 |
| 323 | 紫金县(粤) | 1.50 |
| 324 | 郁南县(粤) | 1.50 |
| 325 | 台山市(粤) | 1.00 |
| 326 | 吴川市(粤) | 0.50 |
| 327 | 三江侗族自治县(桂) | 2300.00 |
| 328 | 兴安县(桂) | 1700.00 |
| 329 | 灵川县(桂) | 925.00 |
| 330 | 灌阳县(桂) | 797.80 |
| 331 | 平乐县(桂) | 641.13 |
| 332 | 资源县(桂) | 600.00 |
| 333 | 都安瑶族自治县(桂) | 545.00 |
| 334 | 龙胜各族自治县(桂) | 288.70 |
| 335 | 昭平县(桂) | 222.00 |
| 336 | 全州县(桂) | 180.00 |
| 337 | 临桂县(桂) | 130.00 |
| 338 | 宜州市(桂) | 117.00 |
| 339 | 大化瑶族自治县(桂) | 79.00 |
| 340 | 蒙山县(桂) | 71.40 |
| 341 | 罗城仫佬族自治县(桂) | 68.00 |
| 342 | 贺州市平桂管理区(桂) | 60.60 |
| 343 | 凌云县(桂) | 54.00 |
| 344 | 环江毛南族自治县(桂) | 50.00 |
| 345 | 隆安县(桂) | 46.00 |
| 346 | 永福县(桂) | 46.00 |
| 347 | 藤　县(桂) | 38.00 |
| 348 | 阳朔县(桂) | 30.00 |
| 349 | 天峨县(桂) | 23.00 |
| 350 | 覃塘区(桂) | 20.91 |
| 351 | 鹿寨县(桂) | 18.00 |
| 352 | 港北区(桂) | 10.00 |
| 353 | 灵山县(桂) | 9.70 |
| 354 | 金城江区(桂) | 8.00 |
| 355 | 巴马瑶族自治县(桂) | 6.00 |
| 356 | 苍梧县(桂) | 3.00 |
| 357 | 东兰县(桂) | 3.00 |
| 358 | 金秀瑶族自治县(桂) | 2.63 |
| 359 | 荔浦县(桂) | 2.56 |
| 360 | 西林县(桂) | 1.32 |
| 361 | 黄冕林场(桂) | 1.30 |
| 362 | 南丹县(桂) | 1.00 |
| 363 | 江南区(桂) | 0.60 |
| 364 | 潼南县(渝) | 58.00 |
| 365 | 合川区(渝) | 49.00 |
| 366 | 垫江县(渝) | 45.10 |
| 367 | 黔江区(渝) | 18.00 |
| 368 | 永川区(渝) | 8.10 |
| 369 | 万州区(渝) | 8.00 |
| 370 | 石柱土家族自治县(渝) | 2.00 |
| 371 | 彭水苗族土家族自治县(渝) | 2.00 |
| 372 | 綦江县(渝) | 1.35 |
| 373 | 万盛区(渝) | 1.20 |
| 374 | 铜梁县(渝) | 1.00 |
| 375 | 奉节县(渝) | 1.00 |
| 376 | 江津区(渝) | 1.00 |
| 377 | 大足县(渝) | 0.90 |
| 378 | 营山县(川) | 800.00 |
| 379 | 会理县(川) | 789.00 |
| 380 | 乐至县(川) | 303.00 |
| 381 | 米易县(川) | 208.00 |
| 382 | 长宁县(川) | 155.00 |
| 383 | 天全县(川) | 150.00 |
| 384 | 叙永县(川) | 100.00 |
| 385 | 沐川县(川) | 100.00 |
| 386 | 平昌县(川) | 88.40 |
| 387 | 马边彝族自治县(川) | 58.39 |
| 388 | 东兴区(川) | 58.30 |
| 389 | 兴文县(川) | 40.00 |
| 390 | 邻水县(川) | 26.80 |
| 391 | 合江县(川) | 21.80 |
| 392 | 纳溪区(川) | 21.00 |
| 393 | 安　县(川) | 14.80 |
| 394 | 古蔺县(川) | 13.50 |
| 395 | 珙　县(川) | 12.00 |
| 396 | 威远县(川) | 11.50 |
| 397 | 泸　县(川) | 10.00 |
| 398 | 江安县(川) | 8.00 |
| 399 | 达川区(川) | 7.50 |
| 400 | 富顺县(川) | 7.20 |
| 401 | 屏山县(川) | 7.00 |
| 402 | 北川羌族自治县(川) | 5.80 |
| 403 | 崇州市(川) | 4.90 |
| 404 | 犍为县(川) | 4.75 |
| 405 | 宜宾县(川) | 4.40 |
| 406 | 五通桥区(川) | 4.30 |
| 407 | 绵竹市(川) | 3.50 |
| 408 | 成都市市辖区(川) | 3.15 |
| 409 | 大邑县(川) | 3.00 |
| 410 | 筠连县(川) | 2.90 |
| 411 | 沙湾区(川) | 2.10 |
| 412 | 翠屏区(川) | 2.00 |
| 413 | 三台县(川) | 2.00 |
| 414 | 邛崃市(川) | 1.70 |
| 415 | 高坪区(川) | 1.10 |
| 416 | 大竹县(川) | 1.00 |
| 417 | 开江县(川) | 0.50 |
| 418 | 榕江县(黔) | 50.00 |
| 419 | 江口县(黔) | 30.00 |
| 420 | 锦屏县(黔) | 20.00 |
| 421 | 龙里县(黔) | 14.00 |
| 422 | 瓮安县(黔) | 10.00 |
| 423 | 普安县(黔) | 10.00 |
| 424 | 镇远县(黔) | 7.70 |
| 425 | 独山县(黔) | 4.00 |
| 426 | 赫章县(黔) | 2.50 |
| 427 | 织金县(黔) | 2.00 |
| 428 | 黔西县(黔) | 1.88 |
| 429 | 勐海县(滇) | 647.00 |
| 430 | 镇雄县(滇) | 610.00 |
| 431 | 香格里拉县(滇) | 463.00 |
| 432 | 贡山独龙族怒族自治县(滇) | 409.00 |
| 433 | 沧源佤族自治县(滇) | 333.57 |
| 434 | 富源县(滇) | 279.80 |
| 435 | 南涧彝族自治县(滇) | 216.00 |
| 436 | 云龙县(滇) | 200.00 |
| 437 | 昌宁县(滇) | 199.00 |
| 438 | 施甸县(滇) | 180.00 |
| 439 | 石屏县(滇) | 171.00 |
| 440 | 维西傈僳族自治县(滇) | 162.00 |
| 441 | 洱源县(滇) | 159.00 |
| 442 | 南华县(滇) | 153.00 |
| 443 | 景东彝族自治县(滇) | 147.76 |
| 444 | 金平苗族瑶族傣族自治县(滇) | 120.00 |
| 445 | 峨山彝族自治县(滇) | 98.53 |
| 446 | 澜沧拉祜族自治县(滇) | 91.17 |
| 447 | 云　县(滇) | 87.00 |
| 448 | 腾冲县(滇) | 85.00 |
| 449 | 双江拉祜族佤族布朗族傣族自治县(滇) | 80.00 |
| 450 | 隆阳区(滇) | 78.00 |
| 451 | 马关县(滇) | 68.00 |
| 452 | 玉龙纳西族自治县(滇) | 64.56 |
| 453 | 临翔区(滇) | 59.00 |
| 454 | 泸水县(滇) | 50.30 |
| 455 | 镇沅彝族哈尼族拉祜族自治县(滇) | 43.03 |
| 456 | 陇川县(滇) | 40.00 |
| 457 | 红塔区(滇) | 39.20 |
| 458 | 景洪市(滇) | 37.80 |

| 序号 | 毛竹主产地 | 万根 |
|---|---|---|
| 459 | 盈江县(滇) | 36.63 |
| 460 | 瑞丽市(滇) | 35.04 |
| 461 | 芒　市(滇) | 34.85 |
| 462 | 富宁县(滇) | 34.41 |
| 463 | 昭阳区(滇) | 30.00 |
| 464 | 巍山彝族回族自治县(滇) | 29.20 |
| 465 | 墨江哈尼族自治县(滇) | 28.00 |
| 466 | 文山市(滇) | 27.79 |
| 467 | 绥江县(滇) | 25.00 |
| 468 | 威信县(滇) | 25.00 |
| 469 | 漾濞彝族自治县(滇) | 24.10 |
| 470 | 牟定县(滇) | 24.00 |
| 471 | 楚雄市(滇) | 22.00 |
| 472 | 巧家县(滇) | 17.00 |
| 473 | 永仁县(滇) | 16.15 |
| 474 | 梁河县(滇) | 15.38 |
| 475 | 盐津县(滇) | 14.00 |
| 476 | 西盟佤族自治县(滇) | 13.60 |
| 477 | 思茅区(滇) | 13.00 |
| 478 | 兰坪白族普米族自治县(滇) | 12.80 |
| 479 | 永德县(滇) | 11.76 |
| 480 | 晋宁县(滇) | 10.70 |
| 481 | 福贡县(滇) | 8.00 |
| 482 | 孟连傣族拉祜族佤族自治县(滇) | 8.00 |
| 483 | 西畴县(滇) | 7.07 |
| 484 | 个旧市(滇) | 7.07 |
| 485 | 会泽县(滇) | 7.00 |
| 486 | 罗平县(滇) | 4.50 |
| 487 | 倘甸工业园区(滇) | 3.00 |
| 488 | 凤庆县(滇) | 2.96 |
| 489 | 水富县(滇) | 2.86 |
| 490 | 麻栗坡县(滇) | 1.32 |
| 491 | 宾川县(滇) | 0.50 |
| 492 | 洋　县(陕) | 189.00 |
| 493 | 汉阴县(陕) | 40.00 |
| 494 | 佛坪县(陕) | 8.50 |
| 495 | 岚皋县(陕) | 4.00 |
| 496 | 石泉县(陕) | 2.00 |

### 表 5-2　篙竹主产地产量

| 序号 | 篙竹主产地 | 万根 |
|---|---|---|
| 1 | 安吉县(浙) | 330.00 |
| 2 | 吴兴区(浙) | 114.70 |
| 3 | 德清县(浙) | 98.00 |
| 4 | 余杭区(浙) | 64.29 |
| 5 | 建德市(浙) | 20.00 |
| 6 | 繁昌县(皖) | 740.00 |
| 7 | 广德县(皖) | 500.00 |
| 8 | 宣州区(皖) | 80.00 |
| 9 | 郎溪县(皖) | 35.00 |
| 10 | 青阳县(皖) | 5.00 |
| 11 | 休宁县(皖) | 1.00 |
| 12 | 修水县(赣) | 150.08 |
| 13 | 龙南县(赣) | 100.00 |
| 14 | 铜鼓县(赣) | 50.00 |
| 15 | 遂川县(赣) | 35.00 |
| 16 | 瑞昌市(赣) | 31.80 |
| 17 | 瑞金市(赣) | 30.00 |
| 18 | 宁都县(赣) | 20.03 |
| 19 | 宜春市明月山温泉风景名胜区(赣) | 20.00 |
| 20 | 大余县(赣) | 20.00 |
| 21 | 兴国县(赣) | 20.00 |
| 22 | 广丰县(赣) | 12.00 |
| 23 | 会昌县(赣) | 10.00 |
| 24 | 万安县(赣) | 6.00 |
| 25 | 崇仁县(赣) | 5.10 |
| 26 | 泰和县(赣) | 4.11 |
| 27 | 信丰县(赣) | 4.10 |
| 28 | 武宁县(赣) | 2.29 |
| 29 | 上高县(赣) | 2.00 |
| 30 | 于都县(赣) | 2.00 |
| 31 | 峡江县(赣) | 1.52 |
| 32 | 永丰县(赣) | 1.18 |
| 33 | 高安市(赣) | 0.67 |
| 34 | 渑池县(豫) | 12.97 |
| 35 | 咸安区(鄂) | 120.00 |
| 36 | 黄陂区(鄂) | 40.00 |
| 37 | 通城县(鄂) | 34.30 |
| 38 | 钟祥市(鄂) | 15.00 |
| 39 | 安化县(湘) | 200.00 |
| 40 | 岳阳县(湘) | 100.00 |
| 41 | 鼎城区(湘) | 70.00 |
| 42 | 祁东县(湘) | 70.00 |
| 43 | 新宁县(湘) | 20.00 |
| 44 | 蓝山县(湘) | 12.00 |
| 45 | 城步苗族自治县(湘) | 7.90 |
| 46 | 永兴县(湘) | 6.97 |
| 47 | 资阳区(湘) | 5.00 |
| 48 | 永定区(湘) | 5.00 |
| 49 | 洪江市(湘) | 3.20 |
| 50 | 衡南县(湘) | 3.00 |
| 51 | 开福区(湘) | 2.00 |
| 52 | 天心区(湘) | 1.00 |
| 53 | 湘乡市(湘) | 0.96 |
| 54 | 茶陵县(湘) | 0.80 |
| 55 | 洞口县(湘) | 0.60 |
| 56 | 新田县(湘) | 0.50 |
| 57 | 信宜市(粤) | 3656.00 |
| 58 | 怀集县(粤) | 1971.00 |
| 59 | 高州市(粤) | 492.00 |
| 60 | 四会市(粤) | 479.68 |
| 61 | 廉江市(粤) | 412.10 |
| 62 | 博罗县(粤) | 226.00 |
| 63 | 仁化县(粤) | 200.00 |
| 64 | 阳山县(粤) | 106.98 |
| 65 | 遂溪县(粤) | 70.00 |
| 66 | 云安县(粤) | 48.02 |
| 67 | 大埔县(粤) | 20.00 |
| 68 | 清新县(粤) | 15.00 |
| 69 | 封开县(粤) | 10.50 |
| 70 | 武江区(粤) | 8.30 |
| 71 | 乳源瑶族自治县(粤) | 8.24 |
| 72 | 新丰县(粤) | 6.76 |
| 73 | 连南瑶族自治县(粤) | 5.60 |
| 74 | 郁南县(粤) | 3.00 |
| 75 | 清城区(粤) | 1.60 |
| 76 | 龙门县(粤) | 1.40 |
| 77 | 连山壮族瑶族自治县(粤) | 0.78 |
| 78 | 藤　县(桂) | 2468.00 |
| 79 | 岑溪市(桂) | 2433.00 |
| 80 | 良庆区(桂) | 2087.00 |
| 81 | 防城区(桂) | 1997.00 |
| 82 | 平南县(桂) | 1793.00 |
| 83 | 浦北县(桂) | 922.00 |
| 84 | 罗城仫佬族自治县(桂) | 661.00 |
| 85 | 平乐县(桂) | 649.05 |
| 86 | 苍梧县(桂) | 481.00 |
| 87 | 合浦县(桂) | 228.00 |
| 88 | 昭平县(桂) | 178.00 |
| 89 | 蒙山县(桂) | 154.23 |
| 90 | 环江毛南族自治县(桂) | 150.00 |
| 91 | 田阳县(桂) | 120.60 |
| 92 | 平果县(桂) | 107.00 |
| 93 | 三江侗族自治县(桂) | 95.00 |
| 94 | 灵山县(桂) | 74.10 |
| 95 | 兴宾区(桂) | 70.00 |
| 96 | 桂平市(桂) | 48.00 |
| 97 | 港南区(桂) | 44.80 |

| 序号 | 篙竹主产地 | 万根 |
|---|---|---|
| 98 | 铁山港区(桂) | 30.80 |
| 99 | 龙胜各族自治县(桂) | 28.80 |
| 100 | 阳朔县(桂) | 24.20 |
| 101 | 田林县(桂) | 23.10 |
| 102 | 天等县(桂) | 20.33 |
| 103 | 巴马瑶族自治县(桂) | 4.00 |
| 104 | 钦北区(桂) | 2.60 |
| 105 | 贺州市平桂管理区(桂) | 2.50 |
| 106 | 金城江区(桂) | 1.00 |
| 107 | 叙永县(川) | 100.00 |
| 108 | 水富县(滇) | 790.00 |
| 109 | 西山区(滇) | 651.60 |
| 110 | 峨山彝族自治县(滇) | 330.57 |
| 111 | 西畴县(滇) | 3.81 |
| 112 | 倘甸工业园区(滇) | 2.00 |
| 113 | 巧家县(滇) | 1.00 |
| 114 | 汉滨区(陕) | 219.82 |

## 表 5-3 小杂竹主产地产量

| 序号 | 小杂竹主产地 | 万吨 |
|---|---|---|
| 1 | 东海县(苏) | 1.20 |
| 2 | 盱眙县(苏) | 0.50 |
| 3 | 六合区(苏) | 0.50 |
| 4 | 临安市(浙) | 25.00 |
| 5 | 余杭区(浙) | 16.69 |
| 6 | 安吉县(浙) | 3.85 |
| 7 | 吴兴区(浙) | 0.65 |
| 8 | 奉化市(浙) | 0.50 |
| 9 | 潜山县(皖) | 10.00 |
| 10 | 宁国市(皖) | 4.94 |
| 11 | 颍州区(皖) | 2.00 |
| 12 | 宣州区(皖) | 2.00 |
| 13 | 绩溪县(皖) | 1.25 |
| 14 | 临泉县(皖) | 1.20 |
| 15 | 颍上县(皖) | 0.89 |
| 16 | 霍邱县(皖) | 0.80 |
| 17 | 桐城市(皖) | 0.80 |
| 18 | 太湖县(皖) | 0.72 |
| 19 | 泾　县(皖) | 0.50 |
| 20 | 石台县(皖) | 0.50 |
| 21 | 池州市九华山风景区(皖) | 0.50 |
| 22 | 瑞金市(赣) | 4.00 |
| 23 | 彭泽县(赣) | 3.30 |
| 24 | 瑞昌市(赣) | 2.86 |
| 25 | 遂川县(赣) | 2.00 |
| 26 | 泰和县(赣) | 1.10 |
| 27 | 新干县(赣) | 0.80 |
| 28 | 新蔡县(豫) | 1.30 |
| 29 | 罗田县(鄂) | 10.00 |
| 30 | 宜城市(鄂) | 2.80 |
| 31 | 建始县(鄂) | 2.00 |
| 32 | 咸安区(鄂) | 2.00 |
| 33 | 阳新县(鄂) | 1.40 |
| 34 | 竹山县(鄂) | 0.80 |
| 35 | 鄂州市市辖区(鄂) | 0.70 |
| 36 | 鄂城区(鄂) | 0.60 |
| 37 | 长阳土家族自治县(鄂) | 0.50 |
| 38 | 梁子湖区(鄂) | 0.50 |
| 39 | 衡南县(湘) | 1.20 |
| 40 | 资阳区(湘) | 1.00 |
| 41 | 醴陵市(湘) | 1.00 |
| 42 | 祁东县(湘) | 0.90 |
| 43 | 宁乡县(湘) | 0.80 |
| 44 | 麻阳苗族自治县(湘) | 0.70 |
| 45 | 永定区(湘) | 0.69 |
| 46 | 中方县(湘) | 0.60 |
| 47 | 新宁县(湘) | 0.60 |
| 48 | 湘阴县(湘) | 0.50 |
| 49 | 清新县(粤) | 58.00 |
| 50 | 怀集县(粤) | 11.00 |
| 51 | 南雄市(粤) | 10.00 |
| 52 | 阳山县(粤) | 9.69 |
| 53 | 四会市(粤) | 9.01 |
| 54 | 廉江市(粤) | 8.30 |
| 55 | 郁南县(粤) | 7.50 |
| 56 | 惠东县(粤) | 5.82 |
| 57 | 罗定市(粤) | 5.50 |
| 58 | 湘桥区(粤) | 4.00 |
| 59 | 英德市(粤) | 3.89 |
| 60 | 潮安县(粤) | 2.00 |
| 61 | 高州市(粤) | 1.80 |
| 62 | 龙川县(粤) | 1.70 |
| 63 | 云安县(粤) | 1.40 |
| 64 | 新丰县(粤) | 0.99 |
| 65 | 恩平市(粤) | 0.90 |
| 66 | 连南瑶族自治县(粤) | 0.73 |
| 67 | 大埔县(粤) | 0.60 |
| 68 | 连州市(粤) | 0.50 |
| 69 | 钦北区(桂) | 13.50 |
| 70 | 南丹县(桂) | 10.00 |
| 71 | 浦北县(桂) | 9.50 |
| 72 | 岑溪市(桂) | 7.12 |
| 73 | 横　县(桂) | 2.60 |
| 74 | 合浦县(桂) | 1.92 |
| 75 | 苍梧县(桂) | 1.70 |
| 76 | 灵山县(桂) | 1.50 |
| 77 | 防城区(桂) | 1.39 |
| 78 | 永福县(桂) | 1.32 |
| 79 | 金城江区(桂) | 1.00 |
| 80 | 桂平市(桂) | 1.00 |
| 81 | 港南区(桂) | 0.97 |
| 82 | 天峨县(桂) | 0.87 |
| 83 | 昭平县(桂) | 0.69 |
| 84 | 蒙山县(桂) | 0.52 |
| 85 | 玉州区(桂) | 0.50 |
| 86 | 铜梁县(渝) | 25.20 |
| 87 | 大足县(渝) | 5.60 |
| 88 | 荣昌县(渝) | 2.70 |
| 89 | 江津区(渝) | 2.50 |
| 90 | 永川区(渝) | 2.10 |
| 91 | 南川区(渝) | 1.80 |
| 92 | 黔江区(渝) | 1.30 |
| 93 | 巫溪县(渝) | 1.00 |
| 94 | 石柱土家族自治县(渝) | 0.52 |
| 95 | 綦江县(渝) | 0.50 |
| 96 | 忠　县(渝) | 0.50 |
| 97 | 江安县(川) | 34.00 |
| 98 | 简阳市(川) | 30.00 |
| 99 | 犍为县(川) | 28.65 |
| 100 | 雨城区(川) | 21.40 |
| 101 | 宜宾县(川) | 20.13 |
| 102 | 成都市市辖区(川) | 18.00 |
| 103 | 合江县(川) | 17.50 |
| 104 | 富顺县(川) | 17.32 |
| 105 | 东坡区(川) | 17.00 |
| 106 | 高　县(川) | 14.25 |
| 107 | 纳溪区(川) | 12.00 |
| 108 | 荣　县(川) | 11.85 |
| 109 | 洪雅县(川) | 11.00 |
| 110 | 屏山县(川) | 10.40 |
| 111 | 青神县(川) | 10.10 |
| 112 | 南溪县(川) | 10.00 |
| 113 | 仁寿县(川) | 6.20 |
| 114 | 蒲江县(川) | 5.80 |
| 115 | 沙湾区(川) | 5.50 |
| 116 | 彭山县(川) | 4.30 |
| 117 | 东兴区(川) | 3.81 |
| 118 | 五通桥区(川) | 3.32 |

| 序号 | 小杂竹主产地 | 万吨 |
|---|---|---|
| 119 | 盐亭县(川) | 3.22 |
| 120 | 珙　县(川) | 3.20 |
| 121 | 射洪县(川) | 2.50 |
| 122 | 翠屏区(川) | 2.30 |
| 123 | 安岳县(川) | 2.20 |
| 124 | 安　县(川) | 2.00 |
| 125 | 兴文县(川) | 2.00 |
| 126 | 南部县(川) | 1.84 |
| 127 | 威远县(川) | 1.64 |
| 128 | 大竹县(川) | 1.60 |
| 129 | 彭州市(川) | 1.31 |
| 130 | 泸　县(川) | 1.29 |
| 131 | 雁江区(川) | 1.26 |
| 132 | 荥经县(川) | 1.09 |
| 133 | 中江县(川) | 1.00 |
| 134 | 三台县(川) | 1.00 |
| 135 | 井研县(川) | 0.82 |
| 136 | 峨眉山市(川) | 0.80 |
| 137 | 梓潼县(川) | 0.80 |
| 138 | 江油市(川) | 0.79 |
| 139 | 大邑县(川) | 0.76 |
| 140 | 贡井区(川) | 0.75 |
| 141 | 乐山市市中区(川) | 0.72 |
| 142 | 大英县(川) | 0.70 |
| 143 | 筠连县(川) | 0.66 |
| 144 | 北川羌族自治县(川) | 0.65 |
| 145 | 绵竹市(川) | 0.64 |
| 146 | 仪陇县(川) | 0.61 |
| 147 | 平昌县(川) | 0.61 |
| 148 | 剑阁县(川) | 0.56 |
| 149 | 名山县(川) | 0.55 |
| 150 | 蓬安县(川) | 0.52 |
| 151 | 芦山县(川) | 0.50 |
| 152 | 金沙县(黔) | 0.52 |
| 153 | 龙里县(黔) | 0.50 |
| 154 | 江城哈尼族彝族自治县(滇) | 30.00 |
| 155 | 泸水县(滇) | 24.20 |
| 156 | 盈江县(滇) | 20.17 |
| 157 | 个旧市(滇) | 2.74 |
| 158 | 开远市(滇) | 1.70 |
| 159 | 盐津县(滇) | 1.50 |
| 160 | 绥江县(滇) | 1.00 |
| 161 | 富宁县(滇) | 1.00 |
| 162 | 洱源县(滇) | 0.64 |
| 163 | 巍山彝族回族自治县(滇) | 0.60 |
| 164 | 隆阳区(滇) | 0.50 |
| 165 | 倘甸工业园区(滇) | 0.50 |
| 166 | 旬阳县(陕) | 0.80 |
| 167 | 南郑县(陕) | 0.50 |

**表 5-4　藤类主产地产量**

| 序号 | 藤类主产地 | 万吨 |
|---|---|---|
| 1 | 石台县(皖) | 0.63 |
| 2 | 瑞金市(赣) | 8.00 |
| 3 | 信丰县(赣) | 6.30 |
| 4 | 遂川县(赣) | 1.00 |
| 5 | 鱼台县(鲁) | 110.00 |
| 6 | 宁阳县(鲁) | 15.00 |
| 7 | 微山县(鲁) | 2.56 |
| 8 | 梁山县(鲁) | 0.83 |
| 9 | 淮滨县(豫) | 70.00 |
| 10 | 宁陵县(豫) | 0.55 |
| 11 | 内乡县(豫) | 0.50 |
| 12 | 商城县(豫) | 0.50 |
| 13 | 竹溪县(鄂) | 1.00 |
| 14 | 涟源市(湘) | 5.00 |
| 15 | 资阳区(湘) | 4.00 |
| 16 | 益阳市市辖区(湘) | 3.00 |
| 17 | 冷水江市(湘) | 2.00 |
| 18 | 醴陵市(湘) | 1.00 |
| 19 | 开福区(湘) | 1.00 |
| 20 | 株洲县(湘) | 0.80 |
| 21 | 沅陵县(湘) | 0.55 |
| 22 | 邵阳县(湘) | 0.50 |
| 23 | 芙蓉区(湘) | 0.50 |
| 24 | 天心区(湘) | 0.50 |
| 25 | 龙门县(粤) | 10.47 |
| 26 | 仁化县(粤) | 10.00 |
| 27 | 信宜市(粤) | 5.50 |
| 28 | 灵山县(桂) | 2.30 |
| 29 | 都安瑶族自治县(桂) | 1.85 |
| 30 | 赫章县(黔) | 25.00 |
| 31 | 七星关区(黔) | 2.00 |
| 32 | 绥江县(滇) | 5.00 |
| 33 | 南郑县(陕) | 0.80 |
| 34 | 康　县(甘) | 0.94 |

**表 6-1　油茶籽主产地产量**

| 序号 | 油茶籽主产地 | 产量(吨) |
|---|---|---|
| 1 | 淳安县(浙) | 6527.00 |
| 2 | 莲都区(浙) | 4939.00 |
| 3 | 常山县(浙) | 4678.00 |
| 4 | 青田县(浙) | 3800.00 |
| 5 | 开化县(浙) | 2800.00 |
| 6 | 遂昌县(浙) | 2500.00 |
| 7 | 缙云县(浙) | 2439.00 |
| 8 | 江山市(浙) | 2279.00 |
| 9 | 天台县(浙) | 2205.00 |
| 10 | 衢江区(浙) | 2008.00 |
| 11 | 松阳县(浙) | 1432.00 |
| 12 | 建德市(浙) | 1300.00 |
| 13 | 龙泉市(浙) | 1232.00 |
| 14 | 仙居县(浙) | 1140.00 |
| 15 | 文成县(浙) | 930.00 |
| 16 | 云和县(浙) | 771.00 |
| 17 | 三门县(浙) | 650.00 |
| 18 | 景宁畲族自治县(浙) | 513.00 |
| 19 | 柯城区(浙) | 410.00 |
| 20 | 龙游县(浙) | 164.00 |
| 21 | 磐安县(浙) | 150.00 |
| 22 | 泰顺县(浙) | 130.00 |
| 23 | 临安市(浙) | 100.00 |
| 24 | 潜山县(皖) | 26000.00 |
| 25 | 舒城县(皖) | 18585.00 |
| 26 | 太湖县(皖) | 13080.00 |
| 27 | 歙　县(皖) | 1930.00 |
| 28 | 桐城市(皖) | 1200.00 |
| 29 | 休宁县(皖) | 953.00 |
| 30 | 绩溪县(皖) | 620.00 |
| 31 | 凤阳县(皖) | 360.00 |
| 32 | 旌德县(皖) | 300.00 |
| 33 | 东至县(皖) | 297.70 |
| 34 | 黟　县(皖) | 180.00 |
| 35 | 上饶县(赣) | 36000.00 |
| 36 | 永丰县(赣) | 32500.00 |
| 37 | 遂川县(赣) | 27000.00 |
| 38 | 樟树市(赣) | 17185.00 |
| 39 | 袁州区(赣) | 16000.00 |
| 40 | 瑞金市(赣) | 16000.00 |
| 41 | 赣　县(赣) | 9669.00 |
| 42 | 寻乌县(赣) | 9271.00 |
| 43 | 铜鼓县(赣) | 9050.00 |
| 44 | 兴国县(赣) | 7800.00 |
| 45 | 上栗县(赣) | 7770.00 |
| 46 | 渝水区(赣) | 7420.00 |
| 47 | 德兴市(赣) | 7073.00 |
| 48 | 高安市(赣) | 6476.00 |
| 49 | 上犹县(赣) | 6225.00 |

| 序号 | 油茶籽主产地 | 产量(吨) | 序号 | 油茶籽主产地 | 产量(吨) | 序号 | 油茶籽主产地 | 产量(吨) |
|---|---|---|---|---|---|---|---|---|
| 50 | 井冈山市(赣) | 6061.00 | 96 | 罗山县(豫) | 200.00 | 142 | 赫山区(湘) | 12800.00 |
| 51 | 万载县(赣) | 6049.00 | 97 | 桐柏县(豫) | 140.00 | 143 | 桃源县(湘) | 12780.00 |
| 52 | 莲花县(赣) | 6000.00 | 98 | 通城县(鄂) | 16478.00 | 144 | 江华瑶族自治县(湘) | 12606.00 |
| 53 | 新建县(赣) | 5602.00 | 99 | 麻城市(鄂) | 14000.00 | 145 | 宁远县(湘) | 12350.00 |
| 54 | 宁都县(赣) | 5020.00 | 100 | 谷城县(鄂) | 8333.00 | 146 | 汉寿县(湘) | 12000.00 |
| 55 | 峡江县(赣) | 4980.00 | 101 | 阳新县(鄂) | 4640.00 | 147 | 道　县(湘) | 11769.00 |
| 56 | 石城县(赣) | 4835.00 | 102 | 随　县(鄂) | 4100.00 | 148 | 会同县(湘) | 11200.00 |
| 57 | 于都县(赣) | 4222.00 | 103 | 蕲春县(鄂) | 3950.00 | 149 | 蓝山县(湘) | 10450.00 |
| 58 | 玉山县(赣) | 4100.00 | 104 | 通山县(鄂) | 2825.00 | 150 | 新化县(湘) | 10000.00 |
| 59 | 崇义县(赣) | 4000.00 | 105 | 罗田县(鄂) | 2370.00 | 151 | 祁东县(湘) | 10000.00 |
| 60 | 崇仁县(赣) | 3000.00 | 106 | 京山县(鄂) | 2250.00 | 152 | 临澧县(湘) | 9925.00 |
| 61 | 临川区(赣) | 2754.00 | 107 | 广水市(鄂) | 2235.00 | 153 | 桂阳县(湘) | 8821.00 |
| 62 | 宜丰县(赣) | 2682.00 | 108 | 长阳土家族自治县(鄂) | 1371.00 | 154 | 中方县(湘) | 8300.00 |
| 63 | 广丰县(赣) | 2660.00 | 109 | 钟祥市(鄂) | 1238.00 | 155 | 邵东县(湘) | 8115.00 |
| 64 | 修水县(赣) | 2500.00 | 110 | 黄陂区(鄂) | 1050.00 | 156 | 零陵区(湘) | 7955.00 |
| 65 | 全南县(赣) | 2042.00 | 111 | 红安县(鄂) | 1000.00 | 157 | 东安县(湘) | 6905.00 |
| 66 | 婺源县(赣) | 2000.00 | 112 | 曾都区(鄂) | 867.00 | 158 | 湘潭县(湘) | 5800.00 |
| 67 | 安远县(赣) | 1985.00 | 113 | 来凤县(鄂) | 860.00 | 159 | 泸溪县(湘) | 5600.00 |
| 68 | 芦溪县(赣) | 1920.00 | 114 | 英山县(鄂) | 767.00 | 160 | 炎陵县(湘) | 5109.00 |
| 69 | 进贤县(赣) | 1680.00 | 115 | 大冶市(鄂) | 600.00 | 161 | 冷水滩区(湘) | 5105.00 |
| 70 | 贵溪市(赣) | 1677.00 | 116 | 大悟县(鄂) | 560.00 | 162 | 辰溪县(湘) | 5040.00 |
| 71 | 会昌县(赣) | 1516.00 | 117 | 梁子湖区(鄂) | 405.00 | 163 | 茶陵县(湘) | 5000.00 |
| 72 | 南康市(赣) | 1485.00 | 118 | 孝昌县(鄂) | 400.00 | 164 | 长沙县(湘) | 4800.00 |
| 73 | 分宜县(赣) | 1450.00 | 119 | 安陆市(鄂) | 400.00 | 165 | 苏仙区(湘) | 4795.00 |
| 74 | 奉新县(赣) | 1340.00 | 120 | 咸安区(鄂) | 305.00 | 166 | 宁乡县(湘) | 4500.00 |
| 75 | 乐安县(赣) | 1260.00 | 121 | 恩施市(鄂) | 300.00 | 167 | 龙山县(湘) | 4500.00 |
| 76 | 东乡县(赣) | 1230.00 | 122 | 鄂城区(鄂) | 300.00 | 168 | 溆浦县(湘) | 4220.00 |
| 77 | 龙南县(赣) | 1173.00 | 123 | 枣阳市(鄂) | 284.00 | 169 | 资兴市(湘) | 4080.00 |
| 78 | 泰和县(赣) | 1130.00 | 124 | 松滋市(鄂) | 210.00 | 170 | 北湖区(湘) | 3981.00 |
| 79 | 横峰县(赣) | 1100.00 | 125 | 武穴市(鄂) | 160.00 | 171 | 新田县(湘) | 3960.00 |
| 80 | 广昌县(赣) | 860.00 | 126 | 丹江口市(鄂) | 150.00 | 172 | 桑植县(湘) | 3600.00 |
| 81 | 永修县(赣) | 710.00 | 127 | 鹤峰县(鄂) | 101.00 | 173 | 芦淞区(湘) | 3500.00 |
| 82 | 信丰县(赣) | 700.00 | 128 | 郧　县(鄂) | 100.00 | 174 | 双峰县(湘) | 3499.00 |
| 83 | 定南县(赣) | 633.00 | 129 | 鄂州市市辖区(鄂) | 100.00 | 175 | 鼎城区(湘) | 3400.00 |
| 84 | 大余县(赣) | 600.00 | 130 | 衡南县(湘) | 81475.30 | 176 | 鹤城区(湘) | 2968.00 |
| 85 | 宜春市明月山温泉风景名胜区(赣) | 560.00 | 131 | 衡东县(湘) | 64498.00 | 177 | 天元区(湘) | 2632.00 |
| 86 | 信州区(赣) | 400.00 | 132 | 邵阳县(湘) | 39000.00 | 178 | 石门县(湘) | 2400.00 |
| 87 | 靖安县(赣) | 380.00 | 133 | 安仁县(湘) | 29000.00 | 179 | 石峰区(湘) | 1950.00 |
| 88 | 瑞昌市(赣) | 267.00 | 134 | 株洲县(湘) | 28822.00 | 180 | 大祥区(湘) | 1918.80 |
| 89 | 都昌县(赣) | 250.00 | 135 | 涟源市(湘) | 26100.00 | 181 | 洪江市(湘) | 1820.00 |
| 90 | 湘东区(赣) | 230.00 | 136 | 耒阳市(湘) | 20000.00 | 182 | 沅陵县(湘) | 1800.00 |
| 91 | 万年县(赣) | 200.00 | 137 | 平江县(湘) | 19695.00 | 183 | 绥宁县(湘) | 1800.00 |
| 92 | 南城县(赣) | 190.00 | 138 | 永兴县(湘) | 17990.00 | 184 | 汝城县(湘) | 1800.00 |
| 93 | 九江县(赣) | 125.00 | 139 | 常宁市(湘) | 17581.00 | 185 | 江永县(湘) | 1738.00 |
| 94 | 商城县(豫) | 8700.00 | 140 | 永顺县(湘) | 14500.00 | 186 | 湘阴县(湘) | 1500.00 |
| 95 | 固始县(豫) | 660.00 | 141 | 祁阳县(湘) | 12900.00 | 187 | 临武县(湘) | 1500.00 |

| 序号 | 油茶籽主产地 | 产量(吨) |
|---|---|---|
| 188 | 慈利县(湘) | 1500.00 |
| 189 | 武陵区(湘) | 1360.00 |
| 190 | 双牌县(湘) | 1200.00 |
| 191 | 澧　县(湘) | 1020.00 |
| 192 | 衡阳县(湘) | 1000.00 |
| 193 | 湘乡市(湘) | 805.00 |
| 194 | 韶山市(湘) | 700.00 |
| 195 | 保靖县(湘) | 650.00 |
| 196 | 桃江县(湘) | 600.00 |
| 197 | 浏阳市(湘) | 585.00 |
| 198 | 凤凰县(湘) | 580.00 |
| 199 | 隆回县(湘) | 520.00 |
| 200 | 桂东县(湘) | 520.00 |
| 201 | 麻阳苗族自治县(湘) | 320.00 |
| 202 | 娄星区(湘) | 315.00 |
| 203 | 宜章县(湘) | 294.00 |
| 204 | 芷江侗族自治县(湘) | 290.00 |
| 205 | 古丈县(湘) | 270.00 |
| 206 | 吉首市(湘) | 260.00 |
| 207 | 金洞林场(湘) | 256.00 |
| 208 | 花垣县(湘) | 240.00 |
| 209 | 洞口县(湘) | 235.00 |
| 210 | 冷水江市(湘) | 230.00 |
| 211 | 荷塘区(湘) | 210.00 |
| 212 | 津市市(湘) | 204.00 |
| 213 | 珠晖区(湘) | 180.00 |
| 214 | 靖州苗族侗族自治县(湘) | 162.00 |
| 215 | 岳塘区(湘) | 146.00 |
| 216 | 永定区(湘) | 120.00 |
| 217 | 双清区(湘) | 108.00 |
| 218 | 岳阳县(湘) | 100.00 |
| 219 | 新宁县(湘) | 100.00 |
| 220 | 乐昌市(粤) | 8000.00 |
| 221 | 龙川县(粤) | 7098.00 |
| 222 | 和平县(粤) | 5802.00 |
| 223 | 阳山县(粤) | 5097.00 |
| 224 | 连南瑶族自治县(粤) | 4460.00 |
| 225 | 平远县(粤) | 3714.00 |
| 226 | 南雄市(粤) | 2850.00 |
| 227 | 广宁县(粤) | 2351.00 |
| 228 | 大埔县(粤) | 2000.00 |
| 229 | 东源县(粤) | 1860.50 |
| 230 | 高州市(粤) | 1813.00 |
| 231 | 连州市(粤) | 1000.00 |
| 232 | 连平县(粤) | 900.00 |
| 233 | 连山壮族瑶族自治县(粤) | 529.00 |
| 234 | 仁化县(粤) | 400.00 |
| 235 | 丰顺县(粤) | 385.00 |
| 236 | 封开县(粤) | 281.00 |
| 237 | 蕉岭县(粤) | 266.00 |
| 238 | 潮南区(粤) | 226.00 |
| 239 | 新丰江林管局(粤) | 150.00 |
| 240 | 德庆县(粤) | 132.00 |
| 241 | 五华县(粤) | 130.00 |
| 242 | 清新县(粤) | 120.00 |
| 243 | 三江侗族自治县(桂) | 15793.00 |
| 244 | 巴马瑶族自治县(桂) | 11530.00 |
| 245 | 平乐县(桂) | 10702.00 |
| 246 | 右江区(桂) | 10250.00 |
| 247 | 龙胜各族自治县(桂) | 9009.00 |
| 248 | 昭平县(桂) | 7983.00 |
| 249 | 田林县(桂) | 6862.00 |
| 250 | 田阳县(桂) | 6420.00 |
| 251 | 西林县(桂) | 6146.00 |
| 252 | 凤山县(桂) | 4800.00 |
| 253 | 融水苗族自治县(桂) | 4518.00 |
| 254 | 贺州市平桂管理区(桂) | 3818.00 |
| 255 | 八步区(桂) | 3565.00 |
| 256 | 东兰县(桂) | 3348.00 |
| 257 | 凌云县(桂) | 3307.00 |
| 258 | 阳朔县(桂) | 3004.00 |
| 259 | 隆林各族自治县(桂) | 2900.00 |
| 260 | 荔浦县(桂) | 2766.00 |
| 261 | 藤　县(桂) | 2540.00 |
| 262 | 金秀瑶族自治县(桂) | 2150.00 |
| 263 | 富川瑶族自治县(桂) | 1984.00 |
| 264 | 鹿寨县(桂) | 1872.00 |
| 265 | 天峨县(桂) | 1730.00 |
| 266 | 南丹县(桂) | 1663.00 |
| 267 | 罗城仫佬族自治县(桂) | 1550.00 |
| 268 | 全州县(桂) | 1500.00 |
| 269 | 苍梧县(桂) | 974.00 |
| 270 | 恭城瑶族自治县(桂) | 840.00 |
| 271 | 桂平市(桂) | 800.00 |
| 272 | 乐业县(桂) | 761.00 |
| 273 | 象州县(桂) | 656.25 |
| 274 | 平南县(桂) | 472.00 |
| 275 | 港北区(桂) | 393.00 |
| 276 | 大化瑶族自治县(桂) | 327.00 |
| 277 | 武宣县(桂) | 323.00 |
| 278 | 兴宾区(桂) | 295.00 |
| 279 | 临桂县(桂) | 231.00 |
| 280 | 宜州市(桂) | 180.00 |
| 281 | 德保县(桂) | 174.00 |
| 282 | 金城江区(桂) | 173.00 |
| 283 | 资源县(桂) | 150.00 |
| 284 | 黔江区(渝) | 175.00 |
| 285 | 荣　县(川) | 2500.00 |
| 286 | 富顺县(川) | 364.00 |
| 287 | 江安县(川) | 242.00 |
| 288 | 宜宾县(川) | 168.00 |
| 289 | 隆昌县(川) | 150.00 |
| 290 | 会东县(川) | 120.00 |
| 291 | 翠屏区(川) | 120.00 |
| 292 | 册亨县(黔) | 4000.00 |
| 293 | 望谟县(黔) | 1148.00 |
| 294 | 福泉市(黔) | 1125.00 |
| 295 | 锦屏县(黔) | 1031.00 |
| 296 | 碧江区(黔) | 743.00 |
| 297 | 广南县(滇) | 5847.00 |
| 298 | 富宁县(滇) | 4592.00 |
| 299 | 师宗县(滇) | 2900.00 |
| 300 | 盈江县(滇) | 953.50 |
| 301 | 腾冲县(滇) | 308.00 |
| 302 | 丘北县(滇) | 147.00 |
| 303 | 梁河县(滇) | 111.38 |
| 304 | 南郑县(陕) | 3600.00 |
| 305 | 汉滨区(陕) | 2533.00 |
| 306 | 汉阴县(陕) | 1370.00 |

**表 6-2　核桃主产地产量**

| 序号 | 核桃主产地 | 产量(吨) |
|---|---|---|
| 1 | 房山区(京) | 2558.30 |
| 2 | 怀柔区(京) | 1750.20 |
| 3 | 顺义区(京) | 1120.00 |
| 4 | 延庆县(京) | 648.00 |
| 5 | 通州区(京) | 404.40 |
| 6 | 蓟　县(津) | 1102.00 |
| 7 | 迁安市(冀) | 18943.00 |
| 8 | 平山县(冀) | 11000.00 |
| 9 | 临城县(冀) | 10573.00 |
| 10 | 灵寿县(冀) | 6358.00 |
| 11 | 兴隆县(冀) | 5781.00 |
| 12 | 迁西县(冀) | 5007.00 |
| 13 | 遵化市(冀) | 4035.00 |
| 14 | 唐　县(冀) | 3600.00 |
| 15 | 涞源县(冀) | 2500.00 |
| 16 | 抚宁县(冀) | 2363.00 |

| 序号 | 核桃主产地 | 产量(吨) |
|---|---|---|
| 17 | 阜平县(冀) | 1935.00 |
| 18 | 井陉县(冀) | 1671.00 |
| 19 | 涞水县(冀) | 1600.00 |
| 20 | 沙河市(冀) | 1312.00 |
| 21 | 鹿泉市(冀) | 1093.00 |
| 22 | 易　县(冀) | 1000.00 |
| 23 | 宽城满族自治县(冀) | 920.00 |
| 24 | 邢台县(冀) | 912.00 |
| 25 | 卢龙县(冀) | 882.00 |
| 26 | 丰润区(冀) | 797.00 |
| 27 | 藁城市(冀) | 720.00 |
| 28 | 青龙满族自治县(冀) | 700.00 |
| 29 | 玉田县(冀) | 590.00 |
| 30 | 行唐县(冀) | 580.00 |
| 31 | 涿鹿县(冀) | 531.00 |
| 32 | 定州市(冀) | 325.00 |
| 33 | 怀来县(冀) | 300.00 |
| 34 | 滦　县(冀) | 269.00 |
| 35 | 高碑店市(冀) | 146.00 |
| 36 | 曲阳县(冀) | 100.00 |
| 37 | 方山县(晋) | 1530.00 |
| 38 | 昔阳县(晋) | 1189.20 |
| 39 | 隰　县(晋) | 1050.00 |
| 40 | 和顺县(晋) | 925.00 |
| 41 | 闻喜县(晋) | 720.00 |
| 42 | 垣曲县(晋) | 650.00 |
| 43 | 原平市(晋) | 619.00 |
| 44 | 柳林县(晋) | 500.00 |
| 45 | 定襄县(晋) | 450.00 |
| 46 | 翼城县(晋) | 300.00 |
| 47 | 五台县(晋) | 250.00 |
| 48 | 阳曲县(晋) | 210.00 |
| 49 | 古交市(晋) | 162.00 |
| 50 | 榆次区(晋) | 160.00 |
| 51 | 忻府区(晋) | 127.30 |
| 52 | 沁水县(晋) | 100.00 |
| 53 | 清原满族自治县(辽) | 25100.00 |
| 54 | 岫岩满族自治县(辽) | 4902.00 |
| 55 | 抚顺县(辽) | 2982.00 |
| 56 | 东洲区(辽) | 2500.00 |
| 57 | 凌源市(辽) | 380.00 |
| 58 | 振安区(辽) | 265.00 |
| 59 | 集安市(吉) | 2454.00 |
| 60 | 通化县(吉) | 1078.00 |
| 61 | 梅河口市(吉) | 516.60 |
| 62 | 临江市(吉) | 507.00 |
| 63 | 靖宇县(吉) | 500.00 |
| 64 | 永吉县(吉) | 410.00 |
| 65 | 丰满区(吉) | 210.00 |
| 66 | 柳河县(吉) | 100.00 |
| 67 | 靖江市(苏) | 1335.00 |
| 68 | 临安市(浙) | 9859.00 |
| 69 | 建德市(浙) | 2803.00 |
| 70 | 安吉县(浙) | 393.00 |
| 71 | 富阳市(浙) | 114.00 |
| 72 | 宁国市(皖) | 8525.00 |
| 73 | 绩溪县(皖) | 3850.00 |
| 74 | 舒城县(皖) | 2065.00 |
| 75 | 旌德县(皖) | 150.00 |
| 76 | 谯城区(皖) | 148.00 |
| 77 | 东平县(鲁) | 10184.00 |
| 78 | 泗水县(鲁) | 7800.00 |
| 79 | 长清区(鲁) | 7500.00 |
| 80 | 汶上县(鲁) | 4800.00 |
| 81 | 平阴县(鲁) | 3820.00 |
| 82 | 宁阳县(鲁) | 3154.00 |
| 83 | 费　县(鲁) | 3128.00 |
| 84 | 邹城市(鲁) | 2724.00 |
| 85 | 栖霞市(鲁) | 2606.00 |
| 86 | 新泰市(鲁) | 1995.00 |
| 87 | 蒙阴县(鲁) | 1900.00 |
| 88 | 岱岳区(鲁) | 1719.00 |
| 89 | 昌邑市(鲁) | 1500.00 |
| 90 | 沂水县(鲁) | 1299.00 |
| 91 | 青州市(鲁) | 960.00 |
| 92 | 金乡县(鲁) | 789.00 |
| 93 | 苍山县(鲁) | 733.70 |
| 94 | 寿光市(鲁) | 520.00 |
| 95 | 诸城市(鲁) | 490.00 |
| 96 | 莱城区(鲁) | 391.00 |
| 97 | 泰安市市辖区(鲁) | 330.00 |
| 98 | 邹平县(鲁) | 325.00 |
| 99 | 临沂市蒙山旅游区(鲁) | 185.00 |
| 100 | 曲阜市(鲁) | 150.00 |
| 101 | 胶州市(鲁) | 106.00 |
| 102 | 河东区(鲁) | 100.00 |
| 103 | 伊川县(豫) | 5000.00 |
| 104 | 荥阳市(豫) | 4800.00 |
| 105 | 孟津县(豫) | 4500.00 |
| 106 | 新密市(豫) | 3060.00 |
| 107 | 济源市(豫) | 2950.00 |
| 108 | 汝州市(豫) | 2800.00 |
| 109 | 嵩　县(豫) | 2345.00 |
| 110 | 栾川县(豫) | 2146.00 |
| 111 | 新安县(豫) | 2115.00 |
| 112 | 灵宝市(豫) | 2000.00 |
| 113 | 宜阳县(豫) | 1200.00 |
| 114 | 淅川县(豫) | 1000.00 |
| 115 | 洛宁县(豫) | 920.00 |
| 116 | 南召县(豫) | 880.00 |
| 117 | 桐柏县(豫) | 850.00 |
| 118 | 修武县(豫) | 800.00 |
| 119 | 辉县市(豫) | 580.00 |
| 120 | 鲁山县(豫) | 550.00 |
| 121 | 渑池县(豫) | 521.00 |
| 122 | 偃师市(豫) | 500.00 |
| 123 | 内乡县(豫) | 500.00 |
| 124 | 舞钢市(豫) | 405.00 |
| 125 | 范　县(豫) | 366.00 |
| 126 | 卫辉市(豫) | 350.00 |
| 127 | 方城县(豫) | 311.00 |
| 128 | 确山县(豫) | 300.00 |
| 129 | 林州市(豫) | 281.00 |
| 130 | 安阳县(豫) | 225.00 |
| 131 | 卧龙区(豫) | 211.00 |
| 132 | 叶　县(豫) | 198.00 |
| 133 | 吉利区(豫) | 180.00 |
| 134 | 镇平县(豫) | 166.00 |
| 135 | 淇　县(豫) | 165.00 |
| 136 | 商城县(豫) | 120.00 |
| 137 | 驿城区(豫) | 100.00 |
| 138 | 新郑市(豫) | 100.00 |
| 139 | 兴山县(鄂) | 4642.00 |
| 140 | 秭归县(鄂) | 3600.00 |
| 141 | 保康县(鄂) | 1500.00 |
| 142 | 竹山县(鄂) | 910.00 |
| 143 | 长阳土家族自治县(鄂) | 848.00 |
| 144 | 罗田县(鄂) | 800.00 |
| 145 | 房　县(鄂) | 500.00 |
| 146 | 随　县(鄂) | 380.00 |
| 147 | 五峰土家族自治县(鄂) | 300.00 |
| 148 | 枣阳市(鄂) | 259.00 |
| 149 | 夷陵区(鄂) | 190.00 |
| 150 | 宜城市(鄂) | 142.00 |
| 151 | 钟祥市(鄂) | 140.00 |
| 152 | 宜都市(鄂) | 116.00 |
| 153 | 京山县(鄂) | 100.00 |
| 154 | 会同县(湘) | 710.00 |

| 序号 | 核桃主产地 | 产量(吨) | 序号 | 核桃主产地 | 产量(吨) | 序号 | 核桃主产地 | 产量(吨) |
|---|---|---|---|---|---|---|---|---|
| 155 | 永定区(湘) | 500.00 | 201 | 雨城区(川) | 4000.00 | 247 | 峨眉山市(川) | 350.00 |
| 156 | 永顺县(湘) | 470.00 | 202 | 阆中市(川) | 3810.00 | 248 | 金口河区(川) | 348.00 |
| 157 | 龙山县(湘) | 460.00 | 203 | 中江县(川) | 3500.00 | 249 | 威远县(川) | 340.00 |
| 158 | 保靖县(湘) | 430.00 | 204 | 通江县(川) | 3500.00 | 250 | 普格县(川) | 315.00 |
| 159 | 安化县(湘) | 410.00 | 205 | 冕宁县(川) | 3383.00 | 251 | 高　县(川) | 300.00 |
| 160 | 靖州苗族侗族自治县(湘) | 376.00 | 206 | 仪陇县(川) | 3000.00 | 252 | 龙泉驿区(川) | 288.00 |
| 161 | 新邵县(湘) | 350.00 | 207 | 平武县(川) | 2800.00 | 253 | 西充县(川) | 265.00 |
| 162 | 中方县(湘) | 320.00 | 208 | 江油市(川) | 2680.00 | 254 | 荣　县(川) | 260.00 |
| 163 | 洞口县(湘) | 183.00 | 209 | 巴州区(川) | 2646.00 | 255 | 平昌县(川) | 230.00 |
| 164 | 洪江市(湘) | 180.00 | 210 | 木里藏族自治县(川) | 2560.00 | 256 | 简阳市(川) | 230.00 |
| 165 | 双牌县(湘) | 150.00 | 211 | 西昌市(川) | 2430.00 | 257 | 峨边彝族自治县(川) | 227.00 |
| 166 | 沅陵县(湘) | 110.00 | 212 | 越西县(川) | 2400.00 | 258 | 雁江区(川) | 216.00 |
| 167 | 新宁县(湘) | 100.00 | 213 | 汉源县(川) | 2308.00 | 259 | 青白江区(川) | 207.00 |
| 168 | 凤山县(桂) | 578.00 | 214 | 万源市(川) | 2225.00 | 260 | 彭州市(川) | 198.00 |
| 169 | 隆林各族自治县(桂) | 156.00 | 215 | 美姑县(川) | 1760.00 | 261 | 兴文县(川) | 183.00 |
| 170 | 乐业县(桂) | 121.00 | 216 | 古蔺县(川) | 1650.00 | 262 | 马边彝族自治县(川) | 175.00 |
| 171 | 田林县(桂) | 101.00 | 217 | 昭觉县(川) | 1600.00 | 263 | 都江堰市(川) | 166.00 |
| 172 | 潼南县(渝) | 5752.00 | 218 | 汶川县(川) | 1588.00 | 264 | 康定县(川) | 164.00 |
| 173 | 城口县(渝) | 3200.00 | 219 | 梓潼县(川) | 1560.00 | 265 | 邛崃市(川) | 150.00 |
| 174 | 巫山县(渝) | 1200.00 | 220 | 苍溪县(川) | 1550.00 | 266 | 安岳县(川) | 130.00 |
| 175 | 南川区(渝) | 550.00 | 221 | 资中县(川) | 1500.00 | 267 | 宜宾县(川) | 123.00 |
| 176 | 渝北区(渝) | 398.43 | 222 | 宣汉县(川) | 1408.00 | 268 | 广汉市(川) | 120.00 |
| 177 | 彭水苗族土家族自治县(渝) | 360.00 | 223 | 喜德县(川) | 1357.00 | 269 | 达川区(川) | 110.00 |
| 178 | 巫溪县(渝) | 227.00 | 224 | 蓬安县(川) | 1350.00 | 270 | 东坡区(川) | 100.00 |
| 179 | 石柱土家族自治县(渝) | 120.00 | 225 | 会东县(川) | 1332.00 | 271 | 七星关区(黔) | 2460.00 |
| 180 | 丰都县(渝) | 104.00 | 226 | 石棉县(川) | 1300.00 | 272 | 威宁彝族回族苗族自治县(黔) | 2406.00 |
| 181 | 武隆县(渝) | 100.00 | 227 | 巴塘县(川) | 1200.00 | 273 | 普安县(黔) | 710.00 |
| 182 | 昭化区(川) | 13000.00 | 228 | 恩阳区(川) | 900.00 | 274 | 大方县(黔) | 500.00 |
| 183 | 青川县(川) | 12280.00 | 229 | 安　县(川) | 900.00 | 275 | 册亨县(黔) | 500.00 |
| 184 | 利州区(川) | 9912.00 | 230 | 仁寿县(川) | 840.00 | 276 | 织金县(黔) | 389.00 |
| 185 | 金阳县(川) | 9280.00 | 231 | 罗江县(川) | 800.00 | 277 | 纳雍县(黔) | 381.00 |
| 186 | 盐源县(川) | 9150.00 | 232 | 岳池县(川) | 800.00 | 278 | 福泉市(黔) | 250.00 |
| 187 | 旺苍县(川) | 9100.00 | 233 | 黑水县(川) | 800.00 | 279 | 荔波县(黔) | 144.00 |
| 188 | 南江县(川) | 9100.00 | 234 | 嘉陵区(川) | 780.00 | 280 | 罗甸县(黔) | 110.00 |
| 189 | 盐亭县(川) | 7726.00 | 235 | 大英县(川) | 750.00 | 281 | 昌宁县(滇) | 255668.00 |
| 190 | 雷波县(川) | 7594.00 | 236 | 北川羌族自治县(川) | 721.00 | 282 | 凤庆县(滇) | 70014.00 |
| 191 | 米易县(川) | 7000.00 | 237 | 屏山县(川) | 663.00 | 283 | 永平县(滇) | 50301.00 |
| 192 | 德昌县(川) | 6670.00 | 238 | 游仙区(川) | 650.00 | 284 | 云龙县(滇) | 41900.00 |
| 193 | 会理县(川) | 6000.00 | 239 | 小金县(川) | 590.00 | 285 | 新平彝族傣族自治县(滇) | 39600.00 |
| 194 | 射洪县(川) | 5600.00 | 240 | 高坪区(川) | 555.00 | 286 | 云　县(滇) | 29490.00 |
| 195 | 甘洛县(川) | 5304.00 | 241 | 布拖县(川) | 550.00 | 287 | 祥云县(滇) | 19400.00 |
| 196 | 旌阳区(川) | 5000.00 | 242 | 开江县(川) | 480.00 | 288 | 永德县(滇) | 19304.00 |
| 197 | 三台县(川) | 4850.00 | 243 | 泸定县(川) | 441.00 | 289 | 巍山彝族回族自治县(滇) | 11155.00 |
| 198 | 剑阁县(川) | 4507.00 | 244 | 仁和区(川) | 400.00 | 290 | 永胜县(滇) | 10120.00 |
| 199 | 宁南县(川) | 4500.00 | 245 | 邻水县(川) | 400.00 | 291 | 剑川县(滇) | 9600.00 |
| 200 | 盐边县(川) | 4032.00 | 246 | 筠连县(川) | 350.00 | 292 | 鲁甸县(滇) | 9500.00 |

| 序号 | 核桃主产地 | 产量(吨) |
|---|---|---|
| 293 | 楚雄市(滇) | 8845.00 |
| 294 | 洱源县(滇) | 8600.00 |
| 295 | 宾川县(滇) | 8200.00 |
| 296 | 临翔区(滇) | 7200.00 |
| 297 | 南华县(滇) | 6503.00 |
| 298 | 双江拉祜族佤族布朗族傣族自治县(滇) | 6500.00 |
| 299 | 麒麟区(滇) | 6500.00 |
| 300 | 维西傈僳族自治县(滇) | 5190.50 |
| 301 | 兰坪白族普米族自治县(滇) | 5125.00 |
| 302 | 彝良县(滇) | 5060.00 |
| 303 | 德钦县(滇) | 4629.31 |
| 304 | 大理市(滇) | 4600.00 |
| 305 | 弥渡县(滇) | 4200.00 |
| 306 | 鹤庆县(滇) | 4000.00 |
| 307 | 施甸县(滇) | 3623.00 |
| 308 | 漾濞彝族自治县(滇) | 3400.00 |
| 309 | 武定县(滇) | 3198.00 |
| 310 | 宣威市(滇) | 3135.00 |
| 311 | 香格里拉县(滇) | 3010.00 |
| 312 | 华宁县(滇) | 2790.00 |
| 313 | 双柏县(滇) | 2734.00 |
| 314 | 泸水县(滇) | 2712.60 |
| 315 | 永善县(滇) | 2601.00 |
| 316 | 禄丰县(滇) | 2600.00 |
| 317 | 腾冲县(滇) | 2264.00 |
| 318 | 姚安县(滇) | 2017.00 |
| 319 | 玉龙纳西族自治县(滇) | 2005.00 |
| 320 | 龙陵县(滇) | 2000.00 |
| 321 | 东川区(滇) | 1620.00 |
| 322 | 盈江县(滇) | 1412.90 |
| 323 | 师宗县(滇) | 1400.00 |
| 324 | 石林彝族自治县(滇) | 1030.00 |
| 325 | 华坪县(滇) | 972.00 |
| 326 | 宁蒗彝族自治县(滇) | 920.00 |
| 327 | 富民县(滇) | 897.00 |
| 328 | 镇雄县(滇) | 800.00 |
| 329 | 大关县(滇) | 750.00 |
| 330 | 永仁县(滇) | 725.00 |
| 331 | 寻甸回族彝族自治县(滇) | 670.00 |
| 332 | 福贡县(滇) | 658.00 |
| 333 | 峨山彝族自治县(滇) | 549.00 |
| 334 | 易门县(滇) | 516.08 |
| 335 | 绥江县(滇) | 400.00 |
| 336 | 元谋县(滇) | 376.00 |
| 337 | 富宁县(滇) | 307.00 |

| 序号 | 核桃主产地 | 产量(吨) |
|---|---|---|
| 338 | 倘甸工业园区(滇) | 300.00 |
| 339 | 富源县(滇) | 252.30 |
| 340 | 丘北县(滇) | 236.00 |
| 341 | 屏边苗族自治县(滇) | 200.00 |
| 342 | 西畴县(滇) | 150.20 |
| 343 | 嵩明县(滇) | 127.00 |
| 344 | 个旧市(滇) | 127.00 |
| 345 | 贡山独龙族怒族自治县(滇) | 118.40 |
| 346 | 沾益县(滇) | 118.00 |
| 347 | 澄江县(滇) | 100.00 |
| 348 | 洛南县(陕) | 11396.00 |
| 349 | 山阳县(陕) | 10588.00 |
| 350 | 宜君县(陕) | 5600.00 |
| 351 | 陈仓区(陕) | 5500.00 |
| 352 | 镇安县(陕) | 4598.00 |
| 353 | 麟游县(陕) | 4431.00 |
| 354 | 柞水县(陕) | 3475.00 |
| 355 | 旬阳县(陕) | 3335.00 |
| 356 | 略阳县(陕) | 3072.00 |
| 357 | 商南县(陕) | 3040.00 |
| 358 | 耀州区(陕) | 3000.00 |
| 359 | 渭滨区(陕) | 2728.00 |
| 360 | 淳化县(陕) | 2666.00 |
| 361 | 合阳县(陕) | 2657.00 |
| 362 | 黄龙县(陕) | 2100.00 |
| 363 | 平利县(陕) | 1800.00 |
| 364 | 蒲城县(陕) | 1600.00 |
| 365 | 南郑县(陕) | 1540.00 |
| 366 | 西乡县(陕) | 1250.00 |
| 367 | 临潼区(陕) | 1213.00 |
| 368 | 千阳县(陕) | 1171.00 |
| 369 | 汉阴县(陕) | 1056.00 |
| 370 | 太白县(陕) | 1048.00 |
| 371 | 城固县(陕) | 960.00 |
| 372 | 大荔县(陕) | 946.00 |
| 373 | 礼泉县(陕) | 800.00 |
| 374 | 洋　县(陕) | 617.00 |
| 375 | 兴平市(陕) | 600.00 |
| 376 | 岚皋县(陕) | 500.00 |
| 377 | 白河县(陕) | 403.00 |
| 378 | 印台区(陕) | 400.00 |
| 379 | 佛坪县(陕) | 340.00 |
| 380 | 灞桥区(陕) | 333.00 |
| 381 | 户　县(陕) | 307.00 |
| 382 | 扶风县(陕) | 279.00 |
| 383 | 华阴市(陕) | 210.00 |

| 序号 | 核桃主产地 | 产量(吨) |
|---|---|---|
| 384 | 甘泉县(陕) | 100.00 |
| 385 | 华　县(陕) | 100.00 |
| 386 | 成　县(甘) | 32727.00 |
| 387 | 康　县(甘) | 9298.00 |
| 388 | 武都区(甘) | 9150.00 |
| 389 | 武山县(甘) | 6629.00 |
| 390 | 清水县(甘) | 6070.00 |
| 391 | 徽　县(甘) | 4020.00 |
| 392 | 崇信县(甘) | 3706.00 |
| 393 | 两当县(甘) | 3500.00 |
| 394 | 文　县(甘) | 2750.00 |
| 395 | 宁　县(甘) | 2500.00 |
| 396 | 礼　县(甘) | 1611.00 |
| 397 | 麦积区(甘) | 1519.00 |
| 398 | 张家川回族自治县(甘) | 1363.65 |
| 399 | 崆峒区(甘) | 1314.00 |
| 400 | 正宁县(甘) | 430.00 |
| 401 | 合水县(甘) | 350.00 |
| 402 | 东乡族自治县(甘) | 350.00 |
| 403 | 宕昌县(甘) | 350.00 |
| 404 | 镇原县(甘) | 320.00 |
| 405 | 榆中县(甘) | 245.00 |
| 406 | 循化撒拉族自治县(青) | 300.00 |
| 407 | 彭阳县(宁) | 180.00 |
| 408 | 叶城县(新) | 81122.00 |
| 409 | 莎车县(新) | 28272.00 |
| 410 | 泽普县(新) | 27518.00 |
| 411 | 巴楚县(新) | 12255.00 |
| 412 | 疏附县(新) | 1256.00 |
| 413 | 疏勒县(新) | 1216.00 |
| 414 | 麦盖提县(新) | 1010.00 |
| 415 | 英吉沙县(新) | 705.00 |
| 416 | 霍城县(新) | 200.00 |
| 417 | 伽师县(新) | 101.00 |
| 418 | 山河屯林业局(龙江森工) | 2000.00 |
| 419 | 桃山林业局(龙江森工) | 350.00 |
| 420 | 双丰林业局(龙江森工) | 300.00 |
| 421 | 带岭实验局(龙江森工) | 200.00 |
| 422 | 农三师(新疆兵团) | 2114.00 |

**表 6-3　板栗主产地产量**

| 序号 | 板栗主产地 | 产量(吨) |
|---|---|---|
| 1 | 怀柔区(京) | 14544.90 |
| 2 | 延庆县(京) | 2224.00 |
| 3 | 房山区(京) | 203.60 |
| 4 | 蓟　县(津) | 1046.00 |

| 序号 | 板栗主产地 | 产量(吨) |
|---|---|---|
| 5 | 兴隆县(冀) | 110252.00 |
| 6 | 迁西县(冀) | 50275.00 |
| 7 | 宽城满族自治县(冀) | 35000.00 |
| 8 | 抚宁县(冀) | 22956.00 |
| 9 | 遵化市(冀) | 21972.00 |
| 10 | 青龙满族自治县(冀) | 13000.00 |
| 11 | 邢台县(冀) | 7576.00 |
| 12 | 迁安市(冀) | 4754.00 |
| 13 | 承德县(冀) | 2406.00 |
| 14 | 灵寿县(冀) | 2180.00 |
| 15 | 平泉县(冀) | 2000.00 |
| 16 | 沙河市(冀) | 1982.00 |
| 17 | 平山县(冀) | 1720.00 |
| 18 | 滦平县(冀) | 678.00 |
| 19 | 易　县(冀) | 600.00 |
| 20 | 临城县(冀) | 500.00 |
| 21 | 阜平县(冀) | 500.00 |
| 22 | 鹰手营子矿区(冀) | 420.00 |
| 23 | 卢龙县(冀) | 403.00 |
| 24 | 滦　县(冀) | 206.00 |
| 25 | 涞水县(冀) | 120.00 |
| 26 | 宽甸满族自治县(辽) | 30000.00 |
| 27 | 振安区(辽) | 6500.00 |
| 28 | 桓仁满族自治县(辽) | 4890.00 |
| 29 | 抚顺县(辽) | 4387.00 |
| 30 | 庄河市(辽) | 1080.00 |
| 31 | 凌源市(辽) | 611.00 |
| 32 | 东洲区(辽) | 200.00 |
| 33 | 盱眙县(苏) | 5860.00 |
| 34 | 赣榆县(苏) | 4800.00 |
| 35 | 溧阳市(苏) | 2530.00 |
| 36 | 连云港市市辖区(苏) | 2300.00 |
| 37 | 金坛市(苏) | 2000.00 |
| 38 | 六合区(苏) | 1520.00 |
| 39 | 宜兴市(苏) | 1357.00 |
| 40 | 浦口区(苏) | 1127.00 |
| 41 | 沭阳县(苏) | 690.00 |
| 42 | 句容市(苏) | 650.00 |
| 43 | 遂昌县(浙) | 4234.00 |
| 44 | 淳安县(浙) | 4040.00 |
| 45 | 松阳县(浙) | 3219.00 |
| 46 | 缙云县(浙) | 2861.00 |
| 47 | 庆元县(浙) | 2799.00 |
| 48 | 江山市(浙) | 2780.00 |
| 49 | 建德市(浙) | 2600.00 |
| 50 | 安吉县(浙) | 2240.00 |
| 51 | 衢江区(浙) | 1143.00 |
| 52 | 云和县(浙) | 1077.00 |
| 53 | 富阳市(浙) | 1067.00 |
| 54 | 仙居县(浙) | 1000.00 |
| 55 | 临安市(浙) | 853.00 |
| 56 | 磐安县(浙) | 800.00 |
| 57 | 常山县(浙) | 635.00 |
| 58 | 余姚市(浙) | 620.00 |
| 59 | 临海市(浙) | 528.00 |
| 60 | 宁海县(浙) | 500.00 |
| 61 | 青田县(浙) | 474.00 |
| 62 | 天台县(浙) | 350.00 |
| 63 | 长兴县(浙) | 218.00 |
| 64 | 文成县(浙) | 210.00 |
| 65 | 三门县(浙) | 205.00 |
| 66 | 奉化市(浙) | 180.00 |
| 67 | 德清县(浙) | 170.00 |
| 68 | 龙泉市(浙) | 147.00 |
| 69 | 舒城县(皖) | 36436.00 |
| 70 | 潜山县(皖) | 23000.00 |
| 71 | 太湖县(皖) | 11870.00 |
| 72 | 凤阳县(皖) | 6315.00 |
| 73 | 明光市(皖) | 2400.00 |
| 74 | 广德县(皖) | 2000.00 |
| 75 | 全椒县(皖) | 1500.00 |
| 76 | 石台县(皖) | 1003.00 |
| 77 | 休宁县(皖) | 980.00 |
| 78 | 宁国市(皖) | 966.00 |
| 79 | 南谯区(皖) | 800.00 |
| 80 | 青阳县(皖) | 686.00 |
| 81 | 泾　县(皖) | 650.00 |
| 82 | 庐江县(皖) | 510.00 |
| 83 | 祁门县(皖) | 465.00 |
| 84 | 宣州区(皖) | 350.00 |
| 85 | 来安县(皖) | 300.00 |
| 86 | 南陵县(皖) | 259.00 |
| 87 | 无为县(皖) | 200.00 |
| 88 | 绩溪县(皖) | 200.00 |
| 89 | 滁州市沙河集林业总场(皖) | 190.00 |
| 90 | 芜湖县(皖) | 175.00 |
| 91 | 怀宁县(皖) | 160.00 |
| 92 | 繁昌县(皖) | 160.00 |
| 93 | 八公山区(皖) | 160.00 |
| 94 | 郎溪县(皖) | 145.00 |
| 95 | 滁州市管店林业总场(皖) | 122.00 |
| 96 | 上高县(赣) | 3000.00 |
| 97 | 靖安县(赣) | 2600.00 |
| 98 | 铜鼓县(赣) | 2000.00 |
| 99 | 永修县(赣) | 1964.00 |
| 100 | 乐安县(赣) | 987.00 |
| 101 | 龙南县(赣) | 670.00 |
| 102 | 全南县(赣) | 512.00 |
| 103 | 婺源县(赣) | 500.00 |
| 104 | 修水县(赣) | 480.00 |
| 105 | 瑞金市(赣) | 380.00 |
| 106 | 新建县(赣) | 370.00 |
| 107 | 玉山县(赣) | 302.00 |
| 108 | 高安市(赣) | 282.00 |
| 109 | 石城县(赣) | 238.00 |
| 110 | 兴国县(赣) | 210.00 |
| 111 | 定南县(赣) | 144.00 |
| 112 | 泰和县(赣) | 133.00 |
| 113 | 岱岳区(鲁) | 39743.00 |
| 114 | 五莲县(鲁) | 20000.00 |
| 115 | 莒南县(鲁) | 15000.00 |
| 116 | 沂水县(鲁) | 14469.00 |
| 117 | 沂南县(鲁) | 14370.00 |
| 118 | 诸城市(鲁) | 13951.00 |
| 119 | 乳山市(鲁) | 13000.00 |
| 120 | 东港区(鲁) | 9364.00 |
| 121 | 郯城县(鲁) | 6600.00 |
| 122 | 泗水县(鲁) | 6000.00 |
| 123 | 莱城区(鲁) | 5199.00 |
| 124 | 新泰市(鲁) | 4611.60 |
| 125 | 临沂市蒙山旅游区(鲁) | 4200.00 |
| 126 | 邹城市(鲁) | 3915.00 |
| 127 | 长清区(鲁) | 3126.00 |
| 128 | 莱阳市(鲁) | 2800.00 |
| 129 | 临沭县(鲁) | 2700.00 |
| 130 | 苍山县(鲁) | 2602.00 |
| 131 | 蒙阴县(鲁) | 2000.00 |
| 132 | 河东区(鲁) | 1800.00 |
| 133 | 宁阳县(鲁) | 1702.00 |
| 134 | 临沂市临港经济开发区(鲁) | 1000.00 |
| 135 | 博山区(鲁) | 1000.00 |
| 136 | 招远市(鲁) | 930.00 |
| 137 | 泰安市市辖区(鲁) | 669.60 |
| 138 | 山海天旅游度假区(鲁) | 554.00 |
| 139 | 牟平区(鲁) | 517.00 |
| 140 | 胶州市(鲁) | 385.00 |
| 141 | 环翠区(鲁) | 318.00 |
| 142 | 莱芜市雪野旅游区(鲁) | 262.00 |

| 序号 | 板栗主产地 | 产量(吨) |
|---|---|---|
| 143 | 商城县(豫) | 28000.00 |
| 144 | 罗山县(豫) | 24835.00 |
| 145 | 平桥区(豫) | 8969.00 |
| 146 | 浉河区(豫) | 8200.00 |
| 147 | 确山县(豫) | 8000.00 |
| 148 | 栾川县(豫) | 7812.00 |
| 149 | 新　县(豫) | 7735.00 |
| 150 | 嵩　县(豫) | 7560.00 |
| 151 | 泌阳县(豫) | 5600.00 |
| 152 | 光山县(豫) | 3200.00 |
| 153 | 内乡县(豫) | 2860.00 |
| 154 | 固始县(豫) | 2500.00 |
| 155 | 卢氏县(豫) | 1993.00 |
| 156 | 林州市(豫) | 1350.00 |
| 157 | 南召县(豫) | 880.00 |
| 158 | 潢川县(豫) | 621.00 |
| 159 | 灵宝市(豫) | 580.00 |
| 160 | 淅川县(豫) | 576.00 |
| 161 | 驿城区(豫) | 400.00 |
| 162 | 镇平县(豫) | 360.00 |
| 163 | 方城县(豫) | 320.00 |
| 164 | 汝阳县(豫) | 312.00 |
| 165 | 西平县(豫) | 191.00 |
| 166 | 遂平县(豫) | 135.00 |
| 167 | 舞钢市(豫) | 105.00 |
| 168 | 唐河县(豫) | 100.00 |
| 169 | 罗田县(鄂) | 60000.00 |
| 170 | 大悟县(鄂) | 35200.00 |
| 171 | 麻城市(鄂) | 24000.00 |
| 172 | 红安县(鄂) | 23348.00 |
| 173 | 黄陂区(鄂) | 7000.00 |
| 174 | 蕲春县(鄂) | 3800.00 |
| 175 | 秭归县(鄂) | 2127.00 |
| 176 | 保康县(鄂) | 1643.00 |
| 177 | 孝昌县(鄂) | 1450.00 |
| 178 | 曾都区(鄂) | 1275.00 |
| 179 | 宜城市(鄂) | 1252.00 |
| 180 | 夷陵区(鄂) | 1100.00 |
| 181 | 来凤县(鄂) | 700.00 |
| 182 | 枣阳市(鄂) | 550.00 |
| 183 | 竹山县(鄂) | 500.00 |
| 184 | 通山县(鄂) | 301.00 |
| 185 | 兴山县(鄂) | 278.00 |
| 186 | 五峰土家族自治县(鄂) | 185.00 |
| 187 | 长阳土家族自治县(鄂) | 155.00 |
| 188 | 松滋市(鄂) | 106.00 |

| 序号 | 板栗主产地 | 产量(吨) |
|---|---|---|
| 189 | 大冶市(鄂) | 100.00 |
| 190 | 双牌县(湘) | 5000.00 |
| 191 | 新化县(湘) | 4800.00 |
| 192 | 耒阳市(湘) | 3750.00 |
| 193 | 永顺县(湘) | 3400.00 |
| 194 | 城步苗族自治县(湘) | 3100.00 |
| 195 | 芦淞区(湘) | 3000.00 |
| 196 | 龙山县(湘) | 3000.00 |
| 197 | 沅陵县(湘) | 2128.00 |
| 198 | 泸溪县(湘) | 2000.00 |
| 199 | 保靖县(湘) | 1800.00 |
| 200 | 鹤城区(湘) | 1658.00 |
| 201 | 资兴市(湘) | 1620.00 |
| 202 | 新田县(湘) | 1530.00 |
| 203 | 祁阳县(湘) | 1515.00 |
| 204 | 古丈县(湘) | 1400.00 |
| 205 | 江华瑶族自治县(湘) | 1250.00 |
| 206 | 零陵区(湘) | 1096.00 |
| 207 | 大祥区(湘) | 1000.00 |
| 208 | 北湖区(湘) | 955.00 |
| 209 | 湘乡市(湘) | 805.00 |
| 210 | 永定区(湘) | 800.00 |
| 211 | 桑植县(湘) | 800.00 |
| 212 | 祁东县(湘) | 750.00 |
| 213 | 双峰县(湘) | 700.00 |
| 214 | 邵阳县(湘) | 700.00 |
| 215 | 中方县(湘) | 685.00 |
| 216 | 洞口县(湘) | 632.00 |
| 217 | 娄星区(湘) | 600.00 |
| 218 | 会同县(湘) | 600.00 |
| 219 | 汝城县(湘) | 549.00 |
| 220 | 株洲县(湘) | 540.00 |
| 221 | 衡山县(湘) | 492.80 |
| 222 | 冷水江市(湘) | 440.00 |
| 223 | 道　县(湘) | 357.00 |
| 224 | 宁远县(湘) | 320.00 |
| 225 | 平江县(湘) | 283.00 |
| 226 | 蓝山县(湘) | 250.00 |
| 227 | 新邵县(湘) | 245.00 |
| 228 | 临武县(湘) | 220.00 |
| 229 | 津市市(湘) | 204.00 |
| 230 | 新宁县(湘) | 200.00 |
| 231 | 吉首市(湘) | 200.00 |
| 232 | 鼎城区(湘) | 170.00 |
| 233 | 永兴县(湘) | 158.00 |
| 234 | 凤凰县(湘) | 140.00 |

| 序号 | 板栗主产地 | 产量(吨) |
|---|---|---|
| 235 | 冷水滩区(湘) | 110.00 |
| 236 | 阳山县(粤) | 3909.00 |
| 237 | 封开县(粤) | 3806.00 |
| 238 | 乳源瑶族自治县(粤) | 900.00 |
| 239 | 连州市(粤) | 600.00 |
| 240 | 英德市(粤) | 451.00 |
| 241 | 连南瑶族自治县(粤) | 334.00 |
| 242 | 广宁县(粤) | 310.00 |
| 243 | 龙川县(粤) | 308.00 |
| 244 | 新丰江林管局(粤) | 250.00 |
| 245 | 隆安县(桂) | 19384.00 |
| 246 | 东兰县(桂) | 17705.00 |
| 247 | 南丹县(桂) | 5902.00 |
| 248 | 八步区(桂) | 3565.00 |
| 249 | 田林县(桂) | 3229.00 |
| 250 | 天峨县(桂) | 3076.00 |
| 251 | 阳朔县(桂) | 2351.00 |
| 252 | 巴马瑶族自治县(桂) | 2079.00 |
| 253 | 隆林各族自治县(桂) | 1650.00 |
| 254 | 乐业县(桂) | 1176.00 |
| 255 | 桂平市(桂) | 1080.00 |
| 256 | 临桂县(桂) | 809.00 |
| 257 | 全州县(桂) | 680.00 |
| 258 | 兴安县(桂) | 651.00 |
| 259 | 凤山县(桂) | 622.00 |
| 260 | 龙胜各族自治县(桂) | 434.00 |
| 261 | 金秀瑶族自治县(桂) | 415.00 |
| 262 | 三江侗族自治县(桂) | 407.00 |
| 263 | 武宣县(桂) | 288.00 |
| 264 | 大化瑶族自治县(桂) | 283.00 |
| 265 | 德保县(桂) | 218.00 |
| 266 | 田阳县(桂) | 175.00 |
| 267 | 扶绥县(桂) | 173.00 |
| 268 | 钟山县(桂) | 151.00 |
| 269 | 昭平县(桂) | 141.00 |
| 270 | 金城江区(桂) | 129.00 |
| 271 | 城口县(渝) | 2800.00 |
| 272 | 南川区(渝) | 1800.00 |
| 273 | 石柱土家族自治县(渝) | 730.00 |
| 274 | 云阳县(渝) | 550.00 |
| 275 | 巫山县(渝) | 440.00 |
| 276 | 万州区(渝) | 381.00 |
| 277 | 万盛区(渝) | 320.00 |
| 278 | 彭水苗族土家族自治县(渝) | 275.00 |
| 279 | 丰都县(渝) | 213.00 |
| 280 | 巫溪县(渝) | 206.00 |

| 序号 | 板栗主产地 | 产量(吨) |
|---|---|---|
| 281 | 璧山县(渝) | 107.10 |
| 282 | 德昌县(川) | 10700.00 |
| 283 | 南江县(川) | 1950.00 |
| 284 | 米易县(川) | 1360.00 |
| 285 | 开江县(川) | 1150.00 |
| 286 | 石棉县(川) | 1100.00 |
| 287 | 平武县(川) | 900.00 |
| 288 | 三台县(川) | 882.00 |
| 289 | 冕宁县(川) | 755.00 |
| 290 | 江油市(川) | 720.00 |
| 291 | 邻水县(川) | 605.00 |
| 292 | 宣汉县(川) | 600.00 |
| 293 | 盐边县(川) | 582.00 |
| 294 | 会理县(川) | 500.00 |
| 295 | 宁南县(川) | 460.00 |
| 296 | 汉源县(川) | 452.00 |
| 297 | 雷波县(川) | 320.00 |
| 298 | 会东县(川) | 265.00 |
| 299 | 都江堰市(川) | 230.00 |
| 300 | 兴文县(川) | 208.00 |
| 301 | 恩阳区(川) | 200.00 |
| 302 | 西昌市(川) | 195.00 |
| 303 | 仪陇县(川) | 190.00 |
| 304 | 盐源县(川) | 145.00 |
| 305 | 屏山县(川) | 140.00 |
| 306 | 平昌县(川) | 120.00 |
| 307 | 泸定县(川) | 115.00 |
| 308 | 越西县(川) | 100.00 |
| 309 | 册亨县(黔) | 3000.00 |
| 310 | 罗甸县(黔) | 2331.00 |
| 311 | 碧江区(黔) | 806.00 |
| 312 | 荔波县(黔) | 488.00 |
| 313 | 纳雍县(黔) | 315.00 |
| 314 | 大方县(黔) | 200.00 |
| 315 | 威宁彝族回族苗族自治县(黔) | 172.00 |
| 316 | 镇远县(黔) | 122.00 |
| 317 | 瓮安县(黔) | 120.00 |
| 318 | 鲁甸县(滇) | 3750.00 |
| 319 | 禄丰县(滇) | 2500.00 |
| 320 | 寻甸回族彝族自治县(滇) | 2466.40 |
| 321 | 富民县(滇) | 2215.00 |
| 322 | 武定县(滇) | 2080.00 |
| 323 | 永仁县(滇) | 1926.00 |
| 324 | 石林彝族自治县(滇) | 1591.00 |
| 325 | 镇雄县(滇) | 1200.00 |
| 326 | 峨山彝族自治县(滇) | 944.00 |
| 327 | 易门县(滇) | 859.35 |
| 328 | 江川县(滇) | 680.00 |
| 329 | 师宗县(滇) | 650.00 |
| 330 | 巧家县(滇) | 615.00 |
| 331 | 腾冲县(滇) | 416.00 |
| 332 | 维西傈僳族自治县(滇) | 399.00 |
| 333 | 昌宁县(滇) | 391.00 |
| 334 | 姚安县(滇) | 340.00 |
| 335 | 富宁县(滇) | 243.00 |
| 336 | 宾川县(滇) | 236.00 |
| 337 | 富源县(滇) | 232.00 |
| 338 | 洱源县(滇) | 231.00 |
| 339 | 云　县(滇) | 185.70 |
| 340 | 陇川县(滇) | 184.80 |
| 341 | 贡山独龙族怒族自治县(滇) | 178.60 |
| 342 | 西畴县(滇) | 175.00 |
| 343 | 东川区(滇) | 161.25 |
| 344 | 兰坪白族普米族自治县(滇) | 161.00 |
| 345 | 楚雄市(滇) | 147.00 |
| 346 | 元谋县(滇) | 132.00 |
| 347 | 芒　市(滇) | 128.20 |
| 348 | 丘北县(滇) | 121.00 |
| 349 | 盈江县(滇) | 117.30 |
| 350 | 大关县(滇) | 106.00 |
| 351 | 镇安县(陕) | 7002.00 |
| 352 | 山阳县(陕) | 5956.00 |
| 353 | 柞水县(陕) | 3691.00 |
| 354 | 汉阴县(陕) | 3460.00 |
| 355 | 岚皋县(陕) | 2500.00 |
| 356 | 旬阳县(陕) | 2080.00 |
| 357 | 洋　县(陕) | 1565.00 |
| 358 | 略阳县(陕) | 1531.00 |
| 359 | 城固县(陕) | 1400.00 |
| 360 | 太白县(陕) | 1225.00 |
| 361 | 陈仓区(陕) | 1200.00 |
| 362 | 南郑县(陕) | 960.00 |
| 363 | 平利县(陕) | 500.00 |
| 364 | 佛坪县(陕) | 420.00 |
| 365 | 洛南县(陕) | 405.00 |
| 366 | 户　县(陕) | 398.00 |
| 367 | 石泉县(陕) | 300.00 |
| 368 | 黄龙县(陕) | 245.00 |
| 369 | 康　县(甘) | 855.00 |
| 370 | 麦积区(甘) | 540.00 |
| 371 | 徽　县(甘) | 280.00 |
| 372 | 两当县(甘) | 153.00 |

## 表 6-4　花椒主产地产量

| 序号 | 花椒主产地 | 产量(吨) |
|---|---|---|
| 1 | 平山县(冀) | 3700.00 |
| 2 | 宽城满族自治县(冀) | 340.00 |
| 3 | 井陉县(冀) | 275.00 |
| 4 | 峰峰矿区(冀) | 120.00 |
| 5 | 涞水县(冀) | 100.00 |
| 6 | 垣曲县(晋) | 250.00 |
| 7 | 五台县(晋) | 150.00 |
| 8 | 沂水县(鲁) | 6707.00 |
| 9 | 莱城区(鲁) | 3345.00 |
| 10 | 苍山县(鲁) | 2239.00 |
| 11 | 博山区(鲁) | 1400.00 |
| 12 | 蒙阴县(鲁) | 380.00 |
| 13 | 肥城市(鲁) | 285.00 |
| 14 | 宁阳县(鲁) | 230.00 |
| 15 | 岱岳区(鲁) | 132.00 |
| 16 | 邹城市(鲁) | 128.00 |
| 17 | 新泰市(鲁) | 114.30 |
| 18 | 汝阳县(豫) | 225000.00 |
| 19 | 安阳县(豫) | 3288.00 |
| 20 | 渑池县(豫) | 2622.00 |
| 21 | 济源市(豫) | 1540.00 |
| 22 | 辉县市(豫) | 1285.00 |
| 23 | 嵩　县(豫) | 1108.00 |
| 24 | 林州市(豫) | 1077.80 |
| 25 | 内乡县(豫) | 1000.00 |
| 26 | 登封市(豫) | 994.00 |
| 27 | 宝丰县(豫) | 590.00 |
| 28 | 孟津县(豫) | 360.00 |
| 29 | 宜阳县(豫) | 275.00 |
| 30 | 新安县(豫) | 175.00 |
| 31 | 栾川县(豫) | 110.00 |
| 32 | 郏　县(豫) | 105.00 |
| 33 | 恩施市(鄂) | 186.00 |
| 34 | 随　县(鄂) | 170.00 |
| 35 | 老河口市(鄂) | 110.00 |
| 36 | 保靖县(湘) | 360.00 |
| 37 | 永顺县(湘) | 320.00 |
| 38 | 龙山县(湘) | 280.00 |
| 39 | 新宁县(湘) | 100.00 |
| 40 | 乳源瑶族自治县(粤) | 600.00 |
| 41 | 江津区(渝) | 22000.00 |
| 42 | 綦江县(渝) | 2500.00 |
| 43 | 巴南区(渝) | 988.00 |
| 44 | 万盛区(渝) | 960.00 |
| 45 | 南川区(渝) | 850.00 |

| 序号 | 花椒主产地 | 产量(吨) |
|---|---|---|
| 46 | 丰都县(渝) | 805.00 |
| 47 | 开　县(渝) | 771.00 |
| 48 | 涪陵区(渝) | 600.00 |
| 49 | 石柱土家族自治县(渝) | 290.00 |
| 50 | 前锋区(川) | 13000.00 |
| 51 | 金阳县(川) | 5310.00 |
| 52 | 盐源县(川) | 3300.00 |
| 53 | 冕宁县(川) | 3036.00 |
| 54 | 雷波县(川) | 2480.00 |
| 55 | 岳池县(川) | 1650.00 |
| 56 | 汉源县(川) | 1549.00 |
| 57 | 仁寿县(川) | 1285.00 |
| 58 | 邻水县(川) | 1200.00 |
| 59 | 喜德县(川) | 1196.00 |
| 60 | 美姑县(川) | 1139.00 |
| 61 | 渠　县(川) | 1050.00 |
| 62 | 安岳县(川) | 1000.00 |
| 63 | 德昌县(川) | 985.00 |
| 64 | 昭觉县(川) | 850.00 |
| 65 | 普格县(川) | 702.00 |
| 66 | 布拖县(川) | 700.00 |
| 67 | 木里藏族自治县(川) | 700.00 |
| 68 | 越西县(川) | 660.00 |
| 69 | 西昌市(川) | 600.00 |
| 70 | 金川县(川) | 580.00 |
| 71 | 米易县(川) | 530.00 |
| 72 | 东坡区(川) | 420.00 |
| 73 | 沿滩区(川) | 400.00 |
| 74 | 会理县(川) | 376.00 |
| 75 | 达川区(川) | 350.00 |
| 76 | 大安区(川) | 350.00 |
| 77 | 富顺县(川) | 335.00 |
| 78 | 盐边县(川) | 298.00 |
| 79 | 宁南县(川) | 270.00 |
| 80 | 康定县(川) | 242.00 |
| 81 | 开江县(川) | 240.00 |
| 82 | 宜宾县(川) | 221.00 |
| 83 | 宣汉县(川) | 207.00 |
| 84 | 江安县(川) | 195.00 |
| 85 | 泸定县(川) | 150.00 |
| 86 | 中江县(川) | 120.00 |
| 87 | 仪陇县(川) | 120.00 |
| 88 | 广汉市(川) | 100.00 |
| 89 | 通江县(川) | 100.00 |
| 90 | 威宁彝族回族苗族自治县(黔) | 176.00 |
| 91 | 巧家县(滇) | 8130.00 |
| 92 | 鲁甸县(滇) | 7150.00 |
| 93 | 麒麟区(滇) | 5600.00 |
| 94 | 永善县(滇) | 2507.50 |
| 95 | 永胜县(滇) | 2500.00 |
| 96 | 彝良县(滇) | 2400.00 |
| 97 | 宁蒗彝族自治县(滇) | 1328.20 |
| 98 | 昭阳区(滇) | 360.00 |
| 99 | 寻甸回族彝族自治县(滇) | 318.40 |
| 100 | 香格里拉县(滇) | 259.00 |
| 101 | 武定县(滇) | 248.00 |
| 102 | 洱源县(滇) | 173.00 |
| 103 | 兰坪白族普米族自治县(滇) | 140.00 |
| 104 | 腾冲县(滇) | 112.00 |
| 105 | 东川区(滇) | 102.87 |
| 106 | 合阳县(陕) | 4025.00 |
| 107 | 耀州区(陕) | 3000.00 |
| 108 | 澄城县(陕) | 3000.00 |
| 109 | 旬阳县(陕) | 975.00 |
| 110 | 华阴市(陕) | 600.00 |
| 111 | 礼泉县(陕) | 500.00 |
| 112 | 延长县(陕) | 315.00 |
| 113 | 黄龙县(陕) | 245.00 |
| 114 | 淳化县(陕) | 242.00 |
| 115 | 临潼区(陕) | 240.00 |
| 116 | 丹凤县(陕) | 226.00 |
| 117 | 南郑县(陕) | 180.00 |
| 118 | 太白县(陕) | 173.00 |
| 119 | 蓝田县(陕) | 150.00 |
| 120 | 周至县(陕) | 134.00 |
| 121 | 洛南县(陕) | 131.00 |
| 122 | 略阳县(陕) | 108.00 |
| 123 | 印台区(陕) | 100.00 |
| 124 | 城固县(陕) | 100.00 |
| 125 | 武都区(甘) | 15000.00 |
| 126 | 甘谷县(甘) | 7799.00 |
| 127 | 积石山保安族东乡族撒拉族自治县(甘) | 6300.00 |
| 128 | 文　县(甘) | 2200.00 |
| 129 | 麦积区(甘) | 2143.00 |
| 130 | 永靖县(甘) | 1800.00 |
| 131 | 临夏县(甘) | 1500.00 |
| 132 | 礼　县(甘) | 944.00 |
| 133 | 康　县(甘) | 878.00 |
| 134 | 崆峒区(甘) | 717.00 |
| 135 | 西和县(甘) | 400.00 |
| 136 | 清水县(甘) | 332.50 |
| 137 | 宕昌县(甘) | 200.00 |
| 138 | 广河县(甘) | 171.00 |
| 139 | 徽　县(甘) | 157.00 |
| 140 | 张家川回族自治县(甘) | 145.35 |

**表 6-5　其他木本粮油主产地产量**

| 序号 | 其他木本粮油主产地 | 品种 | 产量(吨) |
|---|---|---|---|
| 1 | 金秀瑶族自治县(桂) | 八角 | 8385.00 |
| 2 | 右江区(桂) | 八角 | 6920.00 |
| 3 | 凤山县(桂) | 八角 | 6481.00 |
| 4 | 防城区(桂) | 八角 | 6425.00 |
| 5 | 富宁县(滇) | 八角 | 3956.00 |
| 6 | 苍梧县(桂) | 八角 | 3732.00 |
| 7 | 田林县(桂) | 八角 | 3251.00 |
| 8 | 凌云县(桂) | 八角 | 3018.00 |
| 9 | 上林县(桂) | 八角 | 2770.00 |
| 10 | 上林县(桂) | 八角 | 2770.00 |
| 11 | 德保县(桂) | 八角 | 2565.00 |
| 12 | 大新县(桂) | 八角 | 2524.00 |
| 13 | 信宜市(粤) | 八角 | 2500.00 |
| 14 | 巴马瑶族自治县(桂) | 八角 | 1751.00 |
| 15 | 乐业县(桂) | 八角 | 1685.00 |
| 16 | 昭平县(桂) | 八角 | 1219.00 |
| 17 | 广南县(滇) | 八角 | 1154.00 |
| 18 | 江州区(桂) | 八角 | 985.00 |
| 19 | 蒙山县(桂) | 八角 | 960.00 |
| 20 | 天等县(桂) | 八角 | 726.00 |
| 21 | 西畴县(滇) | 八角 | 725.70 |
| 22 | 融水苗族自治县(桂) | 八角 | 678.00 |
| 23 | 邻水县(川) | 八角 | 605.00 |

| 序号 | 其他木本粮油主产地 | 品种 | 产量(吨) | 序号 | 其他木本粮油主产地 | 品种 | 产量(吨) |
|---|---|---|---|---|---|---|---|
| 24 | 麻栗坡县(滇) | 八角 | 594.00 | 70 | 临城县(冀) | 干枣 | 1600.00 |
| 25 | 田阳县(桂) | 八角 | 520.00 | 71 | 祁东县(湘) | 干枣 | 1420.00 |
| 26 | 东兰县(桂) | 八角 | 456.00 | 72 | 莱城区(鲁) | 干枣 | 1176.00 |
| 27 | 派阳山林场(桂) | 八角 | 363.94 | 73 | 莱城区(鲁) | 干枣 | 1176.00 |
| 28 | 天峨县(桂) | 八角 | 348.00 | 74 | 西夏区(宁) | 干枣 | 1024.00 |
| 29 | 永福县(桂) | 八角 | 243.00 | 75 | 永靖县(甘) | 干枣 | 1000.00 |
| 30 | 文山市(滇) | 八角 | 225.00 | 76 | 礼泉县(陕) | 干枣 | 1000.00 |
| 31 | 灵山县(桂) | 八角 | 206.00 | 77 | 冀州市(冀) | 干枣 | 840.00 |
| 32 | 西林县(桂) | 八角 | 178.00 | 78 | 长清区(鲁) | 干枣 | 836.00 |
| 33 | 三江侗族自治县(桂) | 八角 | 161.00 | 79 | 江华瑶族自治县(湘) | 干枣 | 763.00 |
| 34 | 隆安县(桂) | 八角 | 156.00 | 80 | 沂水县(鲁) | 干枣 | 739.00 |
| 35 | 马山县(桂) | 八角 | 140.00 | 81 | 罗城仫佬族自治县(桂) | 干枣 | 690.00 |
| 36 | 衡东县(湘) | 八角 | 120.00 | 82 | 定襄县(晋) | 干枣 | 680.00 |
| 37 | 莎车县(新) | 巴旦姆 | 31838.00 | 83 | 贾汪区(苏) | 干枣 | 669.00 |
| 38 | 英吉沙县(新) | 巴旦姆 | 2451.00 | 84 | 任丘市(冀) | 干枣 | 542.00 |
| 39 | 疏附县(新) | 巴旦姆 | 345.00 | 85 | 霍城县(新) | 干枣 | 500.00 |
| 40 | 疏勒县(新) | 巴旦姆 | 171.00 | 86 | 道　县(湘) | 干枣 | 452.00 |
| 41 | 无棣县(鲁) | 干枣 | 300000.00 | 87 | 仪陇县(川) | 干枣 | 450.00 |
| 42 | 沧　县(冀) | 干枣 | 109882.00 | 88 | 津市市(湘) | 干枣 | 450.00 |
| 43 | 献　县(冀) | 干枣 | 40670.00 | 89 | 襄垣县(晋) | 干枣 | 395.00 |
| 44 | 新郑市(豫) | 干枣 | 35000.00 | 90 | 子洲县(陕) | 干枣 | 372.00 |
| 45 | 景泰县(甘) | 干枣 | 30000.00 | 91 | 子洲县(陕) | 干枣 | 372.00 |
| 46 | 景泰县(甘) | 干枣 | 30000.00 | 92 | 乐至县(川) | 干枣 | 360.00 |
| 47 | 黄骅市(冀) | 干枣 | 28022.00 | 93 | 新　县(豫) | 干枣 | 358.00 |
| 48 | 泊头市(冀) | 干枣 | 25060.00 | 94 | 沂南县(鲁) | 干枣 | 350.00 |
| 49 | 甘州区(甘) | 干枣 | 17000.00 | 95 | 凤阳县(皖) | 干枣 | 328.00 |
| 50 | 邹城市(鲁) | 干枣 | 16220.00 | 96 | 孟村回族自治县(冀) | 干枣 | 327.00 |
| 51 | 柳林县(晋) | 干枣 | 15000.00 | 97 | 宁远县(湘) | 干枣 | 316.00 |
| 52 | 茌平县(鲁) | 干枣 | 12720.00 | 98 | 东平县(鲁) | 干枣 | 293.00 |
| 53 | 青　县(冀) | 干枣 | 9770.00 | 99 | 江油市(川) | 干枣 | 280.00 |
| 54 | 曲阳县(冀) | 干枣 | 8728.00 | 100 | 濮阳市高新区(豫) | 干枣 | 276.00 |
| 55 | 凌源市(辽) | 干枣 | 8000.00 | 101 | 沧州市临港经济技术开发区(冀) | 干枣 | 268.00 |
| 56 | 盐山县(冀) | 干枣 | 7348.00 | 102 | 大祥区(湘) | 干枣 | 250.00 |
| 57 | 南皮县(冀) | 干枣 | 6941.00 | 103 | 东光县(冀) | 干枣 | 240.00 |
| 58 | 阜新蒙古族自治县(辽) | 干枣 | 6000.00 | 104 | 滨海新区(津) | 干枣 | 233.00 |
| 59 | 内黄县(豫) | 干枣 | 5604.00 | 105 | 通山县(鄂) | 干枣 | 210.00 |
| 60 | 河间市(冀) | 干枣 | 3298.00 | 106 | 邢台县(冀) | 干枣 | 202.00 |
| 61 | 原平市(晋) | 干枣 | 2735.00 | 107 | 泗水县(鲁) | 干枣 | 200.00 |
| 62 | 平山县(冀) | 干枣 | 2696.00 | 108 | 江永县(湘) | 干枣 | 186.00 |
| 63 | 新安县(豫) | 干枣 | 2599.00 | 109 | 桐梓县(黔) | 干枣 | 176.00 |
| 64 | 海兴县(冀) | 干枣 | 2128.00 | 110 | 冷水滩区(湘) | 干枣 | 165.00 |
| 65 | 澄城县(陕) | 干枣 | 2000.00 | 111 | 五台县(晋) | 干枣 | 150.00 |
| 66 | 句容市(苏) | 干枣 | 1720.00 | 112 | 来安县(皖) | 干枣 | 150.00 |
| 67 | 苍山县(鲁) | 干枣 | 1700.00 | 113 | 济源市(豫) | 干枣 | 150.00 |
| 68 | 祁阳县(湘) | 干枣 | 1610.00 | 114 | 忻府区(晋) | 干枣 | 145.00 |
| 69 | 米易县(川) | 干枣 | 1600.00 | 115 | 钟祥市(鄂) | 干枣 | 142.00 |

| 序号 | 其他木本粮油主产地 | 品种 | 产量(吨) | 序号 | 其他木本粮油主产地 | 品种 | 产量(吨) |
|---|---|---|---|---|---|---|---|
| 116 | 平罗县(宁) | 干枣 | 140.00 | 162 | 吴起县(陕) | 仁用杏 | 7600.00 |
| 117 | 栾川县(豫) | 干枣 | 124.00 | 163 | 蔚　县(冀) | 仁用杏 | 6449.00 |
| 118 | 饶阳县(冀) | 干枣 | 123.00 | 164 | 涿鹿县(冀) | 仁用杏 | 4634.70 |
| 119 | 开江县(川) | 干枣 | 121.00 | 165 | 延庆县果品服务中心(京) | 仁用杏 | 4612.00 |
| 120 | 修武县(豫) | 干枣 | 120.00 | 166 | 崇信县(甘) | 仁用杏 | 3236.00 |
| 121 | 郏　县(豫) | 干枣 | 110.00 | 167 | 凌源市(辽) | 仁用杏 | 2722.00 |
| 122 | 淳安县(浙) | 干枣 | 110.00 | 168 | 巴林左旗(内蒙古) | 仁用杏 | 2320.00 |
| 123 | 株洲县(湘) | 干枣 | 102.00 | 169 | 宣化县(冀) | 仁用杏 | 2100.00 |
| 124 | 耒阳市(湘) | 干枣 | 100.00 | 170 | 涞源县(冀) | 仁用杏 | 1995.00 |
| 125 | 万州区(渝) | 干枣 | 100.00 | 171 | 怀来县(冀) | 仁用杏 | 1800.00 |
| 126 | 清原满族自治县(辽) | 核桃楸 | 25100.00 | 172 | 下花园区(冀) | 仁用杏 | 1550.00 |
| 127 | 新宾满族自治县(辽) | 核桃楸 | 18000.00 | 173 | 怀安县(冀) | 仁用杏 | 1390.00 |
| 128 | 桓仁满族自治县(辽) | 核桃楸 | 10630.00 | 174 | 彰武县(辽) | 仁用杏 | 1306.00 |
| 129 | 本溪满族自治县(辽) | 核桃楸 | 1000.00 | 175 | 易　县(冀) | 仁用杏 | 1000.00 |
| 130 | 红石林业局(吉林森工) | 核桃楸 | 756.50 | 176 | 康平县(辽) | 仁用杏 | 1000.00 |
| 131 | 南芬区(辽) | 核桃楸 | 400.00 | 177 | 平泉县(冀) | 仁用杏 | 900.00 |
| 132 | 明山区(辽) | 核桃楸 | 225.00 | 178 | 会宁县(甘) | 仁用杏 | 880.00 |
| 133 | 嵩　县(豫) | 核桃楸 | 150.00 | 179 | 怀柔区(京) | 仁用杏 | 861.20 |
| 134 | 清原满族自治县(辽) | 红松籽 | 10303.00 | 180 | 子洲县(陕) | 仁用杏 | 825.00 |
| 135 | 新宾满族自治县(辽) | 红松籽 | 4220.00 | 181 | 涞水县(冀) | 仁用杏 | 800.00 |
| 136 | 桓仁满族自治县(辽) | 红松籽 | 2870.00 | 182 | 喀喇沁旗(内蒙古) | 仁用杏 | 750.00 |
| 137 | 南芬区(辽) | 红松籽 | 1500.00 | 183 | 丰宁满族自治县(冀) | 仁用杏 | 632.00 |
| 138 | 五营林业局(龙江森工) | 红松籽 | 1396.00 | 184 | 房山区(京) | 仁用杏 | 613.20 |
| 139 | 抚顺县(辽) | 红松籽 | 1067.00 | 185 | 承德县(冀) | 仁用杏 | 524.00 |
| 140 | 鹤北林业局(龙江森工) | 红松籽 | 601.00 | 186 | 滦平县(冀) | 仁用杏 | 506.00 |
| 141 | 新青林业局(龙江森工) | 红松籽 | 540.00 | 187 | 凌海市(辽) | 仁用杏 | 500.00 |
| 142 | 本溪满族自治县(辽) | 红松籽 | 500.00 | 188 | 大石桥市(辽) | 仁用杏 | 300.00 |
| 143 | 穆棱林业局(龙江森工) | 红松籽 | 400.00 | 189 | 阳原县(冀) | 仁用杏 | 296.00 |
| 144 | 东丰县(吉) | 红松籽 | 390.00 | 190 | 兴隆县(冀) | 仁用杏 | 279.00 |
| 145 | 朗乡林业局(龙江森工) | 红松籽 | 378.00 | 191 | 隰　县(晋) | 仁用杏 | 275.00 |
| 146 | 清河林业局(龙江森工) | 红松籽 | 300.00 | 192 | 定襄县(晋) | 仁用杏 | 252.00 |
| 147 | 寻甸回族彝族自治县(滇) | 红松籽 | 284.40 | 193 | 奇台县(新) | 仁用杏 | 240.00 |
| 148 | 靖宇县(吉) | 红松籽 | 275.00 | 194 | 青龙满族自治县(冀) | 仁用杏 | 200.00 |
| 149 | 梅河口市(吉) | 红松籽 | 257.79 | 195 | 龙江县(黑) | 仁用杏 | 150.00 |
| 150 | 桦南林业局(龙江森工) | 红松籽 | 232.00 | 196 | 围场满族蒙古族自治县(冀) | 仁用杏 | 150.00 |
| 151 | 方正林业局(龙江森工) | 红松籽 | 210.00 | 197 | 山丹县(甘) | 仁用杏 | 136.00 |
| 152 | 汤旺河林业局(龙江森工) | 红松籽 | 135.00 | 198 | 子长县(陕) | 仁用杏 | 120.00 |
| 153 | 铁力林业局(龙江森工) | 红松籽 | 125.00 | 199 | 抚宁县(冀) | 仁用杏 | 105.00 |
| 154 | 红星林业局(龙江森工) | 红松籽 | 100.00 | 200 | 繁峙县(晋) | 仁用杏 | 100.00 |
| 155 | 信宜市(粤) | 梅类 | 2280.00 | 201 | 繁峙县(晋) | 仁用杏 | 100.00 |
| 156 | 台山市(粤) | 梅类 | 600.00 | 202 | 桂平市(桂) | 肉桂 | 2000.00 |
| 157 | 永胜县(滇) | 梅类 | 541.00 | 203 | 富宁县(滇) | 肉桂 | 1251.00 |
| 158 | 鹤庆县(滇) | 梅类 | 281.00 | 204 | 昭平县(桂) | 肉桂 | 707.00 |
| 159 | 涟源市(湘) | 梅类 | 175.00 | 205 | 信宜市(粤) | 肉桂 | 600.00 |
| 160 | 云　县(滇) | 梅类 | 118.00 | 206 | 乳源瑶族自治县(粤) | 肉桂 | 600.00 |
| 161 | 阜新蒙古族自治县(辽) | 仁用杏 | 10000.00 | 207 | 高峰林场(桂) | 肉桂 | 125.00 |

| 序号 | 其他木本粮油主产地 | 品种 | 产量(吨) |
|---|---|---|---|
| 208 | 多伦县(内蒙古) | 山杏 | 22000.00 |
| 209 | 凌源市(辽) | 山杏 | 16364.00 |
| 210 | 朝阳县(辽) | 山杏 | 12000.00 |
| 211 | 彭阳县(宁) | 山杏 | 7500.00 |
| 212 | 北票市(辽) | 山杏 | 6500.00 |
| 213 | 宁城县(内蒙古) | 山杏 | 5740.00 |
| 214 | 龙江县(黑) | 山杏 | 3150.00 |
| 215 | 平泉县(冀) | 山杏 | 3000.00 |
| 216 | 围场满族蒙古族自治县(冀) | 山杏 | 2500.00 |
| 217 | 蔚　县(冀) | 山杏 | 2478.00 |
| 218 | 敖汉旗(内蒙古) | 山杏 | 2462.00 |
| 219 | 丰宁满族自治县(冀) | 山杏 | 2300.00 |
| 220 | 赤城县(冀) | 山杏 | 2300.00 |
| 221 | 子长县(陕) | 山杏 | 2000.00 |
| 222 | 宁阳县(鲁) | 山杏 | 1932.00 |
| 223 | 志丹县(陕) | 山杏 | 1860.00 |
| 224 | 子洲县(陕) | 山杏 | 1490.00 |
| 225 | 会宁县(甘) | 山杏 | 1328.00 |
| 226 | 隆德县(宁) | 山杏 | 1320.00 |
| 227 | 翁牛特旗(内蒙古) | 山杏 | 1315.00 |
| 228 | 嵩　县(豫) | 山杏 | 1160.00 |
| 229 | 涞水县(冀) | 山杏 | 800.00 |
| 230 | 宣化县(冀) | 山杏 | 735.00 |
| 231 | 怀来县(冀) | 山杏 | 650.00 |
| 232 | 喀喇沁旗(内蒙古) | 山杏 | 650.00 |
| 233 | 霍城县(新) | 山杏 | 617.00 |
| 234 | 宽城满族自治县(冀) | 山杏 | 550.00 |
| 235 | 巴林右旗(内蒙古) | 山杏 | 525.00 |
| 236 | 阿鲁科尔沁旗(内蒙古) | 山杏 | 350.00 |
| 237 | 松山区(内蒙古) | 山杏 | 268.00 |
| 238 | 双滦区(冀) | 山杏 | 220.00 |
| 239 | 麟游县(陕) | 山杏 | 215.00 |
| 240 | 崇信县(甘) | 山杏 | 183.00 |
| 241 | 吴起县(陕) | 山杏 | 170.00 |
| 242 | 吴起县(陕) | 山杏 | 170.00 |
| 243 | 原平市(晋) | 山杏 | 157.00 |
| 244 | 定西市峻口林业试验场(甘) | 山杏 | 150.00 |
| 245 | 青州市(鲁) | 柿饼 | 7980.00 |
| 246 | 沂南县(鲁) | 柿饼 | 2500.00 |
| 247 | 邹平县(鲁) | 柿饼 | 1690.00 |
| 248 | 诸城市(鲁) | 柿饼 | 1011.00 |
| 249 | 修武县(豫) | 柿饼 | 900.00 |
| 250 | 保康县(鄂) | 柿饼 | 875.00 |
| 251 | 隆林各族自治县(桂) | 柿饼 | 512.00 |
| 252 | 巫溪县(渝) | 柿饼 | 240.00 |
| 253 | 汶上县(鲁) | 柿饼 | 225.00 |
| 254 | 中方县(湘) | 柿饼 | 194.00 |
| 255 | 弥渡县(滇) | 松果 | 4623.00 |
| 256 | 洱源县(滇) | 松果 | 788.00 |
| 257 | 巧家县(滇) | 松果 | 710.00 |
| 258 | 巍山彝族回族自治县(滇) | 松果 | 286.00 |
| 259 | 沁水县(晋) | 松果 | 140.00 |
| 260 | 磐安县(浙) | 香榧 | 450.00 |
| 261 | 富阳市(浙) | 香榧 | 225.00 |
| 262 | 武都区(甘) | 油橄榄 | 11000.00 |
| 263 | 开江县(川) | 油橄榄 | 2000.00 |
| 264 | 青川县(川) | 油橄榄 | 900.00 |
| 265 | 利州区(川) | 油橄榄 | 320.00 |
| 266 | 文　县(甘) | 油橄榄 | 170.00 |
| 267 | 昭化区(川) | 油橄榄 | 150.00 |
| 268 | 游仙区(川) | 油橄榄 | 100.00 |
| 269 | 嵩　县(豫) | 元宝枫 | 110.00 |
| 270 | 铁岭县(辽) | 榛子 | 14750.00 |
| 271 | 开原市(辽) | 榛子 | 11000.00 |
| 272 | 西丰县(辽) | 榛子 | 8000.00 |
| 273 | 围场满族蒙古族自治县(冀) | 榛子 | 7500.00 |
| 274 | 抚顺县(辽) | 榛子 | 5535.00 |
| 275 | 海城市(辽) | 榛子 | 3000.00 |
| 276 | 清原满族自治县(辽) | 榛子 | 1040.00 |
| 277 | 本溪满族自治县(辽) | 榛子 | 560.00 |
| 278 | 南芬区(辽) | 榛子 | 495.00 |
| 279 | 五营林业局(龙江森工) | 榛子 | 457.00 |
| 280 | 沾河林业局(龙江森工) | 榛子 | 450.00 |
| 281 | 新宾满族自治县(辽) | 榛子 | 432.00 |
| 282 | 桓仁满族自治县(辽) | 榛子 | 385.00 |
| 283 | 法库县(辽) | 榛子 | 300.00 |
| 284 | 喀喇沁旗(内蒙古) | 榛子 | 280.00 |
| 285 | 赤城县(冀) | 榛子 | 240.00 |
| 286 | 文圣区(辽) | 榛子 | 164.00 |
| 287 | 新青林业局(龙江森工) | 榛子 | 160.00 |
| 288 | 铁岭市经济开发区(辽) | 榛子 | 150.00 |
| 289 | 庄河市(辽) | 榛子 | 135.00 |
| 290 | 汤旺河林业局(龙江森工) | 榛子 | 132.00 |
| 291 | 金山屯林业局(龙江森工) | 榛子 | 128.00 |
| 292 | 双丰林业局(龙江森工) | 榛子 | 100.00 |

**表 6-6　其他木本工业用油料主产地产量**

| 序号 | 其他木本工业用油料主产地 | 品种 | 产量(吨) |
|---|---|---|---|
| 1 | 姚安县(滇) | 桉树枝叶 | 773.00 |
| 2 | 陆良县(滇) | 桉树枝叶 | 602.80 |
| 3 | 祥云县(滇) | 桉树枝叶 | 497.92 |
| 4 | 牟定县(滇) | 桉树枝叶 | 344.00 |

| 序号 | 其他木本工业用油料主产地 | 品种 | 产量(吨) | 序号 | 其他木本工业用油料主产地 | 品种 | 产量(吨) |
|---|---|---|---|---|---|---|---|
| 5 | 南华县(滇) | 桉树枝叶 | 300.00 | 51 | 上高县(赣) | 马尾松籽 | 150.00 |
| 6 | 双柏县(滇) | 桉树枝叶 | 276.00 | 52 | 武冈市(湘) | 马尾松籽 | 150.00 |
| 7 | 弥渡县(滇) | 桉树枝叶 | 240.00 | 53 | 金城江区(桂) | 马尾松籽 | 140.00 |
| 8 | 永胜县(滇) | 桉树枝叶 | 210.00 | 54 | 太湖县(皖) | 马尾松籽 | 130.00 |
| 9 | 楚雄市(滇) | 桉树枝叶 | 60.50 | 55 | 德安县(赣) | 马尾松籽 | 120.00 |
| 10 | 江川县(滇) | 桉树枝叶 | 55.00 | 56 | 余江县(赣) | 马尾松籽 | 120.00 |
| 11 | 鹤庆县(滇) | 桉树枝叶 | 42.00 | 57 | 鼎城区(湘) | 马尾松籽 | 113.00 |
| 12 | 武宣县(桂) | 桉树枝叶 | 36.00 | 58 | 良凤江国家森林公园(桂) | 马尾松籽 | 110.10 |
| 13 | 云　县(滇) | 桉树枝叶 | 30.00 | 59 | 桂平市(桂) | 马尾松籽 | 100.00 |
| 14 | 永平县(滇) | 桉树枝叶 | 25.00 | 60 | 南陵县(皖) | 马尾松籽 | 51.00 |
| 15 | 武定县(滇) | 桉树枝叶 | 21.00 | 61 | 永定区(湘) | 马尾松籽 | 50.00 |
| 16 | 乡宁县(晋) | 翅果油树籽 | 40.00 | 62 | 信丰县(赣) | 马尾松籽 | 46.00 |
| 17 | 七星关区(黔) | 华山松子 | 320.00 | 63 | 双牌县(湘) | 马尾松籽 | 40.50 |
| 18 | 衡东县(湘) | 黄柏籽 | 50.00 | 64 | 洞口县(湘) | 马尾松籽 | 28.00 |
| 19 | 渑池县(豫) | 黄连木籽 | 220.00 | 65 | 保康县(鄂) | 马尾松籽 | 22.00 |
| 20 | 嵩　县(豫) | 黄连木籽 | 30.00 | 66 | 卢氏县(豫) | 漆树籽 | 912.00 |
| 21 | 灵山县(桂) | 马尾松籽 | 39570.00 | 67 | 房　县(鄂) | 漆树籽 | 299.00 |
| 22 | 封开县(粤) | 马尾松籽 | 22611.00 | 68 | 新宁县(湘) | 漆树籽 | 200.00 |
| 23 | 防城区(桂) | 马尾松籽 | 17088.00 | 69 | 岚皋县(陕) | 漆树籽 | 165.00 |
| 24 | 钦南区(桂) | 马尾松籽 | 12354.00 | 70 | 大方县(黔) | 漆树籽 | 152.00 |
| 25 | 昭平县(桂) | 马尾松籽 | 11531.00 | 71 | 七星关区(黔) | 漆树籽 | 100.00 |
| 26 | 南雄市(粤) | 马尾松籽 | 8060.00 | 72 | 紫阳县(陕) | 漆树籽 | 100.00 |
| 27 | 平乐县(桂) | 马尾松籽 | 5662.00 | 73 | 南江县(川) | 漆树籽 | 80.00 |
| 28 | 新宁县(湘) | 马尾松籽 | 4000.00 | 74 | 文　县(甘) | 漆树籽 | 80.00 |
| 29 | 藤　县(桂) | 马尾松籽 | 3641.00 | 75 | 黔西县(黔) | 漆树籽 | 50.00 |
| 30 | 融水苗族自治县(桂) | 马尾松籽 | 3418.00 | 76 | 永顺县(湘) | 漆树籽 | 50.00 |
| 31 | 玉州区(桂) | 马尾松籽 | 2870.00 | 77 | 龙山县(湘) | 漆树籽 | 45.00 |
| 32 | 乳源瑶族自治县(粤) | 马尾松籽 | 2000.00 | 78 | 吉首市(湘) | 漆树籽 | 40.00 |
| 33 | 泰和县(赣) | 马尾松籽 | 2000.00 | 79 | 保靖县(湘) | 漆树籽 | 35.00 |
| 34 | 兴国县(赣) | 马尾松籽 | 1800.00 | 80 | 康　县(甘) | 漆树籽 | 33.60 |
| 35 | 新干县(赣) | 马尾松籽 | 1730.00 | 81 | 沅陵县(湘) | 漆树籽 | 32.00 |
| 36 | 大新县(桂) | 马尾松籽 | 1089.00 | 82 | 花垣县(湘) | 漆树籽 | 30.00 |
| 37 | 中方县(湘) | 马尾松籽 | 1000.00 | 83 | 武隆县(渝) | 漆树籽 | 30.00 |
| 38 | 巴马瑶族自治县(桂) | 马尾松籽 | 676.00 | 84 | 古丈县(湘) | 漆树籽 | 26.00 |
| 39 | 派阳山林场(桂) | 马尾松籽 | 639.30 | 85 | 恩施市(鄂) | 漆树籽 | 21.00 |
| 40 | 镇远县(黔) | 马尾松籽 | 600.00 | 86 | 金阳县(川) | 漆树籽 | 20.00 |
| 41 | 万年县(赣) | 马尾松籽 | 450.00 | 87 | 泸溪县(湘) | 漆树籽 | 20.00 |
| 42 | 七坡林场(桂) | 马尾松籽 | 248.00 | 88 | 黔江区(渝) | 漆树籽 | 20.00 |
| 43 | 祁东县(湘) | 马尾松籽 | 220.00 | 89 | 武冈市(湘) | 漆树籽 | 18.00 |
| 44 | 阳山县(粤) | 马尾松籽 | 215.00 | 90 | 凤凰县(湘) | 漆树籽 | 15.00 |
| 45 | 房　县(鄂) | 马尾松籽 | 200.00 | 91 | 舒城县(皖) | 漆树籽 | 15.00 |
| 46 | 望江县(皖) | 马尾松籽 | 200.00 | 92 | 兴文县(川) | 漆树籽 | 15.00 |
| 47 | 大余县(赣) | 马尾松籽 | 170.00 | 93 | 竹山县(鄂) | 漆树籽 | 15.00 |
| 48 | 永修县(赣) | 马尾松籽 | 170.00 | 94 | 织金县(黔) | 漆树籽 | 13.00 |
| 49 | 东江林场(粤) | 马尾松籽 | 160.00 | 95 | 溆浦县(湘) | 漆树籽 | 12.00 |
| 50 | 东宝区(鄂) | 马尾松籽 | 150.00 | 96 | 巴东县(鄂) | 漆树籽 | 11.00 |

| 序号 | 其他木本工业用油料主产地 | 品种 | 产量(吨) | 序号 | 其他木本工业用油料主产地 | 品种 | 产量(吨) |
|---|---|---|---|---|---|---|---|
| 97 | 长阳土家族自治县(鄂) | 漆树籽 | 10.00 | 143 | 泸溪县(湘) | 油桐籽 | 240.00 |
| 98 | 潜山县(皖) | 漆树籽 | 10.00 | 144 | 平乐县(桂) | 油桐籽 | 223.00 |
| 99 | 新　县(豫) | 漆树籽 | 10.00 | 145 | 房　县(鄂) | 油桐籽 | 214.00 |
| 100 | 乳源瑶族自治县(粤) | 山苍子 | 3330.00 | 146 | 分宜县(赣) | 油桐籽 | 204.00 |
| 101 | 新宁县(湘) | 山苍子 | 500.00 | 147 | 桐城市(皖) | 油桐籽 | 200.00 |
| 102 | 资兴市(湘) | 山苍子 | 290.00 | 148 | 祁东县(湘) | 油桐籽 | 190.00 |
| 103 | 武冈市(湘) | 山苍子 | 250.00 | 149 | 和平县(粤) | 油桐籽 | 185.00 |
| 104 | 桂东县(湘) | 山苍子 | 98.00 | 150 | 永平县(滇) | 油桐籽 | 175.00 |
| 105 | 株洲县(湘) | 山苍子 | 92.00 | 151 | 全州县(桂) | 油桐籽 | 168.00 |
| 106 | 耒阳市(湘) | 山苍子 | 50.00 | 152 | 兴安县(桂) | 油桐籽 | 162.00 |
| 107 | 衡阳县(湘) | 山苍子 | 46.00 | 153 | 昭平县(桂) | 油桐籽 | 151.00 |
| 108 | 洪江市(湘) | 山苍子 | 40.00 | 154 | 大悟县(鄂) | 油桐籽 | 150.00 |
| 109 | 宁远县(湘) | 山苍子 | 22.00 | 155 | 横　县(桂) | 油桐籽 | 150.00 |
| 110 | 赣　县(赣) | 山苍子 | 15.00 | 156 | 大新县(桂) | 油桐籽 | 145.00 |
| 111 | 遂川县(赣) | 山苍子 | 15.00 | 157 | 竹山县(鄂) | 油桐籽 | 129.00 |
| 112 | 祁东县(湘) | 山苍子 | 11.70 | 158 | 隆阳区(滇) | 油桐籽 | 124.00 |
| 113 | 达川区(川) | 山苍子 | 10.00 | 159 | 瑞金市(赣) | 油桐籽 | 120.00 |
| 114 | 大悟县(鄂) | 乌桕籽 | 2000.00 | 160 | 瑞金市(赣) | 油桐籽 | 120.00 |
| 115 | 乳源瑶族自治县(粤) | 乌桕籽 | 2000.00 | 161 | 中方县(湘) | 油桐籽 | 115.00 |
| 116 | 新　县(豫) | 乌桕籽 | 534.00 | 162 | 慈利县(湘) | 油桐籽 | 100.00 |
| 117 | 商南县(陕) | 乌桕籽 | 123.00 | 163 | 新化县(湘) | 油桐籽 | 100.00 |
| 118 | 京山县(鄂) | 乌桕籽 | 66.00 | 164 | 曾都区(鄂) | 油桐籽 | 100.00 |
| 119 | 广水市(鄂) | 乌桕籽 | 50.00 | 165 | 资兴市(湘) | 油桐籽 | 97.00 |
| 120 | 郧　县(鄂) | 乌桕籽 | 25.00 | 166 | 连山壮族瑶族自治县(粤) | 油桐籽 | 93.00 |
| 121 | 武冈市(湘) | 乌桕籽 | 24.00 | 167 | 鹿寨县(桂) | 油桐籽 | 77.60 |
| 122 | 兴安县(桂) | 乌桕籽 | 15.00 | 168 | 衡南县(湘) | 油桐籽 | 76.10 |
| 123 | 安陆市(鄂) | 乌桕籽 | 10.00 | 169 | 文　县(甘) | 油桐籽 | 75.00 |
| 124 | 西林县(桂) | 油桐籽 | 2920.00 | 170 | 永兴县(湘) | 油桐籽 | 75.00 |
| 125 | 望谟县(黔) | 油桐籽 | 2117.00 | 171 | 双峰县(湘) | 油桐籽 | 70.00 |
| 126 | 龙山县(湘) | 油桐籽 | 2000.00 | 172 | 新宁县(湘) | 油桐籽 | 60.00 |
| 127 | 乳源瑶族自治县(粤) | 油桐籽 | 2000.00 | 173 | 京山县(鄂) | 油桐籽 | 59.00 |
| 128 | 罗甸县(黔) | 油桐籽 | 1747.00 | 174 | 桑植县(湘) | 油桐籽 | 56.00 |
| 129 | 商南县(陕) | 油桐籽 | 1407.00 | 175 | 广水市(鄂) | 油桐籽 | 52.00 |
| 130 | 保靖县(湘) | 油桐籽 | 1400.00 | 176 | 安陆市(鄂) | 油桐籽 | 50.00 |
| 131 | 永顺县(湘) | 油桐籽 | 1400.00 | 177 | 郧　县(鄂) | 油桐籽 | 50.00 |
| 132 | 汉滨区(陕) | 油桐籽 | 1263.00 | 178 | 凤凰县(湘) | 油桐籽 | 47.00 |
| 133 | 汉阴县(陕) | 油桐籽 | 929.00 | 179 | 奉新县(赣) | 油桐籽 | 39.00 |
| 134 | 新　县(豫) | 油桐籽 | 831.00 | 180 | 舒城县(皖) | 油桐籽 | 37.00 |
| 135 | 开江县(川) | 油桐籽 | 750.00 | 181 | 临澧县(湘) | 油桐籽 | 35.00 |
| 136 | 西峡县(豫) | 油桐籽 | 740.00 | 182 | 东至县(皖) | 油桐籽 | 30.00 |
| 137 | 凤山县(桂) | 油桐籽 | 470.00 | 183 | 花垣县(湘) | 油桐籽 | 30.00 |
| 138 | 安化县(湘) | 油桐籽 | 450.00 | 184 | 潜山县(皖) | 油桐籽 | 30.00 |
| 139 | 东兰县(桂) | 油桐籽 | 414.00 | 185 | 溆浦县(湘) | 油桐籽 | 29.00 |
| 140 | 彭水苗族土家族自治县(渝) | 油桐籽 | 360.00 | 186 | 古丈县(湘) | 油桐籽 | 28.00 |
| 141 | 巧家县(滇) | 油桐籽 | 340.00 | 187 | 零陵区(湘) | 油桐籽 | 25.00 |
| 142 | 冷水江市(湘) | 油桐籽 | 309.00 | 188 | 黔江区(渝) | 油桐籽 | 24.00 |

| 序号 | 其他木本工业用油料主产地 | 品种 | 产量(吨) |
|---|---|---|---|
| 189 | 武冈市(湘) | 油桐籽 | 24.00 |
| 190 | 浦北县(桂) | 油桐籽 | 22.00 |
| 191 | 蕲春县(鄂) | 油桐籽 | 20.00 |
| 192 | 寻乌县(赣) | 油桐籽 | 20.00 |
| 193 | 武宣县(桂) | 油桐籽 | 19.00 |
| 194 | 湘乡市(湘) | 油桐籽 | 18.60 |
| 195 | 株洲县(湘) | 油桐籽 | 18.00 |
| 196 | 信丰县(赣) | 油桐籽 | 16.00 |
| 197 | 吉首市(湘) | 油桐籽 | 15.00 |
| 198 | 宜丰县(赣) | 油桐籽 | 13.80 |
| 199 | 邵阳县(湘) | 油桐籽 | 13.00 |
| 200 | 泰顺县(浙) | 油桐籽 | 13.00 |
| 201 | 彝良县(滇) | 油桐籽 | 12.00 |
| 202 | 岳阳县(湘) | 油桐籽 | 10.00 |
| 203 | 乳源瑶族自治县(粤) | 樟树籽 | 4000.00 |
| 204 | 宜宾县(川) | 樟树籽 | 2360.00 |
| 205 | 翠屏区(川) | 樟树籽 | 1000.00 |
| 206 | 大埔县(粤) | 樟树籽 | 100.00 |
| 207 | 宁乡县(湘) | 樟树籽 | 68.00 |
| 208 | 筠连县(川) | 樟树籽 | 50.00 |
| 209 | 湘阴县(湘) | 樟树籽 | 25.00 |
| 210 | 全州县(桂) | 樟树籽 | 18.00 |
| 211 | 贵溪市(赣) | 樟树籽 | 15.20 |
| 212 | 资阳区(湘) | 樟树籽 | 10.00 |
| 213 | 安化县(湘) | 棕榈籽 | 150.00 |
| 214 | 寻乌县(赣) | 棕榈籽 | 40.00 |
| 215 | 黔西县(黔) | 棕榈籽 | 10.00 |

**表 7-1 苹果主产地产量**

| 序号 | 苹果主产地 | 产量(吨) |
|---|---|---|
| 1 | 顺义区(京) | 23671.00 |
| 2 | 昌平区(京) | 16470.30 |
| 3 | 密云县(京) | 14063.00 |
| 4 | 延庆县(京) | 13434.00 |
| 5 | 通州区(京) | 13213.00 |
| 6 | 房山区(京) | 4186.00 |
| 7 | 门头沟区(京) | 2828.00 |
| 8 | 怀柔区(京) | 2489.80 |
| 9 | 大兴区(京) | 2217.00 |
| 10 | 武清区(津) | 23658.00 |
| 11 | 蓟　县(津) | 9247.00 |
| 12 | 宝坻区(津) | 8660.00 |
| 13 | 北辰区(津) | 3076.00 |
| 14 | 静海县(津) | 1977.00 |
| 15 | 深州市(冀) | 236953.00 |
| 16 | 围场满族蒙古族自治县(冀) | 189115.00 |
| 17 | 乐亭县(冀) | 161358.00 |
| 18 | 承德县(冀) | 149865.00 |
| 19 | 平泉县(冀) | 140000.00 |
| 20 | 青龙满族自治县(冀) | 134000.00 |
| 21 | 辛集市(冀) | 117883.00 |
| 22 | 抚宁县(冀) | 96028.00 |
| 23 | 迁安市(冀) | 88088.00 |
| 24 | 三河市(冀) | 87464.00 |
| 25 | 遵化市(冀) | 77161.00 |
| 26 | 昌黎县(冀) | 76900.00 |
| 27 | 深泽县(冀) | 70328.00 |
| 28 | 枣强县(冀) | 69662.00 |
| 29 | 兴隆县(冀) | 60667.00 |
| 30 | 顺平县(冀) | 57000.00 |
| 31 | 冀州市(冀) | 55800.00 |
| 32 | 涿鹿县(冀) | 53768.00 |
| 33 | 滦　县(冀) | 50176.00 |
| 34 | 玉田县(冀) | 43022.00 |
| 35 | 滦南县(冀) | 39253.00 |
| 36 | 武邑县(冀) | 39122.00 |
| 37 | 邢台县(冀) | 35510.00 |
| 38 | 藁城市(冀) | 34580.00 |
| 39 | 故城县(冀) | 33447.00 |
| 40 | 丰润区(冀) | 32762.00 |
| 41 | 宽城满族自治县(冀) | 32000.00 |
| 42 | 井陉县(冀) | 31892.00 |
| 43 | 临漳县(冀) | 28760.00 |
| 44 | 献　县(冀) | 27999.00 |
| 45 | 桃城区(冀) | 26822.00 |
| 46 | 卢龙县(冀) | 24496.00 |
| 47 | 怀来县(冀) | 23576.00 |
| 48 | 文安县(冀) | 20945.00 |
| 49 | 隆尧县(冀) | 20756.00 |
| 50 | 宁晋县(冀) | 20655.00 |
| 51 | 饶阳县(冀) | 20645.00 |
| 52 | 肃宁县(冀) | 20516.00 |
| 53 | 阜城县(冀) | 20039.00 |
| 54 | 魏　县(冀) | 19998.00 |
| 55 | 景　县(冀) | 18655.00 |
| 56 | 平山县(冀) | 18639.00 |
| 57 | 邱　县(冀) | 18600.00 |
| 58 | 泊头市(冀) | 18147.00 |
| 59 | 内丘县(冀) | 17115.00 |
| 60 | 鹿泉市(冀) | 16967.00 |
| 61 | 定州市(冀) | 16500.00 |
| 62 | 肥乡县(冀) | 16400.00 |
| 63 | 南皮县(冀) | 16356.00 |
| 64 | 南宫市(冀) | 15693.00 |
| 65 | 安平县(冀) | 15685.00 |
| 66 | 永清县(冀) | 15670.00 |
| 67 | 成安县(冀) | 14500.00 |
| 68 | 盐山县(冀) | 14000.00 |
| 69 | 武安市(冀) | 13000.00 |
| 70 | 霸州市(冀) | 12962.00 |
| 71 | 沧　县(冀) | 11736.00 |
| 72 | 安国市(冀) | 10970.00 |
| 73 | 望都县(冀) | 10500.00 |
| 74 | 香河县(冀) | 10300.00 |
| 75 | 曲周县(冀) | 10163.00 |
| 76 | 吴桥县(冀) | 9889.00 |
| 77 | 巨鹿县(冀) | 9735.00 |
| 78 | 广平县(冀) | 9645.00 |
| 79 | 蠡　县(冀) | 9500.00 |
| 80 | 雄　县(冀) | 9300.00 |
| 81 | 大名县(冀) | 8535.00 |
| 82 | 临城县(冀) | 8418.00 |
| 83 | 晋州市(冀) | 8300.00 |
| 84 | 迁西县(冀) | 7832.00 |
| 85 | 固安县(冀) | 7400.00 |
| 86 | 邯郸县(冀) | 7000.00 |
| 87 | 丰南区(冀) | 6910.00 |
| 88 | 威　县(冀) | 6900.00 |
| 89 | 任丘市(冀) | 6533.00 |

| 序号 | 苹果主产地 | 产量(吨) | 序号 | 苹果主产地 | 产量(吨) | 序号 | 苹果主产地 | 产量(吨) |
|---|---|---|---|---|---|---|---|---|
| 90 | 广阳区(冀) | 6075.00 | 135 | 元氏县(冀) | 1976.00 | 180 | 台安县(辽) | 165500.00 |
| 91 | 磁　县(冀) | 6020.00 | 136 | 阳原县(冀) | 1616.00 | 181 | 大石桥市(辽) | 71000.00 |
| 92 | 古冶区(冀) | 5719.00 | 137 | 南和县(冀) | 1539.00 | 182 | 东港市(辽) | 66500.00 |
| 93 | 博野县(冀) | 5700.00 | 138 | 高碑店市(冀) | 1425.00 | 183 | 海城市(辽) | 45000.00 |
| 94 | 隆化县(冀) | 5600.00 | 139 | 广宗县(冀) | 1352.00 | 184 | 铁岭县(辽) | 40000.00 |
| 95 | 永年县(冀) | 5416.00 | 140 | 新市区(冀) | 1260.00 | 185 | 新民市(辽) | 33054.00 |
| 96 | 安次区(冀) | 5381.00 | 141 | 邢台市桥西区(冀) | 1078.00 | 186 | 于洪区(辽) | 32760.00 |
| 97 | 青　县(冀) | 5310.00 | 142 | 运河区(冀) | 1064.00 | 187 | 喀喇沁左翼蒙古族自治县(辽) | 28170.00 |
| 98 | 黄骅市(冀) | 5303.00 | 143 | 海兴县(冀) | 1030.00 | 188 | 法库县(辽) | 28000.00 |
| 99 | 孟村回族自治县(冀) | 5120.00 | 144 | 翼城县(晋) | 132800.00 | 189 | 连山区(辽) | 22700.00 |
| 100 | 唐海县(冀) | 5105.00 | 145 | 隰　县(晋) | 28779.00 | 190 | 义　县(辽) | 21590.00 |
| 101 | 曲阳县(冀) | 5048.00 | 146 | 曲沃县(晋) | 27428.00 | 191 | 辽中县(辽) | 20000.00 |
| 102 | 丰宁满族自治县(冀) | 5020.00 | 147 | 祁　县(晋) | 26382.00 | 192 | 大连市金州新区(辽) | 16700.00 |
| 103 | 易　县(冀) | 5000.00 | 148 | 阳曲县(晋) | 21210.00 | 193 | 旅顺口区(辽) | 14924.00 |
| 104 | 大城县(冀) | 5000.00 | 149 | 霍州市(晋) | 21000.00 | 194 | 建昌县(辽) | 11737.00 |
| 105 | 清苑县(冀) | 4500.00 | 150 | 古交市(晋) | 19783.00 | 195 | 凌海市(辽) | 11000.00 |
| 106 | 行唐县(冀) | 4500.00 | 151 | 原平市(晋) | 18028.40 | 196 | 凤城市(辽) | 10000.00 |
| 107 | 河间市(冀) | 4450.00 | 152 | 闻喜县(晋) | 9500.00 | 197 | 抚顺县(辽) | 9070.00 |
| 108 | 井陉矿区(冀) | 4150.00 | 153 | 沁水县(晋) | 7939.00 | 198 | 辽阳县(辽) | 9000.00 |
| 109 | 赤城县(冀) | 4110.00 | 154 | 阳泉市郊区(晋) | 5740.00 | 199 | 康平县(辽) | 8000.00 |
| 110 | 宣化县(冀) | 4100.00 | 155 | 定襄县(晋) | 4800.00 | 200 | 沈北新区(辽) | 8000.00 |
| 111 | 涉　县(冀) | 4000.00 | 156 | 侯马市(晋) | 4026.00 | 201 | 清河区(辽) | 7600.00 |
| 112 | 馆陶县(冀) | 4000.00 | 157 | 垣曲县(晋) | 3500.00 | 202 | 彰武县(辽) | 7500.00 |
| 113 | 沙河市(冀) | 3996.00 | 158 | 忻府区(晋) | 2196.50 | 203 | 宽甸满族自治县(辽) | 7200.00 |
| 114 | 赞皇县(冀) | 3900.00 | 159 | 尖草坪区(晋) | 1250.00 | 204 | 朝阳县(辽) | 6000.00 |
| 115 | 柏乡县(冀) | 3896.00 | 160 | 长治市郊区(晋) | 1033.00 | 205 | 清原满族自治县(辽) | 5625.00 |
| 116 | 涞水县(冀) | 3800.00 | 161 | 清徐县(晋) | 1016.80 | 206 | 顺城区(辽) | 5562.00 |
| 117 | 徐水县(冀) | 3800.00 | 162 | 宁城县(内蒙古) | 36256.00 | 207 | 阜新蒙古族自治县(辽) | 5000.00 |
| 118 | 唐　县(冀) | 3710.00 | 163 | 开鲁县(内蒙古) | 24000.00 | 208 | 太和区(辽) | 3900.00 |
| 119 | 灵寿县(冀) | 3590.00 | 164 | 林西县(内蒙古) | 9100.00 | 209 | 文圣区(辽) | 3723.00 |
| 120 | 无极县(冀) | 3500.00 | 165 | 扎赉特旗(内蒙古) | 5000.00 | 210 | 千山区(辽) | 3505.00 |
| 121 | 临西县(冀) | 3360.00 | 166 | 土默特左旗(内蒙古) | 5000.00 | 211 | 北票市(辽) | 3500.00 |
| 122 | 满城县(冀) | 3230.00 | 167 | 松山区(内蒙古) | 4290.00 | 212 | 苏家屯区(辽) | 3198.00 |
| 123 | 新乐市(冀) | 3200.00 | 168 | 兴和县(内蒙古) | 3562.20 | 213 | 大连市高新技术园区(辽) | 3000.00 |
| 124 | 武强县(冀) | 3192.00 | 169 | 土默特右旗(内蒙古) | 3495.00 | 214 | 昌图县(辽) | 2205.00 |
| 125 | 平乡县(冀) | 3191.00 | 170 | 红山区(内蒙古) | 3253.00 | 215 | 太子河区(辽) | 1500.00 |
| 126 | 安新县(冀) | 3120.00 | 171 | 托克托县(内蒙古) | 3080.30 | 216 | 振安区(辽) | 1500.00 |
| 127 | 涞源县(冀) | 3050.00 | 172 | 科尔沁左翼中旗(内蒙古) | 2420.00 | 217 | 大洼县(辽) | 1080.00 |
| 128 | 大厂回族自治县(冀) | 3016.00 | 173 | 凉城县(内蒙古) | 2400.00 | 218 | 北镇市(辽) | 1000.00 |
| 129 | 东光县(冀) | 3000.00 | 174 | 阿鲁科尔沁旗(内蒙古) | 1845.00 | 219 | 宏伟区(辽) | 1000.00 |
| 130 | 任　县(冀) | 2844.00 | 175 | 杭锦旗(内蒙古) | 1500.00 | 220 | 敦化市(吉) | 7835.00 |
| 131 | 崇礼县(冀) | 2800.00 | 176 | 敖汉旗(内蒙古) | 1176.00 | 221 | 前郭尔罗斯蒙古族自治县(吉) | 7150.00 |
| 132 | 正定县(冀) | 2782.00 | 177 | 普兰店市(辽) | 450000.00 | 222 | 辉南县(吉) | 4600.00 |
| 133 | 峰峰矿区(冀) | 2270.00 | 178 | 绥中县(辽) | 400000.00 | 223 | 榆树市(吉) | 4250.00 |
| 134 | 怀安县(冀) | 2208.00 | 179 | 盖州市(辽) | 297084.00 | 224 | 磐石市(吉) | 3859.00 |

| 序号 | 苹果主产地 | 产量(吨) | 序号 | 苹果主产地 | 产量(吨) | 序号 | 苹果主产地 | 产量(吨) |
|---|---|---|---|---|---|---|---|---|
| 225 | 东丰县(吉) | 3274.00 | 270 | 岱岳区(鲁) | 110915.00 | 315 | 东阿县(鲁) | 10200.00 |
| 226 | 东辽县(吉) | 2780.00 | 271 | 寿光市(鲁) | 105400.00 | 316 | 平原县(鲁) | 9867.00 |
| 227 | 珲春市(吉) | 2477.00 | 272 | 新泰市(鲁) | 77577.00 | 317 | 昌邑市(鲁) | 9715.00 |
| 228 | 集安市(吉) | 2221.00 | 273 | 威海市经济技术开发区(鲁) | 71915.00 | 318 | 即墨市(鲁) | 8520.00 |
| 229 | 梨树县(吉) | 2220.00 | 274 | 东港区(鲁) | 67937.00 | 319 | 宁阳县(鲁) | 8373.00 |
| 230 | 龙井市(吉) | 1209.00 | 275 | 莘　县(鲁) | 63375.00 | 320 | 东平县(鲁) | 8351.00 |
| 231 | 洮南市(吉) | 1000.00 | 276 | 寒亭区(鲁) | 60000.00 | 321 | 河东区(鲁) | 7000.00 |
| 232 | 东宁县(黑) | 10500.00 | 277 | 惠民县(鲁) | 55830.00 | 322 | 邹平县(鲁) | 6933.00 |
| 233 | 牡丹江市市本级(黑) | 8630.00 | 278 | 环翠区(鲁) | 54799.00 | 323 | 青州市(鲁) | 6750.00 |
| 234 | 宝清县(黑) | 8202.00 | 279 | 诸城市(鲁) | 51194.00 | 324 | 高密市(鲁) | 6500.00 |
| 235 | 鸡冠区(黑) | 3116.00 | 280 | 临朐县(鲁) | 51000.00 | 325 | 武城县(鲁) | 6500.00 |
| 236 | 恒山区(黑) | 2250.00 | 281 | 任城区(鲁) | 43600.00 | 326 | 临沂市临港经济开发区(鲁) | 6380.00 |
| 237 | 林口县(黑) | 1957.00 | 282 | 沂南县(鲁) | 38995.00 | 327 | 垦利县(鲁) | 5940.00 |
| 238 | 丰　县(苏) | 397810.00 | 283 | 平阴县(鲁) | 38686.00 | 328 | 临沭县(鲁) | 5800.00 |
| 239 | 沛　县(苏) | 39160.00 | 284 | 胶州市(鲁) | 38135.00 | 329 | 齐河县(鲁) | 5020.00 |
| 240 | 睢宁县(苏) | 16576.00 | 285 | 肥城市(鲁) | 32370.00 | 330 | 德城区(鲁) | 4885.00 |
| 241 | 涟水县(苏) | 16000.00 | 286 | 福山区(鲁) | 29545.00 | 331 | 阳信县(鲁) | 4813.00 |
| 242 | 滨海县(苏) | 14120.00 | 287 | 高青县(鲁) | 29000.00 | 332 | 临淄区(鲁) | 4766.00 |
| 243 | 赣榆县(苏) | 10800.00 | 288 | 岚山区(鲁) | 27860.00 | 333 | 潍坊市峡山区(鲁) | 4650.00 |
| 244 | 沭阳县(苏) | 8540.00 | 289 | 昌乐县(鲁) | 27600.00 | 334 | 日照国际海洋城(鲁) | 4500.00 |
| 245 | 邳州市(苏) | 7209.00 | 290 | 泗水县(鲁) | 27500.00 | 335 | 张店区(鲁) | 4166.00 |
| 246 | 淮阴区(苏) | 4507.00 | 291 | 临清市(鲁) | 24159.00 | 336 | 博山区(鲁) | 4100.00 |
| 247 | 阜宁县(苏) | 3100.00 | 292 | 茌平县(鲁) | 24000.00 | 337 | 高唐县(鲁) | 3000.00 |
| 248 | 盐都区(苏) | 2600.00 | 293 | 黄岛区(鲁) | 23948.00 | 338 | 长清区(鲁) | 2986.00 |
| 249 | 宿城区(苏) | 2307.00 | 294 | 临沂市蒙山旅游区(鲁) | 23200.00 | 339 | 周村区(鲁) | 2300.00 |
| 250 | 灌云县(苏) | 1950.00 | 295 | 邹城市(鲁) | 22589.00 | 340 | 汶上县(鲁) | 1500.00 |
| 251 | 新沂市(苏) | 1500.00 | 296 | 乐陵市(鲁) | 21816.00 | 341 | 日照经济技术开发区(鲁) | 1390.00 |
| 252 | 萧　县(皖) | 53662.00 | 297 | 河口区(鲁) | 20450.80 | 342 | 莱芜市雪野旅游区(鲁) | 1350.00 |
| 253 | 灵璧县(皖) | 19567.00 | 298 | 利津县(鲁) | 19312.00 | 343 | 芝罘区(鲁) | 1082.00 |
| 254 | 凤阳县(皖) | 12650.00 | 299 | 广饶县(鲁) | 18600.00 | 344 | 济南市市中区(鲁) | 1000.00 |
| 255 | 栖霞市(鲁) | 1512103.00 | 300 | 成武县(鲁) | 18186.00 | 345 | 灵宝市(豫) | 926784.00 |
| 256 | 沂源县(鲁) | 776500.00 | 301 | 嘉祥县(鲁) | 17980.00 | 346 | 洛宁县(豫) | 220000.00 |
| 257 | 牟平区(鲁) | 543988.00 | 302 | 陵　县(鲁) | 17820.00 | 347 | 虞城县(豫) | 133320.00 |
| 258 | 招远市(鲁) | 432450.00 | 303 | 莱山区(鲁) | 17605.00 | 348 | 夏邑县(豫) | 120000.00 |
| 259 | 蓬莱市(鲁) | 379545.00 | 304 | 费　县(鲁) | 16255.00 | 349 | 南乐县(豫) | 80910.00 |
| 260 | 海阳市(鲁) | 376000.00 | 305 | 潍城区(鲁) | 15497.00 | 350 | 孟州市(豫) | 67582.00 |
| 261 | 乳山市(鲁) | 374700.00 | 306 | 梁山县(鲁) | 14500.00 | 351 | 内黄县(豫) | 42000.00 |
| 262 | 莱阳市(鲁) | 360000.00 | 307 | 东昌府区(鲁) | 14400.00 | 352 | 汤阴县(豫) | 26400.00 |
| 263 | 文登市(鲁) | 288090.00 | 308 | 阳谷县(鲁) | 14300.00 | 353 | 梁园区(豫) | 26000.00 |
| 264 | 莱州市(鲁) | 245694.00 | 309 | 山海天旅游度假区(鲁) | 13455.00 | 354 | 兰考县(豫) | 22730.00 |
| 265 | 荣成市(鲁) | 237900.00 | 310 | 金乡县(鲁) | 12860.00 | 355 | 中牟县(豫) | 18700.00 |
| 266 | 沂水县(鲁) | 231065.00 | 311 | 莒南县(鲁) | 12300.00 | 356 | 西华县(豫) | 18230.00 |
| 267 | 冠　县(鲁) | 213000.00 | 312 | 沾化县(鲁) | 12000.00 | 357 | 通许县(豫) | 14998.00 |
| 268 | 蒙阴县(鲁) | 199060.00 | 313 | 滨城区(鲁) | 11866.00 | 358 | 鲁山县(豫) | 14483.00 |
| 269 | 五莲县(鲁) | 150000.00 | 314 | 莱城区(鲁) | 11099.00 | 359 | 太康县(豫) | 14000.00 |

| 序号 | 苹果主产地 | 产量(吨) | 序号 | 苹果主产地 | 产量(吨) | 序号 | 苹果主产地 | 产量(吨) |
|---|---|---|---|---|---|---|---|---|
| 360 | 民权县(豫) | 10533.00 | 405 | 冕宁县(川) | 2651.00 | 450 | 黄龙县(陕) | 45400.00 |
| 361 | 濮阳市高新区(豫) | 9937.00 | 406 | 会理县(川) | 1803.00 | 451 | 秦都区(陕) | 36700.00 |
| 362 | 杞　县(豫) | 9500.00 | 407 | 南江县(川) | 1200.00 | 452 | 王益区(陕) | 34120.00 |
| 363 | 卫辉市(豫) | 8700.00 | 408 | 泸定县(川) | 1126.00 | 453 | 陇　县(陕) | 33003.00 |
| 364 | 原阳县(豫) | 8000.00 | 409 | 威宁彝族回族苗族自治县(黔) | 19420.00 | 454 | 米脂县(陕) | 20105.00 |
| 365 | 济源市(豫) | 8000.00 | 410 | 赫章县(黔) | 3705.00 | 455 | 千阳县(陕) | 15227.00 |
| 366 | 伊川县(豫) | 7500.00 | 411 | 长顺县(黔) | 3050.00 | 456 | 子洲县(陕) | 14261.00 |
| 367 | 浚　县(豫) | 7200.00 | 412 | 纳雍县(黔) | 2146.00 | 457 | 泾阳县(陕) | 14000.00 |
| 368 | 荥阳市(豫) | 6603.00 | 413 | 宁蒗彝族自治县(滇) | 10645.56 | 458 | 志丹县(陕) | 10700.00 |
| 369 | 获嘉县(豫) | 6139.00 | 414 | 沾益县(滇) | 6742.80 | 459 | 吴起县(陕) | 7930.00 |
| 370 | 柘城县(豫) | 5841.00 | 415 | 麒麟区(滇) | 6136.00 | 460 | 渭城区(陕) | 7763.00 |
| 371 | 宜阳县(豫) | 5400.00 | 416 | 富民县(滇) | 4602.90 | 461 | 杨凌区农林局(陕) | 6895.00 |
| 372 | 长垣县(豫) | 5250.00 | 417 | 富源县(滇) | 4053.00 | 462 | 镇安县(陕) | 4210.00 |
| 373 | 封丘县(豫) | 5200.00 | 418 | 陆良县(滇) | 3500.00 | 463 | 旬阳县(陕) | 2700.00 |
| 374 | 睢阳区(豫) | 4680.00 | 419 | 石林彝族自治县(滇) | 2719.60 | 464 | 眉　县(陕) | 2281.00 |
| 375 | 项城市(豫) | 4600.00 | 420 | 师宗县(滇) | 1388.00 | 465 | 定边县(陕) | 1500.00 |
| 376 | 武陟县(豫) | 4200.00 | 421 | 宾川县(滇) | 1335.00 | 466 | 略阳县(陕) | 1450.00 |
| 377 | 扶沟县(豫) | 4100.00 | 422 | 禄丰县(滇) | 1152.00 | 467 | 山阳县(陕) | 1236.00 |
| 378 | 范　县(豫) | 3750.00 | 423 | 永胜县(滇) | 1000.00 | 468 | 静宁县(甘) | 500000.00 |
| 379 | 滑　县(豫) | 3300.00 | 424 | 米林县(藏) | 2012.00 | 469 | 泾川县(甘) | 360000.00 |
| 380 | 登封市(豫) | 3000.00 | 425 | 林芝县(藏) | 1724.00 | 470 | 秦安县(甘) | 337500.00 |
| 381 | 孟津县(豫) | 3000.00 | 426 | 淳化县(陕) | 873000.00 | 471 | 麦积区(甘) | 312696.00 |
| 382 | 汝州市(豫) | 2860.00 | 427 | 洛川县(陕) | 762000.00 | 472 | 甘谷县(甘) | 207625.00 |
| 383 | 濮阳县(豫) | 2780.00 | 428 | 富　县(陕) | 500000.00 | 473 | 庄浪县(甘) | 200000.00 |
| 384 | 新乡县(豫) | 2655.00 | 429 | 蒲城县(陕) | 300000.00 | 474 | 礼　县(甘) | 188000.00 |
| 385 | 清丰县(豫) | 2510.00 | 430 | 黄陵县(陕) | 276600.00 | 475 | 庆城县(甘) | 110116.00 |
| 386 | 鹤山区(豫) | 1767.00 | 431 | 扶风县(陕) | 272861.00 | 476 | 秦州区(甘) | 99438.00 |
| 387 | 辉县市(豫) | 1695.00 | 432 | 长武县(陕) | 270000.00 | 477 | 西峰区(甘) | 95315.00 |
| 388 | 凤泉区(豫) | 1690.00 | 433 | 澄城县(陕) | 256390.00 | 478 | 合水县(甘) | 83900.00 |
| 389 | 栾川县(豫) | 1600.00 | 434 | 印台区(陕) | 239460.00 | 479 | 正宁县(甘) | 81795.00 |
| 390 | 商水县(豫) | 1500.00 | 435 | 耀州区(陕) | 215000.00 | 480 | 清水县(甘) | 81464.00 |
| 391 | 龙安区(豫) | 1500.00 | 436 | 乾　县(陕) | 190005.00 | 481 | 崆峒区(甘) | 77603.00 |
| 392 | 林州市(豫) | 1220.80 | 437 | 旬邑县(陕) | 183650.00 | 482 | 镇原县(甘) | 61870.00 |
| 393 | 睢　县(豫) | 1200.00 | 438 | 宜君县(陕) | 180000.00 | 483 | 会宁县(甘) | 57975.00 |
| 394 | 郸城县(豫) | 1200.00 | 439 | 礼泉县(陕) | 149000.00 | 484 | 武山县(甘) | 55505.00 |
| 395 | 殷都区(豫) | 1200.00 | 440 | 延长县(陕) | 140000.00 | 485 | 张家川回族自治县(甘) | 44463.50 |
| 396 | 嵩　县(豫) | 1200.00 | 441 | 宝塔区(陕) | 126000.00 | 486 | 灵台县(甘) | 42000.00 |
| 397 | 随　县(鄂) | 1410.00 | 442 | 白水县(陕) | 124075.00 | 487 | 临泽县(甘) | 33700.00 |
| 398 | 竹山县(鄂) | 1000.00 | 443 | 陈仓区(陕) | 82271.00 | 488 | 靖远县(甘) | 26250.00 |
| 399 | 汉源县(川) | 28500.00 | 444 | 绥德县(陕) | 78820.00 | 489 | 崇信县(甘) | 22296.00 |
| 400 | 万源市(川) | 9000.00 | 445 | 合阳县(陕) | 69000.00 | 490 | 宁　县(甘) | 22210.00 |
| 401 | 金川县(川) | 4500.00 | 446 | 安塞县(陕) | 60000.00 | 491 | 白银区(甘) | 20430.00 |
| 402 | 金堂县(川) | 3150.00 | 447 | 三原县(陕) | 57000.00 | 492 | 肃州区(甘) | 18529.00 |
| 403 | 昭觉县(川) | 2753.00 | 448 | 凤　县(陕) | 52196.00 | 493 | 甘州区(甘) | 18000.00 |
| 404 | 苍溪县(川) | 2750.00 | 449 | 武功县(陕) | 50000.00 | 494 | 红古区(甘) | 17000.00 |

| 序号 | 苹果主产地 | 产量(吨) |
|---|---|---|
| 495 | 环　县(甘) | 13507.26 |
| 496 | 西和县(甘) | 12450.00 |
| 497 | 高台县(甘) | 12350.00 |
| 498 | 华池县(甘) | 10000.00 |
| 499 | 榆中县(甘) | 6659.00 |
| 500 | 永靖县(甘) | 6500.00 |
| 501 | 金塔县(甘) | 5551.00 |
| 502 | 迭部县(甘) | 4337.00 |
| 503 | 临潭县(甘) | 3000.00 |
| 504 | 凉州区(甘) | 3000.00 |
| 505 | 徽　县(甘) | 2642.00 |
| 506 | 永登县(甘) | 2597.00 |
| 507 | 漳　县(甘) | 1800.00 |
| 508 | 敦煌市(甘) | 1600.00 |
| 509 | 通渭县(甘) | 1575.00 |
| 510 | 民乐县(甘) | 1425.00 |
| 511 | 平川区(甘) | 1420.00 |
| 512 | 康　县(甘) | 1250.00 |
| 513 | 玉门市(甘) | 1122.00 |
| 514 | 安定区(甘) | 1079.80 |
| 515 | 利通区(宁) | 82300.00 |
| 516 | 同心县(宁) | 60000.00 |
| 517 | 灵武市(宁) | 45766.00 |
| 518 | 青铜峡市(宁) | 18093.00 |
| 519 | 沙坡头区(宁) | 15300.00 |
| 520 | 贺兰县(宁) | 14034.00 |
| 521 | 农垦事业管理局(宁) | 12411.00 |
| 522 | 西夏区(宁) | 9126.00 |
| 523 | 海原县(宁) | 7935.40 |
| 524 | 中宁县(宁) | 4650.00 |
| 525 | 宁夏仁存渡护岸林场(宁) | 4000.00 |
| 526 | 彭阳县(宁) | 3526.00 |
| 527 | 永宁县(宁) | 1800.00 |
| 528 | 大武口区(宁) | 1608.02 |
| 529 | 平罗县(宁) | 1100.00 |
| 530 | 泽普县(新) | 42657.00 |
| 531 | 叶城县(新) | 28391.00 |
| 532 | 霍城县(新) | 27360.00 |
| 533 | 沙湾县(新) | 16020.00 |
| 534 | 巩留县(新) | 15200.00 |
| 535 | 莎车县(新) | 11772.00 |
| 536 | 疏勒县(新) | 7696.00 |
| 537 | 疏附县(新) | 4223.00 |
| 538 | 玛纳斯县(新) | 4176.00 |
| 539 | 英吉沙县(新) | 3202.00 |
| 540 | 沙雅县(新) | 2780.50 |
| 541 | 新源县(新) | 2544.00 |
| 542 | 阜康市(新) | 2400.00 |
| 543 | 麦盖提县(新) | 2300.00 |
| 544 | 塔城市(新) | 2034.00 |
| 545 | 昌吉市(新) | 1170.00 |
| 546 | 农一师(新疆兵团) | 132038.00 |
| 547 | 农四师(新疆兵团) | 96000.00 |
| 548 | 农三师(新疆兵团) | 54793.00 |
| 549 | 农七师(新疆兵团) | 13493.00 |
| 550 | 农十四师(新疆兵团) | 8595.00 |
| 551 | 农五师(新疆兵团) | 2332.00 |

**表 7-2　梨主产地产量**

| 序号 | 梨主产地 | 产量(吨) |
|---|---|---|
| 1 | 大兴区(京) | 48399.00 |
| 2 | 密云县(京) | 22623.00 |
| 3 | 顺义区(京) | 21978.00 |
| 4 | 房山区(京) | 14238.10 |
| 5 | 通州区(京) | 12402.70 |
| 6 | 怀柔区(京) | 4311.80 |
| 7 | 门头沟区(京) | 2467.00 |
| 8 | 昌平区(京) | 1416.70 |
| 9 | 延庆县(京) | 1310.00 |
| 10 | 西青区(津) | 11371.00 |
| 11 | 蓟　县(津) | 8697.00 |
| 12 | 静海县(津) | 7814.00 |
| 13 | 宝坻区(津) | 3807.00 |
| 14 | 武清区(津) | 3804.00 |
| 15 | 北辰区(津) | 1235.00 |
| 16 | 晋州市(冀) | 614700.00 |
| 17 | 泊头市(冀) | 452618.00 |
| 18 | 深州市(冀) | 401066.00 |
| 19 | 赵　县(冀) | 360000.00 |
| 20 | 宁晋县(冀) | 349062.00 |
| 21 | 辛集市(冀) | 268870.00 |
| 22 | 阜城县(冀) | 196020.00 |
| 23 | 藁城市(冀) | 175510.00 |
| 24 | 魏　县(冀) | 148031.00 |
| 25 | 定州市(冀) | 69000.00 |
| 26 | 固安县(冀) | 61800.00 |
| 27 | 曲阳县(冀) | 60070.00 |
| 28 | 肃宁县(冀) | 56382.00 |
| 29 | 兴隆县(冀) | 55024.00 |
| 30 | 平泉县(冀) | 50000.00 |
| 31 | 遵化市(冀) | 44969.00 |
| 32 | 青龙满族自治县(冀) | 43200.00 |
| 33 | 昌黎县(冀) | 40000.00 |
| 34 | 南皮县(冀) | 39245.00 |
| 35 | 永清县(冀) | 38605.00 |
| 36 | 冀州市(冀) | 38000.00 |
| 37 | 乐亭县(冀) | 31758.00 |
| 38 | 滦南县(冀) | 29487.00 |
| 39 | 滦　县(冀) | 28571.00 |
| 40 | 深泽县(冀) | 25936.00 |
| 41 | 迁安市(冀) | 24834.00 |
| 42 | 饶阳县(冀) | 24592.00 |
| 43 | 新乐市(冀) | 22800.00 |
| 44 | 临漳县(冀) | 21470.00 |
| 45 | 馆陶县(冀) | 21000.00 |
| 46 | 隆尧县(冀) | 20775.00 |
| 47 | 沧　县(冀) | 20407.00 |
| 48 | 迁西县(冀) | 18926.00 |
| 49 | 怀来县(冀) | 18900.00 |
| 50 | 抚宁县(冀) | 18471.00 |
| 51 | 青　县(冀) | 17498.00 |
| 52 | 蠡　县(冀) | 17170.00 |
| 53 | 安国市(冀) | 17100.00 |
| 54 | 雄　县(冀) | 16610.00 |
| 55 | 涿州市(冀) | 16377.00 |
| 56 | 无极县(冀) | 16000.00 |
| 57 | 霸州市(冀) | 15930.00 |
| 58 | 广平县(冀) | 15420.00 |
| 59 | 广阳区(冀) | 15403.00 |
| 60 | 任丘市(冀) | 13247.00 |
| 61 | 文安县(冀) | 13231.00 |
| 62 | 成安县(冀) | 13200.00 |
| 63 | 故城县(冀) | 12925.00 |
| 64 | 高阳县(冀) | 12720.00 |
| 65 | 涿鹿县(冀) | 12141.30 |
| 66 | 南宫市(冀) | 11912.00 |
| 67 | 河间市(冀) | 11720.00 |
| 68 | 安次区(冀) | 11623.00 |
| 69 | 大名县(冀) | 11416.00 |
| 70 | 承德县(冀) | 11044.00 |
| 71 | 滦平县(冀) | 10549.00 |
| 72 | 安平县(冀) | 10300.00 |
| 73 | 大城县(冀) | 10000.00 |
| 74 | 献　县(冀) | 9620.00 |
| 75 | 高碑店市(冀) | 9180.00 |
| 76 | 丰南区(冀) | 9029.00 |
| 77 | 肥乡县(冀) | 8500.00 |

| 序号 | 梨主产地 | 产量(吨) | 序号 | 梨主产地 | 产量(吨) | 序号 | 梨主产地 | 产量(吨) |
|---|---|---|---|---|---|---|---|---|
| 78 | 柏乡县(冀) | 8391.00 | 124 | 曲周县(冀) | 1108.00 | 170 | 大连市金州新区(辽) | 2900.00 |
| 79 | 孟村回族自治县(冀) | 8220.00 | 125 | 容城县(冀) | 1006.00 | 171 | 清河区(辽) | 2700.00 |
| 80 | 丰润区(冀) | 7635.00 | 126 | 行唐县(冀) | 1000.00 | 172 | 文圣区(辽) | 2383.00 |
| 81 | 景　县(冀) | 7359.00 | 127 | 原平市(晋) | 55828.50 | 173 | 大洼县(辽) | 2334.00 |
| 82 | 盐山县(冀) | 7300.00 | 128 | 祁　县(晋) | 30164.00 | 174 | 新邱区(辽) | 1705.00 |
| 83 | 博野县(冀) | 7200.00 | 129 | 隰　县(晋) | 20746.00 | 175 | 康平县(辽) | 1700.00 |
| 84 | 三河市(冀) | 7051.00 | 130 | 清徐县(晋) | 9243.20 | 176 | 东洲区(辽) | 1700.00 |
| 85 | 隆化县(冀) | 5840.00 | 131 | 古交市(晋) | 3832.00 | 177 | 朝阳县(辽) | 1600.00 |
| 86 | 枣强县(冀) | 5496.00 | 132 | 沁水县(晋) | 2017.00 | 178 | 宏伟区(辽) | 1000.00 |
| 87 | 平乡县(冀) | 5250.00 | 133 | 阳曲县(晋) | 1958.00 | 179 | 龙井市(吉) | 20627.00 |
| 88 | 巨鹿县(冀) | 5082.00 | 134 | 定襄县(晋) | 1809.00 | 180 | 珲春市(吉) | 12331.00 |
| 89 | 武邑县(冀) | 4820.00 | 135 | 长子县(晋) | 1801.00 | 181 | 延吉市(吉) | 10286.00 |
| 90 | 玉田县(冀) | 4733.00 | 136 | 忻府区(晋) | 1441.80 | 182 | 前郭尔罗斯蒙古族自治县(吉) | 5700.00 |
| 91 | 古冶区(冀) | 4496.00 | 137 | 翼城县(晋) | 1000.00 | 183 | 梨树县(吉) | 5231.00 |
| 92 | 黄骅市(冀) | 4379.00 | 138 | 宁城县(内蒙古) | 25760.00 | 184 | 敦化市(吉) | 4780.00 |
| 93 | 东光县(冀) | 4300.00 | 139 | 临河区(内蒙古) | 25015.00 | 185 | 和龙市(吉) | 4550.00 |
| 94 | 平山县(冀) | 4300.00 | 140 | 开鲁县(内蒙古) | 8000.00 | 186 | 伊通满族自治县(吉) | 2000.00 |
| 95 | 永年县(冀) | 4001.00 | 141 | 绥中县(辽) | 220000.00 | 187 | 东辽县(吉) | 1800.00 |
| 96 | 桃城区(冀) | 3962.00 | 142 | 千山区(辽) | 123069.00 | 188 | 集安市(吉) | 1291.00 |
| 97 | 威　县(冀) | 3850.00 | 143 | 北镇市(辽) | 118000.00 | 189 | 汪清县(吉) | 1195.00 |
| 98 | 丰宁满族自治县(冀) | 3745.00 | 144 | 海城市(辽) | 116000.00 | 190 | 东宁县(黑) | 32100.00 |
| 99 | 临西县(冀) | 3474.00 | 145 | 义　县(辽) | 55000.00 | 191 | 密山市(黑) | 5230.00 |
| 100 | 望都县(冀) | 3000.00 | 146 | 辽阳县(辽) | 50000.00 | 192 | 鸡冠区(黑) | 2379.00 |
| 101 | 清苑县(冀) | 2970.00 | 147 | 阜新蒙古族自治县(辽) | 40000.00 | 193 | 恒山区(黑) | 1800.00 |
| 102 | 邯郸县(冀) | 2925.00 | 148 | 大石桥市(辽) | 30500.00 | 194 | 碾子山区(黑) | 1583.00 |
| 103 | 石家庄市桥东区(冀) | 2880.00 | 149 | 抚顺县(辽) | 28200.00 | 195 | 浦东新区(沪) | 10339.00 |
| 104 | 卢龙县(冀) | 2728.00 | 150 | 连山区(辽) | 24000.00 | 196 | 奉贤区(沪) | 8449.40 |
| 105 | 广宗县(冀) | 2560.00 | 151 | 东港市(辽) | 20000.00 | 197 | 崇明县(沪) | 6345.14 |
| 106 | 围场满族蒙古族自治县(冀) | 2500.00 | 152 | 太和区(辽) | 15600.00 | 198 | 松江区(沪) | 3920.80 |
| 107 | 吴桥县(冀) | 2450.00 | 153 | 苏家屯区(辽) | 14666.00 | 199 | 金山区(沪) | 3150.40 |
| 108 | 赞皇县(冀) | 2100.00 | 154 | 喀喇沁左翼蒙古族自治县(辽) | 12400.00 | 200 | 青浦区(沪) | 1901.72 |
| 109 | 邢台市大曹庄管委会(冀) | 2036.00 | 155 | 沈北新区(辽) | 10000.00 | 201 | 宝山区(沪) | 1434.00 |
| 110 | 磁　县(冀) | 2000.00 | 156 | 双塔区(辽) | 10000.00 | 202 | 射阳县(苏) | 159685.00 |
| 111 | 临城县(冀) | 1900.00 | 157 | 北票市(辽) | 10000.00 | 203 | 丰　县(苏) | 68843.00 |
| 112 | 南和县(冀) | 1850.00 | 158 | 凤城市(辽) | 9800.00 | 204 | 睢宁县(苏) | 35010.00 |
| 113 | 鹿泉市(冀) | 1752.00 | 159 | 清原满族自治县(辽) | 9200.00 | 205 | 阜宁县(苏) | 31230.00 |
| 114 | 安新县(冀) | 1650.00 | 160 | 盖州市(辽) | 7759.00 | 206 | 如东县(苏) | 25200.00 |
| 115 | 正定县(冀) | 1605.00 | 161 | 建昌县(辽) | 6233.30 | 207 | 大丰市(苏) | 24000.00 |
| 116 | 武强县(冀) | 1533.00 | 162 | 桓仁满族自治县(辽) | 6075.00 | 208 | 滨海县(苏) | 20112.00 |
| 117 | 宽城满族自治县(冀) | 1500.00 | 163 | 法库县(辽) | 6000.00 | 209 | 涟水县(苏) | 20000.00 |
| 118 | 易　县(冀) | 1500.00 | 164 | 铁岭县(辽) | 5625.00 | 210 | 启东市(苏) | 19460.00 |
| 119 | 元氏县(冀) | 1454.00 | 165 | 凌海市(辽) | 5500.00 | 211 | 赣榆县(苏) | 16700.00 |
| 120 | 海港区(冀) | 1345.00 | 166 | 旅顺口区(辽) | 5254.00 | 212 | 亭湖区(苏) | 16078.00 |
| 121 | 灵寿县(冀) | 1344.00 | 167 | 太子河区(辽) | 4000.00 | 213 | 响水县(苏) | 15600.00 |
| 122 | 涉　县(冀) | 1200.00 | 168 | 顺城区(辽) | 3488.00 | 214 | 灌云县(苏) | 15200.00 |
| 123 | 邱　县(冀) | 1200.00 | 169 | 辽中县(辽) | 3000.00 | 215 | 东海县(苏) | 13800.00 |

| 序号 | 梨主产地 | 产量(吨) |
|---|---|---|
| 216 | 盐都区(苏) | 13220.00 |
| 217 | 武进区(苏) | 11586.00 |
| 218 | 东台市(苏) | 10910.00 |
| 219 | 江阴市(苏) | 10602.00 |
| 220 | 宿豫区(苏) | 8300.00 |
| 221 | 建湖县(苏) | 7063.00 |
| 222 | 灌南县(苏) | 6296.00 |
| 223 | 宜兴市(苏) | 6132.00 |
| 224 | 海安县(苏) | 6000.00 |
| 225 | 沛　县(苏) | 5796.00 |
| 226 | 盱眙县(苏) | 5700.00 |
| 227 | 溧阳市(苏) | 5460.00 |
| 228 | 高淳县(苏) | 5300.00 |
| 229 | 沭阳县(苏) | 3950.00 |
| 230 | 浦口区(苏) | 3625.00 |
| 231 | 泗洪县(苏) | 2981.00 |
| 232 | 兴化市(苏) | 2835.00 |
| 233 | 虎丘区(苏) | 2789.00 |
| 234 | 邳州市(苏) | 2496.00 |
| 235 | 句容市(苏) | 2380.00 |
| 236 | 金坛市(苏) | 2300.00 |
| 237 | 宝应县(苏) | 2260.00 |
| 238 | 仪征市(苏) | 2246.00 |
| 239 | 海州区(苏) | 1861.00 |
| 240 | 张家港市(苏) | 1676.00 |
| 241 | 靖江市(苏) | 1650.00 |
| 242 | 淮安区(苏) | 1529.00 |
| 243 | 新沂市(苏) | 1500.00 |
| 244 | 六合区(苏) | 1400.00 |
| 245 | 海门市(苏) | 1336.00 |
| 246 | 姜堰区(苏) | 1095.00 |
| 247 | 丹徒区(苏) | 1082.00 |
| 248 | 吴江市(苏) | 1080.00 |
| 249 | 余姚市(浙) | 33000.00 |
| 250 | 桐庐县(浙) | 23701.00 |
| 251 | 天台县(浙) | 20000.00 |
| 252 | 秀洲区(浙) | 19710.00 |
| 253 | 龙游县(浙) | 19325.00 |
| 254 | 建德市(浙) | 14500.00 |
| 255 | 余杭区(浙) | 12760.00 |
| 256 | 温岭市(浙) | 10600.00 |
| 257 | 松阳县(浙) | 10385.00 |
| 258 | 慈溪市(浙) | 9100.00 |
| 259 | 江北区(浙) | 7950.00 |
| 260 | 鄞州区(浙) | 7542.00 |
| 261 | 富阳市(浙) | 7440.00 |

| 序号 | 梨主产地 | 产量(吨) |
|---|---|---|
| 262 | 临海市(浙) | 7272.00 |
| 263 | 仙居县(浙) | 6600.00 |
| 264 | 宁海县(浙) | 6200.00 |
| 265 | 临安市(浙) | 6000.00 |
| 266 | 德清县(浙) | 5310.00 |
| 267 | 海盐县(浙) | 4653.00 |
| 268 | 淳安县(浙) | 4576.00 |
| 269 | 文成县(浙) | 3587.00 |
| 270 | 象山县(浙) | 3568.00 |
| 271 | 缙云县(浙) | 3532.00 |
| 272 | 莲都区(浙) | 3419.00 |
| 273 | 长兴县(浙) | 3200.00 |
| 274 | 三门县(浙) | 3000.00 |
| 275 | 云和县(浙) | 2979.00 |
| 276 | 安吉县(浙) | 2800.00 |
| 277 | 庆元县(浙) | 2800.00 |
| 278 | 萧山区(浙) | 2437.00 |
| 279 | 江山市(浙) | 2310.00 |
| 280 | 永康市(浙) | 2190.00 |
| 281 | 南湖区(浙) | 2150.00 |
| 282 | 吴兴区(浙) | 2080.00 |
| 283 | 镇海区(浙) | 1817.00 |
| 284 | 北仑区(浙) | 1710.00 |
| 285 | 定海区(浙) | 1710.00 |
| 286 | 开化县(浙) | 1376.00 |
| 287 | 萧　县(皖) | 87125.00 |
| 288 | 灵璧县(皖) | 45298.00 |
| 289 | 广德县(皖) | 22000.00 |
| 290 | 埇桥区(皖) | 12918.00 |
| 291 | 固镇县(皖) | 11580.00 |
| 292 | 宣州区(皖) | 4500.00 |
| 293 | 寿　县(皖) | 4290.00 |
| 294 | 凤阳县(皖) | 3117.00 |
| 295 | 颍泉区(皖) | 1800.00 |
| 296 | 全椒县(皖) | 1620.00 |
| 297 | 肥西县(皖) | 1580.00 |
| 298 | 东至县(皖) | 1534.80 |
| 299 | 金溪县(赣) | 31000.00 |
| 300 | 广丰县(赣) | 18000.00 |
| 301 | 瑞昌市(赣) | 10634.00 |
| 302 | 永修县(赣) | 9000.00 |
| 303 | 赣　县(赣) | 8126.00 |
| 304 | 九江县(赣) | 4500.00 |
| 305 | 新干县(赣) | 4438.00 |
| 306 | 高安市(赣) | 4300.00 |
| 307 | 靖安县(赣) | 3597.00 |

| 序号 | 梨主产地 | 产量(吨) |
|---|---|---|
| 308 | 龙南县(赣) | 2100.00 |
| 309 | 兴国县(赣) | 2000.00 |
| 310 | 奉新县(赣) | 1839.00 |
| 311 | 南丰县(赣) | 1586.00 |
| 312 | 大余县(赣) | 1481.00 |
| 313 | 永丰县(赣) | 1255.00 |
| 314 | 峡江县(赣) | 1246.00 |
| 315 | 定南县(赣) | 1243.00 |
| 316 | 泰和县(赣) | 1232.00 |
| 317 | 崇仁县(赣) | 1055.00 |
| 318 | 阳信县(鲁) | 211280.00 |
| 319 | 冠　县(鲁) | 196700.00 |
| 320 | 莱阳市(鲁) | 138000.00 |
| 321 | 临清市(鲁) | 53708.00 |
| 322 | 栖霞市(鲁) | 29040.00 |
| 323 | 蓬莱市(鲁) | 28522.00 |
| 324 | 齐河县(鲁) | 28400.00 |
| 325 | 黄岛区(鲁) | 27754.00 |
| 326 | 海阳市(鲁) | 24400.00 |
| 327 | 高密市(鲁) | 24000.00 |
| 328 | 茌平县(鲁) | 23400.00 |
| 329 | 寿光市(鲁) | 20700.00 |
| 330 | 沂源县(鲁) | 17755.00 |
| 331 | 荣成市(鲁) | 17000.00 |
| 332 | 昌邑市(鲁) | 16694.00 |
| 333 | 岱岳区(鲁) | 15904.00 |
| 334 | 河东区(鲁) | 14500.00 |
| 335 | 乳山市(鲁) | 14000.00 |
| 336 | 临沂市临港经济开发区(鲁) | 13800.00 |
| 337 | 费　县(鲁) | 13494.00 |
| 338 | 莱州市(鲁) | 13262.00 |
| 339 | 金乡县(鲁) | 11530.00 |
| 340 | 东阿县(鲁) | 10300.00 |
| 341 | 环翠区(鲁) | 10123.00 |
| 342 | 宁阳县(鲁) | 9518.00 |
| 343 | 沂水县(鲁) | 9116.00 |
| 344 | 诸城市(鲁) | 8832.00 |
| 345 | 文登市(鲁) | 7900.00 |
| 346 | 邹城市(鲁) | 7598.00 |
| 347 | 嘉祥县(鲁) | 6750.00 |
| 348 | 武城县(鲁) | 6700.00 |
| 349 | 东港区(鲁) | 6382.00 |
| 350 | 昌乐县(鲁) | 5500.00 |
| 351 | 陵　县(鲁) | 5292.00 |
| 352 | 莘　县(鲁) | 4725.00 |
| 353 | 东昌府区(鲁) | 4680.00 |

| 序号 | 梨主产地 | 产量(吨) | 序号 | 梨主产地 | 产量(吨) | 序号 | 梨主产地 | 产量(吨) |
|---|---|---|---|---|---|---|---|---|
| 354 | 苍山县(鲁) | 4501.00 | 400 | 新蔡县(豫) | 7500.00 | 446 | 汝南县(豫) | 1030.00 |
| 355 | 河口区(鲁) | 4438.10 | 401 | 柘城县(豫) | 7425.00 | 447 | 邓州市(豫) | 1018.00 |
| 356 | 利津县(鲁) | 4368.00 | 402 | 新乡县(豫) | 7108.00 | 448 | 沈丘县(豫) | 1000.00 |
| 357 | 牟平区(鲁) | 4214.00 | 403 | 汝州市(豫) | 6380.00 | 449 | 钟祥市(鄂) | 174777.00 |
| 358 | 招远市(鲁) | 3969.00 | 404 | 方城县(豫) | 6003.80 | 450 | 老河口市(鄂) | 157500.00 |
| 359 | 岚山区(鲁) | 3780.00 | 405 | 息　县(豫) | 6000.00 | 451 | 京山县(鄂) | 23449.00 |
| 360 | 新泰市(鲁) | 3603.20 | 406 | 扶沟县(豫) | 5600.00 | 452 | 枣阳市(鄂) | 10094.00 |
| 361 | 广饶县(鲁) | 3500.00 | 407 | 南乐县(豫) | 5490.00 | 453 | 襄州区(鄂) | 8500.00 |
| 362 | 临朐县(鲁) | 3400.00 | 408 | 确山县(豫) | 5300.00 | 454 | 云梦县(鄂) | 7100.00 |
| 363 | 莱山区(鲁) | 3200.00 | 409 | 孟州市(豫) | 5192.00 | 455 | 应城市(鄂) | 7000.00 |
| 364 | 日照国际海洋城(鲁) | 3000.00 | 410 | 舞钢市(豫) | 4700.00 | 456 | 枝江市(鄂) | 5343.83 |
| 365 | 淄川区(鲁) | 3000.00 | 411 | 正阳县(豫) | 4600.00 | 457 | 随　县(鄂) | 5203.00 |
| 366 | 寒亭区(鲁) | 3000.00 | 412 | 潢川县(豫) | 4568.00 | 458 | 屈家岭管理区(鄂) | 4509.00 |
| 367 | 阳谷县(鲁) | 3000.00 | 413 | 武陟县(豫) | 4500.00 | 459 | 荆州区(鄂) | 4500.00 |
| 368 | 威海市经济技术开发区(鲁) | 2998.00 | 414 | 长垣县(豫) | 4100.00 | 460 | 东宝区(鄂) | 4100.00 |
| 369 | 泗水县(鲁) | 2990.00 | 415 | 遂平县(豫) | 4000.00 | 461 | 孝南区(鄂) | 3240.00 |
| 370 | 梁山县(鲁) | 2985.00 | 416 | 上蔡县(豫) | 3800.00 | 462 | 松滋市(鄂) | 3018.00 |
| 371 | 滨城区(鲁) | 2840.00 | 417 | 二七区(豫) | 3541.00 | 463 | 石首市(鄂) | 2800.00 |
| 372 | 邹平县(鲁) | 2831.00 | 418 | 卫辉市(豫) | 3470.00 | 464 | 通山县(鄂) | 2762.00 |
| 373 | 汶上县(鲁) | 2625.00 | 419 | 宜阳县(豫) | 3420.00 | 465 | 大悟县(鄂) | 2520.00 |
| 374 | 临沭县(鲁) | 2400.00 | 420 | 民权县(豫) | 3300.00 | 466 | 宣恩县(鄂) | 2500.00 |
| 375 | 长清区(鲁) | 2066.00 | 421 | 原阳县(豫) | 3000.00 | 467 | 广水市(鄂) | 2100.00 |
| 376 | 莱城区(鲁) | 1864.00 | 422 | 襄城县(豫) | 2908.00 | 468 | 宜城市(鄂) | 1779.00 |
| 377 | 沂南县(鲁) | 1800.00 | 423 | 栾川县(豫) | 2736.00 | 469 | 恩施市(鄂) | 1240.00 |
| 378 | 平原县(鲁) | 1698.00 | 424 | 濮阳县(豫) | 2700.00 | 470 | 谷城县(鄂) | 1015.00 |
| 379 | 曹　县(鲁) | 1560.00 | 425 | 荥阳市(豫) | 2700.00 | 471 | 宜章县(湘) | 32946.00 |
| 380 | 莱芜市雪野旅游区(鲁) | 1330.00 | 426 | 西平县(豫) | 2600.00 | 472 | 花垣县(湘) | 17000.00 |
| 381 | 宁陵县(豫) | 320000.00 | 427 | 获嘉县(豫) | 2384.00 | 473 | 吉首市(湘) | 14000.00 |
| 382 | 淅川县(豫) | 45000.00 | 428 | 嵩　县(豫) | 2250.00 | 474 | 浏阳市(湘) | 13352.00 |
| 383 | 夏邑县(豫) | 40000.00 | 429 | 新　县(豫) | 2208.00 | 475 | 桑植县(湘) | 12000.00 |
| 384 | 项城市(豫) | 28000.00 | 430 | 汤阴县(豫) | 2200.00 | 476 | 蓝山县(湘) | 10200.00 |
| 385 | 洛宁县(豫) | 27000.00 | 431 | 龙亭区(豫) | 2100.00 | 477 | 湘潭县(湘) | 8000.00 |
| 386 | 兰考县(豫) | 22480.00 | 432 | 林州市(豫) | 1950.00 | 478 | 北湖区(湘) | 7204.00 |
| 387 | 孟津县(豫) | 21000.00 | 433 | 登封市(豫) | 1890.00 | 479 | 资兴市(湘) | 6785.00 |
| 388 | 唐河县(豫) | 20000.00 | 434 | 郾城区(豫) | 1710.00 | 480 | 衡东县(湘) | 6120.00 |
| 389 | 泌阳县(豫) | 20000.00 | 435 | 桐柏县(豫) | 1690.00 | 481 | 岳阳市市辖区(湘) | 5600.00 |
| 390 | 梁园区(豫) | 18200.00 | 436 | 鹿邑县(豫) | 1600.00 | 482 | 临武县(湘) | 5100.00 |
| 391 | 太康县(豫) | 18000.00 | 437 | 开封县(豫) | 1500.00 | 483 | 祁东县(湘) | 5010.00 |
| 392 | 西华县(豫) | 14789.00 | 438 | 惠济区(豫) | 1364.00 | 484 | 株洲县(湘) | 4900.00 |
| 393 | 宛城区(豫) | 13500.00 | 439 | 红旗区(豫) | 1250.00 | 485 | 中方县(湘) | 4680.00 |
| 394 | 商水县(豫) | 11600.00 | 440 | 金水区(豫) | 1203.00 | 486 | 涟源市(湘) | 4640.00 |
| 395 | 济源市(豫) | 10080.00 | 441 | 博爱县(豫) | 1200.00 | 487 | 嘉禾县(湘) | 4618.00 |
| 396 | 内黄县(豫) | 9300.00 | 442 | 淇　县(豫) | 1175.00 | 488 | 平江县(湘) | 4302.00 |
| 397 | 灵宝市(豫) | 8295.00 | 443 | 南召县(豫) | 1124.00 | 489 | 新化县(湘) | 3600.00 |
| 398 | 临颍县(豫) | 7920.00 | 444 | 卧龙区(豫) | 1110.00 | 490 | 安化县(湘) | 3500.00 |
| 399 | 鄢陵县(豫) | 7664.00 | 445 | 沁阳市(豫) | 1055.00 | 491 | 绥宁县(湘) | 3000.00 |

| 序号 | 梨主产地 | 产量(吨) |
|---|---|---|
| 492 | 祁阳县(湘) | 2630.00 |
| 493 | 炎陵县(湘) | 2587.00 |
| 494 | 大祥区(湘) | 2520.00 |
| 495 | 新田县(湘) | 2380.00 |
| 496 | 靖州苗族侗族自治县(湘) | 2295.00 |
| 497 | 石门县(湘) | 2100.00 |
| 498 | 永顺县(湘) | 1800.00 |
| 499 | 津市市(湘) | 1653.00 |
| 500 | 新邵县(湘) | 1640.00 |
| 501 | 凤凰县(湘) | 1500.00 |
| 502 | 汝城县(湘) | 1193.00 |
| 503 | 城步苗族自治县(湘) | 1100.00 |
| 504 | 衡阳县(湘) | 1000.00 |
| 505 | 新宁县(湘) | 1000.00 |
| 506 | 辰溪县(湘) | 1000.00 |
| 507 | 赫山区(湘) | 1000.00 |
| 508 | 珠晖区(湘) | 1000.00 |
| 509 | 连州市(粤) | 50000.00 |
| 510 | 封开县(粤) | 7913.00 |
| 511 | 阳山县(粤) | 1264.00 |
| 512 | 南雄市(粤) | 1241.00 |
| 513 | 全州县(桂) | 25200.00 |
| 514 | 灵川县(桂) | 22044.00 |
| 515 | 钦北区(桂) | 19785.00 |
| 516 | 富川瑶族自治县(桂) | 10930.00 |
| 517 | 兴安县(桂) | 9526.00 |
| 518 | 临桂县(桂) | 6998.00 |
| 519 | 兴宾区(桂) | 6547.00 |
| 520 | 平乐县(桂) | 5649.00 |
| 521 | 永福县(桂) | 4976.00 |
| 522 | 阳朔县(桂) | 4240.00 |
| 523 | 宜州市(桂) | 3204.00 |
| 524 | 隆林各族自治县(桂) | 2950.00 |
| 525 | 南丹县(桂) | 2946.00 |
| 526 | 龙胜各族自治县(桂) | 2875.00 |
| 527 | 金城江区(桂) | 2730.00 |
| 528 | 钟山县(桂) | 2369.00 |
| 529 | 右江区(桂) | 2350.00 |
| 530 | 田林县(桂) | 2200.00 |
| 531 | 象州县(桂) | 1980.00 |
| 532 | 大新县(桂) | 1945.00 |
| 533 | 天等县(桂) | 1832.00 |
| 534 | 贺州市平桂管理区(桂) | 1617.00 |
| 535 | 雁山区(桂) | 1306.00 |
| 536 | 环江毛南族自治县(桂) | 1286.00 |
| 537 | 天峨县(桂) | 1245.00 |
| 538 | 昭平县(桂) | 1193.00 |
| 539 | 金秀瑶族自治县(桂) | 1170.00 |
| 540 | 荔浦县(桂) | 1100.00 |
| 541 | 永川区(渝) | 77400.00 |
| 542 | 开　县(渝) | 70185.00 |
| 543 | 南川区(渝) | 28000.00 |
| 544 | 涪陵区(渝) | 21900.00 |
| 545 | 云阳县(渝) | 20000.00 |
| 546 | 铜梁县(渝) | 18418.00 |
| 547 | 万州区(渝) | 14800.00 |
| 548 | 巫山县(渝) | 9000.00 |
| 549 | 巴南区(渝) | 8976.00 |
| 550 | 江津区(渝) | 6000.00 |
| 551 | 沙坪坝区(渝) | 4100.00 |
| 552 | 合川区(渝) | 4060.00 |
| 553 | 荣昌县(渝) | 3400.00 |
| 554 | 忠　县(渝) | 3000.00 |
| 555 | 彭水苗族土家族自治县(渝) | 1380.00 |
| 556 | 丰都县(渝) | 1315.00 |
| 557 | 武隆县(渝) | 1300.00 |
| 558 | 石柱土家族自治县(渝) | 1200.00 |
| 559 | 万盛区(渝) | 1017.00 |
| 560 | 苍溪县(川) | 90836.00 |
| 561 | 汉源县(川) | 60000.00 |
| 562 | 双流县(川) | 56650.00 |
| 563 | 龙泉驿区(川) | 43737.00 |
| 564 | 仁寿县(川) | 35480.00 |
| 565 | 金川县(川) | 25000.00 |
| 566 | 南溪县(川) | 19200.00 |
| 567 | 冕宁县(川) | 15727.00 |
| 568 | 江油市(川) | 14039.00 |
| 569 | 邻水县(川) | 12655.00 |
| 570 | 会理县(川) | 12641.00 |
| 571 | 万源市(川) | 12100.00 |
| 572 | 宜宾县(川) | 12087.00 |
| 573 | 金堂县(川) | 11200.00 |
| 574 | 青白江区(川) | 11000.00 |
| 575 | 翠屏区(川) | 10472.00 |
| 576 | 安岳县(川) | 9900.00 |
| 577 | 简阳市(川) | 9810.00 |
| 578 | 巴州区(川) | 9600.00 |
| 579 | 仪陇县(川) | 9350.00 |
| 580 | 米易县(川) | 8865.00 |
| 581 | 罗江县(川) | 8600.00 |
| 582 | 宣汉县(川) | 7650.00 |
| 583 | 中江县(川) | 7000.00 |
| 584 | 游仙区(川) | 6820.00 |
| 585 | 顺庆区(川) | 6000.00 |
| 586 | 西昌市(川) | 5630.00 |
| 587 | 达川区(川) | 5300.00 |
| 588 | 蓬安县(川) | 4720.00 |
| 589 | 南江县(川) | 4500.00 |
| 590 | 旌阳区(川) | 4500.00 |
| 591 | 崇州市(川) | 4387.00 |
| 592 | 阆中市(川) | 3780.00 |
| 593 | 蒲江县(川) | 3680.00 |
| 594 | 涪城区(川) | 3500.00 |
| 595 | 德昌县(川) | 3078.00 |
| 596 | 昭觉县(川) | 2860.00 |
| 597 | 西充县(川) | 2650.00 |
| 598 | 峨眉山市(川) | 2550.00 |
| 599 | 古蔺县(川) | 2500.00 |
| 600 | 恩阳区(川) | 2500.00 |
| 601 | 珙　县(川) | 2397.00 |
| 602 | 大邑县(川) | 2026.00 |
| 603 | 江安县(川) | 2000.00 |
| 604 | 宁南县(川) | 1895.00 |
| 605 | 乐至县(川) | 1860.00 |
| 606 | 盐边县(川) | 1850.00 |
| 607 | 安　县(川) | 1816.00 |
| 608 | 马边彝族自治县(川) | 1812.00 |
| 609 | 纳溪区(川) | 1762.00 |
| 610 | 威远县(川) | 1500.00 |
| 611 | 高　县(川) | 1450.00 |
| 612 | 营山县(川) | 1450.00 |
| 613 | 开江县(川) | 1400.00 |
| 614 | 平昌县(川) | 1394.00 |
| 615 | 雷波县(川) | 1360.00 |
| 616 | 犍为县(川) | 1345.00 |
| 617 | 嘉陵区(川) | 1183.00 |
| 618 | 彭山县(川) | 1050.00 |
| 619 | 邛崃市(川) | 1000.00 |
| 620 | 乌当区(黔) | 32056.00 |
| 621 | 镇远县(黔) | 11987.00 |
| 622 | 龙里县(黔) | 11550.00 |
| 623 | 修文县(黔) | 9292.00 |
| 624 | 桐梓县(黔) | 8406.00 |
| 625 | 大方县(黔) | 8000.00 |
| 626 | 红花岗区(黔) | 7440.00 |
| 627 | 荔波县(黔) | 7032.00 |
| 628 | 威宁彝族回族苗族自治县(黔) | 4221.00 |
| 629 | 榕江县(黔) | 4000.00 |

| 序号 | 梨主产地 | 产量(吨) |
|---|---|---|
| 630 | 开阳县(黔) | 3600.00 |
| 631 | 独山县(黔) | 3500.00 |
| 632 | 纳雍县(黔) | 3350.00 |
| 633 | 普安县(黔) | 2900.00 |
| 634 | 贞丰县(黔) | 2570.00 |
| 635 | 锦屏县(黔) | 2362.00 |
| 636 | 瓮安县(黔) | 2000.00 |
| 637 | 赫章县(黔) | 1894.00 |
| 638 | 黔西县(黔) | 1861.00 |
| 639 | 三都水族自治县(黔) | 1525.00 |
| 640 | 凤冈县(黔) | 1395.00 |
| 641 | 福泉市(黔) | 1350.00 |
| 642 | 红塔区(滇) | 15000.00 |
| 643 | 石林彝族自治县(滇) | 14340.30 |
| 644 | 开远市(滇) | 10884.00 |
| 645 | 禄丰县(滇) | 10479.00 |
| 646 | 陆良县(滇) | 9660.00 |
| 647 | 宾川县(滇) | 7894.00 |
| 648 | 巍山彝族回族自治县(滇) | 6797.00 |
| 649 | 楚雄市(滇) | 6233.00 |
| 650 | 昆明市高新技术开发区(滇) | 6000.00 |
| 651 | 师宗县(滇) | 5961.00 |
| 652 | 沾益县(滇) | 4843.60 |
| 653 | 镇雄县(滇) | 4500.00 |
| 654 | 广南县(滇) | 4334.00 |
| 655 | 富源县(滇) | 3917.00 |
| 656 | 个旧市(滇) | 3619.00 |
| 657 | 江川县(滇) | 3100.00 |
| 658 | 武定县(滇) | 2763.00 |
| 659 | 牟定县(滇) | 2684.74 |
| 660 | 洱源县(滇) | 2610.50 |
| 661 | 禄劝彝族苗族自治县(滇) | 2465.00 |
| 662 | 南华县(滇) | 2444.00 |
| 663 | 文山市(滇) | 2430.00 |
| 664 | 昌宁县(滇) | 2148.00 |
| 665 | 云　县(滇) | 2013.20 |
| 666 | 安宁市(滇) | 2000.00 |
| 667 | 麒麟区(滇) | 1921.00 |
| 668 | 晋宁县(滇) | 1730.90 |
| 669 | 丘北县(滇) | 1598.00 |
| 670 | 凤庆县(滇) | 1596.10 |
| 671 | 姚安县(滇) | 1472.00 |
| 672 | 富民县(滇) | 1434.20 |
| 673 | 永平县(滇) | 1362.00 |
| 674 | 施甸县(滇) | 1351.00 |
| 675 | 鹤庆县(滇) | 1168.00 |
| 676 | 富宁县(滇) | 1153.00 |
| 677 | 永德县(滇) | 1094.00 |
| 678 | 蒲城县(陕) | 350000.00 |
| 679 | 延长县(陕) | 20000.00 |
| 680 | 乾　县(陕) | 13500.00 |
| 681 | 洋　县(陕) | 12821.00 |
| 682 | 秦都区(陕) | 7500.00 |
| 683 | 淳化县(陕) | 6185.00 |
| 684 | 米脂县(陕) | 5193.00 |
| 685 | 泾阳县(陕) | 5000.00 |
| 686 | 绥德县(陕) | 4234.00 |
| 687 | 南郑县(陕) | 3828.00 |
| 688 | 子洲县(陕) | 3115.00 |
| 689 | 陈仓区(陕) | 2544.00 |
| 690 | 陇　县(陕) | 2243.00 |
| 691 | 汉阴县(陕) | 1687.00 |
| 692 | 旬阳县(陕) | 1656.00 |
| 693 | 略阳县(陕) | 1557.00 |
| 694 | 汉滨区(陕) | 1328.00 |
| 695 | 景泰县(甘) | 65000.00 |
| 696 | 肃州区(甘) | 47699.00 |
| 697 | 民乐县(甘) | 35100.00 |
| 698 | 和政县(甘) | 32500.00 |
| 699 | 甘州区(甘) | 25000.00 |
| 700 | 临泽县(甘) | 18140.00 |
| 701 | 静宁县(甘) | 17330.00 |
| 702 | 高台县(甘) | 16820.00 |
| 703 | 秦安县(甘) | 15264.60 |
| 704 | 临夏县(甘) | 14960.00 |
| 705 | 甘谷县(甘) | 13798.00 |
| 706 | 积石山保安族东乡族撒拉族自治县(甘) | 8894.00 |
| 707 | 金塔县(甘) | 8598.00 |
| 708 | 会宁县(甘) | 6549.00 |
| 709 | 张家川回族自治县(甘) | 6004.14 |
| 710 | 武山县(甘) | 5752.00 |
| 711 | 康乐县(甘) | 5400.00 |
| 712 | 靖远县(甘) | 5250.00 |
| 713 | 榆中县(甘) | 5089.00 |
| 714 | 安定区(甘) | 4994.70 |
| 715 | 东乡族自治县(甘) | 4800.00 |
| 716 | 陇西县(甘) | 4700.00 |
| 717 | 凉州区(甘) | 4156.00 |
| 718 | 敦煌市(甘) | 3750.00 |
| 719 | 广河县(甘) | 3750.00 |
| 720 | 崇信县(甘) | 3500.00 |
| 721 | 临潭县(甘) | 3200.00 |
| 722 | 泾川县(甘) | 2840.00 |
| 723 | 崆峒区(甘) | 2752.00 |
| 724 | 迭部县(甘) | 2176.00 |
| 725 | 白银区(甘) | 2160.00 |
| 726 | 临夏市(甘) | 1823.00 |
| 727 | 徽　县(甘) | 1736.00 |
| 728 | 山丹县(甘) | 1657.00 |
| 729 | 红古区(甘) | 1500.00 |
| 730 | 秦州区(甘) | 1451.00 |
| 731 | 永登县(甘) | 1336.00 |
| 732 | 玉门市(甘) | 1333.00 |
| 733 | 武都区(甘) | 1200.00 |
| 734 | 西和县(甘) | 1200.00 |
| 735 | 漳　县(甘) | 1200.00 |
| 736 | 镇原县(甘) | 1120.00 |
| 737 | 西峰区(甘) | 1103.00 |
| 738 | 永靖县(甘) | 1100.00 |
| 739 | 清水县(甘) | 1050.00 |
| 740 | 海原县(宁) | 3030.00 |
| 741 | 彭阳县(宁) | 1241.00 |
| 742 | 尉犁县(新) | 17046.00 |
| 743 | 莎车县(新) | 4688.00 |
| 744 | 巴楚县(新) | 3238.00 |
| 745 | 叶城县(新) | 2619.00 |
| 746 | 疏勒县(新) | 1679.00 |
| 747 | 伽师县(新) | 1398.00 |
| 748 | 亚布力林业局(龙江森工) | 1800.00 |
| 749 | 农三师(新疆兵团) | 56549.00 |
| 750 | 农四师(新疆兵团) | 1286.00 |

### 表 7-3　桃主产地产量

| 序号 | 桃主产地 | 产量(吨) |
|---|---|---|
| 1 | 大兴区(京) | 39092.00 |
| 2 | 通州区(京) | 35503.10 |
| 3 | 顺义区(京) | 7553.00 |
| 4 | 房山区(京) | 6717.50 |
| 5 | 昌平区(京) | 4133.20 |
| 6 | 怀柔区(京) | 3332.60 |
| 7 | 密云县(京) | 3279.00 |
| 8 | 海淀区(京) | 1931.00 |
| 9 | 丰台区(京) | 1320.00 |
| 10 | 延庆县(京) | 1165.00 |
| 11 | 武清区(津) | 17035.00 |
| 12 | 静海县(津) | 10181.00 |
| 13 | 蓟　县(津) | 8518.00 |

| 序号 | 桃主产地 | 产量(吨) | 序号 | 桃主产地 | 产量(吨) | 序号 | 桃主产地 | 产量(吨) |
|---|---|---|---|---|---|---|---|---|
| 14 | 北辰区(津) | 7168.00 | 60 | 藁城市(冀) | 5991.00 | 106 | 涿鹿县(冀) | 1118.10 |
| 15 | 宝坻区(津) | 6508.00 | 61 | 平山县(冀) | 5800.00 | 107 | 望都县(冀) | 1100.00 |
| 16 | 滨海新区(津) | 2855.10 | 62 | 易　县(冀) | 5700.00 | 108 | 隆尧县(冀) | 1034.00 |
| 17 | 西青区(津) | 1099.00 | 63 | 玉田县(冀) | 5331.00 | 109 | 唐海县(冀) | 1005.00 |
| 18 | 乐亭县(冀) | 279516.00 | 64 | 宁晋县(冀) | 5136.00 | 110 | 青龙满族自治县(冀) | 1000.00 |
| 19 | 深州市(冀) | 169396.00 | 65 | 邱　县(冀) | 5000.00 | 111 | 清苑县(冀) | 1000.00 |
| 20 | 顺平县(冀) | 161100.00 | 66 | 献　县(冀) | 4873.00 | 112 | 翼城县(晋) | 16500.00 |
| 21 | 昌黎县(冀) | 82000.00 | 67 | 涞水县(冀) | 4200.00 | 113 | 侯马市(晋) | 7234.00 |
| 22 | 满城县(冀) | 64350.00 | 68 | 路北区(冀) | 4130.00 | 114 | 闻喜县(晋) | 1720.00 |
| 23 | 滦南县(冀) | 56519.00 | 69 | 泊头市(冀) | 4106.00 | 115 | 忻府区(晋) | 1533.30 |
| 24 | 临漳县(冀) | 54470.00 | 70 | 雄　县(冀) | 4100.00 | 116 | 开鲁县(内蒙古) | 3000.00 |
| 25 | 抚宁县(冀) | 49006.00 | 71 | 巨鹿县(冀) | 3680.00 | 117 | 盖州市(辽) | 59287.00 |
| 26 | 辛集市(冀) | 44867.00 | 72 | 大名县(冀) | 3603.00 | 118 | 宽甸满族自治县(辽) | 50000.00 |
| 27 | 遵化市(冀) | 38005.00 | 73 | 新乐市(冀) | 3400.00 | 119 | 大连市金州新区(辽) | 41800.00 |
| 28 | 迁安市(冀) | 34461.00 | 74 | 景　县(冀) | 3021.00 | 120 | 连山区(辽) | 14500.00 |
| 29 | 邯郸县(冀) | 33100.00 | 75 | 任丘市(冀) | 3013.00 | 121 | 海城市(辽) | 5000.00 |
| 30 | 丰润区(冀) | 26677.00 | 76 | 蠡　县(冀) | 3000.00 | 122 | 凤城市(辽) | 3900.00 |
| 31 | 固安县(冀) | 26300.00 | 77 | 大城县(冀) | 3000.00 | 123 | 东港市(辽) | 3400.00 |
| 32 | 定兴县(冀) | 23500.00 | 78 | 长安区(冀) | 2980.00 | 124 | 旅顺口区(辽) | 3007.00 |
| 33 | 安次区(冀) | 22855.00 | 79 | 冀州市(冀) | 2800.00 | 125 | 振安区(辽) | 3000.00 |
| 34 | 唐　县(冀) | 21810.00 | 80 | 文安县(冀) | 2743.00 | 126 | 法库县(辽) | 2000.00 |
| 35 | 滦　县(冀) | 21678.00 | 81 | 吴桥县(冀) | 2650.00 | 127 | 喀喇沁左翼蒙古族自治县(辽) | 1600.00 |
| 36 | 晋州市(冀) | 20400.00 | 82 | 肃宁县(冀) | 2584.00 | 128 | 大石桥市(辽) | 1500.00 |
| 37 | 饶阳县(冀) | 19890.00 | 83 | 孟村回族自治县(冀) | 2540.00 | 129 | 北镇市(辽) | 1200.00 |
| 38 | 魏　县(冀) | 19199.00 | 84 | 广宗县(冀) | 2464.00 | 130 | 辽中县(辽) | 1000.00 |
| 39 | 定州市(冀) | 19000.00 | 85 | 新市区(冀) | 2448.00 | 131 | 浦东新区(沪) | 31263.00 |
| 40 | 霸州市(冀) | 16220.00 | 86 | 任　县(冀) | 2322.00 | 132 | 奉贤区(沪) | 12509.40 |
| 41 | 怀来县(冀) | 13820.00 | 87 | 河间市(冀) | 2278.00 | 133 | 金山区(沪) | 11489.60 |
| 42 | 涿州市(冀) | 12737.00 | 88 | 馆陶县(冀) | 2200.00 | 134 | 崇明县(沪) | 8249.73 |
| 43 | 山海关区(冀) | 12266.00 | 89 | 肥乡县(冀) | 2000.00 | 135 | 青浦区(沪) | 2995.53 |
| 44 | 卢龙县(冀) | 11298.00 | 90 | 永年县(冀) | 1996.00 | 136 | 松江区(沪) | 2680.30 |
| 45 | 古冶区(冀) | 10243.00 | 91 | 内丘县(冀) | 1800.00 | 137 | 嘉定区(沪) | 1100.00 |
| 46 | 兴隆县(冀) | 10230.00 | 92 | 枣强县(冀) | 1773.00 | 138 | 贾汪区(苏) | 55615.00 |
| 47 | 威　县(冀) | 9860.00 | 93 | 黄骅市(冀) | 1581.00 | 139 | 新沂市(苏) | 38500.00 |
| 48 | 香河县(冀) | 9840.00 | 94 | 北戴河区(冀) | 1540.00 | 140 | 句容市(苏) | 28298.00 |
| 49 | 正定县(冀) | 9726.00 | 95 | 故城县(冀) | 1520.00 | 141 | 邳州市(苏) | 28220.00 |
| 50 | 成安县(冀) | 9500.00 | 96 | 承德县(冀) | 1506.00 | 142 | 涟水县(苏) | 20000.00 |
| 51 | 邢台县(冀) | 9364.00 | 97 | 曲阳县(冀) | 1500.00 | 143 | 六合区(苏) | 18900.00 |
| 52 | 永清县(冀) | 8918.00 | 98 | 高邑县(冀) | 1495.00 | 144 | 武进区(苏) | 18509.00 |
| 53 | 广阳区(冀) | 8810.00 | 99 | 深泽县(冀) | 1430.00 | 145 | 丰　县(苏) | 16800.00 |
| 54 | 沧　县(冀) | 8736.00 | 100 | 徐水县(冀) | 1350.00 | 146 | 灌云县(苏) | 9920.00 |
| 55 | 三河市(冀) | 8508.00 | 101 | 鹿泉市(冀) | 1250.00 | 147 | 张家港市(苏) | 9812.00 |
| 56 | 高碑店市(冀) | 7508.00 | 102 | 迁西县(冀) | 1241.00 | 148 | 赣榆县(苏) | 8990.00 |
| 57 | 安平县(冀) | 7098.00 | 103 | 武强县(冀) | 1200.00 | 149 | 浦口区(苏) | 8254.00 |
| 58 | 博野县(冀) | 6700.00 | 104 | 盐山县(冀) | 1180.00 | 150 | 江阴市(苏) | 7711.00 |
| 59 | 丰南区(冀) | 6075.00 | 105 | 阜城县(冀) | 1170.00 | 151 | 盱眙县(苏) | 7000.00 |

| 序号 | 桃主产地 | 产量(吨) | 序号 | 桃主产地 | 产量(吨) | 序号 | 桃主产地 | 产量(吨) |
|---|---|---|---|---|---|---|---|---|
| 152 | 沛　县(苏) | 6515.00 | 198 | 桐庐县(浙) | 10636.00 | 244 | 青阳县(皖) | 1470.00 |
| 153 | 金坛市(苏) | 4800.00 | 199 | 南湖区(浙) | 10580.00 | 245 | 凤阳县(皖) | 1280.00 |
| 154 | 滨湖区(苏) | 4728.00 | 200 | 慈溪市(浙) | 9500.00 | 246 | 潜山县(皖) | 1250.00 |
| 155 | 大丰市(苏) | 4600.00 | 201 | 淳安县(浙) | 9135.00 | 247 | 霍邱县(皖) | 1200.00 |
| 156 | 阜宁县(苏) | 4600.00 | 202 | 余杭区(浙) | 8644.00 | 248 | 利辛县(皖) | 1146.50 |
| 157 | 滨海县(苏) | 4530.00 | 203 | 宁海县(浙) | 7500.00 | 249 | 泗　县(皖) | 1050.00 |
| 158 | 宜兴市(苏) | 4362.00 | 204 | 临安市(浙) | 6500.00 | 250 | 望江县(皖) | 1000.00 |
| 159 | 海州区(苏) | 4179.00 | 205 | 仙居县(浙) | 6160.00 | 251 | 永修县(赣) | 10800.00 |
| 160 | 溧阳市(苏) | 4073.00 | 206 | 德清县(浙) | 5660.00 | 252 | 修水县(赣) | 2860.00 |
| 161 | 亭湖区(苏) | 3800.00 | 207 | 天台县(浙) | 5000.00 | 253 | 瑞昌市(赣) | 2239.00 |
| 162 | 东海县(苏) | 3750.00 | 208 | 秀洲区(浙) | 4953.00 | 254 | 赣　县(赣) | 1910.00 |
| 163 | 如皋市(苏) | 3600.00 | 209 | 鄞州区(浙) | 3557.00 | 255 | 会昌县(赣) | 1611.00 |
| 164 | 丹阳市(苏) | 3600.00 | 210 | 吴兴区(浙) | 3427.00 | 256 | 崇义县(赣) | 1467.00 |
| 165 | 睢宁县(苏) | 3520.00 | 211 | 萧山区(浙) | 3189.00 | 257 | 宁都县(赣) | 1273.00 |
| 166 | 仪征市(苏) | 3114.00 | 212 | 余姚市(浙) | 3057.00 | 258 | 金溪县(赣) | 1256.00 |
| 167 | 靖江市(苏) | 2880.00 | 213 | 黄岩区(浙) | 2960.00 | 259 | 高安市(赣) | 1131.00 |
| 168 | 兴化市(苏) | 2847.00 | 214 | 海盐县(浙) | 2586.00 | 260 | 全南县(赣) | 1000.00 |
| 169 | 如东县(苏) | 2800.00 | 215 | 温岭市(浙) | 2042.00 | 261 | 蒙阴县(鲁) | 708586.00 |
| 170 | 连云区(苏) | 2719.00 | 216 | 庆元县(浙) | 2000.00 | 262 | 沂源县(鲁) | 193855.00 |
| 171 | 虎丘区(苏) | 2705.00 | 217 | 松阳县(浙) | 1701.00 | 263 | 肥城市(鲁) | 182513.00 |
| 172 | 宝应县(苏) | 2635.00 | 218 | 象山县(浙) | 1537.00 | 264 | 五莲县(鲁) | 168000.00 |
| 173 | 吴中区(苏) | 2508.00 | 219 | 三门县(浙) | 1500.00 | 265 | 沂水县(鲁) | 153610.00 |
| 174 | 泗洪县(苏) | 2496.00 | 220 | 北仑区(浙) | 1130.00 | 266 | 安丘市(鲁) | 100000.00 |
| 175 | 建湖县(苏) | 2464.00 | 221 | 路桥区(浙) | 1095.00 | 267 | 岱岳区(鲁) | 70410.00 |
| 176 | 盐都区(苏) | 2050.00 | 222 | 萧　县(皖) | 52165.00 | 268 | 莱阳市(鲁) | 66000.00 |
| 177 | 姜堰区(苏) | 1860.00 | 223 | 埇桥区(皖) | 17441.00 | 269 | 青州市(鲁) | 62780.00 |
| 178 | 高淳县(苏) | 1640.00 | 224 | 全椒县(皖) | 12000.00 | 270 | 诸城市(鲁) | 60900.00 |
| 179 | 江宁区(苏) | 1634.00 | 225 | 南谯区(皖) | 10000.00 | 271 | 沂南县(鲁) | 57260.00 |
| 180 | 丹徒区(苏) | 1620.00 | 226 | 谯城区(皖) | 7800.00 | 272 | 黄岛区(鲁) | 52807.50 |
| 181 | 江都区(苏) | 1600.00 | 227 | 当涂县(皖) | 7215.00 | 273 | 苍山县(鲁) | 51361.00 |
| 182 | 锡山区(苏) | 1586.00 | 228 | 巢湖市(皖) | 7026.00 | 274 | 泗水县(鲁) | 50750.00 |
| 183 | 海门市(苏) | 1548.00 | 229 | 来安县(皖) | 7000.00 | 275 | 冠　县(鲁) | 50100.00 |
| 184 | 润州区(苏) | 1414.90 | 230 | 无为县(皖) | 6748.00 | 276 | 费　县(鲁) | 45640.00 |
| 185 | 沭阳县(苏) | 1345.00 | 231 | 寿　县(皖) | 5580.00 | 277 | 博山区(鲁) | 42800.00 |
| 186 | 淮阴区(苏) | 1328.00 | 232 | 灵璧县(皖) | 4266.00 | 278 | 新泰市(鲁) | 40188.00 |
| 187 | 启东市(苏) | 1230.00 | 233 | 明光市(皖) | 4180.00 | 279 | 邹城市(鲁) | 39907.00 |
| 188 | 连云港市市辖区(苏) | 1215.00 | 234 | 肥西县(皖) | 4010.00 | 280 | 临沂市蒙山旅游区(鲁) | 39200.00 |
| 189 | 响水县(苏) | 1200.00 | 235 | 长丰县(皖) | 4010.00 | 281 | 临朐县(鲁) | 35000.00 |
| 190 | 东台市(苏) | 1010.00 | 236 | 庐江县(皖) | 3852.00 | 282 | 邹平县(鲁) | 26460.00 |
| 191 | 莲都区(浙) | 35871.00 | 237 | 太湖县(皖) | 1945.00 | 283 | 昌乐县(鲁) | 26400.00 |
| 192 | 奉化市(浙) | 28348.00 | 238 | 定远县(皖) | 1850.00 | 284 | 寿光市(鲁) | 24300.00 |
| 193 | 长兴县(浙) | 21000.00 | 239 | 颍泉区(皖) | 1800.00 | 285 | 河东区(鲁) | 22000.00 |
| 194 | 缙云县(浙) | 20527.00 | 240 | 八公山区(皖) | 1685.00 | 286 | 海阳市(鲁) | 20000.00 |
| 195 | 富阳市(浙) | 19359.00 | 241 | 黟　县(皖) | 1564.00 | 287 | 昌邑市(鲁) | 19920.00 |
| 196 | 临海市(浙) | 16362.00 | 242 | 东至县(皖) | 1522.00 | 288 | 临沭县(鲁) | 18431.00 |
| 197 | 建德市(浙) | 11900.00 | 243 | 怀宁县(皖) | 1520.00 | 289 | 环翠区(鲁) | 17344.00 |

| 序号 | 桃主产地 | 产量(吨) | 序号 | 桃主产地 | 产量(吨) | 序号 | 桃主产地 | 产量(吨) |
|---|---|---|---|---|---|---|---|---|
| 290 | 长清区(鲁) | 16266.00 | 336 | 坊子区(鲁) | 1600.00 | 382 | 驿城区(豫) | 5010.00 |
| 291 | 荣成市(鲁) | 16100.00 | 337 | 城阳区(鲁) | 1586.00 | 383 | 卧龙区(豫) | 4995.00 |
| 292 | 莱城区(鲁) | 15931.00 | 338 | 陵　县(鲁) | 1560.00 | 384 | 汤阴县(豫) | 4650.00 |
| 293 | 莒南县(鲁) | 15300.00 | 339 | 临淄区(鲁) | 1495.00 | 385 | 登封市(豫) | 4500.00 |
| 294 | 惠民县(鲁) | 13400.00 | 340 | 福山区(鲁) | 1446.00 | 386 | 确山县(豫) | 4500.00 |
| 295 | 东平县(鲁) | 12395.00 | 341 | 济南市市中区(鲁) | 1400.00 | 387 | 获嘉县(豫) | 3911.00 |
| 296 | 莱州市(鲁) | 12385.00 | 342 | 莘　县(鲁) | 1328.00 | 388 | 安阳县(豫) | 3700.00 |
| 297 | 蓬莱市(鲁) | 11864.00 | 343 | 临沂市临港经济开发区(鲁) | 1130.00 | 389 | 二七区(豫) | 3690.00 |
| 298 | 即墨市(鲁) | 10300.00 | 344 | 芝罘区(鲁) | 1079.00 | 390 | 襄城县(豫) | 3433.00 |
| 299 | 兰山区(鲁) | 10000.00 | 345 | 内乡县(豫) | 95000.00 | 391 | 平桥区(豫) | 3431.00 |
| 300 | 高青县(鲁) | 9600.00 | 346 | 西华县(豫) | 72469.00 | 392 | 兰考县(豫) | 3120.00 |
| 301 | 乳山市(鲁) | 9500.00 | 347 | 唐河县(豫) | 67320.00 | 393 | 潢川县(豫) | 2909.00 |
| 302 | 曹　县(鲁) | 9230.00 | 348 | 濮阳市高新区(豫) | 60000.00 | 394 | 川汇区(豫) | 2615.00 |
| 303 | 岚山区(鲁) | 8700.00 | 349 | 内黄县(豫) | 50000.00 | 395 | 红旗区(豫) | 2500.00 |
| 304 | 金乡县(鲁) | 8506.00 | 350 | 扶沟县(豫) | 38200.00 | 396 | 龙亭区(豫) | 2295.00 |
| 305 | 茌平县(鲁) | 8160.00 | 351 | 灵宝市(豫) | 35366.00 | 397 | 中原区(豫) | 2100.00 |
| 306 | 日照国际海洋城(鲁) | 7500.00 | 352 | 原阳县(豫) | 35000.00 | 398 | 管城回族区(豫) | 2080.00 |
| 307 | 临清市(鲁) | 7175.00 | 353 | 泌阳县(豫) | 32000.00 | 399 | 洛龙区(豫) | 2067.00 |
| 308 | 宁阳县(鲁) | 7146.00 | 354 | 太康县(豫) | 26660.00 | 400 | 鲁山县(豫) | 1883.00 |
| 309 | 文登市(鲁) | 6130.00 | 355 | 武陟县(豫) | 25600.00 | 401 | 汝南县(豫) | 1815.00 |
| 310 | 潍坊市峡山区(鲁) | 5706.00 | 356 | 洛宁县(豫) | 16500.00 | 402 | 沁阳市(豫) | 1630.00 |
| 311 | 德城区(鲁) | 5487.00 | 357 | 方城县(豫) | 15038.00 | 403 | 新　县(豫) | 1612.00 |
| 312 | 齐河县(鲁) | 5100.00 | 358 | 卫辉市(豫) | 14260.00 | 404 | 鼓楼区(豫) | 1600.00 |
| 313 | 阳谷县(鲁) | 5000.00 | 359 | 浚　县(豫) | 13500.00 | 405 | 新蔡县(豫) | 1560.00 |
| 314 | 平原县(鲁) | 4751.00 | 360 | 博爱县(豫) | 12000.00 | 406 | 长垣县(豫) | 1500.00 |
| 315 | 东港区(鲁) | 4600.00 | 361 | 许昌县(豫) | 11253.00 | 407 | 汝阳县(豫) | 1500.00 |
| 316 | 汶上县(鲁) | 4500.00 | 362 | 孟州市(豫) | 10230.00 | 408 | 柘城县(豫) | 1496.00 |
| 317 | 郯城县(鲁) | 4400.00 | 363 | 南召县(豫) | 10094.00 | 409 | 长葛市(豫) | 1462.00 |
| 318 | 招远市(鲁) | 4050.00 | 364 | 济源市(豫) | 9750.00 | 410 | 封丘县(豫) | 1400.00 |
| 319 | 任城区(鲁) | 4000.00 | 365 | 鄢陵县(豫) | 8943.00 | 411 | 郏　县(豫) | 1290.00 |
| 320 | 寒亭区(鲁) | 4000.00 | 366 | 商水县(豫) | 8903.00 | 412 | 鹿邑县(豫) | 1200.00 |
| 321 | 高密市(鲁) | 4000.00 | 367 | 宛城区(豫) | 8550.00 | 413 | 林州市(豫) | 1102.80 |
| 322 | 嘉祥县(鲁) | 3910.00 | 368 | 栾川县(豫) | 8418.00 | 414 | 邓州市(豫) | 1080.00 |
| 323 | 武城县(鲁) | 3500.00 | 369 | 郾城区(豫) | 8190.00 | 415 | 沈丘县(豫) | 1000.00 |
| 324 | 潍城区(鲁) | 3478.00 | 370 | 项城市(豫) | 8100.00 | 416 | 枣阳市(鄂) | 203948.00 |
| 325 | 微山县(鲁) | 3363.00 | 371 | 新野县(豫) | 7230.00 | 417 | 随　县(鄂) | 146000.00 |
| 326 | 平阴县(鲁) | 3230.00 | 372 | 辉县市(豫) | 6985.00 | 418 | 屈家岭管理区(鄂) | 50000.00 |
| 327 | 崂山区(鲁) | 2972.00 | 373 | 宜阳县(豫) | 6900.00 | 419 | 老河口市(鄂) | 45000.00 |
| 328 | 栖霞市(鲁) | 2860.00 | 374 | 桐柏县(豫) | 6560.00 | 420 | 孝南区(鄂) | 28800.00 |
| 329 | 利津县(鲁) | 2679.00 | 375 | 汝州市(豫) | 6050.00 | 421 | 枝江市(鄂) | 26301.00 |
| 330 | 广饶县(鲁) | 2500.00 | 376 | 尉氏县(豫) | 6000.00 | 422 | 蕲春县(鄂) | 17000.00 |
| 331 | 莱山区(鲁) | 2175.00 | 377 | 光山县(豫) | 6000.00 | 423 | 京山县(鄂) | 9523.00 |
| 332 | 周村区(鲁) | 1999.08 | 378 | 荥阳市(豫) | 5924.00 | 424 | 云梦县(鄂) | 6650.00 |
| 333 | 梁山县(鲁) | 1876.00 | 379 | 舞钢市(豫) | 5800.00 | 425 | 黄陂区(鄂) | 6500.00 |
| 334 | 成武县(鲁) | 1864.00 | 380 | 上蔡县(豫) | 5800.00 | 426 | 大悟县(鄂) | 6220.00 |
| 335 | 牟平区(鲁) | 1776.00 | 381 | 嵩　县(豫) | 5400.00 | 427 | 钟祥市(鄂) | 5498.00 |

| 序号 | 桃主产地 | 产量(吨) | 序号 | 桃主产地 | 产量(吨) | 序号 | 桃主产地 | 产量(吨) |
|---|---|---|---|---|---|---|---|---|
| 428 | 襄州区(鄂) | 5400.00 | 474 | 津市市(湘) | 1177.00 | 520 | 乐至县(川) | 12840.00 |
| 429 | 广水市(鄂) | 5200.00 | 475 | 祁东县(湘) | 1100.00 | 521 | 米易县(川) | 12000.00 |
| 430 | 应城市(鄂) | 4000.00 | 476 | 连平县(粤) | 44892.00 | 522 | 江油市(川) | 11998.00 |
| 431 | 荆州区(鄂) | 3000.00 | 477 | 乐昌市(粤) | 12000.00 | 523 | 汉源县(川) | 9000.00 |
| 432 | 东宝区(鄂) | 2600.00 | 478 | 灵川县(桂) | 38908.00 | 524 | 会理县(川) | 7918.00 |
| 433 | 曾都区(鄂) | 2594.00 | 479 | 恭城瑶族自治县(桂) | 32816.00 | 525 | 西昌市(川) | 6950.00 |
| 434 | 罗田县(鄂) | 2500.00 | 480 | 平乐县(桂) | 32159.00 | 526 | 顺庆区(川) | 6500.00 |
| 435 | 丹江口市(鄂) | 2378.00 | 481 | 象州县(桂) | 18557.00 | 527 | 冕宁县(川) | 5725.00 |
| 436 | 襄城区(鄂) | 2100.00 | 482 | 兴安县(桂) | 12104.00 | 528 | 中江县(川) | 5330.00 |
| 437 | 宜城市(鄂) | 2029.00 | 483 | 鹿寨县(桂) | 9486.00 | 529 | 峨眉山市(川) | 5300.00 |
| 438 | 孝昌县(鄂) | 1900.00 | 484 | 兴宾区(桂) | 7952.00 | 530 | 巴州区(川) | 4500.00 |
| 439 | 通城县(鄂) | 1600.00 | 485 | 阳朔县(桂) | 6676.00 | 531 | 安岳县(川) | 4500.00 |
| 440 | 谷城县(鄂) | 1350.00 | 486 | 钟山县(桂) | 3376.00 | 532 | 南江县(川) | 4350.00 |
| 441 | 武穴市(鄂) | 1279.00 | 487 | 荔浦县(桂) | 3360.00 | 533 | 邻水县(川) | 4129.00 |
| 442 | 鹤峰县(鄂) | 1180.00 | 488 | 全州县(桂) | 3000.00 | 534 | 雨城区(川) | 4000.00 |
| 443 | 保康县(鄂) | 1155.00 | 489 | 八步区(桂) | 2750.00 | 535 | 万源市(川) | 3200.00 |
| 444 | 宜都市(鄂) | 1123.00 | 490 | 金秀瑶族自治县(桂) | 2676.00 | 536 | 营山县(川) | 2950.00 |
| 445 | 恩施市(鄂) | 1032.00 | 491 | 富川瑶族自治县(桂) | 2665.00 | 537 | 古蔺县(川) | 2500.00 |
| 446 | 浏阳市(湘) | 8884.00 | 492 | 天峨县(桂) | 2626.00 | 538 | 仁和区(川) | 2500.00 |
| 447 | 祁阳县(湘) | 7240.00 | 493 | 田林县(桂) | 2087.00 | 539 | 阆中市(川) | 2407.00 |
| 448 | 衡东县(湘) | 6225.00 | 494 | 南丹县(桂) | 1909.00 | 540 | 德昌县(川) | 2359.00 |
| 449 | 永定区(湘) | 4500.00 | 495 | 龙胜各族自治县(桂) | 1724.00 | 541 | 涪城区(川) | 2300.00 |
| 450 | 涟源市(湘) | 4330.00 | 496 | 隆林各族自治县(桂) | 1400.00 | 542 | 仪陇县(川) | 2100.00 |
| 451 | 岳阳市市辖区(湘) | 3900.00 | 497 | 永福县(桂) | 1287.00 | 543 | 游仙区(川) | 2100.00 |
| 452 | 资兴市(湘) | 3875.00 | 498 | 乐业县(桂) | 1208.00 | 544 | 大邑县(川) | 1913.00 |
| 453 | 新宁县(湘) | 3000.00 | 499 | 金城江区(桂) | 1207.00 | 545 | 五通桥区(川) | 1661.00 |
| 454 | 大祥区(湘) | 2800.00 | 500 | 贺州市平桂管理区(桂) | 1033.00 | 546 | 南溪县(川) | 1600.00 |
| 455 | 永顺县(湘) | 2600.00 | 501 | 潼南县(渝) | 19500.00 | 547 | 苍溪县(川) | 1578.00 |
| 456 | 新田县(湘) | 2316.00 | 502 | 开　县(渝) | 12248.00 | 548 | 威远县(川) | 1426.00 |
| 457 | 石门县(湘) | 2250.00 | 503 | 合川区(渝) | 8893.50 | 549 | 翠屏区(川) | 1344.00 |
| 458 | 北湖区(湘) | 2199.00 | 504 | 云阳县(渝) | 8000.00 | 550 | 罗江县(川) | 1310.00 |
| 459 | 道　县(湘) | 2140.00 | 505 | 万州区(渝) | 7300.00 | 551 | 嘉陵区(川) | 1176.00 |
| 460 | 湘潭县(湘) | 2008.00 | 506 | 涪陵区(渝) | 4500.00 | 552 | 宁南县(川) | 1144.00 |
| 461 | 云溪区(湘) | 1900.00 | 507 | 南川区(渝) | 3700.00 | 553 | 犍为县(川) | 1125.00 |
| 462 | 华容县(湘) | 1849.00 | 508 | 北碚区(渝) | 3656.00 | 554 | 达川区(川) | 1100.00 |
| 463 | 中方县(湘) | 1720.00 | 509 | 巫山县(渝) | 3000.00 | 555 | 桐梓县(黔) | 8140.00 |
| 464 | 临澧县(湘) | 1676.00 | 510 | 沙坪坝区(渝) | 2850.00 | 556 | 龙里县(黔) | 5750.00 |
| 465 | 洞口县(湘) | 1625.00 | 511 | 巴南区(渝) | 1620.00 | 557 | 镇远县(黔) | 5750.00 |
| 466 | 东安县(湘) | 1602.00 | 512 | 江津区(渝) | 1500.00 | 558 | 榕江县(黔) | 4500.00 |
| 467 | 麻阳苗族自治县(湘) | 1540.00 | 513 | 彭水苗族土家族自治县(渝) | 1080.00 | 559 | 大方县(黔) | 4350.00 |
| 468 | 宁远县(湘) | 1525.00 | 514 | 龙泉驿区(川) | 50978.00 | 560 | 纳雍县(黔) | 3751.00 |
| 469 | 衡山县(湘) | 1453.76 | 515 | 金堂县(川) | 32620.00 | 561 | 修文县(黔) | 3214.00 |
| 470 | 赫山区(湘) | 1400.00 | 516 | 仁寿县(川) | 32200.00 | 562 | 乌当区(黔) | 3012.00 |
| 471 | 双牌县(湘) | 1300.00 | 517 | 简阳市(川) | 30867.00 | 563 | 开阳县(黔) | 2880.00 |
| 472 | 吉首市(湘) | 1200.00 | 518 | 西充县(川) | 13680.00 | 564 | 清镇市(黔) | 2612.00 |
| 473 | 龙山县(湘) | 1200.00 | 519 | 青白江区(川) | 13500.00 | 565 | 黔西县(黔) | 1846.00 |

| 序号 | 桃主产地 | 产量(吨) |
|---|---|---|
| 566 | 赫章县(黔) | 1761.00 |
| 567 | 长顺县(黔) | 1562.00 |
| 568 | 福泉市(黔) | 1040.00 |
| 569 | 独山县(黔) | 1000.00 |
| 570 | 开远市(滇) | 6006.00 |
| 571 | 陆良县(滇) | 5160.00 |
| 572 | 禄丰县(滇) | 4609.00 |
| 573 | 元江哈尼族彝族傣族自治县(滇) | 4423.90 |
| 574 | 沾益县(滇) | 4125.70 |
| 575 | 富民县(滇) | 3844.50 |
| 576 | 禄劝彝族苗族自治县(滇) | 3650.00 |
| 577 | 文山市(滇) | 3628.00 |
| 578 | 红塔区(滇) | 3000.00 |
| 579 | 石林彝族自治县(滇) | 2714.30 |
| 580 | 个旧市(滇) | 2582.00 |
| 581 | 富宁县(滇) | 2391.00 |
| 582 | 楚雄市(滇) | 2260.00 |
| 583 | 凤庆县(滇) | 2142.30 |
| 584 | 武定县(滇) | 2063.00 |
| 585 | 广南县(滇) | 2030.00 |
| 586 | 西畴县(滇) | 1995.00 |
| 587 | 富源县(滇) | 1658.00 |
| 588 | 云　县(滇) | 1150.50 |
| 589 | 姚安县(滇) | 1109.00 |
| 590 | 丘北县(滇) | 1054.00 |
| 591 | 牟定县(滇) | 1039.10 |
| 592 | 长安区(陕) | 23617.00 |
| 593 | 淳化县(陕) | 20055.00 |
| 594 | 蒲城县(陕) | 20000.00 |
| 595 | 秦都区(陕) | 9383.00 |
| 596 | 汉阴县(陕) | 8900.00 |
| 597 | 扶风县(陕) | 8062.00 |
| 598 | 乾　县(陕) | 8000.00 |
| 599 | 周至县(陕) | 7920.00 |
| 600 | 汉滨区(陕) | 6678.00 |
| 601 | 眉　县(陕) | 6655.00 |
| 602 | 渭滨区(陕) | 5728.00 |
| 603 | 未央区(陕) | 5000.00 |
| 604 | 泾阳县(陕) | 5000.00 |
| 605 | 礼泉县(陕) | 4845.00 |
| 606 | 旬阳县(陕) | 4796.00 |
| 607 | 王益区(陕) | 4000.00 |
| 608 | 陇　县(陕) | 3153.00 |
| 609 | 陈仓区(陕) | 3021.00 |
| 610 | 南郑县(陕) | 2921.00 |
| 611 | 临潼区(陕) | 2500.00 |
| 612 | 渭城区(陕) | 1935.00 |
| 613 | 绥德县(陕) | 1684.00 |
| 614 | 合阳县(陕) | 1350.00 |
| 615 | 略阳县(陕) | 1310.00 |
| 616 | 镇安县(陕) | 1197.00 |
| 617 | 秦安县(甘) | 116350.00 |
| 618 | 红古区(甘) | 7500.00 |
| 619 | 敦煌市(甘) | 6000.00 |
| 620 | 肃州区(甘) | 4801.00 |
| 621 | 文　县(甘) | 4725.00 |
| 622 | 崆峒区(甘) | 2625.00 |
| 623 | 秦州区(甘) | 2150.00 |
| 624 | 武都区(甘) | 2000.00 |
| 625 | 榆中县(甘) | 1736.00 |
| 626 | 宁　县(甘) | 1572.00 |
| 627 | 金塔县(甘) | 1345.00 |
| 628 | 西峰区(甘) | 1227.00 |
| 629 | 泾川县(甘) | 1220.00 |
| 630 | 麦积区(甘) | 1155.00 |
| 631 | 镇原县(甘) | 1124.00 |
| 632 | 庆城县(甘) | 1105.60 |
| 633 | 徽　县(甘) | 1096.00 |
| 634 | 西和县(甘) | 1000.00 |
| 635 | 彭阳县(宁) | 3350.00 |
| 636 | 永宁县(宁) | 1500.00 |
| 637 | 利通区(宁) | 1230.00 |
| 638 | 莎车县(新) | 28970.00 |
| 639 | 霍城县(新) | 26000.00 |
| 640 | 叶城县(新) | 11839.00 |
| 641 | 泽普县(新) | 6681.00 |
| 642 | 麦盖提县(新) | 6066.00 |
| 643 | 沙湾县(新) | 3300.00 |
| 644 | 喀什市(新) | 3021.00 |
| 645 | 阜康市(新) | 2400.00 |
| 646 | 昌吉市(新) | 1260.00 |
| 647 | 和静县(新) | 1134.00 |
| 648 | 疏附县(新) | 1125.00 |
| 649 | 农四师(新疆兵团) | 24362.00 |
| 650 | 农三师(新疆兵团) | 4043.00 |

**表 7-4　杏主产地产量**

| 序号 | 杏主产地 | 产量(吨) |
|---|---|---|
| 1 | 延庆县(京) | 4961.00 |
| 2 | 密云县(京) | 4900.00 |
| 3 | 房山区(京) | 3309.90 |
| 4 | 顺义区(京) | 2881.00 |
| 5 | 怀柔区(京) | 2507.70 |
| 6 | 昌平区(京) | 1651.50 |
| 7 | 大兴区(京) | 1613.00 |
| 8 | 通州区(京) | 1274.10 |
| 9 | 门头沟区(京) | 894.00 |
| 10 | 海淀区(京) | 848.10 |
| 11 | 蓟　县(津) | 1868.00 |
| 12 | 武清区(津) | 669.00 |
| 13 | 巨鹿县(冀) | 66303.00 |
| 14 | 易　县(冀) | 20500.00 |
| 15 | 遵化市(冀) | 14017.00 |
| 16 | 满城县(冀) | 13957.00 |
| 17 | 顺平县(冀) | 12600.00 |
| 18 | 兴隆县(冀) | 11285.00 |
| 19 | 蔚　县(冀) | 11145.00 |
| 20 | 辛集市(冀) | 7225.00 |
| 21 | 涞水县(冀) | 6000.00 |
| 22 | 怀安县(冀) | 5740.00 |
| 23 | 阜城县(冀) | 5208.00 |
| 24 | 宣化县(冀) | 4500.00 |
| 25 | 永清县(冀) | 4056.00 |
| 26 | 阳原县(冀) | 3501.00 |
| 27 | 鹿泉市(冀) | 3402.00 |
| 28 | 青龙满族自治县(冀) | 3400.00 |
| 29 | 唐　县(冀) | 3200.00 |
| 30 | 万全县(冀) | 2601.00 |
| 31 | 大名县(冀) | 2521.00 |
| 32 | 抚宁县(冀) | 2321.00 |
| 33 | 清苑县(冀) | 2000.00 |
| 34 | 肥乡县(冀) | 2000.00 |
| 35 | 博野县(冀) | 1980.00 |
| 36 | 承德县(冀) | 1962.00 |
| 37 | 沙河市(冀) | 1702.00 |
| 38 | 临漳县(冀) | 1600.00 |
| 39 | 丰润区(冀) | 1579.00 |
| 40 | 迁西县(冀) | 1521.00 |
| 41 | 张家口市高新技术管理区(冀) | 1500.00 |
| 42 | 威　县(冀) | 1480.00 |
| 43 | 深州市(冀) | 1415.00 |
| 44 | 广阳区(冀) | 1361.00 |
| 45 | 涞源县(冀) | 1350.00 |
| 46 | 迁安市(冀) | 1153.00 |
| 47 | 滦平县(冀) | 1035.00 |
| 48 | 平山县(冀) | 964.00 |
| 49 | 怀来县(冀) | 950.00 |
| 50 | 献　县(冀) | 894.00 |

| 序号 | 杏主产地 | 产量(吨) | 序号 | 杏主产地 | 产量(吨) | 序号 | 杏主产地 | 产量(吨) |
|---|---|---|---|---|---|---|---|---|
| 51 | 饶阳县(冀) | 894.00 | 97 | 东平县(鲁) | 16468.00 | 143 | 舞钢市(豫) | 5400.00 |
| 52 | 武邑县(冀) | 760.00 | 98 | 岱岳区(鲁) | 12976.00 | 144 | 南乐县(豫) | 5400.00 |
| 53 | 赤城县(冀) | 730.00 | 99 | 长清区(鲁) | 12853.00 | 145 | 项城市(豫) | 5280.00 |
| 54 | 玉田县(冀) | 690.00 | 100 | 新泰市(鲁) | 10735.00 | 146 | 原阳县(豫) | 5000.00 |
| 55 | 涿鹿县(冀) | 674.60 | 101 | 邹城市(鲁) | 9760.00 | 147 | 洛宁县(豫) | 4800.00 |
| 56 | 成安县(冀) | 670.00 | 102 | 淄川区(鲁) | 9000.00 | 148 | 渑池县(豫) | 3000.00 |
| 57 | 枣强县(冀) | 642.00 | 103 | 沂水县(鲁) | 8950.00 | 149 | 林州市(豫) | 2860.00 |
| 58 | 内丘县(冀) | 620.00 | 104 | 济南市市中区(鲁) | 6900.00 | 150 | 濮阳市高新区(豫) | 2754.00 |
| 59 | 安国市(冀) | 600.00 | 105 | 嘉祥县(鲁) | 5700.00 | 151 | 栾川县(豫) | 2690.00 |
| 60 | 丰宁满族自治县(冀) | 512.00 | 106 | 肥城市(鲁) | 5616.00 | 152 | 新蔡县(豫) | 2600.00 |
| 61 | 蠡　县(冀) | 500.00 | 107 | 临朐县(鲁) | 5000.00 | 153 | 济源市(豫) | 2500.00 |
| 62 | 崇礼县(冀) | 500.00 | 108 | 临清市(鲁) | 4380.00 | 154 | 二七区(豫) | 2409.00 |
| 63 | 行唐县(冀) | 500.00 | 109 | 城阳区(鲁) | 4300.00 | 155 | 新　县(豫) | 2272.00 |
| 64 | 天镇县(晋) | 62300.00 | 110 | 泗水县(鲁) | 4213.00 | 156 | 荥阳市(豫) | 2150.00 |
| 65 | 阳高县(晋) | 8000.00 | 111 | 昌乐县(鲁) | 3150.00 | 157 | 新安县(豫) | 2031.00 |
| 66 | 原平市(晋) | 2120.00 | 112 | 阳谷县(鲁) | 3100.00 | 158 | 太康县(豫) | 2020.00 |
| 67 | 闻喜县(晋) | 1050.00 | 113 | 河东区(鲁) | 2600.00 | 159 | 封丘县(豫) | 1710.00 |
| 68 | 小店区(晋) | 860.00 | 114 | 崂山区(鲁) | 2192.00 | 160 | 博爱县(豫) | 1500.00 |
| 69 | 寿阳县(晋) | 500.00 | 115 | 诸城市(鲁) | 2082.00 | 161 | 嵩　县(豫) | 1160.00 |
| 70 | 奈曼旗(内蒙古) | 17269.00 | 116 | 青州市(鲁) | 2070.00 | 162 | 新野县(豫) | 1130.00 |
| 71 | 清水河县(内蒙古) | 16958.00 | 117 | 金乡县(鲁) | 1980.00 | 163 | 鄢陵县(豫) | 1009.00 |
| 72 | 土默特左旗(内蒙古) | 5000.00 | 118 | 费　县(鲁) | 1830.00 | 164 | 登封市(豫) | 999.00 |
| 73 | 丰镇市(内蒙古) | 3141.00 | 119 | 沂南县(鲁) | 1800.00 | 165 | 唐河县(豫) | 800.00 |
| 74 | 凉城县(内蒙古) | 2999.75 | 120 | 宁阳县(鲁) | 1798.00 | 166 | 沁阳市(豫) | 790.00 |
| 75 | 准格尔旗(内蒙古) | 2183.00 | 121 | 梁山县(鲁) | 1585.00 | 167 | 郏　县(豫) | 750.00 |
| 76 | 开鲁县(内蒙古) | 2000.00 | 122 | 平阴县(鲁) | 1500.00 | 168 | 泌阳县(豫) | 750.00 |
| 77 | 土默特右旗(内蒙古) | 1905.00 | 123 | 招远市(鲁) | 1476.00 | 169 | 商水县(豫) | 698.00 |
| 78 | 临河区(内蒙古) | 878.00 | 124 | 微山县(鲁) | 1217.00 | 170 | 鲁山县(豫) | 646.00 |
| 79 | 喀喇沁左翼蒙古族自治县(辽) | 30083.00 | 125 | 东昌府区(鲁) | 1170.00 | 171 | 卫辉市(豫) | 620.00 |
| 80 | 阜新蒙古族自治县(辽) | 20000.00 | 126 | 寿光市(鲁) | 860.00 | 172 | 华龙区(豫) | 600.00 |
| 81 | 彰武县(辽) | 5224.00 | 127 | 沂源县(鲁) | 854.00 | 173 | 扶沟县(豫) | 560.00 |
| 82 | 建平县(辽) | 5000.00 | 128 | 无棣县(鲁) | 780.00 | 174 | 孝昌县(鄂) | 500.00 |
| 83 | 连山区(辽) | 3200.00 | 129 | 武城县(鲁) | 750.00 | 175 | 沙坪坝区(渝) | 1000.00 |
| 84 | 法库县(辽) | 3000.00 | 130 | 汶上县(鲁) | 600.00 | 176 | 涪陵区(渝) | 560.00 |
| 85 | 大石桥市(辽) | 2500.00 | 131 | 德城区(鲁) | 600.00 | 177 | 青白江区(川) | 3700.00 |
| 86 | 海城市(辽) | 2000.00 | 132 | 蓬莱市(鲁) | 564.00 | 178 | 邻水县(川) | 540.00 |
| 87 | 辽中县(辽) | 2000.00 | 133 | 苍山县(鲁) | 520.00 | 179 | 大方县(黔) | 600.00 |
| 88 | 新民市(辽) | 1350.00 | 134 | 临沂市临港经济开发区(鲁) | 500.00 | 180 | 禄劝彝族苗族自治县(滇) | 600.00 |
| 89 | 沈北新区(辽) | 500.00 | 135 | 齐河县(鲁) | 500.00 | 181 | 禄丰县(滇) | 581.00 |
| 90 | 东港市(辽) | 500.00 | 136 | 龙安区(豫) | 72100.00 | 182 | 富民县(滇) | 528.90 |
| 91 | 东宁县(黑) | 800.00 | 137 | 许昌县(豫) | 11961.00 | 183 | 淳化县(陕) | 24550.00 |
| 92 | 贾汪区(苏) | 3870.00 | 138 | 新密市(豫) | 11000.00 | 184 | 蒲城县(陕) | 20000.00 |
| 93 | 萧　县(皖) | 8821.00 | 139 | 内黄县(豫) | 7000.00 | 185 | 泾阳县(陕) | 15000.00 |
| 94 | 蒙城县(皖) | 2800.00 | 140 | 方城县(豫) | 6951.00 | 186 | 礼泉县(陕) | 3450.00 |
| 95 | 肥西县(皖) | 1010.00 | 141 | 兰考县(豫) | 6220.00 | 187 | 米脂县(陕) | 2395.00 |
| 96 | 邹平县(鲁) | 19158.00 | 142 | 宜阳县(豫) | 5600.00 | 188 | 汉滨区(陕) | 2325.00 |

| 序号 | 杏主产地 | 产量(吨) |
|---|---|---|
| 189 | 志丹县(陕) | 1860.00 |
| 190 | 绥德县(陕) | 1792.00 |
| 191 | 定边县(陕) | 1380.00 |
| 192 | 旬阳县(陕) | 1284.00 |
| 193 | 合阳县(陕) | 1052.00 |
| 194 | 陈仓区(陕) | 1021.00 |
| 195 | 旬邑县(陕) | 809.00 |
| 196 | 子洲县(陕) | 752.00 |
| 197 | 眉　县(陕) | 657.00 |
| 198 | 镇原县(甘) | 24400.00 |
| 199 | 环　县(甘) | 8588.60 |
| 200 | 庆城县(甘) | 8220.90 |
| 201 | 高台县(甘) | 5762.00 |
| 202 | 榆中县(甘) | 5196.00 |
| 203 | 宁　县(甘) | 4584.00 |
| 204 | 东乡族自治县(甘) | 4000.00 |
| 205 | 合水县(甘) | 3630.00 |
| 206 | 肃州区(甘) | 3558.00 |
| 207 | 崇信县(甘) | 3080.00 |
| 208 | 张家川回族自治县(甘) | 2908.96 |
| 209 | 敦煌市(甘) | 2850.00 |
| 210 | 西峰区(甘) | 2609.00 |
| 211 | 正宁县(甘) | 2515.00 |
| 212 | 民乐县(甘) | 2400.00 |
| 213 | 崆峒区(甘) | 2367.00 |
| 214 | 会宁县(甘) | 2093.00 |
| 215 | 山丹县(甘) | 1710.00 |
| 216 | 金塔县(甘) | 1360.00 |
| 217 | 陇西县(甘) | 1230.00 |
| 218 | 永靖县(甘) | 810.00 |
| 219 | 甘州区(甘) | 800.00 |
| 220 | 麦积区(甘) | 765.00 |
| 221 | 永登县(甘) | 741.00 |
| 222 | 甘谷县(甘) | 708.00 |
| 223 | 红古区(甘) | 700.00 |
| 224 | 西和县(甘) | 600.00 |
| 225 | 永昌县(甘) | 600.00 |
| 226 | 玉门市(甘) | 567.00 |
| 227 | 彭阳县(宁) | 26830.00 |
| 228 | 英吉沙县(新) | 217488.00 |
| 229 | 叶城县(新) | 127258.00 |
| 230 | 疏附县(新) | 112632.00 |
| 231 | 莎车县(新) | 83631.00 |
| 232 | 伽师县(新) | 41112.00 |
| 233 | 阿克陶县(新) | 36000.00 |
| 234 | 沙雅县(新) | 31125.60 |
| 235 | 麦盖提县(新) | 25001.00 |
| 236 | 疏勒县(新) | 20784.00 |
| 237 | 巩留县(新) | 13000.00 |
| 238 | 托克逊县(新) | 8234.00 |
| 239 | 岳普湖县(新) | 8158.00 |
| 240 | 巴楚县(新) | 6359.00 |
| 241 | 喀什市(新) | 4707.00 |
| 242 | 塔什库尔干塔吉克自治县(新) | 1628.00 |
| 243 | 奇台县(新) | 932.00 |
| 244 | 鄯善县(新) | 563.00 |
| 245 | 农四师(新疆兵团) | 24262.00 |
| 246 | 农三师(新疆兵团) | 15782.00 |
| 247 | 农十四师(新疆兵团) | 683.00 |
| 248 | 农十三师(新疆兵团) | 617.00 |

## 表 7-5　李主产地产量

| 序号 | 李主产地 | 产量(吨) |
|---|---|---|
| 1 | 密云县(京) | 4378.00 |
| 2 | 顺义区(京) | 2078.00 |
| 3 | 昌平区(京) | 1099.80 |
| 4 | 房山区(京) | 1065.70 |
| 5 | 怀柔区(京) | 1055.10 |
| 6 | 大兴区(京) | 861.00 |
| 7 | 延庆县(京) | 509.00 |
| 8 | 通州区(京) | 353.50 |
| 9 | 海淀区(京) | 185.60 |
| 10 | 迁安市(冀) | 3970.00 |
| 11 | 雄　县(冀) | 1380.00 |
| 12 | 大名县(冀) | 912.00 |
| 13 | 涿鹿县(冀) | 392.80 |
| 14 | 涿州市(冀) | 297.00 |
| 15 | 固安县(冀) | 230.00 |
| 16 | 安次区(冀) | 218.00 |
| 17 | 丰宁满族自治县(冀) | 180.00 |
| 18 | 土默特左旗(内蒙古) | 20000.00 |
| 19 | 扎赉特旗(内蒙古) | 450.00 |
| 20 | 松山区(内蒙古) | 100.00 |
| 21 | 连山区(辽) | 7700.00 |
| 22 | 义　县(辽) | 4800.00 |
| 23 | 大石桥市(辽) | 4500.00 |
| 24 | 喀喇沁左翼蒙古族自治县(辽) | 1050.00 |
| 25 | 新民市(辽) | 560.00 |
| 26 | 彰武县(辽) | 200.00 |
| 27 | 桓仁满族自治县(辽) | 168.00 |
| 28 | 东辽县(吉) | 4800.00 |
| 29 | 永吉县(吉) | 2300.00 |
| 30 | 洮南市(吉) | 2000.00 |
| 31 | 辉南县(吉) | 1850.00 |
| 32 | 磐石市(吉) | 1008.00 |
| 33 | 集安市(吉) | 450.00 |
| 34 | 船营区(吉) | 180.00 |
| 35 | 九台市(吉) | 140.00 |
| 36 | 东丰县(吉) | 130.00 |
| 37 | 碾子山区(黑) | 8217.00 |
| 38 | 肇州县(黑) | 6031.00 |
| 39 | 肇源县(黑) | 3545.00 |
| 40 | 东宁县(黑) | 1300.00 |
| 41 | 龙凤区(黑) | 850.00 |
| 42 | 友谊县(黑) | 530.00 |
| 43 | 让胡路区(黑) | 387.00 |
| 44 | 五常市(黑) | 210.00 |
| 45 | 龙江县(黑) | 160.00 |
| 46 | 建德市(浙) | 7000.00 |
| 47 | 临安市(浙) | 6000.00 |
| 48 | 永康市(浙) | 1780.00 |
| 49 | 宁海县(浙) | 1200.00 |
| 50 | 临海市(浙) | 1076.00 |
| 51 | 庆元县(浙) | 1000.00 |
| 52 | 萧山区(浙) | 640.00 |
| 53 | 定海区(浙) | 560.00 |
| 54 | 龙泉市(浙) | 306.00 |
| 55 | 天台县(浙) | 300.00 |
| 56 | 温岭市(浙) | 299.00 |
| 57 | 富阳市(浙) | 225.00 |
| 58 | 安吉县(浙) | 225.00 |
| 59 | 仙居县(浙) | 200.00 |
| 60 | 江山市(浙) | 180.00 |
| 61 | 三门县(浙) | 160.00 |
| 62 | 文成县(浙) | 130.00 |
| 63 | 石台县(皖) | 10000.00 |
| 64 | 芜湖县(皖) | 900.00 |
| 65 | 屯溪区(皖) | 793.00 |
| 66 | 潜山县(皖) | 350.00 |
| 67 | 黟　县(皖) | 145.00 |
| 68 | 龙南县(赣) | 4160.00 |
| 69 | 赣　县(赣) | 1641.00 |
| 70 | 宜丰县(赣) | 275.00 |
| 71 | 昌乐县(鲁) | 3460.00 |
| 72 | 河东区(鲁) | 1680.00 |
| 73 | 岱岳区(鲁) | 1640.00 |
| 74 | 沂水县(鲁) | 1402.00 |
| 75 | 平阴县(鲁) | 390.00 |

| 序号 | 李主产地 | 产量(吨) |
|---|---|---|
| 76 | 邹平县(鲁) | 227.00 |
| 77 | 肥城市(鲁) | 150.00 |
| 78 | 洛宁县(豫) | 6500.00 |
| 79 | 嵩　县(豫) | 2400.00 |
| 80 | 林州市(豫) | 1701.70 |
| 81 | 宛城区(豫) | 1680.00 |
| 82 | 栾川县(豫) | 1590.00 |
| 83 | 荥阳市(豫) | 964.00 |
| 84 | 商水县(豫) | 720.00 |
| 85 | 卫辉市(豫) | 280.00 |
| 86 | 淮阳县(豫) | 200.00 |
| 87 | 京山县(鄂) | 10000.00 |
| 88 | 罗田县(鄂) | 1800.00 |
| 89 | 宜都市(鄂) | 310.00 |
| 90 | 长阳土家族自治县(鄂) | 300.00 |
| 91 | 阳新县(鄂) | 252.00 |
| 92 | 襄城区(鄂) | 190.00 |
| 93 | 来凤县(鄂) | 124.00 |
| 94 | 张湾区(鄂) | 120.00 |
| 95 | 新化县(湘) | 40000.00 |
| 96 | 祁东县(湘) | 18800.00 |
| 97 | 涟源市(湘) | 5210.00 |
| 98 | 会同县(湘) | 2364.00 |
| 99 | 永定区(湘) | 1200.00 |
| 100 | 安化县(湘) | 1015.00 |
| 101 | 石门县(湘) | 990.00 |
| 102 | 汝城县(湘) | 894.00 |
| 103 | 江永县(湘) | 751.00 |
| 104 | 株洲县(湘) | 720.00 |
| 105 | 沅陵县(湘) | 550.00 |
| 106 | 桑植县(湘) | 480.00 |
| 107 | 邵阳县(湘) | 480.00 |
| 108 | 麻阳苗族自治县(湘) | 420.00 |
| 109 | 鼎城区(湘) | 280.00 |
| 110 | 中方县(湘) | 200.00 |
| 111 | 衡山县(湘) | 187.26 |
| 112 | 湘阴县(湘) | 150.00 |
| 113 | 新宁县(湘) | 100.00 |
| 114 | 乐昌市(粤) | 65000.00 |
| 115 | 新丰县(粤) | 22976.00 |
| 116 | 信宜市(粤) | 19750.00 |
| 117 | 龙川县(粤) | 16285.00 |
| 118 | 平远县(粤) | 10989.00 |
| 119 | 从化市(粤) | 7613.00 |
| 120 | 五华县(粤) | 3950.00 |
| 121 | 阳山县(粤) | 3289.00 |
| 122 | 乳源瑶族自治县(粤) | 1500.00 |
| 123 | 佛冈县(粤) | 1365.00 |
| 124 | 广宁县(粤) | 1321.00 |
| 125 | 紫金县(粤) | 1200.00 |
| 126 | 云安县(粤) | 836.00 |
| 127 | 武宣县(桂) | 28755.00 |
| 128 | 平乐县(桂) | 20487.00 |
| 129 | 田林县(桂) | 5779.00 |
| 130 | 阳朔县(桂) | 3581.00 |
| 131 | 金秀瑶族自治县(桂) | 2700.00 |
| 132 | 富川瑶族自治县(桂) | 2280.00 |
| 133 | 象州县(桂) | 1654.00 |
| 134 | 龙胜各族自治县(桂) | 1388.00 |
| 135 | 苍梧县(桂) | 1172.00 |
| 136 | 江州区(桂) | 723.00 |
| 137 | 东兰县(桂) | 517.00 |
| 138 | 蒙山县(桂) | 200.00 |
| 139 | 开　县(渝) | 37720.00 |
| 140 | 巫山县(渝) | 30000.00 |
| 141 | 万州区(渝) | 20800.00 |
| 142 | 南川区(渝) | 4300.00 |
| 143 | 合川区(渝) | 3603.00 |
| 144 | 万盛区(渝) | 525.00 |
| 145 | 巫溪县(渝) | 247.00 |
| 146 | 江津区(渝) | 200.00 |
| 147 | 古蔺县(川) | 49500.00 |
| 148 | 安岳县(川) | 5150.00 |
| 149 | 万源市(川) | 4600.00 |
| 150 | 江安县(川) | 2400.00 |
| 151 | 高　县(川) | 1790.00 |
| 152 | 犍为县(川) | 1550.00 |
| 153 | 翠屏区(川) | 1500.00 |
| 154 | 巴州区(川) | 1500.00 |
| 155 | 宣汉县(川) | 1450.00 |
| 156 | 井研县(川) | 1125.00 |
| 157 | 开江县(川) | 1000.00 |
| 158 | 自流井区(川) | 920.00 |
| 159 | 泸定县(川) | 734.00 |
| 160 | 兴文县(川) | 480.00 |
| 161 | 达川区(川) | 400.00 |
| 162 | 邻水县(川) | 400.00 |
| 163 | 北川羌族自治县(川) | 220.00 |
| 164 | 平昌县(川) | 110.00 |
| 165 | 贞丰县(黔) | 28523.00 |
| 166 | 龙里县(黔) | 18000.00 |
| 167 | 桐梓县(黔) | 6856.00 |
| 168 | 清镇市(黔) | 2302.00 |
| 169 | 黔西县(黔) | 1652.00 |
| 170 | 赫章县(黔) | 1635.00 |
| 171 | 瓮安县(黔) | 1500.00 |
| 172 | 三都水族自治县(黔) | 1022.00 |
| 173 | 七星关区(黔) | 400.00 |
| 174 | 乌当区(黔) | 245.00 |
| 175 | 长顺县(黔) | 165.00 |
| 176 | 元江哈尼族彝族傣族自治县(滇) | 5590.80 |
| 177 | 镇雄县(滇) | 1200.00 |
| 178 | 晋宁县(滇) | 785.80 |
| 179 | 永胜县(滇) | 760.00 |
| 180 | 云　县(滇) | 714.00 |
| 181 | 石林彝族自治县(滇) | 518.47 |
| 182 | 西畴县(滇) | 458.00 |
| 183 | 富宁县(滇) | 355.00 |
| 184 | 巧家县(滇) | 330.00 |
| 185 | 盈江县(滇) | 321.10 |
| 186 | 江川县(滇) | 300.00 |
| 187 | 玉龙纳西族自治县(滇) | 270.00 |
| 188 | 禄劝彝族苗族自治县(滇) | 260.00 |
| 189 | 禄丰县(滇) | 167.00 |
| 190 | 大关县(滇) | 160.00 |
| 191 | 武定县(滇) | 142.00 |
| 192 | 芒康县(藏) | 163.00 |
| 193 | 岚皋县(陕) | 1450.00 |
| 194 | 南郑县(陕) | 900.00 |
| 195 | 紫阳县(陕) | 375.00 |
| 196 | 康　县(甘) | 870.00 |
| 197 | 张家川回族自治县(甘) | 352.40 |
| 198 | 彭阳县(宁) | 1640.00 |
| 199 | 沙湾县(新) | 5004.00 |
| 200 | 沙雅县(新) | 196.90 |
| 201 | 莎车县(新) | 196.00 |
| 202 | 塔城市(新) | 117.00 |
| 203 | 霍城县(新) | 100.00 |

**表 7-6　樱桃主产地产量**

| 序号 | 樱桃主产地 | 产量(吨) |
|---|---|---|
| 1 | 通州区(京) | 2048.00 |
| 2 | 顺义区(京) | 1545.00 |
| 3 | 门头沟区(京) | 1245.00 |
| 4 | 昌平区(京) | 891.90 |
| 5 | 海淀区(京) | 709.00 |
| 6 | 密云县(京) | 571.00 |
| 7 | 房山区(京) | 358.40 |

| 序号 | 樱桃主产地 | 产量(吨) |
|---|---|---|
| 8 | 山海关区(冀) | 8384.00 |
| 9 | 望都县(冀) | 390.00 |
| 10 | 迁安市(冀) | 220.00 |
| 11 | 海港区(冀) | 106.50 |
| 12 | 盂　县(晋) | 800.00 |
| 13 | 大连市金州新区(辽) | 20600.00 |
| 14 | 普兰店市(辽) | 1200.00 |
| 15 | 余姚市(浙) | 778.00 |
| 16 | 临海市(浙) | 139.00 |
| 17 | 福山区(鲁) | 30877.00 |
| 18 | 新泰市(鲁) | 28092.00 |
| 19 | 五莲县(鲁) | 28000.00 |
| 20 | 肥城市(鲁) | 20787.30 |
| 21 | 岱岳区(鲁) | 17612.00 |
| 22 | 邹城市(鲁) | 10251.00 |
| 23 | 蓬莱市(鲁) | 8000.00 |
| 24 | 临沂市临港经济开发区(鲁) | 7900.00 |
| 25 | 芝罘区(鲁) | 6294.00 |
| 26 | 沂南县(鲁) | 6020.00 |
| 27 | 黄岛区(鲁) | 5754.92 |
| 28 | 昌乐县(鲁) | 3000.00 |
| 29 | 沂水县(鲁) | 2911.00 |
| 30 | 乳山市(鲁) | 2000.00 |
| 31 | 蒙阴县(鲁) | 1800.00 |
| 32 | 城阳区(鲁) | 1610.00 |
| 33 | 昌邑市(鲁) | 1500.00 |
| 34 | 环翠区(鲁) | 1238.00 |
| 35 | 崂山区(鲁) | 860.00 |
| 36 | 长清区(鲁) | 750.00 |
| 37 | 博山区(鲁) | 350.00 |
| 38 | 河东区(鲁) | 325.00 |
| 39 | 汶上县(鲁) | 300.00 |
| 40 | 东昌府区(鲁) | 270.00 |
| 41 | 青州市(鲁) | 255.00 |
| 42 | 阳谷县(鲁) | 246.00 |
| 43 | 寿光市(鲁) | 240.00 |
| 44 | 东平县(鲁) | 164.00 |
| 45 | 周村区(鲁) | 117.55 |
| 46 | 新郑市(豫) | 15000.00 |
| 47 | 新安县(豫) | 10005.00 |
| 48 | 博爱县(豫) | 2900.00 |
| 49 | 栾川县(豫) | 2230.00 |
| 50 | 二七区(豫) | 1950.00 |
| 51 | 孟津县(豫) | 1500.00 |
| 52 | 镇平县(豫) | 850.00 |
| 53 | 洛宁县(豫) | 400.00 |
| 54 | 台前县(豫) | 340.00 |
| 55 | 新密市(豫) | 310.00 |
| 56 | 金水区(豫) | 300.00 |
| 57 | 尉氏县(豫) | 280.00 |
| 58 | 睢　县(豫) | 100.00 |
| 59 | 夷陵区(鄂) | 5100.00 |
| 60 | 兴山县(鄂) | 573.00 |
| 61 | 新宁县(湘) | 2000.00 |
| 62 | 沅陵县(湘) | 171.00 |
| 63 | 巴州区(川) | 900.00 |
| 64 | 威远县(川) | 812.00 |
| 65 | 仁和区(川) | 225.00 |
| 66 | 开江县(川) | 200.00 |
| 67 | 三台县(川) | 188.00 |
| 68 | 翠屏区(川) | 168.00 |
| 69 | 平昌县(川) | 120.00 |
| 70 | 犍为县(川) | 120.00 |
| 71 | 乌当区(黔) | 3300.00 |
| 72 | 开阳县(黔) | 390.00 |
| 73 | 黔西县(黔) | 310.00 |
| 74 | 龙里县(黔) | 173.00 |
| 75 | 鲁甸县(滇) | 10000.00 |
| 76 | 镇雄县(滇) | 2200.00 |
| 77 | 富民县(滇) | 273.27 |
| 78 | 大关县(滇) | 200.00 |
| 79 | 大姚县(滇) | 160.00 |
| 80 | 禄劝彝族苗族自治县(滇) | 120.00 |
| 81 | 灞桥区(陕) | 15000.00 |
| 82 | 商州区(陕) | 2444.00 |
| 83 | 眉　县(陕) | 2259.00 |
| 84 | 周至县(陕) | 2021.00 |
| 85 | 西乡县(陕) | 1200.00 |
| 86 | 淳化县(陕) | 1005.00 |
| 87 | 旬阳县(陕) | 800.00 |
| 88 | 华阴市(陕) | 500.00 |
| 89 | 略阳县(陕) | 465.00 |
| 90 | 洛南县(陕) | 337.00 |
| 91 | 山阳县(陕) | 202.00 |
| 92 | 兴平市(陕) | 200.00 |
| 93 | 蓝田县(陕) | 150.00 |
| 94 | 白河县(陕) | 120.00 |
| 95 | 秦州区(甘) | 756.00 |
| 96 | 麦积区(甘) | 468.00 |
| 97 | 清水县(甘) | 359.00 |
| 98 | 武都区(甘) | 102.00 |
| 99 | 莎车县(新) | 114.00 |

**表 7-7　猕猴桃主产地产量**

| 序号 | 猕猴桃主产地 | 产量(吨) |
|---|---|---|
| 1 | 灵寿县(冀) | 1200.00 |
| 2 | 金山区(沪) | 509.40 |
| 3 | 浦东新区(沪) | 492.00 |
| 4 | 江都区(苏) | 1550.00 |
| 5 | 海门市(苏) | 1542.00 |
| 6 | 沭阳县(苏) | 315.00 |
| 7 | 江山市(浙) | 7000.00 |
| 8 | 泰顺县(浙) | 2946.00 |
| 9 | 义乌市(浙) | 1500.00 |
| 10 | 富阳市(浙) | 912.00 |
| 11 | 建德市(浙) | 840.00 |
| 12 | 长兴县(浙) | 730.00 |
| 13 | 临海市(浙) | 663.00 |
| 14 | 莲都区(浙) | 647.00 |
| 15 | 仙居县(浙) | 450.00 |
| 16 | 黄岩区(浙) | 450.00 |
| 17 | 柯城区(浙) | 310.00 |
| 18 | 淳安县(浙) | 306.00 |
| 19 | 宁海县(浙) | 300.00 |
| 20 | 永康市(浙) | 255.00 |
| 21 | 磐安县(浙) | 208.00 |
| 22 | 奉化市(浙) | 180.00 |
| 23 | 余姚市(浙) | 133.00 |
| 24 | 三门县(浙) | 120.00 |
| 25 | 文成县(浙) | 117.00 |
| 26 | 临安市(浙) | 100.00 |
| 27 | 广德县(皖) | 3000.00 |
| 28 | 郎溪县(皖) | 220.00 |
| 29 | 霍邱县(皖) | 210.00 |
| 30 | 奉新县(赣) | 9606.00 |
| 31 | 宁都县(赣) | 399.00 |
| 32 | 兴国县(赣) | 300.00 |
| 33 | 芦溪县(赣) | 282.00 |
| 34 | 宜丰县(赣) | 250.00 |
| 35 | 瑞昌市(赣) | 195.00 |
| 36 | 莱州市(鲁) | 209.00 |
| 37 | 西峡县(豫) | 203000.00 |
| 38 | 鲁山县(豫) | 2880.00 |
| 39 | 栾川县(豫) | 1653.00 |
| 40 | 南召县(豫) | 988.00 |
| 41 | 荥阳市(豫) | 620.00 |
| 42 | 新乡县(豫) | 531.00 |
| 43 | 上蔡县(豫) | 200.00 |
| 44 | 郾城区(豫) | 156.00 |
| 45 | 新　县(豫) | 138.00 |

| 序号 | 猕猴桃主产地 | 产量(吨) |
|---|---|---|
| 46 | 获嘉县(豫) | 114.00 |
| 47 | 建始县(鄂) | 2000.00 |
| 48 | 通山县(鄂) | 977.00 |
| 49 | 广水市(鄂) | 750.00 |
| 50 | 长阳土家族自治县(鄂) | 750.00 |
| 51 | 随　县(鄂) | 520.00 |
| 52 | 保康县(鄂) | 291.00 |
| 53 | 鹤峰县(鄂) | 185.00 |
| 54 | 蕲春县(鄂) | 130.00 |
| 55 | 永顺县(湘) | 16000.00 |
| 56 | 凤凰县(湘) | 12000.00 |
| 57 | 花垣县(湘) | 7800.00 |
| 58 | 浏阳市(湘) | 2950.00 |
| 59 | 宁乡县(湘) | 2400.00 |
| 60 | 龙山县(湘) | 2100.00 |
| 61 | 吉首市(湘) | 1600.00 |
| 62 | 泸溪县(湘) | 1200.00 |
| 63 | 新宁县(湘) | 600.00 |
| 64 | 石门县(湘) | 315.00 |
| 65 | 桑植县(湘) | 300.00 |
| 66 | 新化县(湘) | 230.00 |
| 67 | 靖州苗族侗族自治县(湘) | 207.00 |
| 68 | 祁东县(湘) | 157.00 |
| 69 | 绥宁县(湘) | 150.00 |
| 70 | 麻阳苗族自治县(湘) | 145.00 |
| 71 | 会同县(湘) | 100.00 |
| 72 | 乳源瑶族自治县(粤) | 300.00 |
| 73 | 兴安县(桂) | 1508.00 |
| 74 | 资源县(桂) | 700.00 |
| 75 | 乐业县(桂) | 400.00 |
| 76 | 临桂县(桂) | 196.00 |
| 77 | 开　县(渝) | 11506.00 |
| 78 | 万州区(渝) | 1300.00 |
| 79 | 万盛区(渝) | 1000.00 |
| 80 | 丰都县(渝) | 720.00 |
| 81 | 城口县(渝) | 500.00 |
| 82 | 江津区(渝) | 400.00 |
| 83 | 彭水苗族土家族自治县(渝) | 350.00 |
| 84 | 武隆县(渝) | 185.00 |
| 85 | 苍溪县(川) | 47848.00 |
| 86 | 都江堰市(川) | 32350.00 |
| 87 | 邛崃市(川) | 15000.00 |
| 88 | 名山县(川) | 11590.00 |
| 89 | 蒲江县(川) | 9500.00 |
| 90 | 芦山县(川) | 5200.00 |
| 91 | 沐川县(川) | 5000.00 |
| 92 | 巴州区(川) | 3000.00 |
| 93 | 宣汉县(川) | 2750.00 |
| 94 | 什邡市(川) | 1954.00 |
| 95 | 万源市(川) | 1500.00 |
| 96 | 恩阳区(川) | 1200.00 |
| 97 | 大邑县(川) | 894.00 |
| 98 | 仪陇县(川) | 800.00 |
| 99 | 北川羌族自治县(川) | 750.00 |
| 100 | 开江县(川) | 500.00 |
| 101 | 安　县(川) | 450.00 |
| 102 | 邻水县(川) | 400.00 |
| 103 | 彭山县(川) | 300.00 |
| 104 | 游仙区(川) | 300.00 |
| 105 | 双流县(川) | 240.00 |
| 106 | 汶川县(川) | 100.00 |
| 107 | 修文县(黔) | 11235.00 |
| 108 | 清镇市(黔) | 6019.00 |
| 109 | 凯里市(黔) | 1310.00 |
| 110 | 龙里县(黔) | 740.00 |
| 111 | 瓮安县(黔) | 300.00 |
| 112 | 乌当区(黔) | 162.00 |
| 113 | 江口县(黔) | 120.00 |
| 114 | 碧江区(黔) | 108.00 |
| 115 | 晋宁县(滇) | 130.00 |
| 116 | 眉　县(陕) | 410713.00 |
| 117 | 城固县(陕) | 63000.00 |
| 118 | 武功县(陕) | 40000.00 |
| 119 | 杨凌区农林局(陕) | 28738.00 |
| 120 | 扶风县(陕) | 14356.00 |
| 121 | 陈仓区(陕) | 13900.00 |
| 122 | 渭滨区(陕) | 6767.00 |
| 123 | 长安区(陕) | 5963.00 |
| 124 | 南郑县(陕) | 696.00 |
| 125 | 汉阴县(陕) | 596.00 |
| 126 | 镇坪县(陕) | 558.00 |
| 127 | 太白县(陕) | 539.00 |
| 128 | 商南县(陕) | 538.00 |
| 129 | 柞水县(陕) | 276.00 |
| 130 | 雁塔区(陕) | 270.00 |
| 131 | 佛坪县(陕) | 226.00 |
| 132 | 岚皋县(陕) | 130.00 |
| 133 | 略阳县(陕) | 104.00 |

**表 7-8　鲜葡萄主产地产量**

| 序号 | 鲜葡萄主产地 | 产量(吨) |
|---|---|---|
| 1 | 大兴区(京) | 12892.00 |
| 2 | 通州区(京) | 11162.60 |
| 3 | 顺义区(京) | 10179.00 |
| 4 | 延庆县(京) | 3691.00 |
| 5 | 密云县(京) | 3332.00 |
| 6 | 房山区(京) | 2121.00 |
| 7 | 昌平区(京) | 1644.30 |
| 8 | 滨海新区(津) | 45470.50 |
| 9 | 宁河县(津) | 23898.00 |
| 10 | 武清区(津) | 7929.00 |
| 11 | 蓟　县(津) | 7750.00 |
| 12 | 东丽区(津) | 6006.78 |
| 13 | 北辰区(津) | 3851.00 |
| 14 | 津南区(津) | 1200.00 |
| 15 | 涿鹿县(冀) | 252826.85 |
| 16 | 怀来县(冀) | 162900.00 |
| 17 | 卢龙县(冀) | 134761.00 |
| 18 | 乐亭县(冀) | 131279.00 |
| 19 | 晋州市(冀) | 82800.00 |
| 20 | 昌黎县(冀) | 55000.00 |
| 21 | 柏乡县(冀) | 45176.00 |
| 22 | 威　县(冀) | 44890.00 |
| 23 | 永年县(冀) | 37446.00 |
| 24 | 饶阳县(冀) | 28345.00 |
| 25 | 滦南县(冀) | 27068.00 |
| 26 | 清苑县(冀) | 24180.00 |
| 27 | 永清县(冀) | 22708.00 |
| 28 | 顺平县(冀) | 17530.00 |
| 29 | 献　县(冀) | 14332.00 |
| 30 | 满城县(冀) | 13977.00 |
| 31 | 鹿泉市(冀) | 13825.00 |
| 32 | 滦　县(冀) | 13274.00 |
| 33 | 玉田县(冀) | 13128.00 |
| 34 | 深泽县(冀) | 12858.00 |
| 35 | 广阳区(冀) | 11600.00 |
| 36 | 成安县(冀) | 9700.00 |
| 37 | 丰润区(冀) | 8755.00 |
| 38 | 辛集市(冀) | 8259.00 |
| 39 | 肥乡县(冀) | 6900.00 |
| 40 | 三河市(冀) | 6474.00 |
| 41 | 古冶区(冀) | 6297.00 |
| 42 | 香河县(冀) | 5835.00 |
| 43 | 定州市(冀) | 5700.00 |
| 44 | 遵化市(冀) | 5624.00 |
| 45 | 藁城市(冀) | 5267.00 |
| 46 | 丰南区(冀) | 5217.00 |
| 47 | 阜城县(冀) | 5200.00 |

| 序号 | 鲜葡萄主产地 | 产量(吨) |
|---|---|---|
| 48 | 大城县(冀) | 5200.00 |
| 49 | 鸡泽县(冀) | 5040.00 |
| 50 | 馆陶县(冀) | 4600.00 |
| 51 | 安次区(冀) | 3939.00 |
| 52 | 霸州市(冀) | 3570.00 |
| 53 | 徐水县(冀) | 3500.00 |
| 54 | 故城县(冀) | 3463.00 |
| 55 | 宣化区(冀) | 3367.00 |
| 56 | 宣化县(冀) | 3200.00 |
| 57 | 涉　县(冀) | 3000.00 |
| 58 | 迁西县(冀) | 2958.00 |
| 59 | 安平县(冀) | 2870.00 |
| 60 | 阳原县(冀) | 2614.00 |
| 61 | 临漳县(冀) | 2580.00 |
| 62 | 深州市(冀) | 2370.00 |
| 63 | 定兴县(冀) | 2144.00 |
| 64 | 泊头市(冀) | 2106.00 |
| 65 | 肃宁县(冀) | 2095.00 |
| 66 | 迁安市(冀) | 2034.00 |
| 67 | 文安县(冀) | 1936.00 |
| 68 | 孟村回族自治县(冀) | 1520.00 |
| 69 | 抚宁县(冀) | 1452.00 |
| 70 | 广宗县(冀) | 1450.00 |
| 71 | 盐山县(冀) | 1400.00 |
| 72 | 黄骅市(冀) | 1271.00 |
| 73 | 大名县(冀) | 1227.00 |
| 74 | 唐山市汉沽管理区(冀) | 1225.00 |
| 75 | 蠡　县(冀) | 1200.00 |
| 76 | 任　县(冀) | 1145.00 |
| 77 | 丰宁满族自治县(冀) | 1050.00 |
| 78 | 平泉县(冀) | 1000.00 |
| 79 | 博野县(冀) | 1000.00 |
| 80 | 邱　县(冀) | 1000.00 |
| 81 | 清徐县(晋) | 18484.90 |
| 82 | 曲沃县(晋) | 12440.00 |
| 83 | 古交市(晋) | 5706.00 |
| 84 | 翼城县(晋) | 4850.00 |
| 85 | 忻府区(晋) | 1329.60 |
| 86 | 晋源区(晋) | 1300.00 |
| 87 | 河曲县(晋) | 1231.00 |
| 88 | 阳曲县(晋) | 1099.00 |
| 89 | 松山区(内蒙古) | 5090.00 |
| 90 | 海勃湾区(内蒙古) | 5019.30 |
| 91 | 托克托县(内蒙古) | 3987.00 |
| 92 | 开鲁县(内蒙古) | 2000.00 |
| 93 | 阿拉善经济开发区(内蒙古) | 1700.00 |
| 94 | 土默特右旗(内蒙古) | 1650.00 |
| 95 | 科尔沁左翼中旗(内蒙古) | 1560.00 |
| 96 | 海南区(内蒙古) | 1502.50 |
| 97 | 北镇市(辽) | 370000.00 |
| 98 | 盖州市(辽) | 131126.00 |
| 99 | 阜新蒙古族自治县(辽) | 30000.00 |
| 100 | 苏家屯区(辽) | 24347.00 |
| 101 | 桓仁满族自治县(辽) | 15150.00 |
| 102 | 义　县(辽) | 11000.00 |
| 103 | 顺城区(辽) | 10340.00 |
| 104 | 法库县(辽) | 10000.00 |
| 105 | 辽中县(辽) | 10000.00 |
| 106 | 连山区(辽) | 9850.00 |
| 107 | 喀喇沁左翼蒙古族自治县(辽) | 8600.00 |
| 108 | 辽阳县(辽) | 8000.00 |
| 109 | 大连市金州新区(辽) | 7500.00 |
| 110 | 海城市(辽) | 5000.00 |
| 111 | 东洲区(辽) | 5000.00 |
| 112 | 东港市(辽) | 3000.00 |
| 113 | 于洪区(辽) | 2760.00 |
| 114 | 凌海市(辽) | 2700.00 |
| 115 | 千山区(辽) | 2247.00 |
| 116 | 南芬区(辽) | 2180.00 |
| 117 | 朝阳县(辽) | 2000.00 |
| 118 | 大石桥市(辽) | 1800.00 |
| 119 | 沈北新区(辽) | 1500.00 |
| 120 | 凤城市(辽) | 1200.00 |
| 121 | 集安市(吉) | 20591.00 |
| 122 | 南关区(吉) | 17500.00 |
| 123 | 东辽县(吉) | 6130.00 |
| 124 | 榆树市(吉) | 4250.00 |
| 125 | 德惠市(吉) | 4000.00 |
| 126 | 农安县(吉) | 4000.00 |
| 127 | 洮南市(吉) | 3000.00 |
| 128 | 磐石市(吉) | 2840.00 |
| 129 | 临江市(吉) | 2520.00 |
| 130 | 梅河口市(吉) | 1758.50 |
| 131 | 辉南县(吉) | 1530.00 |
| 132 | 梨树县(吉) | 1248.00 |
| 133 | 大同区(黑) | 16040.00 |
| 134 | 红岗区(黑) | 3210.00 |
| 135 | 杜尔伯特蒙古族自治县(黑) | 2160.00 |
| 136 | 东宁县(黑) | 1300.00 |
| 137 | 奉贤区(沪) | 26083.70 |
| 138 | 嘉定区(沪) | 24362.00 |
| 139 | 金山区(沪) | 14674.80 |
| 140 | 崇明县(沪) | 9207.68 |
| 141 | 青浦区(沪) | 8349.40 |
| 142 | 浦东新区(沪) | 7338.00 |
| 143 | 松江区(沪) | 4744.30 |
| 144 | 宝山区(沪) | 4584.00 |
| 145 | 东海县(苏) | 68590.00 |
| 146 | 江阴市(苏) | 62441.00 |
| 147 | 邳州市(苏) | 43160.00 |
| 148 | 句容市(苏) | 41488.00 |
| 149 | 武进区(苏) | 35345.00 |
| 150 | 如东县(苏) | 33800.00 |
| 151 | 盐都区(苏) | 19350.00 |
| 152 | 通州区(苏) | 16200.00 |
| 153 | 常熟市(苏) | 14731.00 |
| 154 | 浦口区(苏) | 14091.00 |
| 155 | 江宁区(苏) | 12649.00 |
| 156 | 丰　县(苏) | 12600.00 |
| 157 | 涟水县(苏) | 9000.00 |
| 158 | 兴化市(苏) | 8478.00 |
| 159 | 锡山区(苏) | 8070.00 |
| 160 | 金坛市(苏) | 7860.00 |
| 161 | 海门市(苏) | 6895.00 |
| 162 | 宜兴市(苏) | 6483.00 |
| 163 | 六合区(苏) | 6320.00 |
| 164 | 张家港市(苏) | 6027.00 |
| 165 | 如皋市(苏) | 6000.00 |
| 166 | 滨湖区(苏) | 5702.00 |
| 167 | 泰兴市(苏) | 5700.00 |
| 168 | 太仓市(苏) | 5646.00 |
| 169 | 沛　县(苏) | 5009.00 |
| 170 | 新沂市(苏) | 5000.00 |
| 171 | 亭湖区(苏) | 5000.00 |
| 172 | 丹徒区(苏) | 4203.00 |
| 173 | 灌云县(苏) | 4200.00 |
| 174 | 靖江市(苏) | 3850.00 |
| 175 | 溧阳市(苏) | 3573.00 |
| 176 | 贾汪区(苏) | 3561.00 |
| 177 | 睢宁县(苏) | 3194.00 |
| 178 | 广陵区(苏) | 3100.00 |
| 179 | 新北区(苏) | 3100.00 |
| 180 | 扬中市(苏) | 3000.00 |
| 181 | 港闸区(苏) | 2863.00 |
| 182 | 泗洪县(苏) | 2790.00 |
| 183 | 高淳县(苏) | 2780.00 |
| 184 | 高港区(苏) | 2690.00 |
| 185 | 海安县(苏) | 2500.00 |

| 序号 | 鲜葡萄主产地 | 产量(吨) | 序号 | 鲜葡萄主产地 | 产量(吨) | 序号 | 鲜葡萄主产地 | 产量(吨) |
|---|---|---|---|---|---|---|---|---|
| 186 | 滨海县(苏) | 2398.00 | 232 | 莲都区(浙) | 3216.00 | 278 | 乳山市(鲁) | 30000.00 |
| 187 | 启东市(苏) | 2330.00 | 233 | 宁海县(浙) | 2800.00 | 279 | 临朐县(鲁) | 28000.00 |
| 188 | 海州区(苏) | 2321.00 | 234 | 黄岩区(浙) | 2784.00 | 280 | 临沂市经济技术开发区(鲁) | 25000.00 |
| 189 | 宝应县(苏) | 2286.00 | 235 | 岱山县(浙) | 2500.00 | 281 | 临沭县(鲁) | 23600.00 |
| 190 | 灌南县(苏) | 2260.00 | 236 | 天台县(浙) | 2200.00 | 282 | 海阳市(鲁) | 23000.00 |
| 191 | 虎丘区(苏) | 2032.00 | 237 | 定海区(浙) | 2160.00 | 283 | 茌平县(鲁) | 14400.00 |
| 192 | 淮阴区(苏) | 1994.00 | 238 | 仙居县(浙) | 2136.00 | 284 | 寿光市(鲁) | 12800.00 |
| 193 | 海陵区(苏) | 1900.00 | 239 | 桐庐县(浙) | 1961.00 | 285 | 东昌府区(鲁) | 11058.00 |
| 194 | 仪征市(苏) | 1817.00 | 240 | 临安市(浙) | 1750.00 | 286 | 金乡县(鲁) | 10800.00 |
| 195 | 姜堰区(苏) | 1811.00 | 241 | 缙云县(浙) | 1728.00 | 287 | 邹城市(鲁) | 10080.00 |
| 196 | 建湖县(苏) | 1655.00 | 242 | 三门县(浙) | 1700.00 | 288 | 岱岳区(鲁) | 9880.00 |
| 197 | 吴中区(苏) | 1631.00 | 243 | 余杭区(浙) | 1648.00 | 289 | 莱州市(鲁) | 9775.00 |
| 198 | 赣榆县(苏) | 1560.00 | 244 | 衢江区(浙) | 1520.00 | 290 | 费　县(鲁) | 7540.00 |
| 199 | 沭阳县(苏) | 1520.00 | 245 | 遂昌县(浙) | 1496.00 | 291 | 沂南县(鲁) | 7200.00 |
| 200 | 吴江市(苏) | 1460.00 | 246 | 利辛县(皖) | 145500.00 | 292 | 嘉祥县(鲁) | 7100.00 |
| 201 | 东台市(苏) | 1440.00 | 247 | 萧　县(皖) | 93543.00 | 293 | 新泰市(鲁) | 6851.00 |
| 202 | 阜宁县(苏) | 1350.00 | 248 | 庐江县(皖) | 23102.00 | 294 | 泗水县(鲁) | 6822.00 |
| 203 | 丹阳市(苏) | 1300.00 | 249 | 凤阳县(皖) | 12442.00 | 295 | 阳谷县(鲁) | 6400.00 |
| 204 | 大丰市(苏) | 1200.00 | 250 | 广德县(皖) | 9000.00 | 296 | 平阴县(鲁) | 6020.00 |
| 205 | 江都区(苏) | 1200.00 | 251 | 包河区(皖) | 7875.00 | 297 | 昌乐县(鲁) | 5900.00 |
| 206 | 宿城区(苏) | 1140.00 | 252 | 埇桥区(皖) | 7785.00 | 298 | 荣成市(鲁) | 5750.00 |
| 207 | 相城区(苏) | 1059.00 | 253 | 宣州区(皖) | 6900.00 | 299 | 招远市(鲁) | 5600.00 |
| 208 | 邗江区(苏) | 1050.00 | 254 | 无为县(皖) | 6212.00 | 300 | 平原县(鲁) | 5544.00 |
| 209 | 慈溪市(浙) | 60000.00 | 255 | 肥西县(皖) | 4550.00 | 301 | 寒亭区(鲁) | 5000.00 |
| 210 | 温岭市(浙) | 54800.00 | 256 | 歙　县(皖) | 3630.00 | 302 | 栖霞市(鲁) | 4929.00 |
| 211 | 南湖区(浙) | 41050.00 | 257 | 灵璧县(皖) | 3502.00 | 303 | 利津县(鲁) | 4832.00 |
| 212 | 海盐县(浙) | 32286.00 | 258 | 蒙城县(皖) | 3500.00 | 304 | 济南市市中区(鲁) | 4800.00 |
| 213 | 长兴县(浙) | 32000.00 | 259 | 和　县(皖) | 3350.00 | 305 | 临清市(鲁) | 4650.00 |
| 214 | 秀洲区(浙) | 25147.00 | 260 | 来安县(皖) | 3209.00 | 306 | 东营区(鲁) | 4500.00 |
| 215 | 余姚市(浙) | 22270.00 | 261 | 巢湖市(皖) | 3020.00 | 307 | 城阳区(鲁) | 4201.30 |
| 216 | 路桥区(浙) | 14295.00 | 262 | 定远县(皖) | 1850.00 | 308 | 陵　县(鲁) | 4058.00 |
| 217 | 永康市(浙) | 12060.00 | 263 | 霍邱县(皖) | 1800.00 | 309 | 东平县(鲁) | 3720.00 |
| 218 | 鄞州区(浙) | 11782.00 | 264 | 当涂县(皖) | 1651.00 | 310 | 东港区(鲁) | 3500.00 |
| 219 | 玉环县(浙) | 10077.00 | 265 | 郎溪县(皖) | 1500.00 | 311 | 莱城区(鲁) | 3085.80 |
| 220 | 象山县(浙) | 8963.00 | 266 | 寿　县(皖) | 1485.00 | 312 | 阳信县(鲁) | 2980.00 |
| 221 | 北仑区(浙) | 7400.00 | 267 | 德安县(赣) | 5600.00 | 313 | 昌邑市(鲁) | 2634.00 |
| 222 | 萧山区(浙) | 6200.00 | 268 | 金溪县(赣) | 3562.00 | 314 | 郯城县(鲁) | 2625.00 |
| 223 | 镇海区(浙) | 5983.00 | 269 | 九江县(赣) | 2250.00 | 315 | 微山县(鲁) | 2398.00 |
| 224 | 奉化市(浙) | 5880.00 | 270 | 分宜县(赣) | 1164.00 | 316 | 齐河县(鲁) | 2200.00 |
| 225 | 德清县(浙) | 5660.00 | 271 | 蓬莱市(鲁) | 313539.00 | 317 | 潍城区(鲁) | 2120.00 |
| 226 | 临海市(浙) | 5368.00 | 272 | 莱阳市(鲁) | 80000.00 | 318 | 垦利县(鲁) | 2040.00 |
| 227 | 富阳市(浙) | 5288.00 | 273 | 高密市(鲁) | 60000.00 | 319 | 广饶县(鲁) | 2000.00 |
| 228 | 椒江区(浙) | 5200.00 | 274 | 沂源县(鲁) | 53500.00 | 320 | 苍山县(鲁) | 1890.00 |
| 229 | 江北区(浙) | 5100.00 | 275 | 蒙阴县(鲁) | 46500.00 | 321 | 文登市(鲁) | 1870.00 |
| 230 | 建德市(浙) | 3800.00 | 276 | 沂水县(鲁) | 40045.00 | 322 | 莱山区(鲁) | 1708.00 |
| 231 | 吴兴区(浙) | 3589.00 | 277 | 任城区(鲁) | 39000.00 | 323 | 即墨市(鲁) | 1700.00 |

| 序号 | 鲜葡萄主产地 | 产量(吨) |
|---|---|---|
| 324 | 邹平县(鲁) | 1687.00 |
| 325 | 诸城市(鲁) | 1655.00 |
| 326 | 坊子区(鲁) | 1500.00 |
| 327 | 临淄区(鲁) | 1454.00 |
| 328 | 肥城市(鲁) | 1350.00 |
| 329 | 牟平区(鲁) | 1317.00 |
| 330 | 岚山区(鲁) | 1300.00 |
| 331 | 张店区(鲁) | 1000.00 |
| 332 | 汶上县(鲁) | 1000.00 |
| 333 | 新郑市(豫) | 20000.00 |
| 334 | 长垣县(豫) | 19000.00 |
| 335 | 博爱县(豫) | 15000.00 |
| 336 | 内黄县(豫) | 15000.00 |
| 337 | 灵宝市(豫) | 13988.00 |
| 338 | 太康县(豫) | 13004.00 |
| 339 | 淮滨县(豫) | 9000.00 |
| 340 | 商水县(豫) | 8800.00 |
| 341 | 西华县(豫) | 7850.00 |
| 342 | 许昌县(豫) | 7712.00 |
| 343 | 杞　县(豫) | 7624.00 |
| 344 | 息　县(豫) | 7000.00 |
| 345 | 固始县(豫) | 6100.00 |
| 346 | 淮阳县(豫) | 5740.00 |
| 347 | 兰考县(豫) | 5100.00 |
| 348 | 登封市(豫) | 5000.00 |
| 349 | 孟津县(豫) | 4500.00 |
| 350 | 二七区(豫) | 4260.00 |
| 351 | 偃师市(豫) | 4000.00 |
| 352 | 洛龙区(豫) | 3730.00 |
| 353 | 襄城县(豫) | 3344.00 |
| 354 | 唐河县(豫) | 2925.00 |
| 355 | 临颍县(豫) | 2850.00 |
| 356 | 新密市(豫) | 2800.00 |
| 357 | 扶沟县(豫) | 2750.00 |
| 358 | 获嘉县(豫) | 2630.00 |
| 359 | 荥阳市(豫) | 2600.00 |
| 360 | 上蔡县(豫) | 2500.00 |
| 361 | 确山县(豫) | 2500.00 |
| 362 | 孟州市(豫) | 2500.00 |
| 363 | 鄢陵县(豫) | 2254.00 |
| 364 | 嵩　县(豫) | 2160.00 |
| 365 | 南乐县(豫) | 1885.00 |
| 366 | 睢　县(豫) | 1700.00 |
| 367 | 潢川县(豫) | 1526.00 |
| 368 | 郾城区(豫) | 1350.00 |
| 369 | 殷都区(豫) | 1340.00 |

| 序号 | 鲜葡萄主产地 | 产量(吨) |
|---|---|---|
| 370 | 浚　县(豫) | 1300.00 |
| 371 | 睢阳区(豫) | 1260.00 |
| 372 | 濮阳县(豫) | 1230.00 |
| 373 | 舞钢市(豫) | 1200.00 |
| 374 | 新野县(豫) | 1100.00 |
| 375 | 鹿邑县(豫) | 1100.00 |
| 376 | 新蔡县(豫) | 1050.00 |
| 377 | 金水区(豫) | 1050.00 |
| 378 | 湛河区(豫) | 1030.00 |
| 379 | 梁园区(豫) | 1000.00 |
| 380 | 公安县(鄂) | 108316.00 |
| 381 | 随　县(鄂) | 64000.00 |
| 382 | 荆州区(鄂) | 14000.00 |
| 383 | 钟祥市(鄂) | 8541.00 |
| 384 | 松滋市(鄂) | 8325.00 |
| 385 | 老河口市(鄂) | 3500.00 |
| 386 | 云梦县(鄂) | 3120.00 |
| 387 | 黄陂区(鄂) | 2500.00 |
| 388 | 石首市(鄂) | 1700.00 |
| 389 | 恩施市(鄂) | 1547.00 |
| 390 | 中方县(湘) | 45000.00 |
| 391 | 宜章县(湘) | 32946.00 |
| 392 | 蓝山县(湘) | 21000.00 |
| 393 | 冷水江市(湘) | 12300.00 |
| 394 | 蒸湘区(湘) | 9600.00 |
| 395 | 珠晖区(湘) | 8000.00 |
| 396 | 永定区(湘) | 6200.00 |
| 397 | 衡东县(湘) | 5500.00 |
| 398 | 大祥区(湘) | 4477.00 |
| 399 | 涟源市(湘) | 3760.00 |
| 400 | 鼎城区(湘) | 2900.00 |
| 401 | 浏阳市(湘) | 2700.00 |
| 402 | 东安县(湘) | 2698.00 |
| 403 | 双清区(湘) | 2660.00 |
| 404 | 北湖区(湘) | 2530.00 |
| 405 | 临澧县(湘) | 1832.00 |
| 406 | 武陵区(湘) | 1803.00 |
| 407 | 祁阳县(湘) | 1721.00 |
| 408 | 绥宁县(湘) | 1600.00 |
| 409 | 苏仙区(湘) | 1560.00 |
| 410 | 岳阳县(湘) | 1500.00 |
| 411 | 道　县(湘) | 1380.00 |
| 412 | 湘潭县(湘) | 1380.00 |
| 413 | 洞口县(湘) | 1335.00 |
| 414 | 新邵县(湘) | 1250.00 |
| 415 | 祁东县(湘) | 1200.00 |

| 序号 | 鲜葡萄主产地 | 产量(吨) |
|---|---|---|
| 416 | 平江县(湘) | 1067.00 |
| 417 | 安化县(湘) | 1050.00 |
| 418 | 芦淞区(湘) | 1000.00 |
| 419 | 兴安县(桂) | 143767.00 |
| 420 | 灵川县(桂) | 23124.00 |
| 421 | 资源县(桂) | 20000.00 |
| 422 | 全州县(桂) | 16080.00 |
| 423 | 宜州市(桂) | 10853.00 |
| 424 | 平乐县(桂) | 9602.00 |
| 425 | 临桂县(桂) | 5398.00 |
| 426 | 兴宾区(桂) | 4280.00 |
| 427 | 平果县(桂) | 3956.00 |
| 428 | 宾阳县(桂) | 3326.00 |
| 429 | 象州县(桂) | 2986.00 |
| 430 | 天等县(桂) | 2500.00 |
| 431 | 阳朔县(桂) | 2380.00 |
| 432 | 恭城瑶族自治县(桂) | 2231.00 |
| 433 | 南丹县(桂) | 1660.00 |
| 434 | 荔浦县(桂) | 1179.00 |
| 435 | 万州区(渝) | 7000.00 |
| 436 | 北碚区(渝) | 4449.00 |
| 437 | 九龙坡区(渝) | 2665.00 |
| 438 | 沙坪坝区(渝) | 2600.00 |
| 439 | 合川区(渝) | 2305.00 |
| 440 | 忠　县(渝) | 2000.00 |
| 441 | 江津区(渝) | 1800.00 |
| 442 | 巴南区(渝) | 1789.00 |
| 443 | 垫江县(渝) | 1471.00 |
| 444 | 开　县(渝) | 1380.00 |
| 445 | 龙泉驿区(川) | 66244.00 |
| 446 | 双流县(川) | 33494.00 |
| 447 | 涪城区(川) | 14500.00 |
| 448 | 西昌市(川) | 11580.00 |
| 449 | 翠屏区(川) | 11250.00 |
| 450 | 五通桥区(川) | 10592.00 |
| 451 | 游仙区(川) | 9295.00 |
| 452 | 大邑县(川) | 7129.00 |
| 453 | 峨眉山市(川) | 5200.00 |
| 454 | 彭山县(川) | 4300.00 |
| 455 | 丹棱县(川) | 4152.00 |
| 456 | 仁和区(川) | 3500.00 |
| 457 | 南江县(川) | 3420.00 |
| 458 | 金堂县(川) | 3224.00 |
| 459 | 米易县(川) | 2785.00 |
| 460 | 崇州市(川) | 2772.00 |
| 461 | 巴州区(川) | 2000.00 |

| 序号 | 鲜葡萄主产地 | 产量(吨) |
|---|---|---|
| 462 | 恩阳区(川) | 2000.00 |
| 463 | 犍为县(川) | 1956.00 |
| 464 | 南溪县(川) | 1950.00 |
| 465 | 金川县(川) | 1352.00 |
| 466 | 江油市(川) | 1114.00 |
| 467 | 三都水族自治县(黔) | 67368.00 |
| 468 | 红花岗区(黔) | 33750.00 |
| 469 | 独山县(黔) | 7600.00 |
| 470 | 凯里市(黔) | 3577.00 |
| 471 | 修文县(黔) | 2320.00 |
| 472 | 碧江区(黔) | 2102.00 |
| 473 | 长顺县(黔) | 1500.00 |
| 474 | 榕江县(黔) | 1200.00 |
| 475 | 龙里县(黔) | 1120.00 |
| 476 | 福泉市(黔) | 1100.00 |
| 477 | 金沙县(黔) | 1069.00 |
| 478 | 清镇市(黔) | 1020.00 |
| 479 | 宾川县(滇) | 277312.00 |
| 480 | 永仁县(滇) | 22010.00 |
| 481 | 麒麟区(滇) | 18651.00 |
| 482 | 陆良县(滇) | 9300.00 |
| 483 | 元谋县(滇) | 8970.00 |
| 484 | 红塔区(滇) | 8580.00 |
| 485 | 石林彝族自治县(滇) | 8358.60 |
| 486 | 丘北县(滇) | 3828.00 |
| 487 | 个旧市(滇) | 3060.00 |
| 488 | 广南县(滇) | 2172.00 |
| 489 | 巍山彝族回族自治县(滇) | 1872.00 |
| 490 | 禄丰县(滇) | 1684.00 |
| 491 | 姚安县(滇) | 1480.00 |
| 492 | 勐海县(滇) | 1460.00 |
| 493 | 鹤庆县(滇) | 1070.00 |
| 494 | 淳化县(陕) | 18955.00 |
| 495 | 灞桥区(陕) | 12500.00 |
| 496 | 眉　县(陕) | 12408.00 |
| 497 | 合阳县(陕) | 12000.00 |
| 498 | 长安区(陕) | 10144.00 |
| 499 | 临潼区(陕) | 9200.00 |
| 500 | 渭滨区(陕) | 8259.00 |
| 501 | 乾　县(陕) | 7500.00 |
| 502 | 陈仓区(陕) | 4186.00 |
| 503 | 礼泉县(陕) | 3885.00 |
| 504 | 绥德县(陕) | 2332.00 |
| 505 | 华阴市(陕) | 1770.00 |
| 506 | 武功县(陕) | 1500.00 |
| 507 | 渭城区(陕) | 1350.00 |
| 508 | 杨凌区农林局(陕) | 1050.00 |
| 509 | 敦煌市(甘) | 146500.00 |
| 510 | 麦积区(甘) | 34951.00 |
| 511 | 高台县(甘) | 29620.00 |
| 512 | 民勤县(甘) | 15878.00 |
| 513 | 金塔县(甘) | 6308.00 |
| 514 | 临泽县(甘) | 4536.00 |
| 515 | 甘州区(甘) | 4000.00 |
| 516 | 肃州区(甘) | 2159.00 |
| 517 | 玉门市(甘) | 2130.00 |
| 518 | 永登县(甘) | 1880.00 |
| 519 | 天祝藏族自治县(甘) | 1350.00 |
| 520 | 庆城县(甘) | 1179.00 |
| 521 | 甘谷县(甘) | 1025.00 |
| 522 | 山丹县(甘) | 1000.00 |
| 523 | 文　县(甘) | 1000.00 |
| 524 | 青铜峡市(宁) | 43725.00 |
| 525 | 贺兰县(宁) | 38458.00 |
| 526 | 永宁县(宁) | 30000.00 |
| 527 | 农垦事业管理局(宁) | 20067.00 |
| 528 | 红寺堡区(宁) | 17400.00 |
| 529 | 利通区(宁) | 11010.00 |
| 530 | 金凤区(宁) | 4467.00 |
| 531 | 平罗县(宁) | 3500.00 |
| 532 | 兴庆区(宁) | 2640.00 |
| 533 | 灵武市(宁) | 1600.00 |
| 534 | 大武口区(宁) | 1240.28 |
| 535 | 西夏区(宁) | 1053.00 |
| 536 | 鄯善县(新) | 105435.00 |
| 537 | 玛纳斯县(新) | 63228.00 |
| 538 | 昌吉市(新) | 57840.00 |
| 539 | 喀什市(新) | 51072.00 |
| 540 | 霍城县(新) | 51000.00 |
| 541 | 叶城县(新) | 28996.00 |
| 542 | 托克逊县(新) | 19989.00 |
| 543 | 沙湾县(新) | 6878.00 |
| 544 | 疏勒县(新) | 5824.00 |
| 545 | 伊吾县(新) | 5372.00 |
| 546 | 沙雅县(新) | 3210.20 |
| 547 | 米东区(新) | 1802.00 |
| 548 | 泽普县(新) | 1550.00 |
| 549 | 阜康市(新) | 1455.00 |
| 550 | 和静县(新) | 1341.00 |
| 551 | 疏附县(新) | 1159.00 |
| 552 | 巴楚县(新) | 1053.00 |
| 553 | 农十三师(新疆兵团) | 114731.00 |
| 554 | 农四师(新疆兵团) | 112122.00 |
| 555 | 农五师(新疆兵团) | 60254.00 |
| 556 | 农六师(新疆兵团) | 15000.00 |
| 557 | 农三师(新疆兵团) | 7581.00 |
| 558 | 农十四师(新疆兵团) | 3081.00 |

### 表 7-9　山楂主产地产量

| 序号 | 山楂主产地 | 产量(吨) |
|---|---|---|
| 1 | 密云县(京) | 5512.00 |
| 2 | 延庆县(京) | 2357.00 |
| 3 | 怀柔区(京) | 1676.50 |
| 4 | 蓟　县(津) | 3869.00 |
| 5 | 武清区(津) | 2140.00 |
| 6 | 西青区(津) | 1050.00 |
| 7 | 宝坻区(津) | 315.50 |
| 8 | 兴隆县(冀) | 178591.00 |
| 9 | 清河县(冀) | 37178.00 |
| 10 | 宽城满族自治县(冀) | 30000.00 |
| 11 | 遵化市(冀) | 19542.00 |
| 12 | 隆化县(冀) | 13500.00 |
| 13 | 承德县(冀) | 7826.00 |
| 14 | 青龙满族自治县(冀) | 5300.00 |
| 15 | 滦平县(冀) | 3500.00 |
| 16 | 抚宁县(冀) | 1401.00 |
| 17 | 迁安市(冀) | 1390.00 |
| 18 | 平泉县(冀) | 1300.00 |
| 19 | 涿鹿县(冀) | 942.00 |
| 20 | 涉　县(冀) | 835.00 |
| 21 | 桃城区(冀) | 572.00 |
| 22 | 卢龙县(冀) | 470.00 |
| 23 | 古冶区(冀) | 428.00 |
| 24 | 迁西县(冀) | 383.00 |
| 25 | 肥乡县(冀) | 350.00 |
| 26 | 玉田县(冀) | 344.00 |
| 27 | 鹰手营子矿区(冀) | 300.00 |
| 28 | 广阳区(冀) | 258.00 |
| 29 | 丰宁满族自治县(冀) | 203.00 |
| 30 | 鹿泉市(冀) | 201.00 |
| 31 | 平山县(冀) | 190.00 |
| 32 | 定州市(冀) | 150.00 |
| 33 | 清苑县(冀) | 150.00 |
| 34 | 闻喜县(晋) | 8000.00 |
| 35 | 垣曲县(晋) | 900.00 |
| 36 | 保德县(晋) | 500.00 |
| 37 | 平遥县(晋) | 450.00 |
| 38 | 祁　县(晋) | 300.00 |

| 序号 | 山楂主产地 | 产量(吨) |
|---|---|---|
| 39 | 尖草坪区(晋) | 263.00 |
| 40 | 宁城县(内蒙古) | 102.00 |
| 41 | 法库县(辽) | 7000.00 |
| 42 | 桓仁满族自治县(辽) | 5940.00 |
| 43 | 义　县(辽) | 2050.00 |
| 44 | 清原满族自治县(辽) | 1533.00 |
| 45 | 连山区(辽) | 1050.00 |
| 46 | 新民市(辽) | 540.00 |
| 47 | 新宾满族自治县(辽) | 150.00 |
| 48 | 喀喇沁左翼蒙古族自治县(辽) | 130.00 |
| 49 | 辉南县(吉) | 750.00 |
| 50 | 临沂市蒙山旅游区(鲁) | 36100.00 |
| 51 | 黄岛区(鲁) | 26395.40 |
| 52 | 青州市(鲁) | 25850.00 |
| 53 | 费　县(鲁) | 15750.00 |
| 54 | 新泰市(鲁) | 12468.00 |
| 55 | 岱岳区(鲁) | 11640.00 |
| 56 | 沂水县(鲁) | 7622.00 |
| 57 | 昌邑市(鲁) | 2480.00 |
| 58 | 莱城区(鲁) | 2312.20 |
| 59 | 邹城市(鲁) | 2000.00 |
| 60 | 临沭县(鲁) | 1200.00 |
| 61 | 邹平县(鲁) | 927.00 |
| 62 | 临清市(鲁) | 900.00 |
| 63 | 平阴县(鲁) | 645.00 |
| 64 | 坊子区(鲁) | 500.00 |
| 65 | 东平县(鲁) | 367.00 |
| 66 | 河东区(鲁) | 320.00 |
| 67 | 平原县(鲁) | 301.00 |
| 68 | 肥城市(鲁) | 218.13 |
| 69 | 宁阳县(鲁) | 203.30 |
| 70 | 武城县(鲁) | 200.00 |
| 71 | 汶上县(鲁) | 200.00 |
| 72 | 阳谷县(鲁) | 161.00 |
| 73 | 临沂市临港经济开发区(鲁) | 131.00 |
| 74 | 兰山区(鲁) | 120.00 |
| 75 | 辉县市(豫) | 38525.00 |
| 76 | 济源市(豫) | 6000.00 |
| 77 | 林州市(豫) | 5100.00 |
| 78 | 栾川县(豫) | 1230.00 |
| 79 | 登封市(豫) | 975.00 |
| 80 | 汝阳县(豫) | 700.00 |
| 81 | 嵩　县(豫) | 550.00 |
| 82 | 卫辉市(豫) | 220.00 |
| 83 | 方城县(豫) | 213.10 |
| 84 | 信宜市(粤) | 2000.00 |
| 85 | 霍城县(新) | 400.00 |

## 表 7-10　柚主产地产量

| 序号 | 柚主产地 | 产量(吨) |
|---|---|---|
| 1 | 三门县(浙) | 4550.00 |
| 2 | 定海区(浙) | 1400.00 |
| 3 | 南康市(赣) | 30585.60 |
| 4 | 广丰县(赣) | 16000.00 |
| 5 | 新干县(赣) | 4820.00 |
| 6 | 余江县(赣) | 3100.00 |
| 7 | 金溪县(赣) | 2154.00 |
| 8 | 玉山县(赣) | 1540.00 |
| 9 | 龙南县(赣) | 1500.00 |
| 10 | 进贤县(赣) | 225.00 |
| 11 | 芦溪县(赣) | 120.00 |
| 12 | 梁子湖区(鄂) | 12000.00 |
| 13 | 鄂城区(鄂) | 6600.00 |
| 14 | 鄂州市市辖区(鄂) | 5000.00 |
| 15 | 宜都市(鄂) | 2600.00 |
| 16 | 来凤县(鄂) | 2480.00 |
| 17 | 华容区(鄂) | 1100.00 |
| 18 | 鼎城区(湘) | 5000.00 |
| 19 | 岳阳市市辖区(湘) | 4100.00 |
| 20 | 石门县(湘) | 2400.00 |
| 21 | 麻阳苗族自治县(湘) | 1500.00 |
| 22 | 辰溪县(湘) | 1200.00 |
| 23 | 邵阳县(湘) | 1000.00 |
| 24 | 永定区(湘) | 800.00 |
| 25 | 华容县(湘) | 645.00 |
| 26 | 茶陵县(湘) | 610.00 |
| 27 | 沅陵县(湘) | 375.00 |
| 28 | 桑植县(湘) | 260.00 |
| 29 | 株洲县(湘) | 240.00 |
| 30 | 苏仙区(湘) | 230.00 |
| 31 | 双峰县(湘) | 160.00 |
| 32 | 蕉岭县(粤) | 16220.00 |
| 33 | 五华县(粤) | 16000.00 |
| 34 | 平远县(粤) | 15800.00 |
| 35 | 连山壮族瑶族自治县(粤) | 9796.00 |
| 36 | 丰顺县(粤) | 4025.00 |
| 37 | 清新县(粤) | 3000.00 |
| 38 | 东源县(粤) | 2500.00 |
| 39 | 连南瑶族自治县(粤) | 692.00 |
| 40 | 广宁县(粤) | 651.00 |
| 41 | 兴宁市(粤) | 400.00 |
| 42 | 乳源瑶族自治县(粤) | 300.00 |
| 43 | 新丰县(粤) | 160.00 |
| 44 | 阳朔县(桂) | 58850.00 |
| 45 | 融水苗族自治县(桂) | 18616.00 |
| 46 | 富川瑶族自治县(桂) | 2997.00 |
| 47 | 贺州市平桂管理区(桂) | 2907.00 |
| 48 | 东兰县(桂) | 2861.00 |
| 49 | 武宣县(桂) | 1593.00 |
| 50 | 苍梧县(桂) | 1320.00 |
| 51 | 金城江区(桂) | 885.00 |
| 52 | 金秀瑶族自治县(桂) | 640.00 |
| 53 | 黄冕林场(桂) | 460.00 |
| 54 | 田林县(桂) | 106.00 |
| 55 | 潼南县(渝) | 8100.00 |
| 56 | 忠　县(渝) | 3000.00 |
| 57 | 巫山县(渝) | 3000.00 |
| 58 | 合川区(渝) | 439.80 |
| 59 | 合江县(川) | 24000.00 |
| 60 | 安岳县(川) | 18760.00 |
| 61 | 巴州区(川) | 2160.00 |
| 62 | 罗江县(川) | 1860.00 |
| 63 | 梓潼县(川) | 1820.00 |
| 64 | 邛崃市(川) | 1350.00 |
| 65 | 纳溪区(川) | 609.00 |
| 66 | 邻水县(川) | 350.00 |
| 67 | 都江堰市(川) | 141.00 |
| 68 | 开江县(川) | 120.00 |
| 69 | 荔波县(黔) | 1500.00 |
| 70 | 瑞丽市(滇) | 2712.90 |
| 71 | 芒　市(滇) | 114.00 |

## 表 7-11　柑橘主产地产量

| 序号 | 柑橘主产地 | 产量(吨) |
|---|---|---|
| 1 | 崇明县(沪) | 150266.53 |
| 2 | 浦东新区(沪) | 17294.00 |
| 3 | 金山区(沪) | 2316.50 |
| 4 | 奉贤区(沪) | 1832.30 |
| 5 | 吴中区(苏) | 9815.00 |
| 6 | 吴江市(苏) | 7340.00 |
| 7 | 张家港市(苏) | 3832.00 |
| 8 | 滨湖区(苏) | 2720.00 |
| 9 | 启东市(苏) | 2500.00 |
| 10 | 丹徒区(苏) | 2151.00 |
| 11 | 海门市(苏) | 1551.00 |
| 12 | 临海市(浙) | 198411.00 |
| 13 | 柯城区(浙) | 167800.00 |
| 14 | 衢江区(浙) | 150000.00 |

| 序号 | 柑橘主产地 | 产量(吨) |
|---|---|---|
| 15 | 常山县(浙) | 148000.00 |
| 16 | 象山县(浙) | 137722.00 |
| 17 | 建德市(浙) | 123120.00 |
| 18 | 莲都区(浙) | 89817.00 |
| 19 | 宁海县(浙) | 89000.00 |
| 20 | 三门县(浙) | 71745.00 |
| 21 | 淳安县(浙) | 66507.00 |
| 22 | 黄岩区(浙) | 53745.00 |
| 23 | 龙游县(浙) | 51443.00 |
| 24 | 嘉兴市市辖区(浙) | 42513.00 |
| 25 | 玉环县(浙) | 38024.00 |
| 26 | 江山市(浙) | 37580.00 |
| 27 | 松阳县(浙) | 30737.00 |
| 28 | 天台县(浙) | 25000.00 |
| 29 | 椒江区(浙) | 20690.00 |
| 30 | 庆元县(浙) | 20650.00 |
| 31 | 仙居县(浙) | 19400.00 |
| 32 | 海盐县(浙) | 18707.00 |
| 33 | 温岭市(浙) | 15708.00 |
| 34 | 北仑区(浙) | 13520.00 |
| 35 | 定海区(浙) | 12010.00 |
| 36 | 奉化市(浙) | 11820.00 |
| 37 | 鄞州区(浙) | 10648.00 |
| 38 | 慈溪市(浙) | 9100.00 |
| 39 | 开化县(浙) | 9020.00 |
| 40 | 永康市(浙) | 6600.00 |
| 41 | 镇海区(浙) | 6428.00 |
| 42 | 富阳市(浙) | 4823.00 |
| 43 | 龙泉市(浙) | 3937.00 |
| 44 | 缙云县(浙) | 3927.00 |
| 45 | 江北区(浙) | 3800.00 |
| 46 | 路桥区(浙) | 3141.00 |
| 47 | 景宁畲族自治县(浙) | 3045.00 |
| 48 | 岱山县(浙) | 3030.00 |
| 49 | 桐庐县(浙) | 2696.00 |
| 50 | 临安市(浙) | 1750.00 |
| 51 | 歙　县(皖) | 8085.00 |
| 52 | 太湖县(皖) | 3800.00 |
| 53 | 东至县(皖) | 1439.60 |
| 54 | 望江县(皖) | 1000.00 |
| 55 | 南丰县(赣) | 1277435.00 |
| 56 | 寻乌县(赣) | 563020.00 |
| 57 | 安远县(赣) | 313935.00 |
| 58 | 新干县(赣) | 224600.00 |
| 59 | 会昌县(赣) | 127133.00 |
| 60 | 信丰县(赣) | 112190.00 |

| 序号 | 柑橘主产地 | 产量(吨) |
|---|---|---|
| 61 | 崇义县(赣) | 92696.00 |
| 62 | 临川区(赣) | 52479.00 |
| 63 | 靖安县(赣) | 49208.00 |
| 64 | 永修县(赣) | 48503.00 |
| 65 | 金溪县(赣) | 45680.00 |
| 66 | 遂川县(赣) | 38650.00 |
| 67 | 定南县(赣) | 23149.00 |
| 68 | 进贤县(赣) | 21000.00 |
| 69 | 广昌县(赣) | 15208.00 |
| 70 | 泰和县(赣) | 9853.00 |
| 71 | 南城县(赣) | 9656.00 |
| 72 | 龙南县(赣) | 9090.00 |
| 73 | 宁都县(赣) | 8176.00 |
| 74 | 峡江县(赣) | 6779.00 |
| 75 | 樟树市(赣) | 5660.00 |
| 76 | 大余县(赣) | 5639.00 |
| 77 | 贵溪市(赣) | 5152.00 |
| 78 | 崇仁县(赣) | 4920.00 |
| 79 | 分宜县(赣) | 3786.00 |
| 80 | 高安市(赣) | 3745.00 |
| 81 | 瑞昌市(赣) | 3587.00 |
| 82 | 宜丰县(赣) | 3157.00 |
| 83 | 九江县(赣) | 2700.00 |
| 84 | 井冈山市(赣) | 2697.00 |
| 85 | 奉新县(赣) | 2589.00 |
| 86 | 永丰县(赣) | 2557.00 |
| 87 | 万载县(赣) | 1540.00 |
| 88 | 修水县(赣) | 1255.00 |
| 89 | 莲花县(赣) | 1080.00 |
| 90 | 淅川县(豫) | 66520.00 |
| 91 | 鲁山县(豫) | 6729.00 |
| 92 | 内乡县(豫) | 3000.00 |
| 93 | 邓州市(豫) | 1220.00 |
| 94 | 枝江市(鄂) | 751920.00 |
| 95 | 夷陵区(鄂) | 584000.00 |
| 96 | 宜都市(鄂) | 580000.00 |
| 97 | 当阳市(鄂) | 399000.00 |
| 98 | 丹江口市(鄂) | 298796.00 |
| 99 | 秭归县(鄂) | 294813.00 |
| 100 | 松滋市(鄂) | 144917.00 |
| 101 | 宣恩县(鄂) | 84000.00 |
| 102 | 兴山县(鄂) | 77854.00 |
| 103 | 公安县(鄂) | 70000.00 |
| 104 | 漳河新区(鄂) | 66000.00 |
| 105 | 长阳土家族自治县(鄂) | 60883.00 |
| 106 | 钟祥市(鄂) | 45754.00 |

| 序号 | 柑橘主产地 | 产量(吨) |
|---|---|---|
| 107 | 荆州区(鄂) | 32000.00 |
| 108 | 阳新县(鄂) | 29917.00 |
| 109 | 东宝区(鄂) | 28000.00 |
| 110 | 京山县(鄂) | 22805.00 |
| 111 | 武穴市(鄂) | 20361.00 |
| 112 | 宜城市(鄂) | 15345.00 |
| 113 | 通山县(鄂) | 15003.00 |
| 114 | 恩施市(鄂) | 13318.00 |
| 115 | 蕲春县(鄂) | 11500.00 |
| 116 | 远安县(鄂) | 11360.00 |
| 117 | 来凤县(鄂) | 9400.00 |
| 118 | 通城县(鄂) | 6500.00 |
| 119 | 屈家岭管理区(鄂) | 5517.00 |
| 120 | 巴东县(鄂) | 5239.00 |
| 121 | 蔡甸区(鄂) | 5220.00 |
| 122 | 咸安区(鄂) | 4700.00 |
| 123 | 随　县(鄂) | 3480.00 |
| 124 | 谷城县(鄂) | 3479.00 |
| 125 | 石首市(鄂) | 3400.00 |
| 126 | 孝南区(鄂) | 2660.00 |
| 127 | 鹤峰县(鄂) | 1713.00 |
| 128 | 应城市(鄂) | 1600.00 |
| 129 | 安陆市(鄂) | 1563.00 |
| 130 | 孝昌县(鄂) | 1400.00 |
| 131 | 咸丰县(鄂) | 1021.00 |
| 132 | 石门县(湘) | 440000.00 |
| 133 | 麻阳苗族自治县(湘) | 278000.00 |
| 134 | 泸溪县(湘) | 200000.00 |
| 135 | 涟源市(湘) | 187200.00 |
| 136 | 慈利县(湘) | 160000.00 |
| 137 | 永顺县(湘) | 160000.00 |
| 138 | 江永县(湘) | 156143.00 |
| 139 | 龙山县(湘) | 120000.00 |
| 140 | 保靖县(湘) | 92000.00 |
| 141 | 吉首市(湘) | 85000.00 |
| 142 | 永定区(湘) | 71400.00 |
| 143 | 凤凰县(湘) | 71000.00 |
| 144 | 资兴市(湘) | 69216.00 |
| 145 | 零陵区(湘) | 66143.00 |
| 146 | 祁阳县(湘) | 65477.00 |
| 147 | 会同县(湘) | 52446.00 |
| 148 | 宁远县(湘) | 50630.00 |
| 149 | 临澧县(湘) | 49200.00 |
| 150 | 洞口县(湘) | 43000.00 |
| 151 | 冷水滩区(湘) | 42055.00 |
| 152 | 澧　县(湘) | 40000.00 |

| 序号 | 柑橘主产地 | 产量(吨) |
|---|---|---|
| 153 | 桑植县(湘) | 38000.00 |
| 154 | 绥宁县(湘) | 37000.00 |
| 155 | 衡东县(湘) | 35200.00 |
| 156 | 宜章县(湘) | 32946.00 |
| 157 | 东安县(湘) | 32860.00 |
| 158 | 津市市(湘) | 32400.00 |
| 159 | 岳阳县(湘) | 30000.00 |
| 160 | 浏阳市(湘) | 29900.00 |
| 161 | 鼎城区(湘) | 28000.00 |
| 162 | 洪江市(湘) | 27125.00 |
| 163 | 安仁县(湘) | 26500.00 |
| 164 | 蓝山县(湘) | 24200.00 |
| 165 | 中方县(湘) | 24020.00 |
| 166 | 古丈县(湘) | 24000.00 |
| 167 | 安化县(湘) | 21000.00 |
| 168 | 桃源县(湘) | 20000.00 |
| 169 | 靖州苗族侗族自治县(湘) | 19827.00 |
| 170 | 鹤城区(湘) | 18003.00 |
| 171 | 永兴县(湘) | 17299.00 |
| 172 | 武陵区(湘) | 16820.00 |
| 173 | 华容县(湘) | 16815.00 |
| 174 | 花垣县(湘) | 16000.00 |
| 175 | 沅陵县(湘) | 15375.00 |
| 176 | 汉寿县(湘) | 15000.00 |
| 177 | 湘乡市(湘) | 14600.00 |
| 178 | 隆回县(湘) | 13808.00 |
| 179 | 宁乡县(湘) | 13600.00 |
| 180 | 城步苗族自治县(湘) | 13100.00 |
| 181 | 汝城县(湘) | 12727.00 |
| 182 | 平江县(湘) | 12357.00 |
| 183 | 苏仙区(湘) | 10800.00 |
| 184 | 常德市市辖区(湘) | 10000.00 |
| 185 | 衡阳县(湘) | 10000.00 |
| 186 | 大祥区(湘) | 8950.00 |
| 187 | 桃江县(湘) | 8500.00 |
| 188 | 武冈市(湘) | 8415.00 |
| 189 | 新宁县(湘) | 8000.00 |
| 190 | 冷水江市(湘) | 6350.00 |
| 191 | 江华瑶族自治县(湘) | 6232.00 |
| 192 | 耒阳市(湘) | 6000.00 |
| 193 | 常宁市(湘) | 5800.00 |
| 194 | 双牌县(湘) | 5790.00 |
| 195 | 湘潭县(湘) | 4600.00 |
| 196 | 辰溪县(湘) | 4000.00 |
| 197 | 新化县(湘) | 3925.00 |
| 198 | 炎陵县(湘) | 3645.00 |
| 199 | 新邵县(湘) | 3600.00 |
| 200 | 溆浦县(湘) | 3155.00 |
| 201 | 邵阳县(湘) | 3000.00 |
| 202 | 桂阳县(湘) | 2582.00 |
| 203 | 北湖区(湘) | 2236.00 |
| 204 | 洪江区(湘) | 2200.00 |
| 205 | 衡山县(湘) | 2082.08 |
| 206 | 嘉禾县(湘) | 1985.00 |
| 207 | 双清区(湘) | 1730.00 |
| 208 | 君山区(湘) | 1670.00 |
| 209 | 金洞林场(湘) | 1633.00 |
| 210 | 天元区(湘) | 1250.00 |
| 211 | 邵东县(湘) | 1126.00 |
| 212 | 桂东县(湘) | 1108.00 |
| 213 | 赫山区(湘) | 1000.00 |
| 214 | 封开县(粤) | 257763.00 |
| 215 | 郁南县(粤) | 182133.00 |
| 216 | 云安县(粤) | 181487.00 |
| 217 | 乐昌市(粤) | 180000.00 |
| 218 | 德庆县(粤) | 157100.00 |
| 219 | 佛冈县(粤) | 120079.00 |
| 220 | 广宁县(粤) | 95725.00 |
| 221 | 四会市(粤) | 89936.00 |
| 222 | 潮安县(粤) | 45000.00 |
| 223 | 阳山县(粤) | 39858.00 |
| 224 | 清城区(粤) | 38500.00 |
| 225 | 博罗县(粤) | 27401.00 |
| 226 | 龙川县(粤) | 26974.00 |
| 227 | 云城区(粤) | 21256.00 |
| 228 | 连州市(粤) | 20500.00 |
| 229 | 饶平县(粤) | 16280.00 |
| 230 | 恩平市(粤) | 15558.00 |
| 231 | 台山市(粤) | 13402.00 |
| 232 | 揭西县(粤) | 12601.00 |
| 233 | 新丰县(粤) | 9579.00 |
| 234 | 高要市(粤) | 8757.00 |
| 235 | 平远县(粤) | 8607.00 |
| 236 | 信宜市(粤) | 8000.00 |
| 237 | 连山壮族瑶族自治县(粤) | 6917.00 |
| 238 | 南雄市(粤) | 5818.00 |
| 239 | 从化市(粤) | 5192.00 |
| 240 | 丰顺县(粤) | 3562.00 |
| 241 | 蕉岭县(粤) | 3177.00 |
| 242 | 鹤山市(粤) | 2847.00 |
| 243 | 吴川市(粤) | 1300.00 |
| 244 | 五华县(粤) | 1100.00 |
| 245 | 恭城瑶族自治县(桂) | 522284.00 |
| 246 | 平乐县(桂) | 297188.00 |
| 247 | 荔浦县(桂) | 189393.00 |
| 248 | 苍梧县(桂) | 162701.00 |
| 249 | 全州县(桂) | 130000.00 |
| 250 | 兴安县(桂) | 123855.00 |
| 251 | 灵川县(桂) | 108283.00 |
| 252 | 永福县(桂) | 97729.00 |
| 253 | 富川瑶族自治县(桂) | 91883.00 |
| 254 | 阳朔县(桂) | 80261.00 |
| 255 | 临桂县(桂) | 71397.00 |
| 256 | 龙胜各族自治县(桂) | 59451.00 |
| 257 | 隆安县(桂) | 43111.00 |
| 258 | 兴宾区(桂) | 39357.00 |
| 259 | 鹿寨县(桂) | 37696.00 |
| 260 | 钟山县(桂) | 30580.00 |
| 261 | 右江区(桂) | 29600.00 |
| 262 | 南丹县(桂) | 23545.00 |
| 263 | 扶绥县(桂) | 21809.00 |
| 264 | 融水苗族自治县(桂) | 20940.00 |
| 265 | 资源县(桂) | 18800.00 |
| 266 | 宜州市(桂) | 18407.00 |
| 267 | 金秀瑶族自治县(桂) | 17110.00 |
| 268 | 龙州县(桂) | 15326.00 |
| 269 | 平南县(桂) | 13250.00 |
| 270 | 防城区(桂) | 10978.00 |
| 271 | 环江毛南族自治县(桂) | 10524.00 |
| 272 | 昭平县(桂) | 9260.00 |
| 273 | 八步区(桂) | 8686.00 |
| 274 | 雁山区(桂) | 8598.00 |
| 275 | 天峨县(桂) | 8419.00 |
| 276 | 贺州市平桂管理区(桂) | 6398.00 |
| 277 | 金城江区(桂) | 5342.00 |
| 278 | 东兰县(桂) | 4911.00 |
| 279 | 田林县(桂) | 4356.00 |
| 280 | 象州县(桂) | 3578.00 |
| 281 | 巴马瑶族自治县(桂) | 3385.00 |
| 282 | 三江侗族自治县(桂) | 3128.00 |
| 283 | 乐业县(桂) | 3027.00 |
| 284 | 平果县(桂) | 2884.00 |
| 285 | 凤山县(桂) | 1978.00 |
| 286 | 武宣县(桂) | 1803.00 |
| 287 | 江南区(桂) | 1539.00 |
| 288 | 天等县(桂) | 1368.00 |
| 289 | 凭祥市(桂) | 1138.00 |
| 290 | 宾阳县(桂) | 1113.00 |

| 序号 | 柑橘主产地 | 产量(吨) |
|---|---|---|
| 291 | 隆林各族自治县(桂) | 1000.00 |
| 292 | 桂平市(桂) | 1000.00 |
| 293 | 巫山县(渝) | 1000000.00 |
| 294 | 忠　县(渝) | 300000.00 |
| 295 | 开　县(渝) | 224825.00 |
| 296 | 万州区(渝) | 224800.00 |
| 297 | 云阳县(渝) | 150000.00 |
| 298 | 江津区(渝) | 130000.00 |
| 299 | 永川区(渝) | 63200.00 |
| 300 | 垫江县(渝) | 63000.00 |
| 301 | 涪陵区(渝) | 39000.00 |
| 302 | 丰都县(渝) | 31640.00 |
| 303 | 巴南区(渝) | 19850.00 |
| 304 | 铜梁县(渝) | 19841.00 |
| 305 | 荣昌县(渝) | 10000.00 |
| 306 | 九龙坡区(渝) | 9143.00 |
| 307 | 沙坪坝区(渝) | 7200.00 |
| 308 | 武隆县(渝) | 4880.00 |
| 309 | 南川区(渝) | 3900.00 |
| 310 | 合川区(渝) | 3104.00 |
| 311 | 石柱土家族自治县(渝) | 2190.00 |
| 312 | 巫溪县(渝) | 1680.00 |
| 313 | 金堂县(川) | 145463.00 |
| 314 | 仁寿县(川) | 130200.00 |
| 315 | 蒲江县(川) | 106500.00 |
| 316 | 阆中市(川) | 85300.00 |
| 317 | 富顺县(川) | 68000.00 |
| 318 | 蓬安县(川) | 66020.00 |
| 319 | 江安县(川) | 62280.00 |
| 320 | 西充县(川) | 50640.00 |
| 321 | 宜宾县(川) | 48355.00 |
| 322 | 简阳市(川) | 47160.00 |
| 323 | 古蔺县(川) | 47000.00 |
| 324 | 营山县(川) | 42300.00 |
| 325 | 青神县(川) | 42245.00 |
| 326 | 苍溪县(川) | 39898.00 |
| 327 | 犍为县(川) | 35562.00 |
| 328 | 嘉陵区(川) | 31585.00 |
| 329 | 石棉县(川) | 30000.00 |
| 330 | 翠屏区(川) | 28300.00 |
| 331 | 邛崃市(川) | 26000.00 |
| 332 | 双流县(川) | 25986.00 |
| 333 | 乐山市市中区(川) | 25000.00 |
| 334 | 南溪县(川) | 21550.00 |
| 335 | 乐至县(川) | 21300.00 |
| 336 | 丹棱县(川) | 21102.00 |
| 337 | 达川区(川) | 18900.00 |
| 338 | 井研县(川) | 18019.00 |
| 339 | 开江县(川) | 18000.00 |
| 340 | 顺庆区(川) | 18000.00 |
| 341 | 五通桥区(川) | 17762.00 |
| 342 | 纳溪区(川) | 15369.00 |
| 343 | 仪陇县(川) | 15000.00 |
| 344 | 龙泉驿区(川) | 14503.00 |
| 345 | 巴州区(川) | 14400.00 |
| 346 | 汉源县(川) | 11000.00 |
| 347 | 威远县(川) | 10000.00 |
| 348 | 涪城区(川) | 9530.00 |
| 349 | 彭山县(川) | 8600.00 |
| 350 | 中江县(川) | 8500.00 |
| 351 | 江油市(川) | 7577.00 |
| 352 | 洪雅县(川) | 7420.00 |
| 353 | 叙永县(川) | 6700.00 |
| 354 | 雁江区(川) | 6520.00 |
| 355 | 雷波县(川) | 6000.00 |
| 356 | 恩阳区(川) | 6000.00 |
| 357 | 盐边县(川) | 4900.00 |
| 358 | 高　县(川) | 4780.00 |
| 359 | 沿滩区(川) | 4675.00 |
| 360 | 游仙区(川) | 3980.00 |
| 361 | 宁南县(川) | 3819.00 |
| 362 | 崇州市(川) | 3377.00 |
| 363 | 青白江区(川) | 2600.00 |
| 364 | 峨眉山市(川) | 2500.00 |
| 365 | 安岳县(川) | 2440.00 |
| 366 | 龙马潭区(川) | 2200.00 |
| 367 | 沐川县(川) | 2200.00 |
| 368 | 平昌县(川) | 2132.00 |
| 369 | 德昌县(川) | 1570.00 |
| 370 | 米易县(川) | 1560.00 |
| 371 | 珙　县(川) | 1408.00 |
| 372 | 自流井区(川) | 1100.00 |
| 373 | 荔波县(黔) | 20130.00 |
| 374 | 桐梓县(黔) | 10800.00 |
| 375 | 锦屏县(黔) | 6462.00 |
| 376 | 望谟县(黔) | 3975.00 |
| 377 | 镇远县(黔) | 3852.00 |
| 378 | 独山县(黔) | 3350.00 |
| 379 | 金沙县(黔) | 3328.00 |
| 380 | 碧江区(黔) | 2766.00 |
| 381 | 贞丰县(黔) | 2546.00 |
| 382 | 三都水族自治县(黔) | 2342.00 |
| 383 | 纳雍县(黔) | 1783.00 |
| 384 | 长顺县(黔) | 1656.00 |
| 385 | 清镇市(黔) | 1612.00 |
| 386 | 普安县(黔) | 1586.00 |
| 387 | 修文县(黔) | 1277.00 |
| 388 | 龙里县(黔) | 1150.00 |
| 389 | 华宁县(滇) | 1540000.00 |
| 390 | 宾川县(滇) | 163850.00 |
| 391 | 广南县(滇) | 11666.00 |
| 392 | 师宗县(滇) | 7306.00 |
| 393 | 元江哈尼族彝族傣族自治县(滇) | 4614.90 |
| 394 | 个旧市(滇) | 4596.00 |
| 395 | 芒　市(滇) | 4012.00 |
| 396 | 禄劝彝族苗族自治县(滇) | 3750.00 |
| 397 | 思茅区(滇) | 3665.00 |
| 398 | 双江拉祜族佤族布朗族傣族自治县(滇) | 2978.00 |
| 399 | 镇雄县(滇) | 2000.00 |
| 400 | 元谋县(滇) | 1721.00 |
| 401 | 腾冲县(滇) | 1697.00 |
| 402 | 施甸县(滇) | 1600.00 |
| 403 | 富民县(滇) | 1520.50 |
| 404 | 勐海县(滇) | 1453.00 |
| 405 | 西畴县(滇) | 1377.00 |
| 406 | 富宁县(滇) | 1249.00 |
| 407 | 汉滨区(陕) | 52410.00 |
| 408 | 旬阳县(陕) | 29902.00 |
| 409 | 城固县(陕) | 25700.00 |
| 410 | 洋　县(陕) | 12530.00 |
| 411 | 白河县(陕) | 4630.00 |
| 412 | 紫阳县(陕) | 4080.00 |
| 413 | 南郑县(陕) | 3440.00 |
| 414 | 山阳县(陕) | 1940.00 |
| 415 | 岚皋县(陕) | 1584.00 |
| 416 | 汉阴县(陕) | 1040.00 |
| 417 | 文　县(甘) | 2520.00 |

**表 7-12　枇杷主产地产量**

| 序号 | 枇杷主产地 | 产量(吨) |
|---|---|---|
| 1 | 青浦区(沪) | 532.38 |
| 2 | 崇明县(沪) | 214.70 |
| 3 | 黄岩区(浙) | 11534.00 |
| 4 | 余杭区(浙) | 6129.00 |
| 5 | 象山县(浙) | 4981.00 |
| 6 | 仙居县(浙) | 4950.00 |
| 7 | 淳安县(浙) | 4093.00 |

| 序号 | 枇杷主产地 | 产量(吨) |
|---|---|---|
| 8 | 建德市(浙) | 4000.00 |
| 9 | 临海市(浙) | 3475.00 |
| 10 | 路桥区(浙) | 2706.00 |
| 11 | 温岭市(浙) | 2628.00 |
| 12 | 宁海县(浙) | 2000.00 |
| 13 | 三门县(浙) | 2000.00 |
| 14 | 椒江区(浙) | 1980.00 |
| 15 | 衢江区(浙) | 1740.00 |
| 16 | 莲都区(浙) | 1379.00 |
| 17 | 江山市(浙) | 890.00 |
| 18 | 玉环县(浙) | 852.00 |
| 19 | 开化县(浙) | 660.00 |
| 20 | 常山县(浙) | 512.00 |
| 21 | 富阳市(浙) | 380.00 |
| 22 | 海盐县(浙) | 359.00 |
| 23 | 慈溪市(浙) | 350.00 |
| 24 | 天台县(浙) | 250.00 |
| 25 | 鄞州区(浙) | 217.00 |
| 26 | 定海区(浙) | 210.00 |
| 27 | 松阳县(浙) | 160.00 |
| 28 | 嘉兴市市辖区(浙) | 146.00 |
| 29 | 泰顺县(浙) | 122.00 |
| 30 | 龙泉市(浙) | 121.00 |
| 31 | 文成县(浙) | 120.00 |
| 32 | 歙　县(皖) | 27699.00 |
| 33 | 潜山县(皖) | 170.00 |
| 34 | 龙南县(赣) | 2000.00 |
| 35 | 来凤县(鄂) | 1000.00 |
| 36 | 阳新县(鄂) | 270.00 |
| 37 | 临武县(湘) | 1300.00 |
| 38 | 永定区(湘) | 1200.00 |
| 39 | 宜章县(湘) | 860.00 |
| 40 | 双峰县(湘) | 400.00 |
| 41 | 岳阳市市辖区(湘) | 340.00 |
| 42 | 鼎城区(湘) | 250.00 |
| 43 | 沅陵县(湘) | 218.00 |
| 44 | 株洲县(湘) | 131.00 |
| 45 | 信宜市(粤) | 1600.00 |
| 46 | 乳源瑶族自治县(粤) | 600.00 |
| 47 | 丰顺县(粤) | 103.00 |
| 48 | 五华县(粤) | 100.00 |
| 49 | 阳朔县(桂) | 1650.00 |
| 50 | 雁山区(桂) | 179.00 |
| 51 | 合川区(渝) | 6604.00 |
| 52 | 石柱土家族自治县(渝) | 660.00 |
| 53 | 忠　县(渝) | 200.00 |
| 54 | 仁寿县(川) | 72600.00 |
| 55 | 石棉县(川) | 4000.00 |
| 56 | 井研县(川) | 3300.00 |
| 57 | 恩阳区(川) | 2200.00 |
| 58 | 游仙区(川) | 1500.00 |
| 59 | 犍为县(川) | 1325.00 |
| 60 | 翠屏区(川) | 1275.00 |
| 61 | 巴州区(川) | 1200.00 |
| 62 | 雁江区(川) | 820.00 |
| 63 | 北川羌族自治县(川) | 820.00 |
| 64 | 涪城区(川) | 650.00 |
| 65 | 宣汉县(川) | 550.00 |
| 66 | 纳溪区(川) | 500.00 |
| 67 | 三台县(川) | 350.00 |
| 68 | 达川区(川) | 110.00 |
| 69 | 开阳县(黔) | 27000.00 |
| 70 | 赫章县(黔) | 138.00 |
| 71 | 瓮安县(黔) | 120.00 |
| 72 | 七星关区(黔) | 120.00 |
| 73 | 云　县(滇) | 1280.00 |
| 74 | 石林彝族自治县(滇) | 406.60 |
| 75 | 大关县(滇) | 150.00 |
| 76 | 南郑县(陕) | 160.00 |

**表 7-13　杧果主产地产量**

| 序号 | 杧果主产地 | 产量(吨) |
|---|---|---|
| 1 | 罗定市(粤) | 47000.00 |
| 2 | 徐闻县(粤) | 16471.00 |
| 3 | 信宜市(粤) | 6000.00 |
| 4 | 遂溪县(粤) | 3670.00 |
| 5 | 云安县(粤) | 1205.00 |
| 6 | 丰顺县(粤) | 601.00 |
| 7 | 吴川市(粤) | 600.00 |
| 8 | 雷州市(粤) | 316.60 |
| 9 | 台山市(粤) | 307.00 |
| 10 | 广宁县(粤) | 229.00 |
| 11 | 萝岗区(粤) | 191.00 |
| 12 | 从化市(粤) | 173.00 |
| 13 | 田阳县(桂) | 114674.00 |
| 14 | 钦北区(桂) | 5895.00 |
| 15 | 田林县(桂) | 3944.00 |
| 16 | 邕宁区(桂) | 2705.00 |
| 17 | 桂平市(桂) | 1800.00 |
| 18 | 港北区(桂) | 1326.00 |
| 19 | 江州区(桂) | 906.00 |
| 20 | 银海区(桂) | 794.00 |
| 21 | 仁和区(川) | 38000.00 |
| 22 | 攀枝花市东区(川) | 5850.00 |
| 23 | 元江哈尼族彝族傣族自治县(滇) | 22762.00 |
| 24 | 个旧市(滇) | 3090.00 |
| 25 | 永德县(滇) | 2500.00 |
| 26 | 云　县(滇) | 1742.60 |
| 27 | 巧家县(滇) | 570.00 |
| 28 | 江城哈尼族彝族自治县(滇) | 114.20 |

**表 7-14　荔枝主产地产量**

| 序号 | 荔枝主产地 | 产量(吨) |
|---|---|---|
| 1 | 高州市(粤) | 178000.00 |
| 2 | 电白县(粤) | 139024.00 |
| 3 | 潮安县(粤) | 61000.00 |
| 4 | 惠来县(粤) | 31800.00 |
| 5 | 博罗县(粤) | 28019.00 |
| 6 | 从化市(粤) | 27098.00 |
| 7 | 信宜市(粤) | 25000.00 |
| 8 | 揭西县(粤) | 15909.00 |
| 9 | 阳西县(粤) | 13000.00 |
| 10 | 郁南县(粤) | 11380.00 |
| 11 | 罗定市(粤) | 10000.00 |
| 12 | 丰顺县(粤) | 9562.00 |
| 13 | 遂溪县(粤) | 8116.00 |
| 14 | 饶平县(粤) | 7902.00 |
| 15 | 台山市(粤) | 7134.00 |
| 16 | 茂南区(粤) | 6700.00 |
| 17 | 新兴县(粤) | 5000.00 |
| 18 | 佛冈县(粤) | 4668.00 |
| 19 | 坡头区(粤) | 4500.00 |
| 20 | 恩平市(粤) | 3576.00 |
| 21 | 潮南区(粤) | 3187.65 |
| 22 | 云安县(粤) | 2763.00 |
| 23 | 茂名市属总林场(粤) | 2351.00 |
| 24 | 萝岗区(粤) | 2281.00 |
| 25 | 封开县(粤) | 1825.00 |
| 26 | 惠阳区(粤) | 1400.00 |
| 27 | 清城区(粤) | 1295.00 |
| 28 | 高要市(粤) | 972.00 |
| 29 | 吴川市(粤) | 960.00 |
| 30 | 鹤山市(粤) | 667.00 |
| 31 | 五华县(粤) | 600.00 |
| 32 | 源城区(粤) | 586.00 |
| 33 | 蕉岭县(粤) | 531.00 |
| 34 | 湘桥区(粤) | 456.00 |
| 35 | 雷州市(粤) | 428.40 |

| 序号 | 荔枝主产地 | 产量(吨) |
|---|---|---|
| 36 | 龙川县(粤) | 415.00 |
| 37 | 广宁县(粤) | 406.00 |
| 38 | 云城区(粤) | 245.00 |
| 39 | 阳江市属总林场(粤) | 165.00 |
| 40 | 徐闻县(粤) | 116.00 |
| 41 | 桂平市(桂) | 200000.00 |
| 42 | 钦北区(桂) | 106489.00 |
| 43 | 浦北县(桂) | 38220.00 |
| 44 | 平南县(桂) | 11181.00 |
| 45 | 横　县(桂) | 9883.00 |
| 46 | 灵山县(桂) | 8970.00 |
| 47 | 港南区(桂) | 4500.00 |
| 48 | 苍梧县(桂) | 3192.00 |
| 49 | 右江区(桂) | 3175.00 |
| 50 | 玉州区(桂) | 2555.00 |
| 51 | 隆安县(桂) | 2276.00 |
| 52 | 防城区(桂) | 2139.00 |
| 53 | 扶绥县(桂) | 1624.00 |
| 54 | 覃塘区(桂) | 1520.00 |
| 55 | 宾阳县(桂) | 997.00 |
| 56 | 兴宾区(桂) | 988.00 |
| 57 | 江南区(桂) | 975.00 |
| 58 | 武宣县(桂) | 786.00 |
| 59 | 龙州县(桂) | 655.00 |
| 60 | 铁山港区(桂) | 601.00 |
| 61 | 银海区(桂) | 577.00 |
| 62 | 蒙山县(桂) | 500.00 |
| 63 | 天等县(桂) | 340.00 |
| 64 | 大新县(桂) | 297.00 |
| 65 | 平果县(桂) | 256.00 |
| 66 | 凭祥市(桂) | 201.00 |
| 67 | 良凤江国家森林公园(桂) | 178.00 |
| 68 | 田阳县(桂) | 168.00 |
| 69 | 江州区(桂) | 138.00 |
| 70 | 八步区(桂) | 104.00 |
| 71 | 合江县(川) | 13000.00 |
| 72 | 宜宾县(川) | 913.00 |
| 73 | 南溪县(川) | 500.00 |
| 74 | 翠屏区(川) | 463.00 |
| 75 | 江安县(川) | 200.00 |
| 76 | 望谟县(黔) | 159.00 |
| 77 | 元江哈尼族彝族傣族自治县(滇) | 1524.40 |
| 78 | 永德县(滇) | 1275.00 |
| 79 | 昌宁县(滇) | 436.00 |
| 80 | 麻栗坡县(滇) | 146.00 |
| 81 | 盈江县(滇) | 123.10 |
| 82 | 云　县(滇) | 111.00 |
| 83 | 瑞丽市(滇) | 109.30 |

**表 7-15　龙眼主产地产量**

| 序号 | 龙眼主产地 | 产量(吨) |
|---|---|---|
| 1 | 高州市(粤) | 108000.00 |
| 2 | 潮安县(粤) | 60000.00 |
| 3 | 电白县(粤) | 30043.00 |
| 4 | 饶平县(粤) | 19480.00 |
| 5 | 博罗县(粤) | 15198.00 |
| 6 | 台山市(粤) | 12200.00 |
| 7 | 恩平市(粤) | 10124.00 |
| 8 | 罗定市(粤) | 10000.00 |
| 9 | 从化市(粤) | 9250.00 |
| 10 | 揭西县(粤) | 8628.00 |
| 11 | 丰顺县(粤) | 7635.00 |
| 12 | 遂溪县(粤) | 5284.00 |
| 13 | 湛江市属总林场(粤) | 5200.00 |
| 14 | 云安县(粤) | 5045.00 |
| 15 | 郁南县(粤) | 5032.00 |
| 16 | 茂南区(粤) | 5000.00 |
| 17 | 信宜市(粤) | 4000.00 |
| 18 | 清城区(粤) | 3796.00 |
| 19 | 新兴县(粤) | 3500.00 |
| 20 | 封开县(粤) | 3309.00 |
| 21 | 佛冈县(粤) | 2976.00 |
| 22 | 蕉岭县(粤) | 2652.00 |
| 23 | 高要市(粤) | 1656.00 |
| 24 | 吴川市(粤) | 1500.00 |
| 25 | 龙川县(粤) | 1127.00 |
| 26 | 阳西县(粤) | 900.00 |
| 27 | 源城区(粤) | 788.00 |
| 28 | 茂名市属总林场(粤) | 755.00 |
| 29 | 萝岗区(粤) | 731.00 |
| 30 | 徐闻县(粤) | 611.00 |
| 31 | 湘桥区(粤) | 580.00 |
| 32 | 鹤山市(粤) | 507.00 |
| 33 | 云城区(粤) | 328.00 |
| 34 | 雷州市(粤) | 270.80 |
| 35 | 五华县(粤) | 150.00 |
| 36 | 新丰县(粤) | 145.00 |
| 37 | 阳江市属总林场(粤) | 135.00 |
| 38 | 广宁县(粤) | 106.00 |
| 39 | 平南县(桂) | 44678.00 |
| 40 | 钦北区(桂) | 30552.00 |
| 41 | 大新县(桂) | 21282.00 |
| 42 | 武宣县(桂) | 20981.00 |
| 43 | 横　县(桂) | 16784.00 |
| 44 | 桂平市(桂) | 15000.00 |
| 45 | 江州区(桂) | 10998.00 |
| 46 | 扶绥县(桂) | 10302.00 |
| 47 | 龙州县(桂) | 9956.00 |
| 48 | 兴宾区(桂) | 9816.00 |
| 49 | 浦北县(桂) | 8200.00 |
| 50 | 隆安县(桂) | 8168.00 |
| 51 | 邕宁区(桂) | 7489.00 |
| 52 | 右江区(桂) | 5910.00 |
| 53 | 象州县(桂) | 5675.00 |
| 54 | 港南区(桂) | 4067.00 |
| 55 | 防城区(桂) | 3900.00 |
| 56 | 鹿寨县(桂) | 3536.00 |
| 57 | 八步区(桂) | 3407.00 |
| 58 | 天等县(桂) | 3126.00 |
| 59 | 港北区(桂) | 3108.00 |
| 60 | 江南区(桂) | 2827.00 |
| 61 | 银海区(桂) | 2626.00 |
| 62 | 灵山县(桂) | 2100.00 |
| 63 | 宾阳县(桂) | 2039.00 |
| 64 | 平果县(桂) | 1711.00 |
| 65 | 覃塘区(桂) | 1696.00 |
| 66 | 玉州区(桂) | 1673.00 |
| 67 | 铁山港区(桂) | 1638.00 |
| 68 | 金秀瑶族自治县(桂) | 1230.00 |
| 69 | 苍梧县(桂) | 1182.00 |
| 70 | 凭祥市(桂) | 1045.00 |
| 71 | 马山县(桂) | 912.00 |
| 72 | 巴马瑶族自治县(桂) | 735.00 |
| 73 | 田阳县(桂) | 500.00 |
| 74 | 天峨县(桂) | 242.00 |
| 75 | 七坡林场(桂) | 184.00 |
| 76 | 良凤江国家森林公园(桂) | 164.00 |
| 77 | 江津区(渝) | 3000.00 |
| 78 | 丰都县(渝) | 1658.00 |
| 79 | 万州区(渝) | 500.00 |
| 80 | 荣昌县(渝) | 200.00 |
| 81 | 涪陵区(渝) | 181.00 |
| 82 | 龙马潭区(川) | 6000.00 |
| 83 | 南溪县(川) | 4500.00 |
| 84 | 富顺县(川) | 3000.00 |
| 85 | 宜宾县(川) | 1354.00 |
| 86 | 米易县(川) | 1000.00 |
| 87 | 德昌县(川) | 896.00 |

| 序号 | 龙眼主产地 | 产量(吨) |
|---|---|---|
| 88 | 翠屏区(川) | 840.00 |
| 89 | 江安县(川) | 365.00 |
| 90 | 高　县(川) | 330.00 |
| 91 | 犍为县(川) | 330.00 |
| 92 | 盐边县(川) | 300.00 |
| 93 | 纳溪区(川) | 124.00 |
| 94 | 雷波县(川) | 107.00 |
| 95 | 元江哈尼族彝族傣族自治县(滇) | 1583.40 |
| 96 | 元谋县(滇) | 264.00 |
| 97 | 永胜县(滇) | 200.00 |
| 98 | 景洪市(滇) | 153.00 |
| 99 | 永德县(滇) | 135.00 |
| 100 | 水富县(滇) | 102.00 |
| 101 | 施甸县(滇) | 100.00 |

**表 7-16　香蕉主产地产量**

| 序号 | 香蕉主产地 | 产量(吨) |
|---|---|---|
| 1 | 恩平市(粤) | 40319.00 |
| 2 | 丰顺县(粤) | 16935.00 |
| 3 | 台山市(粤) | 8100.00 |
| 4 | 雷州市(粤) | 7300.00 |
| 5 | 吴川市(粤) | 7000.00 |
| 6 | 云安县(粤) | 5831.00 |
| 7 | 广宁县(粤) | 4333.00 |
| 8 | 蕉岭县(粤) | 3275.00 |
| 9 | 萝岗区(粤) | 3173.00 |
| 10 | 佛冈县(粤) | 973.00 |
| 11 | 从化市(粤) | 972.00 |
| 12 | 潮南区(粤) | 490.50 |
| 13 | 钦北区(桂) | 28562.00 |
| 14 | 江州区(桂) | 20077.00 |
| 15 | 田阳县(桂) | 8534.00 |
| 16 | 田林县(桂) | 4654.00 |
| 17 | 邕宁区(桂) | 4011.00 |
| 18 | 苍梧县(桂) | 3416.00 |
| 19 | 铁山港区(桂) | 3324.00 |
| 20 | 银海区(桂) | 1641.00 |
| 21 | 武宣县(桂) | 742.00 |
| 22 | 东兰县(桂) | 678.00 |
| 23 | 象州县(桂) | 251.00 |
| 24 | 宁南县(川) | 450.00 |
| 25 | 雷波县(川) | 128.00 |
| 26 | 望谟县(黔) | 331.00 |
| 27 | 江城哈尼族彝族自治县(滇) | 136697.00 |
| 28 | 孟连傣族拉祜族佤族自治县(滇) | 64200.00 |
| 29 | 盈江县(滇) | 20525.10 |
| 30 | 个旧市(滇) | 16775.00 |
| 31 | 武定县(滇) | 5083.00 |
| 32 | 芒　市(滇) | 1532.00 |
| 33 | 富宁县(滇) | 1243.00 |
| 34 | 云　县(滇) | 907.20 |
| 35 | 凤庆县(滇) | 718.50 |
| 36 | 元谋县(滇) | 387.00 |
| 37 | 禄劝彝族苗族自治县(滇) | 385.00 |
| 38 | 西畴县(滇) | 250.00 |

**表 7-17　草莓主产地产量**

| 序号 | 草莓主产地 | 产量(吨) |
|---|---|---|
| 1 | 丰宁满族自治县(冀) | 410.00 |
| 2 | 土默特左旗(内蒙古) | 200.00 |
| 3 | 桓仁满族自治县(辽) | 2500.00 |
| 4 | 东港市(辽) | 500.00 |
| 5 | 清原满族自治县(辽) | 120.00 |
| 6 | 普兰店市(辽) | 120.00 |
| 7 | 长白朝鲜族自治县(吉) | 1250.00 |
| 8 | 辉南县(吉) | 560.00 |
| 9 | 桦川县(黑) | 200.00 |
| 10 | 崇明县(沪) | 1544.38 |
| 11 | 沭阳县(苏) | 13550.00 |
| 12 | 如皋市(苏) | 11000.00 |
| 13 | 常熟市(苏) | 760.00 |
| 14 | 定海区(浙) | 1106.00 |
| 15 | 大观区(皖) | 3150.00 |
| 16 | 郎溪县(皖) | 2500.00 |
| 17 | 颍东区(皖) | 450.00 |
| 18 | 禹会区(皖) | 182.00 |
| 19 | 星子县(赣) | 8075.00 |
| 20 | 芦溪县(赣) | 280.00 |
| 21 | 万载县(赣) | 250.00 |
| 22 | 新建县(赣) | 180.00 |
| 23 | 莒南县(鲁) | 45000.00 |
| 24 | 河东区(鲁) | 7000.00 |
| 25 | 临沭县(鲁) | 6500.00 |
| 26 | 昌邑市(鲁) | 6000.00 |
| 27 | 邹城市(鲁) | 5000.00 |
| 28 | 山海天旅游度假区(鲁) | 1200.00 |
| 29 | 新泰市(鲁) | 921.00 |
| 30 | 东昌府区(鲁) | 692.00 |
| 31 | 坊子区(鲁) | 600.00 |
| 32 | 乳山市(鲁) | 600.00 |
| 33 | 临沂市临港经济开发区(鲁) | 542.00 |
| 34 | 博山区(鲁) | 460.00 |
| 35 | 岱岳区(鲁) | 200.00 |
| 36 | 莘　县(鲁) | 123.75 |
| 37 | 沂水县(鲁) | 120.00 |
| 38 | 曹　县(鲁) | 120.00 |
| 39 | 梁园区(豫) | 6000.00 |
| 40 | 太康县(豫) | 4000.00 |
| 41 | 郾城区(豫) | 588.00 |
| 42 | 孟津县(豫) | 540.00 |
| 43 | 管城回族区(豫) | 465.00 |
| 44 | 新郑市(豫) | 250.00 |
| 45 | 卫滨区(豫) | 240.00 |
| 46 | 魏都区(豫) | 182.00 |
| 47 | 民权县(豫) | 144.00 |
| 48 | 张湾区(鄂) | 188.00 |
| 49 | 沅陵县(湘) | 1100.00 |
| 50 | 安化县(湘) | 370.00 |
| 51 | 北湖区(湘) | 211.00 |
| 52 | 双峰县(湘) | 180.00 |
| 53 | 鼎城区(湘) | 155.00 |
| 54 | 安仁县(湘) | 140.00 |
| 55 | 隆回县(湘) | 130.00 |
| 56 | 乳源瑶族自治县(粤) | 300.00 |
| 57 | 阳朔县(桂) | 380.00 |
| 58 | 巴州区(川) | 360.00 |
| 59 | 三台县(川) | 120.00 |
| 60 | 凯里市(黔) | 510.00 |
| 61 | 旬阳县(陕) | 104.00 |
| 62 | 南郑县(陕) | 100.00 |
| 63 | 林口林业局(龙江森工) | 900.00 |
| 64 | 亚布力林业局(龙江森工) | 350.00 |
| 65 | 农四师(新疆兵团) | 2136.00 |

**表 7-18　鲜红枣主产地产量**

| 序号 | 鲜红枣主产地 | 产量(吨) |
|---|---|---|
| 1 | 怀柔区(京) | 1647.50 |
| 2 | 密云县(京) | 1207.00 |
| 3 | 延庆县(京) | 842.00 |
| 4 | 门头沟区(京) | 758.00 |
| 5 | 房山区(京) | 457.40 |
| 6 | 顺义区(京) | 312.00 |
| 7 | 丰台区(京) | 230.00 |
| 8 | 静海县(津) | 7246.00 |
| 9 | 津南区(津) | 2900.00 |
| 10 | 武清区(津) | 2178.00 |
| 11 | 东丽区(津) | 1533.00 |
| 12 | 西青区(津) | 1141.10 |

| 序号 | 鲜红枣主产地 | 产量(吨) |
|---|---|---|
| 13 | 蓟　县(津) | 381.00 |
| 14 | 宝坻区(津) | 163.00 |
| 15 | 沧　县(冀) | 257494.00 |
| 16 | 行唐县(冀) | 135000.00 |
| 17 | 阜平县(冀) | 96680.00 |
| 18 | 献　县(冀) | 96655.00 |
| 19 | 泊头市(冀) | 51293.00 |
| 20 | 大城县(冀) | 39650.00 |
| 21 | 青　县(冀) | 23925.00 |
| 22 | 曲阳县(冀) | 21822.00 |
| 23 | 盐山县(冀) | 18279.00 |
| 24 | 威　县(冀) | 16800.00 |
| 25 | 南皮县(冀) | 14068.00 |
| 26 | 唐　县(冀) | 12780.00 |
| 27 | 怀来县(冀) | 10750.00 |
| 28 | 河间市(冀) | 8215.00 |
| 29 | 平山县(冀) | 6742.00 |
| 30 | 涉　县(冀) | 6175.00 |
| 31 | 涿鹿县(冀) | 6132.60 |
| 32 | 遵化市(冀) | 4985.00 |
| 33 | 海兴县(冀) | 4960.00 |
| 34 | 鹿泉市(冀) | 4852.00 |
| 35 | 武邑县(冀) | 4850.00 |
| 36 | 曲周县(冀) | 4591.00 |
| 37 | 井陉县(冀) | 3238.00 |
| 38 | 阜城县(冀) | 2850.00 |
| 39 | 故城县(冀) | 2759.00 |
| 40 | 兴隆县(冀) | 2411.00 |
| 41 | 冀州市(冀) | 2100.00 |
| 42 | 藁城市(冀) | 1914.00 |
| 43 | 枣强县(冀) | 1894.00 |
| 44 | 辛集市(冀) | 1891.00 |
| 45 | 玉田县(冀) | 1880.00 |
| 46 | 大名县(冀) | 1864.00 |
| 47 | 任　县(冀) | 1585.00 |
| 48 | 景　县(冀) | 1518.00 |
| 49 | 魏　县(冀) | 1494.00 |
| 50 | 任丘市(冀) | 1155.00 |
| 51 | 迁西县(冀) | 1135.00 |
| 52 | 丰润区(冀) | 1055.00 |
| 53 | 广阳区(冀) | 1028.00 |
| 54 | 黄骅市(冀) | 1000.00 |
| 55 | 滦平县(冀) | 880.00 |
| 56 | 孟村回族自治县(冀) | 818.00 |
| 57 | 武安市(冀) | 800.00 |
| 58 | 武强县(冀) | 740.00 |
| 59 | 巨鹿县(冀) | 736.00 |
| 60 | 邯郸县(冀) | 730.00 |
| 61 | 迁安市(冀) | 720.00 |
| 62 | 平泉县(冀) | 675.00 |
| 63 | 青龙满族自治县(冀) | 600.00 |
| 64 | 固安县(冀) | 590.00 |
| 65 | 安次区(冀) | 556.00 |
| 66 | 东光县(冀) | 550.00 |
| 67 | 三河市(冀) | 530.00 |
| 68 | 邢台县(冀) | 505.00 |
| 69 | 成安县(冀) | 420.00 |
| 70 | 易　县(冀) | 400.00 |
| 71 | 承德县(冀) | 362.00 |
| 72 | 丰宁满族自治县(冀) | 320.00 |
| 73 | 饶阳县(冀) | 308.00 |
| 74 | 抚宁县(冀) | 263.00 |
| 75 | 双桥区(冀) | 248.00 |
| 76 | 清河县(冀) | 235.00 |
| 77 | 邯山区(冀) | 200.00 |
| 78 | 馆陶县(冀) | 200.00 |
| 79 | 运河区(冀) | 195.00 |
| 80 | 柏乡县(冀) | 193.00 |
| 81 | 广平县(冀) | 120.00 |
| 82 | 徐水县(冀) | 110.00 |
| 83 | 宽城满族自治县(冀) | 110.00 |
| 84 | 吴桥县(冀) | 109.00 |
| 85 | 太谷县(晋) | 30000.00 |
| 86 | 盐湖区(晋) | 5768.00 |
| 87 | 平遥县(晋) | 5000.00 |
| 88 | 榆社县(晋) | 2900.00 |
| 89 | 榆次区(晋) | 2500.00 |
| 90 | 小店区(晋) | 930.00 |
| 91 | 河曲县(晋) | 351.90 |
| 92 | 垣曲县(晋) | 300.00 |
| 93 | 翼城县(晋) | 220.00 |
| 94 | 古交市(晋) | 141.00 |
| 95 | 介休市(晋) | 140.00 |
| 96 | 朝阳县(辽) | 100000.00 |
| 97 | 北票市(辽) | 18000.00 |
| 98 | 南票区(辽) | 15000.00 |
| 99 | 双塔区(辽) | 12000.00 |
| 100 | 龙城区(辽) | 10000.00 |
| 101 | 喀喇沁左翼蒙古族自治县(辽) | 4293.00 |
| 102 | 大石桥市(辽) | 2800.00 |
| 103 | 建昌县(辽) | 541.00 |
| 104 | 新邱区(辽) | 327.00 |
| 105 | 崇明县(沪) | 243.26 |
| 106 | 乐陵市(鲁) | 98006.00 |
| 107 | 宁阳县(鲁) | 32432.30 |
| 108 | 莱城区(鲁) | 1933.00 |
| 109 | 岱岳区(鲁) | 1373.00 |
| 110 | 东昌府区(鲁) | 1200.00 |
| 111 | 胶州市(鲁) | 1190.00 |
| 112 | 寿光市(鲁) | 810.00 |
| 113 | 费　县(鲁) | 415.00 |
| 114 | 环翠区(鲁) | 298.00 |
| 115 | 海阳市(鲁) | 200.00 |
| 116 | 成武县(鲁) | 129.00 |
| 117 | 平阴县(鲁) | 110.00 |
| 118 | 灵宝市(豫) | 58689.00 |
| 119 | 新郑市(豫) | 35000.00 |
| 120 | 方城县(豫) | 1187.30 |
| 121 | 扶沟县(豫) | 275.00 |
| 122 | 新密市(豫) | 190.00 |
| 123 | 华龙区(豫) | 130.00 |
| 124 | 安阳县(豫) | 100.00 |
| 125 | 蔡甸区(鄂) | 1500.00 |
| 126 | 衡山县(湘) | 492.80 |
| 127 | 麻阳苗族自治县(湘) | 190.00 |
| 128 | 株洲县(湘) | 140.00 |
| 129 | 安化县(湘) | 110.00 |
| 130 | 雁峰区(湘) | 105.00 |
| 131 | 阳朔县(桂) | 196.00 |
| 132 | 旌阳区(川) | 1000.00 |
| 133 | 青白江区(川) | 140.00 |
| 134 | 元谋县(滇) | 403.00 |
| 135 | 个旧市(滇) | 383.00 |
| 136 | 延长县(陕) | 62000.00 |
| 137 | 绥德县(陕) | 31213.00 |
| 138 | 阎良区(陕) | 19500.00 |
| 139 | 神木县(陕) | 10000.00 |
| 140 | 淳化县(陕) | 3005.00 |
| 141 | 米脂县(陕) | 3000.00 |
| 142 | 彬　县(陕) | 3000.00 |
| 143 | 泾阳县(陕) | 3000.00 |
| 144 | 榆阳区(陕) | 1000.00 |
| 145 | 蒲城县(陕) | 1000.00 |
| 146 | 乾　县(陕) | 750.00 |
| 147 | 商南县(陕) | 261.00 |
| 148 | 子洲县(陕) | 240.00 |
| 149 | 洛川县(陕) | 150.00 |
| 150 | 甘州区(甘) | 17000.00 |

| 序号 | 鲜红枣主产地 | 产量(吨) |
|---|---|---|
| 151 | 敦煌市(甘) | 6350.00 |
| 152 | 宁　县(甘) | 5565.00 |
| 153 | 庆城县(甘) | 1649.00 |
| 154 | 高台县(甘) | 1290.00 |
| 155 | 肃州区(甘) | 650.00 |
| 156 | 镇原县(甘) | 200.00 |
| 157 | 永登县(甘) | 163.00 |
| 158 | 中宁县(宁) | 27950.00 |
| 159 | 同心县(宁) | 15000.00 |
| 160 | 灵武市(宁) | 7700.00 |
| 161 | 红寺堡区(宁) | 4274.30 |
| 162 | 利通区(宁) | 3013.00 |
| 163 | 西夏区(宁) | 2900.00 |
| 164 | 青铜峡市(宁) | 2403.00 |
| 165 | 农垦事业管理局(宁) | 1809.00 |
| 166 | 永宁县(宁) | 750.00 |
| 167 | 尉犁县(新) | 1639.00 |
| 168 | 沙湾县(新) | 450.00 |
| 169 | 玛纳斯县(新) | 432.00 |
| 170 | 阿克陶县(新) | 370.00 |
| 171 | 昌吉市(新) | 360.00 |
| 172 | 阜康市(新) | 180.00 |
| 173 | 农三师(新疆兵团) | 216260.00 |
| 174 | 农十四师(新疆兵团) | 149500.00 |
| 175 | 农十三师(新疆兵团) | 18888.00 |
| 176 | 农四师(新疆兵团) | 911.00 |

**表 7-19　青枣主产地产量**

| 序号 | 青枣主产地 | 产量(吨) |
|---|---|---|
| 1 | 通州区(京) | 2223.00 |
| 2 | 西青区(津) | 4309.91 |
| 3 | 赞皇县(冀) | 82500.00 |
| 4 | 滦　县(冀) | 850.00 |
| 5 | 郎溪县(皖) | 3000.00 |
| 6 | 萧　县(皖) | 503.00 |
| 7 | 卫辉市(豫) | 1150.00 |
| 8 | 许昌县(豫) | 602.00 |
| 9 | 登封市(豫) | 562.50 |
| 10 | 汝州市(豫) | 148.00 |
| 11 | 获嘉县(豫) | 109.00 |
| 12 | 阳新县(鄂) | 364.00 |
| 13 | 武穴市(鄂) | 340.00 |
| 14 | 安陆市(鄂) | 218.00 |
| 15 | 衡东县(湘) | 6980.00 |
| 16 | 溆浦县(湘) | 1020.00 |
| 17 | 衡阳县(湘) | 400.00 |
| 18 | 双峰县(湘) | 150.00 |
| 19 | 丰顺县(粤) | 210.00 |
| 20 | 象州县(桂) | 1680.00 |
| 21 | 武宣县(桂) | 683.00 |
| 22 | 龙泉驿区(川) | 807.00 |
| 23 | 元江哈尼族彝族傣族自治县(滇) | 21089.20 |
| 24 | 元谋县(滇) | 14321.00 |
| 25 | 禄丰县(滇) | 964.00 |
| 26 | 施甸县(滇) | 750.00 |
| 27 | 武定县(滇) | 275.00 |
| 28 | 盈江县(滇) | 179.88 |
| 29 | 灵台县(甘) | 230.00 |

**表 7-20　冬枣主产地产量**

| 序号 | 冬枣主产地 | 产量(吨) |
|---|---|---|
| 1 | 滨海新区(津) | 4109.20 |
| 2 | 北辰区(津) | 584.00 |
| 3 | 黄骅市(冀) | 69056.00 |
| 4 | 沧　县(冀) | 17212.00 |
| 5 | 泊头市(冀) | 11359.00 |
| 6 | 献　县(冀) | 5021.00 |
| 7 | 南皮县(冀) | 3286.00 |
| 8 | 沧州市临港经济技术开发区(冀) | 670.00 |
| 9 | 青　县(冀) | 500.00 |
| 10 | 宣化县(冀) | 367.00 |
| 11 | 海兴县(冀) | 360.00 |
| 12 | 沙河市(冀) | 302.00 |
| 13 | 任丘市(冀) | 201.00 |
| 14 | 寿阳县(晋) | 150.00 |
| 15 | 青浦区(沪) | 479.00 |
| 16 | 奉贤区(沪) | 130.20 |
| 17 | 松江区(沪) | 101.10 |
| 18 | 大观区(皖) | 225.00 |
| 19 | 龙南县(赣) | 200.00 |
| 20 | 沾化县(鲁) | 210000.00 |
| 21 | 无棣县(鲁) | 30000.00 |
| 22 | 滨城区(鲁) | 11170.00 |
| 23 | 河口区(鲁) | 9759.00 |
| 24 | 广饶县(鲁) | 9512.00 |
| 25 | 阳信县(鲁) | 4500.00 |
| 26 | 利津县(鲁) | 3972.00 |
| 27 | 昌乐县(鲁) | 1540.00 |
| 28 | 沂水县(鲁) | 739.00 |
| 29 | 东昌府区(鲁) | 200.00 |
| 30 | 乳山市(鲁) | 180.00 |
| 31 | 垦利县(鲁) | 140.00 |
| 32 | 濮阳县(豫) | 10760.00 |
| 33 | 龙安区(豫) | 2400.00 |
| 34 | 荥阳市(豫) | 1005.00 |
| 35 | 渑池县(豫) | 143.43 |
| 36 | 孝昌县(鄂) | 2200.00 |
| 37 | 竹山县(鄂) | 2000.00 |
| 38 | 祁东县(湘) | 2370.00 |
| 39 | 津市市(湘) | 1512.00 |
| 40 | 仁寿县(川) | 4200.00 |
| 41 | 攀枝花市东区(川) | 150.00 |
| 42 | 大荔县(陕) | 204120.00 |
| 43 | 临渭区(陕) | 3200.00 |
| 44 | 甘泉县(陕) | 150.00 |

**表 7-21　石榴主产地产量**

| 序号 | 石榴主产地 | 产量(吨) |
|---|---|---|
| 1 | 元氏县(冀) | 5011.00 |
| 2 | 肥乡县(冀) | 100.00 |
| 3 | 寿　县(皖) | 490.00 |
| 4 | 东平县(鲁) | 5878.00 |
| 5 | 沂南县(鲁) | 2600.00 |
| 6 | 邹城市(鲁) | 700.00 |
| 7 | 新泰市(鲁) | 613.00 |
| 8 | 宁阳县(鲁) | 526.40 |
| 9 | 肥城市(鲁) | 195.40 |
| 10 | 阳谷县(鲁) | 170.00 |
| 11 | 莱城区(鲁) | 138.00 |
| 12 | 平阴县(鲁) | 136.00 |
| 13 | 荥阳市(豫) | 27888.00 |
| 14 | 平桥区(豫) | 2995.00 |
| 15 | 太康县(豫) | 2800.00 |
| 16 | 卧龙区(豫) | 2600.00 |
| 17 | 渑池县(豫) | 800.00 |
| 18 | 金水区(豫) | 248.00 |
| 19 | 卫东区(豫) | 200.00 |
| 20 | 卫辉市(豫) | 170.00 |
| 21 | 新密市(豫) | 160.00 |
| 22 | 固始县(豫) | 160.00 |
| 23 | 涟源市(湘) | 79860.00 |
| 24 | 遂溪县(粤) | 961.00 |
| 25 | 云安县(粤) | 282.00 |
| 26 | 佛冈县(粤) | 156.00 |
| 27 | 港北区(桂) | 213.00 |
| 28 | 会理县(川) | 37518.00 |
| 29 | 仁和区(川) | 9800.00 |
| 30 | 会东县(川) | 2000.00 |

| 序号 | 石榴主产地 | 产量(吨) |
|---|---|---|
| 31 | 得荣县(川) | 164.00 |
| 32 | 赫章县(黔) | 275.00 |
| 33 | 黔西县(黔) | 124.00 |
| 34 | 龙里县(黔) | 100.00 |
| 35 | 个旧市(滇) | 1746.00 |
| 36 | 禄丰县(滇) | 972.00 |
| 37 | 禄劝彝族苗族自治县(滇) | 600.00 |
| 38 | 富民县(滇) | 365.80 |
| 39 | 元谋县(滇) | 287.00 |
| 40 | 华宁县(滇) | 179.20 |
| 41 | 武定县(滇) | 157.00 |
| 42 | 临潼区(陕) | 51595.00 |
| 43 | 礼泉县(陕) | 1500.00 |
| 44 | 武都区(甘) | 225.00 |
| 45 | 叶城县(新) | 18184.00 |
| 46 | 喀什市(新) | 11162.00 |
| 47 | 疏附县(新) | 2273.00 |
| 48 | 伽师县(新) | 1075.00 |
| 49 | 鄯善县(新) | 672.00 |
| 50 | 莎车县(新) | 359.00 |

## 表7-22 鲜柿子主产地产量

| 序号 | 鲜柿子主产地 | 产量(吨) |
|---|---|---|
| 1 | 房山区(京) | 13137.50 |
| 2 | 密云县(京) | 3595.00 |
| 3 | 怀柔区(京) | 1156.20 |
| 4 | 门头沟区(京) | 1090.00 |
| 5 | 通州区(京) | 824.50 |
| 6 | 顺义区(京) | 612.00 |
| 7 | 丰台区(京) | 215.00 |
| 8 | 蓟　县(津) | 7145.00 |
| 9 | 易　县(冀) | 147800.00 |
| 10 | 顺平县(冀) | 70300.00 |
| 11 | 满城县(冀) | 54789.00 |
| 12 | 遵化市(冀) | 24231.00 |
| 13 | 涞水县(冀) | 22998.00 |
| 14 | 平山县(冀) | 14696.00 |
| 15 | 唐　县(冀) | 12970.00 |
| 16 | 兴隆县(冀) | 11586.00 |
| 17 | 徐水县(冀) | 11250.00 |
| 18 | 丰润区(冀) | 7435.00 |
| 19 | 邢台县(冀) | 6877.00 |
| 20 | 玉田县(冀) | 5172.00 |
| 21 | 涉　县(冀) | 4001.00 |
| 22 | 迁西县(冀) | 3606.00 |
| 23 | 武安市(冀) | 3000.00 |
| 24 | 滦　县(冀) | 2673.00 |
| 25 | 迁安市(冀) | 2637.00 |
| 26 | 赞皇县(冀) | 2500.00 |
| 27 | 三河市(冀) | 2376.00 |
| 28 | 辛集市(冀) | 2296.00 |
| 29 | 涞源县(冀) | 1800.00 |
| 30 | 沙河市(冀) | 1778.00 |
| 31 | 古冶区(冀) | 1473.00 |
| 32 | 曲阳县(冀) | 650.00 |
| 33 | 卢龙县(冀) | 532.00 |
| 34 | 临漳县(冀) | 436.00 |
| 35 | 鹿泉市(冀) | 436.00 |
| 36 | 任丘市(冀) | 408.00 |
| 37 | 定州市(冀) | 300.00 |
| 38 | 复兴区(冀) | 298.00 |
| 39 | 井陉矿区(冀) | 230.00 |
| 40 | 井陉县(冀) | 207.00 |
| 41 | 开平区(冀) | 189.00 |
| 42 | 任　县(冀) | 168.00 |
| 43 | 威　县(冀) | 159.00 |
| 44 | 黄骅市(冀) | 117.00 |
| 45 | 行唐县(冀) | 105.00 |
| 46 | 献　县(冀) | 100.00 |
| 47 | 青龙满族自治县(冀) | 100.00 |
| 48 | 清苑县(冀) | 100.00 |
| 49 | 垣曲县(晋) | 5000.00 |
| 50 | 闻喜县(晋) | 4000.00 |
| 51 | 翼城县(晋) | 900.00 |
| 52 | 介休市(晋) | 189.00 |
| 53 | 崇明县(沪) | 687.10 |
| 54 | 大丰市(苏) | 39700.00 |
| 55 | 海安县(苏) | 6000.00 |
| 56 | 沭阳县(苏) | 238.00 |
| 57 | 宿豫区(苏) | 230.00 |
| 58 | 天台县(浙) | 7000.00 |
| 59 | 玉环县(浙) | 4300.00 |
| 60 | 余姚市(浙) | 1470.00 |
| 61 | 临海市(浙) | 1053.00 |
| 62 | 富阳市(浙) | 880.00 |
| 63 | 定海区(浙) | 500.00 |
| 64 | 北仑区(浙) | 463.00 |
| 65 | 三门县(浙) | 400.00 |
| 66 | 海盐县(浙) | 334.00 |
| 67 | 黄岩区(浙) | 280.00 |
| 68 | 泰顺县(浙) | 200.00 |
| 69 | 文成县(浙) | 156.00 |
| 70 | 萧　县(皖) | 5213.00 |
| 71 | 石台县(皖) | 1000.00 |
| 72 | 南陵县(皖) | 800.00 |
| 73 | 三山区(皖) | 460.00 |
| 74 | 东至县(皖) | 421.30 |
| 75 | 颍东区(皖) | 300.00 |
| 76 | 灵璧县(皖) | 290.00 |
| 77 | 旌德县(皖) | 200.00 |
| 78 | 利辛县(皖) | 180.00 |
| 79 | 繁昌县(皖) | 180.00 |
| 80 | 石城县(赣) | 1155.00 |
| 81 | 宁都县(赣) | 858.00 |
| 82 | 海阳市(鲁) | 19500.00 |
| 83 | 莱城区(鲁) | 17543.50 |
| 84 | 沂水县(鲁) | 15551.00 |
| 85 | 黄岛区(鲁) | 10303.00 |
| 86 | 新泰市(鲁) | 5707.50 |
| 87 | 龙口市(鲁) | 3448.00 |
| 88 | 即墨市(鲁) | 2650.00 |
| 89 | 沂南县(鲁) | 2510.00 |
| 90 | 昌乐县(鲁) | 2020.00 |
| 91 | 微山县(鲁) | 1586.00 |
| 92 | 平阴县(鲁) | 1200.00 |
| 93 | 曹　县(鲁) | 750.00 |
| 94 | 寿光市(鲁) | 530.00 |
| 95 | 河东区(鲁) | 420.00 |
| 96 | 费　县(鲁) | 399.00 |
| 97 | 蓬莱市(鲁) | 350.00 |
| 98 | 昌邑市(鲁) | 334.00 |
| 99 | 临沭县(鲁) | 260.00 |
| 100 | 成武县(鲁) | 208.00 |
| 101 | 肥城市(鲁) | 177.74 |
| 102 | 武城县(鲁) | 100.00 |
| 103 | 原阳县(豫) | 60250.00 |
| 104 | 灵宝市(豫) | 18430.00 |
| 105 | 西华县(豫) | 13140.00 |
| 106 | 杞　县(豫) | 10200.00 |
| 107 | 栾川县(豫) | 10061.00 |
| 108 | 渑池县(豫) | 9000.00 |
| 109 | 太康县(豫) | 6000.00 |
| 110 | 荥阳市(豫) | 5924.00 |
| 111 | 淮阳县(豫) | 5788.00 |
| 112 | 新安县(豫) | 5400.80 |
| 113 | 南召县(豫) | 4656.00 |
| 114 | 山城区(豫) | 3777.00 |
| 115 | 淇　县(豫) | 3030.00 |

| 序号 | 鲜柿子主产地 | 产量(吨) |
|---|---|---|
| 116 | 方城县(豫) | 2483.00 |
| 117 | 辉县市(豫) | 2450.00 |
| 118 | 桐柏县(豫) | 2215.00 |
| 119 | 内乡县(豫) | 2200.00 |
| 120 | 新密市(豫) | 1860.00 |
| 121 | 固始县(豫) | 1500.00 |
| 122 | 惠济区(豫) | 1096.00 |
| 123 | 鹿邑县(豫) | 900.00 |
| 124 | 襄城县(豫) | 714.00 |
| 125 | 遂平县(豫) | 705.00 |
| 126 | 川汇区(豫) | 532.00 |
| 127 | 扶沟县(豫) | 507.00 |
| 128 | 洛宁县(豫) | 400.00 |
| 129 | 孟州市(豫) | 320.00 |
| 130 | 平桥区(豫) | 285.00 |
| 131 | 开封县(豫) | 270.00 |
| 132 | 郸城县(豫) | 140.00 |
| 133 | 商城县(豫) | 130.00 |
| 134 | 获嘉县(豫) | 122.00 |
| 135 | 柘城县(豫) | 120.00 |
| 136 | 临颍县(豫) | 112.00 |
| 137 | 卫滨区(豫) | 100.00 |
| 138 | 安陆市(鄂) | 7000.00 |
| 139 | 蔡甸区(鄂) | 2500.00 |
| 140 | 保康县(鄂) | 1745.00 |
| 141 | 谷城县(鄂) | 1080.00 |
| 142 | 长阳土家族自治县(鄂) | 300.00 |
| 143 | 黄陂区(鄂) | 300.00 |
| 144 | 武穴市(鄂) | 254.00 |
| 145 | 阳新县(鄂) | 242.00 |
| 146 | 广水市(鄂) | 140.00 |
| 147 | 蕲春县(鄂) | 110.00 |
| 148 | 京山县(鄂) | 100.00 |
| 149 | 邵阳县(湘) | 3000.00 |
| 150 | 津市市(湘) | 864.00 |
| 151 | 衡阳县(湘) | 370.00 |
| 152 | 株洲县(湘) | 160.00 |
| 153 | 新宁县(湘) | 150.00 |
| 154 | 临澧县(湘) | 132.00 |
| 155 | 北湖区(湘) | 130.00 |
| 156 | 龙川县(粤) | 15967.00 |
| 157 | 平远县(粤) | 3879.00 |
| 158 | 五华县(粤) | 1500.00 |
| 159 | 云安县(粤) | 1207.00 |
| 160 | 英德市(粤) | 717.00 |
| 161 | 佛冈县(粤) | 668.00 |
| 162 | 连南瑶族自治县(粤) | 359.00 |
| 163 | 潮南区(粤) | 187.45 |
| 164 | 南雄市(粤) | 126.00 |
| 165 | 平乐县(桂) | 282415.00 |
| 166 | 武宣县(桂) | 58979.00 |
| 167 | 阳朔县(桂) | 19000.00 |
| 168 | 昭平县(桂) | 7500.00 |
| 169 | 象州县(桂) | 6112.00 |
| 170 | 东兰县(桂) | 2789.00 |
| 171 | 田林县(桂) | 1335.00 |
| 172 | 龙胜各族自治县(桂) | 1236.00 |
| 173 | 钦北区(桂) | 1167.00 |
| 174 | 马山县(桂) | 537.00 |
| 175 | 大新县(桂) | 224.00 |
| 176 | 金秀瑶族自治县(桂) | 150.00 |
| 177 | 雁山区(桂) | 120.00 |
| 178 | 璧山县(渝) | 236.60 |
| 179 | 龙泉驿区(川) | 1957.00 |
| 180 | 青白江区(川) | 450.00 |
| 181 | 巴州区(川) | 300.00 |
| 182 | 平昌县(川) | 250.00 |
| 183 | 瓮安县(黔) | 300.00 |
| 184 | 贞丰县(黔) | 172.00 |
| 185 | 碧江区(黔) | 143.00 |
| 186 | 望谟县(黔) | 111.00 |
| 187 | 华宁县(滇) | 14108.00 |
| 188 | 石林彝族自治县(滇) | 4417.40 |
| 189 | 禄丰县(滇) | 2187.00 |
| 190 | 昌宁县(滇) | 1180.00 |
| 191 | 个旧市(滇) | 620.00 |
| 192 | 武定县(滇) | 612.00 |
| 193 | 凤庆县(滇) | 606.20 |
| 194 | 西畴县(滇) | 585.00 |
| 195 | 洱源县(滇) | 542.80 |
| 196 | 云　县(滇) | 454.00 |
| 197 | 罗平县(滇) | 333.90 |
| 198 | 晋宁县(滇) | 325.30 |
| 199 | 麒麟区(滇) | 300.00 |
| 200 | 富宁县(滇) | 259.00 |
| 201 | 腾冲县(滇) | 201.20 |
| 202 | 麻栗坡县(滇) | 160.80 |
| 203 | 江川县(滇) | 160.00 |
| 204 | 泸水县(滇) | 141.60 |
| 205 | 师宗县(滇) | 108.00 |
| 206 | 彬　县(陕) | 68000.00 |
| 207 | 富平县(陕) | 45000.00 |
| 208 | 乾　县(陕) | 21000.00 |
| 209 | 临潼区(陕) | 20000.00 |
| 210 | 旬阳县(陕) | 15072.00 |
| 211 | 淳化县(陕) | 12040.00 |
| 212 | 户　县(陕) | 9000.00 |
| 213 | 武功县(陕) | 6249.00 |
| 214 | 山阳县(陕) | 6161.00 |
| 215 | 洛南县(陕) | 3855.00 |
| 216 | 礼泉县(陕) | 3000.00 |
| 217 | 商南县(陕) | 2680.00 |
| 218 | 眉　县(陕) | 2040.00 |
| 219 | 华阴市(陕) | 700.00 |
| 220 | 王益区(陕) | 670.00 |
| 221 | 渭滨区(陕) | 584.00 |
| 222 | 泾阳县(陕) | 400.00 |
| 223 | 镇坪县(陕) | 210.00 |
| 224 | 蓝田县(陕) | 140.00 |
| 225 | 徽　县(甘) | 4711.00 |
| 226 | 镇原县(甘) | 3342.00 |
| 227 | 宁　县(甘) | 1185.00 |
| 228 | 清水县(甘) | 547.00 |
| 229 | 舟曲县(甘) | 348.00 |
| 230 | 武都区(甘) | 300.00 |

**表 7-23　脐橙主产地产量**

| 序号 | 脐橙主产地 | 产量(吨) |
|---|---|---|
| 1 | 三门县(浙) | 490.00 |
| 2 | 临海市(浙) | 174.00 |
| 3 | 宁都县(赣) | 89805.00 |
| 4 | 瑞金市(赣) | 81000.00 |
| 5 | 于都县(赣) | 73800.00 |
| 6 | 兴国县(赣) | 60000.00 |
| 7 | 龙南县(赣) | 56827.00 |
| 8 | 赣　县(赣) | 56262.00 |
| 9 | 大余县(赣) | 25323.00 |
| 10 | 南康市(赣) | 24121.50 |
| 11 | 全南县(赣) | 18600.50 |
| 12 | 石城县(赣) | 6839.00 |
| 13 | 万安县(赣) | 6750.00 |
| 14 | 金溪县(赣) | 4000.00 |
| 15 | 余江县(赣) | 370.00 |
| 16 | 芦溪县(赣) | 144.00 |
| 17 | 新宁县(湘) | 800000.00 |
| 18 | 道　县(湘) | 91152.00 |
| 19 | 宜章县(湘) | 32946.00 |
| 20 | 安仁县(湘) | 28000.00 |

| 序号 | 脐橙主产地 | 产量(吨) | 序号 | 脐橙主产地 | 产量(吨) | 序号 | 脐橙主产地 | 产量(吨) |
|---|---|---|---|---|---|---|---|---|
| 21 | 永定区(湘) | 2700.00 | 30 | 从化市(粤) | 5192.00 | 39 | 安岳县(川) | 13300.00 |
| 22 | 辰溪县(湘) | 1500.00 | 31 | 遂溪县(粤) | 1885.00 | 40 | 恩阳区(川) | 2000.00 |
| 23 | 新化县(湘) | 1500.00 | 32 | 五华县(粤) | 350.00 | 41 | 巴州区(川) | 1360.00 |
| 24 | 临武县(湘) | 1200.00 | 33 | 富川瑶族自治县(桂) | 215810.00 | 42 | 得荣县(川) | 100.00 |
| 25 | 华容县(湘) | 1015.00 | 34 | 武宣县(桂) | 1324.00 | 43 | 榕江县(黔) | 7000.00 |
| 26 | 沅陵县(湘) | 478.00 | 35 | 象州县(桂) | 521.00 | 44 | 望谟县(黔) | 125.00 |
| 27 | 株洲县(湘) | 460.00 | 36 | 雁山区(桂) | 320.00 | 45 | 禄丰县(滇) | 4609.00 |
| 28 | 雁峰区(湘) | 150.00 | 37 | 奉节县(渝) | 1500000.00 | | | |
| 29 | 平远县(粤) | 40129.00 | 38 | 邻水县(川) | 206350.00 | | | |

## 表 7-24 其他果品主产地产量

| 序号 | 其他果品主产地 | 品种 | 产量(吨) |
|---|---|---|---|
| 1 | 雷州市(粤) | 菠萝 | 36200.00 |
| 2 | 潮安县(粤) | 菠萝 | 4800.00 |
| 3 | 芒　市(滇) | 菠萝 | 3307.00 |
| 4 | 银海区(桂) | 菠萝 | 1071.00 |
| 5 | 丰顺县(粤) | 菠萝 | 523.00 |
| 6 | 孟连傣族拉祜族佤族自治县(滇) | 菠萝 | 120.00 |
| 7 | 竹山县(鄂) | 番木瓜 | 12500.00 |
| 8 | 云　县(滇) | 番木瓜 | 3233.80 |
| 9 | 乳源瑶族自治县(粤) | 番木瓜 | 900.00 |
| 10 | 莎车县(新) | 番木瓜 | 625.00 |
| 11 | 綦江县(渝) | 番木瓜 | 540.00 |
| 12 | 维都林场(桂) | 番木瓜 | 390.00 |
| 13 | 萝岗区(粤) | 番木瓜 | 121.00 |
| 14 | 中宁县(宁) | 枸杞 | 216000.00 |
| 15 | 都兰县(青) | 枸杞 | 90650.00 |
| 16 | 农垦事业管理局(宁) | 枸杞 | 15594.00 |
| 17 | 巨鹿县(冀) | 枸杞 | 11945.00 |
| 18 | 乌拉特前旗(内蒙古) | 枸杞 | 11275.00 |
| 19 | 同心县(宁) | 枸杞 | 6000.00 |
| 20 | 托克托县(内蒙古) | 枸杞 | 5420.50 |
| 21 | 沙湾县(新) | 枸杞 | 5136.00 |
| 22 | 西夏区(宁) | 枸杞 | 4300.00 |
| 23 | 红寺堡区(宁) | 枸杞 | 2399.28 |
| 24 | 平罗县(宁) | 枸杞 | 2000.00 |
| 25 | 乌苏市(新) | 枸杞 | 1396.50 |
| 26 | 玛纳斯县(新) | 枸杞 | 1335.00 |
| 27 | 永登县(甘) | 枸杞 | 1218.00 |
| 28 | 原州区(宁) | 枸杞 | 1200.00 |
| 29 | 阜康市(新) | 枸杞 | 180.00 |
| 30 | 永昌县(甘) | 枸杞 | 150.00 |
| 31 | 怀来县(冀) | 海棠 | 9660.00 |
| 32 | 扎赉特旗(内蒙古) | 海棠 | 5000.00 |
| 33 | 临沂市经济技术开发区(鲁) | 海棠 | 2500.00 |
| 34 | 奇台县(新) | 海棠 | 2400.00 |
| 35 | 清水河县(内蒙古) | 海棠 | 2346.00 |
| 36 | 磐石市(吉) | 海棠 | 1300.00 |
| 37 | 昌吉市(新) | 海棠 | 630.00 |
| 38 | 赤城县(冀) | 海棠 | 490.00 |
| 39 | 库伦旗(内蒙古) | 海棠 | 239.00 |
| 40 | 丰宁满族自治县(冀) | 海棠 | 150.00 |
| 41 | 玉龙纳西族自治县(滇) | 海棠 | 120.00 |
| 42 | 阳朔县(桂) | 金橘 | 115950.00 |
| 43 | 岑溪市(桂) | 金橘 | 31500.00 |
| 44 | 北碚区(渝) | 金橘 | 9882.00 |
| 45 | 大新县(桂) | 金橘 | 7272.00 |
| 46 | 浏阳市(湘) | 金橘 | 3500.00 |
| 47 | 祁东县(湘) | 金橘 | 1300.00 |
| 48 | 黄岛区(鲁) | 蓝莓 | 30695.57 |
| 49 | 东港区(鲁) | 蓝莓 | 19800.00 |
| 50 | 乳山市(鲁) | 蓝莓 | 6000.00 |
| 51 | 保康县(鄂) | 蓝莓 | 1000.00 |
| 52 | 临沂市临港经济开发区(鲁) | 蓝莓 | 400.00 |
| 53 | 临海市(浙) | 蓝莓 | 362.00 |
| 54 | 尚志市(黑) | 蓝莓 | 350.00 |
| 55 | 旌德县(皖) | 蓝莓 | 210.00 |
| 56 | 南陵县(皖) | 蓝莓 | 200.00 |
| 57 | 青浦区(沪) | 蓝莓 | 191.55 |
| 58 | 邹城市(鲁) | 蓝莓 | 180.00 |
| 59 | 包河区(皖) | 蓝莓 | 170.00 |
| 60 | 黄陂区(鄂) | 蓝莓 | 150.00 |
| 61 | 秀洲区(浙) | 蓝莓 | 120.00 |
| 62 | 凯里市(黔) | 蓝莓 | 120.00 |
| 63 | 三台县(川) | 蓝莓 | 115.00 |
| 64 | 漠河县(黑) | 蓝莓 | 110.00 |
| 65 | 根河市(内蒙古) | 蓝莓 | 100.13 |
| 66 | 新化县(湘) | 梅 | 12500.00 |
| 67 | 达川区(川) | 梅 | 11250.00 |
| 68 | 建德市(浙) | 梅 | 4000.00 |
| 69 | 长兴县(浙) | 梅 | 3500.00 |

| 序号 | 其他果品主产地 | 品种 | 产量(吨) |
|---|---|---|---|
| 70 | 旌德县(皖) | 梅 | 2000.00 |
| 71 | 冷水江市(湘) | 梅 | 1710.00 |
| 72 | 腾冲县(滇) | 梅 | 1400.00 |
| 73 | 景宁畲族自治县(浙) | 梅 | 1074.00 |
| 74 | 绥宁县(湘) | 梅 | 650.00 |
| 75 | 衢江区(浙) | 梅 | 570.00 |
| 76 | 鹤庆县(滇) | 梅 | 281.00 |
| 77 | 赣　县(赣) | 梅 | 216.00 |
| 78 | 丰顺县(粤) | 梅 | 215.00 |
| 79 | 凤庆县(滇) | 梅 | 128.50 |
| 80 | 云　县(滇) | 梅 | 117.10 |
| 81 | 吴兴区(浙) | 梅 | 105.00 |
| 82 | 安岳县(川) | 柠檬 | 206820.00 |
| 83 | 东源县(粤) | 柠檬 | 20000.00 |
| 84 | 潼南县(渝) | 柠檬 | 15974.20 |
| 85 | 瑞丽市(滇) | 柠檬 | 4409.60 |
| 86 | 富宁县(滇) | 柠檬 | 1106.00 |
| 87 | 河东区(鲁) | 葡萄干 | 3500.00 |
| 88 | 武宣县(桂) | 葡萄干 | 2189.00 |
| 89 | 会同县(湘) | 葡萄干 | 960.00 |
| 90 | 乳源瑶族自治县(粤) | 葡萄干 | 600.00 |
| 91 | 凤泉区(豫) | 葡萄干 | 467.00 |
| 92 | 驿城区(豫) | 葡萄干 | 400.00 |
| 93 | 高安市(赣) | 葡萄干 | 190.00 |
| 94 | 旌德县(皖) | 山竹 | 3500.00 |
| 95 | 永定区(湘) | 山竹 | 80.00 |
| 96 | 东宝区(鄂) | 山竹 | 60.00 |
| 97 | 尚志市(黑) | 树莓 | 18000.00 |
| 98 | 新化县(湘) | 树莓 | 2000.00 |
| 99 | 林口县(黑) | 树莓 | 1815.00 |
| 100 | 封丘县(豫) | 树莓 | 1800.00 |
| 101 | 邹城市(鲁) | 树莓 | 1500.00 |
| 102 | 新宁县(湘) | 树莓 | 450.00 |
| 103 | 延寿县(黑) | 树莓 | 200.00 |
| 104 | 桂平市(桂) | 酸梅 | 4000.00 |
| 105 | 钦北区(桂) | 酸梅 | 1865.00 |
| 106 | 宜章县(湘) | 酸梅 | 615.00 |
| 107 | 霍城县(新) | 酸梅 | 300.00 |
| 108 | 霍城县(新) | 酸梅 | 300.00 |
| 109 | 裕民县(新) | 酸梅 | 132.00 |
| 110 | 洛宁县(豫) | 甜瓜 | 30000.00 |
| 111 | 定海区(浙) | 甜瓜 | 22500.00 |
| 112 | 沅陵县(湘) | 甜瓜 | 10313.00 |
| 113 | 太康县(豫) | 甜瓜 | 5516.00 |
| 114 | 鼎城区(湘) | 甜瓜 | 5000.00 |
| 115 | 东丰县(吉) | 甜瓜 | 4813.00 |
| 116 | 龙南县(赣) | 甜瓜 | 4484.00 |
| 117 | 郾城区(豫) | 甜瓜 | 1837.00 |
| 118 | 曹　县(鲁) | 甜瓜 | 500.00 |
| 119 | 宜都市(鄂) | 甜瓜 | 305.00 |
| 120 | 卓资县(内蒙古) | 文冠果 | 36.00 |
| 121 | 莱城区(鲁) | 文冠果 | 30.00 |
| 122 | 吴起县(陕) | 文冠果 | 30.00 |
| 123 | 察哈尔右翼前旗(内蒙古) | 文冠果 | 20.90 |
| 124 | 扎赉特旗(内蒙古) | 文冠果 | 20.00 |
| 125 | 长清区(鲁) | 文冠果 | 20.00 |
| 126 | 淳化县(陕) | 文冠果 | 10.00 |
| 127 | 沾化县(鲁) | 无花果 | 15000.00 |
| 128 | 威远县(川) | 无花果 | 9000.00 |
| 129 | 威海市经济技术开发区(鲁) | 无花果 | 4324.00 |
| 130 | 蓬莱市(鲁) | 无花果 | 2700.00 |
| 131 | 东平县(鲁) | 无花果 | 953.00 |
| 132 | 岳普湖县(新) | 无花果 | 815.00 |
| 133 | 邹平县(鲁) | 无花果 | 400.00 |
| 134 | 环翠区(鲁) | 无花果 | 154.00 |
| 135 | 乳山市(鲁) | 无花果 | 150.00 |
| 136 | 武都区(甘) | 无花果 | 120.00 |
| 137 | 农一师(新疆兵团) | 香梨 | 149988.00 |
| 138 | 沙雅县(新) | 香梨 | 26741.70 |
| 139 | 前郭尔罗斯蒙古族自治县(吉) | 香梨 | 3600.00 |
| 140 | 富宁县(滇) | 香梨 | 1153.00 |
| 141 | 覃塘区(桂) | 香梨 | 609.00 |
| 142 | 武宁县(赣) | 香梨 | 593.80 |
| 143 | 镇坪县(陕) | 香梨 | 381.00 |
| 144 | 尚志市(黑) | 小浆果 | 16050.00 |
| 145 | 遂溪县(粤) | 小浆果 | 3946.00 |
| 146 | 哈巴河县(新) | 小浆果 | 1500.00 |
| 147 | 霍城县(新) | 小浆果 | 1200.00 |
| 148 | 肥乡县(冀) | 小浆果 | 750.00 |
| 149 | 尼勒克县(新) | 小浆果 | 695.00 |
| 150 | 额敏县(新) | 小浆果 | 397.00 |
| 151 | 桦川县(黑) | 小浆果 | 300.00 |
| 152 | 乌苏市(新) | 小浆果 | 300.00 |
| 153 | 孙吴县(黑) | 小浆果 | 218.75 |
| 154 | 富蕴县(新) | 小浆果 | 206.00 |
| 155 | 阜康市(新) | 小浆果 | 171.00 |
| 156 | 任丘市(冀) | 小浆果 | 101.00 |

**表 8　母树林种子主产地产量**

| 序号 | 母树林种子主产地 | 品种 | 产量(千克) |
|---|---|---|---|
| 1 | 英吉沙县(新) | 巴旦木 | 10800.00 |
| 2 | 沁　县(晋) | 柏树 | 180000.00 |

| 序号 | 母树林种子主产地 | 品种 | 产量(千克) | 序号 | 母树林种子主产地 | 品种 | 产量(千克) |
|---|---|---|---|---|---|---|---|
| 3 | 萧　县(皖) | 柏树 | 82000.00 | 49 | 叶城县(新) | 核桃 | 84700.00 |
| 4 | 西峡县(豫) | 柏树 | 30000.00 | 50 | 鲁甸县(滇) | 核桃 | 80000.00 |
| 5 | 蒙阴县(鲁) | 柏树 | 11780.00 | 51 | 平利县(陕) | 核桃 | 30000.00 |
| 6 | 凯里市(黔) | 柏树 | 9500.00 | 52 | 内乡县(豫) | 核桃 | 15000.00 |
| 7 | 东平县(鲁) | 柏树 | 5000.00 | 53 | 阿克陶县(新) | 核桃 | 7500.00 |
| 8 | 忠　县(渝) | 柏树 | 2000.00 | 54 | 万源市(川) | 核桃 | 7500.00 |
| 9 | 定西市巉口林业试验场(甘) | 柏树 | 1200.00 | 55 | 南江县(川) | 核桃 | 5000.00 |
| 10 | 北山森林公园(青) | 柏树 | 1151.40 | 56 | 汾阳市(晋) | 核桃 | 2000.00 |
| 11 | 互助土族自治县(青) | 柏树 | 500.00 | 57 | 织金县(黔) | 核桃 | 1500.00 |
| 12 | 蓬安县(川) | 柏树 | 500.00 | 58 | 梁山县(鲁) | 核桃 | 600.00 |
| 13 | 永定区(湘) | 柏树 | 500.00 | 59 | 茶陵县(湘) | 荷木 | 1000.00 |
| 14 | 民乐县(甘) | 柏树 | 400.00 | 60 | 丰顺县(粤) | 荷木 | 300.00 |
| 15 | 竹山县(鄂) | 柏树 | 300.00 | 61 | 东港区(鲁) | 黑松 | 58667.00 |
| 16 | 安陆市(鄂) | 柏树 | 100.00 | 62 | 乳山市(鲁) | 黑松 | 100.00 |
| 17 | 英吉沙县(新) | 柽柳 | 73425.00 | 63 | 新宾满族自治县(辽) | 红松 | 3970000.00 |
| 18 | 鼎城区(湘) | 池杉 | 800.00 | 64 | 通化县(吉) | 红松 | 2500000.00 |
| 19 | 汝阳县(豫) | 刺槐 | 15000000.00 | 65 | 安图县(吉) | 红松 | 1500000.00 |
| 20 | 沁　县(晋) | 刺槐 | 2320000.00 | 66 | 泉阳林业局(吉林森工) | 红松 | 380000.00 |
| 21 | 洛宁县(豫) | 刺槐 | 300000.00 | 67 | 靖宇县(吉) | 红松 | 228000.00 |
| 22 | 庄河市(辽) | 刺槐 | 31130.00 | 68 | 鹤岗市市辖区(黑) | 红松 | 200000.00 |
| 23 | 东港区(鲁) | 刺槐 | 29333.00 | 69 | 依兰县(黑) | 红松 | 100000.00 |
| 24 | 老河口市(鄂) | 刺槐 | 28000.00 | 70 | 辽宁省森林经营研究所(辽) | 红松 | 94700.00 |
| 25 | 蒙阴县(鲁) | 刺槐 | 5852.00 | 71 | 桦川县(黑) | 红松 | 80000.00 |
| 26 | 桐柏县(豫) | 刺槐 | 5610.00 | 72 | 辉南县(吉) | 红松 | 60000.00 |
| 27 | 凌海市(辽) | 刺槐 | 2500.00 | 73 | 延寿县(黑) | 红松 | 60000.00 |
| 28 | 竹山县(鄂) | 刺槐 | 540.00 | 74 | 磐石市(吉) | 红松 | 40000.00 |
| 29 | 贺兰县(宁) | 刺槐 | 297.00 | 75 | 虎林市(黑) | 红松 | 30000.00 |
| 30 | 淅川县(豫) | 刺槐 | 230.00 | 76 | 汪清林业局(吉) | 红松 | 26000.00 |
| 31 | 宁阳县(鲁) | 刺槐 | 100.00 | 77 | 明山区(辽) | 红松 | 20020.00 |
| 32 | 东至县(皖) | 鹅掌楸 | 10000.00 | 78 | 露水河林业局(吉林森工) | 红松 | 17000.00 |
| 33 | 五峰土家族自治县(鄂) | 鹅掌楸 | 600.00 | 79 | 东辽县(吉) | 红松 | 14000.00 |
| 34 | 兴国县(赣) | 枫香 | 5000.00 | 80 | 佳木斯市郊区(黑) | 红松 | 11500.00 |
| 35 | 修水县(赣) | 枫香 | 4500.00 | 81 | 东洲区(辽) | 红松 | 7020.00 |
| 36 | 祁东县(湘) | 枫香 | 2100.00 | 82 | 松江河林业有限公司(吉林森工) | 红松 | 7000.00 |
| 37 | 石台县(皖) | 枫香 | 1200.00 | 83 | 绥阳林业局(龙江森工) | 红松 | 7000.00 |
| 38 | 蕲春县(鄂) | 枫香 | 1000.00 | 84 | 本溪满族自治县(辽) | 红松 | 5000.00 |
| 39 | 祁门县(皖) | 枫香 | 450.00 | 85 | 海伦市(黑) | 红松 | 5000.00 |
| 40 | 东至县(皖) | 枫香 | 290.00 | 86 | 伊通满族自治县(吉) | 红松 | 5000.00 |
| 41 | 罗田县(鄂) | 枫香 | 150.00 | 87 | 东港市(辽) | 红松 | 4000.00 |
| 42 | 忠　县(渝) | 柑橘 | 20000.00 | 88 | 鹤北林业局(龙江森工) | 红松 | 3750.00 |
| 43 | 全州县(桂) | 桂花 | 8000.00 | 89 | 辽宁实验林场(辽) | 红松 | 3750.00 |
| 44 | 醴陵市(湘) | 桂花 | 100.00 | 90 | 昌邑区(吉) | 红松 | 3000.00 |
| 45 | 于都县(赣) | 国外松 | 1000.00 | 91 | 鹤立林业局(龙江森工) | 红松 | 3000.00 |
| 46 | 淳安县(浙) | 国外松 | 312.00 | 92 | 桦南县(黑) | 红松 | 3000.00 |
| 47 | 株洲县(湘) | 国外松 | 180.00 | 93 | 丰满区(吉) | 红松 | 2880.00 |
| 48 | 文　县(甘) | 核桃 | 750000.00 | 94 | 敦化林业局(吉) | 红松 | 2000.00 |

| 序号 | 母树林种子主产地 | 品种 | 产量(千克) |
|---|---|---|---|
| 95 | 红石林业局(吉林森工) | 红松 | 2000.00 |
| 96 | 临江市(吉) | 红松 | 2000.00 |
| 97 | 汤旺河林业局(龙江森工) | 红松 | 2000.00 |
| 98 | 亚布力林业局(龙江森工) | 红松 | 2000.00 |
| 99 | 长白朝鲜族自治县(吉) | 红松 | 1960.00 |
| 100 | 安图森林经营局(吉) | 红松 | 1600.00 |
| 101 | 山河屯林业局(龙江森工) | 红松 | 1500.00 |
| 102 | 江源区(吉) | 红松 | 1200.00 |
| 103 | 大石头林业局(吉) | 红松 | 1000.00 |
| 104 | 山河实验林场(黑) | 红松 | 1000.00 |
| 105 | 临江林业局(吉林森工) | 红松 | 600.00 |
| 106 | 梅河口市(吉) | 红松 | 314.00 |
| 107 | 绥棱县(黑) | 红松 | 260.00 |
| 108 | 汤原县(黑) | 红松 | 127.50 |
| 109 | 浦北县(桂) | 红锥 | 1250.00 |
| 110 | 城固县(陕) | 厚朴 | 90800.00 |
| 111 | 桂东县(湘) | 厚朴 | 17000.00 |
| 112 | 南郑县(陕) | 厚朴 | 9800.00 |
| 113 | 新宾满族自治县(辽) | 胡桃楸 | 43500000.00 |
| 114 | 敦化林业局(吉) | 胡桃楸 | 15000.00 |
| 115 | 五常市(黑) | 胡桃楸 | 7000.00 |
| 116 | 亚布力林业局(龙江森工) | 胡桃楸 | 3750.00 |
| 117 | 三岔子林业局(吉林森工) | 胡桃楸 | 2000.00 |
| 118 | 铁力林业局(龙江森工) | 胡桃楸 | 1300.00 |
| 119 | 山河实验林场(黑) | 胡桃楸 | 1000.00 |
| 120 | 松江河林业有限公司(吉林森工) | 胡桃楸 | 539.50 |
| 121 | 凤　县(陕) | 华山松 | 2000000.00 |
| 122 | 南郑县(陕) | 华山松 | 38000.00 |
| 123 | 兰坪白族普米族自治县(滇) | 华山松 | 15000.00 |
| 124 | 万源市(川) | 华山松 | 15000.00 |
| 125 | 南华县(滇) | 华山松 | 10000.00 |
| 126 | 洱源县(滇) | 华山松 | 5000.00 |
| 127 | 楚雄市(滇) | 华山松 | 4000.00 |
| 128 | 会东县(川) | 华山松 | 2500.00 |
| 129 | 西峡县(豫) | 华山松 | 2000.00 |
| 130 | 清水县(甘) | 华山松 | 1200.00 |
| 131 | 云　县(滇) | 华山松 | 300.00 |
| 132 | 武定县(滇) | 华山松 | 136.00 |
| 133 | 镇安县(陕) | 华山松 | 103.00 |
| 134 | 华阴市(陕) | 华山松 | 100.00 |
| 135 | 敦化林业局(吉) | 桦树 | 4986.00 |
| 136 | 天峨县(桂) | 桦树 | 1000.00 |
| 137 | 淇滨区(豫) | 黄连木 | 125000.00 |
| 138 | 婺源县(赣) | 火炬松 | 100.00 |
| 139 | 婺源县(赣) | 栲树 | 500.00 |
| 140 | 随　县(鄂) | 栎树 | 45000.00 |
| 141 | 平桥区(豫) | 栎树 | 40000.00 |
| 142 | 海阳市(鲁) | 栎树 | 30000.00 |
| 143 | 东至县(皖) | 栎树 | 17000.00 |
| 144 | 固始县(豫) | 栎树 | 12000.00 |
| 145 | 汉阴县(陕) | 栎树 | 3500.00 |
| 146 | 舞钢市(豫) | 栎树 | 2880.00 |
| 147 | 资兴市(湘) | 栎树 | 1800.00 |
| 148 | 丰满区(吉) | 栎树 | 470.00 |
| 149 | 万源市(川) | 柳杉 | 7500.00 |
| 150 | 奉节县(渝) | 柳杉 | 5000.00 |
| 151 | 井研县(川) | 栾树 | 4500.00 |
| 152 | 汪清县(吉) | 落叶松 | 50000.00 |
| 153 | 庄河市(辽) | 落叶松 | 26180.00 |
| 154 | 宁武县(晋) | 落叶松 | 7500.00 |
| 155 | 珲春林业局(吉) | 落叶松 | 5000.00 |
| 156 | 塞罕坝机械林场(冀) | 落叶松 | 5000.00 |
| 157 | 宽甸满族自治县(辽) | 落叶松 | 3200.00 |
| 158 | 清原满族自治县(辽) | 落叶松 | 2950.00 |
| 159 | 抚顺县(辽) | 落叶松 | 2363.00 |
| 160 | 湟中县(青) | 落叶松 | 2000.00 |
| 161 | 娄烦县(晋) | 落叶松 | 2000.00 |
| 162 | 汪清林业局(吉) | 落叶松 | 2000.00 |
| 163 | 和林格尔县(内蒙古) | 落叶松 | 1700.00 |
| 164 | 沽源县(冀) | 落叶松 | 1200.00 |
| 165 | 敦化林业局(吉) | 落叶松 | 1000.00 |
| 166 | 克山县(黑) | 落叶松 | 1000.00 |
| 167 | 巴林左旗(内蒙古) | 落叶松 | 700.00 |
| 168 | 丰镇市(内蒙古) | 落叶松 | 700.00 |
| 169 | 鹤北林业局(龙江森工) | 落叶松 | 687.00 |
| 170 | 喀喇沁旗(内蒙古) | 落叶松 | 600.00 |
| 171 | 龙江县(黑) | 落叶松 | 600.00 |
| 172 | 桦南林业局(龙江森工) | 落叶松 | 500.00 |
| 173 | 辽宁实验林场(辽) | 落叶松 | 400.00 |
| 174 | 长白朝鲜族自治县(吉) | 落叶松 | 345.00 |
| 175 | 甘南县(黑) | 落叶松 | 200.00 |
| 176 | 尚义县(冀) | 落叶松 | 200.00 |
| 177 | 克东县(黑) | 落叶松 | 150.00 |
| 178 | 五常市(黑) | 落叶松 | 110.00 |
| 179 | 建始县(鄂) | 落叶松 | 100.00 |
| 180 | 鼎城区(湘) | 落羽杉 | 550.00 |
| 181 | 洞口县(湘) | 马尾松 | 5000000.00 |
| 182 | 凯里市(黔) | 马尾松 | 55000.00 |
| 183 | 南郑县(陕) | 马尾松 | 48000.00 |
| 184 | 城固县(陕) | 马尾松 | 26800.00 |
| 185 | 祁东县(湘) | 马尾松 | 20640.00 |
| 186 | 大悟县(鄂) | 马尾松 | 20000.00 |

| 序号 | 母树林种子主产地 | 品种 | 产量(千克) |
|---|---|---|---|
| 187 | 乳源瑶族自治县(粤) | 马尾松 | 15000.00 |
| 188 | 南江县(川) | 马尾松 | 12000.00 |
| 189 | 西峡县(豫) | 马尾松 | 10000.00 |
| 190 | 忠　县(渝) | 马尾松 | 10000.00 |
| 191 | 宁远县(湘) | 马尾松 | 7500.00 |
| 192 | 淅川县(豫) | 马尾松 | 7500.00 |
| 193 | 黔江区(渝) | 马尾松 | 6591.75 |
| 194 | 安　县(川) | 马尾松 | 5100.00 |
| 195 | 兴国县(赣) | 马尾松 | 5000.00 |
| 196 | 宜都市(鄂) | 马尾松 | 5000.00 |
| 197 | 汉阴县(陕) | 马尾松 | 3560.00 |
| 198 | 罗田县(鄂) | 马尾松 | 2500.00 |
| 199 | 桂平市(桂) | 马尾松 | 2000.00 |
| 200 | 竹溪县(鄂) | 马尾松 | 2000.00 |
| 201 | 彭水苗族土家族自治县(渝) | 马尾松 | 1750.00 |
| 202 | 瑞金市(赣) | 马尾松 | 800.00 |
| 203 | 商城县(豫) | 马尾松 | 700.00 |
| 204 | 綦江县(渝) | 马尾松 | 600.00 |
| 205 | 蕲春县(鄂) | 马尾松 | 600.00 |
| 206 | 江永县(湘) | 马尾松 | 500.00 |
| 207 | 潜山县(皖) | 马尾松 | 500.00 |
| 208 | 全州县(桂) | 马尾松 | 450.00 |
| 209 | 娄星区(湘) | 马尾松 | 400.00 |
| 210 | 祁门县(皖) | 马尾松 | 380.00 |
| 211 | 京山县(鄂) | 马尾松 | 300.00 |
| 212 | 派阳山林场(桂) | 马尾松 | 179.00 |
| 213 | 衡东县(湘) | 马尾松 | 150.00 |
| 214 | 高　县(川) | 马尾松 | 144.00 |
| 215 | 富顺县(川) | 马尾松 | 120.00 |
| 216 | 铜鼓县(赣) | 南方红豆杉 | 210.00 |
| 217 | 金洞林场(湘) | 楠木 | 1000.00 |
| 218 | 林西县(内蒙古) | 柠条 | 125000.00 |
| 219 | 米脂县(陕) | 柠条 | 75000.00 |
| 220 | 盐池县(宁) | 柠条 | 44784.00 |
| 221 | 西吉县(宁) | 柠条 | 36000.00 |
| 222 | 鄂托克前旗(内蒙古) | 柠条 | 11000.00 |
| 223 | 丰镇市(内蒙古) | 柠条 | 5800.00 |
| 224 | 永靖县(甘) | 柠条 | 810.00 |
| 225 | 定西市巉口林业试验场(甘) | 柠条 | 750.00 |
| 226 | 云　县(滇) | 桤木 | 60000.00 |
| 227 | 巴州区(川) | 桤木 | 8000.00 |
| 228 | 平昌县(川) | 桤木 | 1850.00 |
| 229 | 凉城县(内蒙古) | 沙棘 | 95000.00 |
| 230 | 洛隆县(藏) | 沙棘 | 500.00 |
| 231 | 英吉沙县(新) | 沙枣 | 942500.00 |
| 232 | 临泽县(甘) | 沙枣 | 10000.00 |
| 233 | 惠农区(宁) | 沙枣 | 3600.00 |
| 234 | 洞口县(湘) | 杉木 | 15000000.00 |
| 235 | 大悟县(鄂) | 杉木 | 100000.00 |
| 236 | 祁东县(湘) | 杉木 | 45300.00 |
| 237 | 雨城区(川) | 杉木 | 15000.00 |
| 238 | 城固县(陕) | 杉木 | 13400.00 |
| 239 | 宁远县(湘) | 杉木 | 10000.00 |
| 240 | 会同县(湘) | 杉木 | 9000.00 |
| 241 | 靖州苗族侗族自治县(湘) | 杉木 | 6000.00 |
| 242 | 龙陵县(滇) | 杉木 | 5100.00 |
| 243 | 金洞林场(湘) | 杉木 | 5000.00 |
| 244 | 乐安县(赣) | 杉木 | 5000.00 |
| 245 | 资兴市(湘) | 杉木 | 3720.00 |
| 246 | 平利县(陕) | 杉木 | 3000.00 |
| 247 | 马关县(滇) | 杉木 | 1150.00 |
| 248 | 青川县(川) | 杉木 | 1000.00 |
| 249 | 遂川县(赣) | 杉木 | 900.00 |
| 250 | 铜鼓县(赣) | 杉木 | 810.00 |
| 251 | 商城县(豫) | 杉木 | 750.00 |
| 252 | 彭水苗族土家族自治县(渝) | 杉木 | 746.00 |
| 253 | 长阳土家族自治县(鄂) | 杉木 | 500.00 |
| 254 | 靖安县(赣) | 杉木 | 500.00 |
| 255 | 蕲春县(鄂) | 杉木 | 500.00 |
| 256 | 全州县(桂) | 杉木 | 400.00 |
| 257 | 恩施市(鄂) | 杉木 | 380.00 |
| 258 | 祁门县(皖) | 杉木 | 380.00 |
| 259 | 淳安县(浙) | 杉木 | 310.00 |
| 260 | 东至县(皖) | 杉木 | 300.00 |
| 261 | 株洲县(湘) | 杉木 | 280.00 |
| 262 | 休宁县(皖) | 杉木 | 260.00 |
| 263 | 罗田县(鄂) | 杉木 | 150.00 |
| 264 | 永定区(湘) | 杉木 | 120.00 |
| 265 | 城步苗族自治县(湘) | 杉木 | 100.00 |
| 266 | 昭平县(桂) | 杉木 | 100.00 |
| 267 | 随　县(鄂) | 湿地松 | 5200.00 |
| 268 | 汨罗市(湘) | 湿地松 | 3800.00 |
| 269 | 台山市(粤) | 湿地松 | 2000.00 |
| 270 | 孝昌县(鄂) | 湿地松 | 1500.00 |
| 271 | 安陆市(鄂) | 湿地松 | 500.00 |
| 272 | 瑞金市(赣) | 湿地松 | 500.00 |
| 273 | 临安市(浙) | 湿地松 | 200.00 |
| 274 | 新宾满族自治县(辽) | 水曲柳 | 75000.00 |
| 275 | 松江河林业有限公司(吉林森工) | 水曲柳 | 2000.00 |
| 276 | 珲春林业局(吉) | 水曲柳 | 1300.00 |
| 277 | 方正林业局(龙江森工) | 水曲柳 | 650.00 |
| 278 | 兴隆林业局(龙江森工) | 水曲柳 | 300.00 |

| 序号 | 母树林种子主产地 | 品种 | 产量(千克) |
|---|---|---|---|
| 279 | 五常市(黑) | 水曲柳 | 200.00 |
| 280 | 鼎城区(湘) | 水杉 | 750.00 |
| 281 | 澜沧拉祜族自治县(滇) | 思茅松 | 1000.00 |
| 282 | 定西市巉口林业试验场(甘) | 文冠果 | 750.00 |
| 283 | 合水林业总场(甘) | 文冠果 | 500.00 |
| 284 | 筠连县(川) | 香椿 | 2000.00 |
| 285 | 祁东县(湘) | 香樟 | 2320000.00 |
| 286 | 翠屏区(川) | 香樟 | 225000.00 |
| 287 | 阳新县(鄂) | 香樟 | 18000.00 |
| 288 | 岳阳县(湘) | 香樟 | 10000.00 |
| 289 | 大足县(渝) | 香樟 | 5500.00 |
| 290 | 威信县(滇) | 香樟 | 5000.00 |
| 291 | 巴州区(川) | 香樟 | 2000.00 |
| 292 | 赫山区(湘) | 香樟 | 2000.00 |
| 293 | 富顺县(川) | 香樟 | 600.00 |
| 294 | 高　县(川) | 香樟 | 150.00 |
| 295 | 西吉县(宁) | 杏 | 260000.00 |
| 296 | 阿克陶县(新) | 杏 | 175000.00 |
| 297 | 彭阳县(宁) | 杏 | 1650.00 |
| 298 | 敦化林业局(吉) | 杨树 | 2100.00 |
| 299 | 安陆市(鄂) | 银杏 | 68000.00 |
| 300 | 全州县(桂) | 银杏 | 20000.00 |
| 301 | 振安区(辽) | 银杏 | 10000.00 |
| 302 | 翠屏区(川) | 油茶 | 73500.00 |
| 303 | 盈江县(滇) | 油茶 | 12000.00 |
| 304 | 大悟县(鄂) | 油茶 | 10000.00 |
| 305 | 新　县(豫) | 油茶 | 10000.00 |
| 306 | 浏阳市(湘) | 油茶 | 9000.00 |
| 307 | 桃江县(湘) | 油茶 | 1800.00 |
| 308 | 长阳土家族自治县(鄂) | 油茶 | 600.00 |
| 309 | 黄陂区(鄂) | 油茶 | 500.00 |
| 310 | 岑溪市(桂) | 油茶 | 414.00 |
| 311 | 株洲县(湘) | 油茶 | 150.00 |
| 312 | 沁　县(晋) | 油松 | 1200000.00 |
| 313 | 阜新蒙古族自治县(辽) | 油松 | 210000.00 |
| 314 | 凌源市(辽) | 油松 | 100000.00 |
| 315 | 喀喇沁旗(内蒙古) | 油松 | 90000.00 |
| 316 | 陈仓区(陕) | 油松 | 24350.00 |
| 317 | 青龙满族自治县(冀) | 油松 | 17000.00 |
| 318 | 迭部县(甘) | 油松 | 15800.00 |
| 319 | 南郑县(陕) | 油松 | 11000.00 |
| 320 | 西峡县(豫) | 油松 | 8000.00 |
| 321 | 平顺县(晋) | 油松 | 4533.00 |
| 322 | 凌海市(辽) | 油松 | 3500.00 |
| 323 | 平泉县(冀) | 油松 | 3000.00 |
| 324 | 正宁林业总场(甘) | 油松 | 2900.00 |
| 325 | 华池县(甘) | 油松 | 2500.00 |
| 326 | 合水林业总场(甘) | 油松 | 2000.00 |
| 327 | 辉县市(豫) | 油松 | 1152.00 |
| 328 | 宁城县(内蒙古) | 油松 | 1000.00 |
| 329 | 西吉县(宁) | 油松 | 820.00 |
| 330 | 吉隆县(藏) | 油松 | 500.00 |
| 331 | 丰镇市(内蒙古) | 油松 | 415.00 |
| 332 | 桥山林业局(陕) | 油松 | 401.00 |
| 333 | 陇　县(陕) | 油松 | 300.00 |
| 334 | 汉阴县(陕) | 油松 | 290.00 |
| 335 | 罗田县(鄂) | 油松 | 220.00 |
| 336 | 卢氏县(豫) | 油松 | 100.00 |
| 337 | 金乡县(鲁) | 榆树 | 2000.00 |
| 338 | 吉木萨尔县(新) | 榆树 | 800.00 |
| 339 | 美姑县(川) | 云南松 | 2550.00 |
| 340 | 武定县(滇) | 云南松 | 1506.00 |
| 341 | 永仁县(滇) | 云南松 | 1000.00 |
| 342 | 玉龙纳西族自治县(滇) | 云南松 | 600.00 |
| 343 | 雅江县(川) | 云南松 | 100.00 |
| 344 | 翁达林业局(川) | 云杉 | 12600.00 |
| 345 | 迭部县(甘) | 云杉 | 3500.00 |
| 346 | 阿尔山市(内蒙古) | 云杉 | 2000.00 |
| 347 | 五岔沟林业局(内蒙古) | 云杉 | 2000.00 |
| 348 | 民乐县(甘) | 云杉 | 1800.00 |
| 349 | 洛隆县(藏) | 云杉 | 200.00 |
| 350 | 汪清林业局(吉) | 云杉 | 200.00 |
| 351 | 新龙县(川) | 云杉 | 200.00 |
| 352 | 麦秀森林公园(青) | 云杉 | 160.00 |
| 353 | 炉霍林业局(川) | 云杉 | 100.00 |
| 354 | 龙江县(黑) | 樟子松 | 5975.00 |
| 355 | 拜泉县(黑) | 樟子松 | 5000.00 |
| 356 | 彰武县(辽) | 樟子松 | 5000.00 |
| 357 | 东丰县(吉) | 樟子松 | 4200.00 |
| 358 | 阿尔山市(内蒙古) | 樟子松 | 3000.00 |
| 359 | 塞罕坝机械林场(冀) | 樟子松 | 3000.00 |
| 360 | 梨树县(吉) | 樟子松 | 2000.00 |
| 361 | 昌图县(辽) | 樟子松 | 1200.00 |
| 362 | 扎兰屯市(内蒙古) | 樟子松 | 1200.00 |
| 363 | 克山县(黑) | 樟子松 | 1000.00 |
| 364 | 黑河市直属林场(黑) | 樟子松 | 600.00 |
| 365 | 喀喇沁旗(内蒙古) | 樟子松 | 600.00 |
| 366 | 巴彦县(黑) | 樟子松 | 510.00 |
| 367 | 北票市(辽) | 樟子松 | 450.00 |
| 368 | 南漳县(鄂) | 珍稀乡土 | 5000.00 |
| 369 | 庆元县(浙) | 珍稀乡土 | 608.00 |
| 370 | 珲春林业局(吉) | 紫椴 | 19800.00 |

| 序号 | 母树林种子主产地 | 品种 | 产量(千克) |
|---|---|---|---|
| 371 | 汪清林业局(吉) | 紫杉 | 500.00 |

**表9　种子园种子主产地产量**

| 序号 | 种子园种子主产地 | 品种 | 产量(千克) |
|---|---|---|---|
| 1 | 英吉沙县(新) | 巴旦木 | 12720.00 |
| 2 | 惠农区(宁) | 白蜡 | 3000.00 |
| 3 | 平罗县(宁) | 白蜡 | 700.00 |
| 4 | 垣曲县(晋) | 柏树 | 120000.00 |
| 5 | 内乡县(豫) | 柏树 | 75000.00 |
| 6 | 黎城县(晋) | 柏树 | 35000.00 |
| 7 | 凯里市(黔) | 柏树 | 23000.00 |
| 8 | 陇西县(甘) | 柏树 | 12500.00 |
| 9 | 郧　县(鄂) | 柏树 | 10000.00 |
| 10 | 阜新蒙古族自治县(辽) | 柏树 | 2500.00 |
| 11 | 郏　县(豫) | 柏树 | 2000.00 |
| 12 | 蓬安县(川) | 柏树 | 500.00 |
| 13 | 北山森林公园(青) | 柏树 | 382.70 |
| 14 | 淅川县(豫) | 柏树 | 260.00 |
| 15 | 三台县(川) | 柏树 | 165.00 |
| 16 | 盱眙县(苏) | 柏树 | 150.00 |
| 17 | 辉南县(吉) | 班克松 | 13000.00 |
| 18 | 东至县(皖) | 檫树 | 21000.00 |
| 19 | 洪湖市(鄂) | 池杉 | 5000.00 |
| 20 | 庄河市(辽) | 赤松 | 4515.00 |
| 21 | 内乡县(豫) | 刺槐 | 75000.00 |
| 22 | 垣曲县(晋) | 刺槐 | 45000.00 |
| 23 | 北票市(辽) | 刺槐 | 24000.00 |
| 24 | 洛宁县(豫) | 刺槐 | 16000.00 |
| 25 | 陇西县(甘) | 刺槐 | 10000.00 |
| 26 | 普兰店市(辽) | 刺槐 | 7650.00 |
| 27 | 庄河市(辽) | 刺槐 | 2741.00 |
| 28 | 凌海市(辽) | 刺槐 | 2500.00 |
| 29 | 清水县(甘) | 刺槐 | 2400.00 |
| 30 | 郧　县(鄂) | 刺槐 | 2000.00 |
| 31 | 淅川县(豫) | 刺槐 | 600.00 |
| 32 | 乳山市(鲁) | 刺槐 | 450.00 |
| 33 | 贺兰县(宁) | 刺槐 | 347.00 |
| 34 | 费　县(鲁) | 刺槐 | 200.00 |
| 35 | 南郑县(陕) | 刺槐 | 120.00 |
| 36 | 盱眙县(苏) | 刺槐 | 100.00 |
| 37 | 永靖县(甘) | 枸杞 | 330.00 |
| 38 | 大观区(皖) | 国外松 | 7600.00 |
| 39 | 荆门市市辖区(鄂) | 国外松 | 905.00 |
| 40 | 淳安县(浙) | 国外松 | 315.00 |
| 41 | 衡东县(湘) | 国外松 | 100.00 |
| 42 | 西工区(豫) | 旱柳 | 200.00 |
| 43 | 内乡县(豫) | 核桃 | 4000000.00 |
| 44 | 汝阳县(豫) | 核桃 | 1800000.00 |
| 45 | 文　县(甘) | 核桃 | 1500000.00 |
| 46 | 平利县(陕) | 核桃 | 500000.00 |
| 47 | 东平县(鲁) | 核桃 | 230000.00 |
| 48 | 罗田县(鄂) | 核桃 | 55000.00 |
| 49 | 泽普县(新) | 核桃 | 36750.00 |
| 50 | 大姚县(滇) | 核桃 | 28000.00 |
| 51 | 英吉沙县(新) | 核桃 | 24800.00 |
| 52 | 西峡县(豫) | 核桃 | 21000.00 |
| 53 | 南江县(川) | 核桃 | 20000.00 |
| 54 | 叶城县(新) | 核桃 | 10000.00 |
| 55 | 阿克陶县(新) | 核桃 | 9000.00 |
| 56 | 南郑县(陕) | 核桃 | 8500.00 |
| 57 | 青川县(川) | 核桃 | 6000.00 |
| 58 | 汾阳市(晋) | 核桃 | 5000.00 |
| 59 | 寻甸回族彝族自治县(滇) | 核桃 | 4200.00 |
| 60 | 竹溪县(鄂) | 核桃 | 1600.00 |
| 61 | 织金县(黔) | 核桃 | 1500.00 |
| 62 | 庄河市(辽) | 黑松 | 1785.00 |
| 63 | 费　县(鲁) | 黑松 | 200.00 |
| 64 | 乳山市(鲁) | 黑松 | 100.00 |
| 65 | 新宾满族自治县(辽) | 红松 | 3970000.00 |
| 66 | 通化县(吉) | 红松 | 2500000.00 |
| 67 | 林口县(黑) | 红松 | 101000.00 |
| 68 | 孟家岗林场(黑) | 红松 | 63000.00 |
| 69 | 抚顺县(辽) | 红松 | 61500.00 |
| 70 | 磐石市(吉) | 红松 | 40000.00 |
| 71 | 梅河口市(吉) | 红松 | 21400.00 |
| 72 | 本溪满族自治县(辽) | 红松 | 6200.00 |
| 73 | 红石林业局(吉林森工) | 红松 | 6000.00 |
| 74 | 柳河县(吉) | 红松 | 5000.00 |
| 75 | 苇河林业局(龙江森工) | 红松 | 3600.00 |
| 76 | 七台河市市辖区(黑) | 红松 | 2000.00 |
| 77 | 临江林业局(吉林森工) | 红松 | 2000.00 |
| 78 | 辽宁省森林经营研究所(辽) | 红松 | 2000.00 |
| 79 | 靖宇县(吉) | 红松 | 275.00 |
| 80 | 新宾满族自治县(辽) | 胡桃楸 | 4350000.00 |
| 81 | 阿克陶县(新) | 胡杨 | 25000.00 |
| 82 | 奉节县(渝) | 华山松 | 180000.00 |
| 83 | 平利县(陕) | 华山松 | 150000.00 |
| 84 | 万源市(川) | 华山松 | 120000.00 |
| 85 | 陈仓区(陕) | 华山松 | 112000.00 |
| 86 | 易门县(滇) | 华山松 | 100000.00 |
| 87 | 南江县(川) | 华山松 | 15000.00 |
| 88 | 渭源县(甘) | 华山松 | 7500.00 |

| 序号 | 种子园种子主产地 | 品种 | 产量(千克) |
|---|---|---|---|
| 89 | 略阳县(陕) | 华山松 | 6000.00 |
| 90 | 洱源县(滇) | 华山松 | 5000.00 |
| 91 | 楚雄市(滇) | 华山松 | 4000.00 |
| 92 | 鹤庆县(滇) | 华山松 | 3200.00 |
| 93 | 双柏县(滇) | 华山松 | 2000.00 |
| 94 | 庄河市(辽) | 华山松 | 1607.00 |
| 95 | 寻甸回族彝族自治县(滇) | 华山松 | 1000.00 |
| 96 | 威宁彝族回族苗族自治县(黔) | 华山松 | 150.00 |
| 97 | 施甸县(滇) | 华山松 | 100.00 |
| 98 | 盱眙县(苏) | 槐树 | 200.00 |
| 99 | 荆州区(鄂) | 火炬松 | 1500.00 |
| 100 | 余杭区(浙) | 火炬松 | 182.00 |
| 101 | 修水县(赣) | 栲树 | 200.00 |
| 102 | 郧　县(鄂) | 栎树 | 200000.00 |
| 103 | 确山县(豫) | 栎树 | 100000.00 |
| 104 | 南郑县(陕) | 栎树 | 25000.00 |
| 105 | 固始县(豫) | 栎树 | 24000.00 |
| 106 | 舞钢市(豫) | 栎树 | 7290.00 |
| 107 | 北川羌族自治县(川) | 柳杉 | 1200.00 |
| 108 | 万源市(川) | 柳杉 | 200.00 |
| 109 | 桐梓县(黔) | 柳杉 | 158.00 |
| 110 | 文成县(浙) | 柳杉 | 100.00 |
| 111 | 清原满族自治县(辽) | 落叶松 | 8500.00 |
| 112 | 通渭县(甘) | 落叶松 | 7000.00 |
| 113 | 渭源县(甘) | 落叶松 | 5100.00 |
| 114 | 汪清县(吉) | 落叶松 | 5000.00 |
| 115 | 本溪满族自治县(辽) | 落叶松 | 3600.00 |
| 116 | 庄河市(辽) | 落叶松 | 2730.00 |
| 117 | 宽甸满族自治县(辽) | 落叶松 | 2000.00 |
| 118 | 新宾满族自治县(辽) | 落叶松 | 1500.00 |
| 119 | 和林格尔县(内蒙古) | 落叶松 | 1300.00 |
| 120 | 抚顺县(辽) | 落叶松 | 1011.00 |
| 121 | 海伦市(黑) | 落叶松 | 1000.00 |
| 122 | 泾源县(宁) | 落叶松 | 760.00 |
| 123 | 龙江县(黑) | 落叶松 | 600.00 |
| 124 | 临潭县(甘) | 落叶松 | 600.00 |
| 125 | 木栏围场国营林场(冀) | 落叶松 | 500.00 |
| 126 | 长城山林场(晋) | 落叶松 | 500.00 |
| 127 | 巴林左旗(内蒙古) | 落叶松 | 500.00 |
| 128 | 东洲区(辽) | 落叶松 | 341.00 |
| 129 | 克山县(黑) | 落叶松 | 250.00 |
| 130 | 建始县(鄂) | 落叶松 | 250.00 |
| 131 | 静乐县(晋) | 落叶松 | 200.00 |
| 132 | 宁城县(内蒙古) | 落叶松 | 150.00 |
| 133 | 柳河县(吉) | 落叶松 | 130.00 |
| 134 | 临江林业局(吉林森工) | 落叶松 | 115.00 |
| 135 | 鼎城区(湘) | 落羽杉 | 630.00 |
| 136 | 吴川市(粤) | 落羽杉 | 200.00 |
| 137 | 桐柏县(豫) | 马尾松 | 490000.00 |
| 138 | 平利县(陕) | 马尾松 | 45000.00 |
| 139 | 凯里市(黔) | 马尾松 | 40000.00 |
| 140 | 祁东县(湘) | 马尾松 | 20640.00 |
| 141 | 竹山县(鄂) | 马尾松 | 20000.00 |
| 142 | 乳源瑶族自治县(粤) | 马尾松 | 15000.00 |
| 143 | 平桥区(豫) | 马尾松 | 15000.00 |
| 144 | 南江县(川) | 马尾松 | 15000.00 |
| 145 | 宜章县(湘) | 马尾松 | 9080.00 |
| 146 | 潜山县(皖) | 马尾松 | 7700.00 |
| 147 | 彭水苗族土家族自治县(渝) | 马尾松 | 7000.00 |
| 148 | 黔江区(渝) | 马尾松 | 6951.75 |
| 149 | 宜都市(鄂) | 马尾松 | 5000.00 |
| 150 | 兴国县(赣) | 马尾松 | 5000.00 |
| 151 | 桂平市(桂) | 马尾松 | 2000.00 |
| 152 | 田阳县(桂) | 马尾松 | 1130.00 |
| 153 | 湖北省太子山林场管理局(鄂) | 马尾松 | 800.00 |
| 154 | 安化县(湘) | 马尾松 | 600.00 |
| 155 | 忠　县(渝) | 马尾松 | 500.00 |
| 156 | 万源市(川) | 马尾松 | 500.00 |
| 157 | 富顺县(川) | 马尾松 | 280.00 |
| 158 | 藤　县(桂) | 马尾松 | 271.00 |
| 159 | 高　县(川) | 马尾松 | 144.00 |
| 160 | 桂阳县(湘) | 马尾松 | 130.00 |
| 161 | 城步苗族自治县(湘) | 马尾松 | 130.00 |
| 162 | 南川区(渝) | 马尾松 | 117.00 |
| 163 | 赫山区(湘) | 马尾松 | 100.00 |
| 164 | 建德市(浙) | 楠木 | 150.00 |
| 165 | 彭阳县(宁) | 柠条 | 46800.00 |
| 166 | 盐池县(宁) | 柠条 | 44784.00 |
| 167 | 陇西县(甘) | 柠条 | 11000.00 |
| 168 | 东乌珠穆沁旗(内蒙古) | 柠条 | 5500.00 |
| 169 | 永靖县(甘) | 柠条 | 810.00 |
| 170 | 竹山县(鄂) | 泡桐 | 150.00 |
| 171 | 乾安县(吉) | 葡萄 | 5000.00 |
| 172 | 英吉沙县(新) | 沙枣 | 1215500.00 |
| 173 | 阿克陶县(新) | 沙枣 | 200000.00 |
| 174 | 平利县(陕) | 杉木 | 60000.00 |
| 175 | 祁东县(湘) | 杉木 | 45300.00 |
| 176 | 竹山县(鄂) | 杉木 | 10000.00 |
| 177 | 阳新县(鄂) | 杉木 | 10000.00 |
| 178 | 会同县(湘) | 杉木 | 9000.00 |
| 179 | 乐安县(赣) | 杉木 | 5000.00 |
| 180 | 岳阳县(湘) | 杉木 | 3000.00 |

| 序号 | 种子园种子主产地 | 品种 | 产量(千克) |
|---|---|---|---|
| 181 | 彭水苗族土家族自治县(渝) | 杉木 | 2200.00 |
| 182 | 筠连县(川) | 杉木 | 2000.00 |
| 183 | 石台县(皖) | 杉木 | 1500.00 |
| 184 | 恩施市(鄂) | 杉木 | 1500.00 |
| 185 | 南川区(渝) | 杉木 | 1159.00 |
| 186 | 马关县(滇) | 杉木 | 1150.00 |
| 187 | 城步苗族自治县(湘) | 杉木 | 1060.00 |
| 188 | 靖州苗族侗族自治县(湘) | 杉木 | 1050.00 |
| 189 | 资兴市(湘) | 杉木 | 1010.00 |
| 190 | 万源市(川) | 杉木 | 800.00 |
| 191 | 攸　县(湘) | 杉木 | 750.00 |
| 192 | 遂川县(赣) | 杉木 | 750.00 |
| 193 | 长阳土家族自治县(鄂) | 杉木 | 750.00 |
| 194 | 忠　县(渝) | 杉木 | 600.00 |
| 195 | 天峨县(桂) | 杉木 | 500.00 |
| 196 | 乐昌市(粤) | 杉木 | 493.00 |
| 197 | 休宁县(皖) | 杉木 | 490.00 |
| 198 | 瑞金市(赣) | 杉木 | 400.00 |
| 199 | 德昌县(川) | 杉木 | 400.00 |
| 200 | 全州县(桂) | 杉木 | 350.00 |
| 201 | 淳安县(浙) | 杉木 | 310.00 |
| 202 | 开化县(浙) | 杉木 | 300.00 |
| 203 | 崇义县(赣) | 杉木 | 300.00 |
| 204 | 余江县(赣) | 杉木 | 250.00 |
| 205 | 古蔺县(川) | 杉木 | 250.00 |
| 206 | 泾　县(皖) | 杉木 | 120.00 |
| 207 | 昭平县(桂) | 杉木 | 100.00 |
| 208 | 樟树市(赣) | 杉木 | 100.00 |
| 209 | 靖安县(赣) | 杉木 | 100.00 |
| 210 | 汨罗市(湘) | 湿地松 | 3800.00 |
| 211 | 台山市(粤) | 湿地松 | 2100.00 |
| 212 | 余江县(赣) | 湿地松 | 1200.00 |
| 213 | 安陆市(鄂) | 湿地松 | 598.00 |
| 214 | 瑞金市(赣) | 湿地松 | 350.00 |
| 215 | 余杭区(浙) | 湿地松 | 336.00 |
| 216 | 娄星区(湘) | 湿地松 | 240.00 |
| 217 | 樟树市(赣) | 湿地松 | 200.00 |
| 218 | 泾　县(皖) | 湿地松 | 200.00 |
| 219 | 临江林业局(吉林森工) | 水曲柳 | 1203.00 |
| 220 | 苇河林业局(龙江森工) | 水曲柳 | 330.00 |
| 221 | 潜江市(鄂) | 水杉 | 1000.00 |
| 222 | 云　县(滇) | 思茅松 | 600.00 |
| 223 | 乾安县(吉) | 小浆果 | 400.00 |
| 224 | 北票市(辽) | 杏 | 50000.00 |
| 225 | 多伦县(内蒙古) | 杏 | 40000.00 |
| 226 | 阿克陶县(新) | 杏 | 40000.00 |
| 227 | 林西县(内蒙古) | 杏 | 30000.00 |
| 228 | 英吉沙县(新) | 杏 | 8000.00 |
| 229 | 华池县(甘) | 杏 | 2500.00 |
| 230 | 乾安县(吉) | 杏 | 300.00 |
| 231 | 大观区(皖) | 杨树 | 21000.00 |
| 232 | 北票市(辽) | 油松 | 50000.00 |
| 233 | 阜新蒙古族自治县(辽) | 油松 | 22000.00 |
| 234 | 略阳县(陕) | 油松 | 5000.00 |
| 235 | 平顺县(晋) | 油松 | 4533.00 |
| 236 | 渭源县(甘) | 油松 | 3000.00 |
| 237 | 凌海市(辽) | 油松 | 3000.00 |
| 238 | 合水林业总场(甘) | 油松 | 3000.00 |
| 239 | 正宁林业总场(甘) | 油松 | 1700.00 |
| 240 | 汉阴县(陕) | 油松 | 800.00 |
| 241 | 陇　县(陕) | 油松 | 610.00 |
| 242 | 洛南县(陕) | 油松 | 531.00 |
| 243 | 平泉县(冀) | 油松 | 530.00 |
| 244 | 桥山林业局(陕) | 油松 | 370.00 |
| 245 | 土默特左旗(内蒙古) | 油松 | 240.00 |
| 246 | 宁城县(内蒙古) | 油松 | 215.00 |
| 247 | 吉木萨尔县(新) | 榆树 | 2800.00 |
| 248 | 洱源县(滇) | 云南松 | 788.00 |
| 249 | 玉龙纳西族自治县(滇) | 云南松 | 600.00 |
| 250 | 云　县(滇) | 云南松 | 450.00 |
| 251 | 普格县(川) | 云南松 | 240.00 |
| 252 | 弥渡县(滇) | 云南松 | 151.00 |
| 253 | 湟中县(青) | 云杉 | 25000.00 |
| 254 | 循化撒拉族自治县(青) | 云杉 | 8000.00 |
| 255 | 渭源县(甘) | 云杉 | 5000.00 |
| 256 | 临江林业局(吉林森工) | 云杉 | 233.00 |
| 257 | 肃南裕固族自治县(甘) | 云杉 | 200.00 |
| 258 | 彰武县(辽) | 樟子松 | 5000.00 |
| 259 | 龙江县(黑) | 樟子松 | 900.00 |
| 260 | 克东县(黑) | 樟子松 | 400.00 |
| 261 | 克山县(黑) | 樟子松 | 250.00 |

**表 10-1　马尾松苗主产地产量**

| 序号 | 马尾松苗主产地 | 产量(万株) |
|---|---|---|
| 1 | 龙泉市(浙) | 350.00 |
| 2 | 建德市(浙) | 20.00 |
| 3 | 云和县(浙) | 20.00 |
| 4 | 淳安县(浙) | 18.00 |
| 5 | 开化县(浙) | 10.00 |
| 6 | 旌德县(皖) | 200.00 |
| 7 | 潜山县(皖) | 30.00 |
| 8 | 石城县(赣) | 402.00 |

| 序号 | 马尾松苗主产地 | 产量(万株) |
|---|---|---|
| 9 | 瑞昌市(赣) | 97.45 |
| 10 | 宜丰县(赣) | 95.00 |
| 11 | 上栗县(赣) | 40.00 |
| 12 | 修水县(赣) | 30.00 |
| 13 | 广水市(鄂) | 3000.00 |
| 14 | 大悟县(鄂) | 560.00 |
| 15 | 宣恩县(鄂) | 243.50 |
| 16 | 麻城市(鄂) | 120.00 |
| 17 | 太子山林场管理局(鄂) | 100.00 |
| 18 | 蕲春县(鄂) | 90.00 |
| 19 | 阳新县(鄂) | 50.00 |
| 20 | 英山县(鄂) | 30.00 |
| 21 | 宜都市(鄂) | 20.00 |
| 22 | 当阳市(鄂) | 20.00 |
| 23 | 大冶市(鄂) | 13.00 |
| 24 | 涟源市(湘) | 1450.00 |
| 25 | 通道侗族自治县(湘) | 1440.00 |
| 26 | 蓝山县(湘) | 1176.00 |
| 27 | 新晃侗族自治县(湘) | 1125.00 |
| 28 | 芷江侗族自治县(湘) | 650.00 |
| 29 | 安仁县(湘) | 600.00 |
| 30 | 宜章县(湘) | 546.00 |
| 31 | 靖州苗族侗族自治县(湘) | 373.00 |
| 32 | 双峰县(湘) | 370.00 |
| 33 | 湘乡市(湘) | 280.00 |
| 34 | 石门县(湘) | 240.00 |
| 35 | 祁东县(湘) | 220.00 |
| 36 | 新化县(湘) | 200.00 |
| 37 | 资兴市(湘) | 180.00 |
| 38 | 汝城县(湘) | 167.00 |
| 39 | 洞口县(湘) | 150.00 |
| 40 | 辰溪县(湘) | 150.00 |
| 41 | 安化县(湘) | 145.00 |
| 42 | 冷水江市(湘) | 120.00 |
| 43 | 沅陵县(湘) | 120.00 |
| 44 | 绥宁县(湘) | 100.00 |
| 45 | 麻阳苗族自治县(湘) | 96.90 |
| 46 | 洪江市(湘) | 82.00 |
| 47 | 溆浦县(湘) | 70.00 |
| 48 | 会同县(湘) | 60.00 |
| 49 | 永定区(湘) | 50.00 |
| 50 | 嘉禾县(湘) | 48.00 |
| 51 | 临武县(湘) | 48.00 |
| 52 | 中方县(湘) | 45.00 |
| 53 | 慈利县(湘) | 30.00 |
| 54 | 江永县(湘) | 20.00 |
| 55 | 南雄市(粤) | 889.00 |
| 56 | 信宜市(粤) | 600.00 |
| 57 | 阳西县(粤) | 70.00 |
| 58 | 乐昌市(粤) | 64.00 |
| 59 | 丰顺县(粤) | 60.00 |
| 60 | 清新县(粤) | 60.00 |
| 61 | 连州市(粤) | 50.00 |
| 62 | 郁南县(粤) | 25.00 |
| 63 | 高要市(粤) | 23.40 |
| 64 | 高州市(粤) | 15.00 |
| 65 | 桂平市(桂) | 1500.00 |
| 66 | 西林县(桂) | 501.00 |
| 67 | 上思县(桂) | 400.00 |
| 68 | 藤　县(桂) | 338.00 |
| 69 | 苍梧县(桂) | 254.00 |
| 70 | 蒙山县(桂) | 250.00 |
| 71 | 昭平县(桂) | 210.00 |
| 72 | 隆林各族自治县(桂) | 200.00 |
| 73 | 资源县(桂) | 200.00 |
| 74 | 田林县(桂) | 178.00 |
| 75 | 高峰林场(桂) | 153.54 |
| 76 | 东兰县(桂) | 150.00 |
| 77 | 田阳县(桂) | 140.00 |
| 78 | 灌阳县(桂) | 90.00 |
| 79 | 罗城仫佬族自治县(桂) | 80.00 |
| 80 | 全州县(桂) | 80.00 |
| 81 | 八步区(桂) | 40.00 |
| 82 | 港南区(桂) | 31.00 |
| 83 | 六万林场(桂) | 30.00 |
| 84 | 环江毛南族自治县(桂) | 20.00 |
| 85 | 钦北区(桂) | 20.00 |
| 86 | 雅长林场(桂) | 20.00 |
| 87 | 灵山县(桂) | 17.00 |
| 88 | 象州县(桂) | 10.00 |
| 89 | 彭水苗族土家族自治县(渝) | 1080.00 |
| 90 | 綦江县(渝) | 600.00 |
| 91 | 武隆县(渝) | 70.00 |
| 92 | 开　县(渝) | 35.00 |
| 93 | 城口县(渝) | 20.00 |
| 94 | 邻水县(川) | 1800.00 |
| 95 | 宣汉县(川) | 62.00 |
| 96 | 高　县(川) | 14.00 |
| 97 | 荔波县(黔) | 350.00 |
| 98 | 长顺县(黔) | 311.00 |
| 99 | 罗甸县(黔) | 310.33 |
| 100 | 三都水族自治县(黔) | 250.00 |
| 101 | 龙里县(黔) | 225.00 |
| 102 | 独山县(黔) | 140.00 |
| 103 | 江口县(黔) | 130.00 |
| 104 | 都匀市(黔) | 96.00 |
| 105 | 黔西县(黔) | 86.23 |
| 106 | 碧江区(黔) | 50.00 |
| 107 | 普安县(黔) | 25.00 |
| 108 | 瓮安县(黔) | 20.00 |
| 109 | 凯里市(黔) | 15.00 |
| 110 | 佛坪县(陕) | 120.00 |

**表 10-2　落叶松苗主产地产量**

| 序号 | 落叶松苗主产地 | 产量(万株) |
|---|---|---|
| 1 | 围场满族蒙古族自治县(冀) | 1360.00 |
| 2 | 丰宁满族自治县(冀) | 1200.00 |
| 3 | 尚义县(冀) | 635.00 |
| 4 | 平泉县(冀) | 450.00 |
| 5 | 赤城县(冀) | 260.00 |
| 6 | 塞罕坝机械林场(冀) | 248.00 |
| 7 | 木栏围场国营林场(冀) | 207.20 |
| 8 | 张北县(冀) | 86.00 |
| 9 | 宁武县(晋) | 6220.00 |
| 10 | 静乐县(晋) | 4000.00 |
| 11 | 岢岚县(晋) | 750.00 |
| 12 | 浑源县(晋) | 160.00 |
| 13 | 神池县(晋) | 136.00 |
| 14 | 克什克腾旗(内蒙古) | 1722.00 |
| 15 | 宁城县(内蒙古) | 1025.00 |
| 16 | 松山区(内蒙古) | 995.00 |
| 17 | 喀喇沁旗(内蒙古) | 900.00 |
| 18 | 巴林左旗(内蒙古) | 785.00 |
| 19 | 阿尔山市(内蒙古) | 240.00 |
| 20 | 内蒙古柴河林业局(内蒙古) | 200.00 |
| 21 | 东乌珠穆沁旗(内蒙古) | 80.00 |
| 22 | 巴林林业局(内蒙古) | 70.00 |
| 23 | 鄂温克族自治旗(内蒙古) | 10.00 |
| 24 | 新宾满族自治县(辽) | 55000.00 |
| 25 | 凤城市(辽) | 8000.00 |
| 26 | 清原满族自治县(辽) | 6800.00 |
| 27 | 宽甸满族自治县(辽) | 3200.00 |
| 28 | 抚顺县(辽) | 2301.00 |
| 29 | 桓仁满族自治县(辽) | 2127.00 |
| 30 | 本溪满族自治县(辽) | 1860.00 |
| 31 | 盖州市(辽) | 1090.00 |
| 32 | 庄河市(辽) | 1000.00 |
| 33 | 开原市(辽) | 600.00 |

| 序号 | 落叶松苗主产地 | 产量(万株) |
|---|---|---|
| 34 | 大石桥市(辽) | 480.00 |
| 35 | 辽阳县(辽) | 400.00 |
| 36 | 辽宁实验林场(辽) | 80.00 |
| 37 | 海城市(辽) | 44.41 |
| 38 | 东洲区(辽) | 42.00 |
| 39 | 梅河口市(吉) | 28047.10 |
| 40 | 柳河县(吉) | 20000.00 |
| 41 | 辉南县(吉) | 1680.00 |
| 42 | 桦甸市(吉) | 1300.00 |
| 43 | 临江市(吉) | 741.00 |
| 44 | 东辽县(吉) | 727.30 |
| 45 | 东丰县(吉) | 595.00 |
| 46 | 永吉县(吉) | 300.00 |
| 47 | 丰满区(吉) | 240.00 |
| 48 | 磐石市(吉) | 161.00 |
| 49 | 抚松县(吉) | 157.00 |
| 50 | 敦化市(吉) | 120.00 |
| 51 | 龙潭区(吉) | 100.00 |
| 52 | 敦化林业局(吉) | 64.00 |
| 53 | 双阳区(吉) | 55.00 |
| 54 | 舒兰市(吉) | 48.30 |
| 55 | 珲春市(吉) | 40.00 |
| 56 | 蛟河市(吉) | 25.00 |
| 57 | 汪清林业局(吉) | 20.00 |
| 58 | 珲春林业局(吉) | 10.10 |
| 59 | 和龙市(吉) | 10.00 |
| 60 | 二道江区(吉) | 10.00 |
| 61 | 尚志市(黑) | 8000.00 |
| 62 | 爱辉区(黑) | 3000.00 |
| 63 | 绥棱县(黑) | 1980.00 |
| 64 | 孙吴县(黑) | 1581.50 |
| 65 | 宁安市(黑) | 1210.00 |
| 66 | 延寿县(黑) | 1200.00 |
| 67 | 集贤县(黑) | 1000.00 |
| 68 | 鸡东县(黑) | 960.00 |
| 69 | 汤原县(黑) | 900.00 |
| 70 | 北安市(黑) | 850.00 |
| 71 | 嫩江县(黑) | 800.00 |
| 72 | 鹤岗市市辖区(黑) | 732.85 |
| 73 | 海林市(黑) | 675.00 |
| 74 | 尚志国有林场管理局(黑) | 604.00 |
| 75 | 密山市(黑) | 328.00 |
| 76 | 五常市(黑) | 300.00 |
| 77 | 桦川县(黑) | 280.00 |
| 78 | 虎林市(黑) | 270.00 |
| 79 | 孟家岗林场(黑) | 250.00 |
| 80 | 林口县(黑) | 230.00 |
| 81 | 桦南县(黑) | 200.00 |
| 82 | 甘南县(黑) | 200.00 |
| 83 | 克山县(黑) | 175.00 |
| 84 | 依兰县(黑) | 150.00 |
| 85 | 同江市(黑) | 100.00 |
| 86 | 讷河市(黑) | 100.00 |
| 87 | 呼玛县(黑) | 100.00 |
| 88 | 方正县(黑) | 99.00 |
| 89 | 麻山区(黑) | 80.00 |
| 90 | 木兰县(黑) | 75.00 |
| 91 | 庆安国有林场管理局(黑) | 70.00 |
| 92 | 饶河县(黑) | 55.00 |
| 93 | 抚远县(黑) | 30.00 |
| 94 | 克东县(黑) | 30.00 |
| 95 | 萝北县(黑) | 25.00 |
| 96 | 四方台区(黑) | 17.00 |
| 97 | 绥芬河市(黑) | 10.00 |
| 98 | 龙江县(黑) | 10.00 |
| 99 | 逊克县(黑) | 10.00 |
| 100 | 济源市(豫) | 18.00 |
| 101 | 建始县(鄂) | 600.00 |
| 102 | 恩施市(鄂) | 100.00 |
| 103 | 秭归县(鄂) | 80.00 |
| 104 | 石柱土家族自治县(渝) | 360.00 |
| 105 | 巫溪县(渝) | 240.00 |
| 106 | 巫山县(渝) | 220.00 |
| 107 | 汉源县(川) | 40.00 |
| 108 | 永善县(滇) | 160.00 |
| 109 | 桥北林业局(陕) | 12.00 |
| 110 | 武都区(甘) | 4992.00 |
| 111 | 庄浪县(甘) | 600.00 |
| 112 | 文　县(甘) | 430.00 |
| 113 | 西和县(甘) | 400.00 |
| 114 | 礼　县(甘) | 180.00 |
| 115 | 渭源县(甘) | 90.00 |
| 116 | 岷　县(甘) | 90.00 |
| 117 | 康南林业总场(甘) | 60.00 |
| 118 | 舟曲县(甘) | 16.00 |
| 119 | 白石山林业局(吉林森工) | 42.60 |
| 120 | 朗乡林业局(龙江森工) | 189.90 |
| 121 | 双鸭山林业局(龙江森工) | 103.70 |
| 122 | 绥阳林业局(龙江森工) | 93.00 |
| 123 | 八面通林业局(龙江森工) | 90.00 |
| 124 | 兴隆林业局(龙江森工) | 71.30 |
| 125 | 林口林业局(龙江森工) | 63.00 |
| 126 | 桦南林业局(龙江森工) | 62.50 |
| 127 | 鹤立林业局(龙江森工) | 60.50 |
| 128 | 穆棱林业局(龙江森工) | 49.00 |
| 129 | 东京城林业局(龙江森工) | 44.80 |
| 130 | 双丰林业局(龙江森工) | 43.00 |
| 131 | 鹤北林业局(龙江森工) | 39.10 |
| 132 | 方正林业局(龙江森工) | 38.30 |
| 133 | 金山屯林业局(龙江森工) | 34.80 |
| 134 | 亚布力林业局(龙江森工) | 33.20 |
| 135 | 乌马河林业局(龙江森工) | 32.00 |
| 136 | 东方红林业局(龙江森工) | 30.60 |
| 137 | 绥棱林业局(龙江森工) | 28.70 |
| 138 | 带岭实验局(龙江森工) | 25.00 |
| 139 | 红星林业局(龙江森工) | 21.60 |
| 140 | 苇河林业局(龙江森工) | 19.90 |
| 141 | 柴河林业局(龙江森工) | 18.00 |
| 142 | 海林林业局(龙江森工) | 14.40 |
| 143 | 五营林业局(龙江森工) | 11.30 |
| 144 | 通北林业局(龙江森工) | 10.00 |

### 表 10-3　红松苗主产地产量

| 序号 | 红松苗主产地 | 产量(万株) |
|---|---|---|
| 1 | 木栏围场国营林场(冀) | 15.00 |
| 2 | 新宾满族自治县(辽) | 29000.00 |
| 3 | 清原满族自治县(辽) | 7600.00 |
| 4 | 宽甸满族自治县(辽) | 4350.00 |
| 5 | 桓仁满族自治县(辽) | 2519.00 |
| 6 | 凤城市(辽) | 2050.00 |
| 7 | 本溪满族自治县(辽) | 1500.00 |
| 8 | 辽宁省森林经营研究所(辽) | 800.00 |
| 9 | 振安区(辽) | 400.00 |
| 10 | 庄河市(辽) | 105.00 |
| 11 | 辽宁实验林场(辽) | 65.00 |
| 12 | 柳河县(吉) | 36000.00 |
| 13 | 桦甸市(吉) | 5600.00 |
| 14 | 长白朝鲜族自治县(吉) | 2416.00 |
| 15 | 辉南县(吉) | 1990.00 |
| 16 | 江源区(吉) | 1800.00 |
| 17 | 汪清林业局(吉) | 1702.00 |
| 18 | 梅河口市(吉) | 1413.50 |
| 19 | 临江市(吉) | 1331.00 |
| 20 | 敦化林业局(吉) | 1249.00 |
| 21 | 黄泥河林业局(吉) | 1211.40 |
| 22 | 集安市(吉) | 1190.70 |
| 23 | 珲春林业局(吉) | 769.40 |
| 24 | 抚松县(吉) | 673.00 |

| 序号 | 红松苗主产地 | 产量(万株) |
|---|---|---|
| 25 | 八家子林业局(吉) | 671.20 |
| 26 | 东丰县(吉) | 575.00 |
| 27 | 安图县(吉) | 500.00 |
| 28 | 大石头林业局(吉) | 500.00 |
| 29 | 敦化市(吉) | 500.00 |
| 30 | 东辽县(吉) | 395.90 |
| 31 | 磐石市(吉) | 302.00 |
| 32 | 永吉县(吉) | 240.00 |
| 33 | 天桥岭林业局(吉) | 225.00 |
| 34 | 安图森林经营局(吉) | 201.60 |
| 35 | 珲春市(吉) | 200.00 |
| 36 | 丰满区(吉) | 170.00 |
| 37 | 和龙市(吉) | 145.00 |
| 38 | 延吉市(吉) | 120.00 |
| 39 | 图们市(吉) | 120.00 |
| 40 | 白河林业局(吉) | 119.00 |
| 41 | 龙潭区(吉) | 100.00 |
| 42 | 汪清县(吉) | 80.00 |
| 43 | 船营区(吉) | 40.00 |
| 44 | 蛟河市(吉) | 32.00 |
| 45 | 二道江区(吉) | 18.00 |
| 46 | 昌邑区(吉) | 10.00 |
| 47 | 汤原县(黑) | 3420.00 |
| 48 | 七台河市市辖区(黑) | 3158.00 |
| 49 | 勃利县(黑) | 1500.00 |
| 50 | 海林市(黑) | 1350.00 |
| 51 | 孙吴县(黑) | 1021.50 |
| 52 | 鸡东县(黑) | 940.00 |
| 53 | 爱辉区(黑) | 509.00 |
| 54 | 集贤县(黑) | 500.00 |
| 55 | 延寿县(黑) | 450.00 |
| 56 | 东宁县(黑) | 350.00 |
| 57 | 尚志国有林场管理局(黑) | 264.00 |
| 58 | 庆安国有林场管理局(黑) | 241.20 |
| 59 | 鹤岗市市辖区(黑) | 189.96 |
| 60 | 尖山区(黑) | 160.00 |
| 61 | 孟家岗林场(黑) | 110.00 |
| 62 | 密山市(黑) | 108.00 |
| 63 | 桦南县(黑) | 87.00 |
| 64 | 依兰县(黑) | 50.00 |
| 65 | 绥芬河市(黑) | 38.00 |
| 66 | 饶河县(黑) | 38.00 |
| 67 | 丹清河实验林场(黑) | 31.00 |
| 68 | 抚远县(黑) | 30.00 |
| 69 | 海伦市(黑) | 20.00 |
| 70 | 方正县(黑) | 20.00 |
| 71 | 山河实验林场(黑) | 12.00 |
| 72 | 萝北县(黑) | 10.00 |
| 73 | 奉新县(赣) | 748.50 |
| 74 | 三岔子林业局(吉林森工) | 1413.80 |
| 75 | 松江河林业有限公司(吉林森工) | 1394.00 |
| 76 | 白石山林业局(吉林森工) | 1059.30 |
| 77 | 露水河林业局(吉林森工) | 761.97 |
| 78 | 红石林业局(吉林森工) | 600.00 |
| 79 | 临江林业局(吉林森工) | 496.37 |
| 80 | 泉阳林业局(吉林森工) | 96.20 |
| 81 | 朗乡林业局(龙江森工) | 341.80 |
| 82 | 汤旺河林业局(龙江森工) | 233.00 |
| 83 | 东京城林业局(龙江森工) | 209.50 |
| 84 | 新青林业局(龙江森工) | 168.90 |
| 85 | 翠峦林业局(龙江森工) | 159.10 |
| 86 | 大海林林业局(龙江森工) | 146.00 |
| 87 | 鹤北林业局(龙江森工) | 129.10 |
| 88 | 鹤立林业局(龙江森工) | 115.00 |
| 89 | 亚布力林业局(龙江森工) | 112.50 |
| 90 | 红星林业局(龙江森工) | 112.00 |
| 91 | 穆棱林业局(龙江森工) | 109.00 |
| 92 | 山河屯林业局(龙江森工) | 103.30 |
| 93 | 乌马河林业局(龙江森工) | 100.00 |
| 94 | 方正林业局(龙江森工) | 93.70 |
| 95 | 金山屯林业局(龙江森工) | 93.00 |
| 96 | 海林林业局(龙江森工) | 86.20 |
| 97 | 兴隆林业局(龙江森工) | 84.80 |
| 98 | 柴河林业局(龙江森工) | 83.00 |
| 99 | 带岭实验局(龙江森工) | 76.80 |
| 100 | 铁力林业局(龙江森工) | 75.80 |
| 101 | 苇河林业局(龙江森工) | 75.40 |
| 102 | 清河林业局(龙江森工) | 69.00 |
| 103 | 通北林业局(龙江森工) | 68.00 |
| 104 | 沾河林业局(龙江森工) | 67.70 |
| 105 | 上甘岭林业局(龙江森工) | 66.60 |
| 106 | 双鸭山林业局(龙江森工) | 61.40 |
| 107 | 美溪林业局(龙江森工) | 58.40 |
| 108 | 桦南林业局(龙江森工) | 56.00 |
| 109 | 乌伊岭林业局(龙江森工) | 52.90 |
| 110 | 绥阳林业局(龙江森工) | 47.70 |
| 111 | 东方红林业局(龙江森工) | 47.10 |
| 112 | 八面通林业局(龙江森工) | 46.00 |
| 113 | 友好林业局(龙江森工) | 36.50 |
| 114 | 五营林业局(龙江森工) | 36.40 |
| 115 | 林口林业局(龙江森工) | 30.60 |
| 116 | 南岔林业局(龙江森工) | 11.60 |
| 117 | 绥棱林业局(龙江森工) | 10.40 |
| 118 | 双丰林业局(龙江森工) | 10.00 |

**表 10-4　国外松苗主产地产量**

| 序号 | 国外松苗主产地 | 产量(万株) |
|---|---|---|
| 1 | 含山县(皖) | 3000.00 |
| 2 | 南陵县(皖) | 300.00 |
| 3 | 郎溪县(皖) | 300.00 |
| 4 | 怀宁县(皖) | 250.00 |
| 5 | 望江县(皖) | 200.00 |
| 6 | 宣州区(皖) | 50.00 |
| 7 | 广德县(皖) | 25.00 |
| 8 | 太湖县(皖) | 15.00 |
| 9 | 德兴市(赣) | 600.00 |
| 10 | 泰和县(赣) | 520.00 |
| 11 | 高安市(赣) | 377.00 |
| 12 | 上高县(赣) | 54.00 |
| 13 | 于都县(赣) | 50.00 |
| 14 | 广水市(鄂) | 1200.00 |
| 15 | 宜城市(鄂) | 350.00 |
| 16 | 松滋市(鄂) | 300.00 |
| 17 | 南漳县(鄂) | 300.00 |
| 18 | 曾都区(鄂) | 300.00 |
| 19 | 大悟县(鄂) | 220.00 |
| 20 | 枣阳市(鄂) | 122.50 |
| 21 | 随州市经济技术开发区(鄂) | 100.00 |
| 22 | 衡东县(湘) | 20000.00 |
| 23 | 东安县(湘) | 1650.00 |
| 24 | 安仁县(湘) | 540.00 |
| 25 | 岳阳县(湘) | 500.00 |
| 26 | 道　县(湘) | 400.00 |
| 27 | 湘乡市(湘) | 380.00 |
| 28 | 衡山县(湘) | 369.60 |
| 29 | 双峰县(湘) | 360.00 |
| 30 | 蓝山县(湘) | 347.20 |
| 31 | 汨罗市(湘) | 260.00 |
| 32 | 攸　县(湘) | 250.00 |
| 33 | 邵阳县(湘) | 210.00 |
| 34 | 株洲县(湘) | 180.00 |
| 35 | 鼎城区(湘) | 165.00 |
| 36 | 双清区(湘) | 150.00 |
| 37 | 新宁县(湘) | 150.00 |
| 38 | 芷江侗族自治县(湘) | 90.00 |
| 39 | 资兴市(湘) | 70.00 |
| 40 | 湘潭县(湘) | 68.00 |
| 41 | 赫山区(湘) | 60.00 |

| 序号 | 国外松苗主产地 | 产量(万株) |
|---|---|---|
| 42 | 北塔区(湘) | 50.00 |
| 43 | 嘉禾县(湘) | 48.00 |
| 44 | 永兴县(湘) | 16.00 |
| 45 | 娄星区(湘) | 11.00 |
| 46 | 临澧县(湘) | 10.00 |
| 47 | 台山市(粤) | 510.00 |
| 48 | 恩平市(粤) | 80.00 |
| 49 | 阳江市属总林场(粤) | 70.00 |
| 50 | 钦南区(桂) | 1241.00 |
| 51 | 钦北区(桂) | 30.00 |

## 表 10-5 黑松苗主产地产量

| 序号 | 黑松苗主产地 | 产量(万株) |
|---|---|---|
| 1 | 宽城满族自治县(冀) | 80.00 |
| 2 | 邢台县(冀) | 12.00 |
| 3 | 瓦房店市(辽) | 1100.00 |
| 4 | 鲅鱼圈区(辽) | 60.00 |
| 5 | 莒南县(鲁) | 8600.00 |
| 6 | 临沭县(鲁) | 4900.00 |
| 7 | 莱阳市(鲁) | 2000.00 |
| 8 | 栖霞市(鲁) | 1390.00 |
| 9 | 即墨市(鲁) | 1000.00 |
| 10 | 昌邑市(鲁) | 900.00 |
| 11 | 新泰市(鲁) | 800.00 |
| 12 | 东港区(鲁) | 750.00 |
| 13 | 莱城区(鲁) | 538.00 |
| 14 | 沂水县(鲁) | 462.00 |
| 15 | 岚山区(鲁) | 425.00 |
| 16 | 费　县(鲁) | 370.00 |
| 17 | 蓬莱市(鲁) | 350.00 |
| 18 | 海阳市(鲁) | 320.00 |
| 19 | 博山区(鲁) | 300.00 |
| 20 | 泗水县(鲁) | 251.70 |
| 21 | 乳山市(鲁) | 250.00 |
| 22 | 河东区(鲁) | 160.00 |
| 23 | 蒙阴县(鲁) | 150.00 |
| 24 | 莱芜市雪野旅游区(鲁) | 135.00 |
| 25 | 招远市(鲁) | 120.00 |
| 26 | 莱芜市高新区(鲁) | 120.00 |
| 27 | 文登市(鲁) | 105.00 |
| 28 | 沂源县(鲁) | 102.60 |
| 29 | 牟平区(鲁) | 100.00 |
| 30 | 宁阳县(鲁) | 100.00 |
| 31 | 临沂市临港经济开发区(鲁) | 60.00 |
| 32 | 临淄区(鲁) | 50.00 |
| 33 | 肥城市(鲁) | 28.00 |
| 34 | 河口区(鲁) | 23.00 |
| 35 | 环翠区(鲁) | 21.00 |
| 36 | 潍城区(鲁) | 16.00 |
| 37 | 威海市经济技术开发区(鲁) | 14.00 |
| 38 | 潢川县(豫) | 15.00 |

## 表 10-6 华山松苗主产地产量

| 序号 | 华山松苗主产地 | 产量(万株) |
|---|---|---|
| 1 | 涿州市(冀) | 200.00 |
| 2 | 易　县(冀) | 200.00 |
| 3 | 绛　县(晋) | 120.00 |
| 4 | 桓仁满族自治县(辽) | 1289.00 |
| 5 | 庄河市(辽) | 300.00 |
| 6 | 即墨市(鲁) | 20.00 |
| 7 | 雅长林场(桂) | 69.40 |
| 8 | 通江县(川) | 300.00 |
| 9 | 越西县(川) | 100.00 |
| 10 | 会东县(川) | 95.00 |
| 11 | 汉源县(川) | 90.00 |
| 12 | 大方县(黔) | 750.00 |
| 13 | 威宁彝族回族苗族自治县(黔) | 650.00 |
| 14 | 赫章县(黔) | 500.00 |
| 15 | 纳雍县(黔) | 344.00 |
| 16 | 龙里县(黔) | 22.00 |
| 17 | 双江拉祜族佤族布朗族傣族自治县(滇) | 540.00 |
| 18 | 寻甸回族彝族自治县(滇) | 519.00 |
| 19 | 洱源县(滇) | 200.00 |
| 20 | 腾冲县(滇) | 150.00 |
| 21 | 巧家县(滇) | 125.00 |
| 22 | 澄江县(滇) | 110.00 |
| 23 | 玉龙纳西族自治县(滇) | 103.00 |
| 24 | 沾益县(滇) | 103.00 |
| 25 | 会泽县(滇) | 70.00 |
| 26 | 峨山彝族自治县(滇) | 24.00 |
| 27 | 周至县(陕) | 10350.00 |
| 28 | 南郑县(陕) | 1100.00 |
| 29 | 凤　县(陕) | 1000.00 |
| 30 | 杨凌区农林局(陕) | 759.00 |
| 31 | 宁强县(陕) | 618.50 |
| 32 | 蓝田县(陕) | 600.00 |
| 33 | 山阳县(陕) | 225.00 |
| 34 | 平利县(陕) | 150.00 |
| 35 | 佛坪县(陕) | 126.00 |
| 36 | 黄龙县(陕) | 90.30 |
| 37 | 宁陕县(陕) | 80.00 |
| 38 | 商州区(陕) | 59.00 |
| 39 | 镇安县(陕) | 45.00 |
| 40 | 留坝县(陕) | 40.00 |
| 41 | 洛南县(陕) | 21.00 |
| 42 | 白水县(陕) | 20.00 |
| 43 | 宁西林业局(陕) | 20.00 |
| 44 | 武都区(甘) | 280.00 |
| 45 | 西和县(甘) | 190.00 |
| 46 | 正宁林业总场(甘) | 187.00 |
| 47 | 华池林业总场(甘) | 155.00 |
| 48 | 康南林业总场(甘) | 150.00 |
| 49 | 湘乐林业总场(甘) | 20.00 |
| 50 | 礼　县(甘) | 20.00 |

## 表 10-7 湿地松苗主产地产量

| 序号 | 湿地松苗主产地 | 产量(万株) |
|---|---|---|
| 1 | 常山县(浙) | 90.00 |
| 2 | 临海市(浙) | 85.00 |
| 3 | 衢江区(浙) | 75.00 |
| 4 | 鄞州区(浙) | 62.50 |
| 5 | 三门县(浙) | 35.00 |
| 6 | 建德市(浙) | 19.00 |
| 7 | 余杭区(浙) | 11.00 |
| 8 | 泾　县(皖) | 350.00 |
| 9 | 东至县(皖) | 48.00 |
| 10 | 奉新县(赣) | 6270.00 |
| 11 | 会昌县(赣) | 800.00 |
| 12 | 临川区(赣) | 700.00 |
| 13 | 东乡县(赣) | 620.00 |
| 14 | 渝水区(赣) | 500.00 |
| 15 | 信丰县(赣) | 450.00 |
| 16 | 赣　县(赣) | 300.00 |
| 17 | 全南县(赣) | 260.00 |
| 18 | 永修县(赣) | 240.00 |
| 19 | 贵溪市(赣) | 221.00 |
| 20 | 玉山县(赣) | 210.00 |
| 21 | 金溪县(赣) | 200.00 |
| 22 | 崇仁县(赣) | 200.00 |
| 23 | 修水县(赣) | 160.00 |
| 24 | 宜丰县(赣) | 148.00 |
| 25 | 万载县(赣) | 100.00 |
| 26 | 龙南县(赣) | 90.00 |
| 27 | 樟树市(赣) | 62.00 |
| 28 | 广丰县(赣) | 60.00 |
| 29 | 新建县(赣) | 40.00 |
| 30 | 广昌县(赣) | 31.00 |

| 序号 | 湿地松苗主产地 | 产量(万株) |
|---|---|---|
| 31 | 进贤县(赣) | 13.00 |
| 32 | 潢川县(豫) | 125.00 |
| 33 | 随　县(鄂) | 780.00 |
| 34 | 大悟县(鄂) | 375.00 |
| 35 | 红安县(鄂) | 338.00 |
| 36 | 麻城市(鄂) | 300.00 |
| 37 | 当阳市(鄂) | 300.00 |
| 38 | 孝昌县(鄂) | 240.00 |
| 39 | 英山县(鄂) | 100.00 |
| 40 | 钟祥市(鄂) | 100.00 |
| 41 | 孝南区(鄂) | 72.00 |
| 42 | 大冶市(鄂) | 68.50 |
| 43 | 谷城县(鄂) | 60.00 |
| 44 | 阳新县(鄂) | 30.00 |
| 45 | 掇刀区(鄂) | 18.00 |
| 46 | 襄城区(鄂) | 17.00 |
| 47 | 张湾区(鄂) | 10.00 |
| 48 | 祁东县(湘) | 1680.00 |
| 49 | 宜章县(湘) | 364.00 |
| 50 | 隆回县(湘) | 276.50 |
| 51 | 新田县(湘) | 260.00 |
| 52 | 麻阳苗族自治县(湘) | 233.10 |
| 53 | 江永县(湘) | 210.00 |
| 54 | 耒阳市(湘) | 186.10 |
| 55 | 零陵区(湘) | 180.00 |
| 56 | 新邵县(湘) | 180.00 |
| 57 | 衡南县(湘) | 170.00 |
| 58 | 荷塘区(湘) | 150.30 |
| 59 | 常宁市(湘) | 135.00 |
| 60 | 洪江市(湘) | 68.00 |
| 61 | 临武县(湘) | 40.00 |
| 62 | 中方县(湘) | 40.00 |
| 63 | 浏阳市(湘) | 25.00 |
| 64 | 云溪区(湘) | 20.00 |
| 65 | 云城区(粤) | 500.00 |
| 66 | 惠来县(粤) | 250.00 |
| 67 | 揭西县(粤) | 245.00 |
| 68 | 乐昌市(粤) | 175.00 |
| 69 | 台山市(粤) | 150.00 |
| 70 | 阳西县(粤) | 120.00 |
| 71 | 连州市(粤) | 120.00 |
| 72 | 丰顺县(粤) | 75.00 |
| 73 | 五华县(粤) | 68.00 |
| 74 | 英德市(粤) | 61.40 |
| 75 | 新丰县(粤) | 56.00 |
| 76 | 揭东县(粤) | 45.00 |
| 77 | 阳春市(粤) | 30.00 |
| 78 | 清新县(粤) | 30.00 |
| 79 | 高要市(粤) | 19.80 |
| 80 | 钦南区(桂) | 3750.00 |
| 81 | 合浦县(桂) | 130.00 |
| 82 | 金城江区(桂) | 50.00 |
| 83 | 灵山县(桂) | 20.00 |
| 84 | 防城区(桂) | 20.00 |
| 85 | 港南区(桂) | 13.00 |
| 86 | 开江县(川) | 100.00 |
| 87 | 威远县(川) | 20.00 |
| 88 | 独山县(黔) | 390.00 |
| 89 | 贵州省龙里林场(黔) | 13.00 |

## 表 10-8　白皮松苗主产地产量

| 序号 | 白皮松苗主产地 | 产量(万株) |
|---|---|---|
| 1 | 定州市(冀) | 120.00 |
| 2 | 古　县(晋) | 1500.00 |
| 3 | 绛　县(晋) | 1000.00 |
| 4 | 闻喜县(晋) | 630.00 |
| 5 | 侯马市(晋) | 80.00 |
| 6 | 原平市(晋) | 60.00 |
| 7 | 翼城县(晋) | 50.00 |
| 8 | 曲沃县(晋) | 45.00 |
| 9 | 隰　县(晋) | 15.00 |
| 10 | 长清区(鲁) | 675.00 |
| 11 | 周村区(鲁) | 300.00 |
| 12 | 文登市(鲁) | 16.00 |
| 13 | 宁阳县(鲁) | 10.50 |
| 14 | 栾川县(豫) | 670.50 |
| 15 | 嵩　县(豫) | 300.00 |
| 16 | 洛宁县(豫) | 40.00 |
| 17 | 长葛市(豫) | 14.00 |
| 18 | 济源市(豫) | 12.00 |
| 19 | 周至县(陕) | 118050.00 |
| 20 | 扶风县(陕) | 6136.00 |
| 21 | 蓝田县(陕) | 3276.00 |
| 22 | 蒲城县(陕) | 1500.00 |
| 23 | 渭滨区(陕) | 425.00 |
| 24 | 兴平市(陕) | 200.00 |
| 25 | 榆阳区(陕) | 126.00 |
| 26 | 黄龙县(陕) | 122.90 |
| 27 | 佛坪县(陕) | 100.00 |
| 28 | 宜川县(陕) | 40.00 |
| 29 | 秦都区(陕) | 27.00 |
| 30 | 桥北林业局(陕) | 26.00 |
| 31 | 麟游县(陕) | 20.00 |
| 32 | 南郑县(陕) | 14.00 |
| 33 | 合阳县(陕) | 12.00 |
| 34 | 长安区(陕) | 12.00 |
| 35 | 两当县(甘) | 600.00 |
| 36 | 正宁林业总场(甘) | 188.00 |
| 37 | 湘乐林业总场(甘) | 112.00 |
| 38 | 庄浪县(甘) | 100.00 |

## 表 10-9　油松苗主产地产量

| 序号 | 油松苗主产地 | 产量(万株) |
|---|---|---|
| 1 | 北京市林业种子苗木管理总站(京) | 326.27 |
| 2 | 延庆县(京) | 266.32 |
| 3 | 海淀区(京) | 13.00 |
| 4 | 隆化县(冀) | 16630.00 |
| 5 | 赤城县(冀) | 14281.68 |
| 6 | 围场满族蒙古族自治县(冀) | 9060.00 |
| 7 | 滦平县(冀) | 8040.00 |
| 8 | 平泉县(冀) | 6665.00 |
| 9 | 丰宁满族自治县(冀) | 6000.00 |
| 10 | 阜平县(冀) | 1200.00 |
| 11 | 涞源县(冀) | 1100.00 |
| 12 | 怀安县(冀) | 907.80 |
| 13 | 木栏围场国营林场(冀) | 632.00 |
| 14 | 万全县(冀) | 450.00 |
| 15 | 崇礼县(冀) | 359.20 |
| 16 | 定州市(冀) | 250.00 |
| 17 | 易　县(冀) | 240.00 |
| 18 | 双滦区(冀) | 226.00 |
| 19 | 尚义县(冀) | 182.00 |
| 20 | 承德县(冀) | 180.00 |
| 21 | 阳原县(冀) | 150.00 |
| 22 | 赞皇县(冀) | 150.00 |
| 23 | 滦　县(冀) | 110.00 |
| 24 | 滦平林场管理局(冀) | 70.00 |
| 25 | 邢台县(冀) | 62.00 |
| 26 | 兴隆县(冀) | 60.00 |
| 27 | 蔚　县(冀) | 51.70 |
| 28 | 满城县(冀) | 50.00 |
| 29 | 青龙满族自治县(冀) | 45.00 |
| 30 | 涞水县(冀) | 40.00 |
| 31 | 张家口市林场(冀) | 35.00 |
| 32 | 怀来县(冀) | 30.00 |
| 33 | 下花园区(冀) | 13.50 |
| 34 | 张家口市高新技术管理区(冀) | 11.42 |

| 序号 | 油松苗主产地 | 产量(万株) | 序号 | 油松苗主产地 | 产量(万株) | 序号 | 油松苗主产地 | 产量(万株) |
|---|---|---|---|---|---|---|---|---|
| 35 | 古交市(晋) | 600300.00 | 81 | 凉城县(内蒙古) | 561.35 | 127 | 周至县(陕) | 79950.00 |
| 36 | 静乐县(晋) | 11000.00 | 82 | 松山区(内蒙古) | 455.00 | 128 | 吴起县(陕) | 18000.00 |
| 37 | 忻府区(晋) | 5414.98 | 83 | 兴和县(内蒙古) | 344.90 | 129 | 榆阳区(陕) | 9630.00 |
| 38 | 新荣区(晋) | 5020.00 | 84 | 林西县(内蒙古) | 238.00 | 130 | 陇　县(陕) | 8670.00 |
| 39 | 代　县(晋) | 5010.00 | 85 | 丰镇市(内蒙古) | 198.70 | 131 | 横山县(陕) | 6000.00 |
| 40 | 灵丘县(晋) | 4000.00 | 86 | 敖汉旗(内蒙古) | 180.00 | 132 | 蓝田县(陕) | 4500.00 |
| 41 | 保德县(晋) | 3850.00 | 87 | 土默特左旗(内蒙古) | 180.00 | 133 | 凤　县(陕) | 3000.00 |
| 42 | 原平市(晋) | 3509.90 | 88 | 土默特右旗(内蒙古) | 160.00 | 134 | 安塞县(陕) | 2519.00 |
| 43 | 五台县(晋) | 2000.00 | 89 | 阿鲁科尔沁旗(内蒙古) | 115.00 | 135 | 南郑县(陕) | 2500.00 |
| 44 | 偏关县(晋) | 1800.00 | 90 | 东胜区(内蒙古) | 104.21 | 136 | 山阳县(陕) | 1890.00 |
| 45 | 平顺县(晋) | 1728.00 | 91 | 库伦旗(内蒙古) | 94.00 | 137 | 黄陵县(陕) | 1815.00 |
| 46 | 定襄县(晋) | 1680.00 | 92 | 武川县(内蒙古) | 60.00 | 138 | 志丹县(陕) | 1618.00 |
| 47 | 阳高县(晋) | 955.00 | 93 | 元宝山区(内蒙古) | 50.00 | 139 | 桥北林业局(陕) | 1527.00 |
| 48 | 娄烦县(晋) | 900.00 | 94 | 石拐区(内蒙古) | 25.00 | 140 | 黄龙山林业局(陕) | 1516.42 |
| 49 | 浑源县(晋) | 850.00 | 95 | 察哈尔右翼前旗(内蒙古) | 23.05 | 141 | 蒲城县(陕) | 1500.00 |
| 50 | 岢岚县(晋) | 825.00 | 96 | 察哈尔右翼中旗(内蒙古) | 22.10 | 142 | 洛南县(陕) | 1320.00 |
| 51 | 大同县(晋) | 800.00 | 97 | 杭锦旗(内蒙古) | 22.00 | 143 | 甘泉县(陕) | 1283.00 |
| 52 | 平鲁区(晋) | 500.00 | 98 | 阿拉善左旗(内蒙古) | 21.16 | 144 | 宝塔区(陕) | 1200.00 |
| 53 | 南郊区(晋) | 420.00 | 99 | 鄂托克前旗(内蒙古) | 18.55 | 145 | 宜川县(陕) | 990.00 |
| 54 | 沁　县(晋) | 360.00 | 100 | 商都县(内蒙古) | 17.00 | 146 | 千阳县(陕) | 923.00 |
| 55 | 曲沃县(晋) | 350.00 | 101 | 青山区(内蒙古) | 10.50 | 147 | 太白县(陕) | 817.00 |
| 56 | 河曲县(晋) | 295.65 | 102 | 察哈尔右翼后旗(内蒙古) | 10.00 | 148 | 杨凌区农林局(陕) | 759.00 |
| 57 | 绛　县(晋) | 240.00 | 103 | 阜新蒙古族自治县(辽) | 35000.00 | 149 | 延川县(陕) | 727.00 |
| 58 | 神池县(晋) | 240.00 | 104 | 盖州市(辽) | 1140.00 | 150 | 绥德县(陕) | 713.00 |
| 59 | 天镇县(晋) | 220.00 | 105 | 凌海市(辽) | 800.00 | 151 | 麟游县(陕) | 692.00 |
| 60 | 霍州市(晋) | 200.00 | 106 | 绥中县(辽) | 700.00 | 152 | 延长县(陕) | 400.00 |
| 61 | 古　县(晋) | 200.00 | 107 | 义　县(辽) | 510.00 | 153 | 旬邑县(陕) | 364.00 |
| 62 | 隰　县(晋) | 175.00 | 108 | 凌源市(辽) | 225.00 | 154 | 宁强县(陕) | 340.00 |
| 63 | 侯马市(晋) | 175.00 | 109 | 本溪满族自治县(辽) | 180.00 | 155 | 劳山林业局(陕) | 323.30 |
| 64 | 屯留县(晋) | 150.00 | 110 | 喀喇沁左翼蒙古族自治县(辽) | 154.00 | 156 | 耀州区(陕) | 260.00 |
| 65 | 山阴县(晋) | 135.00 | 111 | 庄河市(辽) | 130.00 | 157 | 宜君县(陕) | 240.00 |
| 66 | 翼城县(晋) | 130.00 | 112 | 建昌县(辽) | 100.00 | 158 | 佛坪县(陕) | 234.00 |
| 67 | 长治市郊区(晋) | 100.00 | 113 | 北票市(辽) | 80.00 | 159 | 桥山林业局(陕) | 227.20 |
| 68 | 阳泉市郊区(晋) | 100.00 | 114 | 新民市(辽) | 40.85 | 160 | 定边县(陕) | 185.00 |
| 69 | 柳林县(晋) | 90.00 | 115 | 辽宁省生态实验林场(辽) | 20.00 | 161 | 乾　县(陕) | 130.00 |
| 70 | 长子县(晋) | 65.00 | 116 | 克东县(黑) | 10.00 | 162 | 洛川县(陕) | 130.00 |
| 71 | 高平市(晋) | 51.00 | 117 | 莒南县(鲁) | 3500.00 | 163 | 商州区(陕) | 129.00 |
| 72 | 恒山林场(晋) | 39.00 | 118 | 汤阴县(豫) | 91.40 | 164 | 西乡县(陕) | 120.00 |
| 73 | 桦林背林场(晋) | 39.00 | 119 | 济源市(豫) | 45.00 | 165 | 户　县(陕) | 100.00 |
| 74 | 泽州县(晋) | 13.00 | 120 | 嵩　县(豫) | 35.00 | 166 | 合阳县(陕) | 97.00 |
| 75 | 十里河林场(晋) | 10.00 | 121 | 栾川县(豫) | 16.65 | 167 | 靖边县(陕) | 84.00 |
| 76 | 清水河县(内蒙古) | 3500.00 | 122 | 金川县(川) | 50.00 | 168 | 镇安县(陕) | 81.00 |
| 77 | 喀喇沁旗(内蒙古) | 1400.00 | 123 | 乡城县(川) | 50.00 | 169 | 三原县(陕) | 80.00 |
| 78 | 宁城县(内蒙古) | 1120.00 | 124 | 汉源县(川) | 40.00 | 170 | 渭滨区(陕) | 80.00 |
| 79 | 乌审旗(内蒙古) | 907.56 | 125 | 汶川县(川) | 20.00 | 171 | 子洲县(陕) | 73.00 |
| 80 | 集宁区(内蒙古) | 832.00 | 126 | 观林林业局(川) | 13.25 | 172 | 神木县(陕) | 70.00 |

| 序号 | 油松苗主产地 | 产量(万株) |
|---|---|---|
| 173 | 临渭区(陕) | 70.00 |
| 174 | 留坝县(陕) | 50.00 |
| 175 | 商南县(陕) | 40.00 |
| 176 | 宁东林业局(陕) | 35.00 |
| 177 | 白水县(陕) | 31.00 |
| 178 | 华阴市(陕) | 20.00 |
| 179 | 清涧县(陕) | 13.00 |
| 180 | 辛家山林业局(陕) | 12.00 |
| 181 | 淳化县(陕) | 10.00 |
| 182 | 子长县(陕) | 10.00 |
| 183 | 武都区(甘) | 12225.00 |
| 184 | 镇原县(甘) | 7297.00 |
| 185 | 华池林业总场(甘) | 7134.40 |
| 186 | 庄浪县(甘) | 6000.00 |
| 187 | 庆城县(甘) | 4100.00 |
| 188 | 宁　县(甘) | 3266.00 |
| 189 | 迭部县(甘) | 1750.00 |
| 190 | 正宁林业总场(甘) | 1230.00 |
| 191 | 清水县(甘) | 1200.00 |
| 192 | 西峰区(甘) | 1020.00 |
| 193 | 合水林业总场(甘) | 900.00 |
| 194 | 静宁县(甘) | 600.00 |
| 195 | 华亭县(甘) | 510.00 |
| 196 | 崆峒区(甘) | 374.81 |
| 197 | 泾川县(甘) | 225.00 |
| 198 | 西和县(甘) | 224.00 |
| 199 | 礼　县(甘) | 210.00 |
| 200 | 定西市巉口林业试验场(甘) | 200.00 |
| 201 | 渭源县(甘) | 180.00 |
| 202 | 湘乐林业总场(甘) | 148.79 |
| 203 | 临洮县(甘) | 120.00 |
| 204 | 两当县(甘) | 100.00 |
| 205 | 岷　县(甘) | 31.50 |
| 206 | 崇信县(甘) | 25.30 |
| 207 | 西固区(甘) | 13.20 |
| 208 | 舟曲县(甘) | 12.00 |
| 209 | 民和回族土族自治县(青) | 300.00 |
| 210 | 大通回族土族自治县(青) | 83.00 |
| 211 | 湟中县(青) | 67.00 |
| 212 | 北山森林公园(青) | 55.86 |
| 213 | 互助土族自治县(青) | 19.17 |
| 214 | 同仁县(青) | 17.00 |
| 215 | 泾源县(宁) | 34000.00 |
| 216 | 隆德县(宁) | 420.00 |
| 217 | 彭阳县(宁) | 45.50 |
| 218 | 西吉县(宁) | 27.58 |
| 219 | 红寺堡区(宁) | 13.90 |
| 220 | 三岔子林业局(吉林森工) | 44.20 |

**表 10-10　樟子松苗主产地产量**

| 序号 | 樟子松苗主产地 | 产量(万株) |
|---|---|---|
| 1 | 围场满族蒙古族自治县(冀) | 6795.00 |
| 2 | 丰宁满族自治县(冀) | 2100.00 |
| 3 | 沽源县(冀) | 1885.00 |
| 4 | 赤城县(冀) | 864.53 |
| 5 | 康保县(冀) | 800.00 |
| 6 | 塞罕坝机械林场(冀) | 500.00 |
| 7 | 木栏围场国营林场(冀) | 421.00 |
| 8 | 崇礼县(冀) | 330.04 |
| 9 | 定州市(冀) | 220.00 |
| 10 | 怀安县(冀) | 174.00 |
| 11 | 万全县(冀) | 80.00 |
| 12 | 尚义县(冀) | 77.20 |
| 13 | 蔚　县(冀) | 27.60 |
| 14 | 新荣区(晋) | 2836.00 |
| 15 | 偏关县(晋) | 2450.00 |
| 16 | 平鲁区(晋) | 500.00 |
| 17 | 大同县(晋) | 300.00 |
| 18 | 南郊区(晋) | 260.00 |
| 19 | 阳高县(晋) | 116.00 |
| 20 | 左云县(晋) | 105.00 |
| 21 | 桦林背林场(晋) | 90.00 |
| 22 | 原平市(晋) | 88.00 |
| 23 | 忻府区(晋) | 40.96 |
| 24 | 山阴县(晋) | 18.00 |
| 25 | 河曲县(晋) | 13.50 |
| 26 | 十里河林场(晋) | 10.00 |
| 27 | 乌审旗(内蒙古) | 31037.62 |
| 28 | 阿鲁科尔沁旗(内蒙古) | 2240.00 |
| 29 | 库伦旗(内蒙古) | 1690.00 |
| 30 | 科尔沁左翼后旗(内蒙古) | 1575.00 |
| 31 | 喀喇沁旗(内蒙古) | 1530.00 |
| 32 | 阿尔山市(内蒙古) | 1352.00 |
| 33 | 鄂温克族自治旗(内蒙古) | 1297.72 |
| 34 | 扎兰屯市(内蒙古) | 1230.00 |
| 35 | 多伦县(内蒙古) | 1080.00 |
| 36 | 宁城县(内蒙古) | 1080.00 |
| 37 | 巴林右旗(内蒙古) | 1050.00 |
| 38 | 凉城县(内蒙古) | 942.11 |
| 39 | 林西县(内蒙古) | 880.00 |
| 40 | 武川县(内蒙古) | 762.80 |
| 41 | 杭锦旗(内蒙古) | 615.00 |
| 42 | 鄂托克前旗(内蒙古) | 592.53 |
| 43 | 清水河县(内蒙古) | 530.00 |
| 44 | 扎赉特旗(内蒙古) | 500.00 |
| 45 | 兴和县(内蒙古) | 364.50 |
| 46 | 丰镇市(内蒙古) | 341.00 |
| 47 | 卓资县(内蒙古) | 340.00 |
| 48 | 商都县(内蒙古) | 324.00 |
| 49 | 敖汉旗(内蒙古) | 320.00 |
| 50 | 牙克石市(内蒙古) | 304.60 |
| 51 | 松山区(内蒙古) | 260.00 |
| 52 | 东胜区(内蒙古) | 248.25 |
| 53 | 正蓝旗(内蒙古) | 243.00 |
| 54 | 察哈尔右翼后旗(内蒙古) | 214.00 |
| 55 | 东乌珠穆沁旗(内蒙古) | 203.50 |
| 56 | 海拉尔区(内蒙古) | 190.00 |
| 57 | 锡林浩特市(内蒙古) | 165.00 |
| 58 | 土默特右旗(内蒙古) | 150.00 |
| 59 | 开鲁县(内蒙古) | 133.00 |
| 60 | 乌拉特前旗(内蒙古) | 132.10 |
| 61 | 红花尔基林业局(内蒙古) | 120.00 |
| 62 | 阿巴嘎旗(内蒙古) | 105.00 |
| 63 | 巴林林业局(内蒙古) | 100.00 |
| 64 | 元宝山区(内蒙古) | 100.00 |
| 65 | 四子王旗(内蒙古) | 91.00 |
| 66 | 白狼林业局(内蒙古) | 90.00 |
| 67 | 察哈尔右翼中旗(内蒙古) | 79.90 |
| 68 | 达拉特旗(内蒙古) | 77.40 |
| 69 | 察哈尔右翼前旗(内蒙古) | 68.31 |
| 70 | 阿拉善左旗(内蒙古) | 57.92 |
| 71 | 鄂托克旗(内蒙古) | 40.80 |
| 72 | 西乌珠穆沁旗(内蒙古) | 30.00 |
| 73 | 土默特左旗(内蒙古) | 25.00 |
| 74 | 海勃湾区(内蒙古) | 22.05 |
| 75 | 太仆寺旗(内蒙古) | 20.80 |
| 76 | 化德县(内蒙古) | 13.32 |
| 77 | 镶黄旗(内蒙古) | 10.00 |
| 78 | 阜新蒙古族自治县(辽) | 850.00 |
| 79 | 昌图县(辽) | 600.00 |
| 80 | 彰武县(辽) | 500.00 |
| 81 | 开原市(辽) | 500.00 |
| 82 | 本溪满族自治县(辽) | 200.00 |
| 83 | 辽宁省生态实验林场(辽) | 120.00 |
| 84 | 东辽县(吉) | 877.60 |
| 85 | 九台市(吉) | 800.00 |
| 86 | 长白朝鲜族自治县(吉) | 510.00 |
| 87 | 双阳区(吉) | 444.00 |

| 序号 | 樟子松苗主产地 | 产量(万株) |
|---|---|---|
| 88 | 临江市(吉) | 342.00 |
| 89 | 敦化市(吉) | 300.00 |
| 90 | 浑江区(吉) | 280.00 |
| 91 | 东丰县(吉) | 253.00 |
| 92 | 桦甸市(吉) | 220.00 |
| 93 | 辉南县(吉) | 135.00 |
| 94 | 龙潭区(吉) | 95.00 |
| 95 | 图们市(吉) | 19.10 |
| 96 | 江源区(吉) | 12.00 |
| 97 | 汪清县(吉) | 10.00 |
| 98 | 尚志市(黑) | 6500.00 |
| 99 | 呼兰区(黑) | 5000.00 |
| 100 | 佳木斯市郊区(黑) | 3598.00 |
| 101 | 孙吴县(黑) | 1839.00 |
| 102 | 北安市(黑) | 1200.00 |
| 103 | 爱辉区(黑) | 1050.00 |
| 104 | 汤原县(黑) | 1048.00 |
| 105 | 讷河市(黑) | 1000.00 |
| 106 | 克东县(黑) | 950.00 |
| 107 | 嫩江县(黑) | 900.00 |
| 108 | 鸡东县(黑) | 880.00 |
| 109 | 集贤县(黑) | 600.00 |
| 110 | 逊克县(黑) | 531.00 |
| 111 | 密山市(黑) | 507.00 |
| 112 | 甘南县(黑) | 500.00 |
| 113 | 呼玛县(黑) | 500.00 |
| 114 | 龙江县(黑) | 300.00 |
| 115 | 桦南县(黑) | 242.00 |
| 116 | 尚志国有林场管理局(黑) | 232.00 |
| 117 | 孟家岗林场(黑) | 170.00 |
| 118 | 克山县(黑) | 161.00 |
| 119 | 杜尔伯特蒙古族自治县(黑) | 144.00 |
| 120 | 庆安国有林场管理局(黑) | 142.10 |
| 121 | 梅里斯达斡尔族区(黑) | 135.00 |
| 122 | 海伦市(黑) | 100.00 |
| 123 | 依安县(黑) | 100.00 |
| 124 | 鹤岗市市辖区(黑) | 93.80 |
| 125 | 依兰县(黑) | 80.00 |
| 126 | 木兰县(黑) | 70.00 |
| 127 | 北林区(黑) | 35.00 |
| 128 | 抚远县(黑) | 20.00 |
| 129 | 山河实验林场(黑) | 15.00 |
| 130 | 泰来县(黑) | 10.00 |
| 131 | 安阳县(豫) | 2250.00 |
| 132 | 榆阳区(陕) | 73352.00 |
| 133 | 蒲城县(陕) | 3000.00 |
| 134 | 神木县(陕) | 1500.00 |
| 135 | 吴起县(陕) | 600.00 |
| 136 | 定边县(陕) | 480.00 |
| 137 | 劳山林业局(陕) | 15.00 |
| 138 | 宁　县(甘) | 835.14 |
| 139 | 临洮县(甘) | 300.00 |
| 140 | 凉州区(甘) | 240.00 |
| 141 | 天祝藏族自治县(甘) | 192.00 |
| 142 | 泾川县(甘) | 187.00 |
| 143 | 正宁林业总场(甘) | 165.00 |
| 144 | 高台县(甘) | 159.00 |
| 145 | 庄浪县(甘) | 150.00 |
| 146 | 岷　县(甘) | 93.00 |
| 147 | 定西市巉口林业试验场(甘) | 81.00 |
| 148 | 湘乐林业总场(甘) | 71.56 |
| 149 | 肃州区(甘) | 34.00 |
| 150 | 瓜州县(甘) | 23.00 |
| 151 | 古浪县(甘) | 16.50 |
| 152 | 武威市市辖区(甘) | 11.00 |
| 153 | 大通回族土族自治县(青) | 439.00 |
| 154 | 泾源县(宁) | 14700.00 |
| 155 | 隆德县(宁) | 1410.00 |
| 156 | 盐池县(宁) | 286.42 |
| 157 | 灵武市(宁) | 74.76 |
| 158 | 红寺堡区(宁) | 26.43 |
| 159 | 贺兰县(宁) | 17.28 |
| 160 | 彭阳县(宁) | 15.00 |
| 161 | 玛纳斯县(新) | 60.00 |
| 162 | 昌吉市(新) | 40.00 |
| 163 | 鹤北林业局(龙江森工) | 84.50 |
| 164 | 桦南林业局(龙江森工) | 31.50 |
| 165 | 穆棱林业局(龙江森工) | 30.00 |
| 166 | 双鸭山林业局(龙江森工) | 27.00 |
| 167 | 方正林业局(龙江森工) | 22.70 |
| 168 | 沾河林业局(龙江森工) | 18.50 |
| 169 | 柴河林业局(龙江森工) | 18.00 |
| 170 | 金山屯林业局(龙江森工) | 12.30 |
| 171 | 农六师(新疆兵团) | 10.00 |

**表 10-11　柳杉苗主产地产量**

| 序号 | 柳杉苗主产地 | 产量(万株) |
|---|---|---|
| 1 | 科尔沁左翼后旗(内蒙古) | 330.00 |
| 2 | 凉城县(内蒙古) | 163.71 |
| 3 | 桐乡市(浙) | 248.00 |
| 4 | 阳谷县(鲁) | 88.00 |
| 5 | 宣恩县(鄂) | 276.50 |
| 6 | 咸丰县(鄂) | 250.00 |
| 7 | 恩施市(鄂) | 200.00 |
| 8 | 松滋市(鄂) | 20.00 |
| 9 | 资源县(桂) | 80.00 |
| 10 | 南川区(渝) | 1027.60 |
| 11 | 石柱土家族自治县(渝) | 250.00 |
| 12 | 城口县(渝) | 25.00 |
| 13 | 雨城区(川) | 1800.00 |
| 14 | 天全县(川) | 1200.00 |
| 15 | 屏山县(川) | 650.00 |
| 16 | 宝兴县(川) | 520.00 |
| 17 | 北川羌族自治县(川) | 120.00 |
| 18 | 古蔺县(川) | 78.00 |
| 19 | 马边彝族自治县(川) | 75.69 |
| 20 | 安　县(川) | 75.00 |
| 21 | 绵竹市(川) | 60.00 |
| 22 | 巴州区(川) | 30.00 |
| 23 | 邛崃市(川) | 30.00 |
| 24 | 大邑县(川) | 25.00 |
| 25 | 彭州市(川) | 16.00 |
| 26 | 汉源县(川) | 10.00 |
| 27 | 纳雍县(黔) | 2239.20 |
| 28 | 桐梓县(黔) | 1500.00 |
| 29 | 大方县(黔) | 351.00 |
| 30 | 织金县(黔) | 300.00 |
| 31 | 清镇市(黔) | 100.00 |
| 32 | 瓮安县(黔) | 84.75 |
| 33 | 开阳县(黔) | 21.23 |
| 34 | 富源县(滇) | 600.00 |
| 35 | 陆良县(滇) | 400.00 |
| 36 | 罗平县(滇) | 300.00 |
| 37 | 宣威市(滇) | 150.00 |
| 38 | 寻甸回族彝族自治县(滇) | 99.60 |
| 39 | 个旧市(滇) | 50.00 |
| 40 | 城关区(藏) | 12.10 |
| 41 | 宝塔区(陕) | 22.00 |
| 42 | 镇坪县(陕) | 15.00 |

**表 10-12　水杉苗主产地产量**

| 序号 | 水杉苗主产地 | 产量(万株) |
|---|---|---|
| 1 | 大丰市(苏) | 80.00 |
| 2 | 常熟市(苏) | 44.25 |
| 3 | 桐乡市(浙) | 355.00 |
| 4 | 海宁市(浙) | 33.30 |
| 5 | 海盐县(浙) | 27.20 |
| 6 | 吴兴区(浙) | 15.00 |

| 序号 | 水杉苗主产地 | 产量(万株) |
| --- | --- | --- |
| 7 | 奉化市(浙) | 15.00 |
| 8 | 南湖区(浙) | 12.00 |
| 9 | 广德县(皖) | 18.00 |
| 10 | 莲花县(赣) | 5198.00 |
| 11 | 宜丰县(赣) | 50.00 |
| 12 | 即墨市(鲁) | 400.00 |
| 13 | 河东区(鲁) | 40.00 |
| 14 | 潢川县(豫) | 205.00 |
| 15 | 潜江市(鄂) | 50.00 |
| 16 | 恩施市(鄂) | 50.00 |
| 17 | 仙桃市(鄂) | 35.00 |
| 18 | 沅江市(湘) | 112.00 |
| 19 | 湘阴县(湘) | 40.00 |
| 20 | 南　县(湘) | 30.00 |
| 21 | 石柱土家族自治县(渝) | 650.00 |
| 22 | 武隆县(渝) | 65.00 |
| 23 | 长寿区(渝) | 19.81 |
| 24 | 平昌县(川) | 40.00 |

### 表 10-13　杉木苗主产地产量

| 序号 | 杉木苗主产地 | 产量(万株) |
| --- | --- | --- |
| 1 | 开化县(浙) | 813.00 |
| 2 | 龙泉市(浙) | 210.00 |
| 3 | 衢江区(浙) | 80.00 |
| 4 | 天台县(浙) | 74.00 |
| 5 | 遂昌县(浙) | 71.13 |
| 6 | 常山县(浙) | 60.00 |
| 7 | 松阳县(浙) | 36.00 |
| 8 | 淳安县(浙) | 18.00 |
| 9 | 云和县(浙) | 15.00 |
| 10 | 东至县(皖) | 2280.00 |
| 11 | 南陵县(皖) | 400.00 |
| 12 | 祁门县(皖) | 380.00 |
| 13 | 泾　县(皖) | 360.00 |
| 14 | 石台县(皖) | 225.00 |
| 15 | 旌德县(皖) | 200.00 |
| 16 | 太湖县(皖) | 21.00 |
| 17 | 潜山县(皖) | 15.00 |
| 18 | 黟　县(皖) | 10.00 |
| 19 | 永丰县(赣) | 20205.00 |
| 20 | 奉新县(赣) | 7648.00 |
| 21 | 定南县(赣) | 2600.00 |
| 22 | 上高县(赣) | 2040.00 |
| 23 | 宜丰县(赣) | 1795.00 |
| 24 | 万载县(赣) | 1260.00 |
| 25 | 泰和县(赣) | 1080.00 |
| 26 | 赣　县(赣) | 1050.00 |
| 27 | 信丰县(赣) | 1030.00 |
| 28 | 新干县(赣) | 960.00 |
| 29 | 渝水区(赣) | 960.00 |
| 30 | 德兴市(赣) | 900.00 |
| 31 | 乐安县(赣) | 892.00 |
| 32 | 全南县(赣) | 870.00 |
| 33 | 金溪县(赣) | 750.00 |
| 34 | 铜鼓县(赣) | 700.00 |
| 35 | 高安市(赣) | 670.00 |
| 36 | 贵溪市(赣) | 460.00 |
| 37 | 南丰县(赣) | 450.00 |
| 38 | 彭泽县(赣) | 420.00 |
| 39 | 修水县(赣) | 380.00 |
| 40 | 龙南县(赣) | 360.00 |
| 41 | 大余县(赣) | 350.00 |
| 42 | 广昌县(赣) | 320.00 |
| 43 | 德安县(赣) | 320.00 |
| 44 | 崇义县(赣) | 300.00 |
| 45 | 武宁县(赣) | 246.00 |
| 46 | 会昌县(赣) | 230.00 |
| 47 | 永修县(赣) | 229.00 |
| 48 | 瑞昌市(赣) | 224.13 |
| 49 | 瑞金市(赣) | 220.00 |
| 50 | 临川区(赣) | 160.00 |
| 51 | 玉山县(赣) | 150.00 |
| 52 | 新建县(赣) | 150.00 |
| 53 | 婺源县(赣) | 100.00 |
| 54 | 樟树市(赣) | 75.00 |
| 55 | 崇仁县(赣) | 75.00 |
| 56 | 于都县(赣) | 50.00 |
| 57 | 上栗县(赣) | 36.00 |
| 58 | 广丰县(赣) | 30.00 |
| 59 | 新　县(豫) | 1000.00 |
| 60 | 来凤县(鄂) | 20600.00 |
| 61 | 谷城县(鄂) | 1200.00 |
| 62 | 大悟县(鄂) | 600.00 |
| 63 | 南漳县(鄂) | 600.00 |
| 64 | 保康县(鄂) | 540.00 |
| 65 | 宣恩县(鄂) | 428.00 |
| 66 | 巴东县(鄂) | 350.00 |
| 67 | 松滋市(鄂) | 200.00 |
| 68 | 房　县(鄂) | 150.00 |
| 69 | 红安县(鄂) | 135.00 |
| 70 | 建始县(鄂) | 100.00 |
| 71 | 张湾区(鄂) | 80.00 |
| 72 | 枣阳市(鄂) | 60.00 |
| 73 | 竹山县(鄂) | 55.00 |
| 74 | 麻城市(鄂) | 52.50 |
| 75 | 长阳土家族自治县(鄂) | 50.00 |
| 76 | 恩施市(鄂) | 20.00 |
| 77 | 大冶市(鄂) | 19.00 |
| 78 | 襄城区(鄂) | 15.60 |
| 79 | 咸丰县(鄂) | 15.00 |
| 80 | 双牌县(湘) | 12015.00 |
| 81 | 桃江县(湘) | 10000.00 |
| 82 | 新晃侗族自治县(湘) | 1500.00 |
| 83 | 新宁县(湘) | 1500.00 |
| 84 | 绥宁县(湘) | 1400.00 |
| 85 | 东安县(湘) | 1350.00 |
| 86 | 蓝山县(湘) | 1288.00 |
| 87 | 茶陵县(湘) | 1200.00 |
| 88 | 炎陵县(湘) | 1200.00 |
| 89 | 双峰县(湘) | 1000.00 |
| 90 | 资兴市(湘) | 1000.00 |
| 91 | 醴陵市(湘) | 1000.00 |
| 92 | 宜章县(湘) | 975.00 |
| 93 | 鼎城区(湘) | 900.00 |
| 94 | 涟源市(湘) | 900.00 |
| 95 | 靖州苗族侗族自治县(湘) | 720.00 |
| 96 | 安化县(湘) | 650.00 |
| 97 | 隆回县(湘) | 600.90 |
| 98 | 金洞林场(湘) | 600.00 |
| 99 | 新田县(湘) | 580.00 |
| 100 | 道　县(湘) | 500.00 |
| 101 | 芷江侗族自治县(湘) | 500.00 |
| 102 | 安仁县(湘) | 480.00 |
| 103 | 浏阳市(湘) | 456.00 |
| 104 | 辰溪县(湘) | 450.00 |
| 105 | 桂东县(湘) | 380.00 |
| 106 | 江永县(湘) | 370.00 |
| 107 | 新化县(湘) | 360.00 |
| 108 | 嘉禾县(湘) | 360.00 |
| 109 | 常宁市(湘) | 350.00 |
| 110 | 洞口县(湘) | 350.00 |
| 111 | 零陵区(湘) | 310.00 |
| 112 | 岳阳县(湘) | 300.00 |
| 113 | 株洲县(湘) | 280.00 |
| 114 | 会同县(湘) | 280.00 |
| 115 | 汝城县(湘) | 252.00 |
| 116 | 石门县(湘) | 250.00 |
| 117 | 麻阳苗族自治县(湘) | 225.10 |

| 序号 | 杉木苗主产地 | 产量(万株) |
| --- | --- | --- |
| 118 | 临武县(湘) | 205.00 |
| 119 | 祁阳县(湘) | 200.00 |
| 120 | 攸　县(湘) | 200.00 |
| 121 | 沅陵县(湘) | 193.00 |
| 122 | 衡山县(湘) | 184.80 |
| 123 | 永兴县(湘) | 171.00 |
| 124 | 慈利县(湘) | 160.00 |
| 125 | 新邵县(湘) | 160.00 |
| 126 | 荷塘区(湘) | 150.10 |
| 127 | 洪江市(湘) | 150.00 |
| 128 | 冷水江市(湘) | 120.00 |
| 129 | 云溪区(湘) | 120.00 |
| 130 | 祁东县(湘) | 115.00 |
| 131 | 汨罗市(湘) | 110.00 |
| 132 | 溆浦县(湘) | 110.00 |
| 133 | 赫山区(湘) | 80.00 |
| 134 | 中方县(湘) | 77.00 |
| 135 | 永定区(湘) | 60.00 |
| 136 | 邵阳县(湘) | 60.00 |
| 137 | 湘乡市(湘) | 51.00 |
| 138 | 临澧县(湘) | 45.00 |
| 139 | 衡南县(湘) | 32.00 |
| 140 | 耒阳市(湘) | 23.20 |
| 141 | 湘潭县(湘) | 22.00 |
| 142 | 华容县(湘) | 13.00 |
| 143 | 乳源瑶族自治县(粤) | 1800.00 |
| 144 | 连山壮族瑶族自治县(粤) | 930.00 |
| 145 | 仁化县(粤) | 600.00 |
| 146 | 乐昌市(粤) | 443.00 |
| 147 | 信宜市(粤) | 400.00 |
| 148 | 翁源县(粤) | 220.00 |
| 149 | 阳山县(粤) | 200.00 |
| 150 | 新丰县(粤) | 100.00 |
| 151 | 丰顺县(粤) | 75.00 |
| 152 | 清新县(粤) | 50.00 |
| 153 | 清远市属总林场(粤) | 42.00 |
| 154 | 西林县(桂) | 2365.00 |
| 155 | 桂平市(桂) | 2000.00 |
| 156 | 隆林各族自治县(桂) | 1093.00 |
| 157 | 东兰县(桂) | 980.00 |
| 158 | 全州县(桂) | 950.00 |
| 159 | 田林县(桂) | 932.00 |
| 160 | 灌阳县(桂) | 800.00 |
| 161 | 凤山县(桂) | 630.00 |
| 162 | 昭平县(桂) | 610.00 |
| 163 | 罗城仫佬族自治县(桂) | 380.00 |
| 164 | 维都林场(桂) | 337.00 |
| 165 | 天峨县(桂) | 250.00 |
| 166 | 灵川县(桂) | 242.23 |
| 167 | 武宣县(桂) | 207.60 |
| 168 | 高峰林场(桂) | 200.47 |
| 169 | 阳朔县(桂) | 200.00 |
| 170 | 兴安县(桂) | 155.00 |
| 171 | 浦北县(桂) | 110.00 |
| 172 | 金城江区(桂) | 90.00 |
| 173 | 蒙山县(桂) | 80.00 |
| 174 | 苍梧县(桂) | 60.00 |
| 175 | 金秀瑶族自治县(桂) | 51.46 |
| 176 | 黄冕林场(桂) | 50.20 |
| 177 | 良凤江国家森林公园(桂) | 37.00 |
| 178 | 资源县(桂) | 30.00 |
| 179 | 藤　县(桂) | 10.00 |
| 180 | 南川区(渝) | 2229.00 |
| 181 | 彭水苗族土家族自治县(渝) | 260.00 |
| 182 | 黔江区(渝) | 250.00 |
| 183 | 巫山县(渝) | 230.00 |
| 184 | 城口县(渝) | 60.00 |
| 185 | 渝北区(渝) | 55.70 |
| 186 | 富顺县(川) | 1800.00 |
| 187 | 邻水县(川) | 1800.00 |
| 188 | 雨城区(川) | 600.00 |
| 189 | 天全县(川) | 230.00 |
| 190 | 青川县(川) | 130.00 |
| 191 | 通江县(川) | 100.00 |
| 192 | 南江县(川) | 82.60 |
| 193 | 德昌县(川) | 60.00 |
| 194 | 高　县(川) | 33.00 |
| 195 | 达川区(川) | 30.00 |
| 196 | 大邑县(川) | 25.00 |
| 197 | 古蔺县(川) | 20.00 |
| 198 | 榕江县(黔) | 6000.00 |
| 199 | 望谟县(黔) | 4252.00 |
| 200 | 桐梓县(黔) | 1300.00 |
| 201 | 普安县(黔) | 1175.00 |
| 202 | 册亨县(黔) | 1131.00 |
| 203 | 三都水族自治县(黔) | 1000.00 |
| 204 | 锦屏县(黔) | 731.00 |
| 205 | 晴隆县(黔) | 480.00 |
| 206 | 纳雍县(黔) | 352.00 |
| 207 | 罗甸县(黔) | 258.29 |
| 208 | 江口县(黔) | 235.00 |
| 209 | 凯里市(黔) | 180.00 |
| 210 | 福泉市(黔) | 177.00 |
| 211 | 碧江区(黔) | 112.00 |
| 212 | 织金县(黔) | 100.00 |
| 213 | 独山县(黔) | 60.00 |
| 214 | 荔波县(黔) | 20.00 |
| 215 | 双江拉祜族佤族布朗族傣族自治县(滇) | 3862.00 |
| 216 | 罗平县(滇) | 2000.00 |
| 217 | 威信县(滇) | 1675.00 |
| 218 | 麒麟区(滇) | 1500.00 |
| 219 | 镇康县(滇) | 1150.00 |
| 220 | 麻栗坡县(滇) | 1050.00 |
| 221 | 富源县(滇) | 800.00 |
| 222 | 师宗县(滇) | 780.00 |
| 223 | 富宁县(滇) | 600.00 |
| 224 | 马关县(滇) | 600.00 |
| 225 | 金平苗族瑶族傣族自治县(滇) | 400.00 |
| 226 | 屏边苗族自治县(滇) | 400.00 |
| 227 | 新平彝族傣族自治县(滇) | 280.00 |
| 228 | 陆良县(滇) | 200.00 |
| 229 | 澜沧拉祜族自治县(滇) | 174.00 |
| 230 | 芒　市(滇) | 124.36 |
| 231 | 西畴县(滇) | 118.40 |
| 232 | 盐津县(滇) | 90.00 |
| 233 | 腾冲县(滇) | 85.00 |
| 234 | 墨江哈尼族自治县(滇) | 80.00 |
| 235 | 沧源佤族自治县(滇) | 20.00 |
| 236 | 水富县(滇) | 10.00 |
| 237 | 佛坪县(陕) | 450.00 |
| 238 | 石泉县(陕) | 200.00 |

## 表 10-14　云杉苗主产地产量

| 序号 | 云杉苗主产地 | 产量(万株) |
| --- | --- | --- |
| 1 | 围场满族蒙古族自治县(冀) | 900.00 |
| 2 | 定州市(冀) | 700.00 |
| 3 | 木栏围场国营林场(冀) | 275.00 |
| 4 | 塞罕坝机械林场(冀) | 180.00 |
| 5 | 康保县(冀) | 160.00 |
| 6 | 怀安县(冀) | 66.00 |
| 7 | 沽源县(冀) | 51.40 |
| 8 | 尚义县(冀) | 11.00 |
| 9 | 平鲁区(晋) | 200.00 |
| 10 | 偏关县(晋) | 45.00 |
| 11 | 代　县(晋) | 27.30 |
| 12 | 左云县(晋) | 25.00 |
| 13 | 桦林背林场(晋) | 18.00 |

| 序号 | 云杉苗主产地 | 产量(万株) |
|---|---|---|
| 14 | 克什克腾旗(内蒙古) | 3468.00 |
| 15 | 白狼林业局(内蒙古) | 2364.00 |
| 16 | 多伦县(内蒙古) | 2000.00 |
| 17 | 五岔沟林业局(内蒙古) | 1798.00 |
| 18 | 阿尔山市(内蒙古) | 740.00 |
| 19 | 林西县(内蒙古) | 245.00 |
| 20 | 凉城县(内蒙古) | 233.00 |
| 21 | 扎兰屯市(内蒙古) | 120.00 |
| 22 | 兴和县(内蒙古) | 94.50 |
| 23 | 察哈尔右翼中旗(内蒙古) | 80.38 |
| 24 | 乌审旗(内蒙古) | 77.43 |
| 25 | 察哈尔右翼前旗(内蒙古) | 64.79 |
| 26 | 土默特左旗(内蒙古) | 60.00 |
| 27 | 松山区(内蒙古) | 52.00 |
| 28 | 察哈尔右翼后旗(内蒙古) | 35.70 |
| 29 | 卓资县(内蒙古) | 30.75 |
| 30 | 锡林浩特市(内蒙古) | 24.00 |
| 31 | 海勃湾区(内蒙古) | 20.78 |
| 32 | 丰镇市(内蒙古) | 20.60 |
| 33 | 宁城县(内蒙古) | 20.00 |
| 34 | 阿拉善左旗(内蒙古) | 13.24 |
| 35 | 杭锦旗(内蒙古) | 12.00 |
| 36 | 化德县(内蒙古) | 10.89 |
| 37 | 集宁区(内蒙古) | 10.00 |
| 38 | 玉泉区(内蒙古) | 10.00 |
| 39 | 本溪满族自治县(辽) | 1350.00 |
| 40 | 桓仁满族自治县(辽) | 558.00 |
| 41 | 庄河市(辽) | 100.00 |
| 42 | 海城市(辽) | 56.72 |
| 43 | 宽甸满族自治县(辽) | 51.00 |
| 44 | 盖州市(辽) | 24.00 |
| 45 | 辽宁实验林场(辽) | 20.00 |
| 46 | 桦甸市(吉) | 6800.00 |
| 47 | 长白朝鲜族自治县(吉) | 5479.00 |
| 48 | 临江市(吉) | 2534.00 |
| 49 | 江源区(吉) | 2400.00 |
| 50 | 集安市(吉) | 855.13 |
| 51 | 浑江区(吉) | 850.00 |
| 52 | 汪清林业局(吉) | 611.00 |
| 53 | 安图县(吉) | 500.00 |
| 54 | 九台市(吉) | 500.00 |
| 55 | 大石头林业局(吉) | 500.00 |
| 56 | 黄泥河林业局(吉) | 473.50 |
| 57 | 八家子林业局(吉) | 379.40 |
| 58 | 辉南县(吉) | 360.00 |
| 59 | 珲春林业局(吉) | 310.00 |
| 60 | 抚松县(吉) | 270.00 |
| 61 | 东丰县(吉) | 248.00 |
| 62 | 天桥岭林业局(吉) | 200.00 |
| 63 | 东辽县(吉) | 161.40 |
| 64 | 磐石市(吉) | 130.00 |
| 65 | 敦化林业局(吉) | 128.00 |
| 66 | 双阳区(吉) | 108.00 |
| 67 | 汪清县(吉) | 60.00 |
| 68 | 龙潭区(吉) | 50.00 |
| 69 | 丰满区(吉) | 45.00 |
| 70 | 永吉县(吉) | 30.00 |
| 71 | 莲花山开发区(吉) | 30.00 |
| 72 | 昌邑区(吉) | 22.00 |
| 73 | 白河林业局(吉) | 20.00 |
| 74 | 船营区(吉) | 20.00 |
| 75 | 二道江区(吉) | 19.10 |
| 76 | 图们市(吉) | 17.30 |
| 77 | 珲春市(吉) | 10.00 |
| 78 | 孙吴县(黑) | 17173.00 |
| 79 | 呼兰区(黑) | 8000.00 |
| 80 | 尚志市(黑) | 5000.00 |
| 81 | 鹤岗市市辖区(黑) | 4481.05 |
| 82 | 爱辉区(黑) | 1500.00 |
| 83 | 讷河市(黑) | 1500.00 |
| 84 | 嫩江县(黑) | 1170.00 |
| 85 | 北安市(黑) | 950.00 |
| 86 | 五大连池市(黑) | 833.00 |
| 87 | 集贤县(黑) | 600.00 |
| 88 | 尚志国有林场管理局(黑) | 404.00 |
| 89 | 庆安国有林场管理局(黑) | 388.80 |
| 90 | 海伦市(黑) | 200.00 |
| 91 | 密山市(黑) | 188.00 |
| 92 | 克山县(黑) | 143.00 |
| 93 | 尖山区(黑) | 120.00 |
| 94 | 依兰县(黑) | 100.00 |
| 95 | 逊克县(黑) | 93.00 |
| 96 | 桦川县(黑) | 90.00 |
| 97 | 汤原县(黑) | 90.00 |
| 98 | 木兰县(黑) | 80.00 |
| 99 | 桦南县(黑) | 70.00 |
| 100 | 饶河县(黑) | 60.00 |
| 101 | 孟家岗林场(黑) | 50.00 |
| 102 | 巴彦县(黑) | 30.00 |
| 103 | 林口县(黑) | 20.00 |
| 104 | 山河实验林场(黑) | 20.00 |
| 105 | 绥芬河市(黑) | 15.00 |
| 106 | 北林区(黑) | 12.00 |
| 107 | 依安县(黑) | 10.00 |
| 108 | 松潘县(川) | 550.00 |
| 109 | 道孚林业局(川) | 539.20 |
| 110 | 雅江县(川) | 490.00 |
| 111 | 白玉林业局(川) | 155.60 |
| 112 | 新龙林业局(川) | 100.00 |
| 113 | 新龙县(川) | 90.00 |
| 114 | 理塘县(川) | 57.50 |
| 115 | 道孚县(川) | 52.00 |
| 116 | 汉源县(川) | 50.00 |
| 117 | 观林林业局(川) | 43.07 |
| 118 | 甘孜州林业工程处(川) | 35.00 |
| 119 | 丹巴县(川) | 30.00 |
| 120 | 炉霍林业局(川) | 25.00 |
| 121 | 丹巴林业局(川) | 22.00 |
| 122 | 翁达林业局(川) | 11.80 |
| 123 | 香格里拉县(滇) | 260.00 |
| 124 | 维西傈僳族自治县(滇) | 95.00 |
| 125 | 类乌齐县(藏) | 90.00 |
| 126 | 城关区(藏) | 12.00 |
| 127 | 曲水县(藏) | 10.00 |
| 128 | 榆阳区(陕) | 243.00 |
| 129 | 太白县(陕) | 128.00 |
| 130 | 安塞县(陕) | 58.00 |
| 131 | 宝塔区(陕) | 45.00 |
| 132 | 辛家山林业局(陕) | 21.00 |
| 133 | 劳山林业局(陕) | 10.70 |
| 134 | 天祝藏族自治县(甘) | 34663.00 |
| 135 | 迭部县(甘) | 15200.00 |
| 136 | 和政县(甘) | 7500.00 |
| 137 | 临洮县(甘) | 1200.00 |
| 138 | 广河县(甘) | 1125.00 |
| 139 | 积石山保安族东乡族撒拉族自治县(甘) | 630.00 |
| 140 | 崆峒区(甘) | 498.33 |
| 141 | 岷　县(甘) | 475.00 |
| 142 | 渭源县(甘) | 400.00 |
| 143 | 榆中县(甘) | 350.00 |
| 144 | 碌曲县(甘) | 302.00 |
| 145 | 凉州区(甘) | 300.00 |
| 146 | 定西市巉口林业试验场(甘) | 240.00 |
| 147 | 礼　县(甘) | 210.00 |
| 148 | 肃南裕固族自治县(甘) | 188.00 |
| 149 | 民乐县(甘) | 184.00 |
| 150 | 正宁林业总场(甘) | 180.00 |

| 序号 | 云杉苗主产地 | 产量(万株) |
|---|---|---|
| 151 | 夏河县(甘) | 180.00 |
| 152 | 庄浪县(甘) | 180.00 |
| 153 | 会宁县(甘) | 177.00 |
| 154 | 卓尼县(甘) | 175.00 |
| 155 | 泾川县(甘) | 160.00 |
| 156 | 岷江林业总场(甘) | 150.00 |
| 157 | 定西市华家岭林业站(甘) | 150.00 |
| 158 | 湘乐林业总场(甘) | 141.46 |
| 159 | 红古区(甘) | 100.00 |
| 160 | 陇西县(甘) | 75.50 |
| 161 | 合作市(甘) | 74.00 |
| 162 | 临夏市(甘) | 63.00 |
| 163 | 华池林业总场(甘) | 53.34 |
| 164 | 康乐县(甘) | 50.00 |
| 165 | 通渭县(甘) | 49.00 |
| 166 | 肃州区(甘) | 48.00 |
| 167 | 静宁县(甘) | 40.00 |
| 168 | 山丹县(甘) | 15.90 |
| 169 | 崇信县(甘) | 14.30 |
| 170 | 古浪县(甘) | 10.00 |
| 171 | 兰州新区(甘) | 10.00 |
| 172 | 大通回族土族自治县(青) | 3495.00 |
| 173 | 乐都县(青) | 2500.00 |
| 174 | 湟源县(青) | 1120.00 |
| 175 | 北山森林公园(青) | 505.94 |
| 176 | 玛珂河林业局(青) | 478.00 |
| 177 | 民和回族土族自治县(青) | 400.00 |
| 178 | 湟中县(青) | 300.00 |
| 179 | 互助土族自治县(青) | 295.94 |
| 180 | 门源回族自治县(青) | 251.00 |
| 181 | 南门峡森林公园(青) | 242.40 |
| 182 | 麦秀森林公园(青) | 219.40 |
| 183 | 平安县(青) | 198.00 |
| 184 | 循化撒拉族自治县(青) | 128.00 |
| 185 | 同仁县(青) | 40.00 |
| 186 | 海晏县(青) | 21.50 |
| 187 | 贵南县(青) | 20.00 |
| 188 | 化隆回族自治县(青) | 20.00 |
| 189 | 共和县(青) | 18.10 |
| 190 | 泾源县(宁) | 80200.00 |
| 191 | 隆德县(宁) | 6900.00 |
| 192 | 西吉县(宁) | 100.60 |
| 193 | 彭阳县(宁) | 33.00 |
| 194 | 大武口区(宁) | 13.38 |
| 195 | 永宁县(宁) | 13.00 |
| 196 | 尼勒克林场(新) | 120.00 |
| 197 | 玛纳斯县(新) | 36.00 |
| 198 | 特克斯林场(新) | 35.10 |
| 199 | 福海林场(新) | 30.70 |
| 200 | 哈密林场(新) | 30.00 |
| 201 | 昭苏林场(新) | 12.70 |
| 202 | 巩乃斯林场(新) | 12.00 |
| 203 | 临江林业局(吉林森工) | 1002.00 |
| 204 | 三岔子林业局(吉林森工) | 486.70 |
| 205 | 松江河林业有限公司(吉林森工) | 289.10 |
| 206 | 泉阳林业局(吉林森工) | 197.00 |
| 207 | 露水河林业局(吉林森工) | 189.06 |
| 208 | 白石山林业局(吉林森工) | 178.76 |
| 209 | 红石林业局(吉林森工) | 60.00 |
| 210 | 翠峦林业局(龙江森工) | 199.40 |
| 211 | 朗乡林业局(龙江森工) | 186.70 |
| 212 | 双鸭山林业局(龙江森工) | 137.60 |
| 213 | 苇河林业局(龙江森工) | 137.50 |
| 214 | 鹤立林业局(龙江森工) | 125.80 |
| 215 | 桦南林业局(龙江森工) | 122.00 |
| 216 | 沾河林业局(龙江森工) | 117.40 |
| 217 | 新青林业局(龙江森工) | 103.70 |
| 218 | 带岭实验局(龙江森工) | 94.10 |
| 219 | 大海林林业局(龙江森工) | 90.80 |
| 220 | 铁力林业局(龙江森工) | 87.60 |
| 221 | 绥阳林业局(龙江森工) | 85.60 |
| 222 | 友好林业局(龙江森工) | 78.80 |
| 223 | 兴隆林业局(龙江森工) | 74.30 |
| 224 | 乌马河林业局(龙江森工) | 70.00 |
| 225 | 东京城林业局(龙江森工) | 68.70 |
| 226 | 方正林业局(龙江森工) | 62.30 |
| 227 | 绥棱林业局(龙江森工) | 55.50 |
| 228 | 鹤北林业局(龙江森工) | 44.30 |
| 229 | 红星林业局(龙江森工) | 43.80 |
| 230 | 金山屯林业局(龙江森工) | 40.80 |
| 231 | 上甘岭林业局(龙江森工) | 38.40 |
| 232 | 双丰林业局(龙江森工) | 34.00 |
| 233 | 海林林业局(龙江森工) | 32.50 |
| 234 | 汤旺河林业局(龙江森工) | 27.80 |
| 235 | 穆棱林业局(龙江森工) | 22.40 |
| 236 | 林口林业局(龙江森工) | 20.90 |
| 237 | 八面通林业局(龙江森工) | 19.00 |
| 238 | 五营林业局(龙江森工) | 18.70 |
| 239 | 美溪林业局(龙江森工) | 18.50 |
| 240 | 通北林业局(龙江森工) | 18.00 |
| 241 | 南岔林业局(龙江森工) | 13.80 |
| 242 | 东方红林业局(龙江森工) | 12.80 |
| 243 | 乌伊岭林业局(龙江森工) | 12.50 |

## 表 10-15 柏树苗主产地产量

| 序号 | 柏树苗主产地 | 产量(万株) |
|---|---|---|
| 1 | 丰台区(京) | 33.00 |
| 2 | 定州市(冀) | 8513.00 |
| 3 | 易　县(冀) | 2300.00 |
| 4 | 涞水县(冀) | 800.00 |
| 5 | 曲周县(冀) | 390.00 |
| 6 | 满城县(冀) | 352.00 |
| 7 | 宽城满族自治县(冀) | 200.00 |
| 8 | 平泉县(冀) | 150.00 |
| 9 | 武安市(冀) | 120.00 |
| 10 | 兴隆县(冀) | 100.00 |
| 11 | 涞源县(冀) | 100.00 |
| 12 | 沧　县(冀) | 89.00 |
| 13 | 滦平林场管理局(冀) | 78.00 |
| 14 | 开平区(冀) | 60.00 |
| 15 | 迁西县(冀) | 60.00 |
| 16 | 垣曲县(晋) | 8200.00 |
| 17 | 阳城县(晋) | 1102.00 |
| 18 | 河曲县(晋) | 311.85 |
| 19 | 定襄县(晋) | 300.00 |
| 20 | 南郊区(晋) | 210.00 |
| 21 | 原平市(晋) | 150.00 |
| 22 | 襄垣县(晋) | 93.00 |
| 23 | 高平市(晋) | 27.90 |
| 24 | 黎城县(晋) | 22.50 |
| 25 | 海勃湾区(内蒙古) | 93.33 |
| 26 | 阜新蒙古族自治县(辽) | 3000.00 |
| 27 | 盖州市(辽) | 480.00 |
| 28 | 海城市(辽) | 52.36 |
| 29 | 淳安县(浙) | 16.50 |
| 30 | 东港区(鲁) | 34534.00 |
| 31 | 临淄区(鲁) | 1834.00 |
| 32 | 岚山区(鲁) | 1356.00 |
| 33 | 肥城市(鲁) | 1350.00 |
| 34 | 沂水县(鲁) | 1044.00 |
| 35 | 昌邑市(鲁) | 1000.00 |
| 36 | 宁阳县(鲁) | 630.00 |
| 37 | 日照国际海洋城(鲁) | 298.00 |
| 38 | 河东区(鲁) | 248.00 |
| 39 | 莱芜市雪野旅游区(鲁) | 180.00 |
| 40 | 昌乐县(鲁) | 110.00 |
| 41 | 东营区(鲁) | 45.00 |
| 42 | 淅川县(豫) | 4080.00 |

| 序号 | 柏树苗主产地 | 产量(万株) |
|---|---|---|
| 43 | 嵩　县(豫) | 1500.00 |
| 44 | 新密市(豫) | 1040.33 |
| 45 | 卫辉市(豫) | 823.00 |
| 46 | 鄢陵县(豫) | 360.00 |
| 47 | 内乡县(豫) | 270.00 |
| 48 | 辉县市(豫) | 85.00 |
| 49 | 巩义市(豫) | 35.40 |
| 50 | 许昌县(豫) | 33.00 |
| 51 | 桐柏县(豫) | 22.00 |
| 52 | 偃师市(豫) | 20.00 |
| 53 | 遂平县(豫) | 16.50 |
| 54 | 仙桃市(鄂) | 65000.00 |
| 55 | 来凤县(鄂) | 1364.00 |
| 56 | 巴东县(鄂) | 600.00 |
| 57 | 竹山县(鄂) | 320.50 |
| 58 | 郧　县(鄂) | 200.00 |
| 59 | 丹江口市(鄂) | 180.00 |
| 60 | 宣恩县(鄂) | 129.00 |
| 61 | 恩施市(鄂) | 100.00 |
| 62 | 兴山县(鄂) | 45.00 |
| 63 | 蔡甸区(鄂) | 16.00 |
| 64 | 醴陵市(湘) | 1000.00 |
| 65 | 新田县(湘) | 310.00 |
| 66 | 新邵县(湘) | 150.00 |
| 67 | 新宁县(湘) | 130.00 |
| 68 | 涟源市(湘) | 110.00 |
| 69 | 隆回县(湘) | 63.00 |
| 70 | 永定区(湘) | 40.00 |
| 71 | 衡山县(湘) | 18.48 |
| 72 | 沅陵县(湘) | 16.00 |
| 73 | 巫山县(渝) | 340.00 |
| 74 | 万州区(渝) | 311.20 |
| 75 | 开　县(渝) | 288.00 |
| 76 | 黔江区(渝) | 200.00 |
| 77 | 巫溪县(渝) | 150.00 |
| 78 | 忠　县(渝) | 100.00 |
| 79 | 彭水苗族土家族自治县(渝) | 65.00 |
| 80 | 武隆县(渝) | 42.00 |
| 81 | 金川县(川) | 180.00 |
| 82 | 古蔺县(川) | 20.00 |
| 83 | 江口县(黔) | 262.00 |
| 84 | 碧江区(黔) | 94.00 |
| 85 | 普安县(黔) | 65.00 |
| 86 | 凯里市(黔) | 30.00 |
| 87 | 会泽县(滇) | 430.00 |
| 88 | 寻甸回族彝族自治县(滇) | 330.00 |
| 89 | 陆良县(滇) | 217.00 |
| 90 | 个旧市(滇) | 55.00 |
| 91 | 石林彝族自治县(滇) | 45.00 |
| 92 | 文山市(滇) | 40.00 |
| 93 | 江川县(滇) | 20.00 |
| 94 | 华宁县(滇) | 15.00 |
| 95 | 榆阳区(陕) | 98800.00 |
| 96 | 蒲城县(陕) | 3000.00 |
| 97 | 富平县(陕) | 700.00 |
| 98 | 白水县(陕) | 320.00 |
| 99 | 子洲县(陕) | 175.00 |
| 100 | 宝塔区(陕) | 90.00 |
| 101 | 汉滨区(陕) | 85.00 |
| 102 | 定边县(陕) | 38.50 |
| 103 | 王益区(陕) | 27.00 |
| 104 | 天祝藏族自治县(甘) | 842.00 |
| 105 | 陇西县(甘) | 725.00 |
| 106 | 红古区(甘) | 400.00 |
| 107 | 宁　县(甘) | 316.50 |
| 108 | 崆峒区(甘) | 275.06 |
| 109 | 清水县(甘) | 138.00 |
| 110 | 崇信县(甘) | 110.00 |
| 111 | 定西市巉口林业试验场(甘) | 91.00 |
| 112 | 环　县(甘) | 85.00 |
| 113 | 两当县(甘) | 74.00 |
| 114 | 泾川县(甘) | 68.00 |
| 115 | 华池林业总场(甘) | 61.70 |
| 116 | 榆中县(甘) | 35.55 |
| 117 | 肃州区(甘) | 30.00 |
| 118 | 瓜州县(甘) | 21.00 |
| 119 | 凉州区(甘) | 20.00 |
| 120 | 灵台县(甘) | 15.00 |
| 121 | 互助土族自治县(青) | 60.00 |
| 122 | 门源回族自治县(青) | 57.00 |
| 123 | 大通回族土族自治县(青) | 37.00 |
| 124 | 湟源县(青) | 24.00 |
| 125 | 同仁县(青) | 10.00 |
| 126 | 永宁县(宁) | 20.00 |
| 127 | 平罗县(宁) | 17.03 |
| 128 | 彭阳县(宁) | 15.00 |

## 表 10-16　刺槐苗主产地产量

| 序号 | 刺槐苗主产地 | 产量(万株) |
|---|---|---|
| 1 | 西青区(津) | 68.00 |
| 2 | 宽城满族自治县(冀) | 2200.00 |
| 3 | 定州市(冀) | 1900.00 |
| 4 | 阜平县(冀) | 450.00 |
| 5 | 涞源县(冀) | 350.00 |
| 6 | 沧　县(冀) | 312.40 |
| 7 | 曲阳县(冀) | 300.00 |
| 8 | 易　县(冀) | 220.00 |
| 9 | 兴隆县(冀) | 180.00 |
| 10 | 平泉县(冀) | 150.00 |
| 11 | 邢台县(冀) | 55.00 |
| 12 | 长安区(冀) | 45.00 |
| 13 | 满城县(冀) | 32.00 |
| 14 | 深州市(冀) | 11.67 |
| 15 | 清苑县(冀) | 10.00 |
| 16 | 沙河市(冀) | 10.00 |
| 17 | 绛　县(晋) | 3600.00 |
| 18 | 古　县(晋) | 350.00 |
| 19 | 长子县(晋) | 300.00 |
| 20 | 屯留县(晋) | 300.00 |
| 21 | 襄垣县(晋) | 215.00 |
| 22 | 隰　县(晋) | 165.00 |
| 23 | 南郊区(晋) | 135.00 |
| 24 | 黎城县(晋) | 105.00 |
| 25 | 垣曲县(晋) | 100.00 |
| 26 | 沁　县(晋) | 90.00 |
| 27 | 壶关县(晋) | 30.30 |
| 28 | 阳城县(晋) | 30.00 |
| 29 | 乡宁县(晋) | 25.00 |
| 30 | 高平市(晋) | 17.00 |
| 31 | 忻府区(晋) | 14.00 |
| 32 | 阿拉善左旗(内蒙古) | 27.90 |
| 33 | 鄂托克前旗(内蒙古) | 12.88 |
| 34 | 义　县(辽) | 2100.00 |
| 35 | 海城市(辽) | 889.23 |
| 36 | 凌海市(辽) | 800.00 |
| 37 | 瓦房店市(辽) | 600.00 |
| 38 | 建昌县(辽) | 450.00 |
| 39 | 盖州市(辽) | 430.00 |
| 40 | 凌源市(辽) | 335.00 |
| 41 | 喀喇沁左翼蒙古族自治县(辽) | 285.00 |
| 42 | 双塔区(辽) | 225.00 |
| 43 | 法库县(辽) | 200.00 |
| 44 | 东洲区(辽) | 192.00 |
| 45 | 大石桥市(辽) | 135.00 |
| 46 | 绥中县(辽) | 75.00 |
| 47 | 康平县(辽) | 50.00 |
| 48 | 太子河区(辽) | 35.00 |
| 49 | 铁岭市经济开发区(辽) | 30.00 |

| 序号 | 刺槐苗主产地 | 产量(万株) |
|---|---|---|
| 50 | 阜新蒙古族自治县(辽) | 30.00 |
| 51 | 于洪区(辽) | 20.00 |
| 52 | 东辽县(吉) | 27.00 |
| 53 | 如皋市(苏) | 80.00 |
| 54 | 铜山区(苏) | 12.00 |
| 55 | 芝罘区(鲁) | 2000.00 |
| 56 | 莱芜市雪野旅游区(鲁) | 675.00 |
| 57 | 东营区(鲁) | 290.00 |
| 58 | 即墨市(鲁) | 125.00 |
| 59 | 桓台县(鲁) | 76.00 |
| 60 | 昌邑市(鲁) | 57.00 |
| 61 | 宁阳县(鲁) | 53.00 |
| 62 | 垦利县(鲁) | 35.00 |
| 63 | 汶上县(鲁) | 32.00 |
| 64 | 肥城市(鲁) | 30.00 |
| 65 | 梁山县(鲁) | 18.00 |
| 66 | 汝阳县(豫) | 2250.00 |
| 67 | 洛宁县(豫) | 612.00 |
| 68 | 卢氏县(豫) | 578.75 |
| 69 | 渑池县(豫) | 551.00 |
| 70 | 陕　县(豫) | 510.00 |
| 71 | 淇滨区(豫) | 350.00 |
| 72 | 鄢陵县(豫) | 320.00 |
| 73 | 栾川县(豫) | 120.00 |
| 74 | 淅川县(豫) | 84.00 |
| 75 | 内黄县(豫) | 75.00 |
| 76 | 嵩　县(豫) | 75.00 |
| 77 | 潢川县(豫) | 70.00 |
| 78 | 商水县(豫) | 45.00 |
| 79 | 宜阳县(豫) | 32.00 |
| 80 | 北关区(豫) | 28.00 |
| 81 | 新乡县(豫) | 24.00 |
| 82 | 安阳县(豫) | 21.00 |
| 83 | 汝南县(豫) | 20.00 |
| 84 | 夏邑县(豫) | 15.00 |
| 85 | 义马市(豫) | 15.00 |
| 86 | 长葛市(豫) | 11.00 |
| 87 | 大悟县(鄂) | 500.00 |
| 88 | 宜城市(鄂) | 180.00 |
| 89 | 秭归县(鄂) | 140.00 |
| 90 | 兴山县(鄂) | 30.00 |
| 91 | 竹山县(鄂) | 15.20 |
| 92 | 当阳市(鄂) | 10.00 |
| 93 | 麻阳苗族自治县(湘) | 30.10 |
| 94 | 沅陵县(湘) | 25.00 |
| 95 | 双峰县(湘) | 25.00 |
| 96 | 祁东县(湘) | 14.10 |
| 97 | 南川区(渝) | 525.00 |
| 98 | 万州区(渝) | 201.60 |
| 99 | 彭水苗族土家族自治县(渝) | 200.00 |
| 100 | 石柱土家族自治县(渝) | 135.00 |
| 101 | 巫山县(渝) | 40.00 |
| 102 | 城口县(渝) | 20.00 |
| 103 | 丰都县(渝) | 10.60 |
| 104 | 南江县(川) | 80.00 |
| 105 | 通江县(川) | 75.00 |
| 106 | 绵竹市(川) | 20.00 |
| 107 | 桐梓县(黔) | 200.00 |
| 108 | 晴隆县(黔) | 100.00 |
| 109 | 瓮安县(黔) | 12.84 |
| 110 | 周至县(陕) | 19950.00 |
| 111 | 吴起县(陕) | 780.00 |
| 112 | 长武县(陕) | 600.00 |
| 113 | 宝塔区(陕) | 450.00 |
| 114 | 富平县(陕) | 200.00 |
| 115 | 甘泉县(陕) | 200.00 |
| 116 | 志丹县(陕) | 181.10 |
| 117 | 宁强县(陕) | 156.00 |
| 118 | 千阳县(陕) | 152.00 |
| 119 | 蓝田县(陕) | 150.00 |
| 120 | 合阳县(陕) | 147.00 |
| 121 | 永寿县(陕) | 147.00 |
| 122 | 黄龙县(陕) | 126.00 |
| 123 | 白水县(陕) | 122.00 |
| 124 | 商南县(陕) | 120.00 |
| 125 | 子洲县(陕) | 120.00 |
| 126 | 乾　县(陕) | 120.00 |
| 127 | 商州区(陕) | 114.00 |
| 128 | 三原县(陕) | 100.00 |
| 129 | 洛南县(陕) | 90.00 |
| 130 | 印台区(陕) | 68.00 |
| 131 | 宜君县(陕) | 60.00 |
| 132 | 镇安县(陕) | 60.00 |
| 133 | 陇　县(陕) | 60.00 |
| 134 | 麟游县(陕) | 60.00 |
| 135 | 洛川县(陕) | 50.00 |
| 136 | 淳化县(陕) | 50.00 |
| 137 | 柞水县(陕) | 40.00 |
| 138 | 镇坪县(陕) | 30.00 |
| 139 | 潼关县(陕) | 15.00 |
| 140 | 西乡县(陕) | 15.00 |
| 141 | 旬邑县(陕) | 13.00 |
| 142 | 王益区(陕) | 10.00 |
| 143 | 庆城县(甘) | 3300.00 |
| 144 | 宁　县(甘) | 2788.00 |
| 145 | 泾川县(甘) | 1880.00 |
| 146 | 礼　县(甘) | 1500.00 |
| 147 | 崇信县(甘) | 1449.10 |
| 148 | 崆峒区(甘) | 862.24 |
| 149 | 会宁县(甘) | 806.00 |
| 150 | 西峰区(甘) | 801.00 |
| 151 | 静宁县(甘) | 600.00 |
| 152 | 庄浪县(甘) | 600.00 |
| 153 | 正宁县(甘) | 230.00 |
| 154 | 宕昌县(甘) | 180.00 |
| 155 | 白银区(甘) | 180.00 |
| 156 | 清水县(甘) | 154.00 |
| 157 | 湘乐林业总场(甘) | 148.70 |
| 158 | 武都区(甘) | 100.00 |
| 159 | 西和县(甘) | 90.00 |
| 160 | 两当县(甘) | 80.00 |
| 161 | 古浪县(甘) | 80.00 |
| 162 | 永靖县(甘) | 45.00 |
| 163 | 华池林业总场(甘) | 38.20 |
| 164 | 肃州区(甘) | 24.00 |
| 165 | 定西市巉口林业试验场(甘) | 10.50 |
| 166 | 红寺堡区(宁) | 1660.00 |
| 167 | 彭阳县(宁) | 780.00 |
| 168 | 利通区(宁) | 207.00 |
| 169 | 灵武市(宁) | 165.86 |
| 170 | 中宁县(宁) | 164.60 |
| 171 | 同心县(宁) | 103.60 |
| 172 | 永宁县(宁) | 95.00 |
| 173 | 贺兰县(宁) | 72.30 |
| 174 | 青铜峡市(宁) | 27.50 |
| 175 | 灵武白芨滩国家级自然保护区(宁) | 26.43 |
| 176 | 沙坡头区(宁) | 25.00 |
| 177 | 惠农区(宁) | 18.80 |
| 178 | 大武口区(宁) | 13.54 |
| 179 | 盐池县(宁) | 11.14 |
| 180 | 托克逊县(新) | 15.00 |

**表 10-17　桦树苗主产地产量**

| 序号 | 桦树苗主产地 | 产量(万株) |
|---|---|---|
| 1 | 围场满族蒙古族自治县(冀) | 135.00 |
| 2 | 木栏围场国营林场(冀) | 23.00 |
| 3 | 崇礼县(冀) | 17.64 |

| 序号 | 桦树苗主产地 | 产量(万株) |
| --- | --- | --- |
| 4 | 克什克腾旗(内蒙古) | 106.00 |
| 5 | 额尔古纳市(内蒙古) | 30.00 |
| 6 | 浑江区(吉) | 21.00 |
| 7 | 白河林业局(吉) | 19.00 |
| 8 | 长白朝鲜族自治县(吉) | 12.00 |
| 9 | 汤原县(黑) | 65.00 |
| 10 | 汉源县(川) | 40.00 |
| 11 | 腾冲县(滇) | 400.00 |
| 12 | 西盟佤族自治县(滇) | 135.00 |
| 13 | 孟连傣族拉祜族佤族自治县(滇) | 35.00 |
| 14 | 芒　市(滇) | 11.39 |
| 15 | 昌吉市(新) | 180.00 |
| 16 | 玛纳斯县(新) | 48.00 |
| 17 | 布尔津林场(新) | 25.00 |
| 18 | 吉木萨尔县(新) | 10.00 |
| 19 | 阿尔泰林场 (新) | 10.00 |

**表 10-18　泡桐苗主产地产量**

| 序号 | 泡桐苗主产地 | 产量(万株) |
| --- | --- | --- |
| 1 | 临漳县(冀) | 75.00 |
| 2 | 邯郸县(冀) | 70.00 |
| 3 | 藁城市(冀) | 37.00 |
| 4 | 南皮县(冀) | 21.00 |
| 5 | 南和县(冀) | 19.00 |
| 6 | 邢台县(冀) | 14.00 |
| 7 | 柏乡县(冀) | 12.00 |
| 8 | 界首市(皖) | 315.00 |
| 9 | 涡阳县(皖) | 45.00 |
| 10 | 谯城区(皖) | 30.00 |
| 11 | 临泉县(皖) | 12.00 |
| 12 | 上饶县(赣) | 100.00 |
| 13 | 瑞昌市(赣) | 11.77 |
| 14 | 临川区(赣) | 10.00 |
| 15 | 昌邑市(鲁) | 142.00 |
| 16 | 泗水县(鲁) | 45.00 |
| 17 | 青州市(鲁) | 40.00 |
| 18 | 东平县(鲁) | 30.00 |
| 19 | 博山区(鲁) | 15.00 |
| 20 | 山城区(豫) | 8000.00 |
| 21 | 禹州市(豫) | 390.00 |
| 22 | 驿城区(豫) | 257.00 |
| 23 | 确山县(豫) | 160.00 |
| 24 | 睢　县(豫) | 150.00 |
| 25 | 沈丘县(豫) | 75.00 |
| 26 | 孟津县(豫) | 64.00 |
| 27 | 洛宁县(豫) | 60.00 |
| 28 | 荥阳市(豫) | 50.00 |
| 29 | 商水县(豫) | 45.00 |
| 30 | 渑池县(豫) | 42.00 |
| 31 | 柘城县(豫) | 41.25 |
| 32 | 新安县(豫) | 40.00 |
| 33 | 太康县(豫) | 35.00 |
| 34 | 睢阳区(豫) | 34.13 |
| 35 | 鹿邑县(豫) | 29.40 |
| 36 | 南乐县(豫) | 24.80 |
| 37 | 偃师市(豫) | 22.00 |
| 38 | 兰考县(豫) | 21.60 |
| 39 | 许昌县(豫) | 20.00 |
| 40 | 临颍县(豫) | 18.00 |
| 41 | 淇滨区(豫) | 18.00 |
| 42 | 内黄县(豫) | 18.00 |
| 43 | 卫辉市(豫) | 17.00 |
| 44 | 巩义市(豫) | 16.00 |
| 45 | 杞　县(豫) | 16.00 |
| 46 | 西峡县(豫) | 15.80 |
| 47 | 永城市(豫) | 15.36 |
| 48 | 博爱县(豫) | 15.00 |
| 49 | 梁园区(豫) | 14.00 |
| 50 | 淮阳县(豫) | 12.60 |
| 51 | 郏　县(豫) | 12.00 |
| 52 | 新乡县(豫) | 11.50 |
| 53 | 宜阳县(豫) | 11.20 |
| 54 | 天门市(鄂) | 120.00 |
| 55 | 钟祥市(鄂) | 20.00 |
| 56 | 宜都市(鄂) | 20.00 |
| 57 | 罗田县(鄂) | 15.00 |
| 58 | 岚皋县(陕) | 70.00 |
| 59 | 合阳县(陕) | 15.00 |
| 60 | 蒲城县(陕) | 10.00 |

**表 10-19　柳树苗主产地产量**

| 序号 | 柳树苗主产地 | 产量(万株) |
| --- | --- | --- |
| 1 | 延庆县(京) | 64.33 |
| 2 | 静海县(津) | 217.00 |
| 3 | 西青区(津) | 112.50 |
| 4 | 宝坻区(津) | 70.20 |
| 5 | 武清区(津) | 52.22 |
| 6 | 定州市(冀) | 1120.00 |
| 7 | 滦南县(冀) | 883.80 |
| 8 | 博野县(冀) | 700.00 |
| 9 | 清苑县(冀) | 667.00 |
| 10 | 赤城县(冀) | 581.40 |
| 11 | 邱　县(冀) | 500.00 |
| 12 | 顺平县(冀) | 325.00 |
| 13 | 景　县(冀) | 239.40 |
| 14 | 遵化市(冀) | 200.00 |
| 15 | 沧　县(冀) | 191.00 |
| 16 | 南和县(冀) | 179.00 |
| 17 | 迁安市(冀) | 157.00 |
| 18 | 涿州市(冀) | 148.51 |
| 19 | 宣化区(冀) | 130.00 |
| 20 | 吴桥县(冀) | 121.50 |
| 21 | 丰宁满族自治县(冀) | 120.00 |
| 22 | 魏　县(冀) | 84.00 |
| 23 | 滦　县(冀) | 80.00 |
| 24 | 邢台县(冀) | 80.00 |
| 25 | 武安市(冀) | 80.00 |
| 26 | 曲阳县(冀) | 75.00 |
| 27 | 邯郸县(冀) | 75.00 |
| 28 | 曲周县(冀) | 72.00 |
| 29 | 行唐县(冀) | 70.00 |
| 30 | 唐山市汉沽管理区(冀) | 50.00 |
| 31 | 开平区(冀) | 50.00 |
| 32 | 深州市(冀) | 49.93 |
| 33 | 广平县(冀) | 49.50 |
| 34 | 盐山县(冀) | 45.00 |
| 35 | 献　县(冀) | 41.00 |
| 36 | 运河区(冀) | 40.00 |
| 37 | 永年县(冀) | 40.00 |
| 38 | 大厂回族自治县(冀) | 40.00 |
| 39 | 任　县(冀) | 38.00 |
| 40 | 辛集市(冀) | 38.00 |
| 41 | 乐亭县(冀) | 34.30 |
| 42 | 阳原县(冀) | 30.00 |
| 43 | 北戴河区(冀) | 30.00 |
| 44 | 海兴县(冀) | 28.00 |
| 45 | 肥乡县(冀) | 28.00 |
| 46 | 武邑县(冀) | 25.00 |
| 47 | 唐海县(冀) | 25.00 |
| 48 | 柏乡县(冀) | 25.00 |
| 49 | 下花园区(冀) | 24.00 |
| 50 | 东光县(冀) | 22.50 |
| 51 | 蔚　县(冀) | 21.50 |
| 52 | 大名县(冀) | 20.00 |
| 53 | 安新县(冀) | 15.00 |
| 54 | 阜城县(冀) | 15.00 |
| 55 | 高阳县(冀) | 14.50 |

| 序号 | 柳树苗主产地 | 产量(万株) |
|---|---|---|
| 56 | 安平县(冀) | 14.00 |
| 57 | 故城县(冀) | 13.90 |
| 58 | 新河县(冀) | 13.00 |
| 59 | 鸡泽县(冀) | 13.00 |
| 60 | 南皮县(冀) | 11.00 |
| 61 | 灵寿县(冀) | 10.00 |
| 62 | 怀来县(冀) | 10.00 |
| 63 | 沙河市(冀) | 10.00 |
| 64 | 小店区(晋) | 74000.00 |
| 65 | 武乡县(晋) | 1000.00 |
| 66 | 原平市(晋) | 440.40 |
| 67 | 潞城市(晋) | 360.00 |
| 68 | 岢岚县(晋) | 262.00 |
| 69 | 绛　县(晋) | 180.00 |
| 70 | 定襄县(晋) | 150.00 |
| 71 | 侯马市(晋) | 150.00 |
| 72 | 山阴县(晋) | 150.00 |
| 73 | 阳高县(晋) | 146.00 |
| 74 | 忻府区(晋) | 103.75 |
| 75 | 长子县(晋) | 95.00 |
| 76 | 曲沃县(晋) | 90.00 |
| 77 | 新荣区(晋) | 77.00 |
| 78 | 黎城县(晋) | 60.00 |
| 79 | 河曲县(晋) | 32.95 |
| 80 | 壶关县(晋) | 32.00 |
| 81 | 翼城县(晋) | 28.00 |
| 82 | 乡宁县(晋) | 28.00 |
| 83 | 浑源县(晋) | 24.00 |
| 84 | 桦林背林场(晋) | 15.00 |
| 85 | 阳城县(晋) | 10.50 |
| 86 | 西乌珠穆沁旗(内蒙古) | 1900.00 |
| 87 | 乌拉特前旗(内蒙古) | 403.42 |
| 88 | 杭锦旗(内蒙古) | 172.00 |
| 89 | 土默特右旗(内蒙古) | 160.00 |
| 90 | 五原县(内蒙古) | 112.50 |
| 91 | 乌审旗(内蒙古) | 105.13 |
| 92 | 土默特左旗(内蒙古) | 67.00 |
| 93 | 兴和县(内蒙古) | 48.00 |
| 94 | 库伦旗(内蒙古) | 48.00 |
| 95 | 鄂托克前旗(内蒙古) | 46.74 |
| 96 | 杭锦后旗(内蒙古) | 39.00 |
| 97 | 玉泉区(内蒙古) | 28.00 |
| 98 | 海勃湾区(内蒙古) | 25.31 |
| 99 | 新巴尔虎右旗(内蒙古) | 25.00 |
| 100 | 达拉特旗(内蒙古) | 23.00 |
| 101 | 松山区(内蒙古) | 16.00 |
| 102 | 正蓝旗(内蒙古) | 10.00 |
| 103 | 辽中县(辽) | 1200.00 |
| 104 | 瓦房店市(辽) | 800.00 |
| 105 | 庄河市(辽) | 350.00 |
| 106 | 台安县(辽) | 300.00 |
| 107 | 新民市(辽) | 206.70 |
| 108 | 海城市(辽) | 189.36 |
| 109 | 普兰店市(辽) | 180.00 |
| 110 | 开原市(辽) | 100.00 |
| 111 | 大洼县(辽) | 94.00 |
| 112 | 双塔区(辽) | 80.00 |
| 113 | 太子河区(辽) | 55.00 |
| 114 | 于洪区(辽) | 40.00 |
| 115 | 东港市(辽) | 40.00 |
| 116 | 康平县(辽) | 38.00 |
| 117 | 阜新蒙古族自治县(辽) | 35.00 |
| 118 | 喀喇沁左翼蒙古族自治县(辽) | 29.70 |
| 119 | 银州区(辽) | 24.00 |
| 120 | 调兵山市(辽) | 24.00 |
| 121 | 苏家屯区(辽) | 19.00 |
| 122 | 东洲区(辽) | 12.00 |
| 123 | 文圣区(辽) | 12.00 |
| 124 | 老边区(辽) | 10.00 |
| 125 | 长岭县(吉) | 400.00 |
| 126 | 洮南市(吉) | 374.00 |
| 127 | 东辽县(吉) | 193.20 |
| 128 | 辉南县(吉) | 78.00 |
| 129 | 通榆县(吉) | 75.00 |
| 130 | 磐石市(吉) | 67.00 |
| 131 | 绿园区(吉) | 36.00 |
| 132 | 浑江区(吉) | 25.00 |
| 133 | 乾安县(吉) | 20.00 |
| 134 | 白城市市辖区(吉) | 15.00 |
| 135 | 松北区(黑) | 1689.00 |
| 136 | 呼兰区(黑) | 200.00 |
| 137 | 五常市(黑) | 180.00 |
| 138 | 桦川县(黑) | 167.00 |
| 139 | 依安县(黑) | 60.00 |
| 140 | 克东县(黑) | 60.00 |
| 141 | 讷河市(黑) | 60.00 |
| 142 | 密山市(黑) | 45.50 |
| 143 | 巴彦县(黑) | 30.00 |
| 144 | 富裕县(黑) | 20.00 |
| 145 | 大庆市开发区(黑) | 10.00 |
| 146 | 如皋市(苏) | 450.00 |
| 147 | 高邮市(苏) | 160.00 |
| 148 | 淮阴区(苏) | 120.00 |
| 149 | 铜山区(苏) | 50.00 |
| 150 | 泰兴市(苏) | 26.00 |
| 151 | 大丰市(苏) | 20.00 |
| 152 | 海宁市(浙) | 75.90 |
| 153 | 涡阳县(皖) | 200.00 |
| 154 | 霍邱县(皖) | 180.00 |
| 155 | 固镇县(皖) | 100.00 |
| 156 | 庐阳区(皖) | 61.80 |
| 157 | 蒙城县(皖) | 54.00 |
| 158 | 长丰县(皖) | 52.60 |
| 159 | 肥西县(皖) | 50.00 |
| 160 | 望江县(皖) | 40.00 |
| 161 | 惠民县(鲁) | 4000.00 |
| 162 | 沾化县(鲁) | 3600.00 |
| 163 | 乐陵市(鲁) | 2240.00 |
| 164 | 宁津县(鲁) | 1400.00 |
| 165 | 无棣县(鲁) | 1200.00 |
| 166 | 垦利县(鲁) | 1155.00 |
| 167 | 阳信县(鲁) | 930.00 |
| 168 | 肥城市(鲁) | 905.00 |
| 169 | 高青县(鲁) | 780.00 |
| 170 | 东平县(鲁) | 700.00 |
| 171 | 平原县(鲁) | 620.00 |
| 172 | 东营区(鲁) | 500.00 |
| 173 | 陵　县(鲁) | 400.00 |
| 174 | 新泰市(鲁) | 330.00 |
| 175 | 滨城区(鲁) | 320.00 |
| 176 | 昌邑市(鲁) | 260.00 |
| 177 | 东昌府区(鲁) | 240.00 |
| 178 | 莱城区(鲁) | 220.00 |
| 179 | 宁阳县(鲁) | 158.00 |
| 180 | 河东区(鲁) | 120.00 |
| 181 | 广饶县(鲁) | 115.00 |
| 182 | 海阳市(鲁) | 100.00 |
| 183 | 桓台县(鲁) | 88.00 |
| 184 | 即墨市(鲁) | 80.00 |
| 185 | 寒亭区(鲁) | 80.00 |
| 186 | 金乡县(鲁) | 78.60 |
| 187 | 博山区(鲁) | 70.00 |
| 188 | 昌乐县(鲁) | 60.00 |
| 189 | 诸城市(鲁) | 50.00 |
| 190 | 沂水县(鲁) | 48.00 |
| 191 | 青州市(鲁) | 35.00 |
| 192 | 坊子区(鲁) | 25.00 |
| 193 | 成武县(鲁) | 22.00 |

| 序号 | 柳树苗主产地 | 产量(万株) |
|---|---|---|
| 194 | 嘉祥县(鲁) | 21.40 |
| 195 | 商河县(鲁) | 20.00 |
| 196 | 德城区(鲁) | 20.00 |
| 197 | 费　县(鲁) | 18.00 |
| 198 | 荣成市(鲁) | 18.00 |
| 199 | 鱼台县(鲁) | 12.00 |
| 200 | 莱芜市高新区(鲁) | 12.00 |
| 201 | 山城区(豫) | 8000.00 |
| 202 | 鄢陵县(豫) | 420.00 |
| 203 | 郾城区(豫) | 319.98 |
| 204 | 长葛市(豫) | 290.00 |
| 205 | 潢川县(豫) | 240.00 |
| 206 | 淅川县(豫) | 146.00 |
| 207 | 永城市(豫) | 88.20 |
| 208 | 长垣县(豫) | 80.00 |
| 209 | 南乐县(豫) | 78.00 |
| 210 | 商水县(豫) | 76.00 |
| 211 | 辉县市(豫) | 65.00 |
| 212 | 虞城县(豫) | 50.00 |
| 213 | 栾川县(豫) | 47.25 |
| 214 | 内黄县(豫) | 36.00 |
| 215 | 济源市(豫) | 36.00 |
| 216 | 范　县(豫) | 35.00 |
| 217 | 安阳县(豫) | 32.50 |
| 218 | 修武县(豫) | 30.00 |
| 219 | 巩义市(豫) | 25.50 |
| 220 | 淇滨区(豫) | 25.00 |
| 221 | 华龙区(豫) | 15.00 |
| 222 | 博爱县(豫) | 14.50 |
| 223 | 新乡县(豫) | 13.00 |
| 224 | 郧　县(鄂) | 120.00 |
| 225 | 麻城市(鄂) | 30.00 |
| 226 | 孝南区(鄂) | 14.78 |
| 227 | 潜江市(鄂) | 10.00 |
| 228 | 湘阴县(湘) | 50.00 |
| 229 | 南川区(渝) | 292.00 |
| 230 | 忠　县(渝) | 30.00 |
| 231 | 若尔盖县(川) | 99.00 |
| 232 | 德格县(川) | 50.19 |
| 233 | 色达县(川) | 35.00 |
| 234 | 甘孜县(川) | 28.00 |
| 235 | 新都区(川) | 19.85 |
| 236 | 宣威市(滇) | 200.00 |
| 237 | 谢通门县(藏) | 62.43 |
| 238 | 曲水县(藏) | 43.00 |
| 239 | 札达县(藏) | 28.90 |
| 240 | 蒲城县(陕) | 1300.00 |
| 241 | 榆阳区(陕) | 300.00 |
| 242 | 华阴市(陕) | 120.00 |
| 243 | 洛南县(陕) | 78.00 |
| 244 | 吴起县(陕) | 50.00 |
| 245 | 志丹县(陕) | 25.50 |
| 246 | 麟游县(陕) | 19.00 |
| 247 | 宜川县(陕) | 10.00 |
| 248 | 广河县(甘) | 3600.00 |
| 249 | 会宁县(甘) | 506.00 |
| 250 | 玉门市(甘) | 365.25 |
| 251 | 红古区(甘) | 300.00 |
| 252 | 泾川县(甘) | 245.00 |
| 253 | 瓜州县(甘) | 220.00 |
| 254 | 肃州区(甘) | 219.00 |
| 255 | 古浪县(甘) | 218.70 |
| 256 | 临夏市(甘) | 180.00 |
| 257 | 高台县(甘) | 156.90 |
| 258 | 甘州区(甘) | 150.00 |
| 259 | 天祝藏族自治县(甘) | 113.00 |
| 260 | 肃南裕固族自治县(甘) | 110.00 |
| 261 | 崇信县(甘) | 98.00 |
| 262 | 华池林业总场(甘) | 81.00 |
| 263 | 庄浪县(甘) | 80.00 |
| 264 | 临泽县(甘) | 75.00 |
| 265 | 东乡族自治县(甘) | 75.00 |
| 266 | 永靖县(甘) | 52.50 |
| 267 | 静宁县(甘) | 50.00 |
| 268 | 武威市市辖区(甘) | 43.00 |
| 269 | 积石山保安族东乡族撒拉族自治县(甘) | 30.00 |
| 270 | 西固区(甘) | 20.30 |
| 271 | 民乐县(甘) | 20.00 |
| 272 | 湘乐林业总场(甘) | 16.64 |
| 273 | 兰州新区(甘) | 16.00 |
| 274 | 民和回族土族自治县(青) | 200.00 |
| 275 | 贵南县(青) | 120.00 |
| 276 | 兴海县(青) | 13.34 |
| 277 | 泾源县(宁) | 1320.00 |
| 278 | 红寺堡区(宁) | 1124.00 |
| 279 | 同心县(宁) | 646.38 |
| 280 | 利通区(宁) | 487.50 |
| 281 | 中宁县(宁) | 408.20 |
| 282 | 永宁县(宁) | 220.00 |
| 283 | 西吉县(宁) | 189.50 |
| 284 | 隆德县(宁) | 100.00 |
| 285 | 惠农区(宁) | 50.00 |
| 286 | 沙坡头区(宁) | 30.00 |
| 287 | 青铜峡市(宁) | 22.00 |
| 288 | 灵武白芨滩国家级自然保护区(宁) | 16.58 |
| 289 | 西夏区(宁) | 15.00 |
| 290 | 兴庆区(宁) | 12.77 |
| 291 | 平罗县(宁) | 11.81 |
| 292 | 灵武市(宁) | 11.47 |
| 293 | 昌吉市(新) | 180.00 |
| 294 | 麦盖提县(新) | 139.74 |
| 295 | 玛纳斯县(新) | 110.00 |
| 296 | 巴楚县(新) | 104.00 |
| 297 | 莎车县(新) | 90.30 |
| 298 | 喀什市(新) | 60.00 |
| 299 | 哈巴河县(新) | 32.00 |
| 300 | 沙湾县(新) | 25.00 |
| 301 | 疏附县(新) | 24.94 |
| 302 | 伽师县(新) | 15.63 |
| 303 | 布尔津县(新) | 15.00 |
| 304 | 尉犁县(新) | 10.40 |
| 305 | 农六师(新疆兵团) | 150.00 |
| 306 | 农三师(新疆兵团) | 33.20 |

## 表 10-20　杨树苗主产地产量

| 序号 | 杨树苗主产地 | 产量(万株) |
|---|---|---|
| 1 | 延庆县(京) | 87.60 |
| 2 | 海淀区(京) | 28.00 |
| 3 | 西青区(津) | 270.00 |
| 4 | 宝坻区(津) | 128.80 |
| 5 | 武清区(津) | 125.00 |
| 6 | 北辰区(津) | 43.00 |
| 7 | 滨海新区(津) | 27.60 |
| 8 | 津南区(津) | 15.00 |
| 9 | 涿州市(冀) | 4401.31 |
| 10 | 滦南县(冀) | 2538.24 |
| 11 | 大城县(冀) | 1500.00 |
| 12 | 赤城县(冀) | 1021.86 |
| 13 | 平乡县(冀) | 709.00 |
| 14 | 丰宁满族自治县(冀) | 600.00 |
| 15 | 临西县(冀) | 598.20 |
| 16 | 涿鹿县(冀) | 450.00 |
| 17 | 香河县(冀) | 424.00 |
| 18 | 满城县(冀) | 395.00 |
| 19 | 临漳县(冀) | 373.70 |
| 20 | 曲阳县(冀) | 360.00 |

| 序号 | 杨树苗主产地 | 产量(万株) | 序号 | 杨树苗主产地 | 产量(万株) | 序号 | 杨树苗主产地 | 产量(万株) |
|---|---|---|---|---|---|---|---|---|
| 21 | 邱　县(冀) | 360.00 | 67 | 武强县(冀) | 109.00 | 113 | 容城县(冀) | 18.00 |
| 22 | 磁　县(冀) | 352.00 | 68 | 广宗县(冀) | 102.00 | 114 | 安新县(冀) | 18.00 |
| 23 | 永年县(冀) | 340.00 | 69 | 兴隆县(冀) | 100.00 | 115 | 崇礼县(冀) | 17.64 |
| 24 | 丰南区(冀) | 325.23 | 70 | 高碑店市(冀) | 100.00 | 116 | 乐亭县(冀) | 17.50 |
| 25 | 迁安市(冀) | 312.00 | 71 | 广平县(冀) | 100.00 | 117 | 涞水县(冀) | 15.00 |
| 26 | 正定县(冀) | 303.00 | 72 | 石家庄市桥东区(冀) | 97.00 | 118 | 新华区(冀) | 14.60 |
| 27 | 永清县(冀) | 303.00 | 73 | 枣强县(冀) | 94.00 | 119 | 井陉矿区(冀) | 14.00 |
| 28 | 康保县(冀) | 300.00 | 74 | 迁西县(冀) | 90.00 | 120 | 桃城区(冀) | 12.00 |
| 29 | 徐水县(冀) | 300.00 | 75 | 赵　县(冀) | 90.00 | 121 | 黄骅市(冀) | 10.00 |
| 30 | 玉田县(冀) | 295.00 | 76 | 景　县(冀) | 90.00 | 122 | 小店区(晋) | 82000.00 |
| 31 | 魏　县(冀) | 282.00 | 77 | 肥乡县(冀) | 90.00 | 123 | 原平市(晋) | 877.40 |
| 32 | 平泉县(冀) | 270.00 | 78 | 围场满族蒙古族自治县(冀) | 90.00 | 124 | 绛　县(晋) | 680.00 |
| 33 | 定州市(冀) | 270.00 | 79 | 定兴县(冀) | 80.00 | 125 | 南郊区(晋) | 450.00 |
| 34 | 隆尧县(冀) | 270.00 | 80 | 路南区(冀) | 80.00 | 126 | 山阴县(晋) | 450.00 |
| 35 | 辛集市(冀) | 269.80 | 81 | 沽源县(冀) | 78.10 | 127 | 忻府区(晋) | 350.31 |
| 36 | 沧　县(冀) | 265.00 | 82 | 威　县(冀) | 70.00 | 128 | 新荣区(晋) | 272.00 |
| 37 | 宁晋县(冀) | 264.00 | 83 | 高阳县(冀) | 68.00 | 129 | 定襄县(晋) | 204.00 |
| 38 | 顺平县(冀) | 252.00 | 84 | 东光县(冀) | 67.50 | 130 | 娄烦县(晋) | 200.00 |
| 39 | 广阳区(冀) | 240.00 | 85 | 鹿泉市(冀) | 65.96 | 131 | 长子县(晋) | 185.00 |
| 40 | 邯郸县(冀) | 230.00 | 86 | 滦　县(冀) | 64.00 | 132 | 屯留县(晋) | 182.00 |
| 41 | 青龙满族自治县(冀) | 225.00 | 87 | 青　县(冀) | 60.00 | 133 | 天镇县(晋) | 140.00 |
| 42 | 肃宁县(冀) | 216.60 | 88 | 成安县(冀) | 60.00 | 134 | 黎城县(晋) | 135.00 |
| 43 | 南和县(冀) | 216.00 | 89 | 开平区(冀) | 55.00 | 135 | 垣曲县(晋) | 120.00 |
| 44 | 南宫市(冀) | 211.00 | 90 | 蔚　县(冀) | 53.00 | 136 | 岢岚县(晋) | 75.00 |
| 45 | 河间市(冀) | 210.00 | 91 | 沧州市南大港管理区(冀) | 51.00 | 137 | 翼城县(晋) | 72.00 |
| 46 | 泊头市(冀) | 201.00 | 92 | 清苑县(冀) | 50.00 | 138 | 河曲县(晋) | 68.16 |
| 47 | 沙河市(冀) | 200.00 | 93 | 怀来县(冀) | 50.00 | 139 | 侯马市(晋) | 57.00 |
| 48 | 任丘市(冀) | 193.42 | 94 | 涞源县(冀) | 45.00 | 140 | 隰　县(晋) | 51.00 |
| 49 | 深州市(冀) | 185.94 | 95 | 新乐市(冀) | 45.00 | 141 | 大同县(晋) | 50.00 |
| 50 | 文安县(冀) | 180.00 | 96 | 大名县(冀) | 45.00 | 142 | 曲沃县(晋) | 50.00 |
| 51 | 冀州市(冀) | 180.00 | 97 | 新河县(冀) | 42.00 | 143 | 阳城县(晋) | 50.00 |
| 52 | 大厂回族自治县(冀) | 180.00 | 98 | 宽城满族自治县(冀) | 40.00 | 144 | 浑源县(晋) | 40.00 |
| 53 | 行唐县(冀) | 180.00 | 99 | 盐山县(冀) | 40.00 | 145 | 代　县(晋) | 39.00 |
| 54 | 邢台县(冀) | 175.00 | 100 | 柏乡县(冀) | 35.00 | 146 | 高平市(晋) | 36.80 |
| 55 | 望都县(冀) | 165.00 | 101 | 安次区(冀) | 31.37 | 147 | 壶关县(晋) | 34.00 |
| 56 | 任　县(冀) | 155.00 | 102 | 尚义县(冀) | 27.00 | 148 | 襄垣县(晋) | 33.00 |
| 57 | 灵寿县(冀) | 150.00 | 103 | 高邑县(冀) | 27.00 | 149 | 偏关县(晋) | 24.00 |
| 58 | 藁城市(冀) | 150.00 | 104 | 孟村回族自治县(冀) | 25.00 | 150 | 长治市城区(晋) | 20.00 |
| 59 | 阜城县(冀) | 150.00 | 105 | 峰峰矿区(冀) | 25.00 | 151 | 左云县(晋) | 18.00 |
| 60 | 武邑县(冀) | 149.60 | 106 | 鸡泽县(冀) | 24.00 | 152 | 科尔沁左翼后旗(内蒙古) | 3150.00 |
| 61 | 宣化区(冀) | 130.00 | 107 | 饶阳县(冀) | 21.00 | 153 | 扎赉特旗(内蒙古) | 2800.00 |
| 62 | 吴桥县(冀) | 126.90 | 108 | 故城县(冀) | 20.20 | 154 | 五原县(内蒙古) | 2175.00 |
| 63 | 阳原县(冀) | 123.00 | 109 | 运河区(冀) | 20.00 | 155 | 乌审旗(内蒙古) | 1312.92 |
| 64 | 无极县(冀) | 123.00 | 110 | 深泽县(冀) | 20.00 | 156 | 乌拉特前旗(内蒙古) | 670.99 |
| 65 | 雄　县(冀) | 120.00 | 111 | 平山县(冀) | 19.00 | 157 | 开鲁县(内蒙古) | 616.00 |
| 66 | 南皮县(冀) | 119.00 | 112 | 石家庄市南化苗圃(冀) | 19.00 | 158 | 临河区(内蒙古) | 540.00 |

| 序号 | 杨树苗主产地 | 产量(万株) | 序号 | 杨树苗主产地 | 产量(万株) | 序号 | 杨树苗主产地 | 产量(万株) |
|---|---|---|---|---|---|---|---|---|
| 159 | 敖汉旗(内蒙古) | 520.00 | 205 | 新民市(辽) | 223.00 | 251 | 安达市(黑) | 860.00 |
| 160 | 锡林浩特市(内蒙古) | 450.00 | 206 | 海城市(辽) | 210.00 | 252 | 兰西县(黑) | 800.00 |
| 161 | 多伦县(内蒙古) | 350.00 | 207 | 绥中县(辽) | 200.00 | 253 | 延寿县(黑) | 750.00 |
| 162 | 阿鲁科尔沁旗(内蒙古) | 340.00 | 208 | 凌海市(辽) | 200.00 | 254 | 巴彦县(黑) | 600.00 |
| 163 | 四子王旗(内蒙古) | 308.20 | 209 | 凌源市(辽) | 180.00 | 255 | 五常市(黑) | 500.00 |
| 164 | 凉城县(内蒙古) | 217.60 | 210 | 大洼县(辽) | 126.00 | 256 | 依安县(黑) | 500.00 |
| 165 | 松山区(内蒙古) | 185.00 | 211 | 建昌县(辽) | 80.00 | 257 | 望奎县(黑) | 480.00 |
| 166 | 土默特左旗(内蒙古) | 180.00 | 212 | 大石桥市(辽) | 70.00 | 258 | 肇源县(黑) | 435.00 |
| 167 | 达拉特旗(内蒙古) | 179.00 | 213 | 北票市(辽) | 60.00 | 259 | 龙江县(黑) | 420.00 |
| 168 | 东乌珠穆沁旗(内蒙古) | 179.00 | 214 | 苏家屯区(辽) | 56.00 | 260 | 明水县(黑) | 400.00 |
| 169 | 巴林右旗(内蒙古) | 178.00 | 215 | 老边区(辽) | 50.00 | 261 | 青冈县(黑) | 378.00 |
| 170 | 兴和县(内蒙古) | 175.80 | 216 | 于洪区(辽) | 45.00 | 262 | 杜尔伯特蒙古族自治县(黑) | 360.00 |
| 171 | 土默特右旗(内蒙古) | 150.00 | 217 | 沈北新区(辽) | 32.80 | 263 | 友谊县(黑) | 326.00 |
| 172 | 喀喇沁旗(内蒙古) | 135.00 | 218 | 太子河区(辽) | 30.00 | 264 | 克山县(黑) | 251.00 |
| 173 | 宁城县(内蒙古) | 120.00 | 219 | 辽宁省杨树研究所(辽) | 30.00 | 265 | 汤原县(黑) | 242.80 |
| 174 | 扎兰屯市(内蒙古) | 117.00 | 220 | 银州区(辽) | 30.00 | 266 | 同江市(黑) | 222.00 |
| 175 | 库伦旗(内蒙古) | 105.00 | 221 | 调兵山市(辽) | 30.00 | 267 | 北林区(黑) | 220.00 |
| 176 | 杭锦旗(内蒙古) | 94.00 | 222 | 公主岭市(吉) | 4135.00 | 268 | 拜泉县(黑) | 210.00 |
| 177 | 察哈尔右翼中旗(内蒙古) | 86.76 | 223 | 前郭尔罗斯蒙古族自治县(吉) | 2200.00 | 269 | 木兰县(黑) | 200.00 |
| 178 | 察哈尔右翼前旗(内蒙古) | 79.30 | 224 | 通榆县(吉) | 1600.00 | 270 | 讷河市(黑) | 200.00 |
| 179 | 察哈尔右翼后旗(内蒙古) | 76.00 | 225 | 洮南市(吉) | 1449.00 | 271 | 富裕县(黑) | 194.00 |
| 180 | 鄂托克前旗(内蒙古) | 55.15 | 226 | 长岭县(吉) | 1200.00 | 272 | 大同区(黑) | 157.20 |
| 181 | 西乌珠穆沁旗(内蒙古) | 50.00 | 227 | 宁江区(吉) | 720.00 | 273 | 尚志市(黑) | 150.00 |
| 182 | 海勃湾区(内蒙古) | 41.57 | 228 | 农安县(吉) | 700.00 | 274 | 让胡路区(黑) | 142.00 |
| 183 | 商都县(内蒙古) | 41.00 | 229 | 莲花山开发区(吉) | 675.00 | 275 | 双城市(黑) | 117.00 |
| 184 | 林西县(内蒙古) | 40.00 | 230 | 乾安县(吉) | 500.00 | 276 | 道外区(黑) | 100.00 |
| 185 | 玉泉区(内蒙古) | 38.00 | 231 | 磐石市(吉) | 334.00 | 277 | 绥滨县(黑) | 92.00 |
| 186 | 巴林左旗(内蒙古) | 35.00 | 232 | 绿园区(吉) | 200.00 | 278 | 南岗区(黑) | 80.00 |
| 187 | 清水河县(内蒙古) | 34.00 | 233 | 梨树县(吉) | 200.00 | 279 | 甘南县(黑) | 75.00 |
| 188 | 海拉尔区(内蒙古) | 30.00 | 234 | 舒兰市(吉) | 189.00 | 280 | 桦川县(黑) | 62.00 |
| 189 | 丰镇市(内蒙古) | 24.40 | 235 | 辉南县(吉) | 130.00 | 281 | 庆安国有林场管理局(黑) | 57.30 |
| 190 | 克什克腾旗(内蒙古) | 22.00 | 236 | 白城市市辖区(吉) | 93.65 | 282 | 密山市(黑) | 45.50 |
| 191 | 卓资县(内蒙古) | 16.00 | 237 | 丰满区(吉) | 75.00 | 283 | 龙凤区(黑) | 30.00 |
| 192 | 达尔罕茂明安联合旗(内蒙古) | 14.00 | 238 | 天桥岭林业局(吉) | 60.00 | 284 | 大庆市开发区(黑) | 30.00 |
| 193 | 固阳县(内蒙古) | 12.50 | 239 | 船营区(吉) | 45.00 | 285 | 红岗区(黑) | 27.00 |
| 194 | 九原区(内蒙古) | 10.00 | 240 | 双阳区(吉) | 44.00 | 286 | 方正县(黑) | 26.00 |
| 195 | 阜新蒙古族自治县(辽) | 15000.00 | 241 | 桦甸市(吉) | 43.00 | 287 | 萨尔图区(黑) | 25.00 |
| 196 | 瓦房店市(辽) | 3000.00 | 242 | 德惠市(吉) | 40.00 | 288 | 虎林市(黑) | 20.00 |
| 197 | 康平县(辽) | 1205.00 | 243 | 东辽县(吉) | 18.00 | 289 | 泗阳县(苏) | 900.00 |
| 198 | 法库县(辽) | 700.00 | 244 | 长白朝鲜族自治县(吉) | 16.00 | 290 | 涟水县(苏) | 800.00 |
| 199 | 昌图县(辽) | 700.00 | 245 | 朝阳区(吉) | 15.00 | 291 | 沛　县(苏) | 580.00 |
| 200 | 盖州市(辽) | 540.00 | 246 | 呼兰区(黑) | 9000.00 | 292 | 铜山区(苏) | 500.00 |
| 201 | 台安县(辽) | 480.00 | 247 | 林甸县(黑) | 2926.00 | 293 | 大丰市(苏) | 200.00 |
| 202 | 喀喇沁左翼蒙古族自治县(辽) | 474.00 | 248 | 松北区(黑) | 2350.00 | 294 | 淮阴区(苏) | 90.00 |
| 203 | 普兰店市(辽) | 345.00 | 249 | 阿城区(黑) | 1448.30 | 295 | 新沂市(苏) | 75.00 |
| 204 | 盘山县(辽) | 236.00 | 250 | 肇州县(黑) | 1125.00 | 296 | 高邮市(苏) | 64.20 |

| 序号 | 杨树苗主产地 | 产量(万株) | 序号 | 杨树苗主产地 | 产量(万株) | 序号 | 杨树苗主产地 | 产量(万株) |
|---|---|---|---|---|---|---|---|---|
| 297 | 富阳市(浙) | 10.63 | 343 | 汶上县(鲁) | 542.00 | 389 | 获嘉县(豫) | 525.00 |
| 298 | 涡阳县(皖) | 1020.00 | 344 | 肥城市(鲁) | 480.00 | 390 | 太康县(豫) | 511.50 |
| 299 | 阜南县(皖) | 1011.20 | 345 | 桓台县(鲁) | 453.00 | 391 | 睢　县(豫) | 495.00 |
| 300 | 庐阳区(皖) | 602.00 | 346 | 蒙阴县(鲁) | 380.00 | 392 | 西平县(豫) | 488.00 |
| 301 | 霍邱县(皖) | 525.00 | 347 | 陵　县(鲁) | 340.00 | 393 | 夏邑县(豫) | 450.00 |
| 302 | 泗　县(皖) | 412.00 | 348 | 平邑县(鲁) | 338.00 | 394 | 渑池县(豫) | 420.00 |
| 303 | 蒙城县(皖) | 350.00 | 349 | 阳信县(鲁) | 310.00 | 395 | 陕　县(豫) | 362.00 |
| 304 | 寿　县(皖) | 240.00 | 350 | 莱城区(鲁) | 300.00 | 396 | 平舆县(豫) | 359.00 |
| 305 | 淮上区(皖) | 225.00 | 351 | 高青县(鲁) | 300.00 | 397 | 虞城县(豫) | 345.00 |
| 306 | 萧　县(皖) | 213.00 | 352 | 费　县(鲁) | 240.00 | 398 | 洛宁县(豫) | 325.50 |
| 307 | 灵璧县(皖) | 187.00 | 353 | 利津县(鲁) | 233.10 | 399 | 滑　县(豫) | 318.50 |
| 308 | 界首市(皖) | 180.00 | 354 | 坊子区(鲁) | 232.00 | 400 | 禹州市(豫) | 300.00 |
| 309 | 埇桥区(皖) | 150.00 | 355 | 冠　县(鲁) | 220.00 | 401 | 通许县(豫) | 280.00 |
| 310 | 无为县(皖) | 132.00 | 356 | 邹平县(鲁) | 200.00 | 402 | 台前县(豫) | 273.00 |
| 311 | 颍东区(皖) | 120.00 | 357 | 沂南县(鲁) | 200.00 | 403 | 范　县(豫) | 260.00 |
| 312 | 望江县(皖) | 120.00 | 358 | 商河县(鲁) | 180.00 | 404 | 柘城县(豫) | 243.75 |
| 313 | 肥西县(皖) | 110.00 | 359 | 夏津县(鲁) | 180.00 | 405 | 杞　县(豫) | 240.00 |
| 314 | 利辛县(皖) | 100.35 | 360 | 滨城区(鲁) | 150.00 | 406 | 正阳县(豫) | 221.40 |
| 315 | 东至县(皖) | 90.00 | 361 | 即墨市(鲁) | 150.00 | 407 | 山城区(豫) | 216.00 |
| 316 | 五河县(皖) | 80.00 | 362 | 成武县(鲁) | 146.00 | 408 | 济源市(豫) | 210.00 |
| 317 | 固镇县(皖) | 60.00 | 363 | 沂水县(鲁) | 129.00 | 409 | 卢氏县(豫) | 204.00 |
| 318 | 三山区(皖) | 60.00 | 364 | 金乡县(鲁) | 114.00 | 410 | 新蔡县(豫) | 200.00 |
| 319 | 芜湖县(皖) | 60.00 | 365 | 曹　县(鲁) | 110.00 | 411 | 召陵区(豫) | 198.00 |
| 320 | 谯城区(皖) | 57.00 | 366 | 昌邑市(鲁) | 90.00 | 412 | 永城市(豫) | 182.52 |
| 321 | 巢湖市(皖) | 33.00 | 367 | 邹城市(鲁) | 90.00 | 413 | 新乡县(豫) | 151.00 |
| 322 | 怀远县(皖) | 24.00 | 368 | 莱阳市(鲁) | 80.00 | 414 | 新安县(豫) | 140.00 |
| 323 | 弋江区(皖) | 15.00 | 369 | 寒亭区(鲁) | 70.00 | 415 | 潢川县(豫) | 140.00 |
| 324 | 新建县(赣) | 45.00 | 370 | 垦利县(鲁) | 65.00 | 416 | 邓州市(豫) | 140.00 |
| 325 | 宜丰县(赣) | 36.00 | 371 | 青州市(鲁) | 65.00 | 417 | 安阳县(豫) | 133.40 |
| 326 | 瑞昌市(赣) | 25.64 | 372 | 临沭县(鲁) | 60.00 | 418 | 卫辉市(豫) | 121.00 |
| 327 | 乐陵市(鲁) | 2851.00 | 373 | 荣成市(鲁) | 52.70 | 419 | 孟津县(豫) | 120.00 |
| 328 | 诸城市(鲁) | 2000.00 | 374 | 淄川区(鲁) | 36.00 | 420 | 原阳县(豫) | 110.00 |
| 329 | 惠民县(鲁) | 2000.00 | 375 | 河口区(鲁) | 31.00 | 421 | 南乐县(豫) | 107.00 |
| 330 | 岱岳区(鲁) | 1800.00 | 376 | 鱼台县(鲁) | 30.00 | 422 | 兰考县(豫) | 96.00 |
| 331 | 武城县(鲁) | 1285.00 | 377 | 海阳市(鲁) | 10.00 | 423 | 长垣县(豫) | 95.00 |
| 332 | 河东区(鲁) | 1250.00 | 378 | 开封县(豫) | 3000.00 | 424 | 博爱县(豫) | 93.90 |
| 333 | 莒南县(鲁) | 1200.00 | 379 | 许昌县(豫) | 2535.00 | 425 | 鹿邑县(豫) | 81.00 |
| 334 | 平原县(鲁) | 1200.00 | 380 | 商水县(豫) | 1922.00 | 426 | 宜阳县(豫) | 72.00 |
| 335 | 东平县(鲁) | 900.00 | 381 | 扶沟县(豫) | 1398.00 | 427 | 睢阳区(豫) | 60.96 |
| 336 | 宁津县(鲁) | 850.00 | 382 | 汝南县(豫) | 1192.00 | 428 | 叶　县(豫) | 50.00 |
| 337 | 宁阳县(鲁) | 840.00 | 383 | 武陟县(豫) | 900.00 | 429 | 平桥区(豫) | 46.20 |
| 338 | 梁山县(鲁) | 810.00 | 384 | 内黄县(豫) | 900.00 | 430 | 长葛市(豫) | 45.00 |
| 339 | 东营区(鲁) | 780.00 | 385 | 襄城县(豫) | 890.00 | 431 | 偃师市(豫) | 45.00 |
| 340 | 郯城县(鲁) | 654.00 | 386 | 南召县(豫) | 720.00 | 432 | 商城县(豫) | 42.00 |
| 341 | 嘉祥县(鲁) | 650.00 | 387 | 上蔡县(豫) | 693.00 | 433 | 龙亭区(豫) | 39.00 |
| 342 | 昌乐县(鲁) | 585.00 | 388 | 民权县(豫) | 650.00 | 434 | 林州市(豫) | 35.00 |

| 序号 | 杨树苗主产地 | 产量(万株) |
|---|---|---|
| 435 | 嵩　县(豫) | 34.00 |
| 436 | 吉利区(豫) | 30.00 |
| 437 | 郏　县(豫) | 30.00 |
| 438 | 凤泉区(豫) | 27.60 |
| 439 | 淮阳县(豫) | 27.00 |
| 440 | 顺河回族区(豫) | 27.00 |
| 441 | 汤阴县(豫) | 24.40 |
| 442 | 义马市(豫) | 22.00 |
| 443 | 尉氏县(豫) | 21.00 |
| 444 | 禹王台区(豫) | 21.00 |
| 445 | 梁园区(豫) | 20.00 |
| 446 | 山阳区(豫) | 18.00 |
| 447 | 鹤山区(豫) | 15.00 |
| 448 | 栾川县(豫) | 14.25 |
| 449 | 金明区(豫) | 14.00 |
| 450 | 殷都区(豫) | 11.00 |
| 451 | 仙桃市(鄂) | 3000.00 |
| 452 | 潜江市(鄂) | 1500.00 |
| 453 | 房　县(鄂) | 1200.00 |
| 454 | 天门市(鄂) | 630.00 |
| 455 | 襄城区(鄂) | 605.00 |
| 456 | 洪湖市(鄂) | 500.00 |
| 457 | 江陵县(鄂) | 450.00 |
| 458 | 石首市(鄂) | 340.00 |
| 459 | 宜城市(鄂) | 337.00 |
| 460 | 建始县(鄂) | 300.00 |
| 461 | 监利县(鄂) | 300.00 |
| 462 | 应城市(鄂) | 250.00 |
| 463 | 沙洋县(鄂) | 200.00 |
| 464 | 蔡甸区(鄂) | 180.00 |
| 465 | 沙市区(鄂) | 150.00 |
| 466 | 随　县(鄂) | 130.00 |
| 467 | 枣阳市(鄂) | 90.00 |
| 468 | 襄州区(鄂) | 65.00 |
| 469 | 当阳市(鄂) | 50.00 |
| 470 | 孝昌县(鄂) | 50.00 |
| 471 | 松滋市(鄂) | 40.00 |
| 472 | 郧西县(鄂) | 30.00 |
| 473 | 远安县(鄂) | 30.00 |
| 474 | 孝南区(鄂) | 27.00 |
| 475 | 汉川市(鄂) | 24.00 |
| 476 | 大悟县(鄂) | 15.00 |
| 477 | 罗田县(鄂) | 15.00 |
| 478 | 华容县(湘) | 1364.00 |
| 479 | 君山区(湘) | 650.00 |
| 480 | 汉寿县(湘) | 600.00 |

| 序号 | 杨树苗主产地 | 产量(万株) |
|---|---|---|
| 481 | 安乡县(湘) | 240.00 |
| 482 | 沅江市(湘) | 180.00 |
| 483 | 鼎城区(湘) | 38.00 |
| 484 | 湘乡市(湘) | 37.00 |
| 485 | 武陵区(湘) | 28.00 |
| 486 | 潼南县(渝) | 66.00 |
| 487 | 巫山县(渝) | 61.80 |
| 488 | 巴南区(渝) | 40.00 |
| 489 | 石柱土家族自治县(渝) | 21.00 |
| 490 | 南部县(川) | 3847.52 |
| 491 | 顺庆区(川) | 750.00 |
| 492 | 盐亭县(川) | 450.00 |
| 493 | 高坪区(川) | 210.00 |
| 494 | 万源市(川) | 198.00 |
| 495 | 阆中市(川) | 180.00 |
| 496 | 蓬安县(川) | 150.00 |
| 497 | 巴州区(川) | 90.00 |
| 498 | 雁江区(川) | 60.00 |
| 499 | 布拖县(川) | 50.00 |
| 500 | 岳池县(川) | 40.00 |
| 501 | 广汉市(川) | 30.00 |
| 502 | 宣汉县(川) | 24.00 |
| 503 | 甘孜县(川) | 24.00 |
| 504 | 雅江县(川) | 20.00 |
| 505 | 三台县(川) | 20.00 |
| 506 | 稻城县(川) | 20.00 |
| 507 | 倘甸工业园区(滇) | 45000.00 |
| 508 | 寻甸回族彝族自治县(滇) | 128.50 |
| 509 | 江川县(滇) | 20.00 |
| 510 | 达孜县(藏) | 228.37 |
| 511 | 曲水县(藏) | 177.00 |
| 512 | 洛隆县(藏) | 65.00 |
| 513 | 白朗县(藏) | 54.30 |
| 514 | 尼木县(藏) | 51.00 |
| 515 | 谢通门县(藏) | 15.33 |
| 516 | 八宿县(藏) | 12.60 |
| 517 | 城关区(藏) | 12.00 |
| 518 | 吴起县(陕) | 1250.00 |
| 519 | 榆阳区(陕) | 742.00 |
| 520 | 安塞县(陕) | 558.00 |
| 521 | 麟游县(陕) | 120.00 |
| 522 | 定边县(陕) | 108.00 |
| 523 | 宝塔区(陕) | 90.00 |
| 524 | 华阴市(陕) | 63.00 |
| 525 | 志丹县(陕) | 38.90 |
| 526 | 桥山林业局(陕) | 34.60 |

| 序号 | 杨树苗主产地 | 产量(万株) |
|---|---|---|
| 527 | 劳山林业局(陕) | 32.00 |
| 528 | 蒲城县(陕) | 31.00 |
| 529 | 洋　县(陕) | 29.00 |
| 530 | 甘泉县(陕) | 27.00 |
| 531 | 洛川县(陕) | 16.00 |
| 532 | 桥北林业局(陕) | 11.00 |
| 533 | 天祝藏族自治县(甘) | 12974.00 |
| 534 | 红古区(甘) | 1400.00 |
| 535 | 玉门市(甘) | 1173.30 |
| 536 | 景泰县(甘) | 919.00 |
| 537 | 肃州区(甘) | 562.50 |
| 538 | 会宁县(甘) | 526.00 |
| 539 | 瓜州县(甘) | 512.00 |
| 540 | 敦煌市(甘) | 450.00 |
| 541 | 金塔县(甘) | 432.00 |
| 542 | 临泽县(甘) | 400.00 |
| 543 | 广河县(甘) | 245.00 |
| 544 | 高台县(甘) | 140.00 |
| 545 | 古浪县(甘) | 128.80 |
| 546 | 凉州区(甘) | 120.00 |
| 547 | 华池林业总场(甘) | 81.20 |
| 548 | 白银区(甘) | 72.00 |
| 549 | 泾川县(甘) | 70.00 |
| 550 | 正宁林业总场(甘) | 68.00 |
| 551 | 榆中县(甘) | 61.40 |
| 552 | 两当县(甘) | 60.00 |
| 553 | 积石山保安族东乡族撒拉族自治县(甘) | 60.00 |
| 554 | 湘乐林业总场(甘) | 44.93 |
| 555 | 肃南裕固族自治县(甘) | 42.00 |
| 556 | 武威市市辖区(甘) | 41.00 |
| 557 | 山丹县(甘) | 36.07 |
| 558 | 靖远县(甘) | 35.40 |
| 559 | 民乐县(甘) | 32.40 |
| 560 | 民勤县(甘) | 23.31 |
| 561 | 永昌县(甘) | 14.07 |
| 562 | 民和回族土族自治县(青) | 330.00 |
| 563 | 贵南县(青) | 90.00 |
| 564 | 共和县(青) | 61.00 |
| 565 | 门源回族自治县(青) | 50.00 |
| 566 | 湟源县(青) | 46.20 |
| 567 | 大通回族土族自治县(青) | 37.00 |
| 568 | 兴海县(青) | 16.67 |
| 569 | 尖扎县(青) | 11.75 |
| 570 | 格尔木市(青) | 11.00 |
| 571 | 西吉县(宁) | 5320.10 |

| 序号 | 杨树苗主产地 | 产量(万株) |
|---|---|---|
| 572 | 红寺堡区(宁) | 1170.00 |
| 573 | 利通区(宁) | 650.00 |
| 574 | 永宁县(宁) | 485.00 |
| 575 | 贺兰县(宁) | 205.20 |
| 576 | 沙坡头区(宁) | 181.50 |
| 577 | 彭阳县(宁) | 165.00 |
| 578 | 宁夏仁存渡护岸林场(宁) | 134.44 |
| 579 | 同心县(宁) | 131.92 |
| 580 | 兴庆区(宁) | 94.65 |
| 581 | 青铜峡市(宁) | 52.50 |
| 582 | 平罗县(宁) | 36.41 |
| 583 | 灵武白芨滩国家级自然保护区(宁) | 24.14 |
| 584 | 惠农区(宁) | 15.90 |
| 585 | 金凤区(宁) | 11.60 |
| 586 | 焉耆回族自治县(新) | 5489.00 |
| 587 | 叶城县(新) | 3988.53 |
| 588 | 疏附县(新) | 2613.38 |
| 589 | 麦盖提县(新) | 2519.35 |
| 590 | 英吉沙县(新) | 2378.57 |
| 591 | 莎车县(新) | 1808.90 |
| 592 | 疏勒县(新) | 1554.00 |
| 593 | 伽师县(新) | 987.26 |
| 594 | 玛纳斯县(新) | 801.00 |
| 595 | 巴楚县(新) | 692.00 |
| 596 | 霍城县(新) | 668.30 |
| 597 | 喀什市(新) | 663.00 |
| 598 | 新源县(新) | 500.00 |
| 599 | 岳普湖县(新) | 345.00 |
| 600 | 昌吉市(新) | 345.00 |
| 601 | 和静县(新) | 318.00 |
| 602 | 沙湾县(新) | 309.00 |
| 603 | 泽普县(新) | 294.84 |
| 604 | 尉犁县(新) | 270.50 |
| 605 | 阿勒泰市(新) | 204.00 |
| 606 | 木垒哈萨克自治县(新) | 192.60 |
| 607 | 阿合奇县(新) | 150.00 |
| 608 | 且末县(新) | 143.00 |
| 609 | 乌苏市(新) | 137.64 |
| 610 | 阿图什市(新) | 133.80 |
| 611 | 塔城市(新) | 130.00 |
| 612 | 青河县(新) | 120.00 |
| 613 | 哈巴河县(新) | 108.00 |
| 614 | 托里县(新) | 100.00 |
| 615 | 富蕴县(新) | 60.00 |
| 616 | 沙雅县(新) | 50.92 |
| 617 | 布尔津县(新) | 45.00 |
| 618 | 托克逊县(新) | 36.00 |
| 619 | 福海县(新) | 33.50 |
| 620 | 奇台县(新) | 24.00 |
| 621 | 农七师(新疆兵团) | 2000.00 |
| 622 | 农六师(新疆兵团) | 500.00 |
| 623 | 农四师(新疆兵团) | 300.00 |
| 624 | 农三师(新疆兵团) | 258.00 |
| 625 | 农十三师(新疆兵团) | 205.60 |
| 626 | 农五师(新疆兵团) | 194.00 |

**表 10-21　白蜡苗主产地产量**

| 序号 | 白蜡苗主产地 | 产量(万株) |
|---|---|---|
| 1 | 北京市林业种子苗木管理总站(京) | 446.24 |
| 2 | 丰台区(京) | 10.00 |
| 3 | 静海县(津) | 147.80 |
| 4 | 武清区(津) | 74.12 |
| 5 | 西青区(津) | 45.00 |
| 6 | 津南区(津) | 30.00 |
| 7 | 滨海新区(津) | 24.00 |
| 8 | 沧　县(冀) | 532.00 |
| 9 | 清苑县(冀) | 400.00 |
| 10 | 南和县(冀) | 397.00 |
| 11 | 定州市(冀) | 380.00 |
| 12 | 博野县(冀) | 200.00 |
| 13 | 顺平县(冀) | 185.00 |
| 14 | 吴桥县(冀) | 119.20 |
| 15 | 安国市(冀) | 100.00 |
| 16 | 河间市(冀) | 96.00 |
| 17 | 景　县(冀) | 75.00 |
| 18 | 路南区(冀) | 70.00 |
| 19 | 丰润区(冀) | 69.00 |
| 20 | 高邑县(冀) | 65.00 |
| 21 | 永年县(冀) | 60.00 |
| 22 | 邱　县(冀) | 60.00 |
| 23 | 蠡　县(冀) | 50.00 |
| 24 | 深州市(冀) | 47.52 |
| 25 | 盐山县(冀) | 44.00 |
| 26 | 泊头市(冀) | 41.50 |
| 27 | 海兴县(冀) | 32.00 |
| 28 | 易　县(冀) | 30.00 |
| 29 | 高碑店市(冀) | 30.00 |
| 30 | 武强县(冀) | 30.00 |
| 31 | 行唐县(冀) | 30.00 |
| 32 | 桃城区(冀) | 25.10 |
| 33 | 沧州市南大港管理区(冀) | 24.00 |
| 34 | 赵　县(冀) | 24.00 |
| 35 | 任　县(冀) | 24.00 |
| 36 | 高阳县(冀) | 22.00 |
| 37 | 黄骅市(冀) | 20.00 |
| 38 | 深泽县(冀) | 20.00 |
| 39 | 辛集市(冀) | 19.00 |
| 40 | 新河县(冀) | 18.00 |
| 41 | 唐海县(冀) | 15.00 |
| 42 | 大厂回族自治县(冀) | 15.00 |
| 43 | 阜城县(冀) | 15.00 |
| 44 | 邢台县(冀) | 14.00 |
| 45 | 安平县(冀) | 12.00 |
| 46 | 故城县(冀) | 11.30 |
| 47 | 青　县(冀) | 10.00 |
| 48 | 曲沃县(晋) | 34.00 |
| 49 | 侯马市(晋) | 30.00 |
| 50 | 定襄县(晋) | 20.00 |
| 51 | 原平市(晋) | 10.00 |
| 52 | 鄂托克前旗(内蒙古) | 14.18 |
| 53 | 库伦旗(内蒙古) | 10.31 |
| 54 | 红山区(内蒙古) | 10.00 |
| 55 | 东港市(辽) | 1938.00 |
| 56 | 瓦房店市(辽) | 600.00 |
| 57 | 庄河市(辽) | 200.00 |
| 58 | 老边区(辽) | 30.00 |
| 59 | 新民市(辽) | 19.80 |
| 60 | 大洼县(辽) | 19.00 |
| 61 | 灵璧县(皖) | 90.00 |
| 62 | 惠民县(鲁) | 20500.00 |
| 63 | 无棣县(鲁) | 12000.00 |
| 64 | 乐陵市(鲁) | 7600.00 |
| 65 | 沾化县(鲁) | 6000.00 |
| 66 | 寿光市(鲁) | 4100.00 |
| 67 | 垦利县(鲁) | 1993.00 |
| 68 | 东营区(鲁) | 1890.00 |
| 69 | 高青县(鲁) | 1600.00 |
| 70 | 曲阜市(鲁) | 1560.00 |
| 71 | 利津县(鲁) | 1456.00 |
| 72 | 河口区(鲁) | 1260.00 |
| 73 | 汶上县(鲁) | 1242.00 |
| 74 | 阳信县(鲁) | 1050.00 |
| 75 | 长清区(鲁) | 1050.00 |
| 76 | 嘉祥县(鲁) | 1045.00 |
| 77 | 宁津县(鲁) | 780.00 |
| 78 | 广饶县(鲁) | 750.50 |

| 序号 | 白蜡苗主产地 | 产量(万株) |
|---|---|---|
| 79 | 临沂市经济技术开发区(鲁) | 601.00 |
| 80 | 东平县(鲁) | 600.00 |
| 81 | 即墨市(鲁) | 500.00 |
| 82 | 滨城区(鲁) | 380.00 |
| 83 | 河东区(鲁) | 270.00 |
| 84 | 昌邑市(鲁) | 200.00 |
| 85 | 邹平县(鲁) | 180.00 |
| 86 | 陵　县(鲁) | 180.00 |
| 87 | 桓台县(鲁) | 152.00 |
| 88 | 梁山县(鲁) | 150.00 |
| 89 | 平原县(鲁) | 150.00 |
| 90 | 昌乐县(鲁) | 120.00 |
| 91 | 海阳市(鲁) | 100.00 |
| 92 | 东昌府区(鲁) | 100.00 |
| 93 | 金乡县(鲁) | 92.40 |
| 94 | 肥城市(鲁) | 65.00 |
| 95 | 城阳区(鲁) | 61.00 |
| 96 | 周村区(鲁) | 60.00 |
| 97 | 德城区(鲁) | 60.00 |
| 98 | 临淄区(鲁) | 58.30 |
| 99 | 阳谷县(鲁) | 48.00 |
| 100 | 曹　县(鲁) | 40.00 |
| 101 | 潍城区(鲁) | 32.00 |
| 102 | 文登市(鲁) | 30.00 |
| 103 | 商河县(鲁) | 30.00 |
| 104 | 莘　县(鲁) | 22.20 |
| 105 | 青州市(鲁) | 22.00 |
| 106 | 成武县(鲁) | 21.00 |
| 107 | 蓬莱市(鲁) | 18.00 |
| 108 | 罗庄区(鲁) | 16.00 |
| 109 | 泗水县(鲁) | 15.00 |
| 110 | 坊子区(鲁) | 10.00 |
| 111 | 社旗县(豫) | 400.00 |
| 112 | 鄢陵县(豫) | 380.00 |
| 113 | 济源市(豫) | 200.00 |
| 114 | 长垣县(豫) | 180.00 |
| 115 | 民权县(豫) | 88.00 |
| 116 | 潢川县(豫) | 80.00 |
| 117 | 长葛市(豫) | 74.00 |
| 118 | 华龙区(豫) | 54.00 |
| 119 | 清丰县(豫) | 48.00 |
| 120 | 兰考县(豫) | 35.90 |
| 121 | 尉氏县(豫) | 34.40 |
| 122 | 夏邑县(豫) | 30.00 |
| 123 | 商水县(豫) | 28.00 |
| 124 | 鹤山区(豫) | 24.96 |
| 125 | 南乐县(豫) | 19.80 |
| 126 | 唐河县(豫) | 16.00 |
| 127 | 荥阳市(豫) | 15.00 |
| 128 | 惠济区(豫) | 13.43 |
| 129 | 栾川县(豫) | 11.10 |
| 130 | 湖滨区(豫) | 10.00 |
| 131 | 京山县(鄂) | 150.00 |
| 132 | 太子山林场管理局(鄂) | 30.00 |
| 133 | 安陆市(鄂) | 10.00 |
| 134 | 渝北区(渝) | 67.30 |
| 135 | 巴州区(川) | 90.00 |
| 136 | 湘乐林业总场(甘) | 166.10 |
| 137 | 瓜州县(甘) | 100.00 |
| 138 | 华池林业总场(甘) | 91.20 |
| 139 | 正宁林业总场(甘) | 36.00 |
| 140 | 红寺堡区(宁) | 151.20 |
| 141 | 永宁县(宁) | 100.00 |
| 142 | 大武口区(宁) | 48.91 |
| 143 | 贺兰县(宁) | 43.40 |
| 144 | 中宁县(宁) | 43.25 |
| 145 | 灵武市(宁) | 30.20 |
| 146 | 平罗县(宁) | 17.76 |
| 147 | 惠农区(宁) | 13.70 |
| 148 | 玛纳斯县(新) | 2064.00 |
| 149 | 昌吉市(新) | 1175.00 |
| 150 | 阿尔泰林场 (新) | 190.00 |
| 151 | 米东区(新) | 180.00 |
| 152 | 疏附县(新) | 107.80 |
| 153 | 沙湾县(新) | 73.00 |
| 154 | 霍城县(新) | 66.20 |
| 155 | 喀什市(新) | 57.00 |
| 156 | 吉木萨尔县(新) | 50.00 |
| 157 | 福海县(新) | 32.96 |
| 158 | 新源县(新) | 28.00 |
| 159 | 伽师县(新) | 25.27 |
| 160 | 奇台县(新) | 21.00 |
| 161 | 奇台林场(新) | 20.70 |
| 162 | 尉犁县(新) | 20.10 |
| 163 | 新疆林业科学研究院(新) | 13.00 |
| 164 | 农六师(新疆兵团) | 200.00 |
| 165 | 农七师(新疆兵团) | 30.00 |

## 表 10-22　水曲柳苗主产地产量

| 序号 | 水曲柳苗主产地 | 产量(万株) |
|---|---|---|
| 1 | 振安区(辽) | 500.00 |
| 2 | 敦化市(吉) | 450.00 |
| 3 | 白河林业局(吉) | 386.00 |
| 4 | 集安市(吉) | 80.42 |
| 5 | 江源区(吉) | 55.00 |
| 6 | 桦甸市(吉) | 40.00 |
| 7 | 抚松县(吉) | 37.00 |
| 8 | 长白朝鲜族自治县(吉) | 36.00 |
| 9 | 龙潭区(吉) | 31.00 |
| 10 | 汪清林业局(吉) | 12.00 |
| 11 | 辉南县(吉) | 12.00 |
| 12 | 孟家岗林场(黑) | 70.00 |
| 13 | 五河县(皖) | 150.00 |
| 14 | 玛纳斯县(新) | 38.00 |
| 15 | 松江河林业有限公司(吉林森工) | 718.80 |
| 16 | 白石山林业局(吉林森工) | 95.30 |
| 17 | 露水河林业局(吉林森工) | 88.52 |
| 18 | 三岔子林业局(吉林森工) | 70.00 |
| 19 | 泉阳林业局(吉林森工) | 43.00 |
| 20 | 临江林业局(吉林森工) | 38.80 |
| 21 | 海林林业局(龙江森工) | 108.20 |
| 22 | 山河屯林业局(龙江森工) | 106.70 |
| 23 | 穆棱林业局(龙江森工) | 76.00 |
| 24 | 朗乡林业局(龙江森工) | 75.20 |
| 25 | 大海林林业局(龙江森工) | 60.00 |
| 26 | 绥棱林业局(龙江森工) | 27.30 |
| 27 | 柴河林业局(龙江森工) | 23.00 |
| 28 | 东京城林业局(龙江森工) | 17.00 |
| 29 | 双鸭山林业局(龙江森工) | 16.30 |
| 30 | 金山屯林业局(龙江森工) | 14.90 |
| 31 | 东方红林业局(龙江森工) | 14.40 |
| 32 | 亚布力林业局(龙江森工) | 14.00 |
| 33 | 绥阳林业局(龙江森工) | 14.00 |
| 34 | 带岭实验局(龙江森工) | 12.60 |
| 35 | 兴隆林业局(龙江森工) | 11.70 |
| 36 | 八面通林业局(龙江森工) | 10.00 |

## 表 10-23　榆树苗主产地产量

| 序号 | 榆树苗主产地 | 产量(万株) |
|---|---|---|
| 1 | 延庆县(京) | 27.90 |
| 2 | 滨海新区(津) | 50.00 |
| 3 | 康保县(冀) | 4090.00 |
| 4 | 清苑县(冀) | 3000.00 |
| 5 | 尚义县(冀) | 2315.00 |
| 6 | 定州市(冀) | 1300.00 |
| 7 | 沽源县(冀) | 1089.00 |
| 8 | 阳原县(冀) | 1000.00 |
| 9 | 博野县(冀) | 1000.00 |

| 序号 | 榆树苗主产地 | 产量(万株) |
|---|---|---|
| 10 | 张北县(冀) | 901.00 |
| 11 | 丰宁满族自治县(冀) | 510.00 |
| 12 | 安国市(冀) | 500.00 |
| 13 | 顺平县(冀) | 250.00 |
| 14 | 赞皇县(冀) | 202.50 |
| 15 | 怀安县(冀) | 160.00 |
| 16 | 赵　县(冀) | 135.00 |
| 17 | 赤城县(冀) | 134.42 |
| 18 | 高邑县(冀) | 86.00 |
| 19 | 吴桥县(冀) | 80.10 |
| 20 | 景　县(冀) | 65.00 |
| 21 | 沙河市(冀) | 65.00 |
| 22 | 盐山县(冀) | 43.00 |
| 23 | 深州市(冀) | 32.72 |
| 24 | 张家口市高新技术管理区(冀) | 24.72 |
| 25 | 高阳县(冀) | 23.00 |
| 26 | 邢台县(冀) | 23.00 |
| 27 | 辛集市(冀) | 19.00 |
| 28 | 安平县(冀) | 18.00 |
| 29 | 海兴县(冀) | 12.00 |
| 30 | 高碑店市(冀) | 10.00 |
| 31 | 大同县(晋) | 30.00 |
| 32 | 巴林右旗(内蒙古) | 2526.00 |
| 33 | 察哈尔右翼后旗(内蒙古) | 900.00 |
| 34 | 松山区(内蒙古) | 520.00 |
| 35 | 林西县(内蒙古) | 324.00 |
| 36 | 固阳县(内蒙古) | 320.00 |
| 37 | 五原县(内蒙古) | 300.00 |
| 38 | 乌拉特前旗(内蒙古) | 276.12 |
| 39 | 杭锦后旗(内蒙古) | 272.00 |
| 40 | 武川县(内蒙古) | 220.00 |
| 41 | 乌审旗(内蒙古) | 193.00 |
| 42 | 阿鲁科尔沁旗(内蒙古) | 192.00 |
| 43 | 鄂温克族自治旗(内蒙古) | 166.50 |
| 44 | 达尔罕茂明安联合旗(内蒙古) | 153.10 |
| 45 | 正蓝旗(内蒙古) | 130.00 |
| 46 | 克什克腾旗(内蒙古) | 125.00 |
| 47 | 巴林左旗(内蒙古) | 122.00 |
| 48 | 察哈尔右翼中旗(内蒙古) | 107.00 |
| 49 | 阿拉善左旗(内蒙古) | 88.25 |
| 50 | 鄂托克前旗(内蒙古) | 61.15 |
| 51 | 土默特右旗(内蒙古) | 60.00 |
| 52 | 杭锦旗(内蒙古) | 50.00 |
| 53 | 海拉尔区(内蒙古) | 40.00 |
| 54 | 集宁区(内蒙古) | 36.00 |
| 55 | 东乌珠穆沁旗(内蒙古) | 34.00 |
| 56 | 镶黄旗(内蒙古) | 25.00 |
| 57 | 库伦旗(内蒙古) | 22.20 |
| 58 | 鄂托克旗(内蒙古) | 21.00 |
| 59 | 红山区(内蒙古) | 20.00 |
| 60 | 商都县(内蒙古) | 20.00 |
| 61 | 察哈尔右翼前旗(内蒙古) | 12.00 |
| 62 | 石拐区(内蒙古) | 10.00 |
| 63 | 康平县(辽) | 173.00 |
| 64 | 新民市(辽) | 51.00 |
| 65 | 太子河区(辽) | 40.00 |
| 66 | 大洼县(辽) | 26.00 |
| 67 | 于洪区(辽) | 20.00 |
| 68 | 浑江区(吉) | 75.00 |
| 69 | 二道江区(吉) | 45.40 |
| 70 | 丰满区(吉) | 23.00 |
| 71 | 双阳区(吉) | 20.00 |
| 72 | 莲花山开发区(吉) | 11.00 |
| 73 | 明水县(黑) | 400.00 |
| 74 | 兰西县(黑) | 300.00 |
| 75 | 虎林市(黑) | 300.00 |
| 76 | 呼兰区(黑) | 220.00 |
| 77 | 讷河市(黑) | 120.00 |
| 78 | 克东县(黑) | 20.00 |
| 79 | 大庆市开发区(黑) | 10.00 |
| 80 | 宁津县(鲁) | 300.00 |
| 81 | 东营区(鲁) | 90.00 |
| 82 | 垦利县(鲁) | 65.00 |
| 83 | 河口区(鲁) | 42.00 |
| 84 | 利津县(鲁) | 36.00 |
| 85 | 陵　县(鲁) | 30.00 |
| 86 | 金乡县(鲁) | 21.60 |
| 87 | 商河县(鲁) | 10.00 |
| 88 | 嵩　县(豫) | 91.00 |
| 89 | 观林林业局(川) | 27.74 |
| 90 | 城关区(藏) | 17.00 |
| 91 | 古浪县(甘) | 195.00 |
| 92 | 甘州区(甘) | 150.00 |
| 93 | 瓜州县(甘) | 79.00 |
| 94 | 高台县(甘) | 63.70 |
| 95 | 临泽县(甘) | 60.00 |
| 96 | 乐都县(青) | 1210.00 |
| 97 | 湟中县(青) | 450.00 |
| 98 | 民和回族土族自治县(青) | 400.00 |
| 99 | 海晏县(青) | 21.36 |
| 100 | 共和县(青) | 17.70 |
| 101 | 西吉县(宁) | 452.00 |
| 102 | 贺兰县(宁) | 367.87 |
| 103 | 灵武市(宁) | 203.65 |
| 104 | 同心县(宁) | 104.00 |
| 105 | 永宁县(宁) | 90.00 |
| 106 | 红寺堡区(宁) | 75.00 |
| 107 | 兴庆区(宁) | 69.35 |
| 108 | 盐池县(宁) | 41.48 |
| 109 | 灵武白芨滩国家级自然保护区(宁) | 25.31 |
| 110 | 昌吉市(新) | 1362.00 |
| 111 | 玛纳斯县(新) | 928.00 |
| 112 | 米东区(新) | 540.00 |
| 113 | 喀什市(新) | 471.00 |
| 114 | 奇台县(新) | 324.00 |
| 115 | 沙湾县(新) | 165.00 |
| 116 | 木垒哈萨克自治县(新) | 118.80 |
| 117 | 乌苏市(新) | 79.57 |
| 118 | 吉木萨尔县(新) | 50.00 |
| 119 | 托克逊县(新) | 48.00 |
| 120 | 疏附县(新) | 27.85 |
| 121 | 哈巴河县(新) | 12.00 |
| 122 | 富蕴县(新) | 10.00 |
| 123 | 新青林业局(龙江森工) | 73.50 |
| 124 | 沾河林业局(龙江森工) | 45.90 |
| 125 | 乌伊岭林业局(龙江森工) | 13.00 |
| 126 | 农六师(新疆兵团) | 300.00 |

**表 10-24　楠木苗主产地产量**

| 序号 | 楠木苗主产地 | 产量(万株) |
|---|---|---|
| 1 | 缙云县(浙) | 810 |
| 2 | 临海市(浙) | 135 |
| 3 | 淳安县(浙) | 60 |
| 4 | 建德市(浙) | 51.5 |
| 5 | 德安县(赣) | 45.4 |
| 6 | 巩义市(豫) | 20 |
| 7 | 竹溪县(鄂) | 120 |
| 8 | 樊城区(鄂) | 110 |
| 9 | 宣恩县(鄂) | 101.5 |
| 10 | 恩施市(鄂) | 50 |
| 11 | 东宝区(鄂) | 30 |
| 12 | 宜都市(鄂) | 20 |
| 13 | 金洞林场(湘) | 200 |
| 14 | 津市市(湘) | 95 |
| 15 | 涟源市(湘) | 56 |
| 16 | 石门县(湘) | 50 |
| 17 | 新邵县(湘) | 50 |

| 序号 | 楠木苗主产地 | 产量(万株) |
|---|---|---|
| 18 | 临澧县(湘) | 45 |
| 19 | 常宁市(湘) | 35 |
| 20 | 安化县(湘) | 10 |
| 21 | 南澳县(粤) | 60 |
| 22 | 郁南县(粤) | 20 |
| 23 | 阳朔县(桂) | 200 |
| 24 | 灌阳县(桂) | 30 |
| 25 | 田林县(桂) | 25 |
| 26 | 黄冕林场(桂) | 14 |
| 27 | 永川区(渝) | 100 |
| 28 | 雨城区(川) | 150 |
| 29 | 名山县(川) | 100 |
| 30 | 邛崃市(川) | 50 |
| 31 | 荣　县(川) | 50 |
| 32 | 高　县(川) | 23 |
| 33 | 都江堰市(川) | 22 |
| 34 | 大邑县(川) | 22 |
| 35 | 江口县(黔) | 181 |
| 36 | 桐梓县(黔) | 100 |
| 37 | 独山县(黔) | 15 |
| 38 | 石林彝族自治县(滇) | 88.6 |

**表 10-25　桉树苗主产地产量**

| 序号 | 桉树苗主产地 | 产量(万株) |
|---|---|---|
| 1 | 赣　县(赣) | 150.00 |
| 2 | 会昌县(赣) | 40.00 |
| 3 | 遂溪县(粤) | 8270.00 |
| 4 | 麻章区(粤) | 8042.00 |
| 5 | 雷州市(粤) | 1200.00 |
| 6 | 高要市(粤) | 1142.10 |
| 7 | 梅　县(粤) | 900.00 |
| 8 | 翁源县(粤) | 360.00 |
| 9 | 乳源瑶族自治县(粤) | 300.00 |
| 10 | 吴川市(粤) | 250.00 |
| 11 | 阳春市(粤) | 180.00 |
| 12 | 阳西县(粤) | 160.00 |
| 13 | 徐闻县(粤) | 153.00 |
| 14 | 化州市(粤) | 133.50 |
| 15 | 怀集县(粤) | 120.50 |
| 16 | 台山市(粤) | 120.00 |
| 17 | 清城区(粤) | 100.00 |
| 18 | 大埔县(粤) | 100.00 |
| 19 | 江城区(粤) | 80.00 |
| 20 | 湛江市东海岛区(粤) | 74.00 |
| 21 | 恩平市(粤) | 50.00 |
| 22 | 清新县(粤) | 40.00 |
| 23 | 惠城区(粤) | 30.00 |
| 24 | 澄海区(粤) | 20.00 |
| 25 | 清远市属总林场(粤) | 17.00 |
| 26 | 东江林场(粤) | 10.00 |
| 27 | 桂平市(桂) | 4000.00 |
| 28 | 东门林场(桂) | 3121.88 |
| 29 | 博白林场(桂) | 2853.18 |
| 30 | 钦北区(桂) | 1350.00 |
| 31 | 高峰林场(桂) | 832.76 |
| 32 | 鹿寨县(桂) | 800.00 |
| 33 | 苍梧县(桂) | 781.00 |
| 34 | 玉州区(桂) | 760.00 |
| 35 | 六万林场(桂) | 500.00 |
| 36 | 藤　县(桂) | 473.00 |
| 37 | 武宣县(桂) | 450.00 |
| 38 | 覃塘区(桂) | 400.00 |
| 39 | 环江毛南族自治县(桂) | 350.00 |
| 40 | 浦北县(桂) | 350.00 |
| 41 | 兴宾区(桂) | 350.00 |
| 42 | 象州县(桂) | 340.00 |
| 43 | 七坡林场(桂) | 336.00 |
| 44 | 三门江林场(桂) | 300.00 |
| 45 | 八步区(桂) | 300.00 |
| 46 | 平果县(桂) | 290.00 |
| 47 | 横　县(桂) | 259.00 |
| 48 | 合浦县(桂) | 250.00 |
| 49 | 维都林场(桂) | 235.00 |
| 50 | 钦廉林场(桂) | 219.82 |
| 51 | 田阳县(桂) | 210.00 |
| 52 | 派阳山林场(桂) | 184.10 |
| 53 | 蒙山县(桂) | 180.00 |
| 54 | 黄冕林场(桂) | 141.60 |
| 55 | 金城江区(桂) | 100.00 |
| 56 | 港南区(桂) | 85.00 |
| 57 | 良凤江国家森林公园(桂) | 82.39 |
| 58 | 上思县(桂) | 70.00 |
| 59 | 马山县(桂) | 70.00 |
| 60 | 扶绥县(桂) | 60.00 |
| 61 | 雅长林场(桂) | 60.00 |
| 62 | 昭平县(桂) | 55.00 |
| 63 | 大化瑶族自治县(桂) | 50.00 |
| 64 | 田林县(桂) | 45.00 |
| 65 | 西林县(桂) | 43.00 |
| 66 | 防城区(桂) | 30.00 |
| 67 | 永川区(渝) | 700.00 |
| 68 | 潼南县(渝) | 343.00 |
| 69 | 丰都县(渝) | 160.00 |
| 70 | 荣昌县(渝) | 50.00 |
| 71 | 富顺县(川) | 300.00 |
| 72 | 泸　县(川) | 220.00 |
| 73 | 犍为县(川) | 207.00 |
| 74 | 邛崃市(川) | 200.00 |
| 75 | 荣　县(川) | 200.00 |
| 76 | 东坡区(川) | 130.00 |
| 77 | 冕宁县(川) | 80.00 |
| 78 | 沿滩区(川) | 50.00 |
| 79 | 梓潼县(川) | 50.00 |
| 80 | 威远县(川) | 45.00 |
| 81 | 江油市(川) | 40.00 |
| 82 | 望谟县(黔) | 350.00 |
| 83 | 贞丰县(黔) | 155.15 |
| 84 | 册亨县(黔) | 90.00 |
| 85 | 独山县(黔) | 50.00 |
| 86 | 双江拉祜族佤族布朗族傣族自治县(滇) | 1000.00 |
| 87 | 牟定县(滇) | 362.00 |
| 88 | 石屏县(滇) | 310.00 |
| 89 | 姚安县(滇) | 230.00 |
| 90 | 双柏县(滇) | 172.10 |
| 91 | 禄丰县(滇) | 165.64 |
| 92 | 个旧市(滇) | 165.00 |
| 93 | 武定县(滇) | 163.50 |
| 94 | 南华县(滇) | 133.00 |
| 95 | 墨江哈尼族自治县(滇) | 50.00 |
| 96 | 寻甸回族彝族自治县(滇) | 48.50 |
| 97 | 陆良县(滇) | 40.00 |
| 98 | 永仁县(滇) | 20.00 |
| 99 | 孟连傣族拉祜族佤族自治县(滇) | 14.00 |
| 100 | 弥渡县(滇) | 10.00 |
| 101 | 商州区(陕) | 45.00 |

**表 10-26　柠条苗主产地产量**

| 序号 | 柠条苗主产地 | 产量(万株) |
|---|---|---|
| 1 | 围场满族蒙古族自治县(冀) | 3000.00 |
| 2 | 康保县(冀) | 50.00 |
| 3 | 偏关县(晋) | 3600.00 |
| 4 | 岢岚县(晋) | 1400.00 |
| 5 | 河曲县(晋) | 1083.60 |
| 6 | 南郊区(晋) | 365.00 |
| 7 | 神池县(晋) | 234.00 |
| 8 | 大同县(晋) | 10.00 |

| 序号 | 柠条苗主产地 | 产量(万株) |
|---|---|---|
| 9 | 鄂托克前旗(内蒙古) | 5476.00 |
| 10 | 正蓝旗(内蒙古) | 2127.00 |
| 11 | 巴林右旗(内蒙古) | 1368.00 |
| 12 | 四子王旗(内蒙古) | 948.99 |
| 13 | 达拉特旗(内蒙古) | 500.00 |
| 14 | 阿鲁科尔沁旗(内蒙古) | 450.00 |
| 15 | 鄂托克旗(内蒙古) | 450.00 |
| 16 | 达尔罕茂明安联合旗(内蒙古) | 300.00 |
| 17 | 苏尼特左旗(内蒙古) | 300.00 |
| 18 | 清水河县(内蒙古) | 300.00 |
| 19 | 敖汉旗(内蒙古) | 240.00 |
| 20 | 乌审旗(内蒙古) | 193.00 |
| 21 | 松山区(内蒙古) | 176.00 |
| 22 | 克什克腾旗(内蒙古) | 167.00 |
| 23 | 东乌珠穆沁旗(内蒙古) | 160.00 |
| 24 | 苏尼特右旗(内蒙古) | 160.00 |
| 25 | 东胜区(内蒙古) | 100.00 |
| 26 | 镶黄旗(内蒙古) | 90.00 |
| 27 | 阿拉善左旗(内蒙古) | 32.00 |
| 28 | 察哈尔右翼中旗(内蒙古) | 20.00 |
| 29 | 榆阳区(陕) | 12.00 |
| 30 | 民乐县(甘) | 800.00 |
| 31 | 景泰县(甘) | 406.50 |
| 32 | 古浪县(甘) | 91.80 |
| 33 | 山丹县(甘) | 70.00 |
| 34 | 永靖县(甘) | 67.50 |
| 35 | 定西市巉口林业试验场(甘) | 32.00 |
| 36 | 玛珂河林业局(青) | 100.00 |
| 37 | 盐池县(宁) | 560.00 |
| 38 | 贺兰县(宁) | 26.25 |
| 39 | 灵武市(宁) | 15.00 |

**表 10-27　香樟苗主产地产量**

| 序号 | 香樟苗主产地 | 产量(万株) |
|---|---|---|
| 1 | 松江区(沪) | 245.20 |
| 2 | 嘉定区(沪) | 25.00 |
| 3 | 闵行区(沪) | 22.65 |
| 4 | 浦东新区(沪) | 15.00 |
| 5 | 如皋市(苏) | 300.00 |
| 6 | 常熟市(苏) | 170.97 |
| 7 | 昆山市(苏) | 45.56 |
| 8 | 泰兴市(苏) | 27.80 |
| 9 | 惠山区(苏) | 11.25 |
| 10 | 高淳县(苏) | 11.00 |
| 11 | 高邮市(苏) | 10.00 |
| 12 | 海宁市(浙) | 643.20 |
| 13 | 慈溪市(浙) | 395.00 |
| 14 | 奉化市(浙) | 380.00 |
| 15 | 桐乡市(浙) | 268.00 |
| 16 | 余杭区(浙) | 183.00 |
| 17 | 秀洲区(浙) | 145.80 |
| 18 | 南湖区(浙) | 140.00 |
| 19 | 黄岩区(浙) | 71.00 |
| 20 | 鄞州区(浙) | 70.00 |
| 21 | 宁海县(浙) | 60.00 |
| 22 | 建德市(浙) | 51.00 |
| 23 | 玉环县(浙) | 48.90 |
| 24 | 义乌市(浙) | 40.50 |
| 25 | 海盐县(浙) | 37.20 |
| 26 | 富阳市(浙) | 28.48 |
| 27 | 淳安县(浙) | 22.20 |
| 28 | 温岭市(浙) | 20.80 |
| 29 | 临海市(浙) | 20.00 |
| 30 | 路桥区(浙) | 20.00 |
| 31 | 天台县(浙) | 12.30 |
| 32 | 柯城区(浙) | 11.00 |
| 33 | 肥西县(皖) | 1420.00 |
| 34 | 霍邱县(皖) | 260.00 |
| 35 | 芜湖县(皖) | 180.00 |
| 36 | 长丰县(皖) | 146.00 |
| 37 | 郎溪县(皖) | 130.00 |
| 38 | 屯溪区(皖) | 90.00 |
| 39 | 弋江区(皖) | 75.00 |
| 40 | 潜山县(皖) | 50.00 |
| 41 | 宣州区(皖) | 50.00 |
| 42 | 当涂县(皖) | 44.55 |
| 43 | 广德县(皖) | 32.00 |
| 44 | 颍东区(皖) | 30.00 |
| 45 | 含山县(皖) | 24.00 |
| 46 | 庐阳区(皖) | 23.20 |
| 47 | 东至县(皖) | 22.00 |
| 48 | 旌德县(皖) | 15.00 |
| 49 | 太湖县(皖) | 12.00 |
| 50 | 奉新县(赣) | 2263.10 |
| 51 | 湘东区(赣) | 1550.00 |
| 52 | 金溪县(赣) | 800.00 |
| 53 | 新干县(赣) | 360.00 |
| 54 | 兴国县(赣) | 200.00 |
| 55 | 新建县(赣) | 200.00 |
| 56 | 贵溪市(赣) | 160.00 |
| 57 | 上饶县(赣) | 140.00 |
| 58 | 余江县(赣) | 80.00 |
| 59 | 修水县(赣) | 52.00 |
| 60 | 彭泽县(赣) | 40.00 |
| 61 | 临川区(赣) | 38.00 |
| 62 | 星子县(赣) | 35.00 |
| 63 | 樟树市(赣) | 31.00 |
| 64 | 龙南县(赣) | 25.00 |
| 65 | 瑞金市(赣) | 20.00 |
| 66 | 玉山县(赣) | 20.00 |
| 67 | 渝水区(赣) | 18.00 |
| 68 | 潢川县(豫) | 360.00 |
| 69 | 新野县(豫) | 87.00 |
| 70 | 邓州市(豫) | 68.00 |
| 71 | 南召县(豫) | 67.40 |
| 72 | 源汇区(豫) | 40.00 |
| 73 | 枝江市(鄂) | 1015.00 |
| 74 | 老河口市(鄂) | 700.00 |
| 75 | 当阳市(鄂) | 500.00 |
| 76 | 大悟县(鄂) | 450.00 |
| 77 | 沙洋县(鄂) | 400.00 |
| 78 | 松滋市(鄂) | 300.00 |
| 79 | 荆州区(鄂) | 200.00 |
| 80 | 襄城区(鄂) | 190.00 |
| 81 | 孝感市市辖区(鄂) | 170.00 |
| 82 | 宜城市(鄂) | 150.00 |
| 83 | 仙桃市(鄂) | 140.00 |
| 84 | 天门市(鄂) | 135.00 |
| 85 | 蔡甸区(鄂) | 120.00 |
| 86 | 襄州区(鄂) | 76.00 |
| 87 | 樊城区(鄂) | 55.00 |
| 88 | 掇刀区(鄂) | 30.00 |
| 89 | 江陵县(鄂) | 23.00 |
| 90 | 大冶市(鄂) | 20.00 |
| 91 | 潜江市(鄂) | 20.00 |
| 92 | 郧　县(鄂) | 20.00 |
| 93 | 枣阳市(鄂) | 18.00 |
| 94 | 丹江口市(鄂) | 18.00 |
| 95 | 太子山林场管理局(鄂) | 16.00 |
| 96 | 罗田县(鄂) | 15.00 |
| 97 | 随　县(鄂) | 14.00 |
| 98 | 汉川市(鄂) | 10.00 |
| 99 | 云梦县(鄂) | 10.00 |
| 100 | 宁乡县(湘) | 800.00 |
| 101 | 赫山区(湘) | 280.00 |
| 102 | 蓝山县(湘) | 263.20 |
| 103 | 汝城县(湘) | 260.00 |
| 104 | 衡山县(湘) | 246.40 |

| 序号 | 香樟苗主产地 | 产量(万株) |
|---|---|---|
| 105 | 桂东县(湘) | 110.00 |
| 106 | 洞口县(湘) | 100.00 |
| 107 | 津市市(湘) | 86.00 |
| 108 | 华容县(湘) | 81.00 |
| 109 | 常宁市(湘) | 75.00 |
| 110 | 岳阳市市辖区(湘) | 75.00 |
| 111 | 沅陵县(湘) | 66.00 |
| 112 | 株洲县(湘) | 56.00 |
| 113 | 汨罗市(湘) | 50.00 |
| 114 | 云溪区(湘) | 50.00 |
| 115 | 荷塘区(湘) | 33.00 |
| 116 | 冷水江市(湘) | 30.00 |
| 117 | 珠晖区(湘) | 30.00 |
| 118 | 双清区(湘) | 28.00 |
| 119 | 双峰县(湘) | 22.00 |
| 120 | 苏仙区(湘) | 21.00 |
| 121 | 澧　县(湘) | 20.00 |
| 122 | 新田县(湘) | 20.00 |
| 123 | 沅江市(湘) | 10.00 |
| 124 | 临澧县(湘) | 10.00 |
| 125 | 梅　县(粤) | 2200.00 |
| 126 | 连平县(粤) | 800.00 |
| 127 | 乳源瑶族自治县(粤) | 600.00 |
| 128 | 五华县(粤) | 568.00 |
| 129 | 丰顺县(粤) | 350.00 |
| 130 | 紫金县(粤) | 250.00 |
| 131 | 翁源县(粤) | 243.00 |
| 132 | 大埔县(粤) | 200.00 |
| 133 | 惠城区(粤) | 150.00 |
| 134 | 新丰江林管局(粤) | 135.00 |
| 135 | 云城区(粤) | 120.00 |
| 136 | 郁南县(粤) | 90.00 |
| 137 | 乐昌市(粤) | 85.50 |
| 138 | 高州市(粤) | 75.00 |
| 139 | 阳山县(粤) | 70.00 |
| 140 | 新丰县(粤) | 50.00 |
| 141 | 阳春市(粤) | 45.00 |
| 142 | 平远县(粤) | 44.00 |
| 143 | 武江区(粤) | 40.00 |
| 144 | 增城市(粤) | 38.00 |
| 145 | 梅江区(粤) | 37.50 |
| 146 | 清远市属总林场(粤) | 30.00 |
| 147 | 海丰县(粤) | 25.00 |
| 148 | 高要市(粤) | 15.80 |
| 149 | 湘桥区(粤) | 14.00 |
| 150 | 电白县(粤) | 11.00 |
| 151 | 化州市(粤) | 10.00 |
| 152 | 阳朔县(桂) | 800.00 |
| 153 | 三门江林场(桂) | 100.00 |
| 154 | 武宣县(桂) | 38.00 |
| 155 | 雅长林场(桂) | 30.07 |
| 156 | 黄冕林场(桂) | 19.00 |
| 157 | 大足县(渝) | 25000.00 |
| 158 | 南川区(渝) | 675.00 |
| 159 | 万盛区(渝) | 100.00 |
| 160 | 九龙坡区(渝) | 84.00 |
| 161 | 巴南区(渝) | 60.00 |
| 162 | 潼南县(渝) | 56.30 |
| 163 | 武隆县(渝) | 55.00 |
| 164 | 渝北区(渝) | 35.00 |
| 165 | 黔江区(渝) | 30.00 |
| 166 | 忠　县(渝) | 30.00 |
| 167 | 江津区(渝) | 20.00 |
| 168 | 沙坪坝区(渝) | 15.00 |
| 169 | 富顺县(川) | 1680.00 |
| 170 | 彭山县(川) | 650.00 |
| 171 | 巴州区(川) | 360.00 |
| 172 | 武胜县(川) | 300.00 |
| 173 | 恩阳区(川) | 300.00 |
| 174 | 安　县(川) | 240.00 |
| 175 | 万源市(川) | 116.00 |
| 176 | 苍溪县(川) | 100.00 |
| 177 | 游仙区(川) | 100.00 |
| 178 | 平昌县(川) | 40.00 |
| 179 | 蓬安县(川) | 40.00 |
| 180 | 威远县(川) | 30.00 |
| 181 | 营山县(川) | 30.00 |
| 182 | 荣　县(川) | 25.00 |
| 183 | 都江堰市(川) | 24.00 |
| 184 | 罗江县(川) | 20.00 |
| 185 | 龙泉驿区(川) | 20.00 |
| 186 | 古蔺县(川) | 19.50 |
| 187 | 乐山市市辖区(川) | 18.16 |
| 188 | 岳池县(川) | 10.00 |
| 189 | 桐梓县(黔) | 125.00 |
| 190 | 开阳县(黔) | 116.49 |
| 191 | 龙里县(黔) | 30.00 |
| 192 | 大方县(黔) | 26.00 |
| 193 | 清镇市(黔) | 15.00 |
| 194 | 寻甸回族彝族自治县(滇) | 31.70 |

**表 10-28　女贞苗主产地产量**

| 序号 | 女贞苗主产地 | 产量(万株) |
|---|---|---|
| 1 | 定州市(冀) | 13009.00 |
| 2 | 滦南县(冀) | 976.00 |
| 3 | 南和县(冀) | 298.00 |
| 4 | 沧　县(冀) | 87.00 |
| 5 | 安国市(冀) | 60.00 |
| 6 | 开平区(冀) | 59.00 |
| 7 | 无极县(冀) | 47.00 |
| 8 | 大厂回族自治县(冀) | 25.00 |
| 9 | 山海关区(冀) | 25.00 |
| 10 | 高平市(晋) | 45.00 |
| 11 | 阳城县(晋) | 36.00 |
| 12 | 长子县(晋) | 25.00 |
| 13 | 原平市(晋) | 25.00 |
| 14 | 莲花山开发区(吉) | 180.00 |
| 15 | 淮阴区(苏) | 1320.00 |
| 16 | 大丰市(苏) | 400.00 |
| 17 | 铜山区(苏) | 400.00 |
| 18 | 泰兴市(苏) | 86.80 |
| 19 | 盱眙县(苏) | 15.00 |
| 20 | 常熟市(苏) | 11.33 |
| 21 | 高邮市(苏) | 10.00 |
| 22 | 慈溪市(浙) | 185.00 |
| 23 | 临安市(浙) | 150.00 |
| 24 | 奉化市(浙) | 100.00 |
| 25 | 缙云县(浙) | 71.00 |
| 26 | 鄞州区(浙) | 60.00 |
| 27 | 余杭区(浙) | 55.00 |
| 28 | 海宁市(浙) | 31.20 |
| 29 | 秀洲区(浙) | 19.80 |
| 30 | 宁海县(浙) | 15.00 |
| 31 | 岱山县(浙) | 15.00 |
| 32 | 镇海区(浙) | 12.15 |
| 33 | 三门县(浙) | 12.00 |
| 34 | 遂昌县(浙) | 10.08 |
| 35 | 定海区(浙) | 10.05 |
| 36 | 南湖区(浙) | 10.00 |
| 37 | 肥西县(皖) | 1500.00 |
| 38 | 长丰县(皖) | 329.00 |
| 39 | 蚌山区(皖) | 320.00 |
| 40 | 宣州区(皖) | 300.00 |
| 41 | 临泉县(皖) | 170.00 |
| 42 | 庐阳区(皖) | 77.50 |
| 43 | 利辛县(皖) | 50.00 |
| 44 | 怀远县(皖) | 36.00 |
| 45 | 龙子湖区(皖) | 35.00 |

| 序号 | 女贞苗主产地 | 产量(万株) |
|---|---|---|
| 46 | 灵璧县(皖) | 35.00 |
| 47 | 淮上区(皖) | 30.00 |
| 48 | 巢湖市(皖) | 29.98 |
| 49 | 无为县(皖) | 18.00 |
| 50 | 五河县(皖) | 15.00 |
| 51 | 芜湖县(皖) | 12.00 |
| 52 | 九江县(赣) | 2948.00 |
| 53 | 贵溪市(赣) | 80.00 |
| 54 | 临川区(赣) | 38.40 |
| 55 | 彭泽县(赣) | 20.50 |
| 56 | 新建县(赣) | 18.00 |
| 57 | 新泰市(鲁) | 1100.00 |
| 58 | 河东区(鲁) | 850.00 |
| 59 | 东港区(鲁) | 137.00 |
| 60 | 东平县(鲁) | 80.00 |
| 61 | 岚山区(鲁) | 71.00 |
| 62 | 昌乐县(鲁) | 70.00 |
| 63 | 临沂市经济技术开发区(鲁) | 45.00 |
| 64 | 青州市(鲁) | 36.00 |
| 65 | 海阳市(鲁) | 30.00 |
| 66 | 诸城市(鲁) | 20.00 |
| 67 | 威海市经济技术开发区(鲁) | 15.00 |
| 68 | 鄢陵县(豫) | 960.00 |
| 69 | 武陟县(豫) | 918.00 |
| 70 | 南召县(豫) | 648.00 |
| 71 | 济源市(豫) | 600.00 |
| 72 | 光山县(豫) | 430.00 |
| 73 | 潢川县(豫) | 400.00 |
| 74 | 新安县(豫) | 400.00 |
| 75 | 卧龙区(豫) | 380.00 |
| 76 | 许昌县(豫) | 378.00 |
| 77 | 尉氏县(豫) | 362.80 |
| 78 | 长葛市(豫) | 335.00 |
| 79 | 内乡县(豫) | 300.00 |
| 80 | 社旗县(豫) | 240.00 |
| 81 | 嵩　县(豫) | 210.00 |
| 82 | 孟津县(豫) | 210.00 |
| 83 | 商水县(豫) | 168.00 |
| 84 | 凤泉区(豫) | 151.80 |
| 85 | 伊川县(豫) | 150.00 |
| 86 | 郾城区(豫) | 147.00 |
| 87 | 永城市(豫) | 144.80 |
| 88 | 舞钢市(豫) | 135.00 |
| 89 | 宜阳县(豫) | 124.10 |
| 90 | 新密市(豫) | 103.43 |
| 91 | 宝丰县(豫) | 95.00 |
| 92 | 淅川县(豫) | 95.00 |
| 93 | 禹州市(豫) | 90.00 |
| 94 | 太康县(豫) | 80.00 |
| 95 | 中原区(豫) | 80.00 |
| 96 | 安阳县(豫) | 77.40 |
| 97 | 新乡县(豫) | 62.10 |
| 98 | 惠济区(豫) | 46.88 |
| 99 | 内黄县(豫) | 45.00 |
| 100 | 荥阳市(豫) | 30.00 |
| 101 | 方城县(豫) | 28.80 |
| 102 | 鹤山区(豫) | 26.00 |
| 103 | 金水区(豫) | 25.47 |
| 104 | 栾川县(豫) | 23.70 |
| 105 | 义马市(豫) | 22.00 |
| 106 | 镇平县(豫) | 22.00 |
| 107 | 洛宁县(豫) | 18.00 |
| 108 | 登封市(豫) | 16.58 |
| 109 | 睢阳区(豫) | 14.84 |
| 110 | 博爱县(豫) | 14.70 |
| 111 | 牧野区(豫) | 12.00 |
| 112 | 南乐县(豫) | 10.40 |
| 113 | 魏都区(豫) | 10.00 |
| 114 | 襄城区(鄂) | 920.00 |
| 115 | 蔡甸区(鄂) | 800.00 |
| 116 | 大悟县(鄂) | 450.00 |
| 117 | 秭归县(鄂) | 145.00 |
| 118 | 丹江口市(鄂) | 90.00 |
| 119 | 樊城区(鄂) | 78.00 |
| 120 | 宜都市(鄂) | 30.00 |
| 121 | 掇刀区(鄂) | 26.00 |
| 122 | 仙桃市(鄂) | 20.00 |
| 123 | 沙洋县(鄂) | 20.00 |
| 124 | 当阳市(鄂) | 20.00 |
| 125 | 麻城市(鄂) | 15.00 |
| 126 | 枣阳市(鄂) | 14.00 |
| 127 | 江陵县(鄂) | 14.00 |
| 128 | 兴山县(鄂) | 10.00 |
| 129 | 娄星区(湘) | 400.00 |
| 130 | 醴陵市(湘) | 100.00 |
| 131 | 祁东县(湘) | 10.20 |
| 132 | 乳源瑶族自治县(粤) | 150.00 |
| 133 | 渝北区(渝) | 2500.00 |
| 134 | 巴南区(渝) | 100.00 |
| 135 | 长寿区(渝) | 68.00 |
| 136 | 万盛区(渝) | 30.00 |
| 137 | 武隆县(渝) | 25.00 |
| 138 | 巴州区(川) | 140.00 |
| 139 | 古蔺县(川) | 23.00 |
| 140 | 纳雍县(黔) | 351.04 |
| 141 | 桐梓县(黔) | 300.00 |
| 142 | 开阳县(黔) | 73.83 |
| 143 | 龙里县(黔) | 65.00 |
| 144 | 福泉市(黔) | 60.00 |
| 145 | 织金县(黔) | 40.00 |
| 146 | 黔西县(黔) | 26.45 |
| 147 | 石林彝族自治县(滇) | 109.60 |
| 148 | 西山区(滇) | 67.59 |
| 149 | 武功县(陕) | 80.00 |
| 150 | 蒲城县(陕) | 43.00 |
| 151 | 华阴市(陕) | 40.00 |
| 152 | 南郑县(陕) | 30.00 |
| 153 | 长安区(陕) | 22.00 |
| 154 | 高陵县(陕) | 10.00 |
| 155 | 灞桥区(陕) | 10.00 |
| 156 | 榆中县(甘) | 407.37 |
| 157 | 定西市巉口林业试验场(甘) | 22.00 |

**表 10-29　杜英苗主产地产量**

| 序号 | 杜英苗主产地 | 产量(万株) |
|---|---|---|
| 1 | 松江区(沪) | 10.70 |
| 2 | 富阳市(浙) | 21.99 |
| 3 | 秀洲区(浙) | 17.20 |
| 4 | 弋江区(皖) | 15.00 |
| 5 | 东乡县(赣) | 96.00 |
| 6 | 新建县(赣) | 50.00 |
| 7 | 龙南县(赣) | 50.00 |
| 8 | 修水县(赣) | 30.00 |
| 9 | 金溪县(赣) | 30.00 |
| 10 | 彭泽县(赣) | 15.00 |
| 11 | 德安县(赣) | 12.30 |
| 12 | 临川区(赣) | 10.00 |
| 13 | 玉山县(赣) | 10.00 |
| 14 | 恩施市(鄂) | 100.00 |
| 15 | 蔡甸区(鄂) | 15.00 |
| 16 | 罗田县(鄂) | 15.00 |
| 17 | 醴陵市(湘) | 1000.00 |
| 18 | 娄星区(湘) | 150.00 |
| 19 | 蓝山县(湘) | 112.00 |
| 20 | 赫山区(湘) | 100.00 |
| 21 | 桃源县(湘) | 80.00 |
| 22 | 洞口县(湘) | 75.00 |
| 23 | 岳阳市市辖区(湘) | 60.00 |

| 序号 | 杜英苗主产地 | 产量(万株) |
|---|---|---|
| 24 | 株洲县(湘) | 32.00 |
| 25 | 双清区(湘) | 30.00 |
| 26 | 双峰县(湘) | 12.00 |
| 27 | 五华县(粤) | 113.00 |
| 28 | 翁源县(粤) | 93.00 |
| 29 | 梅　县(粤) | 80.00 |
| 30 | 清新县(粤) | 60.00 |
| 31 | 增城市(粤) | 31.00 |
| 32 | 东源县(粤) | 25.00 |
| 33 | 萝岗区(粤) | 15.00 |
| 34 | 蕉岭县(粤) | 10.00 |
| 35 | 巴南区(渝) | 80.00 |
| 36 | 渝北区(渝) | 22.20 |
| 37 | 沙坪坝区(渝) | 15.00 |

**表 10-30　桂花苗主产地产量**

| 序号 | 桂花苗主产地 | 产量(万株) |
|---|---|---|
| 1 | 松江区(沪) | 72.40 |
| 2 | 嘉定区(沪) | 33.00 |
| 3 | 浦东新区(沪) | 12.00 |
| 4 | 高邮市(苏) | 30.00 |
| 5 | 盱眙县(苏) | 20.00 |
| 6 | 泰兴市(苏) | 15.30 |
| 7 | 余杭区(浙) | 310.00 |
| 8 | 义乌市(浙) | 285.00 |
| 9 | 宁海县(浙) | 260.00 |
| 10 | 鄞州区(浙) | 200.00 |
| 11 | 建德市(浙) | 85.00 |
| 12 | 三门县(浙) | 80.00 |
| 13 | 永康市(浙) | 76.60 |
| 14 | 富阳市(浙) | 58.15 |
| 15 | 云和县(浙) | 37.00 |
| 16 | 秀洲区(浙) | 36.30 |
| 17 | 海宁市(浙) | 31.60 |
| 18 | 泰顺县(浙) | 30.00 |
| 19 | 莲都区(浙) | 27.00 |
| 20 | 南湖区(浙) | 26.00 |
| 21 | 衢江区(浙) | 16.00 |
| 22 | 柯城区(浙) | 15.60 |
| 23 | 北仑区(浙) | 15.00 |
| 24 | 旌德县(皖) | 1000.00 |
| 25 | 郎溪县(皖) | 200.00 |
| 26 | 无为县(皖) | 190.00 |
| 27 | 长丰县(皖) | 86.70 |
| 28 | 宣州区(皖) | 60.00 |
| 29 | 霍邱县(皖) | 40.00 |
| 30 | 潜山县(皖) | 40.00 |
| 31 | 利辛县(皖) | 38.50 |
| 32 | 青阳县(皖) | 33.90 |
| 33 | 广德县(皖) | 33.00 |
| 34 | 弋江区(皖) | 30.00 |
| 35 | 太湖县(皖) | 29.00 |
| 36 | 庐阳区(皖) | 26.80 |
| 37 | 祁门县(皖) | 25.00 |
| 38 | 南陵县(皖) | 15.00 |
| 39 | 巢湖市(皖) | 14.66 |
| 40 | 芜湖县(皖) | 10.00 |
| 41 | 九江县(赣) | 4433.00 |
| 42 | 湘东区(赣) | 1550.00 |
| 43 | 信州区(赣) | 1500.00 |
| 44 | 新建县(赣) | 650.00 |
| 45 | 玉山县(赣) | 315.00 |
| 46 | 兴国县(赣) | 300.00 |
| 47 | 德安县(赣) | 274.07 |
| 48 | 贵溪市(赣) | 139.00 |
| 49 | 全南县(赣) | 100.00 |
| 50 | 分宜县(赣) | 77.00 |
| 51 | 彭泽县(赣) | 46.00 |
| 52 | 铜鼓县(赣) | 40.00 |
| 53 | 上犹县(赣) | 33.40 |
| 54 | 宜丰县(赣) | 31.00 |
| 55 | 瑞金市(赣) | 30.00 |
| 56 | 龙南县(赣) | 30.00 |
| 57 | 修水县(赣) | 24.00 |
| 58 | 瑞昌市(赣) | 12.74 |
| 59 | 黎川县(赣) | 11.30 |
| 60 | 河东区(鲁) | 360.00 |
| 61 | 潢川县(豫) | 6900.00 |
| 62 | 南召县(豫) | 655.00 |
| 63 | 内乡县(豫) | 350.00 |
| 64 | 卧龙区(豫) | 180.00 |
| 65 | 光山县(豫) | 80.00 |
| 66 | 新野县(豫) | 70.00 |
| 67 | 济源市(豫) | 50.00 |
| 68 | 确山县(豫) | 36.00 |
| 69 | 夏邑县(豫) | 23.00 |
| 70 | 淅川县(豫) | 21.80 |
| 71 | 源汇区(豫) | 18.00 |
| 72 | 永城市(豫) | 11.92 |
| 73 | 咸安区(鄂) | 15000.00 |
| 74 | 宜都市(鄂) | 6000.00 |
| 75 | 恩施市(鄂) | 1000.00 |
| 76 | 长阳土家族自治县(鄂) | 1000.00 |
| 77 | 襄城区(鄂) | 870.00 |
| 78 | 孝昌县(鄂) | 350.00 |
| 79 | 枝江市(鄂) | 270.00 |
| 80 | 老河口市(鄂) | 220.00 |
| 81 | 宣恩县(鄂) | 201.50 |
| 82 | 潜江市(鄂) | 200.00 |
| 83 | 沙洋县(鄂) | 200.00 |
| 84 | 大悟县(鄂) | 165.00 |
| 85 | 孝南区(鄂) | 135.27 |
| 86 | 通城县(鄂) | 121.00 |
| 87 | 樊城区(鄂) | 120.00 |
| 88 | 松滋市(鄂) | 100.00 |
| 89 | 丹江口市(鄂) | 90.00 |
| 90 | 东宝区(鄂) | 66.00 |
| 91 | 钟祥市(鄂) | 60.00 |
| 92 | 蔡甸区(鄂) | 50.00 |
| 93 | 当阳市(鄂) | 50.00 |
| 94 | 襄州区(鄂) | 45.00 |
| 95 | 鄂州市市辖区(鄂) | 38.00 |
| 96 | 五峰土家族自治县(鄂) | 35.00 |
| 97 | 郧　县(鄂) | 35.00 |
| 98 | 罗田县(鄂) | 20.00 |
| 99 | 仙桃市(鄂) | 20.00 |
| 100 | 秭归县(鄂) | 20.00 |
| 101 | 麻城市(鄂) | 13.50 |
| 102 | 竹山县(鄂) | 12.00 |
| 103 | 醴陵市(湘) | 1000.00 |
| 104 | 汉寿县(湘) | 900.00 |
| 105 | 娄星区(湘) | 500.00 |
| 106 | 岳阳市市辖区(湘) | 200.00 |
| 107 | 炎陵县(湘) | 160.00 |
| 108 | 新宁县(湘) | 120.00 |
| 109 | 涟源市(湘) | 112.00 |
| 110 | 桃源县(湘) | 100.00 |
| 111 | 津市市(湘) | 95.00 |
| 112 | 桂东县(湘) | 95.00 |
| 113 | 芷江侗族自治县(湘) | 85.00 |
| 114 | 苏仙区(湘) | 66.00 |
| 115 | 隆回县(湘) | 46.00 |
| 116 | 沅陵县(湘) | 45.00 |
| 117 | 洞口县(湘) | 40.00 |
| 118 | 蓝山县(湘) | 31.40 |
| 119 | 麻阳苗族自治县(湘) | 30.00 |
| 120 | 汨罗市(湘) | 30.00 |
| 121 | 汝城县(湘) | 30.00 |

| 序号 | 桂花苗主产地 | 产量(万株) |
|---|---|---|
| 122 | 沅江市(湘) | 23.00 |
| 123 | 益阳市市辖区(湘) | 20.00 |
| 124 | 资阳区(湘) | 20.00 |
| 125 | 蒸湘区(湘) | 20.00 |
| 126 | 珠晖区(湘) | 20.00 |
| 127 | 湘乡市(湘) | 20.00 |
| 128 | 云溪区(湘) | 18.00 |
| 129 | 大祥区(湘) | 18.00 |
| 130 | 冷水江市(湘) | 10.00 |
| 131 | 清新县(粤) | 110.00 |
| 132 | 阳山县(粤) | 100.00 |
| 133 | 翁源县(粤) | 75.00 |
| 134 | 蕉岭县(粤) | 15.00 |
| 135 | 乳源瑶族自治县(粤) | 12.00 |
| 136 | 清城区(粤) | 11.00 |
| 137 | 紫金县(粤) | 10.00 |
| 138 | 惠城区(粤) | 10.00 |
| 139 | 阳朔县(桂) | 6000.00 |
| 140 | 象山区(桂) | 2000.00 |
| 141 | 蒙山县(桂) | 500.00 |
| 142 | 叠彩区(桂) | 100.00 |
| 143 | 秀峰区(桂) | 82.50 |
| 144 | 藤　县(桂) | 45.50 |
| 145 | 三门江林场(桂) | 30.00 |
| 146 | 资源县(桂) | 30.00 |
| 147 | 大足县(渝) | 38000.00 |
| 148 | 垫江县(渝) | 860.00 |
| 149 | 石柱土家族自治县(渝) | 600.00 |
| 150 | 潼南县(渝) | 253.00 |
| 151 | 合川区(渝) | 153.80 |
| 152 | 江津区(渝) | 150.00 |
| 153 | 巴南区(渝) | 100.00 |
| 154 | 永川区(渝) | 65.00 |
| 155 | 九龙坡区(渝) | 52.00 |
| 156 | 渝北区(渝) | 45.60 |
| 157 | 长寿区(渝) | 45.02 |
| 158 | 荣昌县(渝) | 39.80 |
| 159 | 万州区(渝) | 37.80 |
| 160 | 开　县(渝) | 31.60 |
| 161 | 武隆县(渝) | 25.00 |
| 162 | 沙坪坝区(渝) | 21.00 |
| 163 | 苍溪县(川) | 900.00 |
| 164 | 富顺县(川) | 589.00 |
| 165 | 安　县(川) | 450.00 |
| 166 | 巴州区(川) | 300.00 |
| 167 | 邛崃市(川) | 200.00 |
| 168 | 合江县(川) | 160.00 |
| 169 | 青白江区(川) | 155.00 |
| 170 | 游仙区(川) | 100.00 |
| 171 | 沿滩区(川) | 100.00 |
| 172 | 东兴区(川) | 80.00 |
| 173 | 新都区(川) | 57.16 |
| 174 | 高　县(川) | 46.50 |
| 175 | 通江县(川) | 45.00 |
| 176 | 万源市(川) | 31.60 |
| 177 | 都江堰市(川) | 31.00 |
| 178 | 南江县(川) | 30.00 |
| 179 | 荣　县(川) | 20.00 |
| 180 | 江油市(川) | 15.00 |
| 181 | 仁寿县(川) | 15.00 |
| 182 | 乐山市市辖区(川) | 15.00 |
| 183 | 岳池县(川) | 15.00 |
| 184 | 瓮安县(黔) | 521.33 |
| 185 | 桐梓县(黔) | 100.00 |
| 186 | 开阳县(黔) | 87.84 |
| 187 | 普安县(黔) | 75.00 |
| 188 | 贞丰县(黔) | 63.30 |
| 189 | 晴隆县(黔) | 50.00 |
| 190 | 长顺县(黔) | 50.00 |
| 191 | 荔波县(黔) | 20.00 |
| 192 | 寻甸回族彝族自治县(滇) | 27.40 |
| 193 | 石林彝族自治县(滇) | 19.70 |
| 194 | 南郑县(陕) | 80.00 |
| 195 | 镇安县(陕) | 13.50 |
| 196 | 石泉县(陕) | 12.00 |

**表 10-31　广玉兰苗主产地产量**

| 序号 | 广玉兰苗主产地 | 产量(万株) |
|---|---|---|
| 1 | 定州市(冀) | 300.00 |
| 2 | 如皋市(苏) | 200.00 |
| 3 | 淮阴区(苏) | 120.00 |
| 4 | 常熟市(苏) | 42.06 |
| 5 | 奉化市(浙) | 200.00 |
| 6 | 宁海县(浙) | 30.00 |
| 7 | 临安市(浙) | 30.00 |
| 8 | 秀洲区(浙) | 22.50 |
| 9 | 余杭区(浙) | 13.30 |
| 10 | 黄岩区(浙) | 12.00 |
| 11 | 肥西县(皖) | 310.00 |
| 12 | 长丰县(皖) | 98.60 |
| 13 | 无为县(皖) | 63.00 |
| 14 | 颍东区(皖) | 30.00 |
| 15 | 郎溪县(皖) | 18.00 |
| 16 | 含山县(皖) | 15.00 |
| 17 | 潜山县(皖) | 10.00 |
| 18 | 信州区(赣) | 1400.00 |
| 19 | 贵溪市(赣) | 30.00 |
| 20 | 玉山县(赣) | 12.00 |
| 21 | 即墨市(鲁) | 60.00 |
| 22 | 临沭县(鲁) | 35.00 |
| 23 | 东平县(鲁) | 15.00 |
| 24 | 东港区(鲁) | 14.00 |
| 25 | 潢川县(豫) | 5140.00 |
| 26 | 南召县(豫) | 1076.00 |
| 27 | 鄢陵县(豫) | 360.00 |
| 28 | 郾城区(豫) | 124.95 |
| 29 | 新野县(豫) | 112.00 |
| 30 | 宝丰县(豫) | 95.00 |
| 31 | 川汇区(豫) | 66.00 |
| 32 | 卧龙区(豫) | 56.00 |
| 33 | 源汇区(豫) | 30.00 |
| 34 | 长垣县(豫) | 22.00 |
| 35 | 方城县(豫) | 20.00 |
| 36 | 光山县(豫) | 16.00 |
| 37 | 许昌县(豫) | 11.00 |
| 38 | 枝江市(鄂) | 390.00 |
| 39 | 天门市(鄂) | 360.00 |
| 40 | 丹江口市(鄂) | 150.00 |
| 41 | 襄城区(鄂) | 140.00 |
| 42 | 蔡甸区(鄂) | 90.00 |
| 43 | 应城市(鄂) | 90.00 |
| 44 | 樊城区(鄂) | 88.00 |
| 45 | 钟祥市(鄂) | 60.00 |
| 46 | 沙洋县(鄂) | 60.00 |
| 47 | 当阳市(鄂) | 25.00 |
| 48 | 潜江市(鄂) | 20.00 |
| 49 | 宜都市(鄂) | 20.00 |
| 50 | 孝南区(鄂) | 15.03 |
| 51 | 仙桃市(鄂) | 15.00 |
| 52 | 麻城市(鄂) | 13.50 |
| 53 | 醴陵市(湘) | 1000.00 |
| 54 | 汉寿县(湘) | 150.00 |
| 55 | 娄星区(湘) | 30.00 |
| 56 | 洞口县(湘) | 30.00 |
| 57 | 株洲县(湘) | 28.00 |
| 58 | 大足县(渝) | 4000.00 |
| 59 | 巴南区(渝) | 60.00 |
| 60 | 南郑县(陕) | 70.00 |

**表 10-32　雪松苗主产地产量**

| 序号 | 雪松苗主产地 | 产量(万株) |
|---|---|---|
| 1 | 定州市(冀) | 510.00 |
| 2 | 侯马市(晋) | 30.00 |
| 3 | 常熟市(苏) | 11.73 |
| 4 | 慈溪市(浙) | 45.00 |
| 5 | 长丰县(皖) | 13.00 |
| 6 | 莱城区(鲁) | 480.00 |
| 7 | 即墨市(鲁) | 360.00 |
| 8 | 诸城市(鲁) | 200.00 |
| 9 | 新泰市(鲁) | 30.00 |
| 10 | 宁阳县(鲁) | 28.00 |
| 11 | 肥城市(鲁) | 25.50 |
| 12 | 东平县(鲁) | 20.00 |
| 13 | 环翠区(鲁) | 11.00 |
| 14 | 潢川县(豫) | 146.00 |
| 15 | 新安县(豫) | 58.00 |
| 16 | 中原区(豫) | 42.00 |
| 17 | 鹤山区(豫) | 25.00 |
| 18 | 义马市(豫) | 20.00 |
| 19 | 淅川县(豫) | 13.20 |
| 20 | 灵宝市(豫) | 12.15 |
| 21 | 方城县(豫) | 10.00 |
| 22 | 蔡甸区(鄂) | 10.00 |
| 23 | 洞口县(湘) | 10.00 |
| 24 | 巴南区(渝) | 30.00 |
| 25 | 陆良县(滇) | 4602.00 |
| 26 | 城关区(藏) | 10.00 |
| 27 | 南郑县(陕) | 60.00 |
| 28 | 洛川县(陕) | 36.00 |
| 29 | 红古区(甘) | 50.00 |

**表 10-33　杏苗主产地产量**

| 序号 | 杏苗主产地 | 产量(万株) |
|---|---|---|
| 1 | 延庆县(京) | 38.40 |
| 2 | 海淀区(京) | 16.10 |
| 3 | 围场满族蒙古族自治县(冀) | 2250.00 |
| 4 | 阳原县(冀) | 1200.00 |
| 5 | 丰宁满族自治县(冀) | 780.00 |
| 6 | 怀安县(冀) | 236.00 |
| 7 | 宽城满族自治县(冀) | 200.00 |
| 8 | 满城县(冀) | 150.00 |
| 9 | 顺平县(冀) | 146.00 |
| 10 | 赤城县(冀) | 137.40 |
| 11 | 万全县(冀) | 70.00 |
| 12 | 广阳区(冀) | 55.00 |
| 13 | 涿州市(冀) | 25.20 |
| 14 | 深州市(冀) | 12.06 |
| 15 | 崇礼县(冀) | 12.04 |
| 16 | 偏关县(晋) | 560.00 |
| 17 | 阳高县(晋) | 191.00 |
| 18 | 天镇县(晋) | 150.00 |
| 19 | 黎城县(晋) | 90.00 |
| 20 | 代　县(晋) | 75.60 |
| 21 | 平鲁区(晋) | 30.00 |
| 22 | 大同县(晋) | 30.00 |
| 23 | 娄烦县(晋) | 26.00 |
| 24 | 察哈尔右翼后旗(内蒙古) | 4500.00 |
| 25 | 清水河县(内蒙古) | 337.50 |
| 26 | 巴林右旗(内蒙古) | 328.00 |
| 27 | 鄂托克前旗(内蒙古) | 201.36 |
| 28 | 敖汉旗(内蒙古) | 200.00 |
| 29 | 松山区(内蒙古) | 180.00 |
| 30 | 东乌珠穆沁旗(内蒙古) | 102.00 |
| 31 | 正蓝旗(内蒙古) | 80.00 |
| 32 | 察哈尔右翼中旗(内蒙古) | 64.00 |
| 33 | 土默特左旗(内蒙古) | 60.00 |
| 34 | 乌审旗(内蒙古) | 53.13 |
| 35 | 红山区(内蒙古) | 19.10 |
| 36 | 五原县(内蒙古) | 18.00 |
| 37 | 回民区(内蒙古) | 16.00 |
| 38 | 克什克腾旗(内蒙古) | 15.00 |
| 39 | 商都县(内蒙古) | 10.00 |
| 40 | 正镶白旗(内蒙古) | 10.00 |
| 41 | 建平县(辽) | 1500.00 |
| 42 | 凌源市(辽) | 825.00 |
| 43 | 喀喇沁左翼蒙古族自治县(辽) | 421.00 |
| 44 | 建昌县(辽) | 243.00 |
| 45 | 双塔区(辽) | 225.00 |
| 46 | 北票市(辽) | 220.00 |
| 47 | 阜新蒙古族自治县(辽) | 220.00 |
| 48 | 洮南市(吉) | 1061.00 |
| 49 | 通榆县(吉) | 80.00 |
| 50 | 河东区(鲁) | 2500.00 |
| 51 | 新泰市(鲁) | 600.00 |
| 52 | 昌乐县(鲁) | 60.00 |
| 53 | 武陟县(豫) | 4500.00 |
| 54 | 舞钢市(豫) | 47.00 |
| 55 | 嵩　县(豫) | 23.00 |
| 56 | 榆阳区(陕) | 96.00 |
| 57 | 子洲县(陕) | 23.00 |
| 58 | 临洮县(甘) | 300.00 |
| 59 | 古浪县(甘) | 210.00 |
| 60 | 庄浪县(甘) | 180.00 |
| 61 | 永靖县(甘) | 60.00 |
| 62 | 环　县(甘) | 58.00 |
| 63 | 定西市巉口林业试验场(甘) | 45.00 |
| 64 | 榆中县(甘) | 40.10 |
| 65 | 华池林业总场(甘) | 37.20 |
| 66 | 民乐县(甘) | 10.00 |
| 67 | 民和回族土族自治县(青) | 200.00 |
| 68 | 彭阳县(宁) | 800.00 |
| 69 | 阿克陶县(新) | 120.00 |
| 70 | 霍城县(新) | 79.50 |
| 71 | 英吉沙县(新) | 34.70 |
| 72 | 喀什市(新) | 26.00 |
| 73 | 鄯善县(新) | 22.70 |
| 74 | 疏附县(新) | 16.95 |
| 75 | 玛纳斯县(新) | 12.00 |
| 76 | 叶城县(新) | 11.21 |
| 77 | 伽师县(新) | 10.71 |
| 78 | 农四师(新疆兵团) | 10.00 |

**表 10-34　核桃苗主产地产量**

| 序号 | 核桃苗主产地 | 产量(万株) |
|---|---|---|
| 1 | 定州市(冀) | 1160.00 |
| 2 | 遵化市(冀) | 800.00 |
| 3 | 涉　县(冀) | 540.00 |
| 4 | 阜平县(冀) | 240.00 |
| 5 | 涞源县(冀) | 230.00 |
| 6 | 邢台县(冀) | 210.00 |
| 7 | 顺平县(冀) | 160.00 |
| 8 | 井陉县(冀) | 150.00 |
| 9 | 高阳县(冀) | 136.00 |
| 10 | 涞水县(冀) | 120.00 |
| 11 | 宽城满族自治县(冀) | 100.00 |
| 12 | 永年县(冀) | 100.00 |
| 13 | 内丘县(冀) | 45.00 |
| 14 | 沙河市(冀) | 34.00 |
| 15 | 赵　县(冀) | 30.00 |
| 16 | 卢龙县(冀) | 18.00 |
| 17 | 汾西县(晋) | 3800.00 |
| 18 | 汾阳市(晋) | 1800.00 |
| 19 | 古　县(晋) | 800.00 |
| 20 | 隰　县(晋) | 176.00 |
| 21 | 黎城县(晋) | 120.00 |
| 22 | 侯马市(晋) | 105.00 |
| 23 | 翼城县(晋) | 75.00 |
| 24 | 壶关县(晋) | 46.00 |

| 序号 | 核桃苗主产地 | 产量(万株) | 序号 | 核桃苗主产地 | 产量(万株) | 序号 | 核桃苗主产地 | 产量(万株) |
|---|---|---|---|---|---|---|---|---|
| 25 | 原平市(晋) | 30.00 | 71 | 禹州市(豫) | 100.00 | 117 | 简阳市(川) | 226.00 |
| 26 | 乡宁县(晋) | 21.00 | 72 | 淅川县(豫) | 75.10 | 118 | 甘洛县(川) | 210.00 |
| 27 | 阳城县(晋) | 20.00 | 73 | 凤泉区(豫) | 46.60 | 119 | 阆中市(川) | 210.00 |
| 28 | 沁　县(晋) | 10.00 | 74 | 修武县(豫) | 30.00 | 120 | 昭觉县(川) | 200.00 |
| 29 | 建昌县(辽) | 100.00 | 75 | 洛阳市伊洛工业园区(豫) | 28.80 | 121 | 喜德县(川) | 200.00 |
| 30 | 普兰店市(辽) | 25.00 | 76 | 淇滨区(豫) | 27.00 | 122 | 冕宁县(川) | 180.00 |
| 31 | 绥中县(辽) | 10.00 | 77 | 林州市(豫) | 25.00 | 123 | 万源市(川) | 169.00 |
| 32 | 临安市(浙) | 150.00 | 78 | 辉县市(豫) | 25.00 | 124 | 美姑县(川) | 160.00 |
| 33 | 建德市(浙) | 50.00 | 79 | 北关区(豫) | 22.00 | 125 | 江油市(川) | 120.00 |
| 34 | 缙云县(浙) | 29.00 | 80 | 卫辉市(豫) | 20.20 | 126 | 峨边彝族自治县(川) | 110.00 |
| 35 | 庐阳区(皖) | 143.00 | 81 | 管城回族区(豫) | 16.00 | 127 | 越西县(川) | 100.00 |
| 36 | 涡阳县(皖) | 75.00 | 82 | 正阳县(豫) | 15.00 | 128 | 普格县(川) | 97.00 |
| 37 | 长清区(鲁) | 2625.00 | 83 | 滑　县(豫) | 13.75 | 129 | 宣汉县(川) | 96.00 |
| 38 | 东平县(鲁) | 1200.00 | 84 | 许昌县(豫) | 12.00 | 130 | 雁江区(川) | 92.00 |
| 39 | 岱岳区(鲁) | 800.00 | 85 | 房　县(鄂) | 1500.00 | 131 | 会东县(川) | 68.00 |
| 40 | 昌邑市(鲁) | 600.00 | 86 | 保康县(鄂) | 610.00 | 132 | 三台县(川) | 65.00 |
| 41 | 新泰市(鲁) | 500.00 | 87 | 巴东县(鄂) | 500.00 | 133 | 青川县(川) | 55.00 |
| 42 | 肥城市(鲁) | 450.00 | 88 | 竹溪县(鄂) | 360.00 | 134 | 大英县(川) | 50.00 |
| 43 | 邹城市(鲁) | 240.00 | 89 | 夷陵区(鄂) | 190.00 | 135 | 游仙区(川) | 50.00 |
| 44 | 即墨市(鲁) | 240.00 | 90 | 郧　县(鄂) | 150.00 | 136 | 巴塘县(川) | 45.00 |
| 45 | 费　县(鲁) | 180.00 | 91 | 秭归县(鄂) | 120.00 | 137 | 蓬安县(川) | 40.00 |
| 46 | 泗水县(鲁) | 158.00 | 92 | 兴山县(鄂) | 100.00 | 138 | 汉源县(川) | 21.00 |
| 47 | 青州市(鲁) | 150.00 | 93 | 恩施市(鄂) | 50.00 | 139 | 金川县(川) | 20.00 |
| 48 | 河东区(鲁) | 105.00 | 94 | 长阳土家族自治县(鄂) | 50.00 | 140 | 巴州区(川) | 20.00 |
| 49 | 昌乐县(鲁) | 90.00 | 95 | 宜都市(鄂) | 50.00 | 141 | 北川羌族自治县(川) | 20.00 |
| 50 | 阳谷县(鲁) | 78.00 | 96 | 随州市经济技术开发区(鄂) | 40.00 | 142 | 得荣县(川) | 20.00 |
| 51 | 汶上县(鲁) | 75.00 | 97 | 竹山县(鄂) | 35.00 | 143 | 布拖县(川) | 15.00 |
| 52 | 东昌府区(鲁) | 60.00 | 98 | 罗田县(鄂) | 20.00 | 144 | 旌阳区(川) | 15.00 |
| 53 | 莱城区(鲁) | 41.00 | 99 | 当阳市(鄂) | 20.00 | 145 | 古蔺县(川) | 13.00 |
| 54 | 蓬莱市(鲁) | 40.00 | 100 | 枣阳市(鄂) | 15.10 | 146 | 威远县(川) | 12.00 |
| 55 | 宁阳县(鲁) | 37.00 | 101 | 南丹县(桂) | 3531.00 | 147 | 梓潼县(川) | 12.00 |
| 56 | 淄川区(鲁) | 36.00 | 102 | 凤山县(桂) | 300.00 | 148 | 中江县(川) | 11.50 |
| 57 | 海阳市(鲁) | 15.00 | 103 | 东兰县(桂) | 300.00 | 149 | 汶川县(川) | 10.00 |
| 58 | 乳山市(鲁) | 15.00 | 104 | 环江毛南族自治县(桂) | 50.00 | 150 | 纳雍县(黔) | 863.70 |
| 59 | 平阴县(鲁) | 14.00 | 105 | 乐业县(桂) | 45.00 | 151 | 大方县(黔) | 852.00 |
| 60 | 卢氏县(豫) | 2095.50 | 106 | 田林县(桂) | 30.00 | 152 | 黔西县(黔) | 647.70 |
| 61 | 南召县(豫) | 780.00 | 107 | 巫山县(渝) | 150.00 | 153 | 江口县(黔) | 467.00 |
| 62 | 陕　县(豫) | 723.00 | 108 | 巫溪县(渝) | 100.00 | 154 | 普安县(黔) | 315.00 |
| 63 | 济源市(豫) | 500.00 | 109 | 潼南县(渝) | 50.00 | 155 | 长顺县(黔) | 277.00 |
| 64 | 新安县(豫) | 450.00 | 110 | 城口县(渝) | 15.00 | 156 | 威宁彝族回族苗族自治县(黔) | 253.00 |
| 65 | 新密市(豫) | 333.77 | 111 | 苍溪县(川) | 1200.00 | 157 | 贞丰县(黔) | 225.20 |
| 66 | 确山县(豫) | 263.00 | 112 | 恩阳区(川) | 600.00 | 158 | 桐梓县(黔) | 200.00 |
| 67 | 汝州市(豫) | 240.00 | 113 | 南江县(川) | 386.00 | 159 | 晴隆县(黔) | 170.00 |
| 68 | 安阳县(豫) | 225.00 | 114 | 盐亭县(川) | 350.00 | 160 | 罗甸县(黔) | 160.21 |
| 69 | 洛宁县(豫) | 210.00 | 115 | 通江县(川) | 290.00 | 161 | 册亨县(黔) | 35.00 |
| 70 | 惠济区(豫) | 161.29 | 116 | 德昌县(川) | 260.00 | 162 | 锦屏县(黔) | 25.54 |

| 序号 | 核桃苗主产地 | 产量(万株) |
|---|---|---|
| 163 | 瓮安县(黔) | 16.16 |
| 164 | 景东彝族自治县(滇) | 2652.00 |
| 165 | 宁蒗彝族自治县(滇) | 1399.00 |
| 166 | 漾濞彝族自治县(滇) | 900.00 |
| 167 | 大姚县(滇) | 750.00 |
| 168 | 会泽县(滇) | 676.00 |
| 169 | 禄丰县(滇) | 498.00 |
| 170 | 南华县(滇) | 346.50 |
| 171 | 镇雄县(滇) | 310.00 |
| 172 | 云　县(滇) | 300.00 |
| 173 | 陆良县(滇) | 260.00 |
| 174 | 寻甸回族彝族自治县(滇) | 242.30 |
| 175 | 永胜县(滇) | 200.00 |
| 176 | 师宗县(滇) | 168.00 |
| 177 | 新平彝族傣族自治县(滇) | 150.00 |
| 178 | 隆阳区(滇) | 150.00 |
| 179 | 姚安县(滇) | 126.00 |
| 180 | 宣威市(滇) | 125.00 |
| 181 | 兰坪白族普米族自治县(滇) | 124.00 |
| 182 | 永善县(滇) | 120.04 |
| 183 | 墨江哈尼族自治县(滇) | 120.00 |
| 184 | 华坪县(滇) | 113.24 |
| 185 | 双柏县(滇) | 108.00 |
| 186 | 富源县(滇) | 100.00 |
| 187 | 云龙县(滇) | 90.00 |
| 188 | 彝良县(滇) | 90.00 |
| 189 | 泸水县(滇) | 63.00 |
| 190 | 祥云县(滇) | 55.00 |
| 191 | 楚雄市(滇) | 54.47 |
| 192 | 福贡县(滇) | 52.00 |
| 193 | 腾冲县(滇) | 50.00 |
| 194 | 巍山彝族回族自治县(滇) | 50.00 |
| 195 | 石林彝族自治县(滇) | 48.00 |
| 196 | 盈江县(滇) | 44.22 |
| 197 | 罗平县(滇) | 40.00 |
| 198 | 双江拉祜族佤族布朗族傣族自治县(滇) | 37.00 |
| 199 | 华宁县(滇) | 32.60 |
| 200 | 玉龙纳西族自治县(滇) | 26.00 |
| 201 | 龙陵县(滇) | 22.00 |
| 202 | 芒　市(滇) | 21.58 |
| 203 | 澜沧拉祜族自治县(滇) | 20.00 |
| 204 | 永仁县(滇) | 20.00 |
| 205 | 施甸县(滇) | 20.00 |
| 206 | 沧源佤族自治县(滇) | 20.00 |
| 207 | 屏边苗族自治县(滇) | 20.00 |
| 208 | 维西傈僳族自治县(滇) | 15.00 |
| 209 | 石屏县(滇) | 13.00 |
| 210 | 牟定县(滇) | 12.00 |
| 211 | 永德县(滇) | 10.00 |
| 212 | 砚山县(滇) | 10.00 |
| 213 | 马龙县(滇) | 10.00 |
| 214 | 城关区(藏) | 18.00 |
| 215 | 宁强县(陕) | 2990.00 |
| 216 | 扶风县(陕) | 1200.00 |
| 217 | 武功县(陕) | 1080.00 |
| 218 | 澄城县(陕) | 690.00 |
| 219 | 蒲城县(陕) | 688.00 |
| 220 | 富平县(陕) | 600.00 |
| 221 | 华　县(陕) | 400.00 |
| 222 | 白水县(陕) | 375.00 |
| 223 | 山阳县(陕) | 360.00 |
| 224 | 旬阳县(陕) | 350.00 |
| 225 | 乾　县(陕) | 280.00 |
| 226 | 陇　县(陕) | 273.00 |
| 227 | 商南县(陕) | 255.00 |
| 228 | 黄龙县(陕) | 250.00 |
| 229 | 潼关县(陕) | 213.00 |
| 230 | 凤　县(陕) | 200.00 |
| 231 | 临渭区(陕) | 200.00 |
| 232 | 永寿县(陕) | 200.00 |
| 233 | 宁陕县(陕) | 200.00 |
| 234 | 长武县(陕) | 189.00 |
| 235 | 洋　县(陕) | 160.00 |
| 236 | 略阳县(陕) | 156.00 |
| 237 | 洛南县(陕) | 133.00 |
| 238 | 柞水县(陕) | 130.00 |
| 239 | 杨凌区农林局(陕) | 112.00 |
| 240 | 镇安县(陕) | 110.00 |
| 241 | 紫阳县(陕) | 100.00 |
| 242 | 汉阴县(陕) | 90.00 |
| 243 | 宜君县(陕) | 80.00 |
| 244 | 西乡县(陕) | 75.00 |
| 245 | 耀州区(陕) | 72.00 |
| 246 | 汉滨区(陕) | 65.00 |
| 247 | 白河县(陕) | 60.00 |
| 248 | 户　县(陕) | 50.00 |
| 249 | 汉西林业局(陕) | 46.00 |
| 250 | 眉　县(陕) | 40.00 |
| 251 | 石泉县(陕) | 40.00 |
| 252 | 甘泉县(陕) | 38.00 |
| 253 | 清涧县(陕) | 34.00 |
| 254 | 南郑县(陕) | 30.00 |
| 255 | 佛坪县(陕) | 30.00 |
| 256 | 王益区(陕) | 22.00 |
| 257 | 印台区(陕) | 20.00 |
| 258 | 礼泉县(陕) | 18.00 |
| 259 | 淳化县(陕) | 15.00 |
| 260 | 宜川县(陕) | 13.00 |
| 261 | 渭城区(陕) | 12.00 |
| 262 | 洛川县(陕) | 11.00 |
| 263 | 三原县(陕) | 10.00 |
| 264 | 成　县(甘) | 1800.00 |
| 265 | 清水县(甘) | 900.00 |
| 266 | 武都区(甘) | 282.00 |
| 267 | 礼　县(甘) | 210.00 |
| 268 | 临夏县(甘) | 200.00 |
| 269 | 临洮县(甘) | 150.00 |
| 270 | 宕昌县(甘) | 95.00 |
| 271 | 文　县(甘) | 70.00 |
| 272 | 两当县(甘) | 52.50 |
| 273 | 永靖县(甘) | 52.50 |
| 274 | 甘谷县(甘) | 45.00 |
| 275 | 正宁林业总场(甘) | 34.00 |
| 276 | 民和回族土族自治县(青) | 100.00 |
| 277 | 阿克陶县(新) | 280.00 |
| 278 | 叶城县(新) | 237.92 |
| 279 | 巴楚县(新) | 143.00 |
| 280 | 疏附县(新) | 112.57 |
| 281 | 麦盖提县(新) | 96.54 |
| 282 | 疏勒县(新) | 80.00 |
| 283 | 喀什市(新) | 67.00 |
| 284 | 英吉沙县(新) | 66.28 |
| 285 | 泽普县(新) | 56.92 |
| 286 | 阿图什市(新) | 15.00 |

**表 10-35　葡萄苗主产地产量**

| 序号 | 葡萄苗主产地 | 产量(万株) |
|---|---|---|
| 1 | 滨海新区(津) | 320.00 |
| 2 | 怀来县(冀) | 100.00 |
| 3 | 开平区(冀) | 85.00 |
| 4 | 永年县(冀) | 80.00 |
| 5 | 徐水县(冀) | 80.00 |
| 6 | 柏乡县(冀) | 48.00 |
| 7 | 卢龙县(冀) | 24.00 |
| 8 | 深泽县(冀) | 17.00 |
| 9 | 鸡泽县(冀) | 13.00 |
| 10 | 南郊区(晋) | 20.00 |

| 序号 | 葡萄苗主产地 | 产量(万株) |
|---|---|---|
| 11 | 新民市(辽) | 559.80 |
| 12 | 绥中县(辽) | 100.00 |
| 13 | 建昌县(辽) | 20.00 |
| 14 | 于洪区(辽) | 20.00 |
| 15 | 四平市铁东区(吉) | 30.00 |
| 16 | 如皋市(苏) | 600.00 |
| 17 | 铜山区(苏) | 40.00 |
| 18 | 禹会区(皖) | 16.00 |
| 19 | 临沂市经济技术开发区(鲁) | 324.00 |
| 20 | 金乡县(鲁) | 160.00 |
| 21 | 河东区(鲁) | 100.00 |
| 22 | 东昌府区(鲁) | 80.00 |
| 23 | 寒亭区(鲁) | 60.00 |
| 24 | 沂水县(鲁) | 18.00 |
| 25 | 垦利县(鲁) | 15.00 |
| 26 | 偃师市(豫) | 300.00 |
| 27 | 嵩　县(豫) | 40.00 |
| 28 | 内黄县(豫) | 36.00 |
| 29 | 博爱县(豫) | 28.08 |
| 30 | 荥阳市(豫) | 25.00 |
| 31 | 新乡县(豫) | 19.70 |
| 32 | 永城市(豫) | 16.78 |
| 33 | 柘城县(豫) | 15.00 |
| 34 | 宣恩县(鄂) | 25.00 |
| 35 | 潜江市(鄂) | 20.00 |
| 36 | 邛崃市(川) | 15.00 |
| 37 | 三都水族自治县(黔) | 2000.00 |
| 38 | 杨凌区农林局(陕) | 430.00 |
| 39 | 蒲城县(陕) | 90.00 |
| 40 | 民勤县(甘) | 408.00 |
| 41 | 古浪县(甘) | 25.00 |
| 42 | 武威市市辖区(甘) | 14.00 |
| 43 | 永宁县(宁) | 1050.00 |
| 44 | 农垦事业管理局(宁) | 550.00 |
| 45 | 青铜峡市(宁) | 450.00 |
| 46 | 红寺堡区(宁) | 370.77 |
| 47 | 霍城县(新) | 220.00 |
| 48 | 玛纳斯县(新) | 62.00 |
| 49 | 鄯善县(新) | 22.15 |
| 50 | 昌吉市(新) | 16.00 |
| 51 | 喀什市(新) | 11.00 |

**表 10-36　红枣苗主产地产量**

| 序号 | 红枣苗主产地 | 产量(万株) |
|---|---|---|
| 1 | 赞皇县(冀) | 600.00 |
| 2 | 沧　县(冀) | 578.00 |
| 3 | 阜平县(冀) | 67.50 |
| 4 | 邢台县(冀) | 60.00 |
| 5 | 定襄县(晋) | 50.00 |
| 6 | 喀喇沁左翼蒙古族自治县(辽) | 33.00 |
| 7 | 德城区(鲁) | 150.00 |
| 8 | 乐陵市(鲁) | 90.00 |
| 9 | 宁阳县(鲁) | 32.00 |
| 10 | 荣成市(鲁) | 23.00 |
| 11 | 内黄县(豫) | 270.00 |
| 12 | 祁东县(湘) | 79.30 |
| 13 | 武隆县(渝) | 40.00 |
| 14 | 旌阳区(川) | 10.00 |
| 15 | 绥德县(陕) | 75.00 |
| 16 | 清涧县(陕) | 62.00 |
| 17 | 敦煌市(甘) | 200.00 |
| 18 | 民勤县(甘) | 96.50 |
| 19 | 古浪县(甘) | 71.30 |
| 20 | 临泽县(甘) | 52.00 |
| 21 | 平川区(甘) | 40.00 |
| 22 | 武威市市辖区(甘) | 13.00 |
| 23 | 景泰县(甘) | 12.00 |
| 24 | 灵武市(宁) | 877.72 |
| 25 | 同心县(宁) | 193.90 |
| 26 | 昌吉市(新) | 180.00 |
| 27 | 若羌县(新) | 61.50 |
| 28 | 阿图什市(新) | 60.80 |
| 29 | 泽普县(新) | 35.23 |
| 30 | 鄯善县(新) | 27.00 |
| 31 | 霍城县(新) | 20.20 |
| 32 | 岳普湖县(新) | 11.00 |

**表 10-37　苹果苗主产地产量**

| 序号 | 苹果苗主产地 | 产量(万株) |
|---|---|---|
| 1 | 青龙满族自治县(冀) | 810.00 |
| 2 | 围场满族蒙古族自治县(冀) | 370.00 |
| 3 | 顺平县(冀) | 360.00 |
| 4 | 宽城满族自治县(冀) | 250.00 |
| 5 | 涿鹿县(冀) | 240.00 |
| 6 | 平泉县(冀) | 150.00 |
| 7 | 遵化市(冀) | 150.00 |
| 8 | 蠡　县(冀) | 100.00 |
| 9 | 赞皇县(冀) | 97.50 |
| 10 | 永年县(冀) | 70.00 |
| 11 | 临漳县(冀) | 42.30 |
| 12 | 邢台县(冀) | 37.00 |
| 13 | 深州市(冀) | 31.80 |
| 14 | 卢龙县(冀) | 20.00 |
| 15 | 武强县(冀) | 16.00 |
| 16 | 丰宁满族自治县(冀) | 15.00 |
| 17 | 曲阳县(冀) | 15.00 |
| 18 | 土默特左旗(内蒙古) | 60.00 |
| 19 | 林西县(内蒙古) | 30.00 |
| 20 | 宁城县(内蒙古) | 30.00 |
| 21 | 松山区(内蒙古) | 28.00 |
| 22 | 开鲁县(内蒙古) | 27.30 |
| 23 | 红山区(内蒙古) | 11.00 |
| 24 | 海城市(辽) | 1403.08 |
| 25 | 盖州市(辽) | 936.00 |
| 26 | 辽中县(辽) | 500.00 |
| 27 | 普兰店市(辽) | 500.00 |
| 28 | 义　县(辽) | 160.00 |
| 29 | 台安县(辽) | 150.00 |
| 30 | 法库县(辽) | 137.00 |
| 31 | 于洪区(辽) | 20.00 |
| 32 | 新民市(辽) | 16.00 |
| 33 | 依安县(黑) | 10.00 |
| 34 | 河东区(鲁) | 3000.00 |
| 35 | 栖霞市(鲁) | 990.00 |
| 36 | 平邑县(鲁) | 500.00 |
| 37 | 蓬莱市(鲁) | 301.00 |
| 38 | 惠民县(鲁) | 300.00 |
| 39 | 沂水县(鲁) | 103.00 |
| 40 | 文登市(鲁) | 42.00 |
| 41 | 新泰市(鲁) | 40.00 |
| 42 | 乳山市(鲁) | 40.00 |
| 43 | 寒亭区(鲁) | 37.50 |
| 44 | 昌邑市(鲁) | 28.00 |
| 45 | 成武县(鲁) | 27.00 |
| 46 | 河口区(鲁) | 25.00 |
| 47 | 东昌府区(鲁) | 22.00 |
| 48 | 海阳市(鲁) | 15.00 |
| 49 | 垦利县(鲁) | 15.00 |
| 50 | 平原县(鲁) | 15.00 |
| 51 | 安阳县(豫) | 685.00 |
| 52 | 内黄县(豫) | 225.00 |
| 53 | 夏邑县(豫) | 35.00 |
| 54 | 汉源县(川) | 32.50 |
| 55 | 龙里县(黔) | 14.40 |
| 56 | 杨凌区农林局(陕) | 1350.00 |
| 57 | 洛川县(陕) | 60.00 |
| 58 | 吴起县(陕) | 52.50 |
| 59 | 渭城区(陕) | 30.00 |

| 序号 | 苹果苗主产地 | 产量(万株) |
|---|---|---|
| 60 | 蒲城县(陕) | 18.00 |
| 61 | 礼　县(甘) | 800.00 |
| 62 | 崇信县(甘) | 703.30 |
| 63 | 西峰区(甘) | 500.00 |
| 64 | 宁　县(甘) | 486.00 |
| 65 | 武山县(甘) | 240.00 |
| 66 | 静宁县(甘) | 240.00 |
| 67 | 正宁林业总场(甘) | 234.00 |
| 68 | 甘谷县(甘) | 226.00 |
| 69 | 泾川县(甘) | 180.00 |
| 70 | 清水县(甘) | 145.00 |
| 71 | 环　县(甘) | 89.00 |
| 72 | 西和县(甘) | 87.00 |
| 73 | 榆中县(甘) | 74.50 |
| 74 | 灵台县(甘) | 60.00 |
| 75 | 庄浪县(甘) | 30.00 |
| 76 | 永宁县(宁) | 36.00 |
| 77 | 昌吉市(新) | 811.00 |
| 78 | 玛纳斯县(新) | 187.10 |
| 79 | 吉木萨尔县(新) | 50.00 |
| 80 | 疏附县(新) | 14.66 |
| 81 | 木垒哈萨克自治县(新) | 13.90 |
| 82 | 农四师(新疆兵团) | 50.00 |
| 83 | 农三师(新疆兵团) | 16.50 |

## 表 10-38　沙枣苗主产地产量

| 序号 | 沙枣苗主产地 | 产量(万株) |
|---|---|---|
| 1 | 杭锦旗(内蒙古) | 480.00 |
| 2 | 阿拉善左旗(内蒙古) | 282.90 |
| 3 | 乌审旗(内蒙古) | 70.00 |
| 4 | 五原县(内蒙古) | 24.00 |
| 5 | 肃州区(甘) | 576.00 |
| 6 | 瓜州县(甘) | 392.00 |
| 7 | 肃南裕固族自治县(甘) | 380.00 |
| 8 | 临泽县(甘) | 300.00 |
| 9 | 玉门市(甘) | 223.95 |
| 10 | 高台县(甘) | 175.00 |
| 11 | 民勤县(甘) | 121.38 |
| 12 | 古浪县(甘) | 96.00 |
| 13 | 甘州区(甘) | 80.00 |
| 14 | 民乐县(甘) | 15.00 |
| 15 | 永宁县(宁) | 180.00 |
| 16 | 灵武市(宁) | 110.09 |
| 17 | 贺兰县(宁) | 34.50 |
| 18 | 灵武白芨滩国家级自然保护区(宁) | 15.15 |
| 19 | 平罗县(宁) | 12.95 |
| 20 | 兴庆区(宁) | 10.50 |
| 21 | 麦盖提县(新) | 734.81 |
| 22 | 巴楚县(新) | 677.00 |
| 23 | 莎车县(新) | 609.10 |
| 24 | 英吉沙县(新) | 327.42 |
| 25 | 岳普湖县(新) | 196.00 |
| 26 | 伽师县(新) | 195.81 |
| 27 | 叶城县(新) | 128.67 |
| 28 | 疏附县(新) | 117.87 |
| 29 | 和静县(新) | 110.00 |
| 30 | 疏勒县(新) | 80.00 |
| 31 | 阿图什市(新) | 75.70 |
| 32 | 昌吉市(新) | 63.00 |
| 33 | 托克逊县(新) | 60.00 |
| 34 | 布尔津县(新) | 30.00 |
| 35 | 且末县(新) | 29.60 |
| 36 | 玛纳斯县(新) | 25.20 |
| 37 | 福海县(新) | 23.50 |
| 38 | 乌恰县(新) | 21.60 |
| 39 | 泽普县(新) | 10.45 |
| 40 | 农十三师(新疆兵团) | 68.00 |
| 41 | 农三师(新疆兵团) | 14.10 |

## 表 10-39　槐树苗主产地产量

| 序号 | 槐树苗主产地 | 产量(万株) |
|---|---|---|
| 1 | 丰台区(京) | 15.00 |
| 2 | 武清区(津) | 35.00 |
| 3 | 宝坻区(津) | 16.50 |
| 4 | 定州市(冀) | 1360.00 |
| 5 | 丰宁满族自治县(冀) | 600.00 |
| 6 | 邱　县(冀) | 600.00 |
| 7 | 开平区(冀) | 120.00 |
| 8 | 泊头市(冀) | 71.00 |
| 9 | 武强县(冀) | 38.00 |
| 10 | 滦南县(冀) | 30.90 |
| 11 | 饶阳县(冀) | 15.00 |
| 12 | 唐海县(冀) | 15.00 |
| 13 | 高碑店市(冀) | 15.00 |
| 14 | 井陉矿区(冀) | 10.00 |
| 15 | 阳泉市郊区(晋) | 100.00 |
| 16 | 黎城县(晋) | 45.00 |
| 17 | 于洪区(辽) | 20.00 |
| 18 | 宁津县(鲁) | 3700.00 |
| 19 | 昌邑市(鲁) | 285.00 |
| 20 | 昌乐县(鲁) | 80.00 |
| 21 | 坊子区(鲁) | 12.00 |
| 22 | 虞城县(豫) | 66.00 |
| 23 | 南乐县(豫) | 58.00 |
| 24 | 新宁县(湘) | 30.00 |
| 25 | 增城市(粤) | 35.00 |
| 26 | 湘桥区(粤) | 14.00 |
| 27 | 萝岗区(粤) | 10.00 |
| 28 | 北碚区(渝) | 60.00 |
| 29 | 石林彝族自治县(滇) | 53.00 |
| 30 | 杨凌区农林局(陕) | 315.00 |
| 31 | 桥北林业局(陕) | 29.00 |
| 32 | 子洲县(陕) | 12.00 |
| 33 | 长安区(陕) | 10.20 |
| 34 | 宁　县(甘) | 1081.60 |
| 35 | 敦煌市(甘) | 42.00 |
| 36 | 肃州区(甘) | 24.00 |
| 37 | 环　县(甘) | 12.00 |
| 38 | 泾源县(宁) | 450.00 |
| 39 | 同心县(宁) | 19.21 |

## 表 10-40　桤木苗主产地产量

| 序号 | 桤木苗主产地 | 产量(万株) |
|---|---|---|
| 1 | 瑞金市(赣) | 160.00 |
| 2 | 铜鼓县(赣) | 50.00 |
| 3 | 新建县(赣) | 15.00 |
| 4 | 宣恩县(鄂) | 102.00 |
| 5 | 建始县(鄂) | 50.00 |
| 6 | 罗田县(鄂) | 35.00 |
| 7 | 隆回县(湘) | 57.30 |
| 8 | 黄冕林场(桂) | 18.70 |
| 9 | 石柱土家族自治县(渝) | 720.00 |
| 10 | 黔江区(渝) | 240.00 |
| 11 | 万州区(渝) | 225.80 |
| 12 | 彭水苗族土家族自治县(渝) | 120.00 |
| 13 | 潼南县(渝) | 108.30 |
| 14 | 平昌县(川) | 560.00 |
| 15 | 通江县(川) | 500.00 |
| 16 | 巴州区(川) | 323.00 |
| 17 | 恩阳区(川) | 300.00 |
| 18 | 达川区(川) | 300.00 |
| 19 | 安　县(川) | 240.00 |
| 20 | 盐亭县(川) | 150.00 |
| 21 | 江油市(川) | 115.00 |
| 22 | 梓潼县(川) | 100.00 |
| 23 | 宣汉县(川) | 61.00 |
| 24 | 新都区(川) | 50.00 |

| 序号 | 桤木苗主产地 | 产量(万株) |
|---|---|---|
| 25 | 青川县(川) | 40.00 |
| 26 | 沾益县(滇) | 901.00 |
| 27 | 永德县(滇) | 650.00 |
| 28 | 腾冲县(滇) | 500.00 |
| 29 | 施甸县(滇) | 400.00 |
| 30 | 师宗县(滇) | 350.00 |
| 31 | 双江拉祜族佤族布朗族傣族自治县(滇) | 282.00 |
| 32 | 石林彝族自治县(滇) | 243.30 |
| 33 | 陆良县(滇) | 110.00 |
| 34 | 屏边苗族自治县(滇) | 100.00 |
| 35 | 红塔区(滇) | 98.50 |
| 36 | 维西傈僳族自治县(滇) | 50.00 |
| 37 | 澄江县(滇) | 40.00 |
| 38 | 华宁县(滇) | 33.00 |
| 39 | 马龙县(滇) | 20.00 |

**表 10-41　枫香苗主产地产量**

| 序号 | 枫香苗主产地 | 产量(万株) |
|---|---|---|
| 1 | 临安市(浙) | 255.00 |
| 2 | 云和县(浙) | 44.00 |
| 3 | 遂昌县(浙) | 29.53 |
| 4 | 建德市(浙) | 28.00 |
| 5 | 黄岩区(浙) | 12.00 |
| 6 | 天台县(浙) | 11.45 |
| 7 | 玉环县(浙) | 11.00 |
| 8 | 淳安县(浙) | 10.00 |
| 9 | 三门县(浙) | 10.00 |
| 10 | 含山县(皖) | 200.00 |
| 11 | 东至县(皖) | 129.00 |
| 12 | 旌德县(皖) | 80.00 |
| 13 | 潜山县(皖) | 20.00 |
| 14 | 太湖县(皖) | 18.00 |
| 15 | 怀宁县(皖) | 10.00 |
| 16 | 奉新县(赣) | 6080.00 |
| 17 | 赣　县(赣) | 780.00 |
| 18 | 全南县(赣) | 190.00 |
| 19 | 德兴市(赣) | 100.00 |
| 20 | 新建县(赣) | 85.00 |
| 21 | 铜鼓县(赣) | 80.00 |
| 22 | 宜丰县(赣) | 71.00 |
| 23 | 广昌县(赣) | 25.00 |
| 24 | 临川区(赣) | 20.00 |
| 25 | 玉山县(赣) | 20.00 |
| 26 | 兴国县(赣) | 12.00 |
| 27 | 永修县(赣) | 12.00 |
| 28 | 上高县(赣) | 11.10 |
| 29 | 万载县(赣) | 11.00 |
| 30 | 建始县(鄂) | 150.00 |
| 31 | 大悟县(鄂) | 112.00 |
| 32 | 英山县(鄂) | 80.00 |
| 33 | 恩施市(鄂) | 80.00 |
| 34 | 钟祥市(鄂) | 50.00 |
| 35 | 宣恩县(鄂) | 45.50 |
| 36 | 红安县(鄂) | 36.00 |
| 37 | 罗田县(鄂) | 35.00 |
| 38 | 麻城市(鄂) | 22.50 |
| 39 | 蕲春县(鄂) | 15.00 |
| 40 | 安仁县(湘) | 65.00 |
| 41 | 新邵县(湘) | 60.00 |
| 42 | 沅陵县(湘) | 56.00 |
| 43 | 邵阳县(湘) | 35.00 |
| 44 | 安化县(湘) | 30.00 |
| 45 | 汝城县(湘) | 20.00 |
| 46 | 零陵区(湘) | 18.00 |
| 47 | 桂东县(湘) | 16.00 |
| 48 | 衡南县(湘) | 12.00 |
| 49 | 连平县(粤) | 800.00 |
| 50 | 紫金县(粤) | 280.00 |
| 51 | 乳源瑶族自治县(粤) | 240.00 |
| 52 | 五华县(粤) | 231.00 |
| 53 | 梅　县(粤) | 200.00 |
| 54 | 普宁市(粤) | 160.00 |
| 55 | 惠城区(粤) | 150.00 |
| 56 | 翁源县(粤) | 135.00 |
| 57 | 丰顺县(粤) | 125.00 |
| 58 | 新丰县(粤) | 120.00 |
| 59 | 惠阳区(粤) | 113.00 |
| 60 | 连州市(粤) | 85.00 |
| 61 | 新丰江林管局(粤) | 62.00 |
| 62 | 清新县(粤) | 60.00 |
| 63 | 乐昌市(粤) | 37.50 |
| 64 | 蕉岭县(粤) | 32.00 |
| 65 | 郁南县(粤) | 30.00 |
| 66 | 恩平市(粤) | 30.00 |
| 67 | 高州市(粤) | 25.00 |
| 68 | 增城市(粤) | 24.00 |
| 69 | 佛冈县(粤) | 15.00 |
| 70 | 榕城区(粤) | 10.00 |
| 71 | 源城区(粤) | 10.00 |
| 72 | 渝北区(渝) | 135.00 |
| 73 | 万盛区(渝) | 60.00 |
| 74 | 武隆县(渝) | 50.00 |
| 75 | 巴南区(渝) | 50.00 |
| 76 | 寻甸回族彝族自治县(滇) | 28.90 |
| 77 | 石林彝族自治县(滇) | 21.80 |

**表 10-42　柑橘苗主产地产量**

| 序号 | 柑橘苗主产地 | 产量(万株) |
|---|---|---|
| 1 | 黄岩区(浙) | 160.00 |
| 2 | 定海区(浙) | 32.00 |
| 3 | 宁海县(浙) | 20.00 |
| 4 | 三门县(浙) | 10.00 |
| 5 | 瑞金市(赣) | 161.00 |
| 6 | 新建县(赣) | 145.00 |
| 7 | 淅川县(豫) | 113.70 |
| 8 | 兴山县(鄂) | 100.00 |
| 9 | 松滋市(鄂) | 60.00 |
| 10 | 当阳市(鄂) | 30.00 |
| 11 | 长阳土家族自治县(鄂) | 30.00 |
| 12 | 丹江口市(鄂) | 24.00 |
| 13 | 宜都市(鄂) | 15.00 |
| 14 | 孝南区(鄂) | 15.00 |
| 15 | 孝昌县(鄂) | 10.00 |
| 16 | 醴陵市(湘) | 1000.00 |
| 17 | 沅江市(湘) | 108.00 |
| 18 | 石门县(湘) | 96.00 |
| 19 | 双峰县(湘) | 72.00 |
| 20 | 新宁县(湘) | 60.00 |
| 21 | 麻阳苗族自治县(湘) | 50.00 |
| 22 | 津市市(湘) | 50.00 |
| 23 | 隆回县(湘) | 32.00 |
| 24 | 鼎城区(湘) | 21.00 |
| 25 | 安仁县(湘) | 12.00 |
| 26 | 龙川县(粤) | 200.00 |
| 27 | 清新县(粤) | 150.00 |
| 28 | 清城区(粤) | 28.00 |
| 29 | 巫山县(渝) | 240.00 |
| 30 | 江津区(渝) | 100.00 |
| 31 | 忠　县(渝) | 50.00 |
| 32 | 雁江区(川) | 520.00 |
| 33 | 江安县(川) | 210.00 |
| 34 | 沿滩区(川) | 25.00 |
| 35 | 仁寿县(川) | 22.00 |
| 36 | 汉源县(川) | 11.00 |
| 37 | 荔波县(黔) | 18.00 |
| 38 | 华宁县(滇) | 80.00 |
| 39 | 白河县(陕) | 60.00 |

## 表 10-43 香椿苗主产地产量

| 序号 | 香椿苗主产地 | 产量(万株) |
|---|---|---|
| 1 | 岱山县(浙) | 25.00 |
| 2 | 建德市(浙) | 16.00 |
| 3 | 临海市(浙) | 16.00 |
| 4 | 鄞州区(浙) | 10.00 |
| 5 | 望江县(皖) | 100.00 |
| 6 | 新泰市(鲁) | 200.00 |
| 7 | 莱芜市高新区(鲁) | 18.00 |
| 8 | 登封市(豫) | 2400.00 |
| 9 | 卧龙区(豫) | 300.00 |
| 10 | 商水县(豫) | 45.00 |
| 11 | 惠济区(豫) | 25.00 |
| 12 | 栾川县(豫) | 14.85 |
| 13 | 孝昌县(鄂) | 600.00 |
| 14 | 恩施市(鄂) | 30.00 |
| 15 | 祁东县(湘) | 853.00 |
| 16 | 娄星区(湘) | 50.00 |
| 17 | 桑植县(湘) | 15.00 |
| 18 | 石门县(湘) | 11.00 |
| 19 | 阳朔县(桂) | 250.00 |
| 20 | 雅长林场(桂) | 67.27 |
| 21 | 西林县(桂) | 55.00 |
| 22 | 隆林各族自治县(桂) | 45.00 |
| 23 | 潼南县(渝) | 90.20 |
| 24 | 九龙坡区(渝) | 23.00 |
| 25 | 丰都县(渝) | 11.00 |
| 26 | 安岳县(川) | 420.00 |
| 27 | 雁江区(川) | 240.00 |
| 28 | 万源市(川) | 97.00 |
| 29 | 筠连县(川) | 80.00 |
| 30 | 蓬安县(川) | 50.00 |
| 31 | 射洪县(川) | 20.00 |
| 32 | 独山县(黔) | 280.00 |
| 33 | 荔波县(黔) | 50.00 |
| 34 | 宁强县(陕) | 320.00 |
| 35 | 镇巴县(陕) | 120.00 |

## 表 10-44 珍稀乡土苗主产地产量

| 序号 | 珍稀乡土苗主产地 | 产量(万株) |
|---|---|---|
| 1 | 延庆县(京) | 86.41 |
| 2 | 海勃湾区(内蒙古) | 17.58 |
| 3 | 庐江县(皖) | 5200.00 |
| 4 | 屯溪区(皖) | 988.00 |
| 5 | 昌邑市(鲁) | 3894.00 |
| 6 | 海阳市(鲁) | 50.00 |
| 7 | 威海市经济技术开发区(鲁) | 40.00 |
| 8 | 邹城市(鲁) | 15.00 |
| 9 | 新　县(豫) | 225.00 |
| 10 | 淮阳县(豫) | 58.50 |
| 11 | 洛宁县(豫) | 13.50 |
| 12 | 应城市(鄂) | 230.00 |
| 13 | 保康县(鄂) | 53.00 |
| 14 | 竹山县(鄂) | 21.80 |
| 15 | 新宁县(湘) | 100.00 |
| 16 | 沅江市(湘) | 45.00 |
| 17 | 遂溪县(粤) | 608.00 |
| 18 | 麻章区(粤) | 230.30 |
| 19 | 萝岗区(粤) | 200.00 |
| 20 | 恩平市(粤) | 150.00 |
| 21 | 高要市(粤) | 42.90 |
| 22 | 坡头区(粤) | 12.00 |
| 23 | 昭平县(桂) | 120.00 |
| 24 | 江油市(川) | 135.00 |
| 25 | 寻甸回族彝族自治县(滇) | 658.02 |
| 26 | 大关县(滇) | 300.00 |
| 27 | 南郑县(陕) | 250.00 |
| 28 | 桥北林业局(陕) | 15.00 |
| 29 | 特克斯林场(新) | 35.64 |

## 表 10-45 栾树苗主产地产量

| 序号 | 栾树苗主产地 | 产量(万株) |
|---|---|---|
| 1 | 海淀区(京) | 22.10 |
| 2 | 丰台区(京) | 10.00 |
| 3 | 安国市(冀) | 2000.00 |
| 4 | 博野县(冀) | 500.00 |
| 5 | 遵化市(冀) | 400.00 |
| 6 | 定州市(冀) | 300.00 |
| 7 | 邱　县(冀) | 272.00 |
| 8 | 南和县(冀) | 143.00 |
| 9 | 赞皇县(冀) | 52.50 |
| 10 | 顺平县(冀) | 40.00 |
| 11 | 泊头市(冀) | 36.27 |
| 12 | 高碑店市(冀) | 25.00 |
| 13 | 清苑县(冀) | 20.00 |
| 14 | 深州市(冀) | 17.39 |
| 15 | 高阳县(冀) | 15.00 |
| 16 | 邢台县(冀) | 11.00 |
| 17 | 淮阴区(苏) | 400.00 |
| 18 | 铜山区(苏) | 200.00 |
| 19 | 如皋市(苏) | 160.00 |
| 20 | 泰兴市(苏) | 36.60 |
| 21 | 常熟市(苏) | 29.46 |
| 22 | 海宁市(浙) | 217.30 |
| 23 | 富阳市(浙) | 75.62 |
| 24 | 慈溪市(浙) | 65.00 |
| 25 | 秀洲区(浙) | 54.10 |
| 26 | 桐乡市(浙) | 50.00 |
| 27 | 奉化市(浙) | 22.00 |
| 28 | 海盐县(浙) | 16.30 |
| 29 | 东至县(皖) | 72.00 |
| 30 | 灵璧县(皖) | 45.00 |
| 31 | 庐阳区(皖) | 41.50 |
| 32 | 固镇县(皖) | 30.00 |
| 33 | 蒙城县(皖) | 27.00 |
| 34 | 怀远县(皖) | 27.00 |
| 35 | 五河县(皖) | 21.00 |
| 36 | 巢湖市(皖) | 20.12 |
| 37 | 肥西县(皖) | 19.00 |
| 38 | 淮上区(皖) | 15.00 |
| 39 | 和　县(皖) | 15.00 |
| 40 | 旌德县(皖) | 10.00 |
| 41 | 九江县(赣) | 2565.00 |
| 42 | 德安县(赣) | 91.40 |
| 43 | 桓台县(鲁) | 203.00 |
| 44 | 东昌府区(鲁) | 36.00 |
| 45 | 垦利县(鲁) | 33.00 |
| 46 | 商河县(鲁) | 30.00 |
| 47 | 东平县(鲁) | 12.00 |
| 48 | 淮滨县(豫) | 8000.00 |
| 49 | 安阳县(豫) | 1100.00 |
| 50 | 鄢陵县(豫) | 850.00 |
| 51 | 潢川县(豫) | 540.00 |
| 52 | 济源市(豫) | 303.00 |
| 53 | 长葛市(豫) | 125.00 |
| 54 | 栾川县(豫) | 123.60 |
| 55 | 社旗县(豫) | 120.00 |
| 56 | 许昌县(豫) | 98.00 |
| 57 | 南召县(豫) | 96.70 |
| 58 | 新野县(豫) | 80.00 |
| 59 | 宝丰县(豫) | 67.50 |
| 60 | 兰考县(豫) | 40.40 |
| 61 | 正阳县(豫) | 30.00 |
| 62 | 淇滨区(豫) | 25.00 |
| 63 | 太康县(豫) | 25.00 |
| 64 | 惠济区(豫) | 22.43 |
| 65 | 鹤山区(豫) | 20.00 |
| 66 | 南乐县(豫) | 16.50 |
| 67 | 柘城县(豫) | 15.00 |

| 序号 | 栾树苗主产地 | 产量(万株) |
|---|---|---|
| 68 | 义马市(豫) | 12.00 |
| 69 | 华龙区(豫) | 10.00 |
| 70 | 掇刀区(鄂) | 1210.00 |
| 71 | 宜都市(鄂) | 1000.00 |
| 72 | 宣恩县(鄂) | 915.00 |
| 73 | 京山县(鄂) | 750.00 |
| 74 | 老河口市(鄂) | 400.00 |
| 75 | 潜江市(鄂) | 400.00 |
| 76 | 夷陵区(鄂) | 300.00 |
| 77 | 松滋市(鄂) | 300.00 |
| 78 | 荆州区(鄂) | 100.00 |
| 79 | 钟祥市(鄂) | 80.00 |
| 80 | 仙桃市(鄂) | 80.00 |
| 81 | 沙洋县(鄂) | 80.00 |
| 82 | 枣阳市(鄂) | 58.70 |
| 83 | 秭归县(鄂) | 55.00 |
| 84 | 大悟县(鄂) | 45.00 |
| 85 | 孝南区(鄂) | 30.06 |
| 86 | 漳河新区(鄂) | 20.00 |
| 87 | 蔡甸区(鄂) | 16.00 |
| 88 | 新宁县(湘) | 200.00 |
| 89 | 沅陵县(湘) | 22.00 |
| 90 | 常德市市辖区(湘) | 15.00 |
| 91 | 南川区(渝) | 540.00 |
| 92 | 万州区(渝) | 178.90 |
| 93 | 开　县(渝) | 175.00 |
| 94 | 潼南县(渝) | 105.00 |
| 95 | 巫山县(渝) | 80.00 |
| 96 | 武隆县(渝) | 50.00 |
| 97 | 长寿区(渝) | 47.02 |
| 98 | 荣昌县(渝) | 40.00 |
| 99 | 九龙坡区(渝) | 40.00 |
| 100 | 万盛区(渝) | 40.00 |
| 101 | 黔江区(渝) | 35.00 |
| 102 | 忠　县(渝) | 10.00 |
| 103 | 井研县(川) | 450.00 |
| 104 | 古蔺县(川) | 65.42 |
| 105 | 高　县(川) | 63.00 |
| 106 | 彭山县(川) | 50.00 |
| 107 | 蓬安县(川) | 50.00 |
| 108 | 仁寿县(川) | 20.00 |
| 109 | 桐梓县(黔) | 100.00 |
| 110 | 开阳县(黔) | 26.28 |
| 111 | 江口县(黔) | 15.00 |
| 112 | 长安区(陕) | 82.00 |
| 113 | 蒲城县(陕) | 39.00 |

**表 10-46　银杏苗主产地产量**

| 序号 | 银杏苗主产地 | 产量(万株) |
|---|---|---|
| 1 | 海淀区(京) | 18.10 |
| 2 | 定州市(冀) | 480.00 |
| 3 | 南和县(冀) | 162.00 |
| 4 | 开平区(冀) | 60.00 |
| 5 | 涿州市(冀) | 35.50 |
| 6 | 邢台县(冀) | 25.00 |
| 7 | 大厂回族自治县(冀) | 25.00 |
| 8 | 东港市(辽) | 6706.00 |
| 9 | 振安区(辽) | 1000.00 |
| 10 | 瓦房店市(辽) | 1000.00 |
| 11 | 普兰店市(辽) | 450.00 |
| 12 | 庄河市(辽) | 85.00 |
| 13 | 凤城市(辽) | 70.00 |
| 14 | 海城市(辽) | 51.26 |
| 15 | 文圣区(辽) | 24.00 |
| 16 | 于洪区(辽) | 20.00 |
| 17 | 如皋市(苏) | 900.00 |
| 18 | 泰兴市(苏) | 12.20 |
| 19 | 临安市(浙) | 200.00 |
| 20 | 淳安县(浙) | 22.00 |
| 21 | 海宁市(浙) | 13.10 |
| 22 | 富阳市(浙) | 10.64 |
| 23 | 仙居县(浙) | 10.00 |
| 24 | 旌德县(皖) | 100.00 |
| 25 | 郎溪县(皖) | 35.00 |
| 26 | 庐阳区(皖) | 34.80 |
| 27 | 屯溪区(皖) | 33.00 |
| 28 | 五河县(皖) | 15.00 |
| 29 | 广德县(皖) | 10.00 |
| 30 | 灵璧县(皖) | 10.00 |
| 31 | 九江县(赣) | 1463.00 |
| 32 | 德安县(赣) | 77.83 |
| 33 | 郯城县(鲁) | 4140.00 |
| 34 | 昌邑市(鲁) | 400.00 |
| 35 | 海阳市(鲁) | 380.00 |
| 36 | 桓台县(鲁) | 144.00 |
| 37 | 莱城区(鲁) | 80.00 |
| 38 | 河东区(鲁) | 78.00 |
| 39 | 昌乐县(鲁) | 70.00 |
| 40 | 蓬莱市(鲁) | 30.00 |
| 41 | 乳山市(鲁) | 30.00 |
| 42 | 文登市(鲁) | 26.50 |
| 43 | 荣成市(鲁) | 21.00 |
| 44 | 梁山县(鲁) | 18.00 |
| 45 | 沂水县(鲁) | 12.00 |
| 46 | 汶上县(鲁) | 11.00 |
| 47 | 广饶县(鲁) | 10.10 |
| 48 | 坊子区(鲁) | 10.00 |
| 49 | 许昌县(豫) | 1760.00 |
| 50 | 南召县(豫) | 98.00 |
| 51 | 魏都区(豫) | 13.00 |
| 52 | 安陆市(鄂) | 610.00 |
| 53 | 巴东县(鄂) | 480.00 |
| 54 | 宣恩县(鄂) | 411.00 |
| 55 | 建始县(鄂) | 200.00 |
| 56 | 夷陵区(鄂) | 200.00 |
| 57 | 恩施市(鄂) | 200.00 |
| 58 | 蔡甸区(鄂) | 180.00 |
| 59 | 襄城区(鄂) | 117.00 |
| 60 | 大悟县(鄂) | 72.00 |
| 61 | 曾都区(鄂) | 72.00 |
| 62 | 郧　县(鄂) | 60.00 |
| 63 | 当阳市(鄂) | 50.00 |
| 64 | 孝昌县(鄂) | 40.00 |
| 65 | 东宝区(鄂) | 35.00 |
| 66 | 长阳土家族自治县(鄂) | 30.00 |
| 67 | 宜都市(鄂) | 30.00 |
| 68 | 枣阳市(鄂) | 22.90 |
| 69 | 房　县(鄂) | 20.00 |
| 70 | 保康县(鄂) | 18.00 |
| 71 | 襄州区(鄂) | 15.00 |
| 72 | 兴山县(鄂) | 15.00 |
| 73 | 新宁县(湘) | 40.00 |
| 74 | 韶山市(湘) | 16.00 |
| 75 | 阳朔县(桂) | 40.00 |
| 76 | 灌阳县(桂) | 20.00 |
| 77 | 大足县(渝) | 25000.00 |
| 78 | 南川区(渝) | 1453.90 |
| 79 | 荣昌县(渝) | 430.00 |
| 80 | 石柱土家族自治县(渝) | 400.00 |
| 81 | 永川区(渝) | 65.00 |
| 82 | 长寿区(渝) | 42.83 |
| 83 | 巴南区(渝) | 40.00 |
| 84 | 九龙坡区(渝) | 22.00 |
| 85 | 潼南县(渝) | 21.60 |
| 86 | 万州区(渝) | 20.60 |
| 87 | 巫山县(渝) | 10.00 |
| 88 | 开江县(川) | 3000.00 |
| 89 | 恩阳区(川) | 1200.00 |
| 90 | 青川县(川) | 1000.00 |
| 91 | 苍溪县(川) | 800.00 |

| 序号 | 银杏苗主产地 | 产量(万株) |
|---|---|---|
| 92 | 阆中市(川) | 695.00 |
| 93 | 万源市(川) | 368.50 |
| 94 | 巴州区(川) | 300.00 |
| 95 | 青白江区(川) | 280.00 |
| 96 | 彭州市(川) | 200.00 |
| 97 | 邛崃市(川) | 180.00 |
| 98 | 都江堰市(川) | 143.20 |
| 99 | 通江县(川) | 120.00 |
| 100 | 彭山县(川) | 100.00 |
| 101 | 北川羌族自治县(川) | 90.00 |
| 102 | 大邑县(川) | 75.00 |
| 103 | 高　县(川) | 72.00 |
| 104 | 荣　县(川) | 65.00 |
| 105 | 安岳县(川) | 50.00 |
| 106 | 新都区(川) | 11.05 |
| 107 | 绵竹市(川) | 10.00 |
| 108 | 蓬安县(川) | 10.00 |
| 109 | 岳池县(川) | 10.00 |
| 110 | 开阳县(黔) | 73.69 |
| 111 | 大方县(黔) | 45.00 |
| 112 | 江口县(黔) | 30.00 |
| 113 | 文山市(滇) | 1800.00 |
| 114 | 腾冲县(滇) | 60.00 |
| 115 | 宁强县(陕) | 4720.00 |
| 116 | 宁陕县(陕) | 210.00 |
| 117 | 洋　县(陕) | 72.30 |
| 118 | 合阳县(陕) | 11.25 |
| 119 | 石泉县(陕) | 10.00 |

**表 10-47　合欢苗主产地产量**

| 序号 | 合欢苗主产地 | 产量(万株) |
|---|---|---|
| 1 | 定州市(冀) | 310.00 |
| 2 | 邢台县(冀) | 20.00 |
| 3 | 清苑县(冀) | 10.00 |
| 4 | 嘉定区(沪) | 13.00 |
| 5 | 海宁市(浙) | 30.80 |
| 6 | 奉化市(浙) | 10.00 |
| 7 | 肥西县(皖) | 1280.00 |
| 8 | 长丰县(皖) | 12.00 |
| 9 | 郎溪县(皖) | 10.00 |
| 10 | 惠民县(鲁) | 2500.00 |
| 11 | 河东区(鲁) | 120.00 |
| 12 | 昌乐县(鲁) | 56.00 |
| 13 | 荣成市(鲁) | 37.00 |
| 14 | 东平县(鲁) | 27.00 |
| 15 | 环翠区(鲁) | 25.00 |
| 16 | 商河县(鲁) | 15.00 |
| 17 | 潢川县(豫) | 550.00 |
| 18 | 商水县(豫) | 55.00 |
| 19 | 长葛市(豫) | 30.00 |
| 20 | 兰考县(豫) | 20.00 |
| 21 | 罗田县(鄂) | 15.00 |
| 22 | 清新县(粤) | 35.00 |
| 23 | 会东县(川) | 16.00 |
| 24 | 米易县(川) | 15.00 |
| 25 | 巧家县(滇) | 20.00 |

**表 10-48　沙棘苗主产地产量**

| 序号 | 沙棘苗主产地 | 产量(万株) |
|---|---|---|
| 1 | 尚义县(冀) | 5550.00 |
| 2 | 康保县(冀) | 3582.00 |
| 3 | 围场满族蒙古族自治县(冀) | 3000.00 |
| 4 | 张北县(冀) | 1851.00 |
| 5 | 沽源县(冀) | 1810.00 |
| 6 | 丰宁满族自治县(冀) | 500.00 |
| 7 | 赤城县(冀) | 162.00 |
| 8 | 岢岚县(晋) | 1800.00 |
| 9 | 清水河县(内蒙古) | 1720.00 |
| 10 | 武川县(内蒙古) | 200.00 |
| 11 | 卓资县(内蒙古) | 150.00 |
| 12 | 正蓝旗(内蒙古) | 150.00 |
| 13 | 敖汉旗(内蒙古) | 120.00 |
| 14 | 东胜区(内蒙古) | 20.00 |
| 15 | 察哈尔右翼中旗(内蒙古) | 12.00 |
| 16 | 孙吴县(黑) | 319.00 |
| 17 | 理塘县(川) | 23.50 |
| 18 | 曲水县(藏) | 51.00 |
| 19 | 巴青县(藏) | 40.95 |
| 20 | 岷　县(甘) | 6225.00 |
| 21 | 庆城县(甘) | 1800.00 |
| 22 | 民乐县(甘) | 340.00 |
| 23 | 肃南裕固族自治县(甘) | 145.00 |
| 24 | 高台县(甘) | 103.80 |
| 25 | 合水林业总场(甘) | 75.00 |
| 26 | 山丹县(甘) | 41.58 |
| 27 | 平安县(青) | 126.00 |
| 28 | 湟源县(青) | 120.00 |
| 29 | 门源回族自治县(青) | 90.00 |
| 30 | 海晏县(青) | 19.20 |
| 31 | 青河县(新) | 600.00 |
| 32 | 吉木萨尔县(新) | 400.00 |
| 33 | 福海县(新) | 120.20 |
| 34 | 阿合奇县(新) | 50.00 |
| 35 | 布尔津县(新) | 30.00 |
| 36 | 青河林场(新) | 20.00 |
| 37 | 富蕴县(新) | 10.00 |

**表 10-49　小檗苗主产地产量**

| 序号 | 小檗苗主产地 | 产量(万株) |
|---|---|---|
| 1 | 定州市(冀) | 13464.00 |
| 2 | 滦南县(冀) | 534.90 |
| 3 | 南和县(冀) | 325.00 |
| 4 | 路南区(冀) | 50.00 |
| 5 | 大厂回族自治县(冀) | 30.00 |
| 6 | 长子县(晋) | 96.00 |
| 7 | 阳泉市郊区(晋) | 80.00 |
| 8 | 侯马市(晋) | 50.00 |
| 9 | 阳城县(晋) | 39.00 |
| 10 | 振安区(辽) | 2000.00 |
| 11 | 新民市(辽) | 168.30 |
| 12 | 于洪区(辽) | 20.00 |
| 13 | 大庆市开发区(黑) | 15.00 |
| 14 | 新泰市(鲁) | 800.00 |
| 15 | 沂水县(鲁) | 472.00 |
| 16 | 即墨市(鲁) | 150.00 |
| 17 | 青州市(鲁) | 150.00 |
| 18 | 环翠区(鲁) | 44.00 |
| 19 | 海阳市(鲁) | 20.00 |
| 20 | 威海市经济技术开发区(鲁) | 12.00 |
| 21 | 商水县(豫) | 192.00 |
| 22 | 安阳县(豫) | 26.00 |
| 23 | 蒲城县(陕) | 90.00 |
| 24 | 长安区(陕) | 55.00 |
| 25 | 定西市巉口林业试验场(甘) | 12.50 |

**表 10-50　油茶苗主产地产量**

| 序号 | 油茶苗主产地 | 产量(万株) |
|---|---|---|
| 1 | 天台县(浙) | 554.00 |
| 2 | 宁海县(浙) | 230.00 |
| 3 | 缙云县(浙) | 224.00 |
| 4 | 常山县(浙) | 200.00 |
| 5 | 仙居县(浙) | 101.00 |
| 6 | 淳安县(浙) | 88.36 |
| 7 | 建德市(浙) | 53.00 |
| 8 | 文成县(浙) | 30.00 |
| 9 | 歙　县(皖) | 650.00 |
| 10 | 太湖县(皖) | 503.00 |
| 11 | 绩溪县(皖) | 266.10 |

| 序号 | 油茶苗主产地 | 产量(万株) |
|---|---|---|
| 12 | 黄山市市辖区(皖) | 190.00 |
| 13 | 东至县(皖) | 55.00 |
| 14 | 上饶县(赣) | 600.00 |
| 15 | 赣　县(赣) | 480.00 |
| 16 | 修水县(赣) | 320.00 |
| 17 | 贵溪市(赣) | 315.00 |
| 18 | 樟树市(赣) | 200.00 |
| 19 | 瑞金市(赣) | 155.00 |
| 20 | 东乡县(赣) | 130.00 |
| 21 | 临川区(赣) | 110.00 |
| 22 | 瑞昌市(赣) | 36.20 |
| 23 | 广丰县(赣) | 30.00 |
| 24 | 进贤县(赣) | 15.00 |
| 25 | 光山县(豫) | 400.00 |
| 26 | 新　县(豫) | 400.00 |
| 27 | 商城县(豫) | 45.00 |
| 28 | 阳新县(鄂) | 840.00 |
| 29 | 通城县(鄂) | 420.00 |
| 30 | 通山县(鄂) | 420.00 |
| 31 | 麻城市(鄂) | 300.00 |
| 32 | 恩施市(鄂) | 300.00 |
| 33 | 大悟县(鄂) | 200.00 |
| 34 | 谷城县(鄂) | 200.00 |
| 35 | 曾都区(鄂) | 150.00 |
| 36 | 孝昌县(鄂) | 150.00 |
| 37 | 丹江口市(鄂) | 140.00 |
| 38 | 红安县(鄂) | 135.00 |
| 39 | 英山县(鄂) | 100.00 |
| 40 | 松滋市(鄂) | 100.00 |
| 41 | 当阳市(鄂) | 80.00 |
| 42 | 随　县(鄂) | 80.00 |
| 43 | 蕲春县(鄂) | 75.00 |
| 44 | 长阳土家族自治县(鄂) | 60.00 |
| 45 | 大冶市(鄂) | 52.50 |
| 46 | 五峰土家族自治县(鄂) | 50.00 |
| 47 | 宜都市(鄂) | 50.00 |
| 48 | 广水市(鄂) | 35.00 |
| 49 | 醴陵市(湘) | 1000.00 |
| 50 | 双峰县(湘) | 800.00 |
| 51 | 中方县(湘) | 560.00 |
| 52 | 浏阳市(湘) | 460.00 |
| 53 | 涟源市(湘) | 340.00 |
| 54 | 耒阳市(湘) | 232.00 |
| 55 | 衡南县(湘) | 202.00 |
| 56 | 常宁市(湘) | 200.00 |
| 57 | 茶陵县(湘) | 200.00 |
| 58 | 苏仙区(湘) | 198.00 |
| 59 | 桑植县(湘) | 180.00 |
| 60 | 道　县(湘) | 150.00 |
| 61 | 株洲县(湘) | 140.00 |
| 62 | 安仁县(湘) | 130.00 |
| 63 | 邵阳县(湘) | 130.00 |
| 64 | 慈利县(湘) | 120.00 |
| 65 | 邵东县(湘) | 102.00 |
| 66 | 娄星区(湘) | 100.00 |
| 67 | 桂东县(湘) | 100.00 |
| 68 | 衡山县(湘) | 98.56 |
| 69 | 津市市(湘) | 88.00 |
| 70 | 新化县(湘) | 60.00 |
| 71 | 新田县(湘) | 50.00 |
| 72 | 攸　县(湘) | 50.00 |
| 73 | 石门县(湘) | 45.00 |
| 74 | 湘潭县(湘) | 30.00 |
| 75 | 临澧县(湘) | 25.00 |
| 76 | 沅陵县(湘) | 25.00 |
| 77 | 梅　县(粤) | 2000.00 |
| 78 | 兴宁市(粤) | 1000.00 |
| 79 | 龙川县(粤) | 600.00 |
| 80 | 丰顺县(粤) | 200.00 |
| 81 | 云安县(粤) | 200.00 |
| 82 | 平远县(粤) | 188.00 |
| 83 | 高要市(粤) | 117.00 |
| 84 | 五华县(粤) | 88.00 |
| 85 | 信宜市(粤) | 50.00 |
| 86 | 连南瑶族自治县(粤) | 33.18 |
| 87 | 连州市(粤) | 13.00 |
| 88 | 凤山县(桂) | 750.00 |
| 89 | 资源县(桂) | 600.00 |
| 90 | 田林县(桂) | 505.00 |
| 91 | 岑溪市(桂) | 492.00 |
| 92 | 藤　县(桂) | 321.00 |
| 93 | 三门江林场(桂) | 200.00 |
| 94 | 八步区(桂) | 200.00 |
| 95 | 维都林场(桂) | 122.50 |
| 96 | 田阳县(桂) | 120.00 |
| 97 | 昭平县(桂) | 120.00 |
| 98 | 东兰县(桂) | 100.00 |
| 99 | 武宣县(桂) | 80.00 |
| 100 | 融水苗族自治县(桂) | 25.00 |
| 101 | 荣　县(川) | 180.00 |
| 102 | 富顺县(川) | 78.00 |
| 103 | 翠屏区(川) | 35.00 |
| 104 | 南溪县(川) | 10.00 |
| 105 | 望谟县(黔) | 1026.00 |
| 106 | 锦屏县(黔) | 289.11 |
| 107 | 罗甸县(黔) | 244.48 |
| 108 | 江口县(黔) | 198.00 |
| 109 | 碧江区(黔) | 160.00 |
| 110 | 册亨县(黔) | 100.00 |
| 111 | 腾冲县(滇) | 2750.00 |
| 112 | 富宁县(滇) | 2110.00 |
| 113 | 砚山县(滇) | 1200.00 |
| 114 | 龙陵县(滇) | 459.00 |
| 115 | 广南县(滇) | 450.00 |
| 116 | 金平苗族瑶族傣族自治县(滇) | 310.00 |
| 117 | 牟定县(滇) | 140.00 |
| 118 | 文山市(滇) | 106.00 |
| 119 | 凤庆县(滇) | 82.00 |
| 120 | 盈江县(滇) | 74.78 |
| 121 | 福贡县(滇) | 70.00 |
| 122 | 梁河县(滇) | 62.43 |
| 123 | 师宗县(滇) | 30.00 |
| 124 | 商南县(陕) | 480.00 |
| 125 | 南郑县(陕) | 180.00 |
| 126 | 镇安县(陕) | 150.00 |
| 127 | 汉滨区(陕) | 150.00 |
| 128 | 汉阴县(陕) | 120.00 |

**表 10-51　荷木苗主产地产量**

| 序号 | 荷木苗主产地 | 产量(万株) |
|---|---|---|
| 1 | 临海市(浙) | 235.00 |
| 2 | 云和县(浙) | 40.00 |
| 3 | 铜鼓县(赣) | 80.00 |
| 4 | 宜丰县(赣) | 58.00 |
| 5 | 会昌县(赣) | 20.00 |
| 6 | 广昌县(赣) | 10.00 |
| 7 | 汝城县(湘) | 20.00 |
| 8 | 桂东县(湘) | 14.00 |
| 9 | 从化市(粤) | 10000.00 |
| 10 | 和平县(粤) | 1280.00 |
| 11 | 连平县(粤) | 800.00 |
| 12 | 五华县(粤) | 682.00 |
| 13 | 龙川县(粤) | 300.00 |
| 14 | 紫金县(粤) | 285.00 |
| 15 | 丰顺县(粤) | 251.00 |
| 16 | 梅　县(粤) | 200.00 |
| 17 | 普宁市(粤) | 180.00 |
| 18 | 惠城区(粤) | 150.00 |

| 序号 | 荷木苗主产地 | 产量(万株) |
|---|---|---|
| 19 | 云城区(粤) | 120.00 |
| 20 | 新丰县(粤) | 110.00 |
| 21 | 惠阳区(粤) | 100.00 |
| 22 | 清新县(粤) | 100.00 |
| 23 | 信宜市(粤) | 100.00 |
| 24 | 翁源县(粤) | 91.00 |
| 25 | 阳山县(粤) | 80.00 |
| 26 | 增城市(粤) | 65.00 |
| 27 | 惠东县(粤) | 60.00 |
| 28 | 乳源瑶族自治县(粤) | 60.00 |
| 29 | 新兴县(粤) | 60.00 |
| 30 | 云安县(粤) | 54.00 |
| 31 | 罗定市(粤) | 50.00 |
| 32 | 高州市(粤) | 50.00 |
| 33 | 平远县(粤) | 50.00 |
| 34 | 揭东县(粤) | 49.00 |
| 35 | 电白县(粤) | 40.00 |
| 36 | 清城区(粤) | 37.00 |
| 37 | 蕉岭县(粤) | 33.00 |
| 38 | 武江区(粤) | 33.00 |
| 39 | 恩平市(粤) | 30.00 |
| 40 | 潮南区(粤) | 30.00 |
| 41 | 东源县(粤) | 25.00 |
| 42 | 高要市(粤) | 21.60 |
| 43 | 阳春市(粤) | 20.00 |
| 44 | 榕城区(粤) | 20.00 |
| 45 | 佛冈县(粤) | 15.00 |
| 46 | 东江林场(粤) | 15.00 |
| 47 | 海丰县(粤) | 14.00 |
| 48 | 中山市属总林场(粤) | 13.17 |
| 49 | 九连山林场(粤) | 12.00 |
| 50 | 金秀瑶族自治县(桂) | 319.88 |
| 51 | 蒙山县(桂) | 80.00 |
| 52 | 巴南区(渝) | 50.00 |

**表 10-52　南方红豆杉苗主产地产量**

| 序号 | 南方红豆杉苗主产地 | 产量(万株) |
|---|---|---|
| 1 | 江源区(吉) | 60.00 |
| 2 | 临安市(浙) | 1460.00 |
| 3 | 莲都区(浙) | 443.00 |
| 4 | 遂昌县(浙) | 431.41 |
| 5 | 黄岩区(浙) | 335.00 |
| 6 | 龙泉市(浙) | 190.00 |
| 7 | 三门县(浙) | 140.00 |
| 8 | 天台县(浙) | 80.50 |
| 9 | 宁海县(浙) | 60.00 |
| 10 | 慈溪市(浙) | 53.00 |
| 11 | 仙居县(浙) | 21.00 |
| 12 | 建德市(浙) | 19.60 |
| 13 | 余杭区(浙) | 15.00 |
| 14 | 富阳市(浙) | 12.47 |
| 15 | 临海市(浙) | 12.20 |
| 16 | 永康市(浙) | 11.70 |
| 17 | 缙云县(浙) | 10.80 |
| 18 | 奉化市(浙) | 10.00 |
| 19 | 淳安县(浙) | 10.00 |
| 20 | 黟　县(皖) | 20.00 |
| 21 | 铜鼓县(赣) | 75.00 |
| 22 | 兴国县(赣) | 12.00 |
| 23 | 玉山县(赣) | 10.00 |
| 24 | 海阳市(鲁) | 30.00 |
| 25 | 威海市经济技术开发区(鲁) | 20.00 |
| 26 | 新密市(豫) | 3000.00 |
| 27 | 恩施市(鄂) | 300.00 |
| 28 | 竹溪县(鄂) | 90.00 |
| 29 | 宜都市(鄂) | 15.00 |
| 30 | 新宁县(湘) | 600.00 |
| 31 | 桂东县(湘) | 460.00 |
| 32 | 洞口县(湘) | 200.00 |
| 33 | 金洞林场(湘) | 100.00 |
| 34 | 汝城县(湘) | 40.00 |
| 35 | 乳源瑶族自治县(粤) | 180.00 |
| 36 | 阳朔县(桂) | 300.00 |
| 37 | 灌阳县(桂) | 260.00 |
| 38 | 大足县(渝) | 3000.00 |
| 39 | 奉节县(渝) | 1000.00 |
| 40 | 邛崃市(川) | 150.00 |
| 41 | 江油市(川) | 110.00 |
| 42 | 龙里县(黔) | 85.00 |
| 43 | 腾冲县(滇) | 285.00 |
| 44 | 文山市(滇) | 200.00 |
| 45 | 石林彝族自治县(滇) | 40.10 |
| 46 | 陆良县(滇) | 15.25 |
| 47 | 略阳县(陕) | 20.00 |
| 48 | 两当县(甘) | 675.00 |

**表 10-53　其他主要苗圃苗木主产地产量**

| 序号 | 其他主要苗圃苗木主产地 | 品种 | 产量(万株) |
|---|---|---|---|
| 1 | 莎车县(新) | 巴旦木 | 266.80 |
| 2 | 彝良县(滇) | 檫树 | 1100.00 |
| 3 | 盐津县(滇) | 檫树 | 120.00 |
| 4 | 青阳县(皖) | 檫树 | 15.00 |
| 5 | 渝北区(渝) | 檫树 | 12.50 |
| 6 | 垦利县(鲁) | 柽柳 | 1500.00 |
| 7 | 东营区(鲁) | 柽柳 | 180.00 |
| 8 | 瓜州县(甘) | 柽柳 | 165.00 |
| 9 | 乾安县(吉) | 柽柳 | 160.00 |
| 10 | 民勤县(甘) | 柽柳 | 126.00 |
| 11 | 大安市(吉) | 柽柳 | 100.00 |
| 12 | 高台县(甘) | 柽柳 | 87.50 |
| 13 | 贺兰县(宁) | 柽柳 | 78.00 |
| 14 | 鄯善县(新) | 柽柳 | 73.00 |
| 15 | 乌兰县(青) | 柽柳 | 60.54 |
| 16 | 五原县(内蒙古) | 柽柳 | 54.00 |
| 17 | 卧龙区(豫) | 柽柳 | 40.00 |
| 18 | 河口区(鲁) | 柽柳 | 39.00 |
| 19 | 甘州区(甘) | 柽柳 | 30.00 |
| 20 | 西吉县(宁) | 柽柳 | 28.00 |
| 21 | 肃州区(甘) | 柽柳 | 18.00 |
| 22 | 海阳市(鲁) | 柽柳 | 15.00 |
| 23 | 永昌县(甘) | 柽柳 | 10.55 |
| 24 | 丹江口市(鄂) | 池杉 | 315.00 |
| 25 | 桐乡市(浙) | 池杉 | 215.00 |
| 26 | 湘阴县(湘) | 池杉 | 22.00 |
| 27 | 松江区(沪) | 池杉 | 12.30 |
| 28 | 海宁市(浙) | 池杉 | 10.60 |
| 29 | 浑江区(吉) | 刺楸 | 17.00 |

| 序号 | 其他主要苗圃苗木主产地 | 品种 | 产量(万株) |
|---|---|---|---|
| 30 | 桦林背林场(晋) | 杜松 | 24.00 |
| 31 | 蔚　县(冀) | 杜松 | 15.90 |
| 32 | 定西市峨口林业试验场(甘) | 杜松 | 11.00 |
| 33 | 偏关县(晋) | 杜松 | 10.00 |
| 34 | 弋江区(皖) | 鹅耳枥 | 15.00 |
| 35 | 潢川县(豫) | 鹅掌楸 | 120.00 |
| 36 | 长葛市(豫) | 鹅掌楸 | 73.00 |
| 37 | 富阳市(浙) | 鹅掌楸 | 69.30 |
| 38 | 慈溪市(浙) | 鹅掌楸 | 62.00 |
| 39 | 如皋市(苏) | 鹅掌楸 | 50.00 |
| 40 | 武隆县(渝) | 鹅掌楸 | 38.00 |
| 41 | 商水县(豫) | 鹅掌楸 | 36.00 |
| 42 | 咸丰县(鄂) | 鹅掌楸 | 10.00 |
| 43 | 沙湾县(新) | 枸杞 | 2000.00 |
| 44 | 中宁县(宁) | 枸杞 | 960.00 |
| 45 | 康保县(冀) | 枸杞 | 900.00 |
| 46 | 瓜州县(甘) | 枸杞 | 532.00 |
| 47 | 民勤县(甘) | 枸杞 | 407.25 |
| 48 | 玛珂河林业局(青) | 枸杞 | 200.00 |
| 49 | 乌兰县(青) | 枸杞 | 196.00 |
| 50 | 昌吉市(新) | 枸杞 | 180.00 |
| 51 | 都兰县(青) | 枸杞 | 150.00 |
| 52 | 红寺堡区(宁) | 枸杞 | 118.36 |
| 53 | 惠农区(宁) | 枸杞 | 75.00 |
| 54 | 玛纳斯县(新) | 枸杞 | 72.00 |
| 55 | 共和县(青) | 枸杞 | 66.30 |
| 56 | 乾安县(吉) | 枸杞 | 50.00 |
| 57 | 凉州区(甘) | 枸杞 | 50.00 |
| 58 | 贺兰县(宁) | 枸杞 | 41.80 |
| 59 | 古浪县(甘) | 枸杞 | 21.00 |
| 60 | 宜都市(鄂) | 枸杞 | 20.00 |
| 61 | 五原县(内蒙古) | 枸杞 | 15.00 |
| 62 | 农垦事业管理局(宁) | 枸杞 | 14.00 |
| 63 | 雷州市(粤) | 红树类 | 200.00 |
| 64 | 罗定市(粤) | 红树类 | 120.00 |
| 65 | 永年县(冀) | 红树类 | 30.00 |
| 66 | 海勃湾区(内蒙古) | 红树类 | 24.00 |
| 67 | 惠民县(鲁) | 红叶臭椿 | 2500.00 |
| 68 | 瓦房店市(辽) | 红叶臭椿 | 500.00 |
| 69 | 彭山县(川) | 红叶臭椿 | 200.00 |
| 70 | 北关区(豫) | 红叶臭椿 | 50.00 |
| 71 | 津南区(津) | 红叶臭椿 | 10.00 |
| 72 | 梅　县(粤) | 红锥 | 2100.00 |
| 73 | 五华县(粤) | 红锥 | 250.00 |
| 74 | 龙眼洞林场(粤) | 红锥 | 50.00 |
| 75 | 梅江区(粤) | 红锥 | 34.50 |
| 76 | 电白县(粤) | 红锥 | 27.50 |
| 77 | 巴东县(鄂) | 厚朴 | 350.00 |
| 78 | 彭州市(川) | 厚朴 | 300.00 |
| 79 | 都江堰市(川) | 厚朴 | 290.00 |
| 80 | 建始县(鄂) | 厚朴 | 200.00 |
| 81 | 宣汉县(川) | 厚朴 | 132.00 |
| 82 | 夷陵区(鄂) | 厚朴 | 125.00 |
| 83 | 寻甸回族彝族自治县(滇) | 厚朴 | 102.40 |
| 84 | 五峰土家族自治县(鄂) | 厚朴 | 90.00 |
| 85 | 武隆县(渝) | 厚朴 | 80.00 |
| 86 | 新宁县(湘) | 厚朴 | 60.00 |
| 87 | 北川羌族自治县(川) | 厚朴 | 60.00 |
| 88 | 宁强县(陕) | 厚朴 | 56.00 |
| 89 | 安化县(湘) | 厚朴 | 40.00 |
| 90 | 洋　县(陕) | 厚朴 | 36.10 |
| 91 | 大邑县(川) | 厚朴 | 35.00 |
| 92 | 佛坪县(陕) | 厚朴 | 32.00 |
| 93 | 宝兴县(川) | 厚朴 | 30.00 |
| 94 | 蓝山县(湘) | 厚朴 | 25.70 |
| 95 | 江油市(川) | 厚朴 | 25.00 |
| 96 | 桂东县(湘) | 厚朴 | 25.00 |
| 97 | 秭归县(鄂) | 厚朴 | 15.00 |
| 98 | 贡山独龙族怒族自治县(滇) | 厚朴 | 12.00 |
| 99 | 长阳土家族自治县(鄂) | 厚朴 | 10.00 |
| 100 | 敦化市(吉) | 胡桃楸 | 320.00 |
| 101 | 江源区(吉) | 胡桃楸 | 240.00 |
| 102 | 白河林业局(吉) | 胡桃楸 | 98.00 |
| 103 | 兴隆林业局(龙江森工) | 胡桃楸 | 51.90 |
| 104 | 东京城林业局(龙江森工) | 胡桃楸 | 49.80 |
| 105 | 白石山林业局(吉林森工) | 胡桃楸 | 25.00 |
| 106 | 东方红林业局(龙江森工) | 胡桃楸 | 11.90 |
| 107 | 临江林业局(吉林森工) | 胡桃楸 | 11.20 |
| 108 | 农七师(新疆兵团) | 胡杨 | 1000.00 |
| 109 | 尉犁县(新) | 胡杨 | 771.67 |
| 110 | 农三师(新疆兵团) | 胡杨 | 324.00 |
| 111 | 巴楚县(新) | 胡杨 | 212.00 |
| 112 | 农六师(新疆兵团) | 胡杨 | 200.00 |
| 113 | 敦煌市(甘) | 胡杨 | 180.00 |
| 114 | 麦盖提县(新) | 胡杨 | 116.03 |
| 115 | 太和县(皖) | 胡杨 | 60.00 |
| 116 | 昌吉市(新) | 胡杨 | 55.00 |
| 117 | 桓仁满族自治县(辽) | 黄波罗 | 1200.00 |
| 118 | 集安市(吉) | 黄波罗 | 822.12 |
| 119 | 三岔子林业局(吉林森工) | 黄波罗 | 96.70 |
| 120 | 玛纳斯县(新) | 黄波罗 | 82.00 |
| 121 | 桦甸市(吉) | 黄波罗 | 40.00 |

| 序号 | 其他主要苗圃苗木主产地 | 品种 | 产量(万株) |
| --- | --- | --- | --- |
| 122 | 白河林业局(吉) | 黄波罗 | 39.00 |
| 123 | 抚松县(吉) | 黄波罗 | 34.00 |
| 124 | 龙潭区(吉) | 黄波罗 | 30.00 |
| 125 | 松江河林业有限公司(吉林森工) | 黄波罗 | 14.20 |
| 126 | 新安县(豫) | 黄连木 | 420.00 |
| 127 | 淇滨区(豫) | 黄连木 | 300.00 |
| 128 | 石林彝族自治县(滇) | 黄连木 | 99.70 |
| 129 | 涉　县(冀) | 黄连木 | 82.00 |
| 130 | 安阳县(豫) | 黄连木 | 71.00 |
| 131 | 沙河市(冀) | 黄连木 | 65.00 |
| 132 | 霍邱县(皖) | 黄连木 | 30.00 |
| 133 | 澄江县(滇) | 黄连木 | 15.00 |
| 134 | 翠屏区(川) | 黄连木 | 10.00 |
| 135 | 莱芜市雪野旅游区(鲁) | 黄栌 | 1400.00 |
| 136 | 北京市林业种子苗木管理总站(京) | 黄栌 | 503.09 |
| 137 | 定州市(冀) | 黄栌 | 360.00 |
| 138 | 长清区(鲁) | 黄栌 | 360.00 |
| 139 | 青州市(鲁) | 黄栌 | 300.00 |
| 140 | 济南市市中区(鲁) | 黄栌 | 190.00 |
| 141 | 博山区(鲁) | 黄栌 | 75.00 |
| 142 | 汝阳县(豫) | 黄栌 | 60.00 |
| 143 | 昌乐县(鲁) | 黄栌 | 60.00 |
| 144 | 海淀区(京) | 黄栌 | 23.30 |
| 145 | 钟祥市(鄂) | 火炬松 | 400.00 |
| 146 | 双峰县(湘) | 火炬松 | 360.00 |
| 147 | 独山县(黔) | 火炬松 | 260.00 |
| 148 | 和　县(皖) | 火炬松 | 160.00 |
| 149 | 汝南县(豫) | 火炬松 | 125.50 |
| 150 | 松滋市(鄂) | 火炬松 | 100.00 |
| 151 | 安阳县(豫) | 火炬松 | 21.50 |
| 152 | 云安县(粤) | 金钱松 | 350.00 |
| 153 | 寻甸回族彝族自治县(滇) | 栎树 | 573.00 |
| 154 | 北京市大东流苗圃(京) | 栎树 | 505.09 |
| 155 | 嵩　县(豫) | 栎树 | 150.00 |
| 156 | 双峰县(湘) | 栎树 | 55.00 |
| 157 | 麻阳苗族自治县(湘) | 栎树 | 24.00 |
| 158 | 松江区(沪) | 落羽杉 | 248.30 |
| 159 | 桐乡市(浙) | 落羽杉 | 209.00 |
| 160 | 贵溪市(赣) | 落羽杉 | 150.00 |
| 161 | 海宁市(浙) | 落羽杉 | 14.80 |
| 162 | 宁海县(浙) | 落羽杉 | 10.00 |
| 163 | 河东区(鲁) | 木瓜 | 8000.00 |
| 164 | 舞钢市(豫) | 木瓜 | 230.00 |
| 165 | 巴州区(川) | 木瓜 | 45.00 |
| 166 | 古蔺县(川) | 木瓜 | 30.00 |
| 167 | 长阳土家族自治县(鄂) | 木瓜 | 30.00 |
| 168 | 吴起县(陕) | 木瓜 | 17.00 |
| 169 | 博野县(冀) | 千头椿 | 300.00 |
| 170 | 河口区(鲁) | 千头椿 | 138.00 |
| 171 | 邢台县(冀) | 千头椿 | 46.00 |
| 172 | 西青区(津) | 千头椿 | 33.80 |
| 173 | 武清区(津) | 千头椿 | 27.77 |
| 174 | 清苑县(冀) | 千头椿 | 20.00 |
| 175 | 陵　县(鲁) | 千头椿 | 18.00 |
| 176 | 宝坻区(津) | 千头椿 | 17.30 |
| 177 | 新河县(冀) | 千头椿 | 15.00 |
| 178 | 定州市(冀) | 青桐 | 370.00 |
| 179 | 商水县(豫) | 青桐 | 75.00 |
| 180 | 磁　县(冀) | 青桐 | 50.00 |
| 181 | 尉氏县(豫) | 青桐 | 40.20 |
| 182 | 铜山区(苏) | 青桐 | 35.00 |
| 183 | 增城市(粤) | 青桐 | 31.00 |
| 184 | 垦利县(鲁) | 青桐 | 20.00 |
| 185 | 太康县(豫) | 青桐 | 12.00 |
| 186 | 淮阳县(豫) | 楸叶桐 | 219.00 |
| 187 | 鹿邑县(豫) | 楸叶桐 | 56.25 |
| 188 | 三岔子林业局(吉林森工) | 沙松 | 35.90 |
| 189 | 喀喇沁左翼蒙古族自治县(辽) | 山槐 | 668.00 |
| 190 | 宁津县(鲁) | 石榴 | 900.00 |
| 191 | 元氏县(冀) | 石榴 | 268.00 |
| 192 | 荥阳市(豫) | 石榴 | 153.00 |
| 193 | 商水县(豫) | 石榴 | 135.00 |
| 194 | 黔西县(黔) | 石榴 | 40.00 |
| 195 | 怀远县(皖) | 石榴 | 24.00 |
| 196 | 卫辉市(豫) | 石榴 | 19.00 |
| 197 | 柘城县(豫) | 石榴 | 15.00 |
| 198 | 海宁市(浙) | 石榴 | 14.70 |
| 199 | 惠济区(豫) | 石榴 | 10.04 |
| 200 | 景东彝族自治县(滇) | 思茅松 | 752.00 |
| 201 | 澜沧拉祜族自治县(滇) | 思茅松 | 723.20 |
| 202 | 思茅区(滇) | 思茅松 | 468.00 |
| 203 | 墨江哈尼族自治县(滇) | 思茅松 | 400.00 |
| 204 | 孟连傣族拉祜族佤族自治县(滇) | 思茅松 | 267.00 |
| 205 | 新平彝族傣族自治县(滇) | 思茅松 | 35.00 |
| 206 | 霍城县(新) | 酸梅 | 40.00 |
| 207 | 普宁市(粤) | 桃花心木 | 800.00 |
| 208 | 揭东县(粤) | 桃花心木 | 30.00 |
| 209 | 信宜市(粤) | 桃花心木 | 20.00 |
| 210 | 榕城区(粤) | 桃花心木 | 10.00 |
| 211 | 丰顺县(粤) | 桃花心木 | 10.00 |
| 212 | 临洮县(甘) | 文冠果 | 200.00 |
| 213 | 赤城县(冀) | 文冠果 | 200.00 |

| 序号 | 其他主要苗圃苗木主产地 | 品种 | 产量(万株) |
| --- | --- | --- | --- |
| 214 | 凌源市(辽) | 文冠果 | 150.00 |
| 215 | 定西市巉口林业试验场(甘) | 文冠果 | 120.00 |
| 216 | 库伦旗(内蒙古) | 文冠果 | 109.00 |
| 217 | 鄂托克前旗(内蒙古) | 文冠果 | 104.16 |
| 218 | 白银区(甘) | 文冠果 | 60.00 |
| 219 | 阜新蒙古族自治县(辽) | 文冠果 | 30.00 |
| 220 | 敖汉旗(内蒙古) | 文冠果 | 30.00 |
| 221 | 木垒哈萨克自治县(新) | 文冠果 | 25.00 |
| 222 | 邱　县(冀) | 文冠果 | 24.00 |
| 223 | 娄烦县(晋) | 文冠果 | 20.00 |
| 224 | 玛纳斯县(新) | 文冠果 | 19.20 |
| 225 | 红山区(内蒙古) | 文冠果 | 15.00 |
| 226 | 巴林左旗(内蒙古) | 文冠果 | 15.00 |
| 227 | 湘乐林业总场(甘) | 文冠果 | 10.50 |
| 228 | 康保县(冀) | 文冠果 | 10.00 |
| 229 | 察布查尔林场(新) | 文冠果 | 10.00 |
| 230 | 门源回族自治县(青) | 乌柳 | 90.00 |
| 231 | 共和县(青) | 乌柳 | 72.00 |
| 232 | 湘乡市(湘) | 香梨 | 135.00 |
| 233 | 大方县(黔) | 香梨 | 102.00 |
| 234 | 德城区(鲁) | 香梨 | 100.00 |
| 235 | 古浪县(甘) | 香梨 | 81.50 |
| 236 | 深州市(冀) | 香梨 | 47.70 |
| 237 | 丰宁满族自治县(冀) | 香梨 | 45.00 |
| 238 | 黔西县(黔) | 香梨 | 33.78 |
| 239 | 涿州市(冀) | 香梨 | 24.00 |
| 240 | 宽城满族自治县(冀) | 香梨 | 10.00 |
| 241 | 金平苗族瑶族傣族自治县(滇) | 橡胶 | 30.00 |
| 242 | 河口瑶族自治县(滇) | 橡胶 | 30.00 |
| 243 | 双江拉祜族佤族布朗族傣族自治县(滇) | 橡胶 | 24.00 |
| 244 | 吉木萨尔县(新) | 小浆果 | 80.00 |
| 245 | 富蕴县(新) | 小浆果 | 63.00 |
| 246 | 定州市(冀) | 元宝枫 | 300.00 |
| 247 | 北京市林业种子苗木管理总站(京) | 元宝枫 | 148.47 |
| 248 | 光山县(豫) | 元宝枫 | 70.00 |
| 249 | 巴南区(渝) | 元宝枫 | 45.00 |
| 250 | 海阳市(鲁) | 元宝枫 | 30.00 |
| 251 | 安阳县(豫) | 元宝枫 | 23.00 |
| 252 | 扶风县(陕) | 元宝枫 | 18.00 |
| 253 | 新民市(辽) | 元宝枫 | 14.40 |
| 254 | 腾冲县(滇) | 云南松 | 2000.00 |
| 255 | 雅长林场(桂) | 云南松 | 162.52 |
| 256 | 双江拉祜族佤族布朗族傣族自治县(滇) | 云南松 | 130.00 |
| 257 | 会东县(川) | 云南松 | 53.00 |
| 258 | 个旧市(滇) | 云南松 | 53.00 |
| 259 | 武定县(滇) | 云南松 | 52.00 |
| 260 | 永仁县(滇) | 云南松 | 20.00 |
| 261 | 双柏县(滇) | 云南松 | 18.00 |
| 262 | 集安市(吉) | 紫椴 | 34.02 |
| 263 | 江源区(吉) | 紫椴 | 24.00 |
| 264 | 饶河县(黑) | 紫椴 | 21.00 |
| 265 | 振安区(辽) | 紫杉 | 400.00 |
| 266 | 东港市(辽) | 紫杉 | 200.00 |

**表 11-1　松香主产地产量**

| 序号 | 松香主产地 | 产量(吨) |
| --- | --- | --- |
| 1 | 泾　县(皖) | 200.00 |
| 2 | 祁门县(皖) | 182.00 |
| 3 | 桐城市(皖) | 120.00 |
| 4 | 沙　县(闽) | 18148.00 |
| 5 | 宁化县(闽) | 14141.00 |
| 6 | 明溪县(闽) | 9835.00 |
| 7 | 将乐县(闽) | 8000.00 |
| 8 | 清流县(闽) | 4596.00 |
| 9 | 永安市(闽) | 2150.00 |
| 10 | 顺昌县(闽) | 2020.00 |
| 11 | 永泰县(闽) | 1981.00 |
| 12 | 梅列区(闽) | 1490.00 |
| 13 | 新罗区(闽) | 1100.00 |
| 14 | 大田县(闽) | 1100.00 |
| 15 | 长汀县(闽) | 900.00 |
| 16 | 泰宁县(闽) | 900.00 |
| 17 | 三元区(闽) | 900.00 |
| 18 | 邵武市(闽) | 670.00 |
| 19 | 漳平市(闽) | 205.00 |
| 20 | 泰和县(赣) | 7427.00 |
| 21 | 宁都县(赣) | 7017.00 |
| 22 | 永丰县(赣) | 6292.00 |
| 23 | 峡江县(赣) | 6000.00 |
| 24 | 崇仁县(赣) | 3200.00 |
| 25 | 乐安县(赣) | 2603.00 |
| 26 | 遂川县(赣) | 2500.00 |
| 27 | 新干县(赣) | 2360.00 |
| 28 | 瑞金市(赣) | 2300.00 |
| 29 | 渝水区(赣) | 1730.00 |
| 30 | 奉新县(赣) | 1300.00 |
| 31 | 兴国县(赣) | 1080.00 |
| 32 | 金溪县(赣) | 1056.00 |
| 33 | 修水县(赣) | 520.00 |
| 34 | 于都县(赣) | 500.00 |
| 35 | 德兴市(赣) | 450.00 |
| 36 | 信丰县(赣) | 320.00 |
| 37 | 上高县(赣) | 295.00 |
| 38 | 东乡县(赣) | 136.00 |
| 39 | 余江县(赣) | 130.00 |
| 40 | 赣　县(赣) | 110.00 |
| 41 | 大余县(赣) | 105.00 |
| 42 | 桐柏县(豫) | 260.00 |
| 43 | 宜城市(鄂) | 1900.00 |
| 44 | 京山县(鄂) | 800.00 |
| 45 | 房　县(鄂) | 200.00 |
| 46 | 随　县(鄂) | 120.00 |
| 47 | 芦淞区(湘) | 5200.00 |
| 48 | 道　县(湘) | 4430.00 |
| 49 | 岳阳县(湘) | 2000.00 |
| 50 | 衡东县(湘) | 860.00 |

| 序号 | 松香主产地 | 产量(吨) |
|---|---|---|
| 51 | 中方县(湘) | 850.00 |
| 52 | 绥宁县(湘) | 690.00 |
| 53 | 安化县(湘) | 400.00 |
| 54 | 龙山县(湘) | 300.00 |
| 55 | 衡山县(湘) | 221.76 |
| 56 | 东安县(湘) | 210.00 |
| 57 | 永顺县(湘) | 150.00 |
| 58 | 吉首市(湘) | 100.00 |
| 59 | 武冈市(湘) | 100.00 |
| 60 | 梅　县(粤) | 20000.00 |
| 61 | 云城区(粤) | 9580.00 |
| 62 | 高要市(粤) | 7600.00 |
| 63 | 封开县(粤) | 6722.00 |
| 64 | 信宜市(粤) | 4500.00 |
| 65 | 连山壮族瑶族自治县(粤) | 3814.00 |
| 66 | 阳东县(粤) | 2450.00 |
| 67 | 佛冈县(粤) | 1970.00 |
| 68 | 龙川县(粤) | 1500.00 |
| 69 | 仁化县(粤) | 1000.00 |
| 70 | 乳源瑶族自治县(粤) | 750.00 |
| 71 | 兴安县(桂) | 62095.00 |
| 72 | 防城区(桂) | 17088.00 |
| 73 | 上思县(桂) | 16485.00 |
| 74 | 右江区(桂) | 11831.00 |
| 75 | 苍梧县(桂) | 10432.00 |
| 76 | 岑溪市(桂) | 10000.00 |
| 77 | 临桂县(桂) | 10000.00 |
| 78 | 上林县(桂) | 9684.00 |
| 79 | 金秀瑶族自治县(桂) | 9014.00 |
| 80 | 昭平县(桂) | 6850.00 |
| 81 | 玉州区(桂) | 5828.00 |
| 82 | 钟山县(桂) | 5820.00 |
| 83 | 鹿寨县(桂) | 5671.00 |
| 84 | 港南区(桂) | 5528.00 |
| 85 | 荔浦县(桂) | 5260.00 |
| 86 | 富川瑶族自治县(桂) | 5000.00 |
| 87 | 江州区(桂) | 4902.00 |
| 88 | 钦北区(桂) | 4658.00 |
| 89 | 宜州市(桂) | 4600.00 |
| 90 | 全州县(桂) | 3950.00 |
| 91 | 隆安县(桂) | 3703.00 |
| 92 | 恭城瑶族自治县(桂) | 3054.00 |
| 93 | 武宣县(桂) | 2937.00 |
| 94 | 灵山县(桂) | 2600.00 |
| 95 | 灌阳县(桂) | 1800.00 |
| 96 | 六万林场(桂) | 1528.30 |

| 序号 | 松香主产地 | 产量(吨) |
|---|---|---|
| 97 | 七坡林场(桂) | 1098.00 |
| 98 | 融水苗族自治县(桂) | 751.00 |
| 99 | 米易县(川) | 570.00 |
| 100 | 镇远县(黔) | 2599.00 |
| 101 | 独山县(黔) | 1020.00 |
| 102 | 都匀市(黔) | 430.00 |
| 103 | 龙里县(黔) | 400.00 |
| 104 | 南华县(滇) | 29605.00 |
| 105 | 双江拉祜族佤族布朗族傣族自治县(滇) | 13958.00 |
| 106 | 楚雄市(滇) | 12639.00 |
| 107 | 双柏县(滇) | 12262.00 |
| 108 | 宁洱哈尼族彝族自治县(滇) | 11079.00 |
| 109 | 景东彝族自治县(滇) | 10799.00 |
| 110 | 南涧彝族自治县(滇) | 9000.00 |
| 111 | 禄丰县(滇) | 7200.00 |
| 112 | 云　县(滇) | 5389.00 |
| 113 | 澜沧拉祜族自治县(滇) | 5091.00 |
| 114 | 江城哈尼族彝族自治县(滇) | 5018.00 |
| 115 | 思茅区(滇) | 2784.00 |
| 116 | 勐海县(滇) | 1850.00 |
| 117 | 墨江哈尼族自治县(滇) | 1294.00 |
| 118 | 隆阳区(滇) | 1200.00 |
| 119 | 凤庆县(滇) | 1019.00 |
| 120 | 景洪市(滇) | 439.00 |
| 121 | 砚山县(滇) | 438.00 |
| 122 | 永德县(滇) | 300.00 |
| 123 | 大姚县(滇) | 266.00 |
| 124 | 施甸县(滇) | 240.00 |
| 125 | 玉龙纳西族自治县(滇) | 150.00 |
| 126 | 永仁县(滇) | 105.00 |

**表 11-2　松节油主产地产量**

| 序号 | 松节油主产地 | 产量(吨) |
|---|---|---|
| 1 | 太湖县(皖) | 60.00 |
| 2 | 泾　县(皖) | 50.00 |
| 3 | 连城县(闽) | 3717.00 |
| 4 | 宁化县(闽) | 1360.00 |
| 5 | 德化县(闽) | 450.00 |
| 6 | 长汀县(闽) | 405.00 |
| 7 | 梅列区(闽) | 159.00 |
| 8 | 三元区(闽) | 159.00 |
| 9 | 永定县(闽) | 145.00 |
| 10 | 泰宁县(闽) | 117.00 |
| 11 | 万安县(赣) | 5000.00 |
| 12 | 泰和县(赣) | 2184.00 |
| 13 | 永丰县(赣) | 1700.00 |
| 14 | 峡江县(赣) | 1200.00 |
| 15 | 乐安县(赣) | 998.00 |
| 16 | 金溪县(赣) | 986.00 |
| 17 | 遂川县(赣) | 650.00 |
| 18 | 宁都县(赣) | 525.00 |
| 19 | 会昌县(赣) | 512.00 |
| 20 | 新干县(赣) | 421.00 |
| 21 | 奉新县(赣) | 326.00 |
| 22 | 兴国县(赣) | 202.00 |
| 23 | 崇仁县(赣) | 120.00 |
| 24 | 德兴市(赣) | 102.00 |
| 25 | 修水县(赣) | 96.00 |
| 26 | 于都县(赣) | 90.00 |
| 27 | 余江县(赣) | 60.00 |
| 28 | 上高县(赣) | 54.00 |
| 29 | 宜城市(鄂) | 300.00 |
| 30 | 京山县(鄂) | 200.00 |
| 31 | 房　县(鄂) | 100.00 |
| 32 | 谷城县(鄂) | 80.00 |
| 33 | 随　县(鄂) | 60.00 |
| 34 | 道　县(湘) | 1100.00 |
| 35 | 龙山县(湘) | 300.00 |
| 36 | 永顺县(湘) | 150.00 |
| 37 | 中方县(湘) | 120.00 |
| 38 | 浏阳市(湘) | 83.00 |
| 39 | 武冈市(湘) | 60.00 |
| 40 | 高要市(粤) | 1672.00 |
| 41 | 阳东县(粤) | 450.00 |
| 42 | 连山壮族瑶族自治县(粤) | 63.00 |
| 43 | 融水苗族自治县(桂) | 3418.00 |
| 44 | 上思县(桂) | 2375.00 |
| 45 | 右江区(桂) | 2180.00 |
| 46 | 全州县(桂) | 1690.00 |
| 47 | 灵山县(桂) | 1600.00 |
| 48 | 苍梧县(桂) | 1588.00 |
| 49 | 上林县(桂) | 1550.00 |
| 50 | 金秀瑶族自治县(桂) | 1142.00 |
| 51 | 钦北区(桂) | 1126.00 |
| 52 | 昭平县(桂) | 1020.00 |
| 53 | 港南区(桂) | 767.00 |
| 54 | 富川瑶族自治县(桂) | 750.00 |
| 55 | 七坡林场(桂) | 499.00 |
| 56 | 隆安县(桂) | 492.00 |
| 57 | 江州区(桂) | 490.00 |
| 58 | 六万林场(桂) | 273.50 |

| 序号 | 松节油主产地 | 产量(吨) |
|---|---|---|
| 59 | 灌阳县(桂) | 200.00 |
| 60 | 武宣县(桂) | 150.00 |
| 61 | 龙里县(黔) | 200.00 |
| 62 | 独山县(黔) | 180.00 |
| 63 | 南华县(滇) | 7879.00 |
| 64 | 楚雄市(滇) | 7142.00 |
| 65 | 易门县(滇) | 5000.00 |
| 66 | 双柏县(滇) | 3442.00 |
| 67 | 双江拉祜族佤族布朗族傣族自治县(滇) | 2754.00 |
| 68 | 宁洱哈尼族彝族自治县(滇) | 1715.00 |
| 69 | 云　县(滇) | 1124.00 |
| 70 | 澜沧拉祜族自治县(滇) | 913.00 |
| 71 | 禄丰县(滇) | 800.00 |
| 72 | 勐海县(滇) | 650.00 |
| 73 | 思茅区(滇) | 568.00 |
| 74 | 墨江哈尼族自治县(滇) | 563.00 |
| 75 | 南涧彝族自治县(滇) | 500.00 |
| 76 | 江城哈尼族彝族自治县(滇) | 379.00 |
| 77 | 凤庆县(滇) | 317.00 |
| 78 | 漾濞彝族自治县(滇) | 285.00 |
| 79 | 砚山县(滇) | 120.00 |
| 80 | 永德县(滇) | 60.00 |
| 81 | 大姚县(滇) | 60.00 |
| 82 | 景洪市(滇) | 55.00 |

**表 11-3　松脂主产地产量**

| 序号 | 松脂主产地 | 产量(吨) |
|---|---|---|
| 1 | 松阳县(浙) | 297.00 |
| 2 | 余杭区(浙) | 60.00 |
| 3 | 怀宁县(皖) | 810.00 |
| 4 | 潜山县(皖) | 720.00 |
| 5 | 滁州市管店林业总场(皖) | 550.00 |
| 6 | 祁门县(皖) | 315.00 |
| 7 | 泾　县(皖) | 300.00 |
| 8 | 东至县(皖) | 242.00 |
| 9 | 宣州区(皖) | 200.00 |
| 10 | 望江县(皖) | 200.00 |
| 11 | 郎溪县(皖) | 120.00 |
| 12 | 明光市(皖) | 90.00 |
| 13 | 南陵县(皖) | 51.00 |
| 14 | 旌德县(皖) | 50.00 |
| 15 | 定远县(皖) | 50.00 |
| 16 | 滁州市沙河集林业总场(皖) | 45.00 |
| 17 | 尤溪县(闽) | 11247.00 |
| 18 | 连城县(闽) | 10424.00 |
| 19 | 上杭县(闽) | 7200.00 |
| 20 | 永定县(闽) | 2510.00 |
| 21 | 德化县(闽) | 2251.00 |
| 22 | 贵溪市(赣) | 130086.00 |
| 23 | 万安县(赣) | 8000.00 |
| 24 | 宁都县(赣) | 7010.00 |
| 25 | 瑞金市(赣) | 2300.00 |
| 26 | 万载县(赣) | 1000.00 |
| 27 | 于都县(赣) | 750.00 |
| 28 | 永修县(赣) | 650.00 |
| 29 | 德兴市(赣) | 625.00 |
| 30 | 定南县(赣) | 560.00 |
| 31 | 上高县(赣) | 357.00 |
| 32 | 都昌县(赣) | 300.00 |
| 33 | 婺源县(赣) | 200.00 |
| 34 | 赣　县(赣) | 163.00 |
| 35 | 德安县(赣) | 120.00 |
| 36 | 临川区(赣) | 100.00 |
| 37 | 龙南县(赣) | 80.00 |
| 38 | 全南县(赣) | 33.00 |
| 39 | 章贡区(赣) | 13.00 |
| 40 | 确山县(豫) | 200.00 |
| 41 | 洛宁县(豫) | 14.00 |
| 42 | 南漳县(鄂) | 30000.00 |
| 43 | 蕲春县(鄂) | 2600.00 |
| 44 | 宜城市(鄂) | 2500.00 |
| 45 | 京山县(鄂) | 1000.00 |
| 46 | 罗田县(鄂) | 520.00 |
| 47 | 红安县(鄂) | 500.00 |
| 48 | 湖北省太子山林场管理局(鄂) | 160.00 |
| 49 | 东宝区(鄂) | 150.00 |
| 50 | 兴山县(鄂) | 133.00 |
| 51 | 武穴市(鄂) | 121.00 |
| 52 | 麻城市(鄂) | 50.00 |
| 53 | 茶陵县(湘) | 4000.00 |
| 54 | 衡东县(湘) | 991.00 |
| 55 | 沅陵县(湘) | 420.00 |
| 56 | 安化县(湘) | 420.00 |
| 57 | 华容县(湘) | 370.00 |
| 58 | 浏阳市(湘) | 330.00 |
| 59 | 新宁县(湘) | 300.00 |
| 60 | 株洲县(湘) | 230.00 |
| 61 | 会同县(湘) | 205.00 |
| 62 | 东安县(湘) | 193.00 |
| 63 | 芷江侗族自治县(湘) | 191.10 |
| 64 | 冷水滩区(湘) | 180.00 |
| 65 | 冷水江市(湘) | 130.00 |
| 66 | 绥宁县(湘) | 85.00 |
| 67 | 鼎城区(湘) | 80.00 |
| 68 | 祁东县(湘) | 75.00 |
| 69 | 炎陵县(湘) | 50.00 |
| 70 | 永定区(湘) | 30.00 |
| 71 | 洪江市(湘) | 30.00 |
| 72 | 洞口县(湘) | 28.00 |
| 73 | 新化县(湘) | 20.00 |
| 74 | 娄底市市辖区(湘) | 12.00 |
| 75 | 汨罗市(湘) | 10.00 |
| 76 | 常宁市(湘) | 10.00 |
| 77 | 隆回县(湘) | 10.00 |
| 78 | 罗定市(粤) | 37600.00 |
| 79 | 郁南县(粤) | 9982.00 |
| 80 | 高要市(粤) | 9165.00 |
| 81 | 南雄市(粤) | 8060.00 |
| 82 | 信宜市(粤) | 8000.00 |
| 83 | 云安县(粤) | 4941.00 |
| 84 | 广宁县(粤) | 3994.00 |
| 85 | 四会市(粤) | 3870.00 |
| 86 | 连山壮族瑶族自治县(粤) | 3814.00 |
| 87 | 佛冈县(粤) | 2820.00 |
| 88 | 和平县(粤) | 1230.00 |
| 89 | 廉江市(粤) | 1161.00 |
| 90 | 台山市(粤) | 1048.00 |
| 91 | 新兴县(粤) | 617.00 |
| 92 | 平远县(粤) | 570.00 |
| 93 | 英德市(粤) | 300.00 |
| 94 | 连南瑶族自治县(粤) | 299.00 |
| 95 | 阳山县(粤) | 215.00 |
| 96 | 东江林场(粤) | 160.00 |
| 97 | 九连山林场(粤) | 112.50 |
| 98 | 新丰县(粤) | 100.00 |
| 99 | 云浮市属总林场(粤) | 100.00 |
| 100 | 博罗县(粤) | 80.00 |
| 101 | 清远市属总林场(粤) | 40.00 |
| 102 | 苍梧县(桂) | 34521.00 |
| 103 | 上思县(桂) | 29748.00 |
| 104 | 钦北区(桂) | 21503.00 |
| 105 | 防城区(桂) | 13079.00 |
| 106 | 灵川县(桂) | 12657.00 |
| 107 | 蒙山县(桂) | 12500.00 |
| 108 | 昭平县(桂) | 11531.00 |
| 109 | 覃塘区(桂) | 10147.00 |
| 110 | 凭祥市(桂) | 9045.00 |

| 序号 | 松脂主产地 | 产量(吨) |
|---|---|---|
| 111 | 全州县(桂) | 6100.00 |
| 112 | 平乐县(桂) | 5662.00 |
| 113 | 宜州市(桂) | 5629.00 |
| 114 | 右江区(桂) | 4587.00 |
| 115 | 港南区(桂) | 4382.00 |
| 116 | 资源县(桂) | 4000.00 |
| 117 | 兴安县(桂) | 3800.00 |
| 118 | 八步区(桂) | 3679.00 |
| 119 | 浦北县(桂) | 3675.00 |
| 120 | 灌阳县(桂) | 3418.00 |
| 121 | 马山县(桂) | 2537.00 |
| 122 | 武宣县(桂) | 2409.00 |
| 123 | 平果县(桂) | 2295.00 |
| 124 | 西林县(桂) | 1654.00 |
| 125 | 贺州市平桂管理区(桂) | 1247.00 |
| 126 | 富川瑶族自治县(桂) | 943.00 |
| 127 | 扶绥县(桂) | 839.00 |
| 128 | 阳朔县(桂) | 801.00 |
| 129 | 天等县(桂) | 736.00 |
| 130 | 龙胜各族自治县(桂) | 399.00 |
| 131 | 巴马瑶族自治县(桂) | 376.00 |
| 132 | 三门江林场(桂) | 375.00 |
| 133 | 田阳县(桂) | 340.00 |
| 134 | 大化瑶族自治县(桂) | 340.00 |
| 135 | 龙州县(桂) | 279.00 |
| 136 | 七坡林场(桂) | 248.00 |
| 137 | 田林县(桂) | 85.00 |
| 138 | 凌云县(桂) | 59.00 |
| 139 | 黄冕林场(桂) | 20.00 |
| 140 | 罗城仫佬族自治县(桂) | 10.00 |
| 141 | 仁和区(川) | 5600.00 |
| 142 | 南江县(川) | 130.00 |
| 143 | 开江县(川) | 30.00 |
| 144 | 威远县(川) | 12.00 |
| 145 | 独山县(黔) | 800.00 |
| 146 | 平塘县(黔) | 400.00 |
| 147 | 锦屏县(黔) | 392.00 |
| 148 | 凯里市(黔) | 300.00 |
| 149 | 瓮安县(黔) | 100.00 |
| 150 | 长顺县(黔) | 36.00 |
| 151 | 金沙县(黔) | 13.00 |
| 152 | 维西傈僳族自治县(滇) | 36060.00 |
| 153 | 景洪市(滇) | 14951.00 |
| 154 | 双江拉祜族佤族布朗族傣族自治县(滇) | 11600.00 |
| 155 | 云　县(滇) | 10267.00 |
| 156 | 墨江哈尼族自治县(滇) | 6597.00 |
| 157 | 思茅区(滇) | 1314.00 |
| 158 | 永仁县(滇) | 379.00 |
| 159 | 勐海县(滇) | 280.00 |
| 160 | 巍山彝族回族自治县(滇) | 130.00 |
| 161 | 永平县(滇) | 89.20 |
| 162 | 昌宁县(滇) | 77.00 |
| 163 | 黄龙山林业局(陕) | 295.00 |
| 164 | 南郑县(陕) | 50.00 |

## 表 11-4　活性炭主产地产量

| 序号 | 活性炭主产地 | 产量(吨) |
|---|---|---|
| 1 | 平泉县(冀) | 26040.00 |
| 2 | 宁城县(内蒙古) | 8034.00 |
| 3 | 淳安县(浙) | 12200.00 |
| 4 | 开化县(浙) | 10800.00 |
| 5 | 奉化市(浙) | 8200.00 |
| 6 | 龙游县(浙) | 4743.00 |
| 7 | 德清县(浙) | 4412.00 |
| 8 | 龙泉市(浙) | 2357.00 |
| 9 | 江山市(浙) | 2000.00 |
| 10 | 遂昌县(浙) | 1248.00 |
| 11 | 长兴县(浙) | 900.00 |
| 12 | 六安市叶集区(皖) | 6000.00 |
| 13 | 旌德县(皖) | 600.00 |
| 14 | 祁门县(皖) | 230.00 |
| 15 | 延平区(闽) | 41529.00 |
| 16 | 新罗区(闽) | 27290.00 |
| 17 | 邵武市(闽) | 16350.00 |
| 18 | 建瓯市(闽) | 14420.00 |
| 19 | 将乐县(闽) | 12000.00 |
| 20 | 泰宁县(闽) | 8500.00 |
| 21 | 明溪县(闽) | 7891.00 |
| 22 | 梅列区(闽) | 5010.00 |
| 23 | 三元区(闽) | 5010.00 |
| 24 | 顺昌县(闽) | 4090.00 |
| 25 | 建阳市(闽) | 2888.00 |
| 26 | 浦城县(闽) | 2446.00 |
| 27 | 尤溪县(闽) | 989.00 |
| 28 | 光泽县(闽) | 280.00 |
| 29 | 南城县(赣) | 9600.00 |
| 30 | 余江县(赣) | 3000.00 |
| 31 | 玉山县(赣) | 1224.00 |
| 32 | 靖安县(赣) | 960.00 |
| 33 | 宜丰县(赣) | 512.00 |
| 34 | 嘉祥县(鲁) | 10500.00 |
| 35 | 滑　县(豫) | 1000.00 |
| 36 | 安化县(湘) | 7800.00 |
| 37 | 双牌县(湘) | 3000.00 |
| 38 | 中方县(湘) | 2350.00 |
| 39 | 沅陵县(湘) | 1380.00 |
| 40 | 蓝山县(湘) | 810.00 |
| 41 | 靖州苗族侗族自治县(湘) | 800.00 |
| 42 | 翁源县(粤) | 400.00 |
| 43 | 乳源瑶族自治县(粤) | 300.00 |
| 44 | 锦屏县(黔) | 2200.00 |
| 45 | 瓮安县(黔) | 1500.00 |

## 表 11-5　生漆及其制品主产地产量

| 序号 | 生漆及其制品主产地 | 产量(吨) |
|---|---|---|
| 1 | 蕲春县(鄂) | 87.00 |
| 2 | 咸丰县(鄂) | 10.00 |
| 3 | 长阳土家族自治县(鄂) | 10.00 |
| 4 | 衡阳县(湘) | 20.00 |
| 5 | 南川区(渝) | 24.00 |
| 6 | 南江县(川) | 80.00 |
| 7 | 安　县(川) | 40.00 |
| 8 | 北川羌族自治县(川) | 30.00 |
| 9 | 兴文县(川) | 15.00 |
| 10 | 织金县(黔) | 23.00 |
| 11 | 金沙县(黔) | 21.00 |
| 12 | 镇雄县(滇) | 120.00 |
| 13 | 彝良县(滇) | 84.00 |
| 14 | 大关县(滇) | 65.00 |
| 15 | 维西傈僳族自治县(滇) | 16.89 |
| 16 | 平利县(陕) | 1200.00 |
| 17 | 城固县(陕) | 197.00 |
| 18 | 商南县(陕) | 149.00 |
| 19 | 南郑县(陕) | 125.00 |
| 20 | 石泉县(陕) | 115.00 |

## 表 11-6　木炭主产地产量

| 序号 | 木炭主产地 | 产量(吨) |
|---|---|---|
| 1 | 蔚　县(冀) | 565.00 |
| 2 | 吴桥县(冀) | 100.00 |
| 3 | 江山市(浙) | 17124.00 |
| 4 | 常山县(浙) | 450.00 |
| 5 | 长兴县(浙) | 180.00 |
| 6 | 淳安县(浙) | 15.00 |
| 7 | 太湖县(皖) | 4600.00 |
| 8 | 旌德县(皖) | 600.00 |
| 9 | 泾　县(皖) | 300.00 |

| 序号 | 木炭主产地 | 产量(吨) |
|---|---|---|
| 10 | 潜山县(皖) | 75.00 |
| 11 | 永定县(闽) | 254.00 |
| 12 | 漳浦县(闽) | 115.00 |
| 13 | 永丰县(赣) | 5000.00 |
| 14 | 南康市(赣) | 4700.00 |
| 15 | 芦溪县(赣) | 1360.00 |
| 16 | 全南县(赣) | 1005.00 |
| 17 | 泰和县(赣) | 980.00 |
| 18 | 分宜县(赣) | 750.00 |
| 19 | 遂川县(赣) | 650.00 |
| 20 | 瑞金市(赣) | 600.00 |
| 21 | 上犹县(赣) | 310.00 |
| 22 | 靖安县(赣) | 120.00 |
| 23 | 南城县(赣) | 24.00 |
| 24 | 信丰县(赣) | 20.00 |
| 25 | 定南县(赣) | 15.00 |
| 26 | 成武县(鲁) | 16000.00 |
| 27 | 平原县(鲁) | 8850.00 |
| 28 | 嘉祥县(鲁) | 6000.00 |
| 29 | 光山县(豫) | 80.00 |
| 30 | 固始县(豫) | 70.00 |
| 31 | 谷城县(鄂) | 5878.00 |
| 32 | 罗田县(鄂) | 500.00 |
| 33 | 恩施市(鄂) | 200.00 |
| 34 | 建始县(鄂) | 100.00 |
| 35 | 阳新县(鄂) | 11.00 |
| 36 | 洞口县(湘) | 20000.00 |
| 37 | 江华瑶族自治县(湘) | 18700.00 |
| 38 | 绥宁县(湘) | 4400.00 |
| 39 | 衡东县(湘) | 3326.00 |
| 40 | 武冈市(湘) | 3000.00 |
| 41 | 桃江县(湘) | 2000.00 |
| 42 | 新宁县(湘) | 2000.00 |
| 43 | 新晃侗族自治县(湘) | 1500.00 |
| 44 | 沅陵县(湘) | 1230.00 |
| 45 | 资兴市(湘) | 1100.00 |
| 46 | 安化县(湘) | 1000.00 |
| 47 | 炎陵县(湘) | 1000.00 |
| 48 | 岳阳县(湘) | 500.00 |
| 49 | 醴陵市(湘) | 500.00 |
| 50 | 东安县(湘) | 468.00 |
| 51 | 道　县(湘) | 450.00 |
| 52 | 株洲县(湘) | 260.00 |
| 53 | 桂东县(湘) | 210.00 |
| 54 | 零陵区(湘) | 202.00 |
| 55 | 新化县(湘) | 200.00 |
| 56 | 衡阳县(湘) | 130.00 |
| 57 | 桑植县(湘) | 120.00 |
| 58 | 双峰县(湘) | 120.00 |
| 59 | 祁东县(湘) | 110.00 |
| 60 | 桃源县(湘) | 100.00 |
| 61 | 赫山区(湘) | 80.00 |
| 62 | 永兴县(湘) | 70.00 |
| 63 | 娄星区(湘) | 20.00 |
| 64 | 永定区(湘) | 20.00 |
| 65 | 徐闻县(粤) | 3334.00 |
| 66 | 连州市(粤) | 2000.00 |
| 67 | 乳源瑶族自治县(粤) | 300.00 |
| 68 | 新丰县(粤) | 100.00 |
| 69 | 吴川市(粤) | 20.00 |
| 70 | 台山市(粤) | 15.00 |
| 71 | 资源县(桂) | 8000.00 |
| 72 | 融水苗族自治县(桂) | 1200.00 |
| 73 | 龙胜各族自治县(桂) | 290.00 |
| 74 | 合川区(渝) | 40.00 |
| 75 | 瓮安县(黔) | 1000.00 |
| 76 | 锦屏县(黔) | 550.00 |
| 77 | 镇远县(黔) | 350.00 |
| 78 | 碧江区(黔) | 200.00 |
| 79 | 江口县(黔) | 40.00 |
| 80 | 长顺县(黔) | 13.00 |
| 81 | 盈江县(滇) | 36316.70 |
| 82 | 陇川县(滇) | 5400.00 |
| 83 | 宁洱哈尼族彝族自治县(滇) | 680.00 |

## 表 11-7　其他林化产品主产地产量

| | 其他林化产品主产地 | 品种 | 产量(吨) |
|---|---|---|---|
| 1 | 喜德县(川) | 白蜡 | 80.00 |
| 2 | 乐山市市辖区(川) | 白蜡 | 80.00 |
| 3 | 五峰土家族自治县(鄂) | 单宁 | 1000.00 |
| 4 | 石柱土家族自治县(渝) | 单宁 | 600.00 |
| 5 | 竹山县(鄂) | 单宁 | 391.00 |
| 6 | 翠屏区(川) | 芳樟醇 | 1800.00 |
| 7 | 乳源瑶族自治县(粤) | 芳樟醇 | 300.00 |
| 8 | 高要市(粤) | 桂油 | 815.50 |
| 9 | 岑溪市(桂) | 桂油 | 558.00 |
| 10 | 桂平市(桂) | 桂油 | 500.00 |
| 11 | 乳源瑶族自治县(粤) | 桂油 | 300.00 |
| 12 | 郁南县(粤) | 桂油 | 120.00 |
| 13 | 筠连县(川) | 桂油 | 50.00 |
| 14 | 新晃侗族自治县(湘) | 合成龙脑 | 1942.00 |
| 15 | 建阳市(闽) | 合成樟脑 | 11594.00 |
| 16 | 金溪县(赣) | 合成樟脑 | 216.00 |
| 17 | 德保县(桂) | 茴油 | 405.00 |
| 18 | 岑溪市(桂) | 茴油 | 250.00 |
| 19 | 天等县(桂) | 茴油 | 71.00 |
| 20 | 会昌县(赣) | 聚合松香 | 3415.00 |
| 21 | 上饶县(赣) | 聚合松香 | 250.00 |
| 22 | 道　县(湘) | 聚酯树脂 | 11780.00 |
| 23 | 翁源县(粤) | 聚酯树脂 | 2500.00 |
| 24 | 孟连傣族拉祜族佤族自治县(滇) | 栲胶 | 13553.00 |
| 25 | 右江区(桂) | 栲胶 | 3851.00 |
| 26 | 青龙满族自治县(冀) | 栲胶 | 1560.00 |
| 27 | 栾川县(豫) | 栲胶 | 1000.00 |
| 28 | 红花岗区(黔) | 栲胶 | 800.00 |
| 29 | 南丹县(桂) | 栲胶 | 52.00 |
| 30 | 六万林场(桂) | 马来松香 | 87.20 |
| 31 | 白石山林业局(吉林森工) | 脲醛树脂胶 | 11000.00 |
| 32 | 封开县(粤) | 歧化松香 | 14258.00 |
| 33 | 双柏县(滇) | 歧化松香 | 11784.00 |
| 34 | 澜沧拉祜族自治县(滇) | 歧化松香 | 9413.00 |
| 35 | 内乡县(豫) | 栓皮 | 5000.00 |
| 36 | 嵩　县(豫) | 栓皮 | 1100.00 |
| 37 | 徽　县(甘) | 栓皮 | 959.00 |

| | 其他林化产品主产地 | 品种 | 产量(吨) |
|---|---|---|---|
| 38 | 略阳县(陕) | 栓皮 | 550.00 |
| 39 | 西峡县(豫) | 栓皮 | 350.00 |
| 40 | 北川羌族自治县(川) | 栓皮 | 240.00 |
| 41 | 兴山县(鄂) | 栓皮 | 238.00 |
| 42 | 商南县(陕) | 栓皮 | 148.00 |
| 43 | 留坝县(陕) | 栓皮 | 76.00 |
| 44 | 滁州市管店林业总场(皖) | 松针粉 | 3133.00 |
| 45 | 墨江哈尼族自治县(滇) | 橡胶及其制品 | 5221.00 |
| 46 | 雷州市(粤) | 橡胶及其制品 | 300.00 |
| 47 | 麻栗坡县(滇) | 橡胶及其制品 | 66.70 |
| 48 | 农四师(新疆兵团) | 熏衣草 | 58.00 |
| 49 | 资源县(桂) | 脂松香 | 3200.00 |
| 50 | 京山县(鄂) | 脂松香 | 800.00 |
| 51 | 芒　市(滇) | 脂松香 | 500.00 |
| 52 | 徐闻县(粤) | 紫胶 | 2433.00 |
| 53 | 墨江哈尼族自治县(滇) | 紫胶 | 432.00 |
| 54 | 昆明市经济技术开发区(滇) | 紫胶 | 400.00 |
| 55 | 云　县(滇) | 紫胶 | 379.60 |
| 56 | 双江拉祜族佤族布朗族傣族自治县(滇) | 紫胶 | 306.00 |
| 57 | 牟定县(滇) | 紫胶 | 240.00 |
| 58 | 永德县(滇) | 紫胶 | 120.00 |
| 59 | 昌宁县(滇) | 紫胶 | 79.00 |
| 60 | 丰顺县(粤) | 紫胶 | 76.00 |
| 61 | 米易县(川) | 紫胶 | 50.00 |
| 62 | 乐山市市辖区(川) | 紫胶 | 20.00 |
| 63 | 阳山县(粤) | 紫胶 | 12.00 |

**表 12-1　野菜主产地产量**

| 序号 | 野菜主产地 | 产量(吨) |
|---|---|---|
| 1 | 丰宁满族自治县(冀) | 480.00 |
| 2 | 滦平县(冀) | 268.00 |
| 3 | 扎兰屯市(内蒙古) | 3000.00 |
| 4 | 宁城县(内蒙古) | 218.50 |
| 5 | 喀喇沁旗(内蒙古) | 200.00 |
| 6 | 岫岩满族自治县(辽) | 437500.00 |
| 7 | 新宾满族自治县(辽) | 98000.00 |
| 8 | 宽甸满族自治县(辽) | 50000.00 |
| 9 | 凤城市(辽) | 37981.00 |
| 10 | 清原满族自治县(辽) | 15443.00 |
| 11 | 本溪满族自治县(辽) | 10000.00 |
| 12 | 抚顺县(辽) | 6340.00 |
| 13 | 桓仁满族自治县(辽) | 3200.00 |
| 14 | 庄河市(辽) | 3000.00 |
| 15 | 顺城区(辽) | 1309.00 |
| 16 | 南芬区(辽) | 978.00 |
| 17 | 振安区(辽) | 800.00 |
| 18 | 铁岭县(辽) | 747.00 |
| 19 | 东洲区(辽) | 695.00 |
| 20 | 清河区(辽) | 560.00 |
| 21 | 海城市(辽) | 310.00 |
| 22 | 凌海市(辽) | 200.00 |
| 23 | 延吉市(吉) | 3108.00 |
| 24 | 敦化市(吉) | 1680.00 |
| 25 | 汪清县(吉) | 994.00 |
| 26 | 集安市(吉) | 652.00 |
| 27 | 通化县(吉) | 550.00 |
| 28 | 靖宇县(吉) | 526.00 |
| 29 | 东丰县(吉) | 510.00 |
| 30 | 黄泥河林业局(吉) | 458.00 |
| 31 | 长白朝鲜族自治县(吉) | 300.00 |
| 32 | 敦化林业局(吉) | 280.00 |
| 33 | 和龙市(吉) | 210.00 |
| 34 | 天桥岭林业局(吉) | 167.00 |
| 35 | 宁安市(黑) | 9400.00 |
| 36 | 尚志市(黑) | 5000.00 |
| 37 | 城子河区(黑) | 1800.00 |
| 38 | 宝清县(黑) | 1085.00 |
| 39 | 延寿县(黑) | 1000.00 |
| 40 | 五常市(黑) | 912.00 |
| 41 | 方正县(黑) | 375.00 |
| 42 | 阿城区(黑) | 319.60 |
| 43 | 五大连池市(黑) | 310.00 |
| 44 | 孙吴县(黑) | 232.00 |
| 45 | 木兰县(黑) | 142.00 |
| 46 | 密山市(黑) | 130.00 |
| 47 | 爱辉区(黑) | 127.00 |
| 48 | 依安县(黑) | 100.00 |
| 49 | 三门县(浙) | 322.00 |
| 50 | 天台县(浙) | 225.00 |
| 51 | 淳安县(浙) | 140.00 |
| 52 | 舒城县(皖) | 2426.00 |
| 53 | 凤阳县(皖) | 1200.00 |
| 54 | 石台县(皖) | 1000.00 |
| 55 | 繁昌县(皖) | 800.00 |
| 56 | 旌德县(皖) | 600.00 |
| 57 | 滁州市沙河集林业总场(皖) | 350.00 |
| 58 | 靖安县(赣) | 450.00 |
| 59 | 崇义县(赣) | 200.00 |
| 60 | 广昌县(赣) | 143.00 |
| 61 | 南城县(赣) | 129.00 |
| 62 | 奉新县(赣) | 104.00 |
| 63 | 乐陵市(鲁) | 100000.00 |
| 64 | 青州市(鲁) | 150.00 |
| 65 | 桐柏县(豫) | 12250.00 |
| 66 | 罗山县(豫) | 4500.00 |
| 67 | 淇滨区(豫) | 1625.00 |
| 68 | 泌阳县(豫) | 1497.00 |
| 69 | 洛宁县(豫) | 900.00 |
| 70 | 舞钢市(豫) | 700.00 |
| 71 | 新安县(豫) | 580.00 |
| 72 | 鲁山县(豫) | 570.00 |
| 73 | 新　县(豫) | 425.00 |
| 74 | 辉县市(豫) | 298.00 |
| 75 | 咸丰县(鄂) | 1520.00 |
| 76 | 宜都市(鄂) | 1250.00 |
| 77 | 大悟县(鄂) | 220.00 |
| 78 | 谷城县(鄂) | 200.00 |
| 79 | 鹤峰县(鄂) | 166.00 |
| 80 | 罗田县(鄂) | 150.00 |
| 81 | 竹山县(鄂) | 126.00 |
| 82 | 阳新县(鄂) | 122.00 |
| 83 | 鄂城区(鄂) | 100.00 |
| 84 | 沅陵县(湘) | 9710.00 |
| 85 | 新化县(湘) | 5000.00 |
| 86 | 石门县(湘) | 3000.00 |
| 87 | 新宁县(湘) | 3000.00 |
| 88 | 安化县(湘) | 2000.00 |
| 89 | 桑植县(湘) | 950.00 |
| 90 | 鹤城区(湘) | 800.00 |
| 91 | 江华瑶族自治县(湘) | 513.00 |
| 92 | 醴陵市(湘) | 500.00 |

| 序号 | 野菜主产地 | 产量(吨) |
|---|---|---|
| 93 | 临澧县(湘) | 407.00 |
| 94 | 零陵区(湘) | 404.00 |
| 95 | 常宁市(湘) | 400.00 |
| 96 | 会同县(湘) | 300.00 |
| 97 | 桃源县(湘) | 200.00 |
| 98 | 宁远县(湘) | 175.00 |
| 99 | 靖州苗族侗族自治县(湘) | 167.00 |
| 100 | 麻阳苗族自治县(湘) | 128.00 |
| 101 | 城步苗族自治县(湘) | 100.00 |
| 102 | 乳源瑶族自治县(粤) | 1500.00 |
| 103 | 连州市(粤) | 160.00 |
| 104 | 金秀瑶族自治县(桂) | 512031.00 |
| 105 | 融水苗族自治县(桂) | 1100.00 |
| 106 | 金城江区(桂) | 200.00 |
| 107 | 城口县(渝) | 5000.00 |
| 108 | 石柱土家族自治县(渝) | 395.00 |
| 109 | 巴南区(渝) | 140.00 |
| 110 | 宣汉县(川) | 2750.00 |
| 111 | 荥经县(川) | 1852.80 |
| 112 | 冕宁县(川) | 1505.00 |
| 113 | 雷波县(川) | 1408.00 |
| 114 | 安　县(川) | 1200.00 |
| 115 | 长宁县(川) | 720.00 |
| 116 | 金口河区(川) | 660.00 |
| 117 | 会理县(川) | 500.00 |
| 118 | 北川羌族自治县(川) | 405.00 |
| 119 | 宜宾县(川) | 389.00 |
| 120 | 仪陇县(川) | 270.00 |
| 121 | 喜德县(川) | 235.00 |
| 122 | 威远县(川) | 200.00 |
| 123 | 西昌市(川) | 126.00 |
| 124 | 绵竹市(川) | 118.30 |
| 125 | 芦山县(川) | 100.00 |
| 126 | 米易县(川) | 100.00 |
| 127 | 仁和区(川) | 100.00 |
| 128 | 汶川县(川) | 100.00 |
| 129 | 榕江县(黔) | 150.00 |
| 130 | 凤庆县(滇) | 65917.20 |
| 131 | 腾冲县(滇) | 3688.00 |
| 132 | 玉龙纳西族自治县(滇) | 1700.00 |
| 133 | 兰坪白族普米族自治县(滇) | 1650.00 |
| 134 | 大关县(滇) | 800.00 |
| 135 | 云龙县(滇) | 785.00 |
| 136 | 罗平县(滇) | 532.20 |
| 137 | 峨山彝族自治县(滇) | 362.00 |
| 138 | 富源县(滇) | 302.90 |
| 139 | 盈江县(滇) | 294.00 |
| 140 | 剑川县(滇) | 266.50 |
| 141 | 大姚县(滇) | 222.00 |
| 142 | 江川县(滇) | 220.00 |
| 143 | 洱源县(滇) | 208.50 |
| 144 | 陆良县(滇) | 126.00 |
| 145 | 元谋县(滇) | 121.00 |
| 146 | 寻甸回族彝族自治县(滇) | 100.00 |
| 147 | 城关区(藏) | 200.00 |
| 148 | 勉　县(陕) | 3100.00 |
| 149 | 岚皋县(陕) | 2250.00 |
| 150 | 西乡县(陕) | 1800.00 |
| 151 | 洋　县(陕) | 1651.00 |
| 152 | 南郑县(陕) | 1600.00 |
| 153 | 略阳县(陕) | 981.00 |
| 154 | 镇安县(陕) | 347.00 |
| 155 | 文　县(甘) | 3000.00 |
| 156 | 清水县(甘) | 500.00 |
| 157 | 宕昌县(甘) | 235.00 |
| 158 | 泉阳林业局(吉林森工) | 760.00 |
| 159 | 临江林业局(吉林森工) | 642.00 |
| 160 | 露水河林业局(吉林森工) | 335.00 |
| 161 | 红石林业局(吉林森工) | 257.00 |
| 162 | 沾河林业局(龙江森工) | 9584.00 |
| 163 | 五营林业局(龙江森工) | 2415.00 |
| 164 | 双丰林业局(龙江森工) | 2250.00 |
| 165 | 汤旺河林业局(龙江森工) | 2072.00 |
| 166 | 友好林业局(龙江森工) | 2000.00 |
| 167 | 朗乡林业局(龙江森工) | 1450.00 |
| 168 | 鹤北林业局(龙江森工) | 1324.00 |
| 169 | 南岔林业局(龙江森工) | 1146.00 |
| 170 | 带岭实验局(龙江森工) | 1100.00 |
| 171 | 亚布力林业局(龙江森工) | 1000.00 |
| 172 | 乌伊岭林业局(龙江森工) | 890.00 |
| 173 | 大海林林业局(龙江森工) | 712.00 |
| 174 | 美溪林业局(龙江森工) | 700.00 |
| 175 | 东方红林业局(龙江森工) | 700.00 |
| 176 | 海林林业局(龙江森工) | 700.00 |
| 177 | 铁力林业局(龙江森工) | 691.00 |
| 178 | 方正林业局(龙江森工) | 685.00 |
| 179 | 红星林业局(龙江森工) | 680.00 |
| 180 | 桃山林业局(龙江森工) | 600.00 |
| 181 | 新青林业局(龙江森工) | 590.00 |
| 182 | 绥阳林业局(龙江森工) | 582.00 |
| 183 | 兴隆林业局(龙江森工) | 528.00 |
| 184 | 乌马河林业局(龙江森工) | 510.00 |
| 185 | 清河林业局(龙江森工) | 500.00 |
| 186 | 通北林业局(龙江森工) | 470.00 |
| 187 | 东京城林业局(龙江森工) | 450.00 |
| 188 | 穆棱林业局(龙江森工) | 380.00 |
| 189 | 柴河林业局(龙江森工) | 350.00 |
| 190 | 苇河林业局(龙江森工) | 340.00 |
| 191 | 山河屯林业局(龙江森工) | 300.00 |
| 192 | 上甘岭林业局(龙江森工) | 275.00 |
| 193 | 翠峦林业局(龙江森工) | 260.00 |
| 194 | 桦南林业局(龙江森工) | 256.00 |
| 195 | 林口林业局(龙江森工) | 250.00 |
| 196 | 金山屯林业局(龙江森工) | 233.00 |
| 197 | 双鸭山林业局(龙江森工) | 220.00 |
| 198 | 迎春林业局(龙江森工) | 200.00 |
| 199 | 鹤立林业局(龙江森工) | 190.00 |
| 200 | 八面通林业局(龙江森工) | 174.00 |
| 201 | 绥棱林业局(龙江森工) | 155.00 |

**表 12-2　食用菌类主产地产量**

| 序号 | 食用菌类主产地 | 产量(吨) |
|---|---|---|
| 1 | 静海县(津) | 20200.00 |
| 2 | 遵化市(冀) | 14397.00 |
| 3 | 迁西县(冀) | 2100.00 |
| 4 | 平泉县(冀) | 600.00 |
| 5 | 围场满族蒙古族自治县(冀) | 547.00 |
| 6 | 三河市(冀) | 528.00 |
| 7 | 蔚　县(冀) | 316.00 |
| 8 | 滦平县(冀) | 237.00 |
| 9 | 魏　县(冀) | 210.00 |
| 10 | 丰宁满族自治县(冀) | 200.00 |
| 11 | 涿州市(冀) | 195.00 |
| 12 | 古交市(晋) | 150.00 |
| 13 | 宁城县(内蒙古) | 6240.00 |
| 14 | 敖汉旗(内蒙古) | 586.00 |
| 15 | 松山区(内蒙古) | 408.00 |
| 16 | 扎兰屯市(内蒙古) | 400.00 |
| 17 | 喀喇沁旗(内蒙古) | 300.00 |
| 18 | 岫岩满族自治县(辽) | 410000.00 |
| 19 | 宽甸满族自治县(辽) | 64000.00 |
| 20 | 东港市(辽) | 29155.00 |
| 21 | 凤城市(辽) | 15912.00 |
| 22 | 桓仁满族自治县(辽) | 14550.00 |
| 23 | 清原满族自治县(辽) | 12820.00 |
| 24 | 千山区(辽) | 4300.00 |
| 25 | 海城市(辽) | 1880.00 |
| 26 | 新宾满族自治县(辽) | 1600.00 |

| 序号 | 食用菌类主产地 | 产量(吨) | 序号 | 食用菌类主产地 | 产量(吨) | 序号 | 食用菌类主产地 | 产量(吨) |
|---|---|---|---|---|---|---|---|---|
| 27 | 抚顺县(辽) | 1490.00 | 73 | 恒山区(黑) | 180.00 | 119 | 休宁县(皖) | 139.00 |
| 28 | 庄河市(辽) | 1050.00 | 74 | 宝清县(黑) | 131.00 | 120 | 上饶县(赣) | 22500.00 |
| 29 | 望花区(辽) | 1000.00 | 75 | 北安市(黑) | 130.00 | 121 | 广昌县(赣) | 2969.00 |
| 30 | 振安区(辽) | 850.00 | 76 | 滴道区(黑) | 116.00 | 122 | 靖安县(赣) | 2645.00 |
| 31 | 大洼县(辽) | 738.00 | 77 | 萨尔图区(黑) | 113.00 | 123 | 永修县(赣) | 2150.00 |
| 32 | 南芬区(辽) | 700.00 | 78 | 富锦市(黑) | 100.00 | 124 | 莲花县(赣) | 1575.00 |
| 33 | 盖州市(辽) | 563.00 | 79 | 常山县(浙) | 21382.00 | 125 | 万载县(赣) | 1149.00 |
| 34 | 顺城区(辽) | 543.00 | 80 | 开化县(浙) | 20460.00 | 126 | 新干县(赣) | 920.00 |
| 35 | 汪清县(吉) | 13659.00 | 81 | 龙泉市(浙) | 15767.00 | 127 | 信丰县(赣) | 873.00 |
| 36 | 敦化市(吉) | 11520.00 | 82 | 莲都区(浙) | 9247.00 | 128 | 宁都县(赣) | 850.00 |
| 37 | 集安市(吉) | 4476.00 | 83 | 庆元县(浙) | 7117.00 | 129 | 永丰县(赣) | 845.00 |
| 38 | 天桥岭林业局(吉) | 1894.00 | 84 | 江山市(浙) | 6200.00 | 130 | 定南县(赣) | 826.00 |
| 39 | 黄泥河林业局(吉) | 1785.00 | 85 | 云和县(浙) | 6051.00 | 131 | 乐安县(赣) | 550.00 |
| 40 | 通化县(吉) | 1720.00 | 86 | 奉化市(浙) | 5400.00 | 132 | 遂川县(赣) | 500.00 |
| 41 | 白河林业局(吉) | 1601.00 | 87 | 缙云县(浙) | 4301.00 | 133 | 崇义县(赣) | 480.00 |
| 42 | 大石头林业局(吉) | 1600.00 | 88 | 磐安县(浙) | 3617.00 | 134 | 修水县(赣) | 351.78 |
| 43 | 大兴沟林业局(吉) | 1535.00 | 89 | 景宁畲族自治县(浙) | 3598.00 | 135 | 全南县(赣) | 318.25 |
| 44 | 和龙市(吉) | 1060.00 | 90 | 淳安县(浙) | 2310.00 | 136 | 婺源县(赣) | 250.00 |
| 45 | 汪清林业局(吉) | 719.00 | 91 | 遂昌县(浙) | 2026.00 | 137 | 分宜县(赣) | 245.00 |
| 46 | 长白朝鲜族自治县(吉) | 600.00 | 92 | 德清县(浙) | 1819.00 | 138 | 瑞金市(赣) | 200.00 |
| 47 | 敦化林业局(吉) | 520.00 | 93 | 嘉兴市市辖区(浙) | 536.00 | 139 | 赣　县(赣) | 186.00 |
| 48 | 和龙林业局(吉) | 517.00 | 94 | 桐乡市(浙) | 390.00 | 140 | 南城县(赣) | 160.00 |
| 49 | 安图森林经营局(吉) | 445.00 | 95 | 建德市(浙) | 300.00 | 141 | 奉新县(赣) | 153.00 |
| 50 | 延吉市(吉) | 326.00 | 96 | 天台县(浙) | 250.00 | 142 | 泰和县(赣) | 152.86 |
| 51 | 东丰县(吉) | 310.00 | 97 | 吴兴区(浙) | 210.00 | 143 | 大余县(赣) | 142.00 |
| 52 | 浑江区(吉) | 300.00 | 98 | 三门县(浙) | 193.00 | 144 | 渝水区(赣) | 136.00 |
| 53 | 龙井市(吉) | 207.00 | 99 | 富阳市(浙) | 124.00 | 145 | 德兴市(赣) | 127.00 |
| 54 | 八家子林业局(吉) | 124.00 | 100 | 芜湖县(皖) | 32000.00 | 146 | 梁山县(鲁) | 47000.00 |
| 55 | 尚志市(黑) | 87500.00 | 101 | 潜山县(皖) | 8500.00 | 147 | 沂水县(鲁) | 5758.00 |
| 56 | 东宁县(黑) | 64020.00 | 102 | 南陵县(皖) | 6500.00 | 148 | 利津县(鲁) | 5547.00 |
| 57 | 宁安市(黑) | 7210.00 | 103 | 舒城县(皖) | 4752.00 | 149 | 昌邑市(鲁) | 5000.00 |
| 58 | 桦南县(黑) | 7005.00 | 104 | 东至县(皖) | 3826.00 | 150 | 东港区(鲁) | 4751.00 |
| 59 | 五常市(黑) | 1934.00 | 105 | 宁国市(皖) | 3300.00 | 151 | 阳信县(鲁) | 1650.00 |
| 60 | 密山市(黑) | 850.00 | 106 | 凤阳县(皖) | 2920.00 | 152 | 商河县(鲁) | 1600.00 |
| 61 | 绥芬河市(黑) | 800.00 | 107 | 桐城市(皖) | 2500.00 | 153 | 东营区(鲁) | 1500.00 |
| 62 | 汤原县(黑) | 500.00 | 108 | 明光市(皖) | 900.00 | 154 | 乐陵市(鲁) | 1500.00 |
| 63 | 方正县(黑) | 490.00 | 109 | 泾　县(皖) | 800.00 | 155 | 泗水县(鲁) | 1480.00 |
| 64 | 牡丹江市市本级(黑) | 338.00 | 110 | 旌德县(皖) | 800.00 | 156 | 沂南县(鲁) | 1312.00 |
| 65 | 五大连池市(黑) | 315.00 | 111 | 长丰县(皖) | 582.00 | 157 | 青州市(鲁) | 1265.00 |
| 66 | 木兰县(黑) | 300.00 | 112 | 太湖县(皖) | 480.00 | 158 | 苍山县(鲁) | 1128.00 |
| 67 | 逊克县(黑) | 260.00 | 113 | 祁门县(皖) | 429.00 | 159 | 邹平县(鲁) | 893.00 |
| 68 | 龙凤区(黑) | 240.00 | 114 | 南谯区(皖) | 400.00 | 160 | 黄岛区(鲁) | 608.00 |
| 69 | 延寿县(黑) | 200.00 | 115 | 石台县(皖) | 332.00 | 161 | 邹城市(鲁) | 600.00 |
| 70 | 爱辉区(黑) | 199.00 | 116 | 和　县(皖) | 320.00 | 162 | 金乡县(鲁) | 583.00 |
| 71 | 孙吴县(黑) | 182.00 | 117 | 滁州市沙河集林业总场(皖) | 295.00 | 163 | 昌乐县(鲁) | 300.00 |
| 72 | 阿城区(黑) | 181.60 | 118 | 定远县(皖) | 165.00 | 164 | 宁阳县(鲁) | 296.00 |

| 序号 | 食用菌类主产地 | 产量(吨) | 序号 | 食用菌类主产地 | 产量(吨) | 序号 | 食用菌类主产地 | 产量(吨) |
|---|---|---|---|---|---|---|---|---|
| 165 | 肥城市(鲁) | 140.00 | 211 | 大悟县(鄂) | 415.00 | 257 | 鹤城区(湘) | 100.00 |
| 166 | 汶上县(鲁) | 100.00 | 212 | 武穴市(鄂) | 408.00 | 258 | 丰顺县(粤) | 3000.00 |
| 167 | 西峡县(豫) | 321000.00 | 213 | 鹤峰县(鄂) | 300.00 | 259 | 乳源瑶族自治县(粤) | 3000.00 |
| 168 | 卢氏县(豫) | 100500.00 | 214 | 红安县(鄂) | 230.00 | 260 | 乐昌市(粤) | 1500.00 |
| 169 | 夏邑县(豫) | 30000.00 | 215 | 秭归县(鄂) | 194.00 | 261 | 封开县(粤) | 1180.00 |
| 170 | 西华县(豫) | 15000.00 | 216 | 广水市(鄂) | 180.00 | 262 | 仁化县(粤) | 1000.00 |
| 171 | 泌阳县(豫) | 10757.00 | 217 | 宜都市(鄂) | 147.00 | 263 | 广宁县(粤) | 763.00 |
| 172 | 清丰县(豫) | 10230.00 | 218 | 竹山县(鄂) | 145.00 | 264 | 平远县(粤) | 583.00 |
| 173 | 灵宝市(豫) | 9660.00 | 219 | 罗田县(鄂) | 120.00 | 265 | 清新县(粤) | 450.00 |
| 174 | 西平县(豫) | 6943.00 | 220 | 长阳土家族自治县(鄂) | 100.00 | 266 | 连州市(粤) | 250.00 |
| 175 | 洛宁县(豫) | 6800.00 | 221 | 兴山县(鄂) | 100.00 | 267 | 高要市(粤) | 249.00 |
| 176 | 淅川县(豫) | 5000.00 | 222 | 衡山县(湘) | 2956.80 | 268 | 金秀瑶族自治县(桂) | 82361.00 |
| 177 | 桐柏县(豫) | 4750.00 | 223 | 浏阳市(湘) | 2783.00 | 269 | 右江区(桂) | 1751.00 |
| 178 | 罗山县(豫) | 3500.00 | 224 | 沅陵县(湘) | 1965.00 | 270 | 融水苗族自治县(桂) | 1273.00 |
| 179 | 淮阳县(豫) | 3400.00 | 225 | 新化县(湘) | 1800.00 | 271 | 昭平县(桂) | 984.00 |
| 180 | 镇平县(豫) | 3142.00 | 226 | 北湖区(湘) | 1699.00 | 272 | 田林县(桂) | 867.00 |
| 181 | 开封县(豫) | 3000.00 | 227 | 祁阳县(湘) | 1638.00 | 273 | 金城江区(桂) | 806.00 |
| 182 | 方城县(豫) | 2590.50 | 228 | 江华瑶族自治县(湘) | 1458.00 | 274 | 八步区(桂) | 737.00 |
| 183 | 辉县市(豫) | 1980.00 | 229 | 株洲县(湘) | 816.00 | 275 | 桂平市(桂) | 350.00 |
| 184 | 内乡县(豫) | 1700.00 | 230 | 赫山区(湘) | 800.00 | 276 | 资源县(桂) | 300.00 |
| 185 | 商城县(豫) | 980.00 | 231 | 常宁市(湘) | 756.00 | 277 | 浦北县(桂) | 250.00 |
| 186 | 淇滨区(豫) | 820.00 | 232 | 洞口县(湘) | 700.00 | 278 | 罗城仫佬族自治县(桂) | 230.00 |
| 187 | 舞钢市(豫) | 800.00 | 233 | 道　县(湘) | 689.00 | 279 | 巴马瑶族自治县(桂) | 210.00 |
| 188 | 伊川县(豫) | 800.00 | 234 | 汝城县(湘) | 602.00 | 280 | 全州县(桂) | 155.00 |
| 189 | 叶　县(豫) | 466.00 | 235 | 衡东县(湘) | 550.00 | 281 | 苍梧县(桂) | 103.00 |
| 190 | 南召县(豫) | 300.00 | 236 | 永兴县(湘) | 536.00 | 282 | 丰都县(渝) | 2400.00 |
| 191 | 新　县(豫) | 265.00 | 237 | 零陵区(湘) | 508.00 | 283 | 荣昌县(渝) | 1050.00 |
| 192 | 新野县(豫) | 185.00 | 238 | 安化县(湘) | 500.00 | 284 | 城口县(渝) | 700.00 |
| 193 | 淮滨县(豫) | 150.00 | 239 | 资兴市(湘) | 440.00 | 285 | 石柱土家族自治县(渝) | 500.00 |
| 194 | 宜阳县(豫) | 144.00 | 240 | 靖州苗族侗族自治县(湘) | 428.00 | 286 | 巫山县(渝) | 300.00 |
| 195 | 平桥区(豫) | 130.00 | 241 | 慈利县(湘) | 300.00 | 287 | 黔江区(渝) | 210.00 |
| 196 | 浉河区(豫) | 100.00 | 242 | 城步苗族自治县(湘) | 300.00 | 288 | 万盛区(渝) | 210.00 |
| 197 | 宜城市(鄂) | 100000.00 | 243 | 涟源市(湘) | 280.00 | 289 | 巴南区(渝) | 152.00 |
| 198 | 随　县(鄂) | 35000.00 | 244 | 桑植县(湘) | 220.00 | 290 | 巫溪县(渝) | 124.00 |
| 199 | 保康县(鄂) | 10799.00 | 245 | 宁远县(湘) | 216.00 | 291 | 彭水苗族土家族自治县(渝) | 120.00 |
| 200 | 当阳市(鄂) | 10000.00 | 246 | 石门县(湘) | 215.00 | 292 | 璧山县(渝) | 111.40 |
| 201 | 南漳县(鄂) | 7818.00 | 247 | 娄底市市辖区(湘) | 200.00 | 293 | 青川县(川) | 110500.00 |
| 202 | 东宝区(鄂) | 7194.00 | 248 | 双峰县(湘) | 180.00 | 294 | 金堂县(川) | 15935.00 |
| 203 | 钟祥市(鄂) | 4762.00 | 249 | 永顺县(湘) | 150.00 | 295 | 利州区(川) | 15250.00 |
| 204 | 曾都区(鄂) | 3163.00 | 250 | 龙山县(湘) | 130.00 | 296 | 松潘县(川) | 5000.00 |
| 205 | 安陆市(鄂) | 1200.00 | 251 | 会同县(湘) | 125.00 | 297 | 通江县(川) | 2200.00 |
| 206 | 房　县(鄂) | 1100.00 | 252 | 永定区(湘) | 120.00 | 298 | 江油市(川) | 1750.00 |
| 207 | 咸丰县(鄂) | 850.00 | 253 | 桂东县(湘) | 120.00 | 299 | 南江县(川) | 1730.00 |
| 208 | 谷城县(鄂) | 655.00 | 254 | 绥宁县(湘) | 105.00 | 300 | 蓬安县(川) | 1520.00 |
| 209 | 郧西县(鄂) | 590.00 | 255 | 新宁县(湘) | 100.00 | 301 | 纳溪区(川) | 1421.00 |
| 210 | 丹江口市(鄂) | 528.00 | 256 | 新邵县(湘) | 100.00 | 302 | 长宁县(川) | 1260.00 |

| 序号 | 食用菌类主产地 | 产量(吨) |
| --- | --- | --- |
| 303 | 昭化区(川) | 1000.00 |
| 304 | 沐川县(川) | 1000.00 |
| 305 | 会理县(川) | 1000.00 |
| 306 | 三台县(川) | 855.00 |
| 307 | 西昌市(川) | 811.50 |
| 308 | 乡城县(川) | 796.00 |
| 309 | 仁寿县(川) | 780.00 |
| 310 | 小金县(川) | 750.00 |
| 311 | 自流井区(川) | 750.00 |
| 312 | 剑阁县(川) | 726.50 |
| 313 | 顺庆区(川) | 700.00 |
| 314 | 木里藏族自治县(川) | 660.00 |
| 315 | 宣汉县(川) | 610.00 |
| 316 | 盐源县(川) | 545.00 |
| 317 | 德昌县(川) | 520.00 |
| 318 | 蒲江县(川) | 500.00 |
| 319 | 喜德县(川) | 463.00 |
| 320 | 什邡市(川) | 460.00 |
| 321 | 龙泉驿区(川) | 460.00 |
| 322 | 仪陇县(川) | 450.00 |
| 323 | 冕宁县(川) | 427.00 |
| 324 | 乐至县(川) | 400.00 |
| 325 | 天全县(川) | 354.00 |
| 326 | 米易县(川) | 350.00 |
| 327 | 盐边县(川) | 329.00 |
| 328 | 开江县(川) | 300.00 |
| 329 | 游仙区(川) | 300.00 |
| 330 | 雅江县(川) | 290.00 |
| 331 | 安　县(川) | 280.00 |
| 332 | 仁和区(川) | 250.00 |
| 333 | 宜宾县(川) | 239.00 |
| 334 | 苍溪县(川) | 220.00 |
| 335 | 江安县(川) | 186.20 |
| 336 | 五通桥区(川) | 180.00 |
| 337 | 青神县(川) | 160.00 |
| 338 | 金阳县(川) | 160.00 |
| 339 | 威远县(川) | 150.00 |
| 340 | 金川县(川) | 140.00 |
| 341 | 高　县(川) | 121.00 |
| 342 | 兴文县(川) | 105.00 |
| 343 | 织金县(黔) | 1601.00 |
| 344 | 榕江县(黔) | 500.00 |
| 345 | 凯里市(黔) | 455.00 |
| 346 | 清镇市(黔) | 210.00 |
| 347 | 锦屏县(黔) | 125.00 |
| 348 | 大姚县(滇) | 6517.00 |

| 序号 | 食用菌类主产地 | 产量(吨) |
| --- | --- | --- |
| 349 | 马龙县(滇) | 5000.00 |
| 350 | 南华县(滇) | 4236.00 |
| 351 | 永胜县(滇) | 3864.00 |
| 352 | 江川县(滇) | 3200.00 |
| 353 | 永平县(滇) | 3198.00 |
| 354 | 易门县(滇) | 2996.70 |
| 355 | 楚雄市(滇) | 2538.00 |
| 356 | 禄丰县(滇) | 2055.00 |
| 357 | 武定县(滇) | 1587.00 |
| 358 | 香格里拉县(滇) | 1547.00 |
| 359 | 姚安县(滇) | 1174.00 |
| 360 | 鹤庆县(滇) | 1091.00 |
| 361 | 昆明市经济技术开发区(滇) | 914.80 |
| 362 | 思茅区(滇) | 860.00 |
| 363 | 腾冲县(滇) | 687.40 |
| 364 | 墨江哈尼族自治县(滇) | 623.00 |
| 365 | 弥渡县(滇) | 598.80 |
| 366 | 富源县(滇) | 598.60 |
| 367 | 兰坪白族普米族自治县(滇) | 575.00 |
| 368 | 牟定县(滇) | 558.00 |
| 369 | 盈江县(滇) | 510.90 |
| 370 | 南涧彝族自治县(滇) | 500.00 |
| 371 | 景洪市(滇) | 439.00 |
| 372 | 剑川县(滇) | 433.80 |
| 373 | 洱源县(滇) | 419.10 |
| 374 | 梁河县(滇) | 344.00 |
| 375 | 施甸县(滇) | 295.00 |
| 376 | 富宁县(滇) | 269.00 |
| 377 | 玉龙纳西族自治县(滇) | 250.00 |
| 378 | 罗平县(滇) | 179.50 |
| 379 | 昌宁县(滇) | 163.50 |
| 380 | 维西傈僳族自治县(滇) | 162.50 |
| 381 | 孟连傣族拉祜族佤族自治县(滇) | 150.00 |
| 382 | 元谋县(滇) | 145.00 |
| 383 | 巍山彝族回族自治县(滇) | 139.00 |
| 384 | 富民县(滇) | 123.00 |
| 385 | 石林彝族自治县(滇) | 108.40 |
| 386 | 云龙县(滇) | 106.00 |
| 387 | 隆阳区(滇) | 106.00 |
| 388 | 寻甸回族彝族自治县(滇) | 100.50 |
| 389 | 宁强县(陕) | 4895.00 |
| 390 | 西乡县(陕) | 3500.00 |
| 391 | 汉阴县(陕) | 3401.00 |
| 392 | 岚皋县(陕) | 3000.00 |
| 393 | 略阳县(陕) | 2462.00 |
| 394 | 南郑县(陕) | 2450.00 |

| 序号 | 食用菌类主产地 | 产量(吨) |
| --- | --- | --- |
| 395 | 城固县(陕) | 2000.00 |
| 396 | 陈仓区(陕) | 1730.00 |
| 397 | 丹凤县(陕) | 1697.00 |
| 398 | 留坝县(陕) | 1326.00 |
| 399 | 镇安县(陕) | 656.00 |
| 400 | 镇坪县(陕) | 578.00 |
| 401 | 勉　县(陕) | 560.00 |
| 402 | 洛南县(陕) | 556.00 |
| 403 | 商州区(陕) | 549.00 |
| 404 | 蓝田县(陕) | 360.00 |
| 405 | 山阳县(陕) | 294.00 |
| 406 | 佛坪县(陕) | 210.00 |
| 407 | 旬阳县(陕) | 166.00 |
| 408 | 迭部县(甘) | 2890.00 |
| 409 | 两当县(甘) | 1150.00 |
| 410 | 康　县(甘) | 471.90 |
| 411 | 宕昌县(甘) | 130.00 |
| 412 | 临江林业局(吉林森工) | 760.00 |
| 413 | 露水河林业局(吉林森工) | 225.00 |
| 414 | 红石林业局(吉林森工) | 106.00 |
| 415 | 朗乡林业局(龙江森工) | 10230.00 |
| 416 | 绥阳林业局(龙江森工) | 9998.00 |
| 417 | 苇河林业局(龙江森工) | 7584.00 |
| 418 | 亚布力林业局(龙江森工) | 6442.00 |
| 419 | 东京城林业局(龙江森工) | 6008.00 |
| 420 | 美溪林业局(龙江森工) | 4990.00 |
| 421 | 金山屯林业局(龙江森工) | 3436.10 |
| 422 | 清河林业局(龙江森工) | 2800.00 |
| 423 | 汤旺河林业局(龙江森工) | 2735.00 |
| 424 | 五营林业局(龙江森工) | 2632.00 |
| 425 | 大海林林业局(龙江森工) | 2529.00 |
| 426 | 柴河林业局(龙江森工) | 2514.00 |
| 427 | 方正林业局(龙江森工) | 2480.00 |
| 428 | 穆棱林业局(龙江森工) | 2300.00 |
| 429 | 南岔林业局(龙江森工) | 2086.00 |
| 430 | 乌伊岭林业局(龙江森工) | 1990.00 |
| 431 | 山河屯林业局(龙江森工) | 1966.00 |
| 432 | 兴隆林业局(龙江森工) | 1911.00 |
| 433 | 沾河林业局(龙江森工) | 1672.00 |
| 434 | 新青林业局(龙江森工) | 1617.00 |
| 435 | 林口林业局(龙江森工) | 1500.00 |
| 436 | 鹤北林业局(龙江森工) | 1340.00 |
| 437 | 红星林业局(龙江森工) | 1100.00 |
| 438 | 友好林业局(龙江森工) | 1040.00 |
| 439 | 双丰林业局(龙江森工) | 1025.00 |
| 440 | 上甘岭林业局(龙江森工) | 1000.00 |

| 序号 | 食用菌类主产地 | 产量(吨) |
|---|---|---|
| 441 | 东方红林业局(龙江森工) | 970.00 |
| 442 | 海林林业局(龙江森工) | 947.00 |
| 443 | 翠峦林业局(龙江森工) | 892.80 |
| 444 | 绥棱林业局(龙江森工) | 829.00 |
| 445 | 带岭实验局(龙江森工) | 742.00 |
| 446 | 乌马河林业局(龙江森工) | 679.00 |
| 447 | 八面通林业局(龙江森工) | 502.00 |
| 448 | 桃山林业局(龙江森工) | 454.00 |
| 449 | 铁力林业局(龙江森工) | 313.00 |
| 450 | 鹤立林业局(龙江森工) | 309.00 |
| 451 | 双鸭山林业局(龙江森工) | 144.00 |
| 452 | 桦南林业局(龙江森工) | 140.00 |

**表 12-3　竹笋主产地产量**

| 序号 | 竹笋主产地 | 产量(吨) |
|---|---|---|
| 1 | 金山区(沪) | 4866.50 |
| 2 | 崇明县(沪) | 183.70 |
| 3 | 德清县(浙) | 72400.00 |
| 4 | 龙泉市(浙) | 67272.00 |
| 5 | 遂昌县(浙) | 64986.00 |
| 6 | 余杭区(浙) | 64150.00 |
| 7 | 奉化市(浙) | 43646.00 |
| 8 | 宁海县(浙) | 29700.00 |
| 9 | 吴兴区(浙) | 26375.00 |
| 10 | 余姚市(浙) | 25500.00 |
| 11 | 临安市(浙) | 23500.00 |
| 12 | 庆元县(浙) | 9135.00 |
| 13 | 义乌市(浙) | 7000.00 |
| 14 | 安吉县(浙) | 6160.00 |
| 15 | 长兴县(浙) | 5900.00 |
| 16 | 淳安县(浙) | 4630.00 |
| 17 | 永康市(浙) | 4200.00 |
| 18 | 象山县(浙) | 3960.00 |
| 19 | 三门县(浙) | 3040.00 |
| 20 | 柯城区(浙) | 2870.00 |
| 21 | 莲都区(浙) | 2448.00 |
| 22 | 景宁畲族自治县(浙) | 2374.00 |
| 23 | 桐庐县(浙) | 1897.00 |
| 24 | 北仑区(浙) | 1870.00 |
| 25 | 磐安县(浙) | 1695.00 |
| 26 | 富阳市(浙) | 1680.00 |
| 27 | 萧山区(浙) | 1650.00 |
| 28 | 临海市(浙) | 1582.00 |
| 29 | 建德市(浙) | 1560.00 |
| 30 | 常山县(浙) | 1512.00 |
| 31 | 泰顺县(浙) | 907.00 |
| 32 | 缙云县(浙) | 810.00 |
| 33 | 秀洲区(浙) | 750.00 |
| 34 | 天台县(浙) | 746.00 |
| 35 | 海盐县(浙) | 583.00 |
| 36 | 开化县(浙) | 510.00 |
| 37 | 定海区(浙) | 250.00 |
| 38 | 仙居县(浙) | 200.00 |
| 39 | 江山市(浙) | 200.00 |
| 40 | 云和县(浙) | 196.00 |
| 41 | 文成县(浙) | 170.00 |
| 42 | 广德县(皖) | 8500.00 |
| 43 | 旌德县(皖) | 5000.00 |
| 44 | 石台县(皖) | 3000.00 |
| 45 | 舒城县(皖) | 2100.00 |
| 46 | 宁国市(皖) | 1678.00 |
| 47 | 南陵县(皖) | 950.00 |
| 48 | 绩溪县(皖) | 850.00 |
| 49 | 泾　县(皖) | 800.00 |
| 50 | 太湖县(皖) | 670.00 |
| 51 | 歙　县(皖) | 600.00 |
| 52 | 黟　县(皖) | 560.00 |
| 53 | 祁门县(皖) | 466.00 |
| 54 | 青阳县(皖) | 400.00 |
| 55 | 休宁县(皖) | 387.00 |
| 56 | 潜山县(皖) | 370.00 |
| 57 | 芜湖县(皖) | 360.00 |
| 58 | 东至县(皖) | 268.00 |
| 59 | 繁昌县(皖) | 250.00 |
| 60 | 郎溪县(皖) | 250.00 |
| 61 | 屯溪区(皖) | 120.00 |
| 62 | 池州市九华山风景区(皖) | 100.00 |
| 63 | 崇义县(赣) | 20000.00 |
| 64 | 贵溪市(赣) | 6500.00 |
| 65 | 铜鼓县(赣) | 4600.00 |
| 66 | 瑞金市(赣) | 3200.00 |
| 67 | 石城县(赣) | 2350.00 |
| 68 | 上饶县(赣) | 2000.00 |
| 69 | 万载县(赣) | 1800.00 |
| 70 | 永丰县(赣) | 1650.00 |
| 71 | 广丰县(赣) | 1500.00 |
| 72 | 上高县(赣) | 1400.00 |
| 73 | 泰和县(赣) | 850.00 |
| 74 | 靖安县(赣) | 824.60 |
| 75 | 渝水区(赣) | 380.00 |
| 76 | 大余县(赣) | 348.00 |
| 77 | 龙南县(赣) | 330.00 |
| 78 | 修水县(赣) | 320.00 |
| 79 | 玉山县(赣) | 302.00 |
| 80 | 南城县(赣) | 280.00 |
| 81 | 分宜县(赣) | 265.00 |
| 82 | 瑞昌市(赣) | 190.00 |
| 83 | 全南县(赣) | 170.00 |
| 84 | 兴国县(赣) | 150.00 |
| 85 | 新建县(赣) | 150.00 |
| 86 | 信丰县(赣) | 120.00 |
| 87 | 德兴市(赣) | 105.00 |
| 88 | 洛宁县(豫) | 2300.00 |
| 89 | 竹山县(鄂) | 1050.00 |
| 90 | 阳新县(鄂) | 496.00 |
| 91 | 钟祥市(鄂) | 300.00 |
| 92 | 通山县(鄂) | 238.00 |
| 93 | 武穴市(鄂) | 188.00 |
| 94 | 竹溪县(鄂) | 187.00 |
| 95 | 当阳市(鄂) | 150.00 |
| 96 | 秭归县(鄂) | 120.00 |
| 97 | 京山县(鄂) | 100.00 |
| 98 | 房　县(鄂) | 100.00 |
| 99 | 洞口县(湘) | 54000.00 |
| 100 | 新化县(湘) | 30000.00 |
| 101 | 城步苗族自治县(湘) | 13100.00 |
| 102 | 苏仙区(湘) | 10020.00 |
| 103 | 桑植县(湘) | 8100.00 |
| 104 | 衡山县(湘) | 6160.00 |
| 105 | 赫山区(湘) | 5000.00 |
| 106 | 北湖区(湘) | 4672.00 |
| 107 | 沅陵县(湘) | 3985.00 |
| 108 | 新宁县(湘) | 3000.00 |
| 109 | 涟源市(湘) | 3000.00 |
| 110 | 零陵区(湘) | 2756.00 |
| 111 | 桃江县(湘) | 2520.00 |
| 112 | 耒阳市(湘) | 2300.00 |
| 113 | 会同县(湘) | 1933.00 |
| 114 | 茶陵县(湘) | 1700.00 |
| 115 | 安化县(湘) | 1200.00 |
| 116 | 鼎城区(湘) | 1138.00 |
| 117 | 永兴县(湘) | 1045.00 |
| 118 | 常宁市(湘) | 1000.00 |
| 119 | 资兴市(湘) | 980.00 |
| 120 | 洪江市(湘) | 885.00 |
| 121 | 望城县(湘) | 800.00 |
| 122 | 祁阳县(湘) | 680.00 |
| 123 | 汝城县(湘) | 670.00 |

| 序号 | 竹笋主产地 | 产量(吨) |
|---|---|---|
| 124 | 澧　县(湘) | 500.00 |
| 125 | 绥宁县(湘) | 500.00 |
| 126 | 溆浦县(湘) | 495.00 |
| 127 | 江华瑶族自治县(湘) | 463.00 |
| 128 | 株洲县(湘) | 428.00 |
| 129 | 新邵县(湘) | 400.00 |
| 130 | 吉首市(湘) | 400.00 |
| 131 | 宁远县(湘) | 385.00 |
| 132 | 双牌县(湘) | 290.00 |
| 133 | 永顺县(湘) | 260.00 |
| 134 | 临武县(湘) | 250.00 |
| 135 | 平江县(湘) | 248.00 |
| 136 | 芷江侗族自治县(湘) | 240.00 |
| 137 | 龙山县(湘) | 240.00 |
| 138 | 双峰县(湘) | 220.00 |
| 139 | 冷水江市(湘) | 200.00 |
| 140 | 醴陵市(湘) | 200.00 |
| 141 | 湘乡市(湘) | 190.00 |
| 142 | 东安县(湘) | 175.00 |
| 143 | 桂东县(湘) | 167.00 |
| 144 | 桂阳县(湘) | 152.00 |
| 145 | 泸溪县(湘) | 150.00 |
| 146 | 凤凰县(湘) | 150.00 |
| 147 | 道　县(湘) | 147.00 |
| 148 | 蓝山县(湘) | 140.00 |
| 149 | 麻阳苗族自治县(湘) | 135.00 |
| 150 | 中方县(湘) | 130.00 |
| 151 | 炎陵县(湘) | 110.00 |
| 152 | 鹤城区(湘) | 109.00 |
| 153 | 桃源县(湘) | 100.00 |
| 154 | 清新县(粤) | 150000.00 |
| 155 | 乐昌市(粤) | 20000.00 |
| 156 | 乳源瑶族自治县(粤) | 15000.00 |
| 157 | 英德市(粤) | 13215.00 |
| 158 | 广宁县(粤) | 2831.00 |
| 159 | 南雄市(粤) | 1300.00 |
| 160 | 封开县(粤) | 991.00 |
| 161 | 连南瑶族自治县(粤) | 529.00 |
| 162 | 湘桥区(粤) | 230.00 |
| 163 | 蕉岭县(粤) | 204.00 |
| 164 | 龙门县(粤) | 201.00 |
| 165 | 龙川县(粤) | 190.00 |
| 166 | 台山市(粤) | 170.00 |
| 167 | 高要市(粤) | 167.00 |
| 168 | 连山壮族瑶族自治县(粤) | 158.00 |
| 169 | 连州市(粤) | 150.00 |

| 序号 | 竹笋主产地 | 产量(吨) |
|---|---|---|
| 170 | 五华县(粤) | 100.00 |
| 171 | 金秀瑶族自治县(桂) | 50000.00 |
| 172 | 龙州县(桂) | 3956.00 |
| 173 | 蒙山县(桂) | 3750.00 |
| 174 | 田林县(桂) | 3183.00 |
| 175 | 融水苗族自治县(桂) | 1451.00 |
| 176 | 全州县(桂) | 850.00 |
| 177 | 浦北县(桂) | 655.00 |
| 178 | 荔浦县(桂) | 630.00 |
| 179 | 资源县(桂) | 600.00 |
| 180 | 防城区(桂) | 484.00 |
| 181 | 兴安县(桂) | 376.00 |
| 182 | 昭平县(桂) | 341.00 |
| 183 | 龙胜各族自治县(桂) | 291.00 |
| 184 | 横　县(桂) | 260.00 |
| 185 | 三江侗族自治县(桂) | 223.00 |
| 186 | 灵山县(桂) | 212.00 |
| 187 | 凤山县(桂) | 200.00 |
| 188 | 右江区(桂) | 186.00 |
| 189 | 钟山县(桂) | 167.00 |
| 190 | 田阳县(桂) | 162.00 |
| 191 | 钦南区(桂) | 150.00 |
| 192 | 天等县(桂) | 105.00 |
| 193 | 南川区(渝) | 82080.00 |
| 194 | 石柱土家族自治县(渝) | 4900.00 |
| 195 | 武隆县(渝) | 4250.00 |
| 196 | 垫江县(渝) | 2600.00 |
| 197 | 荣昌县(渝) | 1300.00 |
| 198 | 万盛区(渝) | 1000.00 |
| 199 | 忠　县(渝) | 500.00 |
| 200 | 城口县(渝) | 500.00 |
| 201 | 巫山县(渝) | 365.00 |
| 202 | 巴南区(渝) | 200.00 |
| 203 | 兴文县(川) | 29988.00 |
| 204 | 威远县(川) | 26000.00 |
| 205 | 邛崃市(川) | 20000.00 |
| 206 | 江安县(川) | 19690.00 |
| 207 | 天全县(川) | 15575.00 |
| 208 | 宣汉县(川) | 13000.00 |
| 209 | 都江堰市(川) | 9630.00 |
| 210 | 雨城区(川) | 8200.00 |
| 211 | 资中县(川) | 8000.00 |
| 212 | 高　县(川) | 7500.00 |
| 213 | 沐川县(川) | 7000.00 |
| 214 | 纳溪区(川) | 5280.00 |
| 215 | 南溪县(川) | 3800.00 |

| 序号 | 竹笋主产地 | 产量(吨) |
|---|---|---|
| 216 | 宜宾县(川) | 3750.00 |
| 217 | 仁寿县(川) | 3486.00 |
| 218 | 翠屏区(川) | 3250.00 |
| 219 | 蒲江县(川) | 3000.00 |
| 220 | 洪雅县(川) | 2300.00 |
| 221 | 筠连县(川) | 1880.00 |
| 222 | 安　县(川) | 1820.00 |
| 223 | 雷波县(川) | 1620.00 |
| 224 | 乐山市市中区(川) | 1600.00 |
| 225 | 珙　县(川) | 1389.00 |
| 226 | 东坡区(川) | 1000.00 |
| 227 | 五通桥区(川) | 875.00 |
| 228 | 金口河区(川) | 713.00 |
| 229 | 江油市(川) | 680.00 |
| 230 | 合江县(川) | 680.00 |
| 231 | 通江县(川) | 550.00 |
| 232 | 西充县(川) | 550.00 |
| 233 | 安岳县(川) | 530.00 |
| 234 | 开江县(川) | 500.00 |
| 235 | 古蔺县(川) | 500.00 |
| 236 | 蓬安县(川) | 450.00 |
| 237 | 芦山县(川) | 400.00 |
| 238 | 南部县(川) | 387.00 |
| 239 | 马边彝族自治县(川) | 378.00 |
| 240 | 沿滩区(川) | 290.00 |
| 241 | 达川区(川) | 240.00 |
| 242 | 峨边彝族自治县(川) | 198.00 |
| 243 | 宝兴县(川) | 185.00 |
| 244 | 南江县(川) | 168.00 |
| 245 | 仪陇县(川) | 150.00 |
| 246 | 大邑县(川) | 135.00 |
| 247 | 榕江县(黔) | 500.00 |
| 248 | 江口县(黔) | 400.00 |
| 249 | 罗甸县(黔) | 126.00 |
| 250 | 镇远县(黔) | 121.00 |
| 251 | 彝良县(滇) | 23500.00 |
| 252 | 盐津县(滇) | 12000.00 |
| 253 | 陇川县(滇) | 10461.00 |
| 254 | 镇雄县(滇) | 6000.00 |
| 255 | 孟连傣族拉祜族佤族自治县(滇) | 2179.00 |
| 256 | 盈江县(滇) | 819.00 |
| 257 | 大关县(滇) | 550.00 |
| 258 | 梁河县(滇) | 202.40 |
| 259 | 罗平县(滇) | 180.90 |
| 260 | 腾冲县(滇) | 172.00 |
| 261 | 沧源佤族自治县(滇) | 147.00 |

| 序号 | 竹笋主产地 | 产量(吨) |
|---|---|---|
| 262 | 兰坪白族普米族自治县(滇) | 140.00 |
| 263 | 南郑县(陕) | 1850.00 |
| 264 | 镇坪县(陕) | 700.00 |
| 265 | 宁强县(陕) | 650.00 |
| 266 | 城固县(陕) | 200.00 |
| 267 | 汉阴县(陕) | 127.00 |
| 268 | 平利县(陕) | 100.00 |

**表 12-4　蕨菜主产地产量**

| 序号 | 蕨菜主产地 | 产量(吨) |
|---|---|---|
| 1 | 围场满族蒙古族自治县(冀) | 715.00 |
| 2 | 平泉县(冀) | 230.00 |
| 3 | 丰宁满族自治县(冀) | 220.00 |
| 4 | 赤城县(冀) | 160.00 |
| 5 | 扎兰屯市(内蒙古) | 3000.00 |
| 6 | 阿鲁科尔沁旗(内蒙古) | 415.00 |
| 7 | 阿尔山市(内蒙古) | 400.00 |
| 8 | 喀喇沁旗(内蒙古) | 100.00 |
| 9 | 多伦县(内蒙古) | 50.00 |
| 10 | 新宾满族自治县(辽) | 1200.00 |
| 11 | 庄河市(辽) | 1150.00 |
| 12 | 柳河县(吉) | 300.00 |
| 13 | 长白朝鲜族自治县(吉) | 250.00 |
| 14 | 舒兰市(吉) | 52.00 |
| 15 | 逊克县(黑) | 2470.00 |
| 16 | 北安市(黑) | 1200.00 |
| 17 | 延寿县(黑) | 500.00 |
| 18 | 黑河市直属林场(黑) | 309.00 |
| 19 | 桦南县(黑) | 123.00 |
| 20 | 讷河市(黑) | 120.00 |
| 21 | 林口县(黑) | 50.00 |
| 22 | 胜利实验林场(黑) | 50.00 |
| 23 | 太湖县(皖) | 430.00 |
| 24 | 祁门县(皖) | 308.00 |
| 25 | 泾　县(皖) | 135.00 |
| 26 | 休宁县(皖) | 128.00 |
| 27 | 和　县(皖) | 80.00 |
| 28 | 潜山县(皖) | 50.00 |
| 29 | 靖安县(赣) | 260.00 |
| 30 | 莲花县(赣) | 250.00 |
| 31 | 万载县(赣) | 150.00 |
| 32 | 德兴市(赣) | 55.00 |
| 33 | 确山县(豫) | 100.00 |
| 34 | 新　县(豫) | 85.00 |
| 35 | 阳新县(鄂) | 1793.00 |
| 36 | 五峰土家族自治县(鄂) | 250.00 |
| 37 | 鹤峰县(鄂) | 150.00 |
| 38 | 耒阳市(湘) | 15000.00 |
| 39 | 新化县(湘) | 10000.00 |
| 40 | 沅陵县(湘) | 3205.00 |
| 41 | 新宁县(湘) | 1000.00 |
| 42 | 醴陵市(湘) | 500.00 |
| 43 | 洞口县(湘) | 360.00 |
| 44 | 桑植县(湘) | 320.00 |
| 45 | 资兴市(湘) | 310.00 |
| 46 | 安化县(湘) | 300.00 |
| 47 | 湘乡市(湘) | 268.00 |
| 48 | 株洲县(湘) | 242.00 |
| 49 | 城步苗族自治县(湘) | 200.00 |
| 50 | 桂阳县(湘) | 165.00 |
| 51 | 涟源市(湘) | 150.00 |
| 52 | 洪江市(湘) | 115.00 |
| 53 | 永顺县(湘) | 100.00 |
| 54 | 龙山县(湘) | 100.00 |
| 55 | 吉首市(湘) | 90.00 |
| 56 | 泸溪县(湘) | 70.00 |
| 57 | 保靖县(湘) | 70.00 |
| 58 | 冷水江市(湘) | 60.00 |
| 59 | 凤凰县(湘) | 60.00 |
| 60 | 古丈县(湘) | 50.00 |
| 61 | 资源县(桂) | 1500.00 |
| 62 | 全州县(桂) | 130.00 |
| 63 | 金城江区(桂) | 50.00 |
| 64 | 南川区(渝) | 10500.00 |
| 65 | 宣汉县(川) | 1000.00 |
| 66 | 德昌县(川) | 401.00 |
| 67 | 筠连县(川) | 358.00 |
| 68 | 芦山县(川) | 300.00 |
| 69 | 喜德县(川) | 280.00 |
| 70 | 仁和区(川) | 270.00 |
| 71 | 翠屏区(川) | 200.00 |
| 72 | 宝兴县(川) | 185.00 |
| 73 | 兴文县(川) | 150.00 |
| 74 | 越西县(川) | 100.00 |
| 75 | 邛崃市(川) | 100.00 |
| 76 | 宁南县(川) | 90.00 |
| 77 | 高　县(川) | 62.00 |
| 78 | 金阳县(川) | 50.00 |
| 79 | 万源市(川) | 50.00 |
| 80 | 榕江县(黔) | 1200.00 |
| 81 | 福泉市(黔) | 400.00 |
| 82 | 龙里县(黔) | 250.00 |
| 83 | 瓮安县(黔) | 200.00 |
| 84 | 锦屏县(黔) | 120.00 |
| 85 | 江口县(黔) | 50.00 |
| 86 | 易门县(滇) | 3330.00 |
| 87 | 永平县(滇) | 740.00 |
| 88 | 盈江县(滇) | 526.00 |
| 89 | 大关县(滇) | 510.00 |
| 90 | 永胜县(滇) | 500.00 |
| 91 | 兰坪白族普米族自治县(滇) | 450.00 |
| 92 | 双江拉祜族佤族布朗族傣族自治县(滇) | 450.00 |
| 93 | 罗平县(滇) | 393.00 |
| 94 | 隆阳区(滇) | 364.00 |
| 95 | 江川县(滇) | 200.00 |
| 96 | 富源县(滇) | 188.40 |
| 97 | 大理市(滇) | 160.00 |
| 98 | 腾冲县(滇) | 158.70 |
| 99 | 大姚县(滇) | 158.00 |
| 100 | 禄丰县(滇) | 148.00 |
| 101 | 沾益县(滇) | 125.00 |
| 102 | 姚安县(滇) | 120.00 |
| 103 | 鹤庆县(滇) | 102.20 |
| 104 | 洱源县(滇) | 97.00 |
| 105 | 巍山彝族回族自治县(滇) | 95.00 |
| 106 | 楚雄市(滇) | 87.00 |
| 107 | 漾濞彝族自治县(滇) | 80.00 |
| 108 | 个旧市(滇) | 75.00 |
| 109 | 弥渡县(滇) | 72.00 |
| 110 | 石林彝族自治县(滇) | 62.80 |
| 111 | 宁蒗彝族自治县(滇) | 60.00 |
| 112 | 云　县(滇) | 60.00 |
| 113 | 临翔区(滇) | 60.00 |
| 114 | 富宁县(滇) | 51.00 |
| 115 | 马龙县(滇) | 50.00 |
| 116 | 汉阴县(陕) | 169.00 |
| 117 | 平利县(陕) | 100.00 |
| 118 | 迭部县(甘) | 9200.00 |
| 119 | 文　县(甘) | 2000.00 |
| 120 | 渭源县(甘) | 1200.00 |
| 121 | 宕昌县(甘) | 150.00 |
| 122 | 临潭县(甘) | 112.50 |

**表 12-5　香椿主产地产量**

| 序号 | 香椿主产地 | 产量(吨) |
|---|---|---|
| 1 | 舒城县(皖) | 576.00 |
| 2 | 临泉县(皖) | 150.00 |

| 序号 | 香椿主产地 | 产量(吨) |
|---|---|---|
| 3 | 繁昌县(皖) | 60.00 |
| 4 | 泾　县(皖) | 50.00 |
| 5 | 新泰市(鲁) | 11025.00 |
| 6 | 沂水县(鲁) | 4950.00 |
| 7 | 青州市(鲁) | 4375.00 |
| 8 | 邹平县(鲁) | 1687.00 |
| 9 | 沂南县(鲁) | 1500.00 |
| 10 | 岱岳区(鲁) | 700.00 |
| 11 | 平阴县(鲁) | 410.00 |
| 12 | 汶上县(鲁) | 400.00 |
| 13 | 宁阳县(鲁) | 193.00 |
| 14 | 博山区(鲁) | 160.00 |
| 15 | 东平县(鲁) | 150.00 |
| 16 | 河东区(鲁) | 90.00 |
| 17 | 偃师市(豫) | 700.00 |
| 18 | 嵩　县(豫) | 500.00 |
| 19 | 伊川县(豫) | 400.00 |
| 20 | 辉县市(豫) | 350.00 |
| 21 | 林州市(豫) | 90.00 |
| 22 | 新　县(豫) | 90.00 |
| 23 | 解放区(豫) | 81.00 |
| 24 | 宜都市(鄂) | 520.00 |
| 25 | 五峰土家族自治县(鄂) | 250.00 |
| 26 | 南漳县(鄂) | 150.00 |
| 27 | 老河口市(鄂) | 120.00 |
| 28 | 鹤峰县(鄂) | 50.00 |
| 29 | 沅陵县(湘) | 541.00 |
| 30 | 永顺县(湘) | 200.00 |
| 31 | 永定区(湘) | 150.00 |
| 32 | 龙山县(湘) | 150.00 |
| 33 | 吉首市(湘) | 140.00 |
| 34 | 凤凰县(湘) | 120.00 |
| 35 | 醴陵市(湘) | 100.00 |
| 36 | 泸溪县(湘) | 100.00 |
| 37 | 保靖县(湘) | 80.00 |
| 38 | 古丈县(湘) | 60.00 |
| 39 | 新化县(湘) | 50.00 |
| 40 | 大竹县(川) | 4000.00 |
| 41 | 三台县(川) | 430.00 |
| 42 | 万源市(川) | 50.00 |
| 43 | 富源县(滇) | 212.50 |
| 44 | 盈江县(滇) | 205.80 |
| 45 | 洱源县(滇) | 125.00 |
| 46 | 腾冲县(滇) | 69.40 |
| 47 | 兰坪白族普米族自治县(滇) | 68.00 |
| 48 | 罗平县(滇) | 65.80 |
| 49 | 石林彝族自治县(滇) | 56.60 |
| 50 | 禄丰县(滇) | 56.00 |
| 51 | 宁强县(陕) | 195.00 |
| 52 | 华阴市(陕) | 150.00 |
| 53 | 汉阴县(陕) | 134.00 |
| 54 | 略阳县(陕) | 65.00 |
| 55 | 康　县(甘) | 603.00 |
| 56 | 宕昌县(甘) | 85.00 |

**表 12-6　黄花主产地产量**

| 序号 | 黄花主产地 | 产量(吨) |
|---|---|---|
| 1 | 赤城县(冀) | 195.00 |
| 2 | 丰宁满族自治县(冀) | 50.00 |
| 3 | 阿鲁科尔沁旗(内蒙古) | 150.00 |
| 4 | 多伦县(内蒙古) | 15.00 |
| 5 | 巴林右旗(内蒙古) | 13.00 |
| 6 | 阿尔山市(内蒙古) | 10.00 |
| 7 | 西乌珠穆沁旗(内蒙古) | 10.00 |
| 8 | 讷河市(黑) | 20.00 |
| 9 | 太湖县(皖) | 160.00 |
| 10 | 修水县(赣) | 16.00 |
| 11 | 新泰市(鲁) | 16550.00 |
| 12 | 宁阳县(鲁) | 130.00 |
| 13 | 东平县(鲁) | 90.00 |
| 14 | 淮阳县(豫) | 60.00 |
| 15 | 蕲春县(鄂) | 30.00 |
| 16 | 竹溪县(鄂) | 22.00 |
| 17 | 耒阳市(湘) | 3000.00 |
| 18 | 邵东县(湘) | 2900.00 |
| 19 | 祁东县(湘) | 1700.00 |
| 20 | 资兴市(湘) | 402.00 |
| 21 | 沅陵县(湘) | 232.00 |
| 22 | 邵阳县(湘) | 200.00 |
| 23 | 望城县(湘) | 150.00 |
| 24 | 株洲县(湘) | 96.00 |
| 25 | 永兴县(湘) | 12.00 |
| 26 | 醴陵市(湘) | 10.00 |
| 27 | 黔江区(渝) | 800.00 |
| 28 | 巫溪县(渝) | 20.00 |
| 29 | 巴州区(川) | 282.00 |
| 30 | 宁　县(甘) | 812.00 |
| 31 | 西峰区(甘) | 340.00 |
| 32 | 文　县(甘) | 100.00 |
| 33 | 华池县(甘) | 10.00 |

**表 12-7　其他森林蔬菜主产地产量**

| 序号 | 其他森林蔬菜主产地 | 品种 | 产量(吨) |
|---|---|---|---|
| 1 | 罗田县(鄂) | 百合 | 3200.00 |
| 2 | 新宁县(湘) | 百合 | 2000.00 |
| 3 | 新化县(湘) | 百合 | 1000.00 |
| 4 | 宜都市(鄂) | 百合 | 750.00 |
| 5 | 黔江区(渝) | 百合 | 750.00 |
| 6 | 舒城县(皖) | 百合 | 576.00 |
| 7 | 洞口县(湘) | 百合 | 375.00 |
| 8 | 邵阳县(湘) | 百合 | 300.00 |
| 9 | 恩施市(鄂) | 百合 | 266.08 |
| 10 | 沅陵县(湘) | 百合 | 262.00 |
| 11 | 冷水江市(湘) | 百合 | 220.00 |
| 12 | 江津区(渝) | 百合 | 200.00 |
| 13 | 安化县(湘) | 百合 | 150.00 |
| 14 | 鹤峰县(鄂) | 百合 | 102.00 |
| 15 | 资源县(桂) | 百合 | 100.00 |
| 16 | 蕲春县(鄂) | 百合 | 80.00 |
| 17 | 永靖县(甘) | 百合 | 62.00 |
| 18 | 常德市市辖区(湘) | 百合 | 45.00 |
| 19 | 耒阳市(湘) | 百合 | 20.00 |
| 20 | 修水县(赣) | 百合 | 12.00 |
| 21 | 本溪满族自治县(辽) | 龙芽木 | 5000.00 |
| 22 | 迭部县(甘) | 龙芽木 | 4802.00 |
| 23 | 东辽县(吉) | 龙芽木 | 75.00 |
| 24 | 嵩　县(豫) | 龙芽木 | 60.00 |
| 25 | 通化县(吉) | 龙芽木 | 50.00 |
| 26 | 庄河市(辽) | 龙芽木 | 20.00 |
| 27 | 明山区(辽) | 龙芽木 | 20.00 |

| 序号 | 其他森林蔬菜主产地 | 品种 | 产量(吨) | 序号 | 其他森林蔬菜主产地 | 品种 | 产量(吨) |
|---|---|---|---|---|---|---|---|
| 28 | 东丰县(吉) | 龙芽木 | 20.00 | 49 | 镇海区(浙) | 笋用竹 | 1040.00 |
| 29 | 大石桥市(辽) | 龙芽木 | 20.00 | 50 | 忠　县(渝) | 笋用竹 | 500.00 |
| 30 | 富顺县(川) | 笋用竹 | 233623.00 | 51 | 邻水县(川) | 笋用竹 | 500.00 |
| 31 | 清新县(粤) | 笋用竹 | 150000.00 | 52 | 江口县(黔) | 笋用竹 | 500.00 |
| 32 | 南川区(渝) | 笋用竹 | 90000.00 | 53 | 古蔺县(川) | 笋用竹 | 500.00 |
| 33 | 新化县(湘) | 笋用竹 | 37500.00 | 54 | 北湖区(湘) | 笋用竹 | 423.00 |
| 34 | 蒙山县(桂) | 笋用竹 | 37500.00 | 55 | 芦山县(川) | 笋用竹 | 400.00 |
| 35 | 兴文县(川) | 笋用竹 | 29988.00 | 56 | 翠屏区(川) | 笋用竹 | 400.00 |
| 36 | 衢江区(浙) | 笋用竹 | 29000.00 | 57 | 池州市九华山风景区管委会(皖) | 笋用竹 | 400.00 |
| 37 | 宣汉县(川) | 笋用竹 | 14500.00 | 58 | 勐海县(滇) | 笋用竹 | 380.00 |
| 38 | 桐梓县(黔) | 笋用竹 | 14000.00 | 59 | 雁江区(川) | 笋用竹 | 370.00 |
| 39 | 盐津县(滇) | 笋用竹 | 12000.00 | 60 | 龙里县(黔) | 笋用竹 | 210.00 |
| 40 | 都江堰市(川) | 笋用竹 | 9630.00 | 61 | 新建县(赣) | 笋用竹 | 150.00 |
| 41 | 资中县(川) | 笋用竹 | 8000.00 | 62 | 马山县(桂) | 笋用竹 | 142.00 |
| 42 | 潼南县(渝) | 笋用竹 | 7500.00 | 63 | 宜都市(鄂) | 笋用竹 | 115.00 |
| 43 | 万盛区(渝) | 笋用竹 | 6500.00 | 64 | 云　县(滇) | 笋用竹 | 87.30 |
| 44 | 罗田县(鄂) | 笋用竹 | 6000.00 | 65 | 彭州市(川) | 笋用竹 | 75.00 |
| 45 | 泰顺县(浙) | 笋用竹 | 4495.00 | 66 | 贡山独龙族怒族自治县(滇) | 笋用竹 | 73.70 |
| 46 | 永善县(滇) | 笋用竹 | 3159.00 | 67 | 福贡县(滇) | 笋用竹 | 26.90 |
| 47 | 大足县(渝) | 笋用竹 | 2500.00 | 68 | 益阳市市辖区(湘) | 笋用竹 | 20.00 |
| 48 | 新宁县(湘) | 笋用竹 | 1500.00 | | | | |

**表 12-8　茶叶主产地产量**

| 序号 | 茶叶主产地 | 产量(吨) | 序号 | 茶叶主产地 | 产量(吨) | 序号 | 茶叶主产地 | 产量(吨) |
|---|---|---|---|---|---|---|---|---|
| 1 | 溧阳市(苏) | 1870.00 | 23 | 莲都区(浙) | 1672.00 | 46 | 泾　县(皖) | 2000.00 |
| 2 | 金坛市(苏) | 1405.00 | 24 | 象山县(浙) | 1650.00 | 47 | 黟　县(皖) | 1885.00 |
| 3 | 句容市(苏) | 492.00 | 25 | 龙泉市(浙) | 1450.00 | 48 | 广德县(皖) | 1750.00 |
| 4 | 丹徒区(苏) | 313.00 | 26 | 临海市(浙) | 1210.00 | 49 | 绩溪县(皖) | 1460.00 |
| 5 | 盱眙县(苏) | 100.00 | 27 | 德清县(浙) | 1207.00 | 50 | 庐江县(皖) | 1426.00 |
| 6 | 松阳县(浙) | 10954.00 | 28 | 江山市(浙) | 941.00 | 51 | 青阳县(皖) | 864.00 |
| 7 | 余杭区(浙) | 9840.00 | 29 | 云和县(浙) | 870.00 | 52 | 郎溪县(皖) | 800.00 |
| 8 | 开化县(浙) | 8141.00 | 30 | 北仑区(浙) | 720.00 | 53 | 屯溪区(皖) | 558.00 |
| 9 | 遂昌县(浙) | 7548.00 | 31 | 仙居县(浙) | 700.00 | 54 | 南陵县(皖) | 460.00 |
| 10 | 淳安县(浙) | 7463.00 | 32 | 三门县(浙) | 486.00 | 55 | 巢湖市(皖) | 310.00 |
| 11 | 余姚市(浙) | 7100.00 | 33 | 庆元县(浙) | 468.00 | 56 | 贵溪市(赣) | 20000.00 |
| 12 | 宁海县(浙) | 5022.00 | 34 | 常山县(浙) | 358.00 | 57 | 婺源县(赣) | 11000.00 |
| 13 | 富阳市(浙) | 4834.00 | 35 | 文成县(浙) | 275.00 | 58 | 遂川县(赣) | 2380.00 |
| 14 | 安吉县(浙) | 4300.00 | 36 | 宣州区(皖) | 13000.00 | 59 | 修水县(赣) | 1879.00 |
| 15 | 建德市(浙) | 3000.00 | 37 | 石台县(皖) | 10000.00 | 60 | 崇义县(赣) | 982.00 |
| 16 | 天台县(浙) | 2513.00 | 38 | 休宁县(皖) | 9330.00 | 61 | 泰和县(赣) | 507.00 |
| 17 | 奉化市(浙) | 2500.00 | 39 | 歙　县(皖) | 8400.00 | 62 | 乐安县(赣) | 496.00 |
| 18 | 泰顺县(浙) | 2331.00 | 40 | 祁门县(皖) | 6345.00 | 63 | 靖安县(赣) | 366.00 |
| 19 | 鄞州区(浙) | 2063.00 | 41 | 舒城县(皖) | 4289.00 | 64 | 玉山县(赣) | 362.00 |
| 20 | 龙游县(浙) | 2057.00 | 42 | 东至县(皖) | 2801.00 | 65 | 上高县(赣) | 330.00 |
| 21 | 缙云县(浙) | 2018.00 | 43 | 潜山县(皖) | 2800.00 | 66 | 崇仁县(赣) | 257.00 |
| 22 | 临安市(浙) | 1985.00 | 44 | 太湖县(皖) | 2460.00 | 67 | 樟树市(赣) | 255.00 |
| | | | 45 | 宁国市(皖) | 2250.00 | 68 | 余江县(赣) | 250.00 |

| 序号 | 茶叶主产地 | 产量(吨) |
|---|---|---|
| 69 | 万载县(赣) | 181.00 |
| 70 | 定南县(赣) | 162.00 |
| 71 | 会昌县(赣) | 122.00 |
| 72 | 全南县(赣) | 110.00 |
| 73 | 彭泽县(赣) | 110.00 |
| 74 | 莒南县(鲁) | 1480.00 |
| 75 | 诸城市(鲁) | 1200.00 |
| 76 | 崂山区(鲁) | 1068.00 |
| 77 | 东港区(鲁) | 850.00 |
| 78 | 五莲县(鲁) | 550.00 |
| 79 | 黄岛区(鲁) | 434.60 |
| 80 | 日照国际海洋城(鲁) | 430.00 |
| 81 | 海阳市(鲁) | 400.00 |
| 82 | 新泰市(鲁) | 213.00 |
| 83 | 长清区(鲁) | 152.00 |
| 84 | 山海天旅游度假区(鲁) | 120.00 |
| 85 | 汶上县(鲁) | 100.00 |
| 86 | 浉河区(豫) | 11000.00 |
| 87 | 商城县(豫) | 3890.00 |
| 88 | 光山县(豫) | 2945.00 |
| 89 | 新　县(豫) | 1856.00 |
| 90 | 固始县(豫) | 700.00 |
| 91 | 桐柏县(豫) | 590.00 |
| 92 | 登封市(豫) | 363.00 |
| 93 | 潢川县(豫) | 294.00 |
| 94 | 平桥区(豫) | 294.00 |
| 95 | 内乡县(豫) | 180.00 |
| 96 | 英山县(鄂) | 30000.00 |
| 97 | 五峰土家族自治县(鄂) | 23000.00 |
| 98 | 恩施市(鄂) | 16040.00 |
| 99 | 鹤峰县(鄂) | 16000.00 |
| 100 | 夷陵区(鄂) | 15300.00 |
| 101 | 宜都市(鄂) | 13700.00 |
| 102 | 谷城县(鄂) | 7082.00 |
| 103 | 保康县(鄂) | 6541.00 |
| 104 | 竹溪县(鄂) | 6000.00 |
| 105 | 大悟县(鄂) | 4800.00 |
| 106 | 咸丰县(鄂) | 4501.00 |
| 107 | 秭归县(鄂) | 3376.00 |
| 108 | 麻城市(鄂) | 2000.00 |
| 109 | 竹山县(鄂) | 1998.00 |
| 110 | 红安县(鄂) | 1824.00 |
| 111 | 长阳土家族自治县(鄂) | 1735.00 |
| 112 | 通山县(鄂) | 1300.00 |
| 113 | 巴东县(鄂) | 1180.00 |
| 114 | 南漳县(鄂) | 1022.00 |
| 115 | 建始县(鄂) | 901.00 |
| 116 | 兴山县(鄂) | 789.00 |
| 117 | 郧　县(鄂) | 780.00 |
| 118 | 蕲春县(鄂) | 760.00 |
| 119 | 罗田县(鄂) | 450.00 |
| 120 | 孝昌县(鄂) | 450.00 |
| 121 | 阳新县(鄂) | 325.00 |
| 122 | 广水市(鄂) | 318.00 |
| 123 | 丹江口市(鄂) | 306.00 |
| 124 | 应城市(鄂) | 250.00 |
| 125 | 钟祥市(鄂) | 113.00 |
| 126 | 曾都区(鄂) | 108.00 |
| 127 | 郧西县(鄂) | 107.00 |
| 128 | 安化县(湘) | 38300.00 |
| 129 | 石门县(湘) | 15200.00 |
| 130 | 衡山县(湘) | 5765.76 |
| 131 | 桃源县(湘) | 4500.00 |
| 132 | 衡东县(湘) | 4150.00 |
| 133 | 平江县(湘) | 3887.00 |
| 134 | 湘乡市(湘) | 3600.00 |
| 135 | 古丈县(湘) | 3075.00 |
| 136 | 慈利县(湘) | 2200.00 |
| 137 | 双峰县(湘) | 2000.00 |
| 138 | 蓝山县(湘) | 1820.00 |
| 139 | 浏阳市(湘) | 1555.00 |
| 140 | 汨罗市(湘) | 1400.00 |
| 141 | 新化县(湘) | 1200.00 |
| 142 | 资兴市(湘) | 1100.00 |
| 143 | 沅陵县(湘) | 774.00 |
| 144 | 赫山区(湘) | 650.00 |
| 145 | 武冈市(湘) | 585.00 |
| 146 | 株洲县(湘) | 554.00 |
| 147 | 桂东县(湘) | 549.00 |
| 148 | 宁乡县(湘) | 480.00 |
| 149 | 炎陵县(湘) | 380.00 |
| 150 | 涟源市(湘) | 330.00 |
| 151 | 会同县(湘) | 315.00 |
| 152 | 城步苗族自治县(湘) | 310.00 |
| 153 | 鼎城区(湘) | 280.00 |
| 154 | 茶陵县(湘) | 260.00 |
| 155 | 隆回县(湘) | 230.00 |
| 156 | 祁阳县(湘) | 210.00 |
| 157 | 宁远县(湘) | 205.00 |
| 158 | 新宁县(湘) | 200.00 |
| 159 | 北湖区(湘) | 176.00 |
| 160 | 苏仙区(湘) | 160.00 |
| 161 | 桑植县(湘) | 160.00 |
| 162 | 华容县(湘) | 150.00 |
| 163 | 保靖县(湘) | 150.00 |
| 164 | 临澧县(湘) | 132.00 |
| 165 | 耒阳市(湘) | 110.00 |
| 166 | 韶山市(湘) | 100.00 |
| 167 | 岳阳县(湘) | 100.00 |
| 168 | 永顺县(湘) | 100.00 |
| 169 | 饶平县(粤) | 5605.00 |
| 170 | 廉江市(粤) | 4231.00 |
| 171 | 五华县(粤) | 2500.00 |
| 172 | 丰顺县(粤) | 2364.00 |
| 173 | 乳源瑶族自治县(粤) | 1500.00 |
| 174 | 广宁县(粤) | 1411.00 |
| 175 | 英德市(粤) | 1074.00 |
| 176 | 龙川县(粤) | 583.00 |
| 177 | 徐闻县(粤) | 510.00 |
| 178 | 封开县(粤) | 424.00 |
| 179 | 乐昌市(粤) | 270.00 |
| 180 | 湘桥区(粤) | 150.00 |
| 181 | 博罗县(粤) | 140.00 |
| 182 | 潮南区(粤) | 114.00 |
| 183 | 三江侗族自治县(桂) | 10063.00 |
| 184 | 昭平县(桂) | 5063.00 |
| 185 | 灵山县(桂) | 4600.00 |
| 186 | 凌云县(桂) | 4530.00 |
| 187 | 横　县(桂) | 2611.00 |
| 188 | 蒙山县(桂) | 2500.00 |
| 189 | 龙州县(桂) | 2279.00 |
| 190 | 大新县(桂) | 2243.00 |
| 191 | 西林县(桂) | 2188.00 |
| 192 | 乐业县(桂) | 1695.00 |
| 193 | 平乐县(桂) | 988.00 |
| 194 | 全州县(桂) | 980.00 |
| 195 | 浦北县(桂) | 973.00 |
| 196 | 苍梧县(桂) | 944.00 |
| 197 | 防城区(桂) | 932.00 |
| 198 | 覃塘区(桂) | 878.00 |
| 199 | 桂平市(桂) | 750.00 |
| 200 | 八步区(桂) | 616.00 |
| 201 | 龙胜各族自治县(桂) | 558.00 |
| 202 | 融水苗族自治县(桂) | 505.00 |
| 203 | 港南区(桂) | 421.00 |
| 204 | 兴安县(桂) | 306.00 |
| 205 | 金秀瑶族自治县(桂) | 300.00 |
| 206 | 武宣县(桂) | 255.00 |

| 序号 | 茶叶主产地 | 产量(吨) |
|---|---|---|
| 207 | 阳朔县(桂) | 150.00 |
| 208 | 钟山县(桂) | 108.00 |
| 209 | 巴南区(渝) | 3858.00 |
| 210 | 荣昌县(渝) | 3450.00 |
| 211 | 万盛区(渝) | 680.00 |
| 212 | 黔江区(渝) | 465.00 |
| 213 | 永川区(渝) | 465.00 |
| 214 | 巫溪县(渝) | 459.00 |
| 215 | 云阳县(渝) | 340.00 |
| 216 | 涪陵区(渝) | 320.00 |
| 217 | 璧山县(渝) | 277.20 |
| 218 | 南川区(渝) | 277.00 |
| 219 | 江津区(渝) | 250.00 |
| 220 | 万州区(渝) | 210.00 |
| 221 | 奉节县(渝) | 200.00 |
| 222 | 石柱土家族自治县(渝) | 103.00 |
| 223 | 名山县(川) | 26710.00 |
| 224 | 翠屏区(川) | 18000.00 |
| 225 | 蒲江县(川) | 14850.00 |
| 226 | 洪雅县(川) | 14000.00 |
| 227 | 邛崃市(川) | 9500.00 |
| 228 | 屏山县(川) | 8557.00 |
| 229 | 雨城区(川) | 7800.00 |
| 230 | 高　县(川) | 6450.00 |
| 231 | 纳溪区(川) | 4766.00 |
| 232 | 犍为县(川) | 4750.00 |
| 233 | 宜宾县(川) | 4115.00 |
| 234 | 万源市(川) | 4000.00 |
| 235 | 都江堰市(川) | 2095.00 |
| 236 | 宣汉县(川) | 2030.00 |
| 237 | 威远县(川) | 2000.00 |
| 238 | 芦山县(川) | 1980.00 |
| 239 | 青川县(川) | 1940.00 |
| 240 | 天全县(川) | 1496.00 |
| 241 | 青神县(川) | 1352.00 |
| 242 | 乐山市市中区(川) | 1230.00 |
| 243 | 筠连县(川) | 1050.00 |
| 244 | 荣　县(川) | 1020.00 |
| 245 | 江安县(川) | 850.00 |
| 246 | 古蔺县(川) | 800.00 |
| 247 | 雷波县(川) | 722.00 |
| 248 | 北川羌族自治县(川) | 715.00 |
| 249 | 五通桥区(川) | 705.00 |
| 250 | 仁寿县(川) | 630.00 |
| 251 | 井研县(川) | 615.00 |
| 252 | 开江县(川) | 600.00 |
| 253 | 沙湾区(川) | 525.00 |
| 254 | 资中县(川) | 510.00 |
| 255 | 邻水县(川) | 470.00 |
| 256 | 崇州市(川) | 457.00 |
| 257 | 盐边县(川) | 298.00 |
| 258 | 大邑县(川) | 217.00 |
| 259 | 南溪县(川) | 210.00 |
| 260 | 宁南县(川) | 192.00 |
| 261 | 平昌县(川) | 170.00 |
| 262 | 南江县(川) | 138.00 |
| 263 | 兴文县(川) | 107.00 |
| 264 | 普安县(黔) | 9890.00 |
| 265 | 瓮安县(黔) | 2500.00 |
| 266 | 清镇市(黔) | 993.00 |
| 267 | 独山县(黔) | 550.00 |
| 268 | 罗甸县(黔) | 515.00 |
| 269 | 黔西县(黔) | 365.00 |
| 270 | 长顺县(黔) | 290.00 |
| 271 | 龙里县(黔) | 280.00 |
| 272 | 乌当区(黔) | 235.00 |
| 273 | 织金县(黔) | 146.00 |
| 274 | 凯里市(黔) | 133.00 |
| 275 | 金沙县(黔) | 125.00 |
| 276 | 凤庆县(滇) | 26120.00 |
| 277 | 勐海县(滇) | 20019.00 |
| 278 | 昌宁县(滇) | 16452.70 |
| 279 | 景洪市(滇) | 15733.00 |
| 280 | 澜沧拉祜族自治县(滇) | 14475.00 |
| 281 | 云　县(滇) | 14106.00 |
| 282 | 江城哈尼族彝族自治县(滇) | 13526.00 |
| 283 | 思茅区(滇) | 13172.00 |
| 284 | 腾冲县(滇) | 11240.00 |
| 285 | 墨江哈尼族自治县(滇) | 10520.00 |
| 286 | 广南县(滇) | 9241.50 |
| 287 | 永德县(滇) | 8541.00 |
| 288 | 宁洱哈尼族彝族自治县(滇) | 8409.00 |
| 289 | 双江拉祜族佤族布朗族傣族自治县(滇) | 3999.00 |
| 290 | 孟连傣族拉祜族佤族自治县(滇) | 3600.00 |
| 291 | 施甸县(滇) | 2830.00 |
| 292 | 隆阳区(滇) | 2555.00 |
| 293 | 西盟佤族自治县(滇) | 2373.00 |
| 294 | 陇川县(滇) | 1270.00 |
| 295 | 南涧彝族自治县(滇) | 800.00 |
| 296 | 麻栗坡县(滇) | 546.80 |
| 297 | 富宁县(滇) | 509.00 |
| 298 | 金平苗族瑶族傣族自治县(滇) | 466.00 |
| 299 | 西畴县(滇) | 428.30 |
| 300 | 梁河县(滇) | 394.00 |
| 301 | 洱源县(滇) | 387.00 |
| 302 | 南华县(滇) | 351.00 |
| 303 | 永平县(滇) | 299.80 |
| 304 | 峨山彝族自治县(滇) | 217.00 |
| 305 | 水富县(滇) | 205.00 |
| 306 | 牟定县(滇) | 165.00 |
| 307 | 楚雄市(滇) | 116.00 |
| 308 | 大关县(滇) | 100.00 |
| 309 | 朗　县(藏) | 210.00 |
| 310 | 西乡县(陕) | 8377.00 |
| 311 | 平利县(陕) | 7000.00 |
| 312 | 南郑县(陕) | 6818.00 |
| 313 | 勉　县(陕) | 6042.00 |
| 314 | 紫阳县(陕) | 4088.00 |
| 315 | 宁强县(陕) | 3715.00 |
| 316 | 商南县(陕) | 1695.00 |
| 317 | 汉滨区(陕) | 1680.00 |
| 318 | 岚皋县(陕) | 1300.00 |
| 319 | 汉阴县(陕) | 600.00 |
| 320 | 白河县(陕) | 400.00 |
| 321 | 镇安县(陕) | 248.00 |
| 322 | 石泉县(陕) | 200.00 |
| 323 | 丹凤县(陕) | 155.00 |
| 324 | 康　县(甘) | 575.00 |
| 325 | 文　县(甘) | 170.00 |

**表 12-9　矿泉水主产地产量**

| 序号 | 矿泉水主产地 | 产量(吨) |
|---|---|---|
| 1 | 高碑店市(冀) | 25000.00 |
| 2 | 阿鲁科尔沁旗(内蒙古) | 1500000.00 |
| 3 | 牙克石市(内蒙古) | 650.00 |
| 4 | 长白朝鲜族自治县(吉) | 145000.00 |
| 5 | 辉南县(吉) | 12000.00 |
| 6 | 通化县(吉) | 3500.00 |
| 7 | 舒兰市(吉) | 2600.00 |
| 8 | 梅河口市(吉) | 2000.00 |
| 9 | 东辽县(吉) | 2000.00 |
| 10 | 巴彦县(黑) | 5000.00 |
| 11 | 恒山区(黑) | 4000.00 |
| 12 | 孙吴县(黑) | 600.00 |
| 13 | 密山市(黑) | 585.00 |
| 14 | 延寿县(黑) | 500.00 |
| 15 | 富锦市(黑) | 500.00 |

| 序号 | 矿泉水主产地 | 产量(吨) |
|---|---|---|
| 16 | 于都县(赣) | 200000.00 |
| 17 | 芦溪县(赣) | 132000.00 |
| 18 | 瑞金市(赣) | 11000.00 |
| 19 | 修水县(赣) | 1200.00 |
| 20 | 贵溪市(赣) | 560.00 |
| 21 | 铜鼓县(赣) | 100.00 |
| 22 | 岱岳区(鲁) | 3000.00 |
| 23 | 沂水县(鲁) | 2150.00 |
| 24 | 新　县(豫) | 6000.00 |
| 25 | 栾川县(豫) | 1000.00 |
| 26 | 禹州市(豫) | 800.00 |
| 27 | 南召县(豫) | 150.00 |
| 28 | 长阳土家族自治县(鄂) | 5500.00 |
| 29 | 枣阳市(鄂) | 1700.00 |
| 30 | 蕲春县(鄂) | 1500.00 |
| 31 | 随　县(鄂) | 600.00 |
| 32 | 洞口县(湘) | 1000000.00 |
| 33 | 城步苗族自治县(湘) | 900100.00 |
| 34 | 桃源县(湘) | 150000.00 |
| 35 | 耒阳市(湘) | 73000.00 |
| 36 | 醴陵市(湘) | 20000.00 |
| 37 | 安化县(湘) | 15000.00 |
| 38 | 娄星区(湘) | 10000.00 |
| 39 | 中方县(湘) | 10000.00 |
| 40 | 湘乡市(湘) | 10000.00 |
| 41 | 邵阳市(湘) | 7000.00 |
| 42 | 双峰县(湘) | 5000.00 |
| 43 | 资兴市(湘) | 4500.00 |
| 44 | 沅陵县(湘) | 2180.00 |
| 45 | 新晃侗族自治县(湘) | 1200.00 |
| 46 | 新宁县(湘) | 1000.00 |
| 47 | 华容县(湘) | 1000.00 |
| 48 | 五华县(粤) | 9800000.00 |
| 49 | 雷州市(粤) | 30000.00 |
| 50 | 龙川县(粤) | 20000.00 |
| 51 | 清远市属总林场(粤) | 15000.00 |
| 52 | 连州市(粤) | 8000.00 |
| 53 | 乳源瑶族自治县(粤) | 3000.00 |
| 54 | 蒙山县(桂) | 5800.00 |
| 55 | 全州县(桂) | 3000.00 |
| 56 | 石柱土家族自治县(渝) | 6200.00 |
| 57 | 翠屏区(川) | 100000.00 |
| 58 | 三台县(川) | 1205.00 |
| 59 | 彭州市(川) | 500.00 |
| 60 | 锦屏县(黔) | 9800000.00 |
| 61 | 龙里县(黔) | 12000.00 |
| 62 | 普安县(黔) | 1500.00 |
| 63 | 瓮安县(黔) | 1500.00 |
| 64 | 江口县(黔) | 550.00 |
| 65 | 长顺县(黔) | 100.00 |
| 66 | 麻栗坡县(滇) | 30000.00 |
| 67 | 江川县(滇) | 3600.00 |
| 68 | 云　县(滇) | 3000.00 |
| 69 | 泉阳泉饮品有限公司(吉林森工) | 208167.00 |
| 70 | 汤旺河林业局(龙江森工) | 8000.00 |
| 71 | 沾河林业局(龙江森工) | 6400.00 |
| 72 | 友好林业局(龙江森工) | 3500.00 |
| 73 | 双鸭山林业局(龙江森工) | 2857.00 |
| 74 | 绥棱林业局(龙江森工) | 2000.00 |
| 75 | 桃山林业局(龙江森工) | 1700.00 |
| 76 | 柴河林业局(龙江森工) | 1300.00 |
| 77 | 鹤北林业局(龙江森工) | 1000.00 |
| 78 | 鹤立林业局(龙江森工) | 905.00 |
| 79 | 大海林林业局(龙江森工) | 786.00 |
| 80 | 双丰林业局(龙江森工) | 500.00 |
| 81 | 海林林业局(龙江森工) | 500.00 |
| 82 | 翠峦林业局(龙江森工) | 435.00 |
| 83 | 东方红林业局(龙江森工) | 400.00 |
| 84 | 南岔林业局(龙江森工) | 310.00 |
| 85 | 带岭实验局(龙江森工) | 271.00 |
| 86 | 上甘岭林业局(龙江森工) | 150.00 |

## 表 12-10　其他森林饮料主产地产量

| 序号 | 其他森林饮料主产地 | 品种 | 产量(吨) |
|---|---|---|---|
| 1 | 龙里县(黔) | 刺梨 | 9000.00 |
| 2 | 魏　县(冀) | 刺梨 | 3640.00 |
| 3 | 黔西县(黔) | 刺梨 | 1000.00 |
| 4 | 南召县(豫) | 刺梨 | 650.00 |
| 5 | 新晃侗族自治县(湘) | 刺梨 | 150.00 |
| 6 | 长顺县(黔) | 刺梨 | 110.00 |
| 7 | 本溪满族自治县(辽) | 刺五加 | 4000.00 |
| 8 | 辉南县(吉) | 刺五加 | 1570.00 |
| 9 | 五常市(黑) | 刺五加 | 250.00 |
| 10 | 梓潼县(川) | 葛根 | 12000.00 |
| 11 | 宜都市(鄂) | 葛根 | 2100.00 |
| 12 | 青阳县(皖) | 葛根 | 2000.00 |
| 13 | 桑植县(湘) | 葛根 | 850.00 |
| 14 | 洱源县(滇) | 葛根 | 500.00 |
| 15 | 冷水江市(湘) | 葛根 | 300.00 |
| 16 | 潜山县(皖) | 葛根 | 280.00 |
| 17 | 永定区(湘) | 葛根 | 200.00 |
| 18 | 沅陵县(湘) | 葛根 | 157.00 |
| 19 | 兴山县(鄂) | 葛根 | 120.00 |
| 20 | 新宁县(湘) | 葛根 | 100.00 |
| 21 | 新建县(赣) | 葛根 | 100.00 |
| 22 | 石门县(湘) | 葛根 | 100.00 |
| 23 | 栾川县(豫) | 葛根 | 100.00 |
| 24 | 隆阳区(滇) | 咖啡 | 18674.00 |
| 25 | 思茅区(滇) | 咖啡 | 12969.00 |
| 26 | 景洪市(滇) | 咖啡 | 10862.00 |
| 27 | 宁洱哈尼族彝族自治县(滇) | 咖啡 | 9206.00 |
| 28 | 孟连傣族拉祜族佤族自治县(滇) | 咖啡 | 8710.00 |
| 29 | 墨江哈尼族自治县(滇) | 咖啡 | 2839.00 |
| 30 | 澜沧拉祜族自治县(滇) | 咖啡 | 2071.00 |
| 31 | 麻栗坡县(滇) | 咖啡 | 614.00 |
| 32 | 泸水县(滇) | 咖啡 | 519.00 |
| 33 | 永德县(滇) | 咖啡 | 353.90 |
| 34 | 施甸县(滇) | 咖啡 | 330.00 |
| 35 | 元谋县(滇) | 咖啡 | 300.00 |
| 36 | 仁和区(川) | 咖啡 | 300.00 |
| 37 | 勐海县(滇) | 咖啡 | 140.00 |
| 38 | 抚松县(吉) | 蓝靛果酒 | 1350.00 |
| 39 | 通化县(吉) | 蓝靛果酒 | 100.00 |

| 序号 | 其他森林饮料主产地 | 品种 | 产量(吨) |
|---|---|---|---|
| 40 | 乳源瑶族自治县(粤) | 栗子汁 | 750.00 |
| 41 | 利通区(宁) | 苹果汁 | 69700.00 |
| 42 | 虞城县(豫) | 苹果汁 | 30300.00 |
| 43 | 济源市(豫) | 苹果汁 | 30000.00 |
| 44 | 洛宁县(豫) | 苹果汁 | 20000.00 |
| 45 | 龙口市(鲁) | 苹果汁 | 11000.00 |
| 46 | 祁　县(晋) | 苹果汁 | 6700.00 |
| 47 | 乐陵市(鲁) | 苹果汁 | 5500.00 |
| 48 | 青铜峡市(宁) | 苹果汁 | 5030.00 |
| 49 | 沙坡头区(宁) | 苹果汁 | 4900.00 |
| 50 | 中站区(豫) | 苹果汁 | 3500.00 |
| 51 | 农四师(新疆兵团) | 苹果汁 | 3000.00 |
| 52 | 原阳县(豫) | 苹果汁 | 2230.00 |
| 53 | 湖滨区(豫) | 苹果汁 | 1500.00 |
| 54 | 霍城县(新) | 苹果汁 | 1400.00 |
| 55 | 辉南县(吉) | 苹果汁 | 330.00 |
| 56 | 敖汉旗(内蒙古) | 沙棘 | 9877.00 |
| 57 | 岢岚县(晋) | 沙棘 | 8750.00 |
| 58 | 北票市(辽) | 沙棘 | 7000.00 |
| 59 | 伊金霍洛旗(内蒙古) | 沙棘 | 6000.00 |
| 60 | 东胜区(内蒙古) | 沙棘 | 5000.00 |
| 61 | 隆德县(宁) | 沙棘 | 3600.00 |
| 62 | 民乐县(甘) | 沙棘 | 3419.00 |
| 63 | 和林格尔县(内蒙古) | 沙棘 | 3200.00 |
| 64 | 青河县(新) | 沙棘 | 1600.00 |
| 65 | 山丹县(甘) | 沙棘 | 1300.00 |
| 66 | 小金县(川) | 沙棘 | 1200.00 |
| 67 | 吴起县(陕) | 沙棘 | 1000.00 |
| 68 | 漳　县(甘) | 沙棘 | 600.00 |
| 69 | 华池县(甘) | 沙棘 | 500.00 |
| 70 | 孙吴县(黑) | 沙棘 | 478.00 |
| 71 | 尖草坪区(晋) | 沙棘 | 400.00 |
| 72 | 临潭县(甘) | 沙棘 | 200.00 |
| 73 | 清水县(甘) | 沙棘 | 120.00 |
| 74 | 甘州区(甘) | 沙棘 | 100.00 |
| 75 | 永胜县(滇) | 余甘子 | 300.00 |

### 表 12-11　主要森林饲料主产地产量

| 序号 | 主要森林饲料主产地 | 品种 | 产量(吨) |
|---|---|---|---|
| 1 | 鄂托克旗(内蒙古) | 阔叶维生素粉 | 13000.00 |
| 2 | 乳源瑶族自治县(粤) | 阔叶维生素粉 | 3000.00 |
| 3 | 敖汉旗(内蒙古) | 嫩树枝叶 | 67288.00 |
| 4 | 新宾满族自治县(辽) | 嫩树枝叶 | 37500.00 |
| 5 | 黔西县(黔) | 嫩树枝叶 | 21695.00 |
| 6 | 南华县(滇) | 嫩树枝叶 | 7800.00 |
| 7 | 云　县(滇) | 嫩树枝叶 | 6588.00 |
| 8 | 林西县(内蒙古) | 嫩树枝叶 | 6500.00 |
| 9 | 嵩　县(豫) | 嫩树枝叶 | 6300.00 |
| 10 | 金乡县(鲁) | 嫩树枝叶 | 3900.00 |
| 11 | 竹山县(鄂) | 嫩树枝叶 | 3750.00 |
| 12 | 耒阳市(湘) | 嫩树枝叶 | 3650.00 |
| 13 | 瑞金市(赣) | 嫩树枝叶 | 3500.00 |
| 14 | 蒙山县(桂) | 嫩树枝叶 | 3000.00 |
| 15 | 乳源瑶族自治县(粤) | 嫩树枝叶 | 1500.00 |
| 16 | 沅陵县(湘) | 嫩树枝叶 | 1450.00 |
| 17 | 永靖县(甘) | 嫩树枝叶 | 1400.00 |
| 18 | 宁远县(湘) | 嫩树枝叶 | 1075.00 |
| 19 | 五峰土家族自治县(鄂) | 嫩树枝叶 | 1050.00 |
| 20 | 娄星区(湘) | 嫩树枝叶 | 1000.00 |
| 21 | 襄城区(鄂) | 嫩树枝叶 | 840.00 |
| 22 | 江川县(滇) | 嫩树枝叶 | 550.00 |
| 23 | 新安县(豫) | 嫩树枝叶 | 530.00 |
| 24 | 仁布县(藏) | 嫩树枝叶 | 510.00 |
| 25 | 罗田县(鄂) | 嫩树枝叶 | 500.00 |
| 26 | 京山县(鄂) | 嫩树枝叶 | 500.00 |
| 27 | 株洲县(湘) | 嫩树枝叶 | 360.00 |
| 28 | 麒麟区(滇) | 嫩树枝叶 | 350.00 |
| 29 | 旌阳区(川) | 嫩树枝叶 | 100.00 |
| 30 | 南部县(川) | 桑叶 | 500076.00 |
| 31 | 黔江区(渝) | 桑叶 | 180100.00 |
| 32 | 凌云县(桂) | 桑叶 | 121050.00 |
| 33 | 高　县(川) | 桑叶 | 120000.00 |
| 34 | 井研县(川) | 桑叶 | 85000.00 |
| 35 | 岱岳区(鲁) | 桑叶 | 60000.00 |
| 36 | 白河县(陕) | 桑叶 | 60000.00 |
| 37 | 昭平县(桂) | 桑叶 | 51100.00 |
| 38 | 东兰县(桂) | 桑叶 | 50000.00 |
| 39 | 遂溪县(粤) | 桑叶 | 42835.00 |
| 40 | 夷陵区(鄂) | 桑叶 | 37300.00 |
| 41 | 东乡县(赣) | 桑叶 | 34000.00 |
| 42 | 武宣县(桂) | 桑叶 | 30675.00 |
| 43 | 融水苗族自治县(桂) | 桑叶 | 21105.00 |
| 44 | 沂水县(鲁) | 桑叶 | 18700.00 |
| 45 | 莒南县(鲁) | 桑叶 | 18500.00 |
| 46 | 新泰市(鲁) | 桑叶 | 17000.00 |
| 47 | 游仙区(川) | 桑叶 | 15000.00 |
| 48 | 仪陇县(川) | 桑叶 | 15000.00 |
| 49 | 西充县(川) | 桑叶 | 15000.00 |
| 50 | 宁阳县(鲁) | 桑叶 | 11000.00 |
| 51 | 威远县(川) | 桑叶 | 9000.00 |
| 52 | 略阳县(陕) | 桑叶 | 9000.00 |

| 序号 | 主要森林饲料主产地 | 品种 | 产量(吨) |
|---|---|---|---|
| 53 | 垣曲县(晋) | 桑叶 | 8500.00 |
| 54 | 蓬安县(川) | 桑叶 | 8000.00 |
| 55 | 雷州市(粤) | 桑叶 | 6200.00 |
| 56 | 苍梧县(桂) | 桑叶 | 6185.00 |
| 57 | 巫山县(渝) | 桑叶 | 5000.00 |
| 58 | 泰兴市(苏) | 桑叶 | 4550.00 |
| 59 | 柳林县(晋) | 桑叶 | 4500.00 |
| 60 | 巧家县(滇) | 桑叶 | 4150.00 |
| 61 | 汉阴县(陕) | 桑叶 | 3811.00 |
| 62 | 潜山县(皖) | 桑叶 | 3600.00 |
| 63 | 合川区(渝) | 桑叶 | 3238.00 |
| 64 | 乳源瑶族自治县(粤) | 桑叶 | 3000.00 |
| 65 | 彭水苗族土家族自治县(渝) | 桑叶 | 3000.00 |
| 66 | 南漳县(鄂) | 桑叶 | 3000.00 |
| 67 | 黟　县(皖) | 桑叶 | 2850.00 |
| 68 | 东至县(皖) | 桑叶 | 2550.00 |
| 69 | 麻城市(鄂) | 桑叶 | 2500.00 |
| 70 | 汉滨区(陕) | 桑叶 | 2438.00 |
| 71 | 楚雄市(滇) | 桑叶 | 2100.00 |
| 72 | 安　县(川) | 桑叶 | 2100.00 |
| 73 | 青阳县(皖) | 桑叶 | 2000.00 |
| 74 | 三台县(川) | 桑叶 | 1870.00 |
| 75 | 资兴市(湘) | 桑叶 | 1630.00 |
| 76 | 徽　县(甘) | 桑叶 | 1557.00 |
| 77 | 遂川县(赣) | 桑叶 | 1500.00 |
| 78 | 平利县(陕) | 桑叶 | 1500.00 |
| 79 | 筠连县(川) | 桑叶 | 1500.00 |
| 80 | 祁东县(湘) | 桑叶 | 1210.00 |
| 81 | 恒山区(黑) | 桑叶 | 1200.00 |
| 82 | 坊子区(鲁) | 桑叶 | 1150.00 |
| 83 | 兴文县(川) | 桑叶 | 1130.00 |
| 84 | 乐昌市(粤) | 桑叶 | 1100.00 |
| 85 | 恩施市(鄂) | 桑叶 | 1050.00 |
| 86 | 双峰县(湘) | 桑叶 | 1020.00 |
| 87 | 象山县(浙) | 桑叶 | 1000.00 |
| 88 | 石柱土家族自治县(渝) | 桑叶 | 950.00 |
| 89 | 盱眙县(苏) | 桑叶 | 820.00 |
| 90 | 阳信县(鲁) | 桑叶 | 816.90 |
| 91 | 巫溪县(渝) | 桑叶 | 800.00 |
| 92 | 建德市(浙) | 桑叶 | 800.00 |
| 93 | 南郑县(陕) | 桑叶 | 780.00 |
| 94 | 宜丰县(赣) | 桑叶 | 750.00 |
| 95 | 芜湖县(皖) | 桑叶 | 500.00 |
| 96 | 鼎城区(湘) | 桑叶 | 500.00 |
| 97 | 淮滨县(豫) | 桑叶 | 450.00 |
| 98 | 仁寿县(川) | 桑叶 | 365.00 |
| 99 | 沅陵县(湘) | 桑叶 | 320.00 |
| 100 | 双城市(黑) | 桑叶 | 280.00 |
| 101 | 江安县(川) | 桑叶 | 240.00 |
| 102 | 忠　县(渝) | 桑叶 | 200.00 |
| 103 | 固始县(豫) | 桑叶 | 160.00 |
| 104 | 嵩　县(豫) | 桑叶 | 150.00 |
| 105 | 临泉县(皖) | 桑叶 | 123.00 |
| 106 | 万盛区(渝) | 桑叶 | 100.00 |
| 107 | 邛崃市(川) | 桑叶 | 100.00 |
| 108 | 栾川县(豫) | 桑叶 | 100.00 |
| 109 | 临安市(浙) | 桑叶 | 100.00 |
| 110 | 米脂县(陕) | 紫穗槐 | 75000.00 |
| 111 | 横山县(陕) | 紫穗槐 | 53000.00 |
| 112 | 柳林县(晋) | 紫穗槐 | 2000.00 |
| 113 | 临泉县(皖) | 紫穗槐 | 124.00 |

**表 13-1　蝴蝶兰主产地产量**

| 序号 | 蝴蝶兰主产地 | 花卉类别 | 生产量 |
|---|---|---|---|
| 1 | 滨海新区(津) | 城市绿化苗(万株) | 200.00 |
| 2 | 昌吉市(新) | 城市绿化苗(万株) | 12.00 |
| 3 | 伽师县(新) | 观赏苗木(万株) | 261.23 |
| 4 | 大洼县(辽) | 观赏苗木(万株) | 63.00 |
| 5 | 桃城区(冀) | 观赏苗木(万株) | 6.00 |
| 6 | 鹤山区(豫) | 观叶植物(万盆) | 100.00 |
| 7 | 固始县(豫) | 观叶植物(万盆) | 2.00 |
| 8 | 青州市(鲁) | 花卉用种苗(千苗) | 260.00 |
| 9 | 昆山市(苏) | 花卉用种苗(千苗) | 106.00 |
| 10 | 东丽区(津) | 盆花(万盆) | 880.80 |
| 11 | 青州市(鲁) | 盆花(万盆) | 640.00 |
| 12 | 西青区(津) | 盆花(万盆) | 500.00 |
| 13 | 荥阳市(豫) | 盆花(万盆) | 300.00 |
| 14 | 高青县(鲁) | 盆花(万盆) | 290.00 |
| 15 | 城阳区(鲁) | 盆花(万盆) | 230.00 |
| 16 | 冀州市(冀) | 盆花(万盆) | 200.00 |
| 17 | 广饶县(鲁) | 盆花(万盆) | 189.00 |
| 18 | 惠济区(豫) | 盆花(万盆) | 152.32 |
| 19 | 红山区(内蒙古) | 盆花(万盆) | 120.00 |
| 20 | 临安市(浙) | 盆花(万盆) | 100.00 |
| 21 | 七坡林场(桂) | 盆花(万盆) | 96.00 |
| 22 | 丰宁满族自治县(冀) | 盆花(万盆) | 78.00 |
| 23 | 淮阴区(苏) | 盆花(万盆) | 50.00 |
| 24 | 原阳县(豫) | 盆花(万盆) | 50.00 |
| 25 | 路桥区(浙) | 盆花(万盆) | 43.00 |
| 26 | 玉田县(冀) | 盆花(万盆) | 40.00 |
| 27 | 商河县(鲁) | 盆花(万盆) | 40.00 |
| 28 | 莱阳市(鲁) | 盆花(万盆) | 40.00 |

| 序号 | 蝴蝶兰主产地 | 花卉类别 | 生产量 |
|---|---|---|---|
| 29 | 四会市(粤) | 盆花(万盆) | 38.54 |
| 30 | 延庆县(京) | 盆花(万盆) | 38.00 |
| 31 | 路北区(冀) | 盆花(万盆) | 30.00 |
| 32 | 邹平县(鲁) | 盆花(万盆) | 23.00 |
| 33 | 通州区(京) | 盆花(万盆) | 20.86 |
| 34 | 开平区(冀) | 盆花(万盆) | 20.00 |
| 35 | 阜新蒙古族自治县(辽) | 盆花(万盆) | 20.00 |
| 36 | 红岗区(黑) | 盆花(万盆) | 20.00 |
| 37 | 日照经济技术开发区(鲁) | 盆花(万盆) | 20.00 |
| 38 | 环翠区(鲁) | 盆花(万盆) | 20.00 |
| 39 | 海宁市(浙) | 盆花(万盆) | 16.80 |
| 40 | 濮阳市高新区(豫) | 盆花(万盆) | 15.00 |
| 41 | 长安区(陕) | 盆花(万盆) | 15.00 |
| 42 | 青浦区(沪) | 盆花(万盆) | 13.50 |
| 43 | 海城市(辽) | 盆花(万盆) | 12.50 |
| 44 | 昆山市(苏) | 盆花(万盆) | 12.00 |
| 45 | 灵宝市(豫) | 盆花(万盆) | 10.80 |
| 46 | 涿州市(冀) | 盆花(万盆) | 10.00 |
| 47 | 邯郸县(冀) | 盆花(万盆) | 10.00 |
| 48 | 牟平区(鲁) | 盆花(万盆) | 10.00 |
| 49 | 长清区(鲁) | 盆花(万盆) | 10.00 |
| 50 | 润州区(苏) | 盆花(万盆) | 8.00 |
| 51 | 阎良区(陕) | 盆花(万盆) | 8.00 |
| 52 | 农垦事业管理局(宁) | 盆花(万盆) | 5.60 |
| 53 | 东洲区(辽) | 盆花(万盆) | 5.00 |
| 54 | 临淄区(鲁) | 盆花(万盆) | 5.00 |
| 55 | 桃城区(冀) | 盆花(万盆) | 4.00 |
| 56 | 阳新县(鄂) | 盆花(万盆) | 4.00 |
| 57 | 大东流苗圃(京) | 盆花(万盆) | 3.97 |
| 58 | 北辰区(津) | 盆花(万盆) | 3.00 |
| 59 | 林西县(内蒙古) | 盆花(万盆) | 2.50 |
| 60 | 晋州市(冀) | 盆花(万盆) | 2.00 |
| 61 | 昌乐县(鲁) | 盆花(万盆) | 2.00 |
| 62 | 开封县(豫) | 盆花(万盆) | 2.00 |
| 63 | 汶上县(鲁) | 盆花(万盆) | 1.40 |
| 64 | 宁东林业局(陕) | 盆花(万盆) | 1.06 |
| 65 | 任丘市(冀) | 盆花(万盆) | 1.00 |
| 66 | 东昌府区(鲁) | 盆花(万盆) | 1.00 |
| 67 | 榕城区(粤) | 盆花(万盆) | 1.00 |
| 68 | 白银区(甘) | 盆花(万盆) | 1.00 |
| 69 | 海淀区(京) | 盆花(万盆) | 0.90 |
| 70 | 丰台区(京) | 盆花(万盆) | 0.60 |
| 71 | 忻府区(晋) | 盆花(万盆) | 0.60 |
| 72 | 蜀山区(皖) | 盆花(万盆) | 0.60 |
| 73 | 东营区(鲁) | 盆景(万盆) | 53.00 |
| 74 | 丰南区(冀) | 盆景(万盆) | 2.50 |
| 75 | 陕　县(豫) | 盆景(万盆) | 1.90 |
| 76 | 濮阳县(豫) | 鲜切花(万支) | 210.00 |
| 77 | 万州区(渝) | 鲜切花(万支) | 30.00 |
| 78 | 泰山区(鲁) | 鲜切花(万支) | 23.30 |
| 79 | 江川县(滇) | 鲜切花(万支) | 8.00 |
| 80 | 东港区(鲁) | 鲜切花(万支) | 5.00 |
| 81 | 洛龙区(豫) | 鲜切花(万支) | 1.00 |
| 82 | 闵行区(沪) | 鲜切花(万支) | 0.90 |
| 83 | 冀州市(冀) | 鲜切花(万支) | 0.70 |

**表 13-2　吊兰主产地产量**

| 序号 | 吊兰主产地 | 花卉类别 | 生产量 |
|---|---|---|---|
| 1 | 新化县(湘) | 城市绿化苗(万株) | 10.00 |
| 2 | 望江县(皖) | 城市绿化苗(万株) | 5.00 |
| 3 | 醴陵市(湘) | 城市绿化苗(万株) | 1.00 |
| 4 | 平利县(陕) | 城市绿化苗(万株) | 0.60 |
| 5 | 建始县(鄂) | 观赏苗木(万株) | 160.00 |
| 6 | 武安市(冀) | 观赏苗木(万株) | 55.00 |
| 7 | 镇坪县(陕) | 观赏苗木(万株) | 20.00 |
| 8 | 新蔡县(豫) | 观赏苗木(万株) | 14.05 |
| 9 | 石家庄市桥西区(冀) | 观赏苗木(万株) | 7.00 |
| 10 | 盐山县(冀) | 观赏苗木(万株) | 5.00 |
| 11 | 魏　县(冀) | 观赏苗木(万株) | 5.00 |
| 12 | 大名县(冀) | 观赏苗木(万株) | 3.00 |
| 13 | 吴起县(陕) | 观赏苗木(万株) | 1.00 |
| 14 | 彭水苗族土家族自治县(渝) | 观赏苗木(万株) | 1.00 |
| 15 | 鹤城区(湘) | 观叶植物(万盆) | 850.00 |
| 16 | 青州市(鲁) | 观叶植物(万盆) | 470.00 |
| 17 | 沭阳县(苏) | 观叶植物(万盆) | 42.00 |
| 18 | 渭滨区(陕) | 观叶植物(万盆) | 24.36 |
| 19 | 中方县(湘) | 观叶植物(万盆) | 20.00 |
| 20 | 赞皇县(冀) | 观叶植物(万盆) | 12.00 |
| 21 | 汝城县(湘) | 观叶植物(万盆) | 10.00 |
| 22 | 会宁县(甘) | 观叶植物(万盆) | 10.00 |
| 23 | 喀什市(新) | 观叶植物(万盆) | 5.70 |
| 24 | 忻府区(晋) | 观叶植物(万盆) | 1.30 |
| 25 | 蠡　县(冀) | 观叶植物(万盆) | 1.00 |
| 26 | 固始县(豫) | 观叶植物(万盆) | 1.00 |
| 27 | 长丰县(皖) | 观叶植物(万盆) | 0.90 |
| 28 | 兴庆区(宁) | 盆花(万盆) | 288.00 |
| 29 | 桐柏县(豫) | 盆花(万盆) | 41.00 |
| 30 | 路桥区(浙) | 盆花(万盆) | 40.00 |
| 31 | 社旗县(豫) | 盆花(万盆) | 35.00 |
| 32 | 涿州市(冀) | 盆花(万盆) | 25.00 |
| 33 | 运河区(冀) | 盆花(万盆) | 20.00 |
| 34 | 崇明县(沪) | 盆花(万盆) | 12.00 |

| 序号 | 吊兰主产地 | 花卉类别 | 生产量 |
|---|---|---|---|
| 35 | 阜城县(冀) | 盆花(万盆) | 10.08 |
| 36 | 阳泉市郊区(晋) | 盆花(万盆) | 10.00 |
| 37 | 孝南区(鄂) | 盆花(万盆) | 10.00 |
| 38 | 西华县(豫) | 盆花(万盆) | 10.00 |
| 39 | 黔江区(渝) | 盆花(万盆) | 10.00 |
| 40 | 金城江区(桂) | 盆花(万盆) | 10.00 |
| 41 | 洞口县(湘) | 盆花(万盆) | 10.00 |
| 42 | 迁安市(冀) | 盆花(万盆) | 9.83 |
| 43 | 南市区(冀) | 盆花(万盆) | 8.00 |
| 44 | 固安县(冀) | 盆花(万盆) | 8.00 |
| 45 | 北戴河区(冀) | 盆花(万盆) | 7.00 |
| 46 | 许昌县(豫) | 盆花(万盆) | 6.00 |
| 47 | 南乐县(豫) | 盆花(万盆) | 6.00 |
| 48 | 桃城区(冀) | 盆花(万盆) | 5.00 |
| 49 | 临洮县(甘) | 盆花(万盆) | 5.00 |
| 50 | 丰润区(冀) | 盆花(万盆) | 4.68 |
| 51 | 阳新县(鄂) | 盆花(万盆) | 4.00 |
| 52 | 丰南区(冀) | 盆花(万盆) | 3.50 |
| 53 | 东洲区(辽) | 盆花(万盆) | 3.50 |
| 54 | 盐山县(冀) | 盆花(万盆) | 3.00 |
| 55 | 新华区(豫) | 盆花(万盆) | 3.00 |
| 56 | 肃宁县(冀) | 盆花(万盆) | 3.00 |
| 57 | 龙南县(赣) | 盆花(万盆) | 3.00 |
| 58 | 辛集市(冀) | 盆花(万盆) | 2.20 |
| 59 | 汉滨区(陕) | 盆花(万盆) | 2.00 |
| 60 | 榆中县(甘) | 盆花(万盆) | 1.80 |
| 61 | 平果县(桂) | 盆花(万盆) | 1.63 |
| 62 | 三门县(浙) | 盆花(万盆) | 1.40 |
| 63 | 武强县(冀) | 盆花(万盆) | 1.10 |
| 64 | 涉　县(冀) | 盆花(万盆) | 1.00 |
| 65 | 路南区(冀) | 盆花(万盆) | 1.00 |
| 66 | 蠡　县(冀) | 盆花(万盆) | 1.00 |
| 67 | 景　县(冀) | 盆花(万盆) | 1.00 |
| 68 | 晋州市(冀) | 盆花(万盆) | 1.00 |
| 69 | 华　县(陕) | 盆花(万盆) | 1.00 |
| 70 | 大东流苗圃(京) | 盆花(万盆) | 0.82 |
| 71 | 汉源县(川) | 盆花(万盆) | 0.80 |
| 72 | 徽　县(甘) | 盆花(万盆) | 0.69 |
| 73 | 方城县(豫) | 盆花(万盆) | 0.66 |
| 74 | 蜀山区(皖) | 盆花(万盆) | 0.60 |
| 75 | 宁东林业局(陕) | 盆花(万盆) | 0.60 |
| 76 | 临沭县(鲁) | 盆花(万盆) | 0.60 |
| 77 | 富顺县(川) | 盆景(万盆) | 63.00 |
| 78 | 乳源瑶族自治县(粤) | 盆景(万盆) | 50.00 |
| 79 | 隆尧县(冀) | 盆景(万盆) | 14.00 |
| 80 | 元氏县(冀) | 盆景(万盆) | 10.50 |
| 81 | 献　县(冀) | 盆景(万盆) | 9.00 |
| 82 | 五华县(粤) | 盆景(万盆) | 5.00 |
| 83 | 昌乐县(鲁) | 盆景(万盆) | 3.10 |
| 84 | 林西县(内蒙古) | 盆景(万盆) | 2.00 |
| 85 | 海宁市(浙) | 盆景(万盆) | 2.00 |
| 86 | 青　县(冀) | 盆景(万盆) | 1.00 |
| 87 | 平利县(陕) | 盆景(万盆) | 0.60 |
| 88 | 长葛市(豫) | 盆景(万盆) | 0.60 |
| 89 | 黔西县(黔) | 鲜切花(万支) | 60.00 |
| 90 | 会宁县(甘) | 鲜切花(万支) | 2.00 |

**表 13-3　君子兰主产地产量**

| 序号 | 君子兰主产地 | 花卉类别 | 生产量 |
|---|---|---|---|
| 1 | 望江县(皖) | 城市绿化苗(万株) | 5.00 |
| 2 | 瑞金市(赣) | 城市绿化苗(万株) | 4.00 |
| 3 | 醴陵市(湘) | 城市绿化苗(万株) | 1.00 |
| 4 | 通城县(鄂) | 观赏苗木(万株) | 98.00 |
| 5 | 石家庄市桥西区(冀) | 观赏苗木(万株) | 6.00 |
| 6 | 临洮县(甘) | 观赏苗木(万株) | 2.00 |
| 7 | 沭阳县(苏) | 观叶植物(万盆) | 45.00 |
| 8 | 垦利县(鲁) | 观叶植物(万盆) | 10.00 |
| 9 | 固始县(豫) | 观叶植物(万盆) | 5.00 |
| 10 | 喀什市(新) | 观叶植物(万盆) | 0.80 |
| 11 | 登封市(豫) | 观叶植物(万盆) | 0.60 |
| 12 | 普兰店市(辽) | 盆花(万盆) | 200.00 |
| 13 | 裕华区(冀) | 盆花(万盆) | 30.00 |
| 14 | 津南区(津) | 盆花(万盆) | 30.00 |
| 15 | 绿园区(吉) | 盆花(万盆) | 25.00 |
| 16 | 栾城县(冀) | 盆花(万盆) | 24.70 |
| 17 | 红岗区(黑) | 盆花(万盆) | 22.00 |
| 18 | 海城市(辽) | 盆花(万盆) | 20.30 |
| 19 | 商河县(鲁) | 盆花(万盆) | 20.00 |
| 20 | 路桥区(浙) | 盆花(万盆) | 18.00 |
| 21 | 水富县(滇) | 盆花(万盆) | 14.00 |
| 22 | 太子河区(辽) | 盆花(万盆) | 7.70 |
| 23 | 北辰区(津) | 盆花(万盆) | 5.40 |
| 24 | 涿州市(冀) | 盆花(万盆) | 5.00 |
| 25 | 阳泉市郊区(晋) | 盆花(万盆) | 5.00 |
| 26 | 汝城县(湘) | 盆花(万盆) | 5.00 |
| 27 | 青州市(鲁) | 盆花(万盆) | 5.00 |
| 28 | 巴州区(川) | 盆花(万盆) | 5.00 |
| 29 | 灵宝市(豫) | 盆花(万盆) | 3.20 |
| 30 | 武城县(鲁) | 盆花(万盆) | 3.00 |
| 31 | 桃城区(冀) | 盆花(万盆) | 3.00 |
| 32 | 昌乐县(鲁) | 盆花(万盆) | 2.20 |
| 33 | 兴山县(鄂) | 盆花(万盆) | 1.00 |

| 序号 | 君子兰主产地 | 花卉类别 | 生产量 |
|---|---|---|---|
| 34 | 涉　县(冀) | 盆花(万盆) | 1.00 |
| 35 | 黔江区(渝) | 盆花(万盆) | 1.00 |
| 36 | 彭水苗族土家族自治县(渝) | 盆花(万盆) | 1.00 |
| 37 | 宽城满族自治县(冀) | 盆花(万盆) | 1.00 |
| 38 | 晋州市(冀) | 盆花(万盆) | 1.00 |
| 39 | 汉源县(川) | 盆花(万盆) | 0.80 |
| 40 | 海宁市(浙) | 盆花(万盆) | 0.75 |
| 41 | 新民市(辽) | 盆花(万盆) | 0.70 |
| 42 | 临沭县(鲁) | 盆花(万盆) | 0.70 |
| 43 | 徽　县(甘) | 盆景(万盆) | 4860.00 |
| 44 | 襄城县(豫) | 盆景(万盆) | 82.00 |
| 45 | 犍为县(川) | 盆景(万盆) | 0.60 |

**表 13-4　玉兰类主产地产量**

| 序号 | 玉兰类主产地 | 花卉类别 | 生产量 |
|---|---|---|---|
| 1 | 南召县(豫) | 城市绿化苗(万株) | 5672.00 |
| 2 | 灵山县(桂) | 城市绿化苗(万株) | 5500.00 |
| 3 | 桂平市(桂) | 城市绿化苗(万株) | 5000.00 |
| 4 | 潢川县(豫) | 城市绿化苗(万株) | 1180.00 |
| 5 | 即墨市(鲁) | 城市绿化苗(万株) | 435.00 |
| 6 | 上蔡县(豫) | 城市绿化苗(万株) | 232.00 |
| 7 | 扶沟县(豫) | 城市绿化苗(万株) | 200.00 |
| 8 | 许昌县(豫) | 城市绿化苗(万株) | 181.00 |
| 9 | 荥阳市(豫) | 城市绿化苗(万株) | 130.00 |
| 10 | 新　县(豫) | 城市绿化苗(万株) | 120.00 |
| 11 | 东平县(鲁) | 城市绿化苗(万株) | 50.00 |
| 12 | 偃师市(豫) | 城市绿化苗(万株) | 50.00 |
| 13 | 邵东县(湘) | 城市绿化苗(万株) | 30.00 |
| 14 | 五峰土家族自治县(鄂) | 城市绿化苗(万株) | 25.00 |
| 15 | 新宁县(湘) | 城市绿化苗(万株) | 25.00 |
| 16 | 宜都市(鄂) | 城市绿化苗(万株) | 15.00 |
| 17 | 邵阳县(湘) | 城市绿化苗(万株) | 15.00 |
| 18 | 碧江区(黔) | 城市绿化苗(万株) | 15.00 |
| 19 | 三山区(皖) | 城市绿化苗(万株) | 10.00 |
| 20 | 华容县(湘) | 城市绿化苗(万株) | 10.00 |
| 21 | 驿城区(豫) | 城市绿化苗(万株) | 8.50 |
| 22 | 广水市(鄂) | 城市绿化苗(万株) | 6.70 |
| 23 | 汝城县(湘) | 城市绿化苗(万株) | 5.00 |
| 24 | 忠　县(渝) | 城市绿化苗(万株) | 5.00 |
| 25 | 井陉矿区(冀) | 城市绿化苗(万株) | 2.00 |
| 26 | 威海市经济技术开发区(鲁) | 城市绿化苗(万株) | 2.00 |
| 27 | 于都县(赣) | 城市绿化苗(万株) | 1.00 |
| 28 | 平舆县(豫) | 城市绿化苗(万株) | 1.00 |
| 29 | 涿州市(冀) | 观赏苗木(万株) | 342.00 |
| 30 | 定州市(冀) | 观赏苗木(万株) | 220.00 |
| 31 | 西平县(豫) | 观赏苗木(万株) | 110.00 |
| 32 | 内乡县(豫) | 观赏苗木(万株) | 80.00 |
| 33 | 五峰土家族自治县(鄂) | 观赏苗木(万株) | 80.00 |
| 34 | 沙河市(冀) | 观赏苗木(万株) | 65.00 |
| 35 | 芜湖县(皖) | 观赏苗木(万株) | 40.00 |
| 36 | 宁阳县(鲁) | 观赏苗木(万株) | 28.00 |
| 37 | 东港区(鲁) | 观赏苗木(万株) | 20.00 |
| 38 | 长葛市(豫) | 观赏苗木(万株) | 20.00 |
| 39 | 岚山区(鲁) | 观赏苗木(万株) | 17.00 |
| 40 | 临安市(浙) | 观赏苗木(万株) | 15.00 |
| 41 | 中方县(湘) | 观赏苗木(万株) | 15.00 |
| 42 | 青州市(鲁) | 观赏苗木(万株) | 14.00 |
| 43 | 沂水县(鲁) | 观赏苗木(万株) | 13.00 |
| 44 | 汝南县(豫) | 观赏苗木(万株) | 12.26 |
| 45 | 桐城市(皖) | 观赏苗木(万株) | 12.00 |
| 46 | 镇平县(豫) | 观赏苗木(万株) | 10.00 |
| 47 | 方城县(豫) | 观赏苗木(万株) | 6.30 |
| 48 | 南乐县(豫) | 观赏苗木(万株) | 5.00 |
| 49 | 蔡甸区(鄂) | 观赏苗木(万株) | 5.00 |
| 50 | 阳新县(鄂) | 观赏苗木(万株) | 5.00 |
| 51 | 巴州区(川) | 观赏苗木(万株) | 5.00 |
| 52 | 大厂回族自治县(冀) | 观赏苗木(万株) | 4.00 |
| 53 | 蒙阴县(鲁) | 观赏苗木(万株) | 4.00 |
| 54 | 三门县(浙) | 观赏苗木(万株) | 3.00 |
| 55 | 灵璧县(皖) | 观赏苗木(万株) | 3.00 |
| 56 | 新泰市(鲁) | 观赏苗木(万株) | 3.00 |
| 57 | 全州县(桂) | 观赏苗木(万株) | 3.00 |
| 58 | 洋　县(陕) | 观赏苗木(万株) | 2.90 |
| 59 | 安阳县(豫) | 观赏苗木(万株) | 2.25 |
| 60 | 许昌市经济技术开发区(豫) | 观赏苗木(万株) | 2.00 |
| 61 | 宝丰县(豫) | 观赏苗木(万株) | 1.40 |
| 62 | 大祥区(湘) | 观赏苗木(万株) | 1.30 |
| 63 | 玉山县(赣) | 观赏苗木(万株) | 1.20 |
| 64 | 常宁市(湘) | 观赏苗木(万株) | 1.00 |
| 65 | 登封市(豫) | 观叶植物(万盆) | 0.54 |
| 66 | 南郑县(陕) | 花卉用种苗(千苗) | 600.00 |
| 67 | 乳源瑶族自治县(粤) | 盆花(万盆) | 100.00 |
| 68 | 巴州区(川) | 盆花(万盆) | 50.00 |
| 69 | 霸州市(冀) | 盆花(万盆) | 20.00 |
| 70 | 石棉县(川) | 盆花(万盆) | 3.50 |
| 71 | 潢川县(豫) | 盆花(万盆) | 2.90 |
| 72 | 玉州区(桂) | 盆景(万盆) | 147.15 |
| 73 | 临泉县(皖) | 食用及药用花卉(千克) | 231.00 |
| 74 | 巴州区(川) | 鲜切花(万支) | 1.00 |
| 75 | 巴州区(川) | 鲜切叶(万支) | 2.00 |

## 表 13-5 榆叶梅主产地产量

| 序号 | 榆叶梅主产地 | 花卉类别 | 生产量 |
|---|---|---|---|
| 1 | 开原市(辽) | 城市绿化苗(万株) | 500.00 |
| 2 | 九台市(吉) | 城市绿化苗(万株) | 100.00 |
| 3 | 潢川县(豫) | 城市绿化苗(万株) | 95.00 |
| 4 | 昌吉市(新) | 城市绿化苗(万株) | 65.00 |
| 5 | 坊子区(鲁) | 城市绿化苗(万株) | 40.00 |
| 6 | 北林区(黑) | 城市绿化苗(万株) | 30.00 |
| 7 | 临夏市(甘) | 城市绿化苗(万株) | 30.00 |
| 8 | 海拉尔区(内蒙古) | 城市绿化苗(万株) | 20.00 |
| 9 | 五原县(内蒙古) | 城市绿化苗(万株) | 18.00 |
| 10 | 康保县(冀) | 城市绿化苗(万株) | 15.00 |
| 11 | 曲阳县(冀) | 城市绿化苗(万株) | 10.00 |
| 12 | 永靖县(甘) | 城市绿化苗(万株) | 6.24 |
| 13 | 崆峒区(甘) | 城市绿化苗(万株) | 3.10 |
| 14 | 定襄县(晋) | 城市绿化苗(万株) | 3.00 |
| 15 | 克东县(黑) | 城市绿化苗(万株) | 3.00 |
| 16 | 定西市巉口林业试验场(甘) | 城市绿化苗(万株) | 2.00 |
| 17 | 榆阳区(陕) | 城市绿化苗(万株) | 1.20 |
| 18 | 苏尼特右旗(内蒙古) | 城市绿化苗(万株) | 0.70 |
| 19 | 定州市(冀) | 观赏苗木(万株) | 1115.00 |
| 20 | 呼兰区(黑) | 观赏苗木(万株) | 800.00 |
| 21 | 红古区(甘) | 观赏苗木(万株) | 400.00 |
| 22 | 青州市(鲁) | 观赏苗木(万株) | 270.00 |
| 23 | 玛纳斯县(新) | 观赏苗木(万株) | 90.00 |
| 24 | 固安县(冀) | 观赏苗木(万株) | 50.00 |
| 25 | 博野县(冀) | 观赏苗木(万株) | 40.00 |
| 26 | 平泉县(冀) | 观赏苗木(万株) | 40.00 |
| 27 | 吉木萨尔县(新) | 观赏苗木(万株) | 27.00 |
| 28 | 平安县(青) | 观赏苗木(万株) | 21.66 |
| 29 | 玉田县(冀) | 观赏苗木(万株) | 20.00 |
| 30 | 遵化市(冀) | 观赏苗木(万株) | 20.00 |
| 31 | 闻喜县(晋) | 观赏苗木(万株) | 15.60 |
| 32 | 丰宁满族自治县(冀) | 观赏苗木(万株) | 15.00 |
| 33 | 安平县(冀) | 观赏苗木(万株) | 11.30 |
| 34 | 藁城市(冀) | 观赏苗木(万株) | 10.00 |
| 35 | 兰西县(黑) | 观赏苗木(万株) | 10.00 |
| 36 | 南和县(冀) | 观赏苗木(万株) | 10.00 |
| 37 | 乐都县(青) | 观赏苗木(万株) | 8.00 |
| 38 | 新泰市(鲁) | 观赏苗木(万株) | 8.00 |
| 39 | 涿州市(冀) | 观赏苗木(万株) | 5.00 |
| 40 | 晋州市(冀) | 观赏苗木(万株) | 3.00 |
| 41 | 桃城区(冀) | 观赏苗木(万株) | 3.00 |
| 42 | 赞皇县(冀) | 观赏苗木(万株) | 3.00 |
| 43 | 昌乐县(鲁) | 观赏苗木(万株) | 1.60 |
| 44 | 金凤区(宁) | 观赏苗木(万株) | 1.50 |
| 45 | 忻府区(晋) | 观赏苗木(万株) | 1.00 |
| 46 | 让胡路区(黑) | 观赏苗木(万株) | 0.80 |
| 47 | 海淀区(京) | 观赏苗木(万株) | 0.60 |
| 48 | 潢川县(豫) | 盆花(万盆) | 3.50 |
| 49 | 大同区(黑) | 盆花(万盆) | 2.10 |
| 50 | 高平市(晋) | 盆花(万盆) | 2.00 |
| 51 | 榆中县(甘) | 盆景(万盆) | 10.00 |
| 52 | 闵行区(沪) | 盆景(万盆) | 2.80 |

## 表 13-6 波斯菊主产地产量

| 序号 | 波斯菊主产地 | 花卉类别 | 生产量 |
|---|---|---|---|
| 1 | 格尔木市(青) | 城市绿化苗(万株) | 675.00 |
| 2 | 攀枝花市东区(川) | 城市绿化苗(万株) | 4.50 |
| 3 | 涟水县(苏) | 观赏苗木(万株) | 60.00 |
| 4 | 唐山市汉沽管理区(冀) | 观赏苗木(万株) | 50.00 |
| 5 | 杜尔伯特蒙古族自治县(黑) | 观赏苗木(万株) | 10.00 |
| 6 | 容城县(冀) | 观赏苗木(万株) | 2.00 |
| 7 | 中方县(湘) | 观叶植物(万盆) | 10.00 |
| 8 | 四平市铁西区(吉) | 观叶植物(万盆) | 5.70 |
| 9 | 长丰县(皖) | 观叶植物(万盆) | 2.20 |
| 10 | 商河县(鲁) | 花卉用种苗(千苗) | 50.00 |
| 11 | 青州市(鲁) | 盆花(万盆) | 540.00 |
| 12 | 大足县(渝) | 盆花(万盆) | 200.00 |
| 13 | 富顺县(川) | 盆花(万盆) | 124.00 |
| 14 | 玉田县(冀) | 盆花(万盆) | 80.00 |
| 15 | 大洼县(辽) | 盆花(万盆) | 60.00 |
| 16 | 巴州区(川) | 盆花(万盆) | 45.00 |
| 17 | 上蔡县(豫) | 盆花(万盆) | 35.00 |
| 18 | 四平市铁东区(吉) | 盆花(万盆) | 15.00 |
| 19 | 大埔县(粤) | 盆花(万盆) | 10.00 |
| 20 | 阳泉市郊区(晋) | 盆花(万盆) | 10.00 |
| 21 | 高碑店市(冀) | 盆花(万盆) | 8.00 |
| 22 | 蕉岭县(粤) | 盆花(万盆) | 6.20 |
| 23 | 芜湖县(皖) | 盆花(万盆) | 5.00 |
| 24 | 旌阳区(川) | 盆花(万盆) | 4.00 |
| 25 | 广阳区(冀) | 盆花(万盆) | 3.00 |
| 26 | 望都县(冀) | 盆花(万盆) | 2.10 |
| 27 | 本溪满族自治县(辽) | 盆花(万盆) | 2.00 |
| 28 | 沁　县(晋) | 盆花(万盆) | 1.20 |
| 29 | 白银区(甘) | 盆花(万盆) | 1.00 |
| 30 | 南乐县(豫) | 盆花(万盆) | 1.00 |
| 31 | 衡山县(湘) | 盆花(万盆) | 0.99 |
| 32 | 海盐县(浙) | 盆花(万盆) | 0.53 |
| 33 | 南芬区(辽) | 鲜切花(万支) | 200.00 |
| 34 | 藁城市(冀) | 鲜切花(万支) | 30.00 |
| 35 | 珠晖区(湘) | 鲜切花(万支) | 4.00 |
| 36 | 枣强县(冀) | 鲜切花(万支) | 1.10 |

| 序号 | 波斯菊主产地 | 花卉类别 | 生产量 |
|---|---|---|---|
| 37 | 阳泉市郊区(晋) | 鲜切花(万支) | 1.00 |
| 38 | 汉源县(川) | 鲜切花(万支) | 0.60 |

## 表 13-7 万寿菊主产地产量

| 序号 | 万寿菊主产地 | 花卉类别 | 生产量 |
|---|---|---|---|
| 1 | 多伦县(内蒙古) | 城市绿化苗(万株) | 1500.00 |
| 2 | 彰武县(辽) | 城市绿化苗(万株) | 850.00 |
| 3 | 滨海新区(津) | 城市绿化苗(万株) | 120.00 |
| 4 | 海拉尔区(内蒙古) | 城市绿化苗(万株) | 60.00 |
| 5 | 吴川市(粤) | 城市绿化苗(万株) | 30.00 |
| 6 | 固始县(豫) | 城市绿化苗(万株) | 20.00 |
| 7 | 嘉峪关市(甘) | 城市绿化苗(万株) | 20.00 |
| 8 | 阿巴嘎旗(内蒙古) | 城市绿化苗(万株) | 17.00 |
| 9 | 集安市(吉) | 城市绿化苗(万株) | 10.00 |
| 10 | 石家庄市桥西区(冀) | 城市绿化苗(万株) | 7.00 |
| 11 | 临洮县(甘) | 城市绿化苗(万株) | 6.00 |
| 12 | 安陆市(鄂) | 城市绿化苗(万株) | 5.00 |
| 13 | 木兰县(黑) | 城市绿化苗(万株) | 5.00 |
| 14 | 苏尼特右旗(内蒙古) | 城市绿化苗(万株) | 5.00 |
| 15 | 洮南市(吉) | 城市绿化苗(万株) | 3.70 |
| 16 | 山丹县(甘) | 城市绿化苗(万株) | 2.00 |
| 17 | 尼勒克县(新) | 城市绿化苗(万株) | 1.50 |
| 18 | 延庆县(京) | 工业及其他用途花卉(吨) | 29400.00 |
| 19 | 民乐县(甘) | 工业及其他用途花卉(吨) | 3000.00 |
| 20 | 石林彝族自治县(滇) | 工业及其他用途花卉(千克) | 302.50 |
| 21 | 莎车县(新) | 工业及其他用途花卉(万吨) | 10.50 |
| 22 | 丰宁满族自治县(冀) | 观赏苗木(万株) | 40.00 |
| 23 | 仁寿县(川) | 观赏苗木(万株) | 23.00 |
| 24 | 宜阳县(豫) | 观赏苗木(万株) | 23.00 |
| 25 | 南和县(冀) | 观赏苗木(万株) | 10.00 |
| 26 | 运河区(冀) | 观赏苗木(万株) | 10.00 |
| 27 | 定襄县(晋) | 观赏苗木(万株) | 1.00 |
| 28 | 固始县(豫) | 观叶植物(万盆) | 10.00 |
| 29 | 满城县(冀) | 观叶植物(万盆) | 3.00 |
| 30 | 青州市(鲁) | 盆花(万盆) | 400.00 |
| 31 | 莒南县(鲁) | 盆花(万盆) | 300.00 |
| 32 | 长安区(冀) | 盆花(万盆) | 280.00 |
| 33 | 新安县(豫) | 盆花(万盆) | 260.00 |
| 34 | 寻甸回族彝族自治县(滇) | 盆花(万盆) | 200.00 |
| 35 | 三河市(冀) | 盆花(万盆) | 158.30 |
| 36 | 东胜区(内蒙古) | 盆花(万盆) | 150.00 |
| 37 | 红山区(内蒙古) | 盆花(万盆) | 100.00 |
| 38 | 浦东新区(沪) | 盆花(万盆) | 100.00 |
| 39 | 惠山区(苏) | 盆花(万盆) | 90.00 |
| 40 | 延庆县(京) | 盆花(万盆) | 80.00 |
| 41 | 商水县(豫) | 盆花(万盆) | 74.00 |
| 42 | 西夏区(宁) | 盆花(万盆) | 70.00 |
| 43 | 惠农区(宁) | 盆花(万盆) | 60.00 |
| 44 | 阜新蒙古族自治县(辽) | 盆花(万盆) | 55.00 |
| 45 | 乌审旗(内蒙古) | 盆花(万盆) | 50.32 |
| 46 | 龙子湖区(皖) | 盆花(万盆) | 50.00 |
| 47 | 南岗区(黑) | 盆花(万盆) | 50.00 |
| 48 | 双城市(黑) | 盆花(万盆) | 40.00 |
| 49 | 邹平县(鲁) | 盆花(万盆) | 37.00 |
| 50 | 惠济区(豫) | 盆花(万盆) | 34.98 |
| 51 | 肥西县(皖) | 盆花(万盆) | 30.00 |
| 52 | 格尔木市(青) | 盆花(万盆) | 27.00 |
| 53 | 德令哈市(青) | 盆花(万盆) | 25.00 |
| 54 | 尉犁县(新) | 盆花(万盆) | 25.00 |
| 55 | 遵化市(冀) | 盆花(万盆) | 25.00 |
| 56 | 彭阳县(宁) | 盆花(万盆) | 22.00 |
| 57 | 静海县(津) | 盆花(万盆) | 21.00 |
| 58 | 固安县(冀) | 盆花(万盆) | 20.00 |
| 59 | 涿州市(冀) | 盆花(万盆) | 20.00 |
| 60 | 北戴河区(冀) | 盆花(万盆) | 18.00 |
| 61 | 和林格尔县(内蒙古) | 盆花(万盆) | 15.00 |
| 62 | 昆山市(苏) | 盆花(万盆) | 15.00 |
| 63 | 隆尧县(冀) | 盆花(万盆) | 15.00 |
| 64 | 社旗县(豫) | 盆花(万盆) | 15.00 |
| 65 | 西华县(豫) | 盆花(万盆) | 15.00 |
| 66 | 元宝山区(内蒙古) | 盆花(万盆) | 15.00 |
| 67 | 城关区(藏) | 盆花(万盆) | 10.00 |
| 68 | 凉州区(甘) | 盆花(万盆) | 10.00 |
| 69 | 明山区(辽) | 盆花(万盆) | 10.00 |
| 70 | 平罗县(宁) | 盆花(万盆) | 10.00 |
| 71 | 商河县(鲁) | 盆花(万盆) | 10.00 |
| 72 | 新泰市(鲁) | 盆花(万盆) | 10.00 |
| 73 | 广阳区(冀) | 盆花(万盆) | 9.00 |
| 74 | 魏 县(冀) | 盆花(万盆) | 9.00 |
| 75 | 榆中县(甘) | 盆花(万盆) | 9.00 |
| 76 | 察哈尔右翼前旗(内蒙古) | 盆花(万盆) | 8.00 |
| 77 | 海港区(冀) | 盆花(万盆) | 7.00 |
| 78 | 鄂托克旗(内蒙古) | 盆花(万盆) | 6.00 |
| 79 | 南市区(冀) | 盆花(万盆) | 6.00 |
| 80 | 威海市经济技术开发区(鲁) | 盆花(万盆) | 6.00 |
| 81 | 武川县(内蒙古) | 盆花(万盆) | 6.00 |
| 82 | 梁山县(鲁) | 盆花(万盆) | 5.50 |
| 83 | 海宁市(浙) | 盆花(万盆) | 5.20 |
| 84 | 东乌珠穆沁旗(内蒙古) | 盆花(万盆) | 5.00 |
| 85 | 旌阳区(川) | 盆花(万盆) | 5.00 |
| 86 | 庐阳区(皖) | 盆花(万盆) | 5.00 |
| 87 | 忻府区(晋) | 盆花(万盆) | 4.40 |

| 序号 | 万寿菊主产地 | 花卉类别 | 生产量 |
|---|---|---|---|
| 88 | 栾川县(豫) | 盆花(万盆) | 4.00 |
| 89 | 寿　县(皖) | 盆花(万盆) | 4.00 |
| 90 | 东洲区(辽) | 盆花(万盆) | 3.50 |
| 91 | 唐　县(冀) | 盆花(万盆) | 3.50 |
| 92 | 汉阴县(陕) | 盆花(万盆) | 3.00 |
| 93 | 鹿泉市(冀) | 盆花(万盆) | 3.00 |
| 94 | 饶阳县(冀) | 盆花(万盆) | 3.00 |
| 95 | 围场满族蒙古族自治县(冀) | 盆花(万盆) | 3.00 |
| 96 | 邢台县(冀) | 盆花(万盆) | 3.00 |
| 97 | 崆峒区(甘) | 盆花(万盆) | 2.70 |
| 98 | 洞口县(湘) | 盆花(万盆) | 2.00 |
| 99 | 金城江区(桂) | 盆花(万盆) | 2.00 |
| 100 | 龙里县(黔) | 盆花(万盆) | 2.00 |
| 101 | 沁　县(晋) | 盆花(万盆) | 2.00 |
| 102 | 让胡路区(黑) | 盆花(万盆) | 2.00 |
| 103 | 萨尔图区(黑) | 盆花(万盆) | 2.00 |
| 104 | 山海关区(冀) | 盆花(万盆) | 2.00 |
| 105 | 宣化区(冀) | 盆花(万盆) | 2.00 |
| 106 | 临武县(湘) | 盆花(万盆) | 1.58 |
| 107 | 克拉玛依市市辖区(新) | 盆花(万盆) | 1.50 |
| 108 | 石柱土家族自治县(渝) | 盆花(万盆) | 1.50 |
| 109 | 新民市(辽) | 盆花(万盆) | 1.50 |
| 110 | 汶上县(鲁) | 盆花(万盆) | 1.20 |
| 111 | 翠屏区(川) | 盆花(万盆) | 1.15 |
| 112 | 安陆市(鄂) | 盆花(万盆) | 1.00 |
| 113 | 宁夏仁存渡护岸林场(宁) | 盆花(万盆) | 1.00 |
| 114 | 芜湖县(皖) | 盆花(万盆) | 1.00 |
| 115 | 雄　县(冀) | 盆花(万盆) | 1.00 |
| 116 | 永年县(冀) | 盆花(万盆) | 0.70 |
| 117 | 芷江侗族自治县(湘) | 盆花(万盆) | 0.60 |
| 118 | 甘井子区(辽) | 盆景(万盆) | 210.00 |
| 119 | 陕　县(豫) | 盆景(万盆) | 11.00 |
| 120 | 壶关县(晋) | 盆景(万盆) | 5.50 |
| 121 | 麦盖提县(新) | 盆景(万盆) | 4.00 |
| 122 | 常宁市(湘) | 盆景(万盆) | 3.00 |
| 123 | 广水市(鄂) | 盆景(万盆) | 2.90 |
| 124 | 岳普湖县(新) | 食用及药用花卉(千克) | 37950.00 |
| 125 | 沾益县(滇) | 鲜切花(万支) | 745.24 |
| 126 | 九龙坡区(渝) | 鲜切花(万支) | 243.00 |
| 127 | 九原区(内蒙古) | 鲜切花(万支) | 230.00 |
| 128 | 濮阳县(豫) | 鲜切花(万支) | 230.00 |
| 129 | 兴庆区(宁) | 鲜切花(万支) | 86.30 |
| 130 | 宣汉县(川) | 鲜切花(万支) | 60.00 |
| 131 | 陆良县(滇) | 鲜切花(万支) | 40.00 |
| 132 | 商州区(陕) | 鲜切花(万支) | 30.00 |
| 133 | 塔城市(新) | 鲜切花(万支) | 30.00 |
| 134 | 临洮县(甘) | 鲜切花(万支) | 6.00 |
| 135 | 曲周县(冀) | 鲜切花(万支) | 6.00 |
| 136 | 东河区(内蒙古) | 鲜切花(万支) | 5.20 |
| 137 | 隆化县(冀) | 鲜切花(万支) | 5.00 |
| 138 | 闵行区(沪) | 鲜切花(万支) | 5.00 |
| 139 | 彭山县(川) | 鲜切花(万支) | 2.00 |
| 140 | 灵宝市(豫) | 鲜切花(万支) | 1.00 |
| 141 | 兴隆县(冀) | 鲜切叶(万支) | 5.00 |

**表 13-8　雏菊主产地产量**

| 序号 | 雏菊主产地 | 花卉类别 | 生产量 |
|---|---|---|---|
| 1 | 鄢陵县(豫) | 城市绿化苗(万株) | 1200.00 |
| 2 | 界首市(皖) | 城市绿化苗(万株) | 100.00 |
| 3 | 仙桃市(鄂) | 城市绿化苗(万株) | 28.00 |
| 4 | 汝州市(豫) | 观赏苗木(万株) | 150.00 |
| 5 | 通城县(鄂) | 观赏苗木(万株) | 60.00 |
| 6 | 正阳县(豫) | 观赏苗木(万株) | 15.00 |
| 7 | 石家庄市桥西区(冀) | 观赏苗木(万株) | 13.00 |
| 8 | 固始县(豫) | 观赏苗木(万株) | 10.00 |
| 9 | 盐山县(冀) | 观赏苗木(万株) | 3.00 |
| 10 | 魏　县(冀) | 观赏苗木(万株) | 2.10 |
| 11 | 中方县(湘) | 观叶植物(万盆) | 12.00 |
| 12 | 沭阳县(苏) | 观叶植物(万盆) | 6.70 |
| 13 | 威　县(冀) | 观叶植物(万盆) | 5.00 |
| 14 | 长丰县(皖) | 观叶植物(万盆) | 1.80 |
| 15 | 新晃侗族自治县(湘) | 观叶植物(万盆) | 1.00 |
| 16 | 永清县(冀) | 花卉用种苗(千苗) | 4.00 |
| 17 | 武陟县(豫) | 盆花(万盆) | 300.00 |
| 18 | 青州市(鲁) | 盆花(万盆) | 280.00 |
| 19 | 三河市(冀) | 盆花(万盆) | 175.00 |
| 20 | 禹王台区(豫) | 盆花(万盆) | 145.00 |
| 21 | 宁江区(吉) | 盆花(万盆) | 52.50 |
| 22 | 邹平县(鲁) | 盆花(万盆) | 34.00 |
| 23 | 遵化市(冀) | 盆花(万盆) | 32.00 |
| 24 | 成安县(冀) | 盆花(万盆) | 12.00 |
| 25 | 隆尧县(冀) | 盆花(万盆) | 12.00 |
| 26 | 泊头市(冀) | 盆花(万盆) | 10.63 |
| 27 | 沿滩区(川) | 盆花(万盆) | 10.00 |
| 28 | 西峰区(甘) | 盆花(万盆) | 6.50 |
| 29 | 抚宁县(冀) | 盆花(万盆) | 5.50 |
| 30 | 旌阳区(川) | 盆花(万盆) | 3.60 |
| 31 | 汉阴县(陕) | 盆花(万盆) | 3.00 |
| 32 | 内乡县(豫) | 盆花(万盆) | 3.00 |
| 33 | 嘉陵区(川) | 盆花(万盆) | 2.70 |
| 34 | 肥城市(鲁) | 盆花(万盆) | 2.10 |
| 35 | 洞口县(湘) | 盆花(万盆) | 2.00 |

| 序号 | 雏菊主产地 | 花卉类别 | 生产量 |
|---|---|---|---|
| 36 | 复兴区(冀) | 盆花(万盆) | 2.00 |
| 37 | 兴山县(鄂) | 盆花(万盆) | 2.00 |
| 38 | 湘乡市(湘) | 盆花(万盆) | 1.85 |
| 39 | 梁山县(鲁) | 盆花(万盆) | 1.70 |
| 40 | 瓜州县(甘) | 盆花(万盆) | 1.20 |
| 41 | 任丘市(冀) | 盆花(万盆) | 1.00 |
| 42 | 榕城区(粤) | 盆花(万盆) | 1.00 |
| 43 | 汶上县(鲁) | 盆花(万盆) | 0.80 |
| 44 | 黎川县(赣) | 盆花(万盆) | 0.55 |
| 45 | 临川区(赣) | 盆景(万盆) | 120.00 |
| 46 | 丰南区(冀) | 盆景(万盆) | 0.75 |
| 47 | 新安县(豫) | 鲜切花(万支) | 320.00 |
| 48 | 海城市(辽) | 鲜切花(万支) | 92.20 |
| 49 | 凤城市(辽) | 鲜切花(万支) | 21.00 |
| 50 | 东洲区(辽) | 鲜切花(万支) | 7.00 |
| 51 | 红花岗区(黔) | 鲜切花(万支) | 5.20 |
| 52 | 大方县(黔) | 鲜切花(万支) | 2.50 |
| 53 | 洋　县(陕) | 鲜切花(万支) | 1.60 |

**表 13-9　非洲菊主产地产量**

| 序号 | 非洲菊主产地 | 花卉类别 | 生产量 |
|---|---|---|---|
| 1 | 平原县(鲁) | 城市绿化苗(万株) | 210.00 |
| 2 | 三台县(川) | 城市绿化苗(万株) | 25.00 |
| 3 | 昌吉市(新) | 城市绿化苗(万株) | 10.00 |
| 4 | 仁寿县(川) | 城市绿化苗(万株) | 5.00 |
| 5 | 海盐县(浙) | 干花(万支) | 2.80 |
| 6 | 平泉县(冀) | 观赏苗木(万株) | 30.00 |
| 7 | 盐山县(冀) | 观赏苗木(万株) | 3.00 |
| 8 | 鹤山区(豫) | 观叶植物(万盆) | 60.00 |
| 9 | 海宁市(浙) | 花卉用种苗(千苗) | 36405.00 |
| 10 | 闵行区(沪) | 花卉用种苗(千苗) | 19500.00 |
| 11 | 海安县(苏) | 花卉用种苗(千苗) | 50.00 |
| 12 | 灯塔市(辽) | 盆花(万盆) | 340.00 |
| 13 | 金凤区(宁) | 盆花(万盆) | 150.00 |
| 14 | 长沙县(湘) | 盆花(万盆) | 60.00 |
| 15 | 苍山县(鲁) | 盆花(万盆) | 12.00 |
| 16 | 高碑店市(冀) | 盆花(万盆) | 5.30 |
| 17 | 威海市经济技术开发区(鲁) | 盆花(万盆) | 5.00 |
| 18 | 秀洲区(浙) | 盆花(万盆) | 5.00 |
| 19 | 平泉县(冀) | 盆花(万盆) | 4.00 |
| 20 | 兰山区(鲁) | 鲜切花(万支) | 63000.00 |
| 21 | 海宁市(浙) | 鲜切花(万支) | 53230.80 |
| 22 | 灯塔市(辽) | 鲜切花(万支) | 20000.00 |
| 23 | 河东区(鲁) | 鲜切花(万支) | 16500.00 |
| 24 | 濮阳市高新区(豫) | 鲜切花(万支) | 16000.00 |
| 25 | 莒　县(鲁) | 鲜切花(万支) | 12926.00 |
| 26 | 古冶区(冀) | 鲜切花(万支) | 4512.00 |
| 27 | 上街区(豫) | 鲜切花(万支) | 4000.00 |
| 28 | 台安县(辽) | 鲜切花(万支) | 4000.00 |
| 29 | 临沭县(鲁) | 鲜切花(万支) | 3618.00 |
| 30 | 喀喇沁左翼蒙古族自治县(辽) | 鲜切花(万支) | 1978.00 |
| 31 | 石林彝族自治县(滇) | 鲜切花(万支) | 1825.00 |
| 32 | 文成县(浙) | 鲜切花(万支) | 1550.00 |
| 33 | 长兴县(浙) | 鲜切花(万支) | 1500.00 |
| 34 | 台前县(豫) | 鲜切花(万支) | 1480.00 |
| 35 | 路桥区(浙) | 鲜切花(万支) | 1000.00 |
| 36 | 泰兴市(苏) | 鲜切花(万支) | 850.00 |
| 37 | 海盐县(浙) | 鲜切花(万支) | 786.40 |
| 38 | 高邑县(冀) | 鲜切花(万支) | 780.00 |
| 39 | 椒江区(浙) | 鲜切花(万支) | 550.00 |
| 40 | 秀洲区(浙) | 鲜切花(万支) | 524.00 |
| 41 | 凌源市(辽) | 鲜切花(万支) | 460.00 |
| 42 | 灵宝市(豫) | 鲜切花(万支) | 331.90 |
| 43 | 松江区(沪) | 鲜切花(万支) | 300.00 |
| 44 | 新都区(川) | 鲜切花(万支) | 300.00 |
| 45 | 费　县(鲁) | 鲜切花(万支) | 250.00 |
| 46 | 潮安县(粤) | 鲜切花(万支) | 200.00 |
| 47 | 通州区(京) | 鲜切花(万支) | 183.60 |
| 48 | 沂水县(鲁) | 鲜切花(万支) | 147.00 |
| 49 | 德城区(鲁) | 鲜切花(万支) | 120.00 |
| 50 | 红山区(内蒙古) | 鲜切花(万支) | 100.00 |
| 51 | 庆元县(浙) | 鲜切花(万支) | 100.00 |
| 52 | 郯城县(鲁) | 鲜切花(万支) | 70.00 |
| 53 | 南乐县(豫) | 鲜切花(万支) | 56.00 |
| 54 | 江川县(滇) | 鲜切花(万支) | 50.00 |
| 55 | 蒙阴县(鲁) | 鲜切花(万支) | 50.00 |
| 56 | 平泉县(冀) | 鲜切花(万支) | 50.00 |
| 57 | 迁安市(冀) | 鲜切花(万支) | 50.00 |
| 58 | 凌云县(桂) | 鲜切花(万支) | 42.00 |
| 59 | 管城回族区(豫) | 鲜切花(万支) | 40.00 |
| 60 | 奉化市(浙) | 鲜切花(万支) | 35.00 |
| 61 | 庄河市(辽) | 鲜切花(万支) | 30.00 |
| 62 | 汝南县(豫) | 鲜切花(万支) | 28.00 |
| 63 | 许昌县(豫) | 鲜切花(万支) | 26.00 |
| 64 | 仁寿县(川) | 鲜切花(万支) | 25.00 |
| 65 | 慈溪市(浙) | 鲜切花(万支) | 23.00 |
| 66 | 浦东新区(沪) | 鲜切花(万支) | 18.00 |
| 67 | 雁山区(桂) | 鲜切花(万支) | 18.00 |
| 68 | 开平区(冀) | 鲜切花(万支) | 15.00 |
| 69 | 路北区(冀) | 鲜切花(万支) | 14.00 |
| 70 | 顺义区(京) | 鲜切花(万支) | 13.50 |
| 71 | 平谷区(京) | 鲜切花(万支) | 11.53 |

| 序号 | 非洲菊主产地 | 花卉类别 | 生产量 |
|---|---|---|---|
| 72 | 海城市(辽) | 鲜切花(万支) | 10.20 |
| 73 | 嘉定区(沪) | 鲜切花(万支) | 10.00 |
| 74 | 崇明县(沪) | 鲜切花(万支) | 9.40 |
| 75 | 临洮县(甘) | 鲜切花(万支) | 3.00 |
| 76 | 芜湖县(皖) | 鲜切花(万支) | 3.00 |

## 表 13-10　菊花主产地产量

| 序号 | 菊花主产地 | 花卉类别 | 生产量 |
|---|---|---|---|
| 1 | 石家庄市桥西区(冀) | 城市绿化苗(万株) | 61.00 |
| 2 | 昌吉市(新) | 城市绿化苗(万株) | 40.00 |
| 3 | 固始县(豫) | 城市绿化苗(万株) | 20.00 |
| 4 | 颍东区(皖) | 城市绿化苗(万株) | 20.00 |
| 5 | 吴川市(粤) | 城市绿化苗(万株) | 15.00 |
| 6 | 津市市(湘) | 城市绿化苗(万株) | 13.50 |
| 7 | 瑞金市(赣) | 城市绿化苗(万株) | 10.00 |
| 8 | 攀枝花市东区(川) | 城市绿化苗(万株) | 5.80 |
| 9 | 滑　县(豫) | 干花(万支) | 132.00 |
| 10 | 梁园区(豫) | 观赏苗木(万株) | 550.00 |
| 11 | 民权县(豫) | 观赏苗木(万株) | 210.00 |
| 12 | 徐水县(冀) | 观赏苗木(万株) | 91.00 |
| 13 | 固始县(豫) | 观赏苗木(万株) | 30.00 |
| 14 | 涉　县(冀) | 观赏苗木(万株) | 28.00 |
| 15 | 南和县(冀) | 观赏苗木(万株) | 25.00 |
| 16 | 石家庄市桥西区(冀) | 观赏苗木(万株) | 17.00 |
| 17 | 社旗县(豫) | 观赏苗木(万株) | 16.00 |
| 18 | 蕉岭县(粤) | 观赏苗木(万株) | 15.00 |
| 19 | 济南市市中区(鲁) | 观赏苗木(万株) | 11.00 |
| 20 | 成安县(冀) | 观赏苗木(万株) | 7.00 |
| 21 | 卫辉市(豫) | 观赏苗木(万株) | 5.00 |
| 22 | 岚山区(鲁) | 观赏苗木(万株) | 4.50 |
| 23 | 壶关县(晋) | 观赏苗木(万株) | 3.00 |
| 24 | 南溪县(川) | 观赏苗木(万株) | 3.00 |
| 25 | 平果县(桂) | 观赏苗木(万株) | 2.36 |
| 26 | 高平市(晋) | 观赏苗木(万株) | 1.00 |
| 27 | 沭阳县(苏) | 观叶植物(万盆) | 23.00 |
| 28 | 长丰县(皖) | 观叶植物(万盆) | 3.10 |
| 29 | 定襄县(晋) | 观叶植物(万盆) | 2.00 |
| 30 | 新晃侗族自治县(湘) | 观叶植物(万盆) | 1.00 |
| 31 | 茂港区(粤) | 观叶植物(万盆) | 0.65 |
| 32 | 延庆县(京) | 花卉用种苗(千苗) | 150000.00 |
| 33 | 茌平县(鲁) | 盆花(万盆) | 140000.00 |
| 34 | 路南区(冀) | 盆花(万盆) | 3000.00 |
| 35 | 睢阳区(豫) | 盆花(万盆) | 419.24 |
| 36 | 商水县(豫) | 盆花(万盆) | 380.00 |
| 37 | 肥乡县(冀) | 盆花(万盆) | 300.00 |
| 38 | 鼎城区(湘) | 盆花(万盆) | 170.00 |
| 39 | 禹州市(豫) | 盆花(万盆) | 130.00 |
| 40 | 惠山区(苏) | 盆花(万盆) | 120.00 |
| 41 | 赫山区(湘) | 盆花(万盆) | 100.00 |
| 42 | 西青区(津) | 盆花(万盆) | 100.00 |
| 43 | 诸城市(鲁) | 盆花(万盆) | 100.00 |
| 44 | 左云县(晋) | 盆花(万盆) | 100.00 |
| 45 | 延庆县(京) | 盆花(万盆) | 92.00 |
| 46 | 霸州市(冀) | 盆花(万盆) | 85.00 |
| 47 | 大冶市(鄂) | 盆花(万盆) | 80.00 |
| 48 | 潍城区(鲁) | 盆花(万盆) | 55.00 |
| 49 | 浦东新区(沪) | 盆花(万盆) | 50.00 |
| 50 | 蔡甸区(鄂) | 盆花(万盆) | 46.00 |
| 51 | 清河区(辽) | 盆花(万盆) | 45.00 |
| 52 | 武城县(鲁) | 盆花(万盆) | 41.00 |
| 53 | 濮阳县(豫) | 盆花(万盆) | 35.00 |
| 54 | 金明区(豫) | 盆花(万盆) | 25.00 |
| 55 | 新泰市(鲁) | 盆花(万盆) | 25.00 |
| 56 | 沂水县(鲁) | 盆花(万盆) | 23.00 |
| 57 | 赵　县(冀) | 盆花(万盆) | 21.50 |
| 58 | 大名县(冀) | 盆花(万盆) | 20.00 |
| 59 | 龙亭区(豫) | 盆花(万盆) | 20.00 |
| 60 | 运河区(冀) | 盆花(万盆) | 20.00 |
| 61 | 梁山县(鲁) | 盆花(万盆) | 18.00 |
| 62 | 许昌县(豫) | 盆花(万盆) | 18.00 |
| 63 | 格尔木市(青) | 盆花(万盆) | 17.20 |
| 64 | 青州市(鲁) | 盆花(万盆) | 17.00 |
| 65 | 丰台区(京) | 盆花(万盆) | 15.00 |
| 66 | 固安县(冀) | 盆花(万盆) | 15.00 |
| 67 | 隆尧县(冀) | 盆花(万盆) | 15.00 |
| 68 | 内乡县(豫) | 盆花(万盆) | 15.00 |
| 69 | 黄骅市(冀) | 盆花(万盆) | 12.40 |
| 70 | 甘州区(甘) | 盆花(万盆) | 10.00 |
| 71 | 高平市(晋) | 盆花(万盆) | 10.00 |
| 72 | 杞　县(豫) | 盆花(万盆) | 10.00 |
| 73 | 威海市经济技术开发区(鲁) | 盆花(万盆) | 10.00 |
| 74 | 沂南县(鲁) | 盆花(万盆) | 10.00 |
| 75 | 赞皇县(冀) | 盆花(万盆) | 10.00 |
| 76 | 枝江市(鄂) | 盆花(万盆) | 10.00 |
| 77 | 北辰区(津) | 盆花(万盆) | 9.60 |
| 78 | 寿　县(皖) | 盆花(万盆) | 8.00 |
| 79 | 桐城市(皖) | 盆花(万盆) | 8.00 |
| 80 | 雨湖区(湘) | 盆花(万盆) | 8.00 |
| 81 | 晋州市(冀) | 盆花(万盆) | 6.00 |
| 82 | 临淄区(鲁) | 盆花(万盆) | 6.00 |
| 83 | 南票区(辽) | 盆花(万盆) | 6.00 |
| 84 | 魏　县(冀) | 盆花(万盆) | 6.00 |

| 序号 | 菊花主产地 | 花卉类别 | 生产量 | 序号 | 菊花主产地 | 花卉类别 | 生产量 |
|---|---|---|---|---|---|---|---|
| 85 | 巴州区(川) | 盆花(万盆) | 5.00 | 131 | 西安区(吉) | 盆花(万盆) | 1.00 |
| 86 | 北戴河区(冀) | 盆花(万盆) | 5.00 | 132 | 新华区(豫) | 盆花(万盆) | 1.00 |
| 87 | 抚宁县(冀) | 盆花(万盆) | 5.00 | 133 | 宁阳县(鲁) | 盆花(万盆) | 0.82 |
| 88 | 鹿泉市(冀) | 盆花(万盆) | 5.00 | 134 | 通州区(京) | 盆花(万盆) | 0.70 |
| 89 | 蒙城县(皖) | 盆花(万盆) | 5.00 | 135 | 芒　市(滇) | 盆花(万盆) | 0.65 |
| 90 | 黔江区(渝) | 盆花(万盆) | 5.00 | 136 | 峰峰矿区(冀) | 盆花(万盆) | 0.60 |
| 91 | 谯城区(皖) | 盆花(万盆) | 5.00 | 137 | 汉源县(川) | 盆花(万盆) | 0.60 |
| 92 | 任　县(冀) | 盆花(万盆) | 5.00 | 138 | 井陉矿区(冀) | 盆花(万盆) | 0.60 |
| 93 | 汝城县(湘) | 盆花(万盆) | 5.00 | 139 | 长葛市(豫) | 盆景(万盆) | 15000.00 |
| 94 | 商河县(鲁) | 盆花(万盆) | 5.00 | 140 | 徽　县(甘) | 盆景(万盆) | 3540.00 |
| 95 | 香河县(冀) | 盆花(万盆) | 5.00 | 141 | 鹤城区(湘) | 盆景(万盆) | 170.00 |
| 96 | 阳朔县(桂) | 盆花(万盆) | 5.00 | 142 | 邵阳县(湘) | 盆景(万盆) | 40.00 |
| 97 | 潢川县(豫) | 盆花(万盆) | 3.70 | 143 | 埇桥区(皖) | 盆景(万盆) | 13.60 |
| 98 | 清城区(粤) | 盆花(万盆) | 3.40 | 144 | 隆化县(冀) | 盆景(万盆) | 5.00 |
| 99 | 定兴县(冀) | 盆花(万盆) | 3.00 | 145 | 雷州市(粤) | 盆景(万盆) | 3.50 |
| 100 | 东昌府区(鲁) | 盆花(万盆) | 3.00 | 146 | 壶关县(晋) | 盆景(万盆) | 2.20 |
| 101 | 南溪县(川) | 盆花(万盆) | 3.00 | 147 | 青　县(冀) | 盆景(万盆) | 2.00 |
| 102 | 平山县(冀) | 盆花(万盆) | 3.00 | 148 | 五华县(粤) | 盆景(万盆) | 1.00 |
| 103 | 邱　县(冀) | 盆花(万盆) | 3.00 | 149 | 延庆县(京) | 食用及药用花卉(吨) | 800.00 |
| 104 | 于都县(赣) | 盆花(万盆) | 3.00 | 150 | 顺河回族区(豫) | 鲜切花(万支) | 81000.00 |
| 105 | 鸡泽县(冀) | 盆花(万盆) | 2.85 | 151 | 太子河区(辽) | 鲜切花(万支) | 6000.00 |
| 106 | 辛集市(冀) | 盆花(万盆) | 2.75 | 152 | 青浦区(沪) | 鲜切花(万支) | 2390.00 |
| 107 | 忻府区(晋) | 盆花(万盆) | 2.50 | 153 | 松江区(沪) | 鲜切花(万支) | 1832.00 |
| 108 | 宝丰县(豫) | 盆花(万盆) | 2.30 | 154 | 奉贤区(沪) | 鲜切花(万支) | 1289.30 |
| 109 | 沅陵县(湘) | 盆花(万盆) | 2.30 | 155 | 榆中县(甘) | 鲜切花(万支) | 1176.00 |
| 110 | 昌乐县(鲁) | 盆花(万盆) | 2.10 | 156 | 卫滨区(豫) | 鲜切花(万支) | 1000.00 |
| 111 | 方城县(豫) | 盆花(万盆) | 2.10 | 157 | 香河县(冀) | 鲜切花(万支) | 800.00 |
| 112 | 三门县(浙) | 盆花(万盆) | 2.10 | 158 | 椒江区(浙) | 鲜切花(万支) | 630.00 |
| 113 | 谷城县(鄂) | 盆花(万盆) | 2.00 | 159 | 新安县(豫) | 鲜切花(万支) | 600.00 |
| 114 | 雄　县(冀) | 盆花(万盆) | 2.00 | 160 | 延庆县(京) | 鲜切花(万支) | 460.00 |
| 115 | 淮阳县(豫) | 盆花(万盆) | 1.50 | 161 | 通州区(京) | 鲜切花(万支) | 352.80 |
| 116 | 蜀山区(皖) | 盆花(万盆) | 1.50 | 162 | 惠山区(苏) | 鲜切花(万支) | 345.00 |
| 117 | 芜湖县(皖) | 盆花(万盆) | 1.50 | 163 | 崇明县(沪) | 鲜切花(万支) | 249.85 |
| 118 | 津市市(湘) | 盆花(万盆) | 1.30 | 164 | 东洲区(辽) | 鲜切花(万支) | 180.00 |
| 119 | 北京市大东流苗圃(京) | 盆花(万盆) | 1.22 | 165 | 渭城区(陕) | 鲜切花(万支) | 180.00 |
| 120 | 安新县(冀) | 盆花(万盆) | 1.20 | 166 | 凯里市(黔) | 鲜切花(万支) | 150.00 |
| 121 | 赫章县(黔) | 盆花(万盆) | 1.20 | 167 | 阳新县(鄂) | 鲜切花(万支) | 150.00 |
| 122 | 汶上县(鲁) | 盆花(万盆) | 1.20 | 168 | 长葛市(豫) | 鲜切花(万支) | 110.00 |
| 123 | 海宁市(浙) | 盆花(万盆) | 1.10 | 169 | 三门县(浙) | 鲜切花(万支) | 103.00 |
| 124 | 新建县(赣) | 盆花(万盆) | 1.05 | 170 | 奉化市(浙) | 鲜切花(万支) | 90.00 |
| 125 | 东平县(鲁) | 盆花(万盆) | 1.00 | 171 | 金明区(豫) | 鲜切花(万支) | 90.00 |
| 126 | 肥城市(鲁) | 盆花(万盆) | 1.00 | 172 | 宣汉县(川) | 鲜切花(万支) | 88.00 |
| 127 | 阜新蒙古族自治县(辽) | 盆花(万盆) | 1.00 | 173 | 浦东新区(沪) | 鲜切花(万支) | 82.00 |
| 128 | 喀什市(新) | 盆花(万盆) | 1.00 | 174 | 闵行区(沪) | 鲜切花(万支) | 80.00 |
| 129 | 榕城区(粤) | 盆花(万盆) | 1.00 | 175 | 固安县(冀) | 鲜切花(万支) | 62.00 |
| 130 | 台山市(粤) | 盆花(万盆) | 1.00 | 176 | 顺义区(京) | 鲜切花(万支) | 51.70 |

| 序号 | 菊花主产地 | 花卉类别 | 生产量 |
|---|---|---|---|
| 177 | 大英县(川) | 鲜切花(万支) | 50.00 |
| 178 | 丹江口市(鄂) | 鲜切花(万支) | 50.00 |
| 179 | 杨凌区农林局(陕) | 鲜切花(万支) | 50.00 |
| 180 | 牧野区(豫) | 鲜切花(万支) | 41.20 |
| 181 | 嘉定区(沪) | 鲜切花(万支) | 36.00 |
| 182 | 广阳区(冀) | 鲜切花(万支) | 35.27 |
| 183 | 定兴县(冀) | 鲜切花(万支) | 30.00 |
| 184 | 连州市(粤) | 鲜切花(万支) | 20.00 |
| 185 | 遵化市(冀) | 鲜切花(万支) | 15.00 |
| 186 | 隆尧县(冀) | 鲜切花(万支) | 11.00 |
| 187 | 清苑县(冀) | 鲜切花(万支) | 10.00 |
| 188 | 枣强县(冀) | 鲜切花(万支) | 9.30 |
| 189 | 红岗区(黑) | 鲜切花(万支) | 9.00 |
| 190 | 祁东县(湘) | 鲜切花(万支) | 8.10 |
| 191 | 海宁市(浙) | 鲜切花(万支) | 6.70 |
| 192 | 平谷区(京) | 鲜切花(万支) | 6.32 |
| 193 | 南市区(冀) | 鲜切花(万支) | 6.00 |
| 194 | 白银区(甘) | 鲜切花(万支) | 5.00 |
| 195 | 黔西县(黔) | 鲜切花(万支) | 5.00 |
| 196 | 青　县(冀) | 鲜切花(万支) | 5.00 |
| 197 | 沙市区(鄂) | 鲜切花(万支) | 5.00 |
| 198 | 武陵区(湘) | 鲜切花(万支) | 5.00 |
| 199 | 临洮县(甘) | 鲜切花(万支) | 4.00 |
| 200 | 碧江区(黔) | 鲜切花(万支) | 3.00 |
| 201 | 蔡甸区(鄂) | 鲜切花(万支) | 3.00 |
| 202 | 安平县(冀) | 鲜切花(万支) | 2.10 |
| 203 | 津市市(湘) | 鲜切花(万支) | 2.10 |
| 204 | 桃城区(冀) | 鲜切花(万支) | 2.00 |
| 205 | 台山市(粤) | 鲜切花(万支) | 1.20 |
| 206 | 大方县(黔) | 鲜切花(万支) | 1.00 |
| 207 | 禹会区(皖) | 鲜切花(万支) | 1.00 |

### 表 13-11　月季类主产地产量

| 序号 | 月季类主产地 | 花卉类别 | 生产量 |
|---|---|---|---|
| 1 | 潢川县(豫) | 城市绿化苗(万株) | 986.00 |
| 2 | 即墨市(鲁) | 城市绿化苗(万株) | 320.00 |
| 3 | 许昌县(豫) | 城市绿化苗(万株) | 89.00 |
| 4 | 临夏市(甘) | 城市绿化苗(万株) | 55.00 |
| 5 | 光山县(豫) | 城市绿化苗(万株) | 30.00 |
| 6 | 石家庄市桥西区(冀) | 城市绿化苗(万株) | 26.00 |
| 7 | 固始县(豫) | 城市绿化苗(万株) | 10.00 |
| 8 | 宜都市(鄂) | 城市绿化苗(万株) | 10.00 |
| 9 | 吴川市(粤) | 城市绿化苗(万株) | 5.00 |
| 10 | 文　县(甘) | 城市绿化苗(万株) | 3.50 |
| 11 | 翠屏区(川) | 城市绿化苗(万株) | 2.10 |
| 12 | 威海市经济技术开发区(鲁) | 城市绿化苗(万株) | 2.00 |
| 13 | 定州市(冀) | 观赏苗木(万株) | 2640.00 |
| 14 | 望都县(冀) | 观赏苗木(万株) | 1540.00 |
| 15 | 固安县(冀) | 观赏苗木(万株) | 1240.00 |
| 16 | 华阴市(陕) | 观赏苗木(万株) | 1000.00 |
| 17 | 射洪县(川) | 观赏苗木(万株) | 400.00 |
| 18 | 顺平县(冀) | 观赏苗木(万株) | 335.00 |
| 19 | 东平县(鲁) | 观赏苗木(万株) | 200.00 |
| 20 | 沭阳县(苏) | 观赏苗木(万株) | 150.00 |
| 21 | 路南区(冀) | 观赏苗木(万株) | 80.00 |
| 22 | 武陟县(豫) | 观赏苗木(万株) | 80.00 |
| 23 | 固始县(豫) | 观赏苗木(万株) | 50.00 |
| 24 | 涉　县(冀) | 观赏苗木(万株) | 40.00 |
| 25 | 临泉县(皖) | 观赏苗木(万株) | 36.00 |
| 26 | 南和县(冀) | 观赏苗木(万株) | 36.00 |
| 27 | 濮阳县(豫) | 观赏苗木(万株) | 32.00 |
| 28 | 辛集市(冀) | 观赏苗木(万株) | 27.00 |
| 29 | 社旗县(豫) | 观赏苗木(万株) | 25.00 |
| 30 | 双峰县(湘) | 观赏苗木(万株) | 20.00 |
| 31 | 新乐市(冀) | 观赏苗木(万株) | 17.00 |
| 32 | 安阳县(豫) | 观赏苗木(万株) | 16.00 |
| 33 | 巴州区(川) | 观赏苗木(万株) | 15.00 |
| 34 | 新泰市(鲁) | 观赏苗木(万株) | 12.00 |
| 35 | 成安县(冀) | 观赏苗木(万株) | 11.00 |
| 36 | 寿　县(皖) | 观赏苗木(万株) | 11.00 |
| 37 | 魏　县(冀) | 观赏苗木(万株) | 11.00 |
| 38 | 高平市(晋) | 观赏苗木(万株) | 10.00 |
| 39 | 赞皇县(冀) | 观赏苗木(万株) | 10.00 |
| 40 | 商州区(陕) | 观赏苗木(万株) | 8.90 |
| 41 | 定西市巉口林业试验场(甘) | 观赏苗木(万株) | 8.00 |
| 42 | 中方县(湘) | 观赏苗木(万株) | 8.00 |
| 43 | 山海关区(冀) | 观赏苗木(万株) | 5.00 |
| 44 | 夏邑县(豫) | 观赏苗木(万株) | 5.00 |
| 45 | 北戴河区(冀) | 观赏苗木(万株) | 4.00 |
| 46 | 玉山县(赣) | 观赏苗木(万株) | 3.00 |
| 47 | 扶风县(陕) | 观赏苗木(万株) | 2.30 |
| 48 | 大名县(冀) | 观赏苗木(万株) | 2.00 |
| 49 | 淮阳县(豫) | 观赏苗木(万株) | 2.00 |
| 50 | 蕉岭县(粤) | 观赏苗木(万株) | 2.00 |
| 51 | 卫辉市(豫) | 观赏苗木(万株) | 2.00 |
| 52 | 登封市(豫) | 观赏苗木(万株) | 1.32 |
| 53 | 怀来县(冀) | 观赏苗木(万株) | 1.30 |
| 54 | 任　县(冀) | 观赏苗木(万株) | 1.00 |
| 55 | 磁　县(冀) | 观叶植物(万盆) | 20.00 |
| 56 | 柘城县(豫) | 观叶植物(万盆) | 13.50 |
| 57 | 蕉岭县(粤) | 观叶植物(万盆) | 1.00 |
| 58 | 宛城区(豫) | 盆花(万盆) | 839.00 |

| 序号 | 月季类主产地 | 花卉类别 | 生产量 |
|---|---|---|---|
| 59 | 射洪县(川) | 盆花(万盆) | 380.00 |
| 60 | 通州区(京) | 盆花(万盆) | 256.52 |
| 61 | 青州市(鲁) | 盆花(万盆) | 250.00 |
| 62 | 巴州区(川) | 盆花(万盆) | 200.00 |
| 63 | 浦东新区(沪) | 盆花(万盆) | 100.00 |
| 64 | 阜新蒙古族自治县(辽) | 盆花(万盆) | 65.00 |
| 65 | 睢　县(豫) | 盆花(万盆) | 60.00 |
| 66 | 凯里市(黔) | 盆花(万盆) | 56.00 |
| 67 | 辉南县(吉) | 盆花(万盆) | 55.00 |
| 68 | 太和区(辽) | 盆花(万盆) | 30.00 |
| 69 | 延庆县(京) | 盆花(万盆) | 29.00 |
| 70 | 隆尧县(冀) | 盆花(万盆) | 23.00 |
| 71 | 上蔡县(豫) | 盆花(万盆) | 23.00 |
| 72 | 长治市郊区(晋) | 盆花(万盆) | 21.00 |
| 73 | 邯郸县(冀) | 盆花(万盆) | 20.00 |
| 74 | 金凤区(宁) | 盆花(万盆) | 20.00 |
| 75 | 桂阳县(湘) | 盆花(万盆) | 19.00 |
| 76 | 蒲城县(陕) | 盆花(万盆) | 18.00 |
| 77 | 固安县(冀) | 盆花(万盆) | 15.00 |
| 78 | 邹平县(鲁) | 盆花(万盆) | 12.00 |
| 79 | 丰台区(京) | 盆花(万盆) | 11.00 |
| 80 | 西峰区(甘) | 盆花(万盆) | 11.00 |
| 81 | 魏　县(冀) | 盆花(万盆) | 10.90 |
| 82 | 潢川县(豫) | 盆花(万盆) | 10.50 |
| 83 | 定兴县(冀) | 盆花(万盆) | 10.00 |
| 84 | 蕉岭县(粤) | 盆花(万盆) | 10.00 |
| 85 | 滦南县(冀) | 盆花(万盆) | 10.00 |
| 86 | 杞　县(豫) | 盆花(万盆) | 10.00 |
| 87 | 金城江区(桂) | 盆花(万盆) | 9.00 |
| 88 | 鼎城区(湘) | 盆花(万盆) | 8.00 |
| 89 | 石棉县(川) | 盆花(万盆) | 7.20 |
| 90 | 南乐县(豫) | 盆花(万盆) | 6.00 |
| 91 | 曲周县(冀) | 盆花(万盆) | 6.00 |
| 92 | 卫辉市(豫) | 盆花(万盆) | 6.00 |
| 93 | 盐山县(冀) | 盆花(万盆) | 5.00 |
| 94 | 临武县(湘) | 盆花(万盆) | 4.20 |
| 95 | 大同区(黑) | 盆花(万盆) | 4.00 |
| 96 | 汉阴县(陕) | 盆花(万盆) | 4.00 |
| 97 | 邢台县(冀) | 盆花(万盆) | 4.00 |
| 98 | 龙里县(黔) | 盆花(万盆) | 3.00 |
| 99 | 黔江区(渝) | 盆花(万盆) | 3.00 |
| 100 | 邱　县(冀) | 盆花(万盆) | 3.00 |
| 101 | 容城县(冀) | 盆花(万盆) | 3.00 |
| 102 | 山海关区(冀) | 盆花(万盆) | 3.00 |
| 103 | 吴桥县(冀) | 盆花(万盆) | 3.00 |
| 104 | 方城县(豫) | 盆花(万盆) | 2.52 |
| 105 | 阜城县(冀) | 盆花(万盆) | 2.46 |
| 106 | 息　县(豫) | 盆花(万盆) | 2.20 |
| 107 | 三门县(浙) | 盆花(万盆) | 2.10 |
| 108 | 宽城满族自治县(冀) | 盆花(万盆) | 2.00 |
| 109 | 平阴县(鲁) | 盆花(万盆) | 2.00 |
| 110 | 新建县(赣) | 盆花(万盆) | 1.82 |
| 111 | 安平县(冀) | 盆花(万盆) | 1.80 |
| 112 | 蒲江县(川) | 盆花(万盆) | 1.80 |
| 113 | 永年县(冀) | 盆花(万盆) | 1.70 |
| 114 | 谷城县(鄂) | 盆花(万盆) | 1.50 |
| 115 | 路南区(冀) | 盆花(万盆) | 1.50 |
| 116 | 沙河市(冀) | 盆花(万盆) | 1.50 |
| 117 | 樊城区(鄂) | 盆花(万盆) | 1.40 |
| 118 | 临漳县(冀) | 盆花(万盆) | 1.10 |
| 119 | 鹿泉市(冀) | 盆花(万盆) | 1.00 |
| 120 | 西安区(吉) | 盆花(万盆) | 1.00 |
| 121 | 平桥区(豫) | 盆花(万盆) | 0.60 |
| 122 | 徽　县(甘) | 盆景(万盆) | 6494.00 |
| 123 | 长葛市(豫) | 盆景(万盆) | 5000.00 |
| 124 | 竹溪县(鄂) | 盆景(万盆) | 20.00 |
| 125 | 隆化县(冀) | 盆景(万盆) | 2.00 |
| 126 | 太子河区(辽) | 鲜切花(万支) | 300000.00 |
| 127 | 宛城区(豫) | 鲜切花(万支) | 19800.00 |
| 128 | 苏仙区(湘) | 鲜切花(万支) | 6500.00 |
| 129 | 惠山区(苏) | 鲜切花(万支) | 290.00 |
| 130 | 长葛市(豫) | 鲜切花(万支) | 280.00 |
| 131 | 濮阳县(豫) | 鲜切花(万支) | 260.00 |
| 132 | 许昌县(豫) | 鲜切花(万支) | 260.00 |
| 133 | 三河市(冀) | 鲜切花(万支) | 256.00 |
| 134 | 蓬安县(川) | 鲜切花(万支) | 200.00 |
| 135 | 顺义区(京) | 鲜切花(万支) | 184.90 |
| 136 | 惠济区(豫) | 鲜切花(万支) | 168.74 |
| 137 | 阳新县(鄂) | 鲜切花(万支) | 155.00 |
| 138 | 丹江口市(鄂) | 鲜切花(万支) | 150.00 |
| 139 | 海安县(苏) | 鲜切花(万支) | 150.00 |
| 140 | 榆中县(甘) | 鲜切花(万支) | 125.16 |
| 141 | 涿州市(冀) | 鲜切花(万支) | 120.00 |
| 142 | 固安县(冀) | 鲜切花(万支) | 102.00 |
| 143 | 北辰区(津) | 鲜切花(万支) | 100.00 |
| 144 | 罗山县(豫) | 鲜切花(万支) | 100.00 |
| 145 | 藁城市(冀) | 鲜切花(万支) | 85.00 |
| 146 | 奉贤区(沪) | 鲜切花(万支) | 84.00 |
| 147 | 三门县(浙) | 鲜切花(万支) | 70.00 |
| 148 | 香河县(冀) | 鲜切花(万支) | 62.00 |
| 149 | 高邑县(冀) | 鲜切花(万支) | 51.00 |
| 150 | 大英县(川) | 鲜切花(万支) | 50.00 |

| 序号 | 月季类主产地 | 花卉类别 | 生产量 |
|---|---|---|---|
| 151 | 太和区(辽) | 鲜切花(万支) | 50.00 |
| 152 | 秀峰区(桂) | 鲜切花(万支) | 50.00 |
| 153 | 金乡县(鲁) | 鲜切花(万支) | 36.00 |
| 154 | 宣汉县(川) | 鲜切花(万支) | 33.00 |
| 155 | 武城县(鲁) | 鲜切花(万支) | 31.00 |
| 156 | 松江区(沪) | 鲜切花(万支) | 26.00 |
| 157 | 商州区(陕) | 鲜切花(万支) | 25.00 |
| 158 | 武安市(冀) | 鲜切花(万支) | 24.00 |
| 159 | 邱　县(冀) | 鲜切花(万支) | 23.00 |
| 160 | 西华县(豫) | 鲜切花(万支) | 20.00 |
| 161 | 正定县(冀) | 鲜切花(万支) | 20.00 |
| 162 | 玉田县(冀) | 鲜切花(万支) | 19.00 |
| 163 | 苍山县(鲁) | 鲜切花(万支) | 16.00 |
| 164 | 东洲区(辽) | 鲜切花(万支) | 15.00 |
| 165 | 开平区(冀) | 鲜切花(万支) | 15.00 |
| 166 | 临漳县(冀) | 鲜切花(万支) | 15.00 |
| 167 | 新宾满族自治县(辽) | 鲜切花(万支) | 15.00 |
| 168 | 长丰县(皖) | 鲜切花(万支) | 11.20 |
| 169 | 牧野区(豫) | 鲜切花(万支) | 10.80 |
| 170 | 满城县(冀) | 鲜切花(万支) | 8.00 |
| 171 | 石柱土家族自治县(渝) | 鲜切花(万支) | 8.00 |
| 172 | 洋　县(陕) | 鲜切花(万支) | 8.00 |
| 173 | 怀柔区(京) | 鲜切花(万支) | 7.84 |
| 174 | 南皮县(冀) | 鲜切花(万支) | 7.11 |
| 175 | 彭山县(川) | 鲜切花(万支) | 7.00 |
| 176 | 衡山县(湘) | 鲜切花(万支) | 6.16 |
| 177 | 徐水县(冀) | 鲜切花(万支) | 6.00 |
| 178 | 巴州区(川) | 鲜切花(万支) | 5.00 |
| 179 | 凉州区(甘) | 鲜切花(万支) | 5.00 |
| 180 | 无棣县(鲁) | 鲜切花(万支) | 5.00 |
| 181 | 芜湖县(皖) | 鲜切花(万支) | 5.00 |
| 182 | 武陵区(湘) | 鲜切花(万支) | 5.00 |
| 183 | 西峰区(甘) | 鲜切花(万支) | 4.00 |
| 184 | 杨凌区农林局(陕) | 鲜切花(万支) | 3.60 |
| 185 | 永靖县(甘) | 鲜切花(万支) | 3.20 |
| 186 | 大方县(黔) | 鲜切花(万支) | 2.00 |
| 187 | 抚宁县(冀) | 鲜切花(万支) | 2.00 |
| 188 | 汉源县(川) | 鲜切花(万支) | 2.00 |
| 189 | 解放区(豫) | 鲜切花(万支) | 1.00 |
| 190 | 津市市(湘) | 鲜切花(万支) | 0.75 |

**表 13-12　桂花主产地产量**

| 序号 | 桂花主产地 | 花卉类别 | 生产量 |
|---|---|---|---|
| 1 | 临桂县(桂) | 城市绿化苗(万株) | 3300000.00 |
| 2 | 沿滩区(川) | 城市绿化苗(万株) | 800000.00 |
| 3 | 芦溪县(赣) | 城市绿化苗(万株) | 600000.00 |

| 序号 | 桂花主产地 | 花卉类别 | 生产量 |
|---|---|---|---|
| 4 | 南漳县(鄂) | 城市绿化苗(万株) | 300000.00 |
| 5 | 象州县(桂) | 城市绿化苗(万株) | 90000.00 |
| 6 | 资阳区(湘) | 城市绿化苗(万株) | 20000.00 |
| 7 | 醴陵市(湘) | 城市绿化苗(万株) | 10000.00 |
| 8 | 苏仙区(湘) | 城市绿化苗(万株) | 8700.00 |
| 9 | 北湖区(湘) | 城市绿化苗(万株) | 5610.00 |
| 10 | 平桥区(豫) | 城市绿化苗(万株) | 1000.00 |
| 11 | 岳阳县(湘) | 城市绿化苗(万株) | 1000.00 |
| 12 | 温江区(川) | 城市绿化苗(万株) | 800.00 |
| 13 | 南召县(豫) | 城市绿化苗(万株) | 655.00 |
| 14 | 株洲县(湘) | 城市绿化苗(万株) | 350.00 |
| 15 | 桑植县(湘) | 城市绿化苗(万株) | 200.00 |
| 16 | 洪江市(湘) | 城市绿化苗(万株) | 161.00 |
| 17 | 大安区(川) | 城市绿化苗(万株) | 160.00 |
| 18 | 合江县(川) | 城市绿化苗(万株) | 160.00 |
| 19 | 南　县(湘) | 城市绿化苗(万株) | 150.00 |
| 20 | 津市市(湘) | 城市绿化苗(万株) | 135.00 |
| 21 | 荆门市市辖区(鄂) | 城市绿化苗(万株) | 123.00 |
| 22 | 谷城县(鄂) | 城市绿化苗(万株) | 120.00 |
| 23 | 茶陵县(湘) | 城市绿化苗(万株) | 100.00 |
| 24 | 长阳土家族自治县(鄂) | 城市绿化苗(万株) | 100.00 |
| 25 | 华容县(湘) | 城市绿化苗(万株) | 100.00 |
| 26 | 内江市市中区(川) | 城市绿化苗(万株) | 100.00 |
| 27 | 青阳县(皖) | 城市绿化苗(万株) | 100.00 |
| 28 | 无为县(皖) | 城市绿化苗(万株) | 100.00 |
| 29 | 邓州市(豫) | 城市绿化苗(万株) | 80.00 |
| 30 | 广丰县(赣) | 城市绿化苗(万株) | 60.00 |
| 31 | 龙南县(赣) | 城市绿化苗(万株) | 60.00 |
| 32 | 安化县(湘) | 城市绿化苗(万株) | 50.00 |
| 33 | 长顺县(黔) | 城市绿化苗(万株) | 50.00 |
| 34 | 合川区(渝) | 城市绿化苗(万株) | 50.00 |
| 35 | 济源市(豫) | 城市绿化苗(万株) | 50.00 |
| 36 | 全州县(桂) | 城市绿化苗(万株) | 50.00 |
| 37 | 邵东县(湘) | 城市绿化苗(万株) | 50.00 |
| 38 | 彝良县(滇) | 城市绿化苗(万株) | 50.00 |
| 39 | 雨城区(川) | 城市绿化苗(万株) | 50.00 |
| 40 | 象山县(浙) | 城市绿化苗(万株) | 40.00 |
| 41 | 开　县(渝) | 城市绿化苗(万株) | 31.60 |
| 42 | 安仁县(湘) | 城市绿化苗(万株) | 30.00 |
| 43 | 碧江区(黔) | 城市绿化苗(万株) | 30.00 |
| 44 | 中方县(湘) | 城市绿化苗(万株) | 30.00 |
| 45 | 太湖县(皖) | 城市绿化苗(万株) | 29.00 |
| 46 | 富川瑶族自治县(桂) | 城市绿化苗(万株) | 25.00 |
| 47 | 龙里县(黔) | 城市绿化苗(万株) | 25.00 |
| 48 | 蕉岭县(粤) | 城市绿化苗(万株) | 20.00 |
| 49 | 泾　县(皖) | 城市绿化苗(万株) | 20.00 |

| 序号 | 桂花主产地 | 花卉类别 | 生产量 |
|---|---|---|---|
| 50 | 桐城市(皖) | 城市绿化苗(万株) | 20.00 |
| 51 | 新晃侗族自治县(湘) | 城市绿化苗(万株) | 20.00 |
| 52 | 新宁县(湘) | 城市绿化苗(万株) | 20.00 |
| 53 | 南康市(赣) | 城市绿化苗(万株) | 19.80 |
| 54 | 三门江林场(桂) | 城市绿化苗(万株) | 17.80 |
| 55 | 新田县(湘) | 城市绿化苗(万株) | 17.20 |
| 56 | 广水市(鄂) | 城市绿化苗(万株) | 17.00 |
| 57 | 新　县(豫) | 城市绿化苗(万株) | 12.00 |
| 58 | 达川区(川) | 城市绿化苗(万株) | 10.00 |
| 59 | 固始县(豫) | 城市绿化苗(万株) | 10.00 |
| 60 | 怀宁县(皖) | 城市绿化苗(万株) | 10.00 |
| 61 | 汝城县(湘) | 城市绿化苗(万株) | 10.00 |
| 62 | 通江县(川) | 城市绿化苗(万株) | 10.00 |
| 63 | 新化县(湘) | 城市绿化苗(万株) | 10.00 |
| 64 | 兴山县(鄂) | 城市绿化苗(万株) | 10.00 |
| 65 | 上蔡县(豫) | 城市绿化苗(万株) | 9.42 |
| 66 | 保康县(鄂) | 城市绿化苗(万株) | 9.00 |
| 67 | 水富县(滇) | 城市绿化苗(万株) | 8.00 |
| 68 | 常山县(浙) | 城市绿化苗(万株) | 7.20 |
| 69 | 辰溪县(湘) | 城市绿化苗(万株) | 5.00 |
| 70 | 恩阳区(川) | 城市绿化苗(万株) | 5.00 |
| 71 | 涪城区(川) | 城市绿化苗(万株) | 5.00 |
| 72 | 蓬安县(川) | 城市绿化苗(万株) | 5.00 |
| 73 | 平舆县(豫) | 城市绿化苗(万株) | 5.00 |
| 74 | 三山区(皖) | 城市绿化苗(万株) | 5.00 |
| 75 | 双牌县(湘) | 城市绿化苗(万株) | 5.00 |
| 76 | 望江县(皖) | 城市绿化苗(万株) | 5.00 |
| 77 | 曾都区(鄂) | 城市绿化苗(万株) | 5.00 |
| 78 | 和　县(皖) | 城市绿化苗(万株) | 4.50 |
| 79 | 进贤县(赣) | 城市绿化苗(万株) | 3.20 |
| 80 | 沅陵县(湘) | 城市绿化苗(万株) | 3.20 |
| 81 | 北碚区(渝) | 城市绿化苗(万株) | 3.00 |
| 82 | 于都县(赣) | 城市绿化苗(万株) | 3.00 |
| 83 | 蒙山县(桂) | 城市绿化苗(万株) | 2.00 |
| 84 | 韶山市(湘) | 城市绿化苗(万株) | 2.00 |
| 85 | 石门县(湘) | 城市绿化苗(万株) | 2.00 |
| 86 | 盱眙县(苏) | 城市绿化苗(万株) | 2.00 |
| 87 | 永定区(湘) | 城市绿化苗(万株) | 2.00 |
| 88 | 源城区(粤) | 城市绿化苗(万株) | 2.00 |
| 89 | 芷江侗族自治县(湘) | 城市绿化苗(万株) | 2.00 |
| 90 | 常德市市辖区(湘) | 城市绿化苗(万株) | 1.50 |
| 91 | 威远县(川) | 城市绿化苗(万株) | 1.20 |
| 92 | 凤冈县(黔) | 城市绿化苗(万株) | 1.00 |
| 93 | 澧　县(湘) | 城市绿化苗(万株) | 1.00 |
| 94 | 沙市区(鄂) | 城市绿化苗(万株) | 1.00 |
| 95 | 阳朔县(桂) | 观赏苗木(万株) | 6000.00 |
| 96 | 沭阳县(苏) | 观赏苗木(万株) | 5000.00 |
| 97 | 永福县(桂) | 观赏苗木(万株) | 1793.49 |
| 98 | 襄城县(豫) | 观赏苗木(万株) | 663.00 |
| 99 | 平乐县(桂) | 观赏苗木(万株) | 520.60 |
| 100 | 巴州区(川) | 观赏苗木(万株) | 500.00 |
| 101 | 大足县(渝) | 观赏苗木(万株) | 500.00 |
| 102 | 名山县(川) | 观赏苗木(万株) | 480.00 |
| 103 | 建始县(鄂) | 观赏苗木(万株) | 435.00 |
| 104 | 新邵县(湘) | 观赏苗木(万株) | 400.00 |
| 105 | 玉山县(赣) | 观赏苗木(万株) | 315.00 |
| 106 | 内乡县(豫) | 观赏苗木(万株) | 270.00 |
| 107 | 叠彩区(桂) | 观赏苗木(万株) | 250.00 |
| 108 | 渝水区(赣) | 观赏苗木(万株) | 220.00 |
| 109 | 桂东县(湘) | 观赏苗木(万株) | 210.00 |
| 110 | 潜江市(鄂) | 观赏苗木(万株) | 200.00 |
| 111 | 邵阳县(湘) | 观赏苗木(万株) | 200.00 |
| 112 | 射洪县(川) | 观赏苗木(万株) | 200.00 |
| 113 | 高　县(川) | 观赏苗木(万株) | 180.00 |
| 114 | 庆元县(浙) | 观赏苗木(万株) | 164.00 |
| 115 | 京山县(鄂) | 观赏苗木(万株) | 120.00 |
| 116 | 沙湾区(川) | 观赏苗木(万株) | 105.00 |
| 117 | 龙南县(赣) | 观赏苗木(万株) | 100.00 |
| 118 | 游仙区(川) | 观赏苗木(万株) | 100.00 |
| 119 | 蒲江县(川) | 观赏苗木(万株) | 95.00 |
| 120 | 新蔡县(豫) | 观赏苗木(万株) | 80.20 |
| 121 | 恭城瑶族自治县(桂) | 观赏苗木(万株) | 75.05 |
| 122 | 贞丰县(黔) | 观赏苗木(万株) | 63.33 |
| 123 | 三门县(浙) | 观赏苗木(万株) | 60.00 |
| 124 | 东宝区(鄂) | 观赏苗木(万株) | 55.00 |
| 125 | 黟　县(皖) | 观赏苗木(万株) | 46.00 |
| 126 | 驿城区(豫) | 观赏苗木(万株) | 39.00 |
| 127 | 广德县(皖) | 观赏苗木(万株) | 35.00 |
| 128 | 雁山区(桂) | 观赏苗木(万株) | 30.50 |
| 129 | 慈利县(湘) | 观赏苗木(万株) | 30.00 |
| 130 | 临沂市高新技术产业开发区(鲁) | 观赏苗木(万株) | 26.70 |
| 131 | 祁门县(皖) | 观赏苗木(万株) | 25.00 |
| 132 | 九龙坡区(渝) | 观赏苗木(万株) | 18.00 |
| 133 | 海盐县(浙) | 观赏苗木(万株) | 17.60 |
| 134 | 鹤峰县(鄂) | 观赏苗木(万株) | 16.00 |
| 135 | 衢江区(浙) | 观赏苗木(万株) | 16.00 |
| 136 | 城阳区(鲁) | 观赏苗木(万株) | 15.00 |
| 137 | 芦淞区(湘) | 观赏苗木(万株) | 15.00 |
| 138 | 东兰县(桂) | 观赏苗木(万株) | 12.00 |
| 139 | 临沭县(鲁) | 观赏苗木(万株) | 10.00 |
| 140 | 赣　县(赣) | 观赏苗木(万株) | 9.00 |
| 141 | 方城县(豫) | 观赏苗木(万株) | 7.70 |

| 序号 | 桂花主产地 | 花卉类别 | 生产量 |
|---|---|---|---|
| 142 | 北塔区(湘) | 观赏苗木(万株) | 6.18 |
| 143 | 常宁市(湘) | 观赏苗木(万株) | 6.00 |
| 144 | 武陵区(湘) | 观赏苗木(万株) | 6.00 |
| 145 | 阳新县(鄂) | 观赏苗木(万株) | 6.00 |
| 146 | 犍为县(川) | 观赏苗木(万株) | 5.90 |
| 147 | 洋　县(陕) | 观赏苗木(万株) | 5.70 |
| 148 | 蔡甸区(鄂) | 观赏苗木(万株) | 5.00 |
| 149 | 汉阴县(陕) | 观赏苗木(万株) | 5.00 |
| 150 | 石泉县(陕) | 观赏苗木(万株) | 5.00 |
| 151 | 淅川县(豫) | 观赏苗木(万株) | 5.00 |
| 152 | 新晃侗族自治县(湘) | 观赏苗木(万株) | 4.00 |
| 153 | 清城区(粤) | 观赏苗木(万株) | 3.10 |
| 154 | 镇坪县(陕) | 观赏苗木(万株) | 3.00 |
| 155 | 翠屏区(川) | 观赏苗木(万株) | 2.60 |
| 156 | 湘潭县(湘) | 观赏苗木(万株) | 2.50 |
| 157 | 沅陵县(湘) | 观赏苗木(万株) | 2.10 |
| 158 | 宾川县(滇) | 观赏苗木(万株) | 2.00 |
| 159 | 川汇区(豫) | 观赏苗木(万株) | 2.00 |
| 160 | 荔波县(黔) | 观赏苗木(万株) | 2.00 |
| 161 | 蕲春县(鄂) | 观赏苗木(万株) | 2.00 |
| 162 | 忠　县(渝) | 观赏苗木(万株) | 2.00 |
| 163 | 商州区(陕) | 观赏苗木(万株) | 1.30 |
| 164 | 双峰县(湘) | 观赏苗木(万株) | 1.20 |
| 165 | 金城江区(桂) | 观赏苗木(万株) | 1.00 |
| 166 | 娄底市市辖区(湘) | 观赏苗木(万株) | 1.00 |
| 167 | 汉源县(川) | 观赏苗木(万株) | 0.80 |
| 168 | 黔西县(黔) | 观赏苗木(万株) | 0.61 |
| 169 | 大冶市(鄂) | 观叶植物(万盆) | 100.00 |
| 170 | 鹤山区(豫) | 观叶植物(万盆) | 40.00 |
| 171 | 茂港区(粤) | 观叶植物(万盆) | 0.70 |
| 172 | 平利县(陕) | 观叶植物(万盆) | 0.70 |
| 173 | 固始县(豫) | 花卉用种苗(千苗) | 300.00 |
| 174 | 兰山区(鲁) | 盆花(万盆) | 1800.00 |
| 175 | 河东区(鲁) | 盆花(万盆) | 400.00 |
| 176 | 巴州区(川) | 盆花(万盆) | 250.00 |
| 177 | 沂水县(鲁) | 盆花(万盆) | 27.00 |
| 178 | 东港区(鲁) | 盆花(万盆) | 11.00 |
| 179 | 莒南县(鲁) | 盆花(万盆) | 10.00 |
| 180 | 瑞金市(赣) | 盆花(万盆) | 6.00 |
| 181 | 临淄区(鲁) | 盆花(万盆) | 4.00 |
| 182 | 临沭县(鲁) | 盆花(万盆) | 3.50 |
| 183 | 娄星区(湘) | 盆花(万盆) | 1.00 |
| 184 | 兴山县(鄂) | 盆花(万盆) | 1.00 |
| 185 | 井研县(川) | 盆花(万盆) | 0.87 |
| 186 | 青州市(鲁) | 盆景(万盆) | 30.00 |
| 187 | 招远市(鲁) | 盆景(万盆) | 15.00 |
| 188 | 永丰县(赣) | 盆景(万盆) | 9.00 |
| 189 | 永兴县(湘) | 盆景(万盆) | 5.40 |
| 190 | 五华县(粤) | 盆景(万盆) | 3.00 |
| 191 | 益阳市市辖区(湘) | 盆景(万盆) | 2.00 |
| 192 | 迁安市(冀) | 盆景(万盆) | 1.30 |
| 193 | 临沭县(鲁) | 盆景(万盆) | 0.60 |
| 194 | 全州县(桂) | 食用及药用花卉(吨) | 25.00 |
| 195 | 巴州区(川) | 鲜切花(万支) | 65.00 |
| 196 | 万源市(川) | 鲜切花(万支) | 10.00 |
| 197 | 芜湖县(皖) | 鲜切叶(万支) | 20.00 |

## 表 13-13　杜鹃花主产地产量

| 序号 | 杜鹃花主产地 | 花卉类别 | 生产量 |
|---|---|---|---|
| 1 | 醴陵市(湘) | 城市绿化苗(万株) | 10000.00 |
| 2 | 苏仙区(湘) | 城市绿化苗(万株) | 2640.00 |
| 3 | 赫山区(湘) | 城市绿化苗(万株) | 300.00 |
| 4 | 邵东县(湘) | 城市绿化苗(万株) | 300.00 |
| 5 | 洪江市(湘) | 城市绿化苗(万株) | 251.00 |
| 6 | 锡林浩特市(内蒙古) | 城市绿化苗(万株) | 130.00 |
| 7 | 碧江区(黔) | 城市绿化苗(万株) | 100.00 |
| 8 | 华容县(湘) | 城市绿化苗(万株) | 100.00 |
| 9 | 津市市(湘) | 城市绿化苗(万株) | 65.00 |
| 10 | 南　县(湘) | 城市绿化苗(万株) | 60.00 |
| 11 | 新化县(湘) | 城市绿化苗(万株) | 60.00 |
| 12 | 炎陵县(湘) | 城市绿化苗(万株) | 60.00 |
| 13 | 路桥区(浙) | 城市绿化苗(万株) | 20.00 |
| 14 | 新宁县(湘) | 城市绿化苗(万株) | 10.00 |
| 15 | 吴川市(粤) | 城市绿化苗(万株) | 6.00 |
| 16 | 汝城县(湘) | 城市绿化苗(万株) | 3.00 |
| 17 | 石门县(湘) | 城市绿化苗(万株) | 1.00 |
| 18 | 新晃侗族自治县(湘) | 城市绿化苗(万株) | 1.00 |
| 19 | 翠屏区(川) | 城市绿化苗(万株) | 0.70 |
| 20 | 仁和区(川) | 观赏苗木(万株) | 10000.00 |
| 21 | 株洲县(湘) | 观赏苗木(万株) | 400.00 |
| 22 | 三门县(浙) | 观赏苗木(万株) | 220.00 |
| 23 | 威海市经济技术开发区(鲁) | 观赏苗木(万株) | 100.00 |
| 24 | 永兴县(湘) | 观赏苗木(万株) | 91.22 |
| 25 | 通城县(鄂) | 观赏苗木(万株) | 89.00 |
| 26 | 西平县(豫) | 观赏苗木(万株) | 40.50 |
| 27 | 鹤城区(湘) | 观赏苗木(万株) | 40.00 |
| 28 | 衢江区(浙) | 观赏苗木(万株) | 25.00 |
| 29 | 丰顺县(粤) | 观赏苗木(万株) | 23.00 |
| 30 | 双滦区(冀) | 观赏苗木(万株) | 22.00 |
| 31 | 中方县(湘) | 观赏苗木(万株) | 22.00 |
| 32 | 益阳市市辖区(湘) | 观赏苗木(万株) | 15.00 |
| 33 | 桐柏县(豫) | 观赏苗木(万株) | 12.00 |

| 序号 | 杜鹃花主产地 | 花卉类别 | 生产量 |
|---|---|---|---|
| 34 | 仪陇县(川) | 观赏苗木(万株) | 5.00 |
| 35 | 麻城市(鄂) | 观赏苗木(万株) | 2.00 |
| 36 | 新野县(豫) | 观赏苗木(万株) | 2.00 |
| 37 | 岚山区(鲁) | 观赏苗木(万株) | 1.10 |
| 38 | 平阴县(鲁) | 观赏苗木(万株) | 0.70 |
| 39 | 新晃侗族自治县(湘) | 观赏苗木(万株) | 0.60 |
| 40 | 鹤山区(豫) | 观叶植物(万盆) | 158.00 |
| 41 | 汝城县(湘) | 观叶植物(万盆) | 10.00 |
| 42 | 竹溪县(鄂) | 观叶植物(万盆) | 10.00 |
| 43 | 广汉市(川) | 观叶植物(万盆) | 6.00 |
| 44 | 昆山市(苏) | 花卉用种苗(千苗) | 42.30 |
| 45 | 振安区(辽) | 盆花(万盆) | 1100.00 |
| 46 | 北仑区(浙) | 盆花(万盆) | 203.00 |
| 47 | 盐亭县(川) | 盆花(万盆) | 102.00 |
| 48 | 红山区(内蒙古) | 盆花(万盆) | 80.00 |
| 49 | 禹州市(豫) | 盆花(万盆) | 62.00 |
| 50 | 巴州区(川) | 盆花(万盆) | 35.00 |
| 51 | 浦东新区(沪) | 盆花(万盆) | 30.00 |
| 52 | 维都林场(桂) | 盆花(万盆) | 18.30 |
| 53 | 栾城县(冀) | 盆花(万盆) | 15.00 |
| 54 | 鼎城区(湘) | 盆花(万盆) | 12.00 |
| 55 | 海城市(辽) | 盆花(万盆) | 10.30 |
| 56 | 长安区(陕) | 盆花(万盆) | 10.00 |
| 57 | 东港区(鲁) | 盆花(万盆) | 10.00 |
| 58 | 洞口县(湘) | 盆花(万盆) | 10.00 |
| 59 | 恩阳区(川) | 盆花(万盆) | 10.00 |
| 60 | 固始县(豫) | 盆花(万盆) | 10.00 |
| 61 | 兴国县(赣) | 盆花(万盆) | 10.00 |
| 62 | 蔡甸区(鄂) | 盆花(万盆) | 9.20 |
| 63 | 东昌府区(鲁) | 盆花(万盆) | 8.00 |
| 64 | 廉江市(粤) | 盆花(万盆) | 8.00 |
| 65 | 黔江区(渝) | 盆花(万盆) | 8.00 |
| 66 | 龙南县(赣) | 盆花(万盆) | 6.00 |
| 67 | 安　县(川) | 盆花(万盆) | 5.00 |
| 68 | 丰润区(冀) | 盆花(万盆) | 5.00 |
| 69 | 昆山市(苏) | 盆花(万盆) | 5.00 |
| 70 | 龙里县(黔) | 盆花(万盆) | 5.00 |
| 71 | 隆尧县(冀) | 盆花(万盆) | 5.00 |
| 72 | 万源市(川) | 盆花(万盆) | 5.00 |
| 73 | 蒙阴县(鲁) | 盆花(万盆) | 4.20 |
| 74 | 梁山县(鲁) | 盆花(万盆) | 3.40 |
| 75 | 江北区(浙) | 盆花(万盆) | 3.00 |
| 76 | 蒙城县(皖) | 盆花(万盆) | 3.00 |
| 77 | 西安区(吉) | 盆花(万盆) | 3.00 |
| 78 | 阳新县(鄂) | 盆花(万盆) | 3.00 |
| 79 | 昌乐县(鲁) | 盆花(万盆) | 2.20 |
| 80 | 蕉岭县(粤) | 盆花(万盆) | 2.10 |
| 81 | 大名县(冀) | 盆花(万盆) | 2.00 |
| 82 | 淮上区(皖) | 盆花(万盆) | 2.00 |
| 83 | 南乐县(豫) | 盆花(万盆) | 2.00 |
| 84 | 汉源县(川) | 盆花(万盆) | 1.50 |
| 85 | 沂南县(鲁) | 盆花(万盆) | 1.20 |
| 86 | 乐业县(桂) | 盆花(万盆) | 1.00 |
| 87 | 雄　县(冀) | 盆花(万盆) | 1.00 |
| 88 | 海盐县(浙) | 盆花(万盆) | 0.85 |
| 89 | 凤庆县(滇) | 盆花(万盆) | 0.55 |
| 90 | 长葛市(豫) | 盆景(万盆) | 4000.00 |
| 91 | 仙桃市(鄂) | 盆景(万盆) | 28.00 |
| 92 | 五华县(粤) | 盆景(万盆) | 10.00 |
| 93 | 犍为县(川) | 盆景(万盆) | 4.80 |
| 94 | 惠东县(粤) | 盆景(万盆) | 3.00 |
| 95 | 迁安市(冀) | 盆景(万盆) | 1.20 |
| 96 | 常宁市(湘) | 盆景(万盆) | 1.00 |
| 97 | 三门县(浙) | 盆景(万盆) | 0.80 |
| 98 | 新宁县(湘) | 食用及药用花卉(吨) | 20.00 |
| 99 | 邻水县(川) | 鲜切花(万支) | 2000.00 |
| 100 | 宣汉县(川) | 鲜切花(万支) | 46.00 |
| 101 | 洋　县(陕) | 鲜切花(万支) | 2.00 |
| 102 | 蕉岭县(粤) | 鲜切花(万支) | 1.00 |
| 103 | 江华瑶族自治县(湘) | 鲜切叶(万支) | 0.87 |

**表 13-14　山茶花主产地产量**

| 序号 | 山茶花主产地 | 花卉类别 | 生产量 |
|---|---|---|---|
| 1 | 北湖区(湘) | 城市绿化苗(万株) | 3590.00 |
| 2 | 宜都市(鄂) | 城市绿化苗(万株) | 35.00 |
| 3 | 安化县(湘) | 城市绿化苗(万株) | 15.00 |
| 4 | 津市市(湘) | 城市绿化苗(万株) | 11.20 |
| 5 | 茶陵县(湘) | 城市绿化苗(万株) | 10.00 |
| 6 | 新化县(湘) | 城市绿化苗(万株) | 10.00 |
| 7 | 新宁县(湘) | 城市绿化苗(万株) | 5.00 |
| 8 | 三门县(浙) | 观赏苗木(万株) | 80.00 |
| 9 | 临川区(赣) | 观赏苗木(万株) | 76.00 |
| 10 | 象山区(桂) | 观赏苗木(万株) | 60.00 |
| 11 | 乳源瑶族自治县(粤) | 观赏苗木(万株) | 50.00 |
| 12 | 巴州区(川) | 观赏苗木(万株) | 45.00 |
| 13 | 麻城市(鄂) | 观赏苗木(万株) | 25.00 |
| 14 | 城阳区(鲁) | 观赏苗木(万株) | 20.60 |
| 15 | 芜湖县(皖) | 观赏苗木(万株) | 6.00 |
| 16 | 翠屏区(川) | 观赏苗木(万株) | 3.50 |
| 17 | 高州市(粤) | 观赏苗木(万株) | 2.00 |
| 18 | 麻城市(鄂) | 观叶植物(万盆) | 7.00 |
| 19 | 巴州区(川) | 盆花(万盆) | 40.00 |

| 序号 | 山茶花主产地 | 花卉类别 | 生产量 |
| --- | --- | --- | --- |
| 20 | 南雄市(粤) | 盆花(万盆) | 8.00 |
| 21 | 鼎城区(湘) | 盆花(万盆) | 3.80 |
| 22 | 汝城县(湘) | 盆花(万盆) | 3.00 |
| 23 | 固始县(豫) | 盆花(万盆) | 2.00 |
| 24 | 娄星区(湘) | 盆花(万盆) | 1.50 |
| 25 | 三门县(浙) | 盆花(万盆) | 1.40 |
| 26 | 沅陵县(湘) | 盆花(万盆) | 0.60 |
| 27 | 临川区(赣) | 盆景(万盆) | 16.00 |
| 28 | 常宁市(湘) | 盆景(万盆) | 1.00 |
| 29 | 巴州区(川) | 鲜切花(万支) | 2.00 |
| 30 | 石城县(赣) | 鲜切叶(万支) | 16.00 |
| 31 | 巴州区(川) | 鲜切叶(万支) | 15.00 |

**表 13-15　茶花主产地产量**

| 序号 | 茶花主产地 | 花卉类别 | 生产量 |
| --- | --- | --- | --- |
| 1 | 醴陵市(湘) | 城市绿化苗(万株) | 10000.00 |
| 2 | 德安县(赣) | 城市绿化苗(万株) | 67.70 |
| 3 | 全州县(桂) | 城市绿化苗(万株) | 30.00 |
| 4 | 新宁县(湘) | 城市绿化苗(万株) | 20.00 |
| 5 | 沙洋县(鄂) | 城市绿化苗(万株) | 20.00 |
| 6 | 广丰县(赣) | 城市绿化苗(万株) | 20.00 |
| 7 | 龙南县(赣) | 城市绿化苗(万株) | 15.00 |
| 8 | 彝良县(滇) | 城市绿化苗(万株) | 10.00 |
| 9 | 新化县(湘) | 城市绿化苗(万株) | 10.00 |
| 10 | 象山县(浙) | 城市绿化苗(万株) | 10.00 |
| 11 | 筠连县(川) | 城市绿化苗(万株) | 5.00 |
| 12 | 辰溪县(湘) | 城市绿化苗(万株) | 4.00 |
| 13 | 石门县(湘) | 城市绿化苗(万株) | 2.00 |
| 14 | 汝城县(湘) | 城市绿化苗(万株) | 2.00 |
| 15 | 龙里县(黔) | 城市绿化苗(万株) | 2.00 |
| 16 | 广水市(鄂) | 城市绿化苗(万株) | 2.00 |
| 17 | 路桥区(浙) | 城市绿化苗(万株) | 1.20 |
| 18 | 竹山县(鄂) | 城市绿化苗(万株) | 1.00 |
| 19 | 岳阳县(湘) | 城市绿化苗(万株) | 1.00 |
| 20 | 湘潭县(湘) | 城市绿化苗(万株) | 1.00 |
| 21 | 蕲春县(鄂) | 城市绿化苗(万株) | 1.00 |
| 22 | 冷水江市(湘) | 城市绿化苗(万株) | 1.00 |
| 23 | 固始县(豫) | 城市绿化苗(万株) | 1.00 |
| 24 | 安陆市(鄂) | 城市绿化苗(万株) | 1.00 |
| 25 | 富川瑶族自治县(桂) | 城市绿化苗(万株) | 0.60 |
| 26 | 楚雄市(滇) | 观赏苗木(万株) | 19000.00 |
| 27 | 北仑区(浙) | 观赏苗木(万株) | 600.00 |
| 28 | 高　县(川) | 观赏苗木(万株) | 300.00 |
| 29 | 建始县(鄂) | 观赏苗木(万株) | 110.00 |
| 30 | 通城县(鄂) | 观赏苗木(万株) | 102.00 |
| 31 | 崂山区(鲁) | 观赏苗木(万株) | 90.00 |
| 32 | 阳朔县(桂) | 观赏苗木(万株) | 80.00 |
| 33 | 鹤城区(湘) | 观赏苗木(万株) | 45.00 |
| 34 | 邵阳县(湘) | 观赏苗木(万株) | 40.00 |
| 35 | 龙门县(粤) | 观赏苗木(万株) | 36.42 |
| 36 | 龙南县(赣) | 观赏苗木(万株) | 30.00 |
| 37 | 高安市(赣) | 观赏苗木(万株) | 26.00 |
| 38 | 竹溪县(鄂) | 观赏苗木(万株) | 20.00 |
| 39 | 巴州区(川) | 观赏苗木(万株) | 15.00 |
| 40 | 阳新县(鄂) | 观赏苗木(万株) | 13.00 |
| 41 | 石城县(赣) | 观赏苗木(万株) | 6.30 |
| 42 | 望江县(皖) | 观赏苗木(万株) | 5.00 |
| 43 | 维都林场(桂) | 观赏苗木(万株) | 3.40 |
| 44 | 武陵区(湘) | 观赏苗木(万株) | 3.00 |
| 45 | 永福县(桂) | 观赏苗木(万株) | 2.30 |
| 46 | 南溪县(川) | 观赏苗木(万株) | 2.00 |
| 47 | 碧江区(黔) | 观赏苗木(万株) | 2.00 |
| 48 | 汉滨区(陕) | 观赏苗木(万株) | 1.97 |
| 49 | 玉山县(赣) | 观赏苗木(万株) | 1.50 |
| 50 | 犍为县(川) | 观赏苗木(万株) | 1.20 |
| 51 | 固始县(豫) | 观赏苗木(万株) | 1.00 |
| 52 | 富顺县(川) | 观叶植物(万盆) | 81.00 |
| 53 | 沭阳县(苏) | 观叶植物(万盆) | 10.00 |
| 54 | 石柱土家族自治县(渝) | 观叶植物(万盆) | 5.00 |
| 55 | 洛南县(陕) | 观叶植物(万盆) | 5.00 |
| 56 | 水富县(滇) | 观叶植物(万盆) | 3.00 |
| 57 | 冷水滩区(湘) | 观叶植物(万盆) | 1.00 |
| 58 | 龙门县(粤) | 盆花(万盆) | 4900.00 |
| 59 | 巴州区(川) | 盆花(万盆) | 150.00 |
| 60 | 阳朔县(桂) | 盆花(万盆) | 30.00 |
| 61 | 洞口县(湘) | 盆花(万盆) | 20.00 |
| 62 | 凤庆县(滇) | 盆花(万盆) | 11.00 |
| 63 | 江华瑶族自治县(湘) | 盆花(万盆) | 6.13 |
| 64 | 黔江区(渝) | 盆花(万盆) | 6.00 |
| 65 | 阳新县(鄂) | 盆花(万盆) | 5.00 |
| 66 | 罗江县(川) | 盆花(万盆) | 5.00 |
| 67 | 井研县(川) | 盆花(万盆) | 3.40 |
| 68 | 龙南县(赣) | 盆花(万盆) | 3.00 |
| 69 | 迁安市(冀) | 盆花(万盆) | 2.10 |
| 70 | 昌乐县(鲁) | 盆花(万盆) | 1.50 |
| 71 | 津市市(湘) | 盆花(万盆) | 1.30 |
| 72 | 西安区(吉) | 盆花(万盆) | 1.00 |
| 73 | 临沭县(鲁) | 盆花(万盆) | 1.00 |
| 74 | 汉源县(川) | 盆花(万盆) | 1.00 |
| 75 | 北辰区(津) | 盆花(万盆) | 0.80 |
| 76 | 长葛市(豫) | 盆景(万盆) | 5000.00 |
| 77 | 江华瑶族自治县(湘) | 盆景(万盆) | 10.00 |

| 序号 | 茶花主产地 | 花卉类别 | 生产量 |
|---|---|---|---|
| 78 | 昆山市(苏) | 盆景(万盆) | 5.00 |
| 79 | 当阳市(鄂) | 盆景(万盆) | 3.00 |
| 80 | 惠东县(粤) | 盆景(万盆) | 2.42 |
| 81 | 固始县(豫) | 盆景(万盆) | 2.00 |
| 82 | 青州市(鲁) | 盆景(万盆) | 1.00 |
| 83 | 沅陵县(湘) | 盆景(万盆) | 0.70 |
| 84 | 金洞林场(湘) | 鲜切花(万支) | 1.80 |

**表 13-16 玫瑰主产地产量**

| 序号 | 玫瑰主产地 | 花卉类别 | 生产量 |
|---|---|---|---|
| 1 | 东平县(鲁) | 城市绿化苗(万株) | 120.00 |
| 2 | 木垒哈萨克自治县(新) | 城市绿化苗(万株) | 54.00 |
| 3 | 五原县(内蒙古) | 城市绿化苗(万株) | 20.00 |
| 4 | 北林区(黑) | 城市绿化苗(万株) | 18.00 |
| 5 | 依安县(黑) | 城市绿化苗(万株) | 10.00 |
| 6 | 竹山县(鄂) | 城市绿化苗(万株) | 9.10 |
| 7 | 克东县(黑) | 城市绿化苗(万株) | 5.00 |
| 8 | 吴川市(粤) | 城市绿化苗(万株) | 5.00 |
| 9 | 昌吉市(新) | 城市绿化苗(万株) | 1.20 |
| 10 | 巴林林业局(内蒙古) | 城市绿化苗(万株) | 1.00 |
| 11 | 卫东区(豫) | 干花(万支) | 3.00 |
| 12 | 梁山县(鲁) | 工业及其他用途花卉(千克) | 4.00 |
| 13 | 邵东县(湘) | 观赏苗木(万株) | 200.00 |
| 14 | 莱州市(鲁) | 观赏苗木(万株) | 157.00 |
| 15 | 呼兰区(黑) | 观赏苗木(万株) | 130.00 |
| 16 | 新邵县(湘) | 观赏苗木(万株) | 100.00 |
| 17 | 建始县(鄂) | 观赏苗木(万株) | 90.00 |
| 18 | 淅川县(豫) | 观赏苗木(万株) | 90.00 |
| 19 | 双滦区(冀) | 观赏苗木(万株) | 30.00 |
| 20 | 月湖区(赣) | 观赏苗木(万株) | 20.00 |
| 21 | 扎兰屯市(内蒙古) | 观赏苗木(万株) | 14.00 |
| 22 | 龙凤区(黑) | 观赏苗木(万株) | 12.00 |
| 23 | 邢台县(冀) | 观赏苗木(万株) | 12.00 |
| 24 | 唐　县(冀) | 观赏苗木(万株) | 8.00 |
| 25 | 高安市(赣) | 观赏苗木(万株) | 7.50 |
| 26 | 凉州区(甘) | 观赏苗木(万株) | 5.00 |
| 27 | 麻城市(鄂) | 观赏苗木(万株) | 4.90 |
| 28 | 登封市(豫) | 观赏苗木(万株) | 1.08 |
| 29 | 江津区(渝) | 观赏苗木(万株) | 1.00 |
| 30 | 玛纳斯县(新) | 花卉用种苗(千苗) | 360.00 |
| 31 | 登封市(豫) | 花卉用种子(千克) | 371.25 |
| 32 | 定州市(冀) | 盆花(万盆) | 200.00 |
| 33 | 东昌府区(鲁) | 盆花(万盆) | 100.00 |
| 34 | 吉木萨尔县(新) | 盆花(万盆) | 60.00 |
| 35 | 清河区(辽) | 盆花(万盆) | 60.00 |
| 36 | 范　县(豫) | 盆花(万盆) | 50.00 |
| 37 | 固始县(豫) | 盆花(万盆) | 40.00 |
| 38 | 上蔡县(豫) | 盆花(万盆) | 18.00 |
| 39 | 临西县(冀) | 盆花(万盆) | 10.00 |
| 40 | 隆尧县(冀) | 盆花(万盆) | 5.00 |
| 41 | 元宝山区(内蒙古) | 盆花(万盆) | 5.00 |
| 42 | 围场满族蒙古族自治县(冀) | 盆花(万盆) | 4.00 |
| 43 | 汉阴县(陕) | 盆花(万盆) | 3.00 |
| 44 | 喀什市(新) | 盆花(万盆) | 3.00 |
| 45 | 蒲江县(川) | 盆花(万盆) | 2.75 |
| 46 | 平阴县(鲁) | 盆花(万盆) | 2.30 |
| 47 | 津市市(湘) | 盆花(万盆) | 1.20 |
| 48 | 台山市(粤) | 盆花(万盆) | 1.20 |
| 49 | 黔江区(渝) | 盆花(万盆) | 1.00 |
| 50 | 盐山县(冀) | 盆花(万盆) | 1.00 |
| 51 | 蠡　县(冀) | 盆花(万盆) | 0.90 |
| 52 | 隆德县(宁) | 盆花(万盆) | 0.63 |
| 53 | 临川区(赣) | 盆景(万盆) | 70.00 |
| 54 | 榆中县(甘) | 盆景(万盆) | 10.00 |
| 55 | 犍为县(川) | 盆景(万盆) | 1.10 |
| 56 | 常宁市(湘) | 盆景(万盆) | 1.00 |
| 57 | 平阴县(鲁) | 食用及药用花卉(吨) | 8558.00 |
| 58 | 衢江区(浙) | 食用及药用花卉(吨) | 400.00 |
| 59 | 鹤庆县(滇) | 食用及药用花卉(千克) | 180000.00 |
| 60 | 延庆县(京) | 食用及药用花卉(千克) | 57960.00 |
| 61 | 青州市(鲁) | 食用及药用花卉(千克) | 30100.00 |
| 62 | 三门县(浙) | 食用及药用花卉(千克) | 5000.00 |
| 63 | 兰州新区(甘) | 食用及药用花卉(千克) | 1145.60 |
| 64 | 禄劝彝族苗族自治县(滇) | 食用及药用花卉(千克) | 40.00 |
| 65 | 朝阳县(辽) | 鲜切花(万支) | 30000.00 |
| 66 | 莒　县(鲁) | 鲜切花(万支) | 25853.00 |
| 67 | 辽中县(辽) | 鲜切花(万支) | 21500.00 |
| 68 | 灯塔市(辽) | 鲜切花(万支) | 20000.00 |
| 69 | 东乡县(赣) | 鲜切花(万支) | 6300.00 |
| 70 | 台安县(辽) | 鲜切花(万支) | 6000.00 |
| 71 | 石林彝族自治县(滇) | 鲜切花(万支) | 5730.27 |
| 72 | 昆明市经济技术开发区(滇) | 鲜切花(万支) | 4644.20 |
| 73 | 榆中县(甘) | 鲜切花(万支) | 3591.39 |
| 74 | 龙城区(辽) | 鲜切花(万支) | 2500.00 |
| 75 | 武定县(滇) | 鲜切花(万支) | 2220.00 |
| 76 | 巴林左旗(内蒙古) | 鲜切花(万支) | 2000.00 |
| 77 | 濮阳市高新区(豫) | 鲜切花(万支) | 2000.00 |
| 78 | 平桥区(豫) | 鲜切花(万支) | 1840.00 |
| 79 | 凌源市(辽) | 鲜切花(万支) | 1700.00 |
| 80 | 瓦房店市(辽) | 鲜切花(万支) | 1320.00 |
| 81 | 峨山彝族自治县(滇) | 鲜切花(万支) | 1070.00 |

| 序号 | 玫瑰主产地 | 花卉类别 | 生产量 |
|---|---|---|---|
| 82 | 郾城区(豫) | 鲜切花(万支) | 900.00 |
| 83 | 清丰县(豫) | 鲜切花(万支) | 804.00 |
| 84 | 兰山区(鲁) | 鲜切花(万支) | 800.00 |
| 85 | 岫岩满族自治县(辽) | 鲜切花(万支) | 790.00 |
| 86 | 喀喇沁左翼蒙古族自治县(辽) | 鲜切花(万支) | 600.00 |
| 87 | 衢江区(浙) | 鲜切花(万支) | 550.00 |
| 88 | 南湖区(浙) | 鲜切花(万支) | 503.00 |
| 89 | 木垒哈萨克自治县(新) | 鲜切花(万支) | 480.00 |
| 90 | 楚雄市(滇) | 鲜切花(万支) | 450.50 |
| 91 | 潼南县(渝) | 鲜切花(万支) | 386.00 |
| 92 | 凯里市(黔) | 鲜切花(万支) | 330.00 |
| 93 | 沂源县(鲁) | 鲜切花(万支) | 326.00 |
| 94 | 濮阳县(豫) | 鲜切花(万支) | 300.00 |
| 95 | 吉木萨尔县(新) | 鲜切花(万支) | 270.00 |
| 96 | 东洲区(辽) | 鲜切花(万支) | 240.00 |
| 97 | 华龙区(豫) | 鲜切花(万支) | 200.00 |
| 98 | 许昌县(豫) | 鲜切花(万支) | 190.00 |
| 99 | 红山区(内蒙古) | 鲜切花(万支) | 160.00 |
| 100 | 宝山区(沪) | 鲜切花(万支) | 130.00 |
| 101 | 迁安市(冀) | 鲜切花(万支) | 130.00 |
| 102 | 丰满区(吉) | 鲜切花(万支) | 120.00 |
| 103 | 辉南县(吉) | 鲜切花(万支) | 120.00 |
| 104 | 临川区(赣) | 鲜切花(万支) | 120.00 |
| 105 | 平山县(冀) | 鲜切花(万支) | 110.00 |
| 106 | 古冶区(冀) | 鲜切花(万支) | 100.00 |
| 107 | 连州市(粤) | 鲜切花(万支) | 100.00 |
| 108 | 阳新县(鄂) | 鲜切花(万支) | 100.00 |
| 109 | 长垣县(豫) | 鲜切花(万支) | 94.00 |
| 110 | 长丰县(皖) | 鲜切花(万支) | 92.50 |
| 111 | 临邑县(鲁) | 鲜切花(万支) | 90.00 |
| 112 | 固安县(冀) | 鲜切花(万支) | 88.00 |
| 113 | 永川区(渝) | 鲜切花(万支) | 81.00 |
| 114 | 招远市(鲁) | 鲜切花(万支) | 80.00 |
| 115 | 遵化市(冀) | 鲜切花(万支) | 80.00 |
| 116 | 茌平县(鲁) | 鲜切花(万支) | 77.00 |
| 117 | 宣汉县(川) | 鲜切花(万支) | 68.00 |
| 118 | 金山区(沪) | 鲜切花(万支) | 66.00 |
| 119 | 岚山区(鲁) | 鲜切花(万支) | 55.00 |
| 120 | 大英县(川) | 鲜切花(万支) | 50.00 |
| 121 | 管城回族区(豫) | 鲜切花(万支) | 50.00 |
| 122 | 西青区(津) | 鲜切花(万支) | 50.00 |
| 123 | 振安区(辽) | 鲜切花(万支) | 50.00 |
| 124 | 献　县(冀) | 鲜切花(万支) | 49.00 |
| 125 | 海城市(辽) | 鲜切花(万支) | 43.20 |
| 126 | 慈溪市(浙) | 鲜切花(万支) | 40.00 |
| 127 | 德城区(鲁) | 鲜切花(万支) | 40.00 |
| 128 | 象山县(浙) | 鲜切花(万支) | 40.00 |
| 129 | 大同区(黑) | 鲜切花(万支) | 36.00 |
| 130 | 仁寿县(川) | 鲜切花(万支) | 35.00 |
| 131 | 修武县(豫) | 鲜切花(万支) | 35.00 |
| 132 | 凤城市(辽) | 鲜切花(万支) | 33.00 |
| 133 | 庄河市(辽) | 鲜切花(万支) | 32.00 |
| 134 | 海港区(冀) | 鲜切花(万支) | 30.00 |
| 135 | 花溪区(黔) | 鲜切花(万支) | 30.00 |
| 136 | 隆尧县(冀) | 鲜切花(万支) | 30.00 |
| 137 | 南川区(渝) | 鲜切花(万支) | 23.00 |
| 138 | 泰顺县(浙) | 鲜切花(万支) | 22.00 |
| 139 | 台山市(粤) | 鲜切花(万支) | 21.00 |
| 140 | 汝南县(豫) | 鲜切花(万支) | 20.54 |
| 141 | 芦溪县(赣) | 鲜切花(万支) | 20.00 |
| 142 | 彭山县(川) | 鲜切花(万支) | 20.00 |
| 143 | 青山区(内蒙古) | 鲜切花(万支) | 20.00 |
| 144 | 日照国际海洋城(鲁) | 鲜切花(万支) | 20.00 |
| 145 | 梁山县(鲁) | 鲜切花(万支) | 18.50 |
| 146 | 祁东县(湘) | 鲜切花(万支) | 18.20 |
| 147 | 栾城县(冀) | 鲜切花(万支) | 17.80 |
| 148 | 长葛市(豫) | 鲜切花(万支) | 15.00 |
| 149 | 廉江市(粤) | 鲜切花(万支) | 15.00 |
| 150 | 桂阳县(湘) | 鲜切花(万支) | 13.00 |
| 151 | 福泉市(黔) | 鲜切花(万支) | 12.00 |
| 152 | 三门县(浙) | 鲜切花(万支) | 12.00 |
| 153 | 惠济区(豫) | 鲜切花(万支) | 10.20 |
| 154 | 白银区(甘) | 鲜切花(万支) | 10.00 |
| 155 | 红旗区(豫) | 鲜切花(万支) | 10.00 |
| 156 | 开平区(冀) | 鲜切花(万支) | 10.00 |
| 157 | 临漳县(冀) | 鲜切花(万支) | 10.00 |
| 158 | 宁都县(赣) | 鲜切花(万支) | 10.00 |
| 159 | 沙市区(鄂) | 鲜切花(万支) | 10.00 |
| 160 | 井研县(川) | 鲜切花(万支) | 8.50 |
| 161 | 衡阳县(湘) | 鲜切花(万支) | 8.00 |
| 162 | 凉州区(甘) | 鲜切花(万支) | 8.00 |
| 163 | 清苑县(冀) | 鲜切花(万支) | 8.00 |
| 164 | 南市区(冀) | 鲜切花(万支) | 7.00 |
| 165 | 喀什市(新) | 鲜切花(万支) | 6.00 |
| 166 | 马山县(桂) | 鲜切花(万支) | 6.00 |
| 167 | 北票市(辽) | 鲜切花(万支) | 5.00 |
| 168 | 万源市(川) | 鲜切花(万支) | 5.00 |
| 169 | 武陵区(湘) | 鲜切花(万支) | 5.00 |
| 170 | 于都县(赣) | 鲜切花(万支) | 4.90 |
| 171 | 永城市(豫) | 鲜切花(万支) | 4.32 |
| 172 | 犍为县(川) | 鲜切花(万支) | 4.00 |
| 173 | 满城县(冀) | 鲜切花(万支) | 4.00 |

| 序号 | 玫瑰主产地 | 花卉类别 | 生产量 |
|---|---|---|---|
| 174 | 衡山县(湘) | 鲜切花(万支) | 3.70 |
| 175 | 黔西县(黔) | 鲜切花(万支) | 3.50 |
| 176 | 平果县(桂) | 鲜切花(万支) | 3.38 |
| 177 | 合浦县(桂) | 鲜切花(万支) | 3.00 |
| 178 | 红岗区(黑) | 鲜切花(万支) | 3.00 |
| 179 | 墨江哈尼族自治县(滇) | 鲜切花(万支) | 3.00 |
| 180 | 南溪县(川) | 鲜切花(万支) | 3.00 |
| 181 | 青　县(冀) | 鲜切花(万支) | 3.00 |
| 182 | 沂南县(鲁) | 鲜切花(万支) | 3.00 |
| 183 | 长治市城区(晋) | 鲜切花(万支) | 2.50 |
| 184 | 大庆市开发区(黑) | 鲜切花(万支) | 2.40 |
| 185 | 汉源县(川) | 鲜切花(万支) | 2.20 |
| 186 | 蕉岭县(粤) | 鲜切花(万支) | 2.10 |
| 187 | 津市市(湘) | 鲜切花(万支) | 2.10 |
| 188 | 碧江区(黔) | 鲜切花(万支) | 2.00 |
| 189 | 江川县(滇) | 鲜切花(万支) | 2.00 |
| 190 | 洛南县(陕) | 鲜切花(万支) | 2.00 |
| 191 | 张湾区(鄂) | 鲜切花(万支) | 2.00 |
| 192 | 沙雅县(新) | 鲜切花(万支) | 1.87 |
| 193 | 蔡甸区(鄂) | 鲜切花(万支) | 1.60 |
| 194 | 永靖县(甘) | 鲜切植(万支) | 1.60 |
| 195 | 大方县(黔) | 鲜切花(万支) | 1.50 |
| 196 | 永兴县(湘) | 鲜切花(万支) | 0.93 |
| 197 | 房　县(鄂) | 鲜切花(万支) | 0.55 |
| 198 | 禄劝彝族苗族自治县(滇) | 鲜切叶(万支) | 5.00 |

**表 13-17　百合主产地产量**

| 序号 | 百合主产地 | 花卉类别 | 生产量 |
|---|---|---|---|
| 1 | 二道区(吉) | 城市绿化苗(万株) | 150.00 |
| 2 | 广水市(鄂) | 城市绿化苗(万株) | 5.00 |
| 3 | 建始县(鄂) | 观赏苗木(万株) | 160.00 |
| 4 | 蒲江县(川) | 观赏苗木(万株) | 45.60 |
| 5 | 滦南县(冀) | 观赏苗木(万株) | 22.10 |
| 6 | 临洮县(甘) | 观赏苗木(万株) | 3.00 |
| 7 | 调兵山市(辽) | 观赏苗木(万株) | 2.00 |
| 8 | 遂川县(赣) | 观赏苗木(万株) | 2.00 |
| 9 | 彭水苗族土家族自治县(渝) | 观赏苗木(万株) | 1.00 |
| 10 | 施甸县(滇) | 观叶植物(万盆) | 12.00 |
| 11 | 海宁市(浙) | 花卉用种球(千粒) | 4366.00 |
| 12 | 临安市(浙) | 花卉用种球(千粒) | 1000.00 |
| 13 | 海城市(辽) | 花卉用种球(千粒) | 282.00 |
| 14 | 南郑县(陕) | 花卉用种球(千粒) | 280.00 |
| 15 | 延庆县(京) | 花卉用种球(千粒) | 80.00 |
| 16 | 宣汉县(川) | 盆花(万盆) | 43.00 |
| 17 | 濮阳县(豫) | 盆花(万盆) | 33.00 |
| 18 | 惠济区(豫) | 盆花(万盆) | 18.44 |
| 19 | 长治市城区(晋) | 盆花(万盆) | 10.00 |
| 20 | 清丰县(豫) | 盆花(万盆) | 5.00 |
| 21 | 巴州区(川) | 盆花(万盆) | 5.00 |
| 22 | 固安县(冀) | 盆花(万盆) | 4.00 |
| 23 | 迁安市(冀) | 盆花(万盆) | 3.50 |
| 24 | 蒲江县(川) | 盆花(万盆) | 3.20 |
| 25 | 青州市(鲁) | 盆花(万盆) | 1.20 |
| 26 | 平山县(冀) | 盆花(万盆) | 1.00 |
| 27 | 遂川县(赣) | 盆花(万盆) | 1.00 |
| 28 | 大东流苗圃(京) | 盆花(万盆) | 0.92 |
| 29 | 东营区(鲁) | 盆景(万盆) | 15.00 |
| 30 | 新宁县(湘) | 食用及药用花卉(千克) | 20000.00 |
| 31 | 凌源市(辽) | 鲜切花(万支) | 51500.00 |
| 32 | 太子河区(辽) | 鲜切花(万支) | 30000.00 |
| 33 | 灯塔市(辽) | 鲜切花(万支) | 20000.00 |
| 34 | 会泽县(滇) | 鲜切花(万支) | 13188.00 |
| 35 | 南雄市(粤) | 鲜切花(万支) | 9938.00 |
| 36 | 东乡县(赣) | 鲜切花(万支) | 8350.00 |
| 37 | 师宗县(滇) | 鲜切花(万支) | 5000.00 |
| 38 | 盘龙区(滇) | 鲜切花(万支) | 5000.00 |
| 39 | 海宁市(浙) | 鲜切花(万支) | 4504.50 |
| 40 | 隆德县(宁) | 鲜切花(万支) | 3500.00 |
| 41 | 寻甸回族彝族自治县(滇) | 鲜切花(万支) | 3200.00 |
| 42 | 龙城区(辽) | 鲜切花(万支) | 2500.00 |
| 43 | 经济技术开发区(辽) | 鲜切花(万支) | 2450.00 |
| 44 | 于洪区(辽) | 鲜切花(万支) | 2267.00 |
| 45 | 北票市(辽) | 鲜切花(万支) | 1000.00 |
| 46 | 清新县(粤) | 鲜切花(万支) | 800.00 |
| 47 | 峨山彝族自治县(滇) | 鲜切花(万支) | 700.00 |
| 48 | 平泉县(冀) | 鲜切花(万支) | 600.00 |
| 49 | 香河县(冀) | 鲜切花(万支) | 500.00 |
| 50 | 获嘉县(豫) | 鲜切花(万支) | 500.00 |
| 51 | 临川区(赣) | 鲜切花(万支) | 472.00 |
| 52 | 临安市(浙) | 鲜切花(万支) | 320.00 |
| 53 | 濮阳县(豫) | 鲜切花(万支) | 280.00 |
| 54 | 惠山区(苏) | 鲜切花(万支) | 269.00 |
| 55 | 许昌县(豫) | 鲜切花(万支) | 220.00 |
| 56 | 东洲区(辽) | 鲜切花(万支) | 200.00 |
| 57 | 长兴县(浙) | 鲜切花(万支) | 200.00 |
| 58 | 南湖区(浙) | 鲜切花(万支) | 200.00 |
| 59 | 如皋市(苏) | 鲜切花(万支) | 160.00 |
| 60 | 崇明县(沪) | 鲜切花(万支) | 124.40 |
| 61 | 金山区(沪) | 鲜切花(万支) | 110.00 |
| 62 | 吉木萨尔县(新) | 鲜切花(万支) | 93.00 |
| 63 | 石林彝族自治县(滇) | 鲜切花(万支) | 91.00 |
| 64 | 迁安市(冀) | 鲜切花(万支) | 70.00 |

| 序号 | 百合主产地 | 花卉类别 | 生产量 |
|---|---|---|---|
| 65 | 嘉陵区(川) | 鲜切花(万支) | 54.10 |
| 66 | 振安区(辽) | 鲜切花(万支) | 50.00 |
| 67 | 奉贤区(沪) | 鲜切花(万支) | 42.00 |
| 68 | 象山县(浙) | 鲜切花(万支) | 40.00 |
| 69 | 庄河市(辽) | 鲜切花(万支) | 34.00 |
| 70 | 三门县(浙) | 鲜切花(万支) | 30.00 |
| 71 | 芦溪县(赣) | 鲜切花(万支) | 30.00 |
| 72 | 维西傈僳族自治县(滇) | 鲜切花(万支) | 30.00 |
| 73 | 杨凌区农林局(陕) | 鲜切花(万支) | 30.00 |
| 74 | 通州区(京) | 鲜切花(万支) | 29.00 |
| 75 | 瑞金市(赣) | 鲜切花(万支) | 25.00 |
| 76 | 平谷区(京) | 鲜切花(万支) | 23.20 |
| 77 | 西青区(津) | 鲜切花(万支) | 20.00 |
| 78 | 路北区(冀) | 鲜切花(万支) | 20.00 |
| 79 | 游仙区(川) | 鲜切花(万支) | 20.00 |
| 80 | 白银区(甘) | 鲜切花(万支) | 20.00 |
| 81 | 永靖县(甘) | 鲜切花(万支) | 19.20 |
| 82 | 宽城满族自治县(冀) | 鲜切花(万支) | 19.00 |
| 83 | 海城市(辽) | 鲜切花(万支) | 18.20 |
| 84 | 开平区(冀) | 鲜切花(万支) | 15.00 |
| 85 | 玉田县(冀) | 鲜切花(万支) | 10.00 |
| 86 | 浦东新区(沪) | 鲜切花(万支) | 10.00 |
| 87 | 克什克腾旗(内蒙古) | 鲜切花(万支) | 8.00 |
| 88 | 闵行区(沪) | 鲜切花(万支) | 7.00 |
| 89 | 奉化市(浙) | 鲜切花(万支) | 6.00 |
| 90 | 献　县(冀) | 鲜切花(万支) | 5.00 |
| 91 | 潮安县(粤) | 鲜切花(万支) | 5.00 |
| 92 | 井研县(川) | 鲜切花(万支) | 5.00 |
| 93 | 万源市(川) | 鲜切花(万支) | 5.00 |
| 94 | 雁塔区(陕) | 鲜切花(万支) | 5.00 |
| 95 | 长丰县(皖) | 鲜切花(万支) | 4.90 |
| 96 | 怀柔区(京) | 鲜切花(万支) | 4.85 |
| 97 | 沙市区(鄂) | 鲜切花(万支) | 4.00 |
| 98 | 平山县(冀) | 鲜切花(万支) | 3.00 |
| 99 | 红岗区(黑) | 鲜切花(万支) | 3.00 |
| 100 | 汉滨区(陕) | 鲜切花(万支) | 2.30 |
| 101 | 栾城县(冀) | 鲜切花(万支) | 2.00 |
| 102 | 蔡甸区(鄂) | 鲜切花(万支) | 1.30 |
| 103 | 喀什市(新) | 鲜切花(万支) | 1.00 |
| 104 | 汉源县(川) | 鲜切花(万支) | 0.60 |
| 105 | 临沂市高新技术产业开发区(鲁) | 鲜切叶(万支) | 24000.00 |
| 106 | 禄劝彝族苗族自治县(滇) | 鲜切叶(万支) | 10.00 |
| 107 | 马山县(桂) | 鲜切叶(万支) | 5.00 |
| 108 | 洋　县(陕) | 鲜切叶(万支) | 4.00 |

**表 13-18　康乃馨主产地产量**

| 序号 | 康乃馨主产地 | 花卉类别 | 生产量 |
|---|---|---|---|
| 1 | 海盐县(浙) | 干花(万支) | 2.50 |
| 2 | 建始县(鄂) | 观赏苗木(万株) | 150.00 |
| 3 | 闵行区(沪) | 花卉用种苗(千苗) | 30000.00 |
| 4 | 隆德县(宁) | 盆花(万盆) | 40.00 |
| 5 | 东丽区(津) | 盆花(万盆) | 8.60 |
| 6 | 东河区(内蒙古) | 盆花(万盆) | 5.80 |
| 7 | 石棉县(川) | 盆花(万盆) | 5.00 |
| 8 | 襄城区(鄂) | 盆花(万盆) | 3.30 |
| 9 | 平山县(冀) | 盆花(万盆) | 2.00 |
| 10 | 盐山县(冀) | 盆花(万盆) | 2.00 |
| 11 | 新建县(赣) | 盆花(万盆) | 0.85 |
| 12 | 犍为县(川) | 盆景(万盆) | 0.60 |
| 13 | 石林彝族自治县(滇) | 鲜切花(万支) | 19884.70 |
| 14 | 榆中县(甘) | 鲜切花(万支) | 1764.00 |
| 15 | 嵩明县(滇) | 鲜切花(万支) | 910.00 |
| 16 | 南湖区(浙) | 鲜切花(万支) | 400.00 |
| 17 | 香河县(冀) | 鲜切花(万支) | 400.00 |
| 18 | 会泽县(滇) | 鲜切花(万支) | 350.00 |
| 19 | 凌源市(辽) | 鲜切花(万支) | 340.00 |
| 20 | 青浦区(沪) | 鲜切花(万支) | 220.00 |
| 21 | 惠山区(苏) | 鲜切花(万支) | 200.00 |
| 22 | 松江区(沪) | 鲜切花(万支) | 162.00 |
| 23 | 金山区(沪) | 鲜切花(万支) | 150.00 |
| 24 | 临川区(赣) | 鲜切花(万支) | 120.00 |
| 25 | 江川县(滇) | 鲜切花(万支) | 100.00 |
| 26 | 大武口区(宁) | 鲜切花(万支) | 80.00 |
| 27 | 木垒哈萨克自治县(新) | 鲜切花(万支) | 80.00 |
| 28 | 迁安市(冀) | 鲜切花(万支) | 60.00 |
| 29 | 常熟市(苏) | 鲜切花(万支) | 40.00 |
| 30 | 浦东新区(沪) | 鲜切花(万支) | 30.00 |
| 31 | 庄河市(辽) | 鲜切花(万支) | 26.00 |
| 32 | 农垦事业管理局(宁) | 鲜切花(万支) | 25.50 |
| 33 | 西青区(津) | 鲜切花(万支) | 20.00 |
| 34 | 芦溪县(赣) | 鲜切花(万支) | 15.00 |
| 35 | 闵行区(沪) | 鲜切花(万支) | 15.00 |
| 36 | 沙市区(鄂) | 鲜切花(万支) | 15.00 |
| 37 | 宽城满族自治县(冀) | 鲜切花(万支) | 10.00 |
| 38 | 宁都县(赣) | 鲜切花(万支) | 10.00 |
| 39 | 互助土族自治县(青) | 鲜切花(万支) | 9.50 |
| 40 | 白银区(甘) | 鲜切花(万支) | 5.00 |
| 41 | 临漳县(冀) | 鲜切花(万支) | 5.00 |
| 42 | 丰润区(冀) | 鲜切花(万支) | 4.30 |
| 43 | 井研县(川) | 鲜切花(万支) | 3.07 |
| 44 | 石柱土家族自治县(渝) | 鲜切花(万支) | 2.30 |
| 45 | 武陵区(湘) | 鲜切花(万支) | 2.00 |

| 序号 | 康乃馨主产地 | 花卉类别 | 生产量 |
|---|---|---|---|
| 46 | 碧江区(黔) | 鲜切花(万支) | 1.00 |
| 47 | 汉源县(川) | 鲜切花(万支) | 0.80 |
| 48 | 招远市(鲁) | 鲜切叶(万支) | 55.00 |

**表 13-19　龙柏主产地产量**

| 序号 | 龙柏主产地 | 花卉类别 | 生产量 |
|---|---|---|---|
| 1 | 醴陵市(湘) | 城市绿化苗(万株) | 10000.00 |
| 2 | 即墨市(鲁) | 城市绿化苗(万株) | 900.00 |
| 3 | 新泰市(鲁) | 城市绿化苗(万株) | 800.00 |
| 4 | 潢川县(豫) | 城市绿化苗(万株) | 406.00 |
| 5 | 费　县(鲁) | 城市绿化苗(万株) | 20.00 |
| 6 | 梁山县(鲁) | 城市绿化苗(万株) | 20.00 |
| 7 | 安化县(湘) | 城市绿化苗(万株) | 10.00 |
| 8 | 龙安区(豫) | 城市绿化苗(万株) | 10.00 |
| 9 | 坊子区(鲁) | 城市绿化苗(万株) | 8.00 |
| 10 | 华容县(湘) | 城市绿化苗(万株) | 5.00 |
| 11 | 娄星区(湘) | 城市绿化苗(万株) | 3.50 |
| 12 | 威海市经济技术开发区(鲁) | 城市绿化苗(万株) | 1.50 |
| 13 | 沭阳县(苏) | 观赏苗木(万株) | 13000.00 |
| 14 | 邯郸县(冀) | 观赏苗木(万株) | 200.00 |
| 15 | 东港区(鲁) | 观赏苗木(万株) | 105.00 |
| 16 | 西平县(豫) | 观赏苗木(万株) | 50.00 |
| 17 | 垦利县(鲁) | 观赏苗木(万株) | 35.00 |
| 18 | 沙河市(冀) | 观赏苗木(万株) | 20.00 |
| 19 | 常宁市(湘) | 观赏苗木(万株) | 10.00 |
| 20 | 芜湖县(皖) | 观赏苗木(万株) | 10.00 |
| 21 | 安阳县(豫) | 观赏苗木(万株) | 6.40 |
| 22 | 牧野区(豫) | 观赏苗木(万株) | 6.30 |
| 23 | 陵　县(鲁) | 观赏苗木(万株) | 6.00 |
| 24 | 商河县(鲁) | 观赏苗木(万株) | 5.00 |
| 25 | 中方县(湘) | 观赏苗木(万株) | 5.00 |
| 26 | 永年县(冀) | 观赏苗木(万株) | 2.60 |
| 27 | 灵璧县(皖) | 观赏苗木(万株) | 2.00 |
| 28 | 鹿泉市(冀) | 观赏苗木(万株) | 2.00 |
| 29 | 海盐县(浙) | 观赏苗木(万株) | 1.30 |
| 30 | 藁城市(冀) | 观赏苗木(万株) | 1.00 |
| 31 | 新晃侗族自治县(湘) | 观赏苗木(万株) | 0.60 |
| 32 | 江北区(浙) | 盆景(万盆) | 5.00 |
| 33 | 闵行区(沪) | 盆景(万盆) | 3.20 |
| 34 | 龙南县(赣) | 盆景(万盆) | 3.00 |
| 35 | 宕昌县(甘) | 盆景(万盆) | 2.10 |
| 36 | 潢川县(豫) | 盆景(万盆) | 2.00 |

**表 13-20　鸡冠花主产地产量**

| 序号 | 鸡冠花主产地 | 花卉类别 | 生产量 |
|---|---|---|---|
| 1 | 鄢陵县(豫) | 城市绿化苗(万株) | 1100.00 |
| 2 | 攀枝花市东区(川) | 城市绿化苗(万株) | 2.40 |
| 3 | 泊头市(冀) | 观赏苗木(万株) | 19.14 |
| 4 | 涉　县(冀) | 观赏苗木(万株) | 18.00 |
| 5 | 成安县(冀) | 观赏苗木(万株) | 7.00 |
| 6 | 会宁县(甘) | 观叶植物(万盆) | 10.00 |
| 7 | 路南区(冀) | 盆花(万盆) | 2000.00 |
| 8 | 青州市(鲁) | 盆花(万盆) | 520.00 |
| 9 | 肥乡县(冀) | 盆花(万盆) | 232.00 |
| 10 | 惠农区(宁) | 盆花(万盆) | 50.00 |
| 11 | 固安县(冀) | 盆花(万盆) | 20.00 |
| 12 | 滦南县(冀) | 盆花(万盆) | 20.00 |
| 13 | 黔江区(渝) | 盆花(万盆) | 20.00 |
| 14 | 涿州市(冀) | 盆花(万盆) | 20.00 |
| 15 | 栾城县(冀) | 盆花(万盆) | 11.00 |
| 16 | 香河县(冀) | 盆花(万盆) | 10.00 |
| 17 | 阳泉市郊区(晋) | 盆花(万盆) | 10.00 |
| 18 | 枝江市(鄂) | 盆花(万盆) | 10.00 |
| 19 | 北戴河区(冀) | 盆花(万盆) | 8.00 |
| 20 | 鼎城区(湘) | 盆花(万盆) | 8.00 |
| 21 | 独山县(黔) | 盆花(万盆) | 8.00 |
| 22 | 大名县(冀) | 盆花(万盆) | 6.00 |
| 23 | 邯郸县(冀) | 盆花(万盆) | 5.00 |
| 24 | 东乌珠穆沁旗(内蒙古) | 盆花(万盆) | 3.00 |
| 25 | 格尔木市(青) | 盆花(万盆) | 3.00 |
| 26 | 潢川县(豫) | 盆花(万盆) | 3.00 |
| 27 | 鹿泉市(冀) | 盆花(万盆) | 3.00 |
| 28 | 忻府区(晋) | 盆花(万盆) | 2.50 |
| 29 | 昌乐县(鲁) | 盆花(万盆) | 2.20 |
| 30 | 望都县(冀) | 盆花(万盆) | 2.10 |
| 31 | 本溪满族自治县(辽) | 盆花(万盆) | 2.00 |
| 32 | 海港区(冀) | 盆花(万盆) | 2.00 |
| 33 | 晋州市(冀) | 盆花(万盆) | 2.00 |
| 34 | 龙里县(黔) | 盆花(万盆) | 2.00 |
| 35 | 让胡路区(黑) | 盆花(万盆) | 2.00 |
| 36 | 古冶区(冀) | 盆花(万盆) | 1.53 |
| 37 | 沅陵县(湘) | 盆花(万盆) | 1.20 |
| 38 | 宁夏仁存渡护岸林场(宁) | 盆花(万盆) | 1.00 |
| 39 | 雄　县(冀) | 盆花(万盆) | 1.00 |
| 40 | 会宁县(甘) | 鲜切叶(万支) | 3.06 |

**表 13-21　紫叶李主产地产量**

| 序号 | 紫叶李主产地 | 花卉类别 | 生产量 |
|---|---|---|---|
| 1 | 宁河县(津) | 城市绿化苗(万株) | 42000.00 |
| 2 | 即墨市(鲁) | 城市绿化苗(万株) | 650.00 |
| 3 | 潢川县(豫) | 城市绿化苗(万株) | 440.00 |
| 4 | 河东区(鲁) | 城市绿化苗(万株) | 200.00 |

| 序号 | 紫叶李主产地 | 花卉类别 | 生产量 |
|---|---|---|---|
| 5 | 东平县(鲁) | 城市绿化苗(万株) | 130.00 |
| 6 | 许昌县(豫) | 城市绿化苗(万株) | 115.00 |
| 7 | 长丰县(皖) | 城市绿化苗(万株) | 54.20 |
| 8 | 荆门市市辖区(鄂) | 城市绿化苗(万株) | 34.00 |
| 9 | 华龙区(豫) | 城市绿化苗(万株) | 20.00 |
| 10 | 淄川区(鲁) | 城市绿化苗(万株) | 20.00 |
| 11 | 光山县(豫) | 城市绿化苗(万株) | 10.00 |
| 12 | 孝昌县(鄂) | 城市绿化苗(万株) | 10.00 |
| 13 | 东昌府区(鲁) | 城市绿化苗(万株) | 7.00 |
| 14 | 依安县(黑) | 城市绿化苗(万株) | 5.00 |
| 15 | 船营区(吉) | 城市绿化苗(万株) | 3.00 |
| 16 | 崆峒区(甘) | 城市绿化苗(万株) | 2.90 |
| 17 | 元氏县(冀) | 城市绿化苗(万株) | 2.60 |
| 18 | 定襄县(晋) | 城市绿化苗(万株) | 2.00 |
| 19 | 鹿邑县(豫) | 城市绿化苗(万株) | 2.00 |
| 20 | 喀什市(新) | 城市绿化苗(万株) | 1.00 |
| 21 | 龙里县(黔) | 城市绿化苗(万株) | 1.00 |
| 22 | 岳阳县(湘) | 城市绿化苗(万株) | 1.00 |
| 23 | 竹山县(鄂) | 城市绿化苗(万株) | 1.00 |
| 24 | 邢台市桥西区(冀) | 观赏苗木(万株) | 300000.00 |
| 25 | 沭阳县(苏) | 观赏苗木(万株) | 11000.00 |
| 26 | 呼兰区(黑) | 观赏苗木(万株) | 1500.00 |
| 27 | 安国市(冀) | 观赏苗木(万株) | 650.00 |
| 28 | 青州市(鲁) | 观赏苗木(万株) | 530.00 |
| 29 | 汶上县(鲁) | 观赏苗木(万株) | 300.00 |
| 30 | 博野县(冀) | 观赏苗木(万株) | 240.00 |
| 31 | 静海县(津) | 观赏苗木(万株) | 156.30 |
| 32 | 定州市(冀) | 观赏苗木(万株) | 120.00 |
| 33 | 丰南区(冀) | 观赏苗木(万株) | 95.20 |
| 34 | 德城区(鲁) | 观赏苗木(万株) | 90.00 |
| 35 | 广饶县(鲁) | 观赏苗木(万株) | 86.00 |
| 36 | 巴州区(川) | 观赏苗木(万株) | 80.00 |
| 37 | 固安县(冀) | 观赏苗木(万株) | 62.00 |
| 38 | 霸州市(冀) | 观赏苗木(万株) | 55.00 |
| 39 | 垦利县(鲁) | 观赏苗木(万株) | 45.00 |
| 40 | 广平县(冀) | 观赏苗木(万株) | 40.00 |
| 41 | 肥城市(鲁) | 观赏苗木(万株) | 37.00 |
| 42 | 东港区(鲁) | 观赏苗木(万株) | 35.00 |
| 43 | 寒亭区(鲁) | 观赏苗木(万株) | 30.00 |
| 44 | 濮阳县(豫) | 观赏苗木(万株) | 30.00 |
| 45 | 清苑县(冀) | 观赏苗木(万株) | 30.00 |
| 46 | 新泰市(鲁) | 观赏苗木(万株) | 30.00 |
| 47 | 邢台县(冀) | 观赏苗木(万株) | 30.00 |
| 48 | 玉田县(冀) | 观赏苗木(万株) | 30.00 |
| 49 | 南和县(冀) | 观赏苗木(万株) | 24.00 |
| 50 | 广阳区(冀) | 观赏苗木(万株) | 20.00 |
| 51 | 梁山县(鲁) | 观赏苗木(万株) | 20.00 |
| 52 | 宁阳县(鲁) | 观赏苗木(万株) | 17.00 |
| 53 | 辛集市(冀) | 观赏苗木(万株) | 14.40 |
| 54 | 曲阳县(冀) | 观赏苗木(万株) | 10.00 |
| 55 | 桃城区(冀) | 观赏苗木(万株) | 10.00 |
| 56 | 南乐县(豫) | 观赏苗木(万株) | 8.00 |
| 57 | 嵩　县(豫) | 观赏苗木(万株) | 8.00 |
| 58 | 昌乐县(鲁) | 观赏苗木(万株) | 7.70 |
| 59 | 三台县(川) | 观赏苗木(万株) | 7.00 |
| 60 | 任　县(冀) | 观赏苗木(万株) | 6.00 |
| 61 | 博兴县(鲁) | 观赏苗木(万株) | 5.00 |
| 62 | 藁城市(冀) | 观赏苗木(万株) | 5.00 |
| 63 | 芜湖县(皖) | 观赏苗木(万株) | 5.00 |
| 64 | 涿州市(冀) | 观赏苗木(万株) | 5.00 |
| 65 | 闻喜县(晋) | 观赏苗木(万株) | 4.80 |
| 66 | 彭山县(川) | 观赏苗木(万株) | 4.60 |
| 67 | 临漳县(冀) | 观赏苗木(万株) | 4.10 |
| 68 | 大厂回族自治县(冀) | 观赏苗木(万株) | 4.00 |
| 69 | 晋州市(冀) | 观赏苗木(万株) | 4.00 |
| 70 | 鹿泉市(冀) | 观赏苗木(万株) | 4.00 |
| 71 | 平阴县(鲁) | 观赏苗木(万株) | 4.00 |
| 72 | 魏　县(冀) | 观赏苗木(万株) | 4.00 |
| 73 | 大名县(冀) | 观赏苗木(万株) | 3.00 |
| 74 | 灵璧县(皖) | 观赏苗木(万株) | 3.00 |
| 75 | 枣强县(冀) | 观赏苗木(万株) | 2.30 |
| 76 | 定西市峻口林业试验场(甘) | 观赏苗木(万株) | 2.00 |
| 77 | 雁塔区(陕) | 观赏苗木(万株) | 2.00 |
| 78 | 怀来县(冀) | 观赏苗木(万株) | 1.30 |
| 79 | 阳信县(鲁) | 观赏苗木(万株) | 1.30 |
| 80 | 乐亭县(冀) | 观赏苗木(万株) | 1.00 |
| 81 | 栾城县(冀) | 观赏苗木(万株) | 0.90 |
| 82 | 巴州区(川) | 盆花(万盆) | 20.00 |
| 83 | 洞口县(湘) | 盆花(万盆) | 0.60 |
| 84 | 满城县(冀) | 鲜切叶(万支) | 3.00 |

**表 13-22　碧桃主产地产量**

| 序号 | 碧桃主产地 | 花卉类别 | 生产量 |
|---|---|---|---|
| 1 | 宁河县(津) | 城市绿化苗(万株) | 48000.00 |
| 2 | 东平县(鲁) | 城市绿化苗(万株) | 250.00 |
| 3 | 坊子区(鲁) | 城市绿化苗(万株) | 100.00 |
| 4 | 许昌县(豫) | 城市绿化苗(万株) | 33.00 |
| 5 | 龙安区(豫) | 城市绿化苗(万株) | 30.00 |
| 6 | 偃师市(豫) | 城市绿化苗(万株) | 30.00 |
| 7 | 即墨市(鲁) | 城市绿化苗(万株) | 25.00 |
| 8 | 辛集市(冀) | 城市绿化苗(万株) | 18.00 |
| 9 | 临夏市(甘) | 城市绿化苗(万株) | 16.50 |

| 序号 | 碧桃主产地 | 花卉类别 | 生产量 |
|---|---|---|---|
| 10 | 华龙区(豫) | 城市绿化苗(万株) | 10.00 |
| 11 | 沙洋县(鄂) | 城市绿化苗(万株) | 10.00 |
| 12 | 岳阳县(湘) | 城市绿化苗(万株) | 10.00 |
| 13 | 榆阳区(陕) | 城市绿化苗(万株) | 8.00 |
| 14 | 夏邑县(豫) | 城市绿化苗(万株) | 5.00 |
| 15 | 东昌府区(鲁) | 城市绿化苗(万株) | 4.00 |
| 16 | 井陉矿区(冀) | 城市绿化苗(万株) | 2.00 |
| 17 | 邢台市桥西区(冀) | 观赏苗木(万株) | 300000.00 |
| 18 | 山城区(豫) | 观赏苗木(万株) | 1000.00 |
| 19 | 鄢陵县(豫) | 观赏苗木(万株) | 850.00 |
| 20 | 青州市(鲁) | 观赏苗木(万株) | 200.00 |
| 21 | 长葛市(豫) | 观赏苗木(万株) | 150.00 |
| 22 | 定州市(冀) | 观赏苗木(万株) | 130.00 |
| 23 | 安国市(冀) | 观赏苗木(万株) | 86.00 |
| 24 | 固安县(冀) | 观赏苗木(万株) | 82.00 |
| 25 | 博野县(冀) | 观赏苗木(万株) | 75.00 |
| 26 | 金乡县(鲁) | 观赏苗木(万株) | 43.00 |
| 27 | 沙河市(冀) | 观赏苗木(万株) | 25.00 |
| 28 | 郾城区(豫) | 观赏苗木(万株) | 20.01 |
| 29 | 文安县(冀) | 观赏苗木(万株) | 20.00 |
| 30 | 遵化市(冀) | 观赏苗木(万株) | 16.00 |
| 31 | 闻喜县(晋) | 观赏苗木(万株) | 12.00 |
| 32 | 南乐县(豫) | 观赏苗木(万株) | 10.00 |
| 33 | 芜湖县(皖) | 观赏苗木(万株) | 10.00 |
| 34 | 新华区(冀) | 观赏苗木(万株) | 8.00 |
| 35 | 新泰市(鲁) | 观赏苗木(万株) | 8.00 |
| 36 | 清丰县(豫) | 观赏苗木(万株) | 5.00 |
| 37 | 桃城区(冀) | 观赏苗木(万株) | 5.00 |
| 38 | 涿州市(冀) | 观赏苗木(万株) | 5.00 |
| 39 | 高碑店市(冀) | 观赏苗木(万株) | 4.50 |
| 40 | 邢台县(冀) | 观赏苗木(万株) | 4.00 |
| 41 | 晋州市(冀) | 观赏苗木(万株) | 3.00 |
| 42 | 任　县(冀) | 观赏苗木(万株) | 3.00 |
| 43 | 北戴河区(冀) | 观赏苗木(万株) | 2.00 |
| 44 | 博兴县(鲁) | 观赏苗木(万株) | 2.00 |
| 45 | 任丘市(冀) | 观赏苗木(万株) | 2.00 |
| 46 | 新化县(湘) | 观赏苗木(万株) | 2.00 |
| 47 | 安阳县(豫) | 观赏苗木(万株) | 1.80 |
| 48 | 迁安市(冀) | 观赏苗木(万株) | 1.30 |
| 49 | 容城县(冀) | 观赏苗木(万株) | 1.20 |
| 50 | 大厂回族自治县(冀) | 观赏苗木(万株) | 1.00 |
| 51 | 唐　县(冀) | 观赏苗木(万株) | 1.00 |
| 52 | 吴桥县(冀) | 观赏苗木(万株) | 1.00 |
| 53 | 怀来县(冀) | 观赏苗木(万株) | 0.90 |
| 54 | 枣强县(冀) | 观赏苗木(万株) | 0.80 |
| 55 | 上蔡县(豫) | 盆景(万盆) | 8.00 |

**表 13-23　栀子花主产地产量**

| 序号 | 栀子花主产地 | 花卉类别 | 生产量 |
|---|---|---|---|
| 1 | 高坪区(川) | 城市绿化苗(万株) | 327.00 |
| 2 | 新宁县(湘) | 城市绿化苗(万株) | 20.00 |
| 3 | 昆山市(苏) | 城市绿化苗(万株) | 10.00 |
| 4 | 沙洋县(鄂) | 城市绿化苗(万株) | 10.00 |
| 5 | 津市市(湘) | 城市绿化苗(万株) | 8.90 |
| 6 | 新晃侗族自治县(湘) | 城市绿化苗(万株) | 6.00 |
| 7 | 龙里县(黔) | 城市绿化苗(万株) | 5.00 |
| 8 | 吴川市(粤) | 城市绿化苗(万株) | 5.00 |
| 9 | 岳阳县(湘) | 城市绿化苗(万株) | 2.00 |
| 10 | 翠屏区(川) | 城市绿化苗(万株) | 0.80 |
| 11 | 广水市(鄂) | 工业及其他用途花卉(千克) | 180.00 |
| 12 | 三台县(川) | 工业及其他用途花卉(千克) | 10.00 |
| 13 | 射洪县(川) | 观赏苗木(万株) | 530.00 |
| 14 | 泰顺县(浙) | 观赏苗木(万株) | 327.00 |
| 15 | 巴州区(川) | 观赏苗木(万株) | 20.00 |
| 16 | 翠屏区(川) | 观赏苗木(万株) | 13.20 |
| 17 | 中江县(川) | 观赏苗木(万株) | 11.50 |
| 18 | 鹤峰县(鄂) | 观赏苗木(万株) | 10.00 |
| 19 | 东宝区(鄂) | 观赏苗木(万株) | 6.00 |
| 20 | 阳新县(鄂) | 观赏苗木(万株) | 5.00 |
| 21 | 临武县(湘) | 观赏苗木(万株) | 0.80 |
| 22 | 邹平县(鲁) | 盆花(万盆) | 435.00 |
| 23 | 射洪县(川) | 盆花(万盆) | 400.00 |
| 24 | 巴州区(川) | 盆花(万盆) | 150.00 |
| 25 | 黔江区(渝) | 盆花(万盆) | 10.00 |
| 26 | 通江县(川) | 盆花(万盆) | 10.00 |
| 27 | 涿州市(冀) | 盆花(万盆) | 5.00 |
| 28 | 襄城区(鄂) | 盆花(万盆) | 4.20 |
| 29 | 鹤峰县(鄂) | 盆花(万盆) | 2.00 |
| 30 | 新华区(豫) | 盆花(万盆) | 1.50 |
| 31 | 三门县(浙) | 盆花(万盆) | 0.70 |
| 32 | 犍为县(川) | 盆景(万盆) | 4.10 |
| 33 | 彭山县(川) | 盆景(万盆) | 2.80 |
| 34 | 新宁县(湘) | 食用及药用花卉(千克) | 20000.00 |
| 35 | 平桥区(豫) | 食用及药用花卉(千克) | 20.00 |
| 36 | 犍为县(川) | 鲜切花(万支) | 60.60 |
| 37 | 罗山县(豫) | 鲜切花(万支) | 50.00 |
| 38 | 南川区(渝) | 鲜切花(万支) | 23.00 |
| 39 | 巴州区(川) | 鲜切花(万支) | 10.00 |
| 40 | 江油市(川) | 鲜切叶(万支) | 10.00 |
| 41 | 息　县(豫) | 鲜切叶(万支) | 1.00 |

**表 13-24　一品红主产地产量**

| 序号 | 一品红主产地 | 花卉类别 | 生产量 |
|---|---|---|---|
| 1 | 吴川市(粤) | 城市绿化苗(万株) | 15.00 |
| 2 | 冷水江市(湘) | 城市绿化苗(万株) | 2.00 |
| 3 | 临洮县(甘) | 城市绿化苗(万株) | 2.00 |
| 4 | 石家庄市桥西区(冀) | 城市绿化苗(万株) | 2.00 |
| 5 | 广水市(鄂) | 观赏苗木(万株) | 23.00 |
| 6 | 商州区(陕) | 观赏苗木(万株) | 5.20 |
| 7 | 青州市(鲁) | 观叶植物(万盆) | 80.00 |
| 8 | 路桥区(浙) | 观叶植物(万盆) | 2.00 |
| 9 | 雄　县(冀) | 观叶植物(万盆) | 1.50 |
| 10 | 平利县(陕) | 花卉用种苗(千苗) | 2.00 |
| 11 | 栾城县(冀) | 盆花(万盆) | 71.00 |
| 12 | 浦东新区(沪) | 盆花(万盆) | 60.00 |
| 13 | 高邑县(冀) | 盆花(万盆) | 33.00 |
| 14 | 临安市(浙) | 盆花(万盆) | 33.00 |
| 15 | 涿州市(冀) | 盆花(万盆) | 25.00 |
| 16 | 高平市(晋) | 盆花(万盆) | 20.00 |
| 17 | 长安区(陕) | 盆花(万盆) | 17.00 |
| 18 | 松北区(黑) | 盆花(万盆) | 16.00 |
| 19 | 榆中县(甘) | 盆花(万盆) | 15.00 |
| 20 | 海城市(辽) | 盆花(万盆) | 4.20 |
| 21 | 沙河市(冀) | 盆花(万盆) | 4.00 |
| 22 | 东洲区(辽) | 盆花(万盆) | 3.50 |
| 23 | 平阴县(鲁) | 盆花(万盆) | 3.00 |
| 24 | 北辰区(津) | 盆花(万盆) | 2.40 |
| 25 | 崆峒区(甘) | 盆花(万盆) | 2.30 |
| 26 | 广阳区(冀) | 盆花(万盆) | 2.27 |
| 27 | 蜀山区(皖) | 盆花(万盆) | 2.00 |
| 28 | 临武县(湘) | 盆花(万盆) | 1.35 |
| 29 | 晋州市(冀) | 盆花(万盆) | 1.00 |
| 30 | 梁山县(鲁) | 盆花(万盆) | 0.70 |
| 31 | 麦盖提县(新) | 盆景(万盆) | 4500.00 |
| 32 | 徽　县(甘) | 盆景(万盆) | 2963.00 |
| 33 | 大冶市(鄂) | 盆景(万盆) | 30.00 |
| 34 | 永兴县(湘) | 盆景(万盆) | 14.07 |
| 35 | 新安县(豫) | 鲜切花(万支) | 340.00 |

**表 13-25　丁香类主产地产量**

| 序号 | 丁香类主产地 | 花卉类别 | 生产量 |
|---|---|---|---|
| 1 | 宁河县(津) | 城市绿化苗(万株) | 22000.00 |
| 2 | 潢川县(豫) | 城市绿化苗(万株) | 75.00 |
| 3 | 赤城县(冀) | 城市绿化苗(万株) | 56.10 |
| 4 | 大武口区(宁) | 城市绿化苗(万株) | 50.00 |
| 5 | 喀喇沁旗(内蒙古) | 城市绿化苗(万株) | 35.00 |
| 6 | 定襄县(晋) | 城市绿化苗(万株) | 30.00 |
| 7 | 榆阳区(陕) | 城市绿化苗(万株) | 26.30 |
| 8 | 海拉尔区(内蒙古) | 城市绿化苗(万株) | 20.00 |
| 9 | 临夏市(甘) | 城市绿化苗(万株) | 16.50 |
| 10 | 昌吉市(新) | 城市绿化苗(万株) | 15.00 |
| 11 | 鄂托克前旗(内蒙古) | 城市绿化苗(万株) | 11.67 |
| 12 | 北林区(黑) | 城市绿化苗(万株) | 10.00 |
| 13 | 五原县(内蒙古) | 城市绿化苗(万株) | 10.00 |
| 14 | 特克斯林场(新) | 城市绿化苗(万株) | 2.99 |
| 15 | 白城市市辖区(吉) | 城市绿化苗(万株) | 2.10 |
| 16 | 吴起县(陕) | 城市绿化苗(万株) | 2.00 |
| 17 | 崆峒区(甘) | 城市绿化苗(万株) | 1.70 |
| 18 | 永靖县(甘) | 城市绿化苗(万株) | 1.50 |
| 19 | 嘉峪关市(甘) | 城市绿化苗(万株) | 1.00 |
| 20 | 松北区(黑) | 观赏苗木(万株) | 5600.00 |
| 21 | 呼兰区(黑) | 观赏苗木(万株) | 3000.00 |
| 22 | 定州市(冀) | 观赏苗木(万株) | 1300.00 |
| 23 | 红古区(甘) | 观赏苗木(万株) | 600.00 |
| 24 | 昌黎县(冀) | 观赏苗木(万株) | 360.00 |
| 25 | 闻喜县(晋) | 观赏苗木(万株) | 300.00 |
| 26 | 凤城市(辽) | 观赏苗木(万株) | 250.00 |
| 27 | 扎兰屯市(内蒙古) | 观赏苗木(万株) | 250.00 |
| 28 | 肇源县(黑) | 观赏苗木(万株) | 210.00 |
| 29 | 康保县(冀) | 观赏苗木(万株) | 200.00 |
| 30 | 安国市(冀) | 观赏苗木(万株) | 98.00 |
| 31 | 丰宁满族自治县(冀) | 观赏苗木(万株) | 80.00 |
| 32 | 大同区(黑) | 观赏苗木(万株) | 78.80 |
| 33 | 翁牛特旗(内蒙古) | 观赏苗木(万株) | 28.00 |
| 34 | 玉田县(冀) | 观赏苗木(万株) | 25.50 |
| 35 | 南和县(冀) | 观赏苗木(万株) | 25.00 |
| 36 | 涉　县(冀) | 观赏苗木(万株) | 25.00 |
| 37 | 肇州县(黑) | 观赏苗木(万株) | 25.00 |
| 38 | 平安县(青) | 观赏苗木(万株) | 22.38 |
| 39 | 海城市(辽) | 观赏苗木(万株) | 20.30 |
| 40 | 龙凤区(黑) | 观赏苗木(万株) | 15.00 |
| 41 | 迁安市(冀) | 观赏苗木(万株) | 12.00 |
| 42 | 兰西县(黑) | 观赏苗木(万株) | 10.00 |
| 43 | 隆化县(冀) | 观赏苗木(万株) | 10.00 |
| 44 | 石泉县(陕) | 观赏苗木(万株) | 10.00 |
| 45 | 涿州市(冀) | 观赏苗木(万株) | 10.00 |
| 46 | 延庆县(京) | 观赏苗木(万株) | 8.00 |
| 47 | 海港区(冀) | 观赏苗木(万株) | 7.40 |
| 48 | 乐都县(青) | 观赏苗木(万株) | 6.00 |
| 49 | 北戴河区(冀) | 观赏苗木(万株) | 4.00 |
| 50 | 威海市经济技术开发区(鲁) | 观赏苗木(万株) | 3.00 |
| 51 | 怀来县(冀) | 观赏苗木(万株) | 2.70 |
| 52 | 忻府区(晋) | 观赏苗木(万株) | 2.20 |
| 53 | 金凤区(宁) | 观赏苗木(万株) | 2.00 |

| 序号 | 丁香类主产地 | 花卉类别 | 生产量 |
|---|---|---|---|
| 54 | 邢台县(冀) | 观赏苗木(万株) | 2.00 |
| 55 | 海淀区(京) | 观赏苗木(万株) | 1.00 |
| 56 | 让胡路区(黑) | 观赏苗木(万株) | 1.00 |
| 57 | 吴桥县(冀) | 观赏苗木(万株) | 1.00 |
| 58 | 通城县(鄂) | 观赏苗木(万株) | 0.80 |
| 59 | 山丹县(甘) | 观赏苗木(万株) | 0.70 |
| 60 | 友谊县(黑) | 花卉用种苗(千苗) | 7.00 |
| 61 | 肇州县(黑) | 盆花(万盆) | 10.00 |
| 62 | 鄂托克旗(内蒙古) | 盆花(万盆) | 5.00 |
| 63 | 乾安县(吉) | 盆花(万盆) | 5.00 |
| 64 | 兴山县(鄂) | 盆花(万盆) | 1.00 |
| 65 | 石泉县(陕) | 盆花(万盆) | 0.80 |
| 66 | 阳新县(鄂) | 鲜切花(万支) | 40.00 |
| 67 | 马山县(桂) | 鲜切叶(万支) | 3.00 |

**表 13-26　樱花主产地产量**

| 序号 | 樱花主产地 | 花卉类别 | 生产量 |
|---|---|---|---|
| 1 | 旌德县(皖) | 城市绿化苗(万株) | 100000.00 |
| 2 | 醴陵市(湘) | 城市绿化苗(万株) | 1000.00 |
| 3 | 即墨市(鲁) | 城市绿化苗(万株) | 940.00 |
| 4 | 雨城区(川) | 城市绿化苗(万株) | 200.00 |
| 5 | 潢川县(豫) | 城市绿化苗(万株) | 114.00 |
| 6 | 沙洋县(鄂) | 城市绿化苗(万株) | 100.00 |
| 7 | 长丰县(皖) | 城市绿化苗(万株) | 62.51 |
| 8 | 东平县(鲁) | 城市绿化苗(万株) | 50.00 |
| 9 | 上蔡县(豫) | 城市绿化苗(万株) | 41.00 |
| 10 | 温江区(川) | 城市绿化苗(万株) | 30.00 |
| 11 | 宜都市(鄂) | 城市绿化苗(万株) | 20.00 |
| 12 | 新宁县(湘) | 城市绿化苗(万株) | 15.00 |
| 13 | 淄川区(鲁) | 城市绿化苗(万株) | 10.00 |
| 14 | 昆山市(苏) | 城市绿化苗(万株) | 6.00 |
| 15 | 枣阳市(鄂) | 城市绿化苗(万株) | 4.00 |
| 16 | 冷水江市(湘) | 城市绿化苗(万株) | 2.00 |
| 17 | 平桥区(豫) | 城市绿化苗(万株) | 1.85 |
| 18 | 威海市经济技术开发区(鲁) | 城市绿化苗(万株) | 1.50 |
| 19 | 石门县(湘) | 城市绿化苗(万株) | 1.00 |
| 20 | 澜沧拉祜族自治县(滇) | 城市绿化苗(万株) | 0.73 |
| 21 | 沭阳县(苏) | 观赏苗木(万株) | 5500.00 |
| 22 | 青州市(鲁) | 观赏苗木(万株) | 650.00 |
| 23 | 巴州区(川) | 观赏苗木(万株) | 300.00 |
| 24 | 蕲春县(鄂) | 观赏苗木(万株) | 200.00 |
| 25 | 汶上县(鲁) | 观赏苗木(万株) | 200.00 |
| 26 | 汝南县(豫) | 观赏苗木(万株) | 126.72 |
| 27 | 定州市(冀) | 观赏苗木(万株) | 112.00 |
| 28 | 广饶县(鲁) | 观赏苗木(万株) | 83.00 |
| 29 | 东港区(鲁) | 观赏苗木(万株) | 70.00 |
| 30 | 安国市(冀) | 观赏苗木(万株) | 60.00 |
| 31 | 沙湾区(川) | 观赏苗木(万株) | 60.00 |
| 32 | 潜江市(鄂) | 观赏苗木(万株) | 50.00 |
| 33 | 岚山区(鲁) | 观赏苗木(万株) | 44.00 |
| 34 | 蒲江县(川) | 观赏苗木(万株) | 40.50 |
| 35 | 高安市(赣) | 观赏苗木(万株) | 30.00 |
| 36 | 邯郸县(冀) | 观赏苗木(万株) | 30.00 |
| 37 | 肥城市(鲁) | 观赏苗木(万株) | 28.00 |
| 38 | 新泰市(鲁) | 观赏苗木(万株) | 25.00 |
| 39 | 长清区(鲁) | 观赏苗木(万株) | 20.00 |
| 40 | 宁阳县(鲁) | 观赏苗木(万株) | 17.00 |
| 41 | 霸州市(冀) | 观赏苗木(万株) | 12.00 |
| 42 | 三门县(浙) | 观赏苗木(万株) | 10.00 |
| 43 | 海盐县(浙) | 观赏苗木(万株) | 7.20 |
| 44 | 宁波市市辖区(浙) | 观赏苗木(万株) | 7.20 |
| 45 | 蒙阴县(鲁) | 观赏苗木(万株) | 7.00 |
| 46 | 华龙区(豫) | 观赏苗木(万株) | 6.00 |
| 47 | 博野县(冀) | 观赏苗木(万株) | 5.00 |
| 48 | 安阳县(豫) | 观赏苗木(万株) | 4.10 |
| 49 | 阳新县(鄂) | 观赏苗木(万株) | 4.00 |
| 50 | 博兴县(鲁) | 观赏苗木(万株) | 3.00 |
| 51 | 乐亭县(冀) | 观赏苗木(万株) | 3.00 |
| 52 | 定海区(浙) | 观赏苗木(万株) | 2.85 |
| 53 | 临武县(湘) | 观赏苗木(万株) | 2.30 |
| 54 | 新华区(冀) | 观赏苗木(万株) | 2.00 |
| 55 | 涿州市(冀) | 观赏苗木(万株) | 2.00 |
| 56 | 北仑区(浙) | 观赏苗木(万株) | 1.80 |
| 57 | 北塔区(湘) | 观赏苗木(万株) | 1.38 |
| 58 | 大厂回族自治县(冀) | 观赏苗木(万株) | 1.00 |
| 59 | 海港区(冀) | 观赏苗木(万株) | 0.71 |
| 60 | 平阴县(鲁) | 观赏苗木(万株) | 0.60 |
| 61 | 雁江区(川) | 观叶植物(万盆) | 6000.00 |
| 62 | 驿城区(豫) | 观叶植物(万盆) | 1.00 |
| 63 | 南郑县(陕) | 花卉用种苗(千苗) | 500.00 |
| 64 | 德安县(赣) | 花卉用种苗(千苗) | 20.00 |
| 65 | 固始县(豫) | 花卉用种苗(千苗) | 20.00 |
| 66 | 巴州区(川) | 盆花(万盆) | 25.00 |
| 67 | 邢台县(冀) | 盆花(万盆) | 2.00 |
| 68 | 洋　县(陕) | 鲜切花(万支) | 6.00 |
| 69 | 万源市(川) | 鲜切花(万支) | 5.00 |
| 70 | 巴州区(川) | 鲜切花(万支) | 1.00 |
| 71 | 巴州区(川) | 鲜切叶(万支) | 3.00 |

**表 13-27　石竹主产地产量**

| 序号 | 石竹主产地 | 花卉类别 | 生产量 |
|---|---|---|---|
| 1 | 九台市(吉) | 城市绿化苗(万株) | 100.00 |

| 序号 | 石竹主产地 | 花卉类别 | 生产量 |
|---|---|---|---|
| 2 | 定州市(冀) | 观赏苗木(万株) | 2150.00 |
| 3 | 常宁市(湘) | 观赏苗木(万株) | 0.80 |
| 4 | 新安县(豫) | 盆花(万盆) | 160.00 |
| 5 | 阜新蒙古族自治县(辽) | 盆花(万盆) | 150.00 |
| 6 | 浦东新区(沪) | 盆花(万盆) | 90.00 |
| 7 | 蔡甸区(鄂) | 盆花(万盆) | 52.00 |
| 8 | 金凤区(宁) | 盆花(万盆) | 40.00 |
| 9 | 延庆县(京) | 盆花(万盆) | 15.00 |
| 10 | 惠农区(宁) | 盆花(万盆) | 10.00 |
| 11 | 吉木萨尔县(新) | 盆花(万盆) | 10.00 |
| 12 | 独山县(黔) | 盆花(万盆) | 8.85 |
| 13 | 宁夏仁存渡护岸林场(宁) | 盆花(万盆) | 8.00 |
| 14 | 北戴河区(冀) | 盆花(万盆) | 6.00 |
| 15 | 商州区(陕) | 盆花(万盆) | 5.30 |
| 16 | 抚宁县(冀) | 盆花(万盆) | 5.00 |
| 17 | 庐阳区(皖) | 盆花(万盆) | 5.00 |
| 18 | 高碑店市(冀) | 盆花(万盆) | 4.50 |
| 19 | 旌阳区(川) | 盆花(万盆) | 3.00 |
| 20 | 唐　县(冀) | 盆花(万盆) | 2.50 |
| 21 | 甘州区(甘) | 盆花(万盆) | 2.00 |
| 22 | 金城江区(桂) | 盆花(万盆) | 2.00 |
| 23 | 龙里县(黔) | 盆花(万盆) | 2.00 |
| 24 | 湘乡市(湘) | 盆花(万盆) | 1.85 |
| 25 | 息　县(豫) | 盆花(万盆) | 1.20 |
| 26 | 津市市(湘) | 盆花(万盆) | 1.10 |
| 27 | 洞口县(湘) | 盆花(万盆) | 1.00 |
| 28 | 榆中县(甘) | 盆景(万盆) | 10.00 |
| 29 | 蕉岭县(粤) | 盆景(万盆) | 1.50 |
| 30 | 奉贤区(沪) | 鲜切花(万支) | 101.00 |
| 31 | 三门县(浙) | 鲜切花(万支) | 35.00 |
| 32 | 通州区(京) | 鲜切花(万支) | 18.62 |
| 33 | 长沙县(湘) | 鲜切花(万支) | 0.80 |
| 34 | 隆尧县(冀) | 鲜切叶(万支) | 4.00 |
| 35 | 沙市区(鄂) | 鲜切叶(万支) | 2.00 |

## 表 13-28　海棠花主产地产量

| 序号 | 海棠花主产地 | 花卉类别 | 生产量 |
|---|---|---|---|
| 1 | 宁河县(津) | 城市绿化苗(万株) | 45000.00 |
| 2 | 潢川县(豫) | 城市绿化苗(万株) | 120.00 |
| 3 | 许昌县(豫) | 城市绿化苗(万株) | 80.00 |
| 4 | 东平县(鲁) | 城市绿化苗(万株) | 50.00 |
| 5 | 北关区(豫) | 城市绿化苗(万株) | 39.00 |
| 6 | 长丰县(皖) | 城市绿化苗(万株) | 38.90 |
| 7 | 二道江区(吉) | 城市绿化苗(万株) | 15.00 |
| 8 | 东昌府区(鲁) | 城市绿化苗(万株) | 4.00 |
| 9 | 洮南市(吉) | 城市绿化苗(万株) | 2.00 |
| 10 | 特克斯林场(新) | 城市绿化苗(万株) | 0.77 |
| 11 | 青州市(鲁) | 观赏苗木(万株) | 400.00 |
| 12 | 安国市(冀) | 观赏苗木(万株) | 200.00 |
| 13 | 汶上县(鲁) | 观赏苗木(万株) | 200.00 |
| 14 | 遵化市(冀) | 观赏苗木(万株) | 180.00 |
| 15 | 邯郸县(冀) | 观赏苗木(万株) | 170.00 |
| 16 | 鹤山区(豫) | 观赏苗木(万株) | 100.00 |
| 17 | 泰山区(鲁) | 观赏苗木(万株) | 74.00 |
| 18 | 建始县(鄂) | 观赏苗木(万株) | 60.00 |
| 19 | 垦利县(鲁) | 观赏苗木(万株) | 45.00 |
| 20 | 固安县(冀) | 观赏苗木(万株) | 22.00 |
| 21 | 郾城区(豫) | 观赏苗木(万株) | 12.54 |
| 22 | 寿　县(皖) | 观赏苗木(万株) | 9.00 |
| 23 | 驿城区(豫) | 观赏苗木(万株) | 4.50 |
| 24 | 商州区(陕) | 观赏苗木(万株) | 3.10 |
| 25 | 陵　县(鲁) | 观赏苗木(万株) | 3.00 |
| 26 | 海盐县(浙) | 观赏苗木(万株) | 2.50 |
| 27 | 新乐市(冀) | 观赏苗木(万株) | 2.00 |
| 28 | 定海区(浙) | 观赏苗木(万株) | 1.85 |
| 29 | 壶关县(晋) | 观赏苗木(万株) | 1.80 |
| 30 | 博兴县(鲁) | 观赏苗木(万株) | 1.00 |
| 31 | 唐　县(冀) | 观赏苗木(万株) | 1.00 |
| 32 | 登封市(豫) | 观叶植物(万盆) | 9000.00 |
| 33 | 路南区(冀) | 盆花(万盆) | 400.00 |
| 34 | 延庆县(京) | 盆花(万盆) | 66.00 |
| 35 | 蔡甸区(鄂) | 盆花(万盆) | 52.00 |
| 36 | 海港区(冀) | 盆花(万盆) | 18.00 |
| 37 | 阳泉市郊区(晋) | 盆花(万盆) | 10.00 |
| 38 | 蒙阴县(鲁) | 盆花(万盆) | 7.50 |
| 39 | 桃城区(冀) | 盆花(万盆) | 5.00 |
| 40 | 潢川县(豫) | 盆花(万盆) | 2.70 |
| 41 | 平山县(冀) | 盆花(万盆) | 2.00 |
| 42 | 喀什市(新) | 盆花(万盆) | 1.00 |
| 43 | 新华区(豫) | 盆花(万盆) | 1.00 |
| 44 | 邢台县(冀) | 盆花(万盆) | 1.00 |
| 45 | 方城县(豫) | 盆花(万盆) | 0.84 |
| 46 | 三门县(浙) | 盆花(万盆) | 0.80 |
| 47 | 沂南县(鲁) | 盆花(万盆) | 0.60 |
| 48 | 莎车县(新) | 食用及药用花卉(千克) | 41666.70 |
| 49 | 娄星区(湘) | 鲜切花(万支) | 8.00 |
| 50 | 东港区(鲁) | 鲜切花(万支) | 3.00 |
| 51 | 闵行区(沪) | 鲜切花(万支) | 2.10 |

## 表 13-29　木槿主产地产量

| 序号 | 木槿主产地 | 花卉类别 | 生产量 |
|---|---|---|---|
| 1 | 潢川县(豫) | 城市绿化苗(万株) | 250.00 |

| 序号 | 木槿主产地 | 花卉类别 | 生产量 |
|---|---|---|---|
| 2 | 许昌县(豫) | 城市绿化苗(万株) | 157.00 |
| 3 | 龙安区(豫) | 城市绿化苗(万株) | 150.00 |
| 4 | 即墨市(鲁) | 城市绿化苗(万株) | 60.00 |
| 5 | 潍坊市峡山区(鲁) | 城市绿化苗(万株) | 50.00 |
| 6 | 济源市(豫) | 城市绿化苗(万株) | 45.00 |
| 7 | 华龙区(豫) | 城市绿化苗(万株) | 20.00 |
| 8 | 元氏县(冀) | 城市绿化苗(万株) | 10.00 |
| 9 | 枣阳市(鄂) | 城市绿化苗(万株) | 9.00 |
| 10 | 望江县(皖) | 城市绿化苗(万株) | 5.00 |
| 11 | 威海市经济技术开发区(鲁) | 城市绿化苗(万株) | 5.00 |
| 12 | 沭阳县(苏) | 观赏苗木(万株) | 12000.00 |
| 13 | 东平县(鲁) | 观赏苗木(万株) | 250.00 |
| 14 | 濮阳市高新区(豫) | 观赏苗木(万株) | 60.00 |
| 15 | 长垣县(豫) | 观赏苗木(万株) | 50.00 |
| 16 | 邯郸县(冀) | 观赏苗木(万株) | 50.00 |
| 17 | 环翠区(鲁) | 观赏苗木(万株) | 30.00 |
| 18 | 霸州市(冀) | 观赏苗木(万株) | 24.00 |
| 19 | 垦利县(鲁) | 观赏苗木(万株) | 22.00 |
| 20 | 南和县(冀) | 观赏苗木(万株) | 22.00 |
| 21 | 高密市(鲁) | 观赏苗木(万株) | 20.00 |
| 22 | 东港区(鲁) | 观赏苗木(万株) | 15.00 |
| 23 | 华龙区(豫) | 观赏苗木(万株) | 15.00 |
| 24 | 利津县(鲁) | 观赏苗木(万株) | 14.00 |
| 25 | 武邑县(冀) | 观赏苗木(万株) | 14.00 |
| 26 | 汝南县(豫) | 观赏苗木(万株) | 13.75 |
| 27 | 嵩　县(豫) | 观赏苗木(万株) | 12.00 |
| 28 | 清丰县(豫) | 观赏苗木(万株) | 10.00 |
| 29 | 海城市(辽) | 观赏苗木(万株) | 5.60 |
| 30 | 定海区(浙) | 观赏苗木(万株) | 5.20 |
| 31 | 高邑县(冀) | 观赏苗木(万株) | 5.00 |
| 32 | 陵　县(鲁) | 观赏苗木(万株) | 5.00 |
| 33 | 新泰市(鲁) | 观赏苗木(万株) | 5.00 |
| 34 | 中方县(湘) | 观赏苗木(万株) | 5.00 |
| 35 | 鹿泉市(冀) | 观赏苗木(万株) | 4.00 |
| 36 | 海盐县(浙) | 观赏苗木(万株) | 3.80 |
| 37 | 武强县(冀) | 观赏苗木(万株) | 3.60 |
| 38 | 辛集市(冀) | 观赏苗木(万株) | 3.60 |
| 39 | 昌乐县(鲁) | 观赏苗木(万株) | 3.10 |
| 40 | 北戴河区(冀) | 观赏苗木(万株) | 3.00 |
| 41 | 饶阳县(冀) | 观赏苗木(万株) | 2.50 |
| 42 | 三门县(浙) | 观赏苗木(万株) | 2.50 |
| 43 | 安阳县(豫) | 观赏苗木(万株) | 2.30 |
| 44 | 新乐市(冀) | 观赏苗木(万株) | 2.00 |
| 45 | 涿州市(冀) | 观赏苗木(万株) | 2.00 |
| 46 | 德城区(鲁) | 观赏苗木(万株) | 1.90 |
| 47 | 乐亭县(冀) | 观赏苗木(万株) | 1.50 |
| 48 | 卫辉市(豫) | 观赏苗木(万株) | 1.00 |
| 49 | 栾城县(冀) | 观赏苗木(万株) | 0.90 |
| 50 | 阳信县(鲁) | 观赏苗木(万株) | 0.80 |
| 51 | 永年县(冀) | 观赏苗木(万株) | 0.60 |
| 52 | 青州市(鲁) | 盆花(万盆) | 3.00 |
| 53 | 昌乐县(鲁) | 盆景(万盆) | 1.50 |

**表 13-30　红檵木主产地产量**

| 序号 | 红檵木主产地 | 花卉类别 | 生产量 |
|---|---|---|---|
| 1 | 苏仙区(湘) | 城市绿化苗(万株) | 3000.00 |
| 2 | 北湖区(湘) | 城市绿化苗(万株) | 2100.00 |
| 3 | 洪江市(湘) | 城市绿化苗(万株) | 238.00 |
| 4 | 株洲县(湘) | 城市绿化苗(万株) | 110.00 |
| 5 | 碧江区(黔) | 城市绿化苗(万株) | 100.00 |
| 6 | 沙洋县(鄂) | 城市绿化苗(万株) | 100.00 |
| 7 | 荆门市市辖区(鄂) | 城市绿化苗(万株) | 65.00 |
| 8 | 威远县(川) | 城市绿化苗(万株) | 50.00 |
| 9 | 象山县(浙) | 城市绿化苗(万株) | 50.00 |
| 10 | 进贤县(赣) | 城市绿化苗(万株) | 43.40 |
| 11 | 津市市(湘) | 城市绿化苗(万株) | 32.50 |
| 12 | 华容县(湘) | 城市绿化苗(万株) | 30.00 |
| 13 | 新化县(湘) | 城市绿化苗(万株) | 30.00 |
| 14 | 龙里县(黔) | 城市绿化苗(万株) | 25.00 |
| 15 | 石门县(湘) | 城市绿化苗(万株) | 20.00 |
| 16 | 新宁县(湘) | 城市绿化苗(万株) | 20.00 |
| 17 | 新田县(湘) | 城市绿化苗(万株) | 3.00 |
| 18 | 芷江侗族自治县(湘) | 城市绿化苗(万株) | 2.50 |
| 19 | 辰溪县(湘) | 城市绿化苗(万株) | 2.00 |
| 20 | 双牌县(湘) | 城市绿化苗(万株) | 2.00 |
| 21 | 路桥区(浙) | 城市绿化苗(万株) | 1.80 |
| 22 | 冷水江市(湘) | 城市绿化苗(万株) | 1.50 |
| 23 | 石台县(皖) | 城市绿化苗(万株) | 1.00 |
| 24 | 北仑区(浙) | 观赏苗木(万株) | 1500.00 |
| 25 | 阳朔县(桂) | 观赏苗木(万株) | 280.00 |
| 26 | 孝昌县(鄂) | 观赏苗木(万株) | 200.00 |
| 27 | 岳阳县(湘) | 观赏苗木(万株) | 200.00 |
| 28 | 巴州区(川) | 观赏苗木(万株) | 150.00 |
| 29 | 慈利县(湘) | 观赏苗木(万株) | 100.00 |
| 30 | 三门县(浙) | 观赏苗木(万株) | 60.00 |
| 31 | 永兴县(湘) | 观赏苗木(万株) | 52.12 |
| 32 | 奉化市(浙) | 观赏苗木(万株) | 40.00 |
| 33 | 邵阳县(湘) | 观赏苗木(万株) | 40.00 |
| 34 | 新晃侗族自治县(湘) | 观赏苗木(万株) | 40.00 |
| 35 | 衢江区(浙) | 观赏苗木(万株) | 35.00 |
| 36 | 中方县(湘) | 观赏苗木(万株) | 35.00 |
| 37 | 常宁市(湘) | 观赏苗木(万株) | 20.00 |

| 序号 | 红檵木主产地 | 花卉类别 | 生产量 |
|---|---|---|---|
| 38 | 临安市(浙) | 观赏苗木(万株) | 20.00 |
| 39 | 蔡甸区(鄂) | 观赏苗木(万株) | 10.00 |
| 40 | 武陵区(湘) | 观赏苗木(万株) | 10.00 |
| 41 | 汝城县(湘) | 观赏苗木(万株) | 5.00 |
| 42 | 石泉县(陕) | 观赏苗木(万株) | 5.00 |
| 43 | 阳新县(鄂) | 观赏苗木(万株) | 4.00 |
| 44 | 海盐县(浙) | 观赏苗木(万株) | 3.50 |
| 45 | 翠屏区(川) | 观赏苗木(万株) | 3.20 |
| 46 | 仪陇县(川) | 观赏苗木(万株) | 2.00 |
| 47 | 都昌县(赣) | 观叶植物(万盆) | 4.00 |
| 48 | 沅陵县(湘) | 花卉用种苗(千苗) | 22.00 |
| 49 | 巴州区(川) | 盆花(万盆) | 10.00 |
| 50 | 江北区(浙) | 盆花(万盆) | 8.00 |
| 51 | 阳朔县(桂) | 盆景(万盆) | 15.00 |
| 52 | 津市市(湘) | 鲜切花(万支) | 1.20 |

**表 13-31　红掌主产地产量**

| 序号 | 红掌主产地 | 花卉类别 | 生产量 |
|---|---|---|---|
| 1 | 昌吉市(新) | 城市绿化苗(万株) | 2.00 |
| 2 | 威海市经济技术开发区(鲁) | 城市绿化苗(万株) | 2.00 |
| 3 | 石家庄市桥西区(冀) | 观赏苗木(万株) | 36.00 |
| 4 | 濮阳县(豫) | 观赏苗木(万株) | 32.00 |
| 5 | 顺义区(京) | 观叶植物(万盆) | 52.90 |
| 6 | 金凤区(宁) | 观叶植物(万盆) | 2.00 |
| 7 | 东昌府区(鲁) | 观叶植物(万盆) | 1.00 |
| 8 | 延庆县(京) | 花卉用种苗(千苗) | 1200.00 |
| 9 | 昆山市(苏) | 花卉用种苗(千苗) | 58.00 |
| 10 | 兴庆区(宁) | 盆花(万盆) | 202.50 |
| 11 | 青州市(鲁) | 盆花(万盆) | 161.50 |
| 12 | 广饶县(鲁) | 盆花(万盆) | 130.00 |
| 13 | 濮阳市高新区(豫) | 盆花(万盆) | 120.00 |
| 14 | 崇明县(沪) | 盆花(万盆) | 119.09 |
| 15 | 大东流苗圃 (京) | 盆花(万盆) | 75.20 |
| 16 | 丰台区(京) | 盆花(万盆) | 70.75 |
| 17 | 上街区(豫) | 盆花(万盆) | 60.00 |
| 18 | 洛龙区(豫) | 盆花(万盆) | 50.00 |
| 19 | 游仙区(川) | 盆花(万盆) | 50.00 |
| 20 | 栾城县(冀) | 盆花(万盆) | 48.00 |
| 21 | 商河县(鲁) | 盆花(万盆) | 40.00 |
| 22 | 虞城县(豫) | 盆花(万盆) | 40.00 |
| 23 | 涿州市(冀) | 盆花(万盆) | 35.00 |
| 24 | 包河区(皖) | 盆花(万盆) | 30.00 |
| 25 | 新华区(冀) | 盆花(万盆) | 30.00 |
| 26 | 三原县(陕) | 盆花(万盆) | 26.00 |
| 27 | 环翠区(鲁) | 盆花(万盆) | 20.00 |
| 28 | 德昌县(川) | 盆花(万盆) | 17.00 |
| 29 | 长安区(陕) | 盆花(万盆) | 16.00 |
| 30 | 路桥区(浙) | 盆花(万盆) | 15.00 |
| 31 | 日照经济技术开发区(鲁) | 盆花(万盆) | 15.00 |
| 32 | 常熟市(苏) | 盆花(万盆) | 13.00 |
| 33 | 长清区(鲁) | 盆花(万盆) | 10.00 |
| 34 | 清丰县(豫) | 盆花(万盆) | 10.00 |
| 35 | 延庆县(京) | 盆花(万盆) | 10.00 |
| 36 | 昆山市(苏) | 盆花(万盆) | 6.50 |
| 37 | 东港区(鲁) | 盆花(万盆) | 6.00 |
| 38 | 祁　县(晋) | 盆花(万盆) | 6.00 |
| 39 | 桃城区(冀) | 盆花(万盆) | 6.00 |
| 40 | 抚宁县(冀) | 盆花(万盆) | 3.00 |
| 41 | 固安县(冀) | 盆花(万盆) | 3.00 |
| 42 | 灵宝市(豫) | 盆花(万盆) | 3.00 |
| 43 | 威远县(川) | 盆花(万盆) | 3.00 |
| 44 | 许昌县(豫) | 盆花(万盆) | 3.00 |
| 45 | 崇明县(沪) | 盆花(万盆) | 2.24 |
| 46 | 临淄区(鲁) | 盆花(万盆) | 2.00 |
| 47 | 黔江区(渝) | 盆花(万盆) | 1.50 |
| 48 | 七坡林场(桂) | 盆花(万盆) | 1.40 |
| 49 | 汶上县(鲁) | 盆花(万盆) | 1.40 |
| 50 | 华　县(陕) | 盆花(万盆) | 1.00 |
| 51 | 威海市经济技术开发区(鲁) | 盆花(万盆) | 1.00 |
| 52 | 炎陵县(湘) | 盆花(万盆) | 1.00 |
| 53 | 忻府区(晋) | 盆花(万盆) | 0.90 |
| 54 | 东营区(鲁) | 盆景(万盆) | 110.00 |
| 55 | 陵　县(鲁) | 盆景(万盆) | 2.20 |
| 56 | 五华县(粤) | 盆景(万盆) | 2.00 |
| 57 | 濮阳县(豫) | 鲜切花(万支) | 220.00 |
| 58 | 濮阳市高新区(豫) | 鲜切花(万支) | 100.00 |
| 59 | 华龙区(豫) | 鲜切花(万支) | 60.00 |
| 60 | 固安县(冀) | 鲜切花(万支) | 38.00 |
| 61 | 罗庄区(鲁) | 鲜切花(万支) | 15.00 |
| 62 | 闵行区(沪) | 鲜切花(万支) | 2.20 |
| 63 | 江川县(滇) | 鲜切花(万支) | 2.00 |
| 64 | 甘井子区(辽) | 鲜切叶(万支) | 230.00 |

**表 13-32　一串红主产地产量**

| 序号 | 一串红主产地 | 花卉类别 | 生产量 |
|---|---|---|---|
| 1 | 滨海新区(津) | 城市绿化苗(万株) | 110.00 |
| 2 | 海拉尔区(内蒙古) | 城市绿化苗(万株) | 70.00 |
| 3 | 大武口区(宁) | 城市绿化苗(万株) | 60.00 |
| 4 | 石家庄市桥西区(冀) | 城市绿化苗(万株) | 38.00 |
| 5 | 二道江区(吉) | 城市绿化苗(万株) | 30.00 |
| 6 | 嘉峪关市(甘) | 城市绿化苗(万株) | 20.00 |
| 7 | 讷河市(黑) | 城市绿化苗(万株) | 20.00 |

| 序号 | 一串红主产地 | 花卉类别 | 生产量 | 序号 | 一串红主产地 | 花卉类别 | 生产量 |
|---|---|---|---|---|---|---|---|
| 8 | 临洮县(甘) | 城市绿化苗(万株) | 12.00 | 54 | 平桥区(豫) | 盆花(万盆) | 31.60 |
| 9 | 木兰县(黑) | 城市绿化苗(万株) | 3.00 | 55 | 涿州市(冀) | 盆花(万盆) | 30.00 |
| 10 | 洮南市(吉) | 城市绿化苗(万株) | 2.70 | 56 | 新泰市(鲁) | 盆花(万盆) | 25.00 |
| 11 | 昌吉市(新) | 城市绿化苗(万株) | 2.50 | 57 | 滦南县(冀) | 盆花(万盆) | 22.00 |
| 12 | 固始县(豫) | 城市绿化苗(万株) | 2.00 | 58 | 环翠区(鲁) | 盆花(万盆) | 20.00 |
| 13 | 尼勒克县(新) | 城市绿化苗(万株) | 1.50 | 59 | 黔江区(渝) | 盆花(万盆) | 20.00 |
| 14 | 叠彩区(桂) | 观赏苗木(万株) | 600.00 | 60 | 赞皇县(冀) | 盆花(万盆) | 20.00 |
| 15 | 红花岗区(黔) | 观赏苗木(万株) | 80.00 | 61 | 松北区(黑) | 盆花(万盆) | 19.00 |
| 16 | 建始县(鄂) | 观赏苗木(万株) | 80.00 | 62 | 彭阳县(宁) | 盆花(万盆) | 16.00 |
| 17 | 丰宁满族自治县(冀) | 观赏苗木(万株) | 60.00 | 63 | 北戴河区(冀) | 盆花(万盆) | 14.00 |
| 18 | 徐水县(冀) | 观赏苗木(万株) | 51.00 | 64 | 沁　县(晋) | 盆花(万盆) | 13.00 |
| 19 | 涉　县(冀) | 观赏苗木(万株) | 38.00 | 65 | 南市区(冀) | 盆花(万盆) | 12.00 |
| 20 | 社旗县(豫) | 观赏苗木(万株) | 30.00 | 66 | 普兰店市(辽) | 盆花(万盆) | 12.00 |
| 21 | 高平市(晋) | 观赏苗木(万株) | 20.00 | 67 | 本溪满族自治县(辽) | 盆花(万盆) | 11.00 |
| 22 | 藁城市(冀) | 观赏苗木(万株) | 12.00 | 68 | 海港区(冀) | 盆花(万盆) | 11.00 |
| 23 | 南和县(冀) | 观赏苗木(万株) | 10.00 | 69 | 格尔木市(青) | 盆花(万盆) | 10.50 |
| 24 | 运河区(冀) | 观赏苗木(万株) | 10.00 | 70 | 成安县(冀) | 盆花(万盆) | 10.00 |
| 25 | 翠屏区(川) | 观赏苗木(万株) | 5.30 | 71 | 平罗县(宁) | 盆花(万盆) | 10.00 |
| 26 | 壶关县(晋) | 观赏苗木(万株) | 2.00 | 72 | 莎车县(新) | 盆花(万盆) | 10.00 |
| 27 | 察哈尔右翼前旗(内蒙古) | 观叶植物(万盆) | 8.00 | 73 | 新乐市(冀) | 盆花(万盆) | 10.00 |
| 28 | 满城县(冀) | 观叶植物(万盆) | 2.00 | 74 | 宣化区(冀) | 盆花(万盆) | 10.00 |
| 29 | 双滦区(冀) | 观叶植物(万盆) | 1.50 | 75 | 东港区(鲁) | 盆花(万盆) | 9.00 |
| 30 | 阿城区(黑) | 花卉用种苗(千苗) | 94.60 | 76 | 凤城市(辽) | 盆花(万盆) | 9.00 |
| 31 | 通榆县(吉) | 盆花(万盆) | 12000.00 | 77 | 香河县(冀) | 盆花(万盆) | 9.00 |
| 32 | 阜新蒙古族自治县(辽) | 盆花(万盆) | 550.00 | 78 | 独山县(黔) | 盆花(万盆) | 8.33 |
| 33 | 青州市(鲁) | 盆花(万盆) | 550.00 | 79 | 和林格尔县(内蒙古) | 盆花(万盆) | 8.00 |
| 34 | 灯塔市(辽) | 盆花(万盆) | 330.00 | 80 | 隆尧县(冀) | 盆花(万盆) | 8.00 |
| 35 | 巴州区(川) | 盆花(万盆) | 314.00 | 81 | 寿　县(皖) | 盆花(万盆) | 7.00 |
| 36 | 三河市(冀) | 盆花(万盆) | 205.00 | 82 | 忻府区(晋) | 盆花(万盆) | 6.90 |
| 37 | 莒南县(鲁) | 盆花(万盆) | 160.00 | 83 | 鼎城区(湘) | 盆花(万盆) | 6.50 |
| 38 | 玉田县(冀) | 盆花(万盆) | 120.00 | 84 | 承德县(冀) | 盆花(万盆) | 6.00 |
| 39 | 襄城县(豫) | 盆花(万盆) | 119.00 | 85 | 抚宁县(冀) | 盆花(万盆) | 6.00 |
| 40 | 肥西县(皖) | 盆花(万盆) | 110.00 | 86 | 金城江区(桂) | 盆花(万盆) | 6.00 |
| 41 | 赫山区(湘) | 盆花(万盆) | 100.00 | 87 | 威海市经济技术开发区(鲁) | 盆花(万盆) | 6.00 |
| 42 | 惠山区(苏) | 盆花(万盆) | 100.00 | 88 | 沂南县(鲁) | 盆花(万盆) | 6.00 |
| 43 | 浦东新区(沪) | 盆花(万盆) | 100.00 | 89 | 大名县(冀) | 盆花(万盆) | 5.00 |
| 44 | 延庆县(京) | 盆花(万盆) | 65.00 | 90 | 固安县(冀) | 盆花(万盆) | 5.00 |
| 45 | 栾城县(冀) | 盆花(万盆) | 62.00 | 91 | 任　县(冀) | 盆花(万盆) | 5.00 |
| 46 | 蔡甸区(鄂) | 盆花(万盆) | 51.00 | 92 | 商河县(鲁) | 盆花(万盆) | 5.00 |
| 47 | 贡井区(川) | 盆花(万盆) | 50.00 | 93 | 桃城区(冀) | 盆花(万盆) | 5.00 |
| 48 | 昆山市(苏) | 盆花(万盆) | 50.00 | 94 | 雁塔区(陕) | 盆花(万盆) | 3.50 |
| 49 | 平泉县(冀) | 盆花(万盆) | 50.00 | 95 | 鹿泉市(冀) | 盆花(万盆) | 3.00 |
| 50 | 左云县(晋) | 盆花(万盆) | 50.00 | 96 | 彭山县(川) | 盆花(万盆) | 3.00 |
| 51 | 华龙区(豫) | 盆花(万盆) | 40.00 | 97 | 山海关区(冀) | 盆花(万盆) | 3.00 |
| 52 | 惠济区(豫) | 盆花(万盆) | 39.96 | 98 | 雄　县(冀) | 盆花(万盆) | 3.00 |
| 53 | 商水县(豫) | 盆花(万盆) | 32.00 | 99 | 凉州区(甘) | 盆花(万盆) | 2.80 |

| 序号 | 一串红主产地 | 花卉类别 | 生产量 |
|---|---|---|---|
| 100 | 古冶区(冀) | 盆花(万盆) | 2.56 |
| 101 | 复兴区(冀) | 盆花(万盆) | 2.50 |
| 102 | 昌乐县(鲁) | 盆花(万盆) | 2.30 |
| 103 | 望都县(冀) | 盆花(万盆) | 2.30 |
| 104 | 新建县(赣) | 盆花(万盆) | 2.05 |
| 105 | 东乌珠穆沁旗(内蒙古) | 盆花(万盆) | 2.00 |
| 106 | 广阳区(冀) | 盆花(万盆) | 2.00 |
| 107 | 邱　县(冀) | 盆花(万盆) | 2.00 |
| 108 | 汝城县(湘) | 盆花(万盆) | 2.00 |
| 109 | 沙河市(冀) | 盆花(万盆) | 2.00 |
| 110 | 邢台县(冀) | 盆花(万盆) | 2.00 |
| 111 | 崆峒区(甘) | 盆花(万盆) | 1.80 |
| 112 | 沅陵县(湘) | 盆花(万盆) | 1.80 |
| 113 | 辛集市(冀) | 盆花(万盆) | 1.65 |
| 114 | 蜀山区(皖) | 盆花(万盆) | 1.50 |
| 115 | 汶上县(鲁) | 盆花(万盆) | 1.20 |
| 116 | 永年县(冀) | 盆花(万盆) | 1.20 |
| 117 | 赫章县(黔) | 盆花(万盆) | 1.10 |
| 118 | 白银区(甘) | 盆花(万盆) | 1.00 |
| 119 | 东昌府区(鲁) | 盆花(万盆) | 1.00 |
| 120 | 东平县(鲁) | 盆花(万盆) | 1.00 |
| 121 | 淮上区(皖) | 盆花(万盆) | 1.00 |
| 122 | 龙里县(黔) | 盆花(万盆) | 1.00 |
| 123 | 栾川县(豫) | 盆花(万盆) | 1.00 |
| 124 | 淄川区(鲁) | 盆花(万盆) | 1.00 |
| 125 | 安平县(冀) | 盆花(万盆) | 0.70 |
| 126 | 鸡泽县(冀) | 盆花(万盆) | 0.70 |
| 127 | 宁阳县(鲁) | 盆花(万盆) | 0.70 |
| 128 | 淮阳县(豫) | 盆花(万盆) | 0.60 |
| 129 | 元氏县(冀) | 盆景(万盆) | 17.00 |
| 130 | 喀什市(新) | 盆景(万盆) | 7.00 |
| 131 | 襄城区(鄂) | 盆景(万盆) | 2.50 |
| 132 | 临江林业局(吉林森工) | 盆景(万盆) | 2.02 |
| 133 | 西华县(豫) | 盆景(万盆) | 2.00 |
| 134 | 宝丰县(豫) | 盆景(万盆) | 1.00 |
| 135 | 平泉县(冀) | 鲜切花(万支) | 500.00 |
| 136 | 长丰县(皖) | 鲜切花(万支) | 75.19 |
| 137 | 崂山区(鲁) | 鲜切花(万支) | 70.00 |
| 138 | 芜湖县(皖) | 鲜切花(万支) | 10.00 |
| 139 | 黔西县(黔) | 鲜切花(万支) | 2.00 |
| 140 | 山丹县(甘) | 鲜切花(万支) | 0.55 |
| 141 | 东河区(内蒙古) | 鲜切叶(万支) | 5.30 |

**表 13-33　矮牵牛主产地产量**

| 序号 | 矮牵牛主产地 | 花卉类别 | 生产量 |
|---|---|---|---|
| 1 | 西固区(甘) | 城市绿化苗(万株) | 100000.00 |
| 2 | 九台市(吉) | 城市绿化苗(万株) | 50000.00 |
| 3 | 海勃湾区(内蒙古) | 城市绿化苗(万株) | 10343.98 |
| 4 | 鄢陵县(豫) | 城市绿化苗(万株) | 1500.00 |
| 5 | 大同县(晋) | 城市绿化苗(万株) | 300.00 |
| 6 | 大武口区(宁) | 城市绿化苗(万株) | 160.00 |
| 7 | 临河区(内蒙古) | 城市绿化苗(万株) | 140.00 |
| 8 | 滨海新区(津) | 城市绿化苗(万株) | 120.00 |
| 9 | 贡井区(川) | 城市绿化苗(万株) | 100.00 |
| 10 | 石家庄市桥西区(冀) | 城市绿化苗(万株) | 54.00 |
| 11 | 海安县(苏) | 城市绿化苗(万株) | 30.00 |
| 12 | 通河县(黑) | 城市绿化苗(万株) | 30.00 |
| 13 | 嘉峪关市(甘) | 城市绿化苗(万株) | 20.00 |
| 14 | 苏尼特右旗(内蒙古) | 城市绿化苗(万株) | 11.00 |
| 15 | 望花区(辽) | 城市绿化苗(万株) | 10.00 |
| 16 | 木兰县(黑) | 城市绿化苗(万株) | 4.00 |
| 17 | 山丹县(甘) | 城市绿化苗(万株) | 4.00 |
| 18 | 洮南市(吉) | 城市绿化苗(万株) | 2.80 |
| 19 | 昌吉市(新) | 城市绿化苗(万株) | 2.50 |
| 20 | 尼勒克县(新) | 城市绿化苗(万株) | 1.20 |
| 21 | 通城县(鄂) | 观赏苗木(万株) | 70.00 |
| 22 | 庄河市(辽) | 观赏苗木(万株) | 46.00 |
| 23 | 丰宁满族自治县(冀) | 观赏苗木(万株) | 22.00 |
| 24 | 临洮县(甘) | 观赏苗木(万株) | 8.00 |
| 25 | 怀来县(冀) | 观赏苗木(万株) | 0.60 |
| 26 | 霍城县(新) | 观叶植物(万盆) | 40.00 |
| 27 | 会宁县(甘) | 观叶植物(万盆) | 10.00 |
| 28 | 沭阳县(苏) | 观叶植物(万盆) | 9.80 |
| 29 | 梅河口市(吉) | 花卉用种苗(千苗) | 567.00 |
| 30 | 通榆县(吉) | 盆花(万盆) | 32000.00 |
| 31 | 路南区(冀) | 盆花(万盆) | 3500.00 |
| 32 | 邹平县(鲁) | 盆花(万盆) | 655.00 |
| 33 | 青州市(鲁) | 盆花(万盆) | 500.00 |
| 34 | 莒南县(鲁) | 盆花(万盆) | 460.00 |
| 35 | 灯塔市(辽) | 盆花(万盆) | 330.00 |
| 36 | 金凤区(宁) | 盆花(万盆) | 300.00 |
| 37 | 三河市(冀) | 盆花(万盆) | 193.00 |
| 38 | 惠山区(苏) | 盆花(万盆) | 100.00 |
| 39 | 延庆县(京) | 盆花(万盆) | 78.00 |
| 40 | 玉田县(冀) | 盆花(万盆) | 59.00 |
| 41 | 格尔木市(青) | 盆花(万盆) | 54.00 |
| 42 | 惠济区(豫) | 盆花(万盆) | 50.03 |
| 43 | 巴州区(川) | 盆花(万盆) | 50.00 |
| 44 | 华龙区(豫) | 盆花(万盆) | 50.00 |
| 45 | 昆山市(苏) | 盆花(万盆) | 50.00 |
| 46 | 西夏区(宁) | 盆花(万盆) | 50.00 |
| 47 | 金乡县(鲁) | 盆花(万盆) | 43.40 |

| 序号 | 矮牵牛主产地 | 花卉类别 | 生产量 |
|---|---|---|---|
| 48 | 路北区(冀) | 盆花(万盆) | 41.00 |
| 49 | 惠农区(宁) | 盆花(万盆) | 30.00 |
| 50 | 涿州市(冀) | 盆花(万盆) | 30.00 |
| 51 | 北戴河区(冀) | 盆花(万盆) | 28.00 |
| 52 | 德令哈市(青) | 盆花(万盆) | 25.00 |
| 53 | 静海县(津) | 盆花(万盆) | 25.00 |
| 54 | 临夏市(甘) | 盆花(万盆) | 25.00 |
| 55 | 武川县(内蒙古) | 盆花(万盆) | 22.00 |
| 56 | 固安县(冀) | 盆花(万盆) | 21.00 |
| 57 | 宁夏仁存渡护岸林场(宁) | 盆花(万盆) | 20.00 |
| 58 | 乾安县(吉) | 盆花(万盆) | 20.00 |
| 59 | 唐山市汉沽管理区(冀) | 盆花(万盆) | 20.00 |
| 60 | 遵化市(冀) | 盆花(万盆) | 20.00 |
| 61 | 和林格尔县(内蒙古) | 盆花(万盆) | 18.00 |
| 62 | 林西县(内蒙古) | 盆花(万盆) | 16.00 |
| 63 | 海港区(冀) | 盆花(万盆) | 13.00 |
| 64 | 商水县(豫) | 盆花(万盆) | 11.00 |
| 65 | 开平区(冀) | 盆花(万盆) | 10.50 |
| 66 | 费　县(鲁) | 盆花(万盆) | 10.00 |
| 67 | 临洮县(甘) | 盆花(万盆) | 10.00 |
| 68 | 平罗县(宁) | 盆花(万盆) | 10.00 |
| 69 | 威海市经济技术开发区(鲁) | 盆花(万盆) | 10.00 |
| 70 | 阳泉市郊区(晋) | 盆花(万盆) | 10.00 |
| 71 | 察哈尔右翼前旗(内蒙古) | 盆花(万盆) | 8.00 |
| 72 | 普兰店市(辽) | 盆花(万盆) | 8.00 |
| 73 | 大厂回族自治县(冀) | 盆花(万盆) | 5.00 |
| 74 | 淮上区(皖) | 盆花(万盆) | 5.00 |
| 75 | 香河县(冀) | 盆花(万盆) | 5.00 |
| 76 | 鄂托克旗(内蒙古) | 盆花(万盆) | 4.00 |
| 77 | 广阳区(冀) | 盆花(万盆) | 4.00 |
| 78 | 新乐市(冀) | 盆花(万盆) | 4.00 |
| 79 | 井研县(川) | 盆花(万盆) | 3.70 |
| 80 | 本溪满族自治县(辽) | 盆花(万盆) | 3.50 |
| 81 | 忻府区(晋) | 盆花(万盆) | 3.50 |
| 82 | 公安县(鄂) | 盆花(万盆) | 3.20 |
| 83 | 东乌珠穆沁旗(内蒙古) | 盆花(万盆) | 3.00 |
| 84 | 让胡路区(黑) | 盆花(万盆) | 3.00 |
| 85 | 山阴县(晋) | 盆花(万盆) | 3.00 |
| 86 | 雁塔区(陕) | 盆花(万盆) | 3.00 |
| 87 | 肇州县(黑) | 盆花(万盆) | 2.50 |
| 88 | 白银区(甘) | 盆花(万盆) | 2.00 |
| 89 | 抚宁县(冀) | 盆花(万盆) | 2.00 |
| 90 | 金城江区(桂) | 盆花(万盆) | 2.00 |
| 91 | 唐　县(冀) | 盆花(万盆) | 2.00 |
| 92 | 西乌珠穆沁旗(内蒙古) | 盆花(万盆) | 2.00 |
| 93 | 临漳县(冀) | 盆花(万盆) | 1.15 |
| 94 | 海城市(辽) | 鲜切花(万支) | 42.30 |
| 95 | 塔城市(新) | 鲜切花(万支) | 30.00 |

**表 13-34　三色堇主产地产量**

| 序号 | 三色堇主产地 | 花卉类别 | 生产量 |
|---|---|---|---|
| 1 | 昌吉市(新) | 城市绿化苗(万株) | 2.00 |
| 2 | 山丹县(甘) | 城市绿化苗(万株) | 2.00 |
| 3 | 七星区(桂) | 观赏苗木(万株) | 600.00 |
| 4 | 象山区(桂) | 观赏苗木(万株) | 600.00 |
| 5 | 青州市(鲁) | 盆花(万盆) | 200.00 |
| 6 | 庐阳区(皖) | 盆花(万盆) | 100.00 |
| 7 | 游仙区(川) | 盆花(万盆) | 100.00 |
| 8 | 惠山区(苏) | 盆花(万盆) | 90.00 |
| 9 | 邹平县(鲁) | 盆花(万盆) | 80.00 |
| 10 | 昆山市(苏) | 盆花(万盆) | 50.00 |
| 11 | 延庆县(京) | 盆花(万盆) | 50.00 |
| 12 | 新安县(豫) | 盆花(万盆) | 40.00 |
| 13 | 濮阳县(豫) | 盆花(万盆) | 30.00 |
| 14 | 北戴河区(冀) | 盆花(万盆) | 17.00 |
| 15 | 遵化市(冀) | 盆花(万盆) | 15.00 |
| 16 | 商水县(豫) | 盆花(万盆) | 11.00 |
| 17 | 石柱土家族自治县(渝) | 盆花(万盆) | 5.50 |
| 18 | 东洲区(辽) | 盆花(万盆) | 5.00 |
| 19 | 广汉市(川) | 盆花(万盆) | 5.00 |
| 20 | 旌阳区(川) | 盆花(万盆) | 5.00 |
| 21 | 香河县(冀) | 盆花(万盆) | 5.00 |
| 22 | 高碑店市(冀) | 盆花(万盆) | 4.00 |
| 23 | 临武县(湘) | 盆花(万盆) | 2.10 |
| 24 | 抚宁县(冀) | 盆花(万盆) | 2.00 |
| 25 | 萨尔图区(黑) | 盆花(万盆) | 1.00 |
| 26 | 芜湖县(皖) | 盆花(万盆) | 1.00 |
| 27 | 海港区(冀) | 盆花(万盆) | 0.80 |
| 28 | 枣强县(冀) | 盆花(万盆) | 0.80 |
| 29 | 甘井子区(辽) | 盆景(万盆) | 260.00 |
| 30 | 东洲区(辽) | 鲜切花(万支) | 9.00 |
| 31 | 闵行区(沪) | 鲜切花(万支) | 4.50 |
| 32 | 洋　县(陕) | 鲜切花(万支) | 2.00 |

**表 13-35　法桐主产地产量**

| 序号 | 法桐主产地 | 花卉类别 | 生产量 |
|---|---|---|---|
| 1 | 宁河县(津) | 城市绿化苗(万株) | 5000 |
| 2 | 济源市(豫) | 城市绿化苗(万株) | 3000 |
| 3 | 即墨市(鲁) | 城市绿化苗(万株) | 750 |
| 4 | 东平县(鲁) | 城市绿化苗(万株) | 350 |
| 5 | 河东区(鲁) | 城市绿化苗(万株) | 350 |
| 6 | 荥阳市(豫) | 城市绿化苗(万株) | 300 |

| 序号 | 法桐主产地 | 花卉类别 | 生产量 |
|---|---|---|---|
| 7 | 许昌县(豫) | 城市绿化苗(万株) | 175 |
| 8 | 偃师市(豫) | 城市绿化苗(万株) | 100 |
| 9 | 潢川县(豫) | 城市绿化苗(万株) | 55 |
| 10 | 光山县(豫) | 城市绿化苗(万株) | 30 |
| 11 | 南乐县(豫) | 城市绿化苗(万株) | 30 |
| 12 | 新泰市(鲁) | 城市绿化苗(万株) | 25 |
| 13 | 华龙区(豫) | 城市绿化苗(万株) | 20 |
| 14 | 梁山县(鲁) | 城市绿化苗(万株) | 20 |
| 15 | 夏邑县(豫) | 城市绿化苗(万株) | 20 |
| 16 | 正阳县(豫) | 城市绿化苗(万株) | 20 |
| 17 | 孟津县(豫) | 城市绿化苗(万株) | 18 |
| 18 | 辛集市(冀) | 城市绿化苗(万株) | 18 |
| 19 | 杞　县(豫) | 城市绿化苗(万株) | 15 |
| 20 | 龙安区(豫) | 城市绿化苗(万株) | 10 |
| 21 | 驿城区(豫) | 城市绿化苗(万株) | 9.7 |
| 22 | 平舆县(豫) | 城市绿化苗(万株) | 7.6 |
| 23 | 费　县(鲁) | 城市绿化苗(万株) | 5 |
| 24 | 威海市经济技术开发区(鲁) | 城市绿化苗(万株) | 5 |
| 25 | 息　县(豫) | 城市绿化苗(万株) | 3.4 |
| 26 | 广水市(鄂) | 城市绿化苗(万株) | 3.1 |
| 27 | 固始县(豫) | 城市绿化苗(万株) | 3 |
| 28 | 井陉矿区(冀) | 城市绿化苗(万株) | 3 |
| 29 | 鹿邑县(豫) | 城市绿化苗(万株) | 2 |
| 30 | 沭阳县(苏) | 观赏苗木(万株) | 12400 |
| 31 | 鄢陵县(豫) | 观赏苗木(万株) | 1100 |
| 32 | 清苑县(冀) | 观赏苗木(万株) | 800 |
| 33 | 定州市(冀) | 观赏苗木(万株) | 518 |
| 34 | 山城区(豫) | 观赏苗木(万株) | 156 |
| 35 | 利津县(鲁) | 观赏苗木(万株) | 121 |
| 36 | 广饶县(鲁) | 观赏苗木(万株) | 116 |
| 37 | 鹤山区(豫) | 观赏苗木(万株) | 100 |
| 38 | 潜江市(鄂) | 观赏苗木(万株) | 100 |
| 39 | 汝南县(豫) | 观赏苗木(万株) | 94.8 |
| 40 | 肥乡县(冀) | 观赏苗木(万株) | 60 |
| 41 | 景　县(冀) | 观赏苗木(万株) | 45.6 |
| 42 | 垦利县(鲁) | 观赏苗木(万株) | 45 |
| 43 | 文安县(冀) | 观赏苗木(万株) | 45 |
| 44 | 颍东区(皖) | 观赏苗木(万株) | 40 |
| 45 | 南和县(冀) | 观赏苗木(万株) | 37 |
| 46 | 无极县(冀) | 观赏苗木(万株) | 36 |
| 47 | 安国市(冀) | 观赏苗木(万株) | 30 |
| 48 | 鹿泉市(冀) | 观赏苗木(万株) | 30 |
| 49 | 清丰县(豫) | 观赏苗木(万株) | 30 |
| 50 | 莎车县(新) | 观赏苗木(万株) | 27 |
| 51 | 沙河市(冀) | 观赏苗木(万株) | 25 |
| 52 | 正定县(冀) | 观赏苗木(万株) | 24 |
| 53 | 开封县(豫) | 观赏苗木(万株) | 20.8 |
| 54 | 界首市(皖) | 观赏苗木(万株) | 20 |
| 55 | 乐亭县(冀) | 观赏苗木(万株) | 17 |
| 56 | 陵　县(鲁) | 观赏苗木(万株) | 17 |
| 57 | 邢台县(冀) | 观赏苗木(万株) | 16 |
| 58 | 嵩　县(豫) | 观赏苗木(万株) | 15 |
| 59 | 吴桥县(冀) | 观赏苗木(万株) | 15 |
| 60 | 武邑县(冀) | 观赏苗木(万株) | 15 |
| 61 | 固安县(冀) | 观赏苗木(万株) | 10 |
| 62 | 平阴县(鲁) | 观赏苗木(万株) | 8 |
| 63 | 永年县(冀) | 观赏苗木(万株) | 6.1 |
| 64 | 平乡县(冀) | 观赏苗木(万株) | 5 |
| 65 | 丰南区(冀) | 观赏苗木(万株) | 3.5 |
| 66 | 博兴县(鲁) | 观赏苗木(万株) | 2 |
| 67 | 海淀区(京) | 观赏苗木(万株) | 0.6 |
| 68 | 西华县(豫) | 观赏苗木(万株) | 0.6 |

**表 13-36　黄杨类主产地产量**

| 序号 | 黄杨类主产地 | 花卉类别 | 生产量 |
|---|---|---|---|
| 1 | 南召县(豫) | 城市绿化苗(万株) | 2974.00 |
| 2 | 新泰市(鲁) | 城市绿化苗(万株) | 1200.00 |
| 3 | 偃师市(豫) | 城市绿化苗(万株) | 1000.00 |
| 4 | 潢川县(豫) | 城市绿化苗(万株) | 780.00 |
| 5 | 光山县(豫) | 城市绿化苗(万株) | 500.00 |
| 6 | 兰考县(豫) | 城市绿化苗(万株) | 450.00 |
| 7 | 东平县(鲁) | 城市绿化苗(万株) | 360.00 |
| 8 | 龙安区(豫) | 城市绿化苗(万株) | 300.00 |
| 9 | 上蔡县(豫) | 城市绿化苗(万株) | 210.00 |
| 10 | 辛集市(冀) | 城市绿化苗(万株) | 36.00 |
| 11 | 济南市市中区(鲁) | 城市绿化苗(万株) | 20.00 |
| 12 | 曲阳县(冀) | 城市绿化苗(万株) | 20.00 |
| 13 | 驿城区(豫) | 城市绿化苗(万株) | 18.40 |
| 14 | 柳林县(晋) | 城市绿化苗(万株) | 15.00 |
| 15 | 梁山县(鲁) | 城市绿化苗(万株) | 13.50 |
| 16 | 东昌府区(鲁) | 城市绿化苗(万株) | 10.00 |
| 17 | 威海市经济技术开发区(鲁) | 城市绿化苗(万株) | 10.00 |
| 18 | 路桥区(浙) | 城市绿化苗(万株) | 7.50 |
| 19 | 华容县(湘) | 城市绿化苗(万株) | 5.00 |
| 20 | 望江县(皖) | 城市绿化苗(万株) | 5.00 |
| 21 | 崆峒区(甘) | 城市绿化苗(万株) | 2.60 |
| 22 | 凤冈县(黔) | 城市绿化苗(万株) | 2.00 |
| 23 | 柘城县(豫) | 干花(万支) | 300.00 |
| 24 | 固安县(冀) | 观赏苗木(万株) | 1260.00 |
| 25 | 望都县(冀) | 观赏苗木(万株) | 1100.00 |
| 26 | 顺平县(冀) | 观赏苗木(万株) | 550.00 |
| 27 | 磁　县(冀) | 观赏苗木(万株) | 500.00 |

| 序号 | 黄杨类主产地 | 花卉类别 | 生产量 |
|---|---|---|---|
| 28 | 郏　县(豫) | 观赏苗木(万株) | 500.00 |
| 29 | 长葛市(豫) | 观赏苗木(万株) | 300.00 |
| 30 | 邱　县(冀) | 观赏苗木(万株) | 296.00 |
| 31 | 迁安市(冀) | 观赏苗木(万株) | 240.00 |
| 32 | 涿州市(冀) | 观赏苗木(万株) | 200.00 |
| 33 | 安阳县(豫) | 观赏苗木(万株) | 177.00 |
| 34 | 满城县(冀) | 观赏苗木(万株) | 171.00 |
| 35 | 沂水县(鲁) | 观赏苗木(万株) | 162.00 |
| 36 | 开平区(冀) | 观赏苗木(万株) | 150.00 |
| 37 | 南皮县(冀) | 观赏苗木(万株) | 126.23 |
| 38 | 丰南区(冀) | 观赏苗木(万株) | 125.30 |
| 39 | 霸州市(冀) | 观赏苗木(万株) | 100.00 |
| 40 | 龙南县(赣) | 观赏苗木(万株) | 100.00 |
| 41 | 邢台市桥西区(冀) | 观赏苗木(万株) | 100.00 |
| 42 | 巴州区(川) | 观赏苗木(万株) | 80.00 |
| 43 | 嵩　县(豫) | 观赏苗木(万株) | 60.00 |
| 44 | 肥乡县(冀) | 观赏苗木(万株) | 58.00 |
| 45 | 内乡县(豫) | 观赏苗木(万株) | 50.00 |
| 46 | 玉田县(冀) | 观赏苗木(万株) | 50.00 |
| 47 | 西华县(豫) | 观赏苗木(万株) | 48.30 |
| 48 | 永年县(冀) | 观赏苗木(万株) | 43.50 |
| 49 | 沙河市(冀) | 观赏苗木(万株) | 35.00 |
| 50 | 濮阳县(豫) | 观赏苗木(万株) | 30.00 |
| 51 | 运河区(冀) | 观赏苗木(万株) | 30.00 |
| 52 | 南和县(冀) | 观赏苗木(万株) | 28.00 |
| 53 | 牧野区(豫) | 观赏苗木(万株) | 24.00 |
| 54 | 灵璧县(皖) | 观赏苗木(万株) | 23.00 |
| 55 | 河间市(冀) | 观赏苗木(万株) | 19.00 |
| 56 | 海盐县(浙) | 观赏苗木(万株) | 18.60 |
| 57 | 邢台县(冀) | 观赏苗木(万株) | 17.00 |
| 58 | 郾城区(豫) | 观赏苗木(万株) | 16.00 |
| 59 | 鸡泽县(冀) | 观赏苗木(万株) | 14.50 |
| 60 | 大名县(冀) | 观赏苗木(万株) | 12.00 |
| 61 | 赵　县(冀) | 观赏苗木(万株) | 10.80 |
| 62 | 隆尧县(冀) | 观赏苗木(万株) | 10.00 |
| 63 | 卫辉市(豫) | 观赏苗木(万株) | 9.00 |
| 64 | 北戴河区(冀) | 观赏苗木(万株) | 7.00 |
| 65 | 淮阳县(豫) | 观赏苗木(万株) | 6.00 |
| 66 | 武强县(冀) | 观赏苗木(万株) | 4.60 |
| 67 | 任　县(冀) | 观赏苗木(万株) | 4.00 |
| 68 | 寿　县(皖) | 观赏苗木(万株) | 4.00 |
| 69 | 金凤区(宁) | 观赏苗木(万株) | 2.50 |
| 70 | 乐亭县(冀) | 观赏苗木(万株) | 2.00 |
| 71 | 蒲城县(陕) | 观赏苗木(万株) | 2.00 |
| 72 | 石泉县(陕) | 观赏苗木(万株) | 2.00 |
| 73 | 任丘市(冀) | 观赏苗木(万株) | 1.00 |
| 74 | 复兴区(冀) | 观赏苗木(万株) | 0.80 |
| 75 | 夏邑县(豫) | 观叶植物(万盆) | 10.00 |
| 76 | 商河县(鲁) | 花卉用种球(千粒) | 20.00 |
| 77 | 巴州区(川) | 盆花(万盆) | 30.00 |
| 78 | 河间市(冀) | 盆景(万盆) | 61.00 |
| 79 | 崇明县(沪) | 盆景(万盆) | 10.85 |
| 80 | 龙南县(赣) | 盆景(万盆) | 6.00 |
| 81 | 潢川县(豫) | 盆景(万盆) | 4.10 |
| 82 | 昌乐县(鲁) | 盆景(万盆) | 2.20 |
| 83 | 文　县(甘) | 盆景(万盆) | 1.80 |

**表 13-37　紫薇类主产地产量**

| 序号 | 紫薇类主产地 | 花卉类别 | 生产量 |
|---|---|---|---|
| 1 | 清新县(粤) | 城市绿化苗(万株) | 10000.00 |
| 2 | 南召县(豫) | 城市绿化苗(万株) | 1120.00 |
| 3 | 潢川县(豫) | 城市绿化苗(万株) | 440.00 |
| 4 | 即墨市(鲁) | 城市绿化苗(万株) | 150.00 |
| 5 | 荥阳市(豫) | 城市绿化苗(万株) | 120.00 |
| 6 | 上蔡县(豫) | 城市绿化苗(万株) | 89.00 |
| 7 | 许昌县(豫) | 城市绿化苗(万株) | 66.00 |
| 8 | 固始县(豫) | 城市绿化苗(万株) | 50.00 |
| 9 | 新宁县(湘) | 城市绿化苗(万株) | 40.00 |
| 10 | 桐城市(皖) | 城市绿化苗(万株) | 11.00 |
| 11 | 坊子区(鲁) | 城市绿化苗(万株) | 8.00 |
| 12 | 谷城县(鄂) | 城市绿化苗(万株) | 8.00 |
| 13 | 碧江区(黔) | 城市绿化苗(万株) | 5.00 |
| 14 | 泾　县(皖) | 城市绿化苗(万株) | 3.00 |
| 15 | 梁山县(鲁) | 城市绿化苗(万株) | 2.00 |
| 16 | 吴川市(粤) | 城市绿化苗(万株) | 2.00 |
| 17 | 澜沧拉祜族自治县(滇) | 城市绿化苗(万株) | 0.51 |
| 18 | 沭阳县(苏) | 观赏苗木(万株) | 4500.00 |
| 19 | 汝南县(豫) | 观赏苗木(万株) | 149.14 |
| 20 | 肥城市(鲁) | 观赏苗木(万株) | 102.00 |
| 21 | 垦利县(鲁) | 观赏苗木(万株) | 80.00 |
| 22 | 河东区(鲁) | 观赏苗木(万株) | 75.00 |
| 23 | 临安市(浙) | 观赏苗木(万株) | 72.00 |
| 24 | 南漳县(鄂) | 观赏苗木(万株) | 50.00 |
| 25 | 临安市(浙) | 观赏苗木(万株) | 48.00 |
| 26 | 长清区(鲁) | 观赏苗木(万株) | 30.00 |
| 27 | 新泰市(鲁) | 观赏苗木(万株) | 28.00 |
| 28 | 沙河市(冀) | 观赏苗木(万株) | 15.00 |
| 29 | 蒙阴县(鲁) | 观赏苗木(万株) | 9.30 |
| 30 | 衢江区(浙) | 观赏苗木(万株) | 8.00 |
| 31 | 涿州市(冀) | 观赏苗木(万株) | 5.00 |
| 32 | 南乐县(豫) | 观赏苗木(万株) | 4.00 |
| 33 | 阳新县(鄂) | 观赏苗木(万株) | 4.00 |

| 序号 | 紫薇类主产地 | 花卉类别 | 生产量 |
|---|---|---|---|
| 34 | 定海区(浙) | 观赏苗木(万株) | 3.05 |
| 35 | 北戴河区(冀) | 观赏苗木(万株) | 2.00 |
| 36 | 淮阳县(豫) | 观赏苗木(万株) | 2.00 |
| 37 | 渝水区(赣) | 观赏苗木(万株) | 1.50 |
| 38 | 樊城区(鄂) | 观赏苗木(万株) | 1.30 |
| 39 | 三门县(浙) | 观赏苗木(万株) | 1.00 |
| 40 | 保康县(鄂) | 观叶植物(万盆) | 30.00 |
| 41 | 南郑县(陕) | 花卉用种苗(千苗) | 900.00 |
| 42 | 蔡甸区(鄂) | 盆花(万盆) | 7.00 |
| 43 | 襄城区(鄂) | 盆景(万盆) | 1.20 |
| 44 | 秀峰区(桂) | 鲜切花(万支) | 80.00 |
| 45 | 宣汉县(川) | 鲜切花(万支) | 6.00 |

**表 13-38　红叶小檗主产地产量**

| 序号 | 红叶小檗主产地 | 花卉类别 | 生产量 |
|---|---|---|---|
| 1 | 彭阳县(宁) | 城市绿化苗(万株) | 250000 |
| 2 | 华池县(甘) | 城市绿化苗(万株) | 50000 |
| 3 | 易　县(冀) | 城市绿化苗(万株) | 500 |
| 4 | 潢川县(豫) | 城市绿化苗(万株) | 450 |
| 5 | 即墨市(鲁) | 城市绿化苗(万株) | 150 |
| 6 | 龙安区(豫) | 城市绿化苗(万株) | 150 |
| 7 | 沂水县(鲁) | 城市绿化苗(万株) | 66 |
| 8 | 山丹县(甘) | 城市绿化苗(万株) | 37 |
| 9 | 嘉峪关市(甘) | 城市绿化苗(万株) | 30 |
| 10 | 柳林县(晋) | 城市绿化苗(万株) | 25 |
| 11 | 临洮县(甘) | 城市绿化苗(万株) | 10 |
| 12 | 枣阳市(鄂) | 城市绿化苗(万株) | 9.5 |
| 13 | 邢台市桥西区(冀) | 观赏苗木(万株) | 500000 |
| 14 | 沭阳县(苏) | 观赏苗木(万株) | 26500 |
| 15 | 望都县(冀) | 观赏苗木(万株) | 1550 |
| 16 | 顺平县(冀) | 观赏苗木(万株) | 235 |
| 17 | 定州市(冀) | 观赏苗木(万株) | 180 |
| 18 | 涿州市(冀) | 观赏苗木(万株) | 140 |
| 19 | 迁安市(冀) | 观赏苗木(万株) | 99 |
| 20 | 开平区(冀) | 观赏苗木(万株) | 80 |
| 21 | 清苑县(冀) | 观赏苗木(万株) | 80 |
| 22 | 广平县(冀) | 观赏苗木(万株) | 63 |
| 23 | 徐水县(冀) | 观赏苗木(万株) | 48 |
| 24 | 鹿泉市(冀) | 观赏苗木(万株) | 35 |
| 25 | 濮阳县(豫) | 观赏苗木(万株) | 32 |
| 26 | 临洮县(甘) | 观赏苗木(万株) | 20 |
| 27 | 遵化市(冀) | 观赏苗木(万株) | 15 |
| 28 | 范　县(豫) | 观赏苗木(万株) | 10 |
| 29 | 高平市(晋) | 观赏苗木(万株) | 10 |
| 30 | 武邑县(冀) | 观赏苗木(万株) | 10 |
| 31 | 北戴河区(冀) | 观赏苗木(万株) | 9 |

| 序号 | 红叶小檗主产地 | 花卉类别 | 生产量 |
|---|---|---|---|
| 32 | 大厂回族自治县(冀) | 观赏苗木(万株) | 8 |
| 33 | 邢台县(冀) | 观赏苗木(万株) | 5 |
| 34 | 高碑店市(冀) | 观赏苗木(万株) | 4.5 |
| 35 | 武强县(冀) | 观赏苗木(万株) | 3.8 |
| 36 | 昌乐县(鲁) | 观赏苗木(万株) | 3.5 |
| 37 | 曲阳县(冀) | 观赏苗木(万株) | 3.5 |
| 38 | 博兴县(鲁) | 观赏苗木(万株) | 3 |
| 39 | 海淀区(京) | 观赏苗木(万株) | 3 |
| 40 | 石泉县(陕) | 观赏苗木(万株) | 3 |
| 41 | 旌阳区(川) | 观赏苗木(万株) | 2.5 |
| 42 | 海港区(冀) | 观赏苗木(万株) | 2.33 |
| 43 | 枣强县(冀) | 观赏苗木(万株) | 1.5 |
| 44 | 壶关县(晋) | 观赏苗木(万株) | 1.2 |
| 45 | 鄂托克旗(内蒙古) | 盆花(万盆) | 10 |
| 46 | 喀什市(新) | 盆景(万盆) | 1 |

**表 13-39　桧柏主产地产量**

| 序号 | 桧柏主产地 | 花卉类别 | 生产量 |
|---|---|---|---|
| 1 | 彭阳县(宁) | 城市绿化苗(万株) | 53000.00 |
| 2 | 易　县(冀) | 城市绿化苗(万株) | 500.00 |
| 3 | 潢川县(豫) | 城市绿化苗(万株) | 111.00 |
| 4 | 九台市(吉) | 城市绿化苗(万株) | 100.00 |
| 5 | 偃师市(豫) | 城市绿化苗(万株) | 80.00 |
| 6 | 承德县(冀) | 城市绿化苗(万株) | 40.00 |
| 7 | 荆门市市辖区(鄂) | 城市绿化苗(万株) | 21.00 |
| 8 | 三山区(皖) | 城市绿化苗(万株) | 15.00 |
| 9 | 忻府区(晋) | 城市绿化苗(万株) | 14.11 |
| 10 | 龙里县(黔) | 城市绿化苗(万株) | 5.00 |
| 11 | 新化县(湘) | 城市绿化苗(万株) | 5.00 |
| 12 | 定襄县(晋) | 城市绿化苗(万株) | 3.00 |
| 13 | 井陉矿区(冀) | 城市绿化苗(万株) | 3.00 |
| 14 | 鄂托克前旗(内蒙古) | 城市绿化苗(万株) | 1.45 |
| 15 | 青阳县(皖) | 城市绿化苗(万株) | 1.00 |
| 16 | 沭阳县(苏) | 观赏苗木(万株) | 42500.00 |
| 17 | 望都县(冀) | 观赏苗木(万株) | 1530.00 |
| 18 | 定州市(冀) | 观赏苗木(万株) | 150.00 |
| 19 | 潜江市(鄂) | 观赏苗木(万株) | 50.00 |
| 20 | 涉　县(冀) | 观赏苗木(万株) | 36.00 |
| 21 | 平泉县(冀) | 观赏苗木(万株) | 20.00 |
| 22 | 太康县(豫) | 观赏苗木(万株) | 12.00 |
| 23 | 固安县(冀) | 观赏苗木(万株) | 10.00 |
| 24 | 汝阳县(豫) | 观赏苗木(万株) | 10.00 |
| 25 | 三门县(浙) | 观赏苗木(万株) | 10.00 |
| 26 | 宜阳县(豫) | 观赏苗木(万株) | 8.00 |
| 27 | 鸡泽县(冀) | 观赏苗木(万株) | 5.50 |
| 28 | 鹿泉市(冀) | 观赏苗木(万株) | 4.00 |

| 序号 | 桧柏主产地 | 花卉类别 | 生产量 |
|---|---|---|---|
| 29 | 临漳县(冀) | 观赏苗木(万株) | 3.40 |
| 30 | 大厂回族自治县(冀) | 观赏苗木(万株) | 3.00 |
| 31 | 定海区(浙) | 观赏苗木(万株) | 2.20 |
| 32 | 卫辉市(豫) | 观赏苗木(万株) | 2.00 |
| 33 | 定襄县(晋) | 观赏苗木(万株) | 1.50 |
| 34 | 海淀区(京) | 观赏苗木(万株) | 0.60 |
| 35 | 汝阳县(豫) | 花卉用种苗(千苗) | 80.00 |

**表 13-40　连翘主产地产量**

| 序号 | 连翘主产地 | 花卉类别 | 生产量 |
|---|---|---|---|
| 1 | 宁河县(津) | 城市绿化苗(万株) | 32000.00 |
| 2 | 彭阳县(宁) | 城市绿化苗(万株) | 20000.00 |
| 3 | 九台市(吉) | 城市绿化苗(万株) | 100.00 |
| 4 | 北林区(黑) | 城市绿化苗(万株) | 20.00 |
| 5 | 定襄县(晋) | 城市绿化苗(万株) | 20.00 |
| 6 | 柳林县(晋) | 城市绿化苗(万株) | 20.00 |
| 7 | 讷河市(黑) | 城市绿化苗(万株) | 20.00 |
| 8 | 昌吉市(新) | 城市绿化苗(万株) | 10.00 |
| 9 | 临夏市(甘) | 城市绿化苗(万株) | 4.00 |
| 10 | 克东县(黑) | 城市绿化苗(万株) | 2.00 |
| 11 | 崆峒区(甘) | 城市绿化苗(万株) | 1.90 |
| 12 | 白城市市辖区(吉) | 城市绿化苗(万株) | 1.80 |
| 13 | 威海市经济技术开发区(鲁) | 城市绿化苗(万株) | 1.50 |
| 14 | 嘉峪关市(甘) | 城市绿化苗(万株) | 1.00 |
| 15 | 永靖县(甘) | 城市绿化苗(万株) | 0.75 |
| 16 | 定州市(冀) | 观赏苗木(万株) | 2120.00 |
| 17 | 呼兰区(黑) | 观赏苗木(万株) | 1000.00 |
| 18 | 红古区(甘) | 观赏苗木(万株) | 500.00 |
| 19 | 固安县(冀) | 观赏苗木(万株) | 122.00 |
| 20 | 开平区(冀) | 观赏苗木(万株) | 59.00 |
| 21 | 路南区(冀) | 观赏苗木(万株) | 50.00 |
| 22 | 海城市(辽) | 观赏苗木(万株) | 35.60 |
| 23 | 嵩　县(豫) | 观赏苗木(万株) | 32.00 |
| 24 | 隆化县(冀) | 观赏苗木(万株) | 26.00 |
| 25 | 丰宁满族自治县(冀) | 观赏苗木(万株) | 25.00 |
| 26 | 环翠区(鲁) | 观赏苗木(万株) | 20.00 |
| 27 | 涿州市(冀) | 观赏苗木(万株) | 15.00 |
| 28 | 乌审旗(内蒙古) | 观赏苗木(万株) | 13.96 |
| 29 | 凉州区(甘) | 观赏苗木(万株) | 8.00 |
| 30 | 乐都县(青) | 观赏苗木(万株) | 6.00 |
| 31 | 北戴河区(冀) | 观赏苗木(万株) | 5.00 |
| 32 | 乐亭县(冀) | 观赏苗木(万株) | 5.00 |
| 33 | 延庆县(京) | 观赏苗木(万株) | 5.00 |
| 34 | 兰西县(黑) | 观赏苗木(万株) | 3.00 |
| 35 | 龙凤区(黑) | 观赏苗木(万株) | 3.00 |
| 36 | 阳泉市郊区(晋) | 观赏苗木(万株) | 3.00 |
| 37 | 金凤区(宁) | 观赏苗木(万株) | 2.50 |
| 38 | 吴桥县(冀) | 观赏苗木(万株) | 1.00 |
| 39 | 玛纳斯县(新) | 花卉用种苗(千苗) | 192.00 |
| 40 | 鄂托克旗(内蒙古) | 盆花(万盆) | 5.00 |
| 41 | 昌乐县(鲁) | 盆景(万盆) | 2.20 |

**表 13-41　凤梨类主产地产量**

| 序号 | 凤梨类主产地 | 花卉类别 | 生产量 |
|---|---|---|---|
| 1 | 定州市(冀) | 观赏苗木(万株) | 20.00 |
| 2 | 顺义区(京) | 观叶植物(万盆) | 50.70 |
| 3 | 昆山市(苏) | 花卉用种苗(千苗) | 240.00 |
| 4 | 松江区(沪) | 盆花(万盆) | 494.00 |
| 5 | 诸城市(鲁) | 盆花(万盆) | 300.00 |
| 6 | 青州市(鲁) | 盆花(万盆) | 263.00 |
| 7 | 兴庆区(宁) | 盆花(万盆) | 255.00 |
| 8 | 广饶县(鲁) | 盆花(万盆) | 130.00 |
| 9 | 徐水县(冀) | 盆花(万盆) | 84.00 |
| 10 | 怀宁县(皖) | 盆花(万盆) | 80.00 |
| 11 | 游仙区(川) | 盆花(万盆) | 50.00 |
| 12 | 丰台区(京) | 盆花(万盆) | 36.42 |
| 13 | 大丰市(苏) | 盆花(万盆) | 35.00 |
| 14 | 上街区(豫) | 盆花(万盆) | 30.00 |
| 15 | 昆山市(苏) | 盆花(万盆) | 26.70 |
| 16 | 涿州市(冀) | 盆花(万盆) | 25.00 |
| 17 | 奉贤区(沪) | 盆花(万盆) | 22.80 |
| 18 | 长安区(陕) | 盆花(万盆) | 15.00 |
| 19 | 通州区(京) | 盆花(万盆) | 15.00 |
| 20 | 德昌县(川) | 盆花(万盆) | 12.00 |
| 21 | 东洲区(辽) | 盆花(万盆) | 12.00 |
| 22 | 新华区(冀) | 盆花(万盆) | 11.00 |
| 23 | 东昌府区(鲁) | 盆花(万盆) | 10.00 |
| 24 | 闵行区(沪) | 盆花(万盆) | 10.00 |
| 25 | 虞城县(豫) | 盆花(万盆) | 10.00 |
| 26 | 惠济区(豫) | 盆花(万盆) | 9.03 |
| 27 | 金山区(沪) | 盆花(万盆) | 9.00 |
| 28 | 成安县(冀) | 盆花(万盆) | 6.00 |
| 29 | 大东流苗圃(京) | 盆花(万盆) | 5.05 |
| 30 | 固安县(冀) | 盆花(万盆) | 5.00 |
| 31 | 七坡林场(桂) | 盆花(万盆) | 4.70 |
| 32 | 杨凌区农林局(陕) | 盆花(万盆) | 3.20 |
| 33 | 常熟市(苏) | 盆花(万盆) | 2.00 |
| 34 | 北辰区(津) | 盆花(万盆) | 1.50 |
| 35 | 海宁市(浙) | 盆花(万盆) | 0.90 |
| 36 | 忻府区(晋) | 盆花(万盆) | 0.60 |

**表 13-42　红叶石楠主产地产量**

| 序号 | 红叶石楠主产地 | 花卉类别 | 生产量 |
|---|---|---|---|
| 1 | 岳阳县(湘) | 城市绿化苗(万株) | 1000.00 |
| 2 | 宜都市(鄂) | 城市绿化苗(万株) | 580.00 |
| 3 | 许昌县(豫) | 城市绿化苗(万株) | 520.00 |
| 4 | 平桥区(豫) | 城市绿化苗(万株) | 500.00 |
| 5 | 潢川县(豫) | 城市绿化苗(万株) | 480.00 |
| 6 | 南召县(豫) | 城市绿化苗(万株) | 398.00 |
| 7 | 青阳县(皖) | 城市绿化苗(万株) | 300.00 |
| 8 | 德安县(赣) | 城市绿化苗(万株) | 234.22 |
| 9 | 洪江市(湘) | 城市绿化苗(万株) | 230.00 |
| 10 | 新　县(豫) | 城市绿化苗(万株) | 200.00 |
| 11 | 即墨市(鲁) | 城市绿化苗(万株) | 180.00 |
| 12 | 玉山县(赣) | 城市绿化苗(万株) | 150.00 |
| 13 | 荆门市市辖区(鄂) | 城市绿化苗(万株) | 122.00 |
| 14 | 偃师市(豫) | 城市绿化苗(万株) | 100.00 |
| 15 | 新化县(湘) | 城市绿化苗(万株) | 100.00 |
| 16 | 象山县(浙) | 城市绿化苗(万株) | 100.00 |
| 17 | 龙里县(黔) | 城市绿化苗(万株) | 100.00 |
| 18 | 确山县(豫) | 城市绿化苗(万株) | 73.40 |
| 19 | 泾　县(皖) | 城市绿化苗(万株) | 55.00 |
| 20 | 盱眙县(苏) | 城市绿化苗(万株) | 50.00 |
| 21 | 新晃侗族自治县(湘) | 城市绿化苗(万株) | 50.00 |
| 22 | 淮滨县(豫) | 城市绿化苗(万株) | 50.00 |
| 23 | 桐城市(皖) | 城市绿化苗(万株) | 45.00 |
| 24 | 叶　县(豫) | 城市绿化苗(万株) | 40.00 |
| 25 | 谷城县(鄂) | 城市绿化苗(万株) | 35.00 |
| 26 | 竹山县(鄂) | 城市绿化苗(万株) | 25.00 |
| 27 | 颍东区(皖) | 城市绿化苗(万株) | 20.00 |
| 28 | 新宁县(湘) | 城市绿化苗(万株) | 20.00 |
| 29 | 蓬安县(川) | 城市绿化苗(万株) | 20.00 |
| 30 | 冷水江市(湘) | 城市绿化苗(万株) | 15.00 |
| 31 | 昆山市(苏) | 城市绿化苗(万株) | 15.00 |
| 32 | 碧江区(黔) | 城市绿化苗(万株) | 15.00 |
| 33 | 三山区(皖) | 城市绿化苗(万株) | 14.00 |
| 34 | 威海市经济技术开发区(鲁) | 城市绿化苗(万株) | 12.00 |
| 35 | 枣阳市(鄂) | 城市绿化苗(万株) | 11.00 |
| 36 | 伊川县(豫) | 城市绿化苗(万株) | 10.00 |
| 37 | 龙安区(豫) | 城市绿化苗(万株) | 10.00 |
| 38 | 郎溪县(皖) | 城市绿化苗(万株) | 10.00 |
| 39 | 固始县(豫) | 城市绿化苗(万株) | 10.00 |
| 40 | 洞口县(湘) | 城市绿化苗(万株) | 10.00 |
| 41 | 江川县(滇) | 城市绿化苗(万株) | 8.00 |
| 42 | 芷江侗族自治县(湘) | 城市绿化苗(万株) | 5.00 |
| 43 | 兴山县(鄂) | 城市绿化苗(万株) | 5.00 |
| 44 | 威远县(川) | 城市绿化苗(万株) | 5.00 |
| 45 | 沙市区(鄂) | 城市绿化苗(万株) | 5.00 |
| 46 | 鹿邑县(豫) | 城市绿化苗(万株) | 5.00 |
| 47 | 新田县(湘) | 城市绿化苗(万株) | 2.53 |
| 48 | 池州市九华山风景区管委会(皖) | 城市绿化苗(万株) | 2.00 |
| 49 | 和　县(皖) | 城市绿化苗(万株) | 1.50 |
| 50 | 石台县(皖) | 城市绿化苗(万株) | 1.00 |
| 51 | 韶山市(湘) | 城市绿化苗(万株) | 1.00 |
| 52 | 彭州市(川) | 城市绿化苗(万株) | 1.00 |
| 53 | 东昌府区(鲁) | 城市绿化苗(万株) | 1.00 |
| 54 | 达川区(川) | 城市绿化苗(万株) | 0.60 |
| 55 | 沭阳县(苏) | 观赏苗木(万株) | 18000.00 |
| 56 | 临安市(浙) | 观赏苗木(万株) | 5000.00 |
| 57 | 北仑区(浙) | 观赏苗木(万株) | 5000.00 |
| 58 | 长葛市(豫) | 观赏苗木(万株) | 200.00 |
| 59 | 衢江区(浙) | 观赏苗木(万株) | 170.00 |
| 60 | 大冶市(鄂) | 观赏苗木(万株) | 150.00 |
| 61 | 巴州区(川) | 观赏苗木(万株) | 120.00 |
| 62 | 阳朔县(桂) | 观赏苗木(万株) | 100.00 |
| 63 | 潜江市(鄂) | 观赏苗木(万株) | 100.00 |
| 64 | 慈利县(湘) | 观赏苗木(万株) | 100.00 |
| 65 | 蕲春县(鄂) | 观赏苗木(万株) | 80.00 |
| 66 | 汝南县(豫) | 观赏苗木(万株) | 75.01 |
| 67 | 东港区(鲁) | 观赏苗木(万株) | 54.00 |
| 68 | 三门县(浙) | 观赏苗木(万株) | 53.00 |
| 69 | 孝昌县(鄂) | 观赏苗木(万株) | 50.00 |
| 70 | 洛龙区(豫) | 观赏苗木(万株) | 50.00 |
| 71 | 海盐县(浙) | 观赏苗木(万株) | 48.10 |
| 72 | 濮阳市高新区(豫) | 观赏苗木(万株) | 45.00 |
| 73 | 邵阳县(湘) | 观赏苗木(万株) | 40.00 |
| 74 | 垦利县(鲁) | 观赏苗木(万株) | 35.00 |
| 75 | 游仙区(川) | 观赏苗木(万株) | 30.00 |
| 76 | 嵩　县(豫) | 观赏苗木(万株) | 20.00 |
| 77 | 濮阳县(豫) | 观赏苗木(万株) | 20.00 |
| 78 | 牧野区(豫) | 观赏苗木(万株) | 18.50 |
| 79 | 东宝区(鄂) | 观赏苗木(万株) | 18.00 |
| 80 | 双牌县(湘) | 观赏苗木(万株) | 10.00 |
| 81 | 蒲城县(陕) | 观赏苗木(万株) | 10.00 |
| 82 | 龙南县(赣) | 观赏苗木(万株) | 10.00 |
| 83 | 川汇区(豫) | 观赏苗木(万株) | 10.00 |
| 84 | 汝阳县(豫) | 观赏苗木(万株) | 8.00 |
| 85 | 洋　县(陕) | 观赏苗木(万株) | 6.00 |
| 86 | 睢阳区(豫) | 观赏苗木(万株) | 5.00 |
| 87 | 石泉县(陕) | 观赏苗木(万株) | 5.00 |
| 88 | 汝城县(湘) | 观赏苗木(万株) | 5.00 |
| 89 | 淮阳县(豫) | 观赏苗木(万株) | 5.00 |
| 90 | 正阳县(豫) | 观赏苗木(万株) | 4.00 |
| 91 | 旌阳区(川) | 观赏苗木(万株) | 4.00 |

| 序号 | 红叶石楠主产地 | 花卉类别 | 生产量 |
|---|---|---|---|
| 92 | 阳新县(鄂) | 观赏苗木(万株) | 3.00 |
| 93 | 汉阴县(陕) | 观赏苗木(万株) | 3.00 |
| 94 | 登封市(豫) | 观赏苗木(万株) | 2.26 |
| 95 | 湘潭县(湘) | 观赏苗木(万株) | 1.10 |
| 96 | 环翠区(鲁) | 观叶植物(万盆) | 100.00 |
| 97 | 潢川县(豫) | 观叶植物(万盆) | 5.60 |
| 98 | 翠屏区(川) | 观叶植物(万盆) | 2.10 |
| 99 | 平利县(陕) | 观叶植物(万盆) | 0.80 |
| 100 | 固始县(豫) | 花卉用种苗(千苗) | 300.00 |
| 101 | 红花岗区(黔) | 盆花(万盆) | 100.00 |
| 102 | 巴州区(川) | 盆花(万盆) | 35.00 |
| 103 | 宣汉县(川) | 鲜切花(万支) | 22.00 |
| 104 | 巴州区(川) | 鲜切花(万支) | 10.00 |
| 105 | 巴州区(川) | 鲜切叶(万支) | 5.00 |

**表 13-43　紫薇主产地产量**

| 序号 | 紫薇主产地 | 花卉类别 | 生产量 |
|---|---|---|---|
| 1 | 醴陵市(湘) | 城市绿化苗(万株) | 10000.00 |
| 2 | 温江区(川) | 城市绿化苗(万株) | 500.00 |
| 3 | 新　县(豫) | 城市绿化苗(万株) | 400.00 |
| 4 | 河东区(鲁) | 城市绿化苗(万株) | 200.00 |
| 5 | 长寿区(渝) | 城市绿化苗(万株) | 150.00 |
| 6 | 旌德县(皖) | 城市绿化苗(万株) | 100.00 |
| 7 | 郎溪县(皖) | 城市绿化苗(万株) | 100.00 |
| 8 | 无为县(皖) | 城市绿化苗(万株) | 60.00 |
| 9 | 长丰县(皖) | 城市绿化苗(万株) | 53.30 |
| 10 | 孝昌县(鄂) | 城市绿化苗(万株) | 50.00 |
| 11 | 安化县(湘) | 城市绿化苗(万株) | 40.00 |
| 12 | 宜都市(鄂) | 城市绿化苗(万株) | 35.00 |
| 13 | 兴山县(鄂) | 城市绿化苗(万株) | 30.00 |
| 14 | 新宁县(湘) | 城市绿化苗(万株) | 20.00 |
| 15 | 颍东区(皖) | 城市绿化苗(万株) | 20.00 |
| 16 | 济源市(豫) | 城市绿化苗(万株) | 18.00 |
| 17 | 雨城区(川) | 城市绿化苗(万株) | 12.00 |
| 18 | 包河区(皖) | 城市绿化苗(万株) | 10.00 |
| 19 | 昆山市(苏) | 城市绿化苗(万株) | 10.00 |
| 20 | 龙里县(黔) | 城市绿化苗(万株) | 10.00 |
| 21 | 岳池县(川) | 城市绿化苗(万株) | 10.00 |
| 22 | 瑞金市(赣) | 城市绿化苗(万株) | 7.00 |
| 23 | 平桥区(豫) | 城市绿化苗(万株) | 6.41 |
| 24 | 洞口县(湘) | 城市绿化苗(万株) | 5.00 |
| 25 | 恩阳区(川) | 城市绿化苗(万株) | 4.00 |
| 26 | 三山区(皖) | 城市绿化苗(万株) | 3.00 |
| 27 | 石台县(皖) | 城市绿化苗(万株) | 3.00 |
| 28 | 孟连傣族拉祜族佤族自治县(滇) | 城市绿化苗(万株) | 2.00 |
| 29 | 忠　县(渝) | 城市绿化苗(万株) | 2.00 |
| 30 | 竹山县(鄂) | 城市绿化苗(万株) | 1.89 |
| 31 | 井研县(川) | 城市绿化苗(万株) | 1.20 |
| 32 | 沅陵县(湘) | 城市绿化苗(万株) | 1.20 |
| 33 | 洪山区(鄂) | 城市绿化苗(万株) | 1.00 |
| 34 | 石门县(湘) | 城市绿化苗(万株) | 1.00 |
| 35 | 曾都区(鄂) | 城市绿化苗(万株) | 1.00 |
| 36 | 冷水江市(湘) | 城市绿化苗(万株) | 0.60 |
| 37 | 鄢陵县(豫) | 观赏苗木(万株) | 1500.00 |
| 38 | 叠彩区(桂) | 观赏苗木(万株) | 300.00 |
| 39 | 阳朔县(桂) | 观赏苗木(万株) | 300.00 |
| 40 | 金乡县(鲁) | 观赏苗木(万株) | 280.00 |
| 41 | 青州市(鲁) | 观赏苗木(万株) | 240.00 |
| 42 | 巴州区(川) | 观赏苗木(万株) | 200.00 |
| 43 | 潜江市(鄂) | 观赏苗木(万株) | 200.00 |
| 44 | 东平县(鲁) | 观赏苗木(万株) | 150.00 |
| 45 | 河东区(鲁) | 观赏苗木(万株) | 75.00 |
| 46 | 新蔡县(豫) | 观赏苗木(万株) | 55.30 |
| 47 | 贞丰县(黔) | 观赏苗木(万株) | 52.00 |
| 48 | 长葛市(豫) | 观赏苗木(万株) | 50.00 |
| 49 | 霸州市(冀) | 观赏苗木(万株) | 31.00 |
| 50 | 永兴县(湘) | 观赏苗木(万株) | 26.06 |
| 51 | 玉山县(赣) | 观赏苗木(万株) | 15.00 |
| 52 | 中方县(湘) | 观赏苗木(万株) | 12.00 |
| 53 | 海盐县(浙) | 观赏苗木(万株) | 11.20 |
| 54 | 高淳县(苏) | 观赏苗木(万株) | 11.00 |
| 55 | 蒲江县(川) | 观赏苗木(万株) | 11.00 |
| 56 | 武陵区(湘) | 观赏苗木(万株) | 8.00 |
| 57 | 登封市(豫) | 观赏苗木(万株) | 7.15 |
| 58 | 邢台县(冀) | 观赏苗木(万株) | 7.00 |
| 59 | 任　县(冀) | 观赏苗木(万株) | 6.00 |
| 60 | 临邑县(鲁) | 观赏苗木(万株) | 5.10 |
| 61 | 昌乐县(鲁) | 观赏苗木(万株) | 5.00 |
| 62 | 三台县(川) | 观赏苗木(万株) | 5.00 |
| 63 | 博兴县(鲁) | 观赏苗木(万株) | 3.00 |
| 64 | 石泉县(陕) | 观赏苗木(万株) | 3.00 |
| 65 | 旌阳区(川) | 观赏苗木(万株) | 2.00 |
| 66 | 淅川县(豫) | 观赏苗木(万株) | 2.00 |
| 67 | 雁塔区(陕) | 观赏苗木(万株) | 2.00 |
| 68 | 赞皇县(冀) | 观赏苗木(万株) | 2.00 |
| 69 | 唐　县(冀) | 观赏苗木(万株) | 1.00 |
| 70 | 川汇区(豫) | 观赏苗木(万株) | 0.80 |
| 71 | 北塔区(湘) | 观赏苗木(万株) | 0.64 |
| 72 | 苏仙区(湘) | 观叶植物(万盆) | 5600.00 |
| 73 | 沅陵县(湘) | 花卉用种苗(千苗) | 75.00 |
| 74 | 巴州区(川) | 盆花(万盆) | 40.00 |
| 75 | 来凤县(鄂) | 盆景(万盆) | 10.00 |

| 序号 | 紫薇主产地 | 花卉类别 | 生产量 |
|---|---|---|---|
| 76 | 黔西县(黔) | 鲜切花(万支) | 40.00 |
| 77 | 埇桥区(皖) | 鲜切花(万支) | 23.80 |

**表 13-44　紫荆主产地产量**

| 序号 | 紫荆主产地 | 花卉类别 | 生产量 |
|---|---|---|---|
| 1 | 象州县(桂) | 城市绿化苗(万株) | 90000.00 |
| 2 | 醴陵市(湘) | 城市绿化苗(万株) | 10000.00 |
| 3 | 南召县(豫) | 城市绿化苗(万株) | 762.00 |
| 4 | 许昌县(豫) | 城市绿化苗(万株) | 232.00 |
| 5 | 潢川县(豫) | 城市绿化苗(万株) | 60.00 |
| 6 | 宜都市(鄂) | 城市绿化苗(万株) | 15.00 |
| 7 | 昆山市(苏) | 城市绿化苗(万株) | 10.00 |
| 8 | 连州市(粤) | 城市绿化苗(万株) | 5.00 |
| 9 | 望江县(皖) | 城市绿化苗(万株) | 5.00 |
| 10 | 碧江区(黔) | 城市绿化苗(万株) | 3.00 |
| 11 | 威海市经济技术开发区(鲁) | 城市绿化苗(万株) | 3.00 |
| 12 | 长顺县(黔) | 城市绿化苗(万株) | 2.00 |
| 13 | 孟连傣族拉祜族佤族自治县(滇) | 城市绿化苗(万株) | 2.00 |
| 14 | 竹山县(鄂) | 城市绿化苗(万株) | 2.00 |
| 15 | 梁山县(鲁) | 城市绿化苗(万株) | 1.30 |
| 16 | 东昌府区(鲁) | 城市绿化苗(万株) | 1.00 |
| 17 | 龙里县(黔) | 城市绿化苗(万株) | 1.00 |
| 18 | 巴州区(川) | 观赏苗木(万株) | 180.00 |
| 19 | 东平县(鲁) | 观赏苗木(万株) | 50.00 |
| 20 | 通江县(川) | 观赏苗木(万株) | 50.00 |
| 21 | 青州市(鲁) | 观赏苗木(万株) | 36.00 |
| 22 | 高密市(鲁) | 观赏苗木(万株) | 23.00 |
| 23 | 环翠区(鲁) | 观赏苗木(万株) | 20.00 |
| 24 | 东港区(鲁) | 观赏苗木(万株) | 10.00 |
| 25 | 南乐县(豫) | 观赏苗木(万株) | 5.00 |
| 26 | 新泰市(鲁) | 观赏苗木(万株) | 5.00 |
| 27 | 博兴县(鲁) | 观赏苗木(万株) | 4.00 |
| 28 | 陵　县(鲁) | 观赏苗木(万株) | 2.00 |
| 29 | 吴桥县(冀) | 观赏苗木(万株) | 1.50 |
| 30 | 巴州区(川) | 盆花(万盆) | 35.00 |
| 31 | 昌乐县(鲁) | 盆景(万盆) | 2.20 |
| 32 | 黔西县(黔) | 鲜切花(万支) | 4.00 |

**表 13-45　红瑞木主产地产量**

| 序号 | 红瑞木主产地 | 花卉类别 | 生产量 |
|---|---|---|---|
| 1 | 开原市(辽) | 城市绿化苗(万株) | 500.00 |
| 2 | 九台市(吉) | 城市绿化苗(万株) | 100.00 |
| 3 | 昌吉市(新) | 城市绿化苗(万株) | 45.00 |
| 4 | 榆阳区(陕) | 城市绿化苗(万株) | 11.20 |
| 5 | 即墨市(鲁) | 城市绿化苗(万株) | 10.00 |
| 6 | 梅里斯达斡尔族区(黑) | 城市绿化苗(万株) | 10.00 |
| 7 | 讷河市(黑) | 城市绿化苗(万株) | 10.00 |
| 8 | 临洮县(甘) | 城市绿化苗(万株) | 8.00 |
| 9 | 威海市经济技术开发区(鲁) | 城市绿化苗(万株) | 8.00 |
| 10 | 井陉矿区(冀) | 城市绿化苗(万株) | 2.00 |
| 11 | 康保县(冀) | 城市绿化苗(万株) | 2.00 |
| 12 | 大武口区(宁) | 城市绿化苗(万株) | 1.60 |
| 13 | 特克斯林场(新) | 城市绿化苗(万株) | 0.54 |
| 14 | 定州市(冀) | 观赏苗木(万株) | 2480.00 |
| 15 | 吉木萨尔县(新) | 观赏苗木(万株) | 79.00 |
| 16 | 玉田县(冀) | 观赏苗木(万株) | 50.00 |
| 17 | 丰润区(冀) | 观赏苗木(万株) | 45.20 |
| 18 | 路南区(冀) | 观赏苗木(万株) | 40.00 |
| 19 | 顺平县(冀) | 观赏苗木(万株) | 15.00 |
| 20 | 丰宁满族自治县(冀) | 观赏苗木(万株) | 10.00 |
| 21 | 依安县(黑) | 观赏苗木(万株) | 10.00 |
| 22 | 庄河市(辽) | 观赏苗木(万株) | 8.00 |
| 23 | 兰西县(黑) | 观赏苗木(万株) | 5.00 |
| 24 | 瓜州县(甘) | 观赏苗木(万株) | 4.00 |
| 25 | 延庆县(京) | 观赏苗木(万株) | 3.00 |
| 26 | 涿州市(冀) | 观赏苗木(万株) | 3.00 |
| 27 | 金凤区(宁) | 观赏苗木(万株) | 2.00 |
| 28 | 迁安市(冀) | 观赏苗木(万株) | 1.10 |
| 29 | 临洮县(甘) | 花卉用种苗(千苗) | 10.00 |
| 30 | 鄂托克旗(内蒙古) | 盆花(万盆) | 5.00 |

**表 13-46　牡丹主产地产量**

| 序号 | 牡丹主产地 | 花卉类别 | 生产量 |
|---|---|---|---|
| 1 | 临洮县(甘) | 城市绿化苗(万株) | 60.00 |
| 2 | 临夏市(甘) | 城市绿化苗(万株) | 48.80 |
| 3 | 固始县(豫) | 城市绿化苗(万株) | 10.00 |
| 4 | 竹山县(鄂) | 城市绿化苗(万株) | 9.10 |
| 5 | 偃师市(豫) | 城市绿化苗(万株) | 2.00 |
| 6 | 济南市市中区(鲁) | 观赏苗木(万株) | 600.00 |
| 7 | 宜阳县(豫) | 观赏苗木(万株) | 273.00 |
| 8 | 东昌府区(鲁) | 观赏苗木(万株) | 200.00 |
| 9 | 洛阳市龙门文化旅游园区(豫) | 观赏苗木(万株) | 200.00 |
| 10 | 汝阳县(豫) | 观赏苗木(万株) | 60.00 |
| 11 | 广水市(鄂) | 观赏苗木(万株) | 56.00 |
| 12 | 范　县(豫) | 观赏苗木(万株) | 20.00 |
| 13 | 临洮县(甘) | 观赏苗木(万株) | 20.00 |
| 14 | 榆中县(甘) | 观赏苗木(万株) | 7.50 |
| 15 | 凉州区(甘) | 观赏苗木(万株) | 2.00 |
| 16 | 南关区(吉) | 观叶植物(万盆) | 320.00 |
| 17 | 禹州市(豫) | 盆花(万盆) | 68.00 |
| 18 | 鼎城区(湘) | 盆花(万盆) | 4.50 |
| 19 | 谯城区(皖) | 盆花(万盆) | 1.00 |

| 序号 | 牡丹主产地 | 花卉类别 | 生产量 |
|---|---|---|---|
| 20 | 保康县(鄂) | 盆景(万盆) | 9.00 |
| 21 | 柏乡县(冀) | 盆景(万盆) | 7.50 |
| 22 | 兰州新区(甘) | 食用及药用花卉(吨) | 72.00 |
| 23 | 康乐县(甘) | 食用及药用花卉(吨) | 30.00 |
| 24 | 安阳县(豫) | 食用及药用花卉(千克) | 2.00 |
| 25 | 新安县(豫) | 鲜切花(万支) | 400.00 |
| 26 | 榆中县(甘) | 鲜切花(万支) | 125.00 |
| 27 | 伊川县(豫) | 鲜切花(万支) | 50.00 |
| 28 | 隆尧县(冀) | 鲜切花(万支) | 15.00 |
| 29 | 平山县(冀) | 鲜切花(万支) | 7.00 |
| 30 | 西峰区(甘) | 鲜切花(万支) | 3.00 |
| 31 | 南溪县(川) | 鲜切花(万支) | 1.00 |
| 32 | 永靖县(甘) | 鲜切花(万支) | 0.82 |

## 表 13-47　富贵竹主产地产量

| 序号 | 富贵竹主产地 | 花卉类别 | 生产量 |
|---|---|---|---|
| 1 | 吴川市(粤) | 城市绿化苗(万株) | 6.00 |
| 2 | 新宁县(湘) | 城市绿化苗(万株) | 5.00 |
| 3 | 新蔡县(豫) | 观赏苗木(万株) | 14.10 |
| 4 | 游仙区(川) | 观赏苗木(万株) | 10.00 |
| 5 | 通城县(鄂) | 观赏苗木(万株) | 6.00 |
| 6 | 盐山县(冀) | 观赏苗木(万株) | 5.00 |
| 7 | 太康县(豫) | 观赏苗木(万株) | 1.00 |
| 8 | 麻章区(粤) | 观叶植物(万盆) | 405.00 |
| 9 | 青州市(鲁) | 观叶植物(万盆) | 28.00 |
| 10 | 涿州市(冀) | 观叶植物(万盆) | 5.00 |
| 11 | 清城区(粤) | 观叶植物(万盆) | 3.10 |
| 12 | 石棉县(川) | 观叶植物(万盆) | 2.50 |
| 13 | 石柱土家族自治县(渝) | 观叶植物(万盆) | 2.50 |
| 14 | 建始县(鄂) | 观叶植物(万盆) | 1.00 |
| 15 | 昌图县(辽) | 盆花(万盆) | 2000.00 |
| 16 | 巴州区(川) | 盆花(万盆) | 350.00 |
| 17 | 崇明县(沪) | 盆花(万盆) | 9.60 |
| 18 | 闵行区(沪) | 盆花(万盆) | 6.00 |
| 19 | 华龙区(豫) | 盆花(万盆) | 5.00 |
| 20 | 浦东新区(沪) | 盆花(万盆) | 5.00 |
| 21 | 许昌县(豫) | 盆花(万盆) | 5.00 |
| 22 | 丰润区(冀) | 盆花(万盆) | 4.00 |
| 23 | 昌乐县(鲁) | 盆花(万盆) | 2.00 |
| 24 | 金城江区(桂) | 盆花(万盆) | 2.00 |
| 25 | 彭水苗族土家族自治县(渝) | 盆花(万盆) | 2.00 |
| 26 | 盐山县(冀) | 盆花(万盆) | 1.20 |
| 27 | 汶上县(鲁) | 盆花(万盆) | 1.00 |
| 28 | 瓜州县(甘) | 盆景(万盆) | 3.00 |
| 29 | 宝丰县(豫) | 盆景(万盆) | 2.40 |
| 30 | 青　县(冀) | 盆景(万盆) | 1.00 |
| 31 | 五华县(粤) | 盆景(万盆) | 1.00 |
| 32 | 犍为县(川) | 盆景(万盆) | 0.70 |
| 33 | 平果县(桂) | 鲜切花(万支) | 3.00 |
| 34 | 台山市(粤) | 鲜切叶(万支) | 1300.00 |
| 35 | 凯里市(黔) | 鲜切叶(万支) | 310.00 |
| 36 | 遵化市(冀) | 鲜切叶(万支) | 30.00 |
| 37 | 开平区(冀) | 鲜切叶(万支) | 10.00 |
| 38 | 洋　县(陕) | 鲜切叶(万支) | 4.00 |

## 表 13-48　草花主产地产量

| 序号 | 草花主产地 | 花卉类别 | 生产量 |
|---|---|---|---|
| 1 | 九台市(吉) | 城市绿化苗(万株) | 5000.00 |
| 2 | 阳高县(晋) | 城市绿化苗(万株) | 2500.00 |
| 3 | 辉南县(吉) | 城市绿化苗(万株) | 1650.00 |
| 4 | 大同县(晋) | 城市绿化苗(万株) | 1000.00 |
| 5 | 荆门市市辖区(鄂) | 城市绿化苗(万株) | 200.00 |
| 6 | 富蕴县(新) | 城市绿化苗(万株) | 30.00 |
| 7 | 路桥区(浙) | 城市绿化苗(万株) | 9.00 |
| 8 | 仙桃市(鄂) | 观赏苗木(万株) | 250.00 |
| 9 | 建始县(鄂) | 观赏苗木(万株) | 150.00 |
| 10 | 富顺县(川) | 观赏苗木(万株) | 109.00 |
| 11 | 绿园区(吉) | 观赏苗木(万株) | 100.00 |
| 12 | 丰宁满族自治县(冀) | 观赏苗木(万株) | 60.00 |
| 13 | 珠晖区(湘) | 观赏苗木(万株) | 15.00 |
| 14 | 芜湖县(皖) | 观赏苗木(万株) | 10.00 |
| 15 | 大东流苗圃(京) | 观赏苗木(万株) | 9.23 |
| 16 | 博兴县(鲁) | 观赏苗木(万株) | 5.00 |
| 17 | 山海关区(冀) | 观赏苗木(万株) | 5.00 |
| 18 | 石柱土家族自治县(渝) | 观叶植物(万盆) | 5.00 |
| 19 | 沭阳县(苏) | 观叶植物(万盆) | 4.40 |
| 20 | 清原满族自治县(辽) | 盆花(万盆) | 2900.00 |
| 21 | 青浦区(沪) | 盆花(万盆) | 592.60 |
| 22 | 康平县(辽) | 盆花(万盆) | 500.00 |
| 23 | 庐阳区(皖) | 盆花(万盆) | 300.00 |
| 24 | 利通区(宁) | 盆花(万盆) | 221.00 |
| 25 | 浦东新区(沪) | 盆花(万盆) | 120.00 |
| 26 | 潮安县(粤) | 盆花(万盆) | 65.00 |
| 27 | 北辰区(津) | 盆花(万盆) | 45.00 |
| 28 | 北戴河区(冀) | 盆花(万盆) | 32.50 |
| 29 | 沂水县(鲁) | 盆花(万盆) | 18.00 |
| 30 | 淮上区(皖) | 盆花(万盆) | 10.00 |
| 31 | 涟水县(苏) | 盆花(万盆) | 10.00 |
| 32 | 正定县(冀) | 盆花(万盆) | 10.00 |
| 33 | 井陉县(冀) | 盆花(万盆) | 9.00 |
| 34 | 云梦县(鄂) | 盆花(万盆) | 8.00 |
| 35 | 临沭县(鲁) | 盆花(万盆) | 7.00 |

| 序号 | 草花主产地 | 花卉类别 | 生产量 |
|---|---|---|---|
| 36 | 辛集市(冀) | 盆花(万盆) | 4.40 |
| 37 | 蒙城县(皖) | 盆花(万盆) | 4.30 |
| 38 | 肃宁县(冀) | 盆花(万盆) | 3.00 |
| 39 | 宕昌县(甘) | 盆花(万盆) | 2.50 |
| 40 | 公安县(鄂) | 盆花(万盆) | 2.40 |
| 41 | 龙凤区(黑) | 盆花(万盆) | 2.00 |
| 42 | 任丘市(冀) | 盆花(万盆) | 2.00 |
| 43 | 晋州市(冀) | 盆花(万盆) | 1.40 |
| 44 | 山海关区(冀) | 盆花(万盆) | 1.00 |
| 45 | 东乡族自治县(甘) | 盆花(万盆) | 0.90 |
| 46 | 武陵源区(湘) | 盆花(万盆) | 0.60 |
| 47 | 益阳市市辖区(湘) | 盆景(万盆) | 30.00 |
| 48 | 昭化区(川) | 盆景(万盆) | 16.00 |
| 49 | 长葛市(豫) | 盆景(万盆) | 7.00 |
| 50 | 弓长岭区(辽) | 盆景(万盆) | 1.00 |
| 51 | 攀枝花市东区(川) | 盆景(万盆) | 0.80 |
| 52 | 兴庆区(宁) | 鲜切花(万支) | 6428.00 |
| 53 | 青浦区(沪) | 鲜切花(万支) | 1330.00 |
| 54 | 东乡族自治县(甘) | 鲜切花(万支) | 100.00 |
| 55 | 邻水县(川) | 鲜切叶(万支) | 2300.00 |
| 56 | 东乡族自治县(甘) | 鲜切叶(万支) | 70.00 |

## 表 13-49 竹柳主产地产量

| 序号 | 竹柳主产地 | 花卉类别 | 生产量 |
|---|---|---|---|
| 1 | 赤城县(冀) | 城市绿化苗(万株) | 200.00 |
| 2 | 即墨市(鲁) | 城市绿化苗(万株) | 170.00 |
| 3 | 许昌县(豫) | 城市绿化苗(万株) | 122.00 |
| 4 | 范　县(豫) | 城市绿化苗(万株) | 120.00 |
| 5 | 三山区(皖) | 城市绿化苗(万株) | 70.00 |
| 6 | 华容县(湘) | 城市绿化苗(万株) | 60.00 |
| 7 | 广丰县(赣) | 城市绿化苗(万株) | 50.00 |
| 8 | 辛集市(冀) | 城市绿化苗(万株) | 27.00 |
| 9 | 鹿邑县(豫) | 城市绿化苗(万株) | 20.00 |
| 10 | 新宁县(湘) | 城市绿化苗(万株) | 20.00 |
| 11 | 忠　县(渝) | 城市绿化苗(万株) | 20.00 |
| 12 | 昌吉市(新) | 城市绿化苗(万株) | 10.00 |
| 13 | 泾　县(皖) | 城市绿化苗(万株) | 10.00 |
| 14 | 岳阳县(湘) | 城市绿化苗(万株) | 2.00 |
| 15 | 安阳县(豫) | 工业及其他用途花卉(千克) | 28.70 |
| 16 | 邱　县(冀) | 观赏苗木(万株) | 500.00 |
| 17 | 贞丰县(黔) | 观赏苗木(万株) | 205.00 |
| 18 | 潜江市(鄂) | 观赏苗木(万株) | 200.00 |
| 19 | 巴州区(川) | 观赏苗木(万株) | 125.00 |
| 20 | 陵　县(鲁) | 观赏苗木(万株) | 75.00 |
| 21 | 曲阳县(冀) | 观赏苗木(万株) | 30.00 |
| 22 | 邢台市桥西区(冀) | 观赏苗木(万株) | 20.00 |
| 23 | 乐亭县(冀) | 观赏苗木(万株) | 9.00 |
| 24 | 定襄县(晋) | 观赏苗木(万株) | 8.00 |
| 25 | 晋州市(冀) | 观赏苗木(万株) | 8.00 |
| 26 | 任丘市(冀) | 观赏苗木(万株) | 3.00 |
| 27 | 阳新县(鄂) | 观赏苗木(万株) | 3.00 |
| 28 | 铁岭市经济开发区(辽) | 观赏苗木(万株) | 2.00 |
| 29 | 方城县(豫) | 观赏苗木(万株) | 1.08 |
| 30 | 馆陶县(冀) | 观赏苗木(万株) | 0.90 |
| 31 | 新宁县(湘) | 食用及药用花卉(千克) | 20000.00 |

## 表 13-50 榕树(小叶榕)主产地产量

| 序号 | 榕树(小叶榕)主产地 | 花卉类别 | 生产量 |
|---|---|---|---|
| 1 | 仁和区(川) | 城市绿化苗(万株) | 5000.00 |
| 2 | 清城区(粤) | 城市绿化苗(万株) | 1500.00 |
| 3 | 清新县(粤) | 城市绿化苗(万株) | 1000.00 |
| 4 | 东源县(粤) | 城市绿化苗(万株) | 250.00 |
| 5 | 田阳县(桂) | 城市绿化苗(万株) | 27.00 |
| 6 | 瑞金市(赣) | 城市绿化苗(万株) | 6.00 |
| 7 | 吴川市(粤) | 城市绿化苗(万株) | 3.00 |
| 8 | 达川区(川) | 城市绿化苗(万株) | 2.50 |
| 9 | 钦南区(桂) | 城市绿化苗(万株) | 1.50 |
| 10 | 路桥区(浙) | 城市绿化苗(万株) | 0.90 |
| 11 | 武定县(滇) | 城市绿化苗(万株) | 0.90 |
| 12 | 翠屏区(川) | 城市绿化苗(万株) | 0.85 |
| 13 | 孟连傣族拉祜族佤族自治县(滇) | 城市绿化苗(万株) | 0.70 |
| 14 | 高　县(川) | 观赏苗木(万株) | 63296.00 |
| 15 | 楚雄市(滇) | 观赏苗木(万株) | 600.00 |
| 16 | 龙南县(赣) | 观赏苗木(万株) | 30.00 |
| 17 | 巴州区(川) | 观赏苗木(万株) | 25.00 |
| 18 | 隆安县(桂) | 观赏苗木(万株) | 4.00 |
| 19 | 旌阳区(川) | 观赏苗木(万株) | 2.50 |
| 20 | 犍为县(川) | 观赏苗木(万株) | 1.51 |
| 21 | 石棉县(川) | 观叶植物(万盆) | 4.00 |
| 22 | 洋　县(陕) | 观叶植物(万盆) | 1.03 |
| 23 | 雷州市(粤) | 观叶植物(万盆) | 0.60 |
| 24 | 固始县(豫) | 花卉用种苗(千苗) | 50.00 |
| 25 | 巴州区(川) | 盆花(万盆) | 20.00 |
| 26 | 涿州市(冀) | 盆花(万盆) | 10.00 |
| 27 | 东洲区(辽) | 盆花(万盆) | 3.00 |
| 28 | 榆中县(甘) | 盆景(万盆) | 10.00 |
| 29 | 昌乐县(鲁) | 盆景(万盆) | 2.10 |
| 30 | 上思县(桂) | 盆景(万盆) | 1.50 |

表 13-51　罗汉松主产地产量

| 序号 | 罗汉松主产地 | 花卉类别 | 生产量 |
|---|---|---|---|
| 1 | 清新县(粤) | 城市绿化苗(万株) | 5000.00 |
| 2 | 四会市(粤) | 城市绿化苗(万株) | 79.07 |
| 3 | 茶陵县(湘) | 城市绿化苗(万株) | 60.00 |
| 4 | 蕉岭县(粤) | 城市绿化苗(万株) | 15.00 |
| 5 | 上高县(赣) | 城市绿化苗(万株) | 11.80 |
| 8 | 新化县(湘) | 城市绿化苗(万株) | 10.00 |
| 7 | 新宁县(湘) | 城市绿化苗(万株) | 10.00 |
| 6 | 宜都市(鄂) | 城市绿化苗(万株) | 10.00 |
| 9 | 新田县(湘) | 城市绿化苗(万株) | 9.00 |
| 11 | 望江县(皖) | 城市绿化苗(万株) | 5.00 |
| 10 | 吴川市(粤) | 城市绿化苗(万株) | 5.00 |
| 13 | 荆门市市辖区(鄂) | 城市绿化苗(万株) | 4.00 |
| 12 | 象山县(浙) | 城市绿化苗(万株) | 4.00 |
| 15 | 德安县(赣) | 城市绿化苗(万株) | 3.00 |
| 14 | 洞口县(湘) | 城市绿化苗(万株) | 3.00 |
| 17 | 龙里县(黔) | 城市绿化苗(万株) | 2.00 |
| 16 | 英德市(粤) | 城市绿化苗(万株) | 2.00 |
| 19 | 辰溪县(湘) | 城市绿化苗(万株) | 1.00 |
| 18 | 石门县(湘) | 城市绿化苗(万株) | 1.00 |
| 20 | 富川瑶族自治县(桂) | 城市绿化苗(万株) | 0.70 |
| 23 | 孟连傣族拉祜族佤族自治县(滇) | 城市绿化苗(万株) | 0.60 |
| 22 | 汝城县(湘) | 城市绿化苗(万株) | 0.60 |
| 21 | 沅陵县(湘) | 城市绿化苗(万株) | 0.60 |
| 24 | 北仑区(浙) | 观赏苗木(万株) | 120.00 |
| 25 | 阳朔县(桂) | 观赏苗木(万株) | 80.00 |
| 26 | 龙南县(赣) | 观赏苗木(万株) | 30.00 |
| 27 | 七坡林场(桂) | 观赏苗木(万株) | 25.00 |
| 28 | 高　县(川) | 观赏苗木(万株) | 15.68 |
| 29 | 三门县(浙) | 观赏苗木(万株) | 15.00 |
| 30 | 玉山县(赣) | 观赏苗木(万株) | 10.00 |
| 31 | 上思县(桂) | 观赏苗木(万株) | 5.00 |
| 32 | 定海区(浙) | 观赏苗木(万株) | 4.26 |
| 33 | 台山市(粤) | 观赏苗木(万株) | 1.20 |
| 34 | 金秀瑶族自治县(桂) | 观叶植物(万盆) | 25.00 |
| 35 | 巴州区(川) | 盆花(万盆) | 15.00 |
| 36 | 固始县(豫) | 盆花(万盆) | 1.00 |
| 37 | 乳源瑶族自治县(粤) | 盆景(万盆) | 50.00 |
| 39 | 江北区(浙) | 盆景(万盆) | 10.00 |
| 38 | 阳朔县(桂) | 盆景(万盆) | 10.00 |
| 40 | 龙南县(赣) | 盆景(万盆) | 6.00 |
| 41 | 昆山市(苏) | 盆景(万盆) | 2.00 |
| 42 | 北仑区(浙) | 盆景(万盆) | 1.60 |
| 43 | 黔江区(渝) | 盆景(万盆) | 1.00 |
| 44 | 路桥区(浙) | 盆景(万盆) | 0.70 |

表 13-52　红枫主产地产量

| 序号 | 红枫主产地 | 花卉类别 | 生产量 |
|---|---|---|---|
| 1 | 东平县(鲁) | 城市绿化苗(万株) | 120.00 |
| 2 | 龙安区(豫) | 城市绿化苗(万株) | 20.00 |
| 3 | 新　县(豫) | 城市绿化苗(万株) | 10.00 |
| 4 | 温江区(川) | 城市绿化苗(万株) | 10.00 |
| 5 | 青阳县(皖) | 城市绿化苗(万株) | 10.00 |
| 6 | 即墨市(鲁) | 城市绿化苗(万株) | 10.00 |
| 7 | 昆山市(苏) | 城市绿化苗(万株) | 6.00 |
| 8 | 新化县(湘) | 城市绿化苗(万株) | 5.00 |
| 9 | 三山区(皖) | 城市绿化苗(万株) | 4.00 |
| 10 | 龙里县(黔) | 城市绿化苗(万株) | 4.00 |
| 11 | 荆门市市辖区(鄂) | 城市绿化苗(万株) | 4.00 |
| 12 | 象山县(浙) | 城市绿化苗(万株) | 3.00 |
| 13 | 郎溪县(皖) | 城市绿化苗(万株) | 3.00 |
| 14 | 江川县(滇) | 城市绿化苗(万株) | 3.00 |
| 15 | 碧江区(黔) | 城市绿化苗(万株) | 2.00 |
| 16 | 泾　县(皖) | 城市绿化苗(万株) | 1.50 |
| 17 | 达川区(川) | 城市绿化苗(万株) | 1.50 |
| 18 | 竹山县(鄂) | 城市绿化苗(万株) | 1.00 |
| 19 | 郯城县(鲁) | 观赏苗木(万株) | 5000.00 |
| 20 | 叠彩区(桂) | 观赏苗木(万株) | 800.00 |
| 21 | 永福县(桂) | 观赏苗木(万株) | 310.50 |
| 22 | 沭阳县(苏) | 观赏苗木(万株) | 195.00 |
| 23 | 驿城区(豫) | 观赏苗木(万株) | 36.00 |
| 24 | 阳朔县(桂) | 观赏苗木(万株) | 30.00 |
| 25 | 新蔡县(豫) | 观赏苗木(万株) | 27.90 |
| 26 | 邢台县(冀) | 观赏苗木(万株) | 18.00 |
| 27 | 汝南县(豫) | 观赏苗木(万株) | 13.66 |
| 28 | 游仙区(川) | 观赏苗木(万株) | 10.00 |
| 29 | 高淳县(苏) | 观赏苗木(万株) | 10.00 |
| 30 | 巴州区(川) | 观赏苗木(万株) | 10.00 |
| 31 | 三门县(浙) | 观赏苗木(万株) | 8.00 |
| 32 | 定海区(浙) | 观赏苗木(万株) | 5.90 |
| 33 | 海盐县(浙) | 观赏苗木(万株) | 5.30 |
| 34 | 汝城县(湘) | 观赏苗木(万株) | 5.00 |
| 35 | 广德县(皖) | 观赏苗木(万株) | 5.00 |
| 36 | 利津县(鲁) | 观赏苗木(万株) | 3.00 |
| 37 | 安平县(冀) | 观赏苗木(万株) | 3.00 |
| 38 | 北塔区(湘) | 观赏苗木(万株) | 2.65 |
| 39 | 路桥区(浙) | 观赏苗木(万株) | 2.10 |
| 40 | 石泉县(陕) | 观赏苗木(万株) | 1.50 |
| 41 | 阳新县(鄂) | 观赏苗木(万株) | 1.00 |
| 42 | 宁波市市辖区(浙) | 观赏苗木(万株) | 0.60 |
| 43 | 诸城市(鲁) | 盆花(万盆) | 100.00 |

### 表 13-53 仙客来主产地产量

| 序号 | 仙客来主产地 | 花卉类别 | 生产量 |
|---|---|---|---|
| 1 | 石家庄市桥西区(冀) | 城市绿化苗(万株) | 16.00 |
| 2 | 莱州市(鲁) | 城市绿化苗(万株) | 10.00 |
| 3 | 定州市(冀) | 观赏苗木(万株) | 250.00 |
| 4 | 盐山县(冀) | 观赏苗木(万株) | 6.00 |
| 5 | 山海关区(冀) | 观赏苗木(万株) | 3.00 |
| 6 | 山丹县(甘) | 观赏苗木(万株) | 0.80 |
| 7 | 蠡　县(冀) | 观叶植物(万盆) | 2.50 |
| 8 | 兴庆区(宁) | 盆花(万盆) | 227.10 |
| 9 | 红山区(内蒙古) | 盆花(万盆) | 100.00 |
| 10 | 栾城县(冀) | 盆花(万盆) | 62.00 |
| 11 | 霸州市(冀) | 盆花(万盆) | 55.00 |
| 12 | 石家庄市桥东区(冀) | 盆花(万盆) | 50.00 |
| 13 | 张家口市高新技术管理区(冀) | 盆花(万盆) | 31.00 |
| 14 | 青州市(鲁) | 盆花(万盆) | 26.00 |
| 15 | 北辰区(津) | 盆花(万盆) | 16.80 |
| 16 | 赞皇县(冀) | 盆花(万盆) | 15.00 |
| 17 | 涿州市(冀) | 盆花(万盆) | 15.00 |
| 18 | 平罗县(宁) | 盆花(万盆) | 10.00 |
| 19 | 潍城区(鲁) | 盆花(万盆) | 8.58 |
| 20 | 固安县(冀) | 盆花(万盆) | 6.00 |
| 21 | 鹿泉市(冀) | 盆花(万盆) | 5.00 |
| 22 | 西峰区(甘) | 盆花(万盆) | 5.00 |
| 23 | 蔚　县(冀) | 盆花(万盆) | 4.00 |
| 24 | 昌乐县(鲁) | 盆花(万盆) | 2.50 |
| 25 | 旌阳区(川) | 盆花(万盆) | 2.50 |
| 26 | 新市区(冀) | 盆花(万盆) | 2.17 |
| 27 | 白银区(甘) | 盆花(万盆) | 2.00 |
| 28 | 大厂回族自治县(冀) | 盆花(万盆) | 2.00 |
| 29 | 海宁市(浙) | 盆花(万盆) | 1.00 |
| 30 | 围场满族蒙古族自治县(冀) | 盆花(万盆) | 1.00 |
| 31 | 宁东林业局(陕) | 盆花(万盆) | 0.97 |
| 32 | 蓬莱市(鲁) | 盆景(万盆) | 4.30 |
| 33 | 隆化县(冀) | 盆景(万盆) | 4.00 |
| 34 | 平泉县(冀) | 鲜切花(万支) | 13.40 |
| 35 | 江川县(滇) | 鲜切花(万支) | 3.00 |

### 表 13-54 其他花卉主产地产量

| 序号 | 其他花卉主产地 | 品种 | 花卉类别 | 生产量 |
|---|---|---|---|---|
| 1 | 南和县(冀) | 巴西铁 | 观赏苗木(万株) | 3.00 |
| 2 | 闵行区(沪) | 巴西铁 | 观赏苗木(万株) | 2.60 |
| 3 | 大埔县(粤) | 巴西铁 | 观叶植物(万盆) | 9.00 |
| 4 | 青州市(鲁) | 巴西铁 | 观叶植物(万盆) | 9.00 |
| 5 | 清城区(粤) | 巴西铁 | 观叶植物(万盆) | 2.20 |
| 6 | 忻府区(晋) | 巴西铁 | 观叶植物(万盆) | 1.72 |
| 7 | 路桥区(浙) | 巴西铁 | 观叶植物(万盆) | 1.10 |
| 8 | 崇明县(沪) | 巴西铁 | 盆景(万盆) | 12.00 |
| 9 | 遵化市(冀) | 巴西铁 | 鲜切叶(万支) | 15.00 |
| 10 | 开平区(冀) | 巴西铁 | 鲜切叶(万支) | 10.00 |
| 11 | 广饶县(鲁) | 白碧桃 | 观赏苗木(万株) | 80.00 |
| 12 | 旌德县(皖) | 白及 | 城市绿化苗(万株) | 10.00 |
| 13 | 新宁县(湘) | 白及 | 食用及药用花卉(千克) | 20000.00 |
| 14 | 铜陵县(皖) | 白鹃梅 | 观赏苗木(万株) | 150.00 |
| 15 | 铜陵市郊区(皖) | 白鹃梅 | 观赏苗木(万株) | 3.40 |
| 16 | 狮子山区(皖) | 白鹃梅 | 观赏苗木(万株) | 0.80 |
| 17 | 狮子山区(皖) | 白鹃梅 | 盆花(万盆) | 0.60 |
| 18 | 铜陵县(皖) | 白鹃梅 | 盆景(万盆) | 100.00 |
| 19 | 铜陵市郊区(皖) | 白鹃梅 | 盆景(万盆) | 9.60 |
| 20 | 老河口市(鄂) | 白头翁 | 盆花(万盆) | 50.00 |
| 21 | 青州市(鲁) | 百日草 | 盆花(万盆) | 320.00 |
| 22 | 昆山市(苏) | 百日草 | 盆花(万盆) | 50.00 |
| 23 | 北戴河区(冀) | 百日草 | 盆花(万盆) | 7.50 |
| 24 | 海港区(冀) | 百日草 | 盆花(万盆) | 4.00 |
| 25 | 梁山县(鲁) | 百日草 | 盆花(万盆) | 3.20 |
| 26 | 公安县(鄂) | 百日草 | 盆花(万盆) | 2.90 |
| 27 | 临武县(湘) | 百日草 | 盆花(万盆) | 2.32 |
| 28 | 格尔木市(青) | 百日草 | 盆花(万盆) | 1.80 |
| 29 | 九龙坡区(渝) | 百日草 | 鲜切花(万支) | 235.00 |
| 30 | 西华县(豫) | 百日草 | 鲜切叶(万支) | 3.00 |
| 31 | 榆中县(甘) | 百子莲 | 观赏苗木(万株) | 105.00 |
| 32 | 石城县(赣) | 百子莲 | 观赏苗木(万株) | 5.00 |
| 33 | 太康县(豫) | 薄荷 | 观赏苗木(万株) | 48.00 |
| 34 | 江华瑶族自治县(湘) | 薄荷 | 观赏苗木(万株) | 26.99 |
| 35 | 临川区(赣) | 薄荷 | 观赏苗木(万株) | 24.00 |
| 36 | 卫辉市(豫) | 薄荷 | 盆花(万盆) | 3.00 |
| 37 | 青州市(鲁) | 薄荷 | 盆花(万盆) | 1.00 |
| 38 | 隆化县(冀) | 薄荷 | 鲜切叶(万支) | 5.00 |
| 39 | 九台市(吉) | 彩叶草 | 城市绿化苗(万株) | 10000.00 |
| 40 | 青州市(鲁) | 彩叶草 | 观叶植物(万盆) | 650.00 |
| 41 | 沭阳县(苏) | 彩叶草 | 观叶植物(万盆) | 10.50 |
| 42 | 瓜州县(甘) | 彩叶草 | 观叶植物(万盆) | 5.00 |
| 43 | 路桥区(浙) | 彩叶草 | 观叶植物(万盆) | 2.30 |
| 44 | 东昌府区(鲁) | 彩叶草 | 观叶植物(万盆) | 1.00 |
| 45 | 忻府区(晋) | 彩叶草 | 观叶植物(万盆) | 0.80 |
| 46 | 赫山区(湘) | 彩叶草 | 盆花(万盆) | 100.00 |
| 47 | 北戴河区(冀) | 彩叶草 | 盆花(万盆) | 9.00 |
| 48 | 香河县(冀) | 彩叶草 | 盆花(万盆) | 5.00 |
| 49 | 公安县(鄂) | 彩叶草 | 盆花(万盆) | 3.50 |
| 50 | 本溪满族自治县(辽) | 彩叶草 | 盆花(万盆) | 2.50 |
| 51 | 格尔木市(青) | 彩叶草 | 盆花(万盆) | 2.10 |
| 52 | 金城江区(桂) | 彩叶草 | 盆花(万盆) | 1.50 |
| 53 | 阳泉市郊区(晋) | 彩叶草 | 鲜切叶(万支) | 1.00 |

| 序号 | 其他花卉主产地 | 品种 | 花卉类别 | 生产量 |
|---|---|---|---|---|
| 54 | 路南区(冀) | 草芙蓉 | 盆花(万盆) | 3500.00 |
| 55 | 恩阳区(川) | 草芙蓉 | 盆花(万盆) | 6.00 |
| 56 | 隆尧县(冀) | 草芙蓉 | 鲜切花(万支) | 8.00 |
| 57 | 德安县(赣) | 茶梅 | 城市绿化苗(万株) | 24.10 |
| 58 | 沙洋县(鄂) | 茶梅 | 城市绿化苗(万株) | 20.00 |
| 59 | 新化县(湘) | 茶梅 | 城市绿化苗(万株) | 10.00 |
| 60 | 望江县(皖) | 茶梅 | 城市绿化苗(万株) | 5.00 |
| 61 | 龙里县(黔) | 茶梅 | 城市绿化苗(万株) | 3.00 |
| 62 | 北仑区(浙) | 茶梅 | 观赏苗木(万株) | 450.00 |
| 63 | 建始县(鄂) | 茶梅 | 观赏苗木(万株) | 60.00 |
| 64 | 洞口县(湘) | 茶梅 | 盆花(万盆) | 1.20 |
| 65 | 海宁市(浙) | 茶梅 | 盆花(万盆) | 0.60 |
| 66 | 昆山市(苏) | 茶梅 | 盆景(万盆) | 5.00 |
| 67 | 昌吉市(新) | 长春花 | 城市绿化苗(万株) | 5.00 |
| 68 | 吴川市(粤) | 长春花 | 城市绿化苗(万株) | 5.00 |
| 69 | 鼎城区(湘) | 长春花 | 盆花(万盆) | 24.00 |
| 70 | 金城江区(桂) | 长春花 | 盆花(万盆) | 3.00 |
| 71 | 唐　县(冀) | 长春花 | 盆花(万盆) | 1.80 |
| 72 | 平山县(冀) | 长春花 | 盆花(万盆) | 1.00 |
| 73 | 青州市(鲁) | 长寿花 | 盆花(万盆) | 160.00 |
| 74 | 栾城县(冀) | 长寿花 | 盆花(万盆) | 6.00 |
| 75 | 金城江区(桂) | 长寿花 | 盆花(万盆) | 3.00 |
| 76 | 忻府区(晋) | 长寿花 | 盆花(万盆) | 0.60 |
| 77 | 喀什市(新) | 长寿花 | 鲜切花(万支) | 2.00 |
| 78 | 井研县(川) | 常春藤类 | 城市绿化苗(万株) | 1.27 |
| 79 | 汝城县(湘) | 常春藤类 | 城市绿化苗(万株) | 1.00 |
| 80 | 桐梓县(黔) | 常春藤类 | 观赏苗木(万株) | 395.00 |
| 81 | 新泰市(鲁) | 常春藤类 | 观赏苗木(万株) | 38.00 |
| 82 | 东昌府区(鲁) | 常春藤类 | 观赏苗木(万株) | 3.00 |
| 83 | 盐山县(冀) | 常春藤类 | 观赏苗木(万株) | 2.00 |
| 84 | 新晃侗族自治县(湘) | 常春藤类 | 观赏苗木(万株) | 1.50 |
| 85 | 栾城县(冀) | 常春藤类 | 观叶植物(万盆) | 71.00 |
| 86 | 青州市(鲁) | 常春藤类 | 观叶植物(万盆) | 45.00 |
| 87 | 宾川县(滇) | 常春藤类 | 观叶植物(万盆) | 2.00 |
| 88 | 定州市(冀) | 常春藤类 | 盆花(万盆) | 150.00 |
| 89 | 闵行区(沪) | 常春藤类 | 盆花(万盆) | 25.60 |
| 90 | 金城江区(桂) | 常春藤类 | 盆花(万盆) | 10.00 |
| 91 | 丰润区(冀) | 常春藤类 | 盆花(万盆) | 2.00 |
| 92 | 翠屏区(川) | 常春藤类 | 盆花(万盆) | 0.60 |
| 93 | 惠济区(豫) | 常春藤类 | 盆景(万盆) | 60.00 |
| 94 | 南湖区(浙) | 常春藤类 | 鲜切叶(万支) | 2150.00 |
| 95 | 夏邑县(豫) | 赤楠 | 城市绿化苗(万株) | 30.00 |
| 96 | 新宁县(湘) | 赤楠 | 城市绿化苗(万株) | 10.00 |
| 97 | 鼎城区(湘) | 赤楠 | 观赏苗木(万株) | 3.50 |
| 98 | 旌德县(皖) | 垂丝海棠 | 城市绿化苗(万株) | 100000.00 |
| 99 | 鄢陵县(豫) | 垂丝海棠 | 城市绿化苗(万株) | 1120.00 |
| 100 | 河东区(鲁) | 垂丝海棠 | 城市绿化苗(万株) | 680.00 |
| 101 | 大足县(渝) | 垂丝海棠 | 城市绿化苗(万株) | 150.00 |
| 102 | 罗庄区(鲁) | 垂丝海棠 | 城市绿化苗(万株) | 10.00 |
| 103 | 望江县(皖) | 垂丝海棠 | 城市绿化苗(万株) | 5.00 |
| 104 | 上蔡县(豫) | 垂丝海棠 | 城市绿化苗(万株) | 2.63 |
| 105 | 沭阳县(苏) | 垂丝海棠 | 观赏苗木(万株) | 300.00 |
| 106 | 广饶县(鲁) | 垂丝海棠 | 观赏苗木(万株) | 140.00 |
| 107 | 长葛市(豫) | 垂丝海棠 | 观赏苗木(万株) | 30.00 |
| 108 | 新华区(冀) | 垂丝海棠 | 观赏苗木(万株) | 6.00 |
| 109 | 河东区(鲁) | 垂丝海棠 | 盆花(万盆) | 620.00 |
| 110 | 蕉岭县(粤) | 垂丝海棠 | 盆花(万盆) | 5.10 |
| 111 | 肥城市(鲁) | 垂枝桃 | 观赏苗木(万株) | 20.00 |
| 112 | 铁山港区(桂) | 春羽 | 城市绿化苗(万株) | 1.00 |
| 113 | 遵化市(冀) | 春羽 | 鲜切叶(万支) | 10.00 |
| 114 | 安陆市(鄂) | 葱兰 | 城市绿化苗(万株) | 10.00 |
| 115 | 新化县(湘) | 葱兰 | 城市绿化苗(万株) | 10.00 |
| 116 | 攀枝花市东区(川) | 葱兰 | 城市绿化苗(万株) | 5.50 |
| 117 | 芷江侗族自治县(湘) | 葱兰 | 城市绿化苗(万株) | 1.60 |
| 118 | 沭阳县(苏) | 葱兰 | 观赏苗木(万株) | 750.00 |
| 119 | 广水市(鄂) | 葱兰 | 观赏苗木(万株) | 4.00 |
| 120 | 赫山区(湘) | 葱兰 | 观叶植物(万盆) | 200.00 |
| 121 | 望城县(湘) | 葱兰 | 盆景(万盆) | 10.00 |
| 122 | 昌吉市(新) | 翠柏 | 城市绿化苗(万株) | 1.50 |
| 123 | 濮阳县(豫) | 翠柏 | 观赏苗木(万株) | 20.00 |
| 124 | 芜湖县(皖) | 翠柏 | 观赏苗木(万株) | 20.00 |
| 125 | 鼎城区(湘) | 翠柏 | 观赏苗木(万株) | 1.50 |
| 126 | 洞口县(湘) | 翠柏 | 盆花(万盆) | 1.00 |
| 127 | 潢川县(豫) | 翠柏 | 盆景(万盆) | 1.70 |
| 128 | 榆阳区(陕) | 翠柏 | 盆景(万盆) | 0.60 |
| 129 | 九台市(吉) | 大丽花 | 城市绿化苗(万株) | 50.00 |
| 130 | 凤　县(陕) | 大丽花 | 城市绿化苗(万株) | 20.00 |
| 131 | 凉州区(甘) | 大丽花 | 城市绿化苗(万株) | 4.00 |
| 132 | 肇州县(黑) | 大丽花 | 观赏苗木(万株) | 100.00 |
| 133 | 嵩　县(豫) | 大丽花 | 观赏苗木(万株) | 0.70 |
| 134 | 临泉县(皖) | 大丽花 | 观叶植物(万盆) | 14.00 |
| 135 | 会宁县(甘) | 大丽花 | 观叶植物(万盆) | 10.00 |
| 136 | 固始县(豫) | 大丽花 | 观叶植物(万盆) | 2.00 |
| 137 | 株洲县(湘) | 大丽花 | 盆花(万盆) | 12000.00 |
| 138 | 九龙坡区(渝) | 大丽花 | 盆花(万盆) | 305.00 |
| 139 | 郯城县(鲁) | 大丽花 | 盆花(万盆) | 135.40 |
| 140 | 青州市(鲁) | 大丽花 | 盆花(万盆) | 50.00 |
| 141 | 浦东新区(沪) | 大丽花 | 盆花(万盆) | 30.00 |
| 142 | 临洮县(甘) | 大丽花 | 盆花(万盆) | 8.00 |
| 143 | 新泰市(鲁) | 大丽花 | 盆花(万盆) | 8.00 |
| 144 | 肇州县(黑) | 大丽花 | 盆花(万盆) | 8.00 |
| 145 | 商水县(豫) | 大丽花 | 盆花(万盆) | 5.00 |

| 序号 | 其他花卉主产地 | 品种 | 花卉类别 | 生产量 |
|---|---|---|---|---|
| 146 | 潢川县(豫) | 大丽花 | 盆花(万盆) | 2.90 |
| 147 | 临武县(湘) | 大丽花 | 盆花(万盆) | 2.33 |
| 148 | 调兵山市(辽) | 大丽花 | 盆花(万盆) | 1.00 |
| 149 | 瓜州县(甘) | 大丽花 | 盆花(万盆) | 0.80 |
| 150 | 闵行区(沪) | 大丽花 | 鲜切花(万支) | 1.80 |
| 151 | 青州市(鲁) | 大岩桐 | 观叶植物(万盆) | 90.00 |
| 152 | 建始县(鄂) | 大岩桐 | 观叶植物(万盆) | 1.20 |
| 153 | 德安县(赣) | 淡竹 | 城市绿化苗(万株) | 320.00 |
| 154 | 即墨市(鲁) | 淡竹 | 城市绿化苗(万株) | 100.00 |
| 155 | 潢川县(豫) | 淡竹 | 城市绿化苗(万株) | 96.00 |
| 156 | 竹山县(鄂) | 淡竹 | 城市绿化苗(万株) | 19.10 |
| 157 | 汝城县(湘) | 淡竹 | 城市绿化苗(万株) | 1.00 |
| 158 | 建始县(鄂) | 倒挂金钟 | 观赏苗木(万株) | 60.00 |
| 159 | 文安县(冀) | 倒挂金钟 | 观赏苗木(万株) | 15.00 |
| 160 | 桐梓县(黔) | 倒挂金钟 | 观叶植物(万盆) | 0.56 |
| 161 | 红山区(内蒙古) | 倒挂金钟 | 盆花(万盆) | 120.00 |
| 162 | 青州市(鲁) | 倒挂金钟 | 盆花(万盆) | 16.00 |
| 163 | 西峰区(甘) | 倒挂金钟 | 盆花(万盆) | 9.50 |
| 164 | 丰润区(冀) | 倒挂金钟 | 盆花(万盆) | 5.00 |
| 165 | 涿州市(冀) | 倒挂金钟 | 盆花(万盆) | 2.00 |
| 166 | 瓜州县(甘) | 倒挂金钟 | 盆花(万盆) | 1.80 |
| 167 | 平山县(冀) | 倒挂金钟 | 盆花(万盆) | 1.00 |
| 168 | 武邑县(冀) | 倒挂金钟 | 盆花(万盆) | 1.00 |
| 169 | 商水县(豫) | 地肤 | 盆花(万盆) | 5.00 |
| 170 | 新乐市(冀) | 地肤 | 盆花(万盆) | 1.00 |
| 171 | 嵩　县(豫) | 地肤 | 盆花(万盆) | 0.90 |
| 172 | 东营区(鲁) | 地肤 | 盆景(万盆) | 20.00 |
| 173 | 秀峰区(桂) | 地肤 | 鲜切花(万支) | 50.00 |
| 174 | 彭山县(川) | 地肤 | 鲜切花(万支) | 10.00 |
| 175 | 九台市(吉) | 地锦 | 城市绿化苗(万株) | 10.00 |
| 176 | 定州市(冀) | 地锦 | 观赏苗木(万株) | 2150.00 |
| 177 | 路南区(冀) | 地锦 | 观赏苗木(万株) | 30.00 |
| 178 | 涿州市(冀) | 地锦 | 观赏苗木(万株) | 10.00 |
| 179 | 栾城县(冀) | 地锦 | 观叶植物(万盆) | 65.00 |
| 180 | 北戴河区(冀) | 地锦 | 盆花(万盆) | 10.00 |
| 181 | 通城县(鄂) | 地石榴 | 观赏苗木(万株) | 2.00 |
| 182 | 宁陵县(豫) | 地石榴 | 盆花(万盆) | 20.00 |
| 183 | 隆尧县(冀) | 地石榴 | 盆景(万盆) | 10.00 |
| 184 | 定州市(冀) | 棣棠 | 观赏苗木(万株) | 240.00 |
| 185 | 涿州市(冀) | 棣棠 | 观赏苗木(万株) | 5.00 |
| 186 | 高碑店市(冀) | 棣棠 | 观赏苗木(万株) | 4.50 |
| 187 | 南乐县(豫) | 棣棠 | 观赏苗木(万株) | 3.00 |
| 188 | 博兴县(鲁) | 棣棠 | 观赏苗木(万株) | 1.00 |
| 189 | 马山县(桂) | 吊金钱 | 观叶植物(万盆) | 2.00 |
| 190 | 邻水县(川) | 东陵八仙花 | 盆景(万盆) | 9090.00 |
| 191 | 醴陵市(湘) | 杜仲 | 城市绿化苗(万株) | 10000.00 |

| 序号 | 其他花卉主产地 | 品种 | 花卉类别 | 生产量 |
|---|---|---|---|---|
| 192 | 南召县(豫) | 杜仲 | 城市绿化苗(万株) | 245.00 |
| 193 | 荥阳市(豫) | 杜仲 | 城市绿化苗(万株) | 150.00 |
| 194 | 济源市(豫) | 杜仲 | 城市绿化苗(万株) | 45.00 |
| 195 | 新宁县(湘) | 杜仲 | 城市绿化苗(万株) | 5.00 |
| 196 | 汝阳县(豫) | 杜仲 | 观赏苗木(万株) | 5.00 |
| 197 | 连州市(粤) | 杜仲 | 花卉用种苗(千苗) | 20.00 |
| 198 | 项城市(豫) | 杜仲 | 花卉用种苗(千苗) | 1.00 |
| 199 | 东营区(鲁) | 杜仲 | 盆景(万盆) | 22.00 |
| 200 | 荆门市市辖区(鄂) | 对节白蜡 | 城市绿化苗(万株) | 100.00 |
| 201 | 许昌县(豫) | 对节白蜡 | 城市绿化苗(万株) | 80.00 |
| 202 | 沙洋县(鄂) | 对节白蜡 | 城市绿化苗(万株) | 10.00 |
| 203 | 京山县(鄂) | 对节白蜡 | 盆景(万盆) | 30.00 |
| 204 | 孝南区(鄂) | 对节白蜡 | 盆景(万盆) | 10.00 |
| 205 | 安陆市(鄂) | 对节白蜡 | 盆景(万盆) | 5.00 |
| 206 | 仙桃市(鄂) | 对节白蜡 | 盆景(万盆) | 1.60 |
| 207 | 威海市经济技术开发区(鲁) | 多花蔷薇 | 城市绿化苗(万株) | 3.00 |
| 208 | 青州市(鲁) | 多花蔷薇 | 观赏苗木(万株) | 21.00 |
| 209 | 涿州市(冀) | 多花蔷薇 | 观赏苗木(万株) | 10.00 |
| 210 | 北戴河区(冀) | 多花蔷薇 | 观赏苗木(万株) | 8.00 |
| 211 | 仪陇县(川) | 多花蔷薇 | 观赏苗木(万株) | 3.00 |
| 212 | 井研县(川) | 多花蔷薇 | 观赏苗木(万株) | 1.20 |
| 213 | 鹤山区(豫) | 多花蔷薇 | 观叶植物(万盆) | 50.00 |
| 214 | 云梦县(鄂) | 多花蔷薇 | 花卉用种苗(千苗) | 3700.00 |
| 215 | 井研县(川) | 多花蔷薇 | 鲜切花(万支) | 5.00 |
| 216 | 昌吉市(新) | 飞燕草 | 城市绿化苗(万株) | 1.00 |
| 217 | 高邑县(冀) | 风铃草 | 观赏苗木(万株) | 20.00 |
| 218 | 醴陵市(湘) | 凤凰竹 | 城市绿化苗(万株) | 10000.00 |
| 219 | 中方县(湘) | 凤凰竹 | 观赏苗木(万株) | 15.00 |
| 220 | 涉　县(冀) | 凤凰竹 | 盆花(万盆) | 2.00 |
| 221 | 瓜州县(甘) | 凤凰竹 | 盆景(万盆) | 1.50 |
| 222 | 盐山县(冀) | 凤尾竹 | 观赏苗木(万株) | 5.00 |
| 223 | 青州市(鲁) | 凤尾竹 | 观叶植物(万盆) | 13.00 |
| 224 | 新野县(豫) | 凤尾竹 | 观叶植物(万盆) | 4.00 |
| 225 | 巴州区(川) | 凤尾竹 | 盆花(万盆) | 25.00 |
| 226 | 兴山县(鄂) | 凤尾竹 | 盆花(万盆) | 1.00 |
| 227 | 富顺县(川) | 凤尾竹 | 鲜切花(万支) | 44.00 |
| 228 | 洋　县(陕) | 凤尾竹 | 鲜切叶(万支) | 3.55 |
| 229 | 昌吉市(新) | 凤仙花 | 城市绿化苗(万株) | 2.00 |
| 230 | 太康县(豫) | 凤仙花 | 观赏苗木(万株) | 5.00 |
| 231 | 九龙坡区(渝) | 凤仙花 | 盆花(万盆) | 319.00 |
| 232 | 阜新蒙古族自治县(辽) | 凤仙花 | 盆花(万盆) | 110.00 |
| 233 | 庐阳区(皖) | 凤仙花 | 盆花(万盆) | 100.00 |
| 234 | 红山区(内蒙古) | 凤仙花 | 盆花(万盆) | 90.00 |
| 235 | 武安市(冀) | 凤仙花 | 盆花(万盆) | 80.00 |
| 236 | 延庆县(京) | 凤仙花 | 盆花(万盆) | 50.00 |
| 237 | 青州市(鲁) | 凤仙花 | 盆花(万盆) | 32.00 |

| 序号 | 其他花卉主产地 | 品种 | 花卉类别 | 生产量 |
|---|---|---|---|---|
| 238 | 新安县(豫) | 凤仙花 | 盆花(万盆) | 30.00 |
| 239 | 商州区(陕) | 凤仙花 | 盆花(万盆) | 27.00 |
| 240 | 涿州市(冀) | 凤仙花 | 盆花(万盆) | 20.00 |
| 241 | 长安区(陕) | 凤仙花 | 盆花(万盆) | 14.00 |
| 242 | 北戴河区(冀) | 凤仙花 | 盆花(万盆) | 10.00 |
| 243 | 金城江区(桂) | 凤仙花 | 盆花(万盆) | 10.00 |
| 244 | 高邑县(冀) | 凤仙花 | 盆花(万盆) | 8.00 |
| 245 | 东洲区(辽) | 凤仙花 | 盆花(万盆) | 4.00 |
| 246 | 海宁市(浙) | 凤仙花 | 盆花(万盆) | 2.90 |
| 247 | 抚宁县(冀) | 凤仙花 | 盆花(万盆) | 2.00 |
| 248 | 襄城区(鄂) | 凤仙花 | 盆花(万盆) | 1.60 |
| 249 | 平山县(冀) | 凤仙花 | 盆花(万盆) | 1.00 |
| 250 | 大足县(渝) | 凤仙花 | 鲜切花(万支) | 100.00 |
| 251 | 隆尧县(冀) | 凤仙花 | 鲜切花(万支) | 10.00 |
| 252 | 桂阳县(湘) | 凤仙花 | 鲜切花(万支) | 5.80 |
| 253 | 阳泉市郊区(晋) | 凤仙花 | 鲜切花(万支) | 1.00 |
| 254 | 瓜州县(甘) | 佛肚树 | 盆景(万盆) | 1.20 |
| 255 | 闵行区(沪) | 佛肚竹 | 盆花(万盆) | 1.00 |
| 256 | 二七区(豫) | 扶郎花 | 观赏苗木(万株) | 69.30 |
| 257 | 奉贤区(沪) | 扶郎花 | 鲜切花(万支) | 26484.10 |
| 258 | 金山区(沪) | 扶郎花 | 鲜切花(万支) | 189.00 |
| 259 | 闵行区(沪) | 扶郎花 | 鲜切花(万支) | 31.50 |
| 260 | 日照国际海洋城(鲁) | 扶郎花 | 鲜切花(万支) | 30.00 |
| 261 | 庄河市(辽) | 扶郎花 | 鲜切花(万支) | 22.00 |
| 262 | 吉木萨尔县(新) | 扶郎花 | 鲜切花(万支) | 20.00 |
| 263 | 攀枝花市东区(川) | 扶桑 | 城市绿化苗(万株) | 9.80 |
| 264 | 新宁县(湘) | 扶桑 | 城市绿化苗(万株) | 5.00 |
| 265 | 瓜州县(甘) | 扶桑 | 观赏苗木(万株) | 1.00 |
| 266 | 桃城区(冀) | 扶桑 | 盆花(万盆) | 2.00 |
| 267 | 金城江区(桂) | 扶桑 | 盆花(万盆) | 1.00 |
| 268 | 九台市(吉) | 福禄考 | 城市绿化苗(万株) | 1000.00 |
| 269 | 易　县(冀) | 福禄考 | 城市绿化苗(万株) | 200.00 |
| 270 | 昌吉市(新) | 福禄考 | 城市绿化苗(万株) | 15.00 |
| 271 | 滦南县(冀) | 福禄考 | 观赏苗木(万株) | 220.00 |
| 272 | 定州市(冀) | 福禄考 | 观赏苗木(万株) | 120.00 |
| 273 | 肇州县(黑) | 福禄考 | 观赏苗木(万株) | 25.00 |
| 274 | 临洮县(甘) | 福禄考 | 观赏苗木(万株) | 10.00 |
| 275 | 青州市(鲁) | 福禄考 | 观叶植物(万盆) | 76.00 |
| 276 | 台安县(辽) | 福禄考 | 盆花(万盆) | 12000.00 |
| 277 | 邹平县(鲁) | 福禄考 | 盆花(万盆) | 38.00 |
| 278 | 延庆县(京) | 福禄考 | 盆花(万盆) | 20.00 |
| 279 | 涿州市(冀) | 福禄考 | 盆花(万盆) | 10.00 |
| 280 | 高碑店市(冀) | 福禄考 | 盆花(万盆) | 8.30 |
| 281 | 本溪满族自治县(辽) | 福禄考 | 盆花(万盆) | 3.50 |
| 282 | 吉木萨尔县(新) | 福禄考 | 盆花(万盆) | 3.00 |
| 283 | 沁　县(晋) | 福禄考 | 盆花(万盆) | 1.50 |
| 284 | 新乐市(冀) | 福禄考 | 盆花(万盆) | 1.00 |
| 285 | 丰南区(冀) | 福禄考 | 盆花(万盆) | 0.75 |
| 286 | 临泉县(皖) | 刚竹 | 城市绿化苗(万株) | 50.00 |
| 287 | 竹山县(鄂) | 刚竹 | 观赏苗木(万株) | 9.10 |
| 288 | 彭泽县(赣) | 葛藤 | 食用及药用花卉(千克) | 100.00 |
| 289 | 新宁县(湘) | 珙桐 | 城市绿化苗(万株) | 10.00 |
| 290 | 水富县(滇) | 珙桐 | 城市绿化苗(万株) | 2.00 |
| 291 | 北川羌族自治县(川) | 珙桐 | 观赏苗木(万株) | 45.00 |
| 292 | 镇坪县(陕) | 珙桐 | 观赏苗木(万株) | 30.00 |
| 293 | 鹤峰县(鄂) | 珙桐 | 观赏苗木(万株) | 3.00 |
| 294 | 平利县(陕) | 珙桐 | 观赏苗木(万株) | 3.00 |
| 295 | 旌德县(皖) | 枸骨 | 城市绿化苗(万株) | 50000.00 |
| 296 | 新　县(豫) | 枸骨 | 城市绿化苗(万株) | 6.00 |
| 297 | 新宁县(湘) | 枸骨 | 城市绿化苗(万株) | 5.00 |
| 298 | 芦溪县(赣) | 枸骨 | 盆景(万盆) | 2.00 |
| 299 | 新宁县(湘) | 观叶芋类 | 城市绿化苗(万株) | 5.00 |
| 300 | 闵行区(沪) | 观叶芋类 | 观赏苗木(万株) | 4.00 |
| 301 | 顺义区(京) | 观叶芋类 | 观叶植物(万盆) | 37.40 |
| 302 | 青州市(鲁) | 观叶芋类 | 观叶植物(万盆) | 30.00 |
| 303 | 金凤区(宁) | 观叶芋类 | 观叶植物(万盆) | 10.00 |
| 304 | 昆山市(苏) | 观叶芋类 | 观叶植物(万盆) | 9.80 |
| 305 | 昆山市(苏) | 观叶芋类 | 花卉用种苗(千苗) | 87.00 |
| 306 | 松江区(沪) | 观叶芋类 | 盆花(万盆) | 411.00 |
| 307 | 椒江区(浙) | 观叶芋类 | 盆花(万盆) | 160.00 |
| 308 | 丰台区(京) | 观叶芋类 | 盆花(万盆) | 91.90 |
| 309 | 兴庆区(宁) | 观叶芋类 | 盆花(万盆) | 54.20 |
| 310 | 奉贤区(沪) | 观叶芋类 | 盆花(万盆) | 16.40 |
| 311 | 常熟市(苏) | 观叶芋类 | 盆花(万盆) | 14.50 |
| 312 | 海城市(辽) | 观叶芋类 | 盆花(万盆) | 13.60 |
| 313 | 金城江区(桂) | 观叶芋类 | 盆花(万盆) | 10.00 |
| 314 | 海宁市(浙) | 观叶芋类 | 盆花(万盆) | 9.60 |
| 315 | 德昌县(川) | 观叶芋类 | 盆花(万盆) | 4.00 |
| 316 | 通州区(京) | 观叶芋类 | 盆花(万盆) | 3.40 |
| 317 | 杨凌区农林局(陕) | 观叶芋类 | 盆花(万盆) | 3.02 |
| 318 | 崆峒区(甘) | 观叶芋类 | 盆花(万盆) | 2.60 |
| 319 | 肃宁县(冀) | 观叶芋类 | 盆花(万盆) | 2.50 |
| 320 | 碧江区(黔) | 观叶芋类 | 盆花(万盆) | 0.80 |
| 321 | 北京市大东流苗圃(京) | 观叶芋类 | 盆花(万盆) | 0.62 |
| 322 | 定南县(赣) | 观叶芋类 | 盆景(万盆) | 3.00 |
| 323 | 惠济区(豫) | 观叶芋类 | 盆景(万盆) | 0.60 |
| 324 | 江油市(川) | 观叶芋类 | 鲜切叶(万支) | 12.00 |
| 325 | 临泉县(皖) | 光叶蔷薇 | 食用及药用花卉(千克) | 2311.00 |
| 326 | 新宁县(湘) | 龟背竹 | 城市绿化苗(万株) | 5.00 |
| 327 | 南和县(冀) | 龟背竹 | 观赏苗木(万株) | 2.00 |
| 328 | 栾城县(冀) | 龟背竹 | 观叶植物(万盆) | 39.00 |
| 329 | 潮安县(粤) | 龟背竹 | 观叶植物(万盆) | 20.00 |

| 序号 | 其他花卉主产地 | 品种 | 花卉类别 | 生产量 |
|---|---|---|---|---|
| 330 | 青州市(鲁) | 龟背竹 | 观叶植物(万盆) | 15.00 |
| 331 | 赞皇县(冀) | 龟背竹 | 观叶植物(万盆) | 6.00 |
| 332 | 涿州市(冀) | 龟背竹 | 观叶植物(万盆) | 5.00 |
| 333 | 路桥区(浙) | 龟背竹 | 观叶植物(万盆) | 1.40 |
| 334 | 汝城县(湘) | 龟背竹 | 观叶植物(万盆) | 1.00 |
| 335 | 洋　县(陕) | 龟背竹 | 观叶植物(万盆) | 0.78 |
| 336 | 游仙区(川) | 龟背竹 | 盆花(万盆) | 60.00 |
| 337 | 阳泉市郊区(晋) | 龟背竹 | 盆花(万盆) | 10.00 |
| 338 | 华龙区(豫) | 龟背竹 | 盆花(万盆) | 6.00 |
| 339 | 金城江区(桂) | 龟背竹 | 盆花(万盆) | 3.00 |
| 340 | 固镇县(皖) | 龟背竹 | 盆花(万盆) | 2.00 |
| 341 | 隆尧县(冀) | 龟背竹 | 盆景(万盆) | 10.00 |
| 342 | 龙南县(赣) | 龟背竹 | 盆景(万盆) | 3.00 |
| 343 | 开平区(冀) | 龟背竹 | 鲜切叶(万支) | 10.00 |
| 344 | 遵化市(冀) | 龟背竹 | 鲜切叶(万支) | 10.00 |
| 345 | 娄星区(湘) | 海桐 | 城市绿化苗(万株) | 10000.00 |
| 346 | 潢川县(豫) | 海桐 | 城市绿化苗(万株) | 490.00 |
| 347 | 无为县(皖) | 海桐 | 城市绿化苗(万株) | 22.00 |
| 348 | 固镇县(皖) | 海桐 | 城市绿化苗(万株) | 20.00 |
| 349 | 荆门市市辖区(鄂) | 海桐 | 城市绿化苗(万株) | 12.80 |
| 350 | 洞口县(湘) | 海桐 | 城市绿化苗(万株) | 10.00 |
| 351 | 枣阳市(鄂) | 海桐 | 城市绿化苗(万株) | 7.00 |
| 352 | 沭阳县(苏) | 海桐 | 观赏苗木(万株) | 85.00 |
| 353 | 巴州区(川) | 海桐 | 观赏苗木(万株) | 40.00 |
| 354 | 三门县(浙) | 海桐 | 观赏苗木(万株) | 10.00 |
| 355 | 海盐县(浙) | 海桐 | 观赏苗木(万株) | 5.10 |
| 356 | 威海市经济技术开发区(鲁) | 海桐 | 观赏苗木(万株) | 5.00 |
| 357 | 巴州区(川) | 海桐 | 盆花(万盆) | 10.00 |
| 358 | 醴陵市(湘) | 含笑 | 城市绿化苗(万株) | 10000.00 |
| 359 | 新宁县(湘) | 含笑 | 城市绿化苗(万株) | 50.00 |
| 360 | 华容县(湘) | 含笑 | 城市绿化苗(万株) | 40.00 |
| 361 | 荆门市市辖区(鄂) | 含笑 | 城市绿化苗(万株) | 4.50 |
| 362 | 碧江区(黔) | 含笑 | 城市绿化苗(万株) | 4.00 |
| 363 | 青阳县(皖) | 含笑 | 城市绿化苗(万株) | 1.00 |
| 364 | 凯里市(黔) | 含笑 | 观赏苗木(万株) | 16.00 |
| 365 | 德安县(赣) | 含笑 | 观赏苗木(万株) | 10.10 |
| 366 | 汝城县(湘) | 含笑 | 观赏苗木(万株) | 6.00 |
| 367 | 蔡甸区(鄂) | 含笑 | 观赏苗木(万株) | 4.00 |
| 368 | 海盐县(浙) | 含笑 | 观赏苗木(万株) | 3.00 |
| 369 | 常宁市(湘) | 含笑 | 观赏苗木(万株) | 1.00 |
| 370 | 南郑县(陕) | 含笑 | 花卉用种苗(千苗) | 15.00 |
| 371 | 衡南县(湘) | 含笑 | 盆花(万盆) | 200.00 |
| 372 | 龙南县(赣) | 含笑 | 盆花(万盆) | 5.00 |
| 373 | 涿州市(冀) | 含笑 | 盆花(万盆) | 5.00 |
| 374 | 沅陵县(湘) | 含笑 | 盆花(万盆) | 1.00 |
| 375 | 五华县(粤) | 含笑 | 盆景(万盆) | 2.00 |
| 376 | 蕉岭县(粤) | 含笑 | 鲜切花(万支) | 2.00 |
| 377 | 建始县(鄂) | 含羞草 | 观赏苗木(万株) | 150.00 |
| 378 | 太康县(豫) | 含羞草 | 观赏苗木(万株) | 1.00 |
| 379 | 鹤山区(豫) | 含羞草 | 观叶植物(万盆) | 100.00 |
| 380 | 息　县(豫) | 含羞草 | 观叶植物(万盆) | 1.20 |
| 381 | 新晃侗族自治县(湘) | 含羞草 | 观叶植物(万盆) | 1.20 |
| 382 | 青州市(鲁) | 含羞草 | 盆花(万盆) | 8.00 |
| 383 | 商州区(陕) | 含羞草 | 盆花(万盆) | 6.80 |
| 384 | 涿州市(冀) | 含羞草 | 盆花(万盆) | 3.00 |
| 385 | 鼎城区(湘) | 含羞草 | 盆花(万盆) | 2.50 |
| 386 | 金城江区(桂) | 含羞草 | 盆花(万盆) | 2.00 |
| 387 | 凤城市(辽) | 含羞草 | 鲜切花(万支) | 26.00 |
| 388 | 隆尧县(冀) | 含羞草 | 鲜切花(万支) | 8.00 |
| 389 | 九台市(吉) | 荷包牡丹 | 城市绿化苗(万株) | 100.00 |
| 390 | 肥东县(皖) | 荷包牡丹 | 观赏苗木(万株) | 1.50 |
| 391 | 临洮县(甘) | 荷包牡丹 | 鲜切花(万支) | 1.00 |
| 392 | 九台市(吉) | 荷兰菊 | 城市绿化苗(万株) | 100.00 |
| 393 | 昌吉市(新) | 荷兰菊 | 城市绿化苗(万株) | 15.00 |
| 394 | 丰宁满族自治县(冀) | 荷兰菊 | 观赏苗木(万株) | 28.00 |
| 395 | 格尔木市(青) | 荷兰菊 | 花卉用种苗(千苗) | 530.00 |
| 396 | 金凤区(宁) | 荷兰菊 | 盆花(万盆) | 50.00 |
| 397 | 普兰店市(辽) | 荷兰菊 | 盆花(万盆) | 10.00 |
| 398 | 兴隆县(冀) | 荷兰菊 | 盆花(万盆) | 10.00 |
| 399 | 新民市(辽) | 荷兰菊 | 盆花(万盆) | 1.20 |
| 400 | 海淀区(京) | 荷兰菊 | 盆花(万盆) | 0.80 |
| 401 | 台安县(辽) | 荷兰菊 | 鲜切花(万支) | 3000.00 |
| 402 | 九台市(吉) | 黑心菊 | 城市绿化苗(万株) | 100.00 |
| 403 | 昌吉市(新) | 黑心菊 | 城市绿化苗(万株) | 12.00 |
| 404 | 丰宁满族自治县(冀) | 黑心菊 | 观赏苗木(万株) | 20.00 |
| 405 | 莲花山开发区(吉) | 黑心菊 | 盆花(万盆) | 50.00 |
| 406 | 青州市(鲁) | 黑心菊 | 盆花(万盆) | 32.00 |
| 407 | 海城市(辽) | 黑心菊 | 盆花(万盆) | 25.60 |
| 408 | 吉木萨尔县(新) | 黑心菊 | 盆花(万盆) | 6.00 |
| 409 | 枣阳市(鄂) | 红碧桃 | 城市绿化苗(万株) | 6.00 |
| 410 | 定西市巉口林业试验场(甘) | 红碧桃 | 城市绿化苗(万株) | 1.00 |
| 411 | 西平县(豫) | 红碧桃 | 观赏苗木(万株) | 70.00 |
| 412 | 东平县(鲁) | 红碧桃 | 观赏苗木(万株) | 50.00 |
| 413 | 肥城市(鲁) | 红碧桃 | 观赏苗木(万株) | 32.00 |
| 414 | 广平县(冀) | 红碧桃 | 观赏苗木(万株) | 32.00 |
| 415 | 宜阳县(豫) | 红碧桃 | 观赏苗木(万株) | 24.00 |
| 416 | 广阳区(冀) | 红碧桃 | 观赏苗木(万株) | 14.20 |
| 417 | 宁阳县(鲁) | 红碧桃 | 观叶植物(万盆) | 15.00 |
| 418 | 太康县(豫) | 红花 | 城市绿化苗(万株) | 11.00 |
| 419 | 东胜区(内蒙古) | 红花 | 盆花(万盆) | 100.00 |
| 420 | 娄星区(湘) | 红花 | 盆花(万盆) | 2.00 |
| 421 | 雁江区(川) | 红花 | 盆景(万盆) | 3200.00 |

| 序号 | 其他花卉主产地 | 品种 | 花卉类别 | 生产量 | 序号 | 其他花卉主产地 | 品种 | 花卉类别 | 生产量 |
|---|---|---|---|---|---|---|---|---|---|
| 422 | 宣汉县(川) | 红花 | 鲜切花(万支) | 12.50 | 468 | 环翠区(鲁) | 火棘 | 观叶植物(万盆) | 110.00 |
| 423 | 碾子山区(黑) | 猴面花 | 观赏苗木(万株) | 6.00 | 469 | 鹤峰县(鄂) | 火棘 | 盆花(万盆) | 0.70 |
| 424 | 新宁县(湘) | 厚朴 | 城市绿化苗(万株) | 50.00 | 470 | 青州市(鲁) | 火棘 | 盆景(万盆) | 6.00 |
| 425 | 望江县(皖) | 厚朴 | 城市绿化苗(万株) | 5.00 | 471 | 潢川县(豫) | 火棘 | 盆景(万盆) | 3.50 |
| 426 | 桂东县(湘) | 厚朴 | 观赏苗木(万株) | 12.00 | 472 | 商水县(豫) | 藿香蓟 | 盆花(万盆) | 2.00 |
| 427 | 蒲江县(川) | 厚朴 | 观赏苗木(万株) | 0.90 | 473 | 旌德县(皖) | 鸡爪槭 | 城市绿化苗(万株) | 100000.00 |
| 428 | 新宁县(湘) | 厚朴 | 食用及药用花卉(千克) | 200000.00 | 474 | 寿　县(皖) | 鸡爪槭 | 城市绿化苗(万株) | 9.00 |
| 429 | 青州市(鲁) | 虎须草 | 盆花(万盆) | 3.00 | 475 | 宜都市(鄂) | 鸡爪槭 | 城市绿化苗(万株) | 6.00 |
| 430 | 九台市(吉) | 黄刺玫 | 城市绿化苗(万株) | 50.00 | 476 | 恩阳区(川) | 鸡爪槭 | 城市绿化苗(万株) | 4.00 |
| 431 | 昌吉市(新) | 黄刺玫 | 城市绿化苗(万株) | 8.00 | 477 | 青阳县(皖) | 鸡爪槭 | 城市绿化苗(万株) | 1.00 |
| 432 | 大武口区(宁) | 黄刺玫 | 城市绿化苗(万株) | 3.46 | 478 | 沭阳县(苏) | 鸡爪槭 | 观赏苗木(万株) | 60.00 |
| 433 | 康保县(冀) | 黄刺玫 | 城市绿化苗(万株) | 3.00 | 479 | 海盐县(浙) | 鸡爪槭 | 观赏苗木(万株) | 22.90 |
| 434 | 红古区(甘) | 黄刺玫 | 观赏苗木(万株) | 200.00 | 480 | 沂水县(鲁) | 鸡爪槭 | 观赏苗木(万株) | 15.00 |
| 435 | 翁牛特旗(内蒙古) | 黄刺玫 | 观赏苗木(万株) | 25.00 | 481 | 宁波市市辖区(浙) | 鸡爪槭 | 观赏苗木(万株) | 5.10 |
| 436 | 呼兰区(黑) | 黄刺玫 | 观赏苗木(万株) | 20.00 | 482 | 广德县(皖) | 鸡爪槭 | 观赏苗木(万株) | 5.00 |
| 437 | 壶关县(晋) | 黄刺玫 | 观赏苗木(万株) | 2.50 | 483 | 三门县(浙) | 鸡爪槭 | 观赏苗木(万株) | 5.00 |
| 438 | 金凤区(宁) | 黄刺玫 | 观赏苗木(万株) | 1.50 | 484 | 芦溪县(赣) | 鸡爪槭 | 观叶植物(万盆) | 18.00 |
| 439 | 怀来县(冀) | 黄刺玫 | 观赏苗木(万株) | 1.30 | 485 | 阳新县(鄂) | 鸡爪槭 | 盆花(万盆) | 2.00 |
| 440 | 鄂托克旗(内蒙古) | 黄刺玫 | 盆花(万盆) | 5.00 | 486 | 闵行区(沪) | 鸡爪槭 | 盆花(万盆) | 1.00 |
| 441 | 游仙区(川) | 黄刺玫 | 鲜切花(万支) | 30.00 | 487 | 洋　县(陕) | 鸡爪槭 | 鲜切叶(万支) | 6.00 |
| 442 | 涟水县(苏) | 黄秋葵 | 观叶植物(万盆) | 20.00 | 488 | 新晃侗族自治县(湘) | 夹竹桃类 | 城市绿化苗(万株) | 15.00 |
| 443 | 西青区(津) | 黄秋葵 | 盆花(万盆) | 120.00 | 489 | 津市市(湘) | 夹竹桃类 | 城市绿化苗(万株) | 12.00 |
| 444 | 鹤山区(豫) | 惠兰 | 观叶植物(万盆) | 50.00 | 490 | 汝城县(湘) | 夹竹桃类 | 城市绿化苗(万株) | 11.00 |
| 445 | 涪城区(川) | 惠兰 | 观叶植物(万盆) | 8.00 | 491 | 碧江区(黔) | 夹竹桃类 | 城市绿化苗(万株) | 5.00 |
| 446 | 石林彝族自治县(滇) | 惠兰 | 盆花(万盆) | 320.00 | 492 | 凤城市(辽) | 夹竹桃类 | 观赏苗木(万株) | 900.00 |
| 447 | 澄海区(粤) | 惠兰 | 盆花(万盆) | 200.00 | 493 | 青州市(鲁) | 夹竹桃类 | 观赏苗木(万株) | 160.00 |
| 448 | 游仙区(川) | 惠兰 | 盆花(万盆) | 80.00 | 494 | 丰顺县(粤) | 夹竹桃类 | 观赏苗木(万株) | 52.00 |
| 449 | 青州市(鲁) | 惠兰 | 盆花(万盆) | 46.70 | 495 | 沭阳县(苏) | 夹竹桃类 | 观赏苗木(万株) | 50.00 |
| 450 | 文登市(鲁) | 惠兰 | 盆花(万盆) | 30.00 | 496 | 三门县(浙) | 夹竹桃类 | 观赏苗木(万株) | 30.00 |
| 451 | 雅长林场(桂) | 惠兰 | 盆花(万盆) | 23.58 | 497 | 方城县(豫) | 夹竹桃类 | 盆花(万盆) | 2.43 |
| 452 | 固安县(冀) | 惠兰 | 盆花(万盆) | 4.00 | 498 | 昌乐县(鲁) | 夹竹桃类 | 盆景(万盆) | 1.70 |
| 453 | 普兰店市(辽) | 惠兰 | 盆花(万盆) | 3.00 | 499 | 秀峰区(桂) | 夹竹桃类 | 鲜切花(万支) | 50.00 |
| 454 | 罗田县(鄂) | 惠兰 | 盆花(万盆) | 1.00 | 500 | 宣汉县(川) | 夹竹桃类 | 鲜切花(万支) | 20.00 |
| 455 | 磐安县(浙) | 惠兰 | 盆花(万盆) | 1.00 | 501 | 昌吉市(新) | 假龙头 | 城市绿化苗(万株) | 10.00 |
| 456 | 海宁市(浙) | 惠兰 | 盆花(万盆) | 0.80 | 502 | 吉木萨尔县(新) | 假龙头 | 盆花(万盆) | 6.00 |
| 457 | 四会市(粤) | 惠兰 | 鲜切花(万支) | 1254.80 | 503 | 青州市(鲁) | 假龙头 | 盆花(万盆) | 4.00 |
| 458 | 罗田县(鄂) | 惠兰 | 鲜切花(万支) | 10.00 | 504 | 延庆县(京) | 假龙头 | 盆花(万盆) | 2.00 |
| 459 | 万州区(渝) | 惠兰 | 鲜切花(万支) | 10.00 | 505 | 吉木萨尔县(新) | 剪秋罗类 | 盆花(万盆) | 8.00 |
| 460 | 洋　县(陕) | 惠兰 | 鲜切叶(万支) | 3.00 | 506 | 宜都市(鄂) | 金弹子 | 城市绿化苗(万株) | 2.00 |
| 461 | 潢川县(豫) | 火棘 | 城市绿化苗(万株) | 89.00 | 507 | 来凤县(鄂) | 金弹子 | 盆景(万盆) | 10.00 |
| 462 | 新宁县(湘) | 火棘 | 城市绿化苗(万株) | 20.00 | 508 | 竹溪县(鄂) | 金弹子 | 食用及药用花卉(千克) | 15.00 |
| 463 | 芜湖县(皖) | 火棘 | 观赏苗木(万株) | 10.00 | 509 | 邢台县(冀) | 金光菊 | 盆花(万盆) | 3.00 |
| 464 | 三门县(浙) | 火棘 | 观赏苗木(万株) | 5.00 | 510 | 昌吉市(新) | 金鸡菊 | 城市绿化苗(万株) | 2.00 |
| 465 | 鹤峰县(鄂) | 火棘 | 观赏苗木(万株) | 4.00 | 511 | 吉木萨尔县(新) | 金鸡菊 | 盆花(万盆) | 6.00 |
| 466 | 登封市(豫) | 火棘 | 观赏苗木(万株) | 2.99 | 512 | 威海市经济技术开发区(鲁) | 金鸡菊 | 盆花(万盆) | 2.00 |
| 467 | 鼎城区(湘) | 火棘 | 观赏苗木(万株) | 2.50 | 513 | 大武口区(宁) | 金银木 | 城市绿化苗(万株) | 2.06 |

| 序号 | 其他花卉主产地 | 品种 | 花卉类别 | 生产量 |
|---|---|---|---|---|
| 514 | 定州市(冀) | 金银木 | 观赏苗木(万株) | 1520.00 |
| 515 | 迁安市(冀) | 金银木 | 观赏苗木(万株) | 114.60 |
| 516 | 丰宁满族自治县(冀) | 金银木 | 观赏苗木(万株) | 18.00 |
| 517 | 延庆县(京) | 金银木 | 观赏苗木(万株) | 8.00 |
| 518 | 涿州市(冀) | 金银木 | 观赏苗木(万株) | 5.00 |
| 519 | 翁牛特旗(内蒙古) | 金银木 | 观赏苗木(万株) | 3.00 |
| 520 | 高碑店市(冀) | 金银木 | 观赏苗木(万株) | 1.50 |
| 521 | 岳阳县(湘) | 金银木 | 食用及药用花卉(千克) | 10.00 |
| 522 | 吴川市(粤) | 金钟花 | 城市绿化苗(万株) | 6.00 |
| 523 | 闵行区(沪) | 金钟花 | 盆花(万盆) | 2.00 |
| 524 | 开原市(辽) | 锦带花 | 城市绿化苗(万株) | 1000.00 |
| 525 | 九台市(吉) | 锦带花 | 城市绿化苗(万株) | 100.00 |
| 526 | 定州市(冀) | 锦带花 | 观赏苗木(万株) | 1100.00 |
| 527 | 海城市(辽) | 锦带花 | 观赏苗木(万株) | 36.20 |
| 528 | 丰宁满族自治县(冀) | 锦带花 | 观赏苗木(万株) | 35.00 |
| 529 | 望花区(辽) | 锦带花 | 观赏苗木(万株) | 5.00 |
| 530 | 涿州市(冀) | 锦带花 | 观赏苗木(万株) | 5.00 |
| 531 | 凤城市(辽) | 锦熟黄杨 | 观赏苗木(万株) | 230.00 |
| 532 | 北京市大东流苗圃(京) | 荆芥 | 观赏苗木(万株) | 50.00 |
| 533 | 九台市(吉) | 景天 | 城市绿化苗(万株) | 100.00 |
| 534 | 临洮县(甘) | 景天 | 城市绿化苗(万株) | 100.00 |
| 535 | 定州市(冀) | 景天 | 观赏苗木(万株) | 3320.00 |
| 536 | 滦南县(冀) | 景天 | 观赏苗木(万株) | 200.00 |
| 537 | 丰宁满族自治县(冀) | 景天 | 观赏苗木(万株) | 60.00 |
| 538 | 高邑县(冀) | 景天 | 观赏苗木(万株) | 20.00 |
| 539 | 呼兰区(黑) | 景天 | 观赏苗木(万株) | 20.00 |
| 540 | 新乐市(冀) | 景天 | 观赏苗木(万株) | 20.00 |
| 541 | 北京市大东流苗圃(京) | 景天 | 观赏苗木(万株) | 2.00 |
| 542 | 山海关区(冀) | 景天 | 观赏苗木(万株) | 2.00 |
| 543 | 定州市(冀) | 景天 | 观叶植物(万盆) | 225.00 |
| 544 | 满城县(冀) | 景天 | 观叶植物(万盆) | 10.00 |
| 545 | 格尔木市(青) | 景天 | 花卉用种苗(千苗) | 530.00 |
| 546 | 玛纳斯县(新) | 景天 | 花卉用种苗(千苗) | 360.00 |
| 547 | 台安县(辽) | 景天 | 盆花(万盆) | 8000.00 |
| 548 | 延庆县(京) | 景天 | 盆花(万盆) | 300.00 |
| 549 | 阜新蒙古族自治县(辽) | 景天 | 盆花(万盆) | 110.00 |
| 550 | 商州区(陕) | 景天 | 盆花(万盆) | 9.60 |
| 551 | 大通回族土族自治县(青) | 景天 | 盆花(万盆) | 2.60 |
| 552 | 娄星区(湘) | 景天 | 盆花(万盆) | 1.00 |
| 553 | 新民市(辽) | 景天 | 盆花(万盆) | 0.60 |
| 554 | 东营区(鲁) | 景天 | 盆景(万盆) | 12.00 |
| 555 | 宣汉县(川) | 景天 | 鲜切花(万支) | 22.50 |
| 556 | 忠　县(渝) | 九重葛 | 城市绿化苗(万株) | 5.00 |
| 557 | 兴隆县(冀) | 韭菜莲 | 鲜切花(万支) | 10.00 |
| 558 | 万源市(川) | 桔梗 | 观赏苗木(万株) | 10.00 |
| 559 | 延庆县(京) | 桔梗 | 盆花(万盆) | 2.00 |
| 560 | 石林彝族自治县(滇) | 桔梗 | 鲜切花(万支) | 503.00 |
| 561 | 潢川县(豫) | 蜡梅 | 城市绿化苗(万株) | 128.00 |
| 562 | 竹山县(鄂) | 蜡梅 | 城市绿化苗(万株) | 19.10 |
| 563 | 达川区(川) | 蜡梅 | 城市绿化苗(万株) | 3.00 |
| 564 | 广汉市(川) | 蜡梅 | 观赏苗木(万株) | 65.00 |
| 565 | 巴州区(川) | 蜡梅 | 观赏苗木(万株) | 40.00 |
| 566 | 沭阳县(苏) | 蜡梅 | 观赏苗木(万株) | 35.00 |
| 567 | 巴州区(川) | 蜡梅 | 盆花(万盆) | 5.00 |
| 568 | 潢川县(豫) | 蜡梅 | 盆花(万盆) | 3.30 |
| 569 | 保康县(鄂) | 蜡梅 | 盆景(万盆) | 2.00 |
| 570 | 青州市(鲁) | 蜡梅 | 盆景(万盆) | 2.00 |
| 571 | 嘉定区(沪) | 蜡梅 | 鲜切花(万支) | 202.00 |
| 572 | 宣汉县(川) | 蜡梅 | 鲜切花(万支) | 33.00 |
| 573 | 游仙区(川) | 蜡梅 | 鲜切花(万支) | 30.00 |
| 574 | 彭山县(川) | 蜡梅 | 鲜切花(万支) | 20.00 |
| 575 | 犍为县(川) | 蜡梅 | 鲜切花(万支) | 8.00 |
| 576 | 巴州区(川) | 蜡梅 | 鲜切花(万支) | 5.00 |
| 577 | 新宁县(湘) | 兰草 | 城市绿化苗(万株) | 2.00 |
| 578 | 翁源县(粤) | 兰草 | 观赏苗木(万株) | 354.00 |
| 579 | 恭城瑶族自治县(桂) | 兰草 | 观叶植物(万盆) | 301000.00 |
| 580 | 凤山县(桂) | 兰草 | 观叶植物(万盆) | 80100.00 |
| 581 | 大足县(渝) | 兰草 | 观叶植物(万盆) | 500.00 |
| 582 | 芒　市(滇) | 兰草 | 观叶植物(万盆) | 2.60 |
| 583 | 广水市(鄂) | 兰草 | 观叶植物(万盆) | 1.80 |
| 584 | 长丰县(皖) | 兰草 | 观叶植物(万盆) | 1.00 |
| 585 | 固始县(豫) | 兰草 | 花卉用种苗(千苗) | 50.00 |
| 586 | 松江区(沪) | 兰草 | 盆花(万盆) | 311.00 |
| 587 | 巴州区(川) | 兰草 | 盆花(万盆) | 150.00 |
| 588 | 宣汉县(川) | 兰草 | 盆花(万盆) | 55.00 |
| 589 | 固始县(豫) | 兰草 | 盆花(万盆) | 10.00 |
| 590 | 黔江区(渝) | 兰草 | 盆花(万盆) | 9.00 |
| 591 | 鼎城区(湘) | 兰草 | 盆花(万盆) | 8.00 |
| 592 | 常熟市(苏) | 兰草 | 盆花(万盆) | 3.00 |
| 593 | 彭水苗族土家族自治县(渝) | 兰草 | 盆花(万盆) | 2.00 |
| 594 | 杨凌区农林局(陕) | 兰草 | 盆花(万盆) | 2.00 |
| 595 | 涿州市(冀) | 兰草 | 盆花(万盆) | 2.00 |
| 596 | 汶上县(鲁) | 兰草 | 盆花(万盆) | 1.60 |
| 597 | 三门县(浙) | 兰草 | 盆花(万盆) | 1.40 |
| 598 | 蜀山区(皖) | 兰草 | 盆花(万盆) | 1.00 |
| 599 | 沅陵县(湘) | 兰草 | 盆景(万盆) | 0.55 |
| 600 | 吉木萨尔县(新) | 蓝色亚麻 | 盆花(万盆) | 2.00 |
| 601 | 青州市(鲁) | 凌霄花类 | 盆花(万盆) | 1.00 |
| 602 | 青州市(鲁) | 流苏 | 观赏苗木(万株) | 620.00 |
| 603 | 河东区(鲁) | 流苏 | 观赏苗木(万株) | 135.00 |
| 604 | 沂南县(鲁) | 流苏 | 观赏苗木(万株) | 110.00 |
| 605 | 嵩　县(豫) | 流苏 | 观赏苗木(万株) | 12.00 |

| 序号 | 其他花卉主产地 | 品种 | 花卉类别 | 生产量 |
|---|---|---|---|---|
| 606 | 费　县(鲁) | 流苏 | 观赏苗木(万株) | 10.00 |
| 607 | 鼎城区(湘) | 罗汉竹 | 观赏苗木(万株) | 2.00 |
| 608 | 巴州区(川) | 罗汉竹 | 盆花(万盆) | 20.00 |
| 609 | 栾城县(冀) | 落地生根 | 观叶植物(万盆) | 43.00 |
| 610 | 西华县(豫) | 落地生根 | 盆花(万盆) | 2.00 |
| 611 | 涿州市(冀) | 麻叶绣线菊类 | 观赏苗木(万株) | 15.00 |
| 612 | 北京市大东流苗圃(京) | 马蔺 | 观赏苗木(万株) | 1.33 |
| 613 | 东洲区(辽) | 马蔺 | 盆花(万盆) | 7.00 |
| 614 | 临安市(浙) | 麦冬 | 城市绿化苗(万株) | 600.00 |
| 615 | 蓬安县(川) | 麦冬 | 城市绿化苗(万株) | 200.00 |
| 616 | 嘉陵区(川) | 麦冬 | 城市绿化苗(万株) | 20.80 |
| 617 | 忠　县(渝) | 麦冬 | 城市绿化苗(万株) | 20.00 |
| 618 | 辛集市(冀) | 麦冬 | 城市绿化苗(万株) | 9.00 |
| 619 | 凤冈县(黔) | 麦冬 | 城市绿化苗(万株) | 3.00 |
| 620 | 昭觉县(川) | 麦冬 | 观叶植物(万盆) | 280.00 |
| 621 | 万源市(川) | 麦冬 | 鲜切花(万支) | 5.00 |
| 622 | 攀枝花市东区(川) | 满天星 | 城市绿化苗(万株) | 1.10 |
| 623 | 叠彩区(桂) | 满天星 | 观赏苗木(万株) | 500.00 |
| 624 | 七星区(桂) | 满天星 | 观赏苗木(万株) | 60.00 |
| 625 | 玉州区(桂) | 满天星 | 观赏苗木(万株) | 6.41 |
| 626 | 彭水苗族土家族自治县(渝) | 满天星 | 观赏苗木(万株) | 2.00 |
| 627 | 雁江区(川) | 满天星 | 观叶植物(万盆) | 3100.00 |
| 628 | 象山区(桂) | 满天星 | 观叶植物(万盆) | 450.00 |
| 629 | 青州市(鲁) | 满天星 | 盆花(万盆) | 180.00 |
| 630 | 清河区(辽) | 满天星 | 盆花(万盆) | 42.00 |
| 631 | 浦东新区(沪) | 满天星 | 盆花(万盆) | 15.00 |
| 632 | 汝城县(湘) | 满天星 | 盆花(万盆) | 10.00 |
| 633 | 定兴县(冀) | 满天星 | 盆花(万盆) | 5.00 |
| 634 | 庐阳区(皖) | 满天星 | 盆花(万盆) | 5.00 |
| 635 | 鹿泉市(冀) | 满天星 | 盆花(万盆) | 5.00 |
| 636 | 永年县(冀) | 满天星 | 盆花(万盆) | 1.20 |
| 637 | 鼎城区(湘) | 满天星 | 盆花(万盆) | 1.00 |
| 638 | 临武县(湘) | 满天星 | 盆花(万盆) | 0.80 |
| 639 | 新建县(赣) | 满天星 | 盆花(万盆) | 0.65 |
| 640 | 藁城市(冀) | 满天星 | 鲜切花(万支) | 53.00 |
| 641 | 芦溪县(赣) | 满天星 | 鲜切花(万支) | 40.00 |
| 642 | 沙市区(鄂) | 满天星 | 鲜切花(万支) | 30.00 |
| 643 | 桂阳县(湘) | 满天星 | 鲜切花(万支) | 15.00 |
| 644 | 东洲区(辽) | 满天星 | 鲜切花(万支) | 9.00 |
| 645 | 丰润区(冀) | 满天星 | 鲜切花(万支) | 6.00 |
| 646 | 蕉岭县(粤) | 满天星 | 鲜切花(万支) | 3.10 |
| 647 | 宁都县(赣) | 满天星 | 鲜切花(万支) | 3.00 |
| 648 | 洋　县(陕) | 满天星 | 鲜切花(万支) | 3.00 |
| 649 | 石柱土家族自治县(渝) | 满天星 | 鲜切花(万支) | 2.00 |
| 650 | 南皮县(冀) | 满天星 | 鲜切叶(万支) | 4.00 |
| 651 | 沅陵县(湘) | 毛茉莉 | 观叶植物(万盆) | 2.30 |
| 652 | 津市市(湘) | 毛竹 | 城市绿化苗(万株) | 70.00 |
| 653 | 新宁县(湘) | 毛竹 | 城市绿化苗(万株) | 10.00 |
| 654 | 平利县(陕) | 毛竹 | 城市绿化苗(万株) | 1.50 |
| 655 | 汶上县(鲁) | 毛竹 | 观赏苗木(万株) | 100.00 |
| 656 | 桂东县(湘) | 毛竹 | 观赏苗木(万株) | 11.00 |
| 657 | 洋　县(陕) | 毛竹 | 鲜切叶(万支) | 2.00 |
| 658 | 旌德县(皖) | 梅花 | 城市绿化苗(万株) | 150000.00 |
| 659 | 潢川县(豫) | 梅花 | 城市绿化苗(万株) | 90.00 |
| 660 | 卢氏县(豫) | 梅花 | 观赏苗木(万株) | 200.00 |
| 661 | 临川区(赣) | 梅花 | 观赏苗木(万株) | 42.00 |
| 662 | 沭阳县(苏) | 梅花 | 观赏苗木(万株) | 25.00 |
| 663 | 商州区(陕) | 梅花 | 观赏苗木(万株) | 11.40 |
| 664 | 巴州区(川) | 梅花 | 观赏苗木(万株) | 10.00 |
| 665 | 安阳县(豫) | 梅花 | 观赏苗木(万株) | 6.35 |
| 666 | 寿　县(皖) | 梅花 | 观赏苗木(万株) | 4.00 |
| 667 | 莱州市(鲁) | 梅花 | 观赏苗木(万株) | 1.00 |
| 668 | 巴州区(川) | 梅花 | 盆花(万盆) | 15.00 |
| 669 | 平桥区(豫) | 梅花 | 盆花(万盆) | 8.52 |
| 670 | 东港区(鲁) | 梅花 | 盆花(万盆) | 8.00 |
| 671 | 鼎城区(湘) | 梅花 | 盆花(万盆) | 4.50 |
| 672 | 惠山区(苏) | 梅花 | 盆景(万盆) | 10.00 |
| 673 | 青州市(鲁) | 梅花 | 盆景(万盆) | 2.00 |
| 674 | 宣汉县(川) | 梅花 | 鲜切花(万支) | 40.00 |
| 675 | 万源市(川) | 梅花 | 鲜切花(万支) | 10.00 |
| 676 | 顺庆区(川) | 梅花 | 鲜切花(万支) | 4.00 |
| 677 | 巴州区(川) | 梅花 | 鲜切花(万支) | 2.00 |
| 678 | 喀什市(新) | 梅花 | 鲜切花(万支) | 1.00 |
| 679 | 巴州区(川) | 梅花 | 鲜切叶(万支) | 5.00 |
| 680 | 新宁县(湘) | 美国红栌 | 城市绿化苗(万株) | 10.00 |
| 681 | 广阳区(冀) | 美国红栌 | 观赏苗木(万株) | 30.00 |
| 682 | 昌吉市(新) | 美丽天人菊 | 城市绿化苗(万株) | 4.50 |
| 683 | 肥乡县(冀) | 米兰 | 盆花(万盆) | 300.00 |
| 684 | 阳新县(鄂) | 米兰 | 盆花(万盆) | 8.00 |
| 685 | 汝城县(湘) | 米兰 | 盆花(万盆) | 3.00 |
| 686 | 三门县(浙) | 米兰 | 盆花(万盆) | 0.70 |
| 687 | 西安区(吉) | 米兰 | 盆花(万盆) | 0.70 |
| 688 | 昌吉市(新) | 茉莉花 | 城市绿化苗(万株) | 2.00 |
| 689 | 巴州区(川) | 茉莉花 | 观赏苗木(万株) | 10.00 |
| 690 | 忠　县(渝) | 茉莉花 | 观赏苗木(万株) | 5.00 |
| 691 | 新晃侗族自治县(湘) | 茉莉花 | 观赏苗木(万株) | 0.60 |
| 692 | 芒　市(滇) | 茉莉花 | 观叶植物(万盆) | 0.67 |
| 693 | 路南区(冀) | 茉莉花 | 盆花(万盆) | 2000.00 |
| 694 | 邹平县(鲁) | 茉莉花 | 盆花(万盆) | 286.00 |
| 695 | 禹州市(豫) | 茉莉花 | 盆花(万盆) | 80.00 |
| 696 | 运河区(冀) | 茉莉花 | 盆花(万盆) | 20.00 |
| 697 | 涿州市(冀) | 茉莉花 | 盆花(万盆) | 20.00 |

| 序号 | 其他花卉主产地 | 品种 | 花卉类别 | 生产量 |
|---|---|---|---|---|
| 698 | 阳新县(鄂) | 茉莉花 | 盆花(万盆) | 6.00 |
| 699 | 汝城县(湘) | 茉莉花 | 盆花(万盆) | 3.00 |
| 700 | 新华区(豫) | 茉莉花 | 盆花(万盆) | 2.00 |
| 701 | 晋州市(冀) | 茉莉花 | 盆花(万盆) | 1.00 |
| 702 | 三门县(浙) | 茉莉花 | 盆花(万盆) | 1.00 |
| 703 | 青州市(鲁) | 茉莉花 | 盆景(万盆) | 60.00 |
| 704 | 昌乐县(鲁) | 茉莉花 | 盆景(万盆) | 1.80 |
| 705 | 宣汉县(川) | 茉莉花 | 鲜切花(万支) | 22.50 |
| 706 | 犍为县(川) | 茉莉花 | 鲜切花(万支) | 10.60 |
| 707 | 新宁县(湘) | 木芙蓉 | 城市绿化苗(万株) | 5.00 |
| 708 | 巴州区(川) | 木芙蓉 | 观赏苗木(万株) | 133.00 |
| 709 | 游仙区(川) | 木芙蓉 | 观赏苗木(万株) | 10.00 |
| 710 | 高密市(鲁) | 木芙蓉 | 观赏苗木(万株) | 7.00 |
| 711 | 巴州区(川) | 木芙蓉 | 盆花(万盆) | 25.00 |
| 712 | 青州市(鲁) | 木芙蓉 | 盆花(万盆) | 1.00 |
| 713 | 巴州区(川) | 木芙蓉 | 鲜切花(万支) | 2.00 |
| 714 | 巴州区(川) | 木芙蓉 | 鲜切叶(万支) | 5.00 |
| 715 | 碧江区(黔) | 木通类 | 观赏苗木(万株) | 1.40 |
| 716 | 阜新蒙古族自治县(辽) | 木犀草 | 盆花(万盆) | 115.00 |
| 717 | 藁城市(冀) | 木犀草 | 鲜切花(万支) | 12.00 |
| 718 | 曲阳县(冀) | 木香 | 城市绿化苗(万株) | 10.00 |
| 719 | 旌德县(皖) | 南天竹 | 城市绿化苗(万株) | 200000.00 |
| 720 | 潢川县(豫) | 南天竹 | 城市绿化苗(万株) | 156.00 |
| 721 | 黟 县(皖) | 南天竹 | 城市绿化苗(万株) | 110.00 |
| 722 | 沙洋县(鄂) | 南天竹 | 城市绿化苗(万株) | 10.00 |
| 723 | 新宁县(湘) | 南天竹 | 城市绿化苗(万株) | 5.00 |
| 724 | 临安市(浙) | 南天竹 | 观赏苗木(万株) | 8000.00 |
| 725 | 巴州区(川) | 南天竹 | 观赏苗木(万株) | 100.00 |
| 726 | 新蔡县(豫) | 南天竹 | 观赏苗木(万株) | 29.70 |
| 727 | 郾城区(豫) | 南天竹 | 观赏苗木(万株) | 27.68 |
| 728 | 平桥区(豫) | 南天竹 | 观赏苗木(万株) | 12.36 |
| 729 | 安阳县(豫) | 南天竹 | 观赏苗木(万株) | 0.70 |
| 730 | 潢川县(豫) | 南天竹 | 观叶植物(万盆) | 5.10 |
| 731 | 巴州区(川) | 南天竹 | 盆花(万盆) | 30.00 |
| 732 | 巴州区(川) | 南天竹 | 鲜切叶(万支) | 10.00 |
| 733 | 昌吉市(新) | 葡萄 | 城市绿化苗(万株) | 365.00 |
| 734 | 沙洋县(鄂) | 葡萄 | 城市绿化苗(万株) | 60.00 |
| 735 | 九台市(吉) | 葡萄 | 城市绿化苗(万株) | 40.00 |
| 736 | 芷江侗族自治县(湘) | 葡萄 | 工业及其他用途花卉(千克) | 8.50 |
| 737 | 望都县(冀) | 葡萄 | 观赏苗木(万株) | 780.00 |
| 738 | 呼兰区(黑) | 葡萄 | 观赏苗木(万株) | 50.00 |
| 739 | 沙河市(冀) | 葡萄 | 观赏苗木(万株) | 10.00 |
| 740 | 竹山县(鄂) | 葡萄 | 观赏苗木(万株) | 4.00 |
| 741 | 依安县(黑) | 葡萄 | 观赏苗木(万株) | 3.00 |
| 742 | 巴州区(川) | 葡萄 | 盆花(万盆) | 10.00 |
| 743 | 许昌县(豫) | 七叶树 | 城市绿化苗(万株) | 22.00 |
| 744 | 潢川县(豫) | 七叶树 | 城市绿化苗(万株) | 9.00 |
| 745 | 龙安区(豫) | 七叶树 | 城市绿化苗(万株) | 1.00 |
| 746 | 两当县(甘) | 七叶树 | 观赏苗木(万株) | 100.00 |
| 747 | 长垣县(豫) | 七叶树 | 观赏苗木(万株) | 80.00 |
| 748 | 镇坪县(陕) | 七叶树 | 观赏苗木(万株) | 22.00 |
| 749 | 卢氏县(豫) | 七叶树 | 观赏苗木(万株) | 10.00 |
| 750 | 石泉县(陕) | 七叶树 | 观赏苗木(万株) | 10.00 |
| 751 | 汝南县(豫) | 七叶树 | 观赏苗木(万株) | 4.50 |
| 752 | 沭阳县(苏) | 七叶树 | 观叶植物(万盆) | 3.60 |
| 753 | 洋 县(陕) | 七叶树 | 观叶植物(万盆) | 0.90 |
| 754 | 渭城区(陕) | 千花葵 | 鲜切花(万支) | 20.00 |
| 755 | 许昌县(豫) | 千日红 | 城市绿化苗(万株) | 16.00 |
| 756 | 新宁县(湘) | 千日红 | 城市绿化苗(万株) | 5.00 |
| 757 | 老河口市(鄂) | 千日红 | 观赏苗木(万株) | 80.00 |
| 758 | 芜湖县(皖) | 千日红 | 观赏苗木(万株) | 50.00 |
| 759 | 南和县(冀) | 千日红 | 观赏苗木(万株) | 12.00 |
| 760 | 许昌市经济技术开发区(豫) | 千日红 | 观赏苗木(万株) | 1.40 |
| 761 | 济南市市中区(鲁) | 千日红 | 观赏苗木(万株) | 1.00 |
| 762 | 鹿泉市(冀) | 千日红 | 观赏苗木(万株) | 1.00 |
| 763 | 松潘县(川) | 千日红 | 盆花(万盆) | 1000.00 |
| 764 | 东胜区(内蒙古) | 千日红 | 盆花(万盆) | 150.00 |
| 765 | 商州区(陕) | 千日红 | 盆花(万盆) | 34.50 |
| 766 | 浦东新区(沪) | 千日红 | 盆花(万盆) | 12.00 |
| 767 | 中江县(川) | 千日红 | 盆花(万盆) | 9.80 |
| 768 | 隆尧县(冀) | 千日红 | 盆花(万盆) | 8.00 |
| 769 | 石城县(赣) | 千日红 | 盆花(万盆) | 3.00 |
| 770 | 沙河市(冀) | 千日红 | 盆花(万盆) | 2.50 |
| 771 | 抚宁县(冀) | 千日红 | 盆花(万盆) | 2.30 |
| 772 | 威海市经济技术开发区(鲁) | 千日红 | 盆花(万盆) | 2.00 |
| 773 | 河口区(鲁) | 千日红 | 盆花(万盆) | 0.80 |
| 774 | 东营区(鲁) | 千日红 | 盆景(万盆) | 20.00 |
| 775 | 永兴县(湘) | 千日红 | 盆景(万盆) | 9.00 |
| 776 | 襄城区(鄂) | 千日红 | 盆景(万盆) | 1.60 |
| 777 | 石城县(赣) | 千日红 | 鲜切花(万支) | 15.00 |
| 778 | 大英县(川) | 千日红 | 鲜切花(万支) | 10.00 |
| 779 | 沁阳市(豫) | 千日红 | 鲜切叶(万支) | 7.00 |
| 780 | 旌德县(皖) | 青枫 | 城市绿化苗(万株) | 20.00 |
| 781 | 青阳县(皖) | 青枫 | 城市绿化苗(万株) | 3.00 |
| 782 | 洞口县(湘) | 青枫 | 城市绿化苗(万株) | 2.00 |
| 783 | 碧江区(黔) | 青枫 | 城市绿化苗(万株) | 1.00 |
| 784 | 奉化市(浙) | 青枫 | 观赏苗木(万株) | 53.33 |
| 785 | 宁波市市辖区(浙) | 青枫 | 观赏苗木(万株) | 26.00 |
| 786 | 三门县(浙) | 青枫 | 观赏苗木(万株) | 10.00 |

| 序号 | 其他花卉主产地 | 品种 | 花卉类别 | 生产量 |
|---|---|---|---|---|
| 787 | 玉山县(赣) | 青枫 | 观赏苗木(万株) | 1.00 |
| 788 | 清新县(粤) | 秋风 | 城市绿化苗(万株) | 5000.00 |
| 789 | 吴川市(粤) | 秋风 | 城市绿化苗(万株) | 5.00 |
| 790 | 上思县(桂) | 秋风 | 观赏苗木(万株) | 30.00 |
| 791 | 廉江市(粤) | 秋风 | 观赏苗木(万株) | 11.00 |
| 792 | 高州市(粤) | 秋风 | 观赏苗木(万株) | 3.00 |
| 793 | 茂港区(粤) | 秋风 | 观赏苗木(万株) | 0.85 |
| 794 | 定西市巉口林业试验场(甘) | 秋牡丹 | 观赏苗木(万株) | 1.00 |
| 795 | 荥阳市(豫) | 楸树 | 城市绿化苗(万株) | 200.00 |
| 796 | 鹿邑县(豫) | 楸树 | 城市绿化苗(万株) | 104.00 |
| 797 | 青阳县(皖) | 楸树 | 城市绿化苗(万株) | 1.00 |
| 798 | 竹山县(鄂) | 楸树 | 观赏苗木(万株) | 29.00 |
| 799 | 淮阳县(豫) | 楸树 | 观赏苗木(万株) | 9.70 |
| 800 | 柘城县(豫) | 楸树 | 观赏苗木(万株) | 7.50 |
| 801 | 华龙区(豫) | 楸树 | 观赏苗木(万株) | 3.00 |
| 802 | 安阳县(豫) | 球根海棠 | 观赏苗木(万株) | 2.00 |
| 803 | 淅川县(豫) | 球根海棠 | 观赏苗木(万株) | 1.00 |
| 804 | 青州市(鲁) | 球根海棠 | 盆花(万盆) | 230.00 |
| 805 | 巴州区(川) | 球根海棠 | 盆花(万盆) | 15.00 |
| 806 | 涿州市(冀) | 球根海棠 | 盆花(万盆) | 15.00 |
| 807 | 藁城市(冀) | 球根海棠 | 鲜切花(万支) | 31.00 |
| 808 | 三门县(浙) | 雀梅藤 | 盆景(万盆) | 0.90 |
| 809 | 九台市(吉) | 忍冬类 | 城市绿化苗(万株) | 40.00 |
| 810 | 静海县(津) | 忍冬类 | 观赏苗木(万株) | 181.00 |
| 811 | 丰宁满族自治县(冀) | 忍冬类 | 观赏苗木(万株) | 32.00 |
| 812 | 芜湖县(皖) | 忍冬类 | 观赏苗木(万株) | 1.00 |
| 813 | 临淄区(鲁) | 忍冬类 | 食用及药用花卉(千克) | 25000.00 |
| 814 | 青州市(鲁) | 瑞香 | 盆花(万盆) | 33.00 |
| 815 | 固始县(豫) | 瑞香 | 盆景(万盆) | 2.00 |
| 816 | 怀来县(冀) | 三叶地锦 | 观赏苗木(万株) | 2.70 |
| 817 | 南和县(冀) | 散尾葵 | 观赏苗木(万株) | 2.00 |
| 818 | 宾川县(滇) | 散尾葵 | 观赏苗木(万株) | 1.00 |
| 819 | 栾城县(冀) | 散尾葵 | 观叶植物(万盆) | 20.00 |
| 820 | 涿州市(冀) | 散尾葵 | 观叶植物(万盆) | 15.00 |
| 821 | 海城市(辽) | 散尾葵 | 鲜切叶(万支) | 10.30 |
| 822 | 碧江区(黔) | 散尾葵 | 鲜切叶(万支) | 1.90 |
| 823 | 彭阳县(宁) | 山桃 | 城市绿化苗(万株) | 550000.00 |
| 824 | 昌吉市(新) | 山桃 | 城市绿化苗(万株) | 10.00 |
| 825 | 定襄县(晋) | 山桃 | 城市绿化苗(万株) | 10.00 |
| 826 | 喀喇沁旗(内蒙古) | 山桃 | 城市绿化苗(万株) | 10.00 |
| 827 | 柳林县(晋) | 山桃 | 城市绿化苗(万株) | 10.00 |
| 828 | 鄂托克前旗(内蒙古) | 山桃 | 城市绿化苗(万株) | 0.60 |
| 829 | 定州市(冀) | 山桃 | 观赏苗木(万株) | 120.00 |
| 830 | 固安县(冀) | 山桃 | 观赏苗木(万株) | 86.00 |
| 831 | 玛纳斯县(新) | 山桃 | 观赏苗木(万株) | 36.00 |

| 序号 | 其他花卉主产地 | 品种 | 花卉类别 | 生产量 |
|---|---|---|---|---|
| 832 | 呼兰区(黑) | 山桃 | 观赏苗木(万株) | 20.00 |
| 833 | 隆化县(冀) | 山桃 | 观赏苗木(万株) | 9.00 |
| 834 | 金凤区(宁) | 山桃 | 观赏苗木(万株) | 1.50 |
| 835 | 壶关县(晋) | 山桃 | 盆景(万盆) | 3.50 |
| 836 | 商州区(陕) | 山桃 | 鲜切花(万支) | 15.00 |
| 837 | 南召县(豫) | 山茱萸 | 城市绿化苗(万株) | 875.00 |
| 838 | 嵩　县(豫) | 山茱萸 | 观赏苗木(万株) | 50.00 |
| 839 | 禹州市(豫) | 山茱萸 | 盆花(万盆) | 60.00 |
| 840 | 临洮县(甘) | 芍药 | 城市绿化苗(万株) | 9.00 |
| 841 | 昌吉市(新) | 芍药 | 城市绿化苗(万株) | 5.00 |
| 842 | 克东县(黑) | 芍药 | 城市绿化苗(万株) | 1.00 |
| 843 | 魏　县(冀) | 芍药 | 观赏苗木(万株) | 11.46 |
| 844 | 芜湖县(皖) | 芍药 | 观赏苗木(万株) | 10.00 |
| 845 | 巴州区(川) | 芍药 | 盆花(万盆) | 25.00 |
| 846 | 西青区(津) | 芍药 | 盆花(万盆) | 20.00 |
| 847 | 隆尧县(冀) | 芍药 | 盆花(万盆) | 12.00 |
| 848 | 栾城县(冀) | 芍药 | 盆花(万盆) | 12.00 |
| 849 | 隆德县(宁) | 芍药 | 盆花(万盆) | 10.00 |
| 850 | 吉木萨尔县(新) | 芍药 | 盆花(万盆) | 2.00 |
| 851 | 谯城区(皖) | 芍药 | 盆花(万盆) | 1.00 |
| 852 | 榕城区(粤) | 芍药 | 盆花(万盆) | 1.00 |
| 853 | 柏乡县(冀) | 芍药 | 盆景(万盆) | 2.50 |
| 854 | 渭滨区(陕) | 芍药 | 鲜切花(万支) | 28.56 |
| 855 | 临洮县(甘) | 芍药 | 鲜切花(万支) | 16.00 |
| 856 | 西峰区(甘) | 芍药 | 鲜切花(万支) | 4.00 |
| 857 | 大武口区(宁) | 芍药 | 鲜切花(万支) | 1.30 |
| 858 | 巴州区(川) | 芍药 | 鲜切叶(万支) | 15.00 |
| 859 | 海港区(冀) | 蛇鞭菊 | 盆花(万盆) | 3.00 |
| 860 | 北京市大东流苗圃(京) | 蛇莓 | 观赏苗木(万株) | 1.00 |
| 861 | 洞口县(湘) | 蛇葡萄 | 盆花(万盆) | 5.00 |
| 862 | 新宁县(湘) | 射干 | 城市绿化苗(万株) | 5.00 |
| 863 | 梁山县(鲁) | 射干 | 盆花(万盆) | 1.00 |
| 864 | 文成县(浙) | 麝香百合类 | 鲜切花(万支) | 1740.00 |
| 865 | 津市市(湘) | 麝香百合类 | 鲜切花(万支) | 1.10 |
| 866 | 建始县(鄂) | 十姊妹 | 观赏苗木(万株) | 50.00 |
| 867 | 涿州市(冀) | 十姊妹 | 观赏苗木(万株) | 30.00 |
| 868 | 隆尧县(冀) | 石刁柏 | 观赏苗木(万株) | 4.60 |
| 869 | 新宁县(湘) | 石斛兰 | 城市绿化苗(万株) | 5.00 |
| 870 | 石棉县(川) | 石斛兰 | 观叶植物(万盆) | 10.00 |
| 871 | 北京市大东流苗圃(京) | 石斛兰 | 盆花(万盆) | 6.46 |
| 872 | 包河区(皖) | 石斛兰 | 盆景(万盆) | 500.00 |
| 873 | 路桥区(浙) | 石斛兰 | 食用及药用花卉(千克) | 185.00 |
| 874 | 雅长林场(桂) | 石斛兰 | 食用及药用花卉(千克) | 20.96 |
| 875 | 商州区(陕) | 石莲花 | 盆花(万盆) | 8.00 |
| 876 | 涿州市(冀) | 石莲花 | 盆花(万盆) | 5.00 |
| 877 | 宣汉县(川) | 石莲花 | 鲜切花(万支) | 11.00 |

| 序号 | 其他花卉主产地 | 品种 | 花卉类别 | 生产量 |
|---|---|---|---|---|
| 878 | 荥阳市(豫) | 石榴 | 城市绿化苗(万株) | 100.00 |
| 879 | 昆山市(苏) | 石榴 | 城市绿化苗(万株) | 15.00 |
| 880 | 沙洋县(鄂) | 石榴 | 城市绿化苗(万株) | 10.00 |
| 881 | 新宁县(湘) | 石榴 | 城市绿化苗(万株) | 5.00 |
| 882 | 竹山县(鄂) | 石榴 | 城市绿化苗(万株) | 3.00 |
| 883 | 龙安区(豫) | 石榴 | 城市绿化苗(万株) | 2.00 |
| 884 | 岳阳县(湘) | 石榴 | 城市绿化苗(万株) | 1.00 |
| 885 | 沭阳县(苏) | 石榴 | 观赏苗木(万株) | 450.00 |
| 886 | 青州市(鲁) | 石榴 | 观赏苗木(万株) | 70.00 |
| 887 | 固安县(冀) | 石榴 | 观赏苗木(万株) | 11.00 |
| 888 | 巴州区(川) | 石榴 | 观赏苗木(万株) | 5.00 |
| 889 | 桃城区(冀) | 石榴 | 观赏苗木(万株) | 5.00 |
| 890 | 商州区(陕) | 石榴 | 观赏苗木(万株) | 3.40 |
| 891 | 鹿泉市(冀) | 石榴 | 观赏苗木(万株) | 3.00 |
| 892 | 蕉岭县(粤) | 石榴 | 观叶植物(万盆) | 0.80 |
| 893 | 巴州区(川) | 石榴 | 盆花(万盆) | 5.00 |
| 894 | 江北区(浙) | 石榴 | 盆花(万盆) | 5.00 |
| 895 | 惠济区(豫) | 石榴 | 盆景(万盆) | 10.04 |
| 896 | 昌乐县(鲁) | 石榴 | 盆景(万盆) | 2.40 |
| 897 | 巴州区(川) | 石榴 | 鲜切花(万支) | 1.50 |
| 898 | 卫辉市(豫) | 石蒜 | 盆花(万盆) | 2.00 |
| 899 | 罗山县(豫) | 石蒜 | 鲜切花(万支) | 100.00 |
| 900 | 新晃侗族自治县(湘) | 矢车菊 | 观叶植物(万盆) | 1.10 |
| 901 | 双城市(黑) | 矢车菊 | 盆花(万盆) | 40.00 |
| 902 | 枣强县(冀) | 矢车菊 | 盆花(万盆) | 1.20 |
| 903 | 广水市(鄂) | 矢车菊 | 盆景(万盆) | 3.60 |
| 904 | 宣汉县(川) | 矢车菊 | 鲜切花(万支) | 14.00 |
| 905 | 东港区(鲁) | 矢车菊 | 鲜切叶(万支) | 2.00 |
| 906 | 曲阳县(冀) | 柿 | 城市绿化苗(万株) | 20.00 |
| 907 | 望都县(冀) | 柿 | 观赏苗木(万株) | 600.00 |
| 908 | 青州市(鲁) | 水仙 | 观叶植物(万盆) | 9.00 |
| 909 | 芒　市(滇) | 水仙 | 观叶植物(万盆) | 0.57 |
| 910 | 宁海县(浙) | 水仙 | 花卉用种球(千粒) | 10.00 |
| 911 | 巴州区(川) | 水仙 | 盆花(万盆) | 35.00 |
| 912 | 浦东新区(沪) | 水仙 | 盆花(万盆) | 4.00 |
| 913 | 东洲区(辽) | 水仙 | 盆花(万盆) | 3.00 |
| 914 | 昌乐县(鲁) | 水仙 | 盆花(万盆) | 2.00 |
| 915 | 新建县(赣) | 水仙 | 盆花(万盆) | 0.80 |
| 916 | 彭山县(川) | 水仙 | 盆花(万盆) | 0.60 |
| 917 | 犍为县(川) | 水仙 | 盆景(万盆) | 1.10 |
| 918 | 崇明县(沪) | 水仙 | 鲜切花(万支) | 55.00 |
| 919 | 许昌县(豫) | 丝绵木 | 城市绿化苗(万株) | 139.00 |
| 920 | 开平区(冀) | 丝绵木 | 观赏苗木(万株) | 70.00 |
| 921 | 惠济区(豫) | 丝绵木 | 观赏苗木(万株) | 7.62 |
| 922 | 邱　县(冀) | 丝绵木 | 观赏苗木(万株) | 4.00 |
| 923 | 东昌府区(鲁) | 丝绵木 | 观赏苗木(万株) | 1.00 |
| 924 | 醴陵市(湘) | 四季竹 | 城市绿化苗(万株) | 10000.00 |
| 925 | 七星区(桂) | 四季竹 | 观赏苗木(万株) | 400.00 |
| 926 | 翠屏区(川) | 四季竹 | 观赏苗木(万株) | 1.20 |
| 927 | 新建县(赣) | 四季竹 | 盆花(万盆) | 0.60 |
| 928 | 宣汉县(川) | 四季竹 | 鲜切花(万支) | 31.00 |
| 929 | 吉木萨尔县(新) | 松果菊 | 盆花(万盆) | 5.00 |
| 930 | 芦溪县(赣) | 松叶菊 | 盆花(万盆) | 5.00 |
| 931 | 定州市(冀) | 太平花 | 观赏苗木(万株) | 650.00 |
| 932 | 红山区(内蒙古) | 昙花 | 盆花(万盆) | 60.00 |
| 933 | 九台市(吉) | 唐菖蒲 | 城市绿化苗(万株) | 100.00 |
| 934 | 威海市经济技术开发区(鲁) | 唐菖蒲 | 观赏苗木(万株) | 20.00 |
| 935 | 夷陵区(鄂) | 唐菖蒲 | 观叶植物(万盆) | 120.00 |
| 936 | 海城市(辽) | 唐菖蒲 | 花卉用种球(千粒) | 280.00 |
| 937 | 凌源市(辽) | 唐菖蒲 | 鲜切花(万支) | 26000.00 |
| 938 | 香河县(冀) | 唐菖蒲 | 鲜切花(万支) | 800.00 |
| 939 | 崇明县(沪) | 唐菖蒲 | 鲜切花(万支) | 725.33 |
| 940 | 榆中县(甘) | 唐菖蒲 | 鲜切花(万支) | 244.60 |
| 941 | 海城市(辽) | 唐菖蒲 | 鲜切花(万支) | 77.20 |
| 942 | 迁安市(冀) | 唐菖蒲 | 鲜切花(万支) | 40.00 |
| 943 | 通州区(京) | 唐菖蒲 | 鲜切花(万支) | 32.50 |
| 944 | 管城回族区(豫) | 唐菖蒲 | 鲜切花(万支) | 30.00 |
| 945 | 松江区(沪) | 唐菖蒲 | 鲜切花(万支) | 25.00 |
| 946 | 遵化市(冀) | 唐菖蒲 | 鲜切花(万支) | 20.00 |
| 947 | 白银区(甘) | 唐菖蒲 | 鲜切花(万支) | 10.00 |
| 948 | 奉化市(浙) | 唐菖蒲 | 鲜切花(万支) | 10.00 |
| 949 | 桂阳县(湘) | 唐菖蒲 | 鲜切花(万支) | 10.00 |
| 950 | 东港区(鲁) | 唐菖蒲 | 鲜切花(万支) | 6.00 |
| 951 | 海宁市(浙) | 唐菖蒲 | 鲜切花(万支) | 4.10 |
| 952 | 闵行区(沪) | 唐菖蒲 | 鲜切花(万支) | 3.00 |
| 953 | 惠山区(苏) | 唐菖蒲 | 鲜切花(万支) | 2.00 |
| 954 | 沂南县(鲁) | 唐菖蒲 | 鲜切花(万支) | 2.00 |
| 955 | 蔡甸区(鄂) | 唐菖蒲 | 鲜切花(万支) | 1.20 |
| 956 | 汉源县(川) | 唐菖蒲 | 鲜切花(万支) | 0.60 |
| 957 | 洋　县(陕) | 唐菖蒲 | 鲜切叶(万支) | 5.00 |
| 958 | 元氏县(冀) | 藤本月季 | 城市绿化苗(万株) | 20.00 |
| 959 | 安丘市(鲁) | 藤本月季 | 观赏苗木(万株) | 120.00 |
| 960 | 莱州市(鲁) | 藤本月季 | 观赏苗木(万株) | 20.00 |
| 961 | 东港区(鲁) | 藤本月季 | 鲜切花(万支) | 10.00 |
| 962 | 雁江区(川) | 藤类 | 观叶植物(万盆) | 4600.00 |
| 963 | 高平市(晋) | 藤类 | 盆花(万盆) | 10.00 |
| 964 | 信宜市(粤) | 藤萝 |  | 3.10 |
| 965 | 闵行区(沪) | 藤萝 | 观赏苗木(万株) | 2.50 |
| 966 | 霸州市(冀) | 藤萝 | 盆花(万盆) | 30.00 |
| 967 | 平果县(桂) | 藤萝 | 盆景(万盆) | 5.00 |
| 968 | 九台市(吉) | 天目琼花 | 城市绿化苗(万株) | 50.00 |

| 序号 | 其他花卉主产地 | 品种 | 花卉类别 | 生产量 |
|---|---|---|---|---|
| 969 | 定州市(冀) | 天目琼花 | 观赏苗木(万株) | 1352.00 |
| 970 | 青州市(鲁) | 天人菊 | 盆花(万盆) | 150.00 |
| 971 | 吉木萨尔县(新) | 天人菊 | 盆花(万盆) | 10.00 |
| 972 | 河东区(鲁) | 贴梗海棠 | 城市绿化苗(万株) | 9800.00 |
| 973 | 易　县(冀) | 贴梗海棠 | 城市绿化苗(万株) | 200.00 |
| 974 | 华龙区(豫) | 贴梗海棠 | 城市绿化苗(万株) | 17.00 |
| 975 | 定西市峨口林业试验场(甘) | 贴梗海棠 | 城市绿化苗(万株) | 2.00 |
| 976 | 威海市经济技术开发区(鲁) | 贴梗海棠 | 城市绿化苗(万株) | 1.00 |
| 977 | 平桥区(豫) | 贴梗海棠 | 城市绿化苗(万株) | 0.74 |
| 978 | 定州市(冀) | 贴梗海棠 | 观赏苗木(万株) | 218.00 |
| 979 | 巴州区(川) | 贴梗海棠 | 观赏苗木(万株) | 20.00 |
| 980 | 东平县(鲁) | 贴梗海棠 | 观赏苗木(万株) | 20.00 |
| 981 | 广汉市(川) | 贴梗海棠 | 观赏苗木(万株) | 20.00 |
| 982 | 宁阳县(鲁) | 贴梗海棠 | 观赏苗木(万株) | 12.00 |
| 983 | 昌乐县(鲁) | 贴梗海棠 | 观赏苗木(万株) | 4.00 |
| 984 | 乐亭县(冀) | 贴梗海棠 | 观赏苗木(万株) | 2.00 |
| 985 | 雁江区(川) | 贴梗海棠 | 观叶植物(万盆) | 5000.00 |
| 986 | 河东区(鲁) | 贴梗海棠 | 盆花(万盆) | 680.00 |
| 987 | 巴州区(川) | 贴梗海棠 | 盆花(万盆) | 50.00 |
| 988 | 宁阳县(鲁) | 贴梗海棠 | 盆花(万盆) | 1.20 |
| 989 | 青州市(鲁) | 贴梗海棠 | 盆景(万盆) | 23.00 |
| 990 | 商州区(陕) | 晚香玉 | 观赏苗木(万株) | 0.80 |
| 991 | 彭山县(川) | 晚香玉 | 鲜切花(万支) | 1.50 |
| 992 | 北京市大东流苗圃(京) | 萎陵菜 | 观赏苗木(万株) | 16.47 |
| 993 | 易　县(冀) | 卫矛类 | 城市绿化苗(万株) | 300.00 |
| 994 | 九台市(吉) | 卫矛类 | 城市绿化苗(万株) | 50.00 |
| 995 | 定襄县(晋) | 卫矛类 | 城市绿化苗(万株) | 30.00 |
| 996 | 特克斯林场(新) | 卫矛类 | 城市绿化苗(万株) | 6.09 |
| 997 | 大武口区(宁) | 卫矛类 | 城市绿化苗(万株) | 3.50 |
| 998 | 沭阳县(苏) | 卫矛类 | 观赏苗木(万株) | 39200.00 |
| 999 | 定州市(冀) | 卫矛类 | 观赏苗木(万株) | 1675.00 |
| 1000 | 固安县(冀) | 卫矛类 | 观赏苗木(万株) | 802.00 |
| 1001 | 顺平县(冀) | 卫矛类 | 观赏苗木(万株) | 245.00 |
| 1002 | 深州市(冀) | 卫矛类 | 观赏苗木(万株) | 180.00 |
| 1003 | 开平区(冀) | 卫矛类 | 观赏苗木(万株) | 130.00 |
| 1004 | 沂水县(鲁) | 卫矛类 | 观赏苗木(万株) | 85.00 |
| 1005 | 沙河市(冀) | 卫矛类 | 观赏苗木(万株) | 30.00 |
| 1006 | 安阳县(豫) | 卫矛类 | 观赏苗木(万株) | 27.00 |
| 1007 | 武强县(冀) | 卫矛类 | 观赏苗木(万株) | 17.70 |
| 1008 | 北戴河区(冀) | 卫矛类 | 观赏苗木(万株) | 8.00 |
| 1009 | 滦南县(冀) | 卫矛类 | 观赏苗木(万株) | 7.90 |
| 1010 | 涿州市(冀) | 卫矛类 | 观赏苗木(万株) | 5.00 |
| 1011 | 海港区(冀) | 卫矛类 | 观赏苗木(万株) | 4.10 |
| 1012 | 大厂回族自治县(冀) | 卫矛类 | 观赏苗木(万株) | 3.00 |
| 1013 | 任丘市(冀) | 卫矛类 | 观赏苗木(万株) | 3.00 |
| 1014 | 鄂托克前旗(内蒙古) | 卫矛类 | 观赏苗木(万株) | 2.77 |
| 1015 | 乐亭县(冀) | 卫矛类 | 观赏苗木(万株) | 2.00 |
| 1016 | 阳泉市郊区(晋) | 卫矛类 | 观赏苗木(万株) | 1.00 |
| 1017 | 高平市(晋) | 卫矛类 | 盆花(万盆) | 10.00 |
| 1018 | 昌吉市(新) | 文冠果 | 城市绿化苗(万株) | 147.00 |
| 1019 | 康保县(冀) | 文冠果 | 城市绿化苗(万株) | 10.00 |
| 1020 | 隆化县(冀) | 文冠果 | 观赏苗木(万株) | 24.00 |
| 1021 | 沁　县(晋) | 文冠果 | 观赏苗木(万株) | 1.80 |
| 1022 | 博兴县(鲁) | 文冠果 | 观赏苗木(万株) | 1.00 |
| 1023 | 商州区(陕) | 文殊兰 | 观赏苗木(万株) | 4.30 |
| 1024 | 闵行区(沪) | 文殊兰 | 观赏苗木(万株) | 2.70 |
| 1025 | 寻甸回族彝族自治县(滇) | 文殊兰 | 盆花(万盆) | 100.00 |
| 1026 | 栾城县(冀) | 文殊兰 | 盆花(万盆) | 11.00 |
| 1027 | 醴陵市(湘) | 五针松 | 城市绿化苗(万株) | 1000.00 |
| 1028 | 吴川市(粤) | 五针松 | 城市绿化苗(万株) | 3.00 |
| 1029 | 北仑区(浙) | 五针松 | 观赏苗木(万株) | 500.00 |
| 1030 | 临安市(浙) | 五针松 | 观赏苗木(万株) | 2.00 |
| 1031 | 江北区(浙) | 五针松 | 盆景(万盆) | 4.00 |
| 1032 | 文成县(浙) | 五针松 | 盆景(万盆) | 1.00 |
| 1033 | 路桥区(浙) | 五针松 | 盆景(万盆) | 0.60 |
| 1034 | 娄星区(湘) | 勿忘草 | 盆花(万盆) | 1.00 |
| 1035 | 宣汉县(川) | 勿忘草 | 鲜切花(万支) | 35.00 |
| 1036 | 沙市区(鄂) | 勿忘草 | 鲜切花(万支) | 20.00 |
| 1037 | 凤城市(辽) | 勿忘草 | 鲜切叶(万支) | 22.00 |
| 1038 | 河东区(鲁) | 西府海棠 | 城市绿化苗(万株) | 2000.00 |
| 1039 | 淄川区(鲁) | 西府海棠 | 城市绿化苗(万株) | 30.00 |
| 1040 | 坊子区(鲁) | 西府海棠 | 城市绿化苗(万株) | 20.00 |
| 1041 | 长清区(鲁) | 西府海棠 | 城市绿化苗(万株) | 10.00 |
| 1042 | 红旗区(豫) | 西府海棠 | 城市绿化苗(万株) | 7.50 |
| 1043 | 河东区(鲁) | 西府海棠 | 观赏苗木(万株) | 1200.00 |
| 1044 | 定州市(冀) | 西府海棠 | 观赏苗木(万株) | 300.00 |
| 1045 | 寒亭区(鲁) | 西府海棠 | 观赏苗木(万株) | 125.00 |
| 1046 | 博野县(冀) | 西府海棠 | 观赏苗木(万株) | 100.00 |
| 1047 | 沭阳县(苏) | 西府海棠 | 观赏苗木(万株) | 40.00 |
| 1048 | 沙河市(冀) | 西府海棠 | 观赏苗木(万株) | 15.00 |
| 1049 | 平泉县(冀) | 西府海棠 | 观赏苗木(万株) | 12.00 |
| 1050 | 冀州市(冀) | 西府海棠 | 观赏苗木(万株) | 10.00 |
| 1051 | 吴桥县(冀) | 西府海棠 | 观赏苗木(万株) | 10.00 |
| 1052 | 涿州市(冀) | 西府海棠 | 观赏苗木(万株) | 10.00 |
| 1053 | 阳信县(鲁) | 西府海棠 | 观赏苗木(万株) | 8.10 |
| 1054 | 安平县(冀) | 西府海棠 | 观赏苗木(万株) | 7.00 |
| 1055 | 曲阳县(冀) | 西府海棠 | 观赏苗木(万株) | 6.00 |
| 1056 | 高碑店市(冀) | 西府海棠 | 观赏苗木(万株) | 5.50 |
| 1057 | 博兴县(鲁) | 西府海棠 | 观赏苗木(万株) | 3.00 |
| 1058 | 任　县(冀) | 西府海棠 | 观赏苗木(万株) | 2.00 |

| 序号 | 其他花卉主产地 | 品种 | 花卉类别 | 生产量 |
|---|---|---|---|---|
| 1059 | 平罗县(宁) | 西府海棠 | 盆花(万盆) | 10.00 |
| 1060 | 新泰市(鲁) | 西府海棠 | 盆花(万盆) | 5.00 |
| 1061 | 满城县(冀) | 西府海棠 | 鲜切花(万支) | 5.00 |
| 1062 | 南召县(豫) | 现代月季 | 城市绿化苗(万株) | 42.00 |
| 1063 | 昌吉市(新) | 现代月季 | 城市绿化苗(万株) | 5.00 |
| 1064 | 芷江侗族自治县(湘) | 现代月季 | 城市绿化苗(万株) | 0.80 |
| 1065 | 卧龙区(豫) | 现代月季 | 观赏苗木(万株) | 8000.00 |
| 1066 | 新密市(豫) | 现代月季 | 观赏苗木(万株) | 400.00 |
| 1067 | 汝城县(湘) | 现代月季 | 观赏苗木(万株) | 2.00 |
| 1068 | 蠡　县(冀) | 现代月季 | 观叶植物(万盆) | 0.80 |
| 1069 | 玛纳斯县(新) | 现代月季 | 花卉用种苗(千苗) | 840.00 |
| 1070 | 永清县(冀) | 现代月季 | 花卉用种苗(千苗) | 80.00 |
| 1071 | 遵化市(冀) | 现代月季 | 盆花(万盆) | 30.00 |
| 1072 | 栾城县(冀) | 现代月季 | 盆花(万盆) | 24.00 |
| 1073 | 赵　县(冀) | 现代月季 | 盆花(万盆) | 11.00 |
| 1074 | 东洲区(辽) | 现代月季 | 盆花(万盆) | 9.50 |
| 1075 | 高平市(晋) | 现代月季 | 盆花(万盆) | 5.00 |
| 1076 | 高碑店市(冀) | 现代月季 | 盆花(万盆) | 3.50 |
| 1077 | 忻府区(晋) | 现代月季 | 盆花(万盆) | 3.50 |
| 1078 | 雄　县(冀) | 现代月季 | 盆花(万盆) | 2.50 |
| 1079 | 海宁市(浙) | 现代月季 | 鲜切花(万支) | 1202.40 |
| 1080 | 青州市(鲁) | 现代月季 | 鲜切花(万支) | 525.00 |
| 1081 | 通州区(京) | 现代月季 | 鲜切花(万支) | 189.95 |
| 1082 | 浦东新区(沪) | 现代月季 | 鲜切花(万支) | 120.00 |
| 1083 | 平谷区(京) | 现代月季 | 鲜切花(万支) | 71.35 |
| 1084 | 白银区(甘) | 现代月季 | 鲜切花(万支) | 50.00 |
| 1085 | 平泉县(冀) | 现代月季 | 鲜切花(万支) | 50.00 |
| 1086 | 定南县(赣) | 现代月季 | 鲜切花(万支) | 37.68 |
| 1087 | 商河县(鲁) | 现代月季 | 鲜切花(万支) | 20.00 |
| 1088 | 邵阳县(湘) | 现代月季 | 鲜切花(万支) | 5.00 |
| 1089 | 沙市区(鄂) | 香蒲 | 鲜切叶(万支) | 4.00 |
| 1090 | 抚宁县(冀) | 香雪球 | 盆花(万盆) | 3.00 |
| 1091 | 涿州市(冀) | 小苍兰 | 盆花(万盆) | 3.00 |
| 1092 | 海拉尔区(内蒙古) | 小丽花 | 城市绿化苗(万株) | 40.00 |
| 1093 | 山丹县(甘) | 小丽花 | 城市绿化苗(万株) | 1.00 |
| 1094 | 南和县(冀) | 小丽花 | 观赏苗木(万株) | 10.00 |
| 1095 | 延庆县(京) | 小丽花 | 盆花(万盆) | 25.00 |
| 1096 | 东乌珠穆沁旗(内蒙古) | 小丽花 | 盆花(万盆) | 5.00 |
| 1097 | 格尔木市(青) | 小丽花 | 盆花(万盆) | 2.40 |
| 1098 | 闵行区(沪) | 小雀舌兰 | 盆花(万盆) | 18.90 |
| 1099 | 九台市(吉) | 杏 | 城市绿化苗(万株) | 100.00 |
| 1100 | 昌吉市(新) | 杏 | 城市绿化苗(万株) | 12.00 |
| 1101 | 曲阳县(冀) | 杏 | 城市绿化苗(万株) | 5.00 |
| 1102 | 渝水区(赣) | 杏 | 观赏苗木(万株) | 330.00 |
| 1103 | 固安县(冀) | 杏 | 观赏苗木(万株) | 48.00 |
| 1104 | 麻城市(鄂) | 杏 | 观赏苗木(万株) | 35.00 |
| 1105 | 呼兰区(黑) | 杏 | 观赏苗木(万株) | 4.00 |
| 1106 | 藁城市(冀) | 杏 | 观赏苗木(万株) | 2.00 |
| 1107 | 宽城满族自治县(冀) | 杏 | 观赏苗木(万株) | 2.00 |
| 1108 | 榆中县(甘) | 杏 | 盆景(万盆) | 4.00 |
| 1109 | 蚌山区(皖) | 杏 | 食用及药用花卉(千克) | 6300.00 |
| 1110 | 商州区(陕) | 杏 | 鲜切花(万支) | 16.00 |
| 1111 | 九台市(吉) | 绣球花 | 城市绿化苗(万株) | 100.00 |
| 1112 | 吴川市(粤) | 绣球花 | 城市绿化苗(万株) | 15.00 |
| 1113 | 青州市(鲁) | 绣球花 | 盆花(万盆) | 27.00 |
| 1114 | 平罗县(宁) | 绣球花 | 盆花(万盆) | 10.00 |
| 1115 | 涿州市(冀) | 绣球花 | 盆花(万盆) | 3.00 |
| 1116 | 徽　县(甘) | 绣球花 | 盆景(万盆) | 5781.00 |
| 1117 | 九台市(吉) | 萱草 | 城市绿化苗(万株) | 1000.00 |
| 1118 | 易　县(冀) | 萱草 | 城市绿化苗(万株) | 600.00 |
| 1119 | 讷河市(黑) | 萱草 | 城市绿化苗(万株) | 20.00 |
| 1120 | 望都县(冀) | 萱草 | 观赏苗木(万株) | 14010.00 |
| 1121 | 定州市(冀) | 萱草 | 观赏苗木(万株) | 5250.00 |
| 1122 | 涿州市(冀) | 萱草 | 观赏苗木(万株) | 450.00 |
| 1123 | 滦南县(冀) | 萱草 | 观赏苗木(万株) | 160.00 |
| 1124 | 顺平县(冀) | 萱草 | 观赏苗木(万株) | 120.00 |
| 1125 | 丰宁满族自治县(冀) | 萱草 | 观赏苗木(万株) | 35.00 |
| 1126 | 北京市大东流苗圃(京) | 萱草 | 观赏苗木(万株) | 19.32 |
| 1127 | 安平县(冀) | 萱草 | 观赏苗木(万株) | 10.20 |
| 1128 | 东昌府区(鲁) | 萱草 | 观赏苗木(万株) | 8.00 |
| 1129 | 临江林业局(吉林森工) | 萱草 | 观赏苗木(万株) | 7.00 |
| 1130 | 高碑店市(冀) | 萱草 | 观赏苗木(万株) | 4.55 |
| 1131 | 新乐市(冀) | 萱草 | 观赏苗木(万株) | 2.00 |
| 1132 | 怀来县(冀) | 萱草 | 观赏苗木(万株) | 1.30 |
| 1133 | 定州市(冀) | 萱草 | 观叶植物(万盆) | 350.00 |
| 1134 | 延庆县(京) | 萱草 | 盆花(万盆) | 200.00 |
| 1135 | 青州市(鲁) | 萱草 | 盆花(万盆) | 52.00 |
| 1136 | 东营区(鲁) | 萱草 | 盆景(万盆) | 8.00 |
| 1137 | 台安县(辽) | 萱草 | 鲜切花(万支) | 5000.00 |
| 1138 | 许昌县(豫) | 萱草 | 鲜切花(万支) | 220.00 |
| 1139 | 沙市区(鄂) | 萱草 | 鲜切叶(万支) | 4.00 |
| 1140 | 涿州市(冀) | 雁来红 | 盆花(万盆) | 20.00 |
| 1141 | 吴川市(粤) | 羊蹄甲类 | 城市绿化苗(万株) | 15.00 |
| 1142 | 田阳县(桂) | 羊蹄甲类 | 城市绿化苗(万株) | 14.21 |
| 1143 | 高　县(川) | 羊蹄甲类 | 观赏苗木(万株) | 220400.00 |
| 1144 | 南澳县(粤) | 叶子花 | 城市绿化苗(万株) | 1.00 |
| 1145 | 翠屏区(川) | 叶子花 | 城市绿化苗(万株) | 0.63 |
| 1146 | 金城江区(桂) | 叶子花 | 盆花(万盆) | 5.00 |
| 1147 | 固始县(豫) | 夜来香 | 观叶植物(万盆) | 3.00 |
| 1148 | 肥乡县(冀) | 夜来香 | 盆花(万盆) | 200.00 |
| 1149 | 汝城县(湘) | 夜来香 | 盆花(万盆) | 1.00 |
| 1150 | 藁城市(冀) | 夜落金钱 | 观赏苗木(万株) | 1.00 |

| 序号 | 其他花卉主产地 | 品种 | 花卉类别 | 生产量 |
|---|---|---|---|---|
| 1151 | 潢川县(豫) | 樱桃 | 城市绿化苗(万株) | 70.00 |
| 1152 | 汝城县(湘) | 樱桃 | 城市绿化苗(万株) | 5.00 |
| 1153 | 江川县(滇) | 樱桃 | 城市绿化苗(万株) | 2.00 |
| 1154 | 井陉矿区(冀) | 樱桃 | 城市绿化苗(万株) | 2.00 |
| 1155 | 望花区(辽) | 樱桃 | 城市绿化苗(万株) | 2.00 |
| 1156 | 华宁县(滇) | 樱桃 | 观赏苗木(万株) | 100.00 |
| 1157 | 丰宁满族自治县(冀) | 樱桃 | 观赏苗木(万株) | 70.00 |
| 1158 | 蒲江县(川) | 樱桃 | 观赏苗木(万株) | 57.00 |
| 1159 | 孝昌县(鄂) | 樱桃 | 观赏苗木(万株) | 5.00 |
| 1160 | 翠屏区(川) | 樱桃 | 观赏苗木(万株) | 0.60 |
| 1161 | 桂平市(桂) | 迎春 | 观赏苗木(万株) | 30000.00 |
| 1162 | 定州市(冀) | 迎春 | 观赏苗木(万株) | 320.00 |
| 1163 | 新泰市(鲁) | 迎春 | 观赏苗木(万株) | 15.00 |
| 1164 | 翠屏区(川) | 迎春 | 观赏苗木(万株) | 2.20 |
| 1165 | 乐亭县(冀) | 迎春 | 观赏苗木(万株) | 2.00 |
| 1166 | 涿州市(冀) | 迎春 | 观赏苗木(万株) | 1.00 |
| 1167 | 青州市(鲁) | 迎春 | 盆景(万盆) | 24.00 |
| 1168 | 昌乐县(鲁) | 迎春 | 盆景(万盆) | 3.00 |
| 1169 | 栾城县(冀) | 鱼尾葵 | 观叶植物(万盆) | 21.00 |
| 1170 | 华龙区(豫) | 鱼尾葵 | 盆花(万盆) | 3.00 |
| 1171 | 大武口区(宁) | 羽叶甘蓝 | 城市绿化苗(万株) | 3.20 |
| 1172 | 洮南市(吉) | 羽叶甘蓝 | 城市绿化苗(万株) | 1.50 |
| 1173 | 山丹县(甘) | 羽叶甘蓝 | 观赏苗木(万株) | 1.00 |
| 1174 | 青州市(鲁) | 羽叶甘蓝 | 观叶植物(万盆) | 400.00 |
| 1175 | 梁山县(鲁) | 羽叶甘蓝 | 观叶植物(万盆) | 2.30 |
| 1176 | 翠屏区(川) | 羽叶甘蓝 | 观叶植物(万盆) | 0.53 |
| 1177 | 莒南县(鲁) | 羽叶甘蓝 | 盆花(万盆) | 360.00 |
| 1178 | 庐阳区(皖) | 羽叶甘蓝 | 盆花(万盆) | 100.00 |
| 1179 | 新安县(豫) | 羽叶甘蓝 | 盆花(万盆) | 73.80 |
| 1180 | 浦东新区(沪) | 羽叶甘蓝 | 盆花(万盆) | 50.00 |
| 1181 | 华龙区(豫) | 羽叶甘蓝 | 盆花(万盆) | 35.00 |
| 1182 | 沙市区(鄂) | 羽叶甘蓝 | 盆花(万盆) | 35.00 |
| 1183 | 阜新蒙古族自治县(辽) | 羽叶甘蓝 | 盆花(万盆) | 30.00 |
| 1184 | 邹平县(鲁) | 羽叶甘蓝 | 盆花(万盆) | 28.00 |
| 1185 | 商水县(豫) | 羽叶甘蓝 | 盆花(万盆) | 11.00 |
| 1186 | 石柱土家族自治县(渝) | 羽叶甘蓝 | 盆花(万盆) | 5.50 |
| 1187 | 旌阳区(川) | 羽叶甘蓝 | 盆花(万盆) | 4.00 |
| 1188 | 格尔木市(青) | 羽叶甘蓝 | 盆花(万盆) | 2.00 |
| 1189 | 龙里县(黔) | 羽叶甘蓝 | 盆花(万盆) | 2.00 |
| 1190 | 未央区(陕) | 羽叶甘蓝 | 盆花(万盆) | 2.00 |
| 1191 | 金城江区(桂) | 羽叶甘蓝 | 盆花(万盆) | 1.00 |
| 1192 | 九台市(吉) | 玉簪类 | 城市绿化苗(万株) | 100.00 |
| 1193 | 涿州市(冀) | 玉簪类 | 观赏苗木(万株) | 170.00 |
| 1194 | 北京市大东流苗圃(京) | 玉簪类 | 观赏苗木(万株) | 42.18 |
| 1195 | 北戴河区(冀) | 玉簪类 | 观赏苗木(万株) | 10.00 |
| 1196 | 北京市大东流苗圃(京) | 玉簪类 | 花卉用种苗(千苗) | 60.00 |
| 1197 | 延庆县(京) | 玉簪类 | 盆花(万盆) | 28.00 |
| 1198 | 栾城县(冀) | 玉簪类 | 盆花(万盆) | 9.00 |
| 1199 | 罗山县(豫) | 玉簪类 | 鲜切花(万支) | 50.00 |
| 1200 | 洋　县(陕) | 玉簪类 | 鲜切叶(万支) | 5.00 |
| 1201 | 临洮县(甘) | 郁金香 | 城市绿化苗(万株) | 16.00 |
| 1202 | 吴川市(粤) | 郁金香 | 城市绿化苗(万株) | 1.50 |
| 1203 | 武安市(冀) | 郁金香 | 观赏苗木(万株) | 120.00 |
| 1204 | 德城区(鲁) | 郁金香 | 观赏苗木(万株) | 20.00 |
| 1205 | 隆德县(宁) | 郁金香 | 观赏苗木(万株) | 20.00 |
| 1206 | 青州市(鲁) | 郁金香 | 盆花(万盆) | 80.00 |
| 1207 | 开平区(冀) | 郁金香 | 盆花(万盆) | 15.00 |
| 1208 | 蒲江县(川) | 郁金香 | 盆花(万盆) | 4.25 |
| 1209 | 宽城满族自治县(冀) | 郁金香 | 盆花(万盆) | 2.50 |
| 1210 | 定兴县(冀) | 郁金香 | 盆花(万盆) | 1.00 |
| 1211 | 兴山县(鄂) | 郁金香 | 盆花(万盆) | 1.00 |
| 1212 | 三门县(浙) | 郁金香 | 盆花(万盆) | 0.60 |
| 1213 | 芦溪县(赣) | 郁金香 | 鲜切花(万支) | 18.00 |
| 1214 | 独山县(黔) | 郁金香 | 鲜切花(万支) | 8.00 |
| 1215 | 盐亭县(川) | 郁金香 | 鲜切花(万支) | 5.00 |
| 1216 | 蔡甸区(鄂) | 郁金香 | 鲜切花(万支) | 1.00 |
| 1217 | 临沂市高新技术产业开发区(鲁) | 郁金香 | 鲜切叶(万支) | 33400.00 |
| 1218 | 鄢陵县(豫) | 鸢尾类 | 城市绿化苗(万株) | 1800.00 |
| 1219 | 易　县(冀) | 鸢尾类 | 城市绿化苗(万株) | 300.00 |
| 1220 | 定州市(冀) | 鸢尾类 | 观赏苗木(万株) | 4210.00 |
| 1221 | 望都县(冀) | 鸢尾类 | 观赏苗木(万株) | 1260.00 |
| 1222 | 涿州市(冀) | 鸢尾类 | 观赏苗木(万株) | 700.00 |
| 1223 | 北戴河区(冀) | 鸢尾类 | 观赏苗木(万株) | 8.00 |
| 1224 | 东昌府区(鲁) | 鸢尾类 | 观赏苗木(万株) | 8.00 |
| 1225 | 北京市大东流苗圃(京) | 鸢尾类 | 观赏苗木(万株) | 5.75 |
| 1226 | 武强县(冀) | 鸢尾类 | 观赏苗木(万株) | 1.30 |
| 1227 | 临武县(湘) | 鸢尾类 | 观赏苗木(万株) | 1.20 |
| 1228 | 台安县(辽) | 鸢尾类 | 盆花(万盆) | 5000.00 |
| 1229 | 青州市(鲁) | 鸢尾类 | 盆花(万盆) | 260.00 |
| 1230 | 邹平县(鲁) | 鸢尾类 | 盆花(万盆) | 160.00 |
| 1231 | 新华区(豫) | 鸢尾类 | 盆花(万盆) | 1.00 |
| 1232 | 罗山县(豫) | 鸢尾类 | 鲜切花(万支) | 300.00 |
| 1233 | 崇明县(沪) | 鸢尾类 | 鲜切花(万支) | 155.20 |
| 1234 | 喀喇沁旗(内蒙古) | 元宝枫 | 城市绿化苗(万株) | 105.00 |
| 1235 | 嵩　县(豫) | 元宝枫 | 观赏苗木(万株) | 50.00 |
| 1236 | 东港区(鲁) | 元宝枫 | 观赏苗木(万株) | 20.00 |
| 1237 | 广阳区(冀) | 元宝枫 | 观赏苗木(万株) | 20.00 |
| 1238 | 鹿泉市(冀) | 元宝枫 | 观赏苗木(万株) | 4.00 |
| 1239 | 涿州市(冀) | 元宝枫 | 观赏苗木(万株) | 3.00 |
| 1240 | 碧江区(黔) | 元宝枫 | 观赏苗木(万株) | 1.00 |
| 1241 | 海淀区(京) | 元宝枫 | 观赏苗木(万株) | 1.00 |

| 序号 | 其他花卉主产地 | 品种 | 花卉类别 | 生产量 |
|---|---|---|---|---|
| 1242 | 巴州区(川) | 元宝枫 | 鲜切叶(万支) | 2.00 |
| 1243 | 彭阳县(宁) | 云杉 | 城市绿化苗(万株) | 900000.00 |
| 1244 | 铁岭市经济开发区(辽) | 云杉 | 城市绿化苗(万株) | 5000.00 |
| 1245 | 赤城县(冀) | 云杉 | 城市绿化苗(万株) | 499.20 |
| 1246 | 九台市(吉) | 云杉 | 城市绿化苗(万株) | 200.00 |
| 1247 | 康保县(冀) | 云杉 | 城市绿化苗(万株) | 160.00 |
| 1248 | 承德县(冀) | 云杉 | 城市绿化苗(万株) | 42.00 |
| 1249 | 忻府区(晋) | 云杉 | 城市绿化苗(万株) | 28.67 |
| 1250 | 喀喇沁旗(内蒙古) | 云杉 | 城市绿化苗(万株) | 25.00 |
| 1251 | 围场满族蒙古族自治县(冀) | 云杉 | 城市绿化苗(万株) | 15.00 |
| 1252 | 新宾满族自治县(辽) | 云杉 | 城市绿化苗(万株) | 15.00 |
| 1253 | 定襄县(晋) | 云杉 | 城市绿化苗(万株) | 5.00 |
| 1254 | 山丹县(甘) | 云杉 | 城市绿化苗(万株) | 1.00 |
| 1255 | 西乌珠穆沁旗(内蒙古) | 云杉 | 观赏苗木(万株) | 10000.00 |
| 1256 | 清原满族自治县(辽) | 云杉 | 观赏苗木(万株) | 900.00 |
| 1257 | 沁阳市(豫) | 云杉 | 观赏苗木(万株) | 669.00 |
| 1258 | 丰宁满族自治县(冀) | 云杉 | 观赏苗木(万株) | 50.00 |
| 1259 | 隆化县(冀) | 云杉 | 观赏苗木(万株) | 21.00 |
| 1260 | 兰西县(黑) | 云杉 | 观赏苗木(万株) | 20.00 |
| 1261 | 商州区(陕) | 云杉 | 观赏苗木(万株) | 8.30 |
| 1262 | 长治市郊区(晋) | 云杉 | 观赏苗木(万株) | 6.50 |
| 1263 | 宽城满族自治县(冀) | 云杉 | 观赏苗木(万株) | 3.00 |
| 1264 | 娄星区(湘) | 云杉 | 观赏苗木(万株) | 0.60 |
| 1265 | 榆中县(甘) | 云杉 | 盆景(万盆) | 10.00 |
| 1266 | 威海市经济技术开发区(鲁) | 杂种香水月季 | 盆花(万盆) | 5.00 |
| 1267 | 忻府区(晋) | 杂种香水月季 | 盆花(万盆) | 1.20 |
| 1268 | 深泽县(冀) | 杂种香水月季 | 鲜切花(万支) | 11.60 |
| 1269 | 偃师市(豫) | 杂种香水月季 | 鲜切叶(万支) | 300.00 |
| 1270 | 高淳县(苏) | 早园竹 | 观赏苗木(万株) | 8.00 |
| 1271 | 涿州市(冀) | 早园竹 | 观赏苗木(万株) | 2.00 |
| 1272 | 北京市大东流苗圃(京) | 早园竹 | 观赏苗木(万株) | 1.96 |
| 1273 | 伊川县(豫) | 皂角 | 城市绿化苗(万株) | 200.00 |
| 1274 | 平桥区(豫) | 皂角 | 城市绿化苗(万株) | 0.92 |
| 1275 | 嵩　县(豫) | 皂角 | 观赏苗木(万株) | 250.00 |
| 1276 | 巴州区(川) | 皂角 | 观赏苗木(万株) | 5.00 |
| 1277 | 旌阳区(川) | 皂角 | 观赏苗木(万株) | 1.50 |
| 1278 | 方城县(豫) | 皂角 | 观赏苗木(万株) | 0.60 |
| 1279 | 宜都市(鄂) | 中华蚊母 | 城市绿化苗(万株) | 100.00 |
| 1280 | 来凤县(鄂) | 中华蚊母 | 盆景(万盆) | 5.00 |
| 1281 | 夷陵区(鄂) | 中华蚊母 | 盆景(万盆) | 3.50 |
| 1282 | 黔江区(渝) | 中华蚊母 | 盆景(万盆) | 0.60 |
| 1283 | 九台市(吉) | 紫萼玉簪 | 城市绿化苗(万株) | 80.00 |
| 1284 | 二道区(吉) | 紫萼玉簪 | 观叶植物(万盆) | 80.00 |
| 1285 | 临泉县(皖) | 紫花地丁 | 工业及其他用途花卉(千克) | 3654.00 |
| 1286 | 丰南区(冀) | 紫花地丁 | 观赏苗木(万株) | 50.70 |
| 1287 | 吉木萨尔县(新) | 紫花地丁 | 盆花(万盆) | 5.00 |
| 1288 | 乐业县(桂) | 紫罗兰 | 观赏苗木(万株) | 3.00 |
| 1289 | 雁江区(川) | 紫罗兰 | 观叶植物(万盆) | 2100.00 |
| 1290 | 阜新蒙古族自治县(辽) | 紫罗兰 | 盆花(万盆) | 25.00 |
| 1291 | 泊头市(冀) | 紫罗兰 | 盆花(万盆) | 6.22 |
| 1292 | 乐业县(桂) | 紫罗兰 | 盆花(万盆) | 3.50 |
| 1293 | 襄城区(鄂) | 紫罗兰 | 盆花(万盆) | 3.30 |
| 1294 | 湘乡市(湘) | 紫罗兰 | 盆花(万盆) | 2.45 |
| 1295 | 洞口县(湘) | 紫罗兰 | 盆花(万盆) | 2.00 |
| 1296 | 衡山县(湘) | 紫罗兰 | 盆花(万盆) | 0.62 |
| 1297 | 沁阳市(豫) | 紫罗兰 | 鲜切花(万支) | 20.00 |
| 1298 | 望城县(湘) | 紫罗兰 | 鲜切花(万支) | 10.00 |
| 1299 | 唐　县(冀) | 紫茉莉 | 盆花(万盆) | 3.50 |
| 1300 | 临武县(湘) | 紫茉莉 | 盆花(万盆) | 1.85 |
| 1301 | 石棉县(川) | 紫茉莉 | 盆花(万盆) | 1.00 |
| 1302 | 苏尼特右旗(内蒙古) | 紫菀 | 城市绿化苗(万株) | 6.00 |
| 1303 | 昌吉市(新) | 紫叶矮樱 | 城市绿化苗(万株) | 80.00 |
| 1304 | 玛纳斯县(新) | 紫叶矮樱 | 城市绿化苗(万株) | 52.00 |
| 1305 | 许昌县(豫) | 紫叶矮樱 | 城市绿化苗(万株) | 37.00 |
| 1306 | 潢川县(豫) | 紫叶矮樱 | 城市绿化苗(万株) | 18.00 |
| 1307 | 大武口区(宁) | 紫叶矮樱 | 城市绿化苗(万株) | 2.25 |
| 1308 | 吉木萨尔县(新) | 紫叶矮樱 | 观赏苗木(万株) | 12.00 |
| 1309 | 魏　县(冀) | 紫叶矮樱 | 观赏苗木(万株) | 9.00 |
| 1310 | 吉木萨尔县(新) | 紫叶矮樱 | 观赏苗木(万株) | 4.50 |
| 1311 | 金凤区(宁) | 紫叶矮樱 | 观赏苗木(万株) | 4.00 |
| 1312 | 临洮县(甘) | 紫叶矮樱 | 盆花(万盆) | 8.00 |
| 1313 | 鄢陵县(豫) | 紫叶稠李 | 城市绿化苗(万株) | 1100.00 |
| 1314 | 开原市(辽) | 紫叶稠李 | 城市绿化苗(万株) | 1000.00 |
| 1315 | 昌吉市(新) | 紫叶稠李 | 城市绿化苗(万株) | 150.00 |
| 1316 | 九台市(吉) | 紫叶稠李 | 城市绿化苗(万株) | 80.00 |
| 1317 | 北林区(黑) | 紫叶稠李 | 城市绿化苗(万株) | 50.00 |
| 1318 | 依安县(黑) | 紫叶稠李 | 城市绿化苗(万株) | 5.00 |
| 1319 | 康保县(冀) | 紫叶稠李 | 城市绿化苗(万株) | 1.00 |
| 1320 | 望都县(冀) | 紫叶稠李 | 观赏苗木(万株) | 1510.00 |
| 1321 | 玛纳斯县(新) | 紫叶稠李 | 观赏苗木(万株) | 84.00 |
| 1322 | 兰西县(黑) | 紫叶稠李 | 观赏苗木(万株) | 3.00 |
| 1323 | 潢川县(豫) | 紫叶桃 | 城市绿化苗(万株) | 140.00 |
| 1324 | 许昌县(豫) | 紫叶桃 | 城市绿化苗(万株) | 136.00 |
| 1325 | 曲阳县(冀) | 紫叶桃 | 城市绿化苗(万株) | 10.00 |
| 1326 | 喀什市(新) | 紫叶桃 | 城市绿化苗(万株) | 2.00 |
| 1327 | 榆阳区(陕) | 紫叶桃 | 城市绿化苗(万株) | 0.80 |

| 序号 | 其他花卉主产地 | 品种 | 花卉类别 | 生产量 |
|---|---|---|---|---|
| 1328 | 固安县(冀) | 紫叶桃 | 观赏苗木(万株) | 72.00 |
| 1329 | 宁阳县(鲁) | 紫叶桃 | 观赏苗木(万株) | 11.30 |
| 1330 | 宣汉县(川) | 紫叶桃 | 鲜切花(万支) | 20.50 |
| 1331 | 榆阳区(陕) | 紫叶桃 | 鲜切花(万支) | 6.00 |
| 1332 | 三台县(川) | 紫竹 | 城市绿化苗(万株) | 10.00 |
| 1333 | 南郑县(陕) | 紫竹 | 花卉用种苗(千苗) | 5000.00 |
| 1334 | 雁江区(川) | 醉蝶花 | 盆花(万盆) | 6.20 |
| 1335 | 石棉县(川) | 醉蝶花 | 盆花(万盆) | 2.00 |
| 1336 | 嵩　县(豫) | 醉蝶花 | 盆花(万盆) | 1.20 |

## 表 13-1　蝴蝶兰主产地产量

| 序号 | 蝴蝶兰主产地 | 花卉类别 | 生产量 |
|---|---|---|---|
| 1 | 滨海新区(津) | 城市绿化苗(万株) | 200.00 |
| 2 | 昌吉市(新) | 城市绿化苗(万株) | 12.00 |
| 3 | 伽师县(新) | 观赏苗木(万株) | 261.23 |
| 4 | 大洼县(辽) | 观赏苗木(万株) | 63.00 |
| 5 | 桃城区(冀) | 观赏苗木(万株) | 6.00 |
| 6 | 鹤山区(豫) | 观叶植物(万盆) | 100.00 |
| 7 | 固始县(豫) | 观叶植物(万盆) | 2.00 |
| 8 | 青州市(鲁) | 花卉用种苗(千苗) | 260.00 |
| 9 | 昆山市(苏) | 花卉用种苗(千苗) | 106.00 |
| 10 | 东丽区(津) | 盆花(万盆) | 880.80 |
| 11 | 青州市(鲁) | 盆花(万盆) | 640.00 |
| 12 | 西青区(津) | 盆花(万盆) | 500.00 |
| 13 | 荥阳市(豫) | 盆花(万盆) | 300.00 |
| 14 | 高青县(鲁) | 盆花(万盆) | 290.00 |
| 15 | 城阳区(鲁) | 盆花(万盆) | 230.00 |
| 16 | 冀州市(冀) | 盆花(万盆) | 200.00 |
| 17 | 广饶县(鲁) | 盆花(万盆) | 189.00 |
| 18 | 惠济区(豫) | 盆花(万盆) | 152.32 |
| 19 | 红山区(内蒙古) | 盆花(万盆) | 120.00 |
| 20 | 临安市(浙) | 盆花(万盆) | 100.00 |
| 21 | 七坡林场(桂) | 盆花(万盆) | 96.00 |
| 22 | 丰宁满族自治县(冀) | 盆花(万盆) | 78.00 |
| 23 | 淮阴区(苏) | 盆花(万盆) | 50.00 |
| 24 | 原阳县(豫) | 盆花(万盆) | 50.00 |
| 25 | 路桥区(浙) | 盆花(万盆) | 43.00 |
| 26 | 玉田县(冀) | 盆花(万盆) | 40.00 |
| 27 | 商河县(鲁) | 盆花(万盆) | 40.00 |
| 28 | 莱阳市(鲁) | 盆花(万盆) | 40.00 |
| 29 | 四会市(粤) | 盆花(万盆) | 38.54 |
| 30 | 延庆县(京) | 盆花(万盆) | 38.00 |
| 31 | 路北区(冀) | 盆花(万盆) | 30.00 |
| 32 | 邹平县(鲁) | 盆花(万盆) | 23.00 |
| 33 | 通州区(京) | 盆花(万盆) | 20.86 |
| 34 | 开平区(冀) | 盆花(万盆) | 20.00 |
| 35 | 阜新蒙古族自治县(辽) | 盆花(万盆) | 20.00 |
| 36 | 红岗区(黑) | 盆花(万盆) | 20.00 |
| 37 | 日照经济技术开发区(鲁) | 盆花(万盆) | 20.00 |
| 38 | 环翠区(鲁) | 盆花(万盆) | 20.00 |
| 39 | 海宁市(浙) | 盆花(万盆) | 16.80 |
| 40 | 濮阳市高新区(豫) | 盆花(万盆) | 15.00 |
| 41 | 长安区(陕) | 盆花(万盆) | 15.00 |
| 42 | 青浦区(沪) | 盆花(万盆) | 13.50 |
| 43 | 海城市(辽) | 盆花(万盆) | 12.50 |
| 44 | 昆山市(苏) | 盆花(万盆) | 12.00 |
| 45 | 灵宝市(豫) | 盆花(万盆) | 10.80 |
| 46 | 涿州市(冀) | 盆花(万盆) | 10.00 |
| 47 | 邯郸县(冀) | 盆花(万盆) | 10.00 |
| 48 | 牟平区(鲁) | 盆花(万盆) | 10.00 |
| 49 | 长清区(鲁) | 盆花(万盆) | 10.00 |
| 50 | 润州区(苏) | 盆花(万盆) | 8.00 |
| 51 | 阎良区(陕) | 盆花(万盆) | 8.00 |
| 52 | 农垦事业管理局(宁) | 盆花(万盆) | 5.60 |
| 53 | 东洲区(辽) | 盆花(万盆) | 5.00 |
| 54 | 临淄区(鲁) | 盆花(万盆) | 5.00 |
| 55 | 桃城区(冀) | 盆花(万盆) | 4.00 |
| 56 | 阳新县(鄂) | 盆花(万盆) | 4.00 |
| 57 | 大东流苗圃 (京) | 盆花(万盆) | 3.97 |
| 58 | 北辰区(津) | 盆花(万盆) | 3.00 |
| 59 | 林西县(内蒙古) | 盆花(万盆) | 2.50 |
| 60 | 晋州市(冀) | 盆花(万盆) | 2.00 |
| 61 | 昌乐县(鲁) | 盆花(万盆) | 2.00 |
| 62 | 开封县(豫) | 盆花(万盆) | 2.00 |
| 63 | 汶上县(鲁) | 盆花(万盆) | 1.40 |
| 64 | 宁东林业局(陕) | 盆花(万盆) | 1.06 |
| 65 | 任丘市(冀) | 盆花(万盆) | 1.00 |
| 66 | 东昌府区(鲁) | 盆花(万盆) | 1.00 |
| 67 | 榕城区(粤) | 盆花(万盆) | 1.00 |
| 68 | 白银区(甘) | 盆花(万盆) | 1.00 |
| 69 | 海淀区(京) | 盆花(万盆) | 0.90 |
| 70 | 丰台区(京) | 盆花(万盆) | 0.60 |
| 71 | 忻府区(晋) | 盆花(万盆) | 0.60 |
| 72 | 蜀山区(皖) | 盆花(万盆) | 0.60 |
| 73 | 东营区(鲁) | 盆景(万盆) | 53.00 |
| 74 | 丰南区(冀) | 盆景(万盆) | 2.50 |
| 75 | 陕　县(豫) | 盆景(万盆) | 1.90 |
| 76 | 濮阳县(豫) | 鲜切花(万支) | 210.00 |
| 77 | 万州区(渝) | 鲜切花(万支) | 30.00 |
| 78 | 泰山区(鲁) | 鲜切花(万支) | 23.30 |
| 79 | 江川县(滇) | 鲜切花(万支) | 8.00 |
| 80 | 东港区(鲁) | 鲜切花(万支) | 5.00 |

| 序号 | 蝴蝶兰主产地 | 花卉类别 | 生产量 |
|---|---|---|---|
| 81 | 洛龙区(豫) | 鲜切花(万支) | 1.00 |
| 82 | 闵行区(沪) | 鲜切花(万支) | 0.90 |
| 83 | 冀州市(冀) | 鲜切花(万支) | 0.70 |

**表 13-2　吊兰主产地产量**

| 序号 | 吊兰主产地 | 花卉类别 | 生产量 |
|---|---|---|---|
| 1 | 新化县(湘) | 城市绿化苗(万株) | 10.00 |
| 2 | 望江县(皖) | 城市绿化苗(万株) | 5.00 |
| 3 | 醴陵市(湘) | 城市绿化苗(万株) | 1.00 |
| 4 | 平利县(陕) | 城市绿化苗(万株) | 0.60 |
| 5 | 建始县(鄂) | 观赏苗木(万株) | 160.00 |
| 6 | 武安市(冀) | 观赏苗木(万株) | 55.00 |
| 7 | 镇坪县(陕) | 观赏苗木(万株) | 20.00 |
| 8 | 新蔡县(豫) | 观赏苗木(万株) | 14.05 |
| 9 | 石家庄市桥西区(冀) | 观赏苗木(万株) | 7.00 |
| 10 | 盐山县(冀) | 观赏苗木(万株) | 5.00 |
| 11 | 魏　县(冀) | 观赏苗木(万株) | 5.00 |
| 12 | 大名县(冀) | 观赏苗木(万株) | 3.00 |
| 13 | 吴起县(陕) | 观赏苗木(万株) | 1.00 |
| 14 | 彭水苗族土家族自治县(渝) | 观赏苗木(万株) | 1.00 |
| 15 | 鹤城区(湘) | 观叶植物(万盆) | 850.00 |
| 16 | 青州市(鲁) | 观叶植物(万盆) | 470.00 |
| 17 | 沭阳县(苏) | 观叶植物(万盆) | 42.00 |
| 18 | 渭滨区(陕) | 观叶植物(万盆) | 24.36 |
| 19 | 中方县(湘) | 观叶植物(万盆) | 20.00 |
| 20 | 赞皇县(冀) | 观叶植物(万盆) | 12.00 |
| 21 | 汝城县(湘) | 观叶植物(万盆) | 10.00 |
| 22 | 会宁县(甘) | 观叶植物(万盆) | 10.00 |
| 23 | 喀什市(新) | 观叶植物(万盆) | 5.70 |
| 24 | 忻府区(晋) | 观叶植物(万盆) | 1.30 |
| 25 | 蠡　县(冀) | 观叶植物(万盆) | 1.00 |
| 26 | 固始县(豫) | 观叶植物(万盆) | 1.00 |
| 27 | 长丰县(皖) | 观叶植物(万盆) | 0.90 |
| 28 | 兴庆区(宁) | 盆花(万盆) | 288.00 |
| 29 | 桐柏县(豫) | 盆花(万盆) | 41.00 |
| 30 | 路桥区(浙) | 盆花(万盆) | 40.00 |
| 31 | 社旗县(豫) | 盆花(万盆) | 35.00 |
| 32 | 涿州市(冀) | 盆花(万盆) | 25.00 |
| 33 | 运河区(冀) | 盆花(万盆) | 20.00 |
| 34 | 崇明县(沪) | 盆花(万盆) | 12.00 |
| 35 | 阜城县(冀) | 盆花(万盆) | 10.08 |
| 36 | 阳泉市郊区(晋) | 盆花(万盆) | 10.00 |
| 37 | 孝南区(鄂) | 盆花(万盆) | 10.00 |
| 38 | 西华县(豫) | 盆花(万盆) | 10.00 |
| 39 | 黔江区(渝) | 盆花(万盆) | 10.00 |
| 40 | 金城江区(桂) | 盆花(万盆) | 10.00 |
| 41 | 洞口县(湘) | 盆花(万盆) | 10.00 |
| 42 | 迁安市(冀) | 盆花(万盆) | 9.83 |
| 43 | 南市区(冀) | 盆花(万盆) | 8.00 |
| 44 | 固安县(冀) | 盆花(万盆) | 8.00 |
| 45 | 北戴河区(冀) | 盆花(万盆) | 7.00 |
| 46 | 许昌县(豫) | 盆花(万盆) | 6.00 |
| 47 | 南乐县(豫) | 盆花(万盆) | 6.00 |
| 48 | 桃城区(冀) | 盆花(万盆) | 5.00 |
| 49 | 临洮县(甘) | 盆花(万盆) | 5.00 |
| 50 | 丰润区(冀) | 盆花(万盆) | 4.68 |
| 51 | 阳新县(鄂) | 盆花(万盆) | 4.00 |
| 52 | 丰南区(冀) | 盆花(万盆) | 3.50 |
| 53 | 东洲区(辽) | 盆花(万盆) | 3.50 |
| 54 | 盐山县(冀) | 盆花(万盆) | 3.00 |
| 55 | 新华区(豫) | 盆花(万盆) | 3.00 |
| 56 | 肃宁县(冀) | 盆花(万盆) | 3.00 |
| 57 | 龙南县(赣) | 盆花(万盆) | 3.00 |
| 58 | 辛集市(冀) | 盆花(万盆) | 2.20 |
| 59 | 汉滨区(陕) | 盆花(万盆) | 2.00 |
| 60 | 榆中县(甘) | 盆花(万盆) | 1.80 |
| 61 | 平果县(桂) | 盆花(万盆) | 1.63 |
| 62 | 三门县(浙) | 盆花(万盆) | 1.40 |
| 63 | 武强县(冀) | 盆花(万盆) | 1.10 |
| 64 | 涉　县(冀) | 盆花(万盆) | 1.00 |
| 65 | 路南区(冀) | 盆花(万盆) | 1.00 |
| 66 | 蠡　县(冀) | 盆花(万盆) | 1.00 |
| 67 | 景　县(冀) | 盆花(万盆) | 1.00 |
| 68 | 晋州市(冀) | 盆花(万盆) | 1.00 |
| 69 | 华　县(陕) | 盆花(万盆) | 1.00 |
| 70 | 大东流苗圃(京) | 盆花(万盆) | 0.82 |
| 71 | 汉源县(川) | 盆花(万盆) | 0.80 |
| 72 | 徽　县(甘) | 盆花(万盆) | 0.69 |
| 73 | 方城县(豫) | 盆花(万盆) | 0.66 |
| 74 | 蜀山区(皖) | 盆花(万盆) | 0.60 |
| 75 | 宁东林业局(陕) | 盆花(万盆) | 0.60 |
| 76 | 临沭县(鲁) | 盆花(万盆) | 0.60 |
| 77 | 富顺县(川) | 盆景(万盆) | 63.00 |
| 78 | 乳源瑶族自治县(粤) | 盆景(万盆) | 50.00 |
| 79 | 隆尧县(冀) | 盆景(万盆) | 14.00 |
| 80 | 元氏县(冀) | 盆景(万盆) | 10.50 |
| 81 | 献　县(冀) | 盆景(万盆) | 9.00 |
| 82 | 五华县(粤) | 盆景(万盆) | 5.00 |
| 83 | 昌乐县(鲁) | 盆景(万盆) | 3.10 |
| 84 | 林西县(内蒙古) | 盆景(万盆) | 2.00 |
| 85 | 海宁市(浙) | 盆景(万盆) | 2.00 |
| 86 | 青　县(冀) | 盆景(万盆) | 1.00 |

| 序号 | 吊兰主产地 | 花卉类别 | 生产量 |
|---|---|---|---|
| 87 | 平利县(陕) | 盆景(万盆) | 0.60 |
| 88 | 长葛市(豫) | 盆景(万盆) | 0.60 |
| 89 | 黔西县(黔) | 鲜切花(万支) | 60.00 |
| 90 | 会宁县(甘) | 鲜切花(万支) | 2.00 |

**表 13-3　君子兰主产地产量**

| 序号 | 君子兰主产地 | 花卉类别 | 生产量 |
|---|---|---|---|
| 1 | 望江县(皖) | 城市绿化苗(万株) | 5.00 |
| 2 | 瑞金市(赣) | 城市绿化苗(万株) | 4.00 |
| 3 | 醴陵市(湘) | 城市绿化苗(万株) | 1.00 |
| 4 | 通城县(鄂) | 观赏苗木(万株) | 98.00 |
| 5 | 石家庄市桥西区(冀) | 观赏苗木(万株) | 6.00 |
| 6 | 临洮县(甘) | 观赏苗木(万株) | 2.00 |
| 7 | 沭阳县(苏) | 观叶植物(万盆) | 45.00 |
| 8 | 垦利县(鲁) | 观叶植物(万盆) | 10.00 |
| 9 | 固始县(豫) | 观叶植物(万盆) | 5.00 |
| 10 | 喀什市(新) | 观叶植物(万盆) | 0.80 |
| 11 | 登封市(豫) | 观叶植物(万盆) | 0.60 |
| 12 | 普兰店市(辽) | 盆花(万盆) | 200.00 |
| 13 | 裕华区(冀) | 盆花(万盆) | 30.00 |
| 14 | 津南区(津) | 盆花(万盆) | 30.00 |
| 15 | 绿园区(吉) | 盆花(万盆) | 25.00 |
| 16 | 栾城县(冀) | 盆花(万盆) | 24.70 |
| 17 | 红岗区(黑) | 盆花(万盆) | 22.00 |
| 18 | 海城市(辽) | 盆花(万盆) | 20.30 |
| 19 | 商河县(鲁) | 盆花(万盆) | 20.00 |
| 20 | 路桥区(浙) | 盆花(万盆) | 18.00 |
| 21 | 水富县(滇) | 盆花(万盆) | 14.00 |
| 22 | 太子河区(辽) | 盆景(万盆) | 7.70 |
| 23 | 北辰区(津) | 盆花(万盆) | 5.40 |
| 24 | 涿州市(冀) | 盆花(万盆) | 5.00 |
| 25 | 阳泉市郊区(晋) | 盆花(万盆) | 5.00 |
| 26 | 汝城县(湘) | 盆花(万盆) | 5.00 |
| 27 | 青州市(鲁) | 盆花(万盆) | 5.00 |
| 28 | 巴州区(川) | 盆花(万盆) | 5.00 |
| 29 | 灵宝市(豫) | 盆花(万盆) | 3.20 |
| 30 | 武城县(鲁) | 盆花(万盆) | 3.00 |
| 31 | 桃城区(冀) | 盆花(万盆) | 3.00 |
| 32 | 昌乐县(鲁) | 盆花(万盆) | 2.20 |
| 33 | 兴山县(鄂) | 盆花(万盆) | 1.00 |
| 34 | 涉　县(冀) | 盆花(万盆) | 1.00 |
| 35 | 黔江区(渝) | 盆花(万盆) | 1.00 |
| 36 | 彭水苗族土家族自治县(渝) | 盆花(万盆) | 1.00 |
| 37 | 宽城满族自治县(冀) | 盆花(万盆) | 1.00 |
| 38 | 晋州市(冀) | 盆花(万盆) | 1.00 |
| 39 | 汉源县(川) | 盆花(万盆) | 0.80 |
| 40 | 海宁市(浙) | 盆花(万盆) | 0.75 |
| 41 | 新民市(辽) | 盆花(万盆) | 0.70 |
| 42 | 临沭县(鲁) | 盆花(万盆) | 0.70 |
| 43 | 徽　县(甘) | 盆景(万盆) | 4860.00 |
| 44 | 襄城县(豫) | 盆景(万盆) | 82.00 |
| 45 | 犍为县(川) | 盆景(万盆) | 0.60 |

**表 13-4　玉兰类主产地产量**

| 序号 | 玉兰类主产地 | 花卉类别 | 生产量 |
|---|---|---|---|
| 1 | 南召县(豫) | 城市绿化苗(万株) | 5672.00 |
| 2 | 灵山县(桂) | 城市绿化苗(万株) | 5500.00 |
| 3 | 桂平市(桂) | 城市绿化苗(万株) | 5000.00 |
| 4 | 潢川县(豫) | 城市绿化苗(万株) | 1180.00 |
| 5 | 即墨市(鲁) | 城市绿化苗(万株) | 435.00 |
| 6 | 上蔡县(豫) | 城市绿化苗(万株) | 232.00 |
| 7 | 扶沟县(豫) | 城市绿化苗(万株) | 200.00 |
| 8 | 许昌县(豫) | 城市绿化苗(万株) | 181.00 |
| 9 | 荥阳市(豫) | 城市绿化苗(万株) | 130.00 |
| 10 | 新　县(豫) | 城市绿化苗(万株) | 120.00 |
| 11 | 东平县(鲁) | 城市绿化苗(万株) | 50.00 |
| 12 | 偃师市(豫) | 城市绿化苗(万株) | 50.00 |
| 13 | 邵东县(湘) | 城市绿化苗(万株) | 30.00 |
| 14 | 五峰土家族自治县(鄂) | 城市绿化苗(万株) | 25.00 |
| 15 | 新宁县(湘) | 城市绿化苗(万株) | 25.00 |
| 16 | 宜都市(鄂) | 城市绿化苗(万株) | 15.00 |
| 17 | 邵阳县(湘) | 城市绿化苗(万株) | 15.00 |
| 18 | 碧江区(黔) | 城市绿化苗(万株) | 15.00 |
| 19 | 三山区(皖) | 城市绿化苗(万株) | 10.00 |
| 20 | 华容县(湘) | 城市绿化苗(万株) | 10.00 |
| 21 | 驿城区(豫) | 城市绿化苗(万株) | 8.50 |
| 22 | 广水市(鄂) | 城市绿化苗(万株) | 6.70 |
| 23 | 汝城县(湘) | 城市绿化苗(万株) | 5.00 |
| 24 | 忠　县(渝) | 城市绿化苗(万株) | 5.00 |
| 25 | 井陉矿区(冀) | 城市绿化苗(万株) | 2.00 |
| 26 | 威海市经济技术开发区(鲁) | 城市绿化苗(万株) | 2.00 |
| 27 | 于都县(赣) | 城市绿化苗(万株) | 1.00 |
| 28 | 平舆县(豫) | 城市绿化苗(万株) | 1.00 |
| 29 | 涿州市(冀) | 观赏苗木(万株) | 342.00 |
| 30 | 定州市(冀) | 观赏苗木(万株) | 220.00 |
| 31 | 西平县(豫) | 观赏苗木(万株) | 110.00 |
| 32 | 内乡县(豫) | 观赏苗木(万株) | 80.00 |
| 33 | 五峰土家族自治县(鄂) | 观赏苗木(万株) | 80.00 |
| 34 | 沙河市(冀) | 观赏苗木(万株) | 65.00 |
| 35 | 芜湖县(皖) | 观赏苗木(万株) | 40.00 |
| 36 | 宁阳县(鲁) | 观赏苗木(万株) | 28.00 |
| 37 | 东港区(鲁) | 观赏苗木(万株) | 20.00 |

| 序号 | 玉兰类主产地 | 花卉类别 | 生产量 |
|---|---|---|---|
| 38 | 长葛市(豫) | 观赏苗木(万株) | 20.00 |
| 39 | 岚山区(鲁) | 观赏苗木(万株) | 17.00 |
| 40 | 临安市(浙) | 观赏苗木(万株) | 15.00 |
| 41 | 中方县(湘) | 观赏苗木(万株) | 15.00 |
| 42 | 青州市(鲁) | 观赏苗木(万株) | 14.00 |
| 43 | 沂水县(鲁) | 观赏苗木(万株) | 13.00 |
| 44 | 汝南县(豫) | 观赏苗木(万株) | 12.26 |
| 45 | 桐城市(皖) | 观赏苗木(万株) | 12.00 |
| 46 | 镇平县(豫) | 观赏苗木(万株) | 10.00 |
| 47 | 方城县(豫) | 观赏苗木(万株) | 6.30 |
| 48 | 南乐县(豫) | 观赏苗木(万株) | 5.00 |
| 49 | 蔡甸区(鄂) | 观赏苗木(万株) | 5.00 |
| 50 | 阳新县(鄂) | 观赏苗木(万株) | 5.00 |
| 51 | 巴州区(川) | 观赏苗木(万株) | 5.00 |
| 52 | 大厂回族自治县(冀) | 观赏苗木(万株) | 4.00 |
| 53 | 蒙阴县(鲁) | 观赏苗木(万株) | 4.00 |
| 54 | 三门县(浙) | 观赏苗木(万株) | 3.00 |
| 55 | 灵璧县(皖) | 观赏苗木(万株) | 3.00 |
| 56 | 新泰市(鲁) | 观赏苗木(万株) | 3.00 |
| 57 | 全州县(桂) | 观赏苗木(万株) | 3.00 |
| 58 | 洋　县(陕) | 观赏苗木(万株) | 2.90 |
| 59 | 安阳县(豫) | 观赏苗木(万株) | 2.25 |
| 60 | 许昌市经济技术开发区(豫) | 观赏苗木(万株) | 2.00 |
| 61 | 宝丰县(豫) | 观赏苗木(万株) | 1.40 |
| 62 | 大祥区(湘) | 观赏苗木(万株) | 1.30 |
| 63 | 玉山县(赣) | 观赏苗木(万株) | 1.20 |
| 64 | 常宁市(湘) | 观赏苗木(万株) | 1.00 |
| 65 | 登封市(豫) | 观叶植物(万盆) | 0.54 |
| 66 | 南郑县(陕) | 花卉用种苗(千苗) | 600.00 |
| 67 | 乳源瑶族自治县(粤) | 盆花(万盆) | 100.00 |
| 68 | 巴州区(川) | 盆花(万盆) | 50.00 |
| 69 | 霸州市(冀) | 盆花(万盆) | 20.00 |
| 70 | 石棉县(川) | 盆花(万盆) | 3.50 |
| 71 | 潢川县(豫) | 盆花(万盆) | 2.90 |
| 72 | 玉州区(桂) | 盆景(万盆) | 147.15 |
| 73 | 临泉县(皖) | 食用及药用花卉(千克) | 231.00 |
| 74 | 巴州区(川) | 鲜切花(万支) | 1.00 |
| 75 | 巴州区(川) | 鲜切叶(万支) | 2.00 |

**表 13-5　榆叶梅主产地产量**

| 序号 | 榆叶梅主产地 | 花卉类别 | 生产量 |
|---|---|---|---|
| 1 | 开原市(辽) | 城市绿化苗(万株) | 500.00 |
| 2 | 九台市(吉) | 城市绿化苗(万株) | 100.00 |
| 3 | 潢川县(豫) | 城市绿化苗(万株) | 95.00 |
| 4 | 昌吉市(新) | 城市绿化苗(万株) | 65.00 |
| 5 | 坊子区(鲁) | 城市绿化苗(万株) | 40.00 |
| 6 | 北林区(黑) | 城市绿化苗(万株) | 30.00 |
| 7 | 临夏市(甘) | 城市绿化苗(万株) | 30.00 |
| 8 | 海拉尔区(内蒙古) | 城市绿化苗(万株) | 20.00 |
| 9 | 五原县(内蒙古) | 城市绿化苗(万株) | 18.00 |
| 10 | 康保县(冀) | 城市绿化苗(万株) | 15.00 |
| 11 | 曲阳县(冀) | 城市绿化苗(万株) | 10.00 |
| 12 | 永靖县(甘) | 城市绿化苗(万株) | 6.24 |
| 13 | 崆峒区(甘) | 城市绿化苗(万株) | 3.10 |
| 14 | 定襄县(晋) | 城市绿化苗(万株) | 3.00 |
| 15 | 克东县(黑) | 城市绿化苗(万株) | 3.00 |
| 16 | 定西市巉口林业试验场(甘) | 城市绿化苗(万株) | 2.00 |
| 17 | 榆阳区(陕) | 城市绿化苗(万株) | 1.20 |
| 18 | 苏尼特右旗(内蒙古) | 城市绿化苗(万株) | 0.70 |
| 19 | 定州市(冀) | 观赏苗木(万株) | 1115.00 |
| 20 | 呼兰区(黑) | 观赏苗木(万株) | 800.00 |
| 21 | 红古区(甘) | 观赏苗木(万株) | 400.00 |
| 22 | 青州市(鲁) | 观赏苗木(万株) | 270.00 |
| 23 | 玛纳斯县(新) | 观赏苗木(万株) | 90.00 |
| 24 | 固安县(冀) | 观赏苗木(万株) | 50.00 |
| 25 | 博野县(冀) | 观赏苗木(万株) | 40.00 |
| 26 | 平泉县(冀) | 观赏苗木(万株) | 40.00 |
| 27 | 吉木萨尔县(新) | 观赏苗木(万株) | 27.00 |
| 28 | 平安县(青) | 观赏苗木(万株) | 21.66 |
| 29 | 玉田县(冀) | 观赏苗木(万株) | 20.00 |
| 30 | 遵化市(冀) | 观赏苗木(万株) | 20.00 |
| 31 | 闻喜县(晋) | 观赏苗木(万株) | 15.60 |
| 32 | 丰宁满族自治县(冀) | 观赏苗木(万株) | 15.00 |
| 33 | 安平县(冀) | 观赏苗木(万株) | 11.30 |
| 34 | 藁城市(冀) | 观赏苗木(万株) | 10.00 |
| 35 | 兰西县(黑) | 观赏苗木(万株) | 10.00 |
| 36 | 南和县(冀) | 观赏苗木(万株) | 10.00 |
| 37 | 乐都县(青) | 观赏苗木(万株) | 8.00 |
| 38 | 新泰市(鲁) | 观赏苗木(万株) | 8.00 |
| 39 | 涿州市(冀) | 观赏苗木(万株) | 5.00 |
| 40 | 晋州市(冀) | 观赏苗木(万株) | 3.00 |
| 41 | 桃城区(冀) | 观赏苗木(万株) | 3.00 |
| 42 | 赞皇县(冀) | 观赏苗木(万株) | 3.00 |
| 43 | 昌乐县(鲁) | 观赏苗木(万株) | 1.60 |
| 44 | 金凤区(宁) | 观赏苗木(万株) | 1.50 |
| 45 | 忻府区(晋) | 观赏苗木(万株) | 1.00 |
| 46 | 让胡路区(黑) | 观赏苗木(万株) | 0.80 |
| 47 | 海淀区(京) | 观赏苗木(万株) | 0.60 |
| 48 | 潢川县(豫) | 盆花(万盆) | 3.50 |
| 49 | 大同区(黑) | 盆花(万盆) | 2.10 |
| 50 | 高平市(晋) | 盆花(万盆) | 2.00 |
| 51 | 榆中县(甘) | 盆景(万盆) | 10.00 |

| 序号 | 榆叶梅主产地 | 花卉类别 | 生产量 |
|---|---|---|---|
| 52 | 闵行区(沪) | 盆景(万盆) | 2.80 |

表 13-6 波斯菊主产地产量

| 序号 | 波斯菊主产地 | 花卉类别 | 生产量 |
|---|---|---|---|
| 1 | 格尔木市(青) | 城市绿化苗(万株) | 675.00 |
| 2 | 攀枝花市东区(川) | 城市绿化苗(万株) | 4.50 |
| 3 | 涟水县(苏) | 观赏苗木(万株) | 60.00 |
| 4 | 唐山市汉沽管理区(冀) | 观赏苗木(万株) | 50.00 |
| 5 | 杜尔伯特蒙古族自治县(黑) | 观赏苗木(万株) | 10.00 |
| 6 | 容城县(冀) | 观赏苗木(万株) | 2.00 |
| 7 | 中方县(湘) | 观叶植物(万盆) | 10.00 |
| 8 | 四平市铁西区(吉) | 观叶植物(万盆) | 5.70 |
| 9 | 长丰县(皖) | 观叶植物(万盆) | 2.20 |
| 10 | 商河县(鲁) | 花卉用种苗(千苗) | 50.00 |
| 11 | 青州市(鲁) | 盆花(万盆) | 540.00 |
| 12 | 大足县(渝) | 盆花(万盆) | 200.00 |
| 13 | 富顺县(川) | 盆花(万盆) | 124.00 |
| 14 | 玉田县(冀) | 盆花(万盆) | 80.00 |
| 15 | 大洼县(辽) | 盆花(万盆) | 60.00 |
| 16 | 巴州区(川) | 盆花(万盆) | 45.00 |
| 17 | 上蔡县(豫) | 盆花(万盆) | 35.00 |
| 18 | 四平市铁东区(吉) | 盆花(万盆) | 15.00 |
| 19 | 大埔县(粤) | 盆花(万盆) | 10.00 |
| 20 | 阳泉市郊区(晋) | 盆花(万盆) | 10.00 |
| 21 | 高碑店市(冀) | 盆花(万盆) | 8.00 |
| 22 | 蕉岭县(粤) | 盆花(万盆) | 6.20 |
| 23 | 芜湖县(皖) | 盆花(万盆) | 5.00 |
| 24 | 旌阳区(川) | 盆花(万盆) | 4.00 |
| 25 | 广阳区(冀) | 盆花(万盆) | 3.00 |
| 26 | 望都县(冀) | 盆花(万盆) | 2.10 |
| 27 | 本溪满族自治县(辽) | 盆花(万盆) | 2.00 |
| 28 | 沁　县(晋) | 盆花(万盆) | 1.20 |
| 29 | 白银区(甘) | 盆花(万盆) | 1.00 |
| 30 | 南乐县(豫) | 盆花(万盆) | 1.00 |
| 31 | 衡山县(湘) | 盆花(万盆) | 0.99 |
| 32 | 海盐县(浙) | 盆花(万盆) | 0.53 |
| 33 | 南芬区(辽) | 鲜切花(万支) | 200.00 |
| 34 | 藁城市(冀) | 鲜切花(万支) | 30.00 |
| 35 | 珠晖区(湘) | 鲜切花(万支) | 4.00 |
| 36 | 枣强县(冀) | 鲜切花(万支) | 1.10 |
| 37 | 阳泉市郊区(晋) | 鲜切花(万支) | 1.00 |
| 38 | 汉源县(川) | 鲜切花(万支) | 0.60 |

表 13-7 万寿菊主产地产量

| 序号 | 万寿菊主产地 | 花卉类别 | 生产量 |
|---|---|---|---|
| 1 | 多伦县(内蒙古) | 城市绿化苗(万株) | 1500.00 |
| 2 | 彰武县(辽) | 城市绿化苗(万株) | 850.00 |
| 3 | 滨海新区(津) | 城市绿化苗(万株) | 120.00 |
| 4 | 海拉尔区(内蒙古) | 城市绿化苗(万株) | 60.00 |
| 5 | 吴川市(粤) | 城市绿化苗(万株) | 30.00 |
| 6 | 固始县(豫) | 城市绿化苗(万株) | 20.00 |
| 7 | 嘉峪关市(甘) | 城市绿化苗(万株) | 20.00 |
| 8 | 阿巴嘎旗(内蒙古) | 城市绿化苗(万株) | 17.00 |
| 9 | 集安市(吉) | 城市绿化苗(万株) | 10.00 |
| 10 | 石家庄市桥西区(冀) | 城市绿化苗(万株) | 7.00 |
| 11 | 临洮县(甘) | 城市绿化苗(万株) | 6.00 |
| 12 | 安陆市(鄂) | 城市绿化苗(万株) | 5.00 |
| 13 | 木兰县(黑) | 城市绿化苗(万株) | 5.00 |
| 14 | 苏尼特右旗(内蒙古) | 城市绿化苗(万株) | 5.00 |
| 15 | 洮南市(吉) | 城市绿化苗(万株) | 3.70 |
| 16 | 山丹县(甘) | 城市绿化苗(万株) | 2.00 |
| 17 | 尼勒克县(新) | 城市绿化苗(万株) | 1.50 |
| 18 | 延庆县(京) | 工业及其他用途花卉(吨) | 29400.00 |
| 19 | 民乐县(甘) | 工业及其他用途花卉(吨) | 3000.00 |
| 20 | 石林彝族自治县(滇) | 工业及其他用途花卉(千克) | 302.50 |
| 21 | 莎车县(新) | 工业及其他用途花卉(万吨) | 10.50 |
| 22 | 丰宁满族自治县(冀) | 观赏苗木(万株) | 40.00 |
| 23 | 仁寿县(川) | 观赏苗木(万株) | 23.00 |
| 24 | 宜阳县(豫) | 观赏苗木(万株) | 23.00 |
| 25 | 南和县(冀) | 观赏苗木(万株) | 10.00 |
| 26 | 运河区(冀) | 观赏苗木(万株) | 10.00 |
| 27 | 定襄县(晋) | 观赏苗木(万株) | 1.00 |
| 28 | 固始县(豫) | 观叶植物(万盆) | 10.00 |
| 29 | 满城县(冀) | 观叶植物(万盆) | 3.00 |
| 30 | 青州市(鲁) | 盆花(万盆) | 400.00 |
| 31 | 莒南县(鲁) | 盆花(万盆) | 300.00 |
| 32 | 长安区(冀) | 盆花(万盆) | 280.00 |
| 33 | 新安县(豫) | 盆花(万盆) | 260.00 |
| 34 | 寻甸回族彝族自治县(滇) | 盆花(万盆) | 200.00 |
| 35 | 三河市(冀) | 盆花(万盆) | 158.30 |
| 36 | 东胜区(内蒙古) | 盆花(万盆) | 150.00 |
| 37 | 红山区(内蒙古) | 盆花(万盆) | 100.00 |
| 38 | 浦东新区(沪) | 盆花(万盆) | 100.00 |
| 39 | 惠山区(苏) | 盆花(万盆) | 90.00 |
| 40 | 延庆县(京) | 盆花(万盆) | 80.00 |
| 41 | 商水县(豫) | 盆花(万盆) | 74.00 |
| 42 | 西夏区(宁) | 盆花(万盆) | 70.00 |
| 43 | 惠农区(宁) | 盆花(万盆) | 60.00 |

| 序号 | 万寿菊主产地 | 花卉类别 | 生产量 | 序号 | 万寿菊主产地 | 花卉类别 | 生产量 |
|---|---|---|---|---|---|---|---|
| 44 | 阜新蒙古族自治县(辽) | 盆花(万盆) | 55.00 | 90 | 东洲区(辽) | 盆花(万盆) | 3.50 |
| 45 | 乌审旗(内蒙古) | 盆花(万盆) | 50.32 | 91 | 唐　县(冀) | 盆花(万盆) | 3.50 |
| 46 | 龙子湖区(皖) | 盆花(万盆) | 50.00 | 92 | 汉阴县(陕) | 盆花(万盆) | 3.00 |
| 47 | 南岗区(黑) | 盆花(万盆) | 50.00 | 93 | 鹿泉市(冀) | 盆花(万盆) | 3.00 |
| 48 | 双城市(黑) | 盆花(万盆) | 40.00 | 94 | 饶阳县(冀) | 盆花(万盆) | 3.00 |
| 49 | 邹平县(鲁) | 盆花(万盆) | 37.00 | 95 | 围场满族蒙古族自治县(冀) | 盆花(万盆) | 3.00 |
| 50 | 惠济区(豫) | 盆花(万盆) | 34.98 | 96 | 邢台县(冀) | 盆花(万盆) | 3.00 |
| 51 | 肥西县(皖) | 盆花(万盆) | 30.00 | 97 | 崆峒区(甘) | 盆花(万盆) | 2.70 |
| 52 | 格尔木市(青) | 盆花(万盆) | 27.00 | 98 | 洞口县(湘) | 盆花(万盆) | 2.00 |
| 53 | 德令哈市(青) | 盆花(万盆) | 25.00 | 99 | 金城江区(桂) | 盆花(万盆) | 2.00 |
| 54 | 尉犁县(新) | 盆花(万盆) | 25.00 | 100 | 龙里县(黔) | 盆花(万盆) | 2.00 |
| 55 | 遵化市(冀) | 盆花(万盆) | 25.00 | 101 | 沁　县(晋) | 盆花(万盆) | 2.00 |
| 56 | 彭阳县(宁) | 盆花(万盆) | 22.00 | 102 | 让胡路区(黑) | 盆花(万盆) | 2.00 |
| 57 | 静海县(津) | 盆花(万盆) | 21.00 | 103 | 萨尔图区(黑) | 盆花(万盆) | 2.00 |
| 58 | 固安县(冀) | 盆花(万盆) | 20.00 | 104 | 山海关区(冀) | 盆花(万盆) | 2.00 |
| 59 | 涿州市(冀) | 盆花(万盆) | 20.00 | 105 | 宣化区(冀) | 盆花(万盆) | 2.00 |
| 60 | 北戴河区(冀) | 盆花(万盆) | 18.00 | 106 | 临武县(湘) | 盆花(万盆) | 1.58 |
| 61 | 和林格尔县(内蒙古) | 盆花(万盆) | 15.00 | 107 | 克拉玛依市市辖区(新) | 盆花(万盆) | 1.50 |
| 62 | 昆山市(苏) | 盆花(万盆) | 15.00 | 108 | 石柱土家族自治县(渝) | 盆花(万盆) | 1.50 |
| 63 | 隆尧县(冀) | 盆花(万盆) | 15.00 | 109 | 新民市(辽) | 盆花(万盆) | 1.50 |
| 64 | 社旗县(豫) | 盆花(万盆) | 15.00 | 110 | 汶上县(鲁) | 盆花(万盆) | 1.20 |
| 65 | 西华县(豫) | 盆花(万盆) | 15.00 | 111 | 翠屏区(川) | 盆花(万盆) | 1.15 |
| 66 | 元宝山区(内蒙古) | 盆花(万盆) | 15.00 | 112 | 安陆市(鄂) | 盆花(万盆) | 1.00 |
| 67 | 城关区(藏) | 盆花(万盆) | 10.00 | 113 | 宁夏仁存渡护岸林场(宁) | 盆花(万盆) | 1.00 |
| 68 | 凉州区(甘) | 盆花(万盆) | 10.00 | 114 | 芜湖县(皖) | 盆花(万盆) | 1.00 |
| 69 | 明山区(辽) | 盆花(万盆) | 10.00 | 115 | 雄　县(冀) | 盆花(万盆) | 1.00 |
| 70 | 平罗县(宁) | 盆花(万盆) | 10.00 | 116 | 永年县(冀) | 盆花(万盆) | 0.70 |
| 71 | 商河县(鲁) | 盆花(万盆) | 10.00 | 117 | 芷江侗族自治县(湘) | 盆花(万盆) | 0.60 |
| 72 | 新泰市(鲁) | 盆花(万盆) | 10.00 | 118 | 甘井子区(辽) | 盆景(万盆) | 210.00 |
| 73 | 广阳区(冀) | 盆花(万盆) | 9.00 | 119 | 陕　县(豫) | 盆景(万盆) | 11.00 |
| 74 | 魏　县(冀) | 盆花(万盆) | 9.00 | 120 | 壶关县(晋) | 盆景(万盆) | 5.50 |
| 75 | 榆中县(甘) | 盆花(万盆) | 9.00 | 121 | 麦盖提县(新) | 盆景(万盆) | 4.00 |
| 76 | 察哈尔右翼前旗(内蒙古) | 盆花(万盆) | 8.00 | 122 | 常宁市(湘) | 盆景(万盆) | 3.00 |
| 77 | 海港区(冀) | 盆花(万盆) | 7.00 | 123 | 广水市(鄂) | 盆景(万盆) | 2.90 |
| 78 | 鄂托克旗(内蒙古) | 盆花(万盆) | 6.00 | 124 | 岳普湖县(新) | 食用及药用花卉(千克) | 37950.00 |
| 79 | 南市区(冀) | 盆花(万盆) | 6.00 | 125 | 沾益县(滇) | 鲜切花(万支) | 745.24 |
| 80 | 威海市经济技术开发区(鲁) | 盆花(万盆) | 6.00 | 126 | 九龙坡区(渝) | 鲜切花(万支) | 243.00 |
| 81 | 武川县(内蒙古) | 盆花(万盆) | 6.00 | 127 | 九原区(内蒙古) | 鲜切花(万支) | 230.00 |
| 82 | 梁山县(鲁) | 盆花(万盆) | 5.50 | 128 | 濮阳县(豫) | 鲜切花(万支) | 230.00 |
| 83 | 海宁市(浙) | 盆花(万盆) | 5.20 | 129 | 兴庆区(宁) | 鲜切花(万支) | 86.30 |
| 84 | 东乌珠穆沁旗(内蒙古) | 盆花(万盆) | 5.00 | 130 | 宣汉县(川) | 鲜切花(万支) | 60.00 |
| 85 | 旌阳区(川) | 盆花(万盆) | 5.00 | 131 | 陆良县(滇) | 鲜切花(万支) | 40.00 |
| 86 | 庐阳区(皖) | 盆花(万盆) | 5.00 | 132 | 商州区(陕) | 鲜切花(万支) | 30.00 |
| 87 | 忻府区(晋) | 盆花(万盆) | 4.40 | 133 | 塔城市(新) | 鲜切花(万支) | 30.00 |
| 88 | 栾川县(豫) | 盆花(万盆) | 4.00 | 134 | 临洮县(甘) | 鲜切花(万支) | 6.00 |
| 89 | 寿　县(皖) | 盆花(万盆) | 4.00 | 135 | 曲周县(冀) | 鲜切花(万支) | 6.00 |

| 序号 | 万寿菊主产地 | 花卉类别 | 生产量 |
|---|---|---|---|
| 136 | 东河区(内蒙古) | 鲜切花(万支) | 5.20 |
| 137 | 隆化县(冀) | 鲜切花(万支) | 5.00 |
| 138 | 闵行区(沪) | 鲜切花(万支) | 5.00 |
| 139 | 彭山县(川) | 鲜切花(万支) | 2.00 |
| 140 | 灵宝市(豫) | 鲜切花(万支) | 1.00 |
| 141 | 兴隆县(冀) | 鲜切叶(万支) | 5.00 |

**表 13-8　雏菊主产地产量**

| 序号 | 雏菊主产地 | 花卉类别 | 生产量 |
|---|---|---|---|
| 1 | 鄢陵县(豫) | 城市绿化苗(万株) | 1200.00 |
| 2 | 界首市(皖) | 城市绿化苗(万株) | 100.00 |
| 3 | 仙桃市(鄂) | 城市绿化苗(万株) | 28.00 |
| 4 | 汝州市(豫) | 观赏苗木(万株) | 150.00 |
| 5 | 通城县(鄂) | 观赏苗木(万株) | 60.00 |
| 6 | 正阳县(豫) | 观赏苗木(万株) | 15.00 |
| 7 | 石家庄市桥西区(冀) | 观赏苗木(万株) | 13.00 |
| 8 | 固始县(豫) | 观赏苗木(万株) | 10.00 |
| 9 | 盐山县(冀) | 观赏苗木(万株) | 3.00 |
| 10 | 魏　县(冀) | 观赏苗木(万株) | 2.10 |
| 11 | 中方县(湘) | 观叶植物(万盆) | 12.00 |
| 12 | 沭阳县(苏) | 观叶植物(万盆) | 6.70 |
| 13 | 威　县(冀) | 观叶植物(万盆) | 5.00 |
| 14 | 长丰县(皖) | 观叶植物(万盆) | 1.80 |
| 15 | 新晃侗族自治县(湘) | 观叶植物(万盆) | 1.00 |
| 16 | 永清县(冀) | 花卉用种苗(千苗) | 4.00 |
| 17 | 武陟县(豫) | 盆花(万盆) | 300.00 |
| 18 | 青州市(鲁) | 盆花(万盆) | 280.00 |
| 19 | 三河市(冀) | 盆花(万盆) | 175.00 |
| 20 | 禹王台区(豫) | 盆花(万盆) | 145.00 |
| 21 | 宁江区(吉) | 盆花(万盆) | 52.50 |
| 22 | 邹平县(鲁) | 盆花(万盆) | 34.00 |
| 23 | 遵化市(冀) | 盆花(万盆) | 32.00 |
| 24 | 成安县(冀) | 盆花(万盆) | 12.00 |
| 25 | 隆尧县(冀) | 盆花(万盆) | 12.00 |
| 26 | 泊头市(冀) | 盆花(万盆) | 10.63 |
| 27 | 沿滩区(川) | 盆花(万盆) | 10.00 |
| 28 | 西峰区(甘) | 盆花(万盆) | 6.50 |
| 29 | 抚宁县(冀) | 盆花(万盆) | 5.50 |
| 30 | 旌阳区(川) | 盆花(万盆) | 3.60 |
| 31 | 汉阴县(陕) | 盆花(万盆) | 3.00 |
| 32 | 内乡县(豫) | 盆花(万盆) | 3.00 |
| 33 | 嘉陵区(川) | 盆花(万盆) | 2.70 |
| 34 | 肥城市(鲁) | 盆花(万盆) | 2.10 |
| 35 | 洞口县(湘) | 盆花(万盆) | 2.00 |
| 36 | 复兴区(冀) | 盆花(万盆) | 2.00 |
| 37 | 兴山县(鄂) | 盆花(万盆) | 2.00 |
| 38 | 湘乡市(湘) | 盆花(万盆) | 1.85 |
| 39 | 梁山县(鲁) | 盆花(万盆) | 1.70 |
| 40 | 瓜州县(甘) | 盆花(万盆) | 1.20 |
| 41 | 任丘市(冀) | 盆花(万盆) | 1.00 |
| 42 | 榕城区(粤) | 盆花(万盆) | 1.00 |
| 43 | 汶上县(鲁) | 盆花(万盆) | 0.80 |
| 44 | 黎川县(赣) | 盆花(万盆) | 0.55 |
| 45 | 临川区(赣) | 盆景(万盆) | 120.00 |
| 46 | 丰南区(冀) | 盆景(万盆) | 0.75 |
| 47 | 新安县(豫) | 鲜切花(万支) | 320.00 |
| 48 | 海城市(辽) | 鲜切花(万支) | 92.20 |
| 49 | 凤城市(辽) | 鲜切花(万支) | 21.00 |
| 50 | 东洲区(辽) | 鲜切花(万支) | 7.00 |
| 51 | 红花岗区(黔) | 鲜切花(万支) | 5.20 |
| 52 | 大方县(黔) | 鲜切花(万支) | 2.50 |
| 53 | 洋　县(陕) | 鲜切花(万支) | 1.60 |

**表 13-9　非洲菊主产地产量**

| 序号 | 非洲菊主产地 | 花卉类别 | 生产量 |
|---|---|---|---|
| 1 | 平原县(鲁) | 城市绿化苗(万株) | 210.00 |
| 2 | 三台县(川) | 城市绿化苗(万株) | 25.00 |
| 3 | 昌吉市(新) | 城市绿化苗(万株) | 10.00 |
| 4 | 仁寿县(川) | 城市绿化苗(万株) | 5.00 |
| 5 | 海盐县(浙) | 干花(万支) | 2.80 |
| 6 | 平泉县(冀) | 观赏苗木(万株) | 30.00 |
| 7 | 盐山县(冀) | 观赏苗木(万株) | 3.00 |
| 8 | 鹤山区(豫) | 观叶植物(万盆) | 60.00 |
| 9 | 海宁市(浙) | 花卉用种苗(千苗) | 36405.00 |
| 10 | 闵行区(沪) | 花卉用种苗(千苗) | 19500.00 |
| 11 | 海安县(苏) | 花卉用种苗(千苗) | 50.00 |
| 12 | 灯塔市(辽) | 盆花(万盆) | 340.00 |
| 13 | 金凤区(宁) | 盆花(万盆) | 150.00 |
| 14 | 长沙县(湘) | 盆花(万盆) | 60.00 |
| 15 | 苍山县(鲁) | 盆花(万盆) | 12.00 |
| 16 | 高碑店市(冀) | 盆花(万盆) | 5.30 |
| 17 | 威海市经济技术开发区(鲁) | 盆花(万盆) | 5.00 |
| 18 | 秀洲区(浙) | 盆花(万盆) | 5.00 |
| 19 | 平泉县(冀) | 盆花(万盆) | 4.00 |
| 20 | 兰山区(鲁) | 鲜切花(万支) | 63000.00 |
| 21 | 海宁市(浙) | 鲜切花(万支) | 53230.80 |
| 22 | 灯塔市(辽) | 鲜切花(万支) | 20000.00 |
| 23 | 河东区(鲁) | 鲜切花(万支) | 16500.00 |
| 24 | 濮阳市高新区(豫) | 鲜切花(万支) | 16000.00 |
| 25 | 莒　县(鲁) | 鲜切花(万支) | 12926.00 |
| 26 | 古冶区(冀) | 鲜切花(万支) | 4512.00 |
| 27 | 上街区(豫) | 鲜切花(万支) | 4000.00 |

| 序号 | 非洲菊主产地 | 花卉类别 | 生产量 |
|---|---|---|---|
| 28 | 台安县(辽) | 鲜切花(万支) | 4000.00 |
| 29 | 临沭县(鲁) | 鲜切花(万支) | 3618.00 |
| 30 | 喀喇沁左翼蒙古族自治县(辽) | 鲜切花(万支) | 1978.00 |
| 31 | 石林彝族自治县(滇) | 鲜切花(万支) | 1825.00 |
| 32 | 文成县(浙) | 鲜切花(万支) | 1550.00 |
| 33 | 长兴县(浙) | 鲜切花(万支) | 1500.00 |
| 34 | 台前县(豫) | 鲜切花(万支) | 1480.00 |
| 35 | 路桥区(浙) | 鲜切花(万支) | 1000.00 |
| 36 | 泰兴市(苏) | 鲜切花(万支) | 850.00 |
| 37 | 海盐县(浙) | 鲜切花(万支) | 786.40 |
| 38 | 高邑县(冀) | 鲜切花(万支) | 780.00 |
| 39 | 椒江区(浙) | 鲜切花(万支) | 550.00 |
| 40 | 秀洲区(浙) | 鲜切花(万支) | 524.00 |
| 41 | 凌源市(辽) | 鲜切花(万支) | 460.00 |
| 42 | 灵宝市(豫) | 鲜切花(万支) | 331.90 |
| 43 | 松江区(沪) | 鲜切花(万支) | 300.00 |
| 44 | 新都区(川) | 鲜切花(万支) | 300.00 |
| 45 | 费　县(鲁) | 鲜切花(万支) | 250.00 |
| 46 | 潮安县(粤) | 鲜切花(万支) | 200.00 |
| 47 | 通州区(京) | 鲜切花(万支) | 183.60 |
| 48 | 沂水县(鲁) | 鲜切花(万支) | 147.00 |
| 49 | 德城区(鲁) | 鲜切花(万支) | 120.00 |
| 50 | 红山区(内蒙古) | 鲜切花(万支) | 100.00 |
| 51 | 庆元县(浙) | 鲜切花(万支) | 100.00 |
| 52 | 郯城县(鲁) | 鲜切花(万支) | 70.00 |
| 53 | 南乐县(豫) | 鲜切花(万支) | 56.00 |
| 54 | 江川县(滇) | 鲜切花(万支) | 50.00 |
| 55 | 蒙阴县(鲁) | 鲜切花(万支) | 50.00 |
| 56 | 平泉县(冀) | 鲜切花(万支) | 50.00 |
| 57 | 迁安市(冀) | 鲜切花(万支) | 50.00 |
| 58 | 凌云县(桂) | 鲜切花(万支) | 42.00 |
| 59 | 管城回族区(豫) | 鲜切花(万支) | 40.00 |
| 60 | 奉化市(浙) | 鲜切花(万支) | 35.00 |
| 61 | 庄河市(辽) | 鲜切花(万支) | 30.00 |
| 62 | 汝南县(豫) | 鲜切花(万支) | 28.00 |
| 63 | 许昌县(豫) | 鲜切花(万支) | 26.00 |
| 64 | 仁寿县(川) | 鲜切花(万支) | 25.00 |
| 65 | 慈溪市(浙) | 鲜切花(万支) | 23.00 |
| 66 | 浦东新区(沪) | 鲜切花(万支) | 18.00 |
| 67 | 雁山区(桂) | 鲜切花(万支) | 18.00 |
| 68 | 开平区(冀) | 鲜切花(万支) | 15.00 |
| 69 | 路北区(冀) | 鲜切花(万支) | 14.00 |
| 70 | 顺义区(京) | 鲜切花(万支) | 13.50 |
| 71 | 平谷区(京) | 鲜切花(万支) | 11.53 |
| 72 | 海城市(辽) | 鲜切花(万支) | 10.20 |
| 73 | 嘉定区(沪) | 鲜切花(万支) | 10.00 |
| 74 | 崇明县(沪) | 鲜切花(万支) | 9.40 |
| 75 | 临洮县(甘) | 鲜切花(万支) | 3.00 |
| 76 | 芜湖县(皖) | 鲜切花(万支) | 3.00 |

**表 13-10　菊花主产地产量**

| 序号 | 菊花主产地 | 花卉类别 | 生产量 |
|---|---|---|---|
| 1 | 石家庄市桥西区(冀) | 城市绿化苗(万株) | 61.00 |
| 2 | 昌吉市(新) | 城市绿化苗(万株) | 40.00 |
| 3 | 固始县(豫) | 城市绿化苗(万株) | 20.00 |
| 4 | 颍东区(皖) | 城市绿化苗(万株) | 20.00 |
| 5 | 吴川市(粤) | 城市绿化苗(万株) | 15.00 |
| 6 | 津市市(湘) | 城市绿化苗(万株) | 13.50 |
| 7 | 瑞金市(赣) | 城市绿化苗(万株) | 10.00 |
| 8 | 攀枝花市东区(川) | 城市绿化苗(万株) | 5.80 |
| 9 | 滑　县(豫) | 干花(万支) | 132.00 |
| 10 | 梁园区(豫) | 观赏苗木(万株) | 550.00 |
| 11 | 民权县(豫) | 观赏苗木(万株) | 210.00 |
| 12 | 徐水县(冀) | 观赏苗木(万株) | 91.00 |
| 13 | 固始县(豫) | 观赏苗木(万株) | 30.00 |
| 14 | 涉　县(冀) | 观赏苗木(万株) | 28.00 |
| 15 | 南和县(冀) | 观赏苗木(万株) | 25.00 |
| 16 | 石家庄市桥西区(冀) | 观赏苗木(万株) | 17.00 |
| 17 | 社旗县(豫) | 观赏苗木(万株) | 16.00 |
| 18 | 蕉岭县(粤) | 观赏苗木(万株) | 15.00 |
| 19 | 济南市市中区(鲁) | 观赏苗木(万株) | 11.00 |
| 20 | 成安县(冀) | 观赏苗木(万株) | 7.00 |
| 21 | 卫辉市(豫) | 观赏苗木(万株) | 5.00 |
| 22 | 岚山区(鲁) | 观赏苗木(万株) | 4.50 |
| 23 | 壶关县(晋) | 观赏苗木(万株) | 3.00 |
| 24 | 南溪县(川) | 观赏苗木(万株) | 3.00 |
| 25 | 平果县(桂) | 观赏苗木(万株) | 2.36 |
| 26 | 高平市(晋) | 观赏苗木(万株) | 1.00 |
| 27 | 沭阳县(苏) | 观叶植物(万盆) | 23.00 |
| 28 | 长丰县(皖) | 观叶植物(万盆) | 3.10 |
| 29 | 定襄县(晋) | 观叶植物(万盆) | 2.00 |
| 30 | 新晃侗族自治县(湘) | 观叶植物(万盆) | 1.00 |
| 31 | 茂港区(粤) | 观叶植物(万盆) | 0.65 |
| 32 | 延庆县(京) | 花卉用种苗(千苗) | 150000.00 |
| 33 | 茌平县(鲁) | 盆花(万盆) | 140000.00 |
| 34 | 路南区(冀) | 盆花(万盆) | 3000.00 |
| 35 | 睢阳区(豫) | 盆花(万盆) | 419.24 |
| 36 | 商水县(豫) | 盆花(万盆) | 380.00 |
| 37 | 肥乡县(冀) | 盆花(万盆) | 300.00 |
| 38 | 鼎城区(湘) | 盆花(万盆) | 170.00 |
| 39 | 禹州市(豫) | 盆花(万盆) | 130.00 |
| 40 | 惠山区(苏) | 盆花(万盆) | 120.00 |

| 序号 | 菊花主产地 | 花卉类别 | 生产量 | 序号 | 菊花主产地 | 花卉类别 | 生产量 |
|---|---|---|---|---|---|---|---|
| 41 | 赫山区(湘) | 盆花(万盆) | 100.00 | 87 | 抚宁县(冀) | 盆花(万盆) | 5.00 |
| 42 | 西青区(津) | 盆花(万盆) | 100.00 | 88 | 鹿泉市(冀) | 盆花(万盆) | 5.00 |
| 43 | 诸城市(鲁) | 盆花(万盆) | 100.00 | 89 | 蒙城县(皖) | 盆花(万盆) | 5.00 |
| 44 | 左云县(晋) | 盆花(万盆) | 100.00 | 90 | 黔江区(渝) | 盆花(万盆) | 5.00 |
| 45 | 延庆县(京) | 盆花(万盆) | 92.00 | 91 | 谯城区(皖) | 盆花(万盆) | 5.00 |
| 46 | 霸州市(冀) | 盆花(万盆) | 85.00 | 92 | 任　县(冀) | 盆花(万盆) | 5.00 |
| 47 | 大冶市(鄂) | 盆花(万盆) | 80.00 | 93 | 汝城县(湘) | 盆花(万盆) | 5.00 |
| 48 | 潍城区(鲁) | 盆花(万盆) | 55.00 | 94 | 商河县(鲁) | 盆花(万盆) | 5.00 |
| 49 | 浦东新区(沪) | 盆花(万盆) | 50.00 | 95 | 香河县(冀) | 盆花(万盆) | 5.00 |
| 50 | 蔡甸区(鄂) | 盆花(万盆) | 46.00 | 96 | 阳朔县(桂) | 盆花(万盆) | 5.00 |
| 51 | 清河区(辽) | 盆花(万盆) | 45.00 | 97 | 潢川县(豫) | 盆花(万盆) | 3.70 |
| 52 | 武城县(鲁) | 盆花(万盆) | 41.00 | 98 | 清城区(粤) | 盆花(万盆) | 3.40 |
| 53 | 濮阳县(豫) | 盆花(万盆) | 35.00 | 99 | 定兴县(冀) | 盆花(万盆) | 3.00 |
| 54 | 金明区(豫) | 盆花(万盆) | 25.00 | 100 | 东昌府区(鲁) | 盆花(万盆) | 3.00 |
| 55 | 新泰市(鲁) | 盆花(万盆) | 25.00 | 101 | 南溪县(川) | 盆花(万盆) | 3.00 |
| 56 | 沂水县(鲁) | 盆花(万盆) | 23.00 | 102 | 平山县(冀) | 盆花(万盆) | 3.00 |
| 57 | 赵　县(冀) | 盆花(万盆) | 21.50 | 103 | 邱　县(冀) | 盆花(万盆) | 3.00 |
| 58 | 大名县(冀) | 盆花(万盆) | 20.00 | 104 | 于都县(赣) | 盆花(万盆) | 3.00 |
| 59 | 龙亭区(豫) | 盆花(万盆) | 20.00 | 105 | 鸡泽县(冀) | 盆花(万盆) | 2.85 |
| 60 | 运河区(冀) | 盆花(万盆) | 20.00 | 106 | 辛集市(冀) | 盆花(万盆) | 2.75 |
| 61 | 梁山县(鲁) | 盆花(万盆) | 18.00 | 107 | 忻府区(晋) | 盆花(万盆) | 2.50 |
| 62 | 许昌县(豫) | 盆花(万盆) | 18.00 | 108 | 宝丰县(豫) | 盆花(万盆) | 2.30 |
| 63 | 格尔木市(青) | 盆花(万盆) | 17.20 | 109 | 沅陵县(湘) | 盆花(万盆) | 2.30 |
| 64 | 青州市(鲁) | 盆花(万盆) | 17.00 | 110 | 昌乐县(鲁) | 盆花(万盆) | 2.10 |
| 65 | 丰台区(京) | 盆花(万盆) | 15.00 | 111 | 方城县(豫) | 盆花(万盆) | 2.10 |
| 66 | 固安县(冀) | 盆花(万盆) | 15.00 | 112 | 三门县(浙) | 盆花(万盆) | 2.10 |
| 67 | 隆尧县(冀) | 盆花(万盆) | 15.00 | 113 | 谷城县(鄂) | 盆花(万盆) | 2.00 |
| 68 | 内乡县(豫) | 盆花(万盆) | 15.00 | 114 | 雄　县(冀) | 盆花(万盆) | 2.00 |
| 69 | 黄骅市(冀) | 盆花(万盆) | 12.40 | 115 | 淮阳县(豫) | 盆花(万盆) | 1.50 |
| 70 | 甘州区(甘) | 盆花(万盆) | 10.00 | 116 | 蜀山区(皖) | 盆花(万盆) | 1.50 |
| 71 | 高平市(晋) | 盆花(万盆) | 10.00 | 117 | 芜湖县(皖) | 盆花(万盆) | 1.50 |
| 72 | 杞　县(豫) | 盆花(万盆) | 10.00 | 118 | 津市市(湘) | 盆花(万盆) | 1.30 |
| 73 | 威海市经济技术开发区(鲁) | 盆花(万盆) | 10.00 | 119 | 北京市大东流苗圃(京) | 盆花(万盆) | 1.22 |
| 74 | 沂南县(鲁) | 盆花(万盆) | 10.00 | 120 | 安新县(冀) | 盆花(万盆) | 1.20 |
| 75 | 赞皇县(冀) | 盆花(万盆) | 10.00 | 121 | 赫章县(黔) | 盆花(万盆) | 1.20 |
| 76 | 枝江市(鄂) | 盆花(万盆) | 10.00 | 122 | 汶上县(鲁) | 盆花(万盆) | 1.20 |
| 77 | 北辰区(津) | 盆花(万盆) | 9.60 | 123 | 海宁市(浙) | 盆花(万盆) | 1.10 |
| 78 | 寿　县(皖) | 盆花(万盆) | 8.00 | 124 | 新建县(赣) | 盆花(万盆) | 1.05 |
| 79 | 桐城市(皖) | 盆花(万盆) | 8.00 | 125 | 东平县(鲁) | 盆花(万盆) | 1.00 |
| 80 | 雨湖区(湘) | 盆花(万盆) | 8.00 | 126 | 肥城市(鲁) | 盆花(万盆) | 1.00 |
| 81 | 晋州市(冀) | 盆花(万盆) | 6.00 | 127 | 阜新蒙古族自治县(辽) | 盆花(万盆) | 1.00 |
| 82 | 临淄区(鲁) | 盆花(万盆) | 6.00 | 128 | 喀什市(新) | 盆花(万盆) | 1.00 |
| 83 | 南票区(辽) | 盆花(万盆) | 6.00 | 129 | 榕城区(粤) | 盆花(万盆) | 1.00 |
| 84 | 魏　县(冀) | 盆花(万盆) | 6.00 | 130 | 台山市(粤) | 盆花(万盆) | 1.00 |
| 85 | 巴州区(川) | 盆花(万盆) | 5.00 | 131 | 西安区(吉) | 盆花(万盆) | 1.00 |
| 86 | 北戴河区(冀) | 盆花(万盆) | 5.00 | 132 | 新华区(豫) | 盆花(万盆) | 1.00 |

| 序号 | 菊花主产地 | 花卉类别 | 生产量 |
|---|---|---|---|
| 133 | 宁阳县(鲁) | 盆花(万盆) | 0.82 |
| 134 | 通州区(京) | 盆花(万盆) | 0.70 |
| 135 | 芒　市(滇) | 盆花(万盆) | 0.65 |
| 136 | 峰峰矿区(冀) | 盆花(万盆) | 0.60 |
| 137 | 汉源县(川) | 盆花(万盆) | 0.60 |
| 138 | 井陉矿区(冀) | 盆花(万盆) | 0.60 |
| 139 | 长葛市(豫) | 盆景(万盆) | 15000.00 |
| 140 | 徽　县(甘) | 盆景(万盆) | 3540.00 |
| 141 | 鹤城区(湘) | 盆景(万盆) | 170.00 |
| 142 | 邵阳县(湘) | 盆景(万盆) | 40.00 |
| 143 | 埇桥区(皖) | 盆景(万盆) | 13.60 |
| 144 | 隆化县(冀) | 盆景(万盆) | 5.00 |
| 145 | 雷州市(粤) | 盆景(万盆) | 3.50 |
| 146 | 壶关县(晋) | 盆景(万盆) | 2.20 |
| 147 | 青　县(冀) | 盆景(万盆) | 2.00 |
| 148 | 五华县(粤) | 盆景(万盆) | 1.00 |
| 149 | 延庆县(京) | 食用及药用花卉(吨) | 800.00 |
| 150 | 顺河回族区(豫) | 鲜切花(万支) | 81000.00 |
| 151 | 太子河区(辽) | 鲜切花(万支) | 6000.00 |
| 152 | 青浦区(沪) | 鲜切花(万支) | 2390.00 |
| 153 | 松江区(沪) | 鲜切花(万支) | 1832.00 |
| 154 | 奉贤区(沪) | 鲜切花(万支) | 1289.30 |
| 155 | 榆中县(甘) | 鲜切花(万支) | 1176.00 |
| 156 | 卫滨区(豫) | 鲜切花(万支) | 1000.00 |
| 157 | 香河县(冀) | 鲜切花(万支) | 800.00 |
| 158 | 椒江区(浙) | 鲜切花(万支) | 630.00 |
| 159 | 新安县(豫) | 鲜切花(万支) | 600.00 |
| 160 | 延庆县(京) | 鲜切花(万支) | 460.00 |
| 161 | 通州区(京) | 鲜切花(万支) | 352.80 |
| 162 | 惠山区(苏) | 鲜切花(万支) | 345.00 |
| 163 | 崇明县(沪) | 鲜切花(万支) | 249.85 |
| 164 | 东洲区(辽) | 鲜切花(万支) | 180.00 |
| 165 | 渭城区(陕) | 鲜切花(万支) | 180.00 |
| 166 | 凯里市(黔) | 鲜切花(万支) | 150.00 |
| 167 | 阳新县(鄂) | 鲜切花(万支) | 150.00 |
| 168 | 长葛市(豫) | 鲜切花(万支) | 110.00 |
| 169 | 三门县(浙) | 鲜切花(万支) | 103.00 |
| 170 | 奉化市(浙) | 鲜切花(万支) | 90.00 |
| 171 | 金明区(豫) | 鲜切花(万支) | 90.00 |
| 172 | 宣汉县(川) | 鲜切花(万支) | 88.00 |
| 173 | 浦东新区(沪) | 鲜切花(万支) | 82.00 |
| 174 | 闵行区(沪) | 鲜切花(万支) | 80.00 |
| 175 | 固安县(冀) | 鲜切花(万支) | 62.00 |
| 176 | 顺义区(京) | 鲜切花(万支) | 51.70 |
| 177 | 大英县(川) | 鲜切花(万支) | 50.00 |
| 178 | 丹江口市(鄂) | 鲜切花(万支) | 50.00 |
| 179 | 杨凌区农林局(陕) | 鲜切花(万支) | 50.00 |
| 180 | 牧野区(豫) | 鲜切花(万支) | 41.20 |
| 181 | 嘉定区(沪) | 鲜切花(万支) | 36.00 |
| 182 | 广阳区(冀) | 鲜切花(万支) | 35.27 |
| 183 | 定兴县(冀) | 鲜切花(万支) | 30.00 |
| 184 | 连州市(粤) | 鲜切花(万支) | 20.00 |
| 185 | 遵化市(冀) | 鲜切花(万支) | 15.00 |
| 186 | 隆尧县(冀) | 鲜切花(万支) | 11.00 |
| 187 | 清苑县(冀) | 鲜切花(万支) | 10.00 |
| 188 | 枣强县(冀) | 鲜切花(万支) | 9.30 |
| 189 | 红岗区(黑) | 鲜切花(万支) | 9.00 |
| 190 | 祁东县(湘) | 鲜切花(万支) | 8.10 |
| 191 | 海宁市(浙) | 鲜切花(万支) | 6.70 |
| 192 | 平谷区(京) | 鲜切花(万支) | 6.32 |
| 193 | 南市区(冀) | 鲜切花(万支) | 6.00 |
| 194 | 白银区(甘) | 鲜切花(万支) | 5.00 |
| 195 | 黔西县(黔) | 鲜切花(万支) | 5.00 |
| 196 | 青　县(冀) | 鲜切花(万支) | 5.00 |
| 197 | 沙市区(鄂) | 鲜切花(万支) | 5.00 |
| 198 | 武陵区(湘) | 鲜切花(万支) | 5.00 |
| 199 | 临洮县(甘) | 鲜切花(万支) | 4.00 |
| 200 | 碧江区(黔) | 鲜切花(万支) | 3.00 |
| 201 | 蔡甸区(鄂) | 鲜切花(万支) | 3.00 |
| 202 | 安平县(冀) | 鲜切花(万支) | 2.10 |
| 203 | 津市市(湘) | 鲜切花(万支) | 2.10 |
| 204 | 桃城区(冀) | 鲜切花(万支) | 2.00 |
| 205 | 台山市(粤) | 鲜切花(万支) | 1.20 |
| 206 | 大方县(黔) | 鲜切花(万支) | 1.00 |
| 207 | 禹会区(皖) | 鲜切花(万支) | 1.00 |

**表 13-11　月季类主产地产量**

| 序号 | 月季类主产地 | 花卉类别 | 生产量 |
|---|---|---|---|
| 1 | 潢川县(豫) | 城市绿化苗(万株) | 986.00 |
| 2 | 即墨市(鲁) | 城市绿化苗(万株) | 320.00 |
| 3 | 许昌县(豫) | 城市绿化苗(万株) | 89.00 |
| 4 | 临夏市(甘) | 城市绿化苗(万株) | 55.00 |
| 5 | 光山县(豫) | 城市绿化苗(万株) | 30.00 |
| 6 | 石家庄市桥西区(冀) | 城市绿化苗(万株) | 26.00 |
| 7 | 固始县(豫) | 城市绿化苗(万株) | 10.00 |
| 8 | 宜都市(鄂) | 城市绿化苗(万株) | 10.00 |
| 9 | 吴川市(粤) | 城市绿化苗(万株) | 5.00 |
| 10 | 文　县(甘) | 城市绿化苗(万株) | 3.50 |
| 11 | 翠屏区(川) | 城市绿化苗(万株) | 2.10 |
| 12 | 威海市经济技术开发区(鲁) | 城市绿化苗(万株) | 2.00 |
| 13 | 定州市(冀) | 观赏苗木(万株) | 2640.00 |
| 14 | 望都县(冀) | 观赏苗木(万株) | 1540.00 |

| 序号 | 月季类主产地 | 花卉类别 | 生产量 | 序号 | 月季类主产地 | 花卉类别 | 生产量 |
|---|---|---|---|---|---|---|---|
| 15 | 固安县(冀) | 观赏苗木(万株) | 1240.00 | 61 | 青州市(鲁) | 盆花(万盆) | 250.00 |
| 16 | 华阴市(陕) | 观赏苗木(万株) | 1000.00 | 62 | 巴州区(川) | 盆花(万盆) | 200.00 |
| 17 | 射洪县(川) | 观赏苗木(万株) | 400.00 | 63 | 浦东新区(沪) | 盆花(万盆) | 100.00 |
| 18 | 顺平县(冀) | 观赏苗木(万株) | 335.00 | 64 | 阜新蒙古族自治县(辽) | 盆花(万盆) | 65.00 |
| 19 | 东平县(鲁) | 观赏苗木(万株) | 200.00 | 65 | 睢　县(豫) | 盆花(万盆) | 60.00 |
| 20 | 沭阳县(苏) | 观赏苗木(万株) | 150.00 | 66 | 凯里市(黔) | 盆花(万盆) | 56.00 |
| 21 | 路南区(冀) | 观赏苗木(万株) | 80.00 | 67 | 辉南县(吉) | 盆花(万盆) | 55.00 |
| 22 | 武陟县(豫) | 观赏苗木(万株) | 80.00 | 68 | 太和区(辽) | 盆花(万盆) | 30.00 |
| 23 | 固始县(豫) | 观赏苗木(万株) | 50.00 | 69 | 延庆县(京) | 盆花(万盆) | 29.00 |
| 24 | 涉　县(冀) | 观赏苗木(万株) | 40.00 | 70 | 隆尧县(冀) | 盆花(万盆) | 23.00 |
| 25 | 临泉县(皖) | 观赏苗木(万株) | 36.00 | 71 | 上蔡县(豫) | 盆花(万盆) | 23.00 |
| 26 | 南和县(冀) | 观赏苗木(万株) | 36.00 | 72 | 长治市郊区(晋) | 盆花(万盆) | 21.00 |
| 27 | 濮阳县(豫) | 观赏苗木(万株) | 32.00 | 73 | 邯郸县(冀) | 盆花(万盆) | 20.00 |
| 28 | 辛集市(冀) | 观赏苗木(万株) | 27.00 | 74 | 金凤区(宁) | 盆花(万盆) | 20.00 |
| 29 | 社旗县(豫) | 观赏苗木(万株) | 25.00 | 75 | 桂阳县(湘) | 盆花(万盆) | 19.00 |
| 30 | 双峰县(湘) | 观赏苗木(万株) | 20.00 | 76 | 蒲城县(陕) | 盆花(万盆) | 18.00 |
| 31 | 新乐市(冀) | 观赏苗木(万株) | 17.00 | 77 | 固安县(冀) | 盆花(万盆) | 15.00 |
| 32 | 安阳县(豫) | 观赏苗木(万株) | 16.00 | 78 | 邹平县(鲁) | 盆花(万盆) | 12.00 |
| 33 | 巴州区(川) | 观赏苗木(万株) | 15.00 | 79 | 丰台区(京) | 盆花(万盆) | 11.00 |
| 34 | 新泰市(鲁) | 观赏苗木(万株) | 12.00 | 80 | 西峰区(甘) | 盆花(万盆) | 11.00 |
| 35 | 成安县(冀) | 观赏苗木(万株) | 11.00 | 81 | 魏　县(冀) | 盆花(万盆) | 10.90 |
| 36 | 寿　县(皖) | 观赏苗木(万株) | 11.00 | 82 | 潢川县(豫) | 盆花(万盆) | 10.50 |
| 37 | 魏　县(冀) | 观赏苗木(万株) | 11.00 | 83 | 定兴县(冀) | 盆花(万盆) | 10.00 |
| 38 | 高平市(晋) | 观赏苗木(万株) | 10.00 | 84 | 蕉岭县(粤) | 盆花(万盆) | 10.00 |
| 39 | 赞皇县(冀) | 观赏苗木(万株) | 10.00 | 85 | 滦南县(冀) | 盆花(万盆) | 10.00 |
| 40 | 商州区(陕) | 观赏苗木(万株) | 8.90 | 86 | 杞　县(豫) | 盆花(万盆) | 10.00 |
| 41 | 定西市巉口林业试验场(甘) | 观赏苗木(万株) | 8.00 | 87 | 金城江区(桂) | 盆花(万盆) | 9.00 |
| 42 | 中方县(湘) | 观赏苗木(万株) | 8.00 | 88 | 鼎城区(湘) | 盆花(万盆) | 8.00 |
| 43 | 山海关区(冀) | 观赏苗木(万株) | 5.00 | 89 | 石棉县(川) | 盆花(万盆) | 7.20 |
| 44 | 夏邑县(豫) | 观赏苗木(万株) | 5.00 | 90 | 南乐县(豫) | 盆花(万盆) | 6.00 |
| 45 | 北戴河区(冀) | 观赏苗木(万株) | 4.00 | 91 | 曲周县(冀) | 盆花(万盆) | 6.00 |
| 46 | 玉山县(赣) | 观赏苗木(万株) | 3.00 | 92 | 卫辉市(豫) | 盆花(万盆) | 6.00 |
| 47 | 扶风县(陕) | 观赏苗木(万株) | 2.30 | 93 | 盐山县(冀) | 盆花(万盆) | 5.00 |
| 48 | 大名县(冀) | 观赏苗木(万株) | 2.00 | 94 | 临武县(湘) | 盆花(万盆) | 4.20 |
| 49 | 淮阳县(豫) | 观赏苗木(万株) | 2.00 | 95 | 大同区(黑) | 盆花(万盆) | 4.00 |
| 50 | 蕉岭县(粤) | 观赏苗木(万株) | 2.00 | 96 | 汉阴县(陕) | 盆花(万盆) | 4.00 |
| 51 | 卫辉市(豫) | 观赏苗木(万株) | 2.00 | 97 | 邢台县(冀) | 盆花(万盆) | 4.00 |
| 52 | 登封市(豫) | 观赏苗木(万株) | 1.32 | 98 | 龙里县(黔) | 盆花(万盆) | 3.00 |
| 53 | 怀来县(冀) | 观赏苗木(万株) | 1.30 | 99 | 黔江区(渝) | 盆花(万盆) | 3.00 |
| 54 | 任　县(冀) | 观赏苗木(万株) | 1.00 | 100 | 邱　县(冀) | 盆花(万盆) | 3.00 |
| 55 | 磁　县(冀) | 观叶植物(万盆) | 20.00 | 101 | 容城县(冀) | 盆花(万盆) | 3.00 |
| 56 | 柘城县(豫) | 观叶植物(万盆) | 13.50 | 102 | 山海关区(冀) | 盆花(万盆) | 3.00 |
| 57 | 蕉岭县(粤) | 观叶植物(万盆) | 1.00 | 103 | 吴桥县(冀) | 盆花(万盆) | 3.00 |
| 58 | 宛城区(豫) | 盆花(万盆) | 839.00 | 104 | 方城县(豫) | 盆花(万盆) | 2.52 |
| 59 | 射洪县(川) | 盆花(万盆) | 380.00 | 105 | 阜城县(冀) | 盆花(万盆) | 2.46 |
| 60 | 通州区(京) | 盆花(万盆) | 256.52 | 106 | 息　县(豫) | 盆花(万盆) | 2.20 |

| 序号 | 月季类主产地 | 花卉类别 | 生产量 |
|---|---|---|---|
| 107 | 三门县(浙) | 盆花(万盆) | 2.10 |
| 108 | 宽城满族自治县(冀) | 盆花(万盆) | 2.00 |
| 109 | 平阴县(鲁) | 盆花(万盆) | 2.00 |
| 110 | 新建县(赣) | 盆花(万盆) | 1.82 |
| 111 | 安平县(冀) | 盆花(万盆) | 1.80 |
| 112 | 蒲江县(川) | 盆花(万盆) | 1.80 |
| 113 | 永年县(冀) | 盆花(万盆) | 1.70 |
| 114 | 谷城县(鄂) | 盆花(万盆) | 1.50 |
| 115 | 路南区(冀) | 盆花(万盆) | 1.50 |
| 116 | 沙河市(冀) | 盆花(万盆) | 1.50 |
| 117 | 樊城区(鄂) | 盆花(万盆) | 1.40 |
| 118 | 临漳县(冀) | 盆花(万盆) | 1.10 |
| 119 | 鹿泉市(冀) | 盆花(万盆) | 1.00 |
| 120 | 西安区(吉) | 盆花(万盆) | 1.00 |
| 121 | 平桥区(豫) | 盆花(万盆) | 0.60 |
| 122 | 徽　县(甘) | 盆景(万盆) | 6494.00 |
| 123 | 长葛市(豫) | 盆景(万盆) | 5000.00 |
| 124 | 竹溪县(鄂) | 盆景(万盆) | 20.00 |
| 125 | 隆化县(冀) | 盆景(万盆) | 2.00 |
| 126 | 太子河区(辽) | 鲜切花(万支) | 300000.00 |
| 127 | 宛城区(豫) | 鲜切花(万支) | 19800.00 |
| 128 | 苏仙区(湘) | 鲜切花(万支) | 6500.00 |
| 129 | 惠山区(苏) | 鲜切花(万支) | 290.00 |
| 130 | 长葛市(豫) | 鲜切花(万支) | 280.00 |
| 131 | 濮阳县(豫) | 鲜切花(万支) | 260.00 |
| 132 | 许昌县(豫) | 鲜切花(万支) | 260.00 |
| 133 | 三河市(冀) | 鲜切花(万支) | 256.00 |
| 134 | 蓬安县(川) | 鲜切花(万支) | 200.00 |
| 135 | 顺义区(京) | 鲜切花(万支) | 184.90 |
| 136 | 惠济区(豫) | 鲜切花(万支) | 168.74 |
| 137 | 阳新县(鄂) | 鲜切花(万支) | 155.00 |
| 138 | 丹江口市(鄂) | 鲜切花(万支) | 150.00 |
| 139 | 海安县(苏) | 鲜切花(万支) | 150.00 |
| 140 | 榆中县(甘) | 鲜切花(万支) | 125.16 |
| 141 | 涿州市(冀) | 鲜切花(万支) | 120.00 |
| 142 | 固安县(冀) | 鲜切花(万支) | 102.00 |
| 143 | 北辰区(津) | 鲜切花(万支) | 100.00 |
| 144 | 罗山县(豫) | 鲜切花(万支) | 100.00 |
| 145 | 藁城市(冀) | 鲜切花(万支) | 85.00 |
| 146 | 奉贤区(沪) | 鲜切花(万支) | 84.00 |
| 147 | 三门县(浙) | 鲜切花(万支) | 70.00 |
| 148 | 香河县(冀) | 鲜切花(万支) | 62.00 |
| 149 | 高邑县(冀) | 鲜切花(万支) | 51.00 |
| 150 | 大英县(川) | 鲜切花(万支) | 50.00 |
| 151 | 太和区(辽) | 鲜切花(万支) | 50.00 |
| 152 | 秀峰区(桂) | 鲜切花(万支) | 50.00 |
| 153 | 金乡县(鲁) | 鲜切花(万支) | 36.00 |
| 154 | 宣汉县(川) | 鲜切花(万支) | 33.00 |
| 155 | 武城县(鲁) | 鲜切花(万支) | 31.00 |
| 156 | 松江区(沪) | 鲜切花(万支) | 26.00 |
| 157 | 商州区(陕) | 鲜切花(万支) | 25.00 |
| 158 | 武安市(冀) | 鲜切花(万支) | 24.00 |
| 159 | 邱　县(冀) | 鲜切花(万支) | 23.00 |
| 160 | 西华县(豫) | 鲜切花(万支) | 20.00 |
| 161 | 正定县(冀) | 鲜切花(万支) | 20.00 |
| 162 | 玉田县(冀) | 鲜切花(万支) | 19.00 |
| 163 | 苍山县(鲁) | 鲜切花(万支) | 16.00 |
| 164 | 东洲区(辽) | 鲜切花(万支) | 15.00 |
| 165 | 开平区(冀) | 鲜切花(万支) | 15.00 |
| 166 | 临漳县(冀) | 鲜切花(万支) | 15.00 |
| 167 | 新宾满族自治县(辽) | 鲜切花(万支) | 15.00 |
| 168 | 长丰县(皖) | 鲜切花(万支) | 11.20 |
| 169 | 牧野区(豫) | 鲜切花(万支) | 10.80 |
| 170 | 满城县(冀) | 鲜切花(万支) | 8.00 |
| 171 | 石柱土家族自治县(渝) | 鲜切花(万支) | 8.00 |
| 172 | 洋　县(陕) | 鲜切花(万支) | 8.00 |
| 173 | 怀柔区(京) | 鲜切花(万支) | 7.84 |
| 174 | 南皮县(冀) | 鲜切花(万支) | 7.11 |
| 175 | 彭山县(川) | 鲜切花(万支) | 7.00 |
| 176 | 衡山县(湘) | 鲜切花(万支) | 6.16 |
| 177 | 徐水县(冀) | 鲜切花(万支) | 6.00 |
| 178 | 巴州区(川) | 鲜切花(万支) | 5.00 |
| 179 | 凉州区(甘) | 鲜切花(万支) | 5.00 |
| 180 | 无棣县(鲁) | 鲜切花(万支) | 5.00 |
| 181 | 芜湖县(皖) | 鲜切花(万支) | 5.00 |
| 182 | 武陵区(湘) | 鲜切花(万支) | 5.00 |
| 183 | 西峰区(甘) | 鲜切花(万支) | 4.00 |
| 184 | 杨凌区农林局(陕) | 鲜切花(万支) | 3.60 |
| 185 | 永靖县(甘) | 鲜切花(万支) | 3.20 |
| 186 | 大方县(黔) | 鲜切花(万支) | 2.00 |
| 187 | 抚宁县(冀) | 鲜切花(万支) | 2.00 |
| 188 | 汉源县(川) | 鲜切花(万支) | 2.00 |
| 189 | 解放区(豫) | 鲜切花(万支) | 1.00 |
| 190 | 津市市(湘) | 鲜切花(万支) | 0.75 |

### 表 13-12　桂花主产地产量

| 序号 | 桂花主产地 | 花卉类别 | 生产量 |
|---|---|---|---|
| 1 | 临桂县(桂) | 城市绿化苗(万株) | 3300000.00 |
| 2 | 沿滩区(川) | 城市绿化苗(万株) | 800000.00 |
| 3 | 芦溪县(赣) | 城市绿化苗(万株) | 600000.00 |
| 4 | 南漳县(鄂) | 城市绿化苗(万株) | 300000.00 |
| 5 | 象州县(桂) | 城市绿化苗(万株) | 90000.00 |

| 序号 | 桂花主产地 | 花卉类别 | 生产量 | 序号 | 桂花主产地 | 花卉类别 | 生产量 |
|---|---|---|---|---|---|---|---|
| 6 | 资阳区(湘) | 城市绿化苗(万株) | 20000.00 | 52 | 新宁县(湘) | 城市绿化苗(万株) | 20.00 |
| 7 | 醴陵市(湘) | 城市绿化苗(万株) | 10000.00 | 53 | 南康市(赣) | 城市绿化苗(万株) | 19.80 |
| 8 | 苏仙区(湘) | 城市绿化苗(万株) | 8700.00 | 54 | 三门江林场(桂) | 城市绿化苗(万株) | 17.80 |
| 9 | 北湖区(湘) | 城市绿化苗(万株) | 5610.00 | 55 | 新田县(湘) | 城市绿化苗(万株) | 17.20 |
| 10 | 平桥区(豫) | 城市绿化苗(万株) | 1000.00 | 56 | 广水市(鄂) | 城市绿化苗(万株) | 17.00 |
| 11 | 岳阳县(湘) | 城市绿化苗(万株) | 1000.00 | 57 | 新　县(豫) | 城市绿化苗(万株) | 12.00 |
| 12 | 温江区(川) | 城市绿化苗(万株) | 800.00 | 58 | 达川区(川) | 城市绿化苗(万株) | 10.00 |
| 13 | 南召县(豫) | 城市绿化苗(万株) | 655.00 | 59 | 固始县(豫) | 城市绿化苗(万株) | 10.00 |
| 14 | 株洲县(湘) | 城市绿化苗(万株) | 350.00 | 60 | 怀宁县(皖) | 城市绿化苗(万株) | 10.00 |
| 15 | 桑植县(湘) | 城市绿化苗(万株) | 200.00 | 61 | 汝城县(湘) | 城市绿化苗(万株) | 10.00 |
| 16 | 洪江市(湘) | 城市绿化苗(万株) | 161.00 | 62 | 通江县(川) | 城市绿化苗(万株) | 10.00 |
| 17 | 大安区(川) | 城市绿化苗(万株) | 160.00 | 63 | 新化县(湘) | 城市绿化苗(万株) | 10.00 |
| 18 | 合江县(川) | 城市绿化苗(万株) | 160.00 | 64 | 兴山县(鄂) | 城市绿化苗(万株) | 10.00 |
| 19 | 南　县(湘) | 城市绿化苗(万株) | 150.00 | 65 | 上蔡县(豫) | 城市绿化苗(万株) | 9.42 |
| 20 | 津市市(湘) | 城市绿化苗(万株) | 135.00 | 66 | 保康县(鄂) | 城市绿化苗(万株) | 9.00 |
| 21 | 荆门市市辖区(鄂) | 城市绿化苗(万株) | 123.00 | 67 | 水富县(滇) | 城市绿化苗(万株) | 8.00 |
| 22 | 谷城县(鄂) | 城市绿化苗(万株) | 120.00 | 68 | 常山县(浙) | 城市绿化苗(万株) | 7.20 |
| 23 | 茶陵县(湘) | 城市绿化苗(万株) | 100.00 | 69 | 辰溪县(湘) | 城市绿化苗(万株) | 5.00 |
| 24 | 长阳土家族自治县(鄂) | 城市绿化苗(万株) | 100.00 | 70 | 恩阳区(川) | 城市绿化苗(万株) | 5.00 |
| 25 | 华容县(湘) | 城市绿化苗(万株) | 100.00 | 71 | 涪城区(川) | 城市绿化苗(万株) | 5.00 |
| 26 | 内江市市中区(川) | 城市绿化苗(万株) | 100.00 | 72 | 蓬安县(川) | 城市绿化苗(万株) | 5.00 |
| 27 | 青阳县(皖) | 城市绿化苗(万株) | 100.00 | 73 | 平舆县(豫) | 城市绿化苗(万株) | 5.00 |
| 28 | 无为县(皖) | 城市绿化苗(万株) | 100.00 | 74 | 三山区(皖) | 城市绿化苗(万株) | 5.00 |
| 29 | 邓州市(豫) | 城市绿化苗(万株) | 80.00 | 75 | 双牌县(湘) | 城市绿化苗(万株) | 5.00 |
| 30 | 广丰县(赣) | 城市绿化苗(万株) | 60.00 | 76 | 望江县(皖) | 城市绿化苗(万株) | 5.00 |
| 31 | 龙南县(赣) | 城市绿化苗(万株) | 60.00 | 77 | 曾都区(鄂) | 城市绿化苗(万株) | 5.00 |
| 32 | 安化县(湘) | 城市绿化苗(万株) | 50.00 | 78 | 和　县(皖) | 城市绿化苗(万株) | 4.50 |
| 33 | 长顺县(黔) | 城市绿化苗(万株) | 50.00 | 79 | 进贤县(赣) | 城市绿化苗(万株) | 3.20 |
| 34 | 合川区(渝) | 城市绿化苗(万株) | 50.00 | 80 | 沅陵县(湘) | 城市绿化苗(万株) | 3.20 |
| 35 | 济源市(豫) | 城市绿化苗(万株) | 50.00 | 81 | 北碚区(渝) | 城市绿化苗(万株) | 3.00 |
| 36 | 全州县(桂) | 城市绿化苗(万株) | 50.00 | 82 | 于都县(赣) | 城市绿化苗(万株) | 3.00 |
| 37 | 邵东县(湘) | 城市绿化苗(万株) | 50.00 | 83 | 蒙山县(桂) | 城市绿化苗(万株) | 2.00 |
| 38 | 彝良县(滇) | 城市绿化苗(万株) | 50.00 | 84 | 韶山市(湘) | 城市绿化苗(万株) | 2.00 |
| 39 | 雨城区(川) | 城市绿化苗(万株) | 50.00 | 85 | 石门县(湘) | 城市绿化苗(万株) | 2.00 |
| 40 | 象山县(浙) | 城市绿化苗(万株) | 40.00 | 86 | 盱眙县(苏) | 城市绿化苗(万株) | 2.00 |
| 41 | 开　县(渝) | 城市绿化苗(万株) | 31.60 | 87 | 永定区(湘) | 城市绿化苗(万株) | 2.00 |
| 42 | 安仁县(湘) | 城市绿化苗(万株) | 30.00 | 88 | 源城区(粤) | 城市绿化苗(万株) | 2.00 |
| 43 | 碧江区(黔) | 城市绿化苗(万株) | 30.00 | 89 | 芷江侗族自治县(湘) | 城市绿化苗(万株) | 2.00 |
| 44 | 中方县(湘) | 城市绿化苗(万株) | 30.00 | 90 | 常德市市辖区(湘) | 城市绿化苗(万株) | 1.50 |
| 45 | 太湖县(皖) | 城市绿化苗(万株) | 29.00 | 91 | 威远县(川) | 城市绿化苗(万株) | 1.20 |
| 46 | 富川瑶族自治县(桂) | 城市绿化苗(万株) | 25.00 | 92 | 凤冈县(黔) | 城市绿化苗(万株) | 1.00 |
| 47 | 龙里县(黔) | 城市绿化苗(万株) | 25.00 | 93 | 澧　县(湘) | 城市绿化苗(万株) | 1.00 |
| 48 | 蕉岭县(粤) | 城市绿化苗(万株) | 20.00 | 94 | 沙市区(鄂) | 城市绿化苗(万株) | 1.00 |
| 49 | 泾　县(皖) | 城市绿化苗(万株) | 20.00 | 95 | 阳朔县(桂) | 观赏苗木(万株) | 6000.00 |
| 50 | 桐城市(皖) | 城市绿化苗(万株) | 20.00 | 96 | 沭阳县(苏) | 观赏苗木(万株) | 5000.00 |
| 51 | 新晃侗族自治县(湘) | 城市绿化苗(万株) | 20.00 | 97 | 永福县(桂) | 观赏苗木(万株) | 1793.49 |

| 序号 | 桂花主产地 | 花卉类别 | 生产量 | 序号 | 桂花主产地 | 花卉类别 | 生产量 |
|---|---|---|---|---|---|---|---|
| 98 | 襄城县(豫) | 观赏苗木(万株) | 663.00 | 144 | 武陵区(湘) | 观赏苗木(万株) | 6.00 |
| 99 | 平乐县(桂) | 观赏苗木(万株) | 520.60 | 145 | 阳新县(鄂) | 观赏苗木(万株) | 6.00 |
| 100 | 巴州区(川) | 观赏苗木(万株) | 500.00 | 146 | 犍为县(川) | 观赏苗木(万株) | 5.90 |
| 101 | 大足县(渝) | 观赏苗木(万株) | 500.00 | 147 | 洋　县(陕) | 观赏苗木(万株) | 5.70 |
| 102 | 名山县(川) | 观赏苗木(万株) | 480.00 | 148 | 蔡甸区(鄂) | 观赏苗木(万株) | 5.00 |
| 103 | 建始县(鄂) | 观赏苗木(万株) | 435.00 | 149 | 汉阴县(陕) | 观赏苗木(万株) | 5.00 |
| 104 | 新邵县(湘) | 观赏苗木(万株) | 400.00 | 150 | 石泉县(陕) | 观赏苗木(万株) | 5.00 |
| 105 | 玉山县(赣) | 观赏苗木(万株) | 315.00 | 151 | 淅川县(豫) | 观赏苗木(万株) | 5.00 |
| 106 | 内乡县(豫) | 观赏苗木(万株) | 270.00 | 152 | 新晃侗族自治县(湘) | 观赏苗木(万株) | 4.00 |
| 107 | 叠彩区(桂) | 观赏苗木(万株) | 250.00 | 153 | 清城区(粤) | 观赏苗木(万株) | 3.10 |
| 108 | 渝水区(赣) | 观赏苗木(万株) | 220.00 | 154 | 镇坪县(陕) | 观赏苗木(万株) | 3.00 |
| 109 | 桂东县(湘) | 观赏苗木(万株) | 210.00 | 155 | 翠屏区(川) | 观赏苗木(万株) | 2.60 |
| 110 | 潜江市(鄂) | 观赏苗木(万株) | 200.00 | 156 | 湘潭县(湘) | 观赏苗木(万株) | 2.50 |
| 111 | 邵阳县(湘) | 观赏苗木(万株) | 200.00 | 157 | 沅陵县(湘) | 观赏苗木(万株) | 2.10 |
| 112 | 射洪县(川) | 观赏苗木(万株) | 200.00 | 158 | 宾川县(滇) | 观赏苗木(万株) | 2.00 |
| 113 | 高　县(川) | 观赏苗木(万株) | 180.00 | 159 | 川汇区(豫) | 观赏苗木(万株) | 2.00 |
| 114 | 庆元县(浙) | 观赏苗木(万株) | 164.00 | 160 | 荔波县(黔) | 观赏苗木(万株) | 2.00 |
| 115 | 京山县(鄂) | 观赏苗木(万株) | 120.00 | 161 | 蕲春县(鄂) | 观赏苗木(万株) | 2.00 |
| 116 | 沙湾区(川) | 观赏苗木(万株) | 105.00 | 162 | 忠　县(渝) | 观赏苗木(万株) | 2.00 |
| 117 | 龙南县(赣) | 观赏苗木(万株) | 100.00 | 163 | 商州区(陕) | 观赏苗木(万株) | 1.30 |
| 118 | 游仙区(川) | 观赏苗木(万株) | 100.00 | 164 | 双峰县(湘) | 观赏苗木(万株) | 1.20 |
| 119 | 蒲江县(川) | 观赏苗木(万株) | 95.00 | 165 | 金城江区(桂) | 观赏苗木(万株) | 1.00 |
| 120 | 新蔡县(豫) | 观赏苗木(万株) | 80.20 | 166 | 娄底市市辖区(湘) | 观赏苗木(万株) | 1.00 |
| 121 | 恭城瑶族自治县(桂) | 观赏苗木(万株) | 75.05 | 167 | 汉源县(川) | 观赏苗木(万株) | 0.80 |
| 122 | 贞丰县(黔) | 观赏苗木(万株) | 63.33 | 168 | 黔西县(黔) | 观赏苗木(万株) | 0.61 |
| 123 | 三门县(浙) | 观赏苗木(万株) | 60.00 | 169 | 大冶市(鄂) | 观叶植物(万盆) | 100.00 |
| 124 | 东宝区(鄂) | 观赏苗木(万株) | 55.00 | 170 | 鹤山区(豫) | 观叶植物(万盆) | 40.00 |
| 125 | 黟　县(皖) | 观赏苗木(万株) | 46.00 | 171 | 茂港区(粤) | 观叶植物(万盆) | 0.70 |
| 126 | 驿城区(豫) | 观赏苗木(万株) | 39.00 | 172 | 平利县(陕) | 观叶植物(万盆) | 0.70 |
| 127 | 广德县(皖) | 观赏苗木(万株) | 35.00 | 173 | 固始县(豫) | 花卉用种苗(千苗) | 300.00 |
| 128 | 雁山区(桂) | 观赏苗木(万株) | 30.50 | 174 | 兰山区(鲁) | 盆花(万盆) | 1800.00 |
| 129 | 慈利县(湘) | 观赏苗木(万株) | 30.00 | 175 | 河东区(鲁) | 盆花(万盆) | 400.00 |
| 130 | 临沂市高新技术产业开发区(鲁) | 观赏苗木(万株) | 26.70 | 176 | 巴州区(川) | 盆花(万盆) | 250.00 |
| 131 | 祁门县(皖) | 观赏苗木(万株) | 25.00 | 177 | 沂水县(鲁) | 盆花(万盆) | 27.00 |
| 132 | 九龙坡区(渝) | 观赏苗木(万株) | 18.00 | 178 | 东港区(鲁) | 盆花(万盆) | 11.00 |
| 133 | 海盐县(浙) | 观赏苗木(万株) | 17.60 | 179 | 莒南县(鲁) | 盆花(万盆) | 10.00 |
| 134 | 鹤峰县(鄂) | 观赏苗木(万株) | 16.00 | 180 | 瑞金市(赣) | 盆花(万盆) | 6.00 |
| 135 | 衢江区(浙) | 观赏苗木(万株) | 16.00 | 181 | 临淄区(鲁) | 盆花(万盆) | 4.00 |
| 136 | 城阳区(鲁) | 观赏苗木(万株) | 15.00 | 182 | 临沭县(鲁) | 盆花(万盆) | 3.50 |
| 137 | 芦淞区(湘) | 观赏苗木(万株) | 15.00 | 183 | 娄星区(湘) | 盆花(万盆) | 1.00 |
| 138 | 东兰县(桂) | 观赏苗木(万株) | 12.00 | 184 | 兴山县(鄂) | 盆花(万盆) | 1.00 |
| 139 | 临沭县(鲁) | 观赏苗木(万株) | 10.00 | 185 | 井研县(川) | 盆花(万盆) | 0.87 |
| 140 | 赣　县(赣) | 观赏苗木(万株) | 9.00 | 186 | 青州市(鲁) | 盆景(万盆) | 30.00 |
| 141 | 方城县(豫) | 观赏苗木(万株) | 7.70 | 187 | 招远市(鲁) | 盆景(万盆) | 15.00 |
| 142 | 北塔区(湘) | 观赏苗木(万株) | 6.18 | 188 | 永丰县(赣) | 盆景(万盆) | 9.00 |
| 143 | 常宁市(湘) | 观赏苗木(万株) | 6.00 | 189 | 永兴县(湘) | 盆景(万盆) | 5.40 |

| 序号 | 桂花主产地 | 花卉类别 | 生产量 |
|---|---|---|---|
| 190 | 五华县(粤) | 盆景(万盆) | 3.00 |
| 191 | 益阳市市辖区(湘) | 盆景(万盆) | 2.00 |
| 192 | 迁安市(冀) | 盆景(万盆) | 1.30 |
| 193 | 临沭县(鲁) | 盆景(万盆) | 0.60 |
| 194 | 全州县(桂) | 食用及药用花卉(吨) | 25.00 |
| 195 | 巴州区(川) | 鲜切花(万支) | 65.00 |
| 196 | 万源市(川) | 鲜切花(万支) | 10.00 |
| 197 | 芜湖县(皖) | 鲜切叶(万支) | 20.00 |

### 表 13-13　杜鹃花主产地产量

| 序号 | 杜鹃花主产地 | 花卉类别 | 生产量 |
|---|---|---|---|
| 1 | 醴陵市(湘) | 城市绿化苗(万株) | 10000.00 |
| 2 | 苏仙区(湘) | 城市绿化苗(万株) | 2640.00 |
| 3 | 赫山区(湘) | 城市绿化苗(万株) | 300.00 |
| 4 | 邵东县(湘) | 城市绿化苗(万株) | 300.00 |
| 5 | 洪江市(湘) | 城市绿化苗(万株) | 251.00 |
| 6 | 锡林浩特市(内蒙古) | 城市绿化苗(万株) | 130.00 |
| 7 | 碧江区(黔) | 城市绿化苗(万株) | 100.00 |
| 8 | 华容县(湘) | 城市绿化苗(万株) | 100.00 |
| 9 | 津市市(湘) | 城市绿化苗(万株) | 65.00 |
| 10 | 南　县(湘) | 城市绿化苗(万株) | 60.00 |
| 11 | 新化县(湘) | 城市绿化苗(万株) | 60.00 |
| 12 | 炎陵县(湘) | 城市绿化苗(万株) | 60.00 |
| 13 | 路桥区(浙) | 城市绿化苗(万株) | 20.00 |
| 14 | 新宁县(湘) | 城市绿化苗(万株) | 10.00 |
| 15 | 吴川市(粤) | 城市绿化苗(万株) | 6.00 |
| 16 | 汝城县(湘) | 城市绿化苗(万株) | 3.00 |
| 17 | 石门县(湘) | 城市绿化苗(万株) | 1.00 |
| 18 | 新晃侗族自治县(湘) | 城市绿化苗(万株) | 1.00 |
| 19 | 翠屏区(川) | 城市绿化苗(万株) | 0.70 |
| 20 | 仁和区(川) | 观赏苗木(万株) | 10000.00 |
| 21 | 株洲县(湘) | 观赏苗木(万株) | 400.00 |
| 22 | 三门县(浙) | 观赏苗木(万株) | 220.00 |
| 23 | 威海市经济技术开发区(鲁) | 观赏苗木(万株) | 100.00 |
| 24 | 永兴县(湘) | 观赏苗木(万株) | 91.22 |
| 25 | 通城县(鄂) | 观赏苗木(万株) | 89.00 |
| 26 | 西平县(豫) | 观赏苗木(万株) | 40.50 |
| 27 | 鹤城区(湘) | 观赏苗木(万株) | 40.00 |
| 28 | 衢江区(浙) | 观赏苗木(万株) | 25.00 |
| 29 | 丰顺县(粤) | 观赏苗木(万株) | 23.00 |
| 30 | 双滦区(冀) | 观赏苗木(万株) | 22.00 |
| 31 | 中方县(湘) | 观赏苗木(万株) | 22.00 |
| 32 | 益阳市市辖区(湘) | 观赏苗木(万株) | 15.00 |
| 33 | 桐柏县(豫) | 观赏苗木(万株) | 12.00 |
| 34 | 仪陇县(川) | 观赏苗木(万株) | 5.00 |
| 35 | 麻城市(鄂) | 观赏苗木(万株) | 2.00 |
| 36 | 新野县(豫) | 观赏苗木(万株) | 2.00 |
| 37 | 岚山区(鲁) | 观赏苗木(万株) | 1.10 |
| 38 | 平阴县(鲁) | 观赏苗木(万株) | 0.70 |
| 39 | 新晃侗族自治县(湘) | 观赏苗木(万株) | 0.60 |
| 40 | 鹤山区(豫) | 观叶植物(万盆) | 158.00 |
| 41 | 汝城县(湘) | 观叶植物(万盆) | 10.00 |
| 42 | 竹溪县(鄂) | 观叶植物(万盆) | 10.00 |
| 43 | 广汉市(川) | 观叶植物(万盆) | 6.00 |
| 44 | 昆山市(苏) | 花卉用种苗(千苗) | 42.30 |
| 45 | 振安区(辽) | 盆花(万盆) | 1100.00 |
| 46 | 北仑区(浙) | 盆花(万盆) | 203.00 |
| 47 | 盐亭县(川) | 盆花(万盆) | 102.00 |
| 48 | 红山区(内蒙古) | 盆花(万盆) | 80.00 |
| 49 | 禹州市(豫) | 盆花(万盆) | 62.00 |
| 50 | 巴州区(川) | 盆花(万盆) | 35.00 |
| 51 | 浦东新区(沪) | 盆花(万盆) | 30.00 |
| 52 | 维都林场(桂) | 盆花(万盆) | 18.30 |
| 53 | 栾城县(冀) | 盆花(万盆) | 15.00 |
| 54 | 鼎城区(湘) | 盆花(万盆) | 12.00 |
| 55 | 海城市(辽) | 盆花(万盆) | 10.30 |
| 56 | 长安区(陕) | 盆花(万盆) | 10.00 |
| 57 | 东港区(鲁) | 盆花(万盆) | 10.00 |
| 58 | 洞口县(湘) | 盆花(万盆) | 10.00 |
| 59 | 恩阳区(川) | 盆花(万盆) | 10.00 |
| 60 | 固始县(豫) | 盆花(万盆) | 10.00 |
| 61 | 兴国县(赣) | 盆花(万盆) | 10.00 |
| 62 | 蔡甸区(鄂) | 盆花(万盆) | 9.20 |
| 63 | 东昌府区(鲁) | 盆花(万盆) | 8.00 |
| 64 | 廉江市(粤) | 盆花(万盆) | 8.00 |
| 65 | 黔江区(渝) | 盆花(万盆) | 8.00 |
| 66 | 龙南县(赣) | 盆花(万盆) | 6.00 |
| 67 | 安　县(川) | 盆花(万盆) | 5.00 |
| 68 | 丰润区(冀) | 盆花(万盆) | 5.00 |
| 69 | 昆山市(苏) | 盆花(万盆) | 5.00 |
| 70 | 龙里县(黔) | 盆花(万盆) | 5.00 |
| 71 | 隆尧县(冀) | 盆花(万盆) | 5.00 |
| 72 | 万源市(川) | 盆花(万盆) | 5.00 |
| 73 | 蒙阴县(鲁) | 盆花(万盆) | 4.20 |
| 74 | 梁山县(鲁) | 盆花(万盆) | 3.40 |
| 75 | 江北区(浙) | 盆花(万盆) | 3.00 |
| 76 | 蒙城县(皖) | 盆花(万盆) | 3.00 |
| 77 | 西安区(吉) | 盆花(万盆) | 3.00 |
| 78 | 阳新县(鄂) | 盆花(万盆) | 3.00 |
| 79 | 昌乐县(鲁) | 盆花(万盆) | 2.20 |
| 80 | 蕉岭县(粤) | 盆花(万盆) | 2.10 |
| 81 | 大名县(冀) | 盆花(万盆) | 2.00 |

| 序号 | 杜鹃花主产地 | 花卉类别 | 生产量 |
|---|---|---|---|
| 82 | 淮上区(皖) | 盆花(万盆) | 2.00 |
| 83 | 南乐县(豫) | 盆花(万盆) | 2.00 |
| 84 | 汉源县(川) | 盆花(万盆) | 1.50 |
| 85 | 沂南县(鲁) | 盆花(万盆) | 1.20 |
| 86 | 乐业县(桂) | 盆花(万盆) | 1.00 |
| 87 | 雄　县(冀) | 盆花(万盆) | 1.00 |
| 88 | 海盐县(浙) | 盆花(万盆) | 0.85 |
| 89 | 凤庆县(滇) | 盆花(万盆) | 0.55 |
| 90 | 长葛市(豫) | 盆景(万盆) | 4000.00 |
| 91 | 仙桃市(鄂) | 盆景(万盆) | 28.00 |
| 92 | 五华县(粤) | 盆景(万盆) | 10.00 |
| 93 | 犍为县(川) | 盆景(万盆) | 4.80 |
| 94 | 惠东县(粤) | 盆景(万盆) | 3.00 |
| 95 | 迁安市(冀) | 盆景(万盆) | 1.20 |
| 96 | 常宁市(湘) | 盆景(万盆) | 1.00 |
| 97 | 三门县(浙) | 盆景(万盆) | 0.80 |
| 98 | 新宁县(湘) | 食用及药用花卉(吨) | 20.00 |
| 99 | 邻水县(川) | 鲜切花(万支) | 2000.00 |
| 100 | 宣汉县(川) | 鲜切花(万支) | 46.00 |
| 101 | 洋　县(陕) | 鲜切花(万支) | 2.00 |
| 102 | 蕉岭县(粤) | 鲜切花(万支) | 1.00 |
| 103 | 江华瑶族自治县(湘) | 鲜切叶(万支) | 0.87 |

**表 13-14　山茶花主产地产量**

| 序号 | 山茶花主产地 | 花卉类别 | 生产量 |
|---|---|---|---|
| 1 | 北湖区(湘) | 城市绿化苗(万株) | 3590.00 |
| 2 | 宜都市(鄂) | 城市绿化苗(万株) | 35.00 |
| 3 | 安化县(湘) | 城市绿化苗(万株) | 15.00 |
| 4 | 津市市(湘) | 城市绿化苗(万株) | 11.20 |
| 5 | 茶陵县(湘) | 城市绿化苗(万株) | 10.00 |
| 6 | 新化县(湘) | 城市绿化苗(万株) | 10.00 |
| 7 | 新宁县(湘) | 城市绿化苗(万株) | 5.00 |
| 8 | 三门县(浙) | 观赏苗木(万株) | 80.00 |
| 9 | 临川区(赣) | 观赏苗木(万株) | 76.00 |
| 10 | 象山区(桂) | 观赏苗木(万株) | 60.00 |
| 11 | 乳源瑶族自治县(粤) | 观赏苗木(万株) | 50.00 |
| 12 | 巴州区(川) | 观赏苗木(万株) | 45.00 |
| 13 | 麻城市(鄂) | 观赏苗木(万株) | 25.00 |
| 14 | 城阳区(鲁) | 观赏苗木(万株) | 20.60 |
| 15 | 芜湖县(皖) | 观赏苗木(万株) | 6.00 |
| 16 | 翠屏区(川) | 观赏苗木(万株) | 3.50 |
| 17 | 高州市(粤) | 观赏苗木(万株) | 2.00 |
| 18 | 麻城市(鄂) | 观叶植物(万盆) | 7.00 |
| 19 | 巴州区(川) | 盆花(万盆) | 40.00 |
| 20 | 南雄市(粤) | 盆花(万盆) | 8.00 |
| 21 | 鼎城区(湘) | 盆花(万盆) | 3.80 |
| 22 | 汝城县(湘) | 盆花(万盆) | 3.00 |
| 23 | 固始县(豫) | 盆花(万盆) | 2.00 |
| 24 | 娄星区(湘) | 盆花(万盆) | 1.50 |
| 25 | 三门县(浙) | 盆花(万盆) | 1.40 |
| 26 | 沅陵县(湘) | 盆花(万盆) | 0.60 |
| 27 | 临川区(赣) | 盆景(万盆) | 16.00 |
| 28 | 常宁市(湘) | 盆景(万盆) | 1.00 |
| 29 | 巴州区(川) | 鲜切花(万支) | 2.00 |
| 30 | 石城县(赣) | 鲜切叶(万支) | 16.00 |
| 31 | 巴州区(川) | 鲜切叶(万支) | 15.00 |

**表 13-15　茶花主产地产量**

| 序号 | 茶花主产地 | 花卉类别 | 生产量 |
|---|---|---|---|
| 1 | 醴陵市(湘) | 城市绿化苗(万株) | 10000.00 |
| 2 | 德安县(赣) | 城市绿化苗(万株) | 67.70 |
| 3 | 全州县(桂) | 城市绿化苗(万株) | 30.00 |
| 4 | 新宁县(湘) | 城市绿化苗(万株) | 20.00 |
| 5 | 沙洋县(鄂) | 城市绿化苗(万株) | 20.00 |
| 6 | 广丰县(赣) | 城市绿化苗(万株) | 20.00 |
| 7 | 龙南县(赣) | 城市绿化苗(万株) | 15.00 |
| 8 | 彝良县(滇) | 城市绿化苗(万株) | 10.00 |
| 9 | 新化县(湘) | 城市绿化苗(万株) | 10.00 |
| 10 | 象山县(浙) | 城市绿化苗(万株) | 10.00 |
| 11 | 筠连县(川) | 城市绿化苗(万株) | 5.00 |
| 12 | 辰溪县(湘) | 城市绿化苗(万株) | 4.00 |
| 13 | 石门县(湘) | 城市绿化苗(万株) | 2.00 |
| 14 | 汝城县(湘) | 城市绿化苗(万株) | 2.00 |
| 15 | 龙里县(黔) | 城市绿化苗(万株) | 2.00 |
| 16 | 广水市(鄂) | 城市绿化苗(万株) | 2.00 |
| 17 | 路桥区(浙) | 城市绿化苗(万株) | 1.20 |
| 18 | 竹山县(鄂) | 城市绿化苗(万株) | 1.00 |
| 19 | 岳阳县(湘) | 城市绿化苗(万株) | 1.00 |
| 20 | 湘潭县(湘) | 城市绿化苗(万株) | 1.00 |
| 21 | 蕲春县(鄂) | 城市绿化苗(万株) | 1.00 |
| 22 | 冷水江市(湘) | 城市绿化苗(万株) | 1.00 |
| 23 | 固始县(豫) | 城市绿化苗(万株) | 1.00 |
| 24 | 安陆市(鄂) | 城市绿化苗(万株) | 1.00 |
| 25 | 富川瑶族自治县(桂) | 城市绿化苗(万株) | 0.60 |
| 26 | 楚雄市(滇) | 观赏苗木(万株) | 19000.00 |
| 27 | 北仑区(浙) | 观赏苗木(万株) | 600.00 |
| 28 | 高　县(川) | 观赏苗木(万株) | 300.00 |
| 29 | 建始县(鄂) | 观赏苗木(万株) | 110.00 |
| 30 | 通城县(鄂) | 观赏苗木(万株) | 102.00 |
| 31 | 崂山区(鲁) | 观赏苗木(万株) | 90.00 |
| 32 | 阳朔县(桂) | 观赏苗木(万株) | 80.00 |
| 33 | 鹤城区(湘) | 观赏苗木(万株) | 45.00 |

| 序号 | 茶花主产地 | 花卉类别 | 生产量 |
|---|---|---|---|
| 34 | 邵阳县(湘) | 观赏苗木(万株) | 40.00 |
| 35 | 龙门县(粤) | 观赏苗木(万株) | 36.42 |
| 36 | 龙南县(赣) | 观赏苗木(万株) | 30.00 |
| 37 | 高安市(赣) | 观赏苗木(万株) | 26.00 |
| 38 | 竹溪县(鄂) | 观赏苗木(万株) | 20.00 |
| 39 | 巴州区(川) | 观赏苗木(万株) | 15.00 |
| 40 | 阳新县(鄂) | 观赏苗木(万株) | 13.00 |
| 41 | 石城县(赣) | 观赏苗木(万株) | 6.30 |
| 42 | 望江县(皖) | 观赏苗木(万株) | 5.00 |
| 43 | 维都林场(桂) | 观赏苗木(万株) | 3.40 |
| 44 | 武陵区(湘) | 观赏苗木(万株) | 3.00 |
| 45 | 永福县(桂) | 观赏苗木(万株) | 2.30 |
| 46 | 南溪县(川) | 观赏苗木(万株) | 2.00 |
| 47 | 碧江区(黔) | 观赏苗木(万株) | 2.00 |
| 48 | 汉滨区(陕) | 观赏苗木(万株) | 1.97 |
| 49 | 玉山县(赣) | 观赏苗木(万株) | 1.50 |
| 50 | 犍为县(川) | 观赏苗木(万株) | 1.20 |
| 51 | 固始县(豫) | 观赏苗木(万株) | 1.00 |
| 52 | 富顺县(川) | 观叶植物(万盆) | 81.00 |
| 53 | 沭阳县(苏) | 观叶植物(万盆) | 10.00 |
| 54 | 石柱土家族自治县(渝) | 观叶植物(万盆) | 5.00 |
| 55 | 洛南县(陕) | 观叶植物(万盆) | 5.00 |
| 56 | 水富县(滇) | 观叶植物(万盆) | 3.00 |
| 57 | 冷水滩区(湘) | 观叶植物(万盆) | 1.00 |
| 58 | 龙门县(粤) | 盆花(万盆) | 4900.00 |
| 59 | 巴州区(川) | 盆花(万盆) | 150.00 |
| 60 | 阳朔县(桂) | 盆花(万盆) | 30.00 |
| 61 | 洞口县(湘) | 盆花(万盆) | 20.00 |
| 62 | 凤庆县(滇) | 盆花(万盆) | 11.00 |
| 63 | 江华瑶族自治县(湘) | 盆花(万盆) | 6.13 |
| 64 | 黔江区(渝) | 盆花(万盆) | 6.00 |
| 65 | 阳新县(鄂) | 盆花(万盆) | 5.00 |
| 66 | 罗江县(川) | 盆花(万盆) | 5.00 |
| 67 | 井研县(川) | 盆花(万盆) | 3.40 |
| 68 | 龙南县(赣) | 盆花(万盆) | 3.00 |
| 69 | 迁安市(冀) | 盆花(万盆) | 2.10 |
| 70 | 昌乐县(鲁) | 盆花(万盆) | 1.50 |
| 71 | 津市市(湘) | 盆花(万盆) | 1.30 |
| 72 | 西安区(吉) | 盆花(万盆) | 1.00 |
| 73 | 临沭县(鲁) | 盆花(万盆) | 1.00 |
| 74 | 汉源县(川) | 盆花(万盆) | 1.00 |
| 75 | 北辰区(津) | 盆花(万盆) | 0.80 |
| 76 | 长葛市(豫) | 盆景(万盆) | 5000.00 |
| 77 | 江华瑶族自治县(湘) | 盆景(万盆) | 10.00 |
| 78 | 昆山市(苏) | 盆景(万盆) | 5.00 |
| 79 | 当阳市(鄂) | 盆景(万盆) | 3.00 |
| 80 | 惠东县(粤) | 盆景(万盆) | 2.42 |
| 81 | 固始县(豫) | 盆景(万盆) | 2.00 |
| 82 | 青州市(鲁) | 盆景(万盆) | 1.00 |
| 83 | 沅陵县(湘) | 盆景(万盆) | 0.70 |
| 84 | 金洞林场(湘) | 鲜切花(万支) | 1.80 |

**表 13-16 玫瑰主产地产量**

| 序号 | 玫瑰主产地 | 花卉类别 | 生产量 |
|---|---|---|---|
| 1 | 东平县(鲁) | 城市绿化苗(万株) | 120.00 |
| 2 | 木垒哈萨克自治县(新) | 城市绿化苗(万株) | 54.00 |
| 3 | 五原县(内蒙古) | 城市绿化苗(万株) | 20.00 |
| 4 | 北林区(黑) | 城市绿化苗(万株) | 18.00 |
| 5 | 依安县(黑) | 城市绿化苗(万株) | 10.00 |
| 6 | 竹山县(鄂) | 城市绿化苗(万株) | 9.10 |
| 7 | 克东县(黑) | 城市绿化苗(万株) | 5.00 |
| 8 | 吴川市(粤) | 城市绿化苗(万株) | 5.00 |
| 9 | 昌吉市(新) | 城市绿化苗(万株) | 1.20 |
| 10 | 巴林林业局(内蒙古) | 城市绿化苗(万株) | 1.00 |
| 11 | 卫东区(豫) | 干花(万支) | 3.00 |
| 12 | 梁山县(鲁) | 工业及其他用途花卉(千克) | 4.00 |
| 13 | 邵东县(湘) | 观赏苗木(万株) | 200.00 |
| 14 | 莱州市(鲁) | 观赏苗木(万株) | 157.00 |
| 15 | 呼兰区(黑) | 观赏苗木(万株) | 130.00 |
| 16 | 新邵县(湘) | 观赏苗木(万株) | 100.00 |
| 17 | 建始县(鄂) | 观赏苗木(万株) | 90.00 |
| 18 | 淅川县(豫) | 观赏苗木(万株) | 90.00 |
| 19 | 双滦区(冀) | 观赏苗木(万株) | 30.00 |
| 20 | 月湖区(赣) | 观赏苗木(万株) | 20.00 |
| 21 | 扎兰屯市(内蒙古) | 观赏苗木(万株) | 14.00 |
| 22 | 龙凤区(黑) | 观赏苗木(万株) | 12.00 |
| 23 | 邢台县(冀) | 观赏苗木(万株) | 12.00 |
| 24 | 唐　县(冀) | 观赏苗木(万株) | 8.00 |
| 25 | 高安市(赣) | 观赏苗木(万株) | 7.50 |
| 26 | 凉州区(甘) | 观赏苗木(万株) | 5.00 |
| 27 | 麻城市(鄂) | 观赏苗木(万株) | 4.90 |
| 28 | 登封市(豫) | 观赏苗木(万株) | 1.08 |
| 29 | 江津区(渝) | 观赏苗木(万株) | 1.00 |
| 30 | 玛纳斯县(新) | 花卉用种苗(千苗) | 360.00 |
| 31 | 登封市(豫) | 花卉用种子(千克) | 371.25 |
| 32 | 定州市(冀) | 盆花(万盆) | 200.00 |
| 33 | 东昌府区(鲁) | 盆花(万盆) | 100.00 |
| 34 | 吉木萨尔县(新) | 盆花(万盆) | 60.00 |
| 35 | 清河区(辽) | 盆花(万盆) | 60.00 |
| 36 | 范　县(豫) | 盆花(万盆) | 50.00 |
| 37 | 固始县(豫) | 盆花(万盆) | 40.00 |

| 序号 | 玫瑰主产地 | 花卉类别 | 生产量 | 序号 | 玫瑰主产地 | 花卉类别 | 生产量 |
|---|---|---|---|---|---|---|---|
| 38 | 上蔡县(豫) | 盆花(万盆) | 18.00 | 84 | 兰山区(鲁) | 鲜切花(万支) | 800.00 |
| 39 | 临西县(冀) | 盆花(万盆) | 10.00 | 85 | 岫岩满族自治县(辽) | 鲜切花(万支) | 790.00 |
| 40 | 隆尧县(冀) | 盆花(万盆) | 5.00 | 86 | 喀喇沁左翼蒙古族自治县(辽) | 鲜切花(万支) | 600.00 |
| 41 | 元宝山区(内蒙古) | 盆花(万盆) | 5.00 | 87 | 衢江区(浙) | 鲜切花(万支) | 550.00 |
| 42 | 围场满族蒙古族自治县(冀) | 盆花(万盆) | 4.00 | 88 | 南湖区(浙) | 鲜切花(万支) | 503.00 |
| 43 | 汉阴县(陕) | 盆花(万盆) | 3.00 | 89 | 木垒哈萨克自治县(新) | 鲜切花(万支) | 480.00 |
| 44 | 喀什市(新) | 盆花(万盆) | 3.00 | 90 | 楚雄市(滇) | 鲜切花(万支) | 450.50 |
| 45 | 蒲江县(川) | 盆花(万盆) | 2.75 | 91 | 潼南县(渝) | 鲜切花(万支) | 386.00 |
| 46 | 平阴县(鲁) | 盆花(万盆) | 2.30 | 92 | 凯里市(黔) | 鲜切花(万支) | 330.00 |
| 47 | 津市市(湘) | 盆花(万盆) | 1.20 | 93 | 沂源县(鲁) | 鲜切花(万支) | 326.00 |
| 48 | 台山市(粤) | 盆花(万盆) | 1.20 | 94 | 濮阳县(豫) | 鲜切花(万支) | 300.00 |
| 49 | 黔江区(渝) | 盆花(万盆) | 1.00 | 95 | 吉木萨尔县(新) | 鲜切花(万支) | 270.00 |
| 50 | 盐山县(冀) | 盆花(万盆) | 1.00 | 96 | 东洲区(辽) | 鲜切花(万支) | 240.00 |
| 51 | 蠡　县(冀) | 盆花(万盆) | 0.90 | 97 | 华龙区(豫) | 鲜切花(万支) | 200.00 |
| 52 | 隆德县(宁) | 盆花(万盆) | 0.63 | 98 | 许昌县(豫) | 鲜切花(万支) | 190.00 |
| 53 | 临川区(赣) | 盆景(万盆) | 70.00 | 99 | 红山区(内蒙古) | 鲜切花(万支) | 160.00 |
| 54 | 榆中县(甘) | 盆景(万盆) | 10.00 | 100 | 宝山区(沪) | 鲜切花(万支) | 130.00 |
| 55 | 犍为县(川) | 盆景(万盆) | 1.10 | 101 | 迁安市(冀) | 鲜切花(万支) | 130.00 |
| 56 | 常宁市(湘) | 盆景(万盆) | 1.00 | 102 | 丰满区(吉) | 鲜切花(万支) | 120.00 |
| 57 | 平阴县(鲁) | 食用及药用花卉(吨) | 8558.00 | 103 | 辉南县(吉) | 鲜切花(万支) | 120.00 |
| 58 | 衢江区(浙) | 食用及药用花卉(吨) | 400.00 | 104 | 临川区(赣) | 鲜切花(万支) | 120.00 |
| 59 | 鹤庆县(滇) | 食用及药用花卉(千克) | 180000.00 | 105 | 平山县(冀) | 鲜切花(万支) | 110.00 |
| 60 | 延庆县(京) | 食用及药用花卉(千克) | 57960.00 | 106 | 古冶区(冀) | 鲜切花(万支) | 100.00 |
| 61 | 青州市(鲁) | 食用及药用花卉(千克) | 30100.00 | 107 | 连州市(粤) | 鲜切花(万支) | 100.00 |
| 62 | 三门县(浙) | 食用及药用花卉(千克) | 5000.00 | 108 | 阳新县(鄂) | 鲜切花(万支) | 100.00 |
| 63 | 兰州新区(甘) | 食用及药用花卉(千克) | 1145.60 | 109 | 长垣县(豫) | 鲜切花(万支) | 94.00 |
| 64 | 禄劝彝族苗族自治县(滇) | 食用及药用花卉(千克) | 40.00 | 110 | 长丰县(皖) | 鲜切花(万支) | 92.50 |
| 65 | 朝阳县(辽) | 鲜切花(万支) | 30000.00 | 111 | 临邑县(鲁) | 鲜切花(万支) | 90.00 |
| 66 | 莒　县(鲁) | 鲜切花(万支) | 25853.00 | 112 | 固安县(冀) | 鲜切花(万支) | 88.00 |
| 67 | 辽中县(辽) | 鲜切花(万支) | 21500.00 | 113 | 永川区(渝) | 鲜切花(万支) | 81.00 |
| 68 | 灯塔市(辽) | 鲜切花(万支) | 20000.00 | 114 | 招远市(鲁) | 鲜切花(万支) | 80.00 |
| 69 | 东乡县(赣) | 鲜切花(万支) | 6300.00 | 115 | 遵化市(冀) | 鲜切花(万支) | 80.00 |
| 70 | 台安县(辽) | 鲜切花(万支) | 6000.00 | 116 | 茌平县(鲁) | 鲜切花(万支) | 77.00 |
| 71 | 石林彝族自治县(滇) | 鲜切花(万支) | 5730.27 | 117 | 宣汉县(川) | 鲜切花(万支) | 68.00 |
| 72 | 昆明市经济技术开发区(滇) | 鲜切花(万支) | 4644.20 | 118 | 金山区(沪) | 鲜切花(万支) | 66.00 |
| 73 | 榆中县(甘) | 鲜切花(万支) | 3591.39 | 119 | 岚山区(鲁) | 鲜切花(万支) | 55.00 |
| 74 | 龙城区(辽) | 鲜切花(万支) | 2500.00 | 120 | 大英县(川) | 鲜切花(万支) | 50.00 |
| 75 | 武定县(滇) | 鲜切花(万支) | 2220.00 | 121 | 管城回族区(豫) | 鲜切花(万支) | 50.00 |
| 76 | 巴林左旗(内蒙古) | 鲜切花(万支) | 2000.00 | 122 | 西青区(津) | 鲜切花(万支) | 50.00 |
| 77 | 濮阳市高新区(豫) | 鲜切花(万支) | 2000.00 | 123 | 振安区(辽) | 鲜切花(万支) | 50.00 |
| 78 | 平桥区(豫) | 鲜切花(万支) | 1840.00 | 124 | 献　县(冀) | 鲜切花(万支) | 49.00 |
| 79 | 凌源市(辽) | 鲜切花(万支) | 1700.00 | 125 | 海城市(辽) | 鲜切花(万支) | 43.20 |
| 80 | 瓦房店市(辽) | 鲜切花(万支) | 1320.00 | 126 | 慈溪市(浙) | 鲜切花(万支) | 40.00 |
| 81 | 峨山彝族自治县(滇) | 鲜切花(万支) | 1070.00 | 127 | 德城区(鲁) | 鲜切花(万支) | 40.00 |
| 82 | 郾城区(豫) | 鲜切花(万支) | 900.00 | 128 | 象山县(浙) | 鲜切花(万支) | 40.00 |
| 83 | 清丰县(豫) | 鲜切花(万支) | 804.00 | 129 | 大同区(黑) | 鲜切花(万支) | 36.00 |

| 序号 | 玫瑰主产地 | 花卉类别 | 生产量 |
|---|---|---|---|
| 130 | 仁寿县(川) | 鲜切花(万支) | 35.00 |
| 131 | 修武县(豫) | 鲜切花(万支) | 35.00 |
| 132 | 凤城市(辽) | 鲜切花(万支) | 33.00 |
| 133 | 庄河市(辽) | 鲜切花(万支) | 32.00 |
| 134 | 海港区(冀) | 鲜切花(万支) | 30.00 |
| 135 | 花溪区(黔) | 鲜切花(万支) | 30.00 |
| 136 | 隆尧县(冀) | 鲜切花(万支) | 30.00 |
| 137 | 南川区(渝) | 鲜切花(万支) | 23.00 |
| 138 | 泰顺县(浙) | 鲜切花(万支) | 22.00 |
| 139 | 台山市(粤) | 鲜切花(万支) | 21.00 |
| 140 | 汝南县(豫) | 鲜切花(万支) | 20.54 |
| 141 | 芦溪县(赣) | 鲜切花(万支) | 20.00 |
| 142 | 彭山县(川) | 鲜切花(万支) | 20.00 |
| 143 | 青山区(内蒙古) | 鲜切花(万支) | 20.00 |
| 144 | 日照国际海洋城(鲁) | 鲜切花(万支) | 20.00 |
| 145 | 梁山县(鲁) | 鲜切花(万支) | 18.50 |
| 146 | 祁东县(湘) | 鲜切花(万支) | 18.20 |
| 147 | 栾城县(冀) | 鲜切花(万支) | 17.80 |
| 148 | 长葛市(豫) | 鲜切花(万支) | 15.00 |
| 149 | 廉江市(粤) | 鲜切花(万支) | 15.00 |
| 150 | 桂阳县(湘) | 鲜切花(万支) | 13.00 |
| 151 | 福泉市(黔) | 鲜切花(万支) | 12.00 |
| 152 | 三门县(浙) | 鲜切花(万支) | 12.00 |
| 153 | 惠济区(豫) | 鲜切花(万支) | 10.20 |
| 154 | 白银区(甘) | 鲜切花(万支) | 10.00 |
| 155 | 红旗区(豫) | 鲜切花(万支) | 10.00 |
| 156 | 开平区(冀) | 鲜切花(万支) | 10.00 |
| 157 | 临漳县(冀) | 鲜切花(万支) | 10.00 |
| 158 | 宁都县(赣) | 鲜切花(万支) | 10.00 |
| 159 | 沙市区(鄂) | 鲜切花(万支) | 10.00 |
| 160 | 井研县(川) | 鲜切花(万支) | 8.50 |
| 161 | 衡阳县(湘) | 鲜切花(万支) | 8.00 |
| 162 | 凉州区(甘) | 鲜切花(万支) | 8.00 |
| 163 | 清苑县(冀) | 鲜切花(万支) | 8.00 |
| 164 | 南市区(冀) | 鲜切花(万支) | 7.00 |
| 165 | 喀什市(新) | 鲜切花(万支) | 6.00 |
| 166 | 马山县(桂) | 鲜切花(万支) | 6.00 |
| 167 | 北票市(辽) | 鲜切花(万支) | 5.00 |
| 168 | 万源市(川) | 鲜切花(万支) | 5.00 |
| 169 | 武陵区(湘) | 鲜切花(万支) | 5.00 |
| 170 | 于都县(赣) | 鲜切花(万支) | 4.90 |
| 171 | 永城市(豫) | 鲜切花(万支) | 4.32 |
| 172 | 犍为县(川) | 鲜切花(万支) | 4.00 |
| 173 | 满城县(冀) | 鲜切花(万支) | 4.00 |
| 174 | 衡山县(湘) | 鲜切花(万支) | 3.70 |
| 175 | 黔西县(黔) | 鲜切花(万支) | 3.50 |
| 176 | 平果县(桂) | 鲜切花(万支) | 3.38 |
| 177 | 合浦县(桂) | 鲜切花(万支) | 3.00 |
| 178 | 红岗区(黑) | 鲜切花(万支) | 3.00 |
| 179 | 墨江哈尼族自治县(滇) | 鲜切花(万支) | 3.00 |
| 180 | 南溪县(川) | 鲜切花(万支) | 3.00 |
| 181 | 青　县(冀) | 鲜切花(万支) | 3.00 |
| 182 | 沂南县(鲁) | 鲜切花(万支) | 3.00 |
| 183 | 长治市城区(晋) | 鲜切花(万支) | 2.50 |
| 184 | 大庆市开发区(黑) | 鲜切花(万支) | 2.40 |
| 185 | 汉源县(川) | 鲜切花(万支) | 2.20 |
| 186 | 蕉岭县(粤) | 鲜切花(万支) | 2.10 |
| 187 | 津市市(湘) | 鲜切花(万支) | 2.10 |
| 188 | 碧江区(黔) | 鲜切花(万支) | 2.00 |
| 189 | 江川县(滇) | 鲜切花(万支) | 2.00 |
| 190 | 洛南县(陕) | 鲜切花(万支) | 2.00 |
| 191 | 张湾区(鄂) | 鲜切花(万支) | 2.00 |
| 192 | 沙雅县(新) | 鲜切花(万支) | 1.87 |
| 193 | 蔡甸区(鄂) | 鲜切花(万支) | 1.60 |
| 194 | 永靖县(甘) | 鲜切花(万支) | 1.60 |
| 195 | 大方县(黔) | 鲜切花(万支) | 1.50 |
| 196 | 永兴县(湘) | 鲜切花(万支) | 0.93 |
| 197 | 房　县(鄂) | 鲜切花(万支) | 0.55 |
| 198 | 禄劝彝族苗族自治县(滇) | 鲜切叶(万支) | 5.00 |

### 表 13-17　百合主产地产量

| 序号 | 百合主产地 | 花卉类别 | 生产量 |
|---|---|---|---|
| 1 | 二道区(吉) | 城市绿化苗(万株) | 150.00 |
| 2 | 广水市(鄂) | 城市绿化苗(万株) | 5.00 |
| 3 | 建始县(鄂) | 观赏苗木(万株) | 160.00 |
| 4 | 蒲江县(川) | 观赏苗木(万株) | 45.60 |
| 5 | 滦南县(冀) | 观赏苗木(万株) | 22.10 |
| 6 | 临洮县(甘) | 观赏苗木(万株) | 3.00 |
| 7 | 调兵山市(辽) | 观赏苗木(万株) | 2.00 |
| 8 | 遂川县(赣) | 观赏苗木(万株) | 2.00 |
| 9 | 彭水苗族土家族自治县(渝) | 观赏苗木(万株) | 1.00 |
| 10 | 施甸县(滇) | 观叶植物(万盆) | 12.00 |
| 11 | 海宁市(浙) | 花卉用种球(千粒) | 4366.00 |
| 12 | 临安市(浙) | 花卉用种球(千粒) | 1000.00 |
| 13 | 海城市(辽) | 花卉用种球(千粒) | 282.00 |
| 14 | 南郑县(陕) | 花卉用种球(千粒) | 280.00 |
| 15 | 延庆县(京) | 花卉用种球(千粒) | 80.00 |
| 16 | 宣汉县(川) | 盆花(万盆) | 43.00 |
| 17 | 濮阳县(豫) | 盆花(万盆) | 33.00 |
| 18 | 惠济区(豫) | 盆花(万盆) | 18.44 |
| 19 | 长治市城区(晋) | 盆花(万盆) | 10.00 |
| 20 | 清丰县(豫) | 盆花(万盆) | 5.00 |

| 序号 | 百合主产地 | 花卉类别 | 生产量 |
|---|---|---|---|
| 21 | 巴州区(川) | 盆花(万盆) | 5.00 |
| 22 | 固安县(冀) | 盆花(万盆) | 4.00 |
| 23 | 迁安市(冀) | 盆花(万盆) | 3.50 |
| 24 | 蒲江县(川) | 盆花(万盆) | 3.20 |
| 25 | 青州市(鲁) | 盆花(万盆) | 1.20 |
| 26 | 平山县(冀) | 盆花(万盆) | 1.00 |
| 27 | 遂川县(赣) | 盆花(万盆) | 1.00 |
| 28 | 大东流苗圃(京) | 盆花(万盆) | 0.92 |
| 29 | 东营区(鲁) | 盆景(万盆) | 15.00 |
| 30 | 新宁县(湘) | 食用及药用花卉(千克) | 20000.00 |
| 31 | 凌源市(辽) | 鲜切花(万支) | 51500.00 |
| 32 | 太子河区(辽) | 鲜切花(万支) | 30000.00 |
| 33 | 灯塔市(辽) | 鲜切花(万支) | 20000.00 |
| 34 | 会泽县(滇) | 鲜切花(万支) | 13188.00 |
| 35 | 南雄市(粤) | 鲜切花(万支) | 9938.00 |
| 36 | 东乡县(赣) | 鲜切花(万支) | 8350.00 |
| 37 | 师宗县(滇) | 鲜切花(万支) | 5000.00 |
| 38 | 盘龙区(滇) | 鲜切花(万支) | 5000.00 |
| 39 | 海宁市(浙) | 鲜切花(万支) | 4504.50 |
| 40 | 隆德县(宁) | 鲜切花(万支) | 3500.00 |
| 41 | 寻甸回族彝族自治县(滇) | 鲜切花(万支) | 3200.00 |
| 42 | 龙城区(辽) | 鲜切花(万支) | 2500.00 |
| 43 | 经济技术开发区(辽) | 鲜切花(万支) | 2450.00 |
| 44 | 于洪区(辽) | 鲜切花(万支) | 2267.00 |
| 45 | 北票市(辽) | 鲜切花(万支) | 1000.00 |
| 46 | 清新县(粤) | 鲜切花(万支) | 800.00 |
| 47 | 峨山彝族自治县(滇) | 鲜切花(万支) | 700.00 |
| 48 | 平泉县(冀) | 鲜切花(万支) | 600.00 |
| 49 | 香河县(冀) | 鲜切花(万支) | 500.00 |
| 50 | 获嘉县(豫) | 鲜切花(万支) | 500.00 |
| 51 | 临川区(赣) | 鲜切花(万支) | 472.00 |
| 52 | 临安市(浙) | 鲜切花(万支) | 320.00 |
| 53 | 濮阳县(豫) | 鲜切花(万支) | 280.00 |
| 54 | 惠山区(苏) | 鲜切花(万支) | 269.00 |
| 55 | 许昌县(豫) | 鲜切花(万支) | 220.00 |
| 56 | 东洲区(辽) | 鲜切花(万支) | 200.00 |
| 57 | 长兴县(浙) | 鲜切花(万支) | 200.00 |
| 58 | 南湖区(浙) | 鲜切花(万支) | 200.00 |
| 59 | 如皋市(苏) | 鲜切花(万支) | 160.00 |
| 60 | 崇明县(沪) | 鲜切花(万支) | 124.40 |
| 61 | 金山区(沪) | 鲜切花(万支) | 110.00 |
| 62 | 吉木萨尔县(新) | 鲜切花(万支) | 93.00 |
| 63 | 石林彝族自治县(滇) | 鲜切花(万支) | 91.00 |
| 64 | 迁安市(冀) | 鲜切花(万支) | 70.00 |
| 65 | 嘉陵区(川) | 鲜切花(万支) | 54.10 |
| 66 | 振安区(辽) | 鲜切花(万支) | 50.00 |
| 67 | 奉贤区(沪) | 鲜切花(万支) | 42.00 |
| 68 | 象山县(浙) | 鲜切花(万支) | 40.00 |
| 69 | 庄河市(辽) | 鲜切花(万支) | 34.00 |
| 70 | 三门县(浙) | 鲜切花(万支) | 30.00 |
| 71 | 芦溪县(赣) | 鲜切花(万支) | 30.00 |
| 72 | 维西傈僳族自治县(滇) | 鲜切花(万支) | 30.00 |
| 73 | 杨凌区农林局(陕) | 鲜切花(万支) | 30.00 |
| 74 | 通州区(京) | 鲜切花(万支) | 29.00 |
| 75 | 瑞金市(赣) | 鲜切花(万支) | 25.00 |
| 76 | 平谷区(京) | 鲜切花(万支) | 23.20 |
| 77 | 西青区(津) | 鲜切花(万支) | 20.00 |
| 78 | 路北区(冀) | 鲜切花(万支) | 20.00 |
| 79 | 游仙区(川) | 鲜切花(万支) | 20.00 |
| 80 | 白银区(甘) | 鲜切花(万支) | 20.00 |
| 81 | 永靖县(甘) | 鲜切花(万支) | 19.20 |
| 82 | 宽城满族自治县(冀) | 鲜切花(万支) | 19.00 |
| 83 | 海城市(辽) | 鲜切花(万支) | 18.20 |
| 84 | 开平区(冀) | 鲜切花(万支) | 15.00 |
| 85 | 玉田县(冀) | 鲜切花(万支) | 10.00 |
| 86 | 浦东新区(沪) | 鲜切花(万支) | 10.00 |
| 87 | 克什克腾旗(内蒙古) | 鲜切花(万支) | 8.00 |
| 88 | 闵行区(沪) | 鲜切花(万支) | 7.00 |
| 89 | 奉化市(浙) | 鲜切花(万支) | 6.00 |
| 90 | 献　县(冀) | 鲜切花(万支) | 5.00 |
| 91 | 潮安县(粤) | 鲜切花(万支) | 5.00 |
| 92 | 井研县(川) | 鲜切花(万支) | 5.00 |
| 93 | 万源市(川) | 鲜切花(万支) | 5.00 |
| 94 | 雁塔区(陕) | 鲜切花(万支) | 5.00 |
| 95 | 长丰县(皖) | 鲜切花(万支) | 4.90 |
| 96 | 怀柔区(京) | 鲜切花(万支) | 4.85 |
| 97 | 沙市区(鄂) | 鲜切花(万支) | 4.00 |
| 98 | 平山县(冀) | 鲜切花(万支) | 3.00 |
| 99 | 红岗区(黑) | 鲜切花(万支) | 3.00 |
| 100 | 汉滨区(陕) | 鲜切花(万支) | 2.30 |
| 101 | 栾城县(冀) | 鲜切花(万支) | 2.00 |
| 102 | 蔡甸区(鄂) | 鲜切花(万支) | 1.30 |
| 103 | 喀什市(新) | 鲜切花(万支) | 1.00 |
| 104 | 汉源县(川) | 鲜切花(万支) | 0.60 |
| 105 | 临沂市高新技术产业开发区(鲁) | 鲜切叶(万支) | 24000.00 |
| 106 | 禄劝彝族苗族自治县(滇) | 鲜切叶(万支) | 10.00 |
| 107 | 马山县(桂) | 鲜切叶(万支) | 5.00 |
| 108 | 洋　县(陕) | 鲜切叶(万支) | 4.00 |

**表 13-18　康乃馨主产地产量**

| 序号 | 康乃馨主产地 | 花卉类别 | 生产量 |
|---|---|---|---|
| 1 | 海盐县(浙) | 干花(万支) | 2.50 |

| 序号 | 康乃馨主产地 | 花卉类别 | 生产量 |
|---|---|---|---|
| 2 | 建始县(鄂) | 观赏苗木(万株) | 150.00 |
| 3 | 闵行区(沪) | 花卉用种苗(千苗) | 30000.00 |
| 4 | 隆德县(宁) | 盆花(万盆) | 40.00 |
| 5 | 东丽区(津) | 盆花(万盆) | 8.60 |
| 6 | 东河区(内蒙古) | 盆花(万盆) | 5.80 |
| 7 | 石棉县(川) | 盆花(万盆) | 5.00 |
| 8 | 襄城区(鄂) | 盆花(万盆) | 3.30 |
| 9 | 平山县(冀) | 盆花(万盆) | 2.00 |
| 10 | 盐山县(冀) | 盆花(万盆) | 2.00 |
| 11 | 新建县(赣) | 盆花(万盆) | 0.85 |
| 12 | 犍为县(川) | 盆景(万盆) | 0.60 |
| 13 | 石林彝族自治县(滇) | 鲜切花(万支) | 19884.70 |
| 14 | 榆中县(甘) | 鲜切花(万支) | 1764.00 |
| 15 | 嵩明县(滇) | 鲜切花(万支) | 910.00 |
| 16 | 南湖区(浙) | 鲜切花(万支) | 400.00 |
| 17 | 香河县(冀) | 鲜切花(万支) | 400.00 |
| 18 | 会泽县(滇) | 鲜切花(万支) | 350.00 |
| 19 | 凌源市(辽) | 鲜切花(万支) | 340.00 |
| 20 | 青浦区(沪) | 鲜切花(万支) | 220.00 |
| 21 | 惠山区(苏) | 鲜切花(万支) | 200.00 |
| 22 | 松江区(沪) | 鲜切花(万支) | 162.00 |
| 23 | 金山区(沪) | 鲜切花(万支) | 150.00 |
| 24 | 临川区(赣) | 鲜切花(万支) | 120.00 |
| 25 | 江川县(滇) | 鲜切花(万支) | 100.00 |
| 26 | 大武口区(宁) | 鲜切花(万支) | 80.00 |
| 27 | 木垒哈萨克自治县(新) | 鲜切花(万支) | 80.00 |
| 28 | 迁安市(冀) | 鲜切花(万支) | 60.00 |
| 29 | 常熟市(苏) | 鲜切花(万支) | 40.00 |
| 30 | 浦东新区(沪) | 鲜切花(万支) | 30.00 |
| 31 | 庄河市(辽) | 鲜切花(万支) | 26.00 |
| 32 | 农垦事业管理局(宁) | 鲜切花(万支) | 25.50 |
| 33 | 西青区(津) | 鲜切花(万支) | 20.00 |
| 34 | 芦溪县(赣) | 鲜切花(万支) | 15.00 |
| 35 | 闵行区(沪) | 鲜切花(万支) | 15.00 |
| 36 | 沙市区(鄂) | 鲜切花(万支) | 15.00 |
| 37 | 宽城满族自治县(冀) | 鲜切花(万支) | 10.00 |
| 38 | 宁都县(赣) | 鲜切花(万支) | 10.00 |
| 39 | 互助土族自治县(青) | 鲜切花(万支) | 9.50 |
| 40 | 白银区(甘) | 鲜切花(万支) | 5.00 |
| 41 | 临漳县(冀) | 鲜切花(万支) | 5.00 |
| 42 | 丰润区(冀) | 鲜切花(万支) | 4.30 |
| 43 | 井研县(川) | 鲜切花(万支) | 3.07 |
| 44 | 石柱土家族自治县(渝) | 鲜切花(万支) | 2.30 |
| 45 | 武陵区(湘) | 鲜切花(万支) | 2.00 |
| 46 | 碧江区(黔) | 鲜切花(万支) | 1.00 |
| 47 | 汉源县(川) | 鲜切花(万支) | 0.80 |
| 48 | 招远市(鲁) | 鲜切叶(万支) | 55.00 |

**表 13-19　龙柏主产地产量**

| 序号 | 龙柏主产地 | 花卉类别 | 生产量 |
|---|---|---|---|
| 1 | 醴陵市(湘) | 城市绿化苗(万株) | 10000.00 |
| 2 | 即墨市(鲁) | 城市绿化苗(万株) | 900.00 |
| 3 | 新泰市(鲁) | 城市绿化苗(万株) | 800.00 |
| 4 | 潢川县(豫) | 城市绿化苗(万株) | 406.00 |
| 5 | 费　县(鲁) | 城市绿化苗(万株) | 20.00 |
| 6 | 梁山县(鲁) | 城市绿化苗(万株) | 20.00 |
| 7 | 安化县(湘) | 城市绿化苗(万株) | 10.00 |
| 8 | 龙安区(豫) | 城市绿化苗(万株) | 10.00 |
| 9 | 坊子区(鲁) | 城市绿化苗(万株) | 8.00 |
| 10 | 华容县(湘) | 城市绿化苗(万株) | 5.00 |
| 11 | 娄星区(湘) | 城市绿化苗(万株) | 3.50 |
| 12 | 威海市经济技术开发区(鲁) | 城市绿化苗(万株) | 1.50 |
| 13 | 沭阳县(苏) | 观赏苗木(万株) | 13000.00 |
| 14 | 邯郸县(冀) | 观赏苗木(万株) | 200.00 |
| 15 | 东港区(鲁) | 观赏苗木(万株) | 105.00 |
| 16 | 西平县(豫) | 观赏苗木(万株) | 50.00 |
| 17 | 垦利县(鲁) | 观赏苗木(万株) | 35.00 |
| 18 | 沙河市(冀) | 观赏苗木(万株) | 20.00 |
| 19 | 常宁市(湘) | 观赏苗木(万株) | 10.00 |
| 20 | 芜湖县(皖) | 观赏苗木(万株) | 10.00 |
| 21 | 安阳县(豫) | 观赏苗木(万株) | 6.40 |
| 22 | 牧野区(豫) | 观赏苗木(万株) | 6.30 |
| 23 | 陵　县(鲁) | 观赏苗木(万株) | 6.00 |
| 24 | 商河县(鲁) | 观赏苗木(万株) | 5.00 |
| 25 | 中方县(湘) | 观赏苗木(万株) | 5.00 |
| 26 | 永年县(冀) | 观赏苗木(万株) | 2.60 |
| 27 | 灵璧县(皖) | 观赏苗木(万株) | 2.00 |
| 28 | 鹿泉市(冀) | 观赏苗木(万株) | 2.00 |
| 29 | 海盐县(浙) | 观赏苗木(万株) | 1.30 |
| 30 | 藁城市(冀) | 观赏苗木(万株) | 1.00 |
| 31 | 新晃侗族自治县(湘) | 观赏苗木(万株) | 0.60 |
| 32 | 江北区(浙) | 盆景(万盆) | 5.00 |
| 33 | 闵行区(沪) | 盆景(万盆) | 3.20 |
| 34 | 龙南县(赣) | 盆景(万盆) | 3.00 |
| 35 | 宕昌县(甘) | 盆景(万盆) | 2.10 |
| 36 | 潢川县(豫) | 盆景(万盆) | 2.00 |

**表 13-20　鸡冠花主产地产量**

| 序号 | 鸡冠花主产地 | 花卉类别 | 生产量 |
|---|---|---|---|
| 1 | 鄢陵县(豫) | 城市绿化苗(万株) | 1100.00 |
| 2 | 攀枝花市东区(川) | 城市绿化苗(万株) | 2.40 |
| 3 | 泊头市(冀) | 观赏苗木(万株) | 19.14 |

| 序号 | 鸡冠花主产地 | 花卉类别 | 生产量 |
|---|---|---|---|
| 4 | 涉　县(冀) | 观赏苗木(万株) | 18.00 |
| 5 | 成安县(冀) | 观赏苗木(万株) | 7.00 |
| 6 | 会宁县(甘) | 观叶植物(万盆) | 10.00 |
| 7 | 路南区(冀) | 盆花(万盆) | 2000.00 |
| 8 | 青州市(鲁) | 盆花(万盆) | 520.00 |
| 9 | 肥乡县(冀) | 盆花(万盆) | 232.00 |
| 10 | 惠农区(宁) | 盆花(万盆) | 50.00 |
| 11 | 固安县(冀) | 盆花(万盆) | 20.00 |
| 12 | 滦南县(冀) | 盆花(万盆) | 20.00 |
| 13 | 黔江区(渝) | 盆花(万盆) | 20.00 |
| 14 | 涿州市(冀) | 盆花(万盆) | 20.00 |
| 15 | 栾城县(冀) | 盆花(万盆) | 11.00 |
| 16 | 香河县(冀) | 盆花(万盆) | 10.00 |
| 17 | 阳泉市郊区(晋) | 盆花(万盆) | 10.00 |
| 18 | 枝江市(鄂) | 盆花(万盆) | 10.00 |
| 19 | 北戴河区(冀) | 盆花(万盆) | 8.00 |
| 20 | 鼎城区(湘) | 盆花(万盆) | 8.00 |
| 21 | 独山县(黔) | 盆花(万盆) | 8.00 |
| 22 | 大名县(冀) | 盆花(万盆) | 6.00 |
| 23 | 邯郸县(冀) | 盆花(万盆) | 5.00 |
| 24 | 东乌珠穆沁旗(内蒙古) | 盆花(万盆) | 3.00 |
| 25 | 格尔木市(青) | 盆花(万盆) | 3.00 |
| 26 | 潢川县(豫) | 盆花(万盆) | 3.00 |
| 27 | 鹿泉市(冀) | 盆花(万盆) | 3.00 |
| 28 | 忻府区(晋) | 盆花(万盆) | 2.50 |
| 29 | 昌乐县(鲁) | 盆花(万盆) | 2.20 |
| 30 | 望都县(冀) | 盆花(万盆) | 2.10 |
| 31 | 本溪满族自治县(辽) | 盆花(万盆) | 2.00 |
| 32 | 海港区(冀) | 盆花(万盆) | 2.00 |
| 33 | 晋州市(冀) | 盆花(万盆) | 2.00 |
| 34 | 龙里县(黔) | 盆花(万盆) | 2.00 |
| 35 | 让胡路区(黑) | 盆花(万盆) | 2.00 |
| 36 | 古冶区(冀) | 盆花(万盆) | 1.53 |
| 37 | 沅陵县(湘) | 盆花(万盆) | 1.20 |
| 38 | 宁夏仁存渡护岸林场(宁) | 盆花(万盆) | 1.00 |
| 39 | 雄　县(冀) | 盆花(万盆) | 1.00 |
| 40 | 会宁县(甘) | 鲜切叶(万支) | 3.06 |

**表 13-21　紫叶李主产地产量**

| 序号 | 紫叶李主产地 | 花卉类别 | 生产量 |
|---|---|---|---|
| 1 | 宁河县(津) | 城市绿化苗(万株) | 42000.00 |
| 2 | 即墨市(鲁) | 城市绿化苗(万株) | 650.00 |
| 3 | 潢川县(豫) | 城市绿化苗(万株) | 440.00 |
| 4 | 河东区(鲁) | 城市绿化苗(万株) | 200.00 |
| 5 | 东平县(鲁) | 城市绿化苗(万株) | 130.00 |
| 6 | 许昌县(豫) | 城市绿化苗(万株) | 115.00 |
| 7 | 长丰县(皖) | 城市绿化苗(万株) | 54.20 |
| 8 | 荆门市市辖区(鄂) | 城市绿化苗(万株) | 34.00 |
| 9 | 华龙区(豫) | 城市绿化苗(万株) | 20.00 |
| 10 | 淄川区(鲁) | 城市绿化苗(万株) | 20.00 |
| 11 | 光山县(豫) | 城市绿化苗(万株) | 10.00 |
| 12 | 孝昌县(鄂) | 城市绿化苗(万株) | 10.00 |
| 13 | 东昌府区(鲁) | 城市绿化苗(万株) | 7.00 |
| 14 | 依安县(黑) | 城市绿化苗(万株) | 5.00 |
| 15 | 船营区(吉) | 城市绿化苗(万株) | 3.00 |
| 16 | 崆峒区(甘) | 城市绿化苗(万株) | 2.90 |
| 17 | 元氏县(冀) | 城市绿化苗(万株) | 2.60 |
| 18 | 定襄县(晋) | 城市绿化苗(万株) | 2.00 |
| 19 | 鹿邑县(豫) | 城市绿化苗(万株) | 2.00 |
| 20 | 喀什市(新) | 城市绿化苗(万株) | 1.00 |
| 21 | 龙里县(黔) | 城市绿化苗(万株) | 1.00 |
| 22 | 岳阳县(湘) | 城市绿化苗(万株) | 1.00 |
| 23 | 竹山县(鄂) | 城市绿化苗(万株) | 1.00 |
| 24 | 邢台市桥西区(冀) | 观赏苗木(万株) | 300000.00 |
| 25 | 沭阳县(苏) | 观赏苗木(万株) | 11000.00 |
| 26 | 呼兰区(黑) | 观赏苗木(万株) | 1500.00 |
| 27 | 安国市(冀) | 观赏苗木(万株) | 650.00 |
| 28 | 青州市(鲁) | 观赏苗木(万株) | 530.00 |
| 29 | 汶上县(鲁) | 观赏苗木(万株) | 300.00 |
| 30 | 博野县(冀) | 观赏苗木(万株) | 240.00 |
| 31 | 静海县(津) | 观赏苗木(万株) | 156.30 |
| 32 | 定州市(冀) | 观赏苗木(万株) | 120.00 |
| 33 | 丰南区(冀) | 观赏苗木(万株) | 95.20 |
| 34 | 德城区(鲁) | 观赏苗木(万株) | 90.00 |
| 35 | 广饶县(鲁) | 观赏苗木(万株) | 86.00 |
| 36 | 巴州区(川) | 观赏苗木(万株) | 80.00 |
| 37 | 固安县(冀) | 观赏苗木(万株) | 62.00 |
| 38 | 霸州市(冀) | 观赏苗木(万株) | 55.00 |
| 39 | 垦利县(鲁) | 观赏苗木(万株) | 45.00 |
| 40 | 广平县(冀) | 观赏苗木(万株) | 40.00 |
| 41 | 肥城市(鲁) | 观赏苗木(万株) | 37.00 |
| 42 | 东港区(鲁) | 观赏苗木(万株) | 35.00 |
| 43 | 寒亭区(鲁) | 观赏苗木(万株) | 30.00 |
| 44 | 濮阳县(豫) | 观赏苗木(万株) | 30.00 |
| 45 | 清苑县(冀) | 观赏苗木(万株) | 30.00 |
| 46 | 新泰市(鲁) | 观赏苗木(万株) | 30.00 |
| 47 | 邢台县(冀) | 观赏苗木(万株) | 30.00 |
| 48 | 玉田县(冀) | 观赏苗木(万株) | 30.00 |
| 49 | 南和县(冀) | 观赏苗木(万株) | 24.00 |
| 50 | 广阳区(冀) | 观赏苗木(万株) | 20.00 |
| 51 | 梁山县(鲁) | 观赏苗木(万株) | 20.00 |
| 52 | 宁阳县(鲁) | 观赏苗木(万株) | 17.00 |

| 序号 | 紫叶李主产地 | 花卉类别 | 生产量 |
|---|---|---|---|
| 53 | 辛集市(冀) | 观赏苗木(万株) | 14.40 |
| 54 | 曲阳县(冀) | 观赏苗木(万株) | 10.00 |
| 55 | 桃城区(冀) | 观赏苗木(万株) | 10.00 |
| 56 | 南乐县(豫) | 观赏苗木(万株) | 8.00 |
| 57 | 嵩　县(豫) | 观赏苗木(万株) | 8.00 |
| 58 | 昌乐县(鲁) | 观赏苗木(万株) | 7.70 |
| 59 | 三台县(川) | 观赏苗木(万株) | 7.00 |
| 60 | 任　县(冀) | 观赏苗木(万株) | 6.00 |
| 61 | 博兴县(鲁) | 观赏苗木(万株) | 5.00 |
| 62 | 藁城市(冀) | 观赏苗木(万株) | 5.00 |
| 63 | 芜湖县(皖) | 观赏苗木(万株) | 5.00 |
| 64 | 涿州市(冀) | 观赏苗木(万株) | 5.00 |
| 65 | 闻喜县(晋) | 观赏苗木(万株) | 4.80 |
| 66 | 彭山县(川) | 观赏苗木(万株) | 4.60 |
| 67 | 临漳县(冀) | 观赏苗木(万株) | 4.10 |
| 68 | 大厂回族自治县(冀) | 观赏苗木(万株) | 4.00 |
| 69 | 晋州市(冀) | 观赏苗木(万株) | 4.00 |
| 70 | 鹿泉市(冀) | 观赏苗木(万株) | 4.00 |
| 71 | 平阴县(鲁) | 观赏苗木(万株) | 4.00 |
| 72 | 魏　县(冀) | 观赏苗木(万株) | 4.00 |
| 73 | 大名县(冀) | 观赏苗木(万株) | 3.00 |
| 74 | 灵璧县(皖) | 观赏苗木(万株) | 3.00 |
| 75 | 枣强县(冀) | 观赏苗木(万株) | 2.30 |
| 76 | 定西市峨口林业试验场(甘) | 观赏苗木(万株) | 2.00 |
| 77 | 雁塔区(陕) | 观赏苗木(万株) | 2.00 |
| 78 | 怀来县(冀) | 观赏苗木(万株) | 1.30 |
| 79 | 阳信县(鲁) | 观赏苗木(万株) | 1.30 |
| 80 | 乐亭县(冀) | 观赏苗木(万株) | 1.00 |
| 81 | 栾城县(冀) | 观赏苗木(万株) | 0.90 |
| 82 | 巴州区(川) | 盆花(万盆) | 20.00 |
| 83 | 洞口县(湘) | 盆花(万盆) | 0.60 |
| 84 | 满城县(冀) | 鲜切叶(万支) | 3.00 |

**表 13-22　碧桃主产地产量**

| 序号 | 碧桃主产地 | 花卉类别 | 生产量 |
|---|---|---|---|
| 1 | 宁河县(津) | 城市绿化苗(万株) | 48000.00 |
| 2 | 东平县(鲁) | 城市绿化苗(万株) | 250.00 |
| 3 | 坊子区(鲁) | 城市绿化苗(万株) | 100.00 |
| 4 | 许昌县(豫) | 城市绿化苗(万株) | 33.00 |
| 5 | 龙安区(豫) | 城市绿化苗(万株) | 30.00 |
| 6 | 偃师市(豫) | 城市绿化苗(万株) | 30.00 |
| 7 | 即墨市(鲁) | 城市绿化苗(万株) | 25.00 |
| 8 | 辛集市(冀) | 城市绿化苗(万株) | 18.00 |
| 9 | 临夏市(甘) | 城市绿化苗(万株) | 16.50 |
| 10 | 华龙区(豫) | 城市绿化苗(万株) | 10.00 |
| 11 | 沙洋县(鄂) | 城市绿化苗(万株) | 10.00 |
| 12 | 岳阳县(湘) | 城市绿化苗(万株) | 10.00 |
| 13 | 榆阳区(陕) | 城市绿化苗(万株) | 8.00 |
| 14 | 夏邑县(豫) | 城市绿化苗(万株) | 5.00 |
| 15 | 东昌府区(鲁) | 城市绿化苗(万株) | 4.00 |
| 16 | 井陉矿区(冀) | 城市绿化苗(万株) | 2.00 |
| 17 | 邢台市桥西区(冀) | 观赏苗木(万株) | 300000.00 |
| 18 | 山城区(豫) | 观赏苗木(万株) | 1000.00 |
| 19 | 鄢陵县(豫) | 观赏苗木(万株) | 850.00 |
| 20 | 青州市(鲁) | 观赏苗木(万株) | 200.00 |
| 21 | 长葛市(豫) | 观赏苗木(万株) | 150.00 |
| 22 | 定州市(冀) | 观赏苗木(万株) | 130.00 |
| 23 | 安国市(冀) | 观赏苗木(万株) | 86.00 |
| 24 | 固安县(冀) | 观赏苗木(万株) | 82.00 |
| 25 | 博野县(冀) | 观赏苗木(万株) | 75.00 |
| 26 | 金乡县(鲁) | 观赏苗木(万株) | 43.00 |
| 27 | 沙河市(冀) | 观赏苗木(万株) | 25.00 |
| 28 | 郾城区(豫) | 观赏苗木(万株) | 20.01 |
| 29 | 文安县(冀) | 观赏苗木(万株) | 20.00 |
| 30 | 遵化市(冀) | 观赏苗木(万株) | 16.00 |
| 31 | 闻喜县(晋) | 观赏苗木(万株) | 12.00 |
| 32 | 南乐县(豫) | 观赏苗木(万株) | 10.00 |
| 33 | 芜湖县(皖) | 观赏苗木(万株) | 10.00 |
| 34 | 新华区(冀) | 观赏苗木(万株) | 8.00 |
| 35 | 新泰市(鲁) | 观赏苗木(万株) | 8.00 |
| 36 | 清丰县(豫) | 观赏苗木(万株) | 5.00 |
| 37 | 桃城区(冀) | 观赏苗木(万株) | 5.00 |
| 38 | 涿州市(冀) | 观赏苗木(万株) | 5.00 |
| 39 | 高碑店市(冀) | 观赏苗木(万株) | 4.50 |
| 40 | 邢台县(冀) | 观赏苗木(万株) | 4.00 |
| 41 | 晋州市(冀) | 观赏苗木(万株) | 3.00 |
| 42 | 任　县(冀) | 观赏苗木(万株) | 3.00 |
| 43 | 北戴河区(冀) | 观赏苗木(万株) | 2.00 |
| 44 | 博兴县(鲁) | 观赏苗木(万株) | 2.00 |
| 45 | 任丘市(冀) | 观赏苗木(万株) | 2.00 |
| 46 | 新化县(湘) | 观赏苗木(万株) | 2.00 |
| 47 | 安阳县(豫) | 观赏苗木(万株) | 1.80 |
| 48 | 迁安市(冀) | 观赏苗木(万株) | 1.30 |
| 49 | 容城县(冀) | 观赏苗木(万株) | 1.20 |
| 50 | 大厂回族自治县(冀) | 观赏苗木(万株) | 1.00 |
| 51 | 唐　县(冀) | 观赏苗木(万株) | 1.00 |
| 52 | 吴桥县(冀) | 观赏苗木(万株) | 1.00 |
| 53 | 怀来县(冀) | 观赏苗木(万株) | 0.90 |
| 54 | 枣强县(冀) | 观赏苗木(万株) | 0.80 |
| 55 | 上蔡县(豫) | 盆景(万盆) | 8.00 |

**表 13-23　栀子花主产地产量**

| 序号 | 栀子花主产地 | 花卉类别 | 生产量 |
|---|---|---|---|
| 1 | 高坪区(川) | 城市绿化苗(万株) | 327.00 |
| 2 | 新宁县(湘) | 城市绿化苗(万株) | 20.00 |
| 3 | 昆山市(苏) | 城市绿化苗(万株) | 10.00 |
| 4 | 沙洋县(鄂) | 城市绿化苗(万株) | 10.00 |
| 5 | 津市市(湘) | 城市绿化苗(万株) | 8.90 |
| 6 | 新晃侗族自治县(湘) | 城市绿化苗(万株) | 6.00 |
| 7 | 龙里县(黔) | 城市绿化苗(万株) | 5.00 |
| 8 | 吴川市(粤) | 城市绿化苗(万株) | 5.00 |
| 9 | 岳阳县(湘) | 城市绿化苗(万株) | 2.00 |
| 10 | 翠屏区(川) | 城市绿化苗(万株) | 0.80 |
| 11 | 广水市(鄂) | 工业及其他用途花卉(千克) | 180.00 |
| 12 | 三台县(川) | 工业及其他用途花卉(千克) | 10.00 |
| 13 | 射洪县(川) | 观赏苗木(万株) | 530.00 |
| 14 | 泰顺县(浙) | 观赏苗木(万株) | 327.00 |
| 15 | 巴州区(川) | 观赏苗木(万株) | 20.00 |
| 16 | 翠屏区(川) | 观赏苗木(万株) | 13.20 |
| 17 | 中江县(川) | 观赏苗木(万株) | 11.50 |
| 18 | 鹤峰县(鄂) | 观赏苗木(万株) | 10.00 |
| 19 | 东宝区(鄂) | 观赏苗木(万株) | 6.00 |
| 20 | 阳新县(鄂) | 观赏苗木(万株) | 5.00 |
| 21 | 临武县(湘) | 观赏苗木(万株) | 0.80 |
| 22 | 邹平县(鲁) | 盆花(万盆) | 435.00 |
| 23 | 射洪县(川) | 盆花(万盆) | 400.00 |
| 24 | 巴州区(川) | 盆花(万盆) | 150.00 |
| 25 | 黔江区(渝) | 盆花(万盆) | 10.00 |
| 26 | 通江县(川) | 盆花(万盆) | 10.00 |
| 27 | 涿州市(冀) | 盆花(万盆) | 5.00 |
| 28 | 襄城区(鄂) | 盆花(万盆) | 4.20 |
| 29 | 鹤峰县(鄂) | 盆花(万盆) | 2.00 |
| 30 | 新华区(豫) | 盆花(万盆) | 1.50 |
| 31 | 三门县(浙) | 盆花(万盆) | 0.70 |
| 32 | 犍为县(川) | 盆景(万盆) | 4.10 |
| 33 | 彭山县(川) | 盆景(万盆) | 2.80 |
| 34 | 新宁县(湘) | 食用及药用花卉(千克) | 20000.00 |
| 35 | 平桥区(豫) | 食用及药用花卉(千克) | 20.00 |
| 36 | 犍为县(川) | 鲜切花(万支) | 60.60 |
| 37 | 罗山县(豫) | 鲜切花(万支) | 50.00 |
| 38 | 南川区(渝) | 鲜切花(万支) | 23.00 |
| 39 | 巴州区(川) | 鲜切花(万支) | 10.00 |
| 40 | 江油市(川) | 鲜切叶(万支) | 10.00 |
| 41 | 息　县(豫) | 鲜切叶(万支) | 1.00 |

**表 13-24　一品红主产地产量**

| 序号 | 一品红主产地 | 花卉类别 | 生产量 |
|---|---|---|---|
| 1 | 吴川市(粤) | 城市绿化苗(万株) | 15.00 |
| 2 | 冷水江市(湘) | 城市绿化苗(万株) | 2.00 |
| 3 | 临洮县(甘) | 城市绿化苗(万株) | 2.00 |
| 4 | 石家庄市桥西区(冀) | 城市绿化苗(万株) | 2.00 |
| 5 | 广水市(鄂) | 观赏苗木(万株) | 23.00 |
| 6 | 商州区(陕) | 观赏苗木(万株) | 5.20 |
| 7 | 青州市(鲁) | 观叶植物(万盆) | 80.00 |
| 8 | 路桥区(浙) | 观叶植物(万盆) | 2.00 |
| 9 | 雄　县(冀) | 观叶植物(万盆) | 1.50 |
| 10 | 平利县(陕) | 花卉用种苗(千苗) | 2.00 |
| 11 | 栾城县(冀) | 盆花(万盆) | 71.00 |
| 12 | 浦东新区(沪) | 盆花(万盆) | 60.00 |
| 13 | 高邑县(冀) | 盆花(万盆) | 33.00 |
| 14 | 临安市(浙) | 盆花(万盆) | 33.00 |
| 15 | 涿州市(冀) | 盆花(万盆) | 25.00 |
| 16 | 高平市(晋) | 盆花(万盆) | 20.00 |
| 17 | 长安区(陕) | 盆花(万盆) | 17.00 |
| 18 | 松北区(黑) | 盆花(万盆) | 16.00 |
| 19 | 榆中县(甘) | 盆花(万盆) | 15.00 |
| 20 | 海城市(辽) | 盆花(万盆) | 4.20 |
| 21 | 沙河市(冀) | 盆花(万盆) | 4.00 |
| 22 | 东洲区(辽) | 盆花(万盆) | 3.50 |
| 23 | 平阴县(鲁) | 盆花(万盆) | 3.00 |
| 24 | 北辰区(津) | 盆花(万盆) | 2.40 |
| 25 | 崆峒区(甘) | 盆花(万盆) | 2.30 |
| 26 | 广阳区(冀) | 盆花(万盆) | 2.27 |
| 27 | 蜀山区(皖) | 盆花(万盆) | 2.00 |
| 28 | 临武县(湘) | 盆花(万盆) | 1.35 |
| 29 | 晋州市(冀) | 盆花(万盆) | 1.00 |
| 30 | 梁山县(鲁) | 盆花(万盆) | 0.70 |
| 31 | 麦盖提县(新) | 盆景(万盆) | 4500.00 |
| 32 | 徽　县(甘) | 盆景(万盆) | 2963.00 |
| 33 | 大冶市(鄂) | 盆景(万盆) | 30.00 |
| 34 | 永兴县(湘) | 盆景(万盆) | 14.07 |
| 35 | 新安县(豫) | 鲜切花(万支) | 340.00 |

**表 13-25　丁香类主产地产量**

| 序号 | 丁香类主产地 | 花卉类别 | 生产量 |
|---|---|---|---|
| 1 | 宁河县(津) | 城市绿化苗(万株) | 22000.00 |
| 2 | 潢川县(豫) | 城市绿化苗(万株) | 75.00 |
| 3 | 赤城县(冀) | 城市绿化苗(万株) | 56.10 |
| 4 | 大武口区(宁) | 城市绿化苗(万株) | 50.00 |
| 5 | 喀喇沁旗(内蒙古) | 城市绿化苗(万株) | 35.00 |
| 6 | 定襄县(晋) | 城市绿化苗(万株) | 30.00 |
| 7 | 榆阳区(陕) | 城市绿化苗(万株) | 26.30 |

| 序号 | 丁香类主产地 | 花卉类别 | 生产量 |
|---|---|---|---|
| 8 | 海拉尔区(内蒙古) | 城市绿化苗(万株) | 20.00 |
| 9 | 临夏市(甘) | 城市绿化苗(万株) | 16.50 |
| 10 | 昌吉市(新) | 城市绿化苗(万株) | 15.00 |
| 11 | 鄂托克前旗(内蒙古) | 城市绿化苗(万株) | 11.67 |
| 12 | 北林区(黑) | 城市绿化苗(万株) | 10.00 |
| 13 | 五原县(内蒙古) | 城市绿化苗(万株) | 10.00 |
| 14 | 特克斯林场(新) | 城市绿化苗(万株) | 2.99 |
| 15 | 白城市市辖区(吉) | 城市绿化苗(万株) | 2.10 |
| 16 | 吴起县(陕) | 城市绿化苗(万株) | 2.00 |
| 17 | 崆峒区(甘) | 城市绿化苗(万株) | 1.70 |
| 18 | 永靖县(甘) | 城市绿化苗(万株) | 1.50 |
| 19 | 嘉峪关市(甘) | 城市绿化苗(万株) | 1.00 |
| 20 | 松北区(黑) | 观赏苗木(万株) | 5600.00 |
| 21 | 呼兰区(黑) | 观赏苗木(万株) | 3000.00 |
| 22 | 定州市(冀) | 观赏苗木(万株) | 1300.00 |
| 23 | 红古区(甘) | 观赏苗木(万株) | 600.00 |
| 24 | 昌黎县(冀) | 观赏苗木(万株) | 360.00 |
| 25 | 闻喜县(晋) | 观赏苗木(万株) | 300.00 |
| 26 | 凤城市(辽) | 观赏苗木(万株) | 250.00 |
| 27 | 扎兰屯市(内蒙古) | 观赏苗木(万株) | 250.00 |
| 28 | 肇源县(黑) | 观赏苗木(万株) | 210.00 |
| 29 | 康保县(冀) | 观赏苗木(万株) | 200.00 |
| 30 | 安国市(冀) | 观赏苗木(万株) | 98.00 |
| 31 | 丰宁满族自治县(冀) | 观赏苗木(万株) | 80.00 |
| 32 | 大同区(黑) | 观赏苗木(万株) | 78.80 |
| 33 | 翁牛特旗(内蒙古) | 观赏苗木(万株) | 28.00 |
| 34 | 玉田县(冀) | 观赏苗木(万株) | 25.50 |
| 35 | 南和县(冀) | 观赏苗木(万株) | 25.00 |
| 36 | 涉　县(冀) | 观赏苗木(万株) | 25.00 |
| 37 | 肇州县(黑) | 观赏苗木(万株) | 25.00 |
| 38 | 平安县(青) | 观赏苗木(万株) | 22.38 |
| 39 | 海城市(辽) | 观赏苗木(万株) | 20.30 |
| 40 | 龙凤区(黑) | 观赏苗木(万株) | 15.00 |
| 41 | 迁安市(冀) | 观赏苗木(万株) | 12.00 |
| 42 | 兰西县(黑) | 观赏苗木(万株) | 10.00 |
| 43 | 隆化县(冀) | 观赏苗木(万株) | 10.00 |
| 44 | 石泉县(陕) | 观赏苗木(万株) | 10.00 |
| 45 | 涿州市(冀) | 观赏苗木(万株) | 10.00 |
| 46 | 延庆县(京) | 观赏苗木(万株) | 8.00 |
| 47 | 海港区(冀) | 观赏苗木(万株) | 7.40 |
| 48 | 乐都县(青) | 观赏苗木(万株) | 6.00 |
| 49 | 北戴河区(冀) | 观赏苗木(万株) | 4.00 |
| 50 | 威海市经济技术开发区(鲁) | 观赏苗木(万株) | 3.00 |
| 51 | 怀来县(冀) | 观赏苗木(万株) | 2.70 |
| 52 | 忻府区(晋) | 观赏苗木(万株) | 2.20 |
| 53 | 金凤区(宁) | 观赏苗木(万株) | 2.00 |
| 54 | 邢台县(冀) | 观赏苗木(万株) | 2.00 |
| 55 | 海淀区(京) | 观赏苗木(万株) | 1.00 |
| 56 | 让胡路区(黑) | 观赏苗木(万株) | 1.00 |
| 57 | 吴桥县(冀) | 观赏苗木(万株) | 1.00 |
| 58 | 通城县(鄂) | 观赏苗木(万株) | 0.80 |
| 59 | 山丹县(甘) | 观赏苗木(万株) | 0.70 |
| 60 | 友谊县(黑) | 花卉用种苗(千苗) | 7.00 |
| 61 | 肇州县(黑) | 盆花(万盆) | 10.00 |
| 62 | 鄂托克旗(内蒙古) | 盆花(万盆) | 5.00 |
| 63 | 乾安县(吉) | 盆花(万盆) | 5.00 |
| 64 | 兴山县(鄂) | 盆花(万盆) | 1.00 |
| 65 | 石泉县(陕) | 盆花(万盆) | 0.80 |
| 66 | 阳新县(鄂) | 鲜切花(万支) | 40.00 |
| 67 | 马山县(桂) | 鲜切叶(万支) | 3.00 |

**表 13-26　樱花主产地产量**

| 序号 | 樱花主产地 | 花卉类别 | 生产量 |
|---|---|---|---|
| 1 | 旌德县(皖) | 城市绿化苗(万株) | 100000.00 |
| 2 | 醴陵市(湘) | 城市绿化苗(万株) | 1000.00 |
| 3 | 即墨市(鲁) | 城市绿化苗(万株) | 940.00 |
| 4 | 雨城区(川) | 城市绿化苗(万株) | 200.00 |
| 5 | 潢川县(豫) | 城市绿化苗(万株) | 114.00 |
| 6 | 沙洋县(鄂) | 城市绿化苗(万株) | 100.00 |
| 7 | 长丰县(皖) | 城市绿化苗(万株) | 62.51 |
| 8 | 东平县(鲁) | 城市绿化苗(万株) | 50.00 |
| 9 | 上蔡县(豫) | 城市绿化苗(万株) | 41.00 |
| 10 | 温江区(川) | 城市绿化苗(万株) | 30.00 |
| 11 | 宜都市(鄂) | 城市绿化苗(万株) | 20.00 |
| 12 | 新宁县(湘) | 城市绿化苗(万株) | 15.00 |
| 13 | 淄川区(鲁) | 城市绿化苗(万株) | 10.00 |
| 14 | 昆山市(苏) | 城市绿化苗(万株) | 6.00 |
| 15 | 枣阳市(鄂) | 城市绿化苗(万株) | 4.00 |
| 16 | 冷水江市(湘) | 城市绿化苗(万株) | 2.00 |
| 17 | 平桥区(豫) | 城市绿化苗(万株) | 1.85 |
| 18 | 威海市经济技术开发区(鲁) | 城市绿化苗(万株) | 1.50 |
| 19 | 石门县(湘) | 城市绿化苗(万株) | 1.00 |
| 20 | 澜沧拉祜族自治县(滇) | 城市绿化苗(万株) | 0.73 |
| 21 | 沭阳县(苏) | 观赏苗木(万株) | 5500.00 |
| 22 | 青州市(鲁) | 观赏苗木(万株) | 650.00 |
| 23 | 巴州区(川) | 观赏苗木(万株) | 300.00 |
| 24 | 蕲春县(鄂) | 观赏苗木(万株) | 200.00 |
| 25 | 汶上县(鲁) | 观赏苗木(万株) | 200.00 |
| 26 | 汝南县(豫) | 观赏苗木(万株) | 126.72 |
| 27 | 定州市(冀) | 观赏苗木(万株) | 112.00 |
| 28 | 广饶县(鲁) | 观赏苗木(万株) | 83.00 |
| 29 | 东港区(鲁) | 观赏苗木(万株) | 70.00 |

| 序号 | 樱花主产地 | 花卉类别 | 生产量 |
|---|---|---|---|
| 30 | 安国市(冀) | 观赏苗木(万株) | 60.00 |
| 31 | 沙湾区(川) | 观赏苗木(万株) | 60.00 |
| 32 | 潜江市(鄂) | 观赏苗木(万株) | 50.00 |
| 33 | 岚山区(鲁) | 观赏苗木(万株) | 44.00 |
| 34 | 蒲江县(川) | 观赏苗木(万株) | 40.50 |
| 35 | 高安市(赣) | 观赏苗木(万株) | 30.00 |
| 36 | 邯郸县(冀) | 观赏苗木(万株) | 30.00 |
| 37 | 肥城市(鲁) | 观赏苗木(万株) | 28.00 |
| 38 | 新泰市(鲁) | 观赏苗木(万株) | 25.00 |
| 39 | 长清区(鲁) | 观赏苗木(万株) | 20.00 |
| 40 | 宁阳县(鲁) | 观赏苗木(万株) | 17.00 |
| 41 | 霸州市(冀) | 观赏苗木(万株) | 12.00 |
| 42 | 三门县(浙) | 观赏苗木(万株) | 10.00 |
| 43 | 海盐县(浙) | 观赏苗木(万株) | 7.20 |
| 44 | 宁波市市辖区(浙) | 观赏苗木(万株) | 7.20 |
| 45 | 蒙阴县(鲁) | 观赏苗木(万株) | 7.00 |
| 46 | 华龙区(豫) | 观赏苗木(万株) | 6.00 |
| 47 | 博野县(冀) | 观赏苗木(万株) | 5.00 |
| 48 | 安阳县(豫) | 观赏苗木(万株) | 4.10 |
| 49 | 阳新县(鄂) | 观赏苗木(万株) | 4.00 |
| 50 | 博兴县(鲁) | 观赏苗木(万株) | 3.00 |
| 51 | 乐亭县(冀) | 观赏苗木(万株) | 3.00 |
| 52 | 定海区(浙) | 观赏苗木(万株) | 2.85 |
| 53 | 临武县(湘) | 观赏苗木(万株) | 2.30 |
| 54 | 新华区(冀) | 观赏苗木(万株) | 2.00 |
| 55 | 涿州市(冀) | 观赏苗木(万株) | 2.00 |
| 56 | 北仑区(浙) | 观赏苗木(万株) | 1.80 |
| 57 | 北塔区(湘) | 观赏苗木(万株) | 1.38 |
| 58 | 大厂回族自治县(冀) | 观赏苗木(万株) | 1.00 |
| 59 | 海港区(冀) | 观赏苗木(万株) | 0.71 |
| 60 | 平阴县(鲁) | 观赏苗木(万株) | 0.60 |
| 61 | 雁江区(川) | 观叶植物(万盆) | 6000.00 |
| 62 | 驿城区(豫) | 观叶植物(万盆) | 1.00 |
| 63 | 南郑县(陕) | 花卉用种苗(千苗) | 500.00 |
| 64 | 德安县(赣) | 花卉用种苗(千苗) | 20.00 |
| 65 | 固始县(豫) | 花卉用种苗(千苗) | 20.00 |
| 66 | 巴州区(川) | 盆花(万盆) | 25.00 |
| 67 | 邢台县(冀) | 盆花(万盆) | 2.00 |
| 68 | 洋　县(陕) | 鲜切花(万支) | 6.00 |
| 69 | 万源市(川) | 鲜切花(万支) | 5.00 |
| 70 | 巴州区(川) | 鲜切花(万支) | 1.00 |
| 71 | 巴州区(川) | 鲜切叶(万支) | 3.00 |

## 表 13-27　石竹主产地产量

| 序号 | 石竹主产地 | 花卉类别 | 生产量 |
|---|---|---|---|
| 1 | 九台市(吉) | 城市绿化苗(万株) | 100.00 |
| 2 | 定州市(冀) | 观赏苗木(万株) | 2150.00 |
| 3 | 常宁市(湘) | 观赏苗木(万株) | 0.80 |
| 4 | 新安县(豫) | 盆花(万盆) | 160.00 |
| 5 | 阜新蒙古族自治县(辽) | 盆花(万盆) | 150.00 |
| 6 | 浦东新区(沪) | 盆花(万盆) | 90.00 |
| 7 | 蔡甸区(鄂) | 盆花(万盆) | 52.00 |
| 8 | 金凤区(宁) | 盆花(万盆) | 40.00 |
| 9 | 延庆县(京) | 盆花(万盆) | 15.00 |
| 10 | 惠农区(宁) | 盆花(万盆) | 10.00 |
| 11 | 吉木萨尔县(新) | 盆花(万盆) | 10.00 |
| 12 | 独山县(黔) | 盆花(万盆) | 8.85 |
| 13 | 宁夏仁存渡护岸林场(宁) | 盆花(万盆) | 8.00 |
| 14 | 北戴河区(冀) | 盆花(万盆) | 6.00 |
| 15 | 商州区(陕) | 盆花(万盆) | 5.30 |
| 16 | 抚宁县(冀) | 盆花(万盆) | 5.00 |
| 17 | 庐阳区(皖) | 盆花(万盆) | 5.00 |
| 18 | 高碑店市(冀) | 盆花(万盆) | 4.50 |
| 19 | 旌阳区(川) | 盆花(万盆) | 3.00 |
| 20 | 唐　县(冀) | 盆花(万盆) | 2.50 |
| 21 | 甘州区(甘) | 盆花(万盆) | 2.00 |
| 22 | 金城江区(桂) | 盆花(万盆) | 2.00 |
| 23 | 龙里县(黔) | 盆花(万盆) | 2.00 |
| 24 | 湘乡市(湘) | 盆花(万盆) | 1.85 |
| 25 | 息　县(豫) | 盆花(万盆) | 1.20 |
| 26 | 津市市(湘) | 盆花(万盆) | 1.10 |
| 27 | 洞口县(湘) | 盆花(万盆) | 1.00 |
| 28 | 榆中县(甘) | 盆景(万盆) | 10.00 |
| 29 | 蕉岭县(粤) | 盆景(万盆) | 1.50 |
| 30 | 奉贤区(沪) | 鲜切花(万支) | 101.00 |
| 31 | 三门县(浙) | 鲜切花(万支) | 35.00 |
| 32 | 通州区(京) | 鲜切花(万支) | 18.62 |
| 33 | 长沙县(湘) | 鲜切花(万支) | 0.80 |
| 34 | 隆尧县(冀) | 鲜切叶(万支) | 4.00 |
| 35 | 沙市区(鄂) | 鲜切叶(万支) | 2.00 |

## 表 13-28　海棠花主产地产量

| 序号 | 海棠花主产地 | 花卉类别 | 生产量 |
|---|---|---|---|
| 1 | 宁河县(津) | 城市绿化苗(万株) | 45000.00 |
| 2 | 潢川县(豫) | 城市绿化苗(万株) | 120.00 |
| 3 | 许昌县(豫) | 城市绿化苗(万株) | 80.00 |
| 4 | 东平县(鲁) | 城市绿化苗(万株) | 50.00 |
| 5 | 北关区(豫) | 城市绿化苗(万株) | 39.00 |
| 6 | 长丰县(皖) | 城市绿化苗(万株) | 38.90 |
| 7 | 二道江区(吉) | 城市绿化苗(万株) | 15.00 |
| 8 | 东昌府区(鲁) | 城市绿化苗(万株) | 4.00 |
| 9 | 洮南市(吉) | 城市绿化苗(万株) | 2.00 |

| 序号 | 海棠花主产地 | 花卉类别 | 生产量 |
|---|---|---|---|
| 10 | 特克斯林场(新) | 城市绿化苗(万株) | 0.77 |
| 11 | 青州市(鲁) | 观赏苗木(万株) | 400.00 |
| 12 | 安国市(冀) | 观赏苗木(万株) | 200.00 |
| 13 | 汶上县(鲁) | 观赏苗木(万株) | 200.00 |
| 14 | 遵化市(冀) | 观赏苗木(万株) | 180.00 |
| 15 | 邯郸县(冀) | 观赏苗木(万株) | 170.00 |
| 16 | 鹤山区(豫) | 观赏苗木(万株) | 100.00 |
| 17 | 泰山区(鲁) | 观赏苗木(万株) | 74.00 |
| 18 | 建始县(鄂) | 观赏苗木(万株) | 60.00 |
| 19 | 垦利县(鲁) | 观赏苗木(万株) | 45.00 |
| 20 | 固安县(冀) | 观赏苗木(万株) | 22.00 |
| 21 | 郾城区(豫) | 观赏苗木(万株) | 12.54 |
| 22 | 寿　县(皖) | 观赏苗木(万株) | 9.00 |
| 23 | 驿城区(豫) | 观赏苗木(万株) | 4.50 |
| 24 | 商州区(陕) | 观赏苗木(万株) | 3.10 |
| 25 | 陵　县(鲁) | 观赏苗木(万株) | 3.00 |
| 26 | 海盐县(浙) | 观赏苗木(万株) | 2.50 |
| 27 | 新乐市(冀) | 观赏苗木(万株) | 2.00 |
| 28 | 定海区(浙) | 观赏苗木(万株) | 1.85 |
| 29 | 壶关县(晋) | 观赏苗木(万株) | 1.80 |
| 30 | 博兴县(鲁) | 观赏苗木(万株) | 1.00 |
| 31 | 唐　县(冀) | 观赏苗木(万株) | 1.00 |
| 32 | 登封市(豫) | 观叶植物(万盆) | 9000.00 |
| 33 | 路南区(冀) | 盆花(万盆) | 400.00 |
| 34 | 延庆县(京) | 盆花(万盆) | 66.00 |
| 35 | 蔡甸区(鄂) | 盆花(万盆) | 52.00 |
| 36 | 海港区(冀) | 盆花(万盆) | 18.00 |
| 37 | 阳泉市郊区(晋) | 盆花(万盆) | 10.00 |
| 38 | 蒙阴县(鲁) | 盆花(万盆) | 7.50 |
| 39 | 桃城区(冀) | 盆花(万盆) | 5.00 |
| 40 | 潢川县(豫) | 盆花(万盆) | 2.70 |
| 41 | 平山县(冀) | 盆花(万盆) | 2.00 |
| 42 | 喀什市(新) | 盆花(万盆) | 1.00 |
| 43 | 新华区(豫) | 盆花(万盆) | 1.00 |
| 44 | 邢台县(冀) | 盆花(万盆) | 1.00 |
| 45 | 方城县(豫) | 盆花(万盆) | 0.84 |
| 46 | 三门县(浙) | 盆花(万盆) | 0.80 |
| 47 | 沂南县(鲁) | 盆花(万盆) | 0.60 |
| 48 | 莎车县(新) | 食用及药用花卉(千克) | 41666.70 |
| 49 | 娄星区(湘) | 鲜切花(万支) | 8.00 |
| 50 | 东港区(鲁) | 鲜切花(万支) | 3.00 |
| 51 | 闵行区(沪) | 鲜切花(万支) | 2.10 |

**表 13-29　木槿主产地产量**

| 序号 | 木槿主产地 | 花卉类别 | 生产量 |
|---|---|---|---|
| 1 | 潢川县(豫) | 城市绿化苗(万株) | 250.00 |
| 2 | 许昌县(豫) | 城市绿化苗(万株) | 157.00 |
| 3 | 龙安区(豫) | 城市绿化苗(万株) | 150.00 |
| 4 | 即墨市(鲁) | 城市绿化苗(万株) | 60.00 |
| 5 | 潍坊市峡山区(鲁) | 城市绿化苗(万株) | 50.00 |
| 6 | 济源市(豫) | 城市绿化苗(万株) | 45.00 |
| 7 | 华龙区(豫) | 城市绿化苗(万株) | 20.00 |
| 8 | 元氏县(冀) | 城市绿化苗(万株) | 10.00 |
| 9 | 枣阳市(鄂) | 城市绿化苗(万株) | 9.00 |
| 10 | 望江县(皖) | 城市绿化苗(万株) | 5.00 |
| 11 | 威海市经济技术开发区(鲁) | 城市绿化苗(万株) | 5.00 |
| 12 | 沭阳县(苏) | 观赏苗木(万株) | 12000.00 |
| 13 | 东平县(鲁) | 观赏苗木(万株) | 250.00 |
| 14 | 濮阳市高新区(豫) | 观赏苗木(万株) | 60.00 |
| 15 | 长垣县(豫) | 观赏苗木(万株) | 50.00 |
| 16 | 邯郸县(冀) | 观赏苗木(万株) | 50.00 |
| 17 | 环翠区(鲁) | 观赏苗木(万株) | 30.00 |
| 18 | 霸州市(冀) | 观赏苗木(万株) | 24.00 |
| 19 | 垦利县(鲁) | 观赏苗木(万株) | 22.00 |
| 20 | 南和县(冀) | 观赏苗木(万株) | 22.00 |
| 21 | 高密市(鲁) | 观赏苗木(万株) | 20.00 |
| 22 | 东港区(鲁) | 观赏苗木(万株) | 15.00 |
| 23 | 华龙区(豫) | 观赏苗木(万株) | 15.00 |
| 24 | 利津县(鲁) | 观赏苗木(万株) | 14.00 |
| 25 | 武邑县(冀) | 观赏苗木(万株) | 14.00 |
| 26 | 汝南县(豫) | 观赏苗木(万株) | 13.75 |
| 27 | 嵩　县(豫) | 观赏苗木(万株) | 12.00 |
| 28 | 清丰县(豫) | 观赏苗木(万株) | 10.00 |
| 29 | 海城市(辽) | 观赏苗木(万株) | 5.60 |
| 30 | 定海区(浙) | 观赏苗木(万株) | 5.20 |
| 31 | 高邑县(冀) | 观赏苗木(万株) | 5.00 |
| 32 | 陵　县(鲁) | 观赏苗木(万株) | 5.00 |
| 33 | 新泰市(鲁) | 观赏苗木(万株) | 5.00 |
| 34 | 中方县(湘) | 观赏苗木(万株) | 5.00 |
| 35 | 鹿泉市(冀) | 观赏苗木(万株) | 4.00 |
| 36 | 海盐县(浙) | 观赏苗木(万株) | 3.80 |
| 37 | 武强县(冀) | 观赏苗木(万株) | 3.60 |
| 38 | 辛集市(冀) | 观赏苗木(万株) | 3.60 |
| 39 | 昌乐县(鲁) | 观赏苗木(万株) | 3.10 |
| 40 | 北戴河区(冀) | 观赏苗木(万株) | 3.00 |
| 41 | 饶阳县(冀) | 观赏苗木(万株) | 2.50 |
| 42 | 三门县(浙) | 观赏苗木(万株) | 2.50 |
| 43 | 安阳县(豫) | 观赏苗木(万株) | 2.30 |
| 44 | 新乐市(冀) | 观赏苗木(万株) | 2.00 |
| 45 | 涿州市(冀) | 观赏苗木(万株) | 2.00 |
| 46 | 德城区(鲁) | 观赏苗木(万株) | 1.90 |
| 47 | 乐亭县(冀) | 观赏苗木(万株) | 1.50 |

| 序号 | 木槿主产地 | 花卉类别 | 生产量 |
|---|---|---|---|
| 48 | 卫辉市(豫) | 观赏苗木(万株) | 1.00 |
| 49 | 栾城县(冀) | 观赏苗木(万株) | 0.90 |
| 50 | 阳信县(鲁) | 观赏苗木(万株) | 0.80 |
| 51 | 永年县(冀) | 观赏苗木(万株) | 0.60 |
| 52 | 青州市(鲁) | 盆花(万盆) | 3.00 |
| 53 | 昌乐县(鲁) | 盆景(万盆) | 1.50 |

**表 13-30 红檵木主产地产量**

| 序号 | 红檵木主产地 | 花卉类别 | 生产量 |
|---|---|---|---|
| 1 | 苏仙区(湘) | 城市绿化苗(万株) | 3000.00 |
| 2 | 北湖区(湘) | 城市绿化苗(万株) | 2100.00 |
| 3 | 洪江市(湘) | 城市绿化苗(万株) | 238.00 |
| 4 | 株洲县(湘) | 城市绿化苗(万株) | 110.00 |
| 5 | 碧江区(黔) | 城市绿化苗(万株) | 100.00 |
| 6 | 沙洋县(鄂) | 城市绿化苗(万株) | 100.00 |
| 7 | 荆门市市辖区(鄂) | 城市绿化苗(万株) | 65.00 |
| 8 | 威远县(川) | 城市绿化苗(万株) | 50.00 |
| 9 | 象山县(浙) | 城市绿化苗(万株) | 50.00 |
| 10 | 进贤县(赣) | 城市绿化苗(万株) | 43.40 |
| 11 | 津市市(湘) | 城市绿化苗(万株) | 32.50 |
| 12 | 华容县(湘) | 城市绿化苗(万株) | 30.00 |
| 13 | 新化县(湘) | 城市绿化苗(万株) | 30.00 |
| 14 | 龙里县(黔) | 城市绿化苗(万株) | 25.00 |
| 15 | 石门县(湘) | 城市绿化苗(万株) | 20.00 |
| 16 | 新宁县(湘) | 城市绿化苗(万株) | 20.00 |
| 17 | 新田县(湘) | 城市绿化苗(万株) | 3.00 |
| 18 | 芷江侗族自治县(湘) | 城市绿化苗(万株) | 2.50 |
| 19 | 辰溪县(湘) | 城市绿化苗(万株) | 2.00 |
| 20 | 双牌县(湘) | 城市绿化苗(万株) | 2.00 |
| 21 | 路桥区(浙) | 城市绿化苗(万株) | 1.80 |
| 22 | 冷水江市(湘) | 城市绿化苗(万株) | 1.50 |
| 23 | 石台县(皖) | 城市绿化苗(万株) | 1.00 |
| 24 | 北仑区(浙) | 观赏苗木(万株) | 1500.00 |
| 25 | 阳朔县(桂) | 观赏苗木(万株) | 280.00 |
| 26 | 孝昌县(鄂) | 观赏苗木(万株) | 200.00 |
| 27 | 岳阳县(湘) | 观赏苗木(万株) | 200.00 |
| 28 | 巴州区(川) | 观赏苗木(万株) | 150.00 |
| 29 | 慈利县(湘) | 观赏苗木(万株) | 100.00 |
| 30 | 三门县(浙) | 观赏苗木(万株) | 60.00 |
| 31 | 永兴县(湘) | 观赏苗木(万株) | 52.12 |
| 32 | 奉化市(浙) | 观赏苗木(万株) | 40.00 |
| 33 | 邵阳县(湘) | 观赏苗木(万株) | 40.00 |
| 34 | 新晃侗族自治县(湘) | 观赏苗木(万株) | 40.00 |
| 35 | 衢江区(浙) | 观赏苗木(万株) | 35.00 |
| 36 | 中方县(湘) | 观赏苗木(万株) | 35.00 |
| 37 | 常宁市(湘) | 观赏苗木(万株) | 20.00 |
| 38 | 临安市(浙) | 观赏苗木(万株) | 20.00 |
| 39 | 蔡甸区(鄂) | 观赏苗木(万株) | 10.00 |
| 40 | 武陵区(湘) | 观赏苗木(万株) | 10.00 |
| 41 | 汝城县(湘) | 观赏苗木(万株) | 5.00 |
| 42 | 石泉县(陕) | 观赏苗木(万株) | 5.00 |
| 43 | 阳新县(鄂) | 观赏苗木(万株) | 4.00 |
| 44 | 海盐县(浙) | 观赏苗木(万株) | 3.50 |
| 45 | 翠屏区(川) | 观赏苗木(万株) | 3.20 |
| 46 | 仪陇县(川) | 观赏苗木(万株) | 2.00 |
| 47 | 都昌县(赣) | 观叶植物(万盆) | 4.00 |
| 48 | 沅陵县(湘) | 花卉用种苗(千苗) | 22.00 |
| 49 | 巴州区(川) | 盆花(万盆) | 10.00 |
| 50 | 江北区(浙) | 盆花(万盆) | 8.00 |
| 51 | 阳朔县(桂) | 盆景(万盆) | 15.00 |
| 52 | 津市市(湘) | 鲜切花(万支) | 1.20 |

**表 13-31 红掌主产地产量**

| 序号 | 红掌主产地 | 花卉类别 | 生产量 |
|---|---|---|---|
| 1 | 昌吉市(新) | 城市绿化苗(万株) | 2.00 |
| 2 | 威海市经济技术开发区(鲁) | 城市绿化苗(万株) | 2.00 |
| 3 | 石家庄市桥西区(冀) | 观赏苗木(万株) | 36.00 |
| 4 | 濮阳县(豫) | 观赏苗木(万株) | 32.00 |
| 5 | 顺义区(京) | 观叶植物(万盆) | 52.90 |
| 6 | 金凤区(宁) | 观叶植物(万盆) | 2.00 |
| 7 | 东昌府区(鲁) | 观叶植物(万盆) | 1.00 |
| 8 | 延庆县(京) | 花卉用种苗(千苗) | 1200.00 |
| 9 | 昆山市(苏) | 花卉用种苗(千苗) | 58.00 |
| 10 | 兴庆区(宁) | 盆花(万盆) | 202.50 |
| 11 | 青州市(鲁) | 盆花(万盆) | 161.50 |
| 12 | 广饶县(鲁) | 盆花(万盆) | 130.00 |
| 13 | 濮阳市高新区(豫) | 盆花(万盆) | 120.00 |
| 14 | 崇明县(沪) | 盆花(万盆) | 119.09 |
| 15 | 大东流苗圃 (京) | 盆花(万盆) | 75.20 |
| 16 | 丰台区(京) | 盆花(万盆) | 70.75 |
| 17 | 上街区(豫) | 盆花(万盆) | 60.00 |
| 18 | 洛龙区(豫) | 盆花(万盆) | 50.00 |
| 19 | 游仙区(川) | 盆花(万盆) | 50.00 |
| 20 | 栾城县(冀) | 盆花(万盆) | 48.00 |
| 21 | 商河县(鲁) | 盆花(万盆) | 40.00 |
| 22 | 虞城县(豫) | 盆花(万盆) | 40.00 |
| 23 | 涿州市(冀) | 盆花(万盆) | 35.00 |
| 24 | 包河区(皖) | 盆花(万盆) | 30.00 |
| 25 | 新华区(冀) | 盆花(万盆) | 30.00 |
| 26 | 三原县(陕) | 盆花(万盆) | 26.00 |
| 27 | 环翠区(鲁) | 盆花(万盆) | 20.00 |
| 28 | 德昌县(川) | 盆花(万盆) | 17.00 |

| 序号 | 红掌主产地 | 花卉类别 | 生产量 |
|---|---|---|---|
| 29 | 长安区(陕) | 盆花(万盆) | 16.00 |
| 30 | 路桥区(浙) | 盆花(万盆) | 15.00 |
| 31 | 日照经济技术开发区(鲁) | 盆花(万盆) | 15.00 |
| 32 | 常熟市(苏) | 盆花(万盆) | 13.00 |
| 33 | 长清区(鲁) | 盆花(万盆) | 10.00 |
| 34 | 清丰县(豫) | 盆花(万盆) | 10.00 |
| 35 | 延庆县(京) | 盆花(万盆) | 10.00 |
| 36 | 昆山市(苏) | 盆花(万盆) | 6.50 |
| 37 | 东港区(鲁) | 盆花(万盆) | 6.00 |
| 38 | 祁　县(晋) | 盆花(万盆) | 6.00 |
| 39 | 桃城区(冀) | 盆花(万盆) | 6.00 |
| 40 | 抚宁县(冀) | 盆花(万盆) | 3.00 |
| 41 | 固安县(冀) | 盆花(万盆) | 3.00 |
| 42 | 灵宝市(豫) | 盆花(万盆) | 3.00 |
| 43 | 威远县(川) | 盆花(万盆) | 3.00 |
| 44 | 许昌县(豫) | 盆花(万盆) | 3.00 |
| 45 | 崇明县(沪) | 盆花(万盆) | 2.24 |
| 46 | 临淄区(鲁) | 盆花(万盆) | 2.00 |
| 47 | 黔江区(渝) | 盆花(万盆) | 1.50 |
| 48 | 七坡林场(桂) | 盆花(万盆) | 1.40 |
| 49 | 汶上县(鲁) | 盆花(万盆) | 1.40 |
| 50 | 华　县(陕) | 盆花(万盆) | 1.00 |
| 51 | 威海市经济技术开发区(鲁) | 盆花(万盆) | 1.00 |
| 52 | 炎陵县(湘) | 盆花(万盆) | 1.00 |
| 53 | 忻府区(晋) | 盆花(万盆) | 0.90 |
| 54 | 东营区(鲁) | 盆景(万盆) | 110.00 |
| 55 | 陵　县(鲁) | 盆景(万盆) | 2.20 |
| 56 | 五华县(粤) | 盆景(万盆) | 2.00 |
| 57 | 濮阳县(豫) | 鲜切花(万支) | 220.00 |
| 58 | 濮阳市高新区(豫) | 鲜切花(万支) | 100.00 |
| 59 | 华龙区(豫) | 鲜切花(万支) | 60.00 |
| 60 | 固安县(冀) | 鲜切花(万支) | 38.00 |
| 61 | 罗庄区(鲁) | 鲜切花(万支) | 15.00 |
| 62 | 闵行区(沪) | 鲜切花(万支) | 2.20 |
| 63 | 江川县(滇) | 鲜切花(万支) | 2.00 |
| 64 | 甘井子区(辽) | 鲜切叶(万支) | 230.00 |

**表 13-32　一串红主产地产量**

| 序号 | 一串红主产地 | 花卉类别 | 生产量 |
|---|---|---|---|
| 1 | 滨海新区(津) | 城市绿化苗(万株) | 110.00 |
| 2 | 海拉尔区(内蒙古) | 城市绿化苗(万株) | 70.00 |
| 3 | 大武口区(宁) | 城市绿化苗(万株) | 60.00 |
| 4 | 石家庄市桥西区(冀) | 城市绿化苗(万株) | 38.00 |
| 5 | 二道江区(吉) | 城市绿化苗(万株) | 30.00 |
| 6 | 嘉峪关市(甘) | 城市绿化苗(万株) | 20.00 |
| 7 | 讷河市(黑) | 城市绿化苗(万株) | 20.00 |
| 8 | 临洮县(甘) | 城市绿化苗(万株) | 12.00 |
| 9 | 木兰县(黑) | 城市绿化苗(万株) | 3.00 |
| 10 | 洮南市(吉) | 城市绿化苗(万株) | 2.70 |
| 11 | 昌吉市(新) | 城市绿化苗(万株) | 2.50 |
| 12 | 固始县(豫) | 城市绿化苗(万株) | 2.00 |
| 13 | 尼勒克县(新) | 城市绿化苗(万株) | 1.50 |
| 14 | 叠彩区(桂) | 观赏苗木(万株) | 600.00 |
| 15 | 红花岗区(黔) | 观赏苗木(万株) | 80.00 |
| 16 | 建始县(鄂) | 观赏苗木(万株) | 80.00 |
| 17 | 丰宁满族自治县(冀) | 观赏苗木(万株) | 60.00 |
| 18 | 徐水县(冀) | 观赏苗木(万株) | 51.00 |
| 19 | 涉　县(冀) | 观赏苗木(万株) | 38.00 |
| 20 | 社旗县(豫) | 观赏苗木(万株) | 30.00 |
| 21 | 高平市(晋) | 观赏苗木(万株) | 20.00 |
| 22 | 藁城市(冀) | 观赏苗木(万株) | 12.00 |
| 23 | 南和县(冀) | 观赏苗木(万株) | 10.00 |
| 24 | 运河区(冀) | 观赏苗木(万株) | 10.00 |
| 25 | 翠屏区(川) | 观赏苗木(万株) | 5.30 |
| 26 | 壶关县(晋) | 观赏苗木(万株) | 2.00 |
| 27 | 察哈尔右翼前旗(内蒙古) | 观叶植物(万盆) | 8.00 |
| 28 | 满城县(冀) | 观叶植物(万盆) | 2.00 |
| 29 | 双滦区(冀) | 观叶植物(万盆) | 1.50 |
| 30 | 阿城区(黑) | 花卉用种苗(千苗) | 94.60 |
| 31 | 通榆县(吉) | 盆花(万盆) | 12000.00 |
| 32 | 阜新蒙古族自治县(辽) | 盆花(万盆) | 550.00 |
| 33 | 青州市(鲁) | 盆花(万盆) | 550.00 |
| 34 | 灯塔市(辽) | 盆花(万盆) | 330.00 |
| 35 | 巴州区(川) | 盆花(万盆) | 314.00 |
| 36 | 三河市(冀) | 盆花(万盆) | 205.00 |
| 37 | 莒南县(鲁) | 盆花(万盆) | 160.00 |
| 38 | 玉田县(冀) | 盆花(万盆) | 120.00 |
| 39 | 襄城县(豫) | 盆花(万盆) | 119.00 |
| 40 | 肥西县(皖) | 盆花(万盆) | 110.00 |
| 41 | 赫山区(湘) | 盆花(万盆) | 100.00 |
| 42 | 惠山区(苏) | 盆花(万盆) | 100.00 |
| 43 | 浦东新区(沪) | 盆花(万盆) | 100.00 |
| 44 | 延庆县(京) | 盆花(万盆) | 65.00 |
| 45 | 栾城县(冀) | 盆花(万盆) | 62.00 |
| 46 | 蔡甸区(鄂) | 盆花(万盆) | 51.00 |
| 47 | 贡井区(川) | 盆花(万盆) | 50.00 |
| 48 | 昆山市(苏) | 盆花(万盆) | 50.00 |
| 49 | 平泉县(冀) | 盆花(万盆) | 50.00 |
| 50 | 左云县(晋) | 盆花(万盆) | 50.00 |
| 51 | 华龙区(豫) | 盆花(万盆) | 40.00 |
| 52 | 惠济区(豫) | 盆花(万盆) | 39.96 |
| 53 | 商水县(豫) | 盆花(万盆) | 32.00 |

| 序号 | 一串红主产地 | 花卉类别 | 生产量 |
|---|---|---|---|
| 54 | 平桥区(豫) | 盆花(万盆) | 31.60 |
| 55 | 涿州市(冀) | 盆花(万盆) | 30.00 |
| 56 | 新泰市(鲁) | 盆花(万盆) | 25.00 |
| 57 | 滦南县(冀) | 盆花(万盆) | 22.00 |
| 58 | 环翠区(鲁) | 盆花(万盆) | 20.00 |
| 59 | 黔江区(渝) | 盆花(万盆) | 20.00 |
| 60 | 赞皇县(冀) | 盆花(万盆) | 20.00 |
| 61 | 松北区(黑) | 盆花(万盆) | 19.00 |
| 62 | 彭阳县(宁) | 盆花(万盆) | 16.00 |
| 63 | 北戴河区(冀) | 盆花(万盆) | 14.00 |
| 64 | 沁　县(晋) | 盆花(万盆) | 13.00 |
| 65 | 南市区(冀) | 盆花(万盆) | 12.00 |
| 66 | 普兰店市(辽) | 盆花(万盆) | 12.00 |
| 67 | 本溪满族自治县(辽) | 盆花(万盆) | 11.00 |
| 68 | 海港区(冀) | 盆花(万盆) | 11.00 |
| 69 | 格尔木市(青) | 盆花(万盆) | 10.50 |
| 70 | 成安县(冀) | 盆花(万盆) | 10.00 |
| 71 | 平罗县(宁) | 盆花(万盆) | 10.00 |
| 72 | 莎车县(新) | 盆花(万盆) | 10.00 |
| 73 | 新乐市(冀) | 盆花(万盆) | 10.00 |
| 74 | 宣化区(冀) | 盆花(万盆) | 10.00 |
| 75 | 东港区(鲁) | 盆花(万盆) | 9.00 |
| 76 | 凤城市(辽) | 盆花(万盆) | 9.00 |
| 77 | 香河县(冀) | 盆花(万盆) | 9.00 |
| 78 | 独山县(黔) | 盆花(万盆) | 8.33 |
| 79 | 和林格尔县(内蒙古) | 盆花(万盆) | 8.00 |
| 80 | 隆尧县(冀) | 盆花(万盆) | 8.00 |
| 81 | 寿　县(皖) | 盆花(万盆) | 7.00 |
| 82 | 忻府区(晋) | 盆花(万盆) | 6.90 |
| 83 | 鼎城区(湘) | 盆花(万盆) | 6.50 |
| 84 | 承德县(冀) | 盆花(万盆) | 6.00 |
| 85 | 抚宁县(冀) | 盆花(万盆) | 6.00 |
| 86 | 金城江区(桂) | 盆花(万盆) | 6.00 |
| 87 | 威海市经济技术开发区(鲁) | 盆花(万盆) | 6.00 |
| 88 | 沂南县(鲁) | 盆花(万盆) | 6.00 |
| 89 | 大名县(冀) | 盆花(万盆) | 5.00 |
| 90 | 固安县(冀) | 盆花(万盆) | 5.00 |
| 91 | 任　县(冀) | 盆花(万盆) | 5.00 |
| 92 | 商河县(鲁) | 盆花(万盆) | 5.00 |
| 93 | 桃城区(冀) | 盆花(万盆) | 5.00 |
| 94 | 雁塔区(陕) | 盆花(万盆) | 3.50 |
| 95 | 鹿泉市(冀) | 盆花(万盆) | 3.00 |
| 96 | 彭山县(川) | 盆花(万盆) | 3.00 |
| 97 | 山海关区(冀) | 盆花(万盆) | 3.00 |
| 98 | 雄　县(冀) | 盆花(万盆) | 3.00 |
| 99 | 凉州区(甘) | 盆花(万盆) | 2.80 |
| 100 | 古冶区(冀) | 盆花(万盆) | 2.56 |
| 101 | 复兴区(冀) | 盆花(万盆) | 2.50 |
| 102 | 昌乐县(鲁) | 盆花(万盆) | 2.30 |
| 103 | 望都县(冀) | 盆花(万盆) | 2.30 |
| 104 | 新建县(赣) | 盆花(万盆) | 2.05 |
| 105 | 东乌珠穆沁旗(内蒙古) | 盆花(万盆) | 2.00 |
| 106 | 广阳区(冀) | 盆花(万盆) | 2.00 |
| 107 | 邱　县(冀) | 盆花(万盆) | 2.00 |
| 108 | 汝城县(湘) | 盆花(万盆) | 2.00 |
| 109 | 沙河市(冀) | 盆花(万盆) | 2.00 |
| 110 | 邢台县(冀) | 盆花(万盆) | 2.00 |
| 111 | 崆峒区(甘) | 盆花(万盆) | 1.80 |
| 112 | 沅陵县(湘) | 盆花(万盆) | 1.80 |
| 113 | 辛集市(冀) | 盆花(万盆) | 1.65 |
| 114 | 蜀山区(皖) | 盆花(万盆) | 1.50 |
| 115 | 汶上县(鲁) | 盆花(万盆) | 1.20 |
| 116 | 永年县(冀) | 盆花(万盆) | 1.20 |
| 117 | 赫章县(黔) | 盆花(万盆) | 1.10 |
| 118 | 白银区(甘) | 盆花(万盆) | 1.00 |
| 119 | 东昌府区(鲁) | 盆花(万盆) | 1.00 |
| 120 | 东平县(鲁) | 盆花(万盆) | 1.00 |
| 121 | 淮上区(皖) | 盆花(万盆) | 1.00 |
| 122 | 龙里县(黔) | 盆花(万盆) | 1.00 |
| 123 | 栾川县(豫) | 盆花(万盆) | 1.00 |
| 124 | 淄川区(鲁) | 盆花(万盆) | 1.00 |
| 125 | 安平县(冀) | 盆花(万盆) | 0.70 |
| 126 | 鸡泽县(冀) | 盆花(万盆) | 0.70 |
| 127 | 宁阳县(鲁) | 盆花(万盆) | 0.70 |
| 128 | 淮阳县(豫) | 盆花(万盆) | 0.60 |
| 129 | 元氏县(冀) | 盆景(万盆) | 17.00 |
| 130 | 喀什市(新) | 盆景(万盆) | 7.00 |
| 131 | 襄城区(鄂) | 盆景(万盆) | 2.50 |
| 132 | 临江林业局(吉林森工) | 盆景(万盆) | 2.02 |
| 133 | 西华县(豫) | 盆景(万盆) | 2.00 |
| 134 | 宝丰县(豫) | 盆景(万盆) | 1.00 |
| 135 | 平泉县(冀) | 鲜切花(万支) | 500.00 |
| 136 | 长丰县(皖) | 鲜切花(万支) | 75.19 |
| 137 | 崂山区(鲁) | 鲜切花(万支) | 70.00 |
| 138 | 芜湖县(皖) | 鲜切花(万支) | 10.00 |
| 139 | 黔西县(黔) | 鲜切花(万支) | 2.00 |
| 140 | 山丹县(甘) | 鲜切花(万支) | 0.55 |
| 141 | 东河区(内蒙古) | 鲜切叶(万支) | 5.30 |

### 表 13-33　矮牵牛主产地产量

| 序号 | 矮牵牛主产地 | 花卉类别 | 生产量 |
|---|---|---|---|
| 1 | 西固区(甘) | 城市绿化苗(万株) | 100000.00 |

| 序号 | 矮牵牛主产地 | 花卉类别 | 生产量 | 序号 | 矮牵牛主产地 | 花卉类别 | 生产量 |
|---|---|---|---|---|---|---|---|
| 2 | 九台市(吉) | 城市绿化苗(万株) | 50000.00 | 48 | 路北区(冀) | 盆花(万盆) | 41.00 |
| 3 | 海勃湾区(内蒙古) | 城市绿化苗(万株) | 10343.98 | 49 | 惠农区(宁) | 盆花(万盆) | 30.00 |
| 4 | 鄢陵县(豫) | 城市绿化苗(万株) | 1500.00 | 50 | 涿州市(冀) | 盆花(万盆) | 30.00 |
| 5 | 大同县(晋) | 城市绿化苗(万株) | 300.00 | 51 | 北戴河区(冀) | 盆花(万盆) | 28.00 |
| 6 | 大武口区(宁) | 城市绿化苗(万株) | 160.00 | 52 | 德令哈市(青) | 盆花(万盆) | 25.00 |
| 7 | 临河区(内蒙古) | 城市绿化苗(万株) | 140.00 | 53 | 静海县(津) | 盆花(万盆) | 25.00 |
| 8 | 滨海新区(津) | 城市绿化苗(万株) | 120.00 | 54 | 临夏市(甘) | 盆花(万盆) | 25.00 |
| 9 | 贡井区(川) | 城市绿化苗(万株) | 100.00 | 55 | 武川县(内蒙古) | 盆花(万盆) | 22.00 |
| 10 | 石家庄市桥西区(冀) | 城市绿化苗(万株) | 54.00 | 56 | 固安县(冀) | 盆花(万盆) | 21.00 |
| 11 | 海安县(苏) | 城市绿化苗(万株) | 30.00 | 57 | 宁夏仁存渡护岸林场(宁) | 盆花(万盆) | 20.00 |
| 12 | 通河县(黑) | 城市绿化苗(万株) | 30.00 | 58 | 乾安县(吉) | 盆花(万盆) | 20.00 |
| 13 | 嘉峪关市(甘) | 城市绿化苗(万株) | 20.00 | 59 | 唐山市汉沽管理区(冀) | 盆花(万盆) | 20.00 |
| 14 | 苏尼特右旗(内蒙古) | 城市绿化苗(万株) | 11.00 | 60 | 遵化市(冀) | 盆花(万盆) | 20.00 |
| 15 | 望花区(辽) | 城市绿化苗(万株) | 10.00 | 61 | 和林格尔县(内蒙古) | 盆花(万盆) | 18.00 |
| 16 | 木兰县(黑) | 城市绿化苗(万株) | 4.00 | 62 | 林西县(内蒙古) | 盆花(万盆) | 16.00 |
| 17 | 山丹县(甘) | 城市绿化苗(万株) | 4.00 | 63 | 海港区(冀) | 盆花(万盆) | 13.00 |
| 18 | 洮南市(吉) | 城市绿化苗(万株) | 2.80 | 64 | 商水县(豫) | 盆花(万盆) | 11.00 |
| 19 | 昌吉市(新) | 城市绿化苗(万株) | 2.50 | 65 | 开平区(冀) | 盆花(万盆) | 10.50 |
| 20 | 尼勒克县(新) | 城市绿化苗(万株) | 1.20 | 66 | 费　县(鲁) | 盆花(万盆) | 10.00 |
| 21 | 通城县(鄂) | 观赏苗木(万株) | 70.00 | 67 | 临洮县(甘) | 盆花(万盆) | 10.00 |
| 22 | 庄河市(辽) | 观赏苗木(万株) | 46.00 | 68 | 平罗县(宁) | 盆花(万盆) | 10.00 |
| 23 | 丰宁满族自治县(冀) | 观赏苗木(万株) | 22.00 | 69 | 威海市经济技术开发区(鲁) | 盆花(万盆) | 10.00 |
| 24 | 临洮县(甘) | 观赏苗木(万株) | 8.00 | 70 | 阳泉市郊区(晋) | 盆花(万盆) | 10.00 |
| 25 | 怀来县(冀) | 观赏苗木(万株) | 0.60 | 71 | 察哈尔右翼前旗(内蒙古) | 盆花(万盆) | 8.00 |
| 26 | 霍城县(新) | 观叶植物(万盆) | 40.00 | 72 | 普兰店市(辽) | 盆花(万盆) | 8.00 |
| 27 | 会宁县(甘) | 观叶植物(万盆) | 10.00 | 73 | 大厂回族自治县(冀) | 盆花(万盆) | 5.00 |
| 28 | 沭阳县(苏) | 观叶植物(万盆) | 9.80 | 74 | 淮上区(皖) | 盆花(万盆) | 5.00 |
| 29 | 梅河口市(吉) | 花卉用种苗(千苗) | 567.00 | 75 | 香河县(冀) | 盆花(万盆) | 5.00 |
| 30 | 通榆县(吉) | 盆花(万盆) | 32000.00 | 76 | 鄂托克旗(内蒙古) | 盆花(万盆) | 4.00 |
| 31 | 路南区(冀) | 盆花(万盆) | 3500.00 | 77 | 广阳区(冀) | 盆花(万盆) | 4.00 |
| 32 | 邹平县(鲁) | 盆花(万盆) | 655.00 | 78 | 新乐市(冀) | 盆花(万盆) | 4.00 |
| 33 | 青州市(鲁) | 盆花(万盆) | 500.00 | 79 | 井研县(川) | 盆花(万盆) | 3.70 |
| 34 | 莒南县(鲁) | 盆花(万盆) | 460.00 | 80 | 本溪满族自治县(辽) | 盆花(万盆) | 3.50 |
| 35 | 灯塔市(辽) | 盆花(万盆) | 330.00 | 81 | 忻府区(晋) | 盆花(万盆) | 3.50 |
| 36 | 金凤区(宁) | 盆花(万盆) | 300.00 | 82 | 公安县(鄂) | 盆花(万盆) | 3.20 |
| 37 | 三河市(冀) | 盆花(万盆) | 193.00 | 83 | 东乌珠穆沁旗(内蒙古) | 盆花(万盆) | 3.00 |
| 38 | 惠山区(苏) | 盆花(万盆) | 100.00 | 84 | 让胡路区(黑) | 盆花(万盆) | 3.00 |
| 39 | 延庆县(京) | 盆花(万盆) | 78.00 | 85 | 山阴县(晋) | 盆花(万盆) | 3.00 |
| 40 | 玉田县(冀) | 盆花(万盆) | 59.00 | 86 | 雁塔区(陕) | 盆花(万盆) | 3.00 |
| 41 | 格尔木市(青) | 盆花(万盆) | 54.00 | 87 | 肇州县(黑) | 盆花(万盆) | 2.50 |
| 42 | 惠济区(豫) | 盆花(万盆) | 50.03 | 88 | 白银区(甘) | 盆花(万盆) | 2.00 |
| 43 | 巴州区(川) | 盆花(万盆) | 50.00 | 89 | 抚宁县(冀) | 盆花(万盆) | 2.00 |
| 44 | 华龙区(豫) | 盆花(万盆) | 50.00 | 90 | 金城江区(桂) | 盆花(万盆) | 2.00 |
| 45 | 昆山市(苏) | 盆花(万盆) | 50.00 | 91 | 唐　县(冀) | 盆花(万盆) | 2.00 |
| 46 | 西夏区(宁) | 盆花(万盆) | 50.00 | 92 | 西乌珠穆沁旗(内蒙古) | 盆花(万盆) | 2.00 |
| 47 | 金乡县(鲁) | 盆花(万盆) | 43.40 | 93 | 临漳县(冀) | 盆花(万盆) | 1.15 |

| 序号 | 矮牵牛主产地 | 花卉类别 | 生产量 |
|---|---|---|---|
| 94 | 海城市(辽) | 鲜切花(万支) | 42.30 |
| 95 | 塔城市(新) | 鲜切花(万支) | 30.00 |

### 表 13-34　三色堇主产地产量

| 序号 | 三色堇主产地 | 花卉类别 | 生产量 |
|---|---|---|---|
| 1 | 昌吉市(新) | 城市绿化苗(万株) | 2.00 |
| 2 | 山丹县(甘) | 城市绿化苗(万株) | 2.00 |
| 3 | 七星区(桂) | 观赏苗木(万株) | 600.00 |
| 4 | 象山区(桂) | 观赏苗木(万株) | 600.00 |
| 5 | 青州市(鲁) | 盆花(万盆) | 200.00 |
| 6 | 庐阳区(皖) | 盆花(万盆) | 100.00 |
| 7 | 游仙区(川) | 盆花(万盆) | 100.00 |
| 8 | 惠山区(苏) | 盆花(万盆) | 90.00 |
| 9 | 邹平县(鲁) | 盆花(万盆) | 80.00 |
| 10 | 昆山市(苏) | 盆花(万盆) | 50.00 |
| 11 | 延庆县(京) | 盆花(万盆) | 50.00 |
| 12 | 新安县(豫) | 盆花(万盆) | 40.00 |
| 13 | 濮阳县(豫) | 盆花(万盆) | 30.00 |
| 14 | 北戴河区(冀) | 盆花(万盆) | 17.00 |
| 15 | 遵化市(冀) | 盆花(万盆) | 15.00 |
| 16 | 商水县(豫) | 盆花(万盆) | 11.00 |
| 17 | 石柱土家族自治县(渝) | 盆花(万盆) | 5.50 |
| 18 | 东洲区(辽) | 盆花(万盆) | 5.00 |
| 19 | 广汉市(川) | 盆花(万盆) | 5.00 |
| 20 | 旌阳区(川) | 盆花(万盆) | 5.00 |
| 21 | 香河县(冀) | 盆花(万盆) | 5.00 |
| 22 | 高碑店市(冀) | 盆花(万盆) | 4.00 |
| 23 | 临武县(湘) | 盆花(万盆) | 2.10 |
| 24 | 抚宁县(冀) | 盆花(万盆) | 2.00 |
| 25 | 萨尔图区(黑) | 盆花(万盆) | 1.00 |
| 26 | 芜湖县(皖) | 盆花(万盆) | 1.00 |
| 27 | 海港区(冀) | 盆花(万盆) | 0.80 |
| 28 | 枣强县(冀) | 盆花(万盆) | 0.80 |
| 29 | 甘井子区(辽) | 盆景(万盆) | 260.00 |
| 30 | 东洲区(辽) | 鲜切花(万支) | 9.00 |
| 31 | 闵行区(沪) | 鲜切花(万支) | 4.50 |
| 32 | 洋　县(陕) | 鲜切花(万支) | 2.00 |

### 表 13-35　法桐主产地产量

| 序号 | 法桐主产地 | 花卉类别 | 生产量 |
|---|---|---|---|
| 1 | 宁河县(津) | 城市绿化苗(万株) | 5000 |
| 2 | 济源市(豫) | 城市绿化苗(万株) | 3000 |
| 3 | 即墨市(鲁) | 城市绿化苗(万株) | 750 |
| 4 | 东平县(鲁) | 城市绿化苗(万株) | 350 |
| 5 | 河东区(鲁) | 城市绿化苗(万株) | 350 |
| 6 | 荥阳市(豫) | 城市绿化苗(万株) | 300 |
| 7 | 许昌县(豫) | 城市绿化苗(万株) | 175 |
| 8 | 偃师市(豫) | 城市绿化苗(万株) | 100 |
| 9 | 潢川县(豫) | 城市绿化苗(万株) | 55 |
| 10 | 光山县(豫) | 城市绿化苗(万株) | 30 |
| 11 | 南乐县(豫) | 城市绿化苗(万株) | 30 |
| 12 | 新泰市(鲁) | 城市绿化苗(万株) | 25 |
| 13 | 华龙区(豫) | 城市绿化苗(万株) | 20 |
| 14 | 梁山县(鲁) | 城市绿化苗(万株) | 20 |
| 15 | 夏邑县(豫) | 城市绿化苗(万株) | 20 |
| 16 | 正阳县(豫) | 城市绿化苗(万株) | 20 |
| 17 | 孟津县(豫) | 城市绿化苗(万株) | 18 |
| 18 | 辛集市(冀) | 城市绿化苗(万株) | 18 |
| 19 | 杞　县(豫) | 城市绿化苗(万株) | 15 |
| 20 | 龙安区(豫) | 城市绿化苗(万株) | 10 |
| 21 | 驿城区(豫) | 城市绿化苗(万株) | 9.7 |
| 22 | 平舆县(豫) | 城市绿化苗(万株) | 7.6 |
| 23 | 费　县(鲁) | 城市绿化苗(万株) | 5 |
| 24 | 威海市经济技术开发区(鲁) | 城市绿化苗(万株) | 5 |
| 25 | 息　县(豫) | 城市绿化苗(万株) | 3.4 |
| 26 | 广水市(鄂) | 城市绿化苗(万株) | 3.1 |
| 27 | 固始县(豫) | 城市绿化苗(万株) | 3 |
| 28 | 井陉矿区(冀) | 城市绿化苗(万株) | 3 |
| 29 | 鹿邑县(豫) | 城市绿化苗(万株) | 2 |
| 30 | 沭阳县(苏) | 观赏苗木(万株) | 12400 |
| 31 | 鄢陵县(豫) | 观赏苗木(万株) | 1100 |
| 32 | 清苑县(冀) | 观赏苗木(万株) | 800 |
| 33 | 定州市(冀) | 观赏苗木(万株) | 518 |
| 34 | 山城区(豫) | 观赏苗木(万株) | 156 |
| 35 | 利津县(鲁) | 观赏苗木(万株) | 121 |
| 36 | 广饶县(鲁) | 观赏苗木(万株) | 116 |
| 37 | 鹤山区(豫) | 观赏苗木(万株) | 100 |
| 38 | 潜江市(鄂) | 观赏苗木(万株) | 100 |
| 39 | 汝南县(豫) | 观赏苗木(万株) | 94.8 |
| 40 | 肥乡县(冀) | 观赏苗木(万株) | 60 |
| 41 | 景　县(冀) | 观赏苗木(万株) | 45.6 |
| 42 | 垦利县(鲁) | 观赏苗木(万株) | 45 |
| 43 | 文安县(冀) | 观赏苗木(万株) | 45 |
| 44 | 颍东区(皖) | 观赏苗木(万株) | 40 |
| 45 | 南和县(冀) | 观赏苗木(万株) | 37 |
| 46 | 无极县(冀) | 观赏苗木(万株) | 36 |
| 47 | 安国市(冀) | 观赏苗木(万株) | 30 |
| 48 | 鹿泉市(冀) | 观赏苗木(万株) | 30 |
| 49 | 清丰县(豫) | 观赏苗木(万株) | 30 |
| 50 | 莎车县(新) | 观赏苗木(万株) | 27 |
| 51 | 沙河市(冀) | 观赏苗木(万株) | 25 |
| 52 | 正定县(冀) | 观赏苗木(万株) | 24 |

| 序号 | 法桐主产地 | 花卉类别 | 生产量 |
|---|---|---|---|
| 53 | 开封县(豫) | 观赏苗木(万株) | 20.8 |
| 54 | 界首市(皖) | 观赏苗木(万株) | 20 |
| 55 | 乐亭县(冀) | 观赏苗木(万株) | 17 |
| 56 | 陵　县(鲁) | 观赏苗木(万株) | 17 |
| 57 | 邢台县(冀) | 观赏苗木(万株) | 16 |
| 58 | 嵩　县(豫) | 观赏苗木(万株) | 15 |
| 59 | 吴桥县(冀) | 观赏苗木(万株) | 15 |
| 60 | 武邑县(冀) | 观赏苗木(万株) | 15 |
| 61 | 固安县(冀) | 观赏苗木(万株) | 10 |
| 62 | 平阴县(鲁) | 观赏苗木(万株) | 8 |
| 63 | 永年县(冀) | 观赏苗木(万株) | 6.1 |
| 64 | 平乡县(冀) | 观赏苗木(万株) | 5 |
| 65 | 丰南区(冀) | 观赏苗木(万株) | 3.5 |
| 66 | 博兴县(鲁) | 观赏苗木(万株) | 2 |
| 67 | 海淀区(京) | 观赏苗木(万株) | 0.6 |
| 68 | 西华县(豫) | 观赏苗木(万株) | 0.6 |

**表 13-36　黄杨类主产地产量**

| 序号 | 黄杨类主产地 | 花卉类别 | 生产量 |
|---|---|---|---|
| 1 | 南召县(豫) | 城市绿化苗(万株) | 2974.00 |
| 2 | 新泰市(鲁) | 城市绿化苗(万株) | 1200.00 |
| 3 | 偃师市(豫) | 城市绿化苗(万株) | 1000.00 |
| 4 | 潢川县(豫) | 城市绿化苗(万株) | 780.00 |
| 5 | 光山县(豫) | 城市绿化苗(万株) | 500.00 |
| 6 | 兰考县(豫) | 城市绿化苗(万株) | 450.00 |
| 7 | 东平县(鲁) | 城市绿化苗(万株) | 360.00 |
| 8 | 龙安区(豫) | 城市绿化苗(万株) | 300.00 |
| 9 | 上蔡县(豫) | 城市绿化苗(万株) | 210.00 |
| 10 | 辛集市(冀) | 城市绿化苗(万株) | 36.00 |
| 11 | 济南市市中区(鲁) | 城市绿化苗(万株) | 20.00 |
| 12 | 曲阳县(冀) | 城市绿化苗(万株) | 20.00 |
| 13 | 驿城区(豫) | 城市绿化苗(万株) | 18.40 |
| 14 | 柳林县(晋) | 城市绿化苗(万株) | 15.00 |
| 15 | 梁山县(鲁) | 城市绿化苗(万株) | 13.50 |
| 16 | 东昌府区(鲁) | 城市绿化苗(万株) | 10.00 |
| 17 | 威海市经济技术开发区(鲁) | 城市绿化苗(万株) | 10.00 |
| 18 | 路桥区(浙) | 城市绿化苗(万株) | 7.50 |
| 19 | 华容县(湘) | 城市绿化苗(万株) | 5.00 |
| 20 | 望江县(皖) | 城市绿化苗(万株) | 5.00 |
| 21 | 崆峒区(甘) | 城市绿化苗(万株) | 2.60 |
| 22 | 凤冈县(黔) | 城市绿化苗(万株) | 2.00 |
| 23 | 柘城县(豫) | 干花(万支) | 300.00 |
| 24 | 固安县(冀) | 观赏苗木(万株) | 1260.00 |
| 25 | 望都县(冀) | 观赏苗木(万株) | 1100.00 |
| 26 | 顺平县(冀) | 观赏苗木(万株) | 550.00 |
| 27 | 磁　县(冀) | 观赏苗木(万株) | 500.00 |
| 28 | 郏　县(豫) | 观赏苗木(万株) | 500.00 |
| 29 | 长葛市(豫) | 观赏苗木(万株) | 300.00 |
| 30 | 邱　县(冀) | 观赏苗木(万株) | 296.00 |
| 31 | 迁安市(冀) | 观赏苗木(万株) | 240.00 |
| 32 | 涿州市(冀) | 观赏苗木(万株) | 200.00 |
| 33 | 安阳县(豫) | 观赏苗木(万株) | 177.00 |
| 34 | 满城县(冀) | 观赏苗木(万株) | 171.00 |
| 35 | 沂水县(鲁) | 观赏苗木(万株) | 162.00 |
| 36 | 开平区(冀) | 观赏苗木(万株) | 150.00 |
| 37 | 南皮县(冀) | 观赏苗木(万株) | 126.23 |
| 38 | 丰南区(冀) | 观赏苗木(万株) | 125.30 |
| 39 | 霸州市(冀) | 观赏苗木(万株) | 100.00 |
| 40 | 龙南县(赣) | 观赏苗木(万株) | 100.00 |
| 41 | 邢台市桥西区(冀) | 观赏苗木(万株) | 100.00 |
| 42 | 巴州区(川) | 观赏苗木(万株) | 80.00 |
| 43 | 嵩　县(豫) | 观赏苗木(万株) | 60.00 |
| 44 | 肥乡县(冀) | 观赏苗木(万株) | 58.00 |
| 45 | 内乡县(豫) | 观赏苗木(万株) | 50.00 |
| 46 | 玉田县(冀) | 观赏苗木(万株) | 50.00 |
| 47 | 西华县(豫) | 观赏苗木(万株) | 48.30 |
| 48 | 永年县(冀) | 观赏苗木(万株) | 43.50 |
| 49 | 沙河市(冀) | 观赏苗木(万株) | 35.00 |
| 50 | 濮阳县(豫) | 观赏苗木(万株) | 30.00 |
| 51 | 运河区(冀) | 观赏苗木(万株) | 30.00 |
| 52 | 南和县(冀) | 观赏苗木(万株) | 28.00 |
| 53 | 牧野区(豫) | 观赏苗木(万株) | 24.00 |
| 54 | 灵璧县(皖) | 观赏苗木(万株) | 23.00 |
| 55 | 河间市(冀) | 观赏苗木(万株) | 19.00 |
| 56 | 海盐县(浙) | 观赏苗木(万株) | 18.60 |
| 57 | 邢台县(冀) | 观赏苗木(万株) | 17.00 |
| 58 | 郾城区(豫) | 观赏苗木(万株) | 16.00 |
| 59 | 鸡泽县(冀) | 观赏苗木(万株) | 14.50 |
| 60 | 大名县(冀) | 观赏苗木(万株) | 12.00 |
| 61 | 赵　县(冀) | 观赏苗木(万株) | 10.80 |
| 62 | 隆尧县(冀) | 观赏苗木(万株) | 10.00 |
| 63 | 卫辉市(豫) | 观赏苗木(万株) | 9.00 |
| 64 | 北戴河区(冀) | 观赏苗木(万株) | 7.00 |
| 65 | 淮阳县(豫) | 观赏苗木(万株) | 6.00 |
| 66 | 武强县(冀) | 观赏苗木(万株) | 4.60 |
| 67 | 任　县(冀) | 观赏苗木(万株) | 4.00 |
| 68 | 寿　县(皖) | 观赏苗木(万株) | 4.00 |
| 69 | 金凤区(宁) | 观赏苗木(万株) | 2.50 |
| 70 | 乐亭县(冀) | 观赏苗木(万株) | 2.00 |
| 71 | 蒲城县(陕) | 观赏苗木(万株) | 2.00 |
| 72 | 石泉县(陕) | 观赏苗木(万株) | 2.00 |
| 73 | 任丘市(冀) | 观赏苗木(万株) | 1.00 |

| 序号 | 黄杨类主产地 | 花卉类别 | 生产量 |
|---|---|---|---|
| 74 | 复兴区(冀) | 观赏苗木(万株) | 0.80 |
| 75 | 夏邑县(豫) | 观叶植物(万盆) | 10.00 |
| 76 | 商河县(鲁) | 花卉用种球(千粒) | 20.00 |
| 77 | 巴州区(川) | 盆花(万盆) | 30.00 |
| 78 | 河间市(冀) | 盆景(万盆) | 61.00 |
| 79 | 崇明县(沪) | 盆景(万盆) | 10.85 |
| 80 | 龙南县(赣) | 盆景(万盆) | 6.00 |
| 81 | 潢川县(豫) | 盆景(万盆) | 4.10 |
| 82 | 昌乐县(鲁) | 盆景(万盆) | 2.20 |
| 83 | 文　县(甘) | 盆景(万盆) | 1.80 |

**表 13-37　紫薇类主产地产量**

| 序号 | 紫薇类主产地 | 花卉类别 | 生产量 |
|---|---|---|---|
| 1 | 清新县(粤) | 城市绿化苗(万株) | 10000.00 |
| 2 | 南召县(豫) | 城市绿化苗(万株) | 1120.00 |
| 3 | 潢川县(豫) | 城市绿化苗(万株) | 440.00 |
| 4 | 即墨市(鲁) | 城市绿化苗(万株) | 150.00 |
| 5 | 荥阳市(豫) | 城市绿化苗(万株) | 120.00 |
| 6 | 上蔡县(豫) | 城市绿化苗(万株) | 89.00 |
| 7 | 许昌县(豫) | 城市绿化苗(万株) | 66.00 |
| 8 | 固始县(豫) | 城市绿化苗(万株) | 50.00 |
| 9 | 新宁县(湘) | 城市绿化苗(万株) | 40.00 |
| 10 | 桐城市(皖) | 城市绿化苗(万株) | 11.00 |
| 11 | 坊子区(鲁) | 城市绿化苗(万株) | 8.00 |
| 12 | 谷城县(鄂) | 城市绿化苗(万株) | 8.00 |
| 13 | 碧江区(黔) | 城市绿化苗(万株) | 5.00 |
| 14 | 泾　县(皖) | 城市绿化苗(万株) | 3.00 |
| 15 | 梁山县(鲁) | 城市绿化苗(万株) | 2.00 |
| 16 | 吴川市(粤) | 城市绿化苗(万株) | 2.00 |
| 17 | 澜沧拉祜族自治县(滇) | 城市绿化苗(万株) | 0.51 |
| 18 | 沭阳县(苏) | 观赏苗木(万株) | 4500.00 |
| 19 | 汝南县(豫) | 观赏苗木(万株) | 149.14 |
| 20 | 肥城市(鲁) | 观赏苗木(万株) | 102.00 |
| 21 | 垦利县(鲁) | 观赏苗木(万株) | 80.00 |
| 22 | 河东区(鲁) | 观赏苗木(万株) | 75.00 |
| 23 | 临安市(浙) | 观赏苗木(万株) | 72.00 |
| 24 | 南漳县(鄂) | 观赏苗木(万株) | 50.00 |
| 25 | 临安市(浙) | 观赏苗木(万株) | 48.00 |
| 26 | 长清区(鲁) | 观赏苗木(万株) | 30.00 |
| 27 | 新泰市(鲁) | 观赏苗木(万株) | 28.00 |
| 28 | 沙河市(冀) | 观赏苗木(万株) | 15.00 |
| 29 | 蒙阴县(鲁) | 观赏苗木(万株) | 9.30 |
| 30 | 衢江区(浙) | 观赏苗木(万株) | 8.00 |
| 31 | 涿州市(冀) | 观赏苗木(万株) | 5.00 |
| 32 | 南乐县(豫) | 观赏苗木(万株) | 4.00 |
| 33 | 阳新县(鄂) | 观赏苗木(万株) | 4.00 |

| 序号 | 紫薇类主产地 | 花卉类别 | 生产量 |
|---|---|---|---|
| 34 | 定海区(浙) | 观赏苗木(万株) | 3.05 |
| 35 | 北戴河区(冀) | 观赏苗木(万株) | 2.00 |
| 36 | 淮阳县(豫) | 观赏苗木(万株) | 2.00 |
| 37 | 渝水区(赣) | 观赏苗木(万株) | 1.50 |
| 38 | 樊城区(鄂) | 观赏苗木(万株) | 1.30 |
| 39 | 三门县(浙) | 观赏苗木(万株) | 1.00 |
| 40 | 保康县(鄂) | 观叶植物(万盆) | 30.00 |
| 41 | 南郑县(陕) | 花卉用种苗(千苗) | 900.00 |
| 42 | 蔡甸区(鄂) | 盆花(万盆) | 7.00 |
| 43 | 襄城区(鄂) | 盆景(万盆) | 1.20 |
| 44 | 秀峰区(桂) | 鲜切花(万支) | 80.00 |
| 45 | 宣汉县(川) | 鲜切花(万支) | 6.00 |

**表 13-38　红叶小檗主产地产量**

| 序号 | 红叶小檗主产地 | 花卉类别 | 生产量 |
|---|---|---|---|
| 1 | 彭阳县(宁) | 城市绿化苗(万株) | 250000 |
| 2 | 华池县(甘) | 城市绿化苗(万株) | 50000 |
| 3 | 易　县(冀) | 城市绿化苗(万株) | 500 |
| 4 | 潢川县(豫) | 城市绿化苗(万株) | 450 |
| 5 | 即墨市(鲁) | 城市绿化苗(万株) | 150 |
| 6 | 龙安区(豫) | 城市绿化苗(万株) | 150 |
| 7 | 沂水县(鲁) | 城市绿化苗(万株) | 66 |
| 8 | 山丹县(甘) | 城市绿化苗(万株) | 37 |
| 9 | 嘉峪关市(甘) | 城市绿化苗(万株) | 30 |
| 10 | 柳林县(晋) | 城市绿化苗(万株) | 25 |
| 11 | 临洮县(甘) | 城市绿化苗(万株) | 10 |
| 12 | 枣阳市(鄂) | 城市绿化苗(万株) | 9.5 |
| 13 | 邢台市桥西区(冀) | 观赏苗木(万株) | 500000 |
| 14 | 沭阳县(苏) | 观赏苗木(万株) | 26500 |
| 15 | 望都县(冀) | 观赏苗木(万株) | 1550 |
| 16 | 顺平县(冀) | 观赏苗木(万株) | 235 |
| 17 | 定州市(冀) | 观赏苗木(万株) | 180 |
| 18 | 涿州市(冀) | 观赏苗木(万株) | 140 |
| 19 | 迁安市(冀) | 观赏苗木(万株) | 99 |
| 20 | 开平区(冀) | 观赏苗木(万株) | 80 |
| 21 | 清苑县(冀) | 观赏苗木(万株) | 80 |
| 22 | 广平县(冀) | 观赏苗木(万株) | 63 |
| 23 | 徐水县(冀) | 观赏苗木(万株) | 48 |
| 24 | 鹿泉市(冀) | 观赏苗木(万株) | 35 |
| 25 | 濮阳县(豫) | 观赏苗木(万株) | 32 |
| 26 | 临洮县(甘) | 观赏苗木(万株) | 20 |
| 27 | 遵化市(冀) | 观赏苗木(万株) | 15 |
| 28 | 范　县(豫) | 观赏苗木(万株) | 10 |
| 29 | 高平市(晋) | 观赏苗木(万株) | 10 |
| 30 | 武邑县(冀) | 观赏苗木(万株) | 10 |
| 31 | 北戴河区(冀) | 观赏苗木(万株) | 9 |

| 序号 | 红叶小檗主产地 | 花卉类别 | 生产量 |
|---|---|---|---|
| 32 | 大厂回族自治县(冀) | 观赏苗木(万株) | 8 |
| 33 | 邢台县(冀) | 观赏苗木(万株) | 5 |
| 34 | 高碑店市(冀) | 观赏苗木(万株) | 4.5 |
| 35 | 武强县(冀) | 观赏苗木(万株) | 3.8 |
| 36 | 昌乐县(鲁) | 观赏苗木(万株) | 3.5 |
| 37 | 曲阳县(冀) | 观赏苗木(万株) | 3.5 |
| 38 | 博兴县(鲁) | 观赏苗木(万株) | 3 |
| 39 | 海淀区(京) | 观赏苗木(万株) | 3 |
| 40 | 石泉县(陕) | 观赏苗木(万株) | 3 |
| 41 | 旌阳区(川) | 观赏苗木(万株) | 2.5 |
| 42 | 海港区(冀) | 观赏苗木(万株) | 2.33 |
| 43 | 枣强县(冀) | 观赏苗木(万株) | 1.5 |
| 44 | 壶关县(晋) | 观赏苗木(万株) | 1.2 |
| 45 | 鄂托克旗(内蒙古) | 盆花(万盆) | 10 |
| 46 | 喀什市(新) | 盆景(万盆) | 1 |

## 表 13-39 桧柏主产地产量

| 序号 | 桧柏主产地 | 花卉类别 | 生产量 |
|---|---|---|---|
| 1 | 彭阳县(宁) | 城市绿化苗(万株) | 53000.00 |
| 2 | 易　县(冀) | 城市绿化苗(万株) | 500.00 |
| 3 | 潢川县(豫) | 城市绿化苗(万株) | 111.00 |
| 4 | 九台市(吉) | 城市绿化苗(万株) | 100.00 |
| 5 | 偃师市(豫) | 城市绿化苗(万株) | 80.00 |
| 6 | 承德县(冀) | 城市绿化苗(万株) | 40.00 |
| 7 | 荆门市市辖区(鄂) | 城市绿化苗(万株) | 21.00 |
| 8 | 三山区(皖) | 城市绿化苗(万株) | 15.00 |
| 9 | 忻府区(晋) | 城市绿化苗(万株) | 14.11 |
| 10 | 龙里县(黔) | 城市绿化苗(万株) | 5.00 |
| 11 | 新化县(湘) | 城市绿化苗(万株) | 5.00 |
| 12 | 定襄县(晋) | 城市绿化苗(万株) | 3.00 |
| 13 | 井陉矿区(冀) | 城市绿化苗(万株) | 3.00 |
| 14 | 鄂托克前旗(内蒙古) | 城市绿化苗(万株) | 1.45 |
| 15 | 青阳县(皖) | 城市绿化苗(万株) | 1.00 |
| 16 | 沭阳县(苏) | 观赏苗木(万株) | 42500.00 |
| 17 | 望都县(冀) | 观赏苗木(万株) | 1530.00 |
| 18 | 定州市(冀) | 观赏苗木(万株) | 150.00 |
| 19 | 潜江市(鄂) | 观赏苗木(万株) | 50.00 |
| 20 | 涉　县(冀) | 观赏苗木(万株) | 36.00 |
| 21 | 平泉县(冀) | 观赏苗木(万株) | 20.00 |
| 22 | 太康县(豫) | 观赏苗木(万株) | 12.00 |
| 23 | 固安县(冀) | 观赏苗木(万株) | 10.00 |
| 24 | 汝阳县(豫) | 观赏苗木(万株) | 10.00 |
| 25 | 三门县(浙) | 观赏苗木(万株) | 10.00 |
| 26 | 宜阳县(豫) | 观赏苗木(万株) | 8.00 |
| 27 | 鸡泽县(冀) | 观赏苗木(万株) | 5.50 |
| 28 | 鹿泉市(冀) | 观赏苗木(万株) | 4.00 |
| 29 | 临漳县(冀) | 观赏苗木(万株) | 3.40 |
| 30 | 大厂回族自治县(冀) | 观赏苗木(万株) | 3.00 |
| 31 | 定海区(浙) | 观赏苗木(万株) | 2.20 |
| 32 | 卫辉市(豫) | 观赏苗木(万株) | 2.00 |
| 33 | 定襄县(晋) | 观赏苗木(万株) | 1.50 |
| 34 | 海淀区(京) | 观赏苗木(万株) | 0.60 |
| 35 | 汝阳县(豫) | 花卉用种苗(千苗) | 80.00 |

## 表 13-40 连翘主产地产量

| 序号 | 连翘主产地 | 花卉类别 | 生产量 |
|---|---|---|---|
| 1 | 宁河县(津) | 城市绿化苗(万株) | 32000.00 |
| 2 | 彭阳县(宁) | 城市绿化苗(万株) | 20000.00 |
| 3 | 九台市(吉) | 城市绿化苗(万株) | 100.00 |
| 4 | 北林区(黑) | 城市绿化苗(万株) | 20.00 |
| 5 | 定襄县(晋) | 城市绿化苗(万株) | 20.00 |
| 6 | 柳林县(晋) | 城市绿化苗(万株) | 20.00 |
| 7 | 讷河市(黑) | 城市绿化苗(万株) | 20.00 |
| 8 | 昌吉市(新) | 城市绿化苗(万株) | 10.00 |
| 9 | 临夏市(甘) | 城市绿化苗(万株) | 4.00 |
| 10 | 克东县(黑) | 城市绿化苗(万株) | 2.00 |
| 11 | 崆峒区(甘) | 城市绿化苗(万株) | 1.90 |
| 12 | 白城市市辖区(吉) | 城市绿化苗(万株) | 1.80 |
| 13 | 威海市经济技术开发区(鲁) | 城市绿化苗(万株) | 1.50 |
| 14 | 嘉峪关市(甘) | 城市绿化苗(万株) | 1.00 |
| 15 | 永靖县(甘) | 城市绿化苗(万株) | 0.75 |
| 16 | 定州市(冀) | 观赏苗木(万株) | 2120.00 |
| 17 | 呼兰区(黑) | 观赏苗木(万株) | 1000.00 |
| 18 | 红古区(甘) | 观赏苗木(万株) | 500.00 |
| 19 | 固安县(冀) | 观赏苗木(万株) | 122.00 |
| 20 | 开平区(冀) | 观赏苗木(万株) | 59.00 |
| 21 | 路南区(冀) | 观赏苗木(万株) | 50.00 |
| 22 | 海城市(辽) | 观赏苗木(万株) | 35.60 |
| 23 | 嵩　县(豫) | 观赏苗木(万株) | 32.00 |
| 24 | 隆化县(冀) | 观赏苗木(万株) | 26.00 |
| 25 | 丰宁满族自治县(冀) | 观赏苗木(万株) | 25.00 |
| 26 | 环翠区(鲁) | 观赏苗木(万株) | 20.00 |
| 27 | 涿州市(冀) | 观赏苗木(万株) | 15.00 |
| 28 | 乌审旗(内蒙古) | 观赏苗木(万株) | 13.96 |
| 29 | 凉州区(甘) | 观赏苗木(万株) | 8.00 |
| 30 | 乐都县(青) | 观赏苗木(万株) | 6.00 |
| 31 | 北戴河区(冀) | 观赏苗木(万株) | 5.00 |
| 32 | 乐亭县(冀) | 观赏苗木(万株) | 5.00 |
| 33 | 延庆县(京) | 观赏苗木(万株) | 5.00 |
| 34 | 兰西县(黑) | 观赏苗木(万株) | 3.00 |
| 35 | 龙凤区(黑) | 观赏苗木(万株) | 3.00 |
| 36 | 阳泉市郊区(晋) | 观赏苗木(万株) | 3.00 |

| 序号 | 连翘主产地 | 花卉类别 | 生产量 |
|---|---|---|---|
| 37 | 金凤区(宁) | 观赏苗木(万株) | 2.50 |
| 38 | 吴桥县(冀) | 观赏苗木(万株) | 1.00 |
| 39 | 玛纳斯县(新) | 花卉用种苗(千苗) | 192.00 |
| 40 | 鄂托克旗(内蒙古) | 盆花(万盆) | 5.00 |
| 41 | 昌乐县(鲁) | 盆景(万盆) | 2.20 |

## 表 13-41 凤梨类主产地产量

| 序号 | 凤梨类主产地 | 花卉类别 | 生产量 |
|---|---|---|---|
| 1 | 定州市(冀) | 观赏苗木(万株) | 20.00 |
| 2 | 顺义区(京) | 观叶植物(万盆) | 50.70 |
| 3 | 昆山市(苏) | 花卉用种苗(千苗) | 240.00 |
| 4 | 松江区(沪) | 盆花(万盆) | 494.00 |
| 5 | 诸城市(鲁) | 盆花(万盆) | 300.00 |
| 6 | 青州市(鲁) | 盆花(万盆) | 263.00 |
| 7 | 兴庆区(宁) | 盆花(万盆) | 255.00 |
| 8 | 广饶县(鲁) | 盆花(万盆) | 130.00 |
| 9 | 徐水县(冀) | 盆花(万盆) | 84.00 |
| 10 | 怀宁县(皖) | 盆花(万盆) | 80.00 |
| 11 | 游仙区(川) | 盆花(万盆) | 50.00 |
| 12 | 丰台区(京) | 盆花(万盆) | 36.42 |
| 13 | 大丰市(苏) | 盆花(万盆) | 35.00 |
| 14 | 上街区(豫) | 盆花(万盆) | 30.00 |
| 15 | 昆山市(苏) | 盆花(万盆) | 26.70 |
| 16 | 涿州市(冀) | 盆花(万盆) | 25.00 |
| 17 | 奉贤区(沪) | 盆花(万盆) | 22.80 |
| 18 | 长安区(陕) | 盆花(万盆) | 15.00 |
| 19 | 通州区(京) | 盆花(万盆) | 15.00 |
| 20 | 德昌县(川) | 盆花(万盆) | 12.00 |
| 21 | 东洲区(辽) | 盆花(万盆) | 12.00 |
| 22 | 新华区(冀) | 盆花(万盆) | 11.00 |
| 23 | 东昌府区(鲁) | 盆花(万盆) | 10.00 |
| 24 | 闵行区(沪) | 盆花(万盆) | 10.00 |
| 25 | 虞城县(豫) | 盆花(万盆) | 10.00 |
| 26 | 惠济区(豫) | 盆花(万盆) | 9.03 |
| 27 | 金山区(沪) | 盆花(万盆) | 9.00 |
| 28 | 成安县(冀) | 盆花(万盆) | 6.00 |
| 29 | 大东流苗圃(京) | 盆花(万盆) | 5.05 |
| 30 | 固安县(冀) | 盆花(万盆) | 5.00 |
| 31 | 七坡林场(桂) | 盆花(万盆) | 4.70 |
| 32 | 杨凌区农林局(陕) | 盆花(万盆) | 3.20 |
| 33 | 常熟市(苏) | 盆花(万盆) | 2.00 |
| 34 | 北辰区(津) | 盆花(万盆) | 1.50 |
| 35 | 海宁市(浙) | 盆花(万盆) | 0.90 |
| 36 | 忻府区(晋) | 盆花(万盆) | 0.60 |

## 表 13-42 红叶石楠主产地产量

| 序号 | 红叶石楠主产地 | 花卉类别 | 生产量 |
|---|---|---|---|
| 1 | 岳阳县(湘) | 城市绿化苗(万株) | 1000.00 |
| 2 | 宜都市(鄂) | 城市绿化苗(万株) | 580.00 |
| 3 | 许昌县(豫) | 城市绿化苗(万株) | 520.00 |
| 4 | 平桥区(豫) | 城市绿化苗(万株) | 500.00 |
| 5 | 潢川县(豫) | 城市绿化苗(万株) | 480.00 |
| 6 | 南召县(豫) | 城市绿化苗(万株) | 398.00 |
| 7 | 青阳县(皖) | 城市绿化苗(万株) | 300.00 |
| 8 | 德安县(赣) | 城市绿化苗(万株) | 234.22 |
| 9 | 洪江市(湘) | 城市绿化苗(万株) | 230.00 |
| 10 | 新　县(豫) | 城市绿化苗(万株) | 200.00 |
| 11 | 即墨市(鲁) | 城市绿化苗(万株) | 180.00 |
| 12 | 玉山县(赣) | 城市绿化苗(万株) | 150.00 |
| 13 | 荆门市市辖区(鄂) | 城市绿化苗(万株) | 122.00 |
| 14 | 偃师市(豫) | 城市绿化苗(万株) | 100.00 |
| 15 | 新化县(湘) | 城市绿化苗(万株) | 100.00 |
| 16 | 象山县(浙) | 城市绿化苗(万株) | 100.00 |
| 17 | 龙里县(黔) | 城市绿化苗(万株) | 100.00 |
| 18 | 确山县(豫) | 城市绿化苗(万株) | 73.40 |
| 19 | 泾　县(皖) | 城市绿化苗(万株) | 55.00 |
| 20 | 盱眙县(苏) | 城市绿化苗(万株) | 50.00 |
| 21 | 新晃侗族自治县(湘) | 城市绿化苗(万株) | 50.00 |
| 22 | 淮滨县(豫) | 城市绿化苗(万株) | 50.00 |
| 23 | 桐城市(皖) | 城市绿化苗(万株) | 45.00 |
| 24 | 叶　县(豫) | 城市绿化苗(万株) | 40.00 |
| 25 | 谷城县(鄂) | 城市绿化苗(万株) | 35.00 |
| 26 | 竹山县(鄂) | 城市绿化苗(万株) | 25.00 |
| 27 | 颍东区(皖) | 城市绿化苗(万株) | 20.00 |
| 28 | 新宁县(湘) | 城市绿化苗(万株) | 20.00 |
| 29 | 蓬安县(川) | 城市绿化苗(万株) | 20.00 |
| 30 | 冷水江市(湘) | 城市绿化苗(万株) | 15.00 |
| 31 | 昆山市(苏) | 城市绿化苗(万株) | 15.00 |
| 32 | 碧江区(黔) | 城市绿化苗(万株) | 15.00 |
| 33 | 三山区(皖) | 城市绿化苗(万株) | 14.00 |
| 34 | 威海市经济技术开发区(鲁) | 城市绿化苗(万株) | 12.00 |
| 35 | 枣阳市(鄂) | 城市绿化苗(万株) | 11.00 |
| 36 | 伊川县(豫) | 城市绿化苗(万株) | 10.00 |
| 37 | 龙安区(豫) | 城市绿化苗(万株) | 10.00 |
| 38 | 郎溪县(皖) | 城市绿化苗(万株) | 10.00 |
| 39 | 固始县(豫) | 城市绿化苗(万株) | 10.00 |
| 40 | 洞口县(湘) | 城市绿化苗(万株) | 10.00 |
| 41 | 江川县(滇) | 城市绿化苗(万株) | 8.00 |
| 42 | 芷江侗族自治县(湘) | 城市绿化苗(万株) | 5.00 |
| 43 | 兴山县(鄂) | 城市绿化苗(万株) | 5.00 |
| 44 | 威远县(川) | 城市绿化苗(万株) | 5.00 |
| 45 | 沙市区(鄂) | 城市绿化苗(万株) | 5.00 |

| 序号 | 红叶石楠主产地 | 花卉类别 | 生产量 |
|---|---|---|---|
| 46 | 鹿邑县(豫) | 城市绿化苗(万株) | 5.00 |
| 47 | 新田县(湘) | 城市绿化苗(万株) | 2.53 |
| 48 | 池州市九华山风景区管委会(皖) | 城市绿化苗(万株) | 2.00 |
| 49 | 和　县(皖) | 城市绿化苗(万株) | 1.50 |
| 50 | 石台县(皖) | 城市绿化苗(万株) | 1.00 |
| 51 | 韶山市(湘) | 城市绿化苗(万株) | 1.00 |
| 52 | 彭州市(川) | 城市绿化苗(万株) | 1.00 |
| 53 | 东昌府区(鲁) | 城市绿化苗(万株) | 1.00 |
| 54 | 达川区(川) | 城市绿化苗(万株) | 0.60 |
| 55 | 沭阳县(苏) | 观赏苗木(万株) | 18000.00 |
| 56 | 临安市(浙) | 观赏苗木(万株) | 5000.00 |
| 57 | 北仑区(浙) | 观赏苗木(万株) | 5000.00 |
| 58 | 长葛市(豫) | 观赏苗木(万株) | 200.00 |
| 59 | 衢江区(浙) | 观赏苗木(万株) | 170.00 |
| 60 | 大冶市(鄂) | 观赏苗木(万株) | 150.00 |
| 61 | 巴州区(川) | 观赏苗木(万株) | 120.00 |
| 62 | 阳朔县(桂) | 观赏苗木(万株) | 100.00 |
| 63 | 潜江市(鄂) | 观赏苗木(万株) | 100.00 |
| 64 | 慈利县(湘) | 观赏苗木(万株) | 100.00 |
| 65 | 蕲春县(鄂) | 观赏苗木(万株) | 80.00 |
| 66 | 汝南县(豫) | 观赏苗木(万株) | 75.01 |
| 67 | 东港区(鲁) | 观赏苗木(万株) | 54.00 |
| 68 | 三门县(浙) | 观赏苗木(万株) | 53.00 |
| 69 | 孝昌县(鄂) | 观赏苗木(万株) | 50.00 |
| 70 | 洛龙区(豫) | 观赏苗木(万株) | 50.00 |
| 71 | 海盐县(浙) | 观赏苗木(万株) | 48.10 |
| 72 | 濮阳市高新区(豫) | 观赏苗木(万株) | 45.00 |
| 73 | 邵阳县(湘) | 观赏苗木(万株) | 40.00 |
| 74 | 垦利县(鲁) | 观赏苗木(万株) | 35.00 |
| 75 | 游仙区(川) | 观赏苗木(万株) | 30.00 |
| 76 | 嵩　县(豫) | 观赏苗木(万株) | 20.00 |
| 77 | 濮阳县(豫) | 观赏苗木(万株) | 20.00 |
| 78 | 牧野区(豫) | 观赏苗木(万株) | 18.50 |
| 79 | 东宝区(鄂) | 观赏苗木(万株) | 18.00 |
| 80 | 双牌县(湘) | 观赏苗木(万株) | 10.00 |
| 81 | 蒲城县(陕) | 观赏苗木(万株) | 10.00 |
| 82 | 龙南县(赣) | 观赏苗木(万株) | 10.00 |
| 83 | 川汇区(豫) | 观赏苗木(万株) | 10.00 |
| 84 | 汝阳县(豫) | 观赏苗木(万株) | 8.00 |
| 85 | 洋　县(陕) | 观赏苗木(万株) | 6.00 |
| 86 | 睢阳区(豫) | 观赏苗木(万株) | 5.00 |
| 87 | 石泉县(陕) | 观赏苗木(万株) | 5.00 |
| 88 | 汝城县(湘) | 观赏苗木(万株) | 5.00 |
| 89 | 淮阳县(豫) | 观赏苗木(万株) | 5.00 |
| 90 | 正阳县(豫) | 观赏苗木(万株) | 4.00 |
| 91 | 旌阳区(川) | 观赏苗木(万株) | 4.00 |
| 92 | 阳新县(鄂) | 观赏苗木(万株) | 3.00 |
| 93 | 汉阴县(陕) | 观赏苗木(万株) | 3.00 |
| 94 | 登封市(豫) | 观赏苗木(万株) | 2.26 |
| 95 | 湘潭县(湘) | 观赏苗木(万株) | 1.10 |
| 96 | 环翠区(鲁) | 观叶植物(万盆) | 100.00 |
| 97 | 潢川县(豫) | 观叶植物(万盆) | 5.60 |
| 98 | 翠屏区(川) | 观叶植物(万盆) | 2.10 |
| 99 | 平利县(陕) | 观叶植物(万盆) | 0.80 |
| 100 | 固始县(豫) | 花卉用种苗(千苗) | 300.00 |
| 101 | 红花岗区(黔) | 盆花(万盆) | 100.00 |
| 102 | 巴州区(川) | 盆花(万盆) | 35.00 |
| 103 | 宣汉县(川) | 鲜切花(万支) | 22.00 |
| 104 | 巴州区(川) | 鲜切花(万支) | 10.00 |
| 105 | 巴州区(川) | 鲜切叶(万支) | 5.00 |

**表 13-43　紫薇主产地产量**

| 序号 | 紫薇主产地 | 花卉类别 | 生产量 |
|---|---|---|---|
| 1 | 醴陵市(湘) | 城市绿化苗(万株) | 10000.00 |
| 2 | 温江区(川) | 城市绿化苗(万株) | 500.00 |
| 3 | 新　县(豫) | 城市绿化苗(万株) | 400.00 |
| 4 | 河东区(鲁) | 城市绿化苗(万株) | 200.00 |
| 5 | 长寿区(渝) | 城市绿化苗(万株) | 150.00 |
| 6 | 旌德县(皖) | 城市绿化苗(万株) | 100.00 |
| 7 | 郎溪县(皖) | 城市绿化苗(万株) | 100.00 |
| 8 | 无为县(皖) | 城市绿化苗(万株) | 60.00 |
| 9 | 长丰县(皖) | 城市绿化苗(万株) | 53.30 |
| 10 | 孝昌县(鄂) | 城市绿化苗(万株) | 50.00 |
| 11 | 安化县(湘) | 城市绿化苗(万株) | 40.00 |
| 12 | 宜都市(鄂) | 城市绿化苗(万株) | 35.00 |
| 13 | 兴山县(鄂) | 城市绿化苗(万株) | 30.00 |
| 14 | 新宁县(湘) | 城市绿化苗(万株) | 20.00 |
| 15 | 颍东区(皖) | 城市绿化苗(万株) | 20.00 |
| 16 | 济源市(豫) | 城市绿化苗(万株) | 18.00 |
| 17 | 雨城区(川) | 城市绿化苗(万株) | 12.00 |
| 18 | 包河区(皖) | 城市绿化苗(万株) | 10.00 |
| 19 | 昆山市(苏) | 城市绿化苗(万株) | 10.00 |
| 20 | 龙里县(黔) | 城市绿化苗(万株) | 10.00 |
| 21 | 岳池县(川) | 城市绿化苗(万株) | 10.00 |
| 22 | 瑞金市(赣) | 城市绿化苗(万株) | 7.00 |
| 23 | 平桥区(豫) | 城市绿化苗(万株) | 6.41 |
| 24 | 洞口县(湘) | 城市绿化苗(万株) | 5.00 |
| 25 | 恩阳区(川) | 城市绿化苗(万株) | 4.00 |
| 26 | 三山区(皖) | 城市绿化苗(万株) | 3.00 |
| 27 | 石台县(皖) | 城市绿化苗(万株) | 3.00 |
| 28 | 孟连傣族拉祜族佤族自治县(滇) | 城市绿化苗(万株) | 2.00 |
| 29 | 忠　县(渝) | 城市绿化苗(万株) | 2.00 |

| 序号 | 紫薇主产地 | 花卉类别 | 生产量 |
|---|---|---|---|
| 30 | 竹山县(鄂) | 城市绿化苗(万株) | 1.89 |
| 31 | 井研县(川) | 城市绿化苗(万株) | 1.20 |
| 32 | 沅陵县(湘) | 城市绿化苗(万株) | 1.20 |
| 33 | 洪山区(鄂) | 城市绿化苗(万株) | 1.00 |
| 34 | 石门县(湘) | 城市绿化苗(万株) | 1.00 |
| 35 | 曾都区(鄂) | 城市绿化苗(万株) | 1.00 |
| 36 | 冷水江市(湘) | 城市绿化苗(万株) | 0.60 |
| 37 | 鄢陵县(豫) | 观赏苗木(万株) | 1500.00 |
| 38 | 叠彩区(桂) | 观赏苗木(万株) | 300.00 |
| 39 | 阳朔县(桂) | 观赏苗木(万株) | 300.00 |
| 40 | 金乡县(鲁) | 观赏苗木(万株) | 280.00 |
| 41 | 青州市(鲁) | 观赏苗木(万株) | 240.00 |
| 42 | 巴州区(川) | 观赏苗木(万株) | 200.00 |
| 43 | 潜江市(鄂) | 观赏苗木(万株) | 200.00 |
| 44 | 东平县(鲁) | 观赏苗木(万株) | 150.00 |
| 45 | 河东区(鲁) | 观赏苗木(万株) | 75.00 |
| 46 | 新蔡县(豫) | 观赏苗木(万株) | 55.30 |
| 47 | 贞丰县(黔) | 观赏苗木(万株) | 52.00 |
| 48 | 长葛市(豫) | 观赏苗木(万株) | 50.00 |
| 49 | 霸州市(冀) | 观赏苗木(万株) | 31.00 |
| 50 | 永兴县(湘) | 观赏苗木(万株) | 26.06 |
| 51 | 玉山县(赣) | 观赏苗木(万株) | 15.00 |
| 52 | 中方县(湘) | 观赏苗木(万株) | 12.00 |
| 53 | 海盐县(浙) | 观赏苗木(万株) | 11.20 |
| 54 | 高淳县(苏) | 观赏苗木(万株) | 11.00 |
| 55 | 蒲江县(川) | 观赏苗木(万株) | 11.00 |
| 56 | 武陵区(湘) | 观赏苗木(万株) | 8.00 |
| 57 | 登封市(豫) | 观赏苗木(万株) | 7.15 |
| 58 | 邢台县(冀) | 观赏苗木(万株) | 7.00 |
| 59 | 任　县(冀) | 观赏苗木(万株) | 6.00 |
| 60 | 临邑县(鲁) | 观赏苗木(万株) | 5.10 |
| 61 | 昌乐县(鲁) | 观赏苗木(万株) | 5.00 |
| 62 | 三台县(川) | 观赏苗木(万株) | 5.00 |
| 63 | 博兴县(鲁) | 观赏苗木(万株) | 3.00 |
| 64 | 石泉县(陕) | 观赏苗木(万株) | 3.00 |
| 65 | 旌阳区(川) | 观赏苗木(万株) | 2.00 |
| 66 | 淅川县(豫) | 观赏苗木(万株) | 2.00 |
| 67 | 雁塔区(陕) | 观赏苗木(万株) | 2.00 |
| 68 | 赞皇县(冀) | 观赏苗木(万株) | 2.00 |
| 69 | 唐　县(冀) | 观赏苗木(万株) | 1.00 |
| 70 | 川汇区(豫) | 观赏苗木(万株) | 0.80 |
| 71 | 北塔区(湘) | 观赏苗木(万株) | 0.64 |
| 72 | 苏仙区(湘) | 观叶植物(万盆) | 5600.00 |
| 73 | 沅陵县(湘) | 花卉用种苗(千苗) | 75.00 |
| 74 | 巴州区(川) | 盆花(万盆) | 40.00 |
| 75 | 来凤县(鄂) | 盆景(万盆) | 10.00 |
| 76 | 黔西县(黔) | 鲜切花(万支) | 40.00 |
| 77 | 埇桥区(皖) | 鲜切花(万支) | 23.80 |

### 表 13-44　紫荆主产地产量

| 序号 | 紫荆主产地 | 花卉类别 | 生产量 |
|---|---|---|---|
| 1 | 象州县(桂) | 城市绿化苗(万株) | 90000.00 |
| 2 | 醴陵市(湘) | 城市绿化苗(万株) | 10000.00 |
| 3 | 南召县(豫) | 城市绿化苗(万株) | 762.00 |
| 4 | 许昌县(豫) | 城市绿化苗(万株) | 232.00 |
| 5 | 潢川县(豫) | 城市绿化苗(万株) | 60.00 |
| 6 | 宜都市(鄂) | 城市绿化苗(万株) | 15.00 |
| 7 | 昆山市(苏) | 城市绿化苗(万株) | 10.00 |
| 8 | 连州市(粤) | 城市绿化苗(万株) | 5.00 |
| 9 | 望江县(皖) | 城市绿化苗(万株) | 5.00 |
| 10 | 碧江区(黔) | 城市绿化苗(万株) | 3.00 |
| 11 | 威海市经济技术开发区(鲁) | 城市绿化苗(万株) | 3.00 |
| 12 | 长顺县(黔) | 城市绿化苗(万株) | 2.00 |
| 13 | 孟连傣族拉祜族佤族自治县(滇) | 城市绿化苗(万株) | 2.00 |
| 14 | 竹山县(鄂) | 城市绿化苗(万株) | 2.00 |
| 15 | 梁山县(鲁) | 城市绿化苗(万株) | 1.30 |
| 16 | 东昌府区(鲁) | 城市绿化苗(万株) | 1.00 |
| 17 | 龙里县(黔) | 城市绿化苗(万株) | 1.00 |
| 18 | 巴州区(川) | 观赏苗木(万株) | 180.00 |
| 19 | 东平县(鲁) | 观赏苗木(万株) | 50.00 |
| 20 | 通江县(川) | 观赏苗木(万株) | 50.00 |
| 21 | 青州市(鲁) | 观赏苗木(万株) | 36.00 |
| 22 | 高密市(鲁) | 观赏苗木(万株) | 23.00 |
| 23 | 环翠区(鲁) | 观赏苗木(万株) | 20.00 |
| 24 | 东港区(鲁) | 观赏苗木(万株) | 10.00 |
| 25 | 南乐县(豫) | 观赏苗木(万株) | 5.00 |
| 26 | 新泰市(鲁) | 观赏苗木(万株) | 5.00 |
| 27 | 博兴县(鲁) | 观赏苗木(万株) | 4.00 |
| 28 | 陵　县(鲁) | 观赏苗木(万株) | 2.00 |
| 29 | 吴桥县(冀) | 观赏苗木(万株) | 1.50 |
| 30 | 巴州区(川) | 盆花(万盆) | 35.00 |
| 31 | 昌乐县(鲁) | 盆景(万盆) | 2.20 |
| 32 | 黔西县(黔) | 鲜切花(万支) | 4.00 |

### 表 13-45　红瑞木主产地产量

| 序号 | 红瑞木主产地 | 花卉类别 | 生产量 |
|---|---|---|---|
| 1 | 开原市(辽) | 城市绿化苗(万株) | 500.00 |
| 2 | 九台市(吉) | 城市绿化苗(万株) | 100.00 |
| 3 | 昌吉市(新) | 城市绿化苗(万株) | 45.00 |
| 4 | 榆阳区(陕) | 城市绿化苗(万株) | 11.20 |
| 5 | 即墨市(鲁) | 城市绿化苗(万株) | 10.00 |
| 6 | 梅里斯达斡尔族区(黑) | 城市绿化苗(万株) | 10.00 |

| 序号 | 红瑞木主产地 | 花卉类别 | 生产量 |
|---|---|---|---|
| 7 | 讷河市(黑) | 城市绿化苗(万株) | 10.00 |
| 8 | 临洮县(甘) | 城市绿化苗(万株) | 8.00 |
| 9 | 威海市经济技术开发区(鲁) | 城市绿化苗(万株) | 8.00 |
| 10 | 井陉矿区(冀) | 城市绿化苗(万株) | 2.00 |
| 11 | 康保县(冀) | 城市绿化苗(万株) | 2.00 |
| 12 | 大武口区(宁) | 城市绿化苗(万株) | 1.60 |
| 13 | 特克斯林场(新) | 城市绿化苗(万株) | 0.54 |
| 14 | 定州市(冀) | 观赏苗木(万株) | 2480.00 |
| 15 | 吉木萨尔县(新) | 观赏苗木(万株) | 79.00 |
| 16 | 玉田县(冀) | 观赏苗木(万株) | 50.00 |
| 17 | 丰润区(冀) | 观赏苗木(万株) | 45.20 |
| 18 | 路南区(冀) | 观赏苗木(万株) | 40.00 |
| 19 | 顺平县(冀) | 观赏苗木(万株) | 15.00 |
| 20 | 丰宁满族自治县(冀) | 观赏苗木(万株) | 10.00 |
| 21 | 依安县(黑) | 观赏苗木(万株) | 10.00 |
| 22 | 庄河市(辽) | 观赏苗木(万株) | 8.00 |
| 23 | 兰西县(黑) | 观赏苗木(万株) | 5.00 |
| 24 | 瓜州县(甘) | 观赏苗木(万株) | 4.00 |
| 25 | 延庆县(京) | 观赏苗木(万株) | 3.00 |
| 26 | 涿州市(冀) | 观赏苗木(万株) | 3.00 |
| 27 | 金凤区(宁) | 观赏苗木(万株) | 2.00 |
| 28 | 迁安市(冀) | 观赏苗木(万株) | 1.10 |
| 29 | 临洮县(甘) | 花卉用种苗(千苗) | 10.00 |
| 30 | 鄂托克旗(内蒙古) | 盆花(万盆) | 5.00 |

**表 13-46 牡丹主产地产量**

| 序号 | 牡丹主产地 | 花卉类别 | 生产量 |
|---|---|---|---|
| 1 | 临洮县(甘) | 城市绿化苗(万株) | 60.00 |
| 2 | 临夏市(甘) | 城市绿化苗(万株) | 48.80 |
| 3 | 固始县(豫) | 城市绿化苗(万株) | 10.00 |
| 4 | 竹山县(鄂) | 城市绿化苗(万株) | 9.10 |
| 5 | 偃师市(豫) | 城市绿化苗(万株) | 2.00 |
| 6 | 济南市市中区(鲁) | 观赏苗木(万株) | 600.00 |
| 7 | 宜阳县(豫) | 观赏苗木(万株) | 273.00 |
| 8 | 东昌府区(鲁) | 观赏苗木(万株) | 200.00 |
| 9 | 洛阳市龙门文化旅游园区(豫) | 观赏苗木(万株) | 200.00 |
| 10 | 汝阳县(豫) | 观赏苗木(万株) | 60.00 |
| 11 | 广水市(鄂) | 观赏苗木(万株) | 56.00 |
| 12 | 范　县(豫) | 观赏苗木(万株) | 20.00 |
| 13 | 临洮县(甘) | 观赏苗木(万株) | 20.00 |
| 14 | 榆中县(甘) | 观赏苗木(万株) | 7.50 |
| 15 | 凉州区(甘) | 观赏苗木(万株) | 2.00 |
| 16 | 南关区(吉) | 观叶植物(万盆) | 320.00 |
| 17 | 禹州市(豫) | 盆花(万盆) | 68.00 |
| 18 | 鼎城区(湘) | 盆花(万盆) | 4.50 |
| 19 | 谯城区(皖) | 盆花(万盆) | 1.00 |
| 20 | 保康县(鄂) | 盆景(万盆) | 9.00 |
| 21 | 柏乡县(冀) | 盆景(万盆) | 7.50 |
| 22 | 兰州新区(甘) | 食用及药用花卉(吨) | 72.00 |
| 23 | 康乐县(甘) | 食用及药用花卉(吨) | 30.00 |
| 24 | 安阳县(豫) | 食用及药用花卉(千克) | 2.00 |
| 25 | 新安县(豫) | 鲜切花(万支) | 400.00 |
| 26 | 榆中县(甘) | 鲜切花(万支) | 125.00 |
| 27 | 伊川县(豫) | 鲜切花(万支) | 50.00 |
| 28 | 隆尧县(冀) | 鲜切花(万支) | 15.00 |
| 29 | 平山县(冀) | 鲜切花(万支) | 7.00 |
| 30 | 西峰区(甘) | 鲜切花(万支) | 3.00 |
| 31 | 南溪县(川) | 鲜切花(万支) | 1.00 |
| 32 | 永靖县(甘) | 鲜切花(万支) | 0.82 |

**表 13-47 富贵竹主产地产量**

| 序号 | 富贵竹主产地 | 花卉类别 | 生产量 |
|---|---|---|---|
| 1 | 吴川市(粤) | 城市绿化苗(万株) | 6.00 |
| 2 | 新宁县(湘) | 城市绿化苗(万株) | 5.00 |
| 3 | 新蔡县(豫) | 观赏苗木(万株) | 14.10 |
| 4 | 游仙区(川) | 观赏苗木(万株) | 10.00 |
| 5 | 通城县(鄂) | 观赏苗木(万株) | 6.00 |
| 6 | 盐山县(冀) | 观赏苗木(万株) | 5.00 |
| 7 | 太康县(豫) | 观赏苗木(万株) | 1.00 |
| 8 | 麻章区(粤) | 观叶植物(万盆) | 405.00 |
| 9 | 青州市(鲁) | 观叶植物(万盆) | 28.00 |
| 10 | 涿州市(冀) | 观叶植物(万盆) | 5.00 |
| 11 | 清城区(粤) | 观叶植物(万盆) | 3.10 |
| 12 | 石棉县(川) | 观叶植物(万盆) | 2.50 |
| 13 | 石柱土家族自治县(渝) | 观叶植物(万盆) | 2.50 |
| 14 | 建始县(鄂) | 观叶植物(万盆) | 1.00 |
| 15 | 昌图县(辽) | 盆花(万盆) | 2000.00 |
| 16 | 巴州区(川) | 盆花(万盆) | 350.00 |
| 17 | 崇明县(沪) | 盆花(万盆) | 9.60 |
| 18 | 闵行区(沪) | 盆花(万盆) | 6.00 |
| 19 | 华龙区(豫) | 盆花(万盆) | 5.00 |
| 20 | 浦东新区(沪) | 盆花(万盆) | 5.00 |
| 21 | 许昌县(豫) | 盆花(万盆) | 5.00 |
| 22 | 丰润区(冀) | 盆花(万盆) | 4.00 |
| 23 | 昌乐县(鲁) | 盆花(万盆) | 2.00 |
| 24 | 金城江区(桂) | 盆花(万盆) | 2.00 |
| 25 | 彭水苗族土家族自治县(渝) | 盆花(万盆) | 2.00 |
| 26 | 盐山县(冀) | 盆花(万盆) | 1.20 |
| 27 | 汶上县(鲁) | 盆花(万盆) | 1.00 |
| 28 | 瓜州县(甘) | 盆景(万盆) | 3.00 |
| 29 | 宝丰县(豫) | 盆景(万盆) | 2.40 |
| 30 | 青　县(冀) | 盆景(万盆) | 1.00 |

| 序号 | 富贵竹主产地 | 花卉类别 | 生产量 |
|---|---|---|---|
| 31 | 五华县(粤) | 盆景(万盆) | 1.00 |
| 32 | 犍为县(川) | 盆景(万盆) | 0.70 |
| 33 | 平果县(桂) | 鲜切花(万支) | 3.00 |
| 34 | 台山市(粤) | 鲜切叶(万支) | 1300.00 |
| 35 | 凯里市(黔) | 鲜切叶(万支) | 310.00 |
| 36 | 遵化市(冀) | 鲜切叶(万支) | 30.00 |
| 37 | 开平区(冀) | 鲜切叶(万支) | 10.00 |
| 38 | 洋　县(陕) | 鲜切叶(万支) | 4.00 |

## 表 13-48　草花主产地产量

| 序号 | 草花主产地 | 花卉类别 | 生产量 |
|---|---|---|---|
| 1 | 九台市(吉) | 城市绿化苗(万株) | 5000.00 |
| 2 | 阳高县(晋) | 城市绿化苗(万株) | 2500.00 |
| 3 | 辉南县(吉) | 城市绿化苗(万株) | 1650.00 |
| 4 | 大同县(晋) | 城市绿化苗(万株) | 1000.00 |
| 5 | 荆门市市辖区(鄂) | 城市绿化苗(万株) | 200.00 |
| 6 | 富蕴县(新) | 城市绿化苗(万株) | 30.00 |
| 7 | 路桥区(浙) | 城市绿化苗(万株) | 9.00 |
| 8 | 仙桃市(鄂) | 观赏苗木(万株) | 250.00 |
| 9 | 建始县(鄂) | 观赏苗木(万株) | 150.00 |
| 10 | 富顺县(川) | 观赏苗木(万株) | 109.00 |
| 11 | 绿园区(吉) | 观赏苗木(万株) | 100.00 |
| 12 | 丰宁满族自治县(冀) | 观赏苗木(万株) | 60.00 |
| 13 | 珠晖区(湘) | 观赏苗木(万株) | 15.00 |
| 14 | 芜湖县(皖) | 观赏苗木(万株) | 10.00 |
| 15 | 大东流苗圃(京) | 观赏苗木(万株) | 9.23 |
| 16 | 博兴县(鲁) | 观赏苗木(万株) | 5.00 |
| 17 | 山海关区(冀) | 观赏苗木(万株) | 5.00 |
| 18 | 石柱土家族自治县(渝) | 观叶植物(万盆) | 5.00 |
| 19 | 沭阳县(苏) | 观叶植物(万盆) | 4.40 |
| 20 | 清原满族自治县(辽) | 盆花(万盆) | 2900.00 |
| 21 | 青浦区(沪) | 盆花(万盆) | 592.60 |
| 22 | 康平县(辽) | 盆花(万盆) | 500.00 |
| 23 | 庐阳区(皖) | 盆花(万盆) | 300.00 |
| 24 | 利通区(宁) | 盆花(万盆) | 221.00 |
| 25 | 浦东新区(沪) | 盆花(万盆) | 120.00 |
| 26 | 潮安县(粤) | 盆花(万盆) | 65.00 |
| 27 | 北辰区(津) | 盆花(万盆) | 45.00 |
| 28 | 北戴河区(冀) | 盆花(万盆) | 32.50 |
| 29 | 沂水县(鲁) | 盆花(万盆) | 18.00 |
| 30 | 淮上区(皖) | 盆花(万盆) | 10.00 |
| 31 | 涟水县(苏) | 盆花(万盆) | 10.00 |
| 32 | 正定县(冀) | 盆花(万盆) | 10.00 |
| 33 | 井陉县(冀) | 盆花(万盆) | 9.00 |
| 34 | 云梦县(鄂) | 盆花(万盆) | 8.00 |
| 35 | 临沭县(鲁) | 盆花(万盆) | 7.00 |
| 36 | 辛集市(冀) | 盆花(万盆) | 4.40 |
| 37 | 蒙城县(皖) | 盆花(万盆) | 4.30 |
| 38 | 肃宁县(冀) | 盆花(万盆) | 3.00 |
| 39 | 宕昌县(甘) | 盆花(万盆) | 2.50 |
| 40 | 公安县(鄂) | 盆花(万盆) | 2.40 |
| 41 | 龙凤区(黑) | 盆花(万盆) | 2.00 |
| 42 | 任丘市(冀) | 盆花(万盆) | 2.00 |
| 43 | 晋州市(冀) | 盆花(万盆) | 1.40 |
| 44 | 山海关区(冀) | 盆花(万盆) | 1.00 |
| 45 | 东乡族自治县(甘) | 盆花(万盆) | 0.90 |
| 46 | 武陵源区(湘) | 盆花(万盆) | 0.60 |
| 47 | 益阳市市辖区(湘) | 盆景(万盆) | 30.00 |
| 48 | 昭化区(川) | 盆景(万盆) | 16.00 |
| 49 | 长葛市(豫) | 盆景(万盆) | 7.00 |
| 50 | 弓长岭区(辽) | 盆景(万盆) | 1.00 |
| 51 | 攀枝花市东区(川) | 盆景(万盆) | 0.80 |
| 52 | 兴庆区(宁) | 鲜切花(万支) | 6428.00 |
| 53 | 青浦区(沪) | 鲜切花(万支) | 1330.00 |
| 54 | 东乡族自治县(甘) | 鲜切花(万支) | 100.00 |
| 55 | 邻水县(川) | 鲜切叶(万支) | 2300.00 |
| 56 | 东乡族自治县(甘) | 鲜切叶(万支) | 70.00 |

## 表 13-49　竹柳主产地产量

| 序号 | 竹柳主产地 | 花卉类别 | 生产量 |
|---|---|---|---|
| 1 | 赤城县(冀) | 城市绿化苗(万株) | 200.00 |
| 2 | 即墨市(鲁) | 城市绿化苗(万株) | 170.00 |
| 3 | 许昌县(豫) | 城市绿化苗(万株) | 122.00 |
| 4 | 范　县(豫) | 城市绿化苗(万株) | 120.00 |
| 5 | 三山区(皖) | 城市绿化苗(万株) | 70.00 |
| 6 | 华容县(湘) | 城市绿化苗(万株) | 60.00 |
| 7 | 广丰县(赣) | 城市绿化苗(万株) | 50.00 |
| 8 | 辛集市(冀) | 城市绿化苗(万株) | 27.00 |
| 9 | 鹿邑县(豫) | 城市绿化苗(万株) | 20.00 |
| 10 | 新宁县(湘) | 城市绿化苗(万株) | 20.00 |
| 11 | 忠　县(渝) | 城市绿化苗(万株) | 20.00 |
| 12 | 昌吉市(新) | 城市绿化苗(万株) | 10.00 |
| 13 | 泾　县(皖) | 城市绿化苗(万株) | 10.00 |
| 14 | 岳阳县(湘) | 城市绿化苗(万株) | 2.00 |
| 15 | 安阳县(豫) | 工业及其他用途花卉(千克) | 28.70 |
| 16 | 邱　县(冀) | 观赏苗木(万株) | 500.00 |
| 17 | 贞丰县(黔) | 观赏苗木(万株) | 205.00 |
| 18 | 潜江市(鄂) | 观赏苗木(万株) | 200.00 |
| 19 | 巴州区(川) | 观赏苗木(万株) | 125.00 |
| 20 | 陵　县(鲁) | 观赏苗木(万株) | 75.00 |
| 21 | 曲阳县(冀) | 观赏苗木(万株) | 30.00 |

| 序号 | 竹柳主产地 | 花卉类别 | 生产量 |
|---|---|---|---|
| 22 | 邢台市桥西区(冀) | 观赏苗木(万株) | 20.00 |
| 23 | 乐亭县(冀) | 观赏苗木(万株) | 9.00 |
| 24 | 定襄县(晋) | 观赏苗木(万株) | 8.00 |
| 25 | 晋州市(冀) | 观赏苗木(万株) | 8.00 |
| 26 | 任丘市(冀) | 观赏苗木(万株) | 3.00 |
| 27 | 阳新县(鄂) | 观赏苗木(万株) | 3.00 |
| 28 | 铁岭市经济开发区(辽) | 观赏苗木(万株) | 2.00 |
| 29 | 方城县(豫) | 观赏苗木(万株) | 1.08 |
| 30 | 馆陶县(冀) | 观赏苗木(万株) | 0.90 |
| 31 | 新宁县(湘) | 食用及药用花卉(千克) | 20000.00 |

### 表 13-50　榕树(小叶榕)主产地产量

| 序号 | 榕树(小叶榕)主产地 | 花卉类别 | 生产量 |
|---|---|---|---|
| 1 | 仁和区(川) | 城市绿化苗(万株) | 5000.00 |
| 2 | 清城区(粤) | 城市绿化苗(万株) | 1500.00 |
| 3 | 清新县(粤) | 城市绿化苗(万株) | 1000.00 |
| 4 | 东源县(粤) | 城市绿化苗(万株) | 250.00 |
| 5 | 田阳县(桂) | 城市绿化苗(万株) | 27.00 |
| 6 | 瑞金市(赣) | 城市绿化苗(万株) | 6.00 |
| 7 | 吴川市(粤) | 城市绿化苗(万株) | 3.00 |
| 8 | 达川区(川) | 城市绿化苗(万株) | 2.50 |
| 9 | 钦南区(桂) | 城市绿化苗(万株) | 1.50 |
| 10 | 路桥区(浙) | 城市绿化苗(万株) | 0.90 |
| 11 | 武定县(滇) | 城市绿化苗(万株) | 0.90 |
| 12 | 翠屏区(川) | 城市绿化苗(万株) | 0.85 |
| 13 | 孟连傣族拉祜族佤族自治县(滇) | 城市绿化苗(万株) | 0.70 |
| 14 | 高　县(川) | 观赏苗木(万株) | 63296.00 |
| 15 | 楚雄市(滇) | 观赏苗木(万株) | 600.00 |
| 16 | 龙南县(赣) | 观赏苗木(万株) | 30.00 |
| 17 | 巴州区(川) | 观赏苗木(万株) | 25.00 |
| 18 | 隆安县(桂) | 观赏苗木(万株) | 4.00 |
| 19 | 旌阳区(川) | 观赏苗木(万株) | 2.50 |
| 20 | 犍为县(川) | 观赏苗木(万株) | 1.51 |
| 21 | 石棉县(川) | 观叶植物(万盆) | 4.00 |
| 22 | 洋　县(陕) | 观叶植物(万盆) | 1.03 |
| 23 | 雷州市(粤) | 观叶植物(万盆) | 0.60 |
| 24 | 固始县(豫) | 花卉用种苗(千苗) | 50.00 |
| 25 | 巴州区(川) | 盆花(万盆) | 20.00 |
| 26 | 涿州市(冀) | 盆花(万盆) | 10.00 |
| 27 | 东洲区(辽) | 盆花(万盆) | 3.00 |
| 28 | 榆中县(甘) | 盆景(万盆) | 10.00 |
| 29 | 昌乐县(鲁) | 盆景(万盆) | 2.10 |
| 30 | 上思县(桂) | 盆景(万盆) | 1.50 |

### 表 13-51　罗汉松主产地产量

| 序号 | 罗汉松主产地 | 花卉类别 | 生产量 |
|---|---|---|---|
| 1 | 清新县(粤) | 城市绿化苗(万株) | 5000.00 |
| 2 | 四会市(粤) | 城市绿化苗(万株) | 79.07 |
| 3 | 茶陵县(湘) | 城市绿化苗(万株) | 60.00 |
| 4 | 蕉岭县(粤) | 城市绿化苗(万株) | 15.00 |
| 5 | 上高县(赣) | 城市绿化苗(万株) | 11.80 |
| 8 | 新化县(湘) | 城市绿化苗(万株) | 10.00 |
| 7 | 新宁县(湘) | 城市绿化苗(万株) | 10.00 |
| 6 | 宜都市(鄂) | 城市绿化苗(万株) | 10.00 |
| 9 | 新田县(湘) | 城市绿化苗(万株) | 9.00 |
| 11 | 望江县(皖) | 城市绿化苗(万株) | 5.00 |
| 10 | 吴川市(粤) | 城市绿化苗(万株) | 5.00 |
| 13 | 荆门市市辖区(鄂) | 城市绿化苗(万株) | 4.00 |
| 12 | 象山县(浙) | 城市绿化苗(万株) | 4.00 |
| 15 | 德安县(赣) | 城市绿化苗(万株) | 3.00 |
| 14 | 洞口县(湘) | 城市绿化苗(万株) | 3.00 |
| 17 | 龙里县(黔) | 城市绿化苗(万株) | 2.00 |
| 16 | 英德市(粤) | 城市绿化苗(万株) | 2.00 |
| 19 | 辰溪县(湘) | 城市绿化苗(万株) | 1.00 |
| 18 | 石门县(湘) | 城市绿化苗(万株) | 1.00 |
| 20 | 富川瑶族自治县(桂) | 城市绿化苗(万株) | 0.70 |
| 23 | 孟连傣族拉祜族佤族自治县(滇) | 城市绿化苗(万株) | 0.60 |
| 22 | 汝城县(湘) | 城市绿化苗(万株) | 0.60 |
| 21 | 沅陵县(湘) | 城市绿化苗(万株) | 0.60 |
| 24 | 北仑区(浙) | 观赏苗木(万株) | 120.00 |
| 25 | 阳朔县(桂) | 观赏苗木(万株) | 80.00 |
| 26 | 龙南县(赣) | 观赏苗木(万株) | 30.00 |
| 27 | 七坡林场(桂) | 观赏苗木(万株) | 25.00 |
| 28 | 高　县(川) | 观赏苗木(万株) | 15.68 |
| 29 | 三门县(浙) | 观赏苗木(万株) | 15.00 |
| 30 | 玉山县(赣) | 观赏苗木(万株) | 10.00 |
| 31 | 上思县(桂) | 观赏苗木(万株) | 5.00 |
| 32 | 定海区(浙) | 观赏苗木(万株) | 4.26 |
| 33 | 台山市(粤) | 观赏苗木(万株) | 1.20 |
| 34 | 金秀瑶族自治县(桂) | 观叶植物(万盆) | 25.00 |
| 35 | 巴州区(川) | 盆花(万盆) | 15.00 |
| 36 | 固始县(豫) | 盆花(万盆) | 1.00 |
| 37 | 乳源瑶族自治县(粤) | 盆景(万盆) | 50.00 |
| 39 | 江北区(浙) | 盆景(万盆) | 10.00 |
| 38 | 阳朔县(桂) | 盆景(万盆) | 10.00 |
| 40 | 龙南县(赣) | 盆景(万盆) | 6.00 |
| 41 | 昆山市(苏) | 盆景(万盆) | 2.00 |
| 42 | 北仑区(浙) | 盆景(万盆) | 1.60 |
| 43 | 黔江区(渝) | 盆景(万盆) | 1.00 |
| 44 | 路桥区(浙) | 盆景(万盆) | 0.70 |

**表 13-52　红枫主产地产量**

| 序号 | 红枫主产地 | 花卉类别 | 生产量 |
|---|---|---|---|
| 1 | 东平县(鲁) | 城市绿化苗(万株) | 120.00 |
| 2 | 龙安区(豫) | 城市绿化苗(万株) | 20.00 |
| 3 | 新　县(豫) | 城市绿化苗(万株) | 10.00 |
| 4 | 温江区(川) | 城市绿化苗(万株) | 10.00 |
| 5 | 青阳县(皖) | 城市绿化苗(万株) | 10.00 |
| 6 | 即墨市(鲁) | 城市绿化苗(万株) | 10.00 |
| 7 | 昆山市(苏) | 城市绿化苗(万株) | 6.00 |
| 8 | 新化县(湘) | 城市绿化苗(万株) | 5.00 |
| 9 | 三山区(皖) | 城市绿化苗(万株) | 4.00 |
| 10 | 龙里县(黔) | 城市绿化苗(万株) | 4.00 |
| 11 | 荆门市市辖区(鄂) | 城市绿化苗(万株) | 4.00 |
| 12 | 象山县(浙) | 城市绿化苗(万株) | 3.00 |
| 13 | 郎溪县(皖) | 城市绿化苗(万株) | 3.00 |
| 14 | 江川县(滇) | 城市绿化苗(万株) | 3.00 |
| 15 | 碧江区(黔) | 城市绿化苗(万株) | 2.00 |
| 16 | 泾　县(皖) | 城市绿化苗(万株) | 1.50 |
| 17 | 达川区(川) | 城市绿化苗(万株) | 1.50 |
| 18 | 竹山县(鄂) | 城市绿化苗(万株) | 1.00 |
| 19 | 郯城县(鲁) | 观赏苗木(万株) | 5000.00 |
| 20 | 叠彩区(桂) | 观赏苗木(万株) | 800.00 |
| 21 | 永福县(桂) | 观赏苗木(万株) | 310.50 |
| 22 | 沭阳县(苏) | 观赏苗木(万株) | 195.00 |
| 23 | 驿城区(豫) | 观赏苗木(万株) | 36.00 |
| 24 | 阳朔县(桂) | 观赏苗木(万株) | 30.00 |
| 25 | 新蔡县(豫) | 观赏苗木(万株) | 27.90 |
| 26 | 邢台县(冀) | 观赏苗木(万株) | 18.00 |
| 27 | 汝南县(豫) | 观赏苗木(万株) | 13.66 |
| 28 | 游仙区(川) | 观赏苗木(万株) | 10.00 |
| 29 | 高淳县(苏) | 观赏苗木(万株) | 10.00 |
| 30 | 巴州区(川) | 观赏苗木(万株) | 10.00 |
| 31 | 三门县(浙) | 观赏苗木(万株) | 8.00 |
| 32 | 定海区(浙) | 观赏苗木(万株) | 5.90 |
| 33 | 海盐县(浙) | 观赏苗木(万株) | 5.30 |
| 34 | 汝城县(湘) | 观赏苗木(万株) | 5.00 |
| 35 | 广德县(皖) | 观赏苗木(万株) | 5.00 |
| 36 | 利津县(鲁) | 观赏苗木(万株) | 3.00 |
| 37 | 安平县(冀) | 观赏苗木(万株) | 3.00 |
| 38 | 北塔区(湘) | 观赏苗木(万株) | 2.65 |
| 39 | 路桥区(浙) | 观赏苗木(万株) | 2.10 |
| 40 | 石泉县(陕) | 观赏苗木(万株) | 1.50 |
| 41 | 阳新县(鄂) | 观赏苗木(万株) | 1.00 |
| 42 | 宁波市市辖区(浙) | 观赏苗木(万株) | 0.60 |
| 43 | 诸城市(鲁) | 盆花(万盆) | 100.00 |

**表 13-53　仙客来主产地产量**

| 序号 | 仙客来主产地 | 花卉类别 | 生产量 |
|---|---|---|---|
| 1 | 石家庄市桥西区(冀) | 城市绿化苗(万株) | 16.00 |
| 2 | 莱州市(鲁) | 城市绿化苗(万株) | 10.00 |
| 3 | 定州市(冀) | 观赏苗木(万株) | 250.00 |
| 4 | 盐山县(冀) | 观赏苗木(万株) | 6.00 |
| 5 | 山海关区(冀) | 观赏苗木(万株) | 3.00 |
| 6 | 山丹县(甘) | 观赏苗木(万株) | 0.80 |
| 7 | 蠡　县(冀) | 观叶植物(万盆) | 2.50 |
| 8 | 兴庆区(宁) | 盆花(万盆) | 227.10 |
| 9 | 红山区(内蒙古) | 盆花(万盆) | 100.00 |
| 10 | 栾城县(冀) | 盆花(万盆) | 62.00 |
| 11 | 霸州市(冀) | 盆花(万盆) | 55.00 |
| 12 | 石家庄市桥东区(冀) | 盆花(万盆) | 50.00 |
| 13 | 张家口市高新技术管理区(冀) | 盆花(万盆) | 31.00 |
| 14 | 青州市(鲁) | 盆花(万盆) | 26.00 |
| 15 | 北辰区(津) | 盆花(万盆) | 16.80 |
| 16 | 赞皇县(冀) | 盆花(万盆) | 15.00 |
| 17 | 涿州市(冀) | 盆花(万盆) | 15.00 |
| 18 | 平罗县(宁) | 盆花(万盆) | 10.00 |
| 19 | 潍城区(鲁) | 盆花(万盆) | 8.58 |
| 20 | 固安县(冀) | 盆花(万盆) | 6.00 |
| 21 | 鹿泉市(冀) | 盆花(万盆) | 5.00 |
| 22 | 西峰区(甘) | 盆花(万盆) | 5.00 |
| 23 | 蔚　县(冀) | 盆花(万盆) | 4.00 |
| 24 | 昌乐县(鲁) | 盆花(万盆) | 2.50 |
| 25 | 旌阳区(川) | 盆花(万盆) | 2.50 |
| 26 | 新市区(冀) | 盆花(万盆) | 2.17 |
| 27 | 白银区(甘) | 盆花(万盆) | 2.00 |
| 28 | 大厂回族自治县(冀) | 盆花(万盆) | 2.00 |
| 29 | 海宁市(浙) | 盆花(万盆) | 1.00 |
| 30 | 围场满族蒙古族自治县(冀) | 盆花(万盆) | 1.00 |
| 31 | 宁东林业局(陕) | 盆花(万盆) | 0.97 |
| 32 | 蓬莱市(鲁) | 盆景(万盆) | 4.30 |
| 33 | 隆化县(冀) | 盆景(万盆) | 4.00 |
| 34 | 平泉县(冀) | 鲜切花(万支) | 13.40 |
| 35 | 江川县(滇) | 鲜切花(万支) | 3.00 |

**表 13-54　其他花卉主产地产量**

| 序号 | 其他花卉主产地 | 品种 | 花卉类别 | 生产量 |
|---|---|---|---|---|
| 1 | 南和县(冀) | 巴西铁 | 观赏苗木(万株) | 3.00 |
| 2 | 闵行区(沪) | 巴西铁 | 观赏苗木(万株) | 2.60 |
| 3 | 大埔县(粤) | 巴西铁 | 观叶植物(万盆) | 9.00 |
| 4 | 青州市(鲁) | 巴西铁 | 观叶植物(万盆) | 9.00 |
| 5 | 清城区(粤) | 巴西铁 | 观叶植物(万盆) | 2.20 |
| 6 | 忻府区(晋) | 巴西铁 | 观叶植物(万盆) | 1.72 |
| 7 | 路桥区(浙) | 巴西铁 | 观叶植物(万盆) | 1.10 |

| 序号 | 其他花卉主产地 | 品种 | 花卉类别 | 生产量 | 序号 | 其他花卉主产地 | 品种 | 花卉类别 | 生产量 |
|---|---|---|---|---|---|---|---|---|---|
| 8 | 崇明县(沪) | 巴西铁 | 盆景(万盆) | 12.00 | 54 | 路南区(冀) | 草芙蓉 | 盆花(万盆) | 3500.00 |
| 9 | 遵化市(冀) | 巴西铁 | 鲜切叶(万支) | 15.00 | 55 | 恩阳区(川) | 草芙蓉 | 盆花(万盆) | 6.00 |
| 10 | 开平区(冀) | 巴西铁 | 鲜切叶(万支) | 10.00 | 56 | 隆尧县(冀) | 草芙蓉 | 鲜切花(万支) | 8.00 |
| 11 | 广饶县(鲁) | 白碧桃 | 观赏苗木(万株) | 80.00 | 57 | 德安县(赣) | 茶梅 | 城市绿化苗(万株) | 24.10 |
| 12 | 旌德县(皖) | 白及 | 城市绿化苗(万株) | 10.00 | 58 | 沙洋县(鄂) | 茶梅 | 城市绿化苗(万株) | 20.00 |
| 13 | 新宁县(湘) | 白及 | 食用及药用花卉(千克) | 20000.00 | 59 | 新化县(湘) | 茶梅 | 城市绿化苗(万株) | 10.00 |
| 14 | 铜陵县(皖) | 白鹃梅 | 观赏苗木(万株) | 150.00 | 60 | 望江县(皖) | 茶梅 | 城市绿化苗(万株) | 5.00 |
| 15 | 铜陵市郊区(皖) | 白鹃梅 | 观赏苗木(万株) | 3.40 | 61 | 龙里县(黔) | 茶梅 | 城市绿化苗(万株) | 3.00 |
| 16 | 狮子山区(皖) | 白鹃梅 | 观赏苗木(万株) | 0.80 | 62 | 北仑区(浙) | 茶梅 | 观赏苗木(万株) | 450.00 |
| 17 | 狮子山区(皖) | 白鹃梅 | 盆花(万盆) | 0.60 | 63 | 建始县(鄂) | 茶梅 | 观赏苗木(万株) | 60.00 |
| 18 | 铜陵县(皖) | 白鹃梅 | 盆景(万盆) | 100.00 | 64 | 洞口县(湘) | 茶梅 | 盆花(万盆) | 1.20 |
| 19 | 铜陵市郊区(皖) | 白鹃梅 | 盆景(万盆) | 9.60 | 65 | 海宁市(浙) | 茶梅 | 盆花(万盆) | 0.60 |
| 20 | 老河口市(鄂) | 白头翁 | 盆花(万盆) | 50.00 | 66 | 昆山市(苏) | 茶梅 | 盆景(万盆) | 5.00 |
| 21 | 青州市(鲁) | 百日草 | 盆花(万盆) | 320.00 | 67 | 昌吉市(新) | 长春花 | 城市绿化苗(万株) | 5.00 |
| 22 | 昆山市(苏) | 百日草 | 盆花(万盆) | 50.00 | 68 | 吴川市(粤) | 长春花 | 城市绿化苗(万株) | 5.00 |
| 23 | 北戴河区(冀) | 百日草 | 盆花(万盆) | 7.50 | 69 | 鼎城区(湘) | 长春花 | 盆花(万盆) | 24.00 |
| 24 | 海港区(冀) | 百日草 | 盆花(万盆) | 4.00 | 70 | 金城江区(桂) | 长春花 | 盆花(万盆) | 3.00 |
| 25 | 梁山县(鲁) | 百日草 | 盆花(万盆) | 3.20 | 71 | 唐　县(冀) | 长春花 | 盆花(万盆) | 1.80 |
| 26 | 公安县(鄂) | 百日草 | 盆花(万盆) | 2.90 | 72 | 平山县(冀) | 长春花 | 盆花(万盆) | 1.00 |
| 27 | 临武县(湘) | 百日草 | 盆花(万盆) | 2.32 | 73 | 青州市(鲁) | 长寿花 | 盆花(万盆) | 160.00 |
| 28 | 格尔木市(青) | 百日草 | 盆花(万盆) | 1.80 | 74 | 栾城县(冀) | 长寿花 | 盆花(万盆) | 6.00 |
| 29 | 九龙坡区(渝) | 百日草 | 鲜切花(万支) | 235.00 | 75 | 金城江区(桂) | 长寿花 | 盆花(万盆) | 3.00 |
| 30 | 西华县(豫) | 百日草 | 鲜切叶(万支) | 3.00 | 76 | 忻府区(晋) | 长寿花 | 盆花(万盆) | 0.60 |
| 31 | 榆中县(甘) | 百子莲 | 观赏苗木(万株) | 105.00 | 77 | 喀什市(新) | 长寿花 | 鲜切花(万支) | 2.00 |
| 32 | 石城县(赣) | 百子莲 | 观赏苗木(万株) | 5.00 | 78 | 井研县(川) | 常春藤类 | 城市绿化苗(万株) | 1.27 |
| 33 | 太康县(豫) | 薄荷 | 观赏苗木(万株) | 48.00 | 79 | 汝城县(湘) | 常春藤类 | 城市绿化苗(万株) | 1.00 |
| 34 | 江华瑶族自治县(湘) | 薄荷 | 观赏苗木(万株) | 26.99 | 80 | 桐梓县(黔) | 常春藤类 | 观赏苗木(万株) | 395.00 |
| 35 | 临川区(赣) | 薄荷 | 观赏苗木(万株) | 24.00 | 81 | 新泰市(鲁) | 常春藤类 | 观赏苗木(万株) | 38.00 |
| 36 | 卫辉市(豫) | 薄荷 | 盆景(万盆) | 3.00 | 82 | 东昌府区(鲁) | 常春藤类 | 观赏苗木(万株) | 3.00 |
| 37 | 青州市(鲁) | 薄荷 | 盆花(万盆) | 1.00 | 83 | 盐山县(冀) | 常春藤类 | 观赏苗木(万株) | 2.00 |
| 38 | 隆化县(冀) | 薄荷 | 鲜切叶(万支) | 5.00 | 84 | 新晃侗族自治县(湘) | 常春藤类 | 观赏苗木(万株) | 1.50 |
| 39 | 九台市(吉) | 彩叶草 | 城市绿化苗(万株) | 10000.00 | 85 | 栾城县(冀) | 常春藤类 | 观叶植物(万盆) | 71.00 |
| 40 | 青州市(鲁) | 彩叶草 | 观叶植物(万盆) | 650.00 | 86 | 青州市(鲁) | 常春藤类 | 观叶植物(万盆) | 45.00 |
| 41 | 沭阳县(苏) | 彩叶草 | 观叶植物(万盆) | 10.50 | 87 | 宾川县(滇) | 常春藤类 | 观叶植物(万盆) | 2.00 |
| 42 | 瓜州县(甘) | 彩叶草 | 观叶植物(万盆) | 5.00 | 88 | 定州市(冀) | 常春藤类 | 盆花(万盆) | 150.00 |
| 43 | 路桥区(浙) | 彩叶草 | 观叶植物(万盆) | 2.30 | 89 | 闵行区(沪) | 常春藤类 | 盆花(万盆) | 25.60 |
| 44 | 东昌府区(鲁) | 彩叶草 | 观叶植物(万盆) | 1.00 | 90 | 金城江区(桂) | 常春藤类 | 盆花(万盆) | 10.00 |
| 45 | 忻府区(晋) | 彩叶草 | 观叶植物(万盆) | 0.80 | 91 | 丰润区(冀) | 常春藤类 | 盆花(万盆) | 2.00 |
| 46 | 赫山区(湘) | 彩叶草 | 盆花(万盆) | 100.00 | 92 | 翠屏区(川) | 常春藤类 | 盆花(万盆) | 0.60 |
| 47 | 北戴河区(冀) | 彩叶草 | 盆花(万盆) | 9.00 | 93 | 惠济区(豫) | 常春藤类 | 盆景(万盆) | 60.00 |
| 48 | 香河县(冀) | 彩叶草 | 盆花(万盆) | 5.00 | 94 | 南湖区(浙) | 常春藤类 | 鲜切叶(万支) | 2150.00 |
| 49 | 公安县(鄂) | 彩叶草 | 盆花(万盆) | 3.50 | 95 | 夏邑县(豫) | 赤楠 | 城市绿化苗(万株) | 30.00 |
| 50 | 本溪满族自治县(辽) | 彩叶草 | 盆花(万盆) | 2.50 | 96 | 新宁县(湘) | 赤楠 | 城市绿化苗(万株) | 10.00 |
| 51 | 格尔木市(青) | 彩叶草 | 盆花(万盆) | 2.10 | 97 | 鼎城区(湘) | 赤楠 | 观赏苗木(万株) | 3.50 |
| 52 | 金城江区(桂) | 彩叶草 | 盆花(万盆) | 1.50 | 98 | 旌德县(皖) | 垂丝海棠 | 城市绿化苗(万株) | 100000.00 |
| 53 | 阳泉市郊区(晋) | 彩叶草 | 鲜切叶(万支) | 1.00 | 99 | 鄢陵县(豫) | 垂丝海棠 | 城市绿化苗(万株) | 1120.00 |

| 序号 | 其他花卉主产地 | 品种 | 花卉类别 | 生产量 | 序号 | 其他花卉主产地 | 品种 | 花卉类别 | 生产量 |
|---|---|---|---|---|---|---|---|---|---|
| 100 | 河东区(鲁) | 垂丝海棠 | 城市绿化苗(万株) | 680.00 | 146 | 潢川县(豫) | 大丽花 | 盆花(万盆) | 2.90 |
| 101 | 大足县(渝) | 垂丝海棠 | 城市绿化苗(万株) | 150.00 | 147 | 临武县(湘) | 大丽花 | 盆花(万盆) | 2.33 |
| 102 | 罗庄区(鲁) | 垂丝海棠 | 城市绿化苗(万株) | 10.00 | 148 | 调兵山市(辽) | 大丽花 | 盆花(万盆) | 1.00 |
| 103 | 望江县(皖) | 垂丝海棠 | 城市绿化苗(万株) | 5.00 | 149 | 瓜州县(甘) | 大丽花 | 盆花(万盆) | 0.80 |
| 104 | 上蔡县(豫) | 垂丝海棠 | 城市绿化苗(万株) | 2.63 | 150 | 闵行区(沪) | 大丽花 | 鲜切花(万支) | 1.80 |
| 105 | 沭阳县(苏) | 垂丝海棠 | 观赏苗木(万株) | 300.00 | 151 | 青州市(鲁) | 大岩桐 | 观叶植物(万盆) | 90.00 |
| 106 | 广饶县(鲁) | 垂丝海棠 | 观赏苗木(万株) | 140.00 | 152 | 建始县(鄂) | 大岩桐 | 观叶植物(万盆) | 1.20 |
| 107 | 长葛市(豫) | 垂丝海棠 | 观赏苗木(万株) | 30.00 | 153 | 德安县(赣) | 淡竹 | 城市绿化苗(万株) | 320.00 |
| 108 | 新华区(冀) | 垂丝海棠 | 观赏苗木(万株) | 6.00 | 154 | 即墨市(鲁) | 淡竹 | 城市绿化苗(万株) | 100.00 |
| 109 | 河东区(鲁) | 垂丝海棠 | 盆花(万盆) | 620.00 | 155 | 潢川县(豫) | 淡竹 | 城市绿化苗(万株) | 96.00 |
| 110 | 蕉岭县(粤) | 垂丝海棠 | 盆花(万盆) | 5.10 | 156 | 竹山县(鄂) | 淡竹 | 城市绿化苗(万株) | 19.10 |
| 111 | 肥城市(鲁) | 垂枝桃 | 观赏苗木(万株) | 20.00 | 157 | 汝城县(湘) | 淡竹 | 城市绿化苗(万株) | 1.00 |
| 112 | 铁山港区(桂) | 春羽 | 城市绿化苗(万株) | 1.00 | 158 | 建始县(鄂) | 倒挂金钟 | 观赏苗木(万株) | 60.00 |
| 113 | 遵化市(冀) | 春羽 | 鲜切叶(万支) | 10.00 | 159 | 文安县(冀) | 倒挂金钟 | 观赏苗木(万株) | 15.00 |
| 114 | 安陆市(鄂) | 葱兰 | 城市绿化苗(万株) | 10.00 | 160 | 桐梓县(黔) | 倒挂金钟 | 观叶植物(万盆) | 0.56 |
| 115 | 新化县(湘) | 葱兰 | 城市绿化苗(万株) | 10.00 | 161 | 红山区(内蒙古) | 倒挂金钟 | 盆花(万盆) | 120.00 |
| 116 | 攀枝花市东区(川) | 葱兰 | 城市绿化苗(万株) | 5.50 | 162 | 青州市(鲁) | 倒挂金钟 | 盆花(万盆) | 16.00 |
| 117 | 芷江侗族自治县(湘) | 葱兰 | 城市绿化苗(万株) | 1.60 | 163 | 西峰区(甘) | 倒挂金钟 | 盆花(万盆) | 9.50 |
| 118 | 沭阳县(苏) | 葱兰 | 观赏苗木(万株) | 750.00 | 164 | 丰润区(冀) | 倒挂金钟 | 盆花(万盆) | 5.00 |
| 119 | 广水市(鄂) | 葱兰 | 观赏苗木(万株) | 4.00 | 165 | 涿州市(冀) | 倒挂金钟 | 盆花(万盆) | 2.00 |
| 120 | 赫山区(湘) | 葱兰 | 观叶植物(万盆) | 200.00 | 166 | 瓜州县(甘) | 倒挂金钟 | 盆花(万盆) | 1.80 |
| 121 | 望城县(湘) | 葱兰 | 盆景(万盆) | 10.00 | 167 | 平山县(冀) | 倒挂金钟 | 盆花(万盆) | 1.00 |
| 122 | 昌吉市(新) | 翠柏 | 城市绿化苗(万株) | 1.50 | 168 | 武邑县(冀) | 倒挂金钟 | 盆花(万盆) | 1.00 |
| 123 | 濮阳县(豫) | 翠柏 | 观赏苗木(万株) | 20.00 | 169 | 商水县(豫) | 地肤 | 盆花(万盆) | 5.00 |
| 124 | 芜湖县(皖) | 翠柏 | 观赏苗木(万株) | 20.00 | 170 | 新乐市(冀) | 地肤 | 盆花(万盆) | 1.00 |
| 125 | 鼎城区(湘) | 翠柏 | 观赏苗木(万株) | 1.50 | 171 | 嵩　县(豫) | 地肤 | 盆花(万盆) | 0.90 |
| 126 | 洞口县(湘) | 翠柏 | 盆花(万盆) | 1.00 | 172 | 东营区(鲁) | 地肤 | 盆景(万盆) | 20.00 |
| 127 | 潢川县(豫) | 翠柏 | 盆景(万盆) | 1.70 | 173 | 秀峰区(桂) | 地肤 | 鲜切花(万支) | 50.00 |
| 128 | 榆阳区(陕) | 翠柏 | 盆景(万盆) | 0.60 | 174 | 彭山县(川) | 地肤 | 鲜切花(万支) | 10.00 |
| 129 | 九台市(吉) | 大丽花 | 城市绿化苗(万株) | 50.00 | 175 | 九台市(吉) | 地锦 | 城市绿化苗(万株) | 10.00 |
| 130 | 凤　县(陕) | 大丽花 | 城市绿化苗(万株) | 20.00 | 176 | 定州市(冀) | 地锦 | 观赏苗木(万株) | 2150.00 |
| 131 | 凉州区(甘) | 大丽花 | 城市绿化苗(万株) | 4.00 | 177 | 路南区(冀) | 地锦 | 观赏苗木(万株) | 30.00 |
| 132 | 肇州县(黑) | 大丽花 | 观赏苗木(万株) | 100.00 | 178 | 涿州市(冀) | 地锦 | 观赏苗木(万株) | 10.00 |
| 133 | 嵩　县(豫) | 大丽花 | 观赏苗木(万株) | 0.70 | 179 | 栾城县(冀) | 地锦 | 观叶植物(万盆) | 65.00 |
| 134 | 临泉县(皖) | 大丽花 | 观叶植物(万盆) | 14.00 | 180 | 北戴河区(冀) | 地锦 | 盆花(万盆) | 10.00 |
| 135 | 会宁县(甘) | 大丽花 | 观叶植物(万盆) | 10.00 | 181 | 通城县(鄂) | 地石榴 | 观赏苗木(万株) | 2.00 |
| 136 | 固始县(豫) | 大丽花 | 观叶植物(万盆) | 2.00 | 182 | 宁陵县(豫) | 地石榴 | 盆花(万盆) | 20.00 |
| 137 | 株洲县(湘) | 大丽花 | 盆花(万盆) | 12000.00 | 183 | 隆尧县(冀) | 地石榴 | 盆景(万盆) | 10.00 |
| 138 | 九龙坡区(渝) | 大丽花 | 盆花(万盆) | 305.00 | 184 | 定州市(冀) | 棣棠 | 观赏苗木(万株) | 240.00 |
| 139 | 郯城县(鲁) | 大丽花 | 盆花(万盆) | 135.40 | 185 | 涿州市(冀) | 棣棠 | 观赏苗木(万株) | 5.00 |
| 140 | 青州市(鲁) | 大丽花 | 盆花(万盆) | 50.00 | 186 | 高碑店市(冀) | 棣棠 | 观赏苗木(万株) | 4.50 |
| 141 | 浦东新区(沪) | 大丽花 | 盆花(万盆) | 30.00 | 187 | 南乐县(豫) | 棣棠 | 观赏苗木(万株) | 3.00 |
| 142 | 临洮县(甘) | 大丽花 | 盆花(万盆) | 8.00 | 188 | 博兴县(鲁) | 棣棠 | 观赏苗木(万株) | 1.00 |
| 143 | 新泰市(鲁) | 大丽花 | 盆花(万盆) | 8.00 | 189 | 马山县(桂) | 吊金钱 | 观叶植物(万盆) | 2.00 |
| 144 | 肇州县(黑) | 大丽花 | 盆花(万盆) | 8.00 | 190 | 邻水县(川) | 东陵八仙花 | 盆景(万盆) | 9090.00 |
| 145 | 商水县(豫) | 大丽花 | 盆花(万盆) | 5.00 | 191 | 醴陵市(湘) | 杜仲 | 城市绿化苗(万株) | 10000.00 |

| 序号 | 其他花卉主产地 | 品种 | 花卉类别 | 生产量 | 序号 | 其他花卉主产地 | 品种 | 花卉类别 | 生产量 |
|---|---|---|---|---|---|---|---|---|---|
| 192 | 南召县(豫) | 杜仲 | 城市绿化苗(万株) | 245.00 | 238 | 新安县(豫) | 凤仙花 | 盆花(万盆) | 30.00 |
| 193 | 荥阳市(豫) | 杜仲 | 城市绿化苗(万株) | 150.00 | 239 | 商州区(陕) | 凤仙花 | 盆花(万盆) | 27.00 |
| 194 | 济源市(豫) | 杜仲 | 城市绿化苗(万株) | 45.00 | 240 | 涿州市(冀) | 凤仙花 | 盆花(万盆) | 20.00 |
| 195 | 新宁县(湘) | 杜仲 | 城市绿化苗(万株) | 5.00 | 241 | 长安区(陕) | 凤仙花 | 盆花(万盆) | 14.00 |
| 196 | 汝阳县(豫) | 杜仲 | 观赏苗木(万株) | 5.00 | 242 | 北戴河区(冀) | 凤仙花 | 盆花(万盆) | 10.00 |
| 197 | 连州市(粤) | 杜仲 | 花卉用种苗(千苗) | 20.00 | 243 | 金城江区(桂) | 凤仙花 | 盆花(万盆) | 10.00 |
| 198 | 项城市(豫) | 杜仲 | 花卉用种苗(千苗) | 1.00 | 244 | 高邑县(冀) | 凤仙花 | 盆花(万盆) | 8.00 |
| 199 | 东营区(鲁) | 杜仲 | 盆景(万盆) | 22.00 | 245 | 东洲区(辽) | 凤仙花 | 盆花(万盆) | 4.00 |
| 200 | 荆门市市辖区(鄂) | 对节白蜡 | 城市绿化苗(万株) | 100.00 | 246 | 海宁市(浙) | 凤仙花 | 盆花(万盆) | 2.90 |
| 201 | 许昌县(豫) | 对节白蜡 | 城市绿化苗(万株) | 80.00 | 247 | 抚宁县(冀) | 凤仙花 | 盆花(万盆) | 2.00 |
| 202 | 沙洋县(鄂) | 对节白蜡 | 城市绿化苗(万株) | 10.00 | 248 | 襄城区(鄂) | 凤仙花 | 盆花(万盆) | 1.60 |
| 203 | 京山县(鄂) | 对节白蜡 | 盆景(万盆) | 30.00 | 249 | 平山县(冀) | 凤仙花 | 盆花(万盆) | 1.00 |
| 204 | 孝南区(鄂) | 对节白蜡 | 盆景(万盆) | 10.00 | 250 | 大足县(渝) | 凤仙花 | 鲜切花(万支) | 100.00 |
| 205 | 安陆市(鄂) | 对节白蜡 | 盆景(万盆) | 5.00 | 251 | 隆尧县(冀) | 凤仙花 | 鲜切花(万支) | 10.00 |
| 206 | 仙桃市(鄂) | 对节白蜡 | 盆景(万盆) | 1.60 | 252 | 桂阳县(湘) | 凤仙花 | 鲜切花(万支) | 5.80 |
| 207 | 威海市经济技术开发区(鲁) | 多花蔷薇 | 城市绿化苗(万株) | 3.00 | 253 | 阳泉市郊区(晋) | 凤仙花 | 鲜切花(万支) | 1.00 |
| 208 | 青州市(鲁) | 多花蔷薇 | 观赏苗木(万株) | 21.00 | 254 | 瓜州县(甘) | 佛肚树 | 盆景(万盆) | 1.20 |
| 209 | 涿州市(冀) | 多花蔷薇 | 观赏苗木(万株) | 10.00 | 255 | 闵行区(沪) | 佛肚竹 | 盆花(万盆) | 1.00 |
| 210 | 北戴河区(冀) | 多花蔷薇 | 观赏苗木(万株) | 8.00 | 256 | 二七区(豫) | 扶郎花 | 观赏苗木(万株) | 69.30 |
| 211 | 仪陇县(川) | 多花蔷薇 | 观赏苗木(万株) | 3.00 | 257 | 奉贤区(沪) | 扶郎花 | 鲜切花(万支) | 26484.10 |
| 212 | 井研县(川) | 多花蔷薇 | 观赏苗木(万株) | 1.20 | 258 | 金山区(沪) | 扶郎花 | 鲜切花(万支) | 189.00 |
| 213 | 鹤山区(豫) | 多花蔷薇 | 观叶植物(万盆) | 50.00 | 259 | 闵行区(沪) | 扶郎花 | 鲜切花(万支) | 31.50 |
| 214 | 云梦县(鄂) | 多花蔷薇 | 花卉用种苗(千苗) | 3700.00 | 260 | 日照国际海洋城(鲁) | 扶郎花 | 鲜切花(万支) | 30.00 |
| 215 | 井研县(川) | 多花蔷薇 | 鲜切花(万支) | 5.00 | 261 | 庄河市(辽) | 扶郎花 | 鲜切花(万支) | 22.00 |
| 216 | 昌吉市(新) | 飞燕草 | 城市绿化苗(万株) | 1.00 | 262 | 吉木萨尔县(新) | 扶郎花 | 鲜切花(万支) | 20.00 |
| 217 | 高邑县(冀) | 风铃草 | 观赏苗木(万株) | 20.00 | 263 | 攀枝花市东区(川) | 扶桑 | 城市绿化苗(万株) | 9.80 |
| 218 | 醴陵市(湘) | 凤凰竹 | 城市绿化苗(万株) | 10000.00 | 264 | 新宁县(湘) | 扶桑 | 城市绿化苗(万株) | 5.00 |
| 219 | 中方县(湘) | 凤凰竹 | 观赏苗木(万株) | 15.00 | 265 | 瓜州县(甘) | 扶桑 | 观赏苗木(万株) | 1.00 |
| 220 | 涉　县(冀) | 凤凰竹 | 盆花(万盆) | 2.00 | 266 | 桃城区(冀) | 扶桑 | 盆花(万盆) | 2.00 |
| 221 | 瓜州县(甘) | 凤凰竹 | 盆景(万盆) | 1.50 | 267 | 金城江区(桂) | 扶桑 | 盆花(万盆) | 1.00 |
| 222 | 盐山县(冀) | 凤尾竹 | 观赏苗木(万株) | 5.00 | 268 | 九台市(吉) | 福禄考 | 城市绿化苗(万株) | 1000.00 |
| 223 | 青州市(鲁) | 凤尾竹 | 观叶植物(万盆) | 13.00 | 269 | 易　县(冀) | 福禄考 | 城市绿化苗(万株) | 200.00 |
| 224 | 新野县(豫) | 凤尾竹 | 观叶植物(万盆) | 4.00 | 270 | 昌吉市(新) | 福禄考 | 城市绿化苗(万株) | 15.00 |
| 225 | 巴州区(川) | 凤尾竹 | 盆花(万盆) | 25.00 | 271 | 滦南县(冀) | 福禄考 | 观赏苗木(万株) | 220.00 |
| 226 | 兴山县(鄂) | 凤尾竹 | 盆花(万盆) | 1.00 | 272 | 定州市(冀) | 福禄考 | 观赏苗木(万株) | 120.00 |
| 227 | 富顺县(川) | 凤尾竹 | 鲜切花(万支) | 44.00 | 273 | 肇州县(黑) | 福禄考 | 观赏苗木(万株) | 25.00 |
| 228 | 洋　县(陕) | 凤尾竹 | 鲜切叶(万支) | 3.55 | 274 | 临洮县(甘) | 福禄考 | 观赏苗木(万株) | 10.00 |
| 229 | 昌吉市(新) | 凤仙花 | 城市绿化苗(万株) | 2.00 | 275 | 青州市(鲁) | 福禄考 | 观叶植物(万盆) | 76.00 |
| 230 | 太康县(豫) | 凤仙花 | 观赏苗木(万株) | 5.00 | 276 | 台安县(辽) | 福禄考 | 盆花(万盆) | 12000.00 |
| 231 | 九龙坡区(渝) | 凤仙花 | 盆花(万盆) | 319.00 | 277 | 邹平县(鲁) | 福禄考 | 盆花(万盆) | 38.00 |
| 232 | 阜新蒙古族自治县(辽) | 凤仙花 | 盆花(万盆) | 110.00 | 278 | 延庆县(京) | 福禄考 | 盆花(万盆) | 20.00 |
| 233 | 庐阳区(皖) | 凤仙花 | 盆花(万盆) | 100.00 | 279 | 涿州市(冀) | 福禄考 | 盆花(万盆) | 10.00 |
| 234 | 红山区(内蒙古) | 凤仙花 | 盆花(万盆) | 90.00 | 280 | 高碑店市(冀) | 福禄考 | 盆花(万盆) | 8.30 |
| 235 | 武安市(冀) | 凤仙花 | 盆花(万盆) | 80.00 | 281 | 本溪满族自治县(辽) | 福禄考 | 盆花(万盆) | 3.50 |
| 236 | 延庆县(京) | 凤仙花 | 盆花(万盆) | 50.00 | 282 | 吉木萨尔县(新) | 福禄考 | 盆花(万盆) | 3.00 |
| 237 | 青州市(鲁) | 凤仙花 | 盆花(万盆) | 32.00 | 283 | 沁　县(晋) | 福禄考 | 盆花(万盆) | 1.50 |

| 序号 | 其他花卉主产地 | 品种 | 花卉类别 | 生产量 |
|---|---|---|---|---|
| 284 | 新乐市(冀) | 福禄考 | 盆花(万盆) | 1.00 |
| 285 | 丰南区(冀) | 福禄考 | 盆花(万盆) | 0.75 |
| 286 | 临泉县(皖) | 刚竹 | 城市绿化苗(万株) | 50.00 |
| 287 | 竹山县(鄂) | 刚竹 | 观赏苗木(万株) | 9.10 |
| 288 | 彭泽县(赣) | 葛藤 | 食用及药用花卉(千克) | 100.00 |
| 289 | 新宁县(湘) | 珙桐 | 城市绿化苗(万株) | 10.00 |
| 290 | 水富县(滇) | 珙桐 | 城市绿化苗(万株) | 2.00 |
| 291 | 北川羌族自治县(川) | 珙桐 | 观赏苗木(万株) | 45.00 |
| 292 | 镇坪县(陕) | 珙桐 | 观赏苗木(万株) | 30.00 |
| 293 | 鹤峰县(鄂) | 珙桐 | 观赏苗木(万株) | 3.00 |
| 294 | 平利县(陕) | 珙桐 | 观赏苗木(万株) | 3.00 |
| 295 | 旌德县(皖) | 枸骨 | 城市绿化苗(万株) | 50000.00 |
| 296 | 新　县(豫) | 枸骨 | 城市绿化苗(万株) | 6.00 |
| 297 | 新宁县(湘) | 枸骨 | 城市绿化苗(万株) | 5.00 |
| 298 | 芦溪县(赣) | 枸骨 | 盆景(万盆) | 2.00 |
| 299 | 新宁县(湘) | 观叶芋类 | 城市绿化苗(万株) | 5.00 |
| 300 | 闵行区(沪) | 观叶芋类 | 观赏苗木(万株) | 4.00 |
| 301 | 顺义区(京) | 观叶芋类 | 观叶植物(万盆) | 37.40 |
| 302 | 青州市(鲁) | 观叶芋类 | 观叶植物(万盆) | 30.00 |
| 303 | 金凤区(宁) | 观叶芋类 | 观叶植物(万盆) | 10.00 |
| 304 | 昆山市(苏) | 观叶芋类 | 观叶植物(万盆) | 9.80 |
| 305 | 昆山市(苏) | 观叶芋类 | 花卉用种苗(千苗) | 87.00 |
| 306 | 松江区(沪) | 观叶芋类 | 盆花(万盆) | 411.00 |
| 307 | 椒江区(浙) | 观叶芋类 | 盆花(万盆) | 160.00 |
| 308 | 丰台区(京) | 观叶芋类 | 盆花(万盆) | 91.90 |
| 309 | 兴庆区(宁) | 观叶芋类 | 盆花(万盆) | 54.20 |
| 310 | 奉贤区(沪) | 观叶芋类 | 盆花(万盆) | 16.40 |
| 311 | 常熟市(苏) | 观叶芋类 | 盆花(万盆) | 14.50 |
| 312 | 海城市(辽) | 观叶芋类 | 盆花(万盆) | 13.60 |
| 313 | 金城江区(桂) | 观叶芋类 | 盆花(万盆) | 10.00 |
| 314 | 海宁市(浙) | 观叶芋类 | 盆花(万盆) | 9.60 |
| 315 | 德昌县(川) | 观叶芋类 | 盆花(万盆) | 4.00 |
| 316 | 通州区(京) | 观叶芋类 | 盆花(万盆) | 3.40 |
| 317 | 杨凌区农林局(陕) | 观叶芋类 | 盆花(万盆) | 3.02 |
| 318 | 崆峒区(甘) | 观叶芋类 | 盆花(万盆) | 2.60 |
| 319 | 肃宁县(冀) | 观叶芋类 | 盆花(万盆) | 2.50 |
| 320 | 碧江区(黔) | 观叶芋类 | 盆花(万盆) | 0.80 |
| 321 | 北京市大东流苗圃(京) | 观叶芋类 | 盆花(万盆) | 0.62 |
| 322 | 定南县(赣) | 观叶芋类 | 盆景(万盆) | 3.00 |
| 323 | 惠济区(豫) | 观叶芋类 | 盆景(万盆) | 0.60 |
| 324 | 江油市(川) | 观叶芋类 | 鲜切叶(万支) | 12.00 |
| 325 | 临泉县(皖) | 光叶蔷薇 | 食用及药用花卉(千克) | 2311.00 |
| 326 | 新宁县(湘) | 龟背竹 | 城市绿化苗(万株) | 5.00 |
| 327 | 南和县(冀) | 龟背竹 | 观赏苗木(万株) | 2.00 |
| 328 | 栾城县(冀) | 龟背竹 | 观叶植物(万盆) | 39.00 |
| 329 | 潮安县(粤) | 龟背竹 | 观叶植物(万盆) | 20.00 |
| 330 | 青州市(鲁) | 龟背竹 | 观叶植物(万盆) | 15.00 |
| 331 | 赞皇县(冀) | 龟背竹 | 观叶植物(万盆) | 6.00 |
| 332 | 涿州市(冀) | 龟背竹 | 观叶植物(万盆) | 5.00 |
| 333 | 路桥区(浙) | 龟背竹 | 观叶植物(万盆) | 1.40 |
| 334 | 汝城县(湘) | 龟背竹 | 观叶植物(万盆) | 1.00 |
| 335 | 洋　县(陕) | 龟背竹 | 观叶植物(万盆) | 0.78 |
| 336 | 游仙区(川) | 龟背竹 | 盆花(万盆) | 60.00 |
| 337 | 阳泉市郊区(晋) | 龟背竹 | 盆花(万盆) | 10.00 |
| 338 | 华龙区(豫) | 龟背竹 | 盆花(万盆) | 6.00 |
| 339 | 金城江区(桂) | 龟背竹 | 盆花(万盆) | 3.00 |
| 340 | 固镇县(皖) | 龟背竹 | 盆花(万盆) | 2.00 |
| 341 | 隆尧县(冀) | 龟背竹 | 盆景(万盆) | 10.00 |
| 342 | 龙南县(赣) | 龟背竹 | 盆景(万盆) | 3.00 |
| 343 | 开平区(冀) | 龟背竹 | 鲜切叶(万支) | 10.00 |
| 344 | 遵化市(冀) | 龟背竹 | 鲜切叶(万支) | 10.00 |
| 345 | 娄星区(湘) | 海桐 | 城市绿化苗(万株) | 10000.00 |
| 346 | 潢川县(豫) | 海桐 | 城市绿化苗(万株) | 490.00 |
| 347 | 无为县(皖) | 海桐 | 城市绿化苗(万株) | 22.00 |
| 348 | 固镇县(皖) | 海桐 | 城市绿化苗(万株) | 20.00 |
| 349 | 荆门市市辖区(鄂) | 海桐 | 城市绿化苗(万株) | 12.80 |
| 350 | 洞口县(湘) | 海桐 | 城市绿化苗(万株) | 10.00 |
| 351 | 枣阳市(鄂) | 海桐 | 城市绿化苗(万株) | 7.00 |
| 352 | 沭阳县(苏) | 海桐 | 观赏苗木(万株) | 85.00 |
| 353 | 巴州区(川) | 海桐 | 观赏苗木(万株) | 40.00 |
| 354 | 三门县(浙) | 海桐 | 观赏苗木(万株) | 10.00 |
| 355 | 海盐县(浙) | 海桐 | 观赏苗木(万株) | 5.10 |
| 356 | 威海市经济技术开发区(鲁) | 海桐 | 观赏苗木(万株) | 5.00 |
| 357 | 巴州区(川) | 海桐 | 盆花(万盆) | 10.00 |
| 358 | 醴陵市(湘) | 含笑 | 城市绿化苗(万株) | 10000.00 |
| 359 | 新宁县(湘) | 含笑 | 城市绿化苗(万株) | 50.00 |
| 360 | 华容县(湘) | 含笑 | 城市绿化苗(万株) | 40.00 |
| 361 | 荆门市市辖区(鄂) | 含笑 | 城市绿化苗(万株) | 4.50 |
| 362 | 碧江区(黔) | 含笑 | 城市绿化苗(万株) | 4.00 |
| 363 | 青阳县(皖) | 含笑 | 城市绿化苗(万株) | 1.00 |
| 364 | 凯里市(黔) | 含笑 | 观赏苗木(万株) | 16.00 |
| 365 | 德安县(赣) | 含笑 | 观赏苗木(万株) | 10.10 |
| 366 | 汝城县(湘) | 含笑 | 观赏苗木(万株) | 6.00 |
| 367 | 蔡甸区(鄂) | 含笑 | 观赏苗木(万株) | 4.00 |
| 368 | 海盐县(浙) | 含笑 | 观赏苗木(万株) | 3.00 |
| 369 | 常宁市(湘) | 含笑 | 观赏苗木(万株) | 1.00 |
| 370 | 南郑县(陕) | 含笑 | 花卉用种苗(千苗) | 15.00 |
| 371 | 衡南县(湘) | 含笑 | 盆花(万盆) | 200.00 |
| 372 | 龙南县(赣) | 含笑 | 盆花(万盆) | 5.00 |
| 373 | 涿州市(冀) | 含笑 | 盆花(万盆) | 5.00 |
| 374 | 沅陵县(湘) | 含笑 | 盆花(万盆) | 1.00 |
| 375 | 五华县(粤) | 含笑 | 盆景(万盆) | 2.00 |

| 序号 | 其他花卉主产地 | 品种 | 花卉类别 | 生产量 |
|---|---|---|---|---|
| 376 | 蕉岭县(粤) | 含笑 | 鲜切花(万支) | 2.00 |
| 377 | 建始县(鄂) | 含羞草 | 观赏苗木(万株) | 150.00 |
| 378 | 太康县(豫) | 含羞草 | 观赏苗木(万株) | 1.00 |
| 379 | 鹤山区(豫) | 含羞草 | 观叶植物(万盆) | 100.00 |
| 380 | 息　县(豫) | 含羞草 | 观叶植物(万盆) | 1.20 |
| 381 | 新晃侗族自治县(湘) | 含羞草 | 观叶植物(万盆) | 1.20 |
| 382 | 青州市(鲁) | 含羞草 | 盆花(万盆) | 8.00 |
| 383 | 商州区(陕) | 含羞草 | 盆花(万盆) | 6.80 |
| 384 | 涿州市(冀) | 含羞草 | 盆花(万盆) | 3.00 |
| 385 | 鼎城区(湘) | 含羞草 | 盆花(万盆) | 2.50 |
| 386 | 金城江区(桂) | 含羞草 | 盆花(万盆) | 2.00 |
| 387 | 凤城市(辽) | 含羞草 | 鲜切花(万支) | 26.00 |
| 388 | 隆尧县(冀) | 含羞草 | 鲜切花(万支) | 8.00 |
| 389 | 九台市(吉) | 荷包牡丹 | 城市绿化苗(万株) | 100.00 |
| 390 | 肥东县(皖) | 荷包牡丹 | 观赏苗木(万株) | 1.50 |
| 391 | 临洮县(甘) | 荷包牡丹 | 鲜切花(万支) | 1.00 |
| 392 | 九台市(吉) | 荷兰菊 | 城市绿化苗(万株) | 100.00 |
| 393 | 昌吉市(新) | 荷兰菊 | 城市绿化苗(万株) | 15.00 |
| 394 | 丰宁满族自治县(冀) | 荷兰菊 | 观赏苗木(万株) | 28.00 |
| 395 | 格尔木市(青) | 荷兰菊 | 花卉用种苗(千苗) | 530.00 |
| 396 | 金凤区(宁) | 荷兰菊 | 盆花(万盆) | 50.00 |
| 397 | 普兰店市(辽) | 荷兰菊 | 盆花(万盆) | 10.00 |
| 398 | 兴隆县(冀) | 荷兰菊 | 盆花(万盆) | 10.00 |
| 399 | 新民市(辽) | 荷兰菊 | 盆花(万盆) | 1.20 |
| 400 | 海淀区(京) | 荷兰菊 | 盆花(万盆) | 0.80 |
| 401 | 台安县(辽) | 荷兰菊 | 鲜切花(万支) | 3000.00 |
| 402 | 九台市(吉) | 黑心菊 | 城市绿化苗(万株) | 100.00 |
| 403 | 昌吉市(新) | 黑心菊 | 城市绿化苗(万株) | 12.00 |
| 404 | 丰宁满族自治县(冀) | 黑心菊 | 观赏苗木(万株) | 20.00 |
| 405 | 莲花山开发区(吉) | 黑心菊 | 盆花(万盆) | 50.00 |
| 406 | 青州市(鲁) | 黑心菊 | 盆花(万盆) | 32.00 |
| 407 | 海城市(辽) | 黑心菊 | 盆花(万盆) | 25.60 |
| 408 | 吉木萨尔县(新) | 黑心菊 | 盆花(万盆) | 6.00 |
| 409 | 枣阳市(鄂) | 红碧桃 | 城市绿化苗(万株) | 6.00 |
| 410 | 定西市巉口林业试验场(甘) | 红碧桃 | 城市绿化苗(万株) | 1.00 |
| 411 | 西平县(豫) | 红碧桃 | 观赏苗木(万株) | 70.00 |
| 412 | 东平县(鲁) | 红碧桃 | 观赏苗木(万株) | 50.00 |
| 413 | 肥城市(鲁) | 红碧桃 | 观赏苗木(万株) | 32.00 |
| 414 | 广平县(冀) | 红碧桃 | 观赏苗木(万株) | 32.00 |
| 415 | 宜阳县(豫) | 红碧桃 | 观赏苗木(万株) | 24.00 |
| 416 | 广阳区(冀) | 红碧桃 | 观赏苗木(万株) | 14.20 |
| 417 | 宁阳县(鲁) | 红碧桃 | 观叶植物(万盆) | 15.00 |
| 418 | 太康县(豫) | 红花 | 城市绿化苗(万株) | 11.00 |
| 419 | 东胜区(内蒙古) | 红花 | 盆花(万盆) | 100.00 |
| 420 | 娄星区(湘) | 红花 | 盆花(万盆) | 2.00 |
| 421 | 雁江区(川) | 红花 | 盆景(万盆) | 3200.00 |
| 422 | 宣汉县(川) | 红花 | 鲜切花(万支) | 12.50 |
| 423 | 碾子山区(黑) | 猴面花 | 观赏苗木(万株) | 6.00 |
| 424 | 新宁县(湘) | 厚朴 | 城市绿化苗(万株) | 50.00 |
| 425 | 望江县(皖) | 厚朴 | 城市绿化苗(万株) | 5.00 |
| 426 | 桂东县(湘) | 厚朴 | 观赏苗木(万株) | 12.00 |
| 427 | 蒲江县(川) | 厚朴 | 观赏苗木(万株) | 0.90 |
| 428 | 新宁县(湘) | 厚朴 | 食用及药用花卉(千克) | 200000.00 |
| 429 | 青州市(鲁) | 虎须草 | 盆花(万盆) | 3.00 |
| 430 | 九台市(吉) | 黄刺玫 | 城市绿化苗(万株) | 50.00 |
| 431 | 昌吉市(新) | 黄刺玫 | 城市绿化苗(万株) | 8.00 |
| 432 | 大武口区(宁) | 黄刺玫 | 城市绿化苗(万株) | 3.46 |
| 433 | 康保县(冀) | 黄刺玫 | 城市绿化苗(万株) | 3.00 |
| 434 | 红古区(甘) | 黄刺玫 | 观赏苗木(万株) | 200.00 |
| 435 | 翁牛特旗(内蒙古) | 黄刺玫 | 观赏苗木(万株) | 25.00 |
| 436 | 呼兰区(黑) | 黄刺玫 | 观赏苗木(万株) | 20.00 |
| 437 | 壶关县(晋) | 黄刺玫 | 观赏苗木(万株) | 2.50 |
| 438 | 金凤区(宁) | 黄刺玫 | 观赏苗木(万株) | 1.50 |
| 439 | 怀来县(冀) | 黄刺玫 | 观赏苗木(万株) | 1.30 |
| 440 | 鄂托克旗(内蒙古) | 黄刺玫 | 盆花(万盆) | 5.00 |
| 441 | 游仙区(川) | 黄刺玫 | 鲜切花(万支) | 30.00 |
| 442 | 涟水县(苏) | 黄秋葵 | 观叶植物(万盆) | 20.00 |
| 443 | 西青区(津) | 黄秋葵 | 盆花(万盆) | 120.00 |
| 444 | 鹤山区(豫) | 惠兰 | 观叶植物(万盆) | 50.00 |
| 445 | 涪城区(川) | 惠兰 | 观叶植物(万盆) | 8.00 |
| 446 | 石林彝族自治县(滇) | 惠兰 | 盆花(万盆) | 320.00 |
| 447 | 澄海区(粤) | 惠兰 | 盆花(万盆) | 200.00 |
| 448 | 游仙区(川) | 惠兰 | 盆花(万盆) | 80.00 |
| 449 | 青州市(鲁) | 惠兰 | 盆花(万盆) | 46.70 |
| 450 | 文登市(鲁) | 惠兰 | 盆花(万盆) | 30.00 |
| 451 | 雅长林场(桂) | 惠兰 | 盆花(万盆) | 23.58 |
| 452 | 固安县(冀) | 惠兰 | 盆花(万盆) | 4.00 |
| 453 | 普兰店市(辽) | 惠兰 | 盆花(万盆) | 3.00 |
| 454 | 罗田县(鄂) | 惠兰 | 盆花(万盆) | 1.00 |
| 455 | 磐安县(浙) | 惠兰 | 盆花(万盆) | 1.00 |
| 456 | 海宁市(浙) | 惠兰 | 盆花(万盆) | 0.80 |
| 457 | 四会市(粤) | 惠兰 | 鲜切花(万支) | 1254.80 |
| 458 | 罗田县(鄂) | 惠兰 | 鲜切花(万支) | 10.00 |
| 459 | 万州区(渝) | 惠兰 | 鲜切花(万支) | 10.00 |
| 460 | 洋　县(陕) | 惠兰 | 鲜切叶(万支) | 3.00 |
| 461 | 潢川县(豫) | 火棘 | 城市绿化苗(万株) | 89.00 |
| 462 | 新宁县(湘) | 火棘 | 城市绿化苗(万株) | 20.00 |
| 463 | 芜湖县(皖) | 火棘 | 观赏苗木(万株) | 10.00 |
| 464 | 三门县(浙) | 火棘 | 观赏苗木(万株) | 5.00 |
| 465 | 鹤峰县(鄂) | 火棘 | 观赏苗木(万株) | 4.00 |
| 466 | 登封市(豫) | 火棘 | 观赏苗木(万株) | 2.99 |
| 467 | 鼎城区(湘) | 火棘 | 观赏苗木(万株) | 2.50 |

| 序号 | 其他花卉主产地 | 品种 | 花卉类别 | 生产量 |
|---|---|---|---|---|
| 468 | 环翠区(鲁) | 火棘 | 观叶植物(万盆) | 110.00 |
| 469 | 鹤峰县(鄂) | 火棘 | 盆花(万盆) | 0.70 |
| 470 | 青州市(鲁) | 火棘 | 盆景(万盆) | 6.00 |
| 471 | 潢川县(豫) | 火棘 | 盆景(万盆) | 3.50 |
| 472 | 商水县(豫) | 霍香蓟 | 盆花(万盆) | 2.00 |
| 473 | 旌德县(皖) | 鸡爪槭 | 城市绿化苗(万株) | 100000.00 |
| 474 | 寿　县(皖) | 鸡爪槭 | 城市绿化苗(万株) | 9.00 |
| 475 | 宜都市(鄂) | 鸡爪槭 | 城市绿化苗(万株) | 6.00 |
| 476 | 恩阳区(川) | 鸡爪槭 | 城市绿化苗(万株) | 4.00 |
| 477 | 青阳县(皖) | 鸡爪槭 | 城市绿化苗(万株) | 1.00 |
| 478 | 沭阳县(苏) | 鸡爪槭 | 观赏苗木(万株) | 60.00 |
| 479 | 海盐县(浙) | 鸡爪槭 | 观赏苗木(万株) | 22.90 |
| 480 | 沂水县(鲁) | 鸡爪槭 | 观赏苗木(万株) | 15.00 |
| 481 | 宁波市市辖区(浙) | 鸡爪槭 | 观赏苗木(万株) | 5.10 |
| 482 | 广德县(皖) | 鸡爪槭 | 观赏苗木(万株) | 5.00 |
| 483 | 三门县(浙) | 鸡爪槭 | 观赏苗木(万株) | 5.00 |
| 484 | 芦溪县(赣) | 鸡爪槭 | 观叶植物(万盆) | 18.00 |
| 485 | 阳新县(鄂) | 鸡爪槭 | 盆花(万盆) | 2.00 |
| 486 | 闵行区(沪) | 鸡爪槭 | 盆花(万盆) | 1.00 |
| 487 | 洋　县(陕) | 鸡爪槭 | 鲜切叶(万支) | 6.00 |
| 488 | 新晃侗族自治县(湘) | 夹竹桃类 | 城市绿化苗(万株) | 15.00 |
| 489 | 津市市(湘) | 夹竹桃类 | 城市绿化苗(万株) | 12.00 |
| 490 | 汝城县(湘) | 夹竹桃类 | 城市绿化苗(万株) | 11.00 |
| 491 | 碧江区(黔) | 夹竹桃类 | 城市绿化苗(万株) | 5.00 |
| 492 | 凤城市(辽) | 夹竹桃类 | 观赏苗木(万株) | 900.00 |
| 493 | 青州市(鲁) | 夹竹桃类 | 观赏苗木(万株) | 160.00 |
| 494 | 丰顺县(粤) | 夹竹桃类 | 观赏苗木(万株) | 52.00 |
| 495 | 沭阳县(苏) | 夹竹桃类 | 观赏苗木(万株) | 50.00 |
| 496 | 三门县(浙) | 夹竹桃类 | 观赏苗木(万株) | 30.00 |
| 497 | 方城县(豫) | 夹竹桃类 | 盆花(万盆) | 2.43 |
| 498 | 昌乐县(鲁) | 夹竹桃类 | 盆景(万盆) | 1.70 |
| 499 | 秀峰区(桂) | 夹竹桃类 | 鲜切花(万支) | 50.00 |
| 500 | 宣汉县(川) | 夹竹桃类 | 鲜切花(万支) | 20.00 |
| 501 | 昌吉市(新) | 假龙头 | 城市绿化苗(万株) | 10.00 |
| 502 | 吉木萨尔县(新) | 假龙头 | 盆花(万盆) | 6.00 |
| 503 | 青州市(鲁) | 假龙头 | 盆花(万盆) | 4.00 |
| 504 | 延庆县(京) | 假龙头 | 盆花(万盆) | 2.00 |
| 505 | 吉木萨尔县(新) | 剪秋罗类 | 盆花(万盆) | 8.00 |
| 506 | 宜都市(鄂) | 金弹子 | 城市绿化苗(万株) | 2.00 |
| 507 | 来凤县(鄂) | 金弹子 | 盆景(万盆) | 10.00 |
| 508 | 竹溪县(鄂) | 金弹子 | 食用及药用花卉(千克) | 15.00 |
| 509 | 邢台县(冀) | 金光菊 | 盆花(万盆) | 3.00 |
| 510 | 昌吉市(新) | 金鸡菊 | 城市绿化苗(万株) | 2.00 |
| 511 | 吉木萨尔县(新) | 金鸡菊 | 盆花(万盆) | 6.00 |
| 512 | 威海市经济技术开发区(鲁) | 金鸡菊 | 盆花(万盆) | 2.00 |
| 513 | 大武口区(宁) | 金银木 | 城市绿化苗(万株) | 2.06 |
| 514 | 定州市(冀) | 金银木 | 观赏苗木(万株) | 1520.00 |
| 515 | 迁安市(冀) | 金银木 | 观赏苗木(万株) | 114.60 |
| 516 | 丰宁满族自治县(冀) | 金银木 | 观赏苗木(万株) | 18.00 |
| 517 | 延庆县(京) | 金银木 | 观赏苗木(万株) | 8.00 |
| 518 | 涿州市(冀) | 金银木 | 观赏苗木(万株) | 5.00 |
| 519 | 翁牛特旗(内蒙古) | 金银木 | 观赏苗木(万株) | 3.00 |
| 520 | 高碑店市(冀) | 金银木 | 观赏苗木(万株) | 1.50 |
| 521 | 岳阳县(湘) | 金银木 | 食用及药用花卉(千克) | 10.00 |
| 522 | 吴川市(粤) | 金钟花 | 城市绿化苗(万株) | 6.00 |
| 523 | 闵行区(沪) | 金钟花 | 盆花(万盆) | 2.00 |
| 524 | 开原市(辽) | 锦带花 | 城市绿化苗(万株) | 1000.00 |
| 525 | 九台市(吉) | 锦带花 | 城市绿化苗(万株) | 100.00 |
| 526 | 定州市(冀) | 锦带花 | 观赏苗木(万株) | 1100.00 |
| 527 | 海城市(辽) | 锦带花 | 观赏苗木(万株) | 36.20 |
| 528 | 丰宁满族自治县(冀) | 锦带花 | 观赏苗木(万株) | 35.00 |
| 529 | 望花区(辽) | 锦带花 | 观赏苗木(万株) | 5.00 |
| 530 | 涿州市(冀) | 锦带花 | 观赏苗木(万株) | 5.00 |
| 531 | 凤城市(辽) | 锦熟黄杨 | 观赏苗木(万株) | 230.00 |
| 532 | 北京市大东流苗圃(京) | 荆芥 | 观赏苗木(万株) | 50.00 |
| 533 | 九台市(吉) | 景天 | 城市绿化苗(万株) | 100.00 |
| 534 | 临洮县(甘) | 景天 | 城市绿化苗(万株) | 100.00 |
| 535 | 定州市(冀) | 景天 | 观赏苗木(万株) | 3320.00 |
| 536 | 滦南县(冀) | 景天 | 观赏苗木(万株) | 200.00 |
| 537 | 丰宁满族自治县(冀) | 景天 | 观赏苗木(万株) | 60.00 |
| 538 | 高邑县(冀) | 景天 | 观赏苗木(万株) | 20.00 |
| 539 | 呼兰区(黑) | 景天 | 观赏苗木(万株) | 20.00 |
| 540 | 新乐市(冀) | 景天 | 观赏苗木(万株) | 20.00 |
| 541 | 北京市大东流苗圃(京) | 景天 | 观赏苗木(万株) | 2.00 |
| 542 | 山海关区(冀) | 景天 | 观赏苗木(万株) | 2.00 |
| 543 | 定州市(冀) | 景天 | 观叶植物(万盆) | 225.00 |
| 544 | 满城县(冀) | 景天 | 观叶植物(万盆) | 10.00 |
| 545 | 格尔木市(青) | 景天 | 花卉用种苗(千苗) | 530.00 |
| 546 | 玛纳斯县(新) | 景天 | 花卉用种苗(千苗) | 360.00 |
| 547 | 台安县(辽) | 景天 | 盆花(万盆) | 8000.00 |
| 548 | 延庆县(京) | 景天 | 盆花(万盆) | 300.00 |
| 549 | 阜新蒙古族自治县(辽) | 景天 | 盆花(万盆) | 110.00 |
| 550 | 商州区(陕) | 景天 | 盆花(万盆) | 9.60 |
| 551 | 大通回族土族自治县(青) | 景天 | 盆花(万盆) | 2.60 |
| 552 | 娄星区(湘) | 景天 | 盆花(万盆) | 1.00 |
| 553 | 新民市(辽) | 景天 | 盆花(万盆) | 0.60 |
| 554 | 东营区(鲁) | 景天 | 盆景(万盆) | 12.00 |
| 555 | 宣汉县(川) | 景天 | 鲜切花(万支) | 22.50 |
| 556 | 忠　县(渝) | 九重葛 | 城市绿化苗(万株) | 5.00 |
| 557 | 兴隆县(冀) | 韭菜莲 | 鲜切花(万支) | 10.00 |
| 558 | 万源市(川) | 桔梗 | 观赏苗木(万株) | 10.00 |
| 559 | 延庆县(京) | 桔梗 | 盆花(万盆) | 2.00 |

| 序号 | 其他花卉主产地 | 品种 | 花卉类别 | 生产量 |
|---|---|---|---|---|
| 560 | 石林彝族自治县(滇) | 桔梗 | 鲜切花(万支) | 503.00 |
| 561 | 潢川县(豫) | 蜡梅 | 城市绿化苗(万株) | 128.00 |
| 562 | 竹山县(鄂) | 蜡梅 | 城市绿化苗(万株) | 19.10 |
| 563 | 达川区(川) | 蜡梅 | 城市绿化苗(万株) | 3.00 |
| 564 | 广汉市(川) | 蜡梅 | 观赏苗木(万株) | 65.00 |
| 565 | 巴州区(川) | 蜡梅 | 观赏苗木(万株) | 40.00 |
| 566 | 沭阳县(苏) | 蜡梅 | 观赏苗木(万株) | 35.00 |
| 567 | 巴州区(川) | 蜡梅 | 盆花(万盆) | 5.00 |
| 568 | 潢川县(豫) | 蜡梅 | 盆花(万盆) | 3.30 |
| 569 | 保康县(鄂) | 蜡梅 | 盆景(万盆) | 2.00 |
| 570 | 青州市(鲁) | 蜡梅 | 盆景(万盆) | 2.00 |
| 571 | 嘉定区(沪) | 蜡梅 | 鲜切花(万支) | 202.00 |
| 572 | 宣汉县(川) | 蜡梅 | 鲜切花(万支) | 33.00 |
| 573 | 游仙区(川) | 蜡梅 | 鲜切花(万支) | 30.00 |
| 574 | 彭山县(川) | 蜡梅 | 鲜切花(万支) | 20.00 |
| 575 | 犍为县(川) | 蜡梅 | 鲜切花(万支) | 8.00 |
| 576 | 巴州区(川) | 蜡梅 | 鲜切花(万支) | 5.00 |
| 577 | 新宁县(湘) | 兰草 | 城市绿化苗(万株) | 2.00 |
| 578 | 翁源县(粤) | 兰草 | 观赏苗木(万株) | 354.00 |
| 579 | 恭城瑶族自治县(桂) | 兰草 | 观叶植物(万盆) | 301000.00 |
| 580 | 凤山县(桂) | 兰草 | 观叶植物(万盆) | 80100.00 |
| 581 | 大足县(渝) | 兰草 | 观叶植物(万盆) | 500.00 |
| 582 | 芒　市(滇) | 兰草 | 观叶植物(万盆) | 2.60 |
| 583 | 广水市(鄂) | 兰草 | 观叶植物(万盆) | 1.80 |
| 584 | 长丰县(皖) | 兰草 | 观叶植物(万盆) | 1.00 |
| 585 | 固始县(豫) | 兰草 | 花卉用种苗(千苗) | 50.00 |
| 586 | 松江区(沪) | 兰草 | 盆花(万盆) | 311.00 |
| 587 | 巴州区(川) | 兰草 | 盆花(万盆) | 150.00 |
| 588 | 宣汉县(川) | 兰草 | 盆花(万盆) | 55.00 |
| 589 | 固始县(豫) | 兰草 | 盆花(万盆) | 10.00 |
| 590 | 黔江区(渝) | 兰草 | 盆花(万盆) | 9.00 |
| 591 | 鼎城区(湘) | 兰草 | 盆花(万盆) | 8.00 |
| 592 | 常熟市(苏) | 兰草 | 盆花(万盆) | 3.00 |
| 593 | 彭水苗族土家族自治县(渝) | 兰草 | 盆花(万盆) | 2.00 |
| 594 | 杨凌区农林局(陕) | 兰草 | 盆花(万盆) | 2.00 |
| 595 | 涿州市(冀) | 兰草 | 盆花(万盆) | 2.00 |
| 596 | 汶上县(鲁) | 兰草 | 盆花(万盆) | 1.60 |
| 597 | 三门县(浙) | 兰草 | 盆花(万盆) | 1.40 |
| 598 | 蜀山区(皖) | 兰草 | 盆花(万盆) | 1.00 |
| 599 | 沅陵县(湘) | 兰草 | 盆景(万盆) | 0.55 |
| 600 | 吉木萨尔县(新) | 蓝色亚麻 | 盆花(万盆) | 2.00 |
| 601 | 青州市(鲁) | 凌霄花类 | 盆花(万盆) | 1.00 |
| 602 | 青州市(鲁) | 流苏 | 观赏苗木(万株) | 620.00 |
| 603 | 河东区(鲁) | 流苏 | 观赏苗木(万株) | 135.00 |
| 604 | 沂南县(鲁) | 流苏 | 观赏苗木(万株) | 110.00 |
| 605 | 嵩　县(豫) | 流苏 | 观赏苗木(万株) | 12.00 |
| 606 | 费　县(鲁) | 流苏 | 观赏苗木(万株) | 10.00 |
| 607 | 鼎城区(湘) | 罗汉竹 | 观赏苗木(万株) | 2.00 |
| 608 | 巴州区(川) | 罗汉竹 | 盆花(万盆) | 20.00 |
| 609 | 栾城县(冀) | 落地生根 | 观叶植物(万盆) | 43.00 |
| 610 | 西华县(豫) | 落地生根 | 盆花(万盆) | 2.00 |
| 611 | 涿州市(冀) | 麻叶绣线菊类 | 观赏苗木(万株) | 15.00 |
| 612 | 北京市大东流苗圃(京) | 马蔺 | 观赏苗木(万株) | 1.33 |
| 613 | 东洲区(辽) | 马蔺 | 盆花(万盆) | 7.00 |
| 614 | 临安市(浙) | 麦冬 | 城市绿化苗(万株) | 600.00 |
| 615 | 蓬安县(川) | 麦冬 | 城市绿化苗(万株) | 200.00 |
| 616 | 嘉陵区(川) | 麦冬 | 城市绿化苗(万株) | 20.80 |
| 617 | 忠　县(渝) | 麦冬 | 城市绿化苗(万株) | 20.00 |
| 618 | 辛集市(冀) | 麦冬 | 城市绿化苗(万株) | 9.00 |
| 619 | 凤冈县(黔) | 麦冬 | 城市绿化苗(万株) | 3.00 |
| 620 | 昭觉县(川) | 麦冬 | 观叶植物(万盆) | 280.00 |
| 621 | 万源市(川) | 麦冬 | 鲜切花(万支) | 5.00 |
| 622 | 攀枝花市东区(川) | 满天星 | 城市绿化苗(万株) | 1.10 |
| 623 | 叠彩区(桂) | 满天星 | 观赏苗木(万株) | 500.00 |
| 624 | 七星区(桂) | 满天星 | 观赏苗木(万株) | 60.00 |
| 625 | 玉州区(桂) | 满天星 | 观赏苗木(万株) | 6.41 |
| 626 | 彭水苗族土家族自治县(渝) | 满天星 | 观赏苗木(万株) | 2.00 |
| 627 | 雁江区(川) | 满天星 | 观叶植物(万盆) | 3100.00 |
| 628 | 象山区(桂) | 满天星 | 观叶植物(万盆) | 450.00 |
| 629 | 青州市(鲁) | 满天星 | 盆花(万盆) | 180.00 |
| 630 | 清河区(辽) | 满天星 | 盆花(万盆) | 42.00 |
| 631 | 浦东新区(沪) | 满天星 | 盆花(万盆) | 15.00 |
| 632 | 汝城县(湘) | 满天星 | 盆花(万盆) | 10.00 |
| 633 | 定兴县(冀) | 满天星 | 盆花(万盆) | 5.00 |
| 634 | 庐阳区(皖) | 满天星 | 盆花(万盆) | 5.00 |
| 635 | 鹿泉市(冀) | 满天星 | 盆花(万盆) | 5.00 |
| 636 | 永年县(冀) | 满天星 | 盆花(万盆) | 1.20 |
| 637 | 鼎城区(湘) | 满天星 | 盆花(万盆) | 1.00 |
| 638 | 临武县(湘) | 满天星 | 盆花(万盆) | 0.80 |
| 639 | 新建县(赣) | 满天星 | 盆花(万盆) | 0.65 |
| 640 | 藁城市(冀) | 满天星 | 鲜切花(万支) | 53.00 |
| 641 | 芦溪县(赣) | 满天星 | 鲜切花(万支) | 40.00 |
| 642 | 沙市区(鄂) | 满天星 | 鲜切花(万支) | 30.00 |
| 643 | 桂阳县(湘) | 满天星 | 鲜切花(万支) | 15.00 |
| 644 | 东洲区(辽) | 满天星 | 鲜切花(万支) | 9.00 |
| 645 | 丰润区(冀) | 满天星 | 鲜切花(万支) | 6.00 |
| 646 | 蕉岭县(粤) | 满天星 | 鲜切花(万支) | 3.10 |
| 647 | 宁都县(赣) | 满天星 | 鲜切花(万支) | 3.00 |
| 648 | 洋　县(陕) | 满天星 | 鲜切花(万支) | 3.00 |
| 649 | 石柱土家族自治县(渝) | 满天星 | 鲜切花(万支) | 2.00 |
| 650 | 南皮县(冀) | 满天星 | 鲜切叶(万支) | 4.00 |
| 651 | 沅陵县(湘) | 毛茉莉 | 观叶植物(万盆) | 2.30 |

| 序号 | 其他花卉主产地 | 品种 | 花卉类别 | 生产量 |
|---|---|---|---|---|
| 652 | 津市市(湘) | 毛竹 | 城市绿化苗(万株) | 70.00 |
| 653 | 新宁县(湘) | 毛竹 | 城市绿化苗(万株) | 10.00 |
| 654 | 平利县(陕) | 毛竹 | 城市绿化苗(万株) | 1.50 |
| 655 | 汶上县(鲁) | 毛竹 | 观赏苗木(万株) | 100.00 |
| 656 | 桂东县(湘) | 毛竹 | 观赏苗木(万株) | 11.00 |
| 657 | 洋　县(陕) | 毛竹 | 鲜切叶(万支) | 2.00 |
| 658 | 旌德县(皖) | 梅花 | 城市绿化苗(万株) | 150000.00 |
| 659 | 潢川县(豫) | 梅花 | 城市绿化苗(万株) | 90.00 |
| 660 | 卢氏县(豫) | 梅花 | 观赏苗木(万株) | 200.00 |
| 661 | 临川区(赣) | 梅花 | 观赏苗木(万株) | 42.00 |
| 662 | 沭阳县(苏) | 梅花 | 观赏苗木(万株) | 25.00 |
| 663 | 商州区(陕) | 梅花 | 观赏苗木(万株) | 11.40 |
| 664 | 巴州区(川) | 梅花 | 观赏苗木(万株) | 10.00 |
| 665 | 安阳县(豫) | 梅花 | 观赏苗木(万株) | 6.35 |
| 666 | 寿　县(皖) | 梅花 | 观赏苗木(万株) | 4.00 |
| 667 | 莱州市(鲁) | 梅花 | 观赏苗木(万株) | 1.00 |
| 668 | 巴州区(川) | 梅花 | 盆花(万盆) | 15.00 |
| 669 | 平桥区(豫) | 梅花 | 盆花(万盆) | 8.52 |
| 670 | 东港区(鲁) | 梅花 | 盆花(万盆) | 8.00 |
| 671 | 鼎城区(湘) | 梅花 | 盆花(万盆) | 4.50 |
| 672 | 惠山区(苏) | 梅花 | 盆景(万盆) | 10.00 |
| 673 | 青州市(鲁) | 梅花 | 盆景(万盆) | 2.00 |
| 674 | 宣汉县(川) | 梅花 | 鲜切花(万支) | 40.00 |
| 675 | 万源市(川) | 梅花 | 鲜切花(万支) | 10.00 |
| 676 | 顺庆区(川) | 梅花 | 鲜切花(万支) | 4.00 |
| 677 | 巴州区(川) | 梅花 | 鲜切花(万支) | 2.00 |
| 678 | 喀什市(新) | 梅花 | 鲜切花(万支) | 1.00 |
| 679 | 巴州区(川) | 梅花 | 鲜切叶(万支) | 5.00 |
| 680 | 新宁县(湘) | 美国红栌 | 城市绿化苗(万株) | 10.00 |
| 681 | 广阳区(冀) | 美国红栌 | 观赏苗木(万株) | 30.00 |
| 682 | 昌吉市(新) | 美丽天人菊 | 城市绿化苗(万株) | 4.50 |
| 683 | 肥乡县(冀) | 米兰 | 盆花(万盆) | 300.00 |
| 684 | 阳新县(鄂) | 米兰 | 盆花(万盆) | 8.00 |
| 685 | 汝城县(湘) | 米兰 | 盆花(万盆) | 3.00 |
| 686 | 三门县(浙) | 米兰 | 盆花(万盆) | 0.70 |
| 687 | 西安区(吉) | 米兰 | 盆花(万盆) | 0.70 |
| 688 | 昌吉市(新) | 茉莉花 | 城市绿化苗(万株) | 2.00 |
| 689 | 巴州区(川) | 茉莉花 | 观赏苗木(万株) | 10.00 |
| 690 | 忠　县(渝) | 茉莉花 | 观赏苗木(万株) | 5.00 |
| 691 | 新晃侗族自治县(湘) | 茉莉花 | 观赏苗木(万株) | 0.60 |
| 692 | 芒　市(滇) | 茉莉花 | 观叶植物(万盆) | 0.67 |
| 693 | 路南区(冀) | 茉莉花 | 盆花(万盆) | 2000.00 |
| 694 | 邹平县(鲁) | 茉莉花 | 盆花(万盆) | 286.00 |
| 695 | 禹州市(豫) | 茉莉花 | 盆花(万盆) | 80.00 |
| 696 | 运河区(冀) | 茉莉花 | 盆花(万盆) | 20.00 |
| 697 | 涿州市(冀) | 茉莉花 | 盆花(万盆) | 20.00 |
| 698 | 阳新县(鄂) | 茉莉花 | 盆花(万盆) | 6.00 |
| 699 | 汝城县(湘) | 茉莉花 | 盆花(万盆) | 3.00 |
| 700 | 新华区(豫) | 茉莉花 | 盆花(万盆) | 2.00 |
| 701 | 晋州市(冀) | 茉莉花 | 盆花(万盆) | 1.00 |
| 702 | 三门县(浙) | 茉莉花 | 盆花(万盆) | 1.00 |
| 703 | 青州市(鲁) | 茉莉花 | 盆景(万盆) | 60.00 |
| 704 | 昌乐县(鲁) | 茉莉花 | 盆景(万盆) | 1.80 |
| 705 | 宣汉县(川) | 茉莉花 | 鲜切花(万支) | 22.50 |
| 706 | 犍为县(川) | 茉莉花 | 鲜切花(万支) | 10.60 |
| 707 | 新宁县(湘) | 木芙蓉 | 城市绿化苗(万株) | 5.00 |
| 708 | 巴州区(川) | 木芙蓉 | 观赏苗木(万株) | 133.00 |
| 709 | 游仙区(川) | 木芙蓉 | 观赏苗木(万株) | 10.00 |
| 710 | 高密市(鲁) | 木芙蓉 | 观赏苗木(万株) | 7.00 |
| 711 | 巴州区(川) | 木芙蓉 | 盆花(万盆) | 25.00 |
| 712 | 青州市(鲁) | 木芙蓉 | 盆花(万盆) | 1.00 |
| 713 | 巴州区(川) | 木芙蓉 | 鲜切花(万支) | 2.00 |
| 714 | 巴州区(川) | 木芙蓉 | 鲜切叶(万支) | 5.00 |
| 715 | 碧江区(黔) | 木通类 | 观赏苗木(万株) | 1.40 |
| 716 | 阜新蒙古族自治县(辽) | 木犀草 | 盆花(万盆) | 115.00 |
| 717 | 藁城市(冀) | 木犀草 | 鲜切花(万支) | 12.00 |
| 718 | 曲阳县(冀) | 木香 | 城市绿化苗(万株) | 10.00 |
| 719 | 旌德县(皖) | 南天竹 | 城市绿化苗(万株) | 200000.00 |
| 720 | 潢川县(豫) | 南天竹 | 城市绿化苗(万株) | 156.00 |
| 721 | 黟　县(皖) | 南天竹 | 城市绿化苗(万株) | 110.00 |
| 722 | 沙洋县(鄂) | 南天竹 | 城市绿化苗(万株) | 10.00 |
| 723 | 新宁县(湘) | 南天竹 | 城市绿化苗(万株) | 5.00 |
| 724 | 临安市(浙) | 南天竹 | 观赏苗木(万株) | 8000.00 |
| 725 | 巴州区(川) | 南天竹 | 观赏苗木(万株) | 100.00 |
| 726 | 新蔡县(豫) | 南天竹 | 观赏苗木(万株) | 29.70 |
| 727 | 郾城区(豫) | 南天竹 | 观赏苗木(万株) | 27.68 |
| 728 | 平桥区(豫) | 南天竹 | 观赏苗木(万株) | 12.36 |
| 729 | 安阳县(豫) | 南天竹 | 观赏苗木(万株) | 0.70 |
| 730 | 潢川县(豫) | 南天竹 | 观叶植物(万盆) | 5.10 |
| 731 | 巴州区(川) | 南天竹 | 盆花(万盆) | 30.00 |
| 732 | 巴州区(川) | 南天竹 | 鲜切叶(万支) | 10.00 |
| 733 | 昌吉市(新) | 葡萄 | 城市绿化苗(万株) | 365.00 |
| 734 | 沙洋县(鄂) | 葡萄 | 城市绿化苗(万株) | 60.00 |
| 735 | 九台市(吉) | 葡萄 | 城市绿化苗(万株) | 40.00 |
| 736 | 芷江侗族自治县(湘) | 葡萄 | 工业及其他用途花卉(千克) | 8.50 |
| 737 | 望都县(冀) | 葡萄 | 观赏苗木(万株) | 780.00 |
| 738 | 呼兰区(黑) | 葡萄 | 观赏苗木(万株) | 50.00 |
| 739 | 沙河市(冀) | 葡萄 | 观赏苗木(万株) | 10.00 |
| 740 | 竹山县(鄂) | 葡萄 | 观赏苗木(万株) | 4.00 |
| 741 | 依安县(黑) | 葡萄 | 观赏苗木(万株) | 3.00 |
| 742 | 巴州区(川) | 葡萄 | 盆花(万盆) | 10.00 |

| 序号 | 其他花卉主产地 | 品种 | 花卉类别 | 生产量 | 序号 | 其他花卉主产地 | 品种 | 花卉类别 | 生产量 |
|---|---|---|---|---|---|---|---|---|---|
| 743 | 许昌县(豫) | 七叶树 | 城市绿化苗(万株) | 22.00 | 789 | 吴川市(粤) | 秋风 | 城市绿化苗(万株) | 5.00 |
| 744 | 潢川县(豫) | 七叶树 | 城市绿化苗(万株) | 9.00 | 790 | 上思县(桂) | 秋风 | 观赏苗木(万株) | 30.00 |
| 745 | 龙安区(豫) | 七叶树 | 城市绿化苗(万株) | 1.00 | 791 | 廉江市(粤) | 秋风 | 观赏苗木(万株) | 11.00 |
| 746 | 两当县(甘) | 七叶树 | 观赏苗木(万株) | 100.00 | 792 | 高州市(粤) | 秋风 | 观赏苗木(万株) | 3.00 |
| 747 | 长垣县(豫) | 七叶树 | 观赏苗木(万株) | 80.00 | 793 | 茂港区(粤) | 秋风 | 观赏苗木(万株) | 0.85 |
| 748 | 镇坪县(陕) | 七叶树 | 观赏苗木(万株) | 22.00 | 794 | 定西市峨口林业试验场(甘) | 秋牡丹 | 观赏苗木(万株) | 1.00 |
| 749 | 卢氏县(豫) | 七叶树 | 观赏苗木(万株) | 10.00 | 795 | 荥阳市(豫) | 楸树 | 城市绿化苗(万株) | 200.00 |
| 750 | 石泉县(陕) | 七叶树 | 观赏苗木(万株) | 10.00 | 796 | 鹿邑县(豫) | 楸树 | 城市绿化苗(万株) | 104.00 |
| 751 | 汝南县(豫) | 七叶树 | 观赏苗木(万株) | 4.50 | 797 | 青阳县(皖) | 楸树 | 城市绿化苗(万株) | 1.00 |
| 752 | 沭阳县(苏) | 七叶树 | 观叶植物(万盆) | 3.60 | 798 | 竹山县(鄂) | 楸树 | 观赏苗木(万株) | 29.00 |
| 753 | 洋　县(陕) | 七叶树 | 观叶植物(万盆) | 0.90 | 799 | 淮阳县(豫) | 楸树 | 观赏苗木(万株) | 9.70 |
| 754 | 渭城区(陕) | 千花葵 | 鲜切花(万支) | 20.00 | 800 | 柘城县(豫) | 楸树 | 观赏苗木(万株) | 7.50 |
| 755 | 许昌县(豫) | 千日红 | 城市绿化苗(万株) | 16.00 | 801 | 华龙区(豫) | 楸树 | 观赏苗木(万株) | 3.00 |
| 756 | 新宁县(湘) | 千日红 | 城市绿化苗(万株) | 5.00 | 802 | 安阳县(豫) | 球根海棠 | 观赏苗木(万株) | 2.00 |
| 757 | 老河口市(鄂) | 千日红 | 观赏苗木(万株) | 80.00 | 803 | 淅川县(豫) | 球根海棠 | 观赏苗木(万株) | 1.00 |
| 758 | 芜湖县(皖) | 千日红 | 观赏苗木(万株) | 50.00 | 804 | 青州市(鲁) | 球根海棠 | 盆花(万盆) | 230.00 |
| 759 | 南和县(冀) | 千日红 | 观赏苗木(万株) | 12.00 | 805 | 巴州区(川) | 球根海棠 | 盆花(万盆) | 15.00 |
| 760 | 许昌市经济技术开发区(豫) | 千日红 | 观赏苗木(万株) | 1.40 | 806 | 涿州市(冀) | 球根海棠 | 盆花(万盆) | 15.00 |
| 761 | 济南市市中区(鲁) | 千日红 | 观赏苗木(万株) | 1.00 | 807 | 藁城市(冀) | 球根海棠 | 鲜切花(万支) | 31.00 |
| 762 | 鹿泉市(冀) | 千日红 | 观赏苗木(万株) | 1.00 | 808 | 三门县(浙) | 雀梅藤 | 盆景(万盆) | 0.90 |
| 763 | 松潘县(川) | 千日红 | 盆花(万盆) | 1000.00 | 809 | 九台市(吉) | 忍冬类 | 城市绿化苗(万株) | 40.00 |
| 764 | 东胜区(内蒙古) | 千日红 | 盆花(万盆) | 150.00 | 810 | 静海县(津) | 忍冬类 | 观赏苗木(万株) | 181.00 |
| 765 | 商州区(陕) | 千日红 | 盆花(万盆) | 34.50 | 811 | 丰宁满族自治县(冀) | 忍冬类 | 观赏苗木(万株) | 32.00 |
| 766 | 浦东新区(沪) | 千日红 | 盆花(万盆) | 12.00 | 812 | 芜湖县(皖) | 忍冬类 | 观赏苗木(万株) | 1.00 |
| 767 | 中江县(川) | 千日红 | 盆花(万盆) | 9.80 | 813 | 临淄区(鲁) | 忍冬类 | 食用及药用花卉(千克) | 25000.00 |
| 768 | 隆尧县(冀) | 千日红 | 盆花(万盆) | 8.00 | 814 | 青州市(鲁) | 瑞香 | 盆花(万盆) | 33.00 |
| 769 | 石城县(赣) | 千日红 | 盆花(万盆) | 3.00 | 815 | 固始县(豫) | 瑞香 | 盆景(万盆) | 2.00 |
| 770 | 沙河市(冀) | 千日红 | 盆花(万盆) | 2.50 | 816 | 怀来县(冀) | 三叶地锦 | 观赏苗木(万株) | 2.70 |
| 771 | 抚宁县(冀) | 千日红 | 盆花(万盆) | 2.30 | 817 | 南和县(冀) | 散尾葵 | 观赏苗木(万株) | 2.00 |
| 772 | 威海市经济技术开发区(鲁) | 千日红 | 盆花(万盆) | 2.00 | 818 | 宾川县(滇) | 散尾葵 | 观赏苗木(万株) | 1.00 |
| 773 | 河口区(鲁) | 千日红 | 盆花(万盆) | 0.80 | 819 | 栾城县(冀) | 散尾葵 | 观叶植物(万盆) | 20.00 |
| 774 | 东营区(鲁) | 千日红 | 盆景(万盆) | 20.00 | 820 | 涿州市(冀) | 散尾葵 | 观叶植物(万盆) | 15.00 |
| 775 | 永兴县(湘) | 千日红 | 盆景(万盆) | 9.00 | 821 | 海城市(辽) | 散尾葵 | 鲜切叶(万支) | 10.30 |
| 776 | 襄城区(鄂) | 千日红 | 盆景(万盆) | 1.60 | 822 | 碧江区(黔) | 散尾葵 | 鲜切叶(万支) | 1.90 |
| 777 | 石城县(赣) | 千日红 | 鲜切花(万支) | 15.00 | 823 | 彭阳县(宁) | 山桃 | 城市绿化苗(万株) | 550000.00 |
| 778 | 大英县(川) | 千日红 | 鲜切花(万支) | 10.00 | 824 | 昌吉市(新) | 山桃 | 城市绿化苗(万株) | 10.00 |
| 779 | 沁阳市(豫) | 千日红 | 鲜切叶(万支) | 7.00 | 825 | 定襄县(晋) | 山桃 | 城市绿化苗(万株) | 10.00 |
| 780 | 旌德县(皖) | 青枫 | 城市绿化苗(万株) | 20.00 | 826 | 喀喇沁旗(内蒙古) | 山桃 | 城市绿化苗(万株) | 10.00 |
| 781 | 青阳县(皖) | 青枫 | 城市绿化苗(万株) | 3.00 | 827 | 柳林县(晋) | 山桃 | 城市绿化苗(万株) | 10.00 |
| 782 | 洞口县(湘) | 青枫 | 城市绿化苗(万株) | 2.00 | 828 | 鄂托克前旗(内蒙古) | 山桃 | 城市绿化苗(万株) | 0.60 |
| 783 | 碧江区(黔) | 青枫 | 城市绿化苗(万株) | 1.00 | 829 | 定州市(冀) | 山桃 | 观赏苗木(万株) | 120.00 |
| 784 | 奉化市(浙) | 青枫 | 观赏苗木(万株) | 53.33 | 830 | 固安县(冀) | 山桃 | 观赏苗木(万株) | 86.00 |
| 785 | 宁波市市辖区(浙) | 青枫 | 观赏苗木(万株) | 26.00 | 831 | 玛纳斯县(新) | 山桃 | 观赏苗木(万株) | 36.00 |
| 786 | 三门县(浙) | 青枫 | 观赏苗木(万株) | 10.00 | 832 | 呼兰区(黑) | 山桃 | 观赏苗木(万株) | 20.00 |
| 787 | 玉山县(赣) | 青枫 | 观赏苗木(万株) | 1.00 | 833 | 隆化县(冀) | 山桃 | 观赏苗木(万株) | 9.00 |
| 788 | 清新县(粤) | 秋风 | 城市绿化苗(万株) | 5000.00 | 834 | 金凤区(宁) | 山桃 | 观赏苗木(万株) | 1.50 |

| 序号 | 其他花卉主产地 | 品种 | 花卉类别 | 生产量 | 序号 | 其他花卉主产地 | 品种 | 花卉类别 | 生产量 |
|---|---|---|---|---|---|---|---|---|---|
| 835 | 壶关县(晋) | 山桃 | 盆景(万盆) | 3.50 | 881 | 新宁县(湘) | 石榴 | 城市绿化苗(万株) | 5.00 |
| 836 | 商州区(陕) | 山桃 | 鲜切花(万支) | 15.00 | 882 | 竹山县(鄂) | 石榴 | 城市绿化苗(万株) | 3.00 |
| 837 | 南召县(豫) | 山茱萸 | 城市绿化苗(万株) | 875.00 | 883 | 龙安区(豫) | 石榴 | 城市绿化苗(万株) | 2.00 |
| 838 | 嵩　县(豫) | 山茱萸 | 观赏苗木(万株) | 50.00 | 884 | 岳阳县(湘) | 石榴 | 城市绿化苗(万株) | 1.00 |
| 839 | 禹州市(豫) | 山茱萸 | 盆花(万盆) | 60.00 | 885 | 沭阳县(苏) | 石榴 | 观赏苗木(万株) | 450.00 |
| 840 | 临洮县(甘) | 芍药 | 城市绿化苗(万株) | 9.00 | 886 | 青州市(鲁) | 石榴 | 观赏苗木(万株) | 70.00 |
| 841 | 昌吉市(新) | 芍药 | 城市绿化苗(万株) | 5.00 | 887 | 固安县(冀) | 石榴 | 观赏苗木(万株) | 11.00 |
| 842 | 克东县(黑) | 芍药 | 城市绿化苗(万株) | 1.00 | 888 | 巴州区(川) | 石榴 | 观赏苗木(万株) | 5.00 |
| 843 | 魏　县(冀) | 芍药 | 观赏苗木(万株) | 11.46 | 889 | 桃城区(冀) | 石榴 | 观赏苗木(万株) | 5.00 |
| 844 | 芜湖县(皖) | 芍药 | 观赏苗木(万株) | 10.00 | 890 | 商州区(陕) | 石榴 | 观赏苗木(万株) | 3.40 |
| 845 | 巴州区(川) | 芍药 | 盆花(万盆) | 25.00 | 891 | 鹿泉市(冀) | 石榴 | 观赏苗木(万株) | 3.00 |
| 846 | 西青区(津) | 芍药 | 盆花(万盆) | 20.00 | 892 | 蕉岭县(粤) | 石榴 | 观叶植物(万盆) | 0.80 |
| 847 | 隆尧县(冀) | 芍药 | 盆花(万盆) | 12.00 | 893 | 巴州区(川) | 石榴 | 盆花(万盆) | 5.00 |
| 848 | 栾城县(冀) | 芍药 | 盆花(万盆) | 12.00 | 894 | 江北区(浙) | 石榴 | 盆花(万盆) | 5.00 |
| 849 | 隆德县(宁) | 芍药 | 盆花(万盆) | 10.00 | 895 | 惠济区(豫) | 石榴 | 盆景(万盆) | 10.04 |
| 850 | 吉木萨尔县(新) | 芍药 | 盆花(万盆) | 2.00 | 896 | 昌乐县(鲁) | 石榴 | 盆景(万盆) | 2.40 |
| 851 | 谯城区(皖) | 芍药 | 盆花(万盆) | 1.00 | 897 | 巴州区(川) | 石榴 | 鲜切花(万支) | 1.50 |
| 852 | 榕城区(粤) | 芍药 | 盆花(万盆) | 1.00 | 898 | 卫辉市(豫) | 石蒜 | 盆花(万盆) | 2.00 |
| 853 | 柏乡县(冀) | 芍药 | 盆景(万盆) | 2.50 | 899 | 罗山县(豫) | 石蒜 | 鲜切花(万支) | 100.00 |
| 854 | 渭滨区(陕) | 芍药 | 鲜切花(万支) | 28.56 | 900 | 新晃侗族自治县(湘) | 矢车菊 | 观叶植物(万盆) | 1.10 |
| 855 | 临洮县(甘) | 芍药 | 鲜切花(万支) | 16.00 | 901 | 双城市(黑) | 矢车菊 | 盆花(万盆) | 40.00 |
| 856 | 西峰区(甘) | 芍药 | 鲜切花(万支) | 4.00 | 902 | 枣强县(冀) | 矢车菊 | 盆花(万盆) | 1.20 |
| 857 | 大武口区(宁) | 芍药 | 鲜切花(万支) | 1.30 | 903 | 广水市(鄂) | 矢车菊 | 盆景(万盆) | 3.60 |
| 858 | 巴州区(川) | 芍药 | 鲜切叶(万支) | 15.00 | 904 | 宣汉县(川) | 矢车菊 | 鲜切花(万支) | 14.00 |
| 859 | 海港区(冀) | 蛇鞭菊 | 盆花(万盆) | 3.00 | 905 | 东港区(鲁) | 矢车菊 | 鲜切叶(万支) | 2.00 |
| 860 | 北京市大东流苗圃(京) | 蛇莓 | 观赏苗木(万株) | 1.00 | 906 | 曲阳县(冀) | 柿 | 城市绿化苗(万株) | 20.00 |
| 861 | 洞口县(湘) | 蛇葡萄 | 盆花(万盆) | 5.00 | 907 | 望都县(冀) | 柿 | 观赏苗木(万株) | 600.00 |
| 862 | 新宁县(湘) | 射干 | 城市绿化苗(万株) | 5.00 | 908 | 青州市(鲁) | 水仙 | 观叶植物(万盆) | 9.00 |
| 863 | 梁山县(鲁) | 射干 | 盆花(万盆) | 1.00 | 909 | 芒　市(滇) | 水仙 | 观叶植物(万盆) | 0.57 |
| 864 | 文成县(浙) | 麝香百合类 | 鲜切花(万支) | 1740.00 | 910 | 宁海县(浙) | 水仙 | 花卉用种球(千粒) | 10.00 |
| 865 | 津市市(湘) | 麝香百合类 | 鲜切花(万支) | 1.10 | 911 | 巴州区(川) | 水仙 | 盆花(万盆) | 35.00 |
| 866 | 建始县(鄂) | 十姊妹 | 观赏苗木(万株) | 50.00 | 912 | 浦东新区(沪) | 水仙 | 盆花(万盆) | 4.00 |
| 867 | 涿州市(冀) | 十姊妹 | 观赏苗木(万株) | 30.00 | 913 | 东洲区(辽) | 水仙 | 盆花(万盆) | 3.00 |
| 868 | 隆尧县(冀) | 石刁柏 | 观赏苗木(万株) | 4.60 | 914 | 昌乐县(鲁) | 水仙 | 盆花(万盆) | 2.00 |
| 869 | 新宁县(湘) | 石斛兰 | 城市绿化苗(万株) | 5.00 | 915 | 新建县(赣) | 水仙 | 盆花(万盆) | 0.80 |
| 870 | 石棉县(川) | 石斛兰 | 观叶植物(万盆) | 10.00 | 916 | 彭山县(川) | 水仙 | 盆花(万盆) | 0.60 |
| 871 | 北京市大东流苗圃(京) | 石斛兰 | 盆花(万盆) | 6.46 | 917 | 犍为县(川) | 水仙 | 盆景(万盆) | 1.10 |
| 872 | 包河区(皖) | 石斛兰 | 盆景(万盆) | 500.00 | 918 | 崇明县(沪) | 水仙 | 鲜切花(万支) | 55.00 |
| 873 | 路桥区(浙) | 石斛兰 | 食用及药用花卉(千克) | 185.00 | 919 | 许昌县(豫) | 丝绵木 | 城市绿化苗(万株) | 139.00 |
| 874 | 雅长林场(桂) | 石斛兰 | 食用及药用花卉(千克) | 20.96 | 920 | 开平区(冀) | 丝绵木 | 观赏苗木(万株) | 70.00 |
| 875 | 商州区(陕) | 石莲花 | 盆花(万盆) | 8.00 | 921 | 惠济区(豫) | 丝绵木 | 观赏苗木(万株) | 7.62 |
| 876 | 涿州市(冀) | 石莲花 | 盆花(万盆) | 5.00 | 922 | 邱　县(冀) | 丝绵木 | 观赏苗木(万株) | 4.00 |
| 877 | 宣汉县(川) | 石莲花 | 鲜切花(万支) | 11.00 | 923 | 东昌府区(鲁) | 丝绵木 | 观赏苗木(万株) | 1.00 |
| 878 | 荥阳市(豫) | 石榴 | 城市绿化苗(万株) | 100.00 | 924 | 醴陵市(湘) | 四季竹 | 城市绿化苗(万株) | 10000.00 |
| 879 | 昆山市(苏) | 石榴 | 城市绿化苗(万株) | 15.00 | 925 | 七星区(桂) | 四季竹 | 观赏苗木(万株) | 400.00 |
| 880 | 沙洋县(鄂) | 石榴 | 城市绿化苗(万株) | 10.00 | 926 | 翠屏区(川) | 四季竹 | 观赏苗木(万株) | 1.20 |

| 序号 | 其他花卉主产地 | 品种 | 花卉类别 | 生产量 |
|---|---|---|---|---|
| 927 | 新建县(赣) | 四季竹 | 盆花(万盆) | 0.60 |
| 928 | 宣汉县(川) | 四季竹 | 鲜切花(万支) | 31.00 |
| 929 | 吉木萨尔县(新) | 松果菊 | 盆花(万盆) | 5.00 |
| 930 | 芦溪县(赣) | 松叶菊 | 盆花(万盆) | 5.00 |
| 931 | 定州市(冀) | 太平花 | 观赏苗木(万株) | 650.00 |
| 932 | 红山区(内蒙古) | 昙花 | 盆花(万盆) | 60.00 |
| 933 | 九台市(吉) | 唐菖蒲 | 城市绿化苗(万株) | 100.00 |
| 934 | 威海市经济技术开发区(鲁) | 唐菖蒲 | 观赏苗木(万株) | 20.00 |
| 935 | 夷陵区(鄂) | 唐菖蒲 | 观叶植物(万盆) | 120.00 |
| 936 | 海城市(辽) | 唐菖蒲 | 花卉用种球(千粒) | 280.00 |
| 937 | 凌源市(辽) | 唐菖蒲 | 鲜切花(万支) | 26000.00 |
| 938 | 香河县(冀) | 唐菖蒲 | 鲜切花(万支) | 800.00 |
| 939 | 崇明县(沪) | 唐菖蒲 | 鲜切花(万支) | 725.33 |
| 940 | 榆中县(甘) | 唐菖蒲 | 鲜切花(万支) | 244.60 |
| 941 | 海城市(辽) | 唐菖蒲 | 鲜切花(万支) | 77.20 |
| 942 | 迁安市(冀) | 唐菖蒲 | 鲜切花(万支) | 40.00 |
| 943 | 通州区(京) | 唐菖蒲 | 鲜切花(万支) | 32.50 |
| 944 | 管城回族区(豫) | 唐菖蒲 | 鲜切花(万支) | 30.00 |
| 945 | 松江区(沪) | 唐菖蒲 | 鲜切花(万支) | 25.00 |
| 946 | 遵化市(冀) | 唐菖蒲 | 鲜切花(万支) | 20.00 |
| 947 | 白银区(甘) | 唐菖蒲 | 鲜切花(万支) | 10.00 |
| 948 | 奉化市(浙) | 唐菖蒲 | 鲜切花(万支) | 10.00 |
| 949 | 桂阳县(湘) | 唐菖蒲 | 鲜切花(万支) | 10.00 |
| 950 | 东港区(鲁) | 唐菖蒲 | 鲜切花(万支) | 6.00 |
| 951 | 海宁市(浙) | 唐菖蒲 | 鲜切花(万支) | 4.10 |
| 952 | 闵行区(沪) | 唐菖蒲 | 鲜切花(万支) | 3.00 |
| 953 | 惠山区(苏) | 唐菖蒲 | 鲜切花(万支) | 2.00 |
| 954 | 沂南县(鲁) | 唐菖蒲 | 鲜切花(万支) | 2.00 |
| 955 | 蔡甸区(鄂) | 唐菖蒲 | 鲜切花(万支) | 1.20 |
| 956 | 汉源县(川) | 唐菖蒲 | 鲜切花(万支) | 0.60 |
| 957 | 洋　县(陕) | 唐菖蒲 | 鲜切叶(万支) | 5.00 |
| 958 | 元氏县(冀) | 藤本月季 | 城市绿化苗(万株) | 20.00 |
| 959 | 安丘市(鲁) | 藤本月季 | 观赏苗木(万株) | 120.00 |
| 960 | 莱州市(鲁) | 藤本月季 | 观赏苗木(万株) | 20.00 |
| 961 | 东港区(鲁) | 藤本月季 | 鲜切花(万支) | 10.00 |
| 962 | 雁江区(川) | 藤类 | 观叶植物(万盆) | 4600.00 |
| 963 | 高平市(晋) | 藤类 | 盆花(万盆) | 10.00 |
| 964 | 信宜市(粤) | 藤萝 | 盆花(万盆) | 3.10 |
| 965 | 闵行区(沪) | 藤萝 | 观赏苗木(万株) | 2.50 |
| 966 | 霸州市(冀) | 藤萝 | 盆花(万盆) | 30.00 |
| 967 | 平果县(桂) | 藤萝 | 盆景(万盆) | 5.00 |
| 968 | 九台市(吉) | 天目琼花 | 城市绿化苗(万株) | 50.00 |
| 969 | 定州市(冀) | 天目琼花 | 观赏苗木(万株) | 1352.00 |
| 970 | 青州市(鲁) | 天人菊 | 盆花(万盆) | 150.00 |
| 971 | 吉木萨尔县(新) | 天人菊 | 盆花(万盆) | 10.00 |
| 972 | 河东区(鲁) | 贴梗海棠 | 城市绿化苗(万株) | 9800.00 |
| 973 | 易　县(冀) | 贴梗海棠 | 城市绿化苗(万株) | 200.00 |
| 974 | 华龙区(豫) | 贴梗海棠 | 城市绿化苗(万株) | 17.00 |
| 975 | 定西市峨口林业试验场(甘) | 贴梗海棠 | 城市绿化苗(万株) | 2.00 |
| 976 | 威海市经济技术开发区(鲁) | 贴梗海棠 | 城市绿化苗(万株) | 1.00 |
| 977 | 平桥区(豫) | 贴梗海棠 | 城市绿化苗(万株) | 0.74 |
| 978 | 定州市(冀) | 贴梗海棠 | 观赏苗木(万株) | 218.00 |
| 979 | 巴州区(川) | 贴梗海棠 | 观赏苗木(万株) | 20.00 |
| 980 | 东平县(鲁) | 贴梗海棠 | 观赏苗木(万株) | 20.00 |
| 981 | 广汉市(川) | 贴梗海棠 | 观赏苗木(万株) | 20.00 |
| 982 | 宁阳县(鲁) | 贴梗海棠 | 观赏苗木(万株) | 12.00 |
| 983 | 昌乐县(鲁) | 贴梗海棠 | 观赏苗木(万株) | 4.00 |
| 984 | 乐亭县(冀) | 贴梗海棠 | 观赏苗木(万株) | 2.00 |
| 985 | 雁江区(川) | 贴梗海棠 | 观叶植物(万盆) | 5000.00 |
| 986 | 河东区(鲁) | 贴梗海棠 | 盆花(万盆) | 680.00 |
| 987 | 巴州区(川) | 贴梗海棠 | 盆花(万盆) | 50.00 |
| 988 | 宁阳县(鲁) | 贴梗海棠 | 盆花(万盆) | 1.20 |
| 989 | 青州市(鲁) | 贴梗海棠 | 盆景(万盆) | 23.00 |
| 990 | 商州区(陕) | 晚香玉 | 观赏苗木(万株) | 0.80 |
| 991 | 彭山县(川) | 晚香玉 | 鲜切花(万支) | 1.50 |
| 992 | 北京市大东流苗圃(京) | 萎陵菜 | 观赏苗木(万株) | 16.47 |
| 993 | 易　县(冀) | 卫矛类 | 城市绿化苗(万株) | 300.00 |
| 994 | 九台市(吉) | 卫矛类 | 城市绿化苗(万株) | 50.00 |
| 995 | 定襄县(晋) | 卫矛类 | 城市绿化苗(万株) | 30.00 |
| 996 | 特克斯林场(新) | 卫矛类 | 城市绿化苗(万株) | 6.09 |
| 997 | 大武口区(宁) | 卫矛类 | 城市绿化苗(万株) | 3.50 |
| 998 | 沭阳县(苏) | 卫矛类 | 观赏苗木(万株) | 39200.00 |
| 999 | 定州市(冀) | 卫矛类 | 观赏苗木(万株) | 1675.00 |
| 1000 | 固安县(冀) | 卫矛类 | 观赏苗木(万株) | 802.00 |
| 1001 | 顺平县(冀) | 卫矛类 | 观赏苗木(万株) | 245.00 |
| 1002 | 深州市(冀) | 卫矛类 | 观赏苗木(万株) | 180.00 |
| 1003 | 开平区(冀) | 卫矛类 | 观赏苗木(万株) | 130.00 |
| 1004 | 沂水县(鲁) | 卫矛类 | 观赏苗木(万株) | 85.00 |
| 1005 | 沙河市(冀) | 卫矛类 | 观赏苗木(万株) | 30.00 |
| 1006 | 安阳县(豫) | 卫矛类 | 观赏苗木(万株) | 27.00 |
| 1007 | 武强县(冀) | 卫矛类 | 观赏苗木(万株) | 17.70 |
| 1008 | 北戴河区(冀) | 卫矛类 | 观赏苗木(万株) | 8.00 |
| 1009 | 滦南县(冀) | 卫矛类 | 观赏苗木(万株) | 7.90 |
| 1010 | 涿州市(冀) | 卫矛类 | 观赏苗木(万株) | 5.00 |
| 1011 | 海港区(冀) | 卫矛类 | 观赏苗木(万株) | 4.10 |
| 1012 | 大厂回族自治县(冀) | 卫矛类 | 观赏苗木(万株) | 3.00 |
| 1013 | 任丘市(冀) | 卫矛类 | 观赏苗木(万株) | 3.00 |
| 1014 | 鄂托克前旗(内蒙古) | 卫矛类 | 观赏苗木(万株) | 2.77 |
| 1015 | 乐亭县(冀) | 卫矛类 | 观赏苗木(万株) | 2.00 |
| 1016 | 阳泉市郊区(晋) | 卫矛类 | 观赏苗木(万株) | 1.00 |
| 1017 | 高平市(晋) | 卫矛类 | 盆花(万盆) | 10.00 |
| 1018 | 昌吉市(新) | 文冠果 | 城市绿化苗(万株) | 147.00 |

| 序号 | 其他花卉主产地 | 品种 | 花卉类别 | 生产量 |
|---|---|---|---|---|
| 1019 | 康保县(冀) | 文冠果 | 城市绿化苗(万株) | 10.00 |
| 1020 | 隆化县(冀) | 文冠果 | 观赏苗木(万株) | 24.00 |
| 1021 | 沁　县(晋) | 文冠果 | 观赏苗木(万株) | 1.80 |
| 1022 | 博兴县(鲁) | 文冠果 | 观赏苗木(万株) | 1.00 |
| 1023 | 商州区(陕) | 文殊兰 | 观赏苗木(万株) | 4.30 |
| 1024 | 闵行区(沪) | 文殊兰 | 观赏苗木(万株) | 2.70 |
| 1025 | 寻甸回族彝族自治县(滇) | 文殊兰 | 盆花(万盆) | 100.00 |
| 1026 | 栾城县(冀) | 文殊兰 | 盆花(万盆) | 11.00 |
| 1027 | 醴陵市(湘) | 五针松 | 城市绿化苗(万株) | 1000.00 |
| 1028 | 吴川市(粤) | 五针松 | 城市绿化苗(万株) | 3.00 |
| 1029 | 北仑区(浙) | 五针松 | 观赏苗木(万株) | 500.00 |
| 1030 | 临安市(浙) | 五针松 | 观赏苗木(万株) | 2.00 |
| 1031 | 江北区(浙) | 五针松 | 盆景(万盆) | 4.00 |
| 1032 | 文成县(浙) | 五针松 | 盆景(万盆) | 1.00 |
| 1033 | 路桥区(浙) | 五针松 | 盆景(万盆) | 0.60 |
| 1034 | 娄星区(湘) | 勿忘草 | 盆花(万盆) | 1.00 |
| 1035 | 宣汉县(川) | 勿忘草 | 鲜切花(万支) | 35.00 |
| 1036 | 沙市区(鄂) | 勿忘草 | 鲜切花(万支) | 20.00 |
| 1037 | 凤城市(辽) | 勿忘草 | 鲜切叶(万支) | 22.00 |
| 1038 | 河东区(鲁) | 西府海棠 | 城市绿化苗(万株) | 2000.00 |
| 1039 | 淄川区(鲁) | 西府海棠 | 城市绿化苗(万株) | 30.00 |
| 1040 | 坊子区(鲁) | 西府海棠 | 城市绿化苗(万株) | 20.00 |
| 1041 | 长清区(鲁) | 西府海棠 | 城市绿化苗(万株) | 10.00 |
| 1042 | 红旗区(豫) | 西府海棠 | 城市绿化苗(万株) | 7.50 |
| 1043 | 河东区(鲁) | 西府海棠 | 观赏苗木(万株) | 1200.00 |
| 1044 | 定州市(冀) | 西府海棠 | 观赏苗木(万株) | 300.00 |
| 1045 | 寒亭区(鲁) | 西府海棠 | 观赏苗木(万株) | 125.00 |
| 1046 | 博野县(冀) | 西府海棠 | 观赏苗木(万株) | 100.00 |
| 1047 | 沭阳县(苏) | 西府海棠 | 观赏苗木(万株) | 40.00 |
| 1048 | 沙河市(冀) | 西府海棠 | 观赏苗木(万株) | 15.00 |
| 1049 | 平泉县(冀) | 西府海棠 | 观赏苗木(万株) | 12.00 |
| 1050 | 冀州市(冀) | 西府海棠 | 观赏苗木(万株) | 10.00 |
| 1051 | 吴桥县(冀) | 西府海棠 | 观赏苗木(万株) | 10.00 |
| 1052 | 涿州市(冀) | 西府海棠 | 观赏苗木(万株) | 10.00 |
| 1053 | 阳信县(鲁) | 西府海棠 | 观赏苗木(万株) | 8.10 |
| 1054 | 安平县(冀) | 西府海棠 | 观赏苗木(万株) | 7.00 |
| 1055 | 曲阳县(冀) | 西府海棠 | 观赏苗木(万株) | 6.00 |
| 1056 | 高碑店市(冀) | 西府海棠 | 观赏苗木(万株) | 5.50 |
| 1057 | 博兴县(鲁) | 西府海棠 | 观赏苗木(万株) | 3.00 |
| 1058 | 任　县(冀) | 西府海棠 | 观赏苗木(万株) | 2.00 |
| 1059 | 平罗县(宁) | 西府海棠 | 盆花(万盆) | 10.00 |
| 1060 | 新泰市(鲁) | 西府海棠 | 盆花(万盆) | 5.00 |
| 1061 | 满城县(冀) | 西府海棠 | 鲜切花(万支) | 5.00 |
| 1062 | 南召县(豫) | 现代月季 | 城市绿化苗(万株) | 42.00 |
| 1063 | 昌吉市(新) | 现代月季 | 城市绿化苗(万株) | 5.00 |
| 1064 | 芷江侗族自治县(湘) | 现代月季 | 城市绿化苗(万株) | 0.80 |
| 1065 | 卧龙区(豫) | 现代月季 | 观赏苗木(万株) | 8000.00 |
| 1066 | 新密市(豫) | 现代月季 | 观赏苗木(万株) | 400.00 |
| 1067 | 汝城县(湘) | 现代月季 | 观赏苗木(万株) | 2.00 |
| 1068 | 蠡　县(冀) | 现代月季 | 观叶植物(万盆) | 0.80 |
| 1069 | 玛纳斯县(新) | 现代月季 | 花卉用种苗(千苗) | 840.00 |
| 1070 | 永清县(冀) | 现代月季 | 花卉用种苗(千苗) | 80.00 |
| 1071 | 遵化市(冀) | 现代月季 | 盆花(万盆) | 30.00 |
| 1072 | 栾城县(冀) | 现代月季 | 盆花(万盆) | 24.00 |
| 1073 | 赵　县(冀) | 现代月季 | 盆花(万盆) | 11.00 |
| 1074 | 东洲区(辽) | 现代月季 | 盆花(万盆) | 9.50 |
| 1075 | 高平市(晋) | 现代月季 | 盆花(万盆) | 5.00 |
| 1076 | 高碑店市(冀) | 现代月季 | 盆花(万盆) | 3.50 |
| 1077 | 忻府区(晋) | 现代月季 | 盆花(万盆) | 3.50 |
| 1078 | 雄　县(冀) | 现代月季 | 盆花(万盆) | 2.50 |
| 1079 | 海宁市(浙) | 现代月季 | 鲜切花(万支) | 1202.40 |
| 1080 | 青州市(鲁) | 现代月季 | 鲜切花(万支) | 525.00 |
| 1081 | 通州区(京) | 现代月季 | 鲜切花(万支) | 189.95 |
| 1082 | 浦东新区(沪) | 现代月季 | 鲜切花(万支) | 120.00 |
| 1083 | 平谷区(京) | 现代月季 | 鲜切花(万支) | 71.35 |
| 1084 | 白银区(甘) | 现代月季 | 鲜切花(万支) | 50.00 |
| 1085 | 平泉县(冀) | 现代月季 | 鲜切花(万支) | 50.00 |
| 1086 | 定南县(赣) | 现代月季 | 鲜切花(万支) | 37.68 |
| 1087 | 商河县(鲁) | 现代月季 | 鲜切花(万支) | 20.00 |
| 1088 | 邵阳县(湘) | 现代月季 | 鲜切花(万支) | 5.00 |
| 1089 | 沙市区(鄂) | 香蒲 | 鲜切叶(万支) | 4.00 |
| 1090 | 抚宁县(冀) | 香雪球 | 盆花(万盆) | 3.00 |
| 1091 | 涿州市(冀) | 小苍兰 | 盆花(万盆) | 3.00 |
| 1092 | 海拉尔区(内蒙古) | 小丽花 | 城市绿化苗(万株) | 40.00 |
| 1093 | 山丹县(甘) | 小丽花 | 城市绿化苗(万株) | 1.00 |
| 1094 | 南和县(冀) | 小丽花 | 观赏苗木(万株) | 10.00 |
| 1095 | 延庆县(京) | 小丽花 | 盆花(万盆) | 25.00 |
| 1096 | 东乌珠穆沁旗(内蒙古) | 小丽花 | 盆花(万盆) | 5.00 |
| 1097 | 格尔木市(青) | 小丽花 | 盆花(万盆) | 2.40 |
| 1098 | 闵行区(沪) | 小雀舌兰 | 盆花(万盆) | 18.90 |
| 1099 | 九台市(吉) | 杏 | 城市绿化苗(万株) | 100.00 |
| 1100 | 昌吉市(新) | 杏 | 城市绿化苗(万株) | 12.00 |
| 1101 | 曲阳县(冀) | 杏 | 城市绿化苗(万株) | 5.00 |
| 1102 | 渝水区(赣) | 杏 | 观赏苗木(万株) | 330.00 |
| 1103 | 固安县(冀) | 杏 | 观赏苗木(万株) | 48.00 |
| 1104 | 麻城市(鄂) | 杏 | 观赏苗木(万株) | 35.00 |
| 1105 | 呼兰区(黑) | 杏 | 观赏苗木(万株) | 4.00 |
| 1106 | 藁城市(冀) | 杏 | 观赏苗木(万株) | 2.00 |
| 1107 | 宽城满族自治县(冀) | 杏 | 观赏苗木(万株) | 2.00 |
| 1108 | 榆中县(甘) | 杏 | 盆景(万盆) | 4.00 |
| 1109 | 蚌山区(皖) | 杏 | 食用及药用花卉(千克) | 6300.00 |
| 1110 | 商州区(陕) | 杏 | 鲜切花(万支) | 16.00 |

| 序号 | 其他花卉主产地 | 品种 | 花卉类别 | 生产量 |
|---|---|---|---|---|
| 1111 | 九台市(吉) | 绣球花 | 城市绿化苗(万株) | 100.00 |
| 1112 | 吴川市(粤) | 绣球花 | 城市绿化苗(万株) | 15.00 |
| 1113 | 青州市(鲁) | 绣球花 | 盆花(万盆) | 27.00 |
| 1114 | 平罗县(宁) | 绣球花 | 盆花(万盆) | 10.00 |
| 1115 | 涿州市(冀) | 绣球花 | 盆花(万盆) | 3.00 |
| 1116 | 徽　县(甘) | 绣球花 | 盆景(万盆) | 5781.00 |
| 1117 | 九台市(吉) | 萱草 | 城市绿化苗(万株) | 1000.00 |
| 1118 | 易　县(冀) | 萱草 | 城市绿化苗(万株) | 600.00 |
| 1119 | 讷河市(黑) | 萱草 | 城市绿化苗(万株) | 20.00 |
| 1120 | 望都县(冀) | 萱草 | 观赏苗木(万株) | 14010.00 |
| 1121 | 定州市(冀) | 萱草 | 观赏苗木(万株) | 5250.00 |
| 1122 | 涿州市(冀) | 萱草 | 观赏苗木(万株) | 450.00 |
| 1123 | 滦南县(冀) | 萱草 | 观赏苗木(万株) | 160.00 |
| 1124 | 顺平县(冀) | 萱草 | 观赏苗木(万株) | 120.00 |
| 1125 | 丰宁满族自治县(冀) | 萱草 | 观赏苗木(万株) | 35.00 |
| 1126 | 北京市大东流苗圃(京) | 萱草 | 观赏苗木(万株) | 19.32 |
| 1127 | 安平县(冀) | 萱草 | 观赏苗木(万株) | 10.20 |
| 1128 | 东昌府区(鲁) | 萱草 | 观赏苗木(万株) | 8.00 |
| 1129 | 临江林业局(吉林森工) | 萱草 | 观赏苗木(万株) | 7.00 |
| 1130 | 高碑店市(冀) | 萱草 | 观赏苗木(万株) | 4.55 |
| 1131 | 新乐市(冀) | 萱草 | 观赏苗木(万株) | 2.00 |
| 1132 | 怀来县(冀) | 萱草 | 观赏苗木(万株) | 1.30 |
| 1133 | 定州市(冀) | 萱草 | 观叶植物(万盆) | 350.00 |
| 1134 | 延庆县(京) | 萱草 | 盆花(万盆) | 200.00 |
| 1135 | 青州市(鲁) | 萱草 | 盆花(万盆) | 52.00 |
| 1136 | 东营区(鲁) | 萱草 | 盆景(万盆) | 8.00 |
| 1137 | 台安县(辽) | 萱草 | 鲜切花(万支) | 5000.00 |
| 1138 | 许昌县(豫) | 萱草 | 鲜切花(万支) | 220.00 |
| 1139 | 沙市区(鄂) | 萱草 | 鲜切叶(万支) | 4.00 |
| 1140 | 涿州市(冀) | 雁来红 | 盆花(万盆) | 20.00 |
| 1141 | 吴川市(粤) | 羊蹄甲类 | 城市绿化苗(万株) | 15.00 |
| 1142 | 田阳县(桂) | 羊蹄甲类 | 城市绿化苗(万株) | 14.21 |
| 1143 | 高　县(川) | 羊蹄甲类 | 观赏苗木(万株) | 220400.00 |
| 1144 | 南澳县(粤) | 叶子花 | 城市绿化苗(万株) | 1.00 |
| 1145 | 翠屏区(川) | 叶子花 | 城市绿化苗(万株) | 0.63 |
| 1146 | 金城江区(桂) | 叶子花 | 盆花(万盆) | 5.00 |
| 1147 | 固始县(豫) | 夜来香 | 观叶植物(万盆) | 3.00 |
| 1148 | 肥乡县(冀) | 夜来香 | 盆花(万盆) | 200.00 |
| 1149 | 汝城县(湘) | 夜来香 | 盆花(万盆) | 1.00 |
| 1150 | 藁城市(冀) | 夜落金钱 | 观赏苗木(万株) | 1.00 |
| 1151 | 潢川县(豫) | 樱桃 | 城市绿化苗(万株) | 70.00 |
| 1152 | 汝城县(湘) | 樱桃 | 城市绿化苗(万株) | 5.00 |
| 1153 | 江川县(滇) | 樱桃 | 城市绿化苗(万株) | 2.00 |
| 1154 | 井陉矿区(冀) | 樱桃 | 城市绿化苗(万株) | 2.00 |
| 1155 | 望花区(辽) | 樱桃 | 城市绿化苗(万株) | 2.00 |
| 1156 | 华宁县(滇) | 樱桃 | 观赏苗木(万株) | 100.00 |
| 1157 | 丰宁满族自治县(冀) | 樱桃 | 观赏苗木(万株) | 70.00 |
| 1158 | 蒲江县(川) | 樱桃 | 观赏苗木(万株) | 57.00 |
| 1159 | 孝昌县(鄂) | 樱桃 | 观赏苗木(万株) | 5.00 |
| 1160 | 翠屏区(川) | 樱桃 | 观赏苗木(万株) | 0.60 |
| 1161 | 桂平市(桂) | 迎春 | 观赏苗木(万株) | 30000.00 |
| 1162 | 定州市(冀) | 迎春 | 观赏苗木(万株) | 320.00 |
| 1163 | 新泰市(鲁) | 迎春 | 观赏苗木(万株) | 15.00 |
| 1164 | 翠屏区(川) | 迎春 | 观赏苗木(万株) | 2.20 |
| 1165 | 乐亭县(冀) | 迎春 | 观赏苗木(万株) | 2.00 |
| 1166 | 涿州市(冀) | 迎春 | 观赏苗木(万株) | 1.00 |
| 1167 | 青州市(鲁) | 迎春 | 盆景(万盆) | 24.00 |
| 1168 | 昌乐县(鲁) | 迎春 | 盆景(万盆) | 3.00 |
| 1169 | 栾城县(冀) | 鱼尾葵 | 观叶植物(万盆) | 21.00 |
| 1170 | 华龙区(豫) | 鱼尾葵 | 盆花(万盆) | 3.00 |
| 1171 | 大武口区(宁) | 羽叶甘蓝 | 城市绿化苗(万株) | 3.20 |
| 1172 | 洮南市(吉) | 羽叶甘蓝 | 城市绿化苗(万株) | 1.50 |
| 1173 | 山丹县(甘) | 羽叶甘蓝 | 观赏苗木(万株) | 1.00 |
| 1174 | 青州市(鲁) | 羽叶甘蓝 | 观叶植物(万盆) | 400.00 |
| 1175 | 梁山县(鲁) | 羽叶甘蓝 | 观叶植物(万盆) | 2.30 |
| 1176 | 翠屏区(川) | 羽叶甘蓝 | 观叶植物(万盆) | 0.53 |
| 1177 | 莒南县(鲁) | 羽叶甘蓝 | 盆花(万盆) | 360.00 |
| 1178 | 庐阳区(皖) | 羽叶甘蓝 | 盆花(万盆) | 100.00 |
| 1179 | 新安县(豫) | 羽叶甘蓝 | 盆花(万盆) | 73.80 |
| 1180 | 浦东新区(沪) | 羽叶甘蓝 | 盆花(万盆) | 50.00 |
| 1181 | 华龙区(豫) | 羽叶甘蓝 | 盆花(万盆) | 35.00 |
| 1182 | 沙市区(鄂) | 羽叶甘蓝 | 盆花(万盆) | 35.00 |
| 1183 | 阜新蒙古族自治县(辽) | 羽叶甘蓝 | 盆花(万盆) | 30.00 |
| 1184 | 邹平县(鲁) | 羽叶甘蓝 | 盆花(万盆) | 28.00 |
| 1185 | 商水县(豫) | 羽叶甘蓝 | 盆花(万盆) | 11.00 |
| 1186 | 石柱土家族自治县(渝) | 羽叶甘蓝 | 盆花(万盆) | 5.50 |
| 1187 | 旌阳区(川) | 羽叶甘蓝 | 盆花(万盆) | 4.00 |
| 1188 | 格尔木市(青) | 羽叶甘蓝 | 盆花(万盆) | 2.00 |
| 1189 | 龙里县(黔) | 羽叶甘蓝 | 盆花(万盆) | 2.00 |
| 1190 | 未央区(陕) | 羽叶甘蓝 | 盆花(万盆) | 2.00 |
| 1191 | 金城江区(桂) | 羽叶甘蓝 | 盆花(万盆) | 1.00 |
| 1192 | 九台市(吉) | 玉簪类 | 城市绿化苗(万株) | 100.00 |
| 1193 | 涿州市(冀) | 玉簪类 | 观赏苗木(万株) | 170.00 |
| 1194 | 北京市大东流苗圃(京) | 玉簪类 | 观赏苗木(万株) | 42.18 |
| 1195 | 北戴河区(冀) | 玉簪类 | 观赏苗木(万株) | 10.00 |
| 1196 | 北京市大东流苗圃(京) | 玉簪类 | 花卉用种苗(千苗) | 60.00 |
| 1197 | 延庆县(京) | 玉簪类 | 盆花(万盆) | 28.00 |
| 1198 | 栾城县(冀) | 玉簪类 | 盆花(万盆) | 9.00 |
| 1199 | 罗山县(豫) | 玉簪类 | 鲜切花(万支) | 50.00 |
| 1200 | 洋　县(陕) | 玉簪类 | 鲜切叶(万支) | 5.00 |
| 1201 | 临洮县(甘) | 郁金香 | 城市绿化苗(万株) | 16.00 |
| 1202 | 吴川市(粤) | 郁金香 | 城市绿化苗(万株) | 1.50 |

| 序号 | 其他花卉主产地 | 品种 | 花卉类别 | 生产量 |
|---|---|---|---|---|
| 1203 | 武安市(冀) | 郁金香 | 观赏苗木(万株) | 120.00 |
| 1204 | 德城区(鲁) | 郁金香 | 观赏苗木(万株) | 20.00 |
| 1205 | 隆德县(宁) | 郁金香 | 观赏苗木(万株) | 20.00 |
| 1206 | 青州市(鲁) | 郁金香 | 盆花(万盆) | 80.00 |
| 1207 | 开平区(冀) | 郁金香 | 盆花(万盆) | 15.00 |
| 1208 | 蒲江县(川) | 郁金香 | 盆花(万盆) | 4.25 |
| 1209 | 宽城满族自治县(冀) | 郁金香 | 盆花(万盆) | 2.50 |
| 1210 | 定兴县(冀) | 郁金香 | 盆花(万盆) | 1.00 |
| 1211 | 兴山县(鄂) | 郁金香 | 盆花(万盆) | 1.00 |
| 1212 | 三门县(浙) | 郁金香 | 盆花(万盆) | 0.60 |
| 1213 | 芦溪县(赣) | 郁金香 | 鲜切花(万支) | 18.00 |
| 1214 | 独山县(黔) | 郁金香 | 鲜切花(万支) | 8.00 |
| 1215 | 盐亭县(川) | 郁金香 | 鲜切花(万支) | 5.00 |
| 1216 | 蔡甸区(鄂) | 郁金香 | 鲜切花(万支) | 1.00 |
| 1217 | 临沂市高新技术产业开发区(鲁) | 郁金香 | 鲜切叶(万支) | 33400.00 |
| 1218 | 鄢陵县(豫) | 鸢尾类 | 城市绿化苗(万株) | 1800.00 |
| 1219 | 易　县(冀) | 鸢尾类 | 城市绿化苗(万株) | 300.00 |
| 1220 | 定州市(冀) | 鸢尾类 | 观赏苗木(万株) | 4210.00 |
| 1221 | 望都县(冀) | 鸢尾类 | 观赏苗木(万株) | 1260.00 |
| 1222 | 涿州市(冀) | 鸢尾类 | 观赏苗木(万株) | 700.00 |
| 1223 | 北戴河区(冀) | 鸢尾类 | 观赏苗木(万株) | 8.00 |
| 1224 | 东昌府区(鲁) | 鸢尾类 | 观赏苗木(万株) | 8.00 |
| 1225 | 北京市大东流苗圃(京) | 鸢尾类 | 观赏苗木(万株) | 5.75 |
| 1226 | 武强县(冀) | 鸢尾类 | 观赏苗木(万株) | 1.30 |
| 1227 | 临武县(湘) | 鸢尾类 | 观赏苗木(万株) | 1.20 |
| 1228 | 台安县(辽) | 鸢尾类 | 盆花(万盆) | 5000.00 |
| 1229 | 青州市(鲁) | 鸢尾类 | 盆花(万盆) | 260.00 |
| 1230 | 邹平县(鲁) | 鸢尾类 | 盆花(万盆) | 160.00 |
| 1231 | 新华区(豫) | 鸢尾类 | 盆花(万盆) | 1.00 |
| 1232 | 罗山县(豫) | 鸢尾类 | 鲜切花(万支) | 300.00 |
| 1233 | 崇明县(沪) | 鸢尾类 | 鲜切花(万支) | 155.20 |
| 1234 | 喀喇沁旗(内蒙古) | 元宝枫 | 城市绿化苗(万株) | 105.00 |
| 1235 | 嵩　县(豫) | 元宝枫 | 观赏苗木(万株) | 50.00 |
| 1236 | 东港区(鲁) | 元宝枫 | 观赏苗木(万株) | 20.00 |
| 1237 | 广阳区(冀) | 元宝枫 | 观赏苗木(万株) | 20.00 |
| 1238 | 鹿泉市(冀) | 元宝枫 | 观赏苗木(万株) | 4.00 |
| 1239 | 涿州市(冀) | 元宝枫 | 观赏苗木(万株) | 3.00 |
| 1240 | 碧江区(黔) | 元宝枫 | 观赏苗木(万株) | 1.00 |
| 1241 | 海淀区(京) | 元宝枫 | 观赏苗木(万株) | 1.00 |
| 1242 | 巴州区(川) | 元宝枫 | 鲜切叶(万支) | 2.00 |
| 1243 | 彭阳县(宁) | 云杉 | 城市绿化苗(万株) | 900000.00 |
| 1244 | 铁岭市经济开发区(辽) | 云杉 | 城市绿化苗(万株) | 5000.00 |
| 1245 | 赤城县(冀) | 云杉 | 城市绿化苗(万株) | 499.20 |
| 1246 | 九台市(吉) | 云杉 | 城市绿化苗(万株) | 200.00 |
| 1247 | 康保县(冀) | 云杉 | 城市绿化苗(万株) | 160.00 |
| 1248 | 承德县(冀) | 云杉 | 城市绿化苗(万株) | 42.00 |
| 1249 | 忻府区(晋) | 云杉 | 城市绿化苗(万株) | 28.67 |
| 1250 | 喀喇沁旗(内蒙古) | 云杉 | 城市绿化苗(万株) | 25.00 |
| 1251 | 围场满族蒙古族自治县(冀) | 云杉 | 城市绿化苗(万株) | 15.00 |
| 1252 | 新宾满族自治县(辽) | 云杉 | 城市绿化苗(万株) | 15.00 |
| 1253 | 定襄县(晋) | 云杉 | 城市绿化苗(万株) | 5.00 |
| 1254 | 山丹县(甘) | 云杉 | 城市绿化苗(万株) | 1.00 |
| 1255 | 西乌珠穆沁旗(内蒙古) | 云杉 | 观赏苗木(万株) | 10000.00 |
| 1256 | 清原满族自治县(辽) | 云杉 | 观赏苗木(万株) | 900.00 |
| 1257 | 沁阳市(豫) | 云杉 | 观赏苗木(万株) | 669.00 |
| 1258 | 丰宁满族自治县(冀) | 云杉 | 观赏苗木(万株) | 50.00 |
| 1259 | 隆化县(冀) | 云杉 | 观赏苗木(万株) | 21.00 |
| 1260 | 兰西县(黑) | 云杉 | 观赏苗木(万株) | 20.00 |
| 1261 | 商州区(陕) | 云杉 | 观赏苗木(万株) | 8.30 |
| 1262 | 长治市郊区(晋) | 云杉 | 观赏苗木(万株) | 6.50 |
| 1263 | 宽城满族自治县(冀) | 云杉 | 观赏苗木(万株) | 3.00 |
| 1264 | 娄星区(湘) | 云杉 | 观赏苗木(万株) | 0.60 |
| 1265 | 榆中县(甘) | 云杉 | 盆景(万盆) | 10.00 |
| 1266 | 威海市经济技术开发区(鲁) | 杂种香水月季 | 盆花(万盆) | 5.00 |
| 1267 | 忻府区(晋) | 杂种香水月季 | 盆花(万盆) | 1.20 |
| 1268 | 深泽县(冀) | 杂种香水月季 | 鲜切花(万支) | 11.60 |
| 1269 | 偃师市(豫) | 杂种香水月季 | 鲜切叶(万支) | 300.00 |
| 1270 | 高淳县(苏) | 早园竹 | 观赏苗木(万株) | 8.00 |
| 1271 | 涿州市(冀) | 早园竹 | 观赏苗木(万株) | 2.00 |
| 1272 | 北京市大东流苗圃(京) | 早园竹 | 观赏苗木(万株) | 1.96 |
| 1273 | 伊川县(豫) | 皂角 | 城市绿化苗(万株) | 200.00 |
| 1274 | 平桥区(豫) | 皂角 | 城市绿化苗(万株) | 0.92 |
| 1275 | 嵩　县(豫) | 皂角 | 观赏苗木(万株) | 250.00 |
| 1276 | 巴州区(川) | 皂角 | 观赏苗木(万株) | 5.00 |
| 1277 | 旌阳区(川) | 皂角 | 观赏苗木(万株) | 1.50 |
| 1278 | 方城县(豫) | 皂角 | 观赏苗木(万株) | 0.60 |
| 1279 | 宜都市(鄂) | 中华蚊母 | 城市绿化苗(万株) | 100.00 |
| 1280 | 来凤县(鄂) | 中华蚊母 | 盆景(万盆) | 5.00 |
| 1281 | 夷陵区(鄂) | 中华蚊母 | 盆景(万盆) | 3.50 |
| 1282 | 黔江区(渝) | 中华蚊母 | 盆景(万盆) | 0.60 |
| 1283 | 九台市(吉) | 紫萼玉簪 | 城市绿化苗(万株) | 80.00 |
| 1284 | 二道区(吉) | 紫萼玉簪 | 观叶植物(万盆) | 80.00 |
| 1285 | 临泉县(皖) | 紫花地丁 | 工业及其他用途花卉(千克) | 3654.00 |
| 1286 | 丰南区(冀) | 紫花地丁 | 观赏苗木(万株) | 50.70 |
| 1287 | 吉木萨尔县(新) | 紫花地丁 | 盆花(万盆) | 5.00 |
| 1288 | 乐业县(桂) | 紫罗兰 | 观赏苗木(万株) | 3.00 |
| 1289 | 雁江区(川) | 紫罗兰 | 观叶植物(万盆) | 2100.00 |
| 1290 | 阜新蒙古族自治县(辽) | 紫罗兰 | 盆花(万盆) | 25.00 |
| 1291 | 泊头市(冀) | 紫罗兰 | 盆花(万盆) | 6.22 |
| 1292 | 乐业县(桂) | 紫罗兰 | 盆花(万盆) | 3.50 |

| 序号 | 其他花卉主产地 | 品种 | 花卉类别 | 生产量 |
|---|---|---|---|---|
| 1293 | 襄城区(鄂) | 紫罗兰 | 盆花(万盆) | 3.30 |
| 1294 | 湘乡市(湘) | 紫罗兰 | 盆花(万盆) | 2.45 |
| 1295 | 洞口县(湘) | 紫罗兰 | 盆花(万盆) | 2.00 |
| 1296 | 衡山县(湘) | 紫罗兰 | 盆花(万盆) | 0.62 |
| 1297 | 沁阳市(豫) | 紫罗兰 | 鲜切花(万支) | 20.00 |
| 1298 | 望城县(湘) | 紫罗兰 | 鲜切花(万支) | 10.00 |
| 1299 | 唐　县(冀) | 紫茉莉 | 盆花(万盆) | 3.50 |
| 1300 | 临武县(湘) | 紫茉莉 | 盆花(万盆) | 1.85 |
| 1301 | 石棉县(川) | 紫茉莉 | 盆花(万盆) | 1.00 |
| 1302 | 苏尼特右旗(内蒙古) | 紫菀 | 城市绿化苗(万株) | 6.00 |
| 1303 | 昌吉市(新) | 紫叶矮樱 | 城市绿化苗(万株) | 80.00 |
| 1304 | 玛纳斯县(新) | 紫叶矮樱 | 城市绿化苗(万株) | 52.00 |
| 1305 | 许昌县(豫) | 紫叶矮樱 | 城市绿化苗(万株) | 37.00 |
| 1306 | 潢川县(豫) | 紫叶矮樱 | 城市绿化苗(万株) | 18.00 |
| 1307 | 大武口区(宁) | 紫叶矮樱 | 城市绿化苗(万株) | 2.25 |
| 1308 | 吉木萨尔县(新) | 紫叶矮樱 | 观赏苗木(万株) | 12.00 |
| 1309 | 魏　县(冀) | 紫叶矮樱 | 观赏苗木(万株) | 9.00 |
| 1310 | 吉木萨尔县(新) | 紫叶矮樱 | 观赏苗木(万株) | 4.50 |
| 1311 | 金凤区(宁) | 紫叶矮樱 | 观赏苗木(万株) | 4.00 |
| 1312 | 临洮县(甘) | 紫叶矮樱 | 盆花(万盆) | 8.00 |
| 1313 | 鄢陵县(豫) | 紫叶稠李 | 城市绿化苗(万株) | 1100.00 |
| 1314 | 开原市(辽) | 紫叶稠李 | 城市绿化苗(万株) | 1000.00 |
| 1315 | 昌吉市(新) | 紫叶稠李 | 城市绿化苗(万株) | 150.00 |
| 1316 | 九台市(吉) | 紫叶稠李 | 城市绿化苗(万株) | 80.00 |
| 1317 | 北林区(黑) | 紫叶稠李 | 城市绿化苗(万株) | 50.00 |
| 1318 | 依安县(黑) | 紫叶稠李 | 城市绿化苗(万株) | 5.00 |
| 1319 | 康保县(冀) | 紫叶稠李 | 城市绿化苗(万株) | 1.00 |
| 1320 | 望都县(冀) | 紫叶稠李 | 观赏苗木(万株) | 1510.00 |
| 1321 | 玛纳斯县(新) | 紫叶稠李 | 观赏苗木(万株) | 84.00 |
| 1322 | 兰西县(黑) | 紫叶稠李 | 观赏苗木(万株) | 3.00 |
| 1323 | 潢川县(豫) | 紫叶桃 | 城市绿化苗(万株) | 140.00 |
| 1324 | 许昌县(豫) | 紫叶桃 | 城市绿化苗(万株) | 136.00 |
| 1325 | 曲阳县(冀) | 紫叶桃 | 城市绿化苗(万株) | 10.00 |
| 1326 | 喀什市(新) | 紫叶桃 | 城市绿化苗(万株) | 2.00 |
| 1327 | 榆阳区(陕) | 紫叶桃 | 城市绿化苗(万株) | 0.80 |
| 1328 | 固安县(冀) | 紫叶桃 | 观赏苗木(万株) | 72.00 |
| 1329 | 宁阳县(鲁) | 紫叶桃 | 观赏苗木(万株) | 11.30 |
| 1330 | 宣汉县(川) | 紫叶桃 | 鲜切花(万支) | 20.50 |
| 1331 | 榆阳区(陕) | 紫叶桃 | 鲜切花(万支) | 6.00 |
| 1332 | 三台县(川) | 紫竹 | 城市绿化苗(万株) | 10.00 |
| 1333 | 南郑县(陕) | 紫竹 | 花卉用种苗(千苗) | 5000.00 |
| 1334 | 雁江区(川) | 醉蝶花 | 盆花(万盆) | 6.20 |
| 1335 | 石棉县(川) | 醉蝶花 | 盆花(万盆) | 2.00 |
| 1336 | 嵩　县(豫) | 醉蝶花 | 盆花(万盆) | 1.20 |

**表 13-55　草坪主产地产量**

| 序号 | 草坪主产地 | 产量(万平方米) |
|---|---|---|
| 1 | 通州区(京) | 344.81 |
| 2 | 顺义区(京) | 314.20 |
| 3 | 怀柔区(京) | 10.01 |
| 4 | 北辰区(津) | 69.00 |
| 5 | 宝坻区(津) | 45.00 |
| 6 | 西青区(津) | 45.00 |
| 7 | 静海县(津) | 40.00 |
| 8 | 栾城县(冀) | 1020.00 |
| 9 | 路北区(冀) | 230.00 |
| 10 | 香河县(冀) | 80.00 |
| 11 | 抚宁县(冀) | 31.50 |
| 12 | 定州市(冀) | 21.00 |
| 13 | 涿州市(冀) | 20.00 |
| 14 | 邯郸县(冀) | 10.00 |
| 15 | 曲周县(冀) | 6.00 |
| 16 | 复兴区(冀) | 4.00 |
| 17 | 高碑店市(冀) | 3.33 |
| 18 | 任　县(冀) | 2.00 |
| 19 | 玉田县(冀) | 1.60 |
| 20 | 涉　县(冀) | 0.83 |
| 21 | 海港区(冀) | 0.73 |
| 22 | 长治市郊区(晋) | 10.00 |
| 23 | 长治市城区(晋) | 7.00 |
| 24 | 壶关县(晋) | 2.30 |
| 25 | 霍州市(晋) | 2.00 |
| 26 | 高平市(晋) | 1.20 |
| 27 | 多伦县(内蒙古) | 15.00 |
| 28 | 察哈尔右翼前旗(内蒙古) | 3.33 |
| 29 | 昆都仑区(内蒙古) | 2.67 |
| 30 | 东河区(内蒙古) | 0.75 |
| 31 | 东港市(辽) | 50.00 |
| 32 | 铁岭市经济开发区(辽) | 15.00 |
| 33 | 经济技术开发区(辽) | 11.00 |
| 34 | 本溪满族自治县(辽) | 6.00 |
| 35 | 海城市(辽) | 5.50 |
| 36 | 凌海市(辽) | 3.00 |
| 37 | 铁岭县(辽) | 2.50 |
| 38 | 阜新蒙古族自治县(辽) | 0.90 |
| 39 | 九台市(吉) | 150.00 |
| 40 | 敦化市(吉) | 28.20 |
| 41 | 延吉市(吉) | 20.00 |
| 42 | 东丰县(吉) | 2.00 |
| 43 | 浑江区(吉) | 2.00 |
| 44 | 呼兰区(黑) | 150.00 |
| 45 | 香坊区(黑) | 17.00 |
| 46 | 讷河市(黑) | 10.00 |
| 47 | 龙凤区(黑) | 5.00 |
| 48 | 让胡路区(黑) | 4.00 |
| 49 | 金山区(沪) | 476.60 |
| 50 | 崇明县(沪) | 293.10 |
| 51 | 奉贤区(沪) | 264.20 |
| 52 | 浦东新区(沪) | 60.20 |
| 53 | 青浦区(沪) | 51.00 |
| 54 | 松江区(沪) | 50.00 |
| 55 | 武进区(苏) | 1.71 |
| 56 | 宜兴市(苏) | 1400.00 |
| 57 | 如皋市(苏) | 540.00 |
| 58 | 句容市(苏) | 217.80 |
| 59 | 锡山区(苏) | 190.00 |
| 60 | 海陵区(苏) | 110.20 |
| 61 | 常熟市(苏) | 87.93 |
| 62 | 大丰市(苏) | 50.00 |

| 序号 | 草坪主产地 | 产量（万平方米） |
|---|---|---|
| 63 | 溧阳市(苏) | 40.70 |
| 64 | 浦口区(苏) | 35.00 |
| 65 | 泰兴市(苏) | 33.40 |
| 66 | 丹阳市(苏) | 27.80 |
| 67 | 惠山区(苏) | 24.00 |
| 68 | 滨海县(苏) | 15.00 |
| 69 | 仪征市(苏) | 15.00 |
| 70 | 盐都区(苏) | 12.00 |
| 71 | 扬中市(苏) | 12.00 |
| 72 | 睢宁县(苏) | 10.00 |
| 73 | 张家港市(苏) | 10.00 |
| 74 | 靖江市(苏) | 7.50 |
| 75 | 如东县(苏) | 5.20 |
| 76 | 盱眙县(苏) | 5.00 |
| 77 | 通州区(苏) | 4.00 |
| 78 | 江宁区(苏) | 3.70 |
| 79 | 沭阳县(苏) | 3.00 |
| 80 | 六合区(苏) | 3.00 |
| 81 | 丰　县(苏) | 2.00 |
| 82 | 吴中区(苏) | 2.00 |
| 83 | 德清县(浙) | 0.73 |
| 84 | 余杭区(浙) | 1340.80 |
| 85 | 嘉兴市市辖区(浙) | 439.50 |
| 86 | 海宁市(浙) | 371.52 |
| 87 | 奉化市(浙) | 140.00 |
| 88 | 常山县(浙) | 38.60 |
| 89 | 衢江区(浙) | 33.30 |
| 90 | 龙游县(浙) | 20.90 |
| 91 | 莲都区(浙) | 20.20 |
| 92 | 温岭市(浙) | 20.00 |
| 93 | 桐乡市(浙) | 18.30 |
| 94 | 临安市(浙) | 17.00 |
| 95 | 富阳市(浙) | 12.00 |
| 96 | 椒江区(浙) | 10.00 |
| 97 | 路桥区(浙) | 8.00 |
| 98 | 定海区(浙) | 5.10 |
| 99 | 余姚市(浙) | 3.80 |
| 100 | 长兴县(浙) | 1.40 |
| 101 | 象山县(浙) | 1.00 |
| 102 | 安吉县(浙) | 1.00 |
| 103 | 秀洲区(浙) | 0.60 |
| 104 | 琅琊区(皖) | 100.00 |
| 105 | 芜湖县(皖) | 70.00 |
| 106 | 望江县(皖) | 20.00 |
| 107 | 南陵县(皖) | 15.00 |
| 108 | 庐江县(皖) | 9.78 |
| 109 | 颍上县(皖) | 8.30 |
| 110 | 庐阳区(皖) | 7.00 |
| 111 | 蜀山区(皖) | 6.00 |
| 112 | 东至县(皖) | 5.00 |
| 113 | 三山区(皖) | 5.00 |
| 114 | 泗　县(皖) | 4.40 |
| 115 | 禹会区(皖) | 3.00 |
| 116 | 潜山县(皖) | 3.00 |
| 117 | 屯溪区(皖) | 2.00 |
| 118 | 霍邱县(皖) | 1.80 |
| 119 | 太湖县(皖) | 1.75 |
| 120 | 桐城市(皖) | 1.00 |
| 121 | 石台县(皖) | 1.00 |
| 122 | 新建县(赣) | 255.00 |
| 123 | 奉新县(赣) | 40.00 |
| 124 | 新干县(赣) | 23.60 |
| 125 | 分宜县(赣) | 20.00 |
| 126 | 都昌县(赣) | 20.00 |
| 127 | 赣　县(赣) | 18.00 |
| 128 | 广昌县(赣) | 18.00 |
| 129 | 余江县(赣) | 12.00 |
| 130 | 宁都县(赣) | 10.00 |
| 131 | 临川区(赣) | 10.00 |
| 132 | 瑞金市(赣) | 8.00 |
| 133 | 横峰县(赣) | 7.00 |
| 134 | 遂川县(赣) | 5.00 |
| 135 | 兴国县(赣) | 5.00 |
| 136 | 东乡县(赣) | 4.20 |
| 137 | 南丰县(赣) | 4.00 |
| 138 | 章贡区(赣) | 3.80 |
| 139 | 泰和县(赣) | 3.00 |
| 140 | 乐安县(赣) | 2.90 |
| 141 | 上饶县(赣) | 2.60 |
| 142 | 龙南县(赣) | 2.50 |
| 143 | 靖安县(赣) | 2.00 |
| 144 | 彭泽县(赣) | 2.00 |
| 145 | 玉山县(赣) | 2.00 |
| 146 | 贵溪市(赣) | 1.75 |
| 147 | 铜鼓县(赣) | 1.60 |
| 148 | 石城县(赣) | 1.50 |
| 149 | 金溪县(赣) | 1.50 |
| 150 | 上高县(赣) | 1.30 |
| 151 | 万载县(赣) | 0.73 |
| 152 | 崇义县(赣) | 0.70 |
| 153 | 樟树市(赣) | 0.67 |
| 154 | 修水县(赣) | 0.60 |
| 155 | 永丰县(赣) | 0.55 |
| 156 | 微山县(鲁) | 572.40 |
| 157 | 曹　县(鲁) | 40.00 |
| 158 | 宁阳县(鲁) | 35.50 |
| 159 | 长清区(鲁) | 20.00 |
| 160 | 金乡县(鲁) | 18.00 |
| 161 | 桓台县(鲁) | 15.50 |
| 162 | 汶上县(鲁) | 15.00 |
| 163 | 成武县(鲁) | 10.40 |
| 164 | 莱山区(鲁) | 8.00 |
| 165 | 高密市(鲁) | 6.00 |
| 166 | 临朐县(鲁) | 5.00 |
| 167 | 沂水县(鲁) | 3.90 |
| 168 | 临沂市高新技术产业开发区(鲁) | 0.80 |
| 169 | 中牟县(豫) | 112.10 |
| 170 | 鄢陵县(豫) | 68.50 |
| 171 | 潢川县(豫) | 40.00 |
| 172 | 许昌县(豫) | 11.60 |
| 173 | 永城市(豫) | 8.31 |
| 174 | 长葛市(豫) | 7.40 |
| 175 | 获嘉县(豫) | 7.00 |
| 176 | 卧龙区(豫) | 5.00 |
| 177 | 唐河县(豫) | 2.00 |
| 178 | 桐柏县(豫) | 1.60 |
| 179 | 新　县(豫) | 1.32 |
| 180 | 社旗县(豫) | 1.00 |
| 181 | 淮滨县(豫) | 0.80 |
| 182 | 云梦县(鄂) | 1.10 |
| 183 | 夷陵区(鄂) | 162.00 |
| 184 | 安陆市(鄂) | 30.00 |
| 185 | 大冶市(鄂) | 20.00 |
| 186 | 蔡甸区(鄂) | 12.00 |
| 187 | 仙桃市(鄂) | 12.00 |
| 188 | 罗田县(鄂) | 10.00 |
| 189 | 沙洋县(鄂) | 10.00 |
| 190 | 兴山县(鄂) | 10.00 |
| 191 | 松滋市(鄂) | 10.00 |
| 192 | 恩施市(鄂) | 9.00 |
| 193 | 阳新县(鄂) | 6.00 |
| 194 | 老河口市(鄂) | 5.00 |
| 195 | 孝南区(鄂) | 3.00 |
| 196 | 竹溪县(鄂) | 3.00 |
| 197 | 当阳市(鄂) | 2.00 |

| 序号 | 草坪主产地 | 产量（万平方米） |
|---|---|---|
| 198 | 京山县(鄂) | 2.00 |
| 199 | 洪湖市(鄂) | 2.00 |
| 200 | 武穴市(鄂) | 1.00 |
| 201 | 随　县(鄂) | 1.00 |
| 202 | 苏仙区(湘) | 450.00 |
| 203 | 炎陵县(湘) | 150.00 |
| 204 | 娄星区(湘) | 105.00 |
| 205 | 鼎城区(湘) | 100.00 |
| 206 | 武冈市(湘) | 100.00 |
| 207 | 珠晖区(湘) | 100.00 |
| 208 | 鹤城区(湘) | 70.00 |
| 209 | 株洲县(湘) | 35.00 |
| 210 | 蓝山县(湘) | 22.50 |
| 211 | 长沙县(湘) | 22.00 |
| 212 | 资阳区(湘) | 20.00 |
| 213 | 桂阳县(湘) | 14.00 |
| 214 | 中方县(湘) | 13.30 |
| 215 | 东安县(湘) | 12.00 |
| 216 | 宁远县(湘) | 11.50 |
| 217 | 新宁县(湘) | 10.00 |
| 218 | 涟源市(湘) | 8.90 |
| 219 | 永兴县(湘) | 8.58 |
| 220 | 芷江侗族自治县(湘) | 8.00 |
| 221 | 洪江市(湘) | 4.75 |
| 222 | 云溪区(湘) | 4.53 |
| 223 | 祁东县(湘) | 3.60 |
| 224 | 靖州苗族侗族自治县(湘) | 3.60 |
| 225 | 新化县(湘) | 3.50 |
| 226 | 资兴市(湘) | 2.80 |
| 227 | 武陵区(湘) | 2.30 |
| 228 | 沅江市(湘) | 2.00 |
| 229 | 永定区(湘) | 2.00 |
| 230 | 隆回县(湘) | 2.00 |
| 231 | 辰溪县(湘) | 2.00 |
| 232 | 赫山区(湘) | 2.00 |
| 233 | 荷塘区(湘) | 2.00 |
| 234 | 新田县(湘) | 1.61 |
| 235 | 岳阳楼区(湘) | 1.52 |
| 236 | 安化县(湘) | 1.50 |
| 237 | 湘阴县(湘) | 1.40 |
| 238 | 道　县(湘) | 1.30 |
| 239 | 衡南县(湘) | 1.00 |
| 240 | 汝城县(湘) | 1.00 |
| 241 | 慈利县(湘) | 0.67 |
| 242 | 江永县(湘) | 0.66 |
| 243 | 南海区(粤) | 800.00 |
| 244 | 博罗县(粤) | 46.00 |
| 245 | 清城区(粤) | 31.75 |
| 246 | 中山市(粤) | 25.30 |
| 247 | 乳源瑶族自治县(粤) | 20.00 |
| 248 | 顺德区(粤) | 9.90 |
| 249 | 萝岗区(粤) | 6.70 |
| 250 | 蕉岭县(粤) | 6.50 |
| 251 | 榕城区(粤) | 5.00 |
| 252 | 高州市(粤) | 2.50 |
| 253 | 吴川市(粤) | 1.50 |
| 254 | 台山市(粤) | 1.20 |
| 255 | 全州县(桂) | 4.00 |
| 256 | 蒙山县(桂) | 2.50 |
| 257 | 金城江区(桂) | 667.00 |
| 258 | 玉州区(桂) | 80.00 |
| 259 | 合浦县(桂) | 66.00 |
| 260 | 岑溪市(桂) | 49.00 |
| 261 | 秀峰区(桂) | 41.00 |
| 262 | 西乡塘区(桂) | 34.60 |
| 263 | 苍梧县(桂) | 25.00 |
| 264 | 海城区(桂) | 25.00 |
| 265 | 港北区(桂) | 19.60 |
| 266 | 右江区(桂) | 12.58 |
| 267 | 宜州市(桂) | 6.00 |
| 268 | 隆安县(桂) | 5.00 |
| 269 | 兴安县(桂) | 5.00 |
| 270 | 扶绥县(桂) | 3.00 |
| 271 | 雁山区(桂) | 2.80 |
| 272 | 贺州市平桂管理区(桂) | 1.30 |
| 273 | 龙圩区(桂) | 1.00 |
| 274 | 田阳县(桂) | 0.90 |
| 275 | 璧山县(渝) | 127.70 |
| 276 | 合川区(渝) | 10.93 |
| 277 | 永川区(渝) | 6.13 |
| 278 | 彭水苗族土家族自治县(渝) | 3.00 |
| 279 | 奉节县(渝) | 3.00 |
| 280 | 巫溪县(渝) | 2.00 |
| 281 | 江津区(渝) | 1.00 |
| 282 | 黔江区(渝) | 0.90 |
| 283 | 万州区(渝) | 0.60 |
| 284 | 富顺县(川) | 561.00 |
| 285 | 郫　县(川) | 453.50 |
| 286 | 青白江区(川) | 292.80 |
| 287 | 五通桥区(川) | 100.43 |
| 288 | 彭山县(川) | 26.00 |
| 289 | 仁寿县(川) | 10.00 |
| 290 | 都江堰市(川) | 6.50 |
| 291 | 丹棱县(川) | 3.60 |
| 292 | 顺庆区(川) | 3.50 |
| 293 | 巴州区(川) | 3.26 |
| 294 | 达川区(川) | 2.80 |
| 295 | 筠连县(川) | 2.50 |
| 296 | 翠屏区(川) | 2.20 |
| 297 | 广汉市(川) | 2.00 |
| 298 | 仪陇县(川) | 2.00 |
| 299 | 中江县(川) | 1.20 |
| 300 | 井研县(川) | 1.20 |
| 301 | 万源市(川) | 1.00 |
| 302 | 南部县(川) | 0.73 |
| 303 | 江口县(黔) | 5.50 |
| 304 | 红花岗区(黔) | 5.40 |
| 305 | 织金县(黔) | 5.00 |
| 306 | 福泉市(黔) | 2.20 |
| 307 | 百里杜鹃管委会林业局(黔) | 2.00 |
| 308 | 嵩明县(滇) | 15.25 |
| 309 | 罗平县(滇) | 12.98 |
| 310 | 大理市(滇) | 10.92 |
| 311 | 砚山县(滇) | 7.00 |
| 312 | 富源县(滇) | 1.85 |
| 313 | 景洪市(滇) | 0.60 |
| 314 | 仁布县(藏) | 4.00 |
| 315 | 秦都区(陕) | 40.00 |
| 316 | 周至县(陕) | 13.00 |
| 317 | 长安区(陕) | 11.50 |
| 318 | 蒲城县(陕) | 9.00 |
| 319 | 未央区(陕) | 6.60 |
| 320 | 镇坪县(陕) | 5.00 |
| 321 | 汉台区(陕) | 1.00 |
| 322 | 民乐县(甘) | 36.00 |
| 323 | 永靖县(甘) | 14.00 |
| 324 | 宕昌县(甘) | 1.50 |
| 325 | 临潭县(甘) | 1.00 |
| 326 | 临洮县(甘) | 0.80 |
| 327 | 景泰县(甘) | 0.67 |
| 328 | 格尔木市(青) | 3.15 |
| 329 | 伽师县(新) | 6.66 |
| 330 | 富蕴县(新) | 40.00 |
| 331 | 巴楚县(新) | 1.33 |
| 332 | 尉犁县(新) | 0.76 |

### 表 14-1 木雕主产地产量

| 序号 | 木雕主产地 | 产值(万元) |
|---|---|---|
| 1 | 顺平县(冀) | 350.00 |
| 2 | 武强县(冀) | 292.00 |
| 3 | 涿州市(冀) | 32.00 |
| 4 | 满城县(冀) | 5.00 |
| 5 | 克什克腾旗(内蒙古) | 500.00 |
| 6 | 林西县(内蒙古) | 25.00 |
| 7 | 内蒙古柴河林业局(内蒙古) | 24.00 |
| 8 | 新宾满族自治县(辽) | 50000.00 |
| 9 | 大连市金州新区(辽) | 9152.00 |
| 10 | 桓仁满族自治县(辽) | 500.00 |
| 11 | 敦化市(吉) | 12065.00 |
| 12 | 辉南县(吉) | 3500.00 |
| 13 | 集安市(吉) | 80.00 |
| 14 | 桃山区(黑) | 2000.00 |
| 15 | 如皋市(苏) | 1000.00 |
| 16 | 临海市(浙) | 33423.00 |
| 17 | 开化县(浙) | 19377.00 |
| 18 | 三门县(浙) | 16115.00 |
| 19 | 德清县(浙) | 3500.00 |
| 20 | 黄岩区(浙) | 2923.00 |
| 21 | 椒江区(浙) | 2102.00 |
| 22 | 泰顺县(浙) | 600.00 |
| 23 | 富阳市(浙) | 518.00 |
| 24 | 嘉兴市市辖区(浙) | 310.00 |
| 25 | 庆元县(浙) | 122.00 |
| 26 | 柯城区(浙) | 110.00 |
| 27 | 衢江区(浙) | 20.00 |
| 28 | 灵璧县(皖) | 33000.00 |
| 29 | 颍东区(皖) | 22000.00 |
| 30 | 广德县(皖) | 650.00 |
| 31 | 池州市九华山风景区管委会(皖) | 500.00 |
| 32 | 黟　县(皖) | 460.00 |
| 33 | 石台县(皖) | 300.00 |
| 34 | 绩溪县(皖) | 200.00 |
| 35 | 潜山县(皖) | 48.00 |
| 36 | 广丰县(赣) | 22000.00 |
| 37 | 南昌市市辖区(赣) | 11240.00 |
| 38 | 南城县(赣) | 5720.00 |
| 39 | 婺源县(赣) | 5600.00 |
| 40 | 龙南县(赣) | 4500.00 |
| 41 | 寻乌县(赣) | 1794.00 |
| 42 | 临川区(赣) | 1500.00 |
| 43 | 会昌县(赣) | 1300.00 |
| 44 | 玉山县(赣) | 1090.00 |
| 45 | 上栗县(赣) | 1006.00 |
| 46 | 余江县(赣) | 800.00 |
| 47 | 靖安县(赣) | 350.00 |
| 48 | 修水县(赣) | 300.00 |
| 49 | 遂川县(赣) | 250.00 |
| 50 | 上饶县(赣) | 230.00 |
| 51 | 贵溪市(赣) | 200.00 |
| 52 | 瑞金市(赣) | 130.00 |
| 53 | 南丰县(赣) | 40.00 |
| 54 | 东乡县(赣) | 27.00 |
| 55 | 都昌县(赣) | 7.00 |
| 56 | 肥城市(鲁) | 7380.00 |
| 57 | 沂源县(鲁) | 5000.00 |
| 58 | 青州市(鲁) | 1430.00 |
| 59 | 无棣县(鲁) | 20.00 |
| 60 | 临沭县(鲁) | 10.00 |
| 61 | 黄岛区(鲁) | 1.00 |
| 62 | 洛宁县(豫) | 14348.00 |
| 63 | 范　县(豫) | 2414.00 |
| 64 | 濮阳市高新区(豫) | 2250.00 |
| 65 | 渑池县(豫) | 1637.93 |
| 66 | 新　县(豫) | 1118.00 |
| 67 | 商城县(豫) | 900.00 |
| 68 | 临颍县(豫) | 635.00 |
| 69 | 嵩　县(豫) | 500.00 |
| 70 | 栾川县(豫) | 200.00 |
| 71 | 宝丰县(豫) | 30.00 |
| 72 | 西峡县(豫) | 7.40 |
| 73 | 社旗县(豫) | 1.00 |
| 74 | 谷城县(鄂) | 7200.00 |
| 75 | 南漳县(鄂) | 2000.00 |
| 76 | 咸丰县(鄂) | 1865.00 |
| 77 | 武穴市(鄂) | 960.00 |
| 78 | 恩施市(鄂) | 400.00 |
| 79 | 随　县(鄂) | 280.00 |
| 80 | 老河口市(鄂) | 250.00 |
| 81 | 京山县(鄂) | 205.00 |
| 82 | 竹山县(鄂) | 191.00 |
| 83 | 保康县(鄂) | 180.00 |
| 84 | 罗田县(鄂) | 150.00 |
| 85 | 长阳土家族自治县(鄂) | 150.00 |
| 86 | 阳新县(鄂) | 87.00 |
| 87 | 蕲春县(鄂) | 5.00 |
| 88 | 南　县(湘) | 6000.00 |
| 89 | 蓝山县(湘) | 5320.00 |
| 90 | 湘乡市(湘) | 5100.00 |
| 91 | 鹤城区(湘) | 3456.00 |
| 92 | 炎陵县(湘) | 3000.00 |
| 93 | 资兴市(湘) | 2820.00 |
| 94 | 永兴县(湘) | 2737.00 |
| 95 | 益阳市市辖区(湘) | 2500.00 |
| 96 | 汉寿县(湘) | 1800.00 |
| 97 | 武陵区(湘) | 1500.00 |
| 98 | 临武县(湘) | 1300.00 |
| 99 | 沅陵县(湘) | 1270.00 |
| 100 | 娄星区(湘) | 1010.00 |
| 101 | 茶陵县(湘) | 1000.00 |
| 102 | 永顺县(湘) | 900.00 |
| 103 | 龙山县(湘) | 800.00 |
| 104 | 汝城县(湘) | 800.00 |
| 105 | 保靖县(湘) | 700.00 |
| 106 | 衡山县(湘) | 616.00 |
| 107 | 新宁县(湘) | 600.00 |
| 108 | 古丈县(湘) | 600.00 |
| 109 | 汨罗市(湘) | 560.00 |
| 110 | 醴陵市(湘) | 500.00 |
| 111 | 会同县(湘) | 500.00 |
| 112 | 新晃侗族自治县(湘) | 300.00 |
| 113 | 凤凰县(湘) | 300.00 |
| 114 | 绥宁县(湘) | 150.00 |
| 115 | 吉首市(湘) | 120.00 |
| 116 | 安化县(湘) | 120.00 |
| 117 | 靖州苗族侗族自治县(湘) | 110.00 |
| 118 | 芷江侗族自治县(湘) | 110.00 |
| 119 | 洪江市(湘) | 100.00 |
| 120 | 泸溪县(湘) | 100.00 |
| 121 | 冷水江市(湘) | 75.00 |
| 122 | 花垣县(湘) | 70.00 |
| 123 | 麻阳苗族自治县(湘) | 60.00 |
| 124 | 邵阳县(湘) | 60.00 |
| 125 | 新化县(湘) | 50.00 |
| 126 | 双峰县(湘) | 50.00 |
| 127 | 祁东县(湘) | 40.30 |
| 128 | 赫山区(湘) | 40.00 |
| 129 | 宁远县(湘) | 39.00 |
| 130 | 通道侗族自治县(湘) | 30.00 |
| 131 | 岳阳县(湘) | 10.00 |
| 132 | 乳源瑶族自治县(粤) | 2000.00 |
| 133 | 罗定市(粤) | 800.00 |
| 134 | 东源县(粤) | 283.00 |
| 135 | 云城区(粤) | 200.00 |
| 136 | 化州市(粤) | 152.40 |
| 137 | 雷州市(粤) | 110.00 |

| 序号 | 木雕主产地 | 产值(万元) |
|---|---|---|
| 138 | 源城区(粤) | 52.00 |
| 139 | 吴川市(粤) | 50.00 |
| 140 | 台山市(粤) | 31.40 |
| 141 | 玉州区(桂) | 10500.00 |
| 142 | 秀峰区(桂) | 5000.00 |
| 143 | 东兴市(桂) | 4536.00 |
| 144 | 全州县(桂) | 960.00 |
| 145 | 昭平县(桂) | 800.00 |
| 146 | 恭城瑶族自治县(桂) | 525.00 |
| 147 | 蒙山县(桂) | 500.00 |
| 148 | 桂平市(桂) | 500.00 |
| 149 | 钦北区(桂) | 218.00 |
| 150 | 资源县(桂) | 200.00 |
| 151 | 凌云县(桂) | 100.00 |
| 152 | 金城江区(桂) | 100.00 |
| 153 | 巴马瑶族自治县(桂) | 100.00 |
| 154 | 田阳县(桂) | 40.00 |
| 155 | 武宣县(桂) | 8.00 |
| 156 | 黔江区(渝) | 4500.00 |
| 157 | 巫溪县(渝) | 1250.00 |
| 158 | 大足县(渝) | 500.00 |
| 159 | 万盛区(渝) | 250.00 |
| 160 | 奉节县(渝) | 200.00 |
| 161 | 永川区(渝) | 100.00 |
| 162 | 合川区(渝) | 30.90 |
| 163 | 石柱土家族自治县(渝) | 20.00 |
| 164 | 彭水苗族土家族自治县(渝) | 8.00 |
| 165 | 平昌县(川) | 2376.00 |
| 166 | 南溪县(川) | 1500.00 |
| 167 | 万源市(川) | 1200.00 |
| 168 | 富顺县(川) | 1000.00 |
| 169 | 甘洛县(川) | 925.00 |
| 170 | 阆中市(川) | 800.00 |
| 171 | 江油市(川) | 570.00 |
| 172 | 北川羌族自治县(川) | 540.00 |
| 173 | 仪陇县(川) | 500.00 |
| 174 | 翠屏区(川) | 320.00 |
| 175 | 三台县(川) | 170.00 |
| 176 | 安　县(川) | 120.00 |
| 177 | 江安县(川) | 32.00 |
| 178 | 榕江县(黔) | 1000.00 |
| 179 | 长顺县(黔) | 605.00 |
| 180 | 江口县(黔) | 600.00 |
| 181 | 普安县(黔) | 500.00 |
| 182 | 望谟县(黔) | 300.00 |
| 183 | 龙里县(黔) | 250.00 |
| 184 | 锦屏县(黔) | 100.00 |
| 185 | 贞丰县(黔) | 60.00 |
| 186 | 碧江区(黔) | 40.00 |
| 187 | 织金县(黔) | 40.00 |
| 188 | 凯里市(黔) | 10.00 |
| 189 | 剑川县(滇) | 24500.00 |
| 190 | 墨江哈尼族自治县(滇) | 3820.00 |
| 191 | 罗平县(滇) | 1968.00 |
| 192 | 富源县(滇) | 500.00 |
| 193 | 寻甸回族彝族自治县(滇) | 280.00 |
| 194 | 巧家县(滇) | 142.00 |
| 195 | 西盟佤族自治县(滇) | 101.00 |
| 196 | 芒　市(滇) | 100.00 |
| 197 | 云　县(滇) | 96.00 |
| 198 | 禄丰县(滇) | 82.00 |
| 199 | 富宁县(滇) | 66.00 |
| 200 | 孟连傣族拉祜族佤族自治县(滇) | 35.00 |
| 201 | 梁河县(滇) | 30.00 |
| 202 | 江川县(滇) | 20.00 |
| 203 | 文　县(甘) | 120.00 |
| 204 | 临潭县(甘) | 50.00 |
| 205 | 永靖县(甘) | 21.00 |

**表 14-2　竹雕主产地产量**

| 序号 | 竹雕主产地 | 产值(万元) |
|---|---|---|
| 1 | 黄岩区(浙) | 69398.00 |
| 2 | 泰顺县(浙) | 3713.00 |
| 3 | 象山县(浙) | 3438.00 |
| 4 | 德清县(浙) | 2400.00 |
| 5 | 三门县(浙) | 360.00 |
| 6 | 衢江区(浙) | 18.00 |
| 7 | 黟　县(皖) | 450.00 |
| 8 | 祁门县(皖) | 263.00 |
| 9 | 石台县(皖) | 100.00 |
| 10 | 广德县(皖) | 100.00 |
| 11 | 泾　县(皖) | 50.00 |
| 12 | 潜山县(皖) | 23.00 |
| 13 | 南昌市市辖区(赣) | 13370.00 |
| 14 | 寻乌县(赣) | 3010.00 |
| 15 | 临川区(赣) | 820.00 |
| 16 | 靖安县(赣) | 200.00 |
| 17 | 瑞金市(赣) | 32.00 |
| 18 | 上饶县(赣) | 20.00 |
| 19 | 栾川县(豫) | 150.00 |
| 20 | 宝丰县(豫) | 28.00 |
| 21 | 竹山县(鄂) | 26.00 |
| 22 | 桑植县(湘) | 3500.00 |
| 23 | 衡山县(湘) | 1478.40 |
| 24 | 资兴市(湘) | 1100.00 |
| 25 | 资阳区(湘) | 1000.00 |
| 26 | 娄底市市辖区(湘) | 500.00 |
| 27 | 龙山县(湘) | 360.00 |
| 28 | 醴陵市(湘) | 300.00 |
| 29 | 永顺县(湘) | 300.00 |
| 30 | 古丈县(湘) | 260.00 |
| 31 | 安化县(湘) | 100.00 |
| 32 | 祁东县(湘) | 92.00 |
| 33 | 娄星区(湘) | 90.00 |
| 34 | 新晃侗族自治县(湘) | 89.00 |
| 35 | 赫山区(湘) | 50.00 |
| 36 | 汨罗市(湘) | 35.00 |
| 37 | 新宁县(湘) | 30.00 |
| 38 | 新化县(湘) | 30.00 |
| 39 | 衡南县(湘) | 30.00 |
| 40 | 双峰县(湘) | 25.00 |
| 41 | 邵阳县(湘) | 20.00 |
| 42 | 吉首市(湘) | 20.00 |
| 43 | 凤凰县(湘) | 18.00 |
| 44 | 泸溪县(湘) | 15.00 |
| 45 | 保靖县(湘) | 15.00 |
| 46 | 宁远县(湘) | 15.00 |
| 47 | 花垣县(湘) | 10.00 |
| 48 | 梅　县(粤) | 380.00 |
| 49 | 资源县(桂) | 300.00 |
| 50 | 大足县(渝) | 500.00 |
| 51 | 武隆县(渝) | 160.00 |
| 52 | 江安县(川) | 4520.00 |
| 53 | 南溪县(川) | 2000.00 |
| 54 | 仪陇县(川) | 1000.00 |
| 55 | 营山县(川) | 460.00 |
| 56 | 北川羌族自治县(川) | 120.00 |
| 57 | 大竹县(川) | 100.00 |
| 58 | 翠屏区(川) | 50.00 |
| 59 | 万源市(川) | 25.00 |
| 60 | 织金县(黔) | 10.00 |
| 61 | 剑川县(滇) | 214.00 |

**表 14-3　竹编主产地产量**

| 序号 | 竹编主产地 | 产值(万元) |
|---|---|---|
| 1 | 大名县(冀) | 230.00 |
| 2 | 余杭区(浙) | 227141.00 |

| 序号 | 竹编主产地 | 产值(万元) | 序号 | 竹编主产地 | 产值(万元) | 序号 | 竹编主产地 | 产值(万元) |
|---|---|---|---|---|---|---|---|---|
| 3 | 北仑区(浙) | 55000.00 | 49 | 瑞金市(赣) | 14.00 | 95 | 娄星区(湘) | 1010.00 |
| 4 | 文成县(浙) | 10270.00 | 50 | 上高县(赣) | 8.00 | 96 | 会同县(湘) | 654.00 |
| 5 | 德清县(浙) | 10000.00 | 51 | 都昌县(赣) | 6.00 | 97 | 平江县(湘) | 600.00 |
| 6 | 临海市(浙) | 8355.00 | 52 | 莲花县(赣) | 1.40 | 98 | 永顺县(湘) | 600.00 |
| 7 | 安吉县(浙) | 4000.00 | 53 | 龙口市(鲁) | 130913.00 | 99 | 沅陵县(湘) | 535.00 |
| 8 | 淳安县(浙) | 3553.00 | 54 | 东平县(鲁) | 5000.00 | 100 | 龙山县(湘) | 500.00 |
| 9 | 永康市(浙) | 3090.00 | 55 | 临沭县(鲁) | 500.00 | 101 | 临武县(湘) | 460.00 |
| 10 | 柯城区(浙) | 340.00 | 56 | 任城区(鲁) | 230.00 | 102 | 吉首市(湘) | 400.00 |
| 11 | 嘉兴市市辖区(浙) | 259.00 | 57 | 渑池县(豫) | 2930.59 | 103 | 株洲县(湘) | 398.00 |
| 12 | 衢江区(浙) | 60.00 | 58 | 新　县(豫) | 2000.00 | 104 | 衡山县(湘) | 369.60 |
| 13 | 东至县(皖) | 3964.00 | 59 | 商城县(豫) | 1200.00 | 105 | 冷水江市(湘) | 300.00 |
| 14 | 六安市叶集区(皖) | 3200.00 | 60 | 桐柏县(豫) | 965.00 | 106 | 醴陵市(湘) | 300.00 |
| 15 | 太湖县(皖) | 3000.00 | 61 | 光山县(豫) | 800.00 | 107 | 凤凰县(湘) | 300.00 |
| 16 | 郎溪县(皖) | 2800.00 | 62 | 郸城县(豫) | 520.00 | 108 | 桑植县(湘) | 240.00 |
| 17 | 桐城市(皖) | 2500.00 | 63 | 洛宁县(豫) | 300.00 | 109 | 双峰县(湘) | 210.00 |
| 18 | 广德县(皖) | 2350.00 | 64 | 嵩　县(豫) | 250.00 | 110 | 新晃侗族自治县(湘) | 210.00 |
| 19 | 颍上县(皖) | 1100.00 | 65 | 淅川县(豫) | 90.00 | 111 | 鼎城区(湘) | 180.00 |
| 20 | 庐江县(皖) | 968.00 | 66 | 卫辉市(豫) | 50.00 | 112 | 安化县(湘) | 150.00 |
| 21 | 旌德县(皖) | 500.00 | 67 | 汝阳县(豫) | 50.00 | 113 | 汨罗市(湘) | 130.00 |
| 22 | 临泉县(皖) | 321.00 | 68 | 宛城区(豫) | 23.00 | 114 | 芷江侗族自治县(湘) | 120.00 |
| 23 | 三山区(皖) | 300.00 | 69 | 平桥区(豫) | 8.00 | 115 | 华容县(湘) | 120.00 |
| 24 | 祁门县(皖) | 220.00 | 70 | 竹山县(鄂) | 6891.00 | 116 | 泸溪县(湘) | 120.00 |
| 25 | 界首市(皖) | 120.00 | 71 | 鄂州市市辖区(鄂) | 5450.00 | 117 | 岳阳县(湘) | 100.00 |
| 26 | 石台县(皖) | 100.00 | 72 | 谷城县(鄂) | 1200.00 | 118 | 武陵源区(湘) | 96.00 |
| 27 | 潜山县(皖) | 65.00 | 73 | 广水市(鄂) | 1050.00 | 119 | 麻阳苗族自治县(湘) | 85.00 |
| 28 | 泾　县(皖) | 20.00 | 74 | 罗田县(鄂) | 1000.00 | 120 | 慈利县(湘) | 70.00 |
| 29 | 奉新县(赣) | 12400.00 | 75 | 咸丰县(鄂) | 620.00 | 121 | 新宁县(湘) | 60.00 |
| 30 | 泰和县(赣) | 3456.00 | 76 | 宜都市(鄂) | 350.00 | 122 | 保靖县(湘) | 60.00 |
| 31 | 乐安县(赣) | 1504.00 | 77 | 孝南区(鄂) | 249.00 | 123 | 新化县(湘) | 50.00 |
| 32 | 南昌市市辖区(赣) | 1078.00 | 78 | 云梦县(鄂) | 150.00 | 124 | 古丈县(湘) | 50.00 |
| 33 | 南城县(赣) | 480.00 | 79 | 随　县(鄂) | 130.00 | 125 | 花垣县(湘) | 40.00 |
| 34 | 婺源县(赣) | 410.00 | 80 | 阳新县(鄂) | 114.00 | 126 | 桂东县(湘) | 35.00 |
| 35 | 兴国县(赣) | 396.00 | 81 | 恩施市(鄂) | 10.00 | 127 | 邵阳县(湘) | 35.00 |
| 36 | 宜丰县(赣) | 300.00 | 82 | 长阳土家族自治县(鄂) | 8.00 | 128 | 洪江市(湘) | 20.00 |
| 37 | 定南县(赣) | 172.00 | 83 | 蕲春县(鄂) | 5.00 | 129 | 辰溪县(湘) | 10.00 |
| 38 | 星子县(赣) | 165.00 | 84 | 武冈市(湘) | 29540.00 | 130 | 永定区(湘) | 8.00 |
| 39 | 南丰县(赣) | 150.00 | 85 | 益阳市市辖区(湘) | 12000.00 | 131 | 靖州苗族侗族自治县(湘) | 1.80 |
| 40 | 贵溪市(赣) | 103.00 | 86 | 资兴市(湘) | 5800.00 | 132 | 罗定市(粤) | 17000.00 |
| 41 | 横峰县(赣) | 100.00 | 87 | 江华瑶族自治县(湘) | 3700.00 | 133 | 中山市(粤) | 4349.20 |
| 42 | 万安县(赣) | 80.00 | 88 | 湘潭县(湘) | 3500.00 | 134 | 新丰县(粤) | 1550.00 |
| 43 | 龙南县(赣) | 60.00 | 89 | 湘阴县(湘) | 3500.00 | 135 | 信宜市(粤) | 1420.00 |
| 44 | 彭泽县(赣) | 60.00 | 90 | 中方县(湘) | 3200.00 | 136 | 江城区(粤) | 1200.00 |
| 45 | 赣　县(赣) | 57.00 | 91 | 永兴县(湘) | 2059.00 | 137 | 乳源瑶族自治县(粤) | 1000.00 |
| 46 | 宁都县(赣) | 50.00 | 92 | 桃江县(湘) | 1500.00 | 138 | 梅　县(粤) | 900.00 |
| 47 | 上饶县(赣) | 30.00 | 93 | 宁远县(湘) | 1172.00 | 139 | 清新县(粤) | 500.00 |
| 48 | 石城县(赣) | 25.00 | 94 | 溆浦县(湘) | 1150.00 | 140 | 大埔县(粤) | 500.00 |

| 序号 | 竹编主产地 | 产值(万元) |
|---|---|---|
| 141 | 湛江市东海岛区(粤) | 210.00 |
| 142 | 南海区(粤) | 89.00 |
| 143 | 源城区(粤) | 84.00 |
| 144 | 龙川县(粤) | 80.00 |
| 145 | 郁南县(粤) | 80.00 |
| 146 | 雷州市(粤) | 80.00 |
| 147 | 云城区(粤) | 50.00 |
| 148 | 吴川市(粤) | 30.00 |
| 149 | 连州市(粤) | 5.00 |
| 150 | 平南县(桂) | 29292.00 |
| 151 | 横　县(桂) | 14477.00 |
| 152 | 灵山县(桂) | 2000.00 |
| 153 | 荔浦县(桂) | 900.00 |
| 154 | 田阳县(桂) | 560.00 |
| 155 | 恭城瑶族自治县(桂) | 280.00 |
| 156 | 东兰县(桂) | 268.00 |
| 157 | 合浦县(桂) | 228.00 |
| 158 | 桂平市(桂) | 200.00 |
| 159 | 岑溪市(桂) | 55.07 |
| 160 | 巴马瑶族自治县(桂) | 50.00 |
| 161 | 贺州市平桂管理区(桂) | 16.00 |
| 162 | 武宣县(桂) | 8.00 |
| 163 | 防城区(桂) | 5.00 |
| 164 | 荣昌县(渝) | 6918.00 |
| 165 | 万州区(渝) | 3451.00 |
| 166 | 垫江县(渝) | 2987.00 |
| 167 | 涪陵区(渝) | 800.00 |
| 168 | 黔江区(渝) | 550.00 |
| 169 | 巴南区(渝) | 550.00 |
| 170 | 万盛区(渝) | 500.00 |
| 171 | 大足县(渝) | 300.00 |
| 172 | 开　县(渝) | 271.00 |
| 173 | 南川区(渝) | 175.00 |
| 174 | 石柱土家族自治县(渝) | 70.00 |
| 175 | 合川区(渝) | 35.20 |
| 176 | 奉节县(渝) | 30.00 |
| 177 | 忠　县(渝) | 20.00 |
| 178 | 彭水苗族土家族自治县(渝) | 15.00 |
| 179 | 江津区(渝) | 1.50 |
| 180 | 井研县(川) | 32000.00 |
| 181 | 青神县(川) | 18000.00 |
| 182 | 长宁县(川) | 17500.00 |
| 183 | 盐亭县(川) | 5980.00 |
| 184 | 江油市(川) | 3350.00 |
| 185 | 崇州市(川) | 3300.00 |
| 186 | 泸　县(川) | 2200.00 |
| 187 | 安岳县(川) | 2050.00 |
| 188 | 仪陇县(川) | 2000.00 |
| 189 | 南溪县(川) | 2000.00 |
| 190 | 三台县(川) | 1705.00 |
| 191 | 仁寿县(川) | 1520.00 |
| 192 | 平昌县(川) | 960.00 |
| 193 | 雨城区(川) | 800.00 |
| 194 | 高坪区(川) | 660.00 |
| 195 | 邛崃市(川) | 500.00 |
| 196 | 盐边县(川) | 420.00 |
| 197 | 嘉陵区(川) | 321.00 |
| 198 | 沐川县(川) | 300.00 |
| 199 | 大竹县(川) | 300.00 |
| 200 | 富顺县(川) | 186.00 |
| 201 | 高　县(川) | 150.00 |
| 202 | 达川区(川) | 140.00 |
| 203 | 南部县(川) | 55.00 |
| 204 | 蓬安县(川) | 50.00 |
| 205 | 越西县(川) | 30.00 |
| 206 | 仁和区(川) | 30.00 |
| 207 | 石棉县(川) | 18.00 |
| 208 | 万源市(川) | 15.00 |
| 209 | 赫章县(黔) | 1421.00 |
| 210 | 普安县(黔) | 808.00 |
| 211 | 锦屏县(黔) | 150.00 |
| 212 | 贞丰县(黔) | 123.23 |
| 213 | 罗甸县(黔) | 105.00 |
| 214 | 瓮安县(黔) | 45.00 |
| 215 | 长顺县(黔) | 25.00 |
| 216 | 榕江县(黔) | 20.00 |
| 217 | 荔波县(黔) | 10.00 |
| 218 | 织金县(黔) | 10.00 |
| 219 | 黔西县(黔) | 1.10 |
| 220 | 盈江县(滇) | 1047.00 |
| 221 | 隆阳区(滇) | 500.00 |
| 222 | 墨江哈尼族自治县(滇) | 408.00 |
| 223 | 腾冲县(滇) | 202.00 |
| 224 | 富源县(滇) | 200.00 |
| 225 | 剑川县(滇) | 138.00 |
| 226 | 耿马傣族佤族自治县(滇) | 127.00 |
| 227 | 彝良县(滇) | 120.00 |
| 228 | 楚雄市(滇) | 110.00 |
| 229 | 西山区(滇) | 102.00 |
| 230 | 云　县(滇) | 60.00 |
| 231 | 双柏县(滇) | 50.00 |
| 232 | 马龙县(滇) | 50.00 |
| 233 | 西畴县(滇) | 44.00 |
| 234 | 禄丰县(滇) | 17.00 |
| 235 | 麻栗坡县(滇) | 16.00 |
| 236 | 孟连傣族拉祜族佤族自治县(滇) | 15.00 |
| 237 | 沧源佤族自治县(滇) | 15.00 |
| 238 | 会泽县(滇) | 10.00 |
| 239 | 巧家县(滇) | 8.50 |
| 240 | 南郑县(陕) | 650.00 |
| 241 | 平利县(陕) | 120.00 |

**表 14-4　藤编主产地产量**

| 序号 | 藤编主产地 | 产值(万元) |
|---|---|---|
| 1 | 深泽县(冀) | 16.00 |
| 2 | 多伦县(内蒙古) | 22.00 |
| 3 | 磐石市(吉) | 155.00 |
| 4 | 江源区(吉) | 2.00 |
| 5 | 木兰县(黑) | 800.00 |
| 6 | 五常市(黑) | 150.00 |
| 7 | 德清县(浙) | 2600.00 |
| 8 | 萧山区(浙) | 1200.00 |
| 9 | 温岭市(浙) | 300.00 |
| 10 | 嘉兴市市辖区(浙) | 100.00 |
| 11 | 霍邱县(皖) | 625418.00 |
| 12 | 颍上县(皖) | 3150.00 |
| 13 | 太湖县(皖) | 1100.00 |
| 14 | 阜南县(皖) | 265.00 |
| 15 | 六安市叶集区(皖) | 260.00 |
| 16 | 石台县(皖) | 200.00 |
| 17 | 潜山县(皖) | 65.00 |
| 18 | 南昌市市辖区(赣) | 9556.00 |
| 19 | 新干县(赣) | 2750.00 |
| 20 | 万载县(赣) | 1744.00 |
| 21 | 上犹县(赣) | 995.00 |
| 22 | 兴国县(赣) | 385.00 |
| 23 | 大余县(赣) | 200.00 |
| 24 | 崇仁县(赣) | 200.00 |
| 25 | 会昌县(赣) | 130.00 |
| 26 | 赣　县(赣) | 114.00 |
| 27 | 定南县(赣) | 112.00 |
| 28 | 金溪县(赣) | 110.00 |
| 29 | 星子县(赣) | 83.00 |
| 30 | 宁都县(赣) | 50.00 |
| 31 | 横峰县(赣) | 50.00 |
| 32 | 瑞金市(赣) | 27.00 |
| 33 | 泰和县(赣) | 21.00 |

| 序号 | 藤编主产地 | 产值(万元) |
|---|---|---|
| 34 | 石城县(赣) | 13.00 |
| 35 | 龙南县(赣) | 10.00 |
| 36 | 微山县(鲁) | 85839.00 |
| 37 | 鱼台县(鲁) | 65000.00 |
| 38 | 成武县(鲁) | 46852.00 |
| 39 | 沂源县(鲁) | 5000.00 |
| 40 | 芝罘区(鲁) | 2334.00 |
| 41 | 临沭县(鲁) | 2000.00 |
| 42 | 阳信县(鲁) | 1060.00 |
| 43 | 河东区(鲁) | 500.00 |
| 44 | 任城区(鲁) | 260.00 |
| 45 | 宁阳县(鲁) | 215.00 |
| 46 | 郯城县(鲁) | 30.00 |
| 47 | 梁山县(鲁) | 20.00 |
| 48 | 黄岛区(鲁) | 1.00 |
| 49 | 固始县(豫) | 19043.00 |
| 50 | 宁陵县(豫) | 8000.00 |
| 51 | 新　县(豫) | 1600.00 |
| 52 | 上蔡县(豫) | 1084.00 |
| 53 | 桐柏县(豫) | 680.00 |
| 54 | 郸城县(豫) | 610.00 |
| 55 | 淮滨县(豫) | 600.00 |
| 56 | 嵩　县(豫) | 150.00 |
| 57 | 栾川县(豫) | 100.00 |
| 58 | 淅川县(豫) | 80.00 |
| 59 | 方城县(豫) | 55.00 |
| 60 | 卫辉市(豫) | 50.00 |
| 61 | 汝阳县(豫) | 45.00 |
| 62 | 襄州区(鄂) | 8000.00 |
| 63 | 竹山县(鄂) | 591.00 |
| 64 | 罗田县(鄂) | 350.00 |
| 65 | 广水市(鄂) | 320.00 |
| 66 | 咸丰县(鄂) | 230.00 |
| 67 | 竹溪县(鄂) | 215.00 |
| 68 | 京山县(鄂) | 100.00 |
| 69 | 云梦县(鄂) | 100.00 |
| 70 | 阳新县(鄂) | 83.00 |
| 71 | 宣恩县(鄂) | 8.00 |
| 72 | 蕲春县(鄂) | 2.00 |
| 73 | 江华瑶族自治县(湘) | 3052.00 |
| 74 | 蓝山县(湘) | 2250.00 |
| 75 | 湘潭县(湘) | 1400.00 |
| 76 | 溆浦县(湘) | 860.00 |
| 77 | 永兴县(湘) | 713.00 |
| 78 | 娄星区(湘) | 550.00 |
| 79 | 醴陵市(湘) | 500.00 |
| 80 | 沅陵县(湘) | 215.00 |
| 81 | 鼎城区(湘) | 210.00 |
| 82 | 汨罗市(湘) | 160.00 |
| 83 | 株洲县(湘) | 160.00 |
| 84 | 衡山县(湘) | 123.20 |
| 85 | 双峰县(湘) | 120.00 |
| 86 | 资兴市(湘) | 80.00 |
| 87 | 冷水江市(湘) | 60.00 |
| 88 | 新宁县(湘) | 60.00 |
| 89 | 宁远县(湘) | 57.00 |
| 90 | 安化县(湘) | 50.00 |
| 91 | 芷江侗族自治县(湘) | 40.00 |
| 92 | 邵阳县(湘) | 30.00 |
| 93 | 永顺县(湘) | 25.00 |
| 94 | 龙山县(湘) | 20.00 |
| 95 | 泸溪县(湘) | 10.00 |
| 96 | 吉首市(湘) | 8.00 |
| 97 | 凤凰县(湘) | 8.00 |
| 98 | 保靖县(湘) | 6.00 |
| 99 | 古丈县(湘) | 5.00 |
| 100 | 花垣县(湘) | 4.00 |
| 101 | 中山市(粤) | 2693.80 |
| 102 | 乳源瑶族自治县(粤) | 1500.00 |
| 103 | 大埔县(粤) | 1200.00 |
| 104 | 梅　县(粤) | 550.00 |
| 105 | 丰顺县(粤) | 320.00 |
| 106 | 东源县(粤) | 228.50 |
| 107 | 龙川县(粤) | 150.00 |
| 108 | 仁化县(粤) | 100.00 |
| 109 | 郁南县(粤) | 90.00 |
| 110 | 源城区(粤) | 68.00 |
| 111 | 雷州市(粤) | 35.00 |
| 112 | 坡头区(粤) | 30.00 |
| 113 | 浦北县(桂) | 23250.00 |
| 114 | 都安瑶族自治县(桂) | 16039.00 |
| 115 | 灵川县(桂) | 15079.00 |
| 116 | 玉州区(桂) | 11700.00 |
| 117 | 防城区(桂) | 4330.00 |
| 118 | 钦南区(桂) | 1959.00 |
| 119 | 港口区(桂) | 1000.00 |
| 120 | 灵山县(桂) | 800.00 |
| 121 | 武宣县(桂) | 6.00 |
| 122 | 涪陵区(渝) | 700.00 |
| 123 | 万州区(渝) | 620.00 |
| 124 | 巴南区(渝) | 550.00 |
| 125 | 大足县(渝) | 300.00 |
| 126 | 南川区(渝) | 105.00 |
| 127 | 石柱土家族自治县(渝) | 30.00 |
| 128 | 奉节县(渝) | 10.00 |
| 129 | 忠　县(渝) | 10.00 |
| 130 | 彭水苗族土家族自治县(渝) | 8.00 |
| 131 | 崇州市(川) | 4300.00 |
| 132 | 荣　县(川) | 2300.00 |
| 133 | 南溪县(川) | 500.00 |
| 134 | 江油市(川) | 300.00 |
| 135 | 平昌县(川) | 220.00 |
| 136 | 嘉陵区(川) | 200.00 |
| 137 | 仪陇县(川) | 108.00 |
| 138 | 南江县(川) | 100.00 |
| 139 | 高　县(川) | 50.00 |
| 140 | 米易县(川) | 50.00 |
| 141 | 达川区(川) | 40.00 |
| 142 | 仁和区(川) | 30.00 |
| 143 | 榕江县(黔) | 10.00 |
| 144 | 织金县(黔) | 10.00 |
| 145 | 施甸县(滇) | 600.00 |
| 146 | 剑川县(滇) | 214.00 |
| 147 | 腾冲县(滇) | 178.00 |
| 148 | 耿马傣族佤族自治县(滇) | 126.00 |
| 149 | 陆良县(滇) | 50.00 |
| 150 | 沧源佤族自治县(滇) | 31.00 |
| 151 | 孟连傣族拉祜族佤族自治县(滇) | 17.00 |
| 152 | 澜沧拉祜族自治县(滇) | 10.00 |
| 153 | 宾川县(滇) | 5.00 |
| 154 | 南郑县(陕) | 1500.00 |
| 155 | 永靖县(甘) | 329.00 |

### 表 14-5　棕编主产地产量

| 序号 | 棕编主产地 | 产值(万元) |
|---|---|---|
| 1 | 太湖县(皖) | 700.00 |
| 2 | 怀宁县(皖) | 300.00 |
| 3 | 祁门县(皖) | 238.00 |
| 4 | 潜山县(皖) | 18.00 |
| 5 | 南昌市市辖区(赣) | 645.00 |
| 6 | 赣　县(赣) | 171.00 |
| 7 | 龙南县(赣) | 10.00 |
| 8 | 石城县(赣) | 10.00 |
| 9 | 瑞金市(赣) | 7.50 |
| 10 | 任城区(鲁) | 280.00 |
| 11 | 渑池县(豫) | 2350.67 |
| 12 | 镇平县(豫) | 1324.00 |

| 序号 | 棕编主产地 | 产值(万元) | 序号 | 棕编主产地 | 产值(万元) | 序号 | 棕编主产地 | 产值(万元) |
|---|---|---|---|---|---|---|---|---|
| 13 | 汝阳县(豫) | 50.00 | 30 | 新晃侗族自治县(湘) | 71.00 | 47 | 黔江区(渝) | 500.00 |
| 14 | 宜都市(鄂) | 650.00 | 31 | 临武县(湘) | 62.00 | 48 | 大足县(渝) | 200.00 |
| 15 | 竹山县(鄂) | 91.00 | 32 | 保靖县(湘) | 30.00 | 49 | 合川区(渝) | 50.30 |
| 16 | 阳新县(鄂) | 53.00 | 33 | 吉首市(湘) | 30.00 | 50 | 石柱土家族自治县(渝) | 40.00 |
| 17 | 京山县(鄂) | 20.00 | 34 | 祁东县(湘) | 25.00 | 51 | 南川区(渝) | 38.00 |
| 18 | 恩施市(鄂) | 2.40 | 35 | 泸溪县(湘) | 20.00 | 52 | 彭水苗族土家族自治县(渝) | 15.00 |
| 19 | 娄星区(湘) | 550.00 | 36 | 凤凰县(湘) | 20.00 | 53 | 仪陇县(川) | 1500.00 |
| 20 | 安化县(湘) | 300.00 | 37 | 宁远县(湘) | 19.00 | 54 | 邛崃市(川) | 500.00 |
| 21 | 醴陵市(湘) | 300.00 | 38 | 邵阳县(湘) | 15.00 | 55 | 江油市(川) | 350.00 |
| 22 | 龙山县(湘) | 240.00 | 39 | 古丈县(湘) | 10.00 | 56 | 南溪县(川) | 250.00 |
| 23 | 溆浦县(湘) | 230.00 | 40 | 岳阳县(湘) | 10.00 | 57 | 嘉陵区(川) | 160.00 |
| 24 | 资兴市(湘) | 180.00 | 41 | 花垣县(湘) | 8.00 | 58 | 蓬安县(川) | 20.00 |
| 25 | 沅陵县(湘) | 160.00 | 42 | 乳源瑶族自治县(粤) | 500.00 | 59 | 平昌县(川) | 8.00 |
| 26 | 永顺县(湘) | 120.00 | 43 | 武宣县(桂) | 3.00 | 60 | 锦屏县(黔) | 40.00 |
| 27 | 双峰县(湘) | 100.00 | 44 | 万州区(渝) | 1677.00 | 61 | 南郑县(陕) | 230.00 |
| 28 | 衡山县(湘) | 98.56 | 45 | 涪陵区(渝) | 700.00 | | | |
| 29 | 株洲县(湘) | 90.00 | 46 | 巴南区(渝) | 550.00 | | | |

**表 15　2013 年驯化野生动物与利用**

| 序号 | 主产地 | 动物种类 | 驯养数量(只、头、条) |
|---|---|---|---|
| 1 | 简阳市(川) | 短尾猴 | 92 |
| 2 | 平阴县(鲁) | 短尾猴 | 10 |
| 3 | 平南县(桂) | 猕猴 | 5468 |
| 4 | 宜宾县(川) | 猕猴 | 4800 |
| 5 | 永福县(桂) | 猕猴 | 4460 |
| 6 | 雨城区(川) | 猕猴 | 3000 |
| 7 | 新野县(豫) | 猕猴 | 2000 |
| 8 | 祁门县(皖) | 猕猴 | 870 |
| 9 | 曾都区(鄂) | 猕猴 | 800 |
| 10 | 元江哈尼族彝族傣族自治县(滇) | 猕猴 | 390 |
| 11 | 南郑县(陕) | 猕猴 | 340 |
| 12 | 从化市(粤) | 猕猴 | 258 |
| 13 | 松滋市(鄂) | 猕猴 | 235 |
| 14 | 北戴河区(冀) | 猕猴 | 220 |
| 15 | 金山区(沪) | 猕猴 | 200 |
| 16 | 宁蒗彝族自治县(滇) | 猕猴 | 124 |
| 17 | 正定县(冀) | 猕猴 | 122 |
| 18 | 茅箭区(鄂) | 猕猴 | 100 |
| 19 | 浦东新区(沪) | 猕猴 | 79 |
| 20 | 镇海区(浙) | 猕猴 | 46 |
| 21 | 蓝田县(陕) | 猕猴 | 30 |
| 22 | 罗田县(鄂) | 猕猴 | 30 |
| 23 | 衢州市市辖区(浙) | 猕猴 | 30 |
| 24 | 颍上县(皖) | 猕猴 | 29 |
| 25 | 奉贤区(沪) | 猕猴 | 20 |

| 序号 | 主产地 | 动物种类 | 驯养数量(只、头、条) |
|---|---|---|---|
| 26 | 翠屏区(川) | 猕猴 | 10 |
| 27 | 沂源县(鲁) | 猕猴 | 9 |
| 28 | 大兴区(京) | 猕猴 | 7 |
| 29 | 巩义市(豫) | 猕猴 | 5 |
| 30 | 汉台区(陕) | 猕猴 | 5 |
| 31 | 从化市(粤) | 食蟹猴 | 59337 |
| 32 | 防城区(桂) | 食蟹猴 | 20500 |
| 33 | 江南区(桂) | 食蟹猴 | 7500 |
| 34 | 浦东新区(沪) | 食蟹猴 | 587 |
| 35 | 元江哈尼族彝族傣族自治县(滇) | 食蟹猴 | 260 |
| 36 | 松江区(沪) | 食蟹猴 | 70 |
| 37 | 奉贤区(沪) | 食蟹猴 | 60 |
| 38 | 北戴河区(冀) | 松鼠猴 | 26 |
| 39 | 大兴区(京) | 松鼠猴 | 11 |
| 40 | 都江堰市(川) | 狗熊 | 3378 |
| 41 | 龙井市(吉) | 狗熊 | 918 |
| 42 | 雁江区(川) | 狗熊 | 830 |
| 43 | 延吉市(吉) | 狗熊 | 520 |
| 44 | 大理市(滇) | 狗熊 | 467 |
| 45 | 勉　县(陕) | 狗熊 | 301 |
| 46 | 简阳市(川) | 狗熊 | 299 |
| 47 | 同江市(黑) | 狗熊 | 200 |
| 48 | 汪清县(吉) | 狗熊 | 96 |
| 49 | 和龙市(吉) | 狗熊 | 93 |
| 50 | 敦化市(吉) | 狗熊 | 80 |
| 51 | 铁岭市经济开发区(辽) | 狗熊 | 80 |

| 序号 | 主产地 | 动物种类 | 驯养数量（只、头、条） |
|---|---|---|---|
| 52 | 延庆县(京) | 狗熊 | 70 |
| 53 | 安图森林经营局(吉) | 狗熊 | 59 |
| 54 | 城子河区(黑) | 狗熊 | 58 |
| 55 | 浦东新区(沪) | 狗熊 | 28 |
| 56 | 楚雄市(滇) | 狗熊 | 10 |
| 57 | 吴川市(粤) | 狗熊 | 4 |
| 58 | 奎文区(鲁) | 狗熊 | 2 |
| 59 | 平阴县(鲁) | 狗熊 | 2 |
| 60 | 顺义区(京) | 狗熊 | 2 |
| 61 | 淄川区(鲁) | 狗熊 | 2 |
| 62 | 盘龙区(滇) | 小熊猫 | 9 |
| 63 | 浦东新区(沪) | 小熊猫 | 9 |
| 64 | 大兴区(京) | 小熊猫 | 8 |
| 65 | 北戴河区(冀) | 小熊猫 | 5 |
| 66 | 翠屏区(川) | 小熊猫 | 4 |
| 67 | 汉台区(陕) | 小熊猫 | 2 |
| 68 | 桓仁满族自治县(辽) | 棕熊 | 191 |
| 69 | 山河实验林场(黑) | 棕熊 | 84 |
| 70 | 北戴河区(冀) | 棕熊 | 53 |
| 71 | 饶平县(粤) | 棕熊 | 13 |
| 72 | 大兴区(京) | 棕熊 | 11 |
| 73 | 沂源县(鲁) | 棕熊 | 3 |
| 74 | 颍上县(皖) | 棕熊 | 3 |
| 75 | 万州区(渝) | 棕熊 | 1 |
| 76 | 盘龙区(滇) | 浣熊 | 27 |
| 77 | 大兴区(京) | 浣熊 | 22 |
| 78 | 翠屏区(川) | 浣熊 | 1 |
| 79 | 巴林左旗(内蒙古) | 马鹿 | 5120 |
| 80 | 乌马河林业局(龙江森工) | 马鹿 | 2950 |
| 81 | 桦南县(黑) | 马鹿 | 2000 |
| 82 | 建平县(辽) | 马鹿 | 2000 |
| 83 | 扎兰屯市(内蒙古) | 马鹿 | 1500 |
| 84 | 户　县(陕) | 马鹿 | 1300 |
| 85 | 绥中县(辽) | 马鹿 | 1200 |
| 86 | 龙井市(吉) | 马鹿 | 970 |
| 87 | 清原满族自治县(辽) | 马鹿 | 700 |
| 88 | 阿城区(黑) | 马鹿 | 660 |
| 89 | 带岭实验局(龙江森工) | 马鹿 | 650 |
| 90 | 新宾满族自治县(辽) | 马鹿 | 550 |
| 91 | 友谊县(黑) | 马鹿 | 500 |
| 92 | 五常市(黑) | 马鹿 | 480 |
| 93 | 本溪满族自治县(辽) | 马鹿 | 400 |
| 94 | 阿鲁科尔沁旗(内蒙古) | 马鹿 | 390 |
| 95 | 南木林业局(内蒙古) | 马鹿 | 380 |
| 96 | 红石林业局(吉林森工) | 马鹿 | 350 |

| 序号 | 主产地 | 动物种类 | 驯养数量（只、头、条） |
|---|---|---|---|
| 97 | 逊克县(黑) | 马鹿 | 233 |
| 98 | 方正县(黑) | 马鹿 | 217 |
| 99 | 鹿泉市(冀) | 马鹿 | 200 |
| 100 | 易门县(滇) | 马鹿 | 200 |
| 101 | 克什克腾旗(内蒙古) | 马鹿 | 177 |
| 102 | 沙雅县(新) | 马鹿 | 119 |
| 103 | 多伦县(内蒙古) | 马鹿 | 110 |
| 104 | 共和县(青) | 马鹿 | 103 |
| 105 | 布尔津县(新) | 马鹿 | 100 |
| 106 | 南岔林业局(龙江森工) | 马鹿 | 94 |
| 107 | 石门县(湘) | 马鹿 | 90 |
| 108 | 盈江县(滇) | 马鹿 | 85 |
| 109 | 江源区(吉) | 马鹿 | 80 |
| 110 | 清河林业局(龙江森工) | 马鹿 | 70 |
| 111 | 牙克石市(内蒙古) | 马鹿 | 60 |
| 112 | 龙江县(黑) | 马鹿 | 50 |
| 113 | 奇台林场(新) | 马鹿 | 50 |
| 114 | 乌苏林场(新) | 马鹿 | 43 |
| 115 | 天峻县(青) | 马鹿 | 35 |
| 116 | 巩乃斯林场(新) | 马鹿 | 34 |
| 117 | 巴林右旗(内蒙古) | 马鹿 | 30 |
| 118 | 调兵山市(辽) | 马鹿 | 30 |
| 119 | 旌阳区(川) | 马鹿 | 30 |
| 120 | 盘龙区(滇) | 马鹿 | 29 |
| 121 | 民乐县(甘) | 马鹿 | 26 |
| 122 | 双城市(黑) | 马鹿 | 25 |
| 123 | 林西县(内蒙古) | 马鹿 | 20 |
| 124 | 木兰县(黑) | 马鹿 | 20 |
| 125 | 嫩江县(黑) | 马鹿 | 20 |
| 126 | 双滦区(冀) | 马鹿 | 20 |
| 127 | 北戴河区(冀) | 马鹿 | 19 |
| 128 | 内蒙古柴河林业局(内蒙古) | 马鹿 | 19 |
| 129 | 让胡路区(黑) | 马鹿 | 15 |
| 130 | 大兴区(京) | 马鹿 | 13 |
| 131 | 浦东新区(沪) | 马鹿 | 13 |
| 132 | 宁国市(皖) | 马鹿 | 11 |
| 133 | 北山森林公园(青) | 马鹿 | 10 |
| 134 | 达坂城区(新) | 马鹿 | 10 |
| 135 | 互助土族自治县(青) | 马鹿 | 10 |
| 136 | 青铜峡市(宁) | 马鹿 | 10 |
| 137 | 哈密林场(新) | 马鹿 | 6 |
| 138 | 颍上县(皖) | 马鹿 | 5 |
| 139 | 露水河林业局(吉林森工) | 马鹿 | 3 |
| 140 | 兴城市(辽) | 马鹿 | 3 |
| 141 | 海城市(辽) | 马鹿 | 1 |

| 序号 | 主产地 | 动物种类 | 驯养数量（只、头、条） |
|---|---|---|---|
| 142 | 沙依巴克区(新) | 马鹿 | 1 |
| 143 | 松江区(沪) | 马鹿 | 1 |
| 144 | 中宁县(宁) | 马鹿 | 1 |
| 145 | 西丰县(辽) | 梅花鹿 | 123500 |
| 146 | 东丰县(吉) | 梅花鹿 | 103600 |
| 147 | 伊通满族自治县(吉) | 梅花鹿 | 14000 |
| 148 | 朝阳区(吉) | 梅花鹿 | 10000 |
| 149 | 蛟河市(吉) | 梅花鹿 | 7690 |
| 150 | 通化县(吉) | 梅花鹿 | 5420 |
| 151 | 磐石市(吉) | 梅花鹿 | 4783 |
| 152 | 前郭尔罗斯蒙古族自治县(吉) | 梅花鹿 | 4000 |
| 153 | 绥中县(辽) | 梅花鹿 | 4000 |
| 154 | 龙山区(吉) | 梅花鹿 | 3521 |
| 155 | 辉南县(吉) | 梅花鹿 | 3510 |
| 156 | 金山屯林业局(龙江森工) | 梅花鹿 | 3500 |
| 157 | 铁岭市经济开发区(辽) | 梅花鹿 | 3500 |
| 158 | 东港市(辽) | 梅花鹿 | 3266 |
| 159 | 桃山林业局(龙江森工) | 梅花鹿 | 3220 |
| 160 | 绛　县(晋) | 梅花鹿 | 3000 |
| 161 | 屈家岭管理区(鄂) | 梅花鹿 | 2650 |
| 162 | 江油市(川) | 梅花鹿 | 2600 |
| 163 | 九台市(吉) | 梅花鹿 | 2500 |
| 164 | 宁江区(吉) | 梅花鹿 | 2200 |
| 165 | 宁安市(黑) | 梅花鹿 | 2069 |
| 166 | 朝阳县(辽) | 梅花鹿 | 2000 |
| 167 | 迁西县(冀) | 梅花鹿 | 2000 |
| 168 | 阳信县(鲁) | 梅花鹿 | 2000 |
| 169 | 临江市(吉) | 梅花鹿 | 1800 |
| 170 | 抚顺县(辽) | 梅花鹿 | 1700 |
| 171 | 京山县(鄂) | 梅花鹿 | 1700 |
| 172 | 黄岛区(鲁) | 梅花鹿 | 1600 |
| 173 | 岫岩满族自治县(辽) | 梅花鹿 | 1600 |
| 174 | 清原满族自治县(辽) | 梅花鹿 | 1500 |
| 175 | 白狼林业局(内蒙古) | 梅花鹿 | 1350 |
| 176 | 昌邑区(吉) | 梅花鹿 | 1300 |
| 177 | 船营区(吉) | 梅花鹿 | 1200 |
| 178 | 汪清县(吉) | 梅花鹿 | 1085 |
| 179 | 奉化市(浙) | 梅花鹿 | 1005 |
| 180 | 鹿寨县(桂) | 梅花鹿 | 1000 |
| 181 | 麻章区(粤) | 梅花鹿 | 1000 |
| 182 | 新宁县(湘) | 梅花鹿 | 1000 |
| 183 | 梓潼县(川) | 梅花鹿 | 1000 |
| 184 | 彭泽县(赣) | 梅花鹿 | 900 |
| 185 | 武隆县(渝) | 梅花鹿 | 850 |
| 186 | 方正林业局(龙江森工) | 梅花鹿 | 835 |
| 187 | 鹤岗市市辖区(黑) | 梅花鹿 | 820 |
| 188 | 翠峦林业局(龙江森工) | 梅花鹿 | 815 |
| 189 | 朗乡林业局(龙江森工) | 梅花鹿 | 801 |
| 190 | 北票市(辽) | 梅花鹿 | 700 |
| 191 | 射洪县(川) | 梅花鹿 | 680 |
| 192 | 逊克县(黑) | 梅花鹿 | 667 |
| 193 | 盖州市(辽) | 梅花鹿 | 638 |
| 194 | 太子山林场管理局(鄂) | 梅花鹿 | 600 |
| 195 | 内乡县(豫) | 梅花鹿 | 600 |
| 196 | 松江区(沪) | 梅花鹿 | 600 |
| 197 | 铁岭县(辽) | 梅花鹿 | 600 |
| 198 | 吴兴区(浙) | 梅花鹿 | 600 |
| 199 | 广丰县(赣) | 梅花鹿 | 550 |
| 200 | 阿尔山市(内蒙古) | 梅花鹿 | 500 |
| 201 | 德惠市(吉) | 梅花鹿 | 500 |
| 202 | 江津区(渝) | 梅花鹿 | 500 |
| 203 | 柳河县(吉) | 梅花鹿 | 500 |
| 204 | 乾安县(吉) | 梅花鹿 | 500 |
| 205 | 泗水县(鲁) | 梅花鹿 | 500 |
| 206 | 新青林业局(龙江森工) | 梅花鹿 | 500 |
| 207 | 永康市(浙) | 梅花鹿 | 500 |
| 208 | 余姚市(浙) | 梅花鹿 | 480 |
| 209 | 东昌区(吉) | 梅花鹿 | 470 |
| 210 | 五营林业局(龙江森工) | 梅花鹿 | 450 |
| 211 | 良凤江国家森林公园(桂) | 梅花鹿 | 425 |
| 212 | 都江堰市(川) | 梅花鹿 | 411 |
| 213 | 闵行区(沪) | 梅花鹿 | 402 |
| 214 | 鹤北林业局(龙江森工) | 梅花鹿 | 400 |
| 215 | 宽城满族自治县(冀) | 梅花鹿 | 400 |
| 216 | 陆良县(滇) | 梅花鹿 | 400 |
| 217 | 蔡甸区(鄂) | 梅花鹿 | 380 |
| 218 | 嘉荫县(黑) | 梅花鹿 | 360 |
| 219 | 横　县(桂) | 梅花鹿 | 350 |
| 220 | 钦北区(桂) | 梅花鹿 | 350 |
| 221 | 友好林业局(龙江森工) | 梅花鹿 | 350 |
| 222 | 大石桥市(辽) | 梅花鹿 | 330 |
| 223 | 会东县(川) | 梅花鹿 | 320 |
| 224 | 大兴区(京) | 梅花鹿 | 316 |
| 225 | 澄江县(滇) | 梅花鹿 | 310 |
| 226 | 海城市(辽) | 梅花鹿 | 310 |
| 227 | 双丰林业局(龙江森工) | 梅花鹿 | 305 |
| 228 | 本溪满族自治县(辽) | 梅花鹿 | 300 |
| 229 | 昌乐县(鲁) | 梅花鹿 | 300 |
| 230 | 乐安县(赣) | 梅花鹿 | 300 |
| 231 | 美溪林业局(龙江森工) | 梅花鹿 | 300 |

| 序号 | 主产地 | 动物种类 | 驯养数量（只、头、条） | 序号 | 主产地 | 动物种类 | 驯养数量（只、头、条） |
|---|---|---|---|---|---|---|---|
| 232 | 四平市铁西区(吉) | 梅花鹿 | 300 | 277 | 定海区(浙) | 梅花鹿 | 150 |
| 233 | 顺义区(京) | 梅花鹿 | 291 | 278 | 红星林业局(龙江森工) | 梅花鹿 | 150 |
| 234 | 高安市(赣) | 梅花鹿 | 287 | 279 | 利辛县(皖) | 梅花鹿 | 150 |
| 235 | 多伦县(内蒙古) | 梅花鹿 | 280 | 280 | 凉城县(内蒙古) | 梅花鹿 | 150 |
| 236 | 桓仁满族自治县(辽) | 梅花鹿 | 280 | 281 | 石林彝族自治县(滇) | 梅花鹿 | 150 |
| 237 | 东莞市(粤) | 梅花鹿 | 270 | 282 | 双滦区(冀) | 梅花鹿 | 140 |
| 238 | 鄂托克旗(内蒙古) | 梅花鹿 | 270 | 283 | 正定县(冀) | 梅花鹿 | 138 |
| 239 | 舒兰市(吉) | 梅花鹿 | 260 | 284 | 大姚县(滇) | 梅花鹿 | 136 |
| 240 | 汤原县(黑) | 梅花鹿 | 260 | 285 | 延庆县(京) | 梅花鹿 | 126 |
| 241 | 恒山区(黑) | 梅花鹿 | 250 | 286 | 惠阳区(粤) | 梅花鹿 | 125 |
| 242 | 西夏区(宁) | 梅花鹿 | 250 | 287 | 盘龙区(滇) | 梅花鹿 | 125 |
| 243 | 大海林林业局(龙江森工) | 梅花鹿 | 242 | 288 | 苇河林业局(龙江森工) | 梅花鹿 | 125 |
| 244 | 东方红林业局(龙江森工) | 梅花鹿 | 240 | 289 | 永胜县(滇) | 梅花鹿 | 123 |
| 245 | 乌伊岭林业局(龙江森工) | 梅花鹿 | 240 | 290 | 金山区(沪) | 梅花鹿 | 121 |
| 246 | 青秀区(桂) | 梅花鹿 | 239 | 291 | 大丰市(苏) | 梅花鹿 | 120 |
| 247 | 露水河林业局(吉林森工) | 梅花鹿 | 230 | 292 | 鄂城区(鄂) | 梅花鹿 | 120 |
| 248 | 清河区(辽) | 梅花鹿 | 230 | 293 | 奉贤区(沪) | 梅花鹿 | 120 |
| 249 | 马龙县(滇) | 梅花鹿 | 220 | 294 | 藁城市(冀) | 梅花鹿 | 120 |
| 250 | 宁武县(晋) | 梅花鹿 | 220 | 295 | 建始县(鄂) | 梅花鹿 | 120 |
| 251 | 绥棱林业局(龙江森工) | 梅花鹿 | 220 | 296 | 芦山县(川) | 梅花鹿 | 120 |
| 252 | 和龙市(吉) | 梅花鹿 | 215 | 297 | 让胡路区(黑) | 梅花鹿 | 120 |
| 253 | 通山县(鄂) | 梅花鹿 | 210 | 298 | 铁力市(黑) | 梅花鹿 | 120 |
| 254 | 富源县(滇) | 梅花鹿 | 200 | 299 | 克什克腾旗(内蒙古) | 梅花鹿 | 115 |
| 255 | 高州市(粤) | 梅花鹿 | 200 | 300 | 经济开发区(吉) | 梅花鹿 | 112 |
| 256 | 桦南林业局(龙江森工) | 梅花鹿 | 200 | 301 | 缙云县(浙) | 梅花鹿 | 110 |
| 257 | 莱阳市(鲁) | 梅花鹿 | 200 | 302 | 蕲春县(鄂) | 梅花鹿 | 110 |
| 258 | 南江县(川) | 梅花鹿 | 200 | 303 | 西新开发区(吉) | 梅花鹿 | 110 |
| 259 | 望奎县(黑) | 梅花鹿 | 200 | 304 | 乌拉特后旗(内蒙古) | 梅花鹿 | 108 |
| 260 | 鹰手营子矿区(冀) | 梅花鹿 | 200 | 305 | 昂昂溪区(黑) | 梅花鹿 | 100 |
| 261 | 资源县(桂) | 梅花鹿 | 200 | 306 | 平利县(陕) | 梅花鹿 | 100 |
| 262 | 铁力林业局(龙江森工) | 梅花鹿 | 198 | 307 | 顺城区(辽) | 梅花鹿 | 100 |
| 263 | 绥阳林业局(龙江森工) | 梅花鹿 | 185 | 308 | 玉龙纳西族自治县(滇) | 梅花鹿 | 100 |
| 264 | 汤旺河林业局(龙江森工) | 梅花鹿 | 185 | 309 | 博罗县(粤) | 梅花鹿 | 98 |
| 265 | 遵化市(冀) | 梅花鹿 | 181 | 310 | 秀洲区(浙) | 梅花鹿 | 98 |
| 266 | 鹤立林业局(龙江森工) | 梅花鹿 | 180 | 311 | 玉山县(赣) | 梅花鹿 | 95 |
| 267 | 穆棱林业局(龙江森工) | 梅花鹿 | 180 | 312 | 宾川县(滇) | 梅花鹿 | 90 |
| 268 | 浦东新区(沪) | 梅花鹿 | 180 | 313 | 麻城市(鄂) | 梅花鹿 | 88 |
| 269 | 上甘岭林业局(龙江森工) | 梅花鹿 | 180 | 314 | 沂源县(鲁) | 梅花鹿 | 86 |
| 270 | 宁国市(皖) | 梅花鹿 | 179 | 315 | 丰润区(冀) | 梅花鹿 | 85 |
| 271 | 长白朝鲜族自治县(吉) | 梅花鹿 | 174 | 316 | 双鸭山林业局(龙江森工) | 梅花鹿 | 85 |
| 272 | 三门县(浙) | 梅花鹿 | 160 | 317 | 龙游县(浙) | 梅花鹿 | 84 |
| 273 | 贵溪市(赣) | 梅花鹿 | 156 | 318 | 海林林业局(龙江森工) | 梅花鹿 | 80 |
| 274 | 建德市(浙) | 梅花鹿 | 156 | 319 | 黄岩区(浙) | 梅花鹿 | 80 |
| 275 | 白河县(陕) | 梅花鹿 | 150 | 320 | 临安市(浙) | 梅花鹿 | 80 |
| 276 | 丹江口市(鄂) | 梅花鹿 | 150 | 321 | 宁海县(浙) | 梅花鹿 | 80 |

| 序号 | 主产地 | 动物种类 | 驯养数量(只、头、条) |
|---|---|---|---|
| 322 | 通海县(滇) | 梅花鹿 | 80 |
| 323 | 望花区(辽) | 梅花鹿 | 80 |
| 324 | 渭源县(甘) | 梅花鹿 | 80 |
| 325 | 四方台区(黑) | 梅花鹿 | 77 |
| 326 | 新平彝族傣族自治县(滇) | 梅花鹿 | 75 |
| 327 | 普安县(黔) | 梅花鹿 | 70 |
| 328 | 中宁县(宁) | 梅花鹿 | 70 |
| 329 | 青阳县(皖) | 梅花鹿 | 67 |
| 330 | 通北林业局(龙江森工) | 梅花鹿 | 65 |
| 331 | 通城县(鄂) | 梅花鹿 | 65 |
| 332 | 北戴河区(冀) | 梅花鹿 | 64 |
| 333 | 宝山区(沪) | 梅花鹿 | 63 |
| 334 | 绩溪县(皖) | 梅花鹿 | 60 |
| 335 | 松阳县(浙) | 梅花鹿 | 60 |
| 336 | 自流井区(川) | 梅花鹿 | 60 |
| 337 | 古交市(晋) | 梅花鹿 | 58 |
| 338 | 仁寿县(川) | 梅花鹿 | 58 |
| 339 | 八面通林业局(龙江森工) | 梅花鹿 | 56 |
| 340 | 滴道区(黑) | 梅花鹿 | 56 |
| 341 | 南召县(豫) | 梅花鹿 | 55 |
| 342 | 额尔古纳市(内蒙古) | 梅花鹿 | 52 |
| 343 | 大邑县(川) | 梅花鹿 | 50 |
| 344 | 高青县(鲁) | 梅花鹿 | 50 |
| 345 | 虎林市(黑) | 梅花鹿 | 50 |
| 346 | 克东县(黑) | 梅花鹿 | 50 |
| 347 | 罗田县(鄂) | 梅花鹿 | 50 |
| 348 | 文　县(甘) | 梅花鹿 | 50 |
| 349 | 文成县(浙) | 梅花鹿 | 50 |
| 350 | 盱眙县(苏) | 梅花鹿 | 50 |
| 351 | 青铜峡市(宁) | 梅花鹿 | 48 |
| 352 | 湘乐林业总场(甘) | 梅花鹿 | 48 |
| 353 | 兴隆林业局(龙江森工) | 梅花鹿 | 48 |
| 354 | 安丘市(鲁) | 梅花鹿 | 45 |
| 355 | 从化市(粤) | 梅花鹿 | 45 |
| 356 | 宁远县(湘) | 梅花鹿 | 45 |
| 357 | 楚雄市(滇) | 梅花鹿 | 40 |
| 358 | 吉利区(豫) | 梅花鹿 | 40 |
| 359 | 北湖区(湘) | 梅花鹿 | 39 |
| 360 | 鄂温克族自治旗(内蒙古) | 梅花鹿 | 39 |
| 361 | 德兴市(赣) | 梅花鹿 | 36 |
| 362 | 密山市(黑) | 梅花鹿 | 36 |
| 363 | 巴林林业局(内蒙古) | 梅花鹿 | 35 |
| 364 | 汤阴县(豫) | 梅花鹿 | 35 |
| 365 | 元江哈尼族彝族傣族自治县(滇) | 梅花鹿 | 34 |
| 366 | 松滋市(鄂) | 梅花鹿 | 32 |
| 367 | 武定县(滇) | 梅花鹿 | 32 |
| 368 | 海宁市(浙) | 梅花鹿 | 31 |
| 369 | 怀宁县(皖) | 梅花鹿 | 30 |
| 370 | 浑源县(晋) | 梅花鹿 | 30 |
| 371 | 涞源县(冀) | 梅花鹿 | 30 |
| 372 | 南芬区(辽) | 梅花鹿 | 30 |
| 373 | 山河屯林业局(龙江森工) | 梅花鹿 | 30 |
| 374 | 托克托县(内蒙古) | 梅花鹿 | 30 |
| 375 | 宜良县(滇) | 梅花鹿 | 30 |
| 376 | 正宁林业总场(甘) | 梅花鹿 | 30 |
| 377 | 转山实验林场(黑) | 梅花鹿 | 30 |
| 378 | 惠山区(苏) | 梅花鹿 | 25 |
| 379 | 永平县(滇) | 梅花鹿 | 24 |
| 380 | 民乐县(甘) | 梅花鹿 | 23 |
| 381 | 汉台区(陕) | 梅花鹿 | 22 |
| 382 | 泰顺县(浙) | 梅花鹿 | 21 |
| 383 | 承德县(冀) | 梅花鹿 | 20 |
| 384 | 卢氏县(豫) | 梅花鹿 | 20 |
| 385 | 宁蒗彝族自治县(滇) | 梅花鹿 | 20 |
| 386 | 乳山市(鲁) | 梅花鹿 | 20 |
| 387 | 太湖县(皖) | 梅花鹿 | 20 |
| 388 | 盐边县(川) | 梅花鹿 | 20 |
| 389 | 永仁县(滇) | 梅花鹿 | 17 |
| 390 | 山河实验林场(黑) | 梅花鹿 | 15 |
| 391 | 颍上县(皖) | 梅花鹿 | 14 |
| 392 | 城子河区(黑) | 梅花鹿 | 13 |
| 393 | 腾冲县(滇) | 梅花鹿 | 13 |
| 394 | 黑龙江柴河林业局(龙江森工) | 梅花鹿 | 12 |
| 395 | 林口林业局(龙江森工) | 梅花鹿 | 12 |
| 396 | 苏仙区(湘) | 梅花鹿 | 12 |
| 397 | 云　县(滇) | 梅花鹿 | 11 |
| 398 | 察哈尔右翼前旗(内蒙古) | 梅花鹿 | 10 |
| 399 | 翠屏区(川) | 梅花鹿 | 10 |
| 400 | 平阴县(鲁) | 梅花鹿 | 10 |
| 401 | 荣昌县(渝) | 梅花鹿 | 10 |
| 402 | 宣化区(冀) | 梅花鹿 | 10 |
| 403 | 余杭区(浙) | 梅花鹿 | 10 |
| 404 | 会泽县(滇) | 梅花鹿 | 9 |
| 405 | 洋　县(陕) | 梅花鹿 | 7 |
| 406 | 新建县(赣) | 梅花鹿 | 6 |
| 407 | 仪陇县(川) | 梅花鹿 | 5 |
| 408 | 海安县(苏) | 河麂 | 1181 |
| 409 | 澄江县(滇) | 河麂 | 560 |
| 410 | 象州县(桂) | 河麂 | 300 |
| 411 | 大丰市(苏) | 河麂 | 270 |

| 序号 | 主产地 | 动物种类 | 驯养数量（只、头、条） | 序号 | 主产地 | 动物种类 | 驯养数量（只、头、条） |
|---|---|---|---|---|---|---|---|
| 412 | 颍上县(皖) | 河鹿 | 186 | 457 | 淅川县(豫) | 野猪 | 2500 |
| 413 | 贵溪市(赣) | 河鹿 | 120 | 458 | 北川羌族自治县(川) | 野猪 | 2450 |
| 414 | 巢湖市(皖) | 河鹿 | 80 | 459 | 建平县(辽) | 野猪 | 2400 |
| 415 | 永平县(滇) | 河鹿 | 40 | 460 | 桑植县(湘) | 野猪 | 2300 |
| 416 | 大兴区(京) | 麋鹿 | 163 | 461 | 禄丰县(滇) | 野猪 | 2240 |
| 417 | 临安市(浙) | 麋鹿 | 60 | 462 | 简阳市(川) | 野猪 | 2196 |
| 418 | 原阳县(豫) | 麋鹿 | 40 | 463 | 通化县(吉) | 野猪 | 2010 |
| 419 | 盘龙区(滇) | 麋鹿 | 11 | 464 | 本溪满族自治县(辽) | 野猪 | 2000 |
| 420 | 颍上县(皖) | 麋鹿 | 9 | 465 | 恩施市(鄂) | 野猪 | 2000 |
| 421 | 遵化市(冀) | 野猪 | 56801 | 466 | 澜沧拉祜族自治县(滇) | 野猪 | 2000 |
| 422 | 承德县(冀) | 野猪 | 23750 | 467 | 醴陵市(湘) | 野猪 | 2000 |
| 423 | 东方红林业局(龙江森工) | 野猪 | 22000 | 468 | 栾川县(豫) | 野猪 | 2000 |
| 424 | 友好林业局(龙江森工) | 野猪 | 13580 | 469 | 乳源瑶族自治县(粤) | 野猪 | 2000 |
| 425 | 衡东县(湘) | 野猪 | 10000 | 470 | 象山县(浙) | 野猪 | 2000 |
| 426 | 宁海县(浙) | 野猪 | 10000 | 471 | 应城市(鄂) | 野猪 | 2000 |
| 427 | 青秀区(桂) | 野猪 | 10000 | 472 | 陆良县(滇) | 野猪 | 1969 |
| 428 | 汤旺河林业局(龙江森工) | 野猪 | 10000 | 473 | 克什克腾旗(内蒙古) | 野猪 | 1966 |
| 429 | 漾濞彝族自治县(滇) | 野猪 | 10000 | 474 | 扎赉特旗(内蒙古) | 野猪 | 1900 |
| 430 | 巴东县(鄂) | 野猪 | 9000 | 475 | 隆安县(桂) | 野猪 | 1800 |
| 431 | 祁东县(湘) | 野猪 | 8000 | 476 | 扎兰屯市(内蒙古) | 野猪 | 1800 |
| 432 | 临海市(浙) | 野猪 | 7200 | 477 | 石屏县(滇) | 野猪 | 1770 |
| 433 | 巴州区(川) | 野猪 | 6000 | 478 | 麒麟区(滇) | 野猪 | 1700 |
| 434 | 绥中县(辽) | 野猪 | 6000 | 479 | 浏阳市(湘) | 野猪 | 1610 |
| 435 | 海城市(辽) | 野猪 | 5100 | 480 | 腾冲县(滇) | 野猪 | 1608 |
| 436 | 东至县(皖) | 野猪 | 5000 | 481 | 长阳土家族自治县(鄂) | 野猪 | 1600 |
| 437 | 江口县(黔) | 野猪 | 5000 | 482 | 彰武县(辽) | 野猪 | 1600 |
| 438 | 芦山县(川) | 野猪 | 5000 | 483 | 利津县(鲁) | 野猪 | 1500 |
| 439 | 迁西县(冀) | 野猪 | 5000 | 484 | 内乡县(豫) | 野猪 | 1500 |
| 440 | 大兴区(京) | 野猪 | 4522 | 485 | 麻城市(鄂) | 野猪 | 1452 |
| 441 | 富源县(滇) | 野猪 | 4000 | 486 | 宜良县(滇) | 野猪 | 1400 |
| 442 | 射洪县(川) | 野猪 | 4000 | 487 | 蕲春县(鄂) | 野猪 | 1380 |
| 443 | 东昌区(吉) | 野猪 | 3600 | 488 | 河口瑶族自治县(滇) | 野猪 | 1350 |
| 444 | 无为县(皖) | 野猪 | 3500 | 489 | 辉南县(吉) | 野猪 | 1320 |
| 445 | 双丰林业局(龙江森工) | 野猪 | 3105 | 490 | 庄河市(辽) | 野猪 | 1260 |
| 446 | 罗江县(川) | 野猪 | 3000 | 491 | 泾　县(皖) | 野猪 | 1230 |
| 447 | 青州市(鲁) | 野猪 | 3000 | 492 | 龙门县(粤) | 野猪 | 1210 |
| 448 | 清原满族自治县(辽) | 野猪 | 3000 | 493 | 峨边彝族自治县(川) | 野猪 | 1200 |
| 449 | 石棉县(川) | 野猪 | 2900 | 494 | 金川县(川) | 野猪 | 1200 |
| 450 | 灵寿县(冀) | 野猪 | 2800 | 495 | 乐昌市(粤) | 野猪 | 1200 |
| 451 | 老边区(辽) | 野猪 | 2600 | 496 | 洛宁县(豫) | 野猪 | 1200 |
| 452 | 万安县(赣) | 野猪 | 2600 | 497 | 上甘岭林业局(龙江森工) | 野猪 | 1200 |
| 453 | 寻甸回族彝族自治县(滇) | 野猪 | 2520 | 498 | 崇州市(川) | 野猪 | 1120 |
| 454 | 金口河区(川) | 野猪 | 2500 | 499 | 靖宇县(吉) | 野猪 | 1100 |
| 455 | 灵宝市(豫) | 野猪 | 2500 | 500 | 凯里市(黔) | 野猪 | 1100 |
| 456 | 万源市(川) | 野猪 | 2500 | 501 | 忠　县(渝) | 野猪 | 1100 |

| 序号 | 主产地 | 动物种类 | 驯养数量（只、头、条） | 序号 | 主产地 | 动物种类 | 驯养数量（只、头、条） |
|---|---|---|---|---|---|---|---|
| 502 | 沐川县(川) | 野猪 | 1050 | 547 | 内蒙古柴河林业局(内蒙古) | 野猪 | 543 |
| 503 | 阿尔山市(内蒙古) | 野猪 | 1000 | 548 | 君山区(湘) | 野猪 | 540 |
| 504 | 东宝区(鄂) | 野猪 | 1000 | 549 | 临泉县(皖) | 野猪 | 532 |
| 505 | 江油市(川) | 野猪 | 1000 | 550 | 黔江区(渝) | 野猪 | 520 |
| 506 | 金城江区(桂) | 野猪 | 1000 | 551 | 大方县(黔) | 野猪 | 500 |
| 507 | 温江区(川) | 野猪 | 1000 | 552 | 大余县(赣) | 野猪 | 500 |
| 508 | 汶上县(鲁) | 野猪 | 1000 | 553 | 房　县(鄂) | 野猪 | 500 |
| 509 | 小金县(川) | 野猪 | 1000 | 554 | 浑江区(吉) | 野猪 | 500 |
| 510 | 宜都市(鄂) | 野猪 | 1000 | 555 | 集安市(吉) | 野猪 | 500 |
| 511 | 梓潼县(川) | 野猪 | 1000 | 556 | 凉城县(内蒙古) | 野猪 | 500 |
| 512 | 崇义县(赣) | 野猪 | 923 | 557 | 两当县(甘) | 野猪 | 500 |
| 513 | 方正林业局(龙江森工) | 野猪 | 900 | 558 | 林口林业局(龙江森工) | 野猪 | 500 |
| 514 | 南川区(渝) | 野猪 | 900 | 559 | 临安市(浙) | 野猪 | 500 |
| 515 | 枝江市(鄂) | 野猪 | 900 | 560 | 灵川县(桂) | 野猪 | 500 |
| 516 | 永年县(冀) | 野猪 | 860 | 561 | 罗城仫佬族自治县(桂) | 野猪 | 500 |
| 517 | 建昌县(辽) | 野猪 | 856 | 562 | 宁阳县(鲁) | 野猪 | 500 |
| 518 | 盖州市(辽) | 野猪 | 840 | 563 | 磐石市(吉) | 野猪 | 500 |
| 519 | 集宁区(内蒙古) | 野猪 | 810 | 564 | 社旗县(豫) | 野猪 | 500 |
| 520 | 乐安县(赣) | 野猪 | 800 | 565 | 渑池县(豫) | 野猪 | 500 |
| 521 | 嵩　县(豫) | 野猪 | 800 | 566 | 石门县(湘) | 野猪 | 500 |
| 522 | 巫溪县(渝) | 野猪 | 800 | 567 | 汶川县(川) | 野猪 | 500 |
| 523 | 沅陵县(湘) | 野猪 | 785 | 568 | 新宾满族自治县(辽) | 野猪 | 500 |
| 524 | 建始县(鄂) | 野猪 | 720 | 569 | 阳新县(鄂) | 野猪 | 500 |
| 525 | 巴林右旗(内蒙古) | 野猪 | 700 | 570 | 禹州市(豫) | 野猪 | 500 |
| 526 | 东丰县(吉) | 野猪 | 700 | 571 | 沾益县(滇) | 野猪 | 500 |
| 527 | 蒙山县(桂) | 野猪 | 700 | 572 | 中宁县(宁) | 野猪 | 490 |
| 528 | 孙吴县(黑) | 野猪 | 700 | 573 | 新青林业局(龙江森工) | 野猪 | 470 |
| 529 | 岫岩满族自治县(辽) | 野猪 | 700 | 574 | 垫江县(渝) | 野猪 | 460 |
| 530 | 都江堰市(川) | 野猪 | 690 | 575 | 梁山县(鲁) | 野猪 | 458 |
| 531 | 文　县(甘) | 野猪 | 690 | 576 | 宁洱哈尼族彝族自治县(滇) | 野猪 | 450 |
| 532 | 海盐县(浙) | 野猪 | 676 | 577 | 西乌珠穆沁旗(内蒙古) | 野猪 | 450 |
| 533 | 余杭区(浙) | 野猪 | 620 | 578 | 兴宁市(粤) | 野猪 | 450 |
| 534 | 带岭实验局(龙江森工) | 野猪 | 600 | 579 | 玉龙纳西族自治县(滇) | 野猪 | 450 |
| 535 | 登封市(豫) | 野猪 | 600 | 580 | 阿鲁科尔沁旗(内蒙古) | 野猪 | 420 |
| 536 | 港南区(桂) | 野猪 | 600 | 581 | 古交市(晋) | 野猪 | 420 |
| 537 | 新田县(湘) | 野猪 | 600 | 582 | 南岔林业局(龙江森工) | 野猪 | 420 |
| 538 | 阳山县(粤) | 野猪 | 600 | 583 | 清城区(粤) | 野猪 | 420 |
| 539 | 杨凌区农林局(陕) | 野猪 | 600 | 584 | 大邑县(川) | 野猪 | 401 |
| 540 | 镇坪县(陕) | 野猪 | 600 | 585 | 安　县(川) | 野猪 | 400 |
| 541 | 东京城林业局(龙江森工) | 野猪 | 586 | 586 | 巴林林业局(内蒙古) | 野猪 | 400 |
| 542 | 盈江县(滇) | 野猪 | 586 | 587 | 白河县(陕) | 野猪 | 400 |
| 543 | 丰都县(渝) | 野猪 | 580 | 588 | 都昌县(赣) | 野猪 | 400 |
| 544 | 岑溪市(桂) | 野猪 | 570 | 589 | 旌阳区(川) | 野猪 | 400 |
| 545 | 额尔古纳市(内蒙古) | 野猪 | 562 | 590 | 五大连池市(黑) | 野猪 | 400 |
| 546 | 松潘县(川) | 野猪 | 550 | 591 | 金溪县(赣) | 野猪 | 398 |

| 序号 | 主产地 | 动物种类 | 驯养数量（只、头、条） |
|---|---|---|---|
| 592 | 黑龙江柴河林业局(龙江森工) | 野猪 | 382 |
| 593 | 来凤县(鄂) | 野猪 | 380 |
| 594 | 南木林业局(内蒙古) | 野猪 | 380 |
| 595 | 玉环县(浙) | 野猪 | 360 |
| 596 | 马边彝族自治县(川) | 野猪 | 350 |
| 597 | 连南瑶族自治县(粤) | 野猪 | 344 |
| 598 | 彝良县(滇) | 野猪 | 335 |
| 599 | 渝水区(赣) | 野猪 | 330 |
| 600 | 慈利县(湘) | 野猪 | 320 |
| 601 | 昂昂溪区(黑) | 野猪 | 300 |
| 602 | 大关县(滇) | 野猪 | 300 |
| 603 | 雷州市(粤) | 野猪 | 300 |
| 604 | 耒阳市(湘) | 野猪 | 300 |
| 605 | 鹿泉市(冀) | 野猪 | 300 |
| 606 | 宁安市(黑) | 野猪 | 300 |
| 607 | 宁国市(皖) | 野猪 | 300 |
| 608 | 平利县(陕) | 野猪 | 300 |
| 609 | 潜山县(皖) | 野猪 | 300 |
| 610 | 双鸭山林业局(龙江森工) | 野猪 | 300 |
| 611 | 绥棱林业局(龙江森工) | 野猪 | 300 |
| 612 | 随　县(鄂) | 野猪 | 300 |
| 613 | 桐庐县(浙) | 野猪 | 300 |
| 614 | 五华县(粤) | 野猪 | 300 |
| 615 | 新建县(赣) | 野猪 | 300 |
| 616 | 延寿县(黑) | 野猪 | 300 |
| 617 | 沾河林业局(龙江森工) | 野猪 | 300 |
| 618 | 南郑县(陕) | 野猪 | 290 |
| 619 | 石林彝族自治县(滇) | 野猪 | 290 |
| 620 | 延庆县(京) | 野猪 | 290 |
| 621 | 融水苗族自治县(桂) | 野猪 | 288 |
| 622 | 彭山县(川) | 野猪 | 285 |
| 623 | 朗乡林业局(龙江森工) | 野猪 | 281 |
| 624 | 木兰县(黑) | 野猪 | 280 |
| 625 | 南江县(川) | 野猪 | 280 |
| 626 | 乌马河林业局(龙江森工) | 野猪 | 280 |
| 627 | 牙克石市(内蒙古) | 野猪 | 280 |
| 628 | 南华县(滇) | 野猪 | 265 |
| 629 | 奉化市(浙) | 野猪 | 260 |
| 630 | 乌拉特前旗(内蒙古) | 野猪 | 260 |
| 631 | 建德市(浙) | 野猪 | 258 |
| 632 | 连州市(粤) | 野猪 | 250 |
| 633 | 马龙县(滇) | 野猪 | 240 |
| 634 | 碧江区(黔) | 野猪 | 220 |
| 635 | 常山县(浙) | 野猪 | 220 |
| 636 | 兰坪白族普米族自治县(滇) | 野猪 | 220 |
| 637 | 山河屯林业局(龙江森工) | 野猪 | 217 |
| 638 | 金山屯林业局(龙江森工) | 野猪 | 210 |
| 639 | 南票区(辽) | 野猪 | 210 |
| 640 | 姚安县(滇) | 野猪 | 206 |
| 641 | 丹江口市(鄂) | 野猪 | 200 |
| 642 | 广水市(鄂) | 野猪 | 200 |
| 643 | 贵溪市(赣) | 野猪 | 200 |
| 644 | 桂平市(桂) | 野猪 | 200 |
| 645 | 衡南县(湘) | 野猪 | 200 |
| 646 | 会泽县(滇) | 野猪 | 200 |
| 647 | 开远市(滇) | 野猪 | 200 |
| 648 | 穆棱林业局(龙江森工) | 野猪 | 200 |
| 649 | 宁远县(湘) | 野猪 | 200 |
| 650 | 前锋区(川) | 野猪 | 200 |
| 651 | 闻喜县(晋) | 野猪 | 200 |
| 652 | 五岔沟林业局(内蒙古) | 野猪 | 200 |
| 653 | 新安县(豫) | 野猪 | 200 |
| 654 | 翼城县(晋) | 野猪 | 200 |
| 655 | 雨城区(川) | 野猪 | 200 |
| 656 | 安岳县(川) | 野猪 | 190 |
| 657 | 五营林业局(龙江森工) | 野猪 | 189 |
| 658 | 平桥区(豫) | 野猪 | 180 |
| 659 | 万盛区(渝) | 野猪 | 180 |
| 660 | 云龙县(滇) | 野猪 | 180 |
| 661 | 翠峦林业局(龙江森工) | 野猪 | 171 |
| 662 | 长白朝鲜族自治县(吉) | 野猪 | 165 |
| 663 | 大石桥市(辽) | 野猪 | 160 |
| 664 | 临翔区(滇) | 野猪 | 160 |
| 665 | 三门县(浙) | 野猪 | 160 |
| 666 | 师宗县(滇) | 野猪 | 154 |
| 667 | 林西县(内蒙古) | 野猪 | 150 |
| 668 | 芦溪县(赣) | 野猪 | 150 |
| 669 | 阳春市(粤) | 野猪 | 150 |
| 670 | 禄劝彝族苗族自治县(滇) | 野猪 | 140 |
| 671 | 石柱土家族自治县(渝) | 野猪 | 135 |
| 672 | 修水县(赣) | 野猪 | 125 |
| 673 | 霍城县(新) | 野猪 | 124 |
| 674 | 井陉县(冀) | 野猪 | 124 |
| 675 | 楚雄市(滇) | 野猪 | 120 |
| 676 | 大姚县(滇) | 野猪 | 120 |
| 677 | 丰润区(冀) | 野猪 | 120 |
| 678 | 江陵县(鄂) | 野猪 | 120 |
| 679 | 江源区(吉) | 野猪 | 120 |
| 680 | 南溪县(川) | 野猪 | 120 |
| 681 | 宁强县(陕) | 野猪 | 120 |

| 序号 | 主产地 | 动物种类 | 驯养数量（只、头、条） |
|---|---|---|---|
| 682 | 双峰县(湘) | 野猪 | 120 |
| 683 | 遂川县(赣) | 野猪 | 120 |
| 684 | 天台县(浙) | 野猪 | 120 |
| 685 | 喜德县(川) | 野猪 | 120 |
| 686 | 新平彝族傣族自治县(滇) | 野猪 | 120 |
| 687 | 永胜县(滇) | 野猪 | 110 |
| 688 | 大海林林业局(龙江森工) | 野猪 | 108 |
| 689 | 北戴河区(冀) | 野猪 | 100 |
| 690 | 宾川县(滇) | 野猪 | 100 |
| 691 | 昌邑市(鲁) | 野猪 | 100 |
| 692 | 东平县(鲁) | 野猪 | 100 |
| 693 | 富顺县(川) | 野猪 | 100 |
| 694 | 合水林业总场(甘) | 野猪 | 100 |
| 695 | 鹤城区(湘) | 野猪 | 100 |
| 696 | 洪江市(湘) | 野猪 | 100 |
| 697 | 江川县(滇) | 野猪 | 100 |
| 698 | 椒江区(浙) | 野猪 | 100 |
| 699 | 黔西县(黔) | 野猪 | 100 |
| 700 | 苇河林业局(龙江森工) | 野猪 | 100 |
| 701 | 北湖区(湘) | 野猪 | 92 |
| 702 | 宝兴县(川) | 野猪 | 90 |
| 703 | 舒兰市(吉) | 野猪 | 90 |
| 704 | 双江拉祜族佤族布朗族傣族自治县(滇) | 野猪 | 90 |
| 705 | 卢氏县(豫) | 野猪 | 88 |
| 706 | 藁城市(冀) | 野猪 | 80 |
| 707 | 贡井区(川) | 野猪 | 80 |
| 708 | 怀宁县(皖) | 野猪 | 80 |
| 709 | 舞钢市(豫) | 野猪 | 80 |
| 710 | 盐边县(川) | 野猪 | 80 |
| 711 | 鹤峰县(鄂) | 野猪 | 75 |
| 712 | 四平市铁东区(吉) | 野猪 | 74 |
| 713 | 翠屏区(川) | 野猪 | 70 |
| 714 | 江安县(川) | 野猪 | 70 |
| 715 | 逊克县(黑) | 野猪 | 70 |
| 716 | 永平县(滇) | 野猪 | 70 |
| 717 | 玉山县(赣) | 野猪 | 70 |
| 718 | 秀洲区(浙) | 野猪 | 65 |
| 719 | 调兵山市(辽) | 野猪 | 60 |
| 720 | 麻栗坡县(滇) | 野猪 | 60 |
| 721 | 武定县(滇) | 野猪 | 60 |
| 722 | 易门县(滇) | 野猪 | 60 |
| 723 | 南部县(川) | 野猪 | 57 |
| 724 | 侯马市(晋) | 野猪 | 50 |
| 725 | 涞源县(冀) | 野猪 | 50 |
| 726 | 乳山市(鲁) | 野猪 | 50 |
| 727 | 尚义县(冀) | 野猪 | 50 |
| 728 | 翁源县(粤) | 野猪 | 50 |
| 729 | 西畴县(滇) | 野猪 | 50 |
| 730 | 宁武县(晋) | 野猪 | 41 |
| 731 | 海丰县(粤) | 野猪 | 38 |
| 732 | 万州区(渝) | 野猪 | 35 |
| 733 | 化德县(内蒙古) | 野猪 | 30 |
| 734 | 临川区(赣) | 野猪 | 30 |
| 735 | 露水河林业局(吉林森工) | 野猪 | 30 |
| 736 | 襄城区(鄂) | 野猪 | 30 |
| 737 | 兴山县(鄂) | 野猪 | 30 |
| 738 | 和　县(皖) | 野猪 | 25 |
| 739 | 乌伊岭林业局(龙江森工) | 野猪 | 24 |
| 740 | 赤城县(冀) | 野猪 | 22 |
| 741 | 牟定县(滇) | 野猪 | 21 |
| 742 | 德兴市(赣) | 野猪 | 20 |
| 743 | 定南县(赣) | 野猪 | 20 |
| 744 | 井冈山市(赣) | 野猪 | 20 |
| 745 | 武江区(粤) | 野猪 | 20 |
| 746 | 新巴尔虎右旗(内蒙古) | 野猪 | 20 |
| 747 | 绥阳林业局(龙江森工) | 野猪 | 15 |
| 748 | 原阳县(豫) | 野猪 | 15 |
| 749 | 黎川县(赣) | 野猪 | 14 |
| 750 | 汤阴县(豫) | 野猪 | 13 |
| 751 | 九江县(赣) | 野猪 | 10 |
| 752 | 宁蒗彝族自治县(滇) | 野猪 | 10 |
| 753 | 施甸县(滇) | 野猪 | 10 |
| 754 | 山阳区(豫) | 野猪 | 4 |
| 755 | 洋　县(陕) | 野猪 | 4 |
| 756 | 饶河县(黑) | 野猪 | 1 |
| 757 | 张湾区(鄂) | 獾猪 | 450 |
| 758 | 会昌县(赣) | 獾猪 | 300 |
| 759 | 新化县(湘) | 獾猪 | 200 |
| 760 | 兴国县(赣) | 獾猪 | 200 |
| 761 | 涿州市(冀) | 獾猪 | 40 |
| 762 | 万盛区(渝) | 獾猪 | 30 |
| 763 | 紫金县(粤) | 豪猪 | 50150 |
| 764 | 桃源县(湘) | 豪猪 | 22000 |
| 765 | 兴宁市(粤) | 豪猪 | 7940 |
| 766 | 东至县(皖) | 豪猪 | 3300 |
| 767 | 全州县(桂) | 豪猪 | 2030 |
| 768 | 霍邱县(皖) | 豪猪 | 2000 |
| 769 | 麻城市(鄂) | 豪猪 | 2000 |
| 770 | 乳源瑶族自治县(粤) | 豪猪 | 2000 |

| 序号 | 主产地 | 动物种类 | 驯养数量（只、头、条） | 序号 | 主产地 | 动物种类 | 驯养数量（只、头、条） |
|---|---|---|---|---|---|---|---|
| 771 | 石台县(皖) | 豪猪 | 2000 | 816 | 隆安县(桂) | 豪猪 | 200 |
| 772 | 咸丰县(鄂) | 豪猪 | 2000 | 817 | 宣恩县(鄂) | 豪猪 | 200 |
| 773 | 鹤城区(湘) | 豪猪 | 1958 | 818 | 涟源市(湘) | 豪猪 | 180 |
| 774 | 永定区(湘) | 豪猪 | 1620 | 819 | 北湖区(湘) | 豪猪 | 174 |
| 775 | 从化市(粤) | 豪猪 | 1037 | 820 | 赫山区(湘) | 豪猪 | 150 |
| 776 | 大余县(赣) | 豪猪 | 1000 | 821 | 江州区(桂) | 豪猪 | 150 |
| 777 | 洪江市(湘) | 豪猪 | 1000 | 822 | 略阳县(陕) | 豪猪 | 150 |
| 778 | 金城江区(桂) | 豪猪 | 1000 | 823 | 易门县(滇) | 豪猪 | 150 |
| 779 | 彭泽县(赣) | 豪猪 | 1000 | 824 | 黎川县(赣) | 豪猪 | 143 |
| 780 | 万安县(赣) | 豪猪 | 1000 | 825 | 南部县(川) | 豪猪 | 128 |
| 781 | 石柱土家族自治县(渝) | 豪猪 | 953 | 826 | 大安区(川) | 豪猪 | 125 |
| 782 | 黔江区(渝) | 豪猪 | 940 | 827 | 潜山县(皖) | 豪猪 | 120 |
| 783 | 新田县(湘) | 豪猪 | 900 | 828 | 屈家岭管理区(鄂) | 豪猪 | 120 |
| 784 | 通城县(鄂) | 豪猪 | 720 | 829 | 阳新县(鄂) | 豪猪 | 120 |
| 785 | 乐昌市(粤) | 豪猪 | 700 | 830 | 都昌县(赣) | 豪猪 | 100 |
| 786 | 荔浦县(桂) | 豪猪 | 660 | 831 | 金溪县(赣) | 豪猪 | 100 |
| 787 | 腾冲县(滇) | 豪猪 | 640 | 832 | 常山县(浙) | 豪猪 | 90 |
| 788 | 常宁市(湘) | 豪猪 | 600 | 833 | 禄丰县(滇) | 豪猪 | 90 |
| 789 | 鹤峰县(鄂) | 豪猪 | 600 | 834 | 上高县(赣) | 豪猪 | 90 |
| 790 | 建始县(鄂) | 豪猪 | 600 | 835 | 钦北区(桂) | 豪猪 | 88 |
| 791 | 江永县(湘) | 豪猪 | 500 | 836 | 河口瑶族自治县(滇) | 豪猪 | 81 |
| 792 | 盈江县(滇) | 豪猪 | 432 | 837 | 石门县(湘) | 豪猪 | 80 |
| 793 | 辰溪县(湘) | 豪猪 | 420 | 838 | 元江哈尼族彝族傣族自治县(滇) | 豪猪 | 68 |
| 794 | 巴东县(鄂) | 豪猪 | 400 | 839 | 连南瑶族自治县(粤) | 豪猪 | 60 |
| 795 | 永修县(赣) | 豪猪 | 400 | 840 | 云　县(滇) | 豪猪 | 60 |
| 796 | 龙门县(粤) | 豪猪 | 387 | 841 | 崇仁县(赣) | 豪猪 | 55 |
| 797 | 鹤山市(粤) | 豪猪 | 380 | 842 | 上思县(桂) | 豪猪 | 50 |
| 798 | 马边彝族自治县(川) | 豪猪 | 358 | 843 | 寿　县(皖) | 豪猪 | 50 |
| 799 | 道　县(湘) | 豪猪 | 350 | 844 | 太湖县(皖) | 豪猪 | 50 |
| 800 | 来凤县(鄂) | 豪猪 | 350 | 845 | 阳朔县(桂) | 豪猪 | 50 |
| 801 | 芦溪县(赣) | 豪猪 | 350 | 846 | 都江堰市(川) | 豪猪 | 30 |
| 802 | 新建县(赣) | 豪猪 | 330 | 847 | 罗城仫佬族自治县(桂) | 豪猪 | 30 |
| 803 | 垫江县(渝) | 豪猪 | 320 | 848 | 眉　县(陕) | 豪猪 | 28 |
| 804 | 云溪区(湘) | 豪猪 | 300 | 849 | 荣　县(川) | 豪猪 | 26 |
| 805 | 祁东县(湘) | 豪猪 | 280 | 850 | 武定县(滇) | 豪猪 | 20 |
| 806 | 饶平县(粤) | 豪猪 | 280 | 851 | 阳山县(粤) | 豪猪 | 20 |
| 807 | 武陵区(湘) | 豪猪 | 260 | 852 | 卢氏县(豫) | 豪猪 | 10 |
| 808 | 沐川县(川) | 豪猪 | 250 | 853 | 洋　县(陕) | 豪猪 | 8 |
| 809 | 英德市(粤) | 豪猪 | 250 | 854 | 大兴区(京) | 豪猪 | 7 |
| 810 | 德兴市(赣) | 豪猪 | 222 | 855 | 翠屏区(川) | 豪猪 | 6 |
| 811 | 连平县(粤) | 豪猪 | 210 | 856 | 盘龙区(滇) | 豪猪 | 2 |
| 812 | 恩施市(鄂) | 豪猪 | 200 | 857 | 杜尔伯特蒙古族自治县(黑) | 银狐 | 552030 |
| 813 | 丰都县(渝) | 豪猪 | 200 | 858 | 肇源县(黑) | 银狐 | 370000 |
| 814 | 江南区(桂) | 豪猪 | 200 | 859 | 南票区(辽) | 银狐 | 190000 |
| 815 | 蓝山县(湘) | 豪猪 | 200 | 860 | 大洼县(辽) | 银狐 | 102000 |

| 序号 | 主产地 | 动物种类 | 驯养数量（只、头、条） | 序号 | 主产地 | 动物种类 | 驯养数量（只、头、条） |
|---|---|---|---|---|---|---|---|
| 861 | 前郭尔罗斯蒙古族自治县(吉) | 银狐 | 42600 | 906 | 南宫市(冀) | 水貂 | 7000 |
| 862 | 灯塔市(辽) | 银狐 | 35000 | 907 | 鞍山市开发区(辽) | 水貂 | 6000 |
| 863 | 青州市(鲁) | 银狐 | 26150 | 908 | 孟家岗林场(黑) | 水貂 | 4800 |
| 864 | 庄河市(辽) | 银狐 | 24150 | 909 | 藁城市(冀) | 水貂 | 4000 |
| 865 | 乾安县(吉) | 银狐 | 20000 | 910 | 肥城市(鲁) | 水貂 | 3000 |
| 866 | 商河县(鲁) | 银狐 | 20000 | 911 | 集宁区(内蒙古) | 水貂 | 3000 |
| 867 | 河口区(鲁) | 银狐 | 12000 | 912 | 绥中县(辽) | 水貂 | 3000 |
| 868 | 藁城市(冀) | 银狐 | 9450 | 913 | 大石桥市(辽) | 水貂 | 2000 |
| 869 | 让胡路区(黑) | 银狐 | 5274 | 914 | 普兰店市(辽) | 水貂 | 1700 |
| 870 | 东平县(鲁) | 银狐 | 2300 | 915 | 利辛县(皖) | 水貂 | 1000 |
| 871 | 获嘉县(豫) | 银狐 | 2200 | 916 | 津南区(津) | 水貂 | 500 |
| 872 | 大石桥市(辽) | 银狐 | 2000 | 917 | 东方红林业局(龙江森工) | 水貂 | 350 |
| 873 | 彰武县(辽) | 银狐 | 1600 | 918 | 平阴县(鲁) | 水貂 | 200 |
| 874 | 临泉县(皖) | 银狐 | 1532 | 919 | 诸城市(鲁) | 狐狸 | 1200000 |
| 875 | 海城市(辽) | 银狐 | 500 | 920 | 滦南县(冀) | 狐狸 | 270000 |
| 876 | 宽城满族自治县(冀) | 银狐 | 450 | 921 | 寿光市(鲁) | 狐狸 | 70000 |
| 877 | 建昌县(辽) | 银狐 | 300 | 922 | 东港市(辽) | 狐狸 | 32340 |
| 878 | 民乐县(甘) | 银狐 | 70 | 923 | 邹城市(鲁) | 狐狸 | 30000 |
| 879 | 双城市(黑) | 银狐 | 20 | 924 | 林甸县(黑) | 狐狸 | 27523 |
| 880 | 辽阳县(辽) | 北极狐 | 55000 | 925 | 藁城市(冀) | 狐狸 | 19250 |
| 881 | 连山区(辽) | 北极狐 | 22600 | 926 | 寒亭区(鲁) | 狐狸 | 15400 |
| 882 | 鲅鱼圈区(辽) | 北极狐 | 4000 | 927 | 友好林业局(龙江森工) | 狐狸 | 14500 |
| 883 | 黎川县(赣) | 北极狐 | 174 | 928 | 东京城林业局(龙江森工) | 狐狸 | 12000 |
| 884 | 大同县(晋) | 北极狐 | 20 | 929 | 枣强县(冀) | 狐狸 | 12000 |
| 885 | 盘龙区(滇) | 北极狐 | 1 | 930 | 方正林业局(龙江森工) | 狐狸 | 10300 |
| 886 | 诸城市(鲁) | 水貂 | 9560000 | 931 | 潍坊市峡山区(鲁) | 狐狸 | 10000 |
| 887 | 庄河市(辽) | 水貂 | 1732500 | 932 | 海林林业局(龙江森工) | 狐狸 | 8800 |
| 888 | 尚志市(黑) | 水貂 | 300000 | 933 | 修武县(豫) | 狐狸 | 8500 |
| 889 | 青州市(鲁) | 水貂 | 256000 | 934 | 遵化市(冀) | 狐狸 | 6871 |
| 890 | 东港市(辽) | 水貂 | 176610 | 935 | 金山屯林业局(龙江森工) | 狐狸 | 5200 |
| 891 | 昌乐县(鲁) | 水貂 | 140000 | 936 | 绥中县(辽) | 狐狸 | 5000 |
| 892 | 蠡　县(冀) | 水貂 | 80000 | 937 | 灵寿县(冀) | 狐狸 | 4200 |
| 893 | 河口区(鲁) | 水貂 | 60000 | 938 | 汤阴县(豫) | 狐狸 | 4200 |
| 894 | 前郭尔罗斯蒙古族自治县(吉) | 水貂 | 45000 | 939 | 东营区(鲁) | 狐狸 | 3000 |
| 895 | 昌邑区(吉) | 水貂 | 40000 | 940 | 双丰林业局(龙江森工) | 狐狸 | 2768 |
| 896 | 新宾满族自治县(辽) | 水貂 | 33000 | 941 | 上甘岭林业局(龙江森工) | 狐狸 | 2610 |
| 897 | 灯塔市(辽) | 水貂 | 29000 | 942 | 肥城市(鲁) | 狐狸 | 2300 |
| 898 | 东平县(鲁) | 水貂 | 24480 | 943 | 翠峦林业局(龙江森工) | 狐狸 | 2268 |
| 899 | 邹城市(鲁) | 水貂 | 20000 | 944 | 平阴县(鲁) | 狐狸 | 2170 |
| 900 | 寿光市(鲁) | 水貂 | 19000 | 945 | 普兰店市(辽) | 狐狸 | 2100 |
| 901 | 宽城满族自治县(冀) | 水貂 | 16800 | 946 | 东方红林业局(龙江森工) | 狐狸 | 2000 |
| 902 | 枣强县(冀) | 水貂 | 15000 | 947 | 集宁区(内蒙古) | 狐狸 | 2000 |
| 903 | 利津县(鲁) | 水貂 | 11300 | 948 | 顺河回族区(豫) | 狐狸 | 1780 |
| 904 | 连山区(辽) | 水貂 | 10000 | 949 | 昌乐县(鲁) | 狐狸 | 1600 |
| 905 | 灵寿县(冀) | 水貂 | 8100 | 950 | 汤旺河林业局(龙江森工) | 狐狸 | 1400 |

| 序号 | 主产地 | 动物种类 | 驯养数量（只、头、条） |
|---|---|---|---|
| 951 | 承德县(冀) | 狐狸 | 1260 |
| 952 | 津南区(津) | 狐狸 | 1200 |
| 953 | 沾河林业局(龙江森工) | 狐狸 | 1120 |
| 954 | 新青林业局(龙江森工) | 狐狸 | 900 |
| 955 | 鹿泉市(冀) | 狐狸 | 880 |
| 956 | 西夏区(宁) | 狐狸 | 830 |
| 957 | 深泽县(冀) | 狐狸 | 456 |
| 958 | 利津县(鲁) | 狐狸 | 380 |
| 959 | 桃山林业局(龙江森工) | 狐狸 | 300 |
| 960 | 美溪林业局(龙江森工) | 狐狸 | 207 |
| 961 | 利辛县(皖) | 狐狸 | 200 |
| 962 | 绥棱林业局(龙江森工) | 狐狸 | 200 |
| 963 | 临泽县(甘) | 狐狸 | 150 |
| 964 | 龙井市(吉) | 狐狸 | 94 |
| 965 | 赤城县(冀) | 狐狸 | 50 |
| 966 | 奎文区(鲁) | 狐狸 | 4 |
| 967 | 盘龙区(滇) | 狐狸 | 4 |
| 968 | 巩义市(豫) | 狐狸 | 2 |
| 969 | 沂源县(鲁) | 狐狸 | 1 |
| 970 | 万安县(赣) | 果子狸 | 3200 |
| 971 | 鹤城区(湘) | 果子狸 | 1700 |
| 972 | 寻甸回族彝族自治县(滇) | 果子狸 | 1350 |
| 973 | 全州县(桂) | 果子狸 | 1120 |
| 974 | 桃源县(湘) | 果子狸 | 600 |
| 975 | 东乡县(赣) | 果子狸 | 410 |
| 976 | 蒙山县(桂) | 果子狸 | 400 |
| 977 | 藤　县(桂) | 果子狸 | 350 |
| 978 | 东宝区(鄂) | 果子狸 | 340 |
| 979 | 平昌县(川) | 果子狸 | 300 |
| 980 | 镇坪县(陕) | 果子狸 | 300 |
| 981 | 马边彝族自治县(川) | 果子狸 | 228 |
| 982 | 江南区(桂) | 果子狸 | 200 |
| 983 | 汶川县(川) | 果子狸 | 150 |
| 984 | 沅陵县(湘) | 果子狸 | 150 |
| 985 | 翠屏区(川) | 果子狸 | 120 |
| 986 | 栾川县(豫) | 果子狸 | 95 |
| 987 | 盈江县(滇) | 果子狸 | 92 |
| 988 | 耒阳市(湘) | 果子狸 | 60 |
| 989 | 鹤峰县(鄂) | 果子狸 | 50 |
| 990 | 侯马市(晋) | 果子狸 | 50 |
| 991 | 武陵区(湘) | 果子狸 | 50 |
| 992 | 卢氏县(豫) | 果子狸 | 36 |
| 993 | 会泽县(滇) | 果子狸 | 4 |
| 994 | 肇源县(黑) | 貉 | 700000 |
| 995 | 滦南县(冀) | 貉 | 500000 |
| 996 | 杜尔伯特蒙古族自治县(黑) | 貉 | 422598 |
| 997 | 巴彦县(黑) | 貉 | 230000 |
| 998 | 林甸县(黑) | 貉 | 55301 |
| 999 | 东港市(辽) | 貉 | 40020 |
| 1000 | 商河县(鲁) | 貉 | 40000 |
| 1001 | 大洼县(辽) | 貉 | 30000 |
| 1002 | 前郭尔罗斯蒙古族自治县(吉) | 貉 | 30000 |
| 1003 | 东平县(鲁) | 貉 | 20000 |
| 1004 | 河口区(鲁) | 貉 | 18000 |
| 1005 | 方正林业局(龙江森工) | 貉 | 17284 |
| 1006 | 海林林业局(龙江森工) | 貉 | 15680 |
| 1007 | 连山区(辽) | 貉 | 10000 |
| 1008 | 乾安县(吉) | 貉 | 10000 |
| 1009 | 兴城市(辽) | 貉 | 10000 |
| 1010 | 邹城市(鲁) | 貉 | 10000 |
| 1011 | 青州市(鲁) | 貉 | 8500 |
| 1012 | 呼兰区(黑) | 貉 | 6100 |
| 1013 | 双丰林业局(龙江森工) | 貉 | 5675 |
| 1014 | 喀喇沁左翼蒙古族自治县(辽) | 貉 | 5040 |
| 1015 | 灵寿县(冀) | 貉 | 4400 |
| 1016 | 宽城满族自治县(冀) | 貉 | 4100 |
| 1017 | 赤城县(冀) | 貉 | 4000 |
| 1018 | 东方红林业局(龙江森工) | 貉 | 3500 |
| 1019 | 翠峦林业局(龙江森工) | 貉 | 2656 |
| 1020 | 涞源县(冀) | 貉 | 2500 |
| 1021 | 鲅鱼圈区(辽) | 貉 | 2000 |
| 1022 | 迎春林业局(龙江森工) | 貉 | 2000 |
| 1023 | 让胡路区(黑) | 貉 | 1560 |
| 1024 | 获嘉县(豫) | 貉 | 1500 |
| 1025 | 鹰手营子矿区(冀) | 貉 | 1500 |
| 1026 | 美溪林业局(龙江森工) | 貉 | 1200 |
| 1027 | 汤旺河林业局(龙江森工) | 貉 | 1200 |
| 1028 | 朗乡林业局(龙江森工) | 貉 | 1102 |
| 1029 | 鹤岗市市辖区(黑) | 貉 | 1000 |
| 1030 | 金山屯林业局(龙江森工) | 貉 | 1000 |
| 1031 | 五营林业局(龙江森工) | 貉 | 1000 |
| 1032 | 亚布力林业局(龙江森工) | 貉 | 1000 |
| 1033 | 沾河林业局(龙江森工) | 貉 | 925 |
| 1034 | 津南区(津) | 貉 | 850 |
| 1035 | 昌乐县(鲁) | 貉 | 800 |
| 1036 | 龙港区(辽) | 貉 | 800 |
| 1037 | 木兰县(黑) | 貉 | 800 |
| 1038 | 友好林业局(龙江森工) | 貉 | 780 |
| 1039 | 大兴区(京) | 貉 | 701 |
| 1040 | 藁城市(冀) | 貉 | 700 |

| 序号 | 主产地 | 动物种类 | 驯养数量（只、头、条） | 序号 | 主产地 | 动物种类 | 驯养数量（只、头、条） |
|---|---|---|---|---|---|---|---|
| 1041 | 南宫市(冀) | 貉 | 700 | 1086 | 奎文区(鲁) | 狼 | 2 |
| 1042 | 上甘岭林业局(龙江森工) | 貉 | 650 | 1087 | 翠屏区(川) | 狼 | 1 |
| 1043 | 双城市(黑) | 貉 | 560 | 1088 | 延庆县(京) | 老虎 | 100 |
| 1044 | 五常市(黑) | 貉 | 500 | 1089 | 盘龙区(滇) | 老虎 | 79 |
| 1045 | 新青林业局(龙江森工) | 貉 | 500 | 1090 | 浦东新区(沪) | 老虎 | 57 |
| 1046 | 苇河林业局(龙江森工) | 貉 | 478 | 1091 | 北戴河区(冀) | 老虎 | 34 |
| 1047 | 大海林林业局(龙江森工) | 貉 | 460 | 1092 | 顺义区(京) | 老虎 | 10 |
| 1048 | 南岔林业局(龙江森工) | 貉 | 400 | 1093 | 翠屏区(川) | 老虎 | 8 |
| 1049 | 栾川县(豫) | 貉 | 317 | 1094 | 沂源县(鲁) | 老虎 | 3 |
| 1050 | 平阴县(鲁) | 貉 | 300 | 1095 | 汉台区(陕) | 老虎 | 2 |
| 1051 | 望花区(辽) | 貉 | 300 | 1096 | 奎文区(鲁) | 老虎 | 2 |
| 1052 | 穆棱林业局(龙江森工) | 貉 | 260 | 1097 | 平阴县(鲁) | 老虎 | 2 |
| 1053 | 平舆县(豫) | 貉 | 200 | 1098 | 颍上县(皖) | 老虎 | 2 |
| 1054 | 舒兰市(吉) | 貉 | 200 | 1099 | 万州区(渝) | 老虎 | 1 |
| 1055 | 绥棱林业局(龙江森工) | 貉 | 200 | 1100 | 延庆县(京) | 狮子 | 70 |
| 1056 | 洮南市(吉) | 貉 | 200 | 1101 | 浦东新区(沪) | 狮子 | 35 |
| 1057 | 依兰县(黑) | 貉 | 200 | 1102 | 北戴河区(冀) | 狮子 | 15 |
| 1058 | 黑龙江柴河林业局(龙江森工) | 貉 | 180 | 1103 | 平阴县(鲁) | 狮子 | 3 |
| 1059 | 内蒙古柴河林业局(内蒙古) | 貉 | 120 | 1104 | 巩义市(豫) | 狮子 | 2 |
| 1060 | 绥中县(辽) | 貉 | 120 | 1105 | 奎文区(鲁) | 狮子 | 2 |
| 1061 | 大同县(晋) | 貉 | 20 | 1106 | 顺义区(京) | 狮子 | 2 |
| 1062 | 顺城区(辽) | 狍子 | 500 | 1107 | 颍上县(皖) | 狮子 | 2 |
| 1063 | 阿尔山市(内蒙古) | 狍子 | 300 | 1108 | 翠屏区(川) | 狮子 | 1 |
| 1064 | 克什克腾旗(内蒙古) | 狍子 | 223 | 1109 | 汉台区(陕) | 狮子 | 1 |
| 1065 | 林西县(内蒙古) | 狍子 | 200 | 1110 | 万州区(渝) | 狮子 | 1 |
| 1066 | 和　县(皖) | 狍子 | 130 | 1111 | 沂源县(鲁) | 狮子 | 1 |
| 1067 | 赤城县(冀) | 狍子 | 103 | 1112 | 浦东新区(沪) | 海狮 | 18 |
| 1068 | 南木林业局(内蒙古) | 狍子 | 60 | 1113 | 翠屏区(川) | 海狮 | 4 |
| 1069 | 延庆县(京) | 狍子 | 40 | 1114 | 翠屏区(川) | 河马 | 1 |
| 1070 | 内蒙古柴河林业局(内蒙古) | 狍子 | 26 | 1115 | 乳源瑶族自治县(粤) | 海狸鼠 | 15000 |
| 1071 | 涞源县(冀) | 狍子 | 20 | 1116 | 山阳区(豫) | 海狸鼠 | 1500 |
| 1072 | 免渡河林业局(内蒙古) | 狍子 | 20 | 1117 | 阳朔县(桂) | 海狸鼠 | 700 |
| 1073 | 密山市(黑) | 狍子 | 15 | 1118 | 深泽县(冀) | 海狸鼠 | 690 |
| 1074 | 怀来县(冀) | 狍子 | 11 | 1119 | 全州县(桂) | 海狸鼠 | 360 |
| 1075 | 大兴区(京) | 狍子 | 6 | 1120 | 三门县(浙) | 海狸鼠 | 300 |
| 1076 | 托克托县(内蒙古) | 狍子 | 5 | 1121 | 江陵县(鄂) | 海狸鼠 | 60 |
| 1077 | 北戴河区(冀) | 狍子 | 1 | 1122 | 资兴市(湘) | 毛丝鼠 | 400 |
| 1078 | 沂源县(鲁) | 金钱豹 | 4 | 1123 | 金城江区(桂) | 豚鼠 | 8000 |
| 1079 | 翠屏区(川) | 金钱豹 | 1 | 1124 | 翠屏区(川) | 豚鼠 | 3200 |
| 1080 | 汉台区(陕) | 金钱豹 | 1 | 1125 | 崇义县(赣) | 豚鼠 | 360 |
| 1081 | 北戴河区(冀) | 狼 | 21 | 1126 | 云溪区(湘) | 豚鼠 | 50 |
| 1082 | 大兴区(京) | 狼 | 14 | 1127 | 沅陵县(湘) | 花鼠 | 3800 |
| 1083 | 达坂城区(新) | 狼 | 4 | 1128 | 娄星区(湘) | 花鼠 | 420 |
| 1084 | 汉台区(陕) | 狼 | 3 | 1129 | 芷江侗族自治县(湘) | 仓鼠 | 1200 |
| 1085 | 巩义市(豫) | 狼 | 2 | 1130 | 桂阳县(湘) | 仓鼠 | 160 |

| 序号 | 主产地 | 动物种类 | 驯养数量(只、头、条) |
|---|---|---|---|
| 1131 | 东源县(粤) | 仓鼠 | 100 |
| 1132 | 卢氏县(豫) | 复齿鼯鼠 | 140 |
| 1133 | 商河县(鲁) | 麝鼠 | 10000 |
| 1134 | 南郑县(陕) | 麝鼠 | 450 |
| 1135 | 勐海县(滇) | 竹鼠 | 50000 |
| 1136 | 永福县(桂) | 竹鼠 | 38300 |
| 1137 | 阳朔县(桂) | 竹鼠 | 31083 |
| 1138 | 隆阳区(滇) | 竹鼠 | 30000 |
| 1139 | 汨罗市(湘) | 竹鼠 | 30000 |
| 1140 | 顺庆区(川) | 竹鼠 | 30000 |
| 1141 | 资源县(桂) | 竹鼠 | 30000 |
| 1142 | 荔浦县(桂) | 竹鼠 | 20110 |
| 1143 | 象州县(桂) | 竹鼠 | 15000 |
| 1144 | 洪江市(湘) | 竹鼠 | 12000 |
| 1145 | 乳源瑶族自治县(粤) | 竹鼠 | 12000 |
| 1146 | 慈利县(湘) | 竹鼠 | 11000 |
| 1147 | 南江县(川) | 竹鼠 | 11000 |
| 1148 | 江口县(黔) | 竹鼠 | 10000 |
| 1149 | 汝城县(湘) | 竹鼠 | 10000 |
| 1150 | 瑞金市(赣) | 竹鼠 | 8500 |
| 1151 | 江永县(湘) | 竹鼠 | 6500 |
| 1152 | 都江堰市(川) | 竹鼠 | 5200 |
| 1153 | 凤庆县(滇) | 竹鼠 | 5000 |
| 1154 | 金城江区(桂) | 竹鼠 | 5000 |
| 1155 | 上思县(桂) | 竹鼠 | 4500 |
| 1156 | 蓝山县(湘) | 竹鼠 | 4400 |
| 1157 | 翁源县(粤) | 竹鼠 | 4400 |
| 1158 | 隆安县(桂) | 竹鼠 | 4000 |
| 1159 | 宁国市(皖) | 竹鼠 | 4000 |
| 1160 | 平南县(桂) | 竹鼠 | 3954 |
| 1161 | 罗城仫佬族自治县(桂) | 竹鼠 | 3950 |
| 1162 | 融水苗族自治县(桂) | 竹鼠 | 3700 |
| 1163 | 东兰县(桂) | 竹鼠 | 3100 |
| 1164 | 道　县(湘) | 竹鼠 | 3060 |
| 1165 | 平昌县(川) | 竹鼠 | 3000 |
| 1166 | 融安县(桂) | 竹鼠 | 3000 |
| 1167 | 苏仙区(湘) | 竹鼠 | 3000 |
| 1168 | 通道侗族自治县(湘) | 竹鼠 | 3000 |
| 1169 | 文成县(浙) | 竹鼠 | 3000 |
| 1170 | 新宁县(湘) | 竹鼠 | 3000 |
| 1171 | 连州市(粤) | 竹鼠 | 2850 |
| 1172 | 全州县(桂) | 竹鼠 | 2570 |
| 1173 | 会昌县(赣) | 竹鼠 | 2550 |
| 1174 | 蒙山县(桂) | 竹鼠 | 2500 |
| 1175 | 碧江区(黔) | 竹鼠 | 2420 |
| 1176 | 榕江县(黔) | 竹鼠 | 2000 |
| 1177 | 麻阳苗族自治县(湘) | 竹鼠 | 1980 |
| 1178 | 盈江县(滇) | 竹鼠 | 1770 |
| 1179 | 腾冲县(滇) | 竹鼠 | 1710 |
| 1180 | 阳山县(粤) | 竹鼠 | 1700 |
| 1181 | 钦北区(桂) | 竹鼠 | 1665 |
| 1182 | 崇仁县(赣) | 竹鼠 | 1600 |
| 1183 | 临翔区(滇) | 竹鼠 | 1600 |
| 1184 | 恩施市(鄂) | 竹鼠 | 1500 |
| 1185 | 新平彝族傣族自治县(滇) | 竹鼠 | 1500 |
| 1186 | 永顺县(湘) | 竹鼠 | 1500 |
| 1187 | 龙山县(湘) | 竹鼠 | 1400 |
| 1188 | 鹤城区(湘) | 竹鼠 | 1270 |
| 1189 | 武江区(粤) | 竹鼠 | 1200 |
| 1190 | 桑植县(湘) | 竹鼠 | 1100 |
| 1191 | 樟树市(赣) | 竹鼠 | 1100 |
| 1192 | 保靖县(湘) | 竹鼠 | 1000 |
| 1193 | 大余县(赣) | 竹鼠 | 1000 |
| 1194 | 隆林各族自治县(桂) | 竹鼠 | 1000 |
| 1195 | 芦溪县(赣) | 竹鼠 | 1000 |
| 1196 | 南丹县(桂) | 竹鼠 | 1000 |
| 1197 | 盐津县(滇) | 竹鼠 | 1000 |
| 1198 | 略阳县(陕) | 竹鼠 | 980 |
| 1199 | 吉首市(湘) | 竹鼠 | 900 |
| 1200 | 辰溪县(湘) | 竹鼠 | 880 |
| 1201 | 高安市(赣) | 竹鼠 | 800 |
| 1202 | 藤　县(桂) | 竹鼠 | 800 |
| 1203 | 连南瑶族自治县(粤) | 竹鼠 | 770 |
| 1204 | 南雄市(粤) | 竹鼠 | 720 |
| 1205 | 沿滩区(川) | 竹鼠 | 700 |
| 1206 | 鹤峰县(鄂) | 竹鼠 | 680 |
| 1207 | 遂川县(赣) | 竹鼠 | 630 |
| 1208 | 花垣县(湘) | 竹鼠 | 600 |
| 1209 | 泸溪县(湘) | 竹鼠 | 600 |
| 1210 | 新田县(湘) | 竹鼠 | 600 |
| 1211 | 龙门县(粤) | 竹鼠 | 520 |
| 1212 | 师宗县(滇) | 竹鼠 | 520 |
| 1213 | 云　县(滇) | 竹鼠 | 516 |
| 1214 | 凤凰县(湘) | 竹鼠 | 500 |
| 1215 | 古丈县(湘) | 竹鼠 | 500 |
| 1216 | 永兴县(湘) | 竹鼠 | 500 |
| 1217 | 石屏县(滇) | 竹鼠 | 450 |
| 1218 | 安　县(川) | 竹鼠 | 400 |
| 1219 | 东安县(湘) | 竹鼠 | 400 |
| 1220 | 临川区(赣) | 竹鼠 | 400 |

| 序号 | 主产地 | 动物种类 | 驯养数量（只、头、条） | 序号 | 主产地 | 动物种类 | 驯养数量（只、头、条） |
|---|---|---|---|---|---|---|---|
| 1221 | 新晃侗族自治县(湘) | 竹鼠 | 400 | 1266 | 东兴市(桂) | 暹罗鳄 | 13000 |
| 1222 | 永平县(滇) | 竹鼠 | 400 | 1267 | 潮南区(粤) | 暹罗鳄 | 10869 |
| 1223 | 云龙县(滇) | 竹鼠 | 400 | 1268 | 四会市(粤) | 暹罗鳄 | 3600 |
| 1224 | 马边彝族自治县(川) | 竹鼠 | 306 | 1269 | 浦东新区(沪) | 暹罗鳄 | 1080 |
| 1225 | 井冈山市(赣) | 竹鼠 | 300 | 1270 | 奉贤区(沪) | 暹罗鳄 | 235 |
| 1226 | 兴安县(桂) | 竹鼠 | 300 | 1271 | 海安县(苏) | 暹罗鳄 | 110 |
| 1227 | 兴宁市(粤) | 竹鼠 | 300 | 1272 | 奉化市(浙) | 暹罗鳄 | 32 |
| 1228 | 仪陇县(川) | 竹鼠 | 300 | 1273 | 顺义区(京) | 暹罗鳄 | 20 |
| 1229 | 易门县(滇) | 竹鼠 | 290 | 1274 | 四会市(粤) | 尼罗鳄 | 600 |
| 1230 | 石林彝族自治县(滇) | 竹鼠 | 228 | 1275 | 亚布力林业局(龙江森工) | 黑龙江林蛙 | 100000000 |
| 1231 | 椒江区(浙) | 竹鼠 | 200 | 1276 | 苇河林业局(龙江森工) | 黑龙江林蛙 | 41000000 |
| 1232 | 灵川县(桂) | 竹鼠 | 200 | 1277 | 山河屯林业局(龙江森工) | 黑龙江林蛙 | 35040000 |
| 1233 | 宁洱哈尼族彝族自治县(滇) | 竹鼠 | 200 | 1278 | 磐石市(吉) | 黑龙江林蛙 | 25421000 |
| 1234 | 彝良县(滇) | 竹鼠 | 200 | 1279 | 东方红林业局(龙江森工) | 黑龙江林蛙 | 20000000 |
| 1235 | 云溪区(湘) | 竹鼠 | 200 | 1280 | 鹤北林业局(龙江森工) | 黑龙江林蛙 | 20000000 |
| 1236 | 定南县(赣) | 竹鼠 | 193 | 1281 | 通化县(吉) | 黑龙江林蛙 | 15540000 |
| 1237 | 两当县(甘) | 竹鼠 | 150 | 1282 | 兴隆林业局(龙江森工) | 黑龙江林蛙 | 11000000 |
| 1238 | 北湖区(湘) | 竹鼠 | 124 | 1283 | 尚志市(黑) | 黑龙江林蛙 | 10000000 |
| 1239 | 麻栗坡县(滇) | 竹鼠 | 100 | 1284 | 带岭实验局(龙江森工) | 黑龙江林蛙 | 8000000 |
| 1240 | 施甸县(滇) | 竹鼠 | 100 | 1285 | 沾河林业局(龙江森工) | 黑龙江林蛙 | 7500000 |
| 1241 | 双江拉祜族佤族布朗族傣族自治县(滇) | 竹鼠 | 75 | 1286 | 海林林业局(龙江森工) | 黑龙江林蛙 | 5000000 |
| 1242 | 黔江区(渝) | 竹鼠 | 60 | 1287 | 双鸭山林业局(龙江森工) | 黑龙江林蛙 | 4500000 |
| 1243 | 三门县(浙) | 竹鼠 | 30 | 1288 | 黑龙江柴河林业局(龙江森工) | 黑龙江林蛙 | 3000000 |
| 1244 | 襄城区(鄂) | 竹鼠 | 30 | 1289 | 清河林业局(龙江森工) | 黑龙江林蛙 | 3000000 |
| 1245 | 吴兴区(浙) | 巴西龟 | 3460000 | 1290 | 五常市(黑) | 黑龙江林蛙 | 2680000 |
| 1246 | 余杭区(浙) | 巴西龟 | 9200 | 1291 | 鹤立林业局(龙江森工) | 黑龙江林蛙 | 2100000 |
| 1247 | 萧山区(浙) | 巴西龟 | 4000 | 1292 | 绥棱林业局(龙江森工) | 黑龙江林蛙 | 2000000 |
| 1248 | 惠城区(粤) | 巴西龟 | 1200 | 1293 | 大海林林业局(龙江森工) | 黑龙江林蛙 | 1560000 |
| 1249 | 从化市(粤) | 巴西龟 | 500 | 1294 | 林口林业局(龙江森工) | 黑龙江林蛙 | 1560000 |
| 1250 | 翠屏区(川) | 巴西龟 | 2 | 1295 | 北安市(黑) | 黑龙江林蛙 | 1500000 |
| 1251 | 桐庐县(浙) | 鳄龟 | 60000 | 1296 | 东京城林业局(龙江森工) | 黑龙江林蛙 | 1500000 |
| 1252 | 从化市(粤) | 鳄龟 | 70 | 1297 | 绥阳林业局(龙江森工) | 黑龙江林蛙 | 1500000 |
| 1253 | 万州区(渝) | 鳄龟 | 4 | 1298 | 穆棱林业局(龙江森工) | 黑龙江林蛙 | 1400000 |
| 1254 | 北戴河区(冀) | 鳄龟 | 3 | 1299 | 依兰县(黑) | 黑龙江林蛙 | 1250000 |
| 1255 | 翠屏区(川) | 鳄龟 | 1 | 1300 | 迎春林业局(龙江森工) | 黑龙江林蛙 | 800000 |
| 1256 | 青秀区(桂) | 中华鳖 | 500000 | 1301 | 八面通林业局(龙江森工) | 黑龙江林蛙 | 720000 |
| 1257 | 南康市(赣) | 中华鳖 | 11400 | 1302 | 嫩江县(黑) | 黑龙江林蛙 | 500000 |
| 1258 | 新晃侗族自治县(湘) | 中华鳖 | 10000 | 1303 | 扎赉特旗(内蒙古) | 黑龙江林蛙 | 500000 |
| 1259 | 耒阳市(湘) | 中华鳖 | 800 | 1304 | 桦南林业局(龙江森工) | 黑龙江林蛙 | 350000 |
| 1260 | 吴兴区(浙) | 湾鳄 | 7000 | 1305 | 方正林业局(龙江森工) | 黑龙江林蛙 | 330000 |
| 1261 | 四会市(粤) | 湾鳄 | 3500 | 1306 | 木兰县(黑) | 黑龙江林蛙 | 200000 |
| 1262 | 三山区(皖) | 湾鳄 | 180 | 1307 | 鹤岗市市辖区(黑) | 黑龙江林蛙 | 100000 |
| 1263 | 翠屏区(川) | 湾鳄 | 2 | 1308 | 转山实验林场(黑) | 黑龙江林蛙 | 50000 |
| 1264 | 高州市(粤) | 暹罗鳄 | 120000 | 1309 | 富锦市(黑) | 黑龙江林蛙 | 30000 |
| 1265 | 孝南区(鄂) | 暹罗鳄 | 30000 | 1310 | 林甸县(黑) | 黑龙江林蛙 | 20000 |

| 序号 | 主产地 | 动物种类 | 驯养数量（只、头、条） |
|---|---|---|---|
| 1311 | 麻山区(黑) | 黑龙江林蛙 | 20000 |
| 1312 | 恒山区(黑) | 黑龙江林蛙 | 5000 |
| 1313 | 饶河县(黑) | 黑龙江林蛙 | 30 |
| 1314 | 新干县(赣) | 虎纹蛙 | 1200000 |
| 1315 | 岑溪市(桂) | 虎纹蛙 | 650000 |
| 1316 | 祁东县(湘) | 虎纹蛙 | 300000 |
| 1317 | 华容县(湘) | 虎纹蛙 | 280000 |
| 1318 | 永兴县(湘) | 虎纹蛙 | 126220 |
| 1319 | 高青县(鲁) | 虎纹蛙 | 120000 |
| 1320 | 荣昌县(渝) | 虎纹蛙 | 100000 |
| 1321 | 万盛区(渝) | 虎纹蛙 | 100000 |
| 1322 | 荣　县(川) | 虎纹蛙 | 60000 |
| 1323 | 赫山区(湘) | 虎纹蛙 | 50000 |
| 1324 | 五峰土家族自治县(鄂) | 虎纹蛙 | 50000 |
| 1325 | 鼎城区(湘) | 虎纹蛙 | 45000 |
| 1326 | 常山县(浙) | 虎纹蛙 | 40000 |
| 1327 | 旌阳区(川) | 虎纹蛙 | 32000 |
| 1328 | 新晃侗族自治县(湘) | 虎纹蛙 | 30000 |
| 1329 | 耒阳市(湘) | 虎纹蛙 | 20000 |
| 1330 | 三山区(皖) | 虎纹蛙 | 20000 |
| 1331 | 石柱土家族自治县(渝) | 虎纹蛙 | 20000 |
| 1332 | 盱眙县(苏) | 虎纹蛙 | 20000 |
| 1333 | 云龙县(滇) | 虎纹蛙 | 15000 |
| 1334 | 修水县(赣) | 虎纹蛙 | 12000 |
| 1335 | 横　县(桂) | 虎纹蛙 | 10000 |
| 1336 | 洪湖市(鄂) | 虎纹蛙 | 10000 |
| 1337 | 临海市(浙) | 虎纹蛙 | 8500 |
| 1338 | 简阳市(川) | 虎纹蛙 | 5000 |
| 1339 | 瑞昌市(赣) | 虎纹蛙 | 4000 |
| 1340 | 芷江侗族自治县(湘) | 虎纹蛙 | 4000 |
| 1341 | 三门县(浙) | 虎纹蛙 | 3800 |
| 1342 | 丰都县(渝) | 虎纹蛙 | 3000 |
| 1343 | 蓝山县(湘) | 虎纹蛙 | 3000 |
| 1344 | 兴宁市(粤) | 虎纹蛙 | 3000 |
| 1345 | 武陵区(湘) | 虎纹蛙 | 2000 |
| 1346 | 椒江区(浙) | 虎纹蛙 | 1000 |
| 1347 | 黔江区(渝) | 虎纹蛙 | 300 |
| 1348 | 玉环县(浙) | 虎纹蛙 | 160 |
| 1349 | 浏阳市(湘) | 棘胸蛙 | 1550000 |
| 1350 | 龙泉市(浙) | 棘胸蛙 | 282800 |
| 1351 | 绩溪县(皖) | 棘胸蛙 | 200000 |
| 1352 | 马边彝族自治县(川) | 棘胸蛙 | 173800 |
| 1353 | 宁海县(浙) | 棘胸蛙 | 103200 |
| 1354 | 咸丰县(鄂) | 棘胸蛙 | 55000 |
| 1355 | 三门县(浙) | 棘胸蛙 | 47500 |
| 1356 | 上饶县(赣) | 棘胸蛙 | 35000 |
| 1357 | 常山县(浙) | 棘胸蛙 | 30800 |
| 1358 | 阳朔县(桂) | 棘胸蛙 | 30000 |
| 1359 | 龙游县(浙) | 棘胸蛙 | 23572 |
| 1360 | 松阳县(浙) | 棘胸蛙 | 22000 |
| 1361 | 都江堰市(川) | 棘胸蛙 | 20000 |
| 1362 | 奉新县(赣) | 棘胸蛙 | 20000 |
| 1363 | 德兴市(赣) | 棘胸蛙 | 17800 |
| 1364 | 北湖区(湘) | 棘胸蛙 | 16000 |
| 1365 | 金溪县(赣) | 棘胸蛙 | 12000 |
| 1366 | 池州市九华山风景区管委会(皖) | 棘胸蛙 | 10000 |
| 1367 | 大邑县(川) | 棘胸蛙 | 10000 |
| 1368 | 定海区(浙) | 棘胸蛙 | 8000 |
| 1369 | 临安市(浙) | 棘胸蛙 | 5000 |
| 1370 | 石门县(湘) | 棘胸蛙 | 5000 |
| 1371 | 武定县(滇) | 棘胸蛙 | 5000 |
| 1372 | 天台县(浙) | 棘胸蛙 | 4500 |
| 1373 | 长阳土家族自治县(鄂) | 棘胸蛙 | 4000 |
| 1374 | 连南瑶族自治县(粤) | 棘胸蛙 | 3200 |
| 1375 | 青阳县(皖) | 棘胸蛙 | 2000 |
| 1376 | 文成县(浙) | 棘胸蛙 | 500 |
| 1377 | 蛟河市(吉) | 中国林蛙 | 1200000000 |
| 1378 | 新宾满族自治县(辽) | 中国林蛙 | 550000000 |
| 1379 | 舒兰市(吉) | 中国林蛙 | 235000000 |
| 1380 | 浑江区(吉) | 中国林蛙 | 200000000 |
| 1381 | 长白朝鲜族自治县(吉) | 中国林蛙 | 65100000 |
| 1382 | 汪清县(吉) | 中国林蛙 | 60807000 |
| 1383 | 克什克腾旗(内蒙古) | 中国林蛙 | 60000000 |
| 1384 | 抚顺县(辽) | 中国林蛙 | 42000000 |
| 1385 | 西丰县(辽) | 中国林蛙 | 37000000 |
| 1386 | 清原满族自治县(辽) | 中国林蛙 | 35000000 |
| 1387 | 阜新蒙古族自治县(辽) | 中国林蛙 | 22000000 |
| 1388 | 开原市(辽) | 中国林蛙 | 20000000 |
| 1389 | 安图县(吉) | 中国林蛙 | 18490000 |
| 1390 | 敦化市(吉) | 中国林蛙 | 12000000 |
| 1391 | 岫岩满族自治县(辽) | 中国林蛙 | 7800000 |
| 1392 | 振安区(辽) | 中国林蛙 | 6500000 |
| 1393 | 大石头林业局(吉) | 中国林蛙 | 5488000 |
| 1394 | 井陉县(冀) | 中国林蛙 | 4400000 |
| 1395 | 珲春林业局(吉) | 中国林蛙 | 4387600 |
| 1396 | 红石林业局(吉林森工) | 中国林蛙 | 4022000 |
| 1397 | 东港市(辽) | 中国林蛙 | 3910000 |
| 1398 | 黄泥河林业局(吉) | 中国林蛙 | 3908800 |
| 1399 | 敦化林业局(吉) | 中国林蛙 | 3136000 |
| 1400 | 安图森林经营局(吉) | 中国林蛙 | 2973600 |

| 序号 | 主产地 | 动物种类 | 驯养数量（只、头、条） |
|---|---|---|---|
| 1401 | 和龙林业局(吉) | 中国林蛙 | 2900800 |
| 1402 | 辉南县(吉) | 中国林蛙 | 2750000 |
| 1403 | 汪清林业局(吉) | 中国林蛙 | 2688000 |
| 1404 | 八家子林业局(吉) | 中国林蛙 | 2352000 |
| 1405 | 黑河市直属林场(黑) | 中国林蛙 | 2100000 |
| 1406 | 露水河林业局(吉林森工) | 中国林蛙 | 2100000 |
| 1407 | 梅河口市(吉) | 中国林蛙 | 2000000 |
| 1408 | 延寿县(黑) | 中国林蛙 | 2000000 |
| 1409 | 庄河市(辽) | 中国林蛙 | 1312500 |
| 1410 | 天桥岭林业局(吉) | 中国林蛙 | 1282400 |
| 1411 | 白河林业局(吉) | 中国林蛙 | 1232000 |
| 1412 | 大兴沟林业局(吉) | 中国林蛙 | 1002960 |
| 1413 | 铁岭县(辽) | 中国林蛙 | 1000000 |
| 1414 | 龙井市(吉) | 中国林蛙 | 498800 |
| 1415 | 东丰县(吉) | 中国林蛙 | 440000 |
| 1416 | 辽阳县(辽) | 中国林蛙 | 400000 |
| 1417 | 宁安市(黑) | 中国林蛙 | 358000 |
| 1418 | 顺城区(辽) | 中国林蛙 | 300000 |
| 1419 | 宽甸满族自治县(辽) | 中国林蛙 | 200000 |
| 1420 | 新化县(湘) | 中国林蛙 | 200000 |
| 1421 | 浦东新区(沪) | 中国林蛙 | 140000 |
| 1422 | 东昌区(吉) | 中国林蛙 | 100000 |
| 1423 | 汤原县(黑) | 中国林蛙 | 90000 |
| 1424 | 桑植县(湘) | 中国林蛙 | 70000 |
| 1425 | 桓仁满族自治县(辽) | 中国林蛙 | 60000 |
| 1426 | 弓长岭区(辽) | 中国林蛙 | 50000 |
| 1427 | 醴陵市(湘) | 中国林蛙 | 50000 |
| 1428 | 龙潭区(吉) | 中国林蛙 | 42000 |
| 1429 | 鸡东县(黑) | 中国林蛙 | 30000 |
| 1430 | 南江县(川) | 中国林蛙 | 25000 |
| 1431 | 江川县(滇) | 中国林蛙 | 11500 |
| 1432 | 高　县(川) | 中国林蛙 | 10000 |
| 1433 | 桂东县(湘) | 中国林蛙 | 10000 |
| 1434 | 海城市(辽) | 中国林蛙 | 10000 |
| 1435 | 顺义区(京) | 中国林蛙 | 10000 |
| 1436 | 蒙山县(桂) | 中国林蛙 | 3500 |
| 1437 | 会理县(川) | 中国林蛙 | 3000 |
| 1438 | 喀喇沁旗(内蒙古) | 中国林蛙 | 20 |
| 1439 | 沙坪坝区(渝) | 猪蛙 | 50000 |
| 1440 | 盐边县(川) | 猪蛙 | 8000 |
| 1441 | 石门县(湘) | 猪蛙 | 800 |
| 1442 | 德清县(浙) | 蛇 | 5700000 |
| 1443 | 钦南区(桂) | 蛇 | 263500 |
| 1444 | 秀洲区(浙) | 蛇 | 159865 |
| 1445 | 横　县(桂) | 蛇 | 150000 |
| 1446 | 东兴市(桂) | 蛇 | 138000 |
| 1447 | 青秀区(桂) | 蛇 | 110000 |
| 1448 | 遂溪县(粤) | 蛇 | 72200 |
| 1449 | 綦江县(渝) | 蛇 | 62000 |
| 1450 | 武穴市(鄂) | 蛇 | 60000 |
| 1451 | 浦北县(桂) | 蛇 | 55400 |
| 1452 | 钦北区(桂) | 蛇 | 46359 |
| 1453 | 阳春市(粤) | 蛇 | 43000 |
| 1454 | 上思县(桂) | 蛇 | 38846 |
| 1455 | 港南区(桂) | 蛇 | 33000 |
| 1456 | 海宁市(浙) | 蛇 | 30250 |
| 1457 | 襄州区(鄂) | 蛇 | 30000 |
| 1458 | 资兴市(湘) | 蛇 | 27050 |
| 1459 | 掇刀区(鄂) | 蛇 | 27000 |
| 1460 | 玉山县(赣) | 蛇 | 24000 |
| 1461 | 武陵区(湘) | 蛇 | 23300 |
| 1462 | 鹤城区(湘) | 蛇 | 22000 |
| 1463 | 九龙坡区(渝) | 蛇 | 22000 |
| 1464 | 衢州市市辖区(浙) | 蛇 | 20400 |
| 1465 | 大足县(渝) | 蛇 | 20000 |
| 1466 | 江永县(湘) | 蛇 | 20000 |
| 1467 | 金城江区(桂) | 蛇 | 20000 |
| 1468 | 潜山县(皖) | 蛇 | 20000 |
| 1469 | 萧山区(浙) | 蛇 | 20000 |
| 1470 | 砚山县(滇) | 蛇 | 20000 |
| 1471 | 雁江区(川) | 蛇 | 17000 |
| 1472 | 桑植县(湘) | 蛇 | 16300 |
| 1473 | 仙居县(浙) | 蛇 | 16110 |
| 1474 | 恩施市(鄂) | 蛇 | 15000 |
| 1475 | 鹤山市(粤) | 蛇 | 15000 |
| 1476 | 蒙山县(桂) | 蛇 | 15000 |
| 1477 | 三台县(川) | 蛇 | 15000 |
| 1478 | 高州市(粤) | 蛇 | 13200 |
| 1479 | 东莞市(粤) | 蛇 | 12500 |
| 1480 | 花都区(粤) | 蛇 | 12100 |
| 1481 | 桃源县(湘) | 蛇 | 12000 |
| 1482 | 青州市(鲁) | 蛇 | 11000 |
| 1483 | 盈江县(滇) | 蛇 | 10709 |
| 1484 | 合浦县(桂) | 蛇 | 10600 |
| 1485 | 泗水县(鲁) | 蛇 | 10200 |
| 1486 | 竹山县(鄂) | 蛇 | 10198 |
| 1487 | 利州区(川) | 蛇 | 10000 |
| 1488 | 沅陵县(湘) | 蛇 | 9500 |
| 1489 | 海盐县(浙) | 蛇 | 9430 |
| 1490 | 石柱土家族自治县(渝) | 蛇 | 9215 |

| 序号 | 主产地 | 动物种类 | 驯养数量（只、头、条） |
|---|---|---|---|
| 1491 | 新建县(赣) | 蛇 | 9000 |
| 1492 | 从化市(粤) | 蛇 | 8880 |
| 1493 | 兴宁市(粤) | 蛇 | 8700 |
| 1494 | 湘乡市(湘) | 蛇 | 8500 |
| 1495 | 玉州区(桂) | 蛇 | 7700 |
| 1496 | 瑞金市(赣) | 蛇 | 7500 |
| 1497 | 平南县(桂) | 蛇 | 7399 |
| 1498 | 怀宁县(皖) | 蛇 | 7000 |
| 1499 | 万盛区(渝) | 蛇 | 6800 |
| 1500 | 麻章区(粤) | 蛇 | 6500 |
| 1501 | 长安区(冀) | 蛇 | 6000 |
| 1502 | 宁海县(浙) | 蛇 | 6000 |
| 1503 | 永修县(赣) | 蛇 | 6000 |
| 1504 | 阳山县(粤) | 蛇 | 5500 |
| 1505 | 中方县(湘) | 蛇 | 5500 |
| 1506 | 碧江区(黔) | 蛇 | 5220 |
| 1507 | 安岳县(川) | 蛇 | 5000 |
| 1508 | 洪江市(湘) | 蛇 | 5000 |
| 1509 | 石门县(湘) | 蛇 | 5000 |
| 1510 | 沿滩区(川) | 蛇 | 4800 |
| 1511 | 盘龙区(滇) | 蛇 | 4607 |
| 1512 | 鹤峰县(鄂) | 蛇 | 4100 |
| 1513 | 上高县(赣) | 蛇 | 4000 |
| 1514 | 余姚市(浙) | 蛇 | 4000 |
| 1515 | 蕲春县(鄂) | 蛇 | 3500 |
| 1516 | 南湖区(浙) | 蛇 | 3400 |
| 1517 | 余江县(赣) | 蛇 | 3300 |
| 1518 | 天台县(浙) | 蛇 | 3216 |
| 1519 | 麻城市(鄂) | 蛇 | 3200 |
| 1520 | 涟源市(湘) | 蛇 | 3030 |
| 1521 | 崇仁县(赣) | 蛇 | 3000 |
| 1522 | 隆林各族自治县(桂) | 蛇 | 3000 |
| 1523 | 平昌县(川) | 蛇 | 3000 |
| 1524 | 沙湾区(川) | 蛇 | 3000 |
| 1525 | 永康市(浙) | 蛇 | 3000 |
| 1526 | 江州区(桂) | 蛇 | 2800 |
| 1527 | 高安市(赣) | 蛇 | 2700 |
| 1528 | 三门县(浙) | 蛇 | 2415 |
| 1529 | 彭水苗族土家族自治县(渝) | 蛇 | 2200 |
| 1530 | 永定区(湘) | 蛇 | 2100 |
| 1531 | 常宁市(湘) | 蛇 | 2000 |
| 1532 | 东兰县(桂) | 蛇 | 2000 |
| 1533 | 封开县(粤) | 蛇 | 2000 |
| 1534 | 高　县(川) | 蛇 | 2000 |
| 1535 | 海丰县(粤) | 蛇 | 2000 |
| 1536 | 英德市(粤) | 蛇 | 2000 |
| 1537 | 永顺县(湘) | 蛇 | 1800 |
| 1538 | 龙山县(湘) | 蛇 | 1600 |
| 1539 | 象州县(桂) | 蛇 | 1600 |
| 1540 | 文　县(甘) | 蛇 | 1500 |
| 1541 | 芷江侗族自治县(湘) | 蛇 | 1500 |
| 1542 | 龙泉市(浙) | 蛇 | 1440 |
| 1543 | 保靖县(湘) | 蛇 | 1400 |
| 1544 | 源城区(粤) | 蛇 | 1330 |
| 1545 | 河口瑶族自治县(滇) | 蛇 | 1280 |
| 1546 | 罗田县(鄂) | 蛇 | 1200 |
| 1547 | 卢氏县(豫) | 蛇 | 1130 |
| 1548 | 吉首市(湘) | 蛇 | 1000 |
| 1549 | 椒江区(浙) | 蛇 | 1000 |
| 1550 | 新化县(湘) | 蛇 | 1000 |
| 1551 | 新晃侗族自治县(湘) | 蛇 | 1000 |
| 1552 | 通城县(鄂) | 蛇 | 930 |
| 1553 | 温岭市(浙) | 蛇 | 800 |
| 1554 | 兴山县(鄂) | 蛇 | 800 |
| 1555 | 花垣县(湘) | 蛇 | 700 |
| 1556 | 古丈县(湘) | 蛇 | 600 |
| 1557 | 岚皋县(陕) | 蛇 | 600 |
| 1558 | 龙门县(粤) | 蛇 | 600 |
| 1559 | 泸溪县(湘) | 蛇 | 600 |
| 1560 | 凤凰县(湘) | 蛇 | 500 |
| 1561 | 江川县(滇) | 蛇 | 500 |
| 1562 | 临安市(浙) | 蛇 | 500 |
| 1563 | 惠城区(粤) | 蛇 | 300 |
| 1564 | 永善县(滇) | 蛇 | 210 |
| 1565 | 贡井区(川) | 蛇 | 200 |
| 1566 | 黎川县(赣) | 蛇 | 200 |
| 1567 | 宁国市(皖) | 蛇 | 200 |
| 1568 | 永兴县(湘) | 蛇 | 200 |
| 1569 | 玉环县(浙) | 蛇 | 100 |
| 1570 | 马边彝族自治县(川) | 蛇 | 80 |
| 1571 | 耒阳市(湘) | 黑眉蛇 | 2000 |
| 1572 | 阳新县(鄂) | 黑眉蛇 | 2000 |
| 1573 | 宁国市(皖) | 黑眉蛇 | 100 |
| 1574 | 浏阳市(湘) | 王锦蛇 | 18000 |
| 1575 | 慈利县(湘) | 王锦蛇 | 12000 |
| 1576 | 房　县(鄂) | 王锦蛇 | 7000 |
| 1577 | 耒阳市(湘) | 王锦蛇 | 6000 |
| 1578 | 阳新县(鄂) | 王锦蛇 | 5000 |
| 1579 | 黔江区(渝) | 王锦蛇 | 4200 |
| 1580 | 常山县(浙) | 王锦蛇 | 4100 |

| 序号 | 主产地 | 动物种类 | 驯养数量（只、头、条） | 序号 | 主产地 | 动物种类 | 驯养数量（只、头、条） |
|---|---|---|---|---|---|---|---|
| 1581 | 巴东县(鄂) | 王锦蛇 | 3500 | 1626 | 奉贤区(沪) | 孔雀 | 1200 |
| 1582 | 建始县(鄂) | 王锦蛇 | 3500 | 1627 | 康乐县(甘) | 孔雀 | 1000 |
| 1583 | 万州区(渝) | 王锦蛇 | 3000 | 1628 | 西夏区(宁) | 孔雀 | 1000 |
| 1584 | 翠屏区(川) | 王锦蛇 | 2100 | 1629 | 淅川县(豫) | 孔雀 | 1000 |
| 1585 | 定海区(浙) | 王锦蛇 | 2000 | 1630 | 临泉县(皖) | 孔雀 | 632 |
| 1586 | 缙云县(浙) | 王锦蛇 | 2000 | 1631 | 昂昂溪区(黑) | 孔雀 | 600 |
| 1587 | 温岭市(浙) | 王锦蛇 | 1800 | 1632 | 武陵区(湘) | 孔雀 | 530 |
| 1588 | 宣州区(皖) | 王锦蛇 | 1000 | 1633 | 青州市(鲁) | 孔雀 | 500 |
| 1589 | 苏仙区(湘) | 王锦蛇 | 800 | 1634 | 永康市(浙) | 孔雀 | 400 |
| 1590 | 鹤峰县(鄂) | 王锦蛇 | 600 | 1635 | 桐庐县(浙) | 孔雀 | 310 |
| 1591 | 芷江侗族自治县(湘) | 王锦蛇 | 400 | 1636 | 芦溪县(赣) | 孔雀 | 300 |
| 1592 | 金溪县(赣) | 王锦蛇 | 320 | 1637 | 宛城区(豫) | 孔雀 | 300 |
| 1593 | 从化市(粤) | 王锦蛇 | 250 | 1638 | 铜鼓县(赣) | 孔雀 | 200 |
| 1594 | 腾冲县(滇) | 王锦蛇 | 200 | 1639 | 竹山县(鄂) | 孔雀 | 200 |
| 1595 | 长阳土家族自治县(鄂) | 王锦蛇 | 150 | 1640 | 屈家岭管理区(鄂) | 孔雀 | 150 |
| 1596 | 三山区(皖) | 王锦蛇 | 150 | 1641 | 户　县(陕) | 孔雀 | 100 |
| 1597 | 铜鼓县(赣) | 王锦蛇 | 140 | 1642 | 连州市(粤) | 孔雀 | 100 |
| 1598 | 黎川县(赣) | 王锦蛇 | 100 | 1643 | 遵化市(冀) | 孔雀 | 100 |
| 1599 | 宁国市(皖) | 王锦蛇 | 80 | 1644 | 临沭县(鲁) | 孔雀 | 86 |
| 1600 | 华容县(湘) | 乌梢蛇 | 220000 | 1645 | 白河县(陕) | 孔雀 | 80 |
| 1601 | 海宁市(浙) | 乌梢蛇 | 9000 | 1646 | 椒江区(浙) | 孔雀 | 50 |
| 1602 | 万州区(渝) | 乌梢蛇 | 5000 | 1647 | 路桥区(浙) | 孔雀 | 50 |
| 1603 | 阳新县(鄂) | 乌梢蛇 | 4300 | 1648 | 彭州市(川) | 孔雀 | 50 |
| 1604 | 耒阳市(湘) | 乌梢蛇 | 4000 | 1649 | 乾安县(吉) | 孔雀 | 50 |
| 1605 | 翠屏区(川) | 乌梢蛇 | 3500 | 1650 | 石柱土家族自治县(渝) | 孔雀 | 50 |
| 1606 | 安岳县(川) | 乌梢蛇 | 3300 | 1651 | 宝山区(沪) | 孔雀 | 42 |
| 1607 | 松阳县(浙) | 乌梢蛇 | 3000 | 1652 | 双江拉祜族佤族布朗族傣族自治县(滇) | 孔雀 | 39 |
| 1608 | 温岭市(浙) | 乌梢蛇 | 2000 | 1653 | 东河区(内蒙古) | 孔雀 | 33 |
| 1609 | 常山县(浙) | 乌梢蛇 | 1350 | 1654 | 乌拉特前旗(内蒙古) | 孔雀 | 33 |
| 1610 | 苏仙区(湘) | 乌梢蛇 | 1200 | 1655 | 乳山市(鲁) | 孔雀 | 30 |
| 1611 | 永定区(湘) | 乌梢蛇 | 1150 | 1656 | 托克托县(内蒙古) | 孔雀 | 30 |
| 1612 | 安　县(川) | 乌梢蛇 | 1000 | 1657 | 河口区(鲁) | 孔雀 | 20 |
| 1613 | 巴东县(鄂) | 乌梢蛇 | 1000 | 1658 | 渭滨区(陕) | 孔雀 | 20 |
| 1614 | 铜鼓县(赣) | 乌梢蛇 | 900 | 1659 | 会泽县(滇) | 孔雀 | 15 |
| 1615 | 缙云县(浙) | 乌梢蛇 | 800 | 1660 | 沂源县(鲁) | 孔雀 | 13 |
| 1616 | 丰都县(渝) | 乌梢蛇 | 300 | 1661 | 颍上县(皖) | 孔雀 | 10 |
| 1617 | 长阳土家族自治县(鄂) | 乌梢蛇 | 100 | 1662 | 宣化区(冀) | 孔雀 | 9 |
| 1618 | 建始县(鄂) | 乌梢蛇 | 100 | 1663 | 巩义市(豫) | 孔雀 | 6 |
| 1619 | 增城市(粤) | 乌梢蛇 | 100 | 1664 | 化德县(内蒙古) | 孔雀 | 6 |
| 1620 | 宁国市(皖) | 乌梢蛇 | 75 | 1665 | 大足县(渝) | 孔雀 | 5 |
| 1621 | 翠屏区(川) | 蟒蛇 | 2 | 1666 | 金山区(沪) | 孔雀 | 4 |
| 1622 | 丰都县(渝) | 莱蛇 | 1870 | 1667 | 宁国市(皖) | 蓝孔雀 | 40000 |
| 1623 | 江城区(粤) | 莱蛇 | 1300 | 1668 | 北湖区(湘) | 蓝孔雀 | 16000 |
| 1624 | 德安县(赣) | 孔雀 | 6000 | 1669 | 京山县(鄂) | 蓝孔雀 | 10000 |
| 1625 | 蓝山县(湘) | 孔雀 | 2500 | 1670 | 定海区(浙) | 蓝孔雀 | 6000 |

| 序号 | 主产地 | 动物种类 | 驯养数量（只、头、条） |
|---|---|---|---|
| 1671 | 无为县(皖) | 蓝孔雀 | 6000 |
| 1672 | 桐城市(皖) | 蓝孔雀 | 5000 |
| 1673 | 宜都市(鄂) | 蓝孔雀 | 5000 |
| 1674 | 盘龙区(滇) | 蓝孔雀 | 2254 |
| 1675 | 井陉县(冀) | 蓝孔雀 | 2100 |
| 1676 | 磐安县(浙) | 蓝孔雀 | 2000 |
| 1677 | 宁海县(浙) | 蓝孔雀 | 1800 |
| 1678 | 奉化市(浙) | 蓝孔雀 | 1600 |
| 1679 | 海安县(苏) | 蓝孔雀 | 1550 |
| 1680 | 瑞昌市(赣) | 蓝孔雀 | 1400 |
| 1681 | 临川区(赣) | 蓝孔雀 | 1105 |
| 1682 | 丰都县(渝) | 蓝孔雀 | 1100 |
| 1683 | 大丰市(苏) | 蓝孔雀 | 1080 |
| 1684 | 广水市(鄂) | 蓝孔雀 | 1000 |
| 1685 | 普兰店市(辽) | 蓝孔雀 | 950 |
| 1686 | 玉环县(浙) | 蓝孔雀 | 810 |
| 1687 | 铜山区(苏) | 蓝孔雀 | 800 |
| 1688 | 新晃侗族自治县(湘) | 蓝孔雀 | 670 |
| 1689 | 文成县(浙) | 蓝孔雀 | 650 |
| 1690 | 湘潭县(湘) | 蓝孔雀 | 650 |
| 1691 | 鼎城区(湘) | 蓝孔雀 | 600 |
| 1692 | 芦溪县(赣) | 蓝孔雀 | 600 |
| 1693 | 缙云县(浙) | 蓝孔雀 | 550 |
| 1694 | 宜秀区(皖) | 蓝孔雀 | 500 |
| 1695 | 忠　县(渝) | 蓝孔雀 | 500 |
| 1696 | 胶州市(鲁) | 蓝孔雀 | 450 |
| 1697 | 北戴河区(冀) | 蓝孔雀 | 443 |
| 1698 | 蔡甸区(鄂) | 蓝孔雀 | 400 |
| 1699 | 寿　县(皖) | 蓝孔雀 | 400 |
| 1700 | 芷江侗族自治县(湘) | 蓝孔雀 | 400 |
| 1701 | 鹿泉市(冀) | 蓝孔雀 | 360 |
| 1702 | 偃师市(豫) | 蓝孔雀 | 350 |
| 1703 | 青铜峡市(宁) | 蓝孔雀 | 330 |
| 1704 | 巢湖市(皖) | 蓝孔雀 | 320 |
| 1705 | 贵溪市(赣) | 蓝孔雀 | 300 |
| 1706 | 怀宁县(皖) | 蓝孔雀 | 300 |
| 1707 | 阳谷县(鲁) | 蓝孔雀 | 300 |
| 1708 | 石屏县(滇) | 蓝孔雀 | 280 |
| 1709 | 浦东新区(沪) | 蓝孔雀 | 256 |
| 1710 | 广丰县(赣) | 蓝孔雀 | 230 |
| 1711 | 全州县(桂) | 蓝孔雀 | 230 |
| 1712 | 无极县(冀) | 蓝孔雀 | 200 |
| 1713 | 芜湖县(皖) | 蓝孔雀 | 200 |
| 1714 | 禹州市(豫) | 蓝孔雀 | 200 |
| 1715 | 麻城市(鄂) | 蓝孔雀 | 182 |
| 1716 | 满城县(冀) | 蓝孔雀 | 156 |
| 1717 | 万盛区(渝) | 蓝孔雀 | 155 |
| 1718 | 奉贤区(沪) | 蓝孔雀 | 150 |
| 1719 | 两当县(甘) | 蓝孔雀 | 150 |
| 1720 | 陆良县(滇) | 蓝孔雀 | 130 |
| 1721 | 三门县(浙) | 蓝孔雀 | 118 |
| 1722 | 都江堰市(川) | 蓝孔雀 | 100 |
| 1723 | 靖安县(赣) | 蓝孔雀 | 100 |
| 1724 | 望奎县(黑) | 蓝孔雀 | 100 |
| 1725 | 仁寿县(川) | 蓝孔雀 | 85 |
| 1726 | 沾益县(滇) | 蓝孔雀 | 70 |
| 1727 | 温岭市(浙) | 蓝孔雀 | 52 |
| 1728 | 昌邑市(鲁) | 蓝孔雀 | 50 |
| 1729 | 翠屏区(川) | 蓝孔雀 | 50 |
| 1730 | 桑植县(湘) | 蓝孔雀 | 50 |
| 1731 | 南康市(赣) | 蓝孔雀 | 40 |
| 1732 | 大兴区(京) | 蓝孔雀 | 32 |
| 1733 | 楚雄市(滇) | 蓝孔雀 | 30 |
| 1734 | 衢州市市辖区(浙) | 蓝孔雀 | 30 |
| 1735 | 易门县(滇) | 蓝孔雀 | 30 |
| 1736 | 汉台区(陕) | 蓝孔雀 | 27 |
| 1737 | 梁山县(鲁) | 蓝孔雀 | 26 |
| 1738 | 南华县(滇) | 蓝孔雀 | 25 |
| 1739 | 长安区(陕) | 蓝孔雀 | 21 |
| 1740 | 常山县(浙) | 蓝孔雀 | 20 |
| 1741 | 红古区(甘) | 蓝孔雀 | 20 |
| 1742 | 海城市(辽) | 蓝孔雀 | 15 |
| 1743 | 万州区(渝) | 蓝孔雀 | 15 |
| 1744 | 广饶县(鲁) | 蓝孔雀 | 11 |
| 1745 | 襄城区(鄂) | 蓝孔雀 | 10 |
| 1746 | 大安区(川) | 蓝孔雀 | 8 |
| 1747 | 平阴县(鲁) | 蓝孔雀 | 3 |
| 1748 | 翠屏区(川) | 白孔雀 | 4 |
| 1749 | 大兴区(京) | 白孔雀 | 1 |
| 1750 | 荔浦县(桂) | 红梅花雀 | 10000 |
| 1751 | 盱眙县(苏) | 禾雀 | 800 |
| 1752 | 寿光市(鲁) | 兔 | 210000 |
| 1753 | 五营林业局(龙江森工) | 兔 | 77562 |
| 1754 | 五华县(粤) | 兔 | 38000 |
| 1755 | 枣强县(冀) | 兔 | 38000 |
| 1756 | 朗乡林业局(龙江森工) | 兔 | 20010 |
| 1757 | 青州市(鲁) | 兔 | 15500 |
| 1758 | 东丰县(吉) | 兔 | 13000 |
| 1759 | 林甸县(黑) | 兔 | 11657 |
| 1760 | 宜都市(鄂) | 兔 | 10000 |

| 序号 | 主产地 | 动物种类 | 驯养数量（只、头、条） | 序号 | 主产地 | 动物种类 | 驯养数量（只、头、条） |
|---|---|---|---|---|---|---|---|
| 1761 | 汤旺河林业局(龙江森工) | 兔 | 9000 | 1806 | 玉环县(浙) | 兔 | 100 |
| 1762 | 双鸭山林业局(龙江森工) | 兔 | 8500 | 1807 | 奉化市(浙) | 兔 | 60 |
| 1763 | 铁力林业局(龙江森工) | 兔 | 8265 | 1808 | 九江县(赣) | 兔 | 25 |
| 1764 | 迁西县(冀) | 兔 | 8000 | 1809 | 克什克腾旗(内蒙古) | 兔 | 20 |
| 1765 | 承德县(冀) | 兔 | 7500 | 1810 | 涞源县(冀) | 兔 | 20 |
| 1766 | 桃山林业局(龙江森工) | 兔 | 7000 | 1811 | 满城县(冀) | 鸵鸟 | 782 |
| 1767 | 双丰林业局(龙江森工) | 兔 | 6654 | 1812 | 未央区(陕) | 鸵鸟 | 640 |
| 1768 | 东方红林业局(龙江森工) | 兔 | 6000 | 1813 | 乳源瑶族自治县(粤) | 鸵鸟 | 500 |
| 1769 | 临海市(浙) | 兔 | 6000 | 1814 | 射洪县(川) | 鸵鸟 | 500 |
| 1770 | 南江县(川) | 兔 | 6000 | 1815 | 西夏区(宁) | 鸵鸟 | 500 |
| 1771 | 翠峦林业局(龙江森工) | 兔 | 5941 | 1816 | 陆良县(滇) | 鸵鸟 | 400 |
| 1772 | 鹤立林业局(龙江森工) | 兔 | 5500 | 1817 | 师宗县(滇) | 鸵鸟 | 360 |
| 1773 | 石台县(皖) | 兔 | 5000 | 1818 | 屈家岭管理区(鄂) | 鸵鸟 | 300 |
| 1774 | 乌马河林业局(龙江森工) | 兔 | 5000 | 1819 | 临安市(浙) | 鸵鸟 | 200 |
| 1775 | 金山屯林业局(龙江森工) | 兔 | 4800 | 1820 | 腾冲县(滇) | 鸵鸟 | 180 |
| 1776 | 美溪林业局(龙江森工) | 兔 | 4000 | 1821 | 达坂城区(新) | 鸵鸟 | 60 |
| 1777 | 上甘岭林业局(龙江森工) | 兔 | 3200 | 1822 | 普安县(黔) | 鸵鸟 | 50 |
| 1778 | 新青林业局(龙江森工) | 兔 | 3200 | 1823 | 遵化市(冀) | 鸵鸟 | 50 |
| 1779 | 带岭实验局(龙江森工) | 兔 | 3000 | 1824 | 大兴区(京) | 鸵鸟 | 44 |
| 1780 | 绥棱林业局(龙江森工) | 兔 | 3000 | 1825 | 玉山县(赣) | 鸵鸟 | 26 |
| 1781 | 潜山县(皖) | 兔 | 2800 | 1826 | 汤阴县(豫) | 鸵鸟 | 25 |
| 1782 | 南岔林业局(龙江森工) | 兔 | 2357 | 1827 | 河口区(鲁) | 鸵鸟 | 20 |
| 1783 | 山河屯林业局(龙江森工) | 兔 | 2270 | 1828 | 易门县(滇) | 鸵鸟 | 10 |
| 1784 | 麻城市(鄂) | 兔 | 2200 | 1829 | 云　县(滇) | 鸵鸟 | 10 |
| 1785 | 三门县(浙) | 兔 | 2000 | 1830 | 会泽县(滇) | 鸵鸟 | 8 |
| 1786 | 穆棱林业局(龙江森工) | 兔 | 1800 | 1831 | 临沭县(鲁) | 鸵鸟 | 6 |
| 1787 | 天台县(浙) | 兔 | 1600 | 1832 | 托克托县(内蒙古) | 鸵鸟 | 6 |
| 1788 | 亚布力林业局(龙江森工) | 兔 | 1300 | 1833 | 大足县(渝) | 鸵鸟 | 5 |
| 1789 | 大海林林业局(龙江森工) | 兔 | 1281 | 1834 | 沂源县(鲁) | 鸵鸟 | 3 |
| 1790 | 友好林业局(龙江森工) | 兔 | 1210 | 1835 | 原阳县(豫) | 鸵鸟 | 3 |
| 1791 | 桐庐县(浙) | 兔 | 1200 | 1836 | 巩义市(豫) | 鸵鸟 | 2 |
| 1792 | 沾河林业局(龙江森工) | 兔 | 1042 | 1837 | 藁城市(冀) | 非洲鸵鸟 | 2585 |
| 1793 | 红古区(甘) | 兔 | 1000 | 1838 | 三台县(川) | 非洲鸵鸟 | 2500 |
| 1794 | 扎赉特旗(内蒙古) | 兔 | 1000 | 1839 | 临海市(浙) | 非洲鸵鸟 | 2000 |
| 1795 | 沾益县(滇) | 兔 | 1000 | 1840 | 长安区(冀) | 非洲鸵鸟 | 1000 |
| 1796 | 苇河林业局(龙江森工) | 兔 | 783 | 1841 | 延庆县(京) | 非洲鸵鸟 | 700 |
| 1797 | 常山县(浙) | 兔 | 600 | 1842 | 友谊县(黑) | 非洲鸵鸟 | 500 |
| 1798 | 崇州市(川) | 兔 | 500 | 1843 | 澄江县(滇) | 非洲鸵鸟 | 460 |
| 1799 | 集宁区(内蒙古) | 兔 | 500 | 1844 | 广丰县(赣) | 非洲鸵鸟 | 300 |
| 1800 | 文　县(甘) | 兔 | 500 | 1845 | 三门县(浙) | 非洲鸵鸟 | 221 |
| 1801 | 新安县(豫) | 兔 | 460 | 1846 | 包河区(皖) | 非洲鸵鸟 | 180 |
| 1802 | 资兴市(湘) | 兔 | 380 | 1847 | 江川县(滇) | 非洲鸵鸟 | 100 |
| 1803 | 露水河林业局(吉林森工) | 兔 | 350 | 1848 | 汉台区(陕) | 非洲鸵鸟 | 50 |
| 1804 | 大邑县(川) | 兔 | 200 | 1849 | 砚山县(滇) | 非洲鸵鸟 | 50 |
| 1805 | 易门县(滇) | 兔 | 150 | 1850 | 北戴河区(冀) | 非洲鸵鸟 | 41 |

| 序号 | 主产地 | 动物种类 | 驯养数量(只、头、条) |
|---|---|---|---|
| 1851 | 浦东新区(沪) | 非洲鸵鸟 | 29 |
| 1852 | 颍上县(皖) | 非洲鸵鸟 | 21 |
| 1853 | 青铜峡市(宁) | 非洲鸵鸟 | 16 |
| 1854 | 平阴县(鲁) | 非洲鸵鸟 | 5 |
| 1855 | 金山区(沪) | 非洲鸵鸟 | 3 |
| 1856 | 沾益县(滇) | 非洲鸵鸟 | 2 |
| 1857 | 海城市(辽) | 非洲鸵鸟 | 1 |
| 1858 | 宜都市(鄂) | 蜈蚣 | 1000000 |
| 1859 | 巴东县(鄂) | 蜈蚣 | 150000 |
| 1860 | 常山县(浙) | 蜈蚣 | 80000 |
| 1861 | 广水市(鄂) | 蜈蚣 | 60000 |
| 1862 | 淳安县(浙) | 蜈蚣 | 20000 |
| 1863 | 侯马市(晋) | 蝎子 | 280000 |
| 1864 | 泗水县(鲁) | 蝎子 | 100000 |
| 1865 | 胶州市(鲁) | 蝎子 | 60000 |
| 1866 | 张湾区(鄂) | 蝎子 | 5000 |
| 1867 | 固镇县(皖) | 蝎子 | 10 |
| 1868 | 建德市(浙) | 石鸡 | 285350 |
| 1869 | 慈利县(湘) | 石鸡 | 50000 |
| 1870 | 乌拉特后旗(内蒙古) | 石鸡 | 30000 |
| 1871 | 长阳土家族自治县(鄂) | 石鸡 | 23000 |
| 1872 | 淳安县(浙) | 石鸡 | 20000 |
| 1873 | 乌拉特前旗(内蒙古) | 石鸡 | 14000 |
| 1874 | 石台县(皖) | 石鸡 | 10000 |
| 1875 | 东河区(内蒙古) | 石鸡 | 1100 |
| 1876 | 西夏区(宁) | 石鸡 | 500 |
| 1877 | 克什克腾旗(内蒙古) | 石鸡 | 100 |
| 1878 | 石拐区(内蒙古) | 石鸡 | 80 |
| 1879 | 大兴区(京) | 石鸡 | 6 |
| 1880 | 彝良县(滇) | 白腹锦鸡 | 400 |
| 1881 | 通榆县(吉) | 白腹锦鸡 | 300 |
| 1882 | 奉贤区(沪) | 白腹锦鸡 | 142 |
| 1883 | 桑植县(湘) | 白腹锦鸡 | 120 |
| 1884 | 无极县(冀) | 白腹锦鸡 | 100 |
| 1885 | 广饶县(鲁) | 白腹锦鸡 | 51 |
| 1886 | 浦东新区(沪) | 白腹锦鸡 | 10 |
| 1887 | 临沭县(鲁) | 白腹锦鸡 | 6 |
| 1888 | 盘龙区(滇) | 白腹锦鸡 | 4 |
| 1889 | 翠屏区(川) | 白腹锦鸡 | 3 |
| 1890 | 大兴区(京) | 白腹锦鸡 | 3 |
| 1891 | 桐城市(皖) | 七彩山鸡 | 350000 |
| 1892 | 大英县(川) | 七彩山鸡 | 200000 |
| 1893 | 商河县(鲁) | 七彩山鸡 | 200000 |
| 1894 | 罗江县(川) | 七彩山鸡 | 170000 |
| 1895 | 承德县(冀) | 七彩山鸡 | 158600 |
| 1896 | 武城县(鲁) | 七彩山鸡 | 100000 |
| 1897 | 遵化市(冀) | 七彩山鸡 | 82715 |
| 1898 | 颍州区(皖) | 七彩山鸡 | 50000 |
| 1899 | 沾益县(滇) | 七彩山鸡 | 35500 |
| 1900 | 芜湖县(皖) | 七彩山鸡 | 30300 |
| 1901 | 五河县(皖) | 七彩山鸡 | 25000 |
| 1902 | 黔江区(渝) | 七彩山鸡 | 22000 |
| 1903 | 江口县(黔) | 七彩山鸡 | 20000 |
| 1904 | 宜都市(鄂) | 七彩山鸡 | 20000 |
| 1905 | 都江堰市(川) | 七彩山鸡 | 16650 |
| 1906 | 南江县(川) | 七彩山鸡 | 16500 |
| 1907 | 宣威市(滇) | 七彩山鸡 | 15000 |
| 1908 | 旌阳区(川) | 七彩山鸡 | 14670 |
| 1909 | 瑞金市(赣) | 七彩山鸡 | 13000 |
| 1910 | 孙吴县(黑) | 七彩山鸡 | 12500 |
| 1911 | 富顺县(川) | 七彩山鸡 | 11900 |
| 1912 | 利州区(川) | 七彩山鸡 | 11000 |
| 1913 | 大余县(赣) | 七彩山鸡 | 10000 |
| 1914 | 肥城市(鲁) | 七彩山鸡 | 10000 |
| 1915 | 蒙山县(桂) | 七彩山鸡 | 10000 |
| 1916 | 平利县(陕) | 七彩山鸡 | 10000 |
| 1917 | 雁江区(川) | 七彩山鸡 | 10000 |
| 1918 | 东宝区(鄂) | 七彩山鸡 | 9100 |
| 1919 | 简阳市(川) | 七彩山鸡 | 8610 |
| 1920 | 浏阳市(湘) | 七彩山鸡 | 8200 |
| 1921 | 渭滨区(陕) | 七彩山鸡 | 8200 |
| 1922 | 宝山区(黑) | 七彩山鸡 | 7000 |
| 1923 | 鼎城区(湘) | 七彩山鸡 | 7000 |
| 1924 | 恩施市(鄂) | 七彩山鸡 | 7000 |
| 1925 | 海盐县(浙) | 七彩山鸡 | 6435 |
| 1926 | 沐川县(川) | 七彩山鸡 | 6000 |
| 1927 | 融水苗族自治县(桂) | 七彩山鸡 | 6000 |
| 1928 | 天台县(浙) | 七彩山鸡 | 5500 |
| 1929 | 安　县(川) | 七彩山鸡 | 5000 |
| 1930 | 会泽县(滇) | 七彩山鸡 | 5000 |
| 1931 | 隆安县(桂) | 七彩山鸡 | 5000 |
| 1932 | 陆良县(滇) | 七彩山鸡 | 5000 |
| 1933 | 迁西县(冀) | 七彩山鸡 | 5000 |
| 1934 | 荣昌县(渝) | 七彩山鸡 | 5000 |
| 1935 | 尚义县(冀) | 七彩山鸡 | 5000 |
| 1936 | 新平彝族傣族自治县(滇) | 七彩山鸡 | 5000 |
| 1937 | 汤阴县(豫) | 七彩山鸡 | 4200 |
| 1938 | 房　县(鄂) | 七彩山鸡 | 4000 |
| 1939 | 耒阳市(湘) | 七彩山鸡 | 4000 |
| 1940 | 罗城仫佬族自治县(桂) | 七彩山鸡 | 4000 |

| 序号 | 主产地 | 动物种类 | 驯养数量（只、头、条） | 序号 | 主产地 | 动物种类 | 驯养数量（只、头、条） |
|---|---|---|---|---|---|---|---|
| 1941 | 山阳区(豫) | 七彩山鸡 | 4000 | 1986 | 大安区(川) | 七彩山鸡 | 713 |
| 1942 | 丰都县(渝) | 七彩山鸡 | 3700 | 1987 | 安岳县(川) | 七彩山鸡 | 600 |
| 1943 | 东平县(鲁) | 七彩山鸡 | 3600 | 1988 | 缙云县(浙) | 七彩山鸡 | 600 |
| 1944 | 永康市(浙) | 七彩山鸡 | 3500 | 1989 | 喀喇沁旗(内蒙古) | 七彩山鸡 | 600 |
| 1945 | 禄丰县(滇) | 七彩山鸡 | 3400 | 1990 | 牟定县(滇) | 七彩山鸡 | 570 |
| 1946 | 蓝山县(湘) | 七彩山鸡 | 3200 | 1991 | 万盛区(渝) | 七彩山鸡 | 550 |
| 1947 | 涞源县(冀) | 七彩山鸡 | 3000 | 1992 | 云　县(滇) | 七彩山鸡 | 550 |
| 1948 | 榕江县(黔) | 七彩山鸡 | 3000 | 1993 | 马边彝族自治县(川) | 七彩山鸡 | 516 |
| 1949 | 临泽县(甘) | 七彩山鸡 | 2300 | 1994 | 长安区(陕) | 七彩山鸡 | 500 |
| 1950 | 桑植县(湘) | 七彩山鸡 | 2200 | 1995 | 兰考县(豫) | 七彩山鸡 | 500 |
| 1951 | 永善县(滇) | 七彩山鸡 | 2200 | 1996 | 鹿泉市(冀) | 七彩山鸡 | 450 |
| 1952 | 平乐县(桂) | 七彩山鸡 | 2100 | 1997 | 宁阳县(鲁) | 七彩山鸡 | 400 |
| 1953 | 大邑县(川) | 七彩山鸡 | 2000 | 1998 | 彭州市(川) | 七彩山鸡 | 400 |
| 1954 | 青州市(鲁) | 七彩山鸡 | 2000 | 1999 | 双滦区(冀) | 七彩山鸡 | 400 |
| 1955 | 永定区(湘) | 七彩山鸡 | 2000 | 2000 | 盘龙区(滇) | 七彩山鸡 | 363 |
| 1956 | 玉龙纳西族自治县(滇) | 七彩山鸡 | 2000 | 2001 | 石屏县(滇) | 七彩山鸡 | 250 |
| 1957 | 秀洲区(浙) | 七彩山鸡 | 1950 | 2002 | 阳谷县(鲁) | 七彩山鸡 | 241 |
| 1958 | 南雄市(粤) | 七彩山鸡 | 1850 | 2003 | 河口瑶族自治县(滇) | 七彩山鸡 | 230 |
| 1959 | 井陉矿区(冀) | 七彩山鸡 | 1800 | 2004 | 户　县(陕) | 七彩山鸡 | 200 |
| 1960 | 星子县(赣) | 七彩山鸡 | 1600 | 2005 | 临翔区(滇) | 七彩山鸡 | 200 |
| 1961 | 武定县(滇) | 七彩山鸡 | 1550 | 2006 | 麻栗坡县(滇) | 七彩山鸡 | 200 |
| 1962 | 宾川县(滇) | 七彩山鸡 | 1500 | 2007 | 黔西县(黔) | 七彩山鸡 | 200 |
| 1963 | 师宗县(滇) | 七彩山鸡 | 1500 | 2008 | 文　县(甘) | 七彩山鸡 | 200 |
| 1964 | 新野县(豫) | 七彩山鸡 | 1500 | 2009 | 麻城市(鄂) | 七彩山鸡 | 162 |
| 1965 | 云龙县(滇) | 七彩山鸡 | 1500 | 2010 | 巴马瑶族自治县(桂) | 七彩山鸡 | 150 |
| 1966 | 邯郸县(冀) | 七彩山鸡 | 1360 | 2011 | 翠屏区(川) | 七彩山鸡 | 150 |
| 1967 | 江安县(川) | 七彩山鸡 | 1250 | 2012 | 云溪区(湘) | 七彩山鸡 | 120 |
| 1968 | 舒兰市(吉) | 七彩山鸡 | 1200 | 2013 | 昌邑市(鲁) | 七彩山鸡 | 100 |
| 1969 | 舞钢市(豫) | 七彩山鸡 | 1200 | 2014 | 华池县(甘) | 七彩山鸡 | 100 |
| 1970 | 大石桥市(辽) | 七彩山鸡 | 1000 | 2015 | 两当县(甘) | 七彩山鸡 | 100 |
| 1971 | 封开县(粤) | 七彩山鸡 | 1000 | 2016 | 彭山县(川) | 七彩山鸡 | 100 |
| 1972 | 椒江区(浙) | 七彩山鸡 | 1000 | 2017 | 贺兰县(宁) | 七彩山鸡 | 95 |
| 1973 | 利辛县(皖) | 七彩山鸡 | 1000 | 2018 | 赤城县(冀) | 七彩山鸡 | 89 |
| 1974 | 平桥区(豫) | 七彩山鸡 | 1000 | 2019 | 太湖县(皖) | 七彩山鸡 | 70 |
| 1975 | 平舆县(豫) | 七彩山鸡 | 1000 | 2020 | 涿州市(冀) | 七彩山鸡 | 30 |
| 1976 | 清城区(粤) | 七彩山鸡 | 1000 | 2021 | 沂源县(鲁) | 七彩山鸡 | 12 |
| 1977 | 嵩　县(豫) | 七彩山鸡 | 1000 | 2022 | 固镇县(皖) | 七彩山鸡 | 2 |
| 1978 | 无极县(冀) | 七彩山鸡 | 1000 | 2023 | 盐边县(川) | 红腹锦鸡 | 5000 |
| 1979 | 扎兰屯市(内蒙古) | 七彩山鸡 | 1000 | 2024 | 宜都市(鄂) | 红腹锦鸡 | 5000 |
| 1980 | 露水河林业局(吉林森工) | 七彩山鸡 | 810 | 2025 | 卢氏县(豫) | 红腹锦鸡 | 4030 |
| 1981 | 广水市(鄂) | 七彩山鸡 | 800 | 2026 | 瑞昌市(赣) | 红腹锦鸡 | 1400 |
| 1982 | 潜山县(皖) | 七彩山鸡 | 800 | 2027 | 西夏区(宁) | 红腹锦鸡 | 1000 |
| 1983 | 双峰县(湘) | 七彩山鸡 | 800 | 2028 | 户　县(陕) | 红腹锦鸡 | 900 |
| 1984 | 盱眙县(苏) | 七彩山鸡 | 800 | 2029 | 通榆县(吉) | 红腹锦鸡 | 800 |
| 1985 | 闻喜县(晋) | 七彩山鸡 | 750 | 2030 | 佛坪县(陕) | 红腹锦鸡 | 500 |

| 序号 | 主产地 | 动物种类 | 驯养数量（只、头、条） |
|---|---|---|---|
| 2031 | 彭水苗族土家族自治县(渝) | 红腹锦鸡 | 500 |
| 2032 | 禹州市(豫) | 红腹锦鸡 | 500 |
| 2033 | 奉贤区(沪) | 红腹锦鸡 | 422 |
| 2034 | 文　县(甘) | 红腹锦鸡 | 300 |
| 2035 | 屈家岭管理区(鄂) | 红腹锦鸡 | 250 |
| 2036 | 河口区(鲁) | 红腹锦鸡 | 200 |
| 2037 | 浑源县(晋) | 红腹锦鸡 | 200 |
| 2038 | 鼎城区(湘) | 红腹锦鸡 | 150 |
| 2039 | 宁国市(皖) | 红腹锦鸡 | 150 |
| 2040 | 大兴区(京) | 红腹锦鸡 | 114 |
| 2041 | 无极县(冀) | 红腹锦鸡 | 100 |
| 2042 | 青铜峡市(宁) | 红腹锦鸡 | 77 |
| 2043 | 浦东新区(沪) | 红腹锦鸡 | 54 |
| 2044 | 北戴河区(冀) | 红腹锦鸡 | 50 |
| 2045 | 昌邑市(鲁) | 红腹锦鸡 | 50 |
| 2046 | 临沭县(鲁) | 红腹锦鸡 | 6 |
| 2047 | 顺义区(京) | 红腹锦鸡 | 6 |
| 2048 | 海城市(辽) | 红腹锦鸡 | 5 |
| 2049 | 翠屏区(川) | 红腹锦鸡 | 2 |
| 2050 | 汉台区(陕) | 红腹锦鸡 | 1 |
| 2051 | 合作市(甘) | 珠鸡 | 8000 |
| 2052 | 承德县(冀) | 珠鸡 | 3000 |
| 2053 | 都江堰市(川) | 珠鸡 | 3000 |
| 2054 | 翠屏区(川) | 珠鸡 | 2200 |
| 2055 | 察哈尔右翼前旗(内蒙古) | 珠鸡 | 2000 |
| 2056 | 集宁区(内蒙古) | 珠鸡 | 2000 |
| 2057 | 洮南市(吉) | 珠鸡 | 2000 |
| 2058 | 西夏区(宁) | 珠鸡 | 2000 |
| 2059 | 翁牛特旗(内蒙古) | 珠鸡 | 1200 |
| 2060 | 禹州市(豫) | 珠鸡 | 1100 |
| 2061 | 临泽县(甘) | 珠鸡 | 1000 |
| 2062 | 青铜峡市(宁) | 珠鸡 | 555 |
| 2063 | 鹿泉市(冀) | 珠鸡 | 500 |
| 2064 | 北戴河区(冀) | 珠鸡 | 340 |
| 2065 | 赤城县(冀) | 珠鸡 | 200 |
| 2066 | 中宁县(宁) | 珠鸡 | 130 |
| 2067 | 麻城市(鄂) | 珠鸡 | 121 |
| 2068 | 屈家岭管理区(鄂) | 珠鸡 | 100 |
| 2069 | 石拐区(内蒙古) | 珠鸡 | 25 |
| 2070 | 平阴县(鲁) | 珠鸡 | 20 |
| 2071 | 巩义市(豫) | 珠鸡 | 2 |
| 2072 | 翠屏区(川) | 火鸡 | 8510 |
| 2073 | 南江县(川) | 火鸡 | 4000 |
| 2074 | 无为县(皖) | 火鸡 | 1500 |
| 2075 | 忠　县(渝) | 火鸡 | 1500 |
| 2076 | 青铜峡市(宁) | 火鸡 | 740 |
| 2077 | 焉耆回族自治县(新) | 火鸡 | 500 |
| 2078 | 鹿泉市(冀) | 火鸡 | 100 |
| 2079 | 宁国市(皖) | 火鸡 | 100 |
| 2080 | 平舆县(豫) | 火鸡 | 100 |
| 2081 | 汤阴县(豫) | 火鸡 | 100 |
| 2082 | 红古区(甘) | 火鸡 | 50 |
| 2083 | 广饶县(鲁) | 火鸡 | 22 |
| 2084 | 井陉矿区(冀) | 火鸡 | 15 |
| 2085 | 临沭县(鲁) | 火鸡 | 12 |
| 2086 | 平阴县(鲁) | 火鸡 | 10 |
| 2087 | 巩义市(豫) | 火鸡 | 2 |
| 2088 | 五华县(粤) | 野鸡 | 380000 |
| 2089 | 会泽县(滇) | 野鸡 | 132000 |
| 2090 | 鹤山市(粤) | 野鸡 | 35000 |
| 2091 | 东丰县(吉) | 野鸡 | 30000 |
| 2092 | 富源县(滇) | 野鸡 | 24000 |
| 2093 | 栾川县(豫) | 野鸡 | 20000 |
| 2094 | 汶川县(川) | 野鸡 | 20000 |
| 2095 | 凯里市(黔) | 野鸡 | 15000 |
| 2096 | 竹山县(鄂) | 野鸡 | 13000 |
| 2097 | 石柱土家族自治县(渝) | 野鸡 | 12176 |
| 2098 | 师宗县(滇) | 野鸡 | 12000 |
| 2099 | 乌拉特后旗(内蒙古) | 野鸡 | 10000 |
| 2100 | 乐安县(赣) | 野鸡 | 8000 |
| 2101 | 丹江口市(鄂) | 野鸡 | 5000 |
| 2102 | 平利县(陕) | 野鸡 | 5000 |
| 2103 | 黔西县(黔) | 野鸡 | 5000 |
| 2104 | 西夏区(宁) | 野鸡 | 5000 |
| 2105 | 淅川县(豫) | 野鸡 | 5000 |
| 2106 | 醴陵市(湘) | 野鸡 | 3000 |
| 2107 | 忠　县(渝) | 野鸡 | 3000 |
| 2108 | 察哈尔右翼中旗(内蒙古) | 野鸡 | 2650 |
| 2109 | 永胜县(滇) | 野鸡 | 2500 |
| 2110 | 东昌区(吉) | 野鸡 | 2300 |
| 2111 | 察哈尔右翼前旗(内蒙古) | 野鸡 | 2000 |
| 2112 | 林西县(内蒙古) | 野鸡 | 2000 |
| 2113 | 陆良县(滇) | 野鸡 | 2000 |
| 2114 | 新晃侗族自治县(湘) | 野鸡 | 2000 |
| 2115 | 长阳土家族自治县(鄂) | 野鸡 | 1500 |
| 2116 | 连州市(粤) | 野鸡 | 1500 |
| 2117 | 克什克腾旗(内蒙古) | 野鸡 | 1435 |
| 2118 | 赫山区(湘) | 野鸡 | 1200 |
| 2119 | 新建县(赣) | 野鸡 | 1200 |
| 2120 | 乳源瑶族自治县(粤) | 野鸡 | 1100 |

| 序号 | 主产地 | 动物种类 | 驯养数量（只、头、条） | 序号 | 主产地 | 动物种类 | 驯养数量（只、头、条） |
|---|---|---|---|---|---|---|---|
| 2121 | 文　县(甘) | 野鸡 | 1000 | 2166 | 海盐县(浙) | 绿头野鸭 | 990000 |
| 2122 | 中宁县(宁) | 野鸡 | 800 | 2167 | 筠连县(川) | 绿头野鸭 | 200000 |
| 2123 | 井冈山市(赣) | 野鸡 | 500 | 2168 | 慈溪市(浙) | 绿头野鸭 | 104000 |
| 2124 | 通榆县(吉) | 野鸡 | 500 | 2169 | 汝城县(湘) | 绿头野鸭 | 80000 |
| 2125 | 扎赉特旗(内蒙古) | 野鸡 | 500 | 2170 | 潜江市(鄂) | 绿头野鸭 | 55000 |
| 2126 | 镇巴县(陕) | 野鸡 | 500 | 2171 | 潜山县(皖) | 绿头野鸭 | 25000 |
| 2127 | 长白朝鲜族自治县(吉) | 野鸡 | 470 | 2172 | 吴兴区(浙) | 绿头野鸭 | 23500 |
| 2128 | 楚雄市(滇) | 野鸡 | 450 | 2173 | 桐乡市(浙) | 绿头野鸭 | 13000 |
| 2129 | 易门县(滇) | 野鸡 | 300 | 2174 | 建德市(浙) | 绿头野鸭 | 12500 |
| 2130 | 宾川县(滇) | 野鸡 | 200 | 2175 | 鼎城区(湘) | 绿头野鸭 | 10000 |
| 2131 | 江川县(滇) | 野鸡 | 200 | 2176 | 海宁市(浙) | 绿头野鸭 | 9500 |
| 2132 | 新平彝族傣族自治县(滇) | 野鸡 | 200 | 2177 | 岳阳县(湘) | 绿头野鸭 | 8000 |
| 2133 | 额尔古纳市(内蒙古) | 野鸡 | 120 | 2178 | 安新县(冀) | 绿头野鸭 | 6000 |
| 2134 | 深泽县(冀) | 野鸡 | 110 | 2179 | 玉龙纳西族自治县(滇) | 绿头野鸭 | 3500 |
| 2135 | 江永县(湘) | 野鸡 | 100 | 2180 | 都江堰市(川) | 绿头野鸭 | 3300 |
| 2136 | 九江县(赣) | 野鸡 | 100 | 2181 | 上思县(桂) | 绿头野鸭 | 2500 |
| 2137 | 新巴尔虎右旗(内蒙古) | 野鸡 | 100 | 2182 | 东平县(鲁) | 绿头野鸭 | 520 |
| 2138 | 托克托县(内蒙古) | 野鸡 | 60 | 2183 | 和　县(皖) | 绿头野鸭 | 320 |
| 2139 | 临沭县(鲁) | 野鸡 | 12 | 2184 | 延庆县(京) | 绿头野鸭 | 100 |
| 2140 | 巩义市(豫) | 野鸡 | 3 | 2185 | 涿州市(冀) | 绿头野鸭 | 35 |
| 2141 | 青铜峡市(宁) | 贵妃鸡 | 1860 | 2186 | 监利县(鄂) | 斑嘴鸭 | 1800000 |
| 2142 | 来凤县(鄂) | 绿头鸭 | 36260 | 2187 | 新建县(赣) | 斑嘴鸭 | 13000 |
| 2143 | 海盐县(浙) | 绿头鸭 | 26750 | 2188 | 永修县(赣) | 斑嘴鸭 | 8000 |
| 2144 | 辽阳县(辽) | 绿头鸭 | 18000 | 2189 | 海宁市(浙) | 斑嘴鸭 | 2500 |
| 2145 | 奉化市(浙) | 绿头鸭 | 17000 | 2190 | 星子县(赣) | 斑嘴鸭 | 1200 |
| 2146 | 萧山区(浙) | 绿头鸭 | 10000 | 2191 | 巢湖市(皖) | 斑嘴鸭 | 1000 |
| 2147 | 贵溪市(赣) | 绿头鸭 | 6000 | 2192 | 从化市(粤) | 斑嘴鸭 | 1000 |
| 2148 | 海宁市(浙) | 绿头鸭 | 5000 | 2193 | 汤阴县(豫) | 斑嘴鸭 | 1000 |
| 2149 | 君山区(湘) | 绿头鸭 | 3200 | 2194 | 都江堰市(川) | 斑嘴鸭 | 500 |
| 2150 | 三山区(皖) | 绿头鸭 | 3000 | 2195 | 寒亭区(鲁) | 斑嘴鸭 | 100 |
| 2151 | 星子县(赣) | 绿头鸭 | 2660 | 2196 | 都江堰市(川) | 疣鼻栖鸭 | 100 |
| 2152 | 瑞昌市(赣) | 绿头鸭 | 2000 | 2197 | 邛崃市(川) | 黑天鹅 | 4000 |
| 2153 | 侯马市(晋) | 绿头鸭 | 1500 | 2198 | 奉贤区(沪) | 黑天鹅 | 1200 |
| 2154 | 盱眙县(苏) | 绿头鸭 | 1000 | 2199 | 岱岳区(鲁) | 黑天鹅 | 600 |
| 2155 | 安新县(冀) | 绿头鸭 | 800 | 2200 | 浦东新区(沪) | 黑天鹅 | 369 |
| 2156 | 鹤城区(湘) | 绿头鸭 | 500 | 2201 | 托克托县(内蒙古) | 黑天鹅 | 300 |
| 2157 | 三门县(浙) | 绿头鸭 | 500 | 2202 | 河口区(鲁) | 黑天鹅 | 200 |
| 2158 | 贺兰县(宁) | 绿头鸭 | 385 | 2203 | 颍上县(皖) | 黑天鹅 | 70 |
| 2159 | 延庆县(京) | 绿头鸭 | 240 | 2204 | 大兴区(京) | 黑天鹅 | 23 |
| 2160 | 颍上县(皖) | 绿头鸭 | 120 | 2205 | 青铜峡市(宁) | 黑天鹅 | 18 |
| 2161 | 昌邑市(鲁) | 绿头鸭 | 100 | 2206 | 翠屏区(川) | 黑天鹅 | 2 |
| 2162 | 北戴河区(冀) | 绿头鸭 | 99 | 2207 | 汤阴县(豫) | 白天鹅 | 500 |
| 2163 | 大兴区(京) | 绿头鸭 | 79 | 2208 | 河口区(鲁) | 白天鹅 | 300 |
| 2164 | 彭山县(川) | 绿头鸭 | 50 | 2209 | 广丰县(赣) | 白天鹅 | 220 |
| 2165 | 广饶县(鲁) | 绿头鸭 | 20 | 2210 | 阳谷县(鲁) | 白天鹅 | 70 |

| 序号 | 主产地 | 动物种类 | 驯养数量（只、头、条） |
|---|---|---|---|
| 2211 | 颍上县(皖) | 白天鹅 | 22 |
| 2212 | 大兴区(京) | 白天鹅 | 21 |
| 2213 | 宝山区(沪) | 白天鹅 | 8 |
| 2214 | 寒亭区(鲁) | 白天鹅 | 6 |
| 2215 | 象山县(浙) | 灰天鹅 | 530000 |
| 2216 | 桐城市(皖) | 灰天鹅 | 10000 |
| 2217 | 临海市(浙) | 灰天鹅 | 9810 |
| 2218 | 岳阳县(湘) | 灰天鹅 | 8000 |
| 2219 | 芜湖县(皖) | 灰天鹅 | 5000 |
| 2220 | 龙游县(浙) | 灰天鹅 | 1700 |
| 2221 | 河口区(鲁) | 灰天鹅 | 1000 |
| 2222 | 椒江区(浙) | 灰天鹅 | 1000 |
| 2223 | 奉化市(浙) | 灰天鹅 | 720 |
| 2224 | 三门县(浙) | 灰天鹅 | 365 |
| 2225 | 温岭市(浙) | 灰天鹅 | 50 |
| 2226 | 浦东新区(沪) | 疣鼻天鹅 | 29 |
| 2227 | 汤阴县(豫) | 鹌鹑 | 620000 |
| 2228 | 寒亭区(鲁) | 鹌鹑 | 200000 |
| 2229 | 舒兰市(吉) | 鹌鹑 | 150000 |
| 2230 | 汝州市(豫) | 鹌鹑 | 36000 |
| 2231 | 庄河市(辽) | 鹌鹑 | 31500 |
| 2232 | 五峰土家族自治县(鄂) | 鹌鹑 | 30000 |
| 2233 | 砚山县(滇) | 鹌鹑 | 20000 |
| 2234 | 恩施市(鄂) | 鹌鹑 | 3000 |
| 2235 | 井陉矿区(冀) | 鹌鹑 | 2300 |
| 2236 | 巴东县(鄂) | 鹌鹑 | 1000 |
| 2237 | 新安县(豫) | 鹌鹑 | 1000 |
| 2238 | 大兴区(京) | 鹌鹑 | 500 |
| 2239 | 石拐区(内蒙古) | 鹌鹑 | 65 |
| 2240 | 藁城市(冀) | 鹌鹑 | 50 |
| 2241 | 奉贤区(沪) | 鸳鸯 | 266 |
| 2242 | 浦东新区(沪) | 鸳鸯 | 93 |
| 2243 | 海城市(辽) | 鸳鸯 | 20 |
| 2244 | 寒亭区(鲁) | 鸳鸯 | 10 |
| 2245 | 临沭县(鲁) | 鸳鸯 | 6 |
| 2246 | 颍上县(皖) | 鸳鸯 | 6 |
| 2247 | 青铜峡市(宁) | 鸳鸯 | 2 |
| 2248 | 遂溪县(粤) | 鹧鸪 | 5000 |
| 2249 | 崇州市(川) | 鹧鸪 | 2000 |
| 2250 | 石屏县(滇) | 鹧鸪 | 1500 |
| 2251 | 昌邑市(鲁) | 鹧鸪 | 1000 |
| 2252 | 宾川县(滇) | 鹧鸪 | 300 |
| 2253 | 中宁县(宁) | 鹧鸪 | 300 |
| 2254 | 沾益县(滇) | 鹧鸪 | 200 |
| 2255 | 贺兰县(宁) | 鹧鸪 | 80 |

| 序号 | 主产地 | 动物种类 | 驯养数量（只、头、条） |
|---|---|---|---|
| 2256 | 旌德县(皖) | 中华大蟾蜍 | 800000 |
| 2257 | 恩施市(鄂) | 中华大蟾蜍 | 15000 |
| 2258 | 利辛县(皖) | 中华大蟾蜍 | 10000 |
| 2259 | 安岳县(川) | 中华大蟾蜍 | 9000 |
| 2260 | 万州区(渝) | 中华大蟾蜍 | 2000 |
| 2261 | 固镇县(皖) | 中华大蟾蜍 | 2 |
| 2262 | 大兴区(京) | 牡丹鹦鹉 | 5 |
| 2263 | 余杭区(浙) | 金刚鹦鹉 | 72 |
| 2264 | 大兴区(京) | 金刚鹦鹉 | 4 |
| 2265 | 颍上县(皖) | 金刚鹦鹉 | 3 |
| 2266 | 临沭县(鲁) | 黄领牡丹鹦鹉 | 10 |
| 2267 | 云梦县(鄂) | 虎皮鹦鹉 | 400000 |
| 2268 | 大兴区(京) | 虎皮鹦鹉 | 34 |
| 2269 | 海城市(辽) | 虎皮鹦鹉 | 22 |
| 2270 | 平阴县(鲁) | 虎皮鹦鹉 | 2 |
| 2271 | 临沭县(鲁) | 凤头鹦鹉 | 12 |
| 2272 | 颍上县(皖) | 凤头鹦鹉 | 7 |
| 2273 | 浦东新区(沪) | 白鹳 | 5 |
| 2274 | 西夏区(宁) | 白鹇 | 500 |
| 2275 | 宁国市(皖) | 白鹇 | 150 |
| 2276 | 通榆县(吉) | 白鹇 | 50 |
| 2277 | 奉贤区(沪) | 白鹇 | 40 |
| 2278 | 大兴区(京) | 白鹇 | 38 |
| 2279 | 浦东新区(沪) | 白鹇 | 35 |
| 2280 | 盘龙区(滇) | 白鹇 | 14 |
| 2281 | 利津县(鲁) | 白鹇 | 13 |
| 2282 | 桐城市(皖) | 斑头雁 | 5000 |
| 2283 | 广丰县(赣) | 斑头雁 | 110 |
| 2284 | 浦东新区(沪) | 斑头雁 | 38 |
| 2285 | 大兴区(京) | 斑头雁 | 21 |
| 2286 | 邛崃市(川) | 大雁 | 180000 |
| 2287 | 五河县(皖) | 大雁 | 40000 |
| 2288 | 咸丰县(鄂) | 大雁 | 40000 |
| 2289 | 永修县(赣) | 大雁 | 12200 |
| 2290 | 乾安县(吉) | 大雁 | 10000 |
| 2291 | 都江堰市(川) | 大雁 | 9000 |
| 2292 | 通榆县(吉) | 大雁 | 6500 |
| 2293 | 岱岳区(鲁) | 大雁 | 5000 |
| 2294 | 东营区(鲁) | 大雁 | 4000 |
| 2295 | 河口区(鲁) | 大雁 | 4000 |
| 2296 | 新建县(赣) | 大雁 | 3500 |
| 2297 | 都昌县(赣) | 大雁 | 2000 |
| 2298 | 鹤城区(湘) | 大雁 | 2000 |
| 2299 | 兰考县(豫) | 大雁 | 2000 |
| 2300 | 阎良区(陕) | 大雁 | 2000 |

| 序号 | 主产地 | 动物种类 | 驯养数量（只、头、条） |
|---|---|---|---|
| 2301 | 洮南市(吉) | 大雁 | 1800 |
| 2302 | 星子县(赣) | 大雁 | 1600 |
| 2303 | 周村区(鲁) | 大雁 | 1400 |
| 2304 | 化德县(内蒙古) | 大雁 | 1000 |
| 2305 | 胶州市(鲁) | 大雁 | 1000 |
| 2306 | 临安市(浙) | 大雁 | 1000 |
| 2307 | 青阳县(皖) | 大雁 | 860 |
| 2308 | 鼎城区(湘) | 大雁 | 800 |
| 2309 | 黎城县(晋) | 大雁 | 700 |
| 2310 | 托克托县(内蒙古) | 大雁 | 600 |
| 2311 | 宜秀区(皖) | 大雁 | 520 |
| 2312 | 林西县(内蒙古) | 大雁 | 400 |
| 2313 | 湘潭县(湘) | 大雁 | 400 |
| 2314 | 望奎县(黑) | 大雁 | 300 |
| 2315 | 丰润区(冀) | 大雁 | 210 |
| 2316 | 贵溪市(赣) | 大雁 | 200 |
| 2317 | 彭泽县(赣) | 大雁 | 200 |
| 2318 | 盐边县(川) | 大雁 | 200 |
| 2319 | 永康市(浙) | 大雁 | 200 |
| 2320 | 延庆县(京) | 大雁 | 180 |
| 2321 | 舒兰市(吉) | 大雁 | 150 |
| 2322 | 安新县(冀) | 大雁 | 100 |
| 2323 | 渑池县(豫) | 大雁 | 100 |
| 2324 | 颍上县(皖) | 大雁 | 95 |
| 2325 | 翠屏区(川) | 大雁 | 80 |
| 2326 | 怀宁县(皖) | 大雁 | 30 |
| 2327 | 广饶县(鲁) | 大雁 | 28 |
| 2328 | 顺义区(京) | 大雁 | 5 |
| 2329 | 沂源县(鲁) | 大雁 | 2 |
| 2330 | 清新县(粤) | 鹧鸪 | 20630 |
| 2331 | 禹州市(豫) | 鹧鸪 | 2000 |
| 2332 | 大兴区(京) | 鹧鸪 | 60 |
| 2333 | 盘龙区(滇) | 鹧鸪 | 20 |
| 2334 | 平阴县(鲁) | 鹧鸪 | 20 |
| 2335 | 浦东新区(沪) | 鹧鸪 | 9 |
| 2336 | 翠屏区(川) | 鹧鸪 | 4 |
| 2337 | 颍上县(皖) | 鹧鸪 | 4 |
| 2338 | 万州区(渝) | 鹧鸪 | 1 |
| 2339 | 江安县(川) | 环颈雉 | 300000 |
| 2340 | 建始县(鄂) | 环颈雉 | 110700 |
| 2341 | 上饶县(赣) | 环颈雉 | 55000 |
| 2342 | 奉新县(赣) | 环颈雉 | 35000 |
| 2343 | 金口河区(川) | 环颈雉 | 30000 |
| 2344 | 长阳土家族自治县(鄂) | 环颈雉 | 21000 |
| 2345 | 三门县(浙) | 环颈雉 | 16050 |
| 2346 | 常山县(浙) | 环颈雉 | 11500 |
| 2347 | 大方县(黔) | 环颈雉 | 10000 |
| 2348 | 京山县(鄂) | 环颈雉 | 10000 |
| 2349 | 汶川县(川) | 环颈雉 | 10000 |
| 2350 | 盐亭县(川) | 环颈雉 | 10000 |
| 2351 | 长安区(陕) | 环颈雉 | 9980 |
| 2352 | 澄江县(滇) | 环颈雉 | 7000 |
| 2353 | 湘潭县(湘) | 环颈雉 | 6550 |
| 2354 | 都昌县(赣) | 环颈雉 | 5000 |
| 2355 | 象山县(浙) | 环颈雉 | 5000 |
| 2356 | 泾　县(皖) | 环颈雉 | 4000 |
| 2357 | 南郑县(陕) | 环颈雉 | 3400 |
| 2358 | 维西傈僳族自治县(滇) | 环颈雉 | 3400 |
| 2359 | 石屏县(滇) | 环颈雉 | 2500 |
| 2360 | 延庆县(京) | 环颈雉 | 2200 |
| 2361 | 融安县(桂) | 环颈雉 | 2000 |
| 2362 | 英德市(粤) | 环颈雉 | 2000 |
| 2363 | 中方县(湘) | 环颈雉 | 2000 |
| 2364 | 鹤峰县(鄂) | 环颈雉 | 1700 |
| 2365 | 彭山县(川) | 环颈雉 | 1300 |
| 2366 | 南部县(川) | 环颈雉 | 1050 |
| 2367 | 合阳县(陕) | 环颈雉 | 1000 |
| 2368 | 西夏区(宁) | 环颈雉 | 1000 |
| 2369 | 宜都市(鄂) | 环颈雉 | 1000 |
| 2370 | 镇海区(浙) | 环颈雉 | 1000 |
| 2371 | 文成县(浙) | 环颈雉 | 930 |
| 2372 | 巧家县(滇) | 环颈雉 | 800 |
| 2373 | 遂川县(赣) | 环颈雉 | 800 |
| 2374 | 禹州市(豫) | 环颈雉 | 800 |
| 2375 | 青铜峡市(宁) | 环颈雉 | 611 |
| 2376 | 侯马市(晋) | 环颈雉 | 600 |
| 2377 | 腾冲县(滇) | 环颈雉 | 553 |
| 2378 | 克什克腾旗(内蒙古) | 环颈雉 | 510 |
| 2379 | 寒亭区(鲁) | 环颈雉 | 500 |
| 2380 | 黎川县(赣) | 环颈雉 | 500 |
| 2381 | 荔浦县(桂) | 环颈雉 | 500 |
| 2382 | 路桥区(浙) | 环颈雉 | 500 |
| 2383 | 永修县(赣) | 环颈雉 | 500 |
| 2384 | 玉环县(浙) | 环颈雉 | 500 |
| 2385 | 星子县(赣) | 环颈雉 | 450 |
| 2386 | 涿州市(冀) | 环颈雉 | 450 |
| 2387 | 大兴区(京) | 环颈雉 | 352 |
| 2388 | 北戴河区(冀) | 环颈雉 | 308 |
| 2389 | 和　县(皖) | 环颈雉 | 250 |
| 2390 | 芷江侗族自治县(湘) | 环颈雉 | 240 |

| 序号 | 主产地 | 动物种类 | 驯养数量（只、头、条） |
|---|---|---|---|
| 2391 | 崇仁县(赣) | 环颈雉 | 230 |
| 2392 | 樟树市(赣) | 环颈雉 | 200 |
| 2393 | 道　县(湘) | 环颈雉 | 162 |
| 2394 | 宣化区(冀) | 环颈雉 | 100 |
| 2395 | 浦东新区(沪) | 环颈雉 | 34 |
| 2396 | 石拐区(内蒙古) | 环颈雉 | 25 |
| 2397 | 洋　县(陕) | 环颈雉 | 13 |
| 2398 | 平阴县(鲁) | 环颈雉 | 7 |
| 2399 | 大兴区(京) | 白雉 | 2 |
| 2400 | 大兴区(京) | 白冠长尾雉 | 165 |
| 2401 | 北戴河区(冀) | 白冠长尾雉 | 121 |
| 2402 | 盘龙区(滇) | 白冠长尾雉 | 23 |
| 2403 | 浦东新区(沪) | 洪式环企鹅 | 5 |
| 2404 | 大兴区(京) | 白腰文鸟 | 8 |

**表 16-1　人参主产地产量**

| 序号 | 人参主产地 | 产量(吨) |
|---|---|---|
| 1 | 凤城市(辽) | 1600.00 |
| 2 | 新宾满族自治县(辽) | 800.00 |
| 3 | 宽甸满族自治县(辽) | 800.00 |
| 4 | 南芬区(辽) | 261.00 |
| 5 | 本溪满族自治县(辽) | 32.00 |
| 6 | 桓仁满族自治县(辽) | 15.00 |
| 7 | 长白朝鲜族自治县(吉) | 88478.00 |
| 8 | 抚松县(吉) | 12420.00 |
| 9 | 集安市(吉) | 4340.00 |
| 10 | 敦化市(吉) | 1650.00 |
| 11 | 辉南县(吉) | 1100.00 |
| 12 | 梅河口市(吉) | 707.51 |
| 13 | 汪清县(吉) | 438.00 |
| 14 | 和龙市(吉) | 326.00 |
| 15 | 蛟河市(吉) | 45.00 |
| 16 | 永吉县(吉) | 25.00 |
| 17 | 舒兰市(吉) | 12.50 |
| 18 | 柳河县(吉) | 10.00 |
| 19 | 逊克县(黑) | 410.00 |
| 20 | 鸡东县(黑) | 270.00 |
| 21 | 绥棱县(黑) | 150.00 |
| 22 | 虎林市(黑) | 80.00 |
| 23 | 尚志市(黑) | 75.00 |
| 24 | 延寿县(黑) | 10.00 |
| 25 | 露水河林业局(吉林森工) | 848.00 |
| 26 | 临江林业局(吉林森工) | 713.00 |
| 27 | 红石林业局(吉林森工) | 159.90 |
| 28 | 三岔子林业局(吉林森工) | 50.00 |
| 29 | 穆棱林业局(龙江森工) | 1100.00 |
| 30 | 绥阳林业局(龙江森工) | 300.00 |

**表 16-2　刺五加主产地产量**

| 序号 | 刺五加主产地 | 产量(吨) |
|---|---|---|
| 1 | 新宾满族自治县(辽) | 5000.00 |
| 2 | 本溪满族自治县(辽) | 4000.00 |
| 3 | 凤城市(辽) | 2700.00 |
| 4 | 清原满族自治县(辽) | 953.00 |
| 5 | 东港市(辽) | 120.00 |
| 6 | 平山区(辽) | 98.00 |
| 7 | 桓仁满族自治县(辽) | 50.00 |
| 8 | 庄河市(辽) | 49.00 |
| 9 | 振安区(辽) | 25.00 |
| 10 | 抚松县(吉) | 217.20 |
| 11 | 辉南县(吉) | 160.00 |
| 12 | 柳河县(吉) | 120.00 |
| 13 | 九台市(吉) | 10.00 |
| 14 | 巴彦县(黑) | 37.00 |
| 15 | 徽　县(甘) | 30.00 |
| 16 | 山河屯林业局(龙江森工) | 1500.00 |
| 17 | 东方红林业局(龙江森工) | 900.00 |
| 18 | 桃山林业局(龙江森工) | 750.00 |
| 19 | 朗乡林业局(龙江森工) | 635.00 |
| 20 | 双丰林业局(龙江森工) | 350.00 |
| 21 | 友好林业局(龙江森工) | 300.00 |
| 22 | 带岭实验局(龙江森工) | 254.00 |
| 23 | 五营林业局(龙江森工) | 242.00 |
| 24 | 翠峦林业局(龙江森工) | 162.00 |
| 25 | 方正林业局(龙江森工) | 150.00 |
| 26 | 南岔林业局(龙江森工) | 110.00 |
| 27 | 乌伊岭林业局(龙江森工) | 85.00 |
| 28 | 铁力林业局(龙江森工) | 77.00 |
| 29 | 美溪林业局(龙江森工) | 65.00 |
| 30 | 大海林林业局(龙江森工) | 60.00 |
| 31 | 乌马河林业局(龙江森工) | 55.00 |
| 32 | 海林林业局(龙江森工) | 35.00 |
| 33 | 金山屯林业局(龙江森工) | 31.00 |
| 34 | 红星林业局(龙江森工) | 30.00 |
| 35 | 汤旺河林业局(龙江森工) | 26.00 |
| 36 | 上甘岭林业局(龙江森工) | 22.00 |
| 37 | 亚布力林业局(龙江森工) | 12.00 |

**表 16-3　杜仲主产地产量**

| 序号 | 杜仲主产地 | 产量(吨) |
|---|---|---|
| 1 | 泰顺县(浙) | 38.00 |
| 2 | 磐安县(浙) | 20.00 |
| 3 | 舒城县(皖) | 372.00 |
| 4 | 祁门县(皖) | 147.00 |
| 5 | 青阳县(皖) | 123.00 |
| 6 | 芜湖县(皖) | 15.00 |
| 7 | 芦溪县(赣) | 700.00 |
| 8 | 遂川县(赣) | 240.00 |
| 9 | 修水县(赣) | 209.10 |
| 10 | 武宁县(赣) | 18.20 |
| 11 | 上饶县(赣) | 10.17 |
| 12 | 婺源县(赣) | 10.00 |
| 13 | 长清区(鲁) | 44.00 |
| 14 | 南召县(豫) | 1560.00 |
| 15 | 商城县(豫) | 600.00 |
| 16 | 平桥区(豫) | 67.00 |
| 17 | 禹州市(豫) | 40.00 |
| 18 | 桐柏县(豫) | 35.00 |
| 19 | 宝丰县(豫) | 33.00 |
| 20 | 方城县(豫) | 22.00 |
| 21 | 夷陵区(鄂) | 5400.00 |
| 22 | 竹山县(鄂) | 3159.00 |
| 23 | 长阳土家族自治县(鄂) | 1000.00 |
| 24 | 茅箭区(鄂) | 550.00 |
| 25 | 南漳县(鄂) | 350.00 |
| 26 | 五峰土家族自治县(鄂) | 300.00 |
| 27 | 巴东县(鄂) | 150.00 |
| 28 | 通山县(鄂) | 132.00 |
| 29 | 房　县(鄂) | 65.00 |
| 30 | 罗田县(鄂) | 35.00 |
| 31 | 松滋市(鄂) | 15.00 |
| 32 | 京山县(鄂) | 10.00 |
| 33 | 衡东县(湘) | 260.00 |
| 34 | 衡阳县(湘) | 200.00 |
| 35 | 冷水江市(湘) | 117.00 |

| 序号 | 杜仲主产地 | 产量(吨) |
|---|---|---|
| 36 | 新宁县(湘) | 100.00 |
| 37 | 新田县(湘) | 85.00 |
| 38 | 桑植县(湘) | 60.00 |
| 39 | 株洲县(湘) | 55.00 |
| 40 | 炎陵县(湘) | 40.00 |
| 41 | 桂东县(湘) | 39.00 |
| 42 | 麻阳苗族自治县(湘) | 35.00 |
| 43 | 道　县(湘) | 25.00 |
| 44 | 资兴市(湘) | 23.00 |
| 45 | 耒阳市(湘) | 20.00 |
| 46 | 北塔区(湘) | 20.00 |
| 47 | 祁阳县(湘) | 18.00 |
| 48 | 江华瑶族自治县(湘) | 17.00 |
| 49 | 宁远县(湘) | 16.00 |
| 50 | 新化县(湘) | 10.00 |
| 51 | 龙川县(粤) | 60.00 |
| 52 | 西林县(桂) | 80.00 |
| 53 | 资源县(桂) | 50.00 |
| 54 | 富川瑶族自治县(桂) | 30.00 |
| 55 | 开　县(渝) | 6160.00 |
| 56 | 武隆县(渝) | 400.00 |
| 57 | 长寿区(渝) | 120.00 |
| 58 | 云阳县(渝) | 60.00 |
| 59 | 丰都县(渝) | 47.00 |
| 60 | 万州区(渝) | 30.00 |
| 61 | 合川区(渝) | 21.00 |
| 62 | 北川羌族自治县(川) | 1200.00 |
| 63 | 邛崃市(川) | 800.00 |
| 64 | 崇州市(川) | 218.00 |
| 65 | 天全县(川) | 200.00 |
| 66 | 沿滩区(川) | 150.00 |
| 67 | 宝兴县(川) | 130.00 |
| 68 | 邻水县(川) | 50.00 |
| 69 | 芦山县(川) | 45.00 |
| 70 | 蓬安县(川) | 40.00 |
| 71 | 什邡市(川) | 34.00 |
| 72 | 犍为县(川) | 25.00 |
| 73 | 珙　县(川) | 13.00 |
| 74 | 阆中市(川) | 10.00 |
| 75 | 汶川县(川) | 10.00 |
| 76 | 独山县(黔) | 250.00 |
| 77 | 清镇市(黔) | 207.00 |
| 78 | 赫章县(黔) | 204.00 |
| 79 | 桐梓县(黔) | 181.00 |
| 80 | 黔西县(黔) | 41.60 |
| 81 | 贞丰县(黔) | 35.00 |
| 82 | 锦屏县(黔) | 23.00 |
| 83 | 碧江区(黔) | 23.00 |
| 84 | 凯里市(黔) | 15.00 |
| 85 | 金沙县(黔) | 13.00 |
| 86 | 富宁县(滇) | 515.00 |
| 87 | 寻甸回族彝族自治县(滇) | 30.00 |
| 88 | 西畴县(滇) | 18.50 |
| 89 | 城固县(陕) | 2000.00 |
| 90 | 商南县(陕) | 1443.00 |
| 91 | 旬阳县(陕) | 719.00 |
| 92 | 平利县(陕) | 300.00 |
| 93 | 洛南县(陕) | 120.00 |
| 94 | 汉阴县(陕) | 33.00 |

**表16-4　五味子主产地产量**

| 序号 | 五味子主产地 | 产量(吨) |
|---|---|---|
| 1 | 凤城市(辽) | 5400.00 |
| 2 | 本溪满族自治县(辽) | 5000.00 |
| 3 | 辽阳县(辽) | 1000.00 |
| 4 | 桓仁满族自治县(辽) | 750.00 |
| 5 | 清原满族自治县(辽) | 506.00 |
| 6 | 东港市(辽) | 185.00 |
| 7 | 集安市(吉) | 626.00 |
| 8 | 抚松县(吉) | 217.20 |
| 9 | 蛟河市(吉) | 136.00 |
| 10 | 柳河县(吉) | 100.00 |
| 11 | 长白朝鲜族自治县(吉) | 37.00 |
| 12 | 梅河口市(吉) | 30.70 |
| 13 | 虎林市(黑) | 3000.00 |
| 14 | 尚志市(黑) | 450.00 |
| 15 | 桦南县(黑) | 220.00 |
| 16 | 方正县(黑) | 145.00 |
| 17 | 双城市(黑) | 55.00 |
| 18 | 逊克县(黑) | 50.00 |
| 19 | 木兰县(黑) | 20.00 |
| 20 | 鸡东县(黑) | 15.50 |
| 21 | 嵩　县(豫) | 100.00 |
| 22 | 南漳县(鄂) | 30.00 |
| 23 | 临江林业局(吉林森工) | 10.00 |
| 24 | 清河林业局(龙江森工) | 4700.00 |
| 25 | 新青林业局(龙江森工) | 1280.00 |
| 26 | 双丰林业局(龙江森工) | 860.00 |
| 27 | 鹤立林业局(龙江森工) | 298.00 |
| 28 | 亚布力林业局(龙江森工) | 285.80 |
| 29 | 乌伊岭林业局(龙江森工) | 280.00 |
| 30 | 东方红林业局(龙江森工) | 260.00 |
| 31 | 八面通林业局(龙江森工) | 253.00 |
| 32 | 绥阳林业局(龙江森工) | 235.00 |
| 33 | 美溪林业局(龙江森工) | 197.00 |
| 34 | 五营林业局(龙江森工) | 177.00 |
| 35 | 兴隆林业局(龙江森工) | 170.00 |
| 36 | 桃山林业局(龙江森工) | 160.00 |
| 37 | 铁力林业局(龙江森工) | 158.00 |
| 38 | 穆棱林业局(龙江森工) | 145.00 |
| 39 | 汤旺河林业局(龙江森工) | 131.00 |
| 40 | 朗乡林业局(龙江森工) | 110.00 |
| 41 | 乌马河林业局(龙江森工) | 100.00 |
| 42 | 山河屯林业局(龙江森工) | 100.00 |
| 43 | 南岔林业局(龙江森工) | 100.00 |
| 44 | 翠峦林业局(龙江森工) | 79.00 |
| 45 | 大海林林业局(龙江森工) | 68.00 |
| 46 | 鹤北林业局(龙江森工) | 61.00 |
| 47 | 带岭实验局(龙江森工) | 60.00 |
| 48 | 迎春林业局(龙江森工) | 60.00 |
| 49 | 方正林业局(龙江森工) | 57.00 |
| 50 | 金山屯林业局(龙江森工) | 36.00 |
| 51 | 林口林业局(龙江森工) | 20.00 |
| 52 | 友好林业局(龙江森工) | 20.00 |
| 53 | 苇河林业局(龙江森工) | 15.00 |
| 54 | 双鸭山林业局(龙江森工) | 15.00 |
| 55 | 海林林业局(龙江森工) | 10.00 |
| 56 | 上甘岭林业局(龙江森工) | 10.00 |

**表16-5　黄柏主产地产量**

| 序号 | 黄柏主产地 | 产量(吨) |
|---|---|---|
| 1 | 桓仁满族自治县(辽) | 22.00 |
| 2 | 辉南县(吉) | 30.00 |
| 3 | 通山县(鄂) | 61.00 |
| 4 | 巴东县(鄂) | 50.00 |
| 5 | 五峰土家族自治县(鄂) | 21.00 |
| 6 | 竹山县(鄂) | 16.00 |
| 7 | 桑植县(湘) | 1000.00 |
| 8 | 衡东县(湘) | 500.00 |
| 9 | 涟源市(湘) | 345.00 |
| 10 | 新化县(湘) | 200.00 |
| 11 | 安化县(湘) | 120.00 |
| 12 | 桂东县(湘) | 70.00 |
| 13 | 冷水江市(湘) | 69.00 |
| 14 | 新田县(湘) | 62.00 |
| 15 | 武陵源区(湘) | 50.00 |
| 16 | 祁阳县(湘) | 15.00 |
| 17 | 宁远县(湘) | 13.00 |

| 序号 | 黄柏主产地 | 产量(吨) |
|---|---|---|
| 18 | 资兴市(湘) | 12.00 |
| 19 | 汝城县(湘) | 10.00 |
| 20 | 富川瑶族自治县(桂) | 40.00 |
| 21 | 资源县(桂) | 20.00 |
| 22 | 武隆县(渝) | 1650.00 |
| 23 | 开　县(渝) | 1120.00 |
| 24 | 彭水苗族土家族自治县(渝) | 20.00 |
| 25 | 万州区(渝) | 20.00 |
| 26 | 米易县(川) | 2000.00 |
| 27 | 天全县(川) | 1500.00 |
| 28 | 邻水县(川) | 830.00 |
| 29 | 宝兴县(川) | 650.00 |
| 30 | 芦山县(川) | 250.00 |
| 31 | 崇州市(川) | 204.00 |
| 32 | 屏山县(川) | 125.00 |
| 33 | 犍为县(川) | 42.00 |
| 34 | 沿滩区(川) | 30.00 |
| 35 | 雨城区(川) | 20.00 |
| 36 | 什邡市(川) | 12.00 |
| 37 | 珙　县(川) | 11.00 |
| 38 | 赫章县(黔) | 12.00 |
| 39 | 碧江区(黔) | 10.00 |
| 40 | 大关县(滇) | 450.00 |
| 41 | 盐津县(滇) | 25.00 |

**表 16-6　金银花主产地产量**

| 序号 | 金银花主产地 | 产量(吨) |
|---|---|---|
| 1 | 巨鹿县(冀) | 11790.00 |
| 2 | 磁　县(冀) | 400.00 |
| 3 | 宁晋县(冀) | 21.00 |
| 4 | 满城县(冀) | 20.00 |
| 5 | 邢台市桥西区(冀) | 15.00 |
| 6 | 鸡泽县(冀) | 14.00 |
| 7 | 威　县(冀) | 12.00 |
| 8 | 阳城县(晋) | 91.50 |
| 9 | 沛　县(苏) | 150.00 |
| 10 | 泰兴市(苏) | 38.20 |
| 11 | 祁门县(皖) | 96.00 |
| 12 | 寿　县(皖) | 75.00 |
| 13 | 潜山县(皖) | 30.00 |
| 14 | 临川区(赣) | 2615.00 |
| 15 | 彭泽县(赣) | 2000.00 |
| 16 | 高安市(赣) | 478.20 |
| 17 | 德安县(赣) | 300.00 |
| 18 | 修水县(赣) | 87.86 |
| 19 | 永修县(赣) | 75.00 |
| 20 | 永丰县(赣) | 65.00 |
| 21 | 武宁县(赣) | 63.50 |
| 22 | 赣　县(赣) | 41.00 |
| 23 | 芦溪县(赣) | 25.00 |
| 24 | 平邑县(鲁) | 60000.00 |
| 25 | 阳谷县(鲁) | 26000.00 |
| 26 | 临沭县(鲁) | 1200.00 |
| 27 | 新泰市(鲁) | 1200.00 |
| 28 | 乳山市(鲁) | 1000.00 |
| 29 | 黄岛区(鲁) | 344.00 |
| 30 | 平原县(鲁) | 219.00 |
| 31 | 宁阳县(鲁) | 171.00 |
| 32 | 武城县(鲁) | 150.00 |
| 33 | 汶上县(鲁) | 140.00 |
| 34 | 临沂市高新技术产业开发区(鲁) | 110.00 |
| 35 | 临沂市蒙山旅游区(鲁) | 110.00 |
| 36 | 沂水县(鲁) | 92.00 |
| 37 | 龙口市(鲁) | 80.00 |
| 38 | 昌乐县(鲁) | 70.00 |
| 39 | 东平县(鲁) | 25.00 |
| 40 | 广饶县(鲁) | 19.50 |
| 41 | 肥城市(鲁) | 18.00 |
| 42 | 成武县(鲁) | 11.00 |
| 43 | 嵩　县(豫) | 2300.00 |
| 44 | 登封市(豫) | 1320.00 |
| 45 | 睢　县(豫) | 800.00 |
| 46 | 南乐县(豫) | 600.00 |
| 47 | 商水县(豫) | 254.00 |
| 48 | 渑池县(豫) | 180.00 |
| 49 | 睢阳区(豫) | 150.00 |
| 50 | 永城市(豫) | 78.30 |
| 51 | 宜阳县(豫) | 70.00 |
| 52 | 鹿邑县(豫) | 60.00 |
| 53 | 禹州市(豫) | 42.00 |
| 54 | 平桥区(豫) | 27.00 |
| 55 | 辉县市(豫) | 25.00 |
| 56 | 淮阳县(豫) | 20.00 |
| 57 | 固始县(豫) | 10.00 |
| 58 | 罗田县(鄂) | 1000.00 |
| 59 | 随　县(鄂) | 300.00 |
| 60 | 大冶市(鄂) | 100.00 |
| 61 | 茅箭区(鄂) | 50.00 |
| 62 | 通城县(鄂) | 35.00 |
| 63 | 宜都市(鄂) | 20.00 |
| 64 | 房　县(鄂) | 10.00 |
| 65 | 新化县(湘) | 30000.00 |
| 66 | 涟源市(湘) | 6590.00 |
| 67 | 中方县(湘) | 4800.00 |
| 68 | 凤凰县(湘) | 2000.00 |
| 69 | 冷水江市(湘) | 1750.00 |
| 70 | 洪江市(湘) | 1460.00 |
| 71 | 吉首市(湘) | 1400.00 |
| 72 | 安化县(湘) | 600.00 |
| 73 | 娄底市市辖区(湘) | 500.00 |
| 74 | 岳阳县(湘) | 500.00 |
| 75 | 花垣县(湘) | 450.00 |
| 76 | 保靖县(湘) | 300.00 |
| 77 | 北湖区(湘) | 283.00 |
| 78 | 永兴县(湘) | 262.00 |
| 79 | 苏仙区(湘) | 150.00 |
| 80 | 益阳市市辖区(湘) | 120.00 |
| 81 | 汨罗市(湘) | 50.00 |
| 82 | 洞口县(湘) | 50.00 |
| 83 | 耒阳市(湘) | 40.00 |
| 84 | 城步苗族自治县(湘) | 29.00 |
| 85 | 麻阳苗族自治县(湘) | 26.00 |
| 86 | 绥宁县(湘) | 25.00 |
| 87 | 桑植县(湘) | 12.00 |
| 88 | 醴陵市(湘) | 10.00 |
| 89 | 邵阳县(湘) | 10.00 |
| 90 | 南雄市(粤) | 55.00 |
| 91 | 昭平县(桂) | 300.00 |
| 92 | 资源县(桂) | 150.00 |
| 93 | 开　县(渝) | 2200.00 |
| 94 | 彭水苗族土家族自治县(渝) | 800.00 |
| 95 | 资中县(川) | 50.00 |
| 96 | 安岳县(川) | 15.00 |
| 97 | 凯里市(黔) | 166.00 |
| 98 | 百里杜鹃管委会林业局(黔) | 21.00 |
| 99 | 三都水族自治县(黔) | 12.00 |
| 100 | 黔西县(黔) | 11.00 |
| 101 | 会泽县(滇) | 4040.00 |
| 102 | 西山区(滇) | 156.00 |
| 103 | 大姚县(滇) | 70.00 |
| 104 | 大关县(滇) | 10.00 |
| 105 | 洛南县(陕) | 720.00 |
| 106 | 略阳县(陕) | 315.00 |
| 107 | 蒲城县(陕) | 150.00 |
| 108 | 乾　县(陕) | 120.00 |
| 109 | 汉阴县(陕) | 11.00 |
| 110 | 平利县(陕) | 10.00 |

表 16-7　厚朴主产地产量

| 序号 | 厚朴主产地 | 产量(吨) |
|---|---|---|
| 1 | 景宁畲族自治县(浙) | 1716.00 |
| 2 | 衢江区(浙) | 430.00 |
| 3 | 磐安县(浙) | 12.00 |
| 4 | 芦溪县(赣) | 880.00 |
| 5 | 乐安县(赣) | 125.00 |
| 6 | 修水县(赣) | 45.63 |
| 7 | 巴东县(鄂) | 50.00 |
| 8 | 五峰土家族自治县(鄂) | 45.00 |
| 9 | 道　县(湘) | 4967.00 |
| 10 | 涟源市(湘) | 3700.00 |
| 11 | 桑植县(湘) | 500.00 |
| 12 | 新宁县(湘) | 500.00 |
| 13 | 新化县(湘) | 460.00 |
| 14 | 江华瑶族自治县(湘) | 283.00 |
| 15 | 桂东县(湘) | 236.00 |
| 16 | 安化县(湘) | 200.00 |
| 17 | 衡东县(湘) | 150.00 |
| 18 | 苏仙区(湘) | 120.00 |
| 19 | 宁远县(湘) | 63.00 |
| 20 | 冷水江市(湘) | 53.00 |
| 21 | 麻阳苗族自治县(湘) | 32.00 |
| 22 | 娄星区(湘) | 16.00 |
| 23 | 连山壮族瑶族自治县(粤) | 105.00 |
| 24 | 龙川县(粤) | 35.00 |
| 25 | 资源县(桂) | 60.00 |
| 26 | 富川瑶族自治县(桂) | 20.00 |
| 27 | 武隆县(渝) | 5555.00 |
| 28 | 开　县(渝) | 5040.00 |
| 29 | 云阳县(渝) | 60.00 |
| 30 | 万州区(渝) | 10.00 |
| 31 | 北川羌族自治县(川) | 4200.00 |
| 32 | 都江堰市(川) | 2020.00 |
| 33 | 邛崃市(川) | 1000.00 |
| 34 | 宝兴县(川) | 600.00 |
| 35 | 芦山县(川) | 500.00 |
| 36 | 崇州市(川) | 137.00 |
| 37 | 天全县(川) | 100.00 |
| 38 | 什邡市(川) | 32.00 |
| 39 | 城固县(陕) | 2600.00 |

表 16-8　柴胡主产地产量

| 序号 | 柴胡主产地 | 产量(吨) |
|---|---|---|
| 1 | 涞源县(冀) | 1800.00 |
| 2 | 涉　县(冀) | 100.00 |
| 3 | 丰宁满族自治县(冀) | 38.00 |
| 4 | 绛　县(晋) | 200.00 |
| 5 | 五寨县(晋) | 200.00 |
| 6 | 垣曲县(晋) | 40.00 |
| 7 | 柳林县(晋) | 15.00 |
| 8 | 喀喇沁左翼蒙古族自治县(辽) | 10.00 |
| 9 | 九台市(吉) | 10.00 |
| 10 | 桐城市(皖) | 10.00 |
| 11 | 嵩　县(豫) | 850.00 |
| 12 | 宜阳县(豫) | 120.00 |
| 13 | 禹州市(豫) | 47.00 |
| 14 | 南漳县(鄂) | 350.00 |
| 15 | 汉源县(川) | 309.00 |
| 16 | 福泉市(黔) | 40.00 |
| 17 | 麟游县(陕) | 75.00 |
| 18 | 凤　县(陕) | 20.00 |
| 19 | 徽　县(甘) | 1546.00 |
| 20 | 武都区(甘) | 450.00 |
| 21 | 庆城县(甘) | 375.00 |
| 22 | 迭部县(甘) | 127.00 |
| 23 | 文　县(甘) | 100.00 |
| 24 | 陇西县(甘) | 80.00 |
| 25 | 永靖县(甘) | 80.00 |
| 26 | 临潭县(甘) | 50.00 |
| 27 | 合水县(甘) | 13.00 |
| 28 | 泾源县(宁) | 72.00 |

表 16-9　蜂蜜主产地产量

| 序号 | 蜂蜜主产地 | 产量(吨) |
|---|---|---|
| 1 | 柳林县(晋) | 15.00 |
| 2 | 侯马市(晋) | 11.30 |
| 3 | 阜新蒙古族自治县(辽) | 25.00 |
| 4 | 东丰县(吉) | 52.00 |
| 5 | 芜湖县(皖) | 20.00 |
| 6 | 龙南县(赣) | 109.20 |
| 7 | 平桥区(豫) | 247.00 |
| 8 | 东宝区(鄂) | 502.00 |
| 9 | 五峰土家族自治县(鄂) | 17.00 |
| 10 | 宜都市(鄂) | 10.00 |
| 11 | 中方县(湘) | 200.00 |
| 12 | 新宁县(湘) | 100.00 |
| 13 | 沅陵县(湘) | 47.00 |
| 14 | 五华县(粤) | 150.00 |
| 15 | 南雄市(粤) | 150.00 |
| 16 | 连州市(粤) | 10.00 |
| 17 | 开　县(渝) | 302.00 |
| 18 | 彭水苗族土家族自治县(渝) | 10.00 |
| 19 | 忠　县(渝) | 10.00 |
| 20 | 游仙区(川) | 100.00 |
| 21 | 邛崃市(川) | 100.00 |
| 22 | 金口河区(川) | 10.00 |
| 23 | 江口县(黔) | 20.00 |
| 24 | 瓮安县(黔) | 15.00 |
| 25 | 盈江县(滇) | 50.50 |
| 26 | 富宁县(滇) | 33.00 |
| 27 | 西畴县(滇) | 10.80 |
| 28 | 麟游县(陕) | 1102.00 |
| 29 | 镇坪县(陕) | 108.00 |
| 30 | 文　县(甘) | 168.00 |
| 31 | 两当县(甘) | 150.00 |

表 16-10　板蓝根主产地产量

| 序号 | 板蓝根主产地 | 产量(吨) |
|---|---|---|
| 1 | 玉田县(冀) | 1327.00 |
| 2 | 洮南市(吉) | 240.00 |
| 3 | 让胡路区(黑) | 692.89 |
| 4 | 肇源县(黑) | 300.00 |
| 5 | 安达市(黑) | 113.00 |
| 6 | 利辛县(皖) | 1401.00 |
| 7 | 界首市(皖) | 200.00 |
| 8 | 龙南县(赣) | 25.00 |
| 9 | 成武县(鲁) | 16.00 |
| 10 | 嵩　县(豫) | 8000.00 |
| 11 | 灵宝市(豫) | 1120.00 |
| 12 | 宜阳县(豫) | 300.00 |
| 13 | 睢　县(豫) | 150.00 |
| 14 | 禹州市(豫) | 65.00 |
| 15 | 辉县市(豫) | 25.00 |
| 16 | 乳源瑶族自治县(粤) | 1000.00 |
| 17 | 凌云县(桂) | 152.00 |
| 18 | 蒙山县(桂) | 150.00 |
| 19 | 防城区(桂) | 75.00 |
| 20 | 汶川县(川) | 30.00 |
| 21 | 荔波县(黔) | 10.00 |
| 22 | 寻甸回族彝族自治县(滇) | 1200.00 |
| 23 | 姚安县(滇) | 112.00 |
| 24 | 禄丰县(滇) | 10.00 |
| 25 | 麟游县(陕) | 12.00 |
| 26 | 徽　县(甘) | 990.00 |
| 27 | 庆城县(甘) | 531.30 |
| 28 | 崆峒区(甘) | 515.00 |
| 29 | 武都区(甘) | 90.00 |
| 30 | 两当县(甘) | 20.00 |

### 表 16-11 桔梗主产地产量

| 序号 | 桔梗主产地 | 产量(吨) |
|---|---|---|
| 1 | 迁西县(冀) | 1500.00 |
| 2 | 涞源县(冀) | 1350.00 |
| 3 | 高碑店市(冀) | 300.00 |
| 4 | 丰宁满族自治县(冀) | 20.00 |
| 5 | 临漳县(冀) | 18.00 |
| 6 | 喀喇沁旗(内蒙古) | 125.00 |
| 7 | 宁城县(内蒙古) | 21.00 |
| 8 | 本溪满族自治县(辽) | 300.00 |
| 9 | 东港市(辽) | 220.00 |
| 10 | 凌源市(辽) | 46.00 |
| 11 | 振安区(辽) | 15.00 |
| 12 | 鸡东县(黑) | 160.00 |
| 13 | 淮阴区(苏) | 300.00 |
| 14 | 太和县(皖) | 40000.00 |
| 15 | 涡阳县(皖) | 5500.00 |
| 16 | 界首市(皖) | 3800.00 |
| 17 | 利辛县(皖) | 2618.00 |
| 18 | 砀山县(皖) | 134.20 |
| 19 | 芜湖县(皖) | 35.00 |
| 20 | 东乡县(赣) | 31.00 |
| 21 | 沂源县(鲁) | 5000.00 |
| 22 | 博山区(鲁) | 3400.00 |
| 23 | 梁山县(鲁) | 130.00 |
| 24 | 新泰市(鲁) | 120.00 |
| 25 | 汶上县(鲁) | 120.00 |
| 26 | 沈丘县(豫) | 200.00 |
| 27 | 宜阳县(豫) | 100.00 |
| 28 | 西平县(豫) | 32.00 |
| 29 | 鹿邑县(豫) | 20.00 |
| 30 | 罗田县(鄂) | 200.00 |
| 31 | 安仁县(湘) | 1000.00 |
| 32 | 开　县(渝) | 1702.00 |
| 33 | 梓潼县(川) | 1200.00 |
| 34 | 通江县(川) | 300.00 |
| 35 | 仁寿县(川) | 14.69 |
| 36 | 黔西县(黔) | 16.80 |

### 表 16-12 贝母主产地产量

| 序号 | 贝母主产地 | 产量(吨) |
|---|---|---|
| 1 | 桓仁满族自治县(辽) | 37.50 |
| 2 | 辉南县(吉) | 450.00 |
| 3 | 定海区(浙) | 1305.00 |
| 4 | 磐安县(浙) | 1080.00 |
| 5 | 察隅县(藏) | 16.70 |
| 6 | 新源县(新) | 100.00 |
| 7 | 霍城县(新) | 42.00 |
| 8 | 红星林业局(龙江森工) | 2180.00 |
| 9 | 汤旺河林业局(龙江森工) | 2000.00 |
| 10 | 海林林业局(龙江森工) | 1600.00 |
| 11 | 亚布力林业局(龙江森工) | 1550.00 |
| 12 | 带岭实验局(龙江森工) | 730.00 |
| 13 | 朗乡林业局(龙江森工) | 550.00 |
| 14 | 美溪林业局(龙江森工) | 443.00 |
| 15 | 友好林业局(龙江森工) | 400.00 |
| 16 | 苇河林业局(龙江森工) | 386.00 |
| 17 | 新青林业局(龙江森工) | 300.00 |
| 18 | 金山屯林业局(龙江森工) | 300.00 |
| 19 | 上甘岭林业局(龙江森工) | 235.00 |
| 20 | 五营林业局(龙江森工) | 205.00 |
| 21 | 山河屯林业局(龙江森工) | 112.00 |
| 22 | 翠峦林业局(龙江森工) | 61.00 |
| 23 | 兴隆林业局(龙江森工) | 22.00 |
| 24 | 大海林林业局(龙江森工) | 21.00 |
| 25 | 绥棱林业局(龙江森工) | 20.00 |
| 26 | 绥阳林业局(龙江森工) | 20.00 |
| 27 | 穆棱林业局(龙江森工) | 20.00 |
| 28 | 桦南林业局(龙江森工) | 18.00 |
| 29 | 乌马河林业局(龙江森工) | 10.00 |
| 30 | 迎春林业局(龙江森工) | 10.00 |

### 表 16-13 丹参主产地产量

| 序号 | 丹参主产地 | 产量(吨) |
|---|---|---|
| 1 | 迁西县(冀) | 5000.00 |
| 2 | 灵寿县(冀) | 130.00 |
| 3 | 邯山区(冀) | 60.00 |
| 4 | 临漳县(冀) | 17.00 |
| 5 | 谯城区(皖) | 600.00 |
| 6 | 新泰市(鲁) | 20000.00 |
| 7 | 莒　县(鲁) | 9000.00 |
| 8 | 平邑县(鲁) | 6800.00 |
| 9 | 沂源县(鲁) | 5000.00 |
| 10 | 长清区(鲁) | 2000.00 |
| 11 | 临沂市蒙山旅游区(鲁) | 1000.00 |
| 12 | 金乡县(鲁) | 600.00 |
| 13 | 沂水县(鲁) | 583.00 |
| 14 | 肥城市(鲁) | 215.50 |
| 15 | 梁山县(鲁) | 200.00 |
| 16 | 宁阳县(鲁) | 104.00 |
| 17 | 广饶县(鲁) | 97.50 |
| 18 | 东平县(鲁) | 50.00 |
| 19 | 汶上县(鲁) | 20.00 |
| 20 | 嵩　县(豫) | 3000.00 |
| 21 | 义马市(豫) | 300.00 |
| 22 | 永城市(豫) | 62.00 |
| 23 | 禹州市(豫) | 50.00 |
| 24 | 辉县市(豫) | 19.00 |
| 25 | 罗田县(鄂) | 60.00 |
| 26 | 武陵源区(湘) | 80.00 |
| 27 | 梓潼县(川) | 300.00 |
| 28 | 禄劝彝族苗族自治县(滇) | 1780.00 |
| 29 | 蒲城县(陕) | 720.00 |
| 30 | 碌曲县(甘) | 15.00 |

### 表 16-14 天麻主产地产量

| 序号 | 天麻主产地 | 产量(吨) |
|---|---|---|
| 1 | 东港市(辽) | 550.00 |
| 2 | 辉南县(吉) | 860.00 |
| 3 | 柳河县(吉) | 60.00 |
| 4 | 永吉县(吉) | 25.00 |
| 5 | 抚松县(吉) | 22.50 |
| 6 | 靖宇县(吉) | 12.00 |
| 7 | 商城县(豫) | 300.00 |
| 8 | 商水县(豫) | 35.00 |
| 9 | 汝阳县(豫) | 10.00 |
| 10 | 罗田县(鄂) | 8000.00 |
| 11 | 保康县(鄂) | 18.00 |
| 12 | 宜都市(鄂) | 10.00 |
| 13 | 湘乡市(湘) | 1020.00 |
| 14 | 洪江市(湘) | 340.00 |
| 15 | 新化县(湘) | 220.00 |
| 16 | 丰都县(渝) | 97.00 |
| 17 | 南川区(渝) | 35.00 |
| 18 | 开　县(渝) | 11.00 |
| 19 | 锦屏县(黔) | 35.00 |
| 20 | 乌当区(黔) | 17.00 |
| 21 | 彝良县(滇) | 11180.00 |
| 22 | 宁蒗彝族自治县(滇) | 509.50 |
| 23 | 永胜县(滇) | 500.00 |
| 24 | 盐津县(滇) | 100.00 |
| 25 | 大关县(滇) | 100.00 |
| 26 | 永平县(滇) | 50.00 |
| 27 | 禄劝彝族苗族自治县(滇) | 40.00 |
| 28 | 弥渡县(滇) | 30.00 |
| 29 | 商南县(陕) | 137.00 |

| 序号 | 天麻主产地 | 产量(吨) |
|---|---|---|
| 30 | 蓝田县(陕) | 25.00 |

**表 16-15　党参主产地产量**

| 序号 | 党参主产地 | 产量(吨) |
|---|---|---|
| 1 | 五寨县(晋) | 300.00 |
| 2 | 宁城县(内蒙古) | 40.00 |
| 3 | 清原满族自治县(辽) | 716.00 |
| 4 | 辉南县(吉) | 170.00 |
| 5 | 柳河县(吉) | 30.00 |
| 6 | 竹山县(鄂) | 91.00 |
| 7 | 房　县(鄂) | 20.00 |
| 8 | 武陵源区(湘) | 10.00 |
| 9 | 开　县(渝) | 784.00 |
| 10 | 丰都县(渝) | 22.00 |
| 11 | 罗江县(川) | 120.00 |
| 12 | 会理县(川) | 30.00 |
| 13 | 汉源县(川) | 26.00 |
| 14 | 赫章县(黔) | 17.00 |
| 15 | 禄劝彝族苗族自治县(滇) | 2350.00 |
| 16 | 剑川县(滇) | 124.00 |
| 17 | 平利县(陕) | 400.00 |
| 18 | 宕昌县(甘) | 33000.00 |
| 19 | 礼　县(甘) | 16200.00 |
| 20 | 文　县(甘) | 6000.00 |
| 21 | 武都区(甘) | 5500.00 |
| 22 | 崆峒区(甘) | 242.00 |
| 23 | 陇西县(甘) | 200.00 |
| 24 | 临潭县(甘) | 120.00 |
| 25 | 武山县(甘) | 120.00 |
| 26 | 庆城县(甘) | 105.06 |
| 27 | 平罗县(宁) | 120.00 |

**表 16-16　黄芪主产地产量**

| 序号 | 黄芪主产地 | 产量(吨) |
|---|---|---|
| 1 | 永年县(冀) | 30.00 |
| 2 | 浑源县(晋) | 130.00 |
| 3 | 武川县(内蒙古) | 500.00 |
| 4 | 克什克腾旗(内蒙古) | 40.00 |
| 5 | 达尔罕茂明安联合旗(内蒙古) | 25.00 |
| 6 | 建昌县(辽) | 1000.00 |
| 7 | 桓仁满族自治县(辽) | 125.00 |
| 8 | 凌源市(辽) | 82.00 |
| 9 | 柳河县(吉) | 30.00 |
| 10 | 和龙林业局(吉) | 15.00 |
| 11 | 逊克县(黑) | 399.00 |
| 12 | 拜泉县(黑) | 10.00 |
| 13 | 莒　县(鲁) | 3200.00 |
| 14 | 沂源县(鲁) | 3000.00 |
| 15 | 广饶县(鲁) | 19.50 |
| 16 | 寻甸回族彝族自治县(滇) | 20.00 |
| 17 | 山阳县(陕) | 303.00 |
| 18 | 子洲县(陕) | 241.00 |
| 19 | 旬阳县(陕) | 40.00 |
| 20 | 宕昌县(甘) | 16000.00 |
| 21 | 武都区(甘) | 13850.00 |
| 22 | 徽　县(甘) | 835.00 |
| 23 | 崆峒区(甘) | 566.00 |
| 24 | 庆城县(甘) | 530.00 |
| 25 | 陇西县(甘) | 250.00 |
| 26 | 临潭县(甘) | 80.00 |
| 27 | 平罗县(宁) | 320.00 |
| 28 | 金山屯林业局(龙江森工) | 250.00 |
| 29 | 大海林林业局(龙江森工) | 35.00 |
| 30 | 山河屯林业局(龙江森工) | 18.00 |

**表 16-17　石斛主产地产量**

| 序号 | 石斛主产地 | 产量(吨) |
|---|---|---|
| 1 | 天台县(浙) | 12.00 |
| 2 | 合江县(川) | 106.00 |
| 3 | 云龙县(滇) | 64003.00 |
| 4 | 龙陵县(滇) | 2600.00 |
| 5 | 芒　市(滇) | 2131.00 |
| 6 | 瑞丽市(滇) | 757.00 |
| 7 | 勐海县(滇) | 500.00 |
| 8 | 孟连傣族拉祜族佤族自治县(滇) | 380.00 |
| 9 | 陇川县(滇) | 320.00 |
| 10 | 屏边苗族自治县(滇) | 200.00 |
| 11 | 腾冲县(滇) | 200.00 |
| 12 | 梁河县(滇) | 162.60 |
| 13 | 盈江县(滇) | 130.00 |
| 14 | 西畴县(滇) | 115.00 |
| 15 | 福贡县(滇) | 69.50 |
| 16 | 富宁县(滇) | 51.00 |
| 17 | 禄劝彝族苗族自治县(滇) | 50.00 |
| 18 | 昌宁县(滇) | 49.10 |
| 19 | 宁洱哈尼族彝族自治县(滇) | 45.70 |
| 20 | 墨江哈尼族自治县(滇) | 35.00 |
| 21 | 永平县(滇) | 15.00 |
| 22 | 大姚县(滇) | 14.00 |
| 23 | 临翔区(滇) | 10.90 |
| 24 | 楚雄市(滇) | 10.00 |

**表 16-18　枸杞子主产地产量**

| 序号 | 枸杞子主产地 | 产量(吨) |
|---|---|---|
| 1 | 巨鹿县(冀) | 11945.00 |
| 2 | 辛集市(冀) | 174.00 |
| 3 | 安国市(冀) | 25.00 |
| 4 | 乌拉特前旗(内蒙古) | 11275.00 |
| 5 | 托克托县(内蒙古) | 5420.50 |
| 6 | 磴口县(内蒙古) | 84.00 |
| 7 | 达拉特旗(内蒙古) | 13.00 |
| 8 | 乌拉特后旗(内蒙古) | 11.25 |
| 9 | 克什克腾旗(内蒙古) | 10.00 |
| 10 | 高安市(赣) | 12.00 |
| 11 | 渑池县(豫) | 50.00 |
| 12 | 龙川县(粤) | 25.00 |
| 13 | 万州区(渝) | 30.00 |
| 14 | 靖远县(甘) | 75000.00 |
| 15 | 金塔县(甘) | 424.00 |
| 16 | 东乡族自治县(甘) | 40.00 |
| 17 | 格尔木市(青) | 32000.00 |
| 18 | 共和县(青) | 200.00 |
| 19 | 惠农区(宁) | 6000.00 |
| 20 | 西夏区(宁) | 4300.00 |
| 21 | 原州区(宁) | 1200.00 |
| 22 | 金凤区(宁) | 125.00 |
| 23 | 盐池县(宁) | 16.50 |
| 24 | 吉木萨尔县(新) | 100.00 |
| 25 | 托里县(新) | 18.00 |
| 26 | 奇台县(新) | 12.00 |

**表 16-19　其他中药材主产地产量**

| 序号 | 其他中药材主产地 | 品种 | 产量(吨) |
|---|---|---|---|
| 1 | 蕲春县(鄂) | 艾叶 | 800.00 |
| 2 | 商城县(豫) | 艾叶 | 800.00 |
| 3 | 嵩　县(豫) | 艾叶 | 450.00 |
| 4 | 开　县(渝) | 艾叶 | 224.00 |
| 5 | 合川区(渝) | 艾叶 | 55.60 |
| 6 | 石台县(皖) | 艾叶 | 50.00 |
| 7 | 商水县(豫) | 艾叶 | 40.00 |

| 序号 | 其他中药材主产地 | 品种 | 产量(吨) | 序号 | 其他中药材主产地 | 品种 | 产量(吨) |
|---|---|---|---|---|---|---|---|
| 8 | 醴陵市(湘) | 艾叶 | 20.00 | 54 | 磐安县(浙) | 白术 | 4120.00 |
| 9 | 连州市(粤) | 艾叶 | 20.00 | 55 | 郎溪县(皖) | 白术 | 1500.00 |
| 10 | 林西县(内蒙古) | 艾叶 | 10.00 | 56 | 修水县(赣) | 白术 | 1000.00 |
| 11 | 汝城县(湘) | 艾叶 | 10.00 | 57 | 利辛县(皖) | 白术 | 745.00 |
| 12 | 永胜县(滇) | 桉 | 2000.00 | 58 | 砀山县(皖) | 白术 | 474.40 |
| 13 | 乳源瑶族自治县(粤) | 桉 | 1000.00 | 59 | 禄劝彝族苗族自治县(滇) | 白术 | 450.00 |
| 14 | 忠　县(渝) | 巴豆 | 5.00 | 60 | 景宁畲族自治县(浙) | 白术 | 403.00 |
| 15 | 醴陵市(湘) | 巴戟天 | 20.00 | 61 | 建昌县(辽) | 白术 | 375.00 |
| 16 | 龙门县(粤) | 巴戟天 | 3.00 | 62 | 淳安县(浙) | 白术 | 230.00 |
| 17 | 双柏县(滇) | 白扁豆 | 359.00 | 63 | 安国市(冀) | 白术 | 210.00 |
| 18 | 泌阳县(豫) | 白花蛇 | 767.00 | 64 | 天台县(浙) | 白术 | 125.00 |
| 19 | 广德县(皖) | 白及 | 1000.00 | 65 | 新宁县(湘) | 白术 | 100.00 |
| 20 | 剑川县(滇) | 白及 | 320.00 | 66 | 北湖区(湘) | 白术 | 66.00 |
| 21 | 新宁县(湘) | 白及 | 50.00 | 67 | 青田县(浙) | 白术 | 57.00 |
| 22 | 西畴县(滇) | 白及 | 35.00 | 68 | 桑植县(湘) | 白术 | 43.00 |
| 23 | 桑植县(湘) | 白及 | 22.00 | 69 | 乌当区(黔) | 白术 | 40.00 |
| 24 | 旌德县(皖) | 白及 | 20.00 | 70 | 黔西县(黔) | 白术 | 32.40 |
| 25 | 武陵源区(湘) | 白及 | 10.00 | 71 | 松阳县(浙) | 白术 | 14.00 |
| 26 | 永胜县(滇) | 白及 | 10.00 | 72 | 鹿邑县(豫) | 白芷 | 2000.00 |
| 27 | 谯城区(皖) | 白芍 | 85000.00 | 73 | 利辛县(皖) | 白芷 | 1120.50 |
| 28 | 涡阳县(皖) | 白芍 | 7200.00 | 74 | 开　县(渝) | 白芷 | 818.00 |
| 29 | 磁　县(冀) | 白芍 | 5760.00 | 75 | 筠连县(川) | 白芷 | 255.00 |
| 30 | 柘城县(豫) | 白芍 | 4596.00 | 76 | 璧山县(渝) | 白芷 | 230.00 |
| 31 | 睢阳区(豫) | 白芍 | 2100.00 | 77 | 安国市(冀) | 白芷 | 220.00 |
| 32 | 利辛县(皖) | 白芍 | 2021.00 | 78 | 宜阳县(豫) | 白芷 | 60.00 |
| 33 | 界首市(皖) | 白芍 | 1000.00 | 79 | 罗田县(鄂) | 百合 | 1950.00 |
| 34 | 虞城县(豫) | 白芍 | 910.00 | 80 | 来凤县(鄂) | 百合 | 1000.00 |
| 35 | 洛宁县(豫) | 白芍 | 450.00 | 81 | 新晃侗族自治县(湘) | 百合 | 760.00 |
| 36 | 夏邑县(豫) | 白芍 | 400.00 | 82 | 永靖县(甘) | 百合 | 600.00 |
| 37 | 罗江县(川) | 白芍 | 360.00 | 83 | 芷江侗族自治县(湘) | 百合 | 600.00 |
| 38 | 新泰市(鲁) | 白芍 | 350.00 | 84 | 旌德县(皖) | 百合 | 500.00 |
| 39 | 零陵区(湘) | 白芍 | 300.00 | 85 | 沅陵县(湘) | 百合 | 262.00 |
| 40 | 颍东区(皖) | 白芍 | 200.00 | 86 | 新化县(湘) | 百合 | 260.00 |
| 41 | 梁山县(鲁) | 白芍 | 130.00 | 87 | 通江县(川) | 百合 | 200.00 |
| 42 | 临漳县(冀) | 白芍 | 100.00 | 88 | 剑川县(滇) | 百合 | 130.00 |
| 43 | 舞钢市(豫) | 白芍 | 100.00 | 89 | 新宁县(湘) | 百合 | 100.00 |
| 44 | 永城市(豫) | 白芍 | 93.00 | 90 | 祁东县(湘) | 百合 | 55.00 |
| 45 | 蕲春县(鄂) | 白芍 | 80.00 | 91 | 会理县(川) | 百合 | 30.00 |
| 46 | 乌当区(黔) | 白芍 | 38.00 | 92 | 武陵源区(湘) | 百合 | 30.00 |
| 47 | 芜湖县(皖) | 白芍 | 35.00 | 93 | 辰溪县(湘) | 百合 | 20.00 |
| 48 | 武陵源区(湘) | 白芍 | 30.00 | 94 | 洞口县(湘) | 百合 | 20.00 |
| 49 | 竹山县(鄂) | 白芍 | 20.00 | 95 | 黔西县(黔) | 百合 | 17.60 |
| 50 | 克什克腾旗(内蒙古) | 白芍 | 10.00 | 96 | 永胜县(滇) | 百合 | 12.00 |
| 51 | 鹿邑县(豫) | 白芍 | 10.00 | 97 | 宜都市(鄂) | 百合 | 10.00 |
| 52 | 泗阳县(苏) | 白芍 | 10.00 | 98 | 耒阳市(湘) | 百两金 | 0.60 |
| 53 | 咸丰县(鄂) | 白术 | 8000.00 | 99 | 耒阳市(湘) | 败酱草 | 1200.00 |

| 序号 | 其他中药材主产地 | 品种 | 产量(吨) | 序号 | 其他中药材主产地 | 品种 | 产量(吨) |
|---|---|---|---|---|---|---|---|
| 100 | 徽　县(甘) | 半夏 | 798.00 | 146 | 永胜县(滇) | 川椒 | 420.00 |
| 101 | 砀山县(皖) | 半夏 | 273.60 | 147 | 都江堰市(川) | 川芎 | 4000.00 |
| 102 | 嵩　县(豫) | 半夏 | 156.00 | 148 | 金口河区(川) | 川芎 | 1750.00 |
| 103 | 平桥区(豫) | 半夏 | 120.00 | 149 | 开　县(渝) | 川芎 | 134.00 |
| 104 | 麻阳苗族自治县(湘) | 半夏 | 40.00 | 150 | 邛崃市(川) | 川芎 | 100.00 |
| 105 | 寻甸回族彝族自治县(滇) | 半夏 | 25.00 | 151 | 辉南县(吉) | 穿山甲 | 300.00 |
| 106 | 黔西县(黔) | 半夏 | 17.20 | 152 | 麟游县(陕) | 穿山龙 | 464.00 |
| 107 | 锦屏县(黔) | 半夏 | 12.00 | 153 | 本溪满族自治县(辽) | 穿山龙 | 400.00 |
| 108 | 竹山县(鄂) | 半夏 | 11.00 | 154 | 辉南县(吉) | 穿山龙 | 340.00 |
| 109 | 京山县(鄂) | 鳖甲 | 10.00 | 155 | 桓仁满族自治县(辽) | 穿山龙 | 200.00 |
| 110 | 璧山县(渝) | 薄荷 | 500.00 | 156 | 耒阳市(湘) | 大红藤 | 6.00 |
| 111 | 商河县(鲁) | 薄荷 | 500.00 | 157 | 礼　县(甘) | 大黄 | 23400.00 |
| 112 | 新宁县(湘) | 苍耳子 | 100.00 | 158 | 宕昌县(甘) | 大黄 | 11000.00 |
| 113 | 耒阳市(湘) | 苍耳子 | 20.00 | 159 | 开　县(渝) | 大黄 | 8960.00 |
| 114 | 罗田县(鄂) | 苍术 | 650.00 | 160 | 绛　县(晋) | 大黄 | 3500.00 |
| 115 | 南漳县(鄂) | 苍术 | 500.00 | 161 | 北川羌族自治县(川) | 大黄 | 1240.00 |
| 116 | 京山县(鄂) | 苍术 | 100.00 | 162 | 通江县(川) | 大黄 | 500.00 |
| 117 | 丰宁满族自治县(冀) | 苍术 | 46.00 | 163 | 碌曲县(甘) | 大黄 | 60.00 |
| 118 | 盈江县(滇) | 草果 | 5925.10 | 164 | 迭部县(甘) | 大黄 | 52.00 |
| 119 | 屏边苗族自治县(滇) | 草果 | 5200.00 | 165 | 克什克腾旗(内蒙古) | 大黄 | 40.00 |
| 120 | 贡山独龙族怒族自治县(滇) | 草果 | 1960.20 | 166 | 丰都县(渝) | 大黄 | 15.00 |
| 121 | 福贡县(滇) | 草果 | 1068.80 | 167 | 耒阳市(湘) | 大青叶 | 200.00 |
| 122 | 龙陵县(滇) | 草果 | 1000.00 | 168 | 孟津县(豫) | 大青叶 | 15.00 |
| 123 | 孟连傣族拉祜族佤族自治县(滇) | 草果 | 120.00 | 169 | 仁和区(川) | 大青叶 | 10.00 |
| 124 | 富宁县(滇) | 草果 | 118.00 | 170 | 谯城区(皖) | 丹皮 | 75000.00 |
| 125 | 西畴县(滇) | 草果 | 21.20 | 171 | 南陵县(皖) | 丹皮 | 3200.00 |
| 126 | 确山县(豫) | 侧柏 | 195.00 | 172 | 砀山县(皖) | 丹皮 | 592.40 |
| 127 | 青州市(鲁) | 侧柏 | 20.00 | 173 | 垫江县(渝) | 丹皮 | 560.00 |
| 128 | 辉县市(豫) | 侧柏叶 | 130.00 | 174 | 宜阳县(豫) | 丹皮 | 150.00 |
| 129 | 汶上县(鲁) | 侧柏叶 | 20.00 | 175 | 泾　县(皖) | 丹皮 | 100.00 |
| 130 | 乳源瑶族自治县(粤) | 茶树 | 2000.00 | 176 | 伊川县(豫) | 丹皮 | 100.00 |
| 131 | 台山市(粤) | 茶树 | 259.00 | 177 | 永城市(豫) | 丹皮 | 81.00 |
| 132 | 泗阳县(苏) | 蝉蜕 | 5.00 | 178 | 寻甸回族彝族自治县(滇) | 丹皮 | 80.00 |
| 133 | 新干县(赣) | 车前子 | 650.00 | 179 | 成武县(鲁) | 丹皮 | 43.00 |
| 134 | 辉南县(吉) | 车前子 | 160.00 | 180 | 鹿邑县(豫) | 丹皮 | 10.00 |
| 135 | 樟树市(赣) | 车前子 | 50.00 | 181 | 舞钢市(豫) | 丹皮 | 10.00 |
| 136 | 兴国县(赣) | 车前子 | 3.00 | 182 | 沾益县(滇) | 当归 | 22355.60 |
| 137 | 防城区(桂) | 沉香 | 2.00 | 183 | 宕昌县(甘) | 当归 | 12000.00 |
| 138 | 洞口县(湘) | 陈皮 | 100.00 | 184 | 礼　县(甘) | 当归 | 8400.00 |
| 139 | 宜都市(鄂) | 陈皮 | 50.00 | 185 | 汉源县(川) | 当归 | 4420.00 |
| 140 | 孙吴县(黑) | 赤芍 | 200.00 | 186 | 武都区(甘) | 当归 | 1750.00 |
| 141 | 虎林市(黑) | 赤小豆 | 5000.00 | 187 | 临潭县(甘) | 当归 | 1200.00 |
| 142 | 淮阳县(豫) | 赤小豆 | 500.00 | 188 | 米易县(川) | 当归 | 1200.00 |
| 143 | 乡城县(川) | 虫草 | 2.40 | 189 | 和政县(甘) | 当归 | 1050.00 |
| 144 | 类乌齐县(藏) | 虫草 | 1.25 | 190 | 徽　县(甘) | 当归 | 881.00 |
| 145 | 白玉县(川) | 虫草 | 1.00 | 191 | 新晃侗族自治县(湘) | 当归 | 560.00 |

| 序号 | 其他中药材主产地 | 品种 | 产量(吨) |
|---|---|---|---|
| 192 | 庆城县(甘) | 当归 | 400.00 |
| 193 | 剑川县(滇) | 当归 | 352.00 |
| 194 | 德钦县(滇) | 当归 | 187.50 |
| 195 | 文　县(甘) | 当归 | 150.00 |
| 196 | 寻甸回族彝族自治县(滇) | 当归 | 60.00 |
| 197 | 丰宁满族自治县(冀) | 当归 | 18.00 |
| 198 | 柳河县(吉) | 地龙 | 50.00 |
| 199 | 竹山县(鄂) | 番木瓜 | 12500.00 |
| 200 | 方城县(豫) | 番木瓜 | 6991.00 |
| 201 | 永年县(冀) | 防风 | 740.00 |
| 202 | 清原满族自治县(辽) | 防风 | 593.00 |
| 203 | 建昌县(辽) | 防风 | 375.00 |
| 204 | 洮南市(吉) | 防风 | 270.00 |
| 205 | 灵寿县(冀) | 防风 | 80.00 |
| 206 | 双城市(黑) | 防风 | 50.00 |
| 207 | 富锦市(黑) | 防风 | 30.00 |
| 208 | 桦南县(黑) | 防风 | 30.00 |
| 209 | 利辛县(皖) | 防风 | 21.00 |
| 210 | 寻甸回族彝族自治县(滇) | 防风 | 20.00 |
| 211 | 垣曲县(晋) | 防风 | 20.00 |
| 212 | 阿城区(黑) | 防风 | 16.00 |
| 213 | 耒阳市(湘) | 枫香 | 12.00 |
| 214 | 石柱土家族自治县(渝) | 佛手 | 1500.00 |
| 215 | 高　县(川) | 佛手 | 3.00 |
| 216 | 贵溪市(赣) | 佛手 | 3.00 |
| 217 | 兴国县(赣) | 佛手 | 2.00 |
| 218 | 靖州苗族侗族自治县(湘) | 茯苓 | 32000.00 |
| 219 | 罗田县(鄂) | 茯苓 | 12000.00 |
| 220 | 谷城县(鄂) | 茯苓 | 4500.00 |
| 221 | 石柱土家族自治县(渝) | 茯苓 | 3500.00 |
| 222 | 蒙山县(桂) | 茯苓 | 2500.00 |
| 223 | 防城区(桂) | 茯苓 | 1800.00 |
| 224 | 湘乡市(湘) | 茯苓 | 1350.00 |
| 225 | 墨江哈尼族自治县(滇) | 茯苓 | 550.00 |
| 226 | 洛南县(陕) | 茯苓 | 215.00 |
| 227 | 昭化区(川) | 茯苓 | 200.00 |
| 228 | 新晃侗族自治县(湘) | 茯苓 | 120.00 |
| 229 | 新宁县(湘) | 茯苓 | 120.00 |
| 230 | 锦屏县(黔) | 茯苓 | 86.00 |
| 231 | 永胜县(滇) | 茯苓 | 60.00 |
| 232 | 黔西县(黔) | 茯苓 | 54.00 |
| 233 | 高　县(川) | 茯苓 | 45.00 |
| 234 | 旌德县(皖) | 茯苓 | 30.00 |
| 235 | 高安市(赣) | 茯苓 | 18.00 |
| 236 | 大姚县(滇) | 茯苓 | 16.00 |
| 237 | 昭平县(桂) | 茯苓 | 10.00 |
| 238 | 耒阳市(湘) | 浮萍 | 300.00 |
| 239 | 禄劝彝族苗族自治县(滇) | 附子 | 1000.00 |
| 240 | 姚安县(滇) | 附子 | 237.00 |
| 241 | 宁蒗彝族自治县(滇) | 附子 | 171.60 |
| 242 | 武定县(滇) | 附子 | 142.00 |
| 243 | 剑川县(滇) | 附子 | 68.00 |
| 244 | 永胜县(滇) | 附子 | 20.00 |
| 245 | 德兴市(赣) | 覆盆子 | 210.00 |
| 246 | 新宁县(湘) | 覆盆子 | 60.00 |
| 247 | 赣　县(赣) | 干姜 | 220.00 |
| 248 | 高安市(赣) | 干姜 | 14.40 |
| 249 | 丰都县(渝) | 干姜 | 7.00 |
| 250 | 东乡县(赣) | 干姜 | 4.50 |
| 251 | 瓜州县(甘) | 甘草 | 42000.00 |
| 252 | 沙雅县(新) | 甘草 | 2020.00 |
| 253 | 杭锦旗(内蒙古) | 甘草 | 2000.00 |
| 254 | 阿拉善右旗(内蒙古) | 甘草 | 1500.00 |
| 255 | 巴林左旗(内蒙古) | 甘草 | 820.00 |
| 256 | 集宁区(内蒙古) | 甘草 | 681.00 |
| 257 | 磴口县(内蒙古) | 甘草 | 220.00 |
| 258 | 五寨县(晋) | 甘草 | 200.00 |
| 259 | 武威市市辖区(甘) | 甘草 | 200.00 |
| 260 | 子洲县(陕) | 甘草 | 180.00 |
| 261 | 庆城县(甘) | 甘草 | 124.68 |
| 262 | 和林格尔县(内蒙古) | 甘草 | 60.00 |
| 263 | 古交市(晋) | 甘草 | 31.00 |
| 264 | 柳林县(晋) | 甘草 | 25.00 |
| 265 | 洮南市(吉) | 甘草 | 18.00 |
| 266 | 新源县(新) | 藁本 | 450.00 |
| 267 | 开　县(渝) | 藁本 | 101.00 |
| 268 | 桑植县(湘) | 葛根 | 850.00 |
| 269 | 东宝区(鄂) | 葛根 | 800.00 |
| 270 | 陕　县(豫) | 葛根 | 680.00 |
| 271 | 耒阳市(湘) | 葛根 | 600.00 |
| 272 | 彭泽县(赣) | 葛根 | 400.00 |
| 273 | 仁寿县(川) | 葛根 | 239.70 |
| 274 | 宜都市(鄂) | 葛根 | 200.00 |
| 275 | 沅陵县(湘) | 葛根 | 157.00 |
| 276 | 新晃侗族自治县(湘) | 葛根 | 145.00 |
| 277 | 旌德县(皖) | 葛根 | 100.00 |
| 278 | 武陵源区(湘) | 葛根 | 100.00 |
| 279 | 竹山县(鄂) | 葛根 | 100.00 |
| 280 | 嵩　县(豫) | 葛根 | 85.00 |
| 281 | 苏仙区(湘) | 葛根 | 40.00 |
| 282 | 平桥区(豫) | 葛根 | 36.00 |
| 283 | 洞口县(湘) | 葛根 | 30.00 |

| 序号 | 其他中药材主产地 | 品种 | 产量(吨) | 序号 | 其他中药材主产地 | 品种 | 产量(吨) |
|---|---|---|---|---|---|---|---|
| 284 | 冷水江市(湘) | 葛根 | 30.00 | 330 | 涞源县(冀) | 黄芩 | 2400.00 |
| 285 | 潜山县(皖) | 葛根 | 30.00 | 331 | 蒲城县(陕) | 黄芩 | 1300.00 |
| 286 | 安化县(湘) | 葛根 | 15.00 | 332 | 宽城满族自治县(冀) | 黄芩 | 1000.00 |
| 287 | 锦屏县(黔) | 钩藤 | 320.00 | 333 | 巴林左旗(内蒙古) | 黄芩 | 840.00 |
| 288 | 新宁县(湘) | 钩藤 | 50.00 | 334 | 龙城区(辽) | 黄芩 | 750.00 |
| 289 | 龙南县(赣) | 钩藤 | 20.00 | 335 | 徽　县(甘) | 黄芩 | 720.00 |
| 290 | 耒阳市(湘) | 谷精草 | 4.00 | 336 | 嵩　县(豫) | 黄芩 | 700.00 |
| 291 | 潜山县(皖) | 瓜蒌 | 6000.00 | 337 | 赤城县(冀) | 黄芩 | 500.00 |
| 292 | 泗阳县(苏) | 瓜蒌 | 10.00 | 338 | 武川县(内蒙古) | 黄芩 | 350.00 |
| 293 | 武陵源区(湘) | 何首乌 | 150.00 | 339 | 五寨县(晋) | 黄芩 | 300.00 |
| 294 | 新宁县(湘) | 何首乌 | 50.00 | 340 | 涉　县(冀) | 黄芩 | 200.00 |
| 295 | 竹山县(鄂) | 荷叶 | 4.00 | 341 | 喀喇沁左翼蒙古族自治县(辽) | 黄芩 | 180.00 |
| 296 | 石台县(皖) | 黑芝麻 | 5000.00 | 342 | 子洲县(陕) | 黄芩 | 110.00 |
| 297 | 淮阳县(豫) | 黑芝麻 | 2475.00 | 343 | 凌源市(辽) | 黄芩 | 82.00 |
| 298 | 商水县(豫) | 黑芝麻 | 22.00 | 344 | 沂水县(鲁) | 黄芩 | 71.00 |
| 299 | 彭水苗族土家族自治县(渝) | 黑芝麻 | 10.00 | 345 | 东平县(鲁) | 黄芩 | 70.00 |
| 300 | 永平县(滇) | 红花 | 80.00 | 346 | 临潭县(甘) | 黄芩 | 65.00 |
| 301 | 禹州市(豫) | 红花 | 20.00 | 347 | 丰宁满族自治县(冀) | 黄芩 | 62.00 |
| 302 | 乡城县(川) | 红景天 | 70.00 | 348 | 麟游县(陕) | 黄芩 | 35.00 |
| 303 | 孙吴县(黑) | 葫芦巴 | 100.00 | 349 | 碌曲县(甘) | 黄芩 | 26.00 |
| 304 | 旬阳县(陕) | 黄姜 | 67636.00 | 350 | 翁牛特旗(内蒙古) | 黄芩 | 11.00 |
| 305 | 山阳县(陕) | 黄姜 | 64596.00 | 351 | 璧山县(渝) | 藿香 | 120.00 |
| 306 | 淅川县(豫) | 黄姜 | 30000.00 | 352 | 乳源瑶族自治县(粤) | 鸡血藤 | 600.00 |
| 307 | 内乡县(豫) | 黄姜 | 5000.00 | 353 | 昭平县(桂) | 鸡血藤 | 110.00 |
| 308 | 眉　县(陕) | 黄姜 | 603.00 | 354 | 玉州区(桂) | 金钱草 | 25.00 |
| 309 | 北湖区(湘) | 黄姜 | 60.00 | 355 | 鼎城区(湘) | 金樱子 | 30.00 |
| 310 | 宜都市(鄂) | 黄姜 | 30.00 | 356 | 涉　县(冀) | 荆芥 | 1000.00 |
| 311 | 耒阳市(湘) | 黄荆 | 40.00 | 357 | 玉田县(冀) | 荆芥 | 600.00 |
| 312 | 会理县(川) | 黄荆 | 30.00 | 358 | 安国市(冀) | 荆芥 | 210.00 |
| 313 | 开　县(渝) | 黄精 | 448.00 | 359 | 阳谷县(鲁) | 菊花 | 960000.00 |
| 314 | 旌德县(皖) | 黄精 | 100.00 | 360 | 夷陵区(鄂) | 菊花 | 1100.00 |
| 315 | 安岳县(川) | 黄精 | 50.00 | 361 | 谯城区(皖) | 菊花 | 1000.00 |
| 316 | 武陵源区(湘) | 黄精 | 20.00 | 362 | 彭泽县(赣) | 菊花 | 800.00 |
| 317 | 嵩　县(豫) | 黄精 | 13.00 | 363 | 利辛县(皖) | 菊花 | 700.00 |
| 318 | 开　县(渝) | 黄连 | 5600.00 | 364 | 高安市(赣) | 菊花 | 627.00 |
| 319 | 沙湾区(川) | 黄连 | 1628.00 | 365 | 泗阳县(苏) | 菊花 | 500.00 |
| 320 | 北川羌族自治县(川) | 黄连 | 420.00 | 366 | 修水县(赣) | 菊花 | 321.58 |
| 321 | 崇州市(川) | 黄连 | 200.00 | 367 | 武宁县(赣) | 菊花 | 265.00 |
| 322 | 丰都县(渝) | 黄连 | 186.00 | 368 | 鹿邑县(豫) | 菊花 | 200.00 |
| 323 | 都江堰市(川) | 黄连 | 170.00 | 369 | 仁寿县(川) | 菊花 | 180.20 |
| 324 | 彭水苗族土家族自治县(渝) | 黄连 | 50.00 | 370 | 大埔县(粤) | 菊花 | 100.00 |
| 325 | 桑植县(湘) | 黄连 | 42.00 | 371 | 永年县(冀) | 菊花 | 80.00 |
| 326 | 汶川县(川) | 黄连 | 40.00 | 372 | 景宁畲族自治县(浙) | 菊花 | 64.00 |
| 327 | 平邑县(鲁) | 黄芩 | 5770.00 | 373 | 界首市(皖) | 菊花 | 60.00 |
| 328 | 绛　县(晋) | 黄芩 | 4500.00 | 374 | 禹州市(豫) | 菊花 | 40.00 |
| 329 | 迁西县(冀) | 黄芩 | 3000.00 | 375 | 潜山县(皖) | 菊花 | 30.00 |

| 序号 | 其他中药材主产地 | 品种 | 产量(吨) |
|---|---|---|---|
| 376 | 耒阳市(湘) | 菊花 | 20.00 |
| 377 | 永丰县(赣) | 菊花 | 15.00 |
| 378 | 伊川县(豫) | 决明子 | 100.00 |
| 379 | 辉县市(豫) | 决明子 | 50.00 |
| 380 | 绥中县(辽) | 苦参 | 20000.00 |
| 381 | 喀喇沁左翼蒙古族自治县(辽) | 苦参 | 800.00 |
| 382 | 赤城县(冀) | 苦参 | 45.00 |
| 383 | 丰宁满族自治县(冀) | 苦参 | 42.00 |
| 384 | 武陵源区(湘) | 苦参 | 30.00 |
| 385 | 汶上县(鲁) | 苦参 | 20.00 |
| 386 | 耒阳市(湘) | 阔叶十大功劳 | 4.00 |
| 387 | 玉州区(桂) | 荔枝核 | 2500.00 |
| 388 | 嵩　县(豫) | 连翘 | 2700.00 |
| 389 | 涉　县(冀) | 连翘 | 2250.00 |
| 390 | 沁源县(晋) | 连翘 | 1000.00 |
| 391 | 黎城县(晋) | 连翘 | 900.00 |
| 392 | 洛南县(陕) | 连翘 | 280.00 |
| 393 | 阳城县(晋) | 连翘 | 215.00 |
| 394 | 沁　县(晋) | 连翘 | 135.00 |
| 395 | 翼城县(晋) | 连翘 | 35.00 |
| 396 | 青州市(鲁) | 连翘 | 20.00 |
| 397 | 耒阳市(湘) | 楝 | 5.00 |
| 398 | 旌德县(皖) | 灵芝 | 300.00 |
| 399 | 龙泉市(浙) | 灵芝 | 296.00 |
| 400 | 大埔县(粤) | 灵芝 | 100.00 |
| 401 | 奉化市(浙) | 灵芝 | 8.00 |
| 402 | 抚松县(吉) | 灵芝 | 4.50 |
| 403 | 靖州苗族侗族自治县(湘) | 灵芝 | 1.20 |
| 404 | 清原满族自治县(辽) | 龙胆草 | 708.00 |
| 405 | 宽甸满族自治县(辽) | 龙胆草 | 110.00 |
| 406 | 桦南县(黑) | 龙胆草 | 70.00 |
| 407 | 桓仁满族自治县(辽) | 龙胆草 | 40.00 |
| 408 | 辉南县(吉) | 龙胆草 | 11.00 |
| 409 | 富宁县(滇) | 龙眼肉 | 32.00 |
| 410 | 龙川县(粤) | 龙眼肉 | 10.00 |
| 411 | 耒阳市(湘) | 芦根 | 300.00 |
| 412 | 东丰县(吉) | 鹿茸 | 50.00 |
| 413 | 桃山林业局(龙江森工) | 鹿茸 | 8.00 |
| 414 | 金山屯林业局(龙江森工) | 鹿茸 | 3.20 |
| 415 | 新宾满族自治县(辽) | 鹿茸 | 3.00 |
| 416 | 辉南县(吉) | 鹿茸 | 2.50 |
| 417 | 扎兰屯市(内蒙古) | 鹿茸 | 2.00 |
| 418 | 方正林业局(龙江森工) | 鹿茸 | 1.07 |
| 419 | 新宁县(湘) | 鹿茸 | 1.00 |
| 420 | 巴林左旗(内蒙古) | 麻黄 | 6400.00 |
| 421 | 鄂托克前旗(内蒙古) | 麻黄 | 2300.00 |
| 422 | 达拉特旗(内蒙古) | 麻黄 | 1210.00 |
| 423 | 林西县(内蒙古) | 麻黄 | 60.00 |
| 424 | 克什克腾旗(内蒙古) | 麻黄 | 45.00 |
| 425 | 临潭县(甘) | 麻黄 | 9.00 |
| 426 | 徽　县(甘) | 麻黄 | 3.00 |
| 427 | 耒阳市(湘) | 马勃 | 2.00 |
| 428 | 耒阳市(湘) | 马齿苋 | 2000.00 |
| 429 | 商城县(豫) | 马齿苋 | 500.00 |
| 430 | 兴国县(赣) | 马齿苋 | 10.00 |
| 431 | 襄城区(鄂) | 麦冬 | 8000.00 |
| 432 | 宜都市(鄂) | 麦冬 | 20.00 |
| 433 | 麻阳苗族自治县(湘) | 麦冬 | 8.00 |
| 434 | 来凤县(鄂) | 麦冬 | 5.00 |
| 435 | 永定区(湘) | 麦冬 | 3.00 |
| 436 | 东平县(鲁) | 玫瑰花 | 80.00 |
| 437 | 娄星区(湘) | 玫瑰花 | 41.00 |
| 438 | 洱源县(滇) | 木瓜 | 30000.00 |
| 439 | 郧　县(鄂) | 木瓜 | 20000.00 |
| 440 | 谷城县(鄂) | 木瓜 | 12000.00 |
| 441 | 丹江口市(鄂) | 木瓜 | 1712.00 |
| 442 | 河东区(鲁) | 木瓜 | 720.00 |
| 443 | 商南县(陕) | 木瓜 | 618.00 |
| 444 | 綦江县(渝) | 木瓜 | 550.00 |
| 445 | 万源市(川) | 木瓜 | 250.00 |
| 446 | 德钦县(滇) | 木瓜 | 169.95 |
| 447 | 武陵源区(湘) | 木瓜 | 150.00 |
| 448 | 桑植县(湘) | 木瓜 | 60.00 |
| 449 | 舞钢市(豫) | 木瓜 | 50.00 |
| 450 | 宝丰县(豫) | 木瓜 | 43.00 |
| 451 | 耒阳市(湘) | 木槿 | 1.00 |
| 452 | 东源县(粤) | 木棉 | 10.00 |
| 453 | 辉南县(吉) | 木通 | 55.00 |
| 454 | 文　县(甘) | 木香 | 12000.00 |
| 455 | 玉龙纳西族自治县(滇) | 木香 | 11000.00 |
| 456 | 开　县(渝) | 木香 | 5040.00 |
| 457 | 北川羌族自治县(川) | 木香 | 4500.00 |
| 458 | 大姚县(滇) | 木香 | 17.00 |
| 459 | 耒阳市(湘) | 南蛇藤 | 100.00 |
| 460 | 耒阳市(湘) | 南天竹 | 6.00 |
| 461 | 迭部县(甘) | 牛蒡子 | 121.00 |
| 462 | 临潭县(甘) | 牛蒡子 | 60.00 |
| 463 | 耒阳市(湘) | 牛蒡子 | 20.00 |
| 464 | 麟游县(陕) | 牛蒡子 | 11.00 |
| 465 | 金口河区(川) | 牛膝 | 4150.00 |
| 466 | 汉源县(川) | 牛膝 | 465.00 |
| 467 | 永年县(冀) | 牛膝 | 69.00 |

| 序号 | 其他中药材主产地 | 品种 | 产量(吨) | 序号 | 其他中药材主产地 | 品种 | 产量(吨) |
|---|---|---|---|---|---|---|---|
| 468 | 宁城县(内蒙古) | 牛膝 | 25.00 | 514 | 乌拉特后旗(内蒙古) | 肉苁蓉 | 104.00 |
| 469 | 仁和区(川) | 牛膝 | 5.00 | 515 | 高台县(甘) | 肉苁蓉 | 50.00 |
| 470 | 安岳县(川) | 女贞子 | 250.00 | 516 | 高要市(粤) | 肉桂 | 24145.00 |
| 471 | 伊川县(豫) | 女贞子 | 100.00 | 517 | 富宁县(滇) | 肉桂 | 1251.00 |
| 472 | 嵩　县(豫) | 女贞子 | 70.00 | 518 | 乳源瑶族自治县(粤) | 肉桂 | 600.00 |
| 473 | 芜湖县(皖) | 女贞子 | 30.00 | 519 | 信宜市(粤) | 肉桂 | 420.00 |
| 474 | 瑞金市(赣) | 女贞子 | 6.00 | 520 | 蒙山县(桂) | 肉桂 | 200.00 |
| 475 | 淮阳县(豫) | 女贞子 | 4.20 | 521 | 个旧市(滇) | 三七 | 801.00 |
| 476 | 泗阳县(苏) | 佩兰 | 5.00 | 522 | 寻甸回族彝族自治县(滇) | 三七 | 600.00 |
| 477 | 翠屏区(川) | 枇杷叶 | 8.00 | 523 | 禄劝彝族苗族自治县(滇) | 三七 | 560.00 |
| 478 | 汝城县(湘) | 枇杷叶 | 5.00 | 524 | 红塔区(滇) | 三七 | 169.00 |
| 479 | 丰顺县(粤) | 枇杷叶 | 2.00 | 525 | 陆良县(滇) | 三七 | 55.00 |
| 480 | 新宾满族自治县(辽) | 蒲公英 | 4000.00 | 526 | 江川县(滇) | 三七 | 50.00 |
| 481 | 辉南县(吉) | 蒲公英 | 3500.00 | 527 | 西畴县(滇) | 三七 | 34.80 |
| 482 | 泗阳县(苏) | 蒲公英 | 1000.00 | 528 | 翠屏区(川) | 桑葚 | 8.00 |
| 483 | 清原满族自治县(辽) | 蒲公英 | 558.00 | 529 | 乳源瑶族自治县(粤) | 桑叶 | 3000.00 |
| 484 | 宁阳县(鲁) | 蒲公英 | 60.00 | 530 | 耒阳市(湘) | 桑叶 | 80.00 |
| 485 | 耒阳市(湘) | 蒲公英 | 40.00 | 531 | 金城江区(桂) | 桑叶 | 10.00 |
| 486 | 新晃侗族自治县(湘) | 蒲公英 | 36.00 | 532 | 黟　县(皖) | 桑叶 | 5.00 |
| 487 | 襄城区(鄂) | 蒲公英 | 20.00 | 533 | 翠屏区(川) | 桑叶 | 4.00 |
| 488 | 临潭县(甘) | 蒲公英 | 12.00 | 534 | 翠屏区(川) | 桑枝 | 3.00 |
| 489 | 寻甸回族彝族自治县(滇) | 七叶树 | 200.00 | 535 | 阆中市(川) | 沙参 | 200.00 |
| 490 | 房　县(鄂) | 七叶树 | 10.00 | 536 | 桓仁满族自治县(辽) | 沙参 | 60.00 |
| 491 | 耒阳市(湘) | 千金藤 | 10.00 | 537 | 会理县(川) | 沙参 | 50.00 |
| 492 | 石柱土家族自治县(渝) | 前胡 | 5000.00 | 538 | 孟连傣族拉祜族佤族自治县(滇) | 砂仁 | 700.00 |
| 493 | 黔西县(黔) | 前胡 | 207.60 | 539 | 信宜市(粤) | 砂仁 | 500.00 |
| 494 | 旌德县(皖) | 前胡 | 60.00 | 540 | 翠屏区(川) | 砂仁 | 100.00 |
| 495 | 固始县(豫) | 芡实 | 10.00 | 541 | 防城区(桂) | 砂仁 | 20.00 |
| 496 | 迭部县(甘) | 羌活 | 1760.00 | 542 | 蒙山县(桂) | 砂仁 | 20.00 |
| 497 | 炉霍县(川) | 羌活 | 500.00 | 543 | 耒阳市(湘) | 山鸡椒 | 4.00 |
| 498 | 玉龙纳西族自治县(滇) | 秦艽 | 1900.00 | 544 | 英德市(粤) | 山药 | 7659.00 |
| 499 | 炉霍县(川) | 秦艽 | 300.00 | 545 | 淮阳县(豫) | 山药 | 6000.00 |
| 500 | 剑川县(滇) | 秦艽 | 136.00 | 546 | 高州市(粤) | 山药 | 5000.00 |
| 501 | 迭部县(甘) | 秦艽 | 20.00 | 547 | 双峰县(湘) | 山药 | 2000.00 |
| 502 | 耒阳市(湘) | 青蒿 | 500.00 | 548 | 侯马市(晋) | 山药 | 1200.00 |
| 503 | 璧山县(渝) | 青蒿 | 300.00 | 549 | 桓仁满族自治县(辽) | 山药 | 900.00 |
| 504 | 开　县(渝) | 青蒿 | 112.00 | 550 | 界首市(皖) | 山药 | 240.00 |
| 505 | 会理县(川) | 青蒿 | 15.00 | 551 | 东平县(鲁) | 山药 | 100.00 |
| 506 | 耒阳市(湘) | 青葙子 | 8.00 | 552 | 通城县(鄂) | 山药 | 82.00 |
| 507 | 内乡县(豫) | 全蝎 | 2.00 | 553 | 恩施市(鄂) | 山药 | 27.00 |
| 508 | 汝阳县(豫) | 全蝎 | 2.00 | 554 | 嵩　县(豫) | 山萸肉 | 30000.00 |
| 509 | 阿拉善左旗(内蒙古) | 肉苁蓉 | 1600.00 | 555 | 南召县(豫) | 山萸肉 | 3500.00 |
| 510 | 阿拉善右旗(内蒙古) | 肉苁蓉 | 1460.00 | 556 | 淳安县(浙) | 山萸肉 | 2734.00 |
| 511 | 磴口县(内蒙古) | 肉苁蓉 | 280.00 | 557 | 阳城县(晋) | 山萸肉 | 1447.00 |
| 512 | 民勤县(甘) | 肉苁蓉 | 210.00 | 558 | 鲁山县(豫) | 山萸肉 | 550.00 |
| 513 | 额济纳旗(内蒙古) | 肉苁蓉 | 121.00 | 559 | 太白县(陕) | 山萸肉 | 425.00 |

| 序号 | 其他中药材主产地 | 品种 | 产量(吨) |
|---|---|---|---|
| 560 | 方城县(豫) | 山萸肉 | 182.00 |
| 561 | 涪陵区(渝) | 山萸肉 | 51.00 |
| 562 | 商南县(陕) | 山萸肉 | 51.00 |
| 563 | 桐庐县(浙) | 山萸肉 | 12.00 |
| 564 | 绩溪县(皖) | 山萸肉 | 10.00 |
| 565 | 龙草坪林业局(陕) | 山萸肉 | 10.00 |
| 566 | 内乡县(豫) | 山萸肉 | 10.00 |
| 567 | 汝阳县(豫) | 山萸肉 | 10.00 |
| 568 | 嵩　县(豫) | 山楂 | 1200.00 |
| 569 | 辉县市(豫) | 山楂 | 670.00 |
| 570 | 阳城县(晋) | 山楂 | 399.00 |
| 571 | 盖州市(辽) | 山楂 | 280.00 |
| 572 | 辉南县(吉) | 山楂 | 210.00 |
| 573 | 大石桥市(辽) | 山楂 | 200.00 |
| 574 | 乳源瑶族自治县(粤) | 山楂 | 100.00 |
| 575 | 舞钢市(豫) | 山楂 | 40.00 |
| 576 | 麟游县(陕) | 山楂 | 39.00 |
| 577 | 庄河市(辽) | 山楂 | 35.00 |
| 578 | 内乡县(豫) | 山楂 | 15.00 |
| 579 | 平桥区(豫) | 山楂 | 10.00 |
| 580 | 涉　县(冀) | 射干 | 200.00 |
| 581 | 安国市(冀) | 射干 | 120.00 |
| 582 | 寻甸回族彝族自治县(滇) | 升麻 | 22.00 |
| 583 | 磁　县(冀) | 生地 | 5574.00 |
| 584 | 温　县(豫) | 生地 | 5000.00 |
| 585 | 蒲城县(陕) | 生地 | 1400.00 |
| 586 | 永年县(冀) | 生地 | 97.00 |
| 587 | 广饶县(鲁) | 生地 | 19.50 |
| 588 | 龙里县(黔) | 生姜 | 8645.00 |
| 589 | 五华县(粤) | 生姜 | 7500.00 |
| 590 | 连南瑶族自治县(粤) | 生姜 | 5101.00 |
| 591 | 乳源瑶族自治县(粤) | 生姜 | 3000.00 |
| 592 | 昭平县(桂) | 生姜 | 2550.00 |
| 593 | 潜山县(皖) | 生姜 | 800.00 |
| 594 | 大埔县(粤) | 生姜 | 220.00 |
| 595 | 隆回县(湘) | 生姜 | 220.00 |
| 596 | 高州市(粤) | 生姜 | 200.00 |
| 597 | 玉山县(赣) | 生姜 | 200.00 |
| 598 | 永胜县(滇) | 生姜 | 150.00 |
| 599 | 江口县(黔) | 生姜 | 100.00 |
| 600 | 耒阳市(湘) | 生姜 | 100.00 |
| 601 | 全州县(桂) | 生姜 | 100.00 |
| 602 | 随　县(鄂) | 生姜 | 50.00 |
| 603 | 新化县(湘) | 生姜 | 50.00 |
| 604 | 会理县(川) | 生姜 | 30.00 |
| 605 | 苏仙区(湘) | 生姜 | 30.00 |
| 606 | 宜都市(鄂) | 生姜 | 30.00 |
| 607 | 东源县(粤) | 生姜 | 25.00 |
| 608 | 翠屏区(川) | 生姜 | 20.00 |
| 609 | 兴国县(赣) | 生姜 | 20.00 |
| 610 | 龙川县(粤) | 生姜 | 15.00 |
| 611 | 乐安县(赣) | 生姜 | 11.00 |
| 612 | 瑞金市(赣) | 生姜 | 11.00 |
| 613 | 会理县(川) | 石榴 | 175.00 |
| 614 | 辉县市(豫) | 柿蒂 | 3.80 |
| 615 | 乳源瑶族自治县(粤) | 松香 | 30000.00 |
| 616 | 连州市(粤) | 松香 | 2000.00 |
| 617 | 安化县(湘) | 松香 | 400.00 |
| 618 | 大姚县(滇) | 松香 | 266.00 |
| 619 | 乳源瑶族自治县(粤) | 苏木 | 1000.00 |
| 620 | 辉南县(吉) | 苏子 | 110.00 |
| 621 | 宜阳县(豫) | 酸枣仁 | 200.00 |
| 622 | 灵寿县(冀) | 酸枣仁 | 80.00 |
| 623 | 阿拉善左旗(内蒙古) | 锁阳 | 18000.00 |
| 624 | 阿拉善右旗(内蒙古) | 锁阳 | 9100.00 |
| 625 | 额济纳旗(内蒙古) | 锁阳 | 98.00 |
| 626 | 黔西县(黔) | 太子参 | 156.00 |
| 627 | 龙里县(黔) | 太子参 | 68.00 |
| 628 | 芜湖县(皖) | 太子参 | 40.00 |
| 629 | 瓮安县(黔) | 太子参 | 2.50 |
| 630 | 璧山县(渝) | 天南星 | 110.00 |
| 631 | 泗阳县(苏) | 天南星 | 2.00 |
| 632 | 耒阳市(湘) | 通脱木 | 3.00 |
| 633 | 开　县(渝) | 土大黄 | 8960.00 |
| 634 | 徽　县(甘) | 土大黄 | 22.00 |
| 635 | 绥宁县(湘) | 土茯苓 | 1100.00 |
| 636 | 潜山县(皖) | 土茯苓 | 600.00 |
| 637 | 耒阳市(湘) | 土茯苓 | 300.00 |
| 638 | 商城县(豫) | 土茯苓 | 200.00 |
| 639 | 新宁县(湘) | 土茯苓 | 100.00 |
| 640 | 新化县(湘) | 土茯苓 | 50.00 |
| 641 | 鼎城区(湘) | 土茯苓 | 22.00 |
| 642 | 永定区(湘) | 菟丝子 | 1.00 |
| 643 | 清原满族自治县(辽) | 威灵仙 | 583.00 |
| 644 | 本溪满族自治县(辽) | 威灵仙 | 350.00 |
| 645 | 达川区(川) | 乌梅 | 8900.00 |
| 646 | 旌德县(皖) | 乌梅 | 150.00 |
| 647 | 武定县(滇) | 乌头 | 198.00 |
| 648 | 会泽县(滇) | 乌药 | 4020.00 |
| 649 | 天台县(浙) | 乌药 | 15.00 |
| 650 | 新晃侗族自治县(湘) | 吴茱萸 | 100.00 |
| 651 | 樟树市(赣) | 吴茱萸 | 65.00 |

| 序号 | 其他中药材主产地 | 品种 | 产量(吨) |
|---|---|---|---|
| 652 | 娄星区(湘) | 吴茱萸 | 45.00 |
| 653 | 汨罗市(湘) | 吴茱萸 | 30.00 |
| 654 | 繁昌县(皖) | 吴茱萸 | 10.00 |
| 655 | 乳源瑶族自治县(粤) | 梧桐 | 2000.00 |
| 656 | 耒阳市(湘) | 梧桐 | 2.00 |
| 657 | 石城县(赣) | 梧桐 | 0.60 |
| 658 | 京山县(鄂) | 蜈蚣 | 5.00 |
| 659 | 竹山县(鄂) | 五倍子 | 620.00 |
| 660 | 永定区(湘) | 五倍子 | 500.00 |
| 661 | 旬阳县(陕) | 五倍子 | 459.00 |
| 662 | 洪江区(湘) | 五倍子 | 380.00 |
| 663 | 五峰土家族自治县(鄂) | 五倍子 | 240.00 |
| 664 | 商南县(陕) | 五倍子 | 121.00 |
| 665 | 桑植县(湘) | 五倍子 | 55.00 |
| 666 | 邻水县(川) | 五倍子 | 50.00 |
| 667 | 洛南县(陕) | 五倍子 | 27.00 |
| 668 | 来凤县(鄂) | 五倍子 | 10.00 |
| 669 | 虎林市(黑) | 五加 | 8000.00 |
| 670 | 新化县(湘) | 五加 | 200.00 |
| 671 | 新化县(湘) | 五加皮 | 5.00 |
| 672 | 新宾满族自治县(辽) | 细辛 | 1500.00 |
| 673 | 凤城市(辽) | 细辛 | 950.00 |
| 674 | 清原满族自治县(辽) | 细辛 | 820.00 |
| 675 | 桓仁满族自治县(辽) | 细辛 | 400.00 |
| 676 | 阜新蒙古族自治县(辽) | 细辛 | 350.00 |
| 677 | 迭部县(甘) | 细辛 | 222.00 |
| 678 | 宽甸满族自治县(辽) | 细辛 | 220.00 |
| 679 | 南芬区(辽) | 细辛 | 160.00 |
| 680 | 本溪满族自治县(辽) | 细辛 | 100.00 |
| 681 | 柳河县(吉) | 细辛 | 60.00 |
| 682 | 连州市(粤) | 夏枯草 | 500.00 |
| 683 | 新宁县(湘) | 夏枯草 | 100.00 |
| 684 | 耒阳市(湘) | 夏枯草 | 80.00 |
| 685 | 东宝区(鄂) | 夏枯草 | 2.00 |
| 686 | 新宁县(湘) | 仙鹤草 | 100.00 |
| 687 | 翠屏区(川) | 仙茅 | 2.00 |
| 688 | 耒阳市(湘) | 香薷 | 6.00 |
| 689 | 耒阳市(湘) | 香叶树 | 4.00 |
| 690 | 楚雄市(滇) | 香橼 | 4.00 |
| 691 | 会理县(川) | 小茴香 | 80.00 |
| 692 | 丰顺县(粤) | 小茴香 | 1.00 |
| 693 | 南召县(豫) | 辛夷 | 12200.00 |
| 694 | 嵩　县(豫) | 辛夷 | 430.00 |
| 695 | 北川羌族自治县(川) | 辛夷 | 380.00 |
| 696 | 五峰土家族自治县(鄂) | 辛夷 | 240.00 |
| 697 | 南川区(渝) | 辛夷 | 30.00 |
| 698 | 罗田县(鄂) | 辛夷 | 25.00 |
| 699 | 栾川县(豫) | 辛夷 | 20.00 |
| 700 | 宜都市(鄂) | 辛夷 | 5.00 |
| 701 | 西吉县(宁) | 杏仁 | 120.00 |
| 702 | 环　县(甘) | 杏仁 | 102.00 |
| 703 | 陇西县(甘) | 杏仁 | 90.00 |
| 704 | 麟游县(陕) | 杏仁 | 21.00 |
| 705 | 临潭县(甘) | 杏仁 | 20.00 |
| 706 | 华池县(甘) | 杏仁 | 15.00 |
| 707 | 东丰县(吉) | 杏仁 | 1.00 |
| 708 | 龙里县(黔) | 续断 | 545.00 |
| 709 | 汉源县(川) | 续断 | 280.00 |
| 710 | 宁蒗彝族自治县(滇) | 续断 | 154.94 |
| 711 | 南川区(渝) | 玄参 | 350.00 |
| 712 | 长顺县(黔) | 玄参 | 312.00 |
| 713 | 东平县(鲁) | 玄参 | 100.00 |
| 714 | 武陵源区(湘) | 玄参 | 30.00 |
| 715 | 泗阳县(苏) | 玄参 | 2.00 |
| 716 | 磐安县(浙) | 延胡索 | 860.00 |
| 717 | 芜湖县(皖) | 延胡索 | 240.00 |
| 718 | 耒阳市(湘) | 盐肤木 | 200.00 |
| 719 | 耒阳市(湘) | 羊踯躅 | 1.00 |
| 720 | 耒阳市(湘) | 夜明砂 | 4.00 |
| 721 | 丰顺县(粤) | 益母草 | 5.00 |
| 722 | 青州市(鲁) | 益母草 | 5.00 |
| 723 | 信宜市(粤) | 益智仁 | 630.00 |
| 724 | 墨江哈尼族自治县(滇) | 薏苡仁 | 4.00 |
| 725 | 石城县(赣) | 薏苡仁 | 0.60 |
| 726 | 嵩　县(豫) | 茵陈 | 4300.00 |
| 727 | 柳林县(晋) | 茵陈 | 20.00 |
| 728 | 石城县(赣) | 茵陈 | 2.50 |
| 729 | 新宾满族自治县(辽) | 淫羊藿 | 2400.00 |
| 730 | 桓仁满族自治县(辽) | 淫羊藿 | 400.00 |
| 731 | 本溪满族自治县(辽) | 淫羊藿 | 100.00 |
| 732 | 麟游县(陕) | 淫羊藿 | 50.00 |
| 733 | 嵩　县(豫) | 淫羊藿 | 40.00 |
| 734 | 平罗县(宁) | 银柴胡 | 152.00 |
| 735 | 泰兴市(苏) | 银杏 | 28000.00 |
| 736 | 广陵区(苏) | 银杏 | 22602.00 |
| 737 | 梅　县(粤) | 银杏 | 12000.00 |
| 738 | 姜堰区(苏) | 银杏 | 3154.00 |
| 739 | 如东县(苏) | 银杏 | 2955.00 |
| 740 | 南漳县(鄂) | 银杏 | 2000.00 |
| 741 | 赣榆县(苏) | 银杏 | 1920.00 |
| 742 | 宿城区(苏) | 银杏 | 1600.00 |
| 743 | 恩施市(鄂) | 银杏 | 1314.13 |

| 序号 | 其他中药材主产地 | 品种 | 产量(吨) | 序号 | 其他中药材主产地 | 品种 | 产量(吨) |
|---|---|---|---|---|---|---|---|
| 744 | 东台市(苏) | 银杏 | 1188.00 | 782 | 临漳县(冀) | 知母 | 90.00 |
| 745 | 盐都区(苏) | 银杏 | 1020.00 | 783 | 灵寿县(冀) | 知母 | 30.00 |
| 746 | 邗江区(苏) | 银杏 | 540.00 | 784 | 鹿寨县(桂) | 栀子 | 12000.00 |
| 747 | 大悟县(鄂) | 银杏 | 410.00 | 785 | 孝南区(鄂) | 栀子 | 9000.00 |
| 748 | 高港区(苏) | 银杏 | 350.00 | 786 | 郎溪县(皖) | 栀子 | 3500.00 |
| 749 | 长寿区(渝) | 银杏 | 300.00 | 787 | 临川区(赣) | 栀子 | 2400.00 |
| 750 | 商城县(豫) | 银杏 | 300.00 | 788 | 进贤县(赣) | 栀子 | 1200.00 |
| 751 | 靖江市(苏) | 银杏 | 187.00 | 789 | 樟树市(赣) | 栀子 | 850.00 |
| 752 | 达川区(川) | 银杏 | 90.00 | 790 | 翠屏区(川) | 栀子 | 200.00 |
| 753 | 合川区(渝) | 银杏 | 63.00 | 791 | 武宁县(赣) | 栀子 | 159.00 |
| 754 | 衡阳县(湘) | 银杏 | 52.00 | 792 | 开　县(渝) | 栀子 | 112.00 |
| 755 | 冷水江市(湘) | 银杏 | 50.00 | 793 | 冷水江市(湘) | 栀子 | 80.00 |
| 756 | 邻水县(川) | 银杏 | 50.00 | 794 | 璧山县(渝) | 栀子 | 62.40 |
| 757 | 罗山县(豫) | 银杏 | 40.00 | 795 | 安岳县(川) | 栀子 | 30.00 |
| 758 | 平乐县(桂) | 银杏 | 35.00 | 796 | 新化县(湘) | 栀子 | 30.00 |
| 759 | 房　县(鄂) | 银杏 | 25.00 | 797 | 高安市(赣) | 枳实 | 36.00 |
| 760 | 禹州市(豫) | 银杏 | 16.00 | 798 | 佛坪县(陕) | 猪苓 | 530.00 |
| 761 | 怀宁县(皖) | 银杏 | 10.00 | 799 | 洛南县(陕) | 猪苓 | 485.00 |
| 762 | 振安区(辽) | 银杏 | 10.00 | 800 | 嵩　县(豫) | 猪苓 | 420.00 |
| 763 | 凤城市(辽) | 玉竹 | 6000.00 | 801 | 南召县(豫) | 猪苓 | 410.00 |
| 764 | 慈利县(湘) | 玉竹 | 4500.00 | 802 | 辉南县(吉) | 猪苓 | 350.00 |
| 765 | 宽甸满族自治县(辽) | 玉竹 | 4000.00 | 803 | 留坝县(陕) | 猪苓 | 150.00 |
| 766 | 东港市(辽) | 玉竹 | 2902.00 | 804 | 蓝田县(陕) | 猪苓 | 60.00 |
| 767 | 涟源市(湘) | 玉竹 | 2120.00 | 805 | 凤　县(陕) | 猪苓 | 50.00 |
| 768 | 清原满族自治县(辽) | 玉竹 | 966.00 | 806 | 两当县(甘) | 猪苓 | 50.00 |
| 769 | 新化县(湘) | 玉竹 | 400.00 | 807 | 徽　县(甘) | 猪苓 | 19.00 |
| 770 | 本溪满族自治县(辽) | 玉竹 | 300.00 | 808 | 汝阳县(豫) | 猪苓 | 15.00 |
| 771 | 会理县(川) | 玉竹 | 110.00 | 809 | 洛宁县(豫) | 竹沥 | 10.00 |
| 772 | 桑植县(湘) | 玉竹 | 25.00 | 810 | 耒阳市(湘) | 竹叶 | 80.00 |
| 773 | 磁　县(冀) | 远志 | 266.00 | 811 | 确山县(豫) | 竹叶 | 1.00 |
| 774 | 耒阳市(湘) | 月季 | 1.00 | 812 | 嵩　县(豫) | 紫花地丁 | 1300.00 |
| 775 | 嵩　县(豫) | 皂刺 | 4500.00 | 813 | 耒阳市(湘) | 紫花地丁 | 60.00 |
| 776 | 黔西县(黔) | 皂刺 | 12.00 | 814 | 耒阳市(湘) | 紫金牛 | 1.00 |
| 777 | 竹山县(鄂) | 皂角 | 3.00 | 815 | 耒阳市(湘) | 紫苏 | 200.00 |
| 778 | 五通桥区(川) | 泽泻 | 980.00 | 816 | 璧山县(渝) | 紫苏 | 30.00 |
| 779 | 广昌县(赣) | 泽泻 | 817.00 | 817 | 梁园区(豫) | 紫苏 | 30.00 |
| 780 | 谯城区(皖) | 知母 | 800.00 | 818 | 安国市(冀) | 紫菀 | 500.00 |
| 781 | 安国市(冀) | 知母 | 500.00 | | | | |

**表 17　森林公园及自然保护区旅游人数及收入**

| 序号 | 县(旗、市、区、局、场) | 森林公园及自然保护区（名称） | 级别 | 实际接待人数（万人次） | 旅游总收入（万元） | 其中:门票收入（万元） |
|---|---|---|---|---|---|---|
| 1 | 丰台区(京) | 北宫国家森林公园 | 国家 | 78.35 | 285.40 | 285.40 |
| 2 | 海淀区(京) | 鹫峰国家森林公园 | 国家 | 11.18 | 68.60 | 68.60 |
| 3 | 大兴区(京) | 古桑国家森林公园 | 国家 | 6.00 | 150.00 | 50.00 |
| 4 | 北京市西山林场（京） | 北京西山国家森林公园 | 国家 | 51.00 | 176.22 | 160.00 |

| 序号 | 县(旗、市、区、局、场) | 森林公园及自然保护区（名称） | 级别 | 实际接待人数（万人次） | 旅游总收入（万元） | 其中:门票收入（万元） |
|---|---|---|---|---|---|---|
| 5 | 北京市十三陵林场(京) | 蟒山国家森林公园 | 国家 | 20.06 | 309.00 | 305.00 |
| 6 | 北京市八达岭林场(京) | 北京八达岭国家森林公园 | 国家 | 5.00 | 79.00 | 79.00 |
| 7 | 灵寿县(冀) | 五岳寨森林公园 | 国家 | 14.10 | 97290.00 | 300.00 |
| 8 | 平山县(冀) | 河北驼梁自然保护区 | 国家 | 66.00 | 4456.00 | 2640.00 |
| 9 | 平山县(冀) | 平山天桂山风景名胜区管理处 | 国家 | 50.00 | 3800.00 | 2200.00 |
| 10 | 迁西县(冀) | 达峪林场 | 国家 | 100.00 | 25000.00 | 7000.00 |
| 11 | 唐海县(冀) | 曹妃甸湿地公园 | 国家 | 80.00 | 4067.00 | 1600.00 |
| 12 | 遵化市(冀) | 清东陵国家森林公园 | 国家 | 20.00 | 1577.00 | 1577.00 |
| 13 | 北戴河区(冀) | 秦皇岛野生动物园 | 国家 | 54.60 | 3500.00 | 3500.00 |
| 14 | 峰峰矿区(冀) | 峰峰矿区元宝山国家森林公园 | 国家 | 32.00 | 450.00 | 30.00 |
| 15 | 武安市(冀) | 武安市国家森林公园 | 国家 | 63.00 | 3700.00 | 3700.00 |
| 16 | 邢台县(冀) | 太行奇观峡谷群 | 国家 | 17.10 | 324.60 | 324.60 |
| 17 | 邢台县(冀) | 前南峪森林公园 | 国家 | 73.00 | 1381.00 | 1381.00 |
| 18 | 邢台县(冀) | 云梦山旅游区 | 国家 | 17.40 | 330.00 | 330.00 |
| 19 | 邢台县(冀) | 九龙峡旅游区 | 国家 | 57.00 | 1078.50 | 1078.50 |
| 20 | 邢台县(冀) | 天河山旅游区 | 国家 | 58.00 | 1098.30 | 1098.30 |
| 21 | 邢台县(冀) | 天梯山旅游区 | 国家 | 11.90 | 226.00 | 226.00 |
| 22 | 临城县(冀) | 小天池 | 国家 | 2.60 | 200.00 | |
| 23 | 内丘县(冀) | 太子岩景区 | 国家 | 17.00 | 646.00 | 136.00 |
| 24 | 涞水县(冀) | 野三坡国家森林公园 | 国家 | 247.80 | 20000.00 | 6000.00 |
| 25 | 阜平县(冀) | 天生桥国家森林公园 | 国家 | 13.00 | 3640.00 | 1300.00 |
| 26 | 唐　县(冀) | 古北岳国家森林公园 | 国家 | 40.00 | 1200.00 | 800.00 |
| 27 | 涞源县(冀) | 白石山国家森林公园 | 国家 | 48.00 | 9000.00 | 1500.00 |
| 28 | 易　县(冀) | 易州国家森林公园 | 国家 | 10.00 | 750.00 | 750.00 |
| 29 | 曲阳县(冀) | 虎山风景区 | 国家 | 2.97 | 435.00 | 148.00 |
| 30 | 沽源县(冀) | 河北坝上闪电河国家湿地公园 | 国家 | 20.00 | 200.00 | 200.00 |
| 31 | 蔚　县(冀) | 小五台山国家级自然保护区 | 国家 | 4.50 | 3375.00 | 350.00 |
| 32 | 蔚　县(冀) | 空中草原森林公园 | 国家 | 4.50 | 3375.00 | 315.00 |
| 33 | 赤城县(冀) | 黑龙山森林公园 | 国家 | 2.30 | 8.60 | 5.00 |
| 34 | 平泉县(冀) | 辽河源国家级森林公园 | 国家 | 3.00 | 350.00 | 70.00 |
| 35 | 滦平县(冀) | 白草洼森林公园 | 国家 | 5.00 | 15.00 | 12.00 |
| 36 | 丰宁满族自治县(冀) | 白云古洞 | 国家 | 10.00 | 740.00 | 30.00 |
| 37 | 丰宁满族自治县(冀) | 九龙松景区 | 国家 | 2.60 | 200.00 | 20.00 |
| 38 | 丰宁满族自治县(冀) | 千松坝森林公园 | 国家 | 1.00 | 50.00 | |
| 39 | 丰宁满族自治县(冀) | 河北丰宁海留图国家湿地公园 | 国家 | 14.00 | 4900.00 | |
| 40 | 塞罕坝机械林场(冀) | 河北塞罕坝国家森林公园 | 国家 | 50.33 | 3919.00 | 3541.44 |
| 41 | 木栏围场国营林场(冀) | 河北省木兰围场国家森林公园 | 国家 | 1.20 | 56.00 | 24.00 |
| 42 | 雾灵山国家级自然保护区(冀) | 河北雾灵山国家级自然保护区 | 国家 | 16.00 | 1935.00 | 1797.00 |
| 43 | 浑源县(晋) | 恒山森林公园 | 国家 | 81.15 | 36358.00 | 5503.00 |
| 44 | 长治市郊区(晋) | 老顶山国家森林公园 | 国家 | 36.94 | 5400.00 | |
| 45 | 黎城县(晋) | 黄崖洞国家森林公园 | 国家 | 21.00 | 120.00 | 50.00 |
| 46 | 壶关县(晋) | 太行峡谷国家森林公园 | 国家 | 12.20 | 12.20 | 10.00 |
| 47 | 沁源县(晋) | 灵空山自然保护区 | 国家 | 78.20 | 11000.00 | 90.00 |
| 48 | 阳城县(晋) | 蟒河自然保护区 | 国家 | 29.00 | 15000.00 | 2000.00 |
| 49 | 垣曲县(晋) | 历山国家级自然保护局 | 国家 | 20.00 | 9000.00 | 1200.00 |

| 序号 | 县(旗、市、区、局、场) | 森林公园及自然保护区（名称） | 级别 | 实际接待人数（万人次） | 旅游总收入（万元） | 其中:门票收入（万元） |
|---|---|---|---|---|---|---|
| 50 | 五台县(晋) | 五台山森林公园 | 国家 | 128.00 | 1905.00 | 16900.00 |
| 51 | 回民区(内蒙古) | 乌素图森林公园 | 国家 | 2.00 | 290.00 | 70.00 |
| 52 | 武川县(内蒙古) | 哈达门森林公园 | 国家 | 2.44 | 220.00 | 160.00 |
| 53 | 海勃湾区(内蒙古) | 乌海市金沙湾生态旅游有限责任公司 | 国家 | 18.00 | 5929.00 | 120.00 |
| 54 | 红山区(内蒙古) | 红山国家森林公园 | 国家 | 20.00 | 80.00 | |
| 55 | 巴林右旗(内蒙古) | 赛罕乌拉自然保护区 | 国家 | 1.08 | 5.40 | 5.40 |
| 56 | 克什克腾旗(内蒙古) | 桦木沟国家森林公园 | 国家 | 30.00 | 230.00 | 150.00 |
| 57 | 克什克腾旗(内蒙古) | 黄岗梁国家森林公园 | 国家 | 32.00 | 40.00 | 10.00 |
| 58 | 克什克腾旗(内蒙古) | 白音敖包国家级自然保护区 | 国家 | 12.00 | 160.00 | 120.00 |
| 59 | 喀喇沁旗(内蒙古) | 旺业甸国家森林公园 | 国家 | 2.00 | 200.00 | 40.00 |
| 60 | 喀喇沁旗(内蒙古) | 马鞍山国家森林公园 | 国家 | 1.50 | 150.00 | 30.00 |
| 61 | 科尔沁左翼后旗(内蒙古) | 大清沟自然保护区 | 国家 | 30.12 | 16566.00 | 1506.00 |
| 62 | 东胜区(内蒙古) | 九成功生态园 | 国家 | 10.00 | 390.00 | 100.00 |
| 63 | 达拉特旗(内蒙古) | 响沙湾旅游区 | 国家 | 9.80 | 4920.00 | 1760.00 |
| 64 | 鄂托克前旗(内蒙古) | 鄂前旗大沙头生态文化旅游区 | 国家 | 11.20 | 3900.77 | 580.00 |
| 65 | 鄂托克前旗(内蒙古) | 鄂尔多斯文化旅游村 | 国家 | 6.00 | 120.00 | 18.00 |
| 66 | 鄂托克前旗(内蒙古) | 上海庙欢乐大草原旅游区 | 国家 | 4.50 | 43.70 | |
| 67 | 乌审旗(内蒙古) | 萨拉乌苏国家湿地公园管理局 | 国家 | 2.29 | 255.40 | 68.60 |
| 68 | 伊金霍洛旗(内蒙古) | 成吉思汗陵园旅游区 | 国家 | 4.01 | 6300.00 | 5200.00 |
| 69 | 海拉尔区(内蒙古) | 海拉尔西山国家森林公园 | 国家 | 9.10 | 50.00 | 50.00 |
| 70 | 巴林林业局(内蒙古) | 喇嘛山国家森林公园 | 国家 | 2.00 | 76.45 | 76.45 |
| 71 | 红花尔基林业局(内蒙古) | 红花尔基樟子松国家森林公园 | 国家 | 2.40 | 269.00 | 115.00 |
| 72 | 乌拉特前旗(内蒙古) | 乌梁素海 | 国家 | 5.72 | 243.51 | 114041.00 |
| 73 | 凉城县(内蒙古) | 二龙什台国家级森林公园 | 国家 | 5.00 | 250.00 | 50.00 |
| 74 | 东乌珠穆沁旗(内蒙古) | 内蒙古宝格达乌拉国家森林公园 | 国家 | 3.00 | 120.00 | |
| 75 | 西乌珠穆沁旗(内蒙古) | 古日格斯台自然保护区 | 国家 | 4.00 | 80.00 | |
| 76 | 多伦县(内蒙古) | 内蒙古滦河源国家森林公园 | 国家 | 5.00 | 8.00 | 4.00 |
| 77 | 阿拉善左旗(内蒙古) | 内蒙古贺兰山国家森林公园 | 国家 | 9.40 | 505.00 | 378.00 |
| 78 | 阿拉善右旗(内蒙古) | 巴丹吉林沙漠地质公园 | 国家 | 38.20 | 11911.00 | 11780.00 |
| 79 | 额济纳旗(内蒙古) | 内蒙古额济纳旗国家级胡杨林森林公园 | 国家 | 12.40 | 1759.00 | 1650.00 |
| 80 | 苏家屯区(辽) | 白清自然保护区等 | 国家 | 10.00 | 12000.00 | 500.00 |
| 81 | 辽中县(辽) | 蒲河国家湿地公园 | 国家 | 10.00 | 280.00 | 30.00 |
| 82 | 法库县(辽) | 五龙山自然保护区 | 国家 | 50.00 | 600.00 | 200.00 |
| 83 | 甘井子区(辽) | 大连市西郊国家森林公园 | 国家 | 65.00 | 12354.00 | |
| 84 | 甘井子区(辽) | 大连市金龙寺公园 | 国家 | 12.00 | 152.00 | |
| 85 | 普兰店市(辽) | 普兰店国家森林公园 | 国家 | 50.00 | 1800.00 | 1000.00 |
| 86 | 庄河市(辽) | 大连冰峪风景区 | 国家 | 50.00 | 7000.00 | 5000.00 |
| 87 | 庄河市(辽) | 大连银石滩国家级森林公园 | 国家 | 62.00 | 6544.00 | 1184.00 |
| 88 | 庄河市(辽) | 大连天门山国家级森林公园 | 国家 | 5.00 | 300.00 | 150.00 |
| 89 | 抚顺县(辽) | 抚顺三块石国家森林公园 | 国家 | 34.00 | 4441.00 | 1697.00 |
| 90 | 新宾满族自治县(辽) | 新宾满族自治县猴石森林公园 | 国家 | 30.00 | 3100.00 | 1800.00 |
| 91 | 新宾满族自治县(辽) | 新宾满族自治县和睦森林公园 | 国家 | 20.00 | 2700.00 | 1500.00 |
| 92 | 新宾满族自治县(辽) | 新宾满族自治县岗山森林公园 | 国家 | 10.00 | 1100.00 | 200.00 |
| 93 | 本溪满族自治县(辽) | 关门山森林公园 | 国家 | 21.00 | 1900.00 | 1350.00 |
| 94 | 本溪满族自治县(辽) | 铁刹山森林公园 | 国家 | 3.00 | 60.00 | 45.00 |

| 序号 | 县(旗、市、区、局、场) | 森林公园及自然保护区(名称) | 级别 | 实际接待人数(万人次) | 旅游总收入(万元) | 其中:门票收入(万元) |
|---|---|---|---|---|---|---|
| 95 | 本溪满族自治县(辽) | 汤沟森林公园 | 国家 | 8.00 | 250.00 | 200.00 |
| 96 | 桓仁满族自治县(辽) | 库区国家森林公园 | 国家 | 4.80 | 281.00 | 68.00 |
| 97 | 宽甸满族自治县(辽) | 青山沟森林公园 | 国家 | 4.70 | 1200.00 | 689.00 |
| 98 | 凤城市(辽) | 凤凰山自然保护区 | 国家 | 29.00 | 16500.00 | |
| 99 | 凤城市(辽) | 大梨树自然保护区 | 国家 | 105.00 | 85000.00 | |
| 100 | 北镇市(辽) | 医巫闾山国家级自然保护区 | 国家 | 490.00 | 169000.00 | |
| 101 | 盖州市(辽) | 盖州市森林公园 | 国家 | 105.50 | 21100.00 | 2110.00 |
| 102 | 阜新蒙古族自治县(辽) | 阜新海棠山国家级自然保护区 | 国家 | 500.00 | 2500.00 | 1500.00 |
| 103 | 西丰县(辽) | 冰砬山森林公园 | 国家 | 35.50 | 660.00 | 10.00 |
| 104 | 双塔区(辽) | 朝阳市凤凰山国家森林公园 | 国家 | 10.00 | 3000.00 | 500.00 |
| 105 | 北票市(辽) | 大黑山自然保护区 | 国家 | 30.00 | 25000.00 | 1500.00 |
| 106 | 龙港区(辽) | 葫芦岛市龙港区葫芦山庄 | 国家 | 65.80 | 5120.00 | 2400.00 |
| 107 | 建昌县(辽) | 白狼山自然保护区 | 国家 | 15.00 | 400.00 | |
| 108 | 九台市(吉) | 庙香山旅游度假区 | 国家 | 50.00 | 426.00 | 300.00 |
| 109 | 长春市净月经济开发区(吉) | 长春净月潭国家森林旅游公园 | 国家 | 360.00 | 88030.00 | 5420.00 |
| 110 | 蛟河市(吉) | 吉林省拉法山国家森林公园 | 国家 | 27.50 | 39320.00 | 1280.00 |
| 111 | 桦甸市(吉) | 肇大鸡山国家级森林公园 | 国家 | 2.00 | 40.00 | 20.00 |
| 112 | 磐石市(吉) | 莲花山原始森林公园 | 国家 | 1.00 | 10.00 | 10.00 |
| 113 | 二道江区(吉) | 通化市东升旅游开发有限公司 | 国家 | 13.00 | 2048.00 | 1100.00 |
| 114 | 通化县(吉) | 石湖森林公园 | 国家 | 2.91 | 3825.00 | |
| 115 | 梅河口市(吉) | 梅河口市鸡冠山森林公园 | 国家 | 6.00 | 500.00 | 350.00 |
| 116 | 集安市(吉) | 吉林集安五女峰国家森林公园 | 国家 | 10.00 | 800.00 | 300.00 |
| 117 | 临江市(吉) | 吉林省临江市国家森林公园 | 国家 | 80.00 | 4800.00 | 60.00 |
| 118 | 前郭尔罗斯蒙古族自治县(吉) | 查干湖自然保护区 | 国家 | 170.00 | 140000.00 | |
| 119 | 白城市市辖区(吉) | 白城查干浩特团结湖水库 | 国家 | 10.00 | 100.00 | 15.00 |
| 120 | 通榆县(吉) | 吉林省向海自然保护区 | 国家 | 15.60 | 780.00 | 120.00 |
| 121 | 汪清县(吉) | 汪清县满天星国家森林公园开发有限公司 | 国家 | 15.00 | 1993.00 | |
| 122 | 呼兰区(黑) | 呼兰国家森林公园 | 国家 | 15.00 | 100.00 | |
| 123 | 巴彦县(黑) | 驿马山森林公园 | 国家 | 6.00 | 68.00 | |
| 124 | 延寿县(黑) | 长寿山国家森林公园 | 国家 | 30.00 | 2000.00 | 300.00 |
| 125 | 阿城区(黑) | 金龙山国家级森林公园 | 国家 | 49.00 | 667.00 | 597.00 |
| 126 | 五常市(黑) | 国家龙凤森林公园 | 国家 | 2.00 | 80.00 | 30.00 |
| 127 | 丹清河实验林场(黑) | 丹清河国家森林公园 | 国家 | 5.00 | 45.00 | |
| 128 | 鹤岗市市辖区(黑) | 鹤岗市国家森林公园 | 国家 | 3.00 | 280.00 | 90.00 |
| 129 | 嘉荫县(黑) | 黑龙江茅兰沟国家级森林公园 | 国家 | 10.00 | 350.00 | 200.00 |
| 130 | 汤原县(黑) | 大亮子河国家森林公园 | 国家 | 27.00 | 3760.00 | |
| 131 | 同江市(黑) | 街津山国家森林公园 | 国家 | 2.00 | 666.00 | 36.00 |
| 132 | 牡丹江市市本级(黑) | 牡丹江三道关国家级森林公园 | 国家 | 6.11 | 170.00 | 153.00 |
| 133 | 牡丹江市市本级(黑) | 牡丹峰国家级自然保护区管理局 | 国家 | 6.20 | 312.00 | 252.00 |
| 134 | 宁安市(黑) | 宁安市火山口森林公园有限公司 | 国家 | 13.00 | 1750.00 | 1040.00 |
| 135 | 孙吴县(黑) | 胜山要塞森林公园 | 国家 | 1.57 | 20.40 | 2.00 |
| 136 | 五大连池市管委会(黑) | 黑龙江省五大连池国家级森林公园 | 国家 | 15.14 | 590.00 | 590.00 |
| 137 | 明水县(黑) | 明水县国家级湿地 | 国家 | 1.00 | 100.00 | 2.00 |
| 138 | 漠河县(黑) | 北极村国家森林公园 | 国家 | 139.99 | 33110.51 | 993.32 |
| 139 | 庆安国有林场管理局(黑) | 望龙山国家森林公园 | 国家 | 8.00 | 300.00 | |

| 序号 | 县(旗、市、区、局、场) | 森林公园及自然保护区（名称） | 级别 | 实际接待人数（万人次） | 旅游总收入（万元） | 其中:门票收入（万元） |
|---|---|---|---|---|---|---|
| 140 | 绥芬河市(黑) | 绥芬河国家森林公园 | 国家 | 8.40 | 78.40 | |
| 141 | 奉贤区(沪) | 上海海湾国家森林公园 | 国家 | 30.00 | 1343.00 | 670.00 |
| 142 | 崇明县(沪) | 东平国家森林公园 | 国家 | 174.00 | 4820.00 | 4820.00 |
| 143 | 常熟市(苏) | 常熟虞山国家森林公园 | 国家 | 617.00 | 2840.00 | 351.00 |
| 144 | 盱眙县(苏) | 盱眙县铁山寺森林共园 | 国家 | 150.00 | 15000.00 | |
| 145 | 大丰市(苏) | 大丰麋鹿国家级自然保护区 | 国家 | 200.00 | 40000.00 | 6000.00 |
| 146 | 余杭区(浙) | 径山・山沟沟森林公园 | 国家 | 135.00 | 5300.00 | |
| 147 | 淳安县(浙) | 千岛湖国家森林公园 | 国家 | 526.00 | 49.80 | 4.40 |
| 148 | 建德市(浙) | 富春江森林公园 | 国家 | 30.00 | 9000.00 | 2500.00 |
| 149 | 富阳市(浙) | 黄公望森林公园 | 国家 | 260.60 | 37857.00 | 28569.00 |
| 150 | 临安市(浙) | 天目山国家级自然保护区 | 国家 | 34.00 | 9600.00 | 1600.00 |
| 151 | 临安市(浙) | 青山湖森林公园 | 国家 | 13.80 | 4200.00 | 700.00 |
| 152 | 宁波市市辖区(浙) | 宁波四明山国家森林公园 | 国家 | 35.00 | 339.50 | 91.60 |
| 153 | 鄞州区(浙) | 宁波市天童国家森林公园 | 国家 | 2.80 | 156.00 | 26.00 |
| 154 | 宁海县(浙) | 双峰森林公园 | 国家 | 14.57 | 937.34 | 937.34 |
| 155 | 文成县(浙) | 铜铃山国家森林公园 | 国家 | 4.60 | 230.00 | 230.00 |
| 156 | 泰顺县(浙) | 泰顺县乌岩岭自然保护区 | 国家 | 5.00 | 87.20 | 80.00 |
| 157 | 南湖区(浙) | 南湖革命纪念馆 | 国家 | 30.00 | 3070.00 | 1800.00 |
| 158 | 衢江区(浙) | 紫微山国家森林公园 | 国家 | 20.00 | 4000.00 | |
| 159 | 常山县(浙) | 浙江省常山县三衢国家森林公园 | 国家 | 20.80 | 358.30 | 30.00 |
| 160 | 开化县(浙) | 钱江源森林公园 | 国家 | 10.00 | 240.00 | 149.00 |
| 161 | 开化县(浙) | 古田山自然保护区 | 国家 | 2.20 | 30.00 | 8.00 |
| 162 | 龙游县(浙) | 浙江大竹海国家森林公园 | 国家 | 145.80 | 22799.00 | |
| 163 | 江山市(浙) | 浙江仙霞国家森林公园 | 国家 | 20.05 | 2441.00 | 949.00 |
| 164 | 天台县(浙) | 华顶国家森林公园 | 国家 | 21.60 | 324.00 | 1620.00 |
| 165 | 仙居县(浙) | 仙居国家森林公园 | 国家 | 271.42 | 32.20 | 4.60 |
| 166 | 青田县(浙) | 石门洞 | 国家 | 3.00 | 3000.00 | 280.00 |
| 167 | 缙云县(浙) | 缙云仙都风景区 | 国家 | 608.56 | 348900.00 | 144176.00 |
| 168 | 松阳县(浙) | 浙江松阳卯山国家公园 | 国家 | 6.00 | 80.00 | |
| 169 | 庆元县(浙) | 百山祖自然保护区 | 国家 | 5.49 | 713.44 | 244.21 |
| 170 | 包河区(皖) | 大张圩湿地森林公园 | 国家 | 700.00 | 3500.00 | |
| 171 | 肥西县(皖) | 紫蓬山国家森林公园 | 国家 | 31.00 | 23000.00 | |
| 172 | 庐江县(皖) | 冶父山国家森林公园 | 国家 | 22.40 | 590.00 | 448.00 |
| 173 | 繁昌县(皖) | 马仁山国家森林公园 | 国家 | 60.00 | 12400.00 | 3600.00 |
| 174 | 八公山区(皖) | 八公山区森林公园 | 国家 | 8.60 | 387.00 | 387.00 |
| 175 | 含山县(皖) | 太湖山国家森林公园 | 国家 | 3.00 | 27.00 | 24.00 |
| 176 | 和　县(皖) | 鸡笼山国家森林公园 | 国家 | 5.00 | 80.00 | 30.00 |
| 177 | 宜秀区(皖) | 巨石山 | 国家 | 83.00 | 2455.00 | 750.00 |
| 178 | 潜山县(皖) | 天柱山国家森林公园 | 国家 | 360.00 | 147000.00 | 5000.00 |
| 179 | 太湖县(皖) | 安徽花亭湖国家湿地公园 | 国家 | 26.79 | 1311.00 | 262.20 |
| 180 | 屯溪区(皖) | 花山谜窟 | 国家 | 28.00 | 3080.00 | 1960.00 |
| 181 | 休宁县(皖) | 齐云山国家森林公园 | 国家 | 65.80 | 30106.00 | 5264.00 |
| 182 | 祁门县(皖) | 黄山市祁门县牯牛降自然保护区 | 国家 | 55.00 | 22000.00 | 4840.00 |
| 183 | 滁州市市辖区(皖) | 琅琊山国家森林公园 | 国家 | 15.00 | 8500.00 | 1200.00 |
| 184 | 全椒县(皖) | 全椒神山国家森林公园 | 国家 | 70.00 | 14000.00 | 150.00 |

| 序号 | 县(旗、市、区、局、场) | 森林公园及自然保护区(名称) | 级别 | 实际接待人数(万人次) | 旅游总收入(万元) | 其中:门票收入(万元) |
|---|---|---|---|---|---|---|
| 185 | 滁州市沙河集林业总场(皖) | 皇甫山国家森林公园 | 国家 | 30.00 | 580.00 | 40.00 |
| 186 | 颍州区(皖) | 西湖风景名胜区 | 国家 | 10.00 | 5000.00 | 450.00 |
| 187 | 萧　县(皖) | 皇藏峪国家森林公园 | 国家 | 46.00 | 3800.00 | |
| 188 | 寿　县(皖) | 安徽省八公山森林公园 | 国家 | 132.00 | 1620.00 | 1330.00 |
| 189 | 池州市九华山风景区管委会(皖) | 九华山风景区 | 国家 | 200.00 | 180000.00 | 40000.00 |
| 190 | 东至县(皖) | 池州市东至县升金湖国家级自然保护区 | 国家 | 22.00 | 1800.00 | |
| 191 | 东至县(皖) | 东至县大历山风景区 | 国家 | 39.00 | 4330.00 | 61.00 |
| 192 | 青阳县(皖) | 九华山国家森林公园 | 国家 | 6.00 | 245.00 | 119.00 |
| 193 | 广德县(皖) | 横山国家森林公园 | 国家 | 55.00 | 74462.00 | |
| 194 | 泾　县(皖) | 泾县水西国家森林公园 | 国家 | 50.00 | 1200.00 | |
| 195 | 新建县(赣) | 南矶湿地国家级自然保护区 | 国家 | 20.00 | 600.00 | |
| 196 | 湘东区(赣) | 碧湖潭国家森林公园 | 国家 | 3.00 | 300.00 | 30.00 |
| 197 | 武宁县(赣) | 庐山西海湿地公园 | 国家 | 11.00 | 24.50 | |
| 198 | 武宁县(赣) | 九岭山国家森林公园 | 国家 | 22.30 | 6011.40 | |
| 199 | 永修县(赣) | 柘林湖国家森林公园 | 国家 | 45.00 | 2947.00 | |
| 200 | 星子县(赣) | 庐山国家级自然保护区 | 国家 | 56.00 | 32040.00 | |
| 201 | 彭泽县(赣) | 江西彭泽国家森林公园 | 国家 | 15.00 | 3000.00 | 2000.00 |
| 202 | 章贡区(赣) | 峰山国家森林公园 | 国家 | 5.00 | 252.00 | 120.00 |
| 203 | 大余县(赣) | 大余县梅关国家森林公园 | 国家 | 38.00 | 3714.00 | 1517.00 |
| 204 | 崇义县(赣) | 阳岭国家森林公园 | 国家 | 29.00 | 876.00 | 205.93 |
| 205 | 龙南县(赣) | 九连山森林公园 | 国家 | 10.80 | 1685.00 | 216.00 |
| 206 | 宁都县(赣) | 宁都县翠微峰森林公园 | 国家 | 53.00 | 206.00 | 206.00 |
| 207 | 石城县(赣) | 赣江源自然保护区 | 国家 | 56.00 | 11200.00 | 5320.00 |
| 208 | 泰和县(赣) | 白鹭湖国家森林公园 | 国家 | 4.87 | 783.00 | |
| 209 | 万安县(赣) | 万安国家森林公园 | 国家 | 1.20 | 200.00 | |
| 210 | 宜春市明月山温泉风景名胜区(赣) | 明月山国家级森林公园 | 国家 | 200.00 | 4200.00 | 2400.00 |
| 211 | 宜丰县(赣) | 官山自然保护区 | 国家 | 1.20 | 2660.00 | |
| 212 | 上饶县(赣) | 五府山森林公园 | 国家 | 23.50 | 3500.00 | |
| 213 | 广丰县(赣) | 上饶市铜钹山国家级森林公园 | 国家 | 15.00 | 2650.00 | 1600.00 |
| 214 | 玉山县(赣) | 怀玉山国家森林公园 | 国家 | 1.50 | 1510.00 | |
| 215 | 婺源县(赣) | 灵岩洞森林公园 | 国家 | 10.00 | 800.00 | 200.00 |
| 216 | 德兴市(赣) | 大茅山风景名胜管委会 | 国家 | 67.13 | 1051.00 | 1007.00 |
| 217 | 崂山区(鲁) | 崂山风景区 | 国家 | 250.00 | 23000.00 | 15000.00 |
| 218 | 淄川区(鲁) | 峨庄古村落森林公园 | 国家 | 25.00 | 5000.00 | 2000.00 |
| 219 | 博山区(鲁) | 原山国家森林公园 | 国家 | 98.40 | 2133.00 | 1262.00 |
| 220 | 博山区(鲁) | 鲁山国家森林公园 | 国家 | 28.12 | 608.00 | 389.50 |
| 221 | 桓台县(鲁) | 马踏湖湿地公园 | 国家 | 8.20 | 1000.00 | 560.00 |
| 222 | 长岛县(鲁) | 长岛烽山林海国家森林公园 | 国家 | 25.50 | 404.00 | 404.00 |
| 223 | 龙口市(鲁) | 南山森林公园 | 国家 | 12.00 | 10448.00 | 2252.00 |
| 224 | 栖霞市(鲁) | 山东牙山国家森林公园 | 国家 | 3.00 | 41.00 | 30.00 |
| 225 | 潍坊市峡山区(鲁) | 峡山湖国家湿地公园 | 国家 | 5.00 | 200.00 | |
| 226 | 临朐县(鲁) | 沂山5A森林公园 | 国家 | 91.00 | 6555.00 | 6055.00 |
| 227 | 青州市(鲁) | 仰天山森林公园 | 国家 | 28.00 | 810.00 | 518.00 |
| 228 | 诸城市(鲁) | 诸城市密州国家级森林公园 | 国家 | 120.00 | 200.00 | 50.00 |
| 229 | 寿光市(鲁) | 国家级滨海湿地公园 | 国家 | 68.00 | 2000.00 | 1100.00 |

| 序号 | 县(旗、市、区、局、场) | 森林公园及自然保护区(名称) | 级别 | 实际接待人数(万人次) | 旅游总收入(万元) | 其中:门票收入(万元) |
|---|---|---|---|---|---|---|
| 230 | 昌邑市(鲁) | 中国北方绿化苗木博览园 | 国家 | 60.00 | 600.00 | |
| 231 | 金乡县(鲁) | 羊山景区 | 国家 | 80.00 | 3700.00 | 2400.00 |
| 232 | 泗水县(鲁) | 泗水县泉林森林公园 | 国家 | 34.60 | 3807.00 | 1730.60 |
| 233 | 曲阜市(鲁) | 尼山国家森林公园 | 国家 | 24.00 | 7211.00 | 720.00 |
| 234 | 泰安市市辖区(鲁) | 泰山国家森林公园 | 国家 | 492.00 | 85000.00 | 37600.00 |
| 235 | 泰安市市辖区(鲁) | 徂徕山国家森林公园 | 国家 | 39.10 | 1124.00 | 654.00 |
| 236 | 东平县(鲁) | 东平县腊山国家森林公园 | 国家 | 50.00 | 10000.00 | 4000.00 |
| 237 | 东平县(鲁) | 东平县东平湖湿地保护区 | 国家 | 50.00 | 5000.00 | 1200.00 |
| 238 | 肥城市(鲁) | 牛山森林公园 | 国家 | 3.40 | 24.50 | 21.00 |
| 239 | 环翠区(鲁) | 双岛国家森林公园 | 国家 | 51.00 | 1032.00 | 370.00 |
| 240 | 荣成市(鲁) | 伟德山国家森林公园 | 国家 | 5.80 | 549.00 | 310.00 |
| 241 | 荣成市(鲁) | 槎山国家森林公园 | 国家 | 15.00 | 1020.00 | 750.00 |
| 242 | 乳山市(鲁) | 岠嵎山森林公园 | 国家 | 1.00 | 20.00 | 20.00 |
| 243 | 五莲县(鲁) | 五莲山风景区 | 国家 | 79.00 | 9100.00 | 1710.00 |
| 244 | 山海天旅游度假区(鲁) | 日照海滨国家森林公园 | 国家 | 6.20 | 37220.00 | 1800.00 |
| 245 | 莱城区(鲁) | 华山森林公园 | 国家 | 8.00 | 691.00 | 155.00 |
| 246 | 莱芜市雪野旅游区(鲁) | 房干景区 | 国家 | 10.00 | 2400.00 | 1500.00 |
| 247 | 罗庄区(鲁) | 武河湿地 | 国家 | 4.50 | 35.00 | 30.00 |
| 248 | 河东区(鲁) | 汤河国家级湿地公园 | 国家 | 150.00 | 1500.00 | |
| 249 | 沂南县(鲁) | 孟良崮森林公园 | 国家 | 2.70 | 145.00 | 70.00 |
| 250 | 莒南县(鲁) | 莒南县天马岛旅游区 | 国家 | 26.00 | 3600.00 | 3200.00 |
| 251 | 无棣县(鲁) | 黄河岛国家级自然保护区 | 国家 | 1.00 | 50.00 | 50.00 |
| 252 | 邹平县(鲁) | 邹平县鹤伴山森林公园 | 国家 | 15.00 | 570.00 | 38.00 |
| 253 | 新郑市(豫) | 具茨山森林公园 | 国家 | 30.00 | 1800.00 | |
| 254 | 登封市(豫) | 嵩山国家森林公园 | 国家 | 332.00 | 12000.00 | |
| 255 | 孟津县(豫) | 黄河湿地 | 国家 | 60.00 | 300.00 | 35.00 |
| 256 | 新安县(豫) | 新安县郁山国家森林公园 | 国家 | 12.60 | 210.00 | |
| 257 | 新安县(豫) | 新安县青要山自然保护区 | 国家 | 45.00 | 3380.00 | 1352.00 |
| 258 | 新安县(豫) | 新安县黄河湿地国家级自然保护区 | 国家 | 15.40 | 125.00 | |
| 259 | 栾川县(豫) | 栾川县老君山自然保护区 | 国家 | 42.00 | 2820.00 | 310.00 |
| 260 | 栾川县(豫) | 栾川县龙峪湾自然保护区 | 国家 | 21.00 | 1100.00 | 250.00 |
| 261 | 栾川县(豫) | 鸡冠洞景区 | 国家 | 81.00 | 3110.00 | 710.00 |
| 262 | 栾川县(豫) | 重渡沟景区 | 国家 | 81.00 | 4100.00 | 850.00 |
| 263 | 栾川县(豫) | 养子沟景区 | 国家 | 20.20 | 1001.00 | 301.00 |
| 264 | 栾川县(豫) | 伏牛山滑雪场 | 国家 | 16.00 | 1001.00 | 301.00 |
| 265 | 嵩　县(豫) | 白云山 | 国家 | 137.00 | 49000.00 | 3129.30 |
| 266 | 嵩　县(豫) | 天池山 | 国家 | 116.70 | 30000.00 | 2534.40 |
| 267 | 嵩　县(豫) | 木札岭 | 国家 | 115.00 | 35000.00 | 2750.00 |
| 268 | 宜阳县(豫) | 花果山 | 国家 | 29.00 | 696.00 | 120.00 |
| 269 | 洛宁县(豫) | 神灵寨森林公园 | 国家 | 11.00 | 1660.00 | 100.00 |
| 270 | 舞钢市(豫) | 石漫滩国家森林公园 | 国家 | 30.00 | 5889.00 | |
| 271 | 新城区(豫) | 白龟湖湿地公园 | 国家 | 4.00 | 150.00 | |
| 272 | 林州市(豫) | 五龙洞森林公园 | 国家 | 8.00 | 190.00 | 83.00 |
| 273 | 修武县(豫) | 修武县国家森林公园 | 国家 | 74.00 | 37752.00 | 15545.00 |
| 274 | 博爱县(豫) | 河南太行国家级自然保护区 | 国家 | 16.00 | 2850.00 | 1200.00 |

| 序号 | 县(旗、市、区、局、场) | 森林公园及自然保护区(名称) | 级别 | 实际接待人数(万人次) | 旅游总收入(万元) | 其中:门票收入(万元) |
|---|---|---|---|---|---|---|
| 275 | 沁阳市(豫) | 河南猕猴国家级自然保护区沁阳白松岭管理分局 | 国家 | 6.50 | 2500.00 | |
| 276 | 濮阳市高新区(豫) | 濮上生态园区 | 国家 | 30.00 | 320.00 | |
| 277 | 鄢陵县(豫) | 鄢陵中原花木博览园 | 国家 | 517.40 | 73850.00 | 750.00 |
| 278 | 禹州市(豫) | 鸠山大鸿寨森林公园 | 国家 | 150.00 | 2640.00 | 240.00 |
| 279 | 三门峡市市辖区(豫) | 亚武山国家森林公园 | 国家 | 21.10 | 39.70 | 27.50 |
| 280 | 渑池县(豫) | 黄河丹霞 | 国家 | 11.00 | 700.00 | 600.00 |
| 281 | 陕　县(豫) | 甘山森林公园 | 国家 | 140.00 | 700.00 | |
| 282 | 卢氏县(豫) | 玉皇山国家森林公园 | 国家 | 1.70 | 160.00 | 50.00 |
| 283 | 灵宝市(豫) | 燕子山国家森林公园 | 国家 | 2.00 | 100.00 | 50.00 |
| 284 | 南召县(豫) | 五朵山 | 国家 | 5.50 | 3200.00 | 190.00 |
| 285 | 南召县(豫) | 宝天曼 | 国家 | 4.20 | 2600.00 | 245.00 |
| 286 | 南召县(豫) | 猿人遗址 | 国家 | 2.60 | 1500.00 | |
| 287 | 方城县(豫) | 方城县国有大寺林场 | 国家 | 50.00 | 672.00 | 590.00 |
| 288 | 西峡县(豫) | 西峡县寺山森林公园 | 国家 | 3.00 | 50.00 | 50.00 |
| 289 | 内乡县(豫) | 内乡宝天曼自然保护区 | 国家 | 10.00 | 9300.00 | 2600.00 |
| 290 | 梁园区(豫) | 黄河故道国家森林公园 | 国家 | 30.00 | 450.00 | 100.00 |
| 291 | 信阳市市辖区(豫) | 鸡公山国家级保护区 | 国家 | 7.50 | 120.00 | 120.00 |
| 292 | 罗山县(豫) | 董寨自然保护区 | 国家 | 11.10 | 1485.00 | |
| 293 | 新　县(豫) | 连康山国家级自然保护区 | 国家 | 210.00 | 8200.00 | 300.00 |
| 294 | 商城县(豫) | 河南黄柏山国家级森林公园 | 国家 | 15.00 | 4800.00 | 500.00 |
| 295 | 淮阳县(豫) | 淮阳龙湖国家湿地公园 | 国家 | 120.00 | 1320.00 | 950.00 |
| 296 | 西平县(豫) | 棠溪源国家级森林公园 | 国家 | 38.20 | 2194.00 | 410.00 |
| 297 | 确山县(豫) | 薄山林场 | 国家 | 30.00 | 5300.00 | 1200.00 |
| 298 | 确山县(豫) | 乐山林场 | 国家 | 10.00 | 4600.00 | 400.00 |
| 299 | 泌阳县(豫) | 铜山湖国家森林公园 | 国家 | 4.50 | 185.00 | 105.00 |
| 300 | 济源市(豫) | 猕猴自然保护区 | 国家 | 120.00 | 7000.00 | 4200.00 |
| 301 | 蔡甸区(鄂) | 湖北省后官湖湿地公园 | 国家 | 55.00 | 4500.00 | |
| 302 | 蔡甸区(鄂) | 武汉市蔡甸区九真森林公园 | 国家 | 61.00 | 6200.00 | 3700.00 |
| 303 | 蔡甸区(鄂) | 武汉市蔡甸区嵩阳森林公园 | 国家 | 20.00 | 1500.00 | 600.00 |
| 304 | 阳新县(鄂) | 黄石仙岛湖风景区 | 国家 | 7.00 | 3600.00 | 945.00 |
| 305 | 茅箭区(鄂) | 湖北赛武当国家级自然保护区 | 国家 | 5.00 | 296.00 | 150.00 |
| 306 | 郧　县(鄂) | 湖北苍浪山国家森林公园 | 国家 | 60.00 | 15.00 | |
| 307 | 郧西县(鄂) | 汉江瀑布群国家森林公园 | 国家 | 17.00 | 6000.00 | 1360.00 |
| 308 | 竹山县(鄂) | 国家九女峰森林公园 | 国家 | 291.00 | 288.00 | |
| 309 | 竹溪县(鄂) | 偏头山国家级森林公园 | 国家 | 85.00 | 1419.00 | 4.00 |
| 310 | 竹溪县(鄂) | 十八里长峡国家级自然保护区 | 国家 | 3.00 | 601.00 | 2.00 |
| 311 | 房　县(鄂) | 诗祖山森林公园 | 国家 | 5.00 | 2500.00 | 100.00 |
| 312 | 丹江口市(鄂) | 牛河森林公园 | 国家 | 5.00 | 400.00 | |
| 313 | 兴山县(鄂) | 兴山县龙门河国家森林公园 | 国家 | 1.30 | 92.00 | 79.00 |
| 314 | 长阳土家族自治县(鄂) | 长阳清江画廊 | 国家 | 103.00 | 12400.00 | 10094.00 |
| 315 | 长阳土家族自治县(鄂) | 清江森林公园 | 国家 | 50.00 | 8000.00 | 6450.00 |
| 316 | 五峰土家族自治县(鄂) | 五峰柴埠溪国家森林公园 | 国家 | 5.30 | 910.00 | 159.00 |
| 317 | 当阳市(鄂) | 玉泉森林公园 | 国家 | 50.00 | 500.00 | 100.00 |
| 318 | 当阳市(鄂) | 青龙湖湿地公园 | 国家 | 5.00 | 300.00 | 30.00 |
| 319 | 樊城区(鄂) | 长寿岛湿地公园 | 国家 | 10.00 | 900.00 | |

| 序号 | 县(旗、市、区、局、场) | 森林公园及自然保护区（名称） | 级别 | 实际接待人数（万人次） | 旅游总收入（万元） | 其中:门票收入（万元） |
|---|---|---|---|---|---|---|
| 320 | 襄州区(鄂) | 鹿门寺国家森林公园 | 国家 | 27.00 | 280.00 | 42.00 |
| 321 | 谷城县(鄂) | 薤山国家森林公园 | 国家 | 20.00 | 4500.00 | 120.00 |
| 322 | 谷城县(鄂) | 谷城汉江国家湿地公园 | 国家 | 4.00 | 1800.00 | |
| 323 | 鄂州市市辖区(鄂) | 白雉山自然保护小区 | 国家 | 5.00 | 14.00 | |
| 324 | 东宝区(鄂) | 漳河湿地公园 | 国家 | 50.00 | 7500.00 | 2600.00 |
| 325 | 京山县(鄂) | 湖北京山虎爪山森林公园及自然区 | 国家 | 100.00 | 5000.00 | 1000.00 |
| 326 | 京山县(鄂) | 湖北京山大洪山景区 | 国家 | 200.00 | 4000.00 | 2000.00 |
| 327 | 钟祥市(鄂) | 大口国家森林公园 | 国家 | 3.10 | 600.00 | 155.00 |
| 328 | 孝感市市辖区(鄂) | 双峰山国家森林公园 | 国家 | 20.00 | 2000.00 | 120.00 |
| 329 | 安陆市(鄂) | 湖北安陆古银杏国家森林公园 | 国家 | 20.00 | 20000.00 | 2000.00 |
| 330 | 荆州区(鄂) | 八岭山森林公园 | 国家 | 10.00 | 100.00 | 50.00 |
| 331 | 石首市(鄂) | 天鹅洲湿地保护区 | 国家 | 5.50 | 1650.00 | |
| 332 | 松滋市(鄂) | 洈水国家森林公园 | 国家 | 25.80 | 7224.00 | 1200.00 |
| 333 | 红安县(鄂) | 红安县天台山国家森林公园 | 国家 | 80.00 | 1600.00 | 320.00 |
| 334 | 罗田县(鄂) | 大别山国家森林公园 | 国家 | 350.00 | 208000.00 | 12000.00 |
| 335 | 英山县(鄂) | 吴家山森林公园 | 国家 | 200.00 | 5000.00 | 150.00 |
| 336 | 英山县(鄂) | 桃花冲森林公园 | 国家 | 200.00 | 5000.00 | 150.00 |
| 337 | 麻城市(鄂) | 湖北五脑山国家森林公园 | 国家 | 20.00 | 360.00 | |
| 338 | 通城县(鄂) | 大溪湿地公园 | 国家 | 12.00 | 4000.00 | 110.00 |
| 339 | 通山县(鄂) | 九宫山自然保护区 | 国家 | 27.80 | 5788.00 | 1000.00 |
| 340 | 广水市(鄂) | 中华山 | 国家 | 6.00 | 180.00 | 18.00 |
| 341 | 随　县(鄂) | 西游记游园 | 国家 | 30.00 | 6000.00 | 3000.00 |
| 342 | 随　县(鄂) | 炎帝故里风景区 | 国家 | 60.00 | 35000.00 | 20000.00 |
| 343 | 恩施市(鄂) | 恩施大峡谷 | 国家 | 92.00 | 7633.40 | 4580.00 |
| 344 | 咸丰县(鄂) | 坪坝营国家级森林公园 | 国家 | 300.00 | 76530.00 | 30100.00 |
| 345 | 鹤峰县(鄂) | 木林子自然保护区 | 国家 | 4.90 | 2467.00 | |
| 346 | 湖北省太子山林场管理局(鄂) | 湖北省太子山国家森林公园 | 国家 | 1.50 | 350.00 | 37.53 |
| 347 | 望城县(湘) | 望城区黑麋峰森林公园 | 国家 | 300.00 | 500.00 | 100.00 |
| 348 | 宁乡县(湘) | 湖南宁乡凤凰山国家森林公园 | 国家 | 2.60 | 61.00 | |
| 349 | 浏阳市(湘) | 大围山国家森林公园 | 国家 | 46.81 | 65000.00 | 450.00 |
| 350 | 攸　县(湘) | 攸州国家级 | 国家 | 35.00 | 18500.00 | 5500.00 |
| 351 | 茶陵县(湘) | 湖南省茶陵县云阳国家森林公园 | 国家 | 12.00 | 77.80 | 34.20 |
| 352 | 炎陵县(湘) | 炎陵县神农谷国家森林公园 | 国家 | 9.30 | 2534.00 | 365.00 |
| 353 | 湘乡市(湘) | 东台山森林公园 | 国家 | 20.00 | 2000.00 | |
| 354 | 韶山市(湘) | 滴水洞景区 | 国家 | 32.80 | 11680.00 | 9686.00 |
| 355 | 南岳区(湘) | 湖南南岳衡山国家级自然保护区 | 国家 | 10.00 | 6000.00 | 460.00 |
| 356 | 衡阳县(湘) | 湖南省衡阳岣嵝峰国家森林公园 | 国家 | 25.00 | 6420.00 | 4310.00 |
| 357 | 衡东县(湘) | 湖南衡东洣水国家湿地公园 | 国家 | 10.00 | 1500.00 | |
| 358 | 新邵县(湘) | 岳坪峰国家森林公园 | 国家 | 8.00 | 800.00 | 160.00 |
| 359 | 洞口县(湘) | 罗溪森林公园 | 国家 | 20.00 | 4500.00 | |
| 360 | 新宁县(湘) | 舜皇山国家级自然保护区 | 国家 | 2.00 | 60.00 | |
| 361 | 城步苗族自治县(湘) | 南山牧场 | 国家 | 6.50 | 610.00 | 460.00 |
| 362 | 城步苗族自治县(湘) | 两江峡谷 | 国家 | 3.00 | 280.00 | |
| 363 | 武冈市(湘) | 云山自然保护区 | 国家 | 65.00 | 13500.00 | |
| 364 | 岳阳县(湘) | 岳阳县国家森林公园 | 国家 | 16.70 | 955.00 | 137.60 |

| 序号 | 县(旗、市、区、局、场) | 森林公园及自然保护区（名称） | 级别 | 实际接待人数（万人次） | 旅游总收入（万元） | 其中:门票收入（万元） |
|---|---|---|---|---|---|---|
| 365 | 湘阴县(湘) | 洋沙湖东湖国家湿地公园 | 国家 | 30.00 | 4800.00 | |
| 366 | 平江县(湘) | 幕阜山国家级森林公园 | 国家 | 12.00 | 2906.00 | 86.00 |
| 367 | 临湘市(湘) | 湖南省临湘市五尖山森林公园 | 国家 | 122.00 | 2245.00 | 240.00 |
| 368 | 鼎城区(湘) | 鼎城区花岩溪林场国家森林公园 | 国家 | 9.00 | 2600.00 | 180.00 |
| 369 | 安乡县(湘) | 国家森林公园 | 国家 | 8.62 | 862.00 | 172.40 |
| 370 | 汉寿县(湘) | 湖南省西洞庭湖自然保护区 | 国家 | 5.00 | 5000.00 | |
| 371 | 石门县(湘) | 石门县夹山森林公园 | 国家 | 40.00 | 16000.00 | |
| 372 | 石门县(湘) | 石门县壶瓶山自然保护区 | 国家 | 12.00 | 6000.00 | |
| 373 | 津市市(湘) | 湖南毛里湖湿地公园 | 国家 | 10.10 | 305.00 | |
| 374 | 津市市(湘) | 嘉山森林公园 | 国家 | 3.20 | 242.00 | |
| 375 | 永定区(湘) | 天门山自然保护区 | 国家 | 400.00 | 18000.00 | 13000.00 |
| 376 | 永定区(湘) | 天泉山自然保护区 | 国家 | 2.00 | 18.00 | 12.00 |
| 377 | 武陵源区(湘) | 张家界国家森林公园 | 国家 | 362.00 | 220458.00 | 198000.00 |
| 378 | 桑植县(湘) | 峰峦溪国家森林公园 | 国家 | 13.00 | 55.00 | 32.00 |
| 379 | 资阳区(湘) | 湖南省益阳市资阳区黄家湖湿地公园 | 国家 | 200.00 | 2000.00 | 800.00 |
| 380 | 桃江县(湘) | 桃花江国家森林公园 | 国家 | 82.00 | 2460.00 | 100.00 |
| 381 | 安化县(湘) | 六步溪自然保护区 | 国家 | 20.00 | 400.00 | |
| 382 | 安化县(湘) | 柘溪森林公园 | 国家 | 50.00 | 25000.00 | 1500.00 |
| 383 | 安化县(湘) | 雪峰湖湿地公园 | 国家 | 20.00 | 500.00 | |
| 384 | 苏仙区(湘) | 郴州苏仙岭风景区 | 国家 | 85.00 | 900.00 | |
| 385 | 苏仙区(湘) | 飞天山国家地质公园 | 国家 | 65.00 | 650.00 | |
| 386 | 宜章县(湘) | 莽山国家森林公园 | 国家 | 22.00 | 25216.00 | |
| 387 | 临武县(湘) | 西瑶绿谷森林公园 | 国家 | 19.00 | 8440.00 | 1750.00 |
| 388 | 汝城县(湘) | 湖南九龙江国家森林公园 | 国家 | 58.90 | 2610.00 | 2610.00 |
| 389 | 桂东县(湘) | 湖南八面山自然保护区管理局 | 国家 | 25.00 | 7158.00 | 2200.00 |
| 390 | 安仁县(湘) | 熊峰山国家森林公园 | 国家 | 21.00 | 600.00 | |
| 391 | 资兴市(湘) | 东江湖国家湿地公园 | 国家 | 110.00 | 100228.00 | 33100.00 |
| 392 | 资兴市(湘) | 天鹅山国家森林公园 | 国家 | 30.00 | 46.00 | |
| 393 | 祁阳县(湘) | 永州市金洞国家森林公园 | 国家 | 3.20 | 5650.00 | 2710.00 |
| 394 | 东安县(湘) | 东安舜皇山自然保护区 | 国家 | 19.60 | 26233.00 | 1300.00 |
| 395 | 双牌县(湘) | 双牌县阳明山国家森林公园 | 国家 | 22.10 | 72856.00 | 600.00 |
| 396 | 道　县(湘) | 道县月岩森林公园 | 国家 | 4.05 | 2824.00 | |
| 397 | 宁远县(湘) | 九嶷山国家森林公园 | 国家 | 42.90 | 8580.00 | 1611.00 |
| 398 | 蓝山县(湘) | 蓝山县板唐森林公园 | 国家 | 1.12 | 1570.00 | |
| 399 | 新田县(湘) | 福音山国家级自然保护区 | 国家 | 50.00 | 5900.00 | |
| 400 | 金洞林场(湘) | 金洞国家森林公园 | 国家 | 9.00 | 5300.00 | 1500.00 |
| 401 | 沅陵县(湘) | 借母溪保护局 | 国家 | 3.70 | 1850.00 | |
| 402 | 溆浦县(湘) | 思蒙湿地公园 | 国家 | 10.95 | 2190.00 | |
| 403 | 会同县(湘) | 会同县鹰嘴界国家自然保护区 | 国家 | 21.00 | 9085.00 | |
| 404 | 通道侗族自治县(湘) | 通道万佛山 | 国家 | 6.50 | 2476.00 | 2476.00 |
| 405 | 洪江市(湘) | 雪峰山森林公园 | 国家 | 2.00 | 400.00 | |
| 406 | 双峰县(湘) | 水府庙湿地公园 | 国家 | 120.00 | 800.00 | |
| 407 | 新化县(湘) | 大熊山国家森林公园 | 国家 | 15.00 | 1300.00 | 350.00 |
| 408 | 涟源市(湘) | 湖南涟源龙山国家森林公园 | 国家 | 22.00 | 10560.00 | |
| 409 | 仁化县(粤) | 丹霞山 | 国家 | 300.00 | 9000.00 | 8000.00 |

| 序号 | 县(旗、市、区、局、场) | 森林公园及自然保护区（名称） | 级别 | 实际接待人数（万人次） | 旅游总收入（万元） | 其中:门票收入（万元） |
|---|---|---|---|---|---|---|
| 410 | 南澳县(粤) | 黄花山森林公园 | 国家 | 23.00 | 66.00 | 10.00 |
| 411 | 南海区(粤) | 西樵山等 | 国家 | 273.00 | 21840.00 | |
| 412 | 台山市(粤) | 北峰山国家森林公园 | 国家 | 12.00 | 450.00 | 10.00 |
| 413 | 麻章区(粤) | 湛江市湖光岩风景区 | 国家 | 95.00 | 2003.00 | 1480.00 |
| 414 | 广宁县(粤) | 广宁县竹海森林公园 | 国家 | 36.00 | 7200.00 | 1080.00 |
| 415 | 龙门县(粤) | 南昆山 | 国家 | 173.58 | 33726.00 | 3465.00 |
| 416 | 惠州市属总林场(粤) | 广东南昆山国家森林公园 | 国家 | 124.00 | 22231.00 | 1013.00 |
| 417 | 惠州市属总林场(粤) | 广东梁化国家森林公园 | 国家 | 6.00 | 120.00 | |
| 418 | 梅　县(粤) | 梅县雁鸣湖森林公园 | 国家 | 90.00 | 6600.00 | 1800.00 |
| 419 | 平远县(粤) | 广东南台山国家森林公园 | 国家 | 78.00 | 100.00 | |
| 420 | 蕉岭县(粤) | 镇山国家森林公园 | 国家 | 65.00 | 120.00 | |
| 421 | 兴宁市(粤) | 广东神光山森林公园 | 国家 | 10.00 | 480.00 | |
| 422 | 英德市(粤) | 英德市九州驿站度假营地有限公司 | 国家 | 23.36 | 905.28 | 49.73 |
| 423 | 英德市(粤) | 英德市国家森林公园 | 国家 | 78.02 | 16002.00 | 3157.30 |
| 424 | 连州市(粤) | 大东山自然保护区 | 国家 | 2.00 | 600.00 | 20.00 |
| 425 | 连州市(粤) | 爱地旅游公司 | 国家 | 500.00 | 200000.00 | 6000.00 |
| 426 | 揭西县(粤) | 广东大北山国家森林公园 | 国家 | 50.00 | 1918.00 | |
| 427 | 天井山林场(粤) | 广东天井山国家森林公园 | 国家 | 3.82 | 81.00 | |
| 428 | 横　县(桂) | 广西九龙瀑布群国家森林公园 | 国家 | 5.90 | 85.60 | 70.51 |
| 429 | 阳朔县(桂) | 阳朔县国家森林公园 | 国家 | 3.70 | 520.00 | 520.00 |
| 430 | 灌阳县(桂) | 广西桂林千家峒国家级自然保护区管理局 | 国家 | 5.60 | 4326.00 | |
| 431 | 龙胜各族自治县(桂) | 龙胜温泉国家森林公园 | 国家 | 51.06 | 15009.00 | 4741.00 |
| 432 | 资源县(桂) | 八角寨国家森林公园 | 国家 | 72.00 | 4.80 | 6000.00 |
| 433 | 上思县(桂) | 十万大山国家森林公园 | 国家 | 68.90 | 32510.00 | 1371.31 |
| 434 | 桂平市(桂) | 龙潭国家森林公园 | 国家 | 3.50 | 300.00 | 200.00 |
| 435 | 乐业县(桂) | 乐业县大石围 | 国家 | 6.00 | 3000.00 | 507.00 |
| 436 | 金秀瑶族自治县(桂) | 广西大瑶山国家级自然保护区 | 国家 | 43.83 | 4513.69 | 1854.66 |
| 437 | 良凤江国家森林公园(桂) | 南宁良凤江国家森林公园 | 国家 | 29.43 | 1705.00 | 23.89 |
| 438 | 三门江林场(桂) | 三门江国家森林公园 | 国家 | 20.00 | 830.00 | 104.00 |
| 439 | 大桂山林场(桂) | 大桂山国家森林公园 | 国家 | 1.00 | 140.00 | 80.00 |
| 440 | 万州区(渝) | 铁峰山森林公园 | 国家 | 20.60 | 750.00 | |
| 441 | 沙坪坝区(渝) | 歌乐山国家森林公园 | 国家 | 29.50 | 579.80 | 170.00 |
| 442 | 万盛区(渝) | 黑山森林公园 | 国家 | 228.10 | 24600.00 | 9700.00 |
| 443 | 巴南区(渝) | 桥口坝国家森林公园 | 国家 | 15.00 | 1300.00 | 140.00 |
| 444 | 黔江区(渝) | 黔江国家森林公园 | 国家 | 11.00 | 4770.00 | 880.00 |
| 445 | 江津区(渝) | 四面山风景名胜区 | 国家 | 130.00 | 55000.00 | 4200.00 |
| 446 | 江津区(渝) | 大圆洞国家森林公园 | 国家 | 10.00 | 450.00 | |
| 447 | 永川区(渝) | 茶山竹海国家森林公园 | 国家 | 58.00 | 6410.00 | 800.00 |
| 448 | 南川区(渝) | 金佛山国家森林公园 | 国家 | 61.00 | 21500.00 | 1050.00 |
| 449 | 綦江县(渝) | 綦江古剑山国家森林公园 | 国家 | 420.00 | 8400.00 | 105.00 |
| 450 | 大足县(渝) | 玉龙山森林公园 | 国家 | 13.00 | 150.00 | |
| 451 | 璧山县(渝) | 青龙湖国家级森林公园 | 国家 | 21.00 | 4759.00 | 312.00 |
| 452 | 武隆县(渝) | 仙女山森林公园(林业旅游及休闲) | 国家 | 367.00 | 42000.00 | 13000.00 |
| 453 | 开　县(渝) | 雪宝山国家级森林公园 | 国家 | 29.00 | 12345.00 | |
| 454 | 巫溪县(渝) | 红池坝国家森林公园 | 国家 | 12.00 | 6749.00 | 820.00 |

| 序号 | 县(旗、市、区、局、场) | 森林公园及自然保护区（名称） | 级别 | 实际接待人数（万人次） | 旅游总收入（万元） | 其中:门票收入（万元） |
|---|---|---|---|---|---|---|
| 455 | 石柱土家族自治县(渝) | 重庆黄水国家森林公园 | 国家 | 205.00 | 102500.00 | 14350.00 |
| 456 | 彭水苗族土家族自治县(渝) | 茂去山森林公园 | 国家 | 10.00 | 960.00 | 92.00 |
| 457 | 彭州市(川) | 白水河国家级森林公园 | 国家 | 5.00 | 210.00 | |
| 458 | 邛崃市(川) | 天台山国家级森林公园 | 国家 | 20.00 | 4000.00 | 1200.00 |
| 459 | 盐边县(川) | 二滩鸟类湿地自然保护区 | 国家 | 41.24 | 8000.00 | |
| 460 | 纳溪区(川) | 纳溪天仙硐风景名胜区 | 国家 | 26.00 | 13800.00 | |
| 461 | 纳溪区(川) | 纳溪区凤凰湖风景区管理处 | 国家 | 18.00 | 9200.00 | |
| 462 | 合江县(川) | 合江县福宝森林公园 | 国家 | 110.00 | 31358.20 | 6600.00 |
| 463 | 盐亭县(川) | 盐亭县高山国家森林公园 | 国家 | 269.00 | 12105.00 | |
| 464 | 梓潼县(川) | 七曲山国家森林公园 | 国家 | 230.00 | 36570.00 | 11790.00 |
| 465 | 北川羌族自治县(川) | 四川北川国家森林公园 | 国家 | 78.00 | 16200.00 | 6652.00 |
| 466 | 北川羌族自治县(川) | 小寨子沟自然保护区 | 国家 | 1.00 | 150.00 | |
| 467 | 利州区(川) | 广元天曌山森林公园 | 国家 | 10.00 | 1500.00 | 300.00 |
| 468 | 青川县(川) | 唐家河自然保护区 | 国家 | 15.00 | 10000.00 | 623.00 |
| 469 | 剑阁县(川) | 剑门关—翠云廊 | 国家 | 233.70 | 89833.60 | 6140.00 |
| 470 | 射洪县(川) | 射洪县中华侏罗纪公园 | 国家 | 36.00 | 14500.00 | 2880.00 |
| 471 | 大英县(川) | 东方生态旅游度假区(AAA级风景区) | 国家 | 60.00 | 8150.00 | |
| 472 | 沙湾区(川) | 乐山市沙湾区美女峰国家级森林公园 | 国家 | 22.00 | 6900.00 | |
| 473 | 金口河区(川) | 四川大瓦山国家级湿地公园(试点) | 国家 | 6.00 | 720.00 | |
| 474 | 沐川县(川) | 沐川竹海 | 国家 | 81.10 | 3600.00 | 1000.00 |
| 475 | 峨眉山市(川) | 峨眉山风景名胜区 | 国家 | 751.60 | 408800.00 | 112750.00 |
| 476 | 高坪区(川) | 凌云山风景区 | 国家 | 125.00 | 22500.00 | 3750.00 |
| 477 | 南部县(川) | 四川省升钟湖国家湿地公园 | 国家 | 108.00 | 50010.00 | |
| 478 | 仁寿县(川) | 黑龙滩湿地公园 | 国家 | 173.73 | 19340.00 | |
| 479 | 洪雅县(川) | 瓦屋森林公园 | 国家 | 20.00 | 4000.00 | |
| 480 | 屏山县(川) | 四川省老君山自然保护区 | 国家 | 18.00 | 5023.00 | |
| 481 | 邻水县(川) | 天易谷 | 国家 | 200.00 | 10000.00 | 5000.00 |
| 482 | 邻水县(川) | 罗家洞森林公园 | 国家 | 100.00 | 4400.00 | |
| 483 | 达川区(川) | 四川省铁山国家级森林公园 | 国家 | 14.00 | 2400.00 | |
| 484 | 宣汉县(川) | 百里峡自然保护区 | 国家 | 11.00 | 5500.00 | |
| 485 | 大竹县(川) | 五峰山国家级森林公园 | 国家 | 180.00 | 18000.00 | 327.00 |
| 486 | 万源市(川) | 花萼山自然保护区 | 国家 | 20.00 | 80.00 | |
| 487 | 石棉县(川) | 四川贡嘎山国家级自然保护区 | 国家 | 1.40 | 275.00 | |
| 488 | 天全县(川) | 二郎山国家森林公园 | 国家 | 67.80 | 41000.00 | 50.00 |
| 489 | 宝兴县(川) | 宝兴县夹金山国家森林公园 | 国家 | 1.75 | 875.00 | |
| 490 | 巴州区(川) | 天马山国家森林公园 | 国家 | 27.55 | 3187.00 | 55.00 |
| 491 | 通江县(川) | 空山国家森林公园 | 国家 | 47.00 | 14700.00 | |
| 492 | 南江县(川) | 米仓山国家森林公园 | 国家 | 26.33 | 9503.00 | 1655.00 |
| 493 | 平昌县(川) | 镇龙山国家森林公园 | 国家 | 26.60 | 5085.00 | |
| 494 | 松潘县(川) | 黄龙自然保护区 | 国家 | 150.00 | 1200.00 | 550.00 |
| 495 | 小金县(川) | 四姑娘风景区 | 国家 | 8.40 | 7118.00 | 672.00 |
| 496 | 力邱河林业局(川) | 荷花海国家森林公园 | 国家 | 2.10 | 86.00 | |
| 497 | 西昌市(川) | 邛海泸山景区 | 国家 | 586.00 | 74250.00 | 180.00 |
| 498 | 普格县(川) | 螺髻山风景区 | 国家 | 19.50 | 4373.00 | 3289.00 |
| 499 | 碧江区(黔) | 九龙洞国家级风景名胜区 | 国家 | 2.80 | 300.00 | 130.00 |

| 序号 | 县(旗、市、区、局、场) | 森林公园及自然保护区(名称) | 级别 | 实际接待人数(万人次) | 旅游总收入(万元) | 其中:门票收入(万元) |
|---|---|---|---|---|---|---|
| 500 | 江口县(黔) | 梵净山国家级自然保护区 | 国家 | 380.00 | 380000.00 | 120000.00 |
| 501 | 七星关区(黔) | 毕节国家森林公园 | 国家 | 42.00 | 2100.00 | |
| 502 | 赫章县(黔) | 赫章县国家森林公园 | 国家 | 40.00 | 3000.00 | |
| 503 | 百里杜鹃管委会林业局(黔) | 百里杜鹃国家森林公园 | 国家 | 674.00 | 126270.00 | 80000.00 |
| 504 | 荔波县(黔) | 茂兰国家级自然保护区 | 国家 | 7.00 | 600.00 | 515.00 |
| 505 | 瓮安县(黔) | 瓮安朱家山国家森林公园 | 国家 | 150.00 | 13000.00 | 5.00 |
| 506 | 独山县(黔) | 紫林山国家级森林公园 | 国家 | 161.46 | 13003.00 | 900.00 |
| 507 | 长顺县(黔) | 杜鹃湖风景区 | 国家 | 6.80 | 7615.00 | |
| 508 | 龙里县(黔) | 贵州龙架山国家森林公园 | 国家 | 39.80 | 11020.00 | 78.00 |
| 509 | 茂兰国家级自然保护区(黔) | 贵州茂兰国家级自然保护区 | 国家 | 6.60 | 855.00 | 190.00 |
| 510 | 贵州省龙里林场(黔) | 贵州省龙架山国家森林公园 | 国家 | 60.00 | 980.00 | 83.70 |
| 511 | 寻甸回族彝族自治县(滇) | 云南寻甸钟灵山森林公园 | 国家 | 3.50 | 15.00 | |
| 512 | 陆良县(滇) | 陆良县五峰山国家级森林公园 | 国家 | 5.70 | 315.00 | 285.00 |
| 513 | 易门县(滇) | 龙泉国家森林公园 | 国家 | 20.00 | 50.40 | 43.00 |
| 514 | 新平彝族傣族自治县(滇) | 磨盘山国家森林公园 | 国家 | 16.42 | 608.00 | 504.00 |
| 515 | 隆阳区(滇) | 高黎贡山保护区 | 国家 | 1.00 | 8.00 | 8.00 |
| 516 | 腾冲县(滇) | 腾冲云峰山 | 国家 | 6.88 | 3639.52 | 249.29 |
| 517 | 腾冲县(滇) | 来凤山国家级森林公园 | 国家 | 4.43 | 1678.97 | |
| 518 | 水富县(滇) | 铜锣坝国家级森林公园 | 国家 | 15.00 | 722223.00 | |
| 519 | 思茅区(滇) | 太阳河森林公园 | 国家 | 4.00 | 157.00 | |
| 520 | 牟定县(滇) | 化佛山风景名胜区 | 国家 | 1.66 | 100.00 | 100.00 |
| 521 | 屏边苗族自治县(滇) | 大围山自然保护区 | 国家 | 5.20 | 110.00 | 5.20 |
| 522 | 大理市(滇) | 苍山洱海国家级自然保护区 | 国家 | 819.87 | 51000.00 | 24705.00 |
| 523 | 漾濞彝族自治县(滇) | 苍山国家级自然保护区 | 国家 | 17.00 | 7650.00 | 39.38 |
| 524 | 祥云县(滇) | 清华洞国家级森林公园 | 国家 | 12.80 | 460.00 | |
| 525 | 南涧彝族自治县(滇) | 南涧无量山国家级自然保护区 | 国家 | 2.20 | 16.00 | |
| 526 | 巍山彝族回族自治县(滇) | 巍宝山国家级森林公园 | 国家 | 7.30 | 145.00 | 145.00 |
| 527 | 永平县(滇) | 云南宝台山国家森林公园 | 国家 | 2.80 | 38.00 | |
| 528 | 鹤庆县(滇) | 草海湿地国家级公园 | 国家 | 119.00 | 8.70 | |
| 529 | 维西傈僳族自治县(滇) | 白马雪山国家级自然保护区 | 国家 | 88.53 | 65127.21 | |
| 530 | 灞桥区(陕) | 洪庆山森林公园 | 国家 | 10.00 | 200.00 | 50.00 |
| 531 | 临潼区(陕) | 骊山森林公园 | 国家 | 98.00 | 3800.00 | 3800.00 |
| 532 | 长安区(陕) | 终南山国家森林公园 | 国家 | 11.00 | 380.00 | 189.00 |
| 533 | 蓝田县(陕) | 王顺山国家森林公园 | 国家 | 15.00 | 600.00 | 230.00 |
| 534 | 蓝田县(陕) | 紫云山森林公园 | 国家 | 20.00 | 215.00 | 60.00 |
| 535 | 周至县(陕) | 陕西黑河国家森林公园 | 国家 | 6.00 | 1135.00 | 155.00 |
| 536 | 户　县(陕) | 太平国家森林公园 | 国家 | 22.00 | 1200.00 | 840.00 |
| 537 | 户　县(陕) | 朱雀国家森林公园 | 国家 | 9.00 | 600.00 | 420.00 |
| 538 | 印台区(陕) | 玉华宫森林公园 | 国家 | 52.10 | 18900.00 | 488.00 |
| 539 | 眉　县(陕) | 太白山国家森林公园 | 国家 | 5.50 | 1050.10 | 437.10 |
| 540 | 凤　县(陕) | 屋梁山自然保护区 | 国家 | 5.00 | 3050.00 | 300.00 |
| 541 | 太白县(陕) | 陕西太白青峰峡国家森林公园 | 国家 | 34.00 | 10200.00 | 423.00 |
| 542 | 辛家山林业局(陕) | 陕西通天河国家森林公园 | 国家 | 6.40 | 300.00 | 200.00 |
| 543 | 马头滩林业局(陕) | 宝鸡天台山国家森林公园嘉陵江源头风景区 | 国家 | 11.27 | 1166.00 | 470.00 |
| 544 | 旬邑县(陕) | 石门山森林公园 | 国家 | 9.00 | 4200.00 | 180.00 |

| 序号 | 县(旗、市、区、局、场) | 森林公园及自然保护区(名称) | 级别 | 实际接待人数(万人次) | 旅游总收入(万元) | 其中:门票收入(万元) |
|---|---|---|---|---|---|---|
| 545 | 华　县(陕) | 少华山森林公园 | 国家 | 100.00 | 2000.00 | 3000.00 |
| 546 | 劳山林业局(陕) | 劳山国家森林公园 | 国家 | 4.00 | 106.00 | 30.00 |
| 547 | 延安市风景林场(陕) | 延安国家森林公园 | 国家 | 39.00 | 1430.00 | 1200.00 |
| 548 | 汉台区(陕) | 汉中天台国家森林公园 | 国家 | 4.80 | 2041.00 | 41.00 |
| 549 | 南郑县(陕) | 黎坪国家森林公园 | 国家 | 26.30 | 13160.00 | 2367.00 |
| 550 | 洋　县(陕) | 陕西省长青国家自然保护区 | 国家 | 7.20 | 863.00 | 648.00 |
| 551 | 洋　县(陕) | 陕西省朱鹮国家级自然保护区 | 国家 | 5.80 | 283.00 | 230.00 |
| 552 | 西乡县(陕) | 陕西省米仓山国家级自然保护区 | 国家 | 2.00 | 50.00 | |
| 553 | 略阳县(陕) | 五龙洞国家森林公园 | 国家 | 12.00 | 1500.00 | 50.00 |
| 554 | 留坝县(陕) | 陕西紫柏山国家森林公园 | 国家 | 9.00 | 1200.00 | 300.00 |
| 555 | 佛坪县(陕) | 秦岭人与自然博物馆 | 国家 | 3.00 | 150.00 | 90.00 |
| 556 | 汉阴县(陕) | 陕西汉阴凤凰山国家森林公园 | 国家 | 34.70 | 5772.00 | |
| 557 | 岚皋县(陕) | 南宫山国家森林公园 | 国家 | 11.00 | 4000.00 | 1100.00 |
| 558 | 商南县(陕) | 金丝峡国家森林公园 | 国家 | 60.80 | 4860.00 | 3442.00 |
| 559 | 山阳县(陕) | 陕西天竺山国家森林公园 | 国家 | 50.20 | 15543.00 | 370.00 |
| 560 | 镇安县(陕) | 木王国家森林公园 | 国家 | 6.00 | 780.00 | 80.00 |
| 561 | 柞水县(陕) | 牛背梁国家森林公园 | 国家 | 60.00 | 6500.00 | 4800.00 |
| 562 | 景泰县(甘) | 寿鹿山国家森林公园 | 国家 | 3.00 | 40.00 | 12.00 |
| 563 | 古浪县(甘) | 昌岭山自然保护区 | 国家 | 2.00 | 9.50 | 4.00 |
| 564 | 古浪县(甘) | 十八里堡自然保护区 | 国家 | 1.00 | 3.00 | |
| 565 | 天祝藏族自治县(甘) | 天祝三峡国家森林公园 | 国家 | 38.50 | 5900.00 | 10.10 |
| 566 | 山丹县(甘) | 焉支山森林公园 | 国家 | 20.00 | 300.00 | 200.00 |
| 567 | 灵台县(甘) | 灵台县荆山森林公园 | 国家 | 2.00 | 25.00 | 25.00 |
| 568 | 庆城县(甘) | 周祖陵森林公园 | 国家 | 28.10 | 140.00 | |
| 569 | 渭源县(甘) | 渭河源森林公园 | 国家 | 32.00 | 1200.00 | 12.50 |
| 570 | 漳　县(甘) | 贵清山自然保护区 | 国家 | 102.00 | 680.00 | 255.00 |
| 571 | 成　县(甘) | 鸡峰山国家级森林公园 | 国家 | 10.00 | 15.00 | 10.00 |
| 572 | 文　县(甘) | 文县天池国家级森林公园 | 国家 | 6.00 | 20.00 | 20.00 |
| 573 | 宕昌县(甘) | 官鹅沟森林公园 | 国家 | 76.00 | 1165.00 | 120.00 |
| 574 | 两当县(甘) | 黑河森林公园 | 国家 | 1.00 | 40.00 | 40.00 |
| 575 | 岷江林业总场(甘) | 甘肃官鹅沟国家森林公园 | 国家 | 3.50 | 120.00 | 120.00 |
| 576 | 大通回族土族自治县(青) | 大通国家森林公园察汗河景区 | 国家 | 160.00 | 32.00 | 23.00 |
| 577 | 互助土族自治县(青) | 北山森林公园 | 国家 | 4.50 | 6300.00 | 380.00 |
| 578 | 北山森林公园(青) | 北山国家森林公园 | 国家 | 17.00 | 6300.00 | 403.00 |
| 579 | 祁连县(青) | 祁连县黑河大峡谷森林公园 | 国家 | 45.60 | 1460.00 | 163.00 |
| 580 | 坎布拉森林公园(青) | 坎布拉国家地质公园 | 国家 | 22.00 | 2693.00 | 2154.00 |
| 581 | 乌兰县(青) | 哈里哈图国家级森林公园 | 国家 | 9.70 | 83.00 | |
| 582 | 哈里哈图森林公园(青) | 哈里哈图 | 国家 | 9.70 | 83.00 | |
| 583 | 兴庆区(宁) | 宁夏黄沙古渡旅游区 | 国家 | 30.00 | 1310.00 | 1210.00 |
| 584 | 兴庆区(宁) | 鸣翠湖国家生态公园 | 国家 | 12.00 | 500.00 | 100.00 |
| 585 | 金凤区(宁) | 阅海公园 | 国家 | 69.58 | 3948.00 | 408.60 |
| 586 | 西吉县(宁) | 西吉县火石寨森林地质公园 | 国家 | 25.00 | 60.00 | 60.00 |
| 587 | 巩乃斯林场(新) | 巩乃斯国家森林公园 | 国家 | 2.10 | 45.00 | 24.00 |
| 588 | 泽普县(新) | 中国泽普县国家金胡杨 | 国家 | 1.46 | 117.00 | 94.70 |
| 589 | 巴楚县(新) | 新疆巴楚胡杨林国家森林公园 | 国家 | 70.06 | 150.00 | 105.08 |

| 序号 | 县(旗、市、区、局、场) | 森林公园及自然保护区（名称） | 级别 | 实际接待人数（万人次） | 旅游总收入（万元） | 其中:门票收入（万元） |
|---|---|---|---|---|---|---|
| 590 | 新源县(新) | 那拉提森林公园 | 国家 | 76.18 | 35000.00 | |
| 591 | 布尔津县(新) | 喀纳斯国家级森林公园 | 国家 | 100.00 | 50000.00 | 5000.00 |
| 592 | 巩留林场(新) | 恰西国家森林公园 | 国家 | 3.00 | 280.00 | 10.00 |
| 593 | 尼勒克林场(新) | 唐巴拉国家级森林公园 | 国家 | 39.60 | 110.00 | 1.90 |
| 594 | 特克斯林场(新) | 特克斯科桑溶洞国家级森林公园 | 国家 | 1.80 | 70.00 | 12.00 |
| 595 | 昭苏林场(新) | 新疆夏塔古道国家森林公园 | 国家 | 2.10 | 22.00 | 12.00 |
| 596 | 布尔津林场(新) | 贾登峪国家级森林公园 | 国家 | 2.60 | 65.00 | |
| 597 | 哈巴河林场(新) | 白哈巴国家森林公园 | 国家 | 1.80 | 40.00 | |
| 598 | 富蕴林场(新) | 神钟山森林公园 | 国家 | 30.80 | 40.00 | 10.00 |
| 599 | 哈密林场(新) | 哈密天山国家森林公园 | 国家 | 6.00 | 17.80 | 2.20 |
| 600 | 奇台林场(新) | 新疆江布拉克国家级森林公园 | 国家 | 14.00 | 725.35 | 672.00 |
| 601 | 乌苏林场(新) | 乌苏市佛山国家森林公园 | 国家 | 10.00 | 338.80 | 218.00 |
| 602 | 露水河林业局(吉林森工) | 露水河国家森林公园 | 国家 | 1.30 | 194.00 | |
| 603 | 白石山林业局(吉林森工) | 吉林白石山国家森林公园 | 国家 | 1.34 | 1000.00 | 80.00 |
| 604 | 大海林林业局(龙江森工) | 雪乡国家森林公园 | 国家 | 25.30 | 16150.00 | 2024.00 |
| 605 | 黑龙江柴河林业局(龙江森工) | 威虎山国家森林公园 | 国家 | 19.31 | 5886.00 | 1766.00 |
| 606 | 东京城林业局(龙江森工) | 镜泊湖国家森林公园 | 国家 | 21.60 | 5500.00 | 4.50 |
| 607 | 穆棱林业局(龙江森工) | 六峰山国家森林公园 | 国家 | 15.80 | 2600.00 | 158.00 |
| 608 | 海林林业局(龙江森工) | 佛手山国家森林公园 | 国家 | 5.00 | 300.00 | 15.00 |
| 609 | 桦南林业局(龙江森工) | 黑龙江七星峰国家森林公园 | 国家 | 1.90 | 68.70 | |
| 610 | 双鸭山林业局(龙江森工) | 青山国家森林公园 | 国家 | 7.00 | 3000.00 | |
| 611 | 鹤北林业局(龙江森工) | 黑龙江红松林国家森林公园 | 国家 | 15.27 | 3413.60 | |
| 612 | 东方红林业局(龙江森工) | 黑龙江珍宝岛国家森林公园 | 国家 | 7.00 | 1870.00 | |
| 613 | 上甘岭林业局(龙江森工) | 溪水国家森林公园 | 国家 | 14.40 | 2865.00 | 89.00 |
| 614 | 乌马河林业局(龙江森工) | 乌马河国家森林公园 | 国家 | 7.00 | 879.50 | 68.00 |
| 615 | 美溪林业局(龙江森工) | 回龙湾国家森林公园 | 国家 | 31.80 | 4615.00 | 1908.00 |
| 616 | 金山屯林业局(龙江森工) | 金山国家森林公园 | 国家 | 21.10 | 3012.00 | 276.00 |
| 617 | 南岔林业局(龙江森工) | 黑龙江仙翁山国家森林公园 | 国家 | 15.10 | 5040.00 | 302.00 |
| 618 | 桃山林业局(龙江森工) | 桃山国家森林公园 | 国家 | 12.10 | 5885.00 | 572.00 |
| 619 | 铁力林业局(龙江森工) | 日月峡国家森林公园 | 国家 | 10.00 | 125.60 | 14.40 |
| 620 | 汤旺河林业局(龙江森工) | 小兴安岭石林国家森林公园 | 国家 | 10.00 | 513.00 | 513.00 |
| 621 | 五营林业局(龙江森工) | 五营国家森林公园 | 国家 | 16.40 | 603.80 | 410.00 |
| 622 | 山河屯林业局(龙江森工) | 凤凰山国家森林公园 | 国家 | 28.00 | 16081.00 | 2358.00 |
| 623 | 苇河林业局(龙江森工) | 八里湾国家森林公园 | 国家 | 11.22 | 3043.61 | 105.29 |
| 624 | 亚布力林业局(龙江森工) | 亚布力国家森林公园 | 国家 | 8.57 | 2090.00 | 17.00 |
| 625 | 方正林业局(龙江森工) | 方正龙山国家森林公园 | 国家 | 12.50 | 2480.00 | |
| 626 | 兴隆林业局(龙江森工) | 兴隆国家森林公园 | 国家 | 6.00 | 1430.00 | 30.00 |
| 627 | 沾河林业局(龙江森工) | 大沾河国家森林公园 | 国家 | 9.50 | 2645.00 | 795.00 |
| 628 | 井陉矿区(冀) | 清凉湾湿地公园 | 省 | 11.10 | 400.00 | |
| 629 | 井陉县(冀) | 南寺掌森林公园 | 省 | 60.00 | 1800.00 | 1080.00 |
| 630 | 赞皇县(冀) | 棋盘山森林公园 | 省 | 2.00 | 100.00 | 30.00 |
| 631 | 元氏县(冀) | 松鼠岩森林公园 | 省 | 31.60 | 1580.00 | |
| 632 | 鹿泉市(冀) | 鹿泉市封龙山休闲度假旅游有限公司 | 省 | 15.00 | 260.00 | 210.00 |
| 633 | 遵化市(冀) | 鹫峰山省级森林公园 | 省 | 16.00 | 450.00 | 120.00 |
| 634 | 迁安市(冀) | 徐流口省级森林公园 | 省 | 7.00 | 1100.00 | 500.00 |

| 序号 | 县(旗、市、区、局、场) | 森林公园及自然保护区(名称) | 级别 | 实际接待人数(万人次) | 旅游总收入(万元) | 其中:门票收入(万元) |
|---|---|---|---|---|---|---|
| 635 | 迁安市(冀) | 山叶口省级森林公园 | 省 | 8.00 | 1250.00 | 500.00 |
| 636 | 迁安市(冀) | 迁安市乐活生态采摘观光园 | 省 | 3.00 | 475.00 | |
| 637 | 迁安市(冀) | 迁安市乐丫文化产业园 | 省 | 2.00 | 375.00 | |
| 638 | 青龙满族自治县(冀) | 青龙满席自治县祖山林场 | 省 | 11.00 | 822.00 | 770.00 |
| 639 | 邯郸县(冀) | 邯郸县紫山省级森林公园 | 省 | 4.00 | 30.00 | 20.00 |
| 640 | 邯郸县(冀) | 邯郸县古石龙景区 | 省 | 4.00 | 210.00 | 200.00 |
| 641 | 临城县(冀) | 天台山 | 省 | 4.00 | 100.00 | |
| 642 | 唐　县(冀) | 全胜峡景区 | 省 | 24.00 | 740.00 | 480.00 |
| 643 | 唐　县(冀) | 西胜沟景区 | 省 | 24.00 | 700.00 | 480.00 |
| 644 | 涞源县(冀) | 金华山褐马鸡自然保护区 | 省 | 1.00 | 20.00 | 10.00 |
| 645 | 安新县(冀) | 白洋淀湿地自然保护区 | 省 | 50.00 | 6800.00 | 1500.00 |
| 646 | 怀来县(冀) | 黄龙山庄省级森林公园 | 省 | 8.00 | 510.00 | 225.00 |
| 647 | 双滦区(冀) | 双塔山森林公园 | 省 | 7.00 | 1160.00 | 235.00 |
| 648 | 承德县(冀) | 承德石海省级森林公园 | 省 | 5.00 | 100.00 | 17.00 |
| 649 | 兴隆县(冀) | 兴隆县六里坪林场国家森林公园 | 省 | 1.00 | 28.00 | 15.00 |
| 650 | 御道口林场(冀) | 河北省御道口林场 | 省 | 50.00 | 10000.00 | 1500.00 |
| 651 | 阳泉市郊区(晋) | 翠枫山自然风景区 | 省 | 14.00 | 1000.00 | 71.00 |
| 652 | 屯留县(晋) | 老爷山森林公园 | 省 | 5.00 | 2000.00 | 260.00 |
| 653 | 绛　县(晋) | 山西省东华山森林公园 | 省 | 8.00 | 190.00 | 113.00 |
| 654 | 宁武县(晋) | 马营海森林公园 | 省 | 3.50 | 91.00 | 70.00 |
| 655 | 东河区(内蒙古) | 南海湿地自然保护区 | 省 | 21.00 | 158.00 | 158.00 |
| 656 | 九原区(内蒙古) | 梅力更自然保护区 | 省 | 15.00 | 575.00 | 525.00 |
| 657 | 松山区(内蒙古) | 老府林场乌良苏森林公园 | 省 | 2.25 | 350.00 | |
| 658 | 克什克腾旗(内蒙古) | 平顶山自治区级森林公园 | 省 | 1.00 | 3.00 | |
| 659 | 克什克腾旗(内蒙古) | 飞云渡自治区级森林公园 | 省 | 10.00 | 20.00 | |
| 660 | 克什克腾旗(内蒙古) | 黄岗梁自治区级自然保护区 | 省 | 2.00 | 6.00 | |
| 661 | 达拉特旗(内蒙古) | 恩格贝森林旅游区 | 省 | 5.30 | 2080.00 | 265.00 |
| 662 | 准格尔旗(内蒙古) | 准旗油松王旅游区 | 省 | 2.63 | 215.80 | |
| 663 | 兴和县(内蒙古) | 苏木山森林公园 | 省 | 3.50 | 80.00 | 70.00 |
| 664 | 凉城县(内蒙古) | 岱海旅游区 | 省 | 8.00 | 420.00 | 320.00 |
| 665 | 锡林浩特市(内蒙古) | 锡市白音锡勒杨桦林 | 省 | 2.60 | 312.00 | 130.00 |
| 666 | 阿巴嘎旗(内蒙古) | 阿巴嘎旗乌里雅斯台沙地柏自然保护区 | 省 | 50.00 | 750.00 | |
| 667 | 西乌珠穆沁旗(内蒙古) | 哈布其盖治沙站 | 省 | 1.00 | 20.00 | |
| 668 | 甘井子区(辽) | 大连市大黑石公园 | 省 | 30.00 | 2900.00 | |
| 669 | 瓦房店市(辽) | 大连龙门汤省级森林公园 | 省 | 18.00 | 11200.00 | 8640.00 |
| 670 | 海城市(辽) | 白云山自然保护区 | 省 | 30.00 | 150.00 | 75.00 |
| 671 | 清原满族自治县(辽) | 辽宁浑河源省级自然保护区 | 省 | 35.00 | 1000.00 | 400.00 |
| 672 | 清原满族自治县(辽) | 红河峡谷国家森林公园 | 省 | 70.00 | 34500.00 | 26300.00 |
| 673 | 本溪满族自治县(辽) | 大地森林公园 | 省 | 1.00 | 15.00 | 10.00 |
| 674 | 本溪满族自治县(辽) | 老边沟森林公园 | 省 | 8.00 | 500.00 | 400.00 |
| 675 | 桓仁满族自治县(辽) | 枫林谷森林公园 | 省 | 2.84 | 247.00 | 215.00 |
| 676 | 宽甸满族自治县(辽) | 黄椅山森林公园 | 省 | 3.00 | 142.00 | 45.80 |
| 677 | 宽甸满族自治县(辽) | 天华山森林公园 | 省 | 5.00 | 240.00 | 170.00 |
| 678 | 宽甸满族自治县(辽) | 花脖山森林公园 | 省 | 1.10 | 31.80 | 27.80 |
| 679 | 宽甸满族自治县(辽) | 天桥沟森林公园 | 省 | 28.00 | 1000.00 | 400.00 |

| 序号 | 县(旗、市、区、局、场) | 森林公园及自然保护区（名称） | 级别 | 实际接待人数（万人次） | 旅游总收入（万元） | 其中:门票收入（万元） |
|---|---|---|---|---|---|---|
| 680 | 凤城市(辽) | 蒲石河森林公园 | 省 | 52.00 | 18000.00 | |
| 681 | 鲅鱼圈区(辽) | 望儿山森林公园 | 省 | 80.00 | 5000.00 | 3000.00 |
| 682 | 盖州市(辽) | 盖州市玉石洞水库自然保护区 | 省 | 3.00 | 450.00 | |
| 683 | 新邱区(辽) | 元宝山森林公园 | 省 | 3.00 | 30.00 | |
| 684 | 阜新蒙古族自治县(辽) | 阜新老鹰窝山自然保护区 | 省 | 5.00 | 25.00 | 20.00 |
| 685 | 阜新蒙古族自治县(辽) | 阜新关山自然保护区 | 省 | 3.00 | 9.00 | 5.00 |
| 686 | 辽阳县(辽) | 辽阳核伙沟森林公园 | 省 | 3.00 | 300.00 | 34.00 |
| 687 | 清河区(辽) | 清河水库 | 省 | 36.00 | 21709.00 | 3700.00 |
| 688 | 开原市(辽) | 龙潭省级森林公园 | 省 | 10.00 | 580.00 | 500.00 |
| 689 | 喀喇沁左翼蒙古族自治县(辽) | 辽宁省龙凤山森林公园 | 省 | 10.00 | 800.00 | 20.00 |
| 690 | 喀喇沁左翼蒙古族自治县(辽) | 辽宁省楼子山自然保护区 | 省 | 5.50 | 200.00 | |
| 691 | 凌源市(辽) | 牛河梁省级森林公园 | 省 | 38.00 | 6320.00 | |
| 692 | 凌源市(辽) | 凌源市青龙河自然保护区 | 省 | 23.50 | 9270.00 | |
| 693 | 连山区(辽) | 灵山寺风景区 | 省 | 2.23 | 1490.10 | 1034.00 |
| 694 | 连山区(辽) | 虹螺山自然保护区 | 省 | 1.46 | 137.00 | |
| 695 | 南票区(辽) | 虹螺山自然保护区 | 省 | 6.00 | 1800.00 | |
| 696 | 绥中县(辽) | 妙峰森林公园 | 省 | 7.00 | 300.00 | 30.00 |
| 697 | 绥中县(辽) | 锥山森林公园 | 省 | 3.00 | 140.00 | 20.00 |
| 698 | 九台市(吉) | 九台市石头口门水库 | 省 | 6.00 | 80.00 | |
| 699 | 东辽县(吉) | 吉林东辽红叶岭森林公园 | 省 | 10.00 | 340.00 | |
| 700 | 长白朝鲜族自治县(吉) | 十五道沟望天鹅风景区 | 省 | 7.50 | 620.00 | 400.00 |
| 701 | 宁江区(吉) | 松原市宁江区森林公园 | 省 | 1.10 | 1100.00 | |
| 702 | 通榆县(吉) | 吉林省包拉温都子让保护区 | 省 | 3.50 | 280.00 | |
| 703 | 道外区(黑) | 湿地公园 | 省 | 30.00 | 8000.00 | 1500.00 |
| 704 | 香坊区(黑) | 伏尔加庄园 | 省 | 30.00 | 7000.00 | 3000.00 |
| 705 | 呼兰区(黑) | 呼兰河口湿地自然保护区 | 省 | 35.00 | 5246.00 | 1050.00 |
| 706 | 方正县(黑) | 原始森林公园 | 省 | 1.50 | 6.00 | 6.00 |
| 707 | 阿城区(黑) | 哈尔滨北方森林动物园 | 省 | 10.00 | 600.00 | 550.00 |
| 708 | 尚志市(黑) | 尚志市 | 省 | 50.00 | 20587.00 | |
| 709 | 碾子山区(黑) | 蛇洞山森林公园 | 省 | 30.04 | 5230.00 | 0.60 |
| 710 | 密山市(黑) | 铁西森林公园 | 省 | 12.10 | 45.10 | |
| 711 | 密山市(黑) | 兴凯湖森林公园 | 省 | 8.50 | 17.00 | |
| 712 | 绥滨县(黑) | 月牙湖北方民族风情园 | 省 | 1.60 | 53.00 | 16.00 |
| 713 | 集贤县(黑) | 七星森林公园 | 省 | 50.00 | 11.00 | 11.00 |
| 714 | 萨尔图区(黑) | 黑鱼湖自然保护区 | 省 | 8.35 | 1300.00 | 41.75 |
| 715 | 逊克县(黑) | 逊克县东山省级森林公园 | 省 | 1.10 | 51.00 | |
| 716 | 黑河市直属林场(黑) | 爱辉森林公园 | 省 | 2.30 | 15.00 | 2.80 |
| 717 | 黑龙江省森林植物园(黑) | 黑龙江省森林植物园 | 省 | 70.00 | 342.00 | 304.00 |
| 718 | 惠山区(苏) | 无锡惠山阳山森林公园 | 省 | 35.10 | 19942.00 | |
| 719 | 大丰市(苏) | 大丰林海森林公园 | 省 | 40.00 | 6000.00 | |
| 720 | 高邮市(苏) | 高邮市东湖湿地公园 | 省 | 2.00 | 150.00 | 30.00 |
| 721 | 泰兴市(苏) | 江苏省古银杏森林公园 | 省 | 180.00 | 15456.00 | |
| 722 | 余杭区(浙) | 东明山森林公园 | 省 | 2.90 | 264.00 | |
| 723 | 建德市(浙) | 新安江森林公园 | 省 | 30.00 | 10000.00 | 3000.00 |
| 724 | 象山县(浙) | 象山南田岛省级森林公园 | 省 | 3.00 | 150.00 | |

| 序号 | 县(旗、市、区、局、场) | 森林公园及自然保护区(名称) | 级别 | 实际接待人数(万人次) | 旅游总收入(万元) | 其中:门票收入(万元) |
|---|---|---|---|---|---|---|
| 725 | 宁海县(浙) | 南溪森林公园 | 省 | 53.91 | 6330.00 | |
| 726 | 长兴县(浙) | 长兴县尹家边扬子鳄自然保护区管委会 | 省 | 5.00 | 70.00 | |
| 727 | 椒江区(浙) | 大陈岛省级森林公园 | 省 | 11.00 | 3456.00 | 576.00 |
| 728 | 玉环县(浙) | 大鹿岛森林公园 | 省 | 42.00 | 1545.00 | |
| 729 | 南陵县(皖) | 丫山风景区 | 省 | 40.00 | 3120.00 | 2450.00 |
| 730 | 南陵县(皖) | 小格里森林公园 | 省 | 5.00 | 50.00 | 10.00 |
| 731 | 五河县(皖) | 五河县大巩山森林公园 | 省 | 15.00 | 600.00 | 10.00 |
| 732 | 五河县(皖) | 安徽沱湖湿地自然保护区 | 省 | 60.00 | 3000.00 | 50.00 |
| 733 | 潜山县(皖) | 金紫山省级森林公园 | 省 | 2.00 | 100.00 | |
| 734 | 潜山县(皖) | 板仓省级自然保护区 | 省 | 10.00 | 4500.00 | 300.00 |
| 735 | 桐城市(皖) | 安徽省龙眠山省级森林公园 | 省 | 1.00 | 400.00 | 10.00 |
| 736 | 桐城市(皖) | 安庆沿江湿地珍稀水禽自然保护区 | 省 | 10.00 | 700.00 | 20.00 |
| 737 | 南谯区(皖) | 红琊山省级森林公园 | 省 | 35.00 | 2000.00 | |
| 738 | 来安县(皖) | 来安白鹭岛森林公园 | 省 | 25.00 | 12000.00 | |
| 739 | 来安县(皖) | 龙窝寺森林公园 | 省 | 2.00 | 50.00 | |
| 740 | 滁州市管店林业总场(皖) | 老嘉山省级森林公园 | 省 | 20.00 | 1500.00 | |
| 741 | 砀山县(皖) | 黄河湿地自然保护区 | 省 | 49.20 | 12900.00 | |
| 742 | 霍邱县(皖) | 安徽安阳山省级森林公园 | 省 | 6.00 | 290.00 | 180.00 |
| 743 | 舒城县(皖) | 万佛山自然保护区 | 省 | 32.48 | 4292.00 | 600.00 |
| 744 | 东至县(皖) | 安徽省天台山森林公园 | 省 | 3.00 | 21.00 | |
| 745 | 郎溪县(皖) | 石佛山—天子湖景区 | 省 | 2.00 | 1600.00 | 250.00 |
| 746 | 泾　县(皖) | 泾县江南第一漂 | 省 | 12.00 | 2000.00 | 700.00 |
| 747 | 泾　县(皖) | 泾县水墨汀溪 | 省 | 20.00 | 3000.00 | 800.00 |
| 748 | 绩溪县(皖) | 鄣山省级森林公园 | 省 | 21.08 | 843.30 | 843.30 |
| 749 | 新建县(赣) | 新建县象山森林公园 | 省 | 10.50 | 80.00 | 5.00 |
| 750 | 莲花县(赣) | 高天岩自然保护区 | 省 | 20.10 | 300.00 | |
| 751 | 莲花县(赣) | 寒山森林公园 | 省 | 7.80 | 150.00 | |
| 752 | 莲花县(赣) | 玉壶山森林公园 | 省 | 9.30 | 100.00 | |
| 753 | 莲花县(赣) | 湖仙山森林公园 | 省 | 7.50 | 50.00 | |
| 754 | 芦溪县(赣) | 三尖峰省级森林公园 | 省 | 24.50 | 1330.00 | 520.00 |
| 755 | 芦溪县(赣) | 江西芦溪山口岩省级湿地公园 | 省 | 10.00 | 900.00 | |
| 756 | 武宁县(赣) | 伊山自然保护区 | 省 | 1.80 | 9.10 | |
| 757 | 修水县(赣) | 修河源五梅山自然保护区 | 省 | 2.80 | 1560.00 | |
| 758 | 永修县(赣) | 江西省云居山省级自然保护区 | 省 | 15.00 | 2625.00 | |
| 759 | 瑞昌市(赣) | 瑞昌市青山森林公园 | 省 | 2.00 | 20.00 | |
| 760 | 龙南县(赣) | 武当山森林公园 | 省 | 165.00 | 25291.50 | 8106.00 |
| 761 | 龙南县(赣) | 安基山森林公园 | 省 | 8.00 | 800.00 | |
| 762 | 于都县(赣) | 于都县屏山森林公园 | 省 | 10.00 | 200.00 | |
| 763 | 于都县(赣) | 于都县罗田岩森林公园 | 省 | 10.00 | 110.00 | |
| 764 | 石城县(赣) | 通天寨森林公园 | 省 | 69.00 | 6900.00 | 3100.00 |
| 765 | 瑞金市(赣) | 罗汉岩省级森林公园 | 省 | 12.00 | 1000.00 | |
| 766 | 万载县(赣) | 九龙庙森林公园 | 省 | 22.00 | 5510.00 | |
| 767 | 宜丰县(赣) | 宜丰南屏公园 | 省 | 2.80 | 3670.00 | |
| 768 | 宜丰县(赣) | 宜丰禅文化园 | 省 | 2.00 | 2600.00 | |
| 769 | 临川区(赣) | 汝水公园 | 省 | 45.00 | 400.00 | |

| 序号 | 县(旗、市、区、局、场) | 森林公园及自然保护区(名称) | 级别 | 实际接待人数(万人次) | 旅游总收入(万元) | 其中:门票收入(万元) |
|---|---|---|---|---|---|---|
| 770 | 乐安县(赣) | 江西老虎脑自然保护区 | 省 | 11.00 | 3240.00 | |
| 771 | 金溪县(赣) | 翠云峰森林公园 | 省 | 32.60 | 14.80 | |
| 772 | 金溪县(赣) | 白马湖湿地公园 | 省 | 26.00 | 15.00 | |
| 773 | 上饶县(赣) | 远泉西郊森林公园 | 省 | 600.00 | 500.00 | |
| 774 | 广丰县(赣) | 江西省龙华山省级森林公园 | 省 | 3.00 | 80.00 | |
| 775 | 广丰县(赣) | 江西省大南省级森林公园 | 省 | 7.00 | 160.00 | 10.00 |
| 776 | 广丰县(赣) | 江西省六石岩省级森林公园 | 省 | 8.00 | 170.00 | |
| 777 | 广丰县(赣) | 江西省广丰三山省级森林公园 | 省 | 10.00 | 80.00 | |
| 778 | 婺源县(赣) | 珍珠山森林公园 | 省 | 1.00 | 60.00 | |
| 779 | 婺源县(赣) | 理田园森林公园 | 省 | 2.00 | 120.00 | |
| 780 | 婺源县(赣) | 鸳鸯湖省级自然保护区 | 省 | 5.00 | 300.00 | 80.00 |
| 781 | 婺源县(赣) | 大鄣山省级自然保护区 | 省 | 3.00 | 200.00 | 60.00 |
| 782 | 长清区(鲁) | 济南市长清区大峰山森林公园 | 省 | 4.30 | 280.00 | 112.00 |
| 783 | 长清区(鲁) | 济南市长清区五峰山森林公园 | 省 | 12.00 | 120.00 | 80.00 |
| 784 | 长清区(鲁) | 济南市长清区卧龙峪森林公园 | 省 | 9.60 | 32.00 | 9.00 |
| 785 | 平阴县(鲁) | 平阴县大寨山省级自然保护区 | 省 | 2.50 | 50.00 | 10.00 |
| 786 | 商河县(鲁) | 商河县大沙河湿地公园 | 省 | 30.00 | 1500.00 | |
| 787 | 沂源县(鲁) | 鲁山森林公园 | 省 | 16.00 | 234.00 | 234.00 |
| 788 | 沂源县(鲁) | 织女洞森林公园 | 省 | 12.00 | 150.00 | 120.00 |
| 789 | 莱州市(鲁) | 大基山省级自然保护区 | 省 | 19.00 | 2912.00 | 81.00 |
| 790 | 招远市(鲁) | 招远市罗山省级自然保护区 | 省 | 12.00 | 800.00 | 500.00 |
| 791 | 海阳市(鲁) | 海阳招虎山省级自然保护区管理处 | 省 | 16.10 | 12.80 | 12.80 |
| 792 | 昌乐县(鲁) | 远古火山群生态林场 | 省 | 2.00 | 70.00 | |
| 793 | 昌乐县(鲁) | 仙月湖省级湿地公园 | 省 | 5.00 | 140.00 | |
| 794 | 青州市(鲁) | 驼山森林公园 | 省 | 9.50 | 50.00 | 50.00 |
| 795 | 诸城市(鲁) | 诸城市绿源森林公园 | 省 | 5.00 | 20.00 | |
| 796 | 寿光市(鲁) | 巨淀湖省级湿地公园 | 省 | 15.00 | 1100.00 | 650.00 |
| 797 | 梁山县(鲁) | 梁山泊森林公园 | 省 | 40.83 | 11597.00 | 1740.00 |
| 798 | 宁阳县(鲁) | 神童山森林公园 | 省 | 66.00 | 10885.00 | 750.00 |
| 799 | 文登市(鲁) | 文登市天福山森林公园 | 省 | 6.00 | 100.00 | |
| 800 | 荣成市(鲁) | 成山森林公园 | 省 | 1.00 | 75.00 | |
| 801 | 莱城区(鲁) | 云台山森林公园 | 省 | 10.00 | 25.00 | |
| 802 | 郯城县(鲁) | 郯城县清泉寺森林公园 | 省 | 20.00 | 1000.00 | |
| 803 | 郯城县(鲁) | 古银杏园 | 省 | 40.00 | 2000.00 | |
| 804 | 沂水县(鲁) | 沂水雪山彩虹谷 | 省 | 98.00 | 6815.00 | 5940.00 |
| 805 | 沂水县(鲁) | 沂水沂山森林公园 | 省 | 3.10 | 17.00 | 20.00 |
| 806 | 苍山县(鲁) | 文峰山森林公园 | 省 | 3.90 | 77.00 | 40.00 |
| 807 | 费　县(鲁) | 塔山森林公园 | 省 | 20.00 | 200.00 | 100.00 |
| 808 | 蒙阴县(鲁) | 中山寺 | 省 | 85.00 | 390.00 | |
| 809 | 临沭县(鲁) | 冠山风景旅游区 | 省 | 16.00 | 812.00 | 525.00 |
| 810 | 夏津县(鲁) | 夏津黄河故道森林公园 | 省 | 70.00 | 7500.00 | 450.00 |
| 811 | 乐陵市(鲁) | 乐陵金丝小枣省级森林公园 | 省 | 12.00 | 260.00 | 220.00 |
| 812 | 冠　县(鲁) | 冠州梨园 | 省 | 3.50 | 1830.00 | 265.00 |
| 813 | 无棣县(鲁) | 碣石山旅游区 | 省 | 3.00 | 60.00 | 60.00 |
| 814 | 巩义市(豫) | 河南嵩北森林公园 | 省 | 2.00 | 85.00 | 5.00 |

| 序号 | 县(旗、市、区、局、场) | 森林公园及自然保护区(名称) | 级别 | 实际接待人数(万人次) | 旅游总收入(万元) | 其中:门票收入(万元) |
|---|---|---|---|---|---|---|
| 815 | 巩义市(豫) | 巩义青龙山森林公园 | 省 | 15.00 | 260.00 | 280.00 |
| 816 | 荥阳市(豫) | 桃花峪森林公园 | 省 | 35.00 | 580.00 | 300.00 |
| 817 | 荥阳市(豫) | 环翠峪森林公园 | 省 | 30.00 | 500.00 | 350.00 |
| 818 | 荥阳市(豫) | 郑州黄河湿地省级自然保护区(荥阳段) | 省 | 50.00 | 270.00 | |
| 819 | 新密市(豫) | 神仙洞省级森林公园 | 省 | 50.00 | 990.00 | 500.00 |
| 820 | 登封市(豫) | 大熊山森林公园 | 省 | 6.80 | 25.80 | |
| 821 | 孟津县(豫) | 小浪底森林公园 | 省 | 120.00 | 680.00 | 480.00 |
| 822 | 汝阳县(豫) | 西泰山景区 | 省 | 150.00 | 22500.00 | 1000.00 |
| 823 | 汝阳县(豫) | 大虎岭森林公园 | 省 | 5.00 | 200.00 | |
| 824 | 伊川县(豫) | 荆山森林公园 | 省 | 30.00 | 50.00 | |
| 825 | 偃师市(豫) | 河南省双龙山森林公园 | 省 | 20.00 | 40.00 | 10.00 |
| 826 | 龙安区(豫) | 龙泉省级森林公园 | 省 | 10.00 | 110.00 | 30.00 |
| 827 | 内黄县(豫) | 二帝陵森林公园 | 省 | 92.00 | 3860.00 | 1890.00 |
| 828 | 林州市(豫) | 白泉森林公园 | 省 | 6.00 | 60.00 | |
| 829 | 鹤山区(豫) | 黄庙沟省级森林公园 | 省 | 1.00 | 100.00 | |
| 830 | 鹤山区(豫) | 南山省级森林公园 | 省 | 1.00 | 115.00 | |
| 831 | 淇滨区(豫) | 金山森林公园 | 省 | 32.00 | 3.50 | 3.50 |
| 832 | 淇滨区(豫) | 七里沟森林公园 | 省 | 30.00 | 25.00 | |
| 833 | 淇　县(豫) | 云梦山森林公园 | 省 | 120.00 | 2850.00 | 1425.00 |
| 834 | 凤泉区(豫) | 凤凰山省级森林公园 | 省 | 7.00 | 35.00 | |
| 835 | 卫辉市(豫) | 卫辉市跑马岭休闲生态园 | 省 | 5.10 | 1500.00 | 220.00 |
| 836 | 焦作市市辖区(豫) | 焦作市森林公园 | 省 | 2.67 | 57.00 | 57.00 |
| 837 | 范　县(豫) | 毛楼生态旅游区 | 省 | 5.00 | 750.00 | 150.00 |
| 838 | 濮阳县(豫) | 濮阳张挥森林公园 | 省 | 2.50 | 130.00 | |
| 839 | 禹州市(豫) | 禹州市森林植物园 | 省 | 120.00 | 780.00 | 100.00 |
| 840 | 灵宝市(豫) | 灵宝市佛山省级森林公园 | 省 | 3.00 | 100.00 | 50.00 |
| 841 | 卧龙区(豫) | 独山森林公园 | 省 | 9.00 | 90.00 | 45.00 |
| 842 | 南召县(豫) | 暴瀑峡 | 省 | 6.10 | 4000.00 | 300.00 |
| 843 | 南召县(豫) | 丹霞寺森林公园 | 省 | 7.80 | 2300.00 | |
| 844 | 南召县(豫) | 石人山 | 省 | 6.90 | 4350.00 | 542.00 |
| 845 | 镇平县(豫) | 菩提寺森林公园 | 省 | 20.00 | 3777.00 | 800.00 |
| 846 | 平桥区(豫) | 信阳市震雷山森林公园 | 省 | 80.00 | 1685.00 | |
| 847 | 商城县(豫) | 河南省商城县金刚台自然保护区 | 省 | 16.00 | 1200.00 | |
| 848 | 商城县(豫) | 河南商城鲇鱼山自然保护区 | 省 | 10.00 | 980.00 | |
| 849 | 固始县(豫) | 安山森林公园 | 省 | 9.00 | 450.00 | 90.00 |
| 850 | 淮滨县(豫) | 淮南湿地 | 省 | 1.30 | 100.00 | 15.00 |
| 851 | 息　县(豫) | 息州森林公园 | 省 | 11.00 | 1100.00 | 20.00 |
| 852 | 川汇区(豫) | 周口市生态园 | 省 | 4.75 | 360.00 | |
| 853 | 驿城区(豫) | 金顶山 | 省 | 53.00 | 2915.00 | 2120.00 |
| 854 | 泌阳县(豫) | 泌阳县白云山省级森林公园 | 省 | 1.80 | 102.00 | 65.00 |
| 855 | 蔡甸区(鄂) | 湖北省沉湖湿地自然保护区 | 省 | 55.00 | 5000.00 | |
| 856 | 蔡甸区(鄂) | 武汉市蔡甸区索子长河湿地公园 | 省 | 10.00 | 500.00 | |
| 857 | 下陆区(鄂) | 东方山森林公园 | 省 | 45.00 | 2000.00 | 300.00 |
| 858 | 阳新县(鄂) | 七峰山森林公园 | 省 | 1.00 | 850.00 | 20.00 |
| 859 | 大冶市(鄂) | 雷山森林公园 | 省 | 200.00 | 1500.00 | 300.00 |

| 序号 | 县(旗、市、区、局、场) | 森林公园及自然保护区(名称) | 级别 | 实际接待人数(万人次) | 旅游总收入(万元) | 其中:门票收入(万元) |
|---|---|---|---|---|---|---|
| 860 | 竹溪县(鄂) | 八卦山省级自然保护区 | 省 | 4.00 | 567.00 | 1.00 |
| 861 | 房　县(鄂) | 野人谷省级自然保护区 | 省 | 30.00 | 15000.00 | 2100.00 |
| 862 | 房　县(鄂) | 柳树垭森林公园 | 省 | 5.00 | 1000.00 | |
| 863 | 夷陵区(鄂) | 宜昌西塞国森林公园 | 省 | 3.00 | 850.00 | 12.00 |
| 864 | 夷陵区(鄂) | 白马大峡谷自然保护区 | 省 | 5.00 | 280.00 | |
| 865 | 宜都市(鄂) | 宋山森林公园 | 省 | 10.00 | 600.00 | 380.00 |
| 866 | 宜都市(鄂) | 梁山自然保护区 | 省 | 4.00 | 150.00 | 80.00 |
| 867 | 南漳县(鄂) | 七里山森林公园 | 省 | 5.00 | 50.00 | 10.00 |
| 868 | 南漳县(鄂) | 漳河源自然保护区 | 省 | 5.00 | 600.00 | 250.00 |
| 869 | 谷城县(鄂) | 承恩寺森林公园 | 省 | 5.00 | 1500.00 | 8.00 |
| 870 | 谷城县(鄂) | 南河自然保护区 | 省 | 2.00 | 450.00 | |
| 871 | 保康县(鄂) | 五道峡自然保护区 | 省 | 12.40 | 1860.00 | 620.00 |
| 872 | 保康县(鄂) | 官山森林公园 | 省 | 1.60 | 220.00 | |
| 873 | 老河口市(鄂) | 百话山森林公园 | 省 | 1.20 | 105.00 | 24.00 |
| 874 | 枣阳市(鄂) | 白竹园寺森林公园 | 省 | 30.00 | 6000.00 | 1200.00 |
| 875 | 鄂州市市辖区(鄂) | 沼山森林公园 | 省 | 17.00 | 55.00 | |
| 876 | 鄂州市市辖区(鄂) | 葛山森林公园 | 省 | 48.00 | 590.00 | |
| 877 | 孝南区(鄂) | 孝南区野猪湖自然保护小区 | 省 | 10.00 | 2000.00 | |
| 878 | 公安县(鄂) | 公安县国有黄山林场 | 省 | 1.50 | 300.00 | 30.00 |
| 879 | 石首市(鄂) | 南岳山森林公园 | 省 | 10.00 | 3000.00 | 40.00 |
| 880 | 麻城市(鄂) | 湖北麻城龟峰山风景区省级森林公园 | 省 | 55.00 | 56500.00 | 160.00 |
| 881 | 武穴市(鄂) | 湖北横岗山森林公园 | 省 | 11.68 | 1577.00 | 25.00 |
| 882 | 通城县(鄂) | 岳姑山自然保护区 | 省 | 3.00 | 60.00 | |
| 883 | 通城县(鄂) | 锡山森林公园 | 省 | 4.00 | 105.00 | |
| 884 | 广水市(鄂) | 大贵寺 | 省 | 21.00 | 7350.00 | 420.00 |
| 885 | 随　县(鄂) | 随县省级七尖峰森林公园 | 省 | 20.00 | 4000.00 | 600.00 |
| 886 | 宁乡县(湘) | 青羊湖森林公园 | 省 | 5.10 | 92.00 | |
| 887 | 芦淞区(湘) | 大京风景区 | 省 | 5.60 | 100.00 | |
| 888 | 石峰区(湘) | 九朗山省级森林公园 | 省 | 5.00 | 50.00 | |
| 889 | 醴陵市(湘) | 仙岳山森林公园 | 省 | 25.00 | 5000.00 | 100.00 |
| 890 | 湘潭县(湘) | 金霞山公园 | 省 | 4.50 | 700.00 | 35.00 |
| 891 | 湘乡市(湘) | 水府庙旅游区 | 省 | 50.00 | 12000.00 | |
| 892 | 衡山县(湘) | 衡山紫金林场 | 省 | 12.32 | 147.84 | |
| 893 | 衡东县(湘) | 湖南衡东天光山自然保护区 | 省 | 20.00 | 3000.00 | |
| 894 | 祁东县(湘) | 四明山 | 省 | 3.10 | 60.00 | |
| 895 | 耒阳市(湘) | 蔡伦竹海 | 省 | 2.80 | 450.00 | |
| 896 | 新邵县(湘) | 白云岩风景名胜区 | 省 | 7.00 | 700.00 | 140.00 |
| 897 | 新邵县(湘) | 白水洞风景名胜区 | 省 | 10.00 | 1000.00 | 200.00 |
| 898 | 隆回县(湘) | 湖南隆回白马山省级森林公园 | 省 | 1.50 | 150.00 | |
| 899 | 君山区(湘) | 君山区天井山省级森林公园 | 省 | 1.40 | 200.00 | |
| 900 | 华容县(湘) | 桃花山省级森林公园 | 省 | 11.30 | 1310.00 | |
| 901 | 湘阴县(湘) | 湖南省湘阴县鹅形山 | 省 | 24.00 | 1800.00 | |
| 902 | 湘阴县(湘) | 横岭湖湿地 | 省 | 1.40 | 1300.00 | |
| 903 | 平江县(湘) | 连云山森林公园 | 省 | 2.00 | 52.00 | |
| 904 | 平江县(湘) | 福寿山森林公园 | 省 | 6.00 | 859.00 | 29.00 |

| 序号 | 县(旗、市、区、局、场) | 森林公园及自然保护区（名称） | 级别 | 实际接待人数（万人次） | 旅游总收入（万元） | 其中:门票收入（万元） |
|---|---|---|---|---|---|---|
| 905 | 汨罗市(湘) | 神鼎山省级森林公园 | 省 | 1.00 | 500.00 | |
| 906 | 汉寿县(湘) | 湖南鹿溪省级森林公园 | 省 | 2.00 | 2000.00 | |
| 907 | 澧　县(湘) | 湖南省天供山森林公园 | 省 | 2.00 | 200.00 | 100.00 |
| 908 | 武陵源区(湘) | 索溪峪自然保护区 | 省 | 539.00 | 327777.00 | 297000.00 |
| 909 | 武陵源区(湘) | 天子山自然保护区 | 省 | 320.00 | 194880.00 | 180000.00 |
| 910 | 南　县(湘) | 南县南洲国家湿地公园 | 省 | 30.00 | 4000.00 | |
| 911 | 苏仙区(湘) | 王仙岭生态公园 | 省 | 50.00 | 450.00 | |
| 912 | 永兴县(湘) | 龙华山公园 | 省 | 13.80 | 14908.00 | 2350.00 |
| 913 | 中方县(湘) | 康龙自然保护区 | 省 | 10.00 | 1100.00 | |
| 914 | 沅陵县(湘) | 齐眉界森林公园 | 省 | 3.90 | 1170.00 | |
| 915 | 沅陵县(湘) | 凤凰山森林公园 | 省 | 19.50 | 1755.00 | 195.00 |
| 916 | 沅陵县(湘) | 夸父山森林公园 | 省 | 2.30 | 420.00 | |
| 917 | 辰溪县(湘) | 辰溪县燕子洞自然保护区 | 省 | 1.50 | 55.00 | 20.00 |
| 918 | 溆浦县(湘) | 威虎山森林公园 | 省 | 2.00 | 200.00 | |
| 919 | 芷江侗族自治县(湘) | 芷江县三道坑省级保护区 | 省 | 80.00 | 480.00 | |
| 920 | 靖州苗族侗族自治县(湘) | 排牙山林场 | 省 | 2.20 | 168.00 | |
| 921 | 娄星区(湘) | 洪家山森林公园 | 省 | 2.00 | 100.00 | |
| 922 | 双峰县(湘) | 九峰山林场 | 省 | 25.00 | 12.00 | |
| 923 | 新化县(湘) | 古台山省级森林公园 | 省 | 3.80 | 380.00 | |
| 924 | 涟源市(湘) | 湖南涟源包围山省级森林公园 | 省 | 3.60 | 206.00 | |
| 925 | 萝岗区(粤) | 广东省天鹿湖森林公园 | 省 | 28.00 | 500.00 | 60.00 |
| 926 | 花都区(粤) | 广东王子山森里度假发展有限公司 | 省 | 4.51 | 126.77 | 126.77 |
| 927 | 增城市(粤) | 白水寨风景名胜区 | 省 | 126.00 | 4336.00 | 3443.00 |
| 928 | 广州市属总林场(粤) | 广州市帽峰山景区 | 省 | 33.00 | 365.00 | 365.00 |
| 929 | 翁源县(粤) | 广东翁源青云山省级自然保护区 | 省 | 37.00 | 350.00 | |
| 930 | 乳源瑶族自治县(粤) | 乳源大峡谷自然保护区 | 省 | 30.00 | 6000.00 | 1800.00 |
| 931 | 乳源瑶族自治县(粤) | 南水湖湿地公园 | 省 | 30.00 | 6000.00 | 600.00 |
| 932 | 新丰县(粤) | 广东新丰云髻山省级自然保护区 | 省 | 12.00 | 1560.00 | 400.00 |
| 933 | 乐昌市(粤) | 乐昌市后洞森林公园 | 省 | 22.40 | 1590.00 | 642.00 |
| 934 | 南雄市(粤) | 帽子峰森林公园 | 省 | 6.00 | 170.00 | 170.00 |
| 935 | 台山市(粤) | 上川岛省级猕猴自然保护区 | 省 | 6.00 | 5.00 | 2.00 |
| 936 | 鹤山市(粤) | 广东大雁山森林公园 | 省 | 36.00 | 4600.00 | 180.00 |
| 937 | 雷州市(粤) | 九龙山湿地公园 | 省 | 100.00 | 1050.00 | |
| 938 | 吴川市(粤) | 吴川吉兆湾 | 省 | 2.20 | 300.00 | 45.00 |
| 939 | 茂名市属总林场(粤) | 广东茂名森林公园管理处 | 省 | 65.00 | 1098.83 | 961.83 |
| 940 | 龙门县(粤) | 龙门温泉 | 省 | 90.75 | 24705.00 | 2005.00 |
| 941 | 惠州市属总林场(粤) | 广东天堂山省级森林公园 | 省 | 2.50 | 270.00 | 30.00 |
| 942 | 惠州市属总林场(粤) | 广东油田省级森林公园 | 省 | 1.20 | 410.00 | 10.00 |
| 943 | 梅　县(粤) | 梅县雁南飞茶田有限公司 | 省 | 150.00 | 8800.00 | 2800.00 |
| 944 | 大埔县(粤) | 丰溪自然保护区 | 省 | 2.80 | 1200.00 | |
| 945 | 平远县(粤) | 广东平远龙文黄田省级自然保护区 | 省 | 3.00 | 1860.00 | |
| 946 | 平远县(粤) | 平远县五指石省级风景名胜区 | 省 | 19.00 | 11780.00 | 584.00 |
| 947 | 蕉岭县(粤) | 长潭自然保护区 | 省 | 65.00 | 120.00 | |
| 948 | 海丰县(粤) | 海丰县广东莲花山森林公园 | 省 | 154.00 | 990.00 | 12.70 |
| 949 | 陆河县(粤) | 南万风堆林自然保护区 | 省 | 2.50 | 560.00 | |

| 序号 | 县(旗、市、区、局、场) | 森林公园及自然保护区（名称） | 级别 | 实际接待人数（万人次） | 旅游总收入（万元） | 其中:门票收入（万元） |
|---|---|---|---|---|---|---|
| 950 | 源城区(粤) | 河源市野趣沟旅游区有限公司 | 省 | 14.46 | 592.00 | 363.63 |
| 951 | 龙川县(粤) | 霍山森林公园 | 省 | 5.50 | 2750.00 | 160.00 |
| 952 | 龙川县(粤) | 枫树坝自然保护区 | 省 | 1.60 | 800.00 | |
| 953 | 佛冈县(粤) | 佛冈县观音山自然保护区 | 省 | 6.00 | 1500.00 | 1000.00 |
| 954 | 清新县(粤) | 广东省太和洞森林公园 | 省 | 76.00 | 38000.00 | 1140.00 |
| 955 | 清新县(粤) | 广东省笔架山森林公园 | 省 | 34.00 | 20400.00 | 2380.00 |
| 956 | 清远市属总林场(粤) | 笔架山森林公园 | 省 | 6.83 | 156.00 | 156.00 |
| 957 | 湘桥区(粤) | 紫莲森林公园 | 省 | 46.40 | 928.00 | 250.00 |
| 958 | 罗定市(粤) | 龙湾生态旅游区 | 省 | 7.68 | 147.30 | 111.80 |
| 959 | 乐昌林场(粤) | 广东省后洞森林公园 | 省 | 15.00 | 15.00 | 6.50 |
| 960 | 隆安县(桂) | 龙虎山保护区 | 省 | 17.00 | 2100.00 | 987.00 |
| 961 | 马山县(桂) | 广西弄拉自治区级自然保护区管理处 | 省 | 3.00 | 90.00 | |
| 962 | 融水苗族自治县(桂) | 元宝山自然保护区 | 省 | 104.50 | 58300.00 | |
| 963 | 蒙山县(桂) | 古修自然保护区 | 省 | 200.00 | 8000.00 | |
| 964 | 岑溪市(桂) | 吉太森林公园 | 省 | 5.00 | 2000.00 | 500.00 |
| 965 | 钦北区(桂) | 广西钦州市八寨沟旅游区 | 省 | 58.50 | 12150.00 | 2610.50 |
| 966 | 浦北县(桂) | 广西五皇山自治区级森林公园 | 省 | 3.00 | 75.00 | 30.00 |
| 967 | 右江区(桂) | 大王岭自然保护区 | 省 | 4.86 | 1049.00 | 830.00 |
| 968 | 凌云县(桂) | 广西森林公园 | 省 | 11.00 | 3608.00 | 700.00 |
| 969 | 贺州市平桂管理区(桂) | 姑婆山森林公园 | 省 | 54.80 | 4205.00 | 1720.00 |
| 970 | 南丹县(桂) | 三匹虎自然保护区 | 省 | 92.00 | 7259.00 | |
| 971 | 六万林场(桂) | 广西六万大山自治区级森林公园 | 省 | 3.20 | 206.00 | |
| 972 | 江北区(渝) | 重庆市铁山坪森林公园 | 省 | 58.00 | 12000.00 | |
| 973 | 九龙坡区(渝) | 三多桥白鹭自然保护区 | 省 | 21.95 | 27.31 | |
| 974 | 九龙坡区(渝) | 重庆市白塔坪森林公园 | 省 | 16.00 | 55.20 | |
| 975 | 九龙坡区(渝) | 重庆市尖刀山森林公园 | 省 | 12.00 | 32.60 | |
| 976 | 万盛区(渝) | 九锅箐森林公园 | 省 | 1.20 | 155.00 | |
| 977 | 渝北区(渝) | 玉峰山森林公园 | 省 | 2.50 | 1200.00 | |
| 978 | 巴南区(渝) | 重庆南泉森林公园 | 省 | 5.00 | 400.00 | 42.00 |
| 979 | 巴南区(渝) | 东温泉森林公园 | 省 | 5.00 | 400.00 | 42.00 |
| 980 | 江津区(渝) | 重庆市滚子坪森林公园 | 省 | 3.00 | 83.00 | |
| 981 | 江津区(渝) | 重庆市云雾坪森林公园 | 省 | 8.30 | 275.00 | |
| 982 | 江津区(渝) | 重庆市临峰山森林公园 | 省 | 8.20 | 150.00 | |
| 983 | 永川区(渝) | 石笋山森林公园 | 省 | 10.00 | 1500.00 | |
| 984 | 永川区(渝) | 代家店森林公园 | 省 | 8.50 | 910.00 | |
| 985 | 潼南县(渝) | 重庆市马鞍山森林公园 | 省 | 18.00 | 0.20 | |
| 986 | 大足县(渝) | 白云寺森林公园 | 省 | 3.00 | 35.00 | |
| 987 | 荣昌县(渝) | 荣昌县岚峰森林公园 | 省 | 13.90 | 2257.00 | |
| 988 | 垫江县(渝) | 宝鼎山森林公园 | 省 | 3.00 | 4.00 | |
| 989 | 垫江县(渝) | 明月山森林公园 | 省 | 1.00 | 1.00 | |
| 990 | 开　县(渝) | 南山市级森林公园 | 省 | 17.00 | 7395.00 | |
| 991 | 大邑县(川) | 西岭雪山(黑水河自然保护区) | 省 | 72.25 | 47175.00 | |
| 992 | 自流井区(川) | 飞龙峡森林公园 | 省 | 96.00 | 7010.00 | 400.00 |
| 993 | 荣　县(川) | 荣县金花桫椤自然保护区 | 省 | 109.60 | 11023.00 | 240.00 |
| 994 | 富顺县(川) | 富顺县青山岭森林公园 | 省 | 139.90 | 13992.00 | 19.00 |

| 序号 | 县(旗、市、区、局、场) | 森林公园及自然保护区（名称） | 级别 | 实际接待人数（万人次） | 旅游总收入（万元） | 其中:门票收入（万元） |
|---|---|---|---|---|---|---|
| 995 | 米易县(川) | 龙潭溶洞 | 省 | 117.40 | 24264.00 | |
| 996 | 泸　县(川) | 四川省玉蟾森林公园 | 省 | 14.92 | 268.32 | 97.82 |
| 997 | 古蔺县(川) | 黄荆自然保护区 | 省 | 122.00 | 87230.00 | |
| 998 | 旌阳区(川) | 蕨螺山森林公园 | 省 | 13.00 | 200.00 | |
| 999 | 三台县(川) | 三台县凤凰山森林公园 | 省 | 255.00 | 4500.00 | |
| 1000 | 江油市(川) | 江油市观雾山森林公园 | 省 | 2.60 | 415.00 | 52.00 |
| 1001 | 苍溪县(川) | 四川三溪口森林公园 | 省 | 4.19 | 1505.00 | |
| 1002 | 苍溪县(川) | 四川九龙山自然保护区 | 省 | 8.80 | 3026.00 | |
| 1003 | 射洪县(川) | 平安风景区 | 省 | 16.00 | 6500.00 | |
| 1004 | 射洪县(川) | 射洪桃花山风景区 | 省 | 17.50 | 6880.00 | 875.00 |
| 1005 | 威远县(川) | 四川省茨菇塘森林公园 | 省 | 3.50 | 450.00 | |
| 1006 | 峨边彝族自治县(川) | 黑竹沟风景区 | 省 | 127.00 | 35846.00 | |
| 1007 | 顺庆区(川) | 西山风景区 | 省 | 40.00 | 1000.00 | 120.00 |
| 1008 | 营山县(川) | 太蓬山森林公园 | 省 | 22.00 | 4100.00 | |
| 1009 | 蓬安县(川) | 白云寨森林公园 | 省 | 1.00 | 100.00 | |
| 1010 | 翠屏区(川) | 四川省七星山森林公园 | 省 | 32.00 | 350.00 | |
| 1011 | 宜宾县(川) | 宜宾县石城山森林公园 | 省 | 3.26 | 410.35 | 32.64 |
| 1012 | 宜宾县(川) | 宜宾县越溪河省级风景名胜区 | 省 | 41.28 | 5323.40 | |
| 1013 | 江安县(川) | 青峰寺森林公园 | 省 | 1.73 | 128.60 | |
| 1014 | 高　县(川) | 七仙湖湿地公园 | 省 | 5.68 | 791.00 | |
| 1015 | 武胜县(川) | 龙女湖湿地公园 | 省 | 10.00 | 500.00 | |
| 1016 | 达川区(川) | 达县雷音铺森林公园 | 省 | 6.00 | 870.00 | |
| 1017 | 达川区(川) | 达县真佛山风景区 | 省 | 2.00 | 300.00 | |
| 1018 | 宣汉县(川) | 观音山省级森林公园 | 省 | 12.80 | 4215.00 | |
| 1019 | 宣汉县(川) | 峨城竹海省级森林公园 | 省 | 15.02 | 4720.00 | |
| 1020 | 渠　县(川) | 大坡岭森林公园 | 省 | 10.30 | 1578.00 | 560.00 |
| 1021 | 万源市(川) | 东林山省级森林公园 | 省 | 3.00 | 30.00 | |
| 1022 | 万源市(川) | 黑宝山省级森林公园 | 省 | 20.00 | 50.00 | |
| 1023 | 雨城区(川) | 周公山森林公园 | 省 | 25.00 | 18750.00 | |
| 1024 | 芦山县(川) | 芦山县大川河自然保护区 | 省 | 8.50 | 400.00 | |
| 1025 | 平昌县(川) | 驷马自然保护区 | 省 | 15.20 | 2213.00 | |
| 1026 | 安岳县(川) | 四川省千佛寨森林公园 | 省 | 41.00 | 6768.00 | |
| 1027 | 理　县(川) | 理县毕棚沟风景区 | 省 | 16.00 | 1930.00 | |
| 1028 | 黑水县(川) | 四川省黑水县三打古自然保护区 | 省 | 20.00 | 84.90 | 35.00 |
| 1029 | 康定县(川) | 木格措景区 | 省 | 13.69 | 1802.00 | 763.50 |
| 1030 | 德格县(川) | 新路海自然保护区 | 省 | 1.40 | 1150.00 | 430.00 |
| 1031 | 盐源县(川) | 泸沽湖湿地自然保护区 | 省 | 25.90 | 11040.00 | 0.28 |
| 1032 | 金阳县(川) | 金阳百草坡省级自然保护区 | 省 | 1.70 | 610.00 | |
| 1033 | 冕宁县(川) | 四川省灵山森林公园 | 省 | 41.80 | 7026.00 | 2508.00 |
| 1034 | 大方县(黔) | 大方县油杉河森林级公园 | 省 | 30.00 | 21612.00 | |
| 1035 | 锦屏县(黔) | 锦屏县春蕾省级森林公园 | 省 | 35.00 | 310.00 | |
| 1036 | 福泉市(黔) | 云雾山森林公园 | 省 | 30.00 | 5000.00 | 3000.00 |
| 1037 | 罗甸县(黔) | 罗甸翠滩省级森林公园 | 省 | 5.10 | 240.00 | |
| 1038 | 长顺县(黔) | 白云山自然保护区 | 省 | 5.20 | 5621.00 | |
| 1039 | 长顺县(黔) | 斗麻自然保护区 | 省 | 2.80 | 1650.00 | |

| 序号 | 县(旗、市、区、局、场) | 森林公园及自然保护区(名称) | 级别 | 实际接待人数(万人次) | 旅游总收入(万元) | 其中:门票收入(万元) |
|---|---|---|---|---|---|---|
| 1040 | 寻甸回族彝族自治县(滇) | 云南寻甸三月三森林公园 | 省 | 5.50 | 18.00 | |
| 1041 | 会泽县(滇) | 金钟山省级森林公园 | 省 | 1.50 | 3.00 | |
| 1042 | 沾益县(滇) | 沾益县珠江源森林公园 | 省 | 3.80 | 162.00 | 148.00 |
| 1043 | 宣威市(滇) | 珠江源自然保护区 | 省 | 63.00 | 127.20 | 21.60 |
| 1044 | 腾冲县(滇) | 北海湿地省级自然保护区 | 省 | 11.74 | 5740.86 | 987.56 |
| 1045 | 大关县(滇) | 大关县黄连河风景区 | 省 | 9.20 | 3159.00 | 55.20 |
| 1046 | 玉龙纳西族自治县(滇) | 玉龙雪山自然保护区 | 省 | 300.80 | 46428.00 | 31584.00 |
| 1047 | 宁蒗彝族自治县(滇) | 泸沽湖自然保护区 | 省 | 117.00 | 58500.00 | 4650.00 |
| 1048 | 楚雄市(滇) | 紫溪山省级自然保护区 | 省 | 120.00 | 192.00 | 90.00 |
| 1049 | 丘北县(滇) | 普者黑自然保护区 | 省 | 200.20 | 22358.00 | 2947.00 |
| 1050 | 广南县(滇) | 云南八宝省级自然保护区 | 省 | 16.50 | 1.25 | 1.25 |
| 1051 | 灞桥区(陕) | 白鹿原森林公园 | 省 | 2.00 | 50.00 | 10.00 |
| 1052 | 雁塔区(陕) | 陕西西安雁塔森林公园 | 省 | 60.00 | 3180.00 | 220.00 |
| 1053 | 长安区(陕) | 沣峪森林公园 | 省 | 13.40 | 283.00 | 146.00 |
| 1054 | 长安区(陕) | 祥峪森林公园 | 省 | 4.50 | 220.00 | 110.00 |
| 1055 | 长安区(陕) | 太兴山国家森林公园 | 省 | 3.00 | 70.00 | 60.00 |
| 1056 | 蓝田县(陕) | 玉山森林公园 | 省 | 10.00 | 120.00 | 50.00 |
| 1057 | 陈仓区(陕) | 吴山森林公园 | 省 | 5.00 | 2470.00 | 1500.00 |
| 1058 | 扶风县(陕) | 陕西野河省级自然保护区 | 省 | 2.00 | 120.00 | 52.00 |
| 1059 | 眉　县(陕) | 红河谷森林公园 | 省 | 35.80 | 3889.30 | 1401.30 |
| 1060 | 陇　县(陕) | 陕西省龙门洞森林公园 | 省 | 2.10 | 72.00 | 31.00 |
| 1061 | 永寿县(陕) | 翠屏山森林公园 | 省 | 8.30 | 4720.00 | |
| 1062 | 淳化县(陕) | 仲山森林公园 | 省 | 10.00 | 4000.00 | 400.00 |
| 1063 | 白水县(陕) | 陕西省方山森林公园 | 省 | 2.00 | 170.00 | 1.20 |
| 1064 | 富平县(陕) | 金粟山森林公园 | 省 | 1.50 | 3.50 | 23.00 |
| 1065 | 汉台区(陕) | 陕西省省级褒河森林公园 | 省 | 2.70 | 24.00 | 24.00 |
| 1066 | 宁强县(陕) | 汉水源森林公园 | 省 | 5.10 | 585.00 | |
| 1067 | 佛坪县(陕) | 佛坪县大坪峪旅游景区 | 省 | 30.00 | 2000.00 | 960.00 |
| 1068 | 汉滨区(陕) | 陕西省凤凰山森林公园 | 省 | 2.66 | 154.00 | |
| 1069 | 紫阳县(陕) | 陕西省擂鼓台森林公园 | 省 | 1.00 | 132.00 | 22.00 |
| 1070 | 岚皋县(陕) | 神仙河省级森林公园 | 省 | 5.00 | 1000.00 | 400.00 |
| 1071 | 宁东林业局(陕) | 陕西省宁东森林公园 | 省 | 1.20 | 102.66 | 33.36 |
| 1072 | 西固区(甘) | 南山森林公园 | 省 | 100.00 | 850.00 | |
| 1073 | 靖远县(甘) | 法泉寺省级森林公园 | 省 | 5.00 | 50.00 | 50.00 |
| 1074 | 肃南裕固族自治县(甘) | 肃南县马蹄寺森林公园 | 省 | 18.00 | 842.00 | 358.00 |
| 1075 | 民乐县(甘) | 海潮坝森林公园 | 省 | 2.80 | 300.00 | 6.00 |
| 1076 | 华亭县(甘) | 米家沟生态园 | 省 | 2.00 | 25.00 | 20.00 |
| 1077 | 庄浪县(甘) | 朝那湫省级森林公园 | 省 | 5.40 | 3.60 | 3.60 |
| 1078 | 金塔县(甘) | 金塔潮湖省级沙漠森林公园 | 省 | 13.00 | 22.00 | |
| 1079 | 环　县(甘) | 兴隆森林公园 | 省 | 6.00 | 6.00 | |
| 1080 | 华池县(甘) | 华池县东山双塔森林公园 | 省 | 5.00 | 300.00 | |
| 1081 | 华池林业总场(甘) | 东华池森林公园 | 省 | 1.00 | 3.00 | |
| 1082 | 正宁林业总场(甘) | 调令关森林公园 | 省 | 5.00 | 161.00 | 3.10 |
| 1083 | 两当县(甘) | 灵管峡森林公园 | 省 | 1.20 | 30.00 | 30.00 |
| 1084 | 临夏市(甘) | 临夏市南龙山森林公园 | 省 | 3.00 | 23.50 | 0.50 |

| 序号 | 县(旗、市、区、局、场) | 森林公园及自然保护区(名称) | 级别 | 实际接待人数(万人次) | 旅游总收入(万元) | 其中:门票收入(万元) |
|---|---|---|---|---|---|---|
| 1085 | 永靖县(甘) | 永靖县黄河三峡湿地自然保护区 | 省 | 11.00 | 2790.00 | 230.00 |
| 1086 | 舟曲县(甘) | 拉尕山 | 省 | 1.00 | 250.00 | |
| 1087 | 迭部县(甘) | 腊子口风景区 | 省 | 9.26 | 136.00 | |
| 1088 | 碌曲县(甘) | 碌曲县则岔森林公园 | 省 | 4.50 | 240.00 | 90.00 |
| 1089 | 平安县(青) | 平安县峡群寺国营林场 | 省 | 1.70 | 17.00 | 17.00 |
| 1090 | 互助土族自治县(青) | 南门峡森林公园 | 省 | 1.00 | 4.00 | |
| 1091 | 西吉县(宁) | 西吉县党家岔湿地保护区 | 省 | 2.20 | 1.50 | |
| 1092 | 巩留县(新) | 巩留县野核桃沟自然保护区 | 省 | 4.73 | 293.00 | 137.24 |
| 1093 | 裕民县(新) | 巴山塔斯特旅游风景区 | 省 | 20.00 | 12600.00 | 600.00 |
| 1094 | 霍城林场(新) | 霍城果子沟森林公园 | 省 | 5.50 | 115.00 | |
| 1095 | 察布查尔林场(新) | 新疆维吾尔自治区琼博拉森林公园 | 省 | 2.10 | 100.00 | 13.00 |
| 1096 | 阿尔泰林场 (新) | 新疆阿勒泰小东沟森林公园 | 省 | 2.00 | 60.00 | |
| 1097 | 木垒林场(新) | 新疆木垒林场大龙王森林公园 | 省 | 1.00 | 4.00 | 2.50 |
| 1098 | 吉木萨尔林场(新) | 新疆车师古道森林公园 | 省 | 10.00 | 26.00 | 5.00 |
| 1099 | 绥阳林业局(龙江森工) | 绥阳小天桥森林公园 | 省 | 7.20 | 2000.00 | |
| 1100 | 鹤立林业局(龙江森工) | 红旗森林公园 | 省 | 2.50 | 27.00 | |
| 1101 | 清河林业局(龙江森工) | 清河森林公园 | 省 | 5.00 | 595.00 | 50.00 |
| 1102 | 新青林业局(龙江森工) | 新青森林公园 | 省 | 5.00 | 400.00 | 150.00 |
| 1103 | 友好林业局(龙江森工) | 友好森林公园 | 省 | 1.10 | 550.00 | 60.00 |
| 1104 | 朗乡林业局(龙江森工) | 郎乡森林公园 | 省 | 1.30 | 55.00 | |
| 1105 | 朗乡林业局(龙江森工) | 林中园森林公园 | 省 | 1.50 | 22.00 | |
| 1106 | 绥棱林业局(龙江森工) | 绥棱白马石 | 省 | 1.80 | 68.00 | |
| 1107 | 农六师(新疆兵团) | 青格达湖自然保护区 | 省 | 50.00 | 10000.00 | 500.00 |
| 1108 | 海淀区(京) | 凤凰岭公园 | 地 | 32.46 | 481.96 | 481.96 |
| 1109 | 井陉矿区(冀) | 清凉山 | 地 | 11.00 | 455.00 | 200.00 |
| 1110 | 杭锦旗(内蒙古) | 鄂尔多斯草原旅游区 | 地 | 6.90 | 835.00 | 138.00 |
| 1111 | 察哈尔右翼中旗(内蒙古) | 辉腾锡勒草原旅游景区 | 地 | 58.00 | 1.40 | 1.40 |
| 1112 | 顺城区(辽) | 农家乐等自发形式旅游 | 地 | 7.30 | 1640.00 | |
| 1113 | 本溪市经济开发区(辽) | 仙榆湾 | 地 | 5.00 | 1000.00 | |
| 1114 | 振安区(辽) | 丹东市五龙山森林公园 | 地 | 16.00 | 4550.00 | 800.00 |
| 1115 | 凤城市(辽) | 帽盔山森林公园 | 地 | 21.00 | 6400.00 | |
| 1116 | 凌海市(辽) | 岩井寺 | 地 | 15.00 | 100.00 | 50.00 |
| 1117 | 凌海市(辽) | 翠岩山 | 地 | 15.00 | 100.00 | 50.00 |
| 1118 | 大石桥市(辽) | 老轿顶自然保护区 | 地 | 10.00 | 180.00 | |
| 1119 | 大石桥市(辽) | 蟠龙山公园 | 地 | 60.00 | 1400.00 | |
| 1120 | 大石桥市(辽) | 迷镇山 | 地 | 30.00 | 1800.00 | 300.00 |
| 1121 | 太平区(辽) | 塔子沟风景区 | 地 | 6.50 | 277.00 | |
| 1122 | 山河实验林场(黑) | 哈尔滨市山河实验林场 | 地 | 5.00 | 10.00 | 2.00 |
| 1123 | 镇海区(浙) | 九龙湖森林公园 | 地 | 102.00 | 11861.00 | 556.30 |
| 1124 | 黄岩区(浙) | 浙江省台州市布袋山景区 | 地 | 4.50 | 900.00 | 180.00 |
| 1125 | 黄岩区(浙) | 黄岩富山大裂谷 | 地 | 2.20 | 400.00 | 80.00 |
| 1126 | 宜秀区(皖) | 石树 | 地 | 4.70 | 844.00 | 94.00 |
| 1127 | 祁门县(皖) | 黄山市祁门县牯牛降九龙池景区 | 地 | 33.00 | 12540.00 | 3630.00 |
| 1128 | 祁门县(皖) | 祁门县历口镇历溪景区 | 地 | 19.00 | 3990.00 | 1520.00 |
| 1129 | 祁门县(皖) | 祁门县渚口櫓溪湾景区 | 地 | 15.00 | 3150.00 | 2450.00 |

| 序号 | 县(旗、市、区、局、场) | 森林公园及自然保护区<br>(名称) | 级别 | 实际接待人数<br>(万人次) | 旅游总收入<br>(万元) | 其中:门票收入<br>(万元) |
|---|---|---|---|---|---|---|
| 1130 | 济南市市中区(鲁) | 红山尖森林公园 | 地 | 11.00 | 100.00 | |
| 1131 | 济南市市中区(鲁) | 玉龙山森林公园 | 地 | 12.00 | 45.00 | |
| 1132 | 济南市市中区(鲁) | 大石崮森林公园 | 地 | 1.00 | 8.00 | |
| 1133 | 长清区(鲁) | 济南市长清区莲台山森林公园 | 地 | 9.00 | 205.00 | 5.00 |
| 1134 | 商河县(鲁) | 商河县滨河湿地公园 | 地 | 50.00 | 1000.00 | |
| 1135 | 商河县(鲁) | 商河县玉源园森林公园 | 地 | 15.00 | 800.00 | |
| 1136 | 黄岛区(鲁) | 九上沟森林公园 | 地 | 2.00 | 40.00 | 20.00 |
| 1137 | 黄岛区(鲁) | 古月山庄森林公园 | 地 | 5.00 | 116.00 | 12.50 |
| 1138 | 黄岛区(鲁) | 喜鹊山森林公园 | 地 | 2.00 | 118.00 | 38.00 |
| 1139 | 黄岛区(鲁) | 灵山岛森林公园 | 地 | 4.00 | 710.00 | 210.00 |
| 1140 | 黄岛区(鲁) | 珠山秀谷森林公园 | 地 | 60.00 | 400.00 | 150.00 |
| 1141 | 城阳区(鲁) | 云头崮市级森林公园 | 地 | 10.00 | 270.00 | |
| 1142 | 胶州市(鲁) | 胶河森林公园 | 地 | 26.00 | 520.00 | |
| 1143 | 博山区(鲁) | 志公坪森林公园 | 地 | 5.60 | 110.00 | 60.00 |
| 1144 | 博山区(鲁) | 莲花山森林公园 | 地 | 20.00 | 1000.00 | 200.00 |
| 1145 | 博山区(鲁) | 五阳湖森林公园 | 地 | 18.00 | 400.00 | |
| 1146 | 博山区(鲁) | 樵岭前森林公园 | 地 | 9.90 | 910.00 | 450.00 |
| 1147 | 博山区(鲁) | 金牛山森林公园 | 地 | 3.10 | 30.00 | |
| 1148 | 博山区(鲁) | 淄博开元龙洞 | 地 | 42.30 | 2516.30 | 2386.80 |
| 1149 | 青州市(鲁) | 泰和山风景区 | 地 | 15.50 | 1741.00 | 1671.00 |
| 1150 | 诸城市(鲁) | 诸城市大山森林公园 | 地 | 10.00 | 30.00 | |
| 1151 | 安丘市(鲁) | 青云山管理处 | 地 | 150.00 | 800.00 | 750.00 |
| 1152 | 荣成市(鲁) | 石岛山森林公园 | 地 | 62.60 | 5965.20 | 5400.00 |
| 1153 | 莱城区(鲁) | 龙山森林公园 | 地 | 8.90 | 550.00 | 130.21 |
| 1154 | 沂南县(鲁) | 五彩山森林公园 | 地 | 8.80 | 440.00 | |
| 1155 | 沂水县(鲁) | 灵泉寺 | 地 | 47.00 | 318.00 | 215.00 |
| 1156 | 沂水县(鲁) | 圣水坊 | 地 | 10.50 | 204.00 | 21.00 |
| 1157 | 阳谷县(鲁) | 景阳冈旅游区 | 地 | 52.00 | 2000.00 | 1760.00 |
| 1158 | 管城回族区(豫) | 潮湖森林公园 | 地 | 5.00 | 600.00 | |
| 1159 | 惠济区(豫) | 郑州黄河风景名胜区 | 地 | 49.00 | 3690.00 | 2940.00 |
| 1160 | 安阳县(豫) | 马鞍山森林公园 | 地 | 3.50 | 150.30 | 70.00 |
| 1161 | 安阳县(豫) | 宝山灵泉寺森林公园 | 地 | 5.10 | 200.00 | 60.00 |
| 1162 | 林州市(豫) | 天平山森林公园 | 地 | 15.00 | 130.00 | 70.00 |
| 1163 | 林州市(豫) | 柏尖山森林公园 | 地 | 40.00 | 200.00 | |
| 1164 | 魏都区(豫) | 西湖公园 | 地 | 15.40 | 1346.00 | |
| 1165 | 固始县(豫) | 南山森林公园 | 地 | 12.00 | 1200.00 | 72.00 |
| 1166 | 驿城区(豫) | 置地公园 | 地 | 15.00 | 900.00 | |
| 1167 | 竹山县(鄂) | 女娲山森林公园 | 地 | 18.00 | 488.00 | |
| 1168 | 荷塘区(湘) | 仙庾岭 | 地 | 95.00 | 1080.00 | |
| 1169 | 石峰区(湘) | 石峰公园 | 地 | 15.00 | 480.00 | |
| 1170 | 蒸湘区(湘) | 雨母山风景区 | 地 | 28.00 | 3155.00 | |
| 1171 | 临澧县(湘) | 太浮山森林公园 | 地 | 3.50 | 85.00 | |
| 1172 | 增城市(粤) | 大封门森林公园 | 地 | 105.00 | 955.50 | |
| 1173 | 翁源县(粤) | 广东翁源半溪市级自然保护区 | 地 | 21.00 | 290.00 | |
| 1174 | 乳源瑶族自治县(粤) | 乳源泉水自然保护区 | 地 | 25.00 | 5000.00 | 500.00 |

| 序号 | 县(旗、市、区、局、场) | 森林公园及自然保护区(名称) | 级别 | 实际接待人数(万人次) | 旅游总收入(万元) | 其中:门票收入(万元) |
|---|---|---|---|---|---|---|
| 1175 | 新丰县(粤) | 新丰鲁古河市级自然保护区 | 地 | 8.00 | 1040.00 | |
| 1176 | 惠阳区(粤) | 惠州金桔森林公园 | 地 | 9.40 | 163.00 | |
| 1177 | 惠阳区(粤) | 惠州白云嶂森林公园 | 地 | 11.00 | 26.40 | |
| 1178 | 惠阳区(粤) | 惠州叶挺森林公园 | 地 | 6.40 | 21.10 | |
| 1179 | 惠州市属总林场(粤) | 惠州三寨谷市级森林公园 | 地 | 81.00 | 4680.00 | 459.00 |
| 1180 | 惠州市属总林场(粤) | 惠州龙门温泉市级森林公园 | 地 | 87.50 | 24705.00 | 2005.00 |
| 1181 | 惠州市属总林场(粤) | 惠州香溪堡市级森林公园 | 地 | 28.80 | 1928.00 | 963.20 |
| 1182 | 惠州市属总林场(粤) | 惠州南山市级森林公园 | 地 | 4.00 | 150.00 | |
| 1183 | 惠州市属总林场(粤) | 惠州金桔市级森林公园 | 地 | 9.48 | 163.20 | |
| 1184 | 惠州市属总林场(粤) | 惠州叶挺市级森林公园 | 地 | 5.80 | 22.05 | |
| 1185 | 惠州市属总林场(粤) | 惠州白云嶂市级森林公园 | 地 | 11.21 | 26.73 | |
| 1186 | 惠州市属总林场(粤) | 惠州大观园市级森林公园 | 地 | 108.50 | 36130.50 | 1785.00 |
| 1187 | 蕉岭县(粤) | 皇佑笔自然保护区 | 地 | 65.00 | 120.00 | |
| 1188 | 清远市属总林场(粤) | 银盏森林公园 | 地 | 9.00 | 220.00 | |
| 1189 | 银海区(桂) | 北海金海湾红树林生态旅游度假管理有限公司 | 地 | 13.00 | 220.00 | 108.00 |
| 1190 | 九龙坡区(渝) | 重庆市白市驿城市花卉森林公园 | 地 | 12.00 | 90.00 | |
| 1191 | 武侯区(川) | 御萃草堂 | 地 | 2.00 | 300.00 | |
| 1192 | 蒲江县(川) | 保利(成都)石象湖旅游发展有限公司 | 地 | 328.30 | 41883.80 | 12565.10 |
| 1193 | 邛崃市(川) | 邛崃市二龙山森林公园 | 地 | 1.50 | 150.00 | |
| 1194 | 邛崃市(川) | 邛崃市竹溪湖森林公园 | 地 | 20.00 | 2000.00 | |
| 1195 | 游仙区(川) | 游仙区水禽湿地保护区 | 地 | 155.00 | 8200.00 | 20.00 |
| 1196 | 西充县(川) | 百佛寺 | 地 | 1.00 | 1.00 | |
| 1197 | 宣汉县(川) | 笔架山风景区 | 地 | 110.00 | 19074.00 | |
| 1198 | 师宗县(滇) | 菌子山自然保护区 | 地 | 25.00 | 9900.00 | 380.00 |
| 1199 | 大姚县(滇) | 大姚县昙华山州级自然保护区 | 地 | 2.40 | 72.00 | |
| 1200 | 永仁县(滇) | 永仁县方山自然保护区 | 地 | 86.26 | 7158.00 | |
| 1201 | 元谋县(滇) | 元谋县土林州级自然保护区 | 地 | 30.00 | 2436.00 | 2436.00 |
| 1202 | 武定县(滇) | 武定县狮子山州级自然保护区管理所 | 地 | 135.90 | 15686.00 | 300.00 |
| 1203 | 弥渡县(滇) | 太极顶自然保护区 | 地 | 2.00 | 20.00 | |
| 1204 | 迭部县(甘) | 扎尕那风景区 | 地 | 7.92 | 91.69 | |
| 1205 | 赵　县(冀) | 赵县梨区 | 县 | 23.00 | 1000.00 | |
| 1206 | 遵化市(冀) | 林家乐(农家乐)44 个 | 县 | 1.20 | 36.00 | |
| 1207 | 磁　县(冀) | 磁县滏泉湖度假村 | 县 | 20.00 | 190.00 | |
| 1208 | 磁　县(冀) | 磁县炉峰山生态风景区 | 县 | 3.00 | 8.00 | |
| 1209 | 磁　县(冀) | 磁县龙洞沟风景区 | 县 | 2.00 | 2.00 | |
| 1210 | 邢台县(冀) | 张果老山旅游区 | 县 | 1.20 | 22.70 | 22.70 |
| 1211 | 邢台县(冀) | 小西天旅游区 | 县 | 4.00 | 74.50 | 74.50 |
| 1212 | 内丘县(冀) | 寒山风景区 | 县 | 4.00 | 154.00 | 80.00 |
| 1213 | 柏乡县(冀) | 汉牡丹园 | 县 | 5.00 | 300.00 | 180.00 |
| 1214 | 满城县(冀) | 满城陵山汉墓 | 县 | 7.20 | 377.00 | |
| 1215 | 满城县(冀) | 满城县柿子沟 | 县 | 10.00 | 500.00 | |
| 1216 | 涿州市(冀) | 涿州市新义春光梨树观光采摘园 | 县 | 15.30 | 1530.00 | |
| 1217 | 永清县(冀) | 永清森林公园 | 县 | 10.00 | 20.00 | 10.00 |
| 1218 | 屯留县(晋) | 嶷山森林公园 | 县 | 3.20 | 500.00 | |
| 1219 | 霍州市(晋) | 七里峪、陶唐峪风景区 | 县 | 7.00 | 800.00 | 130.00 |

| 序号 | 县(旗、市、区、局、场) | 森林公园及自然保护区(名称) | 级别 | 实际接待人数(万人次) | 旅游总收入(万元) | 其中:门票收入(万元) |
|---|---|---|---|---|---|---|
| 1220 | 回民区(内蒙古) | 大青山野生动物园 | 县 | 22.00 | 1580.00 | 980.00 |
| 1221 | 土默特左旗(内蒙古) | 白石头沟生态旅游区 | 县 | 15.00 | 500.00 | 500.00 |
| 1222 | 昆都仑区(内蒙古) | 石门风景区 | 县 | 12.00 | 360.00 | 150.00 |
| 1223 | 松山区(内蒙古) | 松山区东山皇家漫甸 | 县 | 2.25 | 350.00 | |
| 1224 | 准格尔旗(内蒙古) | 万家寨水上娱乐中心 | 县 | 1.10 | 96.00 | |
| 1225 | 鄂托克旗(内蒙古) | 碧海阳光温泉度假村 | 县 | 5.82 | 3217.00 | 923.00 |
| 1226 | 内蒙古柴河林业局(内蒙古) | 柴河森林公园 | 县 | 3.00 | 150.00 | |
| 1227 | 扎兰屯市(内蒙古) | 济沁河湿地、雅鲁河湿地 | 县 | 5.00 | 50.00 | |
| 1228 | 额尔古纳市(内蒙古) | 湿地景区 | 县 | 33.00 | 950.00 | 860.00 |
| 1229 | 卓资县(内蒙古) | 红召九龙湾 | 县 | 2.00 | 300.00 | 30.00 |
| 1230 | 长海县(辽) | 长海县 | 县 | 23.00 | 5850.00 | |
| 1231 | 凤城市(辽) | “农家乐”等自发形成的旅游景点 | 县 | 28.00 | 15684.00 | |
| 1232 | 鲅鱼圈区(辽) | 墩台山森林公园 | 县 | 50.00 | 2000.00 | |
| 1233 | 鲅鱼圈区(辽) | 青龙山森林公园 | 县 | 60.00 | 3000.00 | |
| 1234 | 鲅鱼圈区(辽) | 碧霞山森林公园 | 县 | 60.00 | 3000.00 | |
| 1235 | 海州区(辽) | 农家乐 | 县 | 1.00 | 200.00 | |
| 1236 | 宏伟区(辽) | 辽阳市龙石风景旅游区 | 县 | 100.00 | 3500.00 | 100.00 |
| 1237 | 大洼县(辽) | 红海滩湿地旅游度假区 | 县 | 45.00 | 31000.00 | 4000.00 |
| 1238 | 调兵山市(辽) | 调兵山风景区 | 县 | 50.00 | 4500.00 | 80.00 |
| 1239 | 建昌县(辽) | 龙潭大峡谷 | 县 | 8.00 | 1000.00 | 200.00 |
| 1240 | 建昌县(辽) | 清泉寺 | 县 | 1.50 | 75.00 | |
| 1241 | 建昌县(辽) | 龙泉寺 | 县 | 1.50 | 75.00 | |
| 1242 | 莲花山开发区(吉) | 莲花山生态旅游度假区 | 县 | 120.00 | 67000.00 | 120.00 |
| 1243 | 四平市铁东区(吉) | 四平市叶赫皇家山滑雪有限公司 | 县 | 1.00 | 180.00 | 180.00 |
| 1244 | 东丰县(吉) | 吉林省江城森林植物园 | 县 | 40.00 | 1200.00 | 400.00 |
| 1245 | 东丰县(吉) | 东丰县丽水山庄 | 县 | 22.00 | 500.00 | |
| 1246 | 道里区(黑) | 长岭湖保护区 | 县 | 1.00 | 100.00 | |
| 1247 | 道里区(黑) | 太平湖保护区 | 县 | 2.00 | 200.00 | |
| 1248 | 林甸县(黑) | 鹤鸣湖旅游度假区 | 县 | 8.00 | 1710.00 | 1000.00 |
| 1249 | 林甸县(黑) | 九道沟满族风情园 | 县 | 4.00 | 800.00 | 538.00 |
| 1250 | 杜尔伯特蒙古族自治县(黑) | 新店林场野生动物保护区 | 县 | 1.00 | 20.00 | 20.00 |
| 1251 | 杜尔伯特蒙古族自治县(黑) | 连环湖水禽保护区 | 县 | 1.20 | 144.00 | 144.00 |
| 1252 | 绥棱县(黑) | 金斗湾漂流 | 县 | 1.00 | 27.00 | 3.00 |
| 1253 | 高邮市(苏) | 扬州高邮湖界首湿地公园 | 县 | 5.00 | 30.00 | 20.00 |
| 1254 | 建德市(浙) | 绿荷塘森林公园 | 县 | 1.80 | 600.00 | 100.00 |
| 1255 | 永康市(浙) | 方岩自然保护区 | 县 | 217.00 | 10180.00 | |
| 1256 | 岱山县(浙) | 秀山湿地 | 县 | 2.00 | 50.00 | |
| 1257 | 三门县(浙) | 瑞云山自然景观保护小区 | 县 | 1.20 | 100.00 | |
| 1258 | 三门县(浙) | 大岙坑自然生态保护小区 | 县 | 3.50 | 290.00 | |
| 1259 | 三门县(浙) | 三门县湫水山森林公园 | 县 | 12.00 | 1300.00 | |
| 1260 | 松阳县(浙) | 松阳县箬寮岘名胜风景区 | 县 | 85.00 | 6721.00 | 50.00 |
| 1261 | 固镇县(皖) | 香雪生态园 | 县 | 3.00 | 1000.00 | 60.00 |
| 1262 | 黟　县(皖) | 黟县美溪旅游中心 | 县 | 8.00 | 560.00 | 400.00 |
| 1263 | 黟　县(皖) | 黟县桃源山村旅游服务中心 | 县 | 16.00 | 1600.00 | 1120.00 |
| 1264 | 临泉县(皖) | 杨桥桃花岛 | 县 | 6.80 | 56.00 | |

| 序号 | 县(旗、市、区、局、场) | 森林公园及自然保护区（名称） | 级别 | 实际接待人数（万人次） | 旅游总收入（万元） | 其中:门票收入（万元） |
|---|---|---|---|---|---|---|
| 1265 | 临泉县(皖) | 滑集桃花节 | 县 | 10.80 | 156.00 | |
| 1266 | 临泉县(皖) | 姜子牙公园 | 县 | 12.80 | 356.00 | |
| 1267 | 东至县(皖) | 东至县马坑紫石塔自然保护区 | 县 | 3.00 | 272.00 | |
| 1268 | 东至县(皖) | 东至县西洋参—南溪古寨风景区 | 县 | 4.00 | 431.00 | |
| 1269 | 泾　县(皖) | 泾县月亮湾漂流 | 县 | 8.00 | 1200.00 | 600.00 |
| 1270 | 芦溪县(赣) | 芦溪县锅底潭自然保护区 | 县 | 14.10 | 1570.00 | |
| 1271 | 九江县(赣) | 杨梅采摘 | 县 | 1.50 | 300.00 | |
| 1272 | 永修县(赣) | 燕山旅游公司龙源峡景区 | 县 | 2.00 | 130.00 | 100.00 |
| 1273 | 永修县(赣) | 柘林湖桃花溪漂流景区 | 县 | 6.00 | 360.00 | 280.00 |
| 1274 | 宜丰县(赣) | 宜丰洞山风景名胜区 | 县 | 2.00 | 1800.00 | |
| 1275 | 宜丰县(赣) | 宜丰黄檗山风景名胜区 | 县 | 1.00 | 1550.00 | |
| 1276 | 樟树市(赣) | 阁皂山国家森林公园 | 县 | 17.00 | 698.00 | |
| 1277 | 南城县(赣) | 林业旅游 | 县 | 5.90 | 3200.00 | |
| 1278 | 南城县(赣) | 疗养与休闲 | 县 | 4.35 | 2728.00 | |
| 1279 | 资溪县(赣) | 资溪县大觉山景区 | 县 | 57.80 | 48829.00 | |
| 1280 | 婺源县(赣) | 文公山县级自然保护区 | 县 | 2.00 | 120.00 | 50.00 |
| 1281 | 诸城市(鲁) | 诸城市救主山森林公园 | 县 | 2.00 | 5.00 | |
| 1282 | 诸城市(鲁) | 诸城市磊石山森林公园 | 县 | 3.00 | 20.00 | |
| 1283 | 诸城市(鲁) | 诸城市障日山森林公园 | 县 | 5.00 | 10.00 | |
| 1284 | 诸城市(鲁) | 诸城市芦山森林公园 | 县 | 5.00 | 10.00 | |
| 1285 | 肥城市(鲁) | 肥城云蒙山 | 县 | 1.10 | 15.60 | 5.20 |
| 1286 | 肥城市(鲁) | 肥城剪云山 | 县 | 1.50 | 15.00 | 10.00 |
| 1287 | 东港区(鲁) | 河山风景区 | 县 | 3.10 | 465.00 | |
| 1288 | 东港区(鲁) | 太阳山风景区 | 县 | 15.00 | 225.00 | |
| 1289 | 东港区(鲁) | 龙门崮风景区 | 县 | 24.00 | 360.00 | |
| 1290 | 东港区(鲁) | 竹洞天风景区 | 县 | 30.00 | 450.00 | |
| 1291 | 临沂市高新技术产业开发区(鲁) | 曹家峪风景区 | 县 | 9.20 | 236.00 | |
| 1292 | 二七区(豫) | 二七区樱桃沟森林公园 | 县 | 50.00 | 2141.00 | |
| 1293 | 登封市(豫) | 情人谷景区 | 县 | 5.60 | 23.60 | |
| 1294 | 龙亭区(豫) | 万岁山森林公园 | 县 | 12.00 | 240.00 | 240.00 |
| 1295 | 新安县(豫) | 新安县翠屏山森林公园 | 县 | 5.20 | 26.00 | |
| 1296 | 新安县(豫) | 新安县城北森林公园 | 县 | 9.00 | 45.00 | |
| 1297 | 汝阳县(豫) | 龙隐景区 | 县 | 50.00 | 7500.00 | 500.00 |
| 1298 | 伊川县(豫) | 鹤鸣峡风景区 | 县 | 20.00 | 700.00 | 600.00 |
| 1299 | 宝丰县(豫) | 尖山坡 | 县 | 1.10 | 120.00 | |
| 1300 | 浚　县(豫) | 浚县大伾山风景区 | 县 | 15.75 | 1200.00 | 870.00 |
| 1301 | 浚　县(豫) | 浚县浮丘山风景区 | 县 | 12.50 | 120.00 | 70.00 |
| 1302 | 南乐县(豫) | 河南国裕泰有机农业有限公司 | 县 | 18.00 | 2425.00 | |
| 1303 | 禹州市(豫) | 浅井逍遥观景区 | 县 | 50.00 | 240.00 | 28.00 |
| 1304 | 禹州市(豫) | 无梁周定王陵旅游景区 | 县 | 50.00 | 120.00 | 20.00 |
| 1305 | 禹州市(豫) | 吴道子里故景区 | 县 | 30.00 | 120.00 | |
| 1306 | 长葛市(豫) | 四季阳光生态园 | 县 | 2.00 | 80.00 | |
| 1307 | 渑池县(豫) | 韶山森林公园 | 县 | 5.00 | 100.00 | |
| 1308 | 渑池县(豫) | 仰韶大峡谷景区 | 县 | 10.00 | 880.00 | 680.00 |
| 1309 | 渑池县(豫) | 石峰峪景区 | 县 | 5.00 | 300.00 | 200.00 |

| 序号 | 县(旗、市、区、局、场) | 森林公园及自然保护区（名称） | 级别 | 实际接待人数（万人次） | 旅游总收入（万元） | 其中:门票收入（万元） |
|---|---|---|---|---|---|---|
| 1310 | 西峡县(豫) | 老界岭风景区 | 县 | 4.00 | 240.00 | 240.00 |
| 1311 | 西峡县(豫) | 五道幢风景区 | 县 | 5.00 | 530.00 | 300.00 |
| 1312 | 西峡县(豫) | 龙潭沟风景区 | 县 | 8.00 | 350.00 | 350.00 |
| 1313 | 西峡县(豫) | 老君洞风景区 | 县 | 5.00 | 800.00 | 300.00 |
| 1314 | 西峡县(豫) | 银树沟风景区 | 县 | 5.00 | 750.00 | 300.00 |
| 1315 | 内乡县(豫) | 内乡方山森林公园 | 县 | 6.00 | 50.00 | |
| 1316 | 社旗县(豫) | 大乘山森林公园 | 县 | 1.70 | 32.00 | |
| 1317 | 川汇区(豫) | 生态观光园 | 县 | 12.50 | 1020.00 | |
| 1318 | 西华县(豫) | 西华县黄桥乡桃花节 | 县 | 18.00 | 145.00 | |
| 1319 | 商水县(豫) | 商水县白鹭森林公园 | 县 | 1.50 | 160.00 | |
| 1320 | 商水县(豫) | 练集镇美人指葡萄生态园 | 县 | 2.00 | 750.00 | |
| 1321 | 驿城区(豫) | 南海公园 | 县 | 20.00 | 400.00 | 300.00 |
| 1322 | 枝江市(鄂) | 安福寺桃花 | 县 | 45.00 | 2160.00 | |
| 1323 | 枝江市(鄂) | 百里洲梨花 | 县 | 13.50 | 202.50 | |
| 1324 | 东宝区(鄂) | 森林旅游青林寨 | 县 | 10.00 | 460.00 | 400.00 |
| 1325 | 建始县(鄂) | 野三河风景旅游区 | 县 | 10.20 | 5100.00 | |
| 1326 | 建始县(鄂) | 高岩子自然保护区 | 县 | 1.70 | 850.00 | |
| 1327 | 建始县(鄂) | 巨猿洞自然保护区 | 县 | 1.00 | 500.00 | |
| 1328 | 建始县(鄂) | 南方红豆杉自然保护区 | 县 | 1.00 | 500.00 | |
| 1329 | 建始县(鄂) | 肖家坪自然保护区 | 县 | 1.00 | 300.00 | |
| 1330 | 建始县(鄂) | 朝阳观自然保护区 | 县 | 2.00 | 850.00 | |
| 1331 | 巴东县(鄂) | 巴山森林公园 | 县 | 3.00 | 30.00 | 30.00 |
| 1332 | 湘潭县(湘) | 齐白石森林公园 | 县 | 16.00 | 1600.00 | 90.00 |
| 1333 | 大祥区(湘) | 金山湖休闲山庄 | 县 | 7.00 | 100.00 | |
| 1334 | 大祥区(湘) | 松坡公园 | 县 | 6.00 | 90.00 | |
| 1335 | 邵阳县(湘) | 邵阳县河伯岭国有林场自然保护区 | 县 | 1.10 | 1000.00 | |
| 1336 | 武陵源区(湘) | 杨家界自然保护区 | 县 | 160.00 | 97440.00 | 81500.00 |
| 1337 | 汝城县(湘) | 江背山自然保护小区 | 县 | 5.00 | 20.00 | |
| 1338 | 资兴市(湘) | 天鹅山 | 县 | 1.30 | 3.00 | |
| 1339 | 资兴市(湘) | 龙溪黄腹角雉 | 县 | 1.10 | 1.30 | |
| 1340 | 资兴市(湘) | 烟坪顶辽自然保护区 | 县 | 2.50 | 3.40 | |
| 1341 | 资兴市(湘) | 烟坪顶辽自然保护区 | 县 | 1.90 | 2.20 | |
| 1342 | 资兴市(湘) | 连坪天狮仙 | 县 | 2.03 | 3.55 | |
| 1343 | 新田县(湘) | 秀峰自然保护区 | 县 | 5.00 | 1200.00 | |
| 1344 | 溆浦县(湘) | 圣人山自然保护区 | 县 | 3.00 | 400.00 | |
| 1345 | 溆浦县(湘) | 米粮洞自然保护区 | 县 | 2.50 | 500.00 | |
| 1346 | 双峰县(湘) | 黄龙林场 | 县 | 20.00 | 10.00 | |
| 1347 | 双峰县(湘) | 猪婆山林场 | 县 | 15.00 | 10.00 | |
| 1348 | 南沙区(粤) | 南沙湿地公园 | 县 | 32.00 | 1670.00 | 1670.00 |
| 1349 | 番禺区(粤) | 大夫山森林公园 | 县 | 350.00 | 280.00 | |
| 1350 | 番禺区(粤) | 滴水岩森林公园 | 县 | 127.75 | 72.00 | 5.30 |
| 1351 | 增城市(粤) | 兰溪森林公园 | 县 | 46.00 | 1020.00 | |
| 1352 | 增城市(粤) | 蕉石岭森林公园 | 县 | 63.00 | 100.00 | |
| 1353 | 翁源县(粤) | 广东青云森林公园 | 县 | 22.00 | 250.00 | |
| 1354 | 翁源县(粤) | 翁源县金鸡森林公园 | 县 | 15.00 | 105.00 | |

| 序号 | 县(旗、市、区、局、场) | 森林公园及自然保护区(名称) | 级别 | 实际接待人数(万人次) | 旅游总收入(万元) | 其中:门票收入(万元) |
|---|---|---|---|---|---|---|
| 1355 | 翁源县(粤) | 翁源县黄竹坪森林公园 | 县 | 20.00 | 250.00 | |
| 1356 | 翁源县(粤) | 翁源县东华山森林公园 | 县 | 226.00 | 770.00 | |
| 1357 | 翁源县(粤) | 翁源县九仙嶂森林公园 | 县 | 10.00 | 50.00 | |
| 1358 | 乳源瑶族自治县(粤) | 红豆杉自然保护区 | 县 | 15.00 | 3000.00 | 450.00 |
| 1359 | 乳源瑶族自治县(粤) | 乳源大谭河自然保护区 | 县 | 15.00 | 3000.00 | 300.00 |
| 1360 | 新丰县(粤) | 小正崖婆石森林公园 | 县 | 1.10 | 100.00 | |
| 1361 | 新丰县(粤) | 回龙新村森林公园 | 县 | 1.50 | 150.00 | |
| 1362 | 新丰县(粤) | 黄礤西莲山森林公园 | 县 | 2.40 | 320.00 | |
| 1363 | 新丰县(粤) | 丰城雪山顶森林公园 | 县 | 2.00 | 220.00 | |
| 1364 | 新丰县(粤) | 司茅坪清心礤森林公园 | 县 | 1.00 | 96.00 | |
| 1365 | 南雄市(粤) | 珠玑森林公园 | 县 | 109.00 | 69704.00 | 2180.00 |
| 1366 | 顺德区(粤) | 顺德翠湖森林公园 | 县 | 6.60 | 245.00 | |
| 1367 | 徐闻县(粤) | 大汉三墩旅游区 | 县 | 31.00 | 24156.00 | 150.00 |
| 1368 | 信宜市(粤) | 天马山 | 县 | 40.00 | 500.00 | 200.00 |
| 1369 | 信宜市(粤) | 大仁山 | 县 | 30.00 | 200.00 | 60.00 |
| 1370 | 信宜市(粤) | 太华山 | 县 | 30.00 | 100.00 | 30.00 |
| 1371 | 广宁县(粤) | 广宁县宝锭山景区 | 县 | 22.00 | 1930.00 | 720.00 |
| 1372 | 广宁县(粤) | 广宁县螺壳山森林景区 | 县 | 6.00 | 180.00 | |
| 1373 | 广宁县(粤) | 广宁县深坑自然保护区 | 县 | 1.00 | 140.00 | |
| 1374 | 德庆县(粤) | 盘龙峡生态旅游区 | 县 | 143.60 | 127870.00 | 43120.00 |
| 1375 | 四会市(粤) | 四会市贞山风景名胜区 | 县 | 98.00 | 18620.00 | 18620.00 |
| 1376 | 龙门县(粤) | 三寨谷 | 县 | 86.20 | 4680.00 | 1785.00 |
| 1377 | 龙门县(粤) | 大观园 | 县 | 112.70 | 36130.50 | 1785.00 |
| 1378 | 龙门县(粤) | 香溪堡 | 县 | 30.72 | 1928.00 | 963.20 |
| 1379 | 丰顺县(粤) | 龙归寨瀑布 | 县 | 20.00 | 8000.00 | 300.00 |
| 1380 | 丰顺县(粤) | 龙鲸河漂流 | 县 | 40.00 | 13345.00 | 6720.00 |
| 1381 | 紫金县(粤) | 越王石森林公园 | 县 | 30.00 | 500.00 | 170.00 |
| 1382 | 连平县(粤) | 河头县级自然保护区 | 县 | 110.15 | 21017.90 | 72.60 |
| 1383 | 连山壮族瑶族自治县(粤) | 大旭山森林公园 | 县 | 1.10 | 16.50 | 16.50 |
| 1384 | 连山壮族瑶族自治县(粤) | 鹰杨关景区 | 县 | 2.50 | 20.00 | 20.00 |
| 1385 | 连山壮族瑶族自治县(粤) | 金子山景区 | 县 | 23.22 | 580.50 | 580.50 |
| 1386 | 潮安县(粤) | 幽谷逸林景区 | 县 | 15.00 | 80.00 | 30.00 |
| 1387 | 潮安县(粤) | 绿太阳景区 | 县 | 20.00 | 100.00 | 40.00 |
| 1388 | 全州县(桂) | 全州天湖森林公园 | 县 | 3.00 | 290.00 | |
| 1389 | 荔浦县(桂) | 银子岩 | 县 | 168.63 | 6117.00 | 4355.00 |
| 1390 | 荔浦县(桂) | 丰鱼岩 | 县 | 16.30 | 922.00 | 714.00 |
| 1391 | 荔浦县(桂) | 荔江湾 | 县 | 33.50 | 531.00 | 386.00 |
| 1392 | 荔浦县(桂) | 天河瀑布 | 县 | 14.20 | 46.00 | 39.10 |
| 1393 | 合浦县(桂) | 红树林保护区 | 县 | 20.00 | 200.00 | 10.00 |
| 1394 | 东兴市(桂) | 东兴市屏风雨林公园 | 县 | 6.00 | 1609.00 | 216.00 |
| 1395 | 玉州区(桂) | 玉林市湿地公园 | 县 | 170.00 | 1200.00 | |
| 1396 | 德保县(桂) | 德保县红叶森林公园及黄连山—兴旺自然保护区 | 县 | 11.78 | 5890.00 | 353.00 |
| 1397 | 乐业县(桂) | 生态村 | 县 | 41.00 | 15851.00 | |
| 1398 | 象州县(桂) | 大梭生态旅游 | 县 | 1.50 | 450.00 | 30.00 |
| 1399 | 武宣县(桂) | 武宣百崖大峡谷 | 县 | 17.14 | 600.00 | 360.00 |

| 序号 | 县(旗、市、区、局、场) | 森林公园及自然保护区（名称） | 级别 | 实际接待人数（万人次） | 旅游总收入（万元） | 其中:门票收入（万元） |
|---|---|---|---|---|---|---|
| 1400 | 大新县(桂) | 恩城自然保护区 | 县 | 55.00 | 5820.00 | |
| 1401 | 合川区(渝) | 九峰山森林公园 | 县 | 1.13 | 303.40 | |
| 1402 | 永川区(渝) | 桃花源森林公园 | 县 | 3.50 | 340.00 | |
| 1403 | 南川区(渝) | 南川区云岭森林公园 | 县 | 1.10 | 70.00 | |
| 1404 | 城口县(渝) | 全县 | 县 | 60.00 | 1200.00 | |
| 1405 | 纳溪区(川) | 泸州市纳溪区普照山景区 | 县 | 20.00 | 8500.00 | |
| 1406 | 广汉市(川) | 鸭子河湿地保护区 | 县 | 80.00 | 11000.00 | |
| 1407 | 三台县(川) | 三台县鲁班湖保护区 | 县 | 155.00 | 3500.00 | |
| 1408 | 盐亭县(川) | 盐亭县白鹭自然保护区 | 县 | 200.00 | 9000.00 | |
| 1409 | 金口河区(川) | 八月林自然保护区 | 县 | 3.00 | 280.00 | |
| 1410 | 南部县(川) | 南部县禹迹山 | 县 | 15.90 | 2670.00 | |
| 1411 | 阆中市(川) | 四川构溪河国家湿地公园 | 县 | 7.10 | 605.00 | |
| 1412 | 阆中市(川) | 四川阆中国家森林公园 | 县 | 7.01 | 698.00 | |
| 1413 | 翠屏区(川) | 宜宾市翠屏公园 | 县 | 23.80 | 2090.00 | |
| 1414 | 筠连县(川) | 筠连县大雪山自然保护区 | 县 | 20.00 | 4000.00 | |
| 1415 | 筠连县(川) | 仙雾山森林公园 | 县 | 30.00 | 6000.00 | |
| 1416 | 雨城区(川) | 羊子岭自然保护区 | 县 | 16.00 | 6400.00 | |
| 1417 | 恩阳区(川) | 章怀山森林公园 | 县 | 12.00 | 1700.00 | 120.00 |
| 1418 | 恩阳区(川) | 义阳山森林公园 | 县 | 10.00 | 1500.00 | |
| 1419 | 恩阳区(川) | 高观山森林公园 | 县 | 6.00 | 700.00 | |
| 1420 | 阿坝县(川) | 世外桃源神座 | 县 | 4.50 | 2475.00 | |
| 1421 | 康定县(川) | 跑马山森林公园 | 县 | 12.00 | 288.70 | 244.20 |
| 1422 | 色达县(川) | 泥拉坝湿地自然保护区 | 县 | 2.00 | 3.50 | |
| 1423 | 色达县(川) | 年龙自然保护区 | 县 | 2.60 | 3.50 | |
| 1424 | 修文县(黔) | 贵阳扎佐野生动物园 | 县 | 22.70 | 3100.00 | 150.00 |
| 1425 | 凯里市(黔) | 罗汉山森林公园 | 县 | 23.00 | 2851.00 | |
| 1426 | 盘龙区(滇) | 云南野生动物园 | 县 | 81.70 | 5896.00 | 3008.00 |
| 1427 | 安宁市(滇) | 安宁青龙水神桥景区 | 县 | 1.00 | 60.00 | 15.00 |
| 1428 | 马龙县(滇) | 香炉山 | 县 | 2.00 | 100.00 | 30.00 |
| 1429 | 会泽县(滇) | 会泽牯牛寨杜鹃自然保护区 | 县 | 1.00 | 48.00 | 35.00 |
| 1430 | 江川县(滇) | 江川县抚仙湖风景区 | 县 | 50.00 | 4000.00 | 50.00 |
| 1431 | 江川县(滇) | 江川县碧云寺风景区 | 县 | 10.00 | 250.00 | 80.00 |
| 1432 | 江川县(滇) | 江川县白山寺风景区 | 县 | 10.00 | 50.00 | |
| 1433 | 江川县(滇) | 江川县李家山—大龙潭自然保护区 | 县 | 15.00 | 120.00 | 45.00 |
| 1434 | 通海县(滇) | 通海县秀山公园 | 县 | 28.50 | 161.00 | 127.00 |
| 1435 | 华宁县(滇) | 象鼻山温泉森林公园 | 县 | 1.70 | 475.00 | |
| 1436 | 峨山彝族自治县(滇) | 云南高香万亩生态茶业有限公司 | 县 | 3.00 | 902.00 | 60.00 |
| 1437 | 峨山彝族自治县(滇) | 峨山彝人谷竹海生态旅游开发有限公司 | 县 | 3.00 | 311.70 | 60.00 |
| 1438 | 新平彝族傣族自治县(滇) | 新平哀牢山生态旅游风景区 | 县 | 8.70 | 263.17 | 258.65 |
| 1439 | 施甸县(滇) | 施甸县善洲林场 | 县 | 50.00 | 4.00 | |
| 1440 | 腾冲县(滇) | 樱花谷风景区 | 县 | 4.86 | 2279.34 | 221.97 |
| 1441 | 西盟佤族自治县(滇) | 西盟县勐梭龙潭 | 县 | 2.18 | 66.00 | 66.00 |
| 1442 | 聂拉木县(藏) | 希夏邦马峰保护区 | 县 | 22.00 | 240.00 | |
| 1443 | 渭滨区(陕) | 大散关森林公园 | 县 | 20.00 | 1295.00 | 760.00 |
| 1444 | 乾　县(陕) | 乾陵博物馆 | 县 | 160.00 | 7320.00 | 820.00 |

| 序号 | 县(旗、市、区、局、场) | 森林公园及自然保护区(名称) | 级别 | 实际接待人数(万人次) | 旅游总收入(万元) | 其中:门票收入(万元) |
|---|---|---|---|---|---|---|
| 1445 | 长武县(陕) | 城北森林公园 | 县 | 1.14 | 310.00 | 150.00 |
| 1446 | 志丹县(陕) | 志丹县九吾山森林公园 | 县 | 3.50 | 10.00 | 2.00 |
| 1447 | 镇坪县(陕) | 飞渡峡生态旅游 | 县 | 5.00 | 800.00 | 200.00 |
| 1448 | 洛南县(陕) | 老君山森林公园 | 县 | 2.10 | 315.00 | 105.00 |
| 1449 | 镇安县(陕) | 塔云山景区 | 县 | 8.00 | 1040.00 | 320.00 |
| 1450 | 皋兰县(甘) | 什川梨园 | 县 | 34.00 | 1626.00 | |
| 1451 | 肃南裕固族自治县(甘) | 肃南县大野口森林公园 | 县 | 1.00 | 9.50 | 9.50 |
| 1452 | 和政县(甘) | 甘肃省和政县南阳山森林公园 | 县 | 3.60 | 23.00 | |
| 1453 | 沙雅县(新) | 太阳岛景区 | 县 | 10.00 | 75.20 | 11.30 |

**表 18-1　蜂蜜主产地产量**

| 序号 | 蜂蜜主产地 | 养蜂户数(户) | 蜜蜂饲养(群) | 蜂蜜产量(千克) |
|---|---|---|---|---|
| 1 | 北京市蚕业蜂业管理站(京) | 10000 | 236000 | 16000000.00 |
| 2 | 房山区(京) | 842 | 33691 | 1391860.80 |
| 3 | 门头沟区(京) | 450 | 25000 | 1250000.00 |
| 4 | 平谷区(京) | 146 | 21380 | 743000.00 |
| 5 | 通州区(京) | 17 | 756 | 42730.00 |
| 6 | 海淀区(京) | 19 | 1293 | 23000.00 |
| 7 | 顺义区(京) | 133 | 13858 | 20599.00 |
| 8 | 丰台区(京) | 9 | 633 | 10445.00 |
| 9 | 延庆县(京) | 120 | 15000 | 3000.00 |
| 10 | 赞皇县(冀) | 500 | 30000 | 900000.00 |
| 11 | 阜平县(冀) | 580 | 46000 | 700000.00 |
| 12 | 宁晋县(冀) | 210 | 370 | 55122.00 |
| 13 | 宽城满族自治县(冀) | 30 | 2000 | 38300.00 |
| 14 | 鸡泽县(冀) | 4 | 80 | 500.00 |
| 15 | 忻府区(晋) | 120 | | 315000.00 |
| 16 | 黎城县(晋) | 204 | 2210 | 5360.00 |
| 17 | 凌源市(辽) | 855 | 60500 | 3880000.00 |
| 18 | 宽甸满族自治县(辽) | 4000 | 40000 | 800000.00 |
| 19 | 清原满族自治县(辽) | 300 | 14500 | 105500.00 |
| 20 | 盖州市(辽) | 28 | 1680 | 42000.00 |
| 21 | 新宾满族自治县(辽) | 420 | 8200 | 35000.00 |
| 22 | 本溪满族自治县(辽) | 300 | 1500 | 10000.00 |
| 23 | 康平县(辽) | 50 | 300 | 7500.00 |
| 24 | 抚顺县(辽) | 64 | 1720 | 1370.00 |
| 25 | 安图县(吉) | 20 | | 2766000.00 |
| 26 | 舒兰市(吉) | 73 | 5915 | 224770.00 |
| 27 | 和龙林业局(吉) | 34 | 4883 | 122300.00 |
| 28 | 洮南市(吉) | 60 | 2000 | 100000.00 |
| 29 | 汪清林业局(吉) | 31 | 1800 | 89000.00 |
| 30 | 集安市(吉) | 300 | 2923 | 74200.00 |
| 31 | 丰满区(吉) | 30 | | 68000.00 |
| 32 | 磐石市(吉) | 53 | 2460 | 64000.00 |
| 33 | 永吉县(吉) | 28 | | 27000.00 |
| 34 | 东辽县(吉) | 40 | 1020 | 18600.00 |
| 35 | 靖宇县(吉) | 12 | 800 | 12800.00 |
| 36 | 长白朝鲜族自治县(吉) | 137 | 7858 | 6750.00 |
| 37 | 莲花山开发区(吉) | 2 | | 400.00 |
| 38 | 尚志市(黑) | 2000 | 2000 | 1500000.00 |
| 39 | 林口县(黑) | 440 | 25948 | 1200000.00 |
| 40 | 延寿县(黑) | 300 | 500 | 300000.00 |
| 41 | 木兰县(黑) | 70 | | 100050.00 |
| 42 | 巴彦县(黑) | 18 | | 57000.00 |
| 43 | 爱辉区(黑) | 26 | | 48000.00 |
| 44 | 依安县(黑) | 80 | 500 | 15000.00 |
| 45 | 海伦市(黑) | 7 | 730 | 14000.00 |
| 46 | 麻山区(黑) | 12 | | 10000.00 |
| 47 | 同江市(黑) | 20 | | 10000.00 |
| 48 | 阿城区(黑) | | 2147 | 9350.00 |
| 49 | 汤原县(黑) | 50 | 500 | 7813.00 |
| 50 | 嘉荫县(黑) | 25 | | 6500.00 |
| 51 | 山河实验林场(黑) | 1 | 1 | 2000.00 |
| 52 | 孟家岗林场(黑) | 7 | | 1925.00 |
| 53 | 呼玛县(黑) | 3 | | 560.00 |
| 54 | 绥棱县(黑) | 10 | | 100.00 |
| 55 | 明水县(黑) | 2 | 2 | 50.00 |
| 56 | 惠山区(苏) | 21 | 913 | 45650.00 |
| 57 | 宁海县(浙) | 500 | 60000 | 1960000.00 |
| 58 | 磐安县(浙) | 450 | | 180000.00 |
| 59 | 秀洲区(浙) | 12 | 935 | 25110.00 |
| 60 | 桐城市(皖) | 250 | 15400 | 1200000.00 |
| 61 | 淮上区(皖) | 100 | 9000 | 720000.00 |
| 62 | 绩溪县(皖) | 2450 | 93000 | 620120.00 |
| 63 | 六安市叶集区(皖) | 2 | | 500000.00 |
| 64 | 芜湖县(皖) | 50 | 6000 | 480000.00 |
| 65 | 临泉县(皖) | 546 | 5210 | 201320.00 |

| 序号 | 蜂蜜主产地 | 养蜂户数（户） | 蜜蜂饲养（群） | 蜂蜜产量（千克） | 序号 | 蜂蜜主产地 | 养蜂户数（户） | 蜜蜂饲养（群） | 蜂蜜产量（千克） |
|---|---|---|---|---|---|---|---|---|---|
| 66 | 旌德县(皖) | 50 | | 20000.00 | 111 | 邓州市(豫) | 120 | 6250 | 81000.00 |
| 67 | 大观区(皖) | 50 | 3000 | 9000.00 | 112 | 偃师市(豫) | 300 | 1000 | 30000.00 |
| 68 | 谯城区(皖) | 9 | | 4500.00 | 113 | 栾川县(豫) | 300 | 50 | 22000.00 |
| 69 | 五河县(皖) | 40 | | 4000.00 | 114 | 西峡县(豫) | 10 | | 10000.00 |
| 70 | 潜山县(皖) | 150 | 150 | 3000.00 | 115 | 宝丰县(豫) | 32 | 660 | 5900.00 |
| 71 | 黟　县(皖) | 5 | 5 | 3000.00 | 116 | 辉县市(豫) | 72 | 15 | 4200.00 |
| 72 | 青阳县(皖) | 5 | 100 | 2000.00 | 117 | 唐河县(豫) | 16 | | 4080.00 |
| 73 | 泾　县(皖) | 22 | | 1750.00 | 118 | 桐柏县(豫) | 70 | 160 | 2560.00 |
| 74 | 郎溪县(皖) | 15 | 25 | 1200.00 | 119 | 淮滨县(豫) | 100 | 1000 | 2500.00 |
| 75 | 固镇县(皖) | 12 | 12 | 1000.00 | 120 | 渑池县(豫) | 200 | | 2000.00 |
| 76 | 祁门县(皖) | 18 | 2290 | 671.00 | 121 | 郏　县(豫) | 10 | 65 | 1400.00 |
| 77 | 玉山县(赣) | 12000 | 13100 | 534000.00 | 122 | 镇平县(豫) | 38 | 76 | 437.00 |
| 78 | 宜丰县(赣) | 146 | | 250000.00 | 123 | 淅川县(豫) | 80 | | 350.00 |
| 79 | 龙南县(赣) | 26 | 1820 | 109200.00 | 124 | 麻城市(鄂) | 2300 | 35000 | 3000000.00 |
| 80 | 上高县(赣) | 310 | 465 | 75600.00 | 125 | 东宝区(鄂) | 43 | 7690 | 1004000.00 |
| 81 | 乐安县(赣) | 52 | 60 | 38000.00 | 126 | 随　县(鄂) | 220 | 90000 | 800000.00 |
| 82 | 新干县(赣) | 400 | 126000 | 8800.00 | 127 | 长阳土家族自治县(鄂) | 3200 | 56000 | 400000.00 |
| 83 | 樟树市(赣) | 98 | | 5800.00 | 128 | 保康县(鄂) | 720 | 8200 | 310000.00 |
| 84 | 定南县(赣) | 33 | | 4900.00 | 129 | 曾都区(鄂) | 1000 | 16000 | 240000.00 |
| 85 | 德兴市(赣) | 510 | 715 | 2100.00 | 130 | 黄陂区(鄂) | 50 | 150 | 80000.00 |
| 86 | 遂川县(赣) | 15 | | 2000.00 | 131 | 竹溪县(鄂) | 360 | | 48393.00 |
| 87 | 贵溪市(赣) | 5 | 19 | 1800.00 | 132 | 兴山县(鄂) | 2000 | | 24000.00 |
| 88 | 余江县(赣) | 110 | | 1450.00 | 133 | 阳新县(鄂) | 21 | 32 | 15000.00 |
| 89 | 瑞金市(赣) | 22 | 14000 | 1100.00 | 134 | 巴东县(鄂) | 80 | 5000 | 15000.00 |
| 90 | 宁阳县(鲁) | 311 | 414 | 721000.00 | 135 | 京山县(鄂) | 2000 | 200000 | 13000.00 |
| 91 | 利津县(鲁) | 85 | 10000 | 400000.00 | 136 | 竹山县(鄂) | 100 | 2000 | 9000.00 |
| 92 | 博山区(鲁) | 36 | | 300000.00 | 137 | 云梦县(鄂) | 10 | 80 | 8000.00 |
| 93 | 沂源县(鲁) | 260 | 31000 | 290000.00 | 138 | 谷城县(鄂) | 56 | 720 | 7300.00 |
| 94 | 青州市(鲁) | 380 | 14850 | 200000.00 | 139 | 建始县(鄂) | 300 | 1200 | 3000.00 |
| 95 | 肥城市(鲁) | 65 | 65 | 126400.00 | 140 | 宜都市(鄂) | 30 | 2 | 2100.00 |
| 96 | 蒙阴县(鲁) | 330 | 2000 | 45000.00 | 141 | 恩施市(鄂) | 380 | | 1368.00 |
| 97 | 武城县(鲁) | 6 | 580 | 27000.00 | 142 | 襄城区(鄂) | 17 | 330 | 440.00 |
| 98 | 坊子区(鲁) | 20 | 1000 | 25000.00 | 143 | 澧　县(湘) | 653 | 61000 | 3200000.00 |
| 99 | 泰安市市辖区(鲁) | 4 | 500 | 23000.00 | 144 | 浏阳市(湘) | 4600 | 160000 | 1565000.00 |
| 100 | 临淄区(鲁) | 50 | 568 | 21000.00 | 145 | 鼎城区(湘) | 152 | 19500 | 900000.00 |
| 101 | 平原县(鲁) | 21 | 763 | 15000.00 | 146 | 中方县(湘) | 98 | 3000 | 200000.00 |
| 102 | 东昌府区(鲁) | 3 | | 5400.00 | 147 | 资兴市(湘) | 2020 | 15220 | 111205.00 |
| 103 | 新泰市(鲁) | 140 | | 4800.00 | 148 | 沅陵县(湘) | 310 | 11416 | 94000.00 |
| 104 | 东平县(鲁) | 22 | 25 | 3500.00 | 149 | 祁东县(湘) | 54 | 280 | 61000.00 |
| 105 | 乐陵市(鲁) | 35 | 410 | 510.00 | 150 | 株洲县(湘) | 11 | 28 | 49600.00 |
| 106 | 安阳县(豫) | 300 | 45000 | 1500000.00 | 151 | 常宁市(湘) | 28 | 1000 | 40000.00 |
| 107 | 尉氏县(豫) | 220 | 50000 | 500000.00 | 152 | 洪江市(湘) | 30 | | 30000.00 |
| 108 | 登封市(豫) | 230 | 8300 | 415000.00 | 153 | 麻阳苗族自治县(湘) | 29 | | 22000.00 |
| 109 | 林州市(豫) | 120 | 120 | 220000.00 | 154 | 安化县(湘) | 1160 | | 16500.00 |
| 110 | 平桥区(豫) | 629 | 75480 | 158508.00 | 155 | 新化县(湘) | 120 | 12000 | 15000.00 |

| 序号 | 蜂蜜主产地 | 养蜂户数（户） | 蜜蜂饲养（群） | 蜂蜜产量（千克） |
|---|---|---|---|---|
| 156 | 城步苗族自治县(湘) | 22 | | 11100.00 |
| 157 | 永定区(湘) | | 900 | 8000.00 |
| 158 | 桂东县(湘) | 680 | 2100 | 3150.00 |
| 159 | 衡南县(湘) | 10 | | 2000.00 |
| 160 | 芷江侗族自治县(湘) | 380 | 1520 | 1596.00 |
| 161 | 娄星区(湘) | 10 | 10 | 1000.00 |
| 162 | 零陵区(湘) | 21 | | 900.00 |
| 163 | 宁远县(湘) | 17 | 20 | 300.00 |
| 164 | 望城县(湘) | 2 | | 200.00 |
| 165 | 耒阳市(湘) | 100 | 200 | 200.00 |
| 166 | 蕉岭县(粤) | 2897 | | 656120.00 |
| 167 | 平远县(粤) | 962 | 18000 | 185000.00 |
| 168 | 化州市(粤) | 1098 | | 54900.00 |
| 169 | 云城区(粤) | 25 | 130 | 31820.00 |
| 170 | 五华县(粤) | 110 | | 30000.00 |
| 171 | 大埔县(粤) | 500 | 15801 | 10000.00 |
| 172 | 丰顺县(粤) | 100 | | 9102.00 |
| 173 | 龙川县(粤) | 50 | | 7500.00 |
| 174 | 乳源瑶族自治县(粤) | 50 | 5 | 2000.00 |
| 175 | 吴川市(粤) | 26 | 35 | 980.00 |
| 176 | 连州市(粤) | 150 | | 500.00 |
| 177 | 昭平县(桂) | 2066 | 43050 | 691000.00 |
| 178 | 钦北区(桂) | 135 | 6250 | 26530.00 |
| 179 | 兴宾区(桂) | 450 | | 10000.00 |
| 180 | 富川瑶族自治县(桂) | 25 | | 8000.00 |
| 181 | 西林县(桂) | 2 | 780 | 5560.00 |
| 182 | 东兰县(桂) | 110 | 700 | 1500.00 |
| 183 | 灵山县(桂) | 60 | | 1200.00 |
| 184 | 大足县(渝) | 2518 | 300000 | 600000.00 |
| 185 | 石柱土家族自治县(渝) | 5735 | 23040 | 395000.00 |
| 186 | 彭水苗族土家族自治县(渝) | 1500 | 2500 | 120000.00 |
| 187 | 黔江区(渝) | 5200 | 21000 | 105000.00 |
| 188 | 万盛区(渝) | 320 | 5500 | 50000.00 |
| 189 | 丰都县(渝) | 2990 | 11000 | 45500.00 |
| 190 | 奉节县(渝) | 300 | | 10000.00 |
| 191 | 万州区(渝) | | 18000 | 270.00 |
| 192 | 万源市(川) | 500 | 50 | 100000.00 |
| 193 | 南江县(川) | 738 | | 100000.00 |
| 194 | 翠屏区(川) | 70 | 210 | 12000.00 |
| 195 | 宝兴县(川) | 245 | 1260 | 7560.00 |
| 196 | 仪陇县(川) | 150 | 800 | 3000.00 |
| 197 | 南林林业局(川) | 8 | 158 | 3000.00 |
| 198 | 筠连县(川) | 20 | 50000 | 2000.00 |
| 199 | 邻水县(川) | 15 | 200 | 2000.00 |
| 200 | 三台县(川) | 1125 | 1800 | 1353.00 |
| 201 | 嘉陵区(川) | 8 | 82 | 170.00 |
| 202 | 锦屏县(黔) | 384 | 6560 | 19800.00 |
| 203 | 瓮安县(黔) | 2000 | 3500 | 15000.00 |
| 204 | 普安县(黔) | 450 | 1050 | 12600.00 |
| 205 | 长顺县(黔) | 83 | 315 | 1409.00 |
| 206 | 龙里县(黔) | 8 | 245 | 660.00 |
| 207 | 凯里市(黔) | 1 | 1 | 100.00 |
| 208 | 五华区(滇) | 158 | 120000 | 1700000.00 |
| 209 | 富源县(滇) | 2000 | | 217000.00 |
| 210 | 腾冲县(滇) | 1266 | 23700 | 30000.00 |
| 211 | 云龙县(滇) | 500 | 6000 | 30000.00 |
| 212 | 陆良县(滇) | 290 | | 28000.00 |
| 213 | 云　县(滇) | 2356 | 8384 | 6000.00 |
| 214 | 孟连傣族拉祜族佤族自治县(滇) | 240 | 860 | 3000.00 |
| 215 | 南华县(滇) | 148 | 515 | 2416.00 |
| 216 | 永胜县(滇) | 5000 | 10000 | 1200.00 |
| 217 | 施甸县(滇) | 20 | 100 | 400.00 |
| 218 | 永寿县(陕) | 136 | 12240 | 147000.00 |
| 219 | 佛坪县(陕) | 600 | 14700 | 147000.00 |
| 220 | 略阳县(陕) | 650 | | 106000.00 |
| 221 | 南郑县(陕) | 342 | | 90000.00 |
| 222 | 镇巴县(陕) | 2790 | 50200 | 46000.00 |
| 223 | 凤　县(陕) | 30 | | 45000.00 |
| 224 | 淳化县(陕) | 46 | | 12250.00 |
| 225 | 太白林业局(陕) | 9 | 245 | 3500.00 |
| 226 | 龙草坪林业局(陕) | 16 | 262 | 1795.00 |
| 227 | 黄龙山林业局(陕) | 20 | 720 | 753.00 |
| 228 | 汉西林业局(陕) | 26 | 135 | 675.00 |
| 229 | 宁东林业局(陕) | 20 | 66 | 442.50 |
| 230 | 文　县(甘) | 560 | 16800 | 145000.00 |
| 231 | 两当县(甘) | 200 | 23000 | 100000.00 |
| 232 | 景泰县(甘) | 35 | 4000 | 50000.00 |
| 233 | 和政县(甘) | 20 | | 11200.00 |
| 234 | 永靖县(甘) | 15 | 13 | 5500.00 |
| 235 | 华池县(甘) | 300 | 628 | 3000.00 |
| 236 | 舟曲县(甘) | 200 | 2000 | 2500.00 |
| 237 | 漳　县(甘) | 45 | | 2000.00 |
| 238 | 合水县(甘) | 12 | 310 | 1310.00 |
| 239 | 康南林业总场(甘) | 10 | 110 | 1100.00 |
| 240 | 环　县(甘) | 20 | 140 | 1000.00 |
| 241 | 泾源县(宁) | 2 | 400 | 17000.00 |
| 242 | 尼勒克县(新) | 173 | 29943 | 1043000.00 |
| 243 | 福海县(新) | 5 | 1270 | 51200.00 |
| 244 | 莎车县(新) | 56 | | 45123.00 |
| 245 | 岳普湖县(新) | 24 | 1515 | 42420.00 |

| 序号 | 蜂蜜主产地 | 养蜂户数（户） | 蜜蜂饲养（群） | 蜂蜜产量（千克） |
|---|---|---|---|---|
| 246 | 阿勒泰市(新) | 30 | 30 | 15000.00 |
| 247 | 哈巴河县(新) | 2 | 9000 | 8000.00 |
| 248 | 布尔津县(新) | 10 | 10 | 5000.00 |
| 249 | 迎春林业局(龙江森工) | | 40000 | 1200000.00 |
| 250 | 清河林业局(龙江森工) | | 9300 | 697000.00 |
| 251 | 双鸭山林业局(龙江森工) | | 5500 | 500000.00 |
| 252 | 东方红林业局(龙江森工) | | 20000 | 500000.00 |
| 253 | 兴隆林业局(龙江森工) | | 15062 | 451000.00 |
| 254 | 亚布力林业局(龙江森工) | | 4700 | 270000.00 |
| 255 | 方正林业局(龙江森工) | | 4900 | 251000.00 |
| 256 | 美溪林业局(龙江森工) | | 4950 | 244000.00 |
| 257 | 汤旺河林业局(龙江森工) | | 3860 | 233000.00 |
| 258 | 乌马河林业局(龙江森工) | | 3800 | 229000.00 |
| 259 | 带岭实验局(龙江森工) | | 4200 | 210000.00 |
| 260 | 铁力林业局(龙江森工) | | 4985 | 194000.00 |
| 261 | 大海林林业局(龙江森工) | | 4960 | 191000.00 |
| 262 | 桦南林业局(龙江森工) | | 2000 | 187000.00 |
| 263 | 乌伊岭林业局(龙江森工) | | 2200 | 180000.00 |
| 264 | 双丰林业局(龙江森工) | | 6940 | 170000.00 |
| 265 | 绥阳林业局(龙江森工) | | 4100 | 163000.00 |
| 266 | 穆棱林业局(龙江森工) | | 4600 | 160000.00 |
| 267 | 朗乡林业局(龙江森工) | | 3383 | 160000.00 |
| 268 | 鹤北林业局(龙江森工) | | 2010 | 155000.00 |
| 269 | 桃山林业局(龙江森工) | | 2500 | 125000.00 |
| 270 | 东京城林业局(龙江森工) | | 3600 | 98000.00 |
| 271 | 绥棱林业局(龙江森工) | | 3020 | 90000.00 |
| 272 | 友好林业局(龙江森工) | | 1700 | 75000.00 |
| 273 | 金山屯林业局(龙江森工) | | 2500 | 66000.00 |
| 274 | 上甘岭林业局(龙江森工) | | 1700 | 64000.00 |
| 275 | 新青林业局(龙江森工) | | 1800 | 58000.00 |
| 276 | 林口林业局(龙江森工) | | 1200 | 54000.00 |
| 277 | 海林林业局(龙江森工) | | 2000 | 50000.00 |
| 278 | 苇河林业局(龙江森工) | | 2100 | 50000.00 |
| 279 | 五营林业局(龙江森工) | | 1380 | 49000.00 |
| 280 | 翠峦林业局(龙江森工) | | 1258 | 44000.00 |
| 281 | 黑龙江柴河林业局(龙江森工) | | 1037 | 41000.00 |
| 282 | 南岔林业局(龙江森工) | | 1114 | 41000.00 |
| 283 | 鹤立林业局(龙江森工) | | 1540 | 35000.00 |
| 284 | 通北林业局(龙江森工) | | 1015 | 35000.00 |
| 285 | 沾河林业局(龙江森工) | | 600 | 25000.00 |
| 286 | 山河屯林业局(龙江森工) | | 2300 | 170.00 |

**表 18-2　蜂王浆主产地产量**

| 序号 | 蜂王浆主产地 | 产量(千克) |
|---|---|---|
| 1 | 北京市蚕业蜂业管理站(京) | 603174.00 |
| 2 | 平谷区(京) | 21100.00 |
| 3 | 门头沟区(京) | 17500.00 |
| 4 | 房山区(京) | 13860.00 |
| 5 | 通州区(京) | 4260.00 |
| 6 | 顺义区(京) | 1919.00 |
| 7 | 延庆县(京) | 500.00 |
| 8 | 海淀区(京) | 445.00 |
| 9 | 赞皇县(冀) | 8000.00 |
| 10 | 阜平县(冀) | 2000.00 |
| 11 | 宽城满族自治县(冀) | 200.00 |
| 12 | 黎城县(晋) | 2430.00 |
| 13 | 清原满族自治县(辽) | 21000.00 |
| 14 | 宽甸满族自治县(辽) | 15000.00 |
| 15 | 凌源市(辽) | 1243.00 |
| 16 | 盖州市(辽) | 840.00 |
| 17 | 抚顺县(辽) | 588.00 |
| 18 | 康平县(辽) | 300.00 |
| 19 | 本溪满族自治县(辽) | 250.00 |
| 20 | 集安市(吉) | 5000.00 |
| 21 | 舒兰市(吉) | 3549.00 |
| 22 | 东辽县(吉) | 1400.00 |
| 23 | 辉南县(吉) | 1300.00 |
| 24 | 磐石市(吉) | 1270.00 |
| 25 | 莲花山开发区(吉) | 100.00 |
| 26 | 长白朝鲜族自治县(吉) | 90.00 |
| 27 | 林口县(黑) | 46000.00 |
| 28 | 饶河县(黑) | 14850.00 |
| 29 | 孟家岗林场(黑) | 288.00 |
| 30 | 山河实验林场(黑) | 50.00 |
| 31 | 依安县(黑) | 20.00 |
| 32 | 明水县(黑) | 10.00 |
| 33 | 惠山区(苏) | 2286.00 |
| 34 | 磐安县(浙) | 9000.00 |
| 35 | 秀洲区(浙) | 5185.00 |
| 36 | 桐城市(皖) | 130000.00 |
| 37 | 芜湖县(皖) | 48000.00 |
| 38 | 淮上区(皖) | 5600.00 |
| 39 | 绩溪县(皖) | 654.29 |
| 40 | 临泉县(皖) | 600.00 |
| 41 | 旌德县(皖) | 500.00 |
| 42 | 五河县(皖) | 400.00 |
| 43 | 固镇县(皖) | 100.00 |
| 44 | 黟　县(皖) | 40.00 |
| 45 | 青阳县(皖) | 20.00 |
| 46 | 上高县(赣) | 3300.00 |
| 47 | 新干县(赣) | 820.00 |
| 48 | 遂川县(赣) | 500.00 |
| 49 | 兴国县(赣) | 400.00 |
| 50 | 贵溪市(赣) | 251.00 |
| 51 | 乐安县(赣) | 50.00 |
| 52 | 蒙阴县(鲁) | 84000.00 |
| 53 | 沂源县(鲁) | 29500.00 |
| 54 | 临淄区(鲁) | 2400.00 |
| 55 | 东平县(鲁) | 1500.00 |
| 56 | 青州市(鲁) | 1050.00 |
| 57 | 泰安市市辖区(鲁) | 1000.00 |
| 58 | 乐陵市(鲁) | 346.00 |
| 59 | 宁阳县(鲁) | 311.00 |
| 60 | 平原县(鲁) | 295.00 |
| 61 | 汶上县(鲁) | 150.00 |
| 62 | 坊子区(鲁) | 100.00 |
| 63 | 东昌府区(鲁) | 100.00 |
| 64 | 平桥区(豫) | 16647.00 |
| 65 | 尉氏县(豫) | 10000.00 |

| 序号 | 蜂王浆主产地 | 产量(千克) |
|---|---|---|
| 66 | 安阳县(豫) | 10000.00 |
| 67 | 登封市(豫) | 8400.00 |
| 68 | 桐柏县(豫) | 1958.00 |
| 69 | 淮滨县(豫) | 500.00 |
| 70 | 郏　县(豫) | 80.00 |
| 71 | 东宝区(鄂) | 100000.00 |
| 72 | 随　县(鄂) | 40000.00 |
| 73 | 黄陂区(鄂) | 15000.00 |
| 74 | 保康县(鄂) | 5700.00 |
| 75 | 京山县(鄂) | 3000.00 |
| 76 | 谷城县(鄂) | 1850.00 |
| 77 | 长阳土家族自治县(鄂) | 1500.00 |
| 78 | 安陆市(鄂) | 500.00 |
| 79 | 巴东县(鄂) | 500.00 |
| 80 | 襄城区(鄂) | 340.00 |
| 81 | 云梦县(鄂) | 200.00 |
| 82 | 曾都区(鄂) | 50.00 |
| 83 | 鼎城区(湘) | 72000.00 |
| 84 | 浏阳市(湘) | 42000.00 |
| 85 | 新化县(湘) | 6200.00 |
| 86 | 株洲县(湘) | 3550.00 |
| 87 | 祁东县(湘) | 1300.00 |
| 88 | 麻阳苗族自治县(湘) | 1000.00 |
| 89 | 衡南县(湘) | 400.00 |
| 90 | 城步苗族自治县(湘) | 210.00 |
| 91 | 娄星区(湘) | 100.00 |
| 92 | 常宁市(湘) | 35.00 |
| 93 | 蕉岭县(粤) | 4100.00 |
| 94 | 乳源瑶族自治县(粤) | 300.00 |
| 95 | 吴川市(粤) | 23.00 |
| 96 | 大足县(渝) | 5800.00 |
| 97 | 丰都县(渝) | 510.00 |
| 98 | 万盛区(渝) | 500.00 |
| 99 | 石柱土家族自治县(渝) | 480.00 |
| 100 | 万源市(川) | 60000.00 |
| 101 | 仪陇县(川) | 700.00 |
| 102 | 三台县(川) | 450.00 |
| 103 | 七星关区(黔) | 320.00 |
| 104 | 锦屏县(黔) | 65.00 |
| 105 | 龙里县(黔) | 20.00 |
| 106 | 五华区(滇) | 2000.00 |
| 107 | 砚山县(滇) | 500.00 |
| 108 | 永寿县(陕) | 1360.00 |
| 109 | 略阳县(陕) | 200.00 |
| 110 | 文　县(甘) | 6500.00 |
| 111 | 景泰县(甘) | 500.00 |
| 112 | 泾源县(宁) | 200.00 |
| 113 | 尼勒克县(新) | 150000.00 |
| 114 | 阿勒泰市(新) | 60000.00 |
| 115 | 布尔津县(新) | 100.00 |
| 116 | 福海县(新) | 30.00 |
| 117 | 哈巴河县(新) | 10.00 |

**表 18-3　蜂胶主产地产量**

| 序号 | 蜂胶主产地 | 产量(千克) |
|---|---|---|
| 1 | 北京市蚕业蜂业管理站(京) | 153571.00 |
| 2 | 房山区(京) | 4232.00 |
| 3 | 门头沟区(京) | 4000.00 |
| 4 | 平谷区(京) | 2400.00 |
| 5 | 顺义区(京) | 1344.00 |
| 6 | 赞皇县(冀) | 1000.00 |
| 7 | 宁晋县(冀) | 215.00 |
| 8 | 黎城县(晋) | 410.00 |
| 9 | 抚顺县(辽) | 1454.00 |
| 10 | 盖州市(辽) | 117.00 |
| 11 | 集安市(吉) | 4000.00 |
| 12 | 长白朝鲜族自治县(吉) | 450.00 |
| 13 | 舒兰市(吉) | 414.00 |
| 14 | 磐石市(吉) | 335.00 |
| 15 | 辉南县(吉) | 210.00 |
| 16 | 饶河县(黑) | 3510.00 |
| 17 | 惠山区(苏) | 2898.00 |
| 18 | 秀洲区(浙) | 86.00 |
| 19 | 旌德县(皖) | 20000.00 |
| 20 | 桐城市(皖) | 10000.00 |
| 21 | 淮上区(皖) | 8000.00 |
| 22 | 临泉县(皖) | 756.00 |
| 23 | 芜湖县(皖) | 720.00 |
| 24 | 绩溪县(皖) | 223.00 |
| 25 | 五河县(皖) | 200.00 |
| 26 | 修水县(赣) | 12500.00 |
| 27 | 新干县(赣) | 1630.00 |
| 28 | 东乡县(赣) | 1400.00 |
| 29 | 沂源县(鲁) | 1500.00 |
| 30 | 东平县(鲁) | 480.00 |
| 31 | 高青县(鲁) | 380.00 |
| 32 | 临淄区(鲁) | 120.00 |
| 33 | 泰安市市辖区(鲁) | 100.00 |
| 34 | 乐陵市(鲁) | 68.00 |
| 35 | 坊子区(鲁) | 50.00 |
| 36 | 尉氏县(豫) | 200000.00 |
| 37 | 新密市(豫) | 9000.00 |
| 38 | 安阳县(豫) | 5000.00 |
| 39 | 平桥区(豫) | 3827.00 |
| 40 | 南乐县(豫) | 2000.00 |
| 41 | 桐柏县(豫) | 1800.00 |
| 42 | 登封市(豫) | 1400.00 |
| 43 | 淮滨县(豫) | 150.00 |
| 44 | 郏　县(豫) | 90.00 |
| 45 | 黄陂区(鄂) | 13000.00 |
| 46 | 竹溪县(鄂) | 8056.00 |
| 47 | 东宝区(鄂) | 6000.00 |
| 48 | 保康县(鄂) | 5600.00 |
| 49 | 巴东县(鄂) | 500.00 |
| 50 | 随　县(鄂) | 400.00 |
| 51 | 云梦县(鄂) | 360.00 |
| 52 | 谷城县(鄂) | 60.00 |
| 53 | 鼎城区(湘) | 5100.00 |
| 54 | 新化县(湘) | 4800.00 |
| 55 | 沅陵县(湘) | 4022.00 |
| 56 | 浏阳市(湘) | 1200.00 |
| 57 | 资兴市(湘) | 828.00 |
| 58 | 娄星区(湘) | 100.00 |
| 59 | 乳源瑶族自治县(粤) | 100.00 |
| 60 | 大足县(渝) | 1500.00 |
| 61 | 三台县(川) | 980.00 |
| 62 | 仪陇县(川) | 500.00 |
| 63 | 五华区(滇) | 5000.00 |
| 64 | 文　县(甘) | 5600.00 |
| 65 | 景泰县(甘) | 500.00 |
| 66 | 泾源县(宁) | 150.00 |

**表 18-4　蜂花粉主产地产量**

| 序号 | 蜂花粉主产地 | 产量(千克) |
|---|---|---|
| 1 | 北京市蚕业蜂业管理站(京) | 596938.00 |
| 2 | 房山区(京) | 32786.00 |
| 3 | 门头沟区(京) | 12000.00 |
| 4 | 顺义区(京) | 7429.00 |
| 5 | 延庆县(京) | 1000.00 |
| 6 | 海淀区(京) | 125.00 |
| 7 | 阜平县(冀) | 6000.00 |
| 8 | 黎城县(晋) | 4600.00 |
| 9 | 宁晋县(冀) | 2755.00 |
| 10 | 永年县(冀) | 628.00 |
| 11 | 赞皇县(冀) | 200.00 |
| 12 | 凌源市(辽) | 121000.00 |
| 13 | 抚顺县(辽) | 598.00 |
| 14 | 本溪满族自治县(辽) | 500.00 |

| 序号 | 蜂花粉主产地 | 产量(千克) |
|---|---|---|
| 15 | 集安市(吉) | 8000.00 |
| 16 | 舒兰市(吉) | 2957.00 |
| 17 | 东辽县(吉) | 1400.00 |
| 18 | 辉南县(吉) | 650.00 |
| 19 | 磐石市(吉) | 263.00 |
| 20 | 饶河县(黑) | 47740.00 |
| 21 | 绥棱县(黑) | 500.00 |
| 22 | 孟家岗林场(黑) | 385.00 |
| 24 | 依安县(黑) | 200.00 |
| 25 | 汤原县(黑) | 150.00 |
| 26 | 山河实验林场(黑) | 100.00 |
| 27 | 秀洲区(浙) | 4211.00 |
| 28 | 桐城市(皖) | 140000.00 |
| 29 | 芜湖县(皖) | 30000.00 |
| 30 | 旌德县(皖) | 10000.00 |
| 31 | 淮上区(皖) | 4000.00 |
| 32 | 临泉县(皖) | 687.00 |
| 33 | 青阳县(皖) | 200.00 |
| 34 | 东平县(鲁) | 75000.00 |
| 35 | 沂源县(鲁) | 18000.00 |
| 36 | 东昌府区(鲁) | 2600.00 |
| 37 | 青州市(鲁) | 1500.00 |
| 38 | 泰安市市辖区(鲁) | 1000.00 |
| 39 | 坊子区(鲁) | 500.00 |
| 40 | 临淄区(鲁) | 360.00 |
| 41 | 乐陵市(鲁) | 320.00 |
| 42 | 汶上县(鲁) | 200.00 |
| 43 | 尉氏县(豫) | 200000.00 |
| 44 | 安阳县(豫) | 28000.00 |
| 45 | 平桥区(豫) | 15580.00 |
| 46 | 桐柏县(豫) | 1320.00 |
| 47 | 登封市(豫) | 700.00 |
| 48 | 淮滨县(豫) | 300.00 |
| 49 | 郏　县(豫) | 130.00 |
| 50 | 淅川县(豫) | 60.00 |
| 51 | 麻城市(鄂) | 400000.00 |
| 52 | 随　县(鄂) | 50000.00 |
| 53 | 曾都区(鄂) | 30000.00 |
| 54 | 黄陂区(鄂) | 20000.00 |
| 55 | 保康县(鄂) | 13300.00 |
| 56 | 云梦县(鄂) | 300.00 |
| 57 | 澧　县(湘) | 120000.00 |
| 58 | 浏阳市(湘) | 86000.00 |
| 59 | 新化县(湘) | 12500.00 |
| 60 | 鼎城区(湘) | 4600.00 |
| 61 | 麻阳苗族自治县(湘) | 2500.00 |
| 62 | 资兴市(湘) | 1863.00 |
| 63 | 常宁市(湘) | 70.00 |
| 64 | 乳源瑶族自治县(粤) | 500.00 |
| 65 | 蕉岭县(粤) | 37502.00 |
| 66 | 云城区(粤) | 5580.00 |
| 67 | 大足县(渝) | 15000.00 |
| 68 | 三台县(川) | 870.00 |
| 69 | 仪陇县(川) | 700.00 |
| 70 | 锦屏县(黔) | 61.00 |
| 71 | 五华区(滇) | 300000.00 |
| 72 | 景泰县(甘) | 2500.00 |
| 73 | 环　县(甘) | 1173.00 |
| 74 | 阿勒泰市(新) | 60000.00 |
| 75 | 尼勒克县(新) | 15000.00 |
| 76 | 福海县(新) | 1500.00 |
| 77 | 哈巴河县(新) | 700.00 |

# 林产品进出口贸易资料

# FOREIGN TRADS STATISTICS OF FOREST PRODUCTS

## 原木出口量值表

| 国家/地区 | 出口数量（立方米） | 出口金额（千美元） |
|---|---|---|
| 44034910 柚木原木 | | |
| 合计 | 20 | 17 |
| 台湾省 | 20 | 17 |
| 44034990 未列名本章子目注释2所列热带木原木 | | |
| 合计 | 373 | 169 |
| 越南 | 373 | 169 |
| 44039930 红木原木 | | |
| 合计 | 575 | 2542 |
| 越南 | 472 | 2185 |
| 老挝 | 103 | 357 |
| 44039950 水曲柳原木 | | |
| 合计 | 48 | 33 |
| 日本 | 48 | 33 |
| 44039990 未列名非针叶木原木 | | |
| 合计 | 12112 | 3896 |
| 越南 | 12112 | 3896 |

## 原木进口量值表

| 国家/地区 | 进口数量（立方米） | 进口金额（千美元） |
|---|---|---|
| 44031000 用油漆、着色剂、杂酚油等防腐剂处理的原木 | | |
| 合计 | 231892 | 44096 |
| 新西兰 | 231051 | 43835 |
| 安哥拉 | 162 | 81 |
| 加拿大 | 172 | 73 |
| 朝鲜 | 494 | 59 |
| 苏里南 | 11 | 46 |
| 意大利 | 2 | 2 |
| 44032010 红松和樟子松原木 | | |
| 合计 | 5749098 | 761241 |
| 俄罗斯联邦 | 4344461 | 577351 |
| 乌克兰 | 1225359 | 158514 |
| 立陶宛 | 101453 | 13939 |
| 法国 | 19343 | 2900 |
| 波兰 | 13978 | 1997 |
| 德国 | 12044 | 1754 |
| 拉脱维亚 | 10825 | 1591 |
| 爱沙尼亚 | 6958 | 1043 |
| 比利时 | 5534 | 831 |
| 斯洛伐克 | 2298 | 354 |
| 美国 | 1772 | 288 |
| 乌拉圭 | 1737 | 232 |
| 荷兰 | 1372 | 195 |
| 罗马尼亚 | 934 | 133 |
| 缅甸 | 700 | 48 |
| 加拿大 | 14 | 26 |
| 捷克 | 144 | 21 |
| 巴西 | 122 | 15 |
| 新西兰 | 46 | 7 |
| 印度尼西亚 | 4 | 4 |
| 44032020 白松（云杉和冷杉）原木 | | |
| 合计 | 5212477 | 806533 |
| 俄罗斯联邦 | 2669474 | 354327 |
| 美国 | 1019787 | 210877 |
| 加拿大 | 365064 | 74315 |
| 法国 | 316356 | 49553 |
| 罗马尼亚 | 313404 | 45437 |
| 立陶宛 | 123754 | 18059 |
| 乌克兰 | 132404 | 17189 |
| 白俄罗斯 | 107378 | 13721 |
| 拉脱维亚 | 75490 | 10157 |
| 爱沙尼亚 | 49882 | 7366 |
| 丹麦 | 13099 | 2010 |
| 朝鲜 | 14766 | 1729 |
| 比利时 | 2765 | 459 |
| 波兰 | 2508 | 404 |
| 瑞典 | 1774 | 277 |
| 德国 | 1403 | 216 |
| 挪威 | 1498 | 207 |
| 日本 | 1113 | 145 |
| 西班牙 | 307 | 43 |
| 印度尼西亚 | 140 | 20 |
| 韩国 | 22 | 9 |
| 澳大利亚 | 41 | 8 |
| 新西兰 | 48 | 7 |
| 44032030 辐射松原木 | | |
| 合计 | 12338890 | 1762926 |
| 新西兰 | 10816133 | 1569182 |
| 澳大利亚 | 1514224 | 192662 |
| 智利 | 6126 | 775 |
| 乌克兰 | 2243 | 279 |
| 所罗门群岛 | 164 | 28 |
| 44032040 落叶松原木 | | |
| 合计 | 2207579 | 292116 |
| 俄罗斯联邦 | 2195378 | 290306 |
| 新西兰 | 5571 | 835 |
| 朝鲜 | 3718 | 442 |
| 美国 | 1354 | 296 |
| 法国 | 838 | 133 |
| 巴西 | 571 | 75 |
| 加拿大 | 149 | 28 |
| 44032090 未列名针叶木原木 | | |
| 合计 | 7423857 | 1447352 |
| 美国 | 4242626 | 858890 |
| 加拿大 | 2344538 | 457452 |
| 新西兰 | 428582 | 68560 |
| 日本 | 115170 | 15443 |
| 斐济 | 31900 | 12401 |
| 俄罗斯联邦 | 80099 | 11308 |
| 澳大利亚 | 60872 | 7545 |
| 法国 | 26940 | 3966 |
| 巴西 | 26444 | 3310 |
| 缅甸 | 31308 | 2771 |
| 乌拉圭 | 17969 | 2287 |
| 马来西亚 | 4133 | 937 |
| 朝鲜 | 6300 | 662 |
| 越南 | 2295 | 533 |
| 老挝 | 1305 | 463 |
| 台湾省 | 568 | 188 |
| 比利时 | 1125 | 184 |
| 印度尼西亚 | 203 | 117 |
| 丹麦 | 707 | 113 |
| 马达加斯加 | 30 | 53 |
| 韩国 | 214 | 47 |
| 所罗门群岛 | 28 | 41 |
| 立陶宛 | 192 | 28 |
| 南非 | 172 | 26 |
| 德国 | 107 | 23 |
| 波兰 | 30 | 4 |
| 44034100 深红色红柳安木、浅红色红柳安木及巴栲红柳安木原木 | | |
| 合计 | 55854 | 14618 |
| 马来西亚 | 55001 | 14453 |
| 澳大利亚 | 711 | 99 |
| 刚果（布） | 79 | 42 |
| 台湾省 | 29 | 16 |
| 缅甸 | 11 | 4 |
| 泰国 | 23 | 4 |
| 44034910 柚木原木 | | |
| 合计 | 163011 | 126139 |
| 缅甸 | 140875 | 112935 |
| 老挝 | 6867 | 3606 |

| 国家/地区 | 进口数量（立方米） | 进口金额（千美元） |
|---|---|---|
| 哥斯达黎加 | 5415 | 3379 |
| 台湾省 | 3287 | 2700 |
| 哥伦比亚 | 2896 | 1623 |
| 巴拿马 | 1342 | 740 |
| 巴西 | 363 | 259 |
| 苏里南 | 988 | 247 |
| 尼日利亚 | 274 | 165 |
| 加纳 | 129 | 81 |
| 刚果(布) | 72 | 70 |
| 厄瓜多尔 | 88 | 67 |
| 越南 | 10 | 39 |
| 尼加拉瓜 | 72 | 36 |
| 乌干达 | 72 | 36 |
| 南苏丹共和国 | 40 | 27 |
| 塞拉利昂 | 51 | 26 |
| 巴布亚新几内亚 | 36 | 22 |
| 印度尼西亚 | 15 | 19 |
| 贝宁 | 36 | 18 |
| 墨西哥 | 24 | 18 |
| 牙买加 | 30 | 16 |
| 多哥 | 18 | 7 |
| 莫桑比克 | 11 | 4 |
| 菲律宾 | 0 | 1 |
| 44034920 奥克曼木 *Okoume*(奥克榄)原木 | | |
| 合计 | 616825 | 228129 |
| 刚果(布) | 355670 | 137850 |
| 赤道几内亚 | 257579 | 89119 |
| 加蓬 | 3576 | 1160 |
| 44034930 龙脑香木 *Dipterocarpus* spp. (克隆木)原木 | | |
| 合计 | 220548 | 34618 |
| 缅甸 | 208497 | 31458 |
| 马来西亚 | 12023 | 3150 |
| 菲律宾 | 28 | 10 |
| 44034940 山樟木 *Kapur*(香木 *Dryobalanops* spp.)原木 | | |
| 合计 | 42188 | 13094 |
| 马来西亚 | 39553 | 12685 |
| 缅甸 | 2596 | 404 |
| 老挝 | 36 | 5 |
| 苏里南 | 3 | 1 |
| 44034950 印加木 *Intsia* spp. (波罗格 *Mengaris*)原木 | | |
| 合计 | 214069 | 110015 |
| 巴布亚新几内亚 | 212884 | 109327 |

| 国家/地区 | 进口数量（立方米） | 进口金额（千美元） |
|---|---|---|
| 马来西亚 | 1084 | 642 |
| 所罗门群岛 | 61 | 31 |
| 缅甸 | 22 | 11 |
| 苏里南 | 18 | 5 |
| 44034960 大干巴豆木 *Koompassia* spp. (门格里斯或康派斯)原木 | | |
| 合计 | 51034 | 11519 |
| 马来西亚 | 49291 | 11107 |
| 巴布亚新几内亚 | 1737 | 408 |
| 澳大利亚 | 6 | 4 |
| 44034970 异翅香木 *Anisopter* spp. 原木 | | |
| 合计 | 82112 | 20538 |
| 巴布亚新几内亚 | 81907 | 20486 |
| 马来西亚 | 205 | 52 |
| 44034990 未列名本章子目注释2所列热带木原木 | | |
| 合计 | 547534 | 222824 |
| 喀麦隆 | 186090 | 62561 |
| 马来西亚 | 44136 | 30825 |
| 中非 | 68550 | 29144 |
| 刚果(金) | 38009 | 23976 |
| 刚果(布) | 57611 | 22938 |
| 赤道几内亚 | 51584 | 16917 |
| 利比里亚 | 26248 | 13389 |
| 缅甸 | 19180 | 4579 |
| 巴布亚新几内亚 | 19289 | 3604 |
| 苏里南 | 7238 | 2299 |
| 莫桑比克 | 4902 | 2296 |
| 所罗门群岛 | 5930 | 1338 |
| 尼日利亚 | 2021 | 1160 |
| 贝宁 | 2231 | 1059 |
| 菲律宾 | 2336 | 979 |
| 加蓬 | 2430 | 904 |
| 加纳 | 1388 | 714 |
| 墨西哥 | 801 | 697 |
| 台湾省 | 1641 | 611 |
| 巴拉圭 | 276 | 546 |
| 安哥拉 | 1039 | 476 |
| 多哥 | 1116 | 410 |
| 新加坡 | 1589 | 401 |
| 科特迪瓦 | 594 | 299 |
| 澳大利亚 | 154 | 149 |
| 尼加拉瓜 | 124 | 122 |
| 老挝 | 414 | 111 |
| 厄瓜多尔 | 233 | 102 |

| 国家/地区 | 进口数量（立方米） | 进口金额（千美元） |
|---|---|---|
| 塞拉利昂 | 119 | 59 |
| 阿根廷 | 44 | 46 |
| 几内亚 | 70 | 36 |
| 哥伦比亚 | 43 | 27 |
| 几内亚比绍 | 34 | 17 |
| 冈比亚 | 28 | 15 |
| 巴西 | 25 | 12 |
| 帕劳 | 11 | 3 |
| 越南 | 3 | 3 |
| 巴拿马 | 3 | 2 |
| 44039100 栎木(橡木)原木 | | |
| 合计 | 462146 | 154576 |
| 美国 | 105303 | 54939 |
| 俄罗斯联邦 | 150562 | 47982 |
| 法国 | 120313 | 29962 |
| 比利时 | 32675 | 7817 |
| 德国 | 18194 | 4520 |
| 加拿大 | 2632 | 1458 |
| 罗马尼亚 | 4871 | 1436 |
| 乌克兰 | 4632 | 1271 |
| 荷兰 | 4590 | 1101 |
| 斯洛文尼亚 | 2952 | 998 |
| 丹麦 | 4166 | 966 |
| 斯洛伐克 | 2342 | 549 |
| 克罗地亚 | 1955 | 501 |
| 捷克 | 1399 | 332 |
| 缅甸 | 3763 | 310 |
| 瑞士 | 540 | 149 |
| 卢森堡 | 473 | 114 |
| 朝鲜 | 280 | 42 |
| 奥地利 | 114 | 40 |
| 保加利亚 | 132 | 32 |
| 拉脱维亚 | 103 | 21 |
| 匈牙利 | 68 | 19 |
| 马来西亚 | 63 | 12 |
| 澳大利亚 | 24 | 6 |
| 44039200 山毛榉木原木 | | |
| 合计 | 528869 | 107162 |
| 德国 | 207162 | 42756 |
| 法国 | 137836 | 27916 |
| 比利时 | 58186 | 11940 |
| 斯洛伐克 | 47980 | 9244 |
| 丹麦 | 33001 | 6861 |
| 罗马尼亚 | 20418 | 3527 |
| 捷克 | 5663 | 1186 |

| 国家/地区 | 进口数量(立方米) | 进口金额(千美元) |
|---|---|---|
| 卢森堡 | 5510 | 1071 |
| 波兰 | 4912 | 939 |
| 斯洛文尼亚 | 2699 | 549 |
| 瑞士 | 1756 | 347 |
| 荷兰 | 1635 | 344 |
| 克罗地亚 | 918 | 194 |
| 乌克兰 | 538 | 98 |
| 日本 | 76 | 68 |
| 奥地利 | 235 | 51 |
| 芬兰 | 239 | 49 |
| 西班牙 | 105 | 23 |
| 44039910 楠木原木 | | |
| 合计 | 823 | 223 |
| 台湾省 | 352 | 154 |
| 比利时 | 463 | 60 |
| 意大利 | 2 | 7 |
| 老挝 | 6 | 2 |
| 44039920 樟木原木 | | |
| 合计 | 1822 | 495 |
| 马来西亚 | 1120 | 218 |
| 日本 | 480 | 160 |
| 台湾省 | 105 | 71 |
| 老挝 | 97 | 35 |
| 越南 | 18 | 9 |
| 巴拿马 | 2 | 2 |
| 香港 | 0 | 1 |
| 44039930 红木原木 | | |
| 合计 | 1057528 | 1220187 |
| 缅甸 | 237492 | 324211 |
| 老挝 | 176216 | 294446 |
| 越南 | 45541 | 120951 |
| 柬埔寨 | 20765 | 70752 |
| 尼加拉瓜 | 37431 | 70670 |
| 科特迪瓦 | 104177 | 67642 |
| 冈比亚 | 122148 | 66700 |
| 加纳 | 89854 | 55106 |
| 刚果(金) | 33887 | 25002 |
| 贝宁 | 47247 | 24883 |
| 莫桑比克 | 33203 | 18657 |
| 尼日利亚 | 30927 | 16732 |
| 几内亚比绍 | 15752 | 10056 |
| 塞拉利昂 | 16884 | 9302 |
| 多哥 | 15414 | 8333 |
| 伯利兹 | 5375 | 7779 |
| 刚果(布) | 10678 | 6708 |

| 国家/地区 | 进口数量(立方米) | 进口金额(千美元) |
|---|---|---|
| 墨西哥 | 3359 | 5234 |
| 巴拿马 | 2382 | 5004 |
| 印度尼西亚 | 1969 | 3338 |
| 马来西亚 | 2021 | 2933 |
| 洪都拉斯 | 682 | 1105 |
| 尼泊尔联邦民主共和国 | 57 | 885 |
| 赞比亚 | 1489 | 557 |
| 巴基斯坦 | 194 | 554 |
| 喀麦隆 | 455 | 522 |
| 苏里南 | 306 | 483 |
| 马里 | 522 | 326 |
| 萨尔瓦多 | 129 | 280 |
| 哥斯达黎加 | 143 | 277 |
| 几内亚 | 298 | 192 |
| 泰国 | 97 | 163 |
| 斯里兰卡 | 59 | 130 |
| 加蓬 | 147 | 80 |
| 马拉维 | 37 | 58 |
| 厄瓜多尔 | 23 | 36 |
| 苏丹 | 50 | 28 |
| 坦桑尼亚 | 28 | 21 |
| 阿联酋 | 12 | 17 |
| 所罗门群岛 | 24 | 14 |
| 危地马拉 | 29 | 12 |
| 台湾省 | 22 | 9 |
| 赤道几内亚 | 3 | 2 |
| 44039950 水曲柳原木 | | |
| 合计 | 190006 | 54903 |
| 俄罗斯联邦 | 114911 | 34578 |
| 法国 | 21569 | 5775 |
| 丹麦 | 18914 | 5150 |
| 比利时 | 10565 | 2778 |
| 美国 | 5882 | 2200 |
| 德国 | 6639 | 1729 |
| 斯洛伐克 | 4400 | 1155 |
| 乌克兰 | 4591 | 868 |
| 捷克 | 1181 | 307 |
| 罗马尼亚 | 837 | 207 |
| 荷兰 | 238 | 64 |
| 奥地利 | 200 | 53 |
| 加拿大 | 38 | 27 |
| 波黑 | 41 | 13 |
| 44039960 北美硬阔叶木(包括樱桃木、黑胡桃木、枫木)原木 | | |
| 合计 | 142231 | 103897 |

| 国家/地区 | 进口数量(立方米) | 进口金额(千美元) |
|---|---|---|
| 美国 | 131159 | 99133 |
| 加拿大 | 5038 | 3233 |
| 法国 | 2530 | 591 |
| 比利时 | 1465 | 346 |
| 罗马尼亚 | 476 | 124 |
| 马来西亚 | 341 | 106 |
| 台湾省 | 117 | 85 |
| 德国 | 420 | 82 |
| 缅甸 | 369 | 53 |
| 日本 | 62 | 34 |
| 刚果(布) | 35 | 27 |
| 丹麦 | 100 | 25 |
| 西班牙 | 6 | 19 |
| 韩国 | 58 | 17 |
| 老挝 | 37 | 13 |
| 国别(地区)不详 | 18 | 9 |
| 44039980 未列名的温带非针叶木原木 | | |
| 合计 | 966392 | 135775 |
| 俄罗斯联邦 | 702931 | 92190 |
| 拉脱维亚 | 82106 | 14489 |
| 立陶宛 | 21778 | 3603 |
| 乌克兰 | 18144 | 3005 |
| 澳大利亚 | 32689 | 2957 |
| 巴布亚新几内亚 | 14099 | 2657 |
| 爱沙尼亚 | 13073 | 2542 |
| 比利时 | 14038 | 2111 |
| 新西兰 | 14918 | 2002 |
| 罗马尼亚 | 10919 | 1975 |
| 美国 | 6274 | 1667 |
| 法国 | 6723 | 1391 |
| 德国 | 6640 | 1365 |
| 丹麦 | 5283 | 970 |
| 加拿大 | 2934 | 480 |
| 乌拉圭 | 3342 | 425 |
| 朝鲜 | 2607 | 363 |
| 斯洛伐克 | 2226 | 287 |
| 所罗门群岛 | 1434 | 248 |
| 克罗地亚 | 1286 | 228 |
| 南非 | 615 | 208 |
| 白俄罗斯 | 1056 | 139 |
| 越南 | 205 | 87 |
| 荷兰 | 379 | 81 |
| 葡萄牙 | 75 | 69 |
| 奥地利 | 247 | 62 |
| 西班牙 | 86 | 54 |

| 国家/地区 | 进口数量（立方米） | 进口金额（千美元） |
|---|---|---|
| 缅甸 | 62 | 46 |
| 塞尔维亚 | 57 | 39 |
| 智利 | 77 | 13 |
| 苏里南 | 67 | 12 |
| 日本 | 13 | 5 |
| 马来西亚 | 9 | 3 |
| 44039990 未列名非针叶木原木 | | |
| 合计 | 6656874 | 1646151 |
| 巴布亚新几内亚 | 2421825 | 488226 |
| 所罗门群岛 | 2028294 | 401353 |
| 莫桑比克 | 308912 | 146778 |
| 喀麦隆 | 248516 | 97731 |
| 贝宁 | 119482 | 59841 |
| 缅甸 | 325225 | 58402 |
| 赤道几内亚 | 122230 | 42685 |
| 科特迪瓦 | 85465 | 41510 |
| 马来西亚 | 177508 | 39570 |
| 刚果(布) | 77986 | 30998 |
| 加纳 | 41692 | 20525 |
| 利比里亚 | 36727 | 20331 |
| 澳大利亚 | 133660 | 17960 |
| 塞拉利昂 | 36305 | 17656 |
| 圭亚那 | 46878 | 17447 |
| 苏里南 | 47652 | 15775 |
| 美国 | 95624 | 15124 |
| 尼日利亚 | 25800 | 13087 |
| 多哥 | 22665 | 11176 |
| 老挝 | 20543 | 10570 |
| 丹麦 | 38909 | 10192 |
| 法国 | 27004 | 6880 |
| 刚果(金) | 11500 | 6516 |
| 德国 | 18717 | 4688 |
| 台湾省 | 16333 | 4564 |
| 比利时 | 20750 | 4550 |
| 中非 | 8585 | 3964 |
| 墨西哥 | 5060 | 3886 |
| 阿根廷 | 5801 | 3827 |
| 加蓬 | 8459 | 3803 |
| 印度尼西亚 | 9500 | 3246 |
| 巴拿马 | 3394 | 1965 |
| 越南 | 4683 | 1871 |
| 哥伦比亚 | 2962 | 1735 |
| 乌拉圭 | 7765 | 1518 |
| 尼加拉瓜 | 1719 | 1438 |
| 几内亚 | 3086 | 1305 |

| 国家/地区 | 进口数量（立方米） | 进口金额（千美元） |
|---|---|---|
| 坦桑尼亚 | 2409 | 1242 |
| 菲律宾 | 5447 | 967 |
| 新西兰 | 7649 | 900 |
| 乌克兰 | 3472 | 874 |
| 新加坡 | 4235 | 862 |
| 多民族玻利维亚国 | 1252 | 829 |
| 柬埔寨 | 1184 | 744 |
| 肯尼亚 | 350 | 704 |
| 冈比亚 | 1320 | 619 |
| 巴拉圭 | 1140 | 599 |
| 罗马尼亚 | 2294 | 578 |
| 乌干达 | 70 | 569 |
| 瓦努阿图 | 89 | 521 |
| 危地马拉 | 454 | 499 |
| 伯利兹 | 841 | 455 |
| 安哥拉 | 568 | 256 |
| 荷兰 | 927 | 231 |
| 厄瓜多尔 | 587 | 193 |
| 瑞典 | 547 | 148 |
| 塞尔维亚 | 315 | 147 |
| 克罗地亚 | 640 | 147 |
| 泰国 | 188 | 144 |
| 斯洛伐克 | 533 | 138 |
| 加拿大 | 527 | 122 |
| 南非 | 401 | 109 |
| 马达加斯加 | 221 | 109 |
| 日本 | 492 | 92 |
| 马拉维 | 182 | 89 |
| 巴西 | 183 | 84 |
| 斐济 | 9 | 83 |
| 赞比亚 | 132 | 71 |
| 洪都拉斯 | 74 | 68 |
| 智利 | 175 | 66 |
| 西班牙 | 162 | 28 |
| 几内亚比绍 | 56 | 26 |
| 奥地利 | 77 | 22 |
| 萨尔瓦多 | 39 | 21 |
| 匈牙利 | 155 | 20 |
| 哥斯达黎加 | 72 | 16 |
| 东帝汶 | 14 | 13 |
| 意大利 | 38 | 12 |
| 帕劳 | 21 | 10 |
| 苏丹 | 66 | 10 |
| 斯里兰卡 | 1 | 8 |
| 利比亚 | 17 | 6 |

| 国家/地区 | 进口数量（立方米） | 进口金额（千美元） |
|---|---|---|
| 多米尼加共和国 | 10 | 5 |
| 土耳其 | 17 | 3 |
| 俄罗斯联邦 | 6 | 1 |

## 锯材出口量值表

| 国家/地区 | 出口数量（立方米） | 出口金额（千美元） |
|---|---|---|
| 44069000 已浸渍铁道及电车道枕木 | | |
| 合计 | 3927 | 1748 |
| 坦桑尼亚 | 618 | 305 |
| 越南 | 380 | 284 |
| 日本 | 899 | 229 |
| 哈萨克斯坦 | 172 | 129 |
| 台湾省 | 492 | 119 |
| 缅甸 | 125 | 106 |
| 安哥拉 | 185 | 106 |
| 委内瑞拉 | 215 | 106 |
| 马来西亚 | 139 | 76 |
| 伊拉克 | 192 | 65 |
| 泰国 | 53 | 27 |
| 肯尼亚 | 35 | 24 |
| 沙特阿拉伯 | 46 | 22 |
| 布基纳法索 | 36 | 22 |
| 乌兹别克斯坦 | 50 | 20 |
| 埃塞俄比亚 | 58 | 16 |
| 印度尼西亚 | 48 | 15 |
| 加纳 | 38 | 15 |
| 韩国 | 24 | 15 |
| 乍得 | 22 | 12 |
| 斯里兰卡 | 8 | 9 |
| 孟加拉国 | 32 | 6 |
| 印度 | 7 | 5 |
| 厄立特里亚 | 7 | 4 |
| 刚果(金) | 7 | 4 |
| 刚果(布) | 8 | 3 |
| 阿曼 | 25 | 3 |
| 喀麦隆 | 4 | 1 |
| 尼日尔 | 1 | 1 |
| 吉布提 | 1 | 1 |
| 44071010 纵锯纵切刨或旋切红松和樟子松木材，厚>6mm | | |
| 合计 | 80767 | 43194 |
| 日本 | 77557 | 40874 |
| 韩国 | 3040 | 2239 |
| 西班牙 | 22 | 23 |

| 国家/地区 | 出口数量（立方米） | 出口金额（千美元） |
|---|---|---|
| 台湾省 | 22 | 19 |
| 乌兹别克斯坦 | 71 | 15 |
| 美国 | 31 | 12 |
| 巴基斯坦 | 20 | 8 |
| 马尔代夫 | 4 | 4 |
| 44071020 纵锯切刨或旋切白松(云、冷杉)木材，厚>6mm | | |
| 合计 | 24653 | 13161 |
| 日本 | 21800 | 11007 |
| 韩国 | 1438 | 956 |
| 墨西哥 | 586 | 866 |
| 美国 | 244 | 147 |
| 马尔代夫 | 243 | 74 |
| 沙特阿拉伯 | 115 | 39 |
| 苏丹 | 109 | 32 |
| 蒙古 | 45 | 10 |
| 新加坡 | 23 | 7 |
| 马来西亚 | 20 | 6 |
| 香港 | 2 | 4 |
| 白俄罗斯 | 3 | 3 |
| 伊拉克 | 0 | 3 |
| 菲律宾 | 4 | 3 |
| 刚果(布) | 13 | 3 |
| 台湾省 | 8 | 2 |
| 44071030 纵锯、纵切刨或旋切的辐射松木材，厚>6mm | | |
| 合计 | 44070 | 29284 |
| 韩国 | 21020 | 14237 |
| 日本 | 20675 | 13793 |
| 澳大利亚 | 697 | 485 |
| 台湾省 | 428 | 262 |
| 也门 | 600 | 175 |
| 印度尼西亚 | 205 | 92 |
| 马尔代夫 | 218 | 92 |
| 毛里求斯 | 65 | 53 |
| 蒙古 | 70 | 39 |
| 美国 | 49 | 27 |
| 安哥拉 | 22 | 16 |
| 新西兰 | 13 | 10 |
| 牙买加 | 5 | 2 |
| 密克罗尼西亚联邦 | 3 | 1 |
| 44071040 经纵锯、纵切刨或旋切的花旗松木材，厚>6mm | | |
| 合计 | 969 | 588 |
| 加拿大 | 253 | 264 |

| 国家/地区 | 出口数量（立方米） | 出口金额（千美元） |
|---|---|---|
| 台湾省 | 300 | 131 |
| 日本 | 128 | 105 |
| 厄立特里亚 | 230 | 77 |
| 赞比亚 | 10 | 5 |
| 泰国 | 44 | 4 |
| 毛里塔尼亚 | 4 | 2 |
| 44071090 其他纵锯切、刨或旋切的针叶木木材，厚>6mm | | |
| 合计 | 43063 | 30504 |
| 日本 | 34647 | 24528 |
| 韩国 | 5740 | 4338 |
| 加拿大 | 1013 | 582 |
| 德国 | 288 | 504 |
| 台湾省 | 392 | 141 |
| 巴基斯坦 | 303 | 122 |
| 马尔代夫 | 123 | 102 |
| 美国 | 182 | 52 |
| 乍得 | 55 | 26 |
| 波兰 | 33 | 24 |
| 朝鲜 | 107 | 21 |
| 毛里塔尼亚 | 29 | 20 |
| 印度尼西亚 | 80 | 10 |
| 菲律宾 | 3 | 7 |
| 澳大利亚 | 13 | 7 |
| 安哥拉 | 18 | 6 |
| 莫桑比克 | 16 | 5 |
| 科摩罗 | 13 | 4 |
| 佛得角 | 7 | 2 |
| 新加坡 | 1 | 1 |
| 44072500 经纵锯切刨或旋切的红柳桉木材，厚>6mm | | |
| 合计 | 2933 | 923 |
| 香港 | 2817 | 848 |
| 马尔代夫 | 116 | 75 |
| 44072600 纵锯切刨或旋切的白黄柳安木等木材，厚>6mm | | |
| 合计 | 3203 | 878 |
| 香港 | 3182 | 866 |
| 哈萨克斯坦 | 21 | 12 |
| 44072910 经纵锯切刨切或旋切的柚木木材，厚>6mm | | |
| 合计 | 1232 | 1986 |
| 台湾省 | 657 | 681 |
| 美国 | 103 | 507 |
| 马来西亚 | 87 | 275 |

| 国家/地区 | 出口数量（立方米） | 出口金额（千美元） |
|---|---|---|
| 泰国 | 52 | 139 |
| 韩国 | 35 | 104 |
| 法国 | 22 | 55 |
| 新加坡 | 60 | 50 |
| 香港 | 138 | 41 |
| 意大利 | 16 | 35 |
| 日本 | 13 | 27 |
| 巴西 | 20 | 26 |
| 以色列 | 13 | 21 |
| 波兰 | 6 | 11 |
| 加拿大 | 5 | 8 |
| 澳大利亚 | 3 | 5 |
| 卡塔尔 | 2 | 3 |
| 44072920 纵锯切刨或旋切非洲桃花心木木材，厚>6mm | | |
| 合计 | 56 | 30 |
| 日本 | 10 | 16 |
| 印度尼西亚 | 46 | 14 |
| 44072930 经纵锯切、刨或旋切的波罗格木木材，厚>6mm | | |
| 合计 | 114 | 155 |
| 安哥拉 | 54 | 96 |
| 台湾省 | 42 | 40 |
| 韩国 | 18 | 19 |
| 44072990 其他纵锯切、刨或旋切的子目注释二所列的热带木木材，厚>6mm | | |
| 合计 | 353 | 239 |
| 日本 | 176 | 190 |
| 越南 | 157 | 40 |
| 英国 | 20 | 10 |
| 44079100 经纵锯纵切、刨或旋切的栎木木材，厚>6mm | | |
| 合计 | 13487 | 15007 |
| 日本 | 7330 | 9211 |
| 德国 | 1285 | 1871 |
| 越南 | 2160 | 1323 |
| 韩国 | 1313 | 1143 |
| 比利时 | 556 | 502 |
| 英国 | 397 | 403 |
| 澳大利亚 | 81 | 236 |
| 印度尼西亚 | 169 | 110 |
| 马来西亚 | 83 | 98 |
| 伊朗 | 34 | 32 |
| 荷兰 | 22 | 27 |
| 瑞典 | 17 | 25 |

| 国家/地区 | 出口数量（立方米） | 出口金额（千美元） |
|---|---|---|
| 孟加拉国 | 8 | 11 |
| 台湾省 | 22 | 7 |
| 留尼汪 | 8 | 6 |
| 美国 | 1 | 2 |
| 新加坡 | 1 | 1 |
| 44079200 经纵锯纵切、刨或旋切山毛榉木木材，厚＞6mm | | |
| 合计 | 706 | 1025 |
| 日本 | 705 | 1024 |
| 英国 | 1 | 1 |
| 44079300 经纵锯纵切、刨或旋切枫木木材，厚＞6mm | | |
| 合计 | 589 | 686 |
| 印度尼西亚 | 292 | 405 |
| 日本 | 201 | 211 |
| 哈萨克斯坦 | 6 | 40 |
| 台湾省 | 90 | 22 |
| 香港 | 0 | 8 |
| 44079400 经纵锯纵切、刨或旋切樱桃木木材，厚＞6mm | | |
| 合计 | 4 | 8 |
| 尼日尔 | 4 | 8 |
| 44079500 经纵锯纵切、刨或旋切白蜡木木材，厚＞6mm | | |
| 合计 | 519 | 641 |
| 日本 | 433 | 544 |
| 韩国 | 86 | 97 |
| 44079920 经纵锯切、刨或旋切的泡桐木木材，厚＞6mm | | |
| 合计 | 178419 | 133549 |
| 日本 | 67892 | 55275 |
| 美国 | 31604 | 30558 |
| 韩国 | 35144 | 17616 |
| 台湾省 | 10533 | 9391 |
| 越南 | 12467 | 7627 |
| 马来西亚 | 4249 | 2137 |
| 意大利 | 2636 | 2017 |
| 澳大利亚 | 2280 | 1702 |
| 斯洛文尼亚 | 2354 | 1251 |
| 德国 | 1659 | 910 |
| 西班牙 | 771 | 810 |
| 加拿大 | 985 | 666 |
| 荷兰 | 971 | 576 |
| 法国 | 971 | 464 |
| 芬兰 | 629 | 397 |

| 国家/地区 | 出口数量（立方米） | 出口金额（千美元） |
|---|---|---|
| 比利时 | 458 | 309 |
| 克罗地亚 | 542 | 301 |
| 泰国 | 319 | 197 |
| 俄罗斯联邦 | 210 | 192 |
| 阿联酋 | 224 | 153 |
| 阿尔巴尼亚 | 228 | 124 |
| 乌克兰 | 95 | 100 |
| 墨西哥 | 209 | 99 |
| 菲律宾 | 149 | 83 |
| 尼加拉瓜 | 121 | 68 |
| 牙买加 | 45 | 65 |
| 哥斯达黎加 | 115 | 63 |
| 留尼汪 | 116 | 61 |
| 沙特阿拉伯 | 44 | 54 |
| 保加利亚 | 51 | 47 |
| 印度尼西亚 | 45 | 42 |
| 拉脱维亚 | 57 | 36 |
| 瑞典 | 46 | 29 |
| 爱尔兰 | 16 | 21 |
| 英国 | 33 | 18 |
| 新西兰 | 14 | 17 |
| 希腊 | 28 | 14 |
| 挪威 | 23 | 14 |
| 匈牙利 | 24 | 13 |
| 葡萄牙 | 28 | 12 |
| 捷克 | 11 | 6 |
| 以色列 | 11 | 5 |
| 毛里求斯 | 4 | 5 |
| 新加坡 | 3 | 2 |
| 波兰 | 3 | 2 |
| 瑞士 | 1 | 1 |
| 孟加拉国 | 1 | 1 |
| 44079930 经纵锯切、刨或旋切的北美硬阔叶材，厚＞6mm | | |
| 合计 | 11041 | 12051 |
| 德国 | 6008 | 6330 |
| 意大利 | 1758 | 1772 |
| 日本 | 1250 | 1598 |
| 越南 | 1130 | 1268 |
| 马来西亚 | 217 | 259 |
| 韩国 | 164 | 205 |
| 美国 | 156 | 156 |
| 印度尼西亚 | 86 | 109 |
| 英国 | 65 | 92 |
| 泰国 | 49 | 63 |

| 国家/地区 | 出口数量（立方米） | 出口金额（千美元） |
|---|---|---|
| 波兰 | 47 | 52 |
| 台湾省 | 39 | 48 |
| 瑞典 | 18 | 32 |
| 南非 | 19 | 25 |
| 阿联酋 | 19 | 22 |
| 科威特 | 16 | 20 |
| 44079980 纵锯切刨或旋切其他温带非针叶木材，厚＞6mm | | |
| 合计 | 18278 | 18038 |
| 日本 | 16704 | 16655 |
| 韩国 | 1233 | 1197 |
| 美国 | 68 | 53 |
| 印度尼西亚 | 76 | 48 |
| 台湾省 | 106 | 43 |
| 香港 | 35 | 25 |
| 德国 | 22 | 8 |
| 刚果(布) | 30 | 6 |
| 荷兰 | 2 | 2 |
| 越南 | 2 | 2 |
| 44079990 其他纵锯切、刨或旋切的非叶木木材，厚＞6mm | | |
| 合计 | 29900 | 22045 |
| 日本 | 19669 | 15326 |
| 韩国 | 3726 | 3002 |
| 菲律宾 | 762 | 710 |
| 法国 | 636 | 603 |
| 越南 | 2224 | 580 |
| 德国 | 594 | 444 |
| 台湾省 | 436 | 440 |
| 安哥拉 | 737 | 221 |
| 波兰 | 385 | 139 |
| 加拿大 | 135 | 132 |
| 澳大利亚 | 95 | 93 |
| 荷兰 | 47 | 71 |
| 新加坡 | 87 | 68 |
| 意大利 | 62 | 65 |
| 俄罗斯联邦 | 21 | 37 |
| 坦桑尼亚 | 27 | 24 |
| 美国 | 42 | 15 |
| 孟加拉国 | 38 | 9 |
| 尼日尔 | 13 | 9 |
| 挪威 | 22 | 8 |
| 刚果(金) | 18 | 7 |
| 伊拉克 | 8 | 6 |
| 沙特阿拉伯 | 2 | 6 |

| 国家/地区 | 出口数量（立方米） | 出口金额（千美元） |
|---|---|---|
| 巴布亚新几内亚 | 11 | 4 |
| 赤道几内亚 | 10 | 4 |
| 塞舌尔 | 12 | 4 |
| 蒙古 | 52 | 4 |
| 南非 | 11 | 3 |
| 乍得 | 0 | 3 |
| 莫桑比克 | 14 | 2 |
| 新西兰 | 2 | 2 |
| 毛里塔尼亚 | 2 | 1 |

## 锯材进口量值表

| 国家/地区 | 进口数量（立方米） | 进口金额（千美元） |
|---|---|---|
| 44061000 未浸渍铁道及电车道枕木 | | |
| 合计 | 24397 | 3840 |
| 俄罗斯联邦 | 24386 | 3829 |
| 马来西亚 | 11 | 11 |
| 44069000 已浸渍铁道及电车道枕木 | | |
| 合计 | 1793 | 281 |
| 朝鲜 | 1264 | 228 |
| 加拿大 | 350 | 20 |
| 美国 | 153 | 20 |
| 南非 | 26 | 12 |
| 韩国 | 0 | 1 |
| 44071010 纵锯纵切刨或旋切红松和樟子松木材，厚＞6mm | | |
| 合计 | 4749335 | 919693 |
| 俄罗斯联邦 | 4484562 | 849970 |
| 德国 | 125198 | 34658 |
| 芬兰 | 45156 | 10720 |
| 瑞典 | 35690 | 9776 |
| 拉脱维亚 | 11058 | 2845 |
| 奥地利 | 11095 | 2577 |
| 乌克兰 | 11133 | 2455 |
| 立陶宛 | 6348 | 1561 |
| 英国 | 5307 | 1197 |
| 波兰 | 3560 | 1187 |
| 爱沙尼亚 | 3899 | 1011 |
| 日本 | 1933 | 387 |
| 捷克 | 1357 | 296 |
| 加拿大 | 981 | 295 |
| 挪威 | 169 | 196 |
| 智利 | 544 | 114 |
| 保加利亚 | 161 | 112 |
| 美国 | 214 | 82 |
| 斯洛伐克 | 289 | 82 |
| 罗马尼亚 | 205 | 50 |
| 新西兰 | 178 | 48 |
| 澳大利亚 | 134 | 31 |
| 西班牙 | 79 | 23 |
| 斯洛文尼亚 | 85 | 21 |
| 印度 | 0 | 1 |
| 44071020 纵锯切刨或旋切白松（云、冷杉）木材，厚＞6mm | | |
| 合计 | 7319268 | 1600193 |
| 加拿大 | 5415950 | 1199541 |
| 俄罗斯联邦 | 1015469 | 174112 |
| 芬兰 | 320198 | 81835 |
| 瑞典 | 279373 | 68344 |
| 德国 | 59765 | 15823 |
| 美国 | 60895 | 14628 |
| 英国 | 36474 | 8934 |
| 罗马尼亚 | 35132 | 8437 |
| 奥地利 | 24348 | 6959 |
| 丹麦 | 17976 | 5757 |
| 拉脱维亚 | 16589 | 3979 |
| 捷克 | 10244 | 2361 |
| 日本 | 1632 | 1977 |
| 韩国 | 2651 | 1773 |
| 立陶宛 | 3647 | 861 |
| 乌克兰 | 3287 | 773 |
| 荷兰 | 2555 | 751 |
| 爱沙尼亚 | 3293 | 749 |
| 朝鲜 | 4431 | 703 |
| 波黑 | 1411 | 333 |
| 瑞士 | 835 | 320 |
| 印度尼西亚 | 106 | 233 |
| 挪威 | 699 | 223 |
| 法国 | 910 | 215 |
| 台湾省 | 380 | 187 |
| 意大利 | 63 | 97 |
| 斯洛文尼亚 | 479 | 91 |
| 克罗地亚 | 8 | 67 |
| 比利时 | 89 | 44 |
| 波兰 | 193 | 42 |
| 巴西 | 158 | 39 |
| 斯洛伐克 | 28 | 7 |
| 44071030 纵锯、纵切刨或旋切的辐射松木材，厚＞6mm | | |
| 合计 | 1365215 | 366351 |
| 智利 | 805803 | 206524 |
| 新西兰 | 493147 | 143671 |
| 澳大利亚 | 44450 | 10529 |
| 阿根廷 | 10015 | 2500 |
| 西班牙 | 6080 | 1601 |
| 巴西 | 2531 | 648 |
| 乌拉圭 | 840 | 237 |
| 加拿大 | 1050 | 219 |
| 日本 | 512 | 129 |
| 台湾省 | 379 | 118 |
| 美国 | 158 | 88 |
| 俄罗斯联邦 | 144 | 44 |
| 德国 | 19 | 22 |
| 芬兰 | 87 | 21 |
| 44071040 经纵锯、纵切刨或旋切的花旗松木材，厚＞6mm | | |
| 合计 | 386229 | 82964 |
| 加拿大 | 235848 | 51543 |
| 美国 | 148584 | 31098 |
| 日本 | 1608 | 277 |
| 韩国 | 64 | 21 |
| 德国 | 95 | 19 |
| 台湾省 | 30 | 6 |
| 44071090 其他纵锯切、刨或旋切的针叶木木材，厚＞6mm | | |
| 合计 | 3090359 | 643919 |
| 加拿大 | 1142537 | 256940 |
| 美国 | 666313 | 155187 |
| 俄罗斯联邦 | 929525 | 143439 |
| 阿根廷 | 78331 | 18791 |
| 巴西 | 68620 | 16043 |
| 瑞典 | 52454 | 13588 |
| 芬兰 | 34449 | 9799 |
| 德国 | 28998 | 7776 |
| 日本 | 13696 | 3769 |
| 智利 | 15235 | 3148 |
| 新西兰 | 5436 | 2603 |
| 乌拉圭 | 9437 | 2355 |
| 奥地利 | 6336 | 1307 |
| 匈牙利 | 1504 | 1307 |
| 英国 | 4652 | 1043 |
| 朝鲜 | 6583 | 827 |
| 拉脱维亚 | 3482 | 825 |
| 立陶宛 | 3054 | 781 |
| 爱沙尼亚 | 3125 | 693 |

| 国家/地区 | 进口数量（立方米） | 进口金额（千美元） |
|---|---|---|
| 澳大利亚 | 1995 | 650 |
| 乌克兰 | 2050 | 412 |
| 捷克 | 1804 | 410 |
| 丹麦 | 1351 | 350 |
| 缅甸 | 4064 | 344 |
| 印度尼西亚 | 418 | 289 |
| 波兰 | 1297 | 286 |
| 台湾省 | 679 | 286 |
| 罗马尼亚 | 722 | 156 |
| 越南 | 472 | 123 |
| 韩国 | 270 | 80 |
| 菲律宾 | 481 | 70 |
| 塞尔维亚 | 279 | 48 |
| 老挝 | 136 | 45 |
| 西班牙 | 182 | 39 |
| 保加利亚 | 199 | 34 |
| 瑞士 | 59 | 25 |
| 肯尼亚 | 4 | 23 |
| 马来西亚 | 92 | 18 |
| 波黑 | 21 | 5 |
| 南非 | 4 | 5 |
| 法国 | 13 | 3 |
| 44072200 经纵锯切刨或旋切的肉豆蔻木等木材，厚>6mm | | |
| 合计 | 8014 | 5687 |
| 厄瓜多尔 | 5345 | 4287 |
| 巴布亚新几内亚 | 1640 | 837 |
| 印度尼西亚 | 650 | 366 |
| 巴西 | 245 | 119 |
| 哥斯达黎加 | 106 | 67 |
| 秘鲁 | 28 | 11 |
| 44072500 经纵锯切刨或旋切的红柳桉木材，厚>6mm | | |
| 合计 | 9355 | 3376 |
| 马来西亚 | 7931 | 2508 |
| 澳大利亚 | 658 | 427 |
| 乌拉圭 | 367 | 209 |
| 韩国 | 152 | 94 |
| 印度尼西亚 | 147 | 83 |
| 巴西 | 51 | 25 |
| 台湾省 | 24 | 15 |
| 安哥拉 | 25 | 15 |
| 44072600 纵锯切刨或旋切的白黄柳安木等木材，厚>6mm | | |
| 合计 | 17164 | 18907 |

| 国家/地区 | 进口数量（立方米） | 进口金额（千美元） |
|---|---|---|
| 马来西亚 | 13163 | 15123 |
| 菲律宾 | 809 | 2356 |
| 澳大利亚 | 451 | 366 |
| 台湾省 | 964 | 328 |
| 印度尼西亚 | 929 | 260 |
| 韩国 | 382 | 203 |
| 美国 | 169 | 93 |
| 意大利 | 70 | 91 |
| 巴西 | 97 | 33 |
| 文莱 | 48 | 29 |
| 加拿大 | 69 | 20 |
| 老挝 | 13 | 4 |
| 44072700 纵锯切刨或旋切的沙比利木材，厚>6mm | | |
| 合计 | 65890 | 41287 |
| 喀麦隆 | 41319 | 24793 |
| 刚果（布） | 14085 | 9624 |
| 刚果（金） | 4517 | 2901 |
| 加蓬 | 3215 | 1970 |
| 中非 | 2456 | 1778 |
| 越南 | 208 | 142 |
| 中华人民共和国 | 32 | 40 |
| 乌干达 | 57 | 37 |
| 韩国 | 1 | 1 |
| 44072800 纵锯切刨或旋切的伊罗科木木材，厚>6mm | | |
| 合计 | 86 | 45 |
| 加蓬 | 86 | 45 |
| 44072910 经纵锯切刨切或旋切的柚木木材，厚>6mm | | |
| 合计 | 67655 | 61983 |
| 缅甸 | 55324 | 54156 |
| 贝宁 | 4405 | 2758 |
| 印度尼西亚 | 4941 | 2391 |
| 老挝 | 1446 | 989 |
| 台湾省 | 385 | 497 |
| 印度 | 138 | 360 |
| 秘鲁 | 255 | 242 |
| 泰国 | 31 | 102 |
| 哥斯达黎加 | 166 | 87 |
| 加纳 | 135 | 58 |
| 马来西亚 | 48 | 52 |
| 巴西 | 48 | 49 |
| 苏里南 | 63 | 49 |
| 加蓬 | 88 | 45 |

| 国家/地区 | 进口数量（立方米） | 进口金额（千美元） |
|---|---|---|
| 尼加拉瓜 | 59 | 38 |
| 多民族玻利维亚国 | 21 | 29 |
| 特立尼达和多巴哥 | 22 | 20 |
| 科特迪瓦 | 21 | 19 |
| 越南 | 14 | 16 |
| 哥伦比亚 | 20 | 13 |
| 柬埔寨 | 13 | 5 |
| 巴拿马 | 5 | 4 |
| 牙买加 | 3 | 2 |
| 菲律宾 | 4 | 2 |
| 美国 | 0 | 1 |
| 44072920 纵锯切刨或旋切非洲桃花心木木材，厚>6mm | | |
| 合计 | 3226 | 1889 |
| 加蓬 | 1828 | 850 |
| 安哥拉 | 346 | 264 |
| 喀麦隆 | 321 | 198 |
| 斐济 | 108 | 120 |
| 印度尼西亚 | 91 | 108 |
| 西班牙 | 68 | 75 |
| 科特迪瓦 | 131 | 64 |
| 菲律宾 | 117 | 51 |
| 台湾省 | 62 | 31 |
| 德国 | 21 | 29 |
| 印度 | 5 | 28 |
| 中非 | 51 | 27 |
| 刚果（布） | 24 | 18 |
| 几内亚比绍 | 22 | 12 |
| 越南 | 17 | 8 |
| 美国 | 12 | 4 |
| 法国 | 2 | 1 |
| 44072930 经纵锯切、刨或旋切的波罗格木木材，厚>6mm | | |
| 合计 | 103500 | 57748 |
| 印度尼西亚 | 92439 | 51065 |
| 马来西亚 | 7367 | 4414 |
| 巴布亚新几内亚 | 2280 | 1534 |
| 所罗门群岛 | 1350 | 692 |
| 瓦努阿图 | 31 | 22 |
| 印度 | 18 | 11 |
| 斐济 | 15 | 10 |
| 德国 | 0 | 2 |
| 44072990 其他纵锯切、刨或旋切的子目注释二所列的热带木木材，厚>6mm | | |
| 合计 | 209211 | 105177 |

| 国家/地区 | 进口数量（立方米） | 进口金额（千美元） |
|---|---|---|
| 加蓬 | 52836 | 25496 |
| 喀麦隆 | 36530 | 18239 |
| 巴西 | 17068 | 12221 |
| 印度尼西亚 | 17266 | 9155 |
| 越南 | 10350 | 7867 |
| 马来西亚 | 14640 | 6354 |
| 刚果(布) | 11607 | 5559 |
| 加纳 | 11539 | 4859 |
| 科特迪瓦 | 4221 | 1847 |
| 老挝 | 9270 | 1484 |
| 柬埔寨 | 1494 | 1419 |
| 缅甸 | 5506 | 1127 |
| 贝宁 | 2304 | 1110 |
| 莫桑比克 | 1274 | 906 |
| 巴拉圭 | 1362 | 897 |
| 台湾省 | 1115 | 835 |
| 泰国 | 1687 | 807 |
| 赞比亚 | 892 | 739 |
| 苏里南 | 1240 | 706 |
| 菲律宾 | 1858 | 652 |
| 秘鲁 | 805 | 587 |
| 美国 | 1154 | 488 |
| 中非 | 693 | 300 |
| 刚果(金) | 524 | 264 |
| 多民族玻利维亚国 | 364 | 233 |
| 巴布亚新几内亚 | 287 | 141 |
| 坦桑尼亚 | 158 | 116 |
| 印度 | 197 | 114 |
| 阿根廷 | 263 | 105 |
| 安哥拉 | 179 | 103 |
| 尼加拉瓜 | 34 | 92 |
| 冈比亚 | 71 | 64 |
| 加拿大 | 84 | 59 |
| 哥伦比亚 | 65 | 52 |
| 韩国 | 42 | 43 |
| 危地马拉 | 19 | 30 |
| 尼日利亚 | 73 | 29 |
| 澳大利亚 | 39 | 25 |
| 智利 | 34 | 20 |
| 赤道几内亚 | 29 | 19 |
| 几内亚比绍 | 22 | 7 |
| 斐济 | 4 | 5 |
| 瑞士 | 3 | 2 |
| 巴拿马 | 2 | 2 |
| 马达加斯加 | 7 | 2 |

| 国家/地区 | 进口数量（立方米） | 进口金额（千美元） |
|---|---|---|
| 44079100 经纵锯纵切、刨或旋切的栎木木材，厚>6mm | | |
| 合计 | 933415 | 515257 |
| 美国 | 706083 | 406372 |
| 俄罗斯联邦 | 165967 | 74551 |
| 加拿大 | 22960 | 14661 |
| 法国 | 15484 | 8390 |
| 德国 | 6420 | 3044 |
| 乌克兰 | 3560 | 1516 |
| 罗马尼亚 | 2904 | 1437 |
| 澳大利亚 | 1372 | 1158 |
| 克罗地亚 | 2168 | 956 |
| 意大利 | 659 | 399 |
| 捷克 | 836 | 367 |
| 荷兰 | 441 | 314 |
| 斯洛伐克 | 225 | 313 |
| 泰国 | 603 | 306 |
| 朝鲜 | 1048 | 271 |
| 比利时 | 463 | 203 |
| 斯洛文尼亚 | 46 | 134 |
| 奥地利 | 349 | 126 |
| 瑞典 | 214 | 124 |
| 日本 | 769 | 112 |
| 越南 | 143 | 104 |
| 台湾省 | 155 | 85 |
| 马来西亚 | 111 | 67 |
| 波黑 | 161 | 63 |
| 韩国 | 65 | 54 |
| 英国 | 27 | 39 |
| 保加利亚 | 29 | 32 |
| 乌拉圭 | 41 | 22 |
| 印度尼西亚 | 45 | 18 |
| 波兰 | 25 | 17 |
| 缅甸 | 42 | 4 |
| 智利 | 0 | 1 |
| 44079200 经纵锯纵切、刨或旋切山毛榉木木材，厚>6mm | | |
| 合计 | 423863 | 165394 |
| 罗马尼亚 | 192621 | 69830 |
| 德国 | 129067 | 52229 |
| 法国 | 25688 | 10765 |
| 克罗地亚 | 25180 | 10446 |
| 波黑 | 17343 | 7179 |
| 塞尔维亚 | 6710 | 2966 |
| 波兰 | 5498 | 2610 |

| 国家/地区 | 进口数量（立方米） | 进口金额（千美元） |
|---|---|---|
| 奥地利 | 5985 | 2501 |
| 意大利 | 5336 | 2400 |
| 乌克兰 | 4626 | 1815 |
| 保加利亚 | 1650 | 707 |
| 日本 | 313 | 381 |
| 比利时 | 737 | 320 |
| 丹麦 | 515 | 223 |
| 希腊 | 456 | 185 |
| 黑山 | 382 | 153 |
| 荷兰 | 348 | 144 |
| 美国 | 308 | 119 |
| 匈牙利 | 310 | 108 |
| 瑞士 | 245 | 96 |
| 斯洛文尼亚 | 140 | 65 |
| 捷克 | 196 | 55 |
| 土耳其 | 85 | 46 |
| 前南马其顿 | 78 | 28 |
| 斯洛伐克 | 46 | 21 |
| 44079300 经纵锯纵切、刨或旋切枫木木材，厚>6mm | | |
| 合计 | 72783 | 41240 |
| 美国 | 48361 | 27099 |
| 加拿大 | 21920 | 12348 |
| 罗马尼亚 | 586 | 379 |
| 乌克兰 | 962 | 332 |
| 澳大利亚 | 183 | 255 |
| 德国 | 100 | 248 |
| 法国 | 242 | 135 |
| 克罗地亚 | 18 | 110 |
| 韩国 | 86 | 88 |
| 奥地利 | 94 | 70 |
| 台湾省 | 85 | 58 |
| 比利时 | 78 | 37 |
| 瑞士 | 1 | 37 |
| 斯洛文尼亚 | 9 | 13 |
| 意大利 | 3 | 10 |
| 缅甸 | 50 | 10 |
| 挪威 | 2 | 5 |
| 斯洛伐克 | 3 | 4 |
| 日本 | 0 | 1 |
| 44079400 经纵锯纵切、刨或旋切樱桃木木材，厚>6mm | | |
| 合计 | 58192 | 41467 |
| 美国 | 56361 | 40095 |
| 加拿大 | 1566 | 1136 |

| 国家/地区 | 进口数量（立方米） | 进口金额（千美元） |
|---|---|---|
| 台湾省 | 119 | 127 |
| 智利 | 80 | 61 |
| 克罗地亚 | 18 | 14 |
| 巴西 | 23 | 14 |
| 泰国 | 1 | 10 |
| 罗马尼亚 | 21 | 8 |
| 比利时 | 3 | 1 |

44079500 经纵锯纵切、刨或旋切白蜡木木材，厚＞6mm

| 国家/地区 | 进口数量（立方米） | 进口金额（千美元） |
|---|---|---|
| 合计 | 245239 | 129190 |
| 美国 | 230519 | 121185 |
| 加拿大 | 9213 | 5304 |
| 德国 | 2606 | 1317 |
| 俄罗斯联邦 | 1069 | 428 |
| 克罗地亚 | 674 | 358 |
| 意大利 | 353 | 201 |
| 罗马尼亚 | 435 | 164 |
| 乌克兰 | 94 | 100 |
| 法国 | 115 | 58 |
| 日本 | 110 | 53 |
| 瑞士 | 30 | 13 |
| 澳大利亚 | 19 | 10 |
| 韩国 | 2 | 1 |

44079910 纵锯切刨或旋切的樟木、楠木、红木，厚＞6mm

| 国家/地区 | 进口数量（立方米） | 进口金额（千美元） |
|---|---|---|
| 合计 | 97712 | 159820 |
| 老挝 | 61568 | 107684 |
| 印度尼西亚 | 10721 | 22311 |
| 越南 | 4055 | 7465 |
| 柬埔寨 | 3284 | 4921 |
| 贝宁 | 8529 | 4881 |
| 马来西亚 | 3711 | 3572 |
| 巴拿马 | 816 | 2965 |
| 缅甸 | 1119 | 1971 |
| 加蓬 | 1557 | 929 |
| 喀麦隆 | 138 | 737 |
| 泰国 | 255 | 551 |
| 莫桑比克 | 1001 | 532 |
| 墨西哥 | 139 | 384 |
| 刚果(金) | 189 | 214 |
| 加纳 | 168 | 124 |
| 刚果(布) | 66 | 113 |
| 美国 | 47 | 83 |
| 坦桑尼亚 | 58 | 76 |
| 几内亚比绍 | 61 | 53 |
| 尼加拉瓜 | 20 | 51 |
| 科特迪瓦 | 54 | 32 |
| 哥斯达黎加 | 18 | 27 |
| 瓦努阿图 | 25 | 25 |
| 菲律宾 | 17 | 24 |
| 危地马拉 | 11 | 23 |
| 所罗门群岛 | 34 | 23 |
| 巴西 | 11 | 18 |
| 台湾省 | 31 | 11 |
| 印度 | 4 | 10 |
| 多哥 | 3 | 8 |
| 意大利 | 1 | 3 |
| 日本 | 1 | 1 |

44079920 经纵锯切、刨或旋切的泡桐木木材，厚＞6mm

| 国家/地区 | 进口数量（立方米） | 进口金额（千美元） |
|---|---|---|
| 合计 | 1105 | 1176 |
| 德国 | 447 | 608 |
| 日本 | 174 | 287 |
| 智利 | 469 | 239 |
| 斯洛文尼亚 | 12 | 31 |
| 中华人民共和国 | 3 | 12 |

44079930 经纵锯切、刨或旋切的北美硬阔叶材，厚＞6mm

| 国家/地区 | 进口数量（立方米） | 进口金额（千美元） |
|---|---|---|
| 合计 | 497104 | 218109 |
| 美国 | 492323 | 215293 |
| 加拿大 | 4149 | 2438 |
| 日本 | 210 | 173 |
| 台湾省 | 114 | 64 |
| 挪威 | 53 | 32 |
| 马来西亚 | 18 | 20 |
| 罗马尼亚 | 65 | 19 |
| 英国 | 31 | 15 |
| 澳大利亚 | 37 | 15 |
| 国别(地区)不详 | 30 | 12 |
| 加蓬 | 22 | 11 |
| 乌克兰 | 32 | 7 |
| 葡萄牙 | 18 | 6 |
| 意大利 | 2 | 5 |

44079980 纵锯切刨或旋切其他温带非针叶木材，厚＞6mm

| 国家/地区 | 进口数量（立方米） | 进口金额（千美元） |
|---|---|---|
| 合计 | 496168 | 145767 |
| 俄罗斯联邦 | 428409 | 119372 |
| 美国 | 39110 | 14215 |
| 拉脱维亚 | 7423 | 3202 |
| 立陶宛 | 5219 | 1694 |
| 芬兰 | 2161 | 933 |
| 澳大利亚 | 1363 | 882 |
| 多民族玻利维亚国 | 1002 | 877 |
| 日本 | 1478 | 849 |
| 爱沙尼亚 | 2194 | 821 |
| 罗马尼亚 | 1538 | 563 |
| 瑞典 | 1122 | 405 |
| 朝鲜 | 1414 | 203 |
| 加拿大 | 504 | 203 |
| 德国 | 463 | 169 |
| 白俄罗斯 | 608 | 156 |
| 越南 | 252 | 152 |
| 印度尼西亚 | 64 | 140 |
| 智利 | 208 | 118 |
| 菲律宾 | 371 | 118 |
| 台湾省 | 235 | 114 |
| 马来西亚 | 132 | 104 |
| 坦桑尼亚 | 51 | 83 |
| 克罗地亚 | 190 | 77 |
| 乌拉圭 | 191 | 75 |
| 奥地利 | 237 | 67 |
| 保加利亚 | 87 | 67 |
| 荷兰 | 40 | 31 |
| 巴西 | 47 | 23 |
| 斯洛文尼亚 | 8 | 21 |
| 老挝 | 34 | 20 |
| 塞尔维亚 | 4 | 12 |
| 韩国 | 9 | 2 |

44079990 其他纵锯切、刨或旋切的非叶木木材，厚＞6mm

| 国家/地区 | 进口数量（立方米） | 进口金额（千美元） |
|---|---|---|
| 合计 | 3795091 | 1498298 |
| 泰国 | 1894204 | 862049 |
| 菲律宾 | 698867 | 93021 |
| 加蓬 | 113069 | 75956 |
| 印度尼西亚 | 239770 | 75052 |
| 莫桑比克 | 139331 | 71258 |
| 马来西亚 | 159304 | 68882 |
| 越南 | 129242 | 54994 |
| 美国 | 132578 | 50651 |
| 秘鲁 | 46730 | 30585 |
| 巴西 | 20644 | 14815 |
| 澳大利亚 | 19212 | 12295 |
| 喀麦隆 | 17567 | 11773 |
| 贝宁 | 20714 | 11522 |
| 柬埔寨 | 19418 | 8559 |

| 国家/地区 | 进口数量（立方米） | 进口金额（千美元） |
|---|---|---|
| 老挝 | 23929 | 8305 |
| 多民族玻利维亚国 | 9432 | 7479 |
| 缅甸 | 48860 | 7428 |
| 乌拉圭 | 7407 | 3941 |
| 加拿大 | 5261 | 2904 |
| 苏里南 | 4316 | 2024 |
| 刚果(布) | 4306 | 2014 |
| 多哥 | 2093 | 1979 |
| 加纳 | 4652 | 1664 |
| 台湾省 | 3101 | 1528 |
| 巴拉圭 | 2243 | 1481 |
| 墨西哥 | 2526 | 1472 |
| 坦桑尼亚 | 2585 | 1376 |
| 罗马尼亚 | 2059 | 1289 |
| 赞比亚 | 1677 | 1174 |
| 哥伦比亚 | 1728 | 1146 |
| 阿根廷 | 1042 | 867 |
| 德国 | 1374 | 833 |
| 尼加拉瓜 | 713 | 823 |
| 克罗地亚 | 1708 | 718 |
| 利比里亚 | 592 | 552 |
| 爱沙尼亚 | 1284 | 543 |
| 尼日利亚 | 1176 | 495 |
| 俄罗斯联邦 | 1209 | 469 |
| 巴拿马 | 583 | 439 |
| 法国 | 1189 | 425 |
| 科特迪瓦 | 614 | 382 |
| 危地马拉 | 525 | 332 |
| 新西兰 | 1324 | 332 |
| 意大利 | 369 | 298 |
| 巴布亚新几内亚 | 715 | 269 |
| 立陶宛 | 741 | 239 |
| 日本 | 474 | 236 |
| 智利 | 451 | 234 |
| 奥地利 | 241 | 171 |
| 芬兰 | 197 | 113 |
| 所罗门群岛 | 225 | 113 |
| 拉脱维亚 | 199 | 97 |
| 塞拉利昂 | 108 | 74 |
| 厄瓜多尔 | 211 | 72 |
| 瑞典 | 152 | 66 |
| 中非 | 105 | 65 |
| 圭亚那 | 89 | 64 |
| 保加利亚 | 79 | 57 |
| 塞尔维亚 | 155 | 41 |

| 国家/地区 | 进口数量（立方米） | 进口金额（千美元） |
|---|---|---|
| 印度 | 10 | 40 |
| 斯洛文尼亚 | 14 | 36 |
| 伯利兹 | 63 | 35 |
| 乌克兰 | 100 | 29 |
| 赤道几内亚 | 48 | 28 |
| 韩国 | 26 | 17 |
| 刚果(金) | 33 | 17 |
| 斐济 | 26 | 16 |
| 西班牙 | 13 | 11 |
| 哥斯达黎加 | 26 | 9 |
| 南非 | 6 | 7 |
| 冈比亚 | 9 | 6 |
| 中华人民共和国 | 30 | 6 |
| 瓦努阿图 | 9 | 4 |
| 洪都拉斯 | 6 | 3 |
| 多米尼加共和国 | 3 | 2 |
| 苏丹 | 0 | 1 |

## 人造板出口量值表

| 国家/地区 | 出口数量（千克） | 出口金额（千美元） |
|---|---|---|
| 44081011 用胶合板等制的针叶木饰面用单板，厚≤6mm | | |
| 合计 | 92458 | 213 |
| 印度尼西亚 | 15455 | 86 |
| 马来西亚 | 15500 | 68 |
| 印度 | 2313 | 17 |
| 肯尼亚 | 20850 | 15 |
| 韩国 | 32980 | 11 |
| 莱索托 | 5000 | 8 |
| 蒙古 | 70 | 4 |
| 越南 | 90 | 4 |
| 朝鲜 | 200 | 1 |
| 44081019 其他针叶木饰面用单板，厚≤6mm | | |
| 合计 | 8574258 | 5676 |
| 菲律宾 | 5349640 | 3528 |
| 台湾省 | 2494370 | 1230 |
| 韩国 | 249789 | 451 |
| 泰国 | 434699 | 382 |
| 日本 | 6198 | 38 |
| 越南 | 18440 | 24 |
| 莫桑比克 | 19652 | 21 |
| 香港 | 1470 | 2 |
| 44081020 针叶木制胶合板用单板，厚≤6mm | | |
| 合计 | 52780 | 45 |

| 国家/地区 | 出口数量（千克） | 出口金额（千美元） |
|---|---|---|
| 泰国 | 21380 | 18 |
| 西班牙 | 20440 | 17 |
| 越南 | 8500 | 7 |
| 希腊 | 2460 | 2 |
| 44081090 其他纵锯切、刨或旋切的针叶木木材，厚≤6mm | | |
| 合计 | 4275368 | 17669 |
| 墨西哥 | 1227440 | 4953 |
| 日本 | 913831 | 3782 |
| 德国 | 702317 | 3381 |
| 美国 | 798980 | 3127 |
| 英国 | 158420 | 705 |
| 越南 | 91818 | 338 |
| 韩国 | 80166 | 284 |
| 比利时 | 44896 | 253 |
| 台湾省 | 82584 | 193 |
| 泰国 | 46055 | 175 |
| 法国 | 40787 | 163 |
| 意大利 | 27706 | 114 |
| 荷兰 | 20739 | 76 |
| 土耳其 | 10058 | 58 |
| 突尼斯 | 22607 | 50 |
| 葡萄牙 | 2510 | 10 |
| 赤道几内亚 | 654 | 4 |
| 莫桑比克 | 2300 | 3 |
| 莱索托 | 1500 | 1 |
| 44083111 用胶合板等制饰面单板，红柳安木制，厚≤6mm | | |
| 合计 | 12980 | 6 |
| 新加坡 | 12500 | 5 |
| 赤道几内亚 | 480 | 1 |
| 44083911 用胶合板等制其他子目注释二所列的热带木饰面用单板，厚≤6mm | | |
| 合计 | 883675 | 6788 |
| 加拿大 | 183771 | 2098 |
| 俄罗斯联邦 | 238425 | 1265 |
| 哥伦比亚 | 110145 | 631 |
| 美国 | 36475 | 391 |
| 印度尼西亚 | 43810 | 385 |
| 西班牙 | 54550 | 366 |
| 意大利 | 44320 | 347 |
| 马来西亚 | 42630 | 337 |
| 阿联酋 | 37280 | 276 |
| 澳大利亚 | 21360 | 213 |
| 韩国 | 22260 | 127 |

| 国家/地区 | 出口数量（千克） | 出口金额（千美元） |
|---|---|---|
| 日本 | 14880 | 94 |
| 乌克兰 | 10465 | 83 |
| 新加坡 | 3960 | 46 |
| 阿根廷 | 9360 | 41 |
| 埃及 | 3450 | 32 |
| 墨西哥 | 1920 | 18 |
| 泰国 | 1815 | 17 |
| 越南 | 1104 | 9 |
| 菲律宾 | 350 | 5 |
| 荷兰 | 390 | 3 |
| 厄瓜多尔 | 205 | 3 |
| 赞比亚 | 600 | 2 |
| 孟加拉国 | 150 | 1 |

44083919 其他子目注释二所列的热带木制饰面用单板，厚≤6mm

| | | |
|---|---|---|
| 合计 | 589345 | 2602 |
| 日本 | 204608 | 1633 |
| 意大利 | 215310 | 494 |
| 台湾省 | 28931 | 132 |
| 印度尼西亚 | 27249 | 129 |
| 尼日利亚 | 37380 | 60 |
| 马来西亚 | 17077 | 58 |
| 越南 | 41100 | 44 |
| 莫桑比克 | 8000 | 25 |
| 马拉维 | 4000 | 11 |
| 印度 | 1086 | 9 |
| 新加坡 | 3058 | 4 |
| 赞比亚 | 1000 | 3 |
| 澳大利亚 | 546 | 1 |

44083920 其他子目注释二所列的热带木制胶合板用单板，厚≤6mm

| | | |
|---|---|---|
| 合计 | 7537965 | 13357 |
| 美国 | 1471740 | 3885 |
| 菲律宾 | 3274840 | 3682 |
| 墨西哥 | 368340 | 981 |
| 台湾省 | 692020 | 824 |
| 南非 | 230480 | 654 |
| 以色列 | 224120 | 594 |
| 加蓬 | 116900 | 471 |
| 印度尼西亚 | 214380 | 450 |
| 澳大利亚 | 135220 | 319 |
| 西班牙 | 111270 | 312 |
| 加拿大 | 114740 | 297 |
| 越南 | 136320 | 175 |
| 马来西亚 | 168395 | 175 |

| 国家/地区 | 出口数量（千克） | 出口金额（千美元） |
|---|---|---|
| 英国 | 75620 | 166 |
| 哥伦比亚 | 88140 | 155 |
| 泰国 | 58440 | 72 |
| 意大利 | 18860 | 57 |
| 阿联酋 | 18880 | 46 |
| 厄瓜多尔 | 9440 | 19 |
| 委内瑞拉 | 7840 | 14 |
| 荷兰 | 1980 | 8 |

44083990 其他纵锯切、刨或旋切的子目注释二所列的热带木木材，厚≤6mm

| | | |
|---|---|---|
| 合计 | 227276 | 346 |
| 越南 | 60870 | 70 |
| 捷克 | 5605 | 63 |
| 西班牙 | 66810 | 59 |
| 哥伦比亚 | 61174 | 55 |
| 印度 | 2645 | 33 |
| 台湾省 | 1630 | 17 |
| 美国 | 16600 | 14 |
| 印度尼西亚 | 10320 | 13 |
| 以色列 | 980 | 13 |
| 荷兰 | 500 | 7 |
| 阿联酋 | 142 | 2 |

44089011 用胶合板等制其他非针叶木饰面单板，厚≤6mm

| | | |
|---|---|---|
| 合计 | 1920916 | 5315 |
| 台湾省 | 1143877 | 1265 |
| 俄罗斯联邦 | 211737 | 1030 |
| 美国 | 56180 | 612 |
| 意大利 | 82950 | 582 |
| 哥伦比亚 | 81805 | 499 |
| 西班牙 | 28590 | 196 |
| 菲律宾 | 104000 | 196 |
| 日本 | 18706 | 166 |
| 阿根廷 | 26790 | 143 |
| 白俄罗斯 | 19881 | 103 |
| 乌克兰 | 12130 | 74 |
| 安哥拉 | 27000 | 62 |
| 越南 | 43780 | 56 |
| 阿尔巴尼亚 | 21402 | 56 |
| 印度尼西亚 | 5283 | 47 |
| 澳大利亚 | 2830 | 38 |
| 马来西亚 | 4195 | 34 |
| 泰国 | 4800 | 30 |
| 希腊 | 6025 | 29 |
| 波兰 | 4201 | 28 |

| 国家/地区 | 出口数量（千克） | 出口金额（千美元） |
|---|---|---|
| 阿联酋 | 3780 | 16 |
| 智利 | 3560 | 16 |
| 印度 | 3830 | 14 |
| 加纳 | 1000 | 8 |
| 加拿大 | 270 | 6 |
| 韩国 | 690 | 5 |
| 斯洛文尼亚 | 676 | 4 |
| 格鲁吉亚 | 948 | 2 |

44089012 温带非针叶木制其他饰面用单板，厚≤6mm

| | | |
|---|---|---|
| 合计 | 6862979 | 17693 |
| 日本 | 3586726 | 10160 |
| 马来西亚 | 1020404 | 2551 |
| 印度尼西亚 | 631771 | 1616 |
| 台湾省 | 316756 | 1376 |
| 越南 | 771395 | 1127 |
| 伊朗 | 140102 | 354 |
| 墨西哥 | 80738 | 117 |
| 韩国 | 46880 | 114 |
| 伊拉克 | 93600 | 102 |
| 柬埔寨 | 16520 | 63 |
| 印度 | 141180 | 63 |
| 巴基斯坦 | 5722 | 37 |
| 德国 | 8920 | 10 |
| 赞比亚 | 2100 | 2 |
| 泰国 | 165 | 1 |

44089019 其他非针叶木饰面用单板，厚≤6mm

| | | |
|---|---|---|
| 合计 | 42261564 | 77838 |
| 俄罗斯联邦 | 3112316 | 16078 |
| 日本 | 4323437 | 9656 |
| 韩国 | 4436478 | 7992 |
| 越南 | 5706897 | 5531 |
| 美国 | 672694 | 3875 |
| 台湾省 | 2158261 | 3377 |
| 马来西亚 | 2549708 | 3071 |
| 菲律宾 | 4701970 | 3005 |
| 埃及 | 1611917 | 2768 |
| 印度尼西亚 | 2865329 | 2644 |
| 印度 | 2607159 | 2186 |
| 阿联酋 | 1016963 | 2033 |
| 墨西哥 | 595620 | 1945 |
| 澳大利亚 | 327108 | 1401 |
| 泰国 | 1613857 | 1299 |
| 波兰 | 177765 | 1224 |

| 国家/地区 | 出口数量（千克） | 出口金额（千美元） |
|---|---|---|
| 巴基斯坦 | 1298544 | 811 |
| 意大利 | 116422 | 626 |
| 拉脱维亚 | 135122 | 581 |
| 希腊 | 111897 | 545 |
| 土耳其 | 121060 | 532 |
| 哥伦比亚 | 84042 | 516 |
| 伊朗 | 186647 | 499 |
| 白俄罗斯 | 94650 | 492 |
| 新加坡 | 152346 | 458 |
| 乌克兰 | 75055 | 448 |
| 西班牙 | 189656 | 430 |
| 德国 | 49442 | 390 |
| 立陶宛 | 66210 | 366 |
| 阿根廷 | 71430 | 355 |
| 以色列 | 216320 | 309 |
| 阿尔巴尼亚 | 126446 | 302 |
| 黎巴嫩 | 75975 | 280 |
| 香港 | 70895 | 190 |
| 比利时 | 83860 | 174 |
| 葡萄牙 | 29713 | 165 |
| 叙利亚 | 63800 | 145 |
| 斯里兰卡 | 99341 | 123 |
| 孟加拉国 | 20979 | 120 |
| 奥地利 | 14428 | 95 |
| 爱沙尼亚 | 18550 | 93 |
| 委内瑞拉 | 30430 | 83 |
| 厄瓜多尔 | 12599 | 81 |
| 沙特阿拉伯 | 30510 | 66 |
| 约旦 | 15145 | 57 |
| 加拿大 | 29923 | 51 |
| 多米尼加共和国 | 9031 | 46 |
| 南非 | 4885 | 34 |
| 英国 | 5030 | 34 |
| 秘鲁 | 5008 | 32 |
| 卡塔尔 | 7616 | 31 |
| 巴拿马 | 4924 | 29 |
| 保加利亚 | 2300 | 19 |
| 塞浦路斯 | 3346 | 19 |
| 爱尔兰 | 3384 | 18 |
| 荷兰 | 18285 | 17 |
| 巴西 | 3535 | 16 |
| 法国 | 448 | 15 |
| 塞尔维亚 | 7150 | 12 |
| 尼日利亚 | 9800 | 11 |
| 智利 | 1246 | 8 |
| 摩尔多瓦 | 1173 | 8 |
| 坦桑尼亚 | 1667 | 8 |
| 格鲁吉亚 | 1300 | 7 |
| 斯洛文尼亚 | 620 | 5 |
| 波多黎各 | 700 | 3 |
| 新西兰 | 900 | 3 |
| 匈牙利 | 300 | 2 |

44089021 温带非针叶木制胶合板用单板，厚≤6mm

| 国家/地区 | 出口数量（千克） | 出口金额（千美元） |
|---|---|---|
| 合计 | 439879 | 481 |
| 香港 | 249390 | 254 |
| 刚果(金) | 67200 | 88 |
| 日本 | 32494 | 58 |
| 越南 | 40155 | 49 |
| 台湾省 | 49000 | 31 |
| 美国 | 1640 | 1 |

44089029 其他非针叶木制胶合板用单板，厚≤6mm

| 国家/地区 | 出口数量（千克） | 出口金额（千美元） |
|---|---|---|
| 合计 | 55496164 | 34679 |
| 韩国 | 29059046 | 18636 |
| 台湾省 | 10657551 | 5721 |
| 埃及 | 2888025 | 1404 |
| 越南 | 1679926 | 1358 |
| 菲律宾 | 1471460 | 1247 |
| 新加坡 | 1395922 | 1073 |
| 印度 | 2694152 | 982 |
| 泰国 | 1535420 | 974 |
| 马来西亚 | 1122714 | 926 |
| 斯里兰卡 | 628800 | 479 |
| 墨西哥 | 481795 | 440 |
| 印度尼西亚 | 357320 | 337 |
| 沙特阿拉伯 | 510000 | 224 |
| 美国 | 145428 | 208 |
| 香港 | 133671 | 143 |
| 南非 | 116830 | 99 |
| 西班牙 | 95900 | 99 |
| 巴基斯坦 | 169000 | 82 |
| 日本 | 81404 | 72 |
| 阿联酋 | 149000 | 47 |
| 以色列 | 37000 | 47 |
| 约旦 | 36000 | 23 |
| 阿尔巴尼亚 | 10260 | 19 |
| 危地马拉 | 15600 | 13 |
| 加拿大 | 429 | 6 |
| 赞比亚 | 8000 | 6 |
| 所罗门群岛 | 6000 | 5 |
| 哥伦比亚 | 2900 | 3 |
| 意大利 | 3900 | 2 |
| 孟加拉国 | 2450 | 2 |
| 澳大利亚 | 261 | 1 |

44089091 温带非针叶木制经纵刨旋切的木材，厚≤6mm

| 国家/地区 | 出口数量（千克） | 出口金额（千美元） |
|---|---|---|
| 合计 | 13162442 | 29220 |
| 土耳其 | 1900884 | 5572 |
| 泰国 | 2352623 | 4676 |
| 印度尼西亚 | 2162122 | 4069 |
| 韩国 | 1009482 | 2824 |
| 日本 | 834360 | 2759 |
| 越南 | 1234755 | 2150 |
| 马来西亚 | 698464 | 1778 |
| 美国 | 519688 | 1087 |
| 墨西哥 | 512032 | 1027 |
| 巴基斯坦 | 459860 | 921 |
| 台湾省 | 607947 | 728 |
| 捷克 | 71880 | 255 |
| 英国 | 70012 | 182 |
| 德国 | 51720 | 180 |
| 巴西 | 76358 | 160 |
| 印度 | 83825 | 158 |
| 克罗地亚 | 45280 | 126 |
| 斯洛文尼亚 | 94640 | 125 |
| 斯里兰卡 | 180800 | 71 |
| 意大利 | 19050 | 60 |
| 奥地利 | 22920 | 55 |
| 伊朗 | 23783 | 50 |
| 秘鲁 | 21000 | 43 |
| 哥伦比亚 | 15496 | 36 |
| 法国 | 5940 | 32 |
| 乌兹别克斯坦 | 38997 | 25 |
| 委内瑞拉 | 11750 | 22 |
| 新加坡 | 6334 | 17 |
| 津巴布韦 | 24500 | 16 |
| 牙买加 | 4500 | 14 |
| 菲律宾 | 1440 | 3 |

44089099 其他非针叶木制经纵刨旋切的木材，厚≤6mm

| 国家/地区 | 出口数量（千克） | 出口金额（千美元） |
|---|---|---|
| 合计 | 10867139 | 24024 |
| 印度 | 4539138 | 6433 |
| 越南 | 2366238 | 5179 |
| 墨西哥 | 1386215 | 4317 |

| 国家/地区 | 出口数量（千克） | 出口金额（千美元） |
|---|---|---|
| 德国 | 873583 | 3172 |
| 委内瑞拉 | 381361 | 1117 |
| 日本 | 278393 | 759 |
| 美国 | 229278 | 727 |
| 巴西 | 117718 | 463 |
| 韩国 | 193433 | 463 |
| 泰国 | 168281 | 452 |
| 秘鲁 | 81412 | 315 |
| 意大利 | 66842 | 166 |
| 菲律宾 | 50088 | 144 |
| 乍得 | 42470 | 69 |
| 萨尔瓦多 | 19342 | 56 |
| 荷兰 | 11115 | 42 |
| 法国 | 2614 | 30 |
| 比利时 | 8907 | 26 |
| 阿联酋 | 3000 | 25 |
| 新加坡 | 2647 | 22 |
| 巴基斯坦 | 11251 | 16 |
| 台湾省 | 21500 | 13 |
| 加拿大 | 2500 | 7 |
| 沙特阿拉伯 | 7600 | 5 |
| 马来西亚 | 532 | 4 |
| 英国 | 816 | 1 |
| 瑞士 | 365 | 1 |
| 纳米比亚 | 500 | 1 |
| 44101100 木制碎料板 | | |
| 合计 | 60500961 | 32695 |
| 俄罗斯联邦 | 9476469 | 3935 |
| 美国 | 1813116 | 2504 |
| 埃及 | 1454747 | 2211 |
| 沙特阿拉伯 | 5093620 | 2164 |
| 台湾省 | 2567126 | 2071 |
| 韩国 | 5521562 | 1862 |
| 哥伦比亚 | 2405386 | 1307 |
| 阿联酋 | 1307031 | 1142 |
| 秘鲁 | 2575053 | 1109 |
| 澳大利亚 | 1071289 | 967 |
| 厄瓜多尔 | 349490 | 935 |
| 马来西亚 | 1946014 | 883 |
| 印度 | 1378379 | 871 |
| 卡塔尔 | 924767 | 846 |
| 缅甸 | 1871662 | 771 |
| 加拿大 | 593039 | 751 |
| 肯尼亚 | 2148689 | 743 |
| 香港 | 1412123 | 563 |

| 国家/地区 | 出口数量（千克） | 出口金额（千美元） |
|---|---|---|
| 哈萨克斯坦 | 1133900 | 551 |
| 蒙古 | 3652880 | 488 |
| 日本 | 531911 | 435 |
| 智利 | 770264 | 388 |
| 哥斯达黎加 | 829336 | 380 |
| 罗马尼亚 | 901600 | 353 |
| 葡萄牙 | 469428 | 316 |
| 阿根廷 | 416614 | 313 |
| 土耳其 | 339758 | 251 |
| 斯里兰卡 | 758113 | 232 |
| 泰国 | 342869 | 229 |
| 危地马拉 | 591231 | 224 |
| 菲律宾 | 545142 | 210 |
| 新加坡 | 283211 | 196 |
| 南非 | 456654 | 178 |
| 多哥 | 194950 | 175 |
| 科威特 | 310674 | 159 |
| 乌克兰 | 336620 | 129 |
| 约旦 | 215280 | 120 |
| 比利时 | 71252 | 118 |
| 尼日利亚 | 322708 | 117 |
| 墨西哥 | 186205 | 113 |
| 毛里求斯 | 271464 | 108 |
| 巴拿马 | 246449 | 107 |
| 苏里南 | 242412 | 92 |
| 吉尔吉斯斯坦 | 190990 | 88 |
| 坦桑尼亚 | 228800 | 88 |
| 阿曼 | 88345 | 63 |
| 越南 | 169721 | 62 |
| 荷兰 | 164010 | 62 |
| 黎巴嫩 | 125115 | 52 |
| 马拉维 | 105390 | 40 |
| 委内瑞拉 | 57200 | 38 |
| 埃塞俄比亚 | 55353 | 37 |
| 阿塞拜疆 | 23550 | 35 |
| 莫桑比克 | 55500 | 34 |
| 立陶宛 | 82500 | 34 |
| 意大利 | 34387 | 33 |
| 法国 | 30542 | 29 |
| 尼泊尔联邦民主共和国 | 54273 | 29 |
| 乌拉圭 | 53500 | 25 |
| 赞比亚 | 27700 | 23 |
| 安哥拉 | 55281 | 23 |
| 苏丹 | 34070 | 20 |
| 马达加斯加 | 49000 | 19 |

| 国家/地区 | 出口数量（千克） | 出口金额（千美元） |
|---|---|---|
| 斐济 | 27000 | 18 |
| 加纳 | 33850 | 15 |
| 土库曼斯坦 | 5800 | 15 |
| 波多黎各 | 22100 | 14 |
| 印度尼西亚 | 17212 | 14 |
| 阿尔巴尼亚 | 26191 | 14 |
| 匈牙利 | 36100 | 13 |
| 希腊 | 13140 | 11 |
| 洪都拉斯 | 36000 | 11 |
| 新西兰 | 11963 | 11 |
| 西班牙 | 16050 | 10 |
| 科特迪瓦 | 37880 | 10 |
| 孟加拉国 | 33000 | 10 |
| 英国 | 14837 | 10 |
| 塔吉克斯坦 | 25500 | 10 |
| 利比亚 | 16055 | 10 |
| 塞浦路斯 | 27700 | 10 |
| 尼加拉瓜 | 20700 | 9 |
| 以色列 | 19500 | 9 |
| 留尼汪 | 14500 | 8 |
| 叙利亚 | 17940 | 6 |
| 瑞典 | 1314 | 5 |
| 阿尔及利亚 | 4700 | 4 |
| 牙买加 | 4415 | 2 |
| 乌干达 | 1800 | 0 |
| 44101200 木制定向刨花板(OSB) | | |
| 合计 | 43375027 | 15809 |
| 蒙古 | 22156056 | 4510 |
| 俄罗斯联邦 | 7825462 | 3421 |
| 秘鲁 | 2137792 | 1061 |
| 哈萨克斯坦 | 1913626 | 906 |
| 马来西亚 | 831150 | 767 |
| 吉尔吉斯斯坦 | 960079 | 506 |
| 肯尼亚 | 509811 | 491 |
| 塔吉克斯坦 | 848000 | 340 |
| 印度 | 330608 | 290 |
| 智利 | 650430 | 288 |
| 尼日利亚 | 550565 | 248 |
| 伊朗 | 283710 | 218 |
| 科威特 | 557137 | 193 |
| 印度尼西亚 | 108492 | 185 |
| 芬兰 | 352000 | 171 |
| 菲律宾 | 418258 | 155 |
| 泰国 | 246059 | 149 |
| 阿联酋 | 99730 | 117 |

| 国家/地区 | 出口数量（千克） | 出口金额（千美元） |
|---|---|---|
| 沙特阿拉伯 | 42520 | 102 |
| 柬埔寨 | 104000 | 99 |
| 突尼斯 | 25300 | 91 |
| 韩国 | 72635 | 84 |
| 马尔代夫 | 159468 | 83 |
| 新加坡 | 82304 | 83 |
| 莫桑比克 | 126840 | 81 |
| 美国 | 41181 | 73 |
| 安哥拉 | 195380 | 72 |
| 土耳其 | 145740 | 72 |
| 约旦 | 113600 | 68 |
| 澳大利亚 | 139310 | 67 |
| 尼泊尔联邦民主共和国 | 142000 | 57 |
| 葡萄牙 | 103992 | 54 |
| 坦桑尼亚 | 6710 | 49 |
| 孟加拉国 | 67276 | 47 |
| 乌克兰 | 108760 | 44 |
| 巴拿马 | 91065 | 44 |
| 朝鲜 | 119998 | 41 |
| 危地马拉 | 99280 | 35 |
| 佛得角 | 75500 | 33 |
| 墨西哥 | 6554 | 32 |
| 香港 | 40865 | 30 |
| 南非 | 64040 | 29 |
| 巴林 | 19530 | 27 |
| 日本 | 26137 | 26 |
| 几内亚 | 10000 | 23 |
| 留尼汪 | 43250 | 22 |
| 格鲁吉亚 | 39600 | 22 |
| 新喀里多尼亚 | 39000 | 21 |
| 阿塞拜疆 | 30000 | 21 |
| 苏丹 | 19405 | 16 |
| 加纳 | 4200 | 13 |
| 越南 | 10973 | 13 |
| 埃塞俄比亚 | 3200 | 12 |
| 缅甸 | 9240 | 11 |
| 多米尼加共和国 | 25640 | 11 |
| 毛里求斯 | 2400 | 11 |
| 塞浦路斯 | 25790 | 9 |
| 乌兹别克斯坦 | 3240 | 9 |
| 巴基斯坦 | 14700 | 8 |
| 纳米比亚 | 15500 | 7 |
| 文莱 | 24672 | 7 |
| 吉布提 | 1550 | 6 |
| 塞内加尔 | 2000 | 5 |
| 圣文森特和格林纳丁斯 | 12708 | 5 |
| 爱尔兰 | 10300 | 5 |
| 罗马尼亚 | 9500 | 5 |
| 萨摩亚 | 1625 | 4 |
| 巴巴多斯 | 10000 | 3 |
| 比利时 | 3395 | 2 |
| 法国 | 1694 | 2 |
| 巴布亚新几内亚 | 472 | 2 |
| 土库曼斯坦 | 1116 | 1 |
| 台湾省 | 550 | 1 |
| 意大利 | 357 | 1 |

44101900 其他木制类似板(例如，华夫板)

| 国家/地区 | 出口数量（千克） | 出口金额（千美元） |
|---|---|---|
| 合计 | 65876947 | 39854 |
| 俄罗斯联邦 | 25681562 | 10360 |
| 埃及 | 5075908 | 6788 |
| 塔吉克斯坦 | 18337580 | 6126 |
| 日本 | 591394 | 1561 |
| 台湾省 | 739055 | 1306 |
| 阿联酋 | 2822380 | 1272 |
| 韩国 | 827441 | 1228 |
| 乌兹别克斯坦 | 3217940 | 1139 |
| 美国 | 602297 | 938 |
| 印度 | 554140 | 937 |
| 立陶宛 | 148845 | 684 |
| 比利时 | 458441 | 560 |
| 波兰 | 83838 | 560 |
| 意大利 | 100372 | 436 |
| 马来西亚 | 474965 | 408 |
| 巴西 | 82455 | 403 |
| 巴基斯坦 | 152424 | 389 |
| 秘鲁 | 750800 | 363 |
| 缅甸 | 937255 | 345 |
| 墨西哥 | 152555 | 341 |
| 南非 | 679779 | 329 |
| 加拿大 | 549380 | 307 |
| 英国 | 54941 | 260 |
| 芬兰 | 44620 | 223 |
| 沙特阿拉伯 | 201679 | 197 |
| 新加坡 | 189404 | 177 |
| 德国 | 48477 | 169 |
| 厄瓜多尔 | 151909 | 152 |
| 香港 | 81288 | 152 |
| 巴拿马 | 254021 | 149 |
| 菲律宾 | 305950 | 138 |
| 拉脱维亚 | 24900 | 100 |
| 印度尼西亚 | 189122 | 93 |
| 荷兰 | 29487 | 83 |
| 危地马拉 | 100800 | 72 |
| 乌克兰 | 14245 | 70 |
| 巴林 | 11603 | 62 |
| 肯尼亚 | 191226 | 58 |
| 亚美尼亚 | 10630 | 56 |
| 马达加斯加 | 106264 | 55 |
| 约旦 | 144944 | 55 |
| 越南 | 9020 | 50 |
| 泰国 | 40939 | 49 |
| 委内瑞拉 | 13245 | 47 |
| 阿尔及利亚 | 25524 | 46 |
| 哥斯达黎加 | 86257 | 42 |
| 澳大利亚 | 38232 | 40 |
| 土耳其 | 7515 | 37 |
| 西班牙 | 8890 | 36 |
| 摩尔多瓦 | 6900 | 34 |
| 纳米比亚 | 27300 | 31 |
| 吉尔吉斯斯坦 | 39660 | 31 |
| 法国 | 25108 | 29 |
| 加蓬 | 6600 | 27 |
| 安哥拉 | 28474 | 25 |
| 伊朗 | 5956 | 24 |
| 文莱 | 69000 | 23 |
| 阿根廷 | 1715 | 15 |
| 黎巴嫩 | 39550 | 15 |
| 马拉维 | 35000 | 14 |
| 尼加拉瓜 | 24300 | 12 |
| 希腊 | 13265 | 12 |
| 洪都拉斯 | 25500 | 12 |
| 哥伦比亚 | 1900 | 12 |
| 奥地利 | 1833 | 10 |
| 帕劳 | 8200 | 8 |
| 卡塔尔 | 1188 | 8 |
| 斐济 | 17179 | 8 |
| 埃塞俄比亚 | 16844 | 7 |
| 马里 | 8400 | 5 |
| 澳门 | 240 | 5 |
| 刚果(金) | 33750 | 4 |
| 刚果(布) | 2366 | 4 |
| 保加利亚 | 9000 | 4 |
| 赞比亚 | 6040 | 4 |
| 柬埔寨 | 3000 | 4 |
| 伊拉克 | 4400 | 4 |

| 国家/地区 | 出口数量（千克） | 出口金额（千美元） |
|---|---|---|
| 瑞士 | 1718 | 4 |
| 以色列 | 810 | 3 |
| 挪威 | 799 | 3 |
| 孟加拉国 | 748 | 2 |
| 哈萨克斯坦 | 200 | 2 |
| 克罗地亚 | 495 | 1 |
| 新西兰 | 590 | 1 |
| 突尼斯 | 732 | 1 |
| 爱尔兰 | 249 | 1 |
| 加纳 | 2000 | 1 |
| 44109011 麦稻秸秆制碎料板 | | |
| 合计 | 4320129 | 2656 |
| 美国 | 1776432 | 858 |
| 日本 | 259770 | 566 |
| 马来西亚 | 876753 | 392 |
| 英国 | 306287 | 232 |
| 台湾省 | 235665 | 134 |
| 哈萨克斯坦 | 265529 | 124 |
| 韩国 | 148947 | 90 |
| 俄罗斯联邦 | 113768 | 63 |
| 荷兰 | 95459 | 54 |
| 吉尔吉斯斯坦 | 88025 | 41 |
| 泰国 | 46006 | 32 |
| 澳大利亚 | 45602 | 30 |
| 特立尼达和多巴哥 | 36290 | 17 |
| 新喀里多尼亚 | 12228 | 9 |
| 埃及 | 11440 | 8 |
| 新加坡 | 1300 | 4 |
| 香港 | 628 | 2 |
| 44109019 其他木质材料制碎料板 | | |
| 合计 | 3771769 | 3009 |
| 印度尼西亚 | 249657 | 1259 |
| 智利 | 2720300 | 954 |
| 美国 | 270487 | 399 |
| 德国 | 120027 | 168 |
| 新西兰 | 38240 | 58 |
| 尼日利亚 | 78700 | 41 |
| 柬埔寨 | 64900 | 35 |
| 印度 | 102538 | 35 |
| 阿联酋 | 65500 | 25 |
| 沙特阿拉伯 | 34400 | 12 |
| 朝鲜 | 7600 | 11 |
| 萨尔瓦多 | 14000 | 5 |
| 卢旺达 | 2520 | 4 |
| 前南马其顿 | 2900 | 3 |

| 国家/地区 | 出口数量（千克） | 出口金额（千美元） |
|---|---|---|
| 44109090 其他木质材料制定向刨花板(OSB)及类似板(例如，华夫板) | | |
| 合计 | 2869000 | 1832 |
| 缅甸 | 296666 | 751 |
| 韩国 | 1889023 | 606 |
| 吉布提 | 120538 | 110 |
| 毛里求斯 | 44601 | 93 |
| 印度尼西亚 | 19499 | 53 |
| 菲律宾 | 12481 | 42 |
| 加拿大 | 74375 | 36 |
| 墨西哥 | 229920 | 25 |
| 安提瓜和巴布达 | 20880 | 21 |
| 肯尼亚 | 25000 | 20 |
| 台湾省 | 57550 | 14 |
| 澳大利亚 | 32785 | 14 |
| 新加坡 | 2800 | 12 |
| 智利 | 20300 | 11 |
| 尼日利亚 | 5000 | 5 |
| 刚果(布) | 4865 | 5 |
| 柬埔寨 | 2432 | 4 |
| 沙特阿拉伯 | 3480 | 3 |
| 坦桑尼亚 | 5050 | 3 |
| 以色列 | 1000 | 2 |
| 美国 | 755 | 1 |
| 44111211 未机械加工中密度板，密度 > 0.8g/cucm，厚≤5mm | | |
| 合计 | 44105204 | 19349 |
| 伊朗 | 7623417 | 3346 |
| 苏丹 | 6981468 | 2595 |
| 阿尔及利亚 | 5562492 | 2213 |
| 越南 | 5039871 | 2019 |
| 台湾省 | 4252965 | 1723 |
| 哥伦比亚 | 2954697 | 1291 |
| 日本 | 1420857 | 749 |
| 印度尼西亚 | 226609 | 615 |
| 沙特阿拉伯 | 1206291 | 541 |
| 加纳 | 59910 | 533 |
| 墨西哥 | 1215080 | 494 |
| 俄罗斯联邦 | 670515 | 423 |
| 埃及 | 908124 | 342 |
| 南非 | 710788 | 276 |
| 泰国 | 468035 | 243 |
| 厄瓜多尔 | 531800 | 231 |
| 马来西亚 | 200892 | 165 |
| 阿联酋 | 414514 | 153 |

| 国家/地区 | 出口数量（千克） | 出口金额（千美元） |
|---|---|---|
| 缅甸 | 395396 | 147 |
| 印度 | 172139 | 134 |
| 蒙古 | 904946 | 113 |
| 澳大利亚 | 155559 | 93 |
| 莫桑比克 | 223492 | 80 |
| 比利时 | 136775 | 68 |
| 加拿大 | 98223 | 65 |
| 肯尼亚 | 121409 | 54 |
| 尼日利亚 | 124818 | 53 |
| 埃塞俄比亚 | 100500 | 47 |
| 吉布提 | 101000 | 45 |
| 秘鲁 | 104400 | 44 |
| 危地马拉 | 86976 | 42 |
| 萨摩亚 | 88100 | 38 |
| 朝鲜 | 82037 | 31 |
| 基里巴斯 | 61343 | 28 |
| 尼加拉瓜 | 54610 | 24 |
| 巴基斯坦 | 41542 | 20 |
| 哥斯达黎加 | 37120 | 19 |
| 瓦努阿图 | 46680 | 18 |
| 法属波利尼西亚 | 36960 | 17 |
| 约旦 | 23880 | 15 |
| 菲律宾 | 40133 | 15 |
| 马达加斯加 | 37800 | 14 |
| 美国 | 24349 | 13 |
| 孟加拉国 | 34560 | 12 |
| 洪都拉斯 | 25000 | 12 |
| 牙买加 | 22000 | 11 |
| 委内瑞拉 | 23000 | 10 |
| 英国 | 17960 | 10 |
| 尼泊尔联邦民主共和国 | 18473 | 10 |
| 刚果(金) | 15520 | 9 |
| 几内亚 | 22300 | 9 |
| 法国 | 19340 | 9 |
| 香港 | 13904 | 9 |
| 新加坡 | 10500 | 8 |
| 巴西 | 13835 | 8 |
| 塞内加尔 | 21000 | 8 |
| 多米尼加共和国 | 17500 | 8 |
| 土库曼斯坦 | 18250 | 7 |
| 斐济 | 16500 | 7 |
| 哈萨克斯坦 | 21000 | 4 |
| 丹麦 | 884 | 2 |
| 立陶宛 | 18467 | 2 |
| 巴巴多斯 | 2300 | 2 |

| 国家/地区 | 出口数量（千克） | 出口金额（千美元） |
|---|---|---|
| 瓜德罗普 | 1904 | 2 |
| 布隆迪 | 1045 | 1 |
| 乌兹别克斯坦 | 1450 | 1 |

44111219 经机械加工中密度板，密度 > 0.8g/cucm，厚≤5mm

| 国家/地区 | 出口数量（千克） | 出口金额（千美元） |
|---|---|---|
| 合计 | 68613820 | 46084 |
| 伊朗 | 7065597 | 5543 |
| 苏丹 | 8731220 | 3714 |
| 日本 | 1965875 | 3145 |
| 巴基斯坦 | 2577811 | 2946 |
| 印度 | 4772823 | 2907 |
| 美国 | 3551298 | 2480 |
| 约旦 | 2213937 | 2389 |
| 尼日利亚 | 4112527 | 2328 |
| 沙特阿拉伯 | 3893138 | 2068 |
| 墨西哥 | 1226799 | 1695 |
| 台湾省 | 2717336 | 1583 |
| 阿联酋 | 2394412 | 1413 |
| 俄罗斯联邦 | 2179118 | 1312 |
| 埃及 | 1799174 | 1126 |
| 肯尼亚 | 970970 | 965 |
| 埃塞俄比亚 | 1575498 | 746 |
| 越南 | 1277887 | 651 |
| 伊拉克 | 691644 | 568 |
| 印度尼西亚 | 925349 | 478 |
| 哥伦比亚 | 561940 | 469 |
| 泰国 | 687422 | 453 |
| 卡塔尔 | 671448 | 450 |
| 加拿大 | 949625 | 432 |
| 危地马拉 | 503752 | 377 |
| 马来西亚 | 508692 | 359 |
| 摩洛哥 | 266453 | 335 |
| 叙利亚 | 585000 | 301 |
| 厄瓜多尔 | 579500 | 299 |
| 孟加拉国 | 573301 | 291 |
| 韩国 | 271233 | 252 |
| 蒙古 | 1662995 | 232 |
| 阿尔及利亚 | 363790 | 223 |
| 委内瑞拉 | 240380 | 202 |
| 香港 | 284483 | 201 |
| 英国 | 353506 | 192 |
| 吉布提 | 140000 | 176 |
| 澳大利亚 | 284725 | 160 |
| 多米尼加共和国 | 391598 | 158 |
| 西班牙 | 61678 | 157 |
| 莫桑比克 | 407020 | 149 |
| 菲律宾 | 205275 | 132 |
| 利比亚 | 151185 | 129 |
| 巴布亚新几内亚 | 307671 | 127 |
| 南非 | 241192 | 120 |
| 智利 | 268000 | 116 |
| 乌兹别克斯坦 | 94844 | 102 |
| 朝鲜 | 295694 | 98 |
| 缅甸 | 199230 | 78 |
| 冈比亚 | 116026 | 77 |
| 巴西 | 71610 | 65 |
| 也门 | 96900 | 63 |
| 坦桑尼亚 | 87150 | 62 |
| 土耳其 | 49625 | 59 |
| 新加坡 | 55045 | 58 |
| 以色列 | 62110 | 56 |
| 阿根廷 | 29130 | 55 |
| 萨尔瓦多 | 89212 | 51 |
| 科威特 | 69629 | 45 |
| 阿尔巴尼亚 | 29700 | 43 |
| 法国 | 31000 | 42 |
| 哥斯达黎加 | 23284 | 36 |
| 阿塞拜疆 | 47620 | 35 |
| 塞舌尔 | 80978 | 34 |
| 萨摩亚 | 76900 | 33 |
| 阿富汗 | 42000 | 30 |
| 克罗地亚 | 37410 | 30 |
| 立陶宛 | 33500 | 26 |
| 斐济 | 61228 | 26 |
| 塔吉克斯坦 | 59000 | 26 |
| 波兰 | 35600 | 24 |
| 毛里求斯 | 30850 | 24 |
| 突尼斯 | 17850 | 22 |
| 巴拿马 | 27600 | 22 |
| 法属波利尼西亚 | 39300 | 18 |
| 爱尔兰 | 38200 | 17 |
| 加纳 | 40680 | 17 |
| 特立尼达和多巴哥 | 38000 | 16 |
| 阿曼 | 40608 | 16 |
| 尼加拉瓜 | 32160 | 12 |
| 斯里兰卡 | 20000 | 11 |
| 塞浦路斯 | 18000 | 9 |
| 哈萨克斯坦 | 22600 | 9 |
| 利比里亚 | 22620 | 9 |
| 基里巴斯 | 21000 | 9 |
| 瓦努阿图 | 21000 | 9 |
| 马达加斯加 | 21680 | 9 |
| 所罗门群岛 | 21000 | 9 |
| 索马里 | 19400 | 8 |
| 科摩罗 | 20000 | 8 |
| 巴林 | 21000 | 8 |
| 苏里南 | 19500 | 7 |
| 新西兰 | 1580 | 3 |
| 古巴 | 6790 | 3 |
| 安哥拉 | 2125 | 3 |
| 牙买加 | 5500 | 2 |
| 刚果(金) | 4970 | 2 |
| 瑞典 | 900 | 2 |
| 黎巴嫩 | 205 | 1 |

44111229 其他中密度板 0.5g/cucm < 密度≤0.8g/cucm，厚≤5mm

| 国家/地区 | 出口数量（千克） | 出口金额（千美元） |
|---|---|---|
| 合计 | 68705511 | 42475 |
| 埃及 | 11818047 | 7174 |
| 伊朗 | 9463269 | 5946 |
| 沙特阿拉伯 | 7310308 | 5351 |
| 阿尔及利亚 | 6415645 | 3995 |
| 尼日利亚 | 7241842 | 3818 |
| 吉布提 | 4892447 | 2860 |
| 印度 | 2113236 | 1493 |
| 阿联酋 | 2086894 | 1222 |
| 约旦 | 1542286 | 1073 |
| 科威特 | 1615787 | 997 |
| 孟加拉国 | 2426157 | 826 |
| 肯尼亚 | 935736 | 559 |
| 哥伦比亚 | 813568 | 545 |
| 越南 | 1554649 | 517 |
| 苏丹 | 1013949 | 462 |
| 巴基斯坦 | 488878 | 429 |
| 坦桑尼亚 | 508180 | 410 |
| 墨西哥 | 539133 | 395 |
| 利比亚 | 610046 | 371 |
| 马来西亚 | 176018 | 355 |
| 印度尼西亚 | 193943 | 337 |
| 埃塞俄比亚 | 536870 | 317 |
| 新加坡 | 345891 | 265 |
| 以色列 | 233400 | 243 |
| 冈比亚 | 357000 | 186 |
| 加纳 | 311420 | 167 |
| 澳大利亚 | 81309 | 157 |
| 摩洛哥 | 71300 | 144 |

| 国家/地区 | 出口数量（千克） | 出口金额（千美元） |
|---|---|---|
| 美国 | 139831 | 139 |
| 朝鲜 | 199726 | 116 |
| 莫桑比克 | 276300 | 112 |
| 俄罗斯联邦 | 182868 | 103 |
| 危地马拉 | 133375 | 91 |
| 斐济 | 212690 | 87 |
| 智利 | 131700 | 64 |
| 巴林 | 77112 | 61 |
| 南非 | 120212 | 59 |
| 萨尔瓦多 | 70926 | 58 |
| 马达加斯加 | 133101 | 55 |
| 荷属安的列斯群岛 | 19726 | 53 |
| 泰国 | 73285 | 53 |
| 也门 | 95631 | 49 |
| 塞拉利昂 | 79000 | 47 |
| 日本 | 28598 | 47 |
| 阿塞拜疆 | 41740 | 37 |
| 卡塔尔 | 64100 | 35 |
| 加拿大 | 41455 | 34 |
| 阿曼 | 46950 | 33 |
| 洪都拉斯 | 80000 | 32 |
| 尼加拉瓜 | 75650 | 31 |
| 台湾省 | 7840 | 31 |
| 缅甸 | 73686 | 31 |
| 叙利亚 | 40028 | 30 |
| 哥斯达黎加 | 44680 | 28 |
| 意大利 | 34960 | 28 |
| 菲律宾 | 52657 | 25 |
| 卢旺达 | 27500 | 23 |
| 多米尼加共和国 | 25620 | 22 |
| 伊拉克 | 22558 | 21 |
| 香港 | 35863 | 20 |
| 突尼斯 | 17600 | 20 |
| 索马里 | 39020 | 17 |
| 秘鲁 | 35000 | 16 |
| 巴拿马 | 21091 | 15 |
| 西班牙 | 12092 | 14 |
| 苏里南 | 17500 | 13 |
| 巴拉圭 | 26850 | 13 |
| 毛里求斯 | 13127 | 13 |
| 斯里兰卡 | 18970 | 12 |
| 土耳其 | 12500 | 12 |
| 萨摩亚 | 16500 | 12 |
| 乌克兰 | 20100 | 12 |
| 塞舌尔 | 23350 | 10 |
| 委内瑞拉 | 14860 | 8 |
| 乌兹别克斯坦 | 1367 | 8 |
| 马拉维 | 9080 | 5 |
| 保加利亚 | 8500 | 5 |
| 爱尔兰 | 1460 | 3 |
| 阿尔巴尼亚 | 2610 | 3 |
| 牙买加 | 3400 | 2 |
| 韩国 | 350 | 1 |
| 巴布亚新几内亚 | 1850 | 1 |
| 刚果(金) | 1758 | 0 |
| 44111291 未加工中密度板，密度≤0.5 g/cucm，厚≤5mm | | |
| 合计 | 3293845 | 1422 |
| 墨西哥 | 2342392 | 951 |
| 沙特阿拉伯 | 165243 | 77 |
| 越南 | 154320 | 66 |
| 洪都拉斯 | 162418 | 65 |
| 埃塞俄比亚 | 107500 | 56 |
| 日本 | 107690 | 56 |
| 巴布亚新几内亚 | 11500 | 40 |
| 坦桑尼亚 | 23100 | 18 |
| 多米尼加共和国 | 31400 | 17 |
| 吉布提 | 32390 | 12 |
| 肯尼亚 | 23100 | 10 |
| 巴基斯坦 | 39046 | 10 |
| 印度 | 17500 | 8 |
| 德国 | 18801 | 7 |
| 阿富汗 | 20000 | 7 |
| 美国 | 5990 | 6 |
| 阿联酋 | 13000 | 6 |
| 乌兹别克斯坦 | 6500 | 3 |
| 毛里求斯 | 4370 | 2 |
| 安哥拉 | 4394 | 2 |
| 澳门 | 930 | 2 |
| 菲律宾 | 2200 | 1 |
| 澳大利亚 | 61 | 1 |
| 44111299 加工中密度板，密度≤0.5 g/cucm，厚≤5mm | | |
| 合计 | 29328632 | 20556 |
| 伊朗 | 5763633 | 4166 |
| 印度 | 6654218 | 2416 |
| 俄罗斯联邦 | 1603443 | 2282 |
| 墨西哥 | 3135327 | 1227 |
| 香港 | 1806213 | 1083 |
| 古巴 | 378160 | 855 |
| 沙特阿拉伯 | 1450485 | 714 |
| 利比亚 | 633205 | 698 |
| 南非 | 1065396 | 682 |
| 哥伦比亚 | 902094 | 666 |
| 肯尼亚 | 616750 | 582 |
| 阿联酋 | 170430 | 489 |
| 美国 | 329457 | 468 |
| 日本 | 147991 | 375 |
| 马来西亚 | 397121 | 248 |
| 智利 | 584900 | 242 |
| 尼日利亚 | 286220 | 214 |
| 土耳其 | 177865 | 196 |
| 厄瓜多尔 | 284920 | 184 |
| 巴基斯坦 | 139344 | 172 |
| 约旦 | 171406 | 167 |
| 印度尼西亚 | 147815 | 165 |
| 伊拉克 | 144750 | 153 |
| 吉布提 | 256955 | 144 |
| 哥斯达黎加 | 150610 | 142 |
| 以色列 | 120026 | 140 |
| 波黑 | 77376 | 130 |
| 泰国 | 122629 | 127 |
| 危地马拉 | 147079 | 126 |
| 埃及 | 188295 | 125 |
| 埃塞俄比亚 | 90730 | 96 |
| 塞尔维亚 | 52200 | 75 |
| 委内瑞拉 | 57580 | 71 |
| 莫桑比克 | 109200 | 62 |
| 科威特 | 52168 | 60 |
| 尼加拉瓜 | 62204 | 54 |
| 英国 | 25500 | 46 |
| 秘鲁 | 36128 | 45 |
| 圭亚那 | 39225 | 37 |
| 卡塔尔 | 22530 | 34 |
| 克罗地亚 | 15564 | 32 |
| 萨摩亚 | 47328 | 30 |
| 加纳 | 65000 | 28 |
| 斯里兰卡 | 38720 | 28 |
| 多民族玻利维亚国 | 16700 | 27 |
| 冈比亚 | 36000 | 27 |
| 黎巴嫩 | 21446 | 27 |
| 吉尔吉斯斯坦 | 31100 | 26 |
| 坦桑尼亚 | 26500 | 26 |
| 毛里求斯 | 24758 | 25 |
| 赤道几内亚 | 23576 | 23 |

| 国家/地区 | 出口数量（千克） | 出口金额（千美元） |
|---|---|---|
| 孟加拉国 | 20154 | 22 |
| 菲律宾 | 21681 | 22 |
| 突尼斯 | 15240 | 20 |
| 特立尼达和多巴哥 | 17330 | 19 |
| 萨尔瓦多 | 18898 | 18 |
| 新加坡 | 31607 | 18 |
| 台湾省 | 37143 | 18 |
| 保加利亚 | 11520 | 15 |
| 塞拉利昂 | 19500 | 13 |
| 韩国 | 12178 | 12 |
| 乌兹别克斯坦 | 8100 | 11 |
| 索马里 | 20000 | 11 |
| 斐济 | 19980 | 10 |
| 多米尼加共和国 | 10800 | 10 |
| 意大利 | 14800 | 8 |
| 澳大利亚 | 3947 | 8 |
| 越南 | 7400 | 8 |
| 蒙古 | 12970 | 8 |
| 安哥拉 | 9140 | 6 |
| 阿尔巴尼亚 | 5700 | 6 |
| 苏丹 | 9075 | 6 |
| 巴布亚新几内亚 | 8720 | 5 |
| 加拿大 | 1870 | 4 |
| 贝宁 | 7560 | 4 |
| 海地 | 1650 | 4 |
| 朝鲜 | 7472 | 3 |
| 苏里南 | 12700 | 3 |
| 缅甸 | 7700 | 3 |
| 西班牙 | 1241 | 2 |
| 乌拉圭 | 2170 | 2 |
| 赞比亚 | 636 | 1 |
| 牙买加 | 1480 | 1 |

44111311 未加工中密度板，密度＞0.8g/cucm，5mm＜厚≤9mm

| 国家/地区 | 出口数量（千克） | 出口金额（千美元） |
|---|---|---|
| 合计 | 15059561 | 6402 |
| 马来西亚 | 8703677 | 3823 |
| 沙特阿拉伯 | 3364300 | 1292 |
| 韩国 | 606971 | 279 |
| 哥伦比亚 | 554625 | 237 |
| 印度 | 389386 | 152 |
| 埃及 | 329639 | 128 |
| 黎巴嫩 | 243000 | 97 |
| 朝鲜 | 99300 | 64 |
| 阿联酋 | 110000 | 60 |
| 厄瓜多尔 | 145200 | 59 |
| 秘鲁 | 104400 | 44 |
| 吉布提 | 78000 | 35 |
| 台湾省 | 51225 | 29 |
| 越南 | 35600 | 28 |
| 蒙古 | 174940 | 22 |
| 哈萨克斯坦 | 8360 | 13 |
| 澳大利亚 | 22770 | 12 |
| 南苏丹共和国 | 7200 | 8 |
| 乍得 | 5000 | 7 |
| 伊拉克 | 9490 | 6 |
| 肯尼亚 | 13500 | 5 |
| 新加坡 | 2978 | 4 |

44111319 加工中密度板，密度＞0.8g/cucm，5mm＜厚≤9mm

| 国家/地区 | 出口数量（千克） | 出口金额（千美元） |
|---|---|---|
| 合计 | 616204394 | 415586 |
| 美国 | 130002000 | 105503 |
| 俄罗斯联邦 | 141495088 | 82981 |
| 韩国 | 23575306 | 16640 |
| 智利 | 23492647 | 15699 |
| 乌兹别克斯坦 | 18581666 | 12107 |
| 伊朗 | 17558002 | 11061 |
| 哥伦比亚 | 16142072 | 10781 |
| 加拿大 | 15037322 | 10659 |
| 印度 | 15973627 | 10395 |
| 罗马尼亚 | 16677379 | 10083 |
| 乌克兰 | 17918153 | 9847 |
| 南非 | 14942702 | 9104 |
| 格鲁吉亚 | 14684857 | 9018 |
| 澳大利亚 | 9525994 | 6974 |
| 阿联酋 | 6341917 | 6776 |
| 墨西哥 | 9770126 | 6359 |
| 厄瓜多尔 | 9177681 | 5546 |
| 英国 | 5575687 | 5160 |
| 沙特阿拉伯 | 7761383 | 4617 |
| 马来西亚 | 6312567 | 4607 |
| 泰国 | 6576795 | 4534 |
| 巴西 | 6611856 | 4256 |
| 秘鲁 | 7091615 | 4162 |
| 哈萨克斯坦 | 6288299 | 3949 |
| 印度尼西亚 | 4956439 | 3667 |
| 菲律宾 | 5020771 | 3537 |
| 阿根廷 | 5361361 | 3222 |
| 越南 | 4571171 | 2848 |
| 吉尔吉斯斯坦 | 2908088 | 2199 |
| 巴基斯坦 | 2902687 | 1833 |
| 埃及 | 3631904 | 1794 |
| 台湾省 | 1949528 | 1317 |
| 乌拉圭 | 2190524 | 1305 |
| 法国 | 1479492 | 1208 |
| 新加坡 | 1642306 | 1130 |
| 西班牙 | 1478580 | 1010 |
| 塔吉克斯坦 | 1051146 | 891 |
| 缅甸 | 1339436 | 881 |
| 希腊 | 1479914 | 873 |
| 黎巴嫩 | 1354482 | 847 |
| 比利时 | 971730 | 819 |
| 意大利 | 1227681 | 760 |
| 保加利亚 | 1227489 | 741 |
| 阿塞拜疆 | 977829 | 636 |
| 多民族玻利维亚国 | 892572 | 602 |
| 以色列 | 832947 | 498 |
| 留尼汪 | 626536 | 473 |
| 爱尔兰 | 689622 | 471 |
| 肯尼亚 | 764262 | 462 |
| 克罗地亚 | 807490 | 452 |
| 荷兰 | 703580 | 452 |
| 委内瑞拉 | 634926 | 419 |
| 毛里求斯 | 682058 | 418 |
| 巴林 | 668756 | 417 |
| 蒙古 | 1543850 | 401 |
| 新西兰 | 544503 | 388 |
| 伊拉克 | 475627 | 375 |
| 约旦 | 591935 | 375 |
| 特立尼达和多巴哥 | 603631 | 371 |
| 日本 | 234451 | 348 |
| 亚美尼亚 | 558800 | 342 |
| 尼泊尔联邦民主共和国 | 486058 | 337 |
| 波黑 | 523850 | 287 |
| 哥斯达黎加 | 450627 | 286 |
| 前南马其顿 | 408519 | 254 |
| 土库曼斯坦 | 395092 | 244 |
| 尼日利亚 | 354097 | 239 |
| 阿尔巴尼亚 | 392610 | 237 |
| 土耳其 | 321396 | 204 |
| 香港 | 252437 | 195 |
| 科威特 | 312749 | 194 |
| 立陶宛 | 280474 | 192 |
| 摩尔多瓦 | 327182 | 191 |
| 安哥拉 | 254982 | 191 |
| 文莱 | 236368 | 168 |

| 国家/地区 | 出口数量（千克） | 出口金额（千美元） |
|---|---|---|
| 埃塞俄比亚 | 318957 | 165 |
| 多米尼加共和国 | 235598 | 156 |
| 卡塔尔 | 268660 | 154 |
| 危地马拉 | 242511 | 153 |
| 白俄罗斯 | 205783 | 129 |
| 巴拿马 | 200564 | 128 |
| 拉脱维亚 | 198128 | 115 |
| 斯里兰卡 | 215168 | 110 |
| 马达加斯加 | 190953 | 95 |
| 古巴 | 153300 | 93 |
| 塞浦路斯 | 153511 | 88 |
| 苏丹 | 162340 | 80 |
| 贝宁 | 116510 | 78 |
| 德国 | 68460 | 72 |
| 挪威 | 97800 | 71 |
| 葡萄牙 | 87500 | 64 |
| 多哥 | 99000 | 63 |
| 塞尔维亚 | 109536 | 63 |
| 也门 | 84400 | 60 |
| 利比亚 | 61907 | 55 |
| 吉布提 | 79241 | 49 |
| 巴哈马 | 84331 | 48 |
| 新喀里多尼亚 | 75417 | 45 |
| 马耳他 | 58272 | 41 |
| 津巴布韦 | 61197 | 37 |
| 法属波利尼西亚 | 53558 | 34 |
| 圭亚那 | 54984 | 34 |
| 牙买加 | 33000 | 32 |
| 加纳 | 53309 | 31 |
| 莫桑比克 | 48314 | 30 |
| 萨尔瓦多 | 39140 | 30 |
| 朝鲜 | 67784 | 26 |
| 孟加拉国 | 35146 | 26 |
| 巴布亚新几内亚 | 32800 | 25 |
| 巴勒斯坦 | 34000 | 21 |
| 柬埔寨 | 32110 | 20 |
| 巴巴多斯 | 35463 | 20 |
| 马拉维 | 19530 | 19 |
| 坦桑尼亚 | 33793 | 19 |
| 马尔代夫 | 23150 | 17 |
| 赤道几内亚 | 17843 | 15 |
| 洪都拉斯 | 15450 | 15 |
| 波兰 | 24319 | 14 |
| 阿尔及利亚 | 21500 | 13 |
| 尼加拉瓜 | 21953 | 12 |

| 国家/地区 | 出口数量（千克） | 出口金额（千美元） |
|---|---|---|
| 马提尼克 | 17400 | 12 |
| 芬兰 | 18700 | 11 |
| 喀麦隆 | 16863 | 11 |
| 冰岛 | 20300 | 11 |
| 阿富汗 | 19500 | 11 |
| 波多黎各 | 19300 | 11 |
| 黑山 | 17000 | 10 |
| 乍得 | 18735 | 8 |
| 索马里 | 14480 | 8 |
| 巴拉圭 | 10406 | 6 |
| 匈牙利 | 9234 | 4 |
| 赞比亚 | 7000 | 3 |
| 44111321 辐射松制的中密度板，5mm < 厚≤9mm | | |
| 合计 | 1566009 | 6024 |
| 日本 | 1566009 | 6024 |
| 44111329 其他中密度板 0.5g/cucm < 密度≤0.8g/cucm，5mm < 厚≤9mm | | |
| 合计 | 35239237 | 22581 |
| 埃及 | 10788604 | 5210 |
| 日本 | 1180336 | 3742 |
| 约旦 | 4623786 | 2524 |
| 沙特阿拉伯 | 5029071 | 2521 |
| 美国 | 1705981 | 2098 |
| 阿尔及利亚 | 2818160 | 1725 |
| 伊朗 | 1196083 | 613 |
| 越南 | 1749045 | 613 |
| 印度尼西亚 | 645324 | 382 |
| 尼日利亚 | 522323 | 277 |
| 马来西亚 | 257624 | 224 |
| 吉布提 | 509135 | 212 |
| 埃塞俄比亚 | 473041 | 210 |
| 古巴 | 196565 | 183 |
| 斯里兰卡 | 349451 | 163 |
| 苏丹 | 356486 | 146 |
| 肯尼亚 | 244754 | 123 |
| 吉尔吉斯斯坦 | 209690 | 122 |
| 阿联酋 | 176840 | 121 |
| 秘鲁 | 188427 | 106 |
| 科威特 | 87671 | 87 |
| 印度 | 161683 | 84 |
| 危地马拉 | 195475 | 82 |
| 阿曼 | 133599 | 73 |
| 利比亚 | 122655 | 70 |
| 也门 | 115289 | 59 |

| 国家/地区 | 出口数量（千克） | 出口金额（千美元） |
|---|---|---|
| 俄罗斯联邦 | 52529 | 59 |
| 加拿大 | 26828 | 55 |
| 坦桑尼亚 | 116095 | 55 |
| 墨西哥 | 110586 | 46 |
| 哈萨克斯坦 | 35580 | 43 |
| 朝鲜 | 88745 | 39 |
| 巴拿马 | 39777 | 39 |
| 新加坡 | 9211 | 38 |
| 意大利 | 53402 | 35 |
| 澳大利亚 | 28657 | 30 |
| 缅甸 | 93833 | 30 |
| 智利 | 58650 | 28 |
| 莫桑比克 | 50500 | 27 |
| 突尼斯 | 14080 | 27 |
| 南非 | 39100 | 21 |
| 黎巴嫩 | 59745 | 21 |
| 委内瑞拉 | 8000 | 19 |
| 菲律宾 | 42200 | 19 |
| 毛里求斯 | 38505 | 18 |
| 泰国 | 9182 | 17 |
| 哥斯达黎加 | 24272 | 15 |
| 索马里 | 20570 | 13 |
| 多民族玻利维亚国 | 12004 | 12 |
| 洪都拉斯 | 26971 | 11 |
| 特立尼达和多巴哥 | 17659 | 10 |
| 安哥拉 | 15800 | 10 |
| 巴基斯坦 | 5591 | 9 |
| 卡塔尔 | 15640 | 9 |
| 刚果(金) | 15330 | 8 |
| 厄瓜多尔 | 1560 | 7 |
| 加蓬 | 7560 | 6 |
| 萨尔瓦多 | 6300 | 5 |
| 乌兹别克斯坦 | 8906 | 5 |
| 西班牙 | 7380 | 5 |
| 蒙古 | 7609 | 4 |
| 格鲁吉亚 | 9500 | 4 |
| 尼加拉瓜 | 8820 | 3 |
| 香港 | 3800 | 3 |
| 马达加斯加 | 3188 | 1 |
| 塔吉克斯坦 | 630 | 1 |
| 多米尼加共和国 | 1253 | 1 |
| 加纳 | 1340 | 1 |
| 台湾省 | 1676 | 1 |
| 留尼汪 | 1875 | 1 |
| 法属波利尼西亚 | 1000 | 1 |

| 国家/地区 | 出口数量（千克） | 出口金额（千美元） |
|---|---|---|
| 巴西 | 400 | 1 |
| 赤道几内亚 | 300 | 1 |
| 44111391 未加工中密度板，密度≤0.5 g/cucm，5mm＜厚≤9mm | | |
| 合计 | 1296379 | 527 |
| 伊朗 | 900900 | 369 |
| 埃塞俄比亚 | 106550 | 44 |
| 阿联酋 | 96600 | 36 |
| 俄罗斯联邦 | 58333 | 18 |
| 菲律宾 | 17000 | 11 |
| 塔吉克斯坦 | 32500 | 11 |
| 印度 | 21000 | 10 |
| 乌兹别克斯坦 | 16100 | 8 |
| 吉布提 | 17500 | 8 |
| 洪都拉斯 | 8700 | 3 |
| 沙特阿拉伯 | 5000 | 3 |
| 哈萨克斯坦 | 2728 | 2 |
| 缅甸 | 4884 | 1 |
| 安哥拉 | 4394 | 1 |
| 毛里求斯 | 2190 | 1 |
| 新喀里多尼亚 | 2000 | 1 |
| 44111399 加工中密度板，密度≤0.5 g/cucm，5mm＜厚≤9mm | | |
| 合计 | 3386827 | 2885 |
| 日本 | 426927 | 1182 |
| 韩国 | 1069200 | 328 |
| 阿联酋 | 201015 | 234 |
| 吉布提 | 311400 | 179 |
| 美国 | 198403 | 176 |
| 约旦 | 173170 | 90 |
| 埃塞俄比亚 | 130900 | 84 |
| 墨西哥 | 90167 | 79 |
| 俄罗斯联邦 | 91360 | 63 |
| 印度 | 87085 | 49 |
| 智利 | 62166 | 44 |
| 肯尼亚 | 84202 | 42 |
| 埃及 | 82182 | 41 |
| 马来西亚 | 63370 | 32 |
| 南非 | 36600 | 31 |
| 厄瓜多尔 | 38004 | 29 |
| 沙特阿拉伯 | 29520 | 25 |
| 新加坡 | 8148 | 21 |
| 巴基斯坦 | 16376 | 16 |
| 乍得 | 22000 | 16 |
| 菲律宾 | 23295 | 16 |

| 国家/地区 | 出口数量（千克） | 出口金额（千美元） |
|---|---|---|
| 澳大利亚 | 17230 | 14 |
| 香港 | 22329 | 13 |
| 毛里求斯 | 4650 | 10 |
| 缅甸 | 13357 | 10 |
| 斐济 | 16500 | 9 |
| 安哥拉 | 15700 | 8 |
| 尼日利亚 | 10100 | 7 |
| 丹麦 | 1228 | 7 |
| 科威特 | 6300 | 6 |
| 阿尔及利亚 | 10853 | 6 |
| 古巴 | 6007 | 6 |
| 斯里兰卡 | 5120 | 4 |
| 法属波利尼西亚 | 4130 | 4 |
| 苏里南 | 3975 | 4 |
| 巴西 | 1750 | 1 |
| 留尼汪 | 925 | 1 |
| 哈萨克斯坦 | 1183 | 0 |
| 44111411 未加工中密度板，密度＞0.8 g/cucm，厚＞9mm | | |
| 合计 | 1065648 | 540 |
| 印度 | 203423 | 279 |
| 蒙古 | 443270 | 56 |
| 阿联酋 | 45800 | 51 |
| 纳米比亚 | 20437 | 32 |
| 美国 | 57215 | 26 |
| 朝鲜 | 39200 | 24 |
| 日本 | 23936 | 18 |
| 尼日利亚 | 20000 | 15 |
| 立陶宛 | 151301 | 9 |
| 约旦 | 20700 | 9 |
| 法国 | 12006 | 9 |
| 斯里兰卡 | 11650 | 5 |
| 孟加拉国 | 5610 | 4 |
| 乌兹别克斯坦 | 11100 | 3 |
| 44111419 加工中密度板，密度＞0.8 g/cucm，厚＞9mm | | |
| 合计 | 672981807 | 465648 |
| 美国 | 251844121 | 184893 |
| 俄罗斯联邦 | 151462017 | 93807 |
| 加拿大 | 117609837 | 78426 |
| 澳大利亚 | 16605398 | 12796 |
| 越南 | 18677526 | 11255 |
| 罗马尼亚 | 15119850 | 8870 |
| 格鲁吉亚 | 9736159 | 5843 |
| 乌兹别克斯坦 | 7760373 | 5298 |

| 国家/地区 | 出口数量（千克） | 出口金额（千美元） |
|---|---|---|
| 英国 | 5493122 | 4865 |
| 哈萨克斯坦 | 4739600 | 3670 |
| 爱尔兰 | 5217729 | 3558 |
| 法国 | 3223407 | 3184 |
| 泰国 | 4941494 | 3067 |
| 沙特阿拉伯 | 2174832 | 2644 |
| 乌克兰 | 3740676 | 2414 |
| 伊朗 | 3365099 | 2394 |
| 厄瓜多尔 | 2332548 | 2203 |
| 阿联酋 | 1761980 | 2116 |
| 南非 | 2031534 | 1949 |
| 蒙古 | 5798068 | 1945 |
| 印度 | 1968008 | 1748 |
| 吉尔吉斯斯坦 | 2970415 | 1698 |
| 缅甸 | 2319323 | 1626 |
| 马来西亚 | 1896780 | 1592 |
| 塔吉克斯坦 | 1962771 | 1515 |
| 智利 | 1693580 | 1333 |
| 台湾省 | 1552742 | 1193 |
| 哥伦比亚 | 1085392 | 1144 |
| 亚美尼亚 | 1593878 | 1011 |
| 墨西哥 | 1275604 | 999 |
| 巴基斯坦 | 1329526 | 913 |
| 巴西 | 784499 | 844 |
| 摩尔多瓦 | 1256065 | 826 |
| 秘鲁 | 605136 | 824 |
| 阿根廷 | 738048 | 748 |
| 前南马其顿 | 870790 | 590 |
| 希腊 | 857722 | 566 |
| 新西兰 | 835958 | 564 |
| 阿塞拜疆 | 696693 | 521 |
| 阿尔巴尼亚 | 628525 | 479 |
| 西班牙 | 517927 | 466 |
| 韩国 | 547523 | 437 |
| 克罗地亚 | 684823 | 425 |
| 菲律宾 | 369088 | 405 |
| 乌拉圭 | 462280 | 380 |
| 埃塞俄比亚 | 503882 | 353 |
| 肯尼亚 | 501993 | 321 |
| 立陶宛 | 457027 | 304 |
| 黎巴嫩 | 365389 | 287 |
| 毛里求斯 | 412578 | 278 |
| 意大利 | 243512 | 264 |
| 保加利亚 | 387281 | 252 |
| 伊拉克 | 330603 | 246 |

| 国家/地区 | 出口数量（千克） | 出口金额（千美元） |
|---|---|---|
| 塞尔维亚 | 372861 | 226 |
| 波兰 | 334400 | 225 |
| 委内瑞拉 | 148463 | 221 |
| 土耳其 | 329600 | 219 |
| 比利时 | 245081 | 200 |
| 特立尼达和多巴哥 | 182871 | 191 |
| 多民族玻利维亚国 | 223878 | 188 |
| 埃及 | 311582 | 188 |
| 安哥拉 | 312258 | 181 |
| 印度尼西亚 | 187585 | 163 |
| 危地马拉 | 299475 | 160 |
| 土库曼斯坦 | 149800 | 160 |
| 阿富汗 | 220848 | 147 |
| 卡塔尔 | 155152 | 140 |
| 巴林 | 145156 | 138 |
| 朝鲜 | 192691 | 131 |
| 斯里兰卡 | 268261 | 130 |
| 巴拿马 | 41385 | 125 |
| 约旦 | 183816 | 122 |
| 文莱 | 126119 | 120 |
| 苏里南 | 207875 | 115 |
| 德国 | 111730 | 115 |
| 新加坡 | 156148 | 113 |
| 尼日利亚 | 131023 | 108 |
| 荷兰 | 51420 | 102 |
| 香港 | 140985 | 102 |
| 白俄罗斯 | 137057 | 88 |
| 尼泊尔联邦民主共和国 | 67450 | 76 |
| 利比亚 | 34035 | 74 |
| 波黑 | 125176 | 74 |
| 以色列 | 49946 | 71 |
| 黑山 | 96865 | 68 |
| 马尔代夫 | 68594 | 64 |
| 也门 | 77103 | 61 |
| 留尼汪 | 42453 | 52 |
| 叙利亚 | 66356 | 48 |
| 莫桑比克 | 36667 | 46 |
| 马达加斯加 | 63437 | 41 |
| 赞比亚 | 42957 | 39 |
| 多米尼加共和国 | 17084 | 37 |
| 塞浦路斯 | 43899 | 37 |
| 吉布提 | 40712 | 37 |
| 牙买加 | 35430 | 34 |
| 加纳 | 51668 | 33 |
| 马耳他 | 20260 | 33 |

| 国家/地区 | 出口数量（千克） | 出口金额（千美元） |
|---|---|---|
| 葡萄牙 | 31668 | 26 |
| 捷克 | 33600 | 23 |
| 巴布亚新几内亚 | 26997 | 22 |
| 挪威 | 17706 | 16 |
| 纳米比亚 | 11858 | 15 |
| 摩洛哥 | 19545 | 15 |
| 哥斯达黎加 | 8833 | 15 |
| 刚果(金) | 22380 | 15 |
| 不丹 | 21500 | 14 |
| 瑞典 | 15184 | 12 |
| 巴勒斯坦 | 17150 | 12 |
| 匈牙利 | 10521 | 11 |
| 科威特 | 7591 | 10 |
| 圭亚那 | 6300 | 8 |
| 孟加拉国 | 8279 | 7 |
| 洪都拉斯 | 1479 | 7 |
| 丹麦 | 432 | 6 |
| 柬埔寨 | 5703 | 6 |
| 博茨瓦纳 | 2766 | 5 |
| 巴巴多斯 | 4937 | 5 |
| 巴拉圭 | 3010 | 3 |
| 赤道几内亚 | 3727 | 3 |
| 喀麦隆 | 1862 | 3 |
| 苏丹 | 750 | 3 |
| 津巴布韦 | 1100 | 2 |
| 卢旺达 | 5310 | 2 |
| 西撒哈拉 | 1288 | 1 |
| 乍得 | 392 | 1 |
| 新喀里多尼亚 | 1008 | 1 |
| 法属波利尼西亚 | 588 | 1 |

44111421 辐射松制的中密度板，厚>9mm

| 国家/地区 | 出口数量（千克） | 出口金额（千美元） |
|---|---|---|
| 合计 | 897923 | 3385 |
| 日本 | 897923 | 3385 |

44111429 其他中密度板0.5g/cucm<密度≤0.8g/cucm，厚>9mm

| 国家/地区 | 出口数量（千克） | 出口金额（千美元） |
|---|---|---|
| 合计 | 593205296 | 265331 |
| 沙特阿拉伯 | 166735880 | 66306 |
| 尼日利亚 | 93854207 | 35527 |
| 阿联酋 | 68787706 | 29360 |
| 伊朗 | 76437355 | 29117 |
| 日本 | 6034800 | 14277 |
| 埃及 | 36939484 | 13516 |
| 约旦 | 17739391 | 8187 |
| 乌兹别克斯坦 | 8269547 | 6118 |
| 哈萨克斯坦 | 5773608 | 4408 |
| 苏丹 | 9203642 | 3179 |
| 肯尼亚 | 8006617 | 3080 |
| 美国 | 3395221 | 2837 |
| 黎巴嫩 | 5869895 | 2682 |
| 越南 | 9252326 | 2676 |
| 马来西亚 | 3153642 | 2591 |
| 古巴 | 4415339 | 2494 |
| 南非 | 2893614 | 2400 |
| 俄罗斯联邦 | 2445462 | 2207 |
| 墨西哥 | 4310344 | 2093 |
| 印度 | 2766439 | 1970 |
| 吉尔吉斯斯坦 | 2046260 | 1671 |
| 巴基斯坦 | 2008655 | 1656 |
| 西班牙 | 2608035 | 1616 |
| 塔吉克斯坦 | 3301666 | 1444 |
| 埃塞俄比亚 | 3491382 | 1263 |
| 阿曼 | 2907302 | 1244 |
| 坦桑尼亚 | 2428069 | 1102 |
| 吉布提 | 2840038 | 1070 |
| 阿尔及利亚 | 1983413 | 951 |
| 印度尼西亚 | 845752 | 886 |
| 毛里求斯 | 1869608 | 859 |
| 卡塔尔 | 1902521 | 845 |
| 智利 | 1565862 | 823 |
| 朝鲜 | 1736644 | 772 |
| 委内瑞拉 | 1130218 | 733 |
| 斯里兰卡 | 1480213 | 729 |
| 索马里 | 1660827 | 653 |
| 利比亚 | 995878 | 624 |
| 也门 | 1340391 | 541 |
| 菲律宾 | 1267282 | 523 |
| 澳大利亚 | 611975 | 471 |
| 科威特 | 775254 | 458 |
| 叙利亚 | 989265 | 454 |
| 加纳 | 944020 | 439 |
| 孟加拉国 | 1209821 | 421 |
| 伊拉克 | 426556 | 350 |
| 安哥拉 | 701040 | 316 |
| 加拿大 | 357948 | 310 |
| 巴林 | 679590 | 307 |
| 以色列 | 332938 | 307 |
| 苏里南 | 618411 | 301 |
| 危地马拉 | 631416 | 300 |
| 哥伦比亚 | 374654 | 298 |
| 缅甸 | 790711 | 288 |

| 国家/地区 | 出口数量（千克） | 出口金额（千美元） |
| --- | --- | --- |
| 莫桑比克 | 471335 | 272 |
| 阿尔巴尼亚 | 279444 | 240 |
| 巴拿马 | 385825 | 231 |
| 香港 | 175472 | 202 |
| 荷属安的列斯群岛 | 422366 | 202 |
| 新加坡 | 183035 | 173 |
| 乌克兰 | 191639 | 168 |
| 台湾省 | 138907 | 155 |
| 葡萄牙 | 270510 | 153 |
| 克罗地亚 | 162911 | 143 |
| 突尼斯 | 160316 | 139 |
| 蒙古 | 274756 | 130 |
| 英国 | 107654 | 130 |
| 波兰 | 168192 | 128 |
| 意大利 | 170035 | 123 |
| 圭亚那 | 266760 | 116 |
| 特立尼达和多巴哥 | 241487 | 115 |
| 巴西 | 126562 | 112 |
| 马达加斯加 | 240542 | 111 |
| 新西兰 | 209512 | 106 |
| 摩洛哥 | 215067 | 101 |
| 前南马其顿 | 111640 | 98 |
| 法国 | 122505 | 92 |
| 泰国 | 86815 | 91 |
| 巴布亚新几内亚 | 141231 | 90 |
| 洪都拉斯 | 216236 | 86 |
| 荷兰 | 119560 | 85 |
| 德国 | 78037 | 81 |
| 波多黎各 | 128000 | 72 |
| 斐济 | 131360 | 71 |
| 多米尼加共和国 | 152841 | 70 |
| 格鲁吉亚 | 95364 | 64 |
| 法属圭亚那 | 130904 | 60 |
| 白俄罗斯 | 70176 | 59 |
| 保加利亚 | 55965 | 51 |
| 阿根廷 | 66400 | 51 |
| 贝宁 | 139108 | 51 |
| 韩国 | 77716 | 48 |
| 法属波利尼西亚 | 53353 | 47 |
| 留尼汪 | 128125 | 43 |
| 萨尔瓦多 | 73650 | 38 |
| 马尔代夫 | 37213 | 38 |
| 土库曼斯坦 | 42810 | 36 |
| 土耳其 | 33876 | 35 |
| 哥斯达黎加 | 34094 | 34 |
| 秘鲁 | 49271 | 32 |
| 挪威 | 27121 | 31 |
| 瑞典 | 15485 | 30 |
| 匈牙利 | 49640 | 28 |
| 刚果(布) | 39960 | 28 |
| 亚美尼亚 | 39830 | 28 |
| 卢旺达 | 79380 | 27 |
| 厄瓜多尔 | 30644 | 26 |
| 刚果(金) | 58770 | 25 |
| 科特迪瓦 | 34000 | 24 |
| 赤道几内亚 | 37400 | 22 |
| 马拉维 | 23980 | 20 |
| 圣卢西亚 | 42180 | 19 |
| 罗马尼亚 | 17050 | 19 |
| 立陶宛 | 16200 | 18 |
| 乌干达 | 48900 | 18 |
| 牙买加 | 32840 | 15 |
| 爱尔兰 | 25500 | 15 |
| 赞比亚 | 25150 | 14 |
| 马耳他 | 14649 | 13 |
| 塞浦路斯 | 8265 | 12 |
| 加蓬 | 8740 | 11 |
| 尼加拉瓜 | 28640 | 11 |
| 希腊 | 18400 | 9 |
| 佛得角 | 16500 | 8 |
| 毛里塔尼亚 | 18500 | 7 |
| 文莱 | 16100 | 7 |
| 瓜德罗普 | 14500 | 7 |
| 斯洛文尼亚 | 4760 | 7 |
| 巴拉圭 | 12622 | 6 |
| 南苏丹共和国 | 7950 | 3 |
| 奥地利 | 1456 | 2 |
| 柬埔寨 | 4780 | 2 |
| 所罗门群岛 | 3860 | 2 |
| 几内亚 | 2233 | 2 |
| 尼日尔 | 2100 | 1 |
| 瑞士 | 500 | 1 |

44111491 未加工中密度板，密度≤0.5g/cucm，厚>9mm

| 国家/地区 | 出口数量（千克） | 出口金额（千美元） |
| --- | --- | --- |
| 合计 | 15310093 | 6016 |
| 伊朗 | 8377704 | 3248 |
| 沙特阿拉伯 | 2611569 | 936 |
| 以色列 | 1276959 | 567 |
| 阿联酋 | 843131 | 344 |
| 肯尼亚 | 455641 | 174 |
| 埃塞俄比亚 | 383000 | 132 |
| 马来西亚 | 200979 | 107 |
| 日本 | 253250 | 85 |
| 尼加拉瓜 | 124880 | 52 |
| 苏丹 | 13587 | 38 |
| 乌兹别克斯坦 | 92400 | 35 |
| 安哥拉 | 68106 | 33 |
| 缅甸 | 74760 | 30 |
| 吉布提 | 108500 | 29 |
| 南非 | 51837 | 23 |
| 印度 | 53800 | 23 |
| 波多黎各 | 25000 | 20 |
| 朝鲜 | 10000 | 17 |
| 智利 | 33300 | 14 |
| 斐济 | 18500 | 13 |
| 洪都拉斯 | 32850 | 12 |
| 越南 | 26250 | 12 |
| 新喀里多尼亚 | 25750 | 8 |
| 瓜德罗普 | 17118 | 8 |
| 留尼汪 | 16500 | 8 |
| 巴巴多斯 | 13000 | 8 |
| 泰国 | 18486 | 7 |
| 利比亚 | 16400 | 7 |
| 多米尼加共和国 | 15190 | 6 |
| 毛里求斯 | 10940 | 4 |
| 韩国 | 4180 | 4 |
| 索马里 | 12090 | 4 |
| 俄罗斯联邦 | 9880 | 4 |
| 老挝 | 9300 | 4 |
| 坦桑尼亚 | 5256 | 2 |

44119210 未加工木纤维板，密度>0.8g/cucm

| 国家/地区 | 出口数量（千克） | 出口金额（千美元） |
| --- | --- | --- |
| 合计 | 2102865 | 2116 |
| 印度 | 625417 | 755 |
| 阿联酋 | 677720 | 543 |
| 沙特阿拉伯 | 209814 | 245 |
| 吉布提 | 225800 | 225 |
| 伊朗 | 85000 | 68 |
| 巴基斯坦 | 39331 | 48 |
| 卡塔尔 | 25025 | 46 |
| 孟加拉国 | 19598 | 28 |
| 越南 | 19770 | 25 |
| 立陶宛 | 15550 | 25 |
| 美国 | 68864 | 22 |
| 巴西 | 20500 | 20 |
| 科威特 | 19950 | 20 |

| 国家/地区 | 出口数量（千克） | 出口金额（千美元） |
|---|---|---|
| 突尼斯 | 17600 | 20 |
| 印度尼西亚 | 16800 | 9 |
| 泰国 | 5750 | 7 |
| 肯尼亚 | 7760 | 6 |
| 危地马拉 | 2616 | 4 |
| 44119290 加工木纤维板，密度＞0.8g/cucm | | |
| 合计 | 222925047 | 155723 |
| 美国 | 54526938 | 43439 |
| 加拿大 | 45556168 | 31694 |
| 韩国 | 15411220 | 11944 |
| 俄罗斯联邦 | 17002847 | 10715 |
| 澳大利亚 | 10006268 | 7917 |
| 蒙古 | 14590802 | 4930 |
| 伊朗 | 6272474 | 4264 |
| 印度 | 4363517 | 2979 |
| 越南 | 4646441 | 2813 |
| 智利 | 3907423 | 2794 |
| 泰国 | 4523129 | 2611 |
| 墨西哥 | 3144322 | 2285 |
| 英国 | 3023240 | 2182 |
| 哥伦比亚 | 2680343 | 2018 |
| 缅甸 | 2647820 | 1703 |
| 约旦 | 1374459 | 1557 |
| 日本 | 1220822 | 1234 |
| 阿根廷 | 1744680 | 1152 |
| 南非 | 1660761 | 1134 |
| 尼日利亚 | 2240266 | 1067 |
| 马来西亚 | 1481015 | 1063 |
| 爱尔兰 | 1644300 | 1030 |
| 沙特阿拉伯 | 1342610 | 893 |
| 阿联酋 | 1300345 | 892 |
| 格鲁吉亚 | 992803 | 673 |
| 黎巴嫩 | 991375 | 645 |
| 印度尼西亚 | 606012 | 476 |
| 巴西 | 695250 | 457 |
| 以色列 | 640890 | 455 |
| 香港 | 311409 | 379 |
| 阿尔巴尼亚 | 551265 | 379 |
| 秘鲁 | 427064 | 346 |
| 台湾省 | 369045 | 343 |
| 新加坡 | 572179 | 339 |
| 厄瓜多尔 | 437200 | 333 |
| 新西兰 | 470698 | 305 |
| 阿塞拜疆 | 480997 | 271 |
| 赞比亚 | 319125 | 270 |

| 国家/地区 | 出口数量（千克） | 出口金额（千美元） |
|---|---|---|
| 巴拿马 | 367748 | 264 |
| 拉脱维亚 | 254016 | 247 |
| 委内瑞拉 | 288590 | 205 |
| 肯尼亚 | 218886 | 202 |
| 菲律宾 | 301264 | 197 |
| 摩尔多瓦 | 294928 | 184 |
| 巴林 | 300317 | 183 |
| 乌克兰 | 253234 | 179 |
| 希腊 | 282281 | 178 |
| 安哥拉 | 200750 | 171 |
| 哥斯达黎加 | 198150 | 168 |
| 荷兰 | 181660 | 158 |
| 埃塞俄比亚 | 173345 | 157 |
| 葡萄牙 | 190300 | 149 |
| 巴基斯坦 | 191535 | 145 |
| 土耳其 | 237076 | 136 |
| 利比亚 | 172005 | 130 |
| 吉尔吉斯斯坦 | 224764 | 122 |
| 危地马拉 | 150386 | 119 |
| 莫桑比克 | 297277 | 110 |
| 斯里兰卡 | 256496 | 107 |
| 吉布提 | 230227 | 105 |
| 科威特 | 103926 | 103 |
| 意大利 | 124000 | 102 |
| 埃及 | 215897 | 102 |
| 特立尼达和多巴哥 | 136326 | 100 |
| 苏丹 | 233764 | 100 |
| 哈萨克斯坦 | 133701 | 96 |
| 卡塔尔 | 162400 | 95 |
| 白俄罗斯 | 124314 | 85 |
| 坦桑尼亚 | 208600 | 81 |
| 古巴 | 135432 | 74 |
| 贝宁 | 178200 | 74 |
| 毛里求斯 | 79768 | 72 |
| 朝鲜 | 155599 | 72 |
| 罗马尼亚 | 136500 | 72 |
| 多民族玻利维亚国 | 124405 | 70 |
| 津巴布韦 | 80912 | 68 |
| 挪威 | 79865 | 50 |
| 塞浦路斯 | 71340 | 50 |
| 马尔代夫 | 76905 | 47 |
| 伊拉克 | 70220 | 47 |
| 阿曼 | 84300 | 46 |
| 德国 | 62073 | 40 |
| 斯洛文尼亚 | 45462 | 39 |

| 国家/地区 | 出口数量（千克） | 出口金额（千美元） |
|---|---|---|
| 苏里南 | 53908 | 39 |
| 巴布亚新几内亚 | 70400 | 38 |
| 马耳他 | 25235 | 31 |
| 乌干达 | 19500 | 31 |
| 阿尔及利亚 | 47042 | 30 |
| 也门 | 38690 | 26 |
| 刚果(布) | 4184 | 24 |
| 匈牙利 | 35424 | 24 |
| 加纳 | 57525 | 24 |
| 洪都拉斯 | 35000 | 23 |
| 丹麦 | 33000 | 21 |
| 塞内加尔 | 38000 | 17 |
| 马达加斯加 | 40000 | 16 |
| 多米尼加共和国 | 15025 | 14 |
| 巴巴多斯 | 18200 | 14 |
| 瑞典 | 20000 | 13 |
| 文莱 | 17220 | 12 |
| 爱沙尼亚 | 20000 | 12 |
| 立陶宛 | 20100 | 11 |
| 汤加 | 18000 | 9 |
| 斐济 | 21600 | 8 |
| 孟加拉国 | 6805 | 7 |
| 刚果(金) | 3500 | 4 |
| 澳门 | 23 | 0 |
| 44119390 木纤板，0.5g/cucm＜密度≤0.10g/cucm | | |
| 合计 | 6781391 | 4893 |
| 沙特阿拉伯 | 3704740 | 2204 |
| 吉布提 | 667960 | 947 |
| 约旦 | 876367 | 556 |
| 阿联酋 | 625335 | 388 |
| 特立尼达和多巴哥 | 277260 | 265 |
| 印度 | 119550 | 129 |
| 巴基斯坦 | 132325 | 105 |
| 埃及 | 110400 | 82 |
| 坦桑尼亚 | 60200 | 30 |
| 苏里南 | 35860 | 27 |
| 美国 | 44880 | 25 |
| 印度尼西亚 | 28207 | 22 |
| 哥伦比亚 | 17100 | 13 |
| 韩国 | 1200 | 12 |
| 澳大利亚 | 1459 | 12 |
| 法国 | 7306 | 11 |
| 委内瑞拉 | 15300 | 10 |
| 克罗地亚 | 4928 | 8 |

| 国家/地区 | 出口数量（千克） | 出口金额（千美元） |
|---|---|---|
| 泰国 | 1133 | 8 |
| 乌兹别克斯坦 | 8000 | 7 |
| 斯里兰卡 | 16100 | 7 |
| 黎巴嫩 | 12900 | 5 |
| 孟加拉国 | 1568 | 5 |
| 安哥拉 | 5100 | 5 |
| 卡塔尔 | 900 | 4 |
| 越南 | 678 | 2 |
| 菲律宾 | 3805 | 1 |
| 英国 | 830 | 1 |
| 44119410 木纤板，0.35g/cucm < 密度 ≤ 0.5g/cucm | | |
| 合计 | 382206 | 598 |
| 日本 | 69215 | 146 |
| 加拿大 | 30993 | 131 |
| 美国 | 154246 | 85 |
| 韩国 | 6957 | 72 |
| 印度 | 6335 | 54 |
| 澳大利亚 | 58320 | 47 |
| 刚果(布) | 31970 | 36 |
| 朝鲜 | 20000 | 10 |
| 马来西亚 | 1411 | 7 |
| 菲律宾 | 170 | 4 |
| 哥斯达黎加 | 790 | 4 |
| 安哥拉 | 1584 | 3 |
| 新加坡 | 215 | 1 |
| 44119429 加工木纤板，密度≤0.35g/cucm | | |
| 合计 | 4076757 | 8702 |
| 马来西亚 | 997286 | 3193 |
| 埃及 | 601800 | 1357 |
| 韩国 | 187293 | 985 |
| 芬兰 | 198813 | 713 |
| 台湾省 | 141121 | 480 |
| 新加坡 | 291890 | 434 |
| 印度 | 1185102 | 352 |
| 泰国 | 42157 | 199 |
| 哥伦比亚 | 49265 | 155 |
| 日本 | 40634 | 127 |
| 美国 | 43060 | 97 |
| 乌克兰 | 19525 | 64 |
| 立陶宛 | 5470 | 62 |
| 白俄罗斯 | 60956 | 53 |
| 西班牙 | 9650 | 51 |
| 俄罗斯联邦 | 13315 | 48 |
| 荷兰 | 22202 | 47 |

| 国家/地区 | 出口数量（千克） | 出口金额（千美元） |
|---|---|---|
| 印度尼西亚 | 11860 | 41 |
| 智利 | 17074 | 39 |
| 阿曼 | 5135 | 34 |
| 缅甸 | 32250 | 33 |
| 阿联酋 | 5835 | 28 |
| 澳大利亚 | 4037 | 20 |
| 赤道几内亚 | 8700 | 12 |
| 斯里兰卡 | 5000 | 11 |
| 巴拿马 | 7920 | 11 |
| 伊朗 | 17500 | 9 |
| 阿根廷 | 19500 | 8 |
| 阿尔及利亚 | 16010 | 7 |
| 巴基斯坦 | 1275 | 6 |
| 越南 | 990 | 6 |
| 莫桑比克 | 6420 | 5 |
| 菲律宾 | 535 | 5 |
| 巴西 | 2137 | 4 |
| 香港 | 565 | 3 |
| 德国 | 290 | 3 |
| 刚果(布) | 1500 | 1 |
| 汤加 | 2600 | 1 |
| 乌干达 | 85 | 1 |

| 国家/地区 | 出口数量（立方米） | 出口金额（千美元） |
|---|---|---|
| 44123100 其他薄板制胶合板至少一表层是子目注释二所列的热带木，厚≤6mm | | |
| 合计 | 274425 | 165349 |
| 美国 | 25498 | 35718 |
| 约旦 | 41052 | 29983 |
| 日本 | 15136 | 9194 |
| 韩国 | 14984 | 8375 |
| 墨西哥 | 50837 | 8160 |
| 菲律宾 | 17520 | 6528 |
| 英国 | 4197 | 6487 |
| 泰国 | 15078 | 6067 |
| 澳大利亚 | 3039 | 5289 |
| 哥伦比亚 | 10103 | 5138 |
| 以色列 | 5345 | 3693 |
| 埃及 | 6300 | 3362 |
| 沙特阿拉伯 | 5700 | 3349 |
| 印度 | 7346 | 3065 |
| 比利时 | 1873 | 2859 |
| 阿联酋 | 3023 | 2315 |
| 加拿大 | 2020 | 2173 |
| 新加坡 | 3217 | 1806 |

| 国家/地区 | 出口数量（立方米） | 出口金额（千美元） |
|---|---|---|
| 智利 | 2433 | 1386 |
| 南非 | 1404 | 1362 |
| 伊拉克 | 2143 | 1343 |
| 委内瑞拉 | 2240 | 1148 |
| 坦桑尼亚 | 2085 | 1026 |
| 台湾省 | 2795 | 1011 |
| 澳门 | 5641 | 993 |
| 香港 | 2561 | 892 |
| 新西兰 | 762 | 818 |
| 哥斯达黎加 | 2261 | 816 |
| 斯里兰卡 | 2499 | 793 |
| 尼日利亚 | 1127 | 790 |
| 德国 | 1265 | 760 |
| 意大利 | 684 | 746 |
| 摩洛哥 | 1065 | 643 |
| 荷兰 | 611 | 641 |
| 法国 | 570 | 588 |
| 西班牙 | 302 | 579 |
| 毛里求斯 | 775 | 448 |
| 尼加拉瓜 | 999 | 435 |
| 巴基斯坦 | 524 | 417 |
| 印度尼西亚 | 1039 | 384 |
| 卡塔尔 | 495 | 344 |
| 马来西亚 | 557 | 336 |
| 多米尼加共和国 | 521 | 308 |
| 爱尔兰 | 306 | 297 |
| 朝鲜 | 607 | 275 |
| 越南 | 412 | 274 |
| 丹麦 | 163 | 178 |
| 巴林 | 245 | 169 |
| 牙买加 | 392 | 156 |
| 塞舌尔 | 332 | 148 |
| 波兰 | 109 | 107 |
| 危地马拉 | 196 | 106 |
| 黎巴嫩 | 176 | 104 |
| 阿尔及利亚 | 218 | 101 |
| 秘鲁 | 127 | 89 |
| 科威特 | 126 | 89 |
| 俄罗斯联邦 | 55 | 79 |
| 马尔代夫 | 139 | 63 |
| 马提尼克 | 168 | 59 |
| 海地 | 159 | 53 |
| 巴拿马 | 68 | 49 |
| 安哥拉 | 69 | 43 |
| 圣卢西亚 | 110 | 37 |

| 国家/地区 | 出口数量（立方米） | 出口金额（千美元） |
|---|---|---|
| 瑞典 | 21 | 31 |
| 阿曼 | 44 | 27 |
| 巴巴多斯 | 55 | 25 |
| 苏丹 | 80 | 23 |
| 格林纳达 | 56 | 21 |
| 苏里南 | 58 | 21 |
| 莫桑比克 | 58 | 20 |
| 几内亚 | 38 | 20 |
| 叙利亚 | 40 | 19 |
| 吉布提 | 27 | 18 |
| 瑞士 | 46 | 18 |
| 也门 | 21 | 14 |
| 巴布亚新几内亚 | 25 | 11 |
| 斯洛文尼亚 | 7 | 9 |
| 土耳其 | 12 | 8 |
| 乌拉圭 | 9 | 7 |
| 古巴 | 8 | 7 |
| 马拉维 | 6 | 6 |
| 孟加拉国 | 10 | 3 |
| 克罗地亚 | 1 | 2 |
| 44123210 其他薄板制胶合板至少一表层是温带木，厚≤6mm | | |
| 合计 | 6149993 | 2562232 |
| 美国 | 979669 | 494531 |
| 日本 | 544819 | 211129 |
| 英国 | 532720 | 202296 |
| 菲律宾 | 352075 | 138200 |
| 泰国 | 253150 | 90372 |
| 以色列 | 208559 | 87641 |
| 越南 | 197165 | 83452 |
| 韩国 | 245524 | 82323 |
| 阿联酋 | 214041 | 77555 |
| 印度尼西亚 | 149589 | 68040 |
| 加拿大 | 107300 | 62993 |
| 埃及 | 133057 | 53050 |
| 印度 | 85573 | 52981 |
| 尼日利亚 | 116609 | 42130 |
| 墨西哥 | 89974 | 41888 |
| 阿尔及利亚 | 113648 | 41758 |
| 沙特阿拉伯 | 105785 | 40744 |
| 新加坡 | 113657 | 38768 |
| 比利时 | 96102 | 38670 |
| 德国 | 94253 | 36541 |
| 台湾省 | 88388 | 33899 |
| 俄罗斯联邦 | 96964 | 33197 |

| 国家/地区 | 出口数量（立方米） | 出口金额（千美元） |
|---|---|---|
| 马来西亚 | 69107 | 31975 |
| 法国 | 65676 | 28829 |
| 智利 | 64401 | 24103 |
| 安哥拉 | 62528 | 20127 |
| 波兰 | 42720 | 15947 |
| 巴拿马 | 39242 | 15726 |
| 哥伦比亚 | 33724 | 15398 |
| 澳大利亚 | 23666 | 13823 |
| 约旦 | 32482 | 13016 |
| 荷兰 | 23279 | 12491 |
| 爱尔兰 | 27643 | 11963 |
| 委内瑞拉 | 24443 | 11685 |
| 伊拉克 | 24343 | 10989 |
| 土库曼斯坦 | 24699 | 9668 |
| 卡塔尔 | 27654 | 9664 |
| 哈萨克斯坦 | 24493 | 9633 |
| 斯里兰卡 | 24889 | 9502 |
| 利比亚 | 22570 | 9003 |
| 埃塞俄比亚 | 22295 | 8968 |
| 南非 | 21880 | 8844 |
| 肯尼亚 | 20379 | 8360 |
| 多米尼加共和国 | 20981 | 7953 |
| 香港 | 9988 | 7738 |
| 巴基斯坦 | 17897 | 7390 |
| 毛里求斯 | 17259 | 7154 |
| 坦桑尼亚 | 18931 | 6872 |
| 乌克兰 | 19753 | 6689 |
| 西班牙 | 14301 | 6538 |
| 保加利亚 | 18644 | 5638 |
| 危地马拉 | 13750 | 5448 |
| 吉布提 | 10686 | 5435 |
| 挪威 | 12077 | 5351 |
| 意大利 | 9851 | 5193 |
| 希腊 | 13815 | 4961 |
| 瑞典 | 9831 | 4930 |
| 巴林 | 12201 | 4897 |
| 秘鲁 | 12007 | 4569 |
| 新西兰 | 8675 | 4524 |
| 海地 | 9550 | 4373 |
| 阿曼 | 11425 | 4298 |
| 科威特 | 11655 | 4150 |
| 哥斯达黎加 | 10082 | 3786 |
| 波多黎各 | 9413 | 3636 |
| 罗马尼亚 | 9370 | 3286 |
| 丹麦 | 7350 | 3282 |

| 国家/地区 | 出口数量（立方米） | 出口金额（千美元） |
|---|---|---|
| 尼加拉瓜 | 7564 | 3001 |
| 洪都拉斯 | 6163 | 2996 |
| 黎巴嫩 | 7592 | 2974 |
| 葡萄牙 | 7619 | 2943 |
| 巴布亚新几内亚 | 7283 | 2887 |
| 古巴 | 7011 | 2842 |
| 留尼汪 | 6693 | 2624 |
| 阿根廷 | 5649 | 2511 |
| 摩洛哥 | 3831 | 2508 |
| 格鲁吉亚 | 6812 | 2465 |
| 赤道几内亚 | 6521 | 2328 |
| 厄瓜多尔 | 2909 | 2275 |
| 几内亚 | 4958 | 2249 |
| 柬埔寨 | 3588 | 2235 |
| 利比里亚 | 5523 | 2134 |
| 牙买加 | 4888 | 2088 |
| 莫桑比克 | 4719 | 1867 |
| 孟加拉国 | 3340 | 1859 |
| 萨尔瓦多 | 4634 | 1817 |
| 克罗地亚 | 3292 | 1542 |
| 马尔代夫 | 3577 | 1478 |
| 东帝汶 | 3578 | 1400 |
| 贝宁 | 3407 | 1343 |
| 苏里南 | 3602 | 1287 |
| 芬兰 | 2493 | 1104 |
| 新喀里多尼亚 | 2959 | 1061 |
| 特立尼达和多巴哥 | 2664 | 1053 |
| 苏丹 | 2766 | 1047 |
| 塞舌尔 | 2037 | 1023 |
| 刚果(布) | 2026 | 960 |
| 法属波利尼西亚 | 2690 | 943 |
| 卢旺达 | 1779 | 927 |
| 塔吉克斯坦 | 3767 | 800 |
| 塞拉利昂 | 2114 | 787 |
| 塞浦路斯 | 1956 | 784 |
| 马约特 | 1908 | 695 |
| 阿富汗 | 2583 | 653 |
| 马达加斯加 | 1751 | 637 |
| 加纳 | 1400 | 605 |
| 伊朗 | 1437 | 580 |
| 吉尔吉斯斯坦 | 1634 | 578 |
| 斐济 | 1551 | 576 |
| 刚果(金) | 1440 | 574 |
| 冈比亚 | 1620 | 564 |
| 斯洛文尼亚 | 1073 | 563 |

| 国家/地区 | 出口数量（立方米） | 出口金额（千美元） |
|---|---|---|
| 萨摩亚 | 1601 | 563 |
| 马提尼克 | 1299 | 458 |
| 圭亚那 | 1215 | 451 |
| 黑山 | 1373 | 440 |
| 所罗门群岛 | 1234 | 435 |
| 文莱 | 1200 | 435 |
| 马耳他 | 1110 | 421 |
| 捷克 | 732 | 411 |
| 科摩罗 | 1115 | 405 |
| 瓜德罗普 | 1115 | 404 |
| 瓦努阿图 | 1133 | 403 |
| 土耳其 | 745 | 358 |
| 圣卢西亚 | 970 | 346 |
| 缅甸 | 673 | 325 |
| 爱沙尼亚 | 822 | 320 |
| 阿鲁巴 | 837 | 318 |
| 乌拉圭 | 907 | 316 |
| 赞比亚 | 648 | 299 |
| 朝鲜 | 740 | 271 |
| 阿尔巴尼亚 | 697 | 267 |
| 拉脱维亚 | 738 | 250 |
| 奥地利 | 463 | 236 |
| 多哥 | 481 | 204 |
| 乌干达 | 623 | 198 |
| 立陶宛 | 407 | 195 |
| 蒙古 | 328 | 165 |
| 多米尼克 | 432 | 163 |
| 密克罗尼西亚联邦 | 417 | 156 |
| 塞内加尔 | 289 | 149 |
| 巴拉圭 | 390 | 146 |
| 乌兹别克斯坦 | 339 | 139 |
| 科特迪瓦 | 376 | 135 |
| 圣文森特和格林纳丁斯 | 390 | 133 |
| 纳米比亚 | 294 | 124 |
| 也门 | 280 | 106 |
| 澳门 | 48 | 104 |
| 开曼群岛 | 233 | 100 |
| 荷属安的列斯群岛 | 267 | 92 |
| 汤加 | 249 | 91 |
| 巴巴多斯 | 211 | 85 |
| 加蓬 | 272 | 84 |
| 基里巴斯 | 209 | 82 |
| 津巴布韦 | 268 | 80 |
| 亚美尼亚 | 204 | 77 |
| 匈牙利 | 232 | 77 |

| 国家/地区 | 出口数量（立方米） | 出口金额（千美元） |
|---|---|---|
| 冰岛 | 44 | 75 |
| 法属圭亚那 | 217 | 74 |
| 叙利亚 | 154 | 68 |
| 多民族玻利维亚国 | 74 | 64 |
| 塞尔维亚 | 170 | 60 |
| 博茨瓦纳 | 167 | 59 |
| 索马里 | 164 | 57 |
| 南苏丹共和国 | 117 | 49 |
| 突尼斯 | 145 | 49 |
| 格林纳达 | 133 | 45 |
| 波黑 | 111 | 44 |
| 喀麦隆 | 110 | 44 |
| 布基纳法索 | 246 | 38 |
| 佛得角 | 107 | 38 |
| 安提瓜和巴布达 | 93 | 36 |
| 斯洛伐克 | 40 | 35 |
| 阿塞拜疆 | 52 | 33 |
| 布隆迪 | 57 | 26 |
| 摩尔多瓦 | 53 | 24 |
| 毛里塔尼亚 | 56 | 22 |
| 几内亚比绍 | 58 | 19 |
| 前南马其顿 | 56 | 18 |
| 百慕大 | 58 | 18 |
| 巴哈马 | 55 | 18 |
| 莱索托 | 60 | 16 |
| 图瓦卢 | 45 | 16 |
| 老挝 | 39 | 14 |
| 伯利兹 | 49 | 14 |
| 圣多美和普林西比 | 24 | 10 |
| 巴西 | 4 | 9 |
| 瑞士 | 1 | 3 |
| 帕劳 | 1 | 2 |

44123290 其他薄板制胶合板至少一表层非针叶木，厚≤6mm

| 国家/地区 | 出口数量（立方米） | 出口金额（千美元） |
|---|---|---|
| 合计 | 614497 | 248198 |
| 韩国 | 342227 | 114519 |
| 以色列 | 44087 | 22892 |
| 日本 | 42787 | 21822 |
| 英国 | 48445 | 18849 |
| 美国 | 12779 | 15801 |
| 台湾省 | 34911 | 12050 |
| 香港 | 29588 | 10668 |
| 新加坡 | 17529 | 5935 |
| 澳大利亚 | 4828 | 3867 |
| 瑞典 | 2875 | 3715 |
| 加拿大 | 1555 | 2268 |
| 朝鲜 | 6397 | 2243 |
| 沙特阿拉伯 | 3515 | 2187 |
| 越南 | 4774 | 1777 |
| 印度 | 4123 | 1528 |
| 荷兰 | 1240 | 1420 |
| 泰国 | 2971 | 1015 |
| 印度尼西亚 | 2151 | 806 |
| 俄罗斯联邦 | 2028 | 788 |
| 意大利 | 342 | 630 |
| 德国 | 195 | 415 |
| 墨西哥 | 539 | 362 |
| 新西兰 | 311 | 319 |
| 安哥拉 | 748 | 291 |
| 爱尔兰 | 193 | 267 |
| 西班牙 | 148 | 264 |
| 马来西亚 | 521 | 243 |
| 特立尼达和多巴哥 | 572 | 176 |
| 巴布亚新几内亚 | 275 | 151 |
| 菲律宾 | 412 | 146 |
| 马尔代夫 | 470 | 143 |
| 孟加拉国 | 138 | 109 |
| 智利 | 267 | 95 |
| 巴基斯坦 | 107 | 68 |
| 比利时 | 46 | 60 |
| 毛里塔尼亚 | 103 | 59 |
| 乍得 | 29 | 53 |
| 吉布提 | 104 | 52 |
| 阿根廷 | 38 | 41 |
| 约旦 | 55 | 32 |
| 肯尼亚 | 16 | 21 |
| 委内瑞拉 | 6 | 19 |
| 危地马拉 | 12 | 19 |
| 刚果(金) | 14 | 9 |
| 老挝 | 12 | 8 |
| 蒙古 | 7 | 2 |
| 赞比亚 | 7 | 2 |

44123900 其他薄板制胶合板，厚≤6mm

| 国家/地区 | 出口数量（立方米） | 出口金额（千美元） |
|---|---|---|
| 合计 | 2112282 | 817985 |
| 阿联酋 | 314554 | 117851 |
| 日本 | 144390 | 101382 |
| 沙特阿拉伯 | 280622 | 93350 |
| 韩国 | 151304 | 58461 |
| 台湾省 | 143053 | 53239 |
| 卡塔尔 | 95316 | 31322 |

| 国家/地区 | 出口数量（立方米） | 出口金额（千美元） |
|---|---|---|
| 新加坡 | 79931 | 30275 |
| 香港 | 81127 | 27975 |
| 比利时 | 68820 | 26540 |
| 科威特 | 77140 | 25423 |
| 约旦 | 57901 | 18441 |
| 泰国 | 47901 | 17641 |
| 阿尔及利亚 | 38335 | 12676 |
| 美国 | 23890 | 12457 |
| 伊拉克 | 35735 | 11299 |
| 德国 | 28133 | 11004 |
| 法国 | 26562 | 10353 |
| 尼日利亚 | 28625 | 9602 |
| 菲律宾 | 22953 | 9273 |
| 越南 | 18732 | 7503 |
| 澳大利亚 | 12621 | 6661 |
| 英国 | 15584 | 6630 |
| 埃及 | 17531 | 6192 |
| 黎巴嫩 | 18553 | 6192 |
| 瑞典 | 10183 | 5980 |
| 印度尼西亚 | 12396 | 5864 |
| 安哥拉 | 15958 | 5247 |
| 利比亚 | 15444 | 5178 |
| 巴林 | 14588 | 5121 |
| 俄罗斯联邦 | 14790 | 4647 |
| 土库曼斯坦 | 12019 | 4609 |
| 苏丹 | 12474 | 4080 |
| 以色列 | 12486 | 4056 |
| 巴拿马 | 5887 | 3795 |
| 智利 | 9491 | 3485 |
| 印度 | 3572 | 3303 |
| 波兰 | 4283 | 3107 |
| 蒙古 | 30415 | 2753 |
| 肯尼亚 | 6701 | 2328 |
| 墨西哥 | 4505 | 2317 |
| 罗马尼亚 | 6941 | 2299 |
| 格鲁吉亚 | 6244 | 2294 |
| 荷兰 | 4228 | 2214 |
| 阿曼 | 6391 | 2191 |
| 马来西亚 | 3585 | 2163 |
| 新西兰 | 4223 | 2052 |
| 巴基斯坦 | 4350 | 1562 |
| 秘鲁 | 3282 | 1252 |
| 加拿大 | 2468 | 1231 |
| 坦桑尼亚 | 3364 | 1221 |
| 西班牙 | 2980 | 1167 |

| 国家/地区 | 出口数量（立方米） | 出口金额（千美元） |
|---|---|---|
| 希腊 | 3164 | 1118 |
| 赤道几内亚 | 2974 | 1047 |
| 丹麦 | 1072 | 900 |
| 南非 | 2648 | 898 |
| 挪威 | 1623 | 893 |
| 莫桑比克 | 2308 | 885 |
| 巴布亚新几内亚 | 1697 | 837 |
| 尼加拉瓜 | 1125 | 836 |
| 加纳 | 2104 | 697 |
| 伊朗 | 1983 | 690 |
| 乌克兰 | 1520 | 509 |
| 埃塞俄比亚 | 1196 | 480 |
| 朝鲜 | 929 | 449 |
| 哈萨克斯坦 | 1202 | 445 |
| 毛里求斯 | 1056 | 439 |
| 拉脱维亚 | 1241 | 428 |
| 古巴 | 1059 | 406 |
| 斯里兰卡 | 1104 | 405 |
| 喀麦隆 | 493 | 329 |
| 阿尔巴尼亚 | 743 | 311 |
| 马提尼克 | 805 | 307 |
| 委内瑞拉 | 626 | 301 |
| 孟加拉国 | 688 | 290 |
| 乌拉圭 | 469 | 273 |
| 芬兰 | 101 | 271 |
| 留尼汪 | 808 | 268 |
| 澳门 | 1186 | 250 |
| 贝宁 | 579 | 232 |
| 洪都拉斯 | 325 | 230 |
| 马尔代夫 | 632 | 228 |
| 牙买加 | 525 | 216 |
| 刚果(布) | 495 | 214 |
| 赞比亚 | 508 | 201 |
| 缅甸 | 555 | 200 |
| 保加利亚 | 582 | 175 |
| 老挝 | 423 | 173 |
| 塔吉克斯坦 | 450 | 168 |
| 马约特 | 448 | 160 |
| 阿根廷 | 127 | 156 |
| 立陶宛 | 404 | 151 |
| 瓜德罗普 | 345 | 151 |
| 阿塞拜疆 | 240 | 143 |
| 塞舌尔 | 259 | 137 |
| 塞浦路斯 | 390 | 134 |
| 塞内加尔 | 239 | 131 |

| 国家/地区 | 出口数量（立方米） | 出口金额（千美元） |
|---|---|---|
| 意大利 | 218 | 131 |
| 白俄罗斯 | 180 | 119 |
| 刚果(金) | 303 | 114 |
| 哥伦比亚 | 95 | 108 |
| 爱尔兰 | 166 | 108 |
| 瓦努阿图 | 315 | 106 |
| 土耳其 | 249 | 106 |
| 利比里亚 | 235 | 102 |
| 厄瓜多尔 | 168 | 95 |
| 克罗地亚 | 222 | 82 |
| 摩洛哥 | 202 | 79 |
| 阿富汗 | 250 | 76 |
| 哥斯达黎加 | 207 | 74 |
| 波多黎各 | 212 | 70 |
| 卢旺达 | 232 | 64 |
| 葡萄牙 | 181 | 63 |
| 圭亚那 | 116 | 56 |
| 乌兹别克斯坦 | 114 | 55 |
| 津巴布韦 | 168 | 55 |
| 尼日尔 | 118 | 54 |
| 冈比亚 | 170 | 52 |
| 塞尔维亚 | 134 | 50 |
| 安提瓜和巴布达 | 161 | 50 |
| 文莱 | 119 | 43 |
| 马耳他 | 128 | 42 |
| 东帝汶 | 123 | 41 |
| 多米尼加共和国 | 55 | 41 |
| 特立尼达和多巴哥 | 52 | 40 |
| 马达加斯加 | 92 | 36 |
| 黑山 | 102 | 32 |
| 新喀里多尼亚 | 82 | 32 |
| 斯洛伐克 | 69 | 31 |
| 毛里塔尼亚 | 50 | 30 |
| 伯利兹 | 116 | 27 |
| 海地 | 58 | 25 |
| 博茨瓦纳 | 73 | 25 |
| 苏里南 | 53 | 24 |
| 多哥 | 76 | 24 |
| 巴西 | 58 | 23 |
| 南苏丹共和国 | 65 | 22 |
| 塞拉利昂 | 51 | 20 |
| 突尼斯 | 58 | 17 |
| 吉布提 | 56 | 17 |
| 几内亚 | 46 | 16 |
| 乍得 | 54 | 15 |

| 国家/地区 | 出口数量(立方米) | 出口金额(千美元) |
|---|---|---|
| 所罗门群岛 | 48 | 14 |
| 亚美尼亚 | 33 | 13 |
| 纳米比亚 | 27 | 11 |
| 加蓬 | 25 | 10 |
| 爱沙尼亚 | 24 | 9 |
| 萨尔瓦多 | 12 | 8 |
| 斐济 | 13 | 7 |
| 柬埔寨 | 5 | 2 |
| 阿鲁巴 | 6 | 2 |
| 奥地利 | 26 | 1 |
| 44129410 其他木块芯胶合板等至少一表层是非针叶木 | | |
| 合计 | 348606 | 430918 |
| 美国 | 62787 | 107494 |
| 比利时 | 29992 | 47393 |
| 意大利 | 23004 | 38447 |
| 德国 | 21702 | 35770 |
| 瑞典 | 14554 | 25078 |
| 日本 | 38708 | 23032 |
| 荷兰 | 13205 | 20844 |
| 英国 | 15618 | 20837 |
| 加拿大 | 9709 | 15606 |
| 丹麦 | 6435 | 10764 |
| 香港 | 24073 | 9140 |
| 俄罗斯联邦 | 4598 | 8405 |
| 挪威 | 4965 | 8279 |
| 澳大利亚 | 5580 | 7835 |
| 约旦 | 12377 | 5493 |
| 新加坡 | 10947 | 5332 |
| 波兰 | 6005 | 3410 |
| 以色列 | 2635 | 3391 |
| 法国 | 1893 | 3131 |
| 西班牙 | 1758 | 3012 |
| 沙特阿拉伯 | 6187 | 2654 |
| 菲律宾 | 4971 | 2619 |
| 墨西哥 | 2362 | 2330 |
| 南非 | 1082 | 2084 |
| 马来西亚 | 5016 | 2070 |
| 芬兰 | 816 | 1379 |
| 奥地利 | 728 | 1372 |
| 智利 | 593 | 1151 |
| 韩国 | 676 | 978 |
| 斯洛文尼亚 | 482 | 844 |
| 越南 | 214 | 759 |
| 爱沙尼亚 | 558 | 738 |
| 阿根廷 | 577 | 736 |
| 利比亚 | 1962 | 723 |
| 爱尔兰 | 703 | 632 |
| 葡萄牙 | 349 | 471 |
| 安哥拉 | 753 | 462 |
| 卡塔尔 | 961 | 452 |
| 阿联酋 | 579 | 442 |
| 黎巴嫩 | 257 | 441 |
| 新西兰 | 218 | 376 |
| 澳门 | 99 | 318 |
| 泰国 | 205 | 310 |
| 阿尔及利亚 | 1003 | 300 |
| 塔吉克斯坦 | 472 | 277 |
| 肯尼亚 | 242 | 270 |
| 印度 | 306 | 248 |
| 科威特 | 689 | 230 |
| 朝鲜 | 612 | 215 |
| 文莱 | 587 | 211 |
| 巴林 | 450 | 189 |
| 埃及 | 450 | 176 |
| 台湾省 | 217 | 160 |
| 马尔代夫 | 247 | 121 |
| 莫桑比克 | 282 | 117 |
| 尼日利亚 | 244 | 111 |
| 土耳其 | 42 | 102 |
| 塞浦路斯 | 69 | 99 |
| 巴基斯坦 | 275 | 97 |
| 阿曼 | 206 | 94 |
| 冰岛 | 62 | 90 |
| 希腊 | 49 | 79 |
| 刚果(布) | 167 | 78 |
| 克罗地亚 | 37 | 55 |
| 缅甸 | 28 | 54 |
| 蒙古 | 196 | 52 |
| 哈萨克斯坦 | 106 | 49 |
| 斯里兰卡 | 100 | 40 |
| 马拉维 | 100 | 39 |
| 阿富汗 | 15 | 34 |
| 巴布亚新几内亚 | 51 | 30 |
| 加纳 | 48 | 29 |
| 格鲁吉亚 | 22 | 28 |
| 乌拉圭 | 19 | 25 |
| 亚美尼亚 | 15 | 23 |
| 伊朗 | 54 | 23 |
| 赤道几内亚 | 42 | 22 |
| 吉尔吉斯斯坦 | 30 | 16 |
| 危地马拉 | 10 | 14 |
| 刚果(金) | 28 | 13 |
| 毛里求斯 | 22 | 12 |
| 罗马尼亚 | 7 | 11 |
| 柬埔寨 | 16 | 11 |
| 埃塞俄比亚 | 25 | 9 |
| 津巴布韦 | 20 | 9 |
| 多哥 | 16 | 7 |
| 马耳他 | 3 | 5 |
| 坦桑尼亚 | 9 | 4 |
| 印度尼西亚 | 9 | 3 |
| 苏丹 | 5 | 3 |
| 东帝汶 | 5 | 2 |
| 尼日尔 | 3 | 1 |
| 毛里塔尼亚 | 1 | 1 |
| 瑞士 | 0 | 1 |
| 44129491 其他木块芯胶合板等至少一表层是子目注释二所列的热带木 | | |
| 合计 | 844 | 356 |
| 英国 | 396 | 130 |
| 俄罗斯联邦 | 46 | 85 |
| 越南 | 265 | 74 |
| 约旦 | 59 | 27 |
| 朝鲜 | 24 | 20 |
| 肯尼亚 | 25 | 11 |
| 安哥拉 | 29 | 10 |
| 44129492 其他木块芯胶合板等至少一表层是木碎料板 | | |
| 合计 | 1044 | 533 |
| 越南 | 367 | 158 |
| 缅甸 | 189 | 130 |
| 香港 | 86 | 63 |
| 印度尼西亚 | 73 | 50 |
| 朝鲜 | 167 | 37 |
| 安哥拉 | 88 | 34 |
| 乌兹别克斯坦 | 32 | 34 |
| 哥伦比亚 | 25 | 19 |
| 塞内加尔 | 8 | 5 |
| 尼日尔 | 5 | 2 |
| 坦桑尼亚 | 4 | 1 |
| 44129499 其他木块芯、侧板条芯、板条芯胶合板 | | |
| 合计 | 17540 | 10083 |
| 台湾省 | 11642 | 4104 |

| 国家/地区 | 出口数量（立方米） | 出口金额（千美元） |
|---|---|---|
| 德国 | 3028 | 2936 |
| 意大利 | 1408 | 1789 |
| 加拿大 | 199 | 337 |
| 日本 | 287 | 322 |
| 越南 | 390 | 181 |
| 英国 | 26 | 55 |
| 新西兰 | 43 | 52 |
| 西班牙 | 117 | 50 |
| 巴基斯坦 | 23 | 41 |
| 利比里亚 | 75 | 36 |
| 澳大利亚 | 26 | 31 |
| 危地马拉 | 55 | 25 |
| 伊拉克 | 58 | 21 |
| 约旦 | 54 | 20 |
| 莱索托 | 21 | 12 |
| 俄罗斯联邦 | 7 | 11 |
| 刚果(金) | 24 | 10 |
| 比利时 | 5 | 8 |
| 莫桑比克 | 3 | 7 |
| 赤道几内亚 | 16 | 6 |
| 乌干达 | 12 | 5 |
| 香港 | 4 | 4 |
| 马来西亚 | 3 | 4 |
| 美国 | 2 | 3 |
| 新加坡 | 2 | 3 |
| 印度尼西亚 | 2 | 3 |
| 埃及 | 1 | 2 |
| 菲律宾 | 1 | 1 |
| 泰国 | 0 | 1 |
| 南非 | 1 | 1 |
| 斯里兰卡 | 0 | 1 |
| 印度 | 0 | 1 |
| 赞比亚 | 3 | 1 |
| 波兰 | 1 | 1 |
| 土耳其 | 1 | 1 |

44129910 其他胶合板等至少一表层是非针叶木

| 国家/地区 | 出口数量（立方米） | 出口金额（千美元） |
|---|---|---|
| 合计 | 625073 | 710135 |
| 美国 | 232430 | 328156 |
| 加拿大 | 41017 | 61370 |
| 日本 | 28086 | 52189 |
| 英国 | 31960 | 47389 |
| 意大利 | 10054 | 19562 |
| 比利时 | 10735 | 18319 |
| 韩国 | 14372 | 16572 |

| 国家/地区 | 出口数量（立方米） | 出口金额（千美元） |
|---|---|---|
| 俄罗斯联邦 | 9581 | 16410 |
| 约旦 | 31126 | 13169 |
| 荷兰 | 8084 | 13074 |
| 澳大利亚 | 7611 | 12433 |
| 香港 | 69018 | 9719 |
| 德国 | 5638 | 9018 |
| 沙特阿拉伯 | 18644 | 8005 |
| 墨西哥 | 10237 | 7880 |
| 以色列 | 11731 | 6330 |
| 西班牙 | 2683 | 4188 |
| 爱尔兰 | 2656 | 3676 |
| 马来西亚 | 2682 | 3604 |
| 阿联酋 | 3679 | 3467 |
| 泰国 | 1766 | 3045 |
| 斯洛文尼亚 | 1535 | 2856 |
| 新加坡 | 2351 | 2640 |
| 菲律宾 | 2933 | 2604 |
| 埃及 | 6874 | 2542 |
| 印度 | 1493 | 2380 |
| 巴基斯坦 | 5202 | 2330 |
| 法国 | 1230 | 2149 |
| 澳门 | 1089 | 2048 |
| 丹麦 | 1199 | 1936 |
| 阿根廷 | 2518 | 1773 |
| 秘鲁 | 1631 | 1751 |
| 保加利亚 | 5044 | 1711 |
| 智利 | 1147 | 1676 |
| 南非 | 1020 | 1671 |
| 芬兰 | 870 | 1654 |
| 巴拿马 | 3913 | 1564 |
| 挪威 | 1690 | 1484 |
| 瑞典 | 680 | 1291 |
| 伊朗 | 3243 | 1279 |
| 伊拉克 | 2702 | 1056 |
| 新西兰 | 708 | 1033 |
| 毛里求斯 | 2077 | 894 |
| 蒙古 | 561 | 816 |
| 黎巴嫩 | 477 | 724 |
| 印度尼西亚 | 518 | 651 |
| 巴布亚新几内亚 | 476 | 619 |
| 台湾省 | 613 | 617 |
| 卡塔尔 | 1565 | 598 |
| 越南 | 754 | 517 |
| 坦桑尼亚 | 1168 | 499 |
| 尼日利亚 | 1064 | 488 |

| 国家/地区 | 出口数量（立方米） | 出口金额（千美元） |
|---|---|---|
| 科威特 | 1121 | 475 |
| 土库曼斯坦 | 1584 | 473 |
| 安哥拉 | 844 | 370 |
| 利比亚 | 650 | 300 |
| 阿曼 | 636 | 275 |
| 海地 | 686 | 249 |
| 肯尼亚 | 572 | 234 |
| 瑞士 | 121 | 220 |
| 几内亚 | 456 | 219 |
| 波兰 | 150 | 204 |
| 朝鲜 | 702 | 196 |
| 苏里南 | 608 | 194 |
| 斯里兰卡 | 92 | 181 |
| 土耳其 | 139 | 180 |
| 希腊 | 142 | 179 |
| 奥地利 | 81 | 153 |
| 阿尔及利亚 | 333 | 129 |
| 乌拉圭 | 68 | 125 |
| 阿尔巴尼亚 | 93 | 121 |
| 阿塞拜疆 | 66 | 120 |
| 格鲁吉亚 | 228 | 107 |
| 利比里亚 | 220 | 107 |
| 乌克兰 | 35 | 101 |
| 克罗地亚 | 220 | 96 |
| 苏丹 | 203 | 94 |
| 冰岛 | 53 | 91 |
| 危地马拉 | 182 | 89 |
| 马尔代夫 | 72 | 87 |
| 巴林 | 176 | 82 |
| 马拉维 | 227 | 78 |
| 赞比亚 | 41 | 75 |
| 马达加斯加 | 232 | 74 |
| 塞拉利昂 | 166 | 73 |
| 哈萨克斯坦 | 66 | 73 |
| 哥伦比亚 | 34 | 61 |
| 莫桑比克 | 154 | 60 |
| 爱沙尼亚 | 54 | 58 |
| 牙买加 | 112 | 42 |
| 波多黎各 | 61 | 41 |
| 特立尼达和多巴哥 | 114 | 38 |
| 贝宁 | 118 | 38 |
| 叙利亚 | 120 | 36 |
| 法属圭亚那 | 104 | 36 |
| 瓜德罗普 | 100 | 35 |
| 厄瓜多尔 | 29 | 32 |

| 国家/地区 | 出口数量（立方米） | 出口金额（千美元） |
|---|---|---|
| 匈牙利 | 12 | 29 |
| 法属波利尼西亚 | 20 | 27 |
| 哥斯达黎加 | 58 | 26 |
| 立陶宛 | 10 | 25 |
| 摩洛哥 | 48 | 25 |
| 葡萄牙 | 19 | 23 |
| 马耳他 | 51 | 23 |
| 多米尼加共和国 | 55 | 22 |
| 刚果(金) | 52 | 22 |
| 荷属安的列斯群岛 | 67 | 22 |
| 埃塞俄比亚 | 58 | 20 |
| 赤道几内亚 | 56 | 18 |
| 塞内加尔 | 10 | 17 |
| 新喀里多尼亚 | 50 | 16 |
| 罗马尼亚 | 7 | 16 |
| 黑山 | 9 | 16 |
| 塞浦路斯 | 12 | 15 |
| 捷克 | 2 | 14 |
| 乌干达 | 30 | 12 |
| 留尼汪 | 22 | 8 |
| 刚果(布) | 8 | 6 |
| 白俄罗斯 | 10 | 4 |
| 吉布提 | 6 | 3 |
| 孟加拉国 | 1 | 1 |
| 不丹 | 0 | 1 |
| 44129991 其他胶合板等至少一表层是子目注释二所列的热带木层 | | |
| 合计 | 85 | 90 |
| 荷兰 | 39 | 68 |
| 蒙古 | 31 | 17 |
| 安哥拉 | 10 | 3 |
| 朝鲜 | 5 | 2 |
| 44129992 其他胶合板等至少一表层是木碎料板 | | |
| 合计 | 10659 | 1478 |
| 澳门 | 10145 | 1013 |
| 日本 | 144 | 215 |
| 赞比亚 | 25 | 48 |
| 香港 | 73 | 38 |
| 几内亚 | 45 | 22 |
| 哈萨克斯坦 | 27 | 21 |
| 厄立特里亚 | 48 | 21 |
| 美国 | 11 | 19 |
| 特立尼达和多巴哥 | 24 | 17 |
| 孟加拉国 | 46 | 17 |

| 国家/地区 | 出口数量（立方米） | 出口金额（千美元） |
|---|---|---|
| 朝鲜 | 10 | 14 |
| 萨摩亚 | 19 | 10 |
| 多米尼克 | 24 | 10 |
| 南苏丹共和国 | 5 | 5 |
| 安哥拉 | 5 | 4 |
| 纳米比亚 | 7 | 2 |
| 新加坡 | 1 | 1 |
| 44129999 未列名胶合板、单板饰面板及类似的多层板 | | |
| 合计 | 29477 | 15923 |
| 德国 | 3340 | 3269 |
| 沙特阿拉伯 | 4622 | 1955 |
| 阿联酋 | 4393 | 1914 |
| 澳门 | 3978 | 1800 |
| 巴林 | 2632 | 1126 |
| 台湾省 | 2636 | 1002 |
| 意大利 | 820 | 793 |
| 日本 | 369 | 699 |
| 香港 | 905 | 500 |
| 马拉维 | 1268 | 426 |
| 朝鲜 | 868 | 332 |
| 英国 | 210 | 245 |
| 法国 | 242 | 224 |
| 澳大利亚 | 313 | 210 |
| 卡塔尔 | 440 | 187 |
| 智利 | 323 | 150 |
| 巴布亚新几内亚 | 316 | 130 |
| 韩国 | 158 | 126 |
| 莫桑比克 | 186 | 82 |
| 孟加拉国 | 193 | 69 |
| 马尔代夫 | 115 | 58 |
| 荷兰 | 60 | 55 |
| 马耳他 | 125 | 55 |
| 特立尼达和多巴哥 | 108 | 54 |
| 新西兰 | 96 | 48 |
| 印度 | 94 | 46 |
| 印度尼西亚 | 96 | 45 |
| 美国 | 25 | 41 |
| 西班牙 | 105 | 40 |
| 南非 | 69 | 39 |
| 比利时 | 42 | 34 |
| 黎巴嫩 | 22 | 33 |
| 瑞典 | 59 | 26 |
| 坦桑尼亚 | 49 | 18 |
| 科威特 | 40 | 18 |
| 缅甸 | 33 | 17 |
| 纳米比亚 | 21 | 13 |
| 越南 | 33 | 12 |
| 巴基斯坦 | 17 | 9 |
| 阿曼 | 21 | 6 |
| 塞内加尔 | 13 | 5 |
| 赞比亚 | 12 | 5 |
| 泰国 | 1 | 3 |
| 加拿大 | 3 | 2 |
| 法属圭亚那 | 6 | 2 |

## 人造板进口量值表

| 国家/地区 | 进口数量（千克） | 进口金额（千美元） |
|---|---|---|
| 44081011 用胶合板等制的针叶木饰面用单板，厚≤6mm | | |
| 合计 | 8774 | 53 |
| 美国 | 8760 | 51 |
| 英国 | 14 | 2 |
| 44081019 其他针叶木饰面用单板，厚≤6mm | | |
| 合计 | 379020 | 2160 |
| 台湾省 | 73053 | 664 |
| 加拿大 | 93264 | 612 |
| 菲律宾 | 109814 | 316 |
| 韩国 | 29646 | 247 |
| 奥地利 | 11852 | 79 |
| 西班牙 | 12880 | 77 |
| 印度 | 6460 | 46 |
| 智利 | 20066 | 43 |
| 美国 | 6343 | 38 |
| 日本 | 1084 | 14 |
| 印度尼西亚 | 5530 | 13 |
| 瑞士 | 5282 | 10 |
| 巴西 | 3746 | 3 |
| 44081020 针叶木制胶合板用单板，厚≤6mm | | |
| 合计 | 16458130 | 10660 |
| 俄罗斯联邦 | 16007042 | 10392 |
| 新西兰 | 333019 | 176 |
| 美国 | 113696 | 90 |
| 秘鲁 | 4373 | 2 |
| 44081090 其他纵锯切、刨或旋切的针叶木木材，厚≤6mm | | |
| 合计 | 826023 | 3158 |
| 印度尼西亚 | 289552 | 1282 |
| 加拿大 | 115219 | 969 |

| 国家/地区 | 进口数量（千克） | 进口金额（千美元） |
|---|---|---|
| 美国 | 58921 | 649 |
| 瑞士 | 3910 | 59 |
| 日本 | 3161 | 36 |
| 德国 | 3205 | 30 |
| 捷克 | 4798 | 28 |
| 俄罗斯联邦 | 2471 | 24 |
| 越南 | 332148 | 22 |
| 西班牙 | 1223 | 21 |
| 喀麦隆 | 938 | 15 |
| 意大利 | 3335 | 13 |
| 台湾省 | 7020 | 9 |
| 墨西哥 | 122 | 1 |

44083111 用胶合板等制饰面单板，红柳安木制，厚≤6mm

| 国家/地区 | 进口数量（千克） | 进口金额（千美元） |
|---|---|---|
| 合计 | 8704 | 50 |
| 日本 | 8704 | 50 |

44083119 其他饰面用单板，红柳安木制，厚≤6mm

| 国家/地区 | 进口数量（千克） | 进口金额（千美元） |
|---|---|---|
| 合计 | 2537564 | 361 |
| 马来西亚 | 286334 | 157 |
| 越南 | 2243000 | 150 |
| 德国 | 296 | 14 |
| 加纳 | 3189 | 14 |
| 意大利 | 491 | 13 |
| 美国 | 999 | 7 |
| 香港 | 3060 | 4 |
| 巴西 | 170 | 3 |
| 西班牙 | 25 | 1 |

44083120 制胶合板用单板，红柳安木制，厚≤6mm

| 国家/地区 | 进口数量（千克） | 进口金额（千美元） |
|---|---|---|
| 合计 | 12503529 | 971 |
| 越南 | 12358167 | 889 |
| 马来西亚 | 141526 | 72 |
| 台湾省 | 3836 | 10 |

44083911 用胶合板等制其他子目注释二所列的热带木饰面用单板，厚≤6mm

| 国家/地区 | 进口数量（千克） | 进口金额（千美元） |
|---|---|---|
| 合计 | 2995 | 13 |
| 台湾省 | 2550 | 12 |
| 日本 | 445 | 1 |

44083919 其他子目注释二所列的热带木制饰面用单板，厚≤6mm

| 国家/地区 | 进口数量（千克） | 进口金额（千美元） |
|---|---|---|
| 合计 | 1599164 | 3415 |
| 加纳 | 208151 | 787 |
| 台湾省 | 57895 | 470 |
| 意大利 | 76349 | 400 |
| 缅甸 | 625111 | 354 |
| 喀麦隆 | 137922 | 167 |
| 加蓬 | 90960 | 148 |
| 印度尼西亚 | 36320 | 147 |
| 日本 | 6611 | 130 |
| 韩国 | 10401 | 108 |
| 柬埔寨 | 195717 | 83 |
| 巴西 | 22795 | 81 |
| 西班牙 | 13563 | 78 |
| 捷克 | 15808 | 76 |
| 多民族玻利维亚国 | 12900 | 64 |
| 德国 | 22895 | 59 |
| 加拿大 | 16163 | 59 |
| 美国 | 6371 | 54 |
| 法国 | 15280 | 46 |
| 越南 | 9123 | 29 |
| 印度 | 3668 | 24 |
| 葡萄牙 | 5435 | 20 |
| 荷兰 | 4430 | 16 |
| 科特迪瓦 | 4638 | 14 |
| 罗马尼亚 | 300 | 1 |
| 瑞典 | 358 | 1 |

44083920 其他子目注释二所列的热带木制胶合板用单板，厚≤6mm

| 国家/地区 | 进口数量（千克） | 进口金额（千美元） |
|---|---|---|
| 合计 | 4006841 | 3133 |
| 印度尼西亚 | 3439858 | 2707 |
| 加蓬 | 153583 | 123 |
| 马来西亚 | 150159 | 98 |
| 缅甸 | 55282 | 69 |
| 巴西 | 19922 | 68 |
| 澳大利亚 | 28890 | 46 |
| 越南 | 125470 | 16 |
| 秘鲁 | 8357 | 4 |
| 泰国 | 25320 | 4 |

44083990 其他纵锯切、刨或旋切的子目注释二所列的热带木木材，厚≤6mm

| 国家/地区 | 进口数量（千克） | 进口金额（千美元） |
|---|---|---|
| 合计 | 787174 | 945 |
| 缅甸 | 609296 | 298 |
| 印度 | 13545 | 229 |
| 台湾省 | 37426 | 132 |
| 加纳 | 45130 | 99 |
| 印度尼西亚 | 9628 | 59 |
| 泰国 | 6530 | 37 |
| 埃塞俄比亚 | 53980 | 27 |
| 多民族玻利维亚国 | 3400 | 12 |
| 西班牙 | 515 | 12 |
| 加蓬 | 1455 | 11 |
| 法国 | 2953 | 10 |
| 挪威 | 780 | 5 |
| 德国 | 86 | 5 |
| 韩国 | 1218 | 4 |
| 喀麦隆 | 660 | 2 |
| 美国 | 572 | 2 |

44089011 用胶合板等制其他非针叶木饰面单板，厚≤6mm

| 国家/地区 | 进口数量（千克） | 进口金额（千美元） |
|---|---|---|
| 合计 | 6155 | 25 |
| 美国 | 307 | 10 |
| 西班牙 | 5208 | 7 |
| 瑞典 | 265 | 5 |
| 芬兰 | 75 | 2 |
| 印度 | 300 | 1 |

44089012 温带非针叶木制其他饰面用单板，厚≤6mm

| 国家/地区 | 进口数量（千克） | 进口金额（千美元） |
|---|---|---|
| 合计 | 5785683 | 14073 |
| 美国 | 2589396 | 6096 |
| 台湾省 | 216320 | 1083 |
| 意大利 | 251882 | 1025 |
| 俄罗斯联邦 | 1207289 | 870 |
| 捷克 | 227513 | 848 |
| 爱沙尼亚 | 591523 | 792 |
| 多民族玻利维亚国 | 51690 | 506 |
| 法国 | 66620 | 458 |
| 芬兰 | 117798 | 341 |
| 韩国 | 23977 | 295 |
| 西班牙 | 63830 | 238 |
| 土耳其 | 43385 | 185 |
| 印度 | 15480 | 177 |
| 越南 | 30269 | 177 |
| 罗马尼亚 | 89916 | 161 |
| 拉脱维亚 | 30051 | 149 |
| 澳大利亚 | 26383 | 135 |
| 德国 | 15451 | 129 |
| 巴西 | 20183 | 118 |
| 奥地利 | 43149 | 87 |
| 斯洛文尼亚 | 13598 | 48 |
| 乌克兰 | 18790 | 43 |
| 葡萄牙 | 9276 | 33 |
| 克罗地亚 | 3780 | 24 |
| 瑞士 | 6189 | 23 |
| 荷兰 | 2155 | 14 |

| 国家/地区 | 进口数量（千克） | 进口金额（千美元） |
|---|---|---|
| 马来西亚 | 9425 | 14 |
| 英国 | 213 | 4 |
| 中华人民共和国 | 62 | 1 |
| 印度尼西亚 | 90 | 1 |
| 44089019 其他非针叶木饰面用单板，厚≤6mm | | |
| 合计 | 8175868 | 37486 |
| 美国 | 3118952 | 9004 |
| 意大利 | 743697 | 4964 |
| 捷克 | 359832 | 4201 |
| 德国 | 131709 | 3715 |
| 加纳 | 437703 | 1772 |
| 巴西 | 432050 | 1532 |
| 台湾省 | 329190 | 1529 |
| 多民族玻利维亚国 | 218544 | 1450 |
| 西班牙 | 185608 | 1321 |
| 土耳其 | 223243 | 1095 |
| 喀麦隆 | 188665 | 728 |
| 法国 | 182994 | 708 |
| 印度尼西亚 | 198305 | 705 |
| 泰国 | 536466 | 598 |
| 日本 | 18660 | 545 |
| 英国 | 11182 | 507 |
| 印度 | 31699 | 450 |
| 俄罗斯联邦 | 149169 | 327 |
| 斯洛文尼亚 | 61357 | 311 |
| 越南 | 148495 | 273 |
| 科特迪瓦 | 71851 | 234 |
| 韩国 | 4372 | 183 |
| 智利 | 10607 | 151 |
| 葡萄牙 | 32511 | 116 |
| 新加坡 | 5028 | 110 |
| 澳大利亚 | 59664 | 109 |
| 马达加斯加 | 4673 | 108 |
| 加蓬 | 55700 | 101 |
| 克罗地亚 | 13611 | 97 |
| 缅甸 | 47237 | 96 |
| 瑞士 | 23224 | 95 |
| 荷兰 | 16974 | 94 |
| 芬兰 | 25967 | 51 |
| 瑞典 | 10152 | 40 |
| 乌克兰 | 5485 | 37 |
| 柬埔寨 | 22376 | 24 |
| 爱沙尼亚 | 19089 | 24 |
| 刚果(布) | 1816 | 15 |

| 国家/地区 | 进口数量（千克） | 进口金额（千美元） |
|---|---|---|
| 奥地利 | 1149 | 15 |
| 罗马尼亚 | 211 | 15 |
| 秘鲁 | 6981 | 11 |
| 马来西亚 | 430 | 11 |
| 巴布亚新几内亚 | 2812 | 5 |
| 波兰 | 2000 | 4 |
| 老挝 | 22260 | 4 |
| 匈牙利 | 18 | 3 |
| 比利时 | 2150 | 2 |
| 44089021 温带非针叶木制胶合板用单板，厚≤6mm | | |
| 合计 | 12047910 | 5796 |
| 俄罗斯联邦 | 11371530 | 5198 |
| 美国 | 219581 | 408 |
| 越南 | 160676 | 48 |
| 澳大利亚 | 195454 | 44 |
| 德国 | 21780 | 35 |
| 西班牙 | 1001 | 27 |
| 韩国 | 3976 | 21 |
| 朝鲜 | 62020 | 9 |
| 芬兰 | 5882 | 4 |
| 乌克兰 | 6010 | 3 |
| 44089029 其他非针叶木制胶合板用单板，厚≤6mm | | |
| 合计 | 372062760 | 42304 |
| 越南 | 358815795 | 34934 |
| 马来西亚 | 10036236 | 5169 |
| 柬埔寨 | 1257014 | 753 |
| 俄罗斯联邦 | 1168355 | 703 |
| 西班牙 | 28641 | 249 |
| 台湾省 | 18872 | 205 |
| 埃塞俄比亚 | 565980 | 129 |
| 美国 | 36674 | 70 |
| 加纳 | 40271 | 29 |
| 乌克兰 | 42740 | 28 |
| 日本 | 21604 | 24 |
| 德国 | 11998 | 9 |
| 老挝 | 18580 | 3 |
| 44089091 温带非针叶木制经纵刨旋切的木材，厚≤6mm | | |
| 合计 | 12118967 | 16463 |
| 俄罗斯联邦 | 7211582 | 9604 |
| 美国 | 4719895 | 6396 |
| 缅甸 | 93181 | 182 |
| 加纳 | 32101 | 117 |

| 国家/地区 | 进口数量（千克） | 进口金额（千美元） |
|---|---|---|
| 法国 | 34666 | 53 |
| 印度 | 1971 | 45 |
| 意大利 | 330 | 28 |
| 台湾省 | 780 | 20 |
| 爱沙尼亚 | 23900 | 15 |
| 德国 | 545 | 2 |
| 瑞士 | 16 | 1 |
| 44089099 其他非针叶木制经纵刨旋切的木材，厚≤6mm | | |
| 合计 | 322651 | 959 |
| 印度 | 12474 | 219 |
| 德国 | 6595 | 148 |
| 韩国 | 1522 | 129 |
| 美国 | 25170 | 116 |
| 缅甸 | 120861 | 75 |
| 日本 | 574 | 62 |
| 奥地利 | 380 | 44 |
| 台湾省 | 34902 | 42 |
| 马来西亚 | 94858 | 42 |
| 法国 | 808 | 28 |
| 西班牙 | 1804 | 24 |
| 意大利 | 703 | 16 |
| 乌克兰 | 22000 | 14 |
| 44101100 木制碎料板 | | |
| 合计 | 129106663 | 42449 |
| 马来西亚 | 61056617 | 16154 |
| 德国 | 8450101 | 5630 |
| 泰国 | 19585493 | 5119 |
| 罗马尼亚 | 8987936 | 3223 |
| 越南 | 11863359 | 3037 |
| 意大利 | 2701516 | 2049 |
| 日本 | 2457330 | 1354 |
| 西班牙 | 4124931 | 1284 |
| 印度尼西亚 | 2565021 | 1240 |
| 奥地利 | 1714231 | 1155 |
| 法国 | 1766709 | 929 |
| 韩国 | 1053262 | 484 |
| 俄罗斯联邦 | 2209225 | 399 |
| 美国 | 289703 | 173 |
| 葡萄牙 | 177638 | 98 |
| 台湾省 | 27425 | 41 |
| 拉脱维亚 | 45366 | 36 |
| 新加坡 | 8635 | 12 |
| 瑞典 | 1692 | 9 |
| 澳大利亚 | 18130 | 8 |

| 国家/地区 | 进口数量（千克） | 进口金额（千美元） |
|---|---|---|
| 香港 | 306 | 5 |
| 捷克 | 522 | 4 |
| 国别(地区)不详 | 1170 | 3 |
| 厄瓜多尔 | 195 | 2 |
| 波兰 | 150 | 2 |
| 44101200 木制定向刨花板(OSB) | | |
| 合计 | 66596846 | 28204 |
| 德国 | 13456310 | 7906 |
| 罗马尼亚 | 15565350 | 7496 |
| 泰国 | 18239534 | 5053 |
| 加拿大 | 4133519 | 2066 |
| 巴西 | 4379608 | 1877 |
| 意大利 | 5228670 | 1635 |
| 美国 | 3296528 | 1345 |
| 越南 | 1136639 | 311 |
| 马来西亚 | 837994 | 228 |
| 日本 | 108700 | 143 |
| 拉脱维亚 | 101006 | 48 |
| 新西兰 | 25286 | 28 |
| 台湾省 | 33061 | 26 |
| 印度尼西亚 | 25825 | 25 |
| 丹麦 | 25000 | 14 |
| 澳大利亚 | 3427 | 5 |
| 俄罗斯联邦 | 389 | 1 |
| 44101900 其他木制类似板(例如，华夫板) | | |
| 合计 | 185657440 | 57114 |
| 泰国 | 115656564 | 31795 |
| 罗马尼亚 | 20957347 | 11948 |
| 马来西亚 | 36099116 | 8674 |
| 越南 | 10877184 | 2918 |
| 德国 | 305859 | 311 |
| 台湾省 | 561446 | 292 |
| 瑞士 | 213162 | 245 |
| 奥地利 | 214409 | 171 |
| 比利时 | 185448 | 154 |
| 英国 | 7013 | 143 |
| 日本 | 172401 | 119 |
| 意大利 | 98975 | 111 |
| 西班牙 | 243518 | 103 |
| 美国 | 4129 | 56 |
| 斯洛伐克 | 652 | 37 |
| 印度尼西亚 | 18047 | 20 |
| 中华人民共和国 | 24700 | 10 |
| 韩国 | 17470 | 8 |
| 44109011 麦稻秸秆制碎料板 | | |

| 国家/地区 | 进口数量（千克） | 进口金额（千美元） |
|---|---|---|
| 合计 | 2850 | 3 |
| 丹麦 | 2800 | 2 |
| 菲律宾 | 50 | 1 |
| 44109019 其他木质材料制碎料板 | | |
| 合计 | 28214 | 60 |
| 日本 | 25200 | 42 |
| 泰国 | 2772 | 17 |
| 德国 | 242 | 1 |
| 44109090 其他木质材料制定向刨花板(OSB)及类似板(例如，华夫板) | | |
| 合计 | 16003 | 58 |
| 西班牙 | 505 | 22 |
| 美国 | 945 | 14 |
| 澳大利亚 | 650 | 10 |
| 台湾省 | 10800 | 3 |
| 香港 | 1500 | 3 |
| 日本 | 717 | 3 |
| 韩国 | 770 | 2 |
| 俄罗斯联邦 | 58 | 1 |
| 德国 | 58 | 1 |
| 44111211 未机械加工中密度板，密度 > 0.8g/cucm，厚≤5mm | | |
| 合计 | 7972903 | 3958 |
| 新西兰 | 4306384 | 2333 |
| 澳大利亚 | 1191555 | 524 |
| 马来西亚 | 915656 | 388 |
| 泰国 | 507289 | 235 |
| 印度尼西亚 | 616287 | 232 |
| 阿根廷 | 386800 | 165 |
| 日本 | 48902 | 80 |
| 斯洛文尼亚 | 30 | 0 |
| 44111219 经机械加工中密度板，密度 > 0.8g/cucm，厚≤5mm | | |
| 合计 | 3748008 | 4360 |
| 韩国 | 177551 | 1518 |
| 澳大利亚 | 1032771 | 496 |
| 新西兰 | 812507 | 461 |
| 美国 | 146089 | 317 |
| 日本 | 197825 | 297 |
| 台湾省 | 110701 | 264 |
| 泰国 | 385975 | 235 |
| 阿根廷 | 324402 | 170 |
| 波兰 | 118178 | 170 |
| 马来西亚 | 144836 | 112 |
| 墨西哥 | 42239 | 77 |

| 国家/地区 | 进口数量（千克） | 进口金额（千美元） |
|---|---|---|
| 法国 | 771 | 72 |
| 德国 | 55613 | 54 |
| 印度尼西亚 | 101332 | 31 |
| 智利 | 49918 | 25 |
| 匈牙利 | 3270 | 15 |
| 瑞士 | 1100 | 14 |
| 印度 | 13460 | 13 |
| 瑞典 | 26520 | 11 |
| 香港 | 2950 | 7 |
| 44111221 辐射松制的中密度板，0.5g/cucm < 密度≤0.8g/cucm，厚≤5mm | | |
| 合计 | 9941995 | 4843 |
| 新西兰 | 9195774 | 4479 |
| 澳大利亚 | 370722 | 143 |
| 日本 | 143600 | 90 |
| 韩国 | 115419 | 78 |
| 印度尼西亚 | 116480 | 52 |
| 44111229 其他中密度板 0.5g/cucm < 密度≤0.8g/cucu，厚≤5mm | | |
| 合计 | 13108900 | 5382 |
| 泰国 | 7482348 | 2833 |
| 印度尼西亚 | 2458745 | 1007 |
| 马来西亚 | 1314832 | 433 |
| 澳大利亚 | 881248 | 422 |
| 新西兰 | 691014 | 334 |
| 日本 | 262789 | 265 |
| 美国 | 8202 | 55 |
| 奥地利 | 1428 | 11 |
| 瑞典 | 1483 | 7 |
| 韩国 | 720 | 7 |
| 德国 | 64 | 4 |
| 中华人民共和国 | 6027 | 3 |
| 44111291 未加工中密度板，密度≤0.5g/cucm，厚≤5mm | | |
| 合计 | 2398791 | 1017 |
| 澳大利亚 | 1377914 | 596 |
| 新西兰 | 1020860 | 420 |
| 俄罗斯联邦 | 17 | 1 |
| 44111299 加工中密度板，密度≤0.5g/cucm，厚≤5mm | | |
| 合计 | 1054270 | 648 |
| 新西兰 | 505393 | 331 |
| 泰国 | 314516 | 167 |
| 澳大利亚 | 189154 | 88 |
| 美国 | 3513 | 22 |

| 国家/地区 | 进口数量（千克） | 进口金额（千美元） |
|---|---|---|
| 法国 | 37470 | 19 |
| 马来西亚 | 1958 | 17 |
| 日本 | 2081 | 2 |
| 台湾省 | 75 | 2 |
| 西班牙 | 110 | 1 |
| 44111311 未加工中密度板，密度 > 0.8 g/cucm，5mm < 厚≤9mm | | |
| 合计 | 913417 | 369 |
| 澳大利亚 | 399945 | 164 |
| 泰国 | 404184 | 162 |
| 新西兰 | 38219 | 19 |
| 马来西亚 | 25000 | 10 |
| 印度尼西亚 | 24555 | 8 |
| 日本 | 21479 | 7 |
| 意大利 | 35 | 1 |
| 44111319 加工中密度板，密度 > 0.8g/cucm，5mm < 厚≤9mm | | |
| 合计 | 20971306 | 20747 |
| 德国 | 5174247 | 5695 |
| 比利时 | 4558655 | 5360 |
| 瑞士 | 6118419 | 5266 |
| 奥地利 | 3081000 | 2587 |
| 瑞典 | 405806 | 955 |
| 美国 | 278923 | 213 |
| 澳大利亚 | 346109 | 163 |
| 泰国 | 506441 | 147 |
| 挪威 | 125925 | 132 |
| 新西兰 | 263212 | 93 |
| 韩国 | 5439 | 44 |
| 中华人民共和国 | 35743 | 33 |
| 台湾省 | 32700 | 26 |
| 西班牙 | 32175 | 25 |
| 法国 | 3097 | 5 |
| 意大利 | 1634 | 4 |
| 罗马尼亚 | 1781 | 2 |
| 44111321 辐射松制的中密度板，5mm < 厚≤9mm | | |
| 合计 | 8299884 | 4593 |
| 新西兰 | 7556253 | 4244 |
| 阿根廷 | 634209 | 286 |
| 澳大利亚 | 50930 | 24 |
| 日本 | 28236 | 18 |
| 韩国 | 28395 | 17 |
| 葡萄牙 | 1861 | 3 |

| 国家/地区 | 进口数量（千克） | 进口金额（千美元） |
|---|---|---|
| 44111329 其他中密度板 0.5g/cucm < 密度≤0.8g/cucm，5mm < 厚≤9mm | | |
| 合计 | 5883367 | 3623 |
| 德国 | 1151117 | 1043 |
| 印度尼西亚 | 1668055 | 971 |
| 泰国 | 1525877 | 749 |
| 澳大利亚 | 865048 | 499 |
| 新西兰 | 290478 | 179 |
| 马来西亚 | 255061 | 105 |
| 阿根廷 | 96780 | 31 |
| 美国 | 24463 | 23 |
| 比利时 | 2742 | 12 |
| 日本 | 889 | 5 |
| 韩国 | 1952 | 2 |
| 台湾省 | 665 | 2 |
| 西班牙 | 240 | 2 |
| 44111391 未加工中密度板，密度 ≤ 0.5 g/cucm，5mm < 厚≤9mm | | |
| 合计 | 1516688 | 573 |
| 新西兰 | 549190 | 224 |
| 泰国 | 575624 | 220 |
| 澳大利亚 | 391809 | 128 |
| 美国 | 65 | 1 |
| 44111399 加工中密度板，密度 ≤ 0.5 g/cucm，5mm < 厚≤9mm | | |
| 合计 | 138391 | 91 |
| 德国 | 3572 | 33 |
| 澳大利亚 | 50501 | 24 |
| 泰国 | 74980 | 14 |
| 中华人民共和国 | 4723 | 5 |
| 印度尼西亚 | 3080 | 5 |
| 加拿大 | 103 | 4 |
| 比利时 | 314 | 3 |
| 法国 | 160 | 1 |
| 意大利 | 270 | 1 |
| 土耳其 | 650 | 1 |
| 瑞士 | 38 | 0 |
| 44111411 未加工中密度板，密度 > 0.8 g/cucm，厚 > 9mm | | |
| 合计 | 139111 | 101 |
| 日本 | 8460 | 26 |
| 澳大利亚 | 46080 | 25 |
| 阿根廷 | 47549 | 22 |
| 德国 | 34236 | 21 |
| 新西兰 | 1369 | 4 |

| 国家/地区 | 进口数量（千克） | 进口金额（千美元） |
|---|---|---|
| 美国 | 1382 | 2 |
| 意大利 | 35 | 1 |
| 44111419 加工中密度板，密度 > 0.8 g/cucm，厚 > 9mm | | |
| 合计 | 4298475 | 6292 |
| 比利时 | 1319312 | 2618 |
| 德国 | 657308 | 983 |
| 瑞士 | 918554 | 807 |
| 美国 | 94542 | 465 |
| 奥地利 | 200895 | 447 |
| 新西兰 | 791588 | 400 |
| 挪威 | 137228 | 146 |
| 日本 | 13772 | 115 |
| 西班牙 | 33631 | 104 |
| 意大利 | 4444 | 48 |
| 泰国 | 71093 | 36 |
| 希腊 | 168 | 29 |
| 台湾省 | 15956 | 23 |
| 英国 | 28 | 17 |
| 中华人民共和国 | 19429 | 15 |
| 瑞典 | 4755 | 10 |
| 韩国 | 665 | 9 |
| 马来西亚 | 1315 | 6 |
| 新加坡 | 8026 | 5 |
| 法国 | 181 | 4 |
| 印度尼西亚 | 5095 | 4 |
| 葡萄牙 | 490 | 1 |
| 44111421 辐射松制的中密度板，厚 > 9mm | | |
| 合计 | 9469851 | 4887 |
| 新西兰 | 7087519 | 3690 |
| 阿根廷 | 1229811 | 534 |
| 马来西亚 | 438600 | 259 |
| 澳大利亚 | 395776 | 205 |
| 日本 | 174050 | 121 |
| 韩国 | 85034 | 46 |
| 葡萄牙 | 11661 | 18 |
| 泰国 | 47400 | 14 |
| 44111429 其他中密度板 0.5g/cucm < 密度≤0.8g/cucm，厚 > 9mm | | |
| 合计 | 40706745 | 23452 |
| 意大利 | 11966780 | 9540 |
| 泰国 | 7989250 | 3362 |
| 澳大利亚 | 5548552 | 2922 |
| 日本 | 3607773 | 2752 |
| 越南 | 7094223 | 1631 |

| 国家/地区 | 进口数量（千克） | 进口金额（千美元） |
|---|---|---|
| 马来西亚 | 2192200 | 880 |
| 美国 | 86397 | 794 |
| 德国 | 579485 | 771 |
| 印度尼西亚 | 658101 | 278 |
| 新西兰 | 290863 | 178 |
| 俄罗斯联邦 | 375746 | 116 |
| 比利时 | 83884 | 78 |
| 阿根廷 | 145170 | 46 |
| 西班牙 | 20539 | 33 |
| 奥地利 | 18021 | 31 |
| 韩国 | 26998 | 30 |
| 新加坡 | 12988 | 9 |
| 台湾省 | 9775 | 4 |
| 44111491 未加工中密度板，密度≤0.5g/cucm，厚>9mm | | |
| 合计 | 571411 | 216 |
| 泰国 | 508628 | 183 |
| 澳大利亚 | 62783 | 33 |
| 44119210 未加工木纤维板，密度>0.8g/cucm | | |
| 合计 | 605008 | 340 |
| 新西兰 | 533844 | 314 |
| 泰国 | 47510 | 16 |
| 阿根廷 | 23654 | 10 |
| 44119290 加工木纤维板，密度>0.8g/cucm | | |
| 合计 | 5762612 | 7453 |
| 德国 | 3665267 | 4897 |
| 比利时 | 697546 | 766 |
| 瑞士 | 156790 | 454 |
| 波兰 | 234314 | 315 |
| 美国 | 219028 | 209 |
| 马来西亚 | 246549 | 181 |
| 智利 | 64634 | 123 |
| 挪威 | 88128 | 99 |
| 印度尼西亚 | 197323 | 91 |
| 韩国 | 18930 | 75 |
| 南非 | 52606 | 62 |
| 瑞典 | 12186 | 31 |
| 中华人民共和国 | 17428 | 31 |
| 西班牙 | 10624 | 28 |
| 新西兰 | 47540 | 24 |
| 新加坡 | 21371 | 20 |
| 英国 | 6670 | 15 |
| 意大利 | 1380 | 11 |
| 台湾省 | 1767 | 7 |
| 芬兰 | 140 | 5 |

| 国家/地区 | 进口数量（千克） | 进口金额（千美元） |
|---|---|---|
| 埃及 | 1910 | 4 |
| 荷兰 | 127 | 2 |
| 加拿大 | 110 | 2 |
| 葡萄牙 | 142 | 1 |
| 奥地利 | 102 | 0 |
| 44119310 辐射松制的纤板，0.5g/cucm<密度≤0.9g/cucm | | |
| 合计 | 2699149 | 907 |
| 马来西亚 | 1214400 | 416 |
| 新西兰 | 1118198 | 348 |
| 澳大利亚 | 314599 | 122 |
| 泰国 | 45740 | 17 |
| 印度尼西亚 | 3122 | 2 |
| 韩国 | 1000 | 1 |
| 越南 | 2090 | 1 |
| 44119390 木纤板，0.5g/cucm<密度≤0.10g/cucm | | |
| 合计 | 14334478 | 5449 |
| 新西兰 | 6005082 | 2491 |
| 泰国 | 6793098 | 2166 |
| 澳大利亚 | 1400672 | 511 |
| 瑞典 | 16175 | 172 |
| 德国 | 21408 | 49 |
| 马来西亚 | 93816 | 32 |
| 意大利 | 148 | 20 |
| 比利时 | 3487 | 6 |
| 日本 | 110 | 2 |
| 美国 | 212 | 1 |
| 越南 | 50 | 1 |
| 韩国 | 220 | 0 |
| 44119410 木纤板，0.35g/cucm<密度≤0.5g/cucm | | |
| 合计 | 4500 | 26 |
| 葡萄牙 | 750 | 14 |
| 意大利 | 2635 | 8 |
| 韩国 | 1007 | 3 |
| 英国 | 108 | 1 |
| 44119421 未加工木纤板，密度≤0.35g/cucm | | |
| 合计 | 20990 | 36 |
| 德国 | 4200 | 25 |
| 爱沙尼亚 | 15190 | 9 |
| 日本 | 1600 | 2 |
| 44119429 加工木纤板，密度≤0.35g/cucm | | |
| 合计 | 788598 | 778 |
| 德国 | 129141 | 393 |

| 国家/地区 | 进口数量（千克） | 进口金额（千美元） |
|---|---|---|
| 泰国 | 317522 | 159 |
| 爱沙尼亚 | 78310 | 62 |
| 印度尼西亚 | 145710 | 60 |
| 新西兰 | 99360 | 54 |
| 美国 | 10809 | 27 |
| 希腊 | 7 | 18 |
| 日本 | 7200 | 3 |
| 台湾省 | 436 | 2 |
| 巴布亚新几内亚 | 103 | 1 |

| 国家/地区 | 进口数量（立方米） | 进口金额（千美元） |
|---|---|---|
| 44123100 其他薄板制胶合板至少一表层是子目注释二所列的热带木，厚≤6mm | | |
| 合计 | 17164 | 12078 |
| 印度尼西亚 | 10285 | 6805 |
| 马来西亚 | 6136 | 4273 |
| 日本 | 256 | 478 |
| 台湾省 | 344 | 393 |
| 意大利 | 41 | 37 |
| 新加坡 | 56 | 35 |
| 挪威 | 5 | 15 |
| 泰国 | 16 | 14 |
| 中华人民共和国 | 22 | 10 |
| 澳大利亚 | 2 | 9 |
| 美国 | 0 | 7 |
| 韩国 | 1 | 5 |
| 44123210 其他薄板制胶合板至少一表层是温带木，厚≤6mm | | |
| 合计 | 16462 | 15193 |
| 俄罗斯联邦 | 11466 | 7439 |
| 芬兰 | 1781 | 2189 |
| 台湾省 | 511 | 1509 |
| 西班牙 | 138 | 969 |
| 日本 | 775 | 661 |
| 德国 | 115 | 630 |
| 意大利 | 68 | 447 |
| 拉脱维亚 | 297 | 297 |
| 波兰 | 50 | 285 |
| 葡萄牙 | 37 | 279 |
| 马来西亚 | 747 | 170 |
| 印度尼西亚 | 219 | 102 |
| 中华人民共和国 | 60 | 75 |
| 加拿大 | 70 | 74 |
| 奥地利 | 2 | 25 |
| 美国 | 64 | 19 |

| 国家/地区 | 进口数量（立方米） | 进口金额（千美元） |
| --- | --- | --- |
| 印度 | 39 | 9 |
| 荷兰 | 2 | 8 |
| 越南 | 21 | 5 |
| 法国 | 0 | 1 |
| 新加坡 | 0 | 1 |
| 44123290 其他薄板制胶合板至少一表层非针叶木，厚≤6mm | | |
| 合计 | 73929 | 36889 |
| 马来西亚 | 56485 | 24525 |
| 印度尼西亚 | 14469 | 7325 |
| 台湾省 | 546 | 1909 |
| 荷兰 | 101 | 888 |
| 美国 | 429 | 791 |
| 俄罗斯联邦 | 554 | 429 |
| 日本 | 394 | 242 |
| 芬兰 | 245 | 232 |
| 意大利 | 202 | 216 |
| 中华人民共和国 | 367 | 136 |
| 德国 | 34 | 107 |
| 新加坡 | 85 | 56 |
| 加纳 | 17 | 27 |
| 法国 | 0 | 4 |
| 捷克 | 1 | 2 |
| 新西兰 | 0 | 1 |
| 44123900 其他薄板制胶合板，厚≤6mm | | |
| 合计 | 23648 | 17343 |
| 俄罗斯联邦 | 9404 | 7302 |
| 印度尼西亚 | 5303 | 3218 |
| 马来西亚 | 4982 | 2799 |
| 芬兰 | 1135 | 1251 |
| 英国 | 287 | 971 |
| 爱沙尼亚 | 545 | 629 |
| 日本 | 953 | 304 |
| 台湾省 | 360 | 284 |
| 德国 | 43 | 184 |
| 加拿大 | 329 | 176 |
| 美国 | 65 | 84 |
| 荷兰 | 11 | 36 |
| 新西兰 | 73 | 35 |
| 中华人民共和国 | 126 | 23 |
| 意大利 | 22 | 22 |
| 澳大利亚 | 5 | 10 |
| 法国 | 0 | 9 |
| 越南 | 1 | 3 |
| 韩国 | 1 | 1 |

| 国家/地区 | 进口数量（立方米） | 进口金额（千美元） |
| --- | --- | --- |
| 国别(地区)不详 | 3 | 1 |
| 44129410 其他木块芯胶合板等至少一表层是非针叶木 | | |
| 合计 | 7861 | 2695 |
| 印度尼西亚 | 7003 | 1907 |
| 马来西亚 | 612 | 262 |
| 爱沙尼亚 | 91 | 172 |
| 波兰 | 9 | 164 |
| 厄瓜多尔 | 25 | 78 |
| 荷兰 | 3 | 21 |
| 瑞典 | 2 | 17 |
| 中华人民共和国 | 31 | 12 |
| 美国 | 2 | 11 |
| 台湾省 | 14 | 11 |
| 意大利 | 52 | 9 |
| 加拿大 | 0 | 8 |
| 日本 | 2 | 6 |
| 德国 | 7 | 6 |
| 孟加拉国 | 6 | 3 |
| 菲律宾 | 0 | 3 |
| 丹麦 | 1 | 3 |
| 柬埔寨 | 1 | 2 |
| 奥地利 | 0 | 1 |
| 法国 | 0 | 1 |
| 44129491 其他木块芯胶合板等至少一表层是子目注释二所列的热带木 | | |
| 合计 | 176 | 194 |
| 日本 | 45 | 101 |
| 奥地利 | 38 | 60 |
| 印度尼西亚 | 93 | 33 |
| 44129492 其他木块芯胶合板等至少一表层是木碎料板 | | |
| 合计 | 214 | 87 |
| 印度尼西亚 | 159 | 52 |
| 奥地利 | 3 | 17 |
| 中华人民共和国 | 48 | 16 |
| 日本 | 4 | 2 |
| 44129499 其他木块芯、侧板条芯、板条芯胶合板 | | |
| 合计 | 43 | 30 |
| 印度尼西亚 | 41 | 27 |
| 德国 | 2 | 2 |
| 奥地利 | 0 | 1 |
| 44129910 其他胶合板等至少一表层是非针叶木 | | |

| 国家/地区 | 进口数量（立方米） | 进口金额（千美元） |
| --- | --- | --- |
| 合计 | 10903 | 15023 |
| 芬兰 | 1314 | 2887 |
| 比利时 | 746 | 2319 |
| 德国 | 773 | 2288 |
| 立陶宛 | 831 | 1695 |
| 马来西亚 | 2587 | 1668 |
| 美国 | 205 | 933 |
| 瑞典 | 287 | 706 |
| 波黑 | 1116 | 551 |
| 印度尼西亚 | 722 | 506 |
| 意大利 | 411 | 409 |
| 中华人民共和国 | 1428 | 391 |
| 奥地利 | 99 | 181 |
| 俄罗斯联邦 | 151 | 136 |
| 西班牙 | 35 | 86 |
| 日本 | 82 | 85 |
| 爱沙尼亚 | 21 | 58 |
| 韩国 | 26 | 29 |
| 葡萄牙 | 1 | 25 |
| 台湾省 | 29 | 16 |
| 加拿大 | 5 | 15 |
| 新加坡 | 0 | 12 |
| 英国 | 11 | 9 |
| 法国 | 4 | 6 |
| 柬埔寨 | 18 | 5 |
| 澳大利亚 | 0 | 3 |
| 荷兰 | 0 | 3 |
| 挪威 | 1 | 3 |
| 44129991 其他胶合板等至少一表层是子目注释二所列的热带木层 | | |
| 合计 | 154 | 475 |
| 德国 | 149 | 453 |
| 日本 | 1 | 17 |
| 意大利 | 4 | 5 |
| 44129992 其他胶合板等至少一表层是木碎料板 | | |
| 合计 | 258 | 175 |
| 日本 | 178 | 156 |
| 奥地利 | 29 | 10 |
| 意大利 | 51 | 9 |
| 44129999 未列名胶合板、单板饰面板及类似的多层板 | | |
| 合计 | 1991 | 1670 |
| 美国 | 660 | 1058 |
| 加拿大 | 226 | 182 |

| 国家/地区 | 进口数量（立方米） | 进口金额（千美元） |
|---|---|---|
| 德国 | 26 | 115 |
| 马来西亚 | 479 | 89 |
| 日本 | 50 | 68 |
| 新西兰 | 159 | 39 |
| 拉脱维亚 | 38 | 37 |
| 芬兰 | 25 | 20 |
| 中华人民共和国 | 176 | 17 |
| 奥地利 | 11 | 16 |
| 越南 | 89 | 13 |
| 朝鲜 | 38 | 8 |
| 台湾省 | 1 | 6 |
| 韩国 | 13 | 4 |
| 墨西哥 | 0 | 1 |

## 木家具出口量值表

| 国家/地区 | 出口数量（个） | 出口金额（千美元） |
|---|---|---|
| 94016110 皮革或再生皮革面的带软垫的木框架坐具 | | |
| 合计 | 19403421 | 2970789 |
| 美国 | 7281501 | 1216178 |
| 英国 | 2260093 | 334199 |
| 加拿大 | 1354414 | 205777 |
| 澳大利亚 | 1008809 | 196642 |
| 韩国 | 724470 | 143757 |
| 日本 | 792195 | 115983 |
| 法国 | 619763 | 82957 |
| 德国 | 772695 | 60601 |
| 荷兰 | 402730 | 47219 |
| 新加坡 | 129164 | 38827 |
| 马来西亚 | 363582 | 36066 |
| 香港 | 177385 | 35698 |
| 比利时 | 278382 | 33600 |
| 南非 | 186962 | 29376 |
| 新西兰 | 154180 | 27154 |
| 阿联酋 | 137748 | 21120 |
| 墨西哥 | 102821 | 19562 |
| 以色列 | 105016 | 19440 |
| 西班牙 | 237452 | 19100 |
| 智利 | 97333 | 16343 |
| 印度尼西亚 | 75742 | 14970 |
| 丹麦 | 287994 | 14212 |
| 沙特阿拉伯 | 86478 | 13865 |
| 印度 | 57115 | 13594 |
| 泰国 | 47505 | 13366 |

| 国家/地区 | 出口数量（个） | 出口金额（千美元） |
|---|---|---|
| 波多黎各 | 74481 | 12545 |
| 爱尔兰 | 105870 | 12197 |
| 台湾省 | 51837 | 11724 |
| 意大利 | 172776 | 10998 |
| 俄罗斯联邦 | 39127 | 9576 |
| 哥伦比亚 | 44676 | 9154 |
| 巴拿马 | 35860 | 8995 |
| 秘鲁 | 41275 | 8984 |
| 瑞典 | 218726 | 8635 |
| 波兰 | 258182 | 6094 |
| 挪威 | 38120 | 4923 |
| 委内瑞拉 | 20990 | 3886 |
| 菲律宾 | 18404 | 3576 |
| 文莱 | 10733 | 3417 |
| 乌拉圭 | 19917 | 3049 |
| 芬兰 | 18851 | 2967 |
| 厄瓜多尔 | 16181 | 2638 |
| 安哥拉 | 14775 | 2638 |
| 留尼汪 | 11688 | 2605 |
| 阿尔及利亚 | 7015 | 2597 |
| 卡塔尔 | 17586 | 2562 |
| 科威特 | 12992 | 2532 |
| 越南 | 26681 | 2521 |
| 黎巴嫩 | 8949 | 2482 |
| 斯洛文尼亚 | 9747 | 2287 |
| 土耳其 | 24424 | 2144 |
| 哥斯达黎加 | 10030 | 1902 |
| 罗马尼亚 | 5522 | 1697 |
| 危地马拉 | 8988 | 1679 |
| 葡萄牙 | 18245 | 1672 |
| 坦桑尼亚 | 5658 | 1653 |
| 巴西 | 14621 | 1593 |
| 澳门 | 4959 | 1590 |
| 摩洛哥 | 9559 | 1588 |
| 莫桑比克 | 4532 | 1394 |
| 加纳 | 7514 | 1320 |
| 纳米比亚 | 3362 | 1315 |
| 希腊 | 27919 | 1278 |
| 肯尼亚 | 6118 | 1261 |
| 塞浦路斯 | 9293 | 1244 |
| 哈萨克斯坦 | 6537 | 1220 |
| 塞内加尔 | 4345 | 1182 |
| 埃及 | 7124 | 1152 |
| 乌克兰 | 6509 | 1038 |
| 多米尼加共和国 | 5158 | 1021 |

| 国家/地区 | 出口数量（个） | 出口金额（千美元） |
|---|---|---|
| 瑞士 | 7730 | 963 |
| 约旦 | 6925 | 937 |
| 格鲁吉亚 | 3305 | 865 |
| 立陶宛 | 6072 | 858 |
| 伊拉克 | 10366 | 817 |
| 巴林 | 4101 | 815 |
| 利比亚 | 8764 | 810 |
| 萨尔瓦多 | 4746 | 809 |
| 克罗地亚 | 9127 | 801 |
| 毛里求斯 | 3335 | 755 |
| 阿根廷 | 4959 | 748 |
| 保加利亚 | 5770 | 735 |
| 刚果（金） | 2813 | 723 |
| 拉脱维亚 | 10322 | 716 |
| 喀麦隆 | 3104 | 708 |
| 尼日利亚 | 1409 | 695 |
| 阿曼 | 7338 | 644 |
| 冰岛 | 4085 | 608 |
| 捷克 | 4345 | 580 |
| 马耳他 | 2915 | 537 |
| 赤道几内亚 | 1699 | 531 |
| 蒙古 | 1876 | 531 |
| 巴基斯坦 | 2119 | 491 |
| 刚果（布） | 2102 | 489 |
| 爱沙尼亚 | 6066 | 464 |
| 乌兹别克斯坦 | 2122 | 457 |
| 斯洛伐克 | 1414 | 446 |
| 新喀里多尼亚 | 2308 | 410 |
| 马提尼克 | 1339 | 395 |
| 缅甸 | 1435 | 374 |
| 伊朗 | 2151 | 351 |
| 牙买加 | 3018 | 343 |
| 科特迪瓦 | 1262 | 332 |
| 赞比亚 | 1665 | 329 |
| 瓜德罗普 | 1373 | 328 |
| 几内亚 | 1224 | 327 |
| 苏丹 | 558 | 321 |
| 老挝 | 855 | 319 |
| 奥地利 | 1827 | 316 |
| 孟加拉国 | 1102 | 289 |
| 柬埔寨 | 854 | 282 |
| 贝宁 | 652 | 253 |
| 苏里南 | 2309 | 252 |
| 巴哈马 | 883 | 243 |
| 洪都拉斯 | 1210 | 234 |

| 国家/地区 | 出口数量（个） | 出口金额（千美元） |
|---|---|---|
| 突尼斯 | 641 | 232 |
| 特立尼达和多巴哥 | 1371 | 198 |
| 阿塞拜疆 | 920 | 196 |
| 巴勒斯坦 | 1078 | 187 |
| 巴拉圭 | 881 | 168 |
| 法属波利尼西亚 | 588 | 165 |
| 马里 | 621 | 162 |
| 多哥 | 781 | 161 |
| 土库曼斯坦 | 480 | 161 |
| 法属圭亚那 | 474 | 146 |
| 吉布提 | 1193 | 142 |
| 匈牙利 | 564 | 142 |
| 尼加拉瓜 | 688 | 138 |
| 海地 | 850 | 120 |
| 多民族玻利维亚国 | 551 | 120 |
| 布基纳法索 | 558 | 116 |
| 马拉维 | 328 | 107 |
| 阿尔巴尼亚 | 238 | 105 |
| 布隆迪 | 220 | 99 |
| 津巴布韦 | 453 | 97 |
| 斯里兰卡 | 508 | 91 |
| 乌干达 | 243 | 85 |
| 亚美尼亚 | 303 | 85 |
| 圭亚那 | 644 | 84 |
| 加蓬 | 390 | 78 |
| 马达加斯加 | 111 | 61 |
| 也门 | 225 | 58 |
| 朝鲜 | 440 | 58 |
| 利比里亚 | 244 | 56 |
| 斐济 | 236 | 54 |
| 塞尔维亚 | 154 | 53 |
| 百慕大 | 203 | 52 |
| 巴布亚新几内亚 | 222 | 48 |
| 乍得 | 68 | 46 |
| 马约特 | 430 | 46 |
| 白俄罗斯 | 172 | 45 |
| 博茨瓦纳 | 254 | 41 |
| 黑山 | 138 | 40 |
| 索马里 | 208 | 39 |
| 马尔代夫 | 182 | 37 |
| 塞拉利昂 | 258 | 37 |
| 冈比亚 | 163 | 36 |
| 吉尔吉斯斯坦 | 162 | 36 |
| 巴巴多斯 | 183 | 30 |
| 阿鲁巴 | 196 | 29 |

| 国家/地区 | 出口数量（个） | 出口金额（千美元） |
|---|---|---|
| 荷属安的列斯群岛 | 140 | 27 |
| 埃塞俄比亚 | 226 | 25 |
| 尼泊尔联邦民主共和国 | 120 | 19 |
| 古巴 | 312 | 18 |
| 毛里塔尼亚 | 209 | 18 |
| 阿富汗 | 67 | 16 |
| 塔吉克斯坦 | 90 | 13 |
| 瓦努阿图 | 41 | 8 |
| 东帝汶 | 10 | 5 |
| 卢旺达 | 3 | 2 |
| 前南马其顿 | 3 | 1 |
| 大洋洲其他国家(地区) | 14 | 1 |
| 萨摩亚 | 32 | 1 |

94016190 其他带软垫的木框架坐具

| 国家/地区 | 出口数量（个） | 出口金额（千美元） |
|---|---|---|
| 合计 | 44227567 | 3375646 |
| 美国 | 19785324 | 1357624 |
| 日本 | 2737478 | 270810 |
| 澳大利亚 | 1736218 | 166035 |
| 英国 | 2179224 | 148141 |
| 加拿大 | 1988192 | 139979 |
| 沙特阿拉伯 | 923019 | 136805 |
| 阿联酋 | 743203 | 132431 |
| 马来西亚 | 568186 | 87036 |
| 韩国 | 810273 | 69355 |
| 法国 | 1488549 | 68537 |
| 泰国 | 271304 | 57612 |
| 德国 | 1424730 | 56068 |
| 新加坡 | 320930 | 45921 |
| 印度尼西亚 | 646963 | 38020 |
| 墨西哥 | 435417 | 35612 |
| 荷兰 | 718573 | 31909 |
| 科威特 | 205015 | 27693 |
| 香港 | 400299 | 27535 |
| 比利时 | 713501 | 26611 |
| 南非 | 374487 | 25169 |
| 俄罗斯联邦 | 256712 | 24845 |
| 新西兰 | 201673 | 24607 |
| 西班牙 | 338749 | 20882 |
| 哈萨克斯坦 | 339782 | 20215 |
| 智利 | 252995 | 19154 |
| 巴拿马 | 163998 | 18061 |
| 瑞典 | 437242 | 16441 |
| 丹麦 | 344174 | 15743 |
| 以色列 | 125528 | 13764 |
| 印度 | 133732 | 12780 |

| 国家/地区 | 出口数量（个） | 出口金额（千美元） |
|---|---|---|
| 意大利 | 340846 | 12365 |
| 波多黎各 | 120210 | 12053 |
| 台湾省 | 155176 | 10714 |
| 爱尔兰 | 103715 | 10298 |
| 卡塔尔 | 65892 | 10076 |
| 波兰 | 288252 | 9125 |
| 菲律宾 | 77318 | 8264 |
| 挪威 | 123642 | 8180 |
| 哥伦比亚 | 84439 | 7477 |
| 巴西 | 152362 | 6624 |
| 土耳其 | 73228 | 6550 |
| 阿曼 | 61364 | 6471 |
| 乌克兰 | 77989 | 6147 |
| 巴林 | 34755 | 6054 |
| 文莱 | 21983 | 5750 |
| 利比亚 | 64992 | 4965 |
| 澳门 | 35284 | 3785 |
| 秘鲁 | 37051 | 3648 |
| 乌拉圭 | 32932 | 3600 |
| 芬兰 | 40411 | 3300 |
| 希腊 | 62027 | 3275 |
| 约旦 | 30175 | 3130 |
| 委内瑞拉 | 36832 | 3128 |
| 安哥拉 | 24841 | 2908 |
| 葡萄牙 | 62711 | 2852 |
| 黎巴嫩 | 22594 | 2795 |
| 埃及 | 24684 | 2773 |
| 摩洛哥 | 32187 | 2734 |
| 塞浦路斯 | 20597 | 2541 |
| 格鲁吉亚 | 28803 | 2520 |
| 阿根廷 | 30749 | 2424 |
| 留尼汪 | 15904 | 2314 |
| 瑞士 | 99336 | 2232 |
| 多米尼加共和国 | 19659 | 2221 |
| 蒙古 | 49618 | 2192 |
| 肯尼亚 | 18451 | 2159 |
| 厄瓜多尔 | 38473 | 2134 |
| 加纳 | 12960 | 1738 |
| 伊拉克 | 20139 | 1715 |
| 拉脱维亚 | 23399 | 1693 |
| 越南 | 14515 | 1661 |
| 危地马拉 | 15096 | 1657 |
| 罗马尼亚 | 25455 | 1642 |
| 尼日利亚 | 12845 | 1640 |
| 阿塞拜疆 | 22333 | 1561 |

| 国家/地区 | 出口数量（个） | 出口金额（千美元） |
|---|---|---|
| 爱沙尼亚 | 16417 | 1461 |
| 伊朗 | 17150 | 1400 |
| 哥斯达黎加 | 14845 | 1355 |
| 乌兹别克斯坦 | 8492 | 1148 |
| 阿尔及利亚 | 18607 | 1107 |
| 特立尼达和多巴哥 | 10066 | 1106 |
| 牙买加 | 10667 | 1041 |
| 苏丹 | 13237 | 975 |
| 马耳他 | 11704 | 975 |
| 缅甸 | 5257 | 942 |
| 巴基斯坦 | 10110 | 923 |
| 立陶宛 | 9341 | 882 |
| 莫桑比克 | 6633 | 870 |
| 埃塞俄比亚 | 8459 | 843 |
| 毛里求斯 | 4917 | 822 |
| 斯里兰卡 | 6753 | 806 |
| 塞内加尔 | 8167 | 796 |
| 纳米比亚 | 6208 | 790 |
| 新喀里多尼亚 | 4699 | 769 |
| 保加利亚 | 7884 | 708 |
| 巴哈马 | 4844 | 691 |
| 也门 | 11331 | 665 |
| 索马里 | 5280 | 656 |
| 坦桑尼亚 | 8013 | 609 |
| 赤道几内亚 | 3526 | 584 |
| 洪都拉斯 | 8710 | 569 |
| 孟加拉国 | 7271 | 531 |
| 萨尔瓦多 | 6045 | 512 |
| 喀麦隆 | 5176 | 512 |
| 奥地利 | 15703 | 480 |
| 亚美尼亚 | 5249 | 456 |
| 贝宁 | 2590 | 419 |
| 苏里南 | 3707 | 409 |
| 法属圭亚那 | 2070 | 405 |
| 冰岛 | 2620 | 404 |
| 柬埔寨 | 1391 | 369 |
| 斯洛文尼亚 | 7257 | 346 |
| 马尔代夫 | 1891 | 343 |
| 老挝 | 990 | 334 |
| 圭亚那 | 2618 | 315 |
| 捷克 | 8666 | 314 |
| 尼加拉瓜 | 3082 | 313 |
| 吉尔吉斯斯坦 | 1861 | 309 |
| 土库曼斯坦 | 2175 | 305 |
| 克罗地亚 | 6718 | 303 |
| 塞尔维亚 | 2204 | 298 |
| 朝鲜 | 3848 | 298 |
| 科特迪瓦 | 3173 | 279 |
| 阿尔巴尼亚 | 4537 | 266 |
| 赞比亚 | 1842 | 259 |
| 刚果(金) | 2163 | 254 |
| 刚果(布) | 1002 | 220 |
| 巴拉圭 | 5955 | 205 |
| 法属波利尼西亚 | 1223 | 203 |
| 乍得 | 1414 | 197 |
| 巴勒斯坦 | 963 | 197 |
| 巴布亚新几内亚 | 2049 | 190 |
| 几内亚 | 1227 | 183 |
| 吉布提 | 1657 | 176 |
| 多民族玻利维亚国 | 3438 | 157 |
| 荷属安的列斯群岛 | 1486 | 156 |
| 塔吉克斯坦 | 2755 | 143 |
| 古巴 | 7438 | 143 |
| 突尼斯 | 2296 | 141 |
| 匈牙利 | 2685 | 136 |
| 斯洛伐克 | 1429 | 132 |
| 加蓬 | 865 | 124 |
| 瓜德罗普 | 491 | 123 |
| 马约特 | 917 | 121 |
| 海地 | 984 | 106 |
| 马拉维 | 1367 | 104 |
| 尼泊尔联邦民主共和国 | 1685 | 101 |
| 塞舌尔 | 418 | 101 |
| 阿富汗 | 709 | 98 |
| 马提尼克 | 399 | 93 |
| 毛里塔尼亚 | 438 | 88 |
| 白俄罗斯 | 5163 | 87 |
| 斐济 | 478 | 76 |
| 乌干达 | 598 | 74 |
| 布基纳法索 | 580 | 72 |
| 马达加斯加 | 296 | 69 |
| 利比里亚 | 577 | 66 |
| 阿鲁巴 | 250 | 57 |
| 巴巴多斯 | 509 | 57 |
| 黑山 | 263 | 46 |
| 伯利兹 | 693 | 45 |
| 叙利亚 | 329 | 38 |
| 瓦努阿图 | 242 | 36 |
| 多哥 | 573 | 32 |
| 多米尼克 | 1462 | 30 |
| 卢旺达 | 212 | 27 |
| 马里 | 200 | 26 |
| 塞拉利昂 | 36 | 24 |
| 津巴布韦 | 338 | 22 |
| 圣马丁岛 | 86 | 22 |
| 英属维尔京群岛 | 237 | 20 |
| 百慕大 | 236 | 20 |
| 摩尔多瓦 | 580 | 18 |
| 冈比亚 | 64 | 18 |
| 安提瓜和巴布达 | 90 | 12 |
| 圣卢西亚 | 63 | 9 |
| 大洋洲其他国家(地区) | 95 | 7 |
| 波黑 | 58 | 3 |
| 尼日尔 | 71 | 2 |
| 马绍尔群岛 | 40 | 2 |

94016900 其他木框架坐具

| 国家/地区 | 出口数量（个） | 出口金额（千美元） |
|---|---|---|
| 合计 | 26103364 | 714561 |
| 美国 | 5766712 | 178182 |
| 日本 | 2525139 | 57530 |
| 马来西亚 | 720210 | 54940 |
| 德国 | 1963868 | 35115 |
| 新加坡 | 465306 | 31682 |
| 阿联酋 | 578534 | 29216 |
| 韩国 | 901223 | 28362 |
| 英国 | 1300856 | 25608 |
| 澳大利亚 | 1075813 | 24881 |
| 文莱 | 225118 | 19826 |
| 巴拿马 | 212554 | 17880 |
| 加拿大 | 721252 | 16689 |
| 法国 | 858712 | 13039 |
| 瑞典 | 798444 | 12552 |
| 香港 | 280364 | 11973 |
| 泰国 | 248650 | 11394 |
| 荷兰 | 610549 | 9529 |
| 南非 | 275470 | 9311 |
| 台湾省 | 244364 | 9299 |
| 意大利 | 617215 | 8561 |
| 西班牙 | 509037 | 7981 |
| 比利时 | 554079 | 6877 |
| 波兰 | 546481 | 6467 |
| 沙特阿拉伯 | 187665 | 6257 |
| 俄罗斯联邦 | 398322 | 6180 |
| 丹麦 | 204990 | 5251 |
| 墨西哥 | 335835 | 5191 |
| 印度 | 116529 | 4416 |

| 国家/地区 | 出口数量(个) | 出口金额(千美元) |
|---|---|---|
| 巴西 | 153155 | 4325 |
| 菲律宾 | 136209 | 3705 |
| 印度尼西亚 | 79762 | 2542 |
| 新西兰 | 84452 | 2121 |
| 智利 | 116019 | 1919 |
| 委内瑞拉 | 40552 | 1867 |
| 卡塔尔 | 30820 | 1819 |
| 瑞士 | 118999 | 1803 |
| 土耳其 | 75492 | 1784 |
| 贝宁 | 29775 | 1775 |
| 以色列 | 110357 | 1774 |
| 安哥拉 | 37568 | 1692 |
| 希腊 | 90600 | 1650 |
| 摩洛哥 | 69962 | 1506 |
| 越南 | 31468 | 1378 |
| 阿尔及利亚 | 112436 | 1296 |
| 阿曼 | 32024 | 1258 |
| 老挝 | 16071 | 1194 |
| 挪威 | 91849 | 1084 |
| 坦桑尼亚 | 16008 | 1069 |
| 爱尔兰 | 50684 | 991 |
| 奥地利 | 68286 | 848 |
| 乌克兰 | 55269 | 797 |
| 科威特 | 19710 | 771 |
| 莫桑比克 | 9757 | 770 |
| 伊拉克 | 46568 | 725 |
| 乌拉圭 | 53672 | 708 |
| 阿根廷 | 37430 | 697 |
| 芬兰 | 43813 | 650 |
| 澳门 | 26544 | 638 |
| 马拉维 | 7696 | 631 |
| 加纳 | 15588 | 609 |
| 巴哈马 | 5312 | 551 |
| 格鲁吉亚 | 8860 | 523 |
| 黎巴嫩 | 14217 | 497 |
| 伊朗 | 20880 | 494 |
| 哥伦比亚 | 35570 | 480 |
| 约旦 | 12733 | 474 |
| 葡萄牙 | 43416 | 469 |
| 突尼斯 | 271614 | 460 |
| 苏丹 | 6879 | 413 |
| 厄瓜多尔 | 77964 | 410 |
| 哈萨克斯坦 | 21459 | 403 |
| 利比亚 | 15953 | 382 |
| 蒙古 | 11043 | 375 |
| 秘鲁 | 48400 | 370 |
| 肯尼亚 | 12509 | 334 |
| 罗马尼亚 | 18505 | 308 |
| 乌干达 | 3874 | 306 |
| 拉脱维亚 | 25657 | 283 |
| 巴基斯坦 | 10331 | 279 |
| 柬埔寨 | 4261 | 271 |
| 克罗地亚 | 15221 | 250 |
| 卢旺达 | 22642 | 241 |
| 孟加拉国 | 5417 | 241 |
| 刚果(布) | 2720 | 239 |
| 危地马拉 | 2873 | 219 |
| 朝鲜 | 8656 | 212 |
| 尼日利亚 | 5350 | 205 |
| 留尼汪 | 3852 | 194 |
| 缅甸 | 4117 | 192 |
| 马耳他 | 10004 | 186 |
| 保加利亚 | 11282 | 166 |
| 赞比亚 | 6450 | 162 |
| 斯里兰卡 | 2401 | 156 |
| 波多黎各 | 7782 | 150 |
| 爱沙尼亚 | 7748 | 134 |
| 捷克 | 9966 | 129 |
| 埃及 | 3172 | 127 |
| 立陶宛 | 11960 | 127 |
| 斯洛文尼亚 | 4722 | 125 |
| 巴林 | 3291 | 122 |
| 塞浦路斯 | 4170 | 108 |
| 哥斯达黎加 | 8330 | 107 |
| 多米尼加共和国 | 2998 | 106 |
| 圭亚那 | 30 | 96 |
| 几内亚 | 1244 | 92 |
| 纳米比亚 | 37062 | 91 |
| 匈牙利 | 4018 | 86 |
| 毛里求斯 | 5448 | 83 |
| 乌兹别克斯坦 | 2177 | 83 |
| 牙买加 | 1242 | 78 |
| 巴布亚新几内亚 | 1286 | 74 |
| 刚果(金) | 1450 | 72 |
| 津巴布韦 | 2731 | 71 |
| 赤道几内亚 | 989 | 66 |
| 塞内加尔 | 2527 | 64 |
| 科特迪瓦 | 2438 | 60 |
| 喀麦隆 | 1995 | 55 |
| 加蓬 | 267 | 52 |
| 海地 | 4508 | 50 |
| 也门 | 1622 | 50 |
| 土库曼斯坦 | 5888 | 47 |
| 新喀里多尼亚 | 3301 | 43 |
| 苏里南 | 4272 | 39 |
| 吉尔吉斯斯坦 | 2565 | 39 |
| 洪都拉斯 | 2139 | 36 |
| 阿尔巴尼亚 | 1092 | 36 |
| 吉布提 | 2093 | 34 |
| 马尔代夫 | 511 | 27 |
| 塞舌尔 | 562 | 26 |
| 巴拉圭 | 2177 | 25 |
| 东帝汶 | 602 | 25 |
| 索马里 | 390 | 23 |
| 埃塞俄比亚 | 1020 | 22 |
| 冰岛 | 975 | 22 |
| 南苏丹共和国 | 350 | 21 |
| 斯洛伐克 | 1277 | 20 |
| 利比里亚 | 1388 | 17 |
| 博茨瓦纳 | 672 | 16 |
| 塞尔维亚 | 1817 | 16 |
| 法属波利尼西亚 | 2654 | 16 |
| 尼日尔 | 290 | 16 |
| 法属圭亚那 | 842 | 16 |
| 马里 | 342 | 16 |
| 萨尔瓦多 | 357 | 16 |
| 瓜德罗普 | 103 | 15 |
| 布基纳法索 | 622 | 13 |
| 黑山 | 866 | 13 |
| 塔吉克斯坦 | 158 | 12 |
| 尼加拉瓜 | 402 | 12 |
| 萨摩亚 | 1200 | 11 |
| 毛里塔尼亚 | 23 | 10 |
| 乍得 | 106 | 9 |
| 摩尔多瓦 | 740 | 9 |
| 波黑 | 1731 | 9 |
| 安提瓜和巴布达 | 120 | 8 |
| 特立尼达和多巴哥 | 182 | 7 |
| 多民族玻利维亚国 | 324 | 7 |
| 白俄罗斯 | 733 | 5 |
| 冈比亚 | 323 | 5 |
| 多哥 | 76 | 5 |
| 瓦努阿图 | 206 | 5 |
| 马提尼克 | 60 | 2 |
| 马约特 | 30 | 1 |

| 国家/地区 | 出口数量（个） | 出口金额（千美元） |
| --- | --- | --- |
| 荷属安的列斯群岛 | 90 | 1 |
| 马达加斯加 | 21 | 1 |
| 多米尼克 | 13 | 1 |
| 阿塞拜疆 | 32 | 1 |
| 尼泊尔联邦民主共和国 | 90 | 1 |
| 库克群岛 | 26 | 1 |
| 卢森堡 | 30 | 1 |
| 94033000 办公室用木家具 | | |
| 合计 | 15869043 | 892470 |
| 美国 | 6577101 | 349979 |
| 沙特阿拉伯 | 522883 | 63875 |
| 日本 | 1286244 | 60966 |
| 阿联酋 | 473421 | 38271 |
| 韩国 | 887062 | 32329 |
| 澳大利亚 | 505521 | 25640 |
| 加拿大 | 503291 | 24841 |
| 印度 | 247523 | 21207 |
| 印度尼西亚 | 179661 | 18377 |
| 马来西亚 | 150964 | 18334 |
| 英国 | 360366 | 17926 |
| 香港 | 300835 | 16632 |
| 阿曼 | 147266 | 8255 |
| 新加坡 | 90740 | 7833 |
| 墨西哥 | 199567 | 7289 |
| 菲律宾 | 177364 | 7197 |
| 南非 | 147203 | 6560 |
| 利比亚 | 73190 | 6208 |
| 阿尔及利亚 | 79518 | 6050 |
| 台湾省 | 84912 | 6039 |
| 伊拉克 | 44942 | 5971 |
| 俄罗斯联邦 | 46983 | 5937 |
| 德国 | 143959 | 5862 |
| 科威特 | 43145 | 5191 |
| 卡塔尔 | 37661 | 4728 |
| 法国 | 96558 | 4518 |
| 摩洛哥 | 58311 | 4354 |
| 智利 | 133283 | 4307 |
| 哥伦比亚 | 140276 | 4025 |
| 泰国 | 71767 | 4006 |
| 尼日利亚 | 25271 | 3950 |
| 新西兰 | 296186 | 3486 |
| 安哥拉 | 36585 | 3178 |
| 肯尼亚 | 26773 | 3096 |
| 澳门 | 22611 | 2949 |
| 巴拿马 | 64356 | 2823 |

| 国家/地区 | 出口数量（件） | 出口金额（千美元） |
| --- | --- | --- |
| 加纳 | 28204 | 2785 |
| 哈萨克斯坦 | 25755 | 2549 |
| 马耳他 | 77505 | 2444 |
| 丹麦 | 69036 | 2288 |
| 苏丹 | 12159 | 2284 |
| 以色列 | 33369 | 2054 |
| 多米尼加共和国 | 57672 | 2011 |
| 也门 | 23793 | 1954 |
| 厄瓜多尔 | 60260 | 1953 |
| 巴林 | 21840 | 1905 |
| 秘鲁 | 54803 | 1865 |
| 意大利 | 50602 | 1791 |
| 荷兰 | 107208 | 1728 |
| 委内瑞拉 | 54550 | 1667 |
| 比利时 | 37448 | 1571 |
| 西班牙 | 41712 | 1534 |
| 乌克兰 | 16325 | 1312 |
| 莫桑比克 | 17128 | 1284 |
| 越南 | 9581 | 1283 |
| 刚果(金) | 9136 | 1237 |
| 塞内加尔 | 10530 | 1231 |
| 约旦 | 14770 | 1211 |
| 坦桑尼亚 | 20330 | 1177 |
| 乌拉圭 | 18330 | 1152 |
| 乍得 | 3468 | 1102 |
| 缅甸 | 8878 | 1080 |
| 爱沙尼亚 | 5539 | 1061 |
| 赤道几内亚 | 4594 | 1055 |
| 吉布提 | 10370 | 1025 |
| 波兰 | 68755 | 1011 |
| 瑞典 | 35435 | 981 |
| 哥斯达黎加 | 24353 | 935 |
| 埃及 | 41875 | 917 |
| 爱尔兰 | 22909 | 897 |
| 柬埔寨 | 4468 | 864 |
| 巴西 | 52931 | 847 |
| 蒙古 | 7507 | 785 |
| 波多黎各 | 10413 | 783 |
| 危地马拉 | 27595 | 732 |
| 巴基斯坦 | 7507 | 727 |
| 喀麦隆 | 8094 | 723 |
| 斯里兰卡 | 5177 | 714 |
| 拉脱维亚 | 8863 | 686 |
| 刚果(布) | 6183 | 667 |
| 赞比亚 | 4479 | 666 |

| 国家/地区 | 出口数量（件） | 出口金额（千美元） |
| --- | --- | --- |
| 科特迪瓦 | 10039 | 641 |
| 巴布亚新几内亚 | 6394 | 627 |
| 孟加拉国 | 4350 | 619 |
| 阿根廷 | 22413 | 609 |
| 芬兰 | 17511 | 607 |
| 萨尔瓦多 | 15258 | 595 |
| 多民族玻利维亚国 | 10608 | 590 |
| 牙买加 | 11821 | 577 |
| 贝宁 | 9236 | 575 |
| 希腊 | 17704 | 570 |
| 乌干达 | 4309 | 544 |
| 土耳其 | 12148 | 523 |
| 黎巴嫩 | 3075 | 520 |
| 特立尼达和多巴哥 | 6654 | 517 |
| 几内亚 | 2736 | 517 |
| 尼泊尔联邦民主共和国 | 7295 | 488 |
| 纳米比亚 | 6137 | 481 |
| 土库曼斯坦 | 1902 | 437 |
| 格鲁吉亚 | 5432 | 432 |
| 洪都拉斯 | 7217 | 428 |
| 埃塞俄比亚 | 2836 | 418 |
| 马里 | 3461 | 344 |
| 克罗地亚 | 17372 | 340 |
| 多哥 | 2259 | 327 |
| 毛里求斯 | 2539 | 323 |
| 葡萄牙 | 22401 | 321 |
| 乌兹别克斯坦 | 5753 | 319 |
| 卢旺达 | 18447 | 299 |
| 几内亚比绍 | 2384 | 279 |
| 加蓬 | 2377 | 274 |
| 马达加斯加 | 5042 | 267 |
| 伊朗 | 2643 | 238 |
| 尼加拉瓜 | 4539 | 231 |
| 塔吉克斯坦 | 1205 | 230 |
| 立陶宛 | 8872 | 226 |
| 博茨瓦纳 | 2088 | 217 |
| 挪威 | 1743 | 217 |
| 古巴 | 2138 | 213 |
| 津巴布韦 | 5166 | 211 |
| 海地 | 1019 | 209 |
| 马拉维 | 1086 | 198 |
| 文莱 | 1310 | 187 |
| 南苏丹共和国 | 1006 | 184 |
| 布基纳法索 | 1167 | 177 |
| 毛里塔尼亚 | 947 | 175 |

| 国家/地区 | 出口数量（件） | 出口金额（千美元） |
|---|---|---|
| 朝鲜 | 1542 | 171 |
| 阿富汗 | 2060 | 170 |
| 捷克 | 1134 | 162 |
| 罗马尼亚 | 6057 | 161 |
| 圭亚那 | 798 | 95 |
| 尼日尔 | 624 | 94 |
| 突尼斯 | 1271 | 80 |
| 瑞士 | 1314 | 76 |
| 利比里亚 | 521 | 76 |
| 斯洛文尼亚 | 1696 | 76 |
| 巴巴多斯 | 1543 | 75 |
| 阿尔巴尼亚 | 2148 | 74 |
| 保加利亚 | 959 | 72 |
| 多米尼克 | 379 | 68 |
| 留尼汪 | 1059 | 61 |
| 阿塞拜疆 | 1314 | 61 |
| 匈牙利 | 2939 | 56 |
| 奥地利 | 1220 | 55 |
| 新喀里多尼亚 | 825 | 53 |
| 塞浦路斯 | 329 | 52 |
| 塞尔维亚 | 3829 | 50 |
| 吉尔吉斯斯坦 | 136 | 48 |
| 瓜德罗普 | 875 | 45 |
| 老挝 | 160 | 41 |
| 马提尼克 | 645 | 34 |
| 冈比亚 | 141 | 32 |
| 巴哈马 | 1297 | 28 |
| 塞舌尔 | 194 | 28 |
| 厄立特里亚 | 245 | 26 |
| 巴勒斯坦 | 192 | 25 |
| 波黑 | 151 | 23 |
| 塞拉利昂 | 381 | 22 |
| 苏里南 | 1115 | 21 |
| 萨摩亚 | 128 | 20 |
| 法属圭亚那 | 265 | 19 |
| 亚美尼亚 | 77 | 19 |
| 斐济 | 326 | 17 |
| 汤加 | 61 | 17 |
| 前南马其顿 | 82 | 16 |
| 伯利兹 | 111 | 15 |
| 马尔代夫 | 97 | 15 |
| 黑山 | 1110 | 15 |
| 冰岛 | 61 | 12 |
| 圣文森特和格林纳丁斯 | 353 | 12 |
| 叙利亚 | 62 | 9 |

| 国家/地区 | 出口数量（件） | 出口金额（千美元） |
|---|---|---|
| 圣卢西亚 | 147 | 7 |
| 瓦努阿图 | 61 | 7 |
| 马约特 | 60 | 5 |
| 索马里 | 15 | 4 |
| 斯洛伐克 | 62 | 4 |
| 东帝汶 | 36 | 4 |
| 大洋洲其他国家(地区) | 46 | 4 |
| 白俄罗斯 | 9 | 2 |
| 阿鲁巴 | 1 | 2 |
| 佛得角 | 3 | 0 |

94034000 厨房用木家具

| 国家/地区 | 出口数量（件） | 出口金额（千美元） |
|---|---|---|
| 合计 | 20422195 | 1039086 |
| 美国 | 12778067 | 638347 |
| 英国 | 721166 | 65613 |
| 澳大利亚 | 2099619 | 59459 |
| 日本 | 801637 | 43347 |
| 德国 | 766727 | 36417 |
| 加拿大 | 563831 | 35012 |
| 韩国 | 248665 | 13257 |
| 香港 | 196552 | 11798 |
| 马来西亚 | 150929 | 11662 |
| 法国 | 168055 | 9364 |
| 丹麦 | 121659 | 8357 |
| 新加坡 | 97525 | 8096 |
| 南非 | 54623 | 6921 |
| 沙特阿拉伯 | 93989 | 6619 |
| 瑞典 | 83269 | 4961 |
| 俄罗斯联邦 | 39444 | 4359 |
| 荷兰 | 59142 | 4120 |
| 安哥拉 | 9176 | 4110 |
| 意大利 | 154474 | 3286 |
| 新西兰 | 171181 | 3214 |
| 比利时 | 85163 | 3124 |
| 泰国 | 57397 | 3051 |
| 台湾省 | 103097 | 2767 |
| 西班牙 | 64315 | 2626 |
| 阿联酋 | 30614 | 2463 |
| 印度 | 17659 | 2376 |
| 挪威 | 19791 | 2337 |
| 波兰 | 55787 | 2081 |
| 哈萨克斯坦 | 16576 | 1746 |
| 以色列 | 94248 | 1736 |
| 委内瑞拉 | 12545 | 1676 |
| 菲律宾 | 23902 | 1659 |
| 印度尼西亚 | 13009 | 1649 |

| 国家/地区 | 出口数量（件） | 出口金额（千美元） |
|---|---|---|
| 尼日利亚 | 5881 | 1541 |
| 卡塔尔 | 13474 | 1429 |
| 巴拿马 | 22747 | 1098 |
| 墨西哥 | 16406 | 1092 |
| 蒙古 | 10773 | 1068 |
| 波多黎各 | 17849 | 1012 |
| 牙买加 | 14749 | 974 |
| 赤道几内亚 | 1396 | 931 |
| 利比亚 | 35291 | 892 |
| 加纳 | 7198 | 866 |
| 马耳他 | 4142 | 812 |
| 格鲁吉亚 | 5978 | 797 |
| 乌拉圭 | 10010 | 717 |
| 肯尼亚 | 4568 | 653 |
| 坦桑尼亚 | 6061 | 628 |
| 伊拉克 | 11795 | 621 |
| 智利 | 13760 | 601 |
| 朝鲜 | 4375 | 548 |
| 科威特 | 4597 | 521 |
| 葡萄牙 | 21670 | 478 |
| 土耳其 | 18588 | 477 |
| 巴哈马 | 10255 | 476 |
| 秘鲁 | 16212 | 468 |
| 澳门 | 3780 | 453 |
| 阿尔及利亚 | 10162 | 408 |
| 阿根廷 | 7295 | 402 |
| 哥斯达黎加 | 3774 | 401 |
| 约旦 | 5088 | 382 |
| 伊朗 | 3589 | 371 |
| 拉脱维亚 | 9188 | 343 |
| 马尔代夫 | 3404 | 336 |
| 巴林 | 2427 | 336 |
| 阿塞拜疆 | 2666 | 331 |
| 博茨瓦纳 | 2175 | 311 |
| 黎巴嫩 | 7671 | 296 |
| 莫桑比克 | 2801 | 293 |
| 乌克兰 | 2655 | 270 |
| 巴布亚新几内亚 | 664 | 260 |
| 越南 | 949 | 256 |
| 多米尼加共和国 | 4441 | 254 |
| 哥伦比亚 | 5827 | 254 |
| 特立尼达和多巴哥 | 3392 | 236 |
| 芬兰 | 2843 | 232 |
| 瑞士 | 3332 | 230 |
| 摩洛哥 | 1348 | 226 |

| 国家/地区 | 出口数量（件） | 出口金额（千美元） |
|---|---|---|
| 赞比亚 | 1117 | 219 |
| 埃塞俄比亚 | 5612 | 214 |
| 缅甸 | 1301 | 214 |
| 苏丹 | 1422 | 199 |
| 希腊 | 6895 | 198 |
| 文莱 | 1205 | 196 |
| 留尼汪 | 3077 | 189 |
| 毛里求斯 | 1063 | 188 |
| 乌干达 | 824 | 162 |
| 爱尔兰 | 2501 | 156 |
| 苏里南 | 794 | 148 |
| 罗马尼亚 | 5372 | 144 |
| 奥地利 | 1721 | 144 |
| 刚果(布) | 527 | 140 |
| 阿曼 | 731 | 138 |
| 圭亚那 | 2261 | 129 |
| 斯里兰卡 | 1969 | 124 |
| 埃及 | 1667 | 122 |
| 亚美尼亚 | 524 | 120 |
| 乌兹别克斯坦 | 802 | 106 |
| 巴基斯坦 | 708 | 106 |
| 加蓬 | 1197 | 101 |
| 刚果(金) | 501 | 91 |
| 立陶宛 | 2191 | 89 |
| 乍得 | 478 | 89 |
| 斐济 | 308 | 88 |
| 孟加拉国 | 602 | 85 |
| 巴西 | 3740 | 85 |
| 危地马拉 | 2191 | 84 |
| 塞内加尔 | 321 | 81 |
| 新喀里多尼亚 | 1807 | 81 |
| 开曼群岛 | 2266 | 79 |
| 厄瓜多尔 | 2698 | 77 |
| 圣其茨和尼维斯 | 479 | 73 |
| 索马里 | 851 | 72 |
| 马绍尔群岛 | 32 | 71 |
| 也门 | 194 | 66 |
| 利比里亚 | 1615 | 59 |
| 尼泊尔联邦民主共和国 | 1341 | 55 |
| 马提尼克 | 734 | 55 |
| 科特迪瓦 | 713 | 54 |
| 吉布提 | 62 | 51 |
| 巴巴多斯 | 890 | 50 |
| 安提瓜和巴布达 | 1360 | 47 |
| 荷属安的列斯群岛 | 442 | 45 |

| 国家/地区 | 出口数量（件） | 出口金额（千美元） |
|---|---|---|
| 克罗地亚 | 2175 | 43 |
| 阿富汗 | 96 | 41 |
| 爱沙尼亚 | 854 | 37 |
| 马达加斯加 | 243 | 36 |
| 纳米比亚 | 1345 | 36 |
| 马拉维 | 79 | 34 |
| 海地 | 731 | 33 |
| 黑山 | 1003 | 33 |
| 诺福克岛 | 287 | 30 |
| 斯洛伐克 | 1330 | 30 |
| 柬埔寨 | 97 | 30 |
| 多哥 | 204 | 28 |
| 几内亚 | 629 | 28 |
| 喀麦隆 | 105 | 27 |
| 东帝汶 | 14 | 25 |
| 特克斯和凯科斯群岛 | 540 | 23 |
| 圣文森特和格林纳丁斯 | 383 | 21 |
| 法属波利尼西亚 | 55 | 20 |
| 几内亚比绍 | 47 | 18 |
| 土库曼斯坦 | 48 | 18 |
| 南苏丹共和国 | 104 | 18 |
| 塞浦路斯 | 46 | 18 |
| 多民族玻利维亚国 | 52 | 17 |
| 阿尔巴尼亚 | 78 | 16 |
| 塔吉克斯坦 | 36 | 14 |
| 波黑 | 156 | 13 |
| 贝宁 | 77 | 13 |
| 津巴布韦 | 73 | 12 |
| 斯洛文尼亚 | 72 | 12 |
| 保加利亚 | 46 | 12 |
| 法属圭亚那 | 125 | 11 |
| 冈比亚 | 128 | 11 |
| 突尼斯 | 93 | 10 |
| 塞尔维亚 | 280 | 10 |
| 捷克 | 190 | 10 |
| 洪都拉斯 | 29 | 8 |
| 圣卢西亚 | 16 | 7 |
| 冰岛 | 17 | 5 |
| 尼日尔 | 3 | 3 |
| 巴拉圭 | 10 | 3 |
| 吉尔吉斯斯坦 | 15 | 3 |
| 马里 | 25 | 2 |
| 多米尼克 | 4 | 2 |
| 瓜德罗普 | 20 | 2 |
| 巴勒斯坦 | 16 | 1 |

| 国家/地区 | 出口数量（件） | 出口金额（千美元） |
|---|---|---|
| 瓦努阿图 | 2 | 1 |
| 马约特 | 5 | 1 |
| 毛里塔尼亚 | 15 | 1 |
| 阿鲁巴 | 12 | 1 |
| 94035010 卧室用红木家具 | | |
| 合计 | 789 | 291 |
| 香港 | 495 | 134 |
| 台湾省 | 108 | 103 |
| 法国 | 71 | 21 |
| 澳门 | 61 | 16 |
| 澳大利亚 | 47 | 13 |
| 新加坡 | 7 | 4 |
| 94035091 卧室用漆木家具 | | |
| 合计 | 4984 | 514 |
| 英国 | 994 | 111 |
| 赤道几内亚 | 568 | 107 |
| 德国 | 1925 | 96 |
| 乌克兰 | 61 | 59 |
| 加拿大 | 240 | 47 |
| 美国 | 582 | 41 |
| 日本 | 280 | 30 |
| 澳大利亚 | 323 | 18 |
| 俄罗斯联邦 | 7 | 4 |
| 哈萨克斯坦 | 3 | 1 |
| 尼日利亚 | 1 | 0 |
| 94035099 其他卧室用木家具 | | |
| 合计 | 27584518 | 3059090 |
| 美国 | 5297590 | 859717 |
| 日本 | 2934539 | 224651 |
| 英国 | 2213697 | 219007 |
| 沙特阿拉伯 | 1858457 | 211192 |
| 澳大利亚 | 1878513 | 168594 |
| 韩国 | 968714 | 134383 |
| 阿联酋 | 984823 | 117655 |
| 香港 | 798627 | 112014 |
| 马来西亚 | 588516 | 82302 |
| 德国 | 1277891 | 72755 |
| 加拿大 | 620897 | 57433 |
| 印度尼西亚 | 381270 | 52375 |
| 新加坡 | 318315 | 44691 |
| 利比亚 | 390751 | 39897 |
| 法国 | 761093 | 38516 |
| 俄罗斯联邦 | 269870 | 32333 |
| 印度 | 205223 | 30998 |
| 南非 | 300644 | 30211 |

| 国家/地区 | 出口数量（件） | 出口金额（千美元） |
|---|---|---|
| 伊拉克 | 282014 | 24645 |
| 台湾省 | 187475 | 24553 |
| 荷兰 | 363805 | 23147 |
| 阿曼 | 168995 | 21065 |
| 科威特 | 158229 | 19187 |
| 巴拿马 | 128859 | 19105 |
| 意大利 | 189062 | 17618 |
| 比利时 | 201095 | 17459 |
| 卡塔尔 | 134941 | 16528 |
| 摩洛哥 | 189371 | 15722 |
| 新西兰 | 200629 | 14813 |
| 乌克兰 | 134464 | 14066 |
| 阿尔及利亚 | 137318 | 13750 |
| 泰国 | 88638 | 12687 |
| 乌兹别克斯坦 | 142067 | 11796 |
| 文莱 | 64685 | 11643 |
| 墨西哥 | 90039 | 10597 |
| 以色列 | 124032 | 9912 |
| 西班牙 | 135702 | 9364 |
| 拉脱维亚 | 84684 | 9237 |
| 伊朗 | 95207 | 9020 |
| 菲律宾 | 66388 | 8550 |
| 安哥拉 | 81613 | 8278 |
| 澳门 | 47429 | 7895 |
| 哈萨克斯坦 | 81910 | 7396 |
| 阿塞拜疆 | 68335 | 7383 |
| 苏丹 | 81927 | 7005 |
| 约旦 | 57625 | 6941 |
| 格鲁吉亚 | 73121 | 6742 |
| 智利 | 100608 | 6227 |
| 也门 | 54218 | 5836 |
| 蒙古 | 133263 | 5318 |
| 立陶宛 | 67983 | 5201 |
| 瑞典 | 127534 | 5129 |
| 丹麦 | 99555 | 4702 |
| 波兰 | 76396 | 4526 |
| 委内瑞拉 | 40881 | 4348 |
| 黎巴嫩 | 36467 | 4348 |
| 朝鲜 | 20596 | 4088 |
| 越南 | 18181 | 3843 |
| 巴林 | 31440 | 3740 |
| 马耳他 | 21777 | 3291 |
| 塔吉克斯坦 | 26402 | 2949 |
| 芬兰 | 36596 | 2801 |
| 土耳其 | 26190 | 2713 |
| 挪威 | 43966 | 2512 |
| 坦桑尼亚 | 18313 | 2453 |
| 爱沙尼亚 | 32246 | 2405 |
| 爱尔兰 | 29292 | 2336 |
| 肯尼亚 | 18860 | 2302 |
| 希腊 | 28446 | 2144 |
| 卢旺达 | 1090 | 2088 |
| 厄瓜多尔 | 24496 | 1861 |
| 贝宁 | 9704 | 1860 |
| 缅甸 | 11616 | 1843 |
| 尼日利亚 | 13898 | 1831 |
| 亚美尼亚 | 15910 | 1671 |
| 哥伦比亚 | 22379 | 1670 |
| 乌拉圭 | 15535 | 1631 |
| 索马里 | 12457 | 1621 |
| 埃及 | 14171 | 1621 |
| 土库曼斯坦 | 15032 | 1586 |
| 波多黎各 | 13156 | 1565 |
| 瑞士 | 38970 | 1514 |
| 斯洛文尼亚 | 48493 | 1501 |
| 突尼斯 | 13841 | 1469 |
| 莫桑比克 | 13159 | 1466 |
| 巴西 | 11339 | 1418 |
| 罗马尼亚 | 15114 | 1363 |
| 巴基斯坦 | 15205 | 1256 |
| 巴布亚新几内亚 | 7666 | 1232 |
| 斯里兰卡 | 7075 | 1218 |
| 加纳 | 9629 | 1144 |
| 喀麦隆 | 10713 | 1140 |
| 柬埔寨 | 9515 | 1102 |
| 纳米比亚 | 9969 | 1046 |
| 阿鲁巴 | 2546 | 1040 |
| 秘鲁 | 13814 | 956 |
| 阿尔巴尼亚 | 6577 | 886 |
| 多米尼加共和国 | 4583 | 847 |
| 博茨瓦纳 | 9137 | 842 |
| 几内亚 | 4545 | 820 |
| 塞内加尔 | 8215 | 816 |
| 留尼汪 | 9696 | 758 |
| 塞浦路斯 | 7334 | 738 |
| 哥斯达黎加 | 9079 | 734 |
| 毛里求斯 | 7158 | 717 |
| 葡萄牙 | 12194 | 650 |
| 乍得 | 1932 | 597 |
| 巴哈马 | 3818 | 536 |
| 白俄罗斯 | 1944 | 525 |
| 吉尔吉斯斯坦 | 4297 | 503 |
| 马拉维 | 3151 | 483 |
| 刚果(金) | 3000 | 481 |
| 赤道几内亚 | 4327 | 460 |
| 保加利亚 | 2829 | 457 |
| 吉布提 | 2731 | 435 |
| 刚果(布) | 2716 | 432 |
| 法属波利尼西亚 | 3975 | 419 |
| 马尔代夫 | 3057 | 411 |
| 孟加拉国 | 2984 | 400 |
| 新喀里多尼亚 | 3672 | 384 |
| 老挝 | 3439 | 375 |
| 科特迪瓦 | 4395 | 355 |
| 埃塞俄比亚 | 2574 | 314 |
| 海地 | 1682 | 305 |
| 危地马拉 | 2116 | 294 |
| 赞比亚 | 2109 | 280 |
| 特立尼达和多巴哥 | 2294 | 261 |
| 巴勒斯坦 | 2864 | 250 |
| 克罗地亚 | 3120 | 242 |
| 洪都拉斯 | 1836 | 227 |
| 乌干达 | 1308 | 224 |
| 奥地利 | 1528 | 221 |
| 牙买加 | 582 | 196 |
| 多哥 | 1293 | 195 |
| 萨尔瓦多 | 1750 | 167 |
| 东帝汶 | 1258 | 151 |
| 帕劳 | 115 | 151 |
| 捷克 | 5058 | 149 |
| 塞舌尔 | 356 | 143 |
| 阿富汗 | 587 | 141 |
| 冰岛 | 1849 | 139 |
| 阿根廷 | 4573 | 127 |
| 利比里亚 | 1101 | 126 |
| 斯洛伐克 | 462 | 118 |
| 瓜德罗普 | 993 | 114 |
| 塞尔维亚 | 490 | 114 |
| 法属圭亚那 | 984 | 110 |
| 叙利亚 | 807 | 108 |
| 马里 | 684 | 101 |
| 巴拉圭 | 685 | 96 |
| 圭亚那 | 806 | 86 |
| 黑山 | 450 | 85 |
| 匈牙利 | 2714 | 85 |

| 国家/地区 | 出口数量（件） | 出口金额（千美元） |
|---|---|---|
| 毛里塔尼亚 | 608 | 84 |
| 苏里南 | 971 | 84 |
| 马提尼克 | 1043 | 84 |
| 摩尔多瓦 | 1127 | 82 |
| 尼日尔 | 419 | 69 |
| 津巴布韦 | 506 | 65 |
| 马约特 | 440 | 63 |
| 布基纳法索 | 847 | 62 |
| 多民族玻利维亚国 | 901 | 57 |
| 斐济 | 688 | 47 |
| 荷属安的列斯群岛 | 343 | 41 |
| 几内亚比绍 | 70 | 37 |
| 塞拉利昂 | 788 | 33 |
| 马达加斯加 | 173 | 29 |
| 尼加拉瓜 | 245 | 28 |
| 百慕大 | 148 | 26 |
| 多米尼克 | 143 | 21 |
| 加蓬 | 110 | 18 |
| 尼泊尔联邦民主共和国 | 235 | 18 |
| 冈比亚 | 83 | 13 |
| 厄立特里亚 | 6 | 5 |
| 南苏丹共和国 | 10 | 4 |
| 巴巴多斯 | 5 | 1 |
| 瓦努阿图 | 2 | 1 |
| 萨摩亚 | 3 | 1 |
| 94036010 其他红木家具 | | |
| 合计 | 11517 | 4211 |
| 台湾省 | 1270 | 1907 |
| 日本 | 6214 | 1125 |
| 香港 | 1585 | 254 |
| 美国 | 619 | 238 |
| 新加坡 | 529 | 187 |
| 澳门 | 528 | 132 |
| 比利时 | 18 | 76 |
| 澳大利亚 | 117 | 45 |
| 马来西亚 | 230 | 44 |
| 加拿大 | 76 | 44 |
| 刚果（金） | 88 | 32 |
| 德国 | 47 | 26 |
| 朝鲜 | 20 | 24 |
| 法国 | 13 | 17 |
| 印度尼西亚 | 33 | 15 |
| 巴西 | 9 | 11 |
| 泰国 | 31 | 11 |
| 也门 | 56 | 10 |
| 英国 | 22 | 7 |
| 韩国 | 11 | 5 |
| 伊拉克 | 1 | 1 |
| 94036091 其他漆木家具 | | |
| 合计 | 15373 | 1421 |
| 香港 | 154 | 743 |
| 美国 | 1220 | 133 |
| 日本 | 2087 | 116 |
| 阿尔及利亚 | 1235 | 105 |
| 哈萨克斯坦 | 962 | 93 |
| 荷兰 | 5298 | 82 |
| 加拿大 | 2610 | 32 |
| 墨西哥 | 236 | 21 |
| 英国 | 340 | 17 |
| 法国 | 50 | 15 |
| 新加坡 | 52 | 12 |
| 吉尔吉斯斯坦 | 120 | 11 |
| 越南 | 171 | 11 |
| 德国 | 356 | 8 |
| 赤道几内亚 | 84 | 8 |
| 台湾省 | 115 | 6 |
| 马来西亚 | 154 | 6 |
| 澳大利亚 | 118 | 3 |
| 印度尼西亚 | 11 | 1 |
| 94036099 未列名木家具 | | |
| 合计 | 133621079 | 7381312 |
| 美国 | 40771066 | 2135385 |
| 马来西亚 | 3634398 | 479257 |
| 日本 | 12133489 | 414470 |
| 香港 | 3373570 | 397482 |
| 阿联酋 | 2902712 | 363784 |
| 新加坡 | 2148975 | 290151 |
| 英国 | 7782001 | 277862 |
| 德国 | 7231429 | 257643 |
| 加拿大 | 4957745 | 237012 |
| 澳大利亚 | 5210993 | 222364 |
| 巴拿马 | 1598411 | 217381 |
| 法国 | 5665593 | 198301 |
| 文莱 | 1250734 | 195167 |
| 沙特阿拉伯 | 1816282 | 121354 |
| 泰国 | 1069911 | 120780 |
| 印度尼西亚 | 1008779 | 95865 |
| 韩国 | 1486138 | 84370 |
| 荷兰 | 4793490 | 82101 |
| 南非 | 983475 | 81710 |
| 墨西哥 | 1147679 | 69696 |
| 比利时 | 1861590 | 65458 |
| 瑞典 | 1593246 | 63841 |
| 印度 | 642548 | 58808 |
| 台湾省 | 683071 | 56479 |
| 丹麦 | 1236364 | 53548 |
| 俄罗斯联邦 | 734894 | 52455 |
| 意大利 | 1806234 | 45181 |
| 西班牙 | 1665100 | 45091 |
| 波兰 | 781229 | 27768 |
| 智利 | 1030692 | 26503 |
| 新西兰 | 685019 | 22997 |
| 挪威 | 468510 | 22302 |
| 摩洛哥 | 227459 | 21668 |
| 澳门 | 179650 | 20435 |
| 科威特 | 254296 | 19614 |
| 菲律宾 | 385728 | 19038 |
| 卡塔尔 | 142312 | 16444 |
| 巴西 | 361914 | 16159 |
| 以色列 | 364096 | 15746 |
| 安哥拉 | 317158 | 15326 |
| 越南 | 116749 | 15207 |
| 乌克兰 | 227060 | 13702 |
| 利比亚 | 221710 | 13249 |
| 阿曼 | 112572 | 10902 |
| 土耳其 | 291834 | 10260 |
| 阿尔及利亚 | 346361 | 10106 |
| 芬兰 | 167787 | 9437 |
| 委内瑞拉 | 160691 | 9419 |
| 贝宁 | 60732 | 8985 |
| 哥伦比亚 | 439813 | 8745 |
| 拉脱维亚 | 185664 | 8124 |
| 伊拉克 | 141012 | 7568 |
| 坦桑尼亚 | 89135 | 7561 |
| 哈萨克斯坦 | 77129 | 7516 |
| 伊朗 | 201896 | 7138 |
| 乌拉圭 | 114293 | 7003 |
| 秘鲁 | 270920 | 6803 |
| 阿塞拜疆 | 67125 | 6633 |
| 格鲁吉亚 | 74426 | 6312 |
| 瑞士 | 213163 | 6310 |
| 老挝 | 41480 | 6180 |
| 约旦 | 80009 | 6137 |
| 波多黎各 | 125451 | 5907 |
| 乌兹别克斯坦 | 72491 | 5841 |

| 国家/地区 | 出口数量（件） | 出口金额（千美元） |
|---|---|---|
| 希腊 | 350827 | 5634 |
| 黎巴嫩 | 51941 | 5563 |
| 葡萄牙 | 165253 | 4559 |
| 巴林 | 63082 | 4366 |
| 阿根廷 | 181754 | 4293 |
| 蒙古 | 56284 | 4214 |
| 爱尔兰 | 135429 | 4180 |
| 莫桑比克 | 46721 | 4071 |
| 肯尼亚 | 98272 | 4068 |
| 奥地利 | 103991 | 4016 |
| 罗马尼亚 | 75169 | 3544 |
| 斯洛文尼亚 | 138806 | 3461 |
| 尼日利亚 | 36894 | 3420 |
| 捷克 | 112264 | 3416 |
| 多米尼加共和国 | 43242 | 3375 |
| 巴哈马 | 22277 | 3244 |
| 厄瓜多尔 | 174673 | 3093 |
| 缅甸 | 27965 | 3077 |
| 加纳 | 85451 | 3066 |
| 突尼斯 | 59995 | 2985 |
| 马耳他 | 40940 | 2954 |
| 苏丹 | 73072 | 2903 |
| 柬埔寨 | 20202 | 2898 |
| 埃及 | 40004 | 2672 |
| 亚美尼亚 | 27716 | 2610 |
| 也门 | 107624 | 2476 |
| 克罗地亚 | 63367 | 2438 |
| 阿尔巴尼亚 | 22351 | 2313 |
| 立陶宛 | 78226 | 2267 |
| 乌干达 | 11612 | 2220 |
| 马拉维 | 14411 | 2135 |
| 巴基斯坦 | 25114 | 1841 |
| 爱沙尼亚 | 34588 | 1830 |
| 土库曼斯坦 | 27874 | 1738 |
| 孟加拉国 | 12798 | 1463 |
| 哥斯达黎加 | 55510 | 1443 |
| 保加利亚 | 37576 | 1432 |
| 留尼汪 | 30632 | 1404 |
| 喀麦隆 | 25718 | 1313 |
| 巴布亚新几内亚 | 14616 | 1244 |
| 匈牙利 | 59269 | 1242 |
| 毛里求斯 | 13456 | 1233 |
| 几内亚 | 9742 | 1211 |
| 危地马拉 | 22628 | 1192 |
| 朝鲜 | 28784 | 1103 |

| 国家/地区 | 出口数量（件） | 出口金额（千美元） |
|---|---|---|
| 阿鲁巴 | 4187 | 1090 |
| 塞内加尔 | 8669 | 1036 |
| 塞浦路斯 | 21167 | 1022 |
| 纳米比亚 | 24900 | 996 |
| 斯里兰卡 | 8132 | 990 |
| 赞比亚 | 5956 | 837 |
| 洪都拉斯 | 7136 | 795 |
| 新喀里多尼亚 | 15984 | 788 |
| 斯洛伐克 | 20258 | 788 |
| 圭亚那 | 2687 | 779 |
| 吉布提 | 24745 | 761 |
| 牙买加 | 6789 | 743 |
| 特立尼达和多巴哥 | 15730 | 696 |
| 赤道几内亚 | 4490 | 606 |
| 塔吉克斯坦 | 6384 | 561 |
| 塞尔维亚 | 11379 | 554 |
| 刚果(金) | 4798 | 507 |
| 马尔代夫 | 5501 | 498 |
| 东帝汶 | 3548 | 458 |
| 吉尔吉斯斯坦 | 4876 | 458 |
| 多民族玻利维亚国 | 5494 | 417 |
| 科特迪瓦 | 4437 | 410 |
| 多哥 | 11283 | 398 |
| 马达加斯加 | 18499 | 389 |
| 巴拉圭 | 6071 | 386 |
| 博茨瓦纳 | 10986 | 348 |
| 巴勒斯坦 | 6300 | 345 |
| 法属波利尼西亚 | 8016 | 341 |
| 埃塞俄比亚 | 1702 | 329 |
| 海地 | 7574 | 326 |
| 萨尔瓦多 | 4480 | 312 |
| 苏里南 | 6458 | 304 |
| 利比里亚 | 13241 | 266 |
| 巴巴多斯 | 1825 | 254 |
| 古巴 | 10799 | 254 |
| 索马里 | 8828 | 246 |
| 乍得 | 804 | 237 |
| 黑山 | 6499 | 230 |
| 前南马其顿 | 1013. | 228 |
| 白俄罗斯 | 4370 | 199 |
| 马提尼克 | 2726 | 198 |
| 刚果(布) | 9797 | 193 |
| 尼泊尔联邦民主共和国 | 1624 | 186 |
| 冰岛 | 5776 | 182 |
| 法属圭亚那 | 2610 | 162 |

| 国家/地区 | 出口数量（件） | 出口金额（千美元） |
|---|---|---|
| 瓜德罗普 | 2239 | 156 |
| 毛里塔尼亚 | 9408 | 140 |
| 斐济 | 1928 | 138 |
| 马里 | 1644 | 131 |
| 布基纳法索 | 1653 | 116 |
| 波黑 | 2261 | 114 |
| 津巴布韦 | 1955 | 114 |
| 尼加拉瓜 | 1859 | 100 |
| 加蓬 | 847 | 94 |
| 南苏丹共和国 | 1591 | 91 |
| 列支敦士登 | 1094 | 79 |
| 阿富汗 | 585 | 69 |
| 冈比亚 | 967 | 67 |
| 荷属安的列斯群岛 | 190 | 57 |
| 马约特 | 1020 | 53 |
| 莱索托 | 1799 | 52 |
| 塞舌尔 | 220 | 40 |
| 塞拉利昂 | 168 | 39 |
| 百慕大 | 592 | 31 |
| 尼日尔 | 610 | 29 |
| 伯利兹 | 111 | 29 |
| 安提瓜和巴布达 | 195 | 26 |
| 多米尼克 | 820 | 25 |
| 大洋洲其他国家(地区) | 118 | 25 |
| 摩尔多瓦 | 821 | 25 |
| 萨摩亚 | 1275 | 24 |
| 瓦努阿图 | 191 | 23 |
| 厄立特里亚 | 60 | 17 |
| 佛得角 | 400 | 16 |
| 圣马丁岛 | 3 | 10 |
| 圣卢西亚 | 1 | 8 |
| 开曼群岛 | 2 | 8 |
| 汤加 | 217 | 5 |
| 卢旺达 | 39 | 3 |
| 叙利亚 | 29 | 1 |
| 库克群岛 | 36 | 1 |

**木家具进口量值表**

| 国家/地区 | 进口数量（个） | 进口金额（千美元） |
|---|---|---|
| 94016110 皮革或再生皮革面的带软垫的木框架坐具 | | |
| 合计 | 67790 | 46709 |
| 意大利 | 16599 | 27743 |
| 美国 | 3359 | 4692 |

| 国家/地区 | 进口数量（个） | 进口金额（千美元） |
|---|---|---|
| 挪威 | 1609 | 2340 |
| 德国 | 1479 | 1789 |
| 印度尼西亚 | 17532 | 1659 |
| 中华人民共和国 | 3484 | 1564 |
| 越南 | 6918 | 1058 |
| 波兰 | 930 | 976 |
| 墨西哥 | 793 | 891 |
| 泰国 | 2089 | 817 |
| 法国 | 309 | 525 |
| 瑞士 | 67 | 414 |
| 波黑 | 4958 | 368 |
| 丹麦 | 402 | 200 |
| 瑞典 | 103 | 190 |
| 日本 | 3190 | 183 |
| 英国 | 106 | 178 |
| 奥地利 | 82 | 157 |
| 西班牙 | 99 | 137 |
| 台湾省 | 244 | 98 |
| 马来西亚 | 1454 | 96 |
| 比利时 | 341 | 86 |
| 荷兰 | 285 | 82 |
| 印度 | 286 | 74 |
| 韩国 | 267 | 69 |
| 罗马尼亚 | 183 | 60 |
| 菲律宾 | 165 | 49 |
| 葡萄牙 | 66 | 37 |
| 澳大利亚 | 67 | 37 |
| 立陶宛 | 49 | 31 |
| 新西兰 | 22 | 26 |
| 加拿大 | 101 | 20 |
| 澳门 | 21 | 20 |
| 土耳其 | 43 | 18 |
| 香港 | 46 | 10 |
| 新加坡 | 17 | 10 |
| 埃及 | 9 | 3 |
| 斯洛文尼亚 | 2 | 1 |
| 摩洛哥 | 9 | 1 |
| 阿联酋 | 1 | 1 |
| 爱尔兰 | 4 | 1 |
| 94016190 其他带软垫的木框架坐具 | | |
| 合计 | 209109 | 56019 |
| 意大利 | 12247 | 21024 |
| 美国 | 15552 | 14523 |
| 中华人民共和国 | 35962 | 4902 |
| 越南 | 60952 | 3911 |

| 国家/地区 | 进口数量（个） | 进口金额（千美元） |
|---|---|---|
| 印度尼西亚 | 7674 | 1907 |
| 法国 | 1784 | 1555 |
| 波兰 | 8615 | 1322 |
| 英国 | 2817 | 1167 |
| 马来西亚 | 33736 | 981 |
| 德国 | 979 | 753 |
| 日本 | 6139 | 444 |
| 西班牙 | 623 | 435 |
| 比利时 | 2407 | 337 |
| 罗马尼亚 | 7999 | 308 |
| 泰国 | 1324 | 269 |
| 丹麦 | 665 | 252 |
| 瑞典 | 226 | 224 |
| 台湾省 | 3233 | 204 |
| 荷兰 | 1979 | 181 |
| 菲律宾 | 662 | 167 |
| 墨西哥 | 127 | 156 |
| 葡萄牙 | 387 | 117 |
| 新加坡 | 209 | 106 |
| 加拿大 | 183 | 100 |
| 澳大利亚 | 247 | 99 |
| 瑞士 | 321 | 83 |
| 埃及 | 407 | 68 |
| 印度 | 485 | 61 |
| 新西兰 | 58 | 59 |
| 韩国 | 359 | 57 |
| 香港 | 108 | 46 |
| 斯里兰卡 | 11 | 42 |
| 土耳其 | 212 | 39 |
| 斯洛文尼亚 | 4 | 23 |
| 匈牙利 | 51 | 19 |
| 黎巴嫩 | 6 | 12 |
| 奥地利 | 14 | 12 |
| 阿联酋 | 116 | 11 |
| 巴基斯坦 | 61 | 9 |
| 挪威 | 23 | 8 |
| 哥伦比亚 | 2 | 5 |
| 莫桑比克 | 8 | 5 |
| 南非 | 43 | 5 |
| 立陶宛 | 10 | 4 |
| 保加利亚 | 56 | 2 |
| 洪都拉斯 | 6 | 2 |
| 芬兰 | 4 | 2 |
| 爱尔兰 | 6 | 2 |
| 捷克 | 2 | 1 |

| 国家/地区 | 进口数量（件） | 进口金额（千美元） |
|---|---|---|
| 克罗地亚 | 8 | 0 |
| 94016900 其他木框架坐具 | | |
| 合计 | 1255430 | 93775 |
| 越南 | 671161 | 70896 |
| 印度尼西亚 | 83263 | 7036 |
| 泰国 | 136552 | 2728 |
| 意大利 | 6781 | 1865 |
| 中华人民共和国 | 43994 | 1462 |
| 罗马尼亚 | 84085 | 1406 |
| 马来西亚 | 128249 | 1383 |
| 老挝 | 10064 | 1192 |
| 波兰 | 28514 | 1077 |
| 保加利亚 | 24603 | 666 |
| 柬埔寨 | 1963 | 566 |
| 丹麦 | 5228 | 448 |
| 美国 | 1456 | 427 |
| 法国 | 407 | 360 |
| 瑞典 | 3073 | 286 |
| 德国 | 607 | 178 |
| 立陶宛 | 3964 | 163 |
| 台湾省 | 3793 | 159 |
| 俄罗斯联邦 | 3985 | 140 |
| 菲律宾 | 1058 | 120 |
| 印度 | 2394 | 116 |
| 西班牙 | 771 | 104 |
| 挪威 | 91 | 102 |
| 芬兰 | 294 | 98 |
| 荷兰 | 981 | 97 |
| 英国 | 453 | 91 |
| 比利时 | 709 | 85 |
| 日本 | 537 | 71 |
| 洪都拉斯 | 386 | 62 |
| 韩国 | 248 | 44 |
| 瑞士 | 147 | 38 |
| 斯洛文尼亚 | 595 | 36 |
| 新加坡 | 91 | 33 |
| 埃及 | 157 | 32 |
| 匈牙利 | 1502 | 32 |
| 波黑 | 1848 | 31 |
| 奥地利 | 29 | 30 |
| 新西兰 | 80 | 29 |
| 加拿大 | 325 | 24 |
| 多哥 | 84 | 9 |
| 爱尔兰 | 21 | 8 |
| 巴基斯坦 | 167 | 8 |

| 国家/地区 | 进口数量（件） | 进口金额（千美元） |
|---|---|---|
| 葡萄牙 | 39 | 7 |
| 澳大利亚 | 58 | 5 |
| 古巴 | 19 | 4 |
| 香港 | 36 | 3 |
| 伊朗 | 5 | 3 |
| 南非 | 43 | 3 |
| 爱沙尼亚 | 22 | 3 |
| 尼泊尔联邦民主共和国 | 237 | 2 |
| 捷克 | 28 | 2 |
| 莫桑比克 | 18 | 2 |
| 土耳其 | 85 | 2 |
| 哥斯达黎加 | 6 | 1 |
| 斯洛伐克 | 4 | 1 |
| 喀麦隆 | 112 | 1 |
| 斯里兰卡 | 8 | 1 |
| 94033000 办公室用木家具 | | |
| 合计 | 320355 | 25199 |
| 波兰 | 69660 | 5348 |
| 意大利 | 14175 | 3188 |
| 斯洛伐克 | 20538 | 2970 |
| 德国 | 39790 | 2893 |
| 葡萄牙 | 49122 | 2284 |
| 立陶宛 | 24349 | 1380 |
| 泰国 | 87729 | 1368 |
| 美国 | 1662 | 994 |
| 马来西亚 | 2981 | 704 |
| 加拿大 | 56 | 519 |
| 中华人民共和国 | 1070 | 387 |
| 丹麦 | 815 | 305 |
| 日本 | 1074 | 295 |
| 瑞士 | 58 | 281 |
| 老挝 | 756 | 280 |
| 越南 | 917 | 211 |
| 印度尼西亚 | 394 | 205 |
| 瑞典 | 220 | 195 |
| 英国 | 337 | 181 |
| 韩国 | 418 | 169 |
| 澳大利亚 | 213 | 165 |
| 奥地利 | 205 | 162 |
| 法国 | 150 | 119 |
| 捷克 | 1680 | 107 |
| 台湾省 | 751 | 105 |
| 新加坡 | 83 | 58 |
| 比利时 | 101 | 53 |
| 香港 | 381 | 40 |
| 菲律宾 | 78 | 37 |
| 匈牙利 | 19 | 34 |
| 新西兰 | 23 | 24 |
| 西班牙 | 75 | 22 |
| 挪威 | 23 | 18 |
| 荷兰 | 57 | 14 |
| 印度 | 86 | 12 |
| 柬埔寨 | 7 | 11 |
| 巴西 | 3 | 11 |
| 巴基斯坦 | 46 | 11 |
| 墨西哥 | 13 | 9 |
| 沙特阿拉伯 | 13 | 7 |
| 埃及 | 4 | 6 |
| 土耳其 | 121 | 5 |
| 澳门 | 17 | 3 |
| 俄罗斯联邦 | 37 | 3 |
| 圣马力诺 | 8 | 3 |
| 伊朗 | 10 | 2 |
| 津巴布韦 | 19 | 1 |
| 约旦 | 1 | 1 |
| 罗马尼亚 | 4 | 0 |
| 尼泊尔联邦民主共和国 | 6 | 0 |
| 94034000 厨房用木家具 | | |
| 合计 | 453054 | 112022 |
| 德国 | 337197 | 87020 |
| 意大利 | 51972 | 16376 |
| 越南 | 13507 | 2938 |
| 立陶宛 | 16732 | 852 |
| 印度尼西亚 | 2897 | 501 |
| 法国 | 572 | 435 |
| 罗马尼亚 | 3037 | 435 |
| 比利时 | 908 | 402 |
| 中华人民共和国 | 1757 | 294 |
| 美国 | 292 | 268 |
| 波兰 | 2089 | 265 |
| 澳大利亚 | 188 | 238 |
| 日本 | 914 | 237 |
| 老挝 | 758 | 213 |
| 瑞典 | 5202 | 207 |
| 马来西亚 | 2451 | 155 |
| 西班牙 | 119 | 155 |
| 韩国 | 6298 | 126 |
| 荷兰 | 532 | 109 |
| 斯洛文尼亚 | 3901 | 108 |
| 台湾省 | 111 | 93 |
| 菲律宾 | 101 | 86 |
| 丹麦 | 64 | 78 |
| 柬埔寨 | 160 | 71 |
| 英国 | 39 | 51 |
| 奥地利 | 29 | 49 |
| 加拿大 | 187 | 45 |
| 泰国 | 161 | 41 |
| 葡萄牙 | 21 | 36 |
| 新加坡 | 11 | 25 |
| 匈牙利 | 306 | 23 |
| 印度 | 86 | 16 |
| 香港 | 89 | 16 |
| 埃及 | 9 | 11 |
| 圣马力诺 | 108 | 10 |
| 挪威 | 2 | 8 |
| 新西兰 | 5 | 6 |
| 土耳其 | 155 | 5 |
| 斯里兰卡 | 5 | 5 |
| 澳门 | 2 | 5 |
| 南非 | 6 | 4 |
| 瑞士 | 2 | 3 |
| 尼泊尔联邦民主共和国 | 64 | 2 |
| 巴西 | 5 | 2 |
| 俄罗斯联邦 | 3 | 1 |
| 94035010 卧室用红木家具 | | |
| 合计 | 30742 | 8976 |
| 越南 | 29920 | 8545 |
| 老挝 | 494 | 258 |
| 柬埔寨 | 97 | 51 |
| 意大利 | 22 | 35 |
| 韩国 | 62 | 21 |
| 美国 | 55 | 17 |
| 瑞典 | 4 | 11 |
| 马来西亚 | 3 | 10 |
| 印度尼西亚 | 57 | 9 |
| 泰国 | 4 | 7 |
| 莫桑比克 | 8 | 5 |
| 中华人民共和国 | 2 | 3 |
| 爱尔兰 | 7 | 3 |
| 日本 | 1 | 2 |
| 加拿大 | 6 | 1 |
| 94035091 卧室用漆木家具 | | |
| 合计 | 512 | 333 |
| 瑞典 | 9 | 119 |
| 意大利 | 47 | 103 |

| 国家/地区 | 进口数量（件） | 进口金额（千美元） |
|---|---|---|
| 德国 | 7 | 37 |
| 越南 | 170 | 36 |
| 美国 | 26 | 12 |
| 加拿大 | 9 | 11 |
| 香港 | 10 | 6 |
| 英国 | 1 | 3 |
| 菲律宾 | 2 | 2 |
| 老挝 | 6 | 2 |
| 阿联酋 | 6 | 1 |
| 巴基斯坦 | 219 | 1 |
| 94035099 其他卧室用木家具 | | |
| 合计 | 679027 | 93653 |
| 意大利 | 107779 | 26273 |
| 波兰 | 212339 | 13582 |
| 越南 | 93488 | 11445 |
| 斯洛伐克 | 33004 | 6382 |
| 美国 | 5361 | 4724 |
| 瑞典 | 26786 | 3956 |
| 中国 | 30054 | 3805 |
| 印度尼西亚 | 16924 | 3517 |
| 德国 | 8206 | 3192 |
| 泰国 | 23282 | 2024 |
| 立陶宛 | 22250 | 1759 |
| 罗马尼亚 | 23699 | 1564 |
| 马来西亚 | 5925 | 1296 |
| 比利时 | 3136 | 1262 |
| 法国 | 1603 | 1110 |
| 巴西 | 11139 | 820 |
| 丹麦 | 9559 | 774 |
| 菲律宾 | 818 | 766 |
| 葡萄牙 | 522 | 662 |
| 爱沙尼亚 | 8225 | 550 |
| 英国 | 197 | 515 |
| 西班牙 | 967 | 382 |
| 拉脱维亚 | 3408 | 357 |
| 波黑 | 11138 | 351 |
| 克罗地亚 | 1912 | 332 |
| 荷兰 | 973 | 322 |
| 台湾省 | 3281 | 294 |
| 韩国 | 1350 | 286 |
| 瑞士 | 214 | 243 |
| 日本 | 7594 | 194 |
| 老挝 | 1077 | 175 |
| 印度 | 634 | 105 |
| 奥地利 | 78 | 91 |

| 国家/地区 | 进口数量（件） | 进口金额（千美元） |
|---|---|---|
| 柬埔寨 | 409 | 73 |
| 加拿大 | 246 | 65 |
| 挪威 | 63 | 50 |
| 希腊 | 96 | 50 |
| 斯洛文尼亚 | 255 | 41 |
| 澳大利亚 | 98 | 41 |
| 埃及 | 96 | 38 |
| 斯里兰卡 | 19 | 35 |
| 香港 | 81 | 29 |
| 土耳其 | 175 | 24 |
| 圣马力诺 | 33 | 18 |
| 洪都拉斯 | 33 | 13 |
| 巴基斯坦 | 125 | 11 |
| 匈牙利 | 7 | 9 |
| 保加利亚 | 100 | 8 |
| 古巴 | 11 | 5 |
| 哥伦比亚 | 1 | 5 |
| 莫桑比克 | 8 | 5 |
| 新加坡 | 28 | 4 |
| 新西兰 | 38 | 4 |
| 尼泊尔联邦民主共和国 | 151 | 4 |
| 阿联酋 | 4 | 3 |
| 南非 | 8 | 3 |
| 马达加斯加 | 3 | 1 |
| 捷克 | 10 | 1 |
| 墨西哥 | 1 | 1 |
| 东帝汶 | 4 | 1 |
| 沙特阿拉伯 | 2 | 0 |
| 94036010 其他红木家具 | | |
| 合计 | 128121 | 16211 |
| 越南 | 121224 | 13958 |
| 印度尼西亚 | 2344 | 882 |
| 老挝 | 3371 | 740 |
| 中华人民共和国 | 372 | 122 |
| 柬埔寨 | 379 | 109 |
| 意大利 | 33 | 106 |
| 泰国 | 80 | 81 |
| 马来西亚 | 50 | 66 |
| 台湾省 | 161 | 35 |
| 英国 | 11 | 29 |
| 美国 | 12 | 29 |
| 加拿大 | 3 | 11 |
| 法国 | 5 | 10 |
| 菲律宾 | 2 | 9 |
| 莫桑比克 | 10 | 7 |

| 国家/地区 | 进口数量（件） | 进口金额（千美元） |
|---|---|---|
| 德国 | 1 | 6 |
| 日本 | 17 | 4 |
| 韩国 | 13 | 3 |
| 多哥 | 21 | 2 |
| 新加坡 | 10 | 2 |
| 印度 | 2 | 0 |
| 94036091 其他漆木家具 | | |
| 合计 | 1385 | 14316 |
| 法国 | 246 | 13797 |
| 意大利 | 110 | 242 |
| 越南 | 108 | 51 |
| 菲律宾 | 47 | 43 |
| 老挝 | 179 | 30 |
| 中国 | 18 | 26 |
| 香港 | 83 | 25 |
| 荷兰 | 95 | 15 |
| 波兰 | 6 | 10 |
| 印度尼西亚 | 144 | 9 |
| 美国 | 51 | 8 |
| 德国 | 21 | 8 |
| 韩国 | 50 | 7 |
| 台湾省 | 8 | 6 |
| 斯洛文尼亚 | 9 | 5 |
| 澳门 | 5 | 5 |
| 马来西亚 | 6 | 4 |
| 尼泊尔联邦民主共和国 | 90 | 4 |
| 日本 | 1 | 4 |
| 泰国 | 55 | 3 |
| 缅甸 | 2 | 3 |
| 瑞士 | 2 | 2 |
| 阿联酋 | 16 | 2 |
| 加拿大 | 2 | 2 |
| 比利时 | 17 | 2 |
| 印度 | 8 | 1 |
| 新加坡 | 4 | 1 |
| 巴基斯坦 | 1 | 1 |
| 奥地利 | 1 | 0 |
| 94036099 未列名木家具 | | |
| 合计 | 4238251 | 240645 |
| 意大利 | 322047 | 54039 |
| 波兰 | 1180933 | 33097 |
| 泰国 | 503541 | 20435 |
| 越南 | 437377 | 14455 |
| 中国 | 81343 | 11504 |
| 瑞典 | 254716 | 11019 |

| 国家/地区 | 进口数量(件) | 进口金额(千美元) |
|---|---|---|
| 葡萄牙 | 253911 | 10242 |
| 德国 | 54378 | 9883 |
| 印度尼西亚 | 91258 | 9468 |
| 立陶宛 | 212105 | 8815 |
| 斯洛伐克 | 86091 | 8683 |
| 美国 | 9285 | 8399 |
| 马来西亚 | 238845 | 5651 |
| 台湾省 | 45141 | 3714 |
| 俄罗斯联邦 | 66865 | 3107 |
| 捷克 | 75830 | 2903 |
| 菲律宾 | 5425 | 2902 |
| 法国 | 2006 | 2705 |
| 拉脱维亚 | 72451 | 2046 |
| 丹麦 | 15598 | 1646 |
| 加拿大 | 65941 | 1585 |
| 比利时 | 3350 | 1215 |
| 斯洛文尼亚 | 42618 | 1187 |
| 波黑 | 43411 | 1113 |
| 巴西 | 11225 | 1081 |
| 西班牙 | 1640 | 1056 |
| 英国 | 1766 | 999 |
| 罗马尼亚 | 17160 | 970 |
| 印度 | 9850 | 930 |
| 荷兰 | 2169 | 775 |
| 日本 | 5917 | 765 |
| 保加利亚 | 5086 | 740 |
| 奥地利 | 535 | 710 |
| 韩国 | 5484 | 691 |
| 克罗地亚 | 3931 | 450 |
| 老挝 | 2773 | 391 |
| 瑞士 | 197 | 264 |
| 新加坡 | 281 | 145 |
| 埃及 | 387 | 142 |
| 香港 | 1056 | 103 |
| 匈牙利 | 508 | 92 |
| 澳大利亚 | 180 | 79 |
| 挪威 | 279 | 79 |
| 柬埔寨 | 179 | 66 |
| 巴基斯坦 | 1906 | 56 |
| 土耳其 | 181 | 47 |
| 新西兰 | 49 | 46 |
| 爱沙尼亚 | 398 | 40 |
| 哥伦比亚 | 5 | 18 |
| 墨西哥 | 20 | 17 |
| 摩洛哥 | 30 | 10 |
| 阿联酋 | 5 | 10 |
| 黎巴嫩 | 4 | 10 |
| 洪都拉斯 | 19 | 9 |
| 尼泊尔联邦民主共和国 | 432 | 8 |
| 国别(地区)不详 | 11 | 8 |
| 莫桑比克 | 10 | 7 |
| 南非 | 53 | 6 |
| 斯里兰卡 | 9 | 4 |
| 以色列 | 1 | 3 |
| 坦桑尼亚 | 10 | 2 |
| 巴拿马 | 5 | 2 |
| 芬兰 | 5 | 2 |
| 沙特阿拉伯 | 5 | 1 |
| 伊朗 | 8 | 1 |
| 爱尔兰 | 9 | 1 |
| 缅甸 | 7 | 1 |

## 木制品出口量值表

| 国家/地区 | 出口数量(千克) | 出口金额(千美元) |
|---|---|---|
| 44091010 任一边、端或面制成连续形状针叶木地板条 | | |
| 合计 | 6473536 | 14631 |
| 日本 | 4037560 | 12391 |
| 美国 | 761424 | 1175 |
| 韩国 | 805400 | 491 |
| 加拿大 | 681306 | 414 |
| 英国 | 76000 | 41 |
| 澳大利亚 | 20735 | 35 |
| 德国 | 51000 | 31 |
| 秘鲁 | 10170 | 25 |
| 新加坡 | 11236 | 20 |
| 新西兰 | 17500 | 8 |
| 香港 | 1205 | 1 |
| 44092910 其他任一边、端或面成连续状非针叶木地板条 | | |
| 合计 | 199826597 | 291625 |
| 美国 | 71483805 | 106518 |
| 日本 | 39194043 | 52603 |
| 加拿大 | 27530000 | 39776 |
| 英国 | 25332677 | 37501 |
| 俄罗斯联邦 | 7204416 | 13052 |
| 韩国 | 6324283 | 7090 |
| 澳大利亚 | 5049954 | 6739 |
| 法国 | 4362485 | 6621 |
| 比利时 | 3997543 | 5654 |
| 新加坡 | 1130171 | 3655 |
| 香港 | 1735352 | 2171 |
| 德国 | 854211 | 1169 |
| 波兰 | 637114 | 1053 |
| 印度 | 520123 | 877 |
| 荷兰 | 428225 | 573 |
| 阿联酋 | 283981 | 491 |
| 意大利 | 228005 | 443 |
| 爱尔兰 | 319318 | 406 |
| 乌克兰 | 176717 | 378 |
| 菲律宾 | 275630 | 368 |
| 刚果(布) | 71550 | 366 |
| 斯洛文尼亚 | 207672 | 306 |
| 格鲁吉亚 | 173166 | 298 |
| 西班牙 | 166406 | 243 |
| 台湾省 | 210930 | 225 |
| 泰国 | 131244 | 220 |
| 土耳其 | 139446 | 220 |
| 巴基斯坦 | 104913 | 217 |
| 肯尼亚 | 95198 | 189 |
| 保加利亚 | 170405 | 169 |
| 印度尼西亚 | 66125 | 160 |
| 哈萨克斯坦 | 34160 | 140 |
| 伊朗 | 108690 | 115 |
| 塔吉克斯坦 | 63680 | 113 |
| 克罗地亚 | 53255 | 110 |
| 瑞典 | 71537 | 99 |
| 土库曼斯坦 | 121330 | 95 |
| 黎巴嫩 | 38240 | 94 |
| 墨西哥 | 49919 | 93 |
| 芬兰 | 38198 | 92 |
| 新西兰 | 72587 | 78 |
| 特立尼达和多巴哥 | 41100 | 62 |
| 卡塔尔 | 39291 | 56 |
| 马来西亚 | 32971 | 55 |
| 阿尔巴尼亚 | 36341 | 54 |
| 缅甸 | 27706 | 48 |
| 阿根廷 | 34000 | 48 |
| 孟加拉国 | 35321 | 45 |
| 罗马尼亚 | 36700 | 44 |
| 以色列 | 24203 | 44 |
| 巴拿马 | 37483 | 36 |
| 丹麦 | 10898 | 36 |
| 葡萄牙 | 28090 | 36 |

| 国家/地区 | 出口数量（千克） | 出口金额（千美元） |
|---|---|---|
| 埃塞俄比亚 | 17000 | 35 |
| 沙特阿拉伯 | 22432 | 32 |
| 立陶宛 | 22800 | 27 |
| 莫桑比克 | 7000 | 24 |
| 新喀里多尼亚 | 19600 | 23 |
| 尼日利亚 | 16415 | 20 |
| 澳门 | 19223 | 19 |
| 厄瓜多尔 | 19030 | 19 |
| 阿塞拜疆 | 5348 | 17 |
| 巴哈马 | 10700 | 14 |
| 捷克 | 6800 | 12 |
| 斯洛伐克 | 7750 | 11 |
| 智利 | 2210 | 6 |
| 多米尼克 | 1550 | 6 |
| 哥斯达黎加 | 3490 | 6 |
| 乌兹别克斯坦 | 1000 | 3 |
| 吉布提 | 1193 | 2 |
| 埃及 | 1070 | 2 |
| 赞比亚 | 273 | 1 |
| 赤道几内亚 | 264 | 1 |
| 挪威 | 430 | 1 |
| 阿曼 | 211 | 1 |
| 44140010 辐射松制的画框、相框、镜框及类似品 | | |
| 合计 | 6418205 | 11782 |
| 美国 | 2508343 | 4917 |
| 比利时 | 1700406 | 2495 |
| 德国 | 815142 | 1424 |
| 荷兰 | 631780 | 1044 |
| 英国 | 197199 | 645 |
| 日本 | 187780 | 463 |
| 澳大利亚 | 73663 | 156 |
| 俄罗斯联邦 | 49150 | 93 |
| 马来西亚 | 26914 | 79 |
| 法国 | 34370 | 73 |
| 台湾省 | 24108 | 61 |
| 香港 | 19865 | 59 |
| 西班牙 | 24127 | 53 |
| 加拿大 | 20699 | 43 |
| 芬兰 | 26457 | 38 |
| 希腊 | 16540 | 31 |
| 阿根廷 | 14160 | 21 |
| 瑞典 | 14952 | 19 |
| 斯洛伐克 | 7775 | 12 |
| 黎巴嫩 | 1575 | 12 |

| 国家/地区 | 出口数量（千克） | 出口金额（千美元） |
|---|---|---|
| 智利 | 4100 | 9 |
| 秘鲁 | 4668 | 8 |
| 新加坡 | 3300 | 7 |
| 新西兰 | 2804 | 7 |
| 挪威 | 3710 | 5 |
| 意大利 | 638 | 4 |
| 瑞士 | 2271 | 4 |
| 沙特阿拉伯 | 1709 | 3 |
| 44140090 其他木制的画框、相框、镜框及类似品 | | |
| 合计 | 152947675 | 410470 |
| 美国 | 75533074 | 188936 |
| 英国 | 7905614 | 23258 |
| 日本 | 6524413 | 22766 |
| 德国 | 8371464 | 21097 |
| 澳大利亚 | 7442966 | 19286 |
| 荷兰 | 4781071 | 13753 |
| 加拿大 | 5156392 | 11519 |
| 比利时 | 4803325 | 10554 |
| 法国 | 3916495 | 10115 |
| 墨西哥 | 1388554 | 7448 |
| 香港 | 2146936 | 6495 |
| 意大利 | 1977828 | 6405 |
| 马来西亚 | 1304687 | 6038 |
| 新加坡 | 1353499 | 5681 |
| 瑞典 | 2152270 | 5413 |
| 西班牙 | 2058059 | 4995 |
| 文莱 | 503707 | 4675 |
| 巴拿马 | 466423 | 3416 |
| 俄罗斯联邦 | 1772521 | 3390 |
| 波兰 | 1093753 | 3163 |
| 丹麦 | 823312 | 2205 |
| 南非 | 931081 | 2154 |
| 韩国 | 572512 | 2092 |
| 新西兰 | 761506 | 1883 |
| 智利 | 633957 | 1624 |
| 阿联酋 | 627901 | 1554 |
| 挪威 | 531325 | 1489 |
| 阿根廷 | 481757 | 1443 |
| 巴西 | 365442 | 1428 |
| 爱沙尼亚 | 600464 | 1173 |
| 土耳其 | 400650 | 1158 |
| 芬兰 | 468820 | 1087 |
| 台湾省 | 546043 | 1064 |
| 印度 | 390307 | 877 |

| 国家/地区 | 出口数量（千克） | 出口金额（千美元） |
|---|---|---|
| 以色列 | 321474 | 740 |
| 爱尔兰 | 224561 | 705 |
| 希腊 | 250972 | 701 |
| 葡萄牙 | 132709 | 578 |
| 奥地利 | 202562 | 517 |
| 印度尼西亚 | 107537 | 507 |
| 菲律宾 | 449709 | 489 |
| 沙特阿拉伯 | 153783 | 485 |
| 泰国 | 177367 | 477 |
| 瑞士 | 186063 | 470 |
| 秘鲁 | 176620 | 436 |
| 乌克兰 | 100507 | 398 |
| 黎巴嫩 | 85343 | 382 |
| 突尼斯 | 69896 | 239 |
| 委内瑞拉 | 103209 | 238 |
| 拉脱维亚 | 83862 | 220 |
| 立陶宛 | 37199 | 193 |
| 伊拉克 | 127100 | 183 |
| 哥伦比亚 | 65788 | 180 |
| 乌拉圭 | 71859 | 165 |
| 科威特 | 41669 | 142 |
| 哥斯达黎加 | 58839 | 141 |
| 越南 | 24216 | 137 |
| 捷克 | 44997 | 125 |
| 匈牙利 | 35359 | 125 |
| 伊朗 | 23872 | 115 |
| 克罗地亚 | 33266 | 97 |
| 哈萨克斯坦 | 50256 | 96 |
| 厄瓜多尔 | 22039 | 94 |
| 斯洛文尼亚 | 38489 | 86 |
| 罗马尼亚 | 15903 | 77 |
| 埃及 | 111252 | 73 |
| 危地马拉 | 21116 | 70 |
| 吉布提 | 28781 | 65 |
| 塞浦路斯 | 30975 | 62 |
| 约旦 | 39200 | 54 |
| 斯洛伐克 | 35858 | 51 |
| 巴林 | 16000 | 49 |
| 巴基斯坦 | 19587 | 49 |
| 古巴 | 20190 | 45 |
| 摩洛哥 | 15423 | 44 |
| 波多黎各 | 19770 | 41 |
| 安哥拉 | 14188 | 38 |
| 几内亚 | 23489 | 37 |
| 缅甸 | 12116 | 37 |

| 国家/地区 | 出口数量(千克) | 出口金额(千美元) |
| --- | --- | --- |
| 白俄罗斯 | 4318 | 36 |
| 加纳 | 14686 | 35 |
| 多米尼加共和国 | 11442 | 35 |
| 苏丹 | 21021 | 34 |
| 阿尔及利亚 | 26005 | 33 |
| 莫桑比克 | 12108 | 24 |
| 黑山 | 4249 | 24 |
| 马耳他 | 8178 | 24 |
| 坦桑尼亚 | 12286 | 23 |
| 荷属安的列斯群岛 | 10902 | 21 |
| 塞尔维亚 | 5563 | 21 |
| 朝鲜 | 17100 | 19 |
| 塞内加尔 | 6365 | 18 |
| 肯尼亚 | 4672 | 18 |
| 科特迪瓦 | 6205 | 18 |
| 尼日利亚 | 10122 | 17 |
| 波黑 | 3071 | 17 |
| 萨尔瓦多 | 6235 | 17 |
| 留尼汪 | 4954 | 16 |
| 牙买加 | 4047 | 14 |
| 阿曼 | 3625 | 13 |
| 土库曼斯坦 | 9460 | 13 |
| 赞比亚 | 3830 | 11 |
| 亚美尼亚 | 3680 | 11 |
| 喀麦隆 | 3292 | 10 |
| 保加利亚 | 2845 | 10 |
| 冰岛 | 3195 | 8 |
| 卡塔尔 | 441 | 7 |
| 毛里求斯 | 2056 | 7 |
| 巴布亚新几内亚 | 1893 | 5 |
| 尼泊尔联邦民主共和国 | 750 | 5 |
| 洪都拉斯 | 1486 | 5 |
| 马里 | 1522 | 4 |
| 阿塞拜疆 | 212 | 3 |
| 巴拉圭 | 439 | 3 |
| 百慕大 | 500 | 2 |
| 澳门 | 796 | 2 |
| 利比亚 | 240 | 2 |
| 海地 | 250 | 2 |
| 格鲁吉亚 | 149 | 1 |
| 布基纳法索 | 135 | 1 |
| 叙利亚 | 234 | 1 |
| 赤道几内亚 | 18 | 1 |
| 44181010 辐射松制窗法兰西式(落地)窗及其框架 | | |
| 合计 | 6083 | 14 |
| 澳大利亚 | 6083 | 14 |
| 44181090 木制窗、法兰西式(落地)窗及其木制框架 | | |
| 合计 | 24963727 | 122518 |
| 香港 | 7375144 | 36682 |
| 美国 | 7041301 | 33442 |
| 澳大利亚 | 2343413 | 19035 |
| 日本 | 5555315 | 16799 |
| 英国 | 550141 | 5416 |
| 荷兰 | 570858 | 3772 |
| 法国 | 301736 | 1066 |
| 韩国 | 155254 | 1033 |
| 南非 | 216765 | 1024 |
| 比利时 | 94445 | 703 |
| 新西兰 | 64794 | 594 |
| 阿联酋 | 140145 | 581 |
| 新加坡 | 74096 | 329 |
| 台湾省 | 44284 | 326 |
| 阿尔及利亚 | 14570 | 267 |
| 加拿大 | 89181 | 236 |
| 德国 | 75105 | 230 |
| 智利 | 39280 | 143 |
| 意大利 | 74745 | 124 |
| 西班牙 | 29300 | 99 |
| 阿曼 | 11650 | 90 |
| 马来西亚 | 10790 | 89 |
| 爱尔兰 | 7515 | 77 |
| 印度尼西亚 | 5640 | 72 |
| 印度 | 20694 | 55 |
| 尼日利亚 | 3720 | 44 |
| 葡萄牙 | 5759 | 22 |
| 以色列 | 6588 | 20 |
| 芬兰 | 15732 | 20 |
| 塞舌尔 | 816 | 20 |
| 巴林 | 2313 | 15 |
| 巴布亚新几内亚 | 1992 | 15 |
| 莫桑比克 | 2775 | 14 |
| 毛里求斯 | 2216 | 13 |
| 爱沙尼亚 | 1965 | 12 |
| 瓦努阿图 | 1427 | 9 |
| 委内瑞拉 | 1430 | 7 |
| 丹麦 | 493 | 5 |
| 沙特阿拉伯 | 579 | 5 |
| 瑞士 | 1450 | 3 |
| 巴拿马 | 5000 | 3 |
| 马尔代夫 | 2530 | 2 |
| 匈牙利 | 120 | 2 |
| 瑞典 | 321 | 2 |
| 挪威 | 280 | 1 |
| 摩洛哥 | 60 | 1 |
| 44182000 木制门及其框架和门槛 | | |
| 合计 | 341740672 | 660379 |
| 美国 | 77773942 | 145576 |
| 日本 | 40010656 | 132215 |
| 香港 | 34395993 | 53475 |
| 英国 | 15153165 | 32222 |
| 罗马尼亚 | 23255336 | 30518 |
| 加拿大 | 13402198 | 22563 |
| 土耳其 | 13156618 | 16888 |
| 尼日利亚 | 10826420 | 15867 |
| 法国 | 4295680 | 14541 |
| 安哥拉 | 5633224 | 11300 |
| 新加坡 | 4171818 | 10820 |
| 爱尔兰 | 3943107 | 8754 |
| 沙特阿拉伯 | 3751856 | 8657 |
| 格鲁吉亚 | 6388644 | 8053 |
| 比利时 | 3143902 | 7354 |
| 阿联酋 | 3965728 | 7189 |
| 韩国 | 5005856 | 7136 |
| 马来西亚 | 1620352 | 6866 |
| 印度 | 3315592 | 6445 |
| 卡塔尔 | 3043786 | 6417 |
| 阿塞拜疆 | 3673724 | 5621 |
| 澳大利亚 | 1443027 | 5019 |
| 伊拉克 | 3870080 | 4872 |
| 澳门 | 2576661 | 4549 |
| 印度尼西亚 | 971393 | 4378 |
| 伊朗 | 3511249 | 4368 |
| 乌克兰 | 2790376 | 4303 |
| 哈萨克斯坦 | 2978242 | 3823 |
| 保加利亚 | 3375721 | 3756 |
| 阿尔及利亚 | 2526000 | 3674 |
| 摩尔多瓦 | 2991545 | 3319 |
| 菲律宾 | 2375934 | 3311 |
| 荷兰 | 1254319 | 2597 |
| 土库曼斯坦 | 1561619 | 2358 |
| 俄罗斯联邦 | 1020862 | 2182 |
| 墨西哥 | 1031777 | 2034 |
| 泰国 | 913494 | 1961 |

| 国家/地区 | 出口数量（千克） | 出口金额（千美元） |
|---|---|---|
| 委内瑞拉 | 849945 | 1947 |
| 亚美尼亚 | 1516000 | 1864 |
| 蒙古 | 2651535 | 1718 |
| 以色列 | 1063365 | 1457 |
| 南非 | 868299 | 1333 |
| 加纳 | 795489 | 1320 |
| 阿尔巴尼亚 | 930122 | 1185 |
| 立陶宛 | 920916 | 1173 |
| 巴拿马 | 626304 | 1161 |
| 台湾省 | 311144 | 1124 |
| 塞尔维亚 | 944780 | 1095 |
| 越南 | 450676 | 1051 |
| 埃及 | 1163681 | 1015 |
| 科威特 | 529643 | 993 |
| 利比亚 | 660671 | 926 |
| 瑞典 | 336937 | 882 |
| 巴西 | 623980 | 864 |
| 赤道几内亚 | 227033 | 851 |
| 莫桑比克 | 240311 | 826 |
| 刚果(布) | 189642 | 789 |
| 摩洛哥 | 578326 | 738 |
| 乌拉圭 | 456712 | 738 |
| 毛里求斯 | 350101 | 732 |
| 喀麦隆 | 161085 | 714 |
| 黎巴嫩 | 343122 | 685 |
| 斯里兰卡 | 214641 | 683 |
| 希腊 | 524372 | 683 |
| 肯尼亚 | 399525 | 644 |
| 赞比亚 | 249655 | 608 |
| 德国 | 180539 | 566 |
| 古巴 | 96523 | 485 |
| 巴基斯坦 | 205418 | 447 |
| 缅甸 | 234979 | 433 |
| 阿曼 | 114995 | 432 |
| 苏丹 | 184087 | 422 |
| 塔吉克斯坦 | 203337 | 416 |
| 意大利 | 138534 | 414 |
| 坦桑尼亚 | 216169 | 412 |
| 牙买加 | 61049 | 392 |
| 巴布亚新几内亚 | 248079 | 380 |
| 白俄罗斯 | 78264 | 354 |
| 马耳他 | 224956 | 350 |
| 约旦 | 192005 | 349 |
| 冈比亚 | 245668 | 345 |
| 阿富汗 | 242972 | 328 |

| 国家/地区 | 出口数量（千克） | 出口金额（千美元） |
|---|---|---|
| 卢旺达 | 74134 | 325 |
| 多哥 | 56636 | 314 |
| 哥斯达黎加 | 183402 | 311 |
| 瑞士 | 299946 | 298 |
| 特立尼达和多巴哥 | 186277 | 265 |
| 危地马拉 | 156216 | 247 |
| 秘鲁 | 185096 | 241 |
| 乍得 | 52886 | 236 |
| 前南马其顿 | 206448 | 236 |
| 阿根廷 | 171451 | 234 |
| 塞舌尔 | 44671 | 228 |
| 塞内加尔 | 120165 | 221 |
| 文莱 | 119274 | 213 |
| 刚果(金) | 55436 | 213 |
| 毛里塔尼亚 | 70349 | 206 |
| 智利 | 162808 | 206 |
| 厄瓜多尔 | 108450 | 201 |
| 苏里南 | 145062 | 188 |
| 海地 | 98927 | 186 |
| 新西兰 | 75465 | 184 |
| 乌兹别克斯坦 | 96961 | 164 |
| 巴拉圭 | 61307 | 160 |
| 留尼汪 | 85812 | 158 |
| 塞拉利昂 | 55426 | 157 |
| 马尔代夫 | 53524 | 157 |
| 黑山 | 117862 | 157 |
| 哥伦比亚 | 86049 | 153 |
| 克罗地亚 | 133252 | 152 |
| 贝宁 | 32167 | 149 |
| 帕劳 | 21406 | 143 |
| 加蓬 | 60387 | 136 |
| 几内亚 | 64849 | 134 |
| 朝鲜 | 45715 | 126 |
| 埃塞俄比亚 | 61035 | 124 |
| 斯洛伐克 | 53270 | 121 |
| 法属波利尼西亚 | 31410 | 121 |
| 南苏丹共和国 | 77989 | 118 |
| 吉布提 | 48979 | 115 |
| 孟加拉国 | 31281 | 114 |
| 突尼斯 | 62968 | 109 |
| 柬埔寨 | 31196 | 103 |
| 马拉维 | 17562 | 80 |
| 萨摩亚 | 56788 | 77 |
| 马达加斯加 | 33841 | 74 |
| 新喀里多尼亚 | 55350 | 73 |

| 国家/地区 | 出口数量（千克） | 出口金额（千美元） |
|---|---|---|
| 布隆迪 | 19000 | 71 |
| 科摩罗 | 15808 | 68 |
| 巴林 | 22252 | 64 |
| 多民族玻利维亚国 | 40663 | 60 |
| 斐济 | 9135 | 54 |
| 博茨瓦纳 | 18081 | 53 |
| 纳米比亚 | 38542 | 52 |
| 几内亚比绍 | 17650 | 52 |
| 巴哈马 | 13708 | 46 |
| 厄立特里亚 | 22670 | 43 |
| 丹麦 | 12885 | 43 |
| 马里 | 15800 | 40 |
| 西班牙 | 26576 | 37 |
| 多米尼克 | 14700 | 33 |
| 叙利亚 | 24065 | 33 |
| 阿鲁巴 | 10916 | 32 |
| 圭亚那 | 29307 | 31 |
| 洪都拉斯 | 7040 | 29 |
| 乌干达 | 26000 | 26 |
| 波兰 | 7613 | 26 |
| 萨尔瓦多 | 11536 | 23 |
| 利比里亚 | 15182 | 23 |
| 也门 | 11660 | 23 |
| 挪威 | 7892 | 23 |
| 马约特 | 13200 | 20 |
| 斯洛文尼亚 | 6899 | 16 |
| 法属圭亚那 | 7658 | 15 |
| 所罗门群岛 | 10900 | 14 |
| 巴巴多斯 | 9000 | 12 |
| 布基纳法索 | 6890 | 11 |
| 马提尼克 | 4700 | 10 |
| 老挝 | 1300 | 10 |
| 尼泊尔联邦民主共和国 | 1912 | 9 |
| 津巴布韦 | 7600 | 8 |
| 塞浦路斯 | 2580 | 8 |
| 荷属安的列斯群岛 | 7170 | 7 |
| 东帝汶 | 1136 | 5 |
| 多米尼加共和国 | 990 | 3 |
| 伯利兹 | 1374 | 3 |
| 格林纳达 | 1155 | 2 |
| 葡萄牙 | 840 | 2 |
| 芬兰 | 290 | 2 |
| 佛得角 | 140 | 2 |
| 科特迪瓦 | 600 | 2 |
| 捷克 | 90 | 1 |

| 国家/地区 | 出口数量（千克） | 出口金额（千美元） |
|---|---|---|
| 吉尔吉斯斯坦 | 600 | 1 |
| 44184000 木制水泥构件的模板 | | |
| 合计 | 15856322 | 13722 |
| 刚果(布) | 1766790 | 1691 |
| 伊拉克 | 760020 | 917 |
| 埃塞俄比亚 | 582605 | 771 |
| 菲律宾 | 857196 | 714 |
| 台湾省 | 1094624 | 667 |
| 朝鲜 | 760182 | 634 |
| 阿尔及利亚 | 751716 | 587 |
| 俄罗斯联邦 | 632060 | 547 |
| 肯尼亚 | 615604 | 494 |
| 赞比亚 | 544060 | 431 |
| 特立尼达和多巴哥 | 694860 | 426 |
| 沙特阿拉伯 | 535979 | 409 |
| 安哥拉 | 452169 | 316 |
| 莫桑比克 | 383726 | 292 |
| 塔吉克斯坦 | 267435 | 290 |
| 马来西亚 | 252666 | 286 |
| 坦桑尼亚 | 422156 | 282 |
| 厄瓜多尔 | 223451 | 259 |
| 吉尔吉斯斯坦 | 128650 | 259 |
| 加纳 | 310092 | 259 |
| 新加坡 | 277611 | 256 |
| 苏丹 | 305237 | 244 |
| 蒙古 | 322000 | 184 |
| 赤道几内亚 | 153946 | 169 |
| 印度尼西亚 | 196390 | 164 |
| 乍得 | 52554 | 163 |
| 也门 | 241419 | 148 |
| 刚果(金) | 95033 | 131 |
| 韩国 | 128076 | 127 |
| 柬埔寨 | 180250 | 120 |
| 尼日利亚 | 94200 | 97 |
| 格鲁吉亚 | 182500 | 89 |
| 卡塔尔 | 86616 | 84 |
| 利比亚 | 120000 | 81 |
| 几内亚 | 120000 | 79 |
| 塞内加尔 | 145000 | 78 |
| 佛得角 | 35600 | 76 |
| 萨摩亚 | 112000 | 70 |
| 卢旺达 | 102780 | 67 |
| 孟加拉国 | 39000 | 59 |
| 厄立特里亚 | 90706 | 56 |
| 埃及 | 30940 | 50 |
| 哈萨克斯坦 | 10000 | 50 |
| 毛里塔尼亚 | 57824 | 41 |
| 阿联酋 | 32351 | 36 |
| 斯里兰卡 | 30660 | 33 |
| 多哥 | 31363 | 30 |
| 马达加斯加 | 37480 | 30 |
| 老挝 | 45820 | 29 |
| 保加利亚 | 29000 | 24 |
| 伊朗 | 42480 | 24 |
| 乌干达 | 28900 | 24 |
| 日本 | 15245 | 24 |
| 加蓬 | 20200 | 23 |
| 澳大利亚 | 25800 | 21 |
| 纳米比亚 | 20900 | 19 |
| 科摩罗 | 39148 | 18 |
| 塞拉利昂 | 16920 | 17 |
| 巴西 | 16670 | 16 |
| 越南 | 23440 | 16 |
| 多米尼克 | 25600 | 15 |
| 科特迪瓦 | 13478 | 14 |
| 缅甸 | 12960 | 14 |
| 南苏丹共和国 | 39908 | 13 |
| 马拉维 | 19200 | 12 |
| 委内瑞拉 | 10700 | 12 |
| 博茨瓦纳 | 15360 | 10 |
| 巴布亚新几内亚 | 4500 | 9 |
| 贝宁 | 15200 | 8 |
| 安提瓜和巴布达 | 5600 | 6 |
| 阿曼 | 6750 | 4 |
| 几内亚比绍 | 5750 | 4 |
| 库克群岛 | 1000 | 3 |
| 尼泊尔联邦民主共和国 | 5100 | 3 |
| 吉布提 | 2670 | 2 |
| 印度 | 446 | 1 |
| 44185000 木瓦及木制盖屋板 | | |
| 合计 | 14544730 | 17172 |
| 美国 | 10798256 | 12594 |
| 加拿大 | 2325498 | 2454 |
| 日本 | 787212 | 1191 |
| 韩国 | 466206 | 649 |
| 丹麦 | 131210 | 216 |
| 埃及 | 3968 | 38 |
| 台湾省 | 10213 | 13 |
| 香港 | 13187 | 9 |
| 苏丹 | 6200 | 3 |
| 伊拉克 | 1700 | 2 |
| 澳大利亚 | 900 | 1 |
| 印度尼西亚 | 180 | 1 |
| 44186000 木制柱及梁 | | |
| 合计 | 13350942 | 16058 |
| 日本 | 10419141 | 11931 |
| 德国 | 306000 | 488 |
| 美国 | 145919 | 445 |
| 秘鲁 | 288491 | 439 |
| 新加坡 | 154141 | 263 |
| 韩国 | 148031 | 232 |
| 莫桑比克 | 385000 | 229 |
| 斯里兰卡 | 244523 | 221 |
| 尼日利亚 | 146641 | 207 |
| 纳米比亚 | 144212 | 204 |
| 印度尼西亚 | 72923 | 199 |
| 台湾省 | 118611 | 164 |
| 加拿大 | 37668 | 126 |
| 香港 | 146702 | 117 |
| 荷兰 | 80257 | 114 |
| 埃塞俄比亚 | 78186 | 89 |
| 沙特阿拉伯 | 62835 | 88 |
| 马来西亚 | 45846 | 81 |
| 马尔代夫 | 31735 | 63 |
| 乌兹别克斯坦 | 41085 | 62 |
| 阿根廷 | 33624 | 55 |
| 卡塔尔 | 25000 | 31 |
| 西班牙 | 7110 | 30 |
| 马耳他 | 36886 | 27 |
| 越南 | 13924 | 26 |
| 泰国 | 13265 | 20 |
| 伊拉克 | 13980 | 20 |
| 格鲁吉亚 | 9400 | 15 |
| 澳大利亚 | 8665 | 13 |
| 刚果(金) | 51527 | 13 |
| 委内瑞拉 | 11940 | 11 |
| 墨西哥 | 7879 | 9 |
| 安哥拉 | 5750 | 8 |
| 缅甸 | 5000 | 7 |
| 乍得 | 6000 | 4 |
| 菲律宾 | 434 | 4 |
| 意大利 | 1848 | 4 |
| 朝鲜 | 400 | 1 |
| 哈萨克斯坦 | 150 | 1 |
| 俄罗斯联邦 | 213 | 1 |

| 国家/地区 | 出口数量（千克） | 出口金额（千美元） |
|---|---|---|
| 44187290 其他多层已装拼的木地板 | | |
| 合计 | 1829946 | 4060 |
| 朝鲜 | 1008435 | 1447 |
| 印度尼西亚 | 140648 | 812 |
| 澳门 | 207185 | 495 |
| 马来西亚 | 79645 | 435 |
| 哈萨克斯坦 | 85290 | 184 |
| 伊拉克 | 31450 | 154 |
| 印度 | 21932 | 140 |
| 孟加拉国 | 10536 | 62 |
| 俄罗斯联邦 | 105627 | 59 |
| 卡塔尔 | 11753 | 40 |
| 安哥拉 | 12700 | 39 |
| 土库曼斯坦 | 20613 | 29 |
| 吉尔吉斯斯坦 | 9000 | 29 |
| 日本 | 8206 | 21 |
| 阿联酋 | 4657 | 18 |
| 新加坡 | 7480 | 16 |
| 台湾省 | 10000 | 15 |
| 肯尼亚 | 7300 | 14 |
| 希腊 | 22689 | 14 |
| 澳大利亚 | 6699 | 13 |
| 赤道几内亚 | 950 | 6 |
| 蒙古 | 3420 | 5 |
| 约旦 | 8437 | 4 |
| 瓦努阿图 | 2200 | 3 |
| 巴林 | 1380 | 3 |
| 瑞士 | 612 | 2 |
| 苏丹 | 342 | 1 |
| 英国 | 724 | 1 |
| 泰国 | 36 | 0 |
| 44187990 其他已装拼的木地板 | | |
| 合计 | 10427302 | 17295 |
| 美国 | 5432091 | 7752 |
| 马来西亚 | 411671 | 1732 |
| 加拿大 | 1053521 | 1482 |
| 日本 | 995571 | 1481 |
| 韩国 | 778329 | 1086 |
| 哈萨克斯坦 | 203950 | 1069 |
| 英国 | 428342 | 521 |
| 印度尼西亚 | 72616 | 391 |
| 香港 | 263681 | 380 |
| 尼日利亚 | 92029 | 165 |
| 新加坡 | 36348 | 162 |
| 朝鲜 | 170250 | 121 |

| 国家/地区 | 出口数量（千克） | 出口金额（千美元） |
|---|---|---|
| 比利时 | 84328 | 114 |
| 伊拉克 | 38150 | 92 |
| 德国 | 17572 | 67 |
| 卢旺达 | 20731 | 60 |
| 意大利 | 25568 | 56 |
| 丹麦 | 14162 | 55 |
| 澳大利亚 | 21514 | 54 |
| 越南 | 9060 | 51 |
| 阿联酋 | 86589 | 44 |
| 爱沙尼亚 | 11599 | 37 |
| 荷兰 | 24030 | 32 |
| 赤道几内亚 | 11955 | 31 |
| 印度 | 6470 | 30 |
| 安哥拉 | 11927 | 22 |
| 多哥 | 2000 | 20 |
| 白俄罗斯 | 4730 | 18 |
| 塔吉克斯坦 | 2800 | 18 |
| 肯尼亚 | 9900 | 17 |
| 西班牙 | 3133 | 16 |
| 俄罗斯联邦 | 5508 | 14 |
| 罗马尼亚 | 14670 | 14 |
| 乍得 | 10690 | 14 |
| 赞比亚 | 10414 | 13 |
| 台湾省 | 2758 | 9 |
| 泰国 | 3030 | 8 |
| 蒙古 | 5895 | 8 |
| 巴拿马 | 6075 | 8 |
| 吉尔吉斯斯坦 | 1975 | 6 |
| 南非 | 1155 | 6 |
| 菲律宾 | 1348 | 5 |
| 瑞士 | 1353 | 5 |
| 苏丹 | 6111 | 2 |
| 澳门 | 175 | 2 |
| 新西兰 | 1200 | 2 |
| 博茨瓦纳 | 6200 | 2 |
| 乌克兰 | 1168 | 2 |
| 南苏丹共和国 | 2960 | 1 |
| 44190031 木制一次性筷子 | | |
| 合计 | 74370824 | 51932 |
| 日本 | 59442377 | 42371 |
| 韩国 | 11260255 | 6878 |
| 美国 | 1943432 | 1399 |
| 台湾省 | 333634 | 227 |
| 巴西 | 177152 | 142 |
| 澳大利亚 | 214577 | 140 |

| 国家/地区 | 出口数量（千克） | 出口金额（千美元） |
|---|---|---|
| 德国 | 144212 | 103 |
| 新西兰 | 122373 | 81 |
| 加拿大 | 93974 | 71 |
| 瑞典 | 84364 | 69 |
| 印度尼西亚 | 98562 | 49 |
| 新加坡 | 35741 | 49 |
| 英国 | 69497 | 47 |
| 西班牙 | 35421 | 41 |
| 马来西亚 | 54206 | 39 |
| 墨西哥 | 48132 | 37 |
| 智利 | 41936 | 36 |
| 荷兰 | 29526 | 30 |
| 香港 | 10847 | 27 |
| 法国 | 41229 | 19 |
| 阿联酋 | 10985 | 14 |
| 委内瑞拉 | 31309 | 14 |
| 土耳其 | 6300 | 13 |
| 以色列 | 12920 | 9 |
| 瑞士 | 10803 | 7 |
| 爱沙尼亚 | 1600 | 4 |
| 俄罗斯联邦 | 3845 | 3 |
| 泰国 | 2300 | 2 |
| 挪威 | 2750 | 2 |
| 斯里兰卡 | 739 | 1 |
| 菲律宾 | 941 | 1 |
| 塞浦路斯 | 500 | 1 |
| 冰岛 | 1100 | 1 |
| 意大利 | 2070 | 1 |
| 南非 | 350 | 1 |
| 科威特 | 365 | 1 |
| 沙特阿拉伯 | 500 | 1 |
| 44190099 其他木制餐具及厨房用具 | | |
| 合计 | 31416763 | 127173 |
| 美国 | 8099195 | 28746 |
| 日本 | 3946889 | 28397 |
| 英国 | 2836255 | 10580 |
| 德国 | 2225824 | 8204 |
| 澳大利亚 | 1800310 | 6879 |
| 加拿大 | 1478651 | 4723 |
| 荷兰 | 1689695 | 4678 |
| 韩国 | 807085 | 3603 |
| 俄罗斯联邦 | 894023 | 2845 |
| 法国 | 732407 | 2612 |
| 意大利 | 603505 | 2191 |
| 瑞典 | 565358 | 2120 |

| 国家/地区 | 出口数量（千克） | 出口金额（千美元） |
|---|---|---|
| 香港 | 503209 | 2047 |
| 比利时 | 572870 | 1920 |
| 西班牙 | 510252 | 1663 |
| 台湾省 | 208245 | 1164 |
| 土耳其 | 332283 | 1101 |
| 沙特阿拉伯 | 213420 | 1037 |
| 芬兰 | 193129 | 894 |
| 阿联酋 | 265578 | 874 |
| 南非 | 201679 | 757 |
| 捷克 | 189141 | 729 |
| 波兰 | 261200 | 726 |
| 丹麦 | 133188 | 696 |
| 新加坡 | 126540 | 577 |
| 新西兰 | 160212 | 543 |
| 以色列 | 124709 | 496 |
| 利比亚 | 141678 | 385 |
| 挪威 | 70183 | 372 |
| 巴西 | 76940 | 369 |
| 希腊 | 79189 | 366 |
| 智利 | 106037 | 356 |
| 墨西哥 | 103890 | 313 |
| 斯洛文尼亚 | 73986 | 282 |
| 马来西亚 | 84509 | 264 |
| 乌克兰 | 72724 | 257 |
| 泰国 | 48388 | 198 |
| 阿根廷 | 45357 | 187 |
| 立陶宛 | 32289 | 184 |
| 黎巴嫩 | 39877 | 172 |
| 瑞士 | 38396 | 166 |
| 哈萨克斯坦 | 45629 | 165 |
| 印度尼西亚 | 36579 | 162 |
| 印度 | 44199 | 149 |
| 委内瑞拉 | 46314 | 136 |
| 波多黎各 | 51625 | 126 |
| 奥地利 | 39743 | 125 |
| 巴布亚新几内亚 | 48307 | 115 |
| 埃及 | 16348 | 108 |
| 约旦 | 38315 | 99 |
| 葡萄牙 | 27760 | 93 |
| 哥伦比亚 | 24874 | 91 |
| 科威特 | 19567 | 90 |
| 巴拿马 | 34997 | 90 |
| 厄瓜多尔 | 29138 | 79 |
| 菲律宾 | 18172 | 77 |
| 匈牙利 | 13874 | 66 |

| 国家/地区 | 出口数量（千克） | 出口金额（千美元） |
|---|---|---|
| 爱沙尼亚 | 10350 | 60 |
| 摩洛哥 | 14830 | 56 |
| 乌拉圭 | 19988 | 54 |
| 秘鲁 | 10005 | 52 |
| 阿塞拜疆 | 15797 | 49 |
| 越南 | 14511 | 45 |
| 拉脱维亚 | 7373 | 41 |
| 斯洛伐克 | 13863 | 39 |
| 巴基斯坦 | 8206 | 37 |
| 伊朗 | 6660 | 34 |
| 爱尔兰 | 13688 | 33 |
| 多米尼加共和国 | 11312 | 31 |
| 黑山 | 5103 | 26 |
| 巴林 | 5605 | 19 |
| 罗马尼亚 | 5186 | 17 |
| 塞尔维亚 | 3928 | 16 |
| 卢森堡 | 1356 | 15 |
| 哥斯达黎加 | 2174 | 12 |
| 安哥拉 | 1681 | 12 |
| 斯里兰卡 | 1325 | 12 |
| 苏丹 | 2109 | 11 |
| 伊拉克 | 1952 | 7 |
| 土库曼斯坦 | 1400 | 7 |
| 莫桑比克 | 2285 | 6 |
| 巴拉圭 | 1896 | 5 |
| 留尼汪 | 499 | 5 |
| 澳门 | 2869 | 5 |
| 阿尔及利亚 | 764 | 4 |
| 危地马拉 | 958 | 4 |
| 也门 | 675 | 3 |
| 马耳他 | 620 | 3 |
| 克罗地亚 | 793 | 3 |
| 南苏丹共和国 | 800 | 2 |
| 乍得 | 48 | 1 |
| 卡塔尔 | 252 | 1 |
| 刚果(金) | 62 | 1 |
| 格鲁吉亚 | 167 | 1 |
| 肯尼亚 | 303 | 1 |
| 保加利亚 | 260 | 1 |
| 尼日利亚 | 276 | 1 |
| 埃塞俄比亚 | 1 | 1 |
| 法属波利尼西亚 | 222 | 1 |
| 利比里亚 | 200 | 1 |
| 多哥 | 400 | 1 |
| 毛里求斯 | 183 | 1 |

| 国家/地区 | 出口数量（千克） | 出口金额（千美元） |
|---|---|---|
| 文莱 | 92 | 0 |
| 44201011 木刻 | | |
| 合计 | 62532 | 1040 |
| 日本 | 23316 | 891 |
| 美国 | 35944 | 102 |
| 瑞士 | 2125 | 30 |
| 法国 | 830 | 9 |
| 香港 | 112 | 7 |
| 澳大利亚 | 46 | 1 |
| 英国 | 141 | 1 |
| 马来西亚 | 18 | 1 |
| 44201020 木扇 | | |
| 合计 | 353766 | 5374 |
| 西班牙 | 217473 | 2781 |
| 日本 | 49767 | 1385 |
| 意大利 | 8373 | 390 |
| 美国 | 46947 | 285 |
| 法国 | 3192 | 157 |
| 卡塔尔 | 1029 | 118 |
| 墨西哥 | 8921 | 110 |
| 香港 | 3047 | 46 |
| 希腊 | 2555 | 24 |
| 土耳其 | 5267 | 14 |
| 德国 | 969 | 14 |
| 新加坡 | 1077 | 11 |
| 乌拉圭 | 464 | 9 |
| 奥地利 | 266 | 7 |
| 荷兰 | 1508 | 7 |
| 巴拿马 | 504 | 7 |
| 丹麦 | 660 | 4 |
| 英国 | 109 | 3 |
| 古巴 | 1638 | 3 |
| 44201090 其他木制小雕像及装饰品 | | |
| 合计 | 81999796 | 453075 |
| 美国 | 36965308 | 176090 |
| 德国 | 7229967 | 49302 |
| 英国 | 6421767 | 33156 |
| 日本 | 2646989 | 28901 |
| 荷兰 | 4850252 | 26529 |
| 马来西亚 | 1434280 | 12982 |
| 澳大利亚 | 2280812 | 10657 |
| 台湾省 | 2951218 | 10225 |
| 法国 | 1350359 | 7913 |
| 加拿大 | 1915329 | 7793 |
| 意大利 | 1020392 | 7514 |

| 国家/地区 | 出口数量（千克） | 出口金额（千美元） |
|---|---|---|
| 比利时 | 1229793 | 7398 |
| 阿联酋 | 784959 | 6473 |
| 新加坡 | 759535 | 6420 |
| 西班牙 | 805762 | 5122 |
| 巴拿马 | 624708 | 4417 |
| 瑞典 | 750893 | 3705 |
| 丹麦 | 469607 | 3490 |
| 香港 | 472498 | 3231 |
| 印度尼西亚 | 374938 | 2985 |
| 俄罗斯联邦 | 416412 | 2922 |
| 挪威 | 573924 | 2878 |
| 阿根廷 | 514689 | 2279 |
| 波兰 | 321252 | 2027 |
| 南非 | 407753 | 1981 |
| 泰国 | 234781 | 1821 |
| 巴西 | 246082 | 1795 |
| 沙特阿拉伯 | 286186 | 1696 |
| 希腊 | 219060 | 1666 |
| 印度 | 265071 | 1658 |
| 韩国 | 237253 | 1488 |
| 墨西哥 | 248263 | 1395 |
| 土耳其 | 274957 | 1362 |
| 瑞士 | 154541 | 1301 |
| 新西兰 | 234899 | 1091 |
| 芬兰 | 181640 | 1037 |
| 捷克 | 93624 | 919 |
| 智利 | 121626 | 769 |
| 奥地利 | 77392 | 766 |
| 阿尔及利亚 | 404305 | 733 |
| 以色列 | 143167 | 729 |
| 文莱 | 69073 | 659 |
| 乌克兰 | 64507 | 479 |
| 科威特 | 47744 | 474 |
| 斯洛文尼亚 | 27331 | 348 |
| 匈牙利 | 26486 | 342 |
| 爱尔兰 | 71104 | 324 |
| 葡萄牙 | 32624 | 308 |
| 秘鲁 | 60957 | 274 |
| 利比亚 | 61861 | 229 |
| 埃及 | 61201 | 226 |
| 卡塔尔 | 13775 | 178 |
| 突尼斯 | 39999 | 173 |
| 爱沙尼亚 | 12526 | 165 |
| 乌拉圭 | 25754 | 154 |
| 菲律宾 | 24670 | 148 |

| 国家/地区 | 出口数量（千克） | 出口金额（千美元） |
|---|---|---|
| 罗马尼亚 | 22617 | 143 |
| 哥伦比亚 | 39086 | 125 |
| 波多黎各 | 23750 | 122 |
| 委内瑞拉 | 19335 | 115 |
| 黎巴嫩 | 20199 | 110 |
| 塞浦路斯 | 9853 | 84 |
| 立陶宛 | 7254 | 80 |
| 克罗地亚 | 11268 | 74 |
| 拉脱维亚 | 13521 | 68 |
| 危地马拉 | 8991 | 67 |
| 多米尼加共和国 | 6078 | 67 |
| 厄瓜多尔 | 10091 | 64 |
| 巴布亚新几内亚 | 27579 | 60 |
| 越南 | 7780 | 60 |
| 阿鲁巴 | 8625 | 56 |
| 摩洛哥 | 13082 | 53 |
| 哥斯达黎加 | 13200 | 46 |
| 巴哈马 | 2170 | 45 |
| 毛里求斯 | 3485 | 41 |
| 保加利亚 | 3938 | 33 |
| 约旦 | 3543 | 31 |
| 塞尔维亚 | 3691 | 29 |
| 黑山 | 4008 | 28 |
| 安哥拉 | 4516 | 27 |
| 孟加拉国 | 870 | 25 |
| 马耳他 | 3659 | 25 |
| 格鲁吉亚 | 11437 | 22 |
| 伊朗 | 4824 | 18 |
| 巴林 | 1630 | 18 |
| 白俄罗斯 | 2083 | 18 |
| 几内亚 | 14585 | 17 |
| 巴基斯坦 | 1069 | 17 |
| 土库曼斯坦 | 1937 | 14 |
| 牙买加 | 1631 | 13 |
| 肯尼亚 | 1930 | 13 |
| 尼日利亚 | 4607 | 13 |
| 哈萨克斯坦 | 2959 | 11 |
| 亚美尼亚 | 286 | 11 |
| 缅甸 | 406 | 10 |
| 苏丹 | 2231 | 9 |
| 古巴 | 852 | 8 |
| 伊拉克 | 2392 | 8 |
| 澳门 | 3591 | 8 |
| 洪都拉斯 | 866 | 7 |
| 巴巴多斯 | 2179 | 7 |

| 国家/地区 | 出口数量（千克） | 出口金额（千美元） |
|---|---|---|
| 加纳 | 1383 | 7 |
| 阿塞拜疆 | 105 | 6 |
| 斯洛伐克 | 549 | 5 |
| 斯里兰卡 | 571 | 5 |
| 刚果(金) | 725 | 5 |
| 冰岛 | 152 | 4 |
| 波黑 | 647 | 3 |
| 留尼汪 | 255 | 2 |
| 安提瓜和巴布达 | 122 | 2 |
| 坦桑尼亚 | 565 | 2 |
| 赞比亚 | 298 | 2 |
| 塞内加尔 | 298 | 2 |
| 科特迪瓦 | 287 | 2 |
| 喀麦隆 | 287 | 2 |
| 马里 | 287 | 2 |
| 多民族玻利维亚国 | 479 | 2 |
| 塔吉克斯坦 | 1200 | 2 |
| 贝宁 | 265 | 2 |
| 莫桑比克 | 416 | 2 |
| 阿曼 | 138 | 1 |
| 多哥 | 670 | 1 |
| 斐济 | 299 | 1 |
| 库克群岛 | 107 | 1 |
| 萨尔瓦多 | 152 | 1 |
| 44209010 镶嵌木 | | |
| 合计 | 132200 | 755 |
| 美国 | 88791 | 566 |
| 越南 | 36984 | 163 |
| 日本 | 3889 | 16 |
| 加拿大 | 2196 | 8 |
| 德国 | 280 | 2 |
| 香港 | 60 | 1 |
| 44209090 珠宝或刀具木盒及类似品；第94章以外木家具 | | |
| 合计 | 52205718 | 215442 |
| 美国 | 18480049 | 68569 |
| 日本 | 5731977 | 32931 |
| 英国 | 3262240 | 12141 |
| 德国 | 2931003 | 11410 |
| 荷兰 | 2950560 | 10066 |
| 香港 | 1994716 | 8980 |
| 瑞士 | 437373 | 6188 |
| 法国 | 1354115 | 5913 |
| 加拿大 | 1644313 | 5779 |
| 澳大利亚 | 1458730 | 5565 |

| 国家/地区 | 出口数量（千克） | 出口金额（千美元） |
|---|---|---|
| 俄罗斯联邦 | 927436 | 4430 |
| 韩国 | 983763 | 4402 |
| 比利时 | 1228106 | 3792 |
| 西班牙 | 810027 | 3208 |
| 意大利 | 645686 | 2613 |
| 阿联酋 | 592741 | 2253 |
| 台湾省 | 554587 | 1832 |
| 沙特阿拉伯 | 460044 | 1751 |
| 巴西 | 427448 | 1655 |
| 波兰 | 344909 | 1618 |
| 丹麦 | 385974 | 1467 |
| 多米尼加共和国 | 238909 | 1286 |
| 马来西亚 | 305892 | 1257 |
| 瑞典 | 323815 | 1130 |
| 新加坡 | 310781 | 1078 |
| 芬兰 | 224389 | 851 |
| 挪威 | 243650 | 810 |
| 爱尔兰 | 153882 | 719 |
| 葡萄牙 | 180246 | 704 |
| 墨西哥 | 178198 | 673 |
| 科威特 | 146454 | 671 |
| 以色列 | 168604 | 629 |
| 泰国 | 205876 | 598 |
| 新西兰 | 150271 | 563 |
| 智利 | 110715 | 514 |
| 利比亚 | 62817 | 486 |
| 土耳其 | 116130 | 480 |
| 南非 | 111205 | 480 |
| 希腊 | 115886 | 451 |
| 印度 | 86116 | 399 |
| 洪都拉斯 | 47902 | 398 |
| 乌克兰 | 105436 | 394 |
| 阿根廷 | 87854 | 339 |
| 巴拿马 | 73063 | 334 |
| 黎巴嫩 | 65701 | 266 |
| 捷克 | 51976 | 261 |
| 古巴 | 89124 | 259 |
| 拉脱维亚 | 59711 | 239 |
| 印度尼西亚 | 36104 | 228 |
| 尼加拉瓜 | 13525 | 172 |
| 秘鲁 | 40846 | 168 |
| 斯洛文尼亚 | 38968 | 151 |
| 哥伦比亚 | 31549 | 149 |
| 埃及 | 12852 | 133 |
| 立陶宛 | 17054 | 118 |

| 国家/地区 | 出口数量（千克） | 出口金额（千美元） |
|---|---|---|
| 匈牙利 | 22718 | 101 |
| 乌拉圭 | 29147 | 99 |
| 奥地利 | 25167 | 94 |
| 卡塔尔 | 21020 | 84 |
| 巴林 | 23330 | 82 |
| 列支敦士登 | 2004 | 71 |
| 摩洛哥 | 18255 | 69 |
| 爱沙尼亚 | 10041 | 69 |
| 越南 | 11823 | 69 |
| 委内瑞拉 | 16798 | 65 |
| 菲律宾 | 23234 | 64 |
| 尼日利亚 | 16875 | 63 |
| 亚美尼亚 | 14953 | 52 |
| 伊拉克 | 31406 | 47 |
| 马提尼克 | 7605 | 46 |
| 斯洛伐克 | 5714 | 42 |
| 斯里兰卡 | 10240 | 38 |
| 塞浦路斯 | 6663 | 30 |
| 哈萨克斯坦 | 6344 | 30 |
| 突尼斯 | 13260 | 28 |
| 卢森堡 | 2689 | 28 |
| 伊朗 | 4810 | 24 |
| 澳门 | 9901 | 23 |
| 巴布亚新几内亚 | 5325 | 19 |
| 哥斯达黎加 | 2516 | 17 |
| 厄瓜多尔 | 3793 | 15 |
| 白俄罗斯 | 2795 | 15 |
| 巴基斯坦 | 7265 | 15 |
| 斐济 | 1856 | 15 |
| 约旦 | 6956 | 14 |
| 克罗地亚 | 3322 | 14 |
| 波多黎各 | 1545 | 8 |
| 格鲁吉亚 | 14629 | 6 |
| 特立尼达和多巴哥 | 1950 | 5 |
| 也门 | 893 | 5 |
| 黑山 | 1586 | 5 |
| 罗马尼亚 | 1797 | 5 |
| 保加利亚 | 1023 | 4 |
| 危地马拉 | 567 | 4 |
| 马尔代夫 | 126 | 3 |
| 摩纳哥 | 121 | 3 |
| 塞尔维亚 | 233 | 2 |
| 冰岛 | 360 | 1 |
| 加蓬 | 950 | 1 |
| 塞舌尔 | 43 | 1 |

| 国家/地区 | 出口数量（千克） | 出口金额（千美元） |
|---|---|---|
| 波黑 | 300 | 1 |
| 坦桑尼亚 | 27 | 1 |
| 阿曼 | 255 | 1 |
| 塞内加尔 | 63 | 0 |
| 科特迪瓦 | 63 | 0 |
| 萨尔瓦多 | 64 | 0 |
| 44211000 木制衣架 | | |
| 合计 | 58586699 | 191453 |
| 美国 | 10703108 | 37046 |
| 德国 | 6919344 | 23635 |
| 日本 | 2720984 | 12483 |
| 荷兰 | 3655464 | 10734 |
| 英国 | 3304956 | 10564 |
| 西班牙 | 2687784 | 8346 |
| 瑞典 | 2800907 | 7851 |
| 俄罗斯联邦 | 2700613 | 7716 |
| 香港 | 1187352 | 7331 |
| 法国 | 2202426 | 7066 |
| 意大利 | 1610546 | 5783 |
| 韩国 | 1992426 | 5144 |
| 巴西 | 1740409 | 4255 |
| 澳大利亚 | 1204630 | 3717 |
| 加拿大 | 1297187 | 3494 |
| 土耳其 | 1113857 | 3080 |
| 丹麦 | 621592 | 2580 |
| 比利时 | 814505 | 2295 |
| 波兰 | 908264 | 2071 |
| 乌克兰 | 713283 | 2010 |
| 墨西哥 | 663737 | 1993 |
| 阿联酋 | 396493 | 1518 |
| 阿根廷 | 579020 | 1405 |
| 智利 | 473113 | 1373 |
| 挪威 | 413641 | 1217 |
| 芬兰 | 307286 | 1049 |
| 沙特阿拉伯 | 220028 | 1010 |
| 印度尼西亚 | 252113 | 880 |
| 以色列 | 246865 | 855 |
| 印度 | 188846 | 821 |
| 台湾省 | 206458 | 819 |
| 秘鲁 | 296647 | 726 |
| 瑞士 | 271512 | 720 |
| 新西兰 | 204840 | 718 |
| 泰国 | 170665 | 642 |
| 南非 | 174302 | 628 |
| 哥伦比亚 | 206818 | 590 |

| 国家/地区 | 出口数量（千克） | 出口金额（千美元） |
|---|---|---|
| 立陶宛 | 159181 | 588 |
| 巴拿马 | 149918 | 499 |
| 新加坡 | 145620 | 487 |
| 希腊 | 189651 | 468 |
| 葡萄牙 | 153023 | 459 |
| 奥地利 | 167291 | 429 |
| 爱尔兰 | 138542 | 416 |
| 马来西亚 | 114584 | 347 |
| 爱沙尼亚 | 100265 | 296 |
| 科威特 | 79779 | 278 |
| 菲律宾 | 68339 | 269 |
| 越南 | 49119 | 211 |
| 拉脱维亚 | 89812 | 209 |
| 乌拉圭 | 67650 | 205 |
| 罗马尼亚 | 62712 | 162 |
| 委内瑞拉 | 38404 | 145 |
| 克罗地亚 | 46338 | 136 |
| 埃及 | 70143 | 109 |
| 摩洛哥 | 37564 | 109 |
| 黎巴嫩 | 31491 | 103 |
| 阿尔及利亚 | 49646 | 91 |
| 阿曼 | 14319 | 89 |
| 捷克 | 24142 | 83 |
| 保加利亚 | 27548 | 79 |
| 厄瓜多尔 | 30573 | 76 |
| 白俄罗斯 | 22587 | 71 |
| 哈萨克斯坦 | 18899 | 67 |
| 利比亚 | 30319 | 67 |
| 巴拉圭 | 16042 | 59 |
| 波多黎各 | 25516 | 52 |
| 约旦 | 13747 | 51 |
| 巴基斯坦 | 20250 | 49 |
| 匈牙利 | 14979 | 48 |
| 塞浦路斯 | 11794 | 36 |
| 哥斯达黎加 | 10566 | 30 |
| 突尼斯 | 11962 | 28 |
| 摩尔多瓦 | 10593 | 27 |
| 巴林 | 6334 | 27 |
| 格鲁吉亚 | 7249 | 27 |
| 安哥拉 | 7955 | 26 |
| 古巴 | 5899 | 23 |
| 斯洛文尼亚 | 7978 | 23 |
| 伊拉克 | 5282 | 22 |
| 斯里兰卡 | 4638 | 22 |
| 危地马拉 | 6343 | 19 |

| 国家/地区 | 出口数量（千克） | 出口金额（千美元） |
|---|---|---|
| 多米尼加共和国 | 7787 | 19 |
| 毛里求斯 | 2104 | 18 |
| 特立尼达和多巴哥 | 4860 | 15 |
| 澳门 | 2545 | 14 |
| 黑山 | 4145 | 12 |
| 马耳他 | 3864 | 12 |
| 孟加拉国 | 1940 | 11 |
| 科特迪瓦 | 3829 | 9 |
| 塞内加尔 | 2500 | 7 |
| 留尼汪 | 2244 | 7 |
| 乍得 | 1624 | 7 |
| 尼日利亚 | 1290 | 5 |
| 肯尼亚 | 940 | 5 |
| 加纳 | 1393 | 4 |
| 伊朗 | 1042 | 4 |
| 斐济 | 1470 | 4 |
| 塔吉克斯坦 | 1000 | 4 |
| 牙买加 | 1300 | 3 |
| 乌兹别克斯坦 | 650 | 3 |
| 新喀里多尼亚 | 667 | 2 |
| 马尔代夫 | 475 | 2 |
| 卡塔尔 | 410 | 2 |
| 刚果(金) | 312 | 2 |
| 法属波利尼西亚 | 568 | 1 |
| 坦桑尼亚 | 207 | 1 |
| 南苏丹共和国 | 52 | 1 |
| 阿塞拜疆 | 239 | 1 |
| 斯洛伐克 | 323 | 1 |
| 莫桑比克 | 312 | 1 |
| 44219010 木制卷轴、纡子、筒管、缝纫用线轴及类似品 | | |
| 合计 | 367440 | 717 |
| 比利时 | 127864 | 248 |
| 荷兰 | 56052 | 142 |
| 日本 | 57350 | 112 |
| 朝鲜 | 38429 | 46 |
| 丹麦 | 4806 | 29 |
| 美国 | 6412 | 29 |
| 英国 | 3171 | 24 |
| 法国 | 4075 | 24 |
| 香港 | 23879 | 17 |
| 澳大利亚 | 22695 | 16 |
| 德国 | 2411 | 15 |
| 澳门 | 14400 | 10 |
| 加拿大 | 350 | 3 |

| 国家/地区 | 出口数量（千克） | 出口金额（千美元） |
|---|---|---|
| 新加坡 | 5521 | 2 |
| 瑞典 | 25 | 1 |
| 44219021 木制圆签圆棒冰果棒压舌片及类似一次性制品 | | |
| 合计 | 56657507 | 69736 |
| 日本 | 13535076 | 15391 |
| 美国 | 8209929 | 10271 |
| 韩国 | 2770438 | 2897 |
| 印度尼西亚 | 1613436 | 2412 |
| 墨西哥 | 1476954 | 2407 |
| 俄罗斯联邦 | 1816926 | 2377 |
| 泰国 | 1315314 | 2304 |
| 印度 | 2806118 | 2202 |
| 土耳其 | 1354791 | 1750 |
| 意大利 | 1175319 | 1690 |
| 加拿大 | 1239455 | 1578 |
| 荷兰 | 979956 | 1424 |
| 西班牙 | 1041136 | 1390 |
| 英国 | 1021085 | 1369 |
| 埃及 | 1426361 | 1349 |
| 德国 | 1180219 | 1333 |
| 香港 | 509062 | 1119 |
| 巴西 | 730413 | 1029 |
| 智利 | 570253 | 1021 |
| 法国 | 486044 | 1011 |
| 澳大利亚 | 706664 | 929 |
| 伊朗 | 1264872 | 925 |
| 沙特阿拉伯 | 648692 | 675 |
| 希腊 | 301003 | 537 |
| 阿联酋 | 363522 | 515 |
| 乌克兰 | 430124 | 512 |
| 巴基斯坦 | 220365 | 504 |
| 菲律宾 | 278353 | 459 |
| 马来西亚 | 306609 | 433 |
| 哥伦比亚 | 316143 | 432 |
| 危地马拉 | 251876 | 418 |
| 摩洛哥 | 201387 | 383 |
| 南非 | 324846 | 355 |
| 台湾省 | 205383 | 329 |
| 约旦 | 234694 | 295 |
| 也门 | 253410 | 289 |
| 突尼斯 | 163431 | 270 |
| 孟加拉国 | 123954 | 259 |
| 克罗地亚 | 167358 | 255 |
| 以色列 | 216624 | 251 |

| 国家/地区 | 出口数量（千克） | 出口金额（千美元） |
|---|---|---|
| 委内瑞拉 | 313251 | 212 |
| 哥斯达黎加 | 157227 | 210 |
| 丹麦 | 159486 | 208 |
| 比利时 | 165797 | 196 |
| 波兰 | 118705 | 183 |
| 阿尔及利亚 | 576144 | 175 |
| 葡萄牙 | 183920 | 173 |
| 黎巴嫩 | 124537 | 160 |
| 利比亚 | 105294 | 154 |
| 科威特 | 98605 | 145 |
| 阿根廷 | 202916 | 141 |
| 爱尔兰 | 107783 | 140 |
| 立陶宛 | 159568 | 138 |
| 伊拉克 | 196976 | 130 |
| 保加利亚 | 65516 | 121 |
| 新西兰 | 67697 | 117 |
| 瑞典 | 133015 | 111 |
| 多米尼加共和国 | 84605 | 107 |
| 拉脱维亚 | 60666 | 102 |
| 罗马尼亚 | 125269 | 94 |
| 芬兰 | 70398 | 85 |
| 斯里兰卡 | 83710 | 77 |
| 土库曼斯坦 | 29500 | 73 |
| 哈萨克斯坦 | 162377 | 66 |
| 新加坡 | 59222 | 64 |
| 格鲁吉亚 | 114235 | 56 |
| 坦桑尼亚 | 53650 | 50 |
| 厄瓜多尔 | 16055 | 45 |
| 朝鲜 | 26920 | 42 |
| 秘鲁 | 41986 | 41 |
| 挪威 | 13312 | 40 |
| 匈牙利 | 19235 | 39 |
| 斯洛文尼亚 | 45363 | 35 |
| 巴拿马 | 25064 | 34 |
| 卡塔尔 | 18009 | 33 |
| 乌干达 | 15795 | 33 |
| 多民族玻利维亚国 | 17400 | 32 |
| 苏丹 | 14300 | 32 |
| 越南 | 19917 | 31 |
| 毛里求斯 | 13352 | 31 |
| 津巴布韦 | 14780 | 30 |
| 莫桑比克 | 4650 | 24 |
| 留尼汪 | 14316 | 24 |
| 巴布亚新几内亚 | 8400 | 21 |
| 瑞士 | 11890 | 21 |

| 国家/地区 | 出口数量（千克） | 出口金额（千美元） |
|---|---|---|
| 肯尼亚 | 41012 | 21 |
| 尼加拉瓜 | 7222 | 19 |
| 爱沙尼亚 | 13578 | 18 |
| 乌拉圭 | 18560 | 17 |
| 叙利亚 | 10036 | 15 |
| 塞浦路斯 | 13939 | 14 |
| 斯洛伐克 | 27512 | 13 |
| 马拉维 | 20000 | 13 |
| 捷克 | 9090 | 13 |
| 吉尔吉斯斯坦 | 26430 | 11 |
| 安哥拉 | 12753 | 11 |
| 贝宁 | 3950 | 9 |
| 加纳 | 3000 | 9 |
| 阿尔巴尼亚 | 3000 | 9 |
| 特立尼达和多巴哥 | 3200 | 9 |
| 塞尔维亚 | 5660 | 9 |
| 巴林 | 14330 | 9 |
| 吉布提 | 7986 | 8 |
| 洪都拉斯 | 4855 | 8 |
| 科特迪瓦 | 2480 | 7 |
| 萨尔瓦多 | 10906 | 7 |
| 埃塞俄比亚 | 2236 | 6 |
| 尼日利亚 | 2270 | 6 |
| 波多黎各 | 4738 | 6 |
| 缅甸 | 1870 | 5 |
| 乌兹别克斯坦 | 1974 | 5 |
| 阿曼 | 3105 | 5 |
| 刚果(金) | 1760 | 5 |
| 巴巴多斯 | 1200 | 3 |
| 卢旺达 | 1224 | 3 |
| 索马里 | 12600 | 3 |
| 牙买加 | 320 | 2 |
| 澳门 | 632 | 2 |
| 亚美尼亚 | 642 | 2 |
| 阿塞拜疆 | 652 | 2 |
| 波黑 | 780 | 2 |
| 塔吉克斯坦 | 650 | 2 |
| 柬埔寨 | 504 | 2 |
| 布隆迪 | 480 | 1 |
| 奥地利 | 1081 | 1 |
| 塞内加尔 | 420 | 1 |
| 萨摩亚 | 280 | 1 |
| 马达加斯加 | 182 | 1 |
| 44219090 未列名木制品 | | |
| 合计 | 508176057 | 1465747 |

| 国家/地区 | 出口数量（千克） | 出口金额（千美元） |
|---|---|---|
| 美国 | 153556644 | 390993 |
| 日本 | 74333820 | 250568 |
| 英国 | 37193233 | 117512 |
| 德国 | 38173223 | 109128 |
| 荷兰 | 23381810 | 69640 |
| 澳大利亚 | 21684865 | 64523 |
| 法国 | 19703580 | 55852 |
| 香港 | 15289207 | 37688 |
| 韩国 | 11655252 | 36234 |
| 加拿大 | 11996839 | 31892 |
| 意大利 | 7713357 | 29820 |
| 西班牙 | 6902693 | 27126 |
| 比利时 | 7185142 | 20561 |
| 俄罗斯联邦 | 5429334 | 15008 |
| 马来西亚 | 2211639 | 14738 |
| 台湾省 | 6056326 | 13994 |
| 南非 | 4831004 | 12289 |
| 瑞典 | 3002626 | 10345 |
| 阿联酋 | 2960851 | 9867 |
| 墨西哥 | 3687481 | 8564 |
| 印度 | 2324211 | 7367 |
| 沙特阿拉伯 | 2448582 | 7015 |
| 丹麦 | 1847300 | 6812 |
| 泰国 | 1600596 | 5840 |
| 智利 | 1424470 | 5786 |
| 新西兰 | 2168308 | 5488 |
| 波兰 | 1272768 | 5139 |
| 土耳其 | 1130342 | 4799 |
| 越南 | 1580326 | 4504 |
| 尼日利亚 | 1888666 | 4225 |
| 瑞士 | 795789 | 4076 |
| 阿根廷 | 2778020 | 3866 |
| 爱尔兰 | 857038 | 3770 |
| 印度尼西亚 | 1096185 | 3637 |
| 挪威 | 972775 | 3524 |
| 新加坡 | 1027277 | 3336 |
| 以色列 | 1191697 | 2904 |
| 巴西 | 577095 | 2883 |
| 斯洛文尼亚 | 875470 | 2676 |
| 奥地利 | 1118401 | 2438 |
| 澳门 | 1311024 | 2295 |
| 芬兰 | 700109 | 2293 |
| 菲律宾 | 782327 | 2257 |
| 希腊 | 554368 | 1828 |
| 乌克兰 | 909382 | 1812 |

| 国家/地区 | 出口数量（千克） | 出口金额（千美元） |
|---|---|---|
| 伊拉克 | 1652050 | 1785 |
| 巴基斯坦 | 827016 | 1756 |
| 科威特 | 935849 | 1669 |
| 黎巴嫩 | 486897 | 1611 |
| 伊朗 | 468994 | 1512 |
| 哥伦比亚 | 324977 | 1503 |
| 巴拿马 | 448681 | 1399 |
| 秘鲁 | 484862 | 1190 |
| 埃及 | 732070 | 1137 |
| 波多黎各 | 248532 | 1111 |
| 委内瑞拉 | 613133 | 1097 |
| 多米尼加共和国 | 321395 | 1023 |
| 马耳他 | 85992 | 1021 |
| 利比亚 | 507940 | 1007 |
| 拉脱维亚 | 465864 | 961 |
| 约旦 | 441117 | 940 |
| 阿尔及利亚 | 461325 | 884 |
| 摩洛哥 | 281403 | 862 |
| 阿曼 | 371270 | 830 |
| 贝宁 | 282704 | 825 |
| 爱沙尼亚 | 243247 | 795 |
| 葡萄牙 | 256861 | 771 |
| 安哥拉 | 589729 | 768 |
| 捷克 | 237612 | 768 |
| 克罗地亚 | 286285 | 708 |
| 罗马尼亚 | 456638 | 698 |
| 立陶宛 | 281204 | 568 |
| 萨尔瓦多 | 994946 | 495 |
| 乌拉圭 | 140997 | 489 |
| 博茨瓦纳 | 121433 | 451 |
| 哈萨克斯坦 | 157592 | 415 |
| 卡塔尔 | 158491 | 402 |
| 蒙古 | 433032 | 349 |
| 加纳 | 155295 | 336 |
| 肯尼亚 | 221919 | 320 |
| 厄瓜多尔 | 114589 | 286 |
| 巴林 | 63246 | 269 |
| 保加利亚 | 70547 | 263 |
| 巴布亚新几内亚 | 107888 | 253 |
| 危地马拉 | 83899 | 249 |
| 白俄罗斯 | 58117 | 225 |
| 缅甸 | 56961 | 210 |
| 匈牙利 | 76140 | 203 |
| 巴巴多斯 | 43540 | 193 |
| 突尼斯 | 93192 | 192 |

| 国家/地区 | 出口数量（千克） | 出口金额（千美元） |
|---|---|---|
| 朝鲜 | 234075 | 191 |
| 斯洛伐克 | 60244 | 188 |
| 斯里兰卡 | 92191 | 163 |
| 马尔代夫 | 140797 | 146 |
| 科特迪瓦 | 16041 | 144 |
| 毛里求斯 | 50645 | 139 |
| 特立尼达和多巴哥 | 36750 | 139 |
| 塞浦路斯 | 48147 | 139 |
| 吉布提 | 193827 | 129 |
| 哥斯达黎加 | 50650 | 127 |
| 新喀里多尼亚 | 61643 | 117 |
| 阿塞拜疆 | 37559 | 117 |
| 格林纳达 | 25230 | 108 |
| 百慕大 | 13977 | 106 |
| 坦桑尼亚 | 44427 | 105 |
| 赞比亚 | 86940 | 103 |
| 塞尔维亚 | 34527 | 102 |
| 牙买加 | 22056 | 98 |
| 摩尔多瓦 | 31702 | 95 |
| 多哥 | 70740 | 92 |
| 乌兹别克斯坦 | 37675 | 92 |
| 埃塞俄比亚 | 119440 | 90 |
| 孟加拉国 | 21021 | 75 |
| 文莱 | 45545 | 74 |
| 格鲁吉亚 | 18321 | 72 |
| 巴拉圭 | 18029 | 72 |
| 海地 | 46066 | 64 |
| 也门 | 85324 | 64 |
| 巴哈马 | 10030 | 63 |
| 留尼汪 | 15822 | 55 |
| 法属波利尼西亚 | 27171 | 54 |
| 津巴布韦 | 10530 | 51 |
| 阿尔巴尼亚 | 11609 | 48 |
| 洪都拉斯 | 9224 | 43 |
| 叙利亚 | 24719 | 41 |
| 苏丹 | 6002 | 38 |
| 莫桑比克 | 38154 | 31 |
| 圭亚那 | 8557 | 31 |
| 汤加 | 9074 | 30 |
| 黑山 | 6939 | 28 |
| 圣文森特和格林纳丁斯 | 5150 | 27 |
| 刚果(布) | 26240 | 25 |
| 多民族玻利维亚国 | 4777 | 24 |
| 圣卢西亚 | 4960 | 22 |
| 圣马丁岛 | 3779 | 21 |

| 国家/地区 | 出口数量（千克） | 出口金额（千美元） |
|---|---|---|
| 赤道几内亚 | 2544 | 20 |
| 喀麦隆 | 8922 | 19 |
| 波黑 | 8570 | 18 |
| 荷属安的列斯群岛 | 3716 | 18 |
| 塞内加尔 | 3105 | 15 |
| 巴勒斯坦 | 5805 | 15 |
| 古巴 | 3158 | 14 |
| 冰岛 | 3908 | 14 |
| 吉尔吉斯斯坦 | 4000 | 13 |
| 阿鲁巴 | 2795 | 13 |
| 乌干达 | 2212 | 12 |
| 加蓬 | 3668 | 11 |
| 土库曼斯坦 | 2054 | 11 |
| 斐济 | 1278 | 9 |
| 塞舌尔 | 1092 | 7 |
| 利比里亚 | 2350 | 6 |
| 马里 | 1982 | 5 |
| 阿富汗 | 245 | 5 |
| 布基纳法索 | 1523 | 4 |
| 瓜德罗普 | 1359 | 4 |
| 南苏丹共和国 | 3300 | 4 |
| 马达加斯加 | 2816 | 4 |
| 马提尼克 | 1106 | 3 |
| 前南马其顿 | 731 | 2 |
| 萨摩亚 | 434 | 2 |
| 柬埔寨 | 1263 | 2 |
| 开曼群岛 | 300 | 2 |
| 库克群岛 | 472 | 2 |
| 乍得 | 300 | 1 |
| 纳米比亚 | 6490 | 1 |
| 冈比亚 | 470 | 1 |
| 卢旺达 | 150 | 1 |
| 刚果(金) | 690 | 1 |
| 66020000 手杖、带座手杖、鞭子、马鞭及类似品 | | |
| 合计 | 22371626 | 129645 |
| 美国 | 5659389 | 32485 |
| 德国 | 793687 | 9509 |
| 沙特阿拉伯 | 1428091 | 5695 |
| 马来西亚 | 1317361 | 4926 |
| 日本 | 344965 | 4575 |
| 英国 | 545658 | 4196 |
| 韩国 | 365150 | 3817 |
| 荷兰 | 323210 | 3186 |
| 俄罗斯联邦 | 428200 | 3127 |

| 国家/地区 | 出口数量（千克） | 出口金额（千美元） |
|---|---|---|
| 多哥 | 724421 | 2812 |
| 西班牙 | 322403 | 2398 |
| 文莱 | 645356 | 2255 |
| 法国 | 240714 | 2169 |
| 加拿大 | 260411 | 2089 |
| 波兰 | 298873 | 2023 |
| 新加坡 | 524027 | 1780 |
| 香港 | 94267 | 1581 |
| 尼泊尔联邦民主共和国 | 60828 | 1531 |
| 吉布提 | 445706 | 1529 |
| 阿联酋 | 369879 | 1480 |
| 意大利 | 171218 | 1455 |
| 澳大利亚 | 179906 | 1309 |
| 斯洛文尼亚 | 155287 | 1304 |
| 伊朗 | 275876 | 1225 |
| 摩洛哥 | 281539 | 1216 |
| 瑞典 | 95227 | 1195 |
| 约旦 | 298894 | 1035 |
| 芬兰 | 119339 | 1035 |
| 奥地利 | 97922 | 1035 |
| 捷克 | 139265 | 1016 |
| 印度 | 231306 | 1000 |
| 安哥拉 | 244021 | 967 |
| 南非 | 207589 | 947 |
| 马约特 | 265172 | 913 |
| 墨西哥 | 169369 | 823 |
| 乌干达 | 216417 | 797 |
| 喀麦隆 | 210002 | 759 |
| 黎巴嫩 | 191194 | 708 |
| 比利时 | 77481 | 677 |
| 巴拿马 | 39597 | 666 |
| 印度尼西亚 | 136974 | 639 |
| 肯尼亚 | 145239 | 625 |
| 阿尔及利亚 | 157497 | 609 |
| 尼日利亚 | 133962 | 601 |
| 几内亚 | 158026 | 589 |
| 智利 | 112989 | 567 |
| 台湾省 | 85747 | 536 |
| 贝宁 | 163646 | 531 |
| 卡塔尔 | 158849 | 529 |
| 泰国 | 112314 | 515 |
| 也门 | 140290 | 486 |
| 哥伦比亚 | 82558 | 442 |
| 巴西 | 77152 | 432 |
| 坦桑尼亚 | 115272 | 423 |
| 伊拉克 | 114910 | 422 |
| 巴哈马 | 88751 | 413 |
| 柬埔寨 | 122238 | 402 |
| 巴基斯坦 | 83046 | 368 |
| 阿根廷 | 32998 | 348 |
| 乌克兰 | 55558 | 346 |
| 土耳其 | 46385 | 326 |
| 马拉维 | 84073 | 323 |
| 以色列 | 46032 | 312 |
| 乌拉圭 | 64544 | 298 |
| 菲律宾 | 57784 | 293 |
| 瑞士 | 28802 | 271 |
| 利比亚 | 50632 | 260 |
| 希腊 | 58959 | 251 |
| 新西兰 | 30949 | 227 |
| 爱沙尼亚 | 13920 | 204 |
| 丹麦 | 22978 | 199 |
| 厄瓜多尔 | 32823 | 189 |
| 克罗地亚 | 53047 | 189 |
| 秘鲁 | 40981 | 184 |
| 埃及 | 44763 | 183 |
| 古巴 | 23822 | 163 |
| 越南 | 37438 | 158 |
| 科威特 | 27299 | 152 |
| 罗马尼亚 | 36283 | 141 |
| 孟加拉国 | 23772 | 140 |
| 缅甸 | 30142 | 128 |
| 突尼斯 | 25001 | 113 |
| 挪威 | 11824 | 112 |
| 保加利亚 | 24288 | 109 |
| 加纳 | 22053 | 108 |
| 斯里兰卡 | 16538 | 98 |
| 匈牙利 | 10714 | 94 |
| 毛里求斯 | 15079 | 93 |
| 苏丹 | 20476 | 90 |
| 哈萨克斯坦 | 12513 | 83 |
| 葡萄牙 | 14053 | 83 |
| 塞尔维亚 | 19484 | 74 |
| 索马里 | 25583 | 71 |
| 叙利亚 | 14894 | 70 |
| 立陶宛 | 7436 | 68 |
| 尼加拉瓜 | 9279 | 62 |
| 委内瑞拉 | 11212 | 55 |
| 危地马拉 | 7399 | 50 |
| 格鲁吉亚 | 14440 | 45 |
| 阿尔巴尼亚 | 12163 | 37 |
| 博茨瓦纳 | 3973 | 34 |
| 萨尔瓦多 | 5863 | 34 |
| 多米尼加共和国 | 5486 | 29 |
| 塔吉克斯坦 | 3600 | 29 |
| 斯洛伐克 | 2117 | 28 |
| 莫桑比克 | 3109 | 25 |
| 拉脱维亚 | 3669 | 22 |
| 塞内加尔 | 6768 | 21 |
| 爱尔兰 | 2194 | 20 |
| 津巴布韦 | 2762 | 18 |
| 安道尔 | 2069 | 18 |
| 巴拉圭 | 2244 | 14 |
| 多民族玻利维亚国 | 1972 | 14 |
| 阿曼 | 2427 | 13 |
| 蒙古 | 2343 | 13 |
| 毛里塔尼亚 | 4488 | 11 |
| 洪都拉斯 | 1157 | 10 |
| 塞浦路斯 | 2481 | 10 |
| 澳门 | 1311 | 10 |
| 哥斯达黎加 | 2033 | 9 |
| 巴林 | 1565 | 7 |
| 亚美尼亚 | 945 | 6 |
| 纳米比亚 | 1920 | 6 |
| 赤道几内亚 | 3765 | 6 |
| 斐济 | 986 | 6 |
| 巴布亚新几内亚 | 1767 | 6 |
| 阿塞拜疆 | 1011 | 6 |
| 刚果(金) | 2055 | 5 |
| 佛得角 | 1116 | 5 |
| 赞比亚 | 900 | 4 |
| 马耳他 | 300 | 3 |
| 圭亚那 | 355 | 3 |
| 波黑 | 420 | 3 |
| 冰岛 | 131 | 3 |
| 基里巴斯 | 475 | 3 |
| 马提尼克 | 230 | 2 |
| 牙买加 | 414 | 2 |
| 特立尼达和多巴哥 | 537 | 2 |
| 前南马其顿 | 326 | 2 |
| 摩尔多瓦 | 398 | 2 |
| 科特迪瓦 | 210 | 2 |
| 乌兹别克斯坦 | 950 | 2 |
| 加那利群岛 | 399 | 1 |
| 伯利兹 | 267 | 1 |

| 国家/地区 | 出口数量（千克） | 出口金额（千美元） |
|---|---|---|
| 朝鲜 | 85 | 1 |
| 海地 | 336 | 1 |
| 利比里亚 | 420 | 1 |
| 塞舌尔 | 108 | 1 |
| 塞拉利昂 | 79 | 1 |
| 94060000 活动房屋 | | |
| 合计 | 682478873 | 1673673 |
| 澳大利亚 | 48595069 | 166913 |
| 俄罗斯联邦 | 62903917 | 140334 |
| 巴西 | 9176797 | 80045 |
| 美国 | 18902413 | 54714 |
| 印度尼西亚 | 24657242 | 47875 |
| 斯里兰卡 | 11976516 | 47332 |
| 法国 | 20587908 | 46650 |
| 沙特阿拉伯 | 18359392 | 40082 |
| 波兰 | 19810030 | 39047 |
| 伊拉克 | 15248573 | 37294 |
| 日本 | 13421508 | 32421 |
| 加拿大 | 10037017 | 30880 |
| 德国 | 12042405 | 30015 |
| 英国 | 11936036 | 29590 |
| 香港 | 12047998 | 28604 |
| 尼日利亚 | 13413278 | 28033 |
| 哈萨克斯坦 | 12344072 | 25765 |
| 马来西亚 | 5361397 | 23768 |
| 乌克兰 | 11359763 | 23062 |
| 蒙古 | 12656276 | 22116 |
| 西班牙 | 9705208 | 21570 |
| 泰国 | 12343723 | 21243 |
| 印度 | 10726265 | 20945 |
| 新加坡 | 3774727 | 19763 |
| 意大利 | 8599988 | 19647 |
| 荷兰 | 7385433 | 19608 |
| 坦桑尼亚 | 6562171 | 19056 |
| 南非 | 8998473 | 18127 |
| 挪威 | 6205989 | 17866 |
| 委内瑞拉 | 10882227 | 17857 |
| 瑞典 | 7161768 | 17335 |
| 肯尼亚 | 10240521 | 17277 |
| 巴布亚新几内亚 | 7926399 | 16187 |
| 赞比亚 | 5201156 | 13665 |
| 智利 | 6118851 | 13593 |
| 阿尔及利亚 | 6608037 | 13110 |
| 乍得 | 4679755 | 12864 |
| 阿联酋 | 4463021 | 12770 |

| 国家/地区 | 出口数量（千克） | 出口金额（千美元） |
|---|---|---|
| 越南 | 3699631 | 12347 |
| 比利时 | 4769930 | 11705 |
| 土耳其 | 6546543 | 11384 |
| 新西兰 | 3453924 | 11321 |
| 菲律宾 | 5546704 | 10957 |
| 罗马尼亚 | 5740089 | 10795 |
| 芬兰 | 4755810 | 10424 |
| 安哥拉 | 4986828 | 10054 |
| 莫桑比克 | 6097564 | 9985 |
| 伊朗 | 2098569 | 7467 |
| 刚果(布) | 3522879 | 7371 |
| 韩国 | 2598337 | 7340 |
| 缅甸 | 4628009 | 7151 |
| 苏丹 | 2904063 | 6939 |
| 加纳 | 3158994 | 6333 |
| 孟加拉国 | 1548623 | 6025 |
| 立陶宛 | 2828457 | 5930 |
| 土库曼斯坦 | 1967247 | 5725 |
| 卡塔尔 | 2964951 | 5457 |
| 巴基斯坦 | 2068841 | 5422 |
| 葡萄牙 | 2987176 | 5414 |
| 克罗地亚 | 3134936 | 5386 |
| 哥伦比亚 | 2068130 | 5339 |
| 埃及 | 1629465 | 5299 |
| 东帝汶 | 3079649 | 5196 |
| 埃塞俄比亚 | 2479808 | 5095 |
| 厄瓜多尔 | 2592012 | 5060 |
| 加蓬 | 3354869 | 4991 |
| 以色列 | 2839426 | 4952 |
| 朝鲜 | 2253429 | 4845 |
| 吉尔吉斯斯坦 | 1934530 | 4796 |
| 利比亚 | 2030343 | 4637 |
| 澳门 | 1119214 | 4500 |
| 乌拉圭 | 2260461 | 3868 |
| 南苏丹共和国 | 1838119 | 3813 |
| 喀麦隆 | 2014400 | 3608 |
| 格鲁吉亚 | 1610044 | 3476 |
| 黎巴嫩 | 1480393 | 3470 |
| 阿根廷 | 1628716 | 3427 |
| 柬埔寨 | 2411078 | 3322 |
| 匈牙利 | 1730445 | 3203 |
| 墨西哥 | 1524972 | 3176 |
| 老挝 | 1927829 | 3174 |
| 爱沙尼亚 | 1613893 | 3168 |
| 尼日尔 | 1107239 | 3137 |

| 国家/地区 | 出口数量（千克） | 出口金额（千美元） |
|---|---|---|
| 捷克 | 1408532 | 3113 |
| 约旦 | 1346181 | 2968 |
| 丹麦 | 1102414 | 2932 |
| 拉脱维亚 | 1356371 | 2864 |
| 白俄罗斯 | 1256684 | 2856 |
| 巴拿马 | 1130666 | 2852 |
| 奥地利 | 1393549 | 2832 |
| 希腊 | 1423654 | 2775 |
| 利比里亚 | 509856 | 2745 |
| 吉布提 | 1594639 | 2712 |
| 新喀里多尼亚 | 1692676 | 2647 |
| 斯洛文尼亚 | 1622975 | 2616 |
| 秘鲁 | 1072267 | 2597 |
| 摩洛哥 | 943035 | 2567 |
| 刚果(金) | 1464988 | 2531 |
| 津巴布韦 | 980971 | 2513 |
| 阿尔巴尼亚 | 1458874 | 2474 |
| 乌兹别克斯坦 | 747357 | 2317 |
| 爱尔兰 | 994223 | 2193 |
| 纳米比亚 | 1070930 | 2084 |
| 贝宁 | 1301230 | 2057 |
| 突尼斯 | 780834 | 2016 |
| 文莱 | 419312 | 1991 |
| 台湾省 | 600758 | 1960 |
| 巴哈马 | 1236476 | 1939 |
| 马耳他 | 402145 | 1928 |
| 也门 | 678322 | 1805 |
| 牙买加 | 838755 | 1764 |
| 卢旺达 | 527312 | 1720 |
| 毛里求斯 | 843256 | 1702 |
| 赤道几内亚 | 784800 | 1580 |
| 塔吉克斯坦 | 477870 | 1523 |
| 科威特 | 651303 | 1513 |
| 阿曼 | 635137 | 1325 |
| 尼泊尔联邦民主共和国 | 356597 | 1165 |
| 科特迪瓦 | 592630 | 1105 |
| 巴林 | 160603 | 1095 |
| 塞内加尔 | 601892 | 1031 |
| 特立尼达和多巴哥 | 621301 | 1028 |
| 苏里南 | 485205 | 969 |
| 圭亚那 | 385626 | 948 |
| 阿塞拜疆 | 361638 | 914 |
| 毛里塔尼亚 | 464435 | 877 |
| 马尔代夫 | 488758 | 863 |
| 多米尼加共和国 | 544048 | 847 |

| 国家/地区 | 出口数量（千克） | 出口金额（千美元） |
|---|---|---|
| 保加利亚 | 464519 | 845 |
| 塞尔维亚 | 493831 | 840 |
| 博茨瓦纳 | 352839 | 838 |
| 留尼汪 | 458013 | 790 |
| 塞浦路斯 | 330193 | 775 |
| 厄立特里亚 | 500298 | 768 |
| 巴拉圭 | 438524 | 766 |
| 古巴 | 297066 | 746 |
| 马达加斯加 | 428050 | 734 |
| 马拉维 | 189915 | 673 |
| 几内亚 | 352738 | 664 |
| 瓦努阿图 | 342399 | 602 |
| 多哥 | 162688 | 596 |
| 尼加拉瓜 | 568315 | 566 |
| 乌干达 | 290383 | 558 |
| 斐济 | 249475 | 556 |
| 海地 | 410319 | 521 |
| 塞舌尔 | 277253 | 511 |
| 塞拉利昂 | 312935 | 511 |
| 黑山 | 271884 | 502 |
| 哥斯达黎加 | 226740 | 469 |
| 危地马拉 | 287335 | 394 |
| 洪都拉斯 | 73903 | 383 |
| 英属维尔京群岛 | 215500 | 373 |
| 布基纳法索 | 288174 | 355 |
| 波黑 | 197700 | 347 |
| 摩尔多瓦 | 199818 | 340 |
| 所罗门群岛 | 212126 | 321 |
| 波多黎各 | 117249 | 310 |
| 斯洛伐克 | 119561 | 294 |
| 基里巴斯 | 158031 | 294 |
| 法属波利尼西亚 | 172300 | 276 |
| 萨摩亚 | 174983 | 271 |
| 前南马其顿 | 129213 | 264 |
| 佛得角 | 58740 | 250 |
| 瑙鲁 | 113393 | 238 |
| 瑞士 | 57240 | 237 |
| 科摩罗 | 86259 | 226 |
| 索马里 | 162500 | 225 |
| 多民族玻利维亚国 | 558101 | 189 |
| 多米尼克 | 53963 | 177 |
| 库克群岛 | 31960 | 137 |
| 安提瓜和巴布达 | 72676 | 134 |
| 瓜德罗普 | 71682 | 132 |
| 阿富汗 | 50556 | 117 |
| 马里 | 45068 | 116 |
| 莱索托 | 58490 | 103 |
| 巴巴多斯 | 40496 | 101 |
| 巴勒斯坦 | 31401 | 101 |
| 库腊索岛 | 110590 | 95 |
| 冰岛 | 41892 | 90 |
| 社会群岛 | 28800 | 87 |
| 圣卢西亚 | 65040 | 81 |
| 亚美尼亚 | 42023 | 63 |
| 叙利亚 | 23841 | 51 |
| 密克罗尼西亚联邦 | 16000 | 47 |
| 帕劳 | 20789 | 43 |
| 法属圭亚那 | 8925 | 42 |
| 布隆迪 | 8550 | 41 |
| 圣文森特和格林纳丁斯 | 20926 | 29 |
| 阿鲁巴 | 10556 | 23 |
| 荷属安的列斯群岛 | 9184 | 23 |
| 圣马丁岛 | 8500 | 16 |
| 马绍尔群岛 | 12520 | 12 |
| 汤加 | 9170 | 12 |
| 格林纳达 | 9222 | 9 |
| 萨尔瓦多 | 1207 | 8 |
| 马提尼克 | 2580 | 5 |
| 冈比亚 | 1400 | 4 |
| 伯利兹 | 700 | 3 |
| 不丹 | 690 | 3 |

96091010 铅笔

| 国家/地区 | 出口数量（千克） | 出口金额（千美元） |
|---|---|---|
| 合计 | 37786184 | 189288 |
| 美国 | 8386772 | 50039 |
| 巴基斯坦 | 2246032 | 10610 |
| 马来西亚 | 1433783 | 7038 |
| 泰国 | 1462898 | 6326 |
| 英国 | 1255871 | 6112 |
| 阿联酋 | 1159570 | 5828 |
| 约旦 | 902278 | 4865 |
| 德国 | 573002 | 3547 |
| 台湾省 | 661277 | 3371 |
| 加拿大 | 607420 | 3371 |
| 韩国 | 518606 | 3337 |
| 印度尼西亚 | 630146 | 3313 |
| 俄罗斯联邦 | 783679 | 3226 |
| 巴西 | 1034387 | 3166 |
| 南非 | 752754 | 3130 |
| 墨西哥 | 674295 | 2854 |
| 菲律宾 | 600686 | 2672 |
| 澳大利亚 | 446123 | 2621 |
| 印度 | 497981 | 2415 |
| 尼日利亚 | 713577 | 2351 |
| 法国 | 354411 | 2261 |
| 秘鲁 | 380348 | 2146 |
| 荷兰 | 398948 | 2112 |
| 智利 | 421718 | 1988 |
| 日本 | 309675 | 1928 |
| 孟加拉国 | 345879 | 1902 |
| 西班牙 | 343658 | 1860 |
| 香港 | 274009 | 1811 |
| 越南 | 323432 | 1733 |
| 伊拉克 | 380327 | 1727 |
| 以色列 | 320904 | 1689 |
| 意大利 | 297770 | 1631 |
| 肯尼亚 | 464742 | 1610 |
| 巴拿马 | 391355 | 1450 |
| 瑞典 | 376046 | 1436 |
| 埃及 | 437539 | 1363 |
| 哥伦比亚 | 248928 | 1301 |
| 乌克兰 | 247308 | 1281 |
| 沙特阿拉伯 | 269695 | 1264 |
| 斯里兰卡 | 198830 | 1232 |
| 缅甸 | 299058 | 1229 |
| 芬兰 | 228836 | 1210 |
| 捷克 | 181685 | 1174 |
| 安哥拉 | 344848 | 1129 |
| 古巴 | 211748 | 1078 |
| 波兰 | 207949 | 1061 |
| 拉脱维亚 | 153949 | 909 |
| 伊朗 | 153996 | 896 |
| 苏丹 | 214178 | 616 |
| 也门 | 127521 | 612 |
| 比利时 | 112266 | 610 |
| 丹麦 | 96558 | 600 |
| 加纳 | 181041 | 594 |
| 利比亚 | 117173 | 588 |
| 坦桑尼亚 | 198230 | 575 |
| 新加坡 | 95796 | 551 |
| 阿根廷 | 115666 | 538 |
| 危地马拉 | 120879 | 530 |
| 黎巴嫩 | 86003 | 529 |
| 希腊 | 108953 | 526 |
| 厄瓜多尔 | 111498 | 524 |
| 摩洛哥 | 128475 | 487 |

| 国家/地区 | 出口数量（千克） | 出口金额（千美元） |
|---|---|---|
| 科威特 | 91183 | 461 |
| 阿尔及利亚 | 116477 | 456 |
| 萨尔瓦多 | 83907 | 442 |
| 委内瑞拉 | 72054 | 377 |
| 乌拉圭 | 69167 | 335 |
| 莫桑比克 | 92342 | 319 |
| 洪都拉斯 | 55318 | 294 |
| 多米尼加共和国 | 64809 | 294 |
| 朝鲜 | 82199 | 293 |
| 土耳其 | 64826 | 288 |
| 葡萄牙 | 48703 | 264 |
| 新西兰 | 40648 | 242 |
| 哈萨克斯坦 | 44599 | 239 |
| 罗马尼亚 | 49426 | 232 |
| 贝宁 | 70812 | 230 |
| 突尼斯 | 44602 | 211 |
| 瑞士 | 24071 | 185 |
| 斯洛文尼亚 | 32096 | 151 |
| 伯利兹 | 56715 | 146 |
| 多哥 | 80313 | 142 |
| 克罗地亚 | 33252 | 132 |
| 巴布亚新几内亚 | 30537 | 130 |
| 爱尔兰 | 21337 | 129 |
| 奥地利 | 26870 | 128 |
| 匈牙利 | 29356 | 118 |
| 特立尼达和多巴哥 | 16875 | 103 |
| 马达加斯加 | 28590 | 99 |
| 叙利亚 | 25249 | 98 |
| 利比里亚 | 26728 | 95 |
| 尼加拉瓜 | 33729 | 95 |
| 科特迪瓦 | 22932 | 93 |
| 牙买加 | 22467 | 92 |
| 爱沙尼亚 | 21206 | 90 |
| 立陶宛 | 22421 | 89 |
| 塞尔维亚 | 17689 | 89 |
| 海地 | 23883 | 84 |
| 卡塔尔 | 15693 | 83 |
| 斐济 | 15866 | 77 |
| 纳米比亚 | 21523 | 76 |
| 挪威 | 12362 | 72 |
| 阿曼 | 14697 | 68 |
| 津巴布韦 | 21144 | 65 |
| 哥斯达黎加 | 18679 | 57 |
| 几内亚 | 12683 | 50 |
| 毛里求斯 | 6932 | 45 |

| 国家/地区 | 出口数量（千克） | 出口金额（千美元） |
|---|---|---|
| 索马里 | 10460 | 42 |
| 巴林 | 7636 | 41 |
| 刚果(金) | 15995 | 40 |
| 斯洛伐克 | 6648 | 39 |
| 塞内加尔 | 11048 | 36 |
| 白俄罗斯 | 11250 | 35 |
| 乌干达 | 12304 | 34 |
| 柬埔寨 | 3039 | 33 |
| 阿塞拜疆 | 3811 | 32 |
| 圭亚那 | 8993 | 32 |
| 马拉维 | 10044 | 29 |
| 冈比亚 | 6181 | 29 |
| 保加利亚 | 5181 | 28 |
| 格鲁吉亚 | 6900 | 28 |
| 乌兹别克斯坦 | 6183 | 28 |
| 吉布提 | 11229 | 27 |
| 马尔代夫 | 5763 | 26 |
| 阿尔巴尼亚 | 6188 | 24 |
| 吉尔吉斯斯坦 | 5553 | 24 |
| 苏里南 | 6058 | 23 |
| 巴拉圭 | 5725 | 23 |
| 塞浦路斯 | 1854 | 23 |
| 厄立特里亚 | 6363 | 21 |
| 喀麦隆 | 5146 | 21 |
| 博茨瓦纳 | 5068 | 17 |
| 埃塞俄比亚 | 3050 | 16 |
| 斯威士兰 | 6586 | 15 |
| 布基纳法索 | 3534 | 11 |
| 瓦努阿图 | 1894 | 11 |
| 塔吉克斯坦 | 1400 | 11 |
| 萨摩亚 | 2327 | 11 |
| 中非 | 2445 | 10 |
| 多民族玻利维亚国 | 1369 | 9 |
| 圣多美和普林西比 | 746 | 9 |
| 荷属安的列斯群岛 | 1120 | 8 |
| 亚美尼亚 | 768 | 8 |
| 基里巴斯 | 2300 | 8 |
| 马耳他 | 860 | 8 |
| 毛里塔尼亚 | 4304 | 8 |
| 留尼汪 | 508 | 7 |
| 加蓬 | 3562 | 6 |
| 乍得 | 1300 | 6 |
| 文莱 | 1036 | 5 |
| 澳门 | 590 | 5 |
| 蒙古 | 1511 | 5 |

| 国家/地区 | 出口数量（千克） | 出口金额（千美元） |
|---|---|---|
| 尼日尔 | 1253 | 5 |
| 黑山 | 1251 | 5 |
| 波多黎各 | 1061 | 4 |
| 新喀里多尼亚 | 948 | 4 |
| 所罗门群岛 | 600 | 3 |
| 库腊索岛 | 760 | 3 |
| 尼泊尔联邦民主共和国 | 805 | 2 |
| 科摩罗 | 255 | 2 |
| 莱索托 | 885 | 2 |
| 汤加 | 394 | 2 |
| 阿鲁巴 | 340 | 2 |
| 塞拉利昂 | 256 | 1 |
| 赤道几内亚 | 768 | 1 |
| 塞舌尔 | 275 | 1 |
| 冰岛 | 192 | 1 |
| 佛得角 | 225 | 1 |
| 波黑 | 90 | 1 |
| 刚果(布) | 64 | 0 |
| 96091020 颜色铅笔 | | |
| 合计 | 31949338 | 173982 |
| 美国 | 2383337 | 12503 |
| 意大利 | 1058888 | 9603 |
| 德国 | 1352307 | 8990 |
| 马来西亚 | 1527013 | 8252 |
| 英国 | 1589323 | 8015 |
| 俄罗斯联邦 | 1720254 | 6863 |
| 法国 | 977942 | 6737 |
| 西班牙 | 900021 | 5557 |
| 阿联酋 | 922746 | 4913 |
| 秘鲁 | 670957 | 4675 |
| 日本 | 601545 | 4638 |
| 泰国 | 783189 | 4306 |
| 荷兰 | 887406 | 4205 |
| 智利 | 681819 | 4059 |
| 哥伦比亚 | 581398 | 3866 |
| 乌克兰 | 602382 | 3851 |
| 巴西 | 1326571 | 3836 |
| 墨西哥 | 625554 | 3766 |
| 印度尼西亚 | 719215 | 3755 |
| 澳大利亚 | 611977 | 3268 |
| 芬兰 | 600030 | 3144 |
| 捷克 | 447000 | 2904 |
| 巴基斯坦 | 575213 | 2871 |
| 波兰 | 496054 | 2500 |
| 香港 | 343239 | 2415 |

| 国家/地区 | 出口数量（千克） | 出口金额（千美元） |
|---|---|---|
| 南非 | 503258 | 2252 |
| 阿根廷 | 397078 | 2138 |
| 委内瑞拉 | 314564 | 1950 |
| 厄瓜多尔 | 333776 | 1899 |
| 马达加斯加 | 611968 | 1849 |
| 拉脱维亚 | 324919 | 1775 |
| 台湾省 | 310779 | 1717 |
| 巴拿马 | 407802 | 1554 |
| 伊朗 | 252772 | 1505 |
| 危地马拉 | 289591 | 1425 |
| 摩洛哥 | 346321 | 1340 |
| 哈萨克斯坦 | 136285 | 1243 |
| 沙特阿拉伯 | 259725 | 1150 |
| 瑞典 | 146117 | 1134 |
| 加拿大 | 202042 | 1092 |
| 斯里兰卡 | 153471 | 997 |
| 以色列 | 177548 | 915 |
| 萨尔瓦多 | 133829 | 886 |
| 丹麦 | 117678 | 820 |
| 比利时 | 134168 | 793 |
| 阿尔及利亚 | 158194 | 792 |
| 韩国 | 108123 | 786 |
| 洪都拉斯 | 126587 | 744 |
| 越南 | 91496 | 634 |
| 土耳其 | 103273 | 628 |
| 乌拉圭 | 111493 | 546 |
| 印度 | 90876 | 529 |
| 古巴 | 82336 | 524 |
| 安哥拉 | 222672 | 513 |
| 约旦 | 129279 | 504 |
| 希腊 | 96421 | 416 |
| 黎巴嫩 | 76278 | 365 |
| 立陶宛 | 50920 | 362 |
| 葡萄牙 | 80994 | 351 |
| 新加坡 | 58150 | 349 |
| 阿塞拜疆 | 47522 | 348 |
| 孟加拉国 | 47885 | 347 |
| 利比亚 | 88097 | 336 |
| 埃及 | 76443 | 330 |
| 尼日利亚 | 105491 | 301 |
| 瑞士 | 38716 | 288 |
| 突尼斯 | 62833 | 284 |
| 科特迪瓦 | 74738 | 281 |
| 斯洛文尼亚 | 48405 | 280 |
| 新西兰 | 51375 | 275 |
| 罗马尼亚 | 57125 | 272 |
| 多哥 | 85091 | 255 |
| 匈牙利 | 60805 | 252 |
| 多民族玻利维亚国 | 31379 | 223 |
| 菲律宾 | 36429 | 217 |
| 挪威 | 35677 | 209 |
| 也门 | 73496 | 193 |
| 哥斯达黎加 | 29231 | 164 |
| 伊拉克 | 64633 | 163 |
| 乌兹别克斯坦 | 18183 | 162 |
| 吉尔吉斯斯坦 | 21217 | 153 |
| 多米尼加共和国 | 27196 | 145 |
| 塞尔维亚 | 31454 | 144 |
| 爱沙尼亚 | 41387 | 137 |
| 布基纳法索 | 38890 | 122 |
| 加纳 | 34674 | 121 |
| 科威特 | 20581 | 120 |
| 格鲁吉亚 | 26004 | 115 |
| 塞内加尔 | 28402 | 110 |
| 克罗地亚 | 25212 | 106 |
| 爱尔兰 | 19231 | 102 |
| 叙利亚 | 30764 | 102 |
| 奥地利 | 16507 | 100 |
| 斯洛伐克 | 19500 | 96 |
| 尼加拉瓜 | 20788 | 86 |
| 贝宁 | 27238 | 85 |
| 苏丹 | 27473 | 84 |
| 莫桑比克 | 23344 | 66 |
| 肯尼亚 | 21561 | 60 |
| 阿曼 | 6030 | 53 |
| 特立尼达和多巴哥 | 6770 | 49 |
| 缅甸 | 13700 | 48 |
| 苏里南 | 7046 | 44 |
| 海地 | 12561 | 40 |
| 亚美尼亚 | 3578 | 37 |
| 巴拉圭 | 7421 | 37 |
| 卡塔尔 | 9639 | 35 |
| 塞浦路斯 | 5873 | 34 |
| 坦桑尼亚 | 13602 | 34 |
| 斐济 | 7016 | 33 |
| 柬埔寨 | 4685 | 33 |
| 保加利亚 | 6192 | 32 |
| 埃塞俄比亚 | 3460 | 31 |
| 刚果(金) | 9536 | 28 |
| 巴布亚新几内亚 | 5505 | 24 |
| 毛里求斯 | 3791 | 19 |
| 文莱 | 1886 | 17 |
| 新喀里多尼亚 | 4842 | 16 |
| 伯利兹 | 24069 | 15 |
| 阿尔巴尼亚 | 3654 | 15 |
| 瓦努阿图 | 2344 | 15 |
| 蒙古 | 906 | 10 |
| 牙买加 | 2733 | 10 |
| 荷属安的列斯群岛 | 1520 | 9 |
| 尼日尔 | 2522 | 9 |
| 留尼汪 | 1014 | 9 |
| 波黑 | 3502 | 8 |
| 加蓬 | 1636 | 7 |
| 巴林 | 1344 | 6 |
| 白俄罗斯 | 868 | 5 |
| 波多黎各 | 1800 | 5 |
| 库腊索岛 | 760 | 3 |
| 中非 | 672 | 2 |
| 冰岛 | 574 | 2 |
| 科摩罗 | 600 | 2 |
| 吉布提 | 820 | 2 |
| 黑山 | 610 | 2 |
| 卢旺达 | 451 | 2 |
| 所罗门群岛 | 206 | 1 |
| 澳门 | 325 | 1 |
| 圣马丁岛 | 500 | 1 |
| 乌干达 | 403 | 1 |
| 津巴布韦 | 538 | 1 |
| 冈比亚 | 173 | 1 |
| 纳米比亚 | 346 | 1 |
| 安提瓜和巴布达 | 175 | 1 |

## 木制品进口量值表

| 国家/地区 | 进口数量（千克） | 进口金额（千美元） |
|---|---|---|
| 44091010 任一边、端或面制成连续形状针叶木地板条 | | |
| 合计 | 419594 | 488 |
| 瑞典 | 402022 | 419 |
| 美国 | 13172 | 55 |
| 德国 | 1852 | 7 |
| 加拿大 | 900 | 3 |
| 意大利 | 38 | 3 |
| 日本 | 405 | 1 |
| 国别(地区)不详 | 1205 | 1 |

| 国家/地区 | 进口数量（千克） | 进口金额（千美元） |
| --- | --- | --- |
| 44092910 其他任一边、端或面成连续状非针叶木地板条 | | |
| 合计 | 7045097 | 17868 |
| 美国 | 4557981 | 11070 |
| 丹麦 | 713249 | 2912 |
| 爱沙尼亚 | 703803 | 1176 |
| 奥地利 | 155504 | 444 |
| 意大利 | 44922 | 424 |
| 印度尼西亚 | 448422 | 370 |
| 英国 | 10972 | 299 |
| 德国 | 55484 | 276 |
| 老挝 | 79500 | 255 |
| 立陶宛 | 51770 | 166 |
| 巴拉圭 | 69501 | 165 |
| 泰国 | 30904 | 81 |
| 日本 | 32165 | 48 |
| 瑞典 | 2881 | 40 |
| 澳大利亚 | 54201 | 39 |
| 缅甸 | 9440 | 18 |
| 加拿大 | 2744 | 15 |
| 比利时 | 1986 | 15 |
| 西班牙 | 3259 | 14 |
| 巴西 | 8534 | 9 |
| 法国 | 1350 | 9 |
| 柬埔寨 | 3089 | 7 |
| 荷兰 | 2250 | 6 |
| 芬兰 | 1009 | 6 |
| 挪威 | 140 | 4 |
| 中华人民共和国 | 37 | 1 |
| 44140010 辐射松制的画框、相框、镜框及类似品 | | |
| 合计 | 1287 | 17 |
| 意大利 | 739 | 12 |
| 中华人民共和国 | 468 | 4 |
| 台湾省 | 80 | 1 |
| 44140090 其他木制的画框、相框、镜框及类似品 | | |
| 合计 | 103665 | 1233 |
| 中华人民共和国 | 31141 | 347 |
| 美国 | 4279 | 180 |
| 意大利 | 2832 | 160 |
| 印度尼西亚 | 14286 | 94 |
| 印度 | 10336 | 75 |
| 西班牙 | 3518 | 64 |
| 日本 | 4229 | 58 |
| 泰国 | 6010 | 39 |
| 越南 | 5589 | 25 |
| 菲律宾 | 3777 | 24 |
| 英国 | 291 | 22 |
| 法国 | 520 | 21 |
| 瑞士 | 203 | 17 |
| 德国 | 591 | 15 |
| 瑞典 | 964 | 12 |
| 国别(地区)不详 | 350 | 11 |
| 波兰 | 2531 | 11 |
| 埃及 | 1003 | 9 |
| 台湾省 | 3674 | 9 |
| 丹麦 | 2421 | 8 |
| 毛里求斯 | 35 | 6 |
| 香港 | 928 | 5 |
| 韩国 | 494 | 4 |
| 墨西哥 | 63 | 4 |
| 荷兰 | 1368 | 4 |
| 葡萄牙 | 479 | 3 |
| 新加坡 | 30 | 2 |
| 比利时 | 798 | 2 |
| 澳大利亚 | 6 | 1 |
| 尼泊尔联邦民主共和国 | 191 | 1 |
| 伊朗 | 75 | 1 |
| 秘鲁 | 50 | 1 |
| 马来西亚 | 603 | 1 |
| 44181090 木制窗、法兰西式(落地)窗及其木制框架 | | |
| 合计 | 233912 | 2267 |
| 德国 | 31452 | 807 |
| 韩国 | 45454 | 555 |
| 美国 | 31995 | 334 |
| 瑞典 | 16700 | 156 |
| 丹麦 | 39815 | 122 |
| 匈牙利 | 31453 | 119 |
| 波兰 | 16259 | 42 |
| 挪威 | 2055 | 31 |
| 意大利 | 2190 | 24 |
| 缅甸 | 6882 | 21 |
| 日本 | 943 | 19 |
| 爱沙尼亚 | 2088 | 15 |
| 法国 | 254 | 6 |
| 芬兰 | 218 | 4 |
| 加拿大 | 3622 | 3 |
| 印度 | 424 | 2 |
| 泰国 | 620 | 2 |
| 西班牙 | 116 | 1 |
| 印度尼西亚 | 240 | 1 |
| 尼泊尔联邦民主共和国 | 82 | 1 |
| 比利时 | 300 | 1 |
| 埃及 | 715 | 1 |
| 中华人民共和国 | 35 | 1 |
| 44182000 木制门及其框架和门槛 | | |
| 合计 | 555903 | 4437 |
| 德国 | 77335 | 1795 |
| 西班牙 | 20833 | 488 |
| 意大利 | 34251 | 450 |
| 瑞士 | 18817 | 285 |
| 美国 | 37370 | 246 |
| 老挝 | 80290 | 189 |
| 日本 | 61469 | 187 |
| 奥地利 | 7283 | 153 |
| 韩国 | 31029 | 116 |
| 柬埔寨 | 30180 | 71 |
| 法国 | 34317 | 70 |
| 印度尼西亚 | 38137 | 68 |
| 瑞典 | 3073 | 66 |
| 印度 | 13084 | 65 |
| 荷兰 | 2617 | 39 |
| 越南 | 6201 | 20 |
| 中华人民共和国 | 10700 | 20 |
| 加拿大 | 3703 | 18 |
| 波兰 | 800 | 13 |
| 菲律宾 | 24335 | 11 |
| 挪威 | 675 | 11 |
| 台湾省 | 5589 | 11 |
| 丹麦 | 983 | 8 |
| 缅甸 | 2536 | 8 |
| 埃及 | 3185 | 7 |
| 泰国 | 1712 | 6 |
| 比利时 | 1256 | 4 |
| 马来西亚 | 2210 | 3 |
| 尼泊尔联邦民主共和国 | 86 | 3 |
| 新加坡 | 419 | 2 |
| 黎巴嫩 | 410 | 2 |
| 爱沙尼亚 | 312 | 2 |
| 俄罗斯联邦 | 56 | 1 |
| 土耳其 | 27 | 1 |
| 澳大利亚 | 93 | 1 |
| 国别(地区)不详 | 315 | 1 |

| 国家/地区 | 进口数量（千克） | 进口金额（千美元） |
|---|---|---|
| 阿联酋 | 215 | 1 |
| 44184000 木制水泥构件的模板 | | |
| 合计 | 314223 | 850 |
| 奥地利 | 314074 | 838 |
| 以色列 | 69 | 6 |
| 美国 | 80 | 6 |
| 44185000 木瓦及木制盖屋板 | | |
| 合计 | 158287 | 254 |
| 加拿大 | 33592 | 170 |
| 俄罗斯联邦 | 113450 | 53 |
| 印度尼西亚 | 8300 | 21 |
| 西班牙 | 2695 | 7 |
| 瑞士 | 250 | 4 |
| 44186000 木制柱及梁 | | |
| 合计 | 3372276 | 6740 |
| 意大利 | 1044481 | 2586 |
| 加拿大 | 667628 | 1709 |
| 美国 | 616957 | 1095 |
| 斯洛文尼亚 | 449280 | 589 |
| 德国 | 143996 | 276 |
| 俄罗斯联邦 | 181915 | 183 |
| 奥地利 | 180329 | 160 |
| 日本 | 50621 | 84 |
| 蒙古 | 30000 | 24 |
| 新西兰 | 3384 | 18 |
| 印度尼西亚 | 1316 | 6 |
| 瑞士 | 870 | 3 |
| 荷兰 | 477 | 2 |
| 西班牙 | 5 | 2 |
| 新加坡 | 529 | 2 |
| 比利时 | 88 | 1 |
| 印度 | 400 | 1 |
| 44187100 马赛克地板用已装拼的木地板 | | |
| 合计 | 124746 | 667 |
| 奥地利 | 100084 | 571 |
| 印度尼西亚 | 24660 | 95 |
| 英国 | 2 | 1 |
| 44187290 其他多层已装拼的木地板 | | |
| 合计 | 3162808 | 13581 |
| 奥地利 | 801397 | 4638 |
| 印度尼西亚 | 624053 | 2272 |
| 意大利 | 402803 | 1991 |
| 日本 | 397356 | 858 |
| 波兰 | 247524 | 745 |
| 爱沙尼亚 | 181548 | 628 |
| 马来西亚 | 129306 | 538 |
| 瑞典 | 41951 | 496 |
| 德国 | 42484 | 363 |
| 芬兰 | 52295 | 304 |
| 台湾省 | 153227 | 214 |
| 葡萄牙 | 10985 | 186 |
| 法国 | 32856 | 175 |
| 美国 | 16020 | 70 |
| 加拿大 | 1750 | 39 |
| 荷兰 | 17139 | 21 |
| 挪威 | 4050 | 20 |
| 西班牙 | 1740 | 14 |
| 英国 | 215 | 4 |
| 韩国 | 214 | 3 |
| 新加坡 | 3640 | 2 |
| 克罗地亚 | 158 | 1 |
| 墨西哥 | 24 | 1 |
| 中华人民共和国 | 73 | 1 |
| 44187990 其他已装拼的木地板 | | |
| 合计 | 375301 | 1405 |
| 马来西亚 | 138708 | 505 |
| 加拿大 | 16916 | 274 |
| 意大利 | 98915 | 180 |
| 丹麦 | 10871 | 87 |
| 比利时 | 30415 | 78 |
| 日本 | 3168 | 71 |
| 德国 | 9768 | 52 |
| 印度尼西亚 | 46486 | 48 |
| 美国 | 6348 | 33 |
| 台湾省 | 2361 | 21 |
| 中华人民共和国 | 2625 | 21 |
| 新西兰 | 266 | 13 |
| 菲律宾 | 6392 | 12 |
| 葡萄牙 | 150 | 3 |
| 瑞典 | 900 | 3 |
| 印度 | 880 | 2 |
| 法国 | 67 | 1 |
| 瑞士 | 65 | 0 |
| 44190031 木制一次性筷子 | | |
| 合计 | 10555696 | 4379 |
| 俄罗斯联邦 | 8688182 | 3689 |
| 朝鲜 | 1160000 | 336 |
| 蒙古 | 482220 | 169 |
| 中华人民共和国 | 32376 | 83 |
| 越南 | 122294 | 62 |
| 日本 | 3514 | 27 |
| 老挝 | 66000 | 7 |
| 阿联酋 | 885 | 5 |
| 斯里兰卡 | 225 | 2 |
| 44190099 其他木制餐具及厨房用具 | | |
| 合计 | 667836 | 3802 |
| 美国 | 35393 | 567 |
| 台湾省 | 10742 | 541 |
| 罗马尼亚 | 219775 | 427 |
| 马来西亚 | 118521 | 358 |
| 泰国 | 62664 | 263 |
| 中华人民共和国 | 35451 | 245 |
| 日本 | 6616 | 239 |
| 越南 | 77995 | 216 |
| 菲律宾 | 8003 | 154 |
| 捷克 | 12533 | 134 |
| 瑞典 | 7364 | 123 |
| 意大利 | 5454 | 90 |
| 德国 | 4211 | 86 |
| 法国 | 1127 | 77 |
| 印度尼西亚 | 7172 | 76 |
| 印度 | 2938 | 35 |
| 保加利亚 | 489 | 28 |
| 韩国 | 6926 | 27 |
| 秘鲁 | 1260 | 27 |
| 俄罗斯联邦 | 2700 | 16 |
| 斯洛文尼亚 | 149 | 13 |
| 加拿大 | 511 | 13 |
| 英国 | 340 | 12 |
| 尼泊尔联邦民主共和国 | 810 | 6 |
| 比利时 | 282 | 5 |
| 波兰 | 806 | 5 |
| 缅甸 | 34266 | 5 |
| 巴西 | 301 | 3 |
| 匈牙利 | 78 | 3 |
| 香港 | 756 | 2 |
| 葡萄牙 | 68 | 1 |
| 新加坡 | 20 | 1 |
| 柬埔寨 | 1073 | 1 |
| 丹麦 | 396 | 1 |
| 芬兰 | 213 | 1 |
| 西班牙 | 22 | 1 |
| 荷兰 | 203 | 1 |
| 瑞士 | 142 | 1 |
| 土耳其 | 66 | 1 |

| 国家/地区 | 进口数量（千克） | 进口金额（千美元） |
|---|---|---|
| 44201011 木刻 | | |
| 合计 | 69519 | 236 |
| 印度尼西亚 | 16069 | 38 |
| 坦桑尼亚 | 27405 | 37 |
| 瑞典 | 490 | 29 |
| 越南 | 6306 | 23 |
| 荷兰 | 2415 | 16 |
| 斐济 | 292 | 13 |
| 日本 | 5370 | 10 |
| 柬埔寨 | 3881 | 10 |
| 美国 | 877 | 9 |
| 新西兰 | 1034 | 8 |
| 墨西哥 | 169 | 6 |
| 意大利 | 128 | 6 |
| 比利时 | 1051 | 6 |
| 泰国 | 1328 | 5 |
| 尼日利亚 | 220 | 4 |
| 菲律宾 | 185 | 3 |
| 印度 | 281 | 3 |
| 台湾省 | 351 | 2 |
| 南非 | 168 | 2 |
| 英国 | 14 | 2 |
| 法国 | 83 | 2 |
| 尼泊尔联邦民主共和国 | 250 | 1 |
| 中华人民共和国 | 162 | 1 |
| 葡萄牙 | 40 | 1 |
| 新加坡 | 950 | 1 |
| 44201020 木扇 | | |
| 合计 | 214 | 29 |
| 西班牙 | 42 | 26 |
| 法国 | 10 | 2 |
| 韩国 | 138 | 1 |
| 中华人民共和国 | 24 | 0 |
| 44201090 其他木制小雕像及装饰品 | | |
| 合计 | 2376457 | 6831 |
| 印度尼西亚 | 741837 | 1567 |
| 缅甸 | 864200 | 705 |
| 泰国 | 120259 | 580 |
| 印度 | 75882 | 574 |
| 巴基斯坦 | 123926 | 407 |
| 越南 | 31319 | 362 |
| 中华人民共和国 | 30923 | 301 |
| 美国 | 11481 | 297 |
| 意大利 | 7901 | 284 |
| 尼泊尔联邦民主共和国 | 51652 | 245 |

| 国家/地区 | 进口数量（千克） | 进口金额（千美元） |
|---|---|---|
| 日本 | 32620 | 223 |
| 法国 | 5378 | 164 |
| 老挝 | 57557 | 162 |
| 柬埔寨 | 38494 | 111 |
| 菲律宾 | 13000 | 94 |
| 台湾省 | 30705 | 85 |
| 西班牙 | 3881 | 66 |
| 坦桑尼亚 | 9393 | 60 |
| 俄罗斯联邦 | 800 | 56 |
| 丹麦 | 8698 | 54 |
| 南非 | 5199 | 41 |
| 荷兰 | 13035 | 41 |
| 德国 | 5883 | 39 |
| 秘鲁 | 2344 | 36 |
| 澳大利亚 | 4322 | 28 |
| 英国 | 295 | 27 |
| 肯尼亚 | 9503 | 25 |
| 马来西亚 | 26312 | 23 |
| 津巴布韦 | 4520 | 22 |
| 新西兰 | 5032 | 19 |
| 瑞典 | 225 | 17 |
| 斯里兰卡 | 1946 | 15 |
| 韩国 | 3052 | 12 |
| 喀麦隆 | 11080 | 11 |
| 加拿大 | 1553 | 11 |
| 多哥 | 8874 | 10 |
| 毛里求斯 | 3135 | 9 |
| 比利时 | 632 | 9 |
| 斐济 | 45 | 7 |
| 墨西哥 | 40 | 7 |
| 新加坡 | 7120 | 5 |
| 波兰 | 82 | 4 |
| 瑞士 | 4 | 4 |
| 巴西 | 70 | 3 |
| 捷克 | 26 | 3 |
| 香港 | 267 | 2 |
| 土耳其 | 200 | 1 |
| 巴拿马 | 42 | 1 |
| 埃塞俄比亚 | 530 | 1 |
| 赞比亚 | 116 | 1 |
| 朝鲜 | 38 | 1 |
| 国别(地区)不详 | 54 | 1 |
| 匈牙利 | 19 | 1 |
| 加纳 | 736 | 1 |
| 马里 | 220 | 1 |

| 国家/地区 | 进口数量（千克） | 进口金额（千美元） |
|---|---|---|
| 44209010 镶嵌木 | | |
| 合计 | 2567 | 24 |
| 挪威 | 830 | 16 |
| 美国 | 1284 | 6 |
| 印度尼西亚 | 453 | 2 |
| 44209090 珠宝或刀具木盒及类似品；第94章以外木家具 | | |
| 合计 | 1652098 | 8912 |
| 中华人民共和国 | 84650 | 1889 |
| 英国 | 66346 | 1841 |
| 德国 | 375954 | 828 |
| 意大利 | 92238 | 763 |
| 立陶宛 | 587811 | 639 |
| 泰国 | 113289 | 526 |
| 法国 | 1722 | 434 |
| 波兰 | 89169 | 388 |
| 新西兰 | 71448 | 214 |
| 瑞士 | 11360 | 198 |
| 印度 | 37205 | 192 |
| 香港 | 5841 | 146 |
| 罗马尼亚 | 15525 | 119 |
| 越南 | 26058 | 115 |
| 拉脱维亚 | 26809 | 108 |
| 台湾省 | 12311 | 104 |
| 印度尼西亚 | 6137 | 69 |
| 韩国 | 2881 | 65 |
| 美国 | 977 | 51 |
| 菲律宾 | 1394 | 45 |
| 老挝 | 10450 | 33 |
| 西班牙 | 531 | 22 |
| 尼泊尔联邦民主共和国 | 3358 | 18 |
| 日本 | 331 | 16 |
| 捷克 | 337 | 14 |
| 巴基斯坦 | 2814 | 11 |
| 瑞典 | 873 | 11 |
| 俄罗斯联邦 | 111 | 10 |
| 缅甸 | 1473 | 9 |
| 萨尔瓦多 | 180 | 8 |
| 奥地利 | 868 | 7 |
| 墨西哥 | 14 | 4 |
| 摩洛哥 | 233 | 4 |
| 秘鲁 | 182 | 3 |
| 阿联酋 | 107 | 3 |
| 毛里求斯 | 20 | 3 |
| 丹麦 | 33 | 2 |

| 国家/地区 | 进口数量（千克） | 进口金额（千美元） |
|---|---|---|
| 荷兰 | 190 | 1 |
| 加拿大 | 93 | 1 |
| 比利时 | 46 | 1 |
| 柬埔寨 | 710 | 1 |
| 芬兰 | 6 | 1 |
| 古巴 | 13 | 0 |
| 44211000 木制衣架 | | |
| 合计 | 196534 | 2111 |
| 中华人民共和国 | 62067 | 914 |
| 意大利 | 17943 | 635 |
| 香港 | 19675 | 177 |
| 法国 | 1373 | 131 |
| 越南 | 49734 | 58 |
| 印度尼西亚 | 37020 | 45 |
| 英国 | 627 | 30 |
| 美国 | 554 | 18 |
| 日本 | 801 | 16 |
| 韩国 | 818 | 16 |
| 加拿大 | 1702 | 12 |
| 立陶宛 | 473 | 12 |
| 德国 | 471 | 10 |
| 塞尔维亚 | 230 | 8 |
| 西班牙 | 412 | 5 |
| 印度 | 339 | 4 |
| 丹麦 | 223 | 3 |
| 波兰 | 134 | 3 |
| 老挝 | 450 | 3 |
| 瑞士 | 24 | 2 |
| 菲律宾 | 90 | 2 |
| 台湾省 | 209 | 2 |
| 泰国 | 1024 | 2 |
| 土耳其 | 51 | 2 |
| 比利时 | 51 | 1 |
| 瑞典 | 39 | 1 |
| 44219010 木制卷轴、纡子、筒管、缝纫用线轴及类似品 | | |
| 合计 | 213792 | 476 |
| 美国 | 130186 | 376 |
| 印度 | 647 | 39 |
| 中华人民共和国 | 51097 | 26 |
| 韩国 | 30612 | 25 |
| 法国 | 1250 | 10 |
| 44219021 木制圆签圆棒冰果棒压舌片及类似一次性制品 | | |
| 合计 | 6257964 | 4929 |

| 国家/地区 | 进口数量（千克） | 进口金额（千美元） |
|---|---|---|
| 朝鲜 | 4650750 | 3340 |
| 俄罗斯联邦 | 1346461 | 997 |
| 中华人民共和国 | 230738 | 514 |
| 台湾省 | 16969 | 31 |
| 日本 | 1337 | 13 |
| 法国 | 3001 | 8 |
| 以色列 | 570 | 5 |
| 阿联酋 | 982 | 5 |
| 越南 | 22 | 4 |
| 香港 | 72 | 4 |
| 韩国 | 4344 | 2 |
| 泰国 | 403 | 1 |
| 澳大利亚 | 2010 | 1 |
| 埃及 | 158 | 1 |
| 德国 | 56 | 1 |
| 挪威 | 25 | 1 |
| 印度尼西亚 | 66 | 0 |
| 44219090 未列名木制品 | | |
| 合计 | 407942127 | 399187 |
| 印度尼西亚 | 390368733 | 348620 |
| 中华人民共和国 | 1053353 | 9283 |
| 厄瓜多尔 | 2123038 | 8853 |
| 巴布亚新几内亚 | 1154338 | 7232 |
| 菲律宾 | 4352608 | 3909 |
| 越南 | 3378053 | 3551 |
| 美国 | 575586 | 3380 |
| 德国 | 297983 | 2232 |
| 意大利 | 224360 | 1953 |
| 马来西亚 | 2733994 | 1716 |
| 日本 | 146101 | 1207 |
| 罗马尼亚 | 463035 | 1137 |
| 法国 | 43873 | 813 |
| 瑞士 | 26842 | 697 |
| 瑞典 | 120472 | 608 |
| 西班牙 | 23313 | 607 |
| 泰国 | 58459 | 509 |
| 波黑 | 140161 | 368 |
| 斯洛文尼亚 | 66606 | 322 |
| 台湾省 | 25584 | 263 |
| 立陶宛 | 77048 | 231 |
| 英国 | 5090 | 188 |
| 香港 | 6073 | 157 |
| 俄罗斯联邦 | 112781 | 148 |
| 印度 | 25815 | 148 |
| 加拿大 | 53824 | 147 |

| 国家/地区 | 进口数量（千克） | 进口金额（千美元） |
|---|---|---|
| 加纳 | 10518 | 142 |
| 韩国 | 10050 | 126 |
| 巴西 | 28228 | 77 |
| 喀麦隆 | 44273 | 74 |
| 波兰 | 20108 | 58 |
| 荷兰 | 30704 | 56 |
| 捷克 | 13452 | 55 |
| 缅甸 | 66433 | 55 |
| 斯里兰卡 | 2473 | 47 |
| 比利时 | 30291 | 38 |
| 柬埔寨 | 10492 | 29 |
| 毛里求斯 | 235 | 27 |
| 奥地利 | 3984 | 26 |
| 保加利亚 | 620 | 19 |
| 丹麦 | 2066 | 17 |
| 新加坡 | 1077 | 13 |
| 摩洛哥 | 1380 | 9 |
| 塞尔维亚 | 108 | 7 |
| 尼泊尔联邦民主共和国 | 1240 | 6 |
| 朝鲜 | 2650 | 5 |
| 挪威 | 881 | 5 |
| 斯洛伐克 | 1077 | 3 |
| 葡萄牙 | 360 | 3 |
| 墨西哥 | 380 | 3 |
| 伊朗 | 145 | 2 |
| 芬兰 | 293 | 2 |
| 澳大利亚 | 168 | 1 |
| 匈牙利 | 9 | 1 |
| 巴基斯坦 | 207 | 1 |
| 土耳其 | 823 | 1 |
| 阿联酋 | 127 | 1 |
| 拉脱维亚 | 120 | 1 |
| 坦桑尼亚 | 21 | 1 |
| 爱尔兰 | 11 | 0 |
| 66020000 手杖、带座手杖、鞭子、马鞭及类似品 | | |
| 合计 | 246817 | 9589 |
| 台湾省 | 194451 | 7640 |
| 中华人民共和国 | 29388 | 1072 |
| 意大利 | 12980 | 383 |
| 德国 | 2295 | 159 |
| 韩国 | 1725 | 122 |
| 美国 | 2130 | 63 |
| 法国 | 2484 | 46 |
| 马来西亚 | 7 | 35 |

| 国家/地区 | 进口数量（千克） | 进口金额（千美元） |
|---|---|---|
| 捷克 | 324 | 31 |
| 日本 | 167 | 14 |
| 西班牙 | 401 | 9 |
| 奥地利 | 95 | 7 |
| 英国 | 5 | 4 |
| 突尼斯 | 195 | 4 |
| 印度 | 69 | 1 |
| 比利时 | 16 | 1 |
| 新加坡 | 85 | 1 |
| 94060000 活动房屋 | | |
| 合计 | 6296607 | 67336 |
| 美国 | 970163 | 16874 |
| 德国 | 793592 | 15269 |
| 韩国 | 920884 | 14001 |
| 新加坡 | 153800 | 3990 |
| 芬兰 | 1929127 | 3376 |
| 法国 | 21931 | 2155 |
| 日本 | 203427 | 1785 |
| 意大利 | 103871 | 1261 |
| 荷兰 | 74079 | 1258 |
| 英国 | 63770 | 875 |
| 以色列 | 123936 | 847 |
| 台湾省 | 133943 | 808 |
| 瑞士 | 40692 | 804 |
| 瑞典 | 56817 | 769 |
| 加拿大 | 93089 | 545 |
| 波兰 | 27160 | 456 |
| 比利时 | 61405 | 445 |
| 西班牙 | 18884 | 286 |
| 印度尼西亚 | 117167 | 213 |
| 俄罗斯联邦 | 165450 | 182 |
| 克罗地亚 | 5110 | 181 |
| 澳大利亚 | 14735 | 177 |
| 保加利亚 | 9567 | 157 |
| 土耳其 | 11800 | 125 |
| 马来西亚 | 31400 | 125 |
| 越南 | 7948 | 64 |
| 朝鲜 | 10020 | 45 |
| 中华人民共和国 | 15282 | 43 |
| 蒙古 | 32695 | 43 |
| 墨西哥 | 58000 | 39 |
| 挪威 | 7080 | 38 |
| 丹麦 | 2868 | 36 |
| 摩尔多瓦 | 3043 | 23 |
| 泰国 | 2238 | 18 |

| 国家/地区 | 进口数量（千克） | 进口金额（千美元） |
|---|---|---|
| 奥地利 | 3831 | 14 |
| 澳门 | 7333 | 6 |
| 希腊 | 185 | 2 |
| 菲律宾 | 285 | 2 |
| 96091010 铅笔 | | |
| 合计 | 204374 | 1730 |
| 台湾省 | 72742 | 456 |
| 中华人民共和国 | 73534 | 370 |
| 德国 | 8405 | 265 |
| 印度尼西亚 | 12938 | 218 |
| 日本 | 2937 | 70 |
| 法国 | 7436 | 63 |
| 巴西 | 6131 | 57 |
| 越南 | 5808 | 42 |
| 韩国 | 8488 | 41 |
| 英国 | 1748 | 32 |
| 丹麦 | 1838 | 26 |
| 意大利 | 819 | 23 |
| 美国 | 222 | 13 |
| 瑞士 | 87 | 13 |
| 西班牙 | 107 | 9 |
| 瑞典 | 18 | 6 |
| 奥地利 | 58 | 6 |
| 马来西亚 | 295 | 6 |
| 土耳其 | 31 | 4 |
| 泰国 | 190 | 3 |
| 香港 | 415 | 3 |
| 斯里兰卡 | 20 | 2 |
| 澳大利亚 | 37 | 1 |
| 突尼斯 | 2 | 1 |
| 捷克 | 5 | 1 |
| 新加坡 | 50 | 1 |
| 比利时 | 13 | 1 |
| 96091020 颜色铅笔 | | |
| 合计 | 638374 | 4885 |
| 印度尼西亚 | 182645 | 2018 |
| 中华人民共和国 | 232323 | 902 |
| 台湾省 | 101379 | 807 |
| 越南 | 34025 | 294 |
| 德国 | 35276 | 286 |
| 日本 | 8478 | 259 |
| 巴西 | 26916 | 124 |
| 西班牙 | 2740 | 34 |
| 英国 | 1650 | 26 |
| 意大利 | 2027 | 24 |

| 国家/地区 | 进口数量（千克） | 进口金额（千美元） |
|---|---|---|
| 澳大利亚 | 1034 | 24 |
| 美国 | 321 | 20 |
| 法国 | 3568 | 19 |
| 韩国 | 1774 | 17 |
| 瑞士 | 164 | 13 |
| 香港 | 3218 | 10 |
| 哥斯达黎加 | 634 | 7 |
| 荷兰 | 22 | 1 |
| 葡萄牙 | 180 | 1 |

## 木片出口量值表

| 国家/地区 | 出口数量（千克） | 出口金额（千美元） |
|---|---|---|
| 44012200 非针叶木的木片或木粒 | | |
| 合计 | 68731 | 57 |
| 台湾省 | 44000 | 32 |
| 新西兰 | 6111 | 7 |
| 瑞典 | 7500 | 5 |
| 印度 | 1350 | 4 |
| 德国 | 4000 | 3 |
| 哥伦比亚 | 500 | 2 |
| 泰国 | 1600 | 1 |
| 意大利 | 500 | 1 |
| 乌兹别克斯坦 | 150 | 1 |
| 美国 | 3020 | 1 |

## 木片进口量值表

| 国家/地区 | 进口数量（千克） | 进口金额（千美元） |
|---|---|---|
| 44012100 针叶木的木片或木粒 | | |
| 合计 | 450905564 | 71310 |
| 澳大利亚 | 215923433 | 35370 |
| 斐济 | 110162376 | 18360 |
| 美国 | 65692305 | 10031 |
| 俄罗斯联邦 | 38634050 | 3961 |
| 新西兰 | 20264150 | 3496 |
| 德国 | 75536 | 62 |
| 马来西亚 | 130606 | 16 |
| 日本 | 7614 | 10 |
| 荷兰 | 15344 | 5 |
| 越南 | 150 | 1 |
| 44012200 非针叶木的木片或木粒 | | |
| 合计 | 8703525667 | 1481557 |
| 越南 | 4644880884 | 760220 |
| 泰国 | 1447634370 | 247251 |

| 国家/地区 | 进口数量（千克） | 进口金额（千美元） |
|---|---|---|
| 澳大利亚 | 1200017526 | 216376 |
| 印度尼西亚 | 1200545033 | 214994 |
| 马来西亚 | 103093282 | 19445 |
| 南非 | 81709772 | 16724 |
| 智利 | 24109988 | 5498 |
| 美国 | 1410392 | 494 |
| 法国 | 86669 | 468 |
| 匈牙利 | 6750 | 52 |
| 德国 | 12870 | 21 |
| 阿联酋 | 14250 | 7 |
| 丹麦 | 1500 | 3 |
| 加拿大 | 384 | 1 |
| 瑞典 | 96 | 1 |
| 台湾省 | 1000 | 1 |
| 日本 | 901 | 1 |

## 木炭出口量值表

| 国家/地区 | 出口数量（千克） | 出口金额（千美元） |
|---|---|---|
| 38021010 木质活性碳 | | |
| 合计 | 63118053 | 99102 |
| 日本 | 23886849 | 43715 |
| 印度 | 4313725 | 6761 |
| 韩国 | 4244508 | 6006 |
| 印度尼西亚 | 4774320 | 5446 |
| 美国 | 1992406 | 4586 |
| 越南 | 3143450 | 3298 |
| 泰国 | 1747125 | 2416 |
| 阿根廷 | 1490180 | 2208 |
| 法国 | 1126460 | 1976 |
| 突尼斯 | 1850000 | 1836 |
| 德国 | 986912 | 1684 |
| 台湾省 | 1610812 | 1610 |
| 马来西亚 | 1037860 | 1377 |
| 伊朗 | 752285 | 1307 |
| 意大利 | 1021385 | 1279 |
| 南非 | 769930 | 1049 |
| 墨西哥 | 715480 | 1006 |
| 荷兰 | 701725 | 929 |
| 秘鲁 | 939000 | 926 |
| 智利 | 539500 | 796 |
| 俄罗斯联邦 | 436742 | 792 |
| 塔吉克斯坦 | 276000 | 675 |
| 英国 | 350219 | 644 |
| 斯里兰卡 | 343430 | 557 |
| 巴西 | 360190 | 533 |
| 巴基斯坦 | 342500 | 502 |
| 危地马拉 | 308200 | 433 |
| 乌克兰 | 147752 | 275 |
| 澳大利亚 | 180930 | 270 |
| 朝鲜 | 185060 | 264 |
| 坦桑尼亚 | 100000 | 259 |
| 土耳其 | 157560 | 258 |
| 菲律宾 | 190280 | 243 |
| 西班牙 | 153840 | 239 |
| 埃及 | 143800 | 223 |
| 比利时 | 105000 | 219 |
| 新加坡 | 319501 | 218 |
| 新西兰 | 92800 | 156 |
| 孟加拉国 | 103430 | 155 |
| 乌兹别克斯坦 | 103485 | 145 |
| 阿联酋 | 104600 | 136 |
| 厄瓜多尔 | 99500 | 135 |
| 沙特阿拉伯 | 105695 | 126 |
| 苏丹 | 40147 | 123 |
| 阿尔及利亚 | 49000 | 122 |
| 多米尼加共和国 | 80000 | 113 |
| 塞内加尔 | 76000 | 112 |
| 哈萨克斯坦 | 65000 | 105 |
| 土库曼斯坦 | 6100 | 97 |
| 香港 | 23278 | 80 |
| 巴布亚新几内亚 | 40000 | 79 |
| 澳门 | 40290 | 72 |
| 萨尔瓦多 | 49000 | 70 |
| 尼日利亚 | 27750 | 57 |
| 保加利亚 | 20060 | 48 |
| 波兰 | 18902 | 38 |
| 洪都拉斯 | 23410 | 38 |
| 乍得 | 2180 | 30 |
| 加拿大 | 18501 | 27 |
| 克罗地亚 | 15360 | 26 |
| 卡塔尔 | 26000 | 25 |
| 爱沙尼亚 | 11000 | 19 |
| 希腊 | 20000 | 17 |
| 格鲁吉亚 | 7000 | 16 |
| 哥斯达黎加 | 9150 | 16 |
| 津巴布韦 | 10000 | 15 |
| 乌拉圭 | 8000 | 12 |
| 哥伦比亚 | 8500 | 12 |
| 约旦 | 20000 | 11 |
| 古巴 | 8000 | 11 |
| 加纳 | 7250 | 9 |
| 纳米比亚 | 3000 | 8 |
| 伊拉克 | 10000 | 8 |
| 丹麦 | 3000 | 5 |
| 莫桑比克 | 2000 | 3 |
| 蒙古 | 11000 | 2 |
| 葡萄牙 | 300 | 2 |
| 黎巴嫩 | 1005 | 2 |
| 奥地利 | 900 | 2 |
| 肯尼亚 | 720 | 2 |
| 芬兰 | 200 | 1 |
| 爱尔兰 | 504 | 1 |
| 摩尔多瓦 | 400 | 1 |
| 捷克 | 120 | 1 |
| 柬埔寨 | 600 | 0 |
| 44029000 其他木炭（包括果壳炭及果核炭），不论是否结块 | | |
| 合计 | 53148819 | 44817 |
| 日本 | 28193907 | 15319 |
| 英国 | 5986171 | 2715 |
| 印度尼西亚 | 713439 | 2418 |
| 南非 | 1180356 | 2131 |
| 以色列 | 1331165 | 2096 |
| 约旦 | 646618 | 1753 |
| 韩国 | 2882641 | 1585 |
| 伊朗 | 565185 | 1194 |
| 沙特阿拉伯 | 975096 | 1164 |
| 美国 | 994677 | 1160 |
| 巴西 | 895104 | 1110 |
| 利比亚 | 501771 | 1037 |
| 阿联酋 | 742233 | 1009 |
| 澳门 | 291630 | 997 |
| 马来西亚 | 376131 | 920 |
| 伊拉克 | 432845 | 742 |
| 印度 | 261184 | 641 |
| 澳大利亚 | 1087346 | 529 |
| 希腊 | 318364 | 509 |
| 科威特 | 463413 | 421 |
| 摩洛哥 | 219269 | 389 |
| 西班牙 | 211421 | 356 |
| 阿尔及利亚 | 224426 | 282 |
| 阿曼 | 92266 | 246 |
| 土耳其 | 488540 | 209 |
| 德国 | 118549 | 203 |

| 国家/地区 | 出口数量（千克） | 出口金额（千美元） |
|---|---|---|
| 也门 | 65538 | 197 |
| 荷兰 | 290484 | 187 |
| 比利时 | 94658 | 176 |
| 毛里塔尼亚 | 76391 | 167 |
| 泰国 | 58822 | 164 |
| 越南 | 47592 | 149 |
| 巴基斯坦 | 63300 | 147 |
| 埃及 | 34375 | 125 |
| 尼日利亚 | 50804 | 124 |
| 墨西哥 | 38294 | 120 |
| 台湾省 | 225919 | 119 |
| 突尼斯 | 59507 | 110 |
| 智利 | 35856 | 106 |
| 巴拉圭 | 31202 | 101 |
| 牙买加 | 24960 | 99 |
| 乌拉圭 | 45787 | 98 |
| 加拿大 | 34555 | 87 |
| 新喀里多尼亚 | 17811 | 83 |
| 巴林 | 32014 | 82 |
| 丹麦 | 89782 | 77 |
| 爱尔兰 | 264438 | 75 |
| 朝鲜 | 174540 | 73 |
| 黎巴嫩 | 22373 | 69 |
| 乌克兰 | 37293 | 69 |
| 芬兰 | 36146 | 66 |
| 香港 | 154777 | 62 |
| 新西兰 | 154650 | 62 |
| 厄瓜多尔 | 26968 | 51 |
| 格鲁吉亚 | 23717 | 48 |
| 意大利 | 103730 | 45 |
| 巴拿马 | 15615 | 44 |
| 法国 | 29810 | 38 |
| 挪威 | 81787 | 35 |
| 俄罗斯联邦 | 14926 | 33 |
| 委内瑞拉 | 9670 | 32 |
| 卡塔尔 | 11654 | 31 |
| 叙利亚 | 25060 | 29 |
| 缅甸 | 157728 | 28 |
| 瑞典 | 7014 | 28 |
| 文莱 | 9558 | 26 |
| 多米尼加共和国 | 8290 | 23 |
| 奥地利 | 10902 | 21 |
| 葡萄牙 | 10660 | 19 |
| 新加坡 | 51585 | 18 |
| 波兰 | 9979 | 18 |

| 国家/地区 | 出口数量（千克） | 出口金额（千美元） |
|---|---|---|
| 莫桑比克 | 8000 | 18 |
| 加那利群岛 | 11159 | 13 |
| 哥伦比亚 | 1330 | 13 |
| 菲律宾 | 20800 | 12 |
| 马尔代夫 | 3035 | 10 |
| 罗马尼亚 | 3305 | 9 |
| 白俄罗斯 | 4000 | 9 |
| 孟加拉国 | 13300 | 7 |
| 马耳他 | 9000 | 6 |
| 塞浦路斯 | 1044 | 5 |
| 苏里南 | 1371 | 3 |
| 哈萨克斯坦 | 1980 | 3 |
| 捷克 | 550 | 3 |
| 留尼汪 | 2210 | 3 |
| 特立尼达和多巴哥 | 2016 | 2 |
| 斯洛文尼亚 | 704 | 2 |
| 塞内加尔 | 464 | 1 |
| 马达加斯加 | 188 | 1 |
| 毛里求斯 | 95 | 1 |

## 木炭进口量值表

| 国家/地区 | 进口数量（千克） | 进口金额（千美元） |
|---|---|---|
| 38021010 木质活性碳 | | |
| 合计 | 10030850 | 44449 |
| 美国 | 3241488 | 15333 |
| 日本 | 1438812 | 12260 |
| 荷兰 | 893902 | 3754 |
| 菲律宾 | 1188429 | 3691 |
| 斯里兰卡 | 498668 | 1356 |
| 法国 | 315572 | 1324 |
| 印度尼西亚 | 717710 | 1129 |
| 英国 | 254842 | 863 |
| 德国 | 51646 | 815 |
| 印度 | 327333 | 697 |
| 中华人民共和国 | 131555 | 696 |
| 泰国 | 217408 | 644 |
| 马来西亚 | 165880 | 531 |
| 韩国 | 140494 | 477 |
| 越南 | 188000 | 299 |
| 丹麦 | 14562 | 206 |
| 台湾省 | 38885 | 175 |
| 孟加拉国 | 140000 | 64 |
| 新加坡 | 35318 | 47 |
| 比利时 | 27880 | 46 |

| 国家/地区 | 进口数量（千克） | 进口金额（千美元） |
|---|---|---|
| 加拿大 | 600 | 17 |
| 意大利 | 1730 | 12 |
| 澳大利亚 | 25 | 10 |
| 香港 | 96 | 2 |
| 瑞士 | 15 | 1 |
| 44029000 其他木炭（包括果壳炭及果核炭），不论是否结块 | | |
| 合计 | 209239315 | 62704 |
| 菲律宾 | 49013619 | 20066 |
| 缅甸 | 87941819 | 18528 |
| 印度尼西亚 | 32864346 | 13601 |
| 老挝 | 30565050 | 6420 |
| 越南 | 4693300 | 1862 |
| 孟加拉国 | 1628460 | 936 |
| 泰国 | 1816233 | 814 |
| 马来西亚 | 525598 | 193 |
| 德国 | 3960 | 97 |
| 日本 | 18281 | 54 |
| 韩国 | 28367 | 43 |
| 古巴 | 94972 | 22 |
| 印度 | 3438 | 21 |
| 英国 | 510 | 16 |
| 法国 | 4530 | 12 |
| 美国 | 5555 | 9 |
| 比利时 | 2400 | 6 |
| 贝宁 | 25000 | 3 |
| 西班牙 | 2917 | 2 |
| 中华人民共和国 | 960 | 1 |

## 软木出口量值表

| 国家/地区 | 出口数量（千克） | 出口金额（千美元） |
|---|---|---|
| 45011000 未加工或简单加工的天然软木 | | |
| 合计 | 1008 | 2 |
| 韩国 | 1008 | 2 |
| 45019020 碎的、粒状的或粉状的软木 | | |
| 合计 | 164971 | 223 |
| 坦桑尼亚 | 11826 | 43 |
| 台湾省 | 46851 | 35 |
| 日本 | 19617 | 34 |
| 荷兰 | 33440 | 21 |
| 巴基斯坦 | 14126 | 20 |
| 希腊 | 10384 | 18 |
| 印度尼西亚 | 5342 | 13 |
| 澳大利亚 | 6000 | 10 |

| 国家/地区 | 出口数量（千克） | 出口金额（千美元） |
|---|---|---|
| 孟加拉国 | 5700 | 10 |
| 越南 | 1900 | 7 |
| 韩国 | 3840 | 5 |
| 墨西哥 | 1250 | 2 |
| 乌兹别克斯坦 | 500 | 2 |
| 俄罗斯联邦 | 195 | 2 |
| 泰国 | 4000 | 1 |
| 45020000 除去表皮或成方块、板、片或条状的天然软木 | | |
| 合计 | 13661 | 21 |
| 法国 | 8561 | 20 |
| 沙特阿拉伯 | 5100 | 1 |
| 45031000 天然软木塞子 | | |
| 合计 | 24272 | 189 |
| 澳大利亚 | 654 | 65 |
| 越南 | 3715 | 41 |
| 美国 | 7901 | 33 |
| 法国 | 1530 | 13 |
| 印度尼西亚 | 992 | 8 |
| 巴西 | 640 | 6 |
| 马来西亚 | 684 | 5 |
| 西班牙 | 2343 | 4 |
| 丹麦 | 1981 | 3 |
| 香港 | 2979 | 3 |
| 立陶宛 | 130 | 1 |
| 比利时 | 144 | 1 |
| 韩国 | 90 | 1 |
| 德国 | 112 | 1 |
| 乌克兰 | 108 | 1 |
| 英国 | 150 | 1 |
| 意大利 | 72 | 1 |
| 台湾省 | 47 | 1 |
| 45039000 其他天然软木制品 | | |
| 合计 | 25593 | 105 |
| 韩国 | 12906 | 63 |
| 美国 | 1755 | 8 |
| 英国 | 52 | 7 |
| 丹麦 | 1390 | 7 |
| 印度尼西亚 | 69 | 6 |
| 日本 | 10 | 4 |
| 柬埔寨 | 800 | 3 |
| 德国 | 114 | 3 |
| 台湾省 | 8050 | 2 |
| 爱沙尼亚 | 447 | 2 |
| 45041000 压制软木块、板、片及条；任何形状的压制软木砖、瓦；压制软木实心圆柱体，包括圆片 | | |
| 合计 | 2652306 | 7537 |
| 美国 | 1260339 | 3356 |
| 日本 | 227869 | 800 |
| 台湾省 | 137173 | 351 |
| 加拿大 | 126730 | 322 |
| 韩国 | 87987 | 317 |
| 俄罗斯联邦 | 106160 | 281 |
| 德国 | 95153 | 264 |
| 英国 | 44618 | 198 |
| 香港 | 35875 | 154 |
| 澳大利亚 | 72108 | 144 |
| 新西兰 | 44314 | 142 |
| 荷兰 | 41751 | 103 |
| 墨西哥 | 43629 | 100 |
| 沙特阿拉伯 | 34962 | 99 |
| 苏丹 | 13790 | 93 |
| 菲律宾 | 32837 | 86 |
| 新加坡 | 21936 | 75 |
| 哥伦比亚 | 27695 | 74 |
| 厄瓜多尔 | 15268 | 48 |
| 阿联酋 | 11858 | 46 |
| 巴林 | 14689 | 41 |
| 意大利 | 3598 | 37 |
| 巴基斯坦 | 18673 | 35 |
| 泰国 | 17320 | 34 |
| 巴西 | 9478 | 26 |
| 拉脱维亚 | 7967 | 24 |
| 希腊 | 5274 | 20 |
| 丹麦 | 4324 | 20 |
| 爱沙尼亚 | 3307 | 20 |
| 印度尼西亚 | 5062 | 18 |
| 法国 | 6085 | 16 |
| 越南 | 4140 | 16 |
| 埃及 | 15045 | 15 |
| 以色列 | 7374 | 15 |
| 爱尔兰 | 2136 | 15 |
| 南非 | 4520 | 15 |
| 印度 | 3693 | 14 |
| 格鲁吉亚 | 5780 | 14 |
| 哥斯达黎加 | 4847 | 10 |
| 智利 | 3247 | 10 |
| 孟加拉国 | 5620 | 10 |
| 乌克兰 | 1882 | 9 |
| 葡萄牙 | 1664 | 7 |
| 黎巴嫩 | 3440 | 6 |
| 波兰 | 2149 | 6 |
| 秘鲁 | 2100 | 6 |
| 坦桑尼亚 | 2250 | 5 |
| 比利时 | 1371 | 5 |
| 西班牙 | 927 | 5 |
| 克罗地亚 | 683 | 5 |
| 瑞典 | 600 | 3 |
| 捷克 | 679 | 3 |
| 马来西亚 | 330 | 1 |
| 45049000 其他压制软木及其制品 | | |
| 合计 | 2992770 | 8988 |
| 美国 | 986701 | 2925 |
| 加拿大 | 446262 | 1183 |
| 德国 | 256679 | 764 |
| 日本 | 207539 | 694 |
| 俄罗斯联邦 | 357904 | 665 |
| 意大利 | 110840 | 333 |
| 英国 | 75177 | 317 |
| 澳大利亚 | 71155 | 255 |
| 瑞典 | 84990 | 231 |
| 比利时 | 58544 | 167 |
| 法国 | 41233 | 162 |
| 荷兰 | 22667 | 146 |
| 亚美尼亚 | 10894 | 134 |
| 哈萨克斯坦 | 13027 | 127 |
| 奥地利 | 37863 | 107 |
| 马来西亚 | 22986 | 89 |
| 新加坡 | 21927 | 86 |
| 波兰 | 29250 | 81 |
| 香港 | 21593 | 78 |
| 西班牙 | 27119 | 77 |
| 泰国 | 12735 | 69 |
| 台湾省 | 14055 | 57 |
| 丹麦 | 12081 | 45 |
| 菲律宾 | 15646 | 43 |
| 格鲁吉亚 | 1998 | 31 |
| 乌克兰 | 6720 | 19 |
| 韩国 | 1713 | 18 |
| 墨西哥 | 5470 | 16 |
| 沙特阿拉伯 | 2427 | 14 |
| 挪威 | 3200 | 10 |
| 以色列 | 1282 | 9 |

| 国家/地区 | 出口数量（千克） | 出口金额（千美元） |
|---|---|---|
| 斯里兰卡 | 4140 | 7 |
| 芬兰 | 1188 | 6 |
| 捷克 | 1344 | 6 |
| 多米尼加共和国 | 164 | 5 |
| 罗马尼亚 | 1342 | 4 |
| 南非 | 734 | 3 |
| 瑞士 | 712 | 2 |
| 厄瓜多尔 | 112 | 2 |
| 秘鲁 | 173 | 1 |
| 萨尔瓦多 | 280 | 1 |
| 阿联酋 | 208 | 1 |
| 冈比亚 | 447 | 1 |
| 巴拿马 | 64 | 1 |
| 印度 | 185 | 0 |

## 软木进口量值表

| 国家/地区 | 进口数量（千克） | 进口金额（千美元） |
|---|---|---|
| 45011000 未加工或简单加工的天然软木 | | |
| 合计 | 2235778 | 8917 |
| 葡萄牙 | 1954479 | 8068 |
| 西班牙 | 229221 | 721 |
| 意大利 | 52078 | 128 |
| 45019020 碎的、粒状的或粉状的软木 | | |
| 合计 | 252026 | 491 |
| 葡萄牙 | 115560 | 153 |
| 菲律宾 | 14196 | 90 |
| 日本 | 5310 | 87 |
| 西班牙 | 30820 | 65 |
| 阿尔及利亚 | 47000 | 44 |
| 美国 | 25325 | 41 |
| 意大利 | 8130 | 8 |
| 台湾省 | 45 | 2 |
| 德国 | 5640 | 2 |
| 45020000 除去表皮或成方块、板、片或条状的天然软木 | | |
| 合计 | 109664 | 547 |
| 葡萄牙 | 56941 | 255 |
| 阿尔及利亚 | 15320 | 160 |
| 法国 | 26400 | 94 |
| 美国 | 7597 | 24 |
| 意大利 | 2956 | 12 |
| 波兰 | 450 | 3 |
| 45031000 天然软木塞子 | | |
| 合计 | 169684 | 5157 |

| 国家/地区 | 进口数量（千克） | 进口金额（千美元） |
|---|---|---|
| 葡萄牙 | 84726 | 2570 |
| 意大利 | 38138 | 1569 |
| 阿尔及利亚 | 31700 | 629 |
| 西班牙 | 10683 | 221 |
| 法国 | 1777 | 101 |
| 突尼斯 | 2290 | 54 |
| 美国 | 34 | 5 |
| 比利时 | 140 | 3 |
| 澳大利亚 | 15 | 2 |
| 德国 | 22 | 1 |
| 捷克 | 74 | 1 |
| 日本 | 85 | 1 |
| 45039000 其他天然软木制品 | | |
| 合计 | 549865 | 1794 |
| 奥地利 | 450347 | 1368 |
| 德国 | 90908 | 239 |
| 美国 | 7584 | 133 |
| 日本 | 339 | 36 |
| 葡萄牙 | 503 | 16 |
| 台湾省 | 84 | 1 |
| 中华人民共和国 | 100 | 1 |
| 45041000 压制软木块、板、片及条；任何形状的压制软木砖、瓦；压制软木实心圆柱体，包括圆片 | | |
| 合计 | 3579835 | 19667 |
| 葡萄牙 | 2593223 | 13217 |
| 意大利 | 373456 | 2754 |
| 法国 | 61446 | 1041 |
| 日本 | 23394 | 692 |
| 阿尔及利亚 | 320128 | 667 |
| 中华人民共和国 | 2632 | 350 |
| 德国 | 64856 | 232 |
| 西班牙 | 64094 | 227 |
| 瑞士 | 26016 | 218 |
| 台湾省 | 26076 | 140 |
| 美国 | 4362 | 55 |
| 突尼斯 | 19206 | 43 |
| 英国 | 285 | 22 |
| 加拿大 | 91 | 7 |
| 新加坡 | 340 | 1 |
| 瑞典 | 23 | 1 |
| 芬兰 | 39 | 1 |
| 澳大利亚 | 168 | 1 |
| 45049000 其他压制软木及其制品 | | |
| 合计 | 34688 | 435 |

| 国家/地区 | 进口数量（千克） | 进口金额（千美元） |
|---|---|---|
| 荷兰 | 485 | 177 |
| 瑞士 | 15120 | 52 |
| 菲律宾 | 5928 | 37 |
| 中华人民共和国 | 1467 | 37 |
| 美国 | 3162 | 30 |
| 日本 | 919 | 28 |
| 西班牙 | 5322 | 23 |
| 芬兰 | 359 | 19 |
| 葡萄牙 | 348 | 12 |
| 英国 | 64 | 6 |
| 泰国 | 123 | 3 |
| 德国 | 952 | 3 |
| 意大利 | 33 | 2 |
| 法国 | 227 | 2 |
| 韩国 | 3 | 1 |
| 台湾省 | 176 | 1 |

## 木浆出口量值表

| 国家/地区 | 出口数量（千克） | 出口金额（千美元） |
|---|---|---|
| 47010000 机械木浆 | | |
| 合计 | 237218 | 182 |
| 伊朗 | 130000 | 111 |
| 乌兹别克斯坦 | 41524 | 29 |
| 塔吉克斯坦 | 30000 | 18 |
| 日本 | 12000 | 12 |
| 土耳其 | 12000 | 7 |
| 韩国 | 11694 | 5 |
| 47020000 化学木浆、溶解级 | | |
| 合计 | 149541 | 150 |
| 朝鲜 | 99664 | 96 |
| 厄立特里亚 | 20968 | 24 |
| 利比亚 | 18500 | 20 |
| 哈萨克斯坦 | 9684 | 9 |
| 德国 | 125 | 1 |
| 美国 | 600 | 1 |
| 47031100 未漂白的针叶木烧碱木浆或硫酸盐木浆 | | |
| 合计 | 4147148 | 1366 |
| 印度尼西亚 | 4141228 | 1362 |
| 多哥 | 3700 | 3 |
| 巴西 | 2220 | 1 |
| 47032100 半漂白或漂白的针叶木烧碱木浆或硫酸盐木浆 | | |
| 合计 | 12057300 | 8516 |

| 国家/地区 | 出口数量（千克） | 出口金额（千美元） |
|---|---|---|
| 伊朗 | 10448284 | 7288 |
| 朝鲜 | 581338 | 461 |
| 日本 | 215436 | 158 |
| 越南 | 207635 | 138 |
| 卢旺达 | 93796 | 84 |
| 马拉维 | 173494 | 75 |
| 埃塞俄比亚 | 34158 | 59 |
| 菲律宾 | 45188 | 50 |
| 香港 | 72000 | 46 |
| 印度尼西亚 | 46443 | 37 |
| 苏丹 | 24260 | 27 |
| 肯尼亚 | 31651 | 23 |
| 乌干达 | 22813 | 19 |
| 智利 | 11725 | 13 |
| 乌兹别克斯坦 | 16199 | 13 |
| 摩洛哥 | 8266 | 10 |
| 巴基斯坦 | 9773 | 6 |
| 巴西 | 6599 | 5 |
| 埃及 | 3975 | 3 |
| 美国 | 2056 | 2 |
| 孟加拉国 | 2211 | 2 |
| 47032900 半漂白或漂白非针叶木烧碱木浆或硫酸盐木浆 | | |
| 合计 | 5968690 | 3741 |
| 泰国 | 4166793 | 2536 |
| 韩国 | 1015649 | 668 |
| 香港 | 591994 | 403 |
| 日本 | 154000 | 108 |
| 乌干达 | 21302 | 17 |
| 巴西 | 18952 | 10 |
| 47050000 用机械与化学联合制浆法制得的木浆 | | |
| 合计 | 199200 | 54 |
| 印度尼西亚 | 199200 | 54 |
| 47062000 从回收(废碎)纸或纸板提取的纤维浆 | | |
| 合计 | 451711 | 201 |
| 香港 | 313968 | 148 |
| 日本 | 32104 | 32 |
| 台湾省 | 47160 | 10 |
| 菲律宾 | 41585 | 6 |
| 安哥拉 | 7471 | 2 |
| 越南 | 6504 | 2 |
| 津巴布韦 | 2919 | 1 |
| 47071000 回收(废碎)的未漂白牛皮纸或瓦楞纸及纸板 | | |
| 合计 | 308690 | 99 |
| 越南 | 308690 | 99 |
| 47072000 回收(废碎)漂白化学木浆制未经本体染色纸 | | |
| 合计 | 74540 | 18 |
| 肯尼亚 | 61000 | 11 |
| 朝鲜 | 13540 | 7 |
| 48010000 成卷或成张的新闻纸 | | |
| 合计 | 89813720 | 58254 |
| 马来西亚 | 40943835 | 24107 |
| 印度 | 30510602 | 17592 |
| 香港 | 13575981 | 7897 |
| 阿联酋 | 476569 | 780 |
| 印度尼西亚 | 135851 | 550 |
| 厄立特里亚 | 754077 | 543 |
| 新加坡 | 144080 | 491 |
| 古巴 | 472300 | 472 |
| 澳大利亚 | 322791 | 416 |
| 英国 | 89192 | 360 |
| 菲律宾 | 443204 | 358 |
| 泰国 | 71552 | 328 |
| 沙特阿拉伯 | 49340 | 328 |
| 美国 | 73268 | 315 |
| 巴西 | 36405 | 282 |
| 越南 | 178765 | 276 |
| 莫桑比克 | 299124 | 238 |
| 毛里求斯 | 29556 | 230 |
| 荷兰 | 30875 | 208 |
| 伊朗 | 243247 | 187 |
| 南非 | 33805 | 184 |
| 法国 | 42642 | 181 |
| 立陶宛 | 40463 | 180 |
| 吉布提 | 40537 | 162 |
| 比利时 | 35248 | 152 |
| 韩国 | 15800 | 116 |
| 约旦 | 33213 | 106 |
| 埃及 | 11200 | 102 |
| 朝鲜 | 114977 | 85 |
| 多哥 | 9200 | 82 |
| 阿曼 | 12496 | 81 |
| 意大利 | 19750 | 80 |
| 文莱 | 9331 | 75 |
| 德国 | 35875 | 69 |
| 牙买加 | 5680 | 64 |
| 葡萄牙 | 5900 | 64 |
| 捷克 | 8500 | 60 |
| 也门 | 68866 | 49 |
| 孟加拉国 | 57712 | 42 |
| 不丹 | 7050 | 41 |
| 柬埔寨 | 18313 | 41 |
| 新西兰 | 40380 | 32 |
| 厄瓜多尔 | 4000 | 27 |
| 马达加斯加 | 36356 | 24 |
| 丹麦 | 50900 | 24 |
| 塞浦路斯 | 5136 | 20 |
| 哥伦比亚 | 4000 | 19 |
| 乌克兰 | 25200 | 17 |
| 利比里亚 | 20280 | 16 |
| 缅甸 | 15325 | 16 |
| 斯里兰卡 | 2040 | 14 |
| 冈比亚 | 17295 | 14 |
| 土耳其 | 23308 | 13 |
| 所罗门群岛 | 15048 | 12 |
| 巴拉圭 | 25000 | 12 |
| 卡塔尔 | 13795 | 8 |
| 巴勒斯坦 | 856 | 3 |
| 加拿大 | 1750 | 3 |
| 日本 | 1669 | 2 |
| 蒙古 | 4050 | 1 |
| 智利 | 160 | 1 |
| 48021010 宣纸 | | |
| 合计 | 968714 | 10201 |
| 日本 | 542646 | 8578 |
| 韩国 | 265913 | 1025 |
| 台湾省 | 71953 | 255 |
| 香港 | 29897 | 137 |
| 美国 | 11772 | 43 |
| 哈萨克斯坦 | 4540 | 23 |
| 荷兰 | 2376 | 20 |
| 阿联酋 | 5368 | 18 |
| 加拿大 | 2825 | 12 |
| 约旦 | 2958 | 11 |
| 伊朗 | 3910 | 10 |
| 英国 | 1866 | 9 |
| 马来西亚 | 2114 | 7 |
| 越南 | 8580 | 7 |
| 新西兰 | 1253 | 6 |
| 捷克 | 84 | 6 |

| 国家/地区 | 出口数量（千克） | 出口金额（千美元） |
|---|---|---|
| 新加坡 | 2151 | 5 |
| 法国 | 1662 | 5 |
| 俄罗斯联邦 | 1071 | 3 |
| 瑞典 | 244 | 2 |
| 澳大利亚 | 1132 | 2 |
| 德国 | 369 | 2 |
| 法属波利尼西亚 | 442 | 2 |
| 以色列 | 789 | 2 |
| 巴基斯坦 | 489 | 1 |
| 西班牙 | 330 | 1 |
| 芬兰 | 150 | 1 |
| 巴西 | 150 | 1 |
| 墨西哥 | 111 | 1 |
| 意大利 | 350 | 1 |
| 南非 | 73 | 1 |
| 波兰 | 69 | 1 |
| 印度尼西亚 | 155 | 1 |
| 泰国 | 397 | 1 |
| 多民族玻利维亚国 | 102 | 1 |
| 葡萄牙 | 75 | 1 |
| 阿根廷 | 128 | 1 |
| 哥斯达黎加 | 220 | 0 |
| 48021090 其他手工制纸及纸板 | | |
| 合计 | 1983462 | 8004 |
| 日本 | 517075 | 3266 |
| 韩国 | 348075 | 1586 |
| 印度 | 65448 | 368 |
| 意大利 | 7160 | 316 |
| 土耳其 | 156090 | 288 |
| 俄罗斯联邦 | 64953 | 263 |
| 芬兰 | 52652 | 177 |
| 美国 | 59420 | 168 |
| 智利 | 83255 | 167 |
| 希腊 | 89228 | 139 |
| 台湾省 | 15879 | 136 |
| 英国 | 34525 | 133 |
| 越南 | 19834 | 126 |
| 厄瓜多尔 | 50214 | 87 |
| 巴拿马 | 29574 | 76 |
| 科特迪瓦 | 88000 | 69 |
| 法国 | 20199 | 67 |
| 澳大利亚 | 29885 | 64 |
| 乌克兰 | 14539 | 49 |
| 以色列 | 29891 | 48 |
| 德国 | 11290 | 42 |

| 国家/地区 | 出口数量（千克） | 出口金额（千美元） |
|---|---|---|
| 秘鲁 | 12288 | 31 |
| 南非 | 5449 | 28 |
| 沙特阿拉伯 | 12829 | 27 |
| 阿联酋 | 12561 | 26 |
| 葡萄牙 | 17273 | 24 |
| 瑞典 | 3903 | 24 |
| 乌兹别克斯坦 | 23500 | 21 |
| 西班牙 | 3812 | 17 |
| 格鲁吉亚 | 18409 | 16 |
| 委内瑞拉 | 7276 | 15 |
| 荷兰 | 6038 | 13 |
| 乌拉圭 | 5584 | 13 |
| 卡塔尔 | 9793 | 12 |
| 马来西亚 | 4197 | 11 |
| 波兰 | 2983 | 9 |
| 伊朗 | 1331 | 8 |
| 罗马尼亚 | 4649 | 7 |
| 阿尔及利亚 | 4931 | 7 |
| 新加坡 | 3764 | 6 |
| 黎巴嫩 | 2951 | 5 |
| 斯洛文尼亚 | 510 | 5 |
| 香港 | 1056 | 5 |
| 孟加拉国 | 4676 | 5 |
| 丹麦 | 390 | 5 |
| 缅甸 | 2920 | 4 |
| 墨西哥 | 81 | 3 |
| 新西兰 | 222 | 3 |
| 巴西 | 513 | 3 |
| 菲律宾 | 1075 | 3 |
| 加拿大 | 1199 | 2 |
| 柬埔寨 | 2185 | 2 |
| 泰国 | 323 | 2 |
| 埃及 | 15802 | 2 |
| 哥伦比亚 | 280 | 2 |
| 斯洛伐克 | 300 | 1 |
| 吉尔吉斯斯坦 | 720 | 1 |
| 匈牙利 | 170 | 1 |
| 保加利亚 | 128 | 1 |
| 爱尔兰 | 205 | 1 |

## 木浆进口量值表

| 国家/地区 | 进口数量（千克） | 进口金额（千美元） |
|---|---|---|
| 47010000 机械木浆 | | |
| 合计 | 2626294 | 1452 |
| 德国 | 2234140 | 1184 |
| 挪威 | 201600 | 97 |
| 美国 | 82865 | 77 |
| 日本 | 11181 | 46 |
| 瑞典 | 96268 | 45 |
| 丹麦 | 240 | 2 |
| 47020000 化学木浆、溶解级 | | |
| 合计 | 1806297522 | 1822837 |
| 美国 | 368715852 | 478456 |
| 加拿大 | 385306431 | 362547 |
| 巴西 | 243229923 | 234536 |
| 瑞典 | 146453252 | 134824 |
| 南非 | 138551068 | 124744 |
| 芬兰 | 126289090 | 115101 |
| 奥地利 | 92869863 | 82809 |
| 葡萄牙 | 66214508 | 56371 |
| 捷克 | 62064019 | 54390 |
| 印度尼西亚 | 57757198 | 52549 |
| 俄罗斯联邦 | 40454073 | 43149 |
| 挪威 | 26267056 | 36277 |
| 西班牙 | 21415813 | 19374 |
| 泰国 | 22925751 | 18951 |
| 澳大利亚 | 3486921 | 3247 |
| 法国 | 1363566 | 2532 |
| 德国 | 2489191 | 2290 |
| 菲律宾 | 162500 | 460 |
| 日本 | 281447 | 232 |
| 47031100 未漂白的针叶木烧碱木浆或硫酸盐木浆 | | |
| 合计 | 524390626 | 295934 |
| 智利 | 186404975 | 110847 |
| 日本 | 114660910 | 61825 |
| 俄罗斯联邦 | 106244885 | 49519 |
| 加拿大 | 52559488 | 35652 |
| 美国 | 38109695 | 22196 |
| 瑞典 | 11540562 | 7847 |
| 巴西 | 9991596 | 4954 |
| 奥地利 | 2912374 | 1612 |
| 新西兰 | 1678934 | 1288 |
| 澳大利亚 | 203427 | 97 |
| 台湾省 | 66780 | 69 |
| 德国 | 17000 | 30 |
| 47031900 未漂白的非针叶木烧碱木浆或硫酸盐木浆 | | |
| 合计 | 138891 | 63 |

| 国家/地区 | 进口数量（千克） | 进口金额（千美元） |
|---|---|---|
| 马来西亚 | 89964 | 43 |
| 印度尼西亚 | 48927 | 20 |
| 47032100 半漂白或漂白的针叶木烧碱木浆或硫酸盐木浆 | | |
| 合计 | 6497065310 | 4375868 |
| 加拿大 | 2336634646 | 1590649 |
| 美国 | 1263164110 | 870099 |
| 智利 | 1106321912 | 739063 |
| 芬兰 | 773766523 | 516131 |
| 俄罗斯联邦 | 613349652 | 387033 |
| 瑞典 | 152043827 | 102415 |
| 新西兰 | 77703126 | 51940 |
| 德国 | 63338923 | 44482 |
| 日本 | 37894227 | 23384 |
| 挪威 | 27444840 | 18533 |
| 阿根廷 | 19893704 | 13415 |
| 国别(地区)不详 | 7149029 | 4814 |
| 奥地利 | 4937475 | 3724 |
| 南非 | 3703099 | 3691 |
| 印度尼西亚 | 4016386 | 2484 |
| 泰国 | 1609117 | 1046 |
| 巴西 | 1218981 | 940 |
| 葡萄牙 | 1028540 | 877 |
| 澳大利亚 | 515164 | 346 |
| 比利时 | 576650 | 337 |
| 越南 | 496631 | 329 |
| 西班牙 | 98260 | 66 |
| 荷兰 | 152880 | 56 |
| 台湾省 | 7005 | 9 |
| 韩国 | 603 | 4 |
| 47032900 半漂白或漂白非针叶木烧碱木浆或硫酸盐木浆 | | |
| 合计 | 6547183361 | 4069878 |
| 巴西 | 2421059124 | 1523834 |
| 印度尼西亚 | 2038361531 | 1225281 |
| 乌拉圭 | 491472107 | 326902 |
| 智利 | 438641469 | 285047 |
| 美国 | 337745144 | 201880 |
| 加拿大 | 193397396 | 121406 |
| 日本 | 186049824 | 109488 |
| 俄罗斯联邦 | 148165016 | 91976 |
| 南非 | 79182197 | 50313 |
| 越南 | 44124679 | 26821 |
| 葡萄牙 | 36008059 | 22766 |
| 泰国 | 32683883 | 20258 |

| 国家/地区 | 进口数量（千克） | 进口金额（千美元） |
|---|---|---|
| 西班牙 | 29769100 | 18554 |
| 台湾省 | 23907600 | 14270 |
| 芬兰 | 15330736 | 9922 |
| 韩国 | 10139193 | 6559 |
| 瑞典 | 9036000 | 5987 |
| 奥地利 | 3109452 | 2692 |
| 德国 | 3007689 | 2222 |
| 新西兰 | 2555546 | 1676 |
| 波兰 | 1831110 | 1099 |
| 新加坡 | 1006506 | 596 |
| 马来西亚 | 600000 | 330 |
| 47041100 未漂白的针叶木亚硫酸盐木浆 | | |
| 合计 | 8641975 | 4186 |
| 俄罗斯联邦 | 8466595 | 4065 |
| 日本 | 69600 | 78 |
| 德国 | 105780 | 43 |
| 47041900 未漂白的非针叶木亚硫酸盐木浆 | | |
| 合计 | 189082 | 122 |
| 德国 | 66000 | 79 |
| 新加坡 | 123082 | 43 |
| 47042100 半漂白或漂白的针叶木亚硫酸盐木浆 | | |
| 合计 | 4597043 | 2530 |
| 俄罗斯联邦 | 2791548 | 1342 |
| 智利 | 1009886 | 669 |
| 瑞典 | 744000 | 467 |
| 挪威 | 20059 | 36 |
| 美国 | 25310 | 11 |
| 德国 | 6240 | 6 |
| | | |
| 47042900 半漂白或漂白的非针叶木亚硫酸盐木浆 | | |
| 合计 | 6147014 | 6003 |
| 德国 | 5509588 | 5471 |
| 智利 | 503200 | 332 |
| 美国 | 94735 | 162 |
| 葡萄牙 | 39059 | 37 |
| 捷克 | 432 | 1 |
| 47050000 用机械与化学联合制浆法制得的木浆 | | |
| 合计 | 1385538000 | 738020 |
| 加拿大 | 1114251283 | 595918 |
| 新西兰 | 164096670 | 85299 |
| 瑞典 | 44442596 | 23103 |
| 芬兰 | 27143553 | 14508 |

| 国家/地区 | 进口数量（千克） | 进口金额（千美元） |
|---|---|---|
| 俄罗斯联邦 | 22026657 | 11723 |
| 意大利 | 4991656 | 2746 |
| 挪威 | 4264786 | 2125 |
| 泰国 | 1924006 | 1130 |
| 西班牙 | 1497044 | 760 |
| 韩国 | 409050 | 365 |
| 德国 | 488249 | 336 |
| 台湾省 | 2450 | 9 |

## 竹藤出口量值表

| 国家/地区 | 出口数量（千克） | 出口金额（千美元） |
|---|---|---|
| 14011000 竹 | | |
| 合计 | 100735932 | 52312 |
| 香港 | 31748059 | 7742 |
| 美国 | 8345440 | 6274 |
| 日本 | 9190209 | 6152 |
| 台湾省 | 6964728 | 5842 |
| 荷兰 | 7633613 | 4735 |
| 英国 | 3603953 | 2457 |
| 意大利 | 3158552 | 2260 |
| 波兰 | 4409058 | 2062 |
| 西班牙 | 2724056 | 1798 |
| 德国 | 2183453 | 1449 |
| 澳大利亚 | 1436373 | 1078 |
| 韩国 | 2624220 | 962 |
| 马来西亚 | 851668 | 928 |
| 加拿大 | 1247045 | 888 |
| 法国 | 1353031 | 823 |
| 澳门 | 4766175 | 769 |
| 土耳其 | 1074041 | 624 |
| 印度尼西亚 | 377235 | 596 |
| 乌克兰 | 835288 | 484 |
| 新西兰 | 616326 | 481 |
| 沙特阿拉伯 | 892552 | 427 |
| 俄罗斯联邦 | 460628 | 352 |
| 葡萄牙 | 492656 | 315 |
| 挪威 | 400225 | 300 |
| 印度 | 109152 | 264 |
| 比利时 | 347440 | 237 |
| 以色列 | 364172 | 197 |
| 新加坡 | 287895 | 197 |
| 黎巴嫩 | 244639 | 166 |
| 希腊 | 202974 | 136 |
| 阿联酋 | 248089 | 129 |

| 国家/地区 | 出口数量（千克） | 出口金额（千美元） |
|---|---|---|
| 泰国 | 167243 | 129 |
| 越南 | 61720 | 97 |
| 瑞典 | 109278 | 85 |
| 墨西哥 | 73171 | 72 |
| 立陶宛 | 117170 | 69 |
| 斯洛文尼亚 | 95055 | 66 |
| 克罗地亚 | 79137 | 58 |
| 奥地利 | 102980 | 57 |
| 马尔代夫 | 45160 | 50 |
| 阿曼 | 42256 | 47 |
| 智利 | 22578 | 36 |
| 摩洛哥 | 44773 | 30 |
| 丹麦 | 29694 | 26 |
| 卡塔尔 | 45290 | 26 |
| 科威特 | 43766 | 25 |
| 塞浦路斯 | 37397 | 24 |
| 瑞士 | 16560 | 23 |
| 阿尔及利亚 | 44125 | 20 |
| 斯里兰卡 | 16950 | 19 |
| 罗马尼亚 | 27100 | 18 |
| 匈牙利 | 27300 | 18 |
| 巴拿马 | 18187 | 17 |
| 图瓦卢 | 4750 | 14 |
| 突尼斯 | 15878 | 13 |
| 爱尔兰 | 27350 | 11 |
| 南非 | 20660 | 11 |
| 伊朗 | 7123 | 11 |
| 文莱 | 9342 | 10 |
| 乌兹别克斯坦 | 19200 | 9 |
| 洪都拉斯 | 14209 | 9 |
| 孟加拉国 | 30640 | 9 |
| 哥斯达黎加 | 5018 | 9 |
| 约旦 | 22050 | 8 |
| 白俄罗斯 | 15545 | 8 |
| 黑山 | 15300 | 7 |
| 乌拉圭 | 2612 | 7 |
| 保加利亚 | 6900 | 6 |
| 哈萨克斯坦 | 7238 | 5 |
| 芬兰 | 6035 | 5 |
| 巴林 | 18800 | 5 |
| 巴勒斯坦 | 11000 | 5 |
| 朝鲜 | 3700 | 3 |
| 秘鲁 | 2900 | 3 |
| 多米尼加共和国 | 1176 | 3 |
| 阿鲁巴 | 800 | 2 |

| 国家/地区 | 出口数量（千克） | 出口金额（千美元） |
|---|---|---|
| 拉脱维亚 | 1738 | 2 |
| 毛里求斯 | 1715 | 2 |
| 伊拉克 | 350 | 1 |
| 斯洛伐克 | 558 | 1 |
| 新喀里多尼亚 | 2700 | 1 |
| 安哥拉 | 550 | 1 |
| 坦桑尼亚 | 260 | 1 |
| 14012000 藤 | | |
| 合计 | 795146 | 4261 |
| 意大利 | 145272 | 782 |
| 德国 | 141347 | 690 |
| 英国 | 22230 | 450 |
| 西班牙 | 44004 | 440 |
| 美国 | 59762 | 340 |
| 毛里求斯 | 23175 | 184 |
| 墨西哥 | 72166 | 166 |
| 印度 | 68933 | 143 |
| 澳大利亚 | 8077 | 123 |
| 哥伦比亚 | 5517 | 115 |
| 波兰 | 22296 | 114 |
| 法国 | 34359 | 112 |
| 荷兰 | 23261 | 94 |
| 阿根廷 | 8850 | 87 |
| 新加坡 | 33835 | 70 |
| 匈牙利 | 2800 | 54 |
| 委内瑞拉 | 13825 | 54 |
| 泰国 | 12958 | 34 |
| 巴西 | 2954 | 31 |
| 日本 | 15559 | 28 |
| 加拿大 | 787 | 28 |
| 捷克 | 8390 | 22 |
| 台湾省 | 11954 | 21 |
| 瑞士 | 765 | 15 |
| 以色列 | 2165 | 11 |
| 香港 | 4228 | 9 |
| 保加利亚 | 637 | 7 |
| 土耳其 | 332 | 6 |
| 比利时 | 1320 | 6 |
| 新西兰 | 691 | 5 |
| 芬兰 | 850 | 3 |
| 南非 | 160 | 3 |
| 俄罗斯联邦 | 554 | 3 |
| 葡萄牙 | 161 | 2 |
| 阿联酋 | 321 | 2 |
| 危地马拉 | 40 | 2 |

| 国家/地区 | 出口数量（千克） | 出口金额（千美元） |
|---|---|---|
| 韩国 | 138 | 2 |
| 沙特阿拉伯 | 115 | 1 |
| 乌拉圭 | 240 | 1 |
| 挪威 | 45 | 1 |
| 斐济 | 60 | 0 |
| 斯洛文尼亚 | 13 | 0 |
| 14019020 芦苇 | | |
| 合计 | 745583 | 256 |
| 荷兰 | 532988 | 151 |
| 英国 | 189600 | 55 |
| 德国 | 17148 | 16 |
| 美国 | 2436 | 15 |
| 香港 | 240 | 10 |
| 日本 | 2980 | 6 |
| 匈牙利 | 191 | 4 |
| 14019039 其他灯芯草属植物材料 | | |
| 合计 | 50102 | 201 |
| 日本 | 50102 | 201 |
| 14019090 未列名主要作编结用的植物材料 | | |
| 合计 | 664740 | 1261 |
| 美国 | 180434 | 351 |
| 德国 | 91825 | 208 |
| 日本 | 42625 | 117 |
| 意大利 | 45555 | 116 |
| 孟加拉国 | 43140 | 88 |
| 加拿大 | 45528 | 53 |
| 瑞士 | 25689 | 52 |
| 英国 | 39032 | 49 |
| 荷兰 | 21543 | 45 |
| 巴拿马 | 5012 | 39 |
| 澳大利亚 | 2506 | 27 |
| 俄罗斯联邦 | 7623 | 24 |
| 西班牙 | 9639 | 19 |
| 瑞典 | 18284 | 17 |
| 法国 | 13482 | 14 |
| 丹麦 | 3199 | 7 |
| 香港 | 45189 | 6 |
| 以色列 | 4266 | 6 |
| 波兰 | 5335 | 5 |
| 阿联酋 | 3573 | 5 |
| 希腊 | 4460 | 4 |
| 澳门 | 4950 | 4 |
| 毛里求斯 | 450 | 2 |
| 芬兰 | 760 | 2 |
| 罗马尼亚 | 596 | 1 |

| 国家/地区 | 出口数量（千克） | 出口金额（千美元） |
|---|---|---|
| 比利时 | 45 | 1 |
| 20059110 竹笋罐头 | | |
| 合计 | 129896751 | 158882 |
| 日本 | 59742579 | 86520 |
| 美国 | 18954364 | 20690 |
| 德国 | 9363226 | 8458 |
| 韩国 | 7743511 | 7152 |
| 荷兰 | 6274201 | 5677 |
| 香港 | 4180482 | 5503 |
| 英国 | 4759270 | 4803 |
| 瑞典 | 3194123 | 2969 |
| 越南 | 632250 | 2393 |
| 西班牙 | 1387921 | 1433 |
| 法国 | 1658415 | 1425 |
| 澳大利亚 | 1498484 | 1391 |
| 俄罗斯联邦 | 215878 | 1075 |
| 意大利 | 925665 | 920 |
| 比利时 | 1250078 | 915 |
| 加拿大 | 1046449 | 910 |
| 奥地利 | 993039 | 798 |
| 墨西哥 | 689102 | 556 |
| 捷克 | 568991 | 529 |
| 智利 | 336521 | 473 |
| 波兰 | 438737 | 450 |
| 丹麦 | 441575 | 443 |
| 葡萄牙 | 419325 | 392 |
| 马来西亚 | 309379 | 319 |
| 芬兰 | 408386 | 317 |
| 挪威 | 330514 | 308 |
| 新加坡 | 142391 | 215 |
| 泰国 | 129842 | 211 |
| 多米尼加共和国 | 235717 | 156 |
| 印度 | 137059 | 135 |
| 菲律宾 | 164304 | 132 |
| 阿根廷 | 102518 | 108 |
| 印度尼西亚 | 105651 | 107 |
| 斯洛文尼亚 | 93060 | 92 |
| 希腊 | 69717 | 90 |
| 匈牙利 | 121500 | 79 |
| 立陶宛 | 58636 | 75 |
| 瑞士 | 92196 | 67 |
| 新西兰 | 78988 | 66 |
| 台湾省 | 13200 | 53 |
| 南非 | 66903 | 50 |
| 阿联酋 | 43234 | 41 |

| 国家/地区 | 出口数量（千克） | 出口金额（千美元） |
|---|---|---|
| 洪都拉斯 | 70978 | 38 |
| 爱尔兰 | 53100 | 38 |
| 罗马尼亚 | 49464 | 33 |
| 斯洛伐克 | 38409 | 31 |
| 柬埔寨 | 36670 | 31 |
| 毛里求斯 | 33988 | 31 |
| 巴拿马 | 26735 | 30 |
| 特立尼达和多巴哥 | 20182 | 20 |
| 危地马拉 | 15075 | 18 |
| 秘鲁 | 20007 | 16 |
| 牙买加 | 11933 | 15 |
| 委内瑞拉 | 13023 | 15 |
| 土耳其 | 18606 | 13 |
| 澳门 | 8980 | 11 |
| 留尼汪 | 10620 | 8 |
| 乌克兰 | 7341 | 6 |
| 摩洛哥 | 6102 | 6 |
| 格鲁吉亚 | 11151 | 5 |
| 文莱 | 2650 | 4 |
| 哥斯达黎加 | 5310 | 4 |
| 斯里兰卡 | 4068 | 4 |
| 肯尼亚 | 4082 | 3 |
| 巴布亚新几内亚 | 1650 | 3 |
| 尼泊尔联邦民主共和国 | 2712 | 3 |
| 巴基斯坦 | 2650 | 3 |
| 巴西 | 1325 | 2 |
| 孟加拉国 | 2041 | 2 |
| 安哥拉 | 259 | 1 |
| 所罗门群岛 | 259 | 1 |
| 20059190 其他制作或保藏的未冷冻竹笋 | | |
| 合计 | 33271851 | 86793 |
| 日本 | 29536530 | 72142 |
| 越南 | 2197677 | 8529 |
| 台湾省 | 281000 | 1733 |
| 俄罗斯联邦 | 270951 | 1512 |
| 德国 | 148971 | 485 |
| 新加坡 | 114269 | 339 |
| 马来西亚 | 84340 | 303 |
| 美国 | 60390 | 219 |
| 西班牙 | 51625 | 217 |
| 捷克 | 39600 | 187 |
| 法国 | 156075 | 165 |
| 意大利 | 46658 | 146 |
| 韩国 | 47380 | 138 |
| 希腊 | 26400 | 125 |

| 国家/地区 | 出口数量（千克） | 出口金额（千美元） |
|---|---|---|
| 香港 | 27590 | 99 |
| 加拿大 | 38936 | 96 |
| 泰国 | 21120 | 70 |
| 罗马尼亚 | 21600 | 62 |
| 比利时 | 14609 | 41 |
| 斯洛文尼亚 | 17400 | 41 |
| 葡萄牙 | 13841 | 35 |
| 澳大利亚 | 14850 | 34 |
| 荷兰 | 9214 | 23 |
| 墨西哥 | 6600 | 21 |
| 多米尼加共和国 | 15930 | 12 |
| 乌克兰 | 3265 | 8 |
| 英国 | 2775 | 6 |
| 奥地利 | 1500 | 3 |
| 巴西 | 450 | 1 |
| 吉布提 | 50 | 1 |
| 新西兰 | 225 | 1 |
| 埃塞俄比亚 | 30 | 0 |
| 44021000 竹炭，不论是否结块 | | |
| 合计 | 22398622 | 19652 |
| 日本 | 5489716 | 5606 |
| 伊朗 | 2673049 | 2368 |
| 伊拉克 | 4575973 | 2143 |
| 沙特阿拉伯 | 2789785 | 2130 |
| 韩国 | 719450 | 1006 |
| 阿联酋 | 974795 | 719 |
| 科威特 | 271664 | 439 |
| 香港 | 407948 | 433 |
| 美国 | 487172 | 407 |
| 马来西亚 | 193951 | 398 |
| 比利时 | 417835 | 329 |
| 台湾省 | 430126 | 319 |
| 荷兰 | 197560 | 290 |
| 瑞典 | 280227 | 250 |
| 约旦 | 413828 | 227 |
| 利比亚 | 94496 | 209 |
| 印度 | 120094 | 198 |
| 英国 | 169154 | 185 |
| 加拿大 | 352599 | 185 |
| 德国 | 156540 | 168 |
| 越南 | 29150 | 153 |
| 摩洛哥 | 190101 | 150 |
| 印度尼西亚 | 36970 | 122 |
| 新加坡 | 32391 | 114 |
| 丹麦 | 94725 | 90 |

| 国家/地区 | 出口数量（千克） | 出口金额（千美元） |
|---|---|---|
| 阿尔及利亚 | 91367 | 85 |
| 肯尼亚 | 16620 | 68 |
| 澳大利亚 | 68985 | 65 |
| 巴基斯坦 | 64924 | 64 |
| 突尼斯 | 63151 | 59 |
| 泰国 | 18110 | 55 |
| 也门 | 28653 | 54 |
| 立陶宛 | 10145 | 50 |
| 瑞士 | 8443 | 49 |
| 土耳其 | 65210 | 47 |
| 黎巴嫩 | 46883 | 45 |
| 巴西 | 47209 | 44 |
| 毛里塔尼亚 | 16045 | 44 |
| 新西兰 | 54970 | 42 |
| 俄罗斯联邦 | 19057 | 37 |
| 叙利亚 | 32500 | 29 |
| 哈萨克斯坦 | 15760 | 22 |
| 法国 | 20705 | 18 |
| 捷克 | 9408 | 17 |
| 埃及 | 22075 | 16 |
| 尼日利亚 | 17220 | 16 |
| 西班牙 | 12225 | 15 |
| 阿根廷 | 1790 | 14 |
| 爱沙尼亚 | 1000 | 14 |
| 特立尼达和多巴哥 | 10337 | 11 |
| 南非 | 10541 | 9 |
| 多米尼加共和国 | 6000 | 7 |
| 乌拉圭 | 1440 | 3 |
| 孟加拉国 | 1000 | 3 |
| 巴拉圭 | 5473 | 3 |
| 哥伦比亚 | 2246 | 2 |
| 卡塔尔 | 650 | 2 |
| 以色列 | 1318 | 2 |
| 爱尔兰 | 3000 | 2 |
| 澳门 | 541 | 1 |
| 菲律宾 | 520 | 1 |
| 意大利 | 400 | 1 |
| 安哥拉 | 3402 | 1 |
| 44092110 任何一边、端或面制成连续形状的竹地板条块 | | |
| 合计 | 172983208 | 311536 |
| 美国 | 96575663 | 180407 |
| 澳大利亚 | 27176591 | 42215 |
| 荷兰 | 5916856 | 11437 |
| 加拿大 | 4014129 | 6947 |
| 德国 | 3552270 | 5817 |
| 法国 | 3291707 | 5772 |
| 英国 | 3434214 | 5694 |
| 俄罗斯联邦 | 1916977 | 4349 |
| 日本 | 1893715 | 3979 |
| 波兰 | 2151481 | 3371 |
| 厄瓜多尔 | 1658408 | 2698 |
| 比利时 | 1376926 | 2578 |
| 阿联酋 | 700494 | 2165 |
| 意大利 | 1022912 | 1973 |
| 伊朗 | 1092370 | 1893 |
| 南非 | 1141589 | 1765 |
| 韩国 | 1019539 | 1504 |
| 格鲁吉亚 | 711381 | 1486 |
| 丹麦 | 776974 | 1451 |
| 新西兰 | 701303 | 1324 |
| 西班牙 | 728893 | 1141 |
| 土耳其 | 502159 | 1117 |
| 克罗地亚 | 615769 | 1077 |
| 土库曼斯坦 | 294306 | 1012 |
| 墨西哥 | 531305 | 987 |
| 罗马尼亚 | 525150 | 953 |
| 哥伦比亚 | 544143 | 911 |
| 巴西 | 605359 | 876 |
| 肯尼亚 | 492894 | 835 |
| 马来西亚 | 368518 | 788 |
| 卡塔尔 | 526737 | 749 |
| 越南 | 508287 | 746 |
| 印度 | 427657 | 690 |
| 哈萨克斯坦 | 400364 | 647 |
| 希腊 | 327420 | 638 |
| 菲律宾 | 378973 | 596 |
| 斯里兰卡 | 367773 | 565 |
| 台湾省 | 255750 | 509 |
| 秘鲁 | 270817 | 488 |
| 阿根廷 | 296079 | 479 |
| 乌克兰 | 137524 | 474 |
| 斯洛文尼亚 | 298240 | 442 |
| 阿塞拜疆 | 217629 | 326 |
| 哥斯达黎加 | 230195 | 321 |
| 新加坡 | 201007 | 293 |
| 摩洛哥 | 140045 | 272 |
| 以色列 | 117427 | 259 |
| 泰国 | 156249 | 249 |
| 安哥拉 | 155914 | 241 |
| 瑞典 | 151677 | 238 |
| 香港 | 65897 | 215 |
| 智利 | 100403 | 190 |
| 利比亚 | 72016 | 188 |
| 埃及 | 81932 | 174 |
| 葡萄牙 | 84074 | 172 |
| 挪威 | 78217 | 146 |
| 委内瑞拉 | 79427 | 129 |
| 塞尔维亚 | 33610 | 127 |
| 约旦 | 85000 | 119 |
| 毛里求斯 | 48625 | 114 |
| 阿尔巴尼亚 | 67400 | 114 |
| 尼日利亚 | 82000 | 110 |
| 印度尼西亚 | 63248 | 104 |
| 瑞士 | 49317 | 103 |
| 新喀里多尼亚 | 59198 | 98 |
| 乌干达 | 25333 | 96 |
| 保加利亚 | 72290 | 92 |
| 马尔代夫 | 54940 | 88 |
| 危地马拉 | 45440 | 74 |
| 立陶宛 | 45049 | 73 |
| 乌拉圭 | 37574 | 72 |
| 黎巴嫩 | 44571 | 72 |
| 伯利兹 | 47824 | 71 |
| 埃塞俄比亚 | 50326 | 71 |
| 巴林 | 25977 | 63 |
| 特立尼达和多巴哥 | 40548 | 63 |
| 圭亚那 | 31076 | 61 |
| 摩尔多瓦 | 30980 | 54 |
| 法属波利尼西亚 | 35040 | 54 |
| 马耳他 | 37400 | 52 |
| 多民族玻利维亚国 | 36566 | 50 |
| 捷克 | 24226 | 44 |
| 孟加拉国 | 31188 | 42 |
| 马提尼克 | 22345 | 38 |
| 科威特 | 28250 | 36 |
| 瓜德罗普 | 21415 | 34 |
| 留尼汪 | 10915 | 32 |
| 塞浦路斯 | 22656 | 31 |
| 白俄罗斯 | 20803 | 31 |
| 拉脱维亚 | 21500 | 31 |
| 巴拉圭 | 18563 | 28 |
| 柬埔寨 | 22000 | 27 |
| 芬兰 | 17110 | 23 |
| 巴基斯坦 | 12294 | 23 |

| 国家/地区 | 出口数量（千克） | 出口金额（千美元） |
|---|---|---|
| 尼泊尔联邦民主共和国 | 10488 | 22 |
| 吉布提 | 14566 | 21 |
| 巴布亚新几内亚 | 12674 | 21 |
| 奥地利 | 9500 | 18 |
| 前南马其顿 | 5750 | 18 |
| 博茨瓦纳 | 7700 | 12 |
| 莫桑比克 | 6015 | 11 |
| 巴拿马 | 6511 | 10 |
| 多米尼加共和国 | 4900 | 9 |
| 沙特阿拉伯 | 3091 | 6 |
| 大洋洲其他国家(地区) | 3300 | 5 |
| 爱尔兰 | 3946 | 5 |
| 匈牙利 | 1249 | 4 |
| 爱沙尼亚 | 2000 | 3 |
| 纳米比亚 | 6176 | 3 |
| 卢森堡 | 232 | 1 |
| 巴哈马 | 500 | 1 |
| 阿尔及利亚 | 288 | 1 |

44092190 其他任何一边、端或面制成连续形状的竹材

| 国家/地区 | 出口数量（千克） | 出口金额（千美元） |
|---|---|---|
| 合计 | 823666 | 1836 |
| 美国 | 109253 | 403 |
| 荷兰 | 27794 | 277 |
| 韩国 | 140056 | 261 |
| 日本 | 58147 | 212 |
| 台湾省 | 210557 | 190 |
| 波兰 | 29991 | 115 |
| 法国 | 37394 | 59 |
| 法属波利尼西亚 | 36184 | 48 |
| 肯尼亚 | 128000 | 42 |
| 巴西 | 7495 | 40 |
| 斯洛伐克 | 5752 | 35 |
| 比利时 | 4656 | 30 |
| 英国 | 4081 | 21 |
| 德国 | 3690 | 20 |
| 加拿大 | 3248 | 17 |
| 厄瓜多尔 | 1848 | 12 |
| 泰国 | 1439 | 9 |
| 西班牙 | 1690 | 8 |
| 澳大利亚 | 3050 | 7 |
| 瑞士 | 1000 | 7 |
| 智利 | 3750 | 6 |
| 阿联酋 | 930 | 6 |
| 新加坡 | 1711 | 5 |
| 马来西亚 | 540 | 3 |
| 菲律宾 | 580 | 2 |
| 埃塞俄比亚 | 750 | 1 |
| 南非 | 80 | 1 |

44190032 竹制一次性筷子

| 国家/地区 | 出口数量（千克） | 出口金额（千美元） |
|---|---|---|
| 合计 | 77871363 | 147570 |
| 日本 | 25862711 | 57511 |
| 台湾省 | 25822573 | 35916 |
| 美国 | 7839750 | 14843 |
| 泰国 | 3718739 | 9135 |
| 俄罗斯联邦 | 3576165 | 6758 |
| 香港 | 1437193 | 2609 |
| 巴西 | 1207797 | 2351 |
| 加拿大 | 1108229 | 2328 |
| 韩国 | 779783 | 1793 |
| 法国 | 641567 | 1468 |
| 英国 | 603952 | 1280 |
| 澳大利亚 | 539770 | 1138 |
| 新加坡 | 350856 | 1024 |
| 印度尼西亚 | 303299 | 947 |
| 德国 | 357752 | 743 |
| 菲律宾 | 308624 | 647 |
| 乌克兰 | 362744 | 632 |
| 奥地利 | 292009 | 608 |
| 意大利 | 243191 | 528 |
| 墨西哥 | 244757 | 432 |
| 土耳其 | 187855 | 418 |
| 马来西亚 | 196635 | 413 |
| 芬兰 | 272295 | 392 |
| 以色列 | 172930 | 391 |
| 巴拿马 | 57783 | 359 |
| 荷兰 | 152330 | 293 |
| 澳门 | 138440 | 284 |
| 南非 | 104821 | 172 |
| 瑞典 | 83064 | 164 |
| 挪威 | 62105 | 151 |
| 立陶宛 | 84325 | 150 |
| 阿根廷 | 81068 | 143 |
| 波兰 | 59313 | 137 |
| 斯洛文尼亚 | 42036 | 109 |
| 西班牙 | 40759 | 104 |
| 瑞士 | 26010 | 94 |
| 文莱 | 9588 | 89 |
| 阿联酋 | 38426 | 79 |
| 丹麦 | 32313 | 78 |
| 爱沙尼亚 | 37525 | 66 |
| 比利时 | 25848 | 65 |
| 越南 | 20100 | 64 |
| 智利 | 29459 | 62 |
| 葡萄牙 | 36350 | 61 |
| 拉脱维亚 | 22605 | 57 |
| 黎巴嫩 | 30575 | 56 |
| 哥伦比亚 | 26667 | 47 |
| 白俄罗斯 | 28178 | 42 |
| 斯洛伐克 | 23000 | 41 |
| 多米尼加共和国 | 24903 | 36 |
| 新西兰 | 13266 | 32 |
| 沙特阿拉伯 | 11622 | 27 |
| 冰岛 | 9200 | 24 |
| 埃及 | 10392 | 19 |
| 印度 | 8210 | 18 |
| 爱尔兰 | 9482 | 17 |
| 摩洛哥 | 7680 | 15 |
| 塞浦路斯 | 5587 | 14 |
| 哈萨克斯坦 | 7360 | 13 |
| 马耳他 | 5450 | 12 |
| 约旦 | 5850 | 12 |
| 伊拉克 | 280 | 11 |
| 科威特 | 4722 | 11 |
| 亚美尼亚 | 3185 | 6 |
| 塞尔维亚 | 8655 | 5 |
| 巴拉圭 | 1771 | 5 |
| 巴布亚新几内亚 | 1450 | 4 |
| 马尔代夫 | 410 | 4 |
| 捷克 | 748 | 2 |
| 匈牙利 | 1280 | 2 |
| 卡塔尔 | 479 | 2 |
| 斯里兰卡 | 1375 | 2 |
| 巴林 | 1612 | 2 |
| 巴基斯坦 | 540 | 2 |
| 萨尔瓦多 | 900 | 1 |
| 乌拉圭 | 420 | 1 |
| 多米尼克 | 670 | 1 |

44190091 其他竹制餐具及厨房用具

| 国家/地区 | 出口数量（千克） | 出口金额（千美元） |
|---|---|---|
| 合计 | 45478039 | 176434 |
| 美国 | 14737550 | 57032 |
| 德国 | 5224586 | 19915 |
| 日本 | 2054774 | 12908 |
| 荷兰 | 3008154 | 9963 |
| 俄罗斯联邦 | 2322088 | 8212 |
| 英国 | 1655244 | 5969 |

| 国家/地区 | 出口数量（千克） | 出口金额（千美元） |
|---|---|---|
| 加拿大 | 1958910 | 5774 |
| 澳大利亚 | 1482155 | 5553 |
| 法国 | 1233058 | 4960 |
| 土耳其 | 1358098 | 3969 |
| 比利时 | 1014502 | 3563 |
| 巴西 | 812296 | 3366 |
| 越南 | 235040 | 3090 |
| 韩国 | 546438 | 2686 |
| 香港 | 485986 | 2325 |
| 墨西哥 | 583028 | 2109 |
| 台湾省 | 518485 | 1948 |
| 波兰 | 577235 | 1873 |
| 西班牙 | 555506 | 1687 |
| 丹麦 | 361092 | 1543 |
| 芬兰 | 396754 | 1540 |
| 意大利 | 483507 | 1391 |
| 斯洛文尼亚 | 427088 | 1094 |
| 智利 | 242137 | 1059 |
| 南非 | 240134 | 865 |
| 哥伦比亚 | 146286 | 754 |
| 乌克兰 | 222393 | 650 |
| 爱沙尼亚 | 150683 | 613 |
| 瑞典 | 108689 | 600 |
| 泰国 | 141541 | 572 |
| 新加坡 | 99019 | 550 |
| 新西兰 | 161703 | 546 |
| 印度 | 87255 | 544 |
| 以色列 | 126230 | 524 |
| 葡萄牙 | 87666 | 489 |
| 巴拿马 | 88097 | 453 |
| 挪威 | 143441 | 450 |
| 马来西亚 | 82847 | 446 |
| 阿联酋 | 83713 | 397 |
| 瑞士 | 65721 | 349 |
| 菲律宾 | 58699 | 344 |
| 阿根廷 | 83511 | 326 |
| 秘鲁 | 68804 | 308 |
| 立陶宛 | 62430 | 294 |
| 爱尔兰 | 82857 | 291 |
| 沙特阿拉伯 | 62786 | 289 |
| 印度尼西亚 | 57135 | 268 |
| 乌拉圭 | 40851 | 159 |
| 厄瓜多尔 | 34245 | 144 |
| 奥地利 | 49767 | 142 |
| 埃及 | 143783 | 127 |
| 白俄罗斯 | 21008 | 104 |
| 捷克 | 28484 | 94 |
| 罗马尼亚 | 46254 | 94 |
| 希腊 | 16941 | 91 |
| 朝鲜 | 31291 | 84 |
| 黎巴嫩 | 19318 | 82 |
| 约旦 | 22542 | 71 |
| 阿尔及利亚 | 48985 | 71 |
| 委内瑞拉 | 19386 | 63 |
| 哥斯达黎加 | 14754 | 53 |
| 克罗地亚 | 11744 | 52 |
| 哈萨克斯坦 | 9783 | 50 |
| 危地马拉 | 5765 | 47 |
| 摩洛哥 | 11557 | 44 |
| 安哥拉 | 19820 | 41 |
| 保加利亚 | 21397 | 34 |
| 加纳 | 12486 | 34 |
| 拉脱维亚 | 11390 | 34 |
| 科威特 | 8152 | 30 |
| 阿曼 | 2454 | 27 |
| 萨尔瓦多 | 2054 | 27 |
| 塞浦路斯 | 6283 | 23 |
| 匈牙利 | 3275 | 20 |
| 伊拉克 | 2775 | 19 |
| 伊朗 | 2941 | 19 |
| 特立尼达和多巴哥 | 4870 | 16 |
| 毛里求斯 | 261 | 12 |
| 斯洛伐克 | 3386 | 11 |
| 利比亚 | 996 | 11 |
| 多米尼加共和国 | 3715 | 11 |
| 多米尼克 | 2026 | 11 |
| 波多黎各 | 2221 | 9 |
| 巴拉圭 | 1851 | 6 |
| 乍得 | 157 | 3 |
| 留尼汪 | 1066 | 3 |
| 巴基斯坦 | 470 | 3 |
| 卢森堡 | 435 | 3 |
| 卡塔尔 | 934 | 2 |
| 苏丹 | 48 | 1 |
| 格陵兰 | 50 | 1 |
| 南苏丹共和国 | 39 | 1 |
| 巴林 | 266 | 1 |
| 博茨瓦纳 | 380 | 1 |
| 斯里兰卡 | 32 | 1 |

44201012 竹刻

| 国家/地区 | 出口数量（千克） | 出口金额（千美元） |
|---|---|---|
| 合计 | 31578 | 347 |
| 美国 | 17053 | 141 |
| 日本 | 1154 | 115 |
| 俄罗斯联邦 | 5009 | 34 |
| 澳大利亚 | 1988 | 19 |
| 瑞士 | 260 | 9 |
| 意大利 | 3568 | 7 |
| 荷兰 | 330 | 7 |
| 西班牙 | 1140 | 6 |
| 阿联酋 | 65 | 3 |
| 新加坡 | 4 | 3 |
| 英国 | 944 | 2 |
| 新西兰 | 23 | 1 |
| 台湾省 | 40 | 1 |

44219022 竹制圆签圆棒冰果棒压舌片及类似一次性制品

| 国家/地区 | 出口数量（千克） | 出口金额（千美元） |
|---|---|---|
| 合计 | 55393442 | 156437 |
| 日本 | 6762300 | 21474 |
| 印度尼西亚 | 3870206 | 13607 |
| 美国 | 4571549 | 11557 |
| 马来西亚 | 2426171 | 10699 |
| 泰国 | 2324510 | 9777 |
| 越南 | 2361050 | 8811 |
| 荷兰 | 4753216 | 7725 |
| 巴西 | 3738046 | 6840 |
| 新加坡 | 895695 | 4678 |
| 香港 | 904161 | 4535 |
| 台湾省 | 2379759 | 4461 |
| 印度 | 1602356 | 4277 |
| 韩国 | 1886538 | 3732 |
| 意大利 | 1431814 | 3653 |
| 巴拿马 | 590933 | 3519 |
| 法国 | 709410 | 2759 |
| 阿联酋 | 849309 | 2363 |
| 英国 | 857491 | 2270 |
| 德国 | 885181 | 2109 |
| 加拿大 | 876662 | 2106 |
| 比利时 | 580937 | 1899 |
| 俄罗斯联邦 | 721359 | 1840 |
| 西班牙 | 432785 | 1821 |
| 土耳其 | 784949 | 1624 |
| 菲律宾 | 486174 | 1464 |
| 希腊 | 762872 | 1392 |
| 哥伦比亚 | 670708 | 1375 |
| 智利 | 527483 | 1346 |

| 国家/地区 | 出口数量（千克） | 出口金额（千美元） |
|---|---|---|
| 尼日利亚 | 602720 | 1264 |
| 澳大利亚 | 458254 | 1228 |
| 以色列 | 463391 | 1048 |
| 沙特阿拉伯 | 376437 | 1012 |
| 墨西哥 | 338721 | 792 |
| 波兰 | 357427 | 618 |
| 南非 | 273218 | 600 |
| 厄瓜多尔 | 296835 | 589 |
| 黎巴嫩 | 248229 | 509 |
| 乌克兰 | 119974 | 437 |
| 哥斯达黎加 | 48293 | 356 |
| 阿曼 | 240352 | 314 |
| 文莱 | 68131 | 256 |
| 阿尔及利亚 | 83854 | 247 |
| 秘鲁 | 131875 | 198 |
| 丹麦 | 46102 | 185 |
| 新西兰 | 69683 | 166 |
| 埃及 | 155921 | 154 |
| 葡萄牙 | 55675 | 143 |
| 罗马尼亚 | 60103 | 143 |
| 瑞典 | 55523 | 136 |
| 多米尼加共和国 | 37736 | 122 |
| 斯里兰卡 | 55312 | 119 |
| 肯尼亚 | 79037 | 119 |
| 委内瑞拉 | 52330 | 109 |
| 加纳 | 36860 | 105 |
| 朝鲜 | 201610 | 105 |
| 利比亚 | 45215 | 100 |
| 巴拉圭 | 84411 | 100 |
| 危地马拉 | 30458 | 96 |
| 立陶宛 | 28072 | 85 |
| 伊朗 | 30468 | 83 |
| 阿根廷 | 54513 | 78 |
| 约旦 | 37290 | 76 |
| 科威特 | 18467 | 74 |
| 爱尔兰 | 12678 | 63 |
| 挪威 | 39123 | 59 |
| 萨尔瓦多 | 34844 | 58 |
| 突尼斯 | 8750 | 57 |
| 拉脱维亚 | 18566 | 55 |
| 波多黎各 | 25852 | 52 |
| 奥地利 | 10563 | 41 |
| 芬兰 | 23972 | 41 |
| 保加利亚 | 22257 | 40 |
| 摩洛哥 | 25908 | 38 |

| 国家/地区 | 出口数量（千克） | 出口金额（千美元） |
|---|---|---|
| 尼泊尔联邦民主共和国 | 6550 | 34 |
| 塞尔维亚 | 11315 | 32 |
| 克罗地亚 | 18098 | 29 |
| 乌拉圭 | 10902 | 29 |
| 黑山 | 10689 | 26 |
| 阿塞拜疆 | 9290 | 23 |
| 塞浦路斯 | 4650 | 22 |
| 巴基斯坦 | 10580 | 22 |
| 喀麦隆 | 6334 | 19 |
| 毛里求斯 | 4479 | 18 |
| 前南马其顿 | 6800 | 18 |
| 匈牙利 | 10664 | 17 |
| 爱沙尼亚 | 11354 | 16 |
| 洪都拉斯 | 4494 | 15 |
| 孟加拉国 | 8000 | 14 |
| 捷克 | 4285 | 12 |
| 留尼汪 | 5865 | 11 |
| 刚果(金) | 7557 | 10 |
| 科特迪瓦 | 3612 | 10 |
| 瑞士 | 1502 | 9 |
| 斯洛文尼亚 | 5322 | 8 |
| 坦桑尼亚 | 2800 | 7 |
| 卡塔尔 | 2758 | 7 |
| 白俄罗斯 | 1615 | 7 |
| 冰岛 | 1447 | 7 |
| 哈萨克斯坦 | 2064 | 7 |
| 牙买加 | 437 | 6 |
| 古巴 | 1710 | 6 |
| 澳门 | 2798 | 6 |
| 斯洛伐克 | 1632 | 5 |
| 塔吉克斯坦 | 2515 | 5 |
| 苏丹 | 1650 | 4 |
| 巴林 | 160 | 2 |
| 马耳他 | 480 | 1 |
| 伊拉克 | 50 | 1 |
| 莫桑比克 | 350 | 1 |
| 46012100 竹制的席子、席料及帘子 | | |
| 合计 | 32696702 | 97847 |
| 美国 | 5453518 | 21967 |
| 日本 | 4214329 | 13353 |
| 台湾省 | 3859744 | 9370 |
| 马来西亚 | 2017890 | 6476 |
| 韩国 | 1918662 | 5859 |
| 意大利 | 2204445 | 5411 |
| 俄罗斯联邦 | 1591549 | 4051 |

| 国家/地区 | 出口数量（千克） | 出口金额（千美元） |
|---|---|---|
| 德国 | 1122156 | 3384 |
| 印度 | 852161 | 2188 |
| 墨西哥 | 474376 | 1825 |
| 法国 | 712932 | 1706 |
| 加拿大 | 565169 | 1678 |
| 西班牙 | 651971 | 1647 |
| 乌克兰 | 679122 | 1546 |
| 澳大利亚 | 553233 | 1299 |
| 土耳其 | 425720 | 1148 |
| 南非 | 417982 | 1069 |
| 波兰 | 424177 | 1063 |
| 沙特阿拉伯 | 219164 | 1056 |
| 英国 | 375769 | 980 |
| 以色列 | 541986 | 888 |
| 伊朗 | 293046 | 857 |
| 巴西 | 107559 | 842 |
| 荷兰 | 284063 | 782 |
| 比利时 | 283798 | 661 |
| 阿联酋 | 160671 | 508 |
| 智利 | 199910 | 491 |
| 印度尼西亚 | 143004 | 431 |
| 爱沙尼亚 | 161739 | 427 |
| 黎巴嫩 | 95712 | 334 |
| 阿根廷 | 139515 | 301 |
| 芬兰 | 115316 | 283 |
| 希腊 | 121490 | 273 |
| 哥伦比亚 | 99851 | 262 |
| 泰国 | 58878 | 209 |
| 巴基斯坦 | 84900 | 197 |
| 乌拉圭 | 47543 | 190 |
| 秘鲁 | 63754 | 185 |
| 立陶宛 | 78872 | 175 |
| 拉脱维亚 | 70337 | 162 |
| 斯里兰卡 | 42546 | 155 |
| 瑞典 | 61728 | 147 |
| 埃及 | 47381 | 134 |
| 哥斯达黎加 | 41312 | 132 |
| 危地马拉 | 41535 | 122 |
| 香港 | 45104 | 119 |
| 匈牙利 | 35803 | 110 |
| 斯洛文尼亚 | 46237 | 108 |
| 尼日利亚 | 19209 | 94 |
| 越南 | 46545 | 94 |
| 克罗地亚 | 36735 | 89 |
| 捷克 | 16441 | 80 |

| 国家/地区 | 出口数量（千克） | 出口金额（千美元） |
|---|---|---|
| 哈萨克斯坦 | 33322 | 80 |
| 约旦 | 17932 | 79 |
| 葡萄牙 | 37932 | 78 |
| 委内瑞拉 | 23193 | 78 |
| 巴拿马 | 23306 | 66 |
| 新加坡 | 11944 | 60 |
| 菲律宾 | 15555 | 55 |
| 多米尼加共和国 | 6745 | 45 |
| 留尼汪 | 11905 | 36 |
| 马耳他 | 14711 | 36 |
| 厄瓜多尔 | 14180 | 34 |
| 巴拉圭 | 12384 | 30 |
| 新西兰 | 15986 | 28 |
| 缅甸 | 10300 | 27 |
| 伊拉克 | 8023 | 21 |
| 利比亚 | 14920 | 19 |
| 瑞士 | 7760 | 19 |
| 罗马尼亚 | 5458 | 17 |
| 安哥拉 | 3392 | 13 |
| 塞尔维亚 | 4787 | 13 |
| 奥地利 | 3545 | 12 |
| 毛里求斯 | 2601 | 12 |
| 阿尔及利亚 | 11070 | 12 |
| 马尔代夫 | 1181 | 10 |
| 特立尼达和多巴哥 | 2992 | 9 |
| 保加利亚 | 3500 | 8 |
| 阿尔巴尼亚 | 1897 | 8 |
| 丹麦 | 740 | 6 |
| 巴巴多斯 | 1375 | 5 |
| 牙买加 | 660 | 4 |
| 塞浦路斯 | 2578 | 3 |
| 斯洛伐克 | 1025 | 3 |
| 阿曼 | 1344 | 3 |
| 新喀里多尼亚 | 440 | 2 |
| 科威特 | 743 | 1 |
| 苏里南 | 130 | 1 |
| 巴林 | 531 | 1 |
| 摩洛哥 | 26 | 1 |
| 46012200 藤制的席子、席料及帘子 | | |
| 合计 | 36199 | 289 |
| 土耳其 | 9905 | 137 |
| 美国 | 17756 | 102 |
| 香港 | 3722 | 21 |
| 利比里亚 | 2400 | 12 |
| 越南 | 430 | 9 |

| 国家/地区 | 出口数量（千克） | 出口金额（千美元） |
|---|---|---|
| 马来西亚 | 1100 | 4 |
| 毛里求斯 | 297 | 3 |
| 意大利 | 410 | 1 |
| 新西兰 | 179 | 0 |
| 46012911 灯心草属材料制的席子、席料及帘子 | | |
| 合计 | 30025392 | 155016 |
| 日本 | 29535994 | 153261 |
| 台湾省 | 90255 | 430 |
| 阿联酋 | 74125 | 378 |
| 南非 | 59162 | 302 |
| 希腊 | 99231 | 188 |
| 美国 | 50189 | 146 |
| 葡萄牙 | 17236 | 58 |
| 巴西 | 27330 | 57 |
| 意大利 | 22643 | 42 |
| 马来西亚 | 9464 | 25 |
| 印度尼西亚 | 6000 | 23 |
| 西班牙 | 7457 | 20 |
| 澳大利亚 | 6912 | 16 |
| 沙特阿拉伯 | 4780 | 13 |
| 韩国 | 1575 | 11 |
| 新西兰 | 1711 | 9 |
| 新加坡 | 919 | 6 |
| 德国 | 1961 | 5 |
| 香港 | 1540 | 4 |
| 摩洛哥 | 1083 | 4 |
| 加拿大 | 1425 | 4 |
| 泰国 | 656 | 4 |
| 荷兰 | 559 | 4 |
| 比利时 | 1100 | 3 |
| 以色列 | 900 | 2 |
| 土耳其 | 704 | 2 |
| 墨西哥 | 481 | 1 |
| 46012919 其他草制的席子、席料及帘子 | | |
| 合计 | 7450033 | 16447 |
| 日本 | 1900472 | 3233 |
| 美国 | 815567 | 2155 |
| 法国 | 828271 | 1485 |
| 俄罗斯联邦 | 505583 | 1333 |
| 荷兰 | 712797 | 1180 |
| 英国 | 532431 | 902 |
| 西班牙 | 322951 | 888 |
| 波兰 | 170089 | 668 |
| 德国 | 252356 | 495 |

| 国家/地区 | 出口数量（千克） | 出口金额（千美元） |
|---|---|---|
| 印度尼西亚 | 40399 | 369 |
| 希腊 | 137137 | 319 |
| 意大利 | 95666 | 280 |
| 比利时 | 90706 | 243 |
| 乌克兰 | 129596 | 240 |
| 加拿大 | 60818 | 180 |
| 巴西 | 41968 | 175 |
| 马来西亚 | 90720 | 174 |
| 加纳 | 36963 | 156 |
| 韩国 | 61433 | 156 |
| 台湾省 | 63915 | 149 |
| 阿根廷 | 48110 | 138 |
| 香港 | 14359 | 131 |
| 土耳其 | 40808 | 128 |
| 印度 | 41616 | 106 |
| 菲律宾 | 22960 | 98 |
| 澳大利亚 | 14233 | 97 |
| 新加坡 | 36379 | 89 |
| 斯洛文尼亚 | 26564 | 83 |
| 芬兰 | 36619 | 82 |
| 智利 | 21472 | 69 |
| 秘鲁 | 39755 | 60 |
| 墨西哥 | 16426 | 54 |
| 乌拉圭 | 14722 | 42 |
| 柬埔寨 | 20188 | 41 |
| 泰国 | 10723 | 39 |
| 南非 | 17167 | 34 |
| 伊朗 | 2358 | 33 |
| 葡萄牙 | 8469 | 29 |
| 匈牙利 | 7510 | 26 |
| 克罗地亚 | 7247 | 25 |
| 哥斯达黎加 | 6403 | 23 |
| 塞浦路斯 | 8318 | 23 |
| 阿联酋 | 7165 | 23 |
| 贝宁 | 23000 | 22 |
| 加蓬 | 7905 | 17 |
| 巴拿马 | 4430 | 15 |
| 捷克 | 6760 | 14 |
| 尼日利亚 | 8542 | 13 |
| 保加利亚 | 4532 | 10 |
| 危地马拉 | 2460 | 10 |
| 丹麦 | 2700 | 9 |
| 爱尔兰 | 3200 | 9 |
| 沙特阿拉伯 | 5393 | 9 |
| 立陶宛 | 3904 | 8 |

| 国家/地区 | 出口数量（千克） | 出口金额（千美元） |
|---|---|---|
| 罗马尼亚 | 2438 | 7 |
| 摩洛哥 | 1662 | 6 |
| 瑞士 | 1848 | 5 |
| 阿尔巴尼亚 | 1560 | 5 |
| 奥地利 | 765 | 4 |
| 爱沙尼亚 | 2020 | 4 |
| 白俄罗斯 | 973 | 4 |
| 阿富汗 | 562 | 3 |
| 斯洛伐克 | 1041 | 3 |
| 以色列 | 840 | 3 |
| 挪威 | 702 | 3 |
| 瑞典 | 924 | 2 |
| 厄立特里亚 | 600 | 2 |
| 黎巴嫩 | 380 | 2 |
| 刚果(布) | 70 | 2 |
| 马提尼克 | 441 | 1 |
| 特立尼达和多巴哥 | 420 | 1 |
| 哥伦比亚 | 288 | 1 |
| 瓜德罗普 | 264 | 1 |
| 46012921 苇帘 | | |
| 合计 | 35623962 | 49412 |
| 日本 | 20955170 | 32712 |
| 美国 | 3511558 | 3410 |
| 意大利 | 2750940 | 3126 |
| 法国 | 1715626 | 1902 |
| 西班牙 | 874401 | 1358 |
| 希腊 | 776724 | 1237 |
| 韩国 | 740897 | 1118 |
| 比利时 | 1125976 | 978 |
| 英国 | 885238 | 892 |
| 澳大利亚 | 543906 | 660 |
| 德国 | 480855 | 613 |
| 荷兰 | 487810 | 546 |
| 以色列 | 148126 | 184 |
| 瑞士 | 109200 | 97 |
| 波兰 | 69023 | 64 |
| 捷克 | 35163 | 59 |
| 克罗地亚 | 50064 | 54 |
| 智利 | 70000 | 49 |
| 爱沙尼亚 | 34432 | 46 |
| 拉脱维亚 | 31720 | 41 |
| 塞浦路斯 | 27595 | 34 |
| 加拿大 | 36206 | 32 |
| 俄罗斯联邦 | 18451 | 31 |
| 哥斯达黎加 | 21290 | 30 |

| 国家/地区 | 出口数量（千克） | 出口金额（千美元） |
|---|---|---|
| 立陶宛 | 13848 | 18 |
| 斯洛文尼亚 | 15064 | 17 |
| 罗马尼亚 | 24870 | 16 |
| 台湾省 | 1200 | 15 |
| 波多黎各 | 16085 | 13 |
| 黎巴嫩 | 14960 | 13 |
| 芬兰 | 5974 | 12 |
| 法属波利尼西亚 | 7486 | 9 |
| 爱尔兰 | 9244 | 8 |
| 南非 | 5900 | 7 |
| 匈牙利 | 6500 | 6 |
| 葡萄牙 | 2460 | 3 |
| 46012929 芦苇制的席子、席料 | | |
| 合计 | 6060800 | 4497 |
| 荷兰 | 4969562 | 3538 |
| 德国 | 1016806 | 771 |
| 美国 | 33008 | 69 |
| 丹麦 | 4500 | 32 |
| 法国 | 18355 | 26 |
| 英国 | 3250 | 16 |
| 日本 | 11453 | 13 |
| 挪威 | 1242 | 13 |
| 葡萄牙 | 1000 | 6 |
| 瑞士 | 500 | 5 |
| 巴拿马 | 354 | 4 |
| 加拿大 | 520 | 3 |
| 奥地利 | 250 | 2 |
| 46012990 其他植物材料制的席子、席料及帘子 | | |
| 合计 | 6441237 | 12402 |
| 美国 | 508507 | 3708 |
| 西班牙 | 1600074 | 1887 |
| 墨西哥 | 168351 | 1655 |
| 英国 | 831641 | 1061 |
| 法国 | 703213 | 724 |
| 荷兰 | 628130 | 670 |
| 比利时 | 771549 | 648 |
| 德国 | 381351 | 428 |
| 日本 | 91753 | 320 |
| 以色列 | 213435 | 248 |
| 澳大利亚 | 25973 | 119 |
| 伊朗 | 8000 | 93 |
| 希腊 | 58290 | 91 |
| 意大利 | 39049 | 78 |
| 斯里兰卡 | 7307 | 75 |

| 国家/地区 | 出口数量（千克） | 出口金额（千美元） |
|---|---|---|
| 波兰 | 46580 | 72 |
| 印度 | 7764 | 62 |
| 俄罗斯联邦 | 121088 | 47 |
| 香港 | 14945 | 43 |
| 智利 | 19965 | 41 |
| 丹麦 | 47800 | 41 |
| 台湾省 | 11016 | 38 |
| 阿根廷 | 16260 | 34 |
| 阿联酋 | 4000 | 31 |
| 爱尔兰 | 31830 | 28 |
| 捷克 | 10014 | 23 |
| 爱沙尼亚 | 13600 | 18 |
| 芬兰 | 9938 | 15 |
| 克罗地亚 | 4380 | 14 |
| 立陶宛 | 5720 | 13 |
| 塞浦路斯 | 9512 | 12 |
| 葡萄牙 | 5558 | 10 |
| 瑞士 | 2584 | 9 |
| 约旦 | 1066 | 9 |
| 安哥拉 | 840 | 6 |
| 黎巴嫩 | 8120 | 6 |
| 罗马尼亚 | 4104 | 6 |
| 瑞典 | 3504 | 5 |
| 新加坡 | 874 | 4 |
| 韩国 | 153 | 4 |
| 土耳其 | 2240 | 3 |
| 泰国 | 411 | 2 |
| 拉脱维亚 | 640 | 1 |
| 毛里塔尼亚 | 8 | 1 |
| 印度尼西亚 | 100 | 1 |
| 46019210 竹制的缏条及类似产品，不论是否缝合成宽条 | | |
| 合计 | 517890 | 1028 |
| 台湾省 | 140766 | 298 |
| 西班牙 | 133258 | 187 |
| 美国 | 42612 | 162 |
| 日本 | 53677 | 129 |
| 荷兰 | 13840 | 77 |
| 比利时 | 33573 | 45 |
| 法国 | 26265 | 35 |
| 新加坡 | 4868 | 23 |
| 韩国 | 11086 | 19 |
| 以色列 | 30750 | 19 |
| 意大利 | 8733 | 11 |
| 希腊 | 7776 | 9 |

| 国家/地区 | 出口数量（千克） | 出口金额（千美元） |
|---|---|---|
| 波兰 | 6211 | 7 |
| 马来西亚 | 2880 | 6 |
| 塞浦路斯 | 1212 | 1 |
| 俄罗斯联邦 | 171 | 1 |
| 沙特阿拉伯 | 212 | 1 |
| 46019290 竹制其他平行连结或编结的产品 | | |
| 合计 | 24593900 | 65150 |
| 美国 | 2369206 | 7694 |
| 以色列 | 2464191 | 7311 |
| 日本 | 1645260 | 6497 |
| 意大利 | 3392592 | 5777 |
| 德国 | 1554717 | 5026 |
| 马来西亚 | 1493046 | 4710 |
| 西班牙 | 1015805 | 3535 |
| 英国 | 1324566 | 2937 |
| 法国 | 1594516 | 2797 |
| 韩国 | 526895 | 2047 |
| 澳大利亚 | 1510491 | 2031 |
| 俄罗斯联邦 | 517487 | 1551 |
| 乌克兰 | 817684 | 1504 |
| 台湾省 | 462668 | 1351 |
| 波兰 | 396513 | 1076 |
| 巴西 | 356131 | 991 |
| 荷兰 | 441067 | 955 |
| 墨西哥 | 288449 | 825 |
| 比利时 | 391076 | 821 |
| 加拿大 | 267597 | 682 |
| 智利 | 165889 | 538 |
| 新加坡 | 103151 | 479 |
| 希腊 | 214693 | 432 |
| 哥伦比亚 | 85382 | 315 |
| 印度 | 88440 | 281 |
| 阿联酋 | 106916 | 234 |
| 巴拿马 | 65037 | 229 |
| 阿根廷 | 80985 | 195 |
| 拉脱维亚 | 88684 | 180 |
| 土耳其 | 40318 | 168 |
| 乌拉圭 | 40194 | 141 |
| 秘鲁 | 41632 | 137 |
| 沙特阿拉伯 | 72442 | 127 |
| 葡萄牙 | 40276 | 126 |
| 立陶宛 | 37051 | 117 |
| 斯洛文尼亚 | 32172 | 114 |
| 巴基斯坦 | 22389 | 106 |
| 丹麦 | 29426 | 88 |

| 国家/地区 | 出口数量（千克） | 出口金额（千美元） |
|---|---|---|
| 泰国 | 12340 | 80 |
| 土库曼斯坦 | 11571 | 76 |
| 芬兰 | 26538 | 59 |
| 新西兰 | 58197 | 58 |
| 捷克 | 20746 | 57 |
| 瑞典 | 31849 | 55 |
| 罗马尼亚 | 26277 | 52 |
| 塞浦路斯 | 15010 | 50 |
| 阿塞拜疆 | 9000 | 46 |
| 南非 | 11701 | 44 |
| 哥斯达黎加 | 9852 | 41 |
| 克罗地亚 | 12409 | 38 |
| 留尼汪 | 41012 | 37 |
| 多米尼加共和国 | 5545 | 32 |
| 委内瑞拉 | 5208 | 28 |
| 肯尼亚 | 9800 | 28 |
| 奥地利 | 5236 | 22 |
| 爱沙尼亚 | 8952 | 20 |
| 黎巴嫩 | 5017 | 18 |
| 菲律宾 | 2468 | 15 |
| 塞尔维亚 | 4224 | 15 |
| 斯里兰卡 | 4834 | 15 |
| 白俄罗斯 | 4250 | 14 |
| 摩洛哥 | 2538 | 13 |
| 毛里求斯 | 3507 | 13 |
| 香港 | 8500 | 12 |
| 阿尔巴尼亚 | 11788 | 11 |
| 哈萨克斯坦 | 1060 | 11 |
| 印度尼西亚 | 1238 | 11 |
| 厄瓜多尔 | 1200 | 11 |
| 危地马拉 | 2889 | 8 |
| 牙买加 | 4125 | 8 |
| 尼日利亚 | 1883 | 8 |
| 厄立特里亚 | 13200 | 5 |
| 格鲁吉亚 | 5588 | 4 |
| 斯洛伐克 | 1950 | 4 |
| 爱尔兰 | 1119 | 3 |
| 匈牙利 | 800 | 3 |
| 埃及 | 2316 | 2 |
| 巴拉圭 | 2505 | 2 |
| 科威特 | 400 | 1 |
| 伊拉克 | 54 | 1 |
| 突尼斯 | 170 | 1 |
| 46019310 藤制的缏条及类似产品，不论是否缝合成宽条 | | |

| 国家/地区 | 出口数量（千克） | 出口金额（千美元） |
|---|---|---|
| 合计 | 73113 | 1268 |
| 巴西 | 13321 | 276 |
| 德国 | 29933 | 240 |
| 越南 | 2350 | 184 |
| 美国 | 922 | 163 |
| 意大利 | 3716 | 77 |
| 俄罗斯联邦 | 3934 | 68 |
| 土耳其 | 1329 | 55 |
| 比利时 | 2366 | 50 |
| 委内瑞拉 | 1627 | 41 |
| 利比里亚 | 7577 | 31 |
| 斯洛文尼亚 | 1567 | 27 |
| 澳大利亚 | 1600 | 13 |
| 香港 | 1432 | 9 |
| 荷兰 | 385 | 8 |
| 瑞士 | 106 | 5 |
| 爱尔兰 | 165 | 4 |
| 墨西哥 | 50 | 4 |
| 日本 | 46 | 3 |
| 立陶宛 | 213 | 3 |
| 西班牙 | 148 | 2 |
| 印度 | 187 | 2 |
| 智利 | 6 | 1 |
| 南非 | 60 | 1 |
| 台湾省 | 37 | 1 |
| 法国 | 36 | 1 |
| 46019390 藤制其他平行连结或编结的产品 | | |
| 合计 | 472066 | 1079 |
| 日本 | 28058 | 373 |
| 德国 | 100011 | 210 |
| 西班牙 | 128621 | 139 |
| 荷兰 | 56494 | 103 |
| 意大利 | 13150 | 57 |
| 美国 | 15243 | 43 |
| 法国 | 33839 | 41 |
| 波兰 | 41815 | 34 |
| 新喀里多尼亚 | 20360 | 21 |
| 泰国 | 6214 | 15 |
| 比利时 | 12025 | 14 |
| 希腊 | 10900 | 12 |
| 澳大利亚 | 3225 | 8 |
| 芬兰 | 185 | 4 |
| 土耳其 | 901 | 2 |
| 墨西哥 | 246 | 2 |
| 香港 | 496 | 2 |

| 国家/地区 | 出口数量（千克） | 出口金额（千美元） |
|---|---|---|
| 加拿大 | 283 | 1 |
| 46021100 竹制篮筐及其他编结品 | | |
| 合计 | 25740940 | 177874 |
| 美国 | 5033414 | 44342 |
| 日本 | 3594017 | 25882 |
| 马来西亚 | 1142364 | 12567 |
| 阿联酋 | 1049149 | 8894 |
| 墨西哥 | 389058 | 8117 |
| 德国 | 1829496 | 7982 |
| 新加坡 | 603391 | 6381 |
| 加拿大 | 662791 | 5940 |
| 英国 | 1407048 | 5916 |
| 韩国 | 839554 | 5827 |
| 香港 | 1163298 | 4637 |
| 意大利 | 830655 | 4455 |
| 法国 | 554824 | 3765 |
| 澳大利亚 | 566598 | 3212 |
| 俄罗斯联邦 | 815216 | 3192 |
| 西班牙 | 726058 | 3189 |
| 巴拿马 | 166544 | 3043 |
| 台湾省 | 680515 | 2222 |
| 荷兰 | 449289 | 2169 |
| 比利时 | 392771 | 2063 |
| 以色列 | 778688 | 1786 |
| 泰国 | 173578 | 1322 |
| 波兰 | 236916 | 1287 |
| 土耳其 | 172799 | 916 |
| 巴西 | 153244 | 872 |
| 南非 | 64906 | 786 |
| 印度尼西亚 | 93830 | 611 |
| 印度 | 68634 | 555 |
| 多米尼加共和国 | 102241 | 485 |
| 智利 | 63560 | 423 |
| 沙特阿拉伯 | 62984 | 405 |
| 丹麦 | 43979 | 388 |
| 希腊 | 78666 | 365 |
| 乌克兰 | 61794 | 364 |
| 科威特 | 31290 | 333 |
| 阿根廷 | 61276 | 325 |
| 瑞典 | 22892 | 222 |
| 摩洛哥 | 53082 | 211 |
| 罗马尼亚 | 19884 | 187 |
| 匈牙利 | 25868 | 177 |
| 秘鲁 | 16308 | 145 |
| 芬兰 | 20237 | 120 |
| 捷克 | 43019 | 120 |
| 新西兰 | 13223 | 115 |
| 克罗地亚 | 5658 | 114 |
| 菲律宾 | 21266 | 104 |
| 伊朗 | 40125 | 102 |
| 阿尔及利亚 | 14897 | 93 |
| 埃及 | 21832 | 83 |
| 哥伦比亚 | 16823 | 81 |
| 立陶宛 | 15724 | 77 |
| 葡萄牙 | 11008 | 71 |
| 拉脱维亚 | 20420 | 64 |
| 乌拉圭 | 10897 | 54 |
| 厄瓜多尔 | 23115 | 53 |
| 哈萨克斯坦 | 13526 | 53 |
| 波多黎各 | 7490 | 53 |
| 奥地利 | 24793 | 51 |
| 伊拉克 | 20206 | 44 |
| 挪威 | 10299 | 44 |
| 爱尔兰 | 3709 | 41 |
| 塞尔维亚 | 6628 | 38 |
| 巴布亚新几内亚 | 8380 | 35 |
| 澳门 | 9972 | 35 |
| 巴基斯坦 | 4201 | 35 |
| 瑞士 | 7365 | 25 |
| 爱沙尼亚 | 5700 | 24 |
| 斯洛文尼亚 | 6355 | 23 |
| 黎巴嫩 | 2347 | 19 |
| 阿尔巴尼亚 | 1505 | 18 |
| 圭亚那 | 12202 | 16 |
| 保加利亚 | 2081 | 16 |
| 马耳他 | 2529 | 15 |
| 白俄罗斯 | 1862 | 9 |
| 巴林 | 1195 | 8 |
| 毛里求斯 | 324 | 7 |
| 黑山 | 980 | 6 |
| 安哥拉 | 1753 | 5 |
| 阿塞拜疆 | 1600 | 5 |
| 约旦 | 2557 | 5 |
| 塞浦路斯 | 1965 | 5 |
| 圣马力诺 | 1320 | 4 |
| 卡塔尔 | 356 | 4 |
| 尼加拉瓜 | 1560 | 3 |
| 津巴布韦 | 7868 | 3 |
| 刚果(布) | 699 | 3 |
| 巴哈马 | 119 | 2 |
| 刚果(金) | 3400 | 2 |
| 科特迪瓦 | 206 | 2 |
| 亚美尼亚 | 533 | 2 |
| 突尼斯 | 726 | 2 |
| 牙买加 | 84 | 2 |
| 巴拉圭 | 120 | 2 |
| 荷属安的列斯群岛 | 120 | 1 |
| 肯尼亚 | 900 | 1 |
| 格鲁吉亚 | 168 | 1 |
| 斯里兰卡 | 72 | 1 |
| 危地马拉 | 347 | 1 |
| 阿曼 | 105 | 1 |
| 46021200 藤制篮筐及其他编结品 | | |
| 合计 | 10182346 | 93080 |
| 美国 | 2183737 | 25825 |
| 荷兰 | 1401158 | 15136 |
| 德国 | 1234273 | 11367 |
| 英国 | 2340041 | 9332 |
| 日本 | 523873 | 4939 |
| 墨西哥 | 96739 | 2968 |
| 加拿大 | 204968 | 2177 |
| 澳大利亚 | 193759 | 2045 |
| 新加坡 | 180354 | 1623 |
| 巴拿马 | 90092 | 1329 |
| 比利时 | 141735 | 1167 |
| 俄罗斯联邦 | 148814 | 1101 |
| 波兰 | 99454 | 1039 |
| 意大利 | 88563 | 1027 |
| 法国 | 89456 | 983 |
| 马来西亚 | 83703 | 900 |
| 阿联酋 | 72622 | 727 |
| 香港 | 37635 | 722 |
| 巴西 | 65772 | 611 |
| 挪威 | 39637 | 604 |
| 西班牙 | 51246 | 492 |
| 丹麦 | 48257 | 483 |
| 爱尔兰 | 79050 | 481 |
| 印度尼西亚 | 51295 | 463 |
| 沙特阿拉伯 | 66785 | 449 |
| 瑞典 | 51210 | 447 |
| 智利 | 37127 | 329 |
| 芬兰 | 53243 | 320 |
| 台湾省 | 52553 | 301 |
| 土耳其 | 29872 | 295 |
| 斯洛文尼亚 | 37242 | 287 |

| 国家/地区 | 出口数量（千克） | 出口金额（千美元） |
|---|---:|---:|
| 韩国 | 24123 | 282 |
| 阿根廷 | 24213 | 270 |
| 哥伦比亚 | 15496 | 221 |
| 捷克 | 15156 | 212 |
| 秘鲁 | 13200 | 186 |
| 希腊 | 14746 | 154 |
| 南非 | 14172 | 151 |
| 波多黎各 | 11149 | 138 |
| 委内瑞拉 | 9422 | 133 |
| 立陶宛 | 10457 | 120 |
| 保加利亚 | 1264 | 110 |
| 哥斯达黎加 | 6317 | 88 |
| 印度 | 13495 | 85 |
| 匈牙利 | 4887 | 74 |
| 奥地利 | 7678 | 64 |
| 科威特 | 9992 | 63 |
| 约旦 | 7254 | 58 |
| 哈萨克斯坦 | 9476 | 57 |
| 伊拉克 | 2352 | 50 |
| 巴勒斯坦 | 4280 | 44 |
| 克罗地亚 | 11520 | 44 |
| 泰国 | 6963 | 42 |
| 多米尼加共和国 | 2944 | 42 |
| 黎巴嫩 | 6376 | 42 |
| 厄瓜多尔 | 2884 | 37 |
| 拉脱维亚 | 13344 | 37 |
| 乌克兰 | 4892 | 36 |
| 罗马尼亚 | 2572 | 34 |
| 葡萄牙 | 3478 | 34 |
| 瑞士 | 4137 | 32 |
| 以色列 | 2652 | 28 |
| 白俄罗斯 | 6131 | 27 |
| 斯洛伐克 | 2139 | 26 |
| 乌拉圭 | 2300 | 19 |
| 突尼斯 | 2074 | 17 |
| 危地马拉 | 1908 | 14 |
| 留尼汪 | 1972 | 10 |
| 越南 | 1936 | 9 |
| 埃及 | 5845 | 7 |
| 巴基斯坦 | 686 | 3 |
| 利比里亚 | 750 | 3 |
| 科特迪瓦 | 193 | 2 |
| 洪都拉斯 | 131 | 1 |
| 塞浦路斯 | 395 | 1 |
| 塞内加尔 | 234 | 1 |
| 喀麦隆 | 153 | 1 |
| 马里 | 103 | 1 |
| 赞比亚 | 97 | 1 |
| 加纳 | 97 | 1 |
| 摩洛哥 | 46 | 0 |

46021910 草制篮筐及其他编结品

| 国家/地区 | 出口数量（千克） | 出口金额（千美元） |
|---|---:|---:|
| 合计 | 18979308 | 136002 |
| 美国 | 5785201 | 38477 |
| 日本 | 2576746 | 16011 |
| 英国 | 1885149 | 10291 |
| 加拿大 | 866439 | 8511 |
| 德国 | 1167218 | 6925 |
| 马来西亚 | 309983 | 4344 |
| 墨西哥 | 258301 | 4275 |
| 巴拿马 | 322805 | 4140 |
| 法国 | 477117 | 3912 |
| 荷兰 | 645091 | 3889 |
| 泰国 | 191794 | 3775 |
| 西班牙 | 351105 | 3764 |
| 意大利 | 657763 | 3048 |
| 澳大利亚 | 361125 | 2941 |
| 印度尼西亚 | 241829 | 2185 |
| 新加坡 | 167253 | 1881 |
| 波兰 | 226469 | 1648 |
| 俄罗斯联邦 | 203173 | 1464 |
| 比利时 | 220839 | 1202 |
| 巴西 | 122599 | 997 |
| 印度 | 69105 | 960 |
| 新西兰 | 130141 | 772 |
| 丹麦 | 101658 | 764 |
| 土耳其 | 112654 | 724 |
| 瑞典 | 107564 | 672 |
| 克罗地亚 | 285777 | 664 |
| 韩国 | 88289 | 648 |
| 阿根廷 | 92943 | 631 |
| 伊朗 | 96153 | 595 |
| 台湾省 | 114735 | 585 |
| 斯里兰卡 | 8684 | 554 |
| 阿联酋 | 53896 | 540 |
| 芬兰 | 56076 | 388 |
| 香港 | 27512 | 365 |
| 希腊 | 93253 | 349 |
| 南非 | 46846 | 253 |
| 科威特 | 19559 | 214 |
| 挪威 | 25009 | 201 |
| 智利 | 29399 | 196 |
| 越南 | 55981 | 196 |
| 以色列 | 27396 | 183 |
| 葡萄牙 | 22370 | 171 |
| 沙特阿拉伯 | 13313 | 158 |
| 奥地利 | 23790 | 140 |
| 爱尔兰 | 25502 | 139 |
| 秘鲁 | 3447 | 102 |
| 乌克兰 | 16970 | 102 |
| 拉脱维亚 | 13327 | 98 |
| 瑞士 | 12781 | 95 |
| 乌拉圭 | 13779 | 81 |
| 哥伦比亚 | 6066 | 71 |
| 立陶宛 | 10575 | 65 |
| 斯洛文尼亚 | 23163 | 65 |
| 捷克 | 11263 | 62 |
| 罗马尼亚 | 9511 | 57 |
| 哈萨克斯坦 | 14755 | 55 |
| 埃及 | 2961 | 55 |
| 爱沙尼亚 | 13644 | 44 |
| 约旦 | 2086 | 34 |
| 阿尔及利亚 | 8920 | 33 |
| 匈牙利 | 5002 | 32 |
| 斯洛伐克 | 5813 | 29 |
| 尼日利亚 | 3127 | 21 |
| 塞尔维亚 | 6116 | 20 |
| 巴哈马 | 1470 | 19 |
| 哥斯达黎加 | 4063 | 17 |
| 卡塔尔 | 2212 | 15 |
| 危地马拉 | 3419 | 12 |
| 阿尔巴尼亚 | 2058 | 11 |
| 利比亚 | 5775 | 10 |
| 毛里求斯 | 1849 | 9 |
| 塞浦路斯 | 2031 | 8 |
| 保加利亚 | 1146 | 6 |
| 白俄罗斯 | 631 | 5 |
| 特立尼达和多巴哥 | 1392 | 5 |
| 波多黎各 | 236 | 4 |
| 厄瓜多尔 | 269 | 4 |
| 菲律宾 | 1280 | 3 |
| 阿塞拜疆 | 635 | 3 |
| 塞内加尔 | 360 | 2 |
| 黑山 | 258 | 2 |
| 巴林 | 166 | 2 |
| 摩洛哥 | 81 | 1 |

| 国家/地区 | 出口数量（千克） | 出口金额（千美元） |
|---|---|---|
| 喀麦隆 | 250 | 1 |
| 马里 | 176 | 1 |
| 加纳 | 175 | 1 |
| 赞比亚 | 175 | 1 |
| 安道尔 | 140 | 1 |
| 科特迪瓦 | 151 | 1 |
| 46021930 柳条制篮筐及其他编结品 | | |
| 合计 | 54062593 | 429424 |
| 美国 | 8817227 | 100482 |
| 英国 | 5759546 | 38974 |
| 德国 | 5955245 | 37998 |
| 荷兰 | 6523115 | 36338 |
| 加拿大 | 1787170 | 18488 |
| 法国 | 2523153 | 16734 |
| 韩国 | 1984144 | 14779 |
| 意大利 | 2239451 | 13336 |
| 日本 | 1752769 | 12848 |
| 泰国 | 1048725 | 11905 |
| 波兰 | 1357610 | 10671 |
| 澳大利亚 | 1036795 | 9446 |
| 马来西亚 | 832425 | 9358 |
| 比利时 | 1493914 | 9146 |
| 西班牙 | 1209314 | 8613 |
| 俄罗斯联邦 | 718525 | 7534 |
| 南非 | 808420 | 5942 |
| 土耳其 | 680072 | 5380 |
| 瑞典 | 844019 | 5369 |
| 丹麦 | 773771 | 5287 |
| 新加坡 | 464478 | 4889 |
| 挪威 | 742156 | 4630 |
| 墨西哥 | 286064 | 4189 |
| 阿联酋 | 387738 | 3288 |
| 巴拿马 | 261345 | 2950 |
| 沙特阿拉伯 | 244022 | 2285 |
| 芬兰 | 405340 | 2276 |
| 希腊 | 317864 | 1879 |
| 巴西 | 168996 | 1681 |
| 爱尔兰 | 221617 | 1648 |
| 以色列 | 272069 | 1597 |
| 科威特 | 140719 | 1240 |
| 新西兰 | 132684 | 1125 |
| 阿根廷 | 91876 | 1122 |
| 香港 | 66928 | 1039 |
| 瑞士 | 165377 | 967 |
| 捷克 | 134348 | 920 |
| 印度 | 75357 | 770 |
| 葡萄牙 | 63373 | 715 |
| 台湾省 | 95812 | 687 |
| 厄瓜多尔 | 24298 | 685 |
| 巴哈马 | 46657 | 678 |
| 智利 | 65696 | 584 |
| 立陶宛 | 57941 | 582 |
| 乌克兰 | 75623 | 527 |
| 拉脱维亚 | 85554 | 526 |
| 越南 | 41841 | 498 |
| 克罗地亚 | 46183 | 495 |
| 黎巴嫩 | 56859 | 488 |
| 哈萨克斯坦 | 56123 | 476 |
| 奥地利 | 65524 | 462 |
| 匈牙利 | 72240 | 420 |
| 乌拉圭 | 36048 | 376 |
| 秘鲁 | 20917 | 309 |
| 阿尔及利亚 | 55199 | 283 |
| 多米尼加共和国 | 13776 | 276 |
| 伊朗 | 24568 | 233 |
| 约旦 | 12636 | 212 |
| 塞浦路斯 | 20663 | 206 |
| 卡塔尔 | 23446 | 203 |
| 埃及 | 19650 | 184 |
| 波多黎各 | 23459 | 182 |
| 罗马尼亚 | 26698 | 181 |
| 斯洛文尼亚 | 16337 | 156 |
| 爱沙尼亚 | 24693 | 140 |
| 安哥拉 | 14487 | 122 |
| 白俄罗斯 | 15258 | 106 |
| 哥伦比亚 | 19457 | 103 |
| 利比亚 | 9178 | 102 |
| 格鲁吉亚 | 11067 | 102 |
| 特立尼达和多巴哥 | 6870 | 84 |
| 苏里南 | 3299 | 81 |
| 印度尼西亚 | 4384 | 73 |
| 摩洛哥 | 6984 | 67 |
| 文莱 | 3398 | 61 |
| 巴拉圭 | 2724 | 51 |
| 危地马拉 | 10451 | 49 |
| 莫桑比克 | 2444 | 49 |
| 巴林 | 3910 | 46 |
| 肯尼亚 | 5891 | 45 |
| 尼日利亚 | 3329 | 40 |
| 斯洛伐克 | 3908 | 38 |
| 巴巴多斯 | 2142 | 36 |
| 加纳 | 3355 | 35 |
| 阿曼 | 5019 | 34 |
| 保加利亚 | 3111 | 24 |
| 洪都拉斯 | 2635 | 24 |
| 卢森堡 | 2894 | 22 |
| 坦桑尼亚 | 2954 | 21 |
| 委内瑞拉 | 5955 | 21 |
| 苏丹 | 1835 | 20 |
| 马耳他 | 2653 | 19 |
| 巴基斯坦 | 681 | 16 |
| 留尼汪 | 1317 | 12 |
| 阿尔巴尼亚 | 1197 | 10 |
| 塞尔维亚 | 781 | 6 |
| 波黑 | 603 | 6 |
| 冰岛 | 859 | 6 |
| 阿塞拜疆 | 716 | 5 |
| 新喀里多尼亚 | 78 | 3 |
| 菲律宾 | 567 | 1 |
| 47063000 其他纤维状纤维素竹浆 | | |
| 合计 | 2231050 | 2019 |
| 台湾省 | 685668 | 639 |
| 美国 | 539522 | 522 |
| 德国 | 339000 | 313 |
| 日本 | 179600 | 163 |
| 澳大利亚 | 99800 | 89 |
| 泰国 | 77660 | 70 |
| 哥伦比亚 | 59600 | 58 |
| 英国 | 39600 | 41 |
| 瑞士 | 39600 | 40 |
| 刚果(金) | 96270 | 25 |
| 比利时 | 19800 | 22 |
| 印度尼西亚 | 18040 | 16 |
| 韩国 | 20590 | 12 |
| 巴西 | 16300 | 9 |
| 48236100 竹浆纸或纸板制的盘、碟、盆、杯及类似品 | | |
| 合计 | 1288141 | 2725 |
| 美国 | 684327 | 1053 |
| 澳大利亚 | 357768 | 669 |
| 英国 | 46066 | 384 |
| 香港 | 79552 | 217 |
| 菲律宾 | 18914 | 99 |
| 加拿大 | 19381 | 67 |
| 西班牙 | 21382 | 61 |

| 国家/地区 | 出口数量（千克） | 出口金额（千美元） |
|---|---|---|
| 以色列 | 13840 | 46 |
| 韩国 | 12112 | 37 |
| 马来西亚 | 4030 | 24 |
| 墨西哥 | 5928 | 19 |
| 德国 | 14545 | 17 |
| 阿联酋 | 3003 | 12 |
| 日本 | 3563 | 10 |
| 新加坡 | 1000 | 4 |
| 南非 | 2249 | 3 |
| 哥斯达黎加 | 300 | 2 |
| 新西兰 | 181 | 1 |

## 竹藤进口量值表

| 国家/地区 | 进口数量（千克） | 进口金额（千美元） |
|---|---|---|
| 14011000 竹 | | |
| 合计 | 8903785 | 2951 |
| 台湾省 | 2018468 | 2600 |
| 缅甸 | 6870200 | 329 |
| 日本 | 13427 | 20 |
| 中华人民共和国 | 1500 | 1 |
| 印度 | 190 | 1 |
| 14012000 藤 | | |
| 合计 | 25551508 | 25660 |
| 印度尼西亚 | 12223859 | 12853 |
| 马来西亚 | 9451625 | 9956 |
| 菲律宾 | 1059900 | 1240 |
| 缅甸 | 2151729 | 1022 |
| 新加坡 | 255223 | 327 |
| 东帝汶 | 108000 | 106 |
| 越南 | 199766 | 92 |
| 老挝 | 92740 | 38 |
| 中华人民共和国 | 4306 | 23 |
| 日本 | 4340 | 2 |
| 台湾省 | 20 | 2 |
| 14019020 芦苇 | | |
| 合计 | 4935100 | 163 |
| 朝鲜 | 4935100 | 163 |
| 14019039 其他灯芯草属植物材料 | | |
| 合计 | 1289 | 60 |
| 印度 | 1289 | 60 |
| 14019090 未列名主要作编结用的植物材料 | | |
| 合计 | 1261675 | 1377 |
| 马达加斯加 | 842439 | 868 |
| 泰国 | 45790 | 150 |

| 国家/地区 | 进口数量（千克） | 进口金额（千美元） |
|---|---|---|
| 印度 | 80000 | 147 |
| 印度尼西亚 | 23000 | 102 |
| 越南 | 228770 | 49 |
| 斯里兰卡 | 28188 | 29 |
| 台湾省 | 6350 | 17 |
| 菲律宾 | 2100 | 9 |
| 日本 | 838 | 3 |
| 缅甸 | 4200 | 2 |
| 20059110 竹笋罐头 | | |
| 合计 | 105576 | 145 |
| 台湾省 | 105331 | 144 |
| 意大利 | 245 | 1 |
| 20059190 其他制作或保藏的未冷冻竹笋 | | |
| 合计 | 1373 | 3 |
| 台湾省 | 1373 | 3 |
| 44021000 竹炭，不论是否结块 | | |
| 合计 | 33344 | 152 |
| 台湾省 | 3053 | 120 |
| 日本 | 1745 | 19 |
| 印度尼西亚 | 26175 | 6 |
| 中华人民共和国 | 571 | 5 |
| 英国 | 1800 | 3 |
| 44092110 任何一边、端或面制成连续形状的竹地板条块 | | |
| 合计 | 107 | 1 |
| 中华人民共和国 | 58 | 1 |
| 马来西亚 | 49 | 0 |
| 44187210 其他多层已装拼的竹地板 | | |
| 合计 | 34220 | 25 |
| 中华人民共和国 | 34220 | 25 |
| 44190032 竹制一次性筷子 | | |
| 合计 | 2286 | 15 |
| 中华人民共和国 | 1973 | 11 |
| 阿联酋 | 208 | 3 |
| 日本 | 105 | 1 |
| 44190091 其他竹制餐具及厨房用具 | | |
| 合计 | 51585 | 1013 |
| 台湾省 | 3889 | 504 |
| 日本 | 5261 | 211 |
| 越南 | 32339 | 191 |
| 中华人民共和国 | 9261 | 95 |
| 法国 | 663 | 10 |
| 香港 | 102 | 1 |
| 瑞士 | 70 | 1 |
| 44201012 竹刻 | | |

| 国家/地区 | 进口数量（千克） | 进口金额（千美元） |
|---|---|---|
| 合计 | 1228 | 2 |
| 印度尼西亚 | 1228 | 2 |
| 44219022 竹制圆签圆棒冰果棒压舌片及类似一次性制品 | | |
| 合计 | 54218 | 106 |
| 台湾省 | 39479 | 85 |
| 中华人民共和国 | 13090 | 17 |
| 日本 | 1605 | 4 |
| 韩国 | 44 | 0 |
| 46012100 竹制的席子、席料及帘子 | | |
| 合计 | 26396 | 48 |
| 中华人民共和国 | 17384 | 38 |
| 日本 | 128 | 5 |
| 墨西哥 | 8884 | 5 |
| 46012911 灯心草属材料制的席子、席料及帘子 | | |
| 合计 | 555 | 1 |
| 日本 | 555 | 1 |
| 46012919 其他草制的席子、席料及帘子 | | |
| 合计 | 40879 | 186 |
| 越南 | 28459 | 150 |
| 马达加斯加 | 9367 | 28 |
| 朝鲜 | 2454 | 7 |
| 泰国 | 416 | 1 |
| 日本 | 183 | 1 |
| 46012921 苇帘 | | |
| 合计 | 73580 | 43 |
| 朝鲜 | 73580 | 43 |
| 46012929 芦苇制的席子、席料 | | |
| 合计 | 6287 | 5 |
| 朝鲜 | 6000 | 3 |
| 中华人民共和国 | 287 | 2 |
| 46012990 其他植物材料制的席子、席料及帘子 | | |
| 合计 | 13776 | 67 |
| 越南 | 5500 | 46 |
| 印度尼西亚 | 3748 | 17 |
| 韩国 | 4480 | 4 |
| 南非 | 48 | 0 |
| 46019210 竹制的缏条及类似产品，不论是否缝合成宽条 | | |
| 合计 | 141 | 2 |
| 台湾省 | 141 | 2 |
| 46019290 竹制其他平行连结或编结的产品 | | |
| 合计 | 5404 | 65 |

| 国家/地区 | 进口数量（千克） | 进口金额（千美元） |
|---|---|---|
| 法国 | 114 | 40 |
| 日本 | 5 | 11 |
| 意大利 | 52 | 7 |
| 台湾省 | 4743 | 6 |
| 中华人民共和国 | 490 | 1 |
| 46019310 藤制的缏条及类似产品，不论是否缝合成宽条 | | |
| 合计 | 13182 | 41 |
| 印度尼西亚 | 13166 | 41 |
| 香港 | 16 | 0 |
| 46019390 藤制其他平行连结或编结的产品 | | |
| 合计 | 109728 | 240 |
| 印度尼西亚 | 104812 | 219 |
| 香港 | 4307 | 11 |
| 越南 | 504 | 7 |
| 缅甸 | 71 | 2 |
| 中华人民共和国 | 18 | 1 |
| 意大利 | 16 | 1 |
| 46021100 竹制篮筐及其他编结品 | | |
| 合计 | 30135 | 434 |
| 越南 | 13406 | 238 |
| 泰国 | 3041 | 63 |
| 中华人民共和国 | 5956 | 42 |
| 印度尼西亚 | 3392 | 30 |
| 日本 | 2255 | 25 |
| 台湾省 | 864 | 22 |
| 德国 | 43 | 4 |
| 马来西亚 | 86 | 3 |
| 尼泊尔联邦民主共和国 | 967 | 2 |
| 英国 | 36 | 2 |
| 法国 | 40 | 1 |
| 印度 | 12 | 1 |
| 美国 | 37 | 0 |
| 46021200 藤制篮筐及其他编结品 | | |
| 合计 | 169158 | 1202 |
| 越南 | 66632 | 565 |
| 印度尼西亚 | 88103 | 409 |
| 泰国 | 4121 | 74 |
| 缅甸 | 5117 | 54 |
| 菲律宾 | 2533 | 34 |
| 中华人民共和国 | 1711 | 32 |
| 美国 | 145 | 21 |
| 法国 | 130 | 7 |
| 印度 | 258 | 3 |
| 日本 | 260 | 1 |

| 国家/地区 | 进口数量（千克） | 进口金额（千美元） |
|---|---|---|
| 意大利 | 37 | 1 |
| 香港 | 35 | 1 |
| 荷兰 | 56 | 0 |
| 德国 | 20 | 0 |
| 46021910 草制篮筐及其他编结品 | | |
| 合计 | 115724 | 540 |
| 越南 | 82883 | 390 |
| 中华人民共和国 | 1196 | 49 |
| 菲律宾 | 4643 | 38 |
| 马达加斯加 | 7659 | 24 |
| 意大利 | 19 | 21 |
| 印度尼西亚 | 17054 | 15 |
| 朝鲜 | 2177 | 3 |
| 美国 | 55 | 1 |
| 法国 | 38 | 1 |
| 46021930 柳条制篮筐及其他编结品 | | |
| 合计 | 76912 | 147 |
| 朝鲜 | 72533 | 90 |
| 中华人民共和国 | 3691 | 45 |
| 日本 | 126 | 3 |
| 英国 | 43 | 3 |
| 菲律宾 | 249 | 3 |
| 美国 | 147 | 1 |
| 越南 | 121 | 1 |
| 法国 | 2 | 1 |
| 47063000 其他纤维状纤维素竹浆 | | |
| 合计 | 1633300 | 917 |
| 泰国 | 994389 | 587 |
| 缅甸 | 491400 | 202 |
| 美国 | 19961 | 59 |
| 马来西亚 | 120960 | 45 |
| 印度尼西亚 | 6540 | 24 |
| 德国 | 50 | 1 |
| 48236100 竹浆纸或纸板制的盘、碟、盆、杯及类似品 | | |
| 合计 | 2621 | 6 |
| 意大利 | 380 | 3 |
| 台湾省 | 2120 | 2 |
| 美国 | 3 | 1 |
| 韩国 | 118 | 1 |

## 果品出口量值表

| 国家/地区 | 出口数量（千克） | 出口金额（千美元） |
|---|---|---|
| 12129911 苦杏仁 | | |
| 合计 | 2227194 | 14884 |
| 香港 | 1151037 | 10099 |
| 台湾省 | 282089 | 1344 |
| 荷兰 | 244600 | 893 |
| 日本 | 96221 | 835 |
| 丹麦 | 187000 | 584 |
| 马来西亚 | 81797 | 438 |
| 印度尼西亚 | 47950 | 207 |
| 韩国 | 62057 | 206 |
| 新加坡 | 35816 | 145 |
| 德国 | 17500 | 59 |
| 泰国 | 4140 | 25 |
| 澳门 | 9630 | 20 |
| 捷克 | 4000 | 18 |
| 澳大利亚 | 760 | 4 |
| 加拿大 | 1480 | 2 |
| 美国 | 629 | 2 |
| 英国 | 244 | 1 |
| 比利时 | 75 | 1 |
| 新西兰 | 119 | 1 |
| 芬兰 | 50 | 1 |
| 12129912 甜杏仁 | | |
| 合计 | 940163 | 2893 |
| 日本 | 782787 | 2332 |
| 澳门 | 88877 | 229 |
| 香港 | 44661 | 227 |
| 马来西亚 | 17060 | 81 |
| 台湾省 | 4000 | 13 |
| 新加坡 | 1080 | 6 |
| 澳大利亚 | 1698 | 5 |
| 12129919 杏核；桃（包括油桃）、梅或李的核及核仁 | | |
| 合计 | 207655 | 4390 |
| 日本 | 142734 | 3980 |
| 香港 | 25840 | 214 |
| 台湾省 | 14374 | 112 |
| 马来西亚 | 9914 | 49 |
| 韩国 | 13000 | 21 |
| 加拿大 | 919 | 4 |
| 泰国 | 300 | 3 |
| 英国 | 243 | 3 |
| 荷兰 | 50 | 1 |
| 印度尼西亚 | 216 | 1 |
| 比利时 | 45 | 1 |
| 菲律宾 | 20 | 1 |

| 国家/地区 | 出口数量（千克） | 出口金额（千美元） |
|---|---|---|
| 15091000 初榨的油橄榄油 | | |
| 合计 | 126822 | 949 |
| 澳大利亚 | 42579 | 381 |
| 香港 | 33278 | 215 |
| 英国 | 31341 | 209 |
| 美国 | 11372 | 70 |
| 蒙古 | 5447 | 30 |
| 挪威 | 1742 | 26 |
| 阿联酋 | 506 | 14 |
| 意大利 | 557 | 4 |
| 15099000 其他油橄榄油及其分离品 | | |
| 合计 | 28067 | 103 |
| 希腊 | 19056 | 71 |
| 美国 | 2873 | 10 |
| 荷兰 | 1894 | 7 |
| 阿联酋 | 747 | 7 |
| 香港 | 1455 | 4 |
| 加拿大 | 645 | 2 |
| 法国 | 1397 | 1 |
| 15100000 其他橄榄油及其分离品，不论是否精制，但未经化学改性 | | |
| 合计 | 2816 | 13 |
| 香港 | 1822 | 9 |
| 意大利 | 994 | 4 |
| 15111000 初榨的棕榈油 | | |
| 合计 | 781750 | 743 |
| 朝鲜 | 781750 | 743 |
| 15119010 棕榈液油(熔点 19℃ -24℃) | | |
| 合计 | 601430 | 745 |
| 吉尔吉斯斯坦 | 494000 | 644 |
| 蒙古 | 106830 | 99 |
| 伊朗 | 600 | 2 |
| 15119090 其他棕榈油及其分离品 | | |
| 合计 | 582380 | 541 |
| 香港 | 582380 | 541 |
| 15121100 初榨的葵花油或红花油 | | |
| 合计 | 1146232 | 1877 |
| 新加坡 | 1136910 | 1872 |
| 香港 | 9322 | 5 |
| 15121900 其他葵花油或红花油及其分离品 | | |
| 合计 | 157019 | 427 |
| 安哥拉 | 63480 | 186 |
| 香港 | 56602 | 119 |
| 加拿大 | 16340 | 43 |
| 澳大利亚 | 6560 | 42 |

| 国家/地区 | 出口数量（千克） | 出口金额（千美元） |
|---|---|---|
| 马来西亚 | 5040 | 15 |
| 澳门 | 5437 | 12 |
| 新西兰 | 970 | 4 |
| 美国 | 1140 | 3 |
| 日本 | 950 | 3 |
| 厄立特里亚 | 500 | 1 |
| 15131900 其他椰子油及其分离品 | | |
| 合计 | 890 | 14 |
| 英国 | 890 | 14 |
| 15159030 桐油及其分离品 | | |
| 合计 | 6151710 | 12274 |
| 日本 | 1132400 | 2259 |
| 美国 | 863780 | 1818 |
| 泰国 | 834250 | 1662 |
| 马来西亚 | 551000 | 1040 |
| 台湾省 | 444720 | 846 |
| 韩国 | 359640 | 739 |
| 荷兰 | 295650 | 558 |
| 印度尼西亚 | 273600 | 521 |
| 英国 | 212800 | 443 |
| 比利时 | 199230 | 385 |
| 澳大利亚 | 162640 | 326 |
| 印度 | 110650 | 220 |
| 香港 | 90820 | 176 |
| 意大利 | 83740 | 169 |
| 土耳其 | 60800 | 129 |
| 菲律宾 | 49970 | 108 |
| 挪威 | 51300 | 107 |
| 俄罗斯联邦 | 55480 | 106 |
| 西班牙 | 56230 | 106 |
| 南非 | 37050 | 89 |
| 墨西哥 | 41040 | 78 |
| 加拿大 | 34440 | 75 |
| 法国 | 38000 | 75 |
| 斯洛文尼亚 | 25840 | 50 |
| 德国 | 22800 | 46 |
| 朝鲜 | 12730 | 42 |
| 阿联酋 | 15200 | 31 |
| 克罗地亚 | 15200 | 28 |
| 斯里兰卡 | 10450 | 22 |
| 新加坡 | 7600 | 14 |
| 沙特阿拉伯 | 1520 | 3 |
| 瑞典 | 1140 | 3 |
| 15159090 未列名固定植物油、脂及其分离品 | | |

| 国家/地区 | 出口数量（千克） | 出口金额（千美元） |
|---|---|---|
| 合计 | 4404255 | 41856 |
| 荷兰 | 815256 | 9865 |
| 美国 | 606997 | 7847 |
| 日本 | 608630 | 4207 |
| 韩国 | 1129124 | 3857 |
| 澳大利亚 | 271660 | 3827 |
| 新西兰 | 196532 | 2634 |
| 德国 | 203573 | 2590 |
| 英国 | 173299 | 2097 |
| 加拿大 | 147612 | 1989 |
| 香港 | 96441 | 817 |
| 印度 | 38470 | 572 |
| 南非 | 14954 | 299 |
| 泰国 | 20580 | 239 |
| 马来西亚 | 10600 | 162 |
| 台湾省 | 20272 | 155 |
| 埃及 | 9120 | 126 |
| 西班牙 | 7980 | 122 |
| 法国 | 5130 | 74 |
| 科特迪瓦 | 2660 | 63 |
| 越南 | 3491 | 60 |
| 新加坡 | 5651 | 55 |
| 巴基斯坦 | 2900 | 34 |
| 罗马尼亚 | 2162 | 30 |
| 捷克 | 1372 | 22 |
| 克罗地亚 | 630 | 19 |
| 意大利 | 1720 | 17 |
| 印度尼西亚 | 1520 | 15 |
| 叙利亚 | 2660 | 12 |
| 墨西哥 | 570 | 12 |
| 阿根廷 | 570 | 10 |
| 孟加拉国 | 627 | 9 |
| 巴拿马 | 828 | 8 |
| 智利 | 419 | 6 |
| 约旦 | 100 | 3 |
| 沙特阿拉伯 | 60 | 2 |
| 毛里求斯 | 85 | 2 |
| 20057000 非醋方法制作或保藏的油橄榄 | | |
| 合计 | 10469 | 13 |
| 英国 | 10229 | 12 |
| 香港 | 240 | 1 |
| 20060010 蜜枣 | | |
| 合计 | 7855033 | 16674 |
| 泰国 | 4336090 | 8495 |
| 香港 | 1120387 | 3490 |

| 国家/地区 | 出口数量（千克） | 出口金额（千美元） |
|---|---|---|
| 马来西亚 | 911937 | 2057 |
| 俄罗斯联邦 | 935310 | 1276 |
| 日本 | 69736 | 211 |
| 新加坡 | 31846 | 173 |
| 澳门 | 73625 | 168 |
| 美国 | 29890 | 130 |
| 乌克兰 | 79200 | 113 |
| 澳大利亚 | 41851 | 111 |
| 加拿大 | 34757 | 107 |
| 韩国 | 43600 | 84 |
| 阿塞拜疆 | 40160 | 62 |
| 越南 | 15600 | 35 |
| 印度尼西亚 | 25000 | 33 |
| 英国 | 7891 | 24 |
| 台湾省 | 11300 | 21 |
| 立陶宛 | 14000 | 20 |
| 捷克 | 7000 | 11 |
| 伊朗 | 7000 | 11 |
| 德国 | 2350 | 8 |
| 特立尼达和多巴哥 | 2724 | 7 |
| 毛里求斯 | 4000 | 6 |
| 荷兰 | 1493 | 6 |
| 文莱 | 3000 | 5 |
| 白俄罗斯 | 3000 | 5 |
| 比利时 | 442 | 2 |
| 朝鲜 | 1500 | 2 |
| 新西兰 | 200 | 1 |
| 也门 | 144 | 1 |
| 20060020 糖渍橄榄 | | |
| 合计 | 527621 | 1511 |
| 马来西亚 | 240497 | 560 |
| 香港 | 127123 | 406 |
| 台湾省 | 82164 | 345 |
| 印度尼西亚 | 18725 | 65 |
| 泰国 | 37200 | 60 |
| 新加坡 | 12653 | 38 |
| 菲律宾 | 8052 | 34 |
| 法国 | 1110 | 3 |
| 加拿大 | 97 | 1 |
| 20060090 其他糖渍蔬菜、水果、坚果及植物的其他部分 | | |
| 合计 | 80037467 | 235514 |
| 日本 | 29829992 | 77450 |
| 泰国 | 10839325 | 25549 |
| 俄罗斯联邦 | 6780016 | 20397 |

| 国家/地区 | 出口数量（千克） | 出口金额（千美元） |
|---|---|---|
| 马来西亚 | 6319399 | 18274 |
| 美国 | 2182312 | 14413 |
| 香港 | 5906457 | 14060 |
| 英国 | 2045128 | 9581 |
| 菲律宾 | 1585718 | 8366 |
| 德国 | 2227675 | 7708 |
| 韩国 | 4268396 | 6756 |
| 荷兰 | 1384865 | 5854 |
| 法国 | 1008283 | 5647 |
| 新加坡 | 1056411 | 2600 |
| 阿联酋 | 244549 | 1960 |
| 澳大利亚 | 461830 | 1654 |
| 乌克兰 | 513461 | 1631 |
| 台湾省 | 434246 | 1559 |
| 印度 | 317440 | 1524 |
| 墨西哥 | 376111 | 1091 |
| 意大利 | 141214 | 819 |
| 以色列 | 83782 | 800 |
| 立陶宛 | 202990 | 671 |
| 南非 | 87497 | 645 |
| 波兰 | 195650 | 596 |
| 巴西 | 84430 | 586 |
| 印度尼西亚 | 47042 | 580 |
| 新西兰 | 118477 | 513 |
| 比利时 | 138662 | 464 |
| 越南 | 175450 | 360 |
| 澳门 | 100914 | 357 |
| 伊朗 | 87390 | 332 |
| 土耳其 | 88624 | 303 |
| 加拿大 | 41474 | 268 |
| 特立尼达和多巴哥 | 93019 | 259 |
| 捷克 | 66300 | 243 |
| 西班牙 | 74090 | 243 |
| 亚美尼亚 | 55000 | 143 |
| 阿塞拜疆 | 38463 | 135 |
| 毛里求斯 | 36606 | 132 |
| 丹麦 | 19393 | 122 |
| 黎巴嫩 | 23500 | 103 |
| 摩洛哥 | 29271 | 87 |
| 白俄罗斯 | 30800 | 83 |
| 斯里兰卡 | 13124 | 77 |
| 葡萄牙 | 5468 | 72 |
| 智利 | 4033 | 63 |
| 瑞士 | 8148 | 52 |
| 保加利亚 | 13500 | 47 |

| 国家/地区 | 出口数量（千克） | 出口金额（千美元） |
|---|---|---|
| 格鲁吉亚 | 13000 | 32 |
| 孟加拉国 | 7700 | 32 |
| 芬兰 | 1845 | 30 |
| 乌拉圭 | 1818 | 29 |
| 挪威 | 3500 | 28 |
| 阿尔及利亚 | 8013 | 28 |
| 蒙古 | 85700 | 27 |
| 瑞典 | 1398 | 25 |
| 委内瑞拉 | 864 | 17 |
| 朝鲜 | 16460 | 15 |
| 苏里南 | 6960 | 14 |
| 摩尔多瓦 | 3500 | 9 |
| 秘鲁 | 784 | 3 |
| 20079100 柑橘属水果制果酱、果冻、果泥及果膏 | | |
| 合计 | 690730 | 1034 |
| 美国 | 683422 | 1016 |
| 日本 | 7308 | 18 |
| 20079910 非柑橘属水果制果酱、果冻、果泥及果膏罐头 | | |
| 合计 | 39864073 | 33825 |
| 美国 | 11161669 | 9542 |
| 俄罗斯联邦 | 10164317 | 7667 |
| 沙特阿拉伯 | 3373338 | 2818 |
| 日本 | 1759817 | 2550 |
| 荷兰 | 2719971 | 1967 |
| 英国 | 726549 | 1408 |
| 哈萨克斯坦 | 1988474 | 1399 |
| 德国 | 1280184 | 744 |
| 澳大利亚 | 532763 | 689 |
| 阿尔及利亚 | 712821 | 531 |
| 意大利 | 770265 | 488 |
| 乌克兰 | 656848 | 431 |
| 加拿大 | 372118 | 377 |
| 科威特 | 375617 | 375 |
| 秘鲁 | 271427 | 295 |
| 印度 | 258392 | 215 |
| 以色列 | 238067 | 210 |
| 墨西哥 | 128095 | 199 |
| 波多黎各 | 186274 | 141 |
| 新西兰 | 133266 | 133 |
| 朝鲜 | 44873 | 126 |
| 法国 | 205512 | 122 |
| 匈牙利 | 186160 | 122 |
| 希腊 | 169103 | 120 |

| 国家/地区 | 出口数量（千克） | 出口金额（千美元） |
|---|---|---|
| 智利 | 150055 | 116 |
| 约旦 | 122112 | 112 |
| 巴布亚新几内亚 | 46067 | 87 |
| 阿联酋 | 71424 | 83 |
| 瑞典 | 112920 | 79 |
| 斯洛文尼亚 | 132772 | 70 |
| 菲律宾 | 10152 | 65 |
| 黎巴嫩 | 111856 | 60 |
| 蒙古 | 69846 | 60 |
| 奥地利 | 147837 | 59 |
| 西班牙 | 74819 | 50 |
| 比利时 | 94615 | 50 |
| 台湾省 | 33800 | 39 |
| 埃及 | 56037 | 36 |
| 印度尼西亚 | 34940 | 34 |
| 丹麦 | 37512 | 28 |
| 香港 | 11506 | 27 |
| 利比亚 | 37232 | 26 |
| 苏丹 | 18827 | 19 |
| 卡塔尔 | 19584 | 17 |
| 泰国 | 16800 | 16 |
| 土耳其 | 18608 | 13 |
| 保加利亚 | 18832 | 11 |
| 20079990 其他非柑橘属水果制果酱、果冻、果泥及果膏 | | |
| 合计 | 32229312 | 58423 |
| 日本 | 5702730 | 11272 |
| 韩国 | 3350011 | 6561 |
| 美国 | 3363385 | 5406 |
| 墨西哥 | 3480163 | 4734 |
| 多民族玻利维亚国 | 1085642 | 2403 |
| 哥伦比亚 | 1362019 | 2255 |
| 澳大利亚 | 1081655 | 2106 |
| 马来西亚 | 1004093 | 2105 |
| 蒙古 | 1104576 | 1790 |
| 阿尔及利亚 | 831600 | 1664 |
| 香港 | 633965 | 1389 |
| 洪都拉斯 | 596387 | 1357 |
| 危地马拉 | 546551 | 1190 |
| 新西兰 | 534044 | 1168 |
| 新加坡 | 578458 | 1136 |
| 厄瓜多尔 | 366171 | 968 |
| 加拿大 | 411334 | 862 |
| 秘鲁 | 477771 | 714 |
| 泰国 | 380210 | 708 |

| 国家/地区 | 出口数量（千克） | 出口金额（千美元） |
|---|---|---|
| 尼加拉瓜 | 295850 | 567 |
| 萨尔瓦多 | 410199 | 563 |
| 阿联酋 | 174790 | 562 |
| 英国 | 285486 | 549 |
| 台湾省 | 382452 | 530 |
| 智利 | 464885 | 502 |
| 哥斯达黎加 | 231707 | 485 |
| 牙买加 | 178370 | 460 |
| 土耳其 | 436587 | 447 |
| 哈萨克斯坦 | 391600 | 439 |
| 巴拿马 | 288260 | 375 |
| 乌克兰 | 111117 | 322 |
| 越南 | 134905 | 279 |
| 乌拉圭 | 94399 | 217 |
| 德国 | 23732 | 211 |
| 毛里求斯 | 122046 | 191 |
| 立陶宛 | 56148 | 189 |
| 印度尼西亚 | 88738 | 184 |
| 特立尼达和多巴哥 | 152394 | 161 |
| 俄罗斯联邦 | 119677 | 136 |
| 柬埔寨 | 71082 | 128 |
| 菲律宾 | 38615 | 120 |
| 埃及 | 129965 | 116 |
| 巴拉圭 | 88365 | 108 |
| 圭亚那 | 41011 | 96 |
| 沙特阿拉伯 | 27038 | 93 |
| 伊拉克 | 65640 | 71 |
| 伊朗 | 39048 | 71 |
| 多米尼加共和国 | 40788 | 65 |
| 苏里南 | 40681 | 55 |
| 安哥拉 | 64191 | 50 |
| 罗马尼亚 | 54104 | 49 |
| 朝鲜 | 17657 | 35 |
| 印度 | 39740 | 34 |
| 卡塔尔 | 5533 | 31 |
| 吉尔吉斯斯坦 | 23200 | 20 |
| 乌兹别克斯坦 | 23200 | 20 |
| 法国 | 12090 | 19 |
| 比利时 | 11675 | 17 |
| 约旦 | 20520 | 15 |
| 波多黎各 | 16934 | 14 |
| 南非 | 14473 | 12 |
| 澳门 | 1885 | 9 |
| 瑞典 | 1500 | 8 |
| 文莱 | 2112 | 5 |

| 国家/地区 | 出口数量（千克） | 出口金额（千美元） |
|---|---|---|
| 荷兰 | 3178 | 4 |
| 马尔代夫 | 980 | 1 |
| 20081910 核桃仁罐头 | | |
| 合计 | 487209 | 3790 |
| 德国 | 449044 | 3378 |
| 日本 | 12950 | 156 |
| 新西兰 | 10400 | 94 |
| 香港 | 7615 | 84 |
| 西班牙 | 7200 | 78 |
| 20081920 其他果仁罐头 | | |
| 合计 | 21111793 | 93673 |
| 日本 | 12595325 | 58113 |
| 香港 | 1378785 | 7409 |
| 韩国 | 1171455 | 6803 |
| 泰国 | 899958 | 4059 |
| 美国 | 732752 | 3835 |
| 马来西亚 | 1183623 | 2307 |
| 台湾省 | 516452 | 1723 |
| 加拿大 | 285097 | 1611 |
| 以色列 | 267374 | 1265 |
| 新加坡 | 427345 | 1133 |
| 德国 | 213191 | 1085 |
| 英国 | 191159 | 881 |
| 比利时 | 215233 | 873 |
| 荷兰 | 86507 | 454 |
| 沙特阿拉伯 | 57948 | 286 |
| 澳大利亚 | 47024 | 237 |
| 尼日利亚 | 218278 | 214 |
| 西班牙 | 30413 | 214 |
| 俄罗斯联邦 | 128084 | 159 |
| 匈牙利 | 29400 | 141 |
| 菲律宾 | 38821 | 130 |
| 科威特 | 30353 | 99 |
| 法国 | 36948 | 83 |
| 巴拿马 | 53734 | 68 |
| 印度尼西亚 | 43860 | 66 |
| 阿联酋 | 11310 | 58 |
| 斯洛文尼亚 | 13248 | 57 |
| 土库曼斯坦 | 37428 | 43 |
| 马尔代夫 | 42282 | 41 |
| 斯洛伐克 | 5280 | 30 |
| 土耳其 | 6900 | 30 |
| 多米尼加共和国 | 9180 | 29 |
| 新西兰 | 3850 | 23 |
| 文莱 | 20472 | 23 |

| 国家/地区 | 出口数量（千克） | 出口金额（千美元） |
|---|---|---|
| 也门 | 18136 | 17 |
| 摩洛哥 | 16320 | 13 |
| 墨西哥 | 5732 | 11 |
| 斯里兰卡 | 7526 | 7 |
| 智利 | 7680 | 7 |
| 巴林 | 2000 | 7 |
| 几内亚 | 7140 | 6 |
| 巴布亚新几内亚 | 4070 | 6 |
| 越南 | 1000 | 4 |
| 巴西 | 408 | 3 |
| 埃及 | 3060 | 3 |
| 利比里亚 | 2460 | 2 |
| 印度 | 2040 | 2 |
| 巴基斯坦 | 1920 | 2 |
| 肯尼亚 | 1906 | 2 |
| 孟加拉国 | 1020 | 1 |
| 法属波利尼西亚 | 306 | 0 |
| 20081991 其他制作或保藏的栗仁 | | |
| 合计 | 12251328 | 56136 |
| 日本 | 7633391 | 38684 |
| 韩国 | 2895134 | 10244 |
| 葡萄牙 | 644500 | 2394 |
| 台湾省 | 431525 | 1690 |
| 美国 | 218296 | 1327 |
| 英国 | 156650 | 668 |
| 新加坡 | 30200 | 212 |
| 阿塞拜疆 | 31630 | 131 |
| 德国 | 36594 | 129 |
| 法国 | 28720 | 113 |
| 香港 | 26018 | 105 |
| 阿联酋 | 15120 | 105 |
| 意大利 | 26350 | 88 |
| 荷兰 | 24000 | 69 |
| 罗马尼亚 | 25000 | 65 |
| 以色列 | 9600 | 58 |
| 加拿大 | 10600 | 43 |
| 菲律宾 | 2000 | 6 |
| 波兰 | 6000 | 6 |
| 20081999 未列名制作或保藏的坚果及其他子仁 | | |
| 合计 | 53535059 | 171322 |
| 美国 | 5557432 | 27880 |
| 韩国 | 14024534 | 19323 |
| 马来西亚 | 5007545 | 17850 |
| 印度尼西亚 | 7144256 | 14794 |

| 国家/地区 | 出口数量（千克） | 出口金额（千美元） |
|---|---|---|
| 香港 | 1900868 | 13082 |
| 日本 | 3087602 | 10086 |
| 澳大利亚 | 1816085 | 9575 |
| 德国 | 2073876 | 9392 |
| 台湾省 | 1659422 | 6764 |
| 荷兰 | 1736078 | 6374 |
| 新加坡 | 1228165 | 5680 |
| 葡萄牙 | 808500 | 4046 |
| 巴西 | 384705 | 2563 |
| 加拿大 | 583621 | 2280 |
| 阿联酋 | 538765 | 2178 |
| 泰国 | 420563 | 1948 |
| 英国 | 620274 | 1786 |
| 西班牙 | 636271 | 1662 |
| 法国 | 278965 | 1358 |
| 俄罗斯联邦 | 160081 | 1329 |
| 伊朗 | 419160 | 1196 |
| 菲律宾 | 539952 | 1175 |
| 阿尔及利亚 | 479051 | 1170 |
| 比利时 | 307061 | 907 |
| 意大利 | 190206 | 807 |
| 巴基斯坦 | 224220 | 775 |
| 越南 | 215100 | 770 |
| 科威特 | 285046 | 576 |
| 新西兰 | 118918 | 472 |
| 以色列 | 121865 | 349 |
| 土耳其 | 180180 | 301 |
| 土库曼斯坦 | 133368 | 295 |
| 澳门 | 110363 | 291 |
| 墨西哥 | 18244 | 285 |
| 挪威 | 106148 | 282 |
| 文莱 | 30912 | 233 |
| 爱尔兰 | 54940 | 195 |
| 突尼斯 | 10000 | 171 |
| 尼泊尔联邦民主共和国 | 22442 | 170 |
| 沙特阿拉伯 | 47223 | 151 |
| 印度 | 20412 | 142 |
| 巴林 | 41762 | 137 |
| 委内瑞拉 | 11272 | 99 |
| 黎巴嫩 | 20007 | 64 |
| 瑞典 | 20000 | 51 |
| 白俄罗斯 | 30100 | 49 |
| 洪都拉斯 | 23350 | 34 |
| 孟加拉国 | 2684 | 31 |
| 朝鲜 | 16270 | 29 |

| 国家/地区 | 出口数量（千克） | 出口金额（千美元） |
|---|---|---|
| 南非 | 7925 | 27 |
| 芬兰 | 4208 | 21 |
| 秘鲁 | 15000 | 21 |
| 毛里求斯 | 12675 | 19 |
| 叙利亚 | 7850 | 18 |
| 约旦 | 4995 | 17 |
| 丹麦 | 5000 | 13 |
| 多米尼加共和国 | 2788 | 11 |
| 阿曼 | 3018 | 9 |
| 格鲁吉亚 | 2136 | 9 |
| 智利 | 1200 | 2 |
| 马耳他 | 400 | 1 |
| 20082010 菠萝罐头 | | |
| 合计 | 24264780 | 20898 |
| 美国 | 11705378 | 9560 |
| 阿联酋 | 3996646 | 3196 |
| 英国 | 2162517 | 2027 |
| 日本 | 588564 | 802 |
| 荷兰 | 920313 | 733 |
| 加拿大 | 274488 | 490 |
| 香港 | 620996 | 482 |
| 也门 | 681000 | 477 |
| 澳大利亚 | 462984 | 477 |
| 波多黎各 | 292276 | 279 |
| 德国 | 192684 | 245 |
| 瑞典 | 286436 | 226 |
| 阿曼 | 230881 | 207 |
| 以色列 | 206292 | 148 |
| 法国 | 110226 | 136 |
| 新西兰 | 124848 | 120 |
| 南非 | 124554 | 111 |
| 墨西哥 | 126685 | 106 |
| 俄罗斯联邦 | 113040 | 98 |
| 科威特 | 122688 | 94 |
| 文莱 | 71793 | 88 |
| 安哥拉 | 54523 | 63 |
| 智利 | 72358 | 59 |
| 比利时 | 26181 | 59 |
| 特立尼达和多巴哥 | 73165 | 58 |
| 哈萨克斯坦 | 56400 | 48 |
| 爱尔兰 | 70740 | 48 |
| 肯尼亚 | 55521 | 46 |
| 丹麦 | 56939 | 45 |
| 巴林 | 53280 | 43 |
| 巴拿马 | 36051 | 39 |

| 国家/地区 | 出口数量（千克） | 出口金额（千美元） |
|---|---|---|
| 利比亚 | 20371 | 35 |
| 西班牙 | 36720 | 35 |
| 摩洛哥 | 34560 | 34 |
| 挪威 | 43273 | 33 |
| 罗马尼亚 | 37014 | 32 |
| 意大利 | 18371 | 24 |
| 马来西亚 | 18306 | 23 |
| 蒙古 | 13608 | 19 |
| 哥斯达黎加 | 17755 | 16 |
| 斐济 | 18174 | 15 |
| 卡塔尔 | 17760 | 14 |
| 阿尔及利亚 | 18030 | 11 |
| 留尼汪 | 391 | 1 |
| 20082090 未列名制作或保藏的菠萝 | | |
| 合计 | 12468 | 276 |
| 英国 | 7754 | 145 |
| 俄罗斯联邦 | 2072 | 58 |
| 美国 | 1472 | 44 |
| 加拿大 | 350 | 10 |
| 西班牙 | 195 | 8 |
| 澳大利亚 | 189 | 6 |
| 乌克兰 | 186 | 5 |
| 蒙古 | 250 | 0 |
| 20083010 柑橘属水果罐头 | | |
| 合计 | 327428834 | 351275 |
| 美国 | 179514655 | 202270 |
| 日本 | 61538446 | 67222 |
| 德国 | 21126355 | 20199 |
| 泰国 | 15654059 | 14213 |
| 加拿大 | 8896630 | 11344 |
| 荷兰 | 8194032 | 7242 |
| 阿联酋 | 4618958 | 3657 |
| 伊朗 | 4406302 | 3320 |
| 英国 | 2604360 | 3316 |
| 沙特阿拉伯 | 3713150 | 3036 |
| 韩国 | 2457204 | 2352 |
| 也门 | 2430000 | 1658 |
| 捷克 | 1581259 | 1578 |
| 马来西亚 | 1471999 | 1366 |
| 菲律宾 | 1254951 | 1253 |
| 印度尼西亚 | 1036538 | 982 |
| 俄罗斯联邦 | 893109 | 754 |
| 澳大利亚 | 522504 | 652 |
| 台湾省 | 544524 | 540 |
| 比利时 | 428182 | 365 |
| 新加坡 | 329059 | 343 |
| 波兰 | 353146 | 290 |
| 斯洛伐克 | 294645 | 287 |
| 波多黎各 | 375057 | 262 |
| 新西兰 | 249964 | 248 |
| 墨西哥 | 264017 | 230 |
| 瑞典 | 247891 | 204 |
| 芬兰 | 225659 | 197 |
| 西班牙 | 244873 | 195 |
| 希腊 | 207480 | 187 |
| 爱沙尼亚 | 174867 | 166 |
| 挪威 | 184148 | 156 |
| 瑞士 | 86110 | 109 |
| 以色列 | 103853 | 101 |
| 约旦 | 149040 | 100 |
| 香港 | 93571 | 99 |
| 法国 | 91674 | 82 |
| 柬埔寨 | 130788 | 82 |
| 斯威士兰 | 72000 | 57 |
| 阿尔及利亚 | 93150 | 56 |
| 南非 | 55784 | 52 |
| 丹麦 | 49735 | 52 |
| 奥地利 | 58132 | 47 |
| 土耳其 | 37260 | 46 |
| 克罗地亚 | 37743 | 35 |
| 立陶宛 | 41801 | 34 |
| 突尼斯 | 55890 | 32 |
| 意大利 | 35921 | 32 |
| 罗马尼亚 | 23032 | 24 |
| 伊拉克 | 37260 | 24 |
| 蒙古 | 12420 | 23 |
| 大洋洲其他国家(地区) | 23346 | 18 |
| 乌克兰 | 18803 | 17 |
| 越南 | 19500 | 15 |
| 保加利亚 | 18144 | 14 |
| 巴基斯坦 | 19782 | 14 |
| 缅甸 | 8442 | 13 |
| 巴拿马 | 4478 | 4 |
| 孟加拉国 | 5004 | 4 |
| 苏丹 | 2460 | 3 |
| 斐济 | 2682 | 3 |
| 印度 | 3006 | 2 |
| 20083090 未列名制作或保藏的柑橘属水果 | | |
| 合计 | 1804623 | 2808 |
| 荷兰 | 512000 | 629 |
| 德国 | 349000 | 408 |
| 比利时 | 266000 | 369 |
| 香港 | 193795 | 340 |
| 日本 | 150219 | 338 |
| 美国 | 26779 | 300 |
| 英国 | 172600 | 215 |
| 法国 | 48000 | 77 |
| 台湾省 | 33480 | 60 |
| 墨西哥 | 24000 | 38 |
| 马来西亚 | 28750 | 35 |
| 20084010 梨罐头 | | |
| 合计 | 68620620 | 71294 |
| 美国 | 31176634 | 31684 |
| 泰国 | 8360279 | 9193 |
| 德国 | 6808942 | 6846 |
| 日本 | 2714967 | 3774 |
| 加拿大 | 2137981 | 2846 |
| 西班牙 | 3395572 | 2715 |
| 法国 | 2009035 | 1906 |
| 希腊 | 2104221 | 1748 |
| 英国 | 1312062 | 1521 |
| 澳大利亚 | 779045 | 1281 |
| 俄罗斯联邦 | 1209904 | 1104 |
| 荷兰 | 941946 | 1035 |
| 爱尔兰 | 377354 | 440 |
| 捷克 | 314068 | 432 |
| 挪威 | 347299 | 409 |
| 波兰 | 395424 | 339 |
| 安哥拉 | 336456 | 305 |
| 比利时 | 243445 | 277 |
| 丹麦 | 270382 | 267 |
| 也门 | 254691 | 208 |
| 以色列 | 233414 | 193 |
| 墨西哥 | 198429 | 178 |
| 新西兰 | 141606 | 167 |
| 爱沙尼亚 | 181895 | 162 |
| 波多黎各 | 223721 | 152 |
| 洪都拉斯 | 144492 | 126 |
| 芬兰 | 104455 | 123 |
| 斐济 | 112427 | 112 |
| 瑞典 | 93549 | 111 |
| 奥地利 | 105837 | 110 |
| 新加坡 | 117978 | 104 |
| 阿根廷 | 122220 | 92 |
| 乌克兰 | 76239 | 72 |

| 国家/地区 | 出口数量(千克) | 出口金额(千美元) |
|---|---|---|
| 阿联酋 | 74823 | 71 |
| 摩洛哥 | 84412 | 69 |
| 韩国 | 57825 | 67 |
| 多米尼加共和国 | 68202 | 65 |
| 斯洛文尼亚 | 51705 | 62 |
| 新喀里多尼亚 | 48490 | 61 |
| 肯尼亚 | 71832 | 60 |
| 匈牙利 | 71250 | 60 |
| 瑞士 | 47346 | 53 |
| 南非 | 48600 | 51 |
| 斯洛伐克 | 34962 | 51 |
| 印度 | 51168 | 45 |
| 乌拉圭 | 35424 | 43 |
| 法属波利尼西亚 | 36963 | 36 |
| 利比亚 | 26327 | 34 |
| 意大利 | 36000 | 34 |
| 阿尔及利亚 | 35424 | 32 |
| 牙买加 | 36288 | 31 |
| 巴布亚新几内亚 | 21600 | 27 |
| 马尔代夫 | 34164 | 27 |
| 克罗地亚 | 31950 | 26 |
| 大洋洲其他国家(地区) | 35802 | 24 |
| 塞浦路斯 | 24438 | 23 |
| 哈萨克斯坦 | 21515 | 22 |
| 马来西亚 | 17083 | 21 |
| 古巴 | 22432 | 20 |
| 智利 | 21444 | 20 |
| 约旦 | 18696 | 18 |
| 葡萄牙 | 14170 | 17 |
| 香港 | 12378 | 15 |
| 巴哈马 | 16200 | 12 |
| 土库曼斯坦 | 9564 | 9 |
| 巴拿马 | 7803 | 7 |
| 埃及 | 4896 | 6 |
| 罗马尼亚 | 4315 | 6 |
| 阿鲁巴 | 7344 | 5 |
| 台湾省 | 6600 | 5 |
| 留尼汪 | 4385 | 5 |
| 冰岛 | 3570 | 5 |
| 文莱 | 3060 | 4 |
| 卡塔尔 | 4625 | 4 |
| 黎巴嫩 | 2952 | 4 |
| 苏丹 | 2550 | 4 |
| 立陶宛 | 2864 | 3 |
| 萨摩亚 | 1210 | 2 |

| 国家/地区 | 出口数量(千克) | 出口金额(千美元) |
|---|---|---|
| 20084090 未列名制作或保藏的梨 | | |
| 合计 | 37021 | 880 |
| 美国 | 32964 | 785 |
| 俄罗斯联邦 | 2040 | 47 |
| 加拿大 | 1071 | 26 |
| 德国 | 400 | 10 |
| 香港 | 300 | 7 |
| 乌克兰 | 174 | 4 |
| 澳大利亚 | 72 | 2 |
| 20085000 其他制作或保藏的杏 | | |
| 合计 | 14464108 | 15173 |
| 德国 | 3010688 | 3261 |
| 俄罗斯联邦 | 2453148 | 2673 |
| 美国 | 2429874 | 2120 |
| 法国 | 1415381 | 1381 |
| 英国 | 1090770 | 1119 |
| 捷克 | 471362 | 736 |
| 澳大利亚 | 666370 | 713 |
| 加拿大 | 601995 | 575 |
| 爱沙尼亚 | 277795 | 286 |
| 新西兰 | 256456 | 263 |
| 荷兰 | 196247 | 213 |
| 奥地利 | 213924 | 208 |
| 比利时 | 174666 | 171 |
| 哈萨克斯坦 | 167898 | 164 |
| 日本 | 119316 | 143 |
| 泰国 | 7440 | 115 |
| 韩国 | 101921 | 115 |
| 波兰 | 97122 | 90 |
| 西班牙 | 88700 | 86 |
| 匈牙利 | 34809 | 64 |
| 希腊 | 69375 | 59 |
| 斯洛伐克 | 34962 | 53 |
| 丹麦 | 43975 | 51 |
| 立陶宛 | 44033 | 49 |
| 新加坡 | 13756 | 46 |
| 蒙古 | 33966 | 40 |
| 乌克兰 | 35636 | 39 |
| 克罗地亚 | 42870 | 38 |
| 瑞典 | 28427 | 34 |
| 阿尔及利亚 | 35424 | 34 |
| 挪威 | 27254 | 33 |
| 阿联酋 | 31059 | 33 |
| 巴布亚新几内亚 | 27126 | 31 |
| 安哥拉 | 17340 | 21 |

| 国家/地区 | 出口数量(千克) | 出口金额(千美元) |
|---|---|---|
| 突尼斯 | 17712 | 20 |
| 以色列 | 17712 | 19 |
| 智利 | 17712 | 17 |
| 爱尔兰 | 11193 | 13 |
| 新喀里多尼亚 | 8379 | 10 |
| 瑞士 | 7500 | 8 |
| 土库曼斯坦 | 6504 | 7 |
| 香港 | 485 | 7 |
| 留尼汪 | 3944 | 5 |
| 苏丹 | 2550 | 3 |
| 罗马尼亚 | 1994 | 3 |
| 利比亚 | 1908 | 3 |
| 巴拿马 | 2460 | 3 |
| 斐济 | 2460 | 3 |
| 塞舌尔 | 510 | 1 |
| 20086010 樱桃罐头 | | |
| 合计 | 4593920 | 12601 |
| 日本 | 1773898 | 4836 |
| 俄罗斯联邦 | 1374817 | 2633 |
| 保加利亚 | 282948 | 2278 |
| 美国 | 290658 | 701 |
| 韩国 | 268155 | 539 |
| 巴西 | 138360 | 390 |
| 爱沙尼亚 | 116201 | 331 |
| 德国 | 58745 | 175 |
| 菲律宾 | 50987 | 149 |
| 乌克兰 | 44005 | 121 |
| 台湾省 | 30000 | 76 |
| 巴基斯坦 | 33172 | 70 |
| 土库曼斯坦 | 22812 | 51 |
| 越南 | 15402 | 50 |
| 蒙古 | 24030 | 47 |
| 苏丹 | 18578 | 41 |
| 安哥拉 | 10348 | 33 |
| 墨西哥 | 18000 | 31 |
| 南非 | 8619 | 18 |
| 利比亚 | 5232 | 11 |
| 新喀里多尼亚 | 4355 | 10 |
| 多民族玻利维亚国 | 4080 | 10 |
| 塞舌尔 | 518 | 2 |
| 20086090 其他制作或保藏的樱桃 | | |
| 合计 | 745617 | 5582 |
| 保加利亚 | 667488 | 5376 |
| 美国 | 46557 | 119 |
| 澳大利亚 | 14892 | 40 |

| 国家/地区 | 出口数量（千克） | 出口金额（千美元） |
|---|---|---|
| 俄罗斯联邦 | 11868 | 33 |
| 德国 | 3852 | 11 |
| 新西兰 | 960 | 3 |
| 20087010 桃罐头 | | |
| 合计 | 159193672 | 196519 |
| 美国 | 68680964 | 82510 |
| 日本 | 32971536 | 48373 |
| 俄罗斯联邦 | 13525805 | 14177 |
| 加拿大 | 6776032 | 10987 |
| 墨西哥 | 8475350 | 8014 |
| 泰国 | 3232370 | 4006 |
| 也门 | 4132564 | 3824 |
| 澳大利亚 | 2514222 | 3532 |
| 韩国 | 2056899 | 2663 |
| 德国 | 2022028 | 2191 |
| 智利 | 1557644 | 1497 |
| 新西兰 | 1061887 | 1417 |
| 沙特阿拉伯 | 1348618 | 1237 |
| 爱沙尼亚 | 995865 | 1049 |
| 英国 | 625343 | 1020 |
| 西班牙 | 881467 | 990 |
| 委内瑞拉 | 906882 | 939 |
| 马来西亚 | 488027 | 552 |
| 多民族玻利维亚国 | 402436 | 467 |
| 菲律宾 | 354368 | 396 |
| 洪都拉斯 | 425997 | 393 |
| 哥斯达黎加 | 375750 | 388 |
| 巴拿马 | 398051 | 380 |
| 波多黎各 | 335360 | 290 |
| 安哥拉 | 270157 | 288 |
| 乌克兰 | 261227 | 286 |
| 白俄罗斯 | 256236 | 283 |
| 哥伦比亚 | 210066 | 228 |
| 台湾省 | 189870 | 220 |
| 蒙古 | 144619 | 203 |
| 危地马拉 | 188068 | 194 |
| 阿联酋 | 173900 | 179 |
| 以色列 | 164474 | 171 |
| 摩洛哥 | 152750 | 157 |
| 哈萨克斯坦 | 144007 | 148 |
| 立陶宛 | 154099 | 146 |
| 荷兰 | 126872 | 130 |
| 南非 | 129162 | 128 |
| 新加坡 | 115247 | 126 |
| 斐济 | 116189 | 122 |

| 国家/地区 | 出口数量（千克） | 出口金额（千美元） |
|---|---|---|
| 斯洛伐克 | 60777 | 119 |
| 挪威 | 108030 | 113 |
| 香港 | 85292 | 113 |
| 黎巴嫩 | 96877 | 109 |
| 多米尼加共和国 | 94525 | 108 |
| 捷克 | 60345 | 105 |
| 肯尼亚 | 88284 | 100 |
| 比利时 | 37845 | 75 |
| 秘鲁 | 35527 | 73 |
| 印度 | 74898 | 73 |
| 利比亚 | 45973 | 65 |
| 阿根廷 | 71892 | 63 |
| 爱尔兰 | 53273 | 62 |
| 法属波利尼西亚 | 48572 | 59 |
| 古巴 | 52376 | 59 |
| 巴基斯坦 | 70110 | 55 |
| 奥地利 | 55716 | 53 |
| 印度尼西亚 | 23386 | 50 |
| 巴布亚新几内亚 | 39600 | 49 |
| 越南 | 38880 | 43 |
| 萨尔瓦多 | 35424 | 43 |
| 法国 | 40614 | 43 |
| 芬兰 | 35683 | 41 |
| 马尔代夫 | 39420 | 39 |
| 朝鲜 | 27398 | 38 |
| 阿尔及利亚 | 35424 | 38 |
| 瑞典 | 36318 | 37 |
| 匈牙利 | 17712 | 36 |
| 巴哈马 | 36000 | 35 |
| 大洋洲其他国家(地区) | 35085 | 32 |
| 新喀里多尼亚 | 27704 | 31 |
| 牙买加 | 36270 | 30 |
| 文莱 | 20714 | 26 |
| 毛里求斯 | 21864 | 22 |
| 佛得角 | 17640 | 16 |
| 波兰 | 13260 | 15 |
| 阿曼 | 14280 | 14 |
| 巴西 | 9158 | 14 |
| 突尼斯 | 12300 | 14 |
| 伊拉克 | 11808 | 14 |
| 科威特 | 12600 | 13 |
| 埃及 | 9792 | 12 |
| 格鲁吉亚 | 9053 | 10 |
| 土库曼斯坦 | 6504 | 8 |
| 瑞士 | 6396 | 7 |

| 国家/地区 | 出口数量（千克） | 出口金额（千美元） |
|---|---|---|
| 阿鲁巴 | 7200 | 7 |
| 罗马尼亚 | 4380 | 7 |
| 卡塔尔 | 4920 | 5 |
| 冰岛 | 4080 | 5 |
| 约旦 | 4080 | 5 |
| 克罗地亚 | 4590 | 5 |
| 塞舌尔 | 3835 | 5 |
| 苏丹 | 3060 | 4 |
| 留尼汪 | 1630 | 2 |
| 坦桑尼亚 | 1476 | 2 |
| 萨摩亚 | 1414 | 2 |
| 20087090 未列名制作或保藏的桃 | | |
| 合计 | 4226816 | 6411 |
| 韩国 | 2482315 | 3173 |
| 荷兰 | 536000 | 775 |
| 德国 | 355817 | 595 |
| 日本 | 119643 | 510 |
| 美国 | 201058 | 509 |
| 法国 | 272000 | 340 |
| 俄罗斯联邦 | 14580 | 85 |
| 英国 | 72000 | 84 |
| 泰国 | 5320 | 83 |
| 新西兰 | 47901 | 82 |
| 葡萄牙 | 48000 | 56 |
| 波兰 | 45000 | 53 |
| 香港 | 1276 | 27 |
| 乌拉圭 | 25000 | 18 |
| 西班牙 | 244 | 7 |
| 加拿大 | 250 | 7 |
| 澳大利亚 | 184 | 4 |
| 乌克兰 | 180 | 4 |
| 台湾省 | 48 | 1 |
| 20088000 其他制作或保藏的草莓 | | |
| 合计 | 17109292 | 29936 |
| 日本 | 3003507 | 10477 |
| 德国 | 2677829 | 3955 |
| 俄罗斯联邦 | 2859498 | 3209 |
| 捷克 | 2446431 | 2859 |
| 美国 | 1255498 | 2777 |
| 斯洛伐克 | 924653 | 1005 |
| 韩国 | 628664 | 887 |
| 英国 | 530884 | 675 |
| 智利 | 498604 | 562 |
| 蒙古 | 366522 | 446 |
| 泰国 | 27150 | 406 |

| 国家/地区 | 出口数量（千克） | 出口金额（千美元） |
| --- | --- | --- |
| 爱沙尼亚 | 313537 | 338 |
| 荷兰 | 198103 | 243 |
| 爱尔兰 | 161361 | 237 |
| 南非 | 172810 | 189 |
| 哈萨克斯坦 | 164244 | 171 |
| 澳大利亚 | 121904 | 171 |
| 乌克兰 | 104948 | 153 |
| 罗马尼亚 | 56088 | 111 |
| 西班牙 | 84250 | 107 |
| 菲律宾 | 88712 | 103 |
| 墨西哥 | 4059 | 100 |
| 新西兰 | 67835 | 96 |
| 比利时 | 3146 | 86 |
| 台湾省 | 38010 | 80 |
| 斯洛文尼亚 | 33652 | 68 |
| 哥伦比亚 | 2256 | 62 |
| 香港 | 5146 | 59 |
| 匈牙利 | 52644 | 50 |
| 巴西 | 34992 | 40 |
| 波兰 | 34932 | 38 |
| 白俄罗斯 | 34568 | 37 |
| 克罗地亚 | 35048 | 35 |
| 利比亚 | 16476 | 21 |
| 冰岛 | 17712 | 19 |
| 巴基斯坦 | 13116 | 15 |
| 拉脱维亚 | 9921 | 12 |
| 加拿大 | 336 | 12 |
| 多民族玻利维亚国 | 6888 | 9 |
| 立陶宛 | 5496 | 7 |
| 土库曼斯坦 | 4920 | 6 |
| 苏丹 | 2942 | 4 |
| 20089910 荔枝罐头 | | |
| 合计 | 30456547 | 36538 |
| 马来西亚 | 13510918 | 14961 |
| 法国 | 4227816 | 5481 |
| 荷兰 | 2344613 | 2945 |
| 德国 | 2124119 | 2664 |
| 美国 | 1216683 | 1618 |
| 印度尼西亚 | 848954 | 1064 |
| 澳大利亚 | 754260 | 949 |
| 菲律宾 | 670645 | 774 |
| 英国 | 546223 | 690 |
| 奥地利 | 432418 | 585 |
| 比利时 | 352624 | 470 |
| 西班牙 | 336117 | 425 |

| 国家/地区 | 出口数量（千克） | 出口金额（千美元） |
| --- | --- | --- |
| 意大利 | 311238 | 417 |
| 印度 | 327597 | 392 |
| 香港 | 304274 | 339 |
| 巴西 | 227149 | 299 |
| 韩国 | 221032 | 273 |
| 加拿大 | 143845 | 213 |
| 泰国 | 147648 | 192 |
| 文莱 | 150955 | 179 |
| 南非 | 131912 | 161 |
| 日本 | 71169 | 121 |
| 哥伦比亚 | 89548 | 112 |
| 葡萄牙 | 76804 | 103 |
| 墨西哥 | 83714 | 103 |
| 以色列 | 87513 | 100 |
| 智利 | 77179 | 97 |
| 阿联酋 | 87120 | 96 |
| 瑞士 | 66520 | 95 |
| 新西兰 | 71993 | 92 |
| 新加坡 | 71993 | 82 |
| 多米尼加共和国 | 41805 | 64 |
| 柬埔寨 | 36612 | 47 |
| 秘鲁 | 37939 | 46 |
| 波兰 | 38880 | 45 |
| 法属波利尼西亚 | 18371 | 29 |
| 俄罗斯联邦 | 21772 | 28 |
| 爱沙尼亚 | 18371 | 25 |
| 危地马拉 | 17899 | 25 |
| 特立尼达和多巴哥 | 12928 | 21 |
| 阿根廷 | 16272 | 19 |
| 巴拿马 | 14926 | 17 |
| 乌克兰 | 10151 | 13 |
| 捷克 | 9117 | 12 |
| 尼泊尔联邦民主共和国 | 8165 | 11 |
| 毛里求斯 | 8165 | 10 |
| 希腊 | 6804 | 7 |
| 摩洛哥 | 6102 | 7 |
| 贝宁 | 4068 | 6 |
| 留尼汪 | 4082 | 6 |
| 土耳其 | 4082 | 5 |
| 巴基斯坦 | 4082 | 3 |
| 塞内加尔 | 1361 | 2 |
| 20089920 龙眼罐头 | | |
| 合计 | 1102132 | 1729 |
| 马来西亚 | 449251 | 613 |
| 印度尼西亚 | 196649 | 327 |

| 国家/地区 | 出口数量（千克） | 出口金额（千美元） |
| --- | --- | --- |
| 文莱 | 153294 | 275 |
| 意大利 | 117654 | 212 |
| 美国 | 83628 | 145 |
| 香港 | 38988 | 62 |
| 菲律宾 | 13560 | 25 |
| 德国 | 11567 | 21 |
| 荷兰 | 13608 | 16 |
| 西班牙 | 8029 | 8 |
| 韩国 | 3996 | 8 |
| 澳大利亚 | 4423 | 6 |
| 法国 | 2722 | 5 |
| 毛里求斯 | 2722 | 4 |
| 葡萄牙 | 2041 | 3 |
| 20089990 未列名制作或保藏水果、坚果及植物的其他食用部分 | | |
| 合计 | 163443582 | 352625 |
| 日本 | 64122435 | 170134 |
| 美国 | 22014453 | 46006 |
| 俄罗斯联邦 | 15259626 | 28395 |
| 韩国 | 26245672 | 26193 |
| 德国 | 4236492 | 13424 |
| 马来西亚 | 2013517 | 8661 |
| 澳大利亚 | 3113021 | 7546 |
| 新加坡 | 2143615 | 5162 |
| 英国 | 1668475 | 4825 |
| 泰国 | 3609013 | 4199 |
| 加拿大 | 2371868 | 3832 |
| 荷兰 | 1281533 | 3507 |
| 墨西哥 | 1073640 | 3118 |
| 香港 | 1693642 | 3116 |
| 法国 | 1367119 | 2725 |
| 乌克兰 | 1399187 | 2216 |
| 以色列 | 576649 | 1758 |
| 波兰 | 542871 | 1635 |
| 新西兰 | 872274 | 1503 |
| 保加利亚 | 1180300 | 1411 |
| 瑞典 | 595021 | 1324 |
| 意大利 | 751750 | 1289 |
| 巴西 | 453823 | 1082 |
| 西班牙 | 542604 | 1017 |
| 南非 | 591260 | 914 |
| 立陶宛 | 224035 | 721 |
| 比利时 | 295902 | 720 |
| 台湾省 | 448377 | 684 |
| 葡萄牙 | 123922 | 606 |

| 国家/地区 | 出口数量（千克） | 出口金额（千美元） |
| --- | --- | --- |
| 挪威 | 257980 | 585 |
| 爱沙尼亚 | 336225 | 541 |
| 捷克 | 154709 | 507 |
| 奥地利 | 261466 | 390 |
| 拉脱维亚 | 131077 | 371 |
| 智利 | 139486 | 322 |
| 丹麦 | 142836 | 227 |
| 土耳其 | 74401 | 181 |
| 阿联酋 | 123595 | 179 |
| 斯洛文尼亚 | 61500 | 155 |
| 印度尼西亚 | 71500 | 147 |
| 黎巴嫩 | 65917 | 105 |
| 芬兰 | 83564 | 97 |
| 缅甸 | 73116 | 84 |
| 伊朗 | 17000 | 84 |
| 巴拿马 | 54684 | 79 |
| 希腊 | 46670 | 68 |
| 蒙古 | 43520 | 53 |
| 沙特阿拉伯 | 27504 | 45 |
| 摩洛哥 | 30250 | 45 |
| 利比亚 | 36582 | 45 |
| 哥伦比亚 | 37303 | 45 |
| 斐济 | 37600 | 41 |
| 埃及 | 34440 | 39 |
| 瑞士 | 24450 | 38 |
| 约旦 | 9350 | 33 |
| 安哥拉 | 25119 | 30 |
| 马耳他 | 23215 | 30 |
| 越南 | 21860 | 29 |
| 斯里兰卡 | 3924 | 28 |
| 格鲁吉亚 | 7000 | 25 |
| 阿塞拜疆 | 7000 | 24 |
| 哈萨克斯坦 | 22014 | 21 |
| 菲律宾 | 15200 | 20 |
| 匈牙利 | 17220 | 19 |
| 马尔代夫 | 17220 | 19 |
| 克罗地亚 | 16344 | 19 |
| 毛里求斯 | 3000 | 19 |
| 朝鲜 | 6321 | 19 |
| 塞浦路斯 | 11640 | 18 |
| 大洋洲其他国家(地区) | 8008 | 9 |
| 秘鲁 | 8997 | 9 |
| 巴布亚新几内亚 | 9000 | 8 |
| 委内瑞拉 | 3632 | 7 |
| 科威特 | 5200 | 6 |

| 国家/地区 | 出口数量（千克） | 出口金额（千美元） |
| --- | --- | --- |
| 阿尔及利亚 | 1600 | 6 |
| 尼日利亚 | 6000 | 5 |
| 留尼汪 | 1709 | 4 |
| 亚美尼亚 | 2000 | 4 |
| 苏丹 | 2550 | 3 |
| 白俄罗斯 | 1000 | 3 |
| 乌拉圭 | 1840 | 3 |
| 圭亚那 | 2550 | 3 |
| 澳门 | 1848 | 2 |
| 冰岛 | 1000 | 2 |
| 罗马尼亚 | 750 | 1 |
| 20091100 冷冻橙汁 | | |
| 合计 | 3214299 | 7812 |
| 香港 | 987968 | 2674 |
| 科威特 | 673140 | 1444 |
| 印度尼西亚 | 400400 | 1366 |
| 泰国 | 592635 | 1077 |
| 马来西亚 | 117720 | 288 |
| 日本 | 133706 | 270 |
| 台湾省 | 87778 | 228 |
| 新加坡 | 84075 | 205 |
| 阿联酋 | 76267 | 121 |
| 澳大利亚 | 24960 | 62 |
| 尼日利亚 | 20650 | 32 |
| 蒙古 | 8500 | 28 |
| 瑞典 | 6500 | 18 |
| 20091200 非冷冻橙汁，白利糖度值≤20 | | |
| 合计 | 1007734 | 966 |
| 香港 | 405376 | 358 |
| 俄罗斯联邦 | 175000 | 296 |
| 蒙古 | 197700 | 96 |
| 新加坡 | 71777 | 82 |
| 美国 | 31976 | 32 |
| 德国 | 35679 | 29 |
| 法国 | 19880 | 22 |
| 荷兰 | 21634 | 17 |
| 加拿大 | 20344 | 15 |
| 英国 | 12472 | 9 |
| 阿联酋 | 13337 | 9 |
| 意大利 | 1659 | 2 |
| 以色列 | 900 | 1 |
| 20091900 其他橙汁 | | |
| 合计 | 987945 | 1483 |
| 香港 | 987945 | 1483 |

| 国家/地区 | 出口数量（千克） | 出口金额（千美元） |
| --- | --- | --- |
| 20092100 葡萄柚(包括柚)汁，白利糖度值≤20 | | |
| 合计 | 50286 | 58 |
| 香港 | 50286 | 58 |
| 20092900 其他葡萄柚(包括柚)汁 | | |
| 合计 | 27500 | 73 |
| 荷兰 | 27500 | 73 |
| 20093110 柠檬汁，白利糖度值不超过 20 | | |
| 合计 | 51555 | 33 |
| 俄罗斯联邦 | 49920 | 32 |
| 以色列 | 1635 | 1 |
| 20093910 其他柠檬汁 | | |
| 合计 | 178813 | 432 |
| 美国 | 132480 | 295 |
| 香港 | 8000 | 52 |
| 荷兰 | 17280 | 42 |
| 台湾省 | 18000 | 36 |
| 印度 | 2200 | 5 |
| 阿联酋 | 853 | 1 |
| 20093990 其他未混合柑橘属水果汁 | | |
| 合计 | 142800 | 352 |
| 日本 | 70000 | 184 |
| 韩国 | 72800 | 167 |
| 20094900 其他菠萝汁 | | |
| 合计 | 771402 | 896 |
| 荷兰 | 457000 | 455 |
| 白俄罗斯 | 82080 | 90 |
| 新加坡 | 50000 | 88 |
| 尼日利亚 | 33750 | 76 |
| 乌兹别克斯坦 | 41040 | 49 |
| 拉脱维亚 | 41040 | 45 |
| 巴勒斯坦 | 41040 | 45 |
| 香港 | 4500 | 24 |
| 加纳 | 20520 | 24 |
| 德国 | 432 | 0 |
| 20096100 葡萄汁，白利糖度值≤30 | | |
| 合计 | 335989 | 355 |
| 香港 | 233689 | 285 |
| 蒙古 | 101100 | 67 |
| 朝鲜 | 1200 | 3 |
| 20096900 其他葡萄汁 | | |
| 合计 | 1683701 | 3574 |
| 台湾省 | 630221 | 1536 |
| 南非 | 883740 | 1181 |
| 日本 | 107770 | 728 |

| 国家/地区 | 出口数量（千克） | 出口金额（千美元） |
|---|---|---|
| 泰国 | 39600 | 95 |
| 荷兰 | 19800 | 28 |
| 印度 | 2300 | 4 |
| 香港 | 270 | 1 |
| 20097100 苹果汁，白利糖度值≤20 | | |
| 合计 | 3652207 | 8910 |
| 美国 | 2898622 | 8072 |
| 香港 | 604201 | 721 |
| 新加坡 | 34643 | 38 |
| 泰国 | 44595 | 33 |
| 加拿大 | 20785 | 13 |
| 德国 | 15009 | 9 |
| 荷兰 | 11585 | 7 |
| 法国 | 8387 | 7 |
| 阿联酋 | 7999 | 5 |
| 英国 | 5055 | 4 |
| 以色列 | 1326 | 1 |
| 20097900 其他苹果汁 | | |
| 合计 | 597837769 | 897712 |
| 美国 | 318549223 | 470829 |
| 日本 | 68236007 | 114155 |
| 俄罗斯联邦 | 49080284 | 70717 |
| 南非 | 33624552 | 51790 |
| 加拿大 | 32750325 | 47566 |
| 澳大利亚 | 26624695 | 38960 |
| 德国 | 8878120 | 12446 |
| 荷兰 | 7736131 | 10479 |
| 印度 | 5020225 | 7471 |
| 沙特阿拉伯 | 4138750 | 7074 |
| 以色列 | 4381575 | 6704 |
| 泰国 | 3338921 | 5624 |
| 韩国 | 3199085 | 5224 |
| 台湾省 | 3301870 | 4981 |
| 巴基斯坦 | 2495625 | 4326 |
| 哈萨克斯坦 | 3082200 | 4321 |
| 土耳其 | 2529725 | 3606 |
| 新西兰 | 2001725 | 2856 |
| 比利时 | 1851900 | 2402 |
| 马来西亚 | 1386300 | 2205 |
| 印度尼西亚 | 1095788 | 1927 |
| 英国 | 1130005 | 1777 |
| 新加坡 | 1102955 | 1723 |
| 挪威 | 1168750 | 1713 |
| 尼日利亚 | 1003200 | 1616 |
| 塞浦路斯 | 1072500 | 1413 |

| 国家/地区 | 出口数量（千克） | 出口金额（千美元） |
|---|---|---|
| 埃及 | 865150 | 1310 |
| 西班牙 | 561000 | 1227 |
| 越南 | 812360 | 1158 |
| 菲律宾 | 632400 | 1059 |
| 蒙古 | 609325 | 1044 |
| 牙买加 | 662200 | 814 |
| 丹麦 | 548625 | 757 |
| 乌克兰 | 638000 | 744 |
| 约旦 | 415800 | 716 |
| 摩洛哥 | 321200 | 526 |
| 法国 | 308500 | 461 |
| 阿联酋 | 299475 | 444 |
| 克罗地亚 | 308000 | 424 |
| 黎巴嫩 | 273900 | 380 |
| 香港 | 203775 | 360 |
| 波多黎各 | 200200 | 275 |
| 斯里兰卡 | 189200 | 270 |
| 爱尔兰 | 121500 | 219 |
| 突尼斯 | 132000 | 212 |
| 希腊 | 132000 | 202 |
| 加纳 | 126225 | 202 |
| 新喀里多尼亚 | 88000 | 145 |
| 毛里求斯 | 88000 | 138 |
| 肯尼亚 | 50050 | 83 |
| 阿尔巴尼亚 | 66000 | 78 |
| 卢旺达 | 44000 | 74 |
| 吉尔吉斯斯坦 | 50050 | 73 |
| 拉脱维亚 | 44000 | 63 |
| 阿曼 | 47300 | 63 |
| 秘鲁 | 44000 | 59 |
| 爱沙尼亚 | 23100 | 33 |
| 智利 | 22000 | 30 |
| 巴拿马 | 19800 | 30 |
| 也门 | 22000 | 29 |
| 尼泊尔联邦民主共和国 | 18000 | 27 |
| 巴西 | 22000 | 25 |
| 孟加拉国 | 22000 | 25 |
| 塔吉克斯坦 | 19323 | 19 |
| 瑞典 | 6875 | 14 |
| 20099010 混合水果汁 | | |
| 合计 | 4971880 | 11527 |
| 美国 | 3831980 | 9474 |
| 俄罗斯联邦 | 781825 | 1081 |
| 马来西亚 | 138311 | 360 |
| 菲律宾 | 76791 | 203 |

| 国家/地区 | 出口数量（千克） | 出口金额（千美元） |
|---|---|---|
| 印度尼西亚 | 77078 | 181 |
| 新加坡 | 7328 | 72 |
| 蒙古 | 17960 | 45 |
| 澳门 | 15156 | 44 |
| 尼日利亚 | 10080 | 35 |
| 泰国 | 4000 | 14 |
| 香港 | 5527 | 8 |
| 阿联酋 | 2198 | 6 |
| 意大利 | 1660 | 3 |
| 加拿大 | 1986 | 2 |
| 21069040 椰子汁 | | |
| 合计 | 674462 | 1196 |
| 香港 | 668588 | 1184 |
| 俄罗斯联邦 | 5874 | 12 |

## 果品进口量值表

| 国家/地区 | 进口数量（千克） | 进口金额（千美元） |
|---|---|---|
| 12030000 干椰子肉 | | |
| 合计 | 152 | 1 |
| 美国 | 152 | 1 |
| 12129911 苦杏仁 | | |
| 合计 | 8120 | 20 |
| 朝鲜 | 8120 | 20 |
| 12129912 甜杏仁 | | |
| 合计 | 1365033 | 3306 |
| 美国 | 921098 | 2802 |
| 乌兹别克斯坦 | 256160 | 235 |
| 吉尔吉斯斯坦 | 124650 | 125 |
| 澳大利亚 | 4990 | 42 |
| 西班牙 | 4000 | 32 |
| 土耳其 | 26000 | 30 |
| 台湾省 | 1695 | 17 |
| 巴基斯坦 | 26160 | 16 |
| 日本 | 280 | 8 |
| 12129919 杏核；桃(包括油桃)、梅或李的核及核仁 | | |
| 合计 | 48000 | 134 |
| 南非 | 48000 | 134 |
| 15091000 初榨的油橄榄油 | | |
| 合计 | 34569361 | 172060 |
| 西班牙 | 21581192 | 107193 |
| 意大利 | 7167324 | 35763 |
| 希腊 | 1969856 | 10422 |

| 国家/地区 | 进口数量（千克） | 进口金额（千美元） |
|---|---|---|
| 澳大利亚 | 721993 | 5171 |
| 突尼斯 | 1040818 | 4125 |
| 土耳其 | 842004 | 3264 |
| 摩洛哥 | 310587 | 1463 |
| 葡萄牙 | 159005 | 975 |
| 叙利亚 | 277467 | 942 |
| 阿根廷 | 199156 | 940 |
| 智利 | 87126 | 511 |
| 埃及 | 76800 | 379 |
| 法国 | 34515 | 220 |
| 美国 | 32536 | 201 |
| 以色列 | 34847 | 197 |
| 克罗地亚 | 5255 | 99 |
| 台湾省 | 11859 | 85 |
| 南非 | 7437 | 42 |
| 斯洛文尼亚 | 4770 | 37 |
| 塞浦路斯 | 1966 | 12 |
| 德国 | 580 | 7 |
| 英国 | 1432 | 6 |
| 韩国 | 772 | 5 |
| 巴勒斯坦 | 64 | 3 |
| 15099000 其他油橄榄油及其分离品 | | |
| 合计 | 2157551 | 8112 |
| 意大利 | 1002601 | 3883 |
| 西班牙 | 839463 | 3030 |
| 土耳其 | 185728 | 623 |
| 希腊 | 71697 | 306 |
| 日本 | 4962 | 100 |
| 台湾省 | 18420 | 52 |
| 英国 | 14198 | 41 |
| 澳大利亚 | 4383 | 37 |
| 中华人民共和国 | 15200 | 33 |
| 法国 | 728 | 5 |
| 韩国 | 164 | 1 |
| 比利时 | 7 | 1 |
| 15100000 其他橄榄油及其分离品，不论是否精制，但未经化学改性 | | |
| 合计 | 3324350 | 11363 |
| 西班牙 | 2067444 | 7497 |
| 意大利 | 1144537 | 3519 |
| 希腊 | 18395 | 59 |
| 台湾省 | 23287 | 58 |
| 土耳其 | 21302 | 48 |
| 葡萄牙 | 10914 | 42 |
| 美国 | 17456 | 39 |

| 国家/地区 | 进口数量（千克） | 进口金额（千美元） |
|---|---|---|
| 智利 | 1685 | 27 |
| 英国 | 8130 | 24 |
| 突尼斯 | 7442 | 23 |
| 日本 | 1330 | 13 |
| 澳大利亚 | 1008 | 10 |
| 国别(地区)不详 | 1330 | 4 |
| 阿联酋 | 90 | 1 |
| 15111000 初榨的棕榈油 | | |
| 合计 | 108916465 | 83697 |
| 印度尼西亚 | 64198447 | 49727 |
| 马来西亚 | 44718018 | 33970 |
| 15119010 棕榈液油(熔点 19℃～24℃) | | |
| 合计 | 4763975426 | 3978490 |
| 马来西亚 | 2734765026 | 2289040 |
| 印度尼西亚 | 2029210400 | 1689450 |
| 15119090 其他棕榈油及其分离品 | | |
| 合计 | 748465 | 773 |
| 马来西亚 | 748465 | 773 |
| 15121100 初榨的葵花油或红花油 | | |
| 合计 | 432734448 | 518989 |
| 乌克兰 | 398919473 | 475338 |
| 阿根廷 | 27965220 | 35385 |
| 俄罗斯联邦 | 4040006 | 4824 |
| 美国 | 288039 | 709 |
| 保加利亚 | 487340 | 604 |
| 荷兰 | 224720 | 586 |
| 意大利 | 161908 | 364 |
| 西班牙 | 224932 | 343 |
| 法国 | 208463 | 342 |
| 坦桑尼亚 | 131200 | 300 |
| 加拿大 | 15277 | 80 |
| 中华人民共和国 | 35500 | 44 |
| 德国 | 21015 | 38 |
| 土耳其 | 9697 | 16 |
| 日本 | 1276 | 14 |
| 墨西哥 | 382 | 2 |
| 15121900 其他葵花油或红花油及其分离品 | | |
| 合计 | 3239951 | 6111 |
| 土耳其 | 1770747 | 2574 |
| 阿根廷 | 313698 | 652 |
| 美国 | 128204 | 645 |
| 乌克兰 | 295814 | 445 |
| 台湾省 | 158659 | 340 |
| 法国 | 85453 | 308 |
| 泰国 | 70000 | 294 |

| 国家/地区 | 进口数量（千克） | 进口金额（千美元） |
|---|---|---|
| 俄罗斯联邦 | 132478 | 185 |
| 德国 | 44818 | 161 |
| 西班牙 | 37994 | 84 |
| 意大利 | 27770 | 67 |
| 英国 | 26238 | 64 |
| 哈萨克斯坦 | 36112 | 63 |
| 匈牙利 | 41823 | 56 |
| 保加利亚 | 29448 | 54 |
| 荷兰 | 14915 | 45 |
| 奥地利 | 14440 | 35 |
| 日本 | 9279 | 29 |
| 韩国 | 918 | 7 |
| 墨西哥 | 1143 | 4 |
| 15131100 初榨的椰子油 | | |
| 合计 | 30502568 | 25542 |
| 印度尼西亚 | 17790092 | 15004 |
| 菲律宾 | 11162281 | 9005 |
| 越南 | 1384540 | 1115 |
| 美国 | 140097 | 289 |
| 泰国 | 10171 | 72 |
| 新加坡 | 12879 | 34 |
| 斯里兰卡 | 2137 | 16 |
| 英国 | 126 | 3 |
| 法国 | 100 | 3 |
| 法属波利尼西亚 | 45 | 2 |
| 西班牙 | 100 | 1 |
| 15131900 其他椰子油及其分离品 | | |
| 合计 | 100156753 | 98514 |
| 印度尼西亚 | 49895251 | 48899 |
| 菲律宾 | 38580668 | 36125 |
| 马来西亚 | 9794800 | 9439 |
| 美国 | 1885522 | 4047 |
| 日本 | 160 | 2 |
| 泰国 | 127 | 1 |
| 哥伦比亚 | 25 | 1 |
| 德国 | 200 | 1 |
| 15132100 初榨的棕榈仁油或巴巴苏棕榈果油 | | |
| 合计 | 188072603 | 153833 |
| 马来西亚 | 126577336 | 101925 |
| 印度尼西亚 | 61495267 | 51908 |
| 15132900 其他棕榈仁油或巴巴苏棕榈果油及其分离品 | | |
| 合计 | 426062933 | 373090 |
| 印度尼西亚 | 313899250 | 269164 |

| 国家/地区 | 进口数量（千克） | 进口金额（千美元） |
| --- | --- | --- |
| 马来西亚 | 112115420 | 103585 |
| 美国 | 47914 | 323 |
| 日本 | 224 | 18 |
| 法国 | 125 | 1 |
| 15159010 希蒙得木油及其分离品 | | |
| 合计 | 121673 | 2647 |
| 阿根廷 | 56260 | 1090 |
| 以色列 | 29880 | 611 |
| 秘鲁 | 19310 | 480 |
| 西班牙 | 8105 | 192 |
| 美国 | 2922 | 101 |
| 日本 | 1880 | 60 |
| 澳大利亚 | 357 | 36 |
| 智利 | 900 | 27 |
| 印度 | 1278 | 26 |
| 意大利 | 180 | 6 |
| 墨西哥 | 180 | 6 |
| 台湾省 | 248 | 6 |
| 英国 | 138 | 4 |
| 法国 | 35 | 2 |
| 15159030 桐油及其分离品 | | |
| 合计 | 19134 | 14 |
| 中华人民共和国 | 19000 | 11 |
| 德国 | 134 | 3 |
| 15159090 未列名固定植物油、脂及其分离品 | | |
| 合计 | 2450393 | 14517 |
| 美国 | 314881 | 4158 |
| 西班牙 | 532663 | 2278 |
| 意大利 | 488398 | 2253 |
| 法国 | 171238 | 1203 |
| 澳大利亚 | 20306 | 739 |
| 瑞典 | 117829 | 524 |
| 德国 | 80528 | 381 |
| 英国 | 85058 | 343 |
| 日本 | 25391 | 336 |
| 台湾省 | 76714 | 321 |
| 泰国 | 92210 | 290 |
| 新西兰 | 9496 | 264 |
| 越南 | 304531 | 247 |
| 加拿大 | 18567 | 167 |
| 荷兰 | 9978 | 165 |
| 韩国 | 26583 | 164 |
| 斯洛文尼亚 | 4779 | 116 |

| 国家/地区 | 进口数量（千克） | 进口金额（千美元） |
| --- | --- | --- |
| 智利 | 10029 | 111 |
| 秘鲁 | 3990 | 102 |
| 葡萄牙 | 20000 | 66 |
| 摩洛哥 | 1551 | 55 |
| 加纳 | 13890 | 44 |
| 土耳其 | 8266 | 44 |
| 奥地利 | 1254 | 28 |
| 瑞士 | 1480 | 25 |
| 以色列 | 905 | 21 |
| 巴西 | 357 | 15 |
| 印度 | 651 | 15 |
| 南非 | 3062 | 10 |
| 香港 | 1663 | 9 |
| 肯尼亚 | 1500 | 8 |
| 丹麦 | 720 | 8 |
| 中华人民共和国 | 1641 | 6 |
| 乌干达 | 72 | 1 |
| 马来西亚 | 103 | 1 |
| 墨西哥 | 108 | 1 |
| 芬兰 | 1 | 0 |
| 20057000 非醋方法制作或保藏的油橄榄 | | |
| 合计 | 737040 | 1654 |
| 西班牙 | 645802 | 1326 |
| 希腊 | 36753 | 152 |
| 英国 | 23651 | 88 |
| 土耳其 | 15781 | 26 |
| 澳大利亚 | 2741 | 20 |
| 意大利 | 5089 | 18 |
| 法国 | 3138 | 13 |
| 摩洛哥 | 2370 | 5 |
| 台湾省 | 1196 | 2 |
| 美国 | 265 | 2 |
| 阿根廷 | 225 | 1 |
| 葡萄牙 | 29 | 1 |
| 20060010 蜜枣 | | |
| 合计 | 717 | 6 |
| 德国 | 299 | 2 |
| 突尼斯 | 210 | 2 |
| 台湾省 | 208 | 2 |
| 20060020 糖渍橄榄 | | |
| 合计 | 7389 | 18 |
| 台湾省 | 7324 | 15 |
| 法国 | 65 | 3 |

| 国家/地区 | 进口数量（千克） | 进口金额（千美元） |
| --- | --- | --- |
| 20060090 其他糖渍蔬菜、水果、坚果及植物的其他部分 | | |
| 合计 | 1483127 | 7499 |
| 菲律宾 | 428419 | 3174 |
| 泰国 | 498161 | 2600 |
| 美国 | 80036 | 369 |
| 台湾省 | 120283 | 343 |
| 韩国 | 220539 | 276 |
| 加拿大 | 28730 | 234 |
| 荷兰 | 27075 | 142 |
| 法国 | 7670 | 86 |
| 澳大利亚 | 11282 | 84 |
| 巴西 | 40000 | 44 |
| 意大利 | 4986 | 29 |
| 德国 | 2621 | 25 |
| 马来西亚 | 1654 | 24 |
| 英国 | 1235 | 22 |
| 西班牙 | 3682 | 15 |
| 香港 | 2087 | 9 |
| 摩洛哥 | 2366 | 8 |
| 中华人民共和国 | 1510 | 6 |
| 日本 | 140 | 6 |
| 土耳其 | 651 | 2 |
| 20079100 柑橘属水果制果酱、果冻、果泥及果膏 | | |
| 合计 | 148457 | 680 |
| 法国 | 44518 | 226 |
| 瑞士 | 16539 | 96 |
| 瑞典 | 11354 | 66 |
| 英国 | 10980 | 64 |
| 德国 | 13161 | 61 |
| 奥地利 | 13457 | 40 |
| 马来西亚 | 12222 | 39 |
| 西班牙 | 12327 | 26 |
| 意大利 | 2845 | 19 |
| 澳大利亚 | 1302 | 10 |
| 美国 | 1787 | 8 |
| 韩国 | 1800 | 6 |
| 埃及 | 1689 | 5 |
| 泰国 | 1508 | 4 |
| 台湾省 | 1458 | 4 |
| 新西兰 | 308 | 2 |
| 土耳其 | 739 | 2 |
| 比利时 | 348 | 2 |

| 国家/地区 | 进口数量（千克） | 进口金额（千美元） |
| --- | --- | --- |
| 加拿大 | 115 | 1 |
| 20079910 非柑橘属水果制果酱、果冻、果泥及果膏罐头 | | |
| 合计 | 1695866 | 5671 |
| 瑞典 | 435311 | 2230 |
| 印度 | 782782 | 1148 |
| 法国 | 139763 | 809 |
| 英国 | 64299 | 363 |
| 奥地利 | 55431 | 259 |
| 比利时 | 35379 | 164 |
| 西班牙 | 39523 | 144 |
| 美国 | 24282 | 103 |
| 德国 | 16004 | 88 |
| 保加利亚 | 19581 | 79 |
| 澳大利亚 | 6855 | 49 |
| 丹麦 | 10068 | 40 |
| 乌兹别克斯坦 | 21103 | 38 |
| 阿联酋 | 15780 | 34 |
| 瑞士 | 4112 | 30 |
| 新西兰 | 4488 | 29 |
| 菲律宾 | 6095 | 23 |
| 意大利 | 3583 | 18 |
| 希腊 | 5249 | 14 |
| 韩国 | 1238 | 4 |
| 加拿大 | 600 | 4 |
| 日本 | 3600 | 2 |
| 马来西亚 | 716 | 1 |
| 香港 | 24 | 1 |
| 20079990 其他非柑橘属水果制果酱、果冻、果泥及果膏 | | |
| 合计 | 8783726 | 21421 |
| 法国 | 1064724 | 6194 |
| 印度 | 2524087 | 3061 |
| 德国 | 408972 | 2219 |
| 美国 | 908469 | 2075 |
| 台湾省 | 1555688 | 1375 |
| 马来西亚 | 287352 | 1047 |
| 瑞士 | 136970 | 878 |
| 比利时 | 195271 | 863 |
| 意大利 | 92831 | 589 |
| 韩国 | 107801 | 403 |
| 荷兰 | 54732 | 396 |
| 奥地利 | 134006 | 288 |
| 澳大利亚 | 137837 | 264 |

| 国家/地区 | 进口数量（千克） | 进口金额（千美元） |
| --- | --- | --- |
| 厄瓜多尔 | 338129 | 240 |
| 新西兰 | 35299 | 227 |
| 南非 | 197428 | 199 |
| 危地马拉 | 239972 | 179 |
| 波兰 | 53444 | 177 |
| 英国 | 16846 | 118 |
| 哥斯达黎加 | 131260 | 116 |
| 菲律宾 | 29787 | 107 |
| 西班牙 | 22047 | 81 |
| 丹麦 | 11118 | 46 |
| 巴西 | 32004 | 46 |
| 日本 | 5887 | 42 |
| 土耳其 | 12436 | 39 |
| 泰国 | 9650 | 32 |
| 加拿大 | 4537 | 24 |
| 新加坡 | 3940 | 22 |
| 智利 | 19056 | 18 |
| 瑞典 | 4172 | 17 |
| 埃及 | 5501 | 15 |
| 以色列 | 605 | 9 |
| 越南 | 366 | 6 |
| 墨西哥 | 1014 | 5 |
| 斐济 | 200 | 2 |
| 印度尼西亚 | 196 | 1 |
| 希腊 | 92 | 1 |
| 20081910 核桃仁罐头 | | |
| 合计 | 1685 | 22 |
| 越南 | 1453 | 17 |
| 韩国 | 162 | 4 |
| 意大利 | 35 | 1 |
| 美国 | 35 | 1 |
| 20081920 其他果仁罐头 | | |
| 合计 | 150449 | 1695 |
| 泰国 | 99224 | 1057 |
| 美国 | 34875 | 416 |
| 韩国 | 2382 | 37 |
| 越南 | 2860 | 34 |
| 马来西亚 | 1905 | 33 |
| 德国 | 2556 | 33 |
| 意大利 | 1971 | 29 |
| 台湾省 | 1942 | 24 |
| 印度尼西亚 | 1350 | 19 |
| 香港 | 313 | 5 |
| 法国 | 692 | 5 |

| 国家/地区 | 进口数量（千克） | 进口金额（千美元） |
| --- | --- | --- |
| 比利时 | 285 | 4 |
| 西班牙 | 94 | 2 |
| 20081991 其他制作或保藏的栗仁 | | |
| 合计 | 221005 | 1373 |
| 瑞士 | 146875 | 924 |
| 法国 | 71662 | 407 |
| 意大利 | 2293 | 41 |
| 葡萄牙 | 175 | 2 |
| 20081999 未列名制作或保藏的坚果及其他子仁 | | |
| 合计 | 4358169 | 35088 |
| 土耳其 | 1411021 | 9993 |
| 美国 | 949413 | 8789 |
| 越南 | 478011 | 5303 |
| 香港 | 252390 | 2082 |
| 泰国 | 261876 | 2013 |
| 意大利 | 238324 | 1081 |
| 马来西亚 | 194782 | 1064 |
| 德国 | 61507 | 692 |
| 台湾省 | 188013 | 631 |
| 澳大利亚 | 57335 | 578 |
| 新加坡 | 39320 | 549 |
| 瑞士 | 80021 | 532 |
| 比利时 | 33744 | 375 |
| 加拿大 | 24252 | 320 |
| 日本 | 17172 | 254 |
| 韩国 | 8455 | 130 |
| 法国 | 6259 | 104 |
| 印度尼西亚 | 9458 | 99 |
| 伊朗 | 8513 | 88 |
| 荷兰 | 10413 | 77 |
| 菲律宾 | 8562 | 58 |
| 印度 | 3159 | 51 |
| 黎巴嫩 | 4966 | 49 |
| 南非 | 2359 | 47 |
| 英国 | 3005 | 44 |
| 澳门 | 1424 | 28 |
| 西班牙 | 1093 | 23 |
| 阿联酋 | 599 | 14 |
| 希腊 | 1526 | 9 |
| 罗马尼亚 | 543 | 9 |
| 新西兰 | 434 | 4 |
| 沙特阿拉伯 | 220 | 2 |
| 20082010 菠萝罐头 | | |

| 国家/地区 | 进口数量（千克） | 进口金额（千美元） |
|---|---|---|
| 合计 | 15205954 | 14544 |
| 泰国 | 7761114 | 7132 |
| 菲律宾 | 4073752 | 4253 |
| 印度尼西亚 | 3302847 | 3062 |
| 越南 | 36863 | 48 |
| 台湾省 | 20411 | 29 |
| 马来西亚 | 5412 | 11 |
| 法国 | 1912 | 4 |
| 美国 | 2938 | 4 |
| 德国 | 292 | 1 |
| 韩国 | 413 | 1 |
| 20082090 未列名制作或保藏的菠萝 | | |
| 合计 | 54827 | 162 |
| 菲律宾 | 13398 | 93 |
| 越南 | 36922 | 31 |
| 台湾省 | 2654 | 23 |
| 泰国 | 910 | 8 |
| 德国 | 813 | 7 |
| 美国 | 130 | 1 |
| 20083010 柑橘属水果罐头 | | |
| 合计 | 952392 | 2041 |
| 韩国 | 758009 | 1775 |
| 泰国 | 83630 | 153 |
| 中华人民共和国 | 91945 | 85 |
| 德国 | 17366 | 26 |
| 美国 | 1442 | 2 |
| 20083090 未列名制作或保藏的柑橘属水果 | | |
| 合计 | 42461952 | 44949 |
| 巴西 | 17910420 | 16334 |
| 美国 | 14857470 | 14701 |
| 韩国 | 2514380 | 6548 |
| 哥斯达黎加 | 6888089 | 6529 |
| 德国 | 75624 | 613 |
| 西班牙 | 121500 | 99 |
| 以色列 | 49418 | 82 |
| 泰国 | 44760 | 39 |
| 日本 | 30 | 2 |
| 台湾省 | 69 | 1 |
| 香港 | 192 | 1 |
| 20084010 梨罐头 | | |
| 合计 | 55418 | 101 |
| 南非 | 42615 | 69 |
| 法国 | 5432 | 14 |
| 西班牙 | 3741 | 12 |

| 国家/地区 | 进口数量（千克） | 进口金额（千美元） |
|---|---|---|
| 美国 | 3299 | 5 |
| 德国 | 331 | 1 |
| 20084090 未列名制作或保藏的梨 | | |
| 合计 | 3769 | 13 |
| 韩国 | 3600 | 9 |
| 美国 | 169 | 4 |
| 20085000 其他制作或保藏的杏 | | |
| 合计 | 24701 | 103 |
| 泰国 | 748 | 32 |
| 土耳其 | 2366 | 22 |
| 德国 | 1606 | 13 |
| 中华人民共和国 | 12375 | 13 |
| 希腊 | 1971 | 5 |
| 澳大利亚 | 588 | 5 |
| 意大利 | 516 | 5 |
| 美国 | 2390 | 4 |
| 南非 | 1960 | 3 |
| 罗马尼亚 | 181 | 2 |
| 20086010 樱桃罐头 | | |
| 合计 | 47930 | 203 |
| 美国 | 27123 | 83 |
| 德国 | 12801 | 66 |
| 法国 | 3371 | 24 |
| 意大利 | 2987 | 23 |
| 保加利亚 | 1567 | 6 |
| 西班牙 | 81 | 1 |
| 20086090 其他制作或保藏的樱桃 | | |
| 合计 | 106969 | 726 |
| 美国 | 27609 | 354 |
| 法国 | 33777 | 211 |
| 菲律宾 | 32640 | 106 |
| 意大利 | 11378 | 38 |
| 加拿大 | 1086 | 11 |
| 台湾省 | 144 | 3 |
| 德国 | 335 | 3 |
| 20087010 桃罐头 | | |
| 合计 | 12616672 | 16192 |
| 南非 | 11089614 | 14123 |
| 希腊 | 1497033 | 2019 |
| 智利 | 17712 | 28 |
| 美国 | 5792 | 11 |
| 韩国 | 3408 | 7 |
| 中华人民共和国 | 2657 | 3 |
| 保加利亚 | 269 | 1 |

| 国家/地区 | 进口数量（千克） | 进口金额（千美元） |
|---|---|---|
| 西班牙 | 187 | 1 |
| 20087090 未列名制作或保藏的桃 | | |
| 合计 | 116823 | 242 |
| 智利 | 112318 | 202 |
| 泰国 | 753 | 32 |
| 美国 | 3312 | 6 |
| 秘鲁 | 220 | 1 |
| 澳大利亚 | 220 | 1 |
| 20088000 其他制作或保藏的草莓 | | |
| 合计 | 18382 | 89 |
| 美国 | 14768 | 41 |
| 泰国 | 775 | 33 |
| 台湾省 | 2417 | 10 |
| 意大利 | 324 | 3 |
| 香港 | 54 | 1 |
| 法国 | 40 | 1 |
| 德国 | 4 | 1 |
| 20089100 其他制作或保藏的棕榈芯 | | |
| 合计 | 9548 | 41 |
| 多民族玻利维亚国 | 7776 | 31 |
| 哥斯达黎加 | 1329 | 7 |
| 厄瓜多尔 | 443 | 3 |
| 20089920 龙眼罐头 | | |
| 合计 | 9515 | 9 |
| 泰国 | 9485 | 9 |
| 20089990 未列名制作或保藏水果、坚果及植物的其他食用部分 | | |
| 合计 | 13591764 | 26119 |
| 菲律宾 | 5340613 | 7251 |
| 美国 | 2197836 | 6224 |
| 泰国 | 2876908 | 3689 |
| 韩国 | 573701 | 1842 |
| 越南 | 348955 | 1642 |
| 印度 | 747212 | 1014 |
| 马来西亚 | 113467 | 728 |
| 台湾省 | 123838 | 720 |
| 德国 | 53978 | 435 |
| 比利时 | 94840 | 370 |
| 厄瓜多尔 | 256361 | 248 |
| 南非 | 213238 | 210 |
| 新加坡 | 21331 | 204 |
| 法国 | 46110 | 188 |
| 西班牙 | 89823 | 183 |
| 日本 | 79932 | 178 |

| 国家/地区 | 进口数量（千克） | 进口金额（千美元） |
|---|---|---|
| 加拿大 | 48478 | 146 |
| 智利 | 10002 | 126 |
| 澳门 | 12546 | 124 |
| 意大利 | 39385 | 120 |
| 哥斯达黎加 | 139825 | 97 |
| 摩洛哥 | 36953 | 51 |
| 墨西哥 | 10179 | 46 |
| 新西兰 | 5569 | 44 |
| 印度尼西亚 | 31941 | 43 |
| 澳大利亚 | 7279 | 41 |
| 土耳其 | 3397 | 33 |
| 巴西 | 32720 | 33 |
| 匈牙利 | 2462 | 25 |
| 荷兰 | 3262 | 16 |
| 危地马拉 | 20000 | 14 |
| 罗马尼亚 | 812 | 9 |
| 英国 | 912 | 8 |
| 希腊 | 544 | 7 |
| 香港 | 1248 | 6 |
| 中华人民共和国 | 1732 | 4 |
| 葡萄牙 | 3480 | 4 |
| 阿根廷 | 543 | 2 |
| 秘鲁 | 102 | 1 |
| 伊朗 | 250 | 1 |
| 20091100 冷冻橙汁 | | |
| 合计 | 58884787 | 133951 |
| 巴西 | 34527866 | 80952 |
| 以色列 | 19135520 | 39128 |
| 哥斯达黎加 | 1968984 | 4984 |
| 美国 | 1137489 | 3684 |
| 墨西哥 | 1130220 | 2542 |
| 荷兰 | 587373 | 1726 |
| 意大利 | 109330 | 401 |
| 希腊 | 114400 | 236 |
| 西班牙 | 119750 | 222 |
| 香港 | 46121 | 70 |
| 台湾省 | 3990 | 4 |
| 德国 | 3744 | 4 |
| 20091200 非冷冻橙汁，白利糖度值≤20 | | |
| 合计 | 3683629 | 4095 |
| 美国 | 520297 | 776 |
| 塞浦路斯 | 1086270 | 721 |
| 澳大利亚 | 241529 | 504 |
| 西班牙 | 484560 | 462 |

| 国家/地区 | 进口数量（千克） | 进口金额（千美元） |
|---|---|---|
| 泰国 | 381356 | 423 |
| 香港 | 98762 | 197 |
| 奥地利 | 120696 | 146 |
| 墨西哥 | 86876 | 136 |
| 意大利 | 116877 | 132 |
| 德国 | 101447 | 106 |
| 法国 | 64258 | 77 |
| 保加利亚 | 65400 | 53 |
| 英国 | 22771 | 50 |
| 拉脱维亚 | 58029 | 49 |
| 台湾省 | 43452 | 39 |
| 波兰 | 26209 | 34 |
| 土耳其 | 34055 | 32 |
| 葡萄牙 | 27543 | 31 |
| 南非 | 22483 | 19 |
| 斯洛文尼亚 | 12105 | 16 |
| 加拿大 | 17770 | 15 |
| 阿联酋 | 15334 | 12 |
| 马来西亚 | 8624 | 12 |
| 新西兰 | 2892 | 11 |
| 希腊 | 8215 | 10 |
| 菲律宾 | 4602 | 9 |
| 瑞士 | 2707 | 8 |
| 日本 | 1410 | 6 |
| 伊朗 | 2760 | 3 |
| 巴西 | 2230 | 3 |
| 印度尼西亚 | 128 | 2 |
| 以色列 | 1255 | 1 |
| 亚美尼亚 | 727 | 1 |
| 20091900 其他橙汁 | | |
| 合计 | 110010 | 203 |
| 意大利 | 63002 | 152 |
| 奥地利 | 26560 | 29 |
| 斯洛文尼亚 | 4771 | 7 |
| 澳大利亚 | 1778 | 3 |
| 塞浦路斯 | 5040 | 3 |
| 俄罗斯联邦 | 3219 | 3 |
| 伊朗 | 2400 | 3 |
| 立陶宛 | 2340 | 2 |
| 马来西亚 | 865 | 1 |
| 日本 | 35 | 1 |
| 20092100 葡萄柚(包括柚)汁，白利糖度值≤20 | | |
| 合计 | 876852 | 879 |

| 国家/地区 | 进口数量（千克） | 进口金额（千美元） |
|---|---|---|
| 塞浦路斯 | 423873 | 281 |
| 以色列 | 128110 | 136 |
| 香港 | 61132 | 127 |
| 美国 | 47169 | 65 |
| 泰国 | 52428 | 54 |
| 奥地利 | 34058 | 47 |
| 韩国 | 18680 | 41 |
| 意大利 | 38308 | 39 |
| 澳大利亚 | 20790 | 26 |
| 巴西 | 19860 | 23 |
| 德国 | 10914 | 15 |
| 法国 | 2787 | 4 |
| 波兰 | 4500 | 4 |
| 希腊 | 3014 | 3 |
| 西班牙 | 1494 | 3 |
| 亚美尼亚 | 3259 | 3 |
| 加拿大 | 869 | 2 |
| 台湾省 | 1710 | 2 |
| 英国 | 528 | 2 |
| 墨西哥 | 2793 | 2 |
| 土耳其 | 576 | 1 |
| 20092900 其他葡萄柚(包括柚)汁 | | |
| 合计 | 2459062 | 6280 |
| 美国 | 1282887 | 3693 |
| 以色列 | 1076129 | 2332 |
| 南非 | 82655 | 183 |
| 古巴 | 9360 | 37 |
| 意大利 | 1680 | 23 |
| 巴西 | 4335 | 9 |
| 泰国 | 1296 | 2 |
| 土耳其 | 720 | 1 |
| 20093110 柠檬汁，白利糖度值≤20 | | |
| 合计 | 889164 | 1493 |
| 台湾省 | 526216 | 814 |
| 意大利 | 64289 | 177 |
| 比利时 | 100380 | 156 |
| 越南 | 72072 | 139 |
| 以色列 | 64313 | 102 |
| 美国 | 6020 | 23 |
| 泰国 | 27600 | 22 |
| 奥地利 | 11247 | 22 |
| 菲律宾 | 1949 | 9 |
| 西班牙 | 3236 | 9 |
| 香港 | 1020 | 7 |

| 国家/地区 | 进口数量（千克） | 进口金额（千美元） |
|---|---|---|
| 土耳其 | 5789 | 5 |
| 法国 | 4436 | 4 |
| 澳大利亚 | 441 | 3 |
| 日本 | 156 | 2 |
| 20093190 其他未混合柑橘属水果汁，白利糖度≤20 | | |
| 合计 | 925506 | 1351 |
| 越南 | 608050 | 833 |
| 台湾省 | 309481 | 501 |
| 韩国 | 3432 | 7 |
| 意大利 | 880 | 3 |
| 日本 | 805 | 3 |
| 西班牙 | 2155 | 3 |
| 法国 | 463 | 1 |
| 希腊 | 240 | 1 |
| 20093910 其他柠檬汁 | | |
| 合计 | 2515745 | 6834 |
| 以色列 | 1298408 | 2787 |
| 意大利 | 815388 | 2772 |
| 西班牙 | 210250 | 706 |
| 阿根廷 | 143025 | 350 |
| 德国 | 40538 | 174 |
| 美国 | 4795 | 36 |
| 台湾省 | 2000 | 6 |
| 日本 | 96 | 1 |
| 阿联酋 | 705 | 1 |
| 菲律宾 | 540 | 1 |
| 20093990 其他未混合柑橘属水果汁 | | |
| 合计 | 135159 | 296 |
| 韩国 | 62668 | 153 |
| 越南 | 10000 | 76 |
| 马来西亚 | 48000 | 35 |
| 以色列 | 13932 | 27 |
| 日本 | 559 | 5 |
| 20094100 菠萝汁，白利糖度值≤20 | | |
| 合计 | 1398527 | 1254 |
| 塞浦路斯 | 636910 | 435 |
| 泰国 | 214649 | 227 |
| 菲律宾 | 146698 | 188 |
| 波兰 | 121430 | 126 |
| 意大利 | 75138 | 80 |
| 马来西亚 | 57717 | 49 |
| 保加利亚 | 33000 | 28 |
| 台湾省 | 35166 | 20 |

| 国家/地区 | 进口数量（千克） | 进口金额（千美元） |
|---|---|---|
| 德国 | 11920 | 19 |
| 美国 | 11328 | 15 |
| 法国 | 9286 | 12 |
| 葡萄牙 | 8609 | 9 |
| 土耳其 | 7027 | 9 |
| 澳大利亚 | 6061 | 9 |
| 西班牙 | 7840 | 8 |
| 希腊 | 6217 | 7 |
| 奥地利 | 2938 | 6 |
| 墨西哥 | 2793 | 2 |
| 韩国 | 96 | 1 |
| 加拿大 | 461 | 1 |
| 日本 | 523 | 1 |
| 哈萨克斯坦 | 1728 | 1 |
| 亚美尼亚 | 727 | 1 |
| 英国 | 265 | 0 |
| 20094900 其他菠萝汁 | | |
| 合计 | 3314019 | 4278 |
| 印度尼西亚 | 1633476 | 1940 |
| 泰国 | 1058875 | 1406 |
| 菲律宾 | 596436 | 860 |
| 美国 | 12066 | 59 |
| 台湾省 | 4332 | 5 |
| 俄罗斯联邦 | 6071 | 5 |
| 伊朗 | 2400 | 3 |
| 德国 | 238 | 1 |
| 意大利 | 125 | 1 |
| 20096100 葡萄汁，白利糖度值≤30 | | |
| 合计 | 2607702 | 5395 |
| 澳大利亚 | 794547 | 3118 |
| 西班牙 | 289317 | 536 |
| 塞浦路斯 | 589942 | 420 |
| 美国 | 187885 | 348 |
| 波兰 | 200729 | 186 |
| 南非 | 123814 | 166 |
| 马来西亚 | 128791 | 133 |
| 法国 | 31022 | 123 |
| 泰国 | 110507 | 120 |
| 加拿大 | 49425 | 76 |
| 奥地利 | 32824 | 51 |
| 意大利 | 9875 | 32 |
| 土耳其 | 36910 | 32 |
| 德国 | 11186 | 23 |
| 日本 | 2084 | 19 |

| 国家/地区 | 进口数量（千克） | 进口金额（千美元） |
|---|---|---|
| 新西兰 | 1092 | 4 |
| 韩国 | 1903 | 3 |
| 墨西哥 | 4190 | 3 |
| 台湾省 | 713 | 3 |
| 比利时 | 946 | 2 |
| 20096900 其他葡萄汁 | | |
| 合计 | 7866086 | 20738 |
| 西班牙 | 2882241 | 8104 |
| 以色列 | 1986260 | 4857 |
| 美国 | 940855 | 3070 |
| 阿根廷 | 1203465 | 2441 |
| 智利 | 627832 | 1838 |
| 台湾省 | 130460 | 228 |
| 加拿大 | 85709 | 164 |
| 澳大利亚 | 4500 | 20 |
| 法国 | 800 | 8 |
| 意大利 | 317 | 4 |
| 土耳其 | 2891 | 2 |
| 塞浦路斯 | 756 | 1 |
| 20097100 苹果汁，白利糖度值≤20 | | |
| 合计 | 1612688 | 1947 |
| 美国 | 273474 | 517 |
| 塞浦路斯 | 494318 | 332 |
| 澳大利亚 | 99223 | 236 |
| 日本 | 27935 | 89 |
| 南非 | 73921 | 83 |
| 奥地利 | 77846 | 83 |
| 泰国 | 79145 | 78 |
| 德国 | 59589 | 62 |
| 加拿大 | 44598 | 57 |
| 法国 | 42807 | 53 |
| 西班牙 | 47645 | 50 |
| 保加利亚 | 49506 | 42 |
| 意大利 | 33659 | 37 |
| 土耳其 | 40161 | 33 |
| 拉脱维亚 | 41178 | 29 |
| 英国 | 13580 | 27 |
| 波兰 | 16996 | 18 |
| 台湾省 | 17520 | 17 |
| 匈牙利 | 4097 | 15 |
| 香港 | 8002 | 13 |
| 斯洛文尼亚 | 6901 | 11 |
| 新西兰 | 4141 | 10 |
| 葡萄牙 | 8891 | 10 |

| 国家/地区 | 进口数量（千克） | 进口金额（千美元） |
|---|---|---|
| 以色列 | 7200 | 9 |
| 阿联酋 | 7524 | 6 |
| 亚美尼亚 | 5693 | 5 |
| 印度尼西亚 | 4500 | 5 |
| 伊朗 | 4296 | 5 |
| 墨西哥 | 6647 | 5 |
| 瑞士 | 1500 | 4 |
| 阿塞拜疆 | 4316 | 3 |
| 哈萨克斯坦 | 3888 | 2 |
| 希腊 | 1154 | 1 |
| 韩国 | 837 | 1 |
| 20097900 其他苹果汁 | | |
| 合计 | 159833 | 329 |
| 美国 | 66739 | 105 |
| 意大利 | 20450 | 68 |
| 日本 | 22147 | 66 |
| 中华人民共和国 | 19329 | 45 |
| 新西兰 | 3002 | 13 |
| 奥地利 | 6615 | 7 |
| 法国 | 2783 | 6 |
| 斯洛文尼亚 | 3512 | 5 |
| 俄罗斯联邦 | 5272 | 4 |
| 匈牙利 | 1135 | 4 |
| 塞浦路斯 | 5040 | 3 |
| 立陶宛 | 3510 | 2 |
| 韩国 | 240 | 1 |
| 澳大利亚 | 59 | 1 |
| 20099010 混合水果汁 | | |
| 合计 | 9744270 | 19231 |
| 丹麦 | 3801600 | 9018 |
| 美国 | 511539 | 2924 |
| 泰国 | 1622237 | 1907 |
| 韩国 | 138386 | 1480 |
| 南非 | 744439 | 827 |
| 塞浦路斯 | 727319 | 512 |
| 西班牙 | 386635 | 356 |
| 台湾省 | 741185 | 344 |
| 新西兰 | 85451 | 271 |
| 英国 | 103519 | 228 |
| 以色列 | 122743 | 219 |
| 香港 | 91903 | 209 |
| 澳大利亚 | 62039 | 121 |
| 意大利 | 91606 | 103 |
| 土耳其 | 100586 | 89 |

| 国家/地区 | 进口数量（千克） | 进口金额（千美元） |
|---|---|---|
| 德国 | 35267 | 87 |
| 奥地利 | 79372 | 84 |
| 加拿大 | 14417 | 76 |
| 马来西亚 | 62346 | 59 |
| 俄罗斯联邦 | 67863 | 47 |
| 瑞典 | 12100 | 45 |
| 匈牙利 | 17197 | 37 |
| 法国 | 8179 | 23 |
| 墨西哥 | 13986 | 22 |
| 波兰 | 16530 | 20 |
| 葡萄牙 | 18147 | 18 |
| 瑞士 | 4819 | 18 |
| 斯洛文尼亚 | 7267 | 15 |
| 菲律宾 | 9220 | 13 |
| 塞尔维亚 | 8830 | 12 |
| 阿联酋 | 15060 | 12 |
| 希腊 | 7543 | 10 |
| 保加利亚 | 1936 | 5 |
| 伊朗 | 3120 | 4 |
| 日本 | 1375 | 3 |
| 埃及 | 3600 | 3 |
| 格鲁吉亚 | 2190 | 2 |
| 拉脱维亚 | 312 | 2 |
| 荷兰 | 139 | 1 |
| 哈萨克斯坦 | 1728 | 1 |
| 爱尔兰 | 540 | 1 |
| 21069040 椰子汁 | | |
| 合计 | 5830422 | 8317 |
| 印度尼西亚 | 3795018 | 5324 |
| 泰国 | 1117578 | 1569 |
| 马来西亚 | 480787 | 1075 |
| 越南 | 376200 | 255 |
| 菲律宾 | 60584 | 94 |
| 突尼斯 | 255 | 1 |

## 茶咖啡出口量值表

| 国家/地区 | 出口数量（千克） | 出口金额（千美元） |
|---|---|---|
| 18010000 整颗或破碎的可可豆，生的或焙炒的 | | |
| 合计 | 977001 | 2668 |
| 日本 | 874691 | 2399 |
| 马来西亚 | 100310 | 261 |
| 沙特阿拉伯 | 2000 | 8 |

| 国家/地区 | 出口数量（千克） | 出口金额（千美元） |
|---|---|---|
| 18031000 未脱脂可可膏 | | |
| 合计 | 149000 | 553 |
| 澳大利亚 | 100000 | 373 |
| 智利 | 33000 | 123 |
| 埃及 | 12000 | 43 |
| 乌拉圭 | 2000 | 7 |
| 孟加拉国 | 2000 | 6 |
| 18032000 全脱脂或部分脱脂可可膏 | | |
| 合计 | 1898000 | 3343 |
| 德国 | 1000000 | 1405 |
| 西班牙 | 500000 | 1116 |
| 俄罗斯联邦 | 180000 | 332 |
| 荷兰 | 140000 | 289 |
| 埃及 | 60000 | 169 |
| 乌拉圭 | 18000 | 32 |
| 18040000 可可脂、可可油 | | |
| 合计 | 19261301 | 88071 |
| 荷兰 | 7040000 | 32752 |
| 德国 | 6508000 | 28243 |
| 英国 | 4060000 | 18585 |
| 法国 | 1000000 | 5118 |
| 墨西哥 | 200001 | 1118 |
| 拉脱维亚 | 180000 | 950 |
| 澳大利亚 | 140500 | 575 |
| 克罗地亚 | 40000 | 251 |
| 智利 | 50100 | 250 |
| 波兰 | 10000 | 72 |
| 加拿大 | 8100 | 44 |
| 美国 | 7500 | 40 |
| 埃及 | 8000 | 37 |
| 孟加拉国 | 6000 | 22 |
| 巴巴多斯 | 2000 | 10 |
| 牙买加 | 1000 | 5 |
| 台湾省 | 100 | 1 |
| 18050000 未加糖或其他甜物质的可可粉 | | |
| 合计 | 10463896 | 22559 |
| 古巴 | 1600000 | 8582 |
| 巴西 | 1217100 | 1680 |
| 智利 | 892050 | 1413 |
| 菲律宾 | 515000 | 1220 |
| 埃及 | 914000 | 1065 |
| 俄罗斯联邦 | 363000 | 658 |
| 克罗地亚 | 459000 | 654 |
| 萨尔瓦多 | 402000 | 613 |
| 印度 | 314000 | 587 |

| 国家/地区 | 出口数量（千克） | 出口金额（千美元） |
|---|---|---|
| 保加利亚 | 447000 | 554 |
| 秘鲁 | 261412 | 522 |
| 匈牙利 | 298000 | 405 |
| 乌克兰 | 212250 | 308 |
| 巴基斯坦 | 242000 | 284 |
| 墨西哥 | 133050 | 256 |
| 伊朗 | 98500 | 223 |
| 多民族玻利维亚国 | 122000 | 218 |
| 塞内加尔 | 224000 | 217 |
| 也门 | 160000 | 204 |
| 土耳其 | 100250 | 194 |
| 阿根廷 | 75000 | 178 |
| 哥伦比亚 | 88050 | 169 |
| 叙利亚 | 95000 | 166 |
| 黑山 | 128000 | 163 |
| 乌兹别克斯坦 | 133850 | 161 |
| 新西兰 | 60000 | 141 |
| 孟加拉国 | 57000 | 138 |
| 阿尔及利亚 | 80000 | 120 |
| 澳大利亚 | 49500 | 113 |
| 斐济 | 65000 | 113 |
| 以色列 | 48000 | 82 |
| 西班牙 | 33000 | 80 |
| 哈萨克斯坦 | 64000 | 74 |
| 立陶宛 | 48000 | 68 |
| 埃塞俄比亚 | 26000 | 66 |
| 拉脱维亚 | 30500 | 62 |
| 台湾省 | 11550 | 54 |
| 希腊 | 32000 | 54 |
| 美国 | 32000 | 51 |
| 沙特阿拉伯 | 11238 | 49 |
| 香港 | 2643 | 47 |
| 阿尔巴尼亚 | 39000 | 45 |
| 马来西亚 | 15000 | 41 |
| 突尼斯 | 38000 | 40 |
| 多米尼加共和国 | 15000 | 39 |
| 斯洛文尼亚 | 16000 | 38 |
| 危地马拉 | 20000 | 38 |
| 吉尔吉斯斯坦 | 32000 | 36 |
| 荷兰 | 7350 | 34 |
| 塞尔维亚 | 16000 | 27 |
| 罗马尼亚 | 19000 | 27 |
| 格鲁吉亚 | 15000 | 27 |
| 约旦 | 16000 | 26 |
| 摩洛哥 | 12000 | 23 |

| 国家/地区 | 出口数量（千克） | 出口金额（千美元） |
|---|---|---|
| 塞浦路斯 | 16000 | 21 |
| 莫桑比克 | 7000 | 21 |
| 泰国 | 10000 | 20 |
| 朝鲜 | 5000 | 18 |
| 乌拉圭 | 15000 | 17 |
| 阿联酋 | 3500 | 13 |
| 吉布提 | 2000 | 3 |
| 加拿大 | 103 | 1 |

### 18061000 含糖或其他甜物质的可可粉

| 国家/地区 | 出口数量（千克） | 出口金额（千美元） |
|---|---|---|
| 合计 | 212503 | 1399 |
| 香港 | 101489 | 821 |
| 美国 | 80179 | 415 |
| 挪威 | 5947 | 54 |
| 加拿大 | 7724 | 39 |
| 澳大利亚 | 7770 | 36 |
| 英国 | 8913 | 34 |
| 新西兰 | 481 | 2 |

### 18062000 其他重量＞2kg 的块状或条状含可可食品；容器包装或内包装每件净重＞2kg 的散装形状的含可可食品

| 国家/地区 | 出口数量（千克） | 出口金额（千美元） |
|---|---|---|
| 合计 | 1579554 | 3889 |
| 菲律宾 | 601997 | 1313 |
| 秘鲁 | 216000 | 628 |
| 巴基斯坦 | 164610 | 418 |
| 印度尼西亚 | 178128 | 394 |
| 朝鲜 | 106500 | 385 |
| 香港 | 95621 | 192 |
| 马来西亚 | 82395 | 191 |
| 格鲁吉亚 | 28780 | 73 |
| 加纳 | 15750 | 46 |
| 安哥拉 | 16455 | 43 |
| 埃及 | 21510 | 41 |
| 智利 | 20596 | 41 |
| 日本 | 2542 | 35 |
| 泰国 | 6000 | 31 |
| 尼日利亚 | 17000 | 31 |
| 新西兰 | 3300 | 18 |
| 台湾省 | 1200 | 7 |
| 美国 | 1000 | 3 |
| 澳大利亚 | 170 | 2 |

### 18063100 块状或条状含可可的夹心食品，重量≤2kg

| 国家/地区 | 出口数量（千克） | 出口金额（千美元） |
|---|---|---|
| 合计 | 4807714 | 28045 |
| 澳大利亚 | 933713 | 5623 |
| 菲律宾 | 1408706 | 4748 |
| 德国 | 418235 | 4035 |
| 香港 | 398201 | 3810 |
| 马来西亚 | 349281 | 1465 |
| 哥伦比亚 | 145459 | 1104 |
| 新西兰 | 154985 | 855 |
| 美国 | 112175 | 854 |
| 墨西哥 | 107744 | 701 |
| 印度 | 91329 | 647 |
| 巴基斯坦 | 100811 | 632 |
| 加拿大 | 65267 | 479 |
| 蒙古 | 51103 | 420 |
| 南非 | 83567 | 389 |
| 比利时 | 41306 | 304 |
| 英国 | 30671 | 301 |
| 委内瑞拉 | 36874 | 223 |
| 韩国 | 45548 | 206 |
| 孟加拉国 | 25334 | 184 |
| 智利 | 29426 | 177 |
| 阿联酋 | 20664 | 119 |
| 日本 | 18071 | 106 |
| 亚美尼亚 | 12258 | 93 |
| 朝鲜 | 26523 | 82 |
| 俄罗斯联邦 | 25300 | 76 |
| 新加坡 | 6166 | 70 |
| 尼泊尔联邦民主共和国 | 6812 | 48 |
| 以色列 | 10053 | 47 |
| 加纳 | 25380 | 46 |
| 丹麦 | 4463 | 43 |
| 巴林 | 5165 | 41 |
| 文莱 | 5302 | 38 |
| 喀麦隆 | 4562 | 37 |
| 毛里求斯 | 3347 | 17 |
| 荷兰 | 2026 | 13 |
| 莫桑比克 | 1302 | 9 |
| 澳门 | 571 | 3 |
| 法国 | 14 | 0 |

### 18063200 块状或条状含可可的非夹心食品，重量≤2kg

| 国家/地区 | 出口数量（千克） | 出口金额（千美元） |
|---|---|---|
| 合计 | 3419776 | 23047 |
| 加拿大 | 474996 | 4090 |
| 美国 | 572827 | 3606 |
| 澳大利亚 | 436155 | 2879 |
| 日本 | 430810 | 2469 |
| 香港 | 260454 | 2083 |
| 英国 | 185766 | 1640 |

| 国家/地区 | 出口数量（千克） | 出口金额（千美元） |
|---|---|---|
| 新加坡 | 368617 | 1490 |
| 台湾省 | 143185 | 1381 |
| 德国 | 39711 | 473 |
| 以色列 | 58493 | 454 |
| 南非 | 48213 | 407 |
| 韩国 | 73559 | 294 |
| 朝鲜 | 100896 | 281 |
| 菲律宾 | 60275 | 243 |
| 巴西 | 57053 | 238 |
| 亚美尼亚 | 12309 | 141 |
| 芬兰 | 8099 | 121 |
| 澳门 | 7960 | 108 |
| 哥伦比亚 | 12910 | 106 |
| 新西兰 | 10747 | 90 |
| 荷兰 | 8365 | 83 |
| 马来西亚 | 11019 | 58 |
| 法国 | 5797 | 50 |
| 委内瑞拉 | 5453 | 45 |
| 墨西哥 | 4282 | 44 |
| 俄罗斯联邦 | 2950 | 39 |
| 比利时 | 3052 | 39 |
| 蒙古 | 4399 | 37 |
| 智利 | 3325 | 27 |
| 黎巴嫩 | 960 | 13 |
| 阿联酋 | 5776 | 9 |
| 瑞士 | 276 | 6 |
| 印度尼西亚 | 1087 | 4 |
| 18069000 未列名含可可的食品 | | |
| 合计 | 44852773 | 212414 |
| 香港 | 8669291 | 66192 |
| 泰国 | 3851468 | 16706 |
| 菲律宾 | 5034479 | 16556 |
| 日本 | 3312762 | 16108 |
| 韩国 | 3317731 | 14815 |
| 马来西亚 | 2226959 | 9509 |
| 台湾省 | 1316453 | 7659 |
| 新加坡 | 1394919 | 7102 |
| 澳大利亚 | 1872159 | 6942 |
| 印度尼西亚 | 1503477 | 5909 |
| 美国 | 817602 | 3695 |
| 英国 | 382085 | 3482 |
| 新西兰 | 578710 | 3324 |
| 沙特阿拉伯 | 819102 | 3207 |
| 阿联酋 | 749184 | 2867 |
| 尼日利亚 | 980560 | 2195 |

| 国家/地区 | 出口数量（千克） | 出口金额（千美元） |
|---|---|---|
| 越南 | 456374 | 2080 |
| 埃及 | 808160 | 1811 |
| 德国 | 116710 | 1693 |
| 加纳 | 636131 | 1575 |
| 南非 | 376571 | 1443 |
| 哥伦比亚 | 491062 | 1291 |
| 墨西哥 | 494610 | 1217 |
| 贝宁 | 573303 | 1119 |
| 也门 | 373508 | 1050 |
| 智利 | 232423 | 910 |
| 科威特 | 134566 | 846 |
| 蒙古 | 99785 | 717 |
| 哈萨克斯坦 | 344132 | 710 |
| 约旦 | 173738 | 653 |
| 俄罗斯联邦 | 75813 | 582 |
| 加拿大 | 115476 | 566 |
| 安哥拉 | 299275 | 565 |
| 多哥 | 179591 | 432 |
| 朝鲜 | 121505 | 392 |
| 孟加拉国 | 98170 | 387 |
| 古巴 | 42423 | 383 |
| 荷兰 | 108257 | 366 |
| 塞拉利昂 | 162914 | 363 |
| 哥斯达黎加 | 56758 | 353 |
| 以色列 | 103064 | 291 |
| 卡塔尔 | 46395 | 291 |
| 厄瓜多尔 | 113104 | 282 |
| 巴拿马 | 112675 | 276 |
| 委内瑞拉 | 91884 | 274 |
| 马达加斯加 | 129371 | 253 |
| 危地马拉 | 100589 | 243 |
| 伊拉克 | 35112 | 208 |
| 秘鲁 | 62824 | 207 |
| 巴林 | 29684 | 193 |
| 苏丹 | 73217 | 181 |
| 多民族玻利维亚国 | 58936 | 172 |
| 科特迪瓦 | 37255 | 145 |
| 肯尼亚 | 52511 | 136 |
| 黎巴嫩 | 21051 | 133 |
| 阿曼 | 20431 | 129 |
| 巴西 | 27000 | 127 |
| 土耳其 | 18852 | 122 |
| 爱尔兰 | 22637 | 101 |
| 斯里兰卡 | 29948 | 86 |
| 利比亚 | 26000 | 81 |

| 国家/地区 | 出口数量（千克） | 出口金额（千美元） |
|---|---|---|
| 印度 | 36686 | 74 |
| 坦桑尼亚 | 17016 | 68 |
| 尼泊尔联邦民主共和国 | 12758 | 65 |
| 利比里亚 | 27020 | 60 |
| 刚果(金) | 19272 | 56 |
| 巴勒斯坦 | 12780 | 55 |
| 伊朗 | 31530 | 55 |
| 叙利亚 | 15277 | 44 |
| 巴拉圭 | 2272 | 33 |
| 尼加拉瓜 | 8660 | 32 |
| 乌拉圭 | 14556 | 28 |
| 挪威 | 1914 | 26 |
| 西班牙 | 10030 | 24 |
| 巴布亚新几内亚 | 9633 | 22 |
| 喀麦隆 | 4900 | 20 |
| 缅甸 | 3252 | 18 |
| 赞比亚 | 7950 | 16 |
| 澳门 | 4131 | 10 |
| 特立尼达和多巴哥 | 2400 | 10 |
| 21011100 咖啡的浓缩精汁 | | |
| 合计 | 647312 | 5666 |
| 台湾省 | 404459 | 3164 |
| 香港 | 242053 | 2497 |
| 巴基斯坦 | 800 | 5 |
| 21011200 以咖啡浓缩精汁或以咖啡为基本成分的制品 | | |
| 合计 | 24358210 | 46877 |
| 香港 | 19270828 | 27104 |
| 马来西亚 | 588443 | 3627 |
| 美国 | 305096 | 2505 |
| 韩国 | 465382 | 2011 |
| 印度尼西亚 | 396525 | 1979 |
| 澳门 | 1397003 | 1385 |
| 越南 | 277950 | 1093 |
| 泰国 | 206390 | 1067 |
| 台湾省 | 310783 | 1063 |
| 土耳其 | 145000 | 833 |
| 澳大利亚 | 216297 | 664 |
| 意大利 | 155250 | 617 |
| 菲律宾 | 105550 | 574 |
| 加拿大 | 131677 | 571 |
| 格鲁吉亚 | 30500 | 234 |
| 日本 | 71544 | 234 |
| 缅甸 | 19000 | 129 |
| 埃及 | 18400 | 119 |

| 国家/地区 | 出口数量（千克） | 出口金额（千美元） |
|---|---|---|
| 立陶宛 | 21775 | 109 |
| 德国 | 23150 | 104 |
| 希腊 | 18000 | 98 |
| 以色列 | 18000 | 95 |
| 新加坡 | 20254 | 92 |
| 伊朗 | 18100 | 77 |
| 叙利亚 | 33000 | 68 |
| 墨西哥 | 27736 | 65 |
| 保加利亚 | 11000 | 64 |
| 尼日利亚 | 8215 | 59 |
| 坦桑尼亚 | 3058 | 44 |
| 新西兰 | 15088 | 41 |
| 南非 | 5418 | 37 |
| 孟加拉国 | 5000 | 29 |
| 哥伦比亚 | 6000 | 28 |
| 乌兹别克斯坦 | 4500 | 20 |
| 朝鲜 | 3461 | 15 |
| 荷兰 | 1782 | 8 |
| 法国 | 1759 | 7 |
| 英国 | 647 | 5 |
| 尼泊尔联邦民主共和国 | 600 | 5 |
| 俄罗斯联邦 | 49 | 1 |
| 21012000 以茶、马黛茶及其浓缩精汁为基本成分的制品 | | |
| 合计 | 9611884 | 94315 |
| 香港 | 2512231 | 21302 |
| 美国 | 1207609 | 15583 |
| 日本 | 666214 | 10389 |
| 印度尼西亚 | 1253717 | 9558 |
| 德国 | 590229 | 6032 |
| 缅甸 | 368980 | 4714 |
| 泰国 | 344170 | 4561 |
| 越南 | 131980 | 4295 |
| 哥伦比亚 | 576000 | 3359 |
| 新加坡 | 255391 | 2436 |
| 爱尔兰 | 287215 | 2368 |
| 墨西哥 | 194667 | 1270 |
| 台湾省 | 107762 | 1259 |
| 马来西亚 | 85239 | 941 |
| 加纳 | 258356 | 904 |
| 英国 | 55057 | 492 |
| 菲律宾 | 58694 | 465 |
| 利比里亚 | 126976 | 453 |
| 哈萨克斯坦 | 51300 | 431 |
| 蒙古 | 27470 | 350 |

| 国家/地区 | 出口数量（千克） | 出口金额（千美元） |
|---|---|---|
| 澳大利亚 | 23902 | 330 |
| 贝宁 | 41212 | 274 |
| 肯尼亚 | 36000 | 266 |
| 沙特阿拉伯 | 21933 | 250 |
| 澳门 | 186120 | 243 |
| 巴西 | 13442 | 207 |
| 尼日利亚 | 5036 | 204 |
| 加拿大 | 17834 | 187 |
| 比利时 | 18332 | 181 |
| 哥斯达黎加 | 13670 | 134 |
| 波兰 | 7664 | 125 |
| 韩国 | 4990 | 123 |
| 南非 | 10020 | 109 |
| 伊朗 | 7600 | 98 |
| 意大利 | 2360 | 81 |
| 西班牙 | 5780 | 61 |
| 智利 | 5678 | 43 |
| 伊拉克 | 280 | 33 |
| 捷克 | 4020 | 31 |
| 法国 | 2610 | 23 |
| 卡塔尔 | 1045 | 16 |
| 印度 | 400 | 14 |
| 以色列 | 1080 | 14 |
| 荷兰 | 840 | 14 |
| 芬兰 | 600 | 11 |
| 新西兰 | 1278 | 11 |
| 特立尼达和多巴哥 | 840 | 11 |
| 俄罗斯联邦 | 13200 | 9 |
| 毛里求斯 | 350 | 9 |
| 土耳其 | 300 | 9 |
| 科特迪瓦 | 2440 | 7 |
| 阿塞拜疆 | 400 | 7 |
| 苏里南 | 450 | 5 |
| 朝鲜 | 87 | 5 |
| 波多黎各 | 440 | 3 |
| 厄瓜多尔 | 150 | 3 |
| 乍得 | 24 | 1 |
| 罗马尼亚 | 40 | 1 |
| 斯里兰卡 | 100 | 1 |
| 阿联酋 | 50 | 1 |
| 秘鲁 | 30 | 0 |
| 21013000 烘焙菊苣和其他烘焙咖啡代用品及其浓缩精汁 | | |
| 合计 | 2283667 | 2396 |
| 日本 | 936187 | 1225 |

| 国家/地区 | 出口数量（千克） | 出口金额（千美元） |
|---|---|---|
| 韩国 | 1344000 | 1167 |
| 朝鲜 | 1950 | 3 |
| 泰国 | 1530 | 1 |

**茶咖啡进口量值表**

| 国家/地区 | 进口数量（千克） | 进口金额（千美元） |
|---|---|---|
| 18010000 整颗或破碎的可可豆，生的或焙炒的 | | |
| 合计 | 48943038 | 113337 |
| 加纳 | 22237500 | 49434 |
| 印度尼西亚 | 8972700 | 20612 |
| 科特迪瓦 | 7330895 | 17766 |
| 厄瓜多尔 | 4401286 | 11061 |
| 喀麦隆 | 2605010 | 6215 |
| 多哥 | 1996203 | 4824 |
| 巴布亚新几内亚 | 1050000 | 2616 |
| 乌干达 | 298560 | 682 |
| 尼日利亚 | 50326 | 120 |
| 比利时 | 438 | 4 |
| 法国 | 120 | 2 |
| 18020000 可可荚、壳、皮及废料 | | |
| 合计 | 15306111 | 1788 |
| 加纳 | 11034625 | 1281 |
| 新加坡 | 1450770 | 184 |
| 马来西亚 | 1534558 | 170 |
| 尼日利亚 | 868100 | 106 |
| 印度尼西亚 | 400158 | 44 |
| 科特迪瓦 | 17900 | 2 |
| 18031000 未脱脂可可膏 | | |
| 合计 | 18449704 | 85384 |
| 美国 | 5595100 | 38668 |
| 马来西亚 | 4130280 | 15118 |
| 加纳 | 2974000 | 10447 |
| 荷兰 | 2633900 | 9992 |
| 科特迪瓦 | 1493510 | 5427 |
| 新加坡 | 824850 | 3063 |
| 印度尼西亚 | 727030 | 2298 |
| 比利时 | 40310 | 231 |
| 厄瓜多尔 | 30100 | 135 |
| 法国 | 624 | 6 |
| 18032000 全脱脂或部分脱脂可可膏 | | |
| 合计 | 1332438 | 4023 |
| 德国 | 500000 | 2050 |
| 印度尼西亚 | 358050 | 701 |

| 国家/地区 | 进口数量（千克） | 进口金额（千美元） |
|---|---|---|
| 马来西亚 | 188120 | 522 |
| 荷兰 | 142548 | 417 |
| 科特迪瓦 | 124570 | 309 |
| 新加坡 | 19150 | 25 |
| 18040000 可可脂、可可油 | | |
| 合计 | 13388532 | 54826 |
| 马来西亚 | 9151300 | 36240 |
| 新加坡 | 2507000 | 10098 |
| 印度尼西亚 | 1444258 | 6765 |
| 泰国 | 260000 | 1416 |
| 比利时 | 11524 | 124 |
| 法国 | 8866 | 108 |
| 瑞士 | 2250 | 36 |
| 美国 | 1185 | 13 |
| 德国 | 1139 | 13 |
| 荷兰 | 800 | 10 |
| 秘鲁 | 25 | 1 |
| 意大利 | 160 | 1 |
| 科特迪瓦 | 25 | 1 |
| 18050000 未加糖或其他甜物质的可可粉 | | |
| 合计 | 31784577 | 102657 |
| 马来西亚 | 14117954 | 47215 |
| 新加坡 | 4751489 | 20717 |
| 印度尼西亚 | 7531214 | 16758 |
| 荷兰 | 2436151 | 8816 |
| 加纳 | 1977877 | 5166 |
| 法国 | 167950 | 1127 |
| 泰国 | 365503 | 1050 |
| 科特迪瓦 | 306300 | 981 |
| 美国 | 31637 | 241 |
| 巴西 | 27300 | 131 |
| 比利时 | 14021 | 121 |
| 瑞士 | 6960 | 109 |
| 西班牙 | 19450 | 87 |
| 德国 | 6334 | 39 |
| 英国 | 2031 | 36 |
| 厄瓜多尔 | 10100 | 25 |
| 意大利 | 2380 | 18 |
| 台湾省 | 9576 | 16 |
| 日本 | 149 | 4 |
| 韩国 | 201 | 2 |
| 18061000 含糖或其他甜物质的可可粉 | | |
| 合计 | 1985568 | 8561 |
| 新加坡 | 978343 | 3267 |
| 美国 | 304766 | 1545 |

| 国家/地区 | 进口数量（千克） | 进口金额（千美元） |
|---|---|---|
| 英国 | 203436 | 1082 |
| 荷兰 | 208300 | 930 |
| 中华人民共和国 | 25543 | 401 |
| 马来西亚 | 70235 | 332 |
| 法国 | 38010 | 282 |
| 台湾省 | 49671 | 201 |
| 意大利 | 20412 | 153 |
| 德国 | 24877 | 135 |
| 厄瓜多尔 | 9450 | 73 |
| 泰国 | 27600 | 37 |
| 澳大利亚 | 6488 | 34 |
| 西班牙 | 6676 | 22 |
| 韩国 | 2907 | 13 |
| 瑞士 | 1822 | 12 |
| 比利时 | 1417 | 11 |
| 印度尼西亚 | 2635 | 9 |
| 日本 | 803 | 8 |
| 奥地利 | 712 | 6 |
| 新西兰 | 1059 | 5 |
| 瑞典 | 190 | 2 |
| 希腊 | 216 | 2 |
| 18062000 其他重量＞2kg 的块状或条状含可可食品；容器包装或内包装每件净重＞2kg 的散装形状的含可可食品 | | |
| 合计 | 5840063 | 25224 |
| 比利时 | 2126766 | 10036 |
| 新加坡 | 1231598 | 4333 |
| 法国 | 378900 | 3030 |
| 德国 | 343445 | 1444 |
| 马来西亚 | 420292 | 1213 |
| 意大利 | 158874 | 971 |
| 香港 | 198211 | 643 |
| 印度尼西亚 | 172897 | 589 |
| 泰国 | 175385 | 530 |
| 丹麦 | 85228 | 404 |
| 瑞士 | 29043 | 331 |
| 越南 | 69960 | 284 |
| 美国 | 93609 | 248 |
| 西班牙 | 55290 | 211 |
| 韩国 | 27440 | 172 |
| 荷兰 | 70286 | 170 |
| 台湾省 | 27737 | 122 |
| 英国 | 38417 | 105 |
| 俄罗斯联邦 | 5856 | 83 |
| 瑞典 | 11485 | 71 |

| 国家/地区 | 进口数量（千克） | 进口金额（千美元） |
|---|---|---|
| 日本 | 13972 | 58 |
| 土耳其 | 22590 | 43 |
| 伊朗 | 23161 | 39 |
| 巴西 | 35103 | 35 |
| 加纳 | 10000 | 31 |
| 科威特 | 10400 | 11 |
| 南非 | 1155 | 8 |
| 中华人民共和国 | 1419 | 6 |
| 阿曼 | 1500 | 2 |
| 波兰 | 25 | 1 |
| 芬兰 | 19 | 1 |
| 18063100 块状或条状含可可的夹心食品，重量≤2kg | | |
| 合计 | 11468368 | 69588 |
| 德国 | 3302655 | 18930 |
| 意大利 | 2050198 | 14767 |
| 奥地利 | 1470906 | 8663 |
| 美国 | 500699 | 5691 |
| 土耳其 | 1984174 | 5640 |
| 比利时 | 176812 | 3189 |
| 韩国 | 642928 | 2754 |
| 哈萨克斯坦 | 691349 | 2397 |
| 瑞士 | 102247 | 1862 |
| 法国 | 50937 | 865 |
| 加拿大 | 83521 | 824 |
| 马来西亚 | 79163 | 712 |
| 波兰 | 51906 | 654 |
| 西班牙 | 72515 | 443 |
| 英国 | 27732 | 350 |
| 日本 | 24165 | 314 |
| 瑞典 | 25246 | 261 |
| 荷兰 | 25034 | 237 |
| 罗马尼亚 | 26506 | 233 |
| 丹麦 | 8788 | 226 |
| 新西兰 | 6750 | 76 |
| 芬兰 | 3734 | 68 |
| 墨西哥 | 3939 | 59 |
| 澳大利亚 | 2518 | 56 |
| 乌克兰 | 7016 | 56 |
| 爱尔兰 | 2501 | 48 |
| 台湾省 | 17103 | 46 |
| 俄罗斯联邦 | 3935 | 39 |
| 蒙古 | 3975 | 22 |
| 新加坡 | 2009 | 19 |
| 保加利亚 | 854 | 17 |

| 国家/地区 | 进口数量（千克） | 进口金额（千美元） |
|---|---|---|
| 匈牙利 | 1296 | 15 |
| 阿联酋 | 2839 | 13 |
| 阿曼 | 3004 | 10 |
| 科威特 | 5124 | 7 |
| 拉脱维亚 | 366 | 6 |
| 伊朗 | 1849 | 6 |
| 斯洛伐克 | 144 | 4 |
| 香港 | 384 | 4 |
| 葡萄牙 | 144 | 4 |
| 巴基斯坦 | 1382 | 2 |
| 捷克 | 21 | 1 |
| 18063200 块状或条状含可可的非夹心食品，重量≤2kg | | |
| 合计 | 5273243 | 39471 |
| 瑞士 | 1374681 | 10151 |
| 德国 | 997809 | 7652 |
| 比利时 | 587670 | 6567 |
| 法国 | 270361 | 2494 |
| 西班牙 | 202523 | 1701 |
| 马来西亚 | 513297 | 1672 |
| 意大利 | 157752 | 1508 |
| 韩国 | 197672 | 1356 |
| 日本 | 66426 | 1146 |
| 美国 | 109825 | 901 |
| 乌克兰 | 154640 | 725 |
| 土耳其 | 145504 | 560 |
| 荷兰 | 33687 | 389 |
| 罗马尼亚 | 35718 | 357 |
| 英国 | 18498 | 340 |
| 波兰 | 35414 | 323 |
| 台湾省 | 74072 | 319 |
| 越南 | 111298 | 210 |
| 新西兰 | 16334 | 181 |
| 印度尼西亚 | 50690 | 158 |
| 新加坡 | 21116 | 129 |
| 墨西哥 | 16387 | 111 |
| 澳大利亚 | 9092 | 103 |
| 泰国 | 21642 | 82 |
| 希腊 | 8333 | 66 |
| 俄罗斯联邦 | 3140 | 32 |
| 中华人民共和国 | 9276 | 27 |
| 保加利亚 | 1374 | 26 |
| 丹麦 | 1555 | 26 |
| 捷克 | 597 | 22 |
| 奥地利 | 1168 | 17 |
| 菲律宾 | 2464 | 17 |
| 爱尔兰 | 492 | 14 |
| 哈萨克斯坦 | 4292 | 13 |
| 阿联酋 | 1372 | 11 |
| 瑞典 | 1502 | 11 |
| 科威特 | 6360 | 10 |
| 蒙古 | 727 | 9 |
| 加拿大 | 1135 | 8 |
| 香港 | 449 | 7 |
| 伊朗 | 2862 | 4 |
| 巴基斯坦 | 2416 | 4 |
| 芬兰 | 167 | 4 |
| 拉脱维亚 | 328 | 4 |
| 匈牙利 | 301 | 2 |
| 沙特阿拉伯 | 740 | 1 |
| 南非 | 24 | 1 |
| 葡萄牙 | 51 | 1 |
| 巴西 | 10 | 0 |
| 18069000 未列名含可可的食品 | | |
| 合计 | 25805346 | 233138 |
| 意大利 | 12253089 | 106847 |
| 印度 | 1265696 | 24038 |
| 瑞士 | 1270965 | 18522 |
| 比利时 | 1683977 | 17899 |
| 美国 | 3516905 | 12547 |
| 澳大利亚 | 635957 | 10250 |
| 法国 | 1390347 | 8676 |
| 德国 | 723637 | 8675 |
| 波兰 | 472979 | 6861 |
| 马来西亚 | 644386 | 5173 |
| 英国 | 131481 | 1787 |
| 新加坡 | 348335 | 1407 |
| 日本 | 61829 | 1401 |
| 西班牙 | 194280 | 1102 |
| 乌克兰 | 222924 | 1054 |
| 韩国 | 122123 | 945 |
| 台湾省 | 197347 | 921 |
| 荷兰 | 50056 | 875 |
| 墨西哥 | 146405 | 862 |
| 加拿大 | 88954 | 695 |
| 丹麦 | 19831 | 481 |
| 土耳其 | 91433 | 376 |
| 保加利亚 | 57021 | 337 |
| 奥地利 | 23995 | 301 |
| 阿根廷 | 89850 | 244 |
| 瑞典 | 14360 | 152 |
| 香港 | 3881 | 120 |
| 匈牙利 | 6588 | 77 |
| 菲律宾 | 18463 | 75 |
| 新西兰 | 4261 | 73 |
| 芬兰 | 3445 | 62 |
| 巴基斯坦 | 28744 | 58 |
| 俄罗斯联邦 | 3378 | 49 |
| 爱尔兰 | 1214 | 44 |
| 泰国 | 4738 | 37 |
| 巴西 | 866 | 26 |
| 希腊 | 499 | 14 |
| 捷克 | 463 | 14 |
| 印度尼西亚 | 5561 | 13 |
| 罗马尼亚 | 865 | 12 |
| 越南 | 1979 | 8 |
| 阿联酋 | 724 | 7 |
| 澳门 | 271 | 7 |
| 厄瓜多尔 | 455 | 5 |
| 中华人民共和国 | 170 | 4 |
| 南非 | 88 | 2 |
| 拉脱维亚 | 54 | 2 |
| 加纳 | 115 | 2 |
| 哈萨克斯坦 | 260 | 1 |
| 前南马其顿 | 60 | 1 |
| 葡萄牙 | 42 | 1 |
| 21011100 咖啡的浓缩精汁 | | |
| 合计 | 1842153 | 18802 |
| 马来西亚 | 623925 | 7110 |
| 哥伦比亚 | 321981 | 3078 |
| 越南 | 285400 | 2237 |
| 巴西 | 239577 | 2055 |
| 日本 | 58907 | 1141 |
| 法国 | 29332 | 720 |
| 印度 | 135425 | 612 |
| 台湾省 | 16708 | 333 |
| 厄瓜多尔 | 28844 | 324 |
| 瑞士 | 4852 | 323 |
| 韩国 | 51510 | 311 |
| 荷兰 | 18854 | 167 |
| 印度尼西亚 | 15480 | 131 |
| 德国 | 6114 | 129 |
| 美国 | 1184 | 40 |
| 奥地利 | 1627 | 29 |
| 西班牙 | 732 | 25 |

| 国家/地区 | 进口数量（千克） | 进口金额（千美元） |
|---|---|---|
| 比利时 | 262 | 12 |
| 意大利 | 570 | 11 |
| 牙买加 | 181 | 6 |
| 墨西哥 | 300 | 4 |
| 坦桑尼亚 | 124 | 3 |
| 肯尼亚 | 264 | 2 |
| 21011200 以咖啡浓缩精汁或以咖啡为基本成分的制品 | | |
| 合计 | 12436820 | 62386 |
| 马来西亚 | 5119696 | 27661 |
| 韩国 | 1959261 | 9364 |
| 印度尼西亚 | 1658515 | 7457 |
| 中华人民共和国 | 1514389 | 4750 |
| 新加坡 | 675068 | 3091 |
| 越南 | 278946 | 1592 |
| 哥伦比亚 | 55223 | 1510 |
| 美国 | 309618 | 1398 |
| 台湾省 | 320588 | 1349 |
| 日本 | 41425 | 727 |
| 德国 | 33683 | 541 |
| 老挝 | 155374 | 534 |
| 意大利 | 42235 | 485 |
| 泰国 | 89250 | 392 |
| 土耳其 | 98616 | 315 |
| 英国 | 14837 | 252 |
| 巴西 | 16918 | 227 |
| 荷兰 | 10279 | 183 |
| 波兰 | 9672 | 158 |
| 瑞士 | 3527 | 85 |
| 香港 | 7315 | 84 |
| 葡萄牙 | 4348 | 54 |
| 法国 | 2626 | 50 |
| 西班牙 | 2450 | 47 |
| 牙买加 | 966 | 29 |
| 菲律宾 | 6825 | 20 |
| 沙特阿拉伯 | 2889 | 12 |
| 埃及 | 528 | 8 |
| 澳大利亚 | 789 | 7 |
| 加拿大 | 815 | 5 |
| 希腊 | 93 | 2 |
| 墨西哥 | 33 | 1 |
| 塞浦路斯 | 23 | 1 |
| 21012000 以茶、马黛茶及其浓缩精汁为基本成分的制品 | | |
| 合计 | 1056749 | 7117 |

| 国家/地区 | 进口数量（千克） | 进口金额（千美元） |
|---|---|---|
| 马来西亚 | 417443 | 2081 |
| 美国 | 49511 | 1325 |
| 香港 | 81379 | 861 |
| 台湾省 | 246036 | 776 |
| 德国 | 92384 | 572 |
| 肯尼亚 | 24855 | 275 |
| 印度 | 16544 | 194 |
| 日本 | 4203 | 186 |
| 新加坡 | 36956 | 182 |
| 韩国 | 33120 | 176 |
| 斯里兰卡 | 4731 | 108 |
| 英国 | 5127 | 85 |
| 西班牙 | 2820 | 63 |
| 波兰 | 17050 | 49 |
| 法国 | 133 | 42 |
| 意大利 | 1531 | 30 |
| 泰国 | 10461 | 25 |
| 瑞士 | 7000 | 20 |
| 加拿大 | 1194 | 19 |
| 澳大利亚 | 971 | 15 |
| 葡萄牙 | 642 | 15 |
| 中华人民共和国 | 1464 | 6 |
| 印度尼西亚 | 550 | 3 |
| 牙买加 | 149 | 3 |
| 荷兰 | 161 | 2 |
| 丹麦 | 50 | 2 |
| 立陶宛 | 74 | 1 |
| 南非 | 12 | 1 |
| 尼泊尔联邦民主共和国 | 90 | 1 |
| 蒙古 | 108 | 1 |
| 21013000 烘焙菊苣和其他烘焙咖啡代用品及其浓缩精汁 | | |
| 合计 | 62487 | 249 |
| 韩国 | 61604 | 238 |
| 意大利 | 644 | 10 |
| 日本 | 239 | 1 |

## 森林蔬菜出口量值表

| 国家/地区 | 出口数量（千克） | 出口金额（千美元） |
|---|---|---|
| 20031011 小白蘑菇(洋蘑菇)罐头 | | |
| 合计 | 202353403 | 305296 |
| 俄罗斯联邦 | 37505432 | 50454 |
| 马来西亚 | 15910730 | 23103 |
| 日本 | 9284741 | 20704 |

| 国家/地区 | 出口数量（千克） | 出口金额（千美元） |
|---|---|---|
| 加拿大 | 9988113 | 16530 |
| 菲律宾 | 10512792 | 14977 |
| 德国 | 7036197 | 13208 |
| 美国 | 5171225 | 10262 |
| 荷兰 | 5845585 | 10096 |
| 韩国 | 6445014 | 8832 |
| 香港 | 4604845 | 8173 |
| 智利 | 4862992 | 8011 |
| 黎巴嫩 | 5409360 | 7915 |
| 哥斯达黎加 | 3870173 | 6460 |
| 阿根廷 | 4279859 | 6139 |
| 阿联酋 | 4467836 | 6134 |
| 澳大利亚 | 3459747 | 5676 |
| 沙特阿拉伯 | 4467451 | 5565 |
| 埃及 | 3709073 | 4657 |
| 墨西哥 | 2416087 | 4411 |
| 阿尔及利亚 | 3663386 | 4321 |
| 约旦 | 2984752 | 3660 |
| 哈萨克斯坦 | 3010366 | 3506 |
| 乌克兰 | 1824655 | 3244 |
| 台湾省 | 1945723 | 2853 |
| 伊拉克 | 1992498 | 2754 |
| 科威特 | 2077736 | 2738 |
| 印度尼西亚 | 1704708 | 2402 |
| 爱沙尼亚 | 1563767 | 2355 |
| 秘鲁 | 1257290 | 1890 |
| 以色列 | 1508504 | 1874 |
| 瑞典 | 1300830 | 1755 |
| 挪威 | 1088817 | 1743 |
| 摩洛哥 | 1057634 | 1548 |
| 毛里求斯 | 1061076 | 1531 |
| 白俄罗斯 | 1059919 | 1404 |
| 卡塔尔 | 881243 | 1325 |
| 巴拿马 | 808406 | 1247 |
| 乌拉圭 | 926570 | 1228 |
| 格鲁吉亚 | 1078805 | 1177 |
| 巴基斯坦 | 782080 | 1138 |
| 泰国 | 647396 | 1124 |
| 巴西 | 529964 | 1086 |
| 瑞士 | 639037 | 1043 |
| 危地马拉 | 691662 | 1030 |
| 越南 | 688843 | 1013 |
| 利比亚 | 743467 | 960 |
| 新加坡 | 642381 | 904 |
| 印度 | 579625 | 879 |

| 国家/地区 | 出口数量（千克） | 出口金额（千美元） |
|---|---|---|
| 特立尼达和多巴哥 | 398154 | 832 |
| 哥伦比亚 | 457401 | 828 |
| 摩尔多瓦 | 522567 | 785 |
| 突尼斯 | 665607 | 760 |
| 厄瓜多尔 | 464043 | 760 |
| 巴勒斯坦 | 588428 | 737 |
| 多民族玻利维亚国 | 492002 | 734 |
| 南非 | 587765 | 724 |
| 土库曼斯坦 | 491035 | 705 |
| 克罗地亚 | 507902 | 695 |
| 巴林 | 465999 | 641 |
| 亚美尼亚 | 457072 | 619 |
| 萨尔瓦多 | 397037 | 580 |
| 英国 | 527205 | 543 |
| 尼泊尔联邦民主共和国 | 343680 | 499 |
| 尼日利亚 | 354172 | 486 |
| 芬兰 | 299232 | 430 |
| 多米尼加共和国 | 238180 | 382 |
| 新西兰 | 209880 | 376 |
| 安哥拉 | 266189 | 370 |
| 斯里兰卡 | 246374 | 359 |
| 塔吉克斯坦 | 310800 | 347 |
| 阿曼 | 216120 | 320 |
| 叙利亚 | 271056 | 310 |
| 文莱 | 207648 | 306 |
| 孟加拉国 | 209615 | 306 |
| 土耳其 | 232099 | 303 |
| 塞尔维亚 | 204744 | 283 |
| 阿塞拜疆 | 173836 | 277 |
| 阿尔巴尼亚 | 217167 | 251 |
| 西班牙 | 162260 | 249 |
| 波多黎各 | 133596 | 241 |
| 捷克 | 171958 | 228 |
| 肯尼亚 | 148170 | 216 |
| 洪都拉斯 | 141387 | 203 |
| 蒙古 | 124821 | 180 |
| 委内瑞拉 | 117977 | 174 |
| 法属波利尼西亚 | 97433 | 162 |
| 牙买加 | 112786 | 161 |
| 吉尔吉斯斯坦 | 127708 | 158 |
| 伊朗 | 145188 | 154 |
| 塞内加尔 | 118245 | 144 |
| 科特迪瓦 | 112917 | 139 |
| 尼加拉瓜 | 86429 | 138 |
| 立陶宛 | 95102 | 136 |

| 国家/地区 | 出口数量（千克） | 出口金额（千美元） |
|---|---|---|
| 阿富汗 | 108201 | 125 |
| 比利时 | 103440 | 125 |
| 塞浦路斯 | 65491 | 112 |
| 马尔代夫 | 65659 | 95 |
| 巴布亚新几内亚 | 51907 | 85 |
| 坦桑尼亚 | 55080 | 79 |
| 波黑 | 65647 | 77 |
| 莫桑比克 | 51668 | 77 |
| 柬埔寨 | 51960 | 75 |
| 布基纳法索 | 53518 | 73 |
| 丹麦 | 42701 | 68 |
| 波兰 | 54733 | 67 |
| 巴哈马 | 51120 | 64 |
| 希腊 | 44388 | 57 |
| 阿鲁巴 | 34373 | 54 |
| 古巴 | 37866 | 50 |
| 拉脱维亚 | 34066 | 50 |
| 苏丹 | 32928 | 49 |
| 埃塞俄比亚 | 36407 | 47 |
| 也门 | 36732 | 46 |
| 匈牙利 | 36096 | 41 |
| 海地 | 16159 | 36 |
| 贝宁 | 25500 | 35 |
| 苏里南 | 22440 | 34 |
| 意大利 | 18000 | 33 |
| 巴巴多斯 | 16842 | 33 |
| 加蓬 | 22656 | 31 |
| 加纳 | 16914 | 30 |
| 澳门 | 12565 | 27 |
| 马耳他 | 14598 | 25 |
| 冰岛 | 19176 | 23 |
| 荷属安的列斯群岛 | 18403 | 23 |
| 黑山 | 13965 | 22 |
| 斯洛伐克 | 15279 | 21 |
| 萨摩亚 | 11232 | 18 |
| 喀麦隆 | 15570 | 17 |
| 法国 | 12070 | 17 |
| 几内亚 | 11580 | 16 |
| 斐济 | 9679 | 16 |
| 新喀里多尼亚 | 9561 | 14 |
| 缅甸 | 8160 | 13 |
| 留尼汪 | 6816 | 11 |
| 乌干达 | 5760 | 10 |
| 塞舌尔 | 4289 | 7 |
| 利比里亚 | 2400 | 3 |

| 国家/地区 | 出口数量（千克） | 出口金额（千美元） |
|---|---|---|
| 多哥 | 1920 | 2 |
| 瓦努阿图 | 510 | 1 |
| 20031019 其他伞菌属蘑菇罐头 | | |
| 合计 | 46437504 | 88015 |
| 日本 | 7145308 | 21976 |
| 俄罗斯联邦 | 11823156 | 19678 |
| 香港 | 4811394 | 8130 |
| 马来西亚 | 4380462 | 6063 |
| 越南 | 658894 | 4660 |
| 德国 | 2318608 | 4098 |
| 乌克兰 | 1915696 | 3101 |
| 荷兰 | 1705184 | 2547 |
| 爱沙尼亚 | 1367890 | 2040 |
| 西班牙 | 1142266 | 1813 |
| 英国 | 1139602 | 1774 |
| 墨西哥 | 821999 | 1408 |
| 菲律宾 | 708028 | 935 |
| 澳大利亚 | 556561 | 860 |
| 印度尼西亚 | 603152 | 847 |
| 韩国 | 609073 | 818 |
| 美国 | 412109 | 792 |
| 台湾省 | 278382 | 730 |
| 法国 | 259392 | 544 |
| 摩尔多瓦 | 298486 | 486 |
| 哈萨克斯坦 | 455154 | 443 |
| 危地马拉 | 248763 | 385 |
| 加拿大 | 198315 | 350 |
| 新加坡 | 133857 | 336 |
| 捷克 | 176953 | 272 |
| 以色列 | 121731 | 186 |
| 沙特阿拉伯 | 197812 | 182 |
| 文莱 | 129042 | 181 |
| 土库曼斯坦 | 94220 | 145 |
| 约旦 | 113342 | 138 |
| 巴拿马 | 125735 | 131 |
| 摩洛哥 | 103576 | 131 |
| 拉脱维亚 | 75392 | 116 |
| 阿根廷 | 107100 | 109 |
| 意大利 | 71730 | 105 |
| 立陶宛 | 58561 | 93 |
| 多米尼加共和国 | 61815 | 92 |
| 格鲁吉亚 | 84643 | 88 |
| 瑞士 | 69222 | 84 |
| 新西兰 | 53040 | 84 |
| 白俄罗斯 | 42793 | 79 |

| 国家/地区 | 出口数量（千克） | 出口金额（千美元） |
|---|---|---|
| 智利 | 52128 | 77 |
| 阿联酋 | 57116 | 72 |
| 阿尔及利亚 | 73800 | 67 |
| 利比亚 | 17284 | 62 |
| 巴勒斯坦 | 56400 | 58 |
| 比利时 | 27848 | 57 |
| 突尼斯 | 51750 | 56 |
| 毛里求斯 | 39429 | 55 |
| 埃及 | 36720 | 41 |
| 阿富汗 | 36720 | 40 |
| 斯里兰卡 | 28784 | 39 |
| 阿尔巴尼亚 | 33576 | 37 |
| 乌拉圭 | 35652 | 36 |
| 爱尔兰 | 20400 | 32 |
| 瑞典 | 22140 | 30 |
| 吉尔吉斯斯坦 | 20149 | 28 |
| 泰国 | 19176 | 27 |
| 蒙古 | 12027 | 22 |
| 科威特 | 19176 | 20 |
| 阿鲁巴 | 18403 | 18 |
| 斯洛伐克 | 11666 | 17 |
| 塞内加尔 | 17250 | 16 |
| 委内瑞拉 | 9444 | 15 |
| 亚美尼亚 | 7668 | 11 |
| 留尼汪 | 6232 | 9 |
| 巴基斯坦 | 5760 | 8 |
| 塞浦路斯 | 3498 | 8 |
| 苏里南 | 6120 | 7 |
| 特立尼达和多巴哥 | 2040 | 6 |
| 秘鲁 | 3570 | 5 |
| 哥斯达黎加 | 2550 | 4 |
| 希腊 | 2550 | 4 |
| 贝宁 | 2040 | 3 |
| 20031090 其他制作或保藏的伞菌属蘑菇 | | |
| 合计 | 1927476 | 22836 |
| 越南 | 391925 | 10198 |
| 日本 | 1181401 | 4895 |
| 德国 | 126769 | 3094 |
| 美国 | 37977 | 793 |
| 俄罗斯联邦 | 52020 | 783 |
| 比利时 | 26750 | 667 |
| 南非 | 14208 | 463 |
| 加拿大 | 8300 | 428 |
| 意大利 | 36696 | 349 |
| 菲律宾 | 7800 | 320 |

| 国家/地区 | 出口数量（千克） | 出口金额（千美元） |
|---|---|---|
| 马来西亚 | 15175 | 240 |
| 澳大利亚 | 6186 | 114 |
| 乌克兰 | 5443 | 96 |
| 土耳其 | 2340 | 83 |
| 印度 | 2000 | 82 |
| 智利 | 4658 | 71 |
| 哥伦比亚 | 3000 | 47 |
| 泰国 | 1530 | 46 |
| 立陶宛 | 2348 | 42 |
| 巴西 | 350 | 15 |
| 挪威 | 600 | 10 |
| 20039010 其他蘑菇罐头 | | |
| 合计 | 26236464 | 133846 |
| 越南 | 2468955 | 23238 |
| 韩国 | 6289575 | 22302 |
| 香港 | 1991495 | 21898 |
| 日本 | 2795063 | 21220 |
| 泰国 | 1122715 | 13285 |
| 缅甸 | 818380 | 8529 |
| 俄罗斯联邦 | 3781511 | 5645 |
| 马来西亚 | 1384861 | 4926 |
| 新加坡 | 209281 | 2769 |
| 德国 | 779519 | 1669 |
| 菲律宾 | 316275 | 963 |
| 乌克兰 | 594702 | 906 |
| 荷兰 | 264491 | 713 |
| 英国 | 459142 | 658 |
| 西班牙 | 202988 | 569 |
| 爱沙尼亚 | 319514 | 410 |
| 瑞典 | 68227 | 362 |
| 多米尼加共和国 | 248505 | 346 |
| 美国 | 155405 | 344 |
| 澳大利亚 | 175135 | 326 |
| 哈萨克斯坦 | 385577 | 301 |
| 特立尼达和多巴哥 | 116843 | 226 |
| 以色列 | 163045 | 216 |
| 古巴 | 121590 | 190 |
| 法国 | 95725 | 178 |
| 拉脱维亚 | 141987 | 174 |
| 台湾省 | 27871 | 162 |
| 阿根廷 | 102240 | 123 |
| 巴西 | 12724 | 120 |
| 巴拿马 | 6483 | 109 |
| 毛里求斯 | 32637 | 85 |
| 埃及 | 86400 | 82 |

| 国家/地区 | 出口数量（千克） | 出口金额（千美元） |
|---|---|---|
| 芬兰 | 14639 | 81 |
| 立陶宛 | 46526 | 77 |
| 加拿大 | 38307 | 68 |
| 摩尔多瓦 | 42926 | 65 |
| 留尼汪 | 46548 | 61 |
| 意大利 | 3840 | 57 |
| 土库曼斯坦 | 38846 | 57 |
| 墨西哥 | 44298 | 53 |
| 阿尔巴尼亚 | 32526 | 40 |
| 智利 | 25123 | 36 |
| 黎巴嫩 | 25536 | 31 |
| 印度尼西亚 | 23767 | 31 |
| 伊拉克 | 34560 | 28 |
| 文莱 | 15838 | 20 |
| 蒙古 | 12005 | 18 |
| 白俄罗斯 | 10752 | 18 |
| 比利时 | 7295 | 14 |
| 法属波利尼西亚 | 4391 | 8 |
| 丹麦 | 6305 | 8 |
| 吉尔吉斯斯坦 | 5832 | 7 |
| 新西兰 | 4896 | 7 |
| 爱尔兰 | 3749 | 6 |
| 约旦 | 2388 | 3 |
| 塞浦路斯 | 1590 | 3 |
| 哥斯达黎加 | 2045 | 3 |
| 苏里南 | 1785 | 2 |
| 亚美尼亚 | 1290 | 2 |
| 20039090 其他制作或保藏的蘑菇及块菌 | | |
| 合计 | 7268733 | 114881 |
| 日本 | 3372686 | 56399 |
| 越南 | 1020410 | 13427 |
| 菲律宾 | 563957 | 12397 |
| 香港 | 333158 | 6096 |
| 美国 | 326669 | 5618 |
| 韩国 | 432897 | 3331 |
| 缅甸 | 271321 | 2542 |
| 马来西亚 | 129970 | 2371 |
| 柬埔寨 | 103487 | 1997 |
| 泰国 | 78857 | 1660 |
| 新加坡 | 81097 | 1486 |
| 台湾省 | 93513 | 1459 |
| 印度尼西亚 | 73050 | 1175 |
| 西班牙 | 28190 | 988 |
| 巴西 | 153444 | 870 |
| 多米尼加共和国 | 27055 | 794 |

| 国家/地区 | 出口数量（千克） | 出口金额（千美元） |
|---|---|---|
| 加拿大 | 30936 | 479 |
| 荷兰 | 19246 | 275 |
| 德国 | 23536 | 249 |
| 俄罗斯联邦 | 15075 | 163 |
| 意大利 | 12144 | 159 |
| 墨西哥 | 6467 | 158 |
| 以色列 | 5825 | 121 |
| 澳大利亚 | 8387 | 108 |
| 南非 | 3985 | 106 |
| 立陶宛 | 4430 | 89 |
| 阿联酋 | 5770 | 84 |
| 法国 | 20270 | 65 |
| 奥地利 | 630 | 52 |
| 捷克 | 3256 | 41 |
| 乌克兰 | 3210 | 33 |
| 英国 | 1977 | 24 |
| 文莱 | 2155 | 18 |
| 新西兰 | 2700 | 15 |
| 比利时 | 4008 | 13 |
| 土耳其 | 525 | 8 |
| 爱尔兰 | 1140 | 4 |
| 科威特 | 1500 | 3 |
| 波兰 | 800 | 3 |
| 智利 | 1000 | 1 |
| 20059950 制作或保藏咸蕨菜 | | |
| 合计 | 13330 | 88 |
| 韩国 | 13330 | 88 |

## 森林蔬菜进口量值表

| 国家/地区 | 进口数量（千克） | 进口金额（千美元） |
|---|---|---|
| 20031011 小白蘑菇(洋蘑菇)罐头 | | |
| 合计 | 829836 | 1216 |
| 中华人民共和国 | 780998 | 1126 |
| 越南 | 31176 | 57 |
| 墨西哥 | 15456 | 27 |
| 西班牙 | 1226 | 3 |
| 美国 | 380 | 3 |
| 法国 | 600 | 1 |
| 20031019 其他伞菌属蘑菇罐头 | | |
| 合计 | 4023 | 14 |
| 意大利 | 999 | 10 |
| 中华人民共和国 | 3024 | 4 |
| 20031090 其他制作或保藏的伞菌属蘑菇 | | |
| 合计 | 2216 | 9 |

| 国家/地区 | 进口数量（千克） | 进口金额（千美元） |
|---|---|---|
| 法国 | 715 | 3 |
| 越南 | 135 | 2 |
| 台湾省 | 1282 | 2 |
| 德国 | 84 | 1 |
| 20039010 其他蘑菇罐头 | | |
| 合计 | 36081 | 147 |
| 中华人民共和国 | 28605 | 80 |
| 意大利 | 483 | 36 |
| 法国 | 4345 | 24 |
| 台湾省 | 2648 | 7 |
| 20039090 其他制作或保藏的蘑菇及块菌 | | |
| 合计 | 17033 | 106 |
| 台湾省 | 12797 | 79 |
| 美国 | 3040 | 22 |
| 法国 | 1160 | 3 |
| 意大利 | 36 | 2 |
| 20059950 制作或保藏咸蕨菜 | | |
| 合计 | 434 | 3 |
| 意大利 | 434 | 3 |

## 中药出口量值表

| 国家/地区 | 出口数量（千克） | 出口金额（千美元） |
|---|---|---|
| 12112010 西洋参 | | |
| 合计 | 467001 | 13704 |
| 香港 | 367706 | 9728 |
| 美国 | 57995 | 2619 |
| 台湾省 | 41300 | 1356 |
| 12112091 其他鲜人参 | | |
| 合计 | 12655 | 254 |
| 香港 | 5107 | 78 |
| 朝鲜 | 5000 | 75 |
| 法国 | 780 | 33 |
| 台湾省 | 694 | 33 |
| 日本 | 660 | 28 |
| 韩国 | 414 | 7 |
| 12112099 未列名人参 | | |
| 合计 | 1884938 | 120754 |
| 日本 | 619468 | 38264 |
| 香港 | 266493 | 17932 |
| 新加坡 | 29363 | 12316 |
| 德国 | 222858 | 12073 |
| 台湾省 | 180371 | 12051 |
| 意大利 | 252576 | 11525 |
| 马来西亚 | 167137 | 7924 |

| 国家/地区 | 出口数量（千克） | 出口金额（千美元） |
|---|---|---|
| 荷兰 | 50064 | 2277 |
| 韩国 | 11673 | 1489 |
| 法国 | 18615 | 1242 |
| 美国 | 11436 | 905 |
| 西班牙 | 10700 | 548 |
| 泰国 | 4300 | 366 |
| 瑞士 | 8216 | 349 |
| 比利时 | 3700 | 223 |
| 沙特阿拉伯 | 7000 | 210 |
| 拉脱维亚 | 2760 | 210 |
| 乌克兰 | 4200 | 184 |
| 埃及 | 1500 | 117 |
| 英国 | 1310 | 115 |
| 印度尼西亚 | 2064 | 91 |
| 伊朗 | 1500 | 71 |
| 朝鲜 | 2000 | 60 |
| 越南 | 413 | 49 |
| 俄罗斯联邦 | 750 | 38 |
| 澳大利亚 | 761 | 25 |
| 哥伦比亚 | 760 | 22 |
| 印度 | 1100 | 18 |
| 巴基斯坦 | 200 | 15 |
| 以色列 | 100 | 12 |
| 澳门 | 1127 | 9 |
| 匈牙利 | 138 | 8 |
| 芬兰 | 100 | 8 |
| 波兰 | 100 | 7 |
| 加拿大 | 25 | 2 |
| 巴西 | 10 | 1 |
| 文莱 | 50 | 1 |
| 12119011 当归 | | |
| 合计 | 2630711 | 22585 |
| 香港 | 816694 | 10635 |
| 日本 | 589852 | 4480 |
| 马来西亚 | 200040 | 2532 |
| 韩国 | 575699 | 1611 |
| 台湾省 | 262436 | 1574 |
| 新加坡 | 45304 | 489 |
| 印度尼西亚 | 40054 | 411 |
| 美国 | 49879 | 339 |
| 泰国 | 21198 | 258 |
| 德国 | 2206 | 43 |
| 澳大利亚 | 5970 | 43 |
| 澳门 | 6978 | 29 |
| 英国 | 2250 | 29 |

| 国家/地区 | 出口数量（千克） | 出口金额（千美元） |
|---|---|---|
| 荷兰 | 1812 | 22 |
| 加拿大 | 1578 | 20 |
| 捷克 | 1470 | 18 |
| 法国 | 2500 | 14 |
| 新西兰 | 700 | 13 |
| 比利时 | 316 | 7 |
| 瑞士 | 250 | 5 |
| 巴西 | 2725 | 4 |
| 匈牙利 | 294 | 3 |
| 以色列 | 100 | 2 |
| 爱尔兰 | 150 | 2 |
| 黑山 | 150 | 1 |
| 沙特阿拉伯 | 56 | 1 |
| 文莱 | 50 | 1 |
| 12119012 三七(田七) | | |
| 合计 | 5582075 | 73861 |
| 香港 | 5528325 | 67352 |
| 日本 | 34328 | 4983 |
| 马来西亚 | 12618 | 939 |
| 台湾省 | 2066 | 218 |
| 印度尼西亚 | 1622 | 129 |
| 新加坡 | 430 | 98 |
| 美国 | 427 | 58 |
| 泰国 | 600 | 53 |
| 澳门 | 1387 | 11 |
| 澳大利亚 | 138 | 6 |
| 德国 | 28 | 4 |
| 新西兰 | 45 | 3 |
| 加拿大 | 40 | 3 |
| 英国 | 21 | 2 |
| 12119013 党参 | | |
| 合计 | 5671360 | 53245 |
| 香港 | 5044581 | 42793 |
| 马来西亚 | 242159 | 4287 |
| 新加坡 | 159981 | 3732 |
| 台湾省 | 95486 | 953 |
| 韩国 | 74368 | 749 |
| 日本 | 5657 | 123 |
| 美国 | 5997 | 114 |
| 印度尼西亚 | 5933 | 103 |
| 泰国 | 3642 | 96 |
| 澳门 | 20653 | 80 |
| 澳大利亚 | 5110 | 66 |
| 加拿大 | 3480 | 59 |
| 英国 | 1068 | 22 |

| 国家/地区 | 出口数量（千克） | 出口金额（千美元） |
|---|---|---|
| 德国 | 628 | 16 |
| 荷兰 | 1063 | 15 |
| 比利时 | 357 | 9 |
| 新西兰 | 400 | 8 |
| 捷克 | 230 | 6 |
| 爱尔兰 | 200 | 5 |
| 法国 | 120 | 3 |
| 黑山 | 150 | 2 |
| 加纳 | 72 | 2 |
| 以色列 | 25 | 1 |
| 12119014 黄连 | | |
| 合计 | 313381 | 4378 |
| 韩国 | 94576 | 1423 |
| 日本 | 50883 | 1159 |
| 越南 | 78500 | 883 |
| 台湾省 | 25198 | 336 |
| 香港 | 40460 | 302 |
| 泰国 | 9360 | 115 |
| 马来西亚 | 6174 | 40 |
| 美国 | 1966 | 39 |
| 印度尼西亚 | 4045 | 37 |
| 德国 | 1125 | 28 |
| 荷兰 | 332 | 6 |
| 加拿大 | 113 | 2 |
| 澳大利亚 | 348 | 2 |
| 英国 | 132 | 2 |
| 匈牙利 | 72 | 1 |
| 以色列 | 25 | 1 |
| 瑞士 | 22 | 1 |
| 黑山 | 50 | 1 |
| 12119015 菊花 | | |
| 合计 | 7667378 | 49874 |
| 香港 | 5825120 | 34871 |
| 马来西亚 | 666338 | 5748 |
| 新加坡 | 360888 | 3515 |
| 泰国 | 326469 | 2890 |
| 英国 | 80492 | 960 |
| 越南 | 193662 | 747 |
| 台湾省 | 91299 | 312 |
| 日本 | 33314 | 269 |
| 美国 | 24148 | 244 |
| 韩国 | 26296 | 140 |
| 加拿大 | 4150 | 50 |
| 澳门 | 14851 | 35 |
| 德国 | 3668 | 21 |

| 国家/地区 | 出口数量（千克） | 出口金额（千美元） |
|---|---|---|
| 澳大利亚 | 3616 | 21 |
| 印度尼西亚 | 10376 | 16 |
| 法国 | 802 | 10 |
| 荷兰 | 613 | 8 |
| 新西兰 | 665 | 7 |
| 捷克 | 220 | 6 |
| 比利时 | 120 | 2 |
| 菲律宾 | 146 | 1 |
| 巴西 | 75 | 1 |
| 黑山 | 50 | 0 |
| 12119016 冬虫夏草 | | |
| 合计 | 411 | 10489 |
| 香港 | 305 | 8951 |
| 日本 | 106 | 1538 |
| 12119017 贝母 | | |
| 合计 | 121458 | 2858 |
| 香港 | 39549 | 935 |
| 韩国 | 28950 | 574 |
| 日本 | 11096 | 321 |
| 马来西亚 | 16690 | 288 |
| 台湾省 | 7275 | 230 |
| 美国 | 3051 | 219 |
| 泰国 | 7461 | 157 |
| 新加坡 | 1181 | 74 |
| 澳门 | 4366 | 20 |
| 印度尼西亚 | 685 | 15 |
| 加拿大 | 432 | 9 |
| 澳大利亚 | 333 | 7 |
| 菲律宾 | 100 | 3 |
| 瑞士 | 40 | 2 |
| 荷兰 | 62 | 2 |
| 比利时 | 65 | 2 |
| 新西兰 | 59 | 1 |
| 英国 | 63 | 1 |
| 12119018 川芎 | | |
| 合计 | 9661402 | 37210 |
| 香港 | 8045911 | 31846 |
| 越南 | 780100 | 2259 |
| 韩国 | 339640 | 879 |
| 台湾省 | 224683 | 793 |
| 马来西亚 | 107040 | 676 |
| 日本 | 103051 | 545 |
| 印度尼西亚 | 24528 | 62 |
| 泰国 | 12246 | 38 |
| 新加坡 | 7767 | 31 |

| 国家/地区 | 出口数量（千克） | 出口金额（千美元） |
|---|---|---|
| 美国 | 4873 | 21 |
| 澳门 | 3772 | 14 |
| 荷兰 | 1410 | 10 |
| 澳大利亚 | 3606 | 10 |
| 德国 | 407 | 9 |
| 加拿大 | 645 | 5 |
| 英国 | 673 | 4 |
| 捷克 | 597 | 3 |
| 比利时 | 233 | 2 |
| 新西兰 | 220 | 1 |
| 12119019 半夏 | | |
| 合计 | 1224596 | 22304 |
| 日本 | 614602 | 16947 |
| 韩国 | 271941 | 2913 |
| 台湾省 | 92347 | 1192 |
| 越南 | 171650 | 829 |
| 香港 | 47670 | 230 |
| 马来西亚 | 17922 | 91 |
| 印度尼西亚 | 1388 | 25 |
| 澳大利亚 | 1960 | 22 |
| 捷克 | 500 | 11 |
| 加拿大 | 378 | 8 |
| 英国 | 940 | 7 |
| 美国 | 955 | 6 |
| 瑞典 | 1000 | 5 |
| 新加坡 | 80 | 4 |
| 泰国 | 80 | 4 |
| 瑞士 | 95 | 2 |
| 澳门 | 624 | 1 |
| 文莱 | 30 | 1 |
| 德国 | 150 | 1 |
| 加纳 | 46 | 1 |
| 比利时 | 98 | 1 |
| 黑山 | 50 | 1 |
| 荷兰 | 50 | 1 |
| 匈牙利 | 40 | 0 |
| 12119021 白芍 | | |
| 合计 | 8027103 | 34706 |
| 香港 | 5386472 | 22204 |
| 日本 | 905391 | 6895 |
| 韩国 | 688278 | 2609 |
| 越南 | 658800 | 1280 |
| 台湾省 | 234313 | 968 |
| 马来西亚 | 81054 | 410 |
| 美国 | 10405 | 75 |

| 国家/地区 | 出口数量（千克） | 出口金额（千美元） |
|---|---|---|
| 泰国 | 13645 | 49 |
| 澳大利亚 | 8535 | 35 |
| 新加坡 | 6072 | 33 |
| 澳门 | 13282 | 25 |
| 加拿大 | 3589 | 22 |
| 荷兰 | 2873 | 21 |
| 德国 | 1953 | 20 |
| 乌克兰 | 4000 | 14 |
| 印度尼西亚 | 4079 | 12 |
| 英国 | 1279 | 12 |
| 捷克 | 1262 | 9 |
| 比利时 | 542 | 5 |
| 新西兰 | 529 | 3 |
| 瑞典 | 500 | 3 |
| 波兰 | 110 | 1 |
| 以色列 | 50 | 1 |
| 加纳 | 90 | 1 |
| 12119022 天麻 | | |
| 合计 | 133780 | 1827 |
| 韩国 | 106058 | 1101 |
| 日本 | 6501 | 261 |
| 台湾省 | 16456 | 245 |
| 香港 | 3120 | 97 |
| 美国 | 1002 | 51 |
| 奥地利 | 200 | 44 |
| 德国 | 443 | 27 |
| 12119023 黄芪 | | |
| 合计 | 3940040 | 21366 |
| 香港 | 812784 | 6217 |
| 韩国 | 1287802 | 4338 |
| 日本 | 359600 | 4329 |
| 越南 | 746650 | 2163 |
| 马来西亚 | 242411 | 1563 |
| 台湾省 | 308734 | 1374 |
| 美国 | 61884 | 494 |
| 新加坡 | 23160 | 254 |
| 澳大利亚 | 23701 | 168 |
| 泰国 | 16935 | 131 |
| 加拿大 | 6699 | 71 |
| 印度尼西亚 | 17052 | 58 |
| 法国 | 6900 | 36 |
| 荷兰 | 2645 | 30 |
| 澳门 | 7713 | 30 |
| 德国 | 2762 | 19 |
| 英国 | 1783 | 18 |

| 国家/地区 | 出口数量（千克） | 出口金额（千美元） |
|---|---|---|
| 新西兰 | 1720 | 17 |
| 瑞士 | 432 | 9 |
| 奥地利 | 691 | 8 |
| 意大利 | 1528 | 8 |
| 比利时 | 379 | 6 |
| 捷克 | 900 | 6 |
| 匈牙利 | 1194 | 5 |
| 巴西 | 3003 | 3 |
| 阿根廷 | 60 | 2 |
| 加纳 | 199 | 2 |
| 文莱 | 100 | 2 |
| 以色列 | 100 | 2 |
| 塞尔维亚 | 100 | 2 |
| 菲律宾 | 59 | 1 |
| 爱尔兰 | 60 | 1 |
| 波兰 | 200 | 1 |
| 瑞典 | 100 | 0 |
| 12119024 大黄、籽黄 | | |
| 合计 | 1777456 | 7699 |
| 日本 | 380024 | 3088 |
| 越南 | 653050 | 2305 |
| 德国 | 196782 | 481 |
| 意大利 | 83569 | 460 |
| 韩国 | 114115 | 279 |
| 台湾省 | 56337 | 247 |
| 香港 | 57136 | 184 |
| 美国 | 28398 | 143 |
| 印度尼西亚 | 50898 | 140 |
| 马来西亚 | 19589 | 76 |
| 泰国 | 24543 | 66 |
| 埃及 | 46000 | 59 |
| 法国 | 15925 | 48 |
| 西班牙 | 25000 | 42 |
| 新加坡 | 4751 | 22 |
| 英国 | 2688 | 15 |
| 斯洛文尼亚 | 5000 | 11 |
| 阿根廷 | 4000 | 8 |
| 哥伦比亚 | 3980 | 8 |
| 荷兰 | 2081 | 8 |
| 澳门 | 1995 | 4 |
| 澳大利亚 | 580 | 2 |
| 比利时 | 215 | 2 |
| 黎巴嫩 | 650 | 1 |
| 黑山 | 150 | 1 |
| 12119025 白术 | | |

| 国家/地区 | 出口数量（千克） | 出口金额（千美元） |
| --- | --- | --- |
| 合计 | 16511877 | 64171 |
| 香港 | 14125931 | 52785 |
| 越南 | 1031150 | 4644 |
| 日本 | 343281 | 2847 |
| 韩国 | 742429 | 2637 |
| 台湾省 | 135635 | 511 |
| 马来西亚 | 57983 | 358 |
| 美国 | 21115 | 122 |
| 新加坡 | 6997 | 48 |
| 澳大利亚 | 8911 | 45 |
| 泰国 | 7202 | 45 |
| 荷兰 | 2534 | 23 |
| 加拿大 | 3952 | 20 |
| 澳门 | 9169 | 18 |
| 英国 | 2183 | 17 |
| 印度尼西亚 | 10134 | 17 |
| 德国 | 987 | 15 |
| 捷克 | 1015 | 8 |
| 比利时 | 385 | 4 |
| 瑞士 | 113 | 2 |
| 新西兰 | 308 | 2 |
| 爱尔兰 | 200 | 1 |
| 黑山 | 150 | 1 |
| 加纳 | 113 | 1 |
| 12119026 地黄 | | |
| 合计 | 17713048 | 78399 |
| 香港 | 15189038 | 69781 |
| 日本 | 420417 | 3008 |
| 韩国 | 1040027 | 2645 |
| 台湾省 | 314306 | 946 |
| 越南 | 413024 | 798 |
| 马来西亚 | 217246 | 773 |
| 美国 | 17544 | 108 |
| 印度尼西亚 | 36502 | 86 |
| 泰国 | 15330 | 52 |
| 澳大利亚 | 10788 | 44 |
| 澳门 | 14173 | 29 |
| 新加坡 | 8154 | 29 |
| 荷兰 | 3069 | 28 |
| 英国 | 3375 | 19 |
| 加拿大 | 3195 | 13 |
| 德国 | 761 | 10 |
| 捷克 | 1900 | 8 |
| 新西兰 | 1502 | 6 |
| 阿根廷 | 620 | 3 |

| 国家/地区 | 出口数量（千克） | 出口金额（千美元） |
| --- | --- | --- |
| 以色列 | 150 | 3 |
| 比利时 | 278 | 2 |
| 瑞典 | 500 | 2 |
| 瑞士 | 100 | 2 |
| 奥地利 | 300 | 2 |
| 法国 | 220 | 1 |
| 加纳 | 279 | 1 |
| 黑山 | 250 | 1 |
| 12119027 槐米 | | |
| 合计 | 443182 | 3585 |
| 香港 | 428338 | 3484 |
| 美国 | 4000 | 36 |
| 日本 | 2340 | 26 |
| 韩国 | 2790 | 20 |
| 阿联酋 | 2994 | 9 |
| 马来西亚 | 1589 | 5 |
| 德国 | 112 | 2 |
| 法国 | 200 | 2 |
| 澳门 | 561 | 1 |
| 加拿大 | 210 | 1 |
| 印度尼西亚 | 48 | 0 |
| 12119028 杜仲 | | |
| 合计 | 9257509 | 47283 |
| 香港 | 8688675 | 44805 |
| 日本 | 218756 | 1020 |
| 韩国 | 156096 | 654 |
| 马来西亚 | 85639 | 403 |
| 台湾省 | 76550 | 256 |
| 泰国 | 7727 | 51 |
| 新加坡 | 3539 | 19 |
| 澳门 | 5240 | 18 |
| 加拿大 | 5098 | 16 |
| 美国 | 2892 | 11 |
| 印度尼西亚 | 1599 | 8 |
| 荷兰 | 591 | 6 |
| 澳大利亚 | 1283 | 6 |
| 德国 | 414 | 4 |
| 巴西 | 3120 | 3 |
| 瑞士 | 50 | 1 |
| 法国 | 145 | 1 |
| 英国 | 95 | 1 |
| 12119029 茯苓 | | |
| 合计 | 13525758 | 56451 |
| 香港 | 9926939 | 40012 |
| 日本 | 1274920 | 9607 |

| 国家/地区 | 出口数量（千克） | 出口金额（千美元） |
| --- | --- | --- |
| 韩国 | 1050037 | 3203 |
| 越南 | 796850 | 1797 |
| 台湾省 | 204205 | 696 |
| 马来西亚 | 139087 | 603 |
| 印度 | 35600 | 128 |
| 新加坡 | 15666 | 65 |
| 泰国 | 15900 | 59 |
| 美国 | 9770 | 51 |
| 澳大利亚 | 12339 | 44 |
| 印度尼西亚 | 10267 | 43 |
| 荷兰 | 2538 | 26 |
| 加拿大 | 6652 | 26 |
| 澳门 | 12637 | 26 |
| 斯里兰卡 | 4300 | 15 |
| 德国 | 1364 | 12 |
| 英国 | 1711 | 11 |
| 捷克 | 1450 | 8 |
| 瑞典 | 1500 | 7 |
| 新西兰 | 779 | 5 |
| 比利时 | 537 | 4 |
| 爱尔兰 | 200 | 1 |
| 以色列 | 50 | 1 |
| 波兰 | 100 | 1 |
| 菲律宾 | 120 | 1 |
| 法国 | 90 | 1 |
| 黑山 | 150 | 0 |
| 12119031 枸杞 | | |
| 合计 | 9304967 | 80471 |
| 香港 | 1822097 | 14201 |
| 美国 | 865865 | 12337 |
| 荷兰 | 797261 | 7454 |
| 马来西亚 | 887842 | 7149 |
| 德国 | 396194 | 4061 |
| 韩国 | 648208 | 3551 |
| 法国 | 253093 | 3248 |
| 西班牙 | 332142 | 3163 |
| 英国 | 306024 | 2869 |
| 日本 | 266541 | 2517 |
| 澳大利亚 | 269318 | 2398 |
| 越南 | 666750 | 1932 |
| 巴西 | 198906 | 1792 |
| 加拿大 | 136796 | 1717 |
| 新加坡 | 171924 | 1605 |
| 捷克 | 187870 | 1210 |
| 罗马尼亚 | 157680 | 1175 |

| 国家/地区 | 出口数量（千克） | 出口金额（千美元） |
|---|---|---|
| 希腊 | 125652 | 1072 |
| 意大利 | 96165 | 1020 |
| 比利时 | 100491 | 933 |
| 波兰 | 103578 | 711 |
| 台湾省 | 46372 | 653 |
| 俄罗斯联邦 | 60588 | 482 |
| 保加利亚 | 62750 | 452 |
| 以色列 | 39675 | 364 |
| 新西兰 | 29373 | 360 |
| 南非 | 56400 | 356 |
| 葡萄牙 | 33450 | 282 |
| 泰国 | 34903 | 244 |
| 土耳其 | 25000 | 212 |
| 沙特阿拉伯 | 12195 | 139 |
| 立陶宛 | 12600 | 102 |
| 澳门 | 26010 | 92 |
| 瑞典 | 7050 | 83 |
| 伊朗 | 12000 | 82 |
| 科威特 | 5600 | 59 |
| 瑞士 | 4040 | 54 |
| 匈牙利 | 5658 | 48 |
| 阿联酋 | 4260 | 42 |
| 印度尼西亚 | 15046 | 40 |
| 黎巴嫩 | 3080 | 39 |
| 智利 | 4150 | 35 |
| 斯洛伐克 | 4000 | 21 |
| 阿根廷 | 1260 | 14 |
| 哈萨克斯坦 | 520 | 11 |
| 斯洛文尼亚 | 500 | 10 |
| 塞尔维亚 | 1000 | 10 |
| 埃及 | 1000 | 10 |
| 印度 | 670 | 9 |
| 乌克兰 | 800 | 8 |
| 塞浦路斯 | 1200 | 8 |
| 乌拉圭 | 600 | 6 |
| 伊拉克 | 500 | 6 |
| 斯里兰卡 | 600 | 6 |
| 新喀里多尼亚 | 500 | 5 |
| 哥伦比亚 | 400 | 5 |
| 摩洛哥 | 200 | 2 |
| 爱尔兰 | 150 | 2 |
| 拉脱维亚 | 150 | 2 |
| 菲律宾 | 120 | 1 |
| 文莱 | 50 | 1 |
| 黑山 | 150 | 1 |

| 国家/地区 | 出口数量（千克） | 出口金额（千美元） |
|---|---|---|
| 12119032 大海子 | | |
| 合计 | 18794 | 72 |
| 香港 | 9490 | 42 |
| 马来西亚 | 7920 | 18 |
| 印度 | 1000 | 6 |
| 美国 | 107 | 3 |
| 印度尼西亚 | 225 | 2 |
| 意大利 | 22 | 1 |
| 新西兰 | 30 | 1 |
| 12119034 沙参 | | |
| 合计 | 1117671 | 2694 |
| 韩国 | 990941 | 2034 |
| 香港 | 38416 | 239 |
| 马来西亚 | 22640 | 127 |
| 台湾省 | 30107 | 89 |
| 美国 | 14134 | 87 |
| 日本 | 6064 | 45 |
| 澳门 | 9721 | 36 |
| 加拿大 | 2202 | 13 |
| 新加坡 | 786 | 5 |
| 澳大利亚 | 930 | 5 |
| 印度尼西亚 | 720 | 4 |
| 德国 | 195 | 3 |
| 英国 | 373 | 3 |
| 荷兰 | 172 | 2 |
| 泰国 | 180 | 1 |
| 新西兰 | 90 | 1 |
| 12119035 青蒿 | | |
| 合计 | 26344 | 50 |
| 日本 | 13887 | 29 |
| 美国 | 1734 | 6 |
| 法国 | 2000 | 5 |
| 马来西亚 | 1319 | 4 |
| 香港 | 2776 | 3 |
| 韩国 | 3000 | 2 |
| 澳门 | 552 | 1 |
| 台湾省 | 1076 | 1 |
| 12119036 甘草 | | |
| 合计 | 3344964 | 25029 |
| 日本 | 1839467 | 17344 |
| 韩国 | 555069 | 2894 |
| 德国 | 298568 | 1648 |
| 台湾省 | 272235 | 1361 |
| 美国 | 88231 | 526 |
| 泰国 | 162795 | 515 |

| 国家/地区 | 出口数量（千克） | 出口金额（千美元） |
|---|---|---|
| 荷兰 | 54325 | 361 |
| 马来西亚 | 36008 | 181 |
| 意大利 | 14760 | 77 |
| 印度尼西亚 | 11000 | 47 |
| 西班牙 | 8000 | 47 |
| 新加坡 | 2952 | 15 |
| 法国 | 680 | 6 |
| 埃及 | 200 | 2 |
| 加拿大 | 500 | 2 |
| 以色列 | 100 | 2 |
| 瑞士 | 74 | 1 |
| 12119039 未列名主要用作药料的植物及其某部分 | | |
| 合计 | 75344413 | 344220 |
| 日本 | 10748352 | 92699 |
| 越南 | 18109309 | 67562 |
| 韩国 | 15743966 | 59730 |
| 香港 | 11199664 | 49059 |
| 台湾省 | 3957646 | 15852 |
| 马来西亚 | 2617003 | 12597 |
| 美国 | 1484519 | 7981 |
| 德国 | 1800819 | 6352 |
| 泰国 | 1082188 | 5748 |
| 法国 | 2013732 | 5432 |
| 新加坡 | 438397 | 3367 |
| 爱尔兰 | 998287 | 2007 |
| 意大利 | 242122 | 1507 |
| 印度尼西亚 | 460254 | 1497 |
| 澳门 | 735552 | 1019 |
| 荷兰 | 174463 | 970 |
| 印度 | 440227 | 952 |
| 澳大利亚 | 181907 | 841 |
| 俄罗斯联邦 | 332659 | 633 |
| 英国 | 81671 | 631 |
| 加拿大 | 118394 | 609 |
| 芬兰 | 88830 | 599 |
| 智利 | 200100 | 582 |
| 埃及 | 221411 | 497 |
| 西班牙 | 119995 | 470 |
| 乌克兰 | 157816 | 381 |
| 奥地利 | 24112 | 333 |
| 摩洛哥 | 112450 | 300 |
| 捷克 | 28339 | 299 |
| 拉脱维亚 | 190290 | 293 |
| 苏丹 | 173000 | 290 |

| 国家/地区 | 出口数量（千克） | 出口金额（千美元） |
|---|---|---|
| 阿联酋 | 120548 | 285 |
| 比利时 | 17453 | 256 |
| 沙特阿拉伯 | 123124 | 252 |
| 瑞士 | 79684 | 239 |
| 乌兹别克斯坦 | 46500 | 238 |
| 新西兰 | 18994 | 159 |
| 波兰 | 70933 | 135 |
| 阿根廷 | 34620 | 134 |
| 保加利亚 | 63300 | 134 |
| 斯里兰卡 | 43410 | 122 |
| 巴西 | 62612 | 122 |
| 巴基斯坦 | 91190 | 114 |
| 瑞典 | 27532 | 114 |
| 以色列 | 16550 | 104 |
| 利比亚 | 50000 | 102 |
| 文莱 | 4808 | 80 |
| 哥伦比亚 | 29195 | 71 |
| 黑山 | 12210 | 66 |
| 孟加拉国 | 7800 | 63 |
| 匈牙利 | 18327 | 61 |
| 突尼斯 | 21000 | 49 |
| 土耳其 | 14140 | 40 |
| 希腊 | 26000 | 37 |
| 罗马尼亚 | 7025 | 36 |
| 菲律宾 | 18097 | 29 |
| 乌拉圭 | 17000 | 27 |
| 约旦 | 10525 | 19 |
| 格鲁吉亚 | 7700 | 17 |
| 加纳 | 4375 | 16 |
| 斯洛伐克 | 285 | 4 |
| 墨西哥 | 1200 | 4 |
| 南非 | 576 | 2 |
| 葡萄牙 | 176 | 2 |
| 丹麦 | 50 | 1 |
| 13019020 乳香、没药及血竭 | | |
| 合计 | 30967 | 159 |
| 韩国 | 22958 | 108 |
| 马来西亚 | 4390 | 21 |
| 台湾省 | 727 | 12 |
| 香港 | 2022 | 10 |
| 日本 | 850 | 8 |
| 英国 | 20 | 1 |
| 30049051 中药酒 | | |
| 合计 | 609817 | 2742 |
| 马来西亚 | 145256 | 814 |

| 国家/地区 | 出口数量（千克） | 出口金额（千美元） |
|---|---|---|
| 香港 | 162326 | 544 |
| 加纳 | 121758 | 534 |
| 伯利兹 | 91710 | 314 |
| 美国 | 20223 | 170 |
| 泰国 | 21475 | 131 |
| 新加坡 | 23648 | 94 |
| 多哥 | 4890 | 48 |
| 韩国 | 10080 | 42 |
| 特立尼达和多巴哥 | 1920 | 22 |
| 澳门 | 2615 | 11 |
| 越南 | 952 | 7 |
| 澳大利亚 | 1308 | 6 |
| 英国 | 1122 | 5 |
| 秘鲁 | 534 | 2 |
| 30049052 片仔癀 | | |
| 合计 | 3108 | 40798 |
| 香港 | 2613 | 33311 |
| 泰国 | 270 | 4071 |
| 新加坡 | 165 | 2505 |
| 马来西亚 | 60 | 912 |
| 30049053 白药 | | |
| 合计 | 54937 | 4263 |
| 香港 | 29505 | 2960 |
| 印度尼西亚 | 3146 | 293 |
| 新加坡 | 3442 | 248 |
| 美国 | 2664 | 234 |
| 加拿大 | 2530 | 194 |
| 越南 | 8943 | 143 |
| 马来西亚 | 2308 | 130 |
| 南非 | 2319 | 48 |
| 利比里亚 | 80 | 12 |
| 30049054 清凉油 | | |
| 合计 | 5773022 | 33544 |
| 贝宁 | 1377649 | 9115 |
| 阿联酋 | 592636 | 3577 |
| 塞内加尔 | 399733 | 2788 |
| 加纳 | 562045 | 2710 |
| 美国 | 790482 | 2697 |
| 几内亚 | 332800 | 1897 |
| 尼日利亚 | 246847 | 1313 |
| 新加坡 | 56042 | 1070 |
| 喀麦隆 | 199998 | 819 |
| 多哥 | 116656 | 683 |
| 科特迪瓦 | 89688 | 665 |
| 肯尼亚 | 77984 | 520 |

| 国家/地区 | 出口数量（千克） | 出口金额（千美元） |
|---|---|---|
| 阿曼 | 10560 | 352 |
| 香港 | 56183 | 352 |
| 刚果(布) | 44538 | 345 |
| 卡塔尔 | 10937 | 304 |
| 科威特 | 9818 | 282 |
| 利比里亚 | 51300 | 277 |
| 菲律宾 | 50214 | 272 |
| 苏丹 | 33463 | 252 |
| 英国 | 59584 | 237 |
| 洪都拉斯 | 41748 | 221 |
| 荷兰 | 47537 | 220 |
| 刚果(金) | 31657 | 206 |
| 塞拉利昂 | 33100 | 171 |
| 安哥拉 | 56931 | 163 |
| 南非 | 27019 | 135 |
| 缅甸 | 20025 | 129 |
| 马里 | 21624 | 97 |
| 巴拿马 | 25786 | 97 |
| 巴林 | 8432 | 92 |
| 冈比亚 | 18285 | 91 |
| 伯利兹 | 10799 | 90 |
| 也门 | 32141 | 88 |
| 坦桑尼亚 | 25009 | 84 |
| 特立尼达和多巴哥 | 19358 | 83 |
| 罗马尼亚 | 13339 | 80 |
| 乌克兰 | 11543 | 74 |
| 乌拉圭 | 10398 | 64 |
| 秘鲁 | 6466 | 54 |
| 阿尔及利亚 | 1980 | 45 |
| 厄立特里亚 | 8547 | 41 |
| 海地 | 5801 | 40 |
| 斐济 | 6656 | 39 |
| 毛里求斯 | 7006 | 39 |
| 厄瓜多尔 | 2120 | 38 |
| 苏里南 | 2329 | 36 |
| 比利时 | 4198 | 34 |
| 匈牙利 | 4309 | 31 |
| 澳大利亚 | 5429 | 30 |
| 智利 | 10547 | 29 |
| 马尔代夫 | 3528 | 26 |
| 波兰 | 716 | 24 |
| 捷克 | 2822 | 22 |
| 哥伦比亚 | 8584 | 22 |
| 哈萨克斯坦 | 1245 | 19 |
| 巴基斯坦 | 1104 | 19 |

| 国家/地区 | 出口数量（千克） | 出口金额（千美元） |
|---|---|---|
| 立陶宛 | 2626 | 17 |
| 德国 | 1746 | 15 |
| 印度 | 5790 | 14 |
| 斯洛文尼亚 | 1999 | 12 |
| 马来西亚 | 3883 | 12 |
| 利比亚 | 6853 | 12 |
| 莫桑比克 | 4670 | 12 |
| 伊朗 | 6646 | 11 |
| 约旦 | 2972 | 10 |
| 伊拉克 | 3314 | 9 |
| 拉脱维亚 | 360 | 9 |
| 巴巴多斯 | 1100 | 8 |
| 阿根廷 | 894 | 7 |
| 波多黎各 | 2559 | 6 |
| 马达加斯加 | 1490 | 6 |
| 法国 | 206 | 6 |
| 以色列 | 2635 | 6 |
| 瑞典 | 1200 | 6 |
| 牙买加 | 700 | 5 |
| 瓦努阿图 | 1187 | 5 |
| 库腊索岛 | 1939 | 5 |
| 尼日尔 | 225 | 5 |
| 奥地利 | 530 | 4 |
| 巴西 | 490 | 4 |
| 加蓬 | 1293 | 4 |
| 埃及 | 560 | 4 |
| 黎巴嫩 | 1275 | 4 |
| 西班牙 | 415 | 4 |
| 圭亚那 | 1341 | 4 |
| 新西兰 | 839 | 4 |
| 哥斯达黎加 | 1104 | 3 |
| 台湾省 | 26 | 2 |
| 布基纳法索 | 126 | 2 |
| 突尼斯 | 837 | 2 |
| 沙特阿拉伯 | 739 | 2 |
| 韩国 | 360 | 1 |
| 芬兰 | 222 | 1 |
| 墨西哥 | 231 | 1 |
| 萨摩亚 | 280 | 1 |
| 科摩罗 | 57 | 1 |
| 乌干达 | 28 | 0 |

30049059 其他中式成药

| 国家/地区 | 出口数量（千克） | 出口金额（千美元） |
|---|---|---|
| 合计 | 7787524 | 179904 |
| 香港 | 2302756 | 73448 |
| 日本 | 433953 | 17206 |
| 美国 | 580092 | 12812 |
| 马来西亚 | 534526 | 10168 |
| 新加坡 | 346731 | 9102 |
| 越南 | 373968 | 8614 |
| 澳大利亚 | 155295 | 4261 |
| 俄罗斯联邦 | 193659 | 4045 |
| 加拿大 | 143449 | 3788 |
| 印度尼西亚 | 147181 | 2619 |
| 尼日利亚 | 86237 | 2571 |
| 荷兰 | 109252 | 2246 |
| 韩国 | 389934 | 2122 |
| 墨西哥 | 78513 | 2036 |
| 泰国 | 74981 | 1978 |
| 匈牙利 | 92003 | 1359 |
| 英国 | 51737 | 1316 |
| 加纳 | 155042 | 1271 |
| 贝宁 | 114986 | 1226 |
| 澳门 | 31159 | 1113 |
| 奥地利 | 26894 | 974 |
| 罗马尼亚 | 52703 | 879 |
| 缅甸 | 138141 | 879 |
| 南非 | 33663 | 800 |
| 德国 | 83398 | 753 |
| 捷克 | 39637 | 696 |
| 斯洛文尼亚 | 29173 | 691 |
| 菲律宾 | 57459 | 617 |
| 塞内加尔 | 98165 | 578 |
| 保加利亚 | 33486 | 462 |
| 多米尼加共和国 | 60215 | 444 |
| 法国 | 25069 | 415 |
| 刚果(布) | 36357 | 409 |
| 巴基斯坦 | 6265 | 362 |
| 科威特 | 787 | 357 |
| 秘鲁 | 14951 | 333 |
| 多哥 | 65783 | 331 |
| 塞尔维亚 | 7347 | 325 |
| 西班牙 | 45153 | 304 |
| 朝鲜 | 32738 | 292 |
| 萨尔瓦多 | 30130 | 265 |
| 喀麦隆 | 30417 | 248 |
| 瑞士 | 8518 | 230 |
| 哈萨克斯坦 | 8499 | 228 |
| 台湾省 | 25200 | 216 |
| 几内亚 | 18711 | 211 |
| 哥伦比亚 | 12245 | 207 |
| 新西兰 | 9016 | 201 |
| 吉尔吉斯斯坦 | 17587 | 201 |
| 布基纳法索 | 29600 | 195 |
| 斯洛伐克 | 7430 | 185 |
| 哥斯达黎加 | 17219 | 183 |
| 厄瓜多尔 | 17805 | 176 |
| 乌克兰 | 6832 | 145 |
| 利比里亚 | 4937 | 142 |
| 乌拉圭 | 2100 | 137 |
| 柬埔寨 | 6156 | 133 |
| 意大利 | 6936 | 126 |
| 立陶宛 | 5878 | 122 |
| 巴拿马 | 6133 | 119 |
| 比利时 | 4816 | 114 |
| 洪都拉斯 | 14410 | 110 |
| 芬兰 | 22637 | 109 |
| 突尼斯 | 14230 | 106 |
| 土耳其 | 5393 | 96 |
| 莫桑比克 | 620 | 95 |
| 危地马拉 | 10306 | 95 |
| 苏丹 | 7208 | 90 |
| 也门 | 20980 | 90 |
| 塔吉克斯坦 | 14767 | 81 |
| 波兰 | 4567 | 74 |
| 瑞典 | 1436 | 68 |
| 克罗地亚 | 3527 | 67 |
| 赞比亚 | 1160 | 64 |
| 沙特阿拉伯 | 2522 | 63 |
| 葡萄牙 | 2628 | 56 |
| 阿塞拜疆 | 4633 | 55 |
| 阿尔及利亚 | 24756 | 50 |
| 巴西 | 5605 | 49 |
| 蒙古 | 812 | 44 |
| 坦桑尼亚 | 13850 | 44 |
| 智利 | 2297 | 34 |
| 肯尼亚 | 4700 | 33 |
| 约旦 | 8530 | 30 |
| 格鲁吉亚 | 705 | 26 |
| 孟加拉国 | 4578 | 23 |
| 以色列 | 670 | 21 |
| 丹麦 | 216 | 17 |
| 白俄罗斯 | 533 | 17 |
| 土库曼斯坦 | 917 | 16 |
| 马达加斯加 | 1050 | 15 |
| 阿联酋 | 5054 | 15 |

| 国家/地区 | 出口数量（千克） | 出口金额（千美元） |
|---|---|---|
| 毛里求斯 | 1000 | 15 |
| 塞拉利昂 | 635 | 14 |
| 瓦努阿图 | 189 | 13 |
| 埃及 | 3000 | 13 |
| 黎巴嫩 | 260 | 12 |
| 科特迪瓦 | 152 | 11 |
| 刚果(金) | 464 | 10 |
| 希腊 | 5432 | 9 |
| 赤道几内亚 | 1800 | 9 |
| 阿曼 | 2255 | 6 |
| 斯里兰卡 | 600 | 6 |
| 巴哈马 | 189 | 5 |
| 叙利亚 | 2000 | 5 |
| 安哥拉 | 514 | 5 |
| 几内亚比绍 | 1626 | 4 |
| 巴巴多斯 | 80 | 4 |
| 尼泊尔联邦民主共和国 | 1320 | 4 |
| 巴拉圭 | 22 | 3 |
| 文莱 | 32 | 3 |
| 爱沙尼亚 | 230 | 3 |
| 乍得 | 107 | 3 |
| 印度 | 100 | 2 |
| 阿根廷 | 200 | 2 |
| 伊朗 | 480 | 2 |
| 特立尼达和多巴哥 | 496 | 1 |
| 塞浦路斯 | 6 | 1 |
| 亚美尼亚 | 35 | 1 |
| 30049060 含有青蒿素及其衍生物的药品 | | |
| 合计 | 1578811 | 79515 |
| 尼日利亚 | 505564 | 14755 |
| 苏丹 | 199424 | 13688 |
| 瑞士 | 74410 | 6748 |
| 莫桑比克 | 78025 | 4337 |
| 法国 | 78264 | 4225 |
| 科摩罗 | 7080 | 3700 |
| 坦桑尼亚 | 57795 | 3585 |
| 乌干达 | 52046 | 3512 |
| 肯尼亚 | 62292 | 3298 |
| 印度尼西亚 | 23312 | 1542 |
| 几内亚 | 45629 | 1386 |
| 安哥拉 | 62805 | 1294 |
| 加纳 | 22510 | 1271 |
| 喀麦隆 | 25870 | 1222 |
| 乍得 | 17269 | 1096 |
| 塞内加尔 | 21530 | 1049 |
| 利比里亚 | 12694 | 933 |
| 缅甸 | 17692 | 931 |
| 科特迪瓦 | 30624 | 918 |
| 赤道几内亚 | 7650 | 895 |
| 布基纳法索 | 22296 | 880 |
| 南苏丹共和国 | 8998 | 839 |
| 荷兰 | 13080 | 819 |
| 巴布亚新几内亚 | 6860 | 628 |
| 埃塞俄比亚 | 11121 | 584 |
| 马里 | 7176 | 548 |
| 也门 | 5333 | 516 |
| 塞拉利昂 | 9671 | 458 |
| 索马里 | 24893 | 453 |
| 刚果(金) | 19179 | 347 |
| 巴基斯坦 | 1786 | 321 |
| 马达加斯加 | 3595 | 313 |
| 毛里塔尼亚 | 4025 | 311 |
| 卢旺达 | 4029 | 234 |
| 多哥 | 5092 | 222 |
| 土耳其 | 6450 | 201 |
| 比利时 | 3483 | 183 |
| 贝宁 | 3980 | 135 |
| 巴西 | 2234 | 134 |
| 泰国 | 975 | 120 |
| 英国 | 1282 | 117 |
| 刚果(布) | 1731 | 110 |
| 尼日尔 | 1147 | 101 |
| 阿联酋 | 2320 | 87 |
| 美国 | 199 | 59 |
| 沙特阿拉伯 | 704 | 58 |
| 南非 | 747 | 52 |
| 马来西亚 | 608 | 50 |
| 新加坡 | 458 | 44 |
| 柬埔寨 | 299 | 31 |
| 圭亚那 | 72 | 28 |
| 布隆迪 | 211 | 26 |
| 德国 | 454 | 21 |
| 老挝 | 353 | 21 |
| 印度 | 153 | 19 |
| 中非 | 477 | 14 |
| 赞比亚 | 198 | 11 |
| 伊朗 | 105 | 9 |
| 冈比亚 | 378 | 7 |
| 加蓬 | 26 | 5 |
| 西班牙 | 15 | 4 |
| 摩洛哥 | 75 | 4 |
| 澳大利亚 | 18 | 3 |
| 新西兰 | 17 | 2 |
| 台湾省 | 8 | 1 |
| 尼泊尔联邦民主共和国 | 15 | 1 |

## 中药进口量值表

| 国家/地区 | 进口数量（千克） | 进口金额（千美元） |
|---|---|---|
| 12112010 西洋参 | | |
| 合计 | 540252 | 23489 |
| 加拿大 | 426105 | 12474 |
| 美国 | 114147 | 11015 |
| 12112091 其他鲜人参 | | |
| 合计 | 45000 | 1971 |
| 韩国 | 45000 | 1971 |
| 12112099 未列名人参 | | |
| 合计 | 52520 | 21103 |
| 韩国 | 47369 | 19723 |
| 朝鲜 | 5151 | 1380 |
| 12119011 当归 | | |
| 合计 | 6000 | 9 |
| 中华人民共和国 | 6000 | 9 |
| 12119013 党参 | | |
| 合计 | 1792 | 25 |
| 中华人民共和国 | 1792 | 25 |
| 12119014 黄连 | | |
| 合计 | 2910 | 69 |
| 中华人民共和国 | 2910 | 69 |
| 12119015 菊花 | | |
| 合计 | 12343 | 82 |
| 德国 | 8878 | 61 |
| 阿根廷 | 3000 | 16 |
| 法国 | 465 | 5 |
| 12119017 贝母 | | |
| 合计 | 5803 | 232 |
| 尼泊尔联邦民主共和国 | 5803 | 232 |
| 12119019 半夏 | | |
| 合计 | 2640 | 7 |
| 朝鲜 | 2640 | 7 |
| 12119025 白术 | | |
| 合计 | 394237 | 1009 |
| 朝鲜 | 387017 | 994 |
| 中华人民共和国 | 7220 | 15 |
| 12119029 茯苓 | | |

| 国家/地区 | 进口数量（千克） | 进口金额（千美元） |
|---|---|---|
| 合计 | 200865 | 516 |
| 朝鲜 | 200865 | 516 |
| 12119031 枸杞 | | |
| 合计 | 63424 | 408 |
| 中华人民共和国 | 39876 | 276 |
| 朝鲜 | 13733 | 79 |
| 韩国 | 9815 | 53 |
| 12119032 大海子 | | |
| 合计 | 1000 | 20 |
| 泰国 | 1000 | 20 |
| 12119033 沉香 | | |
| 合计 | 9400 | 190 |
| 印度尼西亚 | 9400 | 190 |
| 12119034 沙参 | | |
| 合计 | 7144 | 6 |
| 朝鲜 | 7144 | 6 |
| 12119036 甘草 | | |
| 合计 | 51370896 | 69230 |
| 哈萨克斯坦 | 28730925 | 39835 |
| 乌兹别克斯坦 | 10737103 | 13781 |
| 阿塞拜疆 | 6438654 | 7960 |
| 阿富汗 | 3024887 | 4879 |
| 塔吉克斯坦 | 726340 | 1201 |
| 吉尔吉斯斯坦 | 1313600 | 873 |
| 巴基斯坦 | 399387 | 702 |
| 12119039 未列名主要用作药料的植物及其某部分 | | |
| 合计 | 35613697 | 81612 |
| 法国 | 1600 | 22382 |
| 尼泊尔联邦民主共和国 | 1282011 | 17298 |
| 印度 | 23260126 | 11085 |
| 比利时 | 893577 | 7892 |
| 泰国 | 4478705 | 5226 |
| 荷兰 | 562520 | 5066 |
| 加纳 | 510664 | 3508 |
| 德国 | 322940 | 2383 |
| 缅甸 | 2900518 | 1209 |
| 哥斯达黎加 | 5110 | 839 |
| 哈萨克斯坦 | 162760 | 725 |
| 波兰 | 279015 | 679 |
| 加拿大 | 77175 | 502 |
| 中华人民共和国 | 159610 | 421 |
| 朝鲜 | 232571 | 392 |
| 巴西 | 31000 | 363 |
| 科特迪瓦 | 60893 | 343 |

| 国家/地区 | 进口数量（千克） | 进口金额（千美元） |
|---|---|---|
| 喀麦隆 | 209706 | 314 |
| 蒙古 | 28236 | 282 |
| 印度尼西亚 | 86220 | 202 |
| 瓦努阿图 | 12010 | 172 |
| 老挝 | 16038 | 152 |
| 美国 | 600 | 127 |
| 苏丹 | 19166 | 27 |
| 摩洛哥 | 5160 | 9 |
| 刚果(金) | 2000 | 8 |
| 韩国 | 750 | 6 |
| 尼日利亚 | 13016 | 3 |
| 13019020 乳香、没药及血竭 | | |
| 合计 | 1721470 | 6179 |
| 埃塞俄比亚 | 1165400 | 3417 |
| 苏丹 | 295900 | 893 |
| 新加坡 | 4080 | 731 |
| 印度尼西亚 | 2924 | 608 |
| 肯尼亚 | 97510 | 213 |
| 索马里 | 38000 | 117 |
| 尼泊尔联邦民主共和国 | 82810 | 107 |
| 印度 | 34846 | 92 |
| 30049051 中药酒 | | |
| 合计 | 122 | 1 |
| 韩国 | 39 | 1 |
| 台湾省 | 83 | 1 |
| 30049054 清凉油 | | |
| 合计 | 6111 | 88 |
| 新加坡 | 6111 | 88 |
| 30049059 其他中式成药 | | |
| 合计 | 23265402 | 294008 |
| 香港 | 22125518 | 166880 |
| 德国 | 339512 | 86515 |
| 日本 | 389114 | 25839 |
| 法国 | 31261 | 7900 |
| 泰国 | 297571 | 4903 |
| 新加坡 | 77913 | 1918 |
| 澳大利亚 | 2751 | 24 |
| 中华人民共和国 | 1683 | 14 |
| 美国 | 74 | 13 |
| 台湾省 | 5 | 1 |
| 30049060 含有青蒿素及其衍生物的药品 | | |
| 合计 | 30 | 2 |
| 美国 | 30 | 2 |

## 种苗出口量值表

| 国家/地区 | 出口数量（千克） | 出口金额（千美元） |
|---|---|---|
| 12092100 紫苜蓿子 | | |
| 合计 | 292650 | 775 |
| 日本 | 198900 | 525 |
| 韩国 | 63250 | 130 |
| 加拿大 | 21500 | 81 |
| 朝鲜 | 9000 | 39 |
| 12092200 三叶草子 | | |
| 合计 | 350 | 2 |
| 韩国 | 350 | 2 |
| 12092300 羊茅子 | | |
| 合计 | 6000 | 11 |
| 朝鲜 | 6000 | 11 |
| 12092500 黑麦草种子 | | |
| 合计 | 5000 | 6 |
| 朝鲜 | 5000 | 6 |
| 12093000 草本花卉植物种子 | | |
| 合计 | 702927 | 13453 |
| 荷兰 | 151997 | 2805 |
| 美国 | 25185 | 2511 |
| 韩国 | 274717 | 2178 |
| 日本 | 61991 | 2160 |
| 德国 | 71811 | 1216 |
| 印度 | 2600 | 887 |
| 丹麦 | 225 | 491 |
| 台湾省 | 47685 | 458 |
| 意大利 | 1777 | 131 |
| 法国 | 7218 | 121 |
| 俄罗斯联邦 | 2763 | 92 |
| 朝鲜 | 39675 | 88 |
| 立陶宛 | 4466 | 82 |
| 波兰 | 2301 | 80 |
| 英国 | 492 | 72 |
| 捷克 | 3153 | 22 |
| 乌克兰 | 3500 | 15 |
| 新加坡 | 158 | 10 |
| 芬兰 | 380 | 10 |
| 也门 | 2 | 6 |
| 叙利亚 | 3 | 4 |
| 伊朗 | 344 | 4 |
| 巴林 | 65 | 3 |
| 哥斯达黎加 | 151 | 3 |
| 比利时 | 115 | 3 |
| 香港 | 100 | 2 |

| 国家/地区 | 出口数量（千克） | 出口金额（千美元） |
|---|---|---|
| 越南 | 53 | 1 |

## 种苗进口量值表

| 国家/地区 | 进口数量（千克） | 进口金额（千美元） |
|---|---|---|
| 12092100 紫苜蓿子 | | |
| 合计 | 1880891 | 8966 |
| 加拿大 | 1181659 | 5428 |
| 美国 | 653232 | 3325 |
| 法国 | 40000 | 184 |
| 德国 | 6000 | 29 |
| 12092200 三叶草子 | | |
| 合计 | 1984422 | 8554 |
| 新西兰 | 623889 | 2871 |
| 澳大利亚 | 383500 | 1728 |
| 阿根廷 | 358000 | 1565 |
| 丹麦 | 180000 | 904 |
| 美国 | 195533 | 881 |
| 加拿大 | 243500 | 605 |
| 12092300 羊茅子 | | |
| 合计 | 9417319 | 19337 |
| 美国 | 8415417 | 17285 |
| 丹麦 | 650036 | 1275 |
| 加拿大 | 351866 | 777 |
| 12092400 草地早熟禾子 | | |
| 合计 | 4762601 | 15905 |
| 美国 | 4056891 | 14275 |
| 丹麦 | 583625 | 1374 |
| 加拿大 | 122085 | 256 |
| 12092500 黑麦草种子 | | |
| 合计 | 16723601 | 23594 |
| 美国 | 14027413 | 18195 |
| 加拿大 | 1415572 | 2672 |
| 丹麦 | 1044650 | 2265 |
| 新西兰 | 173466 | 322 |
| 德国 | 40000 | 97 |
| 澳大利亚 | 22500 | 43 |
| 12093000 草本花卉植物种子 | | |
| 合计 | 20485 | 20972 |
| 美国 | 4541 | 5215 |
| 日本 | 1408 | 4098 |
| 德国 | 400 | 9557 |
| 法国 | 237 | 863 |
| 荷兰 | 536 | 577 |
| 印度尼西亚 | 45 | 177 |

| 国家/地区 | 进口数量（千克） | 进口金额（千美元） |
|---|---|---|
| 印度 | 38 | 170 |
| 危地马拉 | 18 | 140 |
| 朝鲜 | 11000 | 68 |
| 智利 | 4 | 33 |
| 土耳其 | 2 | 20 |
| 中华人民共和国 | 694 | 13 |
| 越南 | 5 | 11 |
| 南非 | 1175 | 9 |
| 台湾省 | 17 | 7 |
| 哥斯达黎加 | 0 | 5 |
| 波兰 | 355 | 3 |
| 肯尼亚 | 0 | 3 |
| 丹麦 | 10 | 2 |
| 意大利 | 0 | 1 |

## 林产化工出口量值表

| 国家/地区 | 出口数量（千克） | 出口金额（千美元） |
|---|---|---|
| 11082000 菊粉 | | |
| 合计 | 114500 | 489 |
| 美国 | 44000 | 199 |
| 加拿大 | 49000 | 197 |
| 巴西 | 16000 | 67 |
| 哥伦比亚 | 4000 | 17 |
| 马来西亚 | 1000 | 5 |
| 土耳其 | 500 | 4 |
| 12119050 主要用作香料的植物及其某部分 | | |
| 合计 | 3592548 | 7814 |
| 香港 | 689596 | 1540 |
| 苏丹 | 782650 | 1420 |
| 印度 | 415175 | 849 |
| 阿联酋 | 362940 | 644 |
| 德国 | 29904 | 481 |
| 阿尔及利亚 | 209750 | 388 |
| 摩洛哥 | 189500 | 343 |
| 马来西亚 | 87686 | 304 |
| 法国 | 35383 | 301 |
| 埃及 | 153675 | 274 |
| 沙特阿拉伯 | 138860 | 249 |
| 美国 | 47174 | 166 |
| 新加坡 | 46400 | 93 |
| 斯里兰卡 | 21239 | 73 |
| 意大利 | 20000 | 70 |
| 也门 | 35750 | 69 |
| 黎巴嫩 | 51525 | 61 |
| 孟加拉国 | 33000 | 59 |

| 国家/地区 | 出口数量（千克） | 出口金额（千美元） |
|---|---|---|
| 韩国 | 74797 | 50 |
| 土耳其 | 28000 | 50 |
| 叙利亚 | 25815 | 48 |
| 约旦 | 24750 | 42 |
| 泰国 | 26370 | 40 |
| 日本 | 4359 | 39 |
| 以色列 | 18720 | 32 |
| 巴西 | 2500 | 31 |
| 英国 | 2718 | 21 |
| 台湾省 | 2446 | 19 |
| 印度尼西亚 | 8585 | 11 |
| 突尼斯 | 8000 | 10 |
| 澳大利亚 | 1644 | 10 |
| 南非 | 1000 | 8 |
| 利比亚 | 9150 | 7 |
| 俄罗斯联邦 | 1012 | 6 |
| 科威特 | 1375 | 3 |
| 加拿大 | 1000 | 2 |
| 乌克兰 | 100 | 2 |
| 12119091 鱼藤根、除虫菊 | | |
| 合计 | 93000 | 277 |
| 日本 | 67000 | 121 |
| 韩国 | 13000 | 78 |
| 印度尼西亚 | 13000 | 78 |
| 12119099 主要用作杀虫、杀菌等用途的植物及其某部分 | | |
| 合计 | 1399729 | 3763 |
| 德国 | 601380 | 1112 |
| 法国 | 105375 | 573 |
| 台湾省 | 280265 | 534 |
| 韩国 | 198295 | 531 |
| 吉尔吉斯斯坦 | 55000 | 495 |
| 日本 | 143922 | 421 |
| 澳大利亚 | 3125 | 33 |
| 约旦 | 4825 | 21 |
| 新加坡 | 3381 | 20 |
| 马来西亚 | 2182 | 11 |
| 美国 | 1040 | 4 |
| 泰国 | 525 | 3 |
| 英国 | 165 | 3 |
| 香港 | 100 | 1 |
| 加拿大 | 129 | 1 |
| 希腊 | 20 | 1 |
| 13019040 松脂 | | |
| 合计 | 684 | 2 |

| 国家/地区 | 出口数量（千克） | 出口金额（千美元） |
| --- | --- | --- |
| 韩国 | 684 | 2 |
| 13021910 生漆 | | |
| 合计 | 36175 | 1695 |
| 日本 | 36175 | 1695 |
| 29054910 木糖醇 | | |
| 合计 | 15932647 | 50191 |
| 美国 | 4538064 | 14339 |
| 日本 | 2897383 | 8968 |
| 土耳其 | 1228000 | 3776 |
| 韩国 | 975502 | 3251 |
| 阿根廷 | 795710 | 2624 |
| 德国 | 774280 | 2399 |
| 波兰 | 606400 | 1739 |
| 泰国 | 579830 | 1737 |
| 越南 | 404330 | 1368 |
| 匈牙利 | 396160 | 1243 |
| 荷兰 | 392802 | 1239 |
| 南非 | 288550 | 920 |
| 意大利 | 255200 | 714 |
| 印度尼西亚 | 201500 | 656 |
| 英国 | 197680 | 628 |
| 台湾省 | 188380 | 620 |
| 澳大利亚 | 174925 | 589 |
| 俄罗斯联邦 | 145015 | 501 |
| 墨西哥 | 131400 | 385 |
| 加拿大 | 110680 | 375 |
| 智利 | 113120 | 369 |
| 突尼斯 | 64000 | 233 |
| 巴西 | 65460 | 191 |
| 芬兰 | 46580 | 190 |
| 埃及 | 44010 | 131 |
| 瑞典 | 37025 | 126 |
| 摩洛哥 | 40000 | 122 |
| 香港 | 33500 | 101 |
| 比利时 | 30000 | 88 |
| 新西兰 | 22250 | 78 |
| 法国 | 20480 | 76 |
| 厄瓜多尔 | 18700 | 62 |
| 印度 | 17781 | 58 |
| 菲律宾 | 17150 | 55 |
| 委内瑞拉 | 13000 | 39 |
| 马来西亚 | 10725 | 36 |
| 哥伦比亚 | 9000 | 28 |
| 乌拉圭 | 7000 | 25 |
| 罗马尼亚 | 13750 | 18 |

| 国家/地区 | 出口数量（千克） | 出口金额（千美元） |
| --- | --- | --- |
| 希腊 | 5000 | 17 |
| 乌克兰 | 4000 | 14 |
| 捷克 | 3000 | 12 |
| 葡萄牙 | 3000 | 12 |
| 叙利亚 | 2000 | 6 |
| 孟加拉国 | 1500 | 6 |
| 巴基斯坦 | 1700 | 6 |
| 约旦 | 1000 | 4 |
| 秘鲁 | 1200 | 4 |
| 斯洛文尼亚 | 1000 | 3 |
| 多米尼加共和国 | 1000 | 3 |
| 丹麦 | 1090 | 3 |
| 沙特阿拉伯 | 500 | 2 |
| 爱沙尼亚 | 500 | 2 |
| 瑞士 | 375 | 1 |
| 阿联酋 | 200 | 1 |
| 西班牙 | 160 | 1 |
| 伊朗 | 100 | 1 |
| 32030011 天然靛蓝及以其为基本成分的制品 | | |
| 合计 | 74 | 1 |
| 日本 | 74 | 1 |
| 32030019 其他植物质着色料及以其为基本成分的制品 | | |
| 合计 | 1022259 | 18479 |
| 日本 | 191005 | 3456 |
| 美国 | 33856 | 3015 |
| 西班牙 | 22071 | 1762 |
| 韩国 | 30370 | 1285 |
| 德国 | 22821 | 1211 |
| 越南 | 188730 | 930 |
| 丹麦 | 23675 | 924 |
| 法国 | 7160 | 725 |
| 印度尼西亚 | 161260 | 629 |
| 意大利 | 25121 | 623 |
| 哥伦比亚 | 166135 | 591 |
| 英国 | 5490 | 523 |
| 加拿大 | 4402 | 393 |
| 香港 | 34149 | 370 |
| 马来西亚 | 20829 | 282 |
| 墨西哥 | 1905 | 255 |
| 澳大利亚 | 2420 | 232 |
| 印度 | 3649 | 196 |
| 立陶宛 | 1355 | 109 |
| 泰国 | 30050 | 109 |

| 国家/地区 | 出口数量（千克） | 出口金额（千美元） |
| --- | --- | --- |
| 荷兰 | 930 | 109 |
| 台湾省 | 11830 | 104 |
| 波兰 | 1542 | 95 |
| 阿根廷 | 20170 | 90 |
| 肯尼亚 | 600 | 56 |
| 埃及 | 2125 | 52 |
| 巴西 | 600 | 46 |
| 奥地利 | 150 | 42 |
| 委内瑞拉 | 300 | 34 |
| 伊朗 | 302 | 29 |
| 爱沙尼亚 | 300 | 27 |
| 芬兰 | 150 | 21 |
| 以色列 | 480 | 21 |
| 秘鲁 | 300 | 17 |
| 捷克 | 160 | 17 |
| 孟加拉国 | 745 | 16 |
| 比利时 | 344 | 16 |
| 葡萄牙 | 100 | 8 |
| 南非 | 2515 | 7 |
| 瑞典 | 61 | 7 |
| 新西兰 | 85 | 7 |
| 厄瓜多尔 | 400 | 5 |
| 叙利亚 | 20 | 4 |
| 斯洛文尼亚 | 25 | 4 |
| 匈牙利 | 300 | 4 |
| 格鲁吉亚 | 1000 | 4 |
| 俄罗斯联邦 | 45 | 3 |
| 拉脱维亚 | 2 | 3 |
| 白俄罗斯 | 20 | 3 |
| 新加坡 | 75 | 2 |
| 突尼斯 | 25 | 2 |
| 保加利亚 | 6 | 2 |
| 危地马拉 | 10 | 1 |
| 罗马尼亚 | 50 | 1 |
| 巴基斯坦 | 12 | 1 |
| 挪威 | 27 | 1 |
| 32030020 动物质着色料及以其为基本成分的制品 | | |
| 合计 | 21394 | 1152 |
| 韩国 | 9200 | 647 |
| 香港 | 6294 | 236 |
| 哥伦比亚 | 3000 | 153 |
| 西班牙 | 2000 | 74 |
| 日本 | 840 | 40 |
| 南非 | 60 | 2 |

| 国家/地区 | 出口数量（千克） | 出口金额（千美元） |
|---|---|---|
| 33011200 橙油 | | |
| 合计 | 471443 | 6823 |
| 印度尼西亚 | 163018 | 2328 |
| 马来西亚 | 137998 | 2130 |
| 印度 | 58641 | 819 |
| 越南 | 59044 | 748 |
| 泰国 | 32832 | 639 |
| 美国 | 8625 | 67 |
| 英国 | 7185 | 60 |
| 新加坡 | 3159 | 22 |
| 巴基斯坦 | 540 | 7 |
| 日本 | 376 | 3 |
| 智利 | 25 | 1 |
| 33011300 柠檬油 | | |
| 合计 | 3340833 | 45023 |
| 印度尼西亚 | 958473 | 12717 |
| 马来西亚 | 527125 | 7686 |
| 印度 | 519804 | 6922 |
| 越南 | 445631 | 6141 |
| 泰国 | 371918 | 5669 |
| 新加坡 | 48741 | 785 |
| 菲律宾 | 68126 | 757 |
| 斯里兰卡 | 38828 | 400 |
| 荷兰 | 22800 | 380 |
| 柬埔寨 | 35849 | 366 |
| 阿联酋 | 11839 | 318 |
| 肯尼亚 | 15654 | 314 |
| 安哥拉 | 13700 | 290 |
| 英国 | 18283 | 270 |
| 美国 | 75474 | 234 |
| 沙特阿拉伯 | 12646 | 210 |
| 马达加斯加 | 5500 | 169 |
| 孟加拉国 | 8430 | 162 |
| 利比亚 | 24076 | 157 |
| 伊拉克 | 20884 | 146 |
| 意大利 | 13600 | 136 |
| 马尔代夫 | 13600 | 132 |
| 巴林 | 2359 | 130 |
| 卡塔尔 | 19742 | 126 |
| 加纳 | 17980 | 123 |
| 波兰 | 10204 | 61 |
| 澳大利亚 | 4881 | 50 |
| 多哥 | 4025 | 41 |
| 尼日利亚 | 3752 | 40 |
| 波多黎各 | 361 | 38 |

| 国家/地区 | 出口数量（千克） | 出口金额（千美元） |
|---|---|---|
| 阿曼 | 300 | 11 |
| 新西兰 | 816 | 9 |
| 香港 | 430 | 7 |
| 法国 | 740 | 6 |
| 西班牙 | 890 | 4 |
| 伊朗 | 200 | 4 |
| 塞浦路斯 | 420 | 3 |
| 日本 | 1200 | 2 |
| 德国 | 325 | 2 |
| 保加利亚 | 310 | 2 |
| 罗马尼亚 | 260 | 2 |
| 丹麦 | 247 | 1 |
| 塞尔维亚 | 150 | 1 |
| 克罗地亚 | 140 | 1 |
| 捷克 | 120 | 1 |
| 33011910 白柠檬油(酸橙油) | | |
| 合计 | 362 | 16 |
| 新加坡 | 260 | 9 |
| 美国 | 79 | 5 |
| 印度尼西亚 | 22 | 1 |
| 日本 | 1 | 0 |
| 33011990 其他柑橘属果实精油 | | |
| 合计 | 26661 | 653 |
| 美国 | 16948 | 431 |
| 印度尼西亚 | 6009 | 158 |
| 新加坡 | 2892 | 39 |
| 瑞士 | 150 | 12 |
| 澳大利亚 | 525 | 6 |
| 日本 | 77 | 5 |
| 印度 | 60 | 2 |
| 33012400 胡椒薄荷油 | | |
| 合计 | 4760 | 181 |
| 英国 | 3610 | 123 |
| 新加坡 | 850 | 42 |
| 日本 | 300 | 16 |
| 33012500 其他薄荷油 | | |
| 合计 | 966269 | 23913 |
| 美国 | 197335 | 5874 |
| 荷兰 | 80100 | 2565 |
| 法国 | 73185 | 2412 |
| 德国 | 57600 | 2364 |
| 日本 | 79610 | 2308 |
| 印度尼西亚 | 113974 | 1766 |
| 印度 | 107016 | 1564 |
| 马来西亚 | 77604 | 1162 |

| 国家/地区 | 出口数量（千克） | 出口金额（千美元） |
|---|---|---|
| 泰国 | 40415 | 925 |
| 香港 | 42495 | 801 |
| 英国 | 15300 | 487 |
| 台湾省 | 13725 | 260 |
| 朝鲜 | 7438 | 177 |
| 墨西哥 | 4860 | 158 |
| 新加坡 | 4870 | 151 |
| 伊朗 | 2160 | 146 |
| 巴基斯坦 | 8500 | 143 |
| 西班牙 | 4260 | 130 |
| 韩国 | 5450 | 121 |
| 巴西 | 2010 | 79 |
| 澳大利亚 | 1340 | 50 |
| 加拿大 | 1260 | 44 |
| 埃及 | 2500 | 37 |
| 意大利 | 1590 | 33 |
| 塞内加尔 | 16152 | 33 |
| 尼日利亚 | 2000 | 32 |
| 乌兹别克斯坦 | 855 | 20 |
| 罗马尼亚 | 440 | 17 |
| 南非 | 720 | 16 |
| 菲律宾 | 720 | 15 |
| 阿根廷 | 360 | 12 |
| 土耳其 | 250 | 9 |
| 哥伦比亚 | 75 | 4 |
| 格鲁吉亚 | 100 | 3 |
| 33012910 樟脑油 | | |
| 合计 | 3960 | 34 |
| 香港 | 3960 | 34 |
| 33012920 香茅油 | | |
| 合计 | 983612 | 16573 |
| 西班牙 | 187560 | 3099 |
| 墨西哥 | 170460 | 2926 |
| 德国 | 72180 | 1189 |
| 美国 | 64980 | 1095 |
| 新加坡 | 60130 | 1039 |
| 印度 | 58650 | 1032 |
| 法国 | 57780 | 955 |
| 荷兰 | 39060 | 680 |
| 瑞士 | 32400 | 608 |
| 土耳其 | 33840 | 577 |
| 英国 | 28440 | 489 |
| 台湾省 | 28800 | 482 |
| 危地马拉 | 27040 | 434 |
| 巴基斯坦 | 18940 | 332 |

| 国家/地区 | 出口数量（千克） | 出口金额（千美元） |
|---|---|---|
| 澳大利亚 | 18180 | 307 |
| 印度尼西亚 | 24752 | 291 |
| 马来西亚 | 16740 | 287 |
| 香港 | 9340 | 162 |
| 洪都拉斯 | 9360 | 157 |
| 泰国 | 7960 | 134 |
| 哥伦比亚 | 4320 | 76 |
| 阿根廷 | 3240 | 60 |
| 日本 | 3160 | 54 |
| 意大利 | 2880 | 47 |
| 巴拉圭 | 1440 | 26 |
| 巴西 | 1260 | 22 |
| 韩国 | 540 | 10 |
| 阿尔及利亚 | 180 | 4 |
| 33012930 茴香油 | | |
| 合计 | 840031 | 12371 |
| 法国 | 192000 | 2965 |
| 香港 | 145060 | 2141 |
| 美国 | 99440 | 1419 |
| 德国 | 91200 | 1402 |
| 英国 | 70420 | 1042 |
| 西班牙 | 48600 | 718 |
| 泰国 | 60875 | 677 |
| 印度尼西亚 | 40894 | 665 |
| 印度 | 33738 | 431 |
| 澳大利亚 | 24660 | 365 |
| 荷兰 | 9000 | 132 |
| 马来西亚 | 7369 | 119 |
| 新加坡 | 7000 | 98 |
| 巴西 | 2660 | 62 |
| 新西兰 | 1600 | 40 |
| 日本 | 1360 | 28 |
| 菲律宾 | 1125 | 17 |
| 瑞士 | 1000 | 16 |
| 巴基斯坦 | 1000 | 15 |
| 加拿大 | 600 | 9 |
| 南非 | 200 | 5 |
| 朝鲜 | 130 | 4 |
| 埃及 | 100 | 3 |
| 33012940 桂油 | | |
| 合计 | 462730 | 19402 |
| 英国 | 293050 | 13134 |
| 美国 | 115160 | 4268 |
| 日本 | 18200 | 836 |
| 德国 | 10000 | 352 |

| 国家/地区 | 出口数量（千克） | 出口金额（千美元） |
|---|---|---|
| 新加坡 | 12660 | 300 |
| 法国 | 4850 | 165 |
| 香港 | 4600 | 164 |
| 荷兰 | 2075 | 98 |
| 印度 | 1100 | 41 |
| 印度尼西亚 | 250 | 13 |
| 加拿大 | 250 | 10 |
| 巴西 | 200 | 7 |
| 巴基斯坦 | 200 | 7 |
| 澳大利亚 | 95 | 4 |
| 阿根廷 | 40 | 3 |
| 33012950 山苍子油 | | |
| 合计 | 336835 | 6332 |
| 德国 | 81720 | 1384 |
| 美国 | 42300 | 866 |
| 法国 | 40190 | 700 |
| 瑞士 | 19800 | 665 |
| 西班牙 | 41110 | 619 |
| 新加坡 | 21240 | 401 |
| 香港 | 21060 | 368 |
| 印度 | 16095 | 279 |
| 印度尼西亚 | 9000 | 253 |
| 英国 | 14220 | 249 |
| 荷兰 | 6480 | 116 |
| 日本 | 4680 | 83 |
| 巴西 | 4140 | 75 |
| 澳大利亚 | 3340 | 62 |
| 新西兰 | 2520 | 46 |
| 马来西亚 | 2160 | 42 |
| 墨西哥 | 1440 | 28 |
| 哥伦比亚 | 1440 | 26 |
| 阿根廷 | 1000 | 19 |
| 加拿大 | 900 | 17 |
| 土耳其 | 720 | 11 |
| 泰国 | 360 | 7 |
| 巴拉圭 | 360 | 7 |
| 意大利 | 360 | 7 |
| 台湾省 | 200 | 4 |
| 33012960 桉叶油 | | |
| 合计 | 9784890 | 102379 |
| 印度尼西亚 | 3901415 | 40418 |
| 德国 | 729900 | 7991 |
| 印度 | 791020 | 7805 |
| 美国 | 615600 | 6561 |
| 新加坡 | 508300 | 5510 |

| 国家/地区 | 出口数量（千克） | 出口金额（千美元） |
|---|---|---|
| 澳大利亚 | 501775 | 5234 |
| 荷兰 | 418140 | 4499 |
| 法国 | 425420 | 4444 |
| 香港 | 395150 | 4200 |
| 英国 | 359280 | 3928 |
| 西班牙 | 262080 | 2762 |
| 墨西哥 | 185320 | 2045 |
| 泰国 | 91830 | 979 |
| 意大利 | 61380 | 661 |
| 巴西 | 55980 | 621 |
| 台湾省 | 99290 | 589 |
| 马来西亚 | 50850 | 540 |
| 菲律宾 | 49520 | 537 |
| 日本 | 39240 | 447 |
| 巴拉圭 | 37800 | 397 |
| 尼日利亚 | 32500 | 353 |
| 哥伦比亚 | 30780 | 344 |
| 加拿大 | 24120 | 255 |
| 俄罗斯联邦 | 18000 | 182 |
| 斯里兰卡 | 16560 | 181 |
| 阿根廷 | 14220 | 155 |
| 巴基斯坦 | 12140 | 120 |
| 土耳其 | 8280 | 90 |
| 叙利亚 | 7380 | 80 |
| 伊朗 | 6080 | 79 |
| 葡萄牙 | 7200 | 77 |
| 南非 | 6840 | 63 |
| 肯尼亚 | 3060 | 34 |
| 匈牙利 | 3060 | 27 |
| 多哥 | 2160 | 23 |
| 危地马拉 | 2160 | 23 |
| 洪都拉斯 | 2160 | 23 |
| 韩国 | 1900 | 23 |
| 利比亚 | 1800 | 19 |
| 智利 | 1440 | 16 |
| 孟加拉国 | 1000 | 11 |
| 罗马尼亚 | 420 | 9 |
| 科特迪瓦 | 720 | 8 |
| 阿联酋 | 540 | 6 |
| 约旦 | 500 | 6 |
| 塞内加尔 | 400 | 5 |
| 前南马其顿 | 180 | 3 |
| 33012991 老鹳草油(香叶油) | | |
| 合计 | 68349 | 8473 |
| 印度 | 14140 | 1741 |

| 国家/地区 | 出口数量（千克） | 出口金额（千美元） |
|---|---|---|
| 法国 | 13015 | 1656 |
| 西班牙 | 11050 | 1455 |
| 美国 | 7530 | 934 |
| 荷兰 | 4520 | 628 |
| 阿联酋 | 4837 | 585 |
| 新加坡 | 3127 | 399 |
| 英国 | 3050 | 388 |
| 德国 | 1555 | 200 |
| 土耳其 | 900 | 113 |
| 巴基斯坦 | 600 | 77 |
| 澳大利亚 | 2045 | 64 |
| 日本 | 480 | 59 |
| 意大利 | 300 | 38 |
| 香港 | 250 | 34 |
| 哥伦比亚 | 200 | 29 |
| 加拿大 | 200 | 26 |
| 南非 | 200 | 26 |
| 台湾省 | 130 | 23 |
| 马来西亚 | 220 | 0 |
| 33012999 未列名非柑橘属果实精油 | | |
| 合计 | 2285991 | 46674 |
| 美国 | 482924 | 11379 |
| 印度尼西亚 | 504820 | 5933 |
| 香港 | 54369 | 4156 |
| 印度 | 160287 | 3486 |
| 马来西亚 | 266485 | 3066 |
| 德国 | 102843 | 2907 |
| 法国 | 37857 | 2663 |
| 英国 | 58825 | 1842 |
| 越南 | 97788 | 1404 |
| 西班牙 | 71922 | 1268 |
| 新加坡 | 44112 | 992 |
| 以色列 | 42384 | 956 |
| 台湾省 | 56671 | 920 |
| 日本 | 18727 | 898 |
| 加拿大 | 19868 | 665 |
| 荷兰 | 30383 | 550 |
| 韩国 | 52321 | 483 |
| 泰国 | 34484 | 445 |
| 澳大利亚 | 30984 | 431 |
| 巴林 | 149 | 344 |
| 俄罗斯联邦 | 17413 | 297 |
| 巴西 | 13200 | 247 |
| 芬兰 | 1000 | 135 |
| 波兰 | 16720 | 118 |

| 国家/地区 | 出口数量（千克） | 出口金额（千美元） |
|---|---|---|
| 瑞士 | 3658 | 116 |
| 朝鲜 | 10522 | 112 |
| 意大利 | 8209 | 109 |
| 捷克 | 2763 | 99 |
| 匈牙利 | 870 | 88 |
| 埃及 | 8530 | 79 |
| 比利时 | 5316 | 54 |
| 孟加拉国 | 4607 | 46 |
| 墨西哥 | 1889 | 40 |
| 土耳其 | 1581 | 28 |
| 罗马尼亚 | 1435 | 27 |
| 巴基斯坦 | 3795 | 27 |
| 拉脱维亚 | 780 | 26 |
| 阿根廷 | 2415 | 26 |
| 新西兰 | 855 | 25 |
| 肯尼亚 | 1683 | 24 |
| 南非 | 420 | 21 |
| 挪威 | 435 | 21 |
| 危地马拉 | 459 | 20 |
| 哥伦比亚 | 1080 | 18 |
| 叙利亚 | 1000 | 17 |
| 瑞典 | 250 | 13 |
| 斯里兰卡 | 1400 | 9 |
| 丹麦 | 381 | 9 |
| 爱尔兰 | 249 | 6 |
| 保加利亚 | 584 | 5 |
| 菲律宾 | 422 | 4 |
| 澳门 | 770 | 3 |
| 阿曼 | 45 | 3 |
| 乌克兰 | 540 | 3 |
| 萨尔瓦多 | 230 | 3 |
| 阿联酋 | 244 | 2 |
| 厄瓜多尔 | 199 | 2 |
| 希腊 | 50 | 2 |
| 秘鲁 | 157 | 2 |
| 巴拿马 | 505 | 2 |
| 黎巴嫩 | 50 | 1 |
| 伊朗 | 546 | 1 |
| 沙特阿拉伯 | 140 | 1 |
| 马拉维 | 140 | 1 |
| 伊拉克 | 241 | 1 |
| 约旦 | 10 | 1 |
| 33013010 鸢尾凝脂 | | |
| 合计 | 3900 | 27 |
| 多哥 | 3900 | 27 |

| 国家/地区 | 出口数量（千克） | 出口金额（千美元） |
|---|---|---|
| 33013090 其他香膏 | | |
| 合计 | 3679367 | 37000 |
| 泰国 | 1211079 | 11952 |
| 马来西亚 | 595161 | 6943 |
| 印度 | 345611 | 4233 |
| 印度尼西亚 | 326171 | 3524 |
| 越南 | 134190 | 1843 |
| 安哥拉 | 204536 | 1674 |
| 荷兰 | 79634 | 871 |
| 肯尼亚 | 93110 | 803 |
| 多哥 | 96132 | 657 |
| 香港 | 42654 | 569 |
| 坦桑尼亚 | 70694 | 565 |
| 法国 | 6813 | 457 |
| 喀麦隆 | 81670 | 416 |
| 加纳 | 24875 | 316 |
| 阿联酋 | 43021 | 243 |
| 沙特阿拉伯 | 107957 | 236 |
| 利比亚 | 20900 | 201 |
| 新加坡 | 18550 | 180 |
| 菲律宾 | 14656 | 143 |
| 韩国 | 6670 | 136 |
| 尼日利亚 | 26237 | 123 |
| 莫桑比克 | 9706 | 104 |
| 土耳其 | 3798 | 102 |
| 埃及 | 9600 | 92 |
| 美国 | 5118 | 90 |
| 贝宁 | 46735 | 81 |
| 俄罗斯联邦 | 5147 | 64 |
| 斯里兰卡 | 6000 | 58 |
| 加拿大 | 7820 | 46 |
| 新西兰 | 2094 | 44 |
| 拉脱维亚 | 4140 | 38 |
| 叙利亚 | 2000 | 34 |
| 意大利 | 10 | 30 |
| 南非 | 7517 | 26 |
| 德国 | 3232 | 21 |
| 澳大利亚 | 2234 | 21 |
| 伊朗 | 2400 | 12 |
| 也门 | 5380 | 12 |
| 英国 | 213 | 8 |
| 巴西 | 220 | 7 |
| 瑞士 | 820 | 6 |
| 日本 | 2816 | 6 |
| 蒙古 | 120 | 5 |

| 国家/地区 | 出口数量（千克） | 出口金额（千美元） |
|---|---|---|
| 乌克兰 | 420 | 4 |
| 约旦 | 1100 | 3 |
| 津巴布韦 | 406 | 2 |

33019010 提取的油树脂

| 国家/地区 | 出口数量（千克） | 出口金额（千美元） |
|---|---|---|
| 合计 | 375650 | 7691 |
| 印度 | 80391 | 1548 |
| 日本 | 49816 | 1527 |
| 美国 | 36979 | 827 |
| 墨西哥 | 40025 | 743 |
| 印度尼西亚 | 21781 | 474 |
| 加拿大 | 10432 | 378 |
| 新加坡 | 18120 | 329 |
| 荷兰 | 4500 | 289 |
| 西班牙 | 9130 | 275 |
| 韩国 | 10366 | 224 |
| 香港 | 35071 | 211 |
| 比利时 | 10040 | 208 |
| 埃及 | 5000 | 156 |
| 德国 | 5455 | 109 |
| 越南 | 970 | 53 |
| 马来西亚 | 16283 | 47 |
| 尼日利亚 | 2180 | 43 |
| 台湾省 | 2678 | 40 |
| 泰国 | 5320 | 30 |
| 俄罗斯联邦 | 100 | 27 |
| 智利 | 658 | 25 |
| 澳大利亚 | 3940 | 25 |
| 孟加拉国 | 2340 | 24 |
| 洪都拉斯 | 660 | 17 |
| 巴基斯坦 | 250 | 15 |
| 巴西 | 840 | 14 |
| 波兰 | 400 | 11 |
| 萨尔瓦多 | 500 | 10 |
| 叙利亚 | 500 | 7 |
| 法国 | 190 | 5 |
| 立陶宛 | 30 | 2 |
| 澳门 | 700 | 1 |
| 古巴 | 5 | 1 |

33019020 柑橘属果实的精油脱萜的萜烯副产品

| 国家/地区 | 出口数量（千克） | 出口金额（千美元） |
|---|---|---|
| 合计 | 41113 | 186 |
| 马来西亚 | 24140 | 96 |
| 新加坡 | 4520 | 31 |
| 印度尼西亚 | 2510 | 23 |
| 法国 | 6120 | 14 |
| 德国 | 875 | 5 |
| 印度 | 708 | 5 |
| 澳大利亚 | 760 | 4 |
| 香港 | 525 | 3 |
| 韩国 | 490 | 3 |
| 美国 | 178 | 1 |
| 台湾省 | 200 | 1 |
| 芬兰 | 87 | 0 |

33019090 含浓缩精油的制品；其他萜烯副产品及精油液

| 国家/地区 | 出口数量（千克） | 出口金额（千美元） |
|---|---|---|
| 合计 | 222199 | 2481 |
| 日本 | 6520 | 1161 |
| 美国 | 49777 | 288 |
| 香港 | 5673 | 227 |
| 法国 | 33510 | 198 |
| 加拿大 | 13260 | 133 |
| 西班牙 | 28230 | 94 |
| 英国 | 7380 | 80 |
| 波兰 | 10850 | 71 |
| 巴西 | 500 | 39 |
| 马来西亚 | 6913 | 29 |
| 台湾省 | 1642 | 23 |
| 葡萄牙 | 7000 | 22 |
| 韩国 | 32012 | 20 |
| 科威特 | 85 | 15 |
| 荷兰 | 2480 | 13 |
| 瑞士 | 6 | 13 |
| 南非 | 1897 | 9 |
| 菲律宾 | 327 | 9 |
| 越南 | 7429 | 8 |
| 立陶宛 | 317 | 6 |
| 安哥拉 | 1652 | 6 |
| 保加利亚 | 1150 | 4 |
| 印度 | 1395 | 4 |
| 塞浦路斯 | 560 | 4 |
| 新加坡 | 600 | 3 |
| 澳大利亚 | 769 | 2 |
| 突尼斯 | 215 | 1 |
| 秘鲁 | 50 | 1 |

33030000 香水及花露水

| 国家/地区 | 出口数量（千克） | 出口金额（千美元） |
|---|---|---|
| 合计 | 23194386 | 110233 |
| 美国 | 7888383 | 31643 |
| 英国 | 3289840 | 13003 |
| 荷兰 | 3483039 | 12752 |
| 阿联酋 | 1779157 | 10664 |
| 法国 | 238660 | 7116 |
| 新加坡 | 305555 | 6906 |
| 香港 | 350553 | 4498 |
| 澳大利亚 | 350169 | 2378 |
| 智利 | 539360 | 2217 |
| 西班牙 | 631572 | 2216 |
| 乌克兰 | 602316 | 1689 |
| 沙特阿拉伯 | 250361 | 1557 |
| 巴拿马 | 369467 | 1469 |
| 菲律宾 | 248366 | 1244 |
| 德国 | 295109 | 1240 |
| 马来西亚 | 156234 | 1109 |
| 比利时 | 356164 | 727 |
| 希腊 | 177702 | 675 |
| 委内瑞拉 | 133476 | 568 |
| 哥伦比亚 | 110697 | 560 |
| 日本 | 134893 | 419 |
| 朝鲜 | 72748 | 407 |
| 哥斯达黎加 | 81916 | 384 |
| 海地 | 193168 | 331 |
| 俄罗斯联邦 | 85475 | 304 |
| 秘鲁 | 60427 | 285 |
| 波兰 | 83522 | 279 |
| 台湾省 | 19399 | 279 |
| 牙买加 | 58250 | 279 |
| 洪都拉斯 | 95273 | 267 |
| 厄瓜多尔 | 55404 | 210 |
| 摩洛哥 | 46234 | 210 |
| 加拿大 | 30077 | 152 |
| 墨西哥 | 49205 | 147 |
| 巴西 | 31778 | 146 |
| 捷克 | 31027 | 135 |
| 塞内加尔 | 22071 | 130 |
| 意大利 | 39065 | 123 |
| 特立尼达和多巴哥 | 33898 | 114 |
| 乌拉圭 | 19911 | 106 |
| 尼加拉瓜 | 20270 | 99 |
| 巴拉圭 | 15570 | 95 |
| 巴基斯坦 | 18522 | 91 |
| 泰国 | 13968 | 89 |
| 尼日利亚 | 25807 | 76 |
| 危地马拉 | 28651 | 73 |
| 芬兰 | 34272 | 67 |
| 斯洛文尼亚 | 15286 | 53 |
| 冈比亚 | 11582 | 51 |

| 国家/地区 | 出口数量（千克） | 出口金额（千美元） |
|---|---|---|
| 斯洛伐克 | 11906 | 47 |
| 拉脱维亚 | 13379 | 43 |
| 埃及 | 58613 | 41 |
| 马尔代夫 | 14764 | 41 |
| 坦桑尼亚 | 15273 | 40 |
| 南非 | 13680 | 39 |
| 索马里 | 12870 | 38 |
| 瑞典 | 2584 | 37 |
| 以色列 | 7096 | 31 |
| 挪威 | 2341 | 31 |
| 黎巴嫩 | 3010 | 29 |
| 贝宁 | 14135 | 29 |
| 新西兰 | 9119 | 23 |
| 阿曼 | 2363 | 23 |
| 缅甸 | 6003 | 22 |
| 奥地利 | 875 | 19 |
| 卡塔尔 | 4056 | 16 |
| 柬埔寨 | 7486 | 12 |
| 科威特 | 3146 | 12 |
| 毛里求斯 | 1003 | 10 |
| 苏里南 | 3164 | 5 |
| 亚美尼亚 | 1028 | 4 |
| 伯利兹 | 478 | 3 |
| 乍得 | 676 | 3 |
| 尼日尔 | 929 | 2 |
| 韩国 | 56 | 1 |
| 丹麦 | 160 | 1 |
| 伊拉克 | 200 | 1 |
| 瑞士 | 144 | 1 |
| 38051000 脂松节油、木松节油和硫酸盐松节油 | | |
| 合计 | 810625 | 2150 |
| 香港 | 328190 | 904 |
| 德国 | 143190 | 353 |
| 澳大利亚 | 73500 | 195 |
| 马来西亚 | 35000 | 104 |
| 泰国 | 36750 | 95 |
| 罗马尼亚 | 34400 | 89 |
| 菲律宾 | 27625 | 83 |
| 孟加拉国 | 28000 | 75 |
| 新加坡 | 18725 | 60 |
| 瑞典 | 20320 | 46 |
| 利比亚 | 14000 | 38 |
| 古巴 | 6125 | 35 |
| 肯尼亚 | 9625 | 31 |

| 国家/地区 | 出口数量（千克） | 出口金额（千美元） |
|---|---|---|
| 日本 | 5250 | 21 |
| 印度 | 28000 | 14 |
| 委内瑞拉 | 1925 | 5 |
| 38059010 以 α-萜品醇为基本成分的松油 | | |
| 合计 | 4940280 | 13882 |
| 印度尼西亚 | 1606640 | 3502 |
| 阿联酋 | 523080 | 1904 |
| 南非 | 488280 | 1503 |
| 尼日利亚 | 229320 | 816 |
| 马来西亚 | 306000 | 805 |
| 巴基斯坦 | 213660 | 719 |
| 英国 | 207350 | 675 |
| 埃及 | 172800 | 624 |
| 约旦 | 129600 | 408 |
| 墨西哥 | 134100 | 323 |
| 荷兰 | 60120 | 199 |
| 泰国 | 69300 | 189 |
| 西班牙 | 75060 | 168 |
| 德国 | 31320 | 164 |
| 香港 | 65880 | 162 |
| 澳大利亚 | 51840 | 162 |
| 斯里兰卡 | 54000 | 146 |
| 秘鲁 | 46800 | 134 |
| 伊朗 | 57600 | 132 |
| 哥伦比亚 | 41580 | 129 |
| 阿曼 | 38880 | 124 |
| 意大利 | 45900 | 110 |
| 新加坡 | 29350 | 89 |
| 利比亚 | 27000 | 76 |
| 日本 | 28800 | 75 |
| 印度 | 25940 | 68 |
| 沙特阿拉伯 | 18360 | 59 |
| 委内瑞拉 | 20160 | 54 |
| 摩洛哥 | 14400 | 54 |
| 朝鲜 | 21090 | 43 |
| 土耳其 | 14400 | 40 |
| 肯尼亚 | 14400 | 31 |
| 阿根廷 | 11880 | 27 |
| 菲律宾 | 9000 | 27 |
| 韩国 | 7200 | 24 |
| 苏丹 | 10080 | 21 |
| 缅甸 | 13070 | 20 |
| 巴西 | 5100 | 14 |
| 智利 | 5940 | 13 |
| 越南 | 4160 | 13 |

| 国家/地区 | 出口数量（千克） | 出口金额（千美元） |
|---|---|---|
| 瑞士 | 3420 | 13 |
| 美国 | 3260 | 12 |
| 牙买加 | 2000 | 6 |
| 乌拉圭 | 2160 | 6 |
| 38061010 松香 | | |
| 合计 | 133136221 | 272145 |
| 日本 | 39515024 | 82061 |
| 比利时 | 24890400 | 51057 |
| 印度 | 14566865 | 28786 |
| 韩国 | 12019100 | 24464 |
| 台湾省 | 7317238 | 14871 |
| 美国 | 5794268 | 12360 |
| 法国 | 5119204 | 11025 |
| 葡萄牙 | 5270400 | 10726 |
| 德国 | 4525282 | 8064 |
| 荷兰 | 2718000 | 5032 |
| 巴基斯坦 | 1801600 | 3604 |
| 澳大利亚 | 1495425 | 2917 |
| 泰国 | 1555525 | 2837 |
| 土耳其 | 923573 | 2317 |
| 伊朗 | 876315 | 1763 |
| 马来西亚 | 707029 | 1563 |
| 印度尼西亚 | 462400 | 1044 |
| 意大利 | 401400 | 948 |
| 南非 | 409224 | 806 |
| 菲律宾 | 346812 | 642 |
| 墨西哥 | 302985 | 534 |
| 希腊 | 280818 | 478 |
| 香港 | 256781 | 409 |
| 科特迪瓦 | 90000 | 408 |
| 沙特阿拉伯 | 158000 | 344 |
| 尼日利亚 | 120623 | 327 |
| 乌兹别克斯坦 | 115200 | 279 |
| 约旦 | 130000 | 258 |
| 巴西 | 70610 | 241 |
| 加拿大 | 73925 | 187 |
| 阿联酋 | 128525 | 172 |
| 新加坡 | 74160 | 153 |
| 巴拿马 | 36000 | 151 |
| 哥斯达黎加 | 54000 | 136 |
| 越南 | 39100 | 131 |
| 埃及 | 68800 | 130 |
| 以色列 | 39025 | 110 |
| 英国 | 48734 | 109 |
| 乌克兰 | 39600 | 68 |

| 国家/地区 | 出口数量(千克) | 出口金额(千美元) |
|---|---|---|
| 哈萨克斯坦 | 36000 | 67 |
| 智利 | 36025 | 65 |
| 黎巴嫩 | 23450 | 62 |
| 俄罗斯联邦 | 21640 | 60 |
| 朝鲜 | 25535 | 60 |
| 加蓬 | 11000 | 53 |
| 新西兰 | 18000 | 36 |
| 海地 | 21600 | 36 |
| 加纳 | 18401 | 32 |
| 肯尼亚 | 17100 | 31 |
| 克罗地亚 | 16000 | 29 |
| 缅甸 | 14625 | 25 |
| 斯里兰卡 | 10125 | 22 |
| 委内瑞拉 | 9225 | 18 |
| 尼泊尔联邦民主共和国 | 4500 | 17 |
| 斯洛文尼亚 | 4800 | 9 |
| 科威特 | 3600 | 6 |
| 喀麦隆 | 2000 | 3 |
| 孟加拉国 | 450 | 2 |
| 萨尔瓦多 | 47 | 1 |
| 秘鲁 | 33 | 1 |
| 西班牙 | 24 | 1 |
| 爱尔兰 | 21 | 1 |
| 哥伦比亚 | 50 | 1 |
| 38062010 松香盐及树脂酸盐 | | |
| 合计 | 335882 | 683 |
| 印度尼西亚 | 158000 | 321 |
| 印度 | 98200 | 213 |
| 德国 | 71000 | 130 |
| 巴林 | 6000 | 14 |
| 乍得 | 1700 | 2 |
| 马来西亚 | 400 | 2 |
| 香港 | 362 | 1 |
| 日本 | 20 | 1 |
| 约旦 | 200 | 1 |
| 38062090 松香或树脂酸衍生物的盐 | | |
| 合计 | 406715 | 571 |
| 印度 | 40200 | 191 |
| 韩国 | 21300 | 77 |
| 多米尼加共和国 | 140205 | 73 |
| 加纳 | 36000 | 71 |
| 台湾省 | 500 | 45 |
| 缅甸 | 75000 | 33 |
| 英国 | 5200 | 28 |
| 约旦 | 30000 | 15 |

| 国家/地区 | 出口数量(千克) | 出口金额(千美元) |
|---|---|---|
| 泰国 | 25000 | 11 |
| 苏里南 | 20310 | 10 |
| 澳大利亚 | 2600 | 7 |
| 日本 | 400 | 5 |
| 南非 | 10000 | 4 |
| 38069000 其他松香和树脂酸衍生物；松香精及松香油等 | | |
| 合计 | 89220316 | 215355 |
| 韩国 | 16418193 | 39203 |
| 日本 | 13147402 | 37012 |
| 台湾省 | 8975167 | 20864 |
| 美国 | 7070169 | 17182 |
| 马来西亚 | 4616584 | 10666 |
| 印度 | 3884140 | 9558 |
| 印度尼西亚 | 3931465 | 9523 |
| 泰国 | 3003336 | 7120 |
| 德国 | 2392394 | 6040 |
| 土耳其 | 2458517 | 5363 |
| 越南 | 2282605 | 5038 |
| 香港 | 2200840 | 4545 |
| 荷兰 | 1979600 | 4420 |
| 伊朗 | 1902620 | 4209 |
| 沙特阿拉伯 | 1612300 | 3886 |
| 英国 | 1290510 | 3843 |
| 澳大利亚 | 1381125 | 3190 |
| 比利时 | 1261200 | 2978 |
| 意大利 | 868485 | 2071 |
| 埃及 | 941275 | 1921 |
| 挪威 | 640000 | 1476 |
| 瑞典 | 736000 | 1400 |
| 加拿大 | 496100 | 1319 |
| 丹麦 | 555200 | 1262 |
| 阿联酋 | 579800 | 1236 |
| 乌克兰 | 516200 | 998 |
| 俄罗斯联邦 | 418015 | 974 |
| 南非 | 363922 | 841 |
| 新加坡 | 393900 | 807 |
| 菲律宾 | 321870 | 709 |
| 巴基斯坦 | 261400 | 615 |
| 哥伦比亚 | 280075 | 567 |
| 斯里兰卡 | 200750 | 440 |
| 法国 | 159520 | 401 |
| 墨西哥 | 161200 | 363 |
| 巴西 | 142175 | 354 |
| 爱沙尼亚 | 180000 | 336 |

| 国家/地区 | 出口数量(千克) | 出口金额(千美元) |
|---|---|---|
| 阿曼 | 157000 | 304 |
| 尼日利亚 | 177000 | 303 |
| 芬兰 | 144000 | 294 |
| 巴拿马 | 124000 | 254 |
| 约旦 | 73305 | 204 |
| 黎巴嫩 | 83000 | 182 |
| 波兰 | 65320 | 174 |
| 阿根廷 | 57400 | 155 |
| 西班牙 | 37200 | 90 |
| 摩洛哥 | 31975 | 87 |
| 加纳 | 29000 | 74 |
| 斯洛文尼亚 | 32000 | 72 |
| 立陶宛 | 33000 | 69 |
| 智利 | 30000 | 60 |
| 孟加拉国 | 24000 | 57 |
| 肯尼亚 | 19950 | 43 |
| 突尼斯 | 17000 | 41 |
| 葡萄牙 | 16000 | 35 |
| 喀麦隆 | 10001 | 22 |
| 塞浦路斯 | 6000 | 21 |
| 毛里求斯 | 5000 | 19 |
| 以色列 | 8175 | 18 |
| 奥地利 | 6001 | 14 |
| 科特迪瓦 | 5000 | 11 |
| 秘鲁 | 2100 | 10 |
| 津巴布韦 | 2000 | 7 |
| 保加利亚 | 300 | 2 |
| 毛里塔尼亚 | 260 | 2 |
| 斐济 | 275 | 1 |
| 40011000 天然橡胶乳，不论是否予硫化 | | |
| 合计 | 3122635 | 5699 |
| 马来西亚 | 2886400 | 5177 |
| 朝鲜 | 155385 | 338 |
| 越南 | 49200 | 95 |
| 伊朗 | 16400 | 33 |
| 柬埔寨 | 4100 | 23 |
| 香港 | 10250 | 22 |
| 印度 | 620 | 8 |
| 墨西哥 | 280 | 4 |
| 40012200 技术分类天然橡胶(TSNR) | | |
| 合计 | 1772515 | 4627 |
| 伊朗 | 1108800 | 3018 |
| 马来西亚 | 283920 | 702 |
| 越南 | 137760 | 356 |
| 香港 | 117600 | 275 |

| 国家/地区 | 出口数量（千克） | 出口金额（千美元） |
|---|---|---|
| 朝鲜 | 100800 | 222 |
| 印度尼西亚 | 19223 | 45 |
| 土耳其 | 3500 | 7 |
| 科威特 | 912 | 2 |
| 40012900 其他形状的天然橡胶 | | |
| 合计 | 1306958 | 3757 |
| 香港 | 743799 | 1820 |
| 越南 | 157653 | 569 |
| 马来西亚 | 135856 | 479 |
| 印度尼西亚 | 112780 | 381 |
| 朝鲜 | 100922 | 238 |
| 坦桑尼亚 | 4760 | 43 |
| 乌兹别克斯坦 | 11800 | 38 |
| 法国 | 2789 | 18 |
| 德国 | 760 | 16 |
| 斯里兰卡 | 940 | 15 |
| 加拿大 | 4629 | 14 |
| 萨尔瓦多 | 3761 | 13 |
| 墨西哥 | 3549 | 12 |
| 英国 | 980 | 11 |
| 荷兰 | 1214 | 10 |
| 美国 | 615 | 10 |
| 马里 | 1640 | 8 |
| 意大利 | 650 | 8 |
| 智利 | 11082 | 7 |
| 韩国 | 170 | 6 |
| 南非 | 720 | 6 |
| 印度 | 180 | 6 |
| 泰国 | 2028 | 6 |
| 波兰 | 117 | 5 |
| 土耳其 | 300 | 5 |
| 莫桑比克 | 300 | 4 |
| 塔吉克斯坦 | 400 | 2 |
| 伊拉克 | 200 | 2 |
| 希腊 | 350 | 2 |
| 文莱 | 300 | 2 |
| 尼日利亚 | 245 | 2 |
| 摩洛哥 | 834 | 2 |
| 秘鲁 | 300 | 1 |
| 加蓬 | 75 | 1 |
| 台湾省 | 260 | 1 |
| 40013000 巴拉塔胶、古塔波胶、银胶菊胶、糖胶树胶及类似的天然树胶 | | |
| 合计 | 150 | 4 |
| 日本 | 150 | 4 |

## 林产化工进口量值表

| 国家/地区 | 进口数量（千克） | 进口金额（千美元） |
|---|---|---|
| 11082000 菊粉 | | |
| 合计 | 1137600 | 3848 |
| 智利 | 474700 | 1798 |
| 荷兰 | 352380 | 1078 |
| 比利时 | 310520 | 972 |
| 12079991 牛油树果 | | |
| 合计 | 25 | 1 |
| 法国 | 25 | 1 |
| 12119050 主要用作香料的植物及其某部分 | | |
| 合计 | 9671149 | 9733 |
| 印度 | 2576648 | 1373 |
| 印度尼西亚 | 1009431 | 1255 |
| 斯里兰卡 | 711176 | 1179 |
| 澳大利亚 | 995000 | 842 |
| 台湾省 | 1585139 | 816 |
| 摩洛哥 | 432588 | 495 |
| 埃及 | 180745 | 481 |
| 波兰 | 53328 | 430 |
| 马来西亚 | 450179 | 362 |
| 美国 | 38108 | 334 |
| 土耳其 | 71269 | 319 |
| 伊朗 | 77205 | 304 |
| 南非 | 45004 | 224 |
| 缅甸 | 605780 | 216 |
| 法国 | 19088 | 207 |
| 保加利亚 | 83338 | 160 |
| 阿尔巴尼亚 | 42045 | 132 |
| 越南 | 334825 | 93 |
| 尼日利亚 | 59050 | 91 |
| 德国 | 15188 | 65 |
| 刚果(金) | 18180 | 54 |
| 英国 | 8795 | 44 |
| 中华人民共和国 | 6808 | 37 |
| 泰国 | 57243 | 30 |
| 多哥 | 14000 | 30 |
| 苏丹 | 9180 | 28 |
| 老挝 | 57560 | 21 |
| 巴基斯坦 | 26575 | 20 |
| 墨西哥 | 2800 | 15 |
| 菲律宾 | 3916 | 14 |
| 加拿大 | 9605 | 11 |
| 瑞典 | 7760 | 10 |
| 克罗地亚 | 513 | 8 |

| 国家/地区 | 进口数量（千克） | 进口金额（千美元） |
|---|---|---|
| 坦桑尼亚 | 4986 | 7 |
| 朝鲜 | 54700 | 7 |
| 意大利 | 68 | 4 |
| 前南马其顿 | 700 | 4 |
| 韩国 | 400 | 4 |
| 巴拉圭 | 288 | 3 |
| 匈牙利 | 990 | 3 |
| 日本 | 948 | 2 |
| 12119091 鱼藤根、除虫菊 | | |
| 合计 | 182087 | 388 |
| 肯尼亚 | 115811 | 230 |
| 秘鲁 | 52200 | 129 |
| 坦桑尼亚 | 14076 | 30 |
| 12119099 主要用作杀虫、杀菌等用途的植物及其某部分 | | |
| 合计 | 991409 | 2301 |
| 印度 | 185583 | 466 |
| 巴西 | 20000 | 287 |
| 印度尼西亚 | 351618 | 271 |
| 波兰 | 58500 | 268 |
| 乌克兰 | 144000 | 260 |
| 泰国 | 50000 | 258 |
| 保加利亚 | 83519 | 148 |
| 美国 | 18811 | 81 |
| 马来西亚 | 11360 | 75 |
| 阿根廷 | 10000 | 33 |
| 德国 | 8614 | 33 |
| 加纳 | 12000 | 30 |
| 南非 | 8113 | 29 |
| 拉脱维亚 | 12000 | 23 |
| 尼日利亚 | 11825 | 15 |
| 朝鲜 | 4761 | 13 |
| 加拿大 | 79 | 5 |
| 埃及 | 300 | 3 |
| 墨西哥 | 4 | 2 |
| 台湾省 | 125 | 2 |
| 澳大利亚 | 197 | 2 |
| 13019040 松脂 | | |
| 合计 | 1369548 | 927 |
| 印度尼西亚 | 429719 | 463 |
| 马达加斯加 | 741192 | 333 |
| 菲律宾 | 198484 | 128 |
| 日本 | 153 | 2 |
| 29054910 木糖醇 | | |
| 合计 | 437386 | 1241 |

| 国家/地区 | 进口数量(千克) | 进口金额(千美元) |
|---|---|---|
| 美国 | 359975 | 880 |
| 法国 | 58030 | 309 |
| 芬兰 | 18030 | 38 |
| 瑞典 | 550 | 6 |
| 日本 | 450 | 5 |
| 韩国 | 151 | 2 |
| 中华人民共和国 | 200 | 2 |
| 32030011 天然靛蓝及以其为基本成分的制品 | | |
| 合计 | 77 | 3 |
| 印度 | 50 | 2 |
| 德国 | 27 | 1 |
| 32030019 其他植物质着色料及以其为基本成分的制品 | | |
| 合计 | 1359425 | 24728 |
| 印度 | 681032 | 6552 |
| 丹麦 | 124579 | 5958 |
| 日本 | 29940 | 2122 |
| 美国 | 58853 | 2012 |
| 瑞士 | 9154 | 1398 |
| 意大利 | 97820 | 1287 |
| 澳大利亚 | 5757 | 1097 |
| 法国 | 194313 | 867 |
| 以色列 | 2523 | 754 |
| 韩国 | 30189 | 635 |
| 德国 | 19199 | 495 |
| 秘鲁 | 8456 | 373 |
| 香港 | 24000 | 294 |
| 英国 | 18701 | 256 |
| 台湾省 | 25256 | 219 |
| 西班牙 | 12335 | 99 |
| 马来西亚 | 403 | 66 |
| 爱尔兰 | 1350 | 64 |
| 泰国 | 3000 | 48 |
| 智利 | 580 | 48 |
| 土耳其 | 10000 | 47 |
| 墨西哥 | 50 | 11 |
| 厄瓜多尔 | 50 | 11 |
| 巴西 | 565 | 6 |
| 中华人民共和国 | 11 | 4 |
| 荷兰 | 202 | 4 |
| 巴基斯坦 | 1107 | 1 |
| 32030020 动物质着色料及以其为基本成分的制品 | | |
| 合计 | 123071 | 4166 |

| 国家/地区 | 进口数量(千克) | 进口金额(千美元) |
|---|---|---|
| 丹麦 | 52291 | 1460 |
| 秘鲁 | 20089 | 1294 |
| 马来西亚 | 7330 | 415 |
| 比利时 | 14700 | 333 |
| 日本 | 12705 | 188 |
| 韩国 | 7674 | 125 |
| 智利 | 1600 | 100 |
| 英国 | 1790 | 89 |
| 德国 | 590 | 66 |
| 美国 | 1452 | 43 |
| 法国 | 2100 | 32 |
| 台湾省 | 110 | 11 |
| 泰国 | 460 | 8 |
| 澳大利亚 | 180 | 2 |
| 33011200 橙油 | | |
| 合计 | 3163045 | 17993 |
| 美国 | 514416 | 6668 |
| 巴西 | 2118666 | 6521 |
| 爱尔兰 | 125557 | 1560 |
| 英国 | 82182 | 1059 |
| 墨西哥 | 171000 | 603 |
| 瑞士 | 7427 | 346 |
| 德国 | 42703 | 329 |
| 意大利 | 27323 | 307 |
| 南非 | 36229 | 116 |
| 日本 | 3419 | 87 |
| 法国 | 3797 | 86 |
| 以色列 | 2669 | 83 |
| 西班牙 | 16916 | 73 |
| 台湾省 | 6444 | 71 |
| 加拿大 | 1062 | 36 |
| 新加坡 | 1522 | 18 |
| 澳大利亚 | 188 | 9 |
| 荷兰 | 802 | 7 |
| 几内亚 | 450 | 5 |
| 突尼斯 | 1 | 4 |
| 海地 | 35 | 2 |
| 希腊 | 182 | 2 |
| 格鲁吉亚 | 9 | 1 |
| 韩国 | 19 | 1 |
| 印度尼西亚 | 27 | 0 |
| 33011300 柠檬油 | | |
| 合计 | 870825 | 31441 |
| 阿根廷 | 384443 | 12232 |
| 美国 | 248131 | 7818 |

| 国家/地区 | 进口数量(千克) | 进口金额(千美元) |
|---|---|---|
| 瑞士 | 32016 | 3503 |
| 爱尔兰 | 20185 | 2214 |
| 意大利 | 101257 | 1873 |
| 日本 | 29922 | 1239 |
| 英国 | 20690 | 789 |
| 印度尼西亚 | 9715 | 424 |
| 德国 | 4662 | 368 |
| 墨西哥 | 2115 | 305 |
| 巴西 | 6530 | 227 |
| 南非 | 4369 | 110 |
| 荷兰 | 90 | 107 |
| 西班牙 | 3271 | 75 |
| 澳大利亚 | 1009 | 62 |
| 法国 | 1669 | 56 |
| 台湾省 | 324 | 25 |
| 以色列 | 50 | 7 |
| 印度 | 315 | 5 |
| 新加坡 | 60 | 1 |
| 捷克 | 2 | 1 |
| 33011910 白柠檬油(酸橙油) | | |
| 合计 | 98089 | 4014 |
| 美国 | 28266 | 1501 |
| 英国 | 16238 | 1164 |
| 墨西哥 | 40512 | 987 |
| 德国 | 10591 | 234 |
| 日本 | 1195 | 89 |
| 巴西 | 560 | 18 |
| 意大利 | 575 | 9 |
| 印度尼西亚 | 15 | 5 |
| 法国 | 121 | 5 |
| 秘鲁 | 4 | 1 |
| 加拿大 | 10 | 1 |
| 西班牙 | 2 | 0 |
| 33011990 其他柑橘属果实精油 | | |
| 合计 | 256270 | 9679 |
| 日本 | 16596 | 4523 |
| 英国 | 39767 | 1527 |
| 美国 | 57840 | 1270 |
| 意大利 | 18351 | 611 |
| 巴西 | 97886 | 563 |
| 德国 | 11488 | 453 |
| 瑞士 | 2660 | 192 |
| 南非 | 2914 | 185 |
| 以色列 | 2820 | 94 |
| 法国 | 1024 | 73 |

| 国家/地区 | 进口数量（千克） | 进口金额（千美元） |
|---|---|---|
| 西班牙 | 1209 | 45 |
| 阿根廷 | 244 | 26 |
| 比利时 | 640 | 24 |
| 澳大利亚 | 552 | 23 |
| 加拿大 | 721 | 22 |
| 韩国 | 80 | 12 |
| 新加坡 | 17 | 8 |
| 印度 | 205 | 8 |
| 墨西哥 | 405 | 7 |
| 印度尼西亚 | 120 | 4 |
| 巴拉圭 | 450 | 4 |
| 古巴 | 115 | 3 |
| 泰国 | 132 | 1 |
| 荷兰 | 34 | 1 |
| 33012400 胡椒薄荷油 | | |
| 合计 | 242629 | 16550 |
| 美国 | 210325 | 15280 |
| 印度 | 26006 | 985 |
| 英国 | 5893 | 242 |
| 西班牙 | 315 | 22 |
| 法国 | 6 | 6 |
| 德国 | 21 | 5 |
| 瑞士 | 40 | 5 |
| 台湾省 | 10 | 3 |
| 日本 | 13 | 3 |
| 33012500 其他薄荷油 | | |
| 合计 | 6705622 | 125855 |
| 印度 | 5109454 | 95179 |
| 新加坡 | 1487520 | 26752 |
| 美国 | 76015 | 3009 |
| 法国 | 9674 | 405 |
| 中华人民共和国 | 7380 | 233 |
| 英国 | 1305 | 79 |
| 德国 | 7793 | 59 |
| 日本 | 610 | 48 |
| 台湾省 | 2685 | 42 |
| 瑞士 | 0 | 11 |
| 澳大利亚 | 173 | 11 |
| 摩洛哥 | 2714 | 11 |
| 加拿大 | 184 | 10 |
| 印度尼西亚 | 65 | 5 |
| 巴拉圭 | 50 | 2 |
| 33012910 樟脑油 | | |
| 合计 | 107 | 4 |
| 日本 | 28 | 2 |

| 国家/地区 | 进口数量（千克） | 进口金额（千美元） |
|---|---|---|
| 美国 | 75 | 2 |
| 33012920 香茅油 | | |
| 合计 | 23163 | 712 |
| 西班牙 | 17178 | 513 |
| 瑞士 | 3780 | 110 |
| 新加坡 | 989 | 43 |
| 中华人民共和国 | 590 | 13 |
| 德国 | 300 | 13 |
| 日本 | 113 | 8 |
| 泰国 | 79 | 6 |
| 澳大利亚 | 56 | 5 |
| 美国 | 53 | 2 |
| 斯里兰卡 | 25 | 1 |
| 33012930 茴香油 | | |
| 合计 | 1916 | 115 |
| 西班牙 | 1222 | 62 |
| 印度 | 300 | 32 |
| 中华人民共和国 | 280 | 11 |
| 日本 | 10 | 4 |
| 美国 | 30 | 2 |
| 澳大利亚 | 24 | 2 |
| 德国 | 25 | 1 |
| 法国 | 12 | 1 |
| 英国 | 13 | 1 |
| 33012940 桂油 | | |
| 合计 | 2443 | 97 |
| 英国 | 1223 | 39 |
| 美国 | 720 | 35 |
| 斯里兰卡 | 260 | 9 |
| 匈牙利 | 20 | 5 |
| 法国 | 91 | 4 |
| 印度 | 98 | 2 |
| 印度尼西亚 | 1 | 2 |
| 奥地利 | 10 | 2 |
| 瑞士 | 20 | 1 |
| 33012950 山苍子油 | | |
| 合计 | 180 | 5 |
| 中华人民共和国 | 180 | 5 |
| 33012960 桉叶油 | | |
| 合计 | 13692 | 368 |
| 巴西 | 4220 | 92 |
| 美国 | 3345 | 82 |
| 南非 | 1310 | 59 |
| 日本 | 1631 | 54 |
| 西班牙 | 700 | 20 |

| 国家/地区 | 进口数量（千克） | 进口金额（千美元） |
|---|---|---|
| 马来西亚 | 300 | 19 |
| 中华人民共和国 | 816 | 14 |
| 拉脱维亚 | 1080 | 10 |
| 英国 | 150 | 10 |
| 瑞士 | 100 | 4 |
| 希腊 | 25 | 2 |
| 澳大利亚 | 8 | 1 |
| 法国 | 7 | 0 |
| 33012991 老鹳草油(香叶油) | | |
| 合计 | 1615 | 219 |
| 埃及 | 765 | 96 |
| 法国 | 211 | 49 |
| 瑞士 | 360 | 32 |
| 英国 | 196 | 20 |
| 德国 | 61 | 18 |
| 中华人民共和国 | 22 | 4 |
| 33012999 未列名非柑橘属果实精油 | | |
| 合计 | 1084413 | 36246 |
| 美国 | 268558 | 10774 |
| 法国 | 92405 | 5890 |
| 德国 | 104853 | 3447 |
| 印度尼西亚 | 156879 | 3065 |
| 印度 | 41773 | 2574 |
| 马达加斯加 | 160799 | 2482 |
| 英国 | 33693 | 1340 |
| 澳大利亚 | 14206 | 1007 |
| 西班牙 | 16934 | 879 |
| 瑞士 | 5706 | 665 |
| 朝鲜 | 57230 | 598 |
| 日本 | 4244 | 349 |
| 老挝 | 46756 | 302 |
| 墨西哥 | 35375 | 292 |
| 保加利亚 | 1422 | 275 |
| 荷兰 | 920 | 266 |
| 中华人民共和国 | 3132 | 225 |
| 埃及 | 650 | 152 |
| 斯里兰卡 | 7133 | 145 |
| 匈牙利 | 837 | 139 |
| 新加坡 | 7859 | 137 |
| 克罗地亚 | 1122 | 109 |
| 巴拉圭 | 3597 | 104 |
| 俄罗斯联邦 | 1185 | 93 |
| 乌克兰 | 1200 | 77 |
| 海地 | 680 | 75 |
| 摩洛哥 | 841 | 73 |

| 国家/地区 | 进口数量（千克） | 进口金额（千美元） |
|---|---|---|
| 奥地利 | 886 | 72 |
| 南非 | 341 | 66 |
| 希腊 | 780 | 58 |
| 越南 | 746 | 49 |
| 巴西 | 899 | 48 |
| 台湾省 | 2147 | 47 |
| 意大利 | 77 | 42 |
| 智利 | 1940 | 37 |
| 危地马拉 | 259 | 34 |
| 以色列 | 1440 | 32 |
| 突尼斯 | 543 | 31 |
| 比利时 | 1206 | 26 |
| 加拿大 | 238 | 23 |
| 土耳其 | 30 | 20 |
| 泰国 | 1076 | 19 |
| 香港 | 324 | 18 |
| 多米尼加共和国 | 331 | 13 |
| 韩国 | 78 | 9 |
| 阿根廷 | 242 | 8 |
| 马来西亚 | 10 | 7 |
| 巴拿马 | 25 | 6 |
| 科摩罗 | 41 | 6 |
| 尼泊尔联邦民主共和国 | 75 | 6 |
| 拉脱维亚 | 208 | 6 |
| 索马里 | 22 | 5 |
| 捷克 | 12 | 5 |
| 塞拉利昂 | 1 | 3 |
| 牙买加 | 26 | 3 |
| 葡萄牙 | 360 | 3 |
| 肯尼亚 | 7 | 3 |
| 伊朗 | 3 | 3 |
| 新西兰 | 5 | 2 |
| 洪都拉斯 | 22 | 2 |
| 阿尔巴尼亚 | 20 | 1 |
| 菲律宾 | 4 | 1 |
| 33013010 鸢尾凝脂 | | |
| 合计 | 28 | 34 |
| 法国 | 28 | 33 |
| 日本 | 0 | 1 |
| 33013090 其他香膏 | | |
| 合计 | 23123 | 1315 |
| 法国 | 16606 | 870 |
| 瑞士 | 420 | 129 |
| 美国 | 632 | 75 |
| 摩纳哥 | 165 | 50 |

| 国家/地区 | 进口数量（千克） | 进口金额（千美元） |
|---|---|---|
| 德国 | 546 | 49 |
| 中华人民共和国 | 262 | 39 |
| 英国 | 2212 | 31 |
| 保加利亚 | 60 | 14 |
| 西班牙 | 93 | 12 |
| 瑞典 | 1400 | 12 |
| 台湾省 | 257 | 9 |
| 摩洛哥 | 32 | 7 |
| 日本 | 82 | 7 |
| 韩国 | 62 | 3 |
| 巴西 | 105 | 3 |
| 印度尼西亚 | 183 | 3 |
| 意大利 | 6 | 1 |
| 33019010 提取的油树脂 | | |
| 合计 | 491181 | 9757 |
| 印度 | 265677 | 4756 |
| 美国 | 188596 | 3148 |
| 法国 | 10353 | 562 |
| 日本 | 2258 | 472 |
| 德国 | 2102 | 142 |
| 印度尼西亚 | 2658 | 118 |
| 斯里兰卡 | 6010 | 107 |
| 荷兰 | 3359 | 91 |
| 澳大利亚 | 350 | 80 |
| 英国 | 1178 | 68 |
| 加拿大 | 51 | 59 |
| 丹麦 | 3600 | 38 |
| 瑞士 | 672 | 36 |
| 巴西 | 1218 | 25 |
| 西班牙 | 575 | 20 |
| 新加坡 | 684 | 7 |
| 韩国 | 1001 | 7 |
| 意大利 | 103 | 4 |
| 摩洛哥 | 129 | 4 |
| 台湾省 | 240 | 3 |
| 奥地利 | 25 | 2 |
| 中华人民共和国 | 39 | 2 |
| 萨尔瓦多 | 30 | 2 |
| 土耳其 | 164 | 2 |
| 泰国 | 81 | 2 |
| 比利时 | 25 | 1 |
| 洪都拉斯 | 3 | 1 |
| 33019020 柑橘属果实的精油脱萜的萜烯副产品 | | |
| 合计 | 503008 | 2528 |

| 国家/地区 | 进口数量（千克） | 进口金额（千美元） |
|---|---|---|
| 美国 | 342336 | 1365 |
| 巴西 | 87327 | 391 |
| 德国 | 22831 | 300 |
| 英国 | 26110 | 227 |
| 加拿大 | 4795 | 70 |
| 爱尔兰 | 14077 | 68 |
| 意大利 | 2680 | 42 |
| 印度 | 1050 | 16 |
| 日本 | 300 | 11 |
| 以色列 | 81 | 11 |
| 墨西哥 | 900 | 9 |
| 韩国 | 20 | 4 |
| 中华人民共和国 | 100 | 4 |
| 瑞士 | 25 | 3 |
| 阿根廷 | 125 | 3 |
| 南非 | 200 | 2 |
| 西班牙 | 51 | 2 |
| 33019090 含浓缩精油的制品；其他萜烯副产品及精油液 | | |
| 合计 | 627760 | 6591 |
| 法国 | 60465 | 1609 |
| 乌克兰 | 23750 | 803 |
| 美国 | 174098 | 773 |
| 列支敦士登 | 15811 | 673 |
| 新加坡 | 59093 | 376 |
| 英国 | 23114 | 360 |
| 香港 | 23887 | 263 |
| 保加利亚 | 48291 | 239 |
| 印度 | 78616 | 214 |
| 西班牙 | 43110 | 191 |
| 日本 | 2802 | 191 |
| 瑞士 | 5183 | 188 |
| 印度尼西亚 | 2820 | 112 |
| 意大利 | 25053 | 100 |
| 比利时 | 505 | 99 |
| 中华人民共和国 | 5299 | 88 |
| 德国 | 4782 | 88 |
| 韩国 | 1528 | 47 |
| 澳大利亚 | 5347 | 47 |
| 马来西亚 | 4363 | 35 |
| 加拿大 | 2109 | 26 |
| 阿根廷 | 1440 | 15 |
| 南非 | 96 | 10 |
| 新西兰 | 14001 | 9 |
| 荷兰 | 541 | 8 |

| 国家/地区 | 进口数量（千克） | 进口金额（千美元） |
| --- | --- | --- |
| 以色列 | 300 | 8 |
| 巴西 | 120 | 6 |
| 丹麦 | 351 | 4 |
| 波黑 | 510 | 3 |
| 台湾省 | 85 | 2 |
| 摩洛哥 | 57 | 2 |
| 墨西哥 | 100 | 1 |
| 匈牙利 | 33 | 1 |
| 泰国 | 100 | 1 |
| 33030000 香水及花露水 | | |
| 合计 | 2234932 | 184061 |
| 法国 | 1406572 | 142282 |
| 意大利 | 294791 | 17105 |
| 美国 | 305087 | 11764 |
| 英国 | 39576 | 5487 |
| 瑞士 | 56612 | 2325 |
| 西班牙 | 34753 | 2033 |
| 德国 | 20228 | 1706 |
| 菲律宾 | 53275 | 387 |
| 摩纳哥 | 2255 | 316 |
| 中华人民共和国 | 6258 | 178 |
| 波兰 | 1966 | 79 |
| 韩国 | 1767 | 72 |
| 日本 | 2029 | 71 |
| 香港 | 652 | 65 |
| 比利时 | 1309 | 63 |
| 奥地利 | 2846 | 62 |
| 瑞典 | 3319 | 38 |
| 土耳其 | 1468 | 12 |
| 加拿大 | 22 | 11 |
| 摩洛哥 | 46 | 1 |
| 捷克 | 19 | 1 |
| 澳大利亚 | 82 | 1 |
| 38051000 脂松节油、木松节油和硫酸盐松节油 | | |
| 合计 | 6026572 | 10721 |
| 巴西 | 2716170 | 4823 |
| 印度尼西亚 | 2344680 | 3816 |
| 西班牙 | 200011 | 576 |
| 葡萄牙 | 241140 | 538 |
| 阿根廷 | 220000 | 428 |
| 墨西哥 | 93400 | 173 |
| 越南 | 112000 | 108 |
| 希腊 | 42700 | 94 |
| 智利 | 40450 | 57 |

| 国家/地区 | 进口数量（千克） | 进口金额（千美元） |
| --- | --- | --- |
| 丹麦 | 5274 | 45 |
| 日本 | 2760 | 21 |
| 香港 | 4251 | 19 |
| 法国 | 1018 | 7 |
| 韩国 | 1721 | 6 |
| 德国 | 425 | 3 |
| 芬兰 | 65 | 3 |
| 美国 | 77 | 3 |
| 新西兰 | 430 | 1 |
| 38059010 以α-萜品醇为基本成分的松油 | | |
| 合计 | 149599 | 564 |
| 新西兰 | 137600 | 413 |
| 西班牙 | 9470 | 74 |
| 奥地利 | 465 | 43 |
| 日本 | 1019 | 15 |
| 德国 | 400 | 10 |
| 台湾省 | 300 | 5 |
| 美国 | 315 | 4 |
| 法国 | 30 | 2 |
| 38061010 松香 | | |
| 合计 | 30413228 | 47616 |
| 印度尼西亚 | 20059064 | 28338 |
| 美国 | 4104593 | 5416 |
| 越南 | 2459700 | 4454 |
| 巴西 | 2474430 | 3666 |
| 日本 | 346969 | 3203 |
| 阿根廷 | 756000 | 1173 |
| 台湾省 | 34366 | 562 |
| 墨西哥 | 138086 | 262 |
| 新加坡 | 8923 | 245 |
| 韩国 | 10339 | 106 |
| 荷兰 | 6600 | 48 |
| 马来西亚 | 4211 | 47 |
| 德国 | 669 | 38 |
| 中华人民共和国 | 7106 | 32 |
| 法国 | 186 | 9 |
| 匈牙利 | 525 | 7 |
| 波兰 | 84 | 3 |
| 丹麦 | 9 | 2 |
| 香港 | 109 | 2 |
| 英国 | 1015 | 2 |
| 几内亚 | 123 | 1 |
| 奥地利 | 88 | 1 |
| 希腊 | 10 | 1 |
| 芬兰 | 23 | 1 |

| 国家/地区 | 进口数量（千克） | 进口金额（千美元） |
| --- | --- | --- |
| 38062010 松香盐及树脂酸盐 | | |
| 合计 | 105232 | 443 |
| 美国 | 21869 | 204 |
| 日本 | 9340 | 90 |
| 韩国 | 58923 | 65 |
| 德国 | 8000 | 61 |
| 台湾省 | 7100 | 23 |
| 38062090 松香或树脂酸衍生物的盐 | | |
| 合计 | 1594 | 10 |
| 德国 | 1000 | 7 |
| 日本 | 594 | 3 |
| 38069000 其他松香和树脂酸衍生物；松香精及松香油等 | | |
| 合计 | 4413820 | 16620 |
| 芬兰 | 1965121 | 4756 |
| 日本 | 398242 | 4052 |
| 法国 | 522640 | 1506 |
| 德国 | 248000 | 1437 |
| 美国 | 414816 | 1314 |
| 中华人民共和国 | 196151 | 887 |
| 台湾省 | 306451 | 828 |
| 荷兰 | 159366 | 816 |
| 韩国 | 59633 | 508 |
| 比利时 | 53008 | 173 |
| 瑞典 | 51000 | 126 |
| 西班牙 | 20000 | 75 |
| 马来西亚 | 3435 | 57 |
| 澳大利亚 | 7800 | 25 |
| 新加坡 | 3212 | 24 |
| 匈牙利 | 715 | 14 |
| 意大利 | 4000 | 14 |
| 泰国 | 90 | 4 |
| 瑞士 | 121 | 3 |
| 葡萄牙 | 3 | 1 |
| 丹麦 | 16 | 1 |
| 40011000 天然橡胶乳，不论是否予硫化 | | |
| 合计 | 335619639 | 633311 |
| 泰国 | 314206065 | 585255 |
| 马来西亚 | 11836663 | 30356 |
| 越南 | 3887655 | 7057 |
| 喀麦隆 | 2915480 | 5352 |
| 老挝 | 1979100 | 3510 |
| 印度 | 399620 | 802 |
| 利比里亚 | 173139 | 591 |
| 印度尼西亚 | 200000 | 336 |

| 国家/地区 | 进口数量（千克） | 进口金额（千美元） |
|---|---|---|
| 台湾省 | 10685 | 27 |
| 中华人民共和国 | 7442 | 15 |
| 日本 | 1126 | 6 |
| 希腊 | 2664 | 5 |
| 40012200 技术分类天然橡胶(TSNR) | | |
| 合计 | 1793594532 | 4779285 |
| 泰国 | 852748325 | 2284926 |
| 印度尼西亚 | 409459935 | 1095130 |
| 马来西亚 | 304956013 | 816478 |
| 越南 | 161774674 | 410109 |
| 缅甸 | 23258475 | 64762 |
| 柬埔寨 | 15538846 | 37758 |
| 老挝 | 11174500 | 29830 |
| 科特迪瓦 | 4818240 | 12539 |
| 加蓬 | 2923200 | 8774 |
| 尼日利亚 | 1915200 | 5356 |
| 喀麦隆 | 1512000 | 4082 |
| 刚果(金) | 1251040 | 3266 |
| 菲律宾 | 783480 | 1932 |
| 印度 | 360000 | 1102 |
| 南非 | 302400 | 904 |
| 斯里兰卡 | 287117 | 891 |
| 加纳 | 181440 | 505 |
| 利比亚 | 113400 | 327 |
| 刚果(布) | 100800 | 261 |
| 利比里亚 | 100800 | 260 |
| 台湾省 | 20607 | 54 |
| 肯尼亚 | 13620 | 34 |
| 德国 | 420 | 2 |
| 40012900 其他形状的天然橡胶 | | |
| 合计 | 17369397 | 47471 |
| 越南 | 10450834 | 28599 |
| 泰国 | 3728202 | 10241 |
| 斯里兰卡 | 676880 | 2309 |
| 老挝 | 757900 | 1947 |
| 马来西亚 | 459113 | 1691 |
| 印度尼西亚 | 302400 | 741 |
| 科特迪瓦 | 232500 | 695 |
| 柬埔寨 | 207894 | 331 |
| 孟加拉国 | 211200 | 294 |
| 加蓬 | 238391 | 287 |
| 台湾省 | 65107 | 198 |
| 德国 | 9218 | 53 |
| 韩国 | 19950 | 47 |
| 日本 | 6563 | 15 |

| 国家/地区 | 进口数量（千克） | 进口金额（千美元） |
|---|---|---|
| 法国 | 2581 | 12 |
| 美国 | 101 | 5 |
| 意大利 | 63 | 3 |
| 多米尼加共和国 | 42 | 2 |
| 中华人民共和国 | 178 | 2 |
| 希腊 | 280 | 1 |
| 40013000 巴拉塔胶、古塔波胶、银胶菊胶、糖胶树胶及类似的天然树胶 | | |
| 合计 | 61645 | 146 |
| 泰国 | 32801 | 69 |
| 马来西亚 | 28380 | 66 |
| 美国 | 411 | 6 |
| 台湾省 | 2 | 2 |
| 德国 | 27 | 2 |
| 印度 | 24 | 1 |

## 蚕出口量值表

| 国家/地区 | 出口数量（千克） | 出口金额（千美元） |
|---|---|---|
| 50010010 适于缫丝的桑蚕茧 | | |
| 合计 | 30520 | 646 |
| 泰国 | 22400 | 448 |
| 日本 | 7100 | 167 |
| 韩国 | 1020 | 31 |
| 50010090 适于缫丝的其他蚕茧 | | |
| 合计 | 200 | 5 |
| 日本 | 200 | 5 |
| 50020011 桑蚕厂丝 | | |
| 合计 | 5939740 | 332598 |
| 印度 | 2726808 | 148963 |
| 罗马尼亚 | 956164 | 54149 |
| 越南 | 855240 | 47596 |
| 意大利 | 362616 | 21470 |
| 日本 | 305554 | 18563 |
| 韩国 | 260214 | 14817 |
| 孟加拉国 | 112589 | 6218 |
| 巴西 | 86068 | 5250 |
| 缅甸 | 82686 | 4641 |
| 阿联酋 | 69375 | 3758 |
| 突尼斯 | 30685 | 1781 |
| 德国 | 20969 | 1270 |
| 保加利亚 | 16335 | 975 |
| 巴基斯坦 | 15003 | 822 |
| 伊朗 | 13747 | 783 |
| 英国 | 11448 | 673 |

| 国家/地区 | 出口数量（千克） | 出口金额（千美元） |
|---|---|---|
| 法国 | 7900 | 498 |
| 老挝 | 4500 | 256 |
| 瑞士 | 1794 | 112 |
| 拉脱维亚 | 45 | 3 |
| 50020012 桑蚕土丝 | | |
| 合计 | 20826 | 1138 |
| 印度 | 14095 | 770 |
| 土耳其 | 2961 | 157 |
| 意大利 | 1864 | 108 |
| 韩国 | 1906 | 103 |
| 50020013 桑蚕双宫丝 | | |
| 合计 | 261927 | 12375 |
| 印度 | 216135 | 10093 |
| 韩国 | 31434 | 1609 |
| 意大利 | 8255 | 395 |
| 香港 | 3670 | 156 |
| 日本 | 1494 | 77 |
| 泰国 | 628 | 30 |
| 巴基斯坦 | 311 | 15 |
| 50020019 其他桑蚕丝 | | |
| 合计 | 177373 | 10823 |
| 日本 | 124538 | 7711 |
| 韩国 | 28639 | 1711 |
| 越南 | 24196 | 1401 |
| 50020020 柞蚕丝 | | |
| 合计 | 288750 | 16580 |
| 印度 | 277217 | 15849 |
| 日本 | 10278 | 657 |
| 意大利 | 1255 | 74 |
| 50020090 其他生丝 | | |
| 合计 | 1616 | 70 |
| 意大利 | 1616 | 70 |
| 50030011 不适于缫丝的下茧、茧衣、长吐、滞头 | | |
| 合计 | 1537 | 21 |
| 韩国 | 1425 | 16 |
| 美国 | 112 | 5 |
| 50030012 回收的纤维状废丝 | | |
| 合计 | 55880 | 496 |
| 意大利 | 25450 | 278 |
| 德国 | 24000 | 164 |
| 英国 | 6200 | 47 |
| 澳大利亚 | 140 | 5 |
| 新西兰 | 90 | 3 |
| 50030019 其他未梳废丝 | | |

| 国家/地区 | 出口数量（千克） | 出口金额（千美元） |
|---|---|---|
| 合计 | 95355 | 1511 |
| 德国 | 48760 | 855 |
| 日本 | 33845 | 456 |
| 秘鲁 | 2500 | 69 |
| 英国 | 7000 | 68 |
| 意大利 | 1640 | 46 |
| 美国 | 1610 | 18 |
| 50030091 废丝绵球(包括绵条、绵片) | | |
| 合计 | 635187 | 24102 |
| 德国 | 301238 | 12118 |
| 意大利 | 177832 | 6313 |
| 日本 | 59442 | 2105 |
| 印度 | 26366 | 954 |
| 英国 | 21766 | 709 |
| 瑞士 | 17053 | 665 |
| 台湾省 | 16420 | 627 |
| 秘鲁 | 8610 | 361 |
| 新西兰 | 2930 | 99 |
| 泰国 | 2000 | 86 |
| 韩国 | 1000 | 41 |
| 越南 | 140 | 7 |
| 美国 | 170 | 7 |
| 土耳其 | 120 | 5 |
| 蒙古 | 100 | 5 |
| 50030099 其他废丝 | | |
| 合计 | 658241 | 17606 |
| 意大利 | 291028 | 8859 |
| 印度 | 113426 | 3718 |
| 德国 | 84484 | 1512 |
| 日本 | 66969 | 1255 |
| 秘鲁 | 27756 | 1055 |
| 英国 | 34500 | 302 |
| 韩国 | 22580 | 289 |
| 瑞士 | 5400 | 222 |
| 新西兰 | 3528 | 127 |
| 土耳其 | 2840 | 106 |
| 智利 | 1000 | 43 |
| 泰国 | 1000 | 36 |
| 台湾省 | 820 | 31 |
| 美国 | 2300 | 29 |
| 巴基斯坦 | 280 | 14 |
| 毛里求斯 | 250 | 5 |
| 多民族玻利维亚国 | 80 | 4 |

## 蚕进口量值表

| 国家/地区 | 进口数量（千克） | 进口金额（千美元） |
|---|---|---|
| 50020011 桑蚕厂丝 | | |
| 合计 | 18710 | 106 |
| 乌兹别克斯坦 | 18460 | 104 |
| 中华人民共和国 | 250 | 2 |
| 50020019 其他桑蚕丝 | | |
| 合计 | 151636 | 1208 |
| 朝鲜 | 117690 | 1063 |
| 乌兹别克斯坦 | 28420 | 124 |
| 叙利亚 | 4468 | 10 |
| 印度 | 1047 | 9 |
| 日本 | 11 | 1 |
| 50030011 不适于缫丝的下茧、茧衣、长吐、滞头 | | |
| 合计 | 2058283 | 6641 |
| 印度 | 971504 | 4306 |
| 乌兹别克斯坦 | 495101 | 824 |
| 巴西 | 69987 | 609 |
| 越南 | 337568 | 450 |
| 朝鲜 | 114330 | 323 |
| 伊朗 | 39752 | 76 |
| 塔吉克斯坦 | 18860 | 28 |
| 土耳其 | 10230 | 23 |
| 土库曼斯坦 | 951 | 3 |
| 50030019 其他未梳废丝 | | |
| 合计 | 244460 | 847 |
| 印度 | 93663 | 371 |
| 朝鲜 | 68175 | 241 |
| 土库曼斯坦 | 54970 | 182 |
| 乌兹别克斯坦 | 23060 | 28 |
| 意大利 | 2204 | 17 |
| 越南 | 2388 | 8 |
| 50030091 废丝绵球(包括绵条、绵片) | | |
| 合计 | 1026 | 8 |
| 朝鲜 | 1026 | 8 |
| 50030099 其他废丝 | | |
| 合计 | 173454 | 249 |
| 乌兹别克斯坦 | 172158 | 244 |
| 朝鲜 | 1296 | 5 |

## 蜂蜜出口量值表

| 国家/地区 | 出口数量（千克） | 出口金额（千美元） |
|---|---|---|
| 15219010 蜂蜡 | | |
| 合计 | 8922032 | 50354 |

| 国家/地区 | 出口数量（千克） | 出口金额（千美元） |
|---|---|---|
| 德国 | 2096036 | 12258 |
| 美国 | 1523189 | 10107 |
| 法国 | 893000 | 5184 |
| 荷兰 | 613000 | 3634 |
| 韩国 | 396868 | 3458 |
| 英国 | 338425 | 2160 |
| 西班牙 | 474000 | 1978 |
| 希腊 | 438800 | 1811 |
| 意大利 | 268500 | 1560 |
| 澳大利亚 | 195040 | 1453 |
| 阿尔及利亚 | 469600 | 1199 |
| 塞尔维亚 | 259000 | 927 |
| 俄罗斯联邦 | 188500 | 912 |
| 日本 | 84738 | 637 |
| 墨西哥 | 99549 | 500 |
| 伊朗 | 62000 | 333 |
| 比利时 | 33000 | 199 |
| 捷克 | 24000 | 152 |
| 突尼斯 | 49008 | 149 |
| 伊拉克 | 31950 | 146 |
| 阿尔巴尼亚 | 50410 | 127 |
| 波兰 | 17862 | 122 |
| 巴基斯坦 | 19000 | 109 |
| 黎巴嫩 | 39000 | 103 |
| 香港 | 13500 | 99 |
| 印度尼西亚 | 21000 | 91 |
| 瑞典 | 12320 | 88 |
| 越南 | 14000 | 81 |
| 南非 | 12753 | 70 |
| 泰国 | 16775 | 70 |
| 加拿大 | 13350 | 70 |
| 罗马尼亚 | 16000 | 69 |
| 阿富汗 | 20000 | 60 |
| 塞浦路斯 | 13000 | 48 |
| 孟加拉国 | 10000 | 45 |
| 波黑 | 19950 | 44 |
| 乌克兰 | 14013 | 37 |
| 叙利亚 | 10000 | 29 |
| 新西兰 | 3700 | 25 |
| 土耳其 | 6500 | 25 |
| 奥地利 | 5500 | 24 |
| 危地马拉 | 4000 | 23 |
| 印度 | 7762 | 21 |
| 沙特阿拉伯 | 2200 | 16 |
| 斯里兰卡 | 1832 | 15 |

| 国家/地区 | 出口数量（千克） | 出口金额（千美元） |
|---|---|---|
| 马来西亚 | 3705 | 15 |
| 约旦 | 3987 | 14 |
| 吉布提 | 2190 | 12 |
| 巴拿马 | 2390 | 11 |
| 保加利亚 | 2000 | 9 |
| 阿联酋 | 1000 | 7 |
| 蒙古 | 285 | 6 |
| 拉脱维亚 | 1000 | 5 |
| 匈牙利 | 1000 | 4 |
| 也门 | 1000 | 4 |
| 以色列 | 495 | 2 |
| 爱尔兰 | 350 | 2 |
| 21069030 蜂王浆制剂 | | |
| 合计 | 378798 | 3916 |
| 墨西哥 | 105044 | 832 |
| 哥伦比亚 | 65835 | 518 |
| 美国 | 31368 | 428 |
| 日本 | 4500 | 399 |
| 罗马尼亚 | 19170 | 207 |
| 加拿大 | 12219 | 180 |
| 巴拿马 | 18024 | 141 |
| 匈牙利 | 16139 | 139 |
| 马来西亚 | 12380 | 138 |
| 危地马拉 | 17568 | 134 |
| 澳大利亚 | 7586 | 122 |
| 洪都拉斯 | 12444 | 104 |
| 突尼斯 | 1000 | 103 |
| 香港 | 11721 | 101 |
| 新西兰 | 630 | 89 |
| 俄罗斯联邦 | 5945 | 80 |
| 印度尼西亚 | 4950 | 44 |
| 多哥 | 22000 | 39 |
| 德国 | 1005 | 21 |
| 哥斯达黎加 | 1860 | 17 |
| 多米尼加共和国 | 2100 | 15 |
| 斯洛伐克 | 1196 | 12 |
| 阿联酋 | 140 | 11 |
| 韩国 | 100 | 10 |
| 新加坡 | 225 | 9 |
| 保加利亚 | 1231 | 6 |
| 土耳其 | 600 | 5 |
| 朝鲜 | 1003 | 5 |
| 以色列 | 366 | 5 |
| 比利时 | 300 | 3 |
| 巴巴多斯 | 120 | 2 |

| 国家/地区 | 出口数量（千克） | 出口金额（千美元） |
|---|---|---|
| 阿尔巴尼亚 | 29 | 1 |

## 蜂蜜进口量值表

| 国家/地区 | 进口数量（千克） | 进口金额（千美元） |
|---|---|---|
| 15219010 蜂蜡 | | |
| 合计 | 126860 | 1395 |
| 美国 | 56550 | 656 |
| 荷兰 | 35000 | 302 |
| 日本 | 9702 | 221 |
| 法国 | 12283 | 123 |
| 韩国 | 13325 | 91 |
| 21069030 蜂王浆制剂 | | |
| 合计 | 7106 | 362 |
| 德国 | 4154 | 165 |
| 澳大利亚 | 1865 | 96 |
| 新西兰 | 1055 | 93 |
| 日本 | 28 | 7 |
| 法国 | 4 | 2 |

## 动物出口量值表

| 国家/地区 | 出口数量（千克） | 出口金额（千美元） |
|---|---|---|
| 01061110 改良种用灵长目动物 | | |
| 合计 | 16 | 10 |
| 日本 | 16 | 10 |
| 15060000 其他动物油、脂及其分离品，不论是否精制，但未经化学改性 | | |
| 合计 | 192765 | 2523 |
| 澳大利亚 | 22800 | 1932 |
| 加拿大 | 3200 | 312 |
| 韩国 | 164160 | 169 |
| 美国 | 2505 | 108 |
| 黎巴嫩 | 100 | 2 |
| 31010019 其他未经化学处理的动植物肥料及其混合肥料 | | |
| 合计 | 8973710 | 2947 |
| 日本 | 4079500 | 1916 |
| 缅甸 | 2455000 | 520 |
| 韩国 | 886000 | 278 |
| 越南 | 513200 | 70 |
| 台湾省 | 372920 | 46 |
| 马来西亚 | 140090 | 23 |
| 新加坡 | 231000 | 23 |
| 俄罗斯联邦 | 120000 | 21 |

| 国家/地区 | 出口数量（千克） | 出口金额（千美元） |
|---|---|---|
| 约旦 | 92000 | 18 |
| 印度 | 72000 | 16 |
| 香港 | 4000 | 10 |
| 泰国 | 8000 | 7 |
| 31010090 经化学处理的动植物肥料；动植物产品经化学处理制成的肥料 | | |
| 合计 | 61332928 | 20392 |
| 日本 | 28199200 | 10384 |
| 韩国 | 9505700 | 2571 |
| 马来西亚 | 6392180 | 2527 |
| 台湾省 | 10019420 | 2151 |
| 印度 | 1474000 | 631 |
| 印度尼西亚 | 255850 | 386 |
| 土耳其 | 802440 | 301 |
| 泰国 | 1416800 | 215 |
| 伊朗 | 121893 | 192 |
| 厄瓜多尔 | 222000 | 113 |
| 香港 | 1662602 | 111 |
| 哥斯达黎加 | 200000 | 87 |
| 沙特阿拉伯 | 129600 | 83 |
| 越南 | 46000 | 77 |
| 巴西 | 25000 | 77 |
| 菲律宾 | 15233 | 59 |
| 智利 | 62400 | 58 |
| 多米尼加共和国 | 300000 | 51 |
| 意大利 | 12000 | 41 |
| 埃及 | 33250 | 40 |
| 新西兰 | 8500 | 30 |
| 西班牙 | 8000 | 25 |
| 新加坡 | 52400 | 22 |
| 也门 | 98000 | 21 |
| 澳大利亚 | 57000 | 20 |
| 孟加拉国 | 18000 | 19 |
| 肯尼亚 | 8400 | 19 |
| 朝鲜 | 120000 | 18 |
| 乌克兰 | 4000 | 15 |
| 斯里兰卡 | 26000 | 15 |
| 秘鲁 | 2360 | 8 |
| 保加利亚 | 4000 | 6 |
| 乌干达 | 2400 | 5 |
| 利比里亚 | 15000 | 4 |
| 塞拉利昂 | 10000 | 3 |
| 格鲁吉亚 | 1000 | 3 |
| 缅甸 | 1000 | 3 |
| 南非 | 300 | 1 |

| 国家/地区 | 出口数量（千克） | 出口金额（千美元） |
|---|---|---|
| 社会群岛 | 1000 | 1 |
| 41032000 爬行动物皮 | | |
| 合计 | 429 | 165 |
| 德国 | 429 | 165 |
| 41069200 其他动物干革(坯革) | | |
| 合计 | 5270 | 491 |
| 日本 | 5270 | 491 |
| 41133000 经鞣制或半硝处理后加工的爬行动物皮革 | | |
| 合计 | 103 | 109 |
| 台湾省 | 103 | 105 |
| 瑞士 | 0 | 4 |
| 41139000 经鞣制或半硝处理后加工的其他动物皮革 | | |
| 合计 | 37615 | 397 |
| 智利 | 19620 | 100 |
| 沙特阿拉伯 | 4802 | 81 |
| 马来西亚 | 6052 | 72 |
| 缅甸 | 732 | 40 |
| 香港 | 3411 | 37 |
| 日本 | 200 | 32 |
| 新加坡 | 1140 | 17 |
| 越南 | 1472 | 16 |
| 澳大利亚 | 36 | 1 |
| 柬埔寨 | 150 | 0 |
| 43018090 其他整张毛皮 | | |
| 合计 | 133694 | 2101 |
| 日本 | 133315 | 2066 |
| 德国 | 379 | 35 |
| 43021100 未缝制的整张水貂皮 | | |
| 合计 | 3728173 | 411051 |
| 香港 | 3712570 | 407498 |
| 土耳其 | 7142 | 1702 |
| 德国 | 4080 | 509 |
| 希腊 | 1900 | 387 |
| 俄罗斯联邦 | 718 | 380 |
| 意大利 | 908 | 299 |
| 荷兰 | 700 | 225 |
| 韩国 | 74 | 35 |
| 加拿大 | 69 | 8 |
| 美国 | 10 | 8 |
| 丹麦 | 2 | 1 |
| 43021910 未缝制整张灰鼠、白鼬、貂、狐、獭及猞猁皮 | | |
| 合计 | 166277 | 16211 |

| 国家/地区 | 出口数量（千克） | 出口金额（千美元） |
|---|---|---|
| 香港 | 164290 | 15486 |
| 土耳其 | 917 | 287 |
| 德国 | 261 | 149 |
| 希腊 | 223 | 91 |
| 意大利 | 175 | 56 |
| 日本 | 53 | 29 |
| 法国 | 69 | 29 |
| 加拿大 | 99 | 27 |
| 韩国 | 72 | 22 |
| 拉脱维亚 | 51 | 18 |
| 巴西 | 19 | 6 |
| 阿联酋 | 4 | 3 |
| 英国 | 26 | 3 |
| 波兰 | 15 | 3 |
| 美国 | 3 | 2 |
| 43021990 未列名未缝制的整张毛皮 | | |
| 合计 | 2140013 | 89839 |
| 香港 | 340177 | 16305 |
| 意大利 | 226286 | 12048 |
| 土耳其 | 95286 | 9278 |
| 德国 | 220668 | 7427 |
| 俄罗斯联邦 | 229154 | 7256 |
| 越南 | 159562 | 5770 |
| 拉脱维亚 | 128878 | 4538 |
| 芬兰 | 98333 | 3670 |
| 立陶宛 | 152639 | 3507 |
| 韩国 | 26534 | 3404 |
| 西班牙 | 50694 | 3164 |
| 澳大利亚 | 95729 | 2629 |
| 比利时 | 55057 | 2354 |
| 斯洛伐克 | 90223 | 1526 |
| 印度 | 35755 | 1424 |
| 荷兰 | 24888 | 830 |
| 斯洛文尼亚 | 21156 | 815 |
| 美国 | 20484 | 707 |
| 日本 | 7440 | 573 |
| 英国 | 6592 | 429 |
| 白俄罗斯 | 12910 | 367 |
| 新加坡 | 6330 | 168 |
| 巴基斯坦 | 5402 | 151 |
| 瑞典 | 3880 | 140 |
| 瑞士 | 3314 | 129 |
| 台湾省 | 4529 | 121 |
| 泰国 | 4270 | 116 |
| 菲律宾 | 1841 | 113 |

| 国家/地区 | 出口数量（千克） | 出口金额（千美元） |
|---|---|---|
| 希腊 | 468 | 105 |
| 新西兰 | 1388 | 105 |
| 法国 | 695 | 93 |
| 波兰 | 253 | 82 |
| 孟加拉国 | 31 | 78 |
| 萨尔瓦多 | 1873 | 65 |
| 奥地利 | 414 | 62 |
| 马来西亚 | 2360 | 62 |
| 加拿大 | 988 | 57 |
| 葡萄牙 | 1042 | 48 |
| 印度尼西亚 | 1163 | 45 |
| 巴西 | 321 | 38 |
| 墨西哥 | 460 | 25 |
| 柬埔寨 | 476 | 14 |
| 丹麦 | 70 | 8 |
| 43022000 未缝制的头、尾、爪及其他块、片 | | |
| 合计 | 14945 | 457 |
| 美国 | 13262 | 353 |
| 意大利 | 420 | 37 |
| 希腊 | 225 | 20 |
| 韩国 | 314 | 19 |
| 德国 | 565 | 18 |
| 瑞典 | 30 | 3 |
| 日本 | 25 | 3 |
| 毛里求斯 | 70 | 2 |
| 英国 | 10 | 2 |
| 法国 | 24 | 1 |
| 43023010 已缝制整张灰鼠、白鼬、貂、狐、獭及猞猁皮 | | |
| 合计 | 540 | 60 |
| 香港 | 260 | 30 |
| 意大利 | 280 | 30 |
| 43023090 其他已缝制的整张毛皮及其块、片 | | |
| 合计 | 1275683 | 292791 |
| 韩国 | 490641 | 131271 |
| 俄罗斯联邦 | 203136 | 45969 |
| 香港 | 41215 | 18970 |
| 吉尔吉斯斯坦 | 240324 | 18161 |
| 沙特阿拉伯 | 32470 | 12189 |
| 越南 | 59384 | 7966 |
| 加拿大 | 23781 | 7839 |
| 以色列 | 23388 | 7414 |
| 墨西哥 | 13249 | 4510 |

| 国家/地区 | 出口数量(千克) | 出口金额(千美元) |
|---|---|---|
| 丹麦 | 9784 | 4321 |
| 美国 | 9796 | 2656 |
| 意大利 | 14394 | 2647 |
| 马来西亚 | 7751 | 2512 |
| 新加坡 | 9325 | 2409 |
| 乌兹别克斯坦 | 9658 | 2406 |
| 拉脱维亚 | 6970 | 2373 |
| 乌克兰 | 6803 | 2207 |
| 匈牙利 | 7744 | 2183 |
| 荷兰 | 7039 | 1889 |
| 英国 | 3875 | 1583 |
| 芬兰 | 6725 | 1529 |
| 德国 | 5247 | 994 |
| 土耳其 | 13245 | 925 |
| 多哥 | 1890 | 871 |
| 委内瑞拉 | 3262 | 868 |
| 哥伦比亚 | 3140 | 843 |
| 西班牙 | 1373 | 819 |
| 巴林 | 1327 | 787 |
| 澳大利亚 | 1926 | 564 |
| 埃塞俄比亚 | 1147 | 533 |
| 希腊 | 2143 | 435 |
| 日本 | 6750 | 325 |
| 法国 | 567 | 318 |
| 阿联酋 | 328 | 277 |
| 罗马尼亚 | 901 | 193 |
| 缅甸 | 287 | 187 |
| 瑞士 | 776 | 184 |
| 捷克 | 237 | 156 |
| 比利时 | 254 | 148 |
| 菲律宾 | 1078 | 143 |
| 奥地利 | 856 | 105 |
| 印度 | 342 | 56 |
| 波兰 | 193 | 26 |
| 瑞典 | 404 | 21 |
| 朝鲜 | 260 | 6 |
| 南非 | 298 | 6 |
| 43031010 毛皮衣服 | | |
| 合计 | 3575238 | 2087833 |
| 俄罗斯联邦 | 2291592 | 1776481 |
| 香港 | 403989 | 75763 |
| 德国 | 176407 | 47564 |
| 阿联酋 | 45474 | 33525 |
| 土耳其 | 43952 | 25467 |
| 意大利 | 93503 | 23244 |

| 国家/地区 | 出口数量(千克) | 出口金额(千美元) |
|---|---|---|
| 日本 | 92516 | 22062 |
| 韩国 | 109035 | 18276 |
| 法国 | 72410 | 17920 |
| 美国 | 53829 | 10471 |
| 西班牙 | 53183 | 10001 |
| 乌克兰 | 13995 | 5892 |
| 丹麦 | 19236 | 3735 |
| 越南 | 10235 | 2408 |
| 比利时 | 10319 | 1754 |
| 希腊 | 3325 | 1463 |
| 荷兰 | 6926 | 1390 |
| 英国 | 8966 | 1375 |
| 波兰 | 6441 | 1021 |
| 吉尔吉斯斯坦 | 14269 | 891 |
| 埃及 | 7016 | 831 |
| 爱沙尼亚 | 1447 | 759 |
| 加拿大 | 4350 | 709 |
| 澳大利亚 | 4904 | 655 |
| 瑞士 | 2468 | 556 |
| 瑞典 | 1918 | 417 |
| 委内瑞拉 | 607 | 300 |
| 匈牙利 | 1193 | 296 |
| 台湾省 | 857 | 290 |
| 挪威 | 1290 | 281 |
| 泰国 | 484 | 256 |
| 以色列 | 370 | 239 |
| 芬兰 | 160 | 181 |
| 摩尔多瓦 | 714 | 173 |
| 新西兰 | 229 | 155 |
| 捷克 | 2090 | 154 |
| 澳门 | 126 | 140 |
| 乌兹别克斯坦 | 11750 | 131 |
| 墨西哥 | 906 | 116 |
| 黎巴嫩 | 344 | 107 |
| 阿根廷 | 631 | 105 |
| 马来西亚 | 79 | 55 |
| 新加坡 | 85 | 41 |
| 冰岛 | 153 | 34 |
| 白俄罗斯 | 205 | 31 |
| 塞尔维亚 | 40 | 24 |
| 巴西 | 79 | 23 |
| 乌拉圭 | 112 | 17 |
| 智利 | 32 | 16 |
| 葡萄牙 | 73 | 13 |
| 印度尼西亚 | 84 | 11 |

| 国家/地区 | 出口数量(千克) | 出口金额(千美元) |
|---|---|---|
| 立陶宛 | 233 | 8 |
| 保加利亚 | 500 | 5 |
| 南非 | 56 | 3 |
| 巴拉圭 | 50 | 1 |
| 格鲁吉亚 | 1 | 0 |
| 43031020 毛皮衣着附件 | | |
| 合计 | 980958 | 262272 |
| 越南 | 128858 | 49799 |
| 香港 | 209644 | 43452 |
| 日本 | 166564 | 40842 |
| 韩国 | 72714 | 37619 |
| 俄罗斯联邦 | 63575 | 18471 |
| 缅甸 | 40147 | 15163 |
| 意大利 | 38298 | 7984 |
| 朝鲜 | 26017 | 6086 |
| 德国 | 24189 | 5834 |
| 法国 | 14784 | 3587 |
| 丹麦 | 8644 | 3268 |
| 美国 | 24815 | 3073 |
| 拉脱维亚 | 16272 | 2955 |
| 台湾省 | 4483 | 2711 |
| 荷兰 | 55925 | 2677 |
| 加拿大 | 7906 | 2338 |
| 墨西哥 | 4131 | 2061 |
| 印度尼西亚 | 5986 | 1400 |
| 西班牙 | 5335 | 1285 |
| 比利时 | 15059 | 1231 |
| 多哥 | 1391 | 1216 |
| 以色列 | 3326 | 893 |
| 英国 | 2238 | 809 |
| 沙特阿拉伯 | 1300 | 800 |
| 芬兰 | 1995 | 546 |
| 奥地利 | 1600 | 525 |
| 哈萨克斯坦 | 9080 | 443 |
| 澳大利亚 | 1552 | 394 |
| 新加坡 | 955 | 371 |
| 菲律宾 | 1527 | 351 |
| 波兰 | 1659 | 350 |
| 瑞典 | 1712 | 345 |
| 挪威 | 2135 | 307 |
| 委内瑞拉 | 1020 | 300 |
| 埃塞俄比亚 | 428 | 287 |
| 吉尔吉斯斯坦 | 1499 | 271 |
| 孟加拉国 | 938 | 254 |
| 斯里兰卡 | 1030 | 242 |

| 国家/地区 | 出口数量（千克） | 出口金额（千美元） |
| --- | --- | --- |
| 乌兹别克斯坦 | 686 | 241 |
| 柬埔寨 | 1537 | 220 |
| 印度 | 461 | 209 |
| 土耳其 | 3934 | 170 |
| 希腊 | 613 | 163 |
| 阿联酋 | 371 | 130 |
| 危地马拉 | 216 | 121 |
| 科威特 | 815 | 104 |
| 冰岛 | 248 | 72 |
| 泰国 | 123 | 50 |
| 立陶宛 | 425 | 44 |
| 阿塞拜疆 | 825 | 39 |
| 瑞士 | 473 | 34 |
| 捷克 | 211 | 28 |
| 斯洛伐克 | 92 | 19 |
| 罗马尼亚 | 57 | 19 |
| 黎巴嫩 | 86 | 18 |
| 巴基斯坦 | 31 | 14 |
| 智利 | 12 | 6 |
| 乌克兰 | 43 | 6 |
| 保加利亚 | 5 | 5 |
| 新西兰 | 45 | 5 |
| 南非 | 210 | 5 |
| 匈牙利 | 55 | 4 |
| 巴西 | 57 | 3 |
| 叙利亚 | 438 | 3 |
| 马来西亚 | 140 | 2 |
| 澳门 | 1 | 1 |
| 斯洛文尼亚 | 10 | 1 |
| 葡萄牙 | 7 | 0 |
| 43039000 其他毛皮制品 | | |
| 合计 | 6741502 | 479614 |
| 香港 | 1209908 | 91297 |
| 俄罗斯联邦 | 398701 | 58241 |
| 韩国 | 215101 | 56689 |
| 美国 | 758599 | 38069 |
| 澳大利亚 | 978861 | 31453 |
| 越南 | 291156 | 23405 |
| 德国 | 584666 | 21441 |
| 意大利 | 122306 | 19671 |
| 日本 | 325517 | 17600 |
| 加拿大 | 198320 | 14756 |
| 瑞典 | 252211 | 12731 |
| 丹麦 | 79611 | 8740 |
| 土耳其 | 41255 | 6533 |

| 国家/地区 | 出口数量（千克） | 出口金额（千美元） |
| --- | --- | --- |
| 拉脱维亚 | 29900 | 6316 |
| 挪威 | 150001 | 5814 |
| 英国 | 136852 | 5776 |
| 沙特阿拉伯 | 53796 | 5414 |
| 缅甸 | 29207 | 4529 |
| 立陶宛 | 150206 | 4410 |
| 马来西亚 | 4148 | 4297 |
| 芬兰 | 134269 | 4090 |
| 比利时 | 62641 | 3047 |
| 墨西哥 | 5882 | 3045 |
| 吉尔吉斯斯坦 | 48167 | 2656 |
| 新西兰 | 85682 | 2435 |
| 法国 | 32250 | 2312 |
| 荷兰 | 67652 | 2191 |
| 西班牙 | 20311 | 2065 |
| 匈牙利 | 2387 | 1786 |
| 以色列 | 2574 | 1630 |
| 阿联酋 | 48556 | 1583 |
| 委内瑞拉 | 2347 | 1431 |
| 瑞士 | 29656 | 1431 |
| 印度尼西亚 | 26048 | 1257 |
| 朝鲜 | 7644 | 1137 |
| 菲律宾 | 3625 | 990 |
| 乌克兰 | 20495 | 989 |
| 希腊 | 4638 | 967 |
| 爱沙尼亚 | 23962 | 948 |
| 印度 | 21780 | 930 |
| 多米尼加共和国 | 20626 | 870 |
| 哥伦比亚 | 1716 | 630 |
| 新加坡 | 4919 | 427 |
| 波兰 | 4177 | 336 |
| 奥地利 | 3816 | 334 |
| 泰国 | 9427 | 332 |
| 伊拉克 | 367 | 313 |
| 台湾省 | 5794 | 301 |
| 乌兹别克斯坦 | 407 | 280 |
| 保加利亚 | 243 | 228 |
| 多哥 | 273 | 217 |
| 葡萄牙 | 6458 | 205 |
| 斐济 | 3139 | 140 |
| 冰岛 | 438 | 135 |
| 利比亚 | 4173 | 117 |
| 黎巴嫩 | 3295 | 105 |
| 南非 | 3107 | 88 |
| 斯里兰卡 | 384 | 73 |

| 国家/地区 | 出口数量（千克） | 出口金额（千美元） |
| --- | --- | --- |
| 捷克 | 735 | 59 |
| 阿尔巴尼亚 | 1766 | 48 |
| 萨尔瓦多 | 1269 | 43 |
| 科威特 | 433 | 40 |
| 澳门 | 72 | 39 |
| 斯洛文尼亚 | 254 | 21 |
| 哈萨克斯坦 | 1374 | 21 |
| 阿根廷 | 162 | 19 |
| 巴林 | 580 | 14 |
| 巴基斯坦 | 150 | 13 |
| 巴西 | 286 | 12 |
| 罗马尼亚 | 215 | 12 |
| 乌拉圭 | 57 | 11 |
| 智利 | 135 | 8 |
| 白俄罗斯 | 95 | 8 |
| 摩洛哥 | 83 | 7 |
| 蒙古 | 32 | 4 |
| 斯洛伐克 | 14 | 2 |
| 秘鲁 | 69 | 1 |
| 洪都拉斯 | 60 | 1 |
| 爱尔兰 | 14 | 1 |
| 51021990 其他未梳动物细毛 | | |
| 合计 | 744 | 13 |
| 德国 | 244 | 10 |
| 印度 | 500 | 3 |
| 51031090 其他动物细毛的落毛 | | |
| 合计 | 402 | 9 |
| 日本 | 402 | 9 |
| 51040090 其他动物细毛或粗毛的回收纤维 | | |
| 合计 | 8304 | 225 |
| 韩国 | 7557 | 190 |
| 意大利 | 747 | 35 |
| 51053990 其他已梳动物细毛 | | |
| 合计 | 932387 | 23758 |
| 英国 | 254060 | 7806 |
| 意大利 | 157404 | 4578 |
| 日本 | 115604 | 3273 |
| 德国 | 123063 | 2963 |
| 韩国 | 206044 | 2789 |
| 墨西哥 | 35224 | 939 |
| 蒙古 | 21626 | 829 |
| 香港 | 3924 | 171 |
| 印度 | 3560 | 169 |
| 阿尔及利亚 | 4000 | 87 |
| 美国 | 2033 | 76 |

| 国家/地区 | 出口数量（千克） | 出口金额（千美元） |
| --- | --- | --- |
| 尼泊尔联邦民主共和国 | 516 | 20 |
| 比利时 | 1000 | 16 |
| 越南 | 1060 | 14 |
| 澳门 | 2872 | 10 |
| 巴西 | 150 | 9 |
| 澳大利亚 | 150 | 6 |
| 巴基斯坦 | 97 | 3 |
| 51054000 已梳动物粗毛 | | |
| 合计 | 844372 | 16791 |
| 阿富汗 | 629760 | 13520 |
| 英国 | 140600 | 2991 |
| 日本 | 58242 | 166 |
| 澳门 | 3995 | 80 |
| 斯洛文尼亚 | 4923 | 19 |
| 越南 | 6852 | 14 |
| 51081019 粗梳其他动物细毛≥85%的纱线，非供零售用 | | |
| 合计 | 107988 | 7316 |
| 香港 | 23466 | 2441 |
| 马达加斯加 | 18822 | 2319 |
| 日本 | 42690 | 1807 |
| 毛里求斯 | 1759 | 221 |
| 哈萨克斯坦 | 6255 | 100 |
| 尼泊尔联邦民主共和国 | 1279 | 90 |
| 印度 | 395 | 76 |
| 美国 | 1972 | 59 |
| 朝鲜 | 7659 | 57 |
| 泰国 | 1619 | 55 |
| 意大利 | 1164 | 44 |
| 俄罗斯联邦 | 400 | 25 |
| 台湾省 | 239 | 13 |
| 菲律宾 | 100 | 3 |
| 德国 | 109 | 3 |
| 爱尔兰 | 60 | 2 |
| 51081090 粗梳动物细毛<85%的纱线，非供零售用 | | |
| 合计 | 271791 | 10286 |
| 香港 | 218608 | 6887 |
| 意大利 | 14490 | 1549 |
| 尼泊尔联邦民主共和国 | 7962 | 668 |
| 马达加斯加 | 3838 | 325 |
| 日本 | 9941 | 276 |
| 柬埔寨 | 1664 | 162 |
| 韩国 | 2406 | 139 |
| 乌克兰 | 7859 | 62 |

| 国家/地区 | 出口数量（千克） | 出口金额（千美元） |
| --- | --- | --- |
| 美国 | 1486 | 55 |
| 泰国 | 1039 | 47 |
| 印度尼西亚 | 811 | 32 |
| 菲律宾 | 150 | 16 |
| 法国 | 180 | 14 |
| 拉脱维亚 | 200 | 13 |
| 加拿大 | 304 | 12 |
| 德国 | 147 | 8 |
| 爱尔兰 | 260 | 7 |
| 冰岛 | 170 | 6 |
| 丹麦 | 95 | 3 |
| 英国 | 19 | 2 |
| 台湾省 | 30 | 2 |
| 毛里求斯 | 13 | 1 |
| 孟加拉国 | 11 | 1 |
| 缅甸 | 108 | 1 |
| 51082019 精梳其他动物细毛≥85%的纱线，非供零售用 | | |
| 合计 | 73091 | 3585 |
| 香港 | 68091 | 3389 |
| 日本 | 1957 | 84 |
| 新西兰 | 2552 | 77 |
| 韩国 | 161 | 25 |
| 美国 | 326 | 9 |
| 意大利 | 4 | 1 |
| 51082090 精梳动物细毛<85%的纱线，非供零售用 | | |
| 合计 | 138406 | 11615 |
| 意大利 | 78096 | 8363 |
| 香港 | 36443 | 1664 |
| 俄罗斯联邦 | 4000 | 720 |
| 尼泊尔联邦民主共和国 | 3583 | 332 |
| 蒙古 | 1524 | 200 |
| 日本 | 9171 | 199 |
| 韩国 | 1600 | 42 |
| 英国 | 291 | 37 |
| 美国 | 1582 | 21 |
| 罗马尼亚 | 402 | 13 |
| 加拿大 | 1308 | 13 |
| 泰国 | 350 | 12 |
| 新西兰 | 56 | 1 |
| 51091019 其他动物细毛≥85%的纱线，供零售用 | | |
| 合计 | 283883 | 5757 |
| 德国 | 229234 | 4480 |

| 国家/地区 | 出口数量（千克） | 出口金额（千美元） |
| --- | --- | --- |
| 日本 | 38816 | 828 |
| 挪威 | 9820 | 277 |
| 美国 | 1132 | 66 |
| 土耳其 | 731 | 44 |
| 意大利 | 3090 | 41 |
| 瑞典 | 512 | 11 |
| 韩国 | 425 | 7 |
| 加拿大 | 123 | 3 |
| 51099019 其他动物细毛<85%的纱线，供零售用 | | |
| 合计 | 56373 | 1614 |
| 香港 | 11112 | 1011 |
| 挪威 | 9243 | 213 |
| 日本 | 10920 | 185 |
| 韩国 | 6454 | 117 |
| 印度尼西亚 | 7268 | 28 |
| 泰国 | 2580 | 20 |
| 柬埔寨 | 4680 | 17 |
| 尼日利亚 | 1968 | 15 |
| 菲律宾 | 1968 | 7 |
| 斐济 | 180 | 1 |

## 动物进口量值表

| 国家/地区 | 进口数量（千克） | 进口金额（千美元） |
| --- | --- | --- |
| 01061110 改良种用灵长目动物 | | |
| 合计 | 2096 | 1457 |
| 加拿大 | 190 | 342 |
| 埃塞俄比亚 | 196 | 329 |
| 圭亚那 | 792 | 323 |
| 叙利亚 | 20 | 136 |
| 南非 | 145 | 109 |
| 台湾省 | 163 | 80 |
| 乌干达 | 360 | 72 |
| 乍得 | 140 | 42 |
| 捷克 | 20 | 13 |
| 日本 | 70 | 10 |
| 15060000 其他动物油、脂及其分离品，不论是否精制，但未经化学改性 | | |
| 合计 | 1499562 | 593 |
| 朝鲜 | 1498552 | 444 |
| 西班牙 | 927 | 144 |
| 美国 | 73 | 3 |
| 新西兰 | 10 | 2 |

| 国家/地区 | 进口数量（千克） | 进口金额（千美元） |
|---|---|---|
| 31010019 其他未经化学处理的动植物肥料及其混合肥料 | | |
| 合计 | 103616 | 86 |
| 斯里兰卡 | 69316 | 71 |
| 加拿大 | 4000 | 10 |
| 印度 | 20300 | 4 |
| 台湾省 | 10000 | 2 |
| 31010090 经化学处理的动植物肥料；动植物产品经化学处理制成的肥料 | | |
| 合计 | 11060573 | 3663 |
| 印度 | 6665215 | 1437 |
| 菲律宾 | 180000 | 1260 |
| 荷兰 | 2400960 | 504 |
| 斯洛文尼亚 | 920685 | 193 |
| 斯里兰卡 | 223533 | 108 |
| 意大利 | 510000 | 107 |
| 印度尼西亚 | 60000 | 30 |
| 台湾省 | 66340 | 17 |
| 马来西亚 | 22000 | 6 |
| 新加坡 | 11840 | 1 |
| 41032000 爬行动物皮 | | |
| 合计 | 8132 | 373 |
| 越南 | 7498 | 269 |
| 马来西亚 | 634 | 104 |
| 41064000 经鞣制的不带毛爬行动物皮及其坯革 | | |
| 合计 | 523 | 63 |
| 西班牙 | 64 | 39 |
| 越南 | 450 | 16 |
| 哥伦比亚 | 9 | 5 |
| 意大利 | 0 | 2 |
| 41069100 其他动物湿革(包括蓝湿皮) | | |
| 合计 | 231547 | 276 |
| 蒙古 | 196300 | 181 |
| 新西兰 | 26452 | 71 |
| 意大利 | 8795 | 24 |
| 41069200 其他动物干革(坯革) | | |
| 合计 | 366139 | 6282 |
| 巴西 | 341120 | 5889 |
| 意大利 | 18027 | 177 |
| 泰国 | 3049 | 71 |
| 韩国 | 936 | 37 |
| 越南 | 1515 | 37 |
| 日本 | 271 | 33 |
| 埃及 | 703 | 20 |

| 国家/地区 | 进口数量（千克） | 进口金额（千美元） |
|---|---|---|
| 澳大利亚 | 111 | 12 |
| 中华人民共和国 | 66 | 5 |
| 印度 | 270 | 2 |
| 西班牙 | 71 | 1 |
| 41133000 经鞣制或半硝处理后加工的爬行动物皮革 | | |
| 合计 | 33411 | 6352 |
| 新加坡 | 11206 | 4156 |
| 印度尼西亚 | 4186 | 515 |
| 马来西亚 | 7092 | 341 |
| 中华人民共和国 | 2486 | 334 |
| 泰国 | 1720 | 299 |
| 哥伦比亚 | 2495 | 294 |
| 美国 | 2077 | 180 |
| 意大利 | 81 | 59 |
| 巴布亚新几内亚 | 60 | 43 |
| 香港 | 241 | 36 |
| 越南 | 187 | 25 |
| 赞比亚 | 1359 | 24 |
| 西班牙 | 29 | 23 |
| 老挝 | 5 | 9 |
| 韩国 | 32 | 7 |
| 南非 | 22 | 5 |
| 纳米比亚 | 130 | 3 |
| 津巴布韦 | 2 | 2 |
| 阿根廷 | 1 | 1 |
| 41139000 经鞣制或半硝处理后加工的其他动物皮革 | | |
| 合计 | 190774 | 9256 |
| 韩国 | 22136 | 1792 |
| 泰国 | 41920 | 1388 |
| 美国 | 33377 | 1063 |
| 澳大利亚 | 19792 | 929 |
| 新西兰 | 10908 | 777 |
| 意大利 | 8663 | 728 |
| 南非 | 4207 | 629 |
| 印度尼西亚 | 10816 | 396 |
| 中华人民共和国 | 7742 | 339 |
| 芬兰 | 10242 | 301 |
| 日本 | 2893 | 264 |
| 孟加拉国 | 2905 | 183 |
| 海地 | 7298 | 175 |
| 匈牙利 | 2539 | 91 |
| 巴基斯坦 | 1531 | 59 |
| 香港 | 1111 | 45 |

| 国家/地区 | 进口数量（千克） | 进口金额（千美元） |
|---|---|---|
| 马来西亚 | 55 | 19 |
| 德国 | 175 | 18 |
| 加拿大 | 516 | 12 |
| 土耳其 | 54 | 11 |
| 埃塞俄比亚 | 1100 | 9 |
| 冰岛 | 59 | 8 |
| 英国 | 513 | 8 |
| 印度 | 31 | 4 |
| 纳米比亚 | 155 | 4 |
| 巴西 | 11 | 3 |
| 菲律宾 | 5 | 1 |
| 台湾省 | 20 | 1 |
| 43011000 整张水貂皮 | | |
| 合计 | 5085374 | 487943 |
| 丹麦 | 3021658 | 292311 |
| 加拿大 | 883709 | 82537 |
| 芬兰 | 752298 | 72116 |
| 美国 | 419812 | 40245 |
| 意大利 | 2544 | 497 |
| 俄罗斯联邦 | 1486 | 129 |
| 香港 | 3867 | 108 |
| 43016000 整张狐皮 | | |
| 合计 | 1315685 | 76165 |
| 芬兰 | 1286167 | 73885 |
| 加拿大 | 21155 | 1866 |
| 澳大利亚 | 3787 | 177 |
| 美国 | 1710 | 111 |
| 丹麦 | 1733 | 58 |
| 俄罗斯联邦 | 502 | 39 |
| 捷克 | 580 | 27 |
| 德国 | 51 | 3 |
| 43018010 整张兔皮 | | |
| 合计 | 28107854 | 201912 |
| 西班牙 | 11171440 | 90258 |
| 法国 | 7076673 | 49076 |
| 意大利 | 5824410 | 33228 |
| 比利时 | 1719250 | 12026 |
| 匈牙利 | 907521 | 6380 |
| 捷克 | 420598 | 4050 |
| 葡萄牙 | 291120 | 2213 |
| 加拿大 | 234327 | 1580 |
| 斯洛文尼亚 | 185315 | 1249 |
| 德国 | 110002 | 779 |
| 乌克兰 | 122406 | 731 |
| 美国 | 36767 | 297 |

| 国家/地区 | 进口数量（千克） | 进口金额（千美元） |
|---|---|---|
| 俄罗斯联邦 | 8025 | 45 |
| 43018090 其他整张毛皮 | | |
| 合计 | 1050779 | 51233 |
| 加拿大 | 671729 | 30895 |
| 美国 | 262194 | 14975 |
| 俄罗斯联邦 | 64678 | 3690 |
| 芬兰 | 28923 | 1190 |
| 德国 | 3563 | 186 |
| 吉尔吉斯斯坦 | 13840 | 138 |
| 丹麦 | 2280 | 75 |
| 比利时 | 1065 | 49 |
| 哈萨克斯坦 | 2240 | 20 |
| 纳米比亚 | 267 | 14 |
| 43019090 其他适合加工皮货用的头、尾、爪等块、片 | | |
| 合计 | 31400 | 294 |
| 芬兰 | 31400 | 294 |
| 43021100 未缝制的整张水貂皮 | | |
| 合计 | 1410561 | 227958 |
| 丹麦 | 1096337 | 131880 |
| 香港 | 96102 | 58506 |
| 芬兰 | 133222 | 17757 |
| 中华人民共和国 | 47349 | 6964 |
| 加拿大 | 16333 | 4275 |
| 美国 | 4159 | 3091 |
| 马来西亚 | 3132 | 2009 |
| 意大利 | 4220 | 1684 |
| 希腊 | 8447 | 1107 |
| 俄罗斯联邦 | 788 | 395 |
| 法国 | 305 | 162 |
| 德国 | 131 | 113 |
| 日本 | 36 | 16 |
| 43021910 未缝制整张灰鼠、白鼬、貂、狐、獭及猞猁皮 | | |
| 合计 | 185715 | 16775 |
| 芬兰 | 145217 | 8426 |
| 俄罗斯联邦 | 2912 | 3804 |
| 香港 | 7445 | 1516 |
| 加拿大 | 8738 | 829 |
| 韩国 | 2623 | 761 |
| 丹麦 | 10949 | 630 |
| 中华人民共和国 | 3050 | 197 |
| 意大利 | 915 | 148 |
| 德国 | 450 | 129 |
| 法国 | 340 | 96 |

| 国家/地区 | 进口数量（千克） | 进口金额（千美元） |
|---|---|---|
| 圣马力诺 | 1052 | 55 |
| 日本 | 369 | 44 |
| 挪威 | 110 | 33 |
| 英国 | 340 | 33 |
| 土耳其 | 645 | 26 |
| 西班牙 | 150 | 20 |
| 乌克兰 | 139 | 16 |
| 纳米比亚 | 220 | 6 |
| 美国 | 51 | 6 |
| 43021990 未列名未缝制的整张毛皮 | | |
| 合计 | 1709202 | 54378 |
| 中华人民共和国 | 761899 | 17489 |
| 土耳其 | 215513 | 14001 |
| 西班牙 | 101167 | 5075 |
| 加拿大 | 81495 | 3830 |
| 意大利 | 40921 | 2481 |
| 阿根廷 | 61306 | 1711 |
| 巴西 | 43532 | 1488 |
| 香港 | 8954 | 1292 |
| 匈牙利 | 3287 | 1139 |
| 芬兰 | 14261 | 957 |
| 越南 | 40510 | 855 |
| 美国 | 14979 | 787 |
| 新西兰 | 187530 | 682 |
| 韩国 | 8750 | 393 |
| 丹麦 | 7327 | 277 |
| 印度 | 9346 | 248 |
| 纳米比亚 | 1423 | 211 |
| 波兰 | 682 | 179 |
| 德国 | 6125 | 164 |
| 法国 | 2515 | 138 |
| 俄罗斯联邦 | 1412 | 108 |
| 克罗地亚 | 108 | 95 |
| 哈萨克斯坦 | 28521 | 89 |
| 哥伦比亚 | 4401 | 87 |
| 希腊 | 3410 | 76 |
| 瑞典 | 1529 | 74 |
| 沙特阿拉伯 | 21778 | 68 |
| 南非 | 1088 | 65 |
| 巴基斯坦 | 849 | 58 |
| 印度尼西亚 | 3079 | 58 |
| 乌拉圭 | 28057 | 55 |
| 挪威 | 671 | 52 |
| 日本 | 863 | 19 |
| 澳大利亚 | 588 | 17 |

| 国家/地区 | 进口数量（千克） | 进口金额（千美元） |
|---|---|---|
| 菲律宾 | 250 | 15 |
| 英国 | 139 | 12 |
| 乌克兰 | 112 | 11 |
| 秘鲁 | 540 | 10 |
| 台湾省 | 238 | 6 |
| 葡萄牙 | 21 | 4 |
| 捷克 | 2 | 3 |
| 泰国 | 24 | 1 |
| 43022000 未缝制的头、尾、爪及其他块、片 | | |
| 合计 | 2652656 | 20976 |
| 香港 | 22262 | 13698 |
| 丹麦 | 2717 | 1486 |
| 土耳其 | 599667 | 1294 |
| 希腊 | 339866 | 1004 |
| 西班牙 | 117597 | 564 |
| 新西兰 | 529499 | 436 |
| 俄罗斯联邦 | 220905 | 431 |
| 意大利 | 68222 | 405 |
| 韩国 | 170219 | 299 |
| 阿根廷 | 225967 | 180 |
| 芬兰 | 233 | 177 |
| 加拿大 | 461 | 156 |
| 日本 | 54630 | 101 |
| 乌克兰 | 32420 | 89 |
| 美国 | 3148 | 76 |
| 法国 | 11265 | 75 |
| 澳大利亚 | 81463 | 73 |
| 马来西亚 | 134 | 63 |
| 巴西 | 12414 | 50 |
| 摩洛哥 | 18153 | 48 |
| 德国 | 11295 | 42 |
| 中华人民共和国 | 6549 | 40 |
| 比利时 | 15793 | 39 |
| 埃及 | 5411 | 33 |
| 乌拉圭 | 11244 | 17 |
| 黎巴嫩 | 15293 | 17 |
| 波兰 | 9875 | 16 |
| 墨西哥 | 15383 | 15 |
| 巴基斯坦 | 123 | 11 |
| 台湾省 | 7 | 10 |
| 越南 | 40450 | 9 |
| 克罗地亚 | 8 | 8 |
| 印度 | 5530 | 7 |
| 荷兰 | 4440 | 5 |

| 国家/地区 | 进口数量（千克） | 进口金额（千美元） |
|---|---|---|
| 瑞士 | 13 | 4 |
| 43023090 其他已缝制的整张毛皮及其块、片 | | |
| 合计 | 181458 | 5001 |
| 中华人民共和国 | 46192 | 2475 |
| 芬兰 | 55056 | 494 |
| 香港 | 14444 | 378 |
| 西班牙 | 10513 | 375 |
| 希腊 | 23824 | 303 |
| 加拿大 | 6458 | 260 |
| 丹麦 | 2944 | 259 |
| 意大利 | 2026 | 104 |
| 韩国 | 12150 | 92 |
| 马来西亚 | 5209 | 83 |
| 土耳其 | 476 | 44 |
| 美国 | 284 | 41 |
| 法国 | 171 | 19 |
| 南非 | 157 | 18 |
| 阿富汗 | 200 | 12 |
| 日本 | 328 | 12 |
| 阿根廷 | 30 | 9 |
| 匈牙利 | 2 | 5 |
| 德国 | 610 | 5 |
| 秘鲁 | 31 | 4 |
| 乌兹别克斯坦 | 78 | 4 |
| 英国 | 30 | 3 |
| 巴西 | 170 | 2 |
| 印度 | 75 | 2 |
| 43031010 毛皮衣服 | | |
| 合计 | 48114 | 40727 |
| 意大利 | 8129 | 18372 |
| 土耳其 | 17374 | 6466 |
| 韩国 | 6874 | 3308 |
| 中华人民共和国 | 4920 | 2618 |
| 法国 | 1006 | 2524 |
| 罗马尼亚 | 2358 | 2266 |
| 匈牙利 | 1136 | 1402 |
| 加拿大 | 364 | 771 |
| 香港 | 393 | 730 |
| 保加利亚 | 273 | 458 |
| 希腊 | 1757 | 421 |
| 丹麦 | 48 | 298 |
| 美国 | 201 | 257 |
| 朝鲜 | 2213 | 156 |
| 日本 | 185 | 111 |

| 国家/地区 | 进口数量（千克） | 进口金额（千美元） |
|---|---|---|
| 突尼斯 | 124 | 103 |
| 德国 | 147 | 95 |
| 西班牙 | 43 | 86 |
| 英国 | 67 | 67 |
| 印度 | 53 | 41 |
| 比利时 | 8 | 41 |
| 摩尔多瓦 | 18 | 20 |
| 波兰 | 39 | 19 |
| 芬兰 | 1 | 18 |
| 巴基斯坦 | 179 | 15 |
| 亚美尼亚 | 28 | 14 |
| 澳大利亚 | 27 | 14 |
| 斯里兰卡 | 44 | 7 |
| 新西兰 | 42 | 6 |
| 俄罗斯联邦 | 28 | 6 |
| 奥地利 | 1 | 4 |
| 摩洛哥 | 4 | 4 |
| 前南马其顿 | 6 | 3 |
| 斯洛伐克 | 6 | 2 |
| 格陵兰 | 15 | 2 |
| 越南 | 2 | 2 |
| 南非 | 1 | 1 |
| 43031020 毛皮衣着附件 | | |
| 合计 | 21792 | 5101 |
| 意大利 | 2129 | 1587 |
| 韩国 | 4896 | 972 |
| 美国 | 5073 | 708 |
| 中华人民共和国 | 2812 | 587 |
| 加拿大 | 1263 | 328 |
| 芬兰 | 2793 | 260 |
| 香港 | 926 | 186 |
| 法国 | 247 | 109 |
| 土耳其 | 418 | 78 |
| 德国 | 232 | 67 |
| 日本 | 306 | 57 |
| 罗马尼亚 | 82 | 54 |
| 英国 | 27 | 28 |
| 缅甸 | 157 | 24 |
| 西班牙 | 110 | 17 |
| 比利时 | 4 | 8 |
| 秘鲁 | 115 | 8 |
| 瑞典 | 97 | 7 |
| 菲律宾 | 46 | 4 |
| 丹麦 | 1 | 3 |
| 澳大利亚 | 26 | 3 |

| 国家/地区 | 进口数量（千克） | 进口金额（千美元） |
|---|---|---|
| 印度 | 15 | 2 |
| 俄罗斯联邦 | 3 | 1 |
| 孟加拉国 | 14 | 1 |
| 43039000 其他毛皮制品 | | |
| 合计 | 73577 | 4686 |
| 越南 | 35937 | 989 |
| 意大利 | 1319 | 950 |
| 法国 | 169 | 677 |
| 中华人民共和国 | 3037 | 393 |
| 韩国 | 2228 | 288 |
| 加拿大 | 2566 | 241 |
| 美国 | 352 | 223 |
| 阿根廷 | 5068 | 200 |
| 澳大利亚 | 739 | 100 |
| 巴西 | 1807 | 93 |
| 日本 | 1282 | 82 |
| 土耳其 | 377 | 72 |
| 德国 | 355 | 68 |
| 希腊 | 14643 | 65 |
| 丹麦 | 673 | 36 |
| 印度 | 1067 | 27 |
| 南非 | 269 | 24 |
| 葡萄牙 | 189 | 23 |
| 菲律宾 | 65 | 21 |
| 英国 | 74 | 18 |
| 比利时 | 52 | 17 |
| 新西兰 | 300 | 15 |
| 西班牙 | 282 | 14 |
| 印度尼西亚 | 79 | 13 |
| 芬兰 | 57 | 12 |
| 冰岛 | 281 | 12 |
| 俄罗斯联邦 | 120 | 6 |
| 泰国 | 17 | 4 |
| 香港 | 22 | 1 |
| 荷兰 | 84 | 1 |
| 格陵兰 | 10 | 1 |
| 摩洛哥 | 2 | 1 |
| 巴基斯坦 | 55 | 1 |
| 51021990 其他未梳动物细毛 | | |
| 合计 | 1006571 | 2136 |
| 新西兰 | 5431 | 637 |
| 哈萨克斯坦 | 446760 | 491 |
| 蒙古 | 208726 | 251 |
| 吉尔吉斯斯坦 | 188428 | 208 |
| 秘鲁 | 65725 | 190 |

| 国家/地区 | 进口数量（千克） | 进口金额（千美元） |
|---|---|---|
| 多民族玻利维亚国 | 22407 | 123 |
| 俄罗斯联邦 | 54720 | 108 |
| 阿根廷 | 11453 | 90 |
| 南非 | 2921 | 38 |
| 51022000 未梳动物粗毛 | | |
| 合计 | 4712743 | 7095 |
| 伊朗 | 606797 | 1366 |
| 巴基斯坦 | 1041577 | 1189 |
| 乌兹别克斯坦 | 821737 | 1124 |
| 土库曼斯坦 | 829775 | 1047 |
| 吉尔吉斯斯坦 | 661624 | 631 |
| 阿富汗 | 164690 | 590 |
| 哈萨克斯坦 | 230160 | 532 |
| 土耳其 | 338583 | 417 |
| 新西兰 | 1000 | 130 |
| 乌拉圭 | 16800 | 67 |
| 51053990 其他已梳动物细毛 | | |
| 合计 | 2458982 | 36657 |
| 秘鲁 | 1362426 | 17134 |
| 南非 | 894670 | 14380 |
| 新西兰 | 33870 | 3030 |
| 多民族玻利维亚国 | 119793 | 1315 |
| 台湾省 | 28567 | 491 |
| 智利 | 17757 | 281 |
| 美国 | 1334 | 15 |
| 英国 | 503 | 10 |
| 意大利 | 62 | 1 |
| 51054000 已梳动物粗毛 | | |
| 合计 | 946088 | 244 |
| 英国 | 640000 | 128 |
| 阿富汗 | 305588 | 61 |
| 新西兰 | 500 | 54 |
| 51081019 粗梳其他动物细毛≥85%的纱线，非供零售用 | | |
| 合计 | 13194 | 349 |
| 秘鲁 | 8526 | 224 |
| 意大利 | 2211 | 63 |
| 中华人民共和国 | 1540 | 43 |
| 日本 | 910 | 18 |
| 英国 | 7 | 1 |
| 51081090 粗梳动物细毛<85%的纱线，非供零售用 | | |
| 合计 | 71124 | 1706 |
| 意大利 | 21711 | 1070 |
| 秘鲁 | 11074 | 336 |
| 中华人民共和国 | 30742 | 151 |
| 日本 | 4074 | 85 |
| 英国 | 156 | 27 |
| 香港 | 1164 | 22 |
| 台湾省 | 1495 | 8 |
| 韩国 | 650 | 5 |
| 美国 | 58 | 2 |
| 51082019 精梳其他动物细毛≥85%的纱线，非供零售用 | | |
| 合计 | 30183 | 775 |
| 秘鲁 | 16753 | 565 |
| 意大利 | 3829 | 76 |
| 中华人民共和国 | 5320 | 69 |
| 韩国 | 3038 | 40 |
| 日本 | 950 | 16 |
| 香港 | 119 | 4 |
| 智利 | 85 | 3 |
| 泰国 | 81 | 1 |
| 美国 | 8 | 1 |
| 51082090 精梳动物细毛<85%的纱线，非供零售用 | | |
| 合计 | 153900 | 4084 |
| 意大利 | 42954 | 2324 |
| 中华人民共和国 | 68026 | 791 |
| 秘鲁 | 20866 | 631 |
| 日本 | 4381 | 132 |
| 韩国 | 12824 | 113 |
| 香港 | 3521 | 36 |
| 英国 | 182 | 34 |
| 台湾省 | 1047 | 16 |
| 乌拉圭 | 99 | 8 |
| 51091019 其他动物细毛≥85%的纱线，供零售用 | | |
| 合计 | 100 | 5 |
| 日本 | 73 | 4 |
| 秘鲁 | 27 | 1 |
| 51099019 其他动物细毛<85%的纱线，供零售用 | | |
| 合计 | 615 | 43 |
| 意大利 | 432 | 42 |
| 中华人民共和国 | 183 | 1 |

# 参加编纂单位名单

## 北京市

丰台区园林绿化局
石景山区园林绿化局
海淀区园林绿化局
门头沟区园林绿化局
房山区园林绿化局
通州区园林绿化局
顺义区园林绿化局
昌平区园林绿化局
大兴区园林绿化局
怀柔区园林绿化局
平谷区园林绿化局
平谷区人民政府果品办公室
密云县园林绿化局
延庆县园林绿化局
延庆县果品服务中心

**市园林绿化局直属单位**

林业种子苗木管理总站
西山林场
共青林场
十三陵林场
大东流苗圃
黄垡苗圃
八达岭林场
温泉苗圃
天竺苗圃
南大荒苗圃
蚕业蜂业管理站

## 天津市

东丽区林业局
西青区林业局
津南区林业局
北辰区林业局
武清区林业局
宝坻区林业局
滨海新区林业局
蓟县林业局
宁河县林业局
静海县林业局

## 河北省

**石家庄市林业局**

长安区农办
桥东区农办
桥西区农办
新华区农办
裕华区园林局
井陉矿区林业局
辛集市林业局
藁城市林业局
晋州市林业局
新乐市林业局
鹿泉市林业局
井陉县林业局
正定县林业局
栾城县林业局
行唐县林业局
灵寿县林业局
高邑县林业局
深泽县林业局
赞皇县林业局
无极县林业局
平山县林业局
元氏县林业局
赵县林业局
石家庄市南化苗圃

**张家口市林业局**

宣化区农委
下花园区农委
宣化县林业局
张北县林业局
康保县林业局
沽源县林业局
尚义县林业局
蔚县林业局
阳原县林业局
怀安县林业局
万全县林业局
怀来县林业局
涿鹿县林业局
赤城县林业局
崇礼县林业局
张家口市林场
张家口市高新区农委

**承德市林业局**

双桥区林业局
双滦区林水局
鹰手营子矿区林水局
承德县林业局
兴隆县林业局
平泉县林业局
滦平县林业局
隆化县林业局
丰宁满族自治县林业局
宽城满族自治县林业局
围场满族蒙古族自治县林业局
滦平林场管理局
御道口林场

**秦皇岛市林业局**

海港区林业局
山海关区林业局
北戴河区林业局
昌黎县林业局
抚宁县林业局
卢龙县林业局

青龙满族自治县林业局
**唐山市林业局**
路北区农林畜牧水产局
路南区农林畜牧水产局
古冶区农林畜牧水产局
开平区农林畜牧水产局
丰润区林业局
丰南区林业局
遵化市林业局
迁安市林业局
滦县林业局
滦南县林业局
乐亭县林业局
迁西县林业局
玉田县林业局
唐海县农林畜牧水产局
芦台经济技术开发区农委
汉沽管理区农业局
**廊坊市林业局**
广阳区林业局
安次区林业局
霸州市林业局
三河市林业局
固安县林业局
永清县林业局
香河县林业局
大城县林业局
文安县林业局
大厂回族自治县林业局
杨柳青林场
**保定市林业局**
新市区农业局
北市区农业局
南市区农业局
定州市林业局
涿州市农业局
安国市林业局
高碑店市农牧局
满城县林业局
清苑县农业局
易县林业局
徐水县林业局
涞源县林业局
定兴县林业局
顺平县林业局
唐县林业局
望都县林业局
涞水县林业局
高阳县林业局
安新县农业局
雄县农业局
容城县农牧局
曲阳县林业局
阜平县林业局
博野县农业局
蠡县林业局
**沧州市林业局**
运河区农林局
新华区农林局
泊头市林业局
任丘市林业局
黄骅市林业局
河间市林业局
沧县林业局
青县林业局
东光县林业局
海兴县农林局
盐山县农林局
肃宁县林业局
南皮县林业局
吴桥县农林局
献县林业局
孟村回族自治县农林局
临港经济技术开发区林业局
南大港管理区林业局
**衡水市林业局**
桃城区林业局
冀州市林业局
深州市林业局
枣强县林业局
武邑县林业局
武强县林业局
饶阳县林业局
安平县林业局
故城县林业局
景县林业局
阜城县林业局
**邢台市林业局**
桥东区农业局
桥西区农业局
南宫市林业局
沙河市林业局
邢台县林业局
临城县林业局
内丘县林业局
柏乡县林业局
隆尧县林业局
任县林业局
南和县林业局
宁晋县林业局
巨鹿县林业局
新河县林业局
广宗县林业局
平乡县林业局
威县林业局
清河县林业局
临西县林业局
高新技术开发区农业办
大曹庄管委会农业办
**邯郸市林业局**
丛台区农牧局
邯山区农牧局
复兴区农牧局
峰峰矿区林业局
武安市林业局
邯郸县林业局
临漳县林业局
成安县林业局
大名县林业局
涉县林业局
磁县林业局
肥乡县林业局
永年县林业局
邱县林业局
鸡泽县林业局
广平县林业局
馆陶县林业局
魏县林业局
曲周县林业局
**省直属单位**
塞罕坝机械化林场
木兰围场国有林场管理局
河北雾灵山国家级自然保护区管

理局
小五台国家级自然保护区管理局
河北省林业示范场

## 山西省

**太原市林业局**
小店区林业局
迎泽区林业局
尖草坪区林业局
晋源区林业局
古交市林业局
清徐县林业局
阳曲县林业局
娄烦县林业局
**大同市林业局**
南郊区林业局
新荣区林业局
阳高县林业局
天镇县林业局
广灵县林业局
灵丘县林业局
浑源县林业局
左云县林业局
大同县林业局
长城山林场
恒山林场
桦林背林场
十里河林场
大同市植物园
**朔州市林业局**
平鲁区林业局
山阴县林业局
**阳泉市林业局**
郊区林业局
盂县林业局
**长治市林业局**
城区林业局
郊区林业局
潞城市林业局
长治县林业局
襄垣县林业局
屯留县林业局
平顺县林业局
黎城县林业局
壶关县林业局
长子县林业局
武乡县林业局
沁县林业局
沁源县林业局
**晋城市林业局**
高平市林业局
泽州县林业局
沁水县林业局
阳城县林业局
陵川县林业局
**忻州市林业局**
忻府区林业局
原平市林业局
定襄县林业局
五台县林业局
代县林业局
繁峙县林业局
宁武县林业局
静乐县林业局
神池县林业局
五寨县林业局
岢岚县林业局
河曲县林业局
保德县林业局
偏关县林业局
**晋中市林业局**
榆次区林业局
介休市林业局
榆社县林业局
左权县林业局
和顺县林业局
昔阳县林业局
寿阳县林业局
太谷县林业局
祁县林业局
平遥县林业局
**临汾市林业局**
侯马市林业局
霍州市林业局
曲沃县林业局
翼城县林业局
襄汾县林业局
洪洞县林业局
古县林业局
乡宁县林业局
蒲县林业局
隰县林业局
汾西县林业局
**运城市林业局**
盐湖区林业局
永济市林业局
闻喜县林业局
绛县林业局
垣曲县林业局
**吕梁市林业局**
汾阳市林业局
中阳县林业局
方山县林业局
柳林县林业局

## 内蒙古自治区

**呼和浩特市林业局**
新城区林业局
回民区林业局
玉泉区林业局
赛罕区林业局
托克托县林业局
武川县林业局
和林格尔县林业局
清水河县林业局
土默特左旗林业局
**包头市林业局**
昆都仑区林业局
东河区林业局
青山区林业局
石拐区林业局
九原区林业局
固阳县林业局
土默特右旗林业局
达尔罕茂明安联合旗林业局
稀土高新区林业局
**乌海市林业局**
海勃湾区林业局
海南区林业局
乌达区林业局
**赤峰市林业局**
红山区林业局

元宝山区林业局
松山区林业局
宁城县林业局
林西县林业局
阿鲁科尔沁旗林业局
巴林左旗林业局
巴林右旗林业局
克什克腾旗林业局
翁牛特旗林业局
喀喇沁旗林业局
敖汉旗林业局
**通辽市林业局**
科尔沁区林业局
霍林郭勒市林业局
开鲁县林业局
库伦旗林业局
奈曼旗林业局
扎鲁特旗林业局
科尔沁左翼中旗林业局
科尔沁左翼后旗林业局
**呼伦贝尔市林业局**
海拉尔区林业局
扎兰屯市林业局
牙克石市林业局
根河市林业局
额尔古纳市林业局
新巴尔虎右旗林业局
鄂温克族自治旗林业局
免渡河林业局
乌奴尔林业局
巴林林业局
南木林业局
红花尔基林业局
柴河林业局
**鄂尔多斯市林业局**
东胜区林业局
达拉特旗林业局
准格尔旗林业局
鄂托克前旗林业局
鄂托克旗林业局
杭锦旗林业局
乌审旗林业局
伊金霍洛旗林业局
**乌兰察布市林业局**
集宁区林业局
丰镇市林业局
卓资县林业局
化德县林业局
商都县林业局
兴和县林业局
凉城县林业局
察哈尔右翼前旗林业局
察哈尔右翼中旗林业局
察哈尔右翼后旗林业局
四子王旗林业局
**巴彦淖尔市林业局**
临河区林业局
五原县林业局
磴口县林业局
乌拉特前旗林业局
乌拉特中旗林业局
乌拉特后旗林业局
杭锦后旗林业局
**兴安盟林业局**
阿尔山市林业局
扎赉特旗林业局
五岔沟林业局
白狼林业局
**锡林郭勒盟林业局**
锡林浩特市林业局
多伦县林业局
阿巴嘎旗林业局
苏尼特左旗林业局
苏尼特右旗林业局
东乌珠穆沁旗林业局
西乌珠穆沁旗林业局
太仆寺旗林业局
镶黄旗林业局
正镶白旗林业局
正蓝旗林业局
**阿拉善盟林业局**
阿拉善左旗林业局
阿拉善右旗林业局
额济纳旗林业局
阿拉善经济开发区林业局
李井滩示范区林业局

## 辽宁省

**沈阳市林业局**
苏家屯区农林局
东陵区林业局
沈北新区农林局
于洪区农林局
新民市林业局
辽中县林业局
康平县林业局
法库县林业局
经济技术开发区林业局
**朝阳市林业局**
双塔区林业局
龙城区林业局
北票市林业局
凌源市林业局
朝阳县林业局
建平县林业局
喀喇沁左翼蒙古族自治县林业局
**阜新市林业局**
细河区农林水利局
海州区农村经济工作办公室
新邱区林业局
太平区农林水利局
清河门区农村经济局
彰武县林业局
阜新蒙古族自治县林果局
**铁岭市林业局产业办**
银州区林业局
清河区林业局
调兵山市林业局
开原市林业局
铁岭县林业局
西丰县林业局
昌图县林业局
铁岭经济开发区林业局
**抚顺市林业局**
顺城区农发局
东洲区农发局
望花区农发局
抚顺县林业局
新宾满族自治县林业局
清原满族自治县林业局
**本溪市林业局**
**本溪市农委**
平山区林业局
溪湖区林业局

明山区林业局
南芬区林业局
本溪满族自治县林业局
桓仁满族自治县林业局
本溪市经济开发区林业局
**辽阳市林业局**
文圣区农村经济局
宏伟区农村经济局
弓长岭区农村经济局
太子河区农村经济局
灯塔市林业局
辽阳县林业局
**鞍山市林业局**
千山区农村经济发展局
海城市林业局
台安县林业局
岫岩满族自治县林业局
千山风景区林业局
开发区林业局
**丹东市林业局**
元宝区农发局
振安区林业局
凤城市林业局
东港市林业局
宽甸满族自治县林业局
**大连市林业局**
甘井子区农发局
旅顺口区农林水利局
金州新区农林水利局
瓦房店市林业局
普兰店市林业局
庄河市林业水利局
长海县农林水务局
高新技术园区林业局
**营口市林业局**
鲅鱼圈区林业局
老边区农委
大石桥市林业局
盖州市林业局
**盘锦市农林局**
大洼县农村经济局
盘山县农村经济局
**锦州市林业局**
太和区林业水利局
凌海市林业局
北镇市林业局
黑山县林业局
义县林业果树局
**葫芦岛市林业局**
龙港区林业局
连山区林业局
南票区林业局
兴城市林业局
绥中县林业局
建昌县林业局
**省直属单位**
辽宁实验林场
杨树研究所
生态实验林场
森林经营研究所
经济林研究所
固沙造林研究所
干旱地区造林研究所

## 吉林省

**长春市林业局**
南关区林业局
朝阳区林业局
宽城区林业局
二道区林业局
绿园区林业局
双阳区林业局
德惠市林业局
九台市林业局
榆树市林业局
农安县林业局
净月经济开发区林业局
高新开发区林业局
经济开发区林业局
西新开发区林业局
莲花山开发区林业局
**白城市林业局**
大安市林业局
洮南市林业局
通榆县林业局
**松原市林业局**
市辖区林业局
宁江区林业局
扶余县林业局
长岭县林业局
乾安县林业局
前郭尔罗斯蒙古族自治县林业局
**吉林市林业局**
船营区林业局
龙潭区林业局
昌邑区林业局
丰满区林业局
磐石市林业局
蛟河市林业局
桦甸市林业局
舒兰市林业局
永吉县林业局
**四平市林业局**
铁西区林业局
铁东区林业局
双辽市林业局
公主岭市林业局
梨树县林业局
伊通满族自治县林业局
**辽源市林业局**
市辖区林业局
龙山区林业局
西安区林业局
东丰县林业局
东辽县林业局
**通化市林业局**
市辖区林业局
东昌区林业局
二道江区林业局
梅河口市林业局
集安市林业局
通化县林业局
辉南县林业局
柳河县林业局
**白山市林业局**
市辖区林业局
浑江区林业局
江源区林业局
临江市林业局
抚松县林业局
靖宇县林业局
长白朝鲜族自治县林业局

**延边朝鲜族自治州林业局**
延吉市林业局
图们市林业局
敦化市林业局
珲春市林业局
龙井市林业局
和龙市林业局
汪清县林业局
安图县林业局
**吉林延边州林管局**
黄泥河林业局
敦化林业局
大石头林业局
八家子林业局
和龙林业局
汪清林业局
大兴沟林业局
天桥岭林业局
白河林业局
珲春林业局
安图森林经营局
和龙人造板公司
珲春森林山公司
新元木业公司
汪清林源木业有限公司

## 黑龙江省

**哈尔滨市林业局**
松北区农林局
道里区农林局
南岗区农林局
道外区农林局
香坊区农林局
平房区农林局
呼兰区林业局
阿城区林业局
双城市林业局
尚志市林业局
五常市林业局
依兰县林业局
方正县林业局
宾县林业局
巴彦县林业局
木兰县林业局
通河县林业局
延寿县林业局
转山实验林场
山河实验林场
丹清河实验林场
胜利实验林场
**齐齐哈尔市林业局**
昂昂溪区林业局
碾子山区林业局
梅里斯达斡尔族区林业局
讷河市林业局
龙江县林业局
依安县林业局
泰来县林业局
甘南县林业局
富裕县林业局
克山县林业局
克东县林业局
拜泉县林业局
**黑河市林业局**
爱辉区林业局
北安市林业局
五大连池市林业局
嫩江县林业局
逊克县林业局
孙吴县林业局
五大连池风景区管理委员会
市直属林场
**大庆市林业局**
开发区林业局
萨尔图区农林局
龙凤区农林局
让胡路区农林局
大同区林业局
红岗区农林局
肇州县林业局
肇源县林业局
林甸县林业局
杜尔伯特蒙古族自治县林业局
**伊春市林业局**
铁力市林业局
嘉荫县林业局
**鹤岗市林业局**
市辖区林业局
萝北县林业局
绥滨县林业局
**佳木斯市林业局**
东风区林业局
郊区林业局
同江市林业局
富锦市林业局
桦南县林业局
桦川县林业局
汤原县林业局
孟家岗林场
**双鸭山市林业局**
尖山区林业局
岭东区林业站
四方台区林业局
宝山区林业局
集贤县林业局
友谊县林业局
宝清县林业局
饶河县林业局
**七台河市林业局**
市辖区林业局
桃山区林业局
新兴区林业局
茄子河区林业局
勃利县林业局
**鸡西市林业局**
鸡冠区林业局
恒山区人民政府林业站
滴道区林业局
梨树区林业站
城子河区林业局
麻山区林业局
虎林市林业局
密山市林业局
鸡东县林业局
**牡丹江市林业局**
穆棱市林业局
海林市林业局
宁安市林业局
东宁县林业局
林口县林业局
**绥化市林业局**
北林区林业局

安达市林业局
肇东市林业局
海伦市林业局
望奎县林业局
兰西县林业局
青冈县林业局
明水县林业局
绥棱县林管局
**大兴安岭地区行署营林局**
呼玛县林业局
塔河县营林局
漠河县林业局
**直属单位**
绥芬河市林业局
抚远县林业局
尚志国有林场管理局
庆安国有林场管理局
森林植物园
平山林业制药厂

## 上海市

闵行区林业站
宝山区林业站
嘉定区林业站
浦东新区绿化管理署
金山区林业站
松江区林业站
青浦区林业站
奉贤区林业署
崇明县农业委员会.

## 江苏省

**南京市林业局**
浦口区林业局
六合区林业局
江宁区林业局
高淳县林业局
**徐州市林业局**
贾汪区林业局
邳州市林业局
新沂市林业局
铜山区林业局
睢宁县林业局
沛县林业局
丰县林业局
**连云港市林业局**
市辖区林业局
新浦区林业局
连云区林业局
海州区林业局
赣榆县林业局
灌云县林业局
东海县林业局
灌南县林业局
**宿迁市林业局**
宿城区林业局
宿豫区林业局
沭阳县林业局
泗阳县林业局
泗洪县林业局
**淮安市林业局**
清浦区林业局
淮安区林业局
淮阴区林业局
金湖县林业局
盱眙县林业局
洪泽县林业局
涟水县林业局
**盐城市林业局**
亭湖区林业局
盐都区林业局
东台市林业局
大丰市林业局
射阳县林业局
阜宁县林业局
滨海县林业局
响水县林业局
建湖县林业局
**扬州市林业局**
邗江区林业局
广陵区林业局
江都区林业局
仪征市林业局
高邮市林业局
宝应县林业局
**泰州市林业局**
海陵区林业局
高港区林业局
姜堰区林业局
靖江市林业局
泰兴市林业局
兴化市林业局
**南通市林业局**
港闸区林业局
通州区林业局
海门市林业局
启东市林业局
如皋市林业局
如东县林业局
海安县林业局
**镇江市林业局**
京口区林业局
润州区林业局
丹徒区林业局
扬中市林业局
丹阳市林业局
句容市林业局
**常州市林业局**
新北区林业局
武进区林业局
溧阳市林业局
金坛市林业局
**无锡市林业局**
滨湖区林业局
锡山区林业局
江阴市林业局
宜兴市林业局
**苏州市林业局**
虎丘区林业局
吴中区林业局
相城区林业局
吴江区林业局
昆山市林业局
太仓市林业局
常熟市林业局
张家港市林业局

## 浙江省

**杭州市林业局**
余杭区林业局
萧山区林业局
临安市林业局

富阳市林业局
建德市林业局
桐庐县林业局
淳安县林业局
**湖州市林业局**
吴兴区林业局
南浔区林业局
长兴县林业局
德清县林业局
安吉县林业局
**嘉兴市林业局**
市辖区林业局
南湖区林业局
秀洲区林业局
海宁市林业局
桐乡市林业局
海盐县林业局
**舟山市林业局**
定海区林业局
**宁波市林业局**
市辖区林业局
江北区林业局
北仑区林业局
镇海区林业局
鄞州区林业局
慈溪市林业局
余姚市林业局
奉化市林业局
宁海县林业局
象山县林业局
**衢州市林业局**
市辖区林业局
柯城区林业局
衢江区林业局
江山市林业局
常山县林业局
开化县林业局
龙游县林业局
**金华市林业局**
永康市林业局
义乌市林业局
磐安县林业局
**台州市林业局**
椒江区林业局
黄岩区林业局
路桥区林业局
临海市林业局
温岭市林业局
三门县林业局
天台县林业局
仙居县林业局
玉环县林业局
**温州市林业局**
文成县林业局
泰顺县林业局
**丽水市林业局**
市辖区林业局
莲都区林业局
龙泉市林业局
缙云县林业局
青田县林业局
云和县林业局
遂昌县林业局
松阳县林业局
庆元县林业局
景宁畲族自治县林业局

## 安徽省

**合肥市林业局**
蜀山区林业局
庐阳区林业局
包河区林业局
巢湖市林业局
长丰县林业局
肥东县林业局
肥西县林业局
庐江县林业局
**宿州市林业局**
埇桥区林业局
砀山县林业局
萧县林业局
灵璧县林业局
泗县林业局
**阜阳市林业局**
颍州区林业局
颍东区林业局
颍泉区林业局
界首市林业局
临泉县林业局
太和县林业局
阜南县林业局
颍上县林业局
**亳州市林业局**
谯城区林业局
涡阳县林业局
蒙城县林业局
利辛县林业局
**蚌埠市林业局**
蚌山区林业局
龙子湖区林业局
禹会区林业局
淮上区林业局
怀远县林业局
五河县林业局
固镇县林业局
**淮南市林业局**
八公山区林业局
**滁州市林业局**
市辖区林业局
琅琊区农委
南谯区林业局
明光市林业局
天长市林业局
来安县林业局
全椒县林业局
定远县林业局
凤阳县林业局
管店林业总场
沙河集林业总场
琅琊山林场
**马鞍山市林业局**
博望区林业局
花山区林业局
当涂县林业局
含山县林业局
和县林业局
**芜湖市林业局**
弋江区林业局
三山区林业局
芜湖县林业局
繁昌县林业局
南陵县林业局

无为县林业局
**铜陵市林业局**
狮子山区林业局
郊区林业局
铜陵县林业局
**安庆市林业局**
大观区林业局
宜秀区林业局
桐城市林业局
怀宁县林业局
潜山县林业局
太湖县林业局
望江县林业局
**黄山市林业局**
市辖区林业局
休宁县林业局
祁门县林业局
**六安市林业局**
叶集区林业局
寿县林业局
霍邱县林业局
舒城县林业局
**池州市林业局**
东至县林业局
石台县林业局
青阳县林业局
九华山风景区管委会
**宣城市林业局**
宣州区林业局
宁国市林业局
郎溪县林业局
广德县林业局
泾县林业局
旌德县林业局
绩溪县林业局

## 福建省

**福州市林业局**
马尾区林业局
福清市林业局
长乐市林业局
闽侯县林业局
连江县林业局
闽清县林业局
永泰县林业局
**南平市林业局**
延平区林业局
邵武市林业局
武夷山市林业局
建瓯市林业局
建阳市林业局
顺昌县林业局
浦城县林业局
光泽县林业局
松溪县林业局
政和县林业局
**三明市林业局**
梅列区林业局
三元区林业局
永安市林业局
明溪县林业局
清流县林业局
宁化县林业局
大田县林业局
尤溪县林业局
沙县林业局
将乐县林业局
泰宁县林业局
建宁县林业局
**莆田市林业局**
城厢区林业局
仙游县林业局
**泉州市林业局**
泉港区林业局
晋江市林业局
南安市林业局
永春县林业局
德化县林业局
**漳州市林业局**
芗城区林业局
龙文区林业局
龙海市林业局
云霄县林业局
漳浦县林业局
诏安县林业局
东山县林业局
南靖县林业局
平和县林业局
华安县林业局
**龙岩市林业局**
新罗区林业局
漳平市林业局
长汀县林业局
永定县林业局
上杭县林业局
武平县林业局
连城县林业局
**宁德市林业局**
蕉城区林业局
福鼎市林业局
寿宁县林业局
霞浦县林业局
柘荣县林业局
屏南县林业局
古田县林业局
周宁县林业局

## 江西省

**南昌市林业局**
市辖区林业局
新建县林业局
进贤县林业局
**九江市林业局**
庐山区林业局
瑞昌市林业局
九江县林业局
武宁县林业局
修水县林业局
永修县林业局
德安县林业局
星子县林业局
都昌县林业局
彭泽县林业局
**鹰潭市林业局**
月湖区林业局
贵溪市林业局
余江县林业局
**新余市林业局**
渝水区林业局
分宜县林业局
**萍乡市林业局**
安源区林业局

湘东区林业局
莲花县林业局
上栗县林业局
芦溪县林业局
**赣州市林业局**
章贡区林业局
瑞金市林业局
南康市林业局
赣县林业局
信丰县林业局
大余县林业局
上犹县林业局
崇义县林业局
安远县林业局
龙南县林业局
定南县林业局
全南县林业局
宁都县林业局
于都县林业局
兴国县林业局
会昌县林业局
寻乌县林业局
石城县林业局
**上饶市林业局**
信州区林业局
德兴市林业局
上饶县林业局
广丰县林业局
玉山县林业局
横峰县林业局
万年县林业局
婺源县林业局
**抚州市林业局**
临川区林业局
南城县林业局
黎川县林业局
南丰县林业局
崇仁县林业局
乐安县林业局
宜黄县林业局
金溪县林业局
资溪县林业局
东乡县林业局
广昌县林业局

**宜春市林业局**
袁州区林业局
丰城市林业局
樟树市林业局
高安市林业局
奉新县林业局
万载县林业局
上高县林业局
宜丰县林业局
靖安县林业局
铜鼓县林业局
明月山温泉风景名胜区管委会
**吉安市林业局**
井冈山市林业局
峡江县林业局
新干县林业局
永丰县林业局
泰和县林业局
遂川县林业局
万安县林业局

## 山东省

**济南市林业局**
市中区林业局
长清区林业局
平阴县林业局
商河县林业局
**聊城市林业局**
市辖区林业局
东昌府区林业局
临清市林业局
阳谷县林业局
莘县林业局
茌平县林业局
东阿县林业局
冠县林业局
高唐县林业局
**德州市林业局**
德城区林业局
乐陵市林业局
禹城市林业局
陵县林业局
平原县林业局
夏津县林业局

武城县林业局
齐河县林业局
临邑县林业局
宁津县林业局
**东营市林业局**
东营区林业局
河口区林业局
垦利县林业局
利津县林业局
广饶县林业局
**淄博市林业站**
张店区林业局
淄川区林业局
博山区林业局
临淄区林业局
周村区林业局
桓台县林业局
高青县林业局
沂源县林业局
**潍坊市林业局**
奎文区林业局
潍城区农林局
寒亭区林业局
坊子区林业局
峡山区林业局
安丘市林业局
昌邑市林业局
高密市林业局
青州市林业局
诸城市林业局
寿光市林业局
临朐县林业局
昌乐县林业局
**烟台市林业局**
莱山区林业局
芝罘区林业局
福山区林业局
牟平区林业局
栖霞市林业局
海阳市林业局
龙口市林业局
莱阳市林业局
莱州市林业局
蓬莱市林业局

招远市林业局
长岛县林业局
**威海市林业局**
环翠区林业局
荣成市林业局
文登市林业局
乳山市林业局
威海市经济技术开发区林业局
**青岛市林业局**
黄岛区林业局
崂山区林业局
城阳区林业局
胶州市林业局
即墨市林业局
**日照市林业局**
东港区林业局
岚山区林业局
五莲县林业局
莒县林业局
日照国际海洋城林业局
日照经济技术开发区林业局
山海天旅游度假区林业局
**临沂市林业局**
兰山区林业局
罗庄区林业局
河东区林业局
郯城县林业局
苍山县林业局
莒南县林业局
沂水县林业局
蒙阴县林业局
平邑县林业局
费县林业局
沂南县林业局
临沭县林业局
高新技术产业开发区林业局
经济技术开发区林业局
临港经济开发区林业局
蒙山旅游区林业局
**济宁市林业局**
任城区林业局
曲阜市林业局
兖州市林业局
邹城市林业局
微山县林业局
鱼台县林业局
金乡县林业局
嘉祥县林业局
汶上县林业局
泗水县林业局
梁山县林业局
**泰安市林业局**
市辖区林业局
泰山区林业局
岱岳区林业局
新泰市林业局
肥城市林业局
宁阳县林业局
东平县林业局
**莱芜市林业局**
莱城区林业局
高新区林业局
雪野旅游区林业局
**滨州市林业局**
滨城区林业局
惠民县林业局
阳信县林业局
无棣县林业局
沾化县林业局
博兴县林业局
邹平县林业局
**菏泽市林业局**
曹县林业局
成武县林业局

## 河南省

**郑州市林业局**
中原区农经委
二七区农经委
管城回族区农委会
金水区农经委
上街区农经委
惠济区林业局
新郑市林业局
登封市林业局
新密市林业局
巩义市林业局
荥阳市林业局
中牟县林业局
**三门峡市林业和园林局**
市辖区林业局
湖滨区林业局
义马市农林和农机局
灵宝市林业局
渑池县林业局
陕县林业局
卢氏县林业局
**洛阳市林业局**
西工区林业局
老城区林业局
瀍河回族区林业局
涧西区林业局
吉利区林业局
洛龙区林业局
偃师市林业局
孟津县林业局
新安县林业局
栾川县林业局
嵩县林业局
汝阳县林业局
宜阳县林业局
洛宁县林业局
伊川县林业局
高新区林业局
伊洛工业园区社会事务局
龙门文化旅游园区管委会
**焦作市林业局**
市辖区林业局
解放区农林水利局
山阳区林业局
中站区农林水利局
马村区农林水利局
孟州市林业局
沁阳市林业局
修武县林业局
博爱县林业局
武陟县林业局
温县林业局
**新乡市林业局**
卫滨区农村工作委员会
红旗区农村工作委员会
凤泉区林业局

牧野区农林局
卫辉市林业局
辉县市林业局
新乡县林业局
获嘉县林业局
原阳县林业局
延津县林业局
封丘县林业局
长垣县林业局
**鹤壁市林业局**
淇滨区林业局
山城区林业局
鹤山区林业局
浚县林业局
淇县林业局
**安阳市林业局**
北关区农林水务局
文峰区农林水牧局
殷都区农林水牧局
龙安区林业局
林州市林业局
安阳县林业局
汤阴县林业局
滑县林业局
内黄县林业局
**濮阳市林业局**
华龙区林业局
清丰县林业局
南乐县林业局
范县林业局
台前县林业局
濮阳县林业局
高新区农业科技服务中心
**开封市农林局**
龙亭区林业局
顺河回族区林业局
鼓楼区林业局
禹王台区林业局
金明区林业局
杞县林业局
通许县林业局
尉氏县林业局
开封县林业局
兰考县林业局
**商丘市林业局**
梁园区林业局
睢阳区林业局
永城市林业局
虞城县林业局
民权县林业局
宁陵县林业局
睢县林业局
夏邑县林业局
柘城县林业局
**许昌市林业局**
东城区农村工作局
魏都区林业局
禹州市农业林业局
长葛市林业局
许昌县林业局
鄢陵县林业局
襄城县林业局
许昌市经济技术开发区农村工作局
**漯河市林业和园林局**
郾城区林业技术推广站
源汇区林业局
召陵区林业局
临颍县林业园艺局
**平顶山市林业局**
新华区农林水利局
卫东区农林水利局
湛河区农林水利局
石龙区林业畜牧局
新城区林业局
舞钢市林业局
汝州市林业局
宝丰县林业局
叶县林业局
鲁山县林业局
郏县林业局
**南阳市林业局**
卧龙区林业局
宛城区林业局
邓州市林业局
南召县林业局
方城县林业局
西峡县林业局
镇平县林业局
内乡县林业局
淅川县林业局
社旗县林业局
唐河县林业局
新野县林业局
桐柏县林业局
**信阳市林业局**
市辖区林业局
浉河区林业局
平桥区林业局
息县林业局
淮滨县林业局
潢川县林业局
光山县林业局
固始县林业局
商城县林业局
罗山县林业局
新县林业局
**周口市林业局**
川汇区林业局
项城市林业局
扶沟县林业局
西华县林业局
商水县林业局
太康县林业局
鹿邑县林业局
郸城县林业局
淮阳县林业局
沈丘县林业局
**驻马店市林业局**
驿城区林业局
确山县林业局
泌阳县林业局
遂平县林业局
西平县林业局
上蔡县林业局
汝南县林业局
平舆县林业局
新蔡县林业局
正阳县林业局
**济源市林业局**

## 湖北省

**武汉市林业局**
洪山区林业局

东西湖区林业局
汉南区林业局
蔡甸区林业局
黄陂区林业局
**十堰市林业局**
茅箭区林业局
张湾区林业局
丹江口市林业局
郧县林业局
竹山县林业局
房县林业局
郧西县林业局
竹溪县林业局
**襄阳市林业局**
襄城区林业局
樊城区林业局
襄州区林业局
老河口市林业局
枣阳市林业局
宜城市林业局
南漳县林业局
谷城县林业局
保康县林业局
**荆门市林业局**
市辖区林业局
东宝区林业局
掇刀区林业局
钟祥市林业局
沙洋县林业局
京山县林业局
屈家岭管理区林业局
漳河新区林业局
**孝感市林业局**
孝南区林业局
应城市林业局
安陆市林业局
汉川市林业局
孝昌县林业局
大悟县林业局
云梦县林业局
**黄冈市林业局**
麻城市林业局
武穴市林业局
红安县林业局
罗田县林业局
英山县林业局
蕲春县林业局
**鄂州市林业局**
市辖区林业局
鄂城区林业局
梁子湖区林业局
华容区林业局
**黄石市林业局**
下陆区林业局
黄石港区林业局
铁山区林业局
大冶市林业局
阳新县林业局
**咸宁市林业局**
咸安区林业局
通城县林业局
通山县林业局
**荆州市林业局**
沙市区林业局
荆州区林业局
石首市林业局
洪湖市林业局
松滋市林业局
江陵县林业局
公安县林业局
监利县林业局
**宜昌市林业局**
夷陵区林业局
枝江市林业局
宜都市林业局
当阳市林业局
远安县林业局
兴山县林业局
秭归县林业局
长阳土家族自治县林业局
五峰土家族自治县林业局
**随州市林业局**
曾都区林业局
广水市林业局
随县林业局
**省直辖县级行政单位**
仙桃市林业局
天门市林业局
潜江市林业局
太子山林场管理局
**恩施土家族苗族自治州林业局**
恩施市林业局
利川市林业局
建始县林业局
巴东县林业局
宣恩县林业局
咸丰县林业局
来凤县林业局
鹤峰县林业局

## 湖南省

**长沙市林业局**
岳麓区农林水利局
芙蓉区农林水利局
天心区农林水利局
开福区农林水利局
雨花区农林水利局
浏阳市林业局
长沙县林业局
望城县林业局
宁乡县林业局
**张家界市林业局**
永定区林业局
武陵源区林业局
慈利县林业局
桑植县林业局
**常德市林业局**
市辖区林业局
武陵区林业局
鼎城区林业局
津市市林业局
安乡县林业局
汉寿县林业局
澧县林业局
临澧县林业局
桃源县林业局
石门县林业局
**益阳市林业局**
市辖区林业局
赫山区林业局
资阳区林业局
沅江市林业局

南县林业局
桃江县林业局
安化县林业局
**岳阳市林业局**
市辖区林业局
岳阳楼区农林局
君山区林业局
云溪区林业局
汨罗市林业局
临湘市林业局
岳阳县林业局
华容县林业局
湘阴县林业局
平江县林业局
**株洲市林业局**
天元区农村工作局
荷塘区农村工作局
芦淞区农村工作局
石峰区农村工作局
醴陵市林业局
株洲县林业局
攸县林业局
茶陵县林业局
炎陵县林业局
**湘潭市林业局**
岳塘区林业局
雨湖区林业局
湘乡市林业局
韶山市林业局
湘潭县林业局
**衡阳市林业局**
蒸湘区林业局
雁峰区林业局
珠晖区林业局
石鼓区林业局
南岳区农林局
常宁市林业局
耒阳市林业局
衡阳县林业局
衡南县林业局
衡山县林业局
衡东县林业局
祁东县林业局
**郴州市林业局**
北湖区林业局
苏仙区林业局
资兴市林业局
桂阳县林业局
永兴县林业局
宜章县林业局
嘉禾县林业局
临武县林业局
汝城县林业局
桂东县林业局
安仁县林业局
**永州市林业局**
冷水滩区林业局
零陵区林业局
东安县林业局
道县林业局
宁远县林业局
江永县林业局
蓝山县林业局
新田县林业局
双牌县林业局
祁阳县林业局
江华瑶族自治县林业局
金桐林场
**邵阳市林业局**
大祥区农林局
双清区农林局
北塔区林业局
武冈市林业局
邵东县林业局
邵阳县林业局
新邵县林业局
隆回县林业局
洞口县林业局
绥宁县林业局
新宁县林业局
城步苗族自治县林业局
**怀化市林业局**
洪江区林业局
鹤城区林业局
洪江市林业局
沅陵县林业局
辰溪县林业局
溆浦县林业局
中方县林业局
会同县林业局
麻阳苗族自治县林业局
新晃侗族自治县林业局
芷江侗族自治县林业局
靖州苗族侗族自治县林业局
通道侗族自治县林业局
**娄底市林业局**
市辖区林业局
娄星区林业局
冷水江市林业局
涟源市林业局
双峰县林业局
新化县林业局
**湘西土家族苗族自治州林业局**
吉首市林业局
泸溪县林业局
凤凰县林业局
花垣县林业局
保靖县林业局
古丈县林业局
永顺县林业局
龙山县林业局

## 广东省

**广州市林业局**
黄埔区林业局
番禺区林业局
花都区林业局
南沙区林业局
萝岗区林业局
增城市林业局
从化市林业局
广州市属总林场
**清远市林业局**
清城区林业局
英德市林业局
连州市林业局
佛冈县林业局
阳山县林业局
清新县林业局
连山壮族瑶族自治县林业局
连南瑶族自治县林业局
清远市属总林场
**韶关市林业局**
浈江区林业局

武江区林业局
乐昌市林业局
南雄市林业局
仁化县林业局
翁源县林业局
新丰县林业局
乳源瑶族自治县林业局
**河源市林业局**
源城区林业局
紫金县林业局
龙川县林业局
连平县林业局
和平县林业局
东源县林业局
新丰江林管局
河源市属总林场
**梅州市林业局**
梅江区林业局
兴宁市林业局
梅县林业局
大埔县林业局
丰顺县林业局
五华县林业局
平远县林业局
蕉岭县林业局
**潮州市林业局**
湘桥区林业局
潮安县林业局
饶平县林业局
**汕头市林业局**
金平区林业局
濠江区林业局
潮南区林业局
澄海区林业局
南澳县林业局
**揭阳市林业局**
榕城区林业局
揭东区林业局
普宁市林业局
揭西县林业局
惠来县林业局
**汕尾市林业局**
城区林业局
海丰县林业局
陆河县林业局
**惠州市林业局**
惠城区林业局
惠阳区林业局
博罗县林业局
惠东县林业局
龙门县林业局
惠州市属总林场
**东莞市林业局**
大岭山林场
清溪林场
大屏嶂林场
**深圳市林业局**
宝安区林业局
**中山市林业局**
中山市属总林场
**江门市林业局**
恩平市林业局
台山市林业局
鹤山市林业局
**佛山市林业局**
禅城区林业局
南海区林业局
顺德区林业局
高明区林业局
**肇庆市林业局**
端州区林业局
大旺高新区林业局
高要市林业局
四会市林业局
广宁县林业局
怀集县林业局
封开县林业局
德庆县林业局
**云浮市林业局**
云城区林业局
罗定市林业局
云安县林业局
新兴县林业局
郁南县林业局
云浮市属总林场
**阳江市林业局**
阳春市林业局
阳西县林业局
阳东县林业局
海陵区林业局
高新区林业局
阳江市属总林场
**茂名市林业局**
茂南区林业局
茂港区林业局
化州市林业局
信宜市林业局
高州市林业局
电白县林业局
茂名市属总林场
**湛江市林业局**
坡头区林业局
麻章区林业局
东海岛区林业局
吴川市林业局
廉江市林业局
雷州市林业局
遂溪县林业局
徐闻县林业局
湛江市属总林场
**省直属单位**
西江林业局
乳阳林业局
龙眼洞林场
天井山林场
樟木头林场
乐昌林场
东江林场
九连山林场

## 广西壮族自治区

**南宁市林业局**
青秀区农林水利局
兴宁区农林水利局
江南区农业林业水利局
西乡塘区农林水利局
良庆区农林水利局
邕宁区农林水利局
武鸣县林业局
横县林业局
宾阳县林业局
上林县林业局

隆安县林业局
马山县林业局
**桂林市林业局**
象山区农林水利局
叠彩区农林水利局
秀峰区农林水利局
七星区农林水利局
雁山区林业局
阳朔县林业局
临桂县林业局
灵川县林业局
全州县林业局
兴安县林业局
永福县林业局
灌阳县林业局
资源县林业局
平乐县林业局
荔浦县林业局
龙胜各族自治县林业局
恭城瑶族自治县林业局
**柳州市林业局**
鹿寨县林业局
融安县林业局
三江侗族自治县林业局
融水苗族自治县林业局
**梧州市林业局**
龙圩区林业局
岑溪市林业局
苍梧县林业局
藤县林业局
蒙山县林业局
**贵港市林业局**
港北区林业局
港南区林业局
覃塘区林业局
桂平市林业局
平南县林业局
**玉林市林业局**
玉州区林业局
陆川县林业局
**钦州市林业局**
钦南区林业局
钦北区林业局
灵山县林业局
浦北县林业局
**北海市林业局**
海城区林业局
银海区林业局
铁山港区林业局
合浦县林业局
**防城港市林业局**
港口区林业局
防城区林业局
东兴市林业局
上思县林业局
**崇左市林业局**
江州区林业局
凭祥市林业局
扶绥县林业局
大新县林业局
天等县林业局
龙州县林业局
**百色市林业局**
右江区林业局
田阳县林业局
平果县林业局
德保县林业局
凌云县林业局
乐业县林业局
西林县林业局
田林县林业局
隆林各族自治县林业局
**河池市林业局**
金城江区林业局
宜州市林业局
南丹县林业局
天峨县林业局
凤山县林业局
东兰县林业局
巴马瑶族自治县林业局
都安瑶族自治县林业局
大化瑶族自治县林业局
罗城仫佬族自治县林业局
环江毛南族自治县林业局
**来宾市林业局**
兴宾区林业局
象州县林业局
武宣县林业局
金秀瑶族自治县林业局
**贺州市林业局**
八步区林业局
平桂管理区林业局
昭平县林业局
钟山县林业局
富川瑶族自治县林业局
**直属单位**
高峰林场
七坡林场
博白林场
六万林场
东门林场
派阳山林场
雅长林场
黄冕林场
三门江林场
钦廉林场
大桂山林场
维都林场
良凤江国家森林公园

## 重庆市

大渡口区林业绿化办公室
江北区农林水利局
沙坪坝区林业局
九龙坡区农林水利局
南岸区农林水利局
北碚区林业局
万盛区林业局
大足区林业局
渝北区林业局
巴南区林业局
万州区林业局
涪陵区林业局
黔江区林业局
长寿区林业局
江津区林业局
合川区林业局
永川区林业局
南川区林业局
綦江县林业局
潼南县林业局
铜梁县林业局

荣昌县林业局
璧山县林业局
垫江县林业局
武隆县林业局
丰都县林业局
城口县林业局
开县林业局
巫溪县林业局
巫山县林业局
奉节县林业局
云阳县林业局
忠县林业局
石柱土家族自治县林业局
彭水苗族土家族自治县林业局

## 四川省

**成都市林业局**
市辖区林业局
龙泉驿区林业局
青白江区林业局
新都区林业局
温江区林业局
都江堰市林业局
彭州市林业局
邛崃市林业局
崇州市林业局
金堂县林业局
双流县林业局
郫县林业局
大邑县林业局
蒲江县林业局
新津县林业局
**广元市林业局**
利州区林业局
昭化区林业局
旺苍县林业局
青川县林业局
剑阁县林业局
苍溪县林业局
**绵阳市林业局**
涪城区林业局
游仙区林业局
江油市林业局
三台县林业局
盐亭县林业局
安县林业局
梓潼县林业局
北川羌族自治县林业局
平武县林业局
**德阳市林业局**
旌阳区林业局
什邡市林业局
广汉市林业局
绵竹市林业局
罗江县林业局
中江县林业局
**南充市林业局**
顺庆区林业局
高坪区林业局
嘉陵区林业局
阆中市林业局
南部县林业局
营山县林业局
蓬安县林业局
仪陇县林业局
西充县林业局
**广安市林业局**
广安区林业局
前锋区林业局
岳池县林业局
武胜县林业局
邻水县林业局
**遂宁市林业局**
射洪县林业局
大英县林业局
**内江市林业局**
市中区林业局
东兴区林业局
威远县林业局
资中县林业局
隆昌县林业局
**乐山市林业局**
市辖区林业局
市中区林业局
沙湾区林业局
五通桥区林业局
金口河区林业局
峨眉山市林业局
犍为县林业局
井研县林业局
沐川县林业局
峨边彝族自治县林业局
马边彝族自治县林业局
**自贡市林业局**
自流井区林业局
大安区林业局
贡井区林业局
沿滩区林业局
荣县林业局
富顺县林业局
**泸州市林业局**
纳溪区林业局
龙马潭区林业局
泸县林业局
合江县林业局
叙永县林业局
古蔺县林业局
**宜宾市林业局**
翠屏区林业局
宜宾县林业局
南溪县林业局
江安县林业局
长宁县林业局
高县林业局
筠连县林业局
珙县林业局
兴文县林业局
屏山县林业局
**攀枝花市林业局**
东区林业局
仁和区林业局
米易县林业局
盐边县林业局
市国营林场总场
**巴中市林业局**
巴州区林业局
通江县林业局
南江县林业局
平昌县林业局
**达州市林业局**
达川区林业局
万源市林业局

宣汉县林业局
开江县林业局
大竹县林业局
渠县林业局
**资阳市林业局**
雁江区林业局
简阳市林业局
乐至县林业局
安岳县林业局
**眉山市林业局**
东坡区林业局
仁寿县林业局
彭山县林业局
洪雅县林业局
丹棱县林业局
青神县林业局
**雅安市林业局**
雨城区林业局
名山县林业局
荥经县林业局
汉源县林业局
石棉县林业局
天全县林业局
芦山县林业局
宝兴县林业局
**阿坝藏族羌族自治州林业局**
马尔康县林业局
汶川县林业局
理县林业局
松潘县林业局
金川县林业局
小金县林业局
黑水县林业局
阿坝县林业局
若尔盖县林业局
川西林业局
松林林业局
南林林业局
观林林业局
小金林业局
岷江林业局
阿坝州筑路处
**甘孜藏族自治州林业局**
康定县林业局
泸定县林业局
丹巴县林业局
九龙县林业局
雅江县林业局
道孚县林业局
炉霍县林业局
甘孜县林业局
新龙县林业局
德格县林业局
白玉县林业局
色达县林业局
理塘县林业局
巴塘县林业局
乡城县林业局
稻城县林业局
得荣县林业局
丹巴林业局
道孚林业局
炉霍林业局
新龙林业局
白玉林业局
力邱河林业局
翁达林业局
甘孜州林业工程处
**凉山彝族自治州林业局**
西昌市林业局
盐源县林业局
德昌县林业局
会理县林业局
会东县林业局
宁南县林业局
普格县林业局
布拖县林业局
金阳县林业局
昭觉县林业局
喜德县林业局
冕宁县林业局
越西县林业局
甘洛县林业局
美姑县林业局
雷波县林业局
木里藏族自治县林业局
雷波林业局
木里林业局
凉北林业局
林业第五筑路工程处

## 贵州省

**贵阳市林业局**
乌当区林业局
南明区林业局
花溪区林业局
白云区林业局
清镇市林业局
开阳县林业局
修文县林业局
**遵义市林业局**
红花岗区林业局
桐梓县林业局
凤冈县林业局
**毕节市林业局**
七星关区林业局
大方县林业局
黔西县林业局
金沙县林业局
织金县林业局
纳雍县林业局
赫章县林业局
威宁彝族回族苗族自治县林业局
百里杜鹃管委会
**铜仁市林业局**
碧江区林业局
**黔东南苗族侗族自治州林业局**
凯里市林业局
镇远县林业局
锦屏县林业局
榕江县林业局
**黔南布依族苗族自治州林业局**
都匀市林业局
福泉市林业局
荔波县林业局
瓮安县林业局
独山县林业局
平塘县林业局
罗甸县林业局
长顺县林业局
龙里县林业局
三都水族自治县林业局

**黔西南布依族苗族自治州林业局**
普安县林业局
晴隆县林业局
望谟县林业局
册亨县林业局
安龙县林业局
**省直属单位**
茂兰国家级自然保护区管理局
龙里林场

## 云南省

**昆明市林业局**
呈贡区林业局
盘龙区林业局
五华区林业局
官渡区林业局
西山区林业局
东川区林业局
安宁市林业局
晋宁县林业局
富民县林业局
宜良县林业局
嵩明县林业局
石林彝族自治县林业局
禄劝彝族苗族自治县林业局
寻甸回族彝族自治县林业局
**曲靖市林业局**
麒麟区林业局
宣威市林业局
马龙县林业局
沾益县林业局
富源县林业局
罗平县林业局
师宗县林业局
陆良县林业局
会泽县林业局
市属海寨林场
**玉溪市林业局**
红塔区林业局
江川县林业局
澄江县林业局
通海县林业局
华宁县林业局
易门县林业局
峨山彝族自治县林业局
新平彝族傣族自治县林业局
元江哈尼族彝族傣族自治县林业局
**保山市林业局**
隆阳区林业局
施甸县林业局
腾冲县林业局
龙陵县林业局
昌宁县林业局
**昭通市林业局**
昭阳区林业局
鲁甸县林业局
巧家县林业局
盐津县林业局
大关县林业局
永善县林业局
绥江县林业局
镇雄县林业局
彝良县林业局
威信县林业局
水富县林业局
**丽江市林业局**
永胜县林业局
华坪县林业局
玉龙纳西族自治县林业局
宁蒗彝族自治县林业局
**普洱市林业局**
思茅区林业局
宁洱哈尼族彝族自治县林业局
墨江哈尼族自治县林业局
景东彝族自治县林业局
镇沅彝族哈尼族拉祜族自治县林业局
江城哈尼族彝族自治县林业局
孟连傣族拉祜族佤族自治县林业局
澜沧拉祜族自治县林业局
西盟佤族自治县林业局
**临沧市林业局**
临翔区林业局
凤庆县林业局
云县林业局
永德县林业局
镇康县林业局
双江拉祜族佤族布朗族傣族自治县林业局
耿马傣族佤族自治县林业局
沧源佤族自治县林业局
**德宏傣族景颇族自治州林业局**
芒市林业局
瑞丽市林业局
梁河县林业局
盈江县林业局
陇川县林业局
**怒江傈僳族自治州林业局**
泸水县林业局
福贡县林业局
贡山独龙族怒族自治县林业局
兰坪白族普米族自治县林业局
**迪庆藏族自治州林业局**
香格里拉县林业局
德钦县林业局
维西傈僳族自治县林业局
**大理白族自治州林业局**
大理市林业局
祥云县林业局
宾川县林业局
弥渡县林业局
永平县林业局
云龙县林业局
洱源县林业局
剑川县林业局
鹤庆县林业局
漾濞彝族自治县林业局
南涧彝族自治县林业局
巍山彝族回族自治县林业局
**楚雄彝族自治州林业局**
楚雄市林业局
双柏县林业局
牟定县林业局
南华县林业局
姚安县林业局
大姚县林业局
永仁县林业局
元谋县林业局
武定县林业局
禄丰县林业局
**红河哈尼族彝族自治州林业局**
蒙自市林业局

个旧市林业局
开远市林业局
石屏县林业局
金平苗族瑶族傣族自治县林业局
河口瑶族自治县林业局
屏边苗族自治县林业局
**文山壮族苗族自治州林业局**
文山市林业局
砚山县林业局
西畴县林业局
麻栗坡县林业局
马关县林业局
丘北县林业局
广南县林业局
富宁县林业局
**西双版纳傣族自治州林业局**
景洪市林业局
勐海县林业局

## 西藏自治区

**拉萨市林业局**
城关区林业局
林周县林业局
尼木县林业局
曲水县林业局
达孜县林业局
**那曲地区林业局**
嘉黎县林业局
比如县林业局
索县林业局
巴青县林业局
**昌都地区林业局**
昌都县林业局
江达县林业局
贡觉县林业局
类乌齐县林业局
丁青县林业局
八宿县林业局
左贡县林业局
芒康县林业局
洛隆县林业局
**林芝地区林业局**
林芝县林业局
工布江达县林业局
米林县林业局
波密县林业局
察隅县林业局
朗县林业局
**山南地区林业局**
扎囊县林业局
贡嘎县林业局
桑日县林业局
曲松县林业局
措美县林业局
洛扎县林业局
加查县林业局
隆子县林业局
浪卡子县林业局
**日喀则地区林业局**
日喀则市林业局
南木林县林业局
江孜县林业局
定日县林业局
昂仁县林业局
谢通门县林业局
白朗县林业局
仁布县林业局
定结县林业局
亚东县林业局
吉隆县林业局
聂拉木县林业局
**阿里地区林业局**
普兰县林业局
札达县林业局

## 陕西省

**西安市林业局**
未央区林业局
灞桥区林业局
雁塔区林业局
阎良区林业局
临潼区林业局
长安区林业局
蓝田县林业局
周至县林业局
户县林业局
高陵县林业局
**延安市林业局**
宝塔区林业局
延长县林业局
延川县林业局
子长县林业局
安塞县林业局
志丹县林业局
吴起县林业局
甘泉县林业局
富县林业局
洛川县林业局
宜川县林业局
黄龙县林业局
黄陵县林业局
桥山林业局
桥北林业局
劳山林业局
黄龙山林业局
风景林场
**铜川市林业局**
耀州区林业局
王益区林业局
印台区林业局
宜君县林业局
**渭南市林业局**
临渭区林业局
华阴市林业局
华县林业局
潼关县林业局
大荔县林业局
蒲城县林业局
澄城县林业局
白水县林业局
合阳县林业局
富平县林业局
**咸阳市林业局**
秦都区林业局
渭城区林业局
兴平市林业局
三原县林业局
泾阳县林业局
永寿县林业局
旬邑县林业局
武功县林业局
乾县林业局
礼泉县林业局

淳化县林业局
长武县林业局
彬县林业局
**宝鸡市林业局**
渭滨区林业局
陈仓区林业局
扶风县林业局
眉县林业局
陇县林业局
千阳县林业局
麟游县林业局
凤县林业局
太白县林业局
辛家山林业局
马头滩林业局
**汉中市林业局**
汉台区林业局
南郑县林业局
城固县林业局
洋县林业局
西乡县林业局
勉县林业局
宁强县林业局
略阳县林业局
镇巴县林业局
留坝县林业局
佛坪县林业局
**榆林市林业局**
榆阳区林业局
神木县林业局
府谷县林业局
横山县林业局
靖边县林业局
定边县林业局
绥德县林业局
米脂县林业局
佳县林业局
吴堡县林业局
清涧县林业局
子洲县林业局
**安康市林业局**
汉滨区林业局
紫阳县林业局
镇坪县林业局
旬阳县林业局
石泉县林业局
平利县林业局
宁陕县林业局
岚皋县林业局
汉阴县林业局
白河县林业局
**商洛市林业局**
商州区林业局
洛南县林业局
丹凤县林业局
商南县林业局
山阳县林业局
镇安县林业局
柞水县林业局
**陕西省森林资源管理局**
太白林业局
宁西林业局
宁东林业局
龙草坪林业局
汉西林业局
长青林业局
西安林产化学工厂
陕西省胶合板厂
陕西省林产品贸易总公司
陕西省林产品经销公司
陕西省林业机械研究所
陕西省森林职工医院
**省直属单位**
杨凌区农林局

## 甘肃省

**兰州市林业局**
兰州新区林业局
西固区林业局
红古区林业局
永登县林业局
皋兰县林业局
榆中县林业局
**嘉峪关市林业局**
**金昌市林业局**
金川区林业局
永昌县林业局
**白银市林业局**
白银区林业局
平川区林业局
靖远县林业局
会宁县林业局
景泰县林业局
**天水市林业局**
秦州区林业局
麦积区林业局
清水县林业局
秦安县林业局
甘谷县林业局
武山县林业局
张家川回族自治县林业局
**武威市林业局**
市辖区林业局
凉州区林业局
民勤县林业局
古浪县林业局
天祝藏族自治县林业局
**酒泉市林业局**
肃州区林业局
玉门市林业局
敦煌市林业局
金塔县林业局
瓜州县林业局
**张掖市林业局**
甘州区林业局
民乐县林业局
临泽县林业局
高台县林业局
山丹县林业局
肃南裕固族自治县林业局
**庆阳市林业局**
市辖区林业局
西峰区林业局
庆城县林业局
环县林业局
华池县林业局
合水县林业局
正宁县林业局
宁县林业局
镇原县林业局
正宁林业总场
湘乐林业总场
华池林业总场

合水林业总场
**平凉市林业局**
崆峒区林业局
泾川县林业局
灵台县林业局
崇信县林业局
华亭县林业局
庄浪县林业局
静宁县林业局
关山林业管理局
**定西市林业局**
安定区林业局
通渭县林业局
临洮县林业局
漳县林业局
岷县林业局
渭源县林业局
陇西县林业局
巉口林业试验场
华家岭林业站
**陇南市林业局**
武都区林业局
成县林业局
宕昌县林业局
康县林业局
文县林业局
西和县林业局
礼县林业局
两当县林业局
徽县林业局
康南林业总场
岷江林业总场
**临夏回族自治州林业局**
临夏市林业局
临夏县林业局
康乐县林业局
永靖县林业局
广河县林业局
和政县林业局
东乡族自治县林业局
积石山保安族东乡族撒拉族自治县林业局
**甘南藏族自治州林业局**
合作市林业局
临潭县林业局
卓尼县林业局
舟曲县林业局
迭部县林业局
碌曲县林业局
夏河县林业局

## 青海省

**西宁市林业局**
城中区林业局
大通回族土族自治县林业局
湟源县林业局
湟中县林业局
**海东地区林业局**
平安县林业局
乐都县林业局
民和回族土族自治县林业局
互助土族自治县林业局
化隆回族自治县林业局
循化撒拉族自治县林业局
北山森林公园
南门峡森林公园
**海北藏族自治州林业局**
海晏县林业局
祁连县林业局
门源回族自治县林业局
**海南藏族自治州林业局**
共和县林业局
贵德县林业局
兴海县林业局
贵南县林业局
黄河森林公园
**黄南藏族自治州林业局**
同仁县林业局
尖扎县林业局
麦秀森林公园
坎布拉森林公园
**海西蒙古族藏族自治州林业局**
德令哈市林业局
格尔木市林业局
乌兰县林业局
都兰县林业局
天峻县林业局
哈里哈图森林公园
**省直属单位**
玛珂河林业局

## 宁夏回族自治区

**银川市林业局**
兴庆区林业局
金凤区林业局
西夏区林业局
灵武市林业局
永宁县林业局
贺兰县林业局
灵武白芨滩国家级自然保护区管理局
**石嘴山市林业局**
大武口区林业局
惠农区林业局
平罗县林业局
**吴忠市林业局**
利通区林业局
青铜峡市林业局
盐池县林业局
同心县林业局
红寺堡开发区林业局
**固原市林业局**
原州区林业局
西吉县林业局
隆德县林业局
泾源县林业局
彭阳县林业局
**中卫市林业局**
沙坡头区林业局
中宁县林业局
海原县林业局
**省直属单位**
宁夏仁存渡护岸林场
农垦事业管理局

## 新疆维吾尔自治区

**乌鲁木齐市林业局**
沙依巴克区林业局
新市区林业局
头屯河区林业局
达坂城区林业局
米东区林业局

乌鲁木齐县林业局
克拉玛依市林业局
**喀什地区林业局**
喀什市林业局
疏附县林业局
疏勒县林业局
英吉沙县林业局
泽普县林业局
莎车县林业局
叶城县林业局
麦盖提县林业局
岳普湖县林业局
伽师县林业局
巴楚县林业局
塔什库尔干塔吉克自治县林业局
**吐鲁番地区林业局**
吐鲁番市林业局
鄯善县林业局
托克逊县林业局
**哈密地区林业局**
伊吾县林业局
**克孜勒苏柯尔克孜自治州**
阿图什市林业局
阿克陶县林业局
阿合奇县林业局
乌恰县林业局
**昌吉回族自治州林业局**
昌吉市林业局
阜康市林业局
玛纳斯县林业局
奇台县林业局
吉木萨尔县林业局
木垒哈萨克自治县林业局
**巴音郭楞蒙古自治州林业局**
轮台县林业局
尉犁县林业局
若羌县林业局
且末县林业局
和静县林业局
博湖县林业局
焉耆回族自治县林业局
巩乃斯林场
**伊犁哈萨克自治州林业局**
霍城县林业局
巩留县林业局
新源县林业局
尼勒克县林业局
**塔城地区林业局**
塔城市林业局
乌苏市林业局
额敏县林业局
沙湾县林业局
托里县林业局
裕民县林业局
和布克赛尔蒙古自治县林业局
**阿勒泰地区林业局**
阿勒泰市林业局
布尔津县林业局
富蕴县林业局
福海县林业局
哈巴河县林业局
青河县林业局
吉木乃县林业局
**新疆天山西部国有林管理局**
霍城林场
察布查尔林场
巩留林场
尼勒克林场
特克斯林场
昭苏林场
伊宁林场
蒙玛拉林场
**新疆阿尔泰山国有林管理局**
布尔津林场
哈巴河林场
阿尔泰林场
福海林场
富蕴林场
青河林场
**新疆天山东部国有林管理局**
哈密林场
木垒林场
奇台林场
吉木萨尔林场
乌苏林场
板房沟林场
**企事业单位**
新疆林业科学院

## 内蒙古森工集团

绰尔林业局
绰源林业局
乌尔旗汉林业局
库都尔林业局
图里河林业局
伊图里河林业局
克一河林业局
甘河林业局
吉文林业局
阿里河林业局
根河林业局
金河林业局
阿龙山林业局
满归林业局
得耳布尔林业局
莫尔道嘎林业局
大杨树林业局
毕拉河林业局

## 吉林森工集团

临江林业局
三岔子林业局
湾沟林业局
松江河林业局
泉阳林业局
露水河林业局
白石山林业局
红石林业局
吉林森工集团股份公司
金桥木业有限公司
泉阳泉饮品有限公司

## 龙江森工集团

**牡丹江林业管理局**
大海林林业局
柴河林业局
东京城林业局
穆棱林业局
绥阳林业局
海林林业局
林口林业局
八面通林业局
牡丹江木材综合加工厂

柴河林业造纸厂

**合江林业管理局**

桦南林业局
双鸭山林业局
鹤立林业局
鹤北林业局
东方红林业局
迎春林业局
清河林业局
万成木业有限责任公司

**伊春林业管理局**

双丰林业局
铁力林业局
桃山林业局
朗乡林业局
南岔林业局
金山屯林业局
美溪林业局
乌马河林业局
翠峦林业局
友好林业局
上甘岭林业局
五营林业局
红星林业局
新青林业局
汤旺河林业局
乌伊岭林业局
带岭实验局

**松花江林业管理局**

山河屯林业局
苇河林业局
亚布力林业局
方正林业局
兴隆林业局
绥棱林业局
通北林业局
沾河林业局
绥化复合板厂

## 大兴安岭林业集团

## 大兴安岭林管局

松岭林业局
新林林业局
塔河林业局
呼中林业局
阿木尔林业局
图强林业局
西林吉林业局
十八站林业局
韩家园林业局

**大兴安岭营林局**

加格达奇区林业局

## 新疆生产建设兵团

农一师
农二师
农三师
农四师
农五师
农六师
农七师
农八师
农十三师
农十四师